CAMPING FRANCE 2010

Sélection 2010

Près de **2 600** terrains sélectionnés dont :
1824 avec chalets, bungalows, mobile-homes
1221 pour camping-cars

Selection 2010	Auswahl 2010	Selectie 2010
Nearly **2 600** selected sites including:	Eine Auswahl von etwa **2 600** Campingplätzen, darunter :	Een selectie van ongeveer **2 600** campings, waarvan :
1 824 with chalets, bungalows, mobile homes	**1 824** mit Chalets, Bungalows, Mobil-Homes	**1824** met huisjes, bungalows, stacaravans
1221 with camper van facilities	**1221** ausgestattet für Wohnmobile	**1221** geschikt voor campers

914.4

Cher lecteur

Amateur d'« hébergement au grand air », sous tente, en caravane, en camping-car, dans un bungalow ou dans un mobile home à louer, pour vous Michelin a préparé avec le plus grand soin ce guide qui est une sélection des meilleurs terrains et emplacements en France, ceux qui offrent les cadres les plus agréables et des services de qualité.

Fidèle à l'esprit de classification cher à Michelin, ce guide vous propose en outre de connaître en un coup d'œil le niveau de chaque terrain grâce à un symbole, allant de 1 à 5 tentes.

Quelques clefs pour utiliser ce guide

→ Pour choisir un terrain

Le guide est découpé en 21 régions. Reportez-vous donc d'abord à la carte (p. 6) et au sommaire des régions (p .7). Votre choix fait, vous trouverez pour chaque région, reconnaissable à son bandeau de couleur, une carte détaillée où sont situées toutes les localités où se trouve au moins un terrain.

→ Pour retrouver une localité

Reportez-vous à l'index en fin de guide qui répertorie par ordre alphabétique toutes les localités citées.

→ Pour décider selon certains critères

Dans l'index thématique par régions (p. 790 à 815) sont spécifiés des aménagements ou services particuliers comme la piscine, ou des animations.

→ Pour une description détaillée

Pour bien profiter de la présentation de chaque terrain, consultez dans votre langue la légende des « Signes conventionnels » (p. 10 à 29), puis reportez vous aux descriptions des terrains à partir de la page 55.

→ Pour les non francophones

Reportez-vous au lexique (p.30) qui vous permettra de mieux comprendre les renseignements et descriptions.

 Liebe Leser,

für Sie als Liebhaber der „Freiluftunterkunft" jeglicher Art – ob im Zelt, im Wohnwagen, in einem gemieteten Bungalow oder Mobil-Home – hat Michelin mit größter Sorgfalt diesen Führer zusammengestellt. Er enthält eine Auswahl der besten Camping- und Stellplätze in Frankreich, die eine angenehme Umgebung und gute Dienstleistungen bieten.

Dank der von Michelin vorgenommenen Art der Klassifizierung können Sie außerdem anhand dieses Führers durch das Zelte-Symbol (1 bis 5 Zelte) auf einen Blick die Einstufung der Plätze erkennen.

Einige Hinweise zur Benutzung des Führers

→ Auswahl eines Campingplatzes

Der Führer ist in 21 Regionen unterteilt. Schauen Sie sich zunächst die Karte (S. 6) und das Verzeichnis der Regionen (S. 7) an. Nachdem Sie so eine Auswahl getroffen haben, finden Sie zu jeder Region, die an ihrer farbigen Markierung zu erkennen ist, eine Detailkarte mit allen Orten, die mindestens einen Platz besitzen.

→ Ortswahl

Im Register am Ende dieses Bandes sind alle aufgeführten Orte alphabetisch aufgelistet.

→ Auswahl nach bestimmten Kriterien

Ortstabelle (S. 790 bis 815) sind Besonderheiten der Ausstattung oder Dienstleistungen, wie beispielsweise ein Swimmingpool, oder Freizeitangebote, angegeben.

→ Detaillierte Beschreibung

Um die Beschreibung eines jeden Platzes voll nutzen zu können, sollten Sie sich zunächst mit der „Zeichenerklärung" (S. 10 bis 29) in Ihrer Sprache vertraut machen. Ab S. 55 finden Sie die Beschreibung der Campingplätze.

→ Für nicht französischsprachige Leser

Das Glossar (S. 30) hilft Ihnen, die Informationen und Beschreibungen besser zu verstehen.

Dear Reader,

If you love the outdoor life – in a tent, a caravan, a camper van, a bungalow or a rental mobile home – this Michelin guide is for you. We have carefully prepared this selection of the best camping grounds in France, those with the nicest surroundings and the best facilities.

In the Michelin tradition of classification, this guide offers a quick reference for evaluating the category of the site: from 1 to 5 tents.

A few tips for using the guide

→ To select a campsite

The guide covers 21 regions. First, look at the map (p. 6) and at the table of regions (p .7). Once you have narrowed down your choice, turn to the detailed map for that region, easily recognized by the coloured band, where you can see all of the localities that have at least one camping ground.

→ To find a specific locality

Turn to the index at the end of the guide, where all the places are listed in alphabetical order.

→ To make a selection based on specific criteria

In the table of localities (p. 790 to 815) all of the facilities and services can be seen at a glance: swimming pool, activities, etc.

→ For a detailed description

To get the most information about a given camping site, look at the key to "Conventional Signs" (p. 10 to 29) to understand the symbols for each site, descriptions for which start on page 55.

→ To understand French terms

For further assistance in reading the descriptions, turn to the Lexicon (p. 30) for a translation of common terms

Beste lezer,

Als liefhebber van een "verblijf in de buitenlucht", waarbij u in een tent, caravan, camper, bungalow of stacaravan overnacht, heeft Michelin met de grootste zorg deze gids voor u gemaakt, een selectie van de beste kampeerterreinen in Frankrijk, die stuk voor stuk in een mooie omgeving liggen en uitstekende kwaliteit bieden.

Zoals u weet maakt Michelin graag een indeling in categorieën, zodat u in deze gids in één oogopslag kunt zien welke klasse elk kampeerterrein heeft, dankzij een symbool van 1 tot 5 tenten.

Aanwijzingen voor een optimaal gebruik van deze gids

→ Om een kampeerterrein te kiezen

De gids is onderverdeeld in 21 streken. U kunt dus het beste eerst naar de kaart (blz. 6) en het overzicht van de streken (blz. 7) gaan. Als u uw keuze hebt bepaald, vindt u voor elke streek een gedetailleerde kaart waarop alle plaatsnamen staan vermeld die ten minste één kampeerterrein hebben. De streken zijn gemakkelijk terug te vinden dankzij de kleurstroken.

→ Om een plaatsnaam terug te vinden

In de index achter in de gids staan alle genoemde plaatsen op alfabetische volgorde.

→ Om op basis van bepaalde criteria te beslissen

In de lijst van plaatsnamen (blz. 790-815) staat vermeld welke voorzieningen of bijzondere diensten worden aangeboden, zoals een zwembad, of een animatieprogramma.

→ Voor een gedetailleerde beschrijving

Om een zo goed mogelijk beeld te krijgen van elk kampeerterrein, kunt u in uw taal de legenda van de "tekens" (blz. 10-29) raadplegen en daarna de beschrijvingen van de kampeerterreinen doornemen (vanaf blz. 55).

→ Voor wie geen Frans spreekt

Aan de hand van de woordenlijst (blz. 30) kunt u de gegevens en beschrijvingen beter begrijpen.

3

4

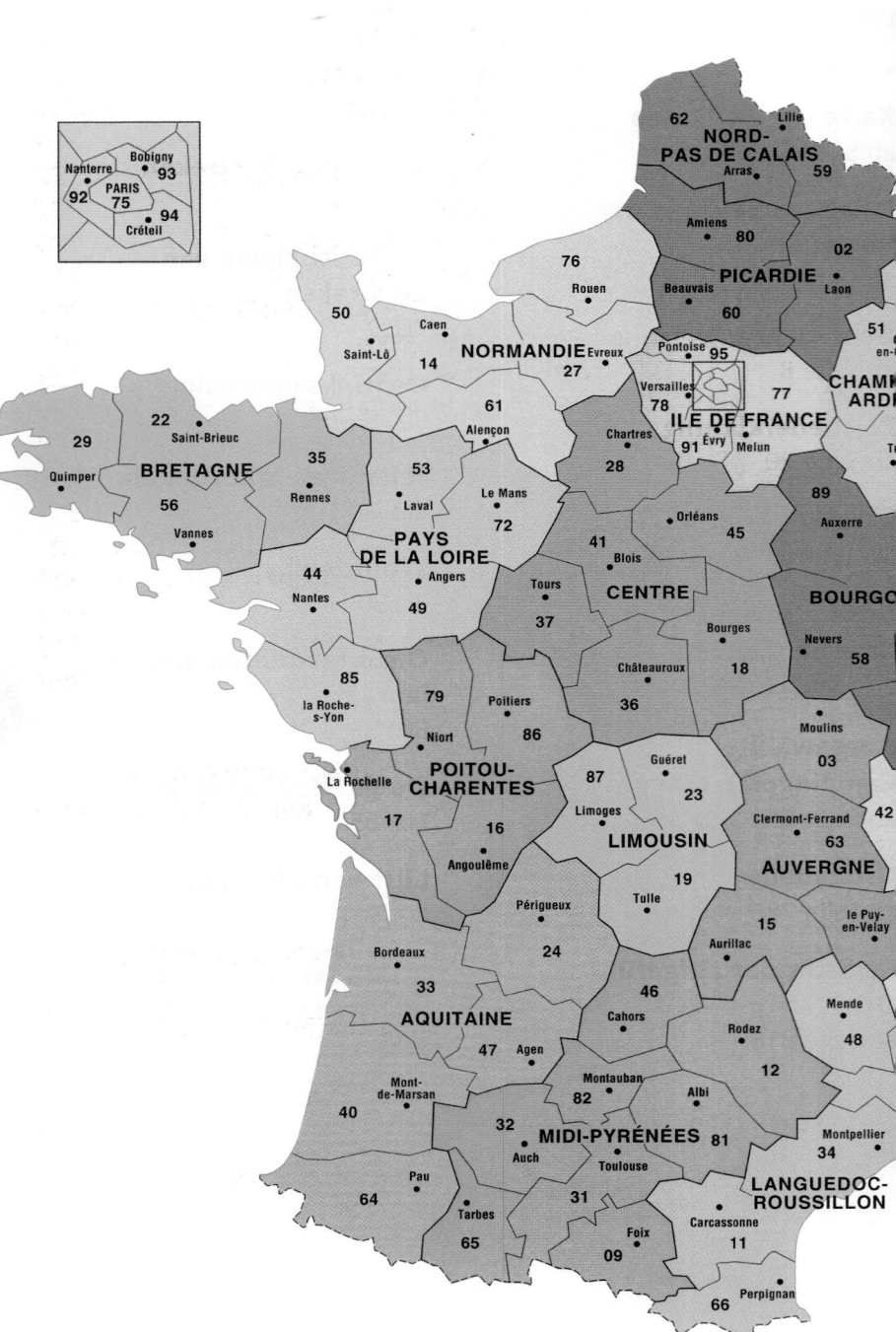

7

Vous souhaitez donner votre avis sur nos publications ou nous faire part de vos expériences?

Rendez-vous sur
www.votreaviscartesetguides.michelin.fr

Nous vous en remercions par avance.

Metz

LORRAINE 57

Nancy

54

Strasbourg

67

ALSACE

88 Epinal

Colmar

68

70 Vesoul

90 Belfort

FRANCHE-COMTÉ

Besançon 25

Lons-le-Saunier

39

01

Annecy

74

Chambéry

73

NE-ALPES

Grenoble

05

Gap

Digne-les-Bains

04

06

Nice

PROVENCE-ALPES-CÔTE D'AZUR

Marseille

Toulon

83

Bastia

2B

CORSE

Ajaccio

2A

Informations pratiques sur la localité et référence
des publications Michelin

Practical information for each location and cross-reference
to Michelin publications

Praktische Hinweise zu dem Ort und anderen
Michelin-Publikationen

Praktische inlichtingen over de plaats en verwijzing naar
de Michelin-uitgaven

Classement Michelin des terrains
Michelin classification of selected sites
Michelin-Klassifizierung des Campingplatzes
Classificatie van de kampeerterreinen volgens Michelin

Coordonnées et fonctionnement du terrain
Addresses and facilities
Adresse und Ausstattung des Campingplatzes
Adressen en service van het kampeerterrein

8

Descriptif du terrain
Description of the site
Beschreibung des Campingplatzes
Beschrijving van het kampeerterrein

Tarifs haute saison
Peak season rates
Tarif in der Hochsaison
Tarieven hoogseizoen

Types de locations proposées et tarifs
Hire options and rates
Optionen und Preise
Huurmogelijkheden en tarieven

AQUITAINE

SARBAZAN
40120 – **335** J10 – 1 083 h. – alt. 90
Paris 685 – Barbotan-les-Thermes 27 – Captieux
⚠ **Municipal** (location exclusive de
Fin oct.
℘ 05 58 45 64 93, mairiedesarbazan
Fax 05 58 45 69 91 – empl. tradition
disponibles
1 ha non clos, plat, herbeux
Location (Prix 2009) ⅋ : 6
270€/sem.
Pour s'y rendre : 93 rte du Gr
A savoir : sous de grands pins

SARE
64310 – **342** C5 – G. Pays Basque – 2 2
🅱 Office de tourisme, Herriko Etxea ℘
Paris 794 – Biarritz 26 – Cambo-les-Ba
▲▲ **La Petite Rhune** de m
℘ 05 59 54 23 97, la-petite
Fax 05 59 54 23 42, www.l
limitées pour le passage
1,5 ha (56 empl.) peu in
Tarif : (Prix 2009) 23,80€
suppl. 4,80€ – frais de
Location (Prix 2009)
à 6 pers.) - 220 à 620
– frais de réservatio
Pour s'y rendre : q
rte reliant D 406 et

132

SARLAT-LA-CANÉDA
24200 – **329** I6 – G. Périgo
🅱 Office de tourisme, rue
Paris 526 – Bergerac 74 –
▲▲▲ **La Palombi**
℘ 05 53 59 42
Fax 05 53 28 4
pour le pass
8,5 ha/4 car
terrasses, p
Tarif : ⋆ 7,
réservatio
Location
– 10 📲
réserva
Pour s'
▲▲▲ "Les C
mi-sep
℘ 05
Fax 0
8 ha
hert
Tarif
de
Lc
d
P

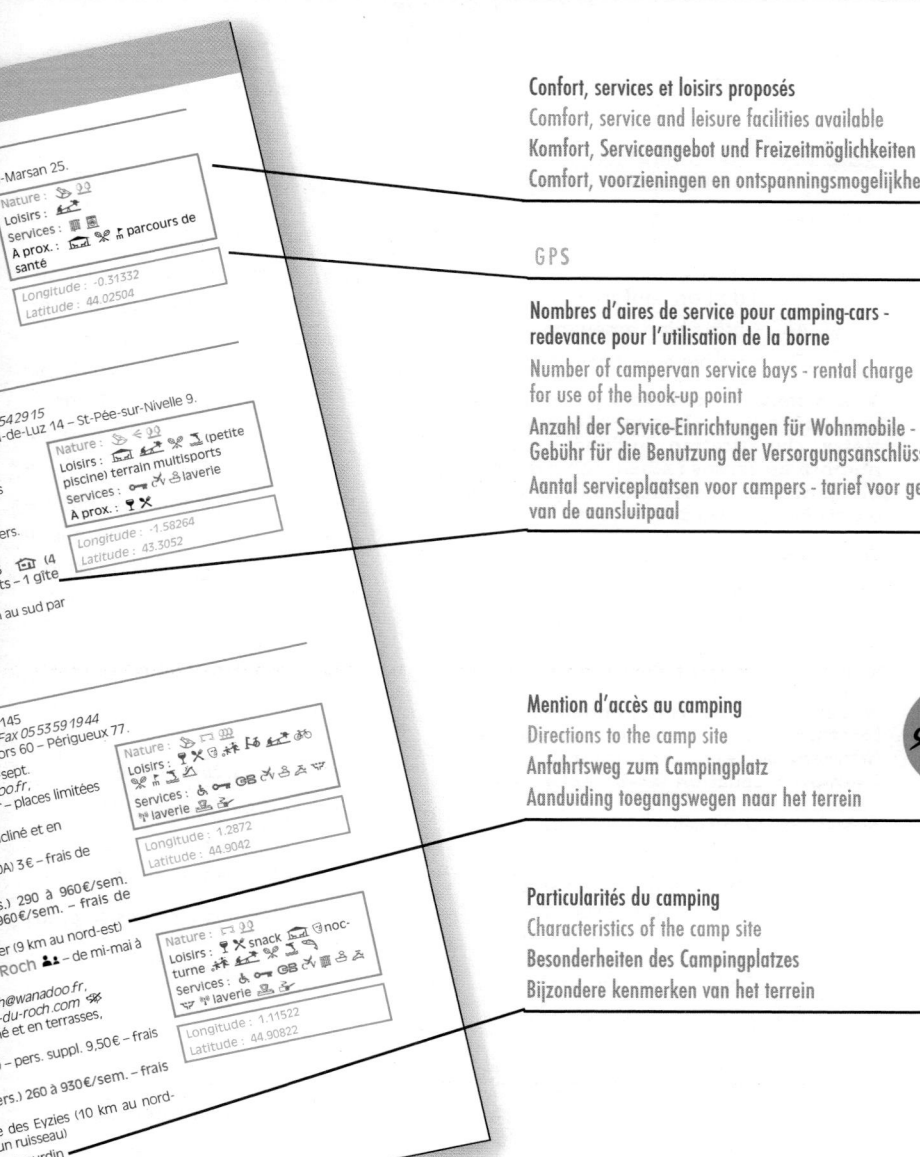

Confort, services et loisirs proposés
Comfort, service and leisure facilities available
Komfort, Serviceangebot und Freizeitmöglichkeiten
Comfort, voorzieningen en ontspanningsmogelijkhed

GPS

**Nombres d'aires de service pour camping-cars -
redevance pour l'utilisation de la borne**
Number of campervan service bays - rental charge
for use of the hook-up point
Anzahl der Service-Einrichtungen für Wohnmobile -
Gebühr für die Benutzung der Versorgungsanschlüsse
Aantal serviceplaatsen voor campers - tarief voor get
van de aansluitpaal

Mention d'accès au camping
Directions to the camp site
Anfahrtsweg zum Campingplatz
Aanduiding toegangswegen naar het terrein

Particularités du camping
Characteristics of the camp site
Besonderheiten des Campingplatzes
Bijzondere kenmerken van het terrein

Pour les légendes détaillées se reporter aux pages 10 à 14
For detailed legends see pages 16 to 19
Einzelheiten der Zeichenerklärung siehe Seite 20 bis 24
Gedetailleerde verklaring van de tekens, zie blz. 26 en 29

TERRAINS

Catégories

⛺⛺⛺⛺ ⛺⛺⛺⛺	très confortable, parfaitement aménagé
⛺⛺⛺ ⛺⛺⛺	confortable, très bien aménagé
⛺⛺ ⛺⛺	bien aménagé, de bon confort
⛺ ⛺	assez bien aménagé
⛺ ⛺	simple mais convenable

● **Les terrains sont cités par ordre de préférence dans chaque catégorie. Notre classification indiquée par un nombre de tentes (⛺⛺⛺⛺ ... ⛺) est indépendante du classement officiel établi en étoiles par les préfectures.**

Ouvertures

juin-sept.	terrain ouvert du 1er juin au 30 septembre
Permanent	terrain ouvert toute l'année

● **Les dates de fonctionnement des locations sont précisées lorsqu'elles diffèrent de celles du camping. Exemple : Location (avril-sept.) : 🏠**

Sélections particulières

❄	caravaneige — campings spécialement équipés pour les séjours d'hiver (chauffage, branchements électriques de forte puissance, salle de séchage etc.).
👥	structure adaptée à l'accueil des enfants, proposant, entre autres, des sanitaires pour les tout-petits, des aires de jeux et des animations encadrées par des professionnels

Exceptionnel dans sa catégorie

⛺⛺⛺⛺ ... ⛺	particulièrement agréable pour le cadre, la qualité et la variété des services proposés.
🦢 🦢	terrain très tranquille, isolé — tranquille surtout la nuit
≪ ≪	vue exceptionnelle — vue intéressante ou étendue

Situation et fonctionnement

☎	Téléphone
Accès	nord – sud – est – ouest (indiquée par rapport au centre de la localité)
🔑	Présence d'un gardien ou d'un responsable pouvant être contacté 24h sur 24 mais ceci ne signifie pas nécessairement une surveillance effective — gardé le jour seulement.
🐕	Accès interdit aux chiens — En l'absence de ce signe, la présentation d'un carnet de vaccination à jour est obligatoire.
🅿	Parking obligatoire pour les voitures en dehors des emplacements
℞	Pas de réservation
⊟	Cartes Bancaires acceptées (Eurocard, MasterCard, Visa)
c/v	Chèques-vacances acceptés

Caractéristiques générales

3 ha	Superficie en hectares
60 ha/ 3 campables	Superficie totale (d'un domaine) et superficie du camping proprement dit
(90 empl.)	Capacité d'accueil : en nombre d'emplacements
▭	Emplacements nettement délimités
🌳 🌳🌳 🌳🌳🌳	Ombrage léger — moyen — fort (sous-bois)
⚓	Au bord de l'eau avec possibilité de baignade

Confort

⬛	Installations chauffées
♿	Installations sanitaires accessibles aux handicapés physiques
⬚	Lavabos en cabines indivi-duelles (avec ou sans eau chaude)
⬚	Salle de bains pour bébés
⬚ ⬚	Branchements individuels : Eau – Évacuation

Services

⬚	Aire de service pour camping-cars
⬚ 1 borne 4 €	Nombre de bornes – Type de borne
3 ▣ 15,50 €	Emplacements aménagés pour camping-cars – nombre d'emplacements – redevance journalière pour l'emplacement.
🌙 8 à 13 €	Formule Stop accueil camping-car FFCC redevance journalière pour la formule
▣	Lave-linge, sèche-linge
⬚ ⬚	Supermarché — Magasin d'alimentation
⬚	Plats cuisinés à emporter
⬚	Borne internet et Wifi

Loisirs

⬚ ⬚	Bar (licence III ou IV) — Restauration
⬚	Salle de réunion, de séjour, de jeux
⬚	Animations diverses (sporti-ves, culturelles, détente)
⬚	Club pour enfants
⬚ ⬚	Salle de remise en forme — Sauna
⬚	Jeux pour enfants
⬚ ⬚	Location de vélos — Tir à l'arc
⬚ ⬚	Tennis : de plein air – cou-vert
m	Golf miniature

⬚ ⬚	Piscine : couverte – de plein air
⬚	Bains autorisés ou baignade surveillée
⬚	Toboggan aquatique
⬚	Pêche
⬚	Voile (école ou centre nautique)
⬚	Promenade à cheval ou équitation

● **La plupart des services et certains loisirs de plein air ne sont généralement accessibles qu'en saison, en fonction de la fréquentation du terrain et indépendamment de ses dates d'ouverture.**

À prox.	Nous n'indiquons que les aménagements ou installa-tions qui se trouvent dans les proches environs.

Tarifs en €

Redevances journalières :

⬚ 5 €	par personne
⬚ 2 €	pour le véhicule
▣ 7,50 €	pour l'emplacement (tente/caravane)
⬚ 2,50 € (4A)	pour l'électricité (nombre d'ampères)

Redevances forfaitaires :

25 € ⬚ ⬚ ▣ ⬚ (10A)	emplacement pour 2 personnes, véhicule et électricité compris

● **Les prix ont été établis en automne 2009 et s'appliquent à la haute saison (à défaut, nous mentionnons les tarifs pratiqués l'année précédente). Dans tous les cas, ils sont donnés à titre indi-catif et susceptibles d'être modifiés si le coût de la vie subit des variations importantes.**

● **Le nom des campings est inscrit en caractères maigres lorsque les proprié-taires ne nous ont pas communiqué tous leurs tarifs.**

Locations et tarifs

15	Nombre d'unités Location de caravanes ou mobile homes sans sanitaires
(2 à 4 pers.) *198 à.* *335 €/sem*	Prix à la semaine, basse saison 198 et haute saison 335, pour 4 personnes maximum
12	Nombre d'unités Location de mobile homes
(4 à 6 pers.) *274 à 488 €/sem.*	Prix à la semaine, basse saison 274 et haute saison 488, pour 6 personnes maximum
20	Nombre d'unités Location de bungalows ou chalets
(4 à 6 pers.) *305 à 595 €/sem.*	Prix à la semaine, basse saison 305 et haute saison 595, pour 6 personnes maximum
6	Nombre d'unités Location de chambres. S'adresser au propriétaire pour tous renseignements

LOCALITÉS

23700	Numéro de code postal
343 B8	N° de la carte Michelin et coordonnées de carroyage
G. Bretagne	Localité décrite dans Le Guide Vert Michelin Bretagne
Rennes 47	Distance en kilomètres
1 050 h.	Population
alt. 675	Altitude de la localité
⚓	Station thermale
✉ 05000 Gap	Code postal et nom de la commune de destination
1 200/1 900 m	Altitude de la station et altitude maximum atteinte par les remontées mécaniques
2	Nombre de téléphériques ou télécabines
14	Nombre de remonte-pentes et télésièges
	Ski de fond

	Transports maritimes
🛈	Information touristique

LÉGENDE

Voirie

	Autoroute
	Double chaussée de type autoroutier
❶ ❷	Échangeurs numérotés : complet, partiel
	Route principale
	Itinéraire régional ou de dégagement
	Autre route
	Sens unique – Barrière de péage
	Piste cyclable – Chemin d'exploitation, sentier
	Pentes (Montée dans le sens de la flèche) 5 à 9 % – 9 à 13 % – 13 % et plus
B △	Col – Bac – Pont mobile
	Voie ferrée, gare – Voie ferrée touristique
③	Limite de charge (indiquée au-dessous de 5 tonnes)
2̄8̄	Hauteur limitée (indiquée au-dessous de 3 m)

ATTENTION : En France, nouvelle numérotation des routes nationales et départementales en cours.

Curiosités

	Église, chapelle – Château
	Phare – Monument mégalithique – Grotte
∴ ▲	Ruines – Curiosités diverses
	Table d'orientation, panorama – Point de vue

12

Repères

	Localité possédant un plan dans le Guide Michelin France
🖸 ✉	Information touristique – Bureau de poste principal
⌂ ♟	Église, chapelle – Château
⌒	
⚬̊ ▪ ⚎	Ruines – Monument – Château d'eau
⊞ ✿	Hôpital – Usine
✩ ☾	Fort – Barrage – Phare
⌕	
⚑ ⭤⭤⭤	Calvaire – Cimetière
✈ ▭ ▲	Aéroport – Aérodrome – Vol à voile
▢ ⌐ ⊛	Stade – Golf – Hippodrome
🐎 ⚲	Centre équestre – Zoo – Patinoire
↼	
⦁–⦁–⦁ ▬	Téléphérique ou télésiège – Forêt ou bois
⊒ ▨	Piscine de plein air, couverte – Baignade
⌇	
◆ ⚓ ✂	Base de loisirs – Centre de voile – Tennis
🛒	Centre commercial
●	Localité possédant au moins un terrain de camping sélectionné
■	Localité dont un terrain au moins propose des locations
Vannes	Localité possédant au moins un terrain avec des emplacements pour camping-cars
Moyaux	Localité disposant d'au moins un terrain agréable
🚐	Aire de service sur autoroute pour camping-cars

● **Certaines prestations (piscine, tennis) de même que la taxe de séjour peuvent être facturées en sus.**

● **Les enfants bénéficient parfois de tarifs spéciaux ; se renseigner auprès du propriétaire.**

● **En cas de contestation ou de différend, lors d'un séjour sur un terrain de camping, au sujet des prix, des conditions de réservation, de l'hygiène ou des prestations, efforcez-vous de résoudre le problème directement sur place avec le propriétaire du terrain ou son représentant.**

● **Faute de parvenir à un arrangement amiable, et si vous êtes certain de votre bon droit, adressez-vous aux Services compétents de la Préfecture du département concerné.**

● **En ce qui nous concerne, nous examinons attentivement toutes les observations qui nous sont adressées afin de modifier, le cas échéant, les mentions ou appréciations consacrées aux campings recommandés dans notre guide, mais nous ne possédons ni l'organisation, ni la compétence ou l'autorité nécessaires pour arbitrer et régler les litiges entre propriétaires et usagers.**

NOUVEAU - SELECTION 2010

● **Les coordonnées GPS sont en caractères gras lorsque les campings nous les ont fournies de façon précise. Sinon elles sont calculées au mieux d'après l'adresse postale, voire à la localité.**

es réchauds et lanternes par Campingaz®

Twister® Plus &
Lumostar® Plus PZ

oujours plus **innovants**,
ables et **performants**.

TRÈS PUISSANT
2900W

AUTONOMIE
12H

Pieds repliables = compact

Housse rigide pour protéger le verre

Globe amovible : facilite le changement du m...on

Allumage automatique

Boîte de rangement

Ces modèles s'adaptent sur toutes les cartouches à valve Campingaz®, en vente partout en France et dans le monde entier !

Easy Clic PLUS

nctionnent sur ouches à valve

00 JS

CV470 PLUS

Connexion Easy Clic Plus, ¼ de tour suffit pour connecter l'appareil à sa cartouche à valve !

Un système unique développé par Campingaz®, pour simplifier la vie des campeurs.

CAMPINGAZ

net : www.campingaz.com - Service consommateurs : 04 78 86 88 94

CAMPING SITES

Categories

⚕⚕ ⚕⚕	Very comfortable, ideally equipped
⚕⚕ ⚕⚕	Comfortable, very well equipped
⚕⚕ ⚕⚕	Well equipped, good comfort
⚕⚕ ⚕⚕	Reasonably comfortable
⚕ ⚕	Quite comfortable

● **Camping sites are listed in order of preference within each category.
The classification we give (⚕⚕⚕ ... ⚕) is totally independent of the official star classification awarded by the local «préfecture».**

Opening periods

juin-sept.	Site open from beginning June to end September
Permanent	Site open all year round

● **Opening dates for rented accommodation are given where they are different from the camping site opening dates:
Exemple: Location (avril-sept.):** 🏠

Special features

❄	Winter caravan sites – These sites are specially equipped for a winter holiday in the mountains. Facilities generally include central heating, high power electric points and drying rooms for clothes and equipment.
👥	Child-friendly facility offering toilets for young children, playgrounds and activities monitored by professionals, among other things

Peaceful atmosphere and setting

⚕⚕⚕ ... ⚕	Particularly pleasant setting, quality and range of services available.
🐾 🐾	Quiet isolated site – Quiet site, especially at night

≤ ≤	Exceptional view – Interesting or extensive view

Location and access

☎	Telephone
Accès	Direction from nearest listed locality: North – South – East – West
⚷ ⚷	24 hour security – a warden will usually live on site and can be contacted during reception hours, although this does not mean round-the-clock surveillance outside normal hours – day only
🐕‍🦺	No dogs. In all other cases a current vaccination certificate is required.
Ⓟ	Cars must be parked away from pitches
℞	Reservations not accepted
GB	Credit cards accepted (Eurocard, MasterCard, Visa)
CV	Chèque-vacances accepted

General characteristics

3 ha	Area available (in hectares; 1ha = 2.47 acres)
60 ha/ 3 campables	Total area of the property and area used for camping
(90 empl.)	Capacity (number of spaces)
⌷	Marked off pitches
♀ ♀♀ ♀♀♀	Shade – Fair amount of shade – Well shaded
⚓	Waterside location with swimming area

Comfort

▥	Heating installations
♿	Sanitary installations for the physically handicapped
🚿	Individual wash rooms or wash basins with or without hot water
🚼	Baby changing facilities
⌁	Running water

☂ ⛵	Each bay is equipped with water – drainage

Facilities

🚐	Service bay for camper vans
🚐 1 borne 4 €	Number of points
3 ▣ 15,50 €	Sites equipped for campervans – number of sites – daily fee per site.
🌙	Special price for camper on the site
🔲	Washing machines, laundry
🛒 🔲	Supermarket – Food shop
🍽	Take away meals
(•)	Internet point

Recreational facilities

🍷 ✗	Bar (serving alcohol) – Eating places (restaurant, snack-bar)
🏠	Common room – Games room
🎭	Miscellaneous activities (sports, culture, leisure)
🤸	Children's club
🚴 ⬓s	Exercice room – Sauna
🛝	Playground
🚲 ⊙	Cycle hire – Archery
✗ ✗	Tennis courts: open air – covered
m	Mini golf
🏊 🏊	Swimming pool: covered – open air
≃	Bathing allowed or supervised bathing
🛝	Water slide
🐟	Fishing

⛵	Sailing (school or centre)
🐎	Pony trekking, riding

● **The majority of outdoor leisure facilities are only open in season and in peak periods opening does not necessarily correspond to the opening of the site.**

À prox.	We only feature facilities in close proximity to the camping site

Charges in €

Daily charge:

🚶 5 €	per person
🚗 2 €	per vehicle
▣ 7,50 €	per pitch (tent/caravan)
⚡ 2,50 € (4A)	for electricity (by no of amperes)

Rates included:

25 € 🚶🚗▣ ⚡ (10A)	pitch for 2 people including vehicle and electricity

● **We give the prices which were supplied to us by the owners in Autumn 2008 (if this information was not available we show those from the previous year). In any event these should be regarded as basic charges and may alter due to fluctuations in the cost of living.**

● **Listings in light typeface indicate that not all revised tariff information has been provided by the owners.**

● **Supplementary charges may apply to some facilities (swimming pool, tennis) as well as for long stays.**

● **Special rates may apply for children – ask owner for details.**

Renting and charges

15 🚐	Number of units Caravan hire or mobile homes without bath rooms
(2-4 pers.) 198 à 335 €/sem.	Weekly rates, low season 198, high season 335, for up to 4 persons
12 🏠	Number of units Mobile home hire

17

(4 à 6 pers.) *274 à 488 €/sem.*	Weekly rates, low season 274, high season 488, for up to 6 persons
20 ⌂	Number of units Bungalow/Chalet hire
(4 à 6 pers.) *305 à 595 €/sem.*	Weekly rates, low season 305, high season 595, for up to 6 persons
6 ⏘	Number of units Rooms to rent – ask owner for full details

LOCALITIES

23700	Postal code number
343 B8	Michelin map number and fold
G. Bretagne	Place described in the Michelin Green Guide Brittany
Rennes 47	Distance in kilometres
1 050 h.	Population
alt. 675	Altitude (in metres)
⟰	Spa
⊠ 05000 Gap	Postal number and name of the postal area
1 200/1 900 m	Altitude (in metres) of resort and highest point reached by lifts
2 ⛷	Number of cable-cars
14 ⛷	Number of ski and chair-lifts
⛷	Cross country skiing
⛴	Maritime services
⑂	Tourist information Centre

KEY TO THE LOCAL MAPS

Roads

▬▬▬	Motorway
═══	Dual carriageway with motorway characteristics
❶ ❷	Numbered junctions: complete, limited
═══	Major road
═══	Secondary road network

══	Other road
══╪	One-way road – Toll barrier
─ ─ ─	Cycle track – Cart track, footpath
⪼⪼	Gradient (ascent in the direction of the arrow) 1:20 to 1:12; 1:11 to 1:8; + 1:7
⪼⪤ Ⓑ △	Pass – Ferry – Drawbridge or swing bridge
▭ ⊔	Railway, station – Steam railways
③	Load limit (given when less than 5tons)
2ᵐ8	Headroom (given when less than 3m)

PLEASE NOTE The route nationale and route départementale road numbers are currently being changed in France.

Sights of interest

⊟ ⍭ ⤪	Church, chapel – Castle, château
⌔ ⧕ ⌓	Lighthouse – Megalithic monument – Cave
⸪ ▲	Ruins – Miscellaneous sights
※⸱ ⪤	Viewing table, panoramic view – Viewpoint

Landmarks

⌕	Towns having a plan in the Michelin Guide
⑂ ⊗	Tourist Information Centre – General Post Office
⊟ ⍭	Church, chapel – Castle, château
⸪ ▪ ⌸	Ruins – Statue or building – Water tower
⊞ ✿	Hospital – Factory or power station
☆ ☾ ⌂	Fort – Dam – Lighthouse
⊺ ⊺⊺⊺	Wayside cross – Cemetery
✈ ⊞ ▲	Airport – Airfield – Gliding airfield
▭ ⚑ ⛳	Stadium – Golf course –

Racecourse

Horse riding – Zoo – Skating rink

Cable-car or chairlift – Forest or wood

Outdoor or indoor, Swimming pool – Bathing spot

Outdoor leisure park/centre – Sailing – Tennis courts

Shopping centre

Town with at least one selected camping site

Locality with at least one selected site offering renting

Vannes Locality with at least one selected site with areas reserved for camper vans

Moyaux Locality with at least one selected very quiet, isolated site

Motorway service area for camper vans

● If during your stay in a camping site you have grounds for complaint concerning your reservation, the prices, standards of hygiene or facilities offered, try in the first place to resolve the problem with the proprietor or the person responsible.

● If the disagreement cannot be solved in this way, and if you are sure that you are within your rights, it is possible to take the matter up with the Prefecture of the «département» in question.

● We welcome all suggestions and comments, be it criticism or praise, relating to camping sites recommended in our guide. We do, however, stress the fact that we have neither facilities, nor the authority to deal with matters of complaint between campers and proprietors.

GPS : SELECTION 2010

● The GPS coordinates are in boldface when the information was provided in a precise manner by the campground. In other cases, we have calculated as nearly as possible using the postal address or the name of the town.

19

CAMPINGPLÄTZE

Kategorie

⩗⩗ ⩗⩗	Sehr komfortabel, ausgezeichnet ausgestattet
⩗⩗ ⩗⩗	Komfortabel, sehr gut ausgestattet
⩗⩗ ⩗⩗	Mit gutem Komfort ausgestattet
⩗ ⩗	Ausreichend ausgestattet
⩗ ⩗	Einfach, aber ordentlich

● **Die Reihenfolge der Campingplätze innerhalb einer Kategorie entspricht unserer Empfehlung.**
Unsere Klassifizierung, durch eine entsprechende Anzahl von Zelten (⩗⩗ ... ⩗) ausgedrückt, ist unabhängig von der offiziellen Klassifizierung durch Sterne, die von den Präfekturen vorgenommen wird.

Öffnungszeiten

juin-sept.	Campingplatz geöffnet von Anfang Juni bis Ende September
Permanent	Campingplatz ganzjährig geöffnet

● **Vermietungszeit: Sie wird extra angegeben, wenn sie sich von der Öffnungszeit des Campingplatzes unterscheidet. Beispiel: Location (avril-sept.):** 🏠

Besondere Merkmale

❄	Diese Gelände sind speziell für Wintercamping in den Bergen ausgestattet (Heizung, Starkstromanschlüsse, Trockenräume usw.).
👥	Kinderfreundliches Konzept, das u. a. Sanitäranlagen für die Kleinsten, Spielplätze und ein Animations-Programm durch geschultes Personal bietet

Besonders schöne und ruhige Lage

⩗⩗ ... ⩗	Besonders schöne Lage, gutes und vielfältiges Serviceangebot.
🦢🦢	Ruhiger, abgelegener Campingplatz - Ruhiger Campingplatz, besonders nachts
≼≼	Eindrucksvolle Aussicht – Interessante oder weite Sicht

Lage und Dienstleistungen

☎ ✉	Telefon – Postanschrift
Accès	Richtung: Norden – Süden – Osten – Westen (Angabe ab Ortszentrum).
⚷⚷	Eine Aufsichtsperson kann Tag und Nacht bei Bedarf erreicht werden: Dies bedeutet jedoch nicht, dass der Platz bewacht ist – nur tagsüber.
🐕	Hunde nicht erlaubt – wenn dieses Zeichen nicht vorhanden ist, muss ein gültiger Impfpass vorgelegt werden.
🅿	Parken nur auf vorgeschriebenen Parkplätzen außerhalb der Stellplätze.
℞	Keine Reservierung
GB	Akzeptierte Kreditkarten (Eurocard, MasterCard, Visa)
cv	«Chèques vacances» werden akzeptiert.

Allgemeine Beschreibung

3 ha	Nutzfläche (in Hektar)
60 ha/ 3 campables	Gesamtfläche (eines Geländes) und Nutzfläche für Camping.
(90 empl.)	Anzahl der Stellplätze
⛺	Abgegrenzte Stellplätze
🌳 🌳🌳 🌳🌳🌳	Leicht schattig – ziemlich schattig – sehr schattig.
⌂	Am Wasser mit Bademöglichkeit.

Komfort

▥	Beheizte sanitäre Anlagen
♿	Sanitäre Einrichtungen für Körperbehinderte
⬒	Individuelle Waschräume (mit oder ohne Warmwasser)
⬦	Wickelraum
⬟	Wasserstelle
⬠ ⬢	Individuelle Anschlüsse: Wasser – Abwasser

Dienstleistungen

🚐	Service-Einrichtungen für Wohnmobile (Stromanschluss, Ver-/Entsorgung Wasser)
🚐 1 borne 4 €	Anzahl der Versorgungsanschlüsse
3 ▣ 15,50 €	Stellplatz für Wohnmobile – Anzahl der Stellplätze – Tagespreis/Stellplatz.
☾	Sonderpreis für Wohnmobil auf dem Campingplatz
	camping-car FFCC
▣	Miet-Waschmaschinen
🛒 ⬛	Supermarkt – Lebensmittelgeschäft
⬗	Fertiggerichte zum Mitnehmen
((•))	Internetanschluss

Freizeitmöglichkeiten

🍷 ✕	Bar mit Alkoholausschank – Restaurant, Snack-Bar
⬛	Gemeinschaftsraum, Aufenthaltsraum, Spielhalle …
☺	Diverse Freizeitangebote (Sport, Kultur, Entspannung)
⛹	Kinderspielraum
⬛ ⬛s	Fitness-Center – Sauna
⬛	Kinderspielplatz
🚲 ⊙	Fahrradverleih – Bogenschießen
✂ ⬛	Tennisplatz – Hallentennisplatz
⬛m	Minigolfplatz

⬛ ⬛	Hallenbad – Freibad
⬣	Baden erlaubt, teilweise mit Aufsicht
⬛	Wasserrutschbahn
⬛	Angeln
⬛	Segeln (Segelschule oder Segelclub)
🏇	Reiten

● **Die meisten dieser Freizeitmöglichkeiten stehen nur in der Hauptsaison zur Verfügung oder sie sind abhängig von der Belegung des Platzes. Auf keinen Fall sind sie identisch mit der Öffnungszeit des Platzes.**

À proximité   Wir geben nur die Einrichtungen an, welche sich in der Nähe des Platzes befinden.

Preise in €

Tagespreise:

⬛ 5 €	pro Person
🚗 2 €	für das Auto
▣ 7,50 €	Platzgebühr (Zelt/Wohnwagen)
⚡ 2,50 € (4A)	Stromverbrauch (Anzahl der Ampere)

Pauschalgebühren:

25 € ⬛🚗▣ ⚡ (A)	Stellplatz für 2 Personen Fahrzeug und Strom

● **Die Preise wurden uns im Herbst 2008 mitgeteilt, es sind Hochsaisonpreise (falls nicht, sind die Preise des Vorjahres angegeben). Die Preise sind immer nur als Richtpreise zu betrachten. Sie können sich bei steigenden Lebenshaltungskosten ändern.**

● **Der Name eines Campingplatzes ist dünn gedruckt, wenn der Eigentümer uns keine Preise genannt hat.**

● **Für einige Einrichtungen (Schwimmbad, Tennis) sowie die Kurtaxe können separate Gebühren erhoben werden.**

● **Für Kinder erhält man im Allgemeinen spezielle Kindertarife, erkundigen Sie sich beim Eigentümer.**

Vermietung und Preise

	Anzahl der Wohneinheiten
15 ⬛	Vermietung von

21

Wohnwagen oder Wohnmobilen ohne Sanitäreinrichtung

(4 pers.) 198 à *335 €/sem.*	Wochenpreise, Vorsaison 198 und Hochsaison 335, für maximal 4 pers.
12 🚐	Anzahl der Wohneinheiten Vermietung von Wohnmobilen
(4 à 6 pers.) *274 à 488 €/sem.*	Wochenpreise, Vorsaison 274 und Hochsaison 488, für maximal 6 Pers.
20 🏠	Anzahl der Wohneinheiten Vermietung von Bungalows und Chalets
(4 à 6 pers.) *305 à 595 €/sem.*	Wochenpreise, Vorsaison 305 und Hochsaison 595, für maximal 6 Pers.
6 🛏	Anzahl der Wohneinheiten Vermietung von Zimmern. Erkundigen Sie sich beim Eigentümer nach den Bedingungen

ORTE

23700	Postleitzahl
343 B8	Nr. der Michelin-Karte und Falte
G. Bretagne	Im Grünen Michelin-Reiseführer Bretagne beschriebener Ort
Rennes 47	Entfernung in Kilometern
1 050 h.	Einwohnerzahl
alt. 675	Höhe
♨	Heilbad
✉ 05000 Gap	Postleitzahl und Name des Verteilerpostamtes
1 200/1 900 m	Höhe des Wintersport-geländes und Maximal-Höhe, die mit Kabinenbahn oder Lift erreicht werden kann
2 🚠	Anzahl der Kabinenbahnen
14 🎿	Anzahl der Schlepp -oder Sessellifte
🏃	Langlaufloipen
🚢	Schiffsverbindungen
🛈	Informationsstelle

22

KARTENSKIZZEN

Straßen

	Autobahn
	Schnellstraße (kreuzungs-frei)
❶ ❷	Nummerierte Anschlussstelle: Autobahneinfahrt- und/oder -ausfahrt
	Hauptverkehrsstraße
	Regionale Verbindungsstraße oder Entlastungsstrecke
	Andere Straße
	Einbahnstraße – Gebührenstelle
	Radweg – Wirtschaftsweg, Pfad
⟫⟫→	Steigungen, Gefälle (Steigung in Pfeilrichtung 5-9 %, 9-13 %, 13 % und mehr)
⟫⟫✕⟩Ⓑ△	Pass – Fähre – Bewegliche Brücke
	Bahnlinie und Bahnhof – Museumseisenbahn-Linie
③	Höchstbelastung (angegeben bis 5t)
⟨2⟩	Zulässige Gesamthöhe (angegeben bis 3 m)

ACHTUNG Die Nummerierung der National- und der Landstraßen in Frankreich wird z. Zt. Geändert

Sehenswürdigkeiten

🏛 ✝ ⚰	Kirche, Kapelle – Schloss, Burg
♜ ⚲ ⌂	Leuchtturm – Menhir, Megalithgrab – Höhle
∴ ▲	Ruine – Sonstige Sehenswürdigkeit
☼ ⇒	Orientierungstafel, Rundblick – Aussichtspunkt

Orientierungspunkte

	Ort mit Stadtplan im Michelin-Führer
🅱 ✉	Informationsstelle – Hauptpost

🏛 ♃ ⬭	Kirche, Kapelle – Schloss, Burg
⚲ ▪ 🏛	Ruine – Denkmal – Wasserturm
⊞ ✿	Krankenhaus – Fabrik
☆ ☾ ⚲	Festung – Staudamm – Leuchtturm
⚑ ⚑⚑⚑	Bildstock – Friedhof
✈ 🛪 ⛰	Flughafen – Flugplatz – Segelflugplatz
⬯ ⚑ 🏇	Stadion – Golfplatz – Pferderennbahn
🏇 ⚲ ⛸	Reitanlage – Zoo – Schlittschuhbahn
▪◦▪◦▪ ▨	Seilschwebebahn oder Sessellift – Wald oder Gehölz
🏊 🏊 🏊	Freibad – Hallenbad – Strandbad
◆ ♦ ✗	Freizeiteinrichtungen – Segelzentrum – Tennisplatz
🛒	Einkaufszentrum
●	Ort mit mindestens einem ausgewählten Campingplatz
■	Ort mit mindestens einem Campingplatz mit Vermietung
Vannes	Ort mit mindestens einem Campingplatz mit Stellplätzen die nur für Wohnmobile reserviert sind
Moyaux	Ort mit mindestens einem sehr ruhigen Campingplatz
🚐	Autobahnrastplätze mit Wartungsmöglichkeiten für Wohnmobile

● **Falls bei Ihrem Aufenthalt auf dem Campingplatz Schwierigkeiten bezüglich der Preise, Reservierung, Hygiene o. ä. auftreten, sollten Sie versuchen, diese direkt an Ort und Stelle mit dem Campingplatzbesitzer oder seinem Vertreter zu regeln.**

● **Wenn Sie von Ihrem Recht überzeugt sind, es Ihnen jedoch nicht gelingt, zu einer allseits befriedigenden Lösung zu kommen, können Sie sich an die entsprechende Stelle bei der zuständigen Präfektur wenden.**

● **Unsererseits überprüfen wir sorgfältig alle bei uns eingehenden Leserbriefe und ändern gegebenenfalls die Platzbewertung im Führer. Wir besitzen jedoch weder die rechtlichen Möglichkeiten noch die nötige Autorität, um Rechtsstreitigkeiten zwischen Platzeigentümern und Platzbenutzern zu schlichten.**

AUSWAHL 2010

● **Die GPS-Koordinaten sind fett gedruckt, sofern die Campingplätze sie uns**

detailliert angegeben haben. Ansonsten sind sie so genau wie möglich nach

Adresse oder Ortsangabe errechnet.

ViaMichelin

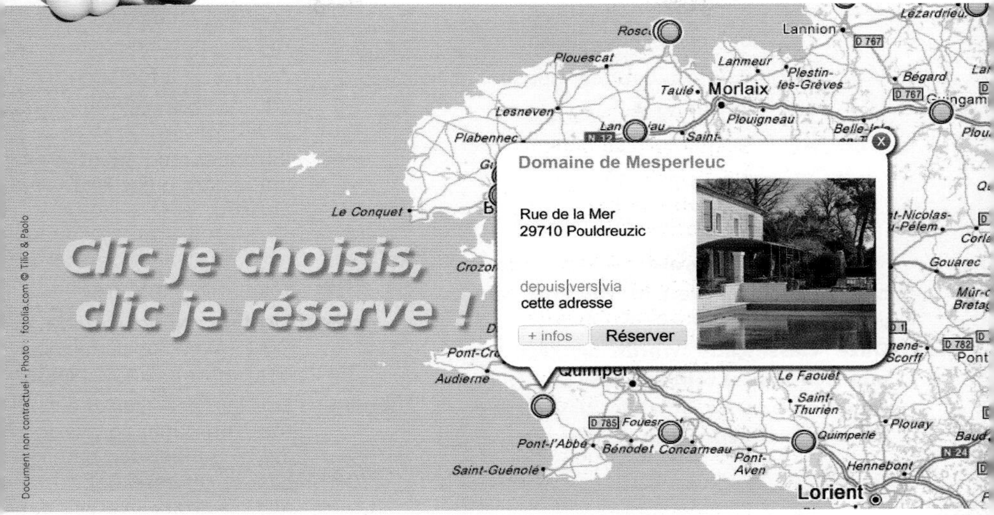

Clic je choisis, clic je réserve !

Document non contractuel - Photo : fotolia.com © Tilio & Paolo

Domaine de Mesperleuc

Rue de la Mer
29710 Pouldreuzic

depuis|vers|via
cette adresse

+ infos   **Réserver**

RÉSERVATION HÔTELIÈRE SUR

www.ViaMichelin.com

Préparez votre itinéraire sur le site ViaMichelin pour optimiser tous vos déplacements.
Vous pouvez comparer différents parcours, sélectionner vos étapes gourmandes, découvrir
les sites à ne pas manquer…
Et pour plus de confort, réservez en ligne votre hôtel en fonction de vos préférences
(parking, restaurant...) et des disponibilités en temps réel auprès de 100 000 hôtels dans le
monde (indépendants ou chaînes hôtelières).

- **Pas de frais de réservation**
- **Pas de frais d'annulation**
- **Les meilleurs prix du marché**
- **La possibilité de sélectionner et de filtrer
  les hôtels du guide MICHELIN**

MICHELIN
Une meilleure façon d'avancer

TERREINEN

Categorie

🏕️ 🏕️	Buitengewoon comfortabel, uitstekende inrichting
🏕️ 🏕️	Comfortabel, zeer goede inrichting
🏕️ 🏕️	Goed ingericht, geriefelijk
🏕️ 🏕️	Behoorlijk ingericht
🏕️ 🏕️	Eenvoudig maar behoorlijk

● **De terreinen worden voor iedere categorie opgegeven in volgorde van voorkeur.**
Onze classificatie wordt aangegeven met een aantal tenten (🏕️...🏕️). Zij staat los van de officiële classificatie die wordt uitgedrukt in sterren.

Openingstijden

juin-sept.	Terrein geopend van begin juni tot eind september
Permanent	Terrein het gehele jaar geopend

● **Wanneer de data voor het verhuren verschillen van die van het kampeerterrein, dan worden zij gepreciseerd.**
Bijv. Location (avril-sept.): 🏠

Bijzondere kenmerken

❄️	Geselecteerd caravaneige – Deze terreinen zijn speciaal ingericht voor winterverblijf in de bergen (verwarming, electriciteitsaansluiting met hoog vermogen, droogkamer, enz.).
👫	Kindvriendelijk etablissement met o.a. speciaal sanitair voor de kleintjes, speeltuintje en kinderactiviteiten onder begeleiding van professionals

Aangenaam en rustig verblijf

🏕️...🏕️	Bijzonder aangenaam vanwege de omgeving, de kwaliteit en de diversiteit van de voorzieningen.
🦢 🦢	Zeer rustig, afgelegen terrein – Rustig, vooral 's nachts
≪ ≪	Bijzonder mooi uitzicht – Interessant uitzicht of vergezicht

Ligging en service

✆ ✉	Telefoon – Postadres
Accès	Richting : Noord – Zuid – Oost – West (gezien vanuit het centrum van de plaats)
🔑	Er is een bewaker of een toezichthouder aanwezig die 24 uur per dag bereikbaar is. Dit betekent echter niet noodzakelijkerwijs dat er sprake is van een daadwerkelijke bewaking – alleen overdag bewaakt.
🐕	Honden niet toegelaten – Bij afwezigheid van dit teken dient men een recent vaccinatieboekje te kunnen tonen.
🅿️	Verplichte parkeerplaats voor auto's buiten de staanplaatsen
℞	Reservering niet mogelijk
GB	Creditcards worden geaccepteerd (Eurocard, MasterCard, Visa)
c̃v	Reischeques worden geaccepteerd

Algemene kenmerken

3 ha	Oppervlakte in hectaren
60 ha/ 3 campables	Totale oppervlakte (van een landgoed) en oppervlakte van het eigenlijke kampeerterrein
(90 empl.)	Maximaal aantal staanplaatsen

🛏	Duidelijk begrensde staan-plaatsen	
♀ ♀♀ ♔	Weinig tot zeer schaduwrijk	
⚓	Aan de waterkant met mogelijkheid tot zwemmen	

Comfort

▥	Verwarmde installaties
♿	Sanitaire installaties voor lichamelijk gehandicapten
🗄	Individuele wasgelegen-heid of wastafels (met of zonder warm water)
🛀	Wasplaats voor baby's
⚿	Waslokalen – Stromend water
🚰 ⚟	Individuele aansluitingen : Watertoevoer en-afvoer

Voorzieningen

🚐	Serviceplaats voor cam-pingcars
🚐 1 borne 4 €	Aantal aansluitpalen
3 🔲 15,50 €	Serviceplaats voor cam-pingcars – aantal plaatsen – dagtarief voor de plaats.
🌙	Ter plaatse speciale formule voor camper
🛒 🔲	Wasmachines, waslokaal Supermarkt – Kampwinkel
🍴	Dagschotels om mee te nemen
((•))	Internetpaal

Ontspanning

🍷 ✕	Bar (met vergunning) – Eetgelegenheid (restau-rant, snackbar)
🏛	Zaal voor bijeenkomsten, dagverblijf of speelzaal
😊	Diverse activiteiten (sport, cultuur, ontspanning)
🧒	Kinderopvang
🏋 ≅s	Fitness – Sauna
🛝	Kinderspelen
🚲 🎯	Verhuur van fietsen – Boogschieten

✕ 🎾	Tennis: overdekt – open-lucht	
⛳ m	Mini-golf	
🏊 🏊	Zwembad : overdekt – openlucht	
🏊	Vrije zwemplaats of zwemplaats met toezicht	
🎿	Waterglijbaan	
🐟	Hengelsport	
⛵	Zeilsport (school of water-sportcentrum)	
🐎	Tochten te paard, paardrijden	

● **De meeste voorzieningen en bepaal-de recreatiemogelijkheden in de open lucht zijn over het algemeen alleen toegankelijk tijdens het seizoen. Dit is afhankelijk van het aantal gasten op het terrein en staat los van de ope-ningsdata.**

À proximité	Wij vermelden alleen de faciliteiten of voorzienin-gen die zich in de omge-ving van de camping bevin-den.

Tarieven in €

Dagtarieven:

🧍 5 €	per persoon
🚗 2 €	voor het voertuig
🔲 7,50 €	voor de staanplaats (tent, caravan)
⚡ 2,50 € (4A)	voor elektriciteit (aantal ampères)

Vaste tarieven:

25 € 🧍🚗🔲 ⚡ (10A)	Staanplaats voor 2 personen, voertuig en elektriciteit inbegrepen

● **De prijzen zijn vastgesteld in het najaar van 2008 en gelden voor het hoogseizoen (indien deze niet beschik-baar zijn, vermelden wij de tarieven van het afgelopen jaar).**

● **De prijzen worden steeds ter indicatie gegeven en kunnen gewijzigd worden indien de kosten voor levensonderhoud belangrijke veranderingen ondergaan.**

● **Wanneer de naam van de camping niet in vetgedrukte letters staat, betekent dit dat de eigenaar niet alle tarieven heeft doorgegeven.**

● **Bepaalde faciliteiten (zwembad, tennisbaan), evenals de toeristenbelasting, kunnen extra in rekening worden gebracht.**

Voor kinderen geldt soms een speciaal tarief; informatie hierover bij de eigenaar.

Verhuur en tarieven

15 🚐	Aantal eenheden Verhuur van caravans – Stacaravans zonder sanitair
(4 pers.) 198 à 335 €/sem.	Prijs per week, laagseizoen 198 en hoogseizoen 335, voor maximaal 4 personen.
12 🚐	Aantal eenheden Verhuur van stacaravans
(4 à 6 pers.) 274 à 488 €/sem.	Prijs per week, laagseizoen 274 en hoogseizoen 488, voor maximaal 6 personen.
20 🏠	Aantal eenheden Verhuur van bungalows of huisjes
(4 à 6 pers.) 305 à 595 €/sem.	Prijs per week, laagseizoen 305 en hoogseizoen 595, voor maximaal 6 personen.
6 🛏	Aantal eenheden Verhuur van kamers. De eigenaar kan u meer informatie hierover verstrekken.

PLAATSEN

23700	Postcodenummer
343 B8	Nummer Michelinkaart en vouwbladnummer
G. Bretagne	Zie de Groene Michelingids Bretagne
Bourges 47	Afstanden in kilometers
1 050 h.	Aantal inwoners
alt. 675	Hoogte
⚎	Kuuroord

✉ 05000 Gap	Postcode en plaatsnaam bestemming
1 200/1 900 m	Hoogte van het station en maximale hoogte van de mechanische skiliften
2 🚠	Aantal kabelbanen
14 🎿	Aantal skiliften en stoeltjesliften
🎿	Langlaufen
⛴	Bootverbinding
🛈	Informatie voor toeristen

VERKLARING TEKENS

Wegen en spoorwegen

▬▬▬▬	Autosnelweg
═══	Dubbele rijbaan van het type autosnelweg
❶ ❷	Genummerde knooppunten : volledig, gedeeltelijk
═══	Hoofdweg
═══	Regionale of alternatieve route
═══	Andere weg
═══╪	Eenrichtingsverkeer – Tol
— — —	Fietspad – Bedrijfsweg, voetpad
≫≫≫	Hellingen (pijlen in de richting van de helling) 5 tot 9 %, 9 tot 13 %, 13 % of meer
➤╫─Ⓑ⚠	Pas – Veerpont – Beweegbare brug
▭▭ ⊔⊔⊔	Spoorweg, station – Spoorweg toeristentrein
③	Maximum draagvermogen (aangegeven onder 5 ton)
🚇8	Vrije hoogte (aangegeven onder 3 m)

OPGELET in Frankrijk worden de nummers van de nationale en de nationale en de departementale wegen momenteel.

Bezienswaardigheden

🏛 ✝ ✕		Kerk, kapel – Kasteel
⌖ ⛩ ∩		Vuurtoren – Megaliet – Grot
∴	▲	Ruïnes – Andere bezienswaardigheden

 Oriëntatietafel, panorama – Uitzichtpunt

Ter oriëntatie

 Plaats met een plattegrond in de Michelingids

 Informatie voor toeristen – Hoofdpostkantoor

Kerk, kapel – Kasteel

Ruïnes – Monument – Watertoren

Ziekenhuis – Fabriek

Fort – Stuwdam – Vuurtoren

Calvarie – Begraafplaats

Luchthaven – Vliegveld – Zweefvliegen

Stadion – Golf – Renbaan

Manege – Dierentuin – Schaatsbaan

 Kabelbaan of stoeltjeslift – Bos

 Zwembad : openlucht, overdekt – Zwemgelegenheid

 Recreatieoord – Zeilvereniging – Tennisbaan

 Winkelcentrum

Plaats met tenminste één geselekteerd kampeerterrein

Plaats met minstens één terrein met huurmogelijkheden

Lourdes | Plaats met minstens één terrein met plaatsen die alleen bestemd zijn voor campers

 Moyaux | Plaats met minstens één zeer rustig terrein

Serviceplaats langs de autosnelweg voor campers

● **Indien er tijdens uw verblijf op een kampeerterrein een meningsverschil zou ontstaan over prijzen, reserveringsvoorwaarden, hygiëne of dienstverlening, tracht dan ter plaatse met de eigenaar van het terrein of met zijn vervanger een oplossing te vinden.**

● **Mocht u op deze wijze niet tot overeenstemming komen, terwijl u overtuigd bent van uw goed recht, dan kunt u zich wenden tot de prefectuur van het betreffende departement.**

● **Van onze kant bestuderen wij zorgvuldig alle opmerkingen die wij ontvangen, om zo nodig wijzigingen aan te brengen in de omschrijving en waarde-ring van door onze gids aanbevolen terreinen. Onze mogelijkheden zijn echter beperkt en ons personeel is niet bevoegd om als scheidsrechter op te treden of geschillen te regelen tussen eigenaren en kampeerders.**

SELECTIE 2010

● **De GPS-coordinaten staan in het vet wanneer de campings ons die exact hebben aangeleverd. Zoniet werden die zo correct mogelijk berekend op basis van het postadres en ook de plaats.**

29

LEXIQUE   LEXICON   GLOSSAR   WOORDENLIJS

accès difficile	difficult approach	schwierige Zufahrt	moeilijke toegang
accès direct à	direct access to...	Zufahrt zu...	rechtstreekse toegang tot...
accidenté	uneven, hilly	uneben	heuvelachtig
adhésion	membership	Beitritt	lidmaatschap
août	August	August	augustus
après	after	nach	na
Ascension	Ascension Day	Himmelfahrt	Hemelvaartsdag
assurance obligatoire	insurance cover compulsory	Versicherungspflicht	verzekering verplicht
automne	autumn	Herbst	herfst
avant	before	vor	voor
avenue (av.)	avenue	Avenue	laan
avril	April	April	april
baie	bay	Bucht	baai
base de loisirs	leisure facilities	Freizeitanlagen	recreatiepark
bois, boisé	wood, wooded	Wald, bewaldet	bebost
bord de...	shore	Ufer, Rand	aan de oever van...
boulevard (bd)	boulevard	Boulevard	boulevard
au bourg	in the town	im Ort	in het dorp
«Cadre agréable»	pleasant setting	angenehme Umgebung	aangename omgeving
«Cadre sauvage»	wild setting	urwüchsige Umgebung	woeste omgeving
carrefour	crossroads	Kreuzung	kruispunt
cases réfrigérées	refrigerated food storage facilities	Kühlboxen	Koelvakken
centre équestre	horseriding stables	Reitzentrum	manege
château	castle	Schloss, Burg	kasteel
chemin	path	Weg	weg
conseillé	advisable	empfohlen	aanbevolen
cotisation obligatoire	membership charge obligatory	ein Mitgliedsbeitrag wird verlangt	verplichte bijdrage
croisement difficile	difficult access	schwierige Überquerung	gevaarlijk Kruispunt
en cours d'aménagement, de transformations,	work in progress rebuilding	wird angelegt, wird umgebaut	in aanbouw, wordt verbouwd
crêperie	pancake restaurant, stall-	Pfannkuchen-Restaurant	pannekoekenhuis
décembre (déc.)	December	Dezember	december
«Décoration florale»	floral decoration	Blumenschmuck	bloemversiering
derrière	behind	hinter	achter
discothèque	disco	Diskothek	discotheek
à droite	to the right	nach rechts	naar rechts
église	church	Kirche	kerk
électricité (élect.)	electricity	Elektrizität	elektriciteit
entrée	way in, entrance	Eingang	ingang
«Entrée fleurie»	flowered entrance	blumengeschmückter Eingang	door bloemen omgeven ingang
étang	pond, pool	Teich	vijver
été	summer	Sommer	zomer
exclusivement	exclusively	ausschließlich	uitsluitend
falaise	cliff	Steilküste	steile kust
famille	family	Familie	gezin
fermé	closed	geschlossen	gesloten
février (fév.)	February	Februar	februari
forêt	forest, wood	Wald	bos
garage	parking facilities	überdachter Abstellplatz	parkeergelegenheid
garage pour caravanes	garage for caravans	Unterstellmöglichkeit für Wohnwagen	garage voor caravans

LEXIQUE	LEXICON	GLOSSAR	WOORDENLIJST
garderie (d'enfants)	children's crèche	Kindergarten	kinderdagverblijf
gare (S.N.C.F.)	railway station	Bahnhof	station
à gauche	to the left	nach links	naar links
gorges	gorges	Schlucht	bergengten
goudronné	surfaced road	geteert	geasfalteerd
gratuit	free, no charge	kostenlos	kosteloos
gravier	gravel	Kies	grint
gravillons	fine gravel	Rollsplitt	steenslag
herbeux	grassy	mit Gras bewachsen	grasland
hiver	winter	Winter	winter
hors saison	out of season	außerhalb der Saison	buiten het seizoen
île	island	Insel	eiland
incliné	sloping	abfallend	hellend
indispensable	essential	unbedingt erforderlich	noodzakelijk, onmisbaar
intersection	crossroads	Kreuzung	kruispunt
janvier (janv.)	January	Januar	januari
juillet (juil.)	July	Juli	juli
juin	June	Juni	juni
lac	lake	See	meer
lande	heath	Heide	hei
licence obligatoire	camping licence or international camping carnet	Lizenz wird verlangt	vergunning verplicht
lieu-dit	spot, site	Flurname, Weiler	oord
mai	May	Mai	mei
mairie	town hall	Bürgermeisteramt	stadhuis
mars	March	März	maart
matin	morning	Morgen	morgen
mer	sea	Meer	zee
mineurs non accompagnés non admis	people under 18 must be accompanied by an adult	Minderjährige ohne Begleitung nicht zugelassen	minderjarigen zonder geleide niet toegelaten
montagne	mountain	Gebirge	gebergte
Noël	Christmas	Weihnachten	Kerstmis
non clos	open site	nicht eingefriedet	niet omheind
novembre (nov.)	November	November	november
océan	ocean	Ozean	oceaan
octobre (oct.)	October	Oktober	oktober
ouverture prévue	opening scheduled	Eröffnung vorgesehen	vermoedelijke opening
Pâques	Easter	Ostern	Pasen
parcours de santé	fitness trail	Fitness-Pfad	trimbaan
passage non admis	no touring pitches	kein Kurzaufenthalt	niet toegankelijk voor kampeerders op doorreis
pente	slope	Steigung, Gefälle	helling
Pentecôte	Whitsun	Pfingsten	Pinksteren
personne (pers.)	person	Person	persoon
pierreux	stony	steinig	steenachtig
pinède	pine grove	Kiefernwäldchen	dennenbos
place (pl.)	square	Platz	plein
places limitées pour le passage	limited number of touring pitches	Plätze für kurzen Aufenthalt in begrenzter Zahl vorhanden	beperkt aantal plaatsen voor kampeerders op doorreis

31

plage	beach	Strand	strand
plan d'eau	stretch of water	Wasserfläche	watervlakte
plat	flat	eben	vlak
poneys	ponies	Ponys	pony's
pont	bridge	Brücke	brug
port	port, harbour	Hafen	haven
prairie	grassland	Wiese	weide
près de...	near	nahe bei...	bij...
presqu'île	peninsula	Halbinsel	schiereiland
prévu	projected	geplant	verwacht, gepland
printemps	spring	Frühjahr	voorjaar
en priorité	giving priority to...	mit Vorrang	voorrangs...
à proximité	nearby	in der Nähe von	in de nabijheid
quartier	(town) quarter	Stadtteil	wijk
Rameaux	Palm Sunday	Palmsonntag	Palmzondag
réservé	reserved	reserviert	gereserveerd
rive droite, gauche	right, left bank	rechtes, linkes Ufer	rechter, linker oever
rivière	river	Fluss	rivier
rocailleux	stony	steinig	vol kleine steentjes
rocheux	rocky	felsig	rotsachtig
route (rte)	road	Landstraße	weg
rue (r.)	street	Straße	straat
ruisseau	stream	Bach	beek
sablonneux	sandy	sandig	zanderig
saison	(tourist) season	Reisesaison	seizoen
avec sanitaires individuels	with individual sanitary arrangements	mit sanitären Anlagen für jeden Stellplatz	met eigen sanitair
schéma	local map	Kartenskizze	schema
semaine	week	Woche	week
septembre (sept.)	September	September	september
site	site	Landschaft	landschap
situation	situation	Lage	ligging
sortie	way out, exit	Ausgang	uitgang
sous-bois	underwood	Unterholz	geboomte
à la station	at the filling station	an der Tankstelle	bij het benzinestation
supplémentaire (suppl.)	additional	zuzüglich	extra
en terrasses	terraced	in Terrassen	terrasvormig
toboggan aquatique	water slide	Wasserrutschbahn	waterglijbaan
torrent	torrent	Wildbach	bergstroom
Toussaint	All Saints' Day	Allerheiligen	Allerheiligen
tout compris	everything included	alles inbegriffen	alles inbegrepen
vacances scolaires	school holidays	Schulferien	schoolvakanties
vallonné	undulating	hügelig	heuvelachtig
verger	orchard	Obstgarten	boomgaard
vers	in the direction of	nach (Richtung)	naar (richting)
voir	see	sehen, siehe	zien, zie

Nos coups de cœur de l'année

Our favourite campsites of the year

Unsere beliebtesten Campingplätze des Jahres

Onze favoriete kampeerplekjes van het jaar

nos coups de cœur pour les enfants
la sélection de bib

Une sélection de 20 campings particulièrement accueillants pour les bébés, les enfants et les ados

La Mascotte Kid Camping © Airotel Le Cormoran

PICTO SIGNALANT UN CAMPING ADAPTÉ À L'ACCUEIL DES ENFANTS.

Vagues-Océanes La Linotte

Aquitaine (24) – Le Bugue - p. 85

nos coups de cœur pour les enfants
la sélection de bib

© M.DUCOS, La Linotte

34

Dordogne

Activités :

Le club enfants pour les 4 à 12 ans propose, chaque matin en juillet et août, des activités manuelles et ludiques encadrées par des animateurs diplômés. Aire de jeux et trampoline, bassin chauffé avec jeux ludiques. Pour les plus âgés : piscine chauffée avec 2 toboggans, salle de jeux électroniques, animations sportives et soirées à thèmes en juillet et août.

À découvrir aux alentours :
Le musée national de la Préhistoire aux Eyzies et le petit train touristique « Le Cro-Mignon » - Les grottes de Lascaux à Montignac - Le Jacquou Parc (parc animalier, d'attractions et animaux des fermes du monde) - Le Préhisto Parc à Tursac - Aquarium du Périgord Noir au Bugue

Activities :

The children's club welcomes campers aged 4 to 12 every morning in July and August with craft projects and games, under the care of trained counsellors.
Playground and trampoline, heated kiddie pool with games.
For older children: heated pool with two slides, electronic game room, organised sports and themed evenings in July and August.

Attractions nearby :
The national Museum of Prehistory at les Eyzies and the "Cro-Mignon" tourist train
The Lascaux Cave at Montignac
The Jacquou Parc fun park with farm animals from around the world
The Préhisto-Parc in Tursac
The Périgord Noir Aquarium in Le Bugue

Les Écureuils
Aquitaine (40) - Biscarrosse - p. 83

© DR

Landes

nos coups de cœur pour les enfants
la sélection de bib

35

Activités :
Mini-club avec animations comme arts plastiques et magie ; des activités ludiques adaptées aux jeunes enfants, minigolf, aire de jeux et château gonflable. Pour les plus âgés : animations sportives (volley-ball, pétanque, beach-volley, randonnées VTT, canoë)et jeux électroniques.
En soirée : Animations musicales et soirées à thèmes
À découvrir aux alentours :
Lac de 5,6 ha avec baignade, pêche et activités nautiques - Pistes cyclables et sentiers de randonnées - La dune du Pyla, le bassin d'Arcachon et ses ostréiculteurs - Musée de l'hydravion

Activities :
Mini-club with arts and crafts or magic lessons, for example; fun games for young children such as mini golf, a playground and bouncy castle.
For older kids: organised sports include volleyball, pétanque, beach-volley, mountain biking, canoeing and electronic games.
Evenings: musical entertainment and themed events.
Attractions nearby :
14-acre lake with swimming beaches, fishing and water sports.
Bike paths and hiking trails
Pyla Dune, the Arcachon Basin and it oyster beds
The hydroplane museum

«Les Castels» Ty Nadan
Bretagne (29) – Arzano - p. 205

nos coups de cœur pour les enfants
la sélection de bib

36

Finistère

Activités :
Le club Mousse de 4 à 8 ans propose
des ateliers peinture, déguisement,
chasses aux insectes, spectacles
de marionnettes et visites du zoo de Pont-Scorf.
L'Action club de 9 à 12 ans initie à la construction de cabanes
en forêt, propose des chasses aux trésors, jeux sportifs et
organisations de mini-spectacles.
Pour les ados : tournois sportifs (foot, volley, tennis-water
polo, kayak polo, quads), soirées karaoké, concerts et soirées
cinéma ou musicales.

À découvrir aux alentours :
Les Roches du Diable - À 30 min du camping, les plages de sable fin ou la côte rocheuse.
Le festival Inter Celtique au mois d'août à Lorient.

Activities :
The Mousse Club for 4 to 8-year-olds offers painting, dress-up, insect collecting, puppet shows and visits
to the Pont-Scorf zoo.
In the Action Club, children aged 9 to 12 enjoy building play forts in the woods, going on treasure
hunts, playing sports and putting on mini-shows.
For young teens: sports tournaments (football, volleyball, tennis, water polo, kayak-polo),
karaoke night, concerts, movie and music evenings.

Attractions nearby :
Les Roches du Diable
30 min from the campground, sand beaches or rocky coastline.
The Inter Celtique Festival in August in Lorient

Yelloh ! Village Les Mouettes
Bretagne (29) - Carantec - p. 212

© DR

Finistère

nos coups de cœur pour les enfants – la sélection de bib

37

Activités :
Pour les jeunes campeurs, une équipe d'animateurs propose des activités adaptées : manuelles, ludiques, sportives et aquatiques. Les plus jeunes participeront aux chasses au trésor alors que les autres s'adonneront à des tournois sportifs (tennis, foot, volley sur les aires spécialement dédiées). Ils pourront aussi faire des sorties accrobranche, kayak de mer, plongée (y compris des baptêmes)...

À découvrir aux alentours :
Visite du jardin exotique de Roscoff - Le musée maritime de Carantec - Une excursion à l'île Callot, à marée basse, accessible par une chaussée submersible. Visite de Morlaix et son festival des arts dans la rue qui a lieu de mi-juillet à mi-août. Le cloître-St-Thégonnec avec une chasse au loup... Découverte de la vie d'autrefois à l'écomusée de Plouigneau.

Activities :
Young campers have their own game room and a staff on hand to supervise activities including crafts, games, sports and water fun. For younger children, treasure hunts are on offer, while older kids can enjoy sports tournaments (tennis, football, volleyball) on dedicated sports fields. "Accrobranche" tree climbing and diving (initiation included) are also available.

Attractions nearby :
The Roscoff exotic garden
The Carantec Martime Museum
An excursion to Callot Island at low tide on foot.
Trip to the Morlaix street festival from mid-July to mid-August.
Trip to St-Thégonnec Cloister - the perfect place for a game of tag!
See how people lived in ages past at the Plouigneau écomusée

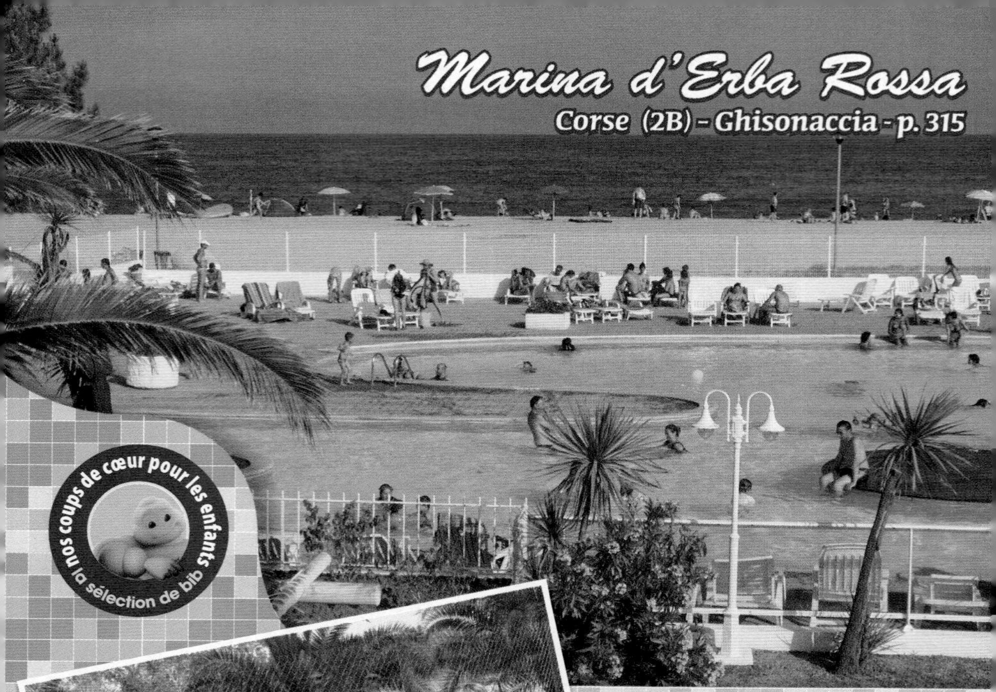

nos coups de cœur pour les enfants
la sélection de bib

38

© DR

Corse

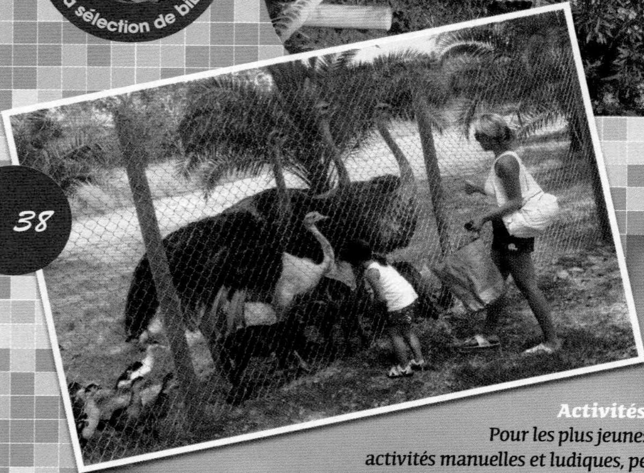

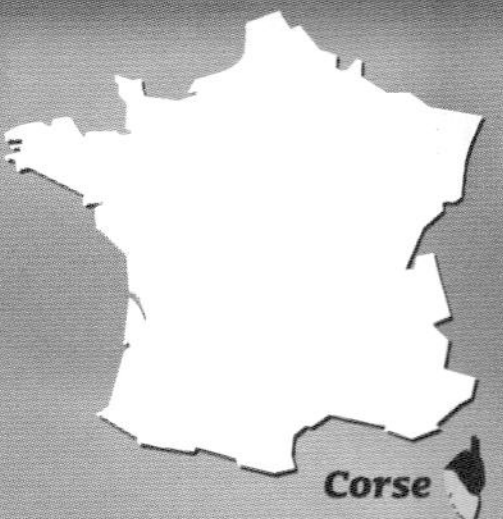

Activités :

Pour les plus jeunes : son parc animalier et son club enfants avec activités manuelles et ludiques, petits spectacles par les enfants et nombreuses activités autour et dans le parc aquatique.

Pour les ados : espace aquatique et nombreuses activités sportives comme le jet-ski, le volley, tennis, l'équitation et les randonnées VTT sur les nombreux sentiers de bergers alentours. Des soirées à thèmes (concerts, spectacles, cinéma...).

À découvrir aux alentours :

Le golfe de Porto Vecchio et ses plages de Santa-Giulia et Palombaggia - Les aiguilles de Bavella et les baignades dans les eaux douces des ruisseaux de montagne - Le musée d'Aléria - Bastia, sa vieille ville et son port

Activities :

Younger children will enjoy the open-air zoo, the kids' club with crafts and games, water fun, and participating in shows.

The pool is a great place for young teens, who can also ride jet-skis, play volleyball and tennis, ride horses and go mountain biking on the nearby shepherds' trails. Themed evenings (concerts, shows, movies ...)

Attractions nearby :

Porto Vecchio Gulf and the beaches of Santa-Giulia and Palombaggia
The Bavella Needles and swimming in the mountain streams
The Aléria Museum
Bastia, the old town and the port

Yelloh ! Village le Fayolan
Franche-Comté (39) - Clairvaux-les-Lacs - p. 329

© New Phox Studio, Camping Fayolan

Jura

à nos coups de cœur pour les enfants - la sélection de bib

Activités :
Club Yelloh ! Kids de 5 à 7 ans propose des ateliers créatifs, ba-
lades-découverte de la nature environnante, jeux de plein air et grands jeux
comme la chasse aux trésors. Club Yelloh ! Juniors de 8 à 12 ans, même type d'activités mais
adaptées à l'âge des enfants, plus activités sportives dont l'accrobranche situé à proximité du camping.
Club Yelloy ! Teens surtout activités sportives avec organisation de tournois de foot, de volley, de tennis... Jeux
électroniques dont Play-station sur écran géant. Randonnées VTT.
À découvrir aux alentours :
Les activités nautiques sur les lacs - Les belvédères de la Dame Blanche - Les Cascades du Hérisson

Activities :
Yelloh! Kids is for children age 5 to 7, and offers crafts, nature walks in the area, outdoor activities
and games like treasure hunts. Yelloh! Junior for ages 8 to 12 has similar activities, geared to this age
group, plus sports including "accrobranche" tree-climbing nearby. Yelloh! Teens centres on sports, with
football, volleyball and tennis tournaments ... Electronic games include a Play Station with a giant screen.
Mountain biking.
Attractions nearby :
Water sports on the lakes
The view from les belvédères de la Dame Blanche
Les Cascades du Hérisson waterfall

Yelloh ! Village Les Petits Camarguais

Languedoc-Roussillon (30) - Port Camargue - p. 384

à nos coups de cœur pour les enfants
la sélection de bib

40

© DR

Gard

Activités :
Ici tout est fait et pensé pour les enfants : sanitaires adaptés
à leur taille, structures ludiques et animations spécialement pour eux autour de 2 clubs le
Yelloh ! Kids pour les 5 à 7 ans et Le Yelloh ! Juniors pour les 8 à 12 ans. Encadrement en quatre langues.
Yelloh ! Kids : ateliers de peinture, maquillage, organisation de spectacles qui seront présentés devant
les parents lors du Kid Show de fin de soirée, jeux collectifs, dessins animés... Yelloh ! Juniors : peinture,
bricolage, déguisements, activités ludiques et sportives adaptées. Une grande partie de ces activités se dé-
roule dans « le donjon des enfants », une grande salle d'animations circulaire.

À découvrir aux alentours :
Le village du Grau-du-Roi et ses nombreuses attractions pour enfants (Seaquarium, Babyland, promenades
à cheval et à poney...) - Les Saintes-Maries-de-la-Mer et la Camargue avec sa richesse exceptionnelle en
flore et faune (chevaux, taureaux et flamants roses) - Les arènes et les courses de taureaux - Le Luna-
park à proximité du camping face au nouveau Casino

Activities : Everything here is designed to please the little ones, including lavatories scaled to size,
playground structures, events and activities. Yelloh! Kids is for children age 5 to 7, and Yelloh! Junior for
ages 8 to 12. The staff speaks four languages. Yelloh! Kids: painting, face painting, shows to be pre-
sented to the parents during the evening Kid Show, group games, cartoons ...Yelloh! Juniors:
painting, crafts, costume play, games and sports adapted to the age group.
Many of the activities take place in the "children's keep", a big round play room.

Attractions nearby : Le Grau-du-Roi village has many attractions of interest to children
(Seaquarium, Babyland, horse and pony rides ...) - Les Saintes-Maries-de-la-Mer and the
Camargue region are renowned for their exceptional flora and fauna (horses, bulls and pink
flamingos) - The arena and bloodless bull fights - An amusement park near the campground
across from the new Casino

Le Brasilia

Languedoc-Roussillon (66) – Canet-Plage – p. 364

© D.Narbeburu, Le Brasilia

sous coups de cœur pour les enfants
la sélection de bib

41

Pyrénées-
Orientales

Activités :

Activités : Le club enfants du Brasilia accueille les enfants de 5 à 12 ans encadrés par des animatrices trilingues. C'est au club Brazy sous un petit chapiteau de cirque que tout ce petit monde se donne rendez-vous.

Les activités sont adaptées à l'âge des enfants de 5 à 7 ans au sein du Kids Club, ceux de 8 à 12 ans au Junior Club et pour les ados de 13 à 17 ans, le Teens Club les accueillera.

Chaque soir les enfants se retrouvent sur scène et présente le Mini-Show (chants et danses).

À découvrir aux alentours :

Découverte de la ville de Perpignan - Les châteaux cathares raviront jeunes et moins jeunes.

Activities :

The club counsellors, who speak three languages, welcome children aged 5 to 12 at the Brazy Club, under a small circus tent. The 5 to 7s join the Kids Club and the 8 to 12s meet in the Junior Club.

There is a Teen Club is for those aged 13 to 17.

Every evening the groups come together and present a Mini-Show of song and dance.

Attractions nearby :

The city ot Perpignan

The Cathare fortresses

Cala Gogo

Languedoc-Roussillon (66) - St-Cyprien-Plage - p. 388

à nos coups de cœur pour les enfants
la sélection de bib

42

© DR

Pyrénées-
Orientales

Activités :
Une vraie équipe d'animation pour les petits et les ados. Cours de magie, soirée théâtre où les enfants sont les acteurs. Ateliers de pâte à modeler, courses d'orientation, piscine et pataugeoire chauffées. Pour les ados une discothèque insonorisée et une salle de jeux électroniques.

À découvrir aux alentours :
Un minigolf, des randonnées à cheval pour les ados et à poneys pour les plus petits - Visite de Perpignan, de Collioure et sont petit port. - Les châteaux cathares

Activities :
There is good team of counsellors for children and teens. Magic lessons, theatre plays performed by the youngsters. Clay modelling, orienteering sessions, heated pool and wading pool. For teens, a sound-proofed discotheque and an electronic game room.

Attractions nearby :
Mini golf, horseback riding for teens and pony rides for younger children
Tour of Perpignan, Collioure and its small port.
Cathare fortresses.

Le Moulin
Midi-Pyrénées (31) - Martres-Tolosane - p.470

© DR

Haute-Garonne

Activités :
Elles sont concentrées sur une période bien précise (début juillet à fin août). Elles sont destinées aux familles mais la plupart s'adresse aux moins de 12/14 ans. Les 5/12 ans ont des activités manuelles, créatives et éducatives : pâte à sel, herbier.... Pour les plus grands, des animations dans la piscine : water-polo, plongée, tir à l'arc et les soirées avec des spectacles qui n'hésitent pas à faire intervenir les enfants.

À découvrir aux alentours :
La ville de Toulouse avec ses constructions en briques roses et ses nombreuses attractions pour petits et grands. La station thermale de Bagnères de Luchon avec sa piscine couverte à 37°, les promenades à dos d'ânes ou de poneys dans le parc des thermes, le minigolf. À Cazères, à une dizaine de kilomètres, un barrage EDF a permis de faire une retenue d'eau propice aux activités nautiques.

Activities :
These take place during July and August and are meant to include families as a whole, although most target the 12-14 age group. For 5 to 12-year-olds there are crafts and learning activities (play dough, plant collection ...). Older kids can play water polo or practice diving in the pool, try archery and participate in the evening entertainments.

Attractions nearby :
The city of Toulouse, known for its pink brick buildings, has much to offer young and old alike. At the Bagnères de Luchon spa, enjoy the heated indoor pool, donkey and pony rides in the park, mini golf. In Cazères, a few miles away, a dam has created a lake that is well-suited to water sports.

43

nos coups de cœur pour les enfants
la sélection de bib

© DR

44

Alpes-Maritimes

Activités :

Sur place, une aire de jeux complète pour les 3 à 5 ans mais aussi pour les 5 à 10 ans avec les balançoires, toboggans et autres tourniquets adaptés à chaque âge. Un club enfants regroupe ceux qui le veulent autour d'animateurs diplômés et donc formés pour les occuper avec des animations ludiques et aussi éducatives.

À découvrir aux alentours :

La proximité de la mer (4,5 km) encourage les activités comme la pêche, la planche à voile, la plongée sous-marine, toujours organisées au départ du camping. Ensuite on est à quelques kilomètres des villes de Nice et Cannes avec Croisette ou Promenade des Anglais !

Activities :

There is a well-equipped playground for 3 to 5 year-olds and another for children aged 5 to 10 with see-saws, slides and merry-go-rounds adapted to each age group. There are fun and educational club activities organized by trained counsellors.

Attractions nearby :

The sea is less than 3 miles distant, so it is easy to participate in fishing, wind surfing or diving session organised by the campground. On your own, it's a short trip to Nice and Cannes, where you can stroll down the Croisette or the Promenade des Anglais!

Douce Quiétude
Provence-Alpes-Côte-d'Azur (83) - St-Raphaël - p. 693

© DR

nos coups de cœur pour les enfants
la sélection de bib

45

Var

Activités :
Ce camping, vrai centre de vacances, dispose chaque année d'une solide équipe d'animateurs trilingues afin que chaque enfant puisse participer. Le nombre important de participants permet de faire des groupes en fonction de l'âge : 6-12 ans (différents ateliers dessin-peinture, déguisements, petits spectacles en soirées où les enfants sont acteurs, chasse aux trésors...) et 12-16 ans avec des animations plus sportives autour des piscines, des terrains de sports. Sans oublier pour les ados la discothèque en soirée mais toujours encadrée.

À découvrir aux alentours :
À quelques kilomètres, Fréjus offre un grand centre aquatique avec toboggans multipistes, nombreux bassins ludiques. Tout proche de ce complexe aquatique un parc d'attraction avec là aussi des manèges pour tous les âges et toutes les sensations. Et comme les plages sont proches, toutes les activités nautiques sont possibles, très souvent organisées par le camping. À Agay, (4 km) l'École de Cirque pour les enfants de 6 à 12 ans

Activities :
This campground is a genuine holiday centre with a steady staff of tri-lingual counsellors who ensure that all children can participate. The children are divided up into age groups: 6 to 12 (different groups for drawing and painting, costume play, putting on shows, treasure hunts ...) and 12 to 16 (sports, pool games). Teens will enjoy the evening discotheque, where counsellors also supervise.

Attractions nearby : Fréjus is close by, with its big water park boasting multi-lane slides and different water play areas. A few minutes from there is a theme park with rides for all ages. And of course, the beaches are not far either, and some excursions are organized directly from the campground. In Agay (2 mi) there is a circus school for children aged 6 to 12.

Yelloh ! Village Le Littoral
Pays de Loire (85) - Talmont-St-Hilaire - p. 592

à nos coups de cœur pour les enfants
sélection de bib

46

© DR

Vendée

Activités :

Comme tous les campings Yelloh ! des animations par tranche d'âge : Yelloh ! Kids (5 à 7 ans) avec activités ludiques comme la chasse au trésor, créatifs (déguisement, peinture, pâte à modeler...) et visites guidées (zoo, aquarium, parcs d'attractions), jeux et château gonflable. Yelloh ! Juniors (8 à 12 ans) avec activités sportives, ludiques et sorties extérieurs (randonnées VTT, sorties en mer, planche à voile...)

Yelloh ! Teens (13 à 17 ans) avec tournois sportifs, surf, paintball, accrobranche, karting...

À découvrir aux alentours :

Les Sables d'Olonne - Les animations médiévales du château de Talmont - La Folie-Finfarine, parc touristique et pédagogique dédié aux arbres et aux abeilles - Le Musée automobile de Vendée à Talmont - Promenades et pêche en mer à partir de Port-Bourgenay

Activities :

As in all Yelloh ! campgrounds, children's clubs are organised by age group.

Yelloh ! Kids (5 to 7) enjoy fun games like treasure hunts and creative activities (dress-up, painting, play dough ...), outings (zoo, aquarium, theme park), playground and bouncy castle.

Yelloh ! Juniors (8 to 12) play sports and games and do outdoor activities such as mountain biking, boating excursions, wind surfing ...

Yelloh ! Teens (13 to 17) take part in sports tournaments, surf, have paintball games, try "accrobranch" tree climbing, go karting ...

Attractions nearby :

Les Sables d'Olonne - Medieval attractions at Talmont castle - La Folie-Finfarine, a pedagogical attraction dedicated to trees and bees. - The Vendée Automobile Museum at Talmont - Boat trips and sea fishing from Port-Bourgenay

Le Val d'Authie
Picardie (80) – Villers sur Authie - p. 609

à nos coups de cœur pour les enfants
la sélection de bib

© DR

Somme

47

Activités :

Mini club avec animateurs tous les matins de juillet et août, la
« Boum des kids » chaque jeudi. Pour les plus petits, la pataugeoire chauffée,
le mini-tennis, une aire de jeux de 2000 m², une piste de roller et un circuit VTT. Pour les plus
sportifs, un terrain multisport, beach-volley et la piscine.

À découvrir aux alentours :

Le parcours pédagogique, avec panneaux explicatifs, dans le parc du Marquenterre - Les balades équestres
dans le Marquenterre et en baie de Somme - La maison de l'Oiseau et de la Baie à Lanchères - Le parc de
Bagatelle de Berk - L'Écomusée à St-Valéry-sur-Somme

Activities :

Every morning in July and August, the mini club meets with counsellors, and the "Boum des Kids" is a
children's party held every Thursday. The youngest children can play in the heated paddling pool, on the
mini-tennis court, on the spacious playground, the roller skating track or the off-road bike trail. A sports
field is available for matches; beach-volley games and swimming in the pool are popular.

Attractions nearby :

The Marquenterre park has a discovery trail with educational panels. - Excursions on horseback
are organised in the Marquenterre park and the Baie de Somme. - La maison de l'Oiseau et de
la Baie à Lanchères (bird and nature museum); the Bagatelle amusement park in Berk; the
museum of rural life in St-Valéry-sur-Somme.

nos coups de cœur pour les enfants
la sélection de bib

© DR

Charente-Maritime

48

Activités :
Mini club pour les 6 à 12 ans (en juillet et août), encadrés par des animateurs, avec activités manuelles, jeux collectifs, mini-tournois, mini-spectacle, et sans oublier la mascotte Kid camping : Mumphrey que les enfants ont toujours plaisir à découvrir où à retrouver. La mascotte dispose même d'un fan-club sur Facebook !

À découvrir aux alentours :
Ars-en-Ré, un des « plus beaux villages de France », son petit port, et son marché quotidien considéré comme l'un des plus beau de l'île. Nombreuses pistes cyclables, les marais salants, réserve naturelle d'oiseaux... le Phare des Baleines avec ses 257 marches !

Activities :
Mini club for children aged 6 to 12 (July and August) with counsellors leading crafts activities, group games, sports contests and mini shows. Kid Campers have their own mascot, Mumphrey, who quickly becomes a good friend to all. He even has a fan club on Facebook!

Attractions nearby :
Ars-en-Ré, designated one of France most beautiful villages, with its little port and the daily market that is one of the island's best. Many bike trails, salt marshes, bird sanctuary ... the Baleines Lighthouse with 257 steps!

Village Siblu Bonne Anse Plage
Poitou-Charentes (17) – La Palmyre - p. 633

© DR

Charente-Maritime

49

Activités :
Les enfants pourront profiter d'un grand complexe aquatique, avec toboggans multipistes, pataugeoire chauffée, minigolf paysager, et pour les plus grands, le mur
d'escalade, le terrain multisport pour s'adonner au basket, volley, tennis… où plus simplement pour se
rencontrer et discuter. Trois clubs-enfants gratuits de 1 à 14 ans !

À découvrir aux alentours :
L'incontournable zoo de La Palmyre, la ville de La Rochelle, son port et son aquarium. Les Îles : Ré, Oléron et
Aix la dernière accessible qu'en bateau.

Activities :
Young children are keen on the water park with multi-lane slides, the heated kiddie pool and the mini
golf course. Older siblings will head for the climbing wall, or the sports field for basketball, tennis, volleyball … or just to meet other campers their age. Three clubs, free of charge, for children aged 1 to 14.

Attractions nearby :
The zoo at La Palmyre is quite famous, and the city of La Rochelle, is worth a visit for the marina and the
aquarium. Visit the islands of Ré, Oléron and Aix (the latter accessible by boat only).

© DR

Charente-Maritime

Activités :

À Séquoia Parc, divertissements à foison ! Le complexe aquatique est un lieu de jeu entre enfants et parents en toute sécurité. Des bassins adaptés et des pataugeoires existent pour les tout petits. Des aires de jeux aménagées et terrains de sport sont autant d'endroits que les enfants découvrent avec joie. Au poney club, les enfants s'initient avec bonheur au monde du cheval. Leçons d'équitation et balades dans la forêt environnante.
Aux Clubs Minibous et Ibou on s'occupe des enfants. Ces clubs enfants sont entièrement dédiés à leur épanouissement en toute sécurité. Ils y découvriront jeux collectifs, activités manuelles (peinture, maquillage, pâte à modeler...) et sport.

À découvrir aux alentours :

Le fort Boyard -Le zoo de la Palmyre - Chantier spectacle de l'Hermion - Excursion en bateau à partir de Royan (le phare de Cordouan, la découverte de la pointe de Grave)

Activities :

Séquoia Parc is chock-full of entertaining things to do!, The water park is a great place for families to play, with rigorous safety standards. There are different pools including wading areas for toddlers. Playgrounds and playing fields provide more recreation spaces. At the pony club, children can learn to ride. In addition to lessons, horseback excursions through the surrounding forest are organised.
The Minibous and Ibou Clubs provide care and entertainment for children to have fun safely. Group games, crafts (painting, face painting, play dough ...) and sport.

Attractions nearby :

Fort Boyard - La Palmyre zoo - Reconstruction of La Fayette's ship the Hermione (1780): construction site and demonstrations - Boat trip from Royan (Cordouan light house, la pointe de Grave)

FranceLoc Le Domaine d'Imbours
Rhône-Alpes (07) - Larnas - p. 737

© DR

Ardèche

51

à nos coups de cœur pour les enfants
la sélection de bib

Activités :
Baby club pour les enfants de 6 mois à 3 ans, Mini-club pour les
enfants de 4 ans à 6 ans, Club junior pour les enfants de 7 à 12 ans, Club ado
pour les 13 ans et +
Dans chaque « club », les activités proposées sont ludiques, manuelles ou sportives. Elles ont lieu dans
des sites aménagés (salles d'animation, espace aquatique, terrain de sport). Les plus jeunes apprécieront l'aire
de jeux représentant un château. Avec des prestataires extérieurs, de nombreuses autres activités sont proposées : randonnée VTT, équitation et balades en chariot, parcours accrobranche, tyrolienne géante, quad,
canyoning et spéléologie.

À découvrir aux alentours :
Les gorges de l'Ardèche et leur descente en canoë - Montélimar et ses nougats - La ferme aux crocodiles
à Pierrelatte - Distinguez les parfums du musée de la Lavande à St-Remèze.

Activities :
Baby club for children aged 6 month to 3 years - Mini-club for ages 4 to 6 - Junior Club for ages 7 to 12 - Club
ado for 13-year-olds and up. In each club, games, crafts and sports are offered. Activities take place in
different places including the club room, the pool or the playing field. Young children will enjoy
the playground with its make-believe castle. Outside contractors lead group activities such
as mountain biking, horseback riding, pony and wagon trips, "accrobranche" tree climbing,
zipline cable ride, quad, canyoning and cave exploration.

Attractions nearby :
The Ardèche gorges canoe trip - Montélimar (famous for its sweets) - The Pierrelatte Crocodile
Farm - The sweet scent of the Lavender Museum at St-Remèze

Yelloh ! Village Soleil Vivarais
Rhône-Alpes (07) - Sampzon - p. 773

nos coups de cœur pour les enfants
la sélection de bib

52

Ardèche

Activités :
Entre 5 et 12 ans, les enfants ont rendez-vous au « cottage » du mini-club où leur seront proposées de nombreuses activités, chaque jour différentes, animées par du personnel diplômé et spécialisé. Activités manuelles, ludiques ou sportives adaptées à l'âge des enfants. Pour les plus petits : 2 pataugeoires et 2 aires de jeux sont à leur disposition. Au bord de l'Ardèche, les plus âgés découvriront les joies d'une descente en canoë ou en kayak et participeront à des tournois sportifs, du tir à l'arc, des jeux aquatiques, du paint-ball. Ils parcourront les environs à cheval. Les plus téméraires, en juillet et août, pourront se lancer dans des raids aventure et testeront l'accro-branche.

À découvrir aux alentours :
Vallon-Pont-d'Arc et ses descentes (en canoë ou kayak) des gorges de 3 à 36 km - L'aven d'Orgnac - Le village de Vogüé et son château, le village féodal de Rochecolombe et celui de Balazuc - La Grotte et le Belvédère de la Madeleine

Activities : Children between 5 and 12 meet at the mini-club cottage where different activities are scheduled every day by specialised, trained counsellors. Arts and crafts, games and sports are age-appropriate. The smallest children have 2 wading pools and 2 playgrounds reserved for their use. Older kids can have fun paddling down the Ardèche in a canoe or kayak, participating in sports tournaments, practicing archery, swimming, playing paintball. Horse rides in the surrounding countryside. The boldest will enjoy adventure trails in July and August, including "accrobranche" tree climbing.

Attractions nearby : Vallon-Pont-d'Arc, where canoe or kayak trips down the gorges are from 1.5 to 21 miles - The Orgnac sinkhole - The village and castle of Vogüé, the feudal villages of Rochecolombe and Balazuc - La Madeleine caves and viewpoint

Le Coin Tranquille
Rhône-Alpes (38) – Les Abrets – p. 708

© M.Vallon, le Coin Tranquille

nos coups de cœur pour les enfants
la sélection de bib

53

Isère

Activités :
En juillet et août, une équipe d'animatrices propose aux enfants de 5 à 12 ans des
activités adaptées : manuelles, ludiques, sportives et aquatiques. Les plus jeunes participeront
à des grands jeux collectifs alors que les ados s'intègreront à des tournois sportifs (tennis, foot, volley).
Ils pourront aussi découvrir le tir à l'arc ou la plongée sous-marine (en piscine). En haute saison, des soirées à
thème sont proposées 2 fois par semaine.

À découvrir aux alentours :
La baignade et la pêche au lac de Paladru - La Grande Chartreuse : son couvent, son musée - Découverte
des gorges du Guiers Vif - Le parc Walibi Rhône-Alpes à Avenières - La visite du château de Virieu

Activities :
In July and August, counsellors run activities for children aged 5 to 12 years, adapted to each age group:
crafts, games, sports and water play. Young children play group games and the older group participates
in sports tournaments (tennis, football, volleyball). Archery and diving (in the pool) instruction. In season,
there are two themed evenings every week.

Attractions nearby :
Swimming and fishing at Paladru Lake
La Grande Chartreuse convent and museum
The Guiers Vif gorges
Walibi Rhône Alpes theme park in Avenières
Tour of Virieu Castle

Les **terrains** sélectionnés ■

Selected **camping** sites ■

Ausgewählten **Campingplätze** ■

De geselekteerde **terreinen** ■

ALSACE

R. Mattes/Michelin

Si l'Alsace vous était contée, l'histoire décrirait le romantisme des châteaux forts érigés au pied des Vosges, les douces collines submergées d'une mer de ceps ou la féerie des villages de poupée égayant la plaine. Elle exalterait Colmar et l'adorable « petite Venise » avec ses balcons fleuris et ses cigognes, et inviterait à flâner dans Strasbourg dont le marché de Noël fait resplendir la cathédrale… Il se dégage de la capitale de l'Europe une chaleur que même la rudesse de l'hiver ne peut atténuer : nid douillet de la « Petite France » dont les belles maisons à colombages se reflètent dans l'Ill, ambiance conviviale des brasseries propices à la dégustation d'une bonne bière, et pittoresque décor des winstubs aptes à calmer les appétits les plus féroces avec force choucroutes, bäeckeoffes et kouglofs.

Alsace is perhaps the most romantic of France's regions, a place of fairy-tale castles, gentle vine-clad hills and picture-perfect villages perched on rocky outcrops or nestling in lush green valleys. From Colmar's Little Venice with its flower-decked balconies and famous storks to the lights of Strasbourg's Christmas market or the half-timbered houses reflected in the meanders of the River Ill, Alsace radiates a warmth that even the winter winds cannot chill. So make a beeline for the boisterous atmosphere of a brasserie and sample a real Alsace beer or head for a local "winstub" and tuck into a steaming dish of choucroute — sauerkraut with smoked pork — and a huge slice of kugelhof cake, all washed down with a glass of fruity Sylvaner or Riesling

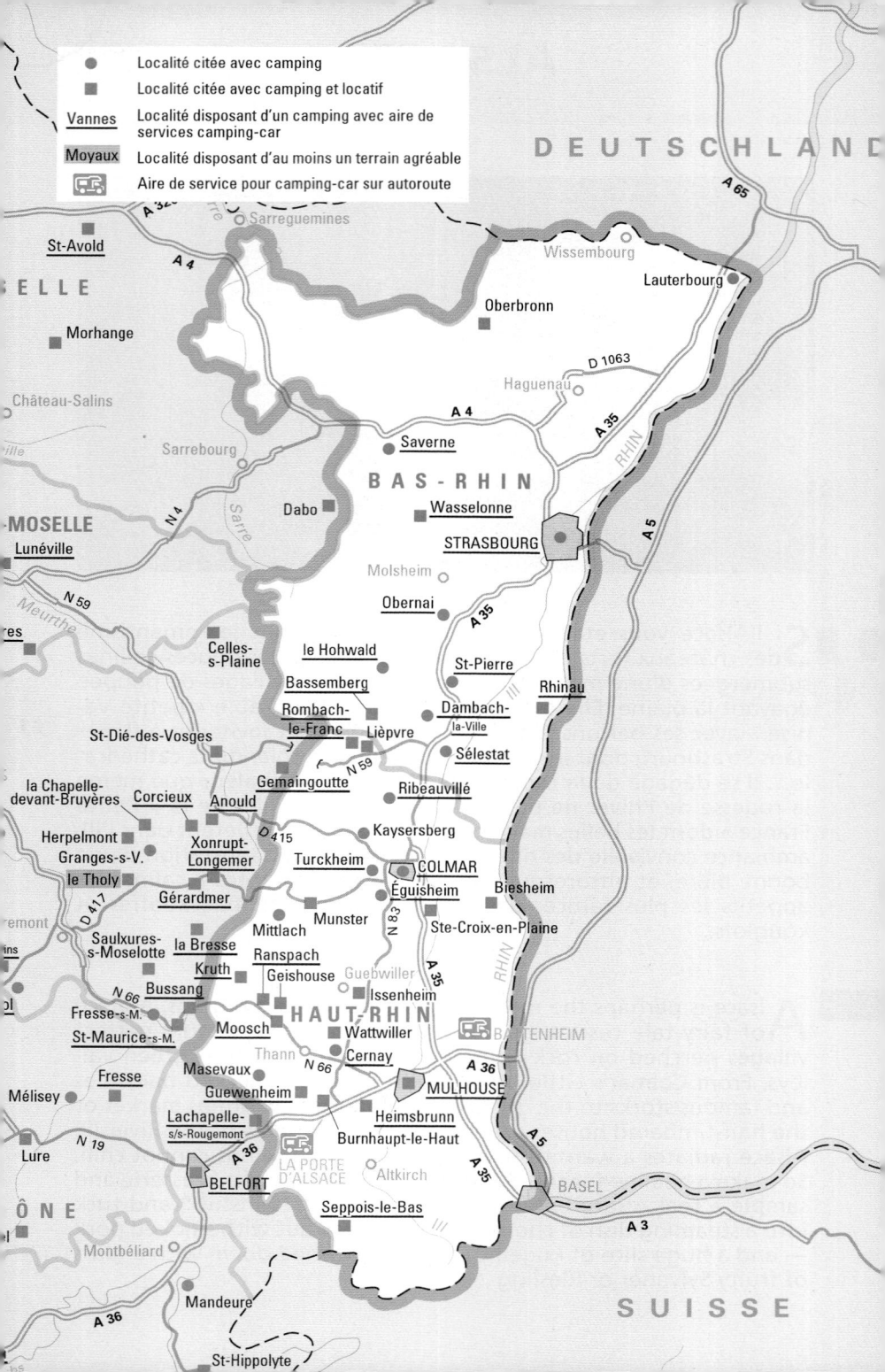

BASSEMBERG

67220 – **315** H7 – 264 h. – alt. 280
Paris 432 – Barr 21 – St-Dié 35 – Sélestat 19 – Strasbourg 59.

Campéole Le Giessen de déb. avr. à mi-sept.
℘ 03 88 58 98 14, *giessen@campeole.com*,
Fax 03 88 57 02 33, *http://www.camping-vosges.net*
4 ha (175 empl.) plat, herbeux
Tarif : (Prix 2009) 24€ ★★ ⇔ 国 [转] (6A) – pers.
suppl. 5,90€ – frais de réservation 25€
Location (Prix 2009) ⅍ : 25 ⸬ (4 à 6 pers.) nuitée
42€ - 336 à 770€/sem. – 28 ⌂ (4 à 6 pers.) nuitée
40€ - 315 à 749€/sem. – 16 bungalows toilés (avec
sanitaires) – frais de réservation 25€
⛽ 1 borne
Pour s'y rendre : rte de Villé (sortie nord-est sur D 39,
au bord du Giessen)

À savoir : près d'un complexe aquatique

Nature : ≤ 🏞
Loisirs : ⛺ ☺diurne 🏊
Services : ⅍ ⚡ GB 🚗 ▥ 🗑 ⚰
📶 🛢
À prox. : ✗ 🎿 ⛷ 🛶 ⚡ skate-
park

Longitude : 7.31207
Latitude : 48.35158

BIESHEIM

68600 – **315** J8 – G. Alsace Lorraine – 2 303 h. – alt. 189
Paris 520 – Strasbourg 85 – Freiburg im Breisgau 37 – Basel 68 – Mulhouse 50.

Intercommunal l'Île du Rhin de déb. avr. à déb. oct.
℘ 03 89 72 57 95, *camping@paysdebrisach.fr*,
Fax 03 89 72 14 21, *www.campingiledurhin.com*
3 ha (251 empl.) plat et peu incliné, herbeux
Tarif : (Prix 2009) 18,58€ ★★ ⇔ 国 [转] (10A) – pers.
suppl. 4,31€
Location (Prix 2009) : 14 ⸬ (4 à 6 pers.) nuitée 101€
- 308 à 616€/sem.
Pour s'y rendre : zone touristique de l'Île du Rhin (5 km
à l'est par N 415, rte de Fribourg)
À savoir : site et cadre agréables entre le Rhin et le canal
d'Alsace

Nature : ⚲
Loisirs : snack 🍴 ☺diurne
(juil.-août) 🚴
Services : ⅍ ⚡ GB 🚗 ⚰ 📶
laverie ⚰ ⚖
À prox. : 🎿 🛶 ⚡ 🎣 ski nautique, port de plaisance

Longitude : 7.54519
Latitude : 48.03858

59

BURNHAUPT-LE-HAUT

68520 – **315** G10 – 1 599 h. – alt. 300
Paris 454 – Altkirch 16 – Belfort 32 – Mulhouse 17 – Thann 12.

Les Castors de déb. avr. à fin oct.
℘ 03 89 48 78 58, *camping.les.castors@wanadoo.fr*,
Fax 03 89 62 74 66, *www.camping-les-castors.fr*
2,5 ha (135 empl.) plat, herbeux
Tarif : 17,20€ ★★ ⇔ 国 [转] (10A) – pers. suppl. 4€
Pour s'y rendre : 4 rte de Guewenheim (2,5 km au nord-
ouest par D 466)
À savoir : cadre champêtre en bordure de rivière et
d'un étang

Nature : ⚲
Loisirs : ⛺ ✗ 🏊 🚴 🎣
Services : ⅍ ⚡ GB 🚗 🗑 📶
laverie

Longitude : 7.14022
Latitude : 47.74109

CERNAY

68700 – **315** H10 – G. Alsace Lorraine – 10 752 h. – alt. 275
🛈 *Office de tourisme, 1, rue Latouche* ℘ *03 89 75 50 35, Fax 03 89 75 49 24*
Paris 461 – Altkirch 26 – Belfort 39 – Colmar 37 – Guebwiller 15 – Mulhouse 18 – Thann 6.

Les Acacias de déb. avr. à déb. oct.
℘ 03 89 75 56 97, *campoland.cernay@orange.fr*,
Fax 03 89 39 72 29, *www.camping-les-acacias.fr*
3,5 ha (204 empl.) plat, herbeux
Tarif : (Prix 2009) 15,50€ ★★ ⇔ 国 [转] (5A) – pers.
suppl. 3,50€ – frais de réservation 6€
⛽ 1 borne artisanale
Pour s'y rendre : 16 r. René Guibert (sortie rte de Belfort
puis à dr. apr. le pont, au bord de la Thur)

Nature : ⚲
Loisirs : 🍴
Services : ⅍ ⚡ GB 🚗 ▥ 🗑 🛢
À prox. : ✗ 🎿 🎣 (découverte
en saison) poneys

Longitude : 7.17153
Latitude : 47.80314

COLMAR

68000 – **315** I8 – G. Alsace Lorraine – 65 713 h. – alt. 194
🏢 *Office de tourisme, 4, rue d'Unterlinden* 🕾 *0389206892, Fax 0389206914*
Paris 450 – Basel 68 – Freiburg 51 – Nancy 140 – Strasbourg 78.

⛰ **L'Ill** fermé de mi-janv. à fin mars
🕾 0389411594, *cadelill@calixo.net*, Fax 0389411594,
www.campingdelill.com
2,2 ha (200 empl.) plat et terrasses, herbeux
Tarif : (Prix 2009) 18,20€ ⛺⛺ 🚐 🔳 ⚡ (10A) – pers.
suppl. 3,50€
🔁 1 borne artisanale 6,20€
Pour s'y rendre : 2 km à l'est par N 415, rte de Fribourg,
au bord de l'ill, à Horbourg

| Nature : 👁👁 |
| Loisirs : 🍴snack 🏠 🏊 🎣 |
| Services : 🚿 ⛽ GB 🧺 🗄 🗄 🗄 |

| Longitude : 7.38611 |
| Latitude : 48.08278 |

DAMBACH-LA-VILLE

67650 – **315** I7 – G. Alsace Lorraine – 1 930 h. – alt. 210
🏢 *Office de tourisme, 11, place du Marchè* 🕾 *0388926100, Fax 0388924711*
Paris 443 – Barr 17 – Obernai 24 – Saverne 61 – Sélestat 8 – Strasbourg 52.

⛰ **Les Reflets du Vignoble** Permanent
🕾 0388924860, *camping-de-l-ours@orange.fr*,
Fax 0388924860,
http://camping-alsace-camping-de-l-ours.com
1,8 ha (120 empl.) plat, herbeux
Tarif : (Prix 2009) 11,70€ ⛺⛺ 🚐 🔳 ⚡ (10A) – pers.
suppl. 2,10€
🔁 1 borne artisanale 2,50€ – 25 🔳 9,10€ – 🛒 8€
Pour s'y rendre : 2 r. du stade (1,2 km à l'est par D 210,
rte d'Ebersheim et chemin à gauche)
À savoir : cadre ombragé

| Nature : 👁👁 |
| Services : 🚿 ⛽ GB 🧺 🗄 🗄 |
| À prox. : 🍴 |

| Longitude : 7.44142 |
| Latitude : 48.32318 |

ÉGUISHEIM

60

68420 – **315** H8 – G. Alsace Lorraine – 1 549 h. – alt. 210
🏢 *Office de tourisme, 22a, Grand'Rue* 🕾 *0389234033, Fax 0389418620*
Paris 452 – Belfort 68 – Colmar 7 – Gérardmer 52 – Guebwiller 21 – Mulhouse 42 – Rouffach 11.

⛰ **Des Trois Châteaux** de déb. avr. à mi-oct.
🕾 0389231939, *camping.eguisheim@wanadoo.fr*,
Fax 0389241019, *www.eguisheimcamping.fr*
2 ha (121 empl.) plat et peu incliné, herbeux, gravier
Tarif : 18€ ⛺⛺ 🚐 🔳 ⚡ (10A) – pers. suppl. 4€ –
frais de réservation 6€
🔁 1 borne artisanale 2,50€
Pour s'y rendre : 10 r. du Bassin (à l'ouest)
À savoir : situation agréable près du vignoble

| Nature : 🌲 ≤ 🌳 |
| Services : 🚿 ⛽ GB 🧺 🗄 |

| Longitude : 7.3003 |
| Latitude : 48.04272 |

*En juillet et août, beaucoup de terrains sont saturés
et leurs emplacements retenus longtemps à l'avance.
N'attendez pas le dernier moment pour réserver.*

GEISHOUSE

68690 – **315** G9 – 487 h. – alt. 730
Paris 467 – Belfort 53 – Bussang 23 – Colmar 55 – Mulhouse 32.

⛰ **Au Relais du Grand Ballon** Permanent
🕾 0389823047, *aurelaisgeishouse@wanadoo.fr*,
Fax 0389823047, *www.aurelaisdugrandballon.com* –
places limitées pour le passage
0,3 ha (24 empl.) plat herbeux
Tarif : 17,10€ ⛺⛺ 🚐 🔳 ⚡ (10A) – pers. suppl. 4€
Location : 4 🏠 (4 à 6 pers.) - 310 à 420€/sem.
Pour s'y rendre : 17 Grand-Rue (sortie sud)

| Nature : 🌲 🏞 🌳 |
| Loisirs : 🍴 ✖ |
| Services : 🚿 ⛽ GB 🧺 🗄 🗄 🗄 laverie |

| Longitude : 7.05865 |
| Latitude : 47.88061 |

GUEWENHEIM

68116 – **315** G10 – 1 205 h. – alt. 323
Paris 458 – Altkirch 23 – Belfort 36 – Mulhouse 21 – Thann 9.

🏔 **La Doller** de déb. avr. à fin oct.
    𝄢 03 89 82 56 90, *campeurs-doller@wanadoo.fr*,
    Fax 03 89 82 82 31, *www.campingdoller.com*
    0,8 ha (40 empl.) plat, herbeux
    Tarif : 15,10€ ✶✶ ⇌ 🅴 🅿 (6A) – pers. suppl. 3,95€
    Location (de mi-mai à mi-sept.) : 6 🚐 (2 à 4 pers.)
    350€/sem.
    🚐 1 borne flot bleu 3,50€ – 🌊 10.50€
    Pour s'y rendre : r. du Cdt Charpy (1 km au nord par
    D 34, rte de Thann et chemin à dr., au bord de la Doller)
    À savoir : ambiance familiale dans un cadre verdoyant
    et fleuri

> Nature : ⌇ ♀
> Loisirs : 🍴 🎱 ⛹ ⚽ 🎿 ⤳
> Services : 🚿 ⚬⛽ GB ⚒ 🏧 ♨ ⚱
> ♨ ⚑ 🖥
> À prox. : ✂ ⛰

Longitude : 7.09542
Latitude : 47.74722

Si vous recherchez :
👪 *Un terrain offrant des équipements et des loisirs adaptés aux enfants*
⌇ *Un terrain agréable ou très tranquille*
L-M *Un terrain effectuant la location de caravanes, de mobile homes,*
    de bungalows ou de chalets
P *Un terrain ouvert toute l'année*
🚐 *Un terrain possédant une aire de services pour camping-cars*
Consultez le tableau des localités

HEIMSBRUNN

68990 – **315** H10 – 1 395 h. – alt. 280
Paris 456 – Altkirch 14 – Basel 50 – Belfort 34 – Mulhouse 10 – Thann 17.

🔺 **Parc la Chaumière** Permanent
    𝄢 03 89 81 93 43, *reception@camping-lachaumiere.com*,
    Fax 03 89 81 93 43, *www.camping-lachaumiere.com* –
    places limitées pour le passage
    1 ha (66 empl.) plat, herbeux, gravillons
    Tarif : 13,50€ ✶✶ ⇌ 🅴 🅿 (10A) – pers. suppl. 3,50€
    Location : 10 🚐 (2 à 4 pers.) nuitée 15€ - 90 à 330€/
    sem. – 4 🚐 (4 à 6 pers.) nuitée 35€ - 150 à 490€/
    sem.
    🚐 1 borne artisanale 4€ – 6 🅴 13,50€ – 🌊 8.50€
    Pour s'y rendre : 62 r. de Galfingue (sortie sud par D 19,
    rte d'Altkirch)
    À savoir : dans un agréable cadre arbustif

> Nature : ⌇ 🌳 ♀
> Loisirs : ⛹ 🎿 (petite piscine)
> Services : ⚬⛽ GB ⚒ 🏧 ⚑ ⚱

Longitude : 7.22611
Latitude : 47.72163

LE HOHWALD

67140 – **315** H6 – G. Alsace Lorraine – 469 h. – alt. 570 – Sports d'hiver : 600/1 100 m⛷1⛷
🛈 *Office de tourisme, square Kuntz* 𝄢 03 88 08 33 92, Fax 03 88 08 30 14
Paris 430 – Lunéville 89 – Molsheim 33 – St-Dié 46 – Sélestat 26 – Strasbourg 51.

🔺 **Municipal** Permanent
    𝄢 03 88 08 30 90, *lecamping.herrenhaus@orange.fr*,
    Fax 03 88 08 30 90 – alt. 615
    2 ha (100 empl.) accidenté, en terrasses, herbeux,
    gravillons
    Tarif : (Prix 2009) ✶ 3,60€ ⇌ 1,80€ 🅴 2,20€ –
    🅿 (6A) 4,10€
    🚐 5 🅴 4,50€
    Pour s'y rendre : 28 r. du Herrenhaus (sortie ouest par
    D 425, rte de Villé)
    À savoir : à la lisière d'une forêt

> Nature : ♀ ♀
> Loisirs : 🌳 ⛹ parcours
> sportif
> Services : ⚬⛽ GB ⚒ 🏧 ⚑

Longitude : 7.32548
Latitude : 48.40491

ISSENHEIM

68500 – **315** H9 – G. Alsace Lorraine – 3 415 h. – alt. 245
Paris 487 – Strasbourg 98 – Colmar 24 – Mulhouse 22 – Belfort 52.

▲ **Le Florival** de déb. avr. à fin oct.
   ℘ 03 89 74 20 47, *contact@camping-leflorival.com*,
   Fax 03 89 74 20 47, *www.camping-leflorival.com*
   3,5 ha (85 empl.) plat, pierreux, herbeux
   Tarif : (Prix 2009) 16,70 € ✶✶ ⇔ 🅴 🅷 (10A) – pers.
   suppl. 3 €
   Location (Prix 2009) ⚡ : 20 🛖 **(4 à 6 pers.) nuitée**
   46 € - 244 à 530 €/sem.
   Pour s'y rendre : rte de Soultz (2,5 km au sud-est par
   D 430, rte de Mulhouse et D 5 à gauche, rte d'Issenheim)

| Nature : ▭ |
| Loisirs : 🏠 🏕 |
| Services : 🚿 🔌 GB 🚗 🛒 🛁 laverie |
| À prox. : 🎣 🏊 🏂 |

Longitude : 7.21842
Latitude : 47.90163

KAYSERSBERG

68240 – **315** H8 – G. Alsace Lorraine – 2 715 h. – alt. 242
🅸 *Office de tourisme, 39, rue du Gal-de-Gaulle* ℘ 03 89 78 22 78, Fax 03 89 78 27 44
Paris 438 – Colmar 12 – Gérardmer 46 – Guebwiller 35 – Munster 22 – St-Dié 41 – Sélestat 24.

▲ **Municipal** de déb. avr. à fin sept.
   ℘ 03 89 47 14 47, *camping@ville-kaysersberg.fr*,
   Fax 03 89 47 14 47, *www.ville-kaysersberg.fr* ⚡ (juil.-août)
   1,6 ha (120 empl.) plat, herbeux
   Tarif : 16,50 € ✶✶ ⇔ 🅴 🅷 (13A) – pers. suppl. 3,90 €
   Pour s'y rendre : r. des Acacias (sortie nord-ouest par
   N 415, rte de St-Dié et à droite, au bord de la Weiss)

| Nature : ≤ ♀ |
| Loisirs : 🏕 ✂ |
| Services : 🔌 GB 🚗 🛁 🏂 ⚲ 🍴 laverie |

Longitude : 7.25234
Latitude : 48.14847

Pour une meilleure utilisation de cet ouvrage,
LISEZ ATTENTIVEMENT les premières pages du guide.

KRUTH

68820 – **315** F9 – G. Alsace Lorraine – 1 018 h. – alt. 498
Paris 453 – Colmar 63 – Épinal 68 – Gérardmer 31 – Mulhouse 40 – Thann 20 – Le Thillot 29.

▲ **Le Schlossberg** de déb. avr. à déb. oct.
   ℘ 03 89 82 26 76, *info@schlossberg.fr*, Fax 03 89 82 20 17,
   www.schlossberg.fr
   5,2 ha (200 empl.) peu incliné, terrasse, herbeux
   Tarif : ✶ 4,30 € ⇔ 🅴 4 € – 🅷 (6A) 3 € – frais de
   réservation 10 €
   Location (permanent) : 6 🛖 **(4 à 6 pers.) nuitée 44 €**
   - 289 à 540 €/sem. – **frais de réservation 10 €**
   🚐 1 borne artisanale 3 €
   Pour s'y rendre : rue du Bourbaach (2,3 km au nord-
   ouest par D 13b, rte de La Bresse et rte à gauche, au bord
   de la Bourbach)
   À savoir : site agréable au cœur du Parc des Ballons

| Nature : 🏔 ≤ ♀ |
| Loisirs : 🍸 🏕 |
| Services : 🚿 🔌 GB 🚗 🛁 🍴 laverie |

Longitude : 6.95561
Latitude : 47.94141

LAUTERBOURG

67630 – **315** N3 – 2 191 h. – alt. 115
🅸 *Office de tourisme, 21, rue de la 1ère Armée* ℘ 03 88 94 66 10, Fax 03 88 54 61 33
Paris 519 – Haguenau 40 – Karlsruhe 22 – Strasbourg 63 – Wissembourg 20.

▲ **Municipal des Mouettes** de mi-mars à mi-nov.
   ℘ 03 88 54 68 60, *camping-lauterbourg@wanadoo.fr*,
   Fax 03 88 54 68 60 – places limitées pour le passage ⚡
   2,7 ha (136 empl.) plat, herbeux
   Tarif : (Prix 2009) ✶ 3,50 € ⇔ 🅴 5,50 € – 🅷 3,50 €
   Pour s'y rendre : 1,5 km au sud-ouest par D 3 et chemin
   à gauche, à 100 m d'un plan d'eau (accès direct)

| Loisirs : 🍸 snack |
| Services : 🚿 🔌 🛒 ⚲ 📶 |
| À prox. : 🏕 🚣 🎣 🛶 |

Longitude : 8.17723
Latitude : 48.97462

LIEPVRE

68660 – **315** H7 – 1 747 h. – alt. 272
Paris 428 – Colmar 35 – Ribeauvillé 27 – St-Dié-des-Vosges 31 – Sélestat 15.

Haut-Koenigsbourg de mi-mars à mi-oct.
℘ 0389584320, *camping.haut-koenigsbourg@orange.
fr*, Fax 0389589829, *www.valdargent.com/
camping-ht-koenigsbourg.htm*
1 ha (77 empl.) plat et peu incliné, herbeux
Tarif : 13 € �**✶ ✶** ⇔ 🅴 (8A) – pers. suppl. 3,40 €
Location ⌁ : 6 ☖ (4 à 6 pers.) - 265 à 500 €/sem.
Pour s'y rendre : rte de La Vancelle (900 m à l'est par C 1
rte de la Vancelle)

À savoir : entrée bordée par un séquoia centenaire

Nature : 🌿 ♀	
Loisirs : 🎫 🏕	
Services : ᪥ ⚷ GB 🐾 ▥ 🖭	

Longitude : 7.28874
Latitude : 48.27188

MASEVAUX

68290 – **315** F10 – G. Alsace Lorraine – 3 232 h. – alt. 425
🛈 *Office de tourisme, 1, place Gayardon* ℘ *0389824199, Fax 0389824944*
Paris 440 – Altkirch 32 – Belfort 24 – Colmar 57 – Mulhouse 30 – Thann 15 – Le Thillot 38.

Le Masevaux Permanent
℘ 0389824229, *contact@camping-masevaux.com*,
Fax 0389824229, *www.camping-masevaux.com*
3,5 ha (149 empl.) plat, herbeux
Tarif : 15,55 € ✶ ✶ ⇔ 🅴 (6A) – pers. suppl. 3,85 €
Pour s'y rendre : 3 r. du Stade (au bord de la Doller)

À savoir : agréable cadre boisé et fleuri

Nature : 🌿 ♀♀	
Loisirs : snack 🎫 🏕 🎣	
Services : ᪥ ⚷ GB 🐾 ▥ 🗟 ☕	
laverie	
À prox. : 🛒 ✗ 🔳 🏊 terrain	
omnisports	

Longitude : 6.99374
Latitude : 47.77634

MITTLACH

68380 – **315** G8 – 311 h. – alt. 550
Paris 467 – Colmar 28 – Gérardmer 42 – Guebwiller 44 – Thann 46.

Municipal Langenwasen de mi-avr. à mi-oct.
℘ 0389777637, *mairiemittlach@wanadoo.fr*,
Fax 0389777436, *www.mittlach.fr* – alt. 620
3 ha (150 empl.) peu incliné, plat et terrasses, herbeux,
gravier
Tarif : (Prix 2009) ✶ 3,25 € ⇔ 1,15 € 🅴 2,45 € –
🔌 (10A) 6 €
Pour s'y rendre : chemin du Camping (3 km au sud-
ouest, au bord d'un ruisseau)

À savoir : site boisé au fond d'une vallée

Nature : 🌿 ≤ ⛰ ♀	
Loisirs : 🎫 🏕	
Services : ⚷ (juil.-août) GB	
🐾 🖭	

Longitude : 7.01867
Latitude : 47.98289

63

MOOSCH

68690 – **315** G9 – G. Alsace Lorraine – 1 785 h. – alt. 390
Paris 463 – Colmar 51 – Gérardmer 42 – Mulhouse 28 – Thann 8 – Le Thillot 30.

La Mine d'Argent de mi-avr. à mi-oct.
℘ 0389823066, *moosch@camping-la-mine-argent.
com*, Fax 0389823066, *www.camping-la-mine-argent.
com* – places limitées pour le passage
2 ha (75 empl.) peu incliné, plat, en terrasses, herbeux
Tarif : 16,80 € ✶ ✶ ⇔ 🅴 🔌 (10A) – pers. suppl. 3,80 € –
frais de réservation 12 €

Location : 4 🛖 (4 à 6 pers.) nuitée 30 € - 210 à 375 €/
sem. – frais de réservation 16 €
🛒 1 borne artisanale 5 €
Pour s'y rendre : r. de la Mine d'Argent (1,5 km au sud-
ouest par r. de la Mairie, au bord d'un ruisseau)

À savoir : dans un site vallonné et verdoyant

Nature : 🌿 ≤ ♀	
Loisirs : 🎫 🏕	
Services : ⚷ GB 🐾 laverie	

Longitude : 7.04102
Latitude : 47.8549

MULHOUSE

68100 – **315** I10 – G. Alsace Lorraine – 110 514 h. – alt. 240

🛈 *Office de tourisme, 9, avenue du Maréchal Foch* ☎ *03 89 35 48 48, Fax 03 89 45 66 16*

Paris 465 – Basel 34 – Belfort 43 – Besançon 130 – Colmar 46 – Dijon 218 – Freiburg 59 – Nancy 174 – Reims 379.

▲▲ **L'Ill** de déb. avr. à mi-oct.

☎ 03 89 06 20 66, *campingdelill@wanadoo.fr*,
Fax 03 89 61 18 34, *www.camping-de-lill.com*
5 ha (210 empl.) plat, herbeux
Tarif : (Prix 2009) 15 € ✹✹ 🚗 📧 (5A) – pers.
suppl. 3,70 € – frais de réservation 5 €

Location (Prix 2009) 🏄 : 15 🛖 (2 à 4 pers.) 135 à
310 €/sem. – 8 🚐 (4 à 6 pers.) 245 à 530 €/sem. –
frais de réservation 15 €
🚰 1 borne eurorelais 5 € – 11 📧 15 € – 🍴 10.50 €
Pour s'y rendre : 1 r. Pierre de Coubertin (au sud-ouest,
par autoroute A 36, sortie Dornach)

À savoir : cadre boisé en bordure de rivière

Nature : ♀♀
Loisirs : 🏓
Services : 🚿 ⛽ GB 🧺 🛒 ♒
📧 🚐
À prox. : patinoire 🎿 🪁 🎣 ♒ pistes de bi-cross et skate-board

Longitude : 7.32283
Latitude : 47.73424

MUNSTER

68140 – **315** G8 – G. Alsace Lorraine – 5 041 h. – alt. 400

🛈 *Office de tourisme, 1, rue du Couvent* ☎ *03 89 77 31 80, Fax 03 89 77 07 17*

Paris 458 – Colmar 19 – Gérardmer 34 – Guebwiller 40 – Mulhouse 60 – St-Dié 54 – Strasbourg 96.

▲▲ **Village Center Le Parc de la Fecht** de fin avr. à
mi-sept.

☎ 08 25 00 20 30, *resa@village-center.com*,
Fax 04 67 51 63 89, *www.village-center.fr*
4 ha (260 empl.) plat, herbeux
Tarif : 16 € ✹✹ 🚗 📧 (6A) – pers. suppl. 4 € – frais de
réservation 30 €

Location : 7 🚐 (4 à 6 pers.) 672 €/sem. – frais de
réservation 30 €
Pour s'y rendre : rte de Gunsbach (1 km à l'est par D 10,
rte de Turckheim)

À savoir : cadre boisé, au bord de la Fecht

Nature : ♀♀
Loisirs : 🏓 🕘diurne (Juil.-août) nocturne (Juil.-août) 🎠
Services : ⛽ GB 🧺 ♒ 📧
À prox. : ♒

Longitude : 7.15586
Latitude : 48.04464

LES GUIDES VERTS **MICHELIN**

Paysages, monuments
Routes touristiques
Géographie
Histoire, Art
Itinéraire de visite
Plans de villes et de monuments

OBERBRONN

67110 – **315** J3 – G. Alsace Lorraine – 1 506 h. – alt. 260

Paris 460 – Bitche 25 – Haguenau 24 – Saverne 36 – Strasbourg 53 – Wissembourg 37.

▲▲▲ **L'Oasis** de mi-mars à mi-nov.

☎ 03 88 09 71 96, *oasis.oberbronn@laregie.fr*,
Fax 03 88 09 97 87, *www.oasis-alsace.com*
2,5 ha (148 empl.) plat et peu incliné, herbeux, pierreux
Tarif : (Prix 2009) ✹ 4,20 € 🚗 📧 3,80 € – 🔌 (6A) 4,10 €

Location (Prix 2009) (fermé janv.) : 28 🛖 (4 à 6 pers.)
- 265 à 595 €/sem. – 11 huttes, 1 gîte d'étape
🚰 1 borne eurorelais 4 € – 7 📧
Pour s'y rendre : 3 r. du Frohret (1,5 km au sud par D 28,
rte d'Ingwiller et chemin à gauche)

À savoir : à la lisière d'une forêt

Nature : 🌲 ≤
Loisirs : 🍴snack 🏓 🎠 🎿 ♒ parcours sportif, centre de remise en forme "l'Oasis"
Services : 🚿 ⛽ GB 🧺 🛒 🏪 📧 🚐
À prox. : 🪁

Longitude : 7.60756
Latitude : 48.94082

OBERNAI

67210 – **315** I6 – G. Alsace Lorraine – 11 009 h. – alt. 185
🛈 *Office de tourisme, place du Beffroi* 📞 *03 88 95 64 13, Fax 03 88 49 90 84*
Paris 488 – Colmar 50 – Erstein 15 – Molsheim 12 – Sélestat 27 – Strasbourg 31.

⚠️ **Municipal le Vallon de l'Ehn** Permanent
📞 03 88 95 38 48, *camping@obernai.fr*, Fax 03 88 48 31 47,
www.obernai.fr
3 ha (150 empl.) plat, peu incliné, herbeux
Tarif : ✚ 4 € ⬅️ 🅿 5 € – 🔌 (16A) 4 €
🚐 1 borne eurorelais 2 €
Pour s'y rendre : 1 r. de Berlin (sortie ouest par D 426,
rte d'Ottrott, pour caravanes : accès conseillé par rocade
au sud de la ville)

| Nature : ⩔ |
| Loisirs : 🏠 ⛱ 🏔 |
| Services : ⚘ ⛽ GB ⚙ 🔲 ⬆️ ⬇️ |
| ⚬ 🍴 laverie |
| À prox. : ✂️ 🎣 🏊 🐎 (centre |
| équestre) parc public |

| Longitude : 7.46773 |
| Latitude : 48.46445 |

RANSPACH

68470 – **315** G9 – G. Alsace Lorraine – 858 h. – alt. 430
Paris 459 – Belfort 54 – Bussang 15 – Gérardmer 38 – Thann 13.

⚠️ **Les Bouleaux** Permanent
📞 03 89 82 64 70, *contact@alsace-camping.com*,
Fax 03 89 39 14 17, *www.alsace-camping.com*
1,75 ha (100 empl.) plat, herbeux
Tarif : 16,10 € ✚✚ ⬅️ 🅿 🔌 (6A) – pers. suppl. 4 € – frais
de réservation 8 €

Location : 5 🛖 (4 à 6 pers.) nuitée 50 € - 300 à 430 €/
sem. – 11 🏠 (4 à 6 pers.) nuitée 50 € - 320 à 590 €/
sem. – frais de réservation 8 €
🚐 1 borne artisanale 3 € – 2 🅿 4 € – 🚌 12 €
Pour s'y rendre : 8 r. des Bouleaux (au sud du bourg
par N 66)

| Nature : ⩔ ♀ |
| Loisirs : 🍴 snack 🏠 🏔 🏊 |
| Services : ⚘ ⛽ GB ⚙ ⬆️ ⚬ |
| laverie |

| Longitude : 7.01037 |
| Latitude : 47.88085 |

RHINAU

67860 – **315** K7 – G. Alsace Lorraine – 2 580 h. – alt. 158
🛈 *Office de tourisme, 35, rue du Rhin* 📞 *03 88 74 68 96, Fax 03 88 74 83 28*
Paris 525 – Marckolsheim 26 – Molsheim 38 – Obernai 28 – Sélestat 28 – Strasbourg 39.

⚠️ **Ferme des Tuileries** de déb. avr. à fin sept.
📞 03 88 74 60 45, *camping.fermetuileries@neuf.fr*,
Fax 03 88 74 85 35, *www.fermedestuileries.com* ⚡
4 ha (150 empl.) plat, herbeux
Tarif : 14,10 € ✚✚ ⬅️ 🅿 🔌 (6A) – pers. suppl. 3,50 €
Location (de déb. avr. à fin déc.) : 5 🏠 (4 à 6 pers.)
- 350 à 600 €/sem.
🚐 1 borne artisanale 2 € – 15 🅿 14,10 €
Pour s'y rendre : 1 r. des Tuileries (sortie nord-ouest, rte
de Benfeld)

| Nature : 🍃 ♀ |
| Loisirs : snack 🏠 🚲 ✂️ 🏔 🏊 |
| ⩪ (plan d'eau) ⛱ 🎣 |
| Services : ⛽ ⚙ 🔲 ⬆️ laverie ⚡ |

| Longitude : 7.6986 |
| Latitude : 48.32224 |

RIBEAUVILLÉ

68150 – **315** H7 – G. Alsace Lorraine – 4 973 h. – alt. 240
Paris 439 – Colmar 16 – Gérardmer 56 – Mulhouse 60 – St-Dié 42 – Sélestat 14.

⚠️ **Municipal Pierre-de-Coubertin** de mi-mars à
mi-nov.
📞 03 89 73 66 71, *camping.ribeauville@wanadoo.fr*,
Fax 03 89 73 66 71,
www.camping-alsace.com/ribeauville/index.htm
3,5 ha (260 empl.) plat, herbeux
Tarif : ✚ 4 € ⬅️ 🅿 5 € – 🔌 (16A) 3,50 €
🚐 1 borne artisanale – 18 🅿
Pour s'y rendre : 23 r. de Landau (sortie est par D 106
puis r. à gauche)

| Nature : 🍃 ⩔ ♀♀ |
| Loisirs : 🏠 ⛱ ✂️ |
| Services : ⚘ ⛽ GB ⚙ 🔲 ⬆️ ⬇️ |
| ⚬ 🍴 🔲 ⬆️ sèche-linge |
| À prox. : 🔲 🏊 ⛱ |

| Longitude : 7.336 |
| Latitude : 48.195 |

ALSACE

ROMBACH-LE-FRANC

68660 – **315** H7 – 892 h. – alt. 290
Paris 431 – Colmar 38 – Ribeauvillé 30 – St-Dié 34 – Sélestat 18.

⚠ **Municipal les Bouleaux** de mi-avr. à mi-oct.
𝒫 0389584156, *camping.rombach@calixo.net*,
Fax 0389589321,
www.valdargent.com/camping-rombach-les-bouleaux.htm
– croisement difficile pour caravanes
1,3 ha (50 empl.) non clos, plat et peu incliné, herbeux
Tarif : (Prix 2009) ⚹ 2,45€ ⇌ 1,70€ 🔲 1,70€ –
🔌 (13A) 2,25€
Location (Prix 2009) (permanent) 🛖 : 5 🏚 (4 à 6 pers.)
- 255 à 380€/sem.
🚐 5 🔲 2,90€
Pour s'y rendre : rte de la Hingrie (1,5 km au nord-ouest)

À savoir : dans un vallon entouré de sapins et traversé par un ruisseau

| Nature : 🌿 ♀ |
| Loisirs : 🏠 🏇 |
| Services : & ⚡ (juil.-août) 🇬🇧 🌳 🍴 |

| Longitude : 7.2402 |
| Latitude : 48.2877 |

ST-PIERRE

67140 – **315** I6 – 598 h. – alt. 179
Paris 498 – Barr 4 – Erstein 21 – Obernai 12 – Sélestat 15 – Strasbourg 40.

⚠ **Municipal Beau Séjour** de déb. avr. à fin oct.
𝒫 0389586431, *reflets@calixo.net*, Fax 0389586431,
www.les-reflets.com
0,6 ha (47 empl.) plat, herbeux
Tarif : (Prix 2009) ⚹ 3,90€ ⇌ 🔲 3,20€ – 🔌 (5A) 3,30€ –
frais de réservation 15€
🚐 10 🔲 14,70€
Pour s'y rendre : r. de l'Eglise (au bourg, derrière l'église, au bord du Muttlbach)

| Nature : 🏞 |
| Loisirs : 🍴 |
| Services : 🌳 |
| À prox. : 🏇 |

| Longitude : 7.47197 |
| Latitude : 48.3827 |

66

STE-CROIX-EN-PLAINE

68127 – **315** I8 – 2 493 h. – alt. 192
Paris 471 – Belfort 78 – Colmar 10 – Freiburg-im-Breisgau 49 – Guebwiller 21 – Mulhouse 37.

⚠ **Clairvacances** de déb. avr. à mi-oct.
𝒫 0389492728, *clairvacances@wanadoo.fr*,
Fax 0389493137, *www.clairvacances.com* 🛖
4 ha (135 empl.) plat, herbeux
Tarif : 25€ ⚹⚹ ⇌ 🔲 🔌 (13A) – pers. suppl. 7€ –
frais de réservation 10€
Location 🛖 : 10 🏚 (4 à 6 pers.) nuitée 120€ - 340 à
765€/sem. – frais de réservation 10€
Pour s'y rendre : Rte de Herrlisheim (2,7 km au nord-ouest par D 1)

À savoir : agréable décoration arbustive

| Nature : 🏞 |
| Loisirs : 🏠 🏇 ⛵ 🏊 |
| Services : & ⚡ 🇬🇧 🌳 🍴 laverie |

| Longitude : 7.38306 |
| Latitude : 48.01169 |

SAVERNE

67700 – **315** I4 – G. Alsace Lorraine – 11 907 h. – alt. 200
🛈 *Office de tourisme, 37, Grand'Rue 𝒫 0388918047, Fax 0388710290*
Paris 450 – Lunéville 88 – St-Avold 89 – Sarreguemines 65 – Strasbourg 39.

⚠ **Municipal** de déb. avr. à fin sept.
𝒫 0388913565, *campingsaverne@info.com*,
Fax 0388913565, *www.campingsaverne.com*
2,1 ha (144 empl.) peu incliné, plat, herbeux
Tarif : (Prix 2009) 15€ ⚹⚹ ⇌ 🔲 🔌 (16A) – pers.
suppl. 3,50€
🚐 1 borne artisanale
Pour s'y rendre : r. Knoepffler (1,3 km au sud-ouest par D 171)

| Nature : 🏞 ♀ |
| Loisirs : 🏠 🏇 |
| Services : & ⚡ 🇬🇧 🌳 🍴 laverie |
| À prox. : 🍴 🐎 poneys (centre équestre) |

| Longitude : 7.3559 |
| Latitude : 48.73228 |

SÉLESTAT

67600 – **315** I7 – G. Alsace Lorraine – 19 459 h. – alt. 170
B *Office de tourisme, boulevard Leclerc* ℰ *0388588720, Fax 0388928863*
Paris 441 – Colmar 24 – Gérardmer 65 – St-Dié 44 – Strasbourg 55.

Municipal les Cigognes de mi-avr. à fin sept. et de
fin nov. à fin déc.
ℰ 0388920398, *camping-selestat@orange.fr*,
Fax 0388921764, *www.selestat-tourisme.com*
0,7 ha (48 empl.) plat, herbeux
Tarif : (Prix 2009) 14,75€ ✶✶ ⮐ ⊟ (6A) – pers.
suppl. 3,70€
Pour s'y rendre : 1 r. de la 1ère Division France Libre

Nature : 🌳
Services : ☕ 🚿 🏢 🔋
À prox. : 🍴 ⊠ 🏊

Longitude : 7.44998
Latitude : 48.25494

SEPPOIS-LE-BAS

68580 – **315** H11 – 1 063 h. – alt. 390
Paris 454 – Altkirch 13 – Basel 42 – Belfort 38 – Montbéliard 34.

Village Center Les Lupins de déb. avr. à fin sept.
ℰ 0389256537, *dirlupins@village-center.com*,
Fax 0389255492, *www.village-center.com*
3,5 ha (158 empl.) plat, terrasses, herbeux
Tarif : (Prix 2009) 16€ ✶✶ ⮐ ⊟ (6A) – pers.
suppl. 3€ – frais de réservation 30€

Location (Prix 2009) (de déb. avr. à fin oct.) **P** : 10 🏠
(4 à 6 pers.) - 168 à 588€/sem. – frais de réservation
30€
🚐 10 ⊟ 16€
Pour s'y rendre : 1 r. de la gare (sortie nord-est par D 17I
I, rte d'Altkirch)
À savoir : sur le site verdoyant de l'ancienne gare

Nature : 🌊 🌳🌳
Loisirs : 🎦 🎥diurne (juil.-août)
nocturne (juil.-août) 🏓 🏊
Services : ⚕ ☕ GB 🚿 🏢 🔋 ☂
laverie
À prox. : ✕ 🍴

Longitude : 7.18
Latitude : 47.53912

Utilisez le guide de l'année.

67

STRASBOURG

67000 – **315** K5 – G. Alsace Lorraine – 272 975 h. – alt. 143
B *Office de tourisme, 17, place de la Cathédrale* ℰ *0388522828, Fax 0388522829 Office de tourisme,
place de la Gare* ℰ *0388325149 Office de tourisme, 17, place de la cathédrale* ℰ *0388522828,
Fax 0388522829*
Paris 488 – Stuttgart 160 – Baden-Baden 63 – Karlsruhe 87 – Metz 162.

La Montagne Verte Permanent
ℰ 0388302546, *aquadis1@wanadoo.fr*,
Fax 0386379583, *www.aquadis-loisirs.com*
2,5 ha (190 empl.) plat, herbeux
Tarif : 18,40€ ✶✶ ⮐ ⊟ (10A) – pers. suppl. 4€ –
frais de réservation 8€
🚐 15 ⊟ 18,40€
Pour s'y rendre : 2 r. Robert Forrer

Nature : 🌳
Loisirs : 🍴 snack 🎦
Services : ⚕ ☕ GB 🚿 ☂ ☂
laverie
À prox. : 🏓 🍴

Longitude : 7.71456
Latitude : 48.57543

TURCKHEIM

68230 – **315** H8 – G. Alsace Lorraine – 3 714 h. – alt. 225
B *Office de tourisme, Corps de Garde* ℰ *0389273844, Fax 0389808322*
Paris 471 – Colmar 7 – Gérardmer 47 – Munster 14 – St-Dié 51 – Le Thillot 66.

Les Cigognes de déb. mars à fin déc.
ℰ 0389270200, *municipc@calixo.net*,
www.camping-turckheim.com
2,5 ha (117 empl.) plat, herbeux
Tarif : (Prix 2009) 15,10€ ✶✶ ⮐ ⊟ (10A) – pers.
suppl. 3,60€
🚐 1 borne artisanale 5,40€ – 🚐 9€
Pour s'y rendre : à l'ouest du bourg, derrière le stade -
accès par chemin entre le passage à niveau et le pont
À savoir : au bord d'un petit canal et près de la Fecht

Nature : 🏕 🌳
Loisirs : 🎦
Services : ⚕ ☕ GB 🚿 🏢 ☂ ☂
laverie
À prox. : 🍴

Longitude : 7.27818
Latitude : 48.08689

WASSELONNE

67310 – **315** I5 – G. Alsace Lorraine – 5 566 h. – alt. 220

🄑 *Syndicat d'initiative, 22, place du Général Leclerc* 𝄌 *03 88 59 12 00, Fax 03 88 04 23 57*

Paris 464 – Haguenau 42 – Molsheim 15 – Saverne 15 – Sélestat 51 – Strasbourg 27.

⚠ **Municipal** de mi-avr. à mi-oct.
𝄌 03 88 87 00 08, *camping-wasselonne@wanadoo.fr*,
Fax 03 88 68 48 90, *www.suisse-alsace.com*
1,5 ha (100 empl.) en terrasses, herbeux
Tarif : (Prix 2009) 15,20 € 🅟🅟 🚐 🄴 🔌 (8A) – pers.
suppl. 3,80 €

Location (Prix 2009) (permanent) : 12 🏠 (4 à 6 pers.)
- 290 à 445 €/sem.
🅿 1 borne eurorelais 2 € – 10 🄴 15,20 € – 🛢🔌 14.40 €
Pour s'y rendre : r. des Sapins (1 km à l'ouest par D 224,
rte de Wangenbourg)

À savoir : dans l'enceinte du centre de loisirs

Nature : ⬙ ♀	
Loisirs : 🏖🏊 🔲	
Services : ⚬🔟 GB 🐾 laverie ⚒	
À prox. : ✕ ✗ 🎣	

Longitude : 7.43212
Latitude : 48.63834

WATTWILLER

68700 – **315** H10 – 1 714 h. – alt. 356

Paris 478 – Strasbourg 116 – Freiburg im Breisgau 81 – Basel 56 – Mulhouse 23.

⚠ **Les Sources** 🔼 – de déb. avr. à déb. oct.
𝄌 03 89 75 44 94, *camping.les.sources@wanadoo.fr*,
Fax 03 89 75 71 98, *www.camping-les-sources.com*
15 ha (360 empl.) en terrasses, pierreux, gravier
Tarif : 30 € 🅟🅟 🚐 🄴 🔌 (5A) – pers. suppl. 7 € – frais de
réservation 10 €

Location : 18 🏚 (4 à 6 pers.) nuitée 35 € - 210 à
581 €/sem. – 67 🏠 (4 à 6 pers.) nuitée 39 € - 234 à
798 €/sem. – frais de réservation 18 €
Pour s'y rendre : rte des Crêtes

Nature : 🌊 🚐 🎋	
Loisirs : 🍸 ✕ pizzeria 🏛 🎪	
diurne (juil.-août) 🏖🏊 ✕	
🎯 🔲 🚣	
Services : ⚒ ⚬🔟 GB 🐾 🛁 🍴	
laverie ⚒ 🚿	
A prox. : poneys	

Longitude : 7.17688
Latitude : 47.8359

Le lac Blanc

AQUITAINE

S. Sauvignier/Michelin

Bienvenue en Aquitaine, immuable terre d'accueil où déjà l'homme préhistorique avait élu domicile. La région se compose d'une mosaïque de paysages, mais tous ses habitants partagent le même sens de l'hospitalité. Après une visite aux maîtres ès foies gras et confits du Périgord et du Quercy, suivie d'un crochet par le Bordelais, ses châteaux et son vignoble si justement réputé, direction la Côte d'Argent, ses surfeurs, ses bars à tapas et ses amateurs de rugby ou de corridas élevés au gâteau basque et au piment d'Espelette... On cultive ici le goût du défi et de la fête, comme en témoignent ces paisibles villages préparant derrière leurs façades à colombages et volets rouges de fougueuses réjouissances où danses, jeux et chants célèbrent l'identité d'un peuple aux traditions toujours vivantes.

Aquitaine has welcomed mankind throughout the ages. Its varied mosaic of landscapes is as distinctive as its inhabitants' hospitality and good humour: a quick stop to buy confit of goose can easily lead to an invitation to look around the farm! No stay in Aquitaine would be complete without visiting at least one of Bordeaux' renowned vineyards. Afterwards head for the « Silver Coast », loved by surfers and rugby fans alike, have a drink in a tapas bar or even take ringside seats for a bullfight! This rugged, sunny land between the Pyrenees and the Atlantic remains fiercely proud of its identity: spend a little time in a sleepy Basque village and you'll soon discover that, at the first flourish of the region's colours, red and green, the locals still celebrate their traditions in truly vigorous style.

47000 – **336** F4 – G. Aquitaine – 33 728 h. – alt. 50

🛈 *Office de tourisme, 107, boulevard Carnot BP 237* 📞 *05 53 47 36 09, Fax 05 53 47 29 98*
Paris 662 – Auch 74 – Bordeaux 141 – Pau 159 – Toulouse 116.

⋏⋏⋏ **Village Vacances Le Château d'Allot** (location exclusive de mobile homes) de déb. avr. à fin sept.
📞 05 53 68 33 11, *resa@grandbleu.fr*, Fax 05 53 68 33 11, *www.grandbleu.fr*
12 ha/3 campables plat, herbeux, petit lac

Location &. : 50 ⊡ (4 à 6 pers.) nuitée 40 € - 168 à 693 €/sem.

Pour s'y rendre : rte de Layrac (10 km au sud par D 305, puis D 17 et à gauche av. le pont de la Garonne - A 62, sortie 7 : Agen, puis Layrac par RN 21 et Agen par D 17, à dr. du pont de la Garonne)

| Nature : 🗔 ♡♡ |
| Loisirs : 🍴 🗖 ⊙ ⋏⋏ ⋇ ⛳ ⚓ parcours de santé, practice de golf |
| Services : GB ⊘ 🏛 🔳 |
| *Longitude : 0.64411* |
| *Latitude : 44.17496* |

⋏ **Le Moulin de Mellet** de déb. avr. à fin sept.
📞 05 53 87 50 89, *moulin.mellet@wanadoo.fr*, *www.camping-moulin-mellet.com*
5 ha/3,5 campables (48 empl.) plat, herbeux, ruisseau, petit étang
Tarif : 25,25 € ✴✴ ⇔ 🅴 🄼 (10A) – pers. suppl. 5,60 €

Location (permanent) ⋇ (de déb. juil. à fin août) : 4 🏠 (4 à 6 pers.) - 210 à 660 €/sem.
🚐 15 🅴 25,25 €

Pour s'y rendre : rte de Prayssas (8 km au nord-ouest par N 113 et à dr. par D 107)

| Nature : ♡♡ |
| Loisirs : 🗖 ⬛⬤ ⋇ ⚓ |
| Services : &. ⊶ ⊘ ☕ ⬚ 🔳 |
| *Longitude : 0.61209* |
| *Latitude : 44.20149* |

Si vous recherchez :
🔱 *Un terrain offrant des équipements et des loisirs adaptés aux enfants*
🕊 *Un terrain agréable ou très tranquille*
L *Un terrain effectuant la location de caravanes, de mobile homes, de bungalows ou de chalets*
P *Un terrain ouvert toute l'année*
🚐 *Un terrain possédant une aire de services pour camping-cars*
Consultez le tableau des localités

72

64250 – **342** C5 – G. Pays Basque – 648 h. – alt. 130
Paris 791 – Bayonne 28 – Biarritz 29 – Cambo-les-Bains 11 – Pau 125 – St-Jean-de-Luz 26.

⋏ **Xokoan** Permanent
📞 05 59 29 90 26, Fax 05 59 29 73 82
0,6 ha (30 empl.) plat, peu incliné, herbeux
Tarif : 15,50 € ✴✴ ⇔ 🅴 🄼 (10A) – pers. suppl. 5,50 €

Location (de déb. mars à fin oct.) ⋇ : 2 ⊡ (4 à 6 pers.) nuitée 90 € - 400 €/sem. – 6 🛏
🚐 1 borne artisanale – 10 🅴
Pour s'y rendre : à Dancharia (2,5 km au sud-ouest puis à gauche av. la douane, au bord d'un ruisseau (frontière))

| Nature : 🕊 ♡♡ |
| Loisirs : 🍴 ✕ 🗖 |
| Services : &. ⊶ GB ⊘ ⬚ laverie ☕ |
| À prox. : 🛒 |
| *Longitude : -1.50144* |
| *Latitude : 43.2944* |

⋏ **Aire Naturelle Harazpy** de déb. avr. à fin sept.
📞 05 59 29 89 38, Fax 05 59 29 89 38 ⋇
1 ha (25 empl.) peu incliné, terrasses, herbeux
Tarif : (Prix 2009) 15,50 € ✴✴ ⇔ 🅴 🄼 (10A) – pers. suppl. 5,50 €

Location : gîte d'étape
🚐 1 borne artisanale – 4 🅴
Pour s'y rendre : pl. de l'Église (au nord-ouest du bourg)

| Nature : 🕊 ≤ ⚲ |
| Loisirs : 🗖 |
| Services : &. ⊶ ⊘ laverie |
| *Longitude : -1.49881* |
| *Latitude : 43.30667* |

AIRE-SUR-L'ADOUR

40800 – **335** J12 – G. Aquitaine – 6 089 h. – alt. 80
🛈 *Office de tourisme, place du 19 Mars 1962 ℰ 05 58 71 64 70, Fax 05 58 71 64 70*
Paris 722 – Auch 84 – Condom 68 – Dax 77 – Mont-de-Marsan 33 – Orthez 59 – Pau 51 – Tarbes 72.

⚠ **Les Ombrages de l'Adour** de déb. avr. à fin oct.
ℰ 05 58 71 75 10, *hetapsarl@yahoo.fr*, Fax 05 58 71 32 59,
www.camping-adour-landes.com
2 ha (100 empl.) plat, herbeux
Tarif : (Prix 2009) 16,94 € 🏕🏕 🚗 🔲 🔌 (10A) – pers.
suppl. 3,50 €

Location (Prix 2009) : 6 🛖 (4 à 6 pers.) nuitée 64 € -
275 à 390 €/sem.
🚐 1 borne sanitation – 15 🔲 10 €
Pour s'y rendre : r. des Graviers (près du pont, derrière
les arènes, au bord de l'Adour)

| Nature : ♨ 🐎 |
| Loisirs : 🎠 |
| Services : ☕ 🇬🇧 ♻ 🚰 🛁 |

| Longitude : -0.25574 |
| Latitude : 43.7026 |

Pour choisir et suivre un itinéraire
Pour calculer un kilométrage
Pour situer exactement un terrain (en fonction
des indications fournies dans le texte) :
*Utilisez les **cartes MICHELIN** ,*
compléments indispensables de cet ouvrage.

ALLES-SUR-DORDOGNE

24480 – **329** G6 – 333 h. – alt. 70
Paris 534 – Bergerac 36 – Le Bugue 12 – Les Eyzies-de-Tayac 22 – Périgueux 54 – Sarlat-la-Canéda 41.

⚠ **Port de Limeuil** de déb. mai à fin sept.
ℰ 05 53 63 29 76, *didierbonvallet@aol.com*,
Fax 05 53 63 04 19, *www.leportdelimeuil.com*
7 ha/4 campables (90 empl.) plat, herbeux, sablonneux
Tarif : 28,90 € 🏕🏕 🚗 🔲 🔌 (5A) – pers. suppl. 6,50 € –
frais de réservation 15 €

Location : 11 🛖 (4 à 6 pers.) 190 à 950 €/sem. –
1 gîte – frais de réservation 15 €
🚐 1 borne artisanale
Pour s'y rendre : 3 km au nord-est sur D 51e, près du
pont de Limeuil, au confluent de la Dordogne et de la
Vézère

| Nature : 🐚 🐎 🎠 🚴 ⛵ canoë |
| Loisirs : 🍽 🎡 🎠 🚴 ⛵ canoë |
| Services : 🚿 🚰 🇬🇧 ♻ 🛁 🍴 |
| laverie 🧺 |
| À prox. : ✕ 🐎 |

| Longitude : 0.8669 |
| Latitude : 44.85898 |

ANGLET

64600 – **342** C2 – G. Pays Basque – 37 646 h. – alt. 20
🛈 *Office de tourisme, 1, avenue de la Chambre d'Amour ℰ 05 59 03 77 01, Fax 05 59 03 55 91*
Paris 773 – Bordeaux 187 – Pamplona 108 – Donostia-San Sebastián 51 – Pau 117.

⚠ **Le Parme** de déb. avr. à déb. nov.
ℰ 05 59 23 03 00, *campingdeparme@wanadoo.fr*,
Fax 05 59 41 29 55, *www.campingdeparme.com*
3,5 ha (197 empl.) en terrasses, plat, peu incliné,
herbeux, gravier
Tarif : (Prix 2009) 32 € 🏕🏕 🚗 🔲 🔌 (6A) – pers.
suppl. 6,50 € – frais de réservation 20 €

Location (Prix 2009) : 32 🛖 (2 à 4 pers.) nuitée 40 €
- 230 à 535 €/sem. – 57 🛖 (4 à 6 pers.) nuitée 63 €
- 330 à 750 €/sem. – 14 🏠 (4 à 6 pers.) nuitée 67 €
- 350 à 800 €/sem. – frais de réservation 20 €
🚐 1 borne eurorelais 23 €
Pour s'y rendre : 2 allée Etchecopar

| Nature : 🌳 🐎 |
| Loisirs : 🍽 snack 🎡 🎠 🚴 ⛵ |
| terrain omnisports |
| Services : 🚿 🚰 (juil.-août) 🇬🇧 |
| ♻ 🛁 🍴 laverie 🧺 |

| Longitude : -1.52792 |
| Latitude : 43.46487 |

AQUITAINE

ANGOISSE

24270 – **329** H3 – 598 h. – alt. 345
Paris 445 – Bordeaux 180 – Périgueux 51 – Limoges 53 – Brive 55.

Village Vacances Rouffiac en Périgord (location exclusive de mobile homes et chalets) Permanent
℘ 0553526879, *contact@semitour.com*,
Fax 0553063094, *www.semitour.com* – empl. traditionnels également disponibles
54 ha/6 campables en terrasses et peu incliné, herbeux
Location (Prix 2009) : 5 (4 à 6 pers.) 130 à 570€/sem. – 7 (4 à 6 pers.) - 150 à 630€/sem.
Pour s'y rendre : à la base de loisirs de Rouffiac (4 km au sud-est par D 80, rte de Payzac, à 150 m d'un plan d'eau (accès direct))
À savoir : Site agréable près d'une base nautique

Nature :	
Loisirs :	
Services :	
À prox. : (plage)	
mur d'escalade, téléski nautique, canoë, pédalos	

Longitude : 1.16343
Latitude : 45.40919

Renouvelez votre guide chaque année.

ANTONNE-ET-TRIGONANT

24420 – **329** F4 – 1 186 h. – alt. 106
Paris 484 – Bordeaux 139 – Périgueux 10 – Limoges 91 – Brive 67.

Au Fil de l'Eau de mi-juin à mi-sept.
℘ 0553061788, *campingaufildeleau@wanadoo.fr*,
Fax 0553089776, *http://campingaufildeleau.com*
1,5 ha (50 empl.) non clos, plat, herbeux
Tarif : (Prix 2009) 3,50€ 5,50€ (5A) 3€
Location (Prix 2009) : 6 (2 à 4 pers.) 160 à 290€/sem. – 4 (4 à 6 pers.) 200 à 405€/sem.
Pour s'y rendre : 6 allées des Platanes (sortie nord-est et rte d'Escoire à dr., au bord de l'Isle)

Nature :	
Loisirs : canoë	
Services :	

Longitude : 0.83546
Latitude : 45.21416

74

ARAMITS

64570 – **342** H6 – G. Aquitaine – 666 h. – alt. 293
Paris 829 – Mauléon-Licharre 27 – Oloron-Ste-Marie 15 – Pau 49 – St-Jean-Pied-de-Port 61.

Barétous-Pyrénées de déb. mars à fin oct.
℘ 0559341221, *atso64@hotmail.com*,
Fax 0559346719, *www.camping-pyrenees.com*
2 ha (50 empl.) plat, herbeux
Tarif : 24,80€ (10A) – pers. suppl. 5,80€ – frais de réservation 13,50€
Location (fermé de fin oct. à déb. déc.) : 9 (4 à 6 pers.) 250 à 585€/sem. – 3 bungalows toilés – frais de réservation 16,50€
Pour s'y rendre : quartier Ripaude (sortie ouest par D 918, rte de Mauléon-Licharre, au bord du Vert de Barlanes)

Nature :	
Loisirs : snack	
Services :	

Longitude : -0.73071
Latitude : 43.12161

ARES

33740 – **335** E6 – 5 341 h. – alt. 6
Office de tourisme, esplanade G. Dartiquelongue ℘ 0556609185, Fax 0556603941
Paris 627 – Arcachon 47 – Bordeaux 48.

Village Vacances Les Rives de St-Brice (location exclusive de maisonnettes) Permanent
℘ 0557269931, *info@nemea.fr*, Fax 0557269927, *www.nemea.fr*
4 ha plat
Location : (4 à 6 pers.) - 189 à 989€/sem.
Pour s'y rendre : 61 r. Jean Briaud (1,7 km au sud-est, près d'étangs et à 450 m du bassin)

Nature :	
Loisirs :	
Services :	
laverie lave-vaisselle	
À prox. :	

Longitude : -1.14039
Latitude : 44.76718

Les Goëlands de déb. mars à fin oct.
ℰ 0556825564, *camping-les-goelands@wanadoo.fr*,
Fax 0556820751, *www.goelands.com*
10 ha/6 campables (400 empl.) plat et vallonné,
sablonneux
Tarif : (Prix 2009) 27 € ✷✷ ⬛ ▣ [½] (6A) – pers.
suppl. 7 € – frais de réservation 16,50 €

Location (Prix 2009) (de déb. avr. à fin sept.) : ⬛
(4 à 6 pers.) 650 €/sem.
Pour s'y rendre : 64 av. de la Libération (1,7 km au sud-
est, près d'étangs et à 500 m du bassin)

Nature : ◌◌
Loisirs : ♟ ⚙ ⚔ ⛷ ☈
Services : ♿ ⛽ GB ⚗ ⚘ ♈
laverie ⚏ ⚐
À prox. : ⚍ (étang) ⚓ ◊

Longitude : -1.13472
Latitude : 44.76422

La Cigale de mi-mai à mi-sept.
ℰ 0556602259, *contact@camping-lacigale-ares.com*,
Fax 0557704166, *www.camping-lacigale-ares.com*
2,4 ha (100 empl.) plat, herbeux, sablonneux
Tarif : 32,50 € ✷✷ ⬛ ▣ [½] (6A) – pers. suppl. 6 € – frais
de réservation 16 €
Pour s'y rendre : 53 r. du Général De Gaulle (sortie nord)

Nature : ⬚ ◌◌
Loisirs : ♟ snack ⚏ ⚔ ☈
Services : ♿ ⛽ GB ⚘ ♈ ▣ ⚐

Longitude : -1.14107
Latitude : 44.77378

Pasteur de déb. fév. à mi-oct.
ℰ 0556603333, *pasteur.vacances@wanadoo.fr*,
www.atlantic-vacances.com – places limitées pour
le passage
1 ha (50 empl.) plat, herbeux, sablonneux
Tarif : 25 € ✷✷ ⬛ ▣ [½] (6A) – pers. suppl. 5 € – frais de
réservation 16 €

Location (permanent) : 16 ⬛ (4 à 6 pers.) nuitée
50 € - 300 à 750 €/sem. – ⬛ (4 à 6 pers.) nuitée 42 € -
270 à 700 €/sem. – frais de réservation 16 €
⚏ 1 borne artisanale – ⚑ 10.50 €
Pour s'y rendre : 1 r. du Pilote (sortie sud-est, à 300 m
du bassin)

Nature : ◌◌
Loisirs : ⚔ ⚲ ☈ (petite
piscine)
Services : ♿ ⛽ GB ⚘ ♈ ▣

Longitude : -1.13721
Latitude : 44.76202

Les Abberts de déb. juin à mi-sept.
ℰ 0556602680, *campinglesabberts@wanadoo.fr*,
Fax 0556602680, *www.lesabberts.com*
2 ha (125 empl.) plat, sablonneux, herbeux
Tarif : (Prix 2009) 29 € ✷✷ ⬛ ▣ [½] (6A) – pers.
suppl. 5,70 €

Location (Prix 2009) (de mi-mars à fin nov.) ⚙ : ⬛
(4 à 6 pers.) 179 à 739 €/sem. – ⬛ (4 à 6 pers.) - 389 à
759 €/sem. – 3 tentes – frais de réservation 15 €
Pour s'y rendre : 17 r. des Abberts (sortie nord puis
r. à gauche)

Nature : ◌◌
Loisirs : ♟ snack ⚏ ⚔ ⚲ ☈
(petite piscine)
Services : ♿ ⛽ ▣ ⚐

Longitude : -1.14397
Latitude : 44.77151

ATUR

24750 – **329** F5 – 1 668 h. – alt. 224
Paris 499 – Bordeaux 134 – Périgueux 6 – Brive 83 – Angoulême 92.

Le Grand Dague de fin avr. à fin sept.
ℰ 0553042101, *info@legranddague.fr*,
Fax 0553042201, *www.legranddague.fr*
22 ha/7 campables (93 empl.) incliné, herbeux
Tarif : (Prix 2009) ✷ 6,75 € ⬛ ▣ 29 € [½] (6A)

Location (Prix 2009) ⚙ : ⬛ (4 à 6 pers.) 161 à
805 €/sem. - tentes
Pour s'y rendre : rte du Grand Dague (3 km au sud-
est par rte de St-Laurent-sur-Manoire et chemin, par
déviation sud - venant de Brive ou Limoges : prendre dir.
Bergerac et chemin à dr.)

À savoir : Pub aménagé dans une ferme restaurée

Nature : ⚶ ⬚ ◌◌
Loisirs : ♟ ✗ ⚏ ⚔ ⛷ ☈
painball
Services : ♿ ⛽ ⛉ ⚐ ⚘ ♈ ▣
⚐

Longitude : 0.77988
Latitude : 45.14951

*Nos **guides hôtels**, nos **guides touristiques** et nos **cartes routières***
sont complémentaires. Utilisez-les ensemble.

AQUITAINE

AUREILHAN

40200 – **335** D9 – G. Aquitaine – 831 h. – alt. 10
Paris 689 – Bordeaux 103 – Mont 79 – La Teste 59 – Dax 64.

▲▲ **Village Center Aurilandes** ♣♣ – de fin mai à mi-sept.
  𝄢 0558091088, *resa@village-center.com*,
  Fax 0558090189, *www.village-center.com*
  6 ha (520 empl.) plat, sablonneux, herbeux
  Tarif : 24€ ★★ ⇜ 🅴 (½) (6A) – pers. suppl. 6€ – frais de
  réservation 30€
  Location : 73 ⬚⬚⬚ (4 à 6 pers.) nuitée 64€ - 167 à
  854€/sem. – bungalows toilés – tentes – frais de
  réservation 30€
  ⬚⬚ 1 borne artisanale
  Pour s'y rendre : 1 km au nord-est, près du lac

> Nature : 🌳🌳⛰
> Loisirs : 🛋 🍴 🏊 ⚽🚢 jacuzzi
> 🏇 🚲 🛶 🎣 terrain omnis-
> ports, ponton d'amarrage
> Services : 🚿 🔌 GB 🐾 🧺 laverie
> 🖥 🚗
> À prox. : 🐴 poneys

> *Longitude : -1.19317*
> *Latitude : 44.21502*

AZUR

40140 – **335** D12 – 518 h. – alt. 9
Paris 730 – Bayonne 54 – Dax 25 – Mimizan 79 – Soustons 8 – Tartas 52.

▲▲▲ **FranceLoc La Paillotte** ♣♣ – de fin avr. à fin sept.
  𝄢 0558481212, *info@paillotte.com*, Fax 0558481073,
  www.paillotte.com ✂
  7 ha (310 empl.) plat, sablonneux, herbeux
  Tarif : 48€ ★★ ⇜ 🅴 (½) (10A) – pers. suppl. 7,50€ –
  frais de réservation 15€
  Location : ⬚⬚⬚ (4 à 6 pers.) 182 à 1 239€/sem. – 🏠
  (4 à 6 pers.) - 182 à 1 239€/sem. – frais de réservation
  15€
  Pour s'y rendre : 66 rte des Campings (1,5 km au sud-
  ouest, au bord du lac de Soustons)
  À savoir : Cadre, plantations et chalets aux couleurs
  exotiques

> Nature : 🌊 ⬅ 🏖 🌳🌳⛰
> Loisirs : 🍴 🍴 🛋 🏊 🏇 🛶 🎣
> 🛶 canoë, pédalos
> Services : 🚿 🔌 GB 🐾 🧺 🚗 🗑
> 🍴 laverie 🖥 🚗
> À prox. : 🚲 🎣 🍴 🔥 canoë,

▲▲ **Municipal Azur Rivage** de mi-mai à mi-sept.
  𝄢 0558483072, *info@campingazurivage.com*,
  Fax 0558483072, *www.campingazurivage.com*
  6,5 ha (250 empl.) plat, sablonneux, pierreux, herbeux
  Tarif : (Prix 2009) 21,94€ ★★ ⇜ 🅴 (½) (10A) – pers.
  suppl. 3,78€ – frais de réservation 12€
  Location (Prix 2009) (de déb. mars à fin oct.) : 20 ⬚⬚⬚
  (4 à 6 pers.) 211 à 603€/sem. – frais de réservation
  12€
  ⬚⬚ 1 borne artisanale – 🚐 11€
  Pour s'y rendre : 720 rte des Campings (2 km au sud, à
  100 m du lac de Soustons)
  À savoir : Piscine ludique

> Nature : 🌊 🌳🌳
> Loisirs : 🏇 🛶 🎣
> Services : 🚿 🔌 (juil.-août)
> GB 🐾 🗑 🚗 📷 🖥 🚗 cases
> réfrigérées
> À prox. : 🚲 🎣 🍴 🔥 🔥 canoë,
> pédalos

> *Longitude : -1.30245*
> *Latitude : 43.79897*

> *Longitude : -1.279*
> *Latitude : 43.7768*

76

BADEFOLS-SUR-DORDOGNE

24150 – **329** F6 – G. Périgord Quercy – 195 h. – alt. 42
Paris 542 – Bergerac 27 – Périgueux 54 – Sarlat-la-Canéda 47.

▲▲▲ **Les Bö-Bains** de mi-avr. à fin sept.
  𝄢 0553735252, *info@bo-bains.com*, Fax 0553735255,
  www.bo-bains.com – places limitées pour le passage
  5 ha (97 empl.) plat, terrasse, herbeux
  Tarif : 13€ ★★ ⇜ 🅴 (½) (10A) – pers. suppl. 3€ – frais
  de réservation 16€
  Location : 45 ⬚⬚⬚ (4 à 6 pers.) nuitée 40€ - 279 à
  799€/sem. – 35 🏠 (4 à 6 pers.) nuitée 50€ - 249 à
  849€/sem. – frais de réservation 23€
  ⬚⬚ 4 🅴 13€
  Pour s'y rendre : sortie ouest, par D 29, au bord de
  la Dordogne

> Nature : 🏖 🌳🌳
> Loisirs : 🍴 🍴 snack 🛋 🍴 nocturne
> 🏇 🏇 🎣 🔥 🏊 🛶 🎣
> Services : 🚿 🔌 GB 🐾 🗑 🚗 🍴
> laverie 🚗
> À prox. : 🍴

> *Longitude : 0.79327*
> *Latitude : 44.84343*

BARBASTE

47230 – **336** D4 – 1 472 h. – alt. 45
🛈 *Syndicat d'initiative, place de la Mairie* 🕿 *05 53 65 84 85, Fax 05 53 65 51 38*
Paris 700 – Agen 34 – Condom 29 – Damazan 17 – Gabarret 33.

⚠ **Village de Gîtes La Forestière** (location exclusive de chalets) Permanent
🕿 05 53 95 16 64, *agence.gsv@gmail.com*,
Fax 05 53 47 31 68, *www.grandsudvacances.com*
5 ha plat, sablonneux

Location : 20 ⌂ (4 à 6 pers.) - 225 à 545 €/sem.
Pour s'y rendre : au lieu-dit : Las Mourelles (2 km au sud-est par rte de Réaup et à gauche, chemin du stade)

À savoir : cadre sauvage et boisé, au milieu des fougères

Nature : 🐾 ♨
Loisirs : 🏊
Services : ⚙ 🏧 🔒

Longitude : 0.28702
Latitude : 44.17007

LA BASTIDE-CLAIRENCE

64240 – **342** E4 – G. Pays Basque – 990 h. – alt. 50
🛈 *Office de tourisme, Place des Arceaux* 🕿 *05 59 29 65 05, Fax 05 59 29 65 05*
Paris 767 – Bayonne 26 – Hasparren 9 – Peyrehorade 29 – Sauveterre-de-Béarn 40.

🔺🔺🔺 **Village Vacances Les Collines Iduki** (location exclusive d'appartements et maisonnettes) Permanent
🕿 05 59 70 20 81, *informations@iduki.net*,
Fax 05 59 70 20 25, *www.iduki.net*
2,5 ha en terrasses

Location (Prix 2009) : 38 ⌂ (4 à 6 pers.) nuitée 117 €
- 552 à 1 930 €/sem.
Pour s'y rendre : lieu-dit : Pont de Port
À savoir : jolies constructions basques

Nature : 🐾 ⩽ ♨
Loisirs : ✗ 🏠 ♨ 🏊
Services : ⚙ ⌂ 🅿 GB ⚙ ⸙
laverie
À prox. : ✗

Longitude : -1.25529
Latitude : 43.42852

BAUDREIX

64800 – **342** K5 – 558 h. – alt. 245 – Base de loisirs
Paris 791 – Argelès-Gazost 39 – Lourdes 26 – Oloron-Ste-Marie 48 – Pau 17 – Tarbes 40.

🔺🔺🔺 **Les Ôkiri** de déb. mai à fin sept.
🕿 05 59 92 97 73, *les-okiri@wanadoo.fr*, Fax 05 59 13 93 77,
www.lesokiri.net
20 ha/2 campables (60 empl.) plat, herbeux
Tarif : 22 € ✹✹ �car 🔲 🌃 (6A) – pers. suppl. 6,20 € – frais de réservation 10 €

Location (permanent) ✂ 🅿 (chalets) : 8 ⌂
(4 à 6 pers.) nuitée 71 € – 290 à 580 €/sem. – 24 ⌂
(4 à 6 pers.) nuitée 89 € – 350 à 695 €/sem. – frais de réservation 10 €
Pour s'y rendre : av. du Lac (à la base de loisirs)

Nature : 🐾 ⩽ 🏠 ♨⚓
Loisirs : 🍴 ✗ snack ♨ 🚲 ✗
🎿 🎣 canoë, pédalos, sports en eaux vives, mur d'escalade, terrain omnisports, parcours de santé
Services : ⚙ ⌂ (juil.-août) GB
⚙ ⸙ laverie ⸗
À prox. : 🏊

Longitude : -0.25769
Latitude : 43.2009

*Consultez le site **Voyage.ViaMichelin.fr***

BAZAS

33430 – **335** J8 – G. Aquitaine – 4 585 h. – alt. 70
🛈 *Office de tourisme, 1, place de la Cathédrale* 🕿 *05 56 25 25 84, Fax 05 56 25 95 59*
Paris 637 – Agen 84 – Bergerac 105 – Bordeaux 62 – Langon 17 – Mont-de-Marsan 70.

⚠ **Le Grand Pré** de déb. avr. à fin sept.
🕿 05 56 65 13 17, *legrandpre@wanadoo.fr*,
http://perso.wanadoo.fr/legrandpre
70 ha/5 campables (44 empl.) plat, peu incliné, herbeux
Tarif : (Prix 2009) 19,45 € ✹✹ 🚗 🔲 🌃 (10A) – pers. suppl. 4,10 €
🚐 1 borne artisanale
Pour s'y rendre : 2,1 km au sud-est par D 655 et chemin à dr., au château d'Arbien

Nature : 🐾 🏠 ♨
Loisirs : 🍴 🏠 ♨ 🏊
Services : ⚙ ⌂ GB ⚙ ⸗ ⸗
⸙ ⸙ 🔒

Longitude : -0.19753
Latitude : 44.42698

77

BEAUVILLE

47470 – **336** H4 – G. Aquitaine – 583 h. – alt. 208

🚩 *Office de tourisme, place de la Mairie* 🕿 *05 53 47 63 06, Fax 05 53 66 72 63*

Paris 641 – Agen 26 – Moissac 32 – Montaigu-de-Quercy 16 – Valence 25 – Villeneuve-sur-Lot 28.

Les 2 Lacs de déb. avr. à fin oct.

🕿 05 53 95 45 41, *camping-les-2-lacs@wanadoo.fr*,
Fax 05 53 95 45 41, *www.les2lacs.info*
22 ha/2,5 campables (80 empl.) non clos, plat et terrasse, herbeux

Tarif : ✶ 4,30 € 🔲 6,50 € – 🔌 (6A) 2,50 €

Location : 2 🚐 (4 à 6 pers.) 220 à 610 €/sem. –
5 bungalows toilés

Pour s'y rendre : rte de Bourg de Visa (900 m au sud-est par D 122)

Nature : 🌿 ⌂ ♨♨	
Loisirs : ⚡ 🎯 ≋ 🎣 canoë, barque	
Services : 🚿 ⛽ GB 🐕 🚹 🖼	

Longitude : 0.88818
Latitude : 44.27221

Pour choisir et suivre un itinéraire
Pour calculer un kilométrage
Pour situer exactement un terrain (en fonction des indications fournies dans le texte) :
*Utilisez les **cartes MICHELIN** ,*
compléments indispensables de cet ouvrage.

BÉLUS

40300 – **335** E13 – 566 h. – alt. 135

Paris 749 – Bayonne 37 – Dax 18 – Orthez 36 – Peyrehorade 7.

La Comtesse de déb. avr. à fin sept.

🕿 05 58 57 69 07, *campinglacomtesse@wanadoo.fr*,
Fax 05 58 57 62 50, *www.campinglacomtesse.com*
6 ha (115 empl.) plat, herbeux

Tarif : (Prix 2009) ✶ 3,20 € �car 1,50 € 🔲 5 € – 🔌 (10A) 3,10 € – frais de réservation 15 €

Location (Prix 2009) (permanent) 🏚 : 18 🚐 (4 à 6 pers.) 240 à 650 €/sem. – frais de réservation 15 €

Pour s'y rendre : au lieu-dit : Claquin (2,5 km au nord-ouest par D 75 et rte à dr.)

À savoir : agréable peupleraie autour de l'étang

Nature : 🌿 ⌂ ♨♨	
Loisirs : 🍽 🏠 ⛲ 🎯 🎿 ⊿ ◗	
Services : 🚿 ⛽ laverie	
À prox. : ✕ 🚣	

Longitude : -1.10894
Latitude : 43.59143

BELVÈS

24170 – **329** H7 – G. Périgord Quercy – 1 503 h. – alt. 175

🚩 *Office de tourisme, 1, rue des Filhols* 🕿 *05 53 29 10 20, Fax 05 53 29 10 20*

Paris 553 – Bergerac 52 – Le Bugue 24 – Les Eyzies-de-Tayac 25 – Sarlat-la-Canéda 34 – Villeneuve-sur-Lot 66.

FranceLoc Les Hauts de Ratebout 🏕♟ – de mi-avr. à mi-sept.

🕿 05 53 29 02 10, *ratebout@franceloc.fr*,
Fax 05 53 29 08 28, *www.camping-hauts-ratebout.fr*
12 ha/6 campables (200 empl.) plat, incliné, en terrasses, herbeux

Tarif : (Prix 2009) 32 € ✶✶ 🚗 🔲 🔌 (6A) – pers.
suppl. 7,50 € – frais de réservation 25 €

Location (Prix 2009) : 46 🚐 (4 à 6 pers.) nuitée 84 € - 196 à 921 €/sem. – maisons périgourdines – frais de réservation 25 €

Pour s'y rendre : au lieu-dit : Les Hauts de Ratebout (7 km au sud-est par D 710, rte de Fumel, D 54 et rte à gauche)

À savoir : Sur les terres d'une ferme périgourdine restaurée, domine la vallée

Nature : 🌿 ≤ 🌳	
Loisirs : 🍽 ✕ snack 🏠 📺 ⛲ ⚡ 🎯 m ▣ ⊿ ◗	
Services : 🚿 ⛽ GB 🐕 🎱 ♨ ⇄ 🚽 🚹 laverie ▦ 🚣	

Longitude : 1.04528
Latitude : 44.73667

▲▲▲ **Le Moulin de la Pique** ▲▲ – de mi-avr. à déb. oct.

℘ 0553290115, *info@rcn-lemoulindelapique.fr*,
Fax 0553282909, *www.rcn-camping.fr*
15 ha/6 campables (200 empl.) plat, terrasses, herbeux
Tarif : 43,50€ ★★ ⇦ 🅴 (2) (6A) – pers. suppl. 5€ – frais
de réservation 17,50€

Location : 46 🛏 (4 à 6 pers.) nuitée 73€ - 595 à
637€/sem. – frais de réservation 17,50€
Pour s'y rendre : au lieu-dit : Moulin de la Pique (3 km
au sud-est par D 710, rte de Fumel, au bord de la Nauze,
d'un étang et d'un bief)

À savoir : autour d'un moulin du 18e s, cadre champêtre
agrémenté d'un étang

| Nature : 🗖 ♤♤ |
| Loisirs : ♟ snack 🖥 ⓖ ⚡ 🚣 |
| 🚲 ♞ ♨ 🎣 🏊 ♨ |
| Services : & ⚓ GB 🐾 🎯 ♨ ⚒ |
| ⚡ ♒ laverie 🍽 |

Longitude : 1.01543
Latitude : 44.76201

▲▲▲ **Les Nauves** ▲▲ – de fin avr. à fin sept.

℘ 0553291264, *campinglesnauves@hotmail.com*,
www.lesnauves.com
40 ha/5 campables (100 empl.) peu incliné, herbeux
Tarif : 24,58€ ★★ ⇦ 🅴 (2) (6A) – pers. suppl. 3,20€ –
frais de réservation 15€

Location (de déb. avr. à fin sept.) : 3 🚐 (2 à 4 pers.)
nuitée 28€ - 140 à 413€/sem. – 20 🛏 (4 à 6 pers.)
nuitée 42€ - 210 à 623€/sem. – 4 🏠 (4 à 6 pers.)
nuitée 54€ - 270 à 721€/sem. – 3 bungalows toilés –
5 tentes – frais de réservation 15€
🚐 1 borne artisanale 10,90€
Pour s'y rendre : au lieu-dit : Le Bos Rouge (4,5 km au
sud-ouest par D 53, rte de Monpazier et rte de Larzac à
gauche)

| Nature : ⚘ 🗖 ♤♤ |
| Loisirs : ♟ snack 🖥 ⚡ 🚣 🛶 |
| Services : & ⚓ GB 🐾 ♨ ♨ |
| ▣ 🍽 |
| À prox. : ♞ poneys |

Longitude : 0.98456
Latitude : 44.75278

BEYNAC-ET-CAZENAC

24220 – **329** H6 – G. Périgord Quercy – 511 h. – alt. 75
🛈 *Office de tourisme, La Balme* ℘ *0553294308, Fax 0553294308*
Paris 537 – Bergerac 62 – Brive-la-Gaillarde 63 – Fumel 60 – Gourdon 28 – Périgueux 66 – Sarlat-la-
Canéda 12.

79

▲▲ **Le Capeyrou** de déb. avr. à fin sept.

℘ 0553295495, *lecapeyrou@wanadoo.fr*,
Fax 0553283627, *www.campinglecapeyrou.com*
4,5 ha (120 empl.) plat, herbeux
Tarif : (Prix 2009) ★ 5,40€ 🅴 6,90€ – (2) (10A) 4€ – frais
de réservation 10€
🚐 1 borne artisanale 6€
Pour s'y rendre : sortie est, face à la station-service,
au bord de la Dordogne

| Nature : ≤ ♤♤ |
| Loisirs : snack 🖥 ⚡ 🚣 🏊 ♨ |
| Services : & ⚓ GB 🐾 ♨ ♨ |
| laverie 🍽 |
| À prox. : ▣ ♟ ✗ ♨ canoë |

Longitude : 1.14856
Latitude : 44.83775

*This Guide is not intended as a list of all the camping sites in France;
its aim is to provide a selection of the best sites in each category.*

BIARRITZ

64200 – **342** C4 – G. Pays Basque – 26 690 h. – alt. 19
🛈 *Office de tourisme, square d'Ixelles - Javalquinto* ℘ *0559223700, Fax 0559241419*
Paris 772 – Bayonne 9 – Bordeaux 190 – Pau 122 – San Sebastian 47.

▲▲ **Biarritz-Camping** de mi-mai à mi-sept.

℘ 0559230012, *biarritz.camping@wanadoo.fr*,
Fax 0559437467, *www.biarritz.camping.fr* ❦
3 ha (190 empl.) plat et peu incliné, terrasses, herbeux
Tarif : 28€ ★★ ⇦ 🅴 (2) (10A) – pers. suppl. 5,50€ –
frais de réservation 15€

Location : 32 🛏 (4 à 6 pers.) 230 à 600€/sem. – frais
de réservation 15€
Pour s'y rendre : 28 r. Harcet

| Nature : ♤♤ |
| Loisirs : ♟ snack jacuzzi ⚡ 🚣 |
| Services : & ⚓ GB 🐾 ♨ ♨ |
| laverie ▣ 🍽 |
| À prox. : ♞ golf (18 trous) |

Longitude : -1.56652
Latitude : 43.46349

BIAS

40170 – **335** D10 – 673 h. – alt. 41
Paris 706 – Castets 33 – Mimizan 7 – Morcenx 30 – Parentis-en-Born 32.

Municipal Le Tatiou de déb. avr. à fin sept.
℘ 0558090476, *campingletatiou@wanadoo.fr*,
Fax 0558824430, *www.campingletatiou.com*
10 ha (460 empl.) plat, sablonneux, herbeux
Tarif : (Prix 2009) 20,86€ ✱✱ ⚏ 🄴 (½) (10A) – pers.
suppl. 5,25€ – frais de réservation 18,55€)
Pour s'y rendre : rte de Lespecier (2 km à l'ouest)

| Nature : 🌿 🟢🟢 |
| Loisirs : 🍸 snack, pizzeria 🚗 🏊 🚲 ✂ 🎯 🛶 |
| Services : 🔧 🚿 GB ✂ ⚙ laverie 🔧 🛒 |

| Longitude : -1.2356 |
| Latitude : 44.14605 |

Benutzen Sie
– zur Wahl der Fahrtroute
– zur Berechnung der Entfernungen
– zur exakten Lokalisierung eines Campingplatzes (mit Hilfe der Angaben im Ortstext)
*die für diesen Führer unentbehrlichen **MICHELIN-Karten** .*

BIDART

64210 – **342** C2 – G. Pays Basque – 5 614 h. – alt. 40
🄱 *Office de tourisme, rue d'Erretegia* ℘ 0559549385, *Fax 0559547051*
Paris 783 – Bordeaux 196 – Pau 119 – Bayonne 13 – Anglet 9.

Yelloh! Village Ilbarritz 👥 – de déb. avr. à fin sept.
℘ 0559230029, *contact@camping-ilbarritz.com*,
Fax 0559412450, *www.camping-ilbarritz.com*
6 ha (400 empl.) en terrasses, peu incliné, herbeux,
sablonneux
Tarif : 39€ ✱✱ ⚏ 🄴 (½) (10A) – pers. suppl. 6€
Location (de déb. fév. à fin sept.) 🌿 : 🚐 (4 à
6 pers.) 273 à 1 113€/sem. – 🏠 (4 à 6 pers.) - 273 à
1 113€/sem.
Pour s'y rendre : av. de Biarritz (2 km au nord)
À savoir : belle décoration florale

| Nature : 🏕 🟢🟢 |
| Loisirs : 🍸 snack, pizzeria 🚗 🏊 🏊 🚲 ✂ 🎣 (découverte en saison) école de surf |
| Services : 🔧 🚿 GB ✂ ⚙ 🚾 laverie 🔧 🛒 |
| À prox. : 🎯 🐎 golf (18 trous), discothèque |

| Longitude : -1.57381 |
| Latitude : 43.45279 |

"Les Castels" Le Ruisseau des Pyrénées 👥
– (location exclusive de mobile homes) de déb. mai à mi-
sept.
℘ 0559419450, *francoise.dumont3@wanadoo.fr*,
Fax 0559419573, *www.camping-le-ruisseau.fr* – empl.
traditionnels également disponibles
15 ha/7 campables plat et en terrasses, herbeux
Location : 100 🚐 (4 à 6 pers.) nuitée 50€ - 320 à
890€/sem.
Pour s'y rendre : r. Burruntz (2 km à l'est, au bord de
l'Ouhabia et d'un ruisseau - en deux parties distinctes)
À savoir : bel espace aquatique

| Nature : 🏕 🟢🟢 |
| Loisirs : 🍸 cafétéria, pizzeria 🚗 🚾 🏊 jacuzzi 🏊 🚲 ✂ 🎯 🎣 🏊 ⚓ 🛶 parcours de santé |
| Services : 🔧 🚿 GB ✂ ⚙ 🚾 laverie 🔧 🛒 |

| Longitude : -1.5765 |
| Latitude : 43.43967 |

Berrua 👥 – de déb. avr. à fin sept.
℘ 0559549666, *contact@berrua.com*,
Fax 0559547830, *www.berrua.com*
5 ha (270 empl.) peu incliné et en terrasses, herbeux
Tarif : 39,80€ ✱✱ ⚏ 🄴 (½) (6A) – pers. suppl. 7€ – frais
de réservation 35€
Location : 105 🚐 (4 à 6 pers.) nuitée 49€ - 309 à
1 071€/sem. – 10 🏠 (4 à 6 pers.) nuitée 69€ - 435 à
1 071€/sem. – frais de réservation 35€
🚮 1 borne artisanale
Pour s'y rendre : 500 m à l'est, rte d'Arbonne
À savoir : cadre soigné et fleuri

| Nature : 🏕 🟢🟢 |
| Loisirs : 🍸 snack, pizzeria 🚗 🚾 🏊 hammam 🏊 🚲 🎯 ✂ 🏊 🛶 |
| Services : 🔧 🚿 GB ✂ ⚙ 🚾 laverie 🔧 🛒 |

| Longitude : -1.58327 |
| Latitude : 43.43824 |

Ur-Onea de déb. avr. à mi-sept.
    √ 0559265361, *uronea@wanadoo.fr*, Fax 0559265394, *www.uronea.fr*
5 ha (280 empl.) peu incliné et en terrasses, herbeux, sablonneux
Tarif : 31,50€   🏕🏕   🚗   🅴   (10A) – pers. suppl. 6€ – frais de réservation 26€

Location (de mi-mars à fin sept.)   : 🛖 (4 à 6 pers.) 208 à 660€/sem. – 🏠 (4 à 6 pers.) - 295 à 660€/sem. – frais de réservation 40€
🚐 20 🅴 31,50€
Pour s'y rendre : r. de la Chapelle (300 m à l'est, à 500 m de la plage)

Pavillon Royal de mi-mai à fin sept.
    √ 0559230054, *info@pavillon-royal.com*,
Fax 0559234447, *www.pavillon-royal.com*
5 ha (303 empl.) plat et en terrasses, sablonneux, herbeux
Tarif : 49€   🏕🏕   🚗   🅴   (5A) – pers. suppl. 10€ – frais de réservation 25€
Pour s'y rendre : av. du Prince de Galles (2 km au nord, au bord de la plage)

À savoir : situation privilégiée entre golf, château et océan

Oyam de déb. juin à fin sept.
    √ 0559549161, *accueil@camping-oyam.com*,
Fax 0559547687, *www.camping-oyam.com*
7 ha (350 empl.) plat, peu incliné, terrasse, herbeux
Tarif : (Prix 2009) 26€   🏕🏕   🚗   🅴   (3A) – pers. suppl. 5,50€ – frais de réservation 20€

Location (Prix 2009) (de déb. avr. à fin sept.)   (de mi-juin à mi-sept.) : 80 🛖 (4 à 6 pers.) nuitée 55€ - 266 à 749€/sem. – 18 🏠 (4 à 6 pers.) nuitée 59€ - 301 à 847€/sem. – 14 appartements – bungalows toilés – frais de réservation 20€
Pour s'y rendre : chemin Oyhamburua (1 km à l'est par rte d'Arbonne puis rte à dr.)

Les Terrasses d'Harrobia de déb. avr. à fin oct.
    √ 0559265471, *campingharrobia@orange.fr*,
Fax 0559265471, *www.camping-leparc.com*
3 ha (200 empl.) en terrasses, herbeux
Tarif : (Prix 2009) 31,40€   🏕🏕   🚗   🅴   (10A) – pers. suppl. 6,20€ – frais de réservation 20€

Location (Prix 2009) : 16 🛖 (4 à 6 pers.) 260 à 850€/sem. – 2 🏠 (4 à 6 pers.) - 380 à 850€/sem. – 2 appartements – frais de réservation 20€
Pour s'y rendre : quartier Maurice Pierre (1,2 km au sud, à 400 m de la plage)

Nature : 🌳🌳
Loisirs : 🍽 pizzeria, snack 🏛 🎠
Services : 🚿 ⛽ GB 🧺 🔧 🚐 🍴 laverie 🛒 cases réfrigérées, réfrigérateurs

Longitude : -1.58891
Latitude : 43.43376

Nature : 🌊 ⬅ 🏕 ♨
Loisirs : 🍽 ✕ pizzeria 🏛 🎣 🎠
Services : 🚿 ⛽ 🅿 (tentes) GB 🧺 🔧 🚐 🍴 🛒 🏪 🚲
À prox. : 🏇 golf (18 trous), discothèque

Longitude : -1.57791
Latitude : 43.45509

Nature : 🏕 🌳🌳
Loisirs : 🍽 snack 🏛 🎠 🛝
Services : 🚿 ⛽ GB 🧺 🔧 🏪 🚲

Longitude : -1.58295
Latitude : 43.43583

Nature : 🌳🌳
Loisirs : 🍽 🏛 🎠 🛝
Services : 🚿 🔧 🍴 🏪

Longitude : -1.59222
Latitude : 43.43841

81

BIGANOS

33380 – **335** F7 – 8 622 h. – alt. 16

🛈 *Office de tourisme, rue Jean Zay* ✆ *0557706756, Fax 0557706701*

Paris 629 – Andernos-les-Bains 15 – Arcachon 27 – Bordeaux 47.

⚠ **Le Marache** de déb. mars à déb. nov.
✆ 0557706119, *contact@marachevacances.com*,
Fax 0556826260, *www.marachevacances.com*
2 ha (115 empl.) plat, herbeux, sablonneux
Tarif : (Prix 2009) 17,50€ ★★ 🚗 🔲 (ə) (16A) – pers.
suppl. 3,50€ – frais de réservation 15€

Location (Prix 2009) : 🛖 (4 à 6 pers.) 240 à 720€/
sem. – 🏠 (4 à 6 pers.) – 275 à 750€/sem. – frais de
réservation 20€
🚐 1 borne artisanale 5€ – 8 🔲 10€
Pour s'y rendre : 25 r. Gambetta (sortie nord par D 3, rte
d'Audenge et rte à dr.)

| Nature : 🏞 ♀ |
| Loisirs : 🍷 🎦 ⓝnocturne 🛝 terrain omnisports |
| Services : 🔥 🔟 GB 🛒 🍴 🔲 🚿 |

| Longitude : -0.97905 |
| Latitude : 44.65073 |

Des vacances réussies sont des vacances bien préparées !
Ce guide est fait pour vous y aider... mais :
– N'attendez pas le dernier moment pour réserver
– Évitez la période critique du 14 juillet au 15 août
Pensez aux ressources de l'arrière-pays,
à l'écart des lieux de grande fréquentation.

BIRON

24540 – **329** G8 – G. Périgord Quercy – 173 h. – alt. 200

Paris 583 – Beaumont 25 – Bergerac 46 – Fumel 20 – Sarlat-la-Canéda 58 – Villeneuve-sur-Lot 35.

🏕 **FranceLoc Le Moulinal** ♣♣ – de déb. avr. à mi-sept.
✆ 0553408460, *lemoulinal@franceloc.fr*,
Fax 0553408149, *www.campings-franceloc.fr* – places
limitées pour le passage
10 ha/5 campables (300 empl.) plat, terrasses, herbeux
Tarif : (Prix 2009) 37€ ★★ 🚗 🔲 (ə) (10A) – pers.
suppl. 7€ – frais de réservation 25€

Location (Prix 2009) : 121 🛖 (4 à 6 pers.) 203 à
1 036€/sem. – 82 🏠 (4 à 6 pers.) - 203 à 840€/sem. –
10 bungalows toilés – frais de réservation 25€
Pour s'y rendre : Etang du Moulinal (4 km au sud,
rte de Lacapelle-Biron puis 2 km par rte de Villeréal à dr.)

À savoir : situation agréable au bord d'un étang,
végétation luxuriante et variée

| Nature : 🏞 ⬅ 🏞 ♀♀ |
| Loisirs : 🍷 ✕ 🎦 ⓝ 🏹 salle d'animation 🚴 🏊 🎱 🔲 🛝 🏖 (plage) ⛵ terrain omnisports, canoë |
| Services : 🔥 🔟 GB 🛒 🍴 🔲 🚿 🍴 laverie 🧺 🚿 |
| À prox. : 🐎 |

| Longitude : 0.871 |
| Latitude : 44.601 |

BISCARROSSE

40600 – **335** E8 – G. Aquitaine – 12 031 h. – alt. 22

🛈 *Office de tourisme, 55, place Georges Dufau* ✆ *0558782096, Fax 0558782365*

Paris 656 – Arcachon 40 – Bayonne 128 – Bordeaux 74 – Dax 91 – Mont-de-Marsan 84.

🏕 **Mayotte Vacances** ♣♣ – de déb. avr. à mi-sept.
✆ 0558780000, *camping@mayottevacances.com*,
Fax 0558788391, *www.mayottevacances.com*
15 ha (730 empl.) plat, sablonneux, herbeux
Tarif : 43€ ★★ 🚗 🔲 (ə) (10A) – pers. suppl. 7€ – frais
de réservation 30€

Location : 250 🛖 (4 à 6 pers.) 240 à 1 120€/sem.
– 25 🏠 (4 à 6 pers.) - 240 à 1 127€/sem. – frais de
réservation 30€
Pour s'y rendre : 368 chemin des Roseaux (6 km au nord
par rte de Sanguinet puis, à Goubern, 2,5 km par rte à
gauche, à 150 m de l'étang de Cazaux (accès direct)

| Nature : 🏞 🏞 ♀♀ |
| Loisirs : 🍷 ✕ snack 🎦 ⓝ 🏹 🎿 hammam discothèque, balnéo 🚴 🏊 🎱 🔲 🛝 🏄 terrain multisports |
| Services : 🔥 🔟 GB 🛒 🚿 🍴 laverie 🧺 🚿 |
| À prox. : 🏖 🎣 💧 |

| Longitude : -1.15579 |
| Latitude : 44.43568 |

Domaine de la Rive ♣♟ – de déb. avr. à déb. sept.
☎ 0558781233, *info@larive.fr*, Fax 0558781292,
www.larive.fr
15 ha (640 empl.) plat, sablonneux, herbeux
Tarif : 44€ ★★ ⟷ 🅴 (½) (6A) – pers. suppl. 8€ – frais de
réservation 30€
Location 🛝 : 400 ⟦🚐⟧ (4 à 6 pers.) 455 à 1 057€/sem.
– 🛖 – frais de réservation 30€
🚐 1 borne autre – 20 🅴 44€
Pour s'y rendre : rte de Bordeaux (8 km au nord-est par
D 652, rte de Sanguinet, puis 2,2 km par rte à gauche, au
bord de l'étang de Cazaux)

À savoir : bel ensemble aquatique avec décoration florale
et arbustive

| Nature : 🌿 ♤♤ |
| Loisirs : 🍸 ✕ snack, pizzeria 🎏 🎮 ⚡ 🚲 ✗ 🅛 🏊 🌊 (plage) ⛱ 🛶 ∅ terrain multis-ports, ski nautique, théâtre de plein air |
| Services : 🚻 ⚿ GB ⟲ 🛗 ⚃ 🚐 🛟 🚰 🧊 🧺 cases réfrigérées |

Longitude : -1.14823
Latitude : 44.41768

Les Écureuils ♣♟ – de mi-avr. à fin sept.
☎ 0558098000, *camping.les.ecureuils@wanadoo.fr*,
Fax 0558098121, *www.ecureuils.fr* – places limitées
pour le passage
6 ha (230 empl.) plat, herbeux, sablonneux
Tarif : (Prix 2009) 42€ ★★ ⟷ 🅴 (½) (10A) – pers.
suppl. 8€ – frais de réservation 32€
🚐 1 borne autre 3€
Pour s'y rendre : 646 chemin de Navarrosse (4,2 km au
nord par rte de Sanguinet et rte de Navarrosse à gauche,
à 400 m de l'étang de Cazaux)

À savoir : belle décoration arbustive et florale

| Nature : ▱ ♤ |
| Loisirs : 🍸 snack, pizzeria 🎏 ⚡ jacuzzi ⚃ 🚲 ✗ 🅛 🌊 (plage) canoë |
| Services : 🚻 ⚿ GB ⟲ 🛗 🛟 laverie 🧺 🚰 |
| À prox. : 🛒 🌊 ∅ |

Longitude : -1.16826
Latitude : 44.42946

Bimbo de déb. mai à fin sept.
☎ 0558098233, *campingbimbo@wanadoo.fr*,
Fax 0558098014, *www.campingbimbo.fr* –
places limitées pour le passage
6 ha (177 empl.) plat, sablonneux, herbeux
Tarif : 37,50€ ★★ ⟷ 🅴 (½) (6A) – pers. suppl. 8,50€ –
frais de réservation 23€
Location (permanent) : 27 ⟦🚐⟧ (4 à 6 pers.) nuitée
40€ - 250 à 890€/sem. – 10 🛖 (4 à 6 pers.) nuitée
128€ - 385 à 1 010€/sem. – frais de réservation 23€
Pour s'y rendre : 176 chemin de Bimbo (3,5 km au nord
par rte de Sanguinet et rte de Navarrosse à gauche)

| Nature : ▱ ♤♤ |
| Loisirs : 🍸 snack, pizzeria 🎏 ⚃ ✗ 🅛 terrain multisports |
| Services : 🚻 ⚿ GB ⟲ 🛗 🛟 laverie 🧺 🚰 cases réfrigérées |
| À prox. : 🚲 🅛 |

Longitude : -1.16118
Latitude : 44.42691

83

Village Vacances La Fontaine de Nava (location
exclusive de mobile homes) de déb. juil. à fin août
☎ 0558098311, *info@lesfontainesdenava.com*,
Fax 0558098262, *www.lesfontainesdenava.com*
12 ha/7 campables plat, sablonneux, herbeux
Location 🛝 : 40 ⟦🚐⟧ (4 à 6 pers.) 400 à 820€/sem. –
frais de réservation 30€
Pour s'y rendre : chemin de Bimbo, au lieu-dit :
Navarrosse (3,5 km au nord par rte de Sanguinet et rte
de Navarrosse)

| Nature : 🌿 ▱ |
| Loisirs : 🍸 snack 🎏 🅛 🏊 |
| Services : ⚿ GB ⟲ 🛟 🛗 |

Longitude : -1.16137
Latitude : 44.42615

Campéole de Navarrosse ♣♟ – de fin avr. à mi-sept.
☎ 0558098432, *navarrosse@campeole.com*,
Fax 0558098622, *www.camping-navarrose.com*
9 ha (500 empl.) plat, sablonneux, herbeux
Tarif : 30,60€ ★★ ⟷ 🅴 (½) (10A) – pers. suppl. 9,10€ –
frais de réservation 25€
Location 🚻 : 46 ⟦🚐⟧ (4 à 6 pers.) 329 à 1 190€/sem.
– 86 🛖 (4 à 6 pers.) - 245 à 756€/sem. – bungalows
toilés avec et sans sanitaires – frais de réservation
25€
🚐 1 borne flot bleu 3,50€
Pour s'y rendre : 712 chemin de Navarrosse (5 km au
nord, rte de Sanguinet et rte de Navarrosse à gauche,
au bord de l'étang de Cazaux)

| Nature : 🌿 ♤♤ |
| Loisirs : 🎏 ⚡ ⚃ ✗ 🌊 ponton d'amarrage |
| Services : 🚻 ⚿ GB ⟲ 🛟 🛗 laverie 🛒 |
| À prox. : 🚲 ∅ |

Longitude : -1.16826
Latitude : 44.42946

à Biscarrosse-Plage NO : 9,5 km par D 146 – 40600

△△△ **Campéole le Vivier** de mi-mai à mi-sept
📞 05 58 78 25 76, *vivier@campeole.com*,
Fax 05 58 78 35 23, *www.camping-biscarosse.info*
17 ha (830 empl.) plat, vallonné, sablonneux, herbeux
Tarif : 31,70€ ** ⚌ 🔳 🔌 (10A)

Location 🔌 : 6 🚐 (2 à 4 pers.) nuitée 34€ - 455
à 616€/sem. – 43 🚎 (4 à 6 pers.) nuitée 55€ -
714 à 1 190€/sem. – bungalows toilés avec et sans
sanitaires
🚌 borne artisanale
Pour s'y rendre : 681 r. du Tit (au nord de la station,
à 700 m de la plage)

Nature : 🔎🔎
Loisirs : 🖼 🎮 ⛹ salle d'anima- tion 🏌 🚲 ✂ 🛷
Services : 🔌 ⚓ 📶 🐕 laverie 🍖 cases réfrigérées, point d'in- formations touristiques
À prox. : 🚉

Longitude : -1.24844
Latitude : 44.44535

BLASIMON

33540 – **335** K6 – 843 h. – alt. 80
🅱 *Office de tourisme, 8, Lousteau Neuf* 📞 *05 56 71 59 62, Fax 05 56 71 53 37*
Paris 607 – Bordeaux 47 – Mérignac 63 – Pessac 60 – Talence 57.

△ **Le Lac** de déb. juin à mi-sept.
📞 05 56 71 59 62, *blasimon@entredeuxmers.com*,
Fax 05 56 71 53 37, *www.entredeuxmers.com*
50 ha/0,5 campable (35 empl.) plat, herbeux
Tarif : 17€ ** ⚌ 🔳 🔌 (4A) – pers. suppl. 4€
Pour s'y rendre : Domaine départemental Volny Favory

Nature : 🦢 🛶
Services : 🔌 ⚓ 🐕 ♨ 🖼
à la base de loisirs : snack 🍖 🏇 ✂ 🚢 (plage)

Longitude : -0.07689
Latitude : 44.75026

*The classification (1 to 5 tents, **black** or **red**) that we award
to selected sites in this Guide is a system that is our own.
It should not be confused with the classification (1 to 4 stars) of official organisations.*

BLAYE

33390 – **335** H4 – G. Aquitaine – 4 687 h. – alt. 7
🅱 *Office de tourisme, allées Marines* 📞 *05 57 42 12 09, Fax 05 57 42 91 94*
Paris 546 – Bordeaux 49 – Jonzac 52 – Libourne 45.

△ **Municipal de la Citadelle** de déb. mai à fin sept.
📞 05 57 42 00 20, *mairie@blaye.net*,
http://www.blaye.net
1 ha (47 empl.) plat, peu incliné, terrasses, herbeux
Tarif : (Prix 2009) 12,50€ ** ⚌ 🔳 🔌 (10A) – pers.
suppl. 4,80€
🚌 1 borne
Pour s'y rendre : à l'ouest, dans l'enceinte de la citadelle

Nature : 🦢 ⋖ 🛶 🔎🔎
Services : ⚓

Longitude : -0.66137
Latitude : 45.12911

BORDEAUX

33000 – **335** H5 – G. Aquitaine – 232 260 h. – alt. 4
🅱 *Office de tourisme, 12, cours du 30 juillet* 📞 *05 56 00 66 00, Fax 05 56 00 66 01*
Paris 572 – Mont-de-Marsan 138.

△△△ **International de Bordeaux Lac** Permanent
📞 05 57 87 70 60, *contact@camping-bordeaux.com*,
Fax 05 57 87 70 61, *www.camping-bordeaux.com*
(193 empl.) plat, herbeux
Tarif : (Prix 2009) 29€ ** ⚌ 🔳 🔌 (10A) – pers.
suppl. 8€ – frais de réservation 25€

Location (Prix 2009) 🔌 ✂ : 81 🚎 (4 à 6 pers.) 350
à 840€/sem. – 9 🏠 (4 à 6 pers.) - 490 à 945€/sem. –
frais de réservation 25€
🚌 1 borne artisanale 5€ – 15 🔳 29€ – 🚐 14€
Pour s'y rendre : bd Jacques Chaban-Delmas

Nature : 🔎🔎
Loisirs : 🖼 🏌
Services : 🔌 ⚓ 📶 🐕 ▥ 🚿 🗑 ♨ laverie
À prox. : 🎣 🏌 golf, casino

Longitude : -0.58264
Latitude : 44.89782

BRANTÔME

24310 – **329** E3 – G. Périgord Quercy – 2 112 h. – alt. 104

🛈 *Syndicat d'initiative, boulevard Charlemagne* 𝒫 *0553058052, Fax 0553058052*

Paris 470 – Angoulême 58 – Limoges 83 – Nontron 23 – Périgueux 27 – Ribérac 38 – Thiviers 26.

▲▲ **Brantôme - Peyrelevade** ▲▲ – de déb. mai à fin sept.
𝒫 0553057524, *info@camping-dordogne.net*,
Fax 0553048730, *www.camping-dordogne.net*
5 ha (170 empl.) plat, herbeux
Tarif : 20€ ♦♦ ⇔ 🔲 ⚡ (10A) – pers. suppl. 4€
Location : 10 ⬜⬜ (4 à 6 pers.) 250 à 665€/sem. – frais de réservation 5€
Pour s'y rendre : av. André Maurois (1 km à l'est par D 78, au bord de la Dronne)

Nature : 🐟 ♨♨
Loisirs : ⛳ ⛵ ✂ ✦ ⛵
Services : ♿ GB ♺ ♨ ♈ 🔲
À prox. : 🚴canoë kayak

Longitude : 0.64715
Latitude : 45.36429

Om een reisroute uit te stippelen en te volgen,
om het aantal kilometers te berekenen,
om precies de ligging van een terrein te bepalen
(aan de hand van de inlichtingen in de tekst),
gebruikt u de **Michelinkaarten** *,*
een onmisbare aanvulling op deze gids.

85

LE BUGUE

24260 – **329** G6 – G. Périgord Quercy – 2 762 h. – alt. 62

🛈 *Office de tourisme, porte de la Vézère* 𝒫 *0553072048, Fax 0553549230*

Paris 522 – Bergerac 47 – Brive-la-Gaillarde 72 – Cahors 86 – Périgueux 42 – Sarlat-la-Canéda 32.

▲▲ **Vagues-Océanes La Linotte** ▲▲ – de déb. avr. à mi-sept.
𝒫 0553071761, *info@camping-vagues-oceanes.com*,
Fax 0553541696, *www.camping-vagues-oceanes.com*
13 ha/2,5 campables (101 empl.) en terrasses, plat et peu incliné, herbeux
Tarif : (Prix 2009) 26€ ♦♦ ⇔ 🔲 ⚡ (5A) – pers. suppl. 5€ – frais de réservation 26€
Location (Prix 2009) ✂ : 12 ⬜⬜ (2 à 4 pers.) nuitée 40€ - 200 à 851€/sem. – 45 ⬜⬜ (4 à 6 pers.) nuitée 85€ - 250 à 1 224€/sem. – 8 ⬜⬜ (4 à 6 pers.) nuitée 70€ - 185 à 1 161€/sem. – frais de réservation 26€
🚐 1 borne artisanale – 🚰 7.50€
Pour s'y rendre : 3,5 km au nord-est par D 710, rte de Périgueux, D 32e à dr., rte de Rouffignac et chemin
À savoir : bel espace aquatique avec pataugeoire ludique

Nature : 🐟 ← ▭ ♨♨
Loisirs : ♈ 🎱 ⛳ jacuzzi ⛵
🏊 🏄 terrain omnisports
Services : ♿ ⚓ 🏠 laverie ♨

Longitude : 0.92698
Latitude : 44.92038

▲▲ **Les Trois Caupain** de déb. avr. à fin oct.
𝒫 553072460, *info@camping-bugue.com*,
Fax 0553087266, *www.camping-des-trois-caupain.com*
4 ha (160 empl.) plat, herbeux
Tarif : 20,80€ ♦♦ ⇔ 🔲 ⚡ (16A) – pers. suppl. 4,80€
Location : 33 ⬜⬜ (4 à 6 pers.) nuitée 35€ - 187 à 656€/sem. – frais de réservation 12€
🚐 1 borne artisanale 4,50€ – 8 🔲 9,90€ – 🚰 9,90€
Pour s'y rendre : allée Paul-Jean Souriau

Nature : 🐟 ♨♨
Loisirs : pizzeria, snack 🏊 canoë-kayak, terrain omnisports
Services : ♿ ⚓ GB ♺ ♨ ♈ ♨
♈ laverie
À prox. : ⛵

Longitude : 0.93332
Latitude : 44.90953

LE BUISSON-DE-CADOUIN

24480 – **329** G6 – 2 114 h. – alt. 63

🛈 *Office de tourisme, place André Boissière* 🕾 *0553220609, Fax 0553220609*
Paris 532 – Bergerac 38 – Périgueux 52 – Sarlat-la-Canéda 36 – Villefranche-du-Périgord 35.

⚠️ **Domaine de Fromengal** 👫 – de déb. avr. à fin oct.

🕾 0553631155, *fromengal@domaine-fromengal.com*,
Fax 0553730328, *www.domaine-fromengal.com*
22 ha/3 campables (90 empl.) en terrasses, herbeux, bois attenant
Tarif : (Prix 2009) 31 € 👫 🚗 🗐 🗲 (6A) – pers.
suppl. 8 € – frais de réservation 19 €

Location (Prix 2009) : 9 🛏 (2 à 4 pers.) 180 à 530 €/ sem. – 25 🛏 (4 à 6 pers.) 240 à 820 €/sem. – 17 🏠 (4 à 6 pers.) - 320 à 910 €/sem. – 4 bungalows toilés – frais de réservation 19 €
🚐 1 borne artisanale
Pour s'y rendre : au lieu dit : La Combe (6,5 km au sud-ouest par D 29, rte de Lalinde, D 2 à gauche, rte de Cadouin et chemin à dr.)

Nature : 🌳 🏕️ ⛲
Loisirs : 🍴 🎯 🏊 🚲 🎣 ✂️ 🎱
Services : 🚿 ⚡ GB 🔧 🛁 🚐 ♻️ 🍴 laverie 🔌

Longitude : 0.86017
Latitude : 44.82362

BUNUS

64120 – **342** F5 – 139 h. – alt. 186
Paris 820 – Bayonne 61 – Hasparren 38 – Mauléon-Licharre 22 – St-Jean-Pied-de-Port 21 – St-Palais 21.

⚠️ **Inxauseta** de mi-juin à fin août

🕾 0559378149, *inxauseta@laposte.net*,
Fax 0559378149, *www.inxauseta.com*
0,8 ha (40 empl.) peu incliné, terrasses, herbeux
Tarif : 🚶 3,70 € 🚗 3,70 € 🗐 3,70 € – 🗲 (5A) 2,40 €
Pour s'y rendre : au bourg, près de l'église

À savoir : belles salles de détente dans une ancienne maison basque rénovée

Nature : 🌳 ⩽ ⛲
Loisirs : 🍴
Services : ⚡ 🔧

Longitude : -1.06943
Latitude : 43.20928

Si vous recherchez :

👫   *Un terrain offrant des équipements et des loisirs adaptés aux enfants*
🌳   *Un terrain agréable ou très tranquille*
L-M   *Un terrain effectuant la location de caravanes, de mobile homes, de bungalows ou de chalets*
P   *Un terrain ouvert toute l'année*
🚐   *Un terrain possédant une aire de services pour camping-cars*
Consultez le tableau des localités

CAMBO-LES-BAINS

64250 – **342** D4 – G. Pays Basque – 5 671 h. – alt. 67 – ⚕ (fin février-mi déc.)
🛈 *Syndicat d'initiative, avenue de la Mairie* 🕾 *0559297025, Fax 0559299077*
Paris 783 – Bayonne 20 – Biarritz 21 – Pau 115 – St-Jean-de-Luz 31 – St-Jean-Pied-de-Port 35 – San Sebastion 62.

⚠️ **Bixta Eder** de déb. avr. à mi-oct.

🕾 0559299423, *camping.bixtaeder@wanadoo.fr*,
Fax 0559292370, *www.camping-bixtaeder.com*
1 ha (90 empl.) incliné, plat, herbeux, gravier
Tarif : (Prix 2009) 18,50 € 👫 🚗 🗐 🗲 (10A) – pers.
suppl. 4 €

Location (Prix 2009) (de déb. mars à fin nov.) : 3 🏠 (4 à 6 pers.) - 350 à 500 €/sem. – frais de réservation 28 €
Pour s'y rendre : 52 av. d'Espagne (1,3 km au sud-ouest par D 918, rte de St-Jean-de-Luz)

Nature : 🏕️ ⛲
Loisirs : 🍴
Services : 🚿 ⚡ (juin-sept.) GB 🔧 🛁 🍴 laverie
À prox. : ✂️ 🎱

Longitude : -1.40976
Latitude : 43.35717

CAMPAGNE

24260 – **329** G6 – G. Périgord Quercy – 318 h. – alt. 60
Paris 542 – Bergerac 51 – Belvès 19 – Les Eyzies-de-Tayac 7 – Sarlat-la-Canéda 27.

▲▲ **Le Val de la Marquise** de déb. avr. à fin sept.
℘ 0553547410, *contact@levaldelamarquise.com*,
Fax 0553540070, *www.levaldelamarquise.com*
4 ha (104 empl.) plat et en terrasses, herbeux
Tarif : 22€ ★★ ⇌ 🅔 (15A) – pers. suppl. 5€
Location 🐾 : 🚐 – 12 🏚 (4 à 6 pers.) 252 à 739€/
sem. – 8 🏠 (4 à 6 pers.) - 266 à 790€/sem. – frais de
réservation 18€
🚐 1 borne artisanale
Pour s'y rendre : Le Moulin (500 m à l'est par D 35, rte de
St-Cyprien, au bord d'un étang)

| Nature : 🖵 🎋🎋 |
| Loisirs : snack 🏠 🛁 ⅃ 🦢 |
| Services : 🔥 ⚡ GB 🐕 🗑 🖐 ⁺ |
| laverie 🦽 |

| Longitude : 0.9742 |
| Latitude : 44.9059 |

*De categorie (1 tot 5 tenten, in **zwart** of **rood**) die wij aan de geselekteerde*
terreinen in deze gids toekennen, is onze eigen indeling.
Niet te verwarren met de door officiële instanties gebruikte classificatie (1 tot 4 sterren).

CAPBRETON

40130 – **335** C13 – G. Aquitaine – 7 565 h. – alt. 6
🆔 Office de tourisme, avenue Georges Pompidou ℘ 0558721211, Fax 0558410029
Paris 749 – Bayonne 22 – Biarritz 29 – Mont-de-Marsan 90 – St-Vincent-de-Tyrosse 12 – Soustons 19.

▲ **Municipal Bel Air** Permanent
℘ 0558721204, *secretariat-general@capbreton.fr*
1,5 ha (119 empl.) plat, sablonneux
Tarif : (Prix 2009) 23,10€ ★★ ⇌ 🅔 (10A) – pers.
suppl. 6,20€
Pour s'y rendre : sortie nord par D 152, rte d'Hossegor,
près du Parc des Sports

| Nature : 🖵 🎋🎋 |
| Services : 🔥 ⚡ GB 🐕 laverie |
| À prox. : 🎋 |

| Longitude : -1.4338 |
| Latitude : 43.63817 |

87

CARSAC-AILLAC

24200 – **329** I6 – G. Périgord Quercy – 1 460 h. – alt. 80
Paris 536 – Brive-la-Gaillarde 59 – Gourdon 18 – Sarlat-la-Canéda 9.

▲▲ **Le Plein Air des Bories** de mi-avr. à mi-sept.
℘ 0553281567, *contact@camping-desbories.com*,
Fax 0553281567, *www.camping-desbories.com*
3,5 ha (110 empl.) plat, sablonneux, herbeux
Tarif : 23,80€ ★★ ⇌ 🅔 (6A) – pers. suppl. 6,50€ –
frais de réservation 16€
Location : 4 🚐 (2 à 4 pers.) 160 à 410€/sem. – 13 🏚
(4 à 6 pers.) 230 à 620€/sem. – frais de réservation
10€
Pour s'y rendre : Les Bories (1,3 km au sud par D 703, rte
de Vitrac et chemin à gauche, au bord de la Dordogne)
À savoir : décoration arbustive et florale des emplacements

| Nature : 🦢 🖵 🎋🎋 |
| Loisirs : 🍴 🏠 🛁 🅇 (décou- |
| verte en saison) 🦢 canoë |
| Services : 🔥 ⚡ GB 🐕 🖐 ⁺ 🖨 |

| Longitude : 1.26834 |
| Latitude : 44.83298 |

▲ **Le Rocher de la Cave** de déb. mai à fin sept.
℘ 0553281426, *rocher.de.la.cave@wanadoo.fr*,
Fax 0553282710, *www.rocherdelacave.com*
5 ha (150 empl.) plat, herbeux
Tarif : (Prix 2009) ★ 5,25€ ⇌ 🅔 6,80€ – (16A) 3,10€
Location (Prix 2009) : 23 🏚 (4 à 6 pers.) 240 à 640€/
sem. – 13 bungalows toilés – avec et sans sanitaires
Pour s'y rendre : La Pommarède (1,7 km au sud par
D 703, rte de Vitrac et chemin à gauche, au bord de
la Dordogne)

| Nature : 🦢 🎋🎋🐚 |
| Loisirs : 🍴 🛁 ⅃ 🦢 canoë |
| Services : 🔥 ⚡ GB 🐕 ⁺ laverie |
| 🦽 |

| Longitude : 1.27114 |
| Latitude : 44.83106 |

CASTELJALOUX

47700 – **336** C4 – G. Aquitaine – 4 617 h. – alt. 52 – Base de loisirs

🛈 *Office de tourisme, Maison du Roy* ☎ 05 53 93 00 00, Fax 05 53 20 74 32
Paris 674 – Agen 55 – Langon 55 – Marmande 23 – Mont-de-Marsan 73 – Nérac 30.

Village Vacances Les Chalets de Clarens
(location exclusive de chalets) Permanent
☎ 05 53 93 07 45, *castel.chalets@orange.fr*,
Fax 05 53 93 07 45, *www.castel-chalets.com*
4 ha plat, sablonneux

Location : 25 🏠 (4 à 6 pers.) nuitée 50€ - 275 à 480€/
sem.

🛒 1 borne eurorelais 10€ – 20 🅴 10€
Pour s'y rendre : rte de Mont de Marsan, au Lac de
Clarens (2,5 km au sud-ouest par D 933, rte de Mont-de-
Marsan, au bord du lac et près de la base de loisirs)

| Nature : 🏖 ⩽ ⏁⏁⛰ |
| Loisirs : 🎮 ⛵ 🛶 |
| Services : 🚿 ⊶ ♻ 🏧 🍴 |
| À prox. : 🍷 ✕ snack ✂ 🔥 ⛷ 🐎 (centre équestre) golf, pédalos, VTT |

Longitude : 0.0725
Latitude : 44.29278

CASTELMORON-SUR-LOT

47260 – **336** E3 – 1 739 h. – alt. 49

🛈 *Syndicat d'initiative, rue Gabriel Charrier* ☎ 05 53 84 90 36, Fax 05 53 88 19 21
Paris 600 – Agen 33 – Bergerac 63 – Marmande 35 – Villeneuve-sur-Lot 21.

Village Vacances Port-Lalande (location exclusive
de chalets) de mi-fév. à déb. nov.
☎ 05 53 79 37 04, *resa@grandbleu.fr*, Fax 05 53 79 37 04,
www.grandbleu.fr
4 ha plat, herbeux

Location 🅿 : 60 🏠 (4 à 6 pers.) nuitée 50€ - 182 à
903€/sem.

Pour s'y rendre : 1,5 km au sud-est, au bord du Lot et
d'un petit port de plaisance

À savoir : bord du Lot et d'un petit port de plaisance

| Nature : 🏖 ⩽ |
| Loisirs : 🎮 🕹 🏇 ⛷🚡 ham-mam espace balnéo ⛵ 🛶 ponton d'amarrage |
| Services : 🚿 GB ♻ 🏧 laverie |

Longitude : 0.49451
Latitude : 44.39737

CASTELNAUD-LA-CHAPELLE

24250 – **329** H7 – G. Périgord Quercy – 457 h. – alt. 140
Paris 539 – Le Bugue 29 – Les Eyzies-de-Tayac 27 – Gourdon 25 – Périgueux 71 – Sarlat-la-Canéda 13.

Maisonneuve de fin mars à fin oct.
☎ 05 53 29 51 29, *contact@campingmaisonneuve.com*,
Fax 05 53 30 27 06, *www.campingmaisonneuve.com*
6 ha/3 campables (140 empl.) non clos, plat, herbeux
Tarif : ⋆ 5,90€ ⊷ 🅴 7,90€ – 🔌 (10A) 4,90€

Location 🛏 (de fin juin à fin août) : 10 🏕 (4 à
6 pers.) nuitée 48€ - 260 à 620€/sem. – gîte d'étape
🛒 1 borne artisanale 13€
Pour s'y rendre : chemin de Maisonneuve (1 km au sud-
est par D 57 et chemin à gauche, au bord du Céou)

À savoir : ancienne ferme restaurée et fleurie

| Nature : ⩽ 🏕 🞉🞉 |
| Loisirs : 🍷 snack 🎮 ⛵ 🔥 🛶 🏊 🕹 |
| Services : 🚿 ⊶ GB ♻ 🚮 🍴 laverie 🚿 |

Longitude : 1.15838
Latitude : 44.80528

Lou Castel de déb. juin à mi-sept.
☎ 05 53 29 89 24, *loucastel2@wanadoo.fr*,
Fax 05 53 28 94 85, *www.loucastel.com*
5,5 ha/2,5 campables (110 empl.) plat, herbeux, pierreux,
bois attenant
Tarif : ⋆ 5,60€ ⊷ 🅴 7,10€ – 🔌 (16A) 4,40€

Location (permanent) : 13 🏕 (2 à 4 pers.) 150 à
548€/sem. – 24 🏕 (4 à 6 pers.) 180 à 660€/sem. –
10 🏠 (4 à 6 pers.) - 190 à 720€/sem. – 3 bungalows
toilés

Pour s'y rendre : au lieu-dit Prente Garde (sortie sud par
D 57 puis 3,4 km par rte du château à dr. - pour caravanes,
accès fortement conseillé par Pont-de-Cause et D 50, rte
de Veyrines-de-Domme)

À savoir : agréable chênaie

| Nature : 🏖 🏕 🞉🞉 |
| Loisirs : 🎮 ⛵ 🛶 🏊 terrain omnisports |
| Services : 🚿 ⊶ ♻ 🚮 🚿 🍴 🖥 |

Longitude : 1.12924
Latitude : 44.79864

CASTELS

24220 – **329** H6 – 529 h. – alt. 50
Paris 551 – Bordeaux 181 – Montauban 145 – Brive-la-Gaillarde 73 – Périgueux 56.

Village Vacances La Noyeraie (location exclusive de chalets) Permanent
℮ 0553312443, *contact@chaletlanoyeraie.fr*,
Fax 0553312443, *www.chaletlanoyeraie.fr*
1,5 ha plat, herbeux
Location **P** : 13 🏠 (4 à 6 pers.) - 250 à 685€/sem. –
frais de réservation 15€
Pour s'y rendre : Le Grelat

Nature : 🌳
Loisirs : 🏠 ♨ ⛵
Services : ⚬ ♿ 🎰 laverie

Longitude : 1.07977
Latitude : 44.85248

Avant de vous installer, consultez les tarifs en cours,
affichés obligatoirement à l'entrée du terrain,
et renseignez-vous sur les conditions particulières de séjour.
Les indications portées dans le guide ont pu être modifiées depuis la mise à jour.

CASTETS

40260 – **335** E11 – 1 885 h. – alt. 48
🛈 *Office de tourisme, place Pierre Barrère* ℮ *0558894479, Fax 0558550325*
Paris 710 – Dax 21 – Mimizan 40 – Mont-de-Marsan 61 – St-Vincent-de-Tyrosse 32.

Municipal Le Galan de déb. fév. à fin nov.
℮ 0558894352, *contact@camping-legalan.com*,
Fax 0558550007, *www.camping-legalan.com*
4 ha (200 empl.) plat, peu incliné, sablonneux, herbeux
Tarif : (Prix 2009) ♟ 3,35€ 🚗 1,10€ 🔲 6,40€ 🔌 (10A)
Location (Prix 2009) : 10 🛖 (4 à 6 pers.) 115 à
490€/sem. – 3 🏠 (4 à 6 pers.) - 140 à 575€/sem. –
3 bungalows toilés
🚐 1 borne artisanale 3€ – 🚐 🔌 10.90€
Pour s'y rendre : 73 rue du Stade (1 km à l'est par D 42,
rte de Taller et rte à dr.)

Nature : 🌳 🌳🌳
Loisirs : 🏠 ♨
Services : ♿ ⚬ GB ♿ ♨ 🚰 🔲
À prox. : 🍴

Longitude : -1.13767
Latitude : 43.88061

CASTILLON LA BATAILLE

33350 – **335** K5 – G. Aquitaine – 3 148 h. – alt. 17
🛈 *Office de tourisme, 7, allée de la République* ℮ *0557402758, Fax 0557404976*
Paris 549 – Bergerac 46 – Libourne 18 – Montpon-Ménestérol 27 – Sauveterre-de-Guyenne 21.

Municipal La Pelouse de déb. mai à mi-oct.
℮ 0557400422, *camping.la.pelouse@orange.fr*
0,5 ha (38 empl.) plat, herbeux
Tarif : (Prix 2009) 11€ ♟♟ 🚗 🔲 🔌 (15A) – pers.
suppl. 3,50€
🚐 1 borne artisanale
Pour s'y rendre : 2 prom. Dubourdieu (à l'est du bourg,
au bord de la Dordogne)

Nature : 🌳🌳
Loisirs : ♨ 🛶
Services : ⚬ ♿ 🔲

Longitude : -0.03938
Latitude : 44.84832

CASTILLONNÈS

47330 – **336** F2 – G. Aquitaine – 1 499 h. – alt. 119
🛈 *Office de tourisme, place des Cornières* ℮ *0553368744, Fax 0553368744*
Paris 561 – Agen 64 – Bergerac 27 – Marmande 44 – Périgueux 75.

Municipal La Ferrette de mi-juin à mi-sept.
℮ 0553369468, *rouquet47@hotmail.fr*,
Fax 0553368877
1 ha (32 empl.) non clos, plat et peu incliné, herbeux
Tarif : (Prix 2009) ♟ 3,50€ 🚗 🔲 3,50€ – 🔌 (6A) 2€
Location : gîtes
Pour s'y rendre : sortie nord par N 21, rte de Bergerac

Nature : 🌳 🌳🌳
Services : ♿ ⚬ 🔲
À prox. : 🍴 ♨

Longitude : 0.59137
Latitude : 44.65439

CAZAUX

33260 – **335** E7
🛈 *Syndicat d'initiative, place du Général-de-Gaulle* 📞 *0556229175*
Paris 649 – Arcachon 18 – Belin-Béliet 51 – Biscarrosse 136 – Bordeaux 67.

⚠ **Municipal du Lac** de déb. avr. à fin sept.
📞 0556222233, *ot.la.teste.de.buch@wanadoo.fr*,
Fax 0556229789
1,5 ha (90 empl.) plat, herbeux, sablonneux
Tarif : (Prix 2009) 16 € 👥 🚐 📧 [⚡] (10A)
🚐 1 borne artisanale
Pour s'y rendre : 1,3 km au sud-ouest par rte du lac,
à 100 m du canal des Landes et à prox. de l'étang de
Cazaux

Nature :
Loisirs : 🍷 🏊
Services : 👤 🏪 laverie 🛒 cases réfrigérées
À prox. : 🏊

Longitude : -1.15494
Latitude : 44.53895

CÉNAC-ET-ST-JULIEN

24250 – **329** I7 – G. Périgord Quercy – 1 193 h. – alt. 70
Paris 537 – Le Bugue 34 – Gourdon 20 – Sarlat-la-Canéda 12 – Souillac 32.

🏔 **Le Pech de Caumont** de déb. avr. à fin sept.
📞 0553282163, *info@pech-de-caumont.com*,
Fax 0553299973, *www.pech-de-caumont.com*
2,2 ha (100 empl.) en terrasses, peu incliné, herbeux
Tarif : 👤 4,90 € 🚐 📧 6,10 € – [⚡] (6A) 3,10 € – frais de
réservation 12,50 €

Location 🏠 : 13 🛏 (4 à 6 pers.) 205 à 510 €/
sem. – 6 🏚 (4 à 6 pers.) - 255 à 565 €/sem. – frais de
réservation 12,50 €
Pour s'y rendre : 2 km au sud

À savoir : domine la vallée de la Dordogne, face au village
de Domme

Nature : 🏞 🏕
Loisirs : 🍷 🏠 🏊 🌊
Services : 👤 ☕ GB 🚗 🛒 ✂ 🍴 📧 🛒

Longitude : 1.20634
Latitude : 44.78354

🏔🏔 ... ⚠
Terrains particulièrement agréables dans leur ensemble et dans leur catégorie.

LA CHAPELLE-AUBAREIL

24290 – **329** I5 – 439 h. – alt. 230
Paris 515 – Brive-la-Gaillarde 40 – Les Eyzies-de-Tayac 21 – Montignac 9 – Sarlat-la-Canéda 19.

🏔 **La Fage** de déb. mai à fin sept.
📞 0553507650, *camping.lafage@wanadoo.fr*,
Fax 0553507650, *www.camping-lafage.com*
5 ha (60 empl.) en terrasses, peu incliné, herbeux
Tarif : (Prix 2009) 👤 5,50 € 📧 7 € – [⚡] (10A) 3,50 € – frais de
réservation 9 €

Location (Prix 2009) : 14 🛏 (4 à 6 pers.) 240 à 670 €/
sem. – 4 🏚 (4 à 6 pers.) - 280 à 640 €/sem. – 3 tentes
– frais de réservation 9 €
🚐 6 📧 7 €
Pour s'y rendre : La Fage (1,2 km au nord-ouest par rte
de St-Amand-de-Coly (vers D 704) et chemin à gauche)

Nature : 🏞 🏕
Loisirs : pizzeria 🏠 🏊 🌊
Services : 👤 ☕ GB 🚗 ✂ 🛒 🍴 🍴 laverie 🛒

Longitude : 1.18811
Latitude : 45.01765

CLAIRAC

47320 – **336** E3 – G. Aquitaine – 2 506 h. – alt. 52
🛈 *Office de tourisme, 16, place Viçoze* 📞 *0553887159,*
Fax 0553887159
Paris 690 – Agen 42 – Casteljaloux 34 – Marmande 24 –
Villeneuve-sur-lot 30.

⚠ **Municipal La Plage** de déb. juil. à fin sept.
📞 0553842221
0,8 ha (50 empl.) plat, herbeux
Tarif : (Prix 2009) 👤 3,50 € 🚐 📧 9 € [⚡] (10A)
Pour s'y rendre : au bourg (au bord du Lot)

Nature : 🏕
Services : 👤 ☕ 📧
À prox. : 🏊 (plage) 🎣 ponton d'amarrage

Longitude : 0.37669
Latitude : 44.36049

COLY

24120 – **329** I5 – 218 h. – alt. 113 – Base de loisirs
Paris 504 – Brive-la-Gaillarde 29 – Lanouaille 45 – Périgueux 53 – Sarlat-la-Canéda 24.

Village Vacances Les Cottages du Lac (location exclusive de chalets) de mi-avr. à mi-nov.
℘ 0553508629, *evasion@quietude.fr*, Fax 0553506916, *www.quietude-evasion.com*
18 ha plat, herbeux, étangs
Location (Prix 2009) ⅚ : 🏠 (4 à 6 pers.) nuitée 54€ - 217 à 805€/sem.
Pour s'y rendre : La Prade (2 km au sud-est par D 62, rte de la Cassagne, au bord d'un plan d'eau)

Nature : 🌳 ≤ 💧
Loisirs : 🎣 🚲 ✗ 🎿 🏹 terrain omnisports, canoë, parcours de santé
Services : (saison) GB 🦃 🏧 laverie

Longitude : 1.27732
Latitude : 45.0677

En juin et septembre les campings sont plus calmes, moins fréquentés et pratiquent souvent des tarifs " hors saison ".

CONTIS-PLAGE

40170 – **335** D10
Paris 714 – Bayonne 87 – Castets 32 – Dax 52 – Mimizan 24 – Mont-de-Marsan 76.

Yelloh! Village Lous Seurrots 🛈 – de déb. avr. à fin sept.
℘ 0558428582, *info@lous-seurrots.com*, Fax 0558424911, *www.lous-seurrots.com*
14 ha (610 empl.) plat et vallonné, incliné, sablonneux, herbeux
Tarif : 40€ ✸✸ 🚐 🗊 🔌 (6A) – pers. suppl. 7€
Location : 106 🏠 (4 à 6 pers.) - 273 à 1 204€/sem.
Pour s'y rendre : Contis-Plage (sortie sud-est par D 41, près du Courant de Contis, à 700 m de la plage)

Nature : 🌿 💧
Loisirs : 🍴 ✗ pizzeria 🎱 🎮 🎣 🚲 🏇 ✗ 🎿 théâtre de plein air
Services : ⅚ 🔌 GB 🦃 🏧 ☕ 🚰 laverie 🧊 🧊 cases réfrigérées
À prox. : 🐴 🚣 école de surf

Longitude : -1.32416
Latitude : 44.09326

91

CORNILLE

24750 – **329** F4 – 655 h. – alt. 190
Paris 482 – Bordeaux 148 – Périgueux 10 – Coulounieix-Chamiers 17 – Saint-Yrieix-la-Perche 57.

Le Parc de la Forêt (location exclusive de chalets)
℘ 0553038220, *leparcdelaforet@wanadoo.fr*, *www.leparcdelaforet.fr*
50 ha/6 campables vallonné, herbeux
Location 🅿 : 48 🏠 (4 à 6 pers.) - 170 à 720€/sem. – frais de réservation 19€
Pour s'y rendre : 3 km au sud par D8 et rte de Périgueux

Nature : 🌳 ≤ 💧
Loisirs : 🍴 pizzeria 🎱 hammam 🎣 ✗ 🏇 ✗ poneys (centre équestre)
Services : ⅚ GB 🦃 🏧 laverie 🧊

Longitude : 0.78438
Latitude : 45.25051

COURBIAC

47370 – **336** I3 – 110 h. – alt. 145
Paris 623 – Bordeaux 172 – Agen 46 – Montauban 59 – Bergerac 79.

Le Pouchou fermé de mi-déc. à mi-janv.
℘ 0553407268, *le.pouchou@wanadoo.fr*, Fax 0553407268, *www.camping-le-pouchou.com*
15 ha/2 campables (20 empl.) non clos, peu incliné, herbeux
Tarif : 18,50€ ✸✸ 🚐 🗊 🔌 (10A) – pers. suppl. 4,50€
Location (permanent) : 2 🚐 (2 à 4 pers.) nuitée 50€ - 161 à 356€/sem. – 7 🏠 (4 à 6 pers.) nuitée 80€ - 259 à 545€/sem.
🚰 1 borne raclet 3€ – 3 🗊 10,50€ 🚰 🚰 10.50€
Pour s'y rendre : à Courbiac (1,8 km à l'ouest par rte de Tournon-d'Agenais et chemin à gauche)
À savoir : cadre agréable, vallonné autour d'un petit étang

Nature : 🌿 💧
Loisirs : 🍴 🎱 🚲 🎿 🏹 départ sentiers pédestres, billard
Services : ⅚ 🔌 GB 🦃 ☕ 🚰 🚰 laverie

Longitude : 1.03936
Latitude : 44.3774

COUX-ET-BIGAROQUE

24220 – **329** G7 – 928 h. – alt. 85
Paris 548 – Bergerac 44 – Le Bugue 14 – Les Eyzies-de-Tayac 17 – Sarlat-la-Canéda 31 – Villeneuve-sur-Lot 73.

△△ **Les Valades** de déb. mai à fin sept.
℘ 05 53 29 14 27, *info@lesvalades.com*,
http://www.lesvalades.com
11 ha (75 empl.) en terrasses, herbeux, étang, sous bois
Tarif : 24€ ⚹⚹ ⬅ ▣ ⒥ (10A) – pers. suppl. 5,80€

Location (de déb. avr. à mi-oct.) : 6 ▥ (4 à 6 pers.)
nuitée 230€ - 330 à 670€/sem. – 19 ⌂ (4 à 6 pers.)
nuitée 230€ - 420 à 750€/sem.
Pour s'y rendre : au lieu-dit : Les Valades (4 km au nord-ouest par D 703, rte des Eyzies puis à gauche)

À savoir : cadre naturel et vallonné

Nature : 🐟 ◁ ▱ 🌳
Loisirs : pizzeria ▭ ⚷ ⅃ 🏊 ✎
Services : ♿ ⚷ ⚸ ⚹ ♨ ⚿ 🍴 ▣ 🚿

Longitude : 0.96324
Latitude : 44.85882

*La catégorie (1 à 5 tentes, **noires** ou **rouges**) que nous attribuons*
aux terrains sélectionnés dans ce guide est une appréciation qui nous est propre.
Elle ne doit pas être confondue avec le classement (1 à 4 étoiles)
établi par les services officiels.

COUZE-ET-ST-FRONT

24150 – **329** F7 – 773 h. – alt. 45
Paris 544 – Bergerac 21 – Lalinde 4 – Mussidan 46 – Périgueux 57.

△△ **Les Moulins** de déb. avr. à fin oct.
℘ 06 89 85 76 24, *camping-des-moulins@wanadoo.fr*,
Fax 05 53 61 18 36, *www.campingdesmoulins.com* –
places limitées pour le passage
2,5 ha (42 empl.) plat et peu incliné, herbeux
Tarif : 25€ ⚹⚹ ⬅ ▣ ⒥ (10A) – pers. suppl. 6€ – frais
de réservation 10€

Location : ▥ (4 à 6 pers.) nuitée 55€ - 220 à 600€/
sem. – frais de réservation 10€
🚐 1 borne artisanale 6€ – 10 ▣ 14€ – 🚽 10€
Pour s'y rendre : Les Maury Bas (sortie sud-est par D 660,
rte de Beaumont et à dr., près du terrain de sports, au
bord de la Couze)

À savoir : cadre verdoyant face au village perché sur
un éperon rocheux

Nature : ◁ ▱ 🌳
Loisirs : 🍴 ▭ ⚸ ⚷ ♨ ✎ ⅃ ✎
Services : ♿ ⚷ GB ⚸ 🍴 laverie

Longitude : 0.70619
Latitude : 44.82295

CUZORN

47500 – **336** H2 – 845 h. – alt. 95
Paris 581 – Bergerac 59 – Cahors 55 – Fumel 7 – Villeneuve-sur-Lot 32.

△△ **Village Vacances Les Loges de Mélis** (location
exclusive de chalets) Permanent
℘ 05 53 40 96 46, *loges-de-melis@wanadoo.fr*,
Fax 05 53 40 84 03, *www.loges-melis.com*
7 ha/1 campable en terrasses, herbeux

Location : 10 ⌂ (4 à 6 pers.) - 250 à 680€/sem.
Pour s'y rendre : au lieu-dit : Melis (3 km au nord par
D 710 et chemin à gauche)

Nature : 🐟 ◁
Loisirs : ▭ ⚷ ⚸ ♨ ⅃ golf (4 trous)
Services : ♿ ⚷ Ⓟ ⚸ ▥ ▣

Longitude : 0.94797
Latitude : 44.56897

DAGLAN

24250 – **329** I7 – 540 h. – alt. 101

🖼 *Syndicat d'initiative, le Bourg* 🖉 *05 53 29 88 84, Fax 05 53 29 88 84*

Paris 547 – Cahors 48 – Fumel 40 – Gourdon 18 – Périgueux 80 – Sarlat-la-Canéda 22.

⏶⏶ **Le Moulin de Paulhiac** ⚏ – de mi-mai à mi-sept.
🖉 05 53 28 20 88, *francis.armagnac@wanadoo.fr*,
Fax 05 53 29 33 45, *www.moulin-de-paulhiac.com*
5 ha (150 empl.) plat, herbeux
Tarif : (Prix 2009) 22 € ⚏⚏ ⇔ 🔲 🅗 (6A) – pers.
suppl. 7,15 € -- frais de réservation 8 €
Location (Prix 2009) ⬚ : 10 🔳 (4 à 6 pers.) 250 à
757 €/sem. – frais de réservation 10 €
🔳 1 borne artisanale 9,90 €
Pour s'y rendre : 4 km au nord-ouest par D 57, rte de
St-Cybranet, au bord du Céou

Nature : ⬚ 🔳 🞛
Loisirs : 🍴 snack 🔳 ⚏ ⚓
🔳 (découverte en saison) ⬚ ⬚
⬚ ⬚
Services : ⚓ ⛏ GB ⬚ 🗑 ⬚ 🗑
🍴 laverie ⬚ ⬚

Longitude : 1.17592
Latitude : 44.7681

⏶ **La Peyrugue** de déb. avr. à fin sept.
🖉 05 53 28 40 26, *camping@peyrugue.com*,
www.peyrugue.com
5 ha/2,5 campables (85 empl.) terrasse, non clos, peu
incliné à incliné, herbeux, pierreux
Tarif : ⚏ 6,40 € ⇔ 🔲 10 € – 🅗 (6A) 3,50 €
Location : 5 🔳 (4 à 6 pers.) 260 à 630 €/sem. – 8 🏠
(4 à 6 pers.) - 315 à 665 €/sem.
Pour s'y rendre : au lieu-dit : La Peyrugue (1,5 km au
nord par D 57, rte de St-Cybranet, à 150 m du Céou)

Nature : ⬚ 🞛
Loisirs : 🍴 🔳 ⚓ ⬚
Services : ⚓ ⛏ GB ⬚ ⬚ 🍴
laverie ⬚

Longitude : 1.18391
Latitude : 44.75302

Si vous désirez réserver un emplacement pour vos vacances,
faites-vous préciser au préalable les conditions particulières de séjour,
les modalités de réservation, les tarifs en vigueur et les conditions de paiement.

DAX

40100 – **335** E12 – G. Aquitaine – 20 810 h. – alt. 12 – ⚘

🖼 *Office de tourisme, 11, cours Foch* 🖉 *05 58 56 86 86, Fax 05 58 56 86 80*

Paris 727 – Bayonne 54 – Biarritz 61 – Bordeaux 144 – Mont-de-Marsan 54 – Pau 85.

⏶⏶ **Les Pins du Soleil** ⚏ – de déb. avr. à déb. nov.
🖉 05 58 91 37 91, *info@pinsoleil.com*, Fax 05 58 91 00 24,
www.pinsoleil.com
6 ha (145 empl.) plat et peu incliné, herbeux, sablonneux
Tarif : 20 € ⚏⚏ ⇔ 🔲 🅗 (10A) – pers. suppl. 6 € – frais
de réservation 10 €
Location : 30 🔳 (4 à 6 pers.) 280 à 699 €/sem. – 10
🏠 (4 à 6 pers.) – 342 à 699 €/sem. – 4 bungalows
toilés – frais de réservation 17 €
🔳 1 borne artisanale – ⬚ 🅗 13 €
Pour s'y rendre : rte des Minières (5,8 km au nord-ouest
par N 124, rte de Bayonne et à gauche par D 459)

Nature : 🔳 🞛
Loisirs : snack 🔳 ⚏ ⚓ 🚲 ⬚
Services : ⚓ ⛏ GB ⬚ ⬚ 🍴
🍴 laverie ⬚

Longitude : -1.08363
Latitude : 43.7173

⏶⏶ **Les Chênes** ⚏ – de fin mars à déb. nov.
🖉 05 58 90 05 53, *camping-chenes@wanadoo.fr*,
Fax 05 58 90 42 43, *www.camping-les-chenes.fr*
5 ha (230 empl.) plat, herbeux, sablonneux, gravillons
Tarif : (Prix 2009) 17,20 € ⚏⚏ ⇔ 🔲 🅗 (5A) – pers.
suppl. 6 € – frais de réservation 7,50 €
Location (Prix 2009) : 34 🔳 (4 à 6 pers.) 241 à 513 €/
sem. – 20 studios – frais de réservation 7,50 €
🔳 1 borne artisanale 6 €
Pour s'y rendre : allée du Bois de Boulogne (1,8 km à
l'ouest du centre ville, au bois de Boulogne, à 200 m de
l'Adour)

À savoir : agréable chênaie près d'un étang

Nature : ⬚ 🔳 🞛
Loisirs : 🔳 ⚏ ⚓ 🚲 ⬚
Services : ⚓ ⛏ GB ⬚ 🗑 ⬚ ⬚
🍴 🍴 laverie ⬚
À prox. : 🍴 ✕ ⬚ 🐎 practice
de golf

Longitude : -1.07044
Latitude : 43.71069

Abesses de mi-mars à mi-nov.
℘ 05 58 91 65 34, *chenes@thermesadour.com*,
Fax 05 58 91 65 34, *www.thermes-dax.com*
4 ha (198 empl.) plat, herbeux, sablonneux, petit étang
Tarif : (Prix 2009) 15,65€ ✶✶ ⟷ 🄴 (½) (10A) – pers.
suppl. 3,90€

Location (Prix 2009) : 🛖 (4 à 6 pers.) 722€/sem. –
🏠 (4 à 6 pers.) 857€/sem.
🚐 1 borne autre
Pour s'y rendre : 7,5 km au nord-ouest par rte de
Bayonne, D 16 à dr. et chemin d'Abesse
À savoir : locations minimum 20 nuits

| Nature : 🐟 ☐ 〰 |
| Loisirs : 🖧 🎣 |
| Services : 🚿 📞 GB 🗜 🚻 ⚓ laverie |

Longitude : -1.05541
Latitude : 43.70946

L'étang d'Ardy de déb. avr. à fin oct.
℘ 05 58 97 57 74, *info@etangardy.com*
www.etangardy.com
5 ha/3 campables (102 empl.) plat, herbeux, sablonneux
Tarif : (Prix 2009) 26€ ✶✶ ⟷ 🄴 (½) (10A) – pers.
suppl. 4,50€

Location (Prix 2009) : 21 🛖 (4 à 6 pers.) 265 à 600€/
sem. – 7 🏠 (4 à 6 pers.) - 270 à 600€/sem.
Pour s'y rendre : allée d'Ardy (5,5 km au nord-ouest par N
124, rte de Bayonne puis av. la bretelle de raccordement,
1,7 km par chemin à gauche, au bord d'un étang)

| Nature : 🐟 ☐ 〰 |
| Loisirs : 🏕 🏊 🎣 |
| Services : 🚿 📞 GB 🗜 – 56 sanitaires individuels (🚿🚻 wc) ⚓ 🗑 🚰 📷 |

Longitude : -1.05541
Latitude : 43.70946

Le Bascat de mi-mars à mi-nov.
℘ 05 58 56 16 68, *info@campinglebascat.com*,
Fax 05 58 56 20 56, *www.campinglebascat.com*
3,5 ha (160 empl.) plat, en terrasses, gravier, herbeux
Tarif : ✶ 4€ ⟷ 🄴 6,40€ – (½) (6A) 2€ – frais de
réservation 5€

Location : 🛖 (4 à 6 pers.) 199 à 300€/sem. – frais de
réservation 5€
🚐 1 borne artisanale – 100 🄴 14,40€ – 🚌 10€
Pour s'y rendre : r. de Jouandin (2,8 km à l'ouest du
centre ville par le bois de Boulogne, accès à partir du
Vieux Pont (rive gauche) et av. longeant les berges de
l'Adour)

| Nature : 🐟 〰 |
| Loisirs : 🖧 |
| Services : 🚿 📞 GB 🗜 🚻 ⚓ 🗑 laverie 🚰 |

Longitude : -1.07028
Latitude : 43.70536

DOMME

24250 – **329** |7 – G. Périgord Quercy – 1 036 h. – alt. 250
🅱 *Office de tourisme, place de la Halle* ℘ 05 53 31 71 00, Fax 05 53 31 71 09
Paris 538 – Cahors 51 – Fumel 50 – Gourdon 20 – Périgueux 76 – Sarlat-la-Canéda 12.

Village Vacances Les Ventoulines (location
exclusive de chalets) Permanent
℘ 05 53 28 36 29, *lesventoulines@wanadoo.fr*,
Fax 05 53 29 47 25, *www.gites-dordogne-sarlat.fr*
3 ha non clos, en terrasses, herbeux

Location : 18 🏠 (4 à 6 pers.) - 280 à 870€/sem.
Pour s'y rendre : Les Ventoulines (3,6 km au sud-est)

| Nature : 🐟 〰 |
| Loisirs : 🖧 🎯 🏊 |
| Services : 🚿 📞 🅿 🗜 🚻 🚰 📷 |

Longitude : 1.23198
Latitude : 44.78812

Village Vacances de la Combe (location exclusive
de chalets)
℘ 05 53 29 77 42, *lacombe24@wanadoo.fr*, *www.
villagedelacombe.com*
2 ha plat, en terrasses, herbeux

Location (Prix 2009) : 12 🏠 (4 à 6 pers.) nuitée 65€ -
340 à 690€/sem. – frais de réservation 24€
Pour s'y rendre : Le Pradal (1,5 km au sud-est)
À savoir : location 2 nuits minimum hors sais.

| Nature : 🐟 〰 |
| Loisirs : 🖧 🏊 |
| Services : 🚿 📞 🗜 🚻 🚰 📷 |

Longitude : 1.22165
Latitude : 44.80098

Pour une meilleure utilisation de cet ouvrage,
LISEZ ATTENTIVEMENT les premières pages du guide.

▲▲ Perpetuum ▲▲ – de déb. mai à mi-oct.
  𝒫 05 53 28 35 18, *leperpetuum.domme@wanadoo.fr*,
  Fax 05 53 29 63 64, *www.campingleperpetuum.com*.
  4,5 ha (120 empl.) plat, herbeux
  Tarif : (Prix 2009) 21,32 € ★★ ⇦ 回 ⚡ (10A) – pers.
  suppl. 5,60 € – frais de réservation 10 €
  Location (Prix 2009) : 9 ⊡ (2 à 4 pers.) 180 à 460 €/
  sem. – 31 ⊡ (4 à 6 pers.) 230 à 670 €/sem. – frais de
  réservation 10 €
  ⊡ 1 borne sanistation
  Pour s'y rendre : 2 km au sud, au bord de la Dordogne

> Nature : 🐟 ⊏ 🎿🎿
> Loisirs : snack 🃏 ⛲ salle d'ani-
> mation ⛲ 🎿 🦢
> Services : ♿ ⊶ ⚙ ♨ 🛎 laverie
> ♨
> À prox. : 🚤

> *Longitude : 1.22045*
> *Latitude : 44.8165*

▲ Le Bosquet de déb. avr. à fin sept.
  𝒫 05 53 28 37 39, *info@lebosquet.com*, Fax 05 53 29 41 95,
  www.lebosquet.com
  1,5 ha (60 empl.) plat, herbeux
  Tarif : ★ 4,10 € ⇦ 回 4,70 € – ⚡ (6A) 2,60 € – frais de
  réservation 6 €
  Location : 20 ⊡ (4 à 6 pers.) nuitée 32 € - 210 à
  520 €/sem. – frais de réservation 6 €
  ⊡ 1 borne artisanale – 🚿 8.5 €
  Pour s'y rendre : La Rivière (à 900 m au sud de Vitrac-
  Port)

> Nature : 🐟 ≺ ⊏ 🎿🎿
> Loisirs : snack 🃏 ⛲ 🎿
> Services : ♿ ⊶ GB ♨ 🛎 ♨
> 🔲 ♨
> À prox. : canoë

> *Longitude : 1.22045*
> *Latitude : 44.8165*

▲ Le Moulin de Caudon de déb. juin à mi-sept.
  𝒫 05 53 31 03 69, *camping.moulin.caudon@wanadoo.fr*,
  http://www.campingdordogne.com
  2 ha (60 empl.) plat, herbeux
  Tarif : ★ 3,50 € ⇦ 回 2,80 € – ⚡ (10A) 2,80 €
  Location 🍽 (de mi-juil. à mi-août) : 4 ⊡ (4 à
  6 pers.) 370 à 500 €/sem.
  Pour s'y rendre : au lieu-dit :Caudon (6 km au nord-est
  par D 46e et D 50, rte de Groléjac, près de la Dordogne -
  pour les caravanes, accès conseillé par Vitrac-Port)

> Nature : ⊏ 🎿🎿
> Loisirs : 🃏 ⛲
> Services : ♿ ⊶ (saison) ♨ 🛎 🔲
> À prox. : 🚤

> *Longitude : 1.23892*
> *Latitude : 44.82224*

EYMET **_95_**

24500 – **329** D8 – G. Périgord Quercy – 2 541 h. – alt. 54
🄱 *Office de tourisme, place de la Bastide* *𝒫* 05 53 23 74 95, Fax 05 53 23 74 95
Paris 560 – Bergerac 24 – Castillonnès 19 – Duras 22 – Marmande 33 – Ste-Foy-la-Grande 31.

▲ Municipal Le Château de mi-avr. à déb. oct.
  𝒫 05 53 23 80 28, *eymetcamping@aol.com*
  1,5 ha (66 empl.) plat, herbeux, jardin public attenant
  Tarif : (Prix 2009) 14 € ★★ ⇦ 回 ⚡ (10A) – pers.
  suppl. 3,80 €
  Pour s'y rendre : r. de la Sole (derrière le château,
  au bord du Dropt)
  À savoir : Site agréable bordé par la rivière, le parc
  et les remparts

> Nature : ⊏ 🎿🎿
> Loisirs : 🦢 canoë
> Services : ♿ ⊶ 🛎 🔲
> À prox. : ⛲

> *Longitude : 0.39707*
> *Latitude : 44.66906*

Raadpleeg, voordat U zich op een kampeerterrein installeert,
de tarieven die de beheerder verplicht
is bij de ingang van het terrein aan te geven.
Informeer ook naar de speciale verblijfsvoorwaarden.
De in deze gids vermelde gegevens kunnen
sinds het verschijnen van hereditie gewijzigd zijn.

LES EYZIES-DE-TAYAC

24620 – **329** H6 – G. Périgord – 848 h. – alt. 70

🖪 *Office de tourisme, 19, av. de la Préhistoire* 🖉 *05 53 06 97 05, Fax 05 53 06 90 79*

Paris 536 – Brive-la-Gaillarde 62 – Fumel 62 – Lalinde 35 – Périgueux 47 – Sarlat-la-Canéda 21.

▲▲▲ **La Rivière** de déb. avr. à fin oct.
🖉 05 53 06 97 14, *la-riviere@wanadoo.fr*,
Fax 05 53 35 20 85, *www.lariviereleseyzies.com*
7 ha/3 campables (120 empl.) plat, herbeux
Tarif : ♦ 5,35 € ⇄ 🅿 8,60 € – 🔌 (10A) 4 € – frais de
réservation 4 €

Location : 10 🛖 (4 à 6 pers.) nuitée 45 € - 220 à
780 €/sem. – 6 🛏 – frais de réservation 4 €
🚐 1 borne artisanale 5 € – 🔌 10 €
Pour s'y rendre : 3 rte du Sorcier (1 km au nord-ouest
par D 47, rte de Périgueux et rte à gauche apr. le pont, à
200 m de la Vézère)

Nature : 🛏 🟢🟢
Loisirs : 🍴 ✕ ⛵ 🛝 🏊
Services : 🚿 🔌 🏧 ⚙ 🗄 🛁 🚿
🚰 🍴 laverie 🚿
À prox. : canoë kayak

Longitude : 1.00623
Latitude : 44.93632

▲ **La Ferme du Pelou** de mi-mars à mi-nov.
🖉 05 53 06 98 17, *contact@leseyzies.com*,
Fax 05 53 06 98 17, *www.lafermedupelou.com*
1 ha (65 empl.) plat et peu incliné, herbeux
Tarif : (Prix 2009) ♦ 3,45 € ⇄ 🅿 3,60 € – 🔌 (10A) 2,80 €

Location (Prix 2009) : 🛖 (4 à 6 pers.) 165 à 450 €/
sem.
🚐 1 borne autre 13,30 €
Pour s'y rendre : Le Pelou (4 km au nord-est par D 706,
rte de Montignac puis rte à dr.)

À savoir : ferme d'élevage en activité

Nature : 🐑 🛏 🟢🟢
Loisirs : 🏡 🛝
Services : 🚿 🔌 ⚙ laverie
À prox. : 🐎

Longitude : 1.04482
Latitude : 44.95662

FOSSEMAGNE

24210 – **329** G5 – 575 h. – alt. 70

Paris 492 – Brive-la-Gaillarde 49 – Excideuil 33 – Les Eyzies-de-Tayac 27 – Périgueux 26.

▲ **Le Manoire** de déb. avr. à fin oct.
🖉 05 53 04 43 46, *koorenhof.pierre@wanadoo.fr*,
www.campingdumanoire.com
1 ha (35 empl.) plat, herbeux
Tarif : ♦ 4,50 € 🅿 5 € – 🔌 (20A) 3,50 € – frais de
réservation 20 €
🚐 borne artisanale 3 €
Pour s'y rendre : Le Bourg Bas sud (au sud-ouest
du bourg, près d'un plan d'eau)

Nature : 🛏 🟢🟢⛰
Services : 🚿 🔌 🏧 ⚙ 🚿
À prox. : ✂ 🛶 pédalos, canoë

Longitude : 0.98485
Latitude : 45.12682

Donnez-nous votre avis sur les terrains que nous recommandons.
Faites-nous connaître vos observations et vos découvertes
par mail à l'adresse : leguidecampingfrance@fr.michelin.com.

FUMEL

47500 – **336** H3 – G. Aquitaine – 5 285 h. – alt. 70

🖪 *Office de tourisme, place Georges Escande* 🖉 *05 53 71 13 70, Fax 05 53 71 35 16*

Paris 594 – Agen 55 – Bergerac 64 – Cahors 48 – Montauban 76 – Villeneuve-sur-Lot 27.

▲ **Village Vacances Domaine de Guillalmes**
(location exclusive de chalets) de fin mars à fin déc.
🖉 05 53 71 01 99, *info@guillalmes.com*, Fax 05 53 71 02 57,
www.holidayvillagelot.com
3 ha plat, herbeux

Location : 17 🏡 (4 à 6 pers.) - 285 à 750 €/sem.
🚐 1 borne artisanale – 10 🅿 20 €
Pour s'y rendre : 3 km à l'est par D 911, rte de Cahors
puis à la sortie de Condat, 1 km par rte à dr., au bord
du Lot

Nature : 🐑 🟢🟢
Loisirs : 🍴 snack 🚴 ✂ 🛝 🎣
canoë
Services : 🚿 🔌 🅿 🗄 🚿

Longitude : 0.96919
Latitude : 44.49818

⚠ **Les Catalpas** Permanent
𝒫 05 53 71 11 99, *les-catalpas@wanadoo.fr*,
Fax 05 53 71 11 99, *www.les-catalpas.com*
2,3 ha (80 empl.) plat, herbeux, goudronné
Tarif : ✹ 4€ ⛛ ▣ 9€ – ⑴ (10A) 3€ – frais de
réservation 50€
▱ 1 borne artisanale 8€ – 8 ▣ 20€ – ⛟⑴ 12€
Pour s'y rendre : La Tour (2 km à l'est par D 911,
rte de Cahors puis, à la sortie de Condat, 1,2 km
par rte à dr., au bord du Lot)

Nature : ⬙ ♊	
Loisirs : ⬛ ⬗ (bassin)	
Services : ⚬⊶ ⊞ ⊘ ⫟ ⧉ ▣	

Longitude : 0.99628
Latitude : 44.48775

GABARRET

40310 – **335** L11 – 1 208 h. – alt. 153
🄸 *Syndicat d'initiative, 111, rue Armagnac* 𝒫 05 58 44 34 95, Fax 05.58.44.91.97
Paris 715 – Agen 66 – Auch 76 – Bordeaux 140 – Mont-de-Marsan 47 – Pau 94.

⚠ **Parc Municipal Touristique la Chêneraie**
de déb. mars à fin oct.
𝒫 05 58 44 92 62, *la-cheneraie@orange.fr*,
Fax 05 58 44 35 38
0,7 ha (36 empl.) peu incliné, plat, herbeux
Tarif : 10€ ✹✹ ⛛ ▣ ⑴ (10A) – pers. suppl. 2,30€
Location (permanent) : 4 ⬛⬛ (4 à 6 pers.) nuitée 50€
- 162 à 270€/sem. – ⌂
▱ 1 borne artisanale 10€
Pour s'y rendre : sortie est par D 35, rte de Castelnau-
d'Auzan et chemin à dr.

Nature : ⬙ ⛺ ♊	
Services : ♿ ⚬⊶ ⊘ ⫟ ▣	
À prox. : ⬕ ⬛	

Longitude : 0.01161
Latitude : 43.98518

GRADIGNAN

33170 – **335** H6 – 22 988 h. – alt. 26
Paris 592 – Bordeaux 9 – Lyon 550 – Nantes 336 – Toulouse 241.

⚠ **Beausoleil** Permanent
𝒫 05 56 89 17 66, *campingbeausoleil@wanadoo.fr*,
Fax 05 56 89 17 66, *www.camping-gradignan.com*
0,5 ha (31 empl.) plat, peu incliné, gravillons, herbeux
Tarif : 19€ ✹✹ ⛛ ▣ ⑴ (10A) – pers. suppl. 3,50€
Location ⬚ : 3 ⬛⬛ (4 à 6 pers.) 300 à 475€/sem.
Pour s'y rendre : 371 cours du Général de Gaulle
(sur rocade : sortie 16, Gradignan)

Nature : ⛺ ⛛	
Services : ♿ ⚬⊶ ⊘ ⫟ ⬚ ⬍	
⫟ ▣	

97

Longitude : -0.62777
Latitude : 44.75534

GROLÉJAC

24250 – **329** I7 – 607 h. – alt. 67
Paris 537 – Gourdon 14 – Périgueux 80 – Sarlat-la-Canéda 13.

⛰ **Les Granges** ▲▲ – de fin avr. à mi-sept.
𝒫 05 53 28 11 15, *contact@lesgranges-fr.com*,
Fax 05 53 28 57 13, *www.lesgranges-fr.com* – places
limitées pour le passage
6 ha (188 empl.) plat, incliné et en terrasses, herbeux
Tarif : 27,87€ ✹✹ ⛛ ▣ ⑴ (6A) – pers. suppl. 7,40€ –
frais de réservation 30€
Location : ⬛⬛ (4 à 6 pers.) 291 à 782€/sem. – ⌂ (4 à
6 pers.) - 313 à 870€/sem. – frais de réservation 30€
Pour s'y rendre : au bourg

Nature : ⬙ ⛺ ♊	
Loisirs : ⛛ ✗ pizzeria ⬚ ⓝ noc-
turne ⬕ ⬍ ⬚ ⬕ ⬛ ⬕	
Services : ♿ ⚬⊶ ⊞ ⊘ ⬍ ⬚ ⬍	
⫟ laverie ⬕	
À prox. : ⬛	

Longitude : 1.29124
Latitude : 44.81796

⛰ **Village Vacances le Pech de Sireuil** (location
exclusive de chalets) Permanent
𝒫 05 65 32 60 27, *lepechdesireuil@orange.fr*,
www.pechdesireuil.com
5 ha plat, vallonné, non clos
Location (Prix 2009) : 14 ⌂ (4 à 6 pers.) - 240 à 600€/
sem.
Pour s'y rendre : 2 km au nord par D 704 et à dr.,
rte de Milhac

Nature : ⬙ ⛺ ♊	
Loisirs : ⬛	
Services : ♿ ⚬⊶ Ⓟ ⫟ ▣	

Longitude : 1.29184
Latitude : 44.81947

⚠ Le Lac de Groléjac de déb. mai à fin sept.
℘ 0553594870,
contact@camping-dulac-dordogne.com,
Fax 0553293974, *www.camping-dulac-dordogne.com*
2 ha (92 empl.) non clos, plat, herbeux
Tarif : 15,50 € ★★ ⚌ 🅴 🄷 (8A) – pers. suppl. 3,80 €

Location (de fin avr. à mi-oct.) : 8 🛏 (4 à 6 pers.)
nuitée 55 € - 210 à 580 €/sem. – 4 bungalows toilés
Pour s'y rendre : 2 km au sud par D 704, D 50, rte de
Domme et rte de Nabirat à gauche, au bord d'un plan
d'eau

Nature : 🏞 ⟨ ▭ ♨	
Loisirs : ⚏ 🛶 canoë, pédalos, barques	
Services : ⚒ ⚬ (juil.-août) ⊞🇬🇧 ✄ 🔥 ☇ 🖪	
Longitude : 1.29184	
Latitude : 44.81947	

HAGETMAU

40700 – **335** H13 – G. Aquitaine – 4 583 h. – alt. 96
🅱 *Office de tourisme, place de la République* ℘ 0558793826, Fax 0558794727
Paris 737 – Aire-sur-l'Adour 34 – Dax 45 – Mont-de-Marsan 29 – Orthez 25 – Pau 56 – Tartas 30.

⚠ Municipal de la Cité Verte Permanent
℘ 0558797979, *laciteverte@netcourrier.com,*
Fax 0558797999, *www.laciteverte.com*
0,4 ha (24 empl.) plat, herbeux
Tarif : (Prix 2009) 22 € ★★ ⚌ 🅴 🄷 (16A)
Pour s'y rendre : Chemin des Loussets (au sud par av. du
Dr-Édouard-Castera, près des arènes et de la piscine, au
bord d'une rivière)

À savoir : proche des structures municipales sportives et
de loisirs

Nature : 🏞 ▭ ♨	
Loisirs : self-service 🍴 🛶 🏐	
Services : ⚬ 🅿 ☇ – 24 sanitaires individuels (🚿🚾 wc) ☇ ⚏	
À prox. : ✂ 🔳 🏊 parcours sportif, golf	
Longitude : -0.58993	
Latitude : 43.64858	

Avant de prendre la route, consultez **www.ViaMichelin.fr :**
*votre meilleur itinéraire, le choix de votre hôtel, restaurant,
des propositions de visites touristiques.*

HASPARREN

64240 – **342** E4 – G. Pays Basque – 5 742 h. – alt. 50
🅱 *Office de tourisme, 2, place Saint-Jean* ℘ 0559296202, Fax 0559291380
Paris 783 – Bayonne 24 – Biarritz 34 – Cambo-les-Bains 9 – Pau 106.

⚠ Chapital de déb. juin à mi-oct.
℘ 0559296294
2,5 ha (138 empl.) plat, en terrasses, peu incliné, herbeux
Tarif : (Prix 2009) 18,40 € ★★ ⚌ 🅴 🄷 (16A) – pers.
suppl. 4,40 €

Location (Prix 2009) (de déb. avr. à fin oct.) : 5 🛏 (4 à
6 pers.) - 250 à 540 €/sem. – 3 studios
Pour s'y rendre : 500 m à l'ouest par D 22, rte de Cambo-
les-Bains

Nature : ♨	
Loisirs : 🍴	
Services : ⚒ ⚬ ☇ 🖪	
À prox. : 🛒	
Longitude : -1.30514	
Latitude : 43.38372	

HAUTEFORT

24390 – **329** H4 – G. Périgord Quercy – 1 120 h. – alt. 160
🅱 *Office de tourisme, place du Marquis J. F. de Hautefort* ℘ 0553504027, Fax 05.53.51.99.73
Paris 466 – Bordeaux 190 – Périgueux 60 – Brive-la-Gaillarde 57 – Tulle 93.

⚠ Village Vacances Les Sources (location exclusive
de chalets) de mi-mars à mi-oct.
℘ 0553519656, *info@dordogne-gite.fr,*
www.hautefort-gites-dordogne.com
30 ha/5 campables vallonné
Location (Prix 2009) 🍴 🅿 : 18 🛏 (4 à 6 pers.) - 220
à 890 €/sem. – 6 🛏
Pour s'y rendre : au lieu-dit : La Génèbre

Nature : 🏞 ⟨ château de Hautefort	
Loisirs : 🍸 🍴 🛶 🛝 quad, paintball	
Services : ⚒ ⚬ 🧺 laverie	
Longitude : 1.14866	
Latitude : 45.25918	

HENDAYE

64700 – **342** B4 – G. Pays Basque – 14 041 h. – alt. 30

🛈 *Office de tourisme, 67, boulevard de la Mer* 🕿 *05 59 20 00 34, Fax 05 59 20 79 17*

Paris 799 – Biarritz 31 – Pau 143 – St-Jean-de-Luz 12 – San Sebastián 21.

à la Plage N : 1 km

🏕 **Ametza** de déb. juin à fin sept.
🕿 05 59 20 07 05, *ametza@neuf.fr*, Fax 05 59 20 32 16,
www.camping-ametza.com
4,5 ha (300 empl.) en terrasses, plat, peu incliné, herbeux
Tarif : (Prix 2009) 29,50 € ✹✹ 🚐 🗉 🛦 (6A) – pers.
suppl. 5,20 € – frais de réservation 15 €

Location (Prix 2009) (de déb. mai à fin sept.) : 🛏 (4 à 6 pers.) nuitée 120 € - 290 à 780 €/sem. – 🛖 (4 à 6 pers.) nuitée 160 € - 360 à 730 €/sem. – frais de réservation 15 €
Pour s'y rendre : Bd de l'Empereur (1 km à l'est)

> Nature : 🌳🌳
> Loisirs : 🍸 snack 🎬 🏓 🏖
> 🏊 🎯
> Services : 🛁 🚐 GB 🐾 💈 laverie
> 🖥 🍴

> Longitude : -1.76152
> Latitude : 43.3641

🏕 **Eskualduna** de déb. juin à fin sept.
🕿 05 59 20 04 64, *contact@camping-eskualduna.fr*,
Fax 05 59 20 69 28, *www.camping-eskualduna.fr*
10 ha (285 empl.) en terrasses, plat, incliné, herbeux
Tarif : ✹ 6 € 🚐 6 € 🗉 6 € – 🛦 (10A) 6 € – frais de réservation 20 €

Location (Prix 2009) (de déb. mai à fin oct.) : 🛏 (4 à 6 pers.) 210 à 830 €/sem. – frais de réservation 20 €
🚐 1 borne eurorelais 5 € – 25 🗉 12 €
Pour s'y rendre : rte de la Corniche (2 km à l'est, au bord d'un ruisseau)

> Nature : 🌳🌳🌳
> Loisirs : 🍸 snack 🎬 💈 🏓 🏖
> 🏊
> Services : 🛁 GB 🐾 🖥 🚾 💈
> 🖥 🍴 réfrigérateurs
> À prox. : navettes gratuites pour les plages

> Longitude : -1.74805
> Latitude : 43.37651

🏕 **Dorrondeguy** de déb. mars à fin oct.
🕿 05 59 20 26 16, *camping.dorrondeguy@wanadoo.fr*,
Fax 05 59 20 26 16, *www.camping-dorrondeguy.com*
4 ha (120 empl.) terrasse, plat, peu incliné, herbeux
Tarif : 25 € ✹✹ 🚐 🗉 🛦 (6A) – pers. suppl. 6 € – frais de réservation 15 €

Location (permanent) 🛁 💈 (de déb. avr. à fin oct.)
🅿 : 25 🛏 (4 à 6 pers.) nuitée 50 € - 230 à 720 €/sem. – 5 🛖 (4 à 6 pers.) nuitée 60 € - 330 à 850 €/sem. – bungalows toilés – frais de réservation 20 €
🚐 8 🗉 15 €
Pour s'y rendre : r. de la Glacière

> Nature : 💎 🏕 🌳🌳
> Loisirs : 🍸 🎬 🏖 🏊 fronton pelote basque
> Services : 🛁 🚐 GB 🐾 💈 🚾
> 🖥 🍴

> Longitude : -1.74875
> Latitude : 43.37301

🏕 **La Corniche** de mi-juin à mi-sept.
🕿 05 59 20 06 87, *campingdelacorniche@wanadoo.fr*,
Fax 05 59 20 06 87, *www.camping-corniche.com*
5 ha (268 empl.) en terrasses, plat, peu incliné, herbeux, bois attenant
Tarif : (Prix 2009) 18 € ✹✹ 🚐 🗉 🛦 (6A) – pers. suppl. 5 € – frais de réservation 7 €

Location (Prix 2009) (de mi-avr. à mi-oct.) 💈 : 🛏 (4 à 6 pers.) 310 à 600 €/sem. – frais de réservation 7 €
Pour s'y rendre : quartier Haicabia (3 km au nord-est par D 912 et chemin à dr.)

> Nature : 💎 🌳🌳
> Loisirs : 🍸 snack, pizzeria 🎬
> 🏖 🏓 🏊
> Services : 🛁 🚐 GB 🐾 💈 🚾
> laverie 🍴

> Longitude : -1.77594
> Latitude : 43.35939

99

Si vous recherchez :

👫 *Un terrain offrant des équipements et des loisirs adaptés aux enfants*

💎 *Un terrain agréable ou très tranquille*

L *Un terrain effectuant la location de caravanes, de mobile homes, de bungalows ou de chalets*

P *Un terrain ouvert toute l'année*

🚐 *Un terrain possédant une aire de services pour camping-cars*

Consultez le tableau des localités

AQUITAINE

HOURTIN

33990 – **335** E3 – G. Aquitaine – 2 404 h. – alt. 18

🛈 *Office de tourisme, Hourtin Port* ℰ *0556091900, Fax 0556092233*

Paris 638 – Andernos-les-Bains 55 – Bordeaux 65 – Lesparre-Médoc 17 – Pauillac 26.

▲▲▲ **Les Ourmes** ♣♣ – de déb. mai à fin sept.
ℰ 0556091276, info@lesourmes.com,
Fax 0556092390, www.lesourmes.com
7 ha (300 empl.) plat, herbeux, sablonneux
Tarif : 28,50€ ✶✶ ⇚ 🅴 (½) (6A) – pers. suppl. 6€ – frais
de réservation 16€
Location 🏠 : 35 ⏚⏚ (4 à 6 pers.) 240 à 750€/sem. –
frais de réservation 16€
📳 1 borne artisanale
Pour s'y rendre : 90 av. du Lac (1,5 km à l'ouest)

Nature : 🐟 🎋
Loisirs : 🍸 snack 🎦 ⓖnocturne 🏃 ⛹ 🏊
Services : 👤 ⛽ (juil.-août) **GB** 🐕 ⛺ 🚰 laverie ♨ 🛒
À prox. : 🎿 🎣 🐎 (centre équestre)

Longitude : -1.07563
Latitude : 45.18192

▲▲ **La Rotonde - Le Village Western** ♣♣ – de déb.
avr. à fin sept.
ℰ 0556091060, la-rotonde@wanadoo.fr,
Fax 0556738137, www.village-western.com
17 ha/11 campables (300 empl.) plat, herbeux,
sablonneux
Tarif : (Prix 2009) 29,19€ ✶✶ ⇚ 🅴 (½) (10A) – pers.
suppl. 6,30€ – frais de réservation 18€
Location (Prix 2009) : 60 ⏚⏚ (4 à 6 pers.) 250 à
789€/sem. – 10 🏠 (4 à 6 pers.) - 250 à 715€/sem. –
5 bungalows toilés – tipis – frais de réservation 18€
Pour s'y rendre : chemin de Bécassine (1,5 km à l'ouest
par av. du Lac et chemin à gauche, à 500 m du lac (accès
direct))

À savoir : original décor Western

Nature : 🐟 🎋
Loisirs : 🍸 snack, Tex-Mex 🎦 ⓖ nocturne 🏃 ⛹ 🚲 🏊 🐎 (centre équestre)
Services : 👤 ⛽ **GB** 🐕 ⛺ 🚰 laverie ♨ 🛒
À prox. : 🎿 🎣

Longitude : -1.05782
Latitude : 45.18555

▲ **Aires Naturelles l'Acacia et le Lac** de déb. juin à
fin sept.
ℰ 0556738080, camping.lacacia@orange.fr,
www.camping-lacacia.com
5 ha/2 campables (50 empl.) plat, herbeux, sablonneux,
pinède attenante
Tarif : 16,90€ ✶✶ ⇚ 🅴 (½) (9A) – pers. suppl. 4,85€
Pour s'y rendre : rte de Carcans (7 km au sud-ouest par
D 3 et chemin à dr.)

Nature : 🐟 🎋
Loisirs : ⛹ 🚲
Services : ⛽ 🐕 laverie

Longitude : -1.05782
Latitude : 45.18555

Pour choisir et suivre un itinéraire
Pour calculer un kilométrage
Pour situer exactement un terrain (en fonction des
indications fournies dans le texte) :
*Utilisez les **cartes MICHELIN** ,*
compléments indispensables de cet ouvrage.

HOURTIN-PLAGE

33990 – **335** D3

Paris 556 – Andernos-les-Bains 66 – Bordeaux 76 – Lesparre-Médoc 26 – Soulac-sur-Mer 42.

▲▲▲ **La Côte d'Argent** ♣♣ – de mi-mai à mi-sept.
ℰ 0556091025, info@camping-cote-dargent.com,
Fax 0556092496, www.cca33.com
20 ha (750 empl.) plat, vallonné, en terrasses, sablonneux
Tarif : 37€ ✶✶ ⇚ 🅴 (½) (10A) – pers. suppl. 8€ – frais
de réservation 35€
Location 🏠 : 252 ⏚⏚ (4 à 6 pers.) 196 à 1 148€/
sem. – hôtel
📳 150 🅴 48€
Pour s'y rendre : 500 m de la plage

Nature : 🐟 🎋
Loisirs : 🍸 ✕ pizzeria, snack 🎦 ⓖ 🏃 ⛹ 🚲 🎿 ✕ 🏊 🏊 🐎 terrain omnisports
Services : 👤 ⛽ **GB** 🐕 ⛺ 🚰 laverie ♨ 🛒 cases réfrigérées

Longitude : -1.16792
Latitude : 45.2232

LA HUME

33470 – **335** E7 – G. Aquitaine
Paris 645 – Bordeaux 59 – Mérignac 62 – Pessac 56 – Talence 56.

Village Vacances Club Khélus (location exclusive de chalets et maisonnettes) Permanent
℘ 0556668888, *kalisea@wanadoo.fr*, Fax 0556669489, *www.kalisea.fr*
20 ha plat, sablonneux

Location (Prix 2009) : 🏠 (4 à 6 pers.) - 215 à 1 100€/sem. – maisonnettes
Pour s'y rendre : 6,5 km au sud-ouest par A 660, rte d'Arcachon et D 652, rte de la Hume puis chemin à gauche, à prox. du parc Aqualand

| Nature : 🔥 ọọ |
| Loisirs : 🍴 ✗ pizzeria 🎬 📺 👫 🚴 ✂️ 🎣 |
| Services : ⚡ GB 🐾 laverie 🧹 |

Longitude : -1.07196
Latitude : 44.63647

Verdalle de déb. avr. à déb. oct.
℘ 0556661262, *camping.verdalle@wanadoo.fr*, Fax 0556661262, *www.campingdeverdalle.com*
1,5 ha (108 empl.) plat, sablonneux, pierreux
Tarif : 23€ ✱✱ ⬌ 🔲 (10A) – pers. suppl. 5€ – frais de réservation 12€

Location : 7 bungalows toilés
🚐 1 borne artisanale – 🥤
Pour s'y rendre : 2 allée de l'Infante (au nord, par av. de la Plage et chemin à dr., près du bassin, accès direct à la plage)

| Nature : 🌊 🏕 ọọ |
| Services : ♿ ⚡ GB 🐾 🍼 📶 |
| À prox. : 🎣 |

Longitude : -1.07196
Latitude : 44.63647

Do not confuse :
🔺... to ... 🔺🔺🔺 : MICHELIN classification
and
★ ... to ... ★★★★ : official classification

101

IHOLDY

64640 – **342** E5 – G. Pays Basque – 450 h. – alt. 135
Paris 800 – Bayonne 41 – Cambo-les-Bains 26 – Hasparren 18 – St-Jean-Pied-de-Port 22 – St-Palais 19.

Municipal Ur-Alde de déb. avr. à déb. nov.
℘ 0559375309, *camping.iholdy@orange.fr*, Fax 0559377892, *www.campingpaysbasque.fr*
1,5 ha (47 empl.) plat, peu incliné, herbeux
Tarif : 19,50€ ✱✱ ⬌ 🔲 (2A) – pers. suppl. 4€
🚐 1 borne artisanale 3€
Pour s'y rendre : sortie est, rte de St-Palais et chemin à dr., au bord d'un plan d'eau

| Nature : 🔥 ọọ |
| Loisirs : 🎣 |
| Services : GB 🐾 🍼 |

Longitude : -1.17975
Latitude : 43.28386

ITXASSOU

64250 – **342** D5 – G. Pays Basque – 1 970 h. – alt. 39
Paris 787 – Bayonne 24 – Biarritz 25 – Cambo-les-Bains 5 – Pau 119 – St-Jean-de-Luz 34 – St-Jean-Pied-de-Port 32.

Hiriberria Permanent
℘ 0559299809, *hiriberria@wanadoo.fr*, Fax 0559292088, *www.hiriberria.com*
4 ha (228 empl.) plat, en terrasses, peu incliné, herbeux
Tarif : ✱ 5,75€ ⬌ 🔲 6,25€ – (10A) 3,25€

Location (de déb. mars à fin nov.) : 13 🚐 (4 à 6 pers.) nuitée 50€ - 260 à 485€/sem. – 17 🏠 (4 à 6 pers.) nuitée 70€ - 330 à 615€/sem.
🚐 1 borne artisanale 3,50€
Pour s'y rendre : 1 km au nord-ouest par D 918, rte de Cambo-les-Bains et chemin à dr.

À savoir : joli petit village de chalets

| Nature : 🌊 🏕 ọọ |
| Loisirs : 🎬 🏕 🏊 (découverte en saison) |
| Services : ♿ ⚡ GB 🐾 📶 🛁 🍼 🚿 📶 📶 |

Longitude : -1.4007
Latitude : 43.33816

LABENNE

40530 – **335** C13 – 4 302 h. – alt. 12

🛈 *Office de tourisme, place de la République* ℰ *05 59 45 40 99*
Paris 755 – Bayonne 12 – Capbreton 6 – Dax 36 – Hasparren 37 – Peyrehorade 37.

⚠ Municipal Les Pins Bleus de déb. avr. à fin oct.
   ℰ 05 59 45 41 13, *camping@lespinsbleus.com*,
   Fax 05 59 45 44 70, *www.lespinsbleus.com*
   plat, sablonneux, herbeux
   Tarif : 17,65€ ✳✳ ⛺ 🅴 🅷 (10A) – pers. suppl. 4,90€ –
   frais de réservation 17€

   Location : 🛏 – 21 🏠 (4 à 6 pers.) - 215 à 590€/
   sem. – bungalows toilés – frais de réservation 17€
   🚐 1 borne artisanale 2€ – 10 🅴 8,50€ – 🚌 🅷 10.50€
   Pour s'y rendre : av. de l'Océan

Nature : 🌿🌿
Loisirs : snack 🏠 🛝 🎯 🚲 ⛵
Services : 🚿 GB 🐕 laverie,
cases réfrigérées

Longitude : -1.43107
Latitude : 43.5928

à Labenne-Océan O : 4 km par D 126 – 40530

⚠ Yelloh! Village le Sylvamar 👥 – de déb. avr. à fin
   sept.
   ℰ 05 59 45 75 16, *camping@sylvamar.fr*,
   Fax 05 59 45 46 39, *www.sylvamar.fr*
   20 ha/10 campables (580 empl.) plat, sablonneux,
   herbeux
   Tarif : 43€ ✳✳ ⛺ 🅴 🅷 (10A) – pers. suppl. 8€
   Location 🏖 : 232 🛏 (4 à 6 pers.) 300 à 1 435€/
   sem. – 🏠
   Pour s'y rendre : av. de l'Océan (par D 126, rte de la
   Plage, près du Boudigau)

   À savoir : bel ensemble aquatique et quelques chalets
   grand confort

Nature : 🏞 🌳 🌿🌿
Loisirs : 🍴 snack, pizzeria 🏠 🎮
🛝 🎯 🚲 ✂ ⛵ 🎭 théâtre
de plein air, terrain multisports
Services : ♿ 🚿 GB 🐕 ♨
🧊 🧺 laverie 🔋 cases
réfrigérées, point d'informations
touristiques
À prox. : 🐴 🐾 parc animalier

Longitude : -1.43107
Latitude : 43.5928

⚠ Côte d'Argent 👥 – de fin mars à fin oct.
   ℰ 05 59 45 42 02, *info@camping-cotedargent.com*,
   Fax 05 59 45 73 31, *www.camping-cotedargent.com*
   4 ha (215 empl.) plat, herbeux, sablonneux
   Tarif : (Prix 2009) 29,40€ ✳✳ ⛺ 🅴 🅷 (6A) – pers.
   suppl. 4,65€ – frais de réservation 25€

   Location (Prix 2009) : 6 🛏 (2 à 4 pers.) 190 à 495€/
   sem. – 22 🛏 (4 à 6 pers.) 285 à 770€/sem. – 28 🏠
   (4 à 6 pers.) - 280 à 800€/sem. – 6 bungalows toilés –
   frais de réservation 25€
   🚐 1 borne eurorelais 3,10€
   Pour s'y rendre : 60 av. de l'Océan (par D 126, rte de
   la plage)

Nature : 🌳 🌿🌿
Loisirs : 🍴 snack, pizzeria 🎮
diurne 🛝 🎯 🚲 🎣 ⛵ terrain
omnisports
Services : ♿ 🚿 GB 🐕 🎱 ♨ 🧊
🧺 laverie 🔋
À prox. : 🏊 ✂ parc aquatique

Longitude : -1.43107
Latitude : 43.5928

Ihre Meinung über die von uns empfohlenen Campingplätze interessiert uns.
Teilen Sie uns Ihre Erfahrungen mit und schreiben Sie uns auch,
wenn Sie eine gute Entdeckung gemacht haben.

LACANAU

33680 – **335** E5 – 4 105 h. – alt. 17
Paris 625 – Bordeaux 47 – Mérignac 45 – Pessac 51 – Talence 56.

⚠ Villages Vacances Le Gîte Autrement (location
   exclusive de chalets) Permanent
   ℰ 05 56 03 57 48, *gite-autrement@wanadoo.fr*,
   Fax 05 56 03 57 48, *www.gite-autrement.com*
   1 ha plat, herbeux

   Location : 6 🏠 (4 à 6 pers.) nuitée 70€ - 290 à 770€/
   sem.
   Pour s'y rendre : lieu-dit : Narsot (rte de Brach)
   À savoir : possibilité de petit-déjeuner et table d'hôte
   le soir.

Nature : 🌿🌿
Services : 🚿 🐕 🎱 🍴

Longitude : -1.05068
Latitude : 44.98393

LACANAU-OCÉAN

33680 – **335** D4 – G. Aquitaine – 3 142 h.
🛈 *Office de tourisme, place de l'Europe* ℰ 05 56 03 21 01, Fax 05 56 03 11 89
Paris 636 – Andernos-les-Bains 38 – Arcachon 87 – Bordeaux 63 – Lesparre-Médoc 52.

Yelloh! Village Les Grands Pins ▲▲ – de mi-avr. à fin sept.
ℰ 05 56 03 20 77, *reception@lesgrandspins.com*, Fax 05 57 70 03 89, *www.lesgrandspins.com*
11 ha (570 empl.) en terrasses, vallonné, sablonneux
Tarif : 45 € ✶✶ ⇌ 🅴 🅶 (10A) – pers. suppl. 9 € – frais de réservation 30 €
Location : 182 ⬛ (4 à 6 pers.) 273 à 1 253 €/sem.
🚲 1 borne artisanale 1 €
Pour s'y rendre : Plage Nord (au nord de la station, à 500 m de la plage -accès direct-)

Nature : 🌳 🏞 💧💧
Loisirs : 🍸 ✕ pizzeria 🎰 🌳 👫 🍹 hammam jacuzzi 🏊 🚲 ✂ 📺 🛝 terrain omnisports, parcours de santé et de VTT
Services : ♿ ⚡ 🅿 (saison) 🇬🇧 ✂ 🌡 ⬛ 🧺 ♻ cases réfrigérées

Longitude : -1.20151
Latitude : 45.00139

Airotel de l'Océan ▲▲ – de mi-avr. à fin sept.
ℰ 05 56 03 24 45, *airotel.lacanau@wanadoo.fr*, Fax 05 57 70 01 87, *www.airotel-ocean.com*
9 ha (550 empl.) plat et en terrasses, vallonné, sablonneux
Tarif : (Prix 2009) 35 € ✶✶ ⇌ 🅴 🅶 (15A) – pers. suppl. 7 €
Location (Prix 2009) 🏠 : ⬛ (2 à 4 pers.) 245 à 530 €/sem. – 111 ⬛ (4 à 6 pers.) 364 à 990 €/sem.
🚲 1 borne – 20 🅴
Pour s'y rendre : 24 r. du Repos (au nord de la station)

Nature : 💧💧
Loisirs : 🍸 ✕ 🎰 🌳 👫 🍹 discothèque 🏊 🚲 ✂ 🛝 🎿 école de surf
Services : ♿ ⚡ 🇬🇧 ✂ 🌡 ⬛ 🧺 ♻ cases réfrigéréees

Longitude : -1.19278
Latitude : 45.00838

LANOUAILLE

24270 – **329** H3 – 984 h. – alt. 209 – Base de loisirs
🛈 *Syndicat d'initiative, place Thomas Robert Bugeaud* ℰ 05 53 62 17 82, Fax 05.53.62.17.82
Paris 446 – Brantôme 47 – Limoges 55 – Périgueux 46 – Uzerche 47.

Village Vacances Le Moulin de la Jarousse (location exclusive de chalets) Permanent
ℰ 05 53 52 37 91, *contact@location-en-dordogne.com*, *www.location-en-dordogne.com*
8 ha en terrasses, lac, forêt
Location (Prix 2009) : 8 🏠 (4 à 6 pers.) - 330 à 840 €/sem. – 7 yourtes, cabanes dans les arbres
Pour s'y rendre : 4 km à l'est
À savoir : cadre sauvage et boisé dominant le lac

Nature : 🌳 < 💧💧💧
Loisirs : 🏊 🚲 💧 📺 (découverte en saison) 🛶 quad enfant, animaux de la ferme
Services : ⚡ 🅿 ✂ 🛝 ⬛

Longitude : 1.13931
Latitude : 45.39177

Campeurs...
N'oubliez pas que le feu est le plus terrible ennemi de la forêt.
Soyez prudents !

LARRAU

64560 – **342** G4 – G. Pays Basque – 209 h. – alt. 636
Paris 840 – Bordeaux 254 – Pamplona 110 – Donostia-San Sebastián 142 – Pau 74.

Village Vacances Les Chalets d'Iraty (location exclusive de chalets) Permanent
ℰ 05 59 28 51 29, *info@chalets-pays-basque.com*, Fax 05 59 28 72 38, *www.chalets-pays-basque.com* – alt. 1 327
2 000 ha/4 campables plat, incliné, herbeux, pierreux
Location (Prix 2009) 🅿 (hiver) : 4 🏠 (4 à 6 pers.) - 275 à 325 €/sem.
Pour s'y rendre : lieu-dit : Bagargui
À savoir : implantés dans la forêt d'Iraty

Nature : 🌳 💧💧
Loisirs : 🍸 ✕ 🚲 ✂
Services : 🇬🇧 ✂ 🛝 ⬛ 🧺 ♻
À prox. : 🐎 ⛷ ski de fond

Longitude : -0.95493
Latitude : 43.01876

103

▲ **D'Iraty** de déb. juin à fin sept.
– alt. 1 000 – ⊮
5 ha (70 empl.) non clos, plat, incliné, herbeux, pierreux
Tarif : ☀ 2,60€ – ⇌ 1,70€ 🅴 4,15€ – 🔌 2,30€

Location : 4 🏠
Pour s'y rendre : 14,8 km au nord-ouest par D 19, rte du Col de Hégui-Zouri

À savoir : dans la fôret d'Iraty, GR 10

| Nature : 🐚 ♒ |
| Loisirs : 🎣 |
| Services : (juil.-août) GB ♋ 🗲 |

Longitude : -0.95493
Latitude : 43.01876

LARUNS

64440 – **342** J7 – G. Aquitaine – 1 373 h. – alt. 523
🅱 *Office de tourisme, Maison de la Vallée d'Ossau* 🕿 05 59 05 31 41, Fax 05 59 05 35 49
Paris 811 – Argelès-Gazost 49 – Lourdes 51 – Oloron-Ste-Marie 34 – Pau 39.

▲▲ **Les Gaves** Permanent
🕿 05 59 05 32 37, *campingdesgaves@wanadoo.fr*,
Fax 05 59 05 47 14, *www.campingdesgaves.com* – places
limitées pour le passage
2,4 ha (101 empl.) plat, herbeux, gravier
Tarif : (Prix 2009) 23,30€ ☀☀ ⇌ 🅴 🔌 (10A) – pers.
suppl. 4,30€ – frais de réservation 17€

Location (Prix 2009) 🅿 (chalets) : 10 🛏 (4 à 6 pers.)
224 à 595€/sem. – 5 🏠 (4 à 6 pers.) - 350 à 679€/sem.
– 5 appartements – gîtes – frais de réservation 20€
🚐 1 borne artisanale – 4 🅴 15,04€ – 🛢 10€
Pour s'y rendre : quartier Pon (1,5 km au sud-est par rte
du col d'Aubisque et chemin à gauche, au bord du Gave
d'Ossau)

| Nature : ❄ 🐚 ← ⛺ ♒ |
| Loisirs : 🍸 🏠 ♨ |
| Services : ⚬🛒 GB ♋ 🎯 🗲 ⚒ 🖼 |

Longitude : -0.42624
Latitude : 42.98812

▲▲▲ ... ▲
Besonders angenehme Campingplätze, ihrer Kategorie entsprechend.

LÈGE-CAP-FERRET

33950 – **335** E6 – 7 193 h. – alt. 9
🅱 *Office de tourisme, 1, avenue du Génèral de Gaulle* 🕿 05 56 03 94 49, Fax 05 57 70 31 70
Paris 629 – Arcachon 65 – Belin-Beliet 56 – Bordeaux 50 – Cap-Ferret 24.

▲ **La Prairie** de déb. mars à fin oct.
🕿 05 56 60 09 75, *camping.la.prairie@wanadoo.fr*,
www.campinglaprairie.com
2,5 ha (118 empl.) plat, herbeux, sablonneux
Tarif : 18,30€ ☀☀ ⇌ 🅴 🔌 (10A) – pers. suppl. 3,30€

Location (de déb. avr. à mi-oct.) : 16 🛏 (4 à 6 pers.)
nuitée 36€ - 214 à 622€/sem. – 5 bungalows toilés
Pour s'y rendre : 93 av. du Médoc (1 km au nord-est
par D 3, rte du Porge)

| Nature : ⛺ ♀ |
| Loisirs : 🏠 ♨ 🛶 |
| Services : ♿ ⚬🛒 ♋ 🖼 |

Longitude : -1.1408
Latitude : 44.79929

LÉON

40550 – **335** D11 – G. Aquitaine – 1 665 h. – alt. 9
🅱 *Syndicat d'initiative, 65, place Jean Baptiste Courtiau* 🕿 05 58 48 76 03, Fax 05 58 48 70 38
Paris 724 – Castets 14 – Dax 30 – Mimizan 42 – Mont-de-Marsan 75 – St-Vincent-de-Tyrosse 32.

▲▲▲ **Lou Puntaou** ♣♠ – de fin mars à déb. oct.
🕿 05 58 48 74 30, *reception@loupuntaou.com*,
Fax 05 58 48 70 42, *www.loupuntaou.com* –
places limitées pour le passage
14 ha (720 empl.) plat, herbeux, sablonneux
Tarif : (Prix 2009) 35€ ☀☀ ⇌ 🅴 🔌 (15A) – pers.
suppl. 6€ – frais de réservation 28€

Location (Prix 2009) : 🛏 (4 à 6 pers.) 320 à 890€/
sem. – 🏠 (4 à 6 pers.) - 155 à 760€/sem. – frais de
réservation 28€
🚐 136 🅴 35€
Pour s'y rendre : 1,5 km au nord-ouest par D 142,
à 100 m de l'étang de Léon

| Nature : ⛺ ♒ |
| Loisirs : 🍸 pizzeria 🏠 🎮 🎯 |
| ♨ 🚲 ✂ 🎱 ♨ 🏊 |
| Services : ♿ ⚬🛒 GB ♋ 🗲 🖼 🗲 |
| 🍽 🖼 🛢 🍴 |
| À prox. : ✗ 🏌 🚤 🛶 |

Longitude : -1.30291
Latitude : 43.87587

LESCUN

64490 – **342** I7 – G. Aquitaine – 186 h. – alt. 900.
Paris 846 – Lourdes 89 – Oloron-Ste-Marie 37 – Pau 70.

▲ **Le Lauzart** de mi-avr. à fin sept.
𝒫 05 59 34 51 77, *campinglauzart@wanadoo.fr*,
Fax 05 59 34 51 77 ✍
1 ha (50 empl.) plat, peu incliné, en terrasses, pierreux,
herbeux, rochers
Tarif : (Prix 2009) 15,75 € ✶✶ ⇄ 🅴 [⚡] (10A) – pers.
suppl. 3,20 €
🚰 1 borne artisanale – 12 🅴 5 €
Pour s'y rendre : 1,5 km au sud-ouest par D 340
À savoir : cadre sauvage et montagnard

| Nature : 🦆 ≤ ♤♤ |
| Services : ৬ ⌁ ▥ ⬒ 🖼 |

| Longitude : -0.63537 |
| Latitude : 42.93409 |

Give use your opinion of the camping sites we recommend.
Let us know of your remarks and discoveries.

LESPERON

40260 – **335** E11 – 939 h. – alt. 75
Paris 698 – Castets 12 – Mimizan 34 – Mont-de-Marsan 59 – Sabres 43 – Tartas 30.

▲ **Parc de Couchoy** de déb. juin à mi-sept.
𝒫 05 58 89 60 15, *colinmrose@aol.com*, Fax 05 58 89 60 15,
www.parcdecouchoy.com
1,3 ha (71 empl.) plat, herbeux, sablonneux
Tarif : (Prix 2009) 22 € ✶✶ ⇄ 🅴 [⚡] (6A) – pers.
suppl. 7 €
Location (Prix 2009) ✍ : 🛖 (4 à 6 pers.) 150 à
495 €/sem.
Pour s'y rendre : rte de Linxe (3 km à l'ouest par D 331)

| Nature : 🦆 ♤♤ |
| Loisirs : ⛄ 🛶 |
| Services : ⌁ GB ⊘ ⬒ ⛱ ⟲ |
| ⚐ 🖼 |

| Longitude : -1.10352 |
| Latitude : 43.96836 |

LESTELLE-BÉTHARRAM

64800 – **342** K6 – G. Aquitaine – 802 h. – alt. 299
🚹 *Office de tourisme, Mairie* 𝒫 *05.59.61.93.59*, Fax *05.59.61.99.19*
Paris 801 – Laruns 35 – Lourdes 17 – Pau 28.

▲ **Le Saillet** de déb. avr. à mi-sept.
𝒫 05 59 71 98 65, *le-saillet@orange.fr*,
www.camping-le-saillet.com
4 ha (85 empl.) plat, herbeux
Tarif : (Prix 2009) 18,50 € ✶✶ ⇄ 🅴 [⚡] (10A) – pers.
suppl. 4 €
Location (Prix 2009) (permanent) : 11 🛖 (4 à 6 pers.)
- 300 à 650 €/sem. – frais de réservation 20 €
Pour s'y rendre : au Bourg (au bord du Gave de Pau)

| Nature : 🦆 ▭ ♤♤ |
| Loisirs : ⛵ ✗ 🛶 ⟲ fronton |
| Services : ৬ ⌁ GB ⊘ laverie |
| À prox. : 🐎 sports en eaux vives |

| Longitude : -0.20886 |
| Latitude : 43.13012 |

105

LIMEUIL

24510 – **329** G6 – G. Périgord Quercy – 343 h. – alt. 65
🚹 *Syndicat d'initiative, Le Bourg* 𝒫 05 53 63 38 90
Paris 528 – Bergerac 43 – Brive-la-Gaillarde 78 – Périgueux 48 – Sarlat-la-Canéda 38.

▲▲ **La Ferme des Poutiroux** de déb. avr. à mi-oct.
𝒫 05 53 63 31 62, *infos@poutiroux.com*,
www.poutiroux.com
2,5 ha (45 empl.) en terrasses, plat, peu incliné, herbeux
Tarif : ✶ 5 € ⇄ 1,50 € 🅴 5,50 € – [⚡] (6A) 3,80 € – frais de
réservation 12 €
Location ✍ : 12 🛖 (4 à 6 pers.) 180 à 490 €/
sem. – 5 🛖 (4 à 6 pers.) - 225 à 540 €/sem. – frais de
réservation 12 €
🚰 1 borne artisanale 3 € – 5 🅴 15 €
Pour s'y rendre : sortie nord-ouest par D 31, rte de
Trémolat puis 1 km par chemin de Paunat à dr.

| Nature : 🦆 ≤ |
| Loisirs : 🖼 ⛄ 🛶 |
| Services : ৬ ⌁ ⊘ ⚐ 🖼 |

| Longitude : 0.88922 |
| Latitude : 44.88634 |

LINXE

40260 – **335** D11 – 1 165 h. – alt. 33

🖪 *Office de tourisme, 57, route de l'Océan* 🕾 *05 58 42 93 01*
Paris 712 – Castets 10 – Dax 31 – Mimizan 37 – Soustons 27.

🔼 **Municipal Le Grandjean** de fin juin à mi-sept.
🕾 05 58 42 90 00, *camping.grandjean@wanadoo.fr*,
Fax 05 58 42 94 67
2 ha (100 empl.) plat, sablonneux, gravillons
Tarif : (Prix 2009) 18,45 € ⚋ ⚋ (10A) – pers.
suppl. 3,90 €

Location (Prix 2009) : 2 ⏢ (4 à 6 pers.) nuitée 73 €
- 470 €/sem.
Pour s'y rendre : 190, rte de Mixe (1,5 km au nord-ouest
par D 42, rte de St-Girons et D 397, rte à dr.)
À savoir : agréable pinède

| Nature : 🌿🌿 |
| Loisirs : ▥ ⚓ |
| Services : ⅂ ⚭ GB ⚙ ▵ laverie |

Longitude : -1.26154
Latitude : 43.94138

LIT-ET-MIXE

40170 – **335** D10 – 1 452 h. – alt. 13

🖪 *Office de tourisme, 23, rue de l'Église* 🕾 *05 58 42 72 47, Fax 05 58 42 43 02*
Paris 710 – Castets 21 – Dax 42 – Mimizan 22 – Tartas 46.

🔼 **Village Center Les Vignes** ⚐⚐ – de déb. avr. à mi-sept.
🕾 05 58 42 85 60, *resa@village-center.com*,
Fax 05 58 42 74 36, *www.village-center.com*
15 ha (450 empl.) plat, sablonneux, herbeux
Tarif : 40 € ⚋ ⚋ (6A) – pers. suppl. 6 € – frais de
réservation 30 €

Location : ⏢ (4 à 6 pers.) nuitée 74 € - 216 à 1 155 €/
sem. – ⏢ (4 à 6 pers.) nuitée 64 € - 216 à 854 €/sem.
– 40 bungalows toilés – frais de réservation 30 €
Pour s'y rendre : 2,7 km au sud-ouest par D 652 et D 88,
à dr., rte du Cap de l'Homy
À savoir : bel ensemble agrémenté de plantations
variées

| Nature : 🌿 |
| Loisirs : ▮ ✗ snack ▥ 🌳 chapiteau d'animations ⚓ 🚲 🎯 terrain omnisports |
| Services : ⅂ ⚭ GB ⚙ ▵ laverie |

Longitude : -1.25776
Latitude : 44.03283

🔼 **Municipal du Cap de l'Homy** de déb. mai à fin sept.
🕾 05 58 42 83 47, *contact@camping-cap.com*,
Fax 05 58 42 49 79, *www.camping-cap.com*
10 ha (474 empl.) plat, vallonné, sablonneux
Tarif : (Prix 2009) 24,20 € ⚋ ⚋ (7A) – pers.
suppl. 5,40 €

Location (Prix 2009) : 15 bungalows toilés
⏢ 1 borne artisanale
Pour s'y rendre : à Cap-de-l'Homy (8 km à l'ouest par
D 652 et D 88 à dr., à 300 m de la plage (accès direct))

| Nature : 🌊 🎵 |
| Loisirs : ▥ |
| Services : ⅂ ⚭ GB ⚙ ▵ |
| À prox. : ▮ snack pizzeria surf |

Longitude : -1.25776
Latitude : 44.03283

MARCILLAC-ST-QUENTIN

24200 – **329** I6 – 756 h. – alt. 235
Paris 522 – Brive-la-Gaillarde 48 – Les Eyzies-de-Tayac 18 – Montignac 21 – Périgueux 74 – Sarlat-la-Canéda 10.

🔼 **Les Tailladis** Permanent
🕾 05 53 59 10 95, *tailladis@wanadoo.fr*, Fax 05 53 29 47 56,
www.tailladis.com
25 ha/8 campables (90 empl.) plat, en terrasses et incliné,
herbeux, pierreux
Tarif : ⚋ 5,40 € ⚋ ▣ 6,95 € – (6A) 3,60 € – frais de
réservation 10 €

Location (de déb. avr. à mi-nov.) : 3 ⏢ (4 à 6 pers.)
315 à 580 €/sem. – 4 ⏢ (4 à 6 pers.) - 378 à 695 €/sem.
– frais de réservation 10 €
Pour s'y rendre : lieu-dit : Les Tailladis (2 km au nord, à
prox. de la D 48, au bord de la Beune et d'un petit étang)

| Nature : 🌊 ▱ 🌿🌿 |
| Loisirs : ▮ ✗ ⚓ |
| Services : ⅂ ⚭ GB ⚙ ▥ laverie |

Longitude : 1.18769
Latitude : 44.97348

MAUBUISSON

33121 – **335** E4 – G. Aquitaine
Paris 637 – Bordeaux 59 – Mérignac 57 – Pessac 63 – Talence 68.

La Dune Bleue de déb. mai à fin sept.
  P 0557701212, *bombannes@ucpa.asso.fr*,
  Fax 0556039585, *www.camping-dunebleue.com*
  4 ha (200 empl.) vallonné, sablonneux, herbeux
  Tarif : 21,50€ ★★ ⚌ 🅴 🚰 (10A) – pers. suppl. 5,50€ –
  frais de réservation 9€

  Location (de fin juin à fin sept.) : bungalows toilés –
  frais de réservation 9€
  Pour s'y rendre : au Domaine de Bombannes

| Nature : ♡♡ |
| Loisirs : 🏊 |
| Services : ♿ ⛽ (juil-août) ⊞ 🍴 🚿 📷 |
| À prox. : 🚲 🍴 snack 🏸 🚤 ⛵ 🎣 🚣 🐟 🛶 canoë, pédalos |
| *Longitude : -1.1474* |
| *Latitude : 45.08294* |

*En juillet et août, beaucoup de terrains sont saturés
et leurs emplacements retenus longtemps à l'avance.
N'attendez pas le dernier moment pour réserver.*

MAULÉON-LICHARRE

64130 – **342** G5 – G. Pays Basque – 3 255 h. – alt. 140
🆑 *Office de tourisme, Place des Allées P 0559280237, Fax 0559280221*
Paris 802 – Oloron-Ste-Marie 31 – Orthez 39 – Pau 60 – St-Jean-Pied-de-Port 40 – Sauveterre-de-Béarn 25.

Uhaitza Le Saison de déb. mars à fin oct.
  P 0559281879, *camping.uhaitza@wanadoo.fr*,
  Fax 0559280623, *www.camping-uhaitza.com*
  1 ha (50 empl.) plat, herbeux
  Tarif : (Prix 2009) ★ 4,50€ ⚌ 2,80€ 🅴 5,20€ –
  🚰 (10A) 4,80€ – frais de réservation 10€

  Location (Prix 2009) (permanent) 🛖 (de mi-juil. à fin
  août) : 2 🏠 (4 à 6 pers.) 250 à 510€/sem. – 5 🏡 (4 à
  6 pers.) - 250 à 570€/sem. – frais de réservation 10€
  🅿 1 borne autre 4,50€
  Pour s'y rendre : 1,5 km au sud par D 918, rte de Tardets-
  Sorholus, au bord du Saison

| Nature : 🌳 ⛰ ♡♡ |
| Loisirs : 🍴 🏠 🏸 🚿 |
| Services : ♿ ⛽ 🚿 🛁 ⚡ 🍴 📷 |
| *Longitude : -0.89385* |
| *Latitude : 43.22222* |

Aire Naturelle La Ferme Landran de mi-avr. à fin
sept.
  P 0559281955, *landran@wanadoo.fr*, Fax 0559282320,
  www.gites64.com/la-ferme-landran
  1 ha (25 empl.) incliné et en terrasses, herbeux
  Tarif : 12,50€ ★★ ⚌ 🅴 🚰 (6A) – pers. suppl. 2,50€

  Location (permanent) : 2 🏡 (4 à 6 pers.) nuitée 50€
  - 230 à 350€/sem. – gîte d'étape
  🅿 1 borne eurorelais 3€
  Pour s'y rendre : Quartier Larréguy (4,5 km au sud-ouest
  par D 918, rte de St-Jean-Pied-de-Port puis 1,5 km par
  chemin de Lambarre à dr.)

  À savoir : camping à la ferme

| Nature : 🌳 ≤ ♀ |
| Loisirs : 🏠 🏸 |
| Services : ♿ ⛽ 🚿 ⚡ 📷 |
| *Longitude : -0.88546* |
| *Latitude : 43.22324* |

MÉNESPLET

24700 – **329** B5 – 1 506 h. – alt. 43
Paris 532 – Bergerac 44 – Bordeaux 69 – Libourne 35 – Montpon-Ménestérol 5 – Périgueux 60.

Camp'Gîte Permanent
  P 0553818439, *aquabrite@hotmail.com*,
  Fax 0553816274, *www.camp-gite.com*
  1 ha (29 empl.) plat, herbeux
  Tarif : ★ 5€ ⚌ 2€ 🅴 3€ – 🚰 (16A) 4€

  Location : 🛏
  Pour s'y rendre : au lieu-dit : Les Loges (3,8 km au sud-
  ouest du bourg, par rte de Laser)

  À savoir : sur place également chambres et table d'hôte

| Nature : 🌳 ⛰ ♀ |
| Loisirs : 🏠 |
| Services : ♿ ⛽ ⊞ 🚿 🛁 ⚡ 📷 |
| *Longitude : 0.10693* |
| *Latitude : 45.01818* |

MESSANGES

40660 – **335** C12 – 885 h. – alt. 8

🛈 *Office de tourisme, route des Lacs* ℰ *05 58 48 93 10, Fax 05.58.48.93.75*
Paris 734 – Bayonne 45 – Castets 24 – Dax 33 – Soustons 13.

Airotel Le Vieux Port 👥 – de déb. avr. à fin sept.
ℰ 08 25 70 40 40, *contact@levieuxport.com*,
Fax 05 58 48 01 69, *www.levieuxport.com*
40 ha/30 campables (1406 empl.) vallonné, plat,
sablonneux, herbeux
Tarif : 54,30€ ✹✹ ⇔ 🅴 (6A) – pers. suppl. 8,30€ –
frais de réservation 38€

Location 🏠 : 33 🛖 (2 à 4 pers.) nuitée 55€ - 200 à
735€/sem. – 237 🛖 (4 à 6 pers.) nuitée 65€ - 280 à
1 239€/sem. – 63 🛖 (4 à 6 pers.) nuitée 85€ - 350 à
1 463€/sem. – frais de réservation 38€
🏕 1 borne artisanale
Pour s'y rendre : rte de la plage sud (2,5 km au sud-ouest
par D 652, rte de Vieux-Boucau-les-Bains puis 800 m par
chemin à dr., à 500 m de la plage -accès direct)

À savoir : agréable parc aquatique paysagé

> Nature : 💦
> Loisirs : 🍸 ✗ pizzeria, caféteria,
> sandwicherie 🎮 🎯 🚵
> 🏹 🎳 🛷 🏊 poneys terrain
> omnisports
> Services : 🚿 ⛽ GB 🧺 ♨ 🚮
> 🚽 laverie 🛒 cases réfrigérées

> Longitude : -1.39526
> Latitude : 43.79662

Airotel Lou Pignada 👥 – (location exclusive de
caravanes, mobile homes et chalets) de déb. avr. à fin
sept.
ℰ 08 25 70 40 40, *contact@loupignada.com*,
Fax 05 58 48 26 53, *www.loupignada.com*
8 ha plat
Location 🏠 : 8 🛖 (2 à 4 pers.) nuitée 45€ - 200 à
609€/sem. – 125 🛖 (4 à 6 pers.) nuitée 55€ - 280 à
1 043€/sem. – 25 🛖 (4 à 6 pers.) nuitée 70€ - 280 à
1 113€/sem. – frais de réservation 38€
🏕 1 borne
Pour s'y rendre : rte d'Azur (2 km au sud par D 652 puis
500 m par rte à gauche)

> Nature : 🏕 💦
> Loisirs : 🍸 ✗ pizzeria 🎯
> 🎮🍹 🏹 🚵 ✗ 🎳 🛷 🏊
> terrain omnisports
> Services : 🚿 ⛽ GB 🧺 ♨ 🚽
> laverie 🛒 cases réfrigérées
> À prox. : 🛒

> Longitude : -1.40111
> Latitude : 43.79778

La Côte de déb. avr. à fin sept.
ℰ 05 58 48 94 94, *info@campinglacote.com*,
Fax 05 58 48 94 44, *www.campinglacote.com*
3,5 ha (143 empl.) plat, herbeux, sablonneux
Tarif : 23,90€ ✹✹ ⇔ 🅴 (10A) – pers. suppl. 5,10€ –
frais de réservation 15€

Location : 10 🛖 (4 à 6 pers.) nuitée 50€ - 230 à
670€/sem. – frais de réservation 20€
🏕 1 borne artisanale
Pour s'y rendre : 2,3 km au sud-ouest par D 652, rte de
Vieux-Boucau-les-Bains et chemin à dr.

> Nature : 🌿 💦
> Loisirs : 🛁 jacuzzi 🛷 🏊
> Services : 🚿 ⛽ GB 🧺 ♨ 🚮 🚽
> 🚽 laverie, cases réfrigérées
> À prox. : 🛒

> Longitude : -1.39174
> Latitude : 43.80034

Les Acacias de fin mars à fin oct.
ℰ 05 58 48 01 78, *lesacacias@lesacacias.com*,
Fax 05 58 48 23 12, *www.lesacacias.com*
1,7 ha (128 empl.) plat, herbeux, sablonneux
Tarif : 19,90€ ✹✹ ⇔ 🅴 (10A) – pers. suppl. 4€ –
frais de réservation 10€

Location : 10 🛖 (4 à 6 pers.) 230 à 620€/sem.
🏕 1 borne autre 8€ – 6 🅴 19,90€
Pour s'y rendre : Quartier Delest - Rte d'Azur (2 km au
sud par D 652, rte de Vieux-Boucau-les-Bains puis 1 km
par rte à gauche)

> Nature : 🌿 💦
> Loisirs : 🛁 🛷
> Services : 🚿 ⛽ GB 🧺 ♨ 🚽
> laverie
> À prox. : 🛒

> Longitude : -1.38194
> Latitude : 43.79844

Ne pas confondre :
🏕 ... à ... 🏕 : *appréciation* **MICHELIN**
et
★ ... à ... ★★★★ : *classement officiel*

MÉZOS

40170 – **335** E10 – 845 h. – alt. 23

🅱 *Office de tourisme, Avenue de la Gare* ℰ *0558426437, Fax 0558426460*

Paris 700 – Bordeaux 118 – Castets 24 – Mimizan 16 – Mont-de-Marsan 62 – Tartas 47.

Le Village Tropical Sen Yan ♟♟ – de déb. mai à fin sept.

ℰ 0558426005, *reception@sen-yan.com*, Fax 0558426456, *www.sen-yan.com*

8 ha (310 empl.) plat, sablonneux

Tarif : (Prix 2009) 24,50€ ✶✶ ⬅ 🅴 🄶 (6A) – pers. suppl. 5€ – frais de réservation 26€

Location (Prix 2009) ⬅ : 🄶🄶 (4 à 6 pers.) nuitée 42€ - 294 à 868€/sem. – 🏠 – frais de réservation 26€

Pour s'y rendre : av. de la Gare (1 km à l'est par rte du Cout)

À savoir : bel ensemble avec piscines, palmiers et plantations

Nature : 🌳 🞹 ♧♧
Loisirs : 🍴 ✗ 🖼 🞹 🏕 🎿 🎣 🛶 🛶 🚲 🞹 ⚒ ⛏ 🖼 🎿 ⛸ terrain omnisports
Services : ♿ ⛽ GB 🞹 🞹 🞹 🞹 🞹 laverie 🞹 🞹

Longitude : -1.16295
Latitude : 44.0736

🞹 ✗ *LET OP :*
🞹 *deze gegevens gelden in het algemeen alleen in het seizoen,*
🞹 🞹 *wat de openingstijden van het terrein ook zijn.*

MIALET

24450 – **329** G2 – 684 h. – alt. 320

Paris 436 – Limoges 49 – Nontron 23 – Périgueux 51 – Rochechouart 37.

Village Vacances L'Étang de Vivale (location exclusive de chalets) de mi-mars à mi-nov.

ℰ 0553526605, *vivale@orange.fr*, Fax 0553524794, *www.vivaledordogne.com* ⬅

30 ha plat, vallonné

Location (Prix 2009) ⬅ : 20 🏠 (4 à 6 pers.) - 340 à 690€/sem.

Pour s'y rendre : 32 av. de Nontron (700 m à l'ouest par D 79, rte de Nontron, au bord du lac)

Nature : 🌳 < 🞹 ♀
Loisirs : 🍴 🖼 🞹 🚲 🎿 🞹 canoë, barques
Services : ♿ ⛽ 🅿 🖼

Longitude : 0.89795
Latitude : 45.54791

109

MIMIZAN

40200 – **335** D9 – G. Aquitaine – 6 707 h. – alt. 13

🅱 *Office de tourisme, 38, avenue Maurice Martin* ℰ *0558091120, Fax 0558094031*

Paris 692 – Arcachon 67 – Bayonne 109 – Bordeaux 109 – Dax 72 – Langon 107 – Mont-de-Marsan 77.

Les Écureuils de déb. juin à mi-sept.

ℰ 0558090051, *contact@campinglesecureuils.fr*, Fax 0558090051, *www.campinglesecureuils.fr*

2,7 ha (100 empl.) plat, sablonneux, herbeux

Tarif : (Prix 2009) 19,90€ ✶✶ ⬅ 🅴 🄶 (6A) – pers. suppl. 5,50€

Location (Prix 2009) (de mi-mars à mi-oct.) : 16 🄶🄶 (4 à 6 pers.) nuitée 41€ - 245 à 610€/sem. – 7 🏠 (4 à 6 pers.) nuitée 50€ - 265 à 700€/sem.

Pour s'y rendre : rte de Bayonne (2,5 km au sud par D 652, rte de Bias)

Nature : ♧♧
Loisirs : 🖼 🞹 🎿
Services : ♿ ⛽ GB 🞹 🖼 🞹

Longitude : -1.22972
Latitude : 44.19782

Municipal du Lac de déb. avr. à fin sept.

ℰ 0558090121, *lac@mimizan-camping.com*, Fax 0558094306, *www.mimizan-camping.com*

8 ha (466 empl.) plat, sablonneux, herbeux

Tarif : (Prix 2009) ✶ 6,90€ ⬅ 2€ 🅴 8,90€ – 🄶 (6A) 2€ – frais de réservation 18€

Location (Prix 2009) : 16 bungalows toilés – frais de réservation 18€

🞹 1 borne flot bleu 2€

Pour s'y rendre : av. de Woolsack (2 km au nord par D 87, rte de Gastes, au bord de l'étang d'Aureilhan)

Nature : ♀
Loisirs : 🎿
Services : ♿ ⛽ GB 🞹 🞹 🖼 🞹 🞹
À prox. : 🞹 🞹 ⛳ golf, pédalos, canoë 🞹

Longitude : -1.22917
Latitude : 44.22

à Mimizan-Plage O : 6 km – 40200

Office de tourisme, 38, av. Maurice Martin ℰ 05 58 09 11 20, Fax 05 58 09 40 31

▲▲▲ **Airotel Club Marina-Landes** ♠♠ – de déb. mai à mi-sept.
ℰ 05 58 09 12 66, *contact@clubmarina.com*,
Fax 05 58 09 16 40, *www.marinalandes.com*
9 ha (583 empl.) plat, sablonneux, plat, sablonneux
Tarif : (Prix 2009) 44 € ♦♦ ⇦ 🔲 ⚡ (10A) – pers.
suppl. 8 € – frais de réservation 35 €

Location (Prix 2009) : 82 🛖 (4 à 6 pers.) 231 à 1 060 €/
sem. – 24 🏠 (4 à 6 pers.) - 217 à 1 060 €/sem. – studios
– bungalows toilés – frais de réservation 35 €
🛒 1 borne eurorelais 2 €
Pour s'y rendre : 8, r. Marina (500 m de la plage Sud)

| Nature : 🔲 🟢🟢 |
| Loisirs : 🍸 ✗ self-service 🎮 🟢 🏓 🎯 salle d'animation, disco-thèque 🛴 🚲 ✗ 🎣 🏊 |
| Services : 🕭 🔑 GB 🐾 🛁 💈 🔲 🚿 🧺 |
| À prox. : 🐴 🛒 |
| Longitude : -1.2909 |
| Latitude : 44.204 |

▲▲▲ **Municipal de la Plage** ♠♠ – de déb. avr. à fin sept.
ℰ 05 58 09 00 32, *contact@mimizan-camping.com*,
Fax 05 58 09 44 94, *www.mimizan-camping.com*
16 ha (680 empl.) plat, vallonné, sablonneux, herbeux
Tarif : 20,50 € ♦♦ ⇦ 🔲 ⚡ (10A) – pers. suppl. 8,50 € –
frais de réservation 18 €

Location ℗ (chalets) : 26 🛖 (4 à 6 pers.) 200 à
640 €/sem. – 15 🏠 (4 à 6 pers.) - 250 à 680 €/sem. –
frais de réservation 18 €
🛒 1 borne flot bleu 1,50 € – 32 🔲 6,30 € – 🏕 ⚡ 6.30 €
Pour s'y rendre : bd de l'Atlantique (quartier nord)

| Nature : 🔲 |
| Loisirs : 🟢 🏓 🛴 terrain omnisports, mur d'escalade |
| Services : 🕭 🔑 GB 🐾 🛁 🔲 🚿 cases réfrigérées |
| Longitude : -1.28867 |
| Latitude : 44.21546 |

MOLIÈRES

24480 – **329** F7 – G. Périgord Quercy – 313 h. – alt. 150
Paris 542 – Bergerac 31 – Le Bugue 20 – Les Eyzies-de-Tayac 31 – Sarlat-la-Canéda 47 – Villeneuve-sur-Lot 56.

▲ **La Grande Veyière** de mi-juin à mi-sept.
ℰ 05 53 63 25 84, *la-grande-veyiere@wanadoo.fr*,
www.lagrandeveyiere.com
4 ha (64 empl.) peu incliné à incliné, en terrasses,
herbeux
Tarif : (Prix 2009) ♦ 4,55 € ⇦ 🔲 6,40 € – ⚡ (6A) 2,80 € –
frais de réservation 10 €

Location (Prix 2009) : 8 🛖 (2 à 4 pers.) 160 à 390 €/
sem. – 14 🛖 (4 à 6 pers.) 200 à 530 €/sem. – frais de
réservation 10 €
Pour s'y rendre : 2,2 km au sud-est par D 27, rte de
Cadouin et chemin à dr.

À savoir : agréable cadre naturel, verdoyant

| Nature : 🌳 🔲 🟢🟢 |
| Loisirs : 🍸 🎮 🛴 🏊 |
| Services : 🕭 🔑 GB 🐾 🛁 🔲 |
| Longitude : 0.83356 |
| Latitude : 44.79537 |

To visit a town or region : use the **MICHELIN Green Guides.**

MOLIETS-PLAGE

40660 – **335** C11 – G. Aquitaine
Paris 716 – Bordeaux 156 – Mont-de-Marsan 89 – Bayonne 67 – Anglet 70.

▲▲▲ **Le Saint-Martin** ♠♠ – de fin mars à mi-nov.
ℰ 05 58 48 52 30, *contact@camping-saint-martin.fr*,
Fax 05 58 48 50 73, *www.camping-saint-martin.fr*
18 ha (660 empl.) vallonné, plat, peu incliné, sablonneux
Tarif : 22 € ♦♦ ⇦ 🔲 ⚡ (10A) – pers. suppl. 6 € – frais
de réservation 35 €

Location (de mi-mars à mi-nov.) : 84 🏠 (4 à 6 pers.)
nuitée 55 € - 370 à 1 100 €/sem. – bungalows toilés –
frais de réservation 35 €
🛒 1 borne artisanale – 25 🔲 25 €
Pour s'y rendre : av. de L'Océan (sur D 117, accès direct
à la plage)

| Nature : 🔲 🟢🟢 |
| Loisirs : 🍸 ✗ pizzeria, snack 🎮 🟢 🏓 🛴 🔲 🏊 terrain omnisports |
| Services : 🕭 🔑 GB 🐾 🛁 🔲 🚿 🧺 laverie 🚿 💈 |
| À prox. : 🚲 ✗ golf (27 trous) |
| Longitude : -1.38 |
| Latitude : 43.85 |

MONPAZIER

24540 – **329** G7 – G. Périgord Quercy – 533 h. – alt. 180

🛈 *Office de tourisme, place des Cornières* ✆ *05 53 22 68 59, Fax 05 53 74 30 08*

Paris 575 – Bergerac 47 – Fumel 26 – Périgueux 75 – Sarlat-la-Canéda 50 – Villeneuve-sur-Lot 46.

⚠ **Village Center Le Moulin de David** ⚫⚫ – de fin avr. à mi-sept.
✆ 05 53 22 65 25, *resa@village-center.com*,
Fax 05 53 23 99 76, *www.village-center.com*
16 ha/4 campables (160 empl.) plat, terrasse, herbeux
Tarif : 24 € 🚗🚗 ⚐ 🔲 🗲 (6A) – pers. suppl. 4 € – frais de réservation 30 €

Location : 70 🏠 (4 à 6 pers.) nuitée 64 € - 216 à 784 €/sem. – frais de réservation 30 €
Pour s'y rendre : 3 km au sud-ouest par D 2, rte de Villeréal et chemin à gauche, au bord d'un ruisseau

| Nature : 🦔 ⌂ 🗐🗐 |
| Loisirs : 🍷 ✗ pizzeria 🛏 🎮 nocturne 🏸 🏊 🚴 ⛳ 🏊 ≋ (plan d'eau) 🎿 |
| Services : 🔥 🚿 GB 🗗 🖧 🏊 🚾 🍴 laverie 🔄 |

Longitude : 0.8778
Latitude : 44.66661

MONTIGNAC

24290 – **329** H5 – G. Périgord Quercy – 2 888 h. – alt. 77

🛈 *Office de tourisme, place Bertran-de-Born* ✆ *05 53 51 82 60, Fax 05 53 50 49 72*

Paris 513 – Brive-la-Gaillarde 39 – Périgueux 54 – Sarlat-la-Canéda 25.

⚠ **Le Moulin du Bleufond** de déb. avr. à mi-oct.
✆ 05 53 51 83 95, *le.moulin.du.bleufond@wanadoo.fr*,
Fax 05 53 51 19 92, *www.bleufond.com*
1,3 ha (84 empl.) plat, herbeux
Tarif : 🚶 5,70 € ⚐ 🔲 6,70 € – 🗲 (10A) 3,30 €

Location : 17 🏠 (4 à 6 pers.) nuitée 60 € - 265 à 640 €/sem.
Pour s'y rendre : 500 m au sud par D 65 rte de Sergeac, près de la Vézère

À savoir : beaux emplacements disposés autour de l'ancien moulin

| Nature : 🦔 ⌂ 🗐🗐 |
| Loisirs : snack 🛏 ≋ jacuzzi 🏊 🚴 |
| Services : 🔥 🚿 (juil.-août) GB 🗗 🖧 🏊 🚾 🍴 laverie 🔄 |
| À prox. : ✗ 🎣 canoë |

Longitude : 1.16022
Latitude : 45.06382

*Demandez à votre libraire le catalogue des **publications MICHELIN**.*

111

MONTORY

64470 – **342** H4 – 337 h. – alt. 350

Paris 827 – Bordeaux 241 – Pamplona 121 – Pau 56 – Irun / Irún 125.

⚠ **Village Vacances Les Chalets de Soule** (location exclusive de mobile homes) Permanent
✆ 05 59 28 53 28, *leschaletsdesoule@wanadoo.fr*,
www.leschaletsdesoule.com
2 ha plat, herbeux

Location 🅿 : 11 🏠 (4 à 6 pers.) 295 à 480 €/sem.
Pour s'y rendre : quartier Cazenave

| Nature : 🦔 ⌂ 🗐🗐 |
| Loisirs : 🏊 🏍 |
| Services : 🚿 🗗 🖧 🖼 |
| À prox. : ✗ quad |

Longitude : -0.81399
Latitude : 43.09489

MONTPON-MÉNESTÉROL

24700 – **329** B5 – 5 625 h. – alt. 93

🛈 *Office de tourisme, place Clemenceau* ✆ *05 53 82 23 77, Fax 05 53 81 86 74*

Paris 532 – Bergerac 40 – Bordeaux 75 – Libourne 43 – Périgueux 56 – Ste-Foy-la-Grande 23.

⚠ **Le Port Vieux** de déb. avr. à fin sept.
✆ 05 53 80 02 16, *daniel.taillez455@orange.fr*,
www.leportvieux.power-heberg.com
2 ha (120 empl.) plat, herbeux
Tarif : 14 € 🚗🚗 ⚐ 🔲 🗲 (10A) – pers. suppl. 3,50 €

Location (Prix 2009) : 3 🏠 (4 à 6 pers.) nuitée 50 € - 270 à 480 €/sem. – 2 tentes
Pour s'y rendre : sortie nord par D 708, rte de Ribérac et à gauche av. le pont, au bord de l'Isle

À savoir : au bord de l'Isle

| Nature : ⌂ 🗐🗐 |
| Loisirs : 🛏 🎣 |
| Services : 🔥 🚿 GB 🗗 🏊 🚾 🖼 |
| À prox. : ≋ canoë |

Longitude : 0.15677
Latitude : 45.01182

LE MOUTCHIC

33680 – **335** E4
Paris 632 – Bordeaux 55 – Mérignac 51 – Pessac 57 – Talence 63.

Talaris Vacances de déb. avr. à fin sept.
0556030415, camping@talaris-vacances.fr,
Fax 0556262156, *www.talaris-vacances.fr*
10 ha (336 empl.) plat, herbeux, petit étang
Tarif : (Prix 2009) 32 € ★★ ⟵ 🅴 (≬) (6A) – pers.
suppl. 6,50 € – frais de réservation 20 €

Location (Prix 2009) : 20 🛏 (4 à 6 pers.) nuitée 78 €
- 329 à 1 295 €/sem. – 30 🛖 (4 à 6 pers.) nuitée 78 €
- 350 à 1 295 €/sem. – bungalows toilés – avec et sans
sanitaire – frais de réservation 20 €
🚐 1 borne artisanale
Pour s'y rendre : rte de l'Océan (2 km à l'est par rte de
Lacanau)
À savoir : agréable cadre boisé

| Nature : ٥٥ |
| Loisirs : 🍽 🎱 🌙nocturne 🏃 🚴 🎿 🏊 |
| Services : 🚻 🔌 GB 🧺 🚿 🛒 📱 🏧 ⛽ |

Longitude : -1.13398
Latitude : 45.00447

Le Tedey de déb. mai à mi-sept.
0556030015, camping@le-tedey.com,
Fax 0556030190, *www.le-tedey.com* ✂ (de déb. juil. à
fin août)
14 ha (700 empl.) plat, sablonneux, dunes boisées
attenantes
Tarif : 25 € ★★ ⟵ 🅴 (≬) (10A) – pers. suppl. 5,40 € –
frais de réservation 20 €

Location : 36 🛏 (4 à 6 pers.) 330 à 700 €/sem. – frais
de réservation 20 €
Pour s'y rendre : rte de Longarisse (3 km au sud et
chemin à gauche)
À savoir : sous les pins, agréable situation au bord de
l'étang et à proximité de l'océan

| Nature : 🏖 🏕 ٥٥ |
| Loisirs : 🍽 🌙nocturne 🏄 🚴 🎿 |
| Services : 🚻 🔌 GB 🧺 🚿 🍴 📱 |
| À prox. : 🎣 |

Longitude : -1.13398
Latitude : 45.00447

NAVARRENX

64190 – **342** H5 – G. Aquitaine – 1 155 h. – alt. 125
🛈 *Office de tourisme, place des Casernes* 🕿 *0559665480, Fax 0559665480*
Paris 787 – Oloron-Ste-Marie 23 – Orthez 22 – Pau 43 – St-Jean-Pied-de-Port 62 – Sauveterre-de-Béarn 22.

Beau Rivage de fin mars à mi-oct.
0559661000, beaucamping@free.fr,
www.beaucamping.com
2 ha (60 empl.) plat, en terrasses, herbeux
Tarif : 24 € ★★ ⟵ 🅴 (≬) (10A) – pers. suppl. 5,25 €
Location (de fin mars à mi-oct.) : 10 🛖 (4 à 6 pers.) -
310 à 630 €/sem. – 8 chalets (sans sanitaires)
🚐 borne artisanale
Pour s'y rendre : allée des Marronniers (à l'ouest du
bourg, entre le Gave d'Oloron et les remparts du village)

| Nature : 🏞 🏕 🎣 |
| Loisirs : 🏄 🎿 |
| Services : 🚻 🔌 GB 🧺 📱 🍴 📱 |
| À prox. : 🍴 🎣 |

Longitude : -0.75977
Latitude : 43.31995

NONTRON

24300 – **329** E2 – G. Périgord Quercy – 3 465 h. – alt. 260
🛈 *Office de tourisme, 3, avenue du Général Leclerc* 🕿 *0553562550, Fax 0553603413*
Paris 464 – Bordeaux 175 – Périgueux 49 – Angoulême 47 – Saint-Junien 53.

De Nontron fermé de mi-déc à déb. janv.
0553560204, camping-de-nontron@orange.fr,
Fax 0553568045, *www.campingdenontron.com*
2 ha (78 empl.) plat, herbeux, bord de rivière
Tarif : (Prix 2009) 13,50 € ★★ ⟵ 🅴 (≬) (10A) – pers.
suppl. 3,50 €

Location (Prix 2009) ✂ : 8 gîtes
🚐 1 borne artisanale 3 € – 🚰 8.50 €
Pour s'y rendre : sur D 675

| Nature : 🏕 ٥٥ |
| Loisirs : 🎱 🎣 |
| Services : 🚻 🔌 GB 🧺 laverie |

Longitude : 0.65791
Latitude : 45.51939

OLORON-STE-MARIE

64400 – **342** I5 – G. Aquitaine – 10 947 h. – alt. 224
𝟏 *Office de tourisme, allée du Comte de Tréville* ℘ *05 59 39 98 00, Fax 05 59 39 43 97*
Paris 809 – Bayonne 105 – Dax 83 – Lourdes 58 – Mont-de-Marsan 101 – Pau 34.

Le Stade de déb. mai à fin sept.
℘ 05 59 39 11 26, *camping-du-stade@wanadoo.fr*,
Fax 05 59 39 11 26, *www.camping-du-stade.com*
5 ha (170 empl.) plat, herbeux
Tarif : (Prix 2009) 20,50 € **★ ★** 🚐 🅴 🄗 (10A) – pers.
suppl. 4 € – frais de réservation 10 €

Location (Prix 2009) (permanent) : 11 🏠 (4 à 6 pers.)
- 285 à 550 €/sem.
🅿 1 borne artisanale 4 €
Pour s'y rendre : chemin de la Gravette (4,5 km au sud,
dir. Saragosse)

Nature : 🐟 ♀	
Loisirs : 🍴 🏛 🏊	
Services : & 🚰 ⊖ GB ⚕ 🏢 🔥	
🚽 ⛱ 🅿	
À prox. : 🚲 snack ✂ 🎣 ⛷ 🛶	
🛶	

Longitude : -0.62975
Latitude : 43.17456

Pour choisir et suivre un itinéraire
Pour calculer un kilométrage
Pour situer exactement un terrain (en fonction
des indications fournies dans le texte) :
Utilisez les **cartes MICHELIN** *,*
compléments indispensables de cet ouvrage.

ONDRES

40440 – **335** C13 – 4 244 h. – alt. 37
𝟏 *Office de tourisme, Les Floralies - RD 810* ℘ *05 59 45 19 19, Fax 05 59 45 19 20*
Paris 761 – Bayonne 8 – Biarritz 15 – Dax 48.

Du Lac de déb. fév. à fin oct.
℘ 05 59 45 28 45, *contact@camping-du-lac.fr*,
Fax 05 59 45 29 45, *www.camping-du-lac.fr*
3 ha (100 empl.) plat, terrasses, herbeux, sablonneux
Tarif : 32 € **★ ★** 🚐 🅴 🄗 (10A) – pers. suppl. 6 € – frais
de réservation 20 €

Location (permanent) 🐾 : 9 🛖 (2 à 4 pers.) 224 à
525 €/sem. – 19 🏚 (4 à 6 pers.) 266 à 720 €/sem. –
2 🏠 (4 à 6 pers.) - 350 à 900 €/sem. – 7 bungalows
toilés – frais de réservation 20 €
🅿 1 borne eurorelais 32 €
Pour s'y rendre : 518 r. de Janin (2,2 km au nord par N
10 puis D 26, rte d'Ondres-Plage puis dir. le Turc, chemin
à dr., près d'un étang)

Nature : 🐟 ⛰ ♀♀	
Loisirs : 🍴 ✗ 🏛 ⛵ hammam	
🏊 🛶	
Services : & 🚰 ⊖ GB ⚕ 🏢 🔥 🍴	
laverie 🐾	
À prox. : 🎣	

Longitude : -1.4533
Latitude : 43.56418

OSSÈS

64780 – **342** E5 – G. Pays Basque – 785 h. – alt. 102
Paris 805 – Biarritz 43 – Cambo-les-Bains 23 – Pau 129 – St-Étienne-de-Baïgorry 10 – St-Jean-Pied-de-Port 14.

Aire Naturelle Mendikoa de mi-juin à fin août
℘ 05 59 37 73 67, Fax 05 59 37 70 29,
www.camping-mendikoa.com – croisement difficile pour
caravanes
1 ha (25 empl.) plat, peu incliné, herbeux
Tarif : 9,50 € **★ ★** 🚐 🅴 🄗 (12A) – pers. suppl. 1 €
Pour s'y rendre : sortie sud par D 918, rte de St-Jean-
Pied-de-Port puis 1,7 km par chemin à gauche
À savoir : camping à la ferme

Nature : 🐟 ≤ ♀♀	
Loisirs : 🏛	
Services : 🚰 ⚕	

Longitude : -1.28413
Latitude : 43.24184

PARCOUL

24410 – **329** B4 – G. Périgord Quercy – 351 h. – alt. 70
Paris 503 – Bergerac 69 – Blaye 72 – Bordeaux 75 – Périgueux 67.

Le Paradou de déb. mars à fin oct.
℘ 05 53 91 42 78, *le.paradou 24@wanadoo.fr*,
Fax 05 53 90 49 92, *www.leparadou24.fr*
20 ha/4 campables (100 empl.) plat, herbeux, pierreux
Tarif : (Prix 2009) ₹ 3€ ⇔ 🅴 10€ 🚻 (10A) – frais de
réservation 8€
Location (Prix 2009) : 🛖 (4 à 6 pers.) nuitée 50€ -
200 à 610€/sem. – 🛖 (4 à 6 pers.) nuitée 58€ - 180 à
610€/sem. – tentes – frais de réservation 8€
Pour s'y rendre : au parc de loisirs à Vaures (2 km au sud-
ouest par D 674, rte de La Roche-Chalais)

| Nature : 🏞 ⚬⚬ |
| Loisirs : 🏊 |
| Services : 🔥 ⚬━ 🛒 🖥 location de réfrigérateurs |
| À prox. : au parc de loisirs : ☂ cafétéria 🏕 🛶 🚵 ⚲ 🎿 ⛵ (étang) ⚓ pédalos |

Longitude : 0.03395
Latitude : 45.2053

---

*Kataloge der **MICHELIN-Veröffentlichungen** erhalten Sie beim Buchhändler und direkt
von **Michelin** (Karlsruhe).*

PARENTIS-EN-BORN

40160 – **335** E8 – G. Aquitaine – 4 953 h. – alt. 32
🛈 *Office de tourisme, place du Général-de-Gaulle* ℘ *05 58 78 43 60*, Fax *05 58 78 43 60*
Paris 658 – Arcachon 43 – Bordeaux 76 – Mimizan 25 – Mont-de-Marsan 76.

Municipal Pipiou de mi- fév. à mi-nov.
℘ 05 58 78 57 25, *pipiou@parentis.com*,
Fax 05 58 78 93 17, *www.parentis.com/fr/camping.htm*
6 ha (324 empl.) plat, sablonneux
Tarif : 21€ ₹₹ ⇔ 🅴 🚻 (10A) – pers. suppl. 5€ – frais
de réservation 20€
Location 🏕 : 70 🛖 (4 à 6 pers.) 99 à 699€/sem. –
frais de réservation 20€
Pour s'y rendre : rte des Campings (2,5 km à l'ouest par
D 43 et rte à dr., à 100 m de l'étang)

| Nature : 🏞⛰ |
| Loisirs : ☂ pizzeria 🛶 |
| Services : 🔥 ⚬━ 🅶🅱 ♻ 🍴 🧺 🗜 🌿 🍴 laverie ⛽ 🚿 |
| À prox. : 🎣 🚤 🛶 |

Longitude : -1.10376
Latitude : 44.34714

L'Arbre d'Or de déb. avr. à fin oct.
℘ 05 58 78 41 56, *arbre-dor@hotmail.fr*,
Fax 05 58 78 49 62, *www.arbre-dor.com*
4 ha (200 empl.) non clos, plat, sablonneux, herbeux
Tarif : (Prix 2009) 21,50€ ₹₹ ⇔ 🅴 🚻 (10A) – pers.
suppl. 4,60€
Location (Prix 2009) 🏕 (de déb. juil. à fin août) :
10 🛖 (4 à 6 pers.) nuitée 60€ - 230 à 715€/sem. –
4 🛖 (4 à 6 pers.) nuitée 60€ - 230 à 715€/sem.
Pour s'y rendre : 1,5 km à l'ouest par D 43, rte de
l'Étang

| Nature : ⚬⚬ |
| Loisirs : ☂ snack 🛖 🛶 🎣 🏊 |
| Services : 🔥 ⚬━ (juil.-août) 🅶🅱 ♻ 🍴 🖥 🚿 |

Longitude : -1.08176
Latitude : 44.34897

PAUILLAC

33250 – **335** G3 – G. Aquitaine – 5 291 h. – alt. 20
🛈 *Office de tourisme, La Verrerie* ℘ *05 56 59 03 08*, Fax *05 56 59 23 38*
Paris 625 – Arcachon 113 – Blaye 16 – Bordeaux 54 – Lesparre-Médoc 23.

Municipal les Gabarreys de déb. avr. à mi-oct.
℘ 05 56 59 10 03, *camping.les.gabarreys@wanadoo.fr*,
Fax 05 56 73 30 68, *www.pauillac-medoc.com*
1,6 ha (59 empl.) plat, gravillons, herbeux
Tarif : (Prix 2009) 17,80€ ₹₹ ⇔ 🅴 🚻 (5A) – pers.
suppl. 4,50€ – frais de réservation 10€
Location (Prix 2009) : 7 🛖 (4 à 6 pers.) nuitée 40€ -
230 à 520€/sem. – frais de réservation 10€
🚐 1 borne artisanale 3,80€ – 20 🅴 13,50€ – 🚐 13€
Pour s'y rendre : rte de la Rivière (1 km au sud, près de
la Gironde)

| Nature : 🌊 🏞 ⚬⚬ |
| Loisirs : 🛖 ♨ jacuzzi 🛶 🏊 |
| Services : 🔥 ⚬━ 🅶🅱 ♻ laverie |

Longitude : -0.74286
Latitude : 45.18679

LE PENON

40510 – **335** C13 – G. Aquitaine
Paris 752 – Bordeaux 166 – Mont 89 – Bayonne 29 – Anglet 36.

⋀⋀⋀ **Village Camping Océliances** ⚑⚑ – de déb. avr. à fin sept.

℘ 05 58 43 30 30, *oceliances@wanadoo.fr*,
Fax 05 58 41 64 21, *www.oceliances.com*
15 ha (542 empl.) plat, vallonné, sablonneux
Tarif : 30,44 € ✮✮ ⇔ ▣ (½) (6A) – pers. suppl. 5,26 € –
frais de réservation 20 €

Location ⚡ : 135 ⊞ (4 à 6 pers.) 308 à 835 €/
sem. – 15 ⌂ (4 à 6 pers.) - 483 à 1 250 €/sem. – 18
bungalows toilés – frais de réservation 20 €
⊞ 10 ▣ 33,17 €
Pour s'y rendre : par D 79e, à 500 m de la plage

Nature : ♡♡
Loisirs : ▼ snack, pizzeria ▭ ◴ 🏊 surf
Services : ♿ ⌾ ⒼⒷ ⓧ ♨ ☷ ⚚ ▾ ⍾ laverie ▦ ⌇ cases réfrigérées
À prox. : ✗ golf (18 trous), parc de loisirs aquatiques (1,5 km), terrain omnisports

Longitude : -1.42953
Latitude : 43.6949

***LES GUIDES VERTS* MICHELIN**
Paysages, monuments
Routes touristiques
Géographie
Histoire, Art
Itinéraire de visite
Plans de villes et de monuments

PETIT-PALAIS-ET-CORNEMPS

33570 – **335** K5 – G. Aquitaine – 617 h. – alt. 35
Paris 532 – Bergerac 51 – Castillon-la-Bataille 18 – Libourne 20 – Montpon-Ménestérol 20 – La Roche-Chalais 22.

⋀ **Le Pressoir** Permanent
℘ 05 57 69 73 25, *contact@campinglepressoir.com*,
Fax 05 57 69 77 36, *www.campinglepressoir.com*
2 ha (100 empl.) peu incliné et plat, herbeux
Tarif : 28 € ✮✮ ⇔ ▣ (½) (10A) – pers. suppl. 7,50 € –
frais de réservation 15 €

Location : 20 ⊞ (4 à 6 pers.) 280 à 769 €/sem. –
8 ⌂ (4 à 6 pers.) - 160 à 415 €/sem. – 5 bungalows
toilés – frais de réservation 15 €
⊞ 1 borne artisanale – 🛆 13 €
Pour s'y rendre : 1,7 km au nord-ouest par D 21, rte de
St-Médard-de-Guizières et chemin à gauche

Nature : 🍂 ▭ ♡♡
Loisirs : ▼ ✗ 🏊 🏊
Services : ♿ ⌾ ⒼⒷ ⓧ ▾ ⍾ ▨

Longitude : -0.06476
Latitude : 44.9998

PEYRIGNAC

24210 – **329** I5 – 495 h. – alt. 200
Paris 508 – Brive-la-Gaillarde 33 – Juillac 33 – Périgueux 44 – Sarlat-la-Canéda 37.

⋀ **La Garenne** Permanent
℘ 05 53 50 57 73, *s.lagarenne@wanadoo.fr*,
http://www.lagarennedordogne.com
4 ha/1,5 campable (70 empl.) plat, peu incliné, herbeux
Tarif : (Prix 2009) 15 € ✮✮ ⇔ ▣ (½) (10A) – pers.
suppl. 4 € – frais de réservation 50 €

Location (Prix 2009) : 10 ⊞ (4 à 6 pers.) 220 à 650 €/
sem. – 7 ⌂ (4 à 6 pers.) - 290 à 650 €/sem.
Pour s'y rendre : au lieu-dit : Le Combal (800 m au nord
du bourg, près du stade)

Nature : 🍂 ♧♧♧
Loisirs : ▭ 🏊 🏊
Services : ♿ ⌾ ⒼⒷ ⓧ ▥ ☷ ☰ ▾ ⍾ ▨
À prox. : ✗ ▨

Longitude : 1.19159
Latitude : 45.15623

PEYRILLAC-ET-MILLAC

24370 – **329** J6 – 202 h. – alt. 88
Paris 521 – Brive-la-Gaillarde 45 – Gourdon 23 – Sarlat-la-Canéda 22 – Souillac 8.

Au P'tit Bonheur de déb. avr. à fin sept.
℮ 05 53 29 77 93, *auptitbonheur@wanadoo.fr*,
Fax 05 53 29 77 93, *www.camping-auptitbonheur.com*
2,8 ha (90 empl.) incliné et en terrasses, herbeux,
pierreux
Tarif : (Prix 2009) 20,50 € ✝✝ ⇌ 🅴 (½) (10A) – pers.
suppl. 5,10 € – frais de réservation 16 €

Location (Prix 2009) : 12 🛏 (2 à 4 pers.) 330 à 473 €/
sem. – 26 🛏 (4 à 6 pers.) 230 à 630 €/sem. – 8 🛖
(4 à 6 pers.) - 260 à 678 €/sem. – frais de réservation
16 €
🛒 borne artisanale
Pour s'y rendre : lieu-dit : Combe de Lafon (2,5 km au
nord par rte du Bouscandier)

| Nature : 🐟 🚤 ♨♨ |
| Loisirs : 🍴 snack 🎱 📺 🏊 🚴 🏊 |
| Services : 🔥 🔌 ⊖ GB 🧺 🛁 |
| 🔥 🧺 |

Longitude : 1.40412
Latitude : 44.89909

PISSOS

40410 – **335** G9 – G. Aquitaine – 1 227 h. – alt. 46
Paris 657 – Arcachon 72 – Biscarrosse 34 – Bordeaux 75 – Dax 85.

Municipal de l'Arriu de déb. juil. à mi-sept.
℮ 05 58 08 90 38, *mairie.pissos@wanadoo.fr*,
Fax 05 58 08 92 93, *www.pissos.fr*
3 ha (74 empl.) plat, sablonneux
Tarif : ✝ 3,20 € ⇌ 🅴 5,10 € – (½) (12A) 2,10 €

Location : 🛖 – 5 bungalows toilés
Pour s'y rendre : 525 Chemin de l'Arriu (1,2 km à l'est par
D 43, rte de Sore et chemin à dr., après la piscine)

| Nature : 🐟 ♨♨ |
| Services : 🔥 🧺 🛁 🚰 |
| À prox. : 📶 🎱 🚴🏊 🍴 🏊 🐎 |

Longitude : -0.77811
Latitude : 44.30859

PLAZAC

24580 – **329** H5 – G. Périgord Quercy – 686 h. – alt. 110
Paris 527 – Bergerac 65 – Brive-la-Gaillarde 53 – Périgueux 40 – Sarlat-la-Canéda 32.

Le Lac de déb. mai à fin sept.
℮ 05 53 50 75 86, *contact@campinglelac-dordogne.com*,
Fax 05 53 50 58 36, *www.campinglelac-dordogne.com*
7 ha/2,5 campables (100 empl.) peu incliné et plat, en
terrasses, herbeux
Tarif : ✝ 5,30 € ⇌ 🅴 5,30 € – (½) (10A) 3,20 € – frais de
réservation 12 €

Location : 20 🛏 (4 à 6 pers.) 235 à 530 €/sem. – frais
de réservation 12 €
🛒 4 🅴 5,30 €
Pour s'y rendre : 800 m au sud-est par D 45, rte de
Thonac, près d'un lac

À savoir : bord du lac

| Nature : 🐟 🚤 ♨♨🌊 |
| Loisirs : 🍴 snack 🎱 🏊 🍴 🏹 |
| 🏊 🎣 terrain omnisports |
| Services : 🔥 🔌 GB 🧺 🛁 🚰 🚰 |
| 🚰 laverie 🛁 |
| À prox. : 🚤 pédalos |

Longitude : 1.03962
Latitude : 45.03538

PONT-DU-CASSE

47480 – **336** G4 – 4 306 h. – alt. 67
Paris 658 – Bordeaux 147 – Toulouse 122 – Montauban 96 – Agen 7.

Village Vacances de Loisirs Darel (location
exclusive de chalets) Permanent
℮ 05 53 67 96 41, Fax 05 53 67 51 05
34 ha/2 campables vallonné

Location 🚫 Ⓟ : 12 🛖 (4 à 6 pers.) - 175 à 359 €/
sem.
Pour s'y rendre : 7 km au nord-est par D 656, rte de
Cahors et à dr. dir. St-Ferréol

À savoir : situation agréable en sous-bois, proche du
centre équestre

| Nature : 🐟 ♨♨ |
| Loisirs : 🎱 🍴 🐎 poneys |
| Services : 🔌 GB 🧺 🎰 🔥 |
| À prox. : golf |

Longitude : 0.67725
Latitude : 44.22933

LE PORGE

33680 – **335** E5 – 2 199 h. – alt. 8

🛈 *Office de tourisme, 3, place Saint-Seurin* 𝒫 *05 56 26 54 34*
Paris 624 – Andernos-les-Bains 18 – Bordeaux 47 – Lacanau-Océan 21 – Lesparre-Médoc 54.

⚠ **Municipal la Grigne** de déb. avr. à fin sept.
𝒫 05 56 26 54 88, *info@lagrigne.com*, Fax 05 56 26 52 07,
www.leporge.fr
30 ha (700 empl.) vallonné, plat, sablonneux
Tarif : (Prix 2009) 24,30 € 🚻 🚐 🗉 🗱 (10A) – pers.
suppl. 4,70 € – frais de réservation 15 €

Location (Prix 2009) 🏖 : 18 ⬜ (4 à 6 pers.) 280 à
670 €/sem. – frais de réservation 15 €
Pour s'y rendre : 35 av. de l'Océan (9,5 km à l'ouest par D
107, à 1 km du Porge-Océan)

Nature : 🌳🌳	
Loisirs : 🍴 snack 🛋 🎣 🏊 🚲 🎿 ⛵	
Services : 🚿 ⚡ GB 🐾 🧺 ♨	
laverie 🧺	

Longitude : -1.09293
Latitude : 44.87296

PYLA-SUR-MER

33115 – **335** D7

🛈 *Syndicat d'initiative, 2, avenue Ermitage* 𝒫 *05 56 54 02 22*, Fax *05 56 22 58 84*
Paris 648 – Arcachon 8 – Biscarrosse 34 – Bordeaux 66.

⚠ **Yelloh! Village Panorama du Pyla** 🚶 – de mi-
avr. à déb. oct.
𝒫 05 56 22 10 44, *mail@camping-panorama.com*,
Fax 05 56 22 10 12, *www.camping-panorama.com*
15 ha/10 campables (450 empl.) vallonné, terrasses, plat,
sablonneux
Tarif : 41 € 🚻 🚐 🗉 🗱 (6A) – pers. suppl. 7 €

Location : 70 ⬜ (4 à 6 pers.) 315 à 994 €/sem. –
10 🏡 (4 à 6 pers.) - 441 à 1 100 €/sem. – 15 bungalows
toilés
Pour s'y rendre : rte de Biscarrosse (7 km au sud par
D 218)

À savoir : accès piétonnier à la plage par escalier abrupt
et chemin

Nature : ≤ 🌳🌳	
Loisirs : 🍴 ✕ crêperie, snack 🛋 🎣 🏊 🎿 ⛵ delta-	
plane, parapente, piste de skate	
Services : 🚿 ⚡ 🐾 ♨ 🍴 laverie	
🧺 cases réfrigérées	

Longitude : -1.20076
Latitude : 44.60547

⚠ **FranceLoc Le Petit Nice** 🚶 – Permanent
𝒫 05 56 22 74 03, *info@petitnice.com*, Fax 05 56 22 14 31,
www.petitnice.com
5 ha (225 empl.) en terrasses, plat, incliné, vallonné,
sablonneux, herbeux
Tarif : (Prix 2009) 39 € 🚻 🚐 🗉 🗱 (10A) – pers.
suppl. 7 € – frais de réservation 30 €

Location (Prix 2009) : 88 ⬜ (4 à 6 pers.) **nuitée** 49 €
- 196 à 1 148 €/sem. – 5 bungalows toilés – frais de
réservation 30 €
Pour s'y rendre : rte de Biscarrosse

Nature : 🌿 🌳🌳	
Loisirs : 🍴 snack, pizzeria 🛋 🎣 🏊 🎿	
Services : 🚿 ⚡ GB 🐾 🧺 ♨ 🍴	
laverie 🧺 cases réfrigérées	

Longitude : -1.20076
Latitude : 44.60547

RAUZAN

33420 – **335** K6 – 1 122 h. – alt. 69

🛈 *Syndicat d'initiative, 12, rue de la Chapelle* 𝒫 *05 57 84 03 88*, Fax *05 57 84 05 09*
Paris 596 – Bergerac 57 – Bordeaux 39 – Langon 35 – Libourne 21.

⚠ **Le Vieux Château** de déb. avr. à déb. oct.
𝒫 05 57 84 15 38, *hoekstra.camping@wanadoo.fr*,
Fax 05 57 84 18 34, *www.vieux-chateau.com*
2,5 ha (74 empl.) non clos, plat, peu incliné, herbeux
Tarif : 22,30 € 🚻 🚐 🗉 🗱 (10A) – pers. suppl. 5 € –
frais de réservation 10 €

Location (Prix 2009) : 4 ⬜ (4 à 6 pers.) nuitée 45 €
- 252 à 658 €/sem. – 2 🏡 (4 à 6 pers.) nuitée 62 € -
238 à 588 €/sem. – frais de réservation 10 €
Pour s'y rendre : sortie nord rte de St-Jean-de-Blaignac
et chemin à gauche (1,2 km)

À savoir : au pied des ruines d'une forteresse du 12e s.,
chemin piétonnier reliant le camping au village

Nature : 🌿 🌳🌳	
Loisirs : 🛋 🏊	
Services : 🚿 ⚡ GB 🍴 📷	

Longitude : -0.12438
Latitude : 44.77938

RIVIÈRE-SAAS-ET-GOURBY

40180 – **335** E12 – G. Aquitaine – 1 107 h. – alt. 50
Paris 742 – Bordeaux 156 – Mont 68 – Bayonne 44 – Anglet 47.

Lou Bascou de déb. avr. à fin oct.
𝄞 05 58 97 57 29, *loubascou@orange.fr*,
http://www.campingloubascou.fr
1 ha (60 empl.) plat, herbeux
Tarif : 21 € ✶✶ ⮞ 🅔 (4) (10A) – pers. suppl. 8 €

Location (permanent) : 8 🛖 (4 à 6 pers.) nuitée 62 €
- 337 à 776 €/sem.
🚐 borne artisanale 11 € – 18 🅔 11 €
Pour s'y rendre : 250 rte de Houssat (au nord-est du bourg)

Nature : 🏞 ⟨ ⌂ ⚲
Loisirs : 🎪 salle d'animation
Services : 🚿 ⚬ 🚲 🍴 laverie
À prox. : 🏊 🍴

Longitude : -1.14944
Latitude : 43.68203

LA ROCHE-CHALAIS

24490 – **329** B5 – 2 765 h. – alt. 60
🅑 *Syndicat d'initiative, 9, place du Puits qui Chante* *𝄞* 05 53 90 18 95
Paris 510 – Bergerac 62 – Blaye 67 – Bordeaux 68 – Périgueux 70.

Municipal de Gerbes de mi-avr. à fin sept.
𝄞 05 53 91 40 65, *campinggerbes@orange.fr*,
Fax 05 53 90 32 01, *www.larochechalais.com*
3 ha (100 empl.) plat et terrasses, herbeux, petit bois attenant
Tarif : (Prix 2009) ✶ 2,30 € 🅔 3 € – (4) (10A) 3,40 €
Pour s'y rendre : lieu-dit : Les Gerbes (1 km à l'ouest, au bord de la rivière)

Nature : 🏞 ⌂ ⚲⚲
Loisirs : 🍴 🏊‍♂️ 🎣 canoë
Services : 🚿 ⚬ 🚲 🔥

Longitude : -0.00245
Latitude : 45.14849

LA ROQUE-GAGEAC

24250 – **329** I7 – G. Périgord Quercy – 420 h. – alt. 85
🅑 *Office de tourisme, le Bourg* *𝄞* 05 53 29 17 01, Fax 05 53 31 24 48
Paris 535 – Brive-la-Gaillarde 71 – Cahors 53 – Fumel 52 – Lalinde 45 – Périgueux 71 – Sarlat-la-Canéda 9.

Le Beau Rivage ⚑⚑ – de fin avr. à mi-sept.
𝄞 05 53 28 32 05, *camping.beau.rivage@wanadoo.fr*,
Fax 05 53 29 63 56, *www.beaurivagedordogne.com*
8 ha (199 empl.) plat et en terrasses, herbeux, sablonneux
Tarif : 25,50 € ✶✶ ⮞ 🅔 (4) (6A) – pers. suppl. 5 € – frais de réservation 30 €

Location : 23 🛖 (4 à 6 pers.) 238 à 693 €/sem. – frais de réservation 30 €
Pour s'y rendre : Le Gaillardou (4 km à l'est, au bord de la Dordogne)

Nature : ⚲⚲🏖
Loisirs : 🍷 🍴 🎪 🔊 nocturne 🏓
🏊‍♂️ 🎯 🏊 canoë
Services : 🚿 ⚬ GB 🚲 🏪 🛁 🛒
🚁 🍴 laverie 🏊 🚗
À prox. : 🚲

Longitude : 1.21425
Latitude : 44.81838

ROUFFIGNAC

24580 – **329** G5 – G. Périgord – 1 537 h. – alt. 300
🅑 *Syndicat d'intiative, le Bourg* *𝄞* 05 53 05 39 03
Paris 531 – Bergerac 58 – Brive-la-Gaillarde 57 – Périgueux 32 – Sarlat-la-Canéda 37.

La Ferme Offrerie de fin avr. à mi-sept.
𝄞 05 53 35 33 26, *campingoffrerie@gmail.com*,
Fax 05 53 05 76 30, *www.camping-ferme-offrerie.com*
3,5 ha (48 empl.) plat, peu incliné, terrasses, herbeux
Tarif : ✶ 5,30 € ⮞ 🅔 4,90 € – (4) (10A) 3 €

Location : 15 🛖 (4 à 6 pers.) nuitée 40 € - 295 à 540 €/sem.
🚐 1 borne artisanale 2 € – 2 🅔 10,50 € – 🚐 10.50 €
Pour s'y rendre : Le Grand Boisset (2 km au sud par D 32, rte des Grottes de Rouffignac et à dr.)

Nature : 🏞 ⌂ ⚲
Loisirs : 🎪 🏊‍♂️ 🎣 🏊
Services : ⚬ 🚲 🛁 🔥 🛒

Longitude : 0.97101
Latitude : 45.02796

⚠ **La Nouvelle Croze** de déb. avr. à déb. nov.
𝒫 05 53 05 38 90, *contact@lanouvellecroze.com*,
www.lanouvellecroze.com
1,3 ha (40 empl.) plat, herbeux
Tarif : ✶ 4,85 € ⇔ 🄴 6,20 € – 🛱 (5A) 3 €
Location (Prix 2009) : 15 🏠 (4 à 6 pers.) 188 à 520 €/
sem.
🚐 18 🄴 6,30 € – 🛥 15.33 €
Pour s'y rendre : 2,5 km au sud-est par D 31, rte de
Fleurac et chemin à dr.

Nature : 🐟 ♀
Loisirs : 🍴 🏠 ⚤🏄 🎿 golf (9 trous)
Services : 🚿 ⚡ GB 🐕 🚿 🚰
🚩 laverie

Longitude : 0.99727
Latitude : 45.02374

⚠ **Bleu Soleil** de mi-avr. à mi-sept.
𝒫 05 53 05 48 30, *infos@camping-bleusoleil.com*,
www.camping-bleusoleil.com
70 ha/7 campables (110 empl.) en terrasses
Tarif : (Prix 2009) 20,50 € ✶✶ ⇔ 🄴 🛱 (10A) – pers.
suppl. 5,10 € – frais de réservation 13 €
Location (Prix 2009) (de déb. avr. à déb. oct.) : 20 🏠
(4 à 6 pers.) nuitée 30 € - 210 à 644 €/sem. – frais de
réservation 13 €
Pour s'y rendre : Domaine Touvent (1,5 km au nord par
D 31, rte de Thenon et rte à dr.)

Nature : 🐟 ⩽ ♀♀
Loisirs : 🍴 ✕ 🏠 ⚤🏄 🎿 terrain omnisports
Services : 🚿 ⚡ GB 🐕 🚿 🚩
laverie 🍃 cases réfrigérées

Longitude : 0.98708
Latitude : 45.05503

SABRES

40630 – **335** G10 – G. Aquitaine – 1 189 h. – alt. 78
Paris 676 – Arcachon 92 – Bayonne 111 – Bordeaux 94 – Mimizan 41 – Mont-de-Marsan 36.

⚠ **Le Domaine de Peyricat** de mi-juin à mi-sept.
𝒫 05 58 07 51 88, *aquitaine-reservation@relaisoleil.com*,
Fax 05 58 07 51 86, *www.relaisoleil.com/sabres*
20 ha/2 campables (69 empl.) plat, sablonneux, herbeux
Tarif : ✶ 5 € ⇔ 2,60 € 🄴 5 € – 🛱 (5A) 3,70 €
Location (de déb. avr. à fin oct.) 🐟 : 8 🏠 (4 à
6 pers.) - 302 à 731 €/sem.
🚐 1 borne eurorelais 3 € – 🛥 10 €
Pour s'y rendre : sortie sud

À savoir : nombreuses activités sportives

Nature : 🏕 ♀♀
Services : 🚿 ⚡ GB 🐕 🚩
au Village Vacances : 📺 🍴 ✕ 🏠
🏃 🚴 ⛳ 🎿 terrain omnisports

Longitude : -0.74027
Latitude : 44.1484

119

To select the best route and follow it with ease,
To calculate distances,
To position a site precisely from details given in the text :
Get the appropriate **MICHELIN regional map.**

ST-ANTOINE-D'AUBEROCHE

24330 – **329** G5 – 149 h. – alt. 152
Paris 491 – Brive-la-Gaillarde 96 – Limoges 105 – Périgueux 24.

⚠ **La Pelonie** de mi-avr. à mi-oct.
𝒫 05 53 07 55 78, *lapelonie@aol.com*, Fax 05 53 03 74 27,
www.lapelonie.com
3 ha (60 empl.) non clos, plat, herbeux
Tarif : ✶ 4,90 € ⇔ 🄴 6,50 € – 🛱 (6A) 3,10 € – frais de
réservation 10 €
Location : 18 🏠 (4 à 6 pers.) 553 à 630 €/sem. –
3 tentes – frais de réservation 10 €
🚐 1 borne artisanale – 6 🄴
Pour s'y rendre : 1,8 km au sud-ouest en dir. de Milhac-
Gare - de Fossemagne, 6 km par RN 89 et chemin à dr.

Nature : 🏕 ♀♀
Loisirs : 🍴 snack ⚤🏄 🎿
Services : 🚿 ⚡ GB 🐕 🚩
📺 🍃

Longitude : 0.94376
Latitude : 45.14188

AQUITAINE

ST-ANTOINE-DE-BREUILH

24230 – **329** B6 – 2 022 h. – alt. 18
Paris 555 – Bergerac 30 – Duras 28 – Libourne 34 – Montpon-Ménestérol 23.

△△ **La Rivière Fleurie** de mi-avr. à mi-sept.
 𝒫 0553248280, *info@la-riviere-fleurie.com*,
 Fax 0553248280, *www.la-riviere-fleurie.com*
 2,5 ha (60 empl.) plat, herbeux
 Tarif : 24,90€ ★★ ⇔ 🏠 (10A) – pers. suppl. 5,90€
 Location : 5 (2 à 4 pers.) 179 à 420€/sem. –
 14 (4 à 6 pers.) 335 à 710€/sem. – 4 studios – frais
 de réservation 15€
 Pour s'y rendre : 180 r. Théophile-Cart (3 km au sud-
 ouest, à 100 m de la Dordogne, à St-Aulaye)

Nature : 🏞 🛏 ⚲⚲	
Loisirs : 🍹 snack 🎮 ⛵ 🛶	
Services : ⚹ ⚍ GB ⚒ ♨ 🚰	
laverie 🖅	
À prox. : 🛶 canoë	

Longitude : 0.15848
Latitude : 44.84497

ST-AULAYE

24410 – **329** B4 – G. Périgord Quercy – 1 364 h. – alt. 61
🛈 *Syndicat d'initiative, place Pasteur* 𝒫 0553906374, Fax 0553906374
Paris 504 – Bergerac 56 – Blaye 79 – Bordeaux 81 – Périgueux 56.

△△ **Municipal de la Plage** de mi-juin à mi-sept.
 𝒫 0553906220, *camping-staulaye@voila.fr*,
 Fax 0553905989
 1 ha (70 empl.) plat, herbeux
 Tarif : 10,50€ ★★ ⇔ 🏠 (10A) – pers. suppl. 1,85€
 Location : 11 (4 à 6 pers.) 85 à 371€/sem. –
 14 (4 à 6 pers.) - 85 à 340€/sem. – huttes – frais
 de réservation 30€
  1 borne artisanale
 Pour s'y rendre : Les Ponts (sortie nord par D 38,
 rte de Aubeterre, au bord de la Dronne)

Nature : 🛏 ⚲⚲	
Loisirs : 🎮 ⛵ ⚙ 🛶 🎣 🛶 🛶	
🎣 canoë	
Services : ⚹ ⚍ ⚒ 🚮 laverie	
À prox. : snack 🖅 🚣 (plage) 🏊	

Longitude : 0.13391
Latitude : 45.20879

ST-AVIT-DE-VIALARD

24260 – **329** G6 – 132 h. – alt. 210
Paris 520 – Bergerac 39 – Le Bugue 7 – Les Eyzies-de-Tayac 17 – Périgueux 40.

△△△ **St-Avit Loisirs** ♣♣ – de fin mars à mi-sept.
 𝒫 0553026400, *contact@saint-avit-loisirs.com*,
 Fax 0553026439, *www.saint-avit-loisirs.com* – places
 limitées pour le passage
 40 ha/6 campables (350 empl.) plat, peu incliné, herbeux
 Tarif : 23,60€ ★★ ⇔ 🏠 (6A) – pers. suppl. 10,20€ –
 frais de réservation 19€
 Location (permanent) : 4 (4 à 6 pers.) nuitée
 110€ - 413 à 958€/sem. – 35 (4 à 6 pers.) nuitée
 123€ - 502 à 1 061€/sem. – 30 – appartements –
 frais de réservation 25€
 Pour s'y rendre : 1,8 km au nord-ouest
 À savoir : vaste domaine vallonné et boisé, bel espace
 aquatique

Nature : 🏞 🛏 ⚲⚲	
Loisirs : 🍹 ✕ self-service, pizzeria	
🎮 ⚙ 🛶 🛝 jacuzzi salle d'ani-	
mation ⛵ ⚙ 🎯 ⚙ 🎣 🖥 🛶 🏊	
terrain omnisports, quad, visites	
guidées,	
Services : ⚹ ⚍ GB ⚒ ♨ 🚮 ⚒	
🚰 laverie 🚿 🖅	

Longitude : 0.86544
Latitude : 44.93892

ST-AVIT-SÉNIEUR

24440 – **329** F7 – G. Périgord-Quercy – 432 h. – alt. 164
Paris 545 – Bergerac 33 – Cahors 77 – Périgueux 65 – Villeneuve-sur-Lot 53.

△△ **Village Vacances Le Hameau des Laurières**
 (location exclusive de chalets) Permanent
 𝒫 0553237699, *efeyfant@club-internet.fr*,
 Fax 0553237702, *http://www.hameau-laurieres.com*
 1 ha en terrasses
 Location : 10 (4 à 6 pers.) nuitée 95€ - 335 à 798€/
 sem.
 Pour s'y rendre : lieu-dit : Les Gaudounes (1 km au sud-
 est, dir. Montferrand)

Nature : 🏞	
Loisirs : 🎮 🛶	
Services : ⚹ ⚍ Ⓟ GB ⚒ 🚽 🚮 🚰	
laverie	
À prox. : 🛶	

Longitude : 0.81745
Latitude : 44.7737

ST-CIRQ

24260 – **329** G6 – 112 h. – alt. 50
Paris 541 – Bergerac 53 – Le Bugue 6 – Les Eyzies-de-Tayac 6 – Périgueux 45.

⚠ **Brin d'Amour** de déb. avr. à fin sept.
℘ 05 53 07 23 73, *campingbrindamour@orange.fr*,
www.brindamourcamping.com
4 ha (60 empl.) peu incliné et plat, en terrasses, herbeux,
petit étang
Tarif : 21 € 👥 ⛺ 🅴 ⚡ (6A) – pers. suppl. 5 € – frais de
réservation 12 €
Location (Prix 2009) : 13 🛖 (4 à 6 pers.) nuitée 40 € -
300 à 570 €/sem. – 9 🛖 (4 à 6 pers.) nuitée 40 € - 300 à
620 €/sem. – roulottes – frais de réservation 12 €
Pour s'y rendre : au lieu-dit : Fonvidal (3,3 km au nord
par D 31, rte de Manaurie et chemin à dr.)

Nature : 🏞 ≤ 🌳 ⚘	
Loisirs : 🍽 🛋 🚲 🍴 🏊 (décou-verte en saison)	
Services : 🅰 ⚡ GB 🐾 ⛱ 🚿 🗑 🚰	
Longitude : 0.96009	
Latitude : 44.94488	

ST-CRÉPIN-ET-CARLUCET

24590 – **329** I6 – G. Périgord Quercy – 463 h. – alt. 262
Paris 514 – Brive-la-Gaillarde 40 – Les Eyzies-de-Tayac 29 – Montignac 21 – Périgueux 74 – Sarlat-la-Canéda 14.

⚠ **Les Peneyrals** 👥 – de mi-mai à mi-sept.
℘ 05 53 28 85 71, *camping.peneyrals@wanadoo.fr*,
Fax 05 53 28 80 99, *www.peneyrals.com*
12 ha/8 campables (250 empl.) en terrasses, herbeux,
pierreux, fort dénivelé, étang
Tarif : 👤 8,40 € ⛺ 🅴 12,40 € – ⚡ (10A) 3,90 € – frais de
réservation 18 €
Location : 36 🛖 (4 à 6 pers.) 300 à 840 €/sem.
– 27 🛖 (4 à 6 pers.) - 330 à 860 €/sem. – frais de
réservation 30 €
🚐 1 borne autre
Pour s'y rendre : par D 56, rte de Proissans à St-Crépin
À savoir : cadre vallonné avec emplacements en sous-
bois ou au bord d'un étang

Nature : 🏞 🌳 ⚘⚘	
Loisirs : 🍽 🍴 snack, pizzeria 🛋 🎣 ⛹ 🚣 🚲 🍴 🎯 🏊 🏊 ⛱	
Services : 🅰 ⚡ GB 🐾 🏧 🚿 🗑 laverie 🧺 🚰	
Longitude : 1.27292	
Latitude : 44.95775	

⚠ **Combas Village de Gîtes** (location exclusive de
chalets) Permanent
℘ 05 53 28 64 00, *combas@perigordgites.com*,
Fax 05 53 28 64 09, *www.perigordgites.com*
4 ha vallonné, herbeux
Location 🅰 🅿 : 10 🛖 (4 à 6 pers.) - 400 à 990 €/sem.
À savoir : anciens bâtiments de ferme, en pierre,
réaménagés en gîtes

Nature : 🏞 ⚘	
Loisirs : 🍽 🛋 ⛹ 🍴 🏊	
Services : ⚡ GB 🐾 🏧 🚿 🗑 🚰	
Longitude : 1.27343	
Latitude : 44.94879	

Les indications d'accès à un terrain sont généralement indiquées,
dans notre guide, à partir du centre de la localité.

ST-CYBRANET

24250 – **329** I7 – 368 h. – alt. 78
Paris 542 – Cahors 51 – Les Eyzies-de-Tayac 29 – Gourdon 21 – Sarlat-la-Canéda 16.

⚠ **Bel Ombrage** de déb. juin à déb. sept.
℘ 05 53 28 34 14, *belombrage@wanadoo.fr*,
Fax 05 53 59 64 64, *www.belombrage.com*
6 ha (180 empl.) plat, herbeux
Tarif : (Prix 2009) 👤 5,30 € ⛺ 🅴 7 € – ⚡ (10A) 3,80 €
Pour s'y rendre : 800 m au nord-ouest, au bord du
Céou

Nature : 🏞 🌳 ⚘⚘⛰	
Loisirs : 🛋 ⛹ 🏊	
Services : 🅰 ⚡ 🐾 🚿 laverie	
Longitude : 1.16158	
Latitude : 44.79292	

ST-CYPRIEN

🛈 *Office de tourisme, place Charles-de-Gaulle* 🕿 *05 53 30 36 09, Fax 05 53 28 55 05*
Paris 550 – Bordeaux 187 – Périgueux 55 – Bergerac 57 – Sarlat-la-Canéda 22.

⛰ **Le Cro-Magnon** ♣♠ – de mi-juin à mi-sept.
🕿 05 53 29 13 70, *contact@domaine-cro-magnon.com*,
Fax 05 53 29 15 79, *www.domaine-cro-magnon.com*
27 ha/6 campables (160 empl.) plat, pierreux, herbeux
Tarif : (Prix 2009) 🛉 7,40€ – �car 4,10€ 🔲 10,90€ –
🔌 (6A) 15,40€ – frais de réservation 19€

Location (Prix 2009) : 6 🛖 (4 à 6 pers.) nuitée 84€ -
470 à 789€/sem. – 11 🛖 (4 à 6 pers.) nuitée 89€ - 624
à 822€/sem. – frais de réservation 25€
🚐 69 🔲 19€
Pour s'y rendre : Le Raisse
À savoir : cadre sauvage et boisé

Nature : 🌲 ⛺ 🌳🌳
Loisirs : 🍽 self service, pizzeria 🏸⛵🎾 spa 🛶🚲✂♨🎬 (découverte en saison) ⛷ terrain omnisports
Services : ♿ ⚷ GB ✂ ♨ laverie 🅿 🚰

Longitude : 1.06175
Latitude : 44.83711

ST-ÉMILION

33330 – **335** K5 – G. Aquitaine – 2 124 h. – alt. 30
🛈 *Office de tourisme, place des Créneaux* 🕿 *05 57 55 28 28, Fax 05 57 55 28 29*
Paris 584 – Bergerac 58 – Bordeaux 40 – Langon 49 – Libourne 9 – Marmande 59.

⛰ **Domaine de la Barbanne** ♣♠ – de déb. avr. à mi-
sept.
🕿 05 57 24 75 80, *barbanne@wanadoo.fr*,
Fax 05 57 24 69 68, *www.camping-saint-emilion.com*
– traversée de St-Émilion interdite aux caravanes et
camping-cars
4,5 ha (160 empl.) plat, herbeux
Tarif : 35€ 🛉🛉 🚗 🔲 🔌 (10A) – pers. suppl. 9€ – frais
de réservation 20€

Location : 12 🛖 (4 à 6 pers.) 295 à 740€/sem. –
16 🛏 – frais de réservation 30€
🚐 1 borne eurorelais 5€ – 18 🔲 22€
Pour s'y rendre : D 122 rte de Montagne (3 km au nord
par D 122, rte de Lussac et rte à dr., navette gratuite pour
St-Émilion)

À savoir : Les vignes et un petit lac offrent un cadre
pittoresque et charmant

Nature : 🌲 ⛺ 🌳🌳
Loisirs : 🎦 🏸 centre de documentations touristiques 🛶🚲 ✂♨🛶⛷🎣 canoë, pédalos, parcours de santé
Services : ♿ ⚷ GB ✂ ♨ 🚰 laverie 🅿 🚰

Longitude : -0.15548
Latitude : 44.89601

Avant de vous installer, consultez les tarifs en cours,
affichés obligatoirement à l'entrée du terrain,
et renseignez-vous sur les conditions particulières de séjour.
Les indications portées dans le guide ont pu être modifiées depuis la mise à jour.

ST-ÉTIENNE-DE-BAIGORRY

64430 – **342** D5 – G. Pays Basque – 1 602 h. – alt. 163
🛈 *Office de tourisme, place de l'Église* 🕿 *05 59 37 47 28, Fax 05 59 37 49 58*
Paris 813 – Biarritz 51 – Cambo-les-Bains 31 – Iruïea/Pamplona 72 – Pau 116 – St-Jean-Pied-de-Port 11.

⛰ **Municipal l'Irouleguy** de déb. mars à mi-déc.
🕿 05 59 37 43 96 -, *comstetiennebaigorry@wanadoo.fr*,
Fax 05 59 37 48 20
1,5 ha (67 empl.) plat, herbeux
Tarif : 11,60€ 🛉🛉 🚗 🔲 🔌 (6A) – pers. suppl. 2,70€
Pour s'y rendre : quartier Borciriette (sortie nord-est
par D 15, rte de St-Jean-Pied-de-Port et chemin à gauche
devant la piscine, au bord de la Nive)
À savoir : cadre verdoyant bordé par la rivière

Nature : ⪝ 🌳🌳
Services : ♿ ✂
À prox. : 🍴🍽 snack ✂🛶

Longitude : -1.34739
Latitude : 43.17503

ST-GENIÈS

24590 – **329** I6 – G. Périgord Quercy – 971 h. – alt. 232
Paris 515 – Brive-la-Gaillarde 41 – Les Eyzies-de-Tayac 29 – Montignac 13 – Périgueux 66 – Sarlat-la-Canéda 14.

La Bouquerie ♠♣ – de mi-avr. à mi-sept.
℘ 0553298922, *labouquerie@wanadoo.fr*,
Fax 0553291975, *www.labouquerie.com* – places
limitées pour le passage
8 ha/4 campables (183 empl.) plat, peu incliné et en
terrasses, herbeux, pierreux, étang
Tarif : ♣ 6,50€ ⛺ 🅴 9€ – 🔌 (10A) 3,50€ – frais de
réservation 15€

Location : 60 🚐 (4 à 6 pers.) 250 à 730€/sem.
– 12 🏠 (4 à 6 pers.) - 260 à 740€/sem. – frais de
réservation 15€
Pour s'y rendre : 1,5 km au nord-ouest par D 704, rte de
Montignac et chemin à dr.

À savoir : beaux emplacements sous une chênaie

Nature : 🏞 🗻 ♨♨
Loisirs : ♟ ✕ snack 🎱 🕗noctur-ne 🛝 🏊 🎾 ⛳ 🎣
Services : ♿ ⛽ GB 🖥 🏧 🛁 🍴 laverie 🏪 🚿
À prox. : 🐎

Longitude : 1.24637
Latitude : 44.99937

Pour choisir et suivre un itinéraire
Pour calculer un kilométrage
Pour situer exactement un terrain (en fonction
des indications fournies dans le texte) :
Utilisez les **cartes MICHELIN** *,*
compléments indispensables de cet ouvrage.

123

ST-GIRONS-PLAGE

40560 – **335** C11
Paris 728 – Bordeaux 142 – Mont 79 – Bayonne 73 – Anglet 76.

Eurosol ♠♣ – de mi-mai à mi-sept.
℘ 0558479014, *contact@camping-eurosol.com*,
Fax 0558477674, *www.camping-eurosol.com*
18 ha (590 empl.) vallonné, plat, incliné, sablonneux,
herbeux
Tarif : 35€ ♣♣ ⛺ 🅴 🔌 (10A) – pers. suppl. 5€ – frais
de réservation 25€

Location 🚿 : 122 🚐 (4 à 6 pers.) 308 à 861€/sem.
– 16 🏠 (4 à 6 pers.) - 308 à 819€/sem. – frais de
réservation 25€
🚐 10 🅴 35€
Pour s'y rendre : rte de la Plage (350 m de la plage)

Nature : ♨♨♨
Loisirs : ♟ snack, pizzeria 🎱 🕗 🛝 🏊 🚲 🎾 🏓 🏟 🏊 terrain omnisports, surf
Services : ♿ ⛽ GB 🖥 🛁 🚿 🚮 🍴 laverie 🏪 🚿
À prox. : 🐎

Longitude : -1.36265
Latitude : 43.95254

Campéole les Tourterelles de déb. mai à fin sept.
℘ 0558479312, *tourterelles@campeole.com*,
Fax 0558479203, *www.camping-tourterelles.com*
18 ha (822 empl.) plat, incliné, vallonné, sablonneux
Tarif : (Prix 2009) 23,90€ ♣♣ ⛺ 🅴 🔌 (16A) – pers.
suppl. 6,90€ – frais de réservation 25€

Location (Prix 2009) : 50 🚐 (4 à 6 pers.) nuitée 40€
- 280 à 910€/sem. – bungalows toilés (avec et sans
sanitaire) – frais de réservation 25€
🚐 1 borne flot bleu 2€
Pour s'y rendre : rte de la plage (5,2 km à l'ouest par
D 42, à 300 m de l'océan -accès direct)

Nature : ♨♨♨
Loisirs : 🛝 🏊 🚲 🏊
Services : ♿ ⛽ GB 🖥 🚿 🍴 📺
À prox. : 🚐

Longitude : -1.36265
Latitude : 43.95254

ST-JEAN-DE-LUZ

64500 – **342** C4 – G. Pays Basque – 13 579 h. – alt. 3

🛈 *Office de tourisme, place du Maréchal Foch* ℰ *05 59 26 03 16, Fax 05 59 26 21 47*

Paris 785 – Bayonne 24 – Biarritz 18 – Pau 129 – San Sebastian 31.

▲▲▲ **Itsas Mendi** de déb. avr. à mi-oct.
ℰ 05 59 26 56 50, *itsas@wanadoo.fr*, Fax 05 59 26 54 44,
www.itsas-mendi.com
8,5 ha (472 empl.) en terrasses et incliné, herbeux
Tarif : (Prix 2009) 34,50 € ✹✹ ⇔ 🅴 (⅃) (10A) – pers.
suppl. 7 € – frais de réservation 10 €

Location (Prix 2009) ✂ : 🛏 (4 à 6 pers.) nuitée 70 €
- 270 à 820 €/sem. – frais de réservation 10 €
🚐 1 borne artisanale
Pour s'y rendre : chemin Duhartia, quartier Acotz (5 km
au nord-est, à 500 m de la plage)

À savoir : bel espace aquatique

Nature : 🌳🌳
Loisirs : 🍴✗ 🌐 🏕️🎣 jacuzzi 🚣🚴🏓⛵⛸️⚓école de surf
Services : 🚿 ⚡ 🆑 🐕 🍴 🪣 ▨ 🚮 🚰 cases réfrigérées

Longitude : -1.6248
Latitude : 43.4164

▲▲▲ **Atlantica** ♟ – de déb. avr. à fin sept.
ℰ 05 59 47 72 44, *info@campingatlantica.com*,
Fax 05 59 54 72 27, *www.camping.atlantica.com*
3,5 ha (200 empl.) plat, en terrasses, herbeux
Tarif : (Prix 2009) 33,60 € ✹✹ ⇔ 🅴 (⅃) (6A) – pers.
suppl. 6,50 € – frais de réservation 25 €

Location (Prix 2009) ✂ : 74 🛏 (4 à 6 pers.) nuitée
45 € - 270 à 860 €/sem. – 3 🏠 (4 à 6 pers.) nuitée 60 €
- 330 à 830 €/sem. – frais de réservation 25 €
🚐 1 borne autre
Pour s'y rendre : quartier Acotz (5 km au nord-est,
à 500 m de la plage)

À savoir : décoration arbustive et florale

Nature : 🏞️ 🌳🌳
Loisirs : 🍴 snack 🛖 🌐 diurne 🏕️🎣 🏖️⛸️ terrain omnisports
Services : 🚿 ⚡ 🆑 🐕 🪣 ▨ 🚰 🪣 🚮 🚰 cases réfrigérées

Longitude : -1.6248
Latitude : 43.4164

▲▲ **Inter-Plages** de déb. avr. à fin sept.
ℰ 05 59 26 56 94, *www.campinginterplages.com*
2,5 ha (100 empl.) plat, incliné, herbeux
Tarif : (Prix 2009) 32 € ✹✹ ⇔ 🅴 (⅃) (10A) – pers.
suppl. 8 €

Location (Prix 2009) ✂ : 10 🛏 (4 à 6 pers.) nuitée
40 € - 330 à 590 €/sem. – 5 🏠 (4 à 6 pers.) nuitée 46 €
- 350 à 630 €/sem. – frais de réservation 20 €
🚐 1 borne artisanale 4,50 € – 3 🅴
Pour s'y rendre : quartier Acotz (5 km au nord-est,
à 150 m de la plage (accès direct))

À savoir : belle situation surplombant l'océan

Nature : 🏞️ < 🌳 ♀
Loisirs : 🛖 🚣🚴⛸️
Services : 🚿 ⚡ 🐕 ▨ 🪣 🚮 🚰 🚽
À prox. : 🚮 🍴✗ snack 🚰 🏕️ école de surf

Longitude : -1.66028
Latitude : 43.38787

▲▲ **La Ferme Erromardie** de mi-mars à déb. oct.
ℰ 05 59 26 34 26, *contact@camping-erromardie.com*,
Fax 05 59 51 26 02, *www.camping-erromardie.com*
2 ha (176 empl.) plat, herbeux
Tarif : (Prix 2009) 25,20 € ✹✹ ⇔ 🅴 (⅃) (6A) – pers.
suppl. 5,70 € – frais de réservation 17 €

Location (Prix 2009) : 🛏 (4 à 6 pers.) nuitée 41 € -
255 à 610 €/sem. – frais de réservation 17 €
🚐 1 borne artisanale 8 €
Pour s'y rendre : 40 chemin Erromardie (1,8 km au nord-
est, près de la plage)

Nature : 🌳🌳
Loisirs : 🍴 snack 🛖
Services : 🚿 ⚡ 🆑 🐕 🪣 🍴 ▨ 🚮 🚰

Longitude : -1.64236
Latitude : 43.40286

Si vous recherchez :
♟ *Un terrain offrant des équipements et des loisirs adaptés aux enfants*
🏞️ *Un terrain agréable ou très tranquille*
L-M *Un terrain effectuant la location de caravanes, de mobile homes,*
de bungalows ou de chalets
P *Un terrain ouvert toute l'année*
🚐 *Un terrain possédant une aire de services pour camping-cars*
Consultez le tableau des localités

△ **Merko-Lacarra** de fin mars à mi-oct.
  ℰ 0559265676, *contact@merkolacarra.com*,
  Fax 0559547381, *www.merkolacarra.com*
  2 ha (128 empl.) plat, peu incliné à incliné, herbeux
  Tarif : 31€ ♣♣ ⟺ 🅔 (½) (16A) – pers. suppl. 6€ – frais
  de réservation 16€
  Location 🚫 : 22 ⬛ (4 à 6 pers.) 273 à 707€/sem. –
  frais de réservation 27,50€
  🚐 1 borne raclet 6€
  Pour s'y rendre : 820 rte des Plages, quartier Acotz
  (5 km au nord-est, à 150 m de la plage)

| Loisirs : 🎳 🏊 |
| Services : ⅙ ⊶ GB ⅌ ⊺ 🛒 |
| À prox. : 🏖 🍴 ✗ 🛶 🔨 école |
| de surf |

Longitude : -1.6248
Latitude : 43.4164

△ **Les Tamaris-Plage** ♣♣ – Permanent
  ℰ 0559265590, *tamaris1@wanadoo.fr*,
  Fax 0559477015, *www.tamaris-plage.com*
  1,5 ha (79 empl.) plat et peu incliné, herbeux
  Tarif : 26€ ♣♣ ⟺ 🅔 (½) (7A) – pers. suppl. 5€ – frais de
  réservation 30€
  Location ⅙ (1 pavillon) : 12 ⬛ (2 à 4 pers.) 259 à
  570€/sem. – 35 ⬛ (4 à 6 pers.) 343 à 700€/sem. –
  8 🏠 (4 à 6 pers.) - 203 à 425€/sem. – 6 studios – frais
  de réservation 30€
  🚐 1 borne eurorelais 2€ – 3 🅔 – 🚰 (½) 13.50€
  Pour s'y rendre : quartier Acotz (5 km au nord-est,
  à 80 m de la plage)

| Nature : 🌳 ♀ |
| Loisirs : 🎳 🏃 🎠 hammam |
| jacuzzi 🏊 |
| Services : ⅙ ⊶ GB ⅌ 🛁 🛒 |
| À prox. : 🏖 🍴 ✗ snack 🛶 🔨 |
| école de surf |

Longitude : -1.66028
Latitude : 43.38787

ST-JEAN-PIED-DE-PORT

64220 – **342** E6 – G. Pays Basque – 1 513 h. – alt. 159
🚩 *Office de tourisme, 14, place Charles-de-Gaulle ℰ 0559370357, Fax 0559373491*
Paris 817 – Bayonne 54 – Biarritz 55 – Dax 105 – Oloron-Ste-Marie 70 – Pau 106 – San Sebastion 96.

▲▲▲ **Europ'Camping** de déb. avr. à fin sept.
  ℰ 0559371278, *europcamping64@orange.fr*,
  Fax 0559372982, *www.europ-camping.com*
  2 ha (110 empl.) peu incliné, plat, herbeux
  Tarif : 27,50€ ♣♣ ⟺ 🅔 (½) (6A) – pers. suppl. 5,60€ –
  frais de réservation 22€
  Location 🚫 : 38 ⬛ (4 à 6 pers.) 230 à 660€/sem. –
  frais de réservation 22€
  🚐 1 borne artisanale 6€
  Pour s'y rendre : 2 km au nord-ouest par D 918, rte de
  Bayonne et chemin à gauche

| Nature : 🐟 ⟨⟩ |
| Loisirs : 🍴 snack 🎳 ⌨ 🏊 🛶 |
| Services : ⅙ ⊶ GB ⅌ 🛁 🛒 |
| ⊺ 🛒 🛶 |
| À prox. : 🎣 |

Longitude : -1.23699
Latitude : 43.16375

▲▲ **Narbaïtz** de déb. avr. à mi-sept.
  ℰ 0559371013, *camping-narbaitz@wanadoo.fr*,
  Fax 0559372142, *www.camping-narbaitz.com*
  2,5 ha (133 empl.) plat et peu incliné, herbeux
  Tarif : (Prix 2009) 22€ ♣♣ ⟺ 🅔 (½) (10A) – pers.
  suppl. 5€ – frais de réservation 18€
  Location (Prix 2009) (permanent) 🚫 : 12 ⬛
  (4 à 6 pers.) nuitée 50€ - 290 à 630€/sem. – 3 🏠
  (4 à 6 pers.) nuitée 50€ - 500 à 950€/sem. – frais de
  réservation 18€
  🚐 1 borne artisanale
  Pour s'y rendre : rte de Bayonne (2,5 km au nord-ouest
  par D 918, rte de Bayonne et à gauche, à 50 m de la Nive
  et au bord d'un ruisseau)

| Nature : ⟨⟩ |
| Loisirs : 🎳 🏃 🏊 |
| Services : ⅙ ⊶ GB ⅌ 🍴 🛁 |
| 🛒 🛶 |
| À prox. : 🎣 |

Longitude : -1.23699
Latitude : 43.16375

125

🏖 ✗ *ATTENTION...*
🛶 *ces éléments ne fonctionnent généralement qu'en saison,*
🏊 🐎 *quelles que soient les dates d'ouverture du terrain.*

ST-JORY-DE-CHALAIS

24800 – **329** G3 – 626 h. – alt. 260
Paris 442 – Brantôme 31 – Châlus 23 – St-Yrieix-la-Perche 28 – Thiviers 13.

Maisonneuve de déb. avr. à fin oct.
℘ 0553551063, *camping.maisonneuve@wanadoo.fr*,
Fax 0553551063, *www.camping-maisonneuve.com*
10 ha/3 campables (43 empl.) plat, peu incliné, herbeux,
petit étang
Tarif : ✦ 6€ ⇌ 🅴 9,50€ – ⒢ (10A) 3,50€
🏕 1 borne eurorelais – 2 🅴 25€
Pour s'y rendre : 1 chemin de Maisonneuve (sortie au
nord-est par D 98, rte de Chaleix et chemin à dr.)

À savoir : autour de bâtisses anciennes en pierres du pays

Nature : ⊗ ⊏ 🗚🗚	
Loisirs : ♆ snack 🚲 🏊 🎣	
Services : ♿ ⚡ 🅶 ⛽ 🍴 🚻 🍽	

Longitude : 0.90651
Latitude : 45.49938

*Nos **guides hôtels**, nos **guides touristiques** et nos **cartes routières**
sont complémentaires. Utilisez-les ensemble.*

ST-JULIEN-DE-LAMPON

24370 – **329** J6 – 586 h. – alt. 120
Paris 528 – Brive-la-Gaillarde 51 – Gourdon 17 – Sarlat-la-Canéda 17 – Souillac 14.

Le Mondou de déb. avr. à mi-oct.
℘ 0553297037, *lemondou@camping-dordogne.info*,
www.camping-dordogne.info
1,2 ha (60 empl.) peu incliné, pierreux, herbeux
Tarif : ✦ 5€ ⇌ 🅴 5,50€ – ⒢ (6A) 2,75€

Location 🏠 : 4 🛖 (4 à 6 pers.) 175 à 600€/sem.
Pour s'y rendre : au lieu-dit : Le Colombier (1 km à l'est
par D 50, rte de Mareuil et chemin à dr.)

Nature : ⊗ ⊏ 🗚🗚	
Loisirs : 🏠 🏊	
Services : ♿ ⚡ 🅶 🍽 🍴 🚻	

Longitude : 1.37561
Latitude : 44.86264

ST-JULIEN-EN-BORN

126

40170 – **335** D10 – 1 402 h. – alt. 22
🛈 *Office de tourisme, rue des Écoles* ℘ 0558428980
Paris 706 – Castets 23 – Dax 43 – Mimizan 18 – Morcenx 30.

Municipal la Lettre Fleurie de déb. avr. à fin
sept.
℘ 0558427409,
contact@camping-municipal-plage.com,
Fax 0558427409, *www.camping-municipal-plage.com*
8,5 ha (457 empl.) plat et sablonneux
Tarif : (Prix 2009) ✦ 4,80€ ⇌ 1,70€ 🅴 4€ – ⒢ (10A) 3,90€
– frais de réservation 15€
Pour s'y rendre : La Lette (4 km au nord-ouest par rte
de Mimizan)

Nature : ⊗ 🗚🗚	
Loisirs : ♆ 🏠 🏖 ※ 🏊	
Services : ♿ ⚡ GB ⛽ 🚻 🍴	
laverie 🏪 🍽 cases réfrigérées	

Longitude : -1.22601
Latitude : 44.06182

ST-JUSTIN

40240 – **335** J11 – 841 h. – alt. 90
🛈 *Office de tourisme, place des Tilleuls* ℘ 0558448606, *Fax 0558448606*
Paris 694 – Barbotan-les-Thermes 19 – Captieux 41 – Labrit 31 – Mont-de-Marsan 25 – Villeneuve-de-Marsan 17.

Le Pin de déb. avr. à fin sept.
℘ 0558448891, *camping.lepin@wanadoo.fr*,
Fax 0558448891, *www.campinglepin.com*
3 ha (70 empl.) plat, herbeux, sablonneux
Tarif : (Prix 2009) 21€ ✦✦ ⇌ 🅴 ⒢ (6A) – pers. suppl. 5€

Location (Prix 2009) (de déb. mars à fin nov.) : 9 🛖
(2 à 4 pers.) 270 à 400€/sem. – 6 🛖 (4 à 6 pers.)
nuitée 75€ - 210 à 550€/sem. – 7 🏠 (4 à 6 pers.)
nuitée 75€ - 210 à 580€/sem.
🏕 1 borne artisanale
Pour s'y rendre : rte de Roquefort (2,3 km au nord sur
D 626, au bord d'un petit étang)

Nature : 🗚🗚🗚	
Loisirs : ♆ ✗ 🏖 🏊 🎣 🐎	
Services : ♿ ⚡ 🅶 🅿 🍽	

Longitude : -0.22965
Latitude : 43.98231

ST-LAURENT-MEDOC

33112 – **335** G4 – 3 626 h. – alt. 6
🛈 Syndicat d'initiative, 5, rue du Général-de-Gaulle ℘ 05 56 59 92 66, Fax 05.56.59.76.03
Paris 603 – Bordeaux 45 – Mérignac 41 – Pessac 48 – Talence 55.

🏕 **Le Paradis** de déb. avr. à mi-oct.
℘ 05 56 59 42 15, leparadismedoc@orange.fr,
Fax 05 56 59 42 15, www.leparadis-medoc.com
3 ha (70 empl.) plat, herbeux
Tarif : (Prix 2009) 21€ ★★ ⇐ 🅴 🅸 (10A) –
pers. suppl. 4€ – frais de réservation 12€

Location (Prix 2009) : 18 🏚 (4 à 6 pers.) nuitée 60€ -
220 à 690€/sem. – 4 🏠 (4 à 6 pers.) nuitée 75€ - 305 à
680€/sem. – 4 bungalows toilés – frais de réservation
12€
Pour s'y rendre : 2,5 km au nord par N 215, rte de
Lesparre

Nature : 🖵 🎱🎱
Loisirs : 🍷 🛝 🛟 piste de bi-cross
Services : 👶 ⚷ GB 🚐 🖼 👝 🍴 🖩 🚿

Longitude : -0.82242
Latitude : 45.14852

Des vacances réussies sont des vacances bien préparées !
Ce guide est fait pour vous y aider... mais :
– N'attendez pas le dernier moment pour réserver
– Évitez la période critique du 14 juillet au 15 août
Pensez aux ressources de l'arrière-pays,
à l'écart des lieux de grande fréquentation.

ST-LÉON-SUR-VÉZÈRE

24290 – **329** H5 – G. Périgord Quercy – 434 h. – alt. 70
Paris 523 – Brive-la-Gaillarde 48 – Les Eyzies-de-Tayac 16 – Montignac 10 – Périgueux 47 – Sarlat-la-Canéda 24.

🏕 **Le Paradis** ♣♣ – de déb. avr. à mi-oct.
℘ 05 53 50 72 64, le-paradis@perigord.com,
Fax 05 53 50 75 90, www.le-paradis.fr
7 ha (200 empl.) plat, herbeux
Tarif : (Prix 2009) 30,50€ ★★ ⇐ 🅴 🅸 (10A) – pers.
suppl. 7,40€ – frais de réservation 20€

Location (Prix 2009) : 21 🏚 (4 à 6 pers.) nuitée 90€ -
322 à 896€/sem. – frais de réservation 20€
🚰 1 borne artisanale 1,50€
Pour s'y rendre : au lieu-dit : La Rebeyrolle (4 km au sud-
ouest par D 706, rte des Eyzies-de-Tayac, au bord de la
Vézère)

À savoir : Installations de qualité autour d'une ancienne
ferme restaurée

Nature : 🌳 🖵 🎱🎱
Loisirs : 🍷 ✗ 🖵 ⊕ 🏖 🛝 🚲 🍳 🛟 piste de bi-cross, canoë, terrain omnisports
Services : 👶 ⚷ GB 🚐 🖼 👝 🥣 🚰 🍴 🖩 🚽 🚿

Longitude : 1.0896
Latitude : 45.01018

ST-MARTIAL-DE-NABIRAT

24250 – **329** I7 – 614 h. – alt. 175
Paris 546 – Cahors 42 – Fumel 45 – Gourdon 11 – Périgueux 83 – Sarlat-la-Canéda 20.

🏕 **Calmésympa** de mi-juin à mi-sept.
℘ 05 53 28 43 15, duarte-jacqueline@wanadoo.fr,
www.tourisme-ceou.com/calmesympa.htm
2,7 ha (50 empl.) en terrasses et peu incliné, herbeux
Tarif : 13,90€ ★★ ⇐ 🅴 🅸 (8A) – pers. suppl. 2€

Location (de fin mars à fin sept.) : 8 🏚 (4 à 6 pers.)
195 à 545€/sem. – gîtes
Pour s'y rendre : Lagrèze (2,2 km au nord-ouest par
D 46, rte de Domme et chemin à gauche)

Nature : 🖵 🎱🎱
Loisirs : 🛟
Services : 👶 ⚷ GB 🚐 🖩

Longitude : 1.25952
Latitude : 44.74384

ST-MARTIN-DE-SEIGNANX

40390 – **335** C13 – 4 710 h. – alt. 57
Paris 766 – Bayonne 11 – Capbreton 15 – Dax 42 – Hasparren 31 – Peyrehorade 26.

    ▲▲ **Lou P'tit Poun** ▲▲ – de déb. juin à mi-sept.
          05 59 56 55 79, *contact@louptitpoun.com*,
          Fax 05 59 56 53 71, *www.louptitpoun.com*
          6,5 ha (168 empl.) plat et peu incliné, en terrasses,
          herbeux
          Tarif : 33,50€ ★★ ⇌ 🅴 ⚡ (10A) – pers. suppl. 7,80€ –
          frais de réservation 30€
          Location (Prix 2009) 🏠 : 8 📟 (4 à 6 pers.) 350 à
          730€/sem. – 10 🏠 (4 à 6 pers.) - 440 à 750€/sem. –
          frais de réservation 30€
          🚐 1 borne autre 6,50€ – 🔌 ⚡ 10.50€
          Pour s'y rendre : 110 av. du Quartier Neuf (4,7 km au
          sud-ouest par N 117, rte de Bayonne et un chemin à
          gauche)

Nature : 🏞️ 🌳🌳	
Loisirs : 🏠 🏓 🎯 🏊	
Services : ⚕ 🛒 GB 🕳 🛁 ♨ 🚮	
🖼️ 🏧	
Longitude : -1.41225	
Latitude : 43.52467	

ST-MÉDARD-DE-GUIZIÈRES

33230 – **335** K4 – 2 154 h. – alt. 15
Paris 528 – Bergerac 57 – Bordeaux 56 – Chalais 34 – Périgueux 87 – Ste-Foy-la-Grande 41.

    ▲ **Municipal le Gua** de déb. mai à fin oct.
          05 57 69 82 37, *accueil@mairie-coutras.fr*
          1,5 ha (54 empl.) plat, herbeux
          Tarif : (Prix 2009) ★ 2,30€ ⇌ 🅴 3€ – ⚡ (10A) 2€
          Pour s'y rendre : 1,5 km au nord par D 21 et à gauche,
          au bord de la rivière

Nature : 🌿 🌳🌳	
Services : ⚕ 🛒	
À prox. : 🍴 🏊 🎣	
Longitude : -0.0601	
Latitude : 45.01592	

*Ce guide n'est pas un répertoire de tous les terrains de camping
mais une sélection des meilleurs campings dans chaque catégorie.*

ST-PÉE-SUR-NIVELLE

64310 – **342** C4 – G. Pays Basque – 5 106 h. – alt. 30
🏢 *Office de tourisme, place du Fronton ℰ 05 59 54 11 69, Fax 05 59 85 86 38*
Paris 785 – Bayonne 22 – Biarritz 17 – Cambo-les-Bains 17 – Pau 129 – St-Jean-de-Luz 14.

    ▲▲ **Goyetchea** de mi-juin à mi-sept.
          05 59 54 19 59, *info@camping-goyetchea.com*,
          www.camping-goyetchea.com
          3 ha (140 empl.) plat et peu incliné, herbeux
          Tarif : 24,40€ ★★ ⇌ 🅴 ⚡ (6A) – pers. suppl. 4,70€ –
          frais de réservation 11€
          Location (de fin avr. à mi-sept.) 🏠 : 28 📟 (4 à
          6 pers.) nuitée 46€ - 250 à 730€/sem. – frais de
          réservation 11€
          Pour s'y rendre : quartier Ibarron (800 m au nord par
          D 855, rte d'Ahetze et à dr.)

Nature : 🌿 ≤ 🌳🌳	
Loisirs : 🏠 🏓 🏊	
Services : ⚕ 🛒 GB 🕳 🛁 ♨	
laverie 🏧	
Longitude : -1.56816	
Latitude : 43.35591	

    ▲ **L'Ibarron** de déb. mai à fin sept.
          05 59 54 10 43, *camping.dibarron@wanadoo.fr*,
          Fax 05 59 54 51 95, *www.camping-ibarron.com*
          2,9 ha (194 empl.) plat, herbeux
          Tarif : (Prix 2009) 23€ ★★ ⇌ 🅴 ⚡ (6A) – pers.
          suppl. 4,50€ – frais de réservation 10€
          Location (Prix 2009) 🏠 : 21 📟 (4 à 6 pers.) 245 à
          600€/sem.
          🚐 1 borne artisanale 5€ – 16 🅴 13,10€
          Pour s'y rendre : quartier Ibarron (sortie ouest,
          rte de St-Jean-de-Luz, près de la Nivelle)

Nature : 🌳🌳	
Loisirs : 🏠 🏓 🏊	
Services : ⚕ 🛒 GB 🕳 ♨ 🖼️	
À prox. : 🍴 🍺 🍴 🏧 🚲	
Longitude : -1.57444	
Latitude : 43.3575	

ST-SAUD-LACOUSSIÈRE

24470 – **329** F2 – 859 h. – alt. 370
Paris 443 – Brive-la-Gaillarde 105 – Châlus 23 – Limoges 57 – Nontron 16 – Périgueux 62.

Château Le Verdoyer ▲▲ – de fin avr. à déb. oct.
℘ 0553569464, *chateau@verdoyer.fr*, Fax 0553563870,
www.verdoyer.fr
15 ha/5 campables (150 empl.) peu incliné et en
terrasses, herbeux, pierreux, étangs
Tarif : 34€ ✦✦ ⇔ 🅴 🅷 (10A) – pers. suppl. 6,50€ –
frais de réservation 20€

Location : 20 🏚 (4 à 6 pers.) nuitée 90€ - 240 à 700€/
sem. – 10 🏚 (4 à 6 pers.) nuitée 95€ - 285 à 700€/
sem. – 5 ⛺ – 1 appartement – frais de réservation
20€
🚐 1 borne artisanale
Pour s'y rendre : 2,5 km au nord-ouest par D 79, rte de
Nontron et D 96, rte d'Abjat-sur-Bandiat, près d'étangs

Nature : 🌿 ⊐ 🎵
Loisirs : 🍸 ✗ snack 🏠 🏄 ⛵
🚲 ⚽ ♨ 🎣 🏊 ⛷ 🎣
Services : 🕭 �o🔁 GB 🚿 ♨ ⚐ 🚐
🚽 laverie 🏪 🛒 cases réfrigérées
À prox. : 🏊 ♦

Longitude : 0.79349
Latitude : 45.5501

Verwechseln Sie bitte nicht :
▲... *bis* ... ▲▲▲ *: MICHELIN-Klassifizierung*
und
★ ... *bis* ... ★★★★ : *offizielle Klassifizierung*

ST-VINCENT-DE-COSSE

24220 – **329** H6 – 371 h. – alt. 80
Paris 540 – Bergerac 61 – Brive-la-Gaillarde 65 – Fumel 58 – Gourdon 31 – Périgueux 64 – Sarlat-la-Canéda 14.

Le Tiradou de déb. avr. à mi-oct.
℘ 0553303073, *contact@camping-le-tiradou.com*,
Fax 0553311624, *www.camping-le-tiradou.com*
2 ha (60 empl.) plat, herbeux
Tarif : (Prix 2009) ✦ 4,80€ ⇔ 🅴 6,80€ – 🅷 (6A) 3,20€ –
frais de réservation 10€

Location (Prix 2009) 🏠 : 13 🏚 (4 à 6 pers.) 215 à
560€/sem. – 5 🏚 (4 à 6 pers.) · 245 à 630€/sem. –
frais de réservation 15€
Pour s'y rendre : au lieu-dit : Larrit (500 m au sud-ouest
du bourg, au bord d'un ruisseau)

Nature : ⊐ 🎵
Loisirs : snack 🏠 jacuzzi 🏄 🏊
Services : 🕭 o🔁 GB 🚿 ♨ 🚽
laverie 🛒

Longitude : 1.11243
Latitude : 44.83814

STE-EULALIE-EN-BORN

40200 – **335** D9 – 988 h. – alt. 26
Paris 673 – Arcachon 58 – Biscarrosse 98 – Mimizan 11 – Parentis-en-Born 15.

Les Bruyères de déb. mai à fin sept.
℘ 0558097336, *bonjour@camping-les-bruyeres.com*,
Fax 0558097558, *www.camping-les-bruyeres.com*
3 ha (177 empl.) plat, sablonneux, herbeux
Tarif : (Prix 2009) 24€ ✦✦ ⇔ 🅴 🅷 (20A) – pers.
suppl. 6€ – frais de réservation 16€

Location (Prix 2009) : 4 🏚 (2 à 4 pers.) 210 à 460€/
sem. – 20 🏚 (4 à 6 pers.) nuitée 33€ - 370 à 690€/
sem. – frais de réservation 16€
Pour s'y rendre : 719 rte de Laffont (2,5 km au nord par
D 652)

À savoir : produits régionaux maison à déguster et
à emporter

Nature : 🌿 ⊐ 🎵
Loisirs : 🍸 snack 🏠 ⚽ 🏊
Services : 🕭 o🔁 GB 🚿 ♨ ⚐ 🚽
🖼 🛒

Longitude : -1.17877
Latitude : 44.29334

STE-FOY-LA-GRANDE

33220 – **335** M5 – G. Périgord – 2 588 h. – alt. 10
🛈 *Office de tourisme, 102, rue de la République* ℰ *0557460300, Fax 0557461662*
Paris 555 – Bordeaux 71 – Langon 59 – Marmande 53 – Périgueux 67.

⚠ **La Bastide** de déb. avr. à fin oct.
ℰ 0557461384, *contact@camping-bastide.com*,
Fax 0557461384, *http://www.camping-bastide.com* ❀
1,2 ha (38 empl.) plat, herbeux
Tarif : (Prix 2009) 20€ ✝✝ ⇌ 🔲 🔋 (10A) –
pers. suppl. 5€
Location (Prix 2009) : 10 🛏 (4 à 6 pers.) 250 à 680€/
sem. – frais de réservation 10€
🚐 3 🔲 20€
Pour s'y rendre : allée du Camping, à Pineuilh. (sortie
nord-est par D 130, au bord de la Dordogne)

Nature : 🌊 ♨♨	
Loisirs : 🏠 🏊	
Services : 🚿 ⚡ GB 🚲 🚾 laverie	
À prox. : 🎣	

Longitude : 0.21804
Latitude : 44.83876

*Die Klassifizierung (1 bis 5 Zelte, **schwarz** oder **rot**),*
mit der wir die Campingplätze auszeichnen, ist eine Michelin-eigene Klassifizierung.
Sie darf nicht mit der staatlich-offiziellen Klassifizierung
(1 bis 4 Sterne) verwechselt werden.

130

SALIES-DE-BÉARN

64270 – **342** G4 – G. Aquitaine – 4 793 h. – alt. 50 – ⚕
🛈 *Office de tourisme, rue des Bains* ℰ *0559380033, Fax 0559380295*
Paris 762 – Bayonne 60 – Dax 36 – Orthez 17 – Pau 64 – Peyrehorade 26.

⚠ **Municipal de Mosqueros** de mi-mars à fin oct.
ℰ 0559381294, *campingmunicipal.salies@orange.fr*,
Fax 0559380643, *www.tourisme-bearn-gaves.com*
0,7 ha (67 empl.) plat, en terrasses, herbeux
Tarif : (Prix 2009) ✝ 3,15€ ⇌ 🔲 5,60€ – 🔋 (10A) 2,65€
🚐 12 🔲
Pour s'y rendre : av. Al Cartero (sortie ouest par D 17, rte
de Bayonne, à la base de plein air)

Nature : 🌊 ♨♨	
Loisirs : 🏠	
Services : 🚿 ⚡ 🚲 🛒 ♻ 🔲	
À prox. : ✂ 🏊	

Longitude : -0.93901
Latitude : 43.47742

SALIGNAC-EYVIGUES

24590 – **329** I6 – G. Périgord Quercy – 1 116 h. – alt. 297
🛈 *Syndicat d'initiative, place du 19 Mars 1962* ℰ *0553288193, Fax 0553288526*
Paris 509 – Brive-la-Gaillarde 34 – Cahors 84 – Périgueux 70 – Sarlat-la-Canéda 18.

⚠⚠ **Le Temps de Vivre** de mi-avr. à déb. oct.
ℰ 0553289321, *contact@temps-de-vivre.com*,
www.temps-de-vivre.com
1 ha (50 empl.) en terrasses et peu incliné, pierreux,
herbeux, bois attenant
Tarif : 23,50€ ✝✝ ⇌ 🔲 🔋 (10A) – pers. suppl. 5€ –
frais de réservation 10€
Location (de déb. avr. à déb. oct.) : 18 🛏 (4 à
6 pers.) 200 à 637€/sem. – 2 bungalows toilés – frais
de réservation 20€
🚐 5 🔲 10,50€ – 🔌 🔋 10.5€
Pour s'y rendre : 1,5 km au sud par D 61 et chemin à dr.

Nature : 🌊 🌳 ♨♨	
Loisirs : 🍷 🏠 ⛵ 🏊	
Services : 🚿 ⚡ GB 🚲 ♻ 🚾	
laverie 🔧	

Longitude : 1.32363
Latitude : 44.9731

SALLES

33770 – **335** F7 – 5 562 h. – alt. 23

🛈 *Office de tourisme, rue de la Haute Landes ℘ 05 56 88 30 11, Fax 05 56 88 43 95*
Paris 632 – Arcachon 36 – Belin-Béliet 11 – Biscarrosse 122 – Bordeaux 49.

⚠ **Le Park du Val de l'Eyre** de fin fév. à fin nov.
℘ 05 56 88 47 03, *levaldeleyre2@wanadoo.fr*,
Fax 05 56 88 47 27, *www.valdeleyre.com*
13 ha/4 campables (150 empl.) plat, vallonné,
sablonneux, herbeux
Tarif : 28,80€ 🛉🛉 ⟺ 🅔 🕄 (10A) – pers. suppl. 7 €

Location (de déb. fév. à fin nov.) : 6 🛏 (4 à 6 pers.)
nuitée 70€ - 360 à 695€/sem. – 8 🛖 (4 à 6 pers.)
nuitée 70€ - 315 à 730€/sem. – frais de réservation
20€
🛒 1 borne artisanale – 🐄 🕄 20€
Pour s'y rendre : 8 rte du Minoy (sortie sud-ouest par D
108e S, rte de Lugos, au bord de l'Eyre et d'un étang - par
A 63 : sortie 21)

Nature : 🌿 ⸱⸱
Loisirs : 🍷 snack 🏠 ⛹ ♠ 🏊 ⛴
Services : 🚿 ⚡ 🛒 🧺 laverie
🎣
À prox. : 🛶 canoë

Longitude : -0.87796
Latitude : 44.54135

Donnez-nous votre avis
sur les terrains que nous recommandons.
Faites-nous connaître vos observations et vos découvertes.
par mail à l'adresse : leguidecampingfrance@fr.michelin.com.

SALLES

47150 – **336** H2 – 300 h. – alt. 120
Paris 588 – Agen 59 – Fumel 12 – Monflanquin 11 – Villeneuve-sur-Lot 29 – Villeréal 18.

⚠ **Des Bastides** de déb. mars à déb. nov.
℘ 05 53 40 83 09, *info@campingdesbastides.com*,
Fax 05 53 40 81 76, *www.campingdesbastides.com*
6 ha (96 empl.) en terrasses, herbeux
Tarif : 26,50€ 🛉🛉 ⟺ 🅔 🕄 (6A) – pers. suppl. 6 € – frais
de réservation 18€

Location 🐾 : 10 🛏 (4 à 6 pers.) 238 à 616€/
sem. – 4 🛖 (4 à 6 pers.) - 238 à 695€/sem. – frais de
réservation 18€
Pour s'y rendre : lieu-dit : Terre Rouge (1 km au nord-
est, rte de Fumel, au croisement des D 150 et D 162)

Nature : 🗁 ⸱⸱
Loisirs : 🍷 snack 🚴 🏊
Services : 🚿 ⚡ 🖾 🧺 ♨
laverie 🎣

Longitude : 0.88341
Latitude : 44.55483

SANGUINET

40460 – **335** E8 – G. Aquitaine – 2 895 h. – alt. 24

🛈 *Office de tourisme, 1, place de la Mairie ℘ 05 58 78 67 72, Fax 05 58 78 67 26*
Paris 643 – Arcachon 27 – Belin-Béliet 26 – Biscarrosse 120 – Bordeaux 60.

⚠ **Municipal Lou Broustaricq** 🛉🛉 – de mi-mars à mi-
oct.
℘ 05 58 82 74 82, *loubrousta@wanadoo.fr*,
Fax 05 58 82 10 74, *www.lou-broustaricq.com* – places
limitées pour le passage 🐾
18,8 ha (570 empl.) plat, sablonneux
Tarif : (Prix 2009) 36€ 🛉🛉 ⟺ 🅔 🕄 (10A) – pers.
suppl. 3,40€ – frais de réservation 25€

Location (Prix 2009) : 148 🛏 (4 à 6 pers.) 204 à 855€/
sem. – frais de réservation 25€
Pour s'y rendre : 2315 rte Langeot (2,8 km au nord-ouest
par rte de Bordeaux, à 300 m de l'étang de Cazaux)

Nature : 🌿 🗁 🌳
Loisirs : 🍷 snack 🏠 ⛹ ♠ 🚴 🎣 🐴 ⛴ 🏊
Services : 🚿 ⚡ 🖾 🧺 ♨
laverie 🎣
À prox. : 🏊

Longitude : -1.07279
Latitude : 44.50009

SARBAZAN

40120 – **335** J10 – 1 083 h. – alt. 90
Paris 685 – Barbotan-les-Thermes 27 – Captieux 32 – Labrit 24 – Mont-de-Marsan 25.

Municipal (location exclusive de chalets) de déb. avr. à fin oct.
℘ 05 58 45 64 93, *mairiedesarbazan@wanadoo.fr*,
Fax 05 58 45 69 91 – empl. traditionnels également disponibles
1 ha non clos, plat, herbeux
Location (Prix 2009) & : 6 ⌂ (4 à 6 pers.) - 125 à 270€/sem.
Pour s'y rendre : 93 rte du Graba (à l'est du bourg)
À savoir : sous de grands pins, près d'un petit étang

Nature : 🌊 🌳🌳
Loisirs : 🏕
Services : 🏪 📠
À prox. : 🚗 ✕ 🔥 parcours de santé

Longitude : -0.31332
Latitude : 44.02504

SARE

64310 – **342** C5 – G. Pays Basque – 2 271 h. – alt. 70
🅱 *Office de tourisme, Herriko Etxea* ℘ 05 59 54 20 14, Fax 05 59 54 29 15
Paris 794 – Biarritz 26 – Cambo-les-Bains 19 – Pau 138 – St-Jean-de-Luz 14 – St-Pée-sur-Nivelle 9.

La Petite Rhune de mi-juin à mi-sept.
℘ 05 59 54 23 97, *la-petite-rhune@wanadoo.fr*,
Fax 05 59 54 23 42, *www.lapetiterhune.com* – places limitées pour le passage
1,5 ha (56 empl.) peu incliné, herbeux
Tarif : (Prix 2009) 23,80€ ★★ ⇔ 🔲 🔌 (10A) – pers. suppl. 4,80€ – frais de réservation 10€
Location (Prix 2009) (permanent) ⚡ : 15 ⌂ (4 à 6 pers.) - 220 à 620€/sem. – 3 appartements – 1 gîte – frais de réservation 10€
Pour s'y rendre : quartier Lehenbiscaye (2 km au sud par rte reliant D 406 et D 306)

Nature : 🌊 ≤ 🌳🌳
Loisirs : 🏨 🏕 ✕ 🌊 (petite piscine) terrain multisports
Services : ⊶ 🐾 ⬗ laverie
À prox. : ▾ ✕

Longitude : -1.58264
Latitude : 43.3052

132

SARLAT-LA-CANÉDA

24200 – **329** I6 – G. Périgord Quercy – 9 432 h. – alt. 145
🅱 *Office de tourisme, rue Tourny* ℘ 05 53 31 45 45, Fax 05 53 59 19 44
Paris 526 – Bergerac 74 – Brive-la-Gaillarde 52 – Cahors 60 – Périgueux 77.

La Palombière ♨ – de fin avr. à mi-sept.
℘ 05 53 59 42 34, *la.palombiere@wanadoo.fr*,
Fax 05 53 28 45 40, *www.lapalombiere.fr* – places limitées pour le passage
8,5 ha/4 campables (177 empl.) peu incliné et en terrasses, pierreux, herbeux
Tarif : ★ 7,70€ ⇔ 🔲 10,90€ – 🔌 (10A) 3€ – frais de réservation 22€
Location : 45 ⌂ (4 à 6 pers.) 290 à 960€/sem. – 10 ⌂ (4 à 6 pers.) - 290 à 960€/sem. – frais de réservation 22€
Pour s'y rendre : lieu-dit : Galmier (9 km au nord-est)

Nature : 🌊 🌲 🌳🌳
Loisirs : ▾ ✕ 🌐 🏀 🎠 🏕 🚲 ✕ 🔥 🌊 🏊
Services : & ⊶ GB 🐾 🗑 🍴 laverie ⬗ 🔥

Longitude : 1.2872
Latitude : 44.9042

"Les Casteis" Le Moulin du Roch ♨ – de mi-mai à mi-sept.
℘ 05 53 59 20 27, *moulin.du.roch@wanadoo.fr*,
Fax 05 53 59 20 95, *www.moulin-du-roch.com* ⚡
8 ha (200 empl.) plat, peu incliné et en terrasses, herbeux, petit étang
Tarif : 34€ ★★ ⇔ 🔲 🔌 (6A) – pers. suppl. 9,50€ – frais de réservation 15€
Location : 51 ⌂ (4 à 6 pers.) 260 à 930€/sem. – frais de réservation 15€
Pour s'y rendre : D47 rte des Eyzies (10 km au nord-ouest par D 47, au bord d'un ruisseau)
À savoir : ancien moulin périgourdin

Nature : 🌲 🌳🌳
Loisirs : ▾ ✕ snack 🏨 🌐 nocturne 🏀 🏕 ✕ 🔥
Services : & ⊶ GB 🐾 🏪 🗑 🍴 laverie ⬗ 🔥

Longitude : 1.11522
Latitude : 44.90822

Village Center Aqua Viva ⚲ – de déb. avr. à mi-sept.
ℰ 0825002030, *resa@village-center.com*,
Fax 0467516389, *www.village-center.fr*
11 ha (186 empl.) plat, en terrasses, herbeux, fort dénivelé
Tarif : 29€ ✦✦ ⬅ ⊟ (½) (6A) – pers. suppl. 5€ – frais de réservation 30€

Location ℗ : ⛺ (4 à 6 pers.) 241 à 777€/sem. – 🏠 (4 à 6 pers.) – 216 à 777€/sem. – frais de réservation 30€
Pour s'y rendre : rte de Sarlat Souillac D704A (7 km au sud-est, au bord de l'Enéa et d'un petit étang)

Nature : 🌿🌿
Loisirs : 🍸 snack, pizzeria 🏠 🎮 nocturne 🤸 🏇 🚲 🎯 🏊 ⛵ 🎾 terrain omnisports
Services : 🚿 ⛽ GB 🔌 🗑 ♨ 🍽 laverie 🧺 ⛽

Longitude : 1.27972
Latitude : 44.86694

La Châtaigneraie ⚲ – de déb. mai à mi-sept.
ℰ 0553590361, *lachataigneraie@orange.fr*,
Fax 0553298616, *www.lachataigneraie24.com*
9 ha (140 empl.) plat, en terrasses, herbeux, sablonneux
Tarif : 29,90€ ✦✦ ⬅ ⊟ (½) (10A) – pers. suppl. 7,50€ – frais de réservation 18€

Location 🏊 (de déb. mai à fin juin) : 7 ⛺ (2 à 4 pers.) 240 à 480€/sem. – 49 ⛺ (4 à 6 pers.) 270 à 890€/sem. – frais de réservation 18€
Pour s'y rendre : La Garrigue Basse (10 km à l'est)

À savoir : jolie parc aquatique et ludique entourée de murets de pierres du pays

Nature : 🌿 🏞 🎵
Loisirs : 🍸 snack 🏠 🤸 🏇 🎾 🎯 🏊 🚴 piste de bi-cross, parcours sportif
Services : 🚿 ⛽ GB 🔌 🗑 ♨ 🍽 laverie 🧺 ⛽

Longitude : 1.21502
Latitude : 44.89126

Les Grottes de Roffy de mi-avr. à mi-sept.
ℰ 0553591561, *contact@roffy.fr*, Fax 0553310911,
www.roffy.fr
5 ha (166 empl.) en terrasses, herbeux
Tarif : 21,70€ ✦✦ ⬅ ⊟ (½) (6A) – pers. suppl. 5,70€ – frais de réservation 15€

Location (de mi-avr. à fin sept.) : 17 ⛺ (4 à 6 pers.) nuitée 40€ – 280 à 880€/sem. – 2 gîtes – frais de réservation 15€
Pour s'y rendre : lieu-dit : Roffy (8 km à l'est)

Nature : 🦅 ≤ 🏞 🌿🌿
Loisirs : 🍸 🍴 snack 🏠 🏇 🚲 🎾 🏊
Services : 🚿 ⛽ GB 🔌 🗑 ♨ 🍽 laverie 🧺 ⛽

Longitude : 1.21502
Latitude : 44.89126

Domaine de Loisirs le Montant ⚲ – de déb. mai à fin sept.
ℰ 0553591850, *contact@camping-sarlat.com*,
Fax 0553593773, *www.camping-sarlat.com*
70 ha/8 campables (101 empl.) en terrasses, herbeux
Tarif : (Prix 2009) ✦ 6,50€ ⬅ ⊟ 9,50€ – (½) (10A) 3,60€ – frais de réservation 12€

Location (Prix 2009) (de déb. avr. à déb. nov.) : 6 ⛺ (4 à 6 pers.) nuitée 44€ – 245 à 635€/sem. – 30 🏠 (4 à 6 pers.) nuitée 50€ – 265 à 635€/sem. – gîtes – frais de réservation 15€
🚐 1 borne
Pour s'y rendre : au lieu-dit : Négrelat (2 km au sud-ouest par D 57, rte de Bergerac puis 2,3 km par chemin à dr.)

À savoir : locatif varié et de qualité dans un cadre sauvage, vallonné et boisé

Nature : 🌿 ≤ 🏞 🌿🌿
Loisirs : 🍸 🏠 🎮 nocturne 🤸 jacuzzi 🏇 🚲 🎯 🏊 ⛵ terrain omnisports
Services : 🚿 ⛽ GB 🔌 🗑 ♨ 🍽 laverie ⛽
À prox. : 🍴

Longitude : 1.18747
Latitude : 44.87157

Domaine Des Chênes Verts de fin mars à mi-nov.
ℰ 0553592107, *chenes-verts@wanadoo.fr*,
Fax 0553310551, *www.chenes-verts.com* – places limitées pour le passage
8 ha (143 empl.) plat, peu incliné, en terrasses, herbeux
Tarif : 25€ ✦✦ ⬅ ⊟ (½) (6A) – pers. suppl. 4€

Location : 50 ⛺ (4 à 6 pers.) nuitée 100€ - 250 à 650€/sem. – 40 🏠 (4 à 6 pers.) nuitée 120€ - 350 à 840€/sem. – frais de réservation 18€
🚐 borne artisanale 12€ – ⬅ (½) 12€
Pour s'y rendre : rte de Sarlat et Souillac (8,5 km au sud-est)

Nature : 🌿 🏞 🌿🌿
Loisirs : 🍸 pizzeria 🏠 🏇 🚲 🎯 🏊
Services : 🚿 ⛽ GB 🔌 ♨ 🍽 laverie 🧺 ⛽

Longitude : 1.21502
Latitude : 44.89126

Les Terrasses du Périgord de déb. mai à mi-sept.
 0553590225, terrasses-du-perigord@wanadoo.fr,
Fax 0553591648, *www.terrasses-du-perigord.com*
5 ha (85 empl.) plat, en terrasses, herbeux
Tarif : 19,90€ ★★ ⇔ 🅴 (🎐) (6A) – pers. suppl. 5€ – frais
de réservation 8€

Location 🛠 (de déb. juil. à fin août) : 9 ⛺ (4 à
6 pers.) nuitée 35€ - 220 à 560€/sem. – 7 🏠 (4 à
6 pers.) nuitée 45€ - 240 à 670€/sem. – frais de
réservation 10€
🚐 1 borne 12,90€ – 3 🅴 16,90€ – 🛁 (🎐) 17€
Pour s'y rendre : au lieu-dit : Pech d'Orance (2,8 km au
nord-est)

Nature : 🐾 ⇐ 🗔 ᦂᦂ
Loisirs : snack 🎛 ⚓ ⅏ ≋
piste de bi-cross
Services : ♿ ⊶ GB ⚙ ⊞ 🚿 ⚱
⚗ ᝨ 🅿 ⚹ ⟆

Longitude : 1.24219
Latitude : 44.90599

Village Vacances d'Argentouleau (location
exclusive de chalets) fermé de mi-nov. à mi-fév.
 0553593023, contact@sarlat-location.com,
Fax 0553593023, *www.sarlat-location.com*
2 ha plat, herbeux, gravier
Location (Prix 2009) ♿ 🅿 : 8 🏠 (4 à 6 pers.) nuitée
60€ - 210 à 900€/sem.
Pour s'y rendre : 2 rte d'Argentouleau

Nature : 🐾 ⇐ ᦂᦂ
Loisirs : 🎛 ⚓ ≋
Services : ⊶ ⊞ 🅿

Longitude : 1.20332
Latitude : 44.89846

Les Périères de déb. avr. à fin sept.
 0553590584, les-perieres@wanadoo.fr,
Fax 0553285751, *www.lesperieres.com*
11 ha/4 campables (100 empl.) en terrasses, herbeux
Tarif : (Prix 2009) 31,40€ ★★ ⇔ 🅴 (🎐) (6A) –
pers. suppl. 6,40€

Location (Prix 2009) : maisonnettes
🚐 1 borne artisanale
Pour s'y rendre : r. Jean Gabin (1 km au nord-est, à la
sortie de la ville)

À savoir : beaux emplacements en terrasses autour d'un
espace aquatique moderne

Nature : ᦂᦂ
Loisirs : ♙ 🎛 ⛴ ⚓ ✂ 🅇 ≋
parcours sportif
Services : ♿ ⊶ GB ⚙ ⊞ ⚱ ⚗
ᝨ laverie

Longitude : 1.22429
Latitude : 44.89331

134

La Ferme de Villeneuve ♟♟ – de déb. avr. à fin
oct.
 0553303090, contact@fermedevilleneuve.com,
Fax 0553302444, *www.fermedevilleneuve.com*
20 ha/2,5 campables (100 empl.) en terrasses, incliné,
herbeux, étang
Tarif : ★ 5,60€ ⇔ 🅴 6,30€ – (🎐) (6A) 3,40€ – frais de
réservation 8€

Location 🛠 : 14 🛖 (2 à 4 pers.) 150 à 300€/sem.
– 10 ⛺ (4 à 6 pers.) 275 à 598€/sem. – frais de
réservation 8€
Pour s'y rendre : au lieu-dit : Villeneuve (8 km au nord-
ouest par D 47, rte des Eyzies-de-Tayac et rte à gauche)

Nature : 🐾 ⇐ 🗔 ᦂᦂ
Loisirs : ♙ pizzeria ᠵ⻗ ⚓ ᳘
≋
Services : ♿ ⊶ GB ⚙ ⚱ ᝨ
laverie ⟆
À prox. : salle d'animation

Longitude : 1.14056
Latitude : 44.905

Les Charmes de déb. avr. à mi-oct.
 0553310289, les.charmes@wanadoo.fr,
Fax 0553310632,
www.campingleschamesdordogne.com
5,5 ha/1,8 campable (100 empl.) plat et peu incliné, en
terrasses, herbeux
Tarif : 21,90€ ★★ ⇔ 🅴 (🎐) (6A) – pers. suppl. 5,50€ –
frais de réservation 6€

Location : 8 🛖 (2 à 4 pers.) nuitée 35€ - 168 à 455€/
sem. – 6 ⛺ (4 à 6 pers.) nuitée 45€ - 226 à 647€/
sem. – 5 🏠 (4 à 6 pers.) nuitée 40€ - 197 à 683€/sem.
– 2 bungalows toilés – frais de réservation 6€
🚐 1 borne artisanale 10€
Pour s'y rendre : Malartigue Haut à St-André-d'Allas
(10 km à l'ouest par D 47, rte des Eyzies-de-Tayac puis
2,8 km par rte à gauche et D 25 à gauche)

Nature : 🐾 🗔 ᦂᦂᦂ
Loisirs : ♙ ⚓ 🅇 ≋ ᳘ terrain
omnisports
Services : ♿ ⊶ GB ⚙ ᝨ 🅿 ⟆

Longitude : 1.1139
Latitude : 44.89405

*Pour visiter une ville ou une région : utilisez les **Guides Verts MICHELIN**.*

Les Acacias de déb. avr. à fin sept.
  📞 0553310850, *camping-acacias@wanadoo.fr*,
www.acacias.fr
4 ha (122 empl.) plat, peu incliné, terrasses, herbeux
Tarif : 19,70€ ★★ ⛺ 🅴 [½] (10A) – pers. suppl. 5€ –
frais de réservation 10€

Location 🏠 : 11 🚐 (4 à 6 pers.) nuitée 49€ - 230 à
650€/sem. – frais de réservation 10€
🚐 1 borne artisanale – 40 🅴 19,70€
Pour s'y rendre : au bourg de la Canéda, r. Louis
de Champagne (6 km au sud-est par D 704 et à dr.
à l'hypermarché Leclerc)

À savoir : navette en bus pour Sarlat

| Nature : ≤ ⌷ 00 |
| Loisirs : 🍴 snack 🚴 🏊 |
| Services : ♿ ⊶ GB ♻ 🏪 🚿 💈 laverie ♨ |

| Longitude : 1.23695 |
| Latitude : 44.85751 |

SAUVETERRE-DE-BÉARN

64390 – **342** G4 – G. Aquitaine – 1 352 h. – alt. 69
🛈 *Office de tourisme, place Royale* 📞 0559383286
Paris 772 – Bayonne 70 – Mauléon-Licharre 25 – Oloron-Ste-Marie 42 – Orthez 21 – Peyrehorade 25.

Le Gave de mi-avr. à mi-oct.
  📞 0559385330, *dede@campingdugave.fr*,
Fax 0559361988, *www.campingdugave.fr*
1,5 ha (55 empl.) plat, herbeux
Tarif : 15€ ★★ ⛺ 🅴 [½] (6A) – pers. suppl. 3€

Location (de fin mars à mi-oct.) : 5 🚐 (4 à 6 pers.)
200 à 390€/sem.
Pour s'y rendre : chemin du Camping (sortie sud par
D 933, rte de St-Palais puis chemin à gauche av. le pont,
au bord du Gave d'Oloron)

| Nature : 🏞 00 |
| Loisirs : 🎣 |
| Services : ⊶ ♻ 🚿 🚾 💈 laverie |
| **À prox.** : canoë, sports en eaux vives |

| Longitude : -0.94318 |
| Latitude : 43.39979 |

SAUVETERRE-LA-LÉMANCE

47500 – **336** I2 – 603 h. – alt. 100
Paris 572 – Agen 68 – Fumel 14 – Monflanquin 27 – Puy-l'Évêque 17 – Villefranche-du-Périgord 10.

Moulin du Périé de mi-mai à mi-sept.
  📞 0553406726, *moulinduperie@wanadoo.fr*,
Fax 0553406246, *www.camping-moulin-perie.com*
4 ha (125 empl.) plat, herbeux
Tarif : ★ 7€ ⛺ 🅴 9,50€ – [½] (10A) 6,50€ – frais de
réservation 20€

Location 🏠 : 15 🚐 (4 à 6 pers.) nuitée 90€ -
315 à 895€/sem. – 4 🏠 (4 à 6 pers.) nuitée 106€
- 392 à 817€/sem. – 10 bungalows toilés – frais de
réservation 35€
🚐 1 borne artisanale
Pour s'y rendre : au lieu-dit : Moulin du Périé (3 km
à l'est par rte de Loubejac, au bord d'un ruisseau)

| Nature : 🏞 ⌷ 00 |
| Loisirs : 🍴 🍽 🎮 🚴 🏊 🎯 (petit étang) |
| Services : ♿ ⊶ GB ♻ 💈 🖼 ♨ |

| Longitude : 1.01312 |
| Latitude : 44.59042 |

SEIGNOSSE

40510 – **335** C12 – 2 779 h. – alt. 15
🛈 *Office de tourisme, avenue des Lacs* 📞 0558433215, Fax 0558433266
Paris 747 – Biarritz 36 – Dax 32 – Mont-de-Marsan 85 – Soustons 11.

La Pomme de Pin de mi-avr. à mi-sept.
  📞 0558770071, *info@camping-lapommedepin.com*,
Fax 0558771147, *www.camping-lapommedepin.com*
5 ha (229 empl.) plat, herbeux, sablonneux
Tarif : (Prix 2009) 22,80€ ★★ ⛺ 🅴 [½] (5A) – pers.
suppl. 5,30€ – frais de réservation 20€

Location (Prix 2009) : 30 🚐 (4 à 6 pers.) nuitée 40€ -
290 à 730€/sem. – frais de réservation 20€
🚐 1 borne eurorelais
Pour s'y rendre : rte de Seignosse (2 km au sud-est par
D 652 et D 337, rte de Saubion)

À savoir : bel espace aquatique

| Nature : ⌷ 00 |
| Loisirs : 🍴 snack, pizzeria 🎮 jacuzzi 🚴 🏊 (découverte en saison) |
| Services : ♿ ⊶ GB ♻ 💈 💈 laverie ♨ cases réfrigérées |

| Longitude : -1.33587 |
| Latitude : 43.68534 |

SÉRIGNAC-PÉBOUDOU

47410 – **336** F2 – 173 h. – alt. 139
Paris 567 – Agen 64 – Bergerac 34 – Marmande 41 – Périgueux 81.

La Vallée de Gardeleau de déb. mars à mi-oct.
℘ 0553369696, *valleegardeleau@wanadoo.fr*,
Fax 0553369696,
http://perso.wanadoo.fr/camping.valleegardeleau.fr
2 ha (33 empl.) plat, peu incliné, herbeux
Tarif : (Prix 2009) ♣ 4€ ⇔ 🅴 6,20€ – 🔌 (10A) 6€
Location (Prix 2009) (de déb. mars à fin oct.) ⚓ :
7 🚐 (4 à 6 pers.) nuitée 60€ - 250 à 545€/sem. –
bungalows toilés – frais de réservation 10€
Pour s'y rendre : au lieu-dit : Gardeleau (2,2 km à l'ouest
par rte de St-Nazaire et chemin à gauche)

| Nature : 🐟 �̇ 💯 |
| Loisirs : 🍸 brasserie 🏊 🎣 |
| Services : 🔧 🔌 GB ✂ 🧺 📷 🚿 |

| Longitude : 0.51726 |
| Latitude : 44.61746 |

LESEN SIE DIE ERLÄUTERUNGEN aufmerksam durch,
damit Sie diesen Camping-Führer mit der Vielfalt der gegebenen
Auskünfte wirklich ausnutzen können.

SIORAC-EN-PÉRIGORD

24170 – **329** G7 – G. Périgord Quercy – 982 h. – alt. 77
🛈 *Syndicat d'initiative, place de Siorac* ℘ 0553316351
Paris 548 – Bergerac 45 – Cahors 68 – Périgueux 60 – Sarlat-la-Canéda 29.

Le Port de mi-mai à fin sept.
℘ 0553316381, *contact@campingduport.net*,
www.campingduport.net
2,5 ha (83 empl.) plat, herbeux
Tarif : 15€ ♣♣ ⇔ 🅴 (10A) – pers. suppl. 4,25€
Location (de fin avr. à mi-nov.) : 8 🚐 (4 à 6 pers.)
nuitée 35€ - 155 à 450€/sem.
Pour s'y rendre : au nord-est du bourg, accès par D 25,
rte de Buisson-Cussac et chemin devant Intermarché,
au bord de la Dordogne et de la Nauze

| Nature : �̇ 💧💧 |
| Loisirs : 🛖 🏊 🎣 🛶 🐟 |
| Services : 🔧 🔌 (15 juil.-20 août) ✂ 📷 |
| À prox. : 🍖 snack ✂ canoë, golf |

| Longitude : 0.98856 |
| Latitude : 44.8229 |

SOCOA

64122 – **342** B2 – G. Pays Basque
Paris 793 – Bordeaux 207 – Pau 130 – Bayonne 25 – Anglet 21.

Larrouleta Permanent
℘ 0559473784, *info@larrouleta.com*, Fax 0559474254,
www.larrouleta.com
5 ha (263 empl.) plat et peu incliné, herbeux
Tarif : ♣ 6€ ⇔ 2€ 🅴 6€ – 🔌 (5A) 2,50€
🚐 1 borne artisanale – 40 🅴 16€
Pour s'y rendre : 210 rte de Socoa (3 km au sud, au bord
d'un plan d'eau et d'une rivière)

| Nature : 💧💧 |
| Loisirs : 🍸 snack 🛖 🏊 🎣 ✂ |
| 🖥 (découverte en saison) 🐟 🐟 |
| pédalos |
| Services : 🔧 🔌 GB ✂ 🎵 🧺 🚿 |
| 🚐 🍴 laverie 🚿 🚿 |

| Longitude : -1.68611 |
| Latitude : 43.37027 |

SORDE-L'ABBAYE

40300 – **335** E13 – G. Aquitaine – 628 h. – alt. 17
Paris 758 – Bayonne 47 – Dax 27 – Oloron-Ste-Marie 63 – Orthez 28.

Municipal la Galupe de mi-juin à mi-sept.
℘ 0558731813, *mairie.sordelabbaye@wanadoo.fr*,
Fax 0558731641
0,6 ha (28 empl.) plat, herbeux, pierreux
Tarif : (Prix 2009) ♣ 2€ ⇔ 🅴 3,50€ – 🔌 (6A) 2€
Pour s'y rendre : 242 chemin du Camping (1,3 km
à l'ouest par D 29, rte de Peyrehorade, D 123 à gauche et
chemin av. le pont, près du Gave d'Oloron)

| Nature : 🐟 �̇ 💧 |
| Services : 🔧 ✂ |

| Longitude : -1.05614 |
| Latitude : 43.5299 |

SOULAC-SUR-MER

33780 – **335** E1 – G. Aquitaine – 2 690 h. – alt. 7

🚻 *Office de tourisme, 68, rue de la plage* 📞 *05 56 09 86 61, Fax 05 56 73 63 76*
Paris 515 – Bordeaux 99 – Lesparre-Médoc 31 – Royan 12.

Les Lacs ♟♟ – de déb. avr. à déb. nov.
📞 05 56 09 76 63, *info@camping-les-lacs.com*,
Fax 05 56 09 98 02, *www.camping-les-lacs.com*
5 ha (187 empl.) plat, sablonneux, herbeux
Tarif : (Prix 2009) 32 € 👤👤 🚗 🔲 (5A) – pers. suppl. 5 €
Location (Prix 2009) : 30 🏠 (4 à 6 pers.) 180 à 780 €/
sem. – 12 🏠 (4 à 6 pers.) – 260 à 820 €/sem.
🚐 2 🔲 11 € – 🅱 13.50 €
Pour s'y rendre : 126 rte des Lacs (3 km à l'est par D 101)

Nature : 🌊 🔲 🌳🌳
Loisirs : 🍷 pizzeria, snack 🏠 🎮 🛝 🏖 🔲 🏊 ⛵ terrain multisports
Services : ♿ 🔌 GB 🐕 🛒 🗑 🚰 💧 🔥 🏧 🚿 ♨
À prox. : 🐎

Longitude : -1.12173
Latitude : 45.48916

Le Lilhan de déb. avr. à fin sept.
📞 05 56 09 77 63, *contact@camping-club-soulac.com*,
Fax 05 56 09 78 78, *www.camping-club-soulac.com*
4 ha (185 empl.) plat, sablonneux
Tarif : (Prix 2009) 25 € 👤👤 🚗 🔲 (10A) – pers.
suppl. 4,50 € – frais de réservation 18 €
Location (Prix 2009) : 80 🏠 (4 à 6 pers.) nuitée
39 € · 250 à 649 €/sem. – appartements – frais de
réservation 18 €
🚐 1 borne artisanale
Pour s'y rendre : 2,8 km à l'est par D 101e 2 et D 101

Nature : 🌊 🌳🌳
Loisirs : snack 🏠 🍽 jacuzzi ⛵ ✂ 🔲 🛝
Services : ♿ 🔌 (juil.août) GB 🐕 🚿 ♨ 🚰 💧

Longitude : -1.11723
Latitude : 45.4846

L'Océan de déb. juin à mi-sept.
📞 05 56 09 76 10, *camping.ocean@orange.fr*,
Fax 05 56 09 74 75,
http://perso.wanadoo.fr/camping.ocean
6 ha (300 empl.) plat, sablonneux, herbeux
Tarif : 👤 4,70 € 🚗 🔲 13 € – 🅱 (10A) 4 € – frais de
réservation 12 €
Pour s'y rendre : 62 allée de la Négade (sortie est par
D 101e 2 et D 101, à 300 m de la plage)
À savoir : cadre naturel, presque sauvage !

Nature : 🌊 🌳🌳🌳
Loisirs : 🍷 🏠 🚲 ✂
Services : ♿ 🔌 🐕 ♨ laverie 🚰 💧

Longitude : -1.1454
Latitude : 45.4803

137

🚰 ✗ ATTENTION :
    these facilities are not necessarily available throughout
🚿   *the entire period that the camp is open -some are only*
🏊 🐎 *available in the summer season.*

SOUSTONS

40140 – **335** D12 – G. Aquitaine – 6 794 h. – alt. 9

🚻 *Office de tourisme, Grange de Labouyrie* 📞 *05 58 41 52 62, Fax 05 58 41 30 63*
Paris 732 – Biarritz 53 – Castets 23 – Dax 29 – Mont-de-Marsan 81 – St-Vincent-de-Tyrosse 13.

L'Airial de déb. avr. à mi-oct.
📞 05 58 41 12 48, *contact@camping-airial.com*,
Fax 05 58 41 53 81, *www.camping-airial.com*
16 ha (480 empl.) plat, vallonné, sablonneux
Tarif : (Prix 2009) 26,40 € 👤👤 🚗 🔲 (10A) – pers.
suppl. 5,30 € – frais de réservation 19 €
Location (Prix 2009) 🏊 : 20 🏠 (4 à 6 pers.) nuitée
77 € · 270 à 690 €/sem. – 28 🏠 (4 à 6 pers.) nuitée 82 €
· 300 à 725 €/sem. – 8 studios – frais de réservation
19 €
Pour s'y rendre : 67 av. de Port d'Albret (2 km à l'ouest
par D 652, rte de Vieux-Boucau-les-Bains, à 200 m de
l'étang de Soustons)

Nature : 🌳🌳
Loisirs : 🍷 🏠 🎭 diurne 🏃 🚲 ✂ 🔲 🛝
Services : ♿ 🔌 GB 🐕 🚿 ♨ laverie 🚰 cases réfrigérées

Longitude : -1.32622
Latitude : 43.75569

▲ **Village Vacances Le Dunéa** (location exclusive de chalets) de déb. avr. à mi-oct.
☎ 0558480059, *clubdunea@libertysurf.fr*,
Fax 0558480322, *www.club-dunea.com*
0,5 ha plat, vallonné, sablonneux

Location (Prix 2009) 🏠 : 22 ⌂ (4 à 6 pers.) **nuitée**
80€ - 350 à 1 250€/sem.
Pour s'y rendre : 1 square de l'Herté (à 200 m du lac)
À savoir : location à la nuitée hors sais.

Nature :	🌿 🌿
Loisirs :	🏠 🏊
Services :	☎ 🅿 GB 🐕 🍴 🔲
À prox. :	🎿 🐎 golf

| Longitude : | -1.40121 |
| Latitude : | 43.77273 |

TAMNIÈS

24620 – **329** H6 – 301 h. – alt. 200
Paris 522 – Brive-la-Gaillarde 47 – Les Eyzies-de-Tayac 14 – Périgueux 60 – Sarlat-la-Canéda 14.

▲▲ **Le Pont de Mazerat** de déb. avr. à fin sept.
☎ 0553291495, *le.pont.de.mazerat@wanadoo.fr*,
Fax 0553311590, *www.lepontdemazerat.com*
2,8 ha (83 empl.) plat et en terrasses, herbeux
Tarif : (Prix 2009) ✱ 5€ 🚗 🔲 6,95€ – 🔌 (10A) 3,20€

Location (Prix 2009) : 7 ⌂ (2 à 4 pers.) 175 à 395€/
sem. – 25 ⌂ (4 à 6 pers.) 215 à 610€/sem.
Pour s'y rendre : 1,6 km à l'est par D 48, au bord du
Beune et à prox. d'un plan d'eau

À savoir : emplacements pré-équipés: réfrigérateur,
salon de jardin, réchaud-gaz, parasol...

Nature :	🏞 🌿🌿
Loisirs :	🍴 snack 🏓 🏊 🎣 🏊
Services :	🚿 ☎ (saison) GB 🐕
	☀ 🍴 🔲 🚿
À prox. :	🎿 🚣 🎣 🐎

| Longitude : | 1.16425 |
| Latitude : | 44.96922 |

LE TEICH

138

33470 – **335** E7 – 6 048 h. – alt. 5
🛈 *Office de tourisme, Place Pierre Dubernet* *☎* 0556228093, Fax 0556228965
Paris 633 – Arcachon 20 – Belin-Béliet 34 – Bordeaux 50.

▲▲▲ **Ker Helen** 🚼 – de mi-mars à déb. nov.
☎ 0556660379, *camping.kerhelen@wanadoo.fr*,
Fax 0556665159, *www.kerhelen.com*
4 ha (140 empl.) plat, herbeux
Tarif : (Prix 2009) ✱ 5€ 🚗 🔲 13€ – 🔌 (10A) 3,70€ – frais
de réservation 16€

Location (Prix 2009) : 15 ⌂ (4 à 6 pers.) **nuitée** 27€
- 266 à 720€/sem. – 10 ⌂ (4 à 6 pers.) **nuitée** 27€
- 266 à 700€/sem. – 10 bungalows toilés – frais de
réservation 16€
🚐 1 borne 10€ – 🚐 🔌 13.5€
Pour s'y rendre : 119 av. de la Côte d'Argent (2 km à
l'ouest par D 650, rte de Gujan-Mestras)

Nature :	🏞 🌿🌿
Loisirs :	🍴 snack 🌙 nocturne 🏃
	🏊 🎣 🏊
Services :	🚿 ☎ 🐕 ☀ 🚿 🚿 🍴
laverie	🚿 🚿

| Longitude : | -1.02027 |
| Latitude : | 44.63279 |

TERRASSON-LAVILLEDIEU

24120 – **329** I5 – G. Périgord Quercy – 6 236 h. – alt. 90
🛈 *Office de tourisme, Rue Jean Rouby* *☎* 0553503756, Fax 0553505561
Paris 497 – Brive-la-Gaillarde 22 – Juillac 28 – Périgueux 53 – Sarlat-la-Canéda 32.

▲▲ **La Salvinie** de déb. avr. à fin oct.
☎ 0553500611, *camping.lasalvinie@orange.fr*,
www.camping-salvinie.com
2,5 ha (70 empl.) plat, herbeux
Tarif : ✱ 4€ 🚗 🔲 4€ – 🔌 (6A) 3€

Location (.) : 2 ⌂ (2 à 4 pers.) 200 à 350€/sem. –
7 ⌂ (4 à 6 pers.) 250 à 540€/sem.
🚐 10 🔲 15€
Pour s'y rendre : au lieu-dit : Bouillac Sud (sortie sud par
D 63, rte de Chavagnac puis 3,4 km par rte de Condat, à
dr. apr. le pont)

Nature :	⟨ 🏞 🌿
Loisirs :	🏓 🏊 🏊
Services :	🚿 ☎ GB 🐕 🍴

| Longitude : | 1.26846 |
| Latitude : | 45.12323 |

Village Vacances le Clos du Moulin (location exclusive de chalets) de déb. mars à déb. nov.
℘ 0553516895, *ledosdumoulin@orange.fr*,
Fax 0553516895, *www.ledosdumoulin.com*
1 ha plat, herbeux

Location 🅿 : 14 🏠 (4 à 6 pers.) nuitée 90€ - 320 à 725€/sem.
Pour s'y rendre : au lieu-dit : Le Moulin de Bouch (6 km à l'ouest de Terrasson-Lavilledieu par N 89, rte de St-Lazare et D 62, rte de Coly, au bord de rivière)

Loisirs : 🍸 🎣 🏊	
Services : ♿ ⟋ ▥ 🖼 climati- sation	

Longitude : 1.26548
Latitude : 45.10375

LA TESTE-DE-BUCH

33260 – **335** E7 – G. Aquitaine – 24 911 h. – alt. 5
🛈 *Office de tourisme, place Jean Hameau* ℘ 0556546314, Fax 0556544594
Paris 642 – Andernos-les-Bains 35 – Arcachon 5 – Belin-Béliet 44 – Biscarrosse 34 – Bordeaux 60.

FranceLoc La Pinèda 🔱 – de déb. avr. à fin sept.
℘ 0556222324, *info@campinglapinede.net*,
Fax 0556229803, *www.campinglapinede.net*
5 ha (200 empl.) plat, sablonneux, herbeux
Tarif : (Prix 2009) 28€ ✶✶ 🚐 🗉 (½) (6A) – pers. suppl. 7€

Location (Prix 2009) : 🚐 (4 à 6 pers.) 147 à 917€/sem. – 🏠 (4 à 6 pers.) - 175 à 693€/sem.
Pour s'y rendre : rte de Cazaux (au bord du canal des Landes)

À savoir : bel espace aquatique et ludique

Nature : ▭ 🎏	
Loisirs : 🍸 pizzeria 🎫 🎣 🏇 🚣 🎣 🏊 🌊 🎣	
Services : ♿ ⟐ GB ⟋ 🎣 ۩	
laverie 🧺	
À prox. : base de ski nautique	

Longitude : -1.13017
Latitude : 44.60221

THENON

24210 – **329** H5 – 1 290 h. – alt. 194
🛈 *Syndicat d'initiative, 25, avenue de la IVe République* ℘ 0553063510, Fax 0553063510
Paris 515 – Brive-la-Gaillarde 41 – Excideuil 36 – Les Eyzies-de-Tayac 33 – Périgueux 34.

Le Verdoyant de déb. avr. à fin sept.
℘ 0553052078, *contact@campingleverdoyant.fr*,
Fax 0567340500, *www.campingleverdoyant.fr*
9 ha/3 campables (67 empl.) non clos, peu incliné et en terrasses, incliné, herbeux
Tarif : 16,80€ ✶✶ 🚐 🗉 (½) (10A) – pers. suppl. 4,30€

Location (permanent) : 9 🚐 (4 à 6 pers.) nuitée 45€ - 215 à 569€/sem. – 4 🏠 (4 à 6 pers.) nuitée 72€ - 195 à 679€/sem.
🚐 25 🗉 14,60€
Pour s'y rendre : rte de Montignac Lascaux (4 km au sud-est par D 67, près de deux étangs)

Nature : ≤ 🎏	
Loisirs : 🍸 snack 🏊 🎣	
Services : ♿ ⟐ GB ⟋ ▥ ۩	
laverie 🧺	

Longitude : 1.08333
Latitude : 45.11666

THIVIERS

24800 – **329** G3 – G. Périgord Quercy – 3 163 h. – alt. 273
🛈 *Office de tourisme, place du Marechal Foch* ℘ 0553551250, Fax 0553551250
Paris 449 – Brive-la-Gaillarde 81 – Limoges 62 – Nontron 33 – Périgueux 34 – St-Yrieix-la-Perche 32.

Municipal le Repaire de déb. avr. à fin sept.
℘ 0553526975, *camping-le-repaire@gmail.fr*,
Fax 0553526975, *www.camping-le-repaire.fr*
10 ha/4,5 campables (100 empl.) plat, peu incliné, terrasses, herbeux, bois attenants
Tarif : (Prix 2009) ✶ 4€ 🚐 🗉 6€ – (½) (6A) 3€

Location (Prix 2009) (permanent) 🅿 : 10 🏠 (4 à 6 pers.) - 325 à 410€/sem.
🚐 1 borne artisanale
Pour s'y rendre : 2 km au sud-est par D 707, rte de Lanouaille et chemin à dr.

À savoir : beaux emplacements autour d'un petit étang

Nature : ▭ 🎏	
Loisirs : 🎣 🏊 🎣 parcours de santé	
Services : ♿ ⟐ (saison) GB	
⟋ 🖼	
À prox. : ✂ 🏖 (plage)	

Longitude : 0.92088
Latitude : 45.4144

TOCANE-ST-APRE

24350 – **329** D4 – 1 541 h. – alt. 95

🅑 *Syndicat d'initiative, Mairie* 🕿 *05 53 90 44 94, Fax 05 53 90 44 94*
Paris 498 – Brantôme 24 – Mussidan 33 – Périgueux 25 – Ribérac 15.

△ **Municipal le Pré Sec** de déb. mai à fin sept.
🕿 05 53 90 40 60, *mairie.tocane@wanadoo.fr*,
Fax 05 53 90 25 03
1,8 ha (80 empl.) non clos, plat, herbeux
Tarif : (Prix 2009) ♣ 1,85 € ⟺ 🅔 4,35 € – (㉨) 1,70 €

Location (Prix 2009) (permanent) : 14 🏚 (4 à 6 pers.)
- 234 à 369 €/sem.
Pour s'y rendre : au nord du bourg par D 103,
rte de Montagrier, près du stade, au bord de la Dronne

| Nature : 🐿 ⌸ ♉♉ |
| Loisirs : 🛏 🏄 ✗ 🛶 ⤚ |
| canoë, piste de skate |
| Services : ♿ ⚡ (15 juin-15 sept.) |
| 🔧 🚮 🍴 🔲 |

Longitude : 0.49893
Latitude : 45.25531

TOURTOIRAC

24390 – **329** H4 – G. Périgord Quercy – 624 h. – alt. 140
Paris 465 – Brive-la-Gaillarde 57 – Lanouaille 20 – Limoges 75 – Périgueux 35 – Uzerche 64.

🏔 **Les Tourterelles** ♣♣ – de fin avr. à déb. sept.
🕿 05 53 51 11 17, *les-tourterelles@aliceadsl.fr*,
www.les-tourterelles.com
12 ha/3,5 campables (113 empl.) plat et peu incliné,
en terrasses, herbeux
Tarif : 29 € ♣♣ ⟺ 🅔 (㉨) (6A) – pers. suppl. 5 € – frais de
réservation 20 €

Location (de déb. avr. à mi-oct.) : 16 🏠 (4 à 6 pers.)
355 à 550 €/sem. – 10 🏚 (4 à 6 pers.) - 430 à 685 €/
sem. – frais de réservation 20 €
Pour s'y rendre : au lieu-dit : Clos Faure (1,5 km au nord-
ouest par D 73, rte de Coulaures)

| Nature : 🐿 ⌸ ♉♉ |
| Loisirs : 🍴 ✗ 🛏 🏃 🏄 ⛷ |
| 🐎 poneys |
| Services : ♿ ⚡ GB 🔧 🚮 🍴 |
| 🔲 🛁 |

Longitude : 1.05341
Latitude : 45.27734

140

TRENTELS

47140 – **336** H3 – 818 h. – alt. 50
Paris 607 – Agen 42 – Bergerac 72 – Cahors 60 – Montauban 82 – Villeneuve-sur-Lot 15.

△ **Municipal de Lustrac** (location exclusive de chalets)
de mi-juin à fin août
🕿 05 53 70 77 22, *mairie.trentels@wanadoo.fr*,
Fax 05 53 40 03 41 – empl. traditionnels également
disponibles
0,5 ha plat, herbeux
Location (Prix 2009) ♿ : 7 🏚 (4 à 6 pers.) - 190 à
440 €/sem.
Pour s'y rendre : à Lustrac (2,5 km au nord-est
par D 911, rte de Fumel et chemin à dr., dir. Lustrac,
au bord du Lot)

| Nature : 🐿 ⌸ ♉♉ |
| Loisirs : 🛏 🛶 canoë |
| Services : ⚡ 🔧 laverie |
| À prox. : ✗ |

Longitude : 0.88814
Latitude : 44.43366

TURSAC

24620 – **329** H6 – G. Périgord Quercy – 324 h. – alt. 75
Paris 536 – Bordeaux 172 – Périgueux 48 – Brive 57 – Bergerac 61.

🏔 **Le Vézère Périgord** de déb. avr. à mi-oct.
🕿 05 53 06 96 31, *info@levezereperigord.com*,
Fax 05 53 06 75 66, *www.levezereperigord.com*
3,5 ha (103 empl.) en terrasses et peu incliné, herbeux,
pierreux
Tarif : ♣ 5 € ⟺ 🅔 8,20 € – (㉨) (10A) 3 €

Location : 21 🏠 (4 à 6 pers.) nuitée 40 € - 250 à
710 €/sem. – 4 bungalows toilés
🚐 1 borne artisanale**Pour s'y rendre** : 800 m au nord-
est par D 706, rte de Montignac et chemin à dr.

| Nature : 🐿 ⌸ ♉♉♉ |
| Loisirs : 🍴 snack 🛏 jacuzzi 🏄 |
| 🚲 ✗ ⛷ |
| Services : ♿ ⚡ GB 🔧 🍴 |
| laverie 🛁 |
| À prox. : canoë |

Longitude : 1.04594
Latitude : 44.98096

URDOS

64490 – **342** I7 – 67 h. – alt. 780
Paris 850 – Jaca 38 – Oloron-Ste-Marie 41 – Pau 75.

△ **Municipal Le Gave d'Aspe** de déb. mai à mi-sept.
  ℰ 05 59 34 88 26, *info@campingaspe.com*,
  www.campingaspe.com
  1,5 ha (80 empl.) non clos, plat et peu incliné, terrasse,
  herbeux, pierreux
  Tarif : (Prix 2009) ⚹ 3€ ⇦ 回 4€ – (⊮) (30A) 2,40€
  ⟨🏠⟩ 1 borne eurorelais
  Pour s'y rendre : r. du Moulin de la Tourette (1,5 km au
  nord-ouest par N 134 et chemin devant l'ancienne gare,
  au bord du Gave d'Aspe)

Nature : 🏕 ≼ 𝛺𝛺
Loisirs : 🏠 ⚑ ⤳
Services : 🚿 ⚷ ⁂ laverie

Longitude : -0.55453
Latitude : 42.87229

🏕 ✗ *HINWEIS :*
  Diese Einrichtungen sind im allgemeinen nur während
  der Saison in Betrieb -unabhängig von den Öffnungszeiten des Platzes.

URRUGNE

64122 – **342** B4 – G. Pays Basque – 7 668 h. – alt. 34
🄷 *Office de tourisme, place Renê Soubelet* ℰ 05 59 54 60 80, *Fax 05 59 54 63 49*
Paris 791 – Bayonne 29 – Biarritz 23 – Hendaye 8 – San Sebastion 27.

⛰ **Col d'Ibardin** 🔜 – de déb. avr. à fin sept.
  ℰ 05 59 54 31 21, *info@col-ibardin.com*,
  Fax 05 59 54 62 28, *www.col-ibardin.com*
  8 ha (191 empl.) peu incliné, herbeux
  Tarif : 32,50€ ⚹⚹ ⇦ 回 (⊮) (10A) – pers. suppl. 6,50€

  Location (de déb. avr. à fin oct.) 🏚 : 🚐 (4 à
  6 pers.) nuitée 48€ - 336 à 770€/sem. – 🏠 (4 à
  6 pers.) nuitée 68€ - 476 à 805€/sem.
  ⟨🏠⟩ 2 回 26€
  Pour s'y rendre : rte du Col d'Ibardin (4 km au sud par D
  4, rte d'Ascain, au bord d'un ruisseau)

  À savoir : au milieu d'une forêt de chênes, emplacements
  bordés par un ruisseau

Nature : 🏕 🏠 𝛺𝛺
Loisirs : ⛵ 🏠 ⚑ ⚑ ⚹ 🎿
terrain omnisports
Services : 🚿 ⚷ GB ⚕ ☃ ⤳ ⤳
⁂ laverie 🏕 ⤳

141

Longitude : -1.67384
Latitude : 43.33472

URT

64240 – **342** E4 – G. Pays Basque – 1 988 h. – alt. 41
🄷 *Office de tourisme, Place du Marchê* ℰ *05.59.56.24.65*
Paris 757 – Bayonne 17 – Biarritz 24 – Cambo-les-Bains 28 – Pau 97.

⛰ **Etche Zahar** de fin mars à déb. nov.
  ℰ 05 59 56 27 36, *info@etche-zahar.fr*, *www.etche-zahar.*
  fr 🏖 (août)
  1,5 ha (43 empl.) non clos, plat, peu incliné, herbeux
  Tarif : ⚹ 3,50€ ⇦ 2,30€ 回 9€ – (⊮) (10A) 3,20€ – frais de
  réservation 12€

  Location (fermé de déb. janv. à mi-fév.) : 6 🚐 (4
  à 6 pers.) nuitée 70€ - 231 à 497€/sem. – 8 🏠 (4 à
  6 pers.) nuitée 79€ - 252 à 602€/sem. – 5 bungalows
  toilés – frais de réservation 12€
  ⟨🏠⟩ 2 回 9,50€ – 🏕(⊮) 14.20€
  Pour s'y rendre : allée de Mesplès (1 km à l'ouest par
  D 257, dir. Urcuit et à gauche)

  À savoir : bel ensemble de chalets entre forêt et terres
  cultivées

Nature : 🏕 🏠
Loisirs : 🏠 ☊ 🎿
Services : 🚿 ⚷ GB ⚕ ⁂ laverie
⤳
À prox. : 🍴

Longitude : -1.29564
Latitude : 43.49133

VENDAYS-MONTALIVET

33930 – **335** E2 – 2 156 h. – alt. 9
🅘 *Office de tourisme, 62, avenue de l'Ocean 𝒫 05 56 09 30 12, Fax 05 56 09 36 11*
Paris 535 – Bordeaux 82 – Lesparre-Médoc 14 – Soulac-sur-Mer 21.

⚠ **La Chesnays** de déb. mai à fin sept.
  𝒫 05 56 41 72 74, *lachesnays@camping-montalivet.com*,
  Fax 05 56 41 72 74, *www.camping-montalivet.com*
  1,5 ha (59 empl.) plat, herbeux
  Tarif : 21,50 € 🛉🛉 ⇔ 🔳 🔌 (10A) – pers. suppl. 4,40 € –
  frais de réservation 12 €

  Location (Prix 2009) (de mi-avr. à déb. oct.) : 5 🛏
  (4 à 6 pers.) nuitée 75 € - 290 à 610 €/sem. – 2 🏠 (4 à
  6 pers.) nuitée 80 € - 320 à 640 €/sem. – 2 bungalows
  toilés – frais de réservation 12 €
  Pour s'y rendre : 8 rte de Soulac, à Mayan

| Nature : 🖵 🞵🞵 |
| Loisirs : 🎦 🚴 🏊 |
| Services : 🚿 ⚡ 🇬🇧 🗑 🚮 🍴 🖨 |

| Longitude : -1.08236 |
| Latitude : 45.3759 |

⚠ **Le Mérin** de déb. avr. à fin oct.
  𝒫 05 56 41 78 64, *contact@campinglemerin.com*,
  Fax 05 56 41 73 03, *www.campinglemerin.com*
  3,5 ha (165 empl.) plat, herbeux, sablonneux
  Tarif : 🛉 3,10 € ⇔ 🔳 5,30 € – 🔌 (10A) 3,30 € – frais de
  réservation 20 €

  Location 🚲 : 8 🛏 (2 à 4 pers.) nuitée 25 € - 150
  à 250 €/sem. – chalets et mobile-homes (sans
  sanitaires)
  Pour s'y rendre : 7 rte du Mérin (3,7 km au nord-ouest
  par D 102, rte de Montalivet et chemin à gauche)

| Nature : 🌊 🖵 🞵🞵 |
| Loisirs : 🚣 |
| Services : ⚡ 🗑 🖨 |

| Longitude : -1.09892 |
| Latitude : 45.36674 |

Renouvelez votre guide chaque année.

VENSAC

33590 – **335** E2 – 762 h. – alt. 5
Paris 528 – Bordeaux 82 – Lesparre-Médoc 14 – Soulac-sur-Mer 18.

⚠ **Les Acacias** de déb. juin à mi-sept.
  𝒫 05 56 09 58 81, *contact@les-acacias-du-medoc.fr*,
  Fax 05 56 09 50 67, *www.les-acacias-du-medoc.fr*
  3,5 ha (175 empl.) plat, herbeux, sablonneux
  Tarif : (Prix 2009) 24 € 🛉🛉 ⇔ 🔳 🔌 (6A) – pers.
  suppl. 4,50 € – frais de réservation 20 €

  Location (de déb. avr. à fin oct.) : 5 🛏 (2 à 4 pers.)
  322 à 450 €/sem. – 22 🛏 (4 à 6 pers.) 405 à 690 €/
  sem. – frais de réservation 35 €
  Pour s'y rendre : 44 rte de St-Vivien (1,5 km au nord-est
  par N 215, rte de Verdon-sur-Mer et chemin à dr.)

| Nature : 🞵🞵 |
| Loisirs : snack 🎦 🕻 nocturne 🚣 🞮 🏊 |
| Services : 🚿 ⚡ 🇬🇧 🗑 🚮 🚾 🖥 🍴 laverie 🔧 |

| Longitude : -1.03527 |
| Latitude : 45.41034 |

VÉZAC

24220 – **329** I6 – 602 h. – alt. 90
Paris 535 – Bergerac 65 – Brive-la-Gaillarde 60 – Fumel 53 – Gourdon 27 – Périgueux 69 – Sarlat-la-Canéda 9.

⚠ **Les Deux Vallées** Permanent
  𝒫 05 53 29 53 55, *contact@campingles2vallees.com*,
  Fax 05 53 31 09 81, *www.campingles2vallees.com*
  2,5 ha (100 empl.) plat, herbeux
  Tarif : (Prix 2009) 🛉 5,70 € ⇔ 🔳 7,75 € – 🔌 (10A) 3,50 € –
  frais de réservation 15 €

  Location (Prix 2009) : 11 🛏 (4 à 6 pers.) nuitée 40 € -
  225 à 660 €/sem. – 2 🏠 (4 à 6 pers.) nuitée 60 € - 380
  à 800 €/sem. – frais de réservation 15 €
  🚐 5 🔳 16,90 €
  Pour s'y rendre : lieu dit : La Gare (à l'ouest, derrière
  l'ancienne gare, au bord d'un petit étang)

  À savoir : de certains emplacements, vue imprenable sur
  le château de Beynac

| Nature : 🌊 ← 🖵 🞵🞵 |
| Loisirs : 🍽 snack 🎦 🚣 🚴 🞮 🏊 |
| Services : 🚿 ⚡ 🇬🇧 🗑 🖥 🍴 🖨 🍺 🔧 réfrigérateurs |

| Longitude : 1.15873 |
| Latitude : 44.8356 |

VIELLE-ST-GIRONS

40560 – **335** D11 – 1 094 h. – alt. 27

⚑ *Office de tourisme, route de Linxe* ℘ *05 58 47 94 94, Fax 05 58 47 90 00*
Paris 719 – Castets 16 – Dax 37 – Mimizan 32 – Soustons 28.

Sunêlia Le Col Vert ♣♣ – de déb. avr. à mi-sept.
℘ 08 90 71 00 01, *contact@colvert.com*,
Fax 05 58 42 91 88, *www.colvert.com*
24 ha (800 empl.) plat, sablonneux, herbeux
Tarif : 42,60 € ♦♦ ⟺ ▣ ⒧ (10A) – pers. suppl. 6,60 € –
frais de réservation 30 €

Location : 38 ⊡⊡ (4 à 6 pers.) 285 à 952 €/sem. –
21 ⌂ (4 à 6 pers.) - 285 à 952 €/sem. – 20 bungalows
toilés – frais de réservation 34 €
⊑ 1 borne artisanale – 4 ▣ 11 € – ⒧ 11 €
Pour s'y rendre : lieu-dit : Le Lac (5,5 km au sud par
D 652, au bord de l'étang de Léon)

À savoir : balnéo et jeux pour enfants de qualité

Nature : ♤♤⚇
Loisirs : ♥ snack, pizzeria ⊡
▣ ⚒ ⌗⚏ hammam jacuzzi
⚘ ⚲⚘♦ ⚓ ▣ ⚐ ⚐ terrain
omnisports
Services : ⚙ ⚬ GB ⚲⚲ ♨-6
sanitaires individuels (⚒⚏⚏
wc) ⚷ ⚲ ⚇ laverie ⚐ ⚲ cases
réfrigérées
À prox. : ✕ ⚒ ♦ ⚶ poneys
canoë, pédalos, barques

Longitude : -1.30103
Latitude : 43.95169

L'Océane de mi-juin à mi-sept.
℘ 05 58 42 94 37, *campingloceane@wanadoo.fr*,
Fax 05 58 42 00 48, *www.camping-oceane.fr* – places
limitées pour le passage
3 ha (50 empl.) non clos, plat, sablonneux, herbeux
Tarif : 24,40 € ♦♦ ⟺ ▣ ⒧ (10A) – pers. suppl. 8,50 €
Location (de déb. mai à fin sept.) : 43 ⊡⊡ (4 à 6 pers.)
365 à 695 €/sem. – frais de réservation 25 €
Pour s'y rendre : rte des Lacs (1 km au nord)

À savoir : agréable pinède

Nature : ♧♧♧
Loisirs : ♥ ⊡ ⚘ ⚲⚘ ⚓
Services : ⚬ (juil.-août) GB ⚲⚲
⚇ laverie ⚲

Longitude : -1.30611
Latitude : 43.92278

Le Parc du Bel Air de déb. juin à fin sept.
℘ 05 58 42 99 28, *camping-belair2@wanadoo.fr*,
Fax 05 58 42 99 28, *www.camping-belair.fr*
1 ha (50 empl.) plat, sablonneux, herbeux
Tarif : (Prix 2009) 18,50 € ♦♦ ⟺ ▣ ⒧ (6A) – pers.
suppl. 3,10 €
Location (Prix 2009) (de mi-avr. à mi-oct.) : 5 ⊡⊡ (4 à
6 pers.) 290 à 687 €/sem.
Pour s'y rendre : rte de Moliets (5,2 km au sud-ouest par
D 652, rte de Léon et D 328, rte de Pichelèbe à dr.)

Nature : ⚲ ♤♤
Loisirs : ⚘
Services : ⚙ ⚬ ⚲⚲ ▣

Longitude : -1.30837
Latitude : 43.95528

143

De gids wordt jaarlijks bijgewerkt.
Doe als wij, vervang hem, dan blift je bij.

VIEUX-BOUCAU-LES-BAINS

40480 – **335** C12 – G. Aquitaine – 1 576 h. – alt. 5

⚑ *Office de tourisme, 11 Mail André Rigal* ℘ *05 58 48 13 47, Fax 05 58 48 15 37*
Paris 740 – Bayonne 41 – Biarritz 48 – Castets 28 – Dax 37 – Mimizan 55 – Mont-de-Marsan 90.

Municipal les Sablères de déb. avr. à mi-oct.
℘ 05 58 48 12 29, *camping-lessableres@wanadoo.fr*,
Fax 05 58 48 20 70, *www.les-sableres.com*
11 ha (560 empl.) vallonné, sablonneux, herbeux
Tarif : (Prix 2009) 23,90 € ♦♦ ⟺ ▣ ⒧ (10A) – pers.
suppl. 3 € – frais de réservation 15 €
Location (Prix 2009) : 7 ⊡⊡ (4 à 6 pers.) 210 à 570 €/
sem. – 11 ⌂ (4 à 6 pers.) - 250 à 800 €/sem. – frais de
réservation 15 €
⊑ 1 borne artisanale
Pour s'y rendre : au nord-ouest, à 250 m de la plage
(accès direct)

Nature : ⚲
Loisirs : ⚘ terrain omnisports
Services : ⚙ ⚬ GB ⚲⚲ ⚷ ⚲
⚇ laverie, cases réfrigérées
À prox. : ⚘ ♥ snack pizzeria ✕

Longitude : -1.40211
Latitude : 43.79308

AQUITAINE

VIEUX-MAREUIL

24340 – **329** E3 – 331 h. – alt. 129
Paris 499 – Bordeaux 166 – Périgueux 43 – Angoulême 43 – Soyaux 41.

L'Étang Bleu de déb. avr. à mi-oct.
℘ 05 53 60 92 70, *marc@letangbleu.com*,
Fax 05 53 56 66 66, *www.letangbleu.com*
10 ha/6 campables (167 empl.) plat, herbeux, bois
attenant, étang
Tarif : ✦ 5,50 € ⬅ 🅿 11,50 € (½) (6A)
Location ⬠ : 5 🛏 (4 à 6 pers.) 220 à 655 €/sem.
🚐 1 borne artisanale
Pour s'y rendre : 2 km au nord par D 93, rte de St-Sulpice-de-Mareuil

Nature : 🦆 ⬚ ♀	
Loisirs : 🍸 snack 🎱 ⛵ 🏊 🎣	
Services : ♿ ⊶ 🖭 🚿	

Longitude : 0.4998
Latitude : 45.42999

VILLERÉAL

47210 – **336** G2 – G. Aquitaine – 1 257 h. – alt. 103
🟦 *Office de tourisme, place de la Halle ℘ 05 53 36 09 65, Fax 05 53 36 47 85*
Paris 566 – Agen 61 – Bergerac 35 – Cahors 76 – Marmande 56 – Sarlat-la-Canéda 65 – Villeneuve-sur-Lot 31.

Château de Fonrives 👥 – de déb. avr. à fin sept.
℘ 05 53 36 63 38, *contact@campingchateaufonrives.com*,
Fax 05 53 36 09 98, *www.campingchateaufonrives.com*
20 ha/10 campables (200 empl.) plat, peu incliné,
terrasses, herbeux, pierreux
Tarif : (Prix 2009) 33,50 € ✦✦ ⬅ 🅿 (½) (6A) – pers.
suppl. 4,70 € – frais de réservation 25 €

Location (Prix 2009) (permanent) : 100 🛏 (4 à
6 pers.) nuitée 50 € - 180 à 765 €/sem. – 40 🏠
(4 à 6 pers.) nuitée 50 € - 180 à 765 €/sem. – frais de
réservation 25 €
🚐 5 🅿 33,50 €
Pour s'y rendre : rte d'Issigeac (2,2 km au nord-ouest
par D 207 et à gauche, au château)

Nature : 🦆 ≤ ⬚ ♀♀	
Loisirs : 🍸 🍴 🎱 🏇 hammam	
jacuzzi ⛵ 🚴 ⛳ 🏓 🏊 🎣 🏐 🎣	
parcours sportif	
Services : ♿ ⊶ 🅶🅱 🐕 🚿 🚿 🥤	
🍴 laverie 🧺 🚿	

Longitude : 0.7407
Latitude : 44.64495

Bassin d'Archachon depuis Petit-Piquey

▲ **Fontaine du Roc** de déb. avr. à fin sept.
℘ 0553360816, *fontaine.du.roc@wanadoo.fr*,
Fax 0553616023, *www.fontaineduroc.com*
2 ha (50 empl.) plat, herbeux
Tarif : ✹ 5,50€ ⇌ 🅴 8€ – ⬧ (10A) 4,50€ – frais de
réservation 15€
Location : 4 ⌂ (4 à 6 pers.) nuitée 60€ - 350 à 570€/
sem. – frais de réservation 15€
⛽ 1 borne artisanale – 🚽 10.50€
Pour s'y rendre : au lieu-dit : Dévillac (7,5 km au sud-est
par D 255 et à gauche)

Nature : 🌿 ⬉ 🎋
Loisirs : 🏠 🏊 jacuzzi ⚽ 🛶
Services : 🚿 ⚡ 🚽 🗑 📷

Longitude : 0.81861
Latitude : 44.61444

LES GUIDES VERTS **MICHELIN**
Paysages, monuments
Routes touristiques
Géographie
Histoire, Art
Itinéraire de visite
Plans de villes et de monuments

VITRAC

24200 – **329** I7 – G. Périgord Quercy – 831 h. – alt. 150
🛈 *Office de tourisme, lieu-dit le bourg* ℘ 0553285780
Paris 541 – Brive-la-Gaillarde 64 – Cahors 54 – Gourdon 23 – Lalinde 52 – Périgueux 85 – Sarlat-la-Canéda 8.

▲▲▲ **Domaine Soleil Plage** 🏕 – de déb. avr. à fin sept.
℘ 0553283333, *info@soleilplage.fr*, Fax 0553283024,
www.soleilplage.fr
8 ha/5 campables (199 empl.) plat, herbeux
Tarif : (Prix 2009) 33,50€ ✹✹ ⇌ 🅴 ⬧ (10A) – pers.
suppl. 7,50€ – frais de réservation 39€
Location (Prix 2009) (de déb. avr. à déb. nov.) Ⓟ :
22 🛖 (4 à 6 pers.) nuitée 44€ - 280 à 780€/sem. –
20 ⌂ (4 à 6 pers.) nuitée 49€ - 310 à 950€/sem. –
frais de réservation 39€
⛽ 1 borne artisanale 3€ – 4 🅴 16,50€ – 🚽 ⬧ 16.50€
Pour s'y rendre : à Caudon (passer par Montfort, 2,5 km
à l'est, au bord de la Dordogne)

À savoir : espace aquatique paysagé près d'un joli petit
village de chalets "grand confort"

Nature : 🌿 ⬉ 🏞 🎋
Loisirs : 🍽 🍴 pizzeria 🏠 🎮 🎯
⚽ 🏊 🛶 ⛱ (plage) 🎣
canoë, terrain omnisports
Services : 🚿 ⚡ GB 🚿 🗑 🗑 🧹
🧺 laverie 🧼 🛒
À prox. : golf, practice de golf

Longitude : 1.25389
Latitude : 44.825

▲▲ **La Bouysse** de déb. avr. à fin sept.
℘ 0553283305, *info@labouysse.com*, Fax 0553303852,
www.labouysse.com
6 ha/3 campables (160 empl.) plat, peu incliné, herbeux,
petit bois attenant
Tarif : ✹ 5,80€ ⇌ 🅴 7,60€ – ⬧ (10A) 4€
Location 🚿 Ⓟ (chalets) : 4 🛖 (4 à 6 pers.) 250
à 680€/sem. – 9 ⌂ (4 à 6 pers.) - 270 à 725€/sem. –
appartements
Pour s'y rendre : à Caudon (2,5 km à l'est, près de la
Dordogne)

À savoir : décoration florale et arbustive

Nature : 🌿 🏞 🎋
Loisirs : 🍽 ⚽ 🎯 🏊 ⛱ (plage)
🛶 canoë
Services : 🚿 ⚡ 🧺 laverie 🧼 🛒
réfrigérateurs
À prox. : golf, practice de golf

Longitude : 1.25111
Latitude : 44.82421

AUVERGNE

J.L. Damase/Michelin

Chut... ! Chefs d'orchestre d'une symphonie muette depuis des millénaires, imperturbables sanctuaires de la nature à l'état brut, les volcans d'Auvergne dorment paisiblement. Seuls remous perceptibles : les grondements de Vulcania où de spectaculaires animations célèbrent ces titans assoupis... Dômes et puys sculptés par le feu forment un immense château d'eau se déversant en une multitude de lacs, de rivières et de sources pures, élixirs chargés de vertus légendaires. Pour mieux s'abandonner à ces « thermes de Jouvence », les curistes en quête de bien-être s'immergent dans l'ambiance élégante des villes d'eau où la tentation reste grande, malgré les conseils diététiques, de céder à la chaleur revigorante d'une potée, aux effluves d'un cantal affiné ou à l'inimitable saveur sucrée-salée d'un pounti.

Shhh! Auvergne's volcanoes are dormant and have been for many millennia, forming a natural rampart against the inroads of man and ensuring that this beautiful wilderness will never be entirely tamed. If you listen very carefully, you may just make out a distant rumble from Vulcania, where spectacular theme park attractions celebrate these sleeping giants. The region's domes and peaks are the source of countless mountain springs that cascade down the steep slopes into brooks, rivers and crystal-clear lakes. Renowned for the therapeutic qualities of its waters, the region has long played host to well-heeled curistes in its elegant spa resorts, but many visitors find it impossible to follow doctor's orders when faced enticing aroma of a country stew or a full-bodied Cantal cheese!

ABREST

03200 – **326** H6 – 2 530 h. – alt. 290 – Base de loisirs
Paris 361 – Clermont 70 – Moulins 63 – Montluçon 94 – Roanne 73.

La Croix St-Martin de déb. avr. à mi-oct.
0470326774, camping-vichy@orange.fr,
www.camping-vichy.com
3 ha (100 empl.) plat, herbeux
Tarif : **4,50€** 🚐 🅴 5,30€ – [2] (10A) 2,90€
Location (Prix 2009) : 8 🛖 (4 à 6 pers.) 510€/sem.
🚐 1 borne artisanale 5€ – 🚰 10.50€
Pour s'y rendre : 99 av. des Graviers (au nord, près de l'Allier)

Nature : 🌳
Loisirs : 🎣 🏊
Services : 🚿 ⛽ GB 🚙 ⚕ laverie
À prox. : 🎰 casino 🏓 ♨ 🏊 golf, canoë, swin golf

Longitude : 3.44012
Latitude : 46.10669

ALLEYRAS

43580 – **331** E4 – 176 h. – alt. 779
Paris 549 – Brioude 71 – Langogne 43 – Le Puy-en-Velay 32 – St-Chély-d'Apcher 59.

Municipal Au Fil de l'Eau de déb. avr. à fin oct.
0471575686,
mairie.camping-municipal@akeonet.com,
Fax 0471575686,
http://campingmunicipalaufildeleau.wifeo.com – alt. 660
0,9 ha (60 empl.) plat et peu incliné, terrasse, herbeux
Tarif : (Prix 2009) 11€ 👫 🚐 🅴 [2] (6A) – pers. suppl. 4€
Location : huttes
🚐 1 borne flot bleu 3€
Pour s'y rendre : Le Pont-d'Alleyras (2,5 km au nord-ouest, accès direct à l'Allier)

Nature : 🐟 ⚓
Loisirs : 🛶
Services : 🚿 ⛽ (juil.-août) laverie
À prox. : 🎿 🏓 🎣 canoë

Longitude : 3.67295
Latitude : 44.91891

AMBERT

63600 – **326** J9 – G. Auvergne – 7 057 h. – alt. 535
🚹 *Office de tourisme, 4, place de Hôtel de Ville* 🖉 *0473826190, Fax 0473824836*
Paris 438 – Brioude 63 – Clermont-Ferrand 77 – Montbrison 47 – Le Puy-en-Velay 71 – Thiers 53.

Municipal Les Trois Chênes de déb. mai à fin sept.
0473823468, tourisme@ville-ambert.fr,
Fax 0473823468, *www.camping-ambert.com*
3 ha (120 empl.) plat, herbeux
Tarif : (Prix 2009) **4,20€** 🚐 2,30€ 🅴 3,70€ – [2] (10A) 3,10€
Location (Prix 2009) : 13 🛖 (4 à 6 pers.) - 290 à 490€/sem.
🚐 1 borne eurorelais 2€ – 4 🅴 10,50€ – 🚰 10.50€
Pour s'y rendre : Rte du Puy (1,5 km au sud par D 906, rte de la Chaise-Dieu, près de la Dore)

À savoir : agréable cadre verdoyant

Nature : 🌲 🏡 🌳
Loisirs : 🎦 🏊 🎿
Services : 🚿 ⛽ GB 🚙 👶 🚐 laverie
Au plan d'eau : 🎣 🎿 ♨ 🛶
terrain omnisports, parcours de santé - 🍴 snack 🍷

Longitude : 3.7279
Latitude : 45.52985

ARNAC

15150 – **330** B4 – 155 h. – alt. 620
Paris 541 – Argentat 38 – Aurillac 35 – Mauriac 36 – Égletons 61.

Village Vacances La Gineste (location exclusive de mobile homes et chalets) Permanent
0471629190, contact@village-vacances-cantal.com,
Fax 0471629272, *www.village-vacances-cantal.com*
3 ha en terrasses, herbeux
Location (Prix 2009) 🅿 : 80 🛖 (4 à 6 pers.) 230 à 400€/sem. – 40 🛖 (4 à 6 pers.) - 260 à 600€/sem.
🚐 1 borne raclet 2€
Pour s'y rendre : La Gineste (3 km au nord-ouest par D 61, rte de Pleaux puis 1,2 km par chemin à dr.)

À savoir : situation agréable sur une presqu'île du lac d'Enchanet

Nature : 🐟 ⚓ 🏡
Loisirs : 🎣 🍴 🎦 🎯 🎿 🚲 🏓 🏊 🏖 (plage) 🎣 🏇 quad
Services : ⛽ GB 🚙 📷 🚐 🍷
À prox. : sports nautiques 🚐

Longitude : 2.23376
Latitude : 45.06029

ARPAJON-SUR-CÈRE

15130 – **330** C5 – 5 934 h. – alt. 613
Paris 559 – Argentat 56 – Aurillac 5 – Maurs 44 – Sousceyrac 46.

⚠ **La Cère** de déb. juin à fin sept.
℘ 0471645507, Fax 0471645507, *http://www.caba.fr*
2 ha (106 empl.) plat, herbeux
Tarif : (Prix 2009) 14,10€ ✹✹ ⇔ 🅴 (2) (10A) – pers.
suppl. 3,50€

Location (Prix 2009) (permanent) : 10 ⛺ (4 à 6 pers.)
250 à 470€/sem.
Pour s'y rendre : au sud de la ville, accès par D 920,
face à la station Esso, au bord de la rivière

À savoir : cadre boisé et soigné

Nature : ⌂ ♀
Loisirs : 🎪 ⚓ 🏊
Services : ⅍ ⊶ GB ⅍ 🚽 📮
À prox. : 🛒 ·🍴 🎯 golf (9 trous)

Longitude : 2.44364
Latitude : 44.92776

Do not confuse :
⚠... *to* ... ⚠⚠⚠ : *MICHELIN classification*
and
★ ... *to* ... ★★★★ : *official classification*

AURILLAC

15000 – **330** C5 – G. Auvergne – 29 477 h. – alt. 610
🅱 *Office de tourisme, 7 rue des Carmes ℘ 0471484658, Fax 0471489939*
Paris 557 – Brive-la-Gaillarde 98 – Clermont-Ferrand 158 – Montauban 174 – Montluçon 263.

⚠ **Municipal l'Ombrade** de déb. juin à mi-sept.
℘ 0471482887, *tourisme@caba.fr*, Fax 0471482887,
http://www.caba.fr
7,5 ha (200 empl.) plat et en terrasses, herbeux
Tarif : (Prix 2009) 10,60€ ✹✹ ⇔ 🅴 (2) (10A) – pers.
suppl. 3,50€
⛺ 1 borne artisanale – 30 🅴 10,50€
Pour s'y rendre : 1 km au nord par D 17 et chemin
du Gué-Bouliaga à dr., de part et d'autre de la Jordanne

Nature : ♀♀
Loisirs : 🎪
Services : ⅍ ⊶ GB ⅍ 🚿 🚽 📮
À prox. : 🛒

Longitude : 2.45917
Latitude : 44.93874

AYDAT

63970 – **326** E9 – G. Auvergne – 1 956 h. – alt. 850
🅱 *Office de tourisme, le Lac ℘ 0473793769, Fax 0473783691*
Paris 438 – La Bourboule 33 – Clermont-Ferrand 21 – Issoire 38 – Pontgibaud 31 – Rochefort-Montagne 28.

⚠⚠⚠ **Lac d'Aydat** de mi-avr. à fin sept.
℘ 0473793809, *info@camping-lac-aydat.com*,
Fax 0473793412, *www.camping-lac-aydat.com*
7 ha (150 empl.) accidenté et plat, en terrasses, herbeux,
pierreux
Tarif : 22€ ✹✹ ⇔ 🅴 (2) (10A) – pers. suppl. 5€ – frais
de réservation 20€

Location (permanent) : 7 ⛺ (2 à 4 pers.) 150 à 400€/
sem. – 22 ⛺ (4 à 6 pers.) nuitée 40€ - 200 à 460€/
sem. – 14 🏠 (4 à 6 pers.) nuitée 60€ - 340 à 620€/
sem. – frais de réservation 20€
⛺ 1 borne artisanale
Pour s'y rendre : au bord du lac Foret du lot (2 km
au nord-est par D 90 et chemin à dr., près du lac)

À savoir : agréable pinède

Nature : ♀♀
Loisirs : 🍴 snack 🎪 ⚓
Services : ⅍ ⊶ GB ⅍ 🚿 ♨
laverie
À prox. : 🚣 🏄 🚲 ⛱ (plage)
🚴 🐴

Longitude : 2.97457
Latitude : 45.66016

⚠ **Des Volcans** de déb. juin à fin août
℘ 0473793390, *keith_harvey@compuserve.com*,
Fax 0473793390 – alt. 1 020
1,3 ha (54 empl.) peu incliné, herbeux
Tarif : ✹ 3,30€ ⇔ 1€ 🅴 2,50€ – (2) (4A) 2,60€
Pour s'y rendre : La Garandie (3,2 km à l'ouest d'Aydat
par D 788)

Nature : 🍃 < ♀
Loisirs : 🎣
Services : ⊶ ⅍
au lac : 🍴 snack 🚣 🚲 ⛱ (plage)
🚴 🧗 mur d'escalade

Longitude : 2.94656
Latitude : 45.66083

BAGNOLS

63810 – **326** C9 – G. Auvergne – 505 h. – alt. 862
Paris 483 – Bort-les-Orgues 19 – La Bourboule 23 – Bourg-Lastic 38 – Clermont-Ferrand 64.

Municipal la Thialle de déb. avr. à déb. nov.
℘ 0473222800, *mairie.bagnols63@wanadoo.fr*,
Fax 0473222004
2,8 ha (70 empl.) plat, herbeux, gravillons
Tarif : ✱ 3,60€ ⇔ 2€ 🅴 2€ – ⚡ (3A) 2,20€

Location : 6 🏠 (4 à 6 pers.) nuitée 46€ - à 510€/
sem. – huttes
🚐 1 borne autre
Pour s'y rendre : Rte de St-Donat (sortie sud-est par
D 25, au bord de la Thialle)

Nature : 🌿
Loisirs : 🎱 ⚓ 🎣 ⛵ (petite piscine) 🎣
Services : 🚿 🚰 (saison) 🐾 🚽 🖼
À prox. : 🏊 🍴

Longitude : 2.63183
Latitude : 45.49916

Donnez-nous votre avis
sur les terrains que nous recommandons.
Faites-nous connaître vos observations et vos découvertes.
par mail à l'adresse : leguidecampingfrance@fr.michelin.com.

BILLOM

63160 – **326** H8 – G. Auvergne – 4 575 h. – alt. 340
🛈 *Office de tourisme, 13, rue Carnot* ℘ *0473683985, Fax 0473683891*
Paris 437 – Clermont-Ferrand 28 – Cunlhat 30 – Issoire 31 – Thiers 27.

Municipal le Colombier de mi-juin à mi-sept.
℘ 0473689150, *mairie-billom@wanadoo.fr*,
Fax 0473733760, *www.billom.fr*
1 ha (40 empl.) plat et peu incliné, herbeux
Tarif : (Prix 2009) ✱ 2,60€ ⇔ 1,40€ 🅴 2,10€ –
⚡ (10A) 2,80€

Location (permanent) : 12 🏠 (4 à 6 pers.) nuitée
70€ - 330 à 380€/sem.
Pour s'y rendre : r. Carnot (au nord-est de la localité par
rte de Lezoux)

Nature : 🏞 🌿
Loisirs : 🎱 ⚓
Services : 🚿 🚰 🐾 🖼
À prox. : 🍴 🎱 🏊 🐎

Longitude : 3.34352
Latitude : 45.72867

LA BOURBOULE

63150 – **326** D9 – G. Auvergne – 2 049 h. – alt. 880 – ☘ (début fév.-fin oct.)
🛈 *Office de tourisme, place de la République* ℘ *0473655771, Fax 0473655021*
Paris 469 – Aubusson 82 – Clermont-Ferrand 50 – Mauriac 71 – Ussel 51.

Les Clarines de mi-déc. à mi-oct.
℘ 0473810230, *clarines.les@wanadoo.fr*,
Fax 0473810934, *www.camping-les-clarines.com*
3,75 ha (194 empl.) incliné, peu incliné, en terrasses,
herbeux, gravillons
Tarif : (Prix 2009) 19,20€ ✱✱ ⇔ 🅴 ⚡ (10A) – pers.
suppl. 4,85€

Location (Prix 2009) : 30 🛖 (4 à 6 pers.) 330 à 620€/
sem. – gîtes
🚐 1 borne artisanale – 10 🅴 10,30€
Pour s'y rendre : 1424 av. du Maréchal Leclerc

Nature : 🌳 🌿
Loisirs : 🍴 🎱 🌀 diurne ⚓ 🏊
Services : 🚰 GB 🐾 🛁 🚿 💆
🧺 laverie
À prox. : 🎱 🐾

Longitude : 2.76331
Latitude : 45.59431

Municipal les Vernières de déb. avr. à fin sept.
℘ 0473811020, *ville-labourboule@wanadoo.fr*,
Fax 0473655498
1,5 ha (165 empl.) plat et terrasse, herbeux
Tarif : (Prix 2009) 12,85€ ✱✱ ⇔ 🅴 ⚡ (10A) – pers.
suppl. 3,30€
🚐 1 borne flot bleu 2€
Pour s'y rendre : av. du Maréchal de Lattre de Tassigny
(sortie est par D 130, rte du Mont-Dore, près de
la Dordogne)

Nature : ≼ 🏞 🌿
Loisirs : 🎱 ⚓
Services : 🚿 🚰 🐾 🚽 🖼
À prox. : 🎱 🏊 🏊

Longitude : 2.75849
Latitude : 45.59023

BRAIZE

03360 – **326** C2 – 276 h. – alt. 240
Paris 297 – Dun-sur-Auron 30 – Cérilly 16 – Culan 35 – Montluçon 40.

△ **Le Champ de la Chapelle** de mi-avr. à fin oct.
℘ 0470061545, *champdelachapelle@wanadoo.fr*,
www.champdelachapelle.com
5,6 ha (80 empl.) plat et peu incliné, accidenté, herbeux
Tarif : 21€ ♣♣ ⇔ 🅴 🅷 (10A) – pers. suppl. 3,25€
Pour s'y rendre : Champ de la Chapelle (5,7 km au sud par D 28, rte de Meaulnes et D 978a à gauche, rte de Tronçais puis 1 km par chemin empierré, à gauche)
À savoir : agréable situation en forêt

| Nature : 🐟 ♤♤ |
| Loisirs : 🚣 🏊 (plage) |
| Services : ♿ ⚡ GB 🐕 🚿 🍴 🖼 |
| à l'étang de St-Bonnet : 🍹 ✗ 🍴 |
| 🛶 ⚓ club nautique |

Longitude : 2.65558
Latitude : 46.64308

CASSANIOUZE

15340 – **330** C6 – 520 h. – alt. 638
Paris 590 – Aurillac 35 – Entraygues-sur-Truyère 26 – Montsalvy 18 – Rodez 53.

△ **Le Coursavy** de mi-avr. à mi-sept.
℘ 0471499770, *camping.coursavy@wanadoo.fr*,
Fax 0471499770, *www.campingcoursavy.com*
2 ha (50 empl.) plat, terrasse, herbeux
Tarif : ★ 7,60€ ⇔ 🅴 12€ – 🅷 (5A) 2,50€
Location : 🏠
Pour s'y rendre : Coursavy (10 km au sud-ouest par D 601, rte de Conques et D 141 à gauche, rte d'Entraygues, au bord du Lot et d'un ruisseau)
À savoir : cadre champêtre dans la vallée verdoyante du Lot

| Nature : 🐟 ≤ ♀ |
| Loisirs : 🍹 🚣 |
| Services : ♿ ⚡ 🐕 🍴 🖼 |
| À prox. : 🏊 (petite piscine) canoë kayak |

Longitude : 2.36395
Latitude : 44.64179

CEAUX-D'ALLEGRE

43270 – **331** E2 – 452 h. – alt. 905
Paris 523 – Allègre 5 – La Chaise-Dieu 21 – Craponne-sur-Arzon 23 – Le Puy-en-Velay 25 – Retournac 38.

△ **La Vie Moderne** de déb. mai à fin sept.
℘ 0471007966, *lavie.moderne@laposte.net*,
www.laviemoderne.com
0,5 ha (35 empl.) plat, herbeux, pierreux
Tarif : (Prix 2009) ★ 3€ ⇔ 1€ 🅴 3€ – 🅷 (10A) 1,50€
Location (Prix 2009) : 6 🏠 (4 à 6 pers.) nuitée 40€ - 430€/sem. – 6 yourtes
Pour s'y rendre : Langlade (1 km au nord-est par D 134, rte de Bellevue-la-Montagne et chemin à gauche, au bord de la Borne et près d'un étang)

| Nature : 🐟 🗔 |
| Services : ♿ (juil.-août) 🐕 🚿 |
| À prox. : ✗ 🎣 |

Longitude : 3.74686
Latitude : 45.18255

*La catégorie (1 à 5 tentes, **noires** ou **rouges**) que nous attribuons*
aux terrains sélectionnés dans ce guide est une appréciation qui nous est propre.
Elle ne doit pas être confondue avec le classement (1 à 4 étoiles)
établi par les services officiels.

CEYRAT

63122 – **326** F8 – G. Auvergne – 5 458 h. – alt. 560
🛈 *Syndicat d'initiative, 1, rue Frédéric Brunmurol ℘ 0473615323, Fax 0473615323*
Paris 423 – Clermont-Ferrand 6 – Issoire 36 – Le Mont-Dore 42 – Royat 5.

△△ **Le Chanset** Permanent
℘ 0473613073, *camping.lechanset@wanadoo.fr*,
Fax 0473613073, *www.campingdeceyrat63.com* –
alt. 600
5 ha (140 empl.) plat et incliné, herbeux
Tarif : ★ 3,40€ ⇔ 2,10€ 🅴 6,30€ – 🅷 (10A) 4€
Location : 17 🏕 (4 à 6 pers.) 187 à 560€/sem. – 17 🏠 (4 à 6 pers.) - 218 à 640€/sem.
🚐 1 borne artisanale 2,85€ – 🚽 11.50€
Pour s'y rendre : r. du Camping (av. J.-B.-Marrou)

| Nature : ♀ |
| Loisirs : 🍹 snack 🎱 🎣 🏊 |
| Services : ♿ ⚡ GB 🐕 🖨 🍴 🚿 |
| 🗑 🍴 laverie 🍷 🛒 |

Longitude : 3.06241
Latitude : 45.73979

LA CHAISE-DIEU

43160 – **331** E2 – G. Auvergne – 801 h. – alt. 1 080

🛈 *Office de tourisme, Place de la Mairie* ✆ *04 71 00 01 16, Fax 04 71 00 03 45*
Paris 503 – Ambert 29 – Brioude 35 – Issoire 59 – Le Puy-en-Velay 42 – St-Étienne 81 – Yssingeaux 59.

⚠ **Municipal les Prades** de déb. juin à mi-sept.
✆ 04 71 00 07 88, *andre.brivadis@orange.fr*,
Fax 04 71 00 03 43
3 ha (100 empl.) peu incliné, herbeux
Tarif : (Prix 2009) ✱ 3 € ⬅ 🅴 3 € – 🅷 (10A) 2,90 €

Location : huttes
Pour s'y rendre : 2 km au nord-est par D 906, rte d'Ambert, près du plan d'eau de la Tour (accès direct)

| Nature : 🌳🌳 |
| Loisirs : |
| Services : |
| À prox. : poneys |

Longitude : 3.69795
Latitude : 45.32142

Des vacances réussies sont des vacances bien préparées !
Ce guide est fait pour vous y aider... mais :
– N'attendez pas le dernier moment pour réserver
– Évitez la période critique du 14 juillet au 15 août
Pensez aux ressources de l'arrière-pays,
à l'écart des lieux de grande fréquentation.

CHAMBON-SUR-LAC

63790 – **326** E9 – G. Auvergne – 349 h. – alt. 885 – Sports d'hiver : 1 150/1 760 m 🎿9 🎿
Paris 456 – Clermont-Ferrand 37 – Condat 39 – Issoire 32 – Le Mont-Dore 18.

Le Pré Bas 🏕 – de fin avr. à fin sept.
✆ 04 73 88 63 04, *prebas@campingauvergne.com*,
Fax 04 73 88 65 93, *www.campingauvergne.com*
3,8 ha (180 empl.) plat et peu incliné, herbeux
Tarif : (Prix 2009) 21,50 € ✱✱ ⬅ 🅴 🅷 (6A) – pers.
suppl. 4,10 € – frais de réservation 17 €
Location (Prix 2009) : 100 🛖 (4 à 6 pers.) nuitée 78 € - 242 à 786 €/sem. – frais de réservation 17 €
Pour s'y rendre : près du lac (accès direct)
À savoir : belle décoration florale et arbustive

| Nature : lac |
| Loisirs : snack, pizzeria, jacuzzi, terrain omnisports |
| Services : laverie |
| À prox. : hammam, canoë, quad |

Longitude : 2.92253
Latitude : 45.56863

153

Serrette de déb. mai à mi-sept.
✆ 04 73 88 67 67, *camping.de.serrette@wanadoo.fr*, Fax 04 73 88 81 73, *www.campingdeserrette.com* – alt. 1 000 – 🐕
2 ha (75 empl.) en terrasses, incliné, herbeux, pierreux
Tarif : (Prix 2009) ✱ 4,80 € ⬅ 2,10 € 🅴 7,30 € – 🅷 (6A) 4,70 € – frais de réservation 10 €
Location (Prix 2009) (de déb. mai à mi-sept.) : 5 🛖 (2 à 4 pers.) 160 à 360 €/sem. – 8 🛖 (4 à 6 pers.) 260 à 613 €/sem. – 🛖 – frais de réservation 10 €
Pour s'y rendre : Serrette (2,5 km à l'ouest par D 996, rte du Mont-Dore et D 636 (à gauche) rte de Chambon des Neiges)

| Nature : lac et montagnes |
| Loisirs : (découverte l'été) |
| Services : |
| Au lac : (plage) |

Longitude : 2.89209
Latitude : 45.57195

La Plage de déb. mai à mi-sept.
✆ 04 73 88 60 04, *lac.chambon@wanadoo.fr*, *www.lac-chambon-plage.fr*
7 ha (372 empl.) plat, incliné, en terrasses, herbeux, pierreux
Tarif : (Prix 2009) 19,80 € ✱✱ ⬅ 🅴 🅷 (6A) – pers. suppl. 3,90 €
Location (Prix 2009) (de mi-avr. à mi-oct.) : 18 🛖 (4 à 6 pers.) - 270 à 595 €/sem. – 10 🛏 – hôtel
Pour s'y rendre : Centre Touristique plage ouest (3 km à l'est par D 996, rte de Murol et chemin à dr.)
À savoir : agréable situation près du lac

| Nature : lac |
| Loisirs : salle d'animation et de spectacles |
| Services : (juil.-août) laverie |
| À prox. : |

Longitude : 2.94324
Latitude : 45.57372

Les Bombes de déb. mai à mi-sept.
℘ 0473886403, *les-bombes.camping@orange.fr*,
www.camping-les-bombes.com
5 ha (150 empl.) plat, herbeux
Tarif : 22,50€ ✶✶ ⮔ 🅔 🅗 (16A) – pers. suppl. 4,90€ –
frais de réservation 12€

Location : 13 ⬚ (4 à 6 pers.) 260 à 630€/sem. – frais
de réservation 12€
⬚ 1 borne flot bleu 6€
Pour s'y rendre : Chemin de Petary (à l'est de Chambon-
sur-Lac vers rte de Murol et à dr., au bord de la Couze de
Chambon)
À savoir : location à la nuitée hors sais.

Nature : ⬚ Vallée de Chaude-
four ⬚
Loisirs : snack ⬚ ⬚ ⬚
Services : ⬚ ⬚ ⬚ ⬚ ⬚ ⬚
Au lac : ⬚ ⬚ (plage) ⬚

Longitude : 2.89695
Latitude : 45.57121

43400 – **331** H3 – G. Lyon Drôme Ardèche – 2 661 h. – alt. 967
🄸 *Office de tourisme, 2, route de Tence* ℘ 0471597156, Fax 0471658878
Paris 573 – Annonay 48 – Lamastre 32 – Le Puy-en-Velay 45 – Privas 75 – St-Étienne 60 – Yssingeaux 22.

Les Hirondelles de déb. juil. à fin août
℘ 0471597384, *les.hirondelles.bader@wanadoo.fr*,
Fax 0471658880, *www.campingleshirondelles.fr* –
alt. 1 000
1 ha (45 empl.) plat, en terrasses, herbeux
Tarif : 22€ ✶✶ ⮔ 🅔 🅗 (6A) – pers. suppl. 4,20€
Location (de déb. mai à mi-oct.) ⬚ : 3 ⬚ (4 à 6
pers.) - 250 à 480€/sem. – ⬚ – 1 appartement
⬚ 1 borne artisanale 18€ – 20 🅔 18€
Pour s'y rendre : 1 km au sud par D 151 et D 7 à gauche,
rte de la Suchère
À savoir : cadre agréable dominant le village

Nature : ⬚ ⬚ ⬚ ⬚
Loisirs : ⬚ ⬚ ⬚
Services : ⬚ ⬚ GB ⬚ ⬚ ⬚ ⬚
Au plan d'eau : ⬚ ⬚ ⬚ ⬚
⬚ (centre équestre) parcours
sportif, golf

Longitude : 4.2986
Latitude : 45.05436

Le Lignon de mi-mai à fin sept.
℘ 0471597286, *fvalla@campingdulignon.eu*,
Fax 0471597286, *www.campingdulignon.com* –
alt. 1 000
2 ha (130 empl.) plat, herbeux
Tarif : 15€ ✶✶ ⮔ 🅔 🅗 (10A) – pers. suppl. 5€
Location (de mi-avr. à fin sept.) ⬚ : 9 bungalows
toilés
⬚ 1 borne autre 6€ – 5 🅔 12€
Pour s'y rendre : Rte du Stade (sortie sud-ouest par
D 15, rte de Mazet-sur-Voy et à dr. av. le pont, près de
la rivière)

Nature : ⬚
Loisirs : ⬚ ⬚ ⬚
Services : ⬚ ⬚ ⬚ ⬚ ⬚
au plan d'eau : ⬚ ⬚ ⬚ ⬚ ⬚
⬚ (centre équestre) - parcours
sportif, golf, parcours aventures

Longitude : 4.29582
Latitude : 45.06

*LESEN SIE DIE ERLÄUTERUNGEN aufmerksam durch,
damit Sie diesen Camping-Führer mit der Vielfalt der gegebenen
Auskünfte wirklich ausnutzen können.*

43440 – **331** D1 – G. Auvergne – 244 h. – alt. 880
Paris 486 – Brioude 16 – La Chaise-Dieu 25 – Clermont-Ferrand 76 – Le Puy-en-Velay 67.

Le Chanterelle de déb. avr. à fin oct.
℘ 0471763400, *camping@champagnac.com*,
Fax 0471763400, *www.champagnac.com*
4 ha (90 empl.) en terrasses, herbeux, gravillons
Tarif : (Prix 2009) ✶ 3€ ⮔ 2€ 🅔 5,50€ – 🅗 (10A) 3€
Location (Prix 2009) : 20 ⬚ (4 à 6 pers.) nuitée 55€ -
276 à 581€/sem. – 10 bungalows toilés
Pour s'y rendre : Le Prat Barrat (1,4 km au nord par D 5,
rte d'Auzon, et chemin à dr.)
À savoir : dans un site verdoyant, près d'un plan d'eau

Nature : ⬚ ⬚ ⬚
Loisirs : ⬚ ⬚ ⬚
Services : ⬚ ⬚ GB ⬚ ⬚ ⬚ ⬚
⬚ laverie
À prox. : ⬚ ⬚ ⬚ (plage) ⬚
⬚ (centre équestre) parcours
de santé

Longitude : 3.50575
Latitude : 45.3657

CHAMPS-SUR-TARENTAINE

15270 – **330** D2 – G. Auvergne – 1 041 h. – alt. 450
🚹 *Syndicat d'initiative, Mairie* ℰ 0471787275, Fax 0471787509
Paris 500 – Aurillac 90 – Clermont-Ferrand 82 – Condat 24 – Mauriac 38 – Ussel 36.

△ **Les Chalets de l'Eau Verte** (location exclusive de chalets) Permanent
ℰ 0471787878, *contact@auvergne-chalets.fr*,
Fax 0473832030, *http://www.auvergne-chalets.fr*
8 ha peu incliné, plat, herbeux
Location 🅿 : 6 🏠 (4 à 6 pers.) nuitée 39€ - 273 à 490€/sem.
Pour s'y rendre : Le Jagounet
À savoir : location 2 nuits minimum hors sais.

Nature : 🐟
Loisirs : 🔲
Services : GB 🐾 ⚒ 📷
À prox. : ✕ 🍴 🚣 🐎

Longitude : 2.63784
Latitude : 45.40797

△ **Municipal de la Tarentaine** de mi-juin à mi-sept.
ℰ 0471787125, *contact@champs-marchal.org*,
Fax 0471787509, *www.champs-marchal.org*
4 ha (126 empl.) plat, herbeux
Tarif : 🚶 2,45€ 🚗 1,50€ 🔲 1,80€ – 🔌 (10A) 2,10€
Location (permanent) 🚐 : 4 🚚 (2 à 4 pers.) 185 à 250€/sem. – frais de réservation 8€
Pour s'y rendre : Rte du Pont de Lourseyre (1 km au sud-ouest par D 679 et D 22, rte de Bort-les-Orgues et au bord de la Tarentaine)

Nature : 🐟 🔲 🌳
Loisirs : 🔲 🎣
Services : ♿ 🔌 🐾 🚿 📷
À prox. : 🚴 🎿 ✕ 🚣 🚐

Longitude : 2.55566
Latitude : 45.39296

Si vous recherchez :
👪 *Un terrain offrant des équipements et des loisirs adaptés aux enfants*
🐟 *Un terrain agréable ou très tranquille*
L *Un terrain effectuant la location de caravanes, de mobile homes, de bungalows ou de chalets*
P *Un terrain ouvert toute l'année*
🚐 *Un terrain possédant une aire de services pour camping-cars*
Consultez le tableau des localités

155

CHÂTELGUYON

63140 – **326** F7 – G. Auvergne – 6 133 h. – alt. 430 – 🛁 (déb. mai-fin sept.)
🚹 *Office de tourisme, 1, avenue de l'Europe* ℰ 0473860117, Fax 0473862703
Paris 411 – Aubusson 93 – Clermont-Ferrand 21 – Gannat 31 – Vichy 43 – Volvic 11.

△△ **Clos de Balanède** 👪 – de déb. mars à fin oct.
ℰ 0473860247, *clos-balanede.sarl-camping@wanadoo.fr*,
Fax 0473860564, *www.balanede.com*
4 ha (285 empl.) plat et peu incliné, herbeux
Tarif : 17,50€ 🚶🚶 🚗 🔲 🔌 (6A) – pers. suppl. 5,10€
Location : 45 🚚 (4 à 6 pers.) 290 à 400€/sem. – 2 🏠 (4 à 6 pers.) - 290 à 400€/sem.
🚐 1 borne – 20 🔲 17,50€
Pour s'y rendre : Rte de la Piscine (sortie sud-est par D 985, rte de Riom)

Nature : 🌳🌳
Loisirs : 🍴 snack 🔲 🎣 🎪 🏊
🚴 🚣
Services : ♿ 🔌 GB 🐾 🚿 🚐
⚒ laverie 🧺

Longitude : 3.07659
Latitude : 45.91731

CHAUDES-AIGUES

15110 – **330** G5 – G. Auvergne – 972 h. – alt. 750 – 🛁 (fin avril-fin oct.)
🚹 *Syndicat d'initiative, 29 Av Pierre Vialard* ℰ 0471235275, Fax 0471235198
Paris 538 – Aurillac 94 – Entraygues-sur-Truyère 62 – Espalion 54 – St-Chély-d'Apcher 30 – St-Flour 27.

△ **Municipal le Château du Couffour** de déb. mai à fin oct.
ℰ 0471235708, Fax 0471235902,
www.chaudesaigues.com – alt. 900
2,5 ha (170 empl.) plat, peu incliné, terrasses, herbeux
Tarif : (Prix 2009) 🚶 2,50€ 🚗 1,50€ 🔲 1,50€ – 🔌 (6A) 2,50€
🚐 1 borne artisanale
Pour s'y rendre : au stade (2 km au sud par D 921, rte de Laguiole puis chemin à dr.)

Nature : 🐟 < 🌳
Loisirs : 🔲 🎪 ✕
Services : ♿ 🔌 🐾 🚿 📷
À prox. : casino 🚴 🚣 🧗 escalade

Longitude : 3.0032
Latitude : 44.85326

COULEUVRE

03320 – **326** E2 – 576 h. – alt. 267
Paris 289 – Bourbon-l'Archambault 18 – Cérilly 10 – Cosne-d'Allier 27 – Moulins 42.

⚑ **Municipal la Font St-Julien** de déb. avr. à fin sept.
    𝄞 0470661045, *MAIRIE-COULEUVRE@wanadoo.fr*,
Fax 0470661009, *couleuvre-troncais.fr*
2 ha (50 empl.) peu incliné, herbeux
Tarif : (Prix 2009) ✱ 1,90€ ⇔ 1€ 🗉 1,15€ –
🔌 (12A) 2,40€
Pour s'y rendre : lieu-dit : La Font St-Julien (sortie sud-ouest par D 3, rte de Cérilly et à dr.)
À savoir : Bord d'un étang

| Nature : 🌿 ⌇ |
| Loisirs : 🚣 ⚽ ⚒ 🚩 parc animalier |
| Services : ⚙ 🧺 |

Longitude : 2.90438
Latitude : 46.67163

COURNON-D'AUVERGNE

63800 – **326** G8 – G. Auvergne – 18 356 h. – alt. 380 – Base de loisirs
Paris 422 – Clermont-Ferrand 12 – Issoire 31 – Le Mont-Dore 54 – Thiers 40 – Vichy 61.

⚑ **Municipal le Pré des Laveuses** de déb. avr. à fin oct.
    𝄞 0473848130, *camping@cournon-auvergne.fr*,
Fax 0473846590, *www.cournon-auvergne.fr/camping*
5 ha (150 empl.) plat, herbeux, pierreux, gravier
Tarif : (Prix 2009) 20€ ✱✱ ⇔ 🗉 🔌 (10A) – pers. suppl. 4,70€
Location (Prix 2009) : 12 🛖 (4 à 6 pers.) 210 à 350€/sem. – 18 🏠 (4 à 6 pers.) - 245 à 490€/sem.
🚐 1 borne flot bleu – 10 🗉
Pour s'y rendre : 1,5 km à l'est par rte de Billom et rte de la plage à gauche
À savoir : entre un plan d'eau aménagé et l'Allier

| Nature : 🌳🌿⌂ |
| Loisirs : ☂ 🏛 🚣 |
| Services : ⚙ ⚡ 🅶🅱 ⚙ 🏢 laverie |
| À prox. : 🍴 ⚒ (couverte l'hiver) ⚲ 🚩 |

Longitude : 3.19657
Latitude : 45.74236

Renouvelez votre guide chaque année.

COURPIÈRE

63120 – **326** I8 – G. Auvergne – 4 534 h. – alt. 320
🅱 *Office de tourisme, place de la Cité Administrative* 𝄞 0473512027, Fax 0473512027
Paris 399 – Ambert 40 – Clermont-Ferrand 50 – Issoire 53 – Lezoux 18 – Thiers 15.

⚑ **Municipal les Taillades** de déb. juil. à fin août
    𝄞 0473530121, *mairie@ville-courpiere.fr*,
Fax 0473512155, *www.ville-courpiere.fr*
0,5 ha (40 empl.) plat, herbeux
Tarif : (Prix 2009) 8,10€ ✱✱ ⇔ 🗉 🔌 (10A) – pers. suppl. 3,80€
Pour s'y rendre : Les Taillades (sortie sud par D 906, rte d'Ambert, D 7 à gauche, rte d'Aubusson-d'Auvergne et chemin à dr., à la piscine et près d'un ruisseau)

| Nature : 🌿 ⌇ |
| Loisirs : 🚣 |
| Services : ⚙ ⚡ ⚙ 🏢 |
| À prox. : 🛒 🚲 ⚽ 🐎 (centre équestre) |

Longitude : 3.54892
Latitude : 45.7546

CUNLHAT

63590 – **326** I9 – 1 322 h. – alt. 700
🅱 *Office de tourisme, 8, Grande Rue* 𝄞 0473825700, Fax 04.73.72.39.41
Paris 420 – Ambert 26 – Clermont-Ferrand 58 – Issoire 38 – Thiers 36.

⚑ **La Barge** de fin mai à mi-sept.
    𝄞 0473825710, *contact@revea-vacances.com*,
www.revea-vacances.fr
6 ha/1 campable plat et en terrasses, herbeux
Tarif : 9€ ✱✱ ⇔ 🗉 🔌 (6A) – pers. suppl. 2,80€ – frais de réservation 10€
Location (de déb. avr. à fin oct.) : 20 🏠 (4 à 6 pers.) - 170 à 370€/sem. – frais de réservation 20€
Pour s'y rendre : Camping La Barge (1,2 km au sud par D 105, rte de St-Amant-Roche-Savine, près d'un plan d'eau)

| Nature : ⌇ |
| Loisirs : 🏛 ⚽ |
| Services : ⚙ 🅶🅱 ⚙ 🏢 |
| Au plan d'eau : ☂ ✗ 🚣 ⚒ 🚿 🚩 ⚲ (plage) 🏊 |

Longitude : 3.55964
Latitude : 45.6333

DOMPIERRE-SUR-BESBRE

03290 – **326** J3 – 3 307 h. – alt. 234

🛈 *Office de tourisme, 145, Grande Rue* ✆ *0470346131, Fax 0470342716*
Paris 324 – Bourbon-Lancy 19 – Decize 46 – Digoin 27 – Lapalisse 36 – Moulins 31.

🏕 **Municipal** de mi-mai à mi-sept.
    ✆ *0470345557, camping.dompierre@free.fr*,
    Fax 0470481139
    2 ha (70 empl.) plat, herbeux
    Tarif : (Prix 2009) 🛉 2,20€ 🚘 ▣ 1,80€ – 🔌 (10A) 2,10€
    🚐 1 borne artisanale 2,40€
    Pour s'y rendre : La Madeleine (sortie sud-est par N 79,
    rte de Digoin, près de la Besbre et à prox. d'un étang)
    À savoir : Décoration arbustive et florale

Nature : 🐟 🗔 ♀
Loisirs : 🏋 🚴 🏊
Services : ⚬⟞ 🗝 ▥ 🛋 ▽ 🛒
À prox. : 🍖 🎿 parc animalier et parc d'attractions

Longitude : 3.6819
Latitude : 46.52131

FERRIÈRES-SUR-SICHON

03250 – **326** I6 – 561 h. – alt. 545

Paris 375 – Lapalisse 30 – Roanne 50 – Thiers 35 – Vichy 27.

🏕 **Municipal le Galizan** de déb. juin à fin sept.
    ✆ *0470411010, mairie.ferrieres@wanadoo.fr*,
    Fax 0470411522
    0,7 ha (32 empl.) plat, herbeux, pierreux
    Tarif : (Prix 2009) 🛉 2,20€ 🚘 1,10€ ▣ 1,10€ –
    🔌 (10A) 2,20€
    Pour s'y rendre : 700 m au sud-est du bourg par D 122,
    rte Thiers et chemin à gauche apr. le petit pont, près du
    Sichon et d'un étang

Nature : 🐟 ♀
Loisirs : 🎿
Services :
À prox. : 🏊 (étang) 🎣

Longitude : 3.64745
Latitude : 46.02544

Avant de vous installer, consultez les tarifs en cours,
affichés obligatoirement à l'entrée du terrain,
et renseignez-vous sur les conditions particulières de séjour.
Les indications portées dans le guide ont pu être modifiées depuis la mise à jour.

157

GANNAT

03800 – **326** G6 – G. Auvergne – 5 881 h. – alt. 345

🛈 *Office de tourisme, 11, place Hennequin* ✆ *0470901778, Fax 0470901945*
Paris 383 – Clermont-Ferrand 49 – Montluçon 78 – Moulins 58 – Vichy 20.

🏕 **Municipal le Mont Libre** de déb. avr. à fin oct.
    ✆ *0470901216, camping.gannat@wanadoo.fr*,
    Fax 0470901216, *www.camping-gannat.fr*
    1,5 ha (70 empl.) en terrasses, herbeux
    Tarif : 13,10€ 🛉🛉 🚘 ▣ 🔌 (10A) – pers. suppl. 2,30€
    Location : 10 🛖 (4 à 6 pers.) - 214 à 382€/sem.
    🚐 1 borne autre 3,60€ – 6 ▣ 13,10€
    Pour s'y rendre : 10 rte de la Batisse (1 km au sud par
    N 9 et rte à dr.)

Nature : ⪡ 🗔 ♀
Loisirs : 🏓 🏋 🛝 (petite piscine)
Services : ♿ ⚬⟞ GB 🐾 🛒
À prox. : 🍖 🎿 🖼 🛶

Longitude : 3.19456
Latitude : 46.0913

ISLE-ET-BARDAIS

03360 – **326** D2 – 289 h. – alt. 285

Paris 280 – Bourges 60 – Cérilly 9 – Montluçon 52 – St-Amand-Montrond 26 – Sancoins 22.

🏕 **Les Écossais** de déb. avr. à fin sept.
    ✆ *0470666257, association.paysdetroncais@wanadoo.fr*,
    www.campingstroncais.com
    2 ha (70 empl.) plat, peu incliné, herbeux
    Tarif : (Prix 2009) 🛉 2,70€ 🚘 1,30€ ▣ 1,30€ –
    🔌 (10A) 3,01€ – frais de réservation 15€
    Location (Prix 2009) (permanent) : 7 🛖 (4 à 6 pers.)
    - 242 à 379€/sem. – huttes
    Pour s'y rendre : 1 km au sud par rte des Chamignoux
    À savoir : Au bord de l'étang de Pirot et à l'orée de
    la forêt de Tronçais

Nature : 🐟 🗔 ♀♀
Loisirs : 🍴 🗔 🎿 🔥 🏊 (plage)
Services : ⚬⟞ GB 🐾 laverie
À prox. : 🏋 🎣

Longitude : 2.79196
Latitude : 46.68883

ISSOIRE

63500 – **326** G9 – G. Auvergne – 14 016 h. – alt. 400

8 *Office de tourisme, place Charles de Gaulle* ℘ 0473 89 15 90, *Fax 04 73 89 96 13*

Paris 446 – Aurillac 121 – Clermont-Ferrand 36 – Le Puy-en-Velay 94 – Rodez 177 – St-Étienne 173 – Thiers 56 – Tulle 169.

La Grange Fort de mi-avr. à fin oct.
℘ 0473 71 02 43, *chateau@lagrangefort.eu*,
Fax 0473 71 07 69, *www.lagrangefort.eu* – par A 75 sortie 13 dir. Parentignat
23 ha/4 campables (120 empl.) plat, peu incliné, herbeux
Tarif : **†** 5,50€ ⬅ 3€ 回 14,50€ – (½) (6A) 3,50€ – frais de réservation 25€

Location (permanent) : 8 (4 à 6 pers.) nuitée 75€ - 250 à 595€/sem. – 12 (4 à 6 pers.) nuitée 85€ - 275 à 750€/sem. – ⊨ – appartements – frais de réservation 25€

1 borne artisanale 3€ – 3 回 12,50€

Pour s'y rendre : 4 km au sud-est par D 996, rte de la Chaise-Dieu puis à dr, 3 km par D 34, rte d'Auzat-sur-Allier

À savoir : autour d'un pittoresque château médiéval dominant l'Allier

Nature :	⛰ ≼ ⌂ ♀	
Loisirs :	⊤ ✗ snack ▦ ≋ jacuzzi ♨ 🚲 ✕ 🅾 ⛹	
Services :	& ⊶ Ⓟ GB ♻ ⊞ ⛲ 🗐 laverie ⛲	

Longitude : 3.28501
Latitude : 45.5088

Municipal du Mas de déb. avr. à déb. nov.
℘ 0473 89 03 59, *camping-mas@wanadoo.fr*,
Fax 0473 89 41 05, *http://camping-issoire.com*
3 ha (138 empl.) plat, herbeux
Tarif : (Prix 2009) 16,60€ **† †** ⬅ 回 (½) (8A) – pers. suppl. 4,40€

Location (Prix 2009) : 6 (4 à 6 pers.) nuitée 45€ - 280 à 434€/sem.

1 borne flot bleu 2,80€ – 10 回 13,30€

Pour s'y rendre : 2,5 km à l'est par D 9, rte d'Orbeil et à dr., à 50 m d'un plan d'eau et à 300 m de l'Allier, par A 75 sortie 12

Nature :	≼ ♀	
Loisirs :	▦ Ⓣdiurne ♨ ⛏	
Services :	⊶ GB ♻ ⊞ ⛲ 🗑 🗐 laverie	
À prox. :	⅊ ✗ 🚲 -🔤 ✕ 🎣 bowling, VTT	

Longitude : 3.27449
Latitude : 45.55124

Consultez le site **Voyage.ViaMichelin.fr**

JALEYRAC

15200 – **330** C3 – 382 h. – alt. 450

Paris 495 – Aurillac 61 – Bort-les-Orgues 23 – Mauriac 10 – Salers 24 – Ussel 51.

Municipal de Lavaurs de déb. juil. à fin août
℘ 0471 69 73 65, *mairie.jaleyrac@wanadoo.fr*,
Fax 0471 69 74 19
1 ha (33 empl.) plat et peu incliné, herbeux
Tarif : (Prix 2009) **†** 1,70€ ⬅ 1,20€ 回 1,40€ – (½) (6A) 2,20€

Location : huttes

Pour s'y rendre : 7 km au sud-ouest par D 138, D 922, rte de Mauriac et D 38 à dr., près d'un étang

Nature :	⛰ ⌂	
Loisirs :	▦ ♨ ✕	
Services :	& ⊶ 🗐	
À prox. :	✗ 🎣	

Longitude : 2.34953
Latitude : 45.25061

LACAPELLE-DEL-FRAISSE

15120 – **330** C6 – 277 h. – alt. 830

Paris 624 – Clermont-Ferrand 174 – Aurillac 23 – Rodez 74 – Onet-le-Château 81.

Village Vacances Les Chalets du Veinazes
(location exclusive de chalets) de mi-mars à mi-nov.
℘ 0471 62 56 90, *info@cantal-chalets.com*,
www.cantal-chalets.com
2,5 ha plat, herbeux

Location (Prix 2009) 🏡 : 13 (4 à 6 pers.) - 212 à 513€/sem.

Pour s'y rendre : au lieu-dit : La Case (2 km au sud-est par D 20)

Nature :	⛰ ≼	
Loisirs :	🏊	
À prox. :	⊤ ✗	

Longitude : 2.43611
Latitude : 44.77985

LACAPELLE-VIESCAMP

15150 – **330** B5 – 446 h. – alt. 550
Paris 547 – Aurillac 19 – Figeac 57 – Laroquebrou 12 – St-Céré 48.

 La Presqu'île du Puech de mi-mai à mi-sept.
℘ 0471464238, *contact@cantal-camping.fr*,
www.camping-lac-auvergne.com
2 ha (97 empl.) peu incliné à incliné, pierreux, herbeux
Tarif : 21€ ✶✶ ⇦ ▣ ⒣ (6A) – pers. suppl. 4€ – frais de
réservation 10€
Location (de déb. avr. à mi-sept.) ⚲ : 9 ⌂ **(4 à 6
pers.) nuitée 80€ - 250 à 570€/sem. – huttes – frais de
réservation 16€**
Pour s'y rendre : Le Puech des Ouilhes (3 km au sud-
ouest par D 18, rte d'Aurillac et rte à dr., à 150 m du lac de
St-Étienne-Cantalès)

À savoir : Site et situation agréables dans une presqu'île
du lac

Nature : ⌇ ⪪Cadre agréable dans une presqu'île ♤♤
Loisirs : ⛱ ⚒ ⛷
Services : ⚒ ⊶ ⌷⌷ ⚲ ▦
À prox. : ⛱ ♟snack ⛴canoë, base nautique
Longitude : 2.26421
Latitude : 44.92331

Si vous recherchez :
♟♟ *Un terrain offrant des équipements et des loisirs adaptés aux enfants*
⌇ *Un terrain agréable ou très tranquille*
L *Un terrain effectuant la location de caravanes,*
de mobile homes, de bungalows ou de chalets
P *Un terrain ouvert toute l'année*
🚐 *Un terrain possédant une aire de services pour camping-cars*
Consultez le tableau des localités

LANOBRE

15270 – **330** D2 – G. Auvergne – 1 426 h. – alt. 650
Paris 493 – Bort-les-Orgues 7 – La Bourboule 33 – Condat 30 – Mauriac 38 – Ussel 33.

 La Siauve de déb. mars à fin oct.
℘ 0471403185, *campingdeschtisdelasiauve@orange.fr*,
www.campingdelasiauve.free.fr – alt. 660
8 ha (220 empl.) en terrasses, herbeux
Tarif : 18€ ✶✶ ⇦ ▣ ⒣ (8A) – pers. suppl. 4€ – frais de
réservation 10€
**Location : 14 ⌷⌷⌷ (4 à 6 pers.) nuitée 50€ - 180 à
500€/sem. – 19 ⌂ (4 à 6 pers.) nuitée 50€ - 175 à
450€/sem. – huttes – frais de réservation 10€**
Pour s'y rendre : r. du Camping (3 km au sud-ouest par
D 922, rte de Bort-les-Orgues et rte à dr., à 200 m du lac
(accès direct))

Nature : ⌇ ⪪⌂ ♟
Loisirs : ♟pizzeria ⌷⌷ ⚋diurne ⚽ ⚲
Services : ⚒ ⊶ ⌷⌷ ⚲ ⌗ ⚲ ⚑ ⚲ ▦
À prox. : ⚒ ⛷ ⛴ (plage) base nautique
Longitude : 2.53476
Latitude : 45.43652

LAPALISSE

03120 – **326** I5 – G. Auvergne – 3 217 h. – alt. 280
🛈 *Office de tourisme, 26, rue Winston Churchill* ℘ 0470990839, Fax 0470992809
Paris 346 – Digoin 45 – Mâcon 122 – Moulins 50 – Roanne 49 – St-Pourçain-sur-Sioule 30.

△ **Camping Communautaire** de déb. avr. à fin sept.
℘ 0470992631, *office.tourisme@cc-paysdelapalisse.fr*,
Fax 0470993353, *www.cc-paysdelapalisse.com*
0,8 ha (66 empl.) plat, herbeux
Tarif : ✶ 2,35€ ⇦ 1,75€ ▣ 1,80€ – ⒣ (1A) 2,35€
Location (de déb. mars à fin nov.) ⚲ : 6 ⌂ (4 à 6
pers.) - 150 à 350€/sem.
🚐 1 borne eurorelais 2€
Pour s'y rendre : sortie sud-est par N 7, au bord de la
Besbre, chemin piétonnier reliant le camping au centre-
ville

Nature : ♟
Loisirs : ⚽ ⚒ ⚲ parcours de santé
Services : ⚒ ⊶ ⚲ ▦
Longitude : 3.64184
Latitude : 46.24259

LAPEYROUSE

63700 – **326** E5 – 582 h. – alt. 510
Paris 350 – Clermont-Ferrand 74 – Commentry 15 – Montmarault 14 – St-Éloy-les-Mines 14 – Vichy 55.

Municipal les Marins Permanent
℘ 0473520273, *63lapeyrouse@free.fr*,
Fax 0473520389, *http://63lapeyrouse.free.fr*
2 ha (68 empl.) plat, herbeux
Tarif : (Prix 2009) 12 € ★★ ⊸ 🔲 (½) (10A) – pers.
suppl. 2 €
Location (Prix 2009) : 6 🏠 (4 à 6 pers.) - 250 à 550 €/
sem.
Pour s'y rendre : Etang de La Loge (2 km au sud-est par
D 998, rte d'Echassières et D 100 à dr., rte de Durmignat)
À savoir : décoration arbustive des emplacements,
près d'un plan d'eau

Nature : 🦢 ⊏⊐
Loisirs : 🏠 ♨️ 🚲 ≊ (plage)
🐾
Services : 🚻 ⊶ GB 🐾 🛎 🍴 🗄
À prox. : 🍷 ✗

Longitude : 2.87293
Latitude : 46.22657

LAVOÛTE-SUR-LOIRE

43800 – **331** F3 – 719 h. – alt. 561
Paris 540 – La Chaise-Dieu 37 – Craponne-sur-Arzon 28 – Le Puy-en-Velay 13 – St-Étienne 70 – Saugues 56.

Municipal les Longes de déb. mai à mi-sept.
℘ 0471081879, *mairie.lavoutesurloire@wanadoo.fr*,
Fax 0471081696, *www.cc/emblavez.fr* ✗
1 ha (57 empl.) plat, herbeux
Tarif : (Prix 2009) ★ 2,50 € ⊸ 1,90 € 🔲 3 € – (½) (6A) 2 €
Location (Prix 2009) : 🏠 (4 à 6 pers.) - 200 à 400 €/
sem.
🚐 1 borne autre 3 € –
Pour s'y rendre : au lieu-dit : Les Longes (1 km à l'est par
D 7, rte de Rosières puis 400 m par r. à gauche, près de la
Loire (accès direct))

Nature : ← ⊏⊐
Loisirs : ✗
Services : 🚻 ⊶ GB 🐾 🗄
À prox. : 🏊 🐾

Longitude : 3.92255
Latitude : 45.12283

The Guide changes, so renew your Guide every year.

MASSIAC

15500 – **330** H3 – G. Auvergne – 1 822 h. – alt. 534
🛈 *Office de tourisme, 24, rue du Dr Mallet* ℘ 0471230776, Fax 0471230850
Paris 484 – Aurillac 84 – Brioude 23 – Issoire 38 – Murat 37 – St-Flour 30.

L'Allagnon de déb. mai à fin oct.
℘ 0471230393, *camping.allagnon15@orange.fr*,
Fax 0471230393, *www.campingallagnon.com*
2,5 ha (90 empl.) plat, herbeux
Tarif : (Prix 2009) ★ 1,90 € ⊸ 1,50 € 🔲 1,60 € –
(½) (10A) 2,20 €
Pour s'y rendre : 800 m à l'ouest par N 122, rte de Murat,
au bord de la rivière

Nature : ← 🌳🌳
Loisirs : ♨️
Services : 🚻 ⊶ GB 🐾 🍴 🗄
À prox. : ✗ 🎣 ✗ 🏊

Longitude : 3.19702
Latitude : 45.25105

MAURIAC

15200 – **330** B3 – G. Auvergne – 3 887 h. – alt. 722
🛈 *Office de tourisme, 1, rue Chappe d'Auteroche* ℘ 0471673026, Fax 0471682508
Paris 490 – Aurillac 53 – Le Mont-Dore 77 – Riom-és-Montagnes 37 – Salers 20 – Tulle 73.

Val St-Jean de fin avr. à fin sept.
℘ 0471673113, *valsaintjean@mauriac.fr*
3,5 ha (100 empl.) en terrasses, peu incliné, herbeux
Tarif : 23,10 € ★★ ⊸ 🔲 (½) – pers. suppl. 5,40 €
Location (permanent) 🚻 : 20 🏠 (4 à 6 pers.)
nuitée 63 € - 220 à 590 €/sem. – 10 bungalows (sans
sanitaires)
Pour s'y rendre : Base de Loisirs (2,2 km à l'ouest par D 681,
rte de Pleaux et D 682 à dr., accès direct à un plan d'eau)

Nature : 🦢 ← ⊏⊐ 🌳
Loisirs : 🏠
Services : 🚻 ⊶ GB 🐾 🛁 ✗
🧺 laverie
À prox. : 🍴 snack 🎣 🚲 ⛵ 🏊
≊ (plage) 🏄 🏇 golf, pédalos

Longitude : 2.33161
Latitude : 45.21842

MAURS

15600 – **330** B6 – G. Auvergne – 2 282 h. – alt. 290
🖪 *Office de tourisme, place de l'Europe* 🖉 *04.71.46.94.82, Fax 04.71.46.94.83*
Paris 568 – Aurillac 43 – Entraygues-sur-Truyère 50 – Figeac 22 – Rodez 60 – Tulle 93.

Municipal le Vert de déb. mai à fin sept.
🖉 0471490415, *mairie@ville-maurs.fr*,
Fax 0471490081, *www.ville-maurs.fr*
1,2 ha (58 empl.) plat, herbeux
Tarif : (Prix 2009) ✹ 2,90€ ⇌ 1,50€ 🗉 6€ 🔌 (20A)
Location (Prix 2009) : 4 🏠 (4 à 6 pers.) - 280 à 450€/
sem.
🚐 53 🗉 7,20€
Pour s'y rendre : 800 m au sud-est par D 663,
rte de Décazeville, au bord de la Rance

Nature :	🖼 🍃
Loisirs :	🏠 🏊 💥 ⛵
Services :	🚿 ⊙ 🚗 🏂 ⛺ 🔷
À prox. :	🐾 🚴 🐎

Longitude : 2.20342
Latitude : 44.706

Gebruik de gids van het lopende jaar.

LE MAYET-DE-MONTAGNE

03250 – **326** J6 – G. Auvergne – 1 477 h. – alt. 535
🖪 *Office de tourisme, rue Roger Degoulange* 🖉 *0470593840, Fax 0470593724*
Paris 369 – Clermont-Ferrand 81 – Lapalisse 23 – Moulins 73 – Roanne 47 – Thiers 44 – Vichy 27.

Municipal du Lac de mi-mars à fin oct.
🖉 0470597052,
accueil.mairie.lemayetdemontagne@wanadoo.fr,
Fax 0470593838,
http://lemayetdemontagne.planet-allier.com
1 ha (50 empl.) peu incliné, plat, herbeux
Tarif : (Prix 2009) ✹ 1,90€ ⇌ 🗉 1,50€ – 🔌 (10A) 1,90€
Location (Prix 2009) ✂ : 3 🏚 (4 à 6 pers.) 120 à
280€/sem. – huttes
🚐 1 borne eurorelais 2€
Pour s'y rendre : Chemin de Fumouse (1,2 km au sud
par D 7, rte de Laprugne)
À savoir : près du lac des Moines

Nature :	🌲 🖼 🍃
Loisirs :	🏠 🏊 💥
Services :	🚿 (juil.-août) 🚗 🔷
À prox. :	🎣 🚣

Longitude : 3.67133
Latitude : 46.07439

MONISTROL-D'ALLIER

43580 – **331** D4 – G. Auvergne – 219 h. – alt. 590
Paris 535 – Brioude 58 – Langogne 56 – Le Puy-en-Velay 28 – St-Chély-d'Apcher 57 – Saugues 16.

Municipal le Vivier de déb. avr. à mi-sept.
🖉 0471572414, *mairie.monistroldallier@orange.fr*,
Fax 0471572503, *www.monistroldallier.com*
1 ha (48 empl.) plat, herbeux, pierreux
Tarif : (Prix 2009) 11,90€ ✹✹ ⇌ 🗉 🔌 (10A) – pers.
suppl. 2,80€
Pour s'y rendre : au sud, près de l'Allier (accès direct)

Nature :	≤ 🍃
Loisirs :	🏠
Services :	🚿 🔌 🚗
À prox. : pizzeria 🏊 🎣 💥 🎣 🚣
sports en eaux vives

Longitude : 3.64174
Latitude : 44.96836

MONTAIGUT-LE-BLANC

63320 – **326** F9 – G. Auvergne – 717 h. – alt. 500
Paris 443 – Clermont-Ferrand 33 – Issoire 17 – Pontgibaud 46 – Rochefort-Montagne 43 – St-Nectaire 10.

Municipal le Pré de déb. mai à fin sept.
🖉 0473967507, *montaigut-le-blanc@wanadoo.fr*,
Fax 0473967005, *www.ville-montaigut-le-blanc.fr*
3 ha (100 empl.) plat, herbeux
Tarif : (Prix 2009) ✹ 3,70€ ⇌ 🗉 3,10€ – 🔌 (6A) 3,60€ –
frais de réservation 15€
Location (Prix 2009) (permanent) : 4 🏠 (4 à 6 pers.)
- 220 à 500€/sem.
🚐 1 borne autre 2€
Pour s'y rendre : au bourg, près de la poste, au bord de
la Couze de Chambon

Nature :	≤ 🖼 🍃
Loisirs :	🏠 🏊
Services :	🚿 🔌 🚗 🔷
À prox. :	💥 🎣 ⛵

Longitude : 3.09162
Latitude : 45.58482

AUVERGNE

LE MONT-DORE

63240 – **326** D9 – G. Auvergne – 1 464 h. – alt. 1 050 – ♨ (déb. mai-fin oct.) – Sports d'hiver : 1 050/1 850 m ☁2☃18☃

🛈 *Office de tourisme, avenue de la Libération* ℘ 0473652021, Fax 0473650571
Paris 462 – Aubusson 87 – Clermont-Ferrand 43 – Issoire 49 – Mauriac 77 – Ussel 56.

⛺ **Municipal l'Esquiladou** de mi-avr. à fin oct.
℘ 0473652374, *camping.esquiladou@orange.fr*,
Fax 0473652374, *www.mairie-mont-dore.fr* – alt. 1 010
1,8 ha (100 empl.) en terrasses, gravillons
Tarif : 🚶 3,60€ 🚗 🅿 3,60€ – 🔌 (10A) 4,50€
Location (de fin déc. à fin oct.) : 17 🚉 (4 à 6 pers.)
310 à 520€/sem.
Pour s'y rendre : rte des Cascades (par D 996, rte de Murat-le-Quaire et rte à dr., à Queureuilh)
À savoir : dans un site montagneux, verdoyant et boisé

Nature : ⟨ ▱
Loisirs : ▱ spa ⚞
Services : ⚲ ⚙ GB ⚹ ⅲ laverie
À prox. : ✂ ♨ ▨ ⚄ ⚘

Longitude : 2.80293
Latitude : 45.58478

*La catégorie (1 à 5 tentes, **noires** ou **rouges**) que nous attribuons*
aux terrains sélectionnés dans ce guide est une appréciation qui nous est propre.
Elle ne doit pas être confondue avec le classement (1 à 4 étoiles)
établi par les services officiels.

MURAT-LE-QUAIRE

63150 – **326** D9 – G. Auvergne – 483 h. – alt. 1 050
Paris 478 – Clermont 45 – Aurillac 120 – Cournon 60 – Riom 60.

⛺ **Le Panoramique** de mi-mai à fin sept.
℘ 0473811879, *info@campingpanoramique.fr*,
Fax 0473655734, *www.campingpanoramique.fr/* –
alt. 1 000
3 ha (85 empl.) en terrasses, herbeux
Tarif : 20,10€ 🚶🚶 🚗 🅿 🔌 (10A) – pers. suppl. 5,40€
Location (de mi-déc. à fin oct.) : 6 🏠 (4 à 6 pers.) -
480 à 630€/sem.
🚐 1 borne artisanale 3€ – 🚰 10.50€
Pour s'y rendre : 1,4 km à l'est par D 219, rte du Mont-Dore et chemin à gauche
À savoir : belle situation dominante

Nature : ⛰ ⟨ Les Monts Dore et la vallée
Loisirs : 🍽 snack ▱ ⚞ ⚄
Services : ⚲ ⚙ ⚹ ⅲ ⚶ ⚘ ⚙ ⚑ ☋

Longitude : 2.75111
Latitude : 45.59667

⛺ **Municipal les Couderts** de déb. avr. à mi-oct.
℘ 0473655481, *campinglescouderts@orange.fr*,
Fax 0473811744 – alt. 1 040
1,7 ha (58 empl.) plat, peu incliné, en terrasses, herbeux
Tarif : (Prix 2009) 🚶 5,60€ 🚗 🅿 – 🔌 (10A) 4,80€
Location (Prix 2009) (permanent) : 5 🏠 (4 à 6 pers.)
- 255 à 515€/sem. – huttes
Pour s'y rendre : Les Couderts (sortie nord, au bord d'un ruisseau)

Nature : ⛰ ⟨ ▱ ♤
Loisirs : ⚞
Services : ⚲ ⚹ ⅲ ⚶ laverie

Longitude : 2.7345
Latitude : 45.59706

MUROL

63790 – **326** E9 – G. Auvergne – 558 h. – alt. 830
Paris 456 – Besse-en-Chandesse 10 – Clermont-Ferrand 37 – Condat 37 – Issoire 30 – Le Mont-Dore 19.

⛺ **La Ribeyre** de déb. mai à mi-sept.
℘ 0473886429, *info@laribeyre.com*, Fax 0473886841,
www.laribeyre.com
10 ha (400 empl.) plat, herbeux, étang
Tarif : 26,35€ 🚶🚶 🚗 🅿 🔌 (6A) – pers. suppl. 7,20€ –
frais de réservation 20€
Location 🏷 : 54 🚉 (4 à 6 pers.) 297 à 952€/sem. –
chalets sans sanitaires – frais de réservation 20€
Pour s'y rendre : Lieu-dit Jassat (1,2 km au sud, rte de Jassat, au bord d'un ruisseau)
À savoir : magnifique parc aquatique

Nature : ⛰ ⟨ ♤
Loisirs : pizzeria, snack ▱ ⊞ ⚞ ✂ ▨ ⚄ ⚐ (plan d'eau) ⚲
Services : ⚲ ⚡ GB ⚹ ⚶ ⚑ ⚙ ⚑ laverie
À prox. : 🛶 canoë

Longitude : 2.92978
Latitude : 45.56083

Le Repos du Baladin de déb. mai à mi-sept.
℘ 0473886193, reposbaladin@free.fr, Fax 0473886641,
http://camping-auvergne-france.com
1,6 ha (88 empl.) plat et peu incliné, terrasses, herbeux
Tarif : (Prix 2009) 22,30€ ✶✶ ⇐ 🅴 (10A) – pers.
suppl. 4,30€ – frais de réservation 13€
Location (Prix 2009) : 16 ⊞ (4 à 6 pers.) 210 à 600€/
sem. – 6 ⊨ – frais de réservation 13€
Pour s'y rendre : Groire (1,5 km à l'est par D 146, rte de
St-Diéry)

Nature : ⪡ ⊡ 🌄
Loisirs : 🍴 ✕ 🖼 ⊜ ♞ 🛶
Services : 🚻 ⊶ 🇬🇧 ⚕ 🚿 🍳
🍴 🚻

Longitude : 2.95616
Latitude : 45.57204

NÉBOUZAT

63210 – **326** E8 – 724 h. – alt. 860
Paris 434 – La Bourboule 34 – Clermont-Ferrand 20 – Pontgibaud 19 – St-Nectaire 30.

Les Dômes de déb. mai à fin sept.
℘ 0473871406, camping.les-domes@orange.fr,
www.les-domes.com – alt. 815
1 ha (65 empl.) plat, herbeux
Tarif : (Prix 2009) 21,50€ ✶✶ ⇐ 🅴 (10A) – pers.
suppl. 6,50€
Location (Prix 2009) : 5 ⊞ (2 à 4 pers.) nuitée 32€ -
192 à 320€/sem. – ⊞ (4 à 6 pers.) nuitée 47€ - 249 à
469€/sem. – 🏠 (4 à 6 pers.) nuitée 60€ - 438 à 595€/
sem. – bungalows
Pour s'y rendre : Les Quatre Routes de Nébouzat
(par D 216, rte de Rochefort-Montagne)
À savoir : entrée fleurie, cadre verdoyant soigné

Nature : ⪡ ♀
Loisirs : 🖼 🏊 (découverte en
saison)
Services : ⊶ ⚕ 🚿 🍳 🚰 🍳 📷
À prox. : 🍴 ✕ ⚓ ♞ ✕

Longitude : 2.90469
Latitude : 45.71556

NÉRIS-LES-BAINS

03310 – **326** C5 – G. Auvergne – 2 726 h. – alt. 364
🅱 Office de tourisme, carrefour des Arènes ℘ 0470031103, Fax 0470090529
Paris 336 – Clermont-Ferrand 86 – Montluçon 9 – Moulins 73 – St-Pourçain-sur-Sioule 55.

Municipal du Lac de déb. avr. à déb. nov.
℘ 0470032470, campingdulac-neris@orange.fr,
Fax 0470037999, www.ville-neris-les-bains.fr
3,5 ha (135 empl.) plat, peu incliné, terrasse, herbeux,
gravillons
Tarif : 14,45€ ✶✶ ⇐ 🅴 (10A) – pers. suppl. 3,78€
Location (permanent) : 19 🏠 (4 à 6 pers.) nuitée
32€ - 275 à 432€/sem. – studios – huttes
🚐 1 borne
Pour s'y rendre : Av. Marx Dormoy (au sud-ouest par
D 155, rte de Villebret, au bord de la rivière)
À savoir : situation agréable près de l'ancienne gare
et d'un lac

Nature : 🏞 ⊡ ♀
Loisirs : 🍴 snack 🖼 🏕 ♞ 🛶
Services : 🚻 ⊶ 🇬🇧 ⚕ 🚿 🍳
À prox. : 🚲 ✂ 🖼 🎣 🏊 parcours
de santé, golf 🚐

Longitude : 2.65217
Latitude : 46.28676

NEUSSARGUES-MOISSAC

15170 – **330** F4 – 980 h. – alt. 834
🅱 Syndicat d'initiative, Mairie ℘ 0471205669, Fax 04.71.20.55.54
Paris 509 – Aurillac 58 – Brioude 49 – Issoire 64 – St-Flour 22.

Municipal de la Prade de mi-juin à mi-sept.
℘ 0471205021,
campingdelaprade.neussargues@wanadoo.fr,
www.neussargues-moissac.fr
1 ha (32 empl.) en terrasses, plat, herbeux, petit bois
Tarif : (Prix 2009) 9,80€ ✶✶ ⇐ 🅴 (10A) – pers.
suppl. 1,80€
Location (Prix 2009) (permanent) 🅿 (chalets) : 6
⊞ (4 à 6 pers.) 287 à 335€/sem. – 6 🏠 (4 à 6 pers.)
- 260 à 402€/sem.
Pour s'y rendre : rte de Murat (sortie ouest par D 304,
rte de Murat, au bord de l'Alagnon)

Nature : ⪡ ⊡
Loisirs : 🖼 ♞ 🛶
Services : 🚻 ⊶ ⚕ 🚿 🍳 🚰 🍳 📷

Longitude : 2.97172
Latitude : 45.12885

163

NEUVÉGLISE

15260 – **330** F5 – G. Auvergne – 1 133 h. – alt. 938

🛈 *Office de tourisme, le Bourg* ℰ *0471238543, Fax 0471238640*

Paris 528 – Aurillac 78 – Entraygues-sur-Truyère 70 – Espalion 66 – St-Chély-d'Apcher 42 – St-Flour 17.

Le Belvédère de fin avr. à mi-oct.

ℰ 0471235050, *belvedere.cantal@wanadoo.fr*,
Fax 0471235893, *www.campinglebelvedere.com* – accès aux emplacements par forte pente, mise en place et sortie des caravanes à la demande – alt. 670
5 ha (120 empl.) en terrasses, herbeux, pierreux
Tarif : 24€ ★★ ⬌ 🅴 🄵 (6A) – pers. suppl. 6€ – frais de réservation 17€

Location : 23 ⬛ (4 à 6 pers.) nuitée 59€ - 260 à 620€/sem. – 7 🏠 (4 à 6 pers.) nuitée 62€ - 320 à 730€/sem. – 4 bungalows toilés – frais de réservation 17€
🚐 1 borne artisanale 4€ – 🔋 11€
Pour s'y rendre : Lanau (6,5 km au sud par D 48, D 921, rte de Chaudes-Aigues et chemin de Gros à dr.)

À savoir : agréable situation dominante

Nature : ⛰ ⋖ gorges de la Truyère 🏞 🌳
Loisirs : 🍴 snack 🎮 📺 ⛲🏊 🎣
Services : ♿ ⛽ GB ⚙ 🛒 🧺 🚿 💈 laverie 🔌

Longitude : 3.00139
Latitude : 44.895

Raadpleeg, voordat U zich op een kampeerterrein installeert,
de tarieven die de beheerder verplicht
is bij de ingang van het terrein aan te geven.
Informeer ook naar de speciale verblijfsvoorwaarden.
De in deze gids vermelde gegevens kunnen
sinds het verschijnen van deze hereditie gewijzigd zijn.

NONETTE

63340 – **326** G10 – G. Auvergne – 314 h. – alt. 480

Paris 467 – Clermont-Ferrand 51 – Cournon-d'Auvergne 47 – Riom 66 – Chamalières 53.

Les Loges de déb. avr. à fin sept.

ℰ 0473716582, *les.loges.nonette@wanadoo.fr*,
Fax 0473716723, *www.lesloges.com*
4 ha (126 empl.) plat, herbeux
Tarif : (Prix 2009) 19,50€ ★★ ⬌ 🅴 🄵 (6A) – pers. suppl. 4,50€ – frais de réservation 6€

Location (Prix 2009) : 31 ⬛ (4 à 6 pers.) nuitée 42,50€ - 150 à 520€/sem. – frais de réservation 6€
Pour s'y rendre : 2 km au sud par D 722, rte du Breuil-sur-Couze puis 1 km par chemin près du pont, au bord de l'Allier

Nature : ⛰ 🏞 🌳
Loisirs : 🍴 ⛱ 🏊 🚣 canoë-kayak
Services : ♿ ⛽ GB ⚙ 🛒 🚿 💈
À prox. : 🍴

Longitude : 3.27878
Latitude : 45.47548

ORCET

63670 – **326** G8 – 2 714 h. – alt. 400

Paris 424 – Billom 16 – Clermont-Ferrand 14 – Issoire 25 – St-Nectaire 30.

Clos Auroy de déb. janv. à mi-déc.

ℰ 0473842697, *123orcet@wanadoo.fr*,
Fax 0473842697, *www.camping-le-clos-auroy.com*
3 ha (91 empl.) plat et en terrasses, herbeux
Tarif : ★ 5,50€ ⬌ 🅴 11€ – 🄵 (10A) 4,90€ – frais de réservation 20€

Location (de déb. avr. à fin oct.) 🏊 : 8 ⬛ (4 à 6 pers.) nuitée 55€ - 300 à 650€/sem. – frais de réservation 20€
🚐 1 borne eurorelais 2,50€
Pour s'y rendre : 15 r. de la Narse (200 m au sud du bourg, près de l'Auzon)

À savoir : belle délimitation arbustive des emplacements

Nature : 🏞
Loisirs : snack 🎮 🕐 diurne (juil.-août) jacuzzi ⛱ 🏊
Services : ♿ ⛽ GB ⚙ 🔟 🚿 💈 laverie
À prox. : 🍴

Longitude : 3.16953
Latitude : 45.70028

ORLÉAT

63190 – **326** H7 – 1 811 h. – alt. 380
Paris 440 – Clermont 34 – Roanne 76 – Vichy 38 – Moulins 98.

▲▲ **Le Pont-Astier** Permanent
    ℘ 0473536440, bgressier@nordnet.fr, Fax 650519517,
www.camping-lepont-astier.fr
2 ha (90 empl.) plat, herbeux
Tarif : 17€ ★★ ⇔ 🅔 🅗 (10A) – pers. suppl. 5€
Location : 9 🄶🄵🄷 (4 à 6 pers.) **nuitée** 45€ - 210 à 300€/
sem.
Pour s'y rendre : base de loisirs (5 km à l'est par D 85,
D 224 et chemin à gauche, au bord de la Dore)

Nature : ≤ 🏕
Loisirs : 🍴 ✗ ⚓ ⚒ 🎣 🌊
Services : 🔥 ⚟ ⚟ 🖾
À prox. : 🌊

Longitude : 3.42156
Latitude : 45.86104

PAULHAGUET

43230 – **331** D2 – 973 h. – alt. 562
🛈 Office de tourisme, place Lafayette ℘ 0471766267
Paris 495 – Brioude 18 – La Chaise-Dieu 24 – Langeac 15 – Le Puy-en-Velay 47.

▲ **La Fridière** de déb. avr. à fin sept.
    ℘ 0471766554, camping.paulhaguet@wanadoo.fr,
www.campingfg.nl
3 ha (45 empl.) plat, herbeux
Tarif : 16,50€ ★★ ⇔ 🅔 🅗 (16A) – pers. suppl. 3,50€
🛻 1 borne eurorelais – 5 🅔 8€
Pour s'y rendre : 6 rte d'Esfacy (au sud-est par D 4,
au bord de la Senouire)

Nature : 🐾 🏕
Loisirs : 🍴 🏠 ⚓ 🌊
Services : 🔥 ⚟ 🏢 🎣 🛁 🖾

Longitude : 3.52
Latitude : 45.199

PERS

15290 – **330** B5 – 287 h. – alt. 570
Paris 547 – Argentat 45 – Aurillac 25 – Maurs 24 – Sousceyrac 25.

▲ **Le Viaduc** de mi-avr. à mi-oct.
    ℘ 0471647008, info@camping-cantal.com,
www.camping-cantal.com
1 ha (65 empl.) en terrasses, herbeux, gravillons
Tarif : (Prix 2009) 17,20€ ★★ ⇔ 🅔 🅗 (10A) – pers.
suppl. 4€ – frais de réservation 12€
Location (Prix 2009) : 8 🄶🄵🄷 (4 à 6 pers.) 280 à 495€/
sem. – 1 🏠 (4 à 6 pers.) - 320 à 520€/sem. – frais de
réservation 12€
🛻 1 borne artisanale 5€
Pour s'y rendre : Le Ribeyrès (5 km au nord-est par D 32,
D 61 et chemin du Ribeyres à gauche, au bord du lac de
St-Etienne-Cantalès)
À savoir : situation agréable

Nature : 🐾 ≤ 🏕 ⚱
Loisirs : 🍴 🏠 ⚓ 🌊 canoë kayak
Services : 🔥 ⚟ ⚟ laverie 🛒
À prox. : sports nautiques

165

Longitude : 2.25268
Latitude : 44.90639

PIERREFITTE-SUR-LOIRE

03470 – **326** J3 – 514 h. – alt. 228
Paris 324 – Bourbon-Lancy 20 – Lapalisse 50 – Moulins 42 – Paray-le-Monial 28.

▲ **Municipal le Vernay** de mi-mars à fin oct.
    ℘ 0470470249,
mairie.pierrefitte-sur-loire@wanadoo.fr,
Fax 0470470372, pierrefitte03.fr
2 ha (35 empl.) plat, herbeux
Tarif : ★ 2,40€ ⇔ 🅔 3,20€ – 🅗 (6A) 1,60€
Location : 12 🄶🄵🄷 (4 à 6 pers.) **nuitée** 60€ - 200 à 300€/
sem.
🛻 1 borne artisanale
Pour s'y rendre : Le Vernay (sortie nord-ouest par N 79,
rte de Dompierre, D 295 à gauche, rte de Saligny-sur-
Roudon puis 900 m par chemin à dr. apr. le pont, à 200 m
du canal)
À savoir : près d'un plan d'eau

Nature : ≤ 🏕
Services : 🔥 ⚟ (juil.août) ⚟ 🏢 🖾
À prox. : 🍴 ✗ ⚓ ⚒ 🛶 (plage) 🌊 parcours de santé, pédalos, canoë

Longitude : 3.80334
Latitude : 46.51734

PLEAUX

15700 – **330** B4 – 1 667 h. – alt. 641

🛈 *Office de tourisme, place Georges Pompidou* ✆ *0471409140, Fax 0471409140*

Paris 534 – Argentat 29 – Aurillac 46 – Égletons 44.

🔺 **Municipal de Longayroux** de déb. avr. à mi-oct.
✆ 0471404830, *pleaux@wanadoo.fr*, Fax 0471404903,
http://mairie.wanadoo.fr/pleaux/ – croisement difficile
sur 6 km – places limitées pour le passage
0,6 ha (48 empl.) peu incliné, herbeux, gravillons
Tarif : (Prix 2009) 14,70€ ★★ ⛟ 🅴 🌢 (5A) – pers.
suppl. 3,20€

Location (Prix 2009) : huttes – frais de réservation 28€
Pour s'y rendre : à Longayroux (15 km au sud par D 6, rte
de St-Christophe-les-Gorges, au bord du lac d'Enchanet)

À savoir : dans un site agréable

Nature : 〰 ⋖ 🏕 ♀
Loisirs : 🍸 ⛵ ≋ (plage) 🎣
Services : 🕭 (juil.-août) ♺ 🖳

Longitude : 2.22606
Latitude : 45.13431

PONT-DE-MENAT

63440 – **326** E6 – G. Auvergne

Paris 369 – Aubusson 85 – Clermont-Ferrand 53 – Gannat 26 – Montluçon 42 – Riom 35 – St-Pourçain-sur-Sioule 51.

🔺 **Municipal les Tarteaux** de déb. avr. à fin sept.
✆ 0473855247, *mairiemenat@wanadoo.fr*,
Fax 0473855022, *www.ville-menat.com*
1,7 ha (100 empl.) plat et peu incliné, herbeux
Tarif : (Prix 2009) ★ 2,40€ ⛟ 1,45€ 🅴 1,45€ –
🌢 (16A) 2,70€

Location (Prix 2009) (permanent) : 14 🛖 (4 à 6 pers.)
nuitée 60€ - 215 à 330€/sem.
🚐 1 borne
Pour s'y rendre : Le Pont de Menat (800 m au sud-ouest,
rive gauche de la Sioule)

À savoir : agréable site dans les gorges

Nature : 〰 ⋖ 🏕 ♀♀⋗
Loisirs : 🎣
Services : 🕭 ⊶ (juil.-août) ♺ 🖳
À prox. : 🍸 🍴 ⛵ 🎿 ≋

Longitude : 2.92972
Latitude : 46.09667

PONTGIBAUD

63230 – **326** E8 – G. Auvergne – 768 h. – alt. 735

🛈 *Office de tourisme, rue du Commerce* ✆ *0473889099, Fax 0473889009*

Paris 432 – Aubusson 68 – Clermont-Ferrand 23 – Le Mont-Dore 37 – Riom 26 – Ussel 68.

🔺 **Municipal de la Palle** de mi-avr. à fin sept.
✆ 0473889699, *camping.pontgibaud@orange.fr*,
Fax 0473887777, *http://campongibaud.free.fr*
4,5 ha (120 empl.) plat, herbeux
Tarif : (Prix 2009) 14,80€ ★★ ⛟ 🅴 🌢 (16A) – pers.
suppl. 3,60€
🚐 1 borne artisanale 2,50€
Pour s'y rendre : Rte de la Miouze (500 m au sud-ouest
par D 986, rte de Rochefort-Montagne, au bord de
la Sioule)

Nature : 🏕
Loisirs : 🎿 🎣
Services : 🕭 ⊶ (juil.-août) 🇬🇧 ♺ ᵞ 🖳
À prox. : 🍸 🍴

Longitude : 2.84666
Latitude : 45.83017

LE PUY-EN-VELAY

43000 – **331** F3 – G. Auvergne – 19 321 h. – alt. 629

🛈 *Office de tourisme, 2, place du Clauzel* ✆ *0471093841, Fax 0471052262*

Paris 539 – Aurillac 168 – Clermont-Ferrand 129 – Lyon 134 – Mende 87 – St-Étienne 76 – Valence 110.

🔺 **Bouthezard** de mi-mars à fin oct.
✆ 0471095509
1 ha (80 empl.) plat, herbeux
Tarif : 14,50€ ★★ ⛟ 🅴 🌢 (6A) – pers. suppl. 3,20€
🚐 1 borne flot bleu – 3 🅴 10€
Pour s'y rendre : à Aiguilhe (au nord-ouest, au bord de la
Borme)

Nature : ♀♀
Loisirs : 🎱
Services : 🕭 ⊶ ♺ 🎞 🖳
À prox. : 🎿 🔲 ⛲

Longitude : 3.88069
Latitude : 45.04753

PUY-GUILLAUME

63290 – **326** H7 – 2 668 h. – alt. 285
Paris 374 – Clermont-Ferrand 53 – Lezoux 27 – Riom 35 – Thiers 15.

Municipal de la Dore de déb. avr. à fin sept.
☎ 0473947851, *campingdeladore@orange.fr*,
www.puy-guillaume.com
3 ha (100 empl.) plat, herbeux
Tarif : (Prix 2009) 16€ ✦✦ ⬅ 国 (6A) – pers.
suppl. 3,60€ – frais de réservation 5€
Pour s'y rendre : 86 r. Joseph-Claussat (sortie ouest par
D 63, rte de Randan et à dr. av. le pont, près de la rivière)

Nature : ♀
Loisirs : 🏠 🚣 🎣 ♨
Services : ♿ ⚡ ♻
À prox. : ♥ ✕ ✇ parcours de
santé

Longitude : 3.46826
Latitude : 45.9611

To select the best route and follow it with ease,
To calculate distances,
To position a site precisely from details given in the text :
Get the appropriate MICHELIN regional map.

LE ROUGET

15290 – **330** B5 – 957 h. – alt. 614
Paris 613 – Clermont-Ferrand 177 – Aurillac 24 – Figeac 41 – Decazeville 41.

Village Vacances Le Moulin du Teil (location
exclusive de chalets) Permanent
☎ 0471636490, *rouget@kailan.fr*, *www.rouget.kailan.fr*
10 ha plat, herbeux
Location ♿ : 20 🏠 (4 à 6 pers.) nuitée 80€ - 735 à
980€/sem.
Pour s'y rendre : 1 r. des Chalets

Loisirs : ♥ ⊙ nocturne 🚣 ≈
🐟 balnéo, base nautique, canoë,
pédalos
Services : GB ♻ laverie
À prox. : ✕ 🎣 ✇ 🎣 poneys
parcours de santé

Longitude : 2.23267
Latitude : 44.85502

ROYAT

167

63130 – **326** F8 – G. Auvergne – 4 709 h. – alt. 450 – ♨ (fin mars-fin oct.)
🛈 *Syndicat d'initiative, 1, avenue Auguste Rouzaud* ☎ 0473297470, Fax 0473358107
Paris 423 – Aubusson 89 – La Bourboule 47 – Clermont-Ferrand 5 – Le Mont-Dore 40.

Indigo Royat ♣ – de déb. avr. à fin oct.
☎ 0473359705, *royat@camping-indigo.com*,
Fax 0473356769, *www.camping-indigo.com* –
7 ha (200 empl.) en terrasses, peu incliné, gravier,
herbeux
Tarif : (Prix 2009) 27,70€ ✦✦ ⬅ 国 (10A) – pers.
suppl. 5,30€ – frais de réservation 18€
Location (Prix 2009) : 31 🏠 (4 à 6 pers.) nuitée 65€ -
341 à 742€/sem. – 6 🏠 (4 à 6 pers.) nuitée 75€ - 393
à 819€/sem. – huttes – frais de réservation 18€
🚐 1 borne autre 4€
Pour s'y rendre : rte de Gravenoire (2 km au sud-est par
D 941c, rte du Mont-Dore et à dr. D 5, rte de Charade)
À savoir : agréable cadre, verdoyant et ombragé

Nature : 🌳 ♀
Loisirs : ♥ snack, pizzeria 🏠 ⊙
diurne nocturne (juil.-août) 🏃
🚣 🚲 ✇ 🎣
Services : ♿ ⚡ GB ♻ 🛒 🛁 🔥

Longitude : 3.06022
Latitude : 45.75853

SAIGNES

15240 – **330** C2 – G. Auvergne – 898 h. – alt. 480
Paris 483 – Aurillac 78 – Clermont-Ferrand 91 – Mauriac 26 – Le Mont-Dore 55 – Ussel 39.

Municipal Bellevue de déb. juil. à fin août
☎ 0471406840, *saignes.mairie@wanadoo.fr*,
Fax 0471406165, *www.saignes-mairie.fr*
1 ha (42 empl.) plat, herbeux
Tarif : (Prix 2009) ✦ 2,05€ ⬅ 1,05€ 国 1,20€ –
(16A) 2,25€
Location (Prix 2009) : 3 🏠 (4 à 6 pers.) 250 à 300€/
sem. – frais de réservation 50€
Pour s'y rendre : sortie nord-ouest, au stade

Nature : ≼ 🌳 ♀
Loisirs : 🏠 🚣 ⊙
Services : ♿ ⚡ ♻ 🔥
À prox. : ✇ 🎣

Longitude : 2.47893
Latitude : 45.33856

ST-AMANT-ROCHE-SAVINE

63890 – **326** I9 – 534 h. – alt. 950
Paris 474 – Ambert 12 – La Chaise-Dieu 39 – Clermont-Ferrand 65 – Issoire 45 – Thiers 48.

⚠ **Municipal Saviloisirs** de déb. mai à fin oct.
℘ 04 73 95 73 60, saviloisirs@wanadoo.fr,
Fax 04 73 95 72 62, www.saviloisirs.com
1,3 ha (19 empl.) en terrasses, herbeux
Tarif : ★ 3,10€ ⇦ 1,80€ 🅴 1,90€ 🔌 (3A)
Location (permanent) : 30 🏠 (4 à 6 pers.) nuitée 60€
- 227 à 330€/sem. – frais de réservation 74€
⛽ 1 borne autre 2€
Pour s'y rendre : 7 pl. de la Liberté (à l'est du bourg)

Nature : ⟨ 🖾	
Loisirs : 🎣 🏕 ⛸	
Services : ♿ ⛽ 🔧 🏭 ♨ ☂ ⛊ 🍴	
laverie	
À prox. : ✂	

Longitude : 3.63064
Latitude : 45.57662

*Nos **guides hôtels**, nos **guides touristiques** et nos **cartes routières**
sont complémentaires. Utilisez-les ensemble.*

ST-BONNET-TRONÇAIS

03360 – **326** D3 – G. Auvergne – 760 h. – alt. 224
Paris 301 – Bourges 57 – Cérilly 12 – Montluçon 44 – St-Amand-Montrond 20 – Sancoins 30.

⚠ **Champ Fossé** de déb. avr. à fin sept.
℘ 04 70 06 11 30, champfosse@campingstroncais.com,
www.campingstroncais.com
3 ha (110 empl.) peu incliné, herbeux
Tarif : (Prix 2009) ★ 4,16€ ⇦ 1,18€ 🅴 4,16€ –
🔌 (10A) 3,16€ – frais de réservation 15€
Location (Prix 2009) (permanent) : 2 🏠 (4 à 6 pers.)
nuitée 123€ - 271 à 459€/sem. – gîtes
Pour s'y rendre : 700 m au sud-ouest

À savoir : belle situation au bord de l'étang de
St-Bonnet

Nature : 🌳 ⟨ ♀	
Loisirs : 🍴 🎣 ⛵ ⛸	
Services : ⛽ GB 🔧 laverie	
À prox. : 🏊 ⛳ ✂ 🏌 ⛵ (plage)	
🏊 🛶 canoë, pédalos	

Longitude : 2.69441
Latitude : 46.65994

ST-DIDIER-EN-VELAY

43140 – **331** H2 – 3 254 h. – alt. 830
🅱 Office de tourisme, 11, rue de l'ancien Hôtel de Ville ℘ 04 71 66 25 72, Fax 04 71 61 25 83
Paris 538 – Annonay 49 – Monistrol-sur-Loire 11 – Le Puy-en-Velay 58 – St-Étienne 25.

⚠ **La Fressange** de déb. mai à fin sept.
℘ 04 71 66 25 28, camping.lafressange@orange.fr,
Fax 04 71 66 25 28, http://www.saint-didier.com/camping
1,5 ha (104 empl.) incliné, peu incliné, en terrasses,
herbeux
Tarif : (Prix 2009) 15,85€ ★★ ⇦ 🅴 🔌 (15A) – pers.
suppl. 4,39€
Location (Prix 2009) (de déb. avr. à fin oct.) : 11 🏠 (4
à 6 pers.) nuitée 45€ - 155 à 470€/sem.
Pour s'y rendre : 800 m au sud-est par D 45, rte de
St-Romain-Lachalm et à gauche, au bord d'un ruisseau

Loisirs : 🏊 🚲	
Services : ♿ ⛽ GB 🔧 🍴 📞	
À prox. : ✂ ⛵ parcours sportif	

Longitude : 4.28302
Latitude : 45.30119

ST-ÉLOY-LES-MINES

63700 – **326** E6 – 3 840 h. – alt. 490
Paris 358 – Clermont-Ferrand 64 – Guéret 86 – Montluçon 31 – Moulins 72 – Vichy 58.

⚠ **Municipal la Poule d'Eau** de mi-juin à mi-sept.
℘ 04 73 85 45 47, selm.maire@wanadoo.fr,
Fax 04 73 85 07 75
1,8 ha (50 empl.) peu incliné, herbeux
Tarif : (Prix 2009) ★ 1,80€ ⇦ 0,93€ 🅴 1,40€ –
🔌 (6A) 2,33€
⛽ 1 borne flot bleu 2€
Pour s'y rendre : r. de la Poule d'Eau (sortie sud par
N 144, rte de Clermont puis à dr., 1,3 km par D 110, rte de
Pionsat)

À savoir : cadre verdoyant au bord de deux plans d'eau

Nature : ⟨ 🖾 ♀	
Loisirs : 🏊 🎣	
Services : ♿ ⛽	
À prox. : 🍖 🍴 snack ✂ 🎣 🏊 ⛵	
(plage) parcours de santé ⛽	

Longitude : 2.83408
Latitude : 46.15184

ST-FLOUR

15100 – **330** G4 – G. Auvergne – 6 663 h. – alt. 783

Office de tourisme, 17 bis, place d'Armes ✆ *0471602250, Fax 0471600514*
Paris 513 – Aurillac 70 – Issoire 67 – Millau 132 – Le Puy-en-Velay 94 – Rodez 111.

International Roche-Murat de déb. avr. à fin oct.
✆ 0471604363, *courrier@camping-saint-flour.com*,
Fax 0471600210, *www.camping-saint-flour.com*
3 ha (119 empl.) en terrasses, herbeux, pinède attenante
Tarif : 14,30€ ✶✶ ⇔ 🅔 💧 (10A) – pers. suppl. 2,95€

Location (permanent) ♿ : 11 🏠 (4 à 6 pers.) - 284 à 399€/sem.
🚐 1 borne artisanale
Pour s'y rendre : rte de Clermont-Ferrand (4,7 km au nord-est par D 921, N 9 et av. l'échangeur de l'autoroute A 75, chemin à gauche, au rd-pt - par A 75 : sortie 28)

Nature :	⪦ 🖼
Loisirs :	🖼 ⛵
Services :	♿ ⚡ 🔧 🏪 🔥 🔌 ⚙ laverie
Longitude : 3.10325
Latitude : 45.03881

ST-GERMAIN-L'HERM

63630 – **326** I10 – G. Auvergne – 530 h. – alt. 1 050

Office de tourisme, route de la Chaise-Dieu ✆ *0473720595, Fax 0473720595*
Paris 476 – Ambert 27 – Brioude 33 – Clermont-Ferrand 66 – Le Puy-en-Velay 69 – St-Étienne 107.

St-Éloy de fin mai à mi sept.
✆ 0473720513, *contact@revea-vacances.com*
3 ha (63 empl.) plat, en terrasses et vallonné, herbeux
Tarif : (Prix 2009) 14,10€ ✶✶ ⇔ 🅔 💧 (8A) – pers. suppl. 3€ – frais de réservation 10€

Location : huttes
Pour s'y rendre : sortie sud-est, sur D 999, rte de la Chaise-Dieu

Nature :	⪦
Loisirs :	🖼 ⛵ 🎣
Services :	♿ ⚡ GB 🔧 🔥 🔌
À prox. :	✂ 🍴
Longitude : 3.54393
Latitude : 45.45998

*Ask your bookseller for the catalogue of **MICHELIN publications**.*

ST-GÉRONS

15150 – **330** B5 – 166 h. – alt. 526
Paris 538 – Argentat 35 – Aurillac 24 – Maurs 33 – Sousceyrac 25.

La Presqu'île d'Espinet de déb. juin à fin sept.
✆ 0471622890, *camping.despinet@orange.fr*,
Fax 0471622890, *www.camping-espinet.com*
3 ha (105 empl.) peu incliné, herbeux, bois
Tarif : 18€ ✶✶ ⇔ 🅔 💧 (10A) – pers. suppl. 4€
Location (permanent) : 10 🏠 (4 à 6 pers.) nuitée 50€ - 300 à 460€/sem.
Pour s'y rendre : 8,5 km au sud-est par rte d'Espinet, à 300 m du lac de St-Étienne-Cantalès
À savoir : dans un site agréable

Nature :	🐟 🖼 ♒
Loisirs :	⛵ 🎣
Services :	♿ ⚡ 🔧 🔌 🔥
À prox. :	🍴 snack ✂ 🍴 (plage) 🛶
Longitude : 2.23301
Latitude : 44.9248

ST-GERVAIS-D'AUVERGNE

63390 – **326** D6 – G. Auvergne – 1 341 h. – alt. 725 – Base de loisirs

Office de tourisme, rue du Général Desaix ✆ *0473858094*
Paris 377 – Aubusson 72 – Clermont-Ferrand 55 – Gannat 41 – Montluçon 47 – Riom 39 – Ussel 87.

Municipal de l'Étang Philippe de déb. avr. à fin sept.
✆ 0473857484, *campingstgervais@wanadoo.fr*,
Fax 0473857484, *www.ville-stgervais-auvergne.fr*
3 ha (130 empl.) plat et peu incliné, herbeux
Tarif : (Prix 2009) 10€ ✶✶ ⇔ 🅔 💧 (10A) – pers. suppl. 1,50€ – frais de réservation 20€

Location (Prix 2009) (permanent) : 🏠 (4 à 6 pers.) - 220 à 385€/sem.
🚐 1 borne raclet 2€
Pour s'y rendre : Mazières (sortie nord par D 987, rte de St-Éloy-les-Mines, près d'un plan d'eau)

Nature :	🖼 ♒
Loisirs :	🖼
Services :	♿ ⚡ 🔧 🔌
À prox. :	🛒 ⛵ ✂ 🎣 🍴 (plage) 🛶 🐎
Longitude : 2.81921
Latitude : 46.04063

ST-HIPPOLYTE

63140 – **326** F7 – G. Auvergne
Paris 409 – Clermont 20 – Montluçon 77 – Vichy 46 – Moulins 90.

La Croze de mi-avr. à mi-oct.
  📞 0473860827, *campinglacroze@wanadoo.fr*,
Fax 0473864332, *www.campingcroze.com*
3,7 ha (100 empl.) plat, peu incliné et en terrasses,
herbeux, pierreux
Tarif : **✱** 2,60€ ⟺ 1,50€ 📹 3,50€ – 🈂 (10A) 2,60€
Location (permanent) : 6 🛖 (4 à 6 pers.) nuitée 61€
- 430€/sem. – 9 🏠 (4 à 6 pers.) nuitée 68€ - 480€/
sem.
🚚 4 📹
Pour s'y rendre : rte de Mozac St-Hippolyte (1 km au
sud-est par D 227, rte de Riom)

Nature : 🌊 ♀	
Loisirs : 🛶 🏊	
Services : ♿ ⛽ GB 🐾 ✈ 🇽 laverie	

Longitude : 3.05568
Latitude : 45.9093

ST-JUST

15320 – **330** H5 – 209 h. – alt. 950
Paris 531 – Chaudes-Aigues 29 – Ruynes-en-Margeride 22 – St-Chély-d'Apcher 16 – St-Flour 28.

Municipal de déb. avr. à fin sept.
  📞 0471737048, *commune.stjust@wanadoo.fr*,
Fax 0471737144, *www.saintjust.com*
2 ha (60 empl.) plat et peu incliné, terrasse, herbeux
Tarif : 9,50€ **✱✱** ⟺ 📹 🈂 (10A) – pers. suppl. 2,10€
Location (permanent) : 7 🛖 (4 à 6 pers.) 221 à 399€/
sem. – gîtes
🚚 1 borne 2€ – 🛁 🈂 9.50€
Pour s'y rendre : Le Bourg (au sud-est, au bord
d'un ruisseau - par A 75 : sortie 31 ou 32 -)
À savoir : location à la nuitée hors sais.

Nature : 🌊 ♀	
Loisirs : 🎮 🌙nocturne 🚴	
Services : ⛽ 🐾 🇽 laverie	
À prox. : 🏊 🍴 ✕ 🎣 🎿 🏊	

Longitude : 3.209
Latitude : 44.8896

170

ST-MAMET-LA-SALVETAT

15220 – **330** B5 – 1 394 h. – alt. 680
🗺 *Office de tourisme, le Bourg* 📞 *0471469482, Fax 0471469483*
Paris 555 – Argentat 53 – Aurillac 20 – Maurs 24 – Sousceyrac 27.

Municipal de déb. avr. à fin oct.
  📞 0471647521, Fax 0471647980
0,8 ha (41 empl.) peu incliné, herbeux
Tarif : (Prix 2009) **✱** 2,35€ ⟺ 📹 7,20€ 🈂 (16A)
Location : 3 🛖 (4 à 6 pers.) 175 à 350€/sem. – 7 🏠
(4 à 6 pers.) - 215 à 420€/sem.
Pour s'y rendre : chemin du Stade (à l'est, accès par
D 20, rte de Montsalvy)

Nature : 🌊 🗻	
Loisirs : 🎮 🏊	
Services : ♿ ⛽ 🐾 📻	
À prox. : 🏊 🎣 🎿	

Longitude : 2.3047
Latitude : 44.85727

ST-MARTIN-VALMEROUX

15140 – **330** C4 – G. Auvergne – 872 h. – alt. 646
🗺 *Syndicat d'initiative, le Bourg* 📞 *0471692762, Fax 0471692452*
Paris 510 – Aurillac 33 – Mauriac 21 – Murat 53 – Salers 10.

Municipal le Moulin du Teinturier de mi-juin à
mi-sept.
  📞 0471694312, *lemoulinduteinturier@orange.fr*,
Fax 0471692452, *saint-martin-valmeroux.fr*
3 ha (100 empl.) plat, herbeux
Tarif : (Prix 2009) 10,70€ **✱✱** ⟺ 📹 🈂 (10A) – pers.
suppl. 2,85€ – frais de réservation 30€
Location (permanent) : 20 🏠 (4 à 6 pers.) - 200 à
500€/sem.
🚚 1 borne 2€
Pour s'y rendre : à l'ouest, sur D 37, rte de Ste-Eulalie-
Nozières, au bord de la Maronne

Nature : ≤ 🗻	
Loisirs : 🎮 🏊 🏊	
Services : ♿ 🎯 🐾 ✈ 🎿 📻	
À prox. : 🏊 🎣 poneys 🚚	

Longitude : 2.42335
Latitude : 45.11613

ST-NECTAIRE

63710 – **326** E9 – G. Auvergne – 713 h. – alt. 700 – ⚓ (mi avril-mi oct.)
🛈 *Office de tourisme, les Grands Thermes* ℘ 0473885086, Fax 0473884048
Paris 453 – Clermont-Ferrand 43 – Issoire 27 – Le Mont-Dore 24.

⚠ **Le Viginet** de déb. avr. à fin sept.
℘ 825801440, *contact@revea-vacances.com*,
www.revea-vacances.fr
2 ha (61 empl.) plat, peu incliné et incliné, herbeux,
pierreux
Tarif : (Prix 2009) 20€ ✹✹ ⬤ 🔲 (🔌) (10A) – pers.
suppl. 4,30€ – frais de réservation 10€
Location (Prix 2009) : 10 🏠 (4 à 6 pers.) - 139 à 600€/
sem. – huttes – frais de réservation 25€
Pour s'y rendre : sortie sud-est par D 996 puis 600 m par
chemin à gauche (face au garage Ford)
À savoir : situation dominante

> Nature : 🏞 ⚡ 🌳 ♀
> Loisirs : 🎮 🕐diurne 🏓 🛝
> Services : ⚙ ⛽ GB 🔧 📷
> À prox. : ✂ 🎯 parcours de santé,

> Longitude : 3.00217
> Latitude : 45.57988

⚠ **La Clé des Champs** de déb. avr. à déb. oct.
℘ 0473885233, *campingcledeschamps@free.fr*,
www.campingcledeschamps.com
1 ha (84 empl.) plat, peu incliné et en terrasses, herbeux
Tarif : (Prix 2009) 17€ ✹✹ ⬤ 🔲 (🔌) (6A) – pers.
suppl. 5€ – frais de réservation 16€
Location (Prix 2009) (permanent) : 15 🏠 (4 à 6
pers.) nuitée 29€ - 180 à 600€/sem. – 9 🏠 (4 à 6
pers.) nuitée 38€ - 220 à 680€/sem.
🚐 1 borne eurorelais 4€ – 5 🔲 9,50€ – 🚰 10€
Pour s'y rendre : sortie sud-est par D 996 et D 642,
te des Granges, au bord d'un ruisseau et à 200 m de la
Couze de Chambon

> Nature : 🌳 ♀
> Loisirs : 🎮 🏓 🛝 ⚓
> Services : ⚙ ⛽ GB 🔧 🚿 🚽
> 📶 📷

> Longitude : 2.99328
> Latitude : 45.58942

LES GUIDES VERTS **MICHELIN**
Paysages, monuments
Routes touristiques
Géographie
Histoire, Art
Itinéraire de visite
Plans de villes et de monuments

171

ST-PAULIEN

43350 – **331** E3 – 2 182 h. – alt. 795
🛈 *Office de tourisme, Place Saint-Georges* ℘ 0471005001, Fax 0471005001
Paris 529 – La Chaise-Dieu 28 – Craponne-sur-Arzon 25 – Le Puy-en-Velay 14 – St-Étienne 89 – Saugues 44.

⚠ **La Rochelambert** de déb. avr. à fin sept.
℘ 0471005402, *infos@camping-rochelambert.com*,
Fax 0471005402, *www.camping-rochelambert.com*
3 ha (100 empl.) plat, herbeux, en terrasses
Tarif : (Prix 2009) ✹ 4,20€ ⬤ 🔲 5,70€ – (🔌) (10A) 3,10€ –
frais de réservation 6€
Location (Prix 2009) : 12 🏠 (4 à 6 pers.) nuitée 58€ -
225 à 480€/sem. – huttes – frais de réservation 6€
🚐 1 borne 3€ – 4 🔲 17,80€
Pour s'y rendre : rte de Lanthenas (2,7 km au sud-ouest
par D 13, rte d'Allègre et D 25 à gauche, rte de Loudes,
près de la Borne (accès direct))

> Nature : 🌳
> Loisirs : 🍴 snack 🏓 ✂ 🛝
> Services : ⚙ ⛽ GB 🚿 🧺laverie

> Longitude : 3.77773
> Latitude : 45.10606

ST-POURÇAIN-SUR-SIOULE

03500 – **326** G5 – G. Auvergne – 5 046 h. – alt. 234

🖪 *Office de tourisme, 29, rue Marcellin Berthelot* ℰ *04 70 45 32 73, Fax 04 70 45 60 27*

Paris 325 – Montluçon 66 – Moulins 33 – Riom 61 – Roanne 79 – Vichy 28.

🔺 **Municipal de l'Ile de la Ronde** de déb. mai à fin sept.
ℰ 04 70 45 45 43,
contact@ville-saint-pourcain-sur-sioule.com,
Fax 04 70 45 55 27,
www.ville-saint-pourcain-sur-sioule.com
1,5 ha (50 empl.) plat, herbeux
Tarif : (Prix 2009) 🛉 2 € ⇌ 1,70 € ▣ 1,95 € – ⚡ (4A) 2,20 €
⛽ 1 borne flot bleu 2 €
Pour s'y rendre : quai de la Ronde

À savoir : dans un parc public, agréable à côtoyer en bordure de la Sioule

Nature : ⌨ ♀	
Loisirs : 🏖 ⤴ 🎣	
Services : 🚿 ⚡ ☎ ♻ 🔒	
À prox. : 🛒 ✕ 🛥 🚏	

Longitude : 3.29361
Latitude : 46.3051

Pour choisir et suivre un itinéraire
Pour calculer un kilométrage
Pour situer exactement un terrain (en fonction
des indications fournies dans le texte) :
Utilisez les cartes MICHELIN ,
compléments indispensables de cet ouvrage.

172

ST-RÉMY-SUR-DUROLLE

63550 – **326** I7 – G. Auvergne – 1 774 h. – alt. 620

Paris 395 – Chabreloche 13 – Clermont-Ferrand 55 – Thiers 7.

🔺 **Municipal les Chanterelles** de déb. mai à mi-sept.
ℰ 04 73 94 31 71, *contact@revea-vacances.com,*
Fax 04 73 94 31 71, *www.revea-vacances.fr*
5 ha (150 empl.) incliné et en terrasses, herbeux
Tarif : 14 € 🛉🛉 ⇌ ▣ ⚡ (8A) – pers. suppl. 3,50 € – frais de réservation 10 €

Location : 8 🏠 (4 à 6 pers.) - 200 à 520 €/sem. – frais de réservation 25 €
Pour s'y rendre : 3 km au nord-est par D 201 et chemin à dr. - par A 72 : sortie 3

À savoir : situation agréable en moyenne montagne et à proximité d'un plan d'eau

Nature : ⩽ ♀	
Loisirs : 🏠 ⤴	
Services : 🚿 ⚡ ☎ ♻ 🔒	
Au plan d'eau : 🛒 ⛱ 🍹 ✕ ✕ 🎣 🛶 🛥 (plage) ⤢ 🎣 squash	

Longitude : 3.5991
Latitude : 45.90327

ST-YORRE

03270 – **326** H6 – G. Auvergne – 2 745 h. – alt. 275

Paris 362 – Clermont-Ferrand 65 – Montluçon 108 – Moulins 65 – Roanne 67.

🔺 **Municipal La Gravière** de déb. mai à fin sept.
ℰ 04 70 59 21 00, *mairie@ville-saint-yorre.fr,*
www.camping-vichy.com
1,5 ha (80 empl.) plat, herbeux
Tarif : (Prix 2009) 🛉 3,80 € ⇌ ▣ 4 € – ⚡ (10A) 2,90 €
⛽ 1 borne artisanale
Pour s'y rendre : r. de la Gravière (sortie sud-ouest par D 55e, rte de Randan, près de l'Allier avec accès direct (rive gauche))

Nature : ⌨ ♀♀	
Loisirs : ⤴	
Services : 🚿 🛏 ⤢ ♻ 🔒	
À prox. : 🛒 ✕ 🎣 🖼 🛥 🎣 parcours sportif	

Longitude : 3.46167
Latitude : 46.06608

STE-SIGOLÈNE

43600 – **331** H2 – 5 778 h. – alt. 808

🅱 *Office de tourisme, place du 8 mai* 🕾 *0471661307, Fax 04.71.66.13.07*
Paris 551 – Annonay 50 – Monistrol-sur-Loire 8 – Montfaucon-en-Velay 14 – Le Puy-en-Velay 55 – St-Étienne 39.

⚠ Le Vaubarlet ♠♦ – de déb. mai à fin sept.
🕾 0471666495, *camping@vaubarlet.com*,
Fax 0471661198, *www.vaubarlet.com* – alt. 600
15 ha/3 campables (131 empl.) plat, herbeux
Tarif : 22€ ♦♦ ⟠ 🅴 (🗲) (6A) – pers. suppl. 4€ – frais de réservation 15€

Location : 17 🚐 (4 à 6 pers.) nuitée 45€ - 285 à 680€/sem. – 5 🏠 (4 à 6 pers.) nuitée 45€ - 285 à 650€/sem. – 12 bungalows toilés – frais de réservation 30€
🔲 1 borne artisanale
Pour s'y rendre : 6 km au sud-ouest par D 43, rte de Grazac

À savoir : dans une vallée verdoyante traversée par la Dunière

| Nature : 🐟 ≤ |
| Loisirs : 🍴 pizzeria 🎱 ☼diurne 🏃 🚴 ⛵ |
| Services : & ⚡ GB ♨ 🛁 🍴 laverie 🧺 |

| Longitude : 4.20995 |
| Latitude : 45.2151 |

Informieren Sie sich über die gültigen Gebühren,
bevor Sie Ihren Platz beziehen. Die Gebührensätze
müssen am Eingang des Campingplatzes angeschlagen sein.
Erkundigen Sie sich auch nach den Sonderleistungen.
Die im vorliegenden Band gemachten Angaben
können sich seit der Überarbeitung geändert haben.

SAUGUES

43170 – **331** D4 – G. Auvergne – 1 917 h. – alt. 960

🅱 *Office de tourisme, Cours Dr Gervais* 🕾 *0471777138, Fax 0471777138*
Paris 529 – Brioude 51 – Mende 72 – Le Puy-en-Velay 43 – St-Chély-d'Apcher 42 – St-Flour 52.

⚠ Municipal Sporting de la Seuge de mi-juin à mi-sept.
🕾 0471778062, *camping@mairie-saugues.com*,
Fax 0471776640, *www.mairie-saugues.com*
3 ha (112 empl.) plat, herbeux, pierreux
Tarif : (Prix 2009) 13,90€ ♦♦ ⟠ 🅴 (🗲) (10A) – pers. suppl. 3,20€

Location (permanent) : 15 🏠 (4 à 6 pers.) - 220 à 459€/sem.
🔲 1 borne artisanale – 3 🅴 6,50€ – 🚐 (🗲) 8.30€
Pour s'y rendre : sortie ouest par D 589, rte du Malzieu-Ville et à dr., au bord de la Seuge et près de deux plans d'eau et d'une pinède

| Nature : ≤ ♨ |
| Loisirs : 🎱 🏓 🎾 ⛵ 🚣 |
| Services : & GB ♨ laverie |
| À prox. : 🐎 🏊 🖼 🐴 parcours sportif, terrain omnisports, pédalos |

| Longitude : 3.54073 |
| Latitude : 44.95818 |

SAUVESSANGES

63840 – **326** K10 – 540 h. – alt. 910
Paris 469 – Ambert 32 – La Chaise-Dieu 29 – Craponne-sur-Arzon 8 – Montbrison 44 – St-Étienne 55.

⚠ Municipal le Bandier de déb. avr. à fin oct.
🕾 0473959429, *sauvessanges.mairie@wanadoo.fr*,
Fax 0473953395, *www.chez.com/sauvessanges* – places limitées pour le passage
1,5 ha (23 empl.) plat, herbeux
Tarif : (Prix 2009) ♦ 1,70€ – ⟠ 1,10€ 🅴 2,10€ –
(🗲) (6A) 2,20€
Pour s'y rendre : 2 km au sud-est par D 251, rte d'Usson-en-Forez, près du stade et à 100 m de l'Ance

| Nature : 🐟 🌳 |
| Loisirs : 🎱 🏄 |
| Services : & (juil.-août) ♨ 🛁 🚽 |

| Longitude : 3.89069 |
| Latitude : 45.38648 |

SAZERET

03390 – **326** E4 – 156 h. – alt. 370

Paris 348 – Gannat 44 – Montluçon 34 – Montmarault 4 – Moulins 49 – St-Pourçain-sur-Sioule 31.

⚠️ **La Petite Valette** de déb. avr. à fin sept.
  ☎ 04 70 07 64 57, *la.petite.valette@wanadoo.fr*,
  Fax 04 70 07 25 48, *www.valette.nl* – croisement difficile
  à certains endroits (chemin) 🚫
  4 ha (55 empl.) plat, peu incliné, herbeux, étang
  Tarif : 🚶 4,95 € 🔲 7,95 € – 🔌 (6A) 2,95 € – frais de
  réservation 15,90 €
  🚐 2 🏠 24 €
  Pour s'y rendre : 5,5 km au nord-est, accès par rte des
  Deux-Chaises longeant la N 79 et chemin des Prugnes
  à gauche, par A 71 sortie 11 puis 1 km par D 46 et 4 km
  à gauche par rte des Deux-Chaises longeant la N 79

  À savoir : décoration arbustive et florale autour d'une
  ancienne ferme

Nature :	🏞️ 🏕️ 🌳
Loisirs :	🚴 🛶 🎣
Services :	♿ 🔌 GB 🏧 🛗
À prox. :	🍴 🐴

Longitude : 2.98994
Latitude : 46.35825

Informieren Sie sich über die gültigen Gebühren,
bevor Sie Ihren Platz beziehen. Die Gebührensätze
müssen am Eingang des Campingplatzes angeschlagen sein.
Erkundigen Sie sich auch nach den Sonderleistungen.
Die im vorliegenden Band gemachten Angaben
können sich seit der Überarbeitung geändert haben.

SINGLES

63690 – **326** C9 – 203 h. – alt. 737

Paris 484 – Bort-les-Orgues 27 – La Bourboule 23 – Bourg-Lastic 20 – Clermont-Ferrand 65.

🏔️ **Le Moulin de Serre** 👫 – de mi-avr. à mi-sept.
  ☎ 04 73 21 16 06, *moulindeserre@orange.fr*,
  Fax 04 73 21 16 06, *www.moulindeserre.com*
  7 ha/2,6 campables (90 empl.) plat, herbeux
  Tarif : (Prix 2009) 22,55 € 👫 🚐 🔲 🔌 (10A) – pers.
  suppl. 4,20 € – frais de réservation 15 €
  Location (Prix 2009) : 23 🛖 (4 à 6 pers.) nuitée 29 €
  - 168 à 560 €/sem. – 12 bungalows toilés – frais de
  réservation 15 €
  🚐 1 borne artisanale 4 €
  Pour s'y rendre : 1,7 km au sud de la Guinguette,
  par D 73, rte de Bort-les-Orgues, au bord de la Burande

  À savoir : cadre verdoyant dans une petite vallée

Nature :	🏞️ ⛰️ 🏕️ 🌳
Loisirs :	🍴 snack 🎱 🎮 🎯 🚤 🚴 🎱 🎣 canoë
Services :	♿ 🔌 GB 🐾 🛗 🍴 laverie 🧺
À prox. :	🚐

Longitude : 2.55059
Latitude : 45.56299

TAUVES

63690 – **326** C9 – G. Auvergne – 796 h. – alt. 820

Paris 474 – Bort-les-Orgues 27 – La Bourboule 13 – Bourg-Lastic 29 – Clermont-Ferrand 55.

🏔️ **Les Aurandeix** de déb. avr. à fin sept.
  ☎ 04 73 21 14 06, *camping.les.aurandeix@orange.fr*,
  Fax 04 73 21 14 06, *www.camping-les-aurandeix.fr*
  2 ha (90 empl.) plat, en terrasses, incliné, herbeux
  Tarif : (Prix 2009) 19,60 € 👫 🚐 🔲 🔌 (10A) – pers.
  suppl. 4,20 € – frais de réservation 10 €
  Location (Prix 2009) : 6 🛖 (4 à 6 pers.) 195 à 535 €/
  sem. – huttes (sans sanitaire) – frais de réservation
  18,50 €
  🚐 1 borne artisanale 5 € – 🚐 10 €
  Pour s'y rendre : au Stade (à l'est du bourg)

Nature :	🏕️ 🌳
Loisirs :	🎱 🚤 🎯 🎣
Services :	♿ 🔌 🐾 laverie
À prox. : au plan d'eau à la Tour d'Auvergne : parcours de santé 🏊 🎿

Longitude : 2.62207
Latitude : 45.55943

THIERS

63300 – **326** I7 – G. Auvergne – 12 194 h. – alt. 420 – Base de loisirs
Ø *Office de tourisme, maison du Pirou* ℰ 0473806565, Fax 0473800132
Paris 388 – Clermont-Ferrand 43 – Roanne 75 – St-Étienne 108 – Vichy 36.

⚠ **Base de Loisirs Iloa** de mi-mai à mi-sept.
ℰ 0473809235, *communication@ville-thiers.fr*,
Fax 0473808881, *www.ville-thiers.fr*
1 ha (46 empl.) plat, herbeux
Tarif : (Prix 2009) 10,30€ ♦♦ ⇌ 🅴 ⚡ (6A) – pers.
suppl. 3,50€
⇞ 1 borne artisanale – 4 🅴 12€
Pour s'y rendre : au lieu-dit : Courty (6,5 km à l'ouest par
rte de Vichy, D 94 à gauche et D 44, rte de Dorat, à 350
m d'un plan d'eau (accès direct), par A 72 : sortie Thiers-
Ouest)

Loisirs : 🏊 🎾 🎯
Services : 🚿 🔒 🛒 🛁 🏊 ⚓ 🍴 🖥
À prox. : 🛶

Longitude : 3.48596
Latitude : 45.87151

THIÉZAC

15800 – **330** E4 – G. Auvergne – 602 h. – alt. 805
Ø *Office de tourisme, le Bourg* ℰ 0471475068, Fax 0471470383
Paris 542 – Aurillac 26 – Murat 23 – Vic-sur-Cère 7.

⚠ **Municipal de la Bédisse** de mi-juin à mi-sept.
ℰ 0471470041, *contact@camping-thiezac.com*,
Fax 0471470231, *http://www.camping-thiezac.com*
1,5 ha (116 empl.) plat, herbeux
Tarif : (Prix 2009) 10€ ♦♦ ⇌ 🅴 ⚡ (6A) – pers.
suppl. 3,50€
⇞ 1 borne 2€
Pour s'y rendre : sortie sud-est par D 59, rte de Raulhac
et à gauche, sur les deux rives de la Cère

Nature : 🏞 ⬞ 🏕 💧
Loisirs : 🎱 🛶
Services : 🚿 🐕 🛁 🖥
À prox. : 🚣 🎾 🍴 🛥 🛶 🚿

Longitude : 2.67032
Latitude : 45.01347

*Avant de prendre la route, consultez **www.ViaMichelin.fr** :
votre meilleur itinéraire, le choix de votre hôtel, restaurant,
des propositions de visites touristiques.*

175

TREIGNAT

03380 – **326** B4 – 455 h. – alt. 450
Paris 342 – Boussac 11 – Culan 27 – Gouzon 25 – Montluçon 25.

⚠ **Municipal de l'Étang d'Herculat** de déb. avr. à fin
sept.
ℰ 0470070389, Fax 0470070372
1,6 ha (35 empl.) incliné, peu incliné, plat, herbeux
Tarif : (Prix 2009) ♦ 5,60€ ⇌ 🅴 – ⚡ (10A) 1,70€

Location : studios – huttes
Pour s'y rendre : 2,3 km au nord-est, accès par chemin
à gauche, apr. l'église

À savoir : situation agréable au bord de l'étang

Nature : 🏞 🏕
Loisirs : 🎱 🏊 🛶
Services : 🚿 ⚡ (juil.-août) 🛁

Longitude : 2.34061
Latitude : 46.34829

TRIZAC

15400 – **330** D3 – G. Auvergne – 576 h. – alt. 960
Paris 518 – Aurillac 69 – Mauriac 24 – Murat 50.

⚠ **Municipal le Pioulat** de mi-juin à mi-sept.
ℰ 0471786420, *mairie.trizac@wanadoo.fr*,
Fax 0471786540
1,5 ha (60 empl.) plat, peu incliné et en terrasses,
herbeux
Tarif : 11€ ♦♦ ⇌ 🅴 ⚡ – pers. suppl. 2,50€
Location (Prix 2009) (permanent) : huttes
⇞ 30 🅴 2,50€ – 🍴⚡ 7€
Pour s'y rendre : sortie sud, rte de Mauriac, au bord d'un
étang

Nature : ⬞ 🏕
Loisirs : 🏊 🛶
Services : 🚿 ⚡ 🐕 🛒 🖥
À prox. : 🍴

Longitude : 2.53743
Latitude : 45.2534

VALLON-EN-SULLY

03190 – **326** C3 – G. Auvergne – 1 728 h. – alt. 192
Paris 313 – La Châtre 55 – Cosne-d'Allier 23 – Montluçon 25 – Moulins 89 – St-Amand-Montrond 28.

Municipal les Soupirs de mi-juin à mi-sept.
⌀ 0470065096, *mairie.vallonensully@wanadoo.fr*,
Fax 470065118, *mondocher.com*
2 ha (50 empl.) plat, herbeux, étang
Tarif : (Prix 2009) 🏕 2€ ⟵ 2€ 🔲 2€ – [⚡] (20A) 4€
Pour s'y rendre : 1 km au sud-est par D 11, entre le Cher
et le Canal du Berry, et chemin à dr.

Nature : 🌊 ♀
Loisirs : 🛝 🎣
Services : ⛟ (juil.-août)
À prox. : 🍴 snack 🏄 🎾

Longitude : 2.61439
Latitude : 46.5324

VIC-SUR-CÈRE

15800 – **330** D5 – G. Auvergne – 1 971 h. – alt. 678
🛈 *Office de tourisme, avenue André Mercier* ⌀ *0471475068, Fax 0471475856*
Paris 549 – Aurillac 19 – Murat 29.

La Pommeraie de déb. mai à mi-sept.
⌀ 0471475418, *pommeraie@wanadoo.fr*,
Fax 0471496330, *www.camping-la-pommeraie.com* –
alt. 750
2,8 ha (100 empl.) en terrasses, herbeux, pierreux
Tarif : 25€ 🏕🏕 ⟵ 🔲 [⚡] (6A) – pers. suppl. 6€ – frais de
réservation 17€
Location (Prix 2009) : 🛖 (4 à 6 pers.) nuitée 40€ -
280 à 735€/sem. – studios – frais de réservation 17€
🚐 4 🔲 15€
Pour s'y rendre : Daïsses (2,5 km au sud-est par D 54,
D 154 et chemin à dr.)
À savoir : belle situation dominante

Nature : 🌊 ⟵ les monts, la vallée et la ville 🏕 ♀
Loisirs : 🍴 ✕ 🎬 🌙nocturne 🤸 🎾 🏊 ⛷ centre de randonnées
Services : 🚿 ⛟ 🏧 🐕 🏪 🚮 ♨ 🚽 💈 laverie 🧺 ✂

Longitude : 2.6332
Latitude : 44.97063

Municipal du Carladez
⌀ 0471475104, Fax 0471475059
3 ha (250 empl.) plat, herbeux
Pour s'y rendre : rte de Salvanhac, (au bord de la Cère)

Nature : ⟵ ♀
Loisirs : 🏕 🏄
Services : 🚿 ⛟ 🏪 laverie
À prox. : 🎣 🎾 🛝 ⛷ 🏖 🚐

Longitude : 2.62492
Latitude : 44.97986

Des vacances réussies sont des vacances bien préparées !
Ce guide est fait pour vous y aider... mais :
– N'attendez pas le dernier moment pour réserver
– Évitez la période critique du 14 juillet au 15 août
Pensez aux ressources de l'arrière-pays,
à l'écart des lieux de grande fréquentation.

VIVEROLS

63840 – **326** K10 – 390 h. – alt. 860
Paris 463 – Ambert 25 – Clermont-Ferrand 103 – Montbrison 38 – St-Étienne 57.

Municipal le Pradoux de déb. avr. à fin oct.
⌀ 0473953431, *VIVEROLS@wanadoo.fr*,
Fax 0473953307 – places limitées pour le passage
1,2 ha (49 empl.) plat, herbeux
Tarif : 🏕 1,70€ ⟵ 1,70€ 🔲 1,70€ – [⚡] (6A) 3€
🚐 1 borne flot bleu 2€
Pour s'y rendre : Quartier Le Ruisseau (au sud-ouest du
bourg par D 111, rte de Medeyrolles, près de la Ligonne)

Loisirs : 🏕 🏄
Services : 🚿 🐕 🚮 🖥
À prox. : 🎾 🎣 🚐

Longitude : 3.88236
Latitude : 45.43566

VOLLORE-VILLE

63120 – **326** I8 – 707 h. – alt. 540
Paris 406 – Ambert 45 – Clermont-Ferrand 57 – Issoire 60 – Lezoux 24 – Thiers 18.

Le Grun Chignore Permanent
✆ 0473537337, *camping-du-chignore@hotmail.fr*,
Fax 0473537337, *www.campingauvergne.fr*
1,5 ha (33 empl.) plat et terrasse, herbeux
Tarif : 12,80€ ✦✦ ⇔ 🅴 (ℋ) (10A) – pers. suppl. 2,50€ –
frais de réservation 5€
Pour s'y rendre : lieu dit Les Plaines (1 km au nord-est
par D 7, rte de Celles-sur-Durolle, à 150 m d'un étang)

Nature : ≤ ⌂
Loisirs : ♟ snack 🏊 (petite
piscine)
Services : ৬ ⚬━ ⚏ ⚒ 🖼
Au lac d'Aubusson : ※ ⚓
(plage) ⚲ ♨

Longitude : 3.60536
Latitude : 45.78982

Give use your opinion of the camping sites we recommend.
Let us know of your remarks and discoveries.

VOREY

43800 – **331** F2 – 1 435 h. – alt. 540
🛈 *Office de tourisme, rue Louis Jouvet* ✆ 0471013067, Fax 0471013067
Paris 544 – Ambert 53 – Craponne-sur-Arzon 18 – Le Puy en Velay 23 – St-Étienne 70 – Yssingeaux 28.

Les Moulettes de déb. mai à mi-sept.
✆ 0471037048, *contact@camping-les-moulettes.fr*,
www.camping-les-moulettes.fr
1,3 ha (45 empl.) plat, herbeux
Tarif : (Prix 2009) ✦ 4,50€ ⇔ 🅴 6,50€ – (ℋ) (10A) 3,20€
Location (Prix 2009) (permanent) : 6 🛖 (4 à 6 pers.)
240 à 470€/sem.
🚐 1 borne 3€
Pour s'y rendre : Chemin de Félines (à l'ouest du centre
bourg, au bord de l'Arzon)

Nature : ⌂ ♨♨
Loisirs : ♟ snack 🏓 🎠 🏊 ⚴
Services : ৬ ⚬━ ⚒ 🏊 ⚏ 🖼
À prox. : ※ ⚲ 🚐

Longitude : 3.90868
Latitude : 45.18625

Le val d'Allier

J.L. Damase/Michelin

BOURGOGNE

S. Sauvignier/Michelin

Découvrir la Bourgogne c'est un peu se transporter, avec une machine à remonter le temps, à l'époque des grands-ducs d'Occident. Nés de leur goût d'absolu, nobles châteaux et riches abbayes témoignent d'un passé où grandiloquence rimait avec prestige. Qui oserait leur reprocher cette folie des grandeurs après avoir visité Dijon, cité d'art par excellence ? Et comment leur contester le titre de « princes des meilleurs vins de la chrétienté » lorsque des légions de gourmets sillonnent la Côte d'Or pour explorer ses caves, antres capiteux où mûrissent des crus d'exception ? Les ripailles se poursuivent autour de moelleuses gougères, d'un odorant époisses ou d'un délicieux pain d'épice. Après ces péchés gourmands, un retour à des plaisirs plus sages s'impose, telle une promenade en péniche au fil des canaux.

A visit to Burgundy takes travellers back through time to an era when its mighty Dukes rivalled even the kings of France; stately castles and rich abbeys still bear witness to a golden age of ostentation and prestige. As we look back now, it is difficult to reproach them for the flamboyance which has made Dijon a world-renowned city of art. And who would dispute Burgundy's claim to the "best wines in Christendom« when wine-lovers still flock to the region in search of the finest vintages? A dedication to time-honoured traditions also rules the region's cuisine, from strongsmelling époisses cheese to gingerbread dripping with honey. After such extravagant pleasures, what could be better than a barge trip down the region's canals and rivers to digest in peace amid unspoilt countryside?

ANCY-LE-FRANC

89160 – **319** H5 – G. Bourgogne – 1 089 h. – alt. 180
🛈 Syndicat d'initiative, 59, Grande Rue ℰ 03 86 75 03 15, Fax 03 86 75 04 41
Paris 215 – Auxerre 54 – Châtillon-sur-Seine 38 – Montbard 27 – Tonnerre 18.

🔺 **Municipal** de mi-juin à mi-sept.
ℰ 03 86 75 13 21, mairie.ancylefranc@orange.fr,
Fax 03 86 75 19 51, http://www.cc-ancylefranc.net
0,5 ha (30 empl.) plat, herbeux
Tarif : (Prix 2009) ⚹ 2€ ⟵ 1€ ▣ 2€ – ⚡ (5A) 3€
🚐 1 borne artisanale
Pour s'y rendre : sortie sud par D 905, rte de Montbard, face au château, au bord d'un ruisseau et près d'un étang

| Nature : 00 |
| Services : ♿ |
| À prox. : ✖ |

Longitude : 4.16472
Latitude : 47.77342

Avant de vous installer, consultez les tarifs en cours, affichés obligatoirement à l'entrée du terrain, et renseignez-vous sur les conditions particulières de séjour. Les indications portées dans le guide ont pu être modifiées depuis la mise à jour.

ANDRYES

89480 – **319** D6 – 480 h. – alt. 162
Paris 204 – Auxerre 39 – Avallon 44 – Clamecy 10 – Cosne-sur-Loire 49.

🔺 **Au Bois Joli** de déb. avr. à fin oct.
ℰ 03 86 81 70 48, info@campingauboisjoli.com,
Fax 03 86 81 70 48, www.campingauboisjoli.com
5 ha (100 empl.) incliné et en terrasses, herbeux, pierreux
Tarif : 24,10€ ⚹⚹ ⟵ ▣ ⚡ (10A) – pers. suppl. 4,30€ – frais de réservation 7,50€
Location ✂ : 4 🛏 (4 à 6 pers.) 250 à 605€/sem. – frais de réservation 7,50€
Pour s'y rendre : rte de Villeprenoy (800 m au sud-ouest)
À savoir : cadre boisé

Nature : 🌳 00
Loisirs : brasserie, (dîner seulement) 🍴 ⚽ 🚴 🏊 quad
Services : ♿ ⛽ GB 🅿 💧 🛒 ✉
🍴 🔥 ♨
À prox. : ✖

Longitude : 3.47969
Latitude : 47.51655

181

ARNAY-LE-DUC

21230 – **320** G7 – G. Bourgogne – 1 708 h. – alt. 375
🛈 Office de tourisme, 15, rue Saint-Jacques ℰ 03 80 90 07 55, Fax 03 80 90 07 55
Paris 285 – Autun 28 – Beaune 36 – Chagny 38 – Dijon 59 – Montbard 74 – Saulieu 29.

🔺 **L'Étang de Fouché** de déb. avr. à mi-oct.
ℰ 03 80 90 02 23, info@campingfouche.com,
Fax 03 80 90 11 91, www.campingfouche.com
8 ha (209 empl.) plat, peu incliné, herbeux
Tarif : ⚹ 5,90€ ⟵ ▣ 8,50€ – ⚡ (6A) 4€ – frais de réservation 15€
Location : 18 🛏 (4 à 6 pers.) nuitée 35€ - 245 à 707€/sem. – frais de réservation 30€
🚐 1 borne – 10 ▣ 15,10€
Pour s'y rendre : r. du 8 mai 1945 (700 m à l'est par D 17c, rte de Longecourt)
À savoir : situation plaisante au bord d'un étang

Nature : 🌳 < 🏕 ♨
Loisirs : ⛨ snack, brasserie 🍴 diurne ⚽ 🚴 🎣
Services : ♿ ⛽ GB 🅿 💧 🛒 ✉
🍴 laverie 🔥 ♨
À prox. : ✖ 🛶 (plage) ⛵

Longitude : 4.49913
Latitude : 47.13468

ASQUINS

89450 – **319** F7 – G. Bourgogne – 311 h. – alt. 146
Paris 219 – Dijon 123 – Auxerre 49 – Avallon 17 – Montbard 77.

🔺 **Municipal le Patis** de mi-mai à mi-sept.
ℰ 03 86 33 30 80, mairie.asquins@wanadoo.fr,
Fax 03 86 33 20 07
1 ha (33 empl.) plat, herbeux
Tarif : (Prix 2009) ⚹ 2€ ⟵ 2€ ▣ 2€ – ⚡ (16A) 3€
Pour s'y rendre : 17 r. de la Cèvrerie

Nature : ♨
Loisirs : 🍴 ⚽
Services : ♿ 🅿 💧 ♨ 🔥
À prox. : 🛶

Longitude : 3.7678
Latitude : 47.493

AUTUN

71400 – **320** F8 – G. Bourgogne – 14 806 h. – alt. 326
🄷 *Office de tourisme, 13, rue du Général Demetz* ✆ *0385868038, Fax 0385868049*
Paris 287 – Auxerre 128 – Avallon 78 – Chalon-sur-Saône 51 – Dijon 85 – Mâcon 111 – Moulins 97 – Nevers 104.

⚠ **Municipal de la Porte d'Arroux** de déb. avr. à fin oct.
✆ 0385521082, *contact@camping-autun.com*,
Fax 0385528856, *www.camping-autun.com*
2,8 ha (104 empl.) plat, herbeux
Tarif : (Prix 2009) 🛉 3,73€ ⇔ 1,55€ 🅴 4,70€ –
🔌 (16A) 2,95€
🚐 1 borne artisanale 3€ – 4 🅴 13,96€ – 🛥 10€
Pour s'y rendre : Les Chaumottes (sortie nord par D 980, rte de Saulieu, faubourg d'Arroux, au bord du Ternin)

À savoir : beaux emplacements ombragés au bord du Ternin

Nature : 🛏 ♋♋
Loisirs : 🍽 brasserie 🎱 🏊 🚲 🏓 🛶 canoë
Services : 🛁 ⚡ GB 🚿 📶 🛒

Longitude : 4.29387
Latitude : 46.96952

AUXERRE

89000 – **319** E5 – G. Bourgogne – 37 419 h. – alt. 130
🄷 *Office de tourisme, 1-2, quai de la République* ✆ *0386520619, Fax 0386512327*
Paris 166 – Bourges 144 – Chalon-sur-Saône 176 – Chaumont 143 – Dijon 152 – Nevers 110 – Sens 59 – Troyes 81.

⚠ **Municipal** de mi-avr. à fin sept.
✆ 0386521115, *camping.mairie@auxerre.com*,
Fax 0386511754
4,5 ha (220 empl.) plat, herbeux
Tarif : 🛉 3,20€ ⇔ 🅴 2,80€ – 🔌 (6A) 2,60€
🚐 1 borne artisanale 2,60€
Pour s'y rendre : 8 rte de Vaux (au sud-est de la ville, près du stade, à 150 m de l'Yonne)

Nature : ♋♋
Loisirs : 🎱 🏊 🏊
Services : 🛁 ⚡ GB 🚿 📶 🛒 laverie 🗜
À prox. : 🎿 🎣 🏊 🛝

Longitude : 3.59972
Latitude : 47.78107

AVALLON

89200 – **319** G7 – G. Bourgogne – 7 483 h. – alt. 250
🄷 *Syndicat d'initiative, 6, rue Bocquillot* ✆ *0386341419, Fax 0386342829*
Paris 220 – Dijon 106 – Auxerre 55 – Autun 80 – Cosne 91.

⚠ **Municipal Sous Roches** de déb. avr. à mi-oct.
✆ 0386341039, *campingsousroche@ville-avallon.fr*,
Fax 0386341039
2,7 ha (402 empl.) en terrasses, herbeux, plat
Tarif : (Prix 2009) 🛉 3,20€ ⇔ 2,50€ 🅴 2,50€ –
🔌 (6A) 3,50€
🚐 1 borne 5€ – 9 🅴 15,70€
Pour s'y rendre : rte de Méluzien

Nature : 🐿
Loisirs : 🎱 🏊
Services : 🛁 ⚡ 🚿 🍴 laverie

Longitude : 3.91471
Latitude : 47.47987

BEAUNE

21200 – **320** I7 – G. Bourgogne – 21 778 h. – alt. 220
🄷 *Office de tourisme, 6, boulevard Perpeuil* ✆ *0380262130, Fax 0380262139*
Paris 308 – Autun 49 – Auxerre 149 – Chalon-sur-Saône 29 – Dijon 45 – Dole 65.

⚠ **Municipal les Cent Vignes** de mi-mars à fin oct.
✆ 0380220391,
campinglescentvignes@mairie-beaune.fr,
Fax 0380201551
2 ha (116 empl.) plat, herbeux, gravillons
Tarif : (Prix 2009) 16,60€ 🛉🛉 ⇔ 🅴 🔌 (16A) – pers.
suppl. 3,70€
🚐 1 borne artisanale – 50 🅴 12,90€
Pour s'y rendre : sortie nord par r. du Faubourg-St-Nicolas et D 18 à gauche

À savoir : belle délimitation des emplacements et entrée fleurie

Nature : 🛏 ♋
Loisirs : 🍽 ✕ snack 🎱 🏊 terrain omnisports
Services : 🛁 ⚡ GB 🚿 📶 🛝 🍴 laverie 🗜

Longitude : 4.84107
Latitude : 47.0317

BLIGNY-SUR-OUCHE

21360 – **320** I7 – 814 h. – alt. 360
🛈 *Office de tourisme, 21, place de l'Hôtel de Ville* ☎ *0380201651, Fax 0380201790*
Paris 295 – Dijon 63 – Chalon-sur-Saône 48 – Le Creusot 62 – Beaune 19.

⚠ **Les Isles** de déb. mai à fin sept.
☎ 0380200064, *dngiord@yahoo.fr*, Fax 0380200064,
www.camping-des-isles.fr
1,2 ha (70 empl.) plat, herbeux
Tarif : 14,10€ ⚹⚹ 🚗 🔲 ⚡ (6A) – pers. suppl. 2,64€
🚐 1 borne – 6 🔲
Pour s'y rendre : 2 allée de la Gare

| Nature : 🔾🔾 |
| Services : ♿ ⚎ 🕯 laverie |
| À prox. : ✖ |

Longitude : 4.6648
Latitude : 47.11285

BOURBON-LANCY

71140 – **320** C10 – G. Bourgogne – 5 466 h. – alt. 240 – ⚓ – Base de loisirs
🛈 *Office de tourisme, place d'Aligre* ☎ *0385891827, Fax 0385892838*
Paris 308 – Autun 62 – Mâcon 110 – Montceau-les-Mines 55 – Moulins 36 – Nevers 72.

🔺 **Saint-Prix** de déb. avr. à fin oct.
☎ 0385892098, *aquadis1@wanadoo.fr*,
Fax 0386379583, *www.aquadis-loisirs.com* – camping
en 2 parties distinctes
2,5 ha (128 empl.) plat, peu incliné et en terrasses,
herbeux
Tarif : 16,20€ ⚹⚹ 🚗 🔲 ⚡ (10A) – pers. suppl. 4,40€ –
frais de réservation 8€

Location : 22 🏠 (4 à 6 pers.) nuitée 87€ - 305 à 540€/
sem. – frais de réservation 16€
Pour s'y rendre : r. St-Prix (vers sortie sud-ouest,
rte de Digoin, à la piscine)
À savoir : à 200 m d'un plan d'eau

| Nature : 🛏 🔾🔾 |
| Loisirs : 🎬 🚲 |
| Services : ⚎ GB 🐾 🌡 ⚱ 🍴 |
| 🕯 🖼 |
| À prox. : 🍴 ⛵ snack 🛷 ✖ 🛝 |
| 🏊 (plage) 🎣 🐴 terrain omnis- |
| ports, cinéma |

Longitude : 3.76646
Latitude : 46.62086

🏊 ✖ *ATTENTION :*
these facilities are not necessarily available throughout
🛶 *the entire period that the camp is open -some are only*
🏊 🐴 *available in the summer season.*

CHABLIS

89800 – **319** F5 – G. Bourgogne – 2 482 h. – alt. 135
🛈 *Office de tourisme, 1, rue du Maréchal de Lattre* ☎ *0386428080, Fax 0386424971*
Paris 181 – Dijon 138 – Orléans 172 – Troyes 76.

⚠ **Municipal du Serein** de mi-juin à mi-sept.
☎ 0386424439, *ot-chablis@chablis.net*,
Fax 0386424971, *www.chablis.net*
2 ha (50 empl.) plat, herbeux
Tarif : (Prix 2009) ⚹ 1,80€ 🚗 🔲 4,60€ – ⚡ 1,80€
Pour s'y rendre : quai Paul Louis Courier (600 m à l'ouest
par D 956, rte de Tonnerre et chemin à dr. apr. le pont, au
bord du Serein)

| Nature : 🛏 🔾 |
| Loisirs : 🛷 |
| Services : ⚎ GB 🐾 |

Longitude : 3.80315
Latitude : 47.81484

CHAGNY

71150 – **320** I8 – G. Bourgogne – 5 406 h. – alt. 215
🛈 *Office de tourisme, 2, place des Halles* ☎ *0385872595, Fax 0385871444*
Paris 327 – Autun 44 – Beaune 15 – Chalon-sur-Saône 20 – Mâcon 77 – Montceau 47.

🔺 **Le Pâquier Fané** de déb. avr. à fin oct.
☎ 0385872142, *camping-chagny@orange.fr*,
campingchagny.free.fr
1,8 ha (85 empl.) plat, herbeux
Tarif : (Prix 2009) 17€ ⚹⚹ 🚗 🔲 ⚡ (6A) – pers.
suppl. 3€
Pour s'y rendre : à l'ouest, au bord de la Dheune
À savoir : cadre agréable au bord de la Dheune

| Nature : 🛏 🔾 |
| Loisirs : snack 🚲 |
| Services : ♿ ⚎ GB 🐾 🕯 🖼 🚿 |
| À prox. : ✖ 🏊 |

Longitude : 4.74547
Latitude : 46.91188

183

CHAMBILLY

71110 – **320** E12 – 518 h. – alt. 249
Paris 363 – Chauffailles 28 – Digoin 27 – Dompierre-sur-Besbre 55 – Lapalisse 36 – Roanne 34.

▲ **La Motte aux Merles** de déb. avr à fin oct.
  ℘ 0385253767, *campingpicard@yahoo.fr*
  1 ha (25 empl.) plat, peu incliné, herbeux
  Tarif : 12,20€ ✿✿ ⇌ ▣ ⚡ (6A) – pers. suppl. 2,95€
  🚐 3 ▣ 12,50€
  Pour s'y rendre : rte de la Palisse (5 km au sud-ouest par
  D 990 et chemin à gauche)

Nature : 🌳 ≤	
Loisirs : 🏊 🎠 🦽 (petite piscine)	
Services : 🔧 ⌷ 🧺 🖼	

Longitude : 4.01253
Latitude : 46.27945

LA CHARITÉ-SUR-LOIRE

58400 – **319** B8 – G. Bourgogne – 5 366 h. – alt. 170
🖪 *Syndicat d'initiative, 5, place Sainte-Croix* ℘ *0386701506, Fax 0386702155*
Paris 212 – Bourges 51 – Clamecy 54 – Cosne-sur-Loire 30 – Nevers 25.

▲ **Municipal la Saulaie** de fin avr. à fin sept.
  ℘ 0386700083, *contact@lacharitesurloire-tourisme.*
  com, www.lacharitesurloire-tourisme.com
  1,7 ha (100 empl.) plat, herbeux
  Tarif : (Prix 2009) ✿ 6,10€ ⇌ ▣ – ⚡ (99A) 3,10€
  🚐 1 borne eurorelais 4€
  Pour s'y rendre : quai de La Saulaie (sortie sud-ouest)
  À savoir : dans l'Île de la Saulaie, près de la plage

Nature : ♀	
Loisirs : 🏠 🦽 🎣	
Services : 🔧 ⌷ 🧺 ♨	
À prox. : ✗ 🖼 canoë 🚐	

Longitude : 3.02005
Latitude : 47.17971

> To select the best route and follow it with ease,
> To calculate distances,
> To position a site precisely from details given in the text :
> Get the appropriate **MICHELIN regional map.**

184

CHAROLLES

71120 – **320** F11 – G. Bourgogne – 2 864 h. – alt. 279
🖪 *Office de tourisme, 24, rue Baudinot* ℘ *0385240595, Fax 0385242812*
Paris 374 – Autun 80 – Chalon-sur-Saône 67 – Mâcon 55 – Moulins 81 – Roanne 61.

▲ **Municipal** de déb. avr. à fin sept.
  ℘ 0385240490, *camping.charolles@orange.fr*,
  Fax 0385240490
  1 ha (60 empl.) plat, herbeux, gravillons
  Tarif : (Prix 2009) 11€ ✿✿ ⇌ ▣ ⚡ (6A) – pers.
  suppl. 2€
  🚐 1 borne eurorelais 2€
  Pour s'y rendre : rte de Viry (sortie nord-est,
  rte de Mâcon et D 33 à gauche)
  À savoir : cadre agréable au bord de l'Arconce

Nature : 🛏 ♀	
Loisirs : 🦽	
Services : 🔧 ⌷ GB 🧺 ♨ ♨ 🎧 🖼	
À prox. : 🏠 🦽 🎣 🚐	

Longitude : 4.28598
Latitude : 46.43962

CHÂTEAU-CHINON

58120 – **319** G9 – G. Bourgogne – 2 224 h. – alt. 510
🖪 *Office de tourisme, 8, boulevard de la République* ℘ *0386850658, Fax 0386850658*
Paris 281 – Autun 39 – Avallon 60 – Clamecy 65 – Moulins 89 – Nevers 65 – Saulieu 45.

▲ **Municipal du Perthuy d'Oiseau** de déb. mai à fin
  sept.
  ℘ 0386850817, *mairiechateauchinonville@wanadoo.fr*,
  Fax 0386850100
  1,8 ha (52 empl.) peu incliné à incliné, herbeux
  Tarif : (Prix 2009) ✿ 2€ ⇌ 2,50€ ▣ 1,50€ –
  ⚡ (10A) 2,50€
  🚐 1 borne flot bleu
  Pour s'y rendre : r. du Perthuy d'Oiseau (sortie sud par D
  27, rte de Luzy et à dr.)
  À savoir : à l'orée d'une forêt

Nature : 🌳 ≤ 🛏 ♀	
Loisirs : 🏠	
Services : 🔧 🧺 ♨	

Longitude : 3.92902
Latitude : 47.05563

CHÂTILLON-SUR-SEINE

21400 – **320** H2 – G. Bourgogne – 5 837 h. – alt. 219
🖪 *Office de tourisme, place Marmont* 𝄞 *03 80 91 13 19, Fax 03 80 91 21 46*
Paris 233 – Auxerre 85 – Avallon 75 – Chaumont 60 – Dijon 83 – Langres 74 – Saulieu 79 – Troyes 69.

🔺 **Municipal Louis-Rigoly** de déb. avr. à fin sept.
𝄞 03 80 91 03 05,
tourism-chatillon-sur-seine@wanadoo.fr,
Fax 03 80 91 21 46, *www.mairie-chatillon-sur-seine.fr* ✺
0,8 ha (54 empl.) peu incliné, plat, herbeux, goudronné
Tarif : ✸ 3,50 € ⇦ 1,50 € 🅴 3,30 € – 🅷 (6A) 4,65 €
🛒 1 borne raclet 4,10 €
Pour s'y rendre : esplanade St-Vorles
(par rte de Langres)
À savoir : sur les hauteurs ombragées de la ville

| Nature : 🐟 🗺 ♀ |
| Services : 👨‍🦽 ⊶ 🅒🆅 📷 |
| À prox. : 🍴 ✗ 🏛 🖼 🏊 |

Longitude : 4.57967
Latitude : 47.85973

*En juillet et août, beaucoup de terrains sont saturés
et leurs emplacements retenus longtemps à l'avance.
N'attendez pas le dernier moment pour réserver.*

CHAUFFAILLES

71170 – **320** G12 – 3 998 h. – alt. 405
🖪 *Office de tourisme, 1, rue Gambetta* 𝄞 *03 85 26 07 06, Fax 03 85 26 03 92*
Paris 404 – Charolles 32 – Lyon 77 – Mâcon 64 – Roanne 33.

⛰ **Municipal les Feuilles** de déb. mai à fin sept.
𝄞 03 85 26 48 12, *campingchauffailles@orange.fr,*
Fax 03 85 26 55 02, *www.chauffailles.fr*
4 ha (75 empl.) plat et peu incliné, herbeux, gravillons
Tarif : (Prix 2009) 13,80 € ✸✸ ⇦ 🅴 🅷 (5A) – pers.
suppl. 4,20 €
Location (Prix 2009) : huttes – frais de réservation 9 €
🛒 1 borne artisanale – 10 🅴 10 €
Pour s'y rendre : au sud-ouest par r. du Chatillon
À savoir : cadre verdoyant au bord du Botoret

| Nature : 🗺 ♀ |
| Loisirs : 🏛 ⛵ ✾ 🎣 |
| Services : 👨‍🦽 ⊶ 🅶🅱 🆅 ⚗ 🎪 📷 |
| À prox. : 🏊 |

Longitude : 4.33817
Latitude : 46.20004

CHEVENON

58160 – **319** C10 – G. Bourgogne – 623 h. – alt. 190
Paris 251 – Dijon 188 – Moulins 51 – Tours 231.

🔺 **Municipal** Permanent
𝄞 03 86 68 71 71 – ♫
4 ha/2 campables (63 empl.) plat et peu incliné, herbeux,
en terrasses
Tarif : ✸ 2,25 € ⇦ 1,15 € 🅴 1,75 € – 🅷 (16A) 9,15 €
Pour s'y rendre : allée des Loisirs (1,4 km au sud-ouest
par D 200, rte de Magny-Cours)

| Nature : 🗺 ♀♀ |
| Services : 👨‍🦽 ⊶ 🆅 |
| À prox. : 🏛 ⛵ (plage) ⛵ 🎣 |

Longitude : 3.22996
Latitude : 46.92058

CLAMECY

58500 – **319** E7 – G. Bourgogne – 4 551 h. – alt. 144
🖪 *Office de tourisme, 7-9, rue du Grand Marché* 𝄞 *03 86 27 02 51, Fax 03 86 27 20 65*
Paris 208 – Auxerre 42 – Avallon 38 – Bourges 105 – Cosne-sur-Loire 52 – Dijon 145 – Nevers 69.

🔺 **Le Pont Picot** de mi-avr. à déb. oct.
𝄞 03 86 27 05 97, *tourism.clamecy@wanadoo.fr,*
Fax 03 86 27 20 65, *www.vaux-yonne.com*
1 ha (90 empl.) plat, herbeux
Tarif : (Prix 2009) ✸ 2,80 € ⇦ 2 € 🅴 2 € – 🅷 (16A) 2,80 €
🛒 1 borne
Pour s'y rendre : r. de Chevroches (au sud, au bord
de l'Yonne et du canal du Nivernais, accès conseillé par
Beaugy)
À savoir : situation agréable dans une petite île

| Nature : 🐟 ♀ |
| Loisirs : 🎣 |
| Services : 👨‍🦽 ⊶ 🆅 laverie |
| À prox. : canoë |

Longitude : 3.52379
Latitude : 47.45545

LA CLAYETTE

71800 – **320** F12 – G. Bourgogne – 1 942 h. – alt. 369
☑ *Office de tourisme, 3, route de Charolles* ✆ *0385281635, Fax 0385282834*
Paris 387 – Charolles 20 – Lapalisse 64 – Lyon 85 – Mâcon 54 – Roanne 41.

⚐ Les Bruyères
✆ 0385280915, *aquadis1@wanadoo.fr*,
Fax 0385280915, *www.aquadis-loisirs.com*
2,2 ha (100 empl.) plat, peu incliné, herbeux, gravier
Location : 🏠
🚐 1 borne artisanale – 5 ▣
Pour s'y rendre : 9 rte de Gibles (à l'est sur D 79, rte de
St-Bonnet-de-Joux)
À savoir : face au lac et au château

Nature :	🏞 ⚈⚈
Loisirs :	🎪 ⛺
Services :	♿ ⊶ 🔲 🚿
À prox. :	✂ 🐴 🎿 🏊 ⛵

Longitude : 4.30433
Latitude : 46.29084

CLUNY

71250 – **320** H11 – G. Bourgogne – 4 552 h. – alt. 248
☑ *Office de tourisme, 6, rue Mercière* ✆ *0385590534, Fax 0385590695*
Paris 384 – Chalon-sur-Saône 49 – Charolles 43 – Mâcon 25 – Montceau-les-Mines 44 – Roanne 81 –
Tournus 33.

⚐ Municipal St-Vital de fin avr. à déb. oct.
✆ 0385590834, *camping.st.vital@orange.fr*,
Fax 0385590834
3 ha (174 empl.) plat, herbeux, peu incliné
Tarif : (Prix 2009) 15,70€ 👤👤 ⛺ ▣ 🔌 (6A) – pers.
suppl. 4,05€
Pour s'y rendre : 30 r. des Griottons (sortie est par D 15,
rte d'Azé)

Nature :	⟨
Services :	⟞ GB 🐴 🚿 🍴 🔲
À prox. :	✂ 🎣 🎿 🐴

Longitude : 4.66754
Latitude : 46.42908

🎿 ✗ *HINWEIS :*
🐴 *Diese Einrichtungen sind im allgemeinen nur während*
🎿 🐴 *der Saison in Betrieb -unabhängig von den Öffnungszeiten des Platzes.*

CORANCY

58120 – **319** G9 – G. Bourgogne – 362 h. – alt. 368
Paris 275 – Château-Chinon 7 – Corbigny 38 – Decize 59 – Nevers 69 – St-Honoré-les-Bains 32.

⚐ Les Soulins de déb. avr. à déb. nov.
✆ 0386780162, *campingcorancy@orange.fr*,
www.corancy.com
1,2 ha (42 empl.) plat et peu incliné, herbeux
Tarif : 👤 3,50€ ⛺ 1,50€ ▣ 4,50€ – 🔌 (10A) 3,25€
Pour s'y rendre : 3,5 km au nord-ouest par D 12,
D 161, rte de Montigny-en-Morvan et D 230 à gauche
apr. le pont
À savoir : près du lac

Nature :	🌿 ⟨
Loisirs :	🎪 ⛺ 🐟
Services :	♿ ⊶ 🐴 🍴 🔲
À prox. :	🛶

Longitude : 3.94805
Latitude : 47.10273

CORMATIN

71460 – **320** I10 – G. Bourgogne – 513 h. – alt. 212
☑ *Office de tourisme, le bourg* ✆ *0385507149*
Paris 371 – Chalon-sur-Saône 37 – Mâcon 36 – Montceau-les-Mines 41.

⚐ Le Hameau des Champs de déb. avr. à fin sept.
✆ 0385507671, *camping.cormatin@wanadoo.fr*,
Fax 0385507698, *www.le-hameau-des-champs.com*
5,2 ha (60 empl.) plat, herbeux
Tarif : (Prix 2009) 👤 3,60€ ⛺ ▣ 5,60€ – 🔌 (13A) 3,20€
Location (Prix 2009) (permanent) : 10 🏠 (4 à 6 pers.)
- 401 à 484€/sem.
🚐 1 borne 3€
Pour s'y rendre : sortie nord par D 981, rte de Chalon-
sur-Saône, à 150 m d'un plan d'eau et de la Voie Verte
Givry-Cluny

Nature :	🌿
Loisirs :	🍴 snack ⛺ 🚲
Services :	♿ ⊶ GB 🐴 🔲 🗑
	🍴 🔲
À prox. :	🐟

Longitude : 4.68693
Latitude : 46.54383

COUCHES

71490 – **320** H8 – G. Bourgogne – 1 488 h. – alt. 320
🛈 *Syndicat d'initiative, 3, Grande Rue* 🞄 *0385496947, Fax 0385496947*
Paris 328 – Autun 26 – Beaune 31 – Le Creusot 16 – Chalon-sur-Saône 26.

⚠ **Municipal la Gabrelle** de déb. mai à fin sept.
🞄 *0385455949, camping-la-gabrelle@orange.fr*
1 ha (50 empl.) en terrasses, herbeux
Tarif : (Prix 2009) 👤 2€ 🚗 4€ 🔲 3,20€ – 🔌 (6A) 2,80€
🚐 1 borne artisanale 5€
Pour s'y rendre : 1,7 km au nord-ouest par D 978, rte d'Autun, près d'un petit plan d'eau

Nature : 🌲	
Loisirs : 🍴 snack 🎱 🛝	
Services : 🚿 ⊶ 🛉	

Longitude : 4.57117
Latitude : 46.87054

CRÊCHES-SUR-SAÔNE

71680 – **320** I12 – 2 825 h. – alt. 180
🛈 *Syndicat d'initiative, 466, route nationale 6* 🞄 *0385374832, Fax 0385365791*
Paris 398 – Bourg-en-Bresse 45 – Mâcon 9 – Villefranche-sur-Saône 30.

⚠ **Municipal Port d'Arciat** de mi-mai à mi-sept.
🞄 *0385371183,*
camping-creches.sur.saone@wanadoo.fr,
Fax *0385365791, http://pagesperso-orange.fr/*
campingduportdarciat/
5 ha (160 empl.) plat, herbeux
Tarif : (Prix 2009) 14,70€ 👤👤 🚗 🔲 🔌 (6A) – pers. suppl. 3,80€
Pour s'y rendre : rte du Port d'Arciat (1,5 km à l'est par D 31, rte de Pont de Veyle)

À savoir : en bordure de Saône et près d'un plan d'eau, accès direct

Nature : 🌿	
Loisirs : 🛝 🎣	
Services : 🚿 ⊶ GB 🐾 🛉	
À prox. : 🍴 snack 🚣 🏊 🛶	

Longitude : 4.79443
Latitude : 46.24316

CRUX-LA-VILLE

58330 – **319** E9 – 415 h. – alt. 319
Paris 248 – Autun 85 – Avallon 138 – La Charité-sur-Loire 45 – Clamecy 39 – Nevers 41.

⚠ **Le Merle** de déb. avr. à fin oct.
🞄 *0386583842, aquadis1@wanadoo.fr,*
Fax *0386379583, www.aquadis-loisirs.com*
2,6 ha (100 empl.) plat, peu incliné, herbeux
Tarif : 17€ 👤👤 🚗 🔲 🔌 (10A) – pers. suppl. 4,40€ – frais de réservation 8€

Location (de déb. avr. à mi-nov.) : 6 🛖 (4 à 6 pers.) nuitée 54€ - 190 à 470€/sem. – 5 🏠 (4 à 6 pers.) nuitée 60€ - 210 à 540€/sem. – frais de réservation 16€
🚐 1 borne 4,30€
Pour s'y rendre : au lieu-dit : Le Merle (4,5 km au sud-ouest par D 34, rte de St-Saulge et D 181 à dr., rte de Ste-Marie, au bord de l'étang)

Nature : 🌊 🌳	
Loisirs : snack 🎱 🛝 🚲 🎣	
Services : 🚿 ⊶ GB 🐾 🍴 🛉	
À prox. : pédalos, canoë	

Longitude : 3.49982
Latitude : 47.1377

DIGOIN

71160 – **320** D11 – G. Bourgogne – 8 527 h. – alt. 232
🛈 *Office de tourisme, 8, rue Guilleminot* 🞄 *0385530081, Fax 0385532754*
Paris 337 – Autun 69 – Charolles 26 – Moulins 57 – Roanne 57 – Vichy 69.

⚠ **La Chevrette** de mi-mars à mi-oct.
🞄 *0385531149, lachevrette@wanadoo.fr,*
Fax *0385885970, www.lachevrette.com*
1,6 ha (100 empl.) plat et terrasse, herbeux, gravillons
Tarif : 👤 3,20€ 🚗 🔲 6,10€ – 🔌 (10A) 3,40€
Location 🍴 : 2 🏠 (4 à 6 pers.) nuitée 60€ - 380 à 450€/sem.
🚐 1 borne artisanale
Pour s'y rendre : r. de la Chevrette (sortie ouest en dir. de Moulins, vers la piscine municipale, près de la Loire)

Nature : 🌲 🌿	
Loisirs : snack 🎱 🚲	
Services : 🚿 ⊶ GB 🐾 🛉 🚿 🚾	
🍴 laverie	
À prox. : 🏊 🛶 🎣	

Longitude : 3.96825
Latitude : 46.48021

DIJON

21000 – **320** K6 – G. Bourgogne – 151 504 h. – alt. 245

🛈 *Office de tourisme, 34, rue des Forges* 📞 *08 92 70 05 58, Fax 03 80 30 90 02*

Paris 316 – Besançon 93 – Chalon 72 – Le Creusot 91 – Dole 51.

⚠ **du Lac Kir** de déb. avr. à mi-oct.
📞 03 80 43 54 72, *campingdijon@wanadoo.fr*,
Fax 03 80 45 57 06, *www.camping-dijon.com*
2,5 ha (121 empl.) plat, herbeux
Tarif : 17 € ★★ 🚐 🔲 🛗 (6A) – pers. suppl. 3,70 € – frais
de réservation 5 €

Location : 8 🛖 (4 à 6 pers.) 399 à 609 €/sem. – frais
de réservation 15 €
🚐 1 borne artisanale 5 € – 10 🔲 17 €
Pour s'y rendre : 3 bd du Chanoine Kir

Nature : 🏕 ♀
Services : ♿ ⛽ GB ♻ ❄ 🍽 🔲
À prox. : 🎣 ⛵ 🚣 🛶

Longitude : 5.00761
Latitude : 47.3198

Si vous recherchez :
🧑‍🧒 *Un terrain offrant des équipements et des loisirs adaptés aux enfants*
🐾 *Un terrain agréable ou très tranquille*
L *Un terrain effectuant la location de caravanes,
de mobile homes, de bungalows ou de chalets*
P *Un terrain ouvert toute l'année*
🚐 *Un terrain possédant une aire de services pour camping-cars*
Consultez le tableau des localités

DOMPIERRE-LES-ORMES

71520 – **320** G11 – 815 h. – alt. 480

Paris 405 – Chauffailles 28 – Cluny 23 – Mâcon 35 – Montceau-les-Mines 52 – Paray-le-Monial 37.

⛰ **Le Village des Meuniers** de mi-mars à fin oct.
📞 03 85 50 36 60, *contact@villagedesmeuniers.com*,
Fax 03 85 50 36 60, *www.villagedesmeuniers.com*
3 ha (113 empl.) en terrasses, plat et peu incliné, herbeux
Tarif : ★ 6,50 € 🚐 🔲 10 € – 🛗 (16A) 4,50 € – frais de
réservation 6 €

Location (permanent) : 12 🛖 (4 à 6 pers.) nuitée 50 €
- 350 à 770 €/sem. – gîtes – frais de réservation 15 €
🚐 1 borne 2 € – 5 🔲 21,70 € – 🛗 14.20 €
Pour s'y rendre : sortie nord-ouest par D 41, rte de la
Clayette et chemin à dr., près du stade
À savoir : situation dominante et panoramique

Nature : 🐾 ≪ 🏕
Loisirs : 🍷 snack 🎬 🌙 nocturne 🏊 🎣 🧗
Services : ♿ ⛽ GB ♻ 🚿 🚰 🍽 🔲
À prox. : ⚽ terrain omnisports

Longitude : 4.47468
Latitude : 46.36393

ÉPINAC

71360 – **320** H8 – 2 411 h. – alt. 340

🛈 *Office de tourisme, 10, rue Roger Salengro* 📞 *03 85 82 04 20*

Paris 304 – Arnay-le-Duc 20 – Autun 19 – Chagny 29 – Beaune 34.

⛰ **Municipal le Pont Vert** de déb. avr. à déb. nov.
📞 03 85 82 00 26, *info@campingdupontvert.com*,
Fax 03 85 82 13 67, *www.campingdupontvert.com*
2,9 ha (71 empl.) plat, herbeux
Tarif : (Prix 2009) ★ 2,65 € 🚐 3,90 € 🔲 2,65 € –
🛗 (10A) 3,70 €

Location (Prix 2009) : huttes – frais de réservation
18,50 €
🚐 1 borne eurorelais 2 € – 🛗 14.90 €
Pour s'y rendre : sortie sud par D 43 et chemin à dr.,
au bord de la Drée

Nature : 🐾 🏕 ♀
Loisirs : 🎬
Services : ♿ ⛽ GB ♻ 🍽 🔲
À prox. : 🍷 snack 🏊 🎣 🛶

Longitude : 4.50617
Latitude : 46.98577

GIGNY-SUR-SAÔNE

71240 – **320** J10 – 517 h. – alt. 178
Paris 355 – Chalon-sur-Saône 29 – Le Creusot 51 – Louhans 30 – Mâcon 47 – Tournus 13.

Domaine de l'Épervière de déb. avr. à fin sept.
    📞 03 85 94 16 90, *info@domaine-eperviere.com*,
Fax 03 85 94 16 97, *www.domaine-eperviere.com* –
places limitées pour le passage
7 ha (100 empl.) plat, herbeux, gravillons
Tarif : 33,50 € ✶✶ 🚐 🔲 ⒣ (10A) – pers. suppl. 8,10 € –
frais de réservation 10 €

Location 🏠 : 5 🚐 (4 à 6 pers.) 399 à 799 €/sem. –
gîtes – frais de réservation 20 €
🚐 1 borne artisanale – 28 🔲 33,50 €
Pour s'y rendre : r. du Château (1 km au sud,
à l'Épervière)

À savoir : agréable parc boisé au bord d'un étang

Nature : 🏞 ▱ 🎍
Loisirs : 🍸 ✗ pizzeria 🎱 🎣 jacuzzi pateaugoire pour enfants 🚗 🚲 🔲 🛝 (bassin) 🏊
Services : ⚘ ⚲ ⊞ 🐾 🍴 🚿 📶 📷 🚰 🚗
À prox. : ✗

Longitude : 4.94555
Latitude : 46.65756

GIMOUILLE

58470 – **319** B10 – 487 h. – alt. 210
Paris 257 – Dijon 195 – Nevers 11 – Bourges 59 – Montluçon 91.

Domaine du Grand Bois (location exclusive de
chalets et de roulottes) Permanent
    📞 03 86 21 09 21, *reservation@grand-bois.com*,
Fax 03 86 21 09 22, *www.grand-bois.com*
15 ha vallonné, herbeux

Location ⚘ (5 chalets) 🅿 : 49 🏠 (4 à 6 pers.)
nuitée 85 € - 588 à 1 288 €/sem. – 7 roulottes
Pour s'y rendre : rte de Fertôt

Nature : 🏞
Loisirs : 🍸 🎱 🎣 🚗 🚲 ✗ 🔲 🛝 🐴 poneys (centre équestre) canoë
Services : ⚘ ⚲ ⊞ 🐾 🍴 laverie 🚰
À prox. : ✗

Longitude : 3.09379
Latitude : 46.92954

GUEUGNON

71130 – **320** E10 – 7 910 h. – alt. 243
Paris 335 – Autun 53 – Bourbon-Lancy 27 – Digoin 16 – Mâcon 87 – Montceau-les-Mines 29 – Moulins 63.

Municipal de Chazey de fin juin à fin août
    📞 03 85 85 23 11, *officedetourisme@ccpaysgueugnon.fr*,
Fax 03 85 85 35 40, *www.ccpaysgueugnon.fr*
1 ha (20 empl.) plat, herbeux
Tarif : (Prix 2009) ✶ 2,70 € 🚐 🔲 5,30 € – ⒣ (16A) 3,90 €

Location (Prix 2009) (permanent) : 3 🏠 (4 à 6 pers.)
nuitée 80 € - 71 à 320 €/sem.
Pour s'y rendre : zone de Chazey (4 km au sud par D 994,
rte de Digoin et chemin à dr.)

À savoir : près d'un petit canal et de deux plans d'eau

Nature : 🏞 ▱
Loisirs : 🎱 🚗
Services : ⚘ ⚲ 🐾 🚰 📷
À prox. : 🚣 🛶 (plage) 🏊

Longitude : 4.05892
Latitude : 46.5711

L'ISLE-SUR-SEREIN

89440 – **319** H6 – 760 h. – alt. 190
Paris 209 – Auxerre 50 – Avallon 17 – Montbard 36 – Tonnerre 36.

Municipal le Parc du Château de mi-avr. à fin
sept.
    📞 03 86 33 93 50, *mairie-isle-sur-serein@wanadoo.fr*,
Fax 03 86 33 91 81, *www.isle-sur-serein.com*
1 ha (40 empl.) plat, herbeux
Tarif : (Prix 2009) ✶ 2,20 € 🚐 1,60 € 🔲 2,20 € –
⒣ (16A) 2,60 €

Location (Prix 2009) (de mi-avr. à fin déc.) 🏠 (de
mi-avr. à fin sept.) : 4 🚐 (4 à 6 pers.) nuitée 40 €
- 350 €/sem.
🚐 1 borne artisanale 3,10 € – 2 🔲 3,10 €
Pour s'y rendre : rte d'Avallon (800 m au sud par D 86, au
stade, à 150 m du Serein)

Nature : 🎍
Services : ⚲ 🐾 🔲 🚰
À prox. : 🚗 🏊 parcours sportif

Longitude : 4.00582
Latitude : 47.58046

ISSY-L'EVÊQUE

71760 – **320** D9 – 870 h. – alt. 310
Paris 325 – Bourbon-Lancy 25 – Gueugnon 17 – Luzy 12 – Montceau-les-Mines 39 – Paray-le-Monial 37.

L'Étang Neuf de déb. mai à fin sept.
 ℘ 03 85 24 96 05, *info@issy-camping.com*,
www.issy-camping.com
6 ha/3 campables (71 empl.) plat, peu incliné, herbeux,
gravillons
Tarif : (Prix 2009) 16,50 € ✶✶ ⇔ 🅴 (✦) (6A) – pers.
suppl. 3,50 €
Location (Prix 2009) ✑ : 🛏 (4 à 6 pers.) 450 €/sem.
– 🏠 (4 à 6 pers.) - 250 à 500 €/sem.
🚐 1 borne artisanale – 5 🅴 16,50 €
Pour s'y rendre : 1 km à l'ouest par D 42, rte de Grury
et chemin à dr.

À savoir : situation agréable en bordure d'un étang et
d'un bois

| Nature : 🐾 ≤ 🏞 |
| Loisirs : ⛲ 🎦 ⛵ ⅃ |
| Services : ⚙ ⊶ GB ⚙ ⚐ 🗒 |
| À prox. : 🎿 ⚓ 🐴 |

Longitude : 3.9602
Latitude : 46.7078

LAIVES

71240 – **320** J10 – 997 h. – alt. 198
Paris 355 – Chalon-sur-Saône 20 – Mâcon 48 – Montceau-les-Mines 49 – Tournus 14.

Les Lacs de Laives - la Héronnière de fin avr. à
mi-sept.
 ℘ 03 85 44 98 85, *contact@camping-laheronniere.com*,
Fax 03 85 44 98 85, *www.camping-laheronniere.com*
1,5 ha (80 empl.) plat, herbeux
Tarif : 23,50 € ✶✶ ⇔ 🅴 (✦) (10A) – pers. suppl. 5 € –
frais de réservation 5 €
🚐 1 borne artisanale – 6 🅴 23,50 €
Pour s'y rendre : rte de la Ferté (4,2 km au nord par
D 18, rte de Buxy et rte à dr.)

À savoir : près des lacs de Laives

| Nature : 🐾 🏞 ♀ |
| Loisirs : 🚲 ⅃ |
| Services : ⚙ ⊶ GB ⚙ 🗒 |
| À prox. : ⛲ snack ⚓ |

Longitude : 4.83946
Latitude : 46.64607

LIGNY-LE-CHÂTEL

89144 – **319** F4 – G. Bourgogne – 1 309 h. – alt. 130
Paris 178 – Auxerre 22 – Sens 60 – Tonnerre 28 – Troyes 64.

Parc de la Noue Marou de déb. mai à fin sept.
 ℘ 03 86 47 56 99, *camping.lignylechatel@orange.fr*,
Fax 03 86 47 44 02
2 ha (42 empl.) plat, herbeux
Tarif : (Prix 2009) 13,50 € ✶✶ ⇔ 🅴 (✦) (10A) – pers.
suppl. 2,50 €
🚐 1 borne – 🚌 (✦) 13.50 €
Pour s'y rendre : sortie sud-ouest par D 8, rte d'Auxerre
et chemin à gauche, au bord du Serein

| Nature : 🐾 |
| Loisirs : 🏊 |
| Services : ⚙ ⊶ GB 🗒 |
| À prox. : ⚓ ✂ ⚓ |

Longitude : 3.7566
Latitude : 47.8984

LOUHANS

71500 – **320** L10 – G. Bourgogne – 6 432 h. – alt. 179
🖪 *Office de tourisme, 1, Arcade Saint-Jean* ℘ 03 85 75 05 02, Fax 03 85 75 48 70
Paris 373 – Bourg-en-Bresse 61 – Chalon-sur-Saône 38 – Dijon 85 – Dole 76 – Tournus 31.

Municipal de déb. mai à fin sept.
 ℘ 03 85 75 19 02, *villedelouhansag@wanadoo.fr*,
Fax 03 85 76 75 11, *www.louhans-chateaurenaud.fr*
1 ha (60 empl.) plat, herbeux, gravillons
Tarif : (Prix 2009) ✶ 2 € ⇔ 2 € 🅴 2 € – (✦) (8A) 3,70 €
🚐 1 borne autre – 25 🅴 4 €
Pour s'y rendre : au lieu-dit : La Chapellerie (1 km au sud-
ouest par D 971, rte de Tournus et D 12, rte de Romenay,
à gauche apr. le stade)

À savoir : cadre verdoyant en bordure de rivière

| Nature : 🏞 ♀♀ |
| Services : ⚙ ⊶ (juil.-août) ⚙ |
| À prox. : ✂ ⅃ 🏊 |

Longitude : 5.21687
Latitude : 46.62429

LUZY

58170 – **319** G11 – G. Bourgogne – 2 054 h. – alt. 275
🛈 *Syndicat d'initiative, place Chanzy* ℘ *03 86 30 02 65, Fax 03.86.30.04.51*
Paris 314 – Autun 34 – Château-Chinon 39 – Moulins 62 – Nevers 78.

⚠ **Château de Chigy** ♣♣ – de fin avr. à fin sept.
℘ 03 86 30 10 80, *reception@chateaudechigy.com.fr*,
Fax 03 86 30 09 22, *www.chateaudechigy.com.fr*
70 ha/15 campables (200 empl.) plat, peu incliné
et en terrasses, herbeux
Tarif : (Prix 2009) 24€ ★★ ⬅ ▣ (2) (4A) – pers.
suppl. 6,50€

Location (Prix 2009) (de déb. avr. à mi-nov.) : 6 ⬛ (4
à 6 pers.) nuitée 53€ - 268 à 623€/sem. – 29 ⬛ (4 à 6
pers.) nuitée 61€ - 305 à 693€/sem. – 3 appartements
– 10 tentes – 6 gîtes
Pour s'y rendre : 4 km au sud-ouest par D 973,
rte de Bourbon-Lancy puis chemin à gauche

À savoir : vaste domaine autour d'un château : prairies,
bois, étangs

Nature : 🏞 <
Loisirs : 🍴 ✗ snack 🍱 🕐diurne (en saison) nocturne (en saison) 🎯 🏓 ⛳ 🏊 (découverte en saison) 🏊 🏖 🎾 terrain omnisports
Services : 🚿 ⚡ GB ✂ 🐕 🛎 🖼 ⬆

Longitude : 3.94472
Latitude : 46.758

Pour choisir et suivre un itinéraire
Pour calculer un kilométrage
Pour situer exactement un terrain (en fonction
des indications fournies dans le texte) :
*Utilisez les **cartes MICHELIN**,*
compléments indispensables de cet ouvrage.

MARCENAY

21330 – **320** G2 – 114 h. – alt. 220
Paris 232 – Auxerre 72 – Chaumont 73 – Dijon 89 – Montbard 35 – Troyes 66.

⚠ **Les Grèbes du Lac** de déb. mai à fin sept.
℘ 03 80 81 61 72, *info@campingmarcenaylac.com*,
Fax 03 25 81 02 64, *www.campingmarcenaylac.com*
2,4 ha (90 empl.) plat, herbeux
Tarif : (Prix 2009) ★ 4€ ⬅ ▣ 5,50€ – (2) (10A) 3€
Location (Prix 2009) ⛺ : 5 ⬛ (4 à 6 pers.) nuitée
45€ - 252 à 392€/sem.
⬛ 1 borne 3€ – 6 ▣ 15€ – 🚐(2) 13€
Pour s'y rendre : 800 m au nord
À savoir : situation agréable près d'un lac

Nature : 🏞 ⬛
Loisirs : 🍴 🍱
Services : 🚿 ⚡ GB ✂ ▥ 🏖 🎾 🖼 ⬆
À prox. : ✗ ⛳ 🏖 (plage)

Longitude : 4.40487
Latitude : 47.86279

MATOUR

71520 – **320** G12 – G. Bourgogne – 1 065 h. – alt. 500
🛈 *Office de tourisme, Maison des Associations* ℘ *03 85 59 72 24, Fax 03 85 59 72 24*
Paris 405 – Chauffailles 22 – Cluny 24 – Mâcon 36 – Paray-le-Monial 47.

⚠ **Le Paluet** de déb. mai à fin sept.
℘ 03 85 59 70 92, *lepaluet@matour.fr*, Fax 03 85 59 74 54,
www.matour.com
3 ha (75 empl.) plat et peu incliné, terrasses, herbeux,
gravillons
Tarif : (Prix 2009) ★ 4,30€ ⬅ ▣ 5,60€ – (2) (10A) 2,90€ –
frais de réservation 10€

Location (de déb. avr. à déb. nov.) : 8 ⬛ (4 à 6 pers.)
nuitée 72€ - 360 à 446€/sem. – frais de réservation
10€
⬛ 1 borne artisanale
Pour s'y rendre : 2 r. de la Piscine (à l'ouest,
rte de la Clayette et à gauche)

À savoir : au bord d'un étang et proche d'un complexe
de loisirs

Nature : 🏞 ⬛ 💧
Loisirs : 🍱 🏓 🚲 🎯 ⛳ 🏊 🏖 terrain omnisports
Services : 🚿 ⚡ (saison) GB ✂ ♨ 🍴 laverie

Longitude : 4.48232
Latitude : 46.30677

MEURSAULT

21190 – **320** I8 – G. Bourgogne – 1 567 h. – alt. 243
🛈 *Office de tourisme, place de l'Hôtel de Ville* ℰ *03 80 21 25 90, Fax 03 80 21 61 62*
Paris 326 – Dijon 56 – Chalon-sur-Saône 28 – Le Creusot 40 – Beaune 9.

La Grappe d'Or de déb. avr. à mi-oct.
ℰ 03 80 21 22 48, *info@camping-meursault.com*,
Fax 03 80 21 65 74, *www.camping-meursault.com*
4,5 ha (170 empl.) en terrasses, peu incliné, plat,
herbeux, gravillons
Tarif : (Prix 2009) 21,50€ 👥 🚐 ▣ 🔌 (12A) – pers.
suppl. 3,70€ – frais de réservation 10€

Location (Prix 2009) (de déb. mai à mi-oct.) 🦟 :
18 🏠 (4 à 6 pers.) 309 à 554€/sem. – frais de
réservation 15€
🚐 1 borne artisanale 3,50€
Pour s'y rendre : 2 rte de Volnay

| Nature : ≤ 🌳 |
| Loisirs : ✗ snack 🎣 🚲 🍽 |
| 🏊 🛝 |
| Services : ⚬ 🖭 📹 🍴 🏪 🛁 |

Longitude : 4.77085
Latitude : 46.98717

MIGENNES

89400 – **319** E4 – 7 476 h. – alt. 87
🛈 *Office de tourisme, 1, place François Mitterrand* ℰ *03 86 80 03 70, Fax 03 86 92 95 32*
Paris 162 – Dijon 169 – Auxerre 22 – Sens 46 – Joigny 10.

Les Confluents de déb. avr. à déb. nov.
ℰ 03 86 80 94 55, *planethome2003@yahoo.fr*,
Fax 03 86 80 94 55, *www.les-confluents.com*
1,5 ha (63 empl.) plat, herbeux
Tarif : ✶ 3,60€ 🚐 ▣ 4,80€ – 🔌 (10A) 4,25€

Location : 6 🏠 (4 à 6 pers.) à 385€/sem.
🚐 1 borne artisanale 3€ – 8 ▣ 12€
Pour s'y rendre : allée Léo Lagrange

| Nature : 🏞 🌳 |
| Loisirs : snack 🎣 🎣 🚲 🏊 |
| Services : ⚬ 🖭 📹 🍴 🛁 🛒 |
| 🍴 📼 🛁 |
| À prox. : 🍴 🍽 🛶 canoë sports |
| nautiques |

Longitude : 3.50788
Latitude : 47.9555

MONTBARD

21500 – **320** G4 – G. Bourgogne – 5 597 h. – alt. 221
🛈 *Office de tourisme, place Henri Vincenot* ℰ *03 80 92 53 81, Fax 03 80 89 17 38*
Paris 240 – Autun 87 – Auxerre 81 – Dijon 81 – Troyes 100.

Municipal de déb. mars à fin oct.
ℰ 03 80 92 69 50, *camping.montbard@wanadoo.fr*,
Fax 03 80 92 21 60, *www.montbard.com*
2,5 ha (80 empl.) plat, herbeux, gravillons
Tarif : 19,60€ 👥 🚐 ▣ 🔌 (16A)

Location (Prix 2009) : 2 🏠 (4 à 6 pers.) nuitée 90€ –
250 à 500€/sem. – huttes – frais de réservation 30€
🚐 1 borne artisanale 20,60€
Pour s'y rendre : r. Michel Servet (par D 980 déviation
nord-ouest de la ville, près de la piscine)

À savoir : agréable décoration arbustive des
emplacements

| Nature : ≤ 🏞 🌳 |
| Loisirs : 🎣 🎣 |
| Services : ⚬ 🖭 📹 🍴 🛁 |
| 🛒 🍴 📼 |
| À prox. : ♨ hammam 🔲 🏊 🛝 |
| (centre aquatique) |

Longitude : 4.33258
Latitude : 47.63228

MONTIGNY-EN-MORVAN

58120 – **319** G9 – 331 h. – alt. 350
Paris 269 – Château-Chinon 13 – Corbigny 26 – Nevers 64 – Prémery 56 – St-Saulge 38.

Municipal du Lac de fin mai à mi-sept.
ℰ 03 86 84 71 77,
mairie.montigny-en-morvan@orange.fr,
Fax 03 86 84 76 46
2 ha (59 empl.) plat et peu accidenté, pierreux, herbeux
Tarif : ✶ 2,50€ 🚐 1,70€ ▣ 2€ – 🔌 (12A) 1,90€
Pour s'y rendre : 2,3 km au nord-est par D 944, D 303 rte
du barrage de Pannecière-Chaumard et chemin à dr.

À savoir : site agréable près d'un lac

| Nature : 🏞 🌳 |
| Loisirs : 🎣 🎣 |
| Services : 🛒 ⚬ 📹 |
| À prox. : 🏊 |

Longitude : 3.85425
Latitude : 47.14432

NOLAY

21340 – **320** H8 – G. Bourgogne – 1 468 h. – alt. 299
🛈 *Office de tourisme, 24, rue de la République* ℰ *0380218073, Fax 0380218073*
Paris 316 – Autun 30 – Beaune 20 – Chalon-sur-Saône 34 – Dijon 64.

⚠ **La Bruyère** Permanent
ℰ *0380218759, camping-la-bruyere@mutualite21.org,*
Fax *0380218759*
1,2 ha (22 empl.) plat, terrasses, herbeux
Tarif : 11€ 🏕🏕 🚐 🔲 🔌 (3A) – pers. suppl. 2,50€
Location ⌂⌂ : 3 🏠 (4 à 6 pers.) 256€/sem.
Pour s'y rendre : r.de Moulin Larché (1,2 km à l'ouest par D 973, rte d'Autun et chemin à gauche)

| Nature : 🌿 |
| Loisirs : 🎮 |
| Services : 🔧 🚰 GB 🐕 🎰 laverie |

Longitude : 4.63405
Latitude : 46.95196

PALINGES

71430 – **320** F10 – 1 521 h. – alt. 274
Paris 352 – Charolles 16 – Lapalisse 70 – Lyon 136 – Mâcon 70 – Paray-le-Monial 19.

⚠ **Le Lac** de déb. avr. à fin oct.
ℰ *0385881449, camping.palinges@hotmail.fr,*
http://www.caravaneo.com/site_pro/239/index.php
1,5 ha (44 empl.) en terrasses, peu incliné, herbeux
Tarif : (Prix 2009) 18,50€ 🏕🏕 🚐 🔲 🔌 (10A) – pers. suppl. 3,30€
Location (Prix 2009) : 6 🏠 (4 à 6 pers.) 210€/sem.
🚐 1 borne artisanale – 10 🔲 18,50€
Pour s'y rendre : au lieu-dit : Lac du Fourneau (1 km au nord-est par D 128, rte de Gènelard)
À savoir : près d'un plan d'eau

| Nature : 🌳 |
| Loisirs : 🎮 ⛵ 🚲 |
| Services : 🔧 🚰 🐕 ♨ 🍴 réfrigé-rateur, congélateur |
| À prox. : 🍴 🏖 (plage) 🎣 |

Longitude : 4.21928
Latitude : 46.55336

*Nos **guides hôtels,** nos **guides touristiques** et nos **cartes routières** sont complémentaires. Utilisez-les ensemble.*

193

PONT-ET-MASSÈNE

21140 – **320** G5 – 194 h. – alt. 265
Paris 250 – Dijon 79 – Auxerre 85 – Le Creusot 94 – Beaune 76.

⚠ **Le Lac de Pont** de fin avr. à fin sept.
ℰ *0380970126, campinglacdepont@orange.fr,*
www.campinglacdepont.fr
2,5 ha (150 empl.) plat, herbeux, peu incliné, bois attenant
Tarif : (Prix 2009) 🏕 4,50€ 🚐 🔲 5,50€ – 🔌 (6A) 3,50€ – frais de réservation 5€
Location (Prix 2009) : bungalows toilés – frais de réservation 10€
🚐 1 borne artisanale – 10 🔲 11,80€ – 🚽 9.30€
Pour s'y rendre : accès par le pont, sur D 103Z en dir. de Précy-sous-Thil
À savoir : agréable site boisé, près d'un lac

| Nature : 🌿 🌳 |
| Loisirs : pizzeria 🎮 ⛵ 🚲 🍴 🎣 |
| Services : 🔧 🚰 GB 🐕 🎰 |
| À prox. : 🍴 🍴 club nautique |

Longitude : 4.35355
Latitude : 47.46451

POUILLY-EN-AUXOIS

21320 – **320** H6 – G. Bourgogne – 1 447 h. – alt. 390
🛈 *Office de tourisme, le Colombier* ℰ *0380907424, Fax 0380907424*
Paris 270 – Avallon 66 – Beaune 42 – Dijon 44 – Montbard 59.

⚠ **Le Vert Auxois** de fin avr. à fin sept.
ℰ *0380907189, vert.auxois@wanadoo.fr,*
http://camping.vertauxois.free.fr
1 ha (70 empl.) plat, herbeux
Tarif : (Prix 2009) 🏕 3€ 🚐 1€ 🔲 2,50€ – 🔌 (6A) 3,80€
🚐 1 borne artisanale 3€ – 🚽 9.70€
Pour s'y rendre : 15 r. du Vert Auxois (vers sortie nord-ouest et r. du 8-Mai à gauche après l'église)

| Services : 🚰 🐕 🎰 laverie |
| À prox. : 🚐 |

Longitude : 4.55038
Latitude : 47.26434

BOURGOGNE

PRÉMERY

58700 – **319** C8 – G. Bourgogne – 2 062 h. – alt. 237

🛈 *Office de tourisme, Tour du Château* ℰ 03 86 68 99 07, Fax 03 86 37 98 72

Paris 231 – La Charité-sur-Loire 28 – Château-Chinon 57 – Clamecy 41 – Cosne-sur-Loire 49 – Nevers 29.

▲ **Municipal** de fin avr. à fin sept.
ℰ 03 86 37 99 42, *mairie-premery@wanadoo.fr*,
Fax 03 86 37 98 72
1,6 ha (46 empl.) plat et peu incliné, herbeux, gravillons
Tarif : (Prix 2009) 11,10 € ✶✶ 🚗 ▣ – pers. suppl. 3,25 €

Location : 50 🛖 – 10 🏚 – huttes
Pour s'y rendre : sortie nord-est par D 977, rte de Clamecy et chemin à dr.

À savoir : près de la Nièvre et d'un plan d'eau

Loisirs : 🎣	
Services : 🔥 ⚡ (juil.-août) 🚗 🚿 📶	
À prox. : 🎠 🍽 ≋	

Longitude : 3.33094
Latitude : 47.17671

> *Des vacances réussies sont des vacances bien préparées !*
> *Ce guide est fait pour vous y aider... mais :*
> *– N'attendez pas le dernier moment pour réserver*
> *– Évitez la période critique du 14 juillet au 15 août*
> *Pensez aux ressources de l'arrière-pays,*
> *à l'écart des lieux de grande fréquentation.*

ST-GERMAIN-DU-BOIS

71330 – **320** L9 – 1 874 h. – alt. 210

Paris 367 – Chalon-sur-Saône 33 – Dole 58 – Lons-le-Saunier 29 – Mâcon 75 – Tournus 40.

▲ **Municipal de l'Étang Titard** de mi-mai à mi-sept.
ℰ 03 85 72 06 15,
mairie-71330-saint-germain-du-bois@wanadoo.fr,
Fax 03 85 72 03 38
1 ha (40 empl.) plat, terrasse, peu incliné, herbeux
Tarif : (Prix 2009) ✶ 1,90 € 🚗 ▣ 1,95 € – 🔌 (10A) 1,85 €
Pour s'y rendre : rte de Louhans (sortie sud par D 13)

À savoir : près d'un étang

Nature : 🌳	
Loisirs : 🏛	
Services : 🔥 ⚡ 🚗 🚿 📶	
À prox. : 🍽 ⛳ ≋ 🎣 parcours sportif	

Longitude : 5.24618
Latitude : 46.74509

ST-HONORÉ-LES-BAINS

58360 – **319** G10 – G. Bourgogne – 846 h. – alt. 300 – ♨ (2 avril-13 oct.)

🛈 *Syndicat d'initiative, 13, rue Henri Renaud* ℰ 03 86 30 71 70, Fax 03 86 30 71 70

Paris 303 – Château-Chinon 28 – Luzy 22 – Moulins 69 – Nevers 67 – St-Pierre-le-Moutier 68.

🏕 **Camping et Gîtes des bains** ♣♣ – de déb. avr. à fin oct.
ℰ 03 86 30 73 44, *camping-les-bains@wanadoo.fr*,
Fax 03 86 30 61 88, *www.campinglesbains.com*
4,5 ha (130 empl.) plat, herbeux
Tarif : 16 € ✶✶ 🚗 ▣ 🔌 (6A) – pers. suppl. 4,50 €

Location (permanent) : 19 gîtes
🚐 1 borne artisanale – 5 ▣ 12,50 € – 🚐 🔌 11 €
Pour s'y rendre : 15 av. Jean Mermoz (sortie ouest, rte de Vandenesse)

Nature : 🌳	
Loisirs : 🍴 snack 🎣 🎠 🐎 🎣 ≋ 🎣 poneys	
Services : 🔥 ⚡ GB 🚗 🧺 📶 laverie 🚿	
À prox. : ✗	

Longitude : 3.82683
Latitude : 46.907

▲ **Municipal Plateau du Gué** de déb. avr. à fin oct.
ℰ 03 86 30 76 00,
mairie-de-st-honore-les-bains@wanadoo.fr,
Fax 03 86 30 73 33
1,2 ha (73 empl.) peu incliné et plat, herbeux
Tarif : (Prix 2009) ✶ 2,50 € 🚗 1,80 € ▣ 1,80 € –
🔌 (30A) 2,90 €
🚐 1 borne flot bleu 2 €
Pour s'y rendre : 13 r. Eugène-Collin (au bourg, à 150 m de la poste)

Nature : 🌳	
Loisirs : 🏛 🎠	
Services : 🔥 🚗 🚻 📶	

Longitude : 3.84068
Latitude : 46.90548

ST-LÉGER-DE-FOUGERET

58120 – **319** G9 – 325 h. – alt. 500
Paris 308 – Dijon 122 – Nevers 65 – Le Creusot 69 – Beaune 90.

△ **L'Etang de Fougeraie** de déb. avr. à fin sept.
& 03 86 85 11 85, *campingfougeraie@orange.fr*,
www.camping-fougeraie.com
7 ha (60 empl.) plat et vallonné, terrasses, herbeux
Tarif : 17,20€ ✦✦ ⇔ 🅴 🄙 (6A) – pers. suppl. 5€

Location (permanent) : 3 🏠 (4 à 6 pers.) - 330 à
480€/sem.
Pour s'y rendre : au lieu-dit : Hameau de champs (2,4 km
au sud-est par D 157, rte d'Onlay)
À savoir : cadre champêtre autour d'un étang

Nature : 🌿 ≤	
Loisirs : 🍽 🍴 🚲 🛶 🎣	
Services : 👤 ⛽ GB 🔧 🚿 ♨	
laverie ⚙ réfrigérateur	

Longitude : 3.90899
Latitude : 47.0027

Si vous recherchez :
♟♟ *Un terrain offrant des équipements et des loisirs adaptés aux enfants*
🦢 *Un terrain agréable ou très tranquille*
L-M *Un terrain effectuant la location de caravanes, de mobile homes,*
de bungalows ou de chalets
P *Un terrain ouvert toute l'année*
🚐 *Un terrain possédant une aire de services pour camping-cars*
Consultez le tableau des localités

ST-PÉREUSE

58110 – **319** F9 – 277 h. – alt. 355
Paris 289 – Autun 54 – Château-Chinon 15 – Clamecy 57 – Nevers 53.

△△△ **"Les Castels" Manoir de Bezolle** Permanent
& 03 86 84 42 55, *info@camping-bezolle.com*,
Fax 03 86 84 43 77, *www.camping-bezolle.com*
8 ha/5 campables (140 empl.) en terrasses, plat, peu
incliné, herbeux, petits étangs
Tarif : 31€ ✦✦ ⇔ 🅴 🄙 (10A) – pers. suppl. 5,50€ –
frais de réservation 5€

Location : 4 🚐 (4 à 6 pers.) 260 à 550€/sem. – 12
🏠 (4 à 6 pers.) - 390 à 660€/sem. – 4 bungalows
toilés – 2 yourtes – frais de réservation 5€
🚐 1 borne artisanale 5€
Pour s'y rendre : au sud-est par D 11, à 300 m de
la D 978, rte de Château-Chinon
À savoir : dans le parc du Manoir

Nature : 🌿 ≤ 🌳🌳	
Loisirs : 🍽 🍴 🎬 🏊 🎣 🎱 ⛵ 🐎	
Services : 👤 ⛽ GB 🔧 🏧 🚿 ⚙	
🚰 ♨ laverie 🌊 ⚙	

Longitude : 3.8158
Latitude : 47.05732

ST-POINT

71520 – **320** H11 – G. Bourgogne – 323 h. – alt. 335
Paris 396 – Beaune 90 – Cluny 14 – Mâcon 26 – Paray-le-Monial 55.

△ **Lac de St-Point-Lamartine** de mi-mars à mi-nov.
& 03 85 50 52 31, *reservation@campingsaintpoint.com*,
www.campingsaintpoint.com
3 ha (102 empl.) plat et peu incliné, terrasses, herbeux
Tarif : (Prix 2009) 16€ ✦✦ ⇔ 🅴 🄙 (13A) – pers.
suppl. 3€

Location (Prix 2009) (permanent) : 11 🏠 (4 à 6 pers.)
nuitée 40€ - 200 à 450€/sem.
🚐 15 🅴 9€ – 🚐 8€
Pour s'y rendre : sortie sud par D 22, rte de Tramayes,
au bord d'un lac

Nature : 🌿 ≤ 🏞	
Loisirs : 🎬 🏊 🚲 🎱	
Services : 👤 ⛽ GB 🔧 ⚙ ♨ 🖥	
À prox. : 🍽 snack 🛶 🎣 terrain	
omnisports, loc. pédalos	

Longitude : 4.61175
Latitude : 46.33703

ST-SAUVEUR-EN-PUISAYE

89520 – **319** C6 – G. Bourgogne – 954 h. – alt. 259

🅱 *Office de tourisme, place du Château* ✆ *03 86 45 61 31, Fax 03 86 45 63 13*

Paris 174 – Dijon 184 – Moulins 146 – Tours 242 – Troyes 120.

⚠ **Parc des Joumiers** Permanent
✆ 03 86 45 66 28, *campingmoteljoumiers@wanadoo.fr*,
Fax 03 86 45 60 27, *www.camping-motel-joumiers.com*
21 ha/7 campables (100 empl.) plat et peu incliné,
herbeux, étang
Tarif : ★ 3,80 € ⇦ 2,70 € 🗐 4 € – ⒢ (10A) 3,80 €
Location : 15 ⊡ (4 à 6 pers.) nuitée 65 € - 295 à
380 €/sem. – 4 ⊡ (4 à 6 pers.) nuitée 73 € - 367 à
469 €/sem. – motel
⛽ borne artisanale 5 € – 15 🗐 14 €
Pour s'y rendre : 2,3 km au nord-ouest par D 7 et chemin
à dr.
À savoir : au bord d'un étang

Nature : 🏞 ⌂	
Loisirs : ✕ 🎱 🎣	
Services : 🚿 ⚬ GB 🔧 🏪 🛢	
🚽 🍴 🅿	
À prox. : pédalos	

Longitude : 3.1804
Latitude : 47.63921

SALORNAY-SUR-GUYE

71250 – **320** H10 – 789 h. – alt. 210

Paris 377 – Chalon-sur-Saône 51 – Cluny 12 – Paray-le-Monial 44 – Tournus 29.

⚠ **Municipal de la Clochette** de fin mai à déb. sept.
✆ 03 85 59 90 11, *mairie.salornay@wanadoo.fr*,
Fax 03 85 59 47 52
1 ha (60 empl.) plat et terrasse, herbeux
Tarif : ★ 2 € ⇦ 🗐 2 € – ⒢ (10A) 3 € – frais de
réservation 5 €
⛽ 1 borne artisanale 4 €
Pour s'y rendre : pl. de la Clochette (au bourg, accès par
chemin devant la poste)
À savoir : au bord de la Gande

Nature : ⌂ ♀	
Loisirs : 🎣	
Services : 🚿 🔧 🅿	
À prox. : ✕	

Longitude : 4.59907
Latitude : 46.51659

196

SANTENAY

21590 – **320** I8 – 847 h. – alt. 225

🅱 *Office de tourisme, gare SNCF* ✆ *03 80 20 63 15, Fax 03 80 20 69 15*

Paris 330 – Autun 39 – Beaune 18 – Chalon-sur-Saône 25 – Le Creusot 29 – Dijon 63 – Dole 83.

⚠ **Les Sources** de mi-avr. à fin oct.
✆ 03 80 20 66 55, *info@campingsantenay.com*,
Fax 03 80 20 67 36, *www.campingsantenay.com*
3,1 ha (150 empl.) peu incliné et plat, herbeux
Tarif : (Prix 2009) 20 € ★★ ⇦ 🗐 ⒢ (6A) – pers.
suppl. 3,70 € – frais de réservation 5 €
⛽ 1 borne artisanale 5 €
Pour s'y rendre : av. des Sources (1 km au sud-ouest par
rte de Cheilly-les-Maranges, près du centre thermal)

Nature : ⌂ ♀	
Loisirs : snack 🏊 🎣	
Services : 🚿 ⚬ GB 🔧 🏪	
🛢 🍴	
À prox. : ✕ 🎣	

Longitude : 4.68676
Latitude : 46.90832

SAULIEU

21210 – **320** F6 – G. Bourgogne – 2 643 h. – alt. 535

🅱 *Syndicat d'initiative, 24, rue d'Argentine* ✆ *03 80 64 00 21, Fax 03 80 64 00 21*

Paris 248 – Autun 40 – Avallon 39 – Beaune 65 – Clamecy 78 – Dijon 73.

⚠ **Municipal le Perron** de déb. avr. à fin oct.
✆ 03 80 64 16 19, *camping.saulieu@wanadoo.fr*,
Fax 03 80 64 16 19,
www.camping-parc-naturel-regional-du-morvan.com
8 ha (157 empl.) plat et peu incliné, herbeux
Tarif : 17,70 € ★★ ⇦ 🗐 ⒢ (10A) – pers. suppl. 3 € –
frais de réservation 8 €
Location : huttes – frais de réservation 16 €
⛽ 1 borne artisanale 4,30 €
Pour s'y rendre : 1 km au nord-ouest par N 6, rte de
Paris, près d'un étang

Loisirs : 🏠 🏊 🚲 ✕ 🎣 🎱	
Services : 🚿 ⚬ GB 🔧 🏪 🛢	
🚽 🍴 🅿	

Longitude : 4.21779
Latitude : 47.2927

SAVIGNY-LÈS-BEAUNE

21420 – **320** I7 – G. Bourgogne – 1 376 h. – alt. 237
🏛 *Syndicat d'initiative, 13, rue Vauchey Very* ℰ *03 80 26 12 56, Fax 03 80 26 12 56*
Paris 314 – Dijon 39 – Chalon 38 – Le Creusot 51 – Dole 70.

△ **Les Premiers Prés** de mi-mars à mi-oct.
ℰ 03 80 26 15 06, *contact.camping@x-treme-bar.fr*,
Fax 03 80 26 15 06, *www.camping-savigny-les-beaune.fr*
1,5 ha (90 empl.) plat et peu incliné, herbeux
Tarif : ♣ 3,10€ ⇔ 1,60€ ▣ 3,40€ – [⚡] (6A) 3,50€
🚐 1 borne flot bleu
Pour s'y rendre : rte de Bouilland (1 km au nord-ouest par D 2)

À savoir : cadre verdoyant au bord d'un ruisseau

Nature : 🌳🌳
Loisirs : 🛝
Services : ♿ ⛽ GB ⚕ ⛽

Longitude : 4.82192
Latitude : 47.06246

LES GUIDES VERTS **MICHELIN**
Paysages, monuments
Routes touristiques
Géographie
Histoire, Art
Itinéraire de visite
Plans de villes et de monuments

LES SETTONS

58230 – **319** H8 – G. Bourgogne – Base de loisirs
Paris 259 – Autun 41 – Avallon 44 – Château-Chinon 25 – Clamecy 60 – Nevers 87 – Saulieu 23.

△ **Les Mésanges** de mi-mai à mi-sept.
ℰ 03 86 84 55 77, *campinglesmesanges@orange.fr*,
Fax 03 86 84 55 77
5 ha (100 empl.) peu incliné et en terrasses, herbeux, étang
Tarif : 18,20€ ♣♣ ⇔ ▣ [⚡] (6A) – pers. suppl. 4,20€
🚐 1 borne artisanale – 🔵 10.50€
Pour s'y rendre : rive gauche, L'Huis-Gaumont (4 km au sud par D193, D 520, rte de Planchez et rte de Chevigny à gauche, à 200 m du lac)

À savoir : situation agréable au bord d'un étang

Nature : 🌿 ⛺ 🌊
Loisirs : 🛝 🏊
Services : ♿ ⛽ GB ⚕ ⛺ ⛽
laverie
À prox. : 🏊

Longitude : 4.04539
Latitude : 47.18388

△ **Plage du Midi** de déb. avr. à mi-oct.
ℰ 03 86 84 51 97, *campplagedumidi@aol.com*,
Fax 03 86 84 57 31, *www.settons-camping.com*
4 ha (160 empl.) peu incliné, herbeux
Tarif : (Prix 2009) 17,30€ ♣♣ ⇔ ▣ [⚡] (10A) – pers. suppl. 4,30€

Location (Prix 2009) : 14 🏠 (4 à 6 pers.) nuitée 45€ - 270 à 467€/sem.
🚐 1 borne artisanale
Pour s'y rendre : Rive Droite Lac des Settons, Les Branlasses (2,5 km au sud-est par D 193 et rte à dr.)

À savoir : au bord d'un lac

Nature : ≤ 🌊⛰
Loisirs : 🍴 🏊 (petite piscine)
Services : ♿ ⛽ GB ⚕ ⛺ ⛽
laverie 🚿
À prox. : ✕ 🎿 🚣 pédalos

Longitude : 4.07056
Latitude : 47.18578

△ **La Plage des Settons** de déb. avr. à mi-oct.
ℰ 03 86 84 51 99,
camping-plages-des-settons@wanadoo.fr,
www.settons-tourisme.com
2,6 ha (68 empl.) en terrasses, gravillons, herbeux
Tarif : ♣ 4,40€ ⇔ 2,40€ ▣ 2,50€ – [⚡] (15A) 5,50€
🚐 45 ▣ 14,50€ – 🔵 11€
Pour s'y rendre : Rive Gauche-Lac des Settons (300 m au sud du barrage)

À savoir : agréables emplacements en terrasses, face au lac

Nature : 🌿 ≤ 🏞⛰
Loisirs : 🏛 🛝
Services : ♿ ⛽ GB ⚕ ⛺ 📶
À prox. : 🍴 ✕ 🚣 🎿

Longitude : 4.02561
Latitude : 47.21467

TONNERRE

89700 – **319** G4 – G. Bourgogne – 5 322 h. – alt. 156
₿ *Office de tourisme, place Marguerite de Bourgogne ℰ 03 86 55 14 48, Fax 03 86 54 41 82*
Paris 199 – Auxerre 38 – Montbard 45 – Troyes 60.

▲ **Municipal de la Cascade**
ℰ 03 86 55 15 44, *ot.tonnerre@wanadoo.fr,*
www.tonnerre.fr
3 ha (115 empl.) plat, herbeux

Location : 🏠
🚰 borne artisanale – 8 🔲
Pour s'y rendre : av. Aristide-Briand (sortie nord par D 905, rte de Troyes et D 944, dir. centre-ville, au bord du canal de l'Yonne)

Nature : ♀
Loisirs : snack 🛖 🚲
Services : ♿ ⚡ 🏢 🔲
À prox. : 🏊 🎣

Longitude : 3.97921
Latitude : 47.86017

TOURNUS

71700 – **320** J10 – G. Bourgogne – 5 892 h. – alt. 193
₿ *Office de tourisme, 2, place de l'abbaye ℰ 03 85 27 00 20, Fax 03 85 27 00 21*
Paris 360 – Bourg-en-Bresse 70 – Chalon-sur-Saône 28 – Lons-le-Saunier 58 – Louhans 31 – Mâcon 37 – Montceau-les-Mines 65.

▲ **Municipal En Bagatelle** de déb. avr. à fin sept.
ℰ 03 85 51 16 58, *reception@camping-tournus.com,*
Fax 03 85 51 16 58, *www.camping-tournus.com*
2 ha (90 empl.) plat, herbeux
Tarif : 23,50€ ★★ 🚗 🔲 ⚡ (6A) – pers. suppl. 5,30€ – frais de réservation 5€
🚰 1 borne artisanale – 16 🔲 23,50€
Pour s'y rendre : 14 r. des Canes (1 km au nord de la localité par r. St-Laurent, en face de la gare, attenant à la piscine et à 150 m de la Saône (accès direct))

Loisirs : 🛖
Services : ♿ ⚡ GB ♈ ♉ 🔲
À prox. : ✂ 🎣 ⛵

Longitude : 4.90819
Latitude : 46.57182

VANDENESSE-EN-AUXOIS

21320 – **320** H6 – 261 h. – alt. 360
Paris 275 – Arnay-le-Duc 16 – Autun 42 – Châteauneuf 3 – Dijon 44.

▲▲▲▲ **Le Lac de Panthier** ♣♣ – de déb. avr. à déb. oct.
ℰ 03 80 49 21 94, *info@lac-de-panthier.com,*
Fax 03 80 49 25 80, *www.lac-de-panthier.com*
5,2 ha (207 empl.) en terrasses, plat et peu incliné, herbeux
Tarif : 28€ ★★ 🚗 🔲 ⚡ (6A) – pers. suppl. 7€ – frais de réservation 15€

Location : 36 🚐 (4 à 6 pers.) 315 à 777€/sem. – 14 🏠 (4 à 6 pers.) · 469 à 777€/sem. – frais de réservation 30€
Pour s'y rendre : 2,5 km au nord-est par D 977bis, rte de Commarin et rte à gauche, près du lac

Nature : 🏞 ≤ 🏕 ♨
Loisirs : ♈ ✗ pizzeria, grill 🛖 ♣♣ 🎣🛶 🚣 🚲 🎯 🎱 ⚁ 🎣
Services : ♿ ⚡ GB ♈ ♉ 🔲
🏊 ♒
À prox. : 🏊 ◊

Longitude : 4.62507
Latitude : 47.24935

VARZY

58210 – **319** D7 – G. Bourgogne – 1 358 h. – alt. 249
₿ *Office de tourisme, rue Delangle ℰ 03 86 29 74 08*
Paris 224 – La Charité-sur-Loire 37 – Clamecy 17 – Cosne-sur-Loire 43 – Nevers 53.

▲ **Municipal du Moulin Naudin** de déb. mai à fin sept.
ℰ 03 86 29 43 12, *mairievarzy@wanadoo.fr,*
Fax 03 86 29 72 73 ✂
3 ha (50 empl.) plat, peu incliné et terrasse, herbeux
Tarif : 12€ ★★ 🚗 🔲 ⚡ (5A)
Pour s'y rendre : rte de Corvol (1,5 km au nord par D 977)

À savoir : près d'un plan d'eau

Nature : 🏕 ♀
Loisirs : 🎣
Services : 🚿 ♉ 🔲
À prox. : ✂ 🏊

Longitude : 3.34354
Latitude : 47.39357

VENAREY-LES-LAUMES

21150 – **320** G4 – G. Bourgogne – 3 068 h. – alt. 235
🛈 *Office de tourisme, place Bingerbrück* 📞 *03 80 96 89 13, Fax 03 80 96 13 22*
Paris 259 – Avallon 54 – Dijon 66 – Montbard 15 – Saulieu 42 – Semur-en-Auxois 13 – Vitteaux 20.

⚠ **Municipal Alésia** de déb. avr. à mi-oct.
📞 03 80 96 07 76, *camping.venarey@wanadoo.fr*,
Fax 03 80 96 07 76
1,5 ha (67 empl.) plat, herbeux, gravillons
Tarif : (Prix 2009) 10€ **✶✶** 🚐 🅴 🅷 (16A) – pers.
suppl. 3,50€

Location (Prix 2009) (permanent) : 5 🏠 (4 à 6 pers.)
nuitée 50€ - 160 à 395€/sem.
🚗 10 🅴 10€
Pour s'y rendre : sortie ouest par D 954, rte de Semur-
en-Auxois et r. à dr., av. le pont, au bord de la Brenne et
près d'un plan d'eau

| Nature : 🗔 🌊 |
| Loisirs : 🏠 🏊 🎣 |
| Services : 🔧 🗝 GB 🐾 🍴 🗑 |
| 🚾 🖼 |
| À prox. : 🎿 🏖 (plage) |

| Longitude : 4.44936 |
| Latitude : 47.54253 |

VERMENTON

89270 – **319** F6 – G. Bourgogne – 1 203 h. – alt. 125
🛈 *Syndicat d'initiative, 25, rue Général-de-Gaulle* 📞 *03 86 81 54 26, Fax 03 86 81 67 54*
Paris 190 – Auxerre 24 – Avallon 28 – Vézelay 28.

⚠⚠ **Municipal les Coullemières** de déb. avr. à fin
sept.
📞 03 86 81 53 02, *camping.vermenton@gmail.com*,
Fax 03 86 81 53 02, *www.camping.vermenton.com*
1 ha (50 empl.) plat, herbeux
Tarif : 14,90€ **✶✶** 🚐 🅴 🅷 (6A) – pers. suppl. 3,35€
Location : 4 🏠 (4 à 6 pers.) nuitée 60€ - 350 à 400€/
sem.
🚗 5 🅴 14,90€
Pour s'y rendre : au lieu-dit : Les Coullemières (au sud-
ouest de la localité, derrière la gare)

À savoir : cadre agréable près de la Cure (plan d'eau)

| Nature : 🌊🏞 |
| Loisirs : 🏠 🏊 🚲 🎿 |
| Services : 🔧 🗝 (saison) GB 🐾 |
| 🍴 🎱 🖼 🚿 |
| À prox. : 🏖 (plage) canoë, par- |
| cours sportif |

| Longitude : 3.73405 |
| Latitude : 47.66508 |

VIGNOLES

21200 – **320** J7 – 735 h. – alt. 202
Paris 317 – Dijon 40 – Chalon 34 – Le Creusot 51 – Dole 60.

⚠ **Les Bouleaux** Permanent
📞 03 80 22 26 88, Fax 03 80 22 26 88
1,6 ha (46 empl.) plat, herbeux
Tarif : **✶** 3,70€ 🚐 1,80€ 🅴 3,20€ – 🅷 (6A) 3,60€
Pour s'y rendre : 11 r. Jaune (à Chevignerot, au bord
d'un ruisseau)

| Nature : 🗔 🌊🌊 |
| Loisirs : 🏠 |
| Services : 🔧 🗝 🍴 🖼 |
| À prox. : 🎣 🐎 🚶 |

| Longitude : 4.88247 |
| Latitude : 47.02756 |

*La catégorie (1 à 5 tentes, **noires** ou **rouges**) que nous attribuons*
aux terrains sélectionnés dans ce guide est une appréciation qui nous est propre.
Elle ne doit pas être confondue avec le classement (1 à 4 étoiles)
établi par les services officiels.

BRETAGNE

R. Deschamps/Michelin

Brute comme ses côtes de granit, riante comme ses petits ports de pêche avec leurs flottes colorées, émouvante comme ses calvaires et ses enclos paroissiaux, mystérieuse comme ses dolmens, ses menhirs et ses forêts enchantées, la Bretagne doit son charme à son essence maritime, à la variété de ses paysages et à l'originalité de sa culture. Attachés à leurs légendes, leur langue et leurs coutumes héritées d'un lointain passé celte, les Bretons cultivent leur identité à travers force manifestations folkloriques, festoù-noz et autres rassemblements où se défient bardes, sonneurs et bagadoùs. Des pauses friandes ponctuent généreusement cette riche palette festive de bolées de cidre, de crêpes, de galettes-saucisses et de tous les trésors gourmands qui font la réputation de la gastronomie locale.

Brittany — Breizh to its inhabitants — is a region of harsh granite coastlines, mysterious forests, pretty ports and brightly painted fishing boats. Its charm lies in its brisk sea breeze, its incredibly varied landscapes and the people themselves, born, so they say, with a drop of salt water in their blood. Proud of the language handed down from their Celtic ancestors, today's Bretons nurture their identity with intense and vibrant celebrations of folklore and custom. Of course, such devotion to culture requires plenty of good, wholesome nourishment: sweet and savoury pancakes, thick slices of butter cake and mugs of cold cider. However, Brittany's gastronomic reputation extends much further and gourmets can feast on the oysters, lobster and crab for which it is famous.

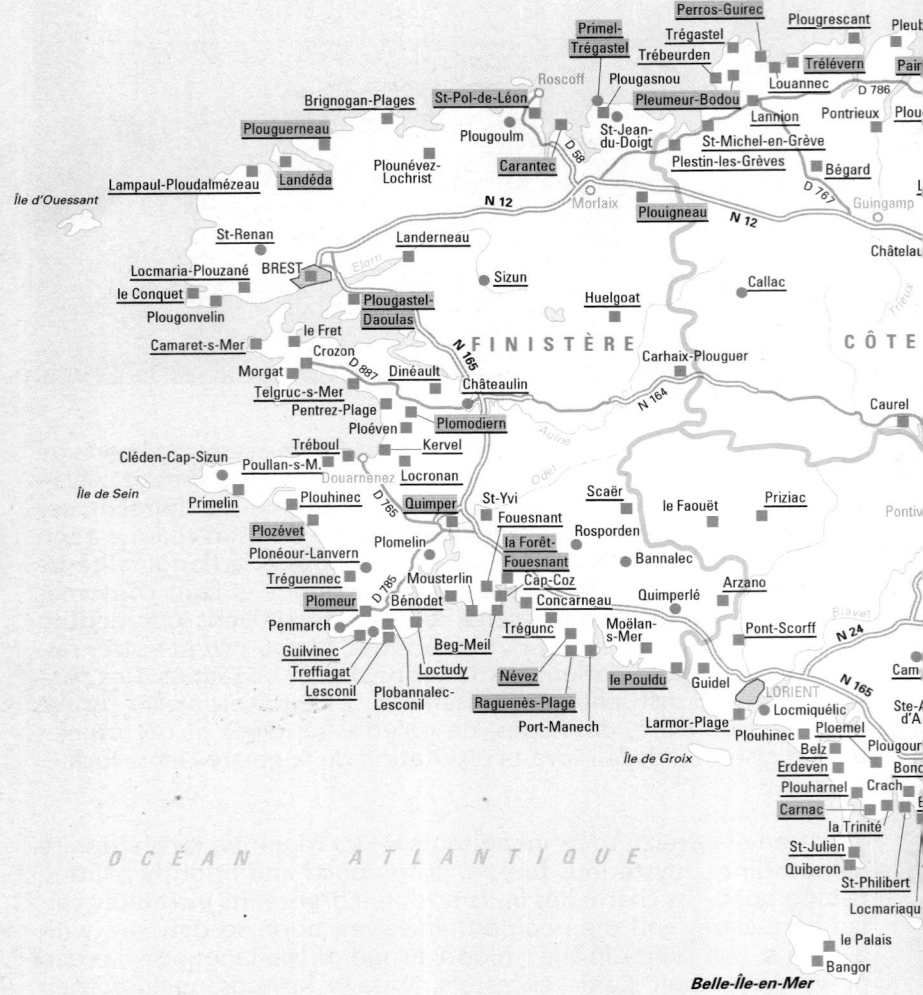

MANCHE

Localité citée avec camping
Localité citée avec camping et locatif
Vannes · Localité disposant d'un camping avec aire de services camping-car
Moyaux · Localité disposant d'au moins un terrain agréable
Aire de service pour camping-car sur autoroute

Île d'Ouessant

Île de Sein

OCÉAN ATLANTIQUE

Roscoff
St-Pol-de-Léon
Primel-Trégastel
Perros-Guirec
Trégastel
Trébeurden
Plougasnou
Pleumeur-Bodou
Plougrescant
Pleub
Trélévern
Pair
Louannec
D 786
Lannion
Pontrieux
Plou
Brignogan-Plages
Plouguerneau
Plougoulm
St-Jean-du-Doigt
St-Michel-en-Grève
Plounévez-Lochrist
Carantec
D 58
Plestin-les-Grèves
Bégard
Lampaul-Ploudalmézeau
Landéda
N 12
Morlaix
Plouigneau
N 12
D 767
Guingamp

St-Renan
Landerneau
Châtelau

Locmaria-Plouzané
BREST
Sizun
Callac

le Conquet
Plougastel-Daoulas
Huelgoat

Plougonvelin
le Fret
FINISTÈRE
CÔTE

Camaret-s-Mer
Crozon
Carhaix-Plouguer

Morgat
Dinéault
D 887
Caurel

Telgruc-s-Mer
Châteaulin
N 164

Pentrez-Plage
Plomodiern
Aulne
Caurel

Tréboul
Ploéven
Kervel
Scaër
Priziac
Pontivi

Cléden-Cap-Sizun
Poullan-s-M.
Douarnenez
Locronan
le Faouët

Primelin
Plouhinec
D 785
Quimper
St-Yvi

Plozévet
Plomelin
Fouesnant
Rosporden
Bannalec
Arzano

Plonéour-Lanvern
la Forêt-Fouesnant
Quimperlé
Pont-Scorff
N 24

Tréguennec
D 785
Mousterlin
Cap-Coz
Concarneau
Moëlan-s-Mer

Plomeur
Bénodet
Trégunc
Guidel
LORIENT
N 165
Cam

Penmarch
Beg-Meil
Névez
le Pouldu
Locmiquélic
Ste-A d'A

Guilvinec
Treffiagat
Loctudy
Raguenès-Plage
Larmor-Plage
Plouhinec
Ploemel
Plougour

Lesconil
Plobannalec-Lesconil
Port-Manech
Île de Groix
Belz
Erdeven
Plouharnel
Bono
Crach

Carnac
la Trinité
St-Julien
Quiberon
St-Philibert
Locmariaqu

le Palais
Bangor
Belle-Île-en-Mer

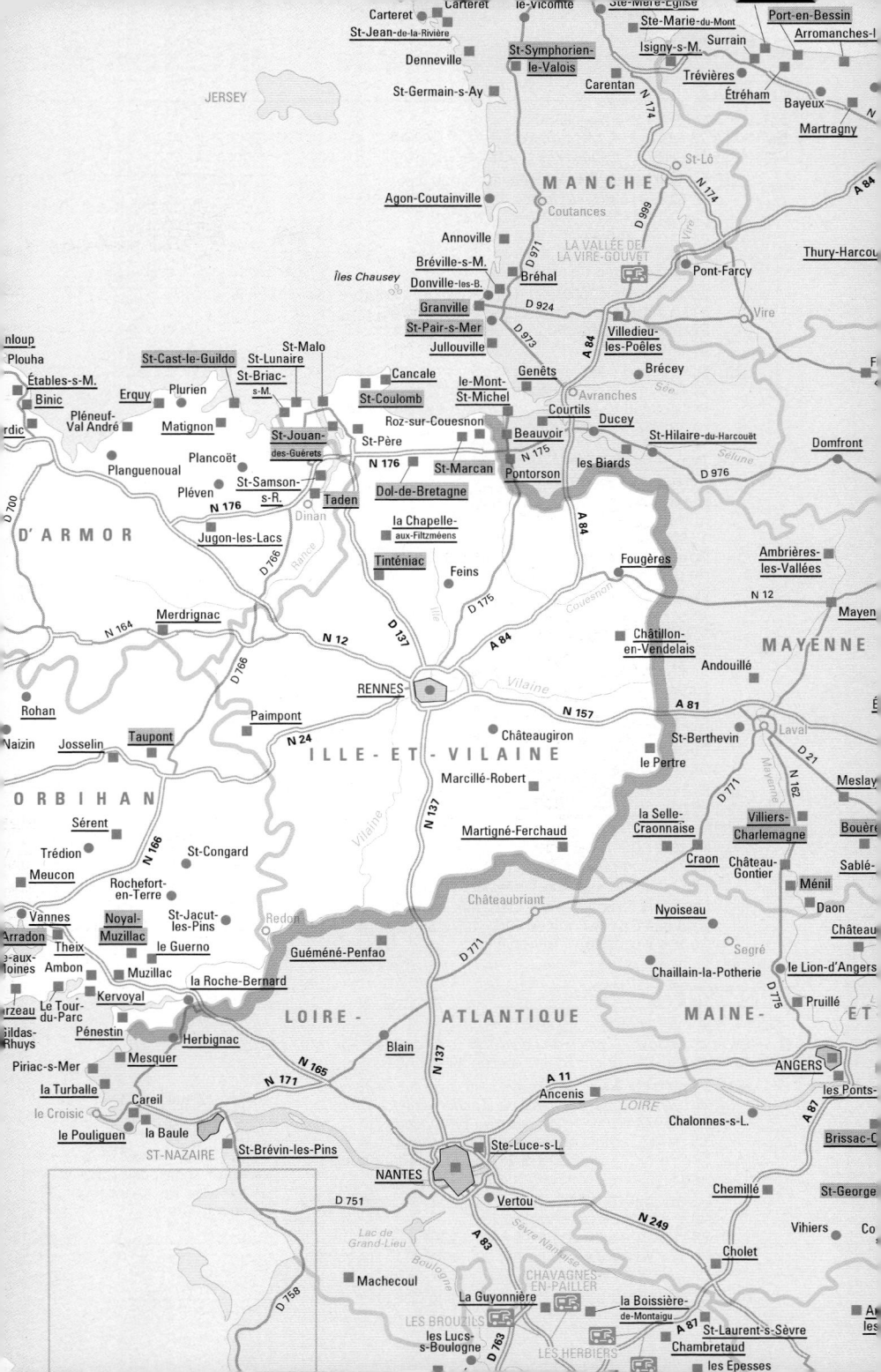

AMBON

56190 – **308** P9 – 1 516 h. – alt. 30

ⓘ *Syndicat d'initiative, 1, place du Requerio* ℘ 02 97 41 20 49, Fax 02 97 48 79 27

Paris 465 – Muzillac 7 – Redon 42 – La Roche-Bernard 22 – Sarzeau 20 – Vannes 24.

Le Bédume ♣♣ – de déb. avr. à déb. nov.
℘ 02 97 41 68 13, *dedelles.ambon@free.fr*,
Fax 02 97 41 56 79, *www.bedume.com*
5 ha (200 empl.) plat, herbeux
Tarif : (Prix 2009) 20 € ♣♣ ⇌ 🅴 🔌 (6A) – pers.
suppl. 5 € – frais de réservation 10 €

Location (Prix 2009) : 21 🛖 (4 à 6 pers.) nuitée 76 € -
318 à 760 €/sem. – frais de réservation 10 €
Pour s'y rendre : 40 r. du Bédume (6 km au sud-est, à
Betahon-Plage)

| Nature : 🏞 🌊 |
| Loisirs : 🍸 🎱 🎣 👫 ⛵ ⛱ 🏊 |
| terrain omnisports |
| Services : ♿ ⚡ GB 🐾 🧺 laverie |
| 🚿 |

| *Longitude :* -2.55854 |
| *Latitude :* 47.55451 |

D'Arvor de déb. avr. à fin sept.
℘ 02 97 41 16 69, *info@campingdarvor.com*,
Fax 02 97 48 10 77, *www.campingdarvor.com* – places
limitées pour le passage
4 ha (140 empl.) plat, herbeux, étang
Tarif : (Prix 2009) ♣ 4,50 € ⇌ 🅴 8,50 € – 🔌 (6A) 3,60 € –
frais de réservation 6 €

Location (Prix 2009) ♿ (1 chalet) : 35 🛖 (4 à 6 pers.)
nuitée 60 € - 210 à 720 €/sem. – 1 🏠 (4 à 6 pers.) - 230
à 650 €/sem. – frais de réservation 17 €
Pour s'y rendre : 1,5 km à l'ouest par D 20,
rte de Sarzeau et à gauche, rte de Brouel

| Nature : 🌿 |
| Loisirs : 🍸 snack 🎱 🎣 👫 ⛵ |
| 🚴 🏊 ⛱ 🎣 |
| Services : ♿ ⚡ GB 🐾 🍴 laverie |

| *Longitude :* -2.55854 |
| *Latitude :* 47.55451 |

Le Kermadec de mi-juin à mi-sept.
℘ 02 97 41 15 90, *campingkermadec@wanadoo.fr*,
Fax 02 97 41 15 90, *www.campingkermadec.com*
1,2 ha (35 empl.) plat, herbeux
Tarif : (Prix 2009) 15,80 € ♣♣ ⇌ 🅴 🔌 (6A) – pers.
suppl. 3 €

Location (Prix 2009) (de déb. avr. à fin oct.) : 5 🚐 – 3
🛖 – 12 🏠
Pour s'y rendre : 2,5 km au sud-ouest par D 140,
rte de Damgan et rte à dr.

| Nature : 🐟 🏞 🌿 |
| Loisirs : ⛵ ⛱ |
| Services : 🖥 |

| *Longitude :* -2.55854 |
| *Latitude :* 47.55451 |

L' Escale de déb. mai à fin sept.
℘ 02 97 41 16 25, *camp.escale@wanadoo.fr*,
Fax 02 97 41 16 25, *www.campingescale.com* – places
limitées pour le passage
4 ha (120 empl.) plat, herbeux
Tarif : (Prix 2009) ♣ 3,90 € ⇌ 🅴 6 € – 🔌 (10A) 3 €

Location (Prix 2009) (de déb. avr. à mi-oct.) 🏊 : 12
🛖 (4 à 6 pers.) nuitée 40 € - 195 à 550 €/sem.
Pour s'y rendre : à Tréhervé

| Nature : 🏞 |
| Loisirs : 🍸 |
| Services : ♿ ⚡ 🐾 🧺 🖥 🍴 |
| À prox. : 🍴 🔥 🐴 poneys |

| *Longitude :* -2.54277 |
| *Latitude :* 47.52521 |

ARRADON

56610 – **308** O9 – 5 125 h. – alt. 40

ⓘ *Syndicat d'initiative, 2, place de l'église* ℘ 02 97 44 77 44, Fax 02 97 44 81 22

Paris 467 – Auray 18 – Lorient 62 – Quiberon 49 – Vannes 8.

Penboch ♣♣ – de déb. avr. à fin sept.
℘ 02 97 44 71 29, *camping.penboch@wanadoo.fr*,
Fax 02 97 44 79 10, *www.camping-penboch.fr*
3,5 ha (175 empl.) plat, peu incliné, herbeux
Tarif : (Prix 2009) 39,30 € ♣♣ ⇌ 🅴 🔌 (10A) – pers.
suppl. 6,20 € – frais de réservation 20 €

Location (Prix 2009) : 40 🛖 (4 à 6 pers.) 220 à 910 €/
sem. – frais de réservation 20 €
🚐 1 borne artisanale 3 € – 🚐 13.50 €
Pour s'y rendre : 9 chemin de Penboch (2 km au sud-
est par rte de Roguedas, à 200 m de la plage)

À savoir : cadre verdoyant et ombrage plaisant

| Nature : 🐟 🏞 🌿 |
| Loisirs : 🍸 snack 🎱 👫 jacuzzi |
| ⛵ 🔥 🏊 ⛱ terrain multis- |
| ports |
| Services : ♿ ⚡ GB 🐾 🚿 🍴 – 4 |
| sanitaires individuels (🚿 wc) |
| 🚿 🚽 🍴 laverie 🧊 location |
| réfrigérateurs |
| À prox. : ⛵ 🎣 |

| *Longitude :* -2.8012 |
| *Latitude :* 47.62215 |

▲▲ **L'Allée** de déb. avr. à fin sept.
℘ 02 97 44 01 98, *contact@camping-allee.com*,
Fax 02 97 44 73 74, *www.camping-allee.com*
3 ha (148 empl.) plat et peu incliné, herbeux
Tarif : (Prix 2009) ★ 4,80€ ⬅ 1,80€ ▣ 8,80€ –
🔌 (10A) 4,20€ – frais de réservation 20€

Location (Prix 2009) : 20 ▥ (4 à 6 pers.) 220 à 730€/
sem. – frais de réservation 20€
Pour s'y rendre : 1,5 km à l'ouest par rte du Moustoir
et à gauche

| Nature : 🐟 🗔 ⚲ |
| Loisirs : 🏠 ⚹ 🎠 |
| Services : ⚬ ☕ (juil.-août) GB |
| ⚗ 🧺 laverie |
| À prox. : ✕ |

Longitude : -2.84025
Latitude : 47.62109

▲ **Municipal du Parc Priol** de mi-juin à mi-sept.
℘ 02 97 44 70 49, *info.tourisme@arradon.fr*,
Fax 02 94 77 05 42, *www.arradon.com*
1 ha (200 empl.) plat, herbeux
Tarif : (Prix 2009) ★ 2,80€ ⬅ 2€ ▣ 2,80€ –
🔌 (10A) 2,80€
🚐 1 borne 2€
Pour s'y rendre : r. de la Mairie

| Loisirs : 🎪 |
| Services : ⚗ 🛁 ▣ |
| À prox. : ✕ 🔥 🏊 🐟 ⚲ |

Longitude : -2.82936
Latitude : 47.62518

ARZANO

29300 – **308** K7 – 1 325 h. – alt. 91
Paris 508 – Carhaix-Plouguer 54 – Châteaulin 82 – Concarneau 40 – Pontivy 46 – Quimper 58.

▲▲▲ **"Les Castels" Ty Nadan** ⚤ – de fin mars à déb.
sept.
℘ 02 98 71 75 47, *info@tynadan-vacances.fr*,
Fax 02 98 71 77 31, *www.tynadan-vacances.fr*
20,5 ha/5 campables (325 empl.) plat et peu incliné,
herbeux
Tarif : ★ 8,80€ ⬅ ▣ 22€ – 🔌 (10A) 6,40€ – frais de
réservation 25€

Location : 12 ▥ (4 à 6 pers.) nuitée 47€ · 282 à
833€/sem. – 9 🏠 (4 à 6 pers.) nuitée 69€ · 414 à
1 176€/sem. – 2 appartements – 6 bungalows toilés –
2 gîtes – frais de réservation 30€
🚐 1 borne artisanale 9€ – 🚐 🔌 46€
Pour s'y rendre : rte d'Arzano (3 km à l'ouest par rte de
Locunolé, au bord de l'Ellé)

À savoir : espace aquatique couvert et nombreuses
activités loisirs et sportives

| Nature : 🐟 🗔 ⚲⚠ |
| Loisirs : ⛶ ✕ crêperie, pizzeria |
| 🗔 🍽 diurne nocturne (soirées à |
| thème) 🎪 ⛵ jacuzzi discothè- |
| que, salle d'animation ⚹ 🚲 |
| 🎣 ✕ 🔥 🏊 ⛳ 🐎 poneys mur |
| d'escalade, canoë de mer, quad |
| Services : ⚬ ☕ GB ⚗ 🛁 🚿 |
| 🚽 laverie 🛁 🚿 |
| À prox. : parc aventure |

Longitude : -3.44299
Latitude : 47.90052

Pour choisir et suivre un itinéraire
Pour calculer un kilométrage
Pour situer exactement un terrain (en fonction
des indications fournies dans le texte) :
*Utilisez les **cartes MICHELIN**,*
compléments indispensables de cet ouvrage.

ARZON

56640 – **308** N9 – G. Bretagne – 2 170 h. – alt. 9
🅱 *Office de tourisme, rond-point du Crouesty* ℘ 02 97 53 69 69, Fax 02 97 53 76 10
Paris 487 – Auray 52 – Lorient 94 – Quiberon 81 – La Trinité-sur-Mer 66 – Vannes 33.

▲▲ **Municipal le Tindio** de fin mars à déb. nov.
℘ 02 97 53 75 59, *letindio@arzon.fr*, Fax 02 97 53 91 23,
www.arzon.eu
5 ha (220 empl.) plat et peu incliné, herbeux
Tarif : (Prix 2009) ★ 3€ ⬅ ▣ 7,80€ – 🔌 (10A) 2,45€
🚐 1 borne 2€ – 19 ▣ 9,50€ – 🚐 9.50€
Pour s'y rendre : 2 r. du Bilouris, à Kermers (800 m au
nord-est)

À savoir : en bordure de mer

| Nature : ⚲ |
| Loisirs : 🗔 ⚹ 🎠 terrain |
| multisports |
| Services : ⚬ ☕ GB ⚗ 🛁 🚿 |
| 🚽 laverie |

Longitude : -2.88222
Latitude : 47.55582

205

BADEN

56870 – **308** N9 – 3 899 h. – alt. 28
Paris 473 – Auray 9 – Lorient 52 – Quiberon 40 – Vannes 15.

Mané Guernehué ▲ – de déb. avr. à fin oct.
           02 97 57 02 06, *info@camping-baden.com*,
Fax 02 97 57 15 43, *www.camping-baden.com*
18 ha/8 campables (377 empl.) plat, peu incliné à incliné
et en terrasses, herbeux, étangs
Tarif : 41 € ★★ 🚗 🗐 (10A) – pers. suppl. 7,60 € –
frais de réservation 20 €

Location : 50 🏠 (4 à 6 pers.) 240 à 798 €/sem. –
60 🏠 (4 à 6 pers.) - 295 à 1 281 €/sem. – frais de
réservation 20 €
🚐 1 borne artisanale 6 € – 🔋 🗐 15 €
Pour s'y rendre : 52 r. Mané Er Groëz (1 km au sud-ouest
par rte de Mériadec et à dr.)

Nature : 🏖 🗔 ♀
Loisirs : ♟ ✗ pizzeria, crêperie
🎬 🎭 diurne nocturne (soirées
à thème) 🏀 🏋 🎣 jacuzzi salle
d'animation 🏇 🎠 🎯 🎮 🏊
🛶 parcours sportif, terrain
omnisports, promenades en
poneys
Services : 🚿 ⚡ GB 🚙 🛁 🧺 🚰
🚽 laverie 🔧 🚲
À prox. : 🏌 golf

Longitude : -2.92437
Latitude : 47.61361

BANNALEC

29380 – **308** I17 – 5 061 h. – alt. 98
🚉 Office de tourisme, Kerbail 🖉 02 98 39 43 34, Fax 02 98 39 53 44
Paris 535 – Rennes 184 – Quimper 43 – Lorient 39 – Lanester 40.

Les Genêts d'Or de déb. avr. à fin sept.
           02 98 39 54 35, *info@holidaybrittany.com*,
Fax 02 98 39 54 35, *www.holidaybrittany.com*
3 ha (52 empl.) plat, herbeux
Tarif : 16 € ★★ 🚗 🗐 🗐 (6A) – pers. suppl. 3,50 €
Pour s'y rendre : Kermerour, à Pont Kéréon

Nature : 🏖 ♀
Loisirs : 🎬
Services : 🚿 ⚡ laverie

Longitude : -3.68517
Latitude : 47.92563

BÉGARD

22140 – **309** C3 – 4 471 h. – alt. 142
Paris 499 – Rennes 147 – Saint 46 – Lannion 20 – Morlaix 50.

Donant de mi-avr. à mi-sept.
           02 96 45 46 46, *camping.begard@wanadoo.fr*,
Fax 02 96 45 46 48, *www.camping-donant-bretagne.com*
4 ha (91 empl.) en terrasses, plat, herbeux
Tarif : ★ 3,15 € 🚗 1,90 € 🗐 4 € – 🗐 (10A) 2,80 €

Location (de déb. avr. à fin oct.) : 15 🏠 (4 à 6 pers.)
nuitée 67 € - 212 à 451 €/sem. – 5 bungalows toilés
🚐 1 borne 3,50 €
Pour s'y rendre : à Gwénézhan

Nature : 🗔
Loisirs : 🎬 Salle d'animation
🏀
Services : 🚿 ⚡ (juil.-août) GB
🚙 laverie
À prox. : ♟ 🏋 🎮 🏊 🛶

Longitude : -3.30112
Latitude : 48.62997

BEG-MEIL

29170 – **308** H7 – G. Bretagne
Paris 562 – Rennes 211 – Quimper 23 – Brest 95 – Lorient 65.

La Piscine ▲ – de mi-mai à déb. sept.
           02 98 56 56 06, *contact@campingdelapiscine.com*,
Fax 02 98 56 57 64, *www.campingdelapiscine.com*
3,8 ha (185 empl.) plat, herbeux, petit étang
Tarif : 30,60 € ★★ 🚗 🗐 🗐 (10A) – pers. suppl. 6,30 € –
frais de réservation 20 €

Location (de mi-avr. à déb. sept.) : 🏊 : 31 🏠 (4 à 6
pers.) 190 à 760 €/sem. – frais de réservation 20 €
🚐 1 borne 5 €
Pour s'y rendre : 51 Hent Kerleya (4 km au nord-ouest)

Nature : 🏖 🗔 ♀
Loisirs : 🎬 🏀 🎣 🏇 🏊 🛶
🛶 piste de bi-cross
Services : 🚿 ⚡ GB 🚙 🛁 🧺 🚰
🚽 laverie 🔧 🚲

Longitude : -4.01555
Latitude : 47.86598

La Roche Percée ♣♣ – (location exclusive de mobile homes) de déb. avr. à fin sept.
☎ 02 98 94 94 15, *patrick.chauvin15@wanadoo.fr*,
Fax 02 98 94 48 05, *www.camping-larochepercee.com*
2 ha plat, peu incliné, herbeux

Location (Prix 2009) : 60 ⌂ (4 à 6 pers.) nuitée 130 €
- 260 à 820 €/sem. – frais de réservation 16 €
Pour s'y rendre : 30 Hent Kerveltrec (1,5 km au nord par D 45, rte de Fouesnant, à 500 m de la plage de Kerveltrec)

Nature : 🌿 🚏
Loisirs : 🍽 ⛲ ⛷ 🚲 🏊 ⚃
Services : 🔌 🅶🅱 🐕 ⛺ laverie
À prox. : ✗ crêperie 🎿 🐎 golf

Longitude : -3.98995
Latitude : 47.86938

Le Kervastard de mi-mai à déb. sept.
☎ 02 98 94 91 52, *camping.le.kervastard@wanadoo.fr*,
Fax 02 98 94 99 83, *www.campinglekervastard.com*
2 ha (128 empl.) plat, herbeux
Tarif : 27,40 € ✱✱ 🚗 🔲 (10A) – pers. suppl. 5,90 € – frais de réservation 16 €

Location (de déb. avr. à fin sept.) : 20 ⌂ (4 à 6 pers.) 280 à 660 €/sem. – frais de réservation 16 €
🚐 1 borne eurorelais 3 € – 2 🔲 23,50 €
Pour s'y rendre : chemin de Kervastard (à 150 m du bourg)

Nature : 🚏 🞊
Loisirs : 🞊 ⛷ ⚃
Services : 🔌 🅶🅱 🐕 ⛺ laverie
À prox. : 🞊 🍽 ✗

Longitude : -3.98882
Latitude : 47.8599

BELLE-ÎLE-EN-MER

56360 – **308** – G. Bretagne – 2 457 h. – alt. 7
◼ En été réservation indispensable pour le passage des véhicules et des caravanes. Départ Quiberon (Port-Maria), arrivée au Palais - Traversée 45 mn - renseignements et tarifs : Société Morbihannaise de Navigation, 56360 Le Palais (Belle-île-en-Mer) ☎ 08 20 05 60 00
🄱 Office de tourisme, quai Bonnelle, Le Palais ☎ 02 97 31 81 93, Fax 02 97 31 56 17

Bangor 56360 – **308** L11 – G. Bretagne – 875 h. – alt. 45

Municipal de Bangor de déb. avr à fin sept.
☎ 02 97 31 89 75, *mairie.bangor@wanadoo.fr*,
Fax 02 97 31 89 75
0,8 ha (55 empl.) incliné, peu incliné, herbeux
Tarif : (Prix 2009) ✱ 2,75 € 🚗 1,38 € 🔲 2,55 € – ⚡ 2,35 €

Location (Prix 2009) : 6 ⌂ (4 à 6 pers.) 463 à 1 250 €/sem.
Pour s'y rendre : à l'ouest du bourg

Nature : 🌿 🚏
Services : 🅶🅱 🐕
À prox. : 🎿 🐎 poneys

Longitude : -3.19002
Latitude : 47.3148

Le Palais 56360 – **308** M10 – G. Bretagne – 2 526 h. – alt. 7

Bordenéo de déb. avr. à fin sept.
☎ 02 97 31 88 96, *camping.bordeneo@wanadoo.fr*,
Fax 02 97 31 87 77, *www.bordeneo.com*
3 ha (202 empl.) plat, herbeux
Tarif : (Prix 2009) ✱ 5,50 € 🚗 1,70 € 🔲 7,80 € – ⚡ (5A) 2,80 € – frais de réservation 15 €

Location (Prix 2009) 🞊 : 51 ⌂ (4 à 6 pers.) 280 à 690 €/sem. – frais de réservation 15 €
Pour s'y rendre : 1,7 km au nord-ouest par rte de Port Fouquet, à 500 m de la mer

À savoir : décoration florale et arbustive

Nature : 🌿 🚏 🞊
Loisirs : 🍽 snack 🞊 ⛷ 🚲 🎿 ⚃ 🐎 poneys
Services : 🔌 🅶🅱 🐕 ⛺ 🞊 🞊
À prox. : 🞊 🞊 🞊 canoë de mer, école de plongée

Longitude : -3.15467
Latitude : 47.34711

L'Océan de déb. avr. à fin sept.
☎ 02 97 31 83 86, *ocean-belle-ile@wanadoo.fr*,
Fax 02 97 31 87 60, *www.camping-ocean-belle-ile.com*
2,7 ha (125 empl.) plat, peu incliné, herbeux
Tarif : (Prix 2009) ✱ 5,20 € 🚗 🔲 8,40 € – ⚡ (10A) 3,05 € – frais de réservation 6 €

Location (Prix 2009) (permanent) : 7 ⌂ (4 à 6 pers.) 346 à 574 €/sem. – 9 🏠 (4 à 6 pers.) - 328 à 688 €/sem. – bungalows toilés – frais de réservation 6 €
Pour s'y rendre : à Rosboscer (au sud-ouest du bourg, à 500 m du port)

Nature : 🌿 🚏 🞊
Loisirs : snack, crêperie ⛷ ⚃
Services : 🔌 🅶🅱 🐕 ⛺ 🞊 🞊 🞊
À prox. : 🞊 🎿 🞊 🞊 poneys école de plongée, canoë de mer, golf

Longitude : -3.16771
Latitude : 47.34432

BELZ

56550 – **308** L8 – 3 422 h. – alt. 12
Paris 494 – Rennes 143 – Vannes 34 – Lorient 25 – Lanester 22.

▲ **Le Moulin des Oies** de déb. avr. à fin sept.
℘ 02 97 55 53 26, *moulindesoies@wanadoo.fr,*
http://lemoulindesoies.free.fr✉ 56550 Belz
1,9 ha (90 empl.) plat, herbeux
Tarif : 17,10€ **†** **†** ⇌ 🅴 🛇 (6A) – pers. suppl. 4,30€ –
frais de réservation 12€
Location : 17 🛏 (4 à 6 pers.) 220 à 615€/sem. – frais
de réservation 12€
🗜 6 🅴 17,10€
Pour s'y rendre : 21 r. de la Côte
À savoir : en bordure de la Ria d'Étel

| Nature : 🏞 ⌂ |
| Loisirs : 🏊‍♂️ 🏊 (bassin d'eau de mer) |
| Services : 🔌 GB 🚿 🍴 📷 |

| Longitude : -3.17568 |
| Latitude : 47.67835 |

Avant de vous installer, consultez les tarifs en cours,
affichés obligatoirement à l'entrée du terrain,
et renseignez-vous sur les conditions particulières de séjour.
Les indications portées dans le guide ont pu être modifiées depuis la mise à jour.

BÉNODET

29950 – **308** G7 – G. Bretagne – 3 159 h.
🛈 *Office de tourisme, 29, avenue de la Mer* ℘ 02 98 57 00 14, Fax 02 98 57 23 00
Paris 563 – Concarneau 19 – Fouesnant 8 – Pont-l'Abbé 13 – Quimper 17 – Quimperlé 47.

⛰ **La Pointe St-Gilles** 🧍🧍 – de déb. avr. à fin sept.
℘ 02 98 57 05 37, *sunelia@stgilles.fr,* Fax 02 98 57 27 52,
www.stgilles.fr – places limitées pour le passage 🐾
11 ha/7 campables (480 empl.) plat, herbeux
Tarif : 41€ **†** **†** ⇌ 🅴 🛇 (10A) – pers. suppl. 8€ – frais
de réservation 30€
Location : 140 🛏 (4 à 6 pers.) nuitée 44€ - 325 à
1 211€/sem. – frais de réservation 30€
🗜 🚐🛇 13€
Pour s'y rendre : Corniche de la mer
À savoir : agréable situation face à l'océan, près de la
plage. Séjours en pension et 1/2 pension

| Nature : 🏞 ⌂ 🌳🌳 |
| Loisirs : 🍴 ✕ pizzeria 🎬 🎮 🏸 🎣🚿 hammam jacuzzi salle d'animation 🏊‍♂️ 🚲 🎾 🖼 ⛸ ⛷ parc aquatique en partie couvert, espace balnéo couvert |
| Services : ♿ 🔌 GB 🚿 ▥ 🍴 ⛽ laverie 🏧 🚿 |
| À prox. : 🎣 🐎 🗜 |

| Longitude : -4.09958 |
| Latitude : 47.86503 |

⛰ **Le Letty** 🧍🧍 – de mi-juin à déb. sept.
℘ 02 98 57 04 69, *reception@campingduletty.com,*
Fax 02 98 66 22 56, *www.campingduletty.com*
10 ha (493 empl.) plat, herbeux
Tarif : **†** 6,70€ ⇌ 2€ 🅴 9€ – 🛇 (10A) 4€
Location 🐾 : 15 🛏 (2 à 4 pers.) 360 à 600€/sem.
🗜 1 borne
Pour s'y rendre : impasse de Creisanguer
À savoir : agréable situation en bordure de plage

| Nature : 🏞 🌳🌳⛰ |
| Loisirs : 🍴 rôtisserie 🎬 🎮 🏸 🎣🚿 hammam jacuzzi bibliothèque, salle d'animation 🏊‍♂️ 🎾 squash, canoë kayak |
| Services : ♿ 🔌 GB 🚿 ⛽ ⛸ ⛽ laverie 🏧 🚿 |
| À prox. : 🖼 🍴 🎣 |

| Longitude : -4.09037 |
| Latitude : 47.86629 |

▲ **Le Poulquer** de mi-mai à fin sept.
℘ 02 98 57 04 19, *campingdupoulquer@wanadoo.fr,*
Fax 02 98 66 20 30, *www.campingdupoulquer.com*
3 ha (240 empl.) plat et peu incliné, herbeux
Tarif : **†** 6,20€ ⇌ 2,90€ 🅴 6,90€ – 🛇 (10A) 4,20€ – frais
de réservation 16€
Location 🐾 : 25 🛏 (4 à 6 pers.) 250 à 620€/sem. –
frais de réservation 16€
Pour s'y rendre : 23 r. du Poulquer (150 m de la mer)
À savoir : cadre verdoyant et ombragé

| Nature : ⌂ 🌳🌳 |
| Loisirs : 🍴 snack 🎬 🏊‍♂️ ⛷ ⛸ |
| Services : ♿ 🔌 GB 🚿 🍴 laverie |
| À prox. : 🎾 🖼 🎣 🐎 |

| Longitude : -4.09759 |
| Latitude : 47.86783 |

BINIC

22520 – **309** F3 – G. Bretagne – 3 436 h. – alt. 35

⊟ *Office de tourisme, avenue du Général-de-Gaulle* ℘ *02 96 73 60 12, Fax 02 96 73 35 23*

Paris 463 – Guingamp 37 – Lannion 69 – Paimpol 31 – St-Brieuc 15 – St-Quay-Portrieux 6.

Le Panoramic de déb. avr. à fin sept.
℘ 02 96 73 60 43, *camping.le.panoramic@wanadoo.fr*,
Fax 02 96 69 27 66, *http://www.lepanoramic.net*
4 ha (150 empl.) terrasse, peu incliné, plat, herbeux
Tarif : (Prix 2009) 24,65 € ✶✶ ⚊ 🅴 (½) (10A) – pers.
suppl. 5,60 € – frais de réservation 10 €

Location (Prix 2009) : 25 ▭ (4 à 6 pers.) nuitée 50 € -
224 à 620 €/sem. – 8 ⌂ (4 à 6 pers.) nuitée 50 € - 235
à 590 €/sem. – frais de réservation 10 €
🛒 1 borne – 11 🅴 24,65 €
Pour s'y rendre : r. Gasselin (1 km au sud)

Nature : 🌳
Loisirs : ▭ snack ▭ ⚓ 🖼 (découverte en saison)
Services : ⅙ ⚊ GB ⚙ ▦ ♨ ☇ laverie

Longitude : -2.82469
Latitude : 48.59179

Municipal des Fauvettes de déb. avr. à fin sept.
℘ 02 96 73 60 83, *campingfauvettesbinic@orange.fr*,
http://www.ville-binic.fr
1 ha (83 empl.) en terrasses, plat, peu incliné, herbeux
Tarif : (Prix 2009) 18 € ✶✶ ⚊ 🅴 (½) (4A) – pers.
suppl. 5 €

Location (Prix 2009) (fermé juil.-août) ⚡ : 3 ▭ (4
à 6 pers.) 250 à 400 €/sem. – 3 studios
🛒 1 borne sanistation – 6 🅴 – 🚐 8 €
Pour s'y rendre : r. des Fauvettes

À savoir : en juillet et août, locations réservées à la
Gendarmerie (surveillance des plages)

Nature : 🌊 ⚊ sur la baie de St-Brieuc
Loisirs : ⚓
Services : ⅙ ♨ 🖼

Longitude : -2.82201
Latitude : 48.60607

LE BONO

56400 – **308** N9 – 2 112 h. – alt. 10

Paris 475 – Auray 6 – Lorient 49 – Quiberon 37 – Vannes 17.

Parc-Lann de déb. mai à fin sept.
℘ 02 97 57 93 93, *campingduparclann@wanadoo.fr*,
Fax 02 97 57 93 93
2 ha (60 empl.) plat, herbeux
Tarif : ✶ 4 € 🅴 5,30 € – (½) (6A) 2,50 € – frais de
réservation 25 €
🛒 10 🅴 13,30 €
Pour s'y rendre : 51 r. du Varquez (1,2 km au nord-est
par D 101e, rte de Plougoumelen)

Loisirs : ▭ ⚓
Services : ⅙ ⚊ (juil.-août) ⚙ ♨ ▦ 🖼
À prox. : ✂

Longitude : -2.94005
Latitude : 47.64188

209

Si vous désirez réserver un emplacement pour vos vacances,
faites-vous préciser au préalable les conditions particulières de séjour,
les modalités de réservation, les tarifs en vigueur et les conditions de paiement.

BREST

29200 – **308** E4 – G. Bretagne – 144 548 h. – alt. 35

⊟ *Office de tourisme, Place de la Liberté* ℘ *02 98 44 24 96, Fax 02 98 44 53 73*

Paris 596 – Lorient 133 – Quimper 72 – Rennes 246 – St-Brieuc 145.

Le Goulet ♣♣ – Permanent
℘ 02 98 45 86 84, *campingdugoulet@wanadoo.fr*,
www.campingdugoulet.com
4,5 ha (155 empl.) en terrasses, herbeux, gravier
Tarif : (Prix 2009) 26,50 € ✶✶ ⚊ 🅴 (½) (10A) – pers.
suppl. 5 € – frais de réservation 10 €

Location (Prix 2009) ⚡ : 40 ▭ (4 à 6 pers.) nuitée
73 € - 245 à 693 €/sem. – frais de réservation 10 €
Pour s'y rendre : chemin de Lanhouarnec (6 km à l'ouest
par D 789, rte du Conquet puis à gauche rte de Ste-Anne-
du-Portzic, à 500 m de la mer)

Nature : 🌊 ⚊
Loisirs : ▭ snack ▭ ⚡ salle d'animation ⚓ 🏊 ⛳
Services : ⅙ ⚊ GB ⚙ ▦ ♨ ⚊ laverie

Longitude : -4.49213
Latitude : 48.40122

BRIGNOGAN-PLAGES

29890 – **308** F3 – G. Bretagne – 838 h. – alt. 17

🛈 *Office de tourisme, 7, avenue du Général-de-Gaulle 🖉 02 98 83 41 08, Fax 02 98 83 41 08*

Paris 585 – Brest 41 – Carhaix-Plouguer 83 – Landerneau 27 – Morlaix 49 – St-Pol-de-Léon 31.

La Côte des Légendes de fin mars à déb. nov.
🖉 02 98 83 41 65,
camping-cote-des-legendes@wanadoo.fr,
Fax 02 98 83 59 94, *www.campingcotedeslegendes.com*
3,5 ha (150 empl.) plat, herbeux, sablonneux
Tarif : (Prix 2009) 16,40 € ✸✸ ⇔ 🗐 🚻 (5A) – pers.
suppl. 4 €

Location (Prix 2009) : 11 🛏 (4 à 6 pers.) 281 à
524 €/sem. – 3 🛖 (4 à 6 pers.) - 281 à 524 €/sem. – 4
tentes
🚐 1 borne raclet 2,30 € – 6 🗐 7,80 €
Pour s'y rendre : rte de la Plage (2 km au nord-ouest)
À savoir : au bord de la Plage des Crapauds

Nature :	🐚 ⊏⊐ 🌊
Loisirs :	🎦 ⛵
Services :	⚹ ⛽ (juil.- août) **GB** ⚬⚛ ⚘ 🔌
À prox. :	🛶 canoë-kayak

Longitude : -4.32685
Latitude : 48.66445

Des vacances réussies sont des vacances bien préparées !
Ce guide est fait pour vous y aider... mais :
– N'attendez pas le dernier moment pour réserver
– Évitez la période critique du 14 juillet au 15 août
Pensez aux ressources de l'arrière-pays,
à l'écart des lieux de grande fréquentation.

CALLAC

22160 – **309** B4 – G. Bretagne – 2 375 h. – alt. 172

🛈 *Syndicat d'initiative, Mairie 🖉 02 96 45 81 30, Fax 02 96 45 91 70*

Paris 510 – Carhaix-Plouguer 22 – Guingamp 28 – Morlaix 41 – St-Brieuc 58.

Municipal Verte Vallée de mi-juin à mi-sept.
🖉 02 96 45 58 50, *commune@mairie-callac.fr*,
Fax 02 96 45 91 70
1 ha (60 empl.) peu incliné, plat, herbeux, étang
Tarif : (Prix 2009) ✸ 2,50 € ⇔ 1,30 € 🗐 2 € –
🚻 (20A) 1,90 €
🚐 1 borne flot bleu 2 € – 12 🗐 3,30 €
Pour s'y rendre : pl. Jean Auffret (sortie ouest par D 28,
rte de Morlaix et av. Ernest-Renan à gauche, à 50 m d'un
plan d'eau)

Nature :	🐚 ⊏⊐ 🌳
Loisirs :	✂ 👫 🎣
Services :	⚹ ⛽ (juil.-août) ⚬⚛

Longitude : -3.43292
Latitude : 48.40341

CAMARET-SUR-MER

29570 – **308** D5 – G. Bretagne – 2 624 h. – alt. 4

🛈 *Office de tourisme, 15, quai Kleber 🖉 02 98 27 93 60, Fax 02 98 27 87 22*

Paris 597 – Brest 4 – Châteaulin 45 – Crozon 11 – Morlaix 91 – Quimper 60.

Le Grand Large de déb. avr. à fin sept.
🖉 02 98 27 91 41, *contact@campinglegrandlarge.com*,
Fax 02 98 27 93 72, *www.campinglegrandlarge.com*
2,8 ha (123 empl.) plat et peu incliné, herbeux
Tarif : ✸ 4,80 € ⇔ 🗐 13,60 € – 🚻 (6A) 3,50 € – frais de
réservation 16 €

Location : 27 🛏 (4 à 6 pers.) nuitée 45 € - 273 à
750 €/sem. – 3 🛖 (4 à 6 pers.) nuitée 44 € - 308 à
650 €/sem. – frais de réservation 16 €
🚐 1 borne artisanale
Pour s'y rendre : à Lambézen (3 km au nord-est par
D 355 et rte à dr., à 400 m de la plage)

Nature :	🐚 ≤ ⊏⊐
Loisirs :	🍴 🎦 ⛵ 👫 🏊 ⛵
Services :	⚹ ⛽ **GB** ⚬⚛ ⚘ 🔌
	🍴 laverie ⚗ ⚖

Longitude : -4.56472
Latitude : 48.28083

CAMORS

56330 – **308** M7 – 2 664 h. – alt. 113
Paris 472 – Auray 24 – Lorient 39 – Pontivy 31 – Vannes 31.

⚠ **Municipal du Petit Bois** de déb. juil. à fin août
℘ 02 97 39 18 36, *commune.de.camors@wanadoo.fr*,
Fax 02 97 39 28 99, *www.camors56.com*
1 ha (30 empl.) en terrasses, plat, herbeux
Tarif : (Prix 2009) ♟ 2,60 € ⇐ 2,20 € 🔲 2,20 € –
🔌 (10A) 2,50 €
Pour s'y rendre : r. de l'Etang (1 km à l'ouest par D 189, rte de Lambel-Camors)

À savoir : près d'étangs et d'une forêt domaniale

| Nature : 🐟 |
| Services : 🚿 ♿ 🛁 🚻 |
| À prox. : 🏊 ⚒ ♨ 🔲 🐎 parcours sportif |
| Longitude : -3.00648 |
| Latitude : 47.84545 |

LES GUIDES VERTS MICHELIN
Paysages, monuments
Routes touristiques
Géographie
Histoire, Art
Itinéraire de visite
Plans de villes et de monuments

CANCALE

35260 – **309** K2 – G. Bretagne – 5 285 h. – alt. 50
🛈 *Office de tourisme, 44, rue du Port* ℘ 02 99 89 63 72, Fax 02 99 89 75 08
Paris 398 – Avranches 61 – Dinan 35 – Fougères 73 – Le Mont-St-Michel 49 – St-Malo 16.

⚠ **Le Bois Pastel** de déb. avr. à fin sept.
℘ 02 99 89 66 10, *camping.bois-pastel@wanadoo.fr*,
Fax 02 99 89 60 11, *www.campingboispastel.fr*
5,2 ha (250 empl.) plat, herbeux
Tarif : (Prix 2009) ♟ 4,50 € ⇐ 2 € 🔲 11 € – 🔌 (6A) 4 € –
frais de réservation 15 €

Location (Prix 2009) : 17 🛖 (4 à 6 pers.) 290 à 660 €/
sem. – frais de réservation 15 €
🚐 1 borne artisanale 3,50 € – 40 🔲 18,10 €
Pour s'y rendre : 13 r. de la Corgnais (7 km au nord-ouest par D 201, rte côtière et à gauche)

| Nature : 🐟 ♀ |
| Loisirs : 🍴 🏊 🔲 (découverte en saison) |
| Services : 🚿 ⚡ GB ♿ ♨ laverie 🛁 🗑 |
| Longitude : -1.86863 |
| Latitude : 48.68903 |

⚠ **Notre-Dame du Verger** de déb. avr. à fin sept.
℘ 02 99 89 72 84, Fax 02 99 89 60 11,
www.camping-verger.com
2,5 ha (52 empl.) en terrasses, peu incliné, plat, herbeux, non clos
Tarif : (Prix 2009) 27,30 € ♟♟ ⇐ 🔲 🔌 (10A) – pers.
suppl. 4,50 € – frais de réservation 15 €
🚐 1 borne artisanale 4 €
Pour s'y rendre : 6,5 km au nord-ouest par D 201, rte côtière, à 500 m de la plage (accès direct par sentier)

| Loisirs : 🍴 🍽 🏊 |
| Services : 🚿 ⚡ GB ♿ 🛁 🗑 laverie |
| Longitude : -1.86859 |
| Latitude : 48.67894 |

CAP-COZ

29170 – **308** H7 – G. Bretagne
Paris 558 – Rennes 207 – Quimper 22 – Brest 93 – Lorient 61.

⚠ **Les Mimosas** Permanent
℘ 02 98 56 55 81, *contact@camping-les-mimosas.com*,
www.camping-les-mimosas.com
1,2 ha (95 empl.) plat et peu incliné, terrasses, herbeux
Tarif : 15,80 € ♟♟ ⇐ 🔲 🔌 (10A) – pers. suppl. 3,30 € –
frais de réservation 55 €

Location : 9 🛖 (4 à 6 pers.) nuitée 50 € - 310 à 560 €/
sem. – frais de réservation 10 €
🚐 2 🔲 15,80 €
Pour s'y rendre : 104 descente du Cap Coz (1 km au nord-ouest)

| Nature : 🏕 ♀ |
| Loisirs : 🏊 |
| Services : ⚡ ♿ 🗑 |
| À prox. : ⚒ 🔲 ♨ 🐎 golf |
| Longitude : -3.99885 |
| Latitude : 47.89332 |

▲ **Pen an Cap** de déb. mai à mi-sept.
ℰ 02 98 56 09 23, contact@penancap.com,
www.penancap.com
1,3 ha (100 empl.) peu incliné, herbeux, verger
Tarif : 17,60 € ★★ ⇔ 🅴 (6A) – pers. suppl. 4,10 € –
frais de réservation 30 €
Location : 9 ⊞ (4 à 6 pers.) 250 à 540 €/sem. –
🚐 1 borne artisanale 17,50 €
Pour s'y rendre : 27 rte du Port Cap coz (au nord de la
station, à 300 m de la mer)

Nature : 🐟 ♀
Loisirs : 🏓 ⛷ 🛝
Services : ⚷ ⚙ 🗄
À prox. : ✗ 🔲 ♨ 🐎 golf

Longitude : -3.9901
Latitude : 47.88961

CARANTEC

29660 – **308** H2 – G. Bretagne – 3 088 h. – alt. 37
🅱 Office de tourisme, 4, rue Pasteur ℰ 02 98 67 00 43, Fax 02 98 67 90 51
Paris 552 – Brest 71 – Lannion 53 – Morlaix 14 – Quimper 90 – St-Pol-de-Léon 10.

▲▲ **Yelloh! Village Les Mouettes** ♣♣ – de mi-mai à
mi-sept.
ℰ 02 98 67 02 46, camping@les-mouettes.com,
Fax 02 98 78 31 46, www.les-mouettes.com – places
limitées pour le passage
7 ha (273 empl.) plat et en terrasses, herbeux, étang
Tarif : 42 € ★★ ⇔ 🅴 (10A) – pers. suppl. 8 €
Location Ⓟ (chalets et certains mobile-homes) : 138
⊞ (4 à 6 pers.) 245 à 1 113 €/sem. – 34 🏠 (4 à 6
pers.) - 385 à 1 435 €/sem.
🚐 1 borne artisanale
Pour s'y rendre : 50 rte de la Grande Grève (1,5 km au
sud-ouest par rte de St-Pol-de-Léon et rte à dr.)
À savoir : parc aquatique paysager avec toboggans
géants, et village locatif de qualité

Nature : 🐟 💬 ♀
Loisirs : 🍷 crêperie, snack,
pizzeria 🏓 ♿ 🎯 jacuzzi
bibliothèque, salle d'animation
🎯 🚲 🛝 ⚓
Services : 🚿 ⚷ GB ♨ ♻ 🗄 🚰
🚽 laverie ⚙ ♻

Longitude : -3.92255
Latitude : 48.66064

212

Si vous recherchez :
♣♣ *Un terrain offrant des équipements et des loisirs adaptés aux enfants*
🐟 *Un terrain agréable ou très tranquille*
L *Un terrain effectuant la location de caravanes,
de mobile homes, de bungalows ou de chalets*
P *Un terrain ouvert toute l'année*
🚐 *Un terrain possédant une aire de services pour camping-cars*
Consultez le tableau des localités

CARHAIX-PLOUGUER

29270 – **308** J5 – G. Bretagne – 7 676 h. – alt. 138
🅱 Office de tourisme, rue Brizeux ℰ 02 98 93 04 42, Fax 02 98 93 23 83
Paris 506 – Brest 86 – Concarneau 66 – Guingamp 49 – Lorient 74 – Morlaix 51 – Pontivy 59 – Quimper 61
– St-Brieuc 79.

▲ **Municipal de la Vallée de l'Hyères** de déb. mai à
fin sept.
ℰ 02 98 99 10 58, valleedelhyeres@wanadoo.fr,
www.ville-carhaix.com
1 ha (62 empl.) plat, herbeux
Tarif : (Prix 2009) ★ 2 € ⇔ 1,55 € 🅴 1,90 € – 🅴 (6A) 2,20 €
Location (Prix 2009) : 2 ⊞ (4 à 6 pers.) 230 à 357 €/
sem.
Pour s'y rendre : rte de Kerniguez (2,3 km à l'ouest en
dir. de Morlaix et rte devant la gendarmerie, au bord de
l'Hyères et d'étangs)
À savoir : belle décoration arbustive autour des étangs

Nature : 🐟 ♀
Loisirs : 🍷
Services : ⚷ ♨
À prox. : 🐎 (centre équestre)
parcours de santé, canoë

Longitude : -3.59183
Latitude : 48.27688

CARNAC

56340 – **308** M9 – G. Bretagne – 4 445 h. – alt. 16

🖪 *Office de tourisme, 74, avenue des Druides* ℰ 02 97 52 13 52, Fax 02 97 52 86 10
Paris 490 – Auray 13 – Lorient 49 – Quiberon 19 – Quimperlé 63 – Vannes 33.

"Les Casteis" La Grande Métairie ▲▲ – de fin
mars à déb. sept.
ℰ 02 97 52 24 01, *info@lagrandemetairie.com*,
Fax 02 97 52 83 58, *www.lagrandemetairie.com* – places
limitées pour le passage
15 ha/11 campables (575 empl.) plat et peu incliné,
herbeux, rocheux
Tarif : 🟐 7,70 € 🚗 🔲 24,30 € – 🛱 (6A) 3,70 €
Location : 150 🔲 (4 à 6 pers.) nuitée 70 € - 245 à
940 €/sem.
🛱 1 borne artisanale 6 €
Pour s'y rendre : rte des Alignements de Kermario
(2,5 km au nord-est)
À savoir : domaine au bord de l'étang de Kerloquet, bel
espace aquatique

Nature : 🏞 ♀
Loisirs : 🍵 🍴 pizzeria 🎱 🎮 🏃 jacuzzi Cyber café, discothèque 🚣 🚴 🎿 🎯 🔲 🏊 ⛲ poneys petit parc animalier, théâtre de plein air, piste de bi-cross, baptême de l'air, parcours acrobatique
Services : 🛁 ⛽ 🆖 🚐 🛒 🏧 🍴 laverie 🗑 🚿
À prox. : 🛒 🦆 🏇 🚶

Longitude : -3.06055
Latitude : 47.59795

Le Moustoir ▲▲ – de déb. avr. à fin sept.
ℰ 02 97 52 16 18, *info@lemoustoir.com*,
Fax 02 97 52 88 37, *www.lemoustoir.com*
5 ha (165 empl.) plat, peu incliné, herbeux
Tarif : 31,60 € 🟐🟐 🚗 🔲 🛱 (10A) – pers. suppl. 4,90 €
Location : 65 🔲 (4 à 6 pers.) 196 à 777 €/sem. – 10
🏠 (4 à 6 pers.) - 224 à 623 €/sem. – roulotte
🛱 1 borne artisanale
Pour s'y rendre : 71 rte du Moustoir (3 km au nord-est)

Nature : 🏞 ♀♀
Loisirs : 🍵 brasserie, pizzeria 🎱 🎮 🏃 🎿 🎯 🔲 🏊 ⛲ poneys tyroliennes
Services : 🛁 ⛽ 🆖 🚐 🛒 🍴 laverie 🗑 🚿

Longitude : -3.0635
Latitude : 47.60922

Moulin de Kermaux ▲▲ – de déb. mai à mi-sept.
ℰ 02 97 52 15 90, *moulin-de-kermaux@wanadoo.fr*,
Fax 02 97 52 83 85, *www.camping-moulinkermaux.com*
3 ha (150 empl.) plat et peu incliné, herbeux
Tarif : 29 € 🟐🟐 🚗 🔲 🛱 (10A) – pers. suppl. 5 € – frais
de réservation 12 €
Location (de déb. avr. à fin sept.) : 40 🔲 (4 à 6 pers.)
nuitée 60 € - 210 à 720 €/sem. – frais de réservation
20 €
🛱 1 borne raclet 5 €
Pour s'y rendre : rte de Kerlescan (2,5 km au nord-est)

Nature : 🏖 🏞 ♀♀
Loisirs : 🍵 🎱 🏃🛷 jacuzzi 🚣 🎯 🔲 🏊 ⛲ terrain multisports
Services : 🛁 ⛽ (juil.-août) 🆖 🚐 🛒 🏧 🍴 laverie 🗑 🚿
À prox. : 🛒 🦆 🎿 🏇 🚶 golf

Longitude : -3.05951
Latitude : 47.59882

Les Bruyères de déb. avr. à mi-oct.
ℰ 02 97 52 30 57, *camping.les.bruyeres@wanadoo.fr*,
Fax 02 97 52 30 57, *www.camping-lesbruyeres.com*
2 ha (115 empl.) plat, herbeux
Tarif : 🟐 4,50 € 🚗 🔲 8 € – 🛱 (6A) 3,50 € – frais de
réservation 15 €
Location : 4 🏠 (2 à 4 pers.) 150 à 450 €/sem. – 6 🔲
(4 à 6 pers.) nuitée 30 € - 210 à 590 €/sem. – frais de
réservation 30 €
🛱 1 borne autre 10,50 € – 6 🔲 10,50 € – 🚰 10.50 €
Pour s'y rendre : à Kerogile (3 km au nord)

Nature : 🏖 ♀♀
Loisirs : 🎱 🚣 ✂
Services : ⛽ 🆖 🚐 🛒 🍴 🗑
À prox. : bowling

Longitude : -3.08878
Latitude : 47.60967

Om een reisroute uit te stippelen en te volgen,
om het aantal kilometers te berekenen,
om precies de ligging van een terrein te bepalen
(aan de hand van de inlichtingen in de tekst),
gebruikt u de **Michelinkaarten** ,
een onmisbare aanvulling op deze gids.

Le Lac de déb. avr. à mi-sept.
℘ 02 97 55 78 78, *camping.dulac@wanadoo.fr*,
www.camping-carnac.com
2,5 ha (140 empl.) plat, terrasses, légèrement vallonné,
herbeux
Tarif : ♣ 5,20€ ⇔ 🅴 10,60€ – 🔌 (6A) 3,90€ – frais de
réservation 20€

Location : 10 🛏 (4 à 6 pers.) 310 à 700€/sem. – frais
de réservation 20€
🚐 1 borne artisanale – 🔋 10.50€
Pour s'y rendre : au lieu-dit : Le Lac (6,3 km au nord-
est)

À savoir : cadre et site agréables au bord du lac

Nature : 🌊 ≤ 🏞 ♀
Loisirs : 🏠 🎠 🎣 🚲 🛶
terrain multisports
Services : & ⚡ 🏪 GB ⚙ 🛁 🚿
laverie 🔧
À prox. : 🎯 ✗ 🎰 🎿 🌊 ▶ 🐎, école
de plongée, golf, bowling

Longitude : -3.07923
Latitude : 47.58334

L'Étang de déb. avr. à mi-oct.
℘ 02 97 52 14 06, *www.camping-etang.fr*
2,5 ha (165 empl.) plat, herbeux
Tarif : (Prix 2009) ♣ 5,30€ ⇔ 6,70€ 🅴 – 🔌 (6A) 3€

Location (Prix 2009) : 6 🛏 (2 à 4 pers.) nuitée 30€ -
200 à 400€/sem. – 9 🛏 (4 à 6 pers.) nuitée 40€ - 220
à 530€/sem.
Pour s'y rendre : à Kerlann (2 km au nord par D 119 dir.
Auray puis à gauche, à 50 m d'un étang)

Nature : 🌊 🏞 ♀
Loisirs : 🍸 🎣 ✗ 🎿 🛶 terrain
multisports
Services : ⚡ (été) ⚙ 🛁 laverie
À prox. : 🎣

Longitude : -3.07892
Latitude : 47.60214

Kérabus de déb. mai à mi-sept.
℘ 02 97 52 24 90, *contact@camping-kerabus.com*,
Fax 02 97 52 63 17, *www.camping-kerabus.com*
1,4 ha (73 empl.) plat, herbeux
Tarif : 18,05€ ♣♣ ⇔ 🅴 🔌 (6A) – pers. suppl. 4,10€

Location (de déb. avr. à fin sept.) : 10 🛏 (4 à 6 pers.)
230 à 702€/sem.
🚐 1 borne eurorelais 3,50€
Pour s'y rendre : 13 allée des Alouettes (2 km au nord-
est)

Nature : 🌊 ♀
Loisirs : 🎣
Services : ⚡ GB ⚙ 📷
À prox. : 🎯 ⚡ ✗ 🌊 🐎 terrain
omnisports, golf

Longitude : -3.07697
Latitude : 47.59684

214

à Carnac-Plage S : 1,5 km – 56340

Les Menhirs ♣♣ – de déb. mai à fin sept.
℘ 02 97 52 94 67, *contact@lesmenhirs.com*,
Fax 02 97 52 25 38, *www.lesmenhirs.com* – places limitées
pour le passage
6 ha (360 empl.) plat, herbeux
Tarif : ♣ 7,95€ ⇔ 🅴 29,40€ – 🔌 (10A) 3,80€ – frais de
réservation 20€

Location 🏊 : 44 🛏 (4 à 6 pers.) 349 à 799€/sem. –
frais de réservation 20€
🚐 1 borne artisanale
Pour s'y rendre : allée Saint Michel (400 m de la plage)

Nature : 🏞 ♀♀
Loisirs : 🍸 snack, pizzeria 🏠 ⊗
🏀 🎠🔥 jacuzzi salle d'animation, espace forme 🎣 ✗ 🎰 🎿
🛶 poneys terrain omnisports
Services : & ⚡ GB ⚙ 🛁 🚿
🍴 laverie 🔧 🚿
À prox. : 🎯 🚲 🌊

Longitude : -3.06805
Latitude : 47.57591

Les Druides de mi-avr. à déb. sept.
℘ 02 97 52 08 18, *contact@camping-les-druides.com*,
Fax 02 97 52 96 13, *www.camping-les-druides.com*
2,5 ha (110 empl.) plat, peu incliné, herbeux
Tarif : 34,40€ ♣♣ ⇔ 🅴 🔌 (10A) – pers. suppl. 5,80€ –
frais de réservation 20€

Location 🏊 : 13 🛏 (4 à 6 pers.) 280 à 750€/sem. –
frais de réservation 20€
🚐 1 borne artisanale 29,80€
Pour s'y rendre : 55 ch. de Beaumer (à l'est, quartier
Beaumer, à 500 m de la plage)

Nature : ♀
Loisirs : 🏠 🎣 🎿 terrain
omnisports
Services : & ⚡ GB ⚙ 🛁 🚿
laverie
À prox. : 🎯 ✗ 🌊 🐎

Longitude : -3.05727
Latitude : 47.58062

Benutzen Sie
– zur Wahl der Fahrtroute
– zur Berechnung der Entfernungen
– zur exakten Lokalisierung eines Campingplatzes (mit Hilfe der Angaben im Ortstext)
*die für diesen Führer unentbehrlichen **MICHELIN-Karten** .*

Le Men-Du de déb. avr. à déb. oct.
℘ 0297520423, *mendu@wanadoo.fr*, Fax 0297520423,
www.camping-mendu.com
1,5 ha (100 empl.) plat, peu incliné, herbeux
Tarif : 27€ ♣♣ ⟵ 🅴 (15A) – pers. suppl. 4,50€ –
frais de réservation 15€
Location : 17 (4 à 6 pers.) 240 à 600€/sem. – frais
de réservation 15€
Pour s'y rendre : 22bis ch.de Beaumer (quartier le Men-
Du, à 300 m de la plage)

Nature : 🏕 ⚲
Loisirs : snack
Services : ⊶ laverie
À prox. : ✂ 🐾 🐎

Longitude : -3.05522
Latitude : 47.57941

L'Océan de déb. avr. à fin sept.
℘ 0297520398, *contact@camping-delocean.com*,
www.camping-delocean.com – places limitées pour
le passage
0,5 ha (50 empl.) plat et peu incliné, herbeux
Tarif : 23€ ♣♣ ⟵ 🅴 – pers. suppl. 3,50€
Pour s'y rendre : Quartier : le Men-Du, impasse
des Gabelous (par D 186 direction La Trinité sur Mer
et chemin de Beaumer, à 250 m de la plage)

Nature : ⚲
Loisirs : 🛶
Services : ⅁ ⊶ 🗑
À prox. : 🏕 ✂ 🐾 🐎

Longitude : -3.07834
Latitude : 47.57001

CAUREL

22530 – **309** D5 – 379 h. – alt. 188
Paris 461 – Carhaix-Plouguer 45 – Guingamp 48 – Loudéac 24 – Pontivy 22 – St-Brieuc 48.

Nautic International de mi-mai à mi-sept.
℘ 0296285794, *contact@campingnautic.fr*,
Fax 0296260200, *www.campingnautic.fr*
3,6 ha (120 empl.) en terrasses, peu incliné, plat,
herbeux, fort dénivelé
Tarif : ♣ 6€ ⟵ 1,80€ 🅴 9€ – (10A) 4,80€ – frais de
réservation 15€
Location (de déb. mai à mi-sept.) : 5 (4 à 6 pers.)
272 à 610€/sem. – frais de réservation 22,90€
Pour s'y rendre : rte de Beau Rivage (2 km au sud-ouest,
au bord du lac de Guerlédan)
À savoir : cadre verdoyant et très boisé

Nature : 🏞 🏕 ⚲
Loisirs : 🛖 🛶 ✂ 🎣
ponton d'amarrage
Services : ⅁ ⊶ ⅁⅀ ⚒
laverie 🔧
À prox. : 🍴 ✗ crêperie canoë,
ski-nautique

Longitude : -3.03474
Latitude : 48.21618

Raadpleeg, voordat U zich op een kampeerterrein installeert,
de tarieven die de beheerder verplicht
is bij de ingang van het terrein aan te geven.
Informeer ook naar de speciale verblijfsvoorwaarden.
De in deze gids vermelde gegevens kunnen
sinds het verschijnen van deze heredittie gewijzigd zijn.

LA CHAPELLE-AUX-FILTZMEENS

35190 – **309** L4 – 567 h. – alt. 40
Paris 388 – Rennes 39 – Saint-Malo 42 – Fougères 83 – Cesson-Sévigné 44.

Le Domaine du Logis de déb. avr. à déb. nov.
℘ 0299452545, *domainedulogis@wanadoo.fr*,
Fax 0299453040, *www.domainedulogis.com*
20 ha/6 campables (180 empl.) plat, herbeux
Tarif : 27€ ♣♣ ⟵ 🅴 (10A) – pers. suppl. 4,50€
Location : 18 (4 à 6 pers.) nuitée 60€ - 300 à
620€/sem. – frais de réservation 10€
🚐 1 borne artisanale 5€ – 🚿 13.50€
Pour s'y rendre : au lieu-dit : Le Logis (1,5 km à l'ouest
sur D 13, rte de St-Domineuc)

Nature : 🏕 ⚲
Loisirs : 🍴 snack (le soir) 🛖 🏃
🎱 🛶 🎣 🏊 piste bi-cross
Services : ⅁ ⊶ ⅁⅀ ⚒ 🚾 laverie
🔧
À prox. : 🎣

Longitude : -1.83494
Latitude : 48.38231

CHÂTEAUGIRON

35410 – **309** M6 – G. Bretagne – 6 228 h. – alt. 45

🛈 *Office de tourisme, 16 rue de Rennes* ✆ *02 99 37 89 02*

Paris 336 – Angers 114 – Châteaubriant 45 – Fougères 56 –
Nozay 66 – Rennes 17 – Vitré 32.

⚠️ **Municipal les Grands Bosquets** de déb. avr. à fin sept.
   ✆ 02 99 37 41 69, *mairie@ville-chateaugiron.fr*,
   Fax 02 99 37 43 55, *www.ville-chateaugiron.fr* – **Ⓡ** ✄
   0,6 ha (33 empl.) plat, herbeux
   Tarif : (Prix 2009) ★ 1,70 € ⟵ 🅴 2,65 € – 🔌 (32A) 2,25 €
   Pour s'y rendre : rte d'Ossé (sortie est par D 34)
   À savoir : au bord d'un plan d'eau

Nature : 🌳🌳	
Loisirs : 🏖️ (plage) 🎣	
Services : 🚰	
À prox. : 🚣 🎿 terrain omnisports	

Longitude : -1.50256
Latitude : 48.04695

CHÂTEAULIN

29150 – **308** G5 – G. Bretagne – 5 337 h. – alt. 10

🛈 *Office de tourisme, quai Amiral Cosmao* ✆ *02 98 86 02 11, Fax 02 98 86 38 74*

Paris 548 – Brest 49 – Douarnenez 27 – Châteauneuf-du-Faou 24 – Quimper 29.

⚠️ **La Pointe Superbe** de mi-mars à fin oct.
   ✆ 02 98 86 51 53, *lapointecamping@aol.com*,
   www.lapointesuperbecamping.com – **Ⓡ**
   2,5 ha (60 empl.) plat, peu incliné, en terrasses, herbeux,
   forêt
   Tarif : 19 € ★★ ⟵ 🅴 🔌 (10A) – pers. suppl. 4 €
   🚐 1 borne 4 €
   Pour s'y rendre : rte de St Coulitz
   À savoir : cadre agréable et soigné en lisière de forêt

Nature : 🌊 🏕️ 🌳🌳	
Loisirs : 🍴 🚣	
Services : 🚿 🛒 🐕 ♨️ 🚰 laverie	

Longitude : -4.08528
Latitude : 48.18692

---

*The classification (1 to 5 tents, **black** or **red**) that we award
to selected sites in this Guide is a system that is our own.
It should not be confused with the classification (1 to 4 stars) of official organisations.*

CHÂTELAUDREN

22170 – **309** E3 – 981 h. – alt. 105

🛈 *Syndicat d'initiative, 31, rue de la gare* ✆ *02 96 79 77 71, Fax 02 96 79 77 78*

Paris 469 – Guingamp 17 – Lannion 49 – St-Brieuc 18 – St-Quay-Portrieux 21.

⚠️ **Municipal de l'Étang** de déb. mai à fin sept.
   ✆ 02 96 74 10 38, *mairiechatelaudren@wanadoo.fr*,
   Fax 02 96 74 22 19, *www.chatelaudren.fr* – **Ⓡ**
   0,2 ha (17 empl.) non clos, plat, herbeux
   Tarif : (Prix 2009) ★ 2,71 € ⟵ 0,91 € 🅴 2,71 € –
   🔌 (10A) 2,71 €
   Pour s'y rendre : r. de la Gare (au bourg, au bord d'un
   grand et bel étang)

Nature : 🏕️ ♀	
Loisirs : 🎣	
Services : 🐕	
À prox. : 🚣	

Longitude : -2.97235
Latitude : 48.53694

CHÂTILLON-EN-VENDELAIS

35210 – **309** O5 – 1 649 h. – alt. 133

Paris 311 – Fougères 17 – Rennes 49 – Vitré 13.

⚠️ **Municipal du Lac** de déb. mai à fin sept.
   ✆ 02 99 76 06 32,
   accueil.mairie@chatillon-en-vendelais.fr,
   Fax 02 99 76 12 39 – **Ⓡ**
   0,6 ha (61 empl.) peu incliné, herbeux
   Tarif : ★ 2,37 € ⟵ 1,16 € 🅴 1,79 € – 🔌 (5A) 3,27 €
   🚐 1 borne artisanale
   Pour s'y rendre : rte de Parce, au lieu-dit : l'Épine (500 m
   au nord par D 108, au bord de l'étang de Châtillon)
   À savoir : site agréable et cadre verdoyant

Nature : 🌊 ‹ 🏕️ 🌳🌳	
Loisirs : 🎣	
Services : 🏛️	
À prox. : 🍴 crêperie 🎿 pédalos	

Longitude : -1.17502
Latitude : 48.23247

CLÉDEN-CAP-SIZUN

29770 – **308** D6 – 972 h. – alt. 30
Paris 608 – Audierne 11 – Douarnezez 27 – Quimper 46.

� **La Baie** Permanent
    𝓟 02 98 70 64 28
    0,4 ha (27 empl.) peu incliné et terrasse, herbeux
    Tarif : (Prix 2009) ⚹ 3,30€ ⟺ 2€ ▣ 3,40€ – ⑫ (8A) 2,50€
    Pour s'y rendre : à Lescleden (2,5 km à l'ouest)

| Nature : ⚶ ⟋ |
| Loisirs : ▼ ✕ |
| Services : ⊶ ⟱ |

Longitude : -4.6826
Latitude : 48.04856

CONCARNEAU

29900 – **308** H7 – G. Bretagne – 19 953 h. – alt. 4
🛈 *Office de tourisme, quai d'Aiguillon* 𝓟 02 98 97 01 44, Fax 02 98 50 88 81
Paris 546 – Brest 96 – Lorient 49 – Quimper 22 – St-Brieuc 131 – Vannes 102.

⚶⚶ **Les Sables Blancs** ⚹⚹ – de déb. avr. à fin sept.
    𝓟 02 98 97 16 44, contact@camping-lessablesblancs.com,
    Fax 02 98 97 16 44, www.camping-lessablesblancs.com
    3 ha (149 empl.) en terrasses, peu incliné, plat, herbeux
    Tarif : (Prix 2009) 21,50€ ⚹⚹ ⟺ ▣ ⑫ (10A) – pers.
    suppl. 6€

    Location (Prix 2009) (de déb. avr. à fin oct.) : 22 ⌸
    (4 à 6 pers.) 200 à 660€/sem. – 4 ⌂ (4 à 6 pers.) - 240
    à 510€/sem.
    ⛽ 1 borne artisanale
    Pour s'y rendre : r. des Fleurs (à 100 m de la plage)

    À savoir : vue mer pour quelques emplacements

| Nature : ⚶ ⟱ ♋♋ |
| Loisirs : ▼ snack ▦ 🏇 🚣 ⚓ poneys |
| Services : ⅙ ⊶ GB ⟍ ♨ ⚿ laverie ⟱ |
| À prox. : ♨ |

Longitude : -3.9293
Latitude : 47.88295

� **Les Prés Verts** de déb. mai à fin sept.
    𝓟 02 98 97 09 74, info@presverts.com, Fax 02 98 97 32 06,
    www.presverts.com
    3 ha (150 empl.) peu incliné, incliné, plat, herbeux
    Tarif : ⚹ 6€ ⟺ 2€ ▣ 6€ – ⑫ (6A) 4,90€

    Location (de mi-avr. à fin sept.) ⚡ : 4 ⌸ (4 à 6
    pers.) 301 à 581€/sem.
    ⛽ 1 borne artisanale
    Pour s'y rendre : Kernous- Plage BP 612 (3 km au nord-
    ouest par rte du au bord de mer et à gauche, à 250 m de
    la plage (accès direct))

    À savoir : vue mer pour certains emplacements

| Nature : ⚶ |
| Loisirs : ▦ 🏇 🏊 🚣 |
| Services : ⊶ GB ⟍ laverie |
| À prox. : 🍴 |

Longitude : -3.93333
Latitude : 47.88333

217

LE CONQUET

29217 – **308** C4 – G. Bretagne – 2 543 h. – alt. 30
🛈 *Office de tourisme, parc de Beauséjour* 𝓟 02 98 89 11 31, Fax 02 98 89 08 20
Paris 619 – Brest 24 – Brignogan-Plages 59 – St-Pol-de-Léon 85.

⚶⚶ **Les Clédelles Les Blancs Sablons** de déb. juin à
    fin sept.
    𝓟 02 98 89 06 90, dedelles.conquet@wanadoo.fr,
    Fax 02 98 89 06 90, www.lesdedelles.com
    12 ha (360 empl.) plat, herbeux, sablonneux
    Tarif : (Prix 2009) 19€ ⚹⚹ ⟺ ▣ ⑫ (16A) – pers.
    suppl. 4€ – frais de réservation 10€

    Location (Prix 2009) (de déb. avr. à déb. nov.) : 8 ⌸
    (4 à 6 pers.) nuitée 86€ - 290 à 680€/sem. – frais de
    réservation 10€
    ⛽ 1 borne eurorelais
    Pour s'y rendre : au lieu-dit : Le Théven (5 km au nord-
    est par D 67 et D 28, rte de la plage des Blancs Sablons, à
    400 m de la plage - passerelle pour piétons reliant la ville)

    À savoir : cadre un peu sauvage, naturel

| Nature : ⚶ ⟱ |
| Loisirs : ▼ crêperie 🏇 🚣 |
| Services : ⅙ ⊶ GB ⟍ laverie |

Longitude : -4.77316
Latitude : 48.35889

CRACH

56950 – **308** M9 – 3 233 h. – alt. 35
Paris 482 – Auray 6 – Lorient 46 – Quiberon 29 – Vannes 25.

Le Fort Espagnol de déb. mai à mi-sept.
  ℘ 02 97 55 14 88, *fort-espagnol@wanadoo.fr,*
www.fort-espagnol.com
5 ha (190 empl.) peu incliné et plat, herbeux
Tarif : ✱ 5€ ⇌ 🅴 10€ – 🔌 (10A) 4€

Location 🏄 : 16 ⏏ (4 à 6 pers.) 240 à 690€/sem. –
4 🏠 (4 à 6 pers.) - 310 à 730€/sem. – 10 bungalows
toilés – frais de réservation 20€
Pour s'y rendre : rte du Fort Espagnol (800 m à l'est, rte
de la Rivière d'Auray)

| Nature : 🐚 ⌷ 🇴🇴 |
| Loisirs : 🍸 pizzeria 🏠 🏹 |
| 🏊 🏊 |
| Services : 🚿 ⚬ GB 🛒 🛁 👨 💈 |
| 🖥 🚰 🚲 |
| À prox. : 🔥 🍴 🎣 |

Longitude : -2.98588
Latitude : 47.61636

Ne pas confondre :
🔺 *... à ...* 🔺🔺🔺 *: appréciation **MICHELIN***
et
★ *... à ...* ★★★★ *: classement officiel*

CROZON

29160 – **308** E5 – G. Bretagne – 7 684 h. – alt. 85
🅱 *Office de tourisme, boulevard de Pralognan* ℘ *02 98 27 07 92, Fax 02 98 27 24 89*
Paris 587 – Brest 60 – Châteaulin 35 – Douarnenez 40 – Morlaix 81 – Quimper 49.

Les Pins de déb. juin à mi-sept.
  ℘ 06 08 43 49 32,
camping.lespins@presquile-crozon.com,
Fax 02 98 26 23 16, *www.camping-crozon-lespins.com*
4 ha (155 empl.) non clos, plat, incliné, herbeux,
sablonneux
Tarif : ✱ 4,25€ ⇌ 2,40€ 🅴 4,70€ – 🔌 (10A) 3,30€

Location (de mi-mai à déb. oct.) 🚿 : 10 ⏏ (4 à 6
pers.) 290 à 575€/sem. – 13 🏠 (4 à 6 pers.) - 300 à
590€/sem.
Pour s'y rendre : rte de Dinan (2 km au sud-ouest par
D 308 rte de la Pointe de Dinan)

| Nature : 🇴🇴 |
| Loisirs : 🏹 🔲 (petite piscine) |
| Services : 🚿 ⚬ 🛒 💈 |
| À prox. : parcours dans les arbres |

Longitude : -4.50355
Latitude : 48.24544

Les Pieds dans l'Eau de mi-juin à mi-sept.
  ℘ 02 98 27 62 43, *lespiedsdansleau@free.fr,*
www.lespiedsdansleau.free.fr
1,8 ha (118 empl.) peu incliné, herbeux
Tarif : ✱ 4€ ⇌ 2,30€ 🅴 4€ – 🔌 (6A) 3,50€ – frais de
réservation 25€
Pour s'y rendre : Saint-Fiacre (6 km au nord-ouest par
rte de Roscanvel et à dr., au bord de la mer)

| Nature : 🐚 🇴🇴 |
| Loisirs : 🏠 ♁ 🐚 |
| Services : 🚿 ⚬ 🛒 💈 🖥 |

Longitude : -4.52855
Latitude : 48.28478

DINÉAULT

29150 – **308** G5 – 1 699 h. – alt. 160
Paris 560 – Rennes 208 – Quimper 36 – Brest 54 – Concarneau 58.

Ty Provost de déb. juin à mi-sept.
  ℘ 02 98 86 29 23, *contact@typrovost.com,*
www.typrovost.com
1,2 ha (50 empl.) terrasses, plat et peu incliné, herbeux
Tarif : 18,30€ ✱✱ ⇌ 🅴 🔌 (6A) – pers. suppl. 3,80€

Location (permanent) : 5 ⏏ (4 à 6 pers.) nuitée 49€
- 250 à 410€/sem. – 7 🏠 (4 à 6 pers.) nuitée 49€ - 301
à 451€/sem.
🚐 1 borne artisanale – 4 🅴 15,50€ – 🚐 8.50€
Pour s'y rendre : 4,5 km au nord-ouest par rte de la
Gare et chemin à dr. - de Dineault, 4 km au sud-est par
C 1, rte de Châteaulin et chemin à gauche
À savoir : cadre et situation agréables

| Nature : ◁ |
| Loisirs : 🍸 🏠 🏹 |
| Services : 🚿 ⚬ GB 🛒 💈 laverie |

Longitude : -4.12944
Latitude : 48.21028

218

DOL-DE-BRETAGNE

35120 – **309** L3 – G. Bretagne – 4 760 h. – alt. 20

🛈 *Syndicat d'initiative, 3, Grande Rue des Stuarts* 📞 *02 99 48 15 37, Fax 02 99 48 14 13*
Paris 378 – Alençon 154 – Dinan 26 – Fougères 54 – Rennes 56 – St-Malo 28.

▵▵▵ **"Les Castels" Domaine des Ormes** de mi-mai à déb. sept.
  📞 02 99 73 53 00, *info@lesormes.com*, Fax 02 99 73 53 55, *www.lesormes.com* – places limitées pour le passage
  160 ha/40 campables (750 empl.) peu incliné, plat, herbeux, forêt
  Tarif : 44,60 € �☓ ⇌ ▣ ⚡ (6A) – pers. suppl. 7,50 € – frais de réservation 20 €

  Location (Prix 2009) (permanent) : 60 ⬚⬚ (4 à 6 pers.)
  360 à 1 200 €/sem. – 17 ⬚ (4 à 6 pers.) - 465 à 998 €/sem. – ⌷ – studios – gîtes – hôtel, cabanes-huttes, cabanes dans les arbres – frais de réservation 20 €
  ⬚ 1 borne
  Pour s'y rendre : au lieu-dit : Épiniac (7,5 km au sud par D 795, rte de Combourg puis chemin à gauche)

  À savoir : grands espaces et nombreuses activités autour d'un château du 16e s.

Nature : ⬚ ≼ ᎐᎐
Loisirs : ☂ ☓ pizzeria, crêperie ⬚ ⍟ 🏊 discothèque, salle d'animation 🚗 🚴 🎣 ☓ 🎯 ⬚ 🏊 🏊 ⬚ 🐎 poneys (centre équestre) golf, practice de golf, terrain multisports, pédalos, accrobranches, parcs aquatiques en partie couvert
Services : 🚻 ⊶ 🔲 GB ⚐ laverie ⬚ 🚿

Longitude : -1.72667
Latitude : 48.49

▵▵ **Le Vieux Chêne** de mi-mai à mi-sept.
  📞 02 99 48 09 55, *vieux.chene@wanadoo.fr*, Fax 02 99 48 13 37, *www.camping-vieuxchene.fr*
  4 ha/2 campables (199 empl.) peu incliné, plat, herbeux
  Tarif : ☌ 6 € ⇌ ▣ 17 € – ⚡ (10A) 4 €

  Location (de déb. avr. à mi-sept.) : 6 ⬚⬚ (4 à 6 pers.)
  279 à 769 €/sem. – 18 ⬚ (4 à 6 pers.) - 259 à 764 €/sem.
  ⬚ 1 borne artisanale 5 € – 2 ▣ 29 €
  Pour s'y rendre : rte de Pontorson (5 km à l'est, par N 176, rte de Pontorson, à l'est de Baguer-Pican sur D 57 - Accès conseillé par la déviation, sortie Dol-de-Bretagne-Est et D 80, D 576)

  À savoir : situation plaisante autour d'étangs

Nature : ⬚ ⬚ ᎐᎐
Loisirs : ☂ snack, crêperie ⬚ 🚗 ☓ 🎣 ⬚ 🏊 🐎 poneys
Services : 🚻 ⊶ GB ⚐ ⬚ 🚿 🚿 laverie ⬚ 🚿

Longitude : -1.68361
Latitude : 48.54945

Nos **guides hôtels,** *nos* **guides touristiques** *et nos* **cartes routières**
sont complémentaires. Utilisez-les ensemble.

ERDEVEN

56410 – **308** M9 – 3 146 h. – alt. 18

🛈 *Syndicat d'initiative, 7, rue Abbé-Le-Barh* 📞 *02 97 55 64 60, Fax 02 97 55 66 75*
Paris 492 – Auray 15 – Carnac 10 – Lorient 28 – Quiberon 20 – Quimperlé 46 – Vannes 34.

▵▵▵ **Les Sept Saints** ☗☗ – de déb. mai à mi-sept.
  📞 02 97 55 52 65, *info@septsaints.com*, Fax 02 97 55 22 67, *www.septsaints.com*
  7 ha/5 campables (200 empl.) plat, peu incliné, herbeux
  Tarif : (Prix 2009) ☌ 7 € ⇌ ▣ 18 € – ⚡ (10A) 5,50 € – frais de réservation 20 €

  Location (Prix 2009) (de déb. avr. à fin sept.) : 60 ⬚⬚ (4 à 6 pers.) 270 à 790 €/sem. – 19 ⬚ (4 à 6 pers.) - 300 à 830 €/sem. – frais de réservation 20 €
  Pour s'y rendre : 2 km au nord-ouest par D 781, rte de Plouhinec et rte à gauche

Nature : ⬚ ᎐᎐
Loisirs : ☂ 🍴 ⬚ ⍟ 🚗 jacuzzi 🚗 🚴 🏊 terrain omnisports
Services : 🚻 ⊶ GB ⚐ ⬚ ⬚ laverie ⬚ 🚿
À prox. : 🎣 ☓ 🎣 ⬚ 🐎 canoë de mer, char à voile

Longitude : -3.17586
Latitude : 47.65443

▵▵ **Les Mégalithes** de déb. mai à fin sept.
  📞 02 97 55 68 76, *ot.erdeven@wanadoo.fr*
  4,3 ha (100 empl.) plat, herbeux
  Tarif : (Prix 2009) 20 € ☌☌ ⇌ ▣ ⚡ (10A)
  ⬚ 1 borne raclet
  Pour s'y rendre : à Kerfélicité (1,5 km au sud par D 781, rte de Carnac et rte à dr.)

Nature : ⬚ ♀
Loisirs : 🚗 ☓ 🎣 🏊
Services : 🚻 ⊶ ⚐ ⬚ laverie

Longitude : -3.14825
Latitude : 47.63197

219

La Croëz-Villieu de déb. mai à fin sept.
📞 02 97 55 90 43, *camping-la-croez-villieu@wanadoo.fr*,
Fax 02 97 55 64 83, *www.la.croez-villieu.com* – places
limitées pour le passage
3 ha (134 empl.) plat, herbeux
Tarif : 🚶 5,60€ ⛺ 2,50€ 🔲 6,50€ – 🔌 (6A) 3,40€ – frais
de réservation 16€

Location (Prix 2009) (de déb. avr. à fin sept.) : 19 🛖
(4 à 6 pers.) 200 à 692€/sem. – frais de réservation
16€
Pour s'y rendre : rte de Kerhillio (1 km au sud-ouest par
rte de Kerhillio)

| Nature : 🏕️ 🌳 |
| Loisirs : 🍷 🎱 🛶 ⛷️ |
| Services : 🚰 🐕 🛁 🍴 laverie |
| À prox. : 🥅 🎿 🐎 (centre équestre) canoë de mer, char à voile |

Longitude : -3.15883
Latitude : 47.63202

Kerzerho de déb. avr. à fin sept.
📞 02 97 55 63 17, *info@camping-kerzerho.com*,
Fax 02 97 55 63 17, *www.camping-kerzerho.com* – places
limitées pour le passage
6 ha (287 empl.) plat, herbeux, étang
Tarif : 🚶 5,30€ ⛺ 🔲 13,50€ – 🔌 (10A) 5,30€ – frais de
réservation 20€

Location (de déb. mai à fin sept.) : 10 🛖 (4 à 6 pers.)
nuitée 50€ - 240 à 700€/sem. – frais de réservation
20€
Pour s'y rendre : Rte de Plouharnel

| Nature : 🏕️ 🌳 |
| Loisirs : snack 🎱 🛁 🏊 ⛱️ |
| Services : ♿ 🚰 GB 🐕 🛁 🍴 laverie 🚿 |
| À prox. : sentiers de randonnées |

Longitude : -3.15694
Latitude : 47.64139

Idéal Camping de déb. avr. à fin sept.
📞 02 97 55 67 66, *info@camping-l-ideal.com*,
www.camping-l-ideal.com
0,6 ha (30 empl.) plat, herbeux
Tarif : 33€ 🚶🚶 ⛺ 🔲 🔌 (10A) – pers. suppl. 5€ – frais
de réservation 20€

Location : 22 🛖 (4 à 6 pers.) 280 à 780€/sem. – frais
de réservation 20€
🚐 2 🔲 28€
Pour s'y rendre : rte de la plage

| Nature : 🌊 |
| Loisirs : 🍷 🎱 ⏱️ diurne 🔲 🎵 |
| Services : ♿ 🚰 GB 🐕 laverie 🚿 |

Longitude : -3.1572
Latitude : 47.63311

220

22430 – **309** H3 – G. Bretagne – 3 742 h. – alt. 12
🅱 *Office de tourisme, 3, rue du 19 Mars 1962* 📞 02 96 72 30 12, Fax 02 96 72 02 88
Paris 451 – Dinan 46 – Dinard 39 – Lamballe 21 – Rennes 102 – St-Brieuc 33.

Le Vieux Moulin 🏕️ – de mi-avr. à mi-sept.
📞 02 96 72 34 23, *camp.vieux.moulin@wanadoo.fr*,
Fax 02 96 72 36 63, *www.camping-vieux-moulin.com*
2,5 ha (173 empl.)
Tarif : (Prix 2009) 32,10€ 🚶🚶 ⛺ 🔲 🔌 (10A) – pers.
suppl. 6,10€ – frais de réservation 30€

Location : 70 🛖 (4 à 6 pers.) nuitée 105€ - 340 à
980€/sem. – frais de réservation 30€
🚐 1 borne artisanale 6,50€
Pour s'y rendre : 14 r. des Moulins (2 km à l'est)

À savoir : cadre verdoyant et soigné

| Nature : 🏕️ 🌳🌳 |
| Loisirs : 🍷 pizzeria, grill 🎱 🏃 🏋️ spa 🛶 🔲 🏊 ⛱️ |
| Services : ♿ 🚰 GB 🐕 🛁 ⛺ 🍴 laverie 🚿 🚿 |
| À prox. : 🎿 🖼️ 🏊 |

Longitude : -2.44699
Latitude : 48.63816

Yelloh! Village Les Pins 🏕️ – de fin avr. à mi-sept.
📞 02 96 72 31 12, *camping.des.pins@wanadoo.fr*,
Fax 02 96 72 36 63, *www.yellohvillage-les-pins.com*
10 ha (385 empl.) peu incliné, plat, herbeux
Tarif : 36€ 🚶🚶 ⛺ 🔲 🔌 (6A) – pers. suppl. 6€ – frais de
réservation 30€

Location : 130 🛖 (4 à 6 pers.) nuitée 39€ – 273 à
1 057€/sem. – 6 🏠 (4 à 6 pers.) nuitée 39€ – 329 à
1 008€/sem. – bungalows toilés
🚐 1 borne artisanale 15€
Pour s'y rendre : au lieu-dit : Le Guen (1 km au nord)

À savoir : agréable espace aquatique

| Nature : 🌊 🏕️ 🌳🌳 |
| Loisirs : 🍷 snack, pizzeria 🎱 ⏱️ 🏃 🛁🛁 jacuzzi balnéo 🛶 🎿 🏊 🔲 |
| Services : ♿ 🚰 GB 🐕 🛁 laverie 🚿 🚿 |

Longitude : -2.4502
Latitude : 48.64423

Bellevue de mi-avr. à mi-sept.
℘ 02 96 72 33 04, *campingbellevue@yahoo.fr*,
Fax 02 96 72 48 03, *http://www.campingbellevue.fr*
2 ha (140 empl.) plat, herbeux
Tarif : 24,80 € ♦♦ ⇌ 🔲 (10A) – pers. suppl. 5 €

Location (de déb. avr. à fin sept.) ⌇ : 20 ⌂ (4 à 6 pers.) nuitée 45 € - 300 à 690 €/sem. – 4 tentes
⎚ 1 borne artisanale – 100 🔲 15,50 € – 🔌 16 €
Pour s'y rendre : re de la Libération (5,5 km au sud-ouest)

À savoir : entrée fleurie et décoration arbustive des emplacements

Nature : 🔲 🟢🟢
Loisirs : 🍸 🏠 🏊 🎣 🔳 (découverte en saison) terrain multisports
Services : 🚿 ⊶ GB 🐾 🛏 🍴 laverie
À prox. : 🚗 crêperie

Longitude : -2.48453
Latitude : 48.59347

St-Pabu de déb. avr. à déb. oct.
℘ 02 96 72 24 65, *camping@saintpabu.com*,
Fax 02 96 72 87 17, *www.saintpabu.com*
5,5 ha (409 empl.) en terrasses, plat, herbeux
Tarif : 24,40 € ♦♦ ⇌ 🔲 (10A) – pers. suppl. 5,20 € – frais de réservation 20 €

Location : 29 ⌂ (4 à 6 pers.) nuitée 60 € - 295 à 670 €/sem. – frais de réservation 20 €
⎚ 1 borne artisanale 6 €
Pour s'y rendre : au lieu-dit : St-Pabu (à la plage de Saint-Pabu, 4 km au sud-ouest)

À savoir : face à la baie d'Erquy

Nature : 🏊 ← 🔲
Loisirs : 🍸 🏠 🏊
Services : 🚿 ⊶ GB 🐾 🍴 laverie 🚗
À prox. : 🌀 école de plongée, char à voile

Longitude : -2.4921
Latitude : 48.60091

Les Roches de déb. avr. à fin sept.
℘ 02 96 72 32 90, *info@camping-les-roches.com*,
Fax 02 96 63 57 84, *www.camping-les-roches.com*
3 ha (160 empl.) plat, terrasse, herbeux
Tarif : ♦ 3,90 € ⇌ 2,80 € 🔲 4,80 € – (10A) 3,50 € – frais de réservation 7 €

Location : 10 ⌂ (4 à 6 pers.) nuitée 45 € - 290 à 480 €/sem. – frais de réservation 7 €
⎚ 1 borne artisanale 10 €
Pour s'y rendre : r. Pierre Vergos (3 km au sud-ouest)

À savoir : sur les hauteurs de Caroual Village

Nature : 🏊 🟢
Loisirs : 🏠 🏊 🎣
Services : 🚿 ⊶ GB 🐾 🛏 🍴 laverie 🚗

Longitude : -2.4769
Latitude : 48.6094

Des Hautes Grées Permanent
℘ 02 96 72 34 78, *hautesgrees@wanadoo.fr*,
Fax 02 96 72 30 15, *www.camping-hautes-grees.com*
3 ha (177 empl.) plat, herbeux
Tarif : ♦ 5,10 € ⇌ 🔲 9 € – (10A) 4,70 € – frais de réservation 15,50 €

Location : 30 ⌂ (4 à 6 pers.) nuitée 42 € - 275 à 640 €/sem. – frais de réservation 15,50 €
⎚ 1 borne sanistation 12,50 € – 10 🔲 12,50 € – 🔌 12.50 €
Pour s'y rendre : 123 r. St Michel, au lieu-dit : Les Hopitaux (3,5 km au nord-est, à 400 m de la plage St-Michel)

Nature : 🏊 🔲
Loisirs : 🏠 🎣🎣 🏊 🛶
Services : 🚿 ⊶ GB 🐾 🍴 laverie

Longitude : -2.43089
Latitude : 48.63879

221

ÉTABLES-SUR-MER

22680 – **309** E3 – G. Bretagne – 2 870 h. – alt. 65
🅱 *Office de tourisme, 9, rue de la République ℘ 02 96 70 65 41, Fax 02.96.70.65.41*
Paris 467 – Guingamp 31 – Lannion 56 – St-Brieuc 19 – St-Quay-Portrieux 3.

L'Abri-Côtier de déb. mai à mi-sept.
℘ 02 96 70 61 57, *camping.abricotier@wanadoo.fr*,
Fax 02 96 70 65 23, *www.camping-abricotier.fr*
2 ha (140 empl.) plat et peu incliné, herbeux
Tarif : ♦ 4,90 € ⇌ 🔲 7,80 € – (10A) 4 €

Location : 10 ⌂ (4 à 6 pers.) 270 à 560 €/sem.
⎚ 1 borne artisanale 2 €
Pour s'y rendre : 12 r. De Robien (1 km au nord par rte de St-Quay-Portrieux et à gauche)

Nature : 🏊
Loisirs : 🍸 jacuzzi 🛶
Services : 🚿 ⊶ GB 🐾 🛏 🍴 🚗 🍴 laverie 🚗 🚲
À prox. : 🎾 🎣 🌀 🐴 poneys golf, canoë de mer ⎚

Longitude : -2.83539
Latitude : 48.63603

BRETAGNE

LE FAOUËT

56500 – **308** J6 – G. Bretagne – 2 806 h. – alt. 68

🚩 *Office de tourisme, 3, rue des Cendres* 🕿 *02 97 23 23 23, Fax 02 97 23 11 66*

Paris 516 – Carhaix-Plouguer 35 – Lorient 40 – Pontivy 47 – Quimperlé 21.

🏕 **Municipal Beg er Roch** de mi-mars à fin sept.
🕿 02 97 23 15 11, *camping.lefaouet@wanadoo.fr*,
Fax 02 97 23 11 66
3 ha (65 empl.) plat, herbeux
Tarif : (Prix 2009) ⚹ 3,90 € ⟵ 2,25 € 🔲 3,45 € –
🔌 (10A) 3 € – frais de réservation 9 €

Location (Prix 2009) : 8 🛖 (4 à 6 pers.) nuitée 54 €
- 208 à 468 €/sem. – 10 bungalows toilés – frais de
réservation 15 €

Pour s'y rendre : rte de Lorient (2 km au sud-est par
D 769, rte de Lorient)

À savoir : cadre agréable au bord de l'Ellé

Nature : ♀	
Loisirs : 🏛 ⚔ ↗ 🏇 ⛵	
Services : ♿ ⊶ **GB** ⚙ 🏪 🚿	
laverie	

Longitude : -3.48118
Latitude : 48.02499

*This Guide is not intended as a list of all the camping sites in France;
its aim is to provide a selection of the best sites in each category.*

FEINS

35440 – **309** M5 – 771 h. – alt. 104

Paris 369 – Avranches 55 – Fougères 44 – Rennes 30 – St-Malo 50.

🏕 **Municipal l'Étang de Boulet** de déb. mai à fin
sept.
🕿 02 99 69 70 69, *contact@pays-aubigne.fr*,
Fax 02 99 55 69 88
1,5 ha (40 empl.) plat, herbeux
Tarif : (Prix 2009) ⚹ 3,50 € ⟵ 1 € 🔲 2,50 € – 🔌 (10A) 3 €
Pour s'y rendre : 2 km au nord-est par D 91,
rte de Marcillé-Raoul et chemin à gauche

À savoir : situation agréable au bord du lac

Nature : 🏞 ⟵ ▭ ♀⚓	
Loisirs : 🏛 ⚔ ↗	
Services : ♿ ⊶ (juil.-août) **GB**	
⚙ 🚿 ⟱ laverie cases réfrigérées	
À prox. : ⚔ 🍴 ▯ 🏇 (centre équestre) base nautique	

Longitude : -1.64051
Latitude : 48.32835

LA FORÊT-FOUESNANT

29940 – **308** H7 – G. Bretagne – 3 161 h. – alt. 19

🚩 *Office de tourisme, 2, rue du Vieux Port* 🕿 *02 98 51 42 07, Fax 02 98 51 44 52*

Paris 553 – Rennes 202 – Quimper 18 – Brest 94 – Lorient 56.

🏕 **Kerleven** ♟♙ – de mi-avr. à fin sept.
🕿 02 98 56 98 83, *contact@campingdekerleven.com*,
Fax 02 98 56 82 22, *www.campingdekerleven.com*
4 ha (185 empl.) plat et en terrasses, herbeux
Tarif : 32 € ⚹⚹ ⟵ 🔲 🔌 (10A) – pers. suppl. 7,50 € –
frais de réservation 9 €

Location 🐾 : 36 🛖 (4 à 6 pers.) nuitée 55 € - 250 à
770 €/sem. – frais de réservation 9 €
🚐 1 borne eurorelais 2 €

Pour s'y rendre : 11 rte de Port La Forêt, à Kerleven
(2 km au sud-est, à 200 m de la plage)

Nature : ▭ ♀	
Loisirs : 🍷 crêperie, snack 🏛 ☕	
🏊 ⚔ ↗ 🏇 🔲 🏊 ⛱	
Services : ♿ ⊶ **GB** ⚙ 🚿 ⛟	
laverie 🏪 🔥	
À prox. : ✂ 🏇	

Longitude : -3.96941
Latitude : 47.90009

🏕 **Les Saules** ♟♙ – de déb. mai à fin sept.
🕿 02 98 56 98 57, *info@camping-les-saules.com*,
Fax 02 98 56 86 60, *www.camping-les-saules.com*
4 ha (242 empl.) plat et peu incliné, herbeux
Tarif : (Prix 2009) 29,60 € ⚹⚹ ⟵ 🔲 🔌 (6A) – pers.
suppl. 6,60 €

Location (Prix 2009) ♿ : 36 🛖 (4 à 6 pers.) nuitée
60 € - 280 à 790 €/sem. – 2 🏠 (4 à 6 pers.) nuitée 60 €
- 310 à 685 €/sem.

Pour s'y rendre : 54 rte de la Plage (2,5 km au sud-est,
près de la plage de Kereven (accès direct))

Nature : ▭ ♀⚓	
Loisirs : 🍷 crêperie, snack 🏛	
🏊 ⚔ ↗ 🏊 ⛱	
Services : ⊶ **GB** ⚙ 🚿 laverie	
🏪	
À prox. : ✂ 🔲 ▯ 🏇 golf	

Longitude : -3.96122
Latitude : 47.89888

222

Kéranterec ≗ – de mi-avr. à mi-sept.
℘ 0298569811, *info@camping-keranterec.com*,
Fax 0298568173, *www.camping-keranterec.com*
6,5 ha (265 empl.) plat, peu incliné et en terrasses,
herbeux
Tarif : ⚬ 8,50€ ⇔ 🅴 13€ – ⚡ (10A) 4€ – frais de
réservation 30€

Location : 50 🛖 (4 à 6 pers.) nuitée 40€ - 250 à
850€/sem. – frais de réservation 30€
🚐 1 borne eurorelais 4€
Pour s'y rendre : à Kerleven (2,8 km au sud-est)
À savoir : autour d'une ancienne ferme restaurée, au
bord de l'océan

Nature : 🦢 ⊏⊐ ⍥⛰
Loisirs : 🍽 pizzeria, crêperie 🍿
🌙 nocturne 🎯 salle d'animation
🏄 ✂ 🔲 🎱 ⛴
Services : & ⚬⊸ ⅁⅀ ⚗ 🛁 🚿 🚐
🍴 laverie
À prox. : 🐴 golf, école de
plongée

Longitude : -3.96576
Latitude : 47.89822

Manoir de Penn ar Ster de fin fév. à mi-nov.
℘ 0298569775, *info@camping-pennarster.com*,
www.camping-pennarster.com
3 ha (105 empl.) en terrasses, plat, herbeux
Tarif : 26,70€ ⚬⚬ ⇔ 🅴 ⚡ (10A) – pers. suppl. 7€ –
frais de réservation 15€

Location & : 8 🛖 (4 à 6 pers.) nuitée 50€ - 260 à
650€/sem. – frais de réservation 15€
🚐 1 borne artisanale 5€ – 10 🅴 23€
Pour s'y rendre : 2 ch. de Penn-Ar-Ster (sortie nord-est,
rte de Quimper et à gauche)

À savoir : joli manoir en pierre agrémenté d'un jardin

Nature : 🦢 ⊏⊐ ⍥⍥
Loisirs : 🍿 ✂ 🎋
Services : & ⚬⊸ ⅁⅀ ⚗ ▥ 🛁 🚿
🚿 laverie
À prox. : golf

Longitude : -3.98148
Latitude : 47.91201

FranceLoc Domaine du St-Laurent de déb. avr.
à fin sept.
℘ 02.98.56.97.65, *saintlaurent@franceloc.fr*,
Fax 0298569251, *www.camping-du-saint-laurent.fr*
5,4 ha (230 empl.) en terrasses, plat, herbeux
Tarif : 33€ ⚬⚬ ⇔ 🅴 – pers. suppl. 7€ – frais de
réservation 26€

Location (permanent) & : 🛖 (4 à 6 pers.) 147 à
1 064€/sem. – frais de réservation 26€
Pour s'y rendre : à Kerleven (3 km au sud-est, à 500 de
la grande plage de Kerleven)

À savoir : vue mer et îles du Glénan pour quelques
emplacements

Nature : 🦢 ⊏⊐ ⍥⛰
Loisirs : 🍽 🎯 🏄⛴ 🏊⛴ 🚴 ✂
🔲 🎱 🛶 🏹 terrain multisports
Services : & ⚬⊸ ⅁⅀ ⚗ 🛁 🍴
laverie 🛁
À prox. : 🐟

Longitude : -3.96576
Latitude : 47.89822

223

29170 – **308** G7 – G. Bretagne – 9 716 h. – alt. 30
🅸 *Office de tourisme, Espace Kernevelech* ℘ 0298511888, Fax 0298566402
Paris 555 – Carhaix-Plouguer 69 – Concarneau 11 – Quimper 16 – Quimperlé 39 – Rosporden 18.

Sunelia L'Atlantique ≗ – de fin avr. à mi-sept.
℘ 0298561444, *sunelia@latlantique.fr*,
Fax 0298561867, *www.lAtlantique.fr* – places limitées
pour le passage 🐾
10 ha (432 empl.) plat, herbeux
Tarif : (Prix 2009) 39€ ⚬⚬ ⇔ 🅴 ⚡ (6A) – pers.
suppl. 7€ – frais de réservation 30€

Location (Prix 2009) : 130 🛖 (4 à 6 pers.) nuitée 55€
- 308 à 1 043€/sem. – 6 🏠 (4 à 6 pers.) nuitée 55€ -
308 à 840€/sem. – frais de réservation 30€
🚐 1 borne artisanale 39€ – 🔌 ⚡ 14.50€
Pour s'y rendre : 4,5 km au sud, vers la Chapelle de
Kerbader, à 400 m de la plage (accès direct)

À savoir : bel ensemble aquatique et balnéo

Nature : 🦢 ⊏⊐ ⍥⍥
Loisirs : 🍽 snack, crêperie, pizzeria 🍿 🌙 🎯 🛁⛴ hammam
salle d'animation, balnéo 🏊⛴ 🚴
🎯 ✂ 🎋 🔲 🎱 🛶 poneys
Services : & ⚬⊸ ⅁⅀ ⚗ 🛁 🚿
🍴 laverie 🛁 🛁

Longitude : -4.0201
Latitude : 47.85686

---

*La catégorie (1 à 5 tentes, **noires** ou **rouges**) que nous attribuons*
aux terrains sélectionnés dans ce guide est une appréciation qui nous est propre.
Elle ne doit pas être confondue avec le classement (1 à 4 étoiles)
établi par les services officiels.

FOUGÈRES

35300 – **309** O4 – G. Bretagne – 20 941 h. – alt. 115
🛈 *Office de tourisme, 2, rue Nationale* 📞 *02 99 94 12 20, Fax 02 99 94 77 30*
Paris 326 – Caen 148 – Le Mans 132 – Nantes 158 – St-Brieuc 148.

🛆 **Municipal de Paron** de déb. mai à fin sept.
📞 02 99 99 40 81, *campingmunicipal35@orange.fr*,
Fax 02 99 99 70 83
2,5 ha (90 empl.) plat, peu incliné, herbeux
Tarif : ⚹ 3 € ⬅ 2 € 🅴 5,50 € – [⚡] (10A) 3,50 €
🚐 1 borne artisanale – 25 🅴
Pour s'y rendre : rte de la Chapelle-Janson (1,5 km
à l'est par D 17, accès recommandé par rocade est)
À savoir : agréable cadre arbustif

| Nature : 🗻 ⬜ ♉♉ |
| Loisirs : 🏊🎣 |
| Services : ⊶ GB ⚙laverie |
| À prox. : 🏪 ✂ 🎮 ⛺ 🐴 |

Longitude : -1.18132
Latitude : 48.35406

LE FRET

29160 – **308** D5 – G. Bretagne
Paris 591 – Rennes 239 – Quimper 56 – Brest 10 – Concarneau 79.

🛆 **Gwel Kaër** de déb. avr. à fin sept.
📞 02 98 27 61 06, *info@camping-gwel-kaer.com*,
Fax 02 98 27 61 06, *www.camping-gwel-kaer.com*
2,2 ha (98 empl.) en terrasses, plat et peu incliné,
herbeux
Tarif : ⚹ 3,90 € ⬅ 2 € 🅴 3,90 € – [⚡] (6A) 3 €
Location (de fin mars à fin sept.) ⚡ : 6 🚐 (4 à 6
pers.) nuitée 45 € - 270 à 495 €/sem.
Pour s'y rendre : 40 r. de Pen-An-Ero (sortie sud-est par
D 55, rte de Crozon, au bord de mer)

| Nature : 🗻 ◁ ♉ |
| Loisirs : 🏊🎣 |
| Services : ⚙ ⊶ (de mi-juin à mi-sept.) GB ⚙ 🍽 🔄 |

Longitude : -4.50267
Latitude : 48.27876

LE GUERNO

56190 – **308** Q9 – G. Bretagne – 717 h. – alt. 60
Paris 460 – Muzillac 8 – Redon 30 – La Roche-Bernard 17 – Sarzeau 34 – Vannes 34.

🛆 **Municipal de Borg-Néhué** de déb. avr. à fin oct.
📞 02 97 42 94 76, *mairie.leguerno@wanadoo.fr*,
Fax 02 97 42 84 36, *www.leguerno.fr*
1,4 ha (50 empl.) plat, herbeux
Tarif : (Prix 2009) 9,69 € ⚹⚹ ⬅ 🅴 [⚡] (10A) – pers.
suppl. 2,55 €
Location (Prix 2009) (permanent) : 9 🏠 (4 à 6 pers.)
- 153 à 408 €/sem.
🚐 1 borne artisanale
Pour s'y rendre : r. du Borg Nehué (500 m au nord-ouest par rte de Noyal-Muzillac)

| Nature : 🗻 ⬜ ♉♉ |
| Loisirs : 🏊🎣 |
| Services : ⚙ ⚙ 🍽 🔄 |
| À prox. : ✂ |

Longitude : -2.41557
Latitude : 47.58251

GUIDEL

56520 – **308** K8 – 9 877 h. – alt. 38
🛈 *Office de tourisme, 9, rue Saint-Maurice* 📞 *02 97 65 01 74, Fax 02 97 65 09 36*
Paris 511 – Nantes 178 – Quimper 60 – Rennes 162.

🛆🛆 **Les Jardins de Kergal** de déb. avr. à fin sept.
📞 06 83 46 53 08, *jardins.kergal@wanadoo.fr*,
Fax 02 97 32 88 27, *www.camping-lorient.com*
5 ha (153 empl.) plat, herbeux
Tarif : (Prix 2009) ⚹ 6,90 € ⬅ 🅴 15,50 € [⚡] (16A) – frais
de réservation 20 €
Location (Prix 2009) (de déb. avr. à déb. nov.) : 20 🚐
(4 à 6 pers.) nuitée 60 € - 320 à 795 €/sem. – 20 🏠
(4 à 6 pers.) nuitée 90 € - 320 à 795 €/sem. – frais de
réservation 20 €
Pour s'y rendre : rte des Plages (3 km au sud-ouest par
D 306, rte de Guidel-Plages et chemin à gauche)
À savoir : agréable cadre boisé

| Nature : 🗻 ♉♉ |
| Loisirs : 🍽 🎪 🏊🎣 🎠 ✂ � 🏓 🎱 ⛸ terrain omnisports |
| Services : ⚙ ⊶ GB ⚙ 🍽 🚰 laverie |
| À prox. : 💧 🐴 (centre équestre) parcours sportif |

Longitude : -3.50955
Latitude : 47.77853

GUILVINEC

29730 – **308** F8 – G. Bretagne – 3 033 h. – alt. 5

🖼 *Office de tourisme, 62, rue de la Marine 𝒫 0298582929, Fax 0298583405*

Paris 584 – Douarnenez 44 – Pont-l'Abbé 10 – Quimper 30.

⋀⋀ **Yelloh! Village la Plage** 🏕 – de déb. avr. à mi-sept.

𝒫 0298586190, *info@yellohvillage-la-plage.com*,
Fax 0298588906, *www.villagelaplage.com*
7 ha (410 empl.) plat, herbeux, sablonneux
Tarif : 40€ 🎪🎪 🚗 🔲 🐕 (10A) – pers. suppl. 7€
Location : 🏠 (4 à 6 pers.) 203 à 1 204€/sem. – 4 🏡
(4 à 6 pers.) - 315 à 1 071€/sem. – 10 tentes
🚐 1 borne artisanale 7€
Pour s'y rendre : rte des Fusillés de Poulguen (2 km à l'ouest, rte de la pointe de Penmarc'h, à 100 m de la plage (accès direct))

Nature : ⚲
Loisirs : 🍸 crêperie, pizzeria, snack 🔲 🎯 🚴 🏓 🎣 🔲 🔲 terrain multisports
Services : ♿ ⛽ GB 🐕 ♨ ☕ laverie 🔲
À prox. : ⚓

Longitude : -4.31194
Latitude : 47.8035

To select the best route and follow it with ease,
To calculate distances,
To position a site precisely from details given in the text :
Get the appropriate MICHELIN regional map.

HUELGOAT

29690 – **308** I4 – G. Bretagne – 1 622 h. – alt. 149

🖼 *Syndicat d'initiative, Moulin du Chaos 𝒫 0298997232, Fax 0298997232*

Paris 523 – Brest 66 – Carhaix-Plouguer 18 – Châteaulin 36 – Landerneau 45 – Morlaix 30 – Quimper 57.

⋀⋀ **La Rivière d'Argent** de mi-avr. à mi-oct.

𝒫 0298997250, *campriviere@orange.fr*,
www.larivieredargent.com
5 ha (90 empl.) plat, herbeux
Tarif : (Prix 2009) 🎪 4,20€ 🚗 1,60€ 🔲 5,30€ –
🐕 (10A) 4,30€
Location (Prix 2009) (de déb. mars à déb. oct.) : 4 🏠
(4 à 6 pers.) 240 à 530€/sem. – frais de réservation 16€
🚐 1 borne artisanale 3,20€
Pour s'y rendre : au lieu-dit : La Coudraie (3,4 km à l'est par D 769a, rte de Locmaria-Berrien et chemin à dr.)
À savoir : agréable situation en bordure de rivière et en lisière de forêt

Nature : 🌲 🔲 ⚲
Loisirs : 🍸 snack 🏊 🏓 🔲 🐕
Services : ♿ ⛽ GB 🐕 ♨ 🔲 🐕 🔲 🔲

Longitude : -3.7151
Latitude : 48.3648

⋀ **Municipal du Lac** de déb. juil. à fin août

𝒫 0298997880, *mairie.huelgoat@wanadoo.fr*,
Fax 0298997572
1 ha (85 empl.) plat, herbeux
Tarif : (Prix 2009) 🎪 3,30€ 🚗 1,20€ 🔲 3,60€ –
🐕 (10A) 3,50€
Pour s'y rendre : au lieu-dit : Le Fao (800 m à l'ouest par rte de Brest, au bord d'une rivière et d'un étang)

Nature : 🔲
Services : ♿ ⛽ (juil.-août) 🐕 🔲 🔲
À prox. : 🏊

Longitude : -3.74675
Latitude : 48.36369

ÎLE-AUX-MOINES

56780 – **308** N9 – G. Bretagne – 536 h. – alt. 16

Paris 483 – Rennes 132 – Vannes 15 – Saint 99 – Lorient 59.

⋀ **Municipal du Vieux Moulin** de mi-juin à mi-sept.

𝒫 0297263068, *mairie@mairie-ileauxmoines.fr*,
Fax 0297263827, *www.mairie-ileauxmoines.fr* 🔲
1 ha (44 empl.) plat et peu incliné, herbeux
Tarif : (Prix 2009) 🎪 6€
Pour s'y rendre : au lieu-dit : Le Vieux Moulin (sortie sud-est du bourg, rte de la Pointe de Brouel)
À savoir : réservé aux tentes

Nature : 🌲
Loisirs : 🏊
Services : ⛽ GB 🐕
À prox. : 🔲

Longitude : -2.84546
Latitude : 47.59238

225

JOSSELIN

56120 – **308** P7 – G. Bretagne – 2 582 h. – alt. 58

🚩 *Office de tourisme, place de la Congrégation* 𝒫 *02 97 22 36 43*, *Fax 02 97 22 20 44*

Paris 428 – Dinan 86 – Lorient 76 – Pontivy 35 – Rennes 79 – St-Brieuc 79 – Vannes 41.

Le Bas de la Lande de déb. avr. à fin oct.
𝒫 02 97 22 22 20, *campingbasdelalande@wanadoo.fr*,
Fax 02 97 73 93 85, *www.josselin.com / www.guegon.fr*
2 ha (60 empl.) plat, peu incliné et en terrasses, herbeux,
pinède attenante
Tarif : (Prix 2009) ★ 3,05 € – ⟷ 2,05 € 🅴 3,05 € –
🔌 (6A) 3,15 €

Location (Prix 2009) ⚡ : 4 🛏 (4 à 6 pers.) nuitée
100 € - 306 à 374 €/sem.
🚐 5 🅴 14,35 €
Pour s'y rendre : 2 km à l'ouest par D 778 et D 724,
rte de Guégon à gauche, à 50 m de l'Oust, sortie ouest
Guégon par voie rapide

Nature : 🏕 🌳	
Loisirs : 🍴 🎱 🏊	
Services : 🚻 🔌 🛒 🐕 ♨ laverie	
À prox. : ⛳ 🎣	

Longitude : -2.57148
Latitude : 47.95266

Donnez-nous votre avis
sur les terrains que nous recommandons.
Faites-nous connaître vos observations et vos découvertes.
par mail à l'adresse : leguidecampingfrance@fr.michelin.com.

JUGON-LES-LACS

22270 – **309** I4 – G. Bretagne – 1 544 h. – alt. 29

🚩 *Office de tourisme, place du Martray* 𝒫 02 96 31 70 75, *Fax 02.96.31.79.27*

Paris 417 – Lamballe 22 – Plancoët 16 – St-Brieuc 59 – St-Méen-le-Grand 35.

Au Bocage du Lac de déb. avr. à mi-sept.
𝒫 02 96 31 60 16, *contact@campinglacbretagne.com*,
Fax 02 96 31 75 04, *www.campinglacbretagne.com*
4 ha (180 empl.) plat et peu incliné, herbeux
Tarif : (Prix 2009) ★ 3,90 € ⟷ 🅴 6,05 € – 🔌 (10A) 3,50 € –
frais de réservation 3 €

Location (Prix 2009) (de déb. avr. à mi-oct.) : 7 🛏
(4 à 6 pers.) nuitée 76 € - 263 à 620 €/sem. – 30 🏠 (4
à 6 pers.) nuitée 76 € - 263 à 720 €/sem. – bungalows
toilés – gîtes – frais de réservation 16 €
🚐 1 borne raclet 2,50 €
Pour s'y rendre : r. du Bocage (1 km au sud-est par D 52,
rte de Mégrit)

À savoir : au bord du grand étang de Jugon

Nature : 🏕 🌳	
Loisirs : 🍴 🎱 🏊 🏓 🎿	
poneys parc animalier	
Services : 🚻 🔌 ⦿ 🐕 ♨ 🍴	
laverie	
À prox. : 🚲 ⛷ 🚣 canoë de mer	

Longitude : -2.31663
Latitude : 48.40165

KERVEL

29550 – **308** F6

Paris 586 – Rennes 234 – Quimper 24 – Brest 67 – Concarneau 47.

France Loc Domaine de Kervel 👥 – de mi-avr. à
fin sept.
𝒫 02 98 92 51 54, *kervel@franceloc.fr*, Fax 02 98 92 54 96,
www.campings-franceloc.com
7 ha (300 empl.) plat, herbeux
Tarif : (Prix 2009) 30,20 € ★★ ⟷ 🅴 🔌 (10A) – pers.
suppl. 7 € – frais de réservation 25 €

Location (Prix 2009) 🚻 : 100 🛏 (4 à 6 pers.) nuitée
33 € - 140 à 875 €/sem. – 3 🏠 (4 à 6 pers.) nuitée 49 €
- 196 à 791 €/sem. – frais de réservation 25 €
🚐 1 borne flot bleu
Pour s'y rendre : à Kervel

Nature : 🌳🌳	
Loisirs : 🍴 🎱 🏊 🏓 🎿 🚲 ⛷	
🏓 🎱 🏊 ⛸ terrain multisports	
Services : 🚻 🔌 ⦿ 🐕 ♨ 🚿 🍴	
🍴 laverie 🏊 🛒	

Longitude : -4.27454
Latitude : 48.11567

KERVOYAL

56750 – **308** P9
Paris 471 – Rennes 124 – Vannes 30 – Saint 61 – Lorient 87.

Oasis de déb. avr. à fin oct.
📞 0297 41 10 52, *camping-loasis@wanadoo.fr*,
Fax 0297 41 10 52, *www.campingloasis.com*
3 ha (150 empl.) plat, herbeux
Tarif : 19,40€ 👥 🚐 📵 ⚡ (6A) – pers. suppl. 3,30€
Location (Prix 2009) (de mi-avr. à déb. oct.) : 14 🚐
(4 à 6 pers.) nuitée 70€ - 285 à 580€/sem.
🚐 1 borne eurorelais
Pour s'y rendre : r. Port Lestre (100 m de la plage)

Nature : 🏞 ⚓
Loisirs : 🏌
Services : 🔧 ⚡ 🚿 🛁
À prox. : ✂ 🎣 🛝 🏊 🐎

Longitude : -2.54813
Latitude : 47.52234

LAMPAUL-PLOUDALMEZEAU

29830 – **308** D3 – 674 h. – alt. 24
Paris 613 – Brest 27 – Brignogan-Plages 36 – Ploudalmézeau 4.

Municipal des Dunes de mi-juin à mi-sept.
📞 0298 48 14 29,
lampaul-ploudalmezeau.mairie@wanadoo.fr,
Fax 0298 48 19 32
1,5 ha (150 empl.) non clos, plat, sablonneux, herbeux,
dunes
Tarif : (Prix 2009) 6,30€ 👥 🚐 📵 ⚡ (10A) – pers.
suppl. 3,70€
🚐 1 borne artisanale
Pour s'y rendre : au lieu-dit : Le Vourc'h (700 m au nord
du bourg, à côté du terrain de sports et à 100 m de la
plage (accès direct))

Nature : 🏞
Loisirs : 🛖
Services : ♿ ⚡ (juil.-août)
laverie

Longitude : -4.65888
Latitude : 48.5663

LANDÉDA

29870 – **308** D3 – 3 519 h. – alt. 52
Paris 604 – Brest 28 – Brignogan-Plages 25 – Ploudalmézeau 17.

Les Abers 👥 – de déb. mai à fin sept.
📞 0298 04 93 35, *info@camping-des-abers.com*,
Fax 0298 04 84 35, *www.camping-des-abers.com*
4,5 ha (180 empl.) en terrasses, plat, sablonneux,
herbeux, dunes
Tarif : 17,40€ 👥 🚐 📵 ⚡ (10A) – pers. suppl. 3,50€
Location : 22 🚐 (4 à 6 pers.) 270 à 510€/sem. – 1
studio – 1 appartement
🚐 1 borne artisanale
Pour s'y rendre : 51 Toull Tréaz (2,5 km au nord-ouest,
aux dunes de Ste-Marguerite)

À savoir : situation agréable au bord de la plage et table
d'orientation explicative sur le site

Nature : 🏞 🏖
Loisirs : 🛖 🎱 🏌 🏌 🚲
Services : ♿ ⚡ GB 🚿 🛁 🍴
laverie ⚒
À prox. : 🍷 ✕

Longitude : -4.60306
Latitude : 48.59306

LANLOUP

22580 – **309** E2 – G. Bretagne – 261 h. – alt. 58
Paris 484 – Guingamp 29 – Lannion 44 – St-Brieuc 36 – St-Quay-Portrieux 15.

Le Neptune de déb. avr. à mi-oct.
📞 0296 22 33 35, *contact@leneptune.com*,
Fax 0296 22 68 45, *www.leneptune.com*
2 ha (84 empl.) plat, peu incliné, herbeux
Tarif : (Prix 2009) 👤 5,30€ 🚐 📵 8,50€ – ⚡ (10A) 3,90€
Location (Prix 2009) : 11 🚐 (4 à 6 pers.) 240 à 670€/
sem. – 10 🛖 (4 à 6 pers.) - 220 à 670€/sem.
🚐 1 borne artisanale 8€
Pour s'y rendre : à Kerguistin 3 (sortie ouest du bourg)
À savoir : cadre arbustif plaisant

Nature : 🌳 ⚓
Loisirs : 🍷 🛖 🏌 🚲 🛝 🖼 (dé-
couverte en saison)
Services : ♿ ⚡ GB 🚿 🛁 🍴
laverie ⚒
À prox. : ✂

Longitude : -2.96704
Latitude : 48.71372

LANNION

22300 – **309** B2 – G. Bretagne – 19 459 h. – alt. 12

🖪 *Office de tourisme, 2, quai d'Aiguillon* ℰ *02 96 46 41 00, Fax 02 96 37 19 64*

Paris 516 – Brest 96 – Morlaix 42 – St-Brieuc 65.

🔺 **Les Plages de Beg-Léguer** de déb. avr. à déb. nov.
ℰ 02 96 47 25 00, *info@campingdesplages.com*,
Fax 02 96 47 27 77, *www.campingdesplages.com*
5 ha (240 empl.) peu incliné, plat, herbeux
Tarif : 23,50 € 👫 👄 🅴 🔟 (6A) – pers. suppl. 6 €

Location 🅿 : 24 ⬛ (4 à 6 pers.) 280 à 685 €/sem.
– 7 🏠 (4 à 6 pers.) - 329 à 721 €/sem. – 4 bungalows toilés
⬛ 1 borne artisanale
Pour s'y rendre : rte de la Côte (6 km à l'ouest par rte de Trébeurden et rte à gauche, à 500 m de la plage)

Nature : 🐟 ⬛ 🌿🌿
Loisirs : 🍷 crêperie, pizzeria 🏠 🚴 ⛳ 🅿 🔲 (découverte en saison)
Services : 🔟 ⚡ GB 🐾 🔟 ⚿ laverie ⛲

Longitude : -3.545
Latitude : 48.73834

🔺 **Municipal des 2 Rives** de déb. mars à fin sept.
ℰ 02 96 46 31 40, *camping.des2rives@ville-lannion.fr*,
Fax 02 96 46 53 35, *www.ville-lannion.fr*
2,3 ha (116 empl.) plat, herbeux
Tarif : (Prix 2009) 👤 3,30 € 👄 2 € 🅴 3,30 € – 🔟 (16A) 2 €

Location (Prix 2009) (permanent) 🔟 (1 chalet) : 14
🏠 (4 à 6 pers.) - 290 à 441 €/sem. – 8 bungalows toilés
⬛ 1 borne 7,30 €
Pour s'y rendre : r. du Moulin du Duc (2 km au sud-est par D 767, rte de Guingamp et rte à dr. apr. le centre commercial Leclerc)

À savoir : plaisante décoration arbustive sur les deux rives du Léguer

Nature : 🐟 🌿
Loisirs : 🍷 ⛳ 🦢
Services : 🔟 ⚡ GB 🐾 ⚿ ⛲ 🚿 laverie
À prox. : 🚶 sentier pédestre, canoë

Longitude : -3.44302
Latitude : 48.72238

LANTIC

22410 – **309** E3 – 1 399 h. – alt. 50

Paris 466 – Brest 139 – Lorient 133 – Rennes 116 – St-Brieuc 18.

🔺 **Les Étangs** de déb. avr. à fin sept.
ℰ 02 96 71 95 47, *contact@campinglesetangs.com*,
Fax 02 96 71 95 47, *www.campinglesetangs.com*
1,5 ha (110 empl.) terrasse, peu incliné, plat, herbeux
Tarif : 17,10 € 👫 👄 🅴 🔟 (6A) – pers. suppl. 3,95 €

Location : 5 🔟 (2 à 4 pers.) nuitée 40 € - 170 à 370 €/sem. – 8 ⬛ (4 à 6 pers.) nuitée 50 € - 210 à 620 €/sem.
⬛ 2 🅴 15,80 € – 🔟 15.80 €
Pour s'y rendre : 2 km à l'est par D 4, rte de Binic, près de deux étangs

Nature : 🐟 🌿🌿
Loisirs : 🏠 ⛳ 🏊
Services : 🔟 ⚡ GB 🐾 ⚿ ⛲ 🔲
À prox. : 🦢

Longitude : -2.88477
Latitude : 48.60018

LARMOR-PLAGE

56260 – **308** K8 – G. Bretagne – 8 428 h. – alt. 4 – Base de loisirs

Paris 510 – Lorient 7 – Quimper 74 – Vannes 66.

🔺 **La Fontaine** Permanent
ℰ 02 97 33 71 28, *contact@campingdelafontaine.fr*,
Fax 02 97 33 70 32, *www.campingdelafontaine.fr*
4 ha (130 empl.) plat, peu incliné, herbeux
Tarif : (Prix 2009) 18,60 € 👫 👄 🅴 🔟 (16A) – pers. suppl. 4,50 € – frais de réservation 13,50 €

Location (Prix 2009) : 11 ⬛ (4 à 6 pers.) nuitée 50 € - 239 à 494 €/sem. – frais de réservation 13,50 €
⬛ 1 borne eurorelais
Pour s'y rendre : impasse de Quéhello (à l'ouest de la station, à 300 m du D 152 (accès conseillé) et à 1,2 km de la base de loisirs)

Nature : 🐟 ⬛
Loisirs : 🏠 🛝 ⛳ 🚴
Services : 🔟 ⚡ GB 🐾 🔲 ⛲ 🚿 laverie
À prox. : 🏊 ⛷ 🎣 🐎

Longitude : -3.40325
Latitude : 47.71478

LESCONIL

29740 – **308** F8 – G. Bretagne
Paris 581 – Douarnenez 41 – Guilvinec 6 – Loctudy 7 – Pont-l'Abbé 9 – Quimper 28.

△ **La Grande Plage** de déb. mai à fin sept.
  ℘ 02 98 87 88 27, *campinggrandeplage@hotmail.com*,
Fax 02 98 87 88 27, *www.campinggrandeplage.com*
2,5 ha (120 empl.) plat, peu incliné, herbeux
Tarif : ♣ 4,55 € 🚗 2,35 € 🔲 6,65 € – 🔌 (6A) 3,60 €
Location : 5 🛖 (4 à 6 pers.) nuitée 38 € - 260 à 550 €/
sem.
🛒 1 borne eurorelais 5,40 € – 🚐 🔌 12.75 €
Pour s'y rendre : 71 r. Paul Langevin (1 km à l'ouest,
rte de Guilvinec, à 300 m de la plage (accès direct))

| Nature : 🏞 🞊 🞊 |
| Loisirs : 🏠 ⛵ |
| Services : 🚿 ⚡ 🚻 🔌 laverie |

Longitude : -4.2256
Latitude : 47.79495

△ **Les Dunes** de déb. juin à mi-sept.
  ℘ 02 98 87 81 78, *contact@camping-lesdunes-29.com*,
Fax 02 98 82 27 05, *www.camping-lesdunes-29.com*
2,8 ha (120 empl.) plat, herbeux
Tarif : (Prix 2009) 24,30 € ♣♣ 🚗 🔲 🔌 (10A) – pers.
suppl. 4,75 €
🛒 1 borne artisanale
Pour s'y rendre : 67 r. Paul-Langevin (1 km à l'ouest,
rte de Guilvinec, à 150 m de la plage (accès direct))

| Nature : 🏞 🞊 |
| Loisirs : 🏠 ⛵ |
| Services : 🚿 ⚡ laverie |

Longitude : -4.2256
Latitude : 47.79495

△ **Keralouet** de déb. avr. à fin sept.
  ℘ 02 98 82 23 05, *campingkeralouet@wanadoo.fr*,
Fax 02 98 87 76 65, *www.campingkeralouet.com*
1 ha (64 empl.) plat, herbeux
Tarif : (Prix 2009) 16,20 € ♣♣ 🚗 🔲 🔌 (10A) – pers.
suppl. 3 €
Location (Prix 2009) (permanent) 🚿 (2 chalets) : 2
🛖 (4 à 6 pers.) 252 à 505 €/sem. – 8 🏡 (4 à 6 pers.)
- 252 à 555 €/sem.
Pour s'y rendre : 11 r. Eric Tabarly (1 km à l'est sur rte de
Loctudy)
À savoir : ensemble soigné, agréable

| Nature : 🞊 🞊 |
| Loisirs : ⛵ |
| Services : 🚿 ⚡ 🅖🅑 🔌 🍴 📶 🖥 |
| À prox. : 💧 🛒 |

Longitude : -4.20595
Latitude : 47.80424

Si vous recherchez :
👪 *Un terrain offrant des équipements et des loisirs adaptés aux enfants*
🞉 *Un terrain agréable ou très tranquille*
L-M *Un terrain effectuant la location de caravanes, de mobile homes,*
    de bungalows ou de chalets
P *Un terrain ouvert toute l'année*
🛒 *Un terrain possédant une aire de services pour camping-cars*
Consultez le tableau des localités

LOCMARIA-PLOUZANÉ

29280 – **308** D4 – 4 807 h. – alt. 65
Paris 610 – Brest 15 – Brignogan-Plages 50 – Ploudalmézeau 23.

△ **Municipal de Portez**
  ℘ 02 98 48 49 85, *camping-portez@locmaria-plouzane.fr*,
Fax 02 98 48 49 85
2 ha (110 empl.) non clos, en terrasses, plat, herbeux
Tarif : (Prix 2009) ♣ 3,20 € 🚗 🔲 4,20 € – 🔌 (8A) 2,60 €
Location (Prix 2009) : 3 🛖 (4 à 6 pers.) 370 à 430 €/
sem.
Pour s'y rendre : au lieu-dit : Portez (3,5 km au sud-
ouest par D 789 et rte de la plage de Trégana, à 200 m
de la plage)

| Nature : 🞉 ≤ 🏞 🞊 |
| Loisirs : 🏠 ⛵ |
| Services : 🚿 ⚡ (15 juin-15 sept.) |
| 🔌 laverie |
| À prox. : 🍷 crêperie pizzeria |

Longitude : -4.6435
Latitude : 48.37463

LOCMARIAQUER

56740 – **308** N9 – G. Bretagne – 1 598 h. – alt. 5

🛈 *Office de tourisme, rue de la Victoire* 𝄐 02 97 57 33 05, Fax 02 97 57 44 30

Paris 488 – Auray 13 – La Trinité-sur-Mer 10 – Vannes 31.

Lann-Brick de fin mars à déb. oct.
𝄐 02 97 57 32 79, *camping.lannbrick@wanadoo.fr*,
Fax 02 97 57 45 47, *www.camping-lannbrick.com*
1,2 ha (98 empl.) plat, herbeux
Tarif : (Prix 2009) 21,20 € ✱✱ 🚐 🗐 [½] (6A) – pers.
suppl. 4,50 € – frais de réservation 15 €

Location (Prix 2009) : 10 🛏 (2 à 4 pers.) 220 à 380 €/
sem. – 15 🛏 (4 à 6 pers.) 280 à 575 €/sem. – 1
bungalow toilé – frais de réservation 15 €
Pour s'y rendre : au lieu-dit : Lann Brick - rte de Kérinis
(2,5 km au nord-ouest par rte de Kérinis, à 200 m de
la plage)

| Nature : 🏕 ♀ |
| Loisirs : ♈ 🎱 🏓 🚲 🏊 balnéo |
| Services : ♿ 🚰 GB ♋ 🧺 laverie |
| À prox. : 🍴 🎣 💧 |

Longitude : -2.98527
Latitude : 47.58268

LOCMIQUÉLIC

56570 – **308** K8 – 4 125 h. – alt. 10

Paris 500 – Auray 38 – Lorient 15 – Quiberon 38 – Quimperlé 33.

Municipal du Blavet Permanent
𝄐 02 97 33 91 73, *mairie-de-locmiquelic@megalis.org*,
Fax 02 97 33 54 94 – 🏧
1 ha (50 empl.) plat, herbeux
Tarif : (Prix 2009) 10,10 € ✱✱ 🚐 🗐 [½] (15A) – pers.
suppl. 2,06 €
Pour s'y rendre : au nord par D 111, rte du port de Pen-
Mané, près d'un plan d'eau et à 250 m du Blavet (mer)

| Nature : ♀ |
| Loisirs : 🏓 |
| Services : 🚰 ♋ 🖥 |
| À prox. : 🍴 🏊 💧 swin golf |

Longitude : -3.33027
Latitude : 47.73036

LOCRONAN

29180 – **308** F6 – 800 h. – alt. 105

🛈 *Office de tourisme, place de la Mairie* 𝄐 02 98 91 70 14, Fax 02 98 51 83 64

Paris 580 – Rennes 229 – Quimper 17.

Le Locronan de déb. avr. à déb. nov.
𝄐 02 98 91 87 76, *contact@camping-locronan.fr*,
www.camping-locronan.fr
2,6 ha (103 empl.) en terrasses, plat, herbeux, fort
dénivelé
Tarif : 19,40 € ✱✱ 🚐 🗐 [½] (10A) – pers. suppl. 4,30 € –
frais de réservation 10 €

Location : 6 🛏 (2 à 4 pers.) 150 à 330 €/sem. – 10
🛏 (4 à 6 pers.) 305 à 640 €/sem. – 4 bungalows
toilés – frais de réservation 20 €
🚐 1 borne artisanale
Pour s'y rendre : r. de la Troménie

| Nature : 🏞 🏕 ♀♀ |
| Loisirs : 🏓 🏊 |
| Services : ♿ 🚰 GB ♋ 🧺 🍴 laverie |

Longitude : -4.19918
Latitude : 48.09582

LOCTUDY

29750 – **308** F8 – G. Bretagne – 4 045 h. – alt. 8

🛈 *Office de tourisme, place des Anciens Combattants* 𝄐 02 98 87 53 78, Fax 02 98 87 57 07

Paris 578 – Bénodet 18 – Concarneau 35 – Pont-l'Abbé 6 – Quimper 25.

Les Hortensias de déb. avr. à fin sept.
𝄐 02 98 87 46 64, *leshortensias@libertysurf.fr*,
www.camping-loctudy.com
1,5 ha (100 empl.) plat, herbeux
Tarif : 20,80 € ✱✱ 🚐 🗐 [½] (6A) – pers. suppl. 4,10 €

Location 🚫 : 15 🛏 (4 à 6 pers.) 225 à 615 €/sem.
🚐 1 borne artisanale 5 € – 15 🗐 17,30 €
Pour s'y rendre : 38 r. des Tulipes (3 km au sud-ouest
par rte de Larvor, à 500 m de la plage de Lodonnec)

| Nature : ♀♀ |
| Loisirs : 🏓 🍴 🏊 |
| Services : ♿ 🚰 GB ♋ 🍴 laverie |
| À prox. : 🍴 🍴 |

Longitude : -4.17941
Latitude : 47.81242

LOUANNEC

22700 – **309** B2 – 2 794 h. – alt. 53
Paris 527 – Rennes 175 – Saint 73 – Lannion 10 – Morlaix 48.

Municipal Ernest Renan de déb. juin à fin sept.
℘ 02 96 23 11 78, *camping-louannec@wanadoo.fr*,
Fax 02 96 49 04 47,
http://www.louannec.com/camping-louannec.html
4 ha (265 empl.) plat, herbeux
Tarif : (Prix 2009) 17,40€ ★★ ⇔ 🅴 – pers. suppl. 3,40€
Location (Prix 2009) : 8 ⛺ (4 à 6 pers.) 242 à 558€/
sem.
🚐 borne artisanale 4,05€
Pour s'y rendre : 1 km à l'ouest, au bord de mer

| Nature : ⬕ |
| Loisirs : 🍸 🎦 ☼diurne 🏇 🏊 ◖ |
| Services : 🚿 ⛽ GB 🅰 🛁 🚮 ♿ laverie 🌡 🍴 |
| À prox. : 🏇 |

Longitude : -3.41093
Latitude : 48.79408

MARCILLÉ-ROBERT

35240 – **309** N7 – 922 h. – alt. 65
Paris 333 – Bain-de-Bretagne 33 – Châteaubriant 30 – La Guerche-de-Bretagne 11 – Rennes 39 – Vitré 26.

Municipal de l'Étang Permanent
℘ 06 61 82 69 57, *mairie@marcille-robert.fr*,
Fax 02 99 43 54 34
0,5 ha (22 empl.) en terrasses, plat, herbeux
Tarif : (Prix 2009) 9,50€ ★★ ⇔ 🅴 🔌 (10A) – pers.
suppl. 2,75€
Pour s'y rendre : r. des Bas Gasts (sortie sud par D 32,
rte d'Arbrissel)

À savoir : cadre agréable surplombant un étang

| Nature : ⬕ 🏕 ㏑ |
| Services : 🚿 🅰 |
| À prox. : 🏇 ※ ◖ pédalos |

Longitude : -1.36369
Latitude : 47.94795

MARTIGNÉ-FERCHAUD

35640 – **309** O8 – 2 568 h. – alt. 90
🛈 *Syndicat d'initiative, place Sainte-Anne* ℘ *02 99 47 84 37, Fax 02.99.47.83.83*
Paris 340 – Bain-de-Bretagne 31 – Châteaubriant 15 – La Guerche-de-Bretagne 16 – Rennes 46.

Municipal du Bois Feuillet de déb. juin à fin sept.
℘ 02 99 47 84 38,
mairie-de-martigne-ferchaud@wanadoo.fr,
Fax 02 99 47 84 65, *www.ville-martigne-ferchaud.fr*
1,7 ha (50 empl.) en terrasses, herbeux, plat
Tarif : (Prix 2009) ★ 3€ ⇔ 🅴 2€ – 🔌 (15A) 2€
🚐 1 borne artisanale
Pour s'y rendre : lieu-dit : Étang de la Forge (nord-est
du bourg)

| Nature : ⬕ 🏕 ㏑ |
| Loisirs : 🎦 |
| Services : 🚿 ⛽ (juil.-août) 🅰 🛁 ♿ 🚽 |
| À prox. : 🏇 ※ 🏊 (plage) ◖ ◖ pédalos |

Longitude : -1.3
Latitude : 47.83333

MATIGNON

22550 – **309** I3 – 1 557 h. – alt. 70
🛈 *Office de tourisme, place du Général-de-Gaulle* ℘ *02 96 41 12 53, Fax 02 96 41 29 70*
Paris 425 – Dinan 30 – Dinard 23 – Lamballe 23 – St-Brieuc 44 – St-Cast-le-Guildo 7.

Le Vallon aux Merlettes de déb. mai à fin sept.
℘ 02 96 41 11 61, *giblanchet@wanadoo.fr*,
www.camping-matignon.com
3 ha (100 empl.) peu incliné, plat, herbeux
Tarif : (Prix 2009) ★ 3,60€ ⇔ 3,50€ 🅴 2€ – 🔌 (6A) 3,10€
Location (Prix 2009) (de déb. avr. à fin oct.) : 5 ⛺
(4 à 6 pers.) nuitée 40€ - 200 à 430€/sem. – frais de
réservation 10€
🚐 borne artisanale 2€ – 4 🅴 13,50€ – 🚍 🔌 13.5€
Pour s'y rendre : 43 r. du Dr-Jobert (au sud-ouest par
D 13, rte de Lamballe, au stade)

| Nature : 🌿 ◖ |
| Loisirs : 🎦 ※ 🎮 |
| Services : 🚿 ⛽ GB 🅰 🛁 laverie |
| À prox. : 🍴 |

Longitude : -2.29512
Latitude : 48.59301

231

MERDRIGNAC

22230 – **309** H5 – 2 920 h. – alt. 140
Paris 411 – Dinan 47 – Josselin 33 – Lamballe 40 – Loudéac 29 – St-Brieuc 68.

▲ **Manche Océan** de déb. juin à fin sept.
  ✆ 02 96 28 47 98, *camping.merdrignac@orange.fr*,
  Fax 02 96 26 55 44, *www.valdelandrouet.com*
  15 ha/2 campables (50 empl.) peu incliné, plat, herbeux
  Tarif : (Prix 2009) 9,70€ ♦♦ ⇔ 🅴 🅸 (5A) – pers.
  suppl. 3,20€

  Location (Prix 2009) : 5 ⬛ (4 à 6 pers.) nuitée 55€ -
  220 à 450€/sem. – frais de réservation 15€
  ⬛ 1 borne 3€
  Pour s'y rendre : 14 Rue du Gouède (0,8 km au nord,
  près de la piscine et de deux plans d'eau, à la base de
  loisirs)

| Nature : 🌿 ⬛ 🔢 |
| Loisirs : 🍷 🔥 |
| Services : 🚿 ⚡ GB 🚐 ⛺ 🍴 🔲 |
| À prox. : 🛶 🍴 🎣 ⛷ 🏊 swing golf |
| Longitude : -2.41468 |
| Latitude : 48.19256 |

MEUCON

56890 – **308** O8 – 1 919 h. – alt. 80
Paris 467 – Rennes 116 – Vannes 8 – Lorient 62 – Lanester 59.

▲▲ **Le Haras** Permanent
  ✆ 02 97 44 66 06, *contact@campingvannes.com*,
  Fax 02 97 44 49 41, *http://www.campingvannes.com*
  14 ha/2,5 campables (140 empl.) plat, peu incliné,
  herbeux, bois
  Tarif : ♦ 4€ ⇔ 1€ 🅴 5€ – 🅸 (10A) 6€ – frais de
  réservation 20€

  Location : 25 ⬛ (4 à 6 pers.) 224 à 735€/sem. – 6 🏠
  (4 à 6 pers.) - 252 à 665€/sem. – frais de réservation
  20€
  ⬛ 1 borne artisanale 13€ – 8 🅴 13€
  Pour s'y rendre : à Kersimon (de Vannes : au nord par D
  767 puis D 778 E, derrière aéroclub de Vannes-Meucon-
  Bretagne-Sud)

| Nature : 🌿 ⬛ 🔢 |
| Loisirs : 🍷 snack 🛶 🚲 🍴 🔥 🎣 ⛷ terrain multisports, petit parc animalier |
| Services : 🚿 ⚡ GB 🚐 🏢 ⛺ 🚿 laverie |
| À prox. : 🍴 🐎 poneys (centre équestre) ULM, école de para-chutisme |
| Longitude : -2.72795 |
| Latitude : 47.73035 |

*Informieren Sie sich über die gültigen Gebühren,
bevor Sie Ihren Platz beziehen. Die Gebührensätze
müssen am Eingang des Campingplatzes angeschlagen sein.
Erkundigen Sie sich auch nach den Sonderleistungen.
Die im vorliegenden Band gemachten Angaben
können sich seit der Überarbeitung geändert haben.*

MOËLAN-SUR-MER

29350 – **308** J8 – G. Bretagne – 6 841 h. – alt. 58
🄱 *Office de tourisme, 20, place de l'Église* ✆ 02 98 39 67 28, Fax 02 98 39 63 93
Paris 523 – Carhaix-Plouguer 66 – Concarneau 27 – Lorient 27 – Quimper 50 – Quimperlé 10.

▲ **L'Île Percée** de déb. avr. à mi sept.
  ✆ 02 98 71 16 25
  1 ha (65 empl.) plat, herbeux
  Tarif : 20,20€ ♦♦ ⇔ 🅴 🅸 (10A) – pers. suppl. 3,80€ –
  frais de réservation 8€

  Location : 2 ⬛ (2 à 4 pers.) 185 à 335€/sem. – 4 ⬛
  (4 à 6 pers.) 290 à 550€/sem. – frais de réservation 8€
  Pour s'y rendre : plage de Trenez (5,8 km à l'ouest
  par D 116, rte de Kerfany-les-Pins, puis 1,7 km par
  rte à gauche)

  À savoir : agréable site sauvage surplombant l'océan

| Nature : 🌿 ⬉ |
| Loisirs : 🍷 |
| Services : 🚿 ⚡ 🚐 ⛺ 🔲 |
| À prox. : snack 🐎 sentiers pédestres |
| Longitude : -3.7041 |
| Latitude : 47.78909 |

MORGAT

29160 – **308** E5 – G. Bretagne – 7 535 h.
Paris 590 – Rennes 238 – Quimper 55 – Brest 15 – Concarneau 79.

▲ **Les Bruyères** de déb. mai à mi-sept.
  ℰ 0298261487, *info@camping-bruyeres-crozon.com*,
  Fax 0298261773, *www.camping-bruyeres-crozon.com*
  4 ha (130 empl.) plat, peu incliné, herbeux
  Tarif : ★ 4€ ⛟ 2€ 🅿 4€ – ⚡ (5A) 3€
  Location (de déb. avr. à fin sept.) ⚡ : 9 🛖 (4 à 6
  pers.) **nuitée** 45€ - 270 à 470€/sem.
  Pour s'y rendre : au lieu-dit : Le Bouis (1,5 km par D 255,
  rte du Cap de la Chèvre et chemin à droite)
  À savoir : cadre naturel avec accès à Morgat par chemin
  pédestre

| Nature : 🦆 ♀ |
| Loisirs : 🏊 |
| Services : 🔌 GB 🐕 ♿ laverie |

| Longitude : -4.50422 |
| Latitude : 48.22539 |

MOUSTERLIN

29170 – **308** G7 – G. Bretagne
Paris 563 – Rennes 212 – Quimper 22 – Brest 94 – Lorient 65.

▲▲▲ **France Loc Le Grand Large** 🏕 – de déb. avr. à
  mi-sept.
  ℰ 0298560406, *grandlarge@franceloc.fr*,
  Fax 0298565826, *www.campings-franceloc.fr* – places
  limitées pour le passage
  5,8 ha (287 empl.) plat, herbeux
  Tarif : (Prix 2009) 29€ ★★ ⛟ 🅿 ⚡ (6A) – pers.
  suppl. 7€ – frais de réservation 25€
  Location (Prix 2009) ♿ : 200 🛖 (4 à 6 pers.) 196 à
  720€/sem. – frais de réservation 25€
  Pour s'y rendre : 48 rte du Grand Large (près de la
  plage)

| Nature : 🦆 ♀ |
| Loisirs : 🍽 🎦 🎮 🎯🎣 jacuzzi 🏊 🚲 ✂ 🎱 ⛵ terrain mul-tisports |
| Services : ♿ 🔌 GB 🐕 ♿ 🚿 📮 🍴 laverie 🏧 |
| À prox. : brasserie pizzeria |

| Longitude : -4.0407 |
| Latitude : 47.854 |

▲▲ **Kost-Ar-Moor** de fin avr. à mi-sept.
  ℰ 0298560416, *kost-ar-moor@wanadoo.fr*,
  Fax 0298565502, *www.camping-fouesnant.com* –
  3,5 ha (177 empl.) plat, herbeux
  Tarif : (Prix 2009) 23€ ★★ ⛟ 🅿 ⚡ (10A) – pers.
  suppl. 5€ – frais de réservation 15€
  Location (Prix 2009) (de mi-avr. à mi-sept.) : 23 🛖
  (4 à 6 pers.) 220 à 670€/sem. – 5 appartements – frais
  de réservation 15€
  Pour s'y rendre : rte du grand large - Mousterlin (500 m
  de la plage)

| Nature : 🦆 ♀♀ |
| Loisirs : 🍽 🎦 🏊 🚲 🎱 |
| Services : ♿ 🔌 GB 🐕 ♿ 🍴 laverie |
| À prox. : ⛳ golf |

| Longitude : -4.03674 |
| Latitude : 47.84881 |

233

  Verwar niet :
  ▲... *tot* ... ▲▲▲ : *MICHELIN indeling*
  en
  ★ ... *tot* ... ★★★★ : *officiële classificatie*

MUZILLAC

56190 – **308** Q9 – 4 322 h. – alt. 20
🛈 *Office de tourisme, Place St Julien* ℰ *0297415304, Fax 02.97.41.65.42*
Paris 460 – Nantes 86 – Redon 36 – La Roche-Bernard 16 – Vannes 26.

▲ **Le Relais de l'Océan** de déb. avr. à fin sept.
  ℰ 0297416648, *relais-ocean@orange.fr*,
  Fax 0297486588, *www.relais-ocean.com*
  1,7 ha (90 empl.) plat, herbeux
  Tarif : ★ 4,10€ ⛟ 🅿 6,85€ – ⚡ (10A) 4,20€ – frais de
  réservation 18€
  Location : 37 🛖 (4 à 6 pers.) 248 à 648€/sem. – frais
  de réservation 18€
  Pour s'y rendre : au lieu-dit : Toulan (3 km à l'ouest par D
  20, rte d'Ambon et rte de Damgan à gauche)

| Nature : 🏞 |
| Loisirs : 🎦 🏊 🚲 ✂ 🎱 |
| Services : ♿ 🔌 GB 🐕 ♿ laverie |
| À prox. : 🛒 |

| Longitude : -2.48024 |
| Latitude : 47.55521 |

NAIZIN

56500 – **308** O7 – 1 644 h. – alt. 106
Paris 454 – Ploërmel 40 – Pontivy 16 – Rennes 106 – Vannes 41.

⌂ **Municipal de Coetdan** de mi-mai à fin sept.
℘ 02 97 27 43 27, *mairie-de-naizin@wanadoo.fr*,
Fax 02 97 27 46 82, *naizin.fr* – **R**
0,7 ha (28 empl.) plat et peu incliné, herbeux
Tarif : (Prix 2009) ⚹ 2 € ⟵ 1,50 € ▤ 1,80 € – ⑴ (9A) 2 €
Pour s'y rendre : 600 m à l'est par D 17 et D 203 dir.
Réguiny

À savoir : cadre agréable près d'un plan d'eau

| Nature : ⌑ ♀ |
| Loisirs : ⌇ |
| Services : ⚘ ⚲ |
| À prox. : ⚶ parcours de santé, pédalos, ferme animalière |

Longitude : -2.83175
Latitude : 47.98968

NÉVEZ

29920 – **308** I8 – G. Bretagne – 2 605 h. – alt. 40
❚ *Office de tourisme, 18 place de l' Église* ℘ 02 98 06 87 90, Fax 02 98 06 73 09
Paris 541 – Concarneau 14 – Pont-Aven 8 – Quimper 40 – Quimperlé 25.

⌂ **Les Chaumières** de mi-mai à mi-sept.
℘ 02 98 06 73 06, *campingdeschaumieres@wanadoo.fr*,
Fax 02 98 06 78 34, *camping-des-chaumieres.com*
3 ha (110 empl.) plat, herbeux
Tarif : 20,20 € ⚹⚹ ⟵ ▤ ⑴ (10A) – pers. suppl. 4,80 €
Location (de déb. avr. à mi-sept.) : ⌂⌂ (4 à 6 pers.)
230 à 550 €/sem. – frais de réservation 10 €
⌷ 1 borne artisanale 8 €
Pour s'y rendre : 24 Hameau de Kerascoët (3 km au sud
par D 77 direction Port Manec'h puis rte à dr.)

| Nature : ⌇ ⌑ ♀ |
| Loisirs : ⚶ |
| Services : ⚘ ⚲ (juil.-août) GB ⚲ laverie |
| À prox. : ♟ crêperie |

Longitude : -3.75574
Latitude : 47.80388

NOYAL-MUZILLAC

56190 – **308** Q9 – 2 225 h. – alt. 52
Paris 468 – Rennes 108 – Vannes 31 – Saint 57 – Lorient 88.

⌂ **Moulin de Cadillac** de déb. mai à fin sept.
℘ 02 97 67 03 47, *infos@moulin-cadillac.com*,
Fax 02 97 67 00 02, *www.camping-moulin-cadillac.com*
7 ha (192 empl.) plat, herbeux, étangs, bois attenant
Tarif : (Prix 2009) ⚹ 5 € ⟵ ▤ 8 € – ⑴ (10A) 3,40 € – frais
de réservation 10 €

Location (Prix 2009) (de déb. mars à fin sept.) : ⌂⌂
(4 à 6 pers.) 160 à 520 €/sem. – ⌂ (4 à 6 pers.) - 160 à
520 €/sem. – frais de réservation 10 €
⌷ 1 borne artisanale – 5 ▤ 21,40 €
Pour s'y rendre : 4,5 km au nord-ouest par
rte de Berric

À savoir : entrée fleurie et cadre agréable, au bord du
Kervily

| Nature : ⌇ ⌑ ♀ |
| Loisirs : ♟ ⌂ ☾ nocturne salle d'animation ⚶ ⚹ ⚲ ⚘ ⚶ parc animalier, terrain omnisports |
| Services : ⚘ ⚲ GB ⚲ laverie |
| À prox. : poneys |

Longitude : -2.50199
Latitude : 47.61412

PAIMPOL

22500 – **309** D2 – G. Bretagne – 7 788 h. – alt. 15
❚ *Office de tourisme, 19, rue du Général Leclerc* ℘ 02 96 20 83 16, Fax 02 96 55 11 12
Paris 494 – Guingamp 29 – Lannion 33 – St-Brieuc 46.

⌂ **Municipal de Cruckin-Kérity** de déb. avr. à fin
sept.
℘ 02 96 20 78 47, *contact@camping-paimpol.com*,
Fax 02 96 20 75 00, *www.camping-paimpol.com*
2 ha (130 empl.) plat, herbeux
Tarif : ⚹ 3,50 € ⟵ ▤ 7,60 € – ⑴ (6A) 3,40 €

Location : 5 bungalows toilés
⌷ 1 borne artisanale 5 € – 10 ▤ – ⌂⑴ 10 €
Pour s'y rendre : au lieu-dit : Kérity (2 km au sud-est par
D 786, rte de St-Quay-Portrieux, attenant au stade, à 100
m de la plage de Cruckin)

| Nature : ⌇ ⌑ ♀ |
| Loisirs : ⌂ ⚶ |
| Services : ⚘ ⚲ GB ⚲ ⚶ laverie |
| À prox. : crêperie ⚶ terrain multisports-parcours de santé |

Longitude : -3.02513
Latitude : 48.76897

PAIMPONT

35380 – **309** I6 – G. Bretagne – 1 614 h. – alt. 159

🛈 *Syndicat d'initiative, 5, esplanade de Brocéliande* ℘ *02 99 07 84 23, Fax 02 99 07 84 24*
Paris 390 – Dinan 60 – Ploërmel 26 – Redon 47 – Rennes 41.

⚑ **Municipal Paimpont Brocéliande** de déb. avr. à
déb. oct.
℘ 02 99 07 89 16, *camping.paimpont@orange.fr*,
Fax 02 99 07 88 18, *www.camping-paimpont-broceliande.*
com – 🏕
1,5 ha (90 empl.) plat, herbeux
Tarif : (Prix 2009) 13 € 👫 👫 🚗 🔌 [½] (5A) – pers.
suppl. 3 €
Location (Prix 2009) (permanent) � (1 chalet) : 6 🏚
(4 à 6 pers.) - 260 à 490 €/sem.
🚐 1 borne artisanale – 8 🔲 8 €
Pour s'y rendre : 2 r. du Chevalier Lancelot du Lac (sortie
nord par D 773, à prox. de l'étang)

| Nature : 🌳 |
| Loisirs : 🎮 🛶 |
| Services : ⅙ ⊙🚐 (juil.-août) GB |
| 🚐 ⚐ laverie |
| À prox. : 🍴 |

Longitude : -2.17265
Latitude : 48.02348

Renouvelez votre guide chaque année.

PÉNESTIN

56760 – **308** Q10 – 1 777 h. – alt. 20

🛈 *Office de tourisme, allée du Grand Pré* ℘ *02 99 90 37 74, Fax 02 99 90 47 08*
Paris 458 – La Baule 29 – Nantes 84 – La Roche-Bernard 18 – St-Nazaire 43 – Vannes 48.

⚑⚑⚑ **Inly** de déb. avr. à mi-sept.
℘ 02 99 90 35 09, *inly-info@wanadoo.fr*,
Fax 02 99 90 40 93, *www.camping-inly.com* – places
limitées pour le passage
30 ha/12 campables (500 empl.) plat, herbeux, pierreux
Tarif : 39 € 👫 👫 🚗 🔲 [½] (10A) – pers. suppl. 6 €
Location : 110 🚐 (4 à 6 pers.) nuitée 39 € - 273 à
1 204 €/sem.
🚐 1 borne 2,50 €
Pour s'y rendre : rte de Couarne (2 km au sud-est par
D 201 et rte à gauche)

| Nature : 🍃 🌳 🌿 |
| Loisirs : 🍷 🍴 snack, crêperie, |
| pizzeria 🎮 🎦diurne nocturne |
| (soirées à thème) 🏸 🛶 🚲 🏓 |
| 🏊 🛝 🎣 🐎 poneys canoë |
| Services : ⊙🚐 GB 🚐 ♨ 🚿 |
| laverie 🅿 🚐 |

Longitude : -2.47521
Latitude : 47.4724

⚑⚑ **Les Îles** 👫 – de déb. avr. à mi-oct.
℘ 02 99 90 30 24, *contact@camping-des-iles.fr*,
Fax 02 99 90 44 55, *www.camping-des-iles.fr*
3,5 ha (184 empl.) plat, herbeux, étang
Tarif : 39,50 € 👫 👫 🚗 🔲 [½] (10A) – pers. suppl. 5,80 € –
frais de réservation 20 €
Location : 58 🚐 (4 à 6 pers.) 252 à 695 €/sem. – 11
🏚 (4 à 6 pers.) - 315 à 950 €/sem. – 8 tentes – frais de
réservation 20 €
🚐 1 borne artisanale 5 € – 🛶 13.50 €
Pour s'y rendre : à La Pointe du Bile (4,5 km au sud par D
201 à dr., à la Pointe du Bile)
À savoir : en bordure d'Océan

| Nature : 🌳 🌿♨ |
| Loisirs : 🍷 snack 🎮 🎦nocturne |
| (soirées à thème) 🏸 🛶 🚲 🏓 |
| 🏊 🛝 terrain omnisports |
| Services : ⅙ ⊙🚐 GB 🚐 ♨ 🚿 |
| laverie 🅿 🚐 |
| À prox. : 🐎 poneys |

Longitude : -2.48251
Latitude : 47.44524

⚑⚑ **Le Cénic** de mi-avr. à mi-sept.
℘ 02 99 90 45 65, *info@lecenic.com*, Fax 02 99 90 45 05,
www.lecenic.com
5,5 ha (310 empl.) plat, peu incliné, herbeux
Tarif : 31 € 👫 👫 🚗 🔲 [½] (6A) – pers. suppl. 6 € – frais de
réservation 15 €
Location : 40 🚐 (4 à 6 pers.) nuitée 65 € - 250 à
670 €/sem. – 10 🏚 (4 à 6 pers.) nuitée 80 € - 250 à
670 €/sem. – frais de réservation 15 €
🚐 1 borne artisanale 3 € – 10 🔲 16 €
Pour s'y rendre : 1,5 km à l'est par D 34,
rte de la Roche-Bernard, au bord d'un étang
À savoir : bel ensemble aquatique couvert

| Nature : 🌿 |
| Loisirs : 🍷 🎮 🎦salle d'anima- |
| tion 🏊 🛝 🎣 🛝 🛶 🚲 |
| Services : ⅙ ⊙🚐 GB 🚐 🚿laverie |

Longitude : -2.4538
Latitude : 47.47904

⚐ **Les Parcs** de déb. avr. à fin sept.
📞 02 99 90 30 59, *camplesparcs@free.fr*,
Fax 02 99 90 37 42, *www.camping-lesparcs.com*
3 ha (100 empl.) plat, incliné, herbeux
Tarif : (Prix 2009) 21,40€ ✦✦ ⬌ ▤ ⴷ (6A) – pers.
suppl. 4,80€ – frais de réservation 15€
Location (Prix 2009) : 22 ⬚⬚ (4 à 6 pers.) 180 à 590€/
sem. – **frais de réservation 15€**
Pour s'y rendre : rte de la Roche-Bernard (500 m à l'est
par D 34)

Nature : ⬚ 00
Loisirs : ⛳ ▨ (découverte en saison)
Services : ⚕ ⚡ GB ⚐ ⚐ ⚐
laverie
À prox. : 🛒

Longitude : -2.44633
Latitude : 47.47814

PENMARCH

29760 – **308** E8 – G. Bretagne – 5 691 h. – alt. 7
🛈 *Office de tourisme, place Maréchal Davout* 📞 *02 98 58 81 44, Fax 02.98.58.86.62*
Paris 585 – Audierne 40 – Douarnenez 45 – Pont-l'Abbé 12 – Quimper 31.

⚐ **Municipal de Toul ar Ster** de mi-juin à mi-sept.
📞 02 98 58 86 88, *mairie@penmarch.fr*, Fax 02 98 58 41 57
3 ha (202 empl.) plat, herbeux, sablonneux
Tarif : (Prix 2009) ✦ 2,75€ ⬌ 1,95€ ▤ 2,65€ –
ⴷ (6A) 2,35€ – frais de réservation 50€
Pour s'y rendre : 110 r. Edmond Michelet (1,4 km
au sud-est par rte de Guilvinec par la côte et rte à dr.,
à 100 m de la plage (accès direct))

Nature : ⬚
Services : ⚕ ⚡ (juil.-août) GB
⚐ ⚐ laverie
À prox. : ⚓

Longitude : -4.33726
Latitude : 47.81246

PENTREZ-PLAGE

29550 – **308** F5
Paris 566 – Brest 55 – Châteaulin 18 – Crozon 18 – Douarnenez 23 – Quimper 33.

⚑ **Homair Vacances Le Ker'Ys - Les Tamaris** ⚑⚑
– de déb. avr. à fin sept.
📞 0820 201 207, *info@homair.com*, Fax 04 42 95 03 63,
www.ker-ys.com – places limitées pour le passage
3 ha (190 empl.) plat, peu incliné, herbeux
Tarif : (Prix 2009) 28€ ✦✦ ⬌ ▤ ⴷ (6A) – pers.
suppl. 5,50€ – frais de réservation 10€
Location (Prix 2009) : ⬚⬚ (4 à 6 pers.) 196 à 637€/
sem. – **frais de réservation 25€**
Pour s'y rendre : rte de la Dune (face à la plage)

Nature : ⬚ ♀
Loisirs : ▤ ⚐ diurne ⚐⚐ ⚐
⚐ ⚐
Services : ⚕ ⚡ GB ⚐ ⚐ ⚐
laverie
À prox. : ⛳ crêperie

Longitude : -4.30103
Latitude : 48.19558

*En juillet et août, beaucoup de terrains sont saturés
et leurs emplacements retenus longtemps à l'avance.
N'attendez pas le dernier moment pour réserver.*

PERROS-GUIREC

22700 – **309** B2 – G. Bretagne – 7 369 h. – alt. 60
🛈 *Office de tourisme, 21, place de l'Hôtel de Ville* 📞 *02 96 23 21 15, Fax 02 96 23 04 72*
Paris 527 – Lannion 12 – St-Brieuc 76 – Tréguier 19.

⚑ **Yelloh! Village Le Ranolien** ⚑⚑ – de déb. avr. à
mi-sept.
📞 02 96 91 65 65, *info@yellohvillage-ranolien.com*,
Fax 02 96 91 41 90, *www.leranolien.fr*
16 ha (520 empl.) plat, peu incliné, herbeux, rochers,
fort dénivelé
Tarif : 40€ ✦✦ ⬌ ▤ ⴷ (10A) – pers. suppl. 8€
Location : 330 ⬚⬚ (4 à 6 pers.) nuitée 39€ - 273 à
854€/sem. – ⬚⬚
⬚⬚ 8 ▤ 30€
Pour s'y rendre : à Ploumanac'h (1 km au sud-est par
D 788, à 200 m de la mer)
À savoir : très agréable centre de balnéo couvert, ouvert
toute l'année

Nature : ⬚ ⬚ ♀
Loisirs : ⛳ crêperie, snack, pizzeria ▤ ⚐ ⚐⚐ ⚐ ⚐ hammam
jacuzzi salle d'animation, discothèque, balnéo, spa ⚐ ⚐ ▨ ⚐
⚐ terrain multisports
Services : ⚕ ⚡ GB ⚐ ⚐ ⚐ ⚐
laverie ⚐ ⚐

Longitude : -3.47537
Latitude : 48.82839

236

⚠ **Claire Fontaine** de déb. juin à mi sept.
☎ 0296230355, Fax 0296490619,
www.camping-claire-fontaine.com
3 ha (180 empl.) peu incliné, plat, herbeux
Tarif : (Prix 2009) 21 € ✶✶ ⇔ 🔲 (🗲) (6A) – pers.
suppl. 8 €
Location (Prix 2009) (de déb. avr. à fin sept.) : 2 🏠 (4
à 6 pers.) - 400 à 650 €/sem. – 6 🛏
🚐 1 borne artisanale 21 €
Pour s'y rendre : 2,6 km au sud-ouest par r. des Frères-
Mantrier, rte de Pleumeur-Bodou et rte à dr.

À savoir : cadre agréable autour d'une ancienne ferme
de caractère rénovée

Nature : 🐟 ♤♤
Loisirs : 🎦
Services : ⚬━ ⚙ 🕭 laverie

Longitude : -3.43703
Latitude : 48.81557

LE PERTRE

35370 – **309** P6 – 1 374 h. – alt. 174
Paris 303 – Châteaubriant 55 – Laval 25 – Redon 116 – Rennes 53 – Vitré 20.

⚠ **Municipal le Chardonneret** Permanent
☎ 0679504177, *mairielepertre@lepertre.fr*,
Fax 0299969892, *www.lepertre.fr* – 🐾
1 ha (31 empl.) peu incliné, plat, herbeux
Tarif : (Prix 2009) ✶ 2,70 € ⇔ 🔲 1,80 € – (🗲) (30A) 3,50 €
Location (Prix 2009) (permanent) : 2 🏚 (4 à 6 pers.)
183 à 327 €/sem.
Pour s'y rendre : r. du Chardonneret (sortie sud-ouest
par D 43, rte de Brielles et r. à dr.)

À savoir : près d'un plan d'eau

Nature : 🐟 ⌑ ♤♤
Services : ⚿ ⚙ 🏛
À prox. : 🏊 ✗ 📺 🔥 🚣 (plage)

Longitude : -1.04131
Latitude : 48.0329

PLANCOËT

22130 – **309** I3 – 2 934 h. – alt. 41
🅱 *Syndicat d'initiative, 1, rue des Venelles* ☎ 0296840057
Paris 417 – Dinan 17 – Dinard 20 – St-Brieuc 46 – St-Malo 26.

⚠ **Municipal Les Vergers** de déb. juin à fin sept.
☎ 0296840342, *mairie-plancoet@wanadoo.fr*,
Fax 0296841949
1,2 ha (100 empl.) plat, herbeux
Tarif : ✶ 2,40 € ⇔ 🔲 2 € – (🗲) (30A) 2,10 €
Pour s'y rendre : r. du Verger (vers sortie sud-est,
rte de Dinan, derrière la caserne des sapeurs-pompiers,
au bord de l'Arguenon et d'un petit plan d'eau)

Nature : ⇐ le village ⌑ ♀
Loisirs : 🐟
Services : ⚿ ⚙ (juil.-août) laverie
À prox. : 🏊 canoë, kayak

Longitude : -2.23221
Latitude : 48.52004

237

🏖 ✗ *ATTENTION :*
these facilities are not necessarily available throughout
🚤 *the entire period that the camp is open -some are only*
🏊 🐎 *available in the summer season.*

PLANGUENOUAL

22400 – **309** G3 – 1 736 h. – alt. 76
Paris 440 – Guingamp 52 – Lannion 84 – St-Brieuc 19 – St-Quay-Portrieux 38.

⚠ **Municipal** de mi-juin à mi-sept.
☎ 0296327193, *mairie.planguenoual@wanadoo.fr*
1,5 ha (64 empl.) en terrasses, plat, herbeux
Tarif : (Prix 2009) ✶ 3,55 € ⇔ 🔲 2,75 € – (🗲) (8A) 2,30 €
Pour s'y rendre : lieu-dit : Le Val (2,5 km au nord-ouest
par D 59)

Nature : 🐟 ⇐ ⌑ ♀
Services : ⚙ (juil.-août) ⚿ 🖥

Longitude : -2.59601
Latitude : 48.54523

BRETAGNE

PLÉNEUF-VAL-ANDRÉ

22370 – **309** G3 – G. Bretagne – 3 965 h. – alt. 52
🛈 *Office de tourisme, 1, rue Winston Churchill* 📞 *0296722055, Fax 0296630034*
Paris 446 – Dinan 43 – Erquy 9 – Lamballe 16 – St-Brieuc 28 – St-Cast-le-Guildo 30 – St-Malo 51.

⚠ **Campéole Les Monts Colleux** 👥 – de déb. avr. à
fin sept.
📞 0296729510, *monts-colleux@campeole.com*,
Fax 0296631049
5 ha/200 campables terrasse, plat, herbeux
Tarif : (Prix 2009) 22 € ✶✶ ⬅ 🔲 (🔌) (10A)

Location (Prix 2009) : 41 🏚 (4 à 6 pers.) 532 à 686 €/
sem. – 15 🏠 (4 à 6 pers.) - 504 à 637 €/sem. – 15
bungalows toilés
Pour s'y rendre : 26 r. Jean Lebrun

| Nature : 🦆 ≤ |
| Loisirs : 🏃 🚤 |
| Services : ⛽ GB ⚡ 🛁laverie |
| 🛒 |
| À prox. : 🔲 |

Longitude : -2.55023
Latitude : 48.58992

PLESTIN-LES-GRÈVES

22310 – **309** A3 – G. Bretagne – 3 615 h. – alt. 45
🛈 *Syndicat d'initiative, place de la Mairie* 📞 *0296356193, Fax 0296541254*
Paris 528 – Brest 79 – Guingamp 46 – Lannion 18 – Morlaix 24 – St-Brieuc 77.

⚠ **Municipal St-Efflam** de déb. avr à fin sept.
📞 0296356215, *campingmunicipalplestin@wanadoo.fr*,
Fax 0296350975,
www.camping-municipal-bretagne.com
4 ha (190 empl.) en terrasses, peu incliné, plat, herbeux
Tarif : (Prix 2009) ✶ 2,80 € ⬅ 1,80 € 🔲 3,60 € –
(🔌) (10A) 2,50 €

Location (Prix 2009) : 9 🏚 (4 à 6 pers.) nuitée 40 € -
183 à 460 €/sem. – 8 🏠 (4 à 6 pers.) nuitée 40 € - 198
à 460 €/sem.
🚰 1 borne raclet 3 €
Pour s'y rendre : r. de Lan-Carré (3,5 km au nord-est,
à St-Efflam, par N 786, rte de St-Michel-en-Grève, à 200
m de la mer)

| Nature : ≤ 🌳 |
| Loisirs : 🍴 🏚 🚤 |
| Services : ♿ ⛽ (juil.-août) GB ⚡ 🛁laverie |
| À prox. : ✗ 🚲 |

Longitude : -3.59973
Latitude : 48.66839

⚠ **Aire Naturelle Ker-Rolland** de mi-juin à mi-sept.
📞 0296350837, *eric.thomas0633@orange.fr*,
Fax 0296350837, *www.camping-ker-rolland.com*
1,6 ha (22 empl.) plat, herbeux
Tarif : (Prix 2009) ✶ 2,80 € ⬅ 🔲 3,10 € – (🔌) (8A) 2,80 €

Location (Prix 2009) : 4 🏚 (4 à 6 pers.) 200 à 360 €/
sem.
Pour s'y rendre : 2,2 km au sud-ouest par D 786,
rte de Morlaix et à gauche, rte de Plouégat-Guérand

À savoir : camping à la ferme (maraîchers)

| Nature : 🦆 |
| Loisirs : 🏚 |
| Services : ♿ ⛽ 🖥 |

Longitude : -3.6311
Latitude : 48.65535

PLEUBIAN

22610 – **309** D1 – G. Bretagne – 2 532 h. – alt. 48
🛈 *Office de tourisme, place du Château* 📞 *02.96.22.16.45, Fax 02.96.22.17.36*
Paris 506 – Lannion 31 – Paimpol 13 – St-Brieuc 58 – Tréguier 13.

⚠ **Le Port la Chaîne** de déb. avr. à mi-sept.
📞 0296229238, *info@portlachaine.com*,
Fax 0296228792, *www.portlachaine.com*
4,9 ha (200 empl.) en terrasses, peu incliné, plat, herbeux
Tarif : 25,50 € ✶✶ ⬅ 🔲 (🔌) (10A) – pers. suppl. 5,70 €

Location : 40 🏚 (4 à 6 pers.) 259 à 805 €/sem. – 3
bungalows toilés – frais de réservation 15 €
Pour s'y rendre : 2 km au nord par D 20, rte de Larmor-
Pleubian et rte à gauche

À savoir : bel ombrage de pins maritimes centenaires,
au bord de la mer

| Nature : 🦆 🌊 |
| Loisirs : 🍴 🏚 🚤 🎣 |
| Services : ♿ ⛽ GB ⚡ 🛁 🚲 |
| 🍴 laverie |

Longitude : -3.12993
Latitude : 48.85909

238

PLEUMEUR-BODOU

22560 – **309** A2 – G. Bretagne – 3 974 h. – alt. 94

🚩 *Office de tourisme, 11, rue des Chardons* ℰ *02 96 23 91 47, Fax 02 96 23 91 48*

Paris 523 – Lannion 8 – Perros-Guirec 10 – St-Brieuc 72 – Trébeurden 4 – Tréguier 26.

⚠️ **Le Port** de déb. avr. à déb. oct.
ℰ 02 96 23 87 79, *vive-la-mer49@hotmail.fr*,
Fax 02 96 15 30 40, *www.camping-du-port.com*
2 ha (80 empl.) non clos, plat et peu incliné, herbeux,
rochers
Tarif : 19,70€ ✷✷ 🚗 🔲 [2] (10A) – pers. suppl. 5,50€
Location : 23 🛏️ (4 à 6 pers.) nuitée 45€ - 200 à
600€/sem. – 6 🏠 (4 à 6 pers.) nuitée 45€ - 200 à
600€/sem. – frais de réservation 15€
🔲 1 borne artisanale 3€ – 5 🔲 13,90€
Pour s'y rendre : 3 ch. des Douaniers (6 km au nord,
au sud de Trégastel-Plage)

À savoir : au bord de la mer, les "pieds dans l'eau"
pour certains emplacements

Nature : 🌊 ⚓	
Loisirs : 🍽️ snack 🎯 🚲 canoë	
Services : ♿ 🔌 GB ⚐ 🚿 🧺 🍴 laverie	

Longitude : -3.54278
Latitude : 48.81029

PLÉVEN

22130 – **309** I4 – 619 h. – alt. 80

Paris 431 – Dinan 24 – Dinard 28 – St-Brieuc 38 – St-Malo 34.

⚠️ **Municipal** de mi-avr. à mi-nov.
ℰ 02 96 84 46 71, *camping.pleven@wanadoo.fr*,
Fax 02 96 84 46 71
1 ha (40 empl.) plat et peu incliné, herbeux
Tarif : ✷ 1,70€ 🚗 1€ 🔲 2€ – [2] (16A) 1,70€
Pour s'y rendre : Le bourg (dans le parc de la mairie)

Nature : 🌳🌳	
Services : ♿ 🔌 ⚐	
À prox. : 🛒 🍴	

Longitude : -2.31915
Latitude : 48.48991

PLOBANNALEC-LESCONIL

29740 – **308** F8 – 3 240 h. – alt. 16

Paris 578 – Audierne 38 – Douarnenez 38 – Pont-l'Abbé 6 – Quimper 25.

⚠️ **Yelloh! Village L'Océan Breton** 👥 – de déb. mai
à mi-sept.
ℰ 02 98 82 23 89, *info@yellohvillage-manoir-de-kerlut.*
com, Fax 02 98 82 26 49, *www.domainemanoirdekerlut.*
com – places limitées pour le passage
12 ha/8 campables (240 empl.) plat, herbeux
Tarif : 39€ ✷✷ 🚗 🔲 [2] (10A) – pers. suppl. 7€
Location : 159 🛏️ (4 à 6 pers.) 203 à 1 183€/sem. –
21 🏠 (4 à 6 pers.) – 315 à 1 043€/sem. – 5 tentes – 3
yourtes
Pour s'y rendre : rte de Plobannalec (1,6 km au sud par
D 102, rte de Lesconil et chemin à gauche)

À savoir : accès à la plage par navettes gratuites - terrain
au confort sanitaire faible et ancien

Nature : 🏞️ 🌿	
Loisirs : 🍽️ 🎪 🎯 ⛺ 🎣 🛶 🎯 🚲 🍴 🔲 🏊 ⚓ 🏹 parcours dans les arbres	
Services : ♿ 🔌 GB ⚐ 🚿 🍴 laverie 🧺 ♨️	

Longitude : -4.22538
Latitude : 47.84982

PLOEMEL

56400 – **308** M9 – 2 388 h. – alt. 46

Paris 485 – Auray 8 – Lorient 34 – Quiberon 23 – Vannes 27.

⚠️ **Municipal St-Laurent** Permanent
ℰ 02 97 56 85 90, *camping.saint.laurent@wanadoo.fr*,
Fax 02 97 56 85 90, *www.campingdesaintlaurent.com*
3 ha (90 empl.) plat, peu incliné, herbeux
Tarif : (Prix 2009) ✷ 3,70€ 🚗 🔲 5,90€ – [2] (10A) 4€
Location : 5 🛏️ (4 à 6 pers.) 220 à 610€/sem.
🔲 1 borne 2€ – 3 🔲 10€ – 🚐 10€
Pour s'y rendre : au lieu-dit : Kergonvo (2,5 km au nord-
ouest, rte de Belz, à prox. du carr. D 22 et D 186)

Nature : 🏞️ 🌳🌳	
Loisirs : snack 🎯 🏊	
Services : 🔌 GB ⚐ 🚿 🔲 ♨️	
À prox. : golf	

Longitude : -3.10094
Latitude : 47.65969

239

Kergo de déb. mai à fin sept.
℘ 02 97 56 80 66, *camping.kergo@wanadoo.fr*,
Fax 02 97 56 80 66, *www.campingkergo.com*
2,5 ha (135 empl.) peu incliné, plat, herbeux
Tarif : (Prix 2009) 16,50€ ✱✱ ⇌ 🗉 🗓 (10A) – pers.
suppl. 3,60€
Location (Prix 2009) (de déb. avr. à fin oct.) : 12 🚐
(4 à 6 pers.) nuitée 45€ - 235 à 560€/sem. – frais de
réservation 10€
Pour s'y rendre : 2 km au sud-est par D 186,
rte de la Trinité-sur-Mer et à gauche

Nature :	⌇ 오	
Loisirs :	🎮 ⚽ 🚲	
Services :	⛐ ⊶ GB ⌇ ⌂ ⌇

Longitude : -3.05344
Latitude : 47.64576

PLOÉVEN

29550 – **308** F6 – 474 h. – alt. 60
🛈 *Syndicat d'initiative, Mairie* ℘ *02 98 81 51 84, Fax 02 98 81 58 79*
Paris 585 – Brest 64 – Châteaulin 15 – Crozon 25 – Douarnenez 15 – Quimper 25.

La Mer de déb. juin à fin sept.
℘ 02 98 81 29 19, *campingdelamer29@orange.fr*,
Fax 02 98 81 29 19, *www.campingdelamer29.fr*
1 ha (54 empl.) plat, herbeux
Tarif : ✱ 3,20€ ⇌ 2,10€ 🗉 3,20€ – 🗓 (6A) 2,90€
Location (de déb. juin à mi-sept.) ⬚⬚ : 6 bungalows
toilés
Pour s'y rendre : lieu-dit : Ty Anquer Plage (3 km au sud-
ouest, à 300 m de la plage)

Nature :	오	
Services :	⊶ ⌇ ⌇

Longitude : -4.26796
Latitude : 48.14806

*Die Klassifizierung (1 bis 5 Zelte, **schwarz** oder **rot**),*
mit der wir die Campingplätze auszeichnen, ist eine Michelin-eigene Klassifizierung.
Sie darf nicht mit der staatlich-offiziellen Klassifizierung
(1 bis 4 Sterne) verwechselt werden.

240

PLOMEUR

29120 – **308** F7 – G. Bretagne – 3 420 h. – alt. 33
🛈 *Office de tourisme, 1, place de l'Église* ℘ *02 98 82 09 05*
Paris 579 – Douarnenez 39 – Pont-l'Abbé 6 – Quimper 26.

Aire Naturelle Kéraluic de déb. mai à fin oct.
℘ 02 98 82 10 22, *camping@keraluic.fr*, Fax 02 98 82 10 22,
www.keraluic.fr
1 ha (25 empl.) plat, herbeux
Tarif : 18,40€ ✱✱ ⇌ 🗉 🗓 (6A) – pers. suppl. 3,90€
Location (permanent) ⬚⬚ : 3 studios – 1 appartement
Pour s'y rendre : au lieu-dit : Keraluic (4,3 km au nord-
est par D 57, rte de Plonéour-Lanvern)
À savoir : ancien corps de ferme joliment rénové

Nature :	⌇ 오	
Loisirs :	🎮 ⚽	
Services :	⛐ ⊶ GB ⌇ ⌂ ⌇

Longitude : -4.27419
Latitude : 47.86193

Lanven de déb. avr. à fin sept.
℘ 02 98 82 00 75, *campinglanven@wanadoo.fr*,
Fax 02 98 82 04 37, *www.campinglanven.com* – ⓡ
3,7 ha (159 empl.) plat, herbeux
Tarif : ✱ 3,80€ ⇌ 🗉 5,50€ – 🗓 (8A) 2,50€
Location (Prix 2009) : 5 🚐 (4 à 6 pers.) nuitée 35€ -
160 à 490€/sem.
🚽 1 borne artisanale 3€
Pour s'y rendre : au lieu-dit : La Chapelle de Beuzec (3,5
km au nord-ouest par D 57, rte de Plonéour-Lanvern puis
chemin à gauche)
À savoir : présence de colonies de vacances

Nature :	⌇ ⌂ 오	
Loisirs :	🍸 snack ⚽	
Services :	⊶ GB ⌇ ⌇ laverie

Longitude : -4.30951
Latitude : 47.84931

PLOMODIERN

29550 – **308** F5 – G. Bretagne – 2 122 h. – alt. 60
🛈 *Syndicat d'initiative, place de l'Église* ✆ 02 98 81 27 37, *Fax 02 98 81 59 91*
Paris 559 – Brest 60 – Châteaulin 12 – Crozon 25 – Douarnenez 18 – Quimper 28.

⚠ **L'Iroise** de mi-avr. à fin sept.
✆ 02 98 81 52 72, *campingiroise@orange.fr*,
Fax 02 98 81 26 10, *www.camping-iroise.fr*
2,5 ha (132 empl.) en terrasses, plat, peu incliné, herbeux
Tarif : ⚹ 6,50 € ⟺ 🅴 11,90 € – 🔌 (10A) 3,80 € – frais de
réservation 16 €

Location (permanent) : 16 🛏 (4 à 6 pers.) 285 à
600 €/sem. – 14 🏠 (4 à 6 pers.) - 300 à 620 €/sem. – 4
roulottes – frais de réservation 16 €
🔲 1 borne
Pour s'y rendre : Plage de Pors-Ar-Vag (5 km au sud-
ouest, à 100 m de la plage)

> Nature : 🐚 ⊰ Baie de Douarne-
> nez ♀
> Loisirs : 🍴 🛁 jacuzzi ⚓ 🎣
> 🛶 🏊
> Services : ⚖ 🔌 GB 🐕 🛁 🚿 ♨
> ♨ laverie 🛒
> À prox. : ✗ club nautique

> Longitude : -4.23938
> Latitude : 48.17915

PLONÉOUR-LANVERN

29720 – **308** F7 – 5 395 h. – alt. 71
🛈 *Syndicat d'initiative, place Charles-de-Gaulle* ✆ 02 98 82 70 10, *Fax 02 98 82 70 19*
Paris 578 – Douarnenez 25 – Guilvinec 14 – Plouhinec 21 – Pont-l'Abbé 7 – Quimper 25.

⚠ **Municipal de Mariano** de mi-juin à mi-sept.
✆ 02 98 87 74 80, *camping@ploneour-lanvern.fr*,
Fax 02 98 82 66 09, *www.ploneour-lanvern.fr* – 🏴
1 ha (59 empl.) plat, herbeux
Tarif : (Prix 2009) ⚹ 2 € ⟺ 2 € 🅴 3,50 € – 🔌 (16A) 3 €

Location (Prix 2009) (de mi-juin à fin sept.) : 3 🏠 (4
à 6 pers.) - 230 à 390 €/sem.
🔲 1 borne eurorelais 2 €
Pour s'y rendre : Impasse du Plateau (au nord par D 57)

> Nature : 🐚 📺 ♀♀
> Loisirs : 🛁 ⚓ 🎾
> Services : ⚖ 🐕 laverie

> Longitude : -4.28339
> Latitude : 47.90602

PLOUÉZEC

22470 – **309** E2 – 3 306 h. – alt. 100
🛈 *Syndicat d'initiative, rue du Lieutenant-Colonel Simon* ✆ 02 96 22 72 92
Paris 489 – Guingamp 28 – Lannion 39 – Paimpol 6 – St-Brieuc 41.

⚠ **Domaine du Launay** de déb. avr. à fin sept.
✆ 02 96 20 63 15, *domainedulaunay@wanadoo.fr*,
Fax 02 96 16 43 86, *www.domaine-du-launay.com*
4 ha (90 empl.) en terrasses, herbeux
Tarif : 18 € ⚹⚹ ⟺ 🅴 🔌 (12A) – pers. suppl. 4,50 € –
frais de réservation 10 €

Location : 4 🛏 (2 à 4 pers.) 180 à 300 €/sem. – 10
🛏 (4 à 6 pers.) 270 à 490 €/sem. – 🏠 – frais de
réservation 10 €
🔲 1 borne artisanale 3 € – 8 🅴 13 €
Pour s'y rendre : 11 rte De Toul Veign (3,1 km au sud-
ouest par D 77, rte de Yvias et rte à dr.)

À savoir : belle décoration arbustive

> Nature : 🐚 ⊰ 📺 ♀
> Loisirs : 🍴 🛁 salle d'animation
> ⚓ 🚲 🏊 🏌 swin-golf
> Services : ⚖ 🔌 GB 🐕 ♨ laverie
> À prox. : 🎾 ◊ 🐴 poneys

> Longitude : -3.0076
> Latitude : 48.73791

⚠ **Le Cap Horn** de déb. avr. à fin sept.
✆ 02 96 20 64 28, *lecaphorn@hotmail.com*,
Fax 02 96 20 63 88, *www.lecaphorn.com*
4 ha (149 empl.) en terrasses et peu incliné, herbeux,
pierreux
Tarif : (Prix 2009) 26,50 € ⚹⚹ ⟺ 🅴 🔌 (10A) – pers.
suppl. 6 € – frais de réservation 10 €

Location (Prix 2009) 🌾 (juil.-août) : 22 🛏 (4 à 6
pers.) 809 €/sem. – frais de réservation 15 €
Pour s'y rendre : r. de Port Lazo (2,3 km au nord-est par
D 77, accès direct à la plage)

À savoir : situation dominant l'Anse de Paimpol et l'Île de
Bréhat

> Nature : 🐚 ⊰ 📺
> Loisirs : 🍴 🛁 ⚓ 🚲 🏊 kayak
> de mer
> Services : ⚖ 🔌 GB 🐕 🛁 laverie
> 🚿
> À prox. : 🎾 🏊 ◊ 🐴 poneys

> Longitude : -2.96132
> Latitude : 48.75792

PLOUGASNOU

29630 – **308** I2 – G. Bretagne – 3 240 h. – alt. 55

🖪 *Syndicat d'initiative, place du Général Leclerc* 🕿 *02 98 67 31 88, Fax 02.98.67.31.88*

Paris 545 – Brest 76 – Guingamp 62 – Lannion 34 – Morlaix 22 – Quimper 95.

▲ **Domaine de Mesqueau** de déb. mai à mi-sept.
🕿 02 98 67 37 45, *domaine-de-mesqueau@orange.fr*,
Fax 02 98 67 37 45, *www.camping-bretagne-mer.com*
7,5 ha (100 empl.) plat, herbeux
Tarif : 18 € ★★ ⇔ 🔲 🔌 (6A) – pers. suppl. 5 €
Location 🅿 : 15 🛏 (4 à 6 pers.) nuitée 29 € - 180
à 600 €/sem.
🚐 1 borne sanistation – 🚐 8.50 €
Pour s'y rendre : 870 rte de Mesqueau (3,5 km au sud
par D 46, rte de Morlaix puis 800 m par rte à gauche, à
100 m d'un plan d'eau (accès direct))

| Nature : 🐟 ♨♨ |
| Loisirs : 🏨 ⛱ ⚹ ⚓ terrain multisports |
| Services : ⚹ ⚹ ⚹ ⚹ 🔲 |
| À prox. : crêperie ⚹ ⚓ |

| Longitude : -3.78669 |
| Latitude : 48.66587 |

PLOUGASTEL-DAOULAS

29470 – **308** E4 – 12 880 h. – alt. 113

🖪 *Office de tourisme, 4 bis, place du Calvaire* 🕿 *02 98 40 34 98, Fax 02 98 40 68 85*

Paris 596 – Brest 12 – Morlaix 60 – Quimper 64.

▲▲ **St-Jean** de déb. janv. à fin sept.
🕿 02 98 40 32 90, *info@campingsaintjean.com*,
www.campingsaintjean.com
1,6 ha (125 empl.) en terrasses, plat, peu incliné,
herbeux, gravier
Tarif : (Prix 2009) 23 € ★★ ⇔ 🔲 🔌 (10A) – pers.
suppl. 5 € – frais de réservation 15 €
Location (Prix 2009) : 🛏 – 🏠 – frais de réservation
15 €
🚐 7 🔲 23 €
Pour s'y rendre : au lieu-dit : Saint-Jean (4,6 km au nord-
est par D 29 et N 165, sortie centre commercial Leclerc)
À savoir : situation et site agréables au bord de l'Estuaire
de l'Elorn

| Nature : 🐟 🗀 ♨ |
| Loisirs : 🍴 🏨 ⛱ 🔲 ⚓ kayak de mer, terrain multisports |
| Services : ⚹ ⚞ 🅶🅱 ⚹ 🔲 ⚹ ⚹ laverie ⚹ |

| Longitude : -4.35514 |
| Latitude : 48.40254 |

242

Do not confuse :
▲ *... to ...* ▲▲▲ *: MICHELIN classification*
and
★ *... to ...* ★★★★ *: official classification*

PLOUGONVELIN

29217 – **308** C4 – 3 525 h. – alt. 44

🖪 *Office de tourisme, boulevard de la Mer* 🕿 *02 98 48 30 18, Fax 02 98 48 25 94*

Paris 616 – Brest 21 – Brignogan-Plages 56 – Quimper 95 – St-Pol-de-Léon 82.

▲ **Les Terrasses de Bertheaume** (location exclusive
de mobile homes) Permanent
🕿 02 98 48 32 37, *sarl.alb@orange.fr*, Fax 02 98 48 32 37,
www.camping-brest.com – empl. traditionnels
également disponibles
2 ha en terrasses, herbeux
Location : 8 🛏 (4 à 6 pers.) nuitée 38 € - 236 à 530 €/
sem.
Pour s'y rendre : rte de Perzel

| Nature : 🐟 ≼ |
| Loisirs : 🏨 ⛱ ⚓ (petite piscine) |
| Services : ⚞ ⚹ laverie |
| À prox. : école de plongée |

| Longitude : -4.70731 |
| Latitude : 48.34143 |

PLOUGOULM

29250 – **308** G3 – 1 751 h. – alt. 60
Paris 560 – Brest 58 – Brignogan-Plages 27 – Morlaix 24 – Roscoff 10.

⚠ **Municipal du Bois de la Palud** de mi-juin à mi-sept.
℘ 02 98 29 81 82, *mairie-de-plougoulm@wanadoo.fr*,
Fax 02 98 29 92 26
0,7 ha (34 empl.) en terrasses et peu incliné, herbeux
Tarif : 16 € ✦✦ ⇌ 🅴 (6A) – pers. suppl. 4 €
Pour s'y rendre : 900 m à l'ouest du carr. D 10-D 69
(croissant de Plougoulm), par rte de Plouescat et chemin
à dr.

Nature : 🏞 ⇐ 🏠 ♤♤
Services : 🚿 GB ⚙ ♨
À prox. : ⛵

Longitude : -4.0564
Latitude : 48.67008

PLOUGOUMELEN

56400 – **308** N9 – 2 200 h. – alt. 27
Paris 471 – Auray 10 – Lorient 51 – Quiberon 39 – Vannes 14.

⚠ **La Fontaine du Hallate** de déb. avr. à fin oct.
℘ 06 16 30 08 33,
degloanic@orange.fr, *www.camping-hallate.fr*
3 ha (94 empl.) peu incliné, plat, herbeux, étang
Tarif : 12,40 € ✦✦ ⇌ 🅴 ⚡ (6A) – pers. suppl. 2,20 €

Location : 10 🛏 (4 à 6 pers.) nuitée 48 € - 280 à
495 €/sem.
Pour s'y rendre : 8 ch. de Poul Fetan (3,2 km au sud-est
vers Ploeren et rte de Baden à dr., au lieu-dit Hallate)

Nature : 🏞⇐ 🏠 ♀
Loisirs : 🎠
Services : 🚿 ☕ ⚙ ♨ 🏚 ⛺laverie

Longitude : -2.8989
Latitude : 47.6432

⚠ **Municipal Kergouguec** de mi-juin à mi-sept.
℘ 02 97 57 88 74, *mairie.plougoumelen@wanadoo.fr*,
Fax 02 97 57 95 22, *http://www.plougoumelen.fr/*
1,5 ha (80 empl.) plat à peu incliné, herbeux
Tarif : (Prix 2009) ✦ 2,60 € ⇌ 1,60 € 🅴 2,20 € – ⚡ (6A) 3 €
Pour s'y rendre : rte de Bequerel (500 m au sud du
bourg, par rte de Baden, au stade)

Nature : ♀
Loisirs : ✂
Services : 🚿 ⚙ 🖼
À prox. : golf

Longitude : -2.9205
Latitude : 47.64908

PLOUGRESCANT

22820 – **309** C1 – 1 359 h. – alt. 53
Paris 516 – Lannion 26 – Perros-Guirec 23 – St-Brieuc 68 – Tréguier 8.

⚠ **Le Gouffre** de déb. avr. à fin sept.
℘ 02 96 92 02 95, *campingdugouffre@orange.fr*,
Fax 02 96 92 52 99, *www.camping-gouffre.com* –
places limitées pour le passage
3 ha (130 empl.) peu incliné, plat, herbeux
Tarif : ✦ 4 € ⇌ 🅴 5 € – ⚡ (16A) 3 € – frais de
réservation 15 €

Location : 9 🛏 (4 à 6 pers.) nuitée 40 € - 180 à 520 €/
sem. – frais de réservation 15 €
🚐 1 borne artisanale – 🚽 ⚡ 13.95 €
Pour s'y rendre : au lieu-dit : Hent Crec'h Kermorvant
(2,7 km au nord par rte de la pointe du Château)

Nature : 🏞 🏠
Services : 🚿 ☕ (juil.-août) GB ⚙ 🖼

Longitude : -3.22858
Latitude : 48.8587

⚠ **Le Varlen** de mi-mars à déb. nov.
℘ 02 96 92 52 15, *info@levarlen.com*, Fax 02 96 92 50 34,
www.levarlen.com
1 ha (65 empl.) plat, herbeux
Tarif : (Prix 2009) ✦ 3,70 € ⇌ 2,40 € 🅴 4 € –
⚡ (10A) 3,70 € – frais de réservation 8 €

Location (Prix 2009) : 13 🛏 (4 à 6 pers.) nuitée 50 €
- 220 à 550 €/sem. – 4 studios – 3 bungalows toilés –
frais de réservation 8 €
🚐 1 borne artisanale 10,50 € – 🚽 10.50 €
Pour s'y rendre : 4. Pors Hir (2 km au nord-est, à 200 m
de la mer)

Nature : 🏞 🏠
Loisirs : 🍷 🎮 🎠
Services : 🚿 ⚙ GB ⚙ 🔧 📶 laverie ♨
À prox. : crêperie

Longitude : -3.2286
Latitude : 48.84541

PLOUGUERNEAU

29880 – **308** D3 – 6 094 h. – alt. 60

🛈 *Office de tourisme, place de l'Europe* 🕿 *02 98 04 70 93*

Paris 604 – Brest 27 – Landerneau 33 – Morlaix 68 – Quimper 93.

⚠ **La Grève Blanche** de mi-avr. à mi-oct.
🕿 02 98 04 70 35, *lroudaut@free.fr*, Fax 02 98 04 63 97,
www.campinggreveblanche.com
2,5 ha (100 empl.) plat, peu incliné, herbeux, sablonneux,
rochers
Tarif : 🛉 3,30€ – 🚗 1,70€ – 🔟 5€ – 🔌 (9A) 2,80€

Location : 12 🚐 (2 à 4 pers.) 300 à 330€/sem. – 4
🏠 (4 à 6 pers.) 350 à 550€/sem. – 2 roulottes
🔧 1 borne artisanale 4€ – 80 🔟 11,60€ – 🚢 8.50€
Pour s'y rendre : lieu-dit : St-Michel (4 km au nord par
D 32, rte du Mont-St-Michel et à gauche, au bord de plage)

À savoir : cadre naturel autour de rochers dominant la
plage

| Nature : ≤🏔 |
| Loisirs : 🍷 🏊 |
| Services : 🚿 ⚡ 🐕 🍴 |

| Longitude : -4.523 |
| Latitude : 48.6305 |

⚠ **Du Vougot** de déb. avr. à fin oct.
🕿 02 98 25 61 51, *campingduvougot@hotmail.fr*,
Fax 02 98 25 61 51, *www.campingplageduvougot.com*
2,5 ha (55 empl.) plat, sablonneux, herbeux
Tarif : 19,50€ 🛉🛉 – 🚗 🔟 (10A) – pers. suppl. 4,20€

Location : 16 🏠 (4 à 6 pers.) 255 à 560€/sem.
🔧 1 borne artisanale
Pour s'y rendre : rte de Prat Ledan (7,4 km au nord-
est par D 13 et D 10, rte de Guisseny, puis D 52 grève du
Vougot, à 250 m de la mer)

| Nature : 🏞 🌳 🌿 |
| Loisirs : 🏊 |
| Services : ⚡ GB 🐕 🍴 laverie |
| **À prox. : centre nautique** |

| Longitude : -4.45533 |
| Latitude : 48.62269 |

PLOUHA

22580 – **309** E2 – G. Bretagne – 4 511 h. – alt. 96

🛈 *Office de tourisme, 5, avenue Laënnec* 🕿 *02 96 20 24 73*, Fax *02 96 22 57 05*

Paris 479 – Guingamp 24 – Lannion 49 – St-Brieuc 31 – St-Quay-Portrieux 10.

⚠ **"Les Castels" Domaine de Keravel** de déb. juin à
fin sept.
🕿 02 96 22 49 13, *keravel@wanadoo.fr*, *www.keravel.com*
5 ha/2 campables (116 empl.) en terrasses, peu incliné,
herbeux
Tarif : 🛉 6,70€ – 🚗 🔟 10,90€ – 🔌 (10A) 3,80€

Location (de déb. mai à fin oct.) : 6 🏠 (4 à 6 pers.)
nuitée 49€ - 300 à 690€/sem. – 🏠 – appartements
Pour s'y rendre : lieu-dit : La Trinité (2 km au nord-est
par rte de la Trinité, près de la chapelle)

À savoir : dans l'agréable parc d'un manoir

| Nature : 🏞 🌳 🌿🌿 |
| Loisirs : 🎬 🛝 ✂ 🏊 |
| Services : 🚿 ⚡ GB 🐕 🚿 🍴 |
| 🍴 laverie |
| **À prox. :** 🛒 ⛳ 🎣 🐴 poneys |
| **golf, canoë de mer** |

| Longitude : -2.90712 |
| Latitude : 48.68999 |

PLOUHARNEL

56340 – **308** M9 – 1 883 h. – alt. 21

🛈 *Office de tourisme, rond-point de l'Océan* 🕿 *02 97 52 32 93*, Fax 02.97.52.49.87

Paris 490 – Auray 13 – Lorient 33 – Quiberon 15 – Quimperlé 51 – Vannes 33.

⚠ **Kersily** de déb. avr. à fin oct.
🕿 02 97 52 39 65, *camping.kersily@wanadoo.fr*,
Fax 02 97 52 44 76, *www.camping-kersily.com*
2,5 ha (120 empl.) peu incliné, plat, herbeux
Tarif : (Prix 2009) 🛉 4,80€ – 🚗 2€ 🔟 6€ – 🔌 (6A) 2,90€ –
frais de réservation 10€

Location (Prix 2009) : 22 🏠 (4 à 6 pers.) 205 à 550€/
sem. – frais de réservation 10€
🔧 1 borne artisanale 2€
Pour s'y rendre : au lieu-dit : Ste-Barbe (2,5 km au
nord-ouest par D 781, rte de Lorient et rte de Ste-Barbe,
à gauche)

| Nature : 🏞 🌿🌿 |
| Loisirs : 🍷 snack 🎬 🌙 nocturne |
| salle d'animation 🏊 ✂ 🏊 🛝 |
| Services : 🚿 ⚡ GB 🐕 🚿 🍴 |
| laverie |

| Longitude : -3.13535 |
| Latitude : 47.60726 |

Les Goélands de déb. avr. à fin sept.
℘ 02 97 52 31 92, *contact@camping-lesgoelands.com*
1,6 ha (80 empl.) plat, herbeux
Tarif : (Prix 2009) 15 € ★★ ⚓ ▣ (½) (5A) – pers.
suppl. 3 € – frais de réservation 15 €

Location (de déb. avr. à fin oct.) : 10 ⛺ (4 à 6 pers.)
240 à 680 €/sem. – 5 ⌂ (4 à 6 pers.) - 340 à 750 €/
sem.
Pour s'y rendre : lieu-dit : Kergonan (1,5 km à l'est par D
781, rte de Carnac puis 500 m par rte à gauche)

Nature : 🐟 ♀
Services : ⚡ ♂ ⛟ "٣"
À prox. : ✂ 🐎 poneys golf

Longitude : -3.10006
Latitude : 47.60535

PLOUHINEC

29780 – **308** E6 – 4 177 h. – alt. 101
🛈 *Office de tourisme, place Jean Moulin* ℘ 02 98 70 74 55, Fax 02 98 70 72 76
Paris 594 – Audierne 5 – Douarnenez 18 – Pont-l'Abbé 27 – Quimper 33.

Kersiny-Plage de déb. mai à mi-sept.
℘ 02 98 70 82 44, *info@kersinyplage.com*,
Fax 09 56 08 64 82, *www.kersinyplage.com*
2 ha (70 empl.) en terrasses, peu incliné, herbeux
Tarif : (Prix 2009) 18 € ★★ ⚓ ▣ (½) (6A) – pers.
suppl. 4,60 € – frais de réservation 10 €

Location (Prix 2009) (de déb. avr. à mi-sept.) ⚓
: 3 ⌂ (4 à 6 pers.) - 220 à 505 €/sem. – frais de
réservation 10 €
⛟ 1 borne artisanale
Pour s'y rendre : 1 r. Nominoé (sortie ouest par D 784,
rte d'Audierne puis 1 km au sud par rte de Kersiny, à
100 m de la plage (accès direct))

À savoir : Agréable situation

Nature : 🐟 < mer 🏖
Services : ⚡ GB ⛟ "٣" ▣
À prox. : ✂

Longitude : -4.50737
Latitude : 48.00697

Donnez-nous votre avis sur les terrains que nous recommandons.
Faites-nous connaître vos observations et vos découvertes
par mail à l'adresse : leguidecampingfrance@fr.michelin.com.

245

PLOUHINEC

56680 – **308** L8 – 4 657 h. – alt. 10
Paris 503 – Auray 22 – Lorient 18 – Quiberon 30 – Quimperlé 36.

Moténo 👥 – de déb. avr. à fin sept.
℘ 02 97 36 76 63, *info@camping-moteno.com*,
Fax 02 97 85 81 84, *www.camping-le-moteno.com*
4 ha (230 empl.) plat, herbeux
Tarif : 32 € ★★ ⚓ ▣ (½) (10A) – pers. suppl. 6 € – frais
de réservation 22 €

Location : 70 ⛺ (4 à 6 pers.) nuitée 70 € - 190 à
970 €/sem. – 29 ⌂ (4 à 6 pers.) nuitée 70 € - 235 à
970 €/sem. – frais de réservation 22 €
Pour s'y rendre : r. du Passage d'Étel (4,5 km au sud-est
par D 781 et à dr., rte du Magouër)

Nature : 🏖 ♀
Loisirs : ♟ ✗ snack 🎱 🏕 🏊 ⛹
jacuzzi, salle d'animation 🏇 🚲
🎯 🏊 ⛷ terrain omnisports
Services : ♿ ⚡ GB ⛟ 🚿 "٣"
laverie 🔌 🚰

Longitude : -3.21873
Latitude : 47.66328

Municipal Kérabus de mi-juin à mi-sept.
℘ 02 97 36 61 67, *mairie.plouhinec56@wanadoo.fr*,
Fax 02 97 85 88 89
4 ha (100 empl.) non clos, plat, herbeux, pinède
attenante
Tarif : (Prix 2009) 12,50 € ★★ ⚓ ▣ (½) (10A) – pers.
suppl. 2,80 €
⛟ 1 borne 3,50 € – 45 ▣ 13 €
Pour s'y rendre : au Stade (3 km au sud-est par D 781,
rte de Carnac et à dr., rte du Magouër)

Nature : 🏖 🏖
Loisirs : 🏊 ✂ poneys
Services : ♿ ⚡ 🚰 ▣
À prox. : ◊

Longitude : -3.25144
Latitude : 47.69728

PLOUIGNEAU

29610 – **308** I3 – 4 367 h. – alt. 156
Paris 526 – Brest 72 – Carhaix-Plouguer 43 – Guingamp 44 – Lannion 32 – Morlaix 11.

Aire Naturelle la Ferme de Croas Men de déb.
avr. à fin oct.
℘ 02 98 79 11 50, *fermecroasmen@free.fr*,
Fax 02 98 79 11 50, *http://pagesperso-orange.fr/*
camping.croamen/
1 ha (25 empl.) plat, herbeux, verger
Tarif : (Prix 2009) ⚹ 3,20 € ⟚ 5 € – [½] (6A) 3,20 €
Location (Prix 2009) (permanent) : 4 🏠 (4 à 6 pers.)
nuitée 55 € - 320 à 480 €/sem. – roulottes
⟐ 1 borne – 🚐 [½] 14.60 €
Pour s'y rendre : au lieu-dit : Croas Men (2,5 km au nord-
ouest par D 712 et D 64, rte de Lanmeur puis 4,7 km par
rte de Lanleya à gauche et rte de Garlan)
À savoir : ferme pédagogique en activité, musée d' outils
paysans

| Nature : 🖼 ♀ |
| Loisirs : 🖼 ⛷ |
| Services : 🕭 ⟞ 🚿 laverie |
| À prox. : 🐎 |

Longitude : -3.7016
Latitude : 48.56671

PLOUNÉVEZ-LOCHRIST

29430 – **308** F3 – 2 367 h. – alt. 70
Paris 576 – Brest 41 – Landerneau 24 – Landivisiau 22 – St-Pol-de-Léon 22.

Municipal Odé-Vras de mi-juin à déb. sept.
℘ 02 98 61 65 17, *accueil@plounevez-lochrist.fr*,
www.plounevez-lochrist.fr
3 ha (135 empl.) plat, sablonneux, herbeux
Tarif : (Prix 2009) ⚹ 2,55 € ⟚ 0,94 € 🔲 1,14 € – [½] 2,18 €
Pour s'y rendre : lieu-dit : Ode Vras (4,5 km au nord,
par D 10, à 300 m de la baie de Kernic (accès direct))

| Nature : 🖼 ♀ |
| Loisirs : 🖼 ⛷ |
| Services : ⟞ 🚿 🏳 laverie |

Longitude : -4.21193
Latitude : 48.61741

246

PLOZÉVET

29710 – **308** E7 – G. Bretagne – 2 900 h. – alt. 70
🚹 *Office de tourisme, place Henri Normant* *℘* 02 98 91 45 15, Fax 02 98 91 47 00
Paris 588 – Audierne 11 – Douarnenez 19 – Pont-l'Abbé 22 – Quimper 27.

La Corniche de déb. avr. à déb. oct.
℘ 02 98 91 33 94, *infos@campinglacorniche.com*,
Fax 02 98 91 41 53, *www.campinglacorniche.com*
2 ha (120 empl.) plat, herbeux
Tarif : 20,20 € ⚹⚹ ⟚ 🔲 [½] (10A) – pers. suppl. 4,50 € –
frais de réservation 10 €
Location : 5 🚐 (4 à 6 pers.) nuitée 95 € - 250 à 610 €/
sem. – 13 🏠 (4 à 6 pers.) nuitée 89 € - 230 à 640 €/
sem. – frais de réservation 10 €
⟐ 1 borne artisanale 4 €
Pour s'y rendre : ch. de la Corniche (sortie sud par
rte de la mer)

| Nature : 🖼 |
| Loisirs : 🍴 🖼 ⛷ 🏊 |
| Services : 🕭 ⟞ GB 🚿 🏳 🍴 ♨ |
| 📶 laverie |

Longitude : -4.4286
Latitude : 47.98231

PLURIEN

22240 – **309** H3 – 1 354 h. – alt. 48
🚹 *Office de tourisme, Manoir de Montanguè* *℘* 02 96 72 18 52, Fax 02.96.72.02.80
Paris 436 – Dinard 34 – Lamballe 25 – Plancoët 23 – St-Brieuc 37 – St-Cast-le-Guildo 18.

Municipal la Saline de déb. juin à mi-sept.
℘ 02 96 72 17 40, *commune.plurien@orange.fr*
3 ha (150 empl.) en terrasses, plat, herbeux
Tarif : (Prix 2009) ⚹ 2,90 € ⟚ 1,25 € 🔲 2,30 € –
[½] (12A) 2,30 €
Pour s'y rendre : r. du Lac, au lieu-dit : Sables d'or-Les
Pins (1,2 km au nord-ouest par D 34, rte de Sables-d'Or-
les-Pins, à 500 m de la mer)

| Nature : 🌊 ♀ |
| Loisirs : ⛷ |
| Services : 🕭 ⟞ 🚿 laverie |

Longitude : -2.40413
Latitude : 48.62638

PONTRIEUX

22260 – **309** D2 – 1 080 h. – alt. 13
🖪 *Syndicat d'initiative, place de Trocquer* 📞 *02 96 95 14 03*, Fax *02 96 95 14 03*
Paris 491 – Guingamp 18 – Lannion 27 – Morlaix 67 – St-Brieuc 43.

⚠ **Traou-Mélédern** Permanent
📞 *02 96 95 69 27*, *campingpontrieux@free.fr*,
http://campingpontrieux.free.fr
1 ha (50 empl.) peu incliné, plat, herbeux
Tarif : 🏕 3,50€ ⬅ 🖼 4€ – 🔌 (7A) 3€
Pour s'y rendre : 400 m au sud du bourg, au bord
du Trieux

| Nature : 🗺 ♀♀ |
| Loisirs : 🏖 |
| Services : 🚿 ⊝ (de mi-juin à mi-sept.) 🐕 🖼 |
| À prox. : port de plaisance |

Longitude : -3.16355
Latitude : 48.6951

🛶 ✖ *ATTENTION...*
🏄 *ces éléments ne onctionnent généralement qu'en saison,*
🛷 🐎 *quelles que soient les dates d'ouverture du terrain.*

PONT-SCORFF

56620 – **308** K8 – G. Bretagne – 3 037 h. – alt. 42
🖪 *Syndicat d'initiative, rue de Lorient* 📞 *02 97 32 50 27*, Fax *02 97 32 59 96*
Paris 509 – Auray 47 – Lorient 11 – Quiberon 56 – Quimperlé 13.

⚠ **Ty Nénez** Permanent
📞 *02 97 32 51 16*, *camping-ty-nenez@wanadoo.fr*,
Fax *02 97 32 43 77*, *www.lorient-camping.com*
2,5 ha (75 empl.) plat, peu incliné, herbeux
Tarif : 🏕 2,60€ 🖼 3,90€ – 🔌 (16A) 3€

Location : 6 🛖 (4 à 6 pers.) nuitée 42€ - 294 à 532€/
sem.
🚐 borne eurorelais 2€ – 8 🖼 9,10€ – 🚐 9.1€
Pour s'y rendre : rte de Lorient (1,8 km au sud-ouest
par D 6)

| Nature : 🗺 ♀ |
| Loisirs : 🍴 🏖 |
| Services : 🚿 ⌐ GB 🐕 🗑 🛁 ᵗⁱ laverie |

Longitude : -3.40238
Latitude : 47.8307

247

PORDIC

22590 – **309** F3 – 5 612 h. – alt. 97
Paris 459 – Guingamp 33 – Lannion 65 – St-Brieuc 11 – St-Quay-Portrieux 12.

⚠ **Les Madières** de déb. avr. à fin oct.
📞 *02 96 79 02 48*, *campinglesmadieres@wanadoo.fr*,
www.campinglesmadieres.com
1,6 ha (93 empl.) peu incliné, plat, herbeux
Tarif : 🏕 5€ ⬅ 🖼 7,50€ – 🔌 (10A) 3,50€

Location (Prix 2009) : 2 🛖 (2 à 4 pers.) 250 à 390€/
sem. – 9 🛖 (4 à 6 pers.) 290 à 550€/sem. – frais de
réservation 10€
🚐 4 🖼 17€
Pour s'y rendre : au lieu-dit : Le Vau Madec (2 km au
nord-est par rte de Binic et à dr.)

À savoir : agréable cadre verdoyant et ombragé avec
quelques emplacements vue sur mer et port de St-Quay-
Portrieux

| Nature : 🏞 🗺 ♀♀ |
| Loisirs : 🍴 snack 🛷 |
| Services : 🚿 ⌐ GB 🐕 🗑 laverie |

Longitude : -2.80593
Latitude : 48.58196

⚠ **Le Roc de l'Hervieu** de déb. mai à fin sept.
📞 *02 96 79 30 12*, *le.roc.de.lhervieu@wanadoo.fr*,
Fax *02 96 79 30 12*, *www.campinglerocdelhervieu.fr* –
places limitées pour le passage
2,5 ha (166 empl.) plat, herbeux
Tarif : (Prix 2009) 🏕 4,20€ ⬅ 3,60€ 🖼 4,20€ –
🔌 (10A) 3,60€
🚐 1 borne artisanale
Pour s'y rendre : 19 r. d'Estienne d'Orves (3 km au nord-
est par rte de la Pointe de Pordic et chemin à dr.)

| Nature : 🏞 🗺 |
| Loisirs : 🛋 🏖 |
| Services : 🚿 ⌐ 🖼 |

Longitude : -2.81681
Latitude : 48.5707

PORT-MANECH

29920 – **308** I8 – G. Bretagne
Paris 545 – Carhaix-Plouguer 73 – Concarneau 18 – Pont-Aven 12 – Quimper 44 – Quimperlé 29.

St-Nicolas de déb. mai à mi-sept.
☎ 02 98 06 89 75, *info@campinglesaintnicolas.com*,
Fax 02 98 06 74 61, *www.campinglesaintnicolas.com*
3 ha (180 empl.) plat, incliné et en terrasses, herbeux
Tarif : 25,20€ ✶✶ ⇌ 🄴 [½] (6A) – pers. suppl. 5,30€

Location (de déb. avr. à fin sept.) : 11 [⚏] (4 à 6 pers.)
nuitée 90€ - 220 à 695€/sem.
Pour s'y rendre : à Port-Manech (au nord du bourg,
à 200 m de la plage)

À savoir : décoration arbustive et florale

Nature : ▱ 🌳🌳	
Loisirs : 🎮 ⚓ 🏊	
Services : 🚿 ⊶ GB ⛟ laverie	
À prox. : 🍸 ⚲	

Longitude : -3.74545
Latitude : 47.80492

Consultez le site **Voyage.ViaMichelin.fr**

LE POULDU

29360 – **308** J8 – G. Bretagne
Paris 521 – Concarneau 37 – Lorient 25 – Moëlan-sur-Mer 10 – Quimper 61 – Quimperlé 14.

Les Embruns de déb. avr. à mi-sept.
☎ 02 98 39 91 07, *camping-les-embruns@wanadoo.fr*,
Fax 02 98 39 97 87, *www.camping-les-embruns.com* –
4 ha (180 empl.) plat et peu incliné, herbeux, sablonneux,
verger
Tarif : 30,80€ ✶✶ ⇌ 🄴 [½] (10A) – pers. suppl. 5,80€ –
frais de réservation 20€

Location : 24 [⚏] (4 à 6 pers.) nuitée 50€ - 290 à
680€/sem. – 6 [🏠] (4 à 6 pers.) – 395 à 795€/sem. –
frais de réservation 20€
[⚏] 1 borne 4,50€ – 12 🄴 9€ – 🛁 9€
Pour s'y rendre : r. du philosophe Alain (au bourg,
à 350 m de la plage)

À savoir : Belle décoration arbustive et florale

Nature : ▱ ⚲	
Loisirs : 🍸 🎮 ☀diurne ⚓ 🏸 🏊 (découverte en saison)	
Services : 🚿 ⊶ GB ⛟ ▥ ♨ 🏊 ⚡ ♨ laverie 🌊 ♨	
À prox. : ✗ ⚲ 🐎 🎿	

Longitude : -3.54804
Latitude : 47.76814

Keranquernat de déb. mai à déb. sept.
☎ 02 98 39 92 32, *camping.keranquernat@wanadoo.fr*,
Fax non, *www.camping.keranquernat.com*
1,5 ha (100 empl.) plat et peu incliné, herbeux
Tarif : 20€ ✶✶ ⇌ 🄴 [½] (6A) – pers. suppl. 4€

Location (de déb. mai à déb. nov.) 🦿 : 10 [⚏] (4 à
6 pers.) 199 à 490€/sem.
Pour s'y rendre : keranquernat le pouldu (sortie nord-
est)

À savoir : cadre agréable sous les pommiers, au milieu
des fleurs

Nature : 🌿 ▱ ⚲	
Loisirs : 🎮 ⚓ 🏊	
Services : 🚿 ⊶ (juil.-août) ⛟ ♨ laverie	
À prox. : ✗ ⚲ 🐎 poneys	

Longitude : -3.545
Latitude : 47.7724

Les Grands Sables de déb. avr. à mi-sept.
☎ 02 98 39 94 43, *campinggrandssables@aliceadsl.fr*,
Fax 02 98 39 97 47, *www.camping-lesgrandssables.com*
2,4 ha (147 empl.) plat, peu incliné, terrasses, herbeux,
sablonneux
Tarif : (Prix 2009) 18,80€ ✶✶ ⇌ 🄴 [½] (6A) – pers.
suppl. 4,50€ – frais de réservation 8€

Location (Prix 2009) : 10 [⚏] (2 à 4 pers.) nuitée 30€
- 155 à 338€/sem. – 11 [⚏] (4 à 6 pers.) nuitée 40€ -
195 à 470€/sem. – frais de réservation 8€
[⚏] 1 borne – 🛁 7.50€
Pour s'y rendre : 22 rue philosophe alain (au bourg,
à 200 m de la plage)

À savoir : Dans un cadre verdoyant et ombragé

Nature : ⚲	
Loisirs : ⚓	
Services : ⊶ ⛟ ♨ 🔲	
À prox. : ✗ ⚲ 🐎	

Longitude : -3.54804
Latitude : 47.76814

⚠️ **Locouarn** de déb. juin à déb. sept.
𝒫 02 98 39 91 79, *info@camping-locouarn.com*,
Fax 298399179, *www.camping-locouarn.com*
2,5 ha (100 empl.) peu incliné, plat, herbeux, non clos
Tarif : 16,10€ 🏕🏕 ⏪ 🔲 (6A) – pers. suppl. 3,30€ –
frais de réservation 20€

Location (de mi-mai à mi-sept.) : 9 🚐 (4 à 6 pers.)
nuitée 40€ - 160 à 480€/sem. – frais de réservation
5€
Pour s'y rendre : 2 km au nord par D 49, rte de
Quimperlé

| Nature : ♀ |
| Loisirs : ⛵ |
| Services : 🚿 ⚡ 🚗 ♨ 🛒 laverie |
| À prox. : ⛵ 🍴 crêperie 🐎 poneys |

Longitude : -3.54752
Latitude : 47.78487

⚠️ **Croas An Ter** de déb. juin à mi-sept.
𝒫 02 98 39 94 19, *campingcroasanter@orange.fr*,
Fax 02 98 39 94 19, *www.campingcroasanter.com*
3,5 ha (90 empl.) plat, incliné, herbeux
Tarif : 11,80€ 🏕🏕 ⏪ 🔲 (6A) – pers. suppl. 3,40€
Pour s'y rendre : lieu-dit : Quelvez (1,5 km au nord par
D49, rte de Quimperlé)

| Nature : 🏞 🚡 ♀♀ |
| Loisirs : pizzeria 🏊 |
| Services : 🚿 ⚡ 🚗 ♨ 🛒 |
| À prox. : 🍴 🚲 |

Longitude : -3.58562
Latitude : 47.79648

POULLAN-SUR-MER

29100 – **308** E6 – 1 489 h. – alt. 79
Paris 596 – Rennes 244 – Quimper 30 – Brest 80 – Concarneau 57.

🏔 **Le Pil Koad** 👥 – de déb. mai à mi-sept.
𝒫 02 98 74 26 39, *info@pil-koad.com*, Fax 02 98 74 55 97,
www.pil-koad.com
5,7 ha (190 empl.) plat, herbeux
Tarif : 29,50€ 🏕🏕 ⏪ 🔲 (10A) – pers. suppl. 5€

Location (de déb. avr. à fin sept.) : 🛖 – 42 🚐 (4 à
6 pers.) nuitée 35€ - 264 à 693€/sem. – 23 🏠 (4 à 6
pers.) nuitée 49€ - 294 à 721€/sem.
🚐 borne artisanale 2€ – 🔋 🔲 13€
Pour s'y rendre : 30 r. Luc Robet (600 m à l'est
du bourg par D7)

| Nature : 🏞 🚡 ♀♀ |
| Loisirs : 🍴 🍽 (le soir) 🎦 🎮 nocturne 🏓 🚲 🎯 ⛳ ⛵ 🏊 🎾 terrain multisports |
| Services : 🚿 ⚡ 🏧 🚗 ♨ 🚿 🛒 🏺 laverie 🖥 🚲 |

Longitude : -4.3531
Latitude : 48.08205

249

Ne prenez pas la route au hasard !
Michelin *vous apporte à domicile*
ses conseils routiers,
touristiques, hôteliers : ***www.ViaMichelin.fr !***

PRIMEL-TRÉGASTEL

29630 – **308** I2 – G. Bretagne
Paris 554 – Rennes 198 – Quimper 105 – Brest 79 – Lannion 38.

⚠️ **Municipal de la Mer** de déb. juin à fin sept.
𝒫 02 98 72 37 06, *camping-plougasnou@orange.fr*,
www.mairie-plougasnou.fr
1 ha (63 empl.) plat et peu incliné, terrasse, herbeux
Tarif : (Prix 2009) 17€ 🏕🏕 ⏪ 🔲 (10A) – pers.
suppl. 3,60€
🚐 1 borne artisanale
Pour s'y rendre : 15 rte de Karreg An Ty (4 km au nord
par D 46)

À savoir : Situation exceptionnelle d'un site en bord
de mer

| Nature : 🏞 ⇐ Île de Batz et Roscoff⛰ |
| Loisirs : 🎦 🏊 |
| Services : 🚿 ☕ (juil.-août) 🏧 🚗 laverie |
| À prox. : 🍴 snack crêperie |

Longitude : -3.79239
Latitude : 48.69642

PRIMELIN

29770 – **308** D6 – 744 h. – alt. 78
Paris 605 – Audierne 7 – Douarnenez 28 – Quimper 44.

Municipal de Kermalero de déb. mars à fin oct.
📞 02 98 74 84 75, *campingkermalero@wanadoo.fr*,
Fax 02 98 74 84 75, *www.primelin.fr*
1 ha (75 empl.) plat et peu incliné, herbeux
Tarif : (Prix 2009) 15 € 👫 🚗 🔲 ⚡ (6A) – pers.
suppl. 3,50 € – frais de réservation 10 €
Location (Prix 2009) : 5 🛖 (2 à 4 pers.) nuitée 30 € -
259 à 329 €/sem. – frais de réservation 10 €
🚐 1 borne 2 €
Pour s'y rendre : rte de l'Océan (sortie ouest vers le port)

Nature : 🏞 ≤ 🏡
Loisirs : 🎱 🏓
Services : 👤 ⚡ (juil.-août) 🐕 🚿
🗑 🍴 laverie
À prox. : 🍴 🚲

Longitude : -4.61075
Latitude : 48.02545

PRIZIAC

56320 – **308** K6 – 1 025 h. – alt. 163
Paris 498 – Concarneau 55 – Lorient 42 – Pontivy 39 – Rennes 148 – Saint-Brieuc 83 – Vannes 90.

Municipal Bel Air de mi-avr. à fin sept.
📞 02 97 34 63 55, *mairie.priziac@wanadoo.fr*,
Fax 02 97 34 64 67
1,5 ha (50 empl.) plat, herbeux
Tarif : (Prix 2009) 👤 2,40 € 🚗 1,15 € 🔲 1,65 € –
⚡ (0A) 1,95 €
Location (Prix 2009) (de mi-mars à fin oct.) : 4 🛖 (4
à 6 pers.) nuitée 45 € - 180 à 352 €/sem.
🚐 1 borne artisanale
Pour s'y rendre : à l'Etang du Bel Air (500 m au nord par
D 109 et à gauche)
À savoir : cadre verdoyant et ombragé près d'un plan d'eau

Nature : 🏞 🌳🌳
Loisirs : 🎱
Services : 👤 🐕 🖥
À prox. : 🍷 🏓 🍴 ⛷ 🏊 (plage)
🛶 pédalos, base nautique

Longitude : -3.41255
Latitude : 48.06177

The Guide changes, so renew your Guide every year.

QUIBERON

56170 – **308** M10 – G. Bretagne – 5 056 h. – alt. 10
🛈 *Office de tourisme, 14, rue de Verdun* 📞 *08 25 13 56 00, Fax 02 97 30 58 22*
Paris 505 – Auray 28 – Concarneau 98 – Lorient 47 – Vannes 47.

Le Bois d'Amour 👥 de déb. avr. à fin sept.
📞 04 42 20 47 25, *info@homair.com*, Fax 04 42 95 03 63,
www.camping-leboisdamour.com
4,6 ha (272 empl.) plat, sablonneux, herbeux
Tarif : (Prix 2009) 39 € 👫 🚗 🔲 ⚡ (6A) – pers.
suppl. 6 € – frais de réservation 10 €
Location (Prix 2009) : 🛖 (4 à 6 pers.) 238 à 798 €/
sem. – frais de réservation 25 €
Pour s'y rendre : r. Saint-Clément (1,5 km au sud-est,
à 300 m de la mer et du centre de thalassothérapie)

Nature : 🏡 🌳
Loisirs : 🍷 snack 🎱 🍹 🛝 🏓
🏀 🎱
Services : 👤 ⚡ GB 🐕 🛁 🍴
laverie 🧺
À prox. : 🍴 🏇 🛶 🐴 (centre
équestre) practice de golf

Longitude : -3.11036
Latitude : 47.47854

Les Joncs du Roch de déb. avr. à fin sept.
📞 02 97 50 24 37, *camping@lesjoncsduroch.com*,
Fax 02 97 50 24 37, *www.lesjoncsduroch.com*
2,3 ha (163 empl.) plat, herbeux
Tarif : (Prix 2009) 26,80 € 👫 🚗 🔲 ⚡ (10A) – pers.
suppl. 5 € – frais de réservation 28,60 €
Location (Prix 2009) : 11 🛖 (4 à 6 pers.) 300 à 660 €/
sem. – 3 bungalows toilés – frais de réservation
28,60 €
Pour s'y rendre : r. de l'Aérodrome (2 km au sud-est,
à 500 m de la mer)

Nature : 🏡 🌳
Loisirs : 🎱 🏓 terrain om-
nisports
Services : 👤 ⚡ GB 🐕 🛁 🚿 🗑
🍴 laverie
À prox. : snack 🏇 🛶 🐴 poneys
(centre équestre) practice de golf

Longitude : -3.10107
Latitude : 47.47928

QUIMPER

29000 – **308** G7 – G. Bretagne – 64 902 h. – alt. 41 – Base de loisirs

🛈 *Office de tourisme, place de la Résistance* 𝒫 *02 98 53 04 05, Fax 02 98 53 31 33*
Paris 564 – Brest 73 – Lorient 67 – Rennes 215 – St-Brieuc 130 – Vannes 121.

"Les Castels" L'Orangerie de Lanniron ♣♣ – de
mi-mai à mi-sept.
𝒫 02 98 90 62 02, *camping@lanniron.com*,
Fax 02 98 52 15 56, *www.lanniron.com*
38 ha/6,5 campables (199 empl.) plat, herbeux
Tarif : ♣ 4,30 € ⇆ 2,80 € 🔲 7,50 € – ⟨½⟩ (10A) 3,10 € – frais
de réservation 20 €

Location (permanent) 🚫 : 20 ⟨🏠⟩ (4 à 6 pers.) nuitée
73 € - 385 € /sem. – 10 studios – 5 maisonnettes –
frais de réservation 20 €
🛒 1 borne 4,50 € – 🛢️ ⟨½⟩ 13.50 €
Pour s'y rendre : allée de Lanniron (3 km au sud par bd
périphérique puis sortie vers Bénodet et rte à dr., près de
la zone de loisirs de Creac'h Gwen)

À savoir : dans les magnifiques parc et jardins d'un manoir
du XVe s., au bord de l'Odet

Nature : 🌲 ♀♀
Loisirs : ♀ ✗ 🎰 ⊗ 🏃 🏊 🚲 🦌 🏛 🎳 🎣 poneys arc aqua-tique, golfe (9 trous), practice, canoë-kayac de mer
Services : & 🔑 **GB** ⚡ 🛁 🚿 ⚗ ♈ laverie 🔧 🚗

Longitude : -4.1102
Latitude : 47.97852

QUIMPERLÉ

29300 – **308** J7 – G. Bretagne – 10 725 h. – alt. 30

🛈 *Office de tourisme, 45, place Saint-Michel* 𝒫 *02 98 96 04 32, Fax 02 98 96 16 12*
Paris 517 – Carhaix-Plouguer 57 – Concarneau 32 – Pontivy 76 – Quimper 49 – Rennes 169 – Saint
Brieuc 110 – Vannes 74.

Municipal de Kerbertrand de déb. juin à mi-sept.
𝒫 02 98 39 31 30, *contact@quimperletourisme.com*,
Fax 02 98 96 16 12, *www.quimperle-tourisme.com*
1 ha (40 empl.) plat, herbeux
Tarif : (Prix 2009) ♣ 2,70 € ⇆ 1,15 € 🔲 2,05 € – ⟨½⟩ 1,75 €
Pour s'y rendre : r. du Camping (1,5 km à l'ouest par
D 783, rte de Concarneau et chemin à dr., après le stade,
face au centre Leclerc)

Nature : 🌳 ♀♀
Loisirs : 🎰 🏊
Services : 🔌
À prox. : 🍴 ✗ 🎣 🎿

Longitude : -3.54836
Latitude : 47.87136

251

RAGUENÈS-PLAGE

29920 – **308** I8 – G. Bretagne
Paris 545 – Carhaix-Plouguer 73 – Concarneau 17 – Pont-Aven 12 – Quimper 38 – Quimperlé 29.

Les Deux Fontaines de mi-mai à mi-sept.
𝒫 02 98 06 81 91, *info@les2fontaines.fr*,
Fax 02 98 06 71 80, *www.les2fontaines.com*
8 ha (293 empl.) plat, herbeux
Tarif : 38,70 € ♣♣ ⇆ 🔲 ⟨½⟩ (10A) – pers. suppl. 6,10 € –
frais de réservation 15 €

Location (de déb. mai à mi-sept.) : 22 ⟨🏠⟩ (4 à 6
pers.) 266 à 770 €/sem. – 9 ⟨🏡⟩ (4 à 6 pers.) - 301 à
798 €/sem. – frais de réservation 15 €
🛒 1 borne artisanale 12 € – 🛢️ ⟨½⟩ 15 €
Pour s'y rendre : au lieu-dit : Feunten Vihan (1,3 km au
nord par rte de Névez et rte de Trémorvezen)

Nature : 🌳 🌲 ♀♀
Loisirs : ♀ ✗ 🎰 ⊗ 🎱 🏊 🎿
Services : & 🔑 **GB** ⚡ 🛁 🚿 ⚗ ♈ laverie 🔧 🚗
À prox. : ⚓ 🐴 poneys

Longitude : -3.79105
Latitude : 47.79893

Le Raguenès-Plage de déb. avr. à fin sept.
𝒫 02 98 06 80 69, *info@camping-le-raguenes-plage.com*,
Fax 02 98 06 89 05, *www.camping-le-raguenes-plage.com*
6 ha (287 empl.) plat, herbeux
Tarif : ♣ 5,90 € ⇆ 3 € 🔲 15,10 € – ⟨½⟩ (10A) 4,90 €

Location : 50 ⟨🏠⟩ (4 à 6 pers.) 280 à 820 €/sem.
🛒 1 borne artisanale 29,90 € – 20 🔲 29,90 €
Pour s'y rendre : 19 r. des Îles

À savoir : agréable cadre boisé, près de l'océan (accès
direct)

Nature : ♀♀
Loisirs : ♀ ✗ snack, pizzeria 🎰 ⊗ diurne 🍺 🎿 🏊 🎱
Services : & 🔑 **GB** ⚡ 🛁 🚿 ⚗ ♈ laverie 🔧 🚗
À prox. : ⚓

Longitude : -3.80146
Latitude : 47.79229

▲▲ **L'Océan** de mi-mai à mi-sept.
🕿 02 98 06 87 13, *campingocean@orange.fr*,
Fax 02 98 06 78 26, *www.camping-ocean.fr*
2,2 ha (150 empl.) plat, herbeux, sablonneux
Tarif : 25,70€ ✸✸ 🚗 🅔 🕃 (10A) – pers. suppl. 5,60€
Location ⬥ : 7 🛏 (4 à 6 pers.) 330 à 560€/sem.
🛒 1 borne artisanale
Pour s'y rendre : 15 Imp. des Mouettes, à Kéroren
(sortie nord, rte de Névez et à dr., à 350 m de la plage
(accès direct))

Nature : 🌊 ≤ ⛺ ♀
Loisirs : 🏠 🔱 🎬 (découverte
en saison)
Services : 🔵 🚿 ☎ 🐕 🧺 laverie
À prox. : ✂ 🏊 🐎 poneys

Longitude : -3.79421
Latitude : 47.81436

▲▲ **Le Vieux Verger - Ty Noul** de mi-avr. à fin sept.
🕿 02 98 06 86 08, *contact@campingduvieuxverger.com*,
Fax 02 98 06 63 07, *www.campingduvieuxverger.com*
2,5 ha (128 empl.) plat, herbeux
Tarif : ✸ 5€ 🚗 2,50€ 🅔 5,50€ – 🕃 (10A) 4,20€ – frais de
réservation 10€
Location ⬥ : 8 🛏 (4 à 6 pers.) 230 à 550€/sem. –
frais de réservation 10€
Pour s'y rendre : 20 Kéroren (sortie nord, rte de Névez)

Nature : ♀
Loisirs : 🔱 🚲 🏊 ⛷
Services : 🔵 🚿 ☎ 🐕 🖼

Longitude : -3.79098
Latitude : 47.80993

RENNES

35000 – **309** L6 – G. Bretagne – 209 613 h. – alt. 40
🛈 *Office de tourisme, 11, rue Saint-Yves* 🕿 02 99 67 11 11, *Fax 02 99 67 11 00*
Paris 349 – Angers 129 – Brest 246 – Caen 185 – Le Mans 155 – Nantes 108.

▲ **Municipal des Gayeulles** Permanent
🕿 02 99 36 91 22, *camping.rennes@wanadoo.fr*,
Fax 02 23 20 06 34, *www.camping-rennes.com*
3 ha (179 empl.) plat, herbeux
Tarif : (Prix 2009) ✸ 3,50€ 🚗 1,70€ 🅔 6,70€ –
🕃 (16A) 3,30€
🛒 1 borne eurorelais 2€ – 5 🅔
Pour s'y rendre : r. Maurice-Audin (sortie nord-est vers
N 12, rte de Fougères puis av. des Gayeulles, près d'un
étang)
À savoir : au millieu de l'immense parc boisé "Les
Gayeulles"

Nature : 🌊 ⛺ ♀♀
Loisirs : 🔱
Services : 🔵 🚿 (juil.-août) ☎
🐕 🖼 🚰 laverie
À prox. : ⛸ patinoire ⛳ ✂ 🎣 🚣
🎬 (découverte en saison) parc
animalier

Longitude : -1.64794
Latitude : 48.13451

LA ROCHE-BERNARD

56130 – **308** R9 – G. Bretagne – 761 h. – alt. 38
🛈 *Office de tourisme, 14, rue du Docteur Cornudet* 🕿 02 99 90 67 98, *Fax 02 99 90 67 99*
Paris 444 – Nantes 70 – Ploërmel 55 – Redon 28 – St-Nazaire 37 – Vannes 42.

▲ **Municipal le Pâtis** de déb. avr. à mi-oct.
🕿 02 99 90 60 13, *camping.lrb@orange.fr*,
Fax 02 99 90 88 28
1 ha (58 empl.) plat, herbeux
Tarif : (Prix 2009) ✸ 3,50€ 🚗 2,50€ 🅔 4,50€ – 🕃 (6A) 4€
🛒 1 borne 2€ – 15 🅔 13€
Pour s'y rendre : 3 ch.du Pâtis (à l'ouest du bourg vers
le port de plaisance)
À savoir : au bord de la Vilaine, face au port

Nature : ⛺ ♀
Loisirs : 🏠 🚲
Services : 🔵 🚿 (juil.-août) ☎
🐕 🖼 🚰 🍴 laverie
À prox. : salon de thé 🔱 🚣
canoë

Longitude : -2.30523
Latitude : 47.51923

ROCHEFORT-EN-TERRE

56220 – **308** Q8 – G. Bretagne – 733 h. – alt. 40

🛈 *Office de tourisme, 7, place du Puits ℰ 02 97 43 33 57, Fax 02 97 43 33 57*
Paris 431 – Ploërmel 34 – Redon 26 – Rennes 82 – La Roche-Bernard 27 – Vannes 36.

⚠ **Le Moulin Neuf** de mi-mai à fin août
ℰ 02 97 43 37 52, Fax 02 97 43 35 45
2,5 ha (60 empl.) incliné, plat, herbeux
Tarif : (Prix 2009) ⸙ 5,50 € ⟵ 🔲 – 🔌 (10A) 4,50 €
Pour s'y rendre : 1 km au sud-ouest par D 774,
rte de Péaule et chemin à dr., à 500 m d'un plan d'eau

Nature : 🔾
Loisirs : 🛶 🎿 ⛵
Services : ⅙ ⚬ GB 🛁 laverie
À prox. : ✕ ≋ (plage) 🎣

Longitude : -2.33727
Latitude : 47.69913

ROHAN

56580 – **308** O6 – G. Bretagne – 1 570 h. – alt. 55
Paris 451 – Lorient 72 – Pontivy 17 – Quimperlé 86 – Vannes 53.

⚠ **Municipal le Val d'Oust** de déb. juin à mi-sept.
ℰ 02 97 51 57 58, *mairie.rohan@wanadoo.fr*,
Fax 02 97 51 52 11 – ℞
1 ha (45 empl.) plat, herbeux
Tarif : (Prix 2009) ⸙ 3,15 € ⟵ 1,30 € 🔲 1,65 € –
🔌 (16A) 2,90 €
Pour s'y rendre : r. de St-Gouvry (sortie nord-ouest)
À savoir : au bord du canal de Nantes-à-Brest et près
d'un plan d'eau

Nature : 🔾🔾
Loisirs : 🛶
Services : ⅙ ⚯ 🔲
À prox. : 🍷 crêperie 🎿 ≋ (plage)
parcours sportif 🚲

Longitude : -2.75955
Latitude : 48.074

ROSPORDEN

29140 – **308** I7 – G. Bretagne – 6 859 h. – alt. 125

🛈 *Syndicat d'initiative, rue Lebas ℰ 02 98 59 27 26, Fax 02 98 59 92 00*
Paris 544 – Carhaix-Plouguer 51 – Châteaulin 50 – Concarneau 15 – Quimper 22 – Quimperlé 28.

⚠ **Municipal Roz-an-Duc** de mi-juin à déb. sept.
ℰ 02 98 59 90 27 ou 029, *mairie.rosporden@fr.oleane.
com*, Fax 02 98 59 92 00 mairi, *www.rosporden.fr*
1 ha (49 empl.) non clos, en terrasses, plat, herbeux
Tarif : (Prix 2009) ⸙ 2,45 € ⟵ 1,35 € 🔲 2,40 € –
🔌 (10A) 2,45 €
Pour s'y rendre : rte de Coray (1 km au nord par D 36,
rte de Châteauneuf-du-Faou et à dr., à la piscine, à 100 m
d'un étang)
À savoir : agréable cadre boisé au bord de l'Aven

Nature : 🔾 🔾🔾
Services : ⅙ ⚬ ᴄⱽ laverie
À prox. : 🎯 🎿 🎣 🏊 🎣 parcours sportif

Longitude : -3.82974
Latitude : 47.96546

⚠⚠ ... ⚠
Terrains particulièrement agréables dans leur ensemble et dans leur catégorie.

ROZ-SUR-COUESNON

35610 – **309** M3 – 994 h. – alt. 65
Paris 365 – Rennes 82 – Caen 134 – St-Lô 99.

⚠ **Les Couesnons** de déb. avr. à déb. nov.
ℰ 02 99 80 26 86, *courrier@lescouesnons.com*,
www.lescouesnons.com – ℞
1 ha (57 empl.)
Tarif : 19 € ⸙⸙ ⟵ 🔲 🔌 (6A) – pers. suppl. 5 €
Location (de déb. mars à déb. nov.) : 3 🛖 (4 à 6
pers.) 280 à 600 €/sem.
Pour s'y rendre : l'Hopital (2 km au sud-est sur la D 797)

Nature : 🔾🔾
Loisirs : 🍷 crêperie 🎦
Services : ⅙ ⚬ GB ᴄⱽ 🏧 🛁
📶 🔲

Longitude : -1.59175
Latitude : 48.58844

25:

ST-BRIAC-SUR-MER

35800 – **309** J3 – G. Bretagne – 1 948 h. – alt. 30

🏢 *Office de tourisme, 49, Grande Rue* ℘ 02 99 88 32 47, *Fax 02 99 88 32 47*

Paris 411 – Dinan 24 – Dol-de-Bretagne 34 – Lamballe 41 – St-Brieuc 62 – St-Cast-le-Guildo 22 – St-Malo 13.

▲▲▲ **Émeraude** de déb. avr. à mi-sept.
℘ 02 99 88 34 55, *camping.emeraude@wanadoo.fr*,
Fax 02 99 88 99 13, *www.camping-emeraude.com*
3,2 ha (194 empl.) peu incliné, plat, herbeux
Tarif : ♦ 6 € ⛺ 🅿 13,80 € – 🔌 (6A) 3,80 € – frais de
réservation 16 €

Location ♿ : 51 🛖 (4 à 6 pers.) nuitée 50 € - 350
à 686 €/sem. – 14 🏠 (4 à 6 pers.) nuitée 60 € - 420 à
686 €/sem. – frais de réservation 16 €
🚐 1 borne eurorelais 2,50 €
Pour s'y rendre : 7 ch. de la Souris

À savoir : bel espace aquatique

| Nature : 🏞 ⛱ ♀ |
| Loisirs : ♈ snack 🏠 salle d'animation ⛲ 🚴 🎯 🎱 ⛸ |
| Services : ♿ 🚰 GB 🔌 🛁 ♨ ♈ laverie 🔧 |
| À prox. : golf 18 trous |

Longitude : -2.13012
Latitude : 48.62735

ST-CAST-LE-GUILDO

22380 – **309** I3 – G. Bretagne – 3 394 h. – alt. 52

🏢 *Office de tourisme, place Charles-de-Gaulle* ℘ 02 96 41 81 52, *Fax 02 96 41 76 19*

Paris 427 – Avranches 91 – Dinan 32 – St-Brieuc 50 – St-Malo 31.

▲▲▲ **"Les Castels" Château de Galinée** ♨♣ – de mi-
mai à déb. sept.
℘ 02 96 41 10 56, *contact@chateaudegalinee.com*,
Fax 02 96 41 03 72, *www.chateaudegalinee.com*
12 ha (272 empl.) plat, herbeux
Tarif : ♦ 6,60 € ⛺ 4 € 🅿 18,80 € – 🔌 (10A) 5 € – frais de
réservation 20 €

Location (de mi-avr. à mi-sept.) 🏊 : 60 🛖 (4 à
6 pers.) 350 à 903 €/sem. – 6 bungalows toilés –
roulottes – frais de réservation 20 €
🚐 1 borne artisanale 8,50 € – 5 🅿 16,50 €
Pour s'y rendre : r. de Galinée (7 km au sud, accès par
D 786, près du carrefour avec la rte de St-Cast-le-Guildo)

| Nature : 🏞 ⛱ ♀♀ |
| Loisirs : ♈ snack, pizzeria 🏠 ⛹ ⛲ ✂ 🎱 ⛸ 🔌 ⛸ |
| Services : ♿ 🚰 GB 🔌 🛁 ⛴ ♨ ⛲ ♈ laverie 🔧 🔧 |

Longitude : -2.26121
Latitude : 48.58273

▲▲▲ **Le Châtelet** ♨♣ – de fin avr. à mi-sept.
℘ 02 96 41 96 33, *chateletcp@aol.com*, Fax 02 96 41 97 99,
www.lechatelet.com – places limitées pour le passage
7,6 ha/3,9 campables (180 empl.) en terrasses, plat,
herbeux, petit étang, fort dénivelé
Tarif : (Prix 2009) ♦ 7 € ⛺ 🅿 21,50 € – 🔌 (8A) 6 € – frais
de réservation 23 €

Location (Prix 2009) : 43 🛖 (4 à 6 pers.) nuitée 55 € -
360 à 810 €/sem. – frais de réservation 23 €
🚐 1 borne
Pour s'y rendre : r. des Nouettes (1 km à l'ouest, à
250 m de la plage (accès direct))

À savoir : situation dominant la baie de la Frênaye

| Nature : 🏞 ≤ ⛱ ♀ |
| Loisirs : ♈ snack 🏠 ☺ ⛹ ⛲ ⛸ 🔌 |
| Services : ♿ 🚰 GB 🔌 🛁 ♨ ⛲ ♈ laverie 🔧 🔧 |

Longitude : -2.26728
Latitude : 48.63749

▲▲ **Vert-Bleu Les Mielles** (location exclusive de mobile
homes) de mi-mars à mi-nov.
℘ 02 96 41 87 60, *info@campings-vert-bleu.com*,
Fax 02 96 81 04 77, *www.campings-vert-bleu.com*
3,5 ha (160 empl.) plat, herbeux

Location (Prix 2009) : 14 🛖 (4 à 6 pers.) 335 à 742 €/
sem. – frais de réservation 16 €
🚐 1 borne artisanale
Pour s'y rendre : bd de la Vieux-Ville (sortie sud par D 19,
rte de St-Malo, attenant au stade et à 200 m de la plage)

À savoir : ouvert de mi-mars à déb. janv. pour camping-car

| Nature : ⛱ ♀ |
| Loisirs : 🏠 ⛹ ⛸ |
| Services : ♿ 🚰 🛁 laverie |
| À prox. : ✂ 🎱 🏄 |

Longitude : -2.26025
Latitude : 48.63191

ST-CONGARD

56140 – **308** R8 – 702 h. – alt. 20
Paris 420 – Josselin 33 – Ploërmel 24 – Redon 26 – Vannes 42.

⚠ **Municipal du Halage** de mi-juin à mi-sept.
    ℘ 02 97 43 50 13, *mairie-st-congard@wanadoo.fr*,
    Fax 02 97 43 54 75
    0,8 ha (42 empl.) peu incliné, plat, herbeux
    Tarif : (Prix 2009) 🛉 2,50 € 🚗 🅴 2,50 € – 🔌 (30A) 2,50 €
    Pour s'y rendre : rte de Malestroit (au bourg, près de
    l'église et de l'Oust)

> Nature : 🦆 🗔 ♀
> Loisirs : 🛶
> Services : 🐾

> *Longitude : -2.31744*
> *Latitude : 47.77064*

ST-COULOMB

35350 – **309** K2 – 2 306 h. – alt. 35
Paris 398 – Cancale 6 – Dinard 18 – Dol-de-Bretagne 21 – Rennes 76 – St-Malo 6.

🏔 **Le Tannée** de déb. avr. à mi-oct.
    ℘ 02 99 89 41 20, *campingdetannee@orange.fr*,
    Fax 02 99 89 41 20, *www.campingdetannee.com* – places
    limitées pour le passage
    0,6 ha (30 empl.) peu incliné, plat
    Tarif : 🛉 3,95 € 🚗 🅴 9 € – 🔌 (10A) 3,95 € – frais de
    réservation 10 €

    Location : 🛖 (4 à 6 pers.) 250 à 650 €/sem. – frais de
    réservation 10 €
    Pour s'y rendre : au lieu-dit : Saint-Méloir

> Nature : 🦆 ← 🗔
> Loisirs : 🚲 🖼 (découverte en
> saison)
> Services : 🚿 ⚷ 🛖 🍴 laverie

> *Longitude : -1.89065*
> *Latitude : 48.68626*

⚠ **Du Guesclin** de fin mars à fin oct.
    ℘ 02 99 89 03 24, *reservation@camping-duguesdin.com*,
    www.camping-duguesdin.com – places limitées pour le
    passage
    0,9 ha (43 empl.) peu incliné, plat, herbeux
    Tarif : 18,50 € 🛉🛉 🚗 🅴 🔌 (10A) – pers. suppl. 4 € –
    frais de réservation 15 €

    Location : 18 🛖 (4 à 6 pers.) 270 à 520 €/sem. – frais
    de réservation 15 €
    🚐 1 borne artisanale 2 €
    Pour s'y rendre : r. de Tannée (2,5 km au nord-est par
    D 355, rte de Cancale et rte à gauche)

> Nature : 🦆 ← 🗔 ♀
> Loisirs : 🖼 🛶 🚲
> Services : 🚿 ⚷ 🐾 ⛺ 🚽 🍴 🖥

> *Longitude : -1.89065*
> *Latitude : 48.68626*

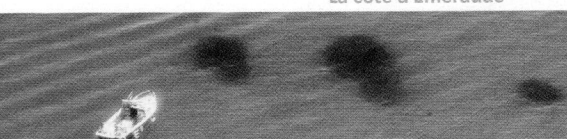

255

La côte d'Émeraude

ST-GILDAS-DE-RHUYS

56730 – 308 N9 – G. Bretagne – 1 601 h. – alt. 10
Office de tourisme, place Monseigneur Ropert ✆ 02 97 45 31 45
Paris 483 – Arzon 9 – Auray 48 – Sarzeau 7 – Vannes 29.

Le Menhir de fin avr. à mi-sept.
✆ 02 97 45 22 88, *contact@camping-bretagnesud.com*, Fax 02 97 45 37 18, *www.camping-bretagnesud.com*
5 ha/3 campables (180 empl.) peu incliné, plat, herbeux
Tarif : (Prix 2009) 6,50€ 16,50€ – (6A) 4€ – frais de réservation 18,50€
Location (Prix 2009) : 30 (4 à 6 pers.) 229 à 700€/sem. – frais de réservation 18,50€
1 borne artisanale
Pour s'y rendre : 3,5 km au nord - accès conseillé par D 780, rte de Port-Navalo

Nature :
Loisirs : snack, pizzeria nocturne
Services : laverie
À prox. : (centre équestre) golf

Longitude : -2.83481
Latitude : 47.50733

Goh'Velin de déb. avr. à mi-sept.
✆ 02 97 45 21 67, *gohvelin@cegetel.net*, Fax 02 97 45 21 67, *www.gohvelin.fr*
1 ha (93 empl.) herbeux, plat, herbeux
Tarif : 6,30€ 1€ 4,50€ – (10A) 3,50€ – frais de réservation 10€
Location : 13 (4 à 6 pers.) nuitée 50€ - 270 à 560€/sem. – frais de réservation 10€
Pour s'y rendre : 89 r. Guernevé (1,5 km au nord, à 300 m de la plage)

Nature :
Loisirs :
Services :
À prox. :

Longitude : -2.84515
Latitude : 47.51204

LES GUIDES VERTS ***MICHELIN***
Paysages, monuments
Routes touristiques
Géographie
Histoire, Art
Itinéraire de visite
Plans de villes et de monuments

ST-JACUT-LES-PINS

56220 – 308 R8 – 1 702 h. – alt. 63
Paris 419 – Ploërmel 38 – Redon 13 – La Roche-Bernard 26 – Vannes 47.

Municipal les Étangs de Bodéan de mi-juin à mi-sept.
✆ 02 99 91 28 65, *mairie.stjacutlespins@wanadoo.fr*, Fax 02 99 91 30 44, *www.st-jacut-les-pins.fr* – R
1 ha (50 empl.) peu incliné, plat, herbeux
Tarif : (Prix 2009) 2,20€ 2,60€ – 2,20€
Pour s'y rendre : au lieu-dit : Le Gué-Blandin (2,5 km au sud-ouest par D 137, rte de St-Gorgon)
À savoir : belle décoration arbustive, au bord d'un étang

Nature :
Loisirs :
Services :

Longitude : -2.21484
Latitude : 47.68446

ST-JEAN-DU-DOIGT

29630 – 308 I2 – G. Bretagne – 636 h. – alt. 15
Paris 544 – Brest 77 – Guingamp 61 – Lannion 33 – Morlaix 22 – Quimper 96.

Municipal du Pont Ar Gler de fin juin à fin août
✆ 02 98 67 32 15, *st-jean-du-doigt-mairie@wanadoo.fr*, Fax 02 98 67 84 64
1 ha (34 empl.) en terrasses, plat, herbeux
Tarif : (Prix 2009) 2,80€ 1,45€ 2,60€ – (6A) 2,30€
Pour s'y rendre : au lieu-dit : Pont ar Gler (au bourg)

Nature :
Loisirs :
Services :

Longitude : -3.77377
Latitude : 48.69447

ST-JOUAN-DES-GUÉRETS

35430 – **309** K3 – 2 660 h. – alt. 31
Paris 396 – Rennes 63 – Saint 8 – Saint 83 – Fougères 81.

△△△ **Le P'tit Bois** ♣♣ – de déb. avr. à mi-sept.
℘ 02 99 21 14 30, *camping.ptitbois@wanadoo.fr*,
Fax 02 99 81 74 14, *www.ptitbois.com*
6 ha (274 empl.) plat, herbeux
Tarif : ☆ 5€ ⇔ 🅴 8€ – 🔌 (10A) 4€ – frais de
réservation 10€

Location (permanent) : 120 🛏 (4 à 6 pers.) 357 à
980€/sem. – frais de réservation 10€
🚐 1 borne artisanale 7€
Pour s'y rendre : au lieu-dit : La Chalandouze (accès par
N 137)

À savoir : bel ensemble paysager

Nature : 🏞 ♀
Loisirs : 🍽 pizzeria, snack 🎮   🍹 🏃 hammam jacuzzi salle   d'animation 🏋 ⚽ 🅼 🏊 🎿 ⛷   terrain multisports   Services : ⚐ 🔄 GB 🐕 🍽 🚿 ♿   🛎 laverie 💫 🚰
Longitude : -1.98641   Latitude : 48.60946

Consultez le site **Voyage.ViaMichelin.fr**

ST-JULIEN

56170 – **308** M10
Paris 503 – Auray 27 – Lorient 46 – Quiberon 2 – Vannes 46.

△△△ **Do.Mi.Si.La.Mi.** ♣♣ – de déb. avr. à fin oct.
℘ 02 97 50 22 52, *camping@domisilami.com*,
Fax 02 97 50 26 69, *www.domisilami.com*
4,4 ha (350 empl.) peu incliné, plat, herbeux
Tarif : (Prix 2009) ☆ 4,30€ ⇔ 🅴 12,40€ – 🔌 (10A) 4,20€

Location (Prix 2009) 🏠 : 45 🛏 (4 à 6 pers.) nuitée
35€ - 260 à 735€/sem.
🚐 1 borne artisanale 14€ – 15 🅴 14€
Pour s'y rendre : 31 r. de la Vierge (600 m au nord,
à 100 m de la plage)

À savoir : navette gratuite pour Quiberon

Nature : 🏞 ♀
Loisirs : 🍽 snack, pizzeria 🎮   🏃 🏊 🚲 terrain omnisports   Services : ⚐ 🔄 GB 🐕 🍽 🚿 ♿   🛎 laverie 🚰 🚰
Longitude : -3.12245   Latitude : 47.49912

△ **Beauséjour** de déb. mai à fin sept.
℘ 02 97 30 44 93, *info@campingbeausejour.com*,
Fax 02 97 50 44 73, *www.campingbeausejour.com*
2,4 ha (160 empl.) peu incliné, plat, herbeux, sablonneux
Tarif : ☆ 4€ ⇔ 🅴 14€ – 🔌 (10A) 4,80€ – frais de
réservation 18€

Location (de mi-avr. à fin sept.) : 🏠 – frais de
réservation 18€
🚐 1 borne artisanale 4€
Pour s'y rendre : bd du Parco (800 m au nord, à 50 m
de la mer)

Loisirs : 🎮 🏃 🚲   Services : ⚐ 🔄 (juil.-août) GB   🐕 🍽 🚿 ♿ 🛎 📷   À prox. : 🍽 🍽 ✕ 🚿 🏊 ⚽ 🎣 🎿 ♨   🏊 école de plongée, char à voile
Longitude : -3.12569   Latitude : 47.4892

ST-LUNAIRE

35800 – **309** J3 – G. Bretagne – 2 307 h. – alt. 20
🅱 *Office de tourisme, 72, boulevard du Général-de-Gaulle* ℘ 02 99 46 31 09, Fax 02 99 46 31 09
Paris 410 – Rennes 76 – Saint 14 – Saint 67 – Fougères 95.

△△ **La Touesse** de déb. avr. à fin sept.
℘ 02 99 46 61 13, *camping.la.touesse@wanadoo.fr*,
Fax 02 99 16 02 58, *www.campinglatouesse.com*
2,5 ha (141 empl.) plat, herbeux
Tarif : ☆ 5,30€ ⇔ 3,10€ 🅴 7,70€ – 🔌 (10A) 3,70€ – frais
de réservation 16€

Location : 6 🛖 (2 à 4 pers.) 196 à 434€/sem. – 50
🛏 (4 à 6 pers.) 245 à 616€/sem. – 3 studios – 3
appartements – frais de réservation 16€
🚐 1 borne artisanale 6€
Pour s'y rendre : 171 r. Ville Géhan (2 km à l'est par
D 786, rte de Dinard, à 400 m de la plage)

Nature : ♀♀
Loisirs : 🍽 snack, pizzeria 🎮 🎵   🏃   Services : ⚐ 🔄 🐕 🍷 🚿 🚰 ♿ 🛎   laverie 💫 🚰   À prox. : 🐎 poneys
Longitude : -2.08425   Latitude : 48.63086

257

ST-MALO

35400 – **309** J3 – G. Bretagne – 49 661 h. – alt. 5

🛈 *Office de tourisme, esplanade Saint-Vincent* 𝒫 *0825 13 52 00, Fax 02 99 56 67 00*

Paris 404 – Alençon 180 – Avranches 68 – Dinan 32 – Rennes 70 – St-Brieuc 71.

ᨒ **Domaine de la Ville Huchet** ♣♣ – de déb. avr. à mi-sept.
𝒫 02 99 81 11 83, *info@lavillehuchet.com*,
Fax 02 99 81 51 89, *www.lavillehuchet.com*
6 ha (198 empl.) plat, herbeux
Tarif : 37,40 € ♣♣ ⇔ 🗉 🛠 (16A) – pers. suppl. 6,10 € – frais de réservation 16 €

Location 🛠 (1 MH) : 🛏 (4 à 6 pers.) nuitée 54 € - 259 à 763 €/sem. – 10 🛏 (4 à 6 pers.) nuitée 66 € - 335 à 875 €/sem. – 3 studios

Pour s'y rendre : rte de la Passagère, au lieu-dit : Quelmer (5 km au sud par D 301, rte de Dinard et rte de la Grassinais à gauche devant le concessionnaire Mercedes)

À savoir : agréable terrain autour d'un joli petit château

Nature : 🗔 ♀♀
Loisirs : 🍴 snack, crêperie 🎣 🏸 🚣 🚲 🛠 🚣 ⛴
Services : 🛠 ⊶ 🅖🅑 🐾 🛠 ⛺ laverie 🚮 🛒

Longitude : -2.00679
Latitude : 48.6009

ST-MARCAN

35120 – **309** M3 – 414 h. – alt. 60

Paris 370 – Dinan 42 – Dol-de-Bretagne 14 – Le Mont-St-Michel 17 – Rennes 68 – St-Malo 32.

ᨒ **Le Balcon de la Baie** de déb. avr. à fin oct.
𝒫 02 99 80 22 95, *contact@lebalcondelabaie.com*,
Fax 02 99 80 22 95, *www.lebalcondelabaie.com*
2,8 ha (66 empl.) plat, herbeux
Tarif : (Prix 2009) ♣ 4,80 € ⇔ 🗉 5,40 € – 🛠 (6A) 4 €

Location (Prix 2009) : 12 🛏 (4 à 6 pers.) 300 à 420 €/sem.

Pour s'y rendre : lieu-dit : Le Verger (500 m au sud-est par D 89, rte de Pleine-Fougères et après le cimetière, à gauche)

Nature : 🦆 ≤ Baie du Mont-St-Michel 🗔 ♀♀
Loisirs : 🎣 🚣 🚣
Services : 🛠 ⊶ 🅖🅑 🐾 🛠 laverie

Longitude : -1.62903
Latitude : 48.58811

*De categorie (1 tot 5 tenten, in **zwart** of **rood**) die wij aan de geselekteerde terreinen in deze gids toekennen, is onze eigen indeling.*
Niet te verwarren met de door officiële instanties gebruikte classificatie (1 tot 4 sterren).

ST-MICHEL-EN-GRÈVE

22300 – **309** A2 – G. Bretagne – 464 h. – alt. 12

🛈 *Syndicat d'initiative, rue de la Côte-des-Bruyères* 𝒫 *02 96 35 74 87, Fax 02 96 54 12 54*

Paris 526 – Guingamp 43 – Lannion 11 – Morlaix 31 – St-Brieuc 75.

ᨒ **Les Capucines** de fin mars à déb. oct.
𝒫 02 96 35 72 28, *les.capucines@wanadoo.fr*,
Fax 02 96 35 78 98, *www.lescapucines.fr*
4 ha (100 empl.) peu incliné, plat, herbeux
Tarif : 27 € ♣♣ ⇔ 🗉 🛠 (7A) – pers. suppl. 5,50 €

Location 🛠 (1 chalet) : 7 🛏 (4 à 6 pers.) 280 à 590 €/sem. - 7 🛏 (4 à 6 pers.) - 310 à 700 €/sem.
🚐 1 borne artisanale – 🚐 🛠 13.50 €

Pour s'y rendre : ancienne Voie Romaine, à Kervourdon (1,5 km au nord par rte de Lannion et chemin à gauche)

Nature : 🦆 🗔 ♀
Loisirs : 🍴 🎣 🚣 🚲 🛠 🖻 (découverte en saison) terrain omnisports
Services : 🛠 ⊶ 🅖🅑 🐾 🛠 ⛺ 🛒 🚻 laverie 🛒

Longitude : -3.55694
Latitude : 48.69278

ST-PÈRE

35430 – **309** K3 – 2 126 h. – alt. 50
Paris 392 – Cancale 14 – Dinard 15 – Dol-de-Bretagne 16 – Rennes 62 – St-Malo 16.

Bel Évent de déb. avr. à fin sept.
℘ 02 99 58 83 79, *contact@camping-bel-event.com*,
Fax 02 99 58 82 24, *www.camping-bel-event.com*
2,5 ha (115 empl.) plat, herbeux
Tarif : ✳ 3,60 € ⇌ 2,20 € 🅴 9,20 € – ⚡ (10A) 4,20 € – frais
de réservation 15 €

Location : 17 🛏 (4 à 6 pers.) 240 à 580 €/
sem. – 1 🛖 (4 à 6 pers.) - 460 à 730 €/sem. – frais de
réservation 15 €
Pour s'y rendre : au lieu-dit : Bellevent (1,5 km au sud-
est par D 74 rte de Châteauneuf et chemin à dr.)

Nature : 🏕 ♀
Loisirs : 🍽 🏠 🛶 ⛺ 🏊 terrain
multisports
Services : ♿ 🚿 GB 🐾 🔥 🍴
laverie

Longitude : -1.91978
Latitude : 48.5755

ST-PHILIBERT

56470 – **308** N9 – 1 442 h. – alt. 15
Paris 486 – Auray 11 – Locmariaquer 7 – Quiberon 27 – La Trinité-sur-Mer 6.

Les Palmiers de mi-mars à mi-nov.
℘ 02 97 55 01 17, *contact@campinglespalmiers.com*,
Fax plus de fax, *www.campinglespalmiers.com*
3 ha (115 empl.) plat, peu incliné, herbeux
Tarif : 23,50 € ✳✳ ⇌ 🅴 ⚡ (10A) – pers. suppl. 5,50 € –
frais de réservation 16,50 €

Location (de déb. avr. à fin oct.) : 41 🛏 (4 à 6 pers.)
nuitée 52 € - 275 à 700 €/sem. – frais de réservation
16,50 €
🚐 1 borne artisanale – 10 🅴
Pour s'y rendre : au lieu-dit : Kernivilit (2 km à l'ouest,
à 500 m de la rivière de Crach (mer))

À savoir : autour d'une ancienne ferme restaurée

Nature : ♀
Loisirs : 🍽 crêperie, pizzeria 🏠
salle d'animation 🛶 🚲 🏊 ⛵
Services : ♿ 🚿 GB 🐾 🔥 🍴
laverie
À prox. : 🍴

Longitude : -3.0168
Latitude : 47.58738

Le Chat Noir Permanent
℘ 02 97 55 04 90, *chatnoir@campinglechatnoir.com*,
Fax 02 97 55 04 90, *www.campinglechatnoir.com*
1,7 ha (98 empl.) plat et peu incliné, herbeux
Tarif : (Prix 2009) 21,80 € ✳✳ ⇌ 🅴 ⚡ (10A) – pers.
suppl. 5 € – frais de réservation 20 €

Location (Prix 2009) : 33 🛏 (4 à 6 pers.) nuitée 70 € -
240 à 615 €/sem. – frais de réservation 20 €
Pour s'y rendre : rte de la Trinité sur Mer (1 km au nord)

Nature : 🏕 ♀♀
Loisirs : 🏠 🛶 🏊 ⛵
Services : ♿ 🚿 GB 🐾 🔥 🍴
laverie
À prox. : 🛒 🍴 ♦

Longitude : -3.03836
Latitude : 47.57856

259

ST-POL-DE-LÉON

29250 – **308** H2 – G. Bretagne – 7 068 h. – alt. 60
🛈 *Office de tourisme, Pavillon du Tourisme* ℘ 02 98 69 05 69, Fax 02 98 69 01 20
Paris 557 – Brest 62 – Brignogan-Plages 31 – Morlaix 21 – Roscoff 6.

Ar Kleguer de déb. avr. à fin sept.
℘ 02 98 69 18 81, *info@camping-ar-kleguer.com*,
www.camping-ar-kleguer.com
5 ha (173 empl.) plat, peu incliné, vallonné, herbeux,
rochers
Tarif : ✳ 5,45 € ⇌ 2,90 € 🅴 7,35 € – ⚡ (10A) 4,20 € – frais
de réservation 18 €

Location : 42 🛏 (4 à 6 pers.) 280 à 675 €/sem. – 9 🛖
(4 à 6 pers.) - 300 à 675 €/sem. – frais de réservation
18 €
🚐 1 borne saniservices 2 €
Pour s'y rendre : plage Ste-Anne (à l'est de la ville, rte de
Ste-Anne, près de la plage)

À savoir : agréable parc paysager et animalier

Nature : 🏞 ≤ 🏕 ♀🌿
Loisirs : 🍽 🏠 🎲 🛶 🍴 🏊 ⛵
terrain multisports couvert
Services : ♿ 🚿 (juil.-août) GB
🐾 🔥 🍴 laverie

Longitude : -3.96667
Latitude : 48.69139

Le Trologot de déb. mai à fin sept.
02 98 69 06 26, camping-trologot@wanadoo.fr,
Fax 02 98 29 18 30, *www.camping-trologot.com*
2 ha (100 empl.) plat, herbeux
Tarif : (Prix 2009) ⋆ 4,60€ ⚗ 2€ 回 6,50€ –
⚡ (10A) 3,30€ – frais de réservation 10€

Location (Prix 2009) (de déb. avr. à fin sept.) : 15 🚐
(4 à 6 pers.) 280 à 590€/sem. – frais de réservation
15€
🚽 1 borne eurorelais
Pour s'y rendre : au lieu-dit : Grève du Man (à l'est,
rte de l'îlot St-Anne, près de la plage)

| Nature : ⌂ ♀ |
| Loisirs : ⛱ 🛶 🏊 |
| Services : ♿ ⚫ GB ♻ 🐾 ⛽ |
| laverie |

Longitude : -3.98687
Latitude : 48.68478

ST-RENAN

29290 – **308** D4 – 7 243 h. – alt. 50
🖈 *Office de tourisme, place du Vieux Marché* 🕾 *02 98 84 23 78, Fax 02 98 32 60 18*
Paris 605 – Brest 14 – Brignogan-Plages 43 – Ploudalmézeau 14.

Municipal de Lokournan de déb. juin à mi-sept.
02 98 84 37 67, saint-renan.mairie@saint-renan.fr,
Fax 02 98 32 43 20, *www.saint-renan.com*
0,8 ha (30 empl.) sablonneux, plat, herbeux
Tarif : (Prix 2009) ⋆ 2,90€ ⚗ 回 2,90€ – ⚡ (99A) 3,10€
🚽 1 borne airService 2€
Pour s'y rendre : rte de l'Aber (sortie nord-ouest par
D 27 et chemin à dr., près du stade)

À savoir : près d'un petit lac

| Nature : 🌊 ⌂ ♀♀ |
| Loisirs : 🛖 |
| Services : ♿ ♻ |
| À prox. : 🎯 🚽 |

Longitude : -4.6363
Latitude : 48.43865

ST-SAMSON-SUR-RANCE

22100 – **309** J4 – 1 429 h. – alt. 64
Paris 401 – Rennes 57 – Saint 64 – Saint 24 – Fougères 79.

Municipal Beauséjour de fin mai à fin sept.
02 96 39 53 27, contact@beausejour-camping.com,
www.beausejour-camping.com
3 ha (120 empl.) plat, herbeux
Tarif : 17,60€ ⋆⋆ ⚗ 回 ⚡ (10A) – pers. suppl. 4,20€
Location (permanent) 🐾 : 2 🚐 (4 à 6 pers.) 260 à
480€/sem. – 2 gîtes – gîte d'étape
🚽 1 borne artisanale 2€
Pour s'y rendre : au lieu-dit : La Hisse (3 km à l'est, par D 57
et D 12 à dr., à 200 m du port - accès par forte pente)
À savoir : jolis gîtes en pierres du pays

| Nature : 🌊 |
| Loisirs : 🛖 🏊 |
| Services : ♿ ⚫ GB ♻ ⛽ laverie |
| À prox. : ⛱ 🎿 🌊 |

Longitude : -2.00889
Latitude : 48.48889

ST-YVI

29140 – **308** H7 – 2 722 h. – alt. 105
Paris 563 – Rennes 212 – Quimper 17 – Vannes 119.

Village Center Le Bois de Pleuven de déb. avr. à
mi-sept.
0825 00 20 30, resa@village-center.com,
Fax 04 67 51 63 89, *www.village-center.fr*
17 ha/10 campables (280 empl.) plat, herbeux
Tarif : 22€ ⋆⋆ ⚗ 回 ⚡ (6A) – pers. suppl. 6€ – frais de
réservation 30€

Location : 🚐 (4 à 6 pers.) 241 à 833€/sem. – frais de
réservation 30€
Pour s'y rendre : rte de Saint-Yvi (4 km au sud-ouest par
rte de la Forêt-Fouesnant)

À savoir : cadre naturel, sauvage en sous bois

| Nature : 🌊 ⌂ ♀♀ |
| Loisirs : ⛱ 🛖 🎯 🏇 🚲 🎾 🎣 |
| 🏊 🏊 🏖 |
| Services : ♿ ⚫ GB ♻ 🐾 ⛽ |
| laverie |

Longitude : -3.97056
Latitude : 47.95028

STE-ANNE-D'AURAY

56400 – **308** N8 – G. Bretagne – 2 102 h. – alt. 42

🄗 *Office de tourisme, 26, rue de Vannes* ℰ *02 97 57 69 16, Fax 02 97 57 79 22*

Paris 475 – Auray 7 – Hennebont 33 – Locminé 27 – Lorient 44 – Quimperlé 58 – Vannes 16.

Municipal du Motten de déb. juin à fin sept.
ℰ 02 97 57 60 27, *contact@sainte-anne-auray.com,*
Fax 02 97 57 72 33
1,5 ha (115 empl.) plat, herbeux
Tarif : (Prix 2009) 🛉 2,60€ 🚗 🅴 3,80€ – 🔌 (10A) 3€
Pour s'y rendre : allée des Pins (1 km au sud-ouest par
D 17, rte d'Auray et r. du Parc à dr.)

| Nature : 💧 |
| Loisirs : 🛶 ♞ ✂ |
| Services : ⚒ ⌂ GB 🐾 🖨 |
| À prox. : 🏊 |

Longitude : -2.96303
Latitude : 47.69949

SARZEAU

56370 – **308** O9 – G. Bretagne – 7 155 h. – alt. 30

🄗 *Office de tourisme, rue du Père Coudrin* ℰ *02 97 41 82 37, Fax 02 97 41 74 95*

Paris 478 – Nantes 111 – Redon 62 – Vannes 23.

An Trest 🏕 – de déb. avr. à fin oct.
ℰ 02 97 41 79 60, *an.trest@franceloc.fr,*
Fax 02 97 41 36 21, *www.an-trest.com*
5 ha (225 empl.) plat, herbeux, terrasse
Tarif : (Prix 2009) 23,50€ 🛉🛉 🚗 🅴 🔌 (4A) – pers.
suppl. 7€ – frais de réservation 25€

Location (Prix 2009) ⚒ (Mobil-home) : 12 🚐 (2 à
4 pers.) 190 à 555€/sem. – 70 🛖 (4 à 6 pers.) 260 à
795€/sem. – frais de réservation 25€
Pour s'y rendre : rte du Roaliguen (2,5 km au sud)

| Nature : 💧 |
| Loisirs : 🍽 🛶 🎆 nocturne 🏃 🏓 🎣 ♿ 🏊 ⛱ 🚲 |
| Services : ⚒ ⌂ 🐾 ☕ 🚰 laverie 🍳 |
| À prox. : 🐴 🐎 |

Longitude : -2.7442
Latitude : 47.52427

Le Bohat 🏕 – de fin avr. à fin sept.
ℰ 02 97 41 78 68, *contact@domainelebohat.com,*
Fax 02 97 41 70 97, *www.domainelebohat.com*
4,5 ha (225 empl.) plat, herbeux
Tarif : 20,20€ 🛉🛉 🚗 🅴 🔌 (10A) – pers. suppl. 4,90€ –
frais de réservation 15€

Location (de déb. avr. à déb. nov.) : 19 🛖 (4 à
6 pers.) nuitée 34€ - 204 à 686€/sem. – frais de
réservation 15€
🚐 1 borne artisanale
Pour s'y rendre : au lieu-dit : Le Bas Bohat (2,8 km
à l'ouest)

| Nature : 🌿 💧 |
| Loisirs : 🍽 🛶 🏃 ♞ 🚲 🎣 🏊 ⛱ |
| Services : ⚒ ⌂ GB 🐾 ☕ 🚰 laverie |
| À prox. : 🐴 ✂ 🖼 ◊ 🐎 (centre équestre) golf |

Longitude : -2.7974
Latitude : 47.52226

261

La Grée Penvins de déb. avr. à fin sept.
ℰ 02 97 67 33 96, *info@campinglagreepenvins.com,*
Fax 02 97 67 40 70, *www.campinglagreepenvins.com*
2,5 ha (125 empl.) terrasse, sablonneux, plat, herbeux
Tarif : 🛉 3,40€ 🚗 🅴 5,70€ – 🔌 (6A) 2,55€

Location (Prix 2009) ⚒ : 🛖 (4 à 6 pers.) 207 à
570€/sem. – frais de réservation 12€
Pour s'y rendre : 8 rte de la Chapelle (9 km au sud-est
par D 198)

À savoir : accès direct à la plage de la Pointe de Penvins

| Nature : 🐚 ⛰ |
| Services : ⚒ ⌂ 🐾 ☕ 🖨 |
| À prox. : 🍽 ✂ 🖼 ◊ |

Longitude : -2.7442
Latitude : 47.52427

Ferme de Lann Hoedic de déb. avr. à fin oct.
ℰ 02 97 48 01 73, *contact@camping-lannhoedic.fr,*
www.camping-lannhoedic.fr
3,6 ha (128 empl.) peu incliné, plat, herbeux
Tarif : 🛉 4,50€ 🚗 🅴 7,90€ – 🔌 (10A) 3€ – frais de
réservation 10€

Location ⚒ : 🛖 (4 à 6 pers.) 235 à 620€/sem. –
frais de réservation 13€
🚐 1 borne artisanale 16,40€ – 🚾 🔌 13€
Pour s'y rendre : r. Jean de La Fontaine

| Nature : 🐚 💧 |
| Loisirs : 🏊 🚲 |
| Services : ⚒ ⌂ 🐾 ☕ 🚮 🚰 🍳 laverie |

Longitude : -2.76256
Latitude : 47.50628

SCAËR

29390 – **308** I6 – 5 123 h. – alt. 190
🛈 *Office de tourisme, Place de la Libération* ✆ *02 98 59 49 37*, *Fax 02 98 59 03 72*
Paris 544 – Carhaix-Plouguer 38 – Concarneau 29 – Quimper 35 – Quimperlé 25 – Rosporden 15.

⚠ **Municipal de Kérisole** de mi-juin à fin août
✆ 02 98 57 60 91, *mairie@ville-scaer.fr*, *www.ville-scaer.fr*
4 ha/2,3 campables (83 empl.) peu incliné, plat, herbeux
Tarif : (Prix 2009) ✟ 2,55 € ⇌ 1,75 € 🅴 3,05 € –
🔌 (10A) 2,65 €

Location (Prix 2009) (de déb. avr. à fin nov.) : 3 ⛺ (4
à 6 pers.) 280 à 331 €/sem.
🚐 1 borne artisanale – 10 🅴 6 €
Pour s'y rendre : r. Louis Pasteur (sortie est par rte
du Faouët)

Nature : 🌳 🛶	
Loisirs : 🏇	
Services : ♿ ⚕ laverie	
À prox. : ✖ 🏊 parcours de santé	

Longitude : -3.70134
Latitude : 48.02753

SÉRENT

56460 – **308** P8 – 2 913 h. – alt. 80
Paris 432 – Josselin 17 – Locminé 31 – Ploërmel 19 – Redon 47 – Vannes 31.

⚠ **Municipal du Pont Salmon** de déb. juin à mi-
sept.
✆ 02 97 75 91 98, *mairie.serent@fr.oleane.com*,
Fax 02 97 75 98 35, *www.serent.fr*
1 ha (40 empl.) plat, herbeux
Tarif : (Prix 2009) ✟ 2,10 € ⇌ 2,30 € 🅴 1,80 € –
🔌 (10A) 2,50 €

Location (Prix 2009) (permanent) : 4 🏠 (4 à 6 pers.)
nuitée 67 € - 235 à 440 €/sem. – frais de réservation
82 €
Pour s'y rendre : 29 r. du Gal De Gaulle (au bourg,
vers rte de Ploërmel)

Loisirs : 🏇 🏊	
Services : ⚕ 🧺 🚿	
À prox. : ✖ 🚐	

Longitude : -2.50333
Latitude : 47.82396

SIZUN

29450 – **308** G4 – G. Bretagne – 2 129 h. – alt. 112
🛈 *Office de tourisme, 3, rue de l'Argoat* ✆ *02 98 68 88 40*
Paris 572 – Brest 37 – Carhaix-Plouguer 44 – Châteaulin 36 – Landerneau 16 – Morlaix 36 – Quimper 59.

⚠ **Municipal du Gollen** de mi-avr. à fin sept.
✆ 02 98 24 11 43, *mairie.sizun@wanadoo.fr*,
Fax 02 98 68 86 56, *www.mairie-sizun.fr*
0,6 ha (30 empl.) non clos, plat, herbeux
Tarif : (Prix 2009) ✟ 2,80 € ⇌ 2 € 🅴 2,50 € – 🔌 (10A) 4 €
🚐 1 borne saniStation 2 €
Pour s'y rendre : au lieu-dit : Le Gollen (1 km au sud par
D 30, rte de St-Cadou et à gauche, au bord de l'Elorn)

Nature : 🌳 🛶	
Loisirs : 🏇	
Services : ♿ ⚕ ⛴	
À prox. : ✖ 🏊	

Longitude : -4.07559
Latitude : 48.39943

Renouvelez votre guide chaque année.

TADEN

22100 – **309** J4 – G. Bretagne – 1 920 h. – alt. 46
Paris 405 – Rennes 56 – Saint 65 – Saint 27 – Fougères 74.

⚠⚠ **Municipal de la Hallerais** de déb. mars à mi-nov.
✆ 02 96 39 15 93, *camping.la.hallerais@wanadoo.fr*,
Fax 02 96 39 94 64, *http://www.wdirect.fr/hallerais.htm*
5 ha (228 empl.) en terrasses, incliné, plat, herbeux
Tarif : ✟ 3,85 € ⇌ 🅴 12,10 € – 🔌 (6A) 6 €

Location (Prix 2009) : 3 ⛺ (4 à 6 pers.) nuitée 39 € -
167 à 384 €/sem. – 11 🏠 (4 à 6 pers.) nuitée 47 € - 194
à 450 €/sem.
🚐 1 borne flot bleu 2 €
Pour s'y rendre : 4 r. de la Robardais (au sud-ouest
du bourg)

Nature : 🌳 🏞	
Loisirs : 🍴 ✖ 🎮 🏇 ✖ 🏊	
Services : ♿ ⚕ 🏧 🧺 🚿	
🚿 laverie 🍳	
À prox. : 🎣 ⛵ ♨	

Longitude : -2.02221
Latitude : 48.47193

TAUPONT

56800 – **308** Q7 – 2 094 h. – alt. 81
Paris 422 – Josselin 16 – Ploërmel 5 – Rohan 37 – Vannes 50.

La Vallée du Ninian de déb. avr. à mi-sept.
℘ 02 97 93 53 01, *infos@camping-ninian.com*,
Fax 02 97 93 57 27, *www.camping-ninian.com*
2,7 ha (100 empl.) plat, herbeux, verger
Tarif : (Prix 2009) ⋆ 4€ ⇐ 圓 6€ – ⚡ (10A) 4,50€ – frais
de réservation 10€
Location (Prix 2009) : 4 ⬚ (4 à 6 pers.) **nuitée 40€** -
230 à 500€/sem. – frais de réservation 10€
⛽ **1 borne raclet 5€**
Pour s'y rendre : Le Rocher - Ville Bonne (sortie nord par
D 8, rte de la Trinité-Phoët, puis 2,5 km par rte à gauche,
accès direct à la rivière et au village par passerelle)

Nature : 🦢 🏕 ♀
Loisirs : � nocturne 🏊 🎣
Services : 🚿 ⚡ GB 🚐 🛒 laverie

Longitude : -2.46444
Latitude : 47.97063

TELGRUC-SUR-MER

29560 – **308** E5 – 1 979 h. – alt. 90
🅱 *Syndicat d'initiative, 6, rue du Ménez-Hom* ℘ *02 98 27 78 06*, Fax *02.98.27.79.26*
Paris 572 – Châteaulin 25 – Douarnenez 29 – Quimper 39.

Armorique de déb. avr. à fin sept.
℘ 02 98 27 77 33, *contact@campingarmorique.com*,
Fax 02 98 27 38 38, *www.campingarmorique.com*
2,5 ha (100 empl.) en terrasses, peu incliné, plat, herbeux
Tarif : (Prix 2009) ⋆ 5€ ⇐ 圓 9€ – ⚡ (10A) 3,50€ – frais
de réservation 16€
Location (Prix 2009) (permanent) : 25 ⬚ (4 à 6
pers.) 220 à 645€/sem. – 10 🏠 (4 à 6 pers.) - 290 à
685€/sem.
⛽ **1 borne eurorelais**
Pour s'y rendre : 112 rue de la Plage (1,2 km au sud-
ouest par rte de Trez-Bellec-Plage)

Nature : 🦢 🏕 ♀
Loisirs : ♀ ✗ 🍴 🏊 🎣
Services : 🚿 ⚡ GB 🚐 laverie

Longitude : -4.36279
Latitude : 48.23012

263

Raadpleeg, voordat U zich op een kampeerterrein installeert,
de tarieven die de beheerder verplicht
is bij de ingang van het terrein aan te geven.
Informeer ook naar de speciale verblijfsvoorwaarden.
De in deze gids vermelde gegevens kunnen
sinds het verschijnen van deze hereditie gewijzigd zijn.

THEIX

56450 – **308** P9 – 6 613 h. – alt. 5
Paris 464 – Ploërmel 51 – Redon 58 – La Roche-Bernard 33 – Vannes 9.

Rhuys de déb. avr. à mi-oct.
℘ 02 97 54 14 77, *campingderhuys@wanadoo.fr*,
Fax 02 97 68 93 79, *http://campingderhuys.free.fr*
2 ha (66 empl.) peu incliné, herbeux
Tarif : ⋆ 5,40€ ⇐ 圓 9,70€ – ⚡ (10A) 3€
Location : 6 ⬚ (4 à 6 pers.) 175 à 430€/sem. – frais
de réservation 15€
⛽ **1 borne artisanale 3€ – 🔌 10€**
Pour s'y rendre : r. Dugay Trouin, au lieu-dit : Le Poteau
Rouge (3,5 km au nord-ouest, par N 165, venant de
Vannes : sortie Sarzeau)

Nature : ♀
Loisirs : 🏊 🎣 (petite piscine)
Services : 🚿 ⚡ GB 🚐 🛒
🚽 ⚙ 📶
À prox. : 🛒 ♀ ✗ 🎿

Longitude : -2.69384
Latitude : 47.64091

TINTÉNIAC

35190 – **309** K5 – G. Bretagne – 3 079 h. – alt. 40
🛈 *Syndicat d'initiative, 17, rue de la Libération* 🕿 *02 99 68 09 62*
Paris 377 – Avranches 70 – Dinan 28 – Dol-de-Bretagne 30 – Fougères 75 – Rennes 30 – St-Malo 42.

⚠ **Les Peupliers** de déb. avr. à fin sept.
🕿 02 99 45 49 75, *camping.les.peupliers@wanadoo.fr*,
www.les-peupliers-camping.fr
4 ha (100 empl.) plat, herbeux
Tarif : 21,10€ ★★ ⬅ 🅴 (≵) (6A) – pers. suppl. 5,50€
Location (de déb. mars à fin oct.) : 5 🛏 (4 à 6 pers.)
290 à 530€/sem. – 2 🏠 (4 à 6 pers.) - 350 à 570€/
sem.
🛱 1 borne 10,50€ – 🛒 10.50€
Pour s'y rendre : au Domaine de la Besnelais (2 km au
sud-est par l'ancienne rte de Rennes, au bord d'étangs,
par N 137, sortie Tinténiac Sud)

Nature : 💧 💧
Loisirs : 🍽 🏠 🚗 🚴 🎾 💧 🎣 practice de golf
Services : ♿ ⚡ GB 🐕 🛢 🔧 laverie

Longitude : -1.82167
Latitude : 48.30917

LE TOUR-DU-PARC

56370 – **308** P9 – 990 h.
Paris 476 – La Baule 62 – Redon 57 – St-Nazaire 81 – Vannes 22.

⚠ **Le Cadran Solaire** de déb. avr. à fin oct.
🕿 02 97 67 30 40, *cadransolaire56@yahoo.fr*,
www.campingcadransolaire.com
2 ha (115 empl.) plat, herbeux
Tarif : (Prix 2009) ★ 4,20€ ⬅ 🅴 8,20€ – (≵) (10A) 2,90€ –
frais de réservation 10€
Location (Prix 2009) 🎾 : 9 🛏 (4 à 6 pers.) 250 à
530€/sem. – frais de réservation 10€
Pour s'y rendre : r. De Banastère (2 km au sud par D 324,
rte de Sarzeau)

Nature : 💧 💧💧
Loisirs : 🏠 🚗 🎾
Services : ♿ ⚡ GB 🐕 🛢 🍴 laverie

Longitude : -2.65736
Latitude : 47.5198

264

TRÉBEURDEN

22560 – **309** A2 – G. Bretagne – 3 733 h. – alt. 81
🛈 *Office de tourisme, place de Crec'h Hèry* 🕿 *02 96 23 51 64, Fax 02 96 15 44 87*
Paris 525 – Lannion 10 – Perros-Guirec 14 – St-Brieuc 74.

⚠ **L'Espérance** de mi-mars à mi-oct.
🕿 09 60 50 56 39, *accueil@camping-esperance.com*,
www.camping-esperance.com
1 ha (70 empl.) non clos, plat, herbeux
Tarif : ★ 4,50€ ⬅ 2,80€ 🅴 4,80€ – (≵) (15A) 3,50€ – frais
de réservation 10€
Location : 6 🛏 (4 à 6 pers.) nuitée 50€ - 250 à 500€/
sem. – frais de réservation 15€
🛱 1 borne –
Pour s'y rendre : r. de Kéralégan (5 km au nord-ouest par
D 788, rte de Trégastel, près de la mer)

Nature : ≤ 💧 💧💧
Loisirs : 🍽 🏠
Services : ♿ ⚡ 🐕 laverie

Longitude : -3.55799
Latitude : 48.79092

TRÉBOUL

29100 – **308** E6
Paris 591 – Rennes 239 – Quimper 29 – Brest 75 – Concarneau 53.

⚠ **Kerleyou** de mi-avr. à mi-sept.
🕿 02 98 74 13 03, *campingdekerleyou@wanadoo.fr*,
Fax 02 98 74 09 61, *www.camping-kerleyou.com*
3,5 ha (100 empl.) peu incliné, plat, herbeux
Tarif : ★ 4,10€ ⬅ 2€ 🅴 6,95€ – (≵) (10A) 3,35€ – frais de
réservation 11€
Location : 29 🛏 (4 à 6 pers.) nuitée 38€ - 219 à
644€/sem. – 12 🏠 (4 à 6 pers.) nuitée 52€ - 252 à
645€/sem.
Pour s'y rendre : 15 ch. de Kerleyou (1 km à l'ouest)

Nature : 🌿 💧 💧💧
Loisirs : 🍽 🏠 🚗 💧
Services : ♿ ⚡ GB 🐕 🍴 laverie 🛢

Longitude : -4.36131
Latitude : 48.09678

Trézulien de déb. avr. à fin sept.
  ℰ 02 98 74 12 30, *contact@camping-trezulien.com*,
  Fax 02 98 74 01 16, *www.camping-trezulien.com*
  5 ha (199 empl.) en terrasses, peu incliné, plat, herbeux,
  dénivelé
  Tarif : (Prix 2009) ⚹ 4€ 🚗 2,50€ 🔲 5,20€ –
  (½) (10A) 3,50€ – frais de réservation 10€

  Location : 2 🛏 (2 à 4 pers.) nuitée 40€ - 130 à 420€/
  sem. – 10 🛏 (4 à 6 pers.) nuitée 55€ - 180 à 615€/
  sem. – 1 🏠 (4 à 6 pers.) nuitée 72€ - 275 à 645€/sem.
  – frais de réservation 13€
  🚐 1 borne artisanale 10€ – 50 🔲 18€
  Pour s'y rendre : 15 rte de Trezulien (par r. Frédéric-
  Le-Guyader)

Nature : 🏞 ⩽ ♀
Loisirs : 🍴 🎱 🏊 🎣 ⛷
Services : ♿ 🚿 (saison) ⅁⅃ 🐾
laverie

Longitude : -4.35095
Latitude : 48.08992

TRÉDION

56250 – **308** P8 – G. Bretagne – 1 008 h. – alt. 85
Paris 441 – Josselin 24 – Locminé 26 – Ploërmel 28 – Redon 53 – Vannes 25.

Municipal l'Étang aux Biches de déb. juil. à fin
  août
  ℰ 02 97 67 14 06, Fax 02 97 67 13 41
  10 ha/0,5 campable (34 empl.) peu incliné et plat,
  herbeux, bois
  Tarif : (Prix 2009) ⚹ 1,60€ 🚗 1,10€ 🔲 1,10€ –
  (½) (6A) 1,90€
  Pour s'y rendre : Lieu-dit : l'Étang aux Biches (1,3 km au
  sud par D 1, rte d'Elven)

  À savoir : situation agréable au bord de deux étangs

Nature : 🏞 ⩽ 🏕 ♀
Loisirs : 🏊 🎾 🎣 parcours
sportif
Services : ♿

Longitude : -2.59511
Latitude : 47.79264

TREFFIAGAT

29730 – **308** F8 – 2 241 h. – alt. 20
Paris 582 – Audierne 39 – Douarnenez 41 – Pont-l'Abbé 8 – Quimper 28.

Les Ormes de déb. mai à fin sept.
  ℰ 02 98 58 21 27, *campingdesormes@aol.com*,
  Fax 02 98 58 91 36
  2 ha (76 empl.) plat, herbeux
  Tarif : (Prix 2009) ⚹ 3,50€ 🚗 2,10€ 🔲 3,70€ – (½) (6A) 3€
  🚐 1 borne artisanale – 4 🔲
  Pour s'y rendre : au lieu-dit : Kerlay (2 km au sud, rte de
  Lesconil et rte à droite à 400 m de la plage (accès direct))

Nature : 🏞 🏕 ♀
Loisirs : 🏊
Services : 🚿 ⅁⅃ 🐾 laverie
À prox. : 🎣

Longitude : -4.26438
Latitude : 47.80987

TRÉGASTEL

22730 – **309** B2 – G. Bretagne – 2 377 h. – alt. 58
🛈 *Office de tourisme, place Sainte-Anne* ℰ 02 96 15 38 38, *Fax 02 96 23 85 97*
Paris 526 – Lannion 11 – Perros-Guirec 9 – St-Brieuc 75 – Trébeurden 11 – Tréguier 26.

Tourony-Camping de déb. avr. à mi-sept.
  ℰ 02 96 23 86 61, *contact@camping-tourony.com*,
  Fax 02 96 15 97 84, *www.camping-tourony.com*
  2 ha (100 empl.) plat, herbeux
  Tarif : 20,50€ ⚹⚹ 🚗 🔲 (½) (10A) – pers. suppl. 5€ –
  frais de réservation 13€

  Location : 13 🛏 (4 à 6 pers.) 240 à 545€/sem. – 4 🏠
  (4 à 6 pers.) - 265 à 490€/sem. – frais de réservation
  13€
  🚐 1 borne artisanale
  Pour s'y rendre : 105 r. de Poul Palud (1,8 km à l'est par
  D 788, rte de Perros-Guirec, à 500 m de la plage)

  À savoir : face au port de plaisance

Nature : ♀
Loisirs : 🍴 snack 🏊
Services : ♿ 🚿 ⅁⅃ 🐾 👕 🛒
🖥 laverie
À prox. : 🎠 🎯 🎾 ⛳ terrain
omnisports

Longitude : -3.49131
Latitude : 48.82565

TRÉGUENNEC

29720 – **308** F7 – 338 h. – alt. 31
Paris 582 – Audierne 27 – Douarnenez 27 – Pont-l'Abbé 11 – Quimper 29.

Kerlaz de déb. avr. à fin sept.
℘ 02 98 87 76 79, *contact@kerlaz.com*, *www.kerlaz.com*
1,25 ha (80 empl.) plat, herbeux
Tarif : ♣ 3,90€ ⇔ 2,20€ 圓 5,30€ – ⑭ (10A) 3,50€ – frais
de réservation 10€

Location : 10 ⬚⬚ (4 à 6 pers.) nuitée 60€ - 255 à
575€/sem. – 5 ⬚⬚ (4 à 6 pers.) nuitée 70€ - 290 à
575€/sem. – frais de réservation 10€
⬚⬚ 1 borne artisanale
Pour s'y rendre : rte de la mer (au bourg, par D 156)

Nature : ♀
Loisirs : ♥ ⛵ ⛵ ⬚ (décou-verte en saison)
Services : ⬚ (juil.-août) GB ⬚ laverie
À prox. : ⬚, crêperie ⬚ (centre équestre)

Longitude : -4.32848
Latitude : 47.89457

TRÉGUNC

29910 – **308** H7 – 6 704 h. – alt. 45
🅱 *Office de tourisme, Kérambourg* ℘ 02 98 50 22 05, *Fax 02 98 50 18 48*
Paris 543 – Concarneau 7 – Pont-Aven 5 – Quimper 29 – Quimperlé 27.

Le Pendruc de déb. juin à fin août
℘ 02 98 97 66 28, *info@domainedependruc.com*,
Fax 02 98 50 24 30, *www.domainedependruc.com* –
places limitées pour le passage
6 ha (200 empl.) plat, herbeux
Tarif : (Prix 2009) 20€ ♣♣ ⇔ 圓 ⑭ (6A) – pers.
suppl. 5€ – frais de réservation 10€

Location (Prix 2009) (de déb. avr. à fin sept.) ⬚ :
40 ⬚⬚ (4 à 6 pers.) 220 à 720€/sem. – frais de
réservation 20€
⬚⬚ 1 borne artisanale – 5 圓 20€
Pour s'y rendre : au lieu-dit : Roz Penanguer (2,8 km au
sud-ouest, rte de Pendruc et à gauche)

Nature : ⬚ ⬚ ♀
Loisirs : ♥ pizzeria ⬚ ⬚ ⬚
⛵ ⬚ ⬚ terrain multisports
Services : ⬚ GB ⬚ laverie ⬚
À prox. : ⬚

Longitude : -3.87597
Latitude : 47.84209

La Pommeraie ♣♣ – de mi-mai à mi-sept.
℘ 02 98 50 02 73, *pommeraie@club-internet.fr*,
www.campingdelapomeraie.com
7 ha (198 empl.) plat, herbeux
Tarif : 28€ ♣♣ ⇔ 圓 ⑭ (10A) – pers. suppl. 5,90€
Location (de déb. avr. à fin oct.) : 50 ⬚⬚ (4 à 6 pers.)
230 à 660€/sem.
⬚⬚ 1 borne artisanale – ⬚ ⑭ 15€
Pour s'y rendre : au lieu-dit : Kerdalidec (6 km au
sud par D 1, rte de la Pointe de Trévignon et à gauche
rte de St-Philibert)

Nature : ⬚ ♀
Loisirs : ♥ ⬚ ⬚ ⬚ jacuzzi salle
d'animation ⛵ ⬚ ⬚ ⬚ terrain
multisports
Services : ⬚ ⬚ GB ⬚ ⬚ ⬚ ⬚
⬚ laverie ⬚

Longitude : -3.85194
Latitude : 47.85287

TRÉLÉVERN

22660 – **309** B2 – 1 395 h. – alt. 76
Paris 524 – Lannion 13 – Perros-Guirec 9 – St-Brieuc 73 – Trébeurden 19 – Tréguier 15.

Port-l'Épine de déb. mai à fin sept.
℘ 02 96 23 71 94, *camping-de-port-lepine@wanadoo.fr*,
Fax 02 96 23 77 83, *www.camping-port-lepine.com*
3 ha (160 empl.) terrasse, peu incliné, plat, herbeux
Tarif : 30€ ♣♣ ⇔ 圓 ⑭ (16A) – pers. suppl. 7€ – frais
de réservation 15€

Location : 3 ⬚⬚ (2 à 4 pers.) nuitée 30€ - 154 à 455€/
sem. – 47 ⬚⬚ (4 à 6 pers.) nuitée 37€ - 182 à 602€/
sem. – 4 ⬚⬚ (4 à 6 pers.) nuitée 50€ - 252 à 770€/sem.
– 5 bungalows toilés – frais de réservation 15€
⬚⬚ 1 borne artisanale 10€
Pour s'y rendre : 10 Venelle de Pors Garo (1,5 km au
nord-ouest puis un chemin à gauche, à Port-l'Épine)

Nature : ⬚ ⬚ baie de Perros-Gui-rec ⬚ ⬚
Loisirs : ♥ snack, crêperie ⛵
⬚ ⬚
Services : ⬚ ⬚ GB ⬚ ⬚ ⬚ ⬚
⬚ laverie ⬚

Longitude : -3.38558
Latitude : 48.81332

266

LA TRINITÉ-SUR-MER

56470 – **308** M9 – G. Bretagne – 1 531 h. – alt. 20
🛈 *Office de tourisme, 30, cours des Quais* ℰ *02 97 55 72 21, Fax 02 97 55 78 07*
Paris 488 – Auray 13 – Carnac 4 – Lorient 52 – Quiberon 23 – Quimperlé 66 – Vannes 31.

▲▲▲ La Baie ▲▲ – de déb. mai à mi-sept.
ℰ 02 97 55 73 42, *contact@campingdelabaie.com*,
Fax 02 76 01 33 37, *www.campingdelabaie.com* –
places limitées pour le passage
2,2 ha (170 empl.) plat, herbeux, sablonneux
Tarif : (Prix 2009) ♦ 8 € ⇦ ▣ 25,70 € – 🕭 (10A) 5 € – frais
de réservation 22 €

Location (Prix 2009) : 6 🛏 (4 à 6 pers.) 287 à 805 €/
sem. – frais de réservation 22 €
Pour s'y rendre : plage de Kervillen (1,5 km au sud,
à 100 m de la plage)

Nature : ⌔ ⚲	
Loisirs : 🏠 ⚐ ⌖ ⚒ 🚴 ⚏	
Services : 🚿 ⛽ GB 🛒 🚱 ⚐	
⚐ ⚑ 🖥	
À prox. : 🚲 🍹 🍴 crêperie 🎾 🏹	
🎱 billard, golf	
Longitude : -3.02744	
Latitude : 47.57359	

▲▲▲ La Plage ▲▲ – de déb. mai à mi-sept.
ℰ 02 97 55 73 28, *camping@camping-plage.com*,
Fax 02 76 01 33 05, *www.camping-plage.com*
3 ha (200 empl.) peu incliné, sablonneux, plat, herbeux
Tarif : 40,80 € ♦♦ ⇦ ▣ 🕭 (10A) – pers. suppl. 4,20 € –
frais de réservation 15 €

Location : 30 🛏 (4 à 6 pers.) nuitée 48 € - 295 à
830 €/sem. – frais de réservation 15 €
🚐 1 borne 3 € – 🚽 🕭 13 €
Pour s'y rendre : plage de Kervilen (1 km au sud, accès
direct à la plage)

Nature : ⌔ ⚲⚠	
Loisirs : 🏠 ⚐ ⌖ jacuzzi ⚒	
🚴 🎾 🏹 ⚏ ⚱ billard, golf, canoë	
de mer	
Services : 🚿 ⛽ GB 🛒 🚱 ⚐	
⚑ laverie	
À prox. : 🚲 🍹 🍴 crêperie ⚓ ⚐	
Longitude : -3.029	
Latitude : 47.57566	

▲▲▲ Kervilor de mi-avr. à mi-sept.
ℰ 02 97 55 76 75, *ebideau@camping-kervilor.com*,
Fax 02 97 55 87 26, *www.camping-kervilor.com*
5 ha (230 empl.) peu incliné, plat, herbeux
Tarif : ♦ 5,25 € ⇦ 3,70 € ▣ 13,95 € – 🕭 (10A) 4,20 € –
frais de réservation 18 €

Location : 28 🛏 (4 à 6 pers.) 290 à 795 €/sem. – frais
de réservation 18 €
Pour s'y rendre : rte du Latz (1,6 km au nord)

Nature : ⚶ ⌔ ⚲	
Loisirs : 🍹 🏠 ⚒ 🚴 🎾 🏹 ⚏	
⚱ terrain omnisports	
Services : 🚿 ⛽ GB 🛒 🚱 ⚑	
laverie 🚲 ⚓	
À prox. : ⚐ golf	
Longitude : -3.03388	
Latitude : 47.6003	

▲▲▲ Park-Plijadur de déb. avr. à fin sept.
ℰ 02 97 55 72 05, *parkplijadur@wanadoo.fr*,
Fax 02 53 46 15 13, *www.parkplijadur.com*
5 ha (198 empl.) sablonneux, plat, herbeux
Tarif : 31,20 € ♦♦ ⇦ ▣ 🕭 (10A) – pers. suppl. 5,50 € –
frais de réservation 20 €

Location : 17 🛏 (4 à 6 pers.) nuitée 60 € - 220 à 850 €/
sem. – 2 appartements – frais de réservation 20 €
🚐 1 borne artisanale 2,30 € – 🚽 11 €
Pour s'y rendre : 94 rte de Carnac (1,3 km au nord-
ouest sur D 781)

À savoir : au bord d'un étang

Nature : ⌔ ⚲	
Loisirs : 🍹 🏠 🛋⚒ hammam	
jacuzzi ⚒ 🚴 🏹 ⚏ ⚱	
Services : 🚿 ⛽ GB 🛒 🚱 ⚑	
laverie 🚲	
Longitude : -3.04909	
Latitude : 47.58737	

VANNES

56000 – **308** O9 – G. Bretagne – 53 079 h. – alt. 20
🛈 *Office de tourisme, 1, rue Thiers* ℰ *08 25 13 56 10, Fax 02 97 47 29 49*
Paris 459 – Quimper 122 – Rennes 110 – St-Brieuc 107 – St-Nazaire 86.

▲▲ Municipal de Conleau de déb. avr. à fin sept.
ℰ 02 97 63 13 88, *camping@mairie-vannes.fr*,
Fax 02 97 40 38 82, *www.mairie-vannes.fr*
5 ha (260 empl.) en terrasses, peu incliné, herbeux
Tarif : (Prix 2009) 21,95 € ♦♦ ⇦ ▣ 🕭 (6A) – pers.
suppl. 4,40 €
🚐 1 borne artisanale 5,25 € – 33 ▣
Pour s'y rendre : à la Pointe de Conleau (au sud, dir. parc
du Golfe par l'av. du Mar.-Juin)

À savoir : site agréable face au Golfe du Morbihan

Nature : ⚶ ⚲⚲	
Loisirs : 🍹 🏠 ⚒ 🚴	
Services : 🚿 ⛽ GB 🛒 🚲 ⚐	
laverie cases réfrigérées	
À prox. : 🛒	
Longitude : -2.75952	
Latitude : 47.6549	

CENTRE

S. Sauvignier/Michelin

La Belle au bois dormant sommeillerait encore, dit-on, dans l'un des splendides châteaux qui bordent la Loire et ses affluents : Chambord, Azay-le-Rideau, Chenonceau... Autant de logis royaux au décor de conte de fées, agrémentés de jardins étourdissants de beauté. Une foule de spectacles son et lumière y font revivre aujourd'hui les fastes de la Cour, prenant le relais des écrivains qui, de Ronsard à Genevoix en passant par Balzac et George Sand, ont immortalisé la Vallée des rois, trempé leur plume aux étangs de la giboyeuse Sologne ou dépeint l'envoûtante atmosphère du bocage berrichon. Après avoir savouré un délicieux poulet en barbouille, prêtez donc l'oreille aux histoires de loups-garous contées par vos hôtes... Vous constaterez que les gens du pays manient aussi bien les mots que les casseroles !

Sleeping Beauty is said to slumber still within the thick walls of one of the Loire's fairy-tale castles, like Chambord, Azay-le-Rideau or Chenonceau. A list of the region's architectural wonders and glorious gardens would be endless; but its treasures are shown to full effect in a season of «son et lumière» shows. The landscape has inspired any number of writers, from Pierre de Ronsard, "the Prince of Poets", to Balzac and Georges Sand; all succumbed to the charm of this valley of kings, without forgetting to give the game-rich woodlands their due. To savour the region's two-fold talent for storytelling and culinary arts, first tuck into a delicious chicken stew, then curl up by the fireside to hear your hosts' age-old local legends.

Légende:
- ● Localité citée avec camping
- ■ Localité citée avec camping et locatif
- **Vannes** Localité disposant d'un camping avec aire de services camping-car
- **Moyaux** Localité disposant d'au moins un terrain agréable
- 🚐 Aire de service pour camping-car sur autoroute

AUBIGNY-SUR-NÈRE

18700 – **323** K2 – G. Châteaux de la Loire – 5 775 h. – alt. 180

🛈 *Office de tourisme, 1, rue de l'Église* 📞 *02 48 58 40 20, Fax 02 48 58 59 13*

Paris 180 – Bourges 48 – Cosne-sur-Loire 41 – Gien 30 – Orléans 67 – Salbris 32 – Vierzon 44.

⚠ **Les Étangs** de déb. avr. à fin sept.
📞 02 48 58 02 37, *camping.aubigny@orange.fr*,
Fax 02 48 58 02 37, *www.camping-aubigny.com* – **ℝ**
3 ha (100 empl.) plat, herbeux
Tarif : (Prix 2009) 17,80 € ☗☗ ⬌ 🅴 [½] (10A) – pers.
suppl. 4 €

Location (Prix 2009) : 3 🛖 (4 à 6 pers.) 256 à 588 €/
sem. – 4 🛖 (4 à 6 pers.) - 238 à 483 €/sem.
Pour s'y rendre : rte de Oizon (1,4 km à l'est par D 923,
près d'un étang (accès direct))

| Nature : 🌳🌳 |
| Loisirs : 🏠 🏊 |
| Services : ঊ ⚡ GB 🐕 🚿 🚐 |
| 🚰 📷 |
| À prox. : 🎿 🏊 🎣 |

Longitude : 2.45632
Latitude : 47.46465

AZAY-LE-RIDEAU

37190 – **317** L5 – G. Châteaux de la Loire – 3 337 h. – alt. 51

🛈 *Office de tourisme, 4, rue du Château* 📞 *02 47 45 44 40, Fax 02 47 45 31 46*

Paris 265 – Châtellerault 61 – Chinon 21 – Loches 58 – Saumur 47 – Tours 26.

⚠ **Municipal le Sabot** de déb. avr. à déb. oct.
📞 02 47 45 42 72, *camping.lesabot@wanadoo.fr*,
Fax 02 47 45 49 11, *www.azaylerideau.fr*
6 ha (256 empl.) plat, herbeux
Tarif : (Prix 2009) 15 € ☗☗ ⬌ 🅴 [½] (10A) – pers.
suppl. 3,50 €
🚐 borne raclet 5 €
Pour s'y rendre : r. du Stade (sortie est par D 84,
rte d'Artannes et r. à dr., à prox. du château, au bord
de l'Indre)

À savoir : situation agréable, entrée fleurie

| Nature : 🌳 ♀ |
| Loisirs : 🏠 🏊 🚲 🎣 |
| Services : ঊ ⚡ GB 🐕 🚰 laverie |
| À prox. : 🎿 ⛺ 🏊 |

Longitude : 0.46491
Latitude : 47.26064

BALLAN-MIRÉ

37510 – **317** M4 – 7 541 h. – alt. 88

🛈 *Office de tourisme, 1, place du 11 novembre* 📞 *02 47 53 87 47*

Paris 251 – Azay-le-Rideau 17 – Langeais 20 – Montbazon 13 – Tours 12.

⚠ **La Mignardière** de déb. avr. à fin sept.
📞 02 47 73 31 00, *info@mignardiere.com*,
Fax 02 47 73 31 01, *www.mignardiere.com*
2,5 ha (177 empl.) plat, herbeux, petit bois attenant
Tarif : 25,50 € ☗☗ ⬌ 🅴 [½] (10A) – pers. suppl. 5,60 €

Location : 14 🛖 (4 à 6 pers.) 252 à 623 €/sem. – 24
🛖 (4 à 6 pers.) - 266 à 721 €/sem.
🚐 borne artisanale
Pour s'y rendre : 22 av. des Aubépines (2,5 km au nord-
est du bourg, à prox. du plan d'eau de Joué-Ballan)

| Nature : ⛺ ♀ |
| Loisirs : 🏊 🚲 🎣 🎿 🏊 |
| Services : ঊ ⚡ GB 🐕 🍴 🛁 🚐 |
| 🚰 🚰 📷 🚿 |
| À prox. : 🍷 grill 🚣 🐴 poneys golf |

Longitude : 0.63402
Latitude : 47.35524

BARAIZE

36270 – **323** F8 – 313 h. – alt. 240

Paris 318 – Orléans 192 – Châteauroux 47 – Guéret 86 – Déols 55.

⚠ **Municipal Montcocu** de déb. juin à fin sept.
📞 02 54 25 34 28, *syndicat.laceguzon@wanadoo.fr* – pour
caravanes : à partir du lieu-dit "Montcocu", pente à 12%
sur 1 km
1 ha (26 empl.) en terrasses, herbeux
Tarif : ☗ 1,95 € ⬌ 🅴 2,40 € – [½] (10A) 2,80 €

Location : 9 bungalows toilés
Pour s'y rendre : au lieu-dit : Montcocu (4,8 km au
sud-est par D 913, rte d'Éguzon et D 72, à gauche
rte de Pont-de-Piles)

À savoir : situation et site agréables dans la vallée de la
Creuse

| Nature : 🌳 ⛺ ♀ |
| Loisirs : 🍷 🎣 canoë |
| Services : ঊ ⚡ 🐕 |

Longitude : 1.59429
Latitude : 46.46963

LA BAZOCHE-GOUET

28330 – **311** B7 – G. Châteaux de la Loire – 1 295 h. – alt. 185

🛈 *Syndicat d'initiative, place du Marché* ✆ 02 37 49 23 45

Paris 146 – Brou 18 – Chartres 61 – Châteaudun 33 – La Ferté-Bernard 31 – Vendôme 48.

⚠ Municipal la Rivière

✆ 02 37 49 36 49,
commune-bazoche-gouet28330@wanadoo.fr,
Fax 02 37 49 27 16
1,8 ha (30 empl.) plat, herbeux
Pour s'y rendre : 1,5 km au sud-ouest par D 927,
rte de la Chapelle-Guillaume et chemin à gauche

À savoir : au bord de l'Yerre et près d'étangs

Loisirs : 🚴 ⌇	
Services : ⚑ ⚬🔲 🔲	
Longitude : 0.97945	
Latitude : 48.13747	

BEAULIEU-SUR-LOIRE

45630 – **318** N6 – 1 747 h. – alt. 156

🛈 *Office de tourisme, place d'Armes* ✆ 02 38 35 87 24, *Fax 02 38 35 30 10*

Paris 170 – Aubigny-sur-Nère 36 – Briare 15 – Gien 27 – Cosne-sur-Loire 21.

⚠ **Municipal Touristique du Canal** de déb. avr. à fin oct.

✆ 02 38 35 32 16, *renault.campingbeaulieu@orange.fr*,
Fax 02 38 35 86 57, *www.beaulieu-sur-loire.fr*
0,6 ha (37 empl.) plat, herbeux
Tarif : (Prix 2009) 8,90 € ⚫⚫ 🚐 🔲 🔌 (16A)
🚰 borne artisanale
Pour s'y rendre : sortie est par D 926, près du canal
(halte nautique)

Nature : ⌑ 🎋	
Services : ⚑ 🌡 ♨	
À prox. : ✗ ⌇ canoë	
Longitude : 2.84754	
Latitude : 47.51162	

LE BLANC

36300 – **323** C7 – G. Limousin Berry – 6 927 h. – alt. 85

🛈 *Office de tourisme, place de la Libération* ✆ 02 54 37 05 13, *Fax 02 54 37 31 93*

Paris 326 – Bellac 62 – Châteauroux 61 – Châtellerault 52 – Poitiers 62.

⚠ **l'Isle d'Avant** de déb. mai à fin sept.

✆ 02 54 37 88 22, *info@tourisme-leblanc.fr*,
Fax 02 54 37 20 46, *www.tourisme-leblanc.fr*
1 ha (75 empl.) plat, herbeux
Tarif : (Prix 2009) 11 € ⚫⚫ 🚐 🔲 🔌 (6A) – pers.
suppl. 3 €
🚰 borne artisanale 2 € – 20 🔲 11 €
Pour s'y rendre : 60 av. Pierre Mendès-France (2 km à
l'est sur N 151, rte de Châteauroux, au bord de la Creuse)

Nature : ⌑ 🎋🎋	
Loisirs : 🛏 ⌇	
Services : (juil.-août) 🌡 🛁laverie	
À prox. : ✗ ⚓ canoë	
Longitude : 1.09178	
Latitude : 46.63189	

273

Avant de vous installer, consultez les tarifs en cours,
affichés obligatoirement à l'entrée du terrain,
et renseignez-vous sur les conditions particulières de séjour.
Les indications portées dans le guide ont pu être modifiées depuis la mise à jour.

BONNEVAL

28800 – **311** E6 – G. Châteaux de la Loire – 4 161 h. – alt. 128

🛈 *Office de tourisme, 2, square Westerham* ✆ 02 37 47 55 89, *Fax 02 37 96 28 62*

Paris 117 – Ablis 61 – Chartres 31 – Châteaudun 14 – Étampes 90 – Orléans 60.

⚠ **Municipal le Bois Chièvre** de déb. avr. à fin oct.

✆ 02 37 47 54 01, *camping-bonneval-28@orange.fr*,
www.camping-bonneval.fr
4,5 ha/2,5 campables (130 empl.) peu incliné, plat,
herbeux, gravier, bois attenant
Tarif : 15,20 € ⚫⚫ 🚐 🔲 🔌 (6A) – pers. suppl. 3,70 €
Location (Prix 2009) : 3 🏠 (4 à 6 pers.) nuitée 60 € -
342 à 380 €/sem.
🚰 1 borne artisanale 5,20 € – 22 🔲 15,20 €
Pour s'y rendre : rte de Vouvray (1,5 km au sud par
rte de Conie et rte à dr., au bord du Loir)

À savoir : agréable chênaie dominant le Loir

Nature : 🌲 ⌑ 🎋🎋	
Loisirs : 🛏 ⛱🏓 ⌇	
Services : ⚑ ⚬🔲 🌐 🌡 🗑 ♨ 🔲	
À prox. : 🔲	
Longitude : 1.3864	
Latitude : 48.1708	

BOURGES

18000 – **323** K4 – G. Limousin Berry – 70 828 h. – alt. 153

El *Office de tourisme, 21, rue Victor Hugo* 🖋 *02 48 23 02 60, Fax 02 48 23 02 69*
Paris 244 – Châteauroux 65 – Dijon 254 – Nevers 69 – Orléans 121 – Tours 157.

Municipal Robinson de mi-mars à mi-nov.
🖋 02 48 20 16 85, *camping@ville-bourges.fr*,
Fax 02 48 50 32 39, *www.ville.bourges.fr*
2,2 ha (116 empl.) plat, peu incliné, herbeux, gravier
Tarif : ⚹ 4€ ⇌ 🔲 5,10€ – 🔋 (16A) 7,80€
🚐 80 🔲 5,10€
Pour s'y rendre : 26 bd de l'Industrie (vers sortie sud par N 144, rte de Montluçon et à gauche, près du Lac d'Auron, sortie A 71 : suivre Bourges Centre)

Nature :	🗂 🌳
Loisirs :	🏊 🏕
Services :	🔥 🚿 GB 🏪 🛁 ⛲ 🚽 📷
À prox. :	🎾 🖼 🖼 🏊 🛶 🐴 (centre équestre) golf, canoë

Longitude : 2.39384
Latitude : 47.07209

BOURGUEIL

37140 – **317** J5 – G. Châteaux de la Loire – 3 923 h. – alt. 42

El *Syndicat d'initiative, 16, place de l'église* 🖋 *02 47 97 91 39, Fax 02 47 97 91 39*
Paris 281 – Angers 81 – Chinon 16 – Saumur 23 – Tours 45.

Municipal Parc Capitaine de mi-mai à mi-sept.
🖋 02 47 97 85 62, *contact@bourgueil.fr*,
Fax 02 47 97 85 62, *www.bourgueil.fr*
2 ha (80 empl.) plat, herbeux
Tarif : (Prix 2009) 12,10€ ⚹⚹ ⇌ 🔲 🔋 (10A) – pers. suppl. 2€
🚐 borne artisanale 10,20€
Pour s'y rendre : 31 av. du Gal de Gaulle (1,5 km au sud par D 749, rte de Chinon)
À savoir : cadre verdoyant et ombragé près d'un plan d'eau

Nature :	🗂 🌳
Loisirs :	🏕 🎣
Services :	🔥 🚿 GB 🐾 📷
À prox. :	🛒 🍽 🏊 🎾 🖼 🖼 🏊 ⛷

Longitude : 0.16706
Latitude : 47.27508

This Guide is not intended as a list of all the camping sites in France; its aim is to provide a selection of the best sites in each category.

BRACIEUX

41250 – **318** G6 – 1 265 h. – alt. 70

El *Syndicat d'initiative, 10 Les Jardins du Moulin* 🖋 *02 54 46 09 15, Fax 02 54 46 09 15*
Paris 185 – Blois 19 – Montrichard 39 – Orléans 64 – Romorantin-Lanthenay 30.

Municipal des Châteaux
🖋 02 54 46 41 84, *campingdebracieux@wanadoo.fr*,
Fax 02 54 46 41 21, *www.campingdeschateaux.com*
8 ha (380 empl.) plat, herbeux
Location : 14 🏠 – 10 🏠
🚐 1 borne
Pour s'y rendre : 11 r. Roger-Brun (sortie nord, rte de Blois, au bord du Beuvron)
À savoir : cadre boisé composé d'essences variées

Nature :	🌿 🌳
Loisirs :	🎱 🏊 🎾 🏊
Services :	🔥 🚿 📷

Longitude : 1.53919
Latitude : 47.55164

BRIARE

45250 – **318** N6 – G. Château de la Loire – 5 703 h. – alt. 135

El *Office de tourisme, 1, place de Gaulle* 🖋 *02 38 31 24 51, Fax 02 38 37 15 16*
Paris 160 – Orléans 85 – Gien 11 – Montargis 50 – Châlette-sur-Loing 48.

Le Martinet de déb. avr. à fin sept.
🖋 02 38 31 24 50, *campingbriare@recrea.fr*,
Fax 02 38 31 24 50
4,5 ha (160 empl.) plat, herbeux
Tarif : (Prix 2009) 14,50€ ⚹⚹ ⇌ 🔲 🔋 (10A) – pers. suppl. 3€
Location (Prix 2009) 🎿 : 3 🏠 (2 à 4 pers.) 187 à 266€/sem.
🚐 borne artisanale 3,50€ – 36 🔲 14,50€
Pour s'y rendre : au lieu-dit : Val Martinet (1 km au nord par le centre-ville entre la Loire et le canal)

Nature :	🌿 🌳
Loisirs :	🏕
Services :	🔥 🚿 GB 🐾 ⛲ 🚽 📷
À prox. :	🚲 🏊 🎣 canoë, bateaux électriques

Longitude : 2.73896
Latitude : 47.63853

BUZANÇAIS

36500 – **323** E5 – 4 535 h. – alt. 111

🅱 *Syndicat d'initiative, 11, passage du Marché* ℘ *02 54 84 22 00, Fax 02 54 02 13 45*

Paris 286 – Le Blanc 47 – Châteauroux 25 – Châtellerault 78 – Tours 91.

▲▲ **Municipal la Tête Noire** de déb. mai à fin sept.
℘ 02 54 84 17 27, *mairie.buzancais@buzancais.fr*,
Fax 02 54 02 13 45, *www.buzancais.fr*
2,5 ha (134 empl.) plat, herbeux
Tarif : ✚ 3,50€ ⇦ 🚗 🅴 3,50€ – 🔌 (16A) 3,50€

Location : 4 🛖 (4 à 6 pers.) nuitée 50€ - 190 à 250€/
sem.
🚐 1 borne artisanale 3€ – 10 🅴
Pour s'y rendre : au nord-ouest par la r. des Ponts,
au bord de l'Indre

Nature : 🌿 ⚏	
Loisirs : 🏠 🏓 🎣	
Services : ♿ ⛽ GB 🚿 🛁 🗑	
À prox. : 🍴 ⚓ terrain mulis- ports, piste de roller, skate-board	

Longitude : 1.42438
Latitude : 46.88826

CANDÉ-SUR-BEUVRON

41120 – **318** E7 – 1 408 h. – alt. 70

🅱 *Syndicat d'initiative, 10, route de Blois* ℘ *02 54 44 00 44, Fax 02 54 44 00 44*

Paris 199 – Blois 15 – Chaumont-sur-Loire 7 – Montrichard 21 – Orléans 78 – Tours 51.

▲▲ **La Grande Tortue** de déb. avr. à fin sept.
℘ 02 54 44 15 20, *grandetortue@wanadoo.fr*,
Fax 02 54 44 19 45, *www.la-grande-tortue.com*
5 ha (208 empl.) peu incliné, plat, herbeux, sablonneux
Tarif : 31,50€ ✚✚ ⇦ 🅴 🔌 (10A) – pers. suppl. 8,50€ –
frais de réservation 12€

Location (permanent) : 28 🛖 (4 à 6 pers.) 335 à
637€/sem. – 8 🏠 (4 à 6 pers.) – 445 à 728€/sem. –
bungalows toilés – frais de réservation 12€
🚐 borne artisanale
Pour s'y rendre : 3, rte de Pontlevoy (500 m au sud
par D 751, rte de Chaumont-sus-Loire et à gauche,
rte de la Pieuse, à prox. du Beuvron)

Renouvelez votre guide chaque année.

Nature : 🌿 🌳 ⚏	
Loisirs : 🍴 snack 🏠 🏓 🏊	
(découverte en saison)	
Services : ♿ ⛽ GB 🚿 🛁 🚰	
🕙 🗑 🛁	

Longitude : 1.2565
Latitude : 47.4871

CHAILLAC

36310 – **323** D8 – 1 161 h. – alt. 180

Paris 333 – Argenton-sur-Creuse 35 – Le Blanc 34 – Magnac-Laval 34 – La Trimouille 23.

▲ **Municipal les Vieux Chênes** Permanent
℘ 02 54 25 61 39, *chaillac.mairie@wanadoo.fr*,
Fax 02 54 25 65 41
2 ha (40 empl.) incliné à peu incliné, herbeux
Tarif : (Prix 2009) ✚ 1,85€ ⇦ 🅴 2,95€ – 🔌 2,95€

Location (Prix 2009) : 3 🏠 (4 à 6 pers.) nuitée 59€ -
187 à 294€/sem.
🚐 borne autre
Pour s'y rendre : allée des vieux chênes (au sud-ouest
du bourg, au terrain de sports, au bord d'un étang
et à 500 m d'un plan d'eau)

À savoir : cadre verdoyant, fleuri et soigné

Nature : 🌳 ⚘	
Loisirs : 🏓 🎣 parcours de santé	
Services : ⛽ 🚿 🕙 🛁 🗑	
À prox. : 🍴 ⚓ 🏊 pédalos	

Longitude : 1.29875
Latitude : 46.4347

CHARTRES

28000 – **311** E5 – G. Île de France – 40 022 h. – alt. 142

Paris 92 – Orléans 84 – Dreux 38 – Rambouillet 45 – Versailles 78.

▲▲ **Les Bords de l'Eure** de déb. avr. à mi-nov.
℘ 02 37 28 79 43, *camping-roussel-chartres@wanadoo.fr*,
Fax 02 37 28 79 43, *www.auxbordsdeleure.com* – 🇷
4 ha (100 empl.) plat, herbeux
Tarif : 15,34€ ✚✚ ⇦ 🅴 🔌 (6A) – pers. suppl. 3,71€
🚐 borne eurorelais 3,10€ – 10 🅴 15,34€
Pour s'y rendre : 9 r. de Launay

À savoir : agréable cadre boisé près de la rivière

Nature : ⚏	
Loisirs : 🏠 🏓	
Services : ♿ ⛽ GB 🚿 🛁 🛁 🚰	
🕙 🗑	
À prox. : 🍴 🎣 parcours sportif	

Longitude : 1.4951
Latitude : 48.43265

CHÂTEAUMEILLANT

18370 – **323** J7 – 2 084 h. – alt. 247

🚹 *Office de tourisme, 69, rue de la Libération* 📞 *02 48 61 39 89, Fax 02.48.61.39.89*

Paris 313 – Aubusson 79 – Bourges 66 – La Châtre 19 – Guéret 59 – Montluçon 46 – St-Amand-Montrond 37.

▲ **Municipal l'Étang Merlin** de déb. mai à fin sept.
📞 02 48 61 31 38, *ot.chateaumeillant@wanadoo.fr*,
Fax 02 48 61 33 73,
http://monsite.wanadoo.fr/chalets.etang.merlin
1,5 ha (30 empl.) plat, herbeux
Tarif : ♣ 2,60€ ⟚ 🅴 3,10€ – 🔌 (5A) 2,10€

Location (permanent) ⅊ ❌ : 2 🚐 (4 à 6 pers.)
nuitée 31€ - 206€/sem. – 6 🏠 (4 à 6 pers.) - 147 à
275€/sem.
🚐 borne artisanale
Pour s'y rendre : rte de Vicq (1 km au nord-ouest par
D 70, rte de Beddes et D 80 à gauche)

À savoir : chalets agréablement situés sur la rive de
l'étang

Nature : 🏕 ⚲
Loisirs : 🏛 🛶 🚲 🎣
Services : ⅊ ⟜ 🅭 🚿 🗑 ⚑
À prox. : ✂ 🏊

Longitude : 2.19396
Latitude : 46.5666

CHÂTEAUROUX

36000 – **323** G6 – G. Limousin Berry – 47 559 h. – alt. 155

🚹 *Office de tourisme, 1, place de la Gare* 📞 *02 54 34 10 74, Fax 02 54 27 57 97*

Paris 265 – Blois 101 – Bourges 65 – Châtellerault 98 – Guéret 89 – Limoges 125 – Montluçon 100 – Tours 115.

▲ **Municipal le Rochat Belle-Isle** de déb. mai à fin
sept.
📞 02 54 34 26 56, *aquadis1@orange.fr*, Fax 03 86 37 95 83,
www.aquadis-loisirs.com
4 ha (205 empl.) plat, herbeux, gravillons
Tarif : (Prix 2009) 14,60€ ♣♣ ⟚ 🅴 🔌 (10A) – frais de
réservation 8€
🚐 1 borne artisanale 2,50€
Pour s'y rendre : 17 av. du Parc de Loisirs (au nord par
av. de Paris et r. à gauche, au bord de l'Indre et à 100 m
d'un plan d'eau)

À savoir : à proximité, bus gratuit pour l'accès au centre
ville

Nature : 🏕 ⚲⚲
Loisirs : 🏛 🛶
Services : ⅊ ⟜ 🅶🅱 🚿 🗑 ⚑ 🗑 laverie
À prox. : 🛒 🍽 ✗ bowling 🎱 🏊 🏊 ⚓ 🎣 parcours de santé, cyber café

Longitude : 1.69472
Latitude : 46.8236

Si vous recherchez :

👪 *Un terrain offrant des équipements et des loisirs adaptés aux enfants*

✎ *Un terrain agréable ou très tranquille*

L *Un terrain effectuant la location de caravanes,*
de mobile homes, de bungalows ou de chalets

P *Un terrain ouvert toute l'année*

🚐 *Un terrain possédant une aire de services pour camping-cars*

Consultez le tableau des localités

CHÂTILLON-COLIGNY

45230 – **318** O5 – G. Bourgogne – 1 888 h. – alt. 130

🚹 *Office de tourisme, 2, place Coligny* 📞 *02 38 96 02 33, Fax 02.38.96.02.33*

Paris 140 – Auxerre 70 – Gien 26 – Joigny 48 – Montargis 23.

▲ **Municipal de la Lancière** de déb. avr. à fin sept.
📞 02 38 92 54 73, *lalanciere@wanadoo.fr* – places limitées
pour le passage
1,9 ha (55 empl.) plat, herbeux
Tarif : (Prix 2009) ♣ 2,95€ ⟚ 1,25€ 🅴 1,65€ – 🔌 (6A) 3€
Pour s'y rendre : rte de la Lancière (au sud du bourg,
entre le Loing et le canal de Briare (halte fluviale))

Nature : ⚲⚲
Loisirs : 🛶 🏊 (petite piscine)
Services : ⟜ 🚿 🗑 cases réfrigérées

Longitude : 2.84765
Latitude : 47.82418

LA CHÂTRE

36400 – **323** H7 – G. Limousin Berry – 4 488 h. – alt. 210
🛈 *Office de tourisme, 134, rue Nationale ✆ 02 54 48 22 64, Fax 02 54 06 09 15*
Paris 298 – Bourges 69 – Châteauroux 37 – Guéret 53 – Montluçon 65 – Poitiers 138 – St-Amand-Montrond 51.

⚠ **Intercommunal le Val Vert** de déb. juin à mi-sept.
✆ 02 54 48 32 42,
s.administratif@cc-lachatre-stesevere.fr,
Fax 02 54 48 32 87
2 ha (77 empl.) en terrasses, plat, herbeux
Tarif : (Prix 2009) 11,10€ ✶✶ ⛺ 🅴 (½) (5A) – pers. suppl. 2,60€
🚐 borne autre
Pour s'y rendre : au lieu-dit : Vavres (sortie sud-est par D 943, rte de Montluçon puis 2 km par D 83a, rte de Briante à dr. et chemin, à prox. de l'Indre)
À savoir : dans un site campagnard très verdoyant

| Nature : 🏞 ⌯ |
| Services : 🚿 ⌂ 🛁 🎣 ⚲ |
| À prox. : 🎣 🐎 |
| Longitude : 1.98742 |
| Latitude : 46.58198 |

CHAUMONT-SUR-LOIRE

41150 – **318** E7 – G. Châteaux de la Loire – 1 009 h. – alt. 69
🛈 *Office de tourisme, 24, rue du Maréchal Leclerc ✆ 02 54 20 91 73, Fax 02 54 20 90 34*
Paris 201 – Amboise 21 – Blois 18 – Contres 24 – Montrichard 19 – St-Aignan 35.

⚠ **Municipal Grosse Grève** de déb. mai à fin sept.
✆ 02 54 20 95 22, *mairie.chaumontloire@wanadoo.fr*,
Fax 02 54 20 99 61, *www.chaumont-sur-loire.fr* – 🍴
4 ha (150 empl.) vallonné, plat, herbeux, sablonneux
Tarif : ✶ 3€ ⛺ 1€ 🅴 2€ – (½) (15A) 2€
🚐 borne raclet 2€
Pour s'y rendre : 81 r. de Maréchal de Lattre de Tassigny (sortie est par D 751, rte de Blois et r. à gauche, av. le pont, au bord de la Loire)

| Loisirs : 🏊 🎣 |
| Services : 🚿 ⌂ 🗑 laverie |
| À prox. : 🚲 |
| Longitude : 1.18328 |
| Latitude : 47.48019 |

Des vacances réussies sont des vacances bien préparées !
Ce guide est fait pour vous y aider... mais :
– N'attendez pas le dernier moment pour réserver
– Évitez la période critique du 14 juillet au 15 août
Pensez aux ressources de l'arrière-pays,
à l'écart des lieux de grande fréquentation.

CHÉMERY

41700 – **318** F7 – 891 h. – alt. 90
🛈 *Office de tourisme, rue Nationale ✆ 02 54 71 31 08, Fax 02 54 71 31 08*
Paris 213 – Blois 32 – Montrichard 29 – Romorantin-Lanthenay 29 – St-Aignan 15 – Selles-sur-Cher 11.

⚠ **Municipal le Gué** de déb. mai à fin sept.
✆ 02 54 71 37 11, *ot.chemery@wanadoo.fr*,
Fax 02 54 71 31 08, *www.chemery.fr*
1,2 ha (50 empl.) plat, herbeux
Tarif : ✶ 3€ ⛺ 🅴 3€ – (½) (10A) 3,50€
Location (de déb. mai à fin oct.) 🏚 : 2 🚏 (4 à 6 pers.) nuitée 70€ - 300 à 350€/sem.
🚐 borne autre 4€
Pour s'y rendre : rte de Couddes (à l'ouest du bourg, au bord d'un ruisseau)

| Nature : 🏞 ♀ |
| Loisirs : 🏊 |
| Services : ⌂ ⚲ 🗑 |
| À prox. : 🎣 |
| Longitude : 1.47603 |
| Latitude : 47.34434 |

CHEMILLÉ-SUR-INDROIS

37460 – **317** P6 – 213 h. – alt. 97
🅱 *Syndicat d'initiative, le bourg* 𝒫 *02 47 92 60 75, Fax 02.47.92.67.98*
Paris 244 – Châtillon-sur-Indre 25 – Loches 16 – Montrichard 27 – St-Aignan 21 – Tours 57.

⚠ Les Coteaux du Lac de déb. mai à fin sept.
  𝒫 *02 47 92 77 83, lescoteauxdulac@wanadoo.fr,*
  Fax *02 47 92 72 95, www.lescoteauxdulac.com*
  1 ha (72 empl.) peu incliné, plat, herbeux
  Tarif : 22,20 € ★★ ⟶ 🗐 🗓 (10A) – pers. suppl. 3,90 € –
  frais de réservation 12 €

  Location (de déb. mai à fin nov.) : 25 🛖 (4 à 6 pers.)
  - 220 à 540 €/sem. – frais de réservation 12 €
  🚐 borne flot bleu 5 € – 🚰 13.5 €
  Pour s'y rendre : à la Base de loisirs (au sud-ouest
  du bourg)

  À savoir : agréable situation près d'un plan d'eau

Nature : ↙
Services : 🔌 GB 🛒 ⚑
À prox. : ♟ brasserie 🛶 ⚽ 🎣 🏊 🐎 poneys, pédalos

Longitude : 1.16819
Latitude : 47.16177

CHINON

37500 – **317** K6 – G. Châteaux de la Loire – 8 256 h. – alt. 40
🅱 *Office de tourisme, place Hofheim* 𝒫 *02 47 93 17 85, Fax 02 47 93 93 05*
Paris 285 – Châtellerault 51 – Poitiers 80 – Saumur 29 – Thouars 51 – Tours 46.

⚠ Intercommunal de l'Île Auger de déb. avr. à fin
  oct.
  𝒫 02 47 93 08 35, *communaute.r.c.sb@wanadoo.fr,*
  Fax 02 47 93 91 15 – 🅁
  4,5 ha (277 empl.) plat, herbeux
  Tarif : (Prix 2009) 11,32 € ★★ ⟶ 🗐 🗓 (4A) – pers.
  suppl. 2,10 €
  🚐 1 borne artisanale 4 €
  Pour s'y rendre : quai Danton

  À savoir : situation agréable face au château et en
  bordure de la Vienne

Nature : ↙ ville et château ⚘
Loisirs : 🛶 🎣
Services : ♿ 🔌 (été) GB 🛒 ⛺ 🖩
À prox. : ⚽ 🎣 🏊

Longitude : 0.23808
Latitude : 47.16608

278

Si vous recherchez :
♟♟ *Un terrain offrant des équipements et des loisirs adaptés aux enfants*
🛥 *Un terrain agréable ou très tranquille*
L-M *Un terrain effectuant la location de caravanes, de mobile homes,
  de bungalows ou de chalets*
P *Un terrain ouvert toute l'année*
🚐 *Un terrain possédant une aire de services pour camping-cars*
Consultez le tableau des localités

CLOYES-SUR-LE-LOIR

28220 – **311** D8 – G. Châteaux de la Loire – 2 640 h. – alt. 97
🅱 *Office de tourisme, 11, place Gambetta, Fax 02 37 98 55 27*
Paris 143 – Blois 54 – Chartres 57 – Châteaudun 13 – Le Mans 93 – Orléans 65.

⚠ Parc de Loisirs - Le Val Fleuri de mi-mars à mi-
  nov.
  𝒫 02 37 98 50 53, *info@val-fleuri.fr,* Fax 02 37 98 33 84,
  www.val-fleuri.fr – places limitées pour le passage
  5 ha (196 empl.) plat, herbeux
  Tarif : 24,80 € ★★ ⟶ 🗐 🗓 (6A) – pers. suppl. 5,90 € –
  frais de réservation 17 €

  Location : 10 🚌 (4 à 6 pers.) 295 à 560 €/sem. – frais
  de réservation 22 €
  Pour s'y rendre : rte de Montigny (sortie nord par N 10,
  rte de Chartres puis D 23 à gauche)
  À savoir : situation agréable au bord du Loir

Nature : 🔲 ⚘
Loisirs : ♟ ✗ snack, pizzeria 🎦 🛶 🚵 🎣 🏊 ⛵ 🐎 poneys, canoë, pédalos, jet-ski
Services : ♿ 🔌 GB 🛒 ⛺ ⚑ laverie 🔧 🛒
À prox. : ⚽ 🎵

Longitude : 1.23488
Latitude : 47.99766

COULLONS

45720 – **318** L6 – 2 385 h. – alt. 166

Paris 165 – Aubigny-sur-Nère 18 – Gien 16 – Orléans 60 – Sancerre 47 – Sully-sur-Loire 22.

Municipal Plancherotte de déb. mai à fin oct.

    02 38 29 20 42, coullons.mairie@wanadoo.fr,
www.coullons.fr

1,9 ha (60 empl.) plat, herbeux

Tarif : (Prix 2009) ✱ 1,70€ ⇔ 1,65€ 回 1,80€ –
(15A) 2,25€

Pour s'y rendre : rte de la Brosse (1 km à l'ouest par
D 51, rte de Cerdon et rte à gauche, à 50 m d'un plan
d'eau (accès direct))

À savoir : beaux emplacements délimités

| Nature : 🐟 �︎ ⌖ |
| Services : ♿ ⊶ ⊘ 🚿 ⚲ |
| À prox. : 🏇 ⚞ ≈ 🐎 (centre équestre) piste de bi-cross |

| Longitude : 2.48523 |
| Latitude : 47.62361 |

COURVILLE-SUR-EURE

28190 – **311** D5 – 2 700 h. – alt. 170

🛈 *Syndicat d'initiative, 2, rue de l'Arsenal*   *02 37 23 22 22*

Paris 111 – Bonneval 47 – Chartres 20 – Dreux 37 – Nogent-le-Rotrou 35.

Municipal les Bords de l'Eure de fin avr. à mi-
sept.

    02 37 23 76 38, accueil@orange-business.fr,
Fax 02 37 18 07 99, *www.courville-sur-eure.fr*

1,5 ha (56 empl.) plat, herbeux

Tarif : 10€ ✱✱ ⇔ 回 (6A) – pers. suppl. 2,35€
🚐 1 borne eurorelais 2€

Pour s'y rendre : r. Thiers (sortie sud par D 114)

À savoir : cadre arboré sur les bords de la rivière

| Nature : �︎ ⌖ |
| Loisirs : 🎣 |
| Services : ♿ ⊶ ⊘ 🔳 |
| À prox. : 🏇 ⚟ 🚲 |

| Longitude : 1.24671 |
| Latitude : 48.4481 |

279

DESCARTES

37160 – **317** N7 – G. Châteaux de la Loire – 3 855 h. – alt. 50

🛈 *Office de tourisme, place Blaise Pascal*   *02 47 92 42 20, Fax 02 47 59 72 20*

Paris 292 – Châteauroux 94 – Châtellerault 24 – Chinon 51 – Loches 32 – Tours 59.

Municipal la Grosse Motte de déb. mai à fin sept.

    02 47 59 85 90, otm@ville-descartes.fr,
Fax 02 47 92 72 20, *www.ville-descartes.fr* – **R**

1 ha (50 empl.) plat et vallonné, herbeux

Tarif : (Prix 2009) ✱ 2,25€ ⇔ 回 2,25€ – (30A) 2,10€

Location (Prix 2009) (permanent) : 8 🏠 (4 à 6 pers.)
- 198 à 295€/sem. – gîte d'étape
🚐 4 回 8€

Pour s'y rendre : allée Léo Lagrange (sortie sud par
D 750, rte du Blanc et allée à dr., au bord de la Creuse)

À savoir : parc ombragé attenant à un complexe de loisirs
et à un jardin public

| Nature : 🐟 �︎ ⌖⌖ |
| Loisirs : 🎣 |
| Services : ⊶ GB ⊘ 🛁 ♒ |
| À prox. : 🏇 ⚞ 🛶 canoë |

| Longitude : 0.69934 |
| Latitude : 46.96962 |

ÉGUZON

36270 – **323** F8 – G. Limousin Berry – 1 409 h. – alt. 243 – Base de loisirs
☐ *Office de tourisme, 2, rue Jules Ferry ℰ 02 54 47 43 69, Fax 02 54 47 35 60*
Paris 319 – Argenton-sur-Creuse 20 – La Châtre 47 – Guéret 50 – Montmorillon 64 – La Souterraine 39.

△△ Municipal du Lac Les Nugiras Permanent
 ℰ 02 54 47 45 22, *nugiras@orange.fr*, Fax 02 54 47 45 22 –
 ℝ
 4 ha (180 empl.) en terrasses, peu incliné, plat, herbeux,
 pierreux
 Tarif : (Prix 2009) 11,70 € **†† ⇌ 🗉 ⚡** (10A) – pers.
 suppl. 3,10 €
 Location (Prix 2009) : 7 🛖 (4 à 6 pers.) **nuitée** 62 € -
 223 à 410 €/sem. – bungalows toilés
 🚐 borne artisanale 4,50 €
 Pour s'y rendre : rte de Messant (3 km au sud-est par
 D 36, rte du lac de Chambon puis 500 m par rte à dr.,
 à 450 m du lac)

Nature : ≤ ♀
Loisirs : ♈ 🏠 🌙 ⚓ ⚡ ▣ ⚒
Services : ₺ ⚡ ₫ ⚱ ⚡ ▣ ⚒
À prox. : 🚲 ⚓ (plage) ⚓ 🌙 ⚡ canoë, pédalos, escalade, ski nautique

Longitude : 1.604
Latitude : 46.433

FONTAINE-SIMON

28240 – **311** C4 – 866 h. – alt. 200
Paris 117 – Chartres 40 – Dreux 40 – Évreux 66 – Mortagne-au-Perche 41 – Nogent-le-Rotrou 27.

△△ Du Perche Permanent
 ℰ 02 37 81 88 11, *campingduperche@orange.fr*,
 Fax 09 62 13 99 30, *www.campingperche.com* – **ℝ**
 4 ha (112 empl.) plat, herbeux
 Tarif : 15 € **†† ⇌ 🗉 ⚡** (6A) – pers. suppl. 3 €
 Location 🏕 : 1 🛖 (4 à 6 pers.) 390 à 499 €/sem. – 2
 🛖 (4 à 6 pers.) – 340 à 449 €/sem.
 Pour s'y rendre : r. de la Ferrière (1,2 km au nord par rte
 de Senonches et rte à gauche)
 À savoir : au bord de l'Eure et d'un plan d'eau

Loisirs : ⚡ 🌙
Services : ₺ ⚡ (juil.-août) ⒼⒷ ₫ ⚓ ▣
À prox. : ✖ 🍴 hammam 🔲 ⚓ ⚓ pédalos

Longitude : 1.01909
Latitude : 48.51339

FRÉTEVAL

41160 – **318** E4 – G. Châteaux de la Loire – 1 024 h. – alt. 89
Paris 158 – Beaugency 39 – Blois 40 – Cloyes-sur-le-Loir 17 – Vendôme 19.

△ La Maladrerie
 ℰ 02 54 82 62 75, *campingdelamaladrerie@aliceadsl.fr*,
 Fax 02 54 82 62 75 – places limitées pour le passage
 16 ha/1,5 campable (107 empl.) plat, pierreux, herbeux
 Pour s'y rendre : au nord-ouest du bourg par rte du
 Plessis et chemin à gauche apr. le passage à niveau, au
 bord de deux étangs

Nature : ♀♀
Loisirs : ⚡ ✖ ♫ ⚓ 🌙
Services : ₺ ⚡ ▣

Longitude : 1.20971
Latitude : 47.88831

GARGILESSE-DAMPIERRE

36190 – **323** F7 – G. Limousin Berry – 325 h. – alt. 220
☐ *Office de tourisme, le Bourg ℰ 02 54 47 85 06, Fax 02 54 47 71 22*
Paris 310 – Châteauroux 45 – Guéret 59 – Poitiers 113.

△ La Chaumerette de déb. mai à fin sept.
 ℰ 02 54 47 84 22, *mairie.gargilesse-dampierre@wanadoo.*
 fr, *www.gargilesse.fr* – **ℝ**
 2,6 ha (72 empl.) plat, herbeux, pierreux
 Tarif : (Prix 2009) **†** 3 € – ⚡ (10A) 4 €
 Location (Prix 2009) (de déb. mars à fin nov.) : 8 🛖
 (4 à 6 pers.) - 154 à 315 €/sem.
 Pour s'y rendre : 1,4 km au sud-ouest par D 39,
 rte d'Argenton-sur-Creuse et chemin à gauche menant
 au barrage de la Roche au Moine
 À savoir : cadre pittoresque, en partie sur une île
 de la Creuse

Nature : 🌿 ♀♀
Loisirs : ⚡ snack 🌙
Services : ₺ ⚡ ₫

Longitude : 1.58382
Latitude : 46.50723

GIEN

45500 – **318** M5 – G. Châteaux de la Loire – 15 495 h. – alt. 162
□ *Office de tourisme, place Jean Jaurès ℘ 02 38 67 25 28, Fax 02 38 38 23 16*
Paris 149 – Auxerre 85 – Bourges 77 – Cosne-sur-Loire 46 – Orléans 70 – Vierzon 74.

Sunelia les Bois du Bardelet ♣♦ – de déb. avr. à
fin sept.
℘ 02 38 67 47 39, *contact@bardelet.com*,
Fax 02 38 38 27 16, *www.bardelet.com*
15 ha/8 campables (260 empl.) plat, herbeux, étangs
Tarif : 32 € ♣♣ ⟵ 🅴 🅷 (6A) – pers. suppl. 6,50 € – frais
de réservation 9 €

Location ⟋ 🅿 : 31 ⟦⟧ (4 à 6 pers.) 309 à 924 €/
sem. – 51 ⟦⟧ (4 à 6 pers.) - 250 à 1 001 €/sem. – frais
de réservation 9 €
⟦⟧ borne artisanale – 20 🅴 32 € – 🔋🅷 10 €
Pour s'y rendre : au lieu-dit : Le Petit Bardelet, rte de
Bourges (5 km au sud-ouest par D 940 et 2 km par rte à
gauche - pour les usagers venant de Gien, accès conseillé
par D 53, rte de Poilly-lez-Gien et 1ère rte à dr.)

À savoir : cadre agréable, au bord d'un étang et belle
piscine d'intérieur

| Nature : 🌿 ⚲⚲ |
| Loisirs : 🍴 🗙 🌐 🛝 🏊 🚴 ⛱ 🏐 |
| 🔥 🎱 🏊 🛶 canoë |
| Services : 🚿 ⚿ GB 🛒 🍴 🚮 🧺 🍴 |
| laverie 🚙 ⚒ |

| Longitude : 2.62929 |
| Latitude : 47.67999 |

LA GUERCHE-SUR-L'AUBOIS

18150 – **323** N5 – 3 415 h. – alt. 184
□ *Office de tourisme, 1, place Auguste Fournier ℘ 02 48 74 25 60, Fax 02.48.74.25.60*
Paris 242 – Bourges 48 – La Charité-sur-Loire 31 – Nevers 22 – Sancoins 16.

Municipal le Robinson de mi-avr. à mi-oct.
℘ 02 48 74 18 86, *vangeluwe.laurence@orange.fr*,
www.mairie-la-guerche-sur-laubois.com
1,5 ha (33 empl.) peu incliné, plat, herbeux
Tarif : ♣ 2,50 € ⟵ 2 € 🅴 – 🅷 (10A) 3,50 €

Location (permanent) : 6 ⟦⟧ (4 à 6 pers.) nuitée 45 €
- 280 à 390 €/sem. – frais de réservation 25 €
⟦⟧ borne artisanale 2 €
Pour s'y rendre : 2 r. de Couvache (1,4 km au sud-est
par D 200, rte d'Apremont puis à dr., 600 m par D 218 et
chemin à gauche)

À savoir : situation agréable au bord d'un plan d'eau

| Nature : ▱ ⚲ |
| Loisirs : 🎱 🔥 ⚓ |
| Services : 🚿 ⚿ 🍴 🍴 🖥 |
| À prox. : 🍴 🏊 🚢 pédalos |

| Longitude : 2.94913 |
| Latitude : 46.9509 |

*La catégorie (1 à 5 tentes, **noires** ou **rouges**) que nous attribuons*
aux terrains sélectionnés dans ce guide est une appréciation qui nous est propre.
Elle ne doit pas être confondue avec le classement (1 à 4 étoiles)
établi par les services officiels.

L'ÎLE-BOUCHARD

37220 – **317** L6 – G. Châteaux de la Loire – 1 745 h. – alt. 41
□ *Office de tourisme, 16, place Bouchard ℘ 02 47 58 67 75, Fax 02 47 58 67 75*
Paris 284 – Châteauroux 118 – Châtellerault 49 – Chinon 16 – Saumur 42 – Tours 45.

Municipal les Bords de Vienne de déb. mars à fin
oct.
℘ 02 47 95 23 59, *info@campingbordsdevienne.com*,
Fax 02 47 98 45 29,
http://www.campingbordsdevienne.com – ⟦⟧
1 ha (90 empl.) plat, herbeux
Tarif : (Prix 2009) ♣ 4 € ⟵ 🅴 7,50 € – 🅷 (16A) 3,50 €

Location (permanent) : gîte d'étape
⟦⟧ 1 borne eurorelais 2 € – 🔋 10.5 €
Pour s'y rendre : impasse du camping (près du quartier
St-Gilles, en amont du pont sur la Vienne, près de la
rivière)

| Nature : ⚲⚲ |
| Loisirs : 🏊 ⚓ |
| Services : 🚿 ⚿ GB 🍴 🍴 🖥 |
| À prox. : 🎣 🍴 🚢 canoë |

| Longitude : 0.42833 |
| Latitude : 47.12139 |

CENTRE

ISDES

45620 – **318** K5 – 585 h. – alt. 152
Paris 174 – Bourges 75 – Gien 35 – Orléans 40 – Romorantin-Lanthenay 61 – Vierzon 69.

▲ **Municipal les Prés Bas** de déb. avr. à fin oct.
 𝒫 06 78 43 46 28, *mail.isdes@wanadoo.fr*,
 Fax 02 38 29 12 53, *www.isdes.fr* – 🈳
 0,5 ha (20 empl.) plat, herbeux
 Tarif : (Prix 2009) 🏕 2 € ⬅ 🅴 4 € (½) (6A)
 Location (permanent) ⚐ : gîte d'étape
 Pour s'y rendre : sortie nord-est par D 59, près d'un
 étang

| Nature : 🏞 |
| Loisirs : 🎣 |
| Services : ⅋ 🚿 ♨ |
| À prox. : 🏇 |

| Longitude : 2.2565 |
| Latitude : 47.6744 |

JARS

18260 – **323** M2 – G. Limousin Berry – 490 h. – alt. 285
Paris 188 – Aubigny-sur-Nère 24 – Bourges 47 – Cosne-sur-Loire 21 – Gien 44 – Sancerre 15.

▲ **La Balance** de déb. mai à mi-nov.
 𝒫 02 48 58 74 50, Fax 02 48 73 88 79
 0,9 ha (25 empl.) peu incliné, plat, herbeux
 Tarif : (Prix 2009) 🏕 1,75 € ⬅ 1,75 € 🅴 1,75 € – (½) (3A) 2 €
 Location : gîte d'étape
 Pour s'y rendre : 800 m au sud-ouest par D 74 et
 chemin à dr.
 À savoir : près d'un étang

| Nature : ♀ |
| Services : ♨ |
| À prox. : 🍴 🍽 ⚓ ⛵ 🎣 canoë |

| Longitude : 2.68174 |
| Latitude : 47.39519 |

LORRIS

45260 – **318** M4 – G. Châteaux de la Loire – 2 815 h. – alt. 126
🛈 *Office de tourisme, 2, rue des Halles* 𝒫 02 38 94 81 42, Fax 02 38 94 88 00
Paris 132 – Gien 27 – Montargis 23 – Orléans 55 – Pithiviers 45 – Sully-sur-Loire 19.

▲▲ **L'Étang des Bois** de déb. avr. à fin sept.
 𝒫 02 38 92 32 00, *canal.orleans@wanadoo.fr*,
 Fax 02 38 46 82 92,
 www.canal.orleans.monsite.wanadoo.fr
 3 ha (150 empl.) plat, gravillons
 Tarif : (Prix 2009) 15,50 € 🏕🏕 ⬅ 🅴 – pers. suppl. 3 €
 🚐 borne autre 6 €
 Pour s'y rendre : 6 km à l'ouest par D 88, rte de
 Châteauneuf-sur-Loire, près de l'Étang des Bois
 À savoir : cadre boisé dans un site agréable

| Nature : 🏞 ♀♀ |
| Loisirs : 🍴 🎣 |
| Services : ⊶ ♨ 🚿 ♨ 🖼 |
| À prox. : 🍽 🏖 ⚓ (plage) 🎣 🏇 |
| (centre équestre) |

| Longitude : 2.5134 |
| Latitude : 47.88961 |

Ne pas confondre :
 ▲ *... à ...* ▲▲▲ *: appréciation* **MICHELIN**
et
 ★ *... à ...* ★★★★ *: classement officiel*

LUNERY

18400 – **323** J5 – 1 487 h. – alt. 150
Paris 256 – Bourges 23 – Châteauroux 51 – Issoudun 28 – Vierzon 39.

▲ **Intercommunal de Lunery** de mi-avr. à mi-sept.
 𝒫 02 48 68 07 38, *paysflorentais@cc-fercher.fr*,
 Fax 02 48 55 26 78, *www.cc-fercher.fr*
 0,5 ha (37 empl.) plat, herbeux
 Tarif : 🏕 4 € ⬅ 🅴 6 € – (½) (10A) 1 €
 Pour s'y rendre : 6 r. de l'Abreuvoir (au bourg, près de
 l'église)
 À savoir : autour des vestiges d'un ancien moulin,
 près du Cher

| Nature : 🏞 ♀ |
| Loisirs : 🍴 🏇 |
| Services : ⅋ ♨ |
| À prox. : 🍴 🍴 🍽 |

| Longitude : 2.27009 |
| Latitude : 46.93617 |

LUÇAY-LE-MÂLE

36360 – **323** E4 – G. Limousin Berry – 1 538 h. – alt. 160
Paris 240 – Le Blanc 73 – Blois 60 – Châteauroux 43 – Châtellerault 92 – Loches 39 – Tours 80.

Municipal la Foulquetière de déb. avr. à mi-oct.
℘ 0254404331, *mairie@ville-lucaylemale.fr*,
Fax 0254404247
1,5 ha (30 empl.) plat, peu incliné, herbeux
Tarif : (Prix 2009) 8 € 👫 🚗 🔲 🗲 (6A) – pers. suppl. 2 €
Location (permanent) 🛖 : 3 🏠 (4 à 6 pers.) nuitée
80 € - 240 à 300 €/sem.
🚐 borne artisanale 3 € – 🗲 11 €
Pour s'y rendre : au lieu-dit : La Foulquetière (3,8 km au
sud-ouest par D 960, rte de Loches, D 13, rte d'Ecueillé à
gauche et chemin à dr.)

À savoir : à 80 m d'un plan d'eau très prisé des pêcheurs

Nature : 🔲 🌳	
Loisirs : 🏄	
Services : 🚿 🍴 🛒 🗜 🔥	
À prox. : 🍷 🍽 🎣 ⛳ 🎯 🏊	
(plage) 🛶 canoë, pédalos	

Longitude : 1.40184
Latitude : 47.11243

MARCILLY-SUR-VIENNE

37800 – **317** M6 – 545 h. – alt. 60
Paris 280 – Azay-le-Rideau 32 – Chinon 30 – Châtellerault 29 – Descartes 18 – Richelieu 21 – Tours 47.

Intercommunal la Croix de la Motte de mi-juin
à mi-sept.
℘ 0247652038
1,5 ha (61 empl.) plat, herbeux
Pour s'y rendre : 1,2 km au nord par D 18, rte de l'Ile-
Bouchard et r. à dr.

À savoir : plaisant cadre ombragé, près de la Vienne

Nature : 🏞 🔲 🌳	
Loisirs : 🏄 🛶	
Services : 🚿 🛎 🔥	
À prox. : 🏊 (plage) canoë	

Longitude : 0.54028
Latitude : 47.04292

Verwechseln Sie bitte nicht :
🔺... bis ... 🔺🔺🔺 : MICHELIN-Klassifizierung
und
★ ... bis ... ★★★★ : offizielle Klassifizierung

MAREUIL-SUR-CHER

41110 – **318** E8 – 1 058 h. – alt. 63
🏢 *Syndicat d'initiative, 3, rue du Passeur* ℘ *0254753148, Fax 0254753148*
Paris 225 – Blois 47 – Châtillon-sur-Indre 41 – Montrichard 16 – St-Aignan 6.

Municipal le Port de déb. avr à fin sept.
℘ 0254327951, *leportdemareuil@orange.fr*,
Fax 0247927295, *www.campingleportdemareuil.com*
1 ha (50 empl.) plat, herbeux
Tarif : (Prix 2009) 8,50 € 👫 🚗 🔲 🗲 (10A) – pers.
suppl. 3,30 €
Pour s'y rendre : au bourg (près de l'église et du
château)

À savoir : décoration arbustive, en bordure du Cher

Nature : 🏞 🔲 🌳	
Loisirs : 🏄 ⛳ 🛶 canoë	
Services : 🚿 🛎 🗜 🚰	
À prox. : 🏊	

Longitude : 1.32824
Latitude : 47.29327

MENNETOU-SUR-CHER

41320 – **318** I8 – G. Limousin Berry – 880 h. – alt. 100
🏢 *Office de tourisme, 21, Grande Rue* ℘ *0254981229, Fax 02.54.98.12.29*
Paris 209 – Bourges 56 – Romorantin-Lanthenay 18 – Selles-sur-Cher 27 – Vierzon 16.

Municipal Val Rose de mi-mai à déb. sept.
℘ 0254981102, *mairie.mennetou@wanadoo.fr*,
Fax 0254981056 – 🍴
0,8 ha (50 empl.) plat, herbeux
Tarif : (Prix 2009) 🚶 2 € 🚗 🔲 2,50 € – 🗲 (4A) 2 € – frais
de réservation 2 €
🚐 borne eurorelais 2 €
Pour s'y rendre : r. de Val Rose (au sud du bourg, à dr.
après le pont sur le canal, à 100 m du Cher)

Nature : 🔲 🌳	
Loisirs : 🏄	
Services : 🚿 🛎 🍴	
À prox. : ⛳ 🏊 🛶 💧 canoë 🚐	

Longitude : 1.86766
Latitude : 47.2687

MESLAND

41150 – **318** D6 – 539 h. – alt. 79
Paris 205 – Amboise 19 – Blois 23 – Château-Renault 20 – Montrichard 27 – Tours 45.

Parc du Val de Loire ♣♣ – de déb. avr. à mi-sept.
℘ 02 54 70 27 18, *parcduvaldeloire@wanadoo.fr*,
Fax 02 54 70 21 71, *www.parcduvaldeloire.com*
15 ha (300 empl.) peu incliné, plat, herbeux
Tarif : 31 € ♣♣ ⇌ 🅴 [½] (10A) – pers. suppl. 7 € – frais
de réservation 15 €

Location : 65 ⛺ (4 à 6 pers.) nuitée 96 € - 252 à
672 €/sem. – 35 ⛺ (4 à 6 pers.) nuitée 96 € - 252 à
672 €/sem.
⛽ borne sanistation 7 € – 🔋[½] 13 €
Pour s'y rendre : 155 rte de Fleuray (1,5 km à l'ouest)

À savoir : cadre boisé face au vignoble

| Nature : 🕊 ⛩ ₀₀ |
| Loisirs : 🍸 ✕ 🏠 🎯 🚣 🚵 ✂ ₼ 🏓 🏊 🛶 |
| Services : 🚿 ⛗ GB 🐾 🛁 🚐 🗑 🚰 🔥 🔻 🚿 |

Longitude : 1.12284
Latitude : 47.50935

MONTARGIS

45200 – **318** N4 – 15 794 h. – alt. 95
🅱 *Office de tourisme, 10 rue Renée de France* ℘ 02 38 98 00 87, *Fax 02 38 98 82 01*
Paris 109 – Auxerre 252 – Nemours 36 – Nevers 126 – Orléans 73.

Municipal de la Forêt de déb. fév. à fin nov.
℘ 02 38 98 00 20,
campings.agglo.montargoise@wanadoo.fr,
Fax 02 38 95 02 29 – 🅁
5,5 ha (100 empl.) pierreux, sablonneux, plat, herbeux
Tarif : 12,40 € ♣♣ ⇌ 🅴 [½] (10A) – pers. suppl. 2,40 €
⛽ borne raclet – 40 🅴 9,40 €
Pour s'y rendre : 38 av. Louis-Maurice Chautemps (sortie
nord par D 943 et 1 km par D 815, rte de Paucourt)

| Nature : ₀₀ |
| Loisirs : 🏠 🚣 |
| Services : 🚿 ⛗ 🐾 🏛 🚐 🚿 |
| À prox. : ✂ 🛶 |

Longitude : 2.73268
Latitude : 47.9961

284

Pour choisir et suivre un itinéraire
Pour calculer un kilométrage
Pour situer exactement un terrain (en fonction
des indications fournies dans le texte) :
*Utilisez les **cartes MICHELIN**,*
compléments indispensables de cet ouvrage.

MONTBAZON

37250 – **317** N5 – G. Châteaux de la Loire – 3 953 h. – alt. 59
🅱 *Office de tourisme, esplanade du Val de l'Indre* ℘ 02 47 26 97 87, *Fax 02 47 26 22 42*
Paris 247 – Châtellerault 59 – Chinon 41 – Loches 33 – Montrichard 42 – Saumur 73 – Tours 15.

La Grange Rouge de déb. mai à fin sept.
℘ 02 47 26 06 43, *contact@camping-montbazon.com*,
Fax 02 47 26 03 13, *www.camping-montbazon.com*
2 ha (108 empl.) plat, herbeux
Tarif : (Prix 2009) 16,95 € ♣♣ ⇌ 🅴 [½] (6A) – pers.
suppl. 3,95 €

Location (Prix 2009) : 6 ⛺ (4 à 6 pers.) 290 à 520 €/
sem. – frais de réservation 13 €
Pour s'y rendre : rte de Tours, RD 910 (apr. le pont sur
l'Indre)

À savoir : situation plaisante en bordure de rivière et près
du centre ville

| Nature : ₀₀ |
| Loisirs : snack, brasserie 🏠 🚣 |
| Services : 🚿 ⛗ GB 🐾 🚐 🔥 |
| À prox. : ✂ 🎣 ₼ parcours |
| sportif |

Longitude : 0.71368
Latitude : 47.28692

MONTLOUIS-SUR-LOIRE

37270 – **317** N4 – G. Châteaux de la Loire – 10 282 h. – alt. 60
🛈 *Office de tourisme, place François Mitterrand ℰ 02 47 45 00 16, Fax 02 47 45 87 10*
Paris 235 – Amboise 14 – Blois 49 – Château-Renault 32 – Loches 39 – Montrichard 33 – Tours 11.

⚠️ **Les Peupliers** de déb. avr. à mi-oct.
ℰ 02 47 50 81 90, *aquadis1@wanadoo.fr,*
Fax 03 86 37 95 83, *www.aquadis-loisirs.com*
6 ha (252 empl.) plat, herbeux
Tarif : 15,20€ ★★ ⬅ 🅔 (½) (10A) – pers. suppl. 3,20€ –
frais de réservation 8€

Location : 7 🛖 (4 à 6 pers.) nuitée 60€ - 250 à 465€/
sem. – frais de réservation 16€
🚐 borne autre 4,80€ – 10 🅔 10,10€
Pour s'y rendre : 1,5 km à l'ouest par D 751,
rte de Tours, à 100 m de la Loire

À savoir : plaisant cadre boisé

| Nature : 🏞 🔟 |
| Loisirs : 🍴 🏛 🏊 |
| Services : 🚿 🕳 GB 🅰 🥾 🚰 📶 🛎 |
| 🚮 |
| À prox. : 🍽 🎿 🎣 |

Longitude : 0.82737
Latitude : 47.38892

MONTOIRE-SUR-LE-LOIR

41800 – **318** C5 – G. Châteaux de la Loire – 4 127 h. – alt. 65
🛈 *Syndicat d'initiative, 16, place Clemenceau ℰ 02 54 85 23 30, Fax 02 54 85 23 87*
Paris 186 – Blois 52 – Château-Renault 21 – La Flèche 81 – Le Mans 70 – St-Calais 24 – Vendôme 19.

⚠️ **Municipal les Reclusages** de déb. mai à mi-sept.
ℰ 02 54 85 02 53, *mairie.montoire@wanadoo.fr,*
Fax 02 54 85 05 29
2 ha (133 empl.) plat, herbeux
Tarif : (Prix 2009) ★ 2,75€ ⬅ 🅔 1,75€ – (½) (10A) 3,50€
Pour s'y rendre : au lieu-dit : Les Reclusages (sortie
sud-ouest, rte de Tours et rte de Lavardin à gauche apr.
le pont)

À savoir : au bord du Loir

| Nature : 🔟 |
| Loisirs : 🍴 🎣 |
| Services : 🚿 🕳 GB 🅰 📶 🛎 |
| À prox. : 🏊 🗻 🛶 🎣 |

Longitude : 0.86168
Latitude : 47.75342

285

Om een reisroute uit te stippelen en te volgen,
om het aantal kilometers te berekenen,
om precies de ligging van een terrein te bepalen
(aan de hand van de inlichtingen in de tekst),
*gebruikt u de **Michelinkaarten** ,*
een onmisbare aanvulling op deze gids.

MORÉE

41160 – **318** E4 – 1 069 h. – alt. 96
Paris 154 – Blois 42 – Châteaudun 24 – Orléans 58 – Vendôme 21.

⚠️ **Municipal de la Varenne** de déb. avr. à fin sept.
ℰ 02 54 82 15 15, *mairie-de-moree@wanadoo.fr,*
Fax 02 54 89 15 10
0,8 ha (43 empl.) plat, herbeux
Tarif : 14,50€ ★★ ⬅ 🅔 (½) (10A) – pers. suppl. 2€
🚐 borne artisanale 3€ – 🚐 (½) 10€
Pour s'y rendre : à l'ouest du bourg, au bord d'un plan
d'eau, accès conseillé par D 19, rte de St-Hilaire-la-Gravelle
et chemin à gauche

| Nature : 🏖 |
| Loisirs : 🏖 (plage) 🎣 |
| Services : 🚿 🕳 🅰 📶 |
| À prox. : 🏊 |

Longitude : 1.23424
Latitude : 47.9031

MUIDES-SUR-LOIRE

41500 – **318** G5 – 1 298 h. – alt. 82

🖪 *Syndicat d'initiative, place de la Libération* ℰ *02 54 87 58 36*, Fax *02 54 87 58 36*
Paris 169 – Beaugency 17 – Blois 20 – Chambord 9 – Vendôme 53.

▲▲▲ **Château des Marais** ▲▲ – de mi-mai à mi-sept.
ℰ 02 54 87 05 42, *chateau.des.marais@wanadoo.fr*,
Fax 02 54 87 05 43, *www.chateau-des-marais.com*
8 ha (198 empl.) plat, herbeux
Tarif : 43 € ✶✶ ⇌ 🅴 🄶 (10A) – pers. suppl. 8 € – frais
de réservation 28 €

Location ⌁ : 11 🛖 (4 à 6 pers.) 434 à 784 €/sem.
– 8 🏠 (4 à 6 pers.) - 490 à 995 €/sem. – ⊨ – (hôtel)
– frais de réservation 28 €
🚮 borne artisanale – 25 🅴 36 €
Pour s'y rendre : 27 r. de Chambord (au sud-est par
D 103, rte de Crouy-sur-Cosson - pour caravanes : accès
par D 112 et D 103 à dr.)

À savoir : dans l'agréable parc boisé du château (XVIIe s.)

Nature : 🌿 🎋	
Loisirs : 🍴 ✗ 🎦 🄖 nocturne	
🏫 hammam ⛺ 🚴 🎾	
🅂 🏊 🏄	
Services : 👤 ⛽ GB 🐕 🔥 📶	
📶 📳 🚿	
À prox. : canoë	

Longitude : 1.53082
Latitude : 47.67

▲ **Municipal Bellevue** de mi-avr. à mi-sept.
ℰ 02 54 87 01 56, *mairie.muides@wanadoo.fr*,
Fax 02 54 87 01 25
2,5 ha (100 empl.) plat, herbeux, sablonneux
Tarif : ✶ 3,50 € ⇌ 🅴 2,40 € – 🄶 (8A) 3,30 €
🚮 borne artisanale 7,70 €
Pour s'y rendre : av. de la Loire (au nord du bourg
par D 112, rte de Mer et à gauche av. le pont, près de
la Loire)

Services : 👤 ⛽ (juin-août) GB	
🐕 📶 📳	
À prox. : ⛺ 🎾	

Longitude : 1.52712
Latitude : 47.67175

NEUNG-SUR-BEUVRON

41210 – **318** H6 – 1 177 h. – alt. 102
Paris 183 – Beaugency 33 – Blois 39 – Lamotte-Beuvron 20 – Romorantin-Lanthenay 21 – Salbris 26.

▲ **Municipal de la Varenne** de déb. avr. à mi-oct.
ℰ 02 54 83 68 52, *camping.lavarenne@wanadoo.fr*,
Fax 02 54 83 68 52, *www.neung-sur-beuvron.fr*
4 ha (73 empl.) peu incliné, plat, herbeux, sablonneux
Tarif : (Prix 2009) 11 € ✶✶ ⇌ 🅴 🄶 (10A) – pers.
suppl. 2,50 €

Location (Prix 2009) (de déb. avr. à fin nov.) : 4 🛖 (4
à 6 pers.) 220 à 390 €/sem. – frais de réservation 70 €
🚮 borne artisanale – 🔋 🄶 11 €
Pour s'y rendre : 34 r. de Veillas (1 km au nord-est, accès
par r. à gauche de l'église, près du Beuvron)

À savoir : agréable cadre boisé

Nature : 🌿 🗂 🎋	
Loisirs : 🎦 🎾 🎣	
Services : 👤 ⛽ GB 🐕 📶 📳	

Longitude : 1.805
Latitude : 47.535

*Les indications d'accès à un terrain sont généralement indiquées,
dans notre guide, à partir du centre de la localité.*

NEUVY-ST-SÉPULC,HRE

36230 – **323** G7 – G. Limousin Berry – 1 639 h. – alt. 186
Paris 295 – Argenton-sur-Creuse 24 – Châteauroux 29 – La Châtre 16 – Guéret 67 – La Souterraine 74.

▲ **Municipal les Frênes** de mi-juin à mi-sept.
ℰ 02 54 30 82 51, *mairie.neuvysaintsepulchre@wanadoo.fr*,
Fax 02 54 30 88 94
1 ha (35 empl.) plat, herbeux
Tarif : (Prix 2009) 11 € ✶✶ ⇌ 🅴 🄶 (9A) – pers.
suppl. 2 €

Location (Prix 2009) (permanent) ⌁ : 2 🏠 (4 à 6
pers.) nuitée 70 € - 190 à 220 €/sem.
Pour s'y rendre : rte de l'Augère (sortie ouest par D 927,
rte d'Argenton-sur-Creuse puis 600 m par r. à gauche et
chemin à dr., à 100 m d'un étang et de la Bouzanne)

Nature : 🌿 🗂 🎋	
Loisirs : ⛺ 🏊	
Services : ⛽ GB 🐕 🔥 📶	
laverie	
À prox. : ⛺ snack 🔥 🎣	

Longitude : 1.77666
Latitude : 46.58647

NIBELLE

45340 – **318** K3 – 925 h. – alt. 123
🛈 *Office de tourisme, 42, rue Saint-Sauveur ℰ 02 38 32 23 66, Fax 02 38 32 23 66*
Paris 102 – Chartres 91 – Châteauneuf-sur-Loire 24 – Neuville-aux-Bois 27 – Pithiviers 20.

Parc de Nibelle
ℰ 02 38 32 23 55, *info@parc-nibelle.com*,
Fax 02 38 32 03 87, *www.parc-nibelle.com*
10 ha (120 empl.) plat, herbeux, pierreux
Location : 2 🛖 – 12 🏚 – 3 🏠
Pour s'y rendre : rte de Boiscommun (2 km à l'est par D 230, puis D 9 à dr.)

À savoir : agréable cadre boisé et soigné

Nature : 🦌 ☐ ♀
Loisirs : snack 🎱 🏊 🚲 ✂ 🎣 🖼
Services : ♿ ⚡ 🚻 🖼
À prox. : ✕

Longitude : 2.35827
Latitude : 48.02158

NOGENT-LE-ROTROU

28400 – **311** A6 – G. Normandie Vallée de la Seine – 11 488 h. – alt. 116
🛈 *Office de tourisme, 44, rue Villette-Gaté ℰ 02 37 29 68 86, Fax 02 37 29 68 86*
Paris 146 – Alençon 65 – Chartres 54 – Châteaudun 55 – Le Mans 76 – Mortagne-au-Perche 36.

Municipal des Viennes
ℰ 02 37 52 80 51, *courriel@ville-nogent-le-rotrou.fr*,
Fax 02 37 29 68 69, *www.ville-nogent-le-rotrou.fr*
0,5 ha (30 empl.) plat, herbeux
Pour s'y rendre : r. des Viennes (au nord de la ville par av. des Prés (D 103))

À savoir : au bord de l'Huisne

Nature : ☐ ♀
Loisirs : 🏊
Services : 🚻 🖼
À prox. : 🛒 ✂ 🖼 🎣

Longitude : 0.81974
Latitude : 48.32452

Ce guide n'est pas un répertoire de tous les terrains de camping mais une sélection des meilleurs campings dans chaque catégorie.

NOUAN-LE-FUZELIER

41600 – **318** J6 – 2 513 h. – alt. 113
🛈 *Syndicat d'initiative, place de la Gare ℰ 02 54 88 76 75*
Paris 177 – Blois 59 – Cosne-sur-Loire 74 – Gien 56 – Lamotte-Beuvron 8 – Orléans 44 – Salbris 13.

La Grande Sologne
ℰ 02 54 88 70 22, *camping-lagrande-sologne@wanadoo.fr*,
Fax 02 54 88 41 74
10 ha/4 campables (180 empl.) plat, herbeux
Location : 4 🏚
🚐 1 borne
Pour s'y rendre : sortie sud par N 20 puis chemin à gauche en face de la gare

À savoir : cadre boisé au bord d'un étang

Nature : ♀♀
Loisirs : 🎱 🏊 🚲 🎣
Services : ♿ ⚡ 🚻 🖼
À prox. : 🍽 ✕ ✂ 🏊

Longitude : 2.03666
Latitude : 47.5362

OLIVET

45160 – **318** I4 – G. Châteaux de la Loire – 21 032 h. – alt. 100
🛈 *Office de tourisme, 236, rue Paul Genain ℰ 02 38 63 49 68, Fax 02 38 63 50 45*
Paris 137 – Orléans 4 – Blois 70 – Chartres 78 – Vierzon 82.

Municipal de déb. avr. à mi-oct.
ℰ 02 38 63 53 94, *campingolivet@wanadoo.fr*,
Fax 02 38 63 58 96, *www.camping-olivet.org*
1 ha (46 empl.) plat, herbeux
Tarif : (Prix 2009) 🧍 3,50 € 🚗 2,20 € 🔲 2,50 € – 🔌 (16A) 2,35 €
🚐 borne artisanale 6 €
Pour s'y rendre : r. du Pont Bouchet (2 km au sud-est par D 14, rte de St-Cyr-en-Val)

À savoir : situation agréable au confluent du Loiret et du Dhuy

Nature : ☐ ♀♀
Loisirs : 🏊
Services : ♿ ⚡ 🏧 🅿 🍴 🖼 🏊 🖼
À prox. : 🎣 🏊

Longitude : 1.92583
Latitude : 47.85614

ONZAIN

41150 – **318** E6 – G. Châteaux de la Loire – 3 377 h. – alt. 69

🖪 *Syndicat d'initiative, 3, rue Gustave Marc* ℘ *0254207852*

Paris 201 – Amboise 21 – Blois 19 – Château-Renault 24 – Montrichard 23 – Tours 44.

⚠ **Village Siblu Le Dugny** 🏕 – de déb. avr. à déb. nov.
℘ 0254207066, *reception.ldd@siblu.fr*,
Fax 0254337169, *www.dugny.fr* 🦅
8 ha (302 empl.) peu incliné, herbeux, pierreux
Tarif : (Prix 2009) 47 € ⚡⚡ 🚐 🔲 🔌 (10A) – pers.
suppl. 10 €
Location (Prix 2009) : 150 🚐 (4 à 6 pers.) 280 à 945 €/
sem.
🚐 1 borne – 15 🔲
Pour s'y rendre : 4,3 km au nord-est par D 58,
rte de Chouzy-sur-Cisse, D 45 rte de Chambon-sur-Cisse
et chemin à gauche, au bord d'un étang

Nature : 🦅 🌳 🦆🦆
Loisirs : 🍹 ✕ snack 🏠 🎮 👫 jacuzzi 🏊 🚲 🎣 🔲 🏊 🏐 🏸 terrain multisports
Services : 🚿 ⊶ 🅶🅱 ♻ 🏧 🛁 ⚗ 🚮 laverie 🏡 🏪
À prox. : 🛩 stage ULM, canotage

Longitude : 1.17352
Latitude : 47.49974

PIERREFITTE-SUR-SAULDRE

41300 – **318** J6 – 863 h. – alt. 125

🖪 *Syndicat d'initiative, 10, place de l'Église* ℘ *0254886715*, Fax 0254886715

Paris 185 – Aubigny-sur-Nère 23 – Blois 73 – Bourges 55 – Orléans 52 – Salbris 13.

⚠ **Sologne Parc des Alicourts** 🏕 – de fin avr. à
déb. sept.
℘ 0254886334, *info@lesalicourts.com*,
Fax 0254885840, *www.lesalicourts.com*
21 ha/10 campables (420 empl.) en terrasses, plat,
herbeux, sablonneux
Tarif : 42 € ⚡⚡ 🚐 🔲 🔌 (6A) – pers. suppl. 10 €
Location 🦅 : 151 🚐 (4 à 6 pers.) 350 à 1 288 €/
sem. – 150 🏠 (4 à 6 pers.) - 336 à 1 428 €/sem. – 6
cabanes dans les arbres
🚐 borne raclet
Pour s'y rendre : au Domaine des Alicourts (6 km au
nord-est par D 126 et D 126b, au bord d'un étang)
À savoir : beau domaine aux nombreuses activités
aquatiques

Nature : 🦅 🌳 🦆🦆
Loisirs : 🍹 ✕ 🏠 🎮 nocturne 👫🚲 hammam salle d'animation 🏊 🚲 🎣 🔲 🏊 🏖 (plage) 🏐 ⛳ golf, piste de bi-cross, piste de rollers et de skates, canoë, pédalos
Services : 🚿 ⊶ 🅶🅱 ♻ 🛁 🚮 ⚗ 🍴 📷 🏡 🏪

Longitude : 2.15145
Latitude : 47.51247

PREUILLY-SUR-CLAISE

37290 – **317** O7 – G. Châteaux de la Loire – 1 120 h. – alt. 80

Paris 299 – Le Blanc 31 – Châteauroux 64 – Châtellerault 35 – Loches 36 – Tours 84.

⚠ **Municipal** de déb. mai à mi-sept.
℘ 0247945004, *mairie-preuilly@wanadoo.fr*,
Fax 0247946326, *www.preuillysurclaise.fr*
0,7 ha (37 empl.) plat, herbeux
Tarif : (Prix 2009) ⚡ 2,50 € 🚐 🔲 3 € – 🔌 (6A) 3,90 €
Pour s'y rendre : au sud-ouest du bourg, près de la
piscine, de la Claise et d'un étang
À savoir : cadre verdoyant au milieu d'un complexe de
loisirs

Nature : 🌳 🦆
Loisirs : 🏐
Services : 📷
À prox. : 🏊 🎣 🎣 🔲 parcours sportif

Longitude : 0.93057
Latitude : 46.85363

RILLÉ

37340 – **317** K4 – 278 h. – alt. 82
Paris 282 – Orléans 158 – Tours 47 – Nantes 160.

Huttopia Rillé de fin avr. à déb. nov.
℘ 02 47 24 62 97, rille@huttopia.com, Fax 02 47 24 63 61,
www.huttopia.com
5 ha (120 empl.) plat, herbeux
Tarif : (Prix 2009) 31,90 € ★★ ⇔ ▣ [½] (10A) – pers.
suppl. 6,80 € – frais de réservation 18 €
Location (Prix 2009) : 22 ⌂ (4 à 6 pers.) nuitée 108 €
- 567 à 1 001 €/sem. – 10 tentes – 10 roulottes – frais
de réservation 18 €
⛽ borne autre 5 €
Pour s'y rendre : au Lac de Rillé (2 km Est par D49)

Nature : ♡♡
Loisirs : ♈ ✕ ▦ ◷diurne ⚐
🚲 ⚒ ⚓ ♨ ◊
Services : ⚕ ⊶ ⓟ GB ⚕ ⚒
laverie ▦ ⚒
À prox. : 🐎 (centre équestre)

Longitude : 0.33278
Latitude : 47.44584

ROMORANTIN-LANTHENAY

41200 – **318** H7 – G. Châteaux de la Loire – 17 572 h. – alt. 93
🛈 Office de tourisme, place de la Paix ℘ 02 54 76 43 89, Fax 02 54 76 96 24
Paris 202 – Blois 42 – Bourges 74 – Châteauroux 72 – Orléans 67 – Tours 95 – Vierzon 38.

Tournefeuille de déb. avr. à fin sept.
℘ 02 54 95 37 08, camping.romo@wanadoo.fr,
Fax 02 54 76 54 90, www.camping-romorantin.com
1,5 ha (103 empl.) plat, herbeux
Tarif : 18 € ★★ ⇔ ▣ [½] (10A) – pers. suppl. 7 €
Location : 6 ⌂ (4 à 6 pers.) - 330 à 480 €/sem. – frais
de réservation 5 €
⛽ 1 borne artisanale 3 € – 5 ▣ 10,50 € – ⚓ 10.5 €
Pour s'y rendre : 32 r. des Lices (sortie est, rte de Salbris,
r. de Long-Eaton, au bord de la Sauldre)

Nature : ⚘ ♀
Loisirs : snack ▦ ⚐ 🚲
Services : ⚕ ⊶ GB ⚕ ⊪ ⚒
⚒ ♈ ▣
À prox. : ⚓ ⚒ ▦ ⚓ canoë

Longitude : 1.75586
Latitude : 47.35503

To select the best route and follow it with ease,
To calculate distances,
To position a site precisely from details given in the text :
Get the appropriate **MICHELIN regional map.**

289

ROSNAY

36300 – **323** D6 – 626 h. – alt. 112
Paris 307 – Argenton-sur-Creuse 31 – Le Blanc 16 – Châteauroux 44.

Municipal Permanent
℘ 02 54 37 80 17, rosnay-mairie@wanadoo.fr,
Fax 02 54 37 02 86
2 ha (36 empl.) plat, herbeux
Tarif : ★ 2 € ⇔ 1,70 € ▣ 2,30 € – [½] (10A) 2 €
⛽ borne flot bleu – 15 ▣ 4 €
Pour s'y rendre : rte de St-Michel-en-Brenne (500 m au
nord par D 44)

À savoir : agréable structure bordée par un étang

Nature : ⚘ ♡♡
Loisirs : ⚒ ⚓
Services : ⚕ ⚒ ⚒ ▣

Longitude : 1.20002
Latitude : 46.72225

ST-AMAND-MONTROND

18200 – **323** L6 – G. Limousin Berry – 11 642 h. – alt. 160
🛈 Office de tourisme, place de la République ℘ 02 48 96 16 86, Fax 02 48 96 46 64
Paris 282 – Bourges 52 – Châteauroux 65 – Montluçon 56 – Moulins 79 – Nevers 70.

Municipal de la Roche de déb. avr. à fin sept.
℘ 02 48 96 09 36, camping-la-roche@wanadoo.fr,
Fax 02 48 96 09 36, www.ville-saint-amand-montrond.fr
4 ha (120 empl.) plat, peu incliné, herbeux
Tarif : (Prix 2009) ★ 2,95 € ⇔ ▣ 4 € – [½] (5A) 2,70 €
Pour s'y rendre : chemin de La Roche (sortie sud-est par
N 144, rte de Montluçon et chemin de la Roche à dr. av. le
canal, près du Cher)

Nature : ⚘ ♀
Loisirs : ▦ ⚐ ⚒
Services : ⚕ ⊶ ⚕ ⊪ ♈ ▣
À prox. : ⚓

Longitude : 2.48974
Latitude : 46.7126

CENTRE

ST-AVERTIN

37550 – **317** N4 – 13 931 h. – alt. 49
🛈 *Office de tourisme, 36, rue Rochepinard* ℘ *02 47 27 01 72, Fax 02 47 27 04 86*
Paris 245 – Orléans 121 – Tours 7 – Blois 70 – Joué 9.

�†ᐃ **Les Rives du Cher** de déb. avr. à mi-oct.
℘ 02 47 27 27 60, *contact@camping-lesrivesducher.com*,
Fax 02 47 25 82 89, *www.camping-lesrivesducher.com*
2 ha (90 empl.) plat, herbeux
Tarif : ★ 4€ ⬦ 2,65€ 🄴 4€ – ⓹ (10A) 5,30€
Location : 4 🛏 (4 à 6 pers.) nuitée 90€ - 280 à 616€/
sem.
🛒 borne artisanale – 22 🄴 9,25€
Pour s'y rendre : 61 r. de Rochepinard (au nord par rive
gauche du Cher)
À savoir : près d'un plan d'eau

| Nature : ⌑ ⚲ |
| Services : 🦽 ⊶ GB 🗸 ▥ ⛺ laverie |
| À prox. : 🏊 🎿 🖼 🛶 ⚓ |

| Longitude : 0.72296 |
| Latitude : 47.37064 |

ST-PÈRE-SUR-LOIRE

45600 – **318** L5 – 1 035 h. – alt. 115
Paris 147 – Aubigny-sur-Nère 38 – Châteauneuf-sur-Loire 40 – Gien 25 – Montargis 39 – Orléans 49 – Sully-
sur-Loire 2.

⚎ᐃ **Hortus-Le Jardin de Sully** Permanent
℘ 02 38 36 35 94, *info@camping-hortus.com*,
www.hortus-sully.com
2,7 ha (80 empl.) plat, herbeux, pierreux, gravier
Tarif : (Prix 2009) 20€ ★★ ⬦ 🄴 ⓹ (10A) – pers.
suppl. 5€ – frais de réservation 5€
Location (Prix 2009) : 14 🛏 (4 à 6 pers.) 260 à 580€/
sem. – frais de réservation 5€
🛒 borne raclet 2€ – ⛟ ⓹ 13€
Pour s'y rendre : 1 rte de St-Benoit (à l'ouest par D 60,
rte de Châteauneuf-sur-Loire, près du fleuve)

| Loisirs : 🖼 🏊 |
| Services : 🦽 ⊶ GB 🗸 ▥ ⛺ 🧺 🖨 |
| À prox. : 🎿 🏋 parcours de santé |

| Longitude : 2.36229 |
| Latitude : 47.7718 |

ST-PLANTAIRE

36190 – **323** G8 – 552 h. – alt. 300
Paris 339 – Orléans 214 – Châteauroux 68 – Limoges 95.

⚎ᐃ **Municipal de Fougères** de déb. avr. à fin oct.
℘ 02 54 47 20 01, *campingfougeres.36@wanadoo.fr*,
Fax 02 54 47 34 41, *www.www.saint-plantaire.fr* – ℞
4,5 ha (150 empl.) plat, herbeux, en terrasses, peu
incliné, pierreux
Tarif : 13,50€ ★★ ⬦ 🄴 ⓹ (10A) – pers. suppl. 3,70€
Location (de déb. mars à fin déc.) : 4 🛏 (4 à 6 pers.)
nuitée 72€ - 163 à 370€/sem. – 13 🛖 (4 à 6 pers.)
nuitée 89€ - 222 à 520€/sem. – bungalows toilés
Pour s'y rendre : 19 plage de Fougères
À savoir : site agréable au bord du lac de Chambon

| Nature : ≤ ⚲ |
| Loisirs : 🖼 🏊 🎿 🖼 🏊 ⛱ ⛵ |
| Services : 🦽 ⊶ GB 🗸 ▮ laverie 🧺 |
| À prox. : ✗ snack 🏋 pédalos, canoë |

| Longitude : 1.62039 |
| Latitude : 46.42777 |

ST-SATUR

18300 – **323** N2 – G. Limousin Berry – 1 712 h. – alt. 155
🛈 *Office de tourisme, 25, rue du Commerce* ℘ *02 48 54 01 30, Fax 02 48 54 01 30*
Paris 194 – Aubigny-sur-Nère 42 – Bourges 50 – Cosne-sur-Loire 12 – Gien 55 – Sancerre 4.

⚎ᐃ **René Foltzer** de déb. mai à fin sept.
℘ 02 48 54 04 67, *aquadis1@wanadoo.fr*,
Fax 03 86 37 95 83, *www.aquadis-loisirs.com*
1 ha (85 empl.) plat, herbeux
Tarif : 12,50€ ★★ ⬦ 🄴 ⓹ (10A) – pers. suppl. 2,50€ –
frais de réservation 8€
Pour s'y rendre : quai de Loire (1 km à l'est par D 2)
À savoir : près de la Loire (accès direct)

| Nature : ⌑ ⚲⚲ |
| Loisirs : 🖼 🎿 |
| Services : 🦽 ⊶ GB 🗸 🧺 🖨 |
| À prox. : 🚲 🖼 🏋 🛶 ⚓ golf, canoë |

| Longitude : 2.86573 |
| Latitude : 47.33643 |

STE-CATHERINE-DE-FIERBOIS

37800 – **317** M6 – G. Châteaux de la Loire – 648 h. – alt. 114
Paris 263 – Azay-le-Rideau 25 – Chinon 37 – Ligueil 19 – Tours 31.

"Les Casteis" Parc de Fierbois ♣♣ – de déb. mai à mi-sept.
℘ 02 47 65 43 35, *contact@fierbois.com*,
Fax 02 47 65 53 75, *www.fierbois.com*
30 ha/12 campables (420 empl.) en terrasses, plat, herbeux
Tarif : 46,50€ ★★ ⇔ 国 (½) (6A) – pers. suppl. 8€
Location : 30 ⬚⬚ (4 à 6 pers.) 315 à 875€/sem. – 19 ⬚ (4 à 6 pers.) - 350 à 910€/sem. – 10 bungalows toilés – 8 gîtes – cabanes perchées
⬚ 1 borne raclet – ⬚ 13.5€
Pour s'y rendre : 1,2 km au sud

À savoir : agréable et vaste domaine avec bois, lac et parc aquatique

Nature : ⬚ ♨♨♨
Loisirs : ♈ ✗ pizzeria ⬚ ⬚ ✦⬚
⬚ ⬚ ✤ ⬚ ✗ ⬚ ⬚ ✗
(plage) ⬚ ⬚
Services : ⬚ ⬚ GB ⬚ ⬚ ⬚ ⬚
⬚ laverie ⬚ ⬚ cases réfrigérées
À prox. : canoë, pédalos, parcours aventure

Longitude : 0.6549
Latitude : 47.1486

STE-MAURE-DE-TOURAINE

37800 – **317** M6 – G. Châteaux de la Loire – 3 995 h. – alt. 85
⬚ *Office de tourisme, rue du Château* ℘ 02 47 65 66 20, Fax 02 47 34 04 28
Paris 273 – Le Blanc 71 – Châtellerault 39 – Chinon 32 – Loches 31 – Thouars 73 – Tours 40.

Municipal de Marans
℘ 02 47 65 44 93
1 ha (66 empl.) peu incliné, plat, herbeux
⬚ 1 borne Artisanale – 2 国
Pour s'y rendre : r. de Toizelet (1,5 km au sud-est par D 760, rte de Loches, et à gauche, à 150 m d'un plan d'eau)

Loisirs : ✗ parcours sportif
Services : ⬚ ⬚ ⬚
À prox. : ⬚

Longitude : 0.62357
Latitude : 47.10381

SALBRIS

41300 – **318** J7 – G. Châteaux de la Loire – 5 777 h. – alt. 104
⬚ *Office de tourisme, 1, rue du Général Giraud* ℘ 02 54 97 22 27, Fax 02 54 97 22 27
Paris 187 – Aubigny-sur-Nère 32 – Blois 65 – Lamotte-Beuvron 21 – Romorantin-Lanthenay 27 – Vierzon 24.

Le Sologne de déb. avr. à fin sept.
℘ 02 54 97 06 38, *campingdesologne@wanadoo.fr*,
http://www.campingdesologne.com
2 ha (81 empl.) plat, herbeux
Tarif : 17,50€ ★★ ⇔ 国 (½) (10A) – pers. suppl. 4,50€
Location ⬚ : 3 ⬚ (4 à 6 pers.) nuitée 51€ - 248 à 473€/sem.
⬚ borne artisanale
Pour s'y rendre : 8 allée de la Sauldre (sortie nord-est par D 55, rte de Pierrefitte-sur-Sauldre, au bord d'un plan d'eau et près de la Sauldre)

Nature : ⬚ ♀
Loisirs : ⬚ ⬚
Services : ⬚ ⬚ GB ⬚ ⬚ ⬚
⬚ ⬚
À prox. : ⬚ ✗ ⬚ ⬚ ⬚

Longitude : 2.05522
Latitude : 47.43026

This Guide is not intended as a list of all the camping sites in France; its aim is to provide a selection of the best sites in each category.

SAVIGNY-EN-VÉRON

37420 – **317** J5 – 1 409 h. – alt. 40
Paris 292 – Chinon 9 – Langeais 27 – Saumur 20 – Tours 54.

Municipal la Fritillaire de déb. avr. à mi-oct.
℘ 02 47 58 03 79, *lafritillaire@orange.fr*, Fax 03 86 37 95 83,
www.aquadis-loisirs.com
2,5 ha (100 empl.) plat, herbeux, bois attenant
Tarif : (Prix 2009) 15,80€ ★★ ⇔ 国 (½) (10A) – pers. suppl. 2,60€ – frais de réservation 8€
Pour s'y rendre : r. Basse (à l'ouest du centre bourg, à 100 m d'un étang)

Nature : ⬚ ⬚
Loisirs : ⬚
Services : ⬚ ⬚ GB ⬚ ⬚ ⬚ ⬚
⬚ ⬚ ⬚
À prox. : ⬚ ✗ ⬚ ⬚ ⬚ ⬚

Longitude : 0.18281
Latitude : 47.20501

SAVONNIÈRES

37510 – **317** M4 – G. Châteaux de la Loire – 2 919 h. – alt. 47
Paris 263 – Orléans 139 – Tours 17 – Blois 88.

Confluence de déb. mai à fin sept.
℘ 02 47 50 00 25

Tarif : (Prix 2009) 15,60€ ♦♦ ⬅ 🅴 ⚡ (16A) – pers.
suppl. 3,60€
🚐 borne eurorelais
Pour s'y rendre : sortie est du bourg par D7
À savoir : au bord du Cher et d'une piste cyclable

| Nature : ⬜ 🌳 |
| Loisirs : 🏊 ✂ 🎣 🛶 |
| Services : ♿ 🚰 GB ⚒ 🚿 🔥 |
| À prox. : 🛒 🍷 ✗ |

Longitude : 0.56165
Latitude : 47.35037

Ihre Meinung über die von uns empfohlenen Campingplätze interessiert uns.
Teilen Sie uns Ihre Erfahrungen mit und schreiben Sie uns auch,
wenn Sie eine gute Entdeckung gemacht haben.

SENONCHES

28250 – **311** C4 – 3 232 h. – alt. 223
🛈 *Syndicat d'initiative, 2, rue Louis Peuret ℘ 02 37 37 80 11, Fax 02 37 37 80 11*
Paris 115 – Chartres 38 – Dreux 38 – Mortagne-au-Perche 42 – Nogent-le-Rotrou 34.

Huttopia ♣♠ – de fin avr. à déb. nov.
℘ 02 37 37 81 40, *senonches@huttopia.com,*
Fax 02 37 37 78 93, *www.huttopia.com* – 🏕
10,5 ha (126 empl.) vallonné, plat, herbeux
Tarif : (Prix 2009) 24,80€ ♦♦ ⬅ 🅴 ⚡ (10A) – pers.
suppl. 4,50€ – frais de réservation 18€
Location (Prix 2009) (de fin avr. à déb. nov.) 🅿 : 10
🏠 (4 à 6 pers.) nuitée 105€ - 551 à 910€/sem. – frais
de réservation 18€
🚐 borne artisanale 5€
Pour s'y rendre : Etang de Badouleau
À savoir : au bord de l'étang et en lisière de la forêt
domaniale de Senonches

| Nature : 🌳🏞 |
| Loisirs : pizzeria 🎬 diurne 🎯 🏊 🎣 🎣 |
| Services : 🔑 🅿 GB 🐕 🧺 ♨ laverie 🔧 |
| À prox. : 🍷 ✗ 🐎 poneys (centre équestre) |

Longitude : 1.04309
Latitude : 48.55232

Romorantin 41

SONZAY

37360 – **317** L3 – 1 233 h. – alt. 94
Paris 257 – Château-la-Vallière 39 – Langeais 26 – Tours 25.

L'Arada Parc 👥 – de fin mars à fin oct.
📞 02 47 24 72 69, info@laradaparc.com,
Fax 02 47 24 72 70, www.laradaparc.com
1,7 ha (94 empl.) peu incliné, plat, herbeux
Tarif : 25,70 € 👥 👥 🚗 🗉 (10A) – pers. suppl. 5,10 € –
frais de réservation 9 €
Location : 15 🛖 (4 à 6 pers.) nuitée 67 € - 252 à
651 €/sem. – frais de réservation 9 €
🚐 borne artisanale 4,60 €
Pour s'y rendre : r. de la Baratière (sortie ouest par D 68,
rte de Souvigné et à dr.)

| Nature : 🐾 🏕 |
| Loisirs : 🍸 snack 🏠 🎠 🏊 hammam jacuzzi 🏋️ 🚲 🏓 🎿 |
| Services : 🚿 🚰 GB 🧺 🗑 🚱 🚽 🍽️ laverie |
| À prox. : ✂️ 🎣 |

Longitude : 0.44052
Latitude : 47.52604

SUÈVRES

41500 – **318** F5 – G. Châteaux de la Loire – 1 439 h. – alt. 83
🗉 Syndicat d'initiative, place de la Mairie 📞 02 54 87 85 27, Fax 02 54 87 85 27
Paris 170 – Beaugency 18 – Blois 15 – Chambord 16 – Vendôme 46.

"Les Castels" Château de la Grenouillère 👥 –
de mi-avr. à mi-sept.
📞 02 54 87 80 37, la.grenouillere@wanadoo.fr,
Fax 02 54 87 84 21, www.camping-loire.com
11 ha (250 empl.) plat, herbeux
Tarif : 39 € 👥 👥 🚗 🗉 (10A) – pers. suppl. 8 € – frais
de réservation 20 €
Location 🏊 : 10 🛖 (4 à 6 pers.) 320 à 840 €/sem.
– 10 🏠 (4 à 6 pers.) - 350 à 850 €/sem. – frais de
réservation 20 €
🚐 borne artisanale 5 €
Pour s'y rendre : 3 km au nord-est sur RD 52
À savoir : parc boisé et verger agréable

| Nature : 🏕 🌳 |
| Loisirs : 🍸 🍴 pizzeria 🏠 🎲 🎠 jacuzzi 🏋️ 🚲 🎯 ✂️ 🏓 🎿 🏊 |
| Services : 🚿 🚰 GB 🧺 🗑 🚱 🚽 🍽️ laverie 🔲 🚗 |

Longitude : 1.46112
Latitude : 47.66706

THORÉ-LA-ROCHETTE

41100 – **318** C5 – 932 h. – alt. 75
Paris 176 – Blois 42 – Château-Renault 25 – La Ferté-Bernard 58 – Vendôme 9.

Intercommunal la Bonne Aventure de déb. juil.
à fin août
📞 02 54 72 00 59, campings@vendome.eu,
Fax 02 54 89 41 01, www.vendome.com – ℝ
2 ha (60 empl.) plat, herbeux
Tarif : (Prix 2009) 10,30 € 👥 👥 🚗 🗉 (5A) – pers.
suppl. 2,80 €
Pour s'y rendre : rte de la Cunaille (1,7 km au nord par
D 82, rte de Lunay et rte à dr., près du stade, au bord du
Loir)

| Nature : 🐾 🌿 |
| Loisirs : 🏠 🏋️ 🚲 ✂️ 🎣 |
| Services : 🚿 🚰 GB 🧺 📷 |
| À prox. : 🏊 |

Longitude : 0.96366
Latitude : 47.80894

*Consultez le site **Voyage.ViaMichelin.fr***

VALENÇAY

36600 – **323** F4 – G. Châteaux de la Loire – 2 641 h. – alt. 140
🗉 Office de tourisme, 2, avenue de la Résistance 📞 02 54 00 04 42, Fax 02 54 00 27 67
Paris 233 – Blois 59 – Bourges 73 – Châteauroux 42 – Loches 50 – Vierzon 51.

Municipal les Chênes de mi-mai à mi-sept.
📞 02 54 00 03 92, commune@mairie-valencay.fr,
Fax 02 54 00 03 92
5 ha (50 empl.) peu incliné, plat, herbeux
Tarif : (Prix 2009) 👤 3,70 € 🚗 🗉 4,20 € – (10A) 4,20 €
🚐 1 borne artisanale 3,70 €
Pour s'y rendre : 1 km à l'ouest sur D 960, rte de Luçay-
le-Mâle
À savoir : agréable cadre de verdure en bordure d'étang

| Nature : 🏕 🌿 |
| Loisirs : 🏋️ 🎿 🏊 |
| Services : 🚿 🚰 🧺 📷 |

Longitude : 1.56984
Latitude : 47.16167

VATAN

36150 – **323** G4 – G. Limousin Berry – 2 015 h. – alt. 140
🛈 *Office de tourisme, place de la République* ℰ 0254497169, Fax 0254497169
Paris 235 – Blois 78 – Bourges 50 – Châteauroux 31 – Issoudun 21 – Vierzon 28.

⚑ **Municipal** de mi-sept. à fin sept.
ℰ 0254499137, *tourisme@vatan-en-berry.com*,
Fax 0254499372, *www.vatan-en-berry.com* – 🏠
2,4 ha (55 empl.) plat, herbeux, pierreux
Tarif : ✦ 4,50 € – 🚗 (16A) 2 €

Location : 3 🏠 (4 à 6 pers.) - 180 à 230 €/sem.
🚐 borne artisanale 5 €
Pour s'y rendre : r. du Collège (sortie ouest par D 2, rte de Guilly et à gauche)

À savoir : bord d'un étang d'agrément

| Nature : 🗬 〽️ |
| Loisirs : 🏄 🏊 |
| Services : 🚿 📡 🚮 |
| À prox. : 🍴 🏊 |

| Longitude : 1.80646 |
| Latitude : 47.07288 |

VEIGNÉ

37250 – **317** N5 – 5 887 h. – alt. 58
Paris 252 – Orléans 128 – Tours 16 – Joué-lès-Tours 11 – Saint-Cyr-sur-Loire 20.

⚑ **La Plage** de déb. avr. à fin oct.
ℰ 0247262300, *campingveigne@aol.com*,
Fax 0247731147, *www.touraine-vacance.com*
2 ha (120 empl.) plat, herbeux
Tarif : (Prix 2009) 16,40 € ✦ ✦ 🚗 🔲 🚗 (6A) – pers.
suppl. 3,80 €

Location : 15 bungalows toilés
🚐 borne flot bleu
Pour s'y rendre : rte de Tours (sortie nord par D 50)

| Nature : ♀ |
| Loisirs : 🍴 🍴 🏨 🏇 🚲 🎿 🏊 🍴 |
| Services : 🚿 🔌 (saison) GB 📡 🔵 laverie |
| À prox. : canoë-kayak |

| Longitude : 0.73642 |
| Latitude : 47.28748 |

LA VILLE-AUX-DAMES

37700 – **317** N4 – 4 520 h. – alt. 50
Paris 244 – Orléans 120 – Tours 7 – Blois 53 – Joué 14.

⚑ **Les Acacias** Permanent
ℰ 0247440816, *camplvad@orange.fr*, Fax 0247462665,
www.camplvad.com
2,6 ha (90 empl.) plat, herbeux
Tarif : 17,20 € ✦ ✦ 🚗 🔲 🚗 (10A) – pers. suppl. 3,10 €

Location (permanent) : 4 🚐 (2 à 4 pers.) nuitée 42 € - 219 €/sem. – 6 🏠 (4 à 6 pers.) nuitée 75 € - 280 €/sem.
🚐 borne artisanale 6 €
Pour s'y rendre : r. Berthe Morisot (au nord-est du bourg, près du D 751)

| Nature : 〽️ |
| Loisirs : snack 🏄 |
| Services : 🚿 🔌 GB 📡 🚽 laverie |
| À prox. : 🍴 snack 🍴 🎯 parcours de santé |

| Longitude : 0.77841 |
| Latitude : 47.4021 |

VILLIERS-LE-MORHIER

28130 – **311** F4 – 1 327 h. – alt. 99
Paris 83 – Orléans 108 – Chartres 24 – Versailles 61 – Mantes-la-Jolie 54.

⚑ **Les Ilots de St-Val** Permanent
ℰ 0237827130, *lesilots@campinglesilotsdestval.com*,
Fax 0237827767, *www.campinglesilotsdestval.com* –
places limitées pour le passage
10 ha/6 campables (153 empl.) incliné, plat, herbeux, pierreux
Tarif : ✦ 5,20 € 🚗 🔲 5,20 € – 🚗 (10A) 6,40 €

Location 🏊 : 13 🏠 (4 à 6 pers.) 220 à 553 €/sem. – 4 🏠 (4 à 6 pers.) - 220 à 429 €/sem.
🚐 borne eurorelais 5,50 €
Pour s'y rendre : Lieu-dit : Le Haut Bourray (4,5 km au nord-ouest par D 983, rte de Nogent-le-Roi puis 1 km par D 1013, rte de Neron à gauche)

| Nature : 🌳 |
| Loisirs : 🏨 🏄 🍴 |
| Services : 🚿 🔌 GB 📡 🚽 🚮 🔲 |
| À prox. : 🏊 🏇 (centre équestre) golf |

| Longitude : 1.5476 |
| Latitude : 48.6089 |

VITRY-AUX-LOGES

45530 – **318** K4 – 1 814 h. – alt. 120
Paris 111 – Bellegarde 17 – Châteauneuf-sur-Loire 11 – Malesherbes 48 – Orléans 38 – Pithiviers 30.

Étang de la Vallée de déb. avr. à fin sept.
℘ 02 38 92 32 00, *canal.orleans@wanadoo.fr*,
Fax 02 38 46 82 92, *www.canal.orleans.monsite.wanadoo.fr*
3,7 ha (180 empl.) plat, herbeux
Tarif : (Prix 2009) ✶ 3 € ⇦ 🔲 5,50 € – (½) (10A) 4 €
🚐 10 🔲 6 €
Pour s'y rendre : 3,3 km au nord-est, à 100 m de l'étang

À savoir : agréable cadre boisé à proximité d'une base de loisirs

Nature : ☐ ♀
Loisirs : 🏄 ⛾
Services : 🚿 ⊶ 🚗 ♨ ♿ 🔲
À prox. : 🍴 snack ⚓ (plage) 🚣 pédalos

Longitude : 2.26615
Latitude : 47.94026

*Demandez à votre libraire le catalogue des **publications MICHELIN**.*

VOUVRAY

37210 – **317** N4 – G. Châteaux de la Loire – 3 083 h. – alt. 55
🛈 *Office de tourisme, 12, rue Rabelais* ℘ 02 47 52 68 73, *Fax 02 47 52 70 88*
Paris 240 – Amboise 18 – Château-Renault 25 – Chenonceaux 30 – Tours 10.

Le Bec de Cisse
℘ 02 47 52 68 81, *camping.becdecisse@neuf.fr*,
Fax 02 47 52 67 76
2 ha (33 empl.) plat, herbeux
🚐 8 🔲
Pour s'y rendre : au sud du bourg, au bord de la Cisse

Nature : ☐ ♀
Services : 🚿 ⊶ ♨ ♨ 🔲
À prox. : ✂ ⛷ ⚓ ♨ parc de loisirs de Rochecorbon 🚐

Longitude : 0.79913
Latitude : 47.41198

295

Le lac de Vassivière

S. Sauvignier/Michelin

CHAMPAGNE-ARDENNE

S. Sauvignier/Michelin

Le visiteur de la région Champagne-Ardenne a les yeux qui pétillent, et une soudaine effervescence s'empare de ses papilles lorsque surgit devant lui un océan de ceps. Il s'imagine déjà sablant le champagne, ce subtil breuvage baptisé « vin du diable » avant qu'un moine ne perce le secret de ses bulles. Faisant étape à Reims, il succombe à la beauté de sa cathédrale, puis à la douceur de ses biscuits roses. À Troyes, il s'éprend autant de la poésie des ruelles bordées de maisons à colombages que du fumet s'échappant de friandes andouillettes. Pour expier ses péchés, il se retire dans les profondeurs boisées des Ardennes, mais loin d'être un chemin de croix, l'escapade réserve d'agréables surprises : observation de grues cendrées, dégustation d'un ragoût de marcassin... Une autre façon de coincer la bulle !

It's easy to spot visitors bound for Champagne by the sparkle in their eyes and their delight as they look out over mile upon mile of vineyards: in their minds' eye, they are already raising a glass of the famous delicacy which was known as «devil's wine» before a monk discovered the secret of its divine bubbles. As they continue their voyage, the beautiful cathedral of Reims rises up before them. At Troyes, they drink in the sight of its half-timbered houses and feast on andouillettes, the local chitterling sausages. After these treats, our visitors can explore the Ardennes forest, by bike or along its hiking trails, but this woodland retreat, bordered by the gentle Meuse, has other delights in store: watching the graceful flight of the crane over an unruffled lake, or trying a plate of local wild boar.

AIX-EN-OTHE

10160 – **313** CA – G. Champagne Ardenne – 2 348 h. – alt. 149

🛈 *Office de tourisme, 21, rue des Vannes* ℰ *03 25 80 81 71, Fax 03 25 46 75 09*

Paris 144 – Châlons-en-Champagne 116 – Troyes 33 – Auxerre 66 – Sens 39.

⚠ **Municipal de la Nosle** de fin avr. à fin sept.

ℰ 03 25 46 75 44, *mairie-aix-en-othe@wanadoo.fr,*
Fax 03 25 46 75 09, *www.ville-aix-en-othe.com*
3 ha (90 empl.) plat, herbeux
Tarif : (Prix 2009) 9,15€ ★★ 🚗 ▣ 🔌 (5A) – pers.
suppl. 2,70€
Pour s'y rendre : r. Joseph Anglade

| Nature : ⚲ |
| Services : ♿ ♨ |
| À prox. : 🍴 🍹 ✕ 🏠 ⚓ |

Longitude : 3.73176
Latitude : 48.2231

ANDELOT

52700 – **313** L4 – 944 h. – alt. 286

🛈 *Syndicat d'initiative, place Cantarel* ℰ *03 25 03 78 60*

Paris 287 – Bologne 14 – Chaumont 23 – Joinville 33 – Langres 58 – Neufchâteau 34.

⚠ **Municipal du Moulin** de mi-avr. à fin oct.

ℰ 03 25 32 61 28, *mairie.andelot@wanadoo.fr,*
www.andelot.eu
1,9 ha (56 empl.) plat, herbeux
Tarif : (Prix 2009) ★ 2,50€ 🚗 ▣ 4€ – 🔌 (9A) 3€
🚐 **1 borne raclet**
Pour s'y rendre : r. Gué (1 km au nord par D 147,
rte de Vignes-la-Côte, au bord du Rognon)
À savoir : cadre agréable en bordure de rivière

| Nature : 🖻 |
| Loisirs : 🖼 🏄 ♟ |
| Services : ♿ ☎ ♨ 🚿 |

Longitude : 5.3001
Latitude : 48.25304

ATTIGNY

08130 – **306** J6 – 1 184 h. – alt. 83

Paris 202 – Charleville-Mézières 37 – Reims 57 – Rethel 18.

⚠ **Municipal le Vallage** de déb. avr. à fin sept.

ℰ 03 24 71 23 06, Fax 03 24 71 94 00
1,2 ha (68 empl.) plat, herbeux, goudronné
Tarif : (Prix 2009) 12,90€ ★★ 🚗 ▣ 🔌 (10A)
Pour s'y rendre : sortie nord, rte de Charleville-Mézières
et r. à gauche apr. le pont sur l'Aisne, près d'un étang

| Nature : 🖻 |
| Services : 🅶🅱 ♻ 🏧 ♨ 🚿 |
| À prox. : 🏄 ✂ |

Longitude : 4.57808
Latitude : 49.47831

299

Si vous recherchez :

👥 *Un terrain offrant des équipements et des loisirs adaptés aux enfants*
🐾 *Un terrain agréable ou très tranquille*
L *Un terrain effectuant la location de caravanes,*
 de mobile homes, de bungalows ou de chalets
P *Un terrain ouvert toute l'année*
🚐 *Un terrain possédant une aire de services pour camping-cars*
Consultez le tableau des localités

BANNES

52360 – **313** M6 – 395 h. – alt. 388

Paris 291 – Chaumont 35 – Dijon 86 – Langres 9 – Nancy 128.

⚠ **Hautoreille** Permanent

ℰ 03 25 84 83 40, *campinghautoreille@orange.fr,*
Fax 03 25 84 83 40, *www.campinghautoreille.com*
3,5 ha (100 empl.) plat, peu incliné, herbeux
Tarif : ★ 4,50€ 🚗 ▣ 5€ – 🔌 (6A) 3€
🚐 **1 borne 4€**
Pour s'y rendre : 6 r. du Boutonnier (sortie sud-ouest par
D 74, rte de Langres puis 700 m par chemin à gauche)

| Nature : 🐾 |
| Loisirs : 🍹 ✕ 🖼 |
| Services : ♿ ☎ 🅶🅱 ♻ 🏧 ♒ 🖥 |

Longitude : 5.39374
Latitude : 47.89784

BOURBONNE-LES-BAINS

52400 – **313** O6 – G. Alsace Lorraine – 2 275 h. – alt. 290 – ♨ (début mars-fin nov.)
🖪 *Office de tourisme, place des Bains* ℘ 03 25 90 01 71, Fax 03 25 90 14 12
Paris 313 – Chaumont 55 – Dijon 124 – Langres 39 – Neufchâteau 53 – Vesoul 58.

⚠ **Le Montmorency** de fin mars à fin oct.
℘ 03 25 90 08 64, *c.montmorency@wanadoo.fr*,
Fax 03 25 84 23 74, *www.camping-montmorency.com*
2 ha (74 empl.) peu incliné, herbeux, gravillons
Tarif : (Prix 2009) ✝ 3,80€ ⇌ 🅴 4€ – 🔌 (10A) 3,50€
Location (Prix 2009) : 6 🛖 (4 à 6 pers.) nuitée 30€
- 320€/sem.
🚐 1 borne eurorelais 4€ – 4 🅴 7,80€
Pour s'y rendre : r. du Stade (sortie ouest par rte de
Chaumont et r. à dr., à 100 m du stade)

Nature : ≤ ♀
Services : ⚡ GB 🚗 ♨ ♨
À prox. : ✂ 🏊 (découverte en saison)

Longitude : 5.74373
Latitude : 47.95723

BOURG-FIDÈLE

08230 – **306** J3 – 819 h. – alt. 370
Paris 237 – Charleville-Mézières 22 – Fumay 21 – Hirson 39 – Rethel 52.

⚠ **La Murée** Permanent
℘ 03 24 54 24 45, *campingdelamuree@wanadoo.fr*,
www.campingdelamuree.com
1,5 ha (23 empl.) peu incliné, herbeux
Tarif : (Prix 2009) 18,50€ ✝✝ ⇌ 🅴 🔌 (10A) – pers.
suppl. 3,90€
🚐 2 🅴 18,50€
Pour s'y rendre : 35 r. Catherine de Clèves (1 km au nord
par D 22, rte de Rocroi)

À savoir : cadre boisé en bordure d'étangs

Nature : 🌳 ♀
Loisirs : 🍴 snack 🚗 🎣
Services : ⚡ ⚡ ♨ 🏧 ♨ ♨ laverie

Longitude : 4.53772
Latitude : 49.89446

⚠⚠⚠ ... ⚠

Terrains particulièrement agréables dans leur ensemble et dans leur catégorie.

BRAUCOURT

52290 – **313** I2
Paris 220 – Bar-sur-Aube 39 – Brienne-le-Château 29 – Châlons-en-Champagne 69 – Joinville 31 – St-
Dizier 17.

⚠⚠ **Presqu'île de Champaubert** Permanent
℘ 03 25 04 13 20, *ilechampaubert@free.fr*,
Fax 03 25 94 33 51, *http://ilechampaubert.free.fr*
3,6 ha (200 empl.) plat, herbeux
Tarif : 31€ ✝✝ ⇌ 🅴 🔌 (10A) – pers. suppl. 5€
Location (de déb. avr. à fin nov.) : 17 🛖 (4 à 6 pers.)
nuitée 99€ - 210 à 695€/sem.
Pour s'y rendre : 3 km au nord-ouest par D 153

À savoir : situation agréable au bord du lac de Der-
Chantecoq

Nature : ≤ 🛶 ♀♀⛱
Loisirs : 🍴 snack 🚗 🎡 🎣 ✂ 🎣
Services : ⚡ ⚡ GB 🚗 🧺 laverie
À prox. : 🏖 🛶 canoë kayak, pédalos

Longitude : 4.81735
Latitude : 48.53406

BUZANCY

08240 – **306** L6 – 368 h. – alt. 176
Paris 228 – Châlons-en-Champagne 86 – Charleville-Mézières 58 – Metz 130 – Reims 84.

⚠ **La Samaritaine** de déb. mai à mi-sept.
℘ 03 24 30 08 88, *info@campinglasamaritaine.com*,
Fax 03 24 30 29 39, *www.campinglasamaritaine.com*
2 ha (110 empl.) plat, herbeux, pierreux
Tarif : 20,50€ ✝✝ ⇌ 🅴 🔌 (10A) – pers. suppl. 4,50€
Location : 10 🛖 (4 à 6 pers.) nuitée 44€ - 322 à
532€/sem. – 9 🏕 (4 à 6 pers.) nuitée 57€ - 413 à
637€/sem.
🚐 1 borne artisanale 3€
Pour s'y rendre : 3 r. des Étangs (1,4 km au sud-ouest
par chemin à dr. près de la base de loisirs)

Nature : 🌳
Loisirs : snack 🚗
Services : ⚡ ⚡ ♨ ♨ ♨ 🏧
À prox. : 🏖 🚐

Longitude : 4.9402
Latitude : 49.4266

CHÂLONS-EN-CHAMPAGNE

51000 – **306** I9 – G. Champagne Ardenne – 46 184 h. – alt. 83
🛈 *Office de tourisme, 3, quai des Arts* 𝄞 *03 26 65 17 89, Fax 03 26 65 35 65*
Paris 188 – Charleville-Mézières 101 – Metz 157 – Nancy 162 – Reims 47 – Troyes 82.

⚠ **Municipal** de déb. avr. à fin oct.
𝄞 03 26 68 38 00,
cadredevie.mairie@chalons-en-champagne.net,
Fax 03 26 68 38 00
3,5 ha (148 empl.) plat, herbeux, gravier
Tarif : 24,30€ **✶✶ ⇔ 🔲 🔌** (10A) – pers. suppl. 5,20€
🚐 **1 borne artisanale**
Pour s'y rendre : sortie sud-est par N 44, rte de Vitry-le
François et D 60, rte de Sarry

À savoir : entrée fleurie et cadre agréable au bord d'un
étang

Nature :	🏞 🌳		
Loisirs : snack	🛏 ⚽ ✂ ♠ 🎣		
Services :	♿ ⚡ 🏪 🕱 🚿 🚽		
laverie			

Longitude : 4.37068
Latitude : 48.96879

LE CHESNE

45310 – **306** K5 – G. Champagne Ardenne – 939 h. – alt. 164 – Base de loisirs
Paris 232 – Buzancy 20 – Charleville-Mézières 39 – Rethel 32 – Vouziers 18.

⚠ **Départemental Lac de Bairon** de déb. mars à fin
oct.
𝄞 03 24 30 11 66, *campinglacdebairon@cg08.fr*,
Fax 03 24 30 11 66
6,8 ha (170 empl.) plat et en terrasses, herbeux,
gravillons
Tarif : (Prix 2009) 14€ **✶✶ ⇔ 🔲 🔌** (6A) – pers.
suppl. 4€
🚐 **1 borne flot bleu**
Pour s'y rendre : 2,8 km au nord-est par D 991, rte
de Charleville-Mézières et rte de Sauville, à dr. - pour
caravanes : accès conseillé par D 977, rte de Sedan et D 12
à gauche

À savoir : situation agréable au bord du lac

Nature :	🏞 ≤ 🌳		
Loisirs :	🛏 ⚽ 🚲		
Services :	♿ ⚡ GB 🕱 🏪 🔲		
À prox. : laverie	✂ 🚣 ♦ canoë		

Longitude : 4.76388
Latitude : 49.51314

301

DIENVILLE

10500 – **313** H3 – 790 h. – alt. 128 – Base de loisirs
Paris 209 – Bar-sur-Aube 20 – Bar-sur-Seine 33 – Brienne-le-Château 8 – Troyes 38.

⚠ **Le Tertre** ♿♿ – de déb. avr. à mi-oct.
𝄞 03 25 92 26 50, *campingdutertre@wanadoo.fr*,
Fax 03 25 92 26 50, *www.campingdutertre.fr*
3,5 ha (155 empl.) plat, herbeux, gravier
Tarif : (Prix 2009) **✶** 4,20€ **⇔ 🔲** 9€ – **🔌** (6A) 3€ – frais
de réservation 12€

Location (Prix 2009) (permanent) : 12 🏠 (4 à 6 pers.)
- 160 à 460€/sem. – frais de réservation 12€
Pour s'y rendre : 1 rte de Radonvilliers (sortie ouest sur
D 11)

À savoir : face à la station nautique de la base de loisirs

Nature :	🏞		
Loisirs :	🎇 snack 🚴 ⚽ 🏊		
Services :	♿ ⚡ GB 🕱 🏪 🔲		
🚽 ♒ 🔲			
À prox. :	✂ 🚣 🚤 ski nautique		
jet-ski			

Longitude : 4.5081
Latitude : 48.35883

ÉPERNAY

51200 – **306** F8 – G. Champagne Ardenne – 24 456 h. – alt. 75
🛈 *Office de tourisme, 7, avenue de Champagne* 𝄞 *03 26 53 33 00, Fax 03 26 51 95 22*
Paris 143 – Amiens 199 – Charleville-Mézières 113 – Meaux 96 – Troyes 109.

⚠ **Municipal** de fin avr. à déb. oct.
𝄞 03 26 55 32 14, *camping@ville-epernay.fr*,
Fax 03 26 52 36 09, *www.epernay.fr*
2 ha (119 empl.) plat, herbeux
Tarif : (Prix 2009) **✶** 3,80€ **⇔** 2,10€ **🔲** 3,80€ –
🔌 (5A) 3,10€
🚐 **1 borne flot bleu**
Pour s'y rendre : allée de Cumières (1,5 km au nord par
D 301, au bord de la Marne (halte nautique))

Nature :	🏞 🌳		
Loisirs :	⚽ 🚲 🎣 mur d'esca-		
lade			
Services :	♿ ⚡ GB 🕱 🔲 🔲		

Longitude : 3.95142
Latitude : 49.05676

CHAMPAGNE-ARDENNE

ERVY-LE-CHÂTEL

10130 – **313** D5 – G. Champagne Ardenne – 1 174 h. – alt. 160
🅑 *Office de tourisme, boulevard des Grands Fossès* 📞 *03 25 70 04 45, Fax 03 25 70 22 04*
Paris 169 – Auxerre 48 – St-Florentin 18 – Sens 62 – Tonnerre 25 – Troyes 38.

▲ **Municipal les Mottes** de mi-avr. à mi-sept.
📞 03 25 70 07 96,
mairie-ervy-le-chatel@wanadoo.fr, Fax 03 25 70 02 52,
www.ervy-le-chatel.reseaudescommunes.fr/communes/
0,7 ha (53 empl.) plat, herbeux
Tarif : (Prix 2009) 🛉 3,50€ 🚗 3€ 🅴 3€ – [½] (5A) 3,50€
Pour s'y rendre : chemin des Mottes (1,8 km à l'est par
D 374, rte d'Auxon, D 92 et chemin à dr. apr. le passage
à niveau)

À savoir : en bordure d'une petite rivière et d'un bois

Nature : 🦅
Loisirs : 🦢
Services : 🕭 ⚇ 🖪

Longitude : 3.91188
Latitude : 48.04052

FISMES

51170 – **306** E7 – G. Champagne Ardenne – 5 351 h. – alt. 70
🅑 *Office de tourisme, 28, rue René Letilly* 📞 *03 26 48 81 28, Fax 03 26 48 12 09*
Paris 131 – Fère-en-Tardenois 20 – Laon 37 – Reims 29 – Soissons 30.

▲ **Municipal** de déb. mai à mi-sept.
📞 03 26 48 10 26, *camping@gee-europe.com*,
Fax 03 26 48 82 25, *www.gee-europe.com*
0,8 ha (33 empl.) plat, herbeux, gravillons
Tarif : (Prix 2009) 🛉 2,50€ 🚗 2,10€ 🅴 2,10€ [½] (30A)
Pour s'y rendre : au nord-ouest par N 31, près du stade

Services : ⚇ GB
À prox. : 🛒

Longitude : 3.67982
Latitude : 49.30716

Si vous recherchez :
👥 *Un terrain offrant des équipements et des loisirs adaptés aux enfants*
🦢 *Un terrain agréable ou très tranquille*
L-M *Un terrain effectuant la location de caravanes, de mobile homes,*
de bungalows ou de chalets
P *Un terrain ouvert toute l'année*
🚐 *Un terrain possédant une aire de services pour camping-cars*
Consultez le tableau des localités

FRONCLES-BUXIÈRES

52320 – **313** K4 – 1 645 h. – alt. 226
Paris 288 – Bar-sur-Aube 42 – Chaumont 27 – Joinville 21 – Rimaucourt 22.

▲ **Municipal les Deux Ponts** de mi-mars à mi-oct.
📞 03 25 02 31 21, *mairie.frondes@wanadoo.fr*,
Fax 03 25 02 09 80 – ℞
0,5 ha (23 empl.) plat, herbeux
Tarif : (Prix 2009) 🛉 2,15€ 🚗 2,70€ 🅴 2,70€ –
[½] (10A) 3,20€
Pour s'y rendre : r. du Maréchal Foch (sortie nord par
D 253, rte de Doulaincourt, au bord de la Marne et près
du canal de la Marne à la Saône)

Nature : 🦢 🖵
Loisirs : 🦢
Services :
À prox. : 🍴

Longitude : 5.14772
Latitude : 48.30118

GÉRAUDOT

10220 – **313** F4 – G. Champagne Ardenne – 288 h. – alt. 146
Paris 192 – Bar-sur-Aube 36 – Bar-sur-Seine 26 – Brienne-le-Château 26 – Troyes 24.

▲ **L'Épine aux Moines** de mi-mars à mi-oct.
📞 03 25 41 24 36, Fax 03 25 41 24 36
2,8 ha (186 empl.) plat et peu incliné, herbeux
Tarif : (Prix 2009) 12,50€ 🛉🛉 🚗 🅴 [½] (6A)
Pour s'y rendre : 1,3 km au sud-est par D 43

À savoir : cadre verdoyant près du lac de la Forêt d'Orient

Nature : ♀
Services : 🕭 ⚇ ▥ 🖪
À prox. : 🛒 pizzeria 🎿 🏖 (plage)
⚓

Longitude : 4.32176
Latitude : 48.30747

GIFFAUMONT-CHAMPAUBERT

51290 – **306** K11 – G. Champagne Ardenne – 256 h. – alt. 130
🚹 *Office de tourisme, Maison du Lac* 𝒫 03 26 72 62 80, Fax 03 26 72 64 69
Paris 213 – Châlons-en-Champagne 67 – Saint-Dizier 25 – Bar-le-Duc 52 – Vitry-le-François 31.

▲▲▲ **Résidence de Tourisme Marina-Holyder**
(location exclusive de maisonnettes) Permanent
𝒫 03 26 72 99 90, *locader@wanadoo.fr*, Fax 03 26 72 99 91,
www.marina-holyder.com
2 ha plat

Location : 64 🏠 (4 à 6 pers.) nuitée 75 € - 395 à 890 €/
sem.
Pour s'y rendre : 11 presqu'île de Rougemer

| Nature : 🦌 |
| Loisirs : 🍸 ✗ pizzeria 🌙 nocturne ♨️ 🛁 hammam jacuzzi 🏊 🖥️ 🎣 ◊ |
| Services : ⚡ 🅿️ GB 🐕 ¶ laverie 🚿 |
| À prox. : 🚲 |

Longitude : 4.75288
Latitude : 48.55294

HAULMÉ

08800 – **306** K3 – 70 h. – alt. 175
Paris 248 – Charleville-Mézières 19 – Dinant 64 – Namur 99 – Sedan 39.

▲ **Base de Loisirs Départementale** de mi-mars à
début nov.
𝒫 03 24 32 81 61, *campinghaulme@cg08.fr*,
Fax 03 24 32 37 66
15 ha (405 empl.) plat, herbeux
Tarif : (Prix 2009) 14,60 € ✶✶ �car 🅴 – pers. suppl. 4 €
Pour s'y rendre : base de Loisirs Départementale (sortie
nord-est, puis 800 m par chemin à dr. apr. le pont)
À savoir : au bord de la Semoy

| Nature : ⌄ ♀ |
| Loisirs : 🏛️ 🏊 🚲 ⚽ ✏️ |
| Services : 🚻 GB 🐕 🎱 🖼️ |
| À prox. : parcours sportif, canoë |

Longitude : 4.78573
Latitude : 49.86085

▲▲▲ ... ▲

Bijzonder prettige terreinen die bovendien opvallen in hun categorie.

LES MAZURES

08500 – **306** J3 – 909 h. – alt. 330 – Base de loisirs
Paris 249 – Charleville-Mézières 20 – Fumay 16 – Hirson 50 – Rethel 63.

▲▲ **Départemental Lac des Vieilles Forges** de
déb. mars à fin oct.
𝒫 03 24 40 17 31, *campingvieillesforges@cg08.fr*,
Fax 03 24 40 17 31
12 ha/3 campables (300 empl.) en terrasses, gravillons
Tarif : (Prix 2009) 14 € ✶✶ 🚗 🅴 ⚡(6A) – pers.
suppl. 4 €

Location : gîtes
Pour s'y rendre : 2 km au sud par D 40, rte de Renwez
puis 2 km par rte à dr., à 100 m du lac
À savoir : terrasses ombragées dominant le lac

| Nature : 🦌 ⛺ ♀♀ |
| Loisirs : 🏛️ 🏊 🚲 |
| Services : 🚻 ⚡ GB 🐕 🖼️ 🎱 |
| À prox. : ⚽ 🚤(plage) ◊ |

Longitude : 4.62665
Latitude : 49.88832

MONTIGNY-LE-ROI

52140 – **313** M6 – 2 179 h. – alt. 404
Paris 296 – Bourbonne-les-Bains 21 – Chaumont 35 – Langres 23 – Neufchâteau 50 – Vittel 50.

▲▲ **Le Château** de mi-avr. à fin sept.
𝒫 03 25 87 38 93, *campingmontigny52@wanadoo.fr*,
Fax 03 25 87 38 93, *www.campingduchateau.com*
6 ha/2 campables (75 empl.) plat, en terrasses, herbeux
Tarif : ✶ 4 € 🚗 🅴 4 € – ⚡(6A) 3 €
🚐 1 borne raclet 2 €
Pour s'y rendre : r. Hubert Collot (accès par centre
bourg et chemin piétonnier pour accéder au village)
À savoir : dans un parc boisé dominant la vallée de la
Meuse

| Nature : ⌄ |
| Loisirs : 🏊 ⚽ |
| Services : 🚻 ⚡ GB 🐕 🖼️ 🏕️ ¶ |
| À prox. : ✗ snack |

Longitude : 5.498
Latitude : 48.00202

RADONVILLIERS

10500 – **313** H3 – 380 h. – alt. 130
Paris 206 – Bar-sur-Aube 22 – Bar-sur-Seine 35 – Brienne-le-Château 6 – Troyes 36.

Municipal le Garillon de fin mars à mi-oct.
℘ 03 25 92 21 46, camping-le-garillon@wanadoo.fr,
Fax 03 25 92 21 34
1 ha (55 empl.) plat, herbeux
Tarif : 20€ ✚✚ ⇔ 🅔 🔌 (10A)
Location : 12 🛖 (4 à 6 pers.) nuitée 60€ - 210 à
420€/sem.
Pour s'y rendre : sortie sud-ouest par D 11, rte de Piney
et à dr., au bord d'un ruisseau et à 250 m du lac, (haut de
la digue par escalier)

Services : ♿ GB ⚲
À prox. : ✗

Longitude : 4.5053
Latitude : 48.35962

SEDAN

08200 – **306** L4 – G. Champagne Ardenne – 19 934 h. – alt. 154
🅱 Office de tourisme, 35 rue du Menil ℘ 03 24 27 73 73, Fax 03 24 29 03 28
Paris 246 – Châlons-en-Champagne 117 – Charleville-Mézières 25 – Luxembourg 104 – Reims 101 – Verdun 81.

Municipal de déb. avr. à fin sept.
℘ 03 24 27 13 05, christophe.lagnier@mairie-sedan.fr,
Fax 03 24 27 13 05
3 ha (130 empl.) plat, herbeux
Tarif : (Prix 2009) ✚ 2,70€ ⇔ 🅔 2,30€ – 🔌 (10A) 3,06€
Pour s'y rendre : bd Fabert
À savoir : sur la prairie de Torcy, au bord de la Meuse
(halte fluviale)

Nature : ♀
Loisirs : 🎠
Services : ♿ ⚬⚊

Longitude : 4.93857
Latitude : 49.70143

Avant de vous installer, consultez les tarifs en cours,
affichés obligatoirement à l'entrée du terrain,
et renseignez-vous sur les conditions particulières de séjour.
Les indications portées dans le guide ont pu être modifiées depuis la mise à jour.

304

SÉZANNE

51120 – **306** E10 – G. Champagne Ardenne – 5 276 h. – alt. 137
🅱 Office de tourisme, place de la République ℘ 03 26 80 51 43, Fax 03 26 80 54 13
Paris 116 – Châlons-en-Champagne 59 – Meaux 78 – Melun 89 – Sens 83 – Troyes 62.

Municipal de déb. avr. à fin sept.
℘ 03 26 80 57 00, campingdesezanne@wanadoo.fr,
Fax 03 26 80 57 00
1 ha (79 empl.) incliné, herbeux
Tarif : (Prix 2009) 10,20€ ✚✚ ⇔ 🅔 🔌 (10A) – pers.
suppl. 2,25€
🚐 1 borne artisanale
Pour s'y rendre : rte de Launat (sortie ouest par D 373,
rte de Paris (près N 4) puis 700 m par chemin à gauche
et rte à dr.)

Loisirs : 🎠 🏊 🚣
Services : ♿ ⚬⚊ ⚲ 🍴
À prox. : ✗

Longitude : 3.69739
Latitude : 48.71972

SIGNY-L'ABBAYE

08460 – **306** I4 – G. Champagne Ardenne – 1 365 h. – alt. 240
🅱 Syndicat d'initiative, cour Rogelet ℘ 03 24 53 10 10, Fax 03 24 53 10 10
Paris 208 – Charleville-Mézières 31 – Hirson 41 – Laon 74 – Rethel 23 – Rocroi 30 – Sedan 52.

Municipal l'Abbaye de déb. mai à fin sept.
℘ 03 24 52 87 73, mairie-signy-l.abbaye@wanadoo.fr,
Fax 03 24 52 87 44
1,2 ha (60 empl.) plat, herbeux, gravillons
Tarif : (Prix 2009) ✚ 1,80€ ⇔ 1,30€ 🅔 1,50€ –
🔌 (5A) 2,90€
Pour s'y rendre : r. de l'Abbaye (au nord, près du stade,
au bord de la Vaux)

Services : 🚿
À prox. : ✗

Longitude : 4.41284
Latitude : 49.72492

SOULAINES-DHUYS

10200 – **313** I3 – 292 h. – alt. 153
Paris 228 – Bar-sur-Aube 18 – Brienne-le-Château 17 – Chaumont 48 – Troyes 58.

▲ **La Croix Badeau** de fin mars à déb. oct.
℘ 03 25 27 05 43, *responsable@croix-badeau.com*,
www.croix-badeau.com
1 ha (39 empl.) peu incliné, herbeux, gravier
Tarif : 14,40€ ✝✝ ⬅ 🅔 (10A) – pers. suppl. 2,90€
🚐 1 borne 2,40€ – 39 🅔 14,40€ – 🅔 10€
Pour s'y rendre : 6 r. de La Croix Badeau (au nord-est du
bourg, près de l'église)

Nature :	🖾
Loisirs :	🏠
Services :	🕭 🖛 GB 🗸 🏢 🗻 🖙
À prox. :	🏊 🍴

Longitude : 4.73834
Latitude : 48.3768

THONNANCE-LES-MOULINS

52230 – **313** L3 – 119 h. – alt. 282
Paris 254 – Bar-le-Duc 64 – Chaumont 48 – Commercy 55 – Ligny-en-Barrois 38 – Neufchâteau 38 – St-Dizier 42.

▲▲▲ **"Les Castels" La Forge de Sainte Marie** ♣♣ – de
fin avr. à mi-sept.
℘ 03 25 94 42 00, *info@laforgedesaintemarie.com*,
Fax 03 25 94 41 43, *www.laforgedesaintemarie.com*
32 ha/3 campables (133 empl.) plat et en terrasses, peu
incliné, herbeux, étang
Tarif : ✝ 7,20€ ⬅ 🅔 15,50€ 🅔 (10A)
Location (permanent) : 🛏 (4 à 6 pers.) 225 à 600€/
sem. – 15 gîtes – frais de réservation 10€
🚐 1 borne artisanale – 10 🅔 15,50€
Pour s'y rendre : rte de Joinville (1,7 km à l'ouest par
D 427, au bord du Rongeant)

À savoir : cadre agréable autour d'une ancienne forge
restaurée

Nature :	🦌 🖾 🌳
Loisirs :	🍷 🍴 🏠 🗓 🏕 🏊 🚲 🖾 🎣
Services :	🕭 🖛 GB 🗸 🛁 🗻 🖙 🍴 🖾 🚿 🧺 sèche-linge

Longitude : 5.27109
Latitude : 48.40645

305

LES GUIDES VERTS **MICHELIN**

Paysages, monuments
Routes touristiques
Géographie
Histoire, Art
Itinéraire de visite
Plans de villes et de monuments

TROYES

10000 – **313** E4 – G. Champagne Ardenne – 61 344 h. – alt. 113
🖪 *Office de tourisme, 16, boulevard Carnot* ℘ 03 25 82 62 70, Fax 03 25 73 06 81
Paris 170 – Dijon 185 – Nancy 186.

▲▲ **Municipal** de déb. avr. à mi-oct.
℘ 03 25 81 02 64, *info@troyescamping.net*,
Fax 03 25 81 02 64, *www.troyescamping.net* – ⍩
3,8 ha (110 empl.) plat, herbeux
Tarif : (Prix 2009) ✝ 4,80€ ⬅ 🅔 7€ – 🅔 (6A) 2,80€
🚐 1 borne 3,50€ – 20 🅔 15,50€
Pour s'y rendre : 7 r. Roger Salengro (2 km au nord-est,
rte de Nancy)

À savoir : agréable décoration arbustive

Nature :	🌳
Loisirs :	🏠 🏊 🚲 🎿
Services :	🕭 🖛 GB 🗸 🏢 🍴 laverie
À prox. :	🚣 🎣

Longitude : 4.09745
Latitude : 48.31184

CORSE

A. de Valroger/Michelin

Joyau émergeant de la Méditerranée, la Corse éblouit quiconque la visite. Les citadelles campées sur ses côtes rappellent combien accéder à ses trésors se mérite. Il faut un brin de témérité pour affronter ses routes sinueuses ou s'aventurer dans le maquis, inextricable enchevêtrement végétal. Mais heureux le promeneur qui croise une chapelle isolée, traverse un village hors du temps, tombe nez à nez avec un troupeau de mouflons ou découvre un merveilleux panorama. Les Corses défendent fièrement ce patrimoine, et savent réconforter le randonneur fourbu avec une simple assiette de cochonnailles, un morceau de fromage ou une pâtisserie maison. Quant aux adeptes du farniente, les anses sableuses de l'île de Beauté, aux eaux d'une limpidité tropicale, leur promettent de merveilleux moments de détente...

Corsica catches the eye like a jewel in the Mediterranean sun. Its citadels, high on the island's rocky flanks, will reward your efforts as you follow the twisting roads. Enjoy spectacular views and breathe in the fragrance of wild rosemary as you make your way up the rugged, maquis-covered hills: the sudden sight of a secluded chapel, a vision of a timeless village or an encounter with a herd of mountain sheep are among the memories that walkers, cyclists, riders and drivers take home with them. After exploring the island's wild interior, you will be ready to plunge into the clear, turquoise sea or just recharge your solar batteries as you bask on the warm sand. And after a long day, weary travellers can always be revived with platters of cooked meats, cheese and home-made pastries.

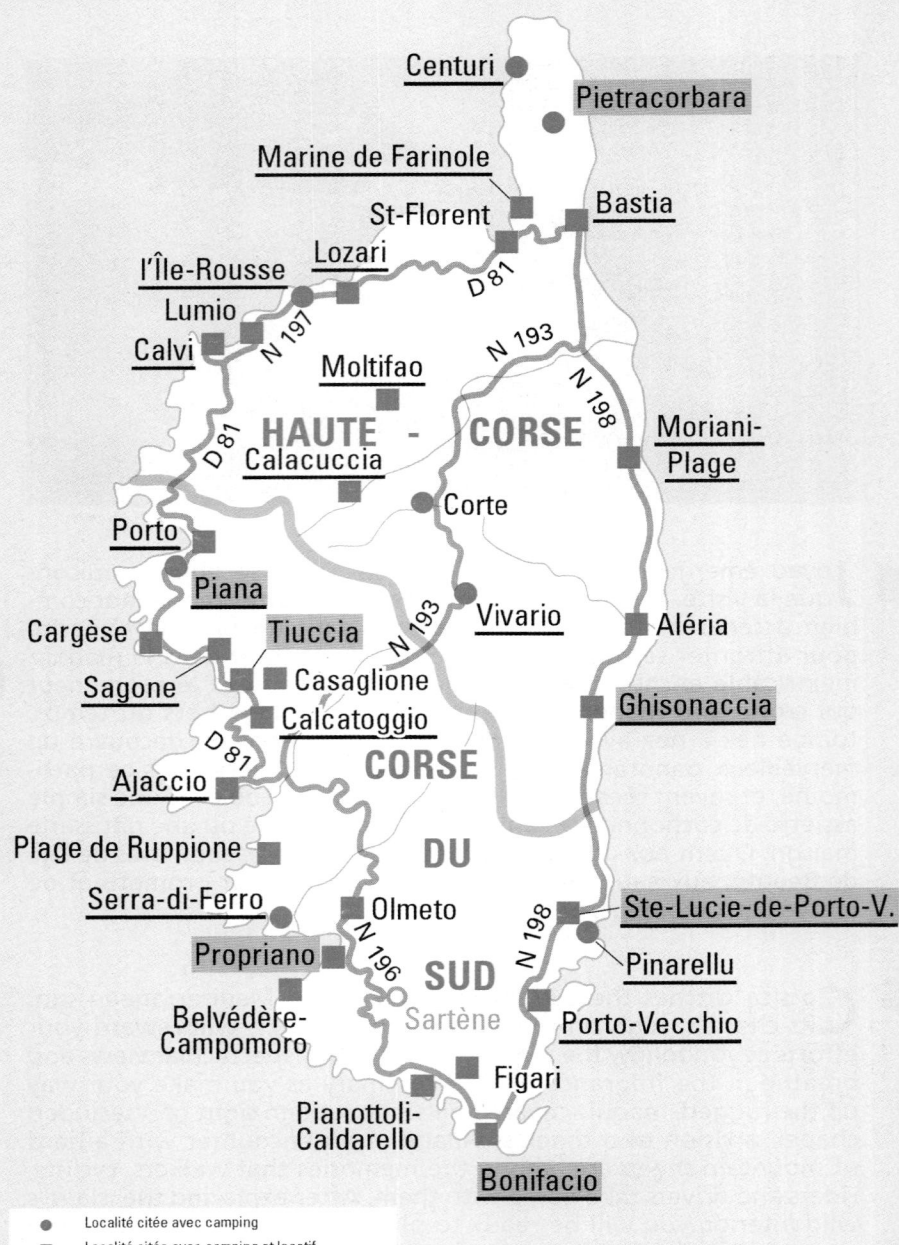

Centuri

Pietracorbara

Marine de Farinole

St-Florent

Bastia

Lozari

l'Île-Rousse

Lumio

Calvi

N 197

D 81

Moltifao

HAUTE - CORSE

N 193

N 198

Calacuccia

Moriani-Plage

Corte

Porto

Piana

Vivario

N 193

Aléria

Cargèse

Tiuccia

Sagone

Casaglione

Calcatoggio

D 81

Ghisonaccia

Ajaccio

CORSE

Plage de Ruppione

DU

Serra-di-Ferro

Olmeto

N 198

Ste-Lucie-de-Porto-V.

Propriano

N 196

SUD

Pinarellu

Sartène

Porto-Vecchio

Belvédère-Campomoro

Figari

Pianottoli-Caldarello

Bonifacio

●	Localité citée avec camping
■	Localité citée avec camping et locatif
<u>Vannes</u>	Localité disposant d'un camping avec aire de services camping-car
Moyaux	Localité disposant d'au moins un terrain agréable
🚐	Aire de service pour camping-car sur autoroute

AJACCIO

20000 – **345** B8 – G. Corse – 63 723 h.

SNCM quai l'Herminier ✆ 3260 dites «SNCM» (0,15 €/mn); CMN 15 bd Sampiero 0 810 20 13 20 - Fax 04 95 21 57 60

Office de tourisme, 3, boulevard du Roi Jérôme ✆ 04 95 51 53 03, Fax 04 95 51 53 01
Bastia 147 – Bonifacio 131 – Calvi 166 – Corte 80 – L'Ile-Rousse 141.

Les Mimosas de déb. avr. à mi-oct.
✆ 04 95 20 99 85, *campingmimosas@wanadoo.fr*,
Fax 04 95 10 01 77, *www.camping-lesmimosas.com* –
2,5 ha (70 empl.) en terrasses, plat, pierreux
Tarif : ★ 5,50 € ⇔ 2,70 € 2,70 € – (6A) 2,80 €
Location : 11 (4 à 6 pers.) 320 €/sem. – 1 studio – bungalows sans sanitaires
1 borne artisanale 8 €
Pour s'y rendre : rte d'Alata (5 km, sortie nord par D 61 et à gauche, rte des Milelli)

Nature :
Services : laverie réfrigérateurs

Longitude : 8.73517
Latitude : 41.94231

ALÉRIA

20270 – **345** G7 – G. Corse – 2 002 h. – alt. 20
Office de tourisme, Casa Luciani ✆ 04 95 57 01 51, Fax 04 95 57 03 79
Bastia 71 – Corte 50 – Vescovato 52.

Marina d'Aléria de fin avr. à déb. oct.
✆ 04 95 57 01 42, *info@marina-aleria.com*,
Fax 04 95 57 04 29, *www.marina-aleria.com*
17 ha/7 campables (252 empl.) plat, sablonneux, herbeux
Tarif : 37,20 € ★★ ⇔ (9A) – pers. suppl. 6,60 € – frais de réservation 20 €
Location : 115 (4 à 6 pers.) 230 à 805 €/sem. – 31 (4 à 6 pers.) - 190 à 699 €/sem. – frais de réservation 20 €
Pour s'y rendre : plage de Padulone (3 km à l'est de Cateraggio par N 200, au bord du Tavignano)

Nature : ≤ mer ou montagne
Loisirs : pizzeria, grill diurne canoë, pédalos
Services : cases réfrigérées
À prox. :

Longitude : 9.55
Latitude : 42.11139

309

Pour choisir et suivre un itinéraire
Pour calculer un kilométrage
Pour situer exactement un terrain (en fonction des indications fournies dans le texte) :
*Utilisez les **cartes MICHELIN** ,*
compléments indispensables de cet ouvrage.

BASTIA

20200 – **345** F3 – G. Corse – 43 577 h.

SNCM Nouveau Port ✆ 3260 dites « SNCM » (0,15 €/mn); CMN Port de Commerce ✆ 0 810 20 13 20 - Fax 04 95 32 37 01

Office de tourisme, place Saint-Nicolas ✆ 04 95 54 20 40, Fax 04 95 54 20 41
Ajaccio 148 – Bonifacio 171 – Calvi 92 – Corte 69 – Porto 136.

San Damiano de déb. avr. à fin oct.
✆ 04 95 33 68 02, *san.damiano@wanadoo.fr*,
Fax 04 95 30 84 10, *www.campingsandamiano.com*
12 ha (280 empl.) plat, sablonneux
Tarif : (Prix 2009) ★ 7,80 € ⇔ 7 € – (6A) 4,20 €
Location (Prix 2009) : 43 (4 à 6 pers.) - 343 à 1 183 €/sem.
1 borne artisanale
Pour s'y rendre : Lido de la Marana (9 km au sud-est par N 193 et D 107 à gauche)
À savoir : quelques chalets grand confort, avec vue mer pour certains

Nature :
Loisirs :
Services : laverie
À prox. : poneys

Longitude : 9.45075
Latitude : 42.70214

BELVÉDÈRE-CAMPOMORO

20110 – **345** B10 – G. Corse – 135 h. – alt. 5
Ajaccio 88 – Bonifacio 72 – Porto 82 – Sartène 24.

▲ **La Vallée** de déb. mai à fin sept.
℘ 04 95 74 21 20, *camping_la_vallee@netcourrier.com*,
Fax 04 95 74 21 20, *www.campomoro-lavallee.com* – **R**
3,5 ha (199 empl.) plat, peu incliné, pierreux, herbeux,
terrasses
Tarif : (Prix 2009) **†** 9€ ⇐ 5€ 回 5€ – [½] (5A) 6€
Location (Prix 2009) ⚡ **P** : 12 ⌂ (4 à 6 pers.)
550€/sem. – 3 appartements
Pour s'y rendre : à Propriano

Nature : ⌇ Ω
Services : 🅰 ☞ GB ▣
À prox. : 🕱

Longitude : 8.816
Latitude : 41.62909

*Avant de vous installer, consultez les tarifs en cours,
affichés obligatoirement à l'entrée du terrain,
et renseignez-vous sur les conditions particulières de séjour.
Les indications portées dans le guide ont pu être modifiées depuis la mise à jour.*

BONIFACIO

20169 – **345** D11 – G. Corse – 2 831 h. – alt. 55
🛈 *Office de tourisme, 2, rue Fred Scamaroni ℘ 04 95 73 11 88, Fax 04 95 73 14 97*
Ajaccio 132 – Corte 150 – Sartène 50.

▲▲ **Pertamina Village - U-Farniente** ☸ – de déb.
avr. à mi-oct.
℘ 04 95 73 05 47, *pertamina@wanadoo.fr*,
Fax 04 95 73 11 42, *www.camping-pertamina.com* – **R**
15 ha/3 campables (150 empl.) plat, peu incliné, pierreux,
terrasses
Tarif : 34,50€ **†† ⇐** 回 [½] (9A) – pers. suppl. 9,50€ –
frais de réservation 19€
Location : 17 ⌂ (4 à 6 pers.) 310 à 998€/sem. – 64
⌂ (4 à 6 pers.) - 310 à 1 190€/sem. – 6 appartements
– 8 villas – 12 bungalows toilés – frais de réservation
19€
Pour s'y rendre : au lieu-dit : Canelli (5 km au nord-est
par N 198, rte de Porto-Vecchio - Bastia)
À savoir : agréable domaine vallonné et bien ombragé

Nature : ⌇ ▭ ΩΩ
Loisirs : snack 🔲 ⊕ 🚵 ⌂ 🏊
⌘ 🎿 ⌂
Services : 🅰 ☞ GB ⌯ ▥ 🛒 🍴
laverie 🕱 🍷 cases réfrigérées

Longitude : 9.18231
Latitude : 41.41601

▲▲ **Rondinara** de mi-mai à fin sept.
℘ 04 95 70 43 15, *reception@rondinara.fr*,
Fax 04 95 70 56 79, *www.rondinara.fr* – **R**
5 ha (120 empl.) en terrasses, peu incliné, plat, pierreux
Tarif : (Prix 2009) 26,90€ **†† ⇐** 回 [½] (6A) – pers.
suppl. 7,60€
Location (Prix 2009) ⚡ : 36 ⌂ (4 à 6 pers.) 510 à
1 100€/sem. – frais de réservation 15,50€
🔌 1 borne eurorelais
Pour s'y rendre : au lieu-dit : Suartone (18 km au nord-
est par N 198, rte de Porto-Vecchio et D 158 à dr., rte de
la pointe de la Rondinara, à 400 m de la plage)

Nature : ⌇ ≤ Ω
Loisirs : 🍴 crêperie, pizzeria 🔲
🎿 ⌂
Services : 🅰 ☞ GB ⌯ ▣ 🕱
🍷 snack sur la plage
À prox. : à la plage : canoë,
pédalos

Longitude : 9.15939
Latitude : 41.38738

▲▲ **Les Îles** de déb. avr. à déb. oct.
℘ 04 95 73 11 89, *camping.des.iles.bonifacio@wanadoo.
fr*, Fax 04 95 71 21 55, *www.camping-desiles.com* – **R** ⚡
8 ha (100 empl.) peu incliné, vallonné, pierreux
Tarif : **†** 7,50€ ⇐ 3,80€ 回 4,50€ – [½] (6A) 3,50€
Location (Prix 2009) : 15 ⌂ (4 à 6 pers.) 360 à 650€/
sem. – 27 ⌂ (4 à 6 pers.) - 400 à 800€/sem. – chalets
sans sanitaires – frais de réservation 13€
Pour s'y rendre : rte de Piantarella (4,5 km à l'est, rte de
Piantarella, vers l'embarcadère de Cavallo)
À savoir : vue panoramique de certains emplacements
sur la Sardaigne et les îles

Nature : ≤ ΩΩ
Loisirs : snack 🔲 🎿 ⌘ 🌲 ⌂
Services : 🅰 ☞ GB 🛒 ▣ 🕱 🍷

Longitude : 9.15939
Latitude : 41.38738

Campo-di-Liccia de déb. avr. à déb. oct.
℘ 04 95 73 03 09, *info@campingdiliccia.com*,
Fax 04 95 73 19 94, *www.campingdiliccia.com*
5 ha (161 empl.) plat, pierreux, terrasses
Tarif : (Prix 2009) ✷ 6,90 € ⬅ 🅴 2,90 € – ⓖ (10A) 3,60 € –
frais de réservation 16 €

Location (Prix 2009) : 🏚 (4 à 6 pers.) 310 à 750 €/
sem. – 🏠 (4 à 6 pers.) - 310 à 780 €/sem. – frais de
réservation 16 €
🚐 1 borne raclet 3 €
Pour s'y rendre : au lieu-dit : Parmentil (5,2 km au nord-
est par N 198, rte Porto-Vecchio)

À savoir : agréable parc locatif en sous bois

Nature : ⚲ 𝄪
Loisirs : ▼ snack, pizzeria ⛵ 🏊
Services : ⏧ ⚲ (juil.-août)
🆖 ⚹ 🛁 ♒ 🔥 ⚱ ♨ cases réfrigérées

Longitude : 9.15939
Latitude : 41.38738

Pian del Fosse de mi-avr. à mi-oct.
℘ 04 95 73 16 34, *pian.del.fosse@wanadoo.fr*,
Fax 04 95 73 16 34, *www.piandelfosse.com*
5,5 ha (100 empl.) en terrasses, plat, peu incliné, pierreux
Tarif : (Prix 2009) 26,50 € ✷✷ ⬅ 🅴 ⓖ (6A) – pers.
suppl. 7,50 € – frais de réservation 15 €

Location (Prix 2009) (de mi-avr. à fin sept.) 🚫 : 1
🏚 (4 à 6 pers.) 350 à 740 €/sem. – 17 🏠 (4 à 6 pers.)
- 300 à 900 €/sem. – 12 bungalows toilés – 3 gîtes –
frais de réservation 15 €
Pour s'y rendre : 3,8 km au nord-est par D 58 - ou 5 km
par N 198 rte de Porto-Vecchio et D 60 rte de Santa-
Manza

Nature : ⚲ ⛰ 𝄪
Loisirs : snack ⛵
Services : ⏧ ⚲ Ⓟ 🆖 ⚹ 🛁 ♨ laverie
À prox. : 🐎

Longitude : 9.20083
Latitude : 41.39972

La Trinité de déb. avr à fin sept.
℘ 04 95 73 10 91, *info@campinglatrinite.com*,
Fax 04 95 73 16 90, *www.campinglatrinite.com*
4 ha (100 empl.) vallonné, plat, peu incliné, pierreux,
herbeux, rochers
Tarif : (Prix 2009) ✷ 6 € ⬅ 2,70 € 🅴 4 € – ⓖ 3 €

Location : 7 🏠 (4 à 6 pers.) - 400 à 763 €/sem. –
bungalows sans sanitaires
Pour s'y rendre : rte de Sartène (4,5 km au nord-ouest
par N 196)

À savoir : vue imprenable sur Bonifacio du haut du
terrain mais préférer les emplacements éloignés de la
route

Nature : ♀
Loisirs : ▼ snack ⛩ 🏊
Services : ⏧ ⚲ 🛁 ♒

Longitude : 9.15939
Latitude : 41.38738

311

CALACUCCIA

20224 – **345** D5 – G. Corse – 335 h. – alt. 830
🅱 *Office de tourisme, avenue Valdoniello* ℘ 04 95 47 12 62, Fax 04 95 47 12 62
Ajaccio 107 – Bastia 76 – Porto-Vecchio 146 – Corte 27.

Acquaviva de mi-avr. à mi-oct.
℘ 04 95 48 00 08, *stella.acquaviva@wanadoo.fr*,
Fax 04 95 48 08 82, *http://www.acquaviva-fr.com*
4 ha (50 empl.) peu incliné, plat, herbeux, pierreux
Tarif : ✷ 6 € ⬅ 3 € 🅴 3 € – ⓖ (10A) 4 €

Location (permanent) : hôtel
🚐 30 🅴 18 € – 🛏 18 €
Pour s'y rendre : 500 m au sud-ouest par D 84 et chemin
à gauche, face à la station service

Nature : ⚲ ⛰ Lac et monta-gnes ♀
Loisirs : ⛩ ⛵
Services : ⏧ ⚹ 🛁 ♨
À prox. : ▼ ✕ ⛩ ♒

Longitude : 9.0187
Latitude : 42.33591

CALCATOGGIO

20111 – **345** B7 – G. Corse – 428 h. – alt. 250
Ajaccio 23 – Bastia 156.

⚠️ **La Liscia** de déb. avr à fin sept.
  📞 04 95 52 20 65, *francois.ferraro@wanadoo.fr*,
  Fax 04 95 52 30 24, *www.la-liscia.com*
  3 ha (100 empl.) plat, en terrasses, pierreux, herbeux
  Tarif : (Prix 2009) 🚶 7 € ⇔ 🅴 4 € – (🔌) (10A) 4,50 €

  Location (Prix 2009) ⛺ : 5 🛖 (4 à 6 pers.) 390 à
  800 €/sem. – 3 studios
  🚐 1 borne artisanale
  Pour s'y rendre : rte de Tiuccia (5 km au nord-
  ouest par D 81, au bord de la rivière, dans le golfe
  de la Liscia)

Nature : 🌳🌳	
Loisirs : 🍽 snack, pizzeria 🎱 🚲	
Services : ♿ ⚡ 🏪 🚰 laverie 🧊, réfrigérateurs	

Longitude : 8.76638
Latitude : 42.02844

Si vous recherchez :
  👪   *Un terrain offrant des équipements et des loisirs adaptés aux enfants*
  🌿   *Un terrain agréable ou très tranquille*
  L   *Un terrain effectuant la location de caravanes,*
       de mobile homes, de bungalows ou de chalets
  P   *Un terrain ouvert toute l'année*
  🚐   *Un terrain possédant une aire de services pour camping-cars*
  Consultez le tableau des localités

CALVI

20260 – **345** B4 – G. Corse – 5 477 h.
🚢 CCR pour SNCM quai Landry 📞 04 95 65 01 38 - fax 04 95 65 09 75
🅱 *Office de tourisme, Port de Plaisance* 📞 *04 95 65 16 67, Fax 04 95 65 14 09*
Bastia 92 – Corte 88 – L'Ile-Rousse 25 – Porto 73.

⚠️ **La Pinède** de déb. avr. à fin oct.
  📞 04 95 65 17 80, *info@camping-calvi.com*,
  Fax 04 95 65 19 60, *www.camping-calvi.com*
  5 ha (262 empl.) plat, pierreux, sablonneux
  Tarif : 🚶 9,50 € ⇔ 3,50 € 🅴 3,50 € – (🔌) (10A) 3,50 €

  Location ♿ : 🛖 – 83 🏡 (4 à 6 pers.) nuitée 54 €
  - 434 à 1 190 €/sem.
  🚐 1 borne eurorelais 3,50 €
  Pour s'y rendre : rte de la Pinède

  À savoir : préférer les emplacements éloignés de la
  route

Nature : 🌳🌳	
Loisirs : 🍽 snack, pizzeria 🏄 ⛳ 🎣 🏊	
Services : ♿ ⚡ GB 🐕 🏪 🚰 laverie 🧊 cases réfrigérées	
À prox. : 🎣	

Longitude : 8.76795
Latitude : 42.55318

⚠️ **Paduella** de déb. mai à déb. oct.
  📞 04 95 65 06 16, *camping.paduella@wanadoo.fr*,
  Fax 04 95 31 43 90, *www.campingpaduella.com*
  4,5 ha (160 empl.) plat, pierreux, sablonneux
  Tarif : 🚶 7,90 € ⇔ 3,30 € 🅴 3,30 € – (🔌) (10A) 3,70 €

  Location : 32 bungalows toilés
  Pour s'y rendre : 1,8 km au sud-est par N 197, rte de
  l'Ile-Rousse, à 400 m de la plage

  À savoir : très agréable pinède

Nature : 🌳🌳	
Loisirs : 🍽	
Services : ♿ ⚡ 🐕 🏪 🚰 🚰 🖼	
À prox. : 🎣	

Longitude : 8.75711
Latitude : 42.56678

⚠️ **Bella Vista** de mi-avr. à déb. oct.
  📞 04 95 65 11 76, *bellavista.camping@wanadoo.fr*,
  Fax 04 95 65 03 03, *www.camping-bellavista.com* ⛺
  6 ha/4 campables (156 empl.) plat, peu incliné, pierreux,
  sablonneux
  Tarif : (Prix 2009) 🚶 7 € ⇔ 3,50 € 🅴 3,50 € – (🔌) (10A) 4 €
  Location (Prix 2009) : 9 🏡 (4 à 6 pers.) - 350 à 850 €/
  sem.
  🚐 1 borne artisanale
  Pour s'y rendre : rte de Pietramaggiore (1,5 km au sud
  par N 197 direction l'Île Rousse et rte de Pietra-Major
  à dr.)

Nature : 🌿 🌳🌳	
Loisirs : pizzeria 🏄	
Services : ♿ ⚡ 🅿 (juil.-août) GB 🐕 🚰 🚰 🖼 🚰	

Longitude : 8.75819
Latitude : 42.55006

🏕 **Paradella** de déb. mai à fin sept.
    ℘ 04 95 65 00 97, *info@camping-paradella.*
    fr, Fax 04 95 65 11 11, *www.camping-paradella.*
    fr✉ 20214 Calenzana
    5 ha (150 empl.) plat, pierreux, sablonneux
    Tarif : (Prix 2009) �振 6,80 € ⇆ 2,90 € 🅴 – (ᵻ) (3A) 3,40 € –
    frais de réservation 15 €

    Location (Prix 2009) (de mi-avr. à fin sept.) ⌁ : ⟦⟧
    (4 à 6 pers.) 280 à 640 €/sem. – 18 ⌂ (4 à 6 pers.) -
    330 à 730 €/sem. – frais de réservation 15 €
    🚐 1 borne artisanale 5 €
    Pour s'y rendre : rte de la forêt de Bonifato (9,5 km au
    sud-est par N 197, rte de l'Ile-Rousse et D 81 à dr., rte de
    l'aéroport et de Bonifato)

    À savoir : préférer les emplacements éloignés de la route,
    ombrage de pins et d'eucalyptus

Nature : ▭ 🌳🌳
Loisirs : 🏊 🛝
Services : ও ⟲ ⚲🗑 ♒ 🌐

Longitude : 8.79166
Latitude : 42.50237

🏕 **Les Castors** de déb. avr. à mi-oct.
    ℘ 04 95 65 13 30, *lescastors2@wanadoo.fr*,
    Fax 04 95 65 31 95, *www.castors.fr* – ℞ ⌁
    2 ha (80 empl.) plat, pierreux, herbeux
    Tarif : �振 10,50 € ⇆ 3,80 € 🅴 4,90 € – (ᵻ) (15A) 4,50 €

    Location : 36 ⟦⟧ (4 à 6 pers.) 470 à 915 €/sem. –
    36 studios – frais de réservation 10 €
    🚐 1 borne eurorelais
    Pour s'y rendre : rte de Piétramaggiore (1 km au sud
    par N 197 direction l'Île Rousse et rte de Pietra-Major à
    dr.)

Nature : 🌳🌳
Loisirs : pizzeria 🏊 🛝 ⚲
Services : ⟲ GB ⚲ 🗑 🌐

Longitude : 8.75819
Latitude : 42.55006

🏕 **Dolce Vita**
    ℘ 04 95 65 05 99, Fax 04 95 65 31 25,
    www.dolce-vita.org ⌁
    6 ha (200 empl.) plat, pierreux, sablonneux, herbeux
    Tarif : ✭ 8,60 € ⇆ 3 € 🅴 4,50 € – (ᵻ) (10A) 4 €
    🚐 1 borne artisanale
    Pour s'y rendre : 4,5 km au sud-est par N 197, rte de
    l'Ile-Rousse, à l'embouchure de la Figarella, à 200 m de
    la mer

    À savoir : passage du train Calvi-l'Île Rousse

Nature : 🌳🌳🌳
Loisirs : snack, pizzeria 🏊 ⚲ 🛶 ponton d'amarrage
Services : ও ⟲ 🌐 ♒

Longitude : 8.75711
Latitude : 42.56678

313

CARGÈSE

20130 – **345** A7 – G. Corse – 1 117 h. – alt. 75
🅱 *Office de tourisme, rue du Dr Dragacci* ℘ 04 95 26 41 31, Fax 04 95 26 48 80
Ajaccio 51 – Calvi 106 – Corte 119 – Piana 21 – Porto 33.

🏕 **Torraccia** de fin avr. à fin sept.
    ℘ 04 95 26 42 39, *contact@camping-torraccia.com*,
    Fax 04 95 26 42 39, *www.camping-torraccia.com* – ℞
    3 ha (90 empl.) en terrasses, plat, pierreux, herbeux
    Tarif : (Prix 2009) ✭ 7,90 € ⇆ 3,50 € 🅴 3,50 € –
    (ᵻ) (6A) 3,50 € – frais de réservation 15 €

    Location (Prix 2009) : 20 ⌂ (4 à 6 pers.) - 380 à 835 €/
    sem. – frais de réservation 15 €
    Pour s'y rendre : à Bagghiuccia (4,5 km au nord par
    D 81, rte de Porto)

Nature : ≼ vallée, montagne et mer ! 🌳🌳
Loisirs : 🛝
Services : ও ⟲ GB ⚲ 🗑 ♒ 🌐 🛠

Longitude : 8.60611
Latitude : 42.15583

Si vous recherchez :
👫 *Un terrain offrant des équipements et des loisirs adaptés aux enfants*
 🦢 *Un terrain agréable ou très tranquille*
L-M *Un terrain effectuant la location de caravanes, de mobile homes,*
    de bungalows ou de chalets
P   *Un terrain ouvert toute l'année*
🚐 *Un terrain possédant une aire de services pour camping-cars*
Consultez le tableau des localités

CASAGLIONE

20111 – **345** B7 – G. Corse – 336 h. – alt. 150
Ajaccio 33 – Bastia 166.

U Sommalu de déb. avr. à déb. oct.
℘ 04 95 52 24 21, *usommalu.camping@orange.fr*,
Fax 04 95 51 05 49, *www.usommalu-camping.fr* – **FR**
4 ha (123 empl.) en terrasses, peu incliné, plat, herbeux,
pierreux
Tarif : ✶ 7,50 € ⬌ 3,50 € 🅴 4,50 € – 🔌 (10A) 4,50 €
Location : 15 🚐 (4 à 6 pers.) 360 à 795 €/sem. – 11
🏠 (4 à 6 pers.) - 395 à 795 €/sem. – 2 villas – huttes
Pour s'y rendre : Plaine du Liamone

| Nature : 🌿 ♨♨ |
| Loisirs : 🛋 🏄 ⛵ |
| Services : ⛽ 🅶🅱 ⚕ ♨ ♨ laverie |

| Longitude : 8.78843 |
| Latitude : 42.06805 |

CENTURI

20238 – **345** F2 – 228 h. – alt. 228
Ajaccio 202 – Bastia 55.

Isulottu de déb. mai à fin sept.
℘ 04 95 35 62 81, Fax 04 95 35 63 63, *www.isulottu.fr* – **FR**
2,3 ha (150 empl.) peu incliné, pierreux, plat
Tarif : ✶ 6,70 € ⬌ 3 € 🅴 5,50 € – 🔌 3,50 €
🚐 1 borne artisanale – 10 🅴 6,50 €
Pour s'y rendre : au lieu-dit : Marine de Mute (par D 35
rte de Morsiglia, à 200 m de la plage)

| Nature : 🌿 ♨♨ |
| Loisirs : 🍸 🏄 |
| Services : ♿ ⛓ 🅶🅱 ⚕ ♨ laverie ♨ |
| À prox. : plongée |

| Longitude : 9.35092 |
| Latitude : 42.96132 |

CORTE

20250 – **345** D6 – G. Corse – 6 735 h. – alt. 396
🆔 *Office de tourisme, la Citadelle* ℘ 04 95 46 26 70, Fax 04 95 46 34 05
Ajaccio 81 – Bastia 68.

Aire Naturelle St-Pancrace de mi-avr. à mi-oct.
℘ 04 95 46 09 22, *saintpancrace@live.fr*,
Fax 04 95 46 09 22, *www.campingsaintpancrace.fr* – **FR**
12 ha/1 campable (25 empl.) peu incliné, pierreux,
herbeux
Tarif : ✶ 5,50 € ⬌ 3 € – 🔌 (45A) 4 €
Pour s'y rendre : quartier Saint-Pancrace (1,5 km au
nord par le Cours Paoli et chemin à gauche après la Sous-
Préfecture)
À savoir : camping à la ferme

| Nature : 🌿 ≤ ♨♨ |
| Loisirs : 🛋 |
| Services : ⛽ ♨ |

| Longitude : 9.14996 |
| Latitude : 42.30851 |

*La catégorie (1 à 5 tentes, **noires** ou **rouges**) que nous attribuons
aux terrains sélectionnés dans ce guide est une appréciation qui nous est propre.
Elle ne doit pas être confondue avec le classement (1 à 4 étoiles)
établi par les services officiels.*

FARINOLE (MARINA DE)

20253 – **345** F3 – 206 h. – alt. 250
Bastia 20 – Rogliano 61 – St-Florent 13.

A Stella de déb. juin à fin sept.
℘ 04 95 37 14 37, Fax 04 95 37 13 84 – **FR**
3 ha (100 empl.) en terrasses, peu incliné, plat, pierreux
Tarif : (Prix 2009) ✶ 6,50 € ⬌ 3 € 🅴 6 € – 🔌 (10A) 3,80 €
Location (Prix 2009) : 4 🚐 (2 à 4 pers.) 350 à 390 €/
sem. – 2 appartements – chalets sans sanitaires
🚐 1 borne artisanale – 🚐 18.50 €
Pour s'y rendre : par D 80, au bord de la mer
À savoir : quelques emplacements ensoleillés avec vue
mer, au bord d'une plage de galets

| Nature : 🌿 ≤ ♨♨🏔 |
| Loisirs : 🛋 |
| Services : ⛓ ⚕ 🚿 📦 ♨ |

| Longitude : 9.36047 |
| Latitude : 42.729 |

FIGARI

20114 – **345** D11 – G. Corse – 1 117 h. – alt. 80
Ajaccio 122 – Bonifacio 18 – Porto-Vecchio 20 – Sartène 39.

▲ **U Moru** de mi-juin à mi-sept.
  ℘ 04 95 71 23 40, *u-moru@wanadoo.fr*,
  Fax 04 95 71 26 19, *www.u-moru.com*
  6 ha/4 campables (100 empl.) peu incliné, plat,
  sablonneux
  Tarif : ♣ 7,40 € ⇌ 3 € ▣ 3,70 € – [₰] (5A) 3,70 €
  Location &đ: 11 [⛺] (4 à 6 pers.) 520 à 810 €/sem.
  Pour s'y rendre : 5 km au nord-est par D 859

> Nature : ⟨ icons ⟩
> Loisirs : snack ▭ ⥮ ⤓ (petite piscine)
> Services : ⊶ GB ⥁ ⟨ icons ⟩ réfrigérateur
> À prox. : ✖ ⟨ icon ⟩

> Longitude : 9.12348
> Latitude : 41.49779

GHISONACCIA

20240 – **345** F7 – G. Corse – 3 331 h. – alt. 25
🅱 *Office de tourisme, route de Ghisoni* ℘ 04 95 56 12 38, *Fax 04 95 56 19 86*
Bastia 85 – Aléria 14 – Ghisoni 27 – Venaco 56.

▲▲▲ **Arinella-Bianca** ♣▲ – de mi-avr. à fin sept.
  ℘ 04 95 56 04 78, *arinella@arinellabianca.com*,
  Fax 04 95 56 12 54, *www.arinellabianca.com*
  10 ha (416 empl.) plat, herbeux, sablonneux
  Tarif : 44 € ♣♣ ⇌ ▣ [₰] (6A) – pers. suppl. 10,50 € –
  frais de réservation 40 €

  Location (de mi-avr. à mi-oct.) &đ: 156 [⛺] (4 à
  6 pers.) 130 à 980 €/sem. – 79 [🏠] (4 à 6 pers.) - 200 à
  1 250 €/sem. – frais de réservation 40 €
  [♨] 1 borne eurorelais 9 €
  Pour s'y rendre : rte de la mer (3,5 km à l'est par D 144
  puis 700 m par chemin à dr.)

> Nature : ⟨ icons ⟩
> Loisirs : ♟ ✖ pizzeria ▭ ⟨ icons ⟩ ⥮ ⤓ ✖ ⤓
> Services : &đ ⊶ ⓟ GB ⥁ ⟨ icons ⟩
> laverie ⟨ icons ⟩ cases réfrigérées
> À prox. : ⟨ icon ⟩

> Longitude : 9.42596
> Latitude : 42.00609

▲▲▲ **Marina d'Erba Rossa** de déb. mai à fin sept.
  ℘ 04 95 56 25 14, *erbarossa@wanadoo.fr*,
  Fax 04 95 56 27 23, *www.marina-erbarossa.com*
  12 ha/8 campables (600 empl.) plat, herbeux
  Tarif : (Prix 2009) 27,50 € ♣♣ ⇌ ▣ [₰] (10A) – pers.
  suppl. 8,50 € – frais de réservation 21 €

  Location (Prix 2009) (de déb. avr. à fin oct.) : 279 [⛺]
  (4 à 6 pers.) nuitée 55 € - 210 à 1 099 €/sem. – 112 [🏠]
  (4 à 6 pers.) nuitée 75 € - 315 à 1 113 €/sem. – frais de
  réservation 25 €
  Pour s'y rendre : rte de la Mer (4 km à l'est par D 144,
  au bord de plage)

> Nature : ⟨ icons ⟩
> Loisirs : ♟ ✖ pizzeria ▭ ⟨ icons ⟩ ⥮ ⤓ ✖ ⤓ parc animalier
> Services : &đ ⊶ GB ⥁ laverie ⟨ icons ⟩ cases réfrigérées
> À prox. : discothèque, plongée, canoë

> Longitude : 9.42596
> Latitude : 42.00609

Ne pas confondre :
 ▲ *... à ...* ▲▲▲ *: appréciation* **MICHELIN**
et
 ★ *... à ...* ★★★★ *: classement officiel*

315

ILE ROUSSE

20220 – **345** C4 – G. Corse – 2 758 h.
▤ CCR pour SNCM av. Joseph-Calizi ℘ 04 95 60 09 56 - Fax 04 95 60 02 56
🅱 *Syndicat d'initiative, 7, place Paoli* ℘ 04 95 60 04 35, *Fax 04 95 60 24 74*
Bastia 67 – Calvi 25 – Corte 63.

▲ **Le Bodri** de déb avr. à fin sept.
  ℘ 04 95 60 10 86, *info@campinglebodri.com*,
  Fax 04 95 60 39 02, *www.campinglebodri.com*
  6 ha (333 empl.) plat, peu incliné, pierreux, sablonneux
  Tarif : (Prix 2009) ♣ 7 € ⇌ 4 € ▣ 8 € – [₰] 4 €
  [♨] 1 borne artisanale
  Pour s'y rendre : à Corbara (2,5 km au sud-ouest, rte de
  Calvi, à 300 m de la plage)

> Nature : ⟨ icons ⟩
> Loisirs : snack, pizzeria ⥮
> Services : ⊶ ⟨ icons ⟩ cases réfrigérées

> Longitude : 8.93764
> Latitude : 42.63461

LOZARI

20226 – **345** D4 – G. Corse
Bastia 61 – Belgodère 10 – Calvi 33 – L'Ile-Rousse 8.

Le Clos des Chênes de mi-mai à fin sept.
  ℘ 04 95 60 15 13, *cdc.lozari@wanadoo.fr*,
Fax 04 95 60 21 16, *http://www.closdeschenes.fr*
✉ 20226 Belgodere – **R**
5 ha (235 empl.) plat, peu incliné, pierreux, herbeux
Tarif : ★ 9€ ⇔ 🄴 10€ – ⒣ (10A) 6,50€

Location 🏠 : 20 ▣ – 20 🏠 – 5 ⊨ – 3 gîtes –
bungalows – frais de réservation 24€
⛽ 1 borne eurorelais
Pour s'y rendre : 1,5 km au sud par N 197, rte de
Belgodère

Nature : 🐟 ♤♤
Loisirs : 🍽 🛖 🚤 ✂ 🛝
Services : ♿ ⚡ ⚗ 🔥 📻 🛒 ⛽
cases réfrigérées

Longitude : 9.00746
Latitude : 42.63983

Campéole Le Belgodère de déb. mai à fin sept.
  ℘ 04 95 60 20 20, *belgodere@campeole.com*,
Fax 04 95 60 22 58, *www.campeole.com* – places limitées
pour le passage
2,5 ha (120 empl.) plat, herbeux, pierreux
Tarif : (Prix 2009) 27,60€ ★★ ⇔ 🄴 ⒣ (10A)

Location (Prix 2009) : ▣ (4 à 6 pers.) 672 à 896€/
sem. – **47 bungalows toilés** – **27 bungalows toilés
avec sanitaires**
Pour s'y rendre : sur N 197, à 500 m de la plage
À savoir : préférer les emplacements éloignés de l'entrée

Nature : ♤
Loisirs : 🛖 🏃
Services : ♿ 🇬🇧 ⚗ 📻

Longitude : 9.01876
Latitude : 42.5837

To select the best route and follow it with ease,
To calculate distances,
To position a site precisely from details given in the text :
Get the appropriate **MICHELIN regional map.**

LUMIO

20260 – **345** B4 – G. Corse – 1 040 h. – alt. 150
Ajaccio 158 – Bastia 83 – Corte 77 – Calvi 10.

Le Panoramic de déb. mai à fin sept.
  ℘ 04 95 60 73 13, *panoramic@web-office.fr*,
Fax 04 95 60 73 13, *www.le-panoramic.com*
6 ha (100 empl.) en terrasses, pierreux, sablonneux, fort
dénivelé
Tarif : ★ 7,80€ ⇔ 3€ 🄴 3,30€ – ⒣ (6A) 3,80€ – frais de
réservation 50€

Location 🏠 : 8 ▣ (4 à 6 pers.) 450 à 850€/sem.
Pour s'y rendre : rte de Lavatoggio (2 km au nord-est
sur D 71, rte de Belgodère)

À savoir : vue mer panoramique pour certains
emplacements

Nature : 🐟 ≤ ♤♤
Loisirs : pizzeria 🛝
Services : ⚡ ⚗ 📻 🛒

Longitude : 8.83139
Latitude : 42.57946

MOLTIFAO

20218 – **345** D5 – G. Corse – 659 h. – alt. 420
Ajaccio 113 – Bastia 58.

E Canicce de déb. avr. à fin sept.
  ℘ 04 95 35 16 75, *campingecanicce@orange.fr*,
http://www.campingecanicce.com – **R**
1 ha (25 empl.) plat, pierreux
Tarif : ★ 4,50€ ⇔ 3€ 🄴 2€ – ⒣ (4A) 4€

Location 🏠 : – 3 gîtes – roulottes
⛽ 1 borne artisanale 8,50€ – 🚐 ⒣ 20€
Pour s'y rendre : Vallée de l'Asco (3 km au sud sur D 47,
au bord de l'Asco)

Nature : 🐟 ≤ Monte Cinto et Scala di Santa Régina ♤
Loisirs : 💧
Services : ⚡ ⚗ 📻

Longitude : 9.1129
Latitude : 42.4858

MORIANI -PLAGE

20230 – **345** G5 – G. Corse
Bastia 40 – Corte 67 – Vescovato 21.

⚠ **Merendella** de déb. avr. à fin oct.
  𝜚 04 95 38 53 47, *merendella@orange.fr*,
  Fax 04 95 38 44 01, *www.merendella.com* ✻
  7 ha (206 empl.) plat, herbeux, sablonneux
  Tarif : (Prix 2009) 26 € ★★ ⇔ 🖃 🔋 (10A) – pers.
  suppl. 8 € – frais de réservation 16 €

  Location (Prix 2009) (permanent) : 2 🛏 (4 à 6 pers.)
  485 à 798 €/sem. – 20 🏠 (4 à 6 pers.) - 520 à 835 €/
  sem. – 2 studios – 6 chalets (sans sanitaires) – frais de
  réservation 16 €
  🚱 1 borne artisanale
  Pour s'y rendre : au lieu-dit : San Nicolao (1,2 km au sud
  par N 198, rte de Porto-Vecchio, au bord de plage)

  À savoir : quelques emplacements ensoleillés en bord de
  plage

Nature : 🏞 💯⏛
Loisirs : snack 🎱 😎 jacuzzi 🏊
🏊 (découverte en saison)
Services : 🚻 ⚡ GB 🚿 laverie
À prox. : 🤿 plongée

Longitude : 9.5312
Latitude : 42.37476

LES GUIDES VERTS **MICHELIN**
Paysages, monuments
Routes touristiques
Géographie
Histoire, Art
Itinéraire de visite
Plans de villes et de monuments

317

OLMETO

20113 – **345** C9 – G. Corse – 1 189 h. – alt. 320
🏛 *Syndicat d'initiative, Village* 𝜚 04 95 74 65 87, Fax 04 95 74 62 86
Ajaccio 64 – Propriano 8 – Sartène 20.

à la Plage SO : 7 km par D 157

⚠ **L'Esplanade** de déb. avr. à fin sept.
  𝜚 04 95 76 05 03, *campinglesplanade@orange.fr*,
  Fax 04 95 76 16 22, *www.camping-esplanade.com*
  4,5 ha (100 empl.) en terrasses, plat, peu incliné, rochers,
  très fort dénivelé
  Tarif : ★ 8 € ⇔ 3,50 € 🖃 4,10 € – 🔋 (6A) 3,50 €
  Location (de déb. mars à fin oct.) ✻ : 53 🏠 (4 à
  6 pers.) - 380 à 825 €/sem.
  Pour s'y rendre : 1,6 km par D 157, à 100 m de la plage
  - accès direct

Nature : 🏞 💯
Loisirs : pizzeria 🎱 🏊 🏊
Services : 🚻 ⚡ GB 🚿 🖼 🚰

Longitude : 8.9135
Latitude : 41.70248

PIANA

20115 – **345** A6 – G. Corse – 440 h. – alt. 420
🏛 *Syndicat d'initiative,* 𝜚 04 95 27 84 42, Fax 04 95 27 82 72
Ajaccio 72 – Calvi 85 – Évisa 33 – Porto 13.

⚠ **Plage d'Arone** de mi-mai à fin sept.
  𝜚 04 95 20 64 54 – 🏧
  3,8 ha (125 empl.) non clos, en terrasses, plat, pierreux,
  herbeux
  Tarif : (Prix 2009) ★ 9 € ⇔ 4,50 € 🖃 4,50 € – 🔋 (12A) 3 €
  🚱 1 borne eurorelais
  Pour s'y rendre : rte Danièle Casanova (11,5 km au sud-
  ouest par D 824, à 500 m de la plage - accès direct)

Nature : 🏖 ⩹ 💯
Services : 🚻 ⚡ 🏕 🖼 🚰

Longitude : 8.62706
Latitude : 42.21654

PIANOTTOLI-CALDARELLO

20131 – **345** D11 – G. Corse – 821 h. – alt. 60
Ajaccio 113 – Bonifacio 19 – Porto-Vecchio 29 – Sartène 31.

Kévano Plage de mi-avr. à mi-oct.
℘ 04 95 71 83 22, *campingkevano@gmail.com*,
Fax 04 95 71 83 83, *campingkevano.com*
6 ha (100 empl.) en terrasses, peu incliné, plat, pierreux,
rochers, fort dénivelé
Tarif : (Prix 2009) ★ 9 € ⬅ 4,30 € 🅴 4,30 € – (½) (3A) 3 € –
frais de réservation 30 €

Location (de déb. avr. à fin oct.) : 🛏 (4 à 6 pers.) 230
à 760 €/sem. – 🏠 (4 à 6 pers.) - 330 à 810 €/sem.
Pour s'y rendre : rte de la plage (3,3 km au sud-est par
D 122 et rte à dr., à 500 m de la plage)

À savoir : cadre sauvage au milieu du maquis et des
rochers de granit

Nature : 🐟 🏕 ⚲⚲
Loisirs : snack, pizzeria 🏊
Services : ♿ ⚷ GB 🍴 🔲 ♨ 🚿

Longitude : 9.04605
Latitude : 41.49401

Des vacances réussies sont des vacances bien préparées !
Ce guide est fait pour vous y aider... mais :
– N'attendez pas le dernier moment pour réserver
– Évitez la période critique du 14 juillet au 15 août
Pensez aux ressources de l'arrière-pays,
à l'écart des lieux de grande fréquentation.

318

PIETRACORBARA

20233 – **345** F2 – G. Corse – 526 h. – alt. 150
Paris 967 – Ajaccio 170 – Bastia 21 – Biguglia 31 – Borgo 40.

La Pietra de déb. avr. à mi-oct.
℘ 04 95 35 27 49, Fax 04 95 35 28 57,
www.la-pietra.com – ℞
3 ha (66 empl.) plat, herbeux, pierreux
Tarif : (Prix 2009) ★ 9,80 € ⬅ 3,80 € 🅴 5 € – (½) (5A) 3,50 €
Pour s'y rendre : 4 km au sud-est par D 232 et chemin à
gauche, à 500 m de la plage
À savoir : beaux emplacements délimités

Nature : 🐟 < 🏕 ⚲⚲
Loisirs : snack 🔲 🏊 ✗ 🛝
Services : ♿ ⚷ GB ✗ ♨ 🚿 🔲
♨, cases réfrigérées
À prox. : 🐎

Longitude : 9.44697
Latitude : 42.84453

PINARELLU

20124 – **345** F9 – G. Corse
Ajaccio 146 – Bonifacio 44 – Porto-Vecchio 16.

California de mi-mai à mi-oct.
℘ 04 95 71 49 24, *info@camping-california.net*,
Fax 04 95 71 49 24, *www.camping-california.net*
✉ 20144 Ste-Lucie-de-Porto-Vecchio – ℞ ✗ (juil.-août)
7 ha/5 campables (100 empl.) vallonné, plat, sablonneux,
étang
Tarif : (Prix 2009) ★ 8,50 € ⬅ 2 € 🅴 9 € – (½) (6A) 3 €
🚽 1 borne artisanale
Pour s'y rendre : 800 m au sud par D 468 et 1,5 km par
chemin à gauche, au bord de la plage

Nature : 🐟 ⚲⚲🏖
Loisirs : snack, pizzeria 🏊 ✗
Services : ♿ ⚷ 🅿 (saison) ✗
🔲 ♨ 🚿

Longitude : 9.34746
Latitude : 41.69967

PORTO

20150 – **345** B6 – G. Corse – 544 h.
🛈 *Office de tourisme, place de La Marine* ℘ 0495261055, Fax0495261425
Ajaccio 84 – Calvi 73 – Corte 93 – Évisa 23.

Les Oliviers de fin mars à déb. nov.
℘ 0495261449, *lesoliviersporto@wanadoo.fr*,
Fax 0495261249, *www.camping-oliviers-porto.com*
✉ 20150 Ota
5,4 ha (216 empl.) en terrasses, plat, pierreux, rochers,
très fort dénivelé
Tarif : ✹ 9,70 € ⟷ 4 € 🅴 6,80 € – 🔌 (10A) 4,50 € – frais de
réservation 15 €
Location : 46 🏠 (4 à 6 pers.) nuitée 65 € - 451 à
955 €/sem. – frais de réservation 16 €
Pour s'y rendre : au pont (par D 81, au bord du Porto
et à 100 du bourg)

À savoir : bel espace piscine - balnéo et partie campable
boisée dans un cadre naturel

Nature : 🏞 🌳 ⛰
Loisirs : ✕ pizzeria 🎯 ⚽🏓
hammam balnéo ⛲ ≋
Services : 🔌 🅿 GB ⚙ 🧺 ♨
laverie 🧊 cases réfrigérées
À prox. : 🛒 🚲 🎣

Longitude : 8.70562
Latitude : 42.26623

Sole e Vista de déb. avr. à fin oct.
℘ 0495261571, *campingsporto@voila.fr*,
Fax 0495261079, *www.camping-sole-e-vista.com*
✉ 20150 Ota
4 ha (170 empl.) en terrasses, plat, pierreux, rochers, très
fort dénivelé
Tarif : 23,60 € ✹✹ ⟷ 🅴 🔌 (10A) – pers. suppl. 8 €
Location : 16 🏠 (4 à 6 pers.) nuitée 50 € - 350
à 700 €/sem.
🚐 1 borne artisanale – 50 🅴 18,60 €
Pour s'y rendre : au bourg (accès principal par parking
du supermarché - accès secondaire : 1 km à l'est par
D 124, rte d'Ota, à 150 m du Porto et du bourg)

À savoir : cadre naturel et boisé

Nature : 🏞 🌳 ⛰
Loisirs : 🚲
Services : 🔌 ⚙ ♨ laverie réfri-
gérateurs
À prox. : 🛒 ≋ 🎣

Longitude : 8.70562
Latitude : 42.26623

Funtana a l'Ora de déb. avr. à fin oct.
℘ 0495261165, Fax 0495261083,
www.funtanaalora.com ✉ 20150 Ota
2 ha (70 empl.) en terrasses, plat, peu incliné, pierreux,
rochers, fort dénivelé
Tarif : (Prix 2009) ✹ 8 € ⟷ 3,40 € 🅴 7 € – 🔌 (10A) 4 € –
frais de réservation 15 €
Location : 7 🏠 (4 à 6 pers.) nuitée 41 € - 260 à 700 €/
sem. – frais de réservation 15 €
Pour s'y rendre : rte d'Évisa (1,4 km au sud-est par D 84,
à 200 m du Porto)

Nature : 🏞 🌳 ⛰
Loisirs : 🎱 ⛲ terrain multisports
Services : ♿ 🔌 ⚙ laverie 🧊
cases réfrigérées

Longitude : 8.70562
Latitude : 42.26623

Le Porto saison
℘ 0495261367, *francoise.ceccaldi@gmail.com*,
Fax 0495261079, *www.camping-le-porto.com*
✉ 20150 Ota
2 ha (60 empl.) en terrasses, pierreux, très fort dénivelé
Tarif : (Prix 2009) ✹ 6 € ⟷ 2,50 € 🅴 3 € – 🔌 (5A) 3,20 €
Pour s'y rendre : sortie ouest par D 81, rte de Piana,
à 200 m du Porto et 300 m du bourg

À savoir : belles terrasses ombragées

Nature : ⛰
Services : ♿ 🔌 🖼
À prox. : ≋

Longitude : 8.70562
Latitude : 42.26623

Casa del Torrente (location exclusive de chalets)
℘ 0495224514, *casadeltorrente@orange.fr*,
Fax 0495261083, *www.casadeltorrente.com*
1,5 ha
Location (Prix 2009) : 12 🏠 (4 à 6 pers.) nuitée 41 € -
350 à 900 €/sem. – frais de réservation 15 €
Pour s'y rendre : rte Evisa (1 km au sud-est par D 84,
au bord du Porto (accès direct)

Nature : 🏞 ≀
Loisirs : ≋
Services : 🔌 ⚙ 🎰 ♨ 🖼
À prox. : ⛲ loisirs (piscine...) au
camping Funtana à l'Ora (200 m)

Longitude : 8.7371
Latitude : 42.24735

PORTO-VECCHIO

20137 – **345** E10 – G. Corse – 9 484 h. – alt. 40

◧ SAPV pour SNCM Port de Commerce 04 95 70 06 03 - Fax 04 95 70 33 59

🛈 *Office de tourisme, rue du Docteur Camille de Rocca Serra ℘ 04 95 70 09 58, Fax 04 95 70 03 72*

Ajaccio 141 – Bonifacio 28 – Corte 121 – Sartène 59.

⚠ **Golfo di Sogno** de déb. mai à fin sept.
  ℘ 04 95 70 08 98, *reception@golfo-di-sogno.fr*,
  Fax 04 95 70 41 43, *www.golfo-di-sogno.fr*
  22 ha (650 empl.) plat, sablonneux, herbeux
  Tarif : (Prix 2009) 24€ ♥♥ ⛺ 🅴 💧 (10A) – pers.
  suppl. 7,30€

  Location (Prix 2009) 🛶 : 12 🛖 (4 à 6 pers.) 340
  à 780€/sem. – 61 🛖 (4 à 6 pers.) - 340 à 1 000€/
  sem. – 12 villas – bungalows sans sanitaires – frais de
  réservation 30,50€
  🚐 1 borne flot bleu
  Pour s'y rendre : rte de Cala-Rossa (6 km au nord-est
  par D 468)

  À savoir : quelques chalets les "pieds dans l'eau" !

Nature : 🏞 🌳🌳🏔
Loisirs : 🍴 pizzeria, grill 🛶 ✂ 💧 base nautique
Services : 🔑 laverie 🗑 🚿

Longitude : 9.27949
Latitude : 41.59099

⚠ **La Vetta** de fin mai à fin sept.
  ℘ 04 95 70 09 86, *info@campinglavetta.com*,
  Fax 04 95 70 43 21, *www.campinglavetta.com*
  8 ha (100 empl.) en terrasses, incliné, plat, pierreux,
  herbeux, rochers
  Tarif : (Prix 2009) ♥ 7,80€ ⛺ 3€ 🅴 4€ – 💧 (10A) 3,50€
  Location (Prix 2009) : 30 🛖 (4 à 6 pers.) 420 à 1 155€/
  sem. – 6 🛖 (4 à 6 pers.) - 665 à 1 330€/sem.
  Pour s'y rendre : lieu-dit : La Trinité (5,5 km au nord sur
  N 198, rte de Bastia)

  À savoir : cadre sauvage et naturel avec quelques chalets
  vue mer

Nature : 🌳🌳
Loisirs : snack 🛶 🏊
Services : 🔑 ⛽ 🚻 🚿 🍴 🔥

Longitude : 9.29118
Latitude : 41.62762

⚠ **Arutoli** de déb. avr. à fin oct.
  ℘ 04 95 70 12 73, *info@arutoli.com*, Fax 04 95 70 63 95,
  www.arutoli.com – 🏵
  4 ha (150 empl.) plat, peu incliné, pierreux, herbeux
  Tarif : ♥ 6,65€ ⛺ 3,35€ 🅴 3,50€ – 💧 (8A) 3,25€

  Location : 27 🛖 (4 à 6 pers.) nuitée 72€ - 332 à 955€/
  sem. – frais de réservation 12€
  Pour s'y rendre : rte de l'Ospédale (2 km au nord-ouest
  par D 368)

Nature : 🌳🌳
Loisirs : pizzeria, grill 🍴 🏊
Services : 🔑 ⛽ 🚻 🔥 🚮 🚿
À prox. : 🐎

Longitude : 9.27558
Latitude : 41.5975

⚠ **Pitrera** de mi-mai à mi-oct.
  ℘ 04 95 70 20 10, *pitrera@orange.fr*, Fax 04 95 70 54 43,
  www.pitrera.com
  3 ha (75 empl.) en terrasses, pierreux, peu incliné,
  rochers, fort dénivelé
  Tarif : (Prix 2009) 25€ ♥♥ ⛺ 🅴 💧 (30A) – pers.
  suppl. 7,30€
  Location (Prix 2009) 🛶 : 50 🛖 (4 à 6 pers.) nuitée
  73€ - 510 à 860€/sem. – frais de réservation 15€
  Pour s'y rendre : lieu-dit : La Trinite (5,8 km au nord par
  N 198, rte de Bastia et chemin à droite)

Nature : 🌳🌳🌳
Loisirs : pizzeria, snack 🏊 🏖
Services : ♿ 🔑 ⛽ 🚻 🔥 🍴 🚿

Longitude : 9.29118
Latitude : 41.62762

🚮 ✖ *ATTENTION :*
       these facilities are not necessarily available throughout
🚿   *the entire period that the camp is open -some are only*
🏊 🐎 *available in the summer season.*

▲▲ **U Pirellu** de mi-avr. à fin sept.
℘ 04 95 70 23 44, *u.pirellu@wanadoo.fr*,
Fax 04 95 70 60 22, *www.u-pirellu.com* – accès à certains
emplacements par forte pente ⚡ (de mi-avr. à déb.
juin)
5 ha (150 empl.) en terrasses, plat, peu incliné, pierreux,
herbeux, très fort dénivelé
Tarif : (Prix 2009) ⋆ 8,50€ ⇌ 4€ 🅴 4€ – [≴] (6A) 3,50€
Location (Prix 2009) (de déb. mai à fin sept.) ⚡ :
11 🏠 (4 à 6 pers.) - 350 à 1 150€/sem. – frais de
réservation 8€
Pour s'y rendre : rte de Palombaggia (9 km à l'est,
à Piccovagia)

À savoir : pour certains chalets, vue panoramique mer et
pointe de la Chiapa

| Nature : ▭ 🄀🄀 |
| Loisirs : 🍸 pizzeria 🏖 🚣 |
| Services : 🚻 ⚡ 🅿 (tentes) 🇬🇧 🌳 🏊 📶 🔲 🛒 🛋 |
| À prox. : ⛵ |

Longitude : 9.27713
Latitude : 41.5717

▲▲ **Bella Vista** de fin mai à mi-sept.
℘ 04 95 70 58 01, *camping.bellavista@wanadoo.fr*,
Fax 04 95 70 61 44, *http://www.campingbellavista.com.
fr* – 🎣 ⚡
2,5 ha (100 empl.) en terrasses, herbeux, pierreux
Tarif : (Prix 2009) ⋆ 8€ ⇌ 4€ 🅴 4€ – [≴] (6A) 4€
Location (Prix 2009) (de fin avr. à fin sept.) : 8 🏠
(4 à 6 pers.) - 470 à 1 350€/sem. – frais de réservation
15€
Pour s'y rendre : rte de Palombaggia (9,3 km à l'est,
à Piccovagia)

| Nature : ≤ 🄀🄀 |
| Loisirs : ✕ pizzeria 🚣 |
| Services : 🚻 🌳 📶 🔲 |

Longitude : 9.27713
Latitude : 41.5717

▲ **La Baie des Voiles** de déb. mai à fin sept.
℘ 04 95 70 01 23, Fax 04 95 70 01 23,
www.camping-labaiedesvoiles.com – 🎣
3 ha (180 empl.) en terrasses, sablonneux, plat, herbeux,
rochers
Tarif : ⋆ 6,50€ ⇌ 2,50€ 🅴 3,50€ – [≴] (15A) 3€
Pour s'y rendre : lieu-dit : La Trinité (6 km au nord-est
par D 568 ou par N 198, rte de Bastia et à gauche par
D 468)

| Nature : 🄀🄀⛰ |
| Loisirs : 🍸 pizzeria 🚣 |
| Services : 🚻 ⚡ 🇬🇧 🌳 🔲 |
| À prox. : 🛋 ◊ |

Longitude : 9.27949
Latitude : 41.59099

321

▲ **L'Oso** de déb. juin à fin sept.
℘ 04 95 71 60 99, Fax 04 93 70 37 33
3,2 ha (90 empl.) plat, herbeux
Location : 20 🏠
Pour s'y rendre : rte de Cala Rossa (8 km au nord-est sur
D 468, au bord de l'Oso)

| Nature : 🄀🄀 |
| Loisirs : 🚣 |
| Services : 🚻 ⚡ 🇬🇧 🌳 🔲 |

Longitude : 9.27949
Latitude : 41.59099

▲ **Les îlots d'Or** de mi-avr. à mi-oct.
℘ 04 95 70 01 30, *info@campinglesilotsdor.com*,
Fax 04 95 70 01 30, *www.campinglesilotsdor.com*
4 ha (180 empl.) en terrasses, plat, sablonneux, herbeux,
rochers
Tarif : (Prix 2009) ⋆ 6,50€ ⇌ 2,50€ 🅴 3€ – [≴] (6A) 3€
Location (Prix 2009) (de déb. mai à mi-oct.) ⚡ :
3 🚐 (4 à 6 pers.) 350 à 700€/sem. – 23 🏠 (4 à
6 pers.) - 350 à 700€/sem.
Pour s'y rendre : rte Pezza Cardo (6 km au nord-est par
D 568 ou par N 198 rte de Bastia et à droite par D 468 b
avant La Trinité)

À savoir : quelques emplacements les pieds dans l'eau !

| Nature : 🄀🄀⛰ |
| Loisirs : snack, pizzeria |
| Services : 🚻 ⚡ 🏊 🔲 🛋 |
| À prox. : ◊ |

Longitude : 9.27949
Latitude : 41.59099

Verwar niet :
▲ ... tot ... ▲▲▲ : MICHELIN indeling
en
★ ... tot ... ★★★★ : officiële classificatie

PROPRIANO

20110 – **345** C9 – G. Corse – 3 232 h. – alt. 5

🖪 *Office de tourisme, Port de Plaisance* ℰ *04 95 76 01 49, Fax 04 95 76 00 65*

Ajaccio 70 – Bastia 202 – Olbia 126 – Sassari 32.

▲▲▲ **Lecci e Murta** de déb. avr à fin oct.

ℰ 04 95 76 02 67, *info@camping-lecciemurta.com*, Fax 04 95 77 03 38, *www.camping-lecciemurta.com* ✇ (juil.-août)

4 ha (150 empl.) en terrasses, plat, pierreux, herbeux, rochers, fort dénivelé

Tarif : (Prix 2009) 🕴 10€ ⇌ 6€ 🔳 – 🔋 5€

Location (Prix 2009) : 36 🏚 (4 à 6 pers.) - 300 à 1 300€/sem.

Pour s'y rendre : à Portigliolo, rte de Campomoro (8 km au sud par RN 196 et D 121, à 500 m de la plage dans le golfe du Valinco)

À **savoir** : site naturel, ombragé avec la terrasse du restaurant dominant la piscine

Nature : ⛰ ▱ 🌳
Loisirs : 🍴 ✕ pizzeria 🏊 ✂ 🛝
Services : ⚬⊸ 🅿 🐄 laverie 🖳
🔥 cases réfrigérées

Longitude : 8.90437
Latitude : 41.67511

▲▲▲ **Village Vacances U Livanti** (location exclusive de chalets) de fin mars à fin oct.

ℰ 04 95 76 08 06, *livanti@orange.fr*, Fax 04 95 76 25 14, *www.ulivanti.com*

6 ha en terrasses

Location (Prix 2009) ✇ 🅿 : 92 🏚 (4 à 6 pers.) - 290 à 1 350€/sem. – frais de réservation 10€

Pour s'y rendre : à Portigliolo - rte de Campomoro (8 km au sud par RN 196 et D 121, dans le golfe du Valinco)

À **savoir** : agréable terrasse du restaurant les pieds dans l'eau !

Nature : ⛰ 🌊
Loisirs : 🍴 ✕ snack 👫
Services : ⚬⊸ 🐄 🖳
À prox. : 🤿 plongée, canoë, pédalos, ski nautique

Longitude : 8.86898
Latitude : 41.64485

Informieren Sie sich über die gültigen Gebühren, bevor Sie Ihren Platz beziehen. Die Gebührensätze müssen am Eingang des Campingplatzes angeschlagen sein. Erkundigen Sie sich auch nach den Sonderleistungen. Die im vorliegenden Band gemachten Angaben können sich seit der Überarbeitung geändert haben.

SAGONE

20118 – **345** B7 – G. Corse

Ajaccio 38 – Calvi 119 – Corte 106 – Sartène 110.

▲▲▲ **Le Sagone** 🚹🚹 – de déb. mai à fin sept.

ℰ 04 95 28 04 15, *sagone.camping@wanadoo.fr*, Fax 04 95 28 08 28, *www.camping-sagone.com*

30 ha/9 campables (300 empl.) plat, herbeux

Tarif : (Prix 2009) 🕴 7,50€ 🔳 4,50€ 🔳 8€ – 🔋 (5A) 3,60€ – frais de réservation 18,50€

Location (Prix 2009) (de fin mars à mi-oct.) : 6 🏚 (4 à 6 pers.) 320 à 1 100€/sem. – 30 🏚 (4 à 6 pers.) - 490 à 830€/sem. – 20 bungalows toilés – frais de réservation 18,50€

🔁 1 borne artisanale 5€

Pour s'y rendre : rte de Vico (2 km au nord par D 70)

À **savoir** : sur les terres agricoles avec 2500 oliviers, orangers, mandariniers, citroniers

Nature : ⛰ ▱ 🌳
Loisirs : pizzeria, snack 🖼 🎮 nocturne 👫 🏊 ✂ 🛝 terrain multisports, practice de golf
Services : ♿ ⚬⊸ 🇬🇧 🐄 ♨ 🖳 laverie 🔥 cases réfrigérées
À prox. : 🛒

Longitude : 8.70524
Latitude : 42.13097

ST-FLORENT

20217 – **345** E3 – G. Corse – 1 614 h.
🖪 *Office de tourisme, centre Administratif.* ☎ 04 95 37 06 04, Fax 04 95 35 30 74
Bastia 22 – Calvi 70 – Corte 75 – L'Île-Rousse 45.

La Pinede de mi-mai à déb. oct.
☎ 04 95 37 07 26, *camping.la.pinede@wanadoo.fr*,
Fax 04 95 37 17 73, *www.camping-la-pinede.com*
3 ha (100 empl.) en terrasses, incliné, plat, pierreux,
herbeux
Tarif : (Prix 2009) 33 € ★★ ⏥ 🗉 🗓 (10A) – pers.
suppl. 6 €

Location (Prix 2009) (de déb. avr. à déb. oct.) 🏷 : 🏠
(4 à 6 pers.) nuitée 80 € - 340 à 800 €/sem. – roulottes
Pour s'y rendre : au lieu-dit : Serriggio (1,8 km au sud
par rte de l'Ile-Rousse et chemin à gauche apr. le pont, au
bord de l'Aliso)

| Nature : 🏞 ♧♧ |
| Loisirs : 🛋 🏊 🛶 ponton d'amarrage |
| Services : 🚻 ⚡ GB 🚗 laverie 🧊 réfrigérateurs |
| À prox. : 🐴 poneys |

| Longitude : 9.30242 |
| Latitude : 42.68052 |

*En juillet et août, beaucoup de terrains sont saturés
et leurs emplacements retenus longtemps à l'avance.
N'attendez pas le dernier moment pour réserver.*

STE-LUCIE-DE-PORTO-VECCHIO

20144 – **345** F9 – G. Corse
🖪 *Syndicat d'initiative, Mairie annexe* ☎ 04 95 71 48 99, Fax 04 95 71 48 99
Ajaccio 142 – Porto-Vecchio 16.

Acqua E Sole (location exclusive de mobile homes et
chalets) de fin avr. à fin sept.
☎ 04 95 50 15 75, *www.homair.com*
5 ha en terrasses, plat
Location (Prix 2009) 🚻 : 138 🏘 (4 à 6 pers.) nuitée
139 € - 217 à 973 €/sem. – 8 🏠 (4 à 6 pers.) nuitée
130 € - 294 à 910 €/sem. – 7 🛏
🚐 1 borne flot bleu
Pour s'y rendre : au lieu-dit : Pianu Di Conca (1 km
au nord-est par N 198, rte de Solenzara et chemin à
gauche)

| Nature : 🏞 ♧♧ |
| Loisirs : 🍽 🛋 🏌 🏊 |
| Services : ⚡ GB 🚗 🛁 laverie |
| À prox. : 🐴 |

| Longitude : 9.35621 |
| Latitude : 41.6869 |

Santa-Lucia de mi-avr. à fin sept.
☎ 04 95 71 45 28, *informations@campingsantalucia.com*,
Fax 04 95 71 45 28, *www.campingsantalucia.com*
3 ha (160 empl.) peu incliné, plat, sablonneux, pierreux,
rochers
Tarif : (Prix 2009) ★ 8 € ⏥ 3,25 € 🗉 5 € – 🗓 (6A) 2,75 € –
frais de réservation 10 €

Location (Prix 2009) (de déb. avr. à déb. oct.) 🏷 :
21 🏠 (4 à 6 pers.) - 465 à 820 €/sem. – 22 bungalows
toilés – frais de réservation 15 €
Pour s'y rendre : 1 km au sud-ouest, par N 198

| Nature : ♧♧♧ |
| Loisirs : snack 🏌 🏊 🎣 🏊 |
| Services : 🚻 ⚡ GB 🚗 🔟 📷 🛁 |
| À prox. : 🛒 |

| Longitude : 9.3434 |
| Latitude : 41.6966 |

Fautea de déb. mai à fin sept.
☎ 04 95 71 41 51, Fax 04 95 71 57 62 – 🏍 🏷
5 ha (100 empl.) en terrasses, pierreux
Tarif : (Prix 2009) ★ 8,50 € ⏥ 2,10 € 🗉 5 € – 🗓 (3A) 4 €
Pour s'y rendre : 5 km au nord-est sur N 198, rte de
Solenzara

À savoir : préférer les emplacements sur les petites
terrasses vue mer, plus éloignés de la route

| Nature : ≤ ♧♧🏖 |
| Loisirs : 🏊 |
| Services : ⚡ 🛁 📷 🧊 |
| À prox. : ✖ |

| Longitude : 9.34746 |
| Latitude : 41.69967 |

SERRA-DI-FERRO

20140 – **345** B9 – G. Corse – 420 h. – alt. 140
Ajaccio 47 – Propriano 20 – Sartène 32.

△ **U Casellu** de déb. juin à mi-oct.
  ℘ 0495740180, Fax 0495740767 – ℞ ⚡
  3,5 ha (100 empl.) plat, peu incliné, sablonneux, herbeux
  Tarif : ✱ 5,70€ ⇌ 2,50€ 🅴 8,70€ – (½) (10A) 3€
  ⚡ 1 borne artisanale
  Pour s'y rendre : à Porto-Pollo (5 km au sud par D 155,
  rte de Propriano et D 757 à dr.)

  À savoir : agréable situation en bord de mer

Nature : 🌿
Loisirs : 🍷 ✕ pizzeria
Services : 🚻 ⊶ GB ⚡ 🖵

Longitude : 8.79987
Latitude : 41.7115

TIUCCIA

20111 – **345** B7 – G. Corse
Ajaccio 30 – Cargèse 22 – Vico 22.

△△ **Les Couchants** de déb. juin à fin sept.
  ℘ 0495522660, *campinglescouchants@orange.fr*,
  Fax 0495523177, *www.lescouchants.com*
  ✉ 20111 Casaglione
  5 ha (120 empl.) en terrasses, plat, herbeux, pierreux
  Tarif : (Prix 2009) ✱ 6,50€ ⇌ 3,50€ 🅴 5€ –
  (½) (16A) 4,50€

  Location (Prix 2009) 🏕 : 8 🏠 (4 à 6 pers.) - 500 à
  670€/sem. – frais de réservation 17€
  Pour s'y rendre : rte de Casaglione (4,9 km au nord par
  D 81 et D 25 à dr.)

  À savoir : emplacements au millieu des oliviers, eucalyptus
  et lauriers multicolores

Nature : 🌊 ≤ 🌿
Loisirs : 🍷 ✕ pizzeria 🚣 ⛰
Services : 🚻 ⊶ 🚐 🖵 🚿

Longitude : 8.78843
Latitude : 42.06805

VIVARIO

324

20219 – **345** E6 – G. Corse – 506 h. – alt. 850
Bastia 89 – Aléria 49 – Corte 22 – Bocognano 22.

△ **Aire Naturelle le Soleil** de mi-avr. à mi-oct.
  ℘ 0495472116, *camping-lesoleil@orange.fr*,
  Fax 0495472116 – alt. 800
  1 ha (25 empl.) en terrasses, peu incliné, plat, herbeux
  Tarif : (Prix 2009) ✱ 5,50€ ⇌ 2€ 🅴 4€ – (½) (20A) 2,50€
  ⚡ 20 🅴 17,50€
  Pour s'y rendre : au lieu-dit : Tattone (6 km au sud-ouest
  par N 193, rte d'Ajaccio, près de la gare)

Nature : 🌊 ≤ 🌿
Loisirs : 🍷 pizzeria
Services : ⊶ GB
À prox. : 🎣

Longitude : 9.14895
Latitude : 42.1479

FRANCHE-COMTÉ

G. Benoît à la Guillaume/Michelin

Il était une fois… la Franche-Comté ! Ses contes et légendes s'inspirent d'une nature mystérieuse qui réserve bien des surprises aux visiteurs curieux. La forêt de résineux s'y étend par monts et par vaux, jetant de doux sortilèges aux explorateurs de grottes, gouffres et gorges qu'elle dissimule. La magie des lieux tient aussi à l'abondance des torrents, cascades et lacs dont les larges taches bleutées contrastent avec le vert des pâturages. Les artisans comtois transforment comme par enchantement le bois en horloges, jouets et pipes pour les touristes en quête de souvenirs. Et l'éventail des arômes déployés par les produits du terroir envoûte les gastronomes : fromage de comté au goût de noisette, savoureuses charcuteries fumées et radieux cortège de vins distillant des bouquets subtils et fruités.

Once upon a time in a land called Franche-Comté…many of France's tales and legends begin in the secret wilderness of this secluded region on the Swiss border. The Jura's peaks and dales, clad in a cloak of fragrant conifers, cast a gentle charm over its explorers: the magic spell is also woven by the waterfalls, grottoes and mysterious lakes, their dark blue waters reflecting the surrounding hills. Nimble-fingered craftsmen transform the local wood into clocks, toys and pipes which will delight anyone with a love of fine craftsmanship. Hungry travellers will want to savour the rich, hazelnut tang of Comté cheese, but beware: the delicate smoked and salted meats, in which you can almost taste the pine and juniper, plus Franche-Comté's sumptuous and subtly fruity wines may lure you back for more!

les-Moulins

Neufchâteau

SANDAUCOURT

Charmes

D 57

VOSGES

St-Dié-des-Vosges

Rombach-
le-Franc

Bassemberg

Lièpvre

D 59

Gemaingoutte

la Chapelle-
devant-Bruyères

Corcieux

Anould

D 415

Kayse

Herpelmont
Granges-s-V.

Xonrupt-
Longemer

Turckheim

Fr
Bu

Épinal

Sanchey

le Tholy

Gérardmer

Munster

N 83

Ég

Remiremont

Saulxures-
s-Moselotte

Mittlach

Montigny-le-Roi

A 31

D 417

la Bresse

Plombières-les-Bains

Kruth

Ranspach

Geishouse

Guebwille

HAUT

Bourbonne-
les-Bains

le Val-d'Ajol

Fresse-s-M.

Bussang

HAUT-RH

Issen

Bannes

St-Maurice-s-M.

Moosch

Wattwille

aumont

Thann

N 66

Cernay

Langres

Fresse

Masevaux

D 619

Mélisey

Guewenheim

Aube

N 19

Lure

N 19

Lachapelle-
s/s-Rougemont

Heim
Burnhaupt

BELFORT

LA PORTE
D'ALSACE

Altki

Renaucourt

HAUTE-

SAÔNE

Vesoul

Villersexel

Montbéliard

Seppois-le-B

D'OR

Bonnal

Montagney

N 57

Mandeure

A 36

DIJON

A 39

A 31

Pesmes

BESANÇON-CHAMPOUX

Huanne-
Montmartin

St-Hippolyte

PONT-
CHÊNE-D'ARGENT

Cromary

Doubs

Maîche

BESANÇON-MARCHAUX

Vignoles

A 36

Chalezeule

BESANÇON

DOUBS

Doubs

ult

D 673

Dole

Quingey

Ornans

N 57

D 437

Loue

Ounans

N 83

Levier

Arbois

Salins-les-Bains

Pontarlier

N 57

Lac de Neuchâtel

St-Germain-
du-Bois

N 73

A 39

JURA

Poligny

St-Point-Lac

Labergement-
Ste-Marie

Malbuisson

D 45

Pont-du-Navoy

Champagnole

SUISSE

Gigny-s-S.

N 78

Marigny
Châtillon

Monnet-la-Ville

D 437

Lons-le-Saunier

LAUSANNE

Seille

D 978

Doucier

Uxelles

N 5

Foncine-le-Haut

Tournus

Louhans

A 39

Mesnois

D 618

Bonlieu

St-Laurent-en-Grandvaux

Lac

Léman

Évian-les-B.

POULET DE BRESSE

la Tour-
du-Meix

Clairvaux-les-Lacs

Divonne-
les-Bains

A 1

A 9

Pont-de-Vaux

Maisod

Lugrin

RHÔNE

Montrevel-
en-Bresse

Chancia

St-Claude

Excenevex

Thonon-les-Bains

Châtel

Gex

Sciez

Cormoranche-
s-Saône

A 40

Chavannes-
s-Suran

Matafelon-
Granges

D 1005

GENÈVE

HAUTE-

Morzine

Bourg-en-Bresse

Nantua

A 40

St-Julien-en-G

A 40

A 41

Bonneville

les Gets

St-Paul-de-Varax

Hautecourt

Neydens

Samoëns

Vallorcine

Poncin

Groisy

A 410

SAVOIE

Argentière

illon-
aronne

AIN

Champdor

Contamine-
Sarzin

le Grand-Bornand

les Bossons

les Praz-de-Chan

Formans

Villars-les-
Dombes

Seyssel

Seyssel

Vallières

La Balme-de-S.

la Clusaz

Sallanches

Chamonix-Mont-Bla

46

D 1083

Artemare
Culoz

ANNECY

Alex

Megève

St-Gervais-les-Bains

Mardan, St, Bernard

Légende

- Localité citée avec camping
- Localité citée avec camping et locatif
- **Vannes** Localité citée avec camping avec aire de services camping-car
- **Moyaux** Localité disposant d'au moins un terrain agréable
- Aire de service pour camping-car sur autoroute

ARBOIS

39600 – **321** E5 – G. Franche-Comté Jura – 3 509 h. – alt. 350
🛈 *Office de tourisme, 10, rue de l'Hôtel de Ville* ℰ *03 84 66 55 50, Fax 03 84 66 25 50*
Paris 407 – Besançon 46 – Dole 34 – Lons-le-Saunier 40 – Salins-les-Bains 13.

Les Vignes de mi-avr. à fin sept.
ℰ 03 84 66 14 12, *arbois.camping@rsl39.com*,
Fax 03 84 66 14 12, *www.odesia-vacances.com*
2,3 ha (139 empl.) en terrasses, peu incliné, herbeux, gravier
Tarif : (Prix 2009) 17 € ★★ ⛺ 🅴 (10A) – pers. suppl. 4,20 €

Location (Prix 2009) : 4 🛏 (4 à 6 pers.) nuitée 38 € - 266 à 504 €/sem. – frais de réservation 12 €
🚐 35 🅴 15 € – 🛢 10.50 €
Pour s'y rendre : r. de la Piscine (sortie est par D 107, rte de Mesnay, près du stade et de la piscine)

Nature : ⩿ 🗂 ♀
Loisirs : 🏠 🏕
Services : & ⛽ GB ⚲ ♨ 🔥 ✂ 🔲 ♨
À prox. : 🏊

Longitude : 5.78694
Latitude : 46.90417

LES GUIDES VERTS **MICHELIN**
Paysages, monuments
Routes touristiques
Géographie
Histoire, Art
Itinéraire de visite
Plans de villes et de monuments

327

BELFORT

90000 – **315** F11 – G. Franche-Comté Jura – 50 863 h. – alt. 360
🛈 *Office de tourisme, 2 bis, rue Clemenceau* ℰ *03 84 55 90 90, Fax 03 84 55 90 70*
Paris 422 – Lure 33 – Luxeuil-les-Bains 52 – Montbéliard 23 – Mulhouse 41 – Vesoul 63.

L'Étang des Forges de mi-avr. à fin sept.
ℰ 03 84 22 54 92, *contact@camping-belfort.com*,
Fax 03 84 22 76 55, *www.camping-belfort.com*
3,4 ha (90 empl.) plat, herbeux, pierreux
Tarif : ★ 4,50 € ⛺ 🅴 9,50 € – 🅷 (6A) 3,50 €

Location : 🛏 – 1 🛏 (4 à 6 pers.) nuitée 50 € - 266 à 462 €/sem. – 7 🏠 (4 à 6 pers.) nuitée 50 € - 266 à 462 €/sem.
🚐 1 borne flot bleu
Pour s'y rendre : r. du Gal Béthouart (1,5 km au nord par D 13, rte d'Offemont et à dr. - par A 36 sortie 13)

Nature : ⩿
Loisirs : 🏠 🏕 ♨ ≋ (bassin)
Services : & ⛽ GB ⚲ 🔲 ♨ ✂
🍴 laverie
À prox. : ♦

Longitude : 6.86433
Latitude : 47.65323

BONLIEU

39130 – **321** F7 – G. Franche-Comté Jura – 238 h. – alt. 785
Paris 439 – Champagnole 23 – Lons-le-Saunier 32 – Morez 24 – St-Claude 42.

L'Abbaye de déb. mai à fin sept.
ℰ 03 84 25 57 04, *camping.abbaye@wanadoo.fr*,
Fax 03 84 25 50 82, *www.camping-abbaye.com*
3 ha (80 empl.) incliné, plat, herbeux
Tarif : 17,50 € ★★ ⛺ 🅴 (6A) – pers. suppl. 4,30 €

Location (de déb. mai à mi-oct.) 🚫 : 4 🛏 (4 à 6 pers.) nuitée 45 € - 260 à 455 €/sem.
Pour s'y rendre : 2 rte du Lac (1,5 km à l'est par N 78, rte de St-Laurent-en-Grandvaux)

Nature : 🌳 ⩿ 🗂
Loisirs : 🍴 ✕ 🏕
Services : & ⛽ GB ⚲ ♨ 🍴
🔲 ♨
À prox. : 🐴

Longitude : 5.8135
Latitude : 46.63526

BONNAL

25680 – **321** I1 – 27 h. – alt. 270
Paris 392 – Besançon 47 – Belfort 51 – Épinal 106 – Montbéliard 46.

▲▲▲ **"Les Castels" Le Val de Bonnal** de déb. mai à déb. sept.
℘ 0381869087, *val-de-bonnal@wanadoo.fr*,
Fax 0381860392, *www.camping-valdebonnal.fr*
120 ha/15 campables (320 empl.) plat, herbeux
Tarif : (Prix 2009) 44 € ✶✶ ⇔ 🗐 (4) (10A) – pers. suppl. 12 € – frais de réservation 20 €

Location (Prix 2009) ⚡ : 🏚 – 12 🏠 (4 à 6 pers.) - 392 à 890 €/sem.
🚐 1 borne artisanale
Pour s'y rendre : 1 ch. du Moulin

À savoir : situation agréable en bordure de l'Ognon et près d'un plan d'eau

| Nature : 🐟 ⛱ 🌲 |
| Loisirs : 🍸 snack 🎦 🎆 nocturne 🏓 🚣 🚴 ⛵ 🏊 ⛷ 🎣 |
| Services : 🚿 ⚡ GB 🅿 🍴 laverie 🛒 🚗 |
| À prox. : ✗ |

| Longitude : 6.40994 |
| Latitude : 47.49448 |

Si vous recherchez :
👥 *Un terrain offrant des équipements et des loisirs adaptés aux enfants*
🐟 *Un terrain agréable ou très tranquille*
L-M *Un terrain effectuant la location de caravanes, de mobile homes,*
  de bungalows ou de chalets
P *Un terrain ouvert toute l'année*
🚐 *Un terrain possédant une aire de services pour camping-cars*
Consultez le tableau des localités

328

CHALEZEULE

25220 – **321** G3 – 1 061 h. – alt. 252
Paris 410 – Dijon 96 – Lyon 229 – Nancy 209.

▲▲ **Municipal de la Plage** de déb. avr. à fin sept.
℘ 0381880426, *laplage-besancon@ffcc.fr*,
Fax 0381505462, *www.laplage-besancon.com*
1,8 ha (113 empl.) plat, terrasse, herbeux
Tarif : (Prix 2009) ✶ 4,05 € ⇔ 🗐 5,55 € – (4) (6A) 3,60 € – frais de réservation 5 €
🚐 1 borne artisanale 4 € – 10 🗐 10,50 € – 🚐 10.50 €
Pour s'y rendre : 12 rte de Belfort (4,5 km au nord-est par N 83, au bord du Doubs)

| Nature : 🌲 |
| Loisirs : snack |
| Services : 🚿 ⚡ GB 🅿 🍴 🛒 laverie |
| À prox. : ✂ 🎣 🏊 🎣 |

| Longitude : 6.07204 |
| Latitude : 47.26646 |

CHAMPAGNOLE

39300 – **321** F6 – G. Franche-Comté Jura – 8 135 h. – alt. 541
🅱 *Office de tourisme, rue Baronne Delort* ℘ *0384524367, Fax 0384525457*
Paris 420 – Besançon 66 – Dole 68 – Genève 86 – Lons-le-Saunier 34 – Pontarlier 46 – St-Claude 53.

▲▲ **Municipal de Boyse** de déb. juin à mi-sept.
℘ 0384520032, *camping.boyse@wanadoo.fr*,
Fax 0384520116, *www.camping.champagnole.com*
7 ha (240 empl.) plat, peu incliné, herbeux
Tarif : 17,50 € ✶✶ ⇔ 🗐 (4) (10A) – pers. suppl. 4,50 €
Location (permanent) : 25 🏠 (4 à 6 pers.) - 210 à 510 €/sem.
🚐 1 borne 3,50 €
Pour s'y rendre : 20 r. Georges Vallerey (sortie nord-ouest par D 5, rte de Lons-le-Saunier et r. à gauche)

À savoir : accès direct à l'Ain

| Nature : 🐟 🌲 |
| Loisirs : snack 🎦 🎆 🏓 🎣 🏊 |
| Services : 🚿 ⚡ GB 🅿 🛒 laverie 🚗 |
| À prox. : ✂ 🎿 🎣 parcours sportif 🚐 |

| Longitude : 5.89919 |
| Latitude : 46.7468 |

CHANCIA

01590 – **321** D8 – 214 h. – alt. 320
Paris 452 – Bourg-en-Bresse 48 – Lons-le-Saunier 46 – Nantua 30 – Oyonnax 16 – St-Claude 29.

⚠ **Municipal les Cyclamens** de déb. mai à fin sept.
℘ 0474758214, campinglescydamens@wanadoo.fr, www.camping-chancia.com – places limitées pour le passage
2 ha (160 empl.) plat, herbeux
Tarif : (Prix 2009) 13,40€ ✴✴ ⬛ (10A) – pers. suppl. 2,70€
🚐 1 borne artisanale 16€
Pour s'y rendre : La Presqu'île (1,5 km au sud-ouest par D 60e et chemin à gauche, au confluent de l'Ain et de la Bienne)

À savoir : pour raison administrative, code postal dans l'Ain (01) mais terrain situé dans le Jura (39) !

Nature :	🌿 ⩽
Loisirs :	
Services :	
À prox. :	terrain om-nisports

Longitude : 5.64215
Latitude : 46.34658

Do not confuse :
⚠ *... to ...* ⚠⚠⚠ *: MICHELIN classification*
and
★ *... to ...* ★★★★ *: official classification*

CHÂTILLON

39130 – **321** E7 – 124 h. – alt. 500
Paris 421 – Champagnole 24 – Clairvaux-les-Lacs 15 – Lons-le-Saunier 19 – Poligny 24.

⚠⚠ **Domaine de l'Épinette** de mi-juin à mi-sept.
℘ 0384257144, contact@domaine-epinette.com,
Fax 0384257596, *www.domaine-epinette.com*
7 ha (150 empl.) en terrasses, peu incliné, plat, herbeux, pierreux
Tarif : (Prix 2009) 27€ ✴✴ ⬛ (12A) – pers. suppl. 4,50€ – frais de réservation 30€
Location (Prix 2009) : 15 🛖 (4 à 6 pers.) nuitée 37€ - 228 à 550€/sem. – 12 🏕 (4 à 6 pers.) nuitée 39€ - 242 à 592€/sem. – frais de réservation 30€
🚐 4 ⬛ 12,50€ – 🔌 12.50€
Pour s'y rendre : 15 r. de l'Epinette (1,3 km au sud par D 151)

Nature :	🌿 ⩽
Loisirs :	
Services :	
À prox. :	canoë

Longitude : 5.7242
Latitude : 46.65575

329

CLAIRVAUX-LES-LACS

39130 – **321** E7 – G. Franche-Comté Jura – 1 512 h. – alt. 540
🅱 *Office de tourisme, 36, Grande Rue ℘ 0384252747, Fax 0384252300*
Paris 428 – Bourg-en-Bresse 94 – Champagnole 34 – Lons-le-Saunier 22 – St-Claude 34 – St-Laurent-en-Grandvaux 24.

⚠⚠ **Yelloh! Village le Fayolan** 👥 – de déb. mai à déb. sept.
℘ 0820005593, info@yellohvillage-fayolan.com,
Fax 0384252620, *www.relaisoleiljura.com*
13 ha (516 empl.) en terrasses, peu incliné, plat, herbeux, gravier, pinède
Tarif : 37€ ✴✴ ⬛ (10A) – pers. suppl. 7€ – frais de réservation 20€
Location : 77 🛖 (4 à 6 pers.) nuitée 45€ - 238 à 924€/sem. – 5 🏕 (4 à 6 pers.) nuitée 39€ - 273 à 819€/sem.
🚐 1 borne artisanale – 🔌 13.50€
Pour s'y rendre : r. du Langard (1,2 km au sud-est par D 118)

À savoir : au bord du lac

Nature :	⩽
Loisirs :	🍽 snack salle d'animation
Services :	
À prox. :	parcours de santé

Longitude : 5.75
Latitude : 46.56667

Le Grand Lac de déb. juin à fin août
℘ 03 84 25 22 14, *legrandlac@rsl39.com*,
Fax 03 84 25 26 20, *www.relaisoleiljura.com*
2,5 ha (191 empl.) peu incliné à incliné, plat, terrasses, herbeux
Tarif : 24€ ★★ ⇛ 🅴 (𝄚) (6A) – pers. suppl. 4,50€ – frais de réservation 12€

Location 🦌 : 23 ⏢ (4 à 6 pers.) 252 à 623€/sem. – frais de réservation 12€
Pour s'y rendre : ch. du Langard (800 m au sud-est par D 118, rte de Châtel-de-Joux et chemin à dr.)

Nature : ⩽ Ω⩲
Services : ☃ �o━ GB ⚥ ⏚ ▦
À prox. : ≊ ➘ canoë

Longitude : 5.755
Latitude : 46.56979

CROMARY

70190 – **314** E8 – 215 h. – alt. 219
Paris 419 – Belfort 88 – Besançon 21 – Gray 50 – Montbéliard 72 – Vesoul 34.

L'Esplanade Permanent
℘ 03 84 91 82 00, *benttom@hotmail.com*,
Fax 03 84 91 82 00, *www.lesplanade.nl*
2,7 ha (65 empl.) plat, herbeux
Tarif : (Prix 2009) 11,60€ ★★ ⇛ 🅴 (𝄚) (4A)
Pour s'y rendre : au sud du bourg par D 276
À savoir : dans un site champêtre avec un accès direct à la rivière

Nature : ➘ ⩽ ▭
Loisirs : snack ⌂ ➘
Services : ☃ o━ ▦

Longitude : 6.07666
Latitude : 47.36174

Si vous désirez réserver un emplacement pour vos vacances,
faites-vous préciser au préalable les conditions particulières de séjour,
les modalités de réservation, les tarifs en vigueur et les conditions de paiement.

DOLE

39100 – **321** C4 – G. Franche-Comté Jura – 24 606 h. – alt. 220
🇧 *Office de tourisme, 6, place Grévy* ℘ 03 84 72 11 22, Fax 03 84 82 49 27
Paris 363 – Besançon 55 – Chalon-sur-Saône 67 – Dijon 50 – Genève 155 – Lons-le-Saunier 57.

Le Pasquier de mi-mars à fin oct.
℘ 03 84 72 02 61, *lola@camping-le-pasquier.com*,
Fax 03 84 79 23 44,
http://www.camping-le-pasquier.com – 🅁
2 ha (120 empl.) plat, herbeux, gravillons
Tarif : 18,20€ ★★ ⇛ 🅴 (𝄚) (10A) – pers. suppl. 3,30€ – frais de réservation 10€

Location : 4 ⏢ (4 à 6 pers.) nuitée 58€ - 370 à 430€/sem. – 2 ⌂ (4 à 6 pers.) nuitée 52€ - 370 à 430€/sem. – frais de réservation 10€
⏛ 1 borne artisanale 4,90€
Pour s'y rendre : 18 ch. Victor et Georges Thévenot (au sud-est par av. Jean-Jaurès)
À savoir : cadre verdoyant, près du Doubs

Nature : Ω
Loisirs : ♟ snack 🏊⩲ ⚅ (petite piscine)
Services : ☃ o━ GB ⚥ ⏚ ⚗ ⚓ ℿ laverie
À prox. : ≊ ➘

Longitude : 5.50244
Latitude : 47.09147

DOUCIER

39130 – **321** E7 – G. Franche-Comté Jura – 318 h. – alt. 526
Paris 427 – Champagnole 21 – Lons-le-Saunier 25.

Domaine de Chalain de fin avr. à mi-sept.
℘ 03 84 25 78 78, *chalain@chalain.com*, Fax 03 84 25 70 06, *www.chalain.com*
30 ha/18 campables (804 empl.) plat, herbeux, pierreux
Tarif : (Prix 2009) 36€ ★★ ⇛ 🅴 (𝄚) (10A)

Location (Prix 2009) 🦌 : 48 ⏢ (4 à 6 pers.) nuitée 40€ - 280 à 847€/sem. – 35 ⌂ (4 à 6 pers.) nuitée 60€ - 420 à 994€/sem. – huttes
⏛ 1 borne sanistation 4€
Pour s'y rendre : - (3 km au nord-est)
À savoir : agréablement situé entre forêts et lac de Chalain

Nature : ⩽ Ω⩲
Loisirs : ♟ snack ⌂ 🎣⩲⩲ 🏊⩲ ⚵-♦⚥ ♀ ⚅ ⚓ ➘, parcours VTT
Services : ☃ o━ GB ⚥ ℿ ⏚ ⚗ ⚓ ℿ ▦ ⚗ ☂

Longitude : 5.81395
Latitude : 46.66422

FONCINE-LE-HAUT

39460 – **321** G7 – G. Franche-Comté Jura – 1 014 h. – alt. 790
Paris 444 – Champagnole 24 – Clairvaux-les-Lacs 34 – Lons-le-Saunier 62 – Mouthe 13.

Municipal Le Val de Saine de mi-juin à mi-sept.
℘ 0384519311, *foncine@juramontsrivieres.fr*,
Fax 0384519019
1 ha (72 empl.) non clos, plat, herbeux
Tarif : (Prix 2009) ♣ 2,30€ ⟵ 国 3€ – (½) 1,52€
Location (Prix 2009) : 15 ⌂ (4 à 6 pers.) - 250 à 390€/
sem.
Pour s'y rendre : sortie sud-ouest par D 437, rte de St-
Laurent-en-Grandvaux et à gauche, au stade, au bord de
la Saine

Nature : ♤♤
Loisirs : ⟵ ✕ ⟋
Services : ⅙ ⅗ ⟋ ⟷ ▣
À prox. : parcours de santé

Longitude : 6.06879
Latitude : 46.65489

Les Chalets du Val de Saine (location exclusive de
chalets) Permanent
℘ 0384519311, *foncine@juramontsrivieres.fr*,
Fax 0384519019, *www.camping-haut-jura.com* –
alt. 900
1,2 ha plat
Location (Prix 2009) ℗ : 14 ⌂ (4 à 6 pers.) - 250 à
450€/sem.
Pour s'y rendre : 58 Grande-Rue

Nature : ♤
Loisirs : ⟋
Services : ⅗ ▣
À prox. : ⅔ ▼ ✕ ✕ ▨

Longitude : 6.07253
Latitude : 46.65888

⅔ ✕ *ATTENTION...*
⅗ *ces éléments ne fonctionnent généralement qu'en saison,*
⟋ ⅗ *quelles que soient les dates d'ouverture du terrain.*

FRESSE

70270 – **314** H6 – 703 h. – alt. 472
Paris 405 – Belfort 31 – Épinal 71 – Luxeuil-les-Bains 30 – Vesoul 48.

La Broche de mi-avr. à mi-oct.
℘ 0384633140, *contact@camping.com*,
Fax 0384633140, *www.camping-broche.com*
2 ha (50 empl.) terrasse, peu incliné, plat, herbeux
Tarif : (Prix 2009) ♣ 3€ ⟵ 1,50€ 国 1,50€ – (½) (5A) 2€
Location : 6 ⌂ (2 à 4 pers.) 160 à 170€/sem.
⟱ ⬤ (½) 11.50€
Pour s'y rendre : sortie ouest, rte de Melesey et chemin
à gauche
À savoir : dans un site vallonné et boisé, au bord d'un
étang

Nature : ♤ ≤
Loisirs : ⟋
Services : ⅙ ⟞ ⅗

Longitude : 6.65727
Latitude : 47.75713

HUANNE-MONTMARTIN

25680 – **321** I2 – 77 h. – alt. 310
Paris 392 – Baume-les-Dames 14 – Besançon 37 – Montbéliard 52 – Vesoul 34.

Le Bois de Reveuge de fin avr. à mi-sept.
℘ 0381843860, *info@campingduboisdereveuge.com*,
Fax 0381844404, *www.campingduboisdereveuge.com*
20 ha/11 campables (281 empl.) en terrasses, gravier,
herbeux, sous-bois attenant
Tarif : 32€ ♣♣ ⟵ 国 (½) (6A) – pers. suppl. 7,50€ – frais
de réservation 25€
Location ⟋ : 120 ⌂ (4 à 6 pers.) 301 à 987€/sem.
– 34 ⌂ (4 à 6 pers.) - 329 à 847€/sem. – frais de
réservation 25€
⟱ 1 borne artisanale – 5 国 20€
Pour s'y rendre : rte de Rougemont (1,1 km au nord
par D 113)
À savoir : autour de deux étangs à la lisière d'un bois

Nature : ♤ ▭ ♤♤
Loisirs : snack, pizzeria ▱ ✕ ⅙ ⟵ ⅙ ⅗ ▣ ⟋ ⟋
Services : ⅙ ⟞ GB ⅗ ⟋ ⟷ ⅙ ▣ ⅗
À prox. : canoë

Longitude : 6.34422
Latitude : 47.43222

LABERGEMENT-STE-MARIE

25160 – **321** H6 – 1 008 h. – alt. 859
Paris 454 – Champagnole 41 – Pontarlier 17 – St-Laurent-en-Grandvaux 41 – Salins-les-Bains 45 – Yverdon-les-Bains 41.

Le Lac de déb. mai à fin sept.
℘ 03 81 69 31 24, *camping.lac.remoray@wanadoo.fr*,
www.camping-lac-remoray.com
1,8 ha (70 empl.) en terrasses, peu incliné, plat, herbeux
Tarif : (Prix 2009) ⋆ 4 € ⟵ 🅴 6,50 € – [½] (6A) 3,50 € –
frais de réservation 5 €
Location (Prix 2009) : 🛏 – 4 🏠 (4 à 6 pers.) - 270 à
595 €/sem. – frais de réservation 5 €
🚐 1 borne – 50 🅴
Pour s'y rendre : 10 r. du Lac (sortie sud-ouest par D 437,
rte de Mouthe et r. à dr.)

À savoir : à 300 m du lac de Remoray

Nature : ≤	
Loisirs : 🍷 ✕ 🏠	
Services : 🚿 ⛽ GB 🐾 🧺 🅰 🚱	
À prox. : 🍴 🏊 🚣	

Longitude : 6.27468
Latitude : 46.77132

Des vacances réussies sont des vacances bien préparées !
Ce guide est fait pour vous y aider... mais :
– N'attendez pas le dernier moment pour réserver
– Évitez la période critique du 14 juillet au 15 août
Pensez aux ressources de l'arrière-pays,
à l'écart des lieux de grande fréquentation.

332

LACHAPELLE-SOUS-ROUGEMONT

90360 – **315** G10 – 503 h. – alt. 400
Paris 442 – Belfort 16 – Basel 66 – Colmar 55 – Mulhouse 29 – Thann 18.

La Seigneurie de déb. avr. à fin oct.
℘ 03 84 23 00 13, *mairielachapelle-rougemont@wanadoo.fr*,
Fax 03 84 23 05 04, *www.campingdelaseigneurie.com*
3 ha (120 empl.) plat, herbeux
Tarif : (Prix 2009) ⋆ 3,60 € ⟵ 3 € 🅴 3,60 € – [½] (6A) 3,20 €
🚐 1 borne eurorelais 1,70 €
Pour s'y rendre : 3,2 km au nord par D 11, rte de Lauw

À savoir : en lisière de forêt, près d'un étang

Nature : 🦆 🎋	
Loisirs : 🍷 🏊	
Services : 🚿 ⛽ GB 🐾 🅰	
À prox. : ✕ 🚣	

Longitude : 7.01511
Latitude : 47.71168

LEVIER

25270 – **321** G5 – 1 885 h. – alt. 719
Paris 443 – Besançon 45 – Champagnole 37 – Pontarlier 22 – Salins-les-Bains 24.

La Forêt de mi-mai à mi-sept.
℘ 03 81 89 53 46, *camping@camping-dela-foret.com*,
Fax 03 81 89 53 46, *www.camping-dela-foret.com*
1,5 ha (70 empl.) terrasse, peu incliné, plat, herbeux
Tarif : 17 € ⋆⋆ ⟵ 🅴 [½] (6A) – pers. suppl. 3,80 € – frais
de réservation 10 €
Location (de mi-avr. à mi-oct.) : 2 🛏 – 3 🏠 – frais
de réservation 10 €
🚐 5 🅴 17 €
Pour s'y rendre : rte de Septfontaines (1 km au nord-est
par D 41)

À savoir : à la lisière d'une forêt

Nature : 🦆 🎋	
Loisirs : 🏠 🏊 🛷	
Services : 🚿 ⛽ GB 🐾 🅰	
À prox. : parcours sportif	

Longitude : 6.12029
Latitude : 46.95393

LONS-LE-SAUNIER

39000 – **321** D6 – G. Franche-Comté Jura – 17 879 h. – alt. 255 – ⚓ (début avril-fin oct.)
🛈 *Office de tourisme, place du 11 Novembre* ℘ *03 84 24 65 01, Fax 03 84 43 22 59*
Paris 408 – Besançon 84 – Bourg-en-Bresse 73 – Chalon-sur-Saône 61 – Dijon 94 – Dole 56 – Mâcon 98 – Pontarlier 82.

⚠ La Marjorie de fin mars à mi-oct.
℘ 03 84 24 26 94, *info@camping-marjorie.com*,
Fax 03 84 24 08 40, *www.camping-marjorie.com*
9 ha/3 campables (204 empl.) plat, herbeux, pierreux, goudronné
Tarif : (Prix 2009) 14,90€ ✶✶ 🚗 🅴 🕲 (10A) – pers. suppl. 3€ – frais de réservation 15€

Location (Prix 2009) : 4 🛏 (4 à 6 pers.) nuitée 40€ - 255 à 530€/sem. – 11 🏠 (4 à 6 pers.) nuitée 40€ - 255 à 515€/sem. – frais de réservation 15€
🚐 1 borne artisanale 3,50€ – 37 🅴 14,90€
Pour s'y rendre : 640 bd de l'Europe (au nord-est en dir. de Besançon par bd de Ceinture)
À savoir : agréable décoration arbustive, au bord d'un ruisseau

Nature : ☱ ♀
Loisirs : 🍴 🛋 🕲nocturne (juil.-août) 🏇
Services : ♿ ⛟ 🆖 🕯 ▥ 🍽 🚿
🚾 🕈 laverie 🔧
À prox. : 🍴 🖼 🏊

Longitude : 5.56855
Latitude : 46.68422

LURE

70200 – **314** G6 – G. Franche-Comté Jura – 8 352 h. – alt. 290
🛈 *Office de tourisme, 35, avenue Carnot* ℘ *03 84 62 80 52, Fax 03 84 62 74 61*
Paris 387 – Belfort 37 – Besançon 77 – Épinal 77 – Montbéliard 35 – Vesoul 30.

⚠ Intercommunal de Lure de déb. juin à fin sept.
℘ 03 84 30 43 40, *contact@pays-de-lure.fr*,
Fax 03 84 89 00 31, *www.pays-de-lure.fr*
1 ha (45 empl.) plat, herbeux
Tarif : (Prix 2009) ✶ 2,80€ 🚗 1,40€ 🅴 1,60€ – 🕲 (2A) 2€
Pour s'y rendre : rte de la Saline (1,4 km au sud-est par D 64 vers rte de Belfort puis 800 m par D 18 à dr., rte de l'Isle-sur-le-Doubs, à 50 m de l'Ognon (accès direct))

Loisirs : 🛋 🏹
Services : ♿ ⛟ 🕯 ▥
À prox. : 🛒 🏇 poneys

Longitude : 6.49653
Latitude : 47.68339

MAICHE

25120 – **321** K3 – G. Franche-Comté Jura – 3 959 h. – alt. 777
🛈 *Syndicat d'initiative, place de la Mairie* ℘ *03 81 64 11 88, Fax 03 81 64 02 30*
Paris 501 – Baume-les-Dames 69 – Besançon 74 – Montbéliard 43 – Morteau 29 – Pontarlier 60.

⚠ Municipal St-Michel fermé de mi-nov. à déb. déc.
℘ 03 81 64 12 56, *camping.maiche@wanadoo.fr*,
Fax 03 81 64 12 56, *www.mairie-maiche.fr*
2 ha (70 empl.) en terrasses, peu incliné, herbeux, bois attenant
Tarif : (Prix 2009) ✶ 3,10€ 🚗 4,10€ 🅴 1,70€ – 🕲 (12A) 4,10€

Location (Prix 2009) : 5 🏠 (4 à 6 pers.) - 205 à 256€/sem. – (sans sanitaires) - gîte d'étape
Pour s'y rendre : 23 r. Saint-Michel (1,3 km au sud, sur D 422 reliant la D 464, rte de Charquemont et la D 437, rte de Pontarlier - accès conseillé par D 437, rte de Pontarlier)

Nature : ♀
Loisirs : 🏸
Services : ♿ ⛟ 🆖 🕯 ▥ 🖼
À prox. : 🍽 hammam jacuzzi
🖼 🏊 🏹

Longitude : 6.80109
Latitude : 47.24749

MAISOD

39260 – **321** E8 – G. Franche-Comté Jura – 306 h. – alt. 520
Paris 436 – Lons-le-Saunier 30 – Oyonnax 34 – St-Claude 29.

⚠ **Trelachaume** de mi-avr. à déb. sept.
ℰ 0384420326, *info@trelachaume.fr*, Fax 0959737470, *www.trelachaume.fr*
3 ha (180 empl.) plat, peu incliné à incliné, herbeux, pierreux
Tarif : (Prix 2009) 17,40€ ✶✶ ⇔ 🅴 [½] (16A) – pers. suppl. 3,60€

Location (Prix 2009) (de déb. avr. à mi-sept.) 🏕 : 5 🚐 (2 à 4 pers.) 209 à 406€/sem. – 4 🚐 (4 à 6 pers.) 295 à 580€/sem. – 6 🏠 (4 à 6 pers.) - 295 à 607€/sem.
Pour s'y rendre : 50 rte du Mont du Cerf (2,2 km au sud par D 301 et rte à dr.)

Nature : 🌊 ♀	
Loisirs : 🏠 🚗	
Services : ⚥ ⟿ GB ⚙ ⛺ 🔲	

Longitude : 5.69105
Latitude : 46.48462

MALBUISSON

25160 – **321** H6 – G. Franche-Comté Jura – 498 h. – alt. 900 – Base de loisirs
🔳 *Office de tourisme, 69, Grande Rue* ℰ 0381693121, *Fax 0381697194*
Paris 456 – Besançon 74 – Champagnole 42 – Pontarlier 16 – St-Claude 72 – Salins-les-Bains 46.

⚠ **Les Fuvettes** de déb. avr. à fin sept.
ℰ 0381693150, *les-fuvettes@wanadoo.fr*, Fax 0381697046, *www.camping-fuvettes.com*
6 ha (320 empl.) plat et peu incliné, herbeux, pierreux
Tarif : 23,90€ ✶✶ ⇔ 🅴 [½] (6A) – pers. suppl. 4,80€ – frais de réservation 10€

Location : 🚐 (4 à 6 pers.) 260 à 470€/sem. – 🏠 (4 à 6 pers.) - 420 à 670€/sem. – frais de réservation 15€
Pour s'y rendre : 24 rte de la Plage et des Perrières (1 km au sud-ouest)

À savoir : au bord du lac de St-Point

Nature : ≼ ♀⛰	
Loisirs : 🍽 snack 🏠 🚗 🏓 ⛵	
🏊 ⚄	
Services : ⚥ ⟿ (juil.-août) GB	
⚙ 🔲 🛁 🔲 🛒 ⚗	

Longitude : 6.30496
Latitude : 46.79949

MANDEURE

25350 – **321** K2 – G. Franche-Comté Jura – 5 035 h. – alt. 336
Paris 473 – Baume-les-Dames 41 – Maîche 34 – Sochaux 15 – Montbéliard 15.

⚠ **Municipal les Grands Ansanges** de déb. mai à fin sept.
ℰ 0381352379, *mairie.mandeure@ville-mandeure.com*, Fax 0381300926, *www.ville-mandeure.com*
1,7 ha (96 empl.) plat, herbeux
Tarif : (Prix 2009) ✶ 2,70€ ⇔ 🅴 3€ – [½] (10A) 4€
Pour s'y rendre : 34 r. de la Libération (au nord-ouest, sortie vers Pont-de-Roide, au bord du Doubs)

Nature : ♀	
Loisirs : 🍽 🔲 🏓	
Services : GB ⚙ 🔲	

Longitude : 6.80664
Latitude : 47.45366

MARIGNY

39130 – **321** E6 – 179 h. – alt. 519
Paris 426 – Arbois 32 – Champagnole 17 – Doucier 5 – Lons-le-Saunier 27 – Poligny 29.

⚠ **La Pergola** ♣♦ – de déb. mai à mi-sept.
ℰ 0384257003, *contact@lapergola.com*, Fax 0384257596, *www.lapergola.com*
10 ha (350 empl.) en terrasses, herbeux, pierreux
Tarif : 37€ ✶✶ ⇔ 🅴 [½] (12A) – pers. suppl. 7€ – frais de réservation 30€

Location : 40 🚐 (4 à 6 pers.) nuitée 62€ - 347 à 875€/sem. – frais de réservation 30€
🚐 1 borne artisanale – 🚿
Pour s'y rendre : 1 rue des vernois (800 m au sud)
À savoir : bel ensemble de piscines dominant le lac de Chalain

Nature : ≼ 🔲 ♀⛰	
Loisirs : 🍽 ✗ brasserie 🏠 ⚙	
nocturne 🏸 🚗 🚲 ⚄ ⛵ ⚄ ♨	
Services : ⚥ ⟿ GB ⚙ 🛁 ⚗ ⚗	
⛺ 🔲 🛒 🚿	
À prox. : canoë	

Longitude : 5.77108
Latitude : 46.67403

MÉLISEY

70270 – **314** H6 – 1 740 h. – alt. 330
🛈 *Office de tourisme, place de la Gare* ✆ *03 84 63 22 80, Fax 03 84 63 26 94*
Paris 397 – Belfort 33 – Épinal 63 – Luxeuil-les-Bains 22 – Vesoul 40.

🔺 **La Pierre** de mi-mai à mi-sept.
✆ 03 84 20 84 38, *mairie.melisey@wanadoo.fr,*
Fax 03 84 20 87 19 – places limitées pour le passage
1,5 ha (50 empl.) peu incliné, plat, herbeux
Tarif : (Prix 2009) 🚶 2,70 € 🚗 1,20 € 🔲 2,50 € – [½] (6A) 2 €
Location (Prix 2009) (permanent) : 4 🏠 (4 à 6 pers.)
- 220 à 300 €/sem.
Pour s'y rendre : au lieu-dit : Les Granges Baverey (2,7 km
au nord sur D 293, rte de Mélay)
À savoir : cadre pittoresque dans un site boisé

Nature : 〰️ 🏞️	
Loisirs : 🏠	
Services : ♿ 🚗	

Longitude : 6.58257
Latitude : 47.77876

Avant de vous installer, consultez les tarifs en cours,
affichés obligatoirement à l'entrée du terrain,
et renseignez-vous sur les conditions particulières de séjour.
Les indications portées dans le guide ont pu être modifiées depuis la mise à jour.

MESNOIS

39130 – **321** E7 – 188 h. – alt. 460
Paris 431 – Besançon 90 – Lons 18 – Chalon 77 – Bourg 79.

🔺 **Beauregard** de déb. avr. à fin sept.
✆ 03 84 48 32 51,
reception@juracampingbeauregard.com,
Fax 03 84 48 32 51, *www.juracampingbeauregard.com*
4,5 ha (192 empl.) en terrasses, peu incliné, herbeux
Tarif : 25,70 € 🚶🚶 🚗 🔲 [½] (6A) – pers. suppl. 4,50 € –
frais de réservation 8 €
Location : 26 🛖 (4 à 6 pers.) 300 à 646 €/sem. –
bungalows toilés – frais de réservation 8 €
🚐 6 🔲 22,50 €
Pour s'y rendre : 2 Grande-Rue (sortie sud)

Nature : ⬷ 🏞️ ♨️	
Loisirs : 🍴 ✖️ 🏠	
Services : ♿ 🔧 GB 🚗 ⛴️ laverie	

Longitude : 5.68878
Latitude : 46.60036

335

MONNET-LA-VILLE

39300 – **321** E6 – 367 h. – alt. 550
Paris 421 – Arbois 28 – Champagnole 11 – Doucier 10 – Lons-le-Saunier 25 – Poligny 25.

🔺 **Le Gît** de déb. juin à fin août
✆ 03 84 51 21 17, *christian.olivier22@wanadoo.fr,*
http://www.campingdugit.com
4,5 ha (100 empl.) peu incliné, plat, herbeux
Tarif : (Prix 2009) 🚶 3,50 € 🚗 2,50 € 🔲 2,50 € –
[½] (5A) 2,50 €
Pour s'y rendre : à Monnet-le-Bourg, 7 ch. du Gît (1 km
au sud-est par D 40, rte de Mont-sur-Monnet et chemin
à dr.)

Nature : 〰️ ⬷	
Loisirs : 🏠	
Services : ♿ 🔧 🚗 📶 🔲	

Longitude : 5.78461
Latitude : 46.70989

🔺 **Sous Doriat** de déb. mai à fin sept.
✆ 03 84 51 21 43, *camping.sousdoriat@wanadoo.fr,*
Fax 03 84 51 21 43, *www.camping-sous-doriat.com*
2,5 ha (130 empl.) plat, herbeux
Tarif : 🚶 3,80 € 🚗 2,50 € 🔲 3 € – [½] (10A) 2,80 €
Location (permanent) : 10 🛖 (4 à 6 pers.) nuitée
33 € - 343 à 518 €/sem. – 4 🏠 (4 à 6 pers.) nuitée 43 €
- 364 à 518 €/sem. – frais de réservation 10 €
🚐 1 borne flot bleu 5 €
Pour s'y rendre : 34 r. Marcel Hugon (sortie nord par
D 27e, rte de Ney)

Nature : ⬷ ♨️	
Loisirs : 🏠 🛶	
Services : ♿ 🔧 GB 🚗 ⛴️ 📶 🔲	
À prox. : 🏊 🍴 ✖️	

Longitude : 5.79779
Latitude : 46.72143

FRANCHE-COMTÉ

MONTAGNEY

25680 – **321** H2 – 110 h. – alt. 255
Paris 386 – Baume-les-Dames 23 – Besançon 40 – Montbéliard 61 – Vesoul 27.

▲ **La Forge** de déb. mai à fin sept.
   ℘ 03 81 86 01 70, *contact@professionsportloisirs.org*,
Fax 03 81 86 01 70, *www.professionsportloisirs.org*
1,2 ha (56 empl.) plat, herbeux
Tarif : (Prix 2009) **†** 5 € ⇔ 2 € 🔲 3 € – [½] (5A) 3 €
Location (Prix 2009) : 2 🛏 (4 à 6 pers.) **nuitée 70 €** -
250 à 360 €/sem.
Pour s'y rendre : au nord du bourg
À savoir : agréable situation au bord de l'Ognon

| Nature : 🌳 |
| Loisirs : 🎣 |
| Services : 🚿 ⌣ GB 🅰 🔲 |
| À prox. : canoë |

| Longitude : 6.30668 |
| Latitude : 47.4828 |

Les indications d'accès à un terrain sont généralement indiquées,
dans notre guide, à partir du centre de la localité.

ORNANS

25290 – **321** G4 – G. Franche-Comté Jura – 4 098 h. – alt. 355
🅱 *Office de tourisme, 7, rue Pierre Vernier ℘ 03 81 62 21 50, Fax 03 81 62 02 63*
Paris 428 – Baume-les-Dames 42 – Besançon 26 – Morteau 48 – Pontarlier 37 – Salins-les-Bains 37.

▲ **Domaine Le Chanet** de déb. avr. à fin oct.
   ℘ 03 81 62 23 44, *contact@lechanet.com*,
Fax 03 81 62 13 97, *www.lechanet.com*
1,4 ha (95 empl.) incliné, peu incliné, herbeux
Tarif : 24,40 € **† †** 🔲 [½] (16A) – pers. suppl. 4,70 € –
frais de réservation 15 €
Location : 21 🛏 (4 à 6 pers.) **nuitée 55 €** - 290 à
640 €/sem. – 3 gîtes – frais de réservation 15 €
🔲 1 borne artisanale 3 € – 7 🔲 14 €
Pour s'y rendre : 9 ch. du Chanet (1,5 km au sud-ouest
par D 241, rte de Chassagne-St-Denis et chemin à dr.,
à 100 m de la Loue)

| Nature : 🌳 ≤ 🌲 |
| Loisirs : 🍽 snack, pizzeria 🎦 🏓 ⚓ |
| Services : 🚿 ⌣ GB 🅰 🔲 🏧 |
| 🍴 laverie 🔲 |
| À prox. : ✂ 🎣 |

| Longitude : 6.12779 |
| Latitude : 47.10164 |

OUNANS

39380 – **321** D5 – 327 h. – alt. 230
Paris 383 – Arbois 16 – Arc-et-Senans 13 – Dole 23 – Poligny 25 – Salins-les-Bains 21.

▲ **La Plage Blanche** de déb. avr. à mi-oct.
   ℘ 03 84 37 69 63, *reservation@la-plage-blanche.com*,
Fax 03 84 37 60 21, *www.la-plage-blanche.com*
5 ha (220 empl.) plat, herbeux
Tarif : **†** 5,50 € ⇔ 🔲 7 € – [½] (6A) 4 €
Location : 6 🛏 (4 à 6 pers.) 560 à 660 €/sem. –
20 bungalows toilés
🔲 1 borne artisanale 3 €
Pour s'y rendre : 3 r. de la Plage (1,5 km au nord par
D 71, rte de Montbarey et chemin à gauche)
À savoir : au bord de la Loue

| Nature : 🌳 ♀ |
| Loisirs : 🍽 snack, brasserie, pizzeria 🎦 🏓 ⚓ 🎣 🐎 terrain multisports |
| Services : 🚿 ⌣ GB 🅰 laverie 🔲 🍴 |
| à la base de loisirs : canoë, VTT |

| Longitude : 5.66173 |
| Latitude : 47.00379 |

▲ **Le Val d'Amour** de déb. avr. à fin sept.
   ℘ 03 84 37 61 89, *camping@levaldamour.com*,
Fax 03 84 37 78 69, *www.levaldamour.com*
3,7 ha (100 empl.) plat, herbeux, verger
Tarif : 18,90 € **† †** ⇔ 🔲 [½] (10A) – pers. suppl. 5,20 € –
frais de réservation 6 €
Location (de mi-mars à fin oct.) : 12 🛏 (4 à 6 pers.)
175 à 550 €/sem. – 8 🛖 (4 à 6 pers.) - 200 à 550 €/sem.
– frais de réservation 6 €
🔲 1 borne artisanale 2 €
Pour s'y rendre : 1 r. du Val d'Amour (sortie est par
D 472, dir. Chambray)
À savoir : jolie décoration florale

| Nature : 🌳 🌲 |
| Loisirs : snack 🍴 diurne (juil.-août) nocturne 🏓 🚲 ⚓ piste de bi-cross |
| Services : 🚿 ⌣ GB 🅰 🔲 laverie |

| Longitude : 5.6733 |
| Latitude : 46.99103 |

336

PESMES

70140 – **314** B9 – G. Franche-Comté Jura – 1 107 h. – alt. 205
🖪 *Office de tourisme, 19, rue Jacques Prévost* ✆ *06 87 73 13 05, Fax 03 84 31 23 37*
Paris 387 – Besançon 52 – Vesoul 64 – Dijon 69 – Dole 28.

La Colombière Permanent
✆ 03 84 31 20 15, *mairie-pesmes@wanadoo.fr*
1 ha (70 empl.) plat, herbeux
Tarif : (Prix 2009) 14,40€ ✚✚ ✚ 🚐 🅴 (🛵) (16A) – pers.
suppl. 1,80€ – frais de réservation 4,80€

Location (Prix 2009) : 4 🛏 (4 à 6 pers.) 145 à 240€/
sem. – 1 gîte
Pour s'y rendre : sortie sud par D 475, rte de Dole, bord
de l'Ognon

Nature : ⚲
Loisirs : 🛖 🎣
Services : ᕯ ⚷ 🏪 🛁
À prox. : 🍽 ✕ 🚴 canoë kayak

Longitude : 5.5661
Latitude : 47.27975

POLIGNY

39800 – **321** E5 – G. Franche-Comté Jura – 4 318 h. – alt. 373
🖪 *Office de tourisme, 20, place des Déportés* ✆ *03 84 37 24 21, Fax 03 84 37 22 37*
Paris 397 – Besançon 57 – Dole 45 – Lons-le-Saunier 30 – Pontarlier 63.

La Croix du Dan de mi-juin à mi-sept.
✆ 03 84 73 77 58, *cccgrimont@wanadoo.fr*,
Fax 03 84 73 77 59, *cc-comte-grimont.fr*
1,5 ha (87 empl.) plat, herbeux
Tarif : (Prix 2009) ✚ 1,80€ 🚐 1,80€ 🅴 2,20€ –
(🛵) (10A) 6,50€
🚐 1 borne artisanale
Pour s'y rendre : rte de Lons-Le-Saunier (1 km au sud-
ouest par N 83 dir. Lons-le-Saunier)

Nature : ≤ ⚲
Loisirs : 🏌
Services : ᕯ ⚷ GB 🐾 🛁 🖿

Longitude : 5.70867
Latitude : 46.83461

*Avant de prendre la route, consultez **www.ViaMichelin.fr** :*
votre meilleur itinéraire, le choix de votre hôtel, restaurant,
des propositions de visites touristiques.

PONTARLIER

25300 – **321** I5 – G. Franche-Comté Jura – 18 778 h. – alt. 838
🖪 *Office de tourisme, 14 bis, rue de la Gare* ✆ *03 81 46 48 33, Fax 03 81 46 83 32*
Paris 462 – Basel 180 – Beaune 164 – Belfort 126 – Besançon 60 – Dole 88 – Genève 115 – Lausanne 67 –
Lons-le-Saunier 82 – Neuchâtel 56.

Le Larmont Permanent
✆ 03 81 46 23 33, *lelarmont.pontarlier@wanadoo.fr*,
Fax 03 81 46 23 34 – alt. 880
4 ha (75 empl.) en terrasses, herbeux, gravier
Tarif : ✚ 4€ 🚐 🅴 7,50€ – (🛵) (10A) 4€

Location : 7 🏠 (4 à 6 pers.) nuitée 65€ - 405 à 630€/
sem. – frais de réservation 16€
🚐 1 borne raclet – 10 🅴 – 🍴 9€
Pour s'y rendre : au sud-est en dir. de Lausanne,
près du centre équestre

Nature : 🌄 ≤ 🖵
Loisirs : 🛖 🏌 🐴 poneys
Services : ᕯ ⚷ GB 🐾 🏪 🛁 🖿 🚰 🖿
À prox. : parcours sportif

Longitude : 6.35908
Latitude : 46.9021

PONT-DU-NAVOY

39300 – **321** E6 – 241 h. – alt. 470
Paris 420 – Arbois 26 – Champagnole 11 – Lons-le-Saunier 23 – Poligny 23.

Le Bivouac de déb. mai à fin sept.
✆ 03 84 51 26 95, *kawayet@aol.com*, Fax 03 84 51 29 70,
www.bivouac-jura.com
2,3 ha (90 empl.) plat, herbeux
Tarif : ✚ 3,80€ 🚐 🅴 4,50€ – (🛵) (16A) 2,80€

Location 🏕 : 6 🛏 (4 à 6 pers.) 380 à 420€/sem. –
17 🏠 (4 à 6 pers.) 480€/sem.
🚐 1 borne artisanale – 10 🅴
Pour s'y rendre : 500 m au sud par D 27,
rte de Montigny-sur-l'Ain, au bord de l'Ain

Nature : ≤
Loisirs : 🍴 snack 🏊 🎣
Services : ᕯ ⚷ 🖿

Longitude : 5.78289
Latitude : 46.7275

QUINGEY

25440 – **321** F4 – 1 217 h. – alt. 275
Paris 397 – Baume-les-Dames 40 – Besançon 23 – Morteau 78 – Pontarlier 73 – Salins-les-Bains 20.

▲ **Municipal Les Promenades** de déb. mai à fin sept.
    ℘ 0381637401, *mairie-quingey@wanadoo.fr*,
Fax 0381637401, *www.campingquingey.fr*
1,5 ha (61 empl.) plat, herbeux, gravier
Tarif : (Prix 2009) ✶ 3,60€ ⇐ 🖻 4€ – [½] (10A) 3€
Pour s'y rendre : au lieu-dit : Les Promenades (sortie sud, rte de Lons-le-Saunier et chemin à gauche apr. le pont)

| Nature : 🏞 0 0 |
| Loisirs : ✂ 🖊 |
| Services : 🖢 ⊝ (juil.-août) GB 🖊 🝔 🛞 🖻 |
| À prox. : 🏊 🚴 canoë |

Longitude : 5.8829
Latitude : 47.10321

RENAUCOURT

70120 – **314** C7 – 109 h. – alt. 209
Paris 338 – Besançon 58 – Bourbonne-les-Bains 49 – Épinal 98 – Langres 55.

▲ **Municipal la Fontaine aux Fées**
    ℘ 0384920418, Fax 0384920418
2 ha (24 empl.) plat, herbeux
Pour s'y rendre : 1,3 km au sud-ouest par rte de Volon
À savoir : à la lisière d'un bois, près d'un étang

| Services : ⊝ 🝔 |
| À prox. : 🛶 🖊 |

Longitude : 5.76986
Latitude : 47.63682

Informieren Sie sich über die gültigen Gebühren,
bevor Sie Ihren Platz beziehen. Die Gebührensätze
müssen am Eingang des Campingplatzes angeschlagen sein.
Erkundigen Sie sich auch nach den Sonderleistungen.
Die im vorliegenden Band gemachten Angaben
können sich seit der Überarbeitung geändert haben.

338

ST-CLAUDE

39200 – **321** F8 – G. Franche-Comté Jura – 11 950 h. – alt. 450
🅑 *Office de tourisme, 1, avenue de Belfort ℘ 0384453424, Fax 0384410272*
Paris 465 – Annecy 88 – Bourg-en-Bresse 90 – Genève 60 – Lons-le-Saunier 59.

▲ **Municipal du Martinet** de déb. mai à fin sept.
    ℘ 0384450040, *www.saint-claude.fr*
2,9 ha (130 empl.) incliné, plat, herbeux
Tarif : ✶ 2,90€ ⇐ 🖻 4€ – [½] 2,40€
Pour s'y rendre : 2 km au sud-est par rte de Genève et D 290 à dr., au confluent du Flumen et du Tacon
À savoir : blotti dans un agréable site montagneux

| Nature : ≤ 0 0 |
| Loisirs : ☂ snack 🝔 |
| Services : 🖢 ⊶ (juil.-août) GB 🖊 🖻 🝔 |
| À prox. : ✂ 🖼 🖊 🝔 🖭 |

Longitude : 5.86427
Latitude : 46.39072

ST-HIPPOLYTE

25190 – **321** K3 – G. Franche-Comté Jura – 936 h. – alt. 380
🅑 *Office de tourisme, place de l'Hôtel de Ville ℘ 0381965800*
Paris 490 – Basel 93 – Belfort 48 – Besançon 89 – Montbéliard 32 – Pontarlier 71.

▲ **Les Grands Champs** de déb. avr. à fin sept.
    ℘ 0381965453, *tourisme25190@orange.fr*,
www.ville-saint-hippolyte.fr – 🏵
2,2 ha (65 empl.) en terrasses, peu incliné, herbeux, pierreux
Tarif : ✶ 3€ ⇐ 🖻 3,60€ – [½] (7A) 2,80€
Location (de déb. juil. à fin août) : huttes
Pour s'y rendre : 1 km au nord-est par D 121, rte de Montécheroux et chemin à dr., près du Doubs (accès direct)

| Nature : 🝔 ≤ 0 |
| Loisirs : 🝔 |
| Services : 🖢 ⊝ (juil.-août) 🝔 🖻 |

Longitude : 6.81237
Latitude : 47.31811

ST-LAURENT-EN-GRANDVAUX

39150 – **321** F7 – G. Franche-Comté Jura – 1 740 h. – alt. 904
🛈 *Office de tourisme, 7, place Charles Thevenin* 🌫 *0384601525, Fax 0384608573*
Paris 442 – Champagnole 22 – Lons-le-Saunier 45 – Morez 11 – Pontarlier 57 – St-Claude 31.

△ **Municipal Champ de Mars** fermé de fin sept. à mi-déc.
🌫 0384601930, *champmars.camping@orange.fr*,
Fax 0384601972, *www.st-laurent39.fr* – **�;**
3 ha (150 empl.) plat et peu incliné, herbeux
Tarif : **⋆** 3€ ⇔ 🅴 2,85€ – 🔌 (6A) 2,20€

Location : 10 🏠 (4 à 6 pers.) - 273 à 462€/sem.
🚐 1 borne 5,80€ – 12 🅴 8,85€ – 🐌 8€
Pour s'y rendre : 8 r. du Camping (sortie est par N 5)

Nature : ❄ ≤	
Loisirs : 🎡	
Services : ⅃ ⚬ͭ GB ⅌ ⦿ ⩢ ⦻ laverie	
Longitude : 5.96294	
Latitude : 46.57616	

ST-POINT-LAC

25160 – **321** H6 – G. Franche-Comté Jura – 251 h. – alt. 860 – Base de loisirs
Paris 453 – Champagnole 39 – Pontarlier 13 – St-Laurent-en-Grandvaux 45 – Salins-les-Bains 43 – Yverdon-les-Bains 44.

△ **Municipal** de déb. mai à fin sept.
🌫 0381696164, *camping-saintpointlac@wanadoo.fr*,
Fax 0381696574, *www.campingsaintpointlac.com*
1 ha (84 empl.) plat, herbeux, gravillons
Tarif : 15€ **⋆⋆** ⇔ 🅴 🔌 (16A) – pers. suppl. 2,75€ – frais de réservation 8€
🚐 1 borne artisanale – 25 🅴
Pour s'y rendre : 8 r. du Port (au bourg)

À savoir : les emplacements camping-car sont à proximité du camping

Nature : ≤	
Loisirs : 🎡 🐎	
Services : ⅃ ⚬ͭ (25 juin-août) ⦿ 🅿	
À prox. : ⩢ 🎣 base nautique	
Longitude : 6.30336	
Latitude : 46.81209	

Pour une meilleure utilisation de cet ouvrage,
LISEZ ATTENTIVEMENT les premières pages du guide.

SALINS-LES-BAINS

39110 – **321** F5 – G. Franche-Comté Jura – 3 082 h. – alt. 340 – ♨ (début mars-fin oct.)
🛈 *Office de tourisme, place des Salines* 🌫 *0384730134, Fax 0384379285*
Paris 419 – Besançon 41 – Dole 43 – Lons-le-Saunier 52 – Poligny 24 – Pontarlier 46.

△ **Municipal**
🌫 0384379270, *www.salinscamping.com*
1 ha (44 empl.) plat, herbeux, gravillons

Location : 3 🚲
Pour s'y rendre : pl. de la Gare (sortie nord, rte de Besançon)

Nature : ≤ ☐	
Loisirs : 🎡 🐎 ⊼ (petite piscine)	
Services : ⅃ ⚬ͭ 🅿	
Longitude : 5.87991	
Latitude : 46.9432	

LA TOUR-DU-MEIX

39270 – **321** D7 – 214 h. – alt. 470
Paris 430 – Champagnole 42 – Lons-le-Saunier 24 – St-Claude 36 – St-Laurent-en-Grandvaux 37.

△ **Surchauffant** de fin avr. à mi-sept.
🌫 0384254108, *info@camping-surchauffant.fr*,
Fax 0384355688, *www.camping-surchauffant.fr*
2,5 ha (180 empl.) plat, herbeux, pierreux
Tarif : (Prix 2009) 22€ **⋆⋆** ⇔ 🅴 🔌 (10A) – pers. suppl. 4,70€

Location (Prix 2009) 🚫 : 21 🚲 (4 à 6 pers.) nuitée 30€ - 210 à 581€/sem. – 24 🏠 (4 à 6 pers.) nuitée 50€ - 350 à 644€/sem.
🚐 1 borne artisanale
Pour s'y rendre : au lieu-dit : Le Pont de la Pyle (1 km au sud-est par D 470 et chemin à gauche, à 150 m du lac de Vouglans - accès direct)

Nature : 🌊 ≤ 🌳	
Loisirs : 🎡 🐎	
Services : ⅃ ⚬ͭ (juil.-août) GB ⅌ ⩢ 🅿	
À prox. : 🍴 ✕ ⩢ 🎣	
Longitude : 5.68984	
Latitude : 46.48846	

UXELLES

39130 – **321** I2 – 42 h. – alt. 598
Paris 440 – Besançon 93 – Genève 86 – Lausanne 102 – Annecy 136.

Relais Soleil les Crozats (location exclusive de chalets et de chambres) fermé de déb. nov. à fin déc.
℘ 0384252619, *reservation@rsl39.com*,
Fax 0384252620, *www.relaisoleiljura.com*
2 ha peu incliné, plat, herbeux

Location (Prix 2009) : **P** : 15 (4 à 6 pers.) -
290 à 789€/sem. – 28 – frais de réservation 12€
Pour s'y rendre : r. Principale

Nature :
Loisirs : hammam
Services : GB laverie

Longitude : 5.79146
Latitude : 46.60255

VESOUL

70000 – **314** E7 – G. Franche-Comté Jura – 16 370 h. – alt. 221 – Base de loisirs
Office de tourisme, 2, rue Gevrey ℘ 0384971085, Fax 0384971084
Paris 360 – Belfort 68 – Besançon 47 – Épinal 91 – Langres 76 – Vittel 86.

International du Lac fermé de mi-déc. à déb. janv.
℘ 0384762286, *camping_dulac@yahoo.fr*,
www.camping-vesoul.com
3 ha (160 empl.) plat, herbeux
Tarif : 15,90€ ⁑ ⟷ ▣ (6A) – pers. suppl. 3,70€
Location (permanent) : 6 (4 à 6 pers.) 290 à
525€/sem. –
30 ▣ 15,90€
Pour s'y rendre : av. des Rives du Lac (2,5 km à l'ouest)

Nature :
Loisirs :
Services : GB laverie
À prox. : snack

Longitude : 6.1559
Latitude : 47.62347

VILLERSEXEL

70110 – **314** G7 – 1 423 h. – alt. 287
Office de tourisme, 33, rue des Cités ℘ 0384205959, Fax 0384205959
Paris 386 – Belfort 41 – Besançon 59 – Lure 18 – Montbéliard 34 – Vesoul 27.

Le Chapeau Chinois
℘ 0384634060, *villersexelcamp@aol.com*,
Fax 0384634060
2 ha (80 empl.) plat, herbeux

Location : – gîtes
Pour s'y rendre : 1 km au nord par D 486, rte de Lure et chemin à dr. apr. le pont
À savoir : au bord de l'Ognon

Nature :
Loisirs :
Services :
À prox. : canoë

Longitude : 6.43466
Latitude : 47.55096

340

ÎLE-DE-FRANCE

S. Sauvignier/Michelin

L'Île-de-France s'identifie à Paris. Historique, culturelle, moderne, la capitale, que domine la silhouette élancée de la tour Eiffel, mêle sans vergogne palais royaux devenus musées, édifices contemporains, petites maisons bohèmes et immeubles haussmanniens. Mille ambiances s'y côtoient : calme villageois des ruelles fleuries, effervescence des Grands Boulevards, convivialité bruyante des bistrots, intimité des ateliers d'artistes, décontraction des terrasses de café où s'affiche parfois une star du show-biz, affriolants spectacles de cabaret... Hors la métropole, la région recèle d'autres richesses : nobles demeures entourées de hautes futaies, parc enchanté de Disneyland, joyeuses guinguettes des bords de Marne... Sans oublier Versailles qui abrite « le plus beau château du monde », paré de tous ses ors.

Paris, the City of Light, is the heart of the Île de France, a chic and cosmopolitan capital where former royal palaces are adorned with glass pyramids, railway stations become museums and alleyways of bohemian houses lead off from broad, plane-planted boulevards. Paris is neverending in its contrasts: from bustling department stores to elegant cafés, from the bateaux-mouches, gliding past the city by night, to the whirlwind glitz of a cabaret. But the land along the Seine is not content to stay in the shadows of France's illustrious first city; the region is home to secluded chateaux, the magic of Disneyland and the gaiety of the summer cafés on the banks of the Marne. And who could forget the sheer splendour of Versailles, the most beautiful palace in the world?

BAGNEAUX-SUR-LOING

77167 – **312** F6 – 1 564 h. – alt. 45
Paris 84 – Fontainebleau 21 – Melun 39 – Montargis 30 – Pithiviers 39 – Sens 48.

Municipal de Pierre le Sault de déb. avr. à fin oct.
  ℘ 0164292444, *camping.bagneaux-sur-loing@orange.fr*,
Fax 0164292444 – places limitées pour le passage
3 ha (160 empl.) plat, herbeux, bois attenant
Tarif : (Prix 2009) 23€ **†† 🚗 🅴 [¿]** (10A) –
pers. suppl. 12€

Location : 🛖

Pour s'y rendre : Chemin des Grèves (au nord-est de la ville, près du terrain de sports, entre le canal et le Loing, à 200 m d'un plan d'eau)

| Nature : 🏕 ♀ |
| Loisirs : 🏛 🚣 ✎ |
| Services : 👤 ⚡ 🏧 🚻 laverie |
| À prox. : 🛼 piste de roller-skate |

Longitude : 2.70473
Latitude : 48.23912

BOULANCOURT

77760 – **312** D6 – 349 h. – alt. 79
Paris 79 – Étampes 33 – Fontainebleau 28 – Melun 44 – Nemours 27 – Pithiviers 24.

Île de Boulancourt Permanent
  ℘ 0164241338, *camping-ile-de-boulancourt@wanadoo.fr*,
Fax 0164241043, *www.camping-iledeboulancourt.com*
– places limitées pour le passage
5 ha (100 empl.) plat, herbeux
Tarif : (Prix 2009) **†** 4,10€ 🚗 🅴 5,10€ – [¿] (3A) 2,10€

Location (Prix 2009) 🛖 : gîtes
🚐 1 borne eurorelais 5€ – 4 🅴 15,40€ – 🚐 10.50€
Pour s'y rendre : 6 allée des Marronniers (au sud par D 103a, rte d'Augerville-la-Rivière)

À savoir : cadre boisé et agréable situation dans une boucle de l'Essonne

| Nature : 🏞 ♀♀ |
| Loisirs : 🏛 ♨ |
| Services : ⚡ 🐾 🏧 🚻 🔥 |
| À la base de loisirs de Buthiers : 🏌 golf, pratice de golf - ✎ |

Longitude : 2.435
Latitude : 48.25583

*Nos **guides hôtels**, nos **guides touristiques** et nos **cartes routières**
sont complémentaires. Utilisez-les ensemble.*

343

CREVECOEUR-EN-BRIE

77610 – **312** G3 – 312 h. – alt. 116
Paris 51 – Melun 36 – Boulogne 59 – Argenteuil 66 – Montreuil 47.

Caravaning des 4 Vents de déb. mars à déb. nov.
  ℘ 0164074111, *f.george@free.fr*, Fax 0164074507,
www.caravaning-4vents.fr – places limitées pour
le passage
9 ha (199 empl.) plat, herbeux
Tarif : 27€ **†† 🚗 🅴 [¿]** (6A) – pers. suppl. 6€

Location 🛖 : 6 🏠 (4 à 6 pers.) nuitée 83€ - 560 à
560€/sem.
🚐 1 borne artisanale 5€ – 12 🅴 27€ – 🚐 [¿] 27€
Pour s'y rendre : r. de Beauregard (1 km à l'ouest par rte de la Houssaye et rte à gauche)

| Nature : 🏞 ♀ |
| Loisirs : 🏛 🚣 🏌 |
| Services : 👤 ⚡ GB 🏧 🚻 🔥 |
| À prox. : ✎ 🐴 poneys |

Longitude : 2.89714
Latitude : 48.7506

ÉTAMPES

91150 – **312** B5 – G. Ile de France – 22 568 h. – alt. 80 – Base de loisirs
🅱 *Office de tourisme, 2, place de l'Hôtel de Ville ℘ 0169926900*
Paris 51 – Chartres 59 – Évry 35 – Fontainebleau 45 – Melun 49 – Orléans 76 – Versailles 58.

Le Vauvert fermé de mi-déc. à mi-janv.
  ℘ 0164942139, Fax 0169927259 – places limitées pour
le passage
8 ha (288 empl.) plat, herbeux
Tarif : (Prix 2009) 21€ **†† 🚗 🅴 [¿]** (10A) – pers.
suppl. 5,50€
Pour s'y rendre : rte de Saclas (2,3 km au sud par D 49)

À savoir : cadre agréable, au bord de la Juine

| Nature : 🏕 |
| Loisirs : 🍴 🏛 🚣 ✎ |
| Services : 👤 ⚡ 🏧 🔥 🚻 🚻 |
| À la base de loisirs : 🎣 🏓 🏌 🏊 🐴 (centre équestre), escalade |

Longitude : 2.16322
Latitude : 48.43712

LA FERTÉ-SOUS-JOUARRE

77260 – **312** H2 – 8 932 h. – alt. 58

🛈 *Office de tourisme, 34, rue des Pelletiers* 📞 *01 60 01 87 99, Fax 01 60 22 99 82*

Paris 67 – Melun 70 – Reims 83 – Troyes 116.

⚑ **Le Caravaning des Bondons** Permanent

📞 01 60 22 00 98, *castel@chateaudesbondons.com*,
Fax 01 60 22 97 01 – places limitées pour le passage
30 ha/10 campables (247 empl.) plat et peu incliné,
herbeux, étang

Tarif : 24 € **★★** 🚐 🅴 (₫) (5A) – pers. suppl. 7 €

Location : hôtel
Pour s'y rendre : 49 r. des Bondons (2 km à l'est par
D 407 et D 70, rte de Montmenard puis 1,4 km)

À savoir : dans le parc du Château des Bondons

| Nature : 🏞 🗒 ♡♡ |
| Loisirs : ✗ |
| Services : ⚐ ⊶ ᴳᴮ ▥ ☂ ⌇ |
| À prox. : ✗ ᴣ 🐎 (centre équestre) |

| Longitude : 3.14828 |
| Latitude : 48.94782 |

LES GUIDES VERTS MICHELIN

Paysages, monuments
Routes touristiques
Géographie
Histoire, Art
Itinéraire de visite
Plans de villes et de monuments

JABLINES

77450 – **312** F2 – G. Île-de-France – 620 h. – alt. 46 – Base de loisirs

Paris 44 – Meaux 14 – Melun 57.

⚑ **L' International** de fin mars à fin oct.

📞 01 60 26 09 37, *welcome@camping-jablines.com*,
Fax 01 60 26 43 33, *www.camping-jablines.com*
300 ha/4 campables (150 empl.) plat, herbeux

Tarif : 26 € **★★** 🚐 🅴 (₫) (10A) – pers. suppl. 7 € – frais
de réservation 10 €

Location 🏠 : 🛖 (4 à 6 pers.) 455 à 640 €/sem. –
frais de réservation 10 €

🔌 1 borne eurorelais 2,50 € – 150 🅴 26 €
Pour s'y rendre : à la Base de Loisirs (2 km au sud-
ouest par D 45, rte d'Annet-sur-Marne, à 9 km du Parc
Disneyland-Paris)

À savoir : situation agréable dans une boucle de la
Marne

| Nature : 🏞 🗒 |
| Loisirs : 🎣 |
| Services : ⚐ ⊶ ᴳᴮ ⌲ ▥ ☂ ⌇ laverie 🌊 |
| À la base de loisirs : 🍴 cafétéria 🚣 ⛵ ✗ 🛶 (plan d'eau) ♪ télé-ski nautique, poneys (centre équestre) |

| Longitude : 2.7323 |
| Latitude : 48.91252 |

MELUN

77000 – **312** E4 – G. Ile de France – 37 663 h. – alt. 43

🛈 *Office de tourisme, 18, rue Paul Doumer* 📞 *01 64 52 64 52, Fax 01 60 56 54 31*

Paris 47 – Chartres 105 – Fontainebleau 18 – Meaux 55 – Orléans 104 – Reims 145 – Sens 75.

⚑ **La Belle Étoile** de déb. avr. à mi-oct.

📞 01 64 39 48 12, *info@campinglabelleetoile.com*,
Fax 01 64 37 25 55, *www.campinglabelleetoile.com* – ℝ
3,5 ha (190 empl.) plat, herbeux

Tarif : **★** 6,40 € 🚐 🅴 6,70 € – (₫) (6A) 3,50 € – frais de
réservation 8 €

Location (Prix 2009) 🏠 : 8 🛖 (4 à 6 pers.) nuitée
318 € - 450 à 600 €/sem. – frais de réservation 8 €
🔌 1 borne artisanale 2 €
Pour s'y rendre : quai Maréchal Joffre (au sud-est par
N 6, rte de Fontainebleau, av. de la Seine et quai Joffre
(rive gauche), à la Rochette près du fleuve)

| Nature : ♀ |
| Loisirs : 🎮 🎣 🛶 (bassin) |
| Services : ⊶ ᴳᴮ ⌲ ▥ ☂ ☂ ⌇ ᵀᵉ laverie |
| À prox. : ♨ hammam ✗ 🎿 ᴣ (petite piscine) ♪ |

| Longitude : 2.66484 |
| Latitude : 48.53223 |

MONTJAY-LA-TOUR

77410 – **312** E2
Paris 38 – Melun 50 – Boulogne 45 – Argenteuil 41 – Montreuil 25.

Le Parc de Paris Permanent
℘ 01 60 26 20 79, *info@campingleparc.fr*,
Fax 01 60 27 02 75, *www.campingleparc.fr* – places
limitées pour le passage
10 ha (340 empl.) en terrasses, peu incliné, plat, gravier,
herbeux
Tarif : 29 € **†† ⚊** 回 ⚡ (6A) – pers. suppl. 7 € – frais de
réservation 25 €
Location : 36 ⌂ (4 à 6 pers.) nuitée 59 € - 354 à
654 €/sem. – frais de réservation 25 €
⇆ 1 borne artisanale 10 € – 5 回 26 € – ⚊ 10.50 €
Pour s'y rendre : r. Adèle Claret (sortie est par D 105 vers
la D 104 dir. Annet)

Nature : ⌂ 00	
Loisirs : snack 🎯 ⚘ ⛵	
Services : ⚐ ⊶ GB ⚒ ▥ ♨ ⚲	
laverie	
À prox. : ⚒	
Longitude : 2.67045	
Latitude : 48.91255	

Pour choisir et suivre un itinéraire
Pour calculer un kilométrage
Pour situer exactement un terrain (en fonction
des indications fournies dans le texte) :
*Utilisez les **cartes MICHELIN** ,*
compléments indispensables de cet ouvrage.

PARIS

75000 Plans de Paris : n°50 à 57 – G. Paris – 2 181 371 h. – alt. 30
🛈 *Office de tourisme, 25, rue des Pyramides (1er) ℘ 08 92 68 30 00, Fax 01 49 52 53 00 Office de tourisme, 20, bd Diderot, Gare de Lyon ℘ 08 92 68 30 00, Fax 01 49 52 53 00 Office de tourisme, 18, rue de Dunkerque, Gare du Nord ℘ 08 92 68 30 00, Fax 01 49 52 53 00 Office de tourisme, Place du 11 Novembre 1918 ℘ 08 92 68 30 00, Fax 01 49 52 53 00 Office de tourisme, Place du Tertre Montmartre ℘ 08 92 68 30 00, Fax 01 49 52 53 00 Office de tourisme, Anvers, face au 72 Bd de Rochecouard ℘ 08 92 68 30 00, Fax 01 49 52 53 00 Office de tourisme, Carroussel du Louvre ℘ 08 92 68 30 00, Fax 01 49 52 53 00*

345

Au Bois de Boulogne – 75016

Du Bois de Boulogne Permanent
℘ 01 45 24 30 00, *paris@campingparis.fr*,
Fax 01 42 24 42 95, *www.campingparis.fr* – réservé
aux usagers résidant hors Île de France
7 ha (510 empl.) plat, gravillons, herbeux
Tarif : (Prix 2009) 37,50 € **†† ⚊** 回 ⚡ (10A) – pers.
suppl. 6,70 € – frais de réservation 14 €
Location (Prix 2009) : 75 ⌂ (4 à 6 pers.) nuitée 80 € -
413 à 742 €/sem. – frais de réservation 14 €
⇆ 1 borne artisanale 8 €
Pour s'y rendre : 2 allée du Bord de l'Eau (entre le pont
de Suresnes et le pont de Puteaux, au bord de la Seine)

Nature : ⌂ 00	
Loisirs : ⚑ ✗	
Services : ⚐ ⊶ GB ⚒ ▥ ⚲ ⊷	
laverie 🖉	
Longitude : 2.2312	
Latitude : 48.86575	

POMMEUSE

77515 – **312** H3 – 2 693 h. – alt. 67
Paris 58 – Château-Thierry 49 – Créteil 54 – Meaux 23 – Melun 47 – Provins 43.

Le Chêne Gris ⚏ – de déb. avr. à mi-nov.
℘ 01 64 04 21 80, *arenaudet@irisparc.com*,
Fax 01 64 20 05 89, *www.lechenegris.com*
6 ha (198 empl.) en terrasses, herbeux, gravier
Tarif : (Prix 2009) **†** 3 € ⚊ 回 30 € – ⚡ (10A) 3 €
Location (Prix 2009) ⚲ : 173 ⌂ (4 à 6 pers.) nuitée
75 € - 329 à 497 €/sem. – 25 tentes
⇆ 50 回 30 €
Pour s'y rendre : 24 pl. de la Gare (2 km au sud-ouest,
derrière la gare de Faremoutiers-Pommeuse)

Nature : ⌂ 00	
Loisirs : ✗ 🎯 ⚘ ⛷ ⛵ ⚲	
Services : ⚐ ⊶ GB ⚒ ▥ ⚲ ⚲	
⊷ ♨ laverie 🖉	
À prox. : ⚒ ▦ ⛳	
Longitude : 2.99362	
Latitude : 48.8093	

RAMBOUILLET

78120 – **311** G4 – G. Île-de-France – 25 661 h. – alt. 160
🛈 *Office de tourisme, place de la Libération* ✆ *01 34 83 21 21, Fax 01 34 83 21 31*
Paris 53 – Chartres 42 – Étampes 44 – Mantes-la-Jolie 50 – Orléans 93 – Versailles 35.

Huttopia Rambouillet de fin mars à déb. nov.
✆ 01 30 41 07 34, *rambouillet@huttopia.com*,
Fax 01 30 41 00 17, *www.huttopia.com*
8 ha (93 empl.) plat, gravier, herbeux, plat, gravier,
herbeux
Tarif : (Prix 2009) 32€ ★★ ⇔ 🅴 (½) (10A) – pers.
suppl. 6,80€ – frais de réservation 18€
Location (Prix 2009) 🅿 : 10 🏠 (4 à 6 pers.) nuitée
120€ - 756 à 913€/sem. – canadiennes, roulottes –
frais de réservation 18€
🚐 1 borne 5€
Pour s'y rendre : rte du Château d'Eau (4 km au sud par
N 10, rte de Chartres)
À savoir : en bordure d'un étang, au coeur de la forêt

| Nature : |
| Loisirs : 🍷 🗙 🎦 👣 🛁 ⛱ 🎣 |
| Services : ♿ ⚡ GB 🐾 🏧 ♨ ⚖ |
| ⚗ laverie 🗜 ⚘ |
| À prox. : 🎿 🏖 parc animalier |

Longitude : 1.83587
Latitude : 48.63093

This Guide is not intended as a list of all the camping sites in France;
its aim is to provide a selection of the best sites in each category.

TOUQUIN

77131 – **312** H3 – 1 104 h. – alt. 112
Paris 57 – Coulommiers 12 – Melun 36 – Montereau-Fault-Yonne 48 – Provins 31.

Les Étangs Fleuris de déb. avr. à mi-sept.
✆ 01 64 04 16 36, *contact@etangs-fleuris.com*,
Fax 01 64 04 12 28, *www.etangsfleuris.com*
5,5 ha (175 empl.) plat, peu incliné, herbeux
Tarif : 19€ ★★ ⇔ 🅴 (½) (10A) – pers. suppl. 9,50€
Location (de déb. avr. à fin oct.) 🏕 : 10 🏠 (4 à
6 pers.) 390 à 680€/sem.
Pour s'y rendre : rte de La Couture (3 km à l'est)

| Nature : |
| Loisirs : 🍷 🎦 🛁 👣 ⛱ 🎣 |
| terrain omnisports |
| Services : ⚡ GB 🐾 🏧 ⚖ ♨ |
| ⚗ laverie |
| À prox. : 🎯 🐎 (centre équestre) |

Longitude : 3.04493
Latitude : 48.73387

VENEUX-LES-SABLONS

77250 – **312** F5 – 4 736 h. – alt. 76
Paris 72 – Fontainebleau 9 – Melun 26 – Montereau-Fault-Yonne 14 – Nemours 21 – Sens 45.

Les Courtilles du Lido de déb. avr. à mi-sept.
✆ 01 60 70 46 05, *lescourtilles-dulido@wanadoo.fr*,
Fax 01 64 70 62 65, *http://www.les-courtilles-du-lido.fr* – ★
5 ha (196 empl.) plat, herbeux
Tarif : (Prix 2009) ★ 4€ ⇔ 2,50€ 🅴 6€ – (½) (10A) 3€
Location (Prix 2009) : 🏠 (4 à 6 pers.) 310 à 680€/
sem.
🚐 1 borne 4€
Pour s'y rendre : ch. du Passeur (1,5 km au nord-est)

| Nature : |
| Loisirs : 🍷 ⛱ 👣 🛁 |
| Services : ⚡ GB 🐾 ⚖ ⚗ laverie |

Longitude : 2.80194
Latitude : 48.38333

VERDELOT

77510 – **312** J2 – G. Champagne Ardenne – 728 h. – alt. 115
Paris 89 – Melun 70 – Reims 80 – Troyes 104.

Caravaning de la Fée de mi-mars à mi-nov.
✆ 01 64 04 80 19, *caravaninglafee@wanadoo.fr*,
Fax 01 64 04 81 84, *www.caravaning-de-la-fee.com* –
places limitées pour le passage – ★
5,8 ha (100 empl.) peu incliné, herbeux
Tarif : 23,50€ ★★ ⇔ 🅴 (½) (10A) – pers. suppl. 6,50€
🚐 1 borne artisanale 5€
Pour s'y rendre : 6 ch. de la Gare (500 m au sud par
rte de St-Barthélémy et à dr.)
À savoir : au bord du Petit Morin et d'un étang

| Nature : |
| Loisirs : ⛱ 👣 🛁 🦆 |
| Services : ♿ ⚡ 🏧 ⚖ ⚗ ⚗ |
| À prox. : 🎯 🐎 (centre équestre) |

Longitude : 3.3662
Latitude : 48.87541

VERSAILLES

78000 – **311** I3 – G. Île de France – 87 549 h. – alt. 130
Paris 29 – Chartres 80 – Fontainebleau 73 – Rambouillet 35 – Rouen 123.

Huttopia Versailles de mi-mars à déb. nov.
  & 0139512361, *versailles@huttopia.com*,
  Fax 0139536829, *www.huttopia.com*
  4,6 ha (180 empl.) incliné, peu incliné, en terrasses,
  pierreux, herbeux
  Tarif : (Prix 2009) 38,80€ ✦✦ ⇔ 🅴 🅷 (10A) – pers.
  suppl. 8,50€ – frais de réservation 18€

  Location (Prix 2009) : 15 ⬚⬚⬚ (4 à 6 pers.) nuitée 85€
  - 535 à 787€/sem. – 20 🏠 (4 à 6 pers.) nuitée 120€
  - 756 à 1 064€/sem. – 10 tentes – roulottes – frais de
  réservation 18€
  ⛽ 1 borne 5€
  Pour s'y rendre : 31 r. Berthelot

  À savoir : cadre boisé proche de la ville

Nature : ♀♀	
Loisirs : snack 🏊 🛝	
Services : ⛓ ⚡ GB ⚙ 🗑 ♨ ⌂ ☕	
laverie	
À prox. : ✗	
Longitude : 2.15981	
Latitude : 48.79424	

VILLIERS-SUR-ORGE

91700 – **312** C4 – 3 804 h. – alt. 75
Paris 25 – Chartres 71 – Dreux 89 – Évry 15 – Melun 41 – Versailles 32.

Le Beau Village Permanent
  & 0160161786, *le-beau-village@wanadoo.fr*,
  Fax 0160163146, *www.beau-village.com* – places
  limitées pour le passage
  2,5 ha (100 empl.) plat, herbeux
  Tarif : 20€ ✦✦ ⇔ 🅴 🅷 (10A) – pers. suppl. 5€

  Location 🏊 : 13 ⬚⬚⬚ (4 à 6 pers.) 270 à 435€/sem.
  ⛽ 1 borne flot bleu 2€ – 40 🅴 16,50€ – 🔌 10€
  Pour s'y rendre : 1 voie des Prés (600 m au sud-est par
  le centre-ville, au bord de l'Orge, 800 m de la gare de St-
  Geneviève-des-Bois - par A 6 sortie 6)

Nature : 🐟 🏕 ♀	
Loisirs : 🍴 🎮 🏊	
Services : ⛓ ⚡ GB ⚙ 🗑 ⌂ ☕	
laverie	
À prox. : ✗ 🎿	
Longitude : 2.30421	
Latitude : 48.65511	

Passage d'écluse à Moret-sur-Loing

S. Sauvignier/Michelin

LANGUEDOC-ROUSSILLON

D. Pazery/Michelin

Kaléidoscope est le mot qui convient pour évoquer la diversité des paysages et des cultures du Languedoc-Roussillon. Au rythme endiablé des sardanes et des ferias, vous serez tour à tour conquis par la beauté vertigineuse des gorges du Tarn, l'altière splendeur des Pyrénées, l'envoûtante atmosphère des grottes, l'admirable solitude des « citadelles du vertige » cathares, les entêtants parfums de la garrigue, la splendeur des remparts de Carcassonne, l'exubérance des retables catalans, la quiétude du canal du Midi, la rude majesté des Cévennes… Cascade de sensations fortes qui mettent l'estomac à rude épreuve : à vous d'y remédier avec une assiette d'aligot, une bourride sétoise ou un cassoulet géant, suivi d'un roquefort affiné juste ce qu'il faut et arrosé d'un vin de pays à la belle couleur… rubis !

Languedoc-Roussillon is home to one of France's most diverse collages of landscape and culture: the feverish rhythm of its festivals, the dizzying beauty of the Tarn Gorges, the bewitching spell of its caves and stone statues, the seclusion of its clifftop citadels, the heady perfumes of its sunburnt garrigue, the nonchalant flamingos on its long salt flats, the splendour of Carcassonne's ramparts, the quiet waters of the Midi Canal and the harsh majesty of the Cévennes. Taking in so many sights and sensations is likely to exhaust most explorers, but remedies are close at hand: a plate of "aligot", mashed potato, garlic and cheese, and a simmering cassoulet, the famously rich combination of duck, sausage, beans and herbs, followed by a slice of Roquefort cheese and a glass of ruby-red wine.

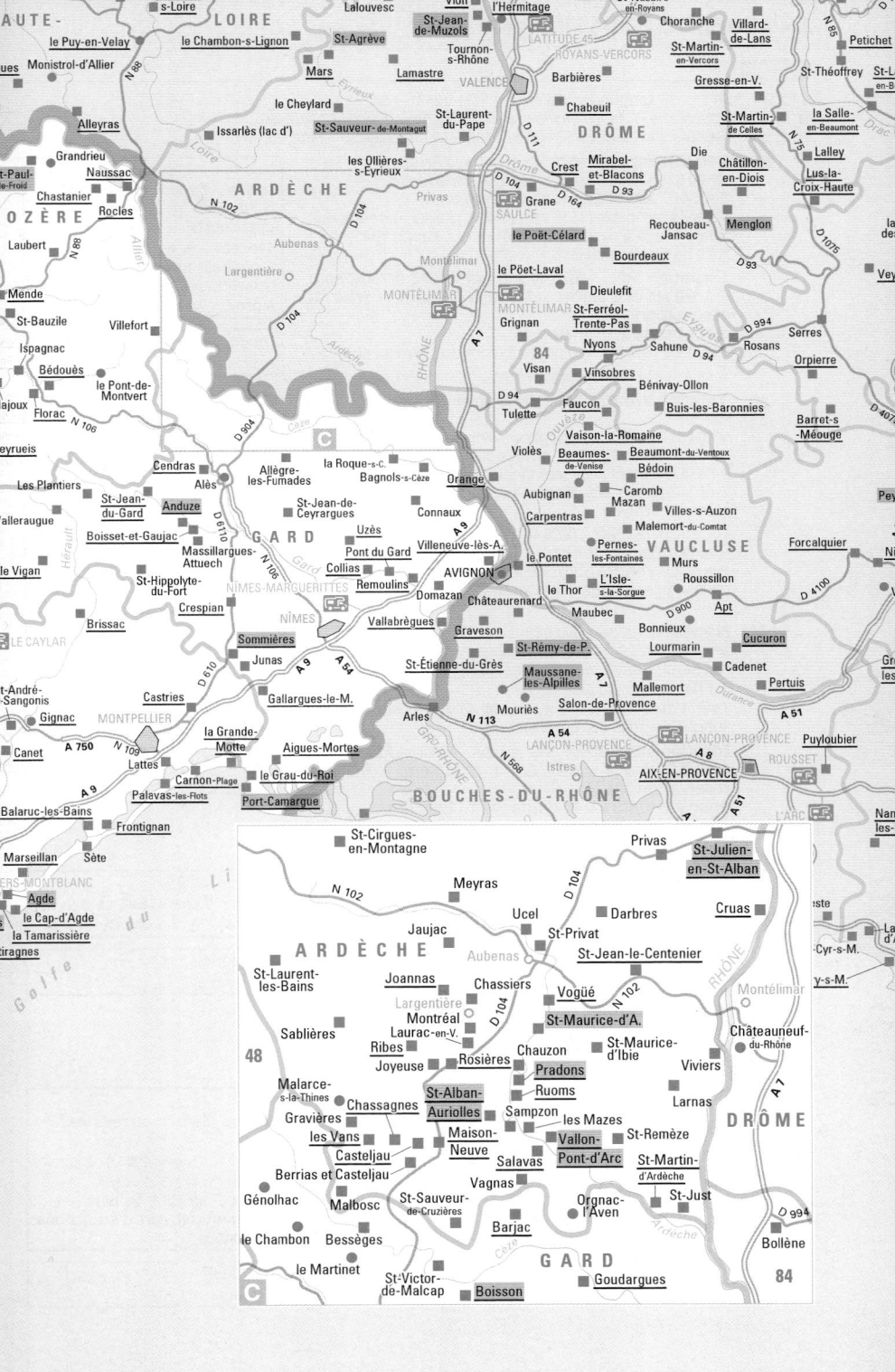

AGDE

34300 – **339** F9 – G. Languedoc Roussillon – 21 293 h. – alt. 5
🛈 *Office de tourisme, 1, place Molière* ℰ *0467942968,* Fax *0467940350*
Paris 754 – Béziers 24 – Lodève 60 – Millau 118 – Montpellier 56 – Sète 25.

Les Champs Blancs de déb. avr. à fin sept.
ℰ 0467942342, *champs.blancs@wanadoo.fr,*
Fax 0467948781, *www.champs-blancs.fr*
15 ha/4 campables (336 empl.) plat, gravier, herbeux
Tarif : 44€ ★★ ⇌ 🔲 🕅 (10A) – pers. suppl. 10€ –
frais de réservation 25€

Location 🏖 : 🛏️ (4 à 6 pers.) 283 à 760€/sem.
– 🏠 (4 à 6 pers.) - 346 à 855€/sem. – frais de
réservation 25€
🚐 1 borne artisanale
Pour s'y rendre : rte de Rochelongue (2 km au sud)

À savoir : bel espace aquatique

Nature : 🖵 🎘🎘
Loisirs : 🍷 snack, pizzeria 🎦 🏕️ ⛹️ 🏊 ⛺ terrain omnisports
Services : 🕭 ⚷ 🆖 ♨️ – 100 sanitaires individuels (🚿🚽 wc) 🎐 laverie 🏖️ 🧺
À prox. : 🔍

Longitude : 3.48065
Latitude : 43.293

Yelloh! Village Mer et Soleil ♣ – de déb. avr. à
mi-oct.
ℰ 0467942114, *contact@camping-mer-soleil.com,*
Fax 0467948194, *www.camping-mer-soleil.com*
8 ha (477 empl.) plat, sablonneux, herbeux
Tarif : 43€ ★★ ⇌ 🔲 🕅 (6A) – pers. suppl. 8€ – frais de
réservation 16€

Location 🕭 🏖 : 🛏️ (4 à 6 pers.) 308 à 1 071€/sem.
– 40 bungalows toilés
Pour s'y rendre : ch. de Notre Dame à Saint Martin,
rte de Rochelongue (3 km au sud)

Nature : 🖵 🎘🎘
Loisirs : 🍷 ✕ pizzeria, snack 🎦 🎐 nocturne 🏕️ 🎣⛲ jacuzzi ⛹️ 🚲 🏊 ⛺ espace balnéo couvert
Services : 🕭 ⚷ 🆖 ♨️ 🛁 🎐 laverie 🏖️ 🧺
À prox. : 🐎

Longitude : 3.48065
Latitude : 43.293

Neptune de déb. avr. à fin sept.
ℰ 0467942394, *info@campingleneptune.com,*
Fax 0467944877, *www.campingleneptune.com*
2,1 ha (165 empl.) plat, herbeux
Tarif : (Prix 2009) 29€ ★★ ⇌ 🔲 🕅 (6A) – pers.
suppl. 8€ – frais de réservation 30€

Location (Prix 2009) (de mi-avr. à mi-sept.) 🏖
4 🛏️ (4 à 6 pers.) 320 à 700€/sem. – frais de
réservation 30€
Pour s'y rendre : 46 bd du Saint-Christ (2 km au sud,
près de l'Hérault)

À savoir : décoration arbustive et florale

Nature : 🖵 🎘
Loisirs : 🍷 ⛹️ 🚲 🏊
Services : 🕭 ⚷ (juil.-août) 🆖 ♨️ 🛁 🧺 🌡️ 🎐 🔲
À prox. : ✕ 🎣 🐎

Longitude : 3.45611
Latitude : 43.29806

Les Romarins de déb. avr. à fin sept.
ℰ 0467941859, *contact@romarins.com,*
Fax 0467265880, *www.romarins.com*
2 ha (120 empl.) plat, herbeux, sablonneux, gravillons
Tarif : 28,50€ ★★ ⇌ 🔲 🕅 (6A) – pers. suppl. 7,10€ –
frais de réservation 20€

Location 🏖 : 18 🛏️ (4 à 6 pers.) 265 à 650€/sem.
– bungalows toilés (avec et sans sanitaires) – frais de
réservation 20€
Pour s'y rendre : rte du Grau (3 km au sud, près de
l'Hérault)

Nature : 🖵 🎘🎘
Loisirs : 🍷 snack ⛹️ 🏊
Services : 🕭 ⚷ 🆖 ♨️ 🛁 🎐 🔲

Longitude : 3.457
Latitude : 43.292

Le Rochelongue de déb. avr. à fin sept.
ℰ 0467212551, *le.rochelongue@wanadoo.fr,*
www.camping-le-rochelongue.fr – places limitées pour
le passage
2 ha (105 empl.) plat, gravillons, herbeux
Tarif : (Prix 2009) 40€ ★★ ⇌ 🔲 🕅 (16A) – pers.
suppl. 7€ – frais de réservation 20€

Location (Prix 2009) 🏖 : 🛏️ (4 à 6 pers.) 300 à
890€/sem. – frais de réservation 20€
Pour s'y rendre : rte de Rochelongue (4 km au sud,
à 500 m de la plage)

Nature : 🖵 🎘🎘
Loisirs : 🍷 snack, pizzeria ⛹️ 🚲 🏊
Services : 🕭 ⚷ 🆖 ♨️ 🛷 laverie 🏖️ 🧺
À prox. : ✕ 🎣 🎿 🐎 base nautique, golf, parc d'attractions aquatiques

Longitude : 3.48139
Latitude : 43.27917

AIGUES-MORTES

30220 – **339** K7 – G. Provence – 7 115 h. – alt. 3
🅸 *Office de tourisme, place Saint-Louis* ℰ *04 66 53 73 00, Fax 04 66 53 65 94*
Paris 745 – Arles 49 – Montpellier 38 – Nîmes 42 – Sète 56.

Yelloh! Village La Petite Camargue ♣♟ – de fin
avr. à mi-sept.
ℰ 04 66 53 98 98, *info@yellohvillage-petite-camargue.com*,
Fax 04 66 53 98 80, *www.yellohvillage-petite.camargue.com*
42 ha/10 campables (553 empl.) plat, herbeux,
sablonneux
Tarif : 43 € ♟♟ 🚗 🅴 🚮 (10A) – pers. suppl. 8 €
Location 🏠 : 194 🛏 (4 à 6 pers.) 273 à 1 001 €/
sem.
🚰 1 borne artisanale
Pour s'y rendre : 3,5 km à l'ouest par D 62, rte de
Montpellier, accès à la plage par navettes gratuites
À savoir : animations et services adaptés aux adolescents

| Nature : 🏞 🟢🟢 |
| Loisirs : 🍸 ✗ pizzeria, bo-
dega 🎱 🔲 ⛲ discothèque,
bibliothèque 🚴 🚲 🎾 🏇
poneys (centre équestre) terrains
multisports |
| Services : 🚹 🔑 ⓖⒷ 🐾 🧺 ℹ
laverie 🧼 🚿 |

| Longitude : 4.14788 |
| Latitude : 43.5611 |

LES GUIDES VERTS **MICHELIN**

Paysages, monuments
Routes touristiques
Géographie
Histoire, Art
Itinéraire de visite
Plans de villes et de monuments

ALET-LES-BAINS

11580 – **344** E5 – G. Languedoc Roussillon – 442 h. – alt. 186
🅸 *Office de tourisme, avenue Nicolas Pavillon* ℰ *04 68 69 93 56, Fax 04 68 69 98 29*
Paris 786 – Montpellier 187 – Carcassonne 35 – Castelnaudary 49 – Limoux 10.

Val d'Aleth Permanent
ℰ 04 68 69 90 40, *camping@valdaleth.com*,
www.valdaleth.com
0,5 ha (37 empl.) plat, pierreux, herbeux
Tarif : 19 € ♟♟ 🚗 🅴 🚮 (10A) – pers. suppl. 3,75 €
Location 🏠 : 4 chambres d'hôtes

| Nature : 🏞 🟢🟢 |
| Loisirs : 🚴 🎣 |
| Services : 🚹 🔑 ⓖⒷ 🐾 ℹ laverie |

| Longitude : 2.2557 |
| Latitude : 42.99554 |

ALLÈGRE-LES-FUMADES

30500 – **339** K3 – 695 h. – alt. 135
🅸 *Office de tourisme, Hameau des Fumades* ℰ *04 66 24 80 24, Fax 04 66 24 83 29*
Paris 696 – Alès 16 – Barjac 102 – La Grand-Combe 28 – St-Ambroix 14.

FranceLoc Le Domaine des Fumades ♣♟ – de
mi-avr. à mi-sept.
ℰ 04 66 24 80 78, *fumades@franceloc.fr*,
Fax 04 66 24 82 42, *www.domaine-des-fumades.com*
15 ha/6 campables (230 empl.) peu incliné, plat, herbeux,
pierreux
Tarif : (Prix 2009) 33,70 € ♟♟ 🚗 🅴 🚮 (6A) – pers.
suppl. 7 € – frais de réservation 25 €
Location (Prix 2009) : 111 🛏 (4 à 6 pers.) 147 à 980 €/
sem. – 27 🏠 (4 à 6 pers.) - 175 à 1 022 €/sem. – frais
de réservation 25 €
Pour s'y rendre : accès par D 241, à prox. de
l'Établissement thermal, au bord de l'Alauzène

| Nature : 🏞 🟢🟢 |
| Loisirs : 🍸 ✗ pizzeria 🎱 🔲 ⛲
salle d'animation 🚴 🚲 🎾
🔲 🏊 🏊 |
| Services : 🚹 🔑 ⓖⒷ 🐾 🧺 ℹ
laverie 🧼 🚿 |
| À prox. : 🏇 |

| Longitude : 4.26217 |
| Latitude : 44.19652 |

ANDUZE

30140 – **339** I4 – G. Languedoc Roussillon – 3 262 h. – alt. 135
🖪 *Office de tourisme, plan de Brie* 𝒫 04 66 61 98 17, *Fax 04 66 61 79 77*
Paris 718 – Alès 15 – Florac 68 – Lodève 84 – Montpellier 60 – Nîmes 46 – Le Vigan 52.

L'Arche 👥 – de déb. avr. à fin sept.
  𝒫 04 66 61 74 08, *camping.arche@wanadoo.fr*,
  Fax 04 66 61 88 94, *www.camping-arche.fr*
  5 ha (250 empl.) terrasse, plat, peu incliné, herbeux, sablonneux
  Tarif : 35 € 🏕🏕 🚗 🔲 🔌 (6A) – pers. suppl. 7,40 € – frais de réservation 15 €
  Location 🛱 : 🏠 (4 à 6 pers.) - 310 à 999 €/sem. – frais de réservation 15 €
  🚐 1 borne raclet 2 €
  Pour s'y rendre : 1105 chemin de recoulin (2 km au nord-ouest, au bord du Gardon)

Nature : 🏞 ⛰⛰⛲
Loisirs : 🍹 ✕ snack, pizzeria 🎦 ⏹ 🎿🎣 hammam squash 🏊 🔲 ⛳ ⛵ 🏸 terrain omnisports
Services : 🔷 ⛽ GB 🅰 ⑂ 🏪 🛁 ♨ 🚿 🚽 laverie 🛒 🔥
À prox. : 🛒 🍴

Longitude : 3.97457
Latitude : 44.06622

Cévennes-Provence de mi-mars à mi-oct.
  𝒫 04 66 61 73 10, *marais@camping-cevennes-provence.fr*,
  Fax 04 66 61 60 74, *www.camping-cevennes-provence.fr*
  30 ha/15 campables (230 empl.) en terrasses, plat, peu incliné, herbeux, pierreux, très fort dénivelé
  Tarif : 25,90 € 🏕🏕 🚗 🔲 🔌 (10A) – pers. suppl. 6,10 € – frais de réservation 13 €
  Location : 16 🏠 (4 à 6 pers.) - 300 à 650 €/sem.
  🚐 1 borne artisanale
  Pour s'y rendre : à Corbès-Thoiras (au Mas du Pont, au bord du Gardon de Mialet et près du Gardon de St-Jean)
  À savoir : emplacements près de la rivière ou panoramiques dominant la vallée

Nature : 🏞 ≤ 🚗 ⛰⛰⛲
Loisirs : 🍹 snack 🎦 🎿🎣 ✂ ♨ 🎣
Services : 🔷 ⛽ GB 🅰 ⑂ 🏪 🛁 ♨ 🚿 laverie 🛒 🔥
À prox. : parcours aventure

Longitude : 3.95498
Latitude : 44.07827

Les Fauvettes 👥 – de fin avr. à mi-sept.
  𝒫 04 66 61 72 23, *camping-les-fauvettes@wanadoo.fr*,
  www.lesfauvettes.fr
  7 ha/3 campables (133 empl.) en terrasses, plat, peu incliné, herbeux, fort dénivelé
  Tarif : (Prix 2009) 24 € 🏕🏕 🚗 🔲 🔌 (10A) – pers. suppl. 5 € – frais de réservation 12 €
  Location (Prix 2009) : 22 🚐 (4 à 6 pers.) nuitée 50 € - 270 à 695 €/sem. – 18 🏠 (4 à 6 pers.) nuitée 43 € - 240 à 695 €/sem. – frais de réservation 12 €
  Pour s'y rendre : rte de St-Jean-du-Gard (1,7 km au nord-ouest)

Nature : 🚗 ⛰⛰
Loisirs : 🍹 snack 🎦 🎿 🎣 🏊 🎣
Services : 🔷 ⛽ GB 🅰 🛁 🚿 🖥 🔥
À prox. : 🛒 ✕ 🚲

Longitude : 3.97205
Latitude : 44.06423

Le Bel Eté de mi-avr. à mi-sept.
  𝒫 04 66 61 76 04, *contact@camping-bel-ete.com*,
  Fax 04 66 61 76 04, *www.camping-bel-ete.com*
  2,26 ha (97 empl.) plat, herbeux
  Tarif : 29,70 € 🏕🏕 🚗 🔲 🔌 (6A) – pers. suppl. 5,80 € – frais de réservation 15 €
  Location : 12 🚐 (4 à 6 pers.) nuitée 65 € - 340 à 680 €/sem. – frais de réservation 15 €
  Pour s'y rendre : 1870 rte de Nîmes (2,5 km au sud-est, accès direct au Gardon)

Nature : ⛰⛰
Loisirs : pizzeria 🎦 🎿🎣 ✂ 🏊 🎣
Services : 🔷 ⛽ GB 🅰 🛁 🚿 🚽 ♨ 🖥 🔥

Longitude : 3.99468
Latitude : 44.03827

*La catégorie (1 à 5 tentes, **noires** ou **rouges**) que nous attribuons aux terrains sélectionnés dans ce guide est une appréciation qui nous est propre. Elle ne doit pas être confondue avec le classement (1 à 4 étoiles) établi par les services officiels.*

ARGELÈS-SUR-MER

66700 – **344** J7 – G. Languedoc Roussillon – 9 928 h. – alt. 19
B *Office de tourisme, place de l'Europe* ℰ 04 68 81 15 85, Fax 04 68 81 16 01
Paris 872 – Céret 28 – Perpignan 22 – Port-Vendres 9 – Prades 66.

Centre

ᴀᴀᴀ **Le Front de Mer** ♣♣ – de déb. avr. à fin sept.
ℰ 04 68 81 08 70, *front.de.mer@cegetel.net,*
Fax 04 68 81 87 21, *www.camping-front-mer.com*
10 ha (588 empl.) plat, herbeux
Tarif : 36,50€ ✶✶ ⚊ 🅴 🄸 (6A) – pers. suppl. 6,50€ –
frais de réservation 20€

Location ⚲ : 130 ⬚ (4 à 6 pers.) 250 à 920€/sem.
– frais de réservation 20€
Pour s'y rendre : av. du Grau (250 m de la plage)

À savoir : bel espace aquatique

| Nature : ⌑ ᎐᎐ |
| Loisirs : ▼ ✗ pizzeria 🎴 ⚶ jacuzzi ⚡ ⚶ 🄼 🏊 🏄 |
| Services : 🔆 ⚊ GB ⚄ 🕴 laverie ⚌ ⚲ |

Longitude : 3.04759
Latitude : 42.54706

ᴀᴀᴀ **Pujol** de déb. juin à mi-sept.
ℰ 04 68 81 00 25, *postmaster@campingdepujol.com,*
Fax 04 68 81 21 21, *www.campingdepujol.com*
6,2 ha (312 empl.) plat, herbeux, sablonneux
Tarif : 29€ ✶✶ ⚊ 🅴 🄸 (6A) – pers. suppl. 6€

Location (Prix 2009) (de déb. juin à fin sept.) ⚲ : 30
⬚ (4 à 6 pers.) 230 à 710€/sem.
Pour s'y rendre : rte du Tamariguer

| Nature : ᎐᎐ |
| Loisirs : ▼ snack, pizzeria 🎴 nocturne 🎣 ⚡ 🄼 |
| Services : 🔆 ⚊ GB ⚄ 🕴 laverie ⚌ ⚲ |
| À prox. : ✂ ⚞ ⚟ |

Longitude : 3.02226
Latitude : 42.54576

ᴀᴀ **FranceLoc Paris-Roussillon** de déb. avr. à déb. oct.
ℰ 04 68 81 19 71, *paris-roussillon@franceloc.fr,*
Fax 04 68 81 68 77, *www.parisroussillon.com*
3,5 ha (200 empl.) plat, herbeux
Tarif : (Prix 2009) 34€ ✶✶ ⚊ 🅴 🄸 (10A) – pers.
suppl. 6€ – frais de réservation 25€

Location (Prix 2009) : ⬚ (4 à 6 pers.) 168 à 735€/
sem. – 5 ⇤ – 4 appartements – frais de réservation
25€
Pour s'y rendre : av. de la Retirada

| Nature : ⚘ ᎐᎐ |
| Loisirs : ▼ snack, pizzeria 🎴 nocturne ⚡ ✂ 🏊 🄼 |
| Services : 🔆 ⚊ GB ⚄ 🕴 🅱 ⚲ |
| À prox. : ⚟ |

Longitude : 3.03191
Latitude : 42.56137

355

ᴀᴀ **Le Stade** de déb. avr. à fin sept.
ℰ 04 68 81 04 40, *info@campingdustade.com,*
Fax 04 68 95 84 55, *www.campingdustade.com*
2,4 ha (185 empl.) plat, herbeux
Tarif : 24,50€ ✶✶ ⚊ 🅴 🄸 (10A) – pers. suppl. 5,40€ –
frais de réservation 8€

Location ⚲ : 10 ⬚ (4 à 6 pers.) 300 à 600€/sem. –
frais de réservation 10€
Pour s'y rendre : 87 av. du 8 Mai (rte de la Plage)

| Nature : ᎐᎐ |
| Loisirs : ⚡ |
| Services : 🔆 ⚊ GB ⚄ 🕴 laverie |
| À prox. : 🛒 ✗ pizzeria ⚲ ✂ 🄼 🏊 |

Longitude : 3.03228
Latitude : 42.54655

ᴀᴀ **La Massane** de mi-mars à mi-oct.
ℰ 04 68 81 06 85, *info@camping-massane.com,*
Fax 04 68 81 59 18, *www.camping-massane.com*
2,7 ha (184 empl.) plat, herbeux
Tarif : 26€ ✶✶ ⚊ 🅴 🄸 (6A) – pers. suppl. 5,50€ – frais
de réservation 12€

Location ⚲ : 6 ⬚ (2 à 4 pers.) 170 à 410€/sem.
– 23 ⬚ (4 à 6 pers.) 250 à 590€/sem. – frais de
réservation 12€
Pour s'y rendre : av. Molière

| Nature : ⌑ ᎐᎐ |
| Loisirs : 🏠 ⚡ 🄼 🏊 |
| Services : 🔆 ⚊ GB ⚄ 🕴 laverie ⚲ |
| À prox. : ✂ |

Longitude : 3.03638
Latitude : 42.55085

Ne pas confondre :
ᴀ *... à ...* ᴀᴀᴀ *: appréciation* **MICHELIN**
et
★ *... à ...* ★★★★ *: classement officiel*

⚠ **Les Ombrages** de déb. juin à fin sept.
☎ 0468812983, *contact@les-ombrages.com*,
Fax 0468958187, *www.les-ombrages.com*
4,1 ha (270 empl.) plat, herbeux, sablonneux
Tarif : 26€ ♦♦ ⇌ 🔲 🚰 (10A) – pers. suppl. 5,70€ –
frais de réservation 20€

Location ❀ (juil.-août) : 13 🛏 (4 à 6 pers.) 250 à
630€/sem. – 2 🛖 (4 à 6 pers.) - 180 à 490€/sem. –
frais de réservation 20€
🚐 1 borne
Pour s'y rendre : av. du Général de Gaulle (400 m de la plage)

| Nature : ⌗ 🌳 |
| Loisirs : 🏠 ⛵ ♠ |
| Services : ♿ ⛽ GB ✂ ♨ 🍴 laverie |
| À prox. : 🚲 ✂ 🅿 |

Longitude : 3.04295
Latitude : 42.55181

⚠ **Comangès** de déb. avr. à fin sept.
☎ 0468811562, *info@campingcomanges.com*,
Fax 0468958774, *www.campingcomanges.com*
1,2 ha (90 empl.) plat, herbeux
Tarif : 29,50€ ♦♦ ⇌ 🔲 🚰 (10A) – pers. suppl. 7€ –
frais de réservation 20€

Location : 18 🛏 (4 à 6 pers.) nuitée 47€ - 275 à
710€/sem. – frais de réservation 20€
🚐 1 borne artisanale – 🍴 🚰 10€
Pour s'y rendre : av. Gal de Gaulle (300 m de la plage)

| Nature : 🌳🌳 |
| Loisirs : ⛵♠ |
| Services : ♿ ⛽ GB ✂ ♨ 🍴 🔲 |
| À prox. : 🚲 ✂ ♠ 🅿 |

Longitude : 3.04422
Latitude : 42.55038

⚠ **Europe** de déb. avr. à fin sept.
☎ 0468810810, *camping.europe@wanadoo.fr*,
Fax 0468957184, *www.camping-europe.net*
1,2 ha (91 empl.) plat, herbeux
Tarif : (Prix 2009) 23,90€ ♦♦ ⇌ 🔲 🚰 (10A) – pers.
suppl. 4,80€ – frais de réservation 20€

Location (Prix 2009) ♿ : 13 🛏 (4 à 6 pers.) 200 à
630€/sem. – frais de réservation 20€
🚐 1 borne artisanale
Pour s'y rendre : av. du Gal de Gaulle (500 m de la plage)

| Nature : 🌳 |
| Loisirs : ⛵♠ |
| Services : ♿ ⛽ GB ✂ ♨ 🍴 🔲 ♨ |
| À prox. : ♠ |

Longitude : 3.04422
Latitude : 42.55038

Nord

356

⚠⚠⚠⚠ **La Sirène et l'Hippocampe** 👪 – de mi-avr. à fin sept.
☎ 0468810461, *contact@camping-lasirene.fr*,
Fax 0468816974, *www.camping-lasirene.fr* – places
limitées pour le passage
21 ha (903 empl.) plat, herbeux, pierreux
Tarif : 43€ ♦♦ ⇌ 🔲 🚰 (16A) – pers. suppl. 9€ – frais
de réservation 20€

Location : 463 🛏 (4 à 6 pers.) 231 à 1 603€/sem.
– 20 🛖 (4 à 6 pers.) - 273 à 1 092€/sem. – frais de
réservation 20€
Pour s'y rendre : rte de Taxo

À savoir : parc aquatique paysager

| Nature : ⌗ 🌳🌳 |
| Loisirs : 🍸 ✗ snack, pizzeria, crêperie 🏠 ♨ ♠ discothèque, Pub ⛵ 🚲 ✈ ✂ ♠ ♨ poneys école de plongée, terrain omnisports |
| Services : ♿ ⛽ GB ✂ ♨ ♠ ☂ 🍴 laverie 🏠 ♿ |

Longitude : 3.01335
Latitude : 42.57147

⚠⚠⚠ **Les Marsouins** de mi-avr. à fin sept.
☎ 0468811481, *marsouins@campmed.com*,
Fax 0468959358, *www.campmed.com*
10 ha (587 empl.) plat, herbeux
Tarif : 34€ ♦♦ ⇌ 🔲 🚰 (6A) – pers. suppl. 7€ – frais de
réservation 20€

Location : 21 🛏 (2 à 4 pers.) nuitée 30€ - 210 à 648€/
sem. – 118 🛏 (4 à 6 pers.) 231 à 756€/sem. – frais de
réservation 20€
🚐 1 borne artisanale 4€ – 10 🔲 34€
Pour s'y rendre : av. de la Retirada

| Nature : 🌳🌳 |
| Loisirs : 🍸 snack, pizzeria, crêperie ♨ ♠ ⛵ ♨ école de plongée, terrain omnisports |
| Services : ♿ ⛽ GB ✂ ♨ ☂ 🍴 laverie 🏠 ♿ bureau d'informations touristiques |
| À prox. : 🐴 poneys |

Longitude : 3.03191
Latitude : 42.56137

▲▲▲ **Club Airotel Les Galets** ♣♣ – de déb. avr. à fin sept.
℘ 04 68 81 08 12, *lesgalets@campinglesgalets.fr*,
Fax 04 68 81 68 76, *www.campmed.com* – places limitées pour le passage
5 ha (232 empl.) plat, herbeux
Tarif : 37,50 € ♣♣ ⇔ 🅴 🛠 (6A) – pers. suppl. 8 € – frais de réservation 45 €

Location : 115 🛖 (4 à 6 pers.) nuitée 25 € - 150 à 994 €/sem. – 32 🛖 (4 à 6 pers.) nuitée 25 € - 150 à 994 €/sem. – frais de réservation 45 €
🚐 1 borne 10 € – 4 🅴 10 € – 🛢 🛠 10 €
Pour s'y rendre : rte de Taxo à la mer

Nature : 🌲 🔆🔆
Loisirs : 🍴 pizzeria, snack 🎬 🎵 nocturne 👫 🚣 🏊 terrain omnisports
Services : ♿ ⚷ GB ✂ 🐕 🛠 laverie 🧺
À prox. : 🐴 poneys

Longitude : 3.01335
Latitude : 42.57147

▲▲▲ **Le Roussillonnais** de fin avr. à fin sept.
℘ 04 68 81 10 42, *leroussillonnais@orange.fr*,
Fax 04 68 95 96 11, *www.leroussillonnais.com*
10 ha (719 empl.) plat, sablonneux, herbeux
Tarif : (Prix 2009) 26,30 € ♣♣ ⇔ 🅴 🛠 (6A) – pers. suppl. 5,30 € – frais de réservation 15 €

Location (Prix 2009) (de déb. mai à mi-sept.) 🚫 : 🛖 (4 à 6 pers.) 300 à 640 €/sem. – 🛖 (4 à 6 pers.) - 310 à 660 €/sem. – frais de réservation 15 €
🚐 1 borne eurorelais – 18 🅴 10 €
Pour s'y rendre : bd de la mer (près de la plage (accès direct))

À savoir : ouvert à l'année pour les camping-cars - navette centre ville par petit train

Nature : 🔆🔆🌊
Loisirs : 🍴 pizzeria, snack 🎬 🎵 nocturne 🚣 🎾 terrain omnisports
Services : ♿ ⚷ (juil.- août) GB ✂ 🐕 🛠 laverie 🧺 🧺
À prox. : 🏊 🐴 poneys

Longitude : 3.04529
Latitude : 42.5616

▲▲▲ **Le Soleil** ♣♣ – de mi-mai à mi-sept.
℘ 04 68 81 14 48, *camping.lesoleil@wanadoo.fr*,
Fax 04 68 81 44 34, *www.campmed.com* 🚫
17 ha (844 empl.) plat, herbeux, sablonneux
Tarif : ♣ 9,70 € ⇔ 🅴 14,40 € – 🛠 (6A) 3,70 € – frais de réservation 18,30 €

Location : 74 🛖 (4 à 6 pers.) 273 à 714 €/sem.
Pour s'y rendre : rte du Littoral (près de la plage (accès direct))

À savoir : cadre agréable au bord de la mer

Nature : 🌲 🔆🔆🌊
Loisirs : 🍴 ✕ pizzeria, brasserie 🎬 🎵 nocturne 👫 🎵 discothèque 🚣 🎾 🏊 🐴
Services : ♿ ⚷ GB ✂ 🐕 🛠 laverie 🧺 🧺

Longitude : 3.03324
Latitude : 42.5781

357

▲▲ **La Marende** de fin avr. à fin sept.
℘ 04 68 81 12 09, *info@marende.com*, Fax 04 68 81 88 52, *www.marende.com*
3 ha (208 empl.) plat, herbeux, sablonneux
Tarif : 30 € ♣♣ ⇔ 🅴 🛠 (6A) – pers. suppl. 6 € – frais de réservation 15 €

Location : 53 🛖 (4 à 6 pers.) nuitée 100 € - 240 à 700 €/sem. – frais de réservation 15 €
🚐 1 borne artisanale
Pour s'y rendre : av. du Littoral (400 m de la plage)

Nature : 🌲 🔆🔆
Loisirs : 🍴 snack 🎵 nocturne jacuzzi 🚣 🏊 terrain omnisports
Services : ♿ ⚷ GB ✂ 🐕 🛠 laverie 🧺
À prox. : 🎾 🎣 🐴

Longitude : 3.03324
Latitude : 42.5781

Sud

▲▲▲ **"Les Castels" Les Criques de Porteils** ♣♣ – de déb. avr. à mi-oct.
℘ 04 68 81 12 73, *contact@lescriques.com*,
Fax 04 68 95 85 76, *www.lescriques.com*
4,5 ha (250 empl.) en terrasses, plat, incliné, pierreux, fort dénivelé
Tarif : 42 € ♣♣ ⇔ 🅴 🛠 (5A) – pers. suppl. 10 € – frais de réservation 25 €

Location : 25 🛖 (4 à 6 pers.) 249 à 1 189 €/sem. – 10 bungalows toilés – frais de réservation 25 €
🚐 1 borne 5 € – 5 🅴 29 €
Pour s'y rendre : Corniche de Collioure, RD 114

À savoir : accès direct à la plage par escalier abrupt

Nature : ◁ baie d'Argelès-sur-Mer 🌲 🌊
Loisirs : 🍴 snack, pizzeria 👫 🚣 🎾 🏊 practice de golf, plongée sous-marine
Services : ♿ ⚷ GB ✂ 🐕 🛠 laverie 🧺 🧺 cases réfrigérées

Longitude : 3.06778
Latitude : 42.53389

Consultez le site Voyage.ViaMichelin.fr

La Coste Rouge de déb. juin à fin sept.
℘ 0468810894, *info@lacosterouge.com*,
Fax 0468959417, *www.lacosterouge.com* – places
limitées pour le passage
3,7 ha (145 empl.) terrasse, plat, peu incliné, herbeux,
gravier
Tarif : 29,50€ ✶✶ ⇔ 🔲 (⚡) (6A) – pers. suppl. 5€ – frais
de réservation 13€

Location (de déb. avr. à fin oct.) : 53 [🛏] (4 à 6 pers.)
209 à 699€/sem. – 6 studios – frais de réservation
13€
Pour s'y rendre : rte de Collioure (3 km au sud-est)

Nature : 🌳 👁👁	
Loisirs : 👓 ✗ 🏠 🏊 🎿	
Services : 🚿 ⌐ GB 🅟 🚽 📷 🎣	
À prox. : 🚲 🎯 ♦ 🐎 ski nautique, jet ski	

Longitude : 3.0313
Latitude : 42.54189

ARLES-SUR-TECH

66150 – **344** G8 – G. Languedoc Roussillon – 2 718 h. – alt. 280
🛈 *Office de tourisme, rue Barjau* ℘ 0468391199, Fax 0468391199
Paris 886 – Amélie-les-Bains-Palalda 4 – Perpignan 45 – Prats-de-Mollo-la-Preste 19.

Le Vallespir de déb. avr. à fin oct.
℘ 0468399000, *info@campingvallespir.com*,
Fax 0468399009, *www.camping.le.vallespir.com*
2,5 ha (135 empl.) peu incliné, plat, herbeux
Tarif : 23,80€ ✶✶ ⇔ 🔲 (⚡) (10A) – pers. suppl. 6€

Location : 31 [🛏] (4 à 6 pers.) 258 à 602€/sem.
🎣 1 borne artisanale
Pour s'y rendre : 2 km au nord-est, rte d'Amélie-les-
Bains-Palalda, au bord du Tech

Renouvelez votre guide chaque année.

Nature : 🌳 👁👁	
Loisirs : 👓 snack, snack le soir 🏠 🏊 ✗ 🎿 🎣	
Services : 🚿 ⌐ GB 🅟 🚽 🍴 📷	

Longitude : 2.65246
Latitude : 42.46656

BAGNOLS-SUR-CÈZE

30200 – **339** M4 – G. Provence – 18 545 h. – alt. 51
🛈 *Office de tourisme, Espace Saint-Gilles* ℘ 0466895461, Fax 0466898338
Paris 653 – Alès 54 – Avignon 34 – Nîmes 56 – Orange 25 – Pont-St-Esprit 12.

Les Genêts d'Or de mi-avr. à mi-sept.
℘ 0466895867, *info@camping-genets-dor.com*,
Fax 0466895867, *www.camping-genets-dor.com* 🐾
(de déb. juil. à mi-août)
8 ha/3,5 campables (95 empl.) plat, herbeux
Tarif : (Prix 2009) 29€ ✶✶ ⇔ 🔲 (⚡) (10A) – pers.
suppl. 4,75€ – frais de réservation 8€

Location (Prix 2009) : 8 [🛏] (4 à 6 pers.) 367 à 599€/
sem. – frais de réservation 10€
Pour s'y rendre : chemin de Carmignan (sortie nord par
N 86 puis 2 km par D 360 à dr., au bord de la Cèze)

Nature : 👁👁⛰	
Loisirs : 👓 ✗ 🏊 🎿 🎣	
Services : 🚿 ⌐ GB 🅟 🚽 🍴	
laverie 🏠 🎣	
À prox. : canoë	

Longitude : 4.63694
Latitude : 44.17358

BALARUC-LES-BAINS

34540 – **339** H8 – G. Languedoc Roussillon – 6 232 h. – alt. 3 – ♨
🛈 *Syndicat d'initiative, Pavillon Sévigné* ℘ 0467468146, Fax 0467468154
Paris 781 – Agde 32 – Béziers 52 – Frontignan 8 – Lodève 54 – Montpellier 33 – Sète 9.

Les Vignes de déb. avr. à fin oct.
℘ 0467480493, *camping.lesvignes@free.fr*,
Fax 0467187432, *www.camping-lesvignes.com* – places
limitées pour le passage
2 ha (169 empl.) plat, gravier
Tarif : 21,90€ ✶✶ ⇔ 🔲 (⚡) (10A) – pers. suppl. 5,50€ –
frais de réservation 10€

Location : 10 [🛏] (4 à 6 pers.) 270 à 570€/sem. – 8 🏡
(4 à 6 pers.) - 260 à 530€/sem. – frais de réservation
10€
🎣 borne flot bleu 4€ – 🚐 (⚡) 10€
Pour s'y rendre : 1 chemin des Vignes (1,7 km au
nord-est par D 129, D 2e 6, à dr., rte de Sète et chemin
à gauche)

Nature : 🌳 👁👁	
Loisirs : snack 🏠 🏊 🎿	
Services : 🚿 ⌐ GB 🅟 🚽 🎣	
🍴 📷	
À prox. : 🎣	

Longitude : 3.68882
Latitude : 43.4529

▲▲ **Le Mas du Padre** ▲▲ – de déb. avr. à fin oct.
℘ 04 67 48 53 41, *contact@mas-du-padre.com*,
Fax 04 67 48 08 94, *www.mas-du-padre.com*
1,8 ha (116 empl.) plat, peu incliné, herbeux, gravillons
Tarif : 24,55€ ★★ ⇔ 🅔 🅕 (10A) – pers. suppl. 4,70€ –
frais de réservation 10,50€

Location : 7 🚐 (2 à 4 pers.) 252 à 560€/sem. – 11
🏠 (4 à 6 pers.) 322 à 672€/sem. – 3 bungalows
toilés – frais de réservation 10,50€
Pour s'y rendre : 4 chemin du Mas du Padre (2 km au
nord-est par D 2e et chemin à dr.)

À savoir : jolie décoration arbustive et florale

| Nature : 🏕 ՉՉ |
| Loisirs : 🎱 🕺 ⚞ 🏊 |
| Services : ᝣ ⛽ GB ᝯ 🛁 ♨ 🧊 |
| réfrigérateurs |

| Longitude : 3.6924 |
| Latitude : 43.4522 |

LE BARCARÈS

66420 – **344** J6 – 4 033 h. – alt. 3
Paris 839 – Narbonne 56 – Perpignan 23 – Quillan 84.

▲▲▲ **Sunelia Le California** ▲▲ – de déb. avr. à mi-sept.
℘ 04 68 86 16 08, *camping-california@wanadoo.fr*,
Fax 04 68 86 18 20, *www.camping-california.fr*
5 ha (265 empl.) plat, herbeux, pierreux, sablonneux
Tarif : 32€ ★★ ⇔ 🅔 🅕 (10A) – pers. suppl. 5€ – frais
de réservation 35€

Location : 🏠 (4 à 6 pers.) 336 à 924€/sem. – 38 🏡
(4 à 6 pers.) - 364 à 938€/sem. – frais de réservation
35€
Pour s'y rendre : rte de St-Laurent (1,5 km au sud-ouest
par D 90)

| Nature : 🏕 ՉՉ |
| Loisirs : 🍴 snack, pizzeria 🎱 🕹 |
| 🕺 ⚞ ✂ 🏊 ⚓ |
| Services : ᝣ ⛽ GB ᝯ 🛁 ♨ |
| laverie 🧺 ⚒ |
| À prox. : ⚓ initiation plongée |

| Longitude : 3.02444 |
| Latitude : 42.77602 |

▲▲▲ **Yelloh! Village Le Pré Catalan** ▲▲ – de déb. mai
à mi-sept.
℘ 04 68 86 12 60, *info@precatalan.com*,
Fax 04 68 86 40 17, *www.precatalan.com*
4 ha (250 empl.) plat, sablonneux, herbeux
Tarif : 38€ ★★ ⇔ 🅔 🅕 (10A) – pers. suppl. 6€ – frais
de réservation 28€

Location : 75 🏠 (4 à 6 pers.) 308 à 1 141€/sem. –
frais de réservation 28€
Pour s'y rendre : rte de St-Laurent-de-la-Salanque
(1,5 km au sud-ouest par D 90 puis 600 m par chemin
à dr.)

| Nature : 🏕 ՉՉ |
| Loisirs : 🍴 snack, pizzeria 🎱 🕹 |
| 🕺 ⚞ 🏊 terrain omnisports |
| Services : ᝣ ⛽ GB ᝯ 🛁 ♨ |
| laverie 🧺 |
| À prox. : ⚓ initiation plongée |

| Longitude : 3.02444 |
| Latitude : 42.77602 |

▲▲▲ **L'Europe** Permanent
℘ 04 68 86 15 36, *reception@europe-camping.com*,
Fax 04 68 86 47 88, *www.europe-camping.com* – places
limitées pour le passage
6 ha (360 empl.) plat, herbeux
Tarif : (Prix 2009) 42€ ★★ ⇔ 🅔 🅕 (16A) – pers.
suppl. 8€ – frais de réservation 30€

Location (Prix 2009) : 15 🏠 (4 à 6 pers.) 280 à 780€/
sem. – 36 🏡 (4 à 6 pers.) - 330 à 860€/sem. – **frais de
réservation** 30€
Pour s'y rendre : rte de St-Laurent-de-la-Salanque (2 km
au sud-ouest par D 90, à 200 m de l'Agly)

| Nature : 🏕 Չ |
| Loisirs : 🍴 ✗ pizzeria 🎱 🕹 🕺 |
| ⚞ ✂ 🏊 ⚓ |
| Services : ᝣ ⛽ GB ᝯ – 360 |
| sanitaires individuels (🚿♨ wc) ⚒ |
| ♨ ♨ 🧊 🧺 🧺 |

| Longitude : 3.02444 |
| Latitude : 42.77602 |

▲▲ **La Croix du Sud** ▲▲ – de déb. avr. à fin sept.
℘ 04 68 86 16 61, *camplacroixdusud@wanadoo.fr*,
Fax 04 68 86 20 03, *www.lacroixdusud.fr* – places limitées
pour le passage
3,5 ha (200 empl.) plat, herbeux
Tarif : (Prix 2009) 33,50€ ★★ ⇔ 🅔 🅕 (10A) – pers.
suppl. 9€ – frais de réservation 30€

Location (Prix 2009) : 🏠 (4 à 6 pers.) nuitée 30€ -
210 à 865€/sem. – 🏡 (4 à 6 pers.) nuitée 38€ - 263 à
790€/sem. – frais de réservation 30€
Pour s'y rendre : rte de Saint-Laurent-de-la-Salanque
(1,4 km au sud-ouest par D 90, par D 83 sortie 10)

| Nature : 🏕 ՉՉ |
| Loisirs : 🍴 🕹 🕺 ⚞ 🏊 terrain |
| multsports |
| Services : ᝣ ⛽ GB ᝯ 🛁 ♨ |
| laverie 🧺 |

| Longitude : 3.02444 |
| Latitude : 42.77602 |

359

▲▲ **L'Oasis** ♣▲ – de fin avr. à mi-sept.
℘ 04 68 86 12 43, *camping.loasis@wanadoo.fr*,
Fax 04 68 86 46 83, *www.camping-oasis.com*
10 ha (496 empl.) plat, herbeux, sablonneux
Tarif : 35 € ♣♣ ⇐ ▣ 🗲 (10A) – pers. suppl. 7,50 € –
frais de réservation 26 €

Location : 13 ⬜ (4 à 6 pers.) nuitée 33 € - 231 à
714 €/sem. – frais de réservation 26 €
Pour s'y rendre : rte de St-Laurent-de-la-Salanque
(1,3 km au sud-ouest par D 90)

| Nature : ⌷ ♀ |
| Loisirs : 🍷 snack, pizzeria ⊟ 🏃 🏊 ♨ 🏖 |
| Services : ♿ ⛽ GB ⚡ 🧺 laverie 🚮 🚿 |

Longitude : 3.02444
Latitude : 42.77602

▲▲ **Le Soleil Bleu** ♣▲ – (location exclusive de mobile
homes et chalets) de déb. avr. à déb. oct.
℘ 04 68 86 15 50, *infos@lesoleilbleu.com*,
Fax 04 68 86 40 90, *www.lesoleilbleu.com*
3 ha plat

Location ♿ : 141 ⬜ (4 à 6 pers.) 220 à 915 €/sem.
– 26 🏠 (4 à 6 pers.) - 250 à 945 €/sem. – frais de
réservation 35 €
Pour s'y rendre : au lieu-dit : Mas de la Tourre (1,4 km
au sud-ouest par D 90 rte de St-Laurent-de-la-Salanque,
à 100 m de l'Agly)

| Nature : ⌷ ♀♀ |
| Loisirs : 🍷 snack, pizzeria 🏠 ⊟ 🏃 🏊 🎣 ♨ terrain omniports |
| Services : ⛽ GB ⚡ 🧺 🍴 laverie 🚮 🚿 |

Longitude : 3.02444
Latitude : 42.77602

▲▲ **FranceLoc Las Bousigues** ♣▲ – de déb. avr. à mi-
sept.
℘ 04 68 86 16 19, *lasbousigues@franceloc.fr*,
Fax 04 68 86 28 44, *www.campings-franceloc.fr* – places
limitées pour le passage
3 ha (199 empl.) plat, sablonneux, pierreux
Tarif : (Prix 2009) 34 € ♣♣ ⇐ ▣ 🗲 (10A) – pers.
suppl. 2,50 €

Location (Prix 2009) : 224 ⬜ (4 à 6 pers.) 147 à 973 €/
sem. – 6 🏠 (4 à 6 pers.) - 182 à 791 €/sem.
Pour s'y rendre : av. des Corbières (900 m à l'ouest)

| Nature : ⌷ ♀♀ |
| Loisirs : 🍷 snack 🏠 🏃 🏊 ♨ terrain omnisports |
| Services : ♿ GB ⚡ 🚿 - 31 sanitaires individuels (🚽 wc) 🍴 laverie 🚿 |

Longitude : 3.02865
Latitude : 42.78684

▲▲ **La Presqu'Île** ♣▲ – de déb. avr. à fin sept.
℘ 04 68 86 12 80, *contact@lapresquile.com*,
Fax 04 68 86 25 09, *www.lapresquile.com* – places limitées
pour le passage
3,5 ha (163 empl.) plat, sablonneux, herbeux
Tarif : (Prix 2009) 35 € ♣♣ ⇐ ▣ 🗲 (6A) – pers.
suppl. 6 € – frais de réservation 30 €

Location (Prix 2009) : ⬜ – 50 ⬜ (4 à 6 pers.) 220
à 760 €/sem. – 50 🏠 (4 à 6 pers.) - 220 à 760 €/sem. –
frais de réservation 30 €
🚐 2 ▣ 21 €
Pour s'y rendre : r. de la Presquile

| Nature : ⌷ ♀♀ |
| Loisirs : 🍷 🏠 🏃 ♨ jacuzzi 🏊 🎣 ♨ 🏖 🎿 terrain om-nisports, ponton d'amarrage |
| Services : ♿ ⛽ GB ⚡ 🚿 🍴 laverie 🚮 🚿 |

Longitude : 3.0281
Latitude : 42.8037

360

BARJAC

30430 – **339** L3 – 1 498 h. – alt. 171
🏛 *Office de tourisme, place Charles Guynet* ℘ 04 66 24 53 44, Fax 04 66 60 23 08
Paris 666 – Alès 34 – Aubenas 45 – Pont-St-Esprit 33 – Vallon-Pont-d'Arc 13.

▲ **La Combe** de déb. avr. à fin sept.
℘ 04 66 24 51 21, *camping.lacombe@wanadoo.fr*,
Fax 04 66 24 51 21, *www.campinglacombe.com*
2,5 ha (100 empl.) peu incliné, plat, herbeux
Tarif : 21,90 € ♣♣ ⇐ ▣ 🗲 (6A) – pers. suppl. 8 €

Location : 7 ⬜ (2 à 4 pers.) - 250 à 620 €/sem.
– 6 ⬜ (4 à 6 pers.) 335 à 545 €/sem. – 5 🏠 (4 à
6 pers.) - 380 à 545 €/sem. – 4 bungalows toilés –
frais de réservation 15 €
🚐 1 borne eurorelais 5 €
Pour s'y rendre : au lieu-dit : Mas de Reboul (3 km à
l'ouest par D 901, rte des Vans et D 384 à dr.)

| Nature : 🌄 ♀♀ |
| Loisirs : 🍷 🏠 🎾 🏊 |
| Services : ♿ ⛽ GB ⚡ 🚿 📺 |

Longitude : 4.31543
Latitude : 44.31591

Gebruik de gids van het lopende jaar.

BÉDOUÈS

48400 – **330** J8 – 314 h. – alt. 565
Paris 624 – Alès 69 – Florac 5 – Mende 39.

▲▲ **Chon du Tarn** de déb. avr. à mi-oct.
℘ 04 66 45 09 14, *info@camping-chondutarn.com*,
Fax 04 66 45 22 91,
http://www.camping-chondutarn.com
2 ha (100 empl.) peu incliné, plat, herbeux
Tarif : 13,30 € ✶✶ ⇔ 🗐 🌣 (6A) – pers. suppl. 3,80 €
🚐 1 borne artisanale
Pour s'y rendre : chemin du Chon du Tarn (sortie nord-est, rte de Cocurès)

À savoir : cadre agréable et verdoyant au bord du Tarn

Nature : ⌇ ⌇ ♀
Loisirs : 🏓 ⛵
Services : ⚕ ⌂ 🐄 🛒 🛉 🗐
À prox. : 🍴 snack, escalade

Longitude : 3.60559
Latitude : 44.3441

Do not confuse :
▲ *... to ...* ▲▲▲▲ : *MICHELIN classification*
and
★ *... to ...* ★★★★ : *official classification*

BELCAIRE

11340 – **344** C6 – G. Languedoc Roussillon – 406 h. – alt. 1 002
🛈 *Office de tourisme, 22, avenue d'Ax les Thermes* ℘ 04 68 20 75 89, Fax 04 68 20 79 13
Paris 810 – Ax-les-Thermes 26 – Axat 32 – Foix 54 – Font-Romeu-Odeillo-Via 82 – Quillan 29.

▲ **Municipal le Lac** de déb. juin à fin sept.
℘ 04 68 20 39 47, *mairie.belcaire@wanadoo.fr*,
Fax 04 68 20 36 48
0,6 ha (37 empl.) peu incliné, herbeux
Tarif : (Prix 2009) ✶ 3 € ⇔ 🗐 5 € – 🌣 (10A) 2 €
Pour s'y rendre : 4 chemin du Lac (sortie ouest par D 613, rte d'Ax-les-Thermes, à 150 m d'un plan d'eau)

Nature : ♀♀
Loisirs : 🛶
Services : ⚕ GB 🐄 🗐
À prox. : ✂ ⛵ 🐎 🏃

Longitude : 1.956
Latitude : 42.81581

361

BESSÈGES

30160 – **339** J3 – 3 197 h. – alt. 170
🛈 *Office de tourisme, 50, rue de la République* ℘ 04 66 25 08 60, Fax 04 66 25 08 60
Paris 651 – Alès 32 – La Grand-Combe 20 – Les Vans 18 – Villefort 34.

▲▲ **Les Drouilhèdes** de déb. avr. à fin sept.
℘ 04 66 25 04 80, *info@campingcevennes.com*,
Fax 04 66 25 10 95, *www.campingcevennes.com*
2 ha (90 empl.) plat, herbeux, pierreux
Tarif : 28 € ✶✶ ⇔ 🗐 🌣 (6A) – pers. suppl. 4,95 € – frais de réservation 13,30 €

Location : 6 🏠 (4 à 6 pers.) - 340 à 635 €/sem. – frais de réservation 13,50 €
Pour s'y rendre : 2 km à l'ouest par D 17, rte de Génolhac puis 1 km par D 386 à dr., au bord de la Cèze

Nature : ⌇ ⌇ ♀♀
Loisirs : 🍴 🏓 ✂ 🎣 ⛵
Services : ⚕ ⌂ GB 🐄 🖉 ⛵ 🛉
🗐 🍴

Longitude : 4.06978
Latitude : 44.2921

BLAJOUX

48320 – **330** I8
Paris 638 – Montpellier 180 – Mende 34 – Millau 87 – La Grand-Combe 72.

▲▲ **Village Vacances de Blajoux** (location exclusive de maisonnettes) Permanent
℘ 04 66 49 46 00, *villagegitesblajoux@yahoo.fr*,
Fax 04 66 49 46 00, *villages-gites-blajoux.com*
0,8 ha plat, terrasse

Location (Prix 2009) : 28 🏠 (4 à 6 pers.) nuitée 72 € - 217 à 708 €/sem. – frais de réservation 3 €
Pour s'y rendre : rte des Gorges du Tarn

Nature : ⌇ ⌇
Loisirs : 🛶 ⛷
Services : ⚕ ⌂ 🅿 GB 🐄 🗄
🛉 🗐

Longitude : 3.48267
Latitude : 44.33752

LANGUEDOC-ROUSSILLON

BOISSET-ET-GAUJAC

30140 – **339** J4 – 2 204 h. – alt. 140
Paris 722 – Montpellier 103 – Nîmes 53 – Alès 14 – Lunel 79.

▲▲▲ **Domaine de Gaujac** ▲▲ – de déb. avr. à fin sept.
☎ 04 66 61 67 57, *contact@domaine-de-gaujac.com*,
Fax 04 66 60 53 90, *www.domaine-de-gaujac.com*
10 ha/6,5 campables (275 empl.) plat, herbeux, terrasse,
peu incliné
Tarif : 26,50€ ★★ ⇔ 🅴 🚿 (6A) – pers. suppl. 6€ – frais
de réservation 20€

Location : 33 🚐 (4 à 6 pers.) 275 à 630€/sem.
– 25 🏠 (4 à 6 pers.) - 250 à 679€/sem. – frais de
réservation 20€
🚲 1 borne artisanale 3,50€ – 8 🅴 10€
Pour s'y rendre : 2406 chemin de la Madelaine

| Nature : 🞂🞂 |
| Loisirs : 🍽 🍴 pizzeria 🎮 🖥 🏇 jacuzzi 🏊 🎯 🎱 🎿 |
| Services : 🚻 ⛽ 🆖 🚿 🍴 🧺 🚮 ♨ 🧺 laverie 🚿 🚰 |
| À prox. : 🎣 |

Longitude : 4.02744
Latitude : 44.03557

Pour choisir et suivre un itinéraire
Pour calculer un kilométrage
Pour situer exactement un terrain (en fonction
des indications fournies dans le texte) :
Utilisez les cartes MICHELIN ,
compléments indispensables de cet ouvrage.

BOISSON

30500 – **339** K3
Paris 682 – Alès 19 – Barjac 17 – La Grand-Combe 28 – Lussan 17 – St-Ambroix 11.

▲▲▲ **Château de Boisson** ▲▲ – de déb. avr. à fin sept.
☎ 04 66 24 85 61, *reception@chateaudeboisson.com*,
Fax 04 66 24 80 14, *www.chateaudeboisson.com* 🚫
(juil-août)
7,5 ha (165 empl.) plat, herbeux, fort dénivelé
Tarif : 39€ ★★ ⇔ 🅴 🚿 (10A) – pers. suppl. 7,50€ –
frais de réservation 25€

Location : 68 🚐 (4 à 6 pers.) 175 à 1 092€/sem. – 15
appartements – frais de réservation 25€
🚲 1 borne artisanale
Pour s'y rendre : au Hameau de Boisson

À savoir : beaux emplacements au pied d'un château
cévenol restauré

| Nature : 🞂 🛏 🞂🞂 |
| Loisirs : 🍽 🍴 snack, pizzeria 🎮 🖥 🏇 🏊 🎯 🎱 🎿 🎿 |
| Services : 🚻 ⛽ 🆖 🚿 🧺 ♨ – 7 sanitaires individuels (🔥♨🚽 wc) 🚿 🧺 laverie 🚿 🚰 réfrigérateurs |

Longitude : 4.25754
Latitude : 44.208

BOURG-MADAME

66760 – **344** C8 – G. Languedoc Roussillon – 1 262 h. – alt. 1 140
🅱 *Office de tourisme, 1, place Catalogne* ☎ *04 68 04 55 35, Fax 04 64 04 64 01*
Paris 847 – Andorra-la-Vella 68 – Ax-les-Thermes 45 – Carcassonne 143 – Foix 88 – Font-Romeu-Odeillo-
Via 18 – Perpignan 103.

▲ **Mas Piques** Permanent
☎ 04 68 04 62 11, *campiques@wanadoo.fr*,
Fax 04 68 04 68 32, *wwwcampingmaspiques.fr* – places
limitées pour le passage
1,5 ha (103 empl.) plat, herbeux
Tarif : 13€ ★★ ⇔ 🅴 🚿 (6A) – pers. suppl. 4,20€

Location : 8 🚐 (4 à 6 pers.) nuitée 65€ - 490 à 550€/
sem.
Pour s'y rendre : r. du Train Jaune (au nord de la ville,
près du Rahur (frontière))

| Nature : ≤ 🞂🞂 |
| Loisirs : 🎮 |
| Services : 🚻 ⛽ 🚿 🧺 🚿 🚰 🧺 laverie |
| À prox. : 🏃 terrain omnisports |

Longitude : 1.94394
Latitude : 42.43681

BRISSAC

34190 – **339** H5 – G. Languedoc Roussillon – 596 h. – alt. 145
Paris 732 – Ganges 7 – Montpellier 41 – St-Hippolyte-du-Fort 19 – St-Martin-de-Londres 17 – Le Vigan 25.

Le Val d'Hérault de mi-mars à fin oct.
℘ 04 67 73 72 29, levaldherault@orange.fr,
Fax 04 67 73 30 81, www.camping-levaldherault.com
4 ha (135 empl.) en terrasses, peu incliné, pierreux
Tarif : ⋆ 5,35 € ⇌ 回 10,40 € – 抱 (6A) 4,10 € – frais de
réservation 10 €

Location : 20 ⬜ (4 à 6 pers.) nuitée 51 € - 349 à
790 €/sem. – 4 ⬜ (4 à 6 pers.) nuitée 63 € - 429 à
686 €/sem. – frais de réservation 10 €
⬜ 1 borne artisanale
Pour s'y rendre : av. d'Issensac (4 km au sud par D 4, rte
de Causse-de-la-Selle, à 250 m de l'Hérault (accès direct))

Nature : ⬚ ◁ ⬚ ＠＠
Loisirs : ⼋ snack ⬚ ⼋nocturne
⬚ ⼋
Services : ⬚ ⊶ GB ⬚ ⬚ ⬚ ⼋
⬚ ⬚ ⬚
À prox. : ⬚ (plage) escalade

Longitude : 3.70206
Latitude : 43.87805

BROUSSES-ET-VILLARET

11390 – **344** E2 – G. Languedoc Roussillon – 313 h. – alt. 412
Paris 768 – Carcassonne 21 – Castelnaudary 36 – Foix 88 – Mazamet 29 – Revel 31.

Le Martinet-Rouge Birdie de déb. mars à fin oct.
℘ 04 68 26 51 98, camping.lemartinetrouge@orange.fr,
www.camping-lemartinetrouge.com
2,5 ha (63 empl.) plat, vallonné, herbeux, pierreux,
rochers
Tarif : 17,50 € ⋆⋆ ⇌ 回 抱 (10A) – pers. suppl. 7 €

Location (de déb. mars à fin nov.) : 7 ⬜ (4 à 6 pers.)
nuitée 38 € - 200 à 495 €/sem. – 3 ⬜ (4 à 6 pers.)
nuitée 38 € - 250 à 590 €/sem.
⬜ 1 borne artisanale 2 € – 3 回 14 €
Pour s'y rendre : 500 m au sud par D 203 et chemin à dr.,
à 200 m de la Dure

Nature : ⬚ ⬚ ＠＠
Loisirs : ⼋ snack ⬚ ⼋ ⼋ ⼋
⼋ terrain multisports
Services : ⬚ ⊶ GB ⬚ ⼋ ⼋ ⬚
À prox. : ✗

Longitude : 2.26
Latitude : 43.35

363

*Die Klassifizierung (1 bis 5 Zelte, **schwarz** oder **rot**),
mit der wir die Campingplätze auszeichnen, ist eine Michelin-eigene Klassifizierung.
Sie darf nicht mit der staatlich-offiziellen Klassifizierung
(1 bis 4 Sterne) verwechselt werden.*

CANET

34800 – **339** F7 – 2 868 h. – alt. 42
Paris 717 – Béziers 47 – Clermont-l'Hérault 6 – Gignac 10 – Montpellier 39 – Sète 39.

Les Rivières de déb. avr. à mi-sept.
℘ 04 67 96 75 53, camping-les-rivieres@wanadoo.fr,
Fax 04 67 96 58 35, www.camping-lesrivieres.com
3 ha (90 empl.) plat, herbeux, pierreux
Tarif : (Prix 2009) 27 € ⋆⋆ ⇌ 回 抱 (6A) – pers.
suppl. 5,50 € – frais de réservation 10 €

Location (Prix 2009) ⬚ : ⬜ (4 à 6 pers.) 230 à
660 €/sem. – ⬜ (4 à 6 pers.) - 210 à 500 €/sem. – frais
de réservation 10 €
⬜ 1 borne artisanale
Pour s'y rendre : au lieu-dit : la Sablière (1,8 km au nord
par D 131e)
À savoir : belle situation au bord de l'Hérault

Nature : ⬚ ⬚ ＠＠⬚
Loisirs : ⼋ snack, pizzeria ⬚
jacuzzi ⼋ ⬚ ⼋ ⼋ ⬚
Services : ⬚ ⊶ ⬚ ⼋ ⬚ ⬚
À prox. : ⼋

Longitude : 3.49081
Latitude : 43.60098

CANET-PLAGE

66140 – **344** J6 – G. Languedoc Roussillon
Paris 849 – Argelès-sur-Mer 20 – Le Boulou 35 – Canet-en-Roussillon 3 – Perpignan 13 – St-Laurent-de-la-Salanque 13.

Le Brasilia ♣♦ – de fin avr. à fin sept.
    ℘ 0468802382, *camping-le-brasilia@wanadoo.fr*,
Fax 0468733297, *www.brasilia.fr*
15 ha (826 empl.) plat, sablonneux, herbeux
Tarif : 48,50€ ✦✦ ⟜ ▣ ⚡ (10A) – pers. suppl. 8,50€ –
frais de réservation 30€

Location &: 92 ⏚ (4 à 6 pers.) 308 à 1 253€/sem.
– 47 ⌂ (4 à 6 pers.) - 273 à 1 043€/sem.
⏚ 1 borne artisanale
Pour s'y rendre : av. des Anneaux du Roussillon (au bord
de la Têt et accès direct à la plage)

À savoir : emplacements verdoyants et ombragés dans
un cadre agréable

Nature : 🏞 ⌷ ♨▲
Loisirs : ♈ ✗ snack, pizzeria 🎪
⊙ ♣ 🎵 discothèque 🛴 🚲
⚲ 🏊 terrain omnisports
Services : ♿ ⚬ⱦ GB ♻ 🔥 ⚖ ↝
⚑ laverie 🗑 🚿
À prox. : 🐴 🏌 golf

Longitude : 3.00756
Latitude : 42.69757

Ma Prairie ♣♦ – de déb. mai à fin sept.
    ℘ 0468732617, *ma.prairie@wanadoo.fr*,
Fax 0468732882, *www.maprairie.com*
4 ha (260 empl.) plat, herbeux
Tarif : 38,50€ ✦✦ ⟜ ▣ ⚡ (10A) – pers. suppl. 7,50€ –
frais de réservation 20€

Location : ⏚
Pour s'y rendre : 1 av. des Côteaux (2,5 km à l'ouest,
sortir par D 11, rte d'Elne et chemin à dr.)

À savoir : joli cadre bien arboré et fleuri

Nature : ⌷ ♨♨
Loisirs : ♈ ✗ snack 🎪 ⊙
nocturne ♣ 🛴 🚲 🏊 terrain
omnisports
Services : ♿ ⚬ⱦ GB ♻ 🔥 ⚑
laverie 🗑
À prox. : 🗑

Longitude : 3.01581
Latitude : 42.70458

Les Peupliers de fin mai à mi-sept.
    ℘ 0468803587, *contact@camping-les-peupliers.fr*,
Fax 0468733875, *www.camping-les-peupliers.fr*
4 ha (245 empl.) plat, herbeux, pierreux
Tarif : 38€ ✦✦ ⟜ ▣ ⚡ (8A) – pers. suppl. 6€ – frais de
réservation 23€

Location : 90 ⏚ (4 à 6 pers.) 182 à 763€/sem. –
9 ⌂ – frais de réservation 23€
Pour s'y rendre : av. des Anneaux-du-Rousssillon (500 m
de la mer)

Nature : ⌷ ♨♨
Loisirs : ♈ snack, pizzeria ⊙ 🛴
🏊
Services : ♿ ⚬ⱦ GB ♻ 🔥 laverie
🗑 🚿
À prox. : 🗑 ⚲ 📺 🐴 🏊 ⊙

Longitude : 3.03405
Latitude : 42.6942

Mar Estang ♣♦ – de fin avr. à mi-sept.
    ℘ 0468803553, *contact@marestang.com*,
Fax 0468733294, *www.marestang.com*
11 ha (600 empl.) plat, herbeux
Tarif : 43€ ✦✦ ⟜ ▣ ⚡ (5A) – pers. suppl. 13€ – frais
de réservation 25€

Location ℗ (bungalows toilés) : 204 ⏚ (4 à
6 pers.) 199 à 989€/sem. – 32 bungalows toilés – frais
de réservation 25€
⏚ 1 borne eurorelais 4€ – 8 ▣ 27€
Pour s'y rendre : rte de Saint-Cyprien (1,5 km au sud
par D 18a, près de l'étang et de la plage - accès direct par
souterrain)

Nature : ⌷ ♨♨
Loisirs : ♈ snack, pizzeria 🎪
⊙ ♣ 🎵 discothèque 🛴 🚲
⚲ 🏊 ⛱ terrain omnisports,
amphithéâtre
Services : ♿ ⚬ⱦ GB ♻ 🔥 ⚑
laverie 🗑 🚿

Longitude : 3.00756
Latitude : 42.69757

Les Fontaines de déb. mai à mi-sept.
    ℘ 0468802257, *campinglesfontaines@wanadoo.fr*,
www.camping-les-fontaines.com
5,3 ha (160 empl.) plat, pierreux, herbeux
Tarif : (Prix 2009) 29,50€ ✦✦ ⟜ ▣ ⚡ (10A) – pers.
suppl. 6€ – frais de réservation 15€

Location (Prix 2009) : 104 ⏚ (4 à 6 pers.) 165 à 735€/
sem. – frais de réservation 15€
⏚ 1 borne artisanale 6€
Pour s'y rendre : rte de St-Nazaire

Nature : ⌷
Loisirs : 🎪 🛴 🏊
Services : ♿ ⚬ⱦ (juil.-août) GB
♻ 🔥 ⚖ ↝ 🔒

Longitude : 2.99965
Latitude : 42.69108

CANILHAC

48500 – **330** G8 – 135 h. – alt. 700
Paris 593 – La Canourgue 8 – Marvejols 26 – Mende 52 – St-Geniez-d'Olt 24 – Sévérac-le-Château 20.

▲ **Municipal la Vallée** de mi-juin à mi-sept.
    ℘ 04 66 32 91 14, *commune.canilhac@wanadoo.fr*,
    Fax 04.66.32.80.05, *http://www.la-canourgue.com/tourisme/fetes.htm*
    1 ha (50 empl.) plat, herbeux
    Tarif : 12€ ✦✦ ⇨ 🔲 🄵 (12A) – pers. suppl. 3€
    Location : 2 🛏 (4 à 6 pers.) 250 à 350€/sem.
    🚐 1 borne artisanale 3€
    Pour s'y rendre : au lieu-dit : Miège Rivière (12 km au nord par N 9, rte de Marvejols, D 988 à gauche, rte de St-Geniez-d'Olt et chemin à gauche, au bord du Lot - par A 75, sortie 40 dir. St-Laurent-d'Olt puis 5 km par D 988)
    À savoir : dans une petite vallée verdoyante

    The Guide changes, so renew your Guide every year.

Nature : 🌳 ⟨ 🏕 ⚲
Loisirs : 🎛 🏌 ⛄ 🌊 🎣
Services : ♿ 🚿 🍴 ♨ 🗑
À prox. : ✂

Longitude : 3.14945
Latitude : 44.43676

LA CANOURGUE

48500 – **330** H8 – G. Languedoc Roussillon – 2 108 h. – alt. 563
🅱 *Syndicat d'initiative, rue de la Ville* ℘ *04 66 32 83 67*, Fax *04 66 32 83 67*
Paris 588 – Marvejols 21 – Mende 40 – Millau 53 – Rodez 70.

▲ **Chalets du Golf - Le Val d'Urugne** (location exclusive de chalets) de mi-avr. à mi-nov.
    ℘ 04 66 32 84 00, *lozereleisure@wanadoo.fr*,
    Fax 04 66 32 88 14, *www.lozereleisure.com* – empl. traditionnels également disponibles
    8 ha plat, terrasse
    Location : 22 🛏 (4 à 6 pers.) nuitée 120€ - 180 à 720€/sem.
    🚐 1 borne raclet 6€ – 🚌 🄵 12€
    Pour s'y rendre : rte des Gorges du Tarn (3,6 km au sud-est par D 988, rte de Chanac, après le golf, au bord de l'Urugne)

Nature : 🏕 ⚲⚲
Loisirs : 🏌 🌊
Services : 🚿 (saison) 🇬🇧 🚮 🚾 laverie
À prox. : 🍴 snack, golf (18 trous)

Longitude : 3.21655
Latitude : 44.43036

▲ **Village Vacances de la Canourgue** (location exclusive de gîtes) Permanent
    ℘ 04 66 48 48 48, *sla@lozere-resa.com*, Fax 466650355, *www.lozere-resa.com*
    3 ha en terrasses, non clos
    Location 🅿 : 20 🛏 (4 à 6 pers.) - 206 à 619€/sem. – frais de réservation 20€
    Pour s'y rendre : au lieu-dit : Les Bruguières (1,5 km à l'ouest, rte de Banassac, à dr. juste av. Intermarché)

Nature : ⚲⚲
Loisirs : 🎛 🌊
Services : ♿ 🇬🇧 🚮 🚾 laverie
À prox. : 🛒

Longitude : 3.2058
Latitude : 44.43642

LE CAP-D'AGDE

34300 – **339** G9 – G. Languedoc Roussillon
🅱 *Office de tourisme, rond-point du Bon Accueil* ℘ *04 67 01 04 04*, Fax *04 67 26 22 99*
Paris 767 – Montpellier 57 – Béziers 29 – Narbonne 59 – Sète 25.

▲▲ **La Clape** de fin mars à fin sept.
    ℘ 04 67 26 41 32, *contact@camping-ladape.com*,
    Fax 04 67 26 45 25, *www.camping-ladape.com*
    7 ha (450 empl.) plat, herbeux, pierreux
    Tarif : (Prix 2009) 28,70€ ✦✦ ⇨ 🔲 🄵 (10A) – pers. suppl. 5,90€ – frais de réservation 25€
    Location (Prix 2009) ♿ ✂ (juil-août) : 89 🛏 (4 à 6 pers.) 207 à 654€/sem. – 23 🛏 (4 à 6 pers.) - 279 à 740€/sem. – frais de réservation 25€
    🚐 1 borne artisanale
    Pour s'y rendre : 2 r. du Gouverneur (près de la plage - accès direct)
    À savoir : services et stationnements pour camping-cars extérieur au terrain

Nature : 🏕 ⚲⚲
Loisirs : 🍴 snack 🎛 🏌 🌊 terrain omnisports
Services : ♿ 🚿 🇬🇧 🚮 🚾 🛋 laverie 🗑 🔧 réfrigérateurs
À prox. : ✂ 🎮 🎿

Longitude : 3.5193
Latitude : 43.28521

CARCASSONNE

11000 – **344** F3 – G. Languedoc Roussillon – 46 639 h. – alt. 110
🛈 *Office de tourisme, 28, rue de Verdun* ℰ *0468102430, Fax 0468102438*
Paris 768 – Albi 110 – Béziers 90 – Narbonne 61 – Perpignan 114 – Toulouse 92.

▲▲▲ Campéole la Cité de mi-mars à mi-oct.
ℰ *0468251177, cite@campeole.com, Fax 0468473313,*
www.campeoles.com
7 ha (200 empl.) plat, herbeux
Tarif : 29,40€ **🛉🛉 ⇔ 🔳 🔌** (10A) – pers. suppl. 7,40€

Location : 24 **[🏠]** (4 à 6 pers.) **nuitée** 38€ - 266 à
777€/sem. – 21 bungalows toilés
🏠 1 borne artisanale
Pour s'y rendre : rte de Saint-Hilaire (sortie est par
N 113, rte de Narbonne puis 1,8 km par D 104, près d'un
bras de l'Aude)

Nature : 🔲 0̲0̲
Loisirs : snack, pizzeria 🏠 🎲 🎯
🏊 terrain omnisports
Services : 🔧 ⊶ GB 🐕 🛁 ♨
laverie 🧺 🔧

Longitude : 2.34369
Latitude : 43.1944

> 🧺 ✗   *ATTENTION :*
> *these facilities are not necessarily available throughout*
> 🔧   *the entire period that the camp is open -some are only*
> 🏊 🐎   *available in the summer season.*

CARNON-PLAGE

34280 – **339** I7 – G. Languedoc Roussillon
🛈 *Office de tourisme, rue du Levant* ℰ *0467505115, Fax 0467505404*
Paris 758 – Aigues-Mortes 20 – Montpellier 20 – Nîmes 56 – Sète 37.

▲ Les Saladelles de déb. avr. à mi-sept.
ℰ *0467682371, camping.saladelles@wanadoo.fr,*
Fax *0467682371, www.sivom-etang-or.fr*
7,6 ha (384 empl.) plat, sablonneux
Tarif : (Prix 2009) 18,70€ **🛉🛉 ⇔ 🔳 🔌** (15A) – pers.
suppl. 3,70€

Location (Prix 2009) **🍽** : 40 **[🏠]** (4 à 6 pers.) 172 à
662€/sem.
🏠 1 borne artisanale – 18 🔳 11€
Pour s'y rendre : par D 59, Carnon-est, à 100 m de la
plage

À savoir : stationnement pour camping-cars extérieur au
terrain

Nature : 0̲0̲
Loisirs : 🎯
Services : 🔧 ⊶ GB 🐕 🛁 ♨ 🔲

Longitude : 3.97886
Latitude : 43.54677

CASTEIL

66820 – **344** F7 – 126 h. – alt. 780
🛈 *Syndicat d'initiative, 1, rue du Canigou* ℰ *0468056763, Fax 0468056134*
Paris 878 – Montpellier 215 – Perpignan 59 – Carcassonne 126 – Canet 68.

▲▲ Domaine St-Martin de fin mars à mi-oct.
ℰ *0468055209, info@domainesaintmartin.com,*
www.domainesaintmartin.com – accès aux
emplacements par forte pente, mise en place et sortie
des caravanes à la demande
4,5 ha (50 empl.) en terrasses, pierreux, rochers, fort
dénivelé
Tarif : 23,10€ **🛉🛉 ⇔ 🔳 🔌** (10A) – pers. suppl. 3,60€ –
frais de réservation 15€

Location : 6 **[🏠]** (4 à 6 pers.) **nuitée** 37€ - 210 à 570€/
sem. – frais de réservation 15€
Pour s'y rendre : 6 bd de la Cascade (sortie nord par
D 116 et chemin à dr.)

À savoir : cadre pittoresque au pied du Massif du Canigou,
près d'une cascade

Nature : 🏔 🔲 000
Loisirs : 🍴 ✗ 🏠 🏊
Services : 🔧 ⊶ 🐕 🎬 ♨ laverie
À prox. : 🎾

Longitude : 2.39443
Latitude : 42.53297

CASTRIES

34160 – **339** I6 – G. Midi Pyrénées – 5 423 h. – alt. 70
🏢 *Syndicat d'initiative, 19, rue Sainte Catherine* 🖉 *04 99 74 01 77, Fax 04 99 74 01 77*
Paris 746 – Lunel 15 – Montpellier 19 – Nîmes 44.

Fondespierre Permanent
🖉 04 67 91 20 03, *accueil@campingfondespierre.com,*
www.campingfondespierre.com
3 ha (103 empl.) en terrasses, peu incliné, pierreux
Tarif : 28,50 € 🏕 🏕 🚐 🅴 🚿 (10A) – pers. suppl. 5,50 € –
frais de réservation 15 €

Location : 7 🛖 (2 à 4 pers.) nuitée 52 € - 240 à 406 €/
sem. – 17 🛖 (4 à 6 pers.) nuitée 95 € - 340 à 665 €/
sem. – frais de réservation 15 €
🚐 1 borne artisanale 4 €
Pour s'y rendre : 277 rte de Fontmarie (2,5 km au nord-
est par N 110, rte de Sommières et rte à gauche)

Nature : 🌊 📺 ⛱
Loisirs : 🏖 🚲 🏊
Services : 🚿 🔌 GB 🚗 🌊 ♨
laverie
À prox. : 🍴

Longitude : 3.99864
Latitude : 43.69463

CENDRAS

30480 – **339** J4 – 1 902 h. – alt. 155
Paris 694 – Montpellier 76 – Nîmes 76 – Avignon 76 – Arles 81.

La Croix Clémentine de déb. avr. à mi-sept.
🖉 04 66 86 52 69, *clementine@clementine.fr,*
Fax 04 66 86 54 84, *www.clementine.fr*
10 ha (250 empl.) en terrasses, plat, herbeux, pierreux,
rochers, fort dénivelé
Tarif : 27 € 🏕 🏕 🚐 🅴 🚿 (10A) – pers. suppl. 8 € – frais
de réservation 8 €

Location : 10 🛖 (4 à 6 pers.) nuitée 110 € - 280 à 675 €/
sem. – avec et sans sanitaires – frais de réservation 8 €
🚐 1 borne eurorelais 5 €
Pour s'y rendre : rte de Mende (2 km au nord-ouest par
D 916 et D 32 à gauche)

À savoir : cadre agréable et boisé

Nature : 🌊 📺 ⛱
Loisirs : 🍴 snack, pizzeria 🛖 📀
nocturne 🏖 🚲 🍴 🎯 🏊
Services : 🚿 🔌 GB 🚗 🌊 🍴 🌀
🍴 laverie 🌊 🧊 réfrigérateur
À prox. : 🎣 🐎

Longitude : 4.04333
Latitude : 44.15167

367

LE CHAMBON

30450 – **339** J3 – 271 h. – alt. 260
Paris 640 – Alès 31 – Florac 59 – Génolhac 10 – La-Grand-Combe 19 – St-Ambroix 25.

Municipal le Luech de déb. juil. à fin août
🖉 04 66 61 51 32, *mairie-du-chambon@wanadoo.fr,*
Fax 04 66 61 47 92
0,5 ha (43 empl.) non clos, en terrasses, peu incliné,
pierreux, herbeux
Tarif : 🏕 2,21 € 🚐 1,53 € 🅴 1,67 € – 🚿 (4A) 3,24 €
Pour s'y rendre : au lieu-dit : Palanquis (600 m au nord-
ouest par D 29, rte de Chamborigaud, au bord du Luech)

Nature : ⛱
Services : 🚿 🔌 🚗
À prox. : 🚲 🍴

Longitude : 4.01422
Latitude : 44.30291

CHASTANIER

48300 – **330** K6 – 93 h. – alt. 1 090
Paris 570 – Châteauneuf-de-Randon 17 – Langogne 10 – Marvejols 71 – Mende 44 – Saugues 42.

Pont de Braye de déb. mai à fin sept.
🖉 04 66 69 53 04, *accueil@camping-lozere-naussac.fr,*
Fax 05 31 60 05 23, *www.camping-lozere-naussac.fr*
1,5 ha (35 empl.) en terrasses, plat, herbeux
Tarif : 15 € 🏕 🏕 🚐 🅴 🚿 (6A) – pers. suppl. 3,50 € – frais
de réservation 7 €

Location : 2 tentes – 1 gîte – 3 yourtes – frais de
réservation 7 €
🚐 1 borne 3 € – 🚰 11.90 €
Pour s'y rendre : 1 km à l'ouest, carr. D 988 et D 34, au
bord du Chapeauroux

Loisirs : 🍴 🛖
Services : 🚿 🔌 🌊 🌀 🍴 📀 🧊
À prox. : 🍴 🐎 (centre équestre)

Longitude : 3.75482
Latitude : 44.72473

CHIRAC

48100 – **330** H7 – 1 079 h. – alt. 625
Paris 587 – Montpellier 173 – Mende 37 – Marvejols 6 – Espalion 78.

Village Vacances (location exclusive de chalets) de mi-juin à mi-sept.
0466484848, sla@lozere-resa.com, Fax 0466655503, *www.lozere-resa.com*
1,5 ha plat
Location 🚿 🅿 : 14 🏠 (4 à 6 pers.) - 205 à 616€/ sem. – frais de réservation 20€
Pour s'y rendre : sortie nord du bourg - A 75 sortie 39 puis D 809 rte de Marvejols

| Nature : 🐚 ⪡ |
| Loisirs : 🏕 ✗ 🛶 terrain omnisports |
| Services : GB 🚙 🏢 🚾 |
| À prox. : 🎣 |

Longitude : 3.26611
Latitude : 44.52315

Avant de vous installer, consultez les tarifs en cours,
affichés obligatoirement à l'entrée du terrain,
et renseignez-vous sur les conditions particulières de séjour.
Les indications portées dans le guide ont pu être modifiées depuis la mise à jour.

CLERMONT-L'HÉRAULT

34800 – **339** F7 – G. Languedoc Roussillon – 7 214 h. – alt. 92
🏢 *Office de tourisme, 9, rue Doyen Renè Gosse* 🕿 *0467962386, Fax 0467969858*
Paris 718 – Béziers 46 – Lodève 24 – Montpellier 42 – Pézenas 22 – Sète 55.

368

Municipal Campotel Lac du Salagou
Permanent
0467961313, centretouristique@wanadoo.fr, Fax 0467963212, *www.le-salagou.fr*
7,5 ha (388 empl.) en terrasses, peu incliné, plat, herbeux, gravier
Tarif : 16,50€ ★★ 🚗 🔲 🔌 (10A) – pers. suppl. 2,50€ – frais de réservation 15€
Location : 8 🏠 (4 à 6 pers.) 364 à 476€/sem. – 15 gîtes – frais de réservation 15€
🚽 1 borne artisanale 2€
Pour s'y rendre : au Lac du Salagou (5 km au nord-ouest par D 156e 4, à 300 m du lac)
À savoir : situation agréable à proximité du lac et de la base nautique

| Nature : ⪡ 🏞 🌳🌳 |
| Loisirs : 🏕 🏊 |
| Services : 🚿 🔌 GB 🚙 🏢 🚾 |
| 🏢 cases réfrigérées |
| À prox. : 🍹 ✗ pizzeria 🚣 🚲 🚤 🎣 🛶 🚾 |

Longitude : 3.38472
Latitude : 43.64667

COLLIAS

30210 – **339** L5 – 953 h. – alt. 45
Paris 694 – Alès 45 – Avignon 32 – Bagnols-sur-Cèze 35 – Nîmes 25 – Pont-du-Gard 8.

Le Barralet de déb. avr. à mi-sept.
0466228452, camping@barralet.fr, Fax 0466228917, *www.camping-barralet.com*
2 ha (120 empl.) plat, peu incliné, herbeux
Tarif : (Prix 2009) 22€ ★★ 🚗 🔲 🔌 (6A) – pers. suppl. 6,50€ – frais de réservation 10€
Location (Prix 2009) : 26 🏠 (4 à 6 pers.) 200 à 675€/ sem. – frais de réservation 10€
🚽 1 borne raclet
Pour s'y rendre : 6 ch,emin du Grès (1 km au nord-est par D 3, rte d'Uzès et chemin à dr.)

| Nature : 🐚 ⪡ 🌳🌳 |
| Loisirs : 🍹 pizzeria 🏕 🛶 terrain omnisports, canoë |
| Services : 🚿 🔌 GB 🚙 🚾 🏢 🚣 |

Longitude : 4.47716
Latitude : 43.95666

CONNAUX

30330 – **339** M4 – 1 611 h. – alt. 86
Paris 661 – Avignon 32 – Alès 52 – Nîmes 48 – Orange 29 – Pont-St-Esprit 20 – Uzès 21.

Le Vieux Verger Permanent
0466829162, *campinglevieuxverger@wanadoo.fr*,
www.campinglevieuxverger.com
3 ha (60 empl.) en terrasses, pierreux, herbeux
Tarif : (Prix 2009) 17,90€ ★★ ⬅ 🅴 (6A) – pers.
suppl. 4,90€ – frais de réservation 10€

Location (Prix 2009) (permanent) : 8 🛏 (4 à 6 pers.)
nuitée 109€ - 359 à 529€/sem. – 4 🏠 (4 à 6 pers.)
nuitée 109€ - 399 à 539€/sem. – frais de réservation
25€
Pour s'y rendre : av. des Platanes (au sud du bourg,
à 200 m de la N 86)

| Nature : 🏞 ♀ |
| Loisirs : snack ⚒ |
| Services : ♿ ⚡ GB ⛽ 🖥 |
| À prox. : ✗ |

Longitude : 4.59224
Latitude : 44.08562

CRESPIAN

30260 – **339** J5 – 279 h. – alt. 80
Paris 731 – Alès 32 – Anduze 27 – Nîmes 24 – Quissac 11 – Sommières 12.

Mas de Reilhe 👥 – de déb. avr. à fin sept.
0466778212, *info@camping-mas-de-reilhe.fr*,
Fax 0466802650, *www.camping-mas-de-reilhe.fr*
2 ha (95 empl.) plat, pierreux, herbeux, terrasse, fort
dénivelé
Tarif : 25,40€ ★★ ⬅ 🅴 (6A) – pers. suppl. 5,90€ –
frais de réservation 19€

Location (Prix 2009) : 10 🛏 (4 à 6 pers.) 406 à 735€/
sem. – 7 🏠 (4 à 6 pers.) - 385 à 700€/sem. – 10
bungalows toilés – frais de réservation 19€
🚐 1 borne artisanale
Pour s'y rendre : chemin du Mas de Reilhe (sortie sud
par N 110)

| Nature : 🏞 ♀♀ |
| Loisirs : 🍹 snack, pizzeria 🎱 ♣ ⚓ ⚒ |
| Services : ⚡ GB ⛽ 🖥 ♨ 🧺 ♻ 🍴 🖥 ♒ |
| À prox. : ✗ |

Longitude : 4.09633
Latitude : 43.88134

*The classification (1 to 5 tents, **black** or **red**) that we award*
to selected sites in this Guide is a system that is our own.
It should not be confused with the classification (1 to 4 stars) of official organisations.

DOMAZAN

30390 – **339** M5 – 801 h. – alt. 52
Paris 683 – Alès 60 – Avignon 17 – Nîmes 33 – Orange 32 – Pont-St-Esprit 46.

Le Bois des Écureuils fermé de mi-déc. à déb. janv.
0466571003, *infos@boisdesecureuils.com*,
Fax 0466571003, *www.boisdesecureuils.com*
1,5 ha (46 empl.) plat, gravillons, gravier
Tarif : 19€ ★★ ⬅ 🅴 (10A) – pers. suppl. 3,50€

Location (permanent) : 4 🛏 (2 à 4 pers.) 185 à 320€/
sem. – 8 🛏 (4 à 6 pers.) 230 à 500€/sem.
Pour s'y rendre : 4 km au nord-est par N 100

| Nature : 🏞 ♀♀ |
| Loisirs : 🎱 ⚒ |
| Services : ♿ ⚡ GB ⛽ 🖥 |

Longitude : 4.65068
Latitude : 43.92987

EGAT

66120 – **344** D7 – G. Languedoc Roussillon – 462 h. – alt. 1 650
Paris 856 – Andorra-la-Vella 70 – Ax-les-Thermes 53 – Bourg-Madame 15 – Font-Romeu-Odeillo-Via 4 –
Saillagouse 12.

Las Clotes
0468302690, Fax 0468302690
2 ha (80 empl.) en terrasses, herbeux, rochers
Pour s'y rendre : 400 m au nord du bourg, au bord d'un
petit ruisseau

À savoir : agréable situation dominante à flanc de colline
rocheuse

| Nature : 🏞 ≤ Sierra del Cadi et Puigmal 🏞 ♀ |
| Loisirs : 🎱 |
| Services : ♿ ⚡ 🧺 🍴 🖥 |

Longitude : 2.01711
Latitude : 42.50019

ERR

66800 – **344** D8 – 613 h. – alt. 1 350 – Sports d'hiver : 1 850/2 520 m ⚡ 8 ⚡
Paris 854 – Andorra-la-Vella 77 – Ax-les-Thermes 52 – Bourg-Madame 10 – Font-Romeu-Odeillo-Via 15 – Saillagouse 3.

▲ **Le Puigmal** de déb. nov. à fin sept.
  𝒫 04 68 04 71 83, *contact@camping-le-puigmal.fr*,
  Fax 04 68 04 04 88, *www.camping-le-puigmal.com* – ℞
  3,2 ha (125 empl.) plat, peu incliné, herbeux
  Tarif : 17,60 € ★★ ⬅ 🅴 🅐 (6A) – pers. suppl. 4,20 €

  Location : 10 🚐 (4 à 6 pers.) nuitée 62 € - 320 à
  445 €/sem.
  🚐 1 borne artisanale
  Pour s'y rendre : 30 rte du Puigmal (par D 33b, au bord
  d'un ruisseau)

Nature : 🌳 ≤ 🟢🟢
Loisirs : 🏠 🏊
Services : 👤 🚿 GB 🐕 🏪 🎣 laverie
À prox. : 🏊 🏄 parc aqua-ludique

Longitude : 2.03348
Latitude : 42.43894

▲ **Las Closas** Permanent
  𝒫 04 68 04 71 42, *camping.las.closas@wanadoo.fr*,
  Fax 04 68 04 07 20, *www.camping-las-closas.com*
  2 ha (118 empl.) plat, peu incliné, herbeux
  Tarif : 16,60 € ★★ ⬅ 🅴 🅐 (3A) – pers. suppl. 4 €

  Location : 12 🚐 (4 à 6 pers.) nuitée 65 € - 369 à
  490 €/sem.
  Pour s'y rendre : 1 pl. Saint-Génis (par D 33b)

Nature : 🟢🟢
Loisirs : 🏠 🏊
Services : 👤 🚿 GB 🐕 🏪 🚐 🎣 laverie
À prox. : 🍴 🏊 🏄 parc aqua-ludique

Longitude : 2.03138
Latitude : 42.44014

*We recommend that you consult the up to date price list posted
at the entrance of the site. Inquire about possible restrictions.
The information in this Guide may have been modified since going to press.*

ESTAVAR

66800 – **344** D8 – 492 h. – alt. 1 200
Paris 861 – Montpellier 254 – Perpignan 98 – Saint 95 – Limoux 112.

▲▲▲ **L'Enclave** ♣♣ – de fin mars à fin sept.
  𝒫 04 68 04 72 27, *contact@camping-lendave.com*,
  Fax 04 68 04 07 15, *www.camping.lendave.com*
  3,5 ha (175 empl.) terrasse, plat, peu incliné, herbeux,
  pierreux
  Tarif : 30,20 € ★★ ⬅ 🅴 🅐 (10A) – pers. suppl. 5,30 € –
  frais de réservation 10 €

  Location : 10 🚐 (4 à 6 pers.) 200 à 714 €/sem. – frais
  de réservation 10 €
  🚐 1 borne eurorelais 5,80 € – 4 🅴 10,50 € – 🔌 🅐 14 €
  Pour s'y rendre : 2 r. Vinyals (sortie est par D 33, au bord
  de l'Angoust)

Nature : 🌳 ⬜ 🟢🟢
Loisirs : 🏠 🏕 ♨ jacuzzi - salle d'animations 🏊 🍴 🏊 🎣 ran-données accompagnées
Services : 👤 🚿 GB 🐕 🏪 🚐 🎣 🎣 🎣 laverie
À prox. : 🍴 ✕ 🐎 🔥

Longitude : 2.00118
Latitude : 42.47082

FLORAC

48400 – **330** J9 – G. Languedoc Roussillon – 1 908 h. – alt. 542
🏢 *Office de tourisme, 33, avenue J. Monestier* 𝒫 04 66 45 01 14, Fax 04 66 45 25 80
Paris 622 – Alès 65 – Mende 38 – Millau 84 – Rodez 123 – Le Vigan 72.

▲ **Municipal le Pont du Tarn** de déb. avr. à fin sept.
  𝒫 04 66 45 18 26, *contact@camping-florac.com*,
  Fax 04 66 45 18 26, *www.camping-florac.com*
  3 ha (181 empl.) plat, terrasse, herbeux, pierreux
  Tarif : 21,50 € ★★ ⬅ 🅴 🅐 (10A) – pers. suppl. 4 € –
  frais de réservation 12 €

  Location : 20 🚐 (4 à 6 pers.) 180 à 650 €/sem. – frais
  de réservation 12 €
  🚐 1 borne
  Pour s'y rendre : rte du Pont-de-Montvert (2 km au
  nord par N 106, rte de Mende et D 998 à dr., accès direct
  au Tarn)

Nature : ≤ 🟢
Loisirs : 🏊 🔥 🏊 ≋
Services : 👤 🚿 GB 🐕 🚐 🎣 🎣 🔳
À prox. : 🍴 🐎

Longitude : 3.59013
Latitude : 44.33625

FONT-ROMEU

66120 – **344** D7 – G. Languedoc Roussillon – 2 003 h. – alt. 1 800
🚩 *Office de tourisme, 38, avenue Emmanuel Brousse* 📞 *0468306830, Fax 0468302970*
Paris 860 – Montpellier 245 – Perpignan 90 – Canillo 62.

△△ **Huttopia le Menhir** de mi-juin à mi-sept.
📞 *0468300932, font-romeu@huttopia.com,*
Fax *0468045639, www.huttopia.com* – alt. 1 800
7 ha (245 empl.) plat, peu incliné, herbeux
Tarif : (Prix 2009) 29,70€ ★★ ⊕ 🄴 🄸 (10A) – pers.
suppl. 6,20€ – frais de réservation 18€

Location (Prix 2009) : 12 🛖 (4 à 6 pers.) nuitée 105€ –
551 à 980€/sem. – tentes – frais de réservation 18€
🚐 1 borne 5€
Pour s'y rendre : rte de Mont Louis (RN 618)

À savoir : à 300 m du départ des télécabines

Nature : 🏞 🌳
Loisirs : 🍴 snack 🚗 🚲 ⛷
Services : 🔌 GB 🗑 ♨ laverie 🛁

Longitude : 2.05032
Latitude : 42.5135

FORMIGUERES

66210 – **344** D7 – G. Languedoc Roussillon – 435 h. – alt. 1 500
🚩 *Office de tourisme, 1, place de l'Église* 📞 *0468044735, Fax 0468044351*
Paris 883 – Montpellier 248 – Perpignan 96.

△△ **La Devèze** Permanent
📞 *0468046673, campingladeveze@wanadoo.fr,*
Fax *0468046673, http://campingladeveze.site.voila.fr* –
alt. 1 600
4 ha (74 empl.) en terrasses, plat, pierreux
Tarif : 17,60€ ★★ ⊕ 🄴 🄸 – pers. suppl. 3,50€

Location : 11 🛖 (4 à 6 pers.) 335 à 470€/sem.
🚐 1 borne artisanale 3€ – 25 🄴 17,60€
Pour s'y rendre : rte de la Devèze

Nature : 🏞 🏕 🌳
Loisirs : 🚗
Services : ♿ 🔌 GB 🗑 ♨ ⛱ ☂ 🚿 🍴 laverie 🛁

Longitude : 2.10271
Latitude : 42.6144

To visit a town or region : use the MICHELIN Green Guides.

FRONTIGNAN

34110 – **339** H8 – G. Languedoc Roussillon – 22 410 h. – alt. 2
Paris 775 – Lodève 59 – Montpellier 26 – Sète 10.

371

à Frontignan-Plage S : 1 km – 34110

△△△ **Les Tamaris** 👥 – de déb. avr. à fin sept.
📞 *0467434477, les-tamaris@wanadoo.fr,*
Fax *0467189790, www.les-tamaris.fr*
4 ha (250 empl.) plat, herbeux, pierreux
Tarif : 43€ ★★ ⊕ 🄴 🄸 (10A) – pers. suppl. 9€ – frais
de réservation 25€

Location 🏊 : 12 🛖 (2 à 4 pers.) 140 à 510€/sem.
– 48 🛖 (4 à 6 pers.) 210 à 980€/sem. – 33 🛖 (4 à
6 pers.) - 220 à 1 020€/sem. – frais de réservation 25€
🚐 1 borne raclet 4,50€
Pour s'y rendre : 140 av. d'Ingril (au nord-est par D 60)

À savoir : cadre agréable, au bord de la plage

Nature : 🏕 🌊⚓
Loisirs : 🍴 ✗ pizzeria 🚗 🎣 nocturne 🎠 🏋 ⛷
Services : ♿ 🔌 GB 🗑 ⛱ ☂ 🚿 🍴 laverie ♨ 🛁 cases réfrigérées

Longitude : 3.80208
Latitude : 43.44806

FUILLA

66820 – **344** F7 – 360 h. – alt. 547
Paris 902 – Font-Romeu-Odeillo-Via 42 – Perpignan 55 – Prades 9 – Vernet-les-Bains 10.

△△ **Le Rotja** de déb. avr. à fin oct.
📞 *0468965275, camping@camping-lerotja.com,*
Fax *0468965275, www.camping-lerotja.com*
1,6 ha (100 empl.) plat, peu incliné, herbeux, pierreux,
verger
Tarif : 23,50€ ★★ ⊕ 🄴 🄸 (10A) – pers. suppl. 4,25€ –
frais de réservation 12,50€

Location : 9 🛖 (4 à 6 pers.) nuitée 52€ - 210 à 600€/
sem. – frais de réservation 12,50€
Pour s'y rendre : 34 av. de la Rotja (au bourg)

Nature : 🏞 ⛰ 🏕 🌳
Loisirs : snack 🚲 ⛷ (petite piscine)
Services : ♿ 🔌 GB 🗑 ⛱ 🍴 🖼
À prox. : ♨ 🍴 ✗ ❌

Longitude : 2.36126
Latitude : 42.56191

GALLARGUES-LE-MONTUEUX

30660 – **339** J6 – 3 002 h. – alt. 55
Paris 727 – Aigues-Mortes 21 – Montpellier 39 – Nîmes 25 – Sommières 11.

Les Amandiers ▲▲ – de fin avr. à fin août
                                        0466352802, *camping-lesamandiers@orange.fr*,
Fax 0466514857, *www.camping-lesamandiers.fr*
3 ha (150 empl.) plat, herbeux, pierreux
Tarif : (Prix 2009) 22€ ✛✛ ⇌ 🅴 (ᵷ) (16A) – pers.
suppl. 4,50€ – frais de réservation 15€

Location (Prix 2009) ⌕⌕ : 40 ⌂⌐⌂ (4 à 6 pers.) nuitée
45€ - 185 à 655€/sem. – **frais de réservation 15€**
🚐 1 borne artisanale – 2 🅴
Pour s'y rendre : sortie sud-ouest, rte de Lunel et r. du
stade, à dr.

Nature : ⌐⌐ 🌳	
Loisirs : ♟ snack 🎞 ✳✳ ƒᒼ⌂	
hammam ♨ ⚒ 🏊	
Services : ♿ ⊶ GB ♉ 🛁 laverie	
🏖 🏕	
À prox. : ⌐🏹	

Longitude : 4.17698
Latitude : 43.7195

GÉNOLHAC

30450 – **339** I2 – G. Languedoc Roussillon – 886 h. – alt. 490
🅑 *Office de tourisme, l'Arceau* ⌕ 0466611832, Fax 0466611832
Paris 632 – Alès 37 – Florac 49 – La Grand-Combe 26 – Nîmes 81 – Villefort 15.

Les Esparnettes
         0466614450
1,5 ha (63 empl.) plat, herbeux
Pour s'y rendre : au Pont-de-Rastel (4,5 km au sud par
D 906, rte de Chamborigaud puis 400 m par D 278 à dr.,
au bord du Luech)

Nature : 🏞 ⌂ 🌳	
Loisirs : 🎞 🍴 🛶	
Services : ♿ ⊶ 🅵	
À prox. : ✕	

Longitude : 3.94809
Latitude : 44.35018

🔥 ✕ *ATTENTION...*
🏕 *ces éléments ne fonctionnent généralement qu'en saison,*
🏊 🏇 *quelles que soient les dates d'ouverture du terrain.*

372

GIGNAC

34150 – **339** G7 – G. Languedoc Roussillon – 4 951 h. – alt. 53
🅑 *Office de tourisme, 3, Parc d'activités de Camalcè* ⌕ 0467575883, Fax 0467576795
Paris 719 – Béziers 58 – Clermont-l'Hérault 12 – Lodève 25 – Montpellier 30 – Sète 57.

Municipal la Meuse de déb. mai à fin sept.
         0467579297, *contact@campingdelameuse.com*,
Fax 0467572565, *www.ville-gignac.fr*
3,4 ha (86 empl.) plat, herbeux
Tarif : (Prix 2009) ✛ 2,10€ ⇌ 🅴 8,50€ – (ᵷ) (16A) 2,40€
🚐 1 borne eurorelais 3€
Pour s'y rendre : 1,2 km au nord-est par D 32,
rte d'Aniane puis chemin à gauche, à 200 m de l'Hérault
et d'une base nautique

Nature : ⌐⌐ 🌳🌳	
Loisirs : snack ⚒	
Services : ♿ ⊶ GB ♉ 🍴 🅵	
À prox. : ⌐🏹 🏊 parcours sportif,	
mur d'escalade, canoë	

Longitude : 3.55145
Latitude : 43.65367

GOUDARGUES

30630 – **339** L3 – G. Provence – 996 h. – alt. 77
🅑 *Office de tourisme, 4, route de Pont-Saint-Esprit* ⌕ 0466823002, Fax 0466823002
Paris 667 – Alès 51 – Bagnols-sur-Cèze 17 – Barjac 20 – Lussan 17 – Pont-St-Esprit 25.

St-Michelet de fin avr. à déb. sept.
         0466822499, *lesaintmichelet@orange.fr*,
www.lesaintmichelet.com
4 ha (160 empl.) plat, peu incliné, terrasse, herbeux,
pierreux
Tarif : (Prix 2009) 21,50€ ✛✛ ⇌ 🅴 (ᵷ) (6A) – pers.
suppl. 5,60€

Location (Prix 2009) : 52 ⌂⌐⌂ (4 à 6 pers.) 270 à 499€/
sem.
Pour s'y rendre : rte de Frigoulet (1 km au nord-ouest
par D 371, au bord de la Cèze)

Nature : 🏞 🌳🌳	
Loisirs : ♟ snack 🎞 ✳✳ 🏊	
🏊 🛶	
Services : ♿ ⊶ GB ♉ 🛁 🍴 🅵	

Longitude : 4.46271
Latitude : 44.22123

⚠ **Les Amarines 2** Permanent
    ℘ 04 66 82 24 92, *les.amarines@wanadoo.fr,*
Fax 04 66 82 38 64, *www.campinglesamarines.com*
3,7 ha (120 empl.) plat, herbeux
Tarif : (Prix 2009) 22,80 € ♦♦ ⇔ 🅴 🕃 (6A) – pers.
suppl. 5,60 € – frais de réservation 55 €
Location (Prix 2009) 🎽 : 20 🛏 (4 à 6 pers.) 272 à
640 €/sem.
Pour s'y rendre : au lieu-dit : La Vérune Cornillon (1 km
au nord-est par D 23, au bord de la Cèze)

Nature : 🔲 ♀♀
Loisirs : 🛖 🍴 ⛵ 🎣
Services : 🔥 ⚡ GB 🐕 🤿 🛒
🍴 laverie réfrigérateur

Longitude : 4.48035
Latitude : 44.22184

⚠ **La Grenouille** de déb. avr. à fin oct.
    ℘ 04 66 82 21 36, *camping-la-grenouille@wanadoo.fr,*
www.camping-la-grenouille.com
0,8 ha (50 empl.) plat, peu incliné, herbeux, pierreux
Tarif : 22 € ♦♦ ⇔ 🅴 🕃 (6A) – pers. suppl. 3 €
🚐 1 borne eurorelais
Pour s'y rendre : av. du Lavoir (près de la Cèze -
accès direct - et au bord d'un ruisseau)

Nature : 🌿 🔲 ♀♀
Loisirs : 🏇 🍴 (petite piscine) 🎣
Services : 🔥 ⚡ GB 🐕 🤿 🍴 🛒
réfrigérateurs
À prox. : 🍴

Longitude : 4.46847
Latitude : 44.21468

LA GRANDE-MOTTE

34280 – **339** J7 – G. Languedoc Roussillon – 8 202 h. – alt. 1
🛈 *Office de tourisme, Place du 1er Octobre 1974* ℘ 04 67 56 42 00, *Fax 04 67 29 91 42*
Paris 747 – Aigues-Mortes 12 – Lunel 16 – Montpellier 28 – Nîmes 45 – Palavas-les-Flots 16 – Sète 47.

⚠ **Le Garden** ♣♣ – de déb. avr. à mi-oct.
    ℘ 04 67 56 50 09, *campinglegarden@orange.fr,*
Fax 04 67 56 25 69, *www.legarden.fr*
3 ha (209 empl.) plat, sablonneux
Tarif : 39,50 € ♦♦ ⇔ 🅴 🕃 (10A) – pers. suppl. 9,50 €
Location (Prix 2009) : 116 🛏 (4 à 6 pers.) 385 à 854 €/
sem. – frais de réservation 20 €
Pour s'y rendre : av. de la Petite Motte (sortie ouest par
D 59, à 300 m de la plage)

Nature : 🔲 ♀♀
Loisirs : 🍸 🍴 pizzeria 🛖 🏃 🏇 🍴
Services : 🔥 ⚡ GB 🤿 🛒 🍴
laverie 🛒 🖨
À prox. : 🐴 poneys

Longitude : 4.07348
Latitude : 43.56558

⚠ **Les Cigales** de déb. avr. à fin sept.
    ℘ 04 67 56 50 85, *camping.lescigales@wanadoo.fr,*
Fax 04 67 56 50 85, *www.sivom-etang-or.fr rubrique
camping*
2,5 ha (180 empl.) plat, sablonneux
Tarif : (Prix 2009) ♦ 13,80 € 🕃 (10A) – frais de
réservation 10 €
Location (Prix 2009) : 20 🛏 (4 à 6 pers.) 175 à 650 €/
sem. – frais de réservation 10 €
🚐 1 borne 15 €
Pour s'y rendre : allée des Pins (sortie ouest par D 59)

Nature : ♀♀
Loisirs : 🏇
Services : ⚡ GB 🐕 🛒 🛒
laverie
À prox. : 🐎 poneys 🚐

Longitude : 4.07576
Latitude : 43.56703

*Nos **guides hôtels**, nos **guides touristiques** et nos **cartes routières**
sont complémentaires. Utilisez-les ensemble.*

GRANDRIEU

48600 – **330** J6 – 764 h. – alt. 1 160
🛈 *Syndicat d'initiative, place du Forail* ℘ 04 66 46 34 51, *Fax 04 66 46 34 51*
Paris 554 – Langogne 28 – Châteauneuf-de-Randon 19 – Marvejols 61 – Mende 46 – Saugues 26.

⚠ **Municipal le Valadio** de mi-juin à mi-sept.
    ℘ 04 66 46 31 39, *mairie.grandrieu@wanadoo.fr,*
Fax 04 66 46 37 50 – alt. 1 200
1 ha (33 empl.) plat et en terrasses, peu incliné, pierreux,
herbeux
Tarif : (Prix 2009) 9 € ♦♦ ⇔ 🅴 🕃 (10A) – pers.
suppl. 2 €
Pour s'y rendre : au sud du bourg, accès par r. devant la
poste, à 100 m du Grandrieu et d'un plan d'eau

Nature : ≤
Loisirs : 🏇 🎣
Services : 🔥 🐕
À prox. : 🍴 ⛵

Longitude : 3.63332
Latitude : 44.78603

LE GRAU-DU-ROI

30240 – **339** J7 – G. Provence – 7 892 h. – alt. 2

🛈 *Office de tourisme, 30, rue Michel Rédarès* ℘ *04 66 51 67 70, Fax 04 66 51 06 80*
Paris 751 – Aigues-Mortes 7 – Arles 55 – Lunel 22 – Montpellier 34 – Nîmes 49 – Sète 52.

FranceLoc Le Boucanet ▲▲ – de mi-avr. à fin sept.
℘ 04 66 51 41 48, *contact@campingboucanet.fr*,
Fax 04 66 51 41 87, *www.campingboucanet.fr*
7,5 ha (458 empl.) plat, sablonneux
Tarif : (Prix 2009) 39 € ★★ ⇔ 🅴 (6A) – pers.
suppl. 9 € – frais de réservation 25 €

Location (Prix 2009) : ⌂ (4 à 6 pers.) nuitée 72 € -
287 à 1 336 €/sem. – frais de réservation 25 €
🔌 1 borne eurorelais 4 € – 5 🅴 39 €
Pour s'y rendre : rte de Carnon (2 km au nord-ouest
du Grau-du-Roi (rive droite) par rte de la Grande-Motte,
au bord de plage)

| Nature : 🌳 🌊 |
| Loisirs : 🍴 ✕ 🎬 ☺ 🏸 ⛹ 🚴 🍹 🏊 🎿 ⛷ |
| Services : 🚿 ⚓ GB 🚗 🧺 laverie 🛒 🧊 cases réfrigérées |
| À prox. : 🖼 🐎 golf |

| Longitude : 4.11759 |
| Latitude : 43.55072 |

To select the best route and follow it with ease,
To calculate distances,
To position a site precisely from details given in the text :
*Get the appropriate **MICHELIN regional map.***

ISPAGNAC

48320 – **330** J8 – G. Languedoc Roussillon – 834 h. – alt. 518
🛈 *Office de tourisme, Le Pavillon* ℘ *04 66 44 20 89, Fax 04 66 44 20 90*
Paris 612 – Florac 11 – Mende 28 – Meyrueis 46 – Ste-Enimie 17.

Municipal du Pré Morjal de déb. avr. à fin oct.
℘ 04 66 44 23 77, *contact@lepremorjal.fr*,
www.lepremorjal.fr
2 ha (123 empl.) plat, herbeux
Tarif : (Prix 2009) 19 € ★★ ⇔ 🅴 (16A) – pers.
suppl. 4 € – frais de réservation 10 €

Location (Prix 2009) (permanent) : 8 ⌂ (4 à 6 pers.)
nuitée 45 € - 230 à 470 €/sem. – frais de réservation
10 €
🔌 1 borne
Pour s'y rendre : chemin du Beldou (sortie ouest par
D 907bis, rte de Millau et chemin à gauche, près du Tarn)
À savoir : agréable cadre boisé aux portes des Gorges
du Tarn

| Nature : 🌿 ≤ 🌊 |
| Loisirs : 🎬 ⛹ 🏊 |
| Services : 🚿 ⚓ 🚗 🧺 🔥 ⛺ laverie |
| À prox. : 🚴 🍹 🐎 |

| Longitude : 3.52888 |
| Latitude : 44.37245 |

JUNAS

30250 – **339** J6 – 968 h. – alt. 75
Paris 730 – Aigues-Mortes 30 – Aimargues 15 – Montpellier 42 – Nîmes 26 – Sommières 5.

Les Chênes de déb. avr. à mi-oct.
℘ 04 66 80 99 07, *chenes@wanadoo.fr*, Fax 04 66 51 33 23,
www.camping-les-chenes.com
1,7 ha (90 empl.) en terrasses, plat, peu incliné, pierreux
Tarif : 19,30 € ★★ ⇔ 🅴 (10A) – pers. suppl. 4,20 € –
frais de réservation 10 €

Location : 12 ⌂ (4 à 6 pers.) 230 à 611 €/sem. –
frais de réservation 10 €
Pour s'y rendre : 95 chemin des Tuileries Basses (1,3 km
au sud par D 140, rte de Sommières et chemin à gauche)

| Nature : 🌿 |
| Loisirs : ⛹ 🏊 |
| Services : 🚿 ⚓ GB 🚗 ⛺ 🔥 |

| Longitude : 4.12146 |
| Latitude : 43.7616 |

LANUÉJOLS

30750 – **339** F4 – 333 h. – alt. 905
Paris 656 – Alès 109 – Mende 68 – Millau 35 – Nîmes 113 – Le Vigan 49.

▲ **Domaine de Pradines** de déb. mai à mi-sept.
℘ 04 67 82 73 85, *contact@domaine-de-pradines.com*,
www.domaine-de-pradines.com – alt. 800
30 ha (75 empl.) plat, peu incliné, herbeux
Tarif : ✱ 7,20 € ⇌ 🅔 – 🅖 (10A) 3 €

Location (permanent) : 6 ⛺ (4 à 6 pers.) nuitée 50 €
- 380 à 550 €/sem. – 3 🏠 (4 à 6 pers.) nuitée 60 € -
320 à 650 €/sem. – chambres d'hôte, 5 yourtes
Pour s'y rendre : rte de Millau, D28 (3,5 km à l'ouest par
D 28, rte de Roujarie et chemin à gauche)

Nature : ⌕ ≼ ♀
Loisirs : ✗ 🖾 🏕 ℀ 🛶 🐎
Services : ₠ ⟲ GB ⊘ 🍴 🗑
🏊 ᵭ

Longitude : 3.34722
Latitude : 44.13306

LAROQUE-DES-ALBÈRES

66740 – **344** I7 – 1 941 h. – alt. 100
🅱 *Office de tourisme, 20, rue Carbonneil* ℘ 04 68 95 49 97, Fax 04 68 95 42 58
Paris 881 – Argelès-sur-Mer 11 – Le Boulou 14 – Collioure 18 – La Jonquera 26 – Perpignan 24.

▲▲ **Les Albères** de déb. avr. à fin sept.
℘ 04 68 89 23 64, *camping-des-alberes@wanadoo.fr*,
Fax 04 68 89 14 30, *www.camping-des-alberes.com*
5 ha (211 empl.) en terrasses, peu incliné, plat, pierreux,
herbeux, fort dénivelé
Tarif : (Prix 2009) 27 € ✱✱ ⇌ 🅔 🅖 (6A) – pers.
suppl. 4 € – frais de réservation 20 €

Location (Prix 2009) : 16 ⛺ (4 à 6 pers.) 330 à 590 €/
sem. – 9 🏠 (4 à 6 pers.) - 210 à 590 €/sem. – frais de
réservation 20 €
Pour s'y rendre : rte du Moulin de Cassagnes (sortie
nord-est par D 2, rte d'Argelès-sur-Mer puis 0,4 km par
chemin à dr.)

À savoir : petite ferme animalière

Nature : ⌕ 🖳 ♀♀
Loisirs : 🍴 snack 🖾 ℀ 🛶
Services : ₠ ⟲ ⊘ 🗑 🏊 ᵭ

Longitude : 2.93421
Latitude : 42.52238

375

LATTES

34970 – **339** I7 – G. Languedoc Roussillon – 16 824 h. – alt. 3
🅱 *Office de tourisme, 679, avenue de Montpellier* ℘ 04 67 22 52 91, Fax 04.67.22.52.91
Paris 766 – Montpellier 7 – Nîmes 54 – Béziers 68 – Arles 80.

▲▲ **Le Parc** de déb. avr. à fin oct.
℘ 04 67 65 85 67, *camping-le-parc@wanadoo.fr*,
Fax 04 67 20 20 58, *www.leparccamping.com*
1,6 ha (100 empl.) plat, pierreux, herbeux
Tarif : 25,90 € ✱✱ ⇌ 🅔 🅖 (10A) – pers. suppl. 5,50 € –
frais de réservation 15 €

Location : 24 ⛺ (4 à 6 pers.) 220 à 690 €/sem. – frais
de réservation 15 €
Pour s'y rendre : rte de Mauguio (2 km au nord-est par
D 172)

Nature : 🖳 ♀♀
Loisirs : sandwicherie 🏕 🛶
Services : ₠ ⟲ GB ⊘ 🍴 🗑
À prox. : 🛒 ℀ centre commer-
cial

Longitude : 3.92492
Latitude : 43.57553

LAUBERT

48170 – **330** J7 – 112 h. – alt. 1 200 – Sports d'hiver : 1 200/1 264 m ⚡1 ⚡
Paris 584 – Langogne 28 – Marvejols 46 – Mende 19.

▲ **Municipal la Pontière**
℘ 04 66 47 72 09, *mairie.laubert@wanadoo.fr*,
Fax 04 66 47 71 37
2 ha (33 empl.) peu incliné et accidenté, pierreux,
rochers, herbeux

Location : 3 gîtes – Gîtes d'étape
Pour s'y rendre : 500 m au sud-ouest par N 88 et D 6, rte
de Rieutort-de-Randon à dr.

Nature : ♀♀
Loisirs : 🍴 snack 🖾 🏕
Services : ₠ ⟲ 🎱 🗑

Longitude : 3.64071
Latitude : 44.58515

LAURENS

34480 – **339** E7 – 1 222 h. – alt. 140
Paris 736 – Bédarieux 14 – Béziers 22 – Clermont-l'Hérault 40 – Montpellier 91 – Sète 61.

L'Oliveraie ♣♣ – fermé de mi-déc. à mi-janv.
𝒫 04 67 90 24 36, *oliveraie@free.fr*, Fax 04 67 90 11 20,
www.oliveraie.com
7 ha (116 empl.) plat, peu incliné, terrasse, herbeux,
pierreux
Tarif : (Prix 2009) 26,80 € ♣♣ ⇔ 🅴 [₂] (10A) – pers.
suppl. 5 € – frais de réservation 20 €

Location (Prix 2009) 🔖 (de déb. oct. à fin mai) : 8
🏠 (2 à 4 pers.) 270 à 420 €/sem. – 7 🏠 (4 à 6 pers.)
380 à 600 €/sem. – 2 🏠 (4 à 6 pers.) - 430 à 650 €/sem.
– frais de réservation 20 €
🔲 1 borne – 🔋 [₂] 10.50 €
Pour s'y rendre : chemin de Bédarieux (2 km au nord
et chemin à dr.)

Nature : 🏕 🌳
Loisirs : 🍷 pizzeria 🌙 nocturne ⛲🏊🏇🚲🎾🏓🎣🏇 poneys
Services : ♿ ⚡ GB 🧺 ▦ 🛒 🚿 ⚗ 🍴 🖼 🛒 🚲
À prox. : 🍴

Longitude : 3.19271
Latitude : 43.52913

LODÈVE

34700 – **339** E6 – G. Languedoc Roussillon – 7 334 h. – alt. 165
🏢 *Office de tourisme, 7, place de la République* 𝒫 04 67 88 86 44, Fax 04 67 44 07 56
Paris 695 – Alès 98 – Béziers 63 – Millau 60 – Montpellier 55 – Pézenas 39.

Municipal les Vailhès de déb. avr. à fin sept.
𝒫 04 67 44 25 98, Fax 04 67 44 65 97
4 ha (246 empl.) en terrasses, herbeux
Tarif : (Prix 2009) ♣ 3,75 € ⇔ 🅴 6,80 € – [₂] (10A) 2,50 €
Pour s'y rendre : 7 km au sud par N 9, rte de Montpellier
puis 2 km par D 148, rte d'Octon et chemin à gauche - par
voie rapide sortie 54

À savoir : belle situation au bord du lac du Salagou

Nature : 🏊 ⚓ 🏕 🌳
Loisirs : 💪 🚲 🎣
Services : ♿ ⚡ GB 🧺 ▦
À prox. : 🏄

Longitude : 3.32331
Latitude : 43.73103

376

Si vous désirez réserver un emplacement pour vos vacances,
faites-vous préciser au préalable les conditions particulières de séjour,
les modalités de réservation, les tarifs en vigueur et les conditions de paiement.

LE MALZIEU-VILLE

48140 – **330** I5 – G. Languedoc-Roussillon – 890 h. – alt. 860
🏢 *Office de tourisme, Tour de Bodon* 𝒫 04 66 31 82 73, Fax 04.66.31.82.73
Paris 541 – Mende 51 – Le Puy-en-Velay 74 – Saint-Flour 150.

Les Chalets de la Margeride (location exclusive de
chalets) Permanent
𝒫 04 66 42 56 00, *info@chalets-margeride.com*,
Fax 04 66 42 56 01, *www.chalets-margeride.com*
50 ha/2 campables

Location ♿ : 21 🏠 (4 à 6 pers.) – 281 à 675 €/sem. –
frais de réservation 9 €
Pour s'y rendre : au lieu-dit : Chassagnes (4,5 km au
nord-ouest par D 989, rte de St-Chély-d'Apcher et D 4, rte
de la Garde - par A 75 : sortie 32)

À savoir : agréable situation panoramique sur les Monts
de la Margeride

Nature : 🏊 ⚓ Plateau de la Margeride
Loisirs : 🍷 🏠 💪 🚲 🏂 (découverte en saison) 🏇
Services : ⚡ 🧺 ▦ 🍴 laverie 🚲
À prox. : 🍴

Longitude : 3.30708
Latitude : 44.87027

La Piscine de déb. juin à fin août
𝒫 04 66 31 47 63, Fax 04 66 31 80 69
1 ha (64 empl.) peu incliné, plat, herbeux, pierreux
Tarif : (Prix 2009) 15 € ♣♣ ⇔ 🅴 – pers. suppl. 3 €

Location ♿ : 13 🏠
🔲 1 borne
Pour s'y rendre : 1,5 km au nord par D 989, rte de St-
Chély-d'Apcher et chemin à gauche apr. le pont, près de
la piscine et d'un plan d'eau

Nature : 🏊 ⚓ 🏕 🌳
Loisirs : 💪
Services : ♿ ⚡ (juil.-août) 🚲 🚿 🖼
À prox. : 🍷 brasserie 🎾 🏊 ⛵ 🏄 terrain omnisports, canoë, pédalos

Longitude : 3.32989
Latitude : 44.85536

MARSEILLAN

34340 – **339** G8 – G. Languedoc Roussillon – 7 392 h. – alt. 3
🄙 *Office de tourisme, avenue de la Méditerranée* ℰ *04 67 21 82 43, Fax 04 67 21 82 58*
Paris 754 – Agde 7 – Béziers 31 – Montpellier 49 – Pézenas 20 – Sète 24.

à Marseillan-Plage S : 6 km par D 51E – 34340

Yelloh! Village Méditerranées - La Nouvelle Floride ♣♣ – de fin mars à fin sept.
  ℰ 04 67 21 94 49, *info@nouvelle-floride.com*,
Fax 04 67 21 81 05, *www.lesmediterranees.com*
7 ha (475 empl.) plat, herbeux, sablonneux
Tarif : 47 € ★★ �car 🅔 🄗 (6A) – pers. suppl. 8 € – frais de réservation 30 €
Location 🏠 : 160 🏡 (4 à 6 pers.) 245 à 1 260 €/sem.
🖙 1 borne artisanale
Pour s'y rendre : av. des Campings
À savoir : situation agréable en bordure de plage

Nature : 🖙 ♤♤🛆
Loisirs : ▼ pizzeria, brasserie, snack, crêperie 🖳 🄗 🕴 🎿 salle d'animation 🏊 🎿 🛆 terrain omnisports
Services : ♿ 🅾 ᴳᴮ 🐕 🏢 🛆 🛆 ᵂᵂ ᵀ laverie 🛆 🛆
À prox. : ⚑ discothèque

Longitude : 3.54543
Latitude : 43.31196

Yelloh! Village Méditerranées - Le Charlemagne de fin mars à fin sept.
  ℰ 04 67 21 92 49, *info@charlemagne-camping.com*,
Fax 04 67 21 86 11, *www.lesmediterranees.com*
6,7 ha (480 empl.) plat, sablonneux, herbeux
Tarif : 47 € ★★ 🚗 🅔 🄗 (10A) – pers. suppl. 8 € – frais de réservation 30 €
Location (de fin mars à fin nov.) 🏠 : 120 🏡 (4 à 6 pers.) 273 à 1 092 €/sem.
🖙 1 borne artisanale – 🚐 🄗 47 €
Pour s'y rendre : av. des Campings (250 m de la plage)

Nature : 🖙 ♤♤
Loisirs : ▼ ✗ pizzeria 🖳 🄗 discothèque 🏊 🎿 🛆
Services : ♿ 🅾 ᴳᴮ 🐕 🛆 🛆 ᵂ ᵀ laverie 🛆 🛆
À prox. : 🕴 🕴 terrain omnisports

Longitude : 3.54237
Latitude : 43.30941

Le Galet de déb. avr. à fin sept.
  ℰ 04 67 21 95 61, *reception@camping-galet.com*,
Fax 04 67 21 87 23, *www.camping-galet.com*
3 ha (275 empl.) plat, sablonneux, herbeux
Tarif : 38,50 € ★★ 🚗 🅔 🄗 (10A) – pers. suppl. 6,10 € – frais de réservation 25 €
Location : 7 🏡 (2 à 4 pers.) 280 à 560 €/sem. – 50 🏡 (4 à 6 pers.) 320 à 860 €/sem. – frais de réservation 25 €
Pour s'y rendre : av. des Campings (250 m de la plage)

Nature : 🖙 ♤♤
Loisirs : snack, pizzeria 🏊 🎿 🛆
Services : ♿ 🅾 ᴳᴮ 🐕 🛆 laverie
À prox. : 🚐 ▼ ✗ 🛆

Longitude : 3.54237
Latitude : 43.30941

La Créole de déb. avr. à mi-oct.
  ℰ 04 67 21 92 69, *campinglacreole@wanadoo.fr*,
Fax 04 67 26 58 16, *www.campinglacreole.com*
1,5 ha (110 empl.) plat, sablonneux, herbeux
Tarif : 30,50 € ★★ 🚗 🅔 🄗 (6A) – pers. suppl. 5,50 € – frais de réservation 16 €
Location 🏠 : 🏡 – frais de réservation 16 €
Pour s'y rendre : 74 av. des Campings
À savoir : en bordure d'une belle plage de sable fin

Nature : 🖙 ♤♤🛆
Loisirs : crêperie 🏊
Services : ♿ 🅾 ᴳᴮ 🐕 🛆 🄗
À prox. : 🛆 ▼ 🛆 ✗ 🖾 🏇 (centre équestre)

Longitude : 3.54237
Latitude : 43.30941

Pour visiter une ville ou une région : utilisez les Guides Verts MICHELIN.

LE MARTINET

30960 – **339** J3 – 789 h. – alt. 252
Paris 682 – Alès 21 – Aubenas 69 – Florac 61 – Nîmes 65 – Vallon-Pont-d'Arc 41.

Municipal Aimé Giraud
  ℰ 04 66 24 95 00, *mairie.lemartinet@wanadoo.fr*,
Fax 04 66 24 96 96
1 ha (27 empl.) plat, herbeux
Pour s'y rendre : sortie nord-ouest, rte de la Grand'Combe, à l'intersection de la D 59 et D 162, au bord de l'Auzonnet

Nature : ⬔ 🖙 ♤
Loisirs : 🖳 🛆
Services : ♿ 🅾 🛆 🄗
À prox. : ✗ 🛆 🛆

Longitude : 4.08797
Latitude : 44.25158

377

LANGUEDOC-ROUSSILLON

MARVEJOLS

48100 – **330** H7 – G. Languedoc Roussillon – 5 132 h. – alt. 650

🖪 *Office de tourisme, place Henri IV 🏛 04 66 32 02 14, Fax 04 66 32 02 14*
Paris 573 – Espalion 64 – Florac 50 – Mende 28 – St-Chély-d'Apcher 34.

▲ VAL V.V.F. Camping et Village de déb. juin à fin
août
🏛 04 66 32 03 69, *marvejols@valvvf.fr*, Fax 04 66 32 43 56,
www.vvf-villages.fr ⚐
3 ha (57 empl.) plat, herbeux
Tarif : (Prix 2009) 16€ ✶✶ ⚎ 🄴 🄷 (5A) – pers.
suppl. 4€ – adhésion obligatoire 30€
Location (Prix 2009) (de déb. avr. à fin sept.) : 9 🏠
(4 à 6 pers.) nuitée 35€ - 245 à 819€/sem. – 41 gîtes –
frais de réservation 31€
Pour s'y rendre : au lieu-dit : Le Coulagnet (1,3 km à l'est
par D 999, D 1, rte de Montrodat et chemin à dr., au bord
du Colagnet - par A 75, sortie 38)

Nature : ⛺ 🎯
Loisirs : 🎦
Services : ♿ ⚡ 🄿 GB ⚐ ⚐
⚐ 🎿 🄾
À prox. : 🎿 ⚐ ✗ 🎿 🐎 (centre équestre) terrain omnisports

Longitude : 3.30047
Latitude : 44.55088

Des vacances réussies sont des vacances bien préparées !
Ce guide est fait pour vous y aider... mais :
– N'attendez pas le dernier moment pour réserver
– Évitez la période critique du 14 juillet au 15 août
Pensez aux ressources de l'arrière-pays,
à l'écart des lieux de grande fréquentation.

378

MASSILLARGUES-ATTUECH

30140 – **339** J4 – 706 h. – alt. 156
Paris 726 – Montpellier 56 – Nîmes 43 – Avignon 78 – Arles 74.

▲ Le Fief d'Anduze ♣♠ – de déb. avr. à fin sept.
🏛 04 66 61 81 71, *lefief@wanadoo.fr*, Fax 04 66 61 87 80,
www.campinglefiefdanduze.com
5,5 ha (112 empl.) plat, herbeux
Tarif : 22€ ✶✶ ⚎ 🄴 🄷 (6A) – pers. suppl. 4,50€
Location : 19 🛖 (4 à 6 pers.) nuitée 40€ - 235 à
475€/sem.
Pour s'y rendre : à Attuech, 195 chemin du Plan d'Eau
(1,5 km au nord, par D 982, près d'un étang)

Nature : 🎯 🎯
Loisirs : pizzeria, snack 🎦 🎯
🎿 🎿 terrain omnisports
Services : ⚐ GB ⚐ 🄷 🄾 🎿
⚐
À prox. : ⚐

Longitude : 4.02535
Latitude : 44.02683

MATEMALE

66210 – **344** D7 – 290 h. – alt. 1 514

🖪 *Office de tourisme, 29, rue du Pont de l'Aude 🏛 04 68 30 59 57, Fax 04 68 30 59 57*
Paris 855 – Font-Romeu-Odeillo-Via 20 – Perpignan 92 – Prades 46.

▲ Le Lac de déb. juin à fin sept.
🏛 04 68 30 94 49, *camping-lac-matemale@orange.fr*,
Fax 04 68 04 35 16, *www.camping-lac-matemale.com* –
alt. 1 540 – places limitées pour le passage
3,5 ha (110 empl.) vallonné, plat, peu incliné, forêt de
sapins, attenante
Tarif : (Prix 2009) ✶ 5€ ⚎ 🄴 5€ – 🄷 (3A) 2,60€
🛒 1 borne artisanale
Pour s'y rendre : 1,7 km au sud-ouest par D 52,
rte des Angles et rte à gauche, à 150 m du lac, accès direct
au village par chemin piétonnier
À savoir : dans un site agréable de haute montagne

Nature : 🎯 🎯
Loisirs : 🎦 ⛄ 🎿 jacuzzi en
extérieur
Services : ♿ ⚐ GB ⚐ 🎿 🄾 🎿
laverie
À prox. : 🍽 snack discothèque
🚴 ✗ 🎿 🎿 ⚐ 🐎 base de
loisirs

Longitude : 2.11819
Latitude : 42.58732

MAUREILLAS-LAS-ILLAS

66480 – **344** H8 – 2 546 h. – alt. 130

🟦 *Syndicat d'initiative, avenue Mal Joffre* ℘ 0468834800

Paris 873 – Gerona 71 – Perpignan 31 – Port-Vendres 31 – Prades 69.

⚠ **Les Bruyères** de mi-mars à mi-nov.
℘ 0468832664, *mi-paule.grimaux@hotmail.fr*,
Fax 0468831475, *www.campinglesbruyeres.com*
4 ha (95 empl.) en terrasses, pierreux, herbeux, fort
dénivelé
Tarif : 19,50€ 🏕🏕 🚐 🗐 🔌 (10A) – pers. suppl. 4,70€ –
frais de réservation 6,50€

Location (de déb. avr. à fin oct.) 🛏 : 3 🛖 (2 à
4 pers.) nuitée 73€ - 220 à 360€/sem. – 7 🛖 (4 à
6 pers.) nuitée 85€ - 275 à 515€/sem. – frais de
réservation 6,50€
Pour s'y rendre : rte de Céret (1,2 km à l'ouest par
D 618)

À savoir : agréable cadre boisé de chênes-lièges

Nature : 🏞 ♤♤
Loisirs : 🏠 🏊
Services : 🚿 ⚓ 🚻 🛒 🗑 🍳 🛗
À prox. : 🐎

Longitude : 2.79913
Latitude : 42.49139

⚠ **Les Pins - Le Congo** fermé janv.
℘ 0468832321, *lespinslecongo@hotmail.fr*,
Fax 0468834564, *www.campinglespinslecongo.com*
2,5 ha (70 empl.) plat, herbeux
Tarif : 20€ 🏕🏕 🚐 🗐 🔌 (10A) – pers. suppl. 4,50€

Location : 15 🛖 (4 à 6 pers.) 290 à 1 100€/sem. –
frais de réservation 5€
🚐 1 borne artisanale
Pour s'y rendre : 1 km à l'ouest par D 618, rte de Céret,
au bord d'un cours d'eau

Nature : 🏞 ♤♤
Loisirs : 🏠 🏇 🏊 🎣
Services : 🚿 ⚓ 🏧 🛒 🗑 🏊 laverie 🧺
À prox. : 🐎

Longitude : 2.81013
Latitude : 42.49164

Si vous recherchez :
👪 *Un terrain offrant des équipements et des loisirs adaptés aux enfants*
🌿 *Un terrain agréable ou très tranquille*
L *Un terrain effectuant la location de caravanes,*
de mobile homes, de bungalows ou de chalets
P *Un terrain ouvert toute l'année*
🚐 *Un terrain possédant une aire de services pour camping-cars*
Consultez le tableau des localités

379

MENDE

48000 – **330** J7 – G. Languedoc Roussillon – 12 378 h. – alt. 731

🟦 *Office de tourisme, Place du Foirail* ℘ 0466940023, Fax 0466942110

Paris 584 – Clermont-Ferrand 174 – Florac 38 – Langogne 46 – Millau 96 – Le Puy-en-Velay 88.

⚠ **Tivoli** Permanent
℘ 0466650038, *camping.tivoli0601@orange.fr*,
Fax 0466650038, *www.campingtivoli.com*
1,8 ha (100 empl.) plat, herbeux
Tarif : (Prix 2009) 18,90€ 🏕🏕 🚐 🗐 🔌 (6A) – pers.
suppl. 4,90€ – frais de réservation 20€

Location (Prix 2009) (de mi-avr. à mi-oct.) 🛏 : 18
🛖 (4 à 6 pers.) nuitée 45€ - 250 à 560€/sem. – frais
de réservation 20€
🚐 1 borne artisanale
Pour s'y rendre : 2 km au sud-ouest par N 88, rte de
Rodez et chemin à dr., face au complexe sportif, au bord
du Lot

Nature : ♤♤
Loisirs : 🍴 🏠 🏇 🏊
Services : 🚿 ⚓ 🛒 🏧 🗑
À prox. : 🍽

Longitude : 3.47485
Latitude : 44.51441

MEYRUEIS

48150 – **330** I9 – G. Languedoc Roussillon – 904 h. – alt. 698

🏢 *Office de tourisme, Tour de l'Horloge* 𝄐 04 66 45 60 33, Fax 04 66 45 65 27

Paris 643 – Florac 36 – Mende 57 – Millau 43 – Rodez 99 – Sévérac-le-Château 44 – Le Vigan 56.

Capelan de déb. mai à mi-sept.
𝄐 04 66 45 60 50, *camping.le.capelan@wanadoo.fr*,
Fax 04 66 45 60 50, *www.campingcapelan.com*
2,8 ha (100 empl.) plat, herbeux
Tarif : 22 € 👫 🚗 🔲 (🏠) (10A) – pers. suppl. 4,90 € –
frais de réservation 16 €

Location 🏠 : 44 🛏 (4 à 6 pers.) 170 à 720 €/sem. –
frais de réservation 19 €
🚐 1 borne artisanale 4,50 €
Pour s'y rendre : rte de Millau (1 km au nord-ouest
par D 996, au bord de la Jonte, accès au village par
passerelle)

À savoir : site agréable dans les gorges de la Jonte

Nature : ⩽ 🏕 ⚲
Loisirs : 🍴 🏠 🔧 🛶 ♨ 🎿 🏄
Services : 🛁 🔌 GB 🐕 🛗 – 3
sanitaires individuels (🏠 wc) 🚿
🚰 🚽 laverie 🚮
À prox. : 🐎 (centre équestre)
voies d'escalades sur rochers

Longitude : 3.41977
Latitude : 44.18574

Le Champ d'Ayres de déb. avr. à mi-sept.
𝄐 04 66 45 60 51, *campinglechampdayres@wanadoo.fr*,
Fax 04 66 45 60 50, *www.campinglechampdayres.com*
1,5 ha (85 empl.) peu incliné, herbeux
Tarif : 24,50 € 👫 🚗 🔲 (🏠) (10A) – pers. suppl. 5 € –
frais de réservation 15 €

Location : 16 🛏 (4 à 6 pers.) nuitée 42 € - 240 à
620 €/sem. – 7 🏠 (4 à 6 pers.) nuitée 29 € - 160 à
450 €/sem. – frais de réservation 15 €
🚐 1 borne eurorelais 5 €
Pour s'y rendre : rte de la Brèze (500 m à l'est par D 57,
rte de Campis, près de la Brèze)

Nature : 🌲 ⩽ 🏕 ⚲
Loisirs : 🍴 🏠 🛶 🎿
Services : 🛁 🔌 GB 🐕 🛗 🚽 🚮
À prox. : 🐎 🏇 🐎 (centre
équestre)

Longitude : 3.43359
Latitude : 44.17975

La Cascade de déb. avr. à fin sept.
𝄐 04 66 45 45 45, *contact@camping-la-cascade.com*,
www.camping-la-cascade.com
1 ha (50 empl.) plat et un peu vallonné, herbeux
Tarif : 19 € 👫 🚗 🔲 (🏠) (10A) – pers. suppl. 4 €

Location : 13 🏠 (4 à 6 pers.) - 255 à 555 €/sem. – gîte
d'étape
🚐 1 borne raclet 3 €
Pour s'y rendre : au lieu-dit : Salvinsac (3,8 km au nord-
est par D 996, rte de Florac et chemin à dr., près de la
Jonte et d'une cascade)

À savoir : cadre et site agréables au milieu d'une nature
préservée

Nature : 🌲 ⩽
Loisirs : 🏠 🛶
Services : 🛁 🔌 GB 🐕 🛗 🚽 🚮
À prox. : 🐎 🎿 🐎

Longitude : 3.42963
Latitude : 44.17943

Le Pré de Charlet de déb. mai à fin sept.
𝄐 04 66 45 63 65, *lepredecharlet@gmail.com*,
Fax 04 66 45 63 65, *www.camping-lepredecharlet.com*
2 ha (70 empl.) en terrasses, peu incliné, plat, herbeux
Tarif : 13,50 € 👫 🚗 🔲 (🏠) (16A) – pers. suppl. 3,40 €

Location (de déb. avr. à fin sept.) : 6 🛏 (4 à 6 pers.)
nuitée 34 € - 220 à 440 €/sem.
🚐 1 borne artisanale 3,50 €
Pour s'y rendre : rte de Florac (1 km au nord-est par
D 996, au bord de la Jonte)

Nature : 🌲 ⩽ ⚲⚲
Loisirs : 🏠 🛶
Services : 🛁 🔌 (15 juin-15 sept.)
GB 🐕 🛗 🚮
À prox. : 🐎 🏇 🎿 🐎 (centre
équestre)

Longitude : 3.42963
Latitude : 44.17943

Aire Naturelle le Pré des Amarines de déb. juil.
à fin août
𝄐 04 66 45 61 65, *www.camping-amarines.com* – alt. 750
2 ha (25 empl.) plat et un peu vallonné, herbeux
Tarif : (Prix 2009) 16 € 👫 🚗 🔲 (🏠) (6A) – pers.
suppl. 3 €
Pour s'y rendre : rte de Gatuzières (5,7 km au nord-est
par D 996, rte de Florac et chemin à dr., au Castel, près du
lieu-dit Gatuzières, au bord de la Jonte)

À savoir : dans la vallée de la Jonte

Nature : 🌲 ⩽ ⚲
Loisirs : 🏄
Services : 🛁 🔌 🐕 🛗 🚮
À prox. : 🚲 🐎 🏇 🎿 🐎 (centre
équestre)

Longitude : 3.42963
Latitude : 44.17943

MOLITG-LES-BAINS

66500 – **344** F7 – G. Languedoc Roussillon – 211 h. – alt. 607 – ⚓ (début avril-fin nov.)
🛈 *Syndicat d'initiative, route des Bains* ℰ *0468050328, Fax 0468050113*
Paris 896 – Perpignan 50 – Prades 7 – Quillan 56.

⚠ **Municipal Guy Malé**
ℰ *0468050212, mairie.molitg.les.bains@wanadoo.fr*,
Fax 0468050240 – alt. 607
0,3 ha (19 empl.) en terrasses, herbeux, pierreux
🚐 1 borne eurorelais
Pour s'y rendre : 1,3 km au nord, au sud-est du village
de Molitg

Nature : 🐚 ⩽ 🏕 ⚲	
Services : 👍 🖶	
À prox. : ✂	

Longitude : 2.38715
Latitude : 42.64692

Donnez-nous votre avis sur les terrains que nous recommandons.
Faites-nous connaître vos observations et vos découvertes
par mail à l'adresse : leguidecampingfrance@fr.michelin.com.

MONTCLAR

11250 – **344** E4 – 183 h. – alt. 210
Paris 766 – Carcassonne 19 – Castelnaudary 41 – Limoux 15 – St-Hilaire 9.

⛰ **Yelloh! Village Domaine d'Arnauteille** 👥 –
de déb. avr. à fin sept.
ℰ *0468268453, info@arnauteille.com*,
Fax 0468269110, *www.camping-arnauteille.com*
115 ha/10 campables (185 empl.) plat, peu incliné,
terrasse, herbeux
Tarif : 39€ ★★ 🚗 🅿 🔌 (10A) – pers. suppl. 8€

Location : 60 🛖 (4 à 6 pers.) 315 à 1 099€/sem. –
10 🏠 (4 à 6 pers.) - 413 à 1 029€/sem.
🚐 1 borne artisanale
Pour s'y rendre : 2,2 km au sud-est par D 43

À savoir : dans un vaste et agréable domaine vallonné
et sauvage

Nature : 🐚 ⩽ 🏕 ⚲⚲		
Loisirs : ✗ pizzeria 🎪 🎮 🎯		
🏊 🛶 🐎 terrain omnisports,		
espace balnéo		
Services : 👍 ⚡ GB ⚙ 🏪 🛢		
laverie 🧺 🚿		

Longitude : 2.26092
Latitude : 43.12411

NARBONNE

11100 – **344** J3 – G. Languedoc Roussillon – 50 776 h. – alt. 13
🛈 *Office de tourisme, 31, rue Jean Jaurès* ℰ *0468651560, Fax 0468655912*
Paris 787 – Béziers 28 – Carcassonne 61 – Montpellier 96 – Perpignan 64.

⛰ **La Nautique** de mi-fév. à mi-nov.
ℰ *0468904819, info@campinglanautique.com*,
Fax 0468907339, *www.campinglanautique.com*
16 ha (390 empl.) plat et peu incliné, gravillons, herbeux
Tarif : ★ 8€ 🚗 🅿 34€ 🔌 (10A) – frais de
réservation 20€

Location : 80 🛖 (4 à 6 pers.) nuitée 38€ - 266 à
840€/sem. – frais de réservation 20€
🚐 1 borne
Pour s'y rendre : 4,5 km au sud, près de l'étang de Bages
- par A 9 sortie 38 : Narbonne-Sud

Nature : ⩽ 🏕 ⚲	
Loisirs : 🍸 ✗ 🎪 🎮 🎯 🏇 🚲	
✂ 🏊 🛶 canoë	
Services : 👍 ⚡ GB ⚙ – 390	
sanitaires individuels (🚿 wc) 🧺	
🧺 🌳 🛢 🚿	
À prox. : ⚓	

Longitude : 3.00424
Latitude : 43.14703

⛰ **Les Mimosas** 👥 – de fin mars à fin oct.
ℰ *0468490372, info@lesmimosas.com*,
Fax 0468493945, *www.lesmimosas.com*
9 ha (250 empl.) plat, herbeux, sablonneux, pierreux
Tarif : (Prix 2009) 25€ ★★ 🚗 🅿 🔌 (6A) – pers.
suppl. 7€ – frais de réservation 25€

Location (Prix 2009) : 53 🛖 (4 à 6 pers.) 252 à
854€/sem. – 37 🏠 (4 à 6 pers.) - 224 à 777€/sem. –
4 studios – frais de réservation 25€
🚐 1 borne artisanale
Pour s'y rendre : chaussée de Mandirac

Nature : 🐚 🏕 ⚲⚲	
Loisirs : 🍸 ✗ pizzeria 🎪 🎮	
nocturne 🏇 🎣 🛶 🐎 🚲 ✂	
✂ 🏊 🛶 terrain omnisports	
Services : 👍 ⚡ GB ⚙ 🛢 🚿 🧺	
🖶 🚿	
À prox. : 🐴 (centre équestre)	

Longitude : 3.02014
Latitude : 43.13054

38

NASBINALS

48260 – **330** G7 – 519 h. – alt. 1 180
🖪 *Office de tourisme, Village* ℰ 0466325573, *Fax 0466325573*
Paris 573 – Aumont-Aubrac 24 – Chaudes-Aigues 27 – Espalion 34 – Mende 57 – Rodez 64 – St-Flour 53.

Municipal de déb. mai à fin sept.
ℰ 0466325187, *mairie.nasbinals@laposte.net*,
Fax 0466325001 – alt. 1 100
2 ha (75 empl.) peu incliné, plat, herbeux
Tarif : (Prix 2009) 11€ ✶✶ ⛺ 🅴 ⚡ (15A) – pers.
suppl. 3€
Pour s'y rendre : rte de Saint-Urcize (1 km au nord-ouest
par D 12, rte de St-Urcize)

Nature : ⌇ ≼
Services : ♿ ☕ (juil.-août) 🅶🅱
♺
À prox. : 🐎 (centre équestre)

Longitude : 3.01672
Latitude : 44.64943

NAUSSAC

48300 – **330** L6 – 199 h. – alt. 920 – Base de loisirs
Paris 575 – Grandrieu 26 – Langogne 3 – Mende 46 – Le Puy-en-Velay 53 – Thueyts 45.

Les Terrasses du Lac de mi-avr. à fin sept.
ℰ 0466692962, *info@naussac.com*, Fax 0466692478,
www.naussac.com
6 ha (180 empl.) incliné, en terrasses, herbeux, pierreux
Tarif : 18€ ✶✶ ⛺ 🅴 ⚡ (10A) – pers. suppl. 4,80€ –
frais de réservation 10€
Location (de mi-avr. à fin oct.) : 6 🛖 (4 à 6 pers.)
nuitée 64€ - 299 à 595€/sem. – huttes - hôtel – frais
de réservation 10€
🚐 1 borne artisanale – 80 🅴 13€
Pour s'y rendre : au Lac de Naussac (au nord du bourg
par D 26, rte de Saugues et à gauche, à 200 m du lac
(accès direct))

Nature : ≼ le lac
Loisirs : 🍴 ✗ 🎞 ☾nocturne 🏋
🚴 ✗ ☇ (petite piscine)
Services : ♿ ☕ 🅶🅱 ♺ 🏧 ☂
🛒 ☂
À prox. : discothèque 🏄 🛶
(plage) ⛵ 🎣 ♨ 🐎

Longitude : 3.83505
Latitude : 44.73478

PALAU-DEL-VIDRE

66690 – **344** I7 – 2 545 h. – alt. 26
🖪 *Syndicat d'initiative, Mairie* ℰ 0468224620, *Fax 0468223920*
Paris 867 – Argelès-sur-Mer 8 – Le Boulou 16 – Collioure 15 – La Jonquera 29 – Perpignan 18.

Le Haras de fin mars à mi-oct.
ℰ 0468221450, *haras8@wanadoo.fr*, Fax 0468379893,
www.camping-le-haras.com
2,3 ha (76 empl.) plat, herbeux
Tarif : 31€ ✶✶ ⛺ 🅴 ⚡ (10A) – pers. suppl. 5,50€ –
frais de réservation 20€
Location : 14 🛖 (4 à 6 pers.) 259 à 735€/sem. – frais
de réservation 20€
🚐 1 borne artisanale
Pour s'y rendre : au Domaine Saint-Galdric (sortie nord-
est par D 11)
À savoir : agréable décoration arbustive et florale

Nature : 🗀 🌳
Loisirs : 🍴 ✗ 🎞 🏄 ⛵ ☇
Services : ♿ ☕ 🅶🅱 ♺ ☂ ☇ 🏧
laverie ☂

Longitude : 2.96174
Latitude : 42.57244

PALAVAS-LES-FLOTS

34250 – **339** I7 – G. Languedoc Roussillon – 5 974 h. – alt. 1
🖪 *Office de tourisme, Phare de la Méditerranée* ℰ 0467077334, *Fax 0467077358*
Paris 765 – Montpellier 13 – Sète 41 – Lunel 33 – Frontignan 24.

Palavas-Camping Permanent
ℰ 0467680128, *info@palavas-camping.fr*,
Fax 0467508245, *www.palavas-camping.fr*
8 ha (430 empl.) plat, sablonneux, gravillons
Tarif : 40€ ✶✶ ⛺ 🅴 ⚡ (10A) – pers. suppl. 7€ – frais
de réservation 20€
Location ✗ : 50 🛖 (4 à 6 pers.) 300 à 920€/sem. –
frais de réservation 20€
🚐 50 🅴 20€
Pour s'y rendre : rte de Maguelone

Nature : ⌇ 🏔
Loisirs : 🍴 snack, pizzeria 🎞 ☾
🏋 ☇ terrain omnisports, école
de kite-surf
Services : ♿ ☕ 🅶🅱 ♺ ☂ 🏧 🏢
🛒 ☂ réfrigérateurs

Longitude : 3.90995
Latitude : 43.51969

▲▲ **Les Roquilles** de mi-avr. à mi-sept.
℘ 0467680347, *roquilles@wanadoo.fr,*
Fax 0467685498, *www.camping-les-roquilles.fr* ⚘
15 ha (792 empl.) plat, gravier, herbeux
Tarif : (Prix 2009) 28,10€ ★★ ⇔ 🔲 (½) (6A) – pers.
suppl. 4,30€ – frais de réservation 29€

Location (Prix 2009) : 4 ⟅⟆ (2 à 4 pers.) 230 à 570€/
sem. – 6 ⟅⟆ (4 à 6 pers.) 265 à 740€/sem. – 6 🏠 (4 à
6 pers.) – 340 à 870€/sem. – frais de réservation 29€
🚐 1 borne 2€
Pour s'y rendre : 267 bis av. Saint-Maurice (rte de Carnon-
Plage, à 100 m de la plage)

| Nature : ▱ ♀ |
| Loisirs : ♟ pizzeria, snack 🛶 🏃 ⚕ ⚔ 🎿 ⚐ point informations touristiques |
| Services : ⚕ ⚐ ⟲ ⚕ ⚕ 🔲 ⚕ ⚕ |
| À prox. : ✗ |

Longitude : 3.95522
Latitude : 43.53585

LES PLANTIERS

30122 – **339** H4 – 248 h. – alt. 400
Paris 667 – Alès 48 – Florac 46 – Montpellier 85 – Nîmes 79 – Le Vigan 43.

▲ La Presqu'île du Caylou
℘ 0466839285, Fax 0466839285
4 ha (75 empl.) en terrasses et peu incliné, pierreux,
herbeux

Location ⚘ : 2 ⟅⟆ – 3 ⟅⟆
Pour s'y rendre : au lieu-dit : Le Caylou (1 km au nord-est
par D 20, rte de Saumane, au bord du Gardon au Borgne)
À savoir : dans le coude d'une vallée rocheuse et
verdoyante

| Nature : ⚕ ▱ ♀ |
| Loisirs : ♟ 🛶 ⚕ ⚔ 🎿 ⚕ ⚕ |
| Services : ⚕ ⚐ ⚕ |

Longitude : 3.73103
Latitude : 44.12227

*De categorie (1 tot 5 tenten, in **zwart** of **rood**) die wij aan de geselekteerde
terreinen in deze gids toekennen, is onze eigen indeling.
Niet te verwarren met de door officiële instanties gebruikte classificatie (1 tot 4 sterren).*

38:

LE PONT-DE-MONTVERT

48220 – **330** K8 – G. Languedoc Roussillon – 285 h. – alt. 875
🅱 *Office de tourisme, le Quai* ℘ 0466458194, Fax 0466458194
Paris 629 – Le Bleymard 22 – Florac 21 – Génolhac 28 – Mende 45 – Villefort 43.

▲ **Aire Naturelle la Barette** de déb. mai à mi-sept.
℘ 0466458216, *lucile.p@gmail.com,*
www-gites-mont-lozere.com – alt. 1 200
1 ha (20 empl.) en terrasses, herbeux, pierreux, rochers
Tarif : 13,50€ ★★ ⇔ 🔲 (½) (10A) – pers. suppl. 4,50€
Pour s'y rendre : au lieu-dit : Finiels (6 km au nord par
D 20, rte de Bleymard)

| Nature : ⚕ ⚕ Mont-Lozère |
| Loisirs : 🛶 |
| Services : ⚐ ⚕ 🔲 |
| À prox. : ⚕ ⚕ |

Longitude : 3.74523
Latitude : 44.40418

PORT-CAMARGUE

30240 – **339** J7
Paris 762 – Montpellier 36 – Nîmes 47 – Avignon 93 – Béziers 99.

▲▲▲ **Yelloh! Village Secrets de Camargue** de fin
mars à déb. oct.
℘ 0466800800, *info@secretsdecamargue.com,*
Fax 0466800900, *www.secretsdecamargue.com* – places
limitées pour le passage
3,5 ha (177 empl.) plat, sablonneux
Tarif : 44€ ★★ ⇔ 🔲 (½) (10A) – pers. suppl. 8€
Location (Prix 2009) 🅿 : 96 ⟅⟆ (4 à 6 pers.) 280 à
931€/sem.
Pour s'y rendre : rte de l'Espiguette (navette gratuite
pour les plages)
À savoir : camping réservé aux adultes

| Nature : ⚕ ▱ ♀ |
| Loisirs : ♟ ✗ ⚕ 🎿 |
| Services : ⚕ ⚐ 🅿 ⟲ ⚕ ⚕ ⚕ ⚕ laverie ⚕ |
| À prox. : ⚕ snack ⚕ ⚕ ⚕ |

Longitude : 4.14568
Latitude : 43.5079

Yelloh! Village Les Petits Camarguais ▲♣ –
(location exclusive de mobile homes)
℘ 04 66 51 16 16, *info@les-petits-camarguais.fr*,
Fax 04 66 51 16 17,
www.yellohvillage-petits-camarguais.com ✄
3,5 ha plat, sablonneux, herbeux

Location : ▯ (4 à 6 pers.) 203 à 1 022 €/sem.
Pour s'y rendre : rte de l'Espiguette (navettes gratuites
pour la plage)
À savoir : animations et services adaptés aux jeunes
enfants

Nature : ▱ 〇〇
Loisirs : ▾ snack, pizzeria ▨ ⚡ 🔔 ⚡ 🔵 ⚡ terrain omnisports
Services : ⚲ GB ⚘ ⚐ ▦ laverie ⚐ ⚐
À prox. : 🐴 🐴

Longitude : 4.14568
Latitude : 43.5079

Les Jardins de Tivoli de déb. avr. à fin sept.
℘ 04 66 53 97 00, *contact@lesjardinsdetivoli.com*,
Fax 04 66 51 09 81, *www.lesjardinsdetivoli.com* – places
limitées pour le passage
6,5 ha (368 empl.) plat
Tarif : 57 € ♣♣ ⚌ ▣ ⚡ (10A) – pers. suppl. 8 € – frais
de réservation 25 €

Location ✄ : 120 ▯ (4 à 6 pers.) 255 à 850 €/sem.
– 14 ⌂ (4 à 6 pers.) - 288 à 750 €/sem. – frais de
réservation 25 €
Pour s'y rendre : rte de l'Espiguette (navette gratuite
pour les plages)

Nature : ▱ 〇〇
Loisirs : ▾ ✗ snack, pizzeria ▱ ▨ discothèque ⚡ ⚙ ⚡ ⚡
Services : ⚲ GB ⚘ – 368
sanitaires individuels (⚐ wc) ▦ ▦ ⚐ ⚐
À prox. : 🐴

Longitude : 4.14568
Latitude : 43.5079

La Marine ▲♣ – (location exclusive de caravanes et
mobile homes) de déb. avr. à déb. oct.
℘ 04 66 53 36 90, *marine@vacances-directes.com*,
Fax 04 66 51 50 45, *www.campinglamarine.com* ✄
5 ha plat, herbeux, sablonneux

Location ⚲ : 18 ▯ (2 à 4 pers.) 196 à 581 €/sem. –
275 ▯ (4 à 6 pers.) 294 à 896 €/sem.
Pour s'y rendre : rte de l'Espiguette
À savoir : navette gratuite pour les plages

Nature : 〇
Loisirs : ▾ pizzeria ▱ ▨ nocturne ⚡ ⚙ ⚡ ⚡
Services : ⚲ ⚲ GB ⚘ ⚐ ▦
laverie ⚐ ⚐
À prox. : 🐴 🐴

Longitude : 4.14568
Latitude : 43.5079

Abri de Camargue de déb. avr. à fin sept.
℘ 04 66 51 54 83, *contact@abridecamargue.fr*,
Fax 04 66 51 76 42, *www.abridecamargue.fr*
4 ha (277 empl.) plat, herbeux, sablonneux
Tarif : 27 € ♣♣ ⚌ ▣ ⚡ (6A) – pers. suppl. 5 € – frais de
réservation 19 €

Location : 85 ▯ (4 à 6 pers.) nuitée 56 € - 392 à
847 €/sem. – frais de réservation 19 €
▱ 1 borne eurorelais 7 €
Pour s'y rendre : 320 rte de l'Espiguette
À savoir : navette gratuite pour les plages

Nature : ▱ 〇〇
Loisirs : ▾ snack, pizzeria ▨ ⚡ ⚡ ⚡ salle de cinéma
Services : ⚲ GB ⚘ laverie ⚐
⚐
À prox. : 🐴 Casino (jeux)

Longitude : 4.14568
Latitude : 43.5079

Si vous recherchez :
▲♣ *Un terrain offrant des équipements et des loisirs adaptés aux enfants*
✄ *Un terrain agréable ou très tranquille*
L-M *Un terrain effectuant la location de caravanes, de mobile homes,*
  de bungalows ou de chalets
P *Un terrain ouvert toute l'année*
▱ *Un terrain possédant une aire de services pour camping-cars*
Consultez le tableau des localités

PORTIRAGNES

34420 – **339** F9 – 2 992 h. – alt. 10

🛈 *Office de tourisme, place du Bicentenaire* 𝒫 04 67 90 92 51, Fax 04 67 90 92 51
Paris 762 – Agde 13 – Béziers 13 – Narbonne 40 – Valras-Plage 14.

à Portiragnes-Plage S : 4 km par D 37 – 34420

🔺 **Les Sablons** 🏕 – de déb. avr. à fin sept.
  𝒫 04 67 90 90 55, *contact@les-sablons.com*,
  Fax 04 67 90 82 91, *www.les-sablons.com*
  15 ha (800 empl.) plat, herbeux, sablonneux, étang
  Tarif : (Prix 2009) 46 € ★★ ⟺ 🅴 ⑭ (6A) – pers.
  suppl. 10 € – frais de réservation 25 €

  Location (Prix 2009) : 135 🚐 (4 à 6 pers.) 350 à
  1 085 €/sem. – 83 🏠 (4 à 6 pers.) - 420 à 1 155 €/sem.
  – frais de réservation 25 €
  🚐 1 borne
  Pour s'y rendre : Plage Est (sortie nord, en bordure de
  plage et d'un étang -accès direct-)

  À savoir : important parc aquatique

Nature : 🏞 🞉🞉🌊
Loisirs : 🍸 ✗ snack, pizzeria 🎬 ⑬ 🏃 🏵 discothèque 🚗 🚲 🕹 ✂ 🏊 🛶
Services : 🚿 ⛽ ⚽️ 🅶🅱 🐕 🛁 🛎 laverie 🧺 🛒 cases réfrigérées
À prox. : 🎣 ⚓

Longitude : 3.33557
Latitude : 43.30495

🔺 **Les Mimosas** 🏕 – de fin mai à déb. sept.
  𝒫 04 67 90 92 92, *les.mimosas.portiragnes@wanadoo.fr*,
  Fax 04 67 90 85 39, *www.mimosas.com* – places limitées
  pour le passage
  7 ha (400 empl.) plat, herbeux
  Tarif : 39 € ★★ ⟺ 🅴 ⑭ (6A) – pers. suppl. 9,50 € – frais
  de réservation 35 €

  Location : 207 🚐 (4 à 6 pers.) 231 à 1 281 €/sem. –
  4 🏠 (4 à 6 pers.) - 266 à 910 €/sem. – 10 bungalows
  toilés – (avec sanitaires) – frais de réservation 35 €
  🚐 1 borne raclet 2 € – 190 🅴 39 € – 🔌⑭ 39 €
  Pour s'y rendre : à Port Cassafières

  À savoir : important parc aquatique et ludique

Nature : 🏞 🞉🞉
Loisirs : 🍸 snack 🎬 ⑬ 🏃 🏵🔶 🚗 🚲 🕹 🛶 terrain omnisports
Services : 🚿 ⛽ 🅶🅱 🐕 🛁 – 10 sanitaires individuels (🚿🚽 wc) laverie 🧺 🛒 cases réfrigérées
À prox. : 🐎 ponton d'amarrage

Longitude : 3.35782
Latitude : 43.28018

🔺 **L'Émeraude** de fin mai à déb. sept.
  𝒫 04 67 90 93 76, *contact@campinglemeraude.com*,
  Fax 04 67 09 91 18, *www.campinglemeraude.com*
  4,2 ha (280 empl.) plat, herbeux, sablonneux
  Tarif : (Prix 2009) 32 € ★★ ⟺ 🅴 ⑭ (4A) – pers.
  suppl. 7 € – frais de réservation 18 €

  Location (Prix 2009) 🛝 : 139 🚐 (4 à 6 pers.) 287 à
  721 €/sem. – 11 🏠 (4 à 6 pers.) - 280 à 700 €/sem. –
  frais de réservation 18 €
  Pour s'y rendre : 1 km au nord par rte de Portiragnes

  À savoir : important parc aquatique

Nature : 🞉🞉
Loisirs : 🍸 snack 🎬 ⑬ 🚗 ✂ 🕹 🛶
Services : 🚿 ⛽ 🅶🅱 🐕 🛁 laverie ⧄ 🛒 cases réfrigérées
À prox. : 🐎

Longitude : 3.33557
Latitude : 43.30495

385

*This Guide is not intended as a list of all the camping sites in France;
its aim is to provide a selection of the best sites in each category.*

PRADES

66500 – **344** F7 – G. Languedoc Roussillon – 6 221 h. – alt. 360

🛈 *Office de tourisme, 4, rue des Marchands* 𝒫 04 68 05 41 02, Fax 04 68 05 21 79
Paris 892 – Font-Romeu-Odeillo-Via 45 – Perpignan 46 – Vernet-les-Bains 11.

🔺 **Municipal Plaine St-Martin** Permanent
  𝒫 04 68 96 29 83, *prades.conflent@wanadoo.fr*,
  Fax 04 68 05 38 09, *www.leconflent.net/camping*
  1,8 ha (60 empl.) plat, pierreux, gravillons
  Tarif : (Prix 2009) 13,05 € ★★ ⟺ 🅴 ⑭ (16A) – pers.
  suppl. 2,50 €

  Location (Prix 2009) 🛝 : 18 🏠 (4 à 6 pers.) - 220 à
  380 €/sem.
  🚐 1 borne artisanale 9,80 €
  Pour s'y rendre : au lieu-dit : Plaine St. Martin (sortie nord
  par D 619, rte de Molitg-les-Bains et à dr. av. la déviation)

Nature : 🌿 🏞 🞉🞉🞉
Loisirs : 🎬 🏛
Services : 🚿 ⛽ 🅿 (locations) 🅶🅱 🐕 🛁 🛎 🖥
À prox. : ✂ 🕹 ⚓

Longitude : 2.41746
Latitude : 42.61925

QUILLAN

11500 – **344** E5 – G. Languedoc Roussillon – 3 445 h. – alt. 291

🛈 *Office de tourisme, square André Tricoire* ✆ *0468200778, Fax 0468200491*

Paris 778 – Andorra-la-Vella 113 – Ax-les-Thermes 55 – Carcassonne 52 – Foix 64 – Font-Romeu-Odeillo-Via 78 – Perpignan 76.

Village Vacances l'Espinet (location exclusive de maisonnettes) Permanent

✆ *0468208888, info@lespinet.com, Fax 0468202102, www.lespinet.com*

25 ha

Location (Prix 2009) 🚻 🅿 : 140 🏠 (4 à 6 pers.) nuitée 90€ - 266 à 1 820€/sem.

Pour s'y rendre : 1 km au nord par D 118

Nature : ⌖ ⋞ ♀
Loisirs : 🍷 ✕ 🏠 ⚡ 🎱 ⛲ hammam jacuzzi balnéo ⚡ 🎾 🔲 🏊
Services : 🔜 laverie

Longitude : 2.18469
Latitude : 42.87455

Municipal la Sapinette de déb. avr. à fin oct.

✆ *0468201352, campingsapinette@wanadoo.fr, Fax 0468202780, www.villedequillan.fr*

1,8 ha (90 empl.) plat, peu incliné, terrasse, herbeux

Tarif : (Prix 2009) 13,70€ ✶✶ 🚐 🔲 🅷 (16A) – pers. suppl. 4,20€ – frais de réservation 20€

Location (Prix 2009) 🚫 🏠 – frais de réservation 50€

🚐 1 borne 4€ – 4 🔲 10,70€ – 🚐 🅷 13.50€

Pour s'y rendre : 21 av. René Delpech (800 m à l'ouest par D 79, rte de Ginoles)

Nature : ⌖ ⋞ ♀
Loisirs : 🏠 ⚡ 🏊
Services : 🚻 🔜 GB 🆑 🔥 🚾 🅷 🖼

Longitude : 2.17677
Latitude : 42.87366

🏊 ✕ *HINWEIS :*

🐎 *Diese Einrichtungen sind im allgemeinen nur während*
🏊 🐎 *der Saison in Betrieb -unabhängig von den Öffnungszeiten des Platzes.*

REMOULINS

30210 – **339** M5 – G. Provence – 2 296 h. – alt. 27

🛈 *Office de tourisme, place des Grands Jours* ✆ *0466372234, Fax 0466372234*

Paris 685 – Alès 50 – Arles 37 – Avignon 23 – Nîmes 23 – Orange 34 – Pont-St-Esprit 40.

La Sousta ♣♣ – de déb. mars à fin oct.

✆ *0466371280, info@lasousta.com, Fax 0466372369, www.lasousta.com*

14 ha (300 empl.) plat, peu incliné, vallonné, herbeux, sablonneux

Tarif : 25€ ✶✶ 🚐 🔲 🅷 (6A) – pers. suppl. 7,50€ – frais de réservation 13€

Location : 60 🚍 (4 à 6 pers.) 210 à 651€/sem. – 4 🏠 (4 à 6 pers.) - 270 à 693€/sem. – frais de réservation 13€

🚐 1 borne artisanale

Pour s'y rendre : av. du Pont du Gard (2 km au nord-ouest, rte du Pont du Gard, rive droite)

À savoir : agréable cadre boisé en bordure du Gardon, proche du Pont du Gard

Nature : ⌖ 🌳
Loisirs : 🍷 snack, pizzeria 🍹 ⚡ ⚡ 🚲 🎾 🏊 🎣
Services : 🚻 🔜 GB 🆑 🔥 🚾 laverie 🏊 🐎

Longitude : 4.54
Latitude : 43.94

FranceLoc Le Domaine de La Soubeyranne ♣♣ – de déb. avr. à fin sept.

✆ *0466370321, soubeyranne@franceloc.fr, Fax 0466371465, www.soubeyranne.com* – 🅱

4 ha (200 empl.) plat, pierreux, herbeux

Tarif : (Prix 2009) 31,20€ ✶✶ 🚐 🔲 🅷 (6A) – pers. suppl. 7€ – frais de réservation 25€

Location (Prix 2009) (de déb. avr. à fin sept.) : 119 🚍 (4 à 6 pers.) 196 à 826€/sem. – frais de réservation 25€

🚐 borne artisanale

Pour s'y rendre : 1110, route de Beaucaire (2,5 km au sud par N 86 et D 986)

Nature : 🏞 ♀♀
Loisirs : 🍷 snack, pizzeria 🍹 ⚡ ⚡ 🎾 🔲 🏊 ⛷ terrain omnisports
Services : 🚻 🔜 GB 🆑 🔥 🚾 laverie 🐎

Longitude : 4.55967
Latitude : 43.94228

ROCLES

48300 – **330** K6 – 204 h. – alt. 1 085
Paris 581 – Grandrieu 20 – Langogne 8 – Mende 44 – Le Puy-en-Velay 59 – Thueyts 50.

Rondin des Bois de déb. mai à fin sept.
℘ 04 66 69 50 46, *rondin.com@wanadoo.fr*,
Fax 04 66 69 53 83, *www.camping-rondin.com* – alt. 1 000
2 ha (78 empl.) en terrasses, plat et peu incliné, pierreux, rochers
Tarif : 17 € ⚹⚹ ⇔ 🄴 ⑭ (10A) – pers. suppl. 4,50 € – frais de réservation 10 €

Location (de déb. avr. à mi-oct.) : 6 (4 à 6 pers.) nuitée 50 € - 250 à 490 €/sem. – 8 (4 à 6 pers.) nuitée 70 € - 390 à 620 €/sem. – frais de réservation 10 €
1 borne artisanale 15 €
Pour s'y rendre : au lieu-dit : Palhere (3 km au nord par rte de Bessettes et chemin de Vaysset à dr.)

À savoir : dans un site sauvage, à proximité du lac de Naussac

> Nature : ≤ ⌑
> Loisirs : 🍴 ✗ 🛋 🎯 🚲 ⛳ 🎣
> Services : ♿ ⚡ GB 🗤 ⁱⁿ 📷 ⚄
> À prox. : 🐎 (centre équestre)

> Longitude : 3.78271
> Latitude : 44.7142

ROQUEFORT-DES-CORBIÈRES

11540 – **344** I5 – 894 h. – alt. 50
Paris 813 – Montpellier 118 – Carcassonne 78 – Perpignan 45 – Béziers 57.

Gîtes La Capelle (location exclusive de chalets)
Permanent
℘ 04 68 48 82 80, *b.annest@libertysurf.fr*,
http://giteslacapelle.chez-alice.fr/
0,3 ha plat
Location (juil.-août) 🄿 : 🛖 250 à 720 €/sem.
Pour s'y rendre : 4 r. la Capelle

> Nature : ≤ 🌳🌳
> Loisirs : 🛋 🏊
> Services : 🗤 ⁱ ⁿ 📷

> Longitude : 2.92758
> Latitude : 42.99188

LA ROQUE-SUR-CÈZE

30200 – **339** M3 – G. Provence – 180 h. – alt. 90
Paris 663 – Alès 53 – Bagnols-sur-Cèze 13 – Bourg-St-Andéol 35 – Uzès 32.

Les Cascades de déb. avr. à mi-oct.
℘ 04 66 82 72 97, *infos@campinglescascades.com*,
Fax 04 66 82 68 51, *www.campinglescascades.com*
5 ha (118 empl.) plat, peu incliné, en terrasses, herbeux
Tarif : 29,10 € ⚹⚹ ⇔ 🄴 ⑭ (10A) – pers. suppl. 6,20 € – frais de réservation 15 €

Location : 46 (4 à 6 pers.) nuitée 35 € - 245 à 595 €/sem. – 5 bungalows toilés – frais de réservation 15 €
Pour s'y rendre : te de Donnat (600 m au sud par D 166, accès direct à la Cèze)

> Nature : ⌑ 🌳🌳
> Loisirs : 🍴 snack, pizzeria 🛋 🏊 🏖 🚣 terrain omnisports
> Services : ♿ ⚡ GB 🗤 ⚄ ⁱ ⁿ 📷 ⚄

> Longitude : 4.52
> Latitude : 44.19

LE ROZIER

48150 – **330** H9 – G. Languedoc Roussillon – 150 h. – alt. 400
🚹 *Office de tourisme, route de Meyrueis* ℘ 05 65 62 60 89, Fax 05 65 62 60 27
Paris 632 – Florac 57 – Mende 63 – Millau 23 – Sévérac-le-Château 23 – Le Vigan 72.

Les Prades de déb. mai à fin sept.
℘ 05 65 62 62 09, *lesprades@orange.fr*, Fax 05 65 62 62 09,
www.campinglesprades.com ✉ 12720 Peyreleau
3,5 ha (150 empl.) plat, herbeux, sablonneux
Tarif : (Prix 2009) 25,50 € ⚹⚹ ⇔ 🄴 ⑭ (6A) – pers. suppl. 4,90 € – frais de réservation 15 €

Location (Prix 2009) : 26 (4 à 6 pers.) nuitée 56 € - 240 à 580 €/sem. – 5 bungalows toilés – gîtes – frais de réservation 15 €
Pour s'y rendre : à Mostuejouls (4 km à l'ouest par Peyreleau et D 187 à dr., rte de la Cresse, au bord du Tarn)

> Nature : ≤ 🌳🌳
> Loisirs : 🍴 snack ≋ 🚲 ⛳ ✂ 🏊 🏖 🚣 mur d'escalade, canoë-kayak
> Services : ♿ ⚡ GB 🗤 ⚄ ↻ ⁱ ⁿ 📷 ⚄ ⚄
> À prox. : 🐎 (centre équestre)

> Longitude : 3.20354
> Latitude : 44.19394

△△△ Le St Pal de déb. mai à fin sept.
    ☎ 0565626446, *saintpal@orange.fr*, Fax 0565587982,
www.campingsaintpal.com
✉ 12720 Mostuéjouls
1,5 ha (75 empl.) plat, herbeux
Tarif : 27,50€ **† †** ⟚ 🔲 (₰) (5A) – pers. suppl. 6€ – frais
de réservation 18€

Location : 14 ⌂⌂ (4 à 6 pers.) nuitée 45€ - 270 à
616€/sem. – frais de réservation 18€
Pour s'y rendre : rte des Gorges du Tarn (1 km au nord-
ouest par D 907, rte de Millau, au bord du Tarn)

Nature : ≤ 🏔
Loisirs : 🎦 🏊 🎣
Services : & ⚡ GB 🚐 🛁 🍴 🖼
À prox. : 🚴 🎿 🐎 🐾

Longitude : 3.20354
Latitude : 44.19394

ST-ANDRÉ-DE-SANGONIS

34725 – **339** G7 – 4 690 h. – alt. 65
Paris 715 – Béziers 54 – Clermont-l'Hérault 8 – Gignac 5 – Montpellier 34 – Sète 61.

△ Le Septimanien de fin avr. à fin sept.
    ☎ 0467578423, *leseptimanien@yahoo.fr*,
www.camping-leseptimanien.com
2,6 ha (86 empl.) plat et en terrasses, pierreux
Tarif : (Prix 2009) 22,50€ **† †** ⟚ 🔲 (₰) (10A) – pers.
suppl. 4,10€ – frais de réservation 10€

Location (Prix 2009) : 10 ⌂⌂ (4 à 6 pers.) 420 à 505€/
sem. – 9 ⌂ (4 à 6 pers.) - 460 à 550€/sem. – frais de
réservation 10€
Pour s'y rendre : rte de Cambous (1 km au sud-ouest
par D 4, rte de Brignac, au bord d'un ruisseau)

Nature : 🌿 🔲 🌳
Loisirs : 🍴 🏖 🏊
Services : & ⚡ GB 🚐 🍴 laverie

Longitude : 3.4968
Latitude : 43.64237

Verwechseln Sie bitte nicht :
△... bis ... △△△△: *MICHELIN-Klassifizierung*
und
★ ... bis ... ★★★★ : *offizielle Klassifizierung*

ST-BAUZILE

48000 – **330** J8 – 545 h. – alt. 750
Paris 598 – Chanac 19 – Florac 29 – Marvejols 30 – Mende 13 – Ste-Énimie 25.

△ Municipal les Berges de Bramont de déb. juil. à
mi-sept.
    ☎ 0466470597, *mairiedestbauzile@wanadoo.fr*,
Fax 0466470045, *saint-bauzile.fr*
1,5 ha (50 empl.) terrasse, plat, herbeux
Tarif : 11€ **† †** ⟚ 🔲 (₰) (10A) – pers. suppl. 2,50€
Pour s'y rendre : à Rouffiac (1,5 km au sud-ouest
par D 41, N 106, rte de Mende, près du Bramont et du
complexe sportif)

Nature : ≤
Loisirs : 🎦 🏖
Services : & ⚡ 🚐 🛁 🔥 🗑
À prox. : 🍴 ✕ 🚴 🛶 🎿

Longitude : 3.49447
Latitude : 44.47942

ST-CYPRIEN

66750 – **344** J7 – G. Languedoc Roussillon – 10 140 h. – alt. 5
🛈 *Office de tourisme, quai A. Rimbaud* ☎ 0468210133, Fax 0468219833
Paris 859 – Céret 31 – Perpignan 17 – Port-Vendres 20.

à St-Cyprien-Plage NE : 3 km – 66750

△△△ Cala Gogo 🧍🧍 – de mi-mai à fin sept.
    ☎ 0468210712, *camping.calagogo@wanadoo.fr*,
Fax 0468210219, *www.campmed.com*
11 ha (659 empl.) plat, sablonneux, herbeux, pierreux
Tarif : **†** 9,70€ ⟚ 🔲 14€ – (₰) (6A) 3,70€ – frais de
réservation 18,30€

Location : 57 ⌂⌂ (4 à 6 pers.) 273 à 714€/sem. – frais
de réservation 18,30€
🚐 1 borne artisanale
Pour s'y rendre : av. Armand Lanoux - Les Capellans
(4 km au sud, au bord de plage)

À savoir : bel espace aquatique paysager

Nature : 🔲 🏔
Loisirs : 🍴 ✕ snack, pizzeria 🎦 🔲 🎯 discothèque 🏖 🎿 🏊
Services : & ⚡ GB 🚐 🛁 🍴 laverie 🔥 🗑
À prox. : 🎠 🐎 poneys (centre équestre) golf, parc d'attractions aquatiques

Longitude : 3.03339
Latitude : 42.60807

ST-GENIS-DES-FONTAINES

66740 – **344** I7 – G. Languedoc Roussillon – 2 737 h. – alt. 63
🛈 *Office de tourisme, rue Georges Clemenceau* ℘ *0468898433, Fax 0468896622*
Paris 878 – Argelès-sur-Mer 10 – Le Boulou 10 – Collioure 17 – La Jonquera 23 – Perpignan 23.

⚠ **La Pinède** de déb. juin à fin août
℘ 0468897529, *sarl.la.pinede@wanadoo.fr,*
www.campinglapinede66.fr
1 ha (71 empl.) plat, herbeux
Tarif : 25€ ★★ ⇔ 国 🚽 (10A) – pers. suppl. 5,20€ –
frais de réservation 19€

Location 🏖 : 🏠 (4 à 6 pers.) 360 à 485€/sem. –
frais de réservation 19€
Pour s'y rendre : av. des Albères (au sud du bourg par
D 2)

Nature : 🌳🌳
Loisirs : 🏊
Services : 🛁 🐾 🚗 🛢 🗑
À prox. : 🍴

Longitude : 2.92442
Latitude : 42.54084

ST-GEORGES-DE-LÉVÉJAC

48500 – **330** H9 – 255 h. – alt. 900
Paris 603 – Florac 53 – Mende 45 – Millau 49 – Sévérac-le-Château 20 – Le Vigan 93.

⚠ **Cassaduc** de déb. juil. à fin août
℘ 0466488580, *camping.cassaduc@orange.fr,*
www.camping-cassaduc.com
2,2 ha (75 empl.) en terrasses et peu incliné, herbeux,
pierreux
Tarif : 16,50€ ★★ ⇔ 国 🚽 (8A) – pers. suppl. 5€
🚐 10 国 16,50€
Pour s'y rendre : rte du Point Sublime (1,4 km au sud-
est)

À savoir : à 500 m du Point Sublime

Nature : 🏞⬤🌳🌳
Services : 🛁 🐾 🚗 🛶 ☂ 🗑
À prox. : 🍴 snack

Longitude : 3.24282
Latitude : 44.31532

ST-GERMAIN-DU-TEIL

48340 – **330** H8 – 832 h. – alt. 760
🛈 *Syndicat d'initiative, Croix Rouby* ℘ *0466326545, Fax 04.66.32.65.45*
Paris 601 – Montpellier 166 – Mende 46 – Millau 58 – Marvejols 27.

⛰ **Les Chalets du Plan d'Eau de Booz** (location
exclusive de chalets) de fin mars à mi-nov.
℘ 0466326909, *sla@lozere-resa.com,* Fax 0466326909,
www.lozere-resa.com
5 ha plat, herbeux, plan d'eau

Location 🛁 : 43 🏠 (4 à 6 pers.) - 199 à 599€/sem. –
frais de réservation 20€
Pour s'y rendre : Plan d'eau de Booz

Nature : 🌿
Loisirs : 🍴 snack 🏸 🏃 🚣 🏊
🚤 pédalos, canoë-kayak, optimist
Services : 🐾 GB 🚗 🏛 🚻 🗑

Longitude : 3.20243
Latitude : 44.46375

ST-HIPPOLYTE-DU-FORT

30170 – **339** I5 – 3 650 h. – alt. 165
🛈 *Office de tourisme, les Casernes* ℘ *0466779165, Fax 0466772536*
Paris 703 – Alès 35 – Anduze 22 – Nîmes 48 – Quissac 15 – Le Vigan 31.

⚠ **Graniers** de mi-mars à mi-oct.
℘ 0466852144, *contact@camping-graniers.com,*
Fax 0466251924, *camping-graniers.com*
2 ha (50 empl.) peu incliné, terrasses, herbeux, bois
attenant
Tarif : (Prix 2009) 20€ ★★ ⇔ 国 🚽 (6A) – pers.
suppl. 4€

Location (Prix 2009) (permanent) : 2 🏠 (4 à 6 pers.)
nuitée 35€ - 225 à 420€/sem. – 3 🏠 (4 à 6 pers.)
nuitée 48€ - 310 à 530€/sem. – 3 bungalows toilés – 2
yourtes
Pour s'y rendre : 4 km au nord-est par rte d'Uzès
puis D 133, rte de Monoblet et chemin à dr., au bord
d'un ruisseau

Nature : 🏞🌳🌳
Loisirs : 🍴 🏊
Services : 🐾 GB 🚗 🚻 🗑

Longitude : 3.88722
Latitude : 43.98084

ST-JEAN-DE-CEYRARGUES

30360 – **339** K4 – 161 h. – alt. 180
Paris 700 – Alès 18 – Nîmes 33 – Uzès 21.

Les Vistes de déb. avr. à fin sept.
& 04 66 83 28 09, *info@lesvistes.com, www.lesvistes.com*
6 ha/3 campables (52 empl.) non clos, peu incliné, plat,
herbeux, pierreux
Tarif : (Prix 2009) 20 € ✱✱ ⟨⟩ 🅴 (½) (6A) – pers.
suppl. 4,50 €

Location (Prix 2009) (de déb. avr. à déb. janv.) ᙁ : 12
🏠 (4 à 6 pers.) - 240 à 540 €/sem.
Pour s'y rendre : rte des Vistes (500 m au sud par D 7)
À savoir : belle situation panoramique

Nature : 🏔 ≤ Mt-Aigoual 👁👁
Loisirs : 🛋 ≈ 🛶
Services : ᙁ 🚰 (saison) 🅿 (juil-août) 🛒 👕 🚽 🔥

Longitude : 4.22784
Latitude : 44.0515

Campeurs...
N'oubliez pas que le feu est le plus terrible ennemi de la forêt.
Soyez prudents !

390

ST-JEAN-DU-GARD

30270 – **339** I4 – G. Languedoc Roussillon – 2 646 h. – alt. 183
🛈 Office de tourisme, place Rabaut Saint-Étienne *&* 04 66 85 32 11, Fax 04 66 85 16 28
Paris 675 – Alès 28 – Florac 54 – Lodève 91 – Montpellier 74 – Nîmes 60 – Le Vigan 59.

Mas de la Cam de mi-avr. à mi-sept.
& 04 66 85 12 02, *camping@masdelacam.fr,*
Fax 04 66 85 32 07, *www.masdelacam.fr*
6 ha (200 empl.) en terrasses, peu incliné, herbeux
Tarif : (Prix 2009) 31 € ✱✱ ⟨⟩ 🅴 (½) (6A) – pers.
suppl. 6,60 € – frais de réservation 15 €

Location (Prix 2009) 🏚 : bungalows toilés – gîtes –
frais de réservation 15 €
Pour s'y rendre : rte de Saint-André-de-Valborgne (3 km
au nord-ouest par D 907, au bord du Gardon de St-Jean)
À savoir : site agréable dans une vallée verdoyante

Nature : 🏔 ≤ 🛖 👁👁
Loisirs : 🍸 snack 🛋 🎦 nocturne ≈ 🎯 🏊 🛶 terrain omnisports
Services : ᙁ 🚰 GB 🛒 👕 🚽 🔥 🍴 ⚒

Longitude : 3.85319
Latitude : 44.1123

Les Sources de déb. avr. à fin sept.
& 04 66 85 38 03, *camping-des-sources@wanadoo.fr,*
Fax 04 66 85 16 09, *www.camping-des-sources.fr*
3 ha (92 empl.) en terrasses, peu incliné, herbeux
Tarif : 24 € ✱✱ ⟨⟩ 🅴 (½) (10A) – pers. suppl. 4,50 € –
frais de réservation 9 €

Location (permanent) : 3 🚐 (4 à 6 pers.) nuitée 40 €
- 330 à 595 €/sem. – 12 🏠 (4 à 6 pers.) nuitée 40 € -
330 à 595 €/sem. – frais de réservation 9 €
🚐 1 borne artisanale 4 € – 🔋 (½) 15.68 €
Pour s'y rendre : rte de Mialet (1 km au nord-est par
D 983 et D 50)
À savoir : agréable cadre champêtre, ambiance familiale

Nature : 🏔 ≤ 🛖 👁👁
Loisirs : 🍸 snack 🛋 ≈ 🛶
Services : ᙁ 🚰 GB 🛒 👕 🚽 🔥 🍴 ⚒

Longitude : 3.88895
Latitude : 44.10537

La Forêt de fin avr. à mi-sept.
& 04 66 85 37 00, *laforet30@aol.com,* Fax 04 66 85 07 05,
www.campingalaforet.com
3 ha (75 empl.) en terrasses, plat, herbeux, pierreux
Tarif : (Prix 2009) 25 € ✱✱ ⟨⟩ 🅴 (½) (6A) – pers.
suppl. 4,80 € – frais de réservation 5 €

Location (Prix 2009) 🏚 : 3 🏠 (4 à 6 pers.) - 315
à 550 €/sem. – 5 chalets (sans sanitaires) – frais de
réservation 5 €
Pour s'y rendre : rte de Falguières (2 km au nord par
D 983, rte de St-Étienne-Vallée-Française puis 2 km par
D 333)
À savoir : à l'orée d'une vaste pinède

Nature : 🏔 ≤ 🛖 👁
Loisirs : ≈ 🛶
Services : 🚰 GB 🚽 🔥 🍴 réfrigérateurs

Longitude : 3.89015
Latitude : 44.1319

ST-LÉGER-DE-PEYRE

48100 – **330** H7 – 176 h. – alt. 780
Paris 581 – Montpellier 188 – Mende 34 – Marvejols 6 – Espalion 93.

▲▲▲ **Village Vacances Hameau Ste-Lucie** (location exclusive de maisonnettes et de maisons) de déb. fév. à fin déc.
    ℘ 04 66 48 48 48, *sla@lozere-resa.com*, Fax 04 66 65 55 03, *www.loupsdugevaudan.com* – alt. 1 100
30 ha/2 campables en terrasses, non clos

Location : 8 🏠 (4 à 6 pers.) - 139 à 423 €/sem. – frais de réservation 20 €
Pour s'y rendre : au lieu-dit : Sainte Lucie

À savoir : vue à 180°, sur la Lozère, au calme absolu, tout près des loups

Nature : 🐾 ⋖ mont Lozère, mont Aigoual
Loisirs : 🍽 ✕
Services : ⊶ 🅿 ⅁⅁ ⊘ 🏛 🗃
À prox. : parc aux loups du Gévaudan

Longitude : 3.28486
Latitude : 44.60607

ST-PAUL-LE-FROID

48600 – **330** J6 – 158 h. – alt. 1 302
Paris 582 – Montpellier 237 – Mende 54 – Le Puy-en-Velay 61 – Saint-Flour 69.

▲▲ **Village Vacances les Baraques des Bouviers** (location exclusive de chalets et de chalets nordiques) fermé de mi-nov. à mi-déc.
    ℘ 04 66 47 41 54, *bouviers@france48.com*, Fax 04 66 47 30 76, *www.lesbouviers.com* – alt. 1 418
2 ha non clos, plat, en terrasses

Location (Prix 2009) ♿ : 🏠 (4 à 6 pers.) nuitée 67 € - 186 à 820 €/sem. – 2 studios – frais de réservation 20 €

À savoir : Chalets "isolés" sur le plateau de La Margeride, au pied des pistes de ski de fond

Nature : 🐾 ⋖ 🌳🌳
Loisirs : 🎱
Services : ⅁⅁ ⊘ 🏛 ⁿ 🗃
À prox. : 🍽 ✕ 🚲 raquettes, ski de fond, randonnées VTT, escalade

Longitude : 3.57214
Latitude : 44.79126

391

Pour choisir et suivre un itinéraire
Pour calculer un kilométrage
Pour situer exactement un terrain (en fonction des indications fournies dans le texte) :
*Utilisez les **cartes MICHELIN**,*
compléments indispensables de cet ouvrage.

ST-VICTOR-DE-MALCAP

30500 – **339** K3 – 629 h. – alt. 140
Paris 680 – Alès 23 – Barjac 15 – La Grand-Combe 25 – Lussan 21 – St-Ambroix 4.

▲▲ **Domaine de Labeiller** 👥 – de déb. mai à fin sept.
    ℘ 04 66 24 15 27, *campinglabeiller@wanadoo.fr*, Fax 04 66 24 15 27, *www.labeiller.fr*
3 ha (132 empl.) en terrasses, plat, herbeux, pierreux
Tarif : 35 € ★★ 🚗 🗐 [½] (6A) – pers. suppl. 7 €

Location : 23 🏕 (4 à 6 pers.) nuitée 50 € - 315 à 945 €/sem. – gîtes
Pour s'y rendre : 1701 rte de Barjac (1 km au sud-est, accès par D 51, rte de St-Jean-de-Maruéjols et chemin à gauche)

À savoir : agréable chênaie autour d'un bel espace aquatique

Nature : 🐾 ⊏ 🌳🌳
Loisirs : 🍽 snack 🎣 ⛹ ⛲ ⛷
Services : ♿ ⊶ ⊘ 🛁 ⁿ 🗃
À prox. : 🛶 canoë

Longitude : 4.21981
Latitude : 44.24712

STE-ÉNIMIE

48210 – **330** I8 – G. Languedoc Roussillon – 517 h. – alt. 470
🛈 *Office de tourisme, village* ✆ 04 66 48 53 44, *Fax* 04 66 48 47 70
Paris 612 – Florac 27 – Mende 28 – Meyrueis 30 – Millau 57 – Sévérac-le-Château 49 – Le Vigan 82.

🏔 **Le Couderc** de mi-avr. à mi-sept.
✆ 04 66 48 50 53, *campingcouderc@orange.fr*,
www.campingcouderc.fr
2,5 ha (113 empl.) en terrasses, pierreux, herbeux
Tarif : (Prix 2009) 18 € ✶✶ ⇔ 🔲 🚿 (6A) – pers.
suppl. 4 € – frais de réservation 15 €

Location (Prix 2009) (de mi-mai à déb. sept.) : 7 🏠
(4 à 6 pers.) nuitée 35 € - 280 à 520 €/sem. – frais de
réservation 15 €
🚐 1 borne eurorelais 3 €
Pour s'y rendre : rte de Millau (2 km au sud-ouest par
D 907bis, au bord du Tarn)

Nature : < 🌳⚠
Loisirs : 🍷 🏊 🎣
Services : 🕭 ⊶ GB 🚿 🏧 🛏 📺
À prox. : canoë

Longitude : 3.39917
Latitude : 44.35194

🏔 **Les Fayards** de déb. mai à mi-sept.
✆ 04 66 48 57 36, *info@camping-les-fayards.com*,
www.camping-les-fayards.com
2 ha (90 empl.) plat, herbeux, pierreux, terrasse
Tarif : 22 € ✶✶ ⇔ 🔲 🚿 (10A) – pers. suppl. 4 € – frais
de réservation 10 €

Location 🚫 : 9 🏠 (4 à 6 pers.) nuitée 50 € - 245
à 680 €/sem. – 4 🏡 (4 à 6 pers.) nuitée 50 € - 245 à
580 €/sem. – 4 bungalows toilés – frais de réservation
10 €
Pour s'y rendre : rte de Millau (3 km au sud-ouest par
D 907bis, au bord du Tarn)

Nature : 🌿 🏞 🌳
Loisirs : 🍷 🏊 🎣 canoë-kayak
Services : 🕭 ⊶ GB 🚿 🛁 🍽 📺

Longitude : 3.40396
Latitude : 44.3465

🏔 **Le Site de Castelbouc** de mi-avr. à fin sept.
✆ 04 66 48 58 08, *camping.lesite@wanadoo.fr*,
Fax 04 66 48 58 08
1 ha (60 empl.) non clos, peu incliné, plat, herbeux
Tarif : (Prix 2009) 13,60 € ✶✶ ⇔ 🔲 🚿 (5A) – pers.
suppl. 3,50 €

Location (Prix 2009) : 6 🏠 (4 à 6 pers.) 350 à 520 €/
sem.
Pour s'y rendre : 7 km au sud-est par D 907b,
rte d'Ispagnac puis 500 m par rte de Castelbouc à dr.,
au bord du Tarn

Nature : 🌿 < 🏞 🌳⚠
Loisirs : 🎣 canoë-kayak
Services : 🕭 ⊶ GB 🚿 📺

Longitude : 3.41043
Latitude : 44.3662

Ihre Meinung über die von uns empfohlenen Campingplätze interessiert uns.
Teilen Sie uns Ihre Erfahrungen mit und schreiben Sie uns auch,
wenn Sie eine gute Entdeckung gemacht haben.

STE-MARIE

66470 – **344** J6 – 3 842 h. – alt. 4
🛈 *Office de tourisme, Complex Oméga* ✆ 04 68 80 14 00, *Fax* 04 68 80 25 65
Paris 845 – Argelès-sur-Mer 24 – Le Boulou 37 – Perpignan 14 – Rivesaltes 18 – St-Laurent-de-la-
Salanque 7.

à la Plage E : 2 km

🏔 **Le Palais de la Mer** 👥 – de mi-mai à fin sept.
✆ 04 68 73 07 94, *contact@palaisdelamer.com*,
Fax 04 68 73 57 83, *www.palaisdelamer.com*
2,6 ha (181 empl.) plat, sablonneux
Tarif : 38 € ✶✶ ⇔ 🔲 🚿 (10A) – pers. suppl. 7 € – frais
de réservation 35 €

Location : 12 🏠 (4 à 6 pers.) 210 à 710 €/sem. –
2 appartements – frais de réservation 35 €
Pour s'y rendre : av. de Las Illes (600 m au nord de la
station, à 150 m de la plage (accès direct))
À savoir : agréable cadre arbustif et floral

Nature : 🏞 🌳
Loisirs : 🍷 snack, pizzeria 🎮 nocturne 🎯 💆 ♨ 🏊 petit parc animalier
Services : 🕭 ⊶ GB 🚿 🛏 🛁 ✂ 🍽 📺 🛒 🚿

Longitude : 3.01464
Latitude : 42.72835

⚠️ **La Pergola** de déb. juin à mi-sept.
📞 04 68 73 03 07, *camping-la-pergola@wanadoo.fr*,
Fax 04 68 73 02 40, *www.campinglapergola.com*
3,5 ha (181 empl.) plat, sablonneux
Tarif : (Prix 2009) 30 € ✛✛ ⇌ 🅴 ⊞ (10A) – pers.
suppl. 7 € – frais de réservation 16 €

Location (de déb. mai à fin sept.) : 8 🛏 (2 à 4 pers.)
nuitée 72 € - 310 à 505 €/sem. – 18 🛏 (4 à 6 pers.)
nuitée 92 € - 340 à 700 €/sem. – frais de réservation
16 €
🚐 1 borne artisanale 3,50 €
Pour s'y rendre : 500 m de la plage

| Nature : 🌳🌳 |
| Loisirs : snack, pizzeria 🎱 ⛹ 🏊 |
| Services : ♿ ⊶ GB ⊘ 🖥 🛁 ⛽ 🍴 laverie ♨ |
| À prox. : ✂️ |

Longitude : 3.03305
Latitude : 42.72644

LA SALVETAT-SUR-AGOUT

34330 – **339** B7 – G. Languedoc Roussillon – 1 194 h. – alt. 700
🛈 *Office de tourisme, place des Archers* 📞 04 67 97 64 44, Fax 04 67 97 83 16
Paris 725 – Anglès 17 – Brassac 26 – Lacaune 20 – Olargues 27 – St-Pons-de-Thomières 22.

⚠️ **La Blaquière** de déb. mai à fin sept.
📞 04 67 97 61 29, *jerome@campingblaquiere.com*,
www.campingblaquiere.com
0,8 ha (60 empl.) plat, herbeux
Tarif : (Prix 2009) 14 € ✛✛ ⇌ 🅴 ⊞ (6A) – pers.
suppl. 3,50 €

Location (Prix 2009) : 5 🛏 (2 à 4 pers.) 115 à 330 €/
sem. – 8 🛏 (4 à 6 pers.) 180 à 450 €/sem. – frais de
réservation 16 €
Pour s'y rendre : rte de Lacaune (sortie nord,
au bord de l'Agout)

| Nature : 🌳🌳 |
| Loisirs : ⛵ |
| Services : ⊶ (saison) ⊘ |
| À prox. : 🛁 ⛹ ✂️ |

Longitude : 2.70447
Latitude : 43.60101

Give use your opinion of the camping sites we recommend.
Let us know of your remarks and discoveries.

393

SÉRIGNAN

34410 – **339** E9 – G. Languedoc Roussillon – 6 522 h. – alt. 7
🛈 *Office de tourisme, place de la Libération* 📞 04 67 32 42 21, Fax 04 67 32 37 97
Paris 765 – Agde 22 – Béziers 11 – Narbonne 34 – Valras-Plage 4.

⚠️ **FranceLoc Domaine Les Vignes d'Or** 👥 – de
mi-avr. à fin sept.
📞 04 67 32 37 18, *vignesdor@franceloc.fr*,
Fax 04 67 32 00 80, *www.vignesdor.com*
4 ha (250 empl.) plat, herbeux, pierreux
Tarif : (Prix 2009) 15 € ✛✛ 🅴 ⊞ (6A) – pers.
suppl. 4,70 € – frais de réservation 25 €

Location (Prix 2009) : 150 🛏 (4 à 6 pers.) nuitée
42 € - 140 à 826 €/sem. – 20 🏠 (4 à 6 pers.) nuitée
54 € - 217 à 896 €/sem. – bungalows toilés – frais de
réservation 25 €
Pour s'y rendre : 3,5 km au sud, prendre la contre-allée
située derrière le garage Citroën

| Nature : 🌊 🏖 🌴 |
| Loisirs : 🍺 brasserie, pizzeria 🎯 nocturne 🎪 ⛹ 🎱 🏊 ⛷ terrain multisports |
| Services : ♿ ⊶ GB ⊘ 🖥 🍴 📷 ♨ |
| À prox. : 🛒 ✂️ 🐎 🎣 |

Longitude : 3.2757
Latitude : 43.2593

⚠️ **Le Paradis** de déb. avr. à fin sept.
📞 04 67 32 24 03, *Paradiscamping34@aol.com*,
Fax 04 67 32 24 03, *www.camping-leparadis.com* ⛵
2,2 ha (129 empl.) plat, herbeux
Tarif : (Prix 2009) 31,50 € ✛✛ ⇌ 🅴 ⊞ (10A) – pers.
suppl. 5 € – frais de réservation 17 €

Location : 5 🛏 (2 à 4 pers.) 160 à 415 €/sem. – 18
🛏 (4 à 6 pers.) nuitée 35 € - 190 à 580 €/sem. – frais
de réservation 17 €
Pour s'y rendre : rte de Valras-Plage (1,5 km au sud)
À savoir : cadre agréable, fleuri et grands emplacements

| Nature : 🏖 🌳🌳 |
| Loisirs : snack, pizzeria 🎱 ⛹ 🏊 |
| Services : ♿ ⊶ GB ⊘ 🛁 laverie ♨ |
| À prox. : 🛒 |

Longitude : 3.28292
Latitude : 43.27912

à Sérignan-Plage SE : 5 km par D 37E – 34410

⚠ Yelloh! Village Le Sérignan Plage 🏕 – de fin
avr. à fin sept.
📞 04 67 32 35 33, *info@leserignanplage.com*,
Fax 04 67 32 26 36, *www.leserignanplage.com*
20 ha (1000 empl.) plat, herbeux, sablonneux, marais
Tarif : 48 € 🚗🚗 ⬌ 🔲 [4] (6A) – pers. suppl. 8 € – frais de
réservation 30 €

Location 🏠 : 245 📺 (4 à 6 pers.) 203 à 1 876 €/sem.
– 53 🏠 (4 à 6 pers.) - 203 à 1 162 €/sem.
📷 1 borne
Pour s'y rendre : au lieu-dit : L'Orpellière (en bordure de
plage, accès direct)

À savoir : des emplacements nature près des marais

Nature : 🌲 🚐 ♨
Loisirs : ⛲ ✕ snack, pizzeria, crêperie 🎬 ☺ 🏓 🎿 discothèque ⚡ 🚴 🎾 🔲 🏊 ♨ balnéo (naturiste le matin)
Services : ♿ ⛽ GB ✂ 🐕 ⚑ 💈 laverie 🧺 🚿
À prox. : ☇

Longitude : 3.31976
Latitude : 43.26308

⚠ Yelloh! Village Aloha 🏕 – de mi-avr. à mi-sept.
📞 04 67 39 71 30, *info@alohacamping.com*,
Fax 04 67 32 58 15, *www.alohacamping.com*
9,5 ha (470 empl.) plat, herbeux, sablonneux
Tarif : (Prix 2009) 15 € 🚗🚗 ⬌ 🔲 [4] (10A) – pers.
suppl. 6 €

Location 🅿 (mobile home) : 📺 – 🏠
📷 1 borne artisanale
Pour s'y rendre : chemin des Dunes

Nature : 🚐 ♨
Loisirs : ⛲ ✕ pizzeria, snack 🎬 ☺ 🏓 🎿 salle d'animation ⚡ 🚴 🎾 🏊 ♨ terrain multisports
Services : ♿ ⛽ GB ✂ 🐕 ⚑ 💈 laverie 🧺 🚿
À prox. : 🏇 🐎

Longitude : 3.35888
Latitude : 43.27807

⚠ Le Clos Virgile 🏕 – de déb. mai à mi-sept.
📞 04 67 32 20 64, *contact@ledosvirgile.fr*,
Fax 04 67 32 05 42, *www.ledosvirgile.com*
5 ha (300 empl.) plat, sablonneux, herbeux
Tarif : (Prix 2009) 36 € 🚗🚗 ⬌ 🔲 [4] (6A) – pers.
suppl. 6 € – frais de réservation 25 €

Location (Prix 2009) 🏠 : 90 📺 (4 à 6 pers.) 180 à
750 €/sem. – 22 🏠 (4 à 6 pers.) - 250 à 750 €/sem. –
frais de réservation 25 €
Pour s'y rendre : 500 m de la plage

Nature : 🚐 ♨
Loisirs : ⛲ pizzeria, snack 🎬 ☺ nocturne 🏓 jacuzzi ⚡ 🔲 🏊 ♨
Services : ♿ ⛽ GB ✂ 🐕 💈 🏊 🚿
À prox. : 🏇 🐎

Longitude : 3.28304
Latitude : 43.2816

⚠ Beauséjour 🏕 – de déb. avr. à fin sept.
📞 04 67 39 50 93, *info@camping-beausejour.com*,
Fax 04 67 32 01 96, *www.camping-beausejour.com*
10 ha/6 campables (380 empl.) plat, herbeux, sablonneux
Tarif : (Prix 2009) 41 € 🚗🚗 ⬌ 🔲 [4] (10A) – pers.
suppl. 7 € – frais de réservation 15 €

Location (Prix 2009) 🏠 : 50 📺 (4 à 6 pers.) nuitée
138 € - 378 à 1 008 €/sem. – 6 🏠 (4 à 6 pers.) nuitée
129 € - 343 à 903 €/sem. – frais de réservation 15 €
📷 1 borne artisanale
Pour s'y rendre : en bordure de plage

Nature : 🌲 🚐 ♨
Loisirs : ⛲ brasserie, pizzeria ☺ nocturne 🏓 🎿 discothèque ⚡ piste de bi-cross
Services : ♿ ⛽ GB ✂ 🐕 💈 🏊 🚿
À prox. : base nautique

Longitude : 3.33194
Latitude : 43.26582

SÈTE

34200 – **339** H8 – G. Languedoc Roussillon – 43 008 h. – alt. 4
🛈 *Office de tourisme, 60, Grand'Rue Mario Roustan* 📞 04 67 74 71 71, Fax 04 67 46 17 54
Paris 787 – Béziers 48 – Lodève 63 – Montpellier 35.

⚠ Village Center Le Castellas 🏕 – de déb. avr. à mi-sept.
📞 08 25 00 20 30, *resa@village-center.com*,
Fax 04 67 51 63 89, *www.village-center.fr*
23 ha (985 empl.) plat, gravillons, sablonneux
Tarif : 40 € 🚗🚗 ⬌ 🔲 [4] (6A) – pers. suppl. 8 € – frais de
réservation 30 €

Location : 📺 (4 à 6 pers.) 241 à 1 022 €/sem. – 🏠
(4 à 6 pers.) - 265 à 1 022 €/sem. – frais de réservation
30 €
Pour s'y rendre : 11 km au sud-ouest par N 112,
rte d'Agde, près de la plage

Nature : 🚐 ♨
Loisirs : ⛲ cafétéria, pizzeria, snack, grill 🎬 ☺ 🏓 ⚡ 🚴 -☺ 🎾 🏊 ♨ point d'informations touristiques
Services : ♿ ⛽ GB ✂ 🐕 💈 laverie 🧺 🚿 réfrigérateurs, télévisions
À prox. : ☇

Longitude : 3.69661
Latitude : 43.4017

SOMMIÈRES

30250 – **339** J6 – 4 505 h. – alt. 34

🅱 *Office de tourisme, 5, quai Frédéric Gaussorgues* ℰ *0466809930, Fax 0466800695*

Paris 734 – Alès 44 – Montpellier 35 – Nîmes 29.

"Les Castels" Domaine de Massereau de fin mars à mi-nov.
ℰ 0466531120, *info@massereau.fr*, Fax 0466733229, *www.massereau.fr*
90 ha/7,7 campables (120 empl.) plat, peu incliné, herbeux, pierreux
Tarif : 38,40€ ✶✶ ⚌ 🅴 (ᵭ) (16A) – pers. suppl. 9,30€ – frais de réservation 20€

Location (permanent) ⚹ : 35 🛏 (4 à 6 pers.) nuitée 45€ - 315 à 779€/sem. – 24 🏠 (4 à 6 pers.) nuitée 46€ - 371 à 887€/sem. – 2 bungalows toilés – frais de réservation 20€
🔙 1 borne eurorelais 2€ – 🔋 25€
Pour s'y rendre : 1990 rte d'Aubais (Les Hauteurs de Sommières)

À savoir : au milieu d'un domaine viticole

Nature : 🐠 🛏 🞄🞄
Loisirs : 🍸 ✗ pizzeria 🛶 hammam jacuzzi 🚴 🎣 🛝 ⚱ parcours de santé
Services : ⚹ 🗝 GB 🐕 ♨ 🞄 🞃 🍴 laverie 🛝 🍴
À prox. : 🏊 🎣 piste cyclabe

Longitude : 4.08945
Latitude : 43.78355

Municipal de Garanel de déb. avr. à fin sept.
ℰ 0466803349,
campingmunicipal.sommieres@wanadoo.fr
7 ha (60 empl.) plat, pierreux, sablonneux
Tarif : (Prix 2009) ✶ 2,90€ ⚌ 🅴 3,70€ – (ᵭ) (10A) 3,25€
🔙 1 borne eurorelais 3€ – 🔋 (ᵭ) 12.50€
Pour s'y rendre : derrière les arènes, près du Vidourle

Nature : 🛏 🞄🞄
Services : ⚹ 🗝 🐕 ⚱ 🖩
À prox. : 🛝 🍸 ✗ pizzeria ✂ 🛝 canoë

Longitude : 4.08945
Latitude : 43.78355

LA TAMARISSIÈRE

34300 – **339** F9

Paris 761 – Montpellier 62 – Béziers 24 – Narbonne 54 – Sète 29.
Schéma à Agde

La Tamarissière de mi-avr. à mi-sept.
ℰ 0467947946, *contact@camping-tamarissiere.com*,
Fax 0467947823, *www.camping-tamarissiere.com*
10 ha (700 empl.) plat, vallonné, peu incliné, sablonneux, herbeux
Tarif : (Prix 2009) 26,90€ ✶✶ ⚌ 🅴 (ᵭ) (10A) – pers. suppl. 4,40€ – frais de réservation 25€

Location (Prix 2009) ⚹ ✂ (juil-août) : 55 🏠 (4 à 6 pers.) - 298 à 692€/sem. – frais de réservation 25€
🔙 1 borne
Pour s'y rendre : 4 r. du Commandant Malet

À savoir : situation agréable sous les pins et au bord de mer

Nature : 🞄🞄⚓
Loisirs : 🛠 terrain omnisports
Services : ⚹ 🗝 GB 🐕 🍴 laverie cases réfrigérées
À prox. : 🛝 🍸 ✗ pizzeria sandwicherie 🍴 🎣

Longitude : 3.44316
Latitude : 43.28889

TORREILLES

66440 – **344** I6 – 3 025 h. – alt. 4

🅱 *Office de tourisme, 1, avenue la Méditerranée* ℰ *0468284110, Fax 0468284110*

Paris 847 – Argelès-sur-Mer 31 – Le Boulou 35 – Perpignan 12 – Port-Barcarès 11 – Rivesaltes 14.

à la Plage NE : 3 km par D 11E

Mar I Sol ▲▲ – de déb. avr. à fin sept.
ℰ 0468280407, *marisol@camping-marisol.com*,
Fax 0468281823, *www.camping-marisol.com*
7 ha (377 empl.) plat, sablonneux, herbeux
Tarif : 49€ ✶✶ ⚌ 🅴 (ᵭ) (10A) – pers. suppl. 9,40€ – frais de réservation 39,50€

Location : 🛏 (4 à 6 pers.) 174 à 1 078€/sem. – frais de réservation 39,50€
Pour s'y rendre : bd de la Plage (150 m de la plage - accès direct)

Nature : 🛏 ⚘
Loisirs : 🍸 ✗ brasserie, pizzeria 🎬 🎣 🛝 🛁 hammam jacuzzi discothèque 🛠 🚴 🞄 ✂ 🛝 ⚱ terrain omnisports
Services : ⚹ 🗝 GB 🐕 🞄 🍴 laverie 🎣 🞄
À prox. : 🎯 🏇

Longitude : 2.99284
Latitude : 42.75569

Les Tropiques ♣♣ – de déb. avr. à déb. oct.
✆ 04 68 28 05 09, *contact@campinglestropiques.com*,
Fax 04 68 28 48 90, *www.campinglestropiques.com*
8 ha (450 empl.) plat, sablonneux, pierreux, herbeux
Tarif : 47,50€ ✦✦ ⟷ 🔲 ⚡ (10A) – pers. suppl. 8,75€ –
frais de réservation 30€
Location ⚂ : 221 🏠 (4 à 6 pers.) 247 à 1 085€/sem.
– frais de réservation 30€
🚐 1 borne artisanale – 🚌 ⚡ 15€
Pour s'y rendre : bd de la Plage

Nature : 🏕 ♦♦
Loisirs : ♟ ✗ snack, pizzeria 🏛 ♦ 🏃 🎿 discothèque, point informations touristiques 🚣 🏊 ⛴ terrain omnisports
Services : ⚂ ⚊ GB 🐕 🐑 🚰 laverie 🏊 🚿
À prox. : 🏇 🐎

Longitude : 3.02972
Latitude : 42.7675

Le Calypso ♣♣ – de déb. avr. à fin sept.
✆ 04 68 28 09 47, *camping.calypso@wanadoo.fr*,
Fax 04 68 28 24 76, *www.camping-calypso.com*
6 ha (326 empl.) plat, sablonneux, pierreux, herbeux
Tarif : (Prix 2009) 37€ ✦✦ ⟷ 🔲 ⚡ (10A) – pers.
suppl. 8,80€ – frais de réservation 20€
Location (Prix 2009) 🏊 : 75 🏠 (4 à 6 pers.) 176 à
924€/sem. – 28 🏡 (4 à 6 pers.) · 280 à 931€/sem. –
frais de réservation 20€
🚐 4 🔲 37€
Pour s'y rendre : bd de la Plage

Nature : 🏕 ♦♦
Loisirs : ♟ snack, pizzeria, crêperie 🏛 ♦ 🏃 🎿 🚣 🚲 🎿 terrain omnisports
Services : ⚂ ⚊ (juil.-août) GB 🐕 🐑 – 9 sanitaires individuels (🚿 wc) 🚰 laverie 🚿 cases réfrigérées
À prox. : 🏇 🐎

Longitude : 2.99284
Latitude : 42.75569

Le Trivoly ♣♣ – de déb. avr. à fin sept.
✆ 02 51 33 05 05, *info@chadotel.com*, Fax 02 51 33 94 04,
www.chadotel.com – places limitées pour le passage
8 ha (270 empl.) plat, sablonneux, gravillons, herbeux
Tarif : 31€ ✦✦ ⟷ 🔲 ⚡ (6A) – pers. suppl. 5,80€ – frais
de réservation 25€
Location : 200 🏠 (4 à 6 pers.) 200 à 850€/sem. –
frais de réservation 25€
🚐 1 borne 31€ – 60 🔲 31€ – 🚌 13.50€
Pour s'y rendre : bd de la Plage

Nature : 🏕 ♦♦
Loisirs : ♟ snack, pizzeria 🏛 🏃 🚣 🚣 🎿 🎿 terrain omnisports
Services : ⚂ ⚊ GB 🐕 🐑 🚰 laverie 🚿

Longitude : 3.02694
Latitude : 42.76556

La Palmeraie de mi-avr. à fin sept.
✆ 08 20 20 12 07, *info@homair.com*, Fax 04 42 95 03 63,
www.camping-lapalmeraie.com
4,5 ha (242 empl.) plat, sablonneux, herbeux
Tarif : (Prix 2009) 34€ ✦✦ ⟷ 🔲 ⚡ (10A) – pers.
suppl. 8,50€ – frais de réservation 10€
Location (Prix 2009) : 118 🏠 (4 à 6 pers.) 175 à 966€/
sem. – 32 🏡 (4 à 6 pers.) · 154 à 735€/sem. – frais de
réservation 25€
Pour s'y rendre : bd de la Plage
À savoir : décoration arbustive et florale

Nature : 🏕 ♦♦
Loisirs : ♟ snack, pizzeria 🏛 ♦ nocturne 🚣 🎿 terrain omnisports
Services : ⚂ ⚊ GB 🐕 🐑 🚰 laverie 🚿 cases réfrigérées
À prox. : 🍴 ✗ 🏇 🐎

Longitude : 3.02806
Latitude : 42.76361

TRÈBES

11800 – **344** F3 – 5 618 h. – alt. 84

🛈 *Syndicat d'initiative, 12, avenue Pierre Curie* ✆ *0468788950, Fax 0468788950*

Paris 776 – Carcassonne 8 – Conques-sur-Orbiel 9 – Lézignan-Corbières 28 – Olonzac 28.

▲ **A l'Ombre des Micocouliers** de déb. avr. à fin sept.

✆ 0468786175, *infos@campingmicocouliers.com*,
Fax 0468788877, *www.campingmicocouliers.com*
1,5 ha (70 empl.) plat, sablonneux, herbeux
Tarif : (Prix 2009) 20€ ♥♥ ⇔ 🅴 🄵 (16A) – pers. suppl. 4,50€

Location : 5 bungalows toilés
🛒 1 borne artisanale 5€
Pour s'y rendre : chemin de la Lande (au bord de l'Aude)

| Nature : 🏞 ⚲⚲ |
| Loisirs : ✗ 🏚 ⚹⚹ ⚒ 🏹 |
| Services : ⚹ ⚋ ⚙ ⚒ 🛁 ⚹ 🔥 ⚒ |
| À prox. : 🏖 ⚹⚹ ⚓ terrain omnisports, skate-parc |

| Longitude : 2.44456 |
| Latitude : 43.20476 |

UZÈS

30700 – **339** L4 – G. Provence – 7 935 h. – alt. 138

🛈 *Office de tourisme, place Albert 1er* ✆ *0466226888, Fax 0466229519*

Paris 682 – Alès 34 – Arles 52 – Avignon 38 – Montélimar 82 – Montpellier 83 – Nîmes 25.

▲▲ **Le Moulin Neuf** ♣♣ – de déb. avr. à fin sept.

✆ 0466221721, *lemoulinneuf@yahoo.fr*,
Fax 0466229182, *www.le-moulin-neuf.fr*
5 ha (140 empl.) plat, terrasse, herbeux
Tarif : 21,50€ ♥♥ ⇔ 🅴 🄵 (5A) – pers. suppl. 6€ – frais de réservation 10€

Location (permanent) : 35 🏠 (4 à 6 pers.) nuitée 60€
- 240 à 620€/sem. – frais de réservation 10€
🛒 1 borne artisanale – 🛢 11€
Pour s'y rendre : à Saint-Quentin-La-Poterie (4,5 km au nord-est par D 982, rte de Bagnols-sur-Cèze et D 5 à gauche)

| Nature : 🏞 🏚 ⚲⚲ |
| Loisirs : 🍸 snack 🏚 ⚹⚹ ⚒ 🚲 ⚹⚹ 🏹 ⚓ terrain omnisports |
| Services : ⚹ ⚋ GB ⚙ 🛁 ⚒ 🔥 🔥 🛁 ⚒ |
| À prox. : 🏇 |

| Longitude : 4.45569 |
| Latitude : 44.0321 |

▲▲ **Le Mas de Rey** de déb. avr. à mi-oct.

✆ 0466221827, *info@campingmasderey.com*,
Fax 0466221827, *www.campingmasderey.com*
5 ha/2,5 campables (60 empl.) plat, herbeux
Tarif : (Prix 2009) 23,50€ ♥♥ ⇔ 🅴 🄵 (10A) – pers. suppl. 6,50€ – frais de réservation 10€

Location (Prix 2009) (de fin mars à fin oct.) : 3 🏠
(4 à 6 pers.) - 375 à 725€/sem. – 2 chalets (sans sanitaires)
Pour s'y rendre : rte d'Anduze (3 km au sud-ouest par D 982)

| Nature : 🏞 🏚 ⚲⚲ |
| Loisirs : 🏚 ⚹⚹ ⚓ 🏹 |
| Services : ⚹ ⚋ GB ⚙ 🛁 🔥 🛁 ⚒ |
| À prox. : 🏖 ⚹⚹ 🏇 |

| Longitude : 4.41899 |
| Latitude : 44.0107 |

🛁 ✗ *LET OP :*
⚒ *deze gegevens gelden in het algemeen alleen in het seizoen,*
⚓🏇 *wat de openingstijden van het terrein ook zijn.*

VALLABRÈGUES

30300 – **339** M5 – 1 278 h. – alt. 8

Paris 698 – Arles 26 – Avignon 22 – Beaucaire 9 – Nîmes 32 – Pont-du-Gard 25.

▲ **Lou Vincen** de déb. avr. à fin oct.

✆ 0466592129, *campinglouvincen@wanadoo.fr*,
Fax 0466590741, *www.campinglouvincen.com*
1,4 ha (75 empl.) plat, herbeux
Tarif : 21,30€ ♥♥ ⇔ 🅴 🄵 (6A) – pers. suppl. 6,10€ – frais de réservation 17€

Location (de mi-avr. à mi-oct.) ⚹⚹ : 8 🏠 (4 à 6 pers.) 300 à 658€/sem. – frais de réservation 17€
🛒 1 borne artisanale – 75 🅴 17,90€ – 🛢 10.50€
Pour s'y rendre : à l'ouest du bourg, à 100 m du Rhône et d'un petit lac

| Nature : 🏞 ⚲⚲ |
| Loisirs : 🏹 |
| Services : ⚋ GB ⚙ 🛁 ⚒ 🔥 🔥 |
| À prox. : ⚹⚹ |

| Longitude : 4.62562 |
| Latitude : 43.85503 |

397

VALLERAUGUE

30570 – **339** G4 – G. Languedoc Roussillon – 1 072 h. – alt. 346
🛈 *Office de tourisme, quartier des Horts* 𝒫 *04 67 82 25 10, Fax 04 67 64 82 15*
Paris 684 – Mende 100 – Millau 75 – Nîmes 86 – Le Vigan 22.

⚠ **Le Pied de l'Aigoual** de déb. juin à mi-sept.
𝒫 *04 67 82 24 40, monteils30@aol.com, Fax 04 67 82 24 23*
2,7 ha (80 empl.) plat, herbeux
Tarif : (Prix 2009) 17,20 € 🚶🚶 🚗 ▣ (½) (6A) – pers.
suppl. 4 €

Location : gîtes
Pour s'y rendre : au lieu-dit : Domaine de Pateau (2,2 km
à l'ouest par D 986, rte de l'Espérou, à 60 m de l'Hérault)

| Nature : ᵔᵔ |
| Loisirs : 🏛 🐎 🛶 |
| Services : ⊶ ⊘ 📲 |

| Longitude : 3.63805 |
| Latitude : 44.08072 |

*La catégorie (1 à 5 tentes, **noires** ou **rouges**) que nous attribuons
aux terrains sélectionnés dans ce guide est une appréciation qui nous est propre.
Elle ne doit pas être confondue avec le classement (1 à 4 étoiles)
établi par les services officiels.*

VALRAS-PLAGE

34350 – **339** E9 – G. Languedoc Roussillon – 4 298 h. – alt. 1
🛈 *Office de tourisme, place René Cassin* 𝒫 *04 67 32 36 04, Fax 04 67 32 33 41*
Paris 767 – Agde 25 – Béziers 16 – Montpellier 76.

398

🏕 **Domaine de La Yole** 🔺 – de fin avr. à mi-sept.
𝒫 *04 67 37 33 87, info@campinglayole.com,*
Fax 04 67 37 44 89, *www.campinglayole.com*
23 ha (1273 empl.) plat, herbeux, sablonneux
Tarif : 48 € 🚶🚶 ▣ (½) (5A) – pers. suppl. 8,50 € – frais
de réservation 30 €

Location Ⓟ (mobile homes) : 250 ⬚ (4 à 6 pers.)
378 à 1 358 €/sem. – 🏠 – frais de réservation 30 €
Pour s'y rendre : 2 km au sud-ouest, à 500 m de la plage

| Nature : 🌳 ᵔᵔ |
| Loisirs : 🍸 🗙 brasserie, pizzeria, self-service 🏛 ⊙ 🐎 🛶 🏊 🎯 terrain omnisport |
| Services : 🚿 ⊶ GB ⊘ 🗑 ♨ 🌀 🏺 laverie 🥡 🍴 |
| À prox. : 🐎 |

| Longitude : 3.27114 |
| Latitude : 43.23625 |

🏕 **Le Méditerranée** de fin avr. à mi-sept.
𝒫 *04 67 37 34 29, contact@camping-le-mediterranee.
com*, Fax 04 67 37 58 47, *www.camping-le-mediterranee.
com*
4,5 ha (367 empl.) plat, herbeux, sablonneux
Tarif : (Prix 2009) 34,50 € 🚶🚶 🚗 ▣ (½) (6A) – pers.
suppl. 6,50 €

Location (Prix 2009) 🗙 : 65 ⬚ (4 à 6 pers.) nuitée
70 € - 290 à 775 €/sem. – 10 🏠 (4 à 6 pers.) nuitée
90 € - 380 à 825 €/sem.
Pour s'y rendre : rte de Vendres (1,5 km au sud-ouest,
à 200 m de la plage)

| Nature : ᵔᵔ |
| Loisirs : 🍸 pizzeria, snack 🏛 🐎 🛶 🎯 terrain omnisports |
| Services : 🚿 ⊶ ⊘ laverie 🥡 🏺 réfrigérateur |
| À prox. : 🥡 🗙 🚲 🎿 🐎 (centre équestre) |

| Longitude : 3.27114 |
| Latitude : 43.23625 |

🏕 **La Plage et du Bord de Mer** 🔺 – de fin mai à déb.
sept.
𝒫 *04 67 37 34 38, contact@campinglaplage.eu,*
www.campinglaplage.net 🗙
13 ha (655 empl.) plat, herbeux, sablonneux
Tarif : 36 € 🚶🚶 🚗 ▣ (½) (6A) – pers.
suppl. 6 € – frais de réservation 20 €
Pour s'y rendre : rte de Vendres (1,5 km au sud-ouest, au
bord de mer)

À savoir : au bord d'une belle plage de sable fin

| Nature : 🌳 ᵔᵔ |
| Loisirs : 🍸 🗙 🕗 nocturne 🚴 🐎 🚲 🎿 🛶 🏊 🎯 |
| Services : 🚿 ⊶ 🗑 🏺 🌀 laverie 🥡 🍴 |
| À prox. : 🐬 🐎 |

| Longitude : 3.27114 |
| Latitude : 43.23625 |

Lou Village ⚎⚏ – de déb. mai à mi-sept.
℘ 04 67 37 33 79, *info@louvillage.com*, Fax 04 67 37 53 56, *www.louvillage.com* – places limitées pour le passage
8 ha (450 empl.) plat, sablonneux, herbeux, étangs
Tarif : (Prix 2009) 42 € ⚎⚎ ⚎⚏ ▣ ⚎ (10A) – pers.
suppl. 7,50 € – frais de réservation 30 €
Location (Prix 2009) ⚎ : ⚎ (2 à 4 pers.) 289 €/sem.
– ⚎ (4 à 6 pers.) 389 à 900 €/sem. – ⚎ (4 à 6 pers.)
- 439 à 868 €/sem. – frais de réservation 30 €
⚎ 1 borne
Pour s'y rendre : chemin des Montilles (2 km au sud-ouest, à 100 m de la plage (accès direct))

| Nature : ⚎ 🟢🟢⚎ |
| Loisirs : ⚎ ✗ pizzeria, snack ⚎ ⚎nocturne ⚎⚎ ⚎⚎ ⚎ ⚎ ⚎ |
| Services : ⚎ ⚎ GB ⚎ ⚎ ▣ ⚎ ⚎ ⚎ |
| À prox. : ⚎ jet-ski |

| Longitude : 3.2676 |
| Latitude : 43.23706 |

Les Foulègues de mi-avr. à fin sept.
℘ 04 67 37 33 65, *info@campinglesfoulegues.com*,
Fax 04 67 37 54 75, *www.campinglesfoulegues.com*
5,3 ha (339 empl.) plat, herbeux, sablonneux
Tarif : (Prix 2009) 42 € ⚎⚎ ⚎⚏ ▣ ⚎ (6A) – pers.
suppl. 7,50 € – frais de réservation 30 €
Location (Prix 2009) : 23 ⚎ (4 à 6 pers.) 240 à 815 €/
sem. – 8 ⚎ (4 à 6 pers.) - 320 à 820 €/sem. – frais de
réservation 30 €
Pour s'y rendre : av. du Port, à Grau-de-Vendres (5 km au
sud-ouest, à 400 m de la plage)

| Nature : ⚎ 🟢🟢 |
| Loisirs : ⚎ snack, pizzeria ⚎ ⚎⚎ ⚎ ⚎ ⚎ |
| Services : ⚎ ⚎ GB ⚎ ⚎ ⚎ ▣ ⚎ ⚎ |
| À prox. : ⚎ ⚎ |

| Longitude : 3.29003 |
| Latitude : 43.24707 |

Les Sablines (location exclusive de mobile homes) de
fin avr. à fin sept.
℘ 08 20 20 12 07, *info@homair.com*, Fax 04 42 95 03 63,
www.homair.com
3 ha plat
Location (Prix 2009) : 176 ⚎ (4 à 6 pers.) nuitée 28 €
- 210 à 760 €/sem. – frais de réservation 25 €
Pour s'y rendre : chemin des Montilles

| Nature : ⚎ 🟢🟢 |
| Loisirs : ⚎ pizzeria, snack ⚎ ⚎⚎ ⚎⚎ ⚎ ⚎ terrain omnisports |
| Services : ⚎ GB ⚎ ⚎ ▣ ⚎ |
| À prox. : ⚎ |

| Longitude : 3.29003 |
| Latitude : 43.24707 |

VERNET-LES-BAINS

66820 – **344** F7 – G. Languedoc Roussillon – 1 488 h. – alt. 650 – ⚎ (mi-mars-fin nov.)
🛈 *Office de tourisme, 2, rue de la chapelle* ℘ 04 68 05 55 35, Fax 04 68 05 60 33
Paris 904 – Mont-Louis 36 – Perpignan 57 – Prades 11.

L'Eau Vive de fin avr. à fin sept.
℘ 04 68 05 54 14, *contact@leauvive-camping.com*,
Fax 04 68 05 78 14, *www.leauvive-camping.com*
2 ha (90 empl.) peu incliné, plat, herbeux
Tarif : 25 € ⚎⚎ ⚎⚏ ▣ ⚎ (10A) – pers. suppl. 3,50 € –
frais de réservation 15 €
Location (de mi-avr. à mi-oct.) : 1 ⚎ (4 à 6 pers.) 225
à 450 €/sem. – 8 ⚎ (4 à 6 pers.) - 260 à 475 €/sem. –
frais de réservation 15 €
Pour s'y rendre : chemin St Saturnin (sortie vers Sahorre
puis apr. le pont 1,3 km par av. St-Saturnin à dr., près du
Cady)
À savoir : dans un site agréable

| Nature : ⚎ ⚎ 🟢 |
| Loisirs : ⚎ snack (soir) ⚎⚎ ⚎ |
| Services : ⚎ ⚎ GB ⚎ ⚎ ⚎ ⚎ ⚎ ▣ |

| Longitude : 2.38072 |
| Latitude : 42.55068 |

Verwar niet :
⚎... tot ... ⚎: MICHELIN indeling
en
★ ... tot ... ★★★★ : officiële classificatie

VERS PONT DU GARD

30210 – **339** M5 – 1 566 h. – alt. 40
Paris 698 – Montpellier 81 – Nîmes 26 – Avignon 27.

FranceLoc Gorges du Gardon 👥 – de fin mars à fin sept.
📞 04 66 22 81 81, *gorges-gardon@franceloc.fr*,
Fax 04 66 22 90 12, *www.campings-franceloc.fr*
4 ha (190 empl.) plat, pierreux, herbeux
Tarif : 32 € ★★ ⬢ 🅿 (6A) – pers. suppl. 7 € – frais de réservation 10 €

Location : 🚐 (4 à 6 pers.) nuitée 51 € - 161 à 1 015 €/sem. – 🏠 (4 à 6 pers.) nuitée 60 € - 217 à 924 €/sem. – frais de réservation 26 €
🚐 1 borne artisanale – 10 🅿 22 €
Pour s'y rendre : 762 chemin Barque-Vieille

Nature : 🌳 🔗 🏞
Loisirs : 🍸 snack, pizzeria 🏓 🚴
Services : 🚿 🛒 GB 🐾 🧺 🍴 🔲 ❄ réfrigérateurs

Longitude : 4.51294
Latitude : 43.95649

Ce guide n'est pas un répertoire de tous les terrains de camping mais une sélection des meilleurs campings dans chaque catégorie.

VIAS

34450 – **339** F9 – G. Languedoc Roussillon – 5 313 h. – alt. 10
🅱 *Office de tourisme, avenue de la Méditerranée 📞 04 67 21 76 25, Fax 04 67 21 55 46*
Paris 752 – Agde 5 – Béziers 19 – Narbonne 46 – Sète 30 – Valras-Plage 20.

à la Plage S : 2,5 km par D 137

Yelloh! Village Club Farret 👥 – de fin mars à fin sept.
📞 04 67 21 64 45, *farret@wanadoo.fr*, Fax 04 67 21 70 49,
www.camping-farret.com
7 ha (437 empl.) plat, sablonneux, herbeux
Tarif : 47 € ★★ ⬢ 🅿 (6A) – pers. suppl. 8 €

Location 🏊 : 124 🚐 (4 à 6 pers.) nuitée 39 € - 279 à 1 057 €/sem. – 62 🏠 (4 à 6 pers.) nuitée 29 € - 207 à 791 €/sem.
Pour s'y rendre : chemin des Rosses (au bord de plage)
À savoir : joli village de mobil-homes

Nature : 🏖 🔗 🏞
Loisirs : 🍸 🍴 pizzeria, grill 🎬 🎮 🏓 salle d'animation 🚗 🚴 🏊 🎣
Services : 🚿 🛒 GB 🐾 🧺 🍴 laundry 🛒 🐾
À prox. : 🎣 🐴 poneys

Longitude : 3.41859
Latitude : 43.29134

Le Napoléon 👥 – de déb. avr. à fin sept.
📞 04 67 01 07 80, *reception@camping-napoleon.fr*,
Fax 04 67 01 07 85, *www.camping-napoleon.fr*
3 ha (239 empl.) plat, herbeux, sablonneux
Tarif : 20 € ★★ ⬢ 🅿 (10A) – pers. suppl. 6 € – frais de réservation 30 €

Location 🚿 : 🚐 – 🏠 – appartements – frais de réservation 30 €
🚐 1 borne
Pour s'y rendre : 1171 av. de la Méditerranée (250 m de la plage)

Nature : 🔗 🏞
Loisirs : 🍸 🍴 pizzeria 🎬 🎮 🏓 🧖 🏊 hammam 🚗 🚴 🎣 terrain omnisports
Services : 🚿 🛒 🐾 🧺 🛒 🍴 laundry 🛒 🐾 cases réfrigérées
À prox. : discothèque parcours sportif, parc d'attractions

Longitude : 3.41759
Latitude : 43.29609

Méditerranée-Plage de déb. avr. à fin sept.
📞 04 67 90 99 07, *contact@mediterranee-plage.com*,
Fax 04 67 90 99 17, *www.mediterranee-plage.com*
9,6 ha (490 empl.) herbeux, sablonneux
Tarif : 39,50 € ★★ ⬢ 🅿 (6A) – pers. suppl. 6,90 € – frais de réservation 25 €

Location (permanent) 🚿 🏊 : 200 🚐 (4 à 6 pers.) 245 à 950 €/sem. – frais de réservation 25 €
🚐 borne eurorelais
Pour s'y rendre : Côte Ouest (6 km au sud-ouest par D 137e 2, au bord de plage)
À savoir : cadre agréable en bordure de mer et services de qualité

Nature : 🏖 🔗 🏞
Loisirs : 🍸 🍴 pizzeria, crêperie 🎬 🎮 🏓 🧖 🚴 🎣 🎣 🏊 🎣
Services : 🚿 🛒 GB 🐾 🧺 🍴 laundry 🛒 🐾

Longitude : 3.37106
Latitude : 43.28202

Les Flots Bleus de mi-avr. à mi-sept.
☏ 04 99 43 00 42, *campingfrancefloride@orange.fr*,
Fax 04 67 01 78 12, *www.camping-france-floride.fr*
5 ha (314 empl.) plat, herbeux, sablonneux
Tarif : (Prix 2009) 32 € ♟♟ ⇔ 🔲 (½) (6A) – pers.
suppl. 5,50 € – frais de réservation 22 €

Location (Prix 2009) ✄ (juil.-août) : 70 🛏 (4 à 6 pers.) 230 à 690 €/sem. – 🏠 – frais de réservation 22 €

Pour s'y rendre : Côte Ouest (au sud-ouest, au bord de plage)

Nature : ⛱ ♤♤⬜
Loisirs : ♟ snack, pizzeria 🎬
🎪 nocturne 🚣 ⛵ ⛴ terrain omnisports
Services : ♿ ⛽ GB ⇄ ♨ 🍴 🚿
🛁 ⛲

Longitude : 3.4055
Latitude : 43.29

Cap Soleil ♟♟ – de déb. avr. à déb. nov.
☏ 04 67 21 64 77, *cap.soleil@wanadoo.fr*,
Fax 04 67 21 70 66, *www.capsoleil.fr*
4,5 ha (288 empl.) plat, herbeux
Tarif : (Prix 2009) 35 € ♟♟ ⇔ 🔲 (½) (10A) – pers.
suppl. 5 € – frais de réservation 25 €

Location (Prix 2009) (de déb. avr. à déb. oct.) ♿
: 55 🛏 (4 à 6 pers.) 179 à 940 €/sem. – frais de réservation 25 €

Pour s'y rendre : Côte Ouest (600 m de la plage)

À savoir : la piscine couverte (découverte l'été) est réservée au naturisme juillet-août

---

Nature : ⛱ ♤♤
Loisirs : ♟ pizzeria, snack 🎬
🎪 🏃 🚣 🚲 ⚓ ✂ (découverte en saison) ⛴ ⛴ terrain omnisports
Services : ♿ ⛽ GB ⇄ ♨ ⛴ ✈
🍴 laverie 🛁 ⛲ réfrigérateurs
À prox. : 🐎

Longitude : 3.41711
Latitude : 43.31286

Californie Plage ♟♟ – de déb. avr. à fin sept.
☏ 04 67 21 64 69, *californie.plage@wanadoo.fr*,
Fax 04 67 21 54 62, *www.californie-plage.fr*
5,8 ha (371 empl.) plat, herbeux, sablonneux
Tarif : (Prix 2009) 36 € ♟♟ ⇔ 🔲 (½) (10A) – pers.
suppl. 8 € – frais de réservation 25 €

Location (Prix 2009) ✄ : 106 🛏 (4 à 6 pers.) 175 à 980 €/sem. – frais de réservation 25 €

Pour s'y rendre : Côte Ouest (au sud-ouest par D 137e et chemin à gauche, au bord de plage)

À savoir : accès gratuit au parc aquatique du camping Cap-Soleil (à 100 m)

Nature : ⛱ ♤♤⬜
Loisirs : ♟ snack, pizzeria 🎬
🎪 🏃 🚣 🚲 🔲 terrain omnisports
Services : ♿ ⛽ GB ⇄ ♨ ⛴ ✈
laverie 🛁 ⛲ cases réfrigérées
À prox. : ✂ ⛴ ⛴

Longitude : 3.41711
Latitude : 43.31286

L'Air Marin ♟♟ – de mi-mai à mi-sept.
☏ 04 67 21 64 90, *info@camping-air-marin.fr*,
Fax 04 67 21 76 79, *www.camping-air-marin.fr* – places limitées pour le passage
5,5 ha (305 empl.) plat, herbeux, sablonneux
Tarif : 38 € ♟♟ ⇔ 🔲 (½) (6A) – pers. suppl. 8 € – frais de réservation 22 €

Location (de mi-avr. à mi-sept.) : 🛏 (4 à 6 pers.) 290 à 880 €/sem. – frais de réservation 22 €

Pour s'y rendre : près du Canal du Midi

Nature : ⛱ ♤♤
Loisirs : ♟ brasserie, snack 🎬 🎪
nocturne 🏃 🎿 🚣 ✂ 🔲 ⛴
⛴ terrain omnisports, canoë, barques
Services : ♿ ⛽ ⛴ 🍴 laverie
🛁 ⛲
À prox. : 🎣 parc d'attractions

Longitude : 3.41711
Latitude : 43.31286

Hélios de déb. mai à fin sept.
☏ 04 67 21 63 66, *franceschi.louis@wanadoo.fr*,
Fax 04 67 21 63 66, *www.camping-helios.com*
2,5 ha (215 empl.) plat, sablonneux, herbeux
Tarif : 25 € ♟♟ ⇔ 🔲 (½) (6A) – pers. suppl. 3,75 € – frais de réservation 10 €

Location : 5 🛏 (2 à 4 pers.) 125 à 145 €/sem. – 17 🛏 (4 à 6 pers.) 165 à 609 €/sem. – 6 🏠 (4 à 6 pers.) - 180 à 638 €/sem. – frais de réservation 10 €

Pour s'y rendre : av. des Pêcheurs (près du Libron, à 250 m de la plage)

Nature : ♒ ♤♤
Loisirs : ♟ snack 🎬 🚣
Services : ♿ ⛽ GB ⇄ ♨ 📻
🛁 ⛲

Longitude : 3.41149
Latitude : 43.29308

401

Club Ste Cécile de mi-avr. à mi-sept.
⌀ 04 67 21 63 70, *campingsaintececile@wanadoo.fr*,
Fax 04 67 21 48 71, *www.camping-sainte-cecile.com* –
places limitées pour le passage
2 ha (194 empl.) plat, sablonneux, herbeux
Tarif : 19€ ★★ ⇐ 🅴 🅷 (3A) – pers. suppl. 3,50€

Location : 20 ⊡ (4 à 6 pers.) 230 à 800€/sem. – frais
de réservation 20€
Pour s'y rendre : av. des Pêcheur (près du Libron,
à 500 m de la plage)

Nature : ⌘ ⊡ ♤♤
Loisirs : ♟ snack, pizzeria ⌂ 👫 ✕ ♨ ⚘
Services : ♿ ⌐ GB ⟑ ♧ 🍴 📧 ⚄ ⚲
À prox. : 🐴

Longitude : 3.40858
Latitude : 43.29395

Le Petit Mousse ♠♣ – (location exclusive de mobile
homes et caravanes) Permanent
⌀ 04 67 90 99 04,
campinglepetitmousse@vacances-directes.com,
Fax 04 67 90 97 95, *www.vacances-directes.com* ⚘
5,2 ha plat, sablonneux, herbeux

Location : 55 ⊡ (2 à 4 pers.) 196 à 588€/sem. – 312
⊡ (4 à 6 pers.) 294 à 896€/sem.
Pour s'y rendre : rte de la Grande Cosse

Nature : ♤♤⚘
Loisirs : ♟ pizzeria, snack ⌂ ♤ 👫 ⚴ ♨ ♨
Services : ⌐ GB ⟑ ♧ 🍴 laverie ⚄ ⚲

Longitude : 3.39756
Latitude : 43.29081

30120 – **339** G5 – G. Languedoc Roussillon – 4 059 h. – alt. 221
🅱 *Office de tourisme, place du Marché* ⌀ 04 67 81 01 72, Fax 04 67 81 86 79
Paris 707 – Alès 66 – Lodève 50 – Mende 108 – Millau 72 – Montpellier 61 – Nîmes 77.

Le Val de l'Arre de déb. avr. à fin sept.
⌀ 04 67 81 02 77, *valdelarre@wanadoo.fr*,
Fax 04 67 81 71 23, *www.valdelarre.com*
4 ha (180 empl.) plat, peu incliné et en terrasses, herbeux
Tarif : (Prix 2009) 19,50€ ★★ ⇐ 🅴 🅷 (10A) – pers.
suppl. 5€ – frais de réservation 15€

Location (Prix 2009) ⚘ : ⊡ (4 à 6 pers.) 217 à
595€/sem. – chalets (sans sanitaires) – frais de
réservation 15€
⛽ 1 borne artisanale 3€ – ♨ 🅷 14€
Pour s'y rendre : au lieu-dit : Roudoulouse, rte du Pont
de la Croix (2,5 km à l'est par D 999, rte de Ganges et
chemin à droite, au bord de l'Arre)

Nature : ♤♤
Loisirs : ⌂ 👫 ♨ ⚴ 🦢
Services : ♿ ⌐ GB ⟑ ♧ 🍴 📧 ⚄ ⚲

Longitude : 3.63388
Latitude : 43.99363

48210 – **330** H9 – G. Languedoc Roussillon – 96 h. – alt. 410
🅱 *Office de tourisme, le village* ⌀ 04 66 48 80 90
Paris 615 – Mende 52 – Meyrueis 33 – Le Rozier 12 – Ste-Enimie 25 – Sévérac-le-Château 22.

Village Vacances Castel de la Peyre (location
exclusive de maisonnettes) de déb. mars à fin déc.
⌀ 04 66 48 48 48, *sla@lozere-resa.com*, Fax 04 66 65 55 03,
www.lozere-resa.com
1 ha non clos, en terrasses

Location : 10 ⌂ (4 à 6 pers.) - 221 à 678€/sem. – frais
de réservation 20€

À savoir : joli petit village de maisonnettes en pierre

Nature : ⌘ ≤
Loisirs : ⌂ ♨
Services : ♿ GB ⟑ ▥ 🍴 📧

Longitude : 3.22916
Latitude : 44.27904

La Blaquière de déb. mai à mi-sept.
⌀ 04 66 48 54 93, *campingblaquiere@wanadoo.fr*,
www.campingblaquiere.fr
1 ha (72 empl.) plat, en terrasses, herbeux, pierreux,
sablonneux
Tarif : (Prix 2009) 17,40€ ★★ ⇐ 🅴 🅷 (3A) – pers.
suppl. 3,80€ – frais de réservation 13€

Location (Prix 2009) ⚘ : 6 ⊡ (4 à 6 pers.) 250 à
570€/sem. – 4 bungalows toilés – frais de réservation
13€
Pour s'y rendre : . (6 km au nord-est par D 907bis, au
bord du Tarn)

Nature : ⊡ ♤♤⚘
Loisirs : ⌂ 👫 🦢
Services : ♿ ⌐ ⟑ ♧ 🍴 📧 ⚄ ⚲
À prox. : canoë-kayak

Longitude : 3.2685
Latitude : 44.3042

VILLEFORT

48800 – **330** L8 – G. Languedoc Roussillon – 639 h. – alt. 600

🛈 *Office de tourisme, rue de l'Église* ℰ *04 66 46 87 30, Fax 04 66 46 85 33*

Paris 616 – Alès 52 – Aubenas 61 – Florac 63 – Mende 58 – Pont-St-Esprit 90 – Le Puy-en-Velay 85.

⚠ Morangiés - Le Lac de déb. mai à fin sept.
ℰ 04 66 46 81 27, *camping-lac@orange.fr*,
Fax 04 66 46 81 27, *www.camping-lac-cevennes.com*
4 ha (75 empl.) en terrasses, herbeux, gravillons
Tarif : (Prix 2009) 14 € 👥 🚐 🗐 ⚡ (6A) – pers.
suppl. 3,70 €

Location (Prix 2009) : 30 🛏 (4 à 6 pers.) 253 à 546 €/
sem. – 19 🏠 (4 à 6 pers.) nuitée 60 € - 279 à 682 €/
sem.
Pour s'y rendre : à Morangiés (3,4 km au nord par D 901,
rte de Mende, D 906, rte de Prévenchère et à gauche
chemin de Pourcharesses)

À savoir : agréable situation au bord du lac et d'une base
nautique

> Nature : 🏞 ⛰ 🏕 ♨
> Loisirs : 🎮 🏊 🛶
> Services : ♿ 🔌 🛒 🚿 ♻ 📶
> À prox. : 🚴 🎯 🏊 ≋ 🐎
> canoë

> Longitude : 3.92835
> Latitude : 44.46295

⚠ La Palhère
ℰ 04 66 46 80 63, *campinglapalhere@orange.fr*,
Fax 04 66 46 80 63, *http://www.everyoneweb.fr/
campinglapalhere/* – alt. 750
1,8 ha (45 empl.) en terrasses, herbeux, pierreux
Pour s'y rendre : rte du Mas de la Barque (4 km au sud-
ouest par D 66, au bord d'un torrent)

> Nature : 🏞 ⛰ ♨
> Loisirs : snack 🛶 🎣
> Services : ♿ 🚿 ♻ 🔧
> À prox. : 🎯

> Longitude : 3.91993
> Latitude : 44.4377

*Pour une meilleure utilisation de cet ouvrage,
LISEZ ATTENTIVEMENT les premières pages du guide.*

VILLEGLY

11600 – **344** F3 – 846 h. – alt. 130

Paris 778 – Lézignan-Corbières 36 – Mazamet 46 – Carcassonne 14 – Castelnaudary 53.

⚠ Moulin de Ste-Anne de déb. mars à mi-nov.
ℰ 04 68 72 20 80, *campingstanne@wanadoo.fr*,
Fax 04 68 72 27 15, *www.moulindesainteanne.com*
1,6 ha (60 empl.) terrasse, plat, peu incliné, herbeux
Tarif : (Prix 2009) 20 € 👥 🚐 🗐 ⚡ (10A) – pers.
suppl. 3 € – frais de réservation 17 €

Location (Prix 2009) : 12 🏠 (4 à 6 pers.) - 510 à 630 €/
sem. – frais de réservation 17 €
🚏 1 borne artisanale 5 € – 1 🗐 15,50 € – 🚐 ⚡ 13.50 €
Pour s'y rendre : 2 chemin de Sainte-Anne (sortie est par
D 435, rte de Villarzel)

> Nature : 🏕 ♨
> Loisirs : 🍴 pizzeria 🎮 🏊 🛶
> terrain omnisports
> Services : ♿ 🔌 ⌨ ♻ 🍴 🚿 ♿
> 🚿 ♻ 📶 🔧

> Longitude : 2.43
> Latitude : 43.28

VILLEMOUSTAUSSOU

11620 – **344** F3 – 3 034 h. – alt. 114

Paris 775 – Montpellier 164 – Carcassonne 6 – Perpignan 129 – Béziers 80.

⚠ Das Pinhiers de déb. mars à fin oct.
ℰ 04 68 47 81 90, *campindaspinhiers@wanadoo.fr*,
Fax 04 68 71 43 49, *www.camping-carcassonne.net*
2 ha (72 empl.) plat, peu incliné, en terrasses, herbeux
Tarif : 🚶 4,40 € 🗐 4,50 € – ⚡ (10A) 3,30 € – frais de
réservation 15 €

Location (de déb. avr. à fin oct.) : 10 🛏 (4 à 6 pers.)
nuitée 52 € - 310 à 470 €/sem. – 3 bungalows toilés –
frais de réservation 15 €
🚏 borne artisanale 3,50 € – 🚐 10.5 €
Pour s'y rendre : 583 chemin du Pont Neuf (1 km
au nord)

À savoir : cadre agréable et fleuri

> Nature : 🏕 ♨♨
> Loisirs : 🎮 🏊 m 🛶
> Services : ♿ 🔌 ⌨ ♻ 🚿 ♿
> 🚿 📶
> À prox. : 🎯

> Longitude : 2.36708
> Latitude : 43.25758

VILLENEUVE-LÈS-BÉZIERS

34420 – **339** E9 – 3 586 h. – alt. 6
🅱 *Office de tourisme, place de la Fontaine* ℘ 0467394883
Paris 762 – Montpellier 66 – Béziers 7 – Narbonne 40 – Sète 53.

▲▲ **Les Berges du Canal** de mi-avr. à mi-sept.
℘ 0467393609, *contact@lesbergesducanal.com*,
Fax 0467398207, *www.lesbergesducanal.com*
3 ha (102 empl.) plat, herbeux, pierreux
Tarif : (Prix 2009) 24€ 🟊🟊 ⇦ 🅴 🅷 (10A) – pers.
suppl. 5€ – frais de réservation 16€

Location (Prix 2009) : 🛏 (4 à 6 pers.) 290 à 750€/
sem. – frais de réservation 16€
🚐 borne 2€
Pour s'y rendre : promenade des Vernets
À savoir : au bord du Canal du Midi

> Nature : 🏕 ♤♤
> Loisirs : 🍴 snack 🎱 ⛵ 🎣
> terrain omnisports, ponton
> d'amarrage, halte nautique
> Services : ♿ ⛽ GB ⅏ ♨ laverie
> ♨
> À prox. : ✕ 🎣

> Longitude : 3.2878
> Latitude : 43.31594

VILLENEUVE-DE-LA-RAHO

66180 – **344** I7 – 3 767 h. – alt. 60
🅱 *Office de tourisme, plage touristique* ℘ 0468559105, Fax 0468558098
Paris 859 – Argelès-sur-Mer 16 – Céret 28 – Perpignan 10 – Port-Vendres 25 – Prades 52.

▲ **Municipal les Rives du Lac** de déb. avr. à fin oct.
℘ 0468558351, *camping.villeneuveraho@wanadoo.fr*,
Fax 0468558637
3 ha (158 empl.) plat, herbeux
Tarif : 17,70€ 🟊🟊 ⇦ 🅴 🅷 (6A) – pers. suppl. 2,30€ –
frais de réservation 13€

Location 🏖 : 9 🛏 (4 à 6 pers.) nuitée 50€ - 310 à
435€/sem. – 7 bungalows toilés – frais de réservation
13€
🚐 borne artisanale 3,50€
Pour s'y rendre : chemin de Las Serres (2,5 km à l'ouest
par D 39, rte de Pallestres et chemin à gauche)

> Nature : 🐟 ❮ 🏕 ♨
> Loisirs : 🍴 snack ⛵ 🎣
> Services : ♿ GB ⅏ 🛒 ♨ laverie
> ♨
> À prox. : 🏖 🚤

> Longitude : 2.91817
> Latitude : 42.63605

Renouvelez votre guide chaque année.

VILLENEUVE-LÈS-AVIGNON

30400 – **339** N5 – G. Provence – 12 471 h. – alt. 23
🅱 *Office de tourisme, 1, place Charles David* ℘ 0490256133, Fax 0490259155
Paris 678 – Avignon 8 – Nîmes 46 – Orange 28 – Pont-St-Esprit 42.

▲▲▲ **Campéole L'Île des Papes** 👥 – de fin mars à déb.
nov.
℘ 0490151590, *ile-des-papes@campeole.com*,
Fax 0490151591, *www.avignon-camping.com*
20 ha (210 empl.) plat, pierreux, herbeux, étang
Tarif : (Prix 2009) 29€ 🟊🟊 ⇦ 🅴 🅷 (10A) – pers.
suppl. 4,90€

Location (permanent) : 62 🛏 (4 à 6 pers.) 308 à
819€/sem. – 31 🛖 (4 à 6 pers.) - 294 à 770€/sem.
– bungalows toilés
🚐 1 borne sanistation 5€ – 10 🅴 15€
Pour s'y rendre : Barrage de Villeneuve (4,5 km au nord-
est par D 980, rte de Roquemaure et D 780 à dr., rte du
barrage de Villeneuve, entre le Rhône et le canal)

> Nature : ❮ 🏕 ♀
> Loisirs : 🍴 ✕ snack (midi) 🎱
> 🏹 ⛵ 🚴 🏀 🎣 🎣
> Services : ♿ ⛽ GB ⅏ 🏧 ♨
> laverie ♨ ♨

> Longitude : 4.8167
> Latitude : 43.96455

▲ **Municipal de la Laune** de déb. avr. à mi-oct.
℘ 0490257606, *campingdelalaune@wanadoo.fr*,
Fax 0490257606,
www.camping-villeneuvelezavignon.com
2,3 ha (123 empl.) plat, pierreux, herbeux
Tarif : (Prix 2009) 15€ 🟊🟊 ⇦ 🅴 🅷 (6A) – pers.
suppl. 5,50€ – frais de réservation 35€
🚐 1 borne 4€ – 🚐 9€
Pour s'y rendre : chemin Saint Honore (au nord-est,
accès par D 980, près du stade et des piscines)

> Nature : 🏕 ♤♤
> Loisirs : 🎱 ⛵
> Services : ♿ ⛽ GB ⅏ 🏧
> À prox. : 🏓 🎾 🎣 piste de skate

> Longitude : 4.79835
> Latitude : 43.97078

LIMOUSIN

S. Sauvignier/Michelin

Les citadins en mal de verdure viennent goûter en Limousin la simplicité de joies bucoliques : humer l'air vivifiant du plateau de Millevaches, flâner le long de rivières poissonneuses, se perdre dans les bois à la recherche de champignons... Et s'extasier devant les placides boeufs à la robe « froment vif » ou le spectacle attendrissant des agneaux tétant leur mère. En automne la forêt se pare d'une éblouissante palette d'ocres, de rouges et de bruns profonds sous-tendue de reflets mordorés, qui a inspiré bien des peintres. Détentrices de savoir-faire ancestraux — émaux, porcelaines, tapisseries — bourgs et cités paisibles ne s'en ouvrent pas moins à l'art contemporain. Les plaisirs de la table ? Authentiques, comme la région : soupe au lard, pâté de pommes de terre, potée et... viandes exquises !

Life in Limousin is lived as it should be: tired Parisians in need of greenery come to rediscover the simple joys of country life, breathe the bracing air of its high plateaux and wander through its woodlands in search of mushrooms and chestnuts. The sight of peacefully grazing cattle or lambs frolicking in a spring meadow will rejuvenate the most jaded city-dweller. Come autumn, the forests are swathed in colour: a perfect backdrop to the granite and sandstone of the peaceful towns and villages, where ancestral crafts, like Limoges porcelain and Aubusson tapestries, blend a love of tradition with an enthusiasm for the best of the new. The food is as wholesome as the region: savoury bacon soup, Limousin stew and, as any proud local will tell you, the most tender, succulent beef in the world.

AIXE-SUR-VIENNE

87700 – **325** D6 – G. Limousin Berry – 5 566 h. – alt. 204

🖥 *Syndicat d'initiative, 46, avenue du Président Wilson* 𝒫 *0555 70 19 71, Fax 0555 70 48 30*

Paris 400 – Châlus 21 – Confolens 60 – Limoges 14 – Nontron 55 – Rochechouart 30 – St-Yrieix-la-Perche 39.

⚠ **Municipal les Grèves** de déb. juin à fin sept.
𝒫 0555 70 12 98, *camping@mairie-aixesurvienne.fr*,
Fax 0555 70 43 00, *www.mairie-aixesurvienne.fr*
3 ha (80 empl.) plat, herbeux
Tarif : 11,50€ ★★ ⬠ 🅴 🅙 (10A) – pers. suppl. 4€

Location (permanent) : 2 🛖 (4 à 6 pers.) nuitée 50€
- 200 à 400€/sem.
🚐 borne artisanale 3€
Pour s'y rendre : r. Jean-Claude Papon (au bord de la Vienne).

À savoir : agréable terrain avec des emplacements au bord de la Vienne.

Nature : 🔆	
Loisirs : 🍸 🎱 🏖 ◊	
Services : 🔥 🕯 GB 🐟 🗑	
À prox. : 🔲	

Longitude : 1.13458
Latitude : 45.79585

Si vous désirez réserver un emplacement pour vos vacances,
faites-vous préciser au préalable les conditions particulières de séjour,
les modalités de réservation, les tarifs en vigueur et les conditions de paiement.

ARGENTAT

19400 – **329** M5 – G. Limousin Berry – 3 119 h. – alt. 183

🖥 *Office de tourisme, place da Mäia* 𝒫 *0555 28 16 05, Fax 0555 28 45 16*

Paris 503 – Aurillac 54 – Brive-la-Gaillarde 45 – Mauriac 49 – St-Céré 40 – Tulle 29.

🏕 **Le Gibanel** de déb. juin à déb. sept.
𝒫 0555 28 10 11, *contact@camping-gibanel.com*,
Fax 0555 28 86 85, *www.camping-gibanel.com*
60 ha/8,5 campables (250 empl.) en terrasses, plat, herbeux
Tarif : 22,70€ ★★ ⬠ 🅴 🅙 (10A) – pers. suppl. 5,10€

Location : 6 🚐 (2 à 4 pers.) 225 à 435€/sem. – 6 🛖
(4 à 6 pers.) 340 à 680€/sem.
Pour s'y rendre : 4,5 km au nord-est par D 18, rte d'Égletons puis chemin à dr.

À savoir : sur les terres d'un château du XVIe s et au bord d'un lac

Nature : 🌿 ≤ 🔆⛰	
Loisirs : 🍸 pizzéria le soir 🎱 ❓ 🏖 🛶 🏑 terrain multisports,canoë	
Services : 🔥 🕯 GB 🐟 🗑 🗑 🎣 laverie 🔲 🔥	

Longitude : 1.95852
Latitude : 45.1107

🏕 **Au Soleil d'Oc** 👫 – de déb. avr. à mi-nov.
𝒫 0555 28 84 84, *info@dordogne-soleil.com*,
Fax 0555 28 12 12, *www.dordogne-soleil.com*
4 ha (120 empl.) terrasse, plat, herbeux
Tarif : 25,40€ ★★ ⬠ 🅴 🅙 (6A) – pers. suppl. 5,90€ –
frais de réservation 15€

Location : 3 🚐 (2 à 4 pers.) 160 à 476€/sem. – 10
🛖 (4 à 6 pers.) 165 à 770€/sem. – 5 🏠 (4 à 6 pers.)
- 165 à 770€/sem. – 3 bungalows toilés – frais de
réservation 15€
🚐 1 borne artisanale 10€
Pour s'y rendre : à Monceaux-sur-Dordogne (4,5 km
au sud-ouest par D 12, rte de Beaulieu puis D 12e, rte de
Vergnolles et chemin à gauche apr. le pont, au bord de
la Dordogne)

Nature : 🌿 🚩 🔆⛰	
Loisirs : 🍸 snack 🎱 ❓ 🤸 🏖 🎣🎱 🏑 🛶 canoë	
Services : 🕯 GB 🐟 🔥 laverie 🔥	

Longitude : 1.93844
Latitude : 45.09288

🏕 **Le Vaurette** 👫 – de déb. mai à mi-sept.
𝒫 0555 28 09 67, *info@vaurette.com*, Fax 0555 28 81 14,
www.vaurette.com
4 ha (120 empl.) terrasse, plat, et peu incliné, herbeux
Tarif : 26,80€ ★★ ⬠ 🅴 🅙 (6A) – pers. suppl. 5€ – frais
de réservation 10€
🚐 borne autre 23,50€
Pour s'y rendre : lieu-dit : Vaurette (9 km au sud-ouest
par D 12, rte de Beaulieu, au bord de la Dordogne)

Nature : 🌿 🔆⛰	
Loisirs : 🍸 snack 🎱 ❓ diurne 🤸 salle d'animation 🏖 ✂ 🛶 🏑	
Services : 🔥 🕯 GB 🐟 🔥 🎱 laverie 🔲	
À prox. : canoë	

Longitude : 1.93844
Latitude : 45.09288

407

AUBAZINE

19190 – **329** L4 – G. Périgord Quercy – 807 h. – alt. 345 – Base de loisirs
🛈 *Office de tourisme, le Bourg* 𝄐 *0555257993, Fax 0555257993*
Paris 480 – Aurillac 86 – Brive-la-Gaillarde 14 – St-Céré 50 – Tulle 17.

Campéole Le Coiroux 🚶🚶 – de déb. avr. à fin sept.
𝄐 0555272196, *coiroux@campeole.com*,
Fax 0555271916, *www.camping-coiroux.com*
165 ha/6 campables (166 empl.) peu incliné, herbeux,
bois attenants
Tarif : (Prix 2009) 19,90€ 🚶🚶 🚐 🅴 (10A) – pers.
suppl. 5,90€ – frais de réservation 25€
Location (Prix 2009) (de déb. avr. à déb. nov.) : 33
🛏 (4 à 6 pers.) nuitée 35€ - 469 à 770€/sem. – 15
bungalows toilés – tentes avec sanitaires – frais de
réservation 25€
🚰 borne autre 3€
Pour s'y rendre : Parc touristique du Coiroux (5 km
à l'est par D 48, rte du Chastang, à prox. d'un plan d'eau
et d'un parc de loisirs)

| Nature : 🐟 🌲 ♨♨ |
| Loisirs : , pizzeria 🎦 🎲 🏕 🚴 🎿 🏊 |
| Services : 🚿 ⊶ GB 🐾 🧺 laverie 🚗 |
| À prox. : 🍹 🍴 🎣 🏊 (plage) 🎣 practice, golf (9 et 18 trous), accrobranches, paintball |

Longitude : 1.6706
Latitude : 45.17431

AURIAC

19220 – **329** N4 – 218 h. – alt. 608
Paris 517 – Argentat 27 – Égletons 33 – Mauriac 23 – Tulle 45.

Municipal de déb. juin à fin sept.
𝄐 0555282597, *mairie.auriac@wanadoo.fr*,
Fax 0555282982, *auriac.fr*
1,7 ha (70 empl.) peu incliné, plat, herbeux
Tarif : (Prix 2009) 🚶 3,16€ 🚐 1,58€ 🅴 1,58€ –
(6A) 3,16€
Location (Prix 2009) : 8 🛏 (4 à 6 pers.) nuitée 55€ -
200 à 360€/sem.
Pour s'y rendre : au bourg (sortie sud-est par D 65,
rte de St-Privat, près d'un étang et d'un parc boisé)
À savoir : certains emplacements dominent le plan d'eau

| Nature : 🐟 < 🌲 ♨♨🏊 |
| Loisirs : 🎦 🏕 |
| Services : ⊶ (15 juil.-20 août) 🐾 🖼 |
| À prox. : 🏊 🚴 🏊 (plage) 🎣 canoë, pédalos |

Longitude : 2.14948
Latitude : 45.20411

408

Avant de vous installer, consultez les tarifs en cours,
affichés obligatoirement à l'entrée du terrain,
et renseignez-vous sur les conditions particulières de séjour.
Les indications portées dans le guide ont pu être modifiées depuis la mise à jour.

BEAULIEU-SUR-DORDOGNE

19120 – **329** M6 – G. Limousin Berry – 1 287 h. – alt. 142
🛈 *Office de tourisme, place Marbot* 𝄐 *0555910994, Fax 0555911097*
Paris 513 – Aurillac 65 – Brive-la-Gaillarde 44 – Figeac 56 – Sarlat-la-Canéda 69 – Tulle 38.

Les Îles de fin avr. à fin sept.
𝄐 0555910265, *info@campingdesiles.fr*,
Fax 0555910519, *www.campingdesiles.fr*
4 ha (120 empl.) plat, herbeux
Tarif : (Prix 2009) 23,90€ 🚶🚶 🚐 🅴 (10A) – pers.
suppl. 6,70€ – frais de réservation 17€
Location (Prix 2009) : 18 🛏 (4 à 6 pers.) 189 à 699€/
sem. – 12 bungalows toilés – frais de réservation
17€
🚰 borne artisanale 4,50€ – 3 🅴 10€ – 🔌 10€
Pour s'y rendre : bd Rodolphe de Turenne (à l'est du
centre bourg)
À savoir : cadre et situation pittoresques sur une île de
la Dordogne

| Nature : 🐟 ♨♨🏊 |
| Loisirs : 🍹 🎦 🏕 🏊 🎣 canoë |
| Services : 🚿 ⊶ GB 🐾 🔨 🚗 🍴 laverie 🚗 |
| À prox. : 🏕 🏊 |

Longitude : 1.83917
Latitude : 44.97876

BESSINES-SUR-GARTEMPE

87250 – **325** F4 – 2 900 h. – alt. 335

🖼 *Office de tourisme, 6, avenue du 11 novembre* 📞 *05 55 76 09 28, Fax 05 55 76 68 45*

Paris 355 – Argenton-sur-Creuse 58 – Bellac 29 – Guéret 55 – Limoges 38 – La Souterraine 21.

⚠ **Le Sagnat** de déb. avr. à fin sept.
📞 05 55 76 17 69, Fax 05 55 76 60 16
0,8 ha (50 empl.) en terrasses, plat, peu incliné,
sablonneux, herbeux
Tarif : 15 € ★★ 🚐 ▣ – pers. suppl. 3,70 €
🚐 borne artisanale
Pour s'y rendre : 1,5 km au sud-ouest par D 220, rte de
Limoges, D 27, rte de St-Pardoux à dr. et r. à gauche, au
bord de l'étang

> Nature : ⟨ ⊏ 💧💧
> Loisirs : 🍴 snack 🎮 ≃ (plage) 🎣
> Services : 👥 ⚡ GB 📷
> À prox. : 🍴

> Longitude : 1.37246
> Latitude : 46.12884

BEYNAT

19190 – **329** L5 – 1 217 h. – alt. 420

🖼 *Office de tourisme, rue Jean Moulin* 📞 *05 55 25 79 93*

Paris 496 – Argentat 47 – Beaulieu-sur-Dordogne 23 – Brive-la-Gaillarde 21 – Tulle 21.

⛰ **Village Vacances Les Hameaux de Miel** (location
exclusive de chalets) Permanent
📞 05 55 84 34 48, *infos@chalets-en-france.com*,
Fax 05 55 22 88 29, *www.chalets-en-france.com*
12 ha en terrasses
Location : 98 🏠 (4 à 6 pers.) nuitée 80 € - 240 à 735 €/
sem. – frais de réservation 10 €
Pour s'y rendre : au lieu dit : Miel

> Nature : 🐾 ⟨
> Loisirs : 🍴 🎮 🎮diurne 🎿 🚵
> 🚴 🏊 🎣
> Services : 👥 ⚡ GB 🐕 🍴
> laverie
> À prox. : 🍴 🏊 ≃ 🎣 pédalos

> Longitude : 1.76141
> Latitude : 45.12932

⛰ **Centre Touristique de Miel** de déb. mai à mi-oct.
📞 05 55 85 50 66, *info@camping-miel.com*,
Fax 05 55 85 57 96, *www.camping-miel.com*
50 ha/9 campables (140 empl.) vallonné, peu incliné,
herbeux
Tarif : 23,70 € ★★ 🚐 ▣ 🔌 (6A) – pers. suppl. 5,60 € –
frais de réservation 15 €
Location : 2 🏠 (2 à 4 pers.) 140 à 385 €/sem. – 10
🏠 (4 à 6 pers.) 189 à 735 €/sem. – 3 bungalows
toilés – frais de réservation 15 €
🚐 1 borne artisanale 10 € – 🔌 🔌 10 €
Pour s'y rendre : 4 km à l'est par N 121, rte d'Argentat,
au bord d'un plan d'eau

> Nature : 🐾 ⟨ 💧
> Loisirs : 🍴 snack 🎮 🎿 🍴 🎣
> 🏊 (découverte en saison) 🎣
> Services : 👥 ⚡ (juil.-août) GB
> 🐕 🏊 📷
> À prox. : ≃ (plage) pédalos

> Longitude : 1.72197
> Latitude : 45.12474

409

*We recommend that you consult the up to date price list posted
at the entrance of the site. Inquire about possible restrictions.
The information in this Guide may have been modified since going to press.*

LE BOURG-D'HEM

23220 – **325** H3 – G. Limousin Berry – 210 h. – alt. 320

Paris 333 – Aigurande 20 – Le Grand-Bourg 28 – Guéret 21 – La Souterraine 37.

⚠ **Municipal** de déb. mai à fin sept.
📞 05 55 62 84 36, *info@les3lacs-creuse.com*,
Fax 05 55 62 11 22, *www.les3lacs-creuse.com*
0,33 ha (36 empl.) en terrasses, herbeux
Tarif : ★ 2,20 € 🚐 1,35 € ▣ 1,35 € – 🔌 (16A) 2,40 €
Pour s'y rendre : à l'ouest par D 48, rte de Bussière-
Dunoise et chemin à dr.
À savoir : site et situation agréables au bord de la Creuse
(plan d'eau)

> Nature : 🐾 ⊏ 💧💧
> Loisirs : 🎣
> Services : 👥 (juil.-août) 🐕 🏊
> À prox. : 🍴 🎿 barques

> Longitude : 1.86426
> Latitude : 46.26776

BOUSSAC-BOURG

23600 – **325** K2 – G. Limousin Berry – 789 h. – alt. 423
Paris 334 – Aubusson 52 – La Châtre 37 – Guéret 43 – Montluçon 33 – St-Amand-Montrond 54.

"Les Castels" Le Château de Poinsouze de mi-mai à mi-sept.
  0555650221, info.camping-de.poinsouze@orange.fr,
Fax 0555658649, *www.camping-de-poinsouze.com*
150 ha/22 campables (134 empl.) peu incliné, herbeux
Tarif : 34€ ✛✛ ⟵ 🅿 🗲 (16A) – pers. suppl. 6€ – frais de réservation 15€

Location : 22 ⟨⟩ (4 à 6 pers.) 220 à 810€/sem. – 2 ⟨⟩ (4 à 6 pers.) - 330 à 730€/sem. – 2 gîtes – frais de réservation 15€
⟨⟩ borne artisanale 12€
Pour s'y rendre : rte de La Chatre (2,8 km au nord par D 917)

À savoir : vaste domaine autour d'un château du 16e s. et d'un étang

| Nature : ⟨⟩ |
| Loisirs : ▾ ✗ ⟨⟩ nocturne |
| Services : ⟨⟩ GB ⟨⟩ laverie |
| À prox. : canoë, pédalos, planches à voile ⟨⟩ |

Longitude : 2.20472
Latitude : 46.3725

BUJALEUF

87460 – **325** G6 – G. Limousin Berry – 906 h. – alt. 380
🛈 *Office de tourisme, pace de la Mairie*   *0555695454, Fax 0555695454*
Paris 423 – Bourganeuf 28 – Eymoutiers 14 – Limoges 35 – St-Léonard-de-Noblat 16.

Municipal du Lac de mi-mai à fin sept.
  0555695454, tourisme@bujaleuf.fr,
Fax 0555695606, *www.bujaleuf.fr*
2 ha (110 empl.) en terrasses, herbeux, fort dénivelé
Tarif : (Prix 2009) 10€ ✛✛ ⟵ 🅿 🗲 (5A) – pers. suppl. 2€
Location (permanent) : ⟨⟩
⟨⟩ borne artisanale
Pour s'y rendre : 1 km au nord par D 16 et rte à gauche, près du lac

| Nature : ⟨⟩ |
| Loisirs : ⟨⟩ |
| Services : ⟨⟩ (juil.-août) ⟨⟩ laverie |
| À prox. : ▾ snack ⟨⟩ (plage) ⟨⟩ canoë ⟨⟩ |

Longitude : 1.62703
Latitude : 45.79582

Renouvelez votre guide chaque année.

BUSSIÈRE-GALANT

87230 – **325** D7 – 1 391 h. – alt. 410
Paris 422 – Aixe-sur-Vienne 23 – Châlus 6 – Limoges 36 – Nontron 40 – St-Yrieix-la-Perche 21.

Municipal les Ribières
  0555788612, mairie.bussiere.galant@wanadoo.fr,
Fax 0555781675
1 ha (25 empl.) en terrasses, peu incliné, herbeux
Pour s'y rendre : av. du Plan-d'eau (1,7 km au sud-ouest par D 20, rte de la Coquille et chemin à dr., près du stade et à 100 m d'un plan d'eau)

| Nature : ⟨⟩ |
| Services : ⟨⟩ |
| À prox. : ⟨⟩ (plage) ⟨⟩ parcours sportif, draisines (voiturettes-vélo sur rail), accrobranches |

Longitude : 1.03634
Latitude : 45.62668

CAMPS

19430 – **329** M6 – 247 h. – alt. 520
Paris 520 – Argentat 17 – Aurillac 45 – Bretenoux 18 – Souceyrac 27.

Municipal la Châtaigneraie de déb. mai à fin sept.
  0555285315, mairie.camps@wanadoo.fr,
Fax 0555280859, *www.camps.correze.net*
1 ha (23 empl.) peu incliné, incliné, herbeux
Tarif : ✛ 2,50€ ⟵ 🅿 3€ – 🗲 (20A) 2,50€
Location (de déb. avr. à déb. nov.) : 9 ⟨⟩ (4 à 6 pers.) nuitée 49€ - 183 à 510€/sem. – huttes
Pour s'y rendre : au Bourg (à l'ouest par D 13 et chemin à dr.)

| Nature : ⟨⟩ |
| Loisirs : ⟨⟩ |
| Services : ⟨⟩ |
| À prox. : ⟨⟩ (plage) ⟨⟩ |

Longitude : 2.00904
Latitude : 45.00104

LA CELLE-DUNOISE

23800 – **325** H3 – 606 h. – alt. 230
Paris 329 – Aigurande 16 – Aubusson 63 – Dun-le-Palestel 11 – Guéret 22.

▲ **Municipal de la Baignade** de déb. avr. à fin oct.
    ℘ 0555512118, *mairie@lacelledunoise.fr*,
    Fax 0555512376, *www.lacelledunoise.fr*
    1,4 ha (30 empl.) terrasse, plat, herbeux
    Tarif : (Prix 2009) ♣ 2,70 € ⟺ 1,65 € ▣ 1,65 € –
    (½) (12A) 2,70 €

    Location (Prix 2009) (permanent) : 3 ⌂ (4 à 6 pers.)
    - 147 à 302 €/sem.
    ⊡ borne eurorelais 2 €
    Pour s'y rendre : à l'est, par D 48a, rte du Bourg d'Hem,
    près de la Creuse (accès direct)

Nature : ♡♡	
Loisirs : 🏠 ✂	
Services : ♿ ♒ ⚄ ⁇ laverie	
À prox. : ≊ (plage) 🎣 🐎 poneys canoë	

Longitude : 1.76928
Latitude : 46.31015

CHAMBERET

19370 – **329** L2 – 1 319 h. – alt. 450
�ⓘ *Syndicat d'initiative, 5, place du Marché* ℘ 0555983014, Fax 0555987934
Paris 453 – Guéret 84 – Limoges 66 – Tulle 45 – Ussel 64.

▲▲ **Village Vacances Les Roulottes des Monédières**
    (location exclusive de roulottes) de déb. avr. à déb. nov.
    ℘ 0555980303, *info@roulottes-monedieres.com*,
    Fax 0555984948, *www.roulottes-monedieres.com* ⚞
    3 ha incliné

    Location ♿ Ⓟ : ⛺ (4 à 6 pers.) nuitée 85 € - 425 à
    780 €/sem. – frais de réservation 3 €
    Pour s'y rendre : à L'Arboretum

    À savoir : en séjour ou formule hôtelière

Nature : 🌳 ⩜♀	
Loisirs : snack 🏠 ⩩ ♨ billard ⛺ 🚲🖼 poneys	
Services : ⊶⊸ GB ♒ ▥ ⁇ laverie ⧖	

Longitude : 1.72146
Latitude : 45.58267

▲▲ **Village Vacances Les Chalets du Bois Combet**
    (location exclusive de chalets) Permanent
    ℘ 0555983012, *mairie.chamberet@wanadoo.fr*,
    Fax 0555987934, *www.chamberet-correze.net* – empl.
    traditionnels également disponibles
    1 ha plat, herbeux

    Location ♿ Ⓟ : 10 ⌂ (4 à 6 pers.) - 183 à 510 €/
    sem. – frais de réservation 19 €
    Pour s'y rendre : 1,3 km au sud-ouest par D 132, rte de
    Meilhards et chemin à dr., à 100 m d'un petit plan d'eau
    et d'un étang

Nature : 🌳	
Loisirs : ⩩	
Services : ⊶⊸ GB ♒ ⁇ laverie	
À prox. : ▥ ⬧ ♨ 🎣	

Longitude : 1.72146
Latitude : 45.58267

411

*LESEN SIE DIE ERLÄUTERUNGEN aufmerksam durch,
damit Sie diesen Camping-Führer mit der Vielfalt der gegebenen
Auskünfte wirklich ausnutzen können.*

CHÂTEAUNEUF-LA-FORÊT

87130 – **325** G6 – 1 616 h. – alt. 376
�ⓘ *Office de tourisme, avenue Amédée Tarrade* ℘ 0555696369, Fax 0555696369
Paris 424 – Eymoutiers 14 – Limoges 36 – St-Léonard-de-Noblat 19 – Treignac 34.

▲ **Le Cheyenne**
    ℘ 0555693929, *campinglecheyenne@neuf.fr*,
    Fax 0555697883
    1 ha (50 empl.) plat, herbeux

    Location : 5 ⛺
    ⊡ borne artisanale
    Pour s'y rendre : av. Michel Sinibaldi (800 m à l'ouest du
    centre bourg, rte du stade, à 100 m d'un plan d'eau)

Nature : ⬚ ♡♡	
Loisirs : ♟ snack	
Services : ♿ ⊶⊸ laverie	
À prox. : ⩩ ✂ ≊ (plage) 🎣	

Longitude : 1.60733
Latitude : 45.71386

CHÂTEAUPONSAC

87290 – **325** E4 – G. Limousin Berry – 2 186 h. – alt. 290
🆔 *Office de tourisme, place Mazurier* ✆ *05 55 76 57 57, Fax 05 55 76 59 57*
Paris 361 – Bélâbre 55 – Limoges 48 – Bellac 21 – St-Junien 45.

🏕 **Centre Touristique - La Gartempe** Permanent
✆ 05 55 76 55 33, *chateauponsac.tourisme@wanadoo.fr*,
Fax 05 55 76 98 05, *www.holidayschateauponsac.com*
1,5 ha (43 empl.) plat, peu incliné et terrasses, herbeux
Tarif : 18€ ✶✶ 🚐 ▣ ⒥ (6A) – pers. suppl. 3,50€
Location 🏚 : 11 🏠 (4 à 6 pers.) nuitée 50€ - 350 à
495€/sem. – frais de réservation 15€
Pour s'y rendre : av. de Ventenat (sortie sud-ouest par
D 711, rte de Nantiat, à 200 m de la rivière)

Nature : 🌳🌳	
Loisirs : 🍴 snack 🎱 👫 🚣	
Services : ♿ ☎ (juil.-août) 🅶🅱	
👕 laverie	
À prox. : 🎣 🏊 🚣 canoë	

Longitude : 1.2734
Latitude : 46.13347

CHÂTELUS-MALVALEIX

23270 – **325** J3 – 574 h. – alt. 410
Paris 333 – Aigurande 25 – Aubusson 46 – Boussac 19 – Guéret 25.

🏕 **Municipal la Roussille** de déb. juin à fin sept.
✆ 05 55 80 70 31, *mairie-chatelusmalvaleix@wanadoo.fr*,
Fax 05 55 80 86 32
0,5 ha (33 empl.) peu incliné, plat, herbeux
Tarif : (Prix 2009) ✶ 2,50€ 🚐 1,50€ ▣ 2€ – ⒥ (16A) 3€
Location (permanent) ♿ : 8 🏠 (4 à 6 pers.) nuitée
51€ - 160 à 440€/sem.
Pour s'y rendre : 10 pl. de la Fontaine (à l'ouest
du bourg)

Nature : 🌿 🌳🌳🌊	
Loisirs : 🎱 🚴 🚣 circuit VTT	
Services :	
À prox. : 🍷 👫 🍴	

Longitude : 2.02398
Latitude : 46.30375

CORRÈZE

19800 – **329** M3 – G. Limousin Berry – 1 175 h. – alt. 455
🆔 *Office de tourisme, place de la Mairie* ✆ *05 55 21 32 82, Fax 05 55 21 63 56*
Paris 480 – Argentat 47 – Brive-la-Gaillarde 45 – Égletons 22 – Tulle 19 – Uzerche 35.

412

🏕 **Municipal la Chapelle** de mi-juin à mi-sept.
✆ 05.55.21.25.21, *mairie.correze@wanadoo.fr*,
Fax 05 55 21 68 82
3 ha (54 empl.) non clos, plat, terrasse, peu incliné,
herbeux, forêt attenante
Tarif : (Prix 2009) ✶ 2,65€ 🚐 1,40€ ▣ 2,50€ –
⒥ (5A) 2,28€
🚐 1 borne flot bleu – 15 ▣ 8€
Pour s'y rendre : au lieu-dit : La Chapelle (sortie est par
D 143, rte d'Egletons et à dr., rte de Bouysse - en deux
parties distinctes)

À savoir : partie campable traversée par une petite route,
au bord de la Corrèze et près d'une petite chapelle

Nature : 🌿 🌳🌳	
Loisirs : 🎱 👫 🚣	
Services : ♿ 👕 ▣	
À prox. : 🏊	

Longitude : 1.8744
Latitude : 45.37273

Give use your opinion of the camping sites we recommend.
Let us know of your remarks and discoveries.

CROMAC

87160 – **325** E2 – 281 h. – alt. 224
Paris 339 – Argenton-sur-Creuse 41 – Limoges 68 – Magnac-Laval 22 – Montmorillon 39.

🏕 **Lac de Mondon** de mi-avr. à fin sept.
✆ 05 55 76 93 34, *camping-mondon@orange.fr*,
Fax 05 55 76 96 17, *www.campingdemondon.com*
2,8 ha (100 empl.) peu incliné, plat, herbeux
Tarif : (Prix 2009) 16,20€ ✶✶ 🚐 ▣ ⒥ (10A) – pers.
suppl. 4€
Pour s'y rendre : au lieu-dit : Les Forges de Mondon
(2 km au sud par D 105, rte de St-Sulpice-les-Feuilles et
D 60 - accès conseillé par D 912)

Nature : 🌿 ⛺ 🌳🌳	
Loisirs : 🍴 snack 🎱 👫 🚴 🍴	
🏊 ⛵ pédalos	
Services : ♿ 👕 ▣ 🚿	
À prox. : 🍴 🎣	

Longitude : 1.31909
Latitude : 46.34105

DONZENAC

19270 – **329** K4 – G. Périgord Quercy – 2 359 h. – alt. 204
Office de tourisme, 2, rue des Pénitents 𝒫 *05 55 85 65 35, Fax 05 55 85 72 30*
Paris 469 – Brive-la-Gaillarde 11 – Limoges 81 – Tulle 27 – Uzerche 26.

△ **La Rivière** de déb. avr. à fin sept.
𝒫 05 55 85 63 95, *info@campingdonzenac.com*,
Fax 05 55 85 63 95, *www.campingdonzenac.com*
1,2 ha (68 empl.) plat, herbeux
Tarif : 19 € ⚶ ⚶ ⇔ 🅴 [⚡] (10A) – pers. suppl. 5,10 €

Location (Prix 2009) : 14 🏠 (4 à 6 pers.) - 139 à 550 €/
sem.
🚐 borne eurorelais
Pour s'y rendre : 1,6 km au sud du bourg, par rte de
Brive et chemin, au bord du Maumont

Nature : 🏞 ☐ 9.9
Loisirs : 🍴
Services : ᕣ ⌒ ⓧ ⚏ laverie
À prox. : ✗ 🍴 ⛱

Longitude : 1.52293
Latitude : 45.22721

ÉVAUX-LES-BAINS

23110 – **325** L3 – G. Limousin Berry – 1 564 h. – alt. 469 – ♨ (9 avril-27 oct.)
Office de tourisme, place Serge Cléret 𝒫 *05 55 65 50 90, Fax 05 55 65 50 44*
Paris 353 – Aubusson 44 – Guéret 52 – Marcillat-en-Combraille 16 – Montluçon 27.

△ **Municipal** de mi-mars à fin oct.
𝒫 05 55 65 55 82, Fax 05 55 65 59 24
1 ha (49 empl.) peu incliné, plat, herbeux
Tarif : (Prix 2009) ⚶ 1,75 € ⇔ 1,25 € 🅴 1,50 € –
[⚡] (10A) 3,20 €

Location : huttes
Pour s'y rendre : au nord du bourg, derrière le château

Nature : 🏊 ☐ 9.9
Loisirs : 🏛 ⚤⛷
Services : ᕣ ⌒
À prox. : ✗ 🍴 ⬚

Longitude : 2.48546
Latitude : 46.17659

EYMOUTIERS

87120 – **325** H6 – G. Limousin Berry – 2 068 h. – alt. 417
Office de tourisme, 5-7 avenue de la Paix 𝒫 *05 55 69 27 81, Fax 05 55 69 27 81*
Paris 432 – Aubusson 55 – Guéret 62 – Limoges 44 – Tulle 71 – Ussel 69.

△ **Municipal** de déb. juin à fin sept.
𝒫 05 55 69 10 21, *mairie-eymoutiers@wanadoo.fr*,
Fax 05 55 69 27 19
1 ha (33 empl.) plat, incliné à peu incliné, terrasses,
herbeux
Tarif : (Prix 2009) 8,50 € ⚶ ⚶ ⇔ 🅴 [⚡] (16A) – pers.
suppl. 1,70 €
Pour s'y rendre : à St-Pierre (2 km au sud-est par D 940,
rte de Tulle et chemin à gauche)

Nature : 🏊 ☐ 9.9
Services : ᕣ ⓧ

Longitude : 1.74962
Latitude : 45.7417

413

△△△ ... △
Terrains particulièrement agréables dans leur ensemble et dans leur catégorie.

GUÉRET

23000 – **325** I3 – G. Limousin Berry – 13 789 h. – alt. 457 – Base de loisirs
Office de tourisme, 1, rue Eugène France 𝒫 *05 55 52 14 29, Fax 05 55 41 19 38*
Paris 351 – Bourges 122 – Châteauroux 90 – Clermont-Ferrand 132 – Limoges 93 – Montluçon 66 – Tulle 133.

△ **Municipal du Plan d'Eau de Courtille** de déb.
avr. à déb. nov.
𝒫 05 55 81 92 24, *nathalie.robin@ville-gueret.fr*,
Fax 05 55 51 05 37, *www.ville-gueret.fr*
2,4 ha (70 empl.) incliné, peu incliné, plat, herbeux
Tarif : 14 € ⚶ ⚶ ⇔ 🅴 [⚡] (10A) – pers. suppl. 2,20 €
Pour s'y rendre : rte de Courtille (2,5 km au sud-ouest
par D 914, rte de Benevent et chemin à gauche)

À savoir : situation agréable près d'un plan d'eau (accès
direct)

Nature : 🏊 ☐ 9.9
Loisirs : ⚤⛷
Services : ᕣ ⌒ 🏧 ⓧ 🗄
À prox. : 🏖 (plage) 🍴 ⛵ canoë,
piste de skate

Longitude : 1.85715
Latitude : 46.16833

LADIGNAC-LE-LONG

87500 – **325** D7 – 1 115 h. – alt. 334
Paris 426 – Brive-la-Gaillarde 74 – Limoges 35 – Nontron 44 – Périgueux 64 – St-Yrieix-la-Perche 12.

Municipal le Bel Air de déb. mai à fin sept.
℘ 05 55 09 39 82, *camping-ladignac@wanadoo.fr*,
Fax 05 55 09 39 80, *www.ladignac.com*
2,5 ha (100 empl.) en terrasses, herbeux
Tarif : (Prix 2009) 12,70€ ★★ ⇔ 国 (*) (10A) – pers.
suppl. 3€

Location (Prix 2009) : 4 🛏 (4 à 6 pers.) 378€/sem.
🚰 borne artisanale 4€
Pour s'y rendre : r. Bel'Air (1,5 km au nord par D 11,
rte de Nexon et chemin à gauche)

À savoir : cadre arboré et situation agréable en bordure
d'un plan d'eau

Nature :	〰 ⌂ ♀♀
Loisirs :	🛁
Services :	♿ ⌾ (juil.-août) GB
	♻ laverie
À prox. :	🛶 pédalos

Longitude : 1.11126
Latitude : 45.59414

LIGINIAC

19160 – **329** P3 – 607 h. – alt. 665
Paris 464 – Aurillac 83 – Bort-les-Orgues 24 – Clermont-Ferrand 107 – Mauriac 30 – Ussel 21.

Municipal le Maury
℘ 05 55 95 92 28
2 ha (50 empl.) plat et peu incliné, terrasses, herbeux

Location : 12 gîtes, 14 huttes
Pour s'y rendre : 4,6 km au sud-ouest par rte de la plage,
au bord du lac de Triouzoune - accès conseillé par D 20,
rte de Neuvic

Nature :	〰 ⌂ ♀
Loisirs :	🛁 ⚽ ✂
Services :	⌾ laverie
À prox. :	♟ snack ⚓ ⛵ (plage) ♦

Longitude : 2.33345
Latitude : 45.41464

414

*Die Klassifizierung (1 bis 5 Zelte, **schwarz** oder **rot**),*
mit der wir die Campingplätze auszeichnen, ist eine Michelin-eigene Klassifizierung.
Sie darf nicht mit der staatlich-offiziellen Klassifizierung
(1 bis 4 Sterne) verwechselt werden.

LISSAC-SUR-COUZE

19600 – **329** J5 – G. Périgord Quercy – 664 h. – alt. 170 – Base de loisirs
Paris 486 – Brive-la-Gaillarde 11 – Périgueux 68 – Sarlat-la-Canéda 42 – Souillac 29.

Village Vacances Les Hameaux du Perrier
(location exclusive de chalets) Permanent
℘ 05 55 84 34 48, *infos@chalets-en-france.com*,
Fax 05 55 22 88 29, *www.chalets-en-france.com*
17 ha/10 campables en terrasses

Location : 94 🏠 (4 à 6 pers.) nuitée 80€ - 210 à 690€/
sem. – frais de réservation 10€
Pour s'y rendre : au lieu-dit : Le Perrier

Nature :	〰 ≤ ♀♀
Loisirs :	♟ snack ⚽ 🏠 ⌸
Services :	⌾ GB ♻ ⊞ ♟ laverie
	⚓
À prox. :	🚴 ✖ ⛵ 🛶 ♦ base
nautique, ski nautique, aviron,	

Longitude : 1.43848
Latitude : 45.10029

Village Vacances La Prairie (location exclusive de
chalets) Permanent
℘ 05 55 85 37 97, *camping.laprairie@wanadoo.fr*,
Fax 05 55 85 37 11 – empl. traditionnels également
disponibles
5 ha en terrasses

Location (Prix 2009) : 16 🏠 (4 à 6 pers.) - 179 à 486€/
sem.
Pour s'y rendre : 1,4 km au sud-ouest par D 59 et chemin
à gauche, près du lac du Causse

Nature :	〰 ≤ ♀
Loisirs :	♟ snack ⚽
Services :	♿ ⌾ GB ♻ ⊞ ⌸
laverie	
à la base de loisirs :	🚴 ⛵ (plage)
🛶 ♦ 🐎 canoë, pédalos	

Longitude : 1.46098
Latitude : 45.10307

MAGNAC-LAVAL

87190 – **325** D3 – G. Limousin Berry – 1 978 h. – alt. 231
日 *Syndicat d'initiative, 7, avenue Jules Courivaud* ℘ 05 55 68 59 15, *Fax 05.55.68.59.15*
Paris 366 – Limoges 64 – Poitiers 86 – Guéret 62 – Châteauroux 96.

Village Vacances Le Hameau de Gîtes des Pouyades (location exclusive de gîtes) Permanent
℘ 05 55 60 73 45, *pouyades-bramebenaize@wanadoo.fr*, *www.lelimousinsejoursvacances.com*
1,5 ha plat

Location (Prix 2009) ⚡ : 12 ⌂ (4 à 6 pers.) - 259 à 659 €/sem. – frais de réservation 16 €
Pour s'y rendre : au lieu-dit : Les Pouyades

Nature : 🦆 ⇐ Sur le lac ♀	
Loisirs : 🏠 🎣 🖐	
Services : 🔥 ⚬⊸ GB ⋌ ▥ 🍴 laverie	

Longitude : 1.18915
Latitude : 46.20103

MASSERET

19510 – **329** K2 – G. Limousin Berry – 659 h. – alt. 380
日 *Syndicat d'initiative, le Bourg* ℘ 05 55 98 24 79, *Fax 05 55 73 49 69*
Paris 432 – Guéret 132 – Limoges 45 – Tulle 48 – Ussel 101.

Intercommunal Masseret-Lamongerie
℘ 05 55 73 44 57, Fax 05 55 73 49 69
100 ha/2 campables (80 empl.) plat et incliné, herbeux, gravillons

Location : 4 🏕
Pour s'y rendre : 3 km à l'est par D 20, rte des Meilhards, à la sortie de Masseret-Gare

À savoir : agréable cadre boisé près d'un plan d'eau

Nature : 🦆 ⇐ ♀♀	
Loisirs : 🏠	
Services : 🔥 ⚬⊸ 🖨	
À prox. : 🍴 snack 🚣 🏊 🎣 🎾 🏊 (plage) 🏃 parcours sportif, pédalos	

Longitude : 1.5197
Latitude : 45.54031

MEYSSAC

19500 – **329** L5 – G. Périgord Quercy – 1 208 h. – alt. 220
日 *Office de tourisme, avenue de l'Auvitrie* ℘ 05 55 25 32 25, *Fax 05 55 25 49 16*
Paris 507 – Argentat 62 – Beaulieu-sur-Dordogne 21 – Brive-la-Gaillarde 23 – Tulle 37.

Intercommunal Moulin de Valane de déb. mai à fin sept.
℘ 05 55 25 41 59, *mairie@meyssac.fr*, Fax 05 55 25 38 88
4 ha (115 empl.) plat et peu incliné, terrasses, herbeux
Tarif : (Prix 2009) 15,80 € ⚹⚹ 🚐 📧 🚿 (10A) – pers. suppl. 4 €

Location (Prix 2009) : 11 🏕 (4 à 6 pers.) **nuitée** 50 € - 180 à 450 €/sem.
Pour s'y rendre : 1 km au nord-ouest, rte de Collonges-la-Rouge, au bord d'un ruisseau

Nature : 🏕 ♀♀	
Loisirs : snack 🏠 🚣 🚲 🎾 🎣 🖐	
Services : 🔥 ⚬⊸ (juil.-août) GB ⋌ laverie 🚿	

Longitude : 1.67354
Latitude : 45.05579

415

NEUVIC

19160 – **329** O3 – G. Limousin Berry – 1 905 h. – alt. 620 – Base de loisirs
日 *Office de tourisme, rue de la Tour des 5 pierres* ℘ 05 55 95 88 78, *Fax 05 55 95 94 84*
Paris 465 – Aurillac 78 – Mauriac 25 – Tulle 56 – Ussel 21.

Municipal du Lac de déb. mars à fin nov.
℘ 05 55 95 85 48, *contact@campingdulac-neuvic-correze.com*, Fax 05 55 95 85 48, *www.campingdulac-neuvic-correze.com*
5 ha (100 empl.) en terrasses, herbeux, gravillons
Tarif : (Prix 2009) ⚹ 2,40 € 🚐 1,20 € 📧 2,70 € – 🚿 (10A) 1,55 € – frais de réservation 8 €

Location (Prix 2009) (permanent) : 5 🏕 (4 à 6 pers.) nuitée 35 € - 145 à 365 €/sem. – 28 ⌂ (4 à 6 pers.) nuitée 42 € - 179 à 490 €/sem. – gîtes – frais de réservation 8 €
🚮 1 borne 2,60 € – 30 📧 6 € – 🔌 🚿 6 €
Pour s'y rendre : rte de la Plage (2,3 km à l'est par D 20, rte de Bort-les-Orgues et rte de la plage à gauche, au bord du lac de Triouzoune)

Nature : 🦆 🏕 ♀♀	
Loisirs : 🏠 🚣 🖐	
Services : ⚬⊸ GB ⋌ 🍴 🖨	
À prox. : 🍴 🍴 🎾 🎣 🏊 (plage) ♨ canoë, pédalos, ponton d'amarage, golf	

Longitude : 2.28116
Latitude : 45.38542

NEXON

87800 – **325** E6 – G. Limousin Berry – 2 390 h. – alt. 359

🛈 *Office de tourisme, Conciergerie du Château* 𝒫 *05 55 58 28 44, Fax 05.55.58.23.56*

Paris 412 – Châlus 20 – Limoges 22 – Nontron 53 – Rochechouart 37 – St-Yrieix-la-Perche 23.

▲ **Municipal de l'Étang de la Lande** de déb. juin à fin sept.

𝒫 *05 55 58 35 44, camping.de-la-landenexon@orange.fr*, Fax 05 55 58 33 50, *www.nexon.fr*

2 ha (53 empl.) terrasse, peu incliné, herbeux

Tarif : (Prix 2009) 9,80€ **†† ⟵ 🅴 🕃** (10A) – pers. suppl. 3,20€

Location (de déb. avr. à fin nov.) : 6 🏚 (4 à 6 pers.) nuitée 43€ - 183 à 658€/sem. – huttes – frais de réservation 28€

🚐 borne artisanale

Pour s'y rendre : 1 km au sud par rte de St-Hilaire, accès près de la pl. de l'Hôtel-de-Ville

À savoir : près d'un plan d'eau

Nature : 🏞 ♌♌
Loisirs : 🎱 ♣♣♣
Services : ♿ ⛽ GB ♙ ⏚ ♒ ♒ 🖼
À prox. : ⛵ (plage) pédalos

Longitude : 1.18056
Latitude : 45.67111

OBJAT

19130 – **329** J4 – G. Limousin Berry – 3 400 h. – alt. 131

🛈 *Office de tourisme, place Charles de Gaulle* 𝒫 *05 55 25 96 73, Fax 05 55 25 97 45*

Paris 495 – Limoges 106 – Tulle 46 – Brive-la-Gaillarde 20 – Sarlat-la-Canéda 74.

♠♠♠ **Village Vacances Les Grands Prés** (location exclusive de chalets) Permanent

𝒫 *05 55 25 96 73, tourisme@objat.fr, Fax 05 55 25 97 45, www.objat.fr*

18 ha/4 campables plat

Location : 20 🏚 (4 à 6 pers.) nuitée 49€ - 245 à 495€/sem. – frais de réservation 8€

🚐 borne eurorelais 1,50€ – 15 🅴

Pour s'y rendre : à l'espace loisirs : Les Grands Prés

Nature : 🏊 ≼
Loisirs : ♣♣♣
Services : ♿ ♙ 🎬 laverie
À prox. : ♣♣ ♣♣♣ ⬡ ⬡ ♒ terrain multisports

Longitude : 1.40983
Latitude : 45.26271

416

To select the best route and follow it with ease,
To calculate distances,
To position a site precisely from details given in the text :
*Get the appropriate **MICHELIN regional map.***

PALISSE

19160 – **329** O3 – 227 h. – alt. 650

Paris 460 – Aurillac 87 – Clermont-Ferrand 102 – Mauriac 33 – Le Mont-Dore 75 – St-Flour 120 – Tulle 50 – Ussel 21.

▲ **Le Vianon** ♣♣ – Permanent

𝒫 *05 55 95 87 22, camping.vianon@wanadoo.fr*, Fax 05 55 95 98 45, *www.levianon.com*

4 ha (59 empl.) plat et peu incliné, terrasses, herbeux, gravillons, étang, forêt

Tarif : (Prix 2009) 24,40€ **†† ⟵ 🅴 🕃** (16A) – pers. suppl. 5,50€ – frais de réservation 10€

Location (Prix 2009) : 16 🏚 (4 à 6 pers.) nuitée 55€ - 250 à 700€/sem. – frais de réservation 10€

Pour s'y rendre : au lieu-dit : Les Plaines (1,1 km au nord par D 47, rte de Combressol et rte à dr., au bord d'un étang)

Nature : 🏊 ♌♌♌
Loisirs : 🍴 snack 🎱 ♣♣♣ ♣♣ ♣♣♣ ♒ ⬡ ♒
Services : ♿ ⛽ GB ♙ ♒ laverie ♒

Longitude : 2.20649
Latitude : 45.41868

PIERRE-BUFFIÈRE

87260 – **325** F6 – 1 128 h. – alt. 330
🛈 *Office de tourisme, place du 8 Mai 1945 ℰ 0555009433, Fax 0555009433*
Paris 408 – Limoges 20 – Saint-Yrieix-la-Perche 29 – Uzerche 38.

⚠ **Intercommunal de Chabanas** de mi-mai à fin sept.
ℰ 0555009643, *mairie.pierrebuffiere@wanadoo.fr*,
Fax 0555009643
1,5 ha (60 empl.) peu incliné, plat, herbeux, bois attenant
Tarif : (Prix 2009) 13,50€ 🏕🏕 🚗 🔲 🕍 (16A) – pers.
suppl. 3€ – frais de réservation 8€
🚐 borne autre 3,50€
Pour s'y rendre : 1,8 km au sud par D 420, rte de
Château-Chervix, dir. A 20 et chemin à gauche, près du
stade - par A 20 : sortie 40

À savoir : décoration arbustive et florale

Nature : ⪝ 🏞 ♀	
Loisirs : 🎱 🏊	
Services : & ⚡ 🐾 ♨ 🚽 🖼	
À prox. : ✗	

Longitude : 1.3709
Latitude : 45.68928

RAZÈS

87640 – **325** F4 – 1 077 h. – alt. 440
🛈 *Syndicat d'initiative, route du Lac ℰ 0555710024*
Paris 366 – Argenton-sur-Creuse 68 – Bellac 32 – Guéret 65 – Limoges 28.

⚠ **Santrop** ♣♣ – de déb. mai à fin sept.
ℰ 0555710808, *lacsaintpardoux@wanadoo.fr*,
Fax 0555712393, *www.lac-saint-pardoux.com*
5,5 ha (152 empl.) peu incliné à incliné, herbeux, gravier
Tarif : (Prix 2009) 16,40€ 🏕🏕 🚗 🔲 🕍 (16A) – pers.
suppl. 4,20€ – frais de réservation 16€

Location (Prix 2009) (permanent) : 6 🏠 (4 à 6 pers.) -
270 à 595€/sem. – huttes – frais de réservation 16€
Pour s'y rendre : 4 km à l'ouest par D 44, au bord du lac
de St-Pardoux

Nature : 🐟 ⪝ 🌳	
Loisirs : 🍴 snack 🎱 🏇 🏊	
Services : & ⚡ (de mi-juin à mi-sept.) 🖵 🐾 🐕 🖼 🛁	
À prox. : 🎿 ≋ (plage) 🚤 ski nautique	

Longitude : 1.33658
Latitude : 46.03282

Consultez le site **Voyage.ViaMichelin.fr**

417

REYGADES

19430 – **329** M5 – G. Limousin Berry – 182 h. – alt. 460
Paris 516 – Aurillac 56 – Brive-la-Gaillarde 56 – St-Céré 26 – Tulle 41.

⚠ **La Belle Etoile** de déb. juin à fin sept.
ℰ 0555285008, *campingbelle-etoile@orange.fr*,
Fax 0555283640, *www.camping-belle-etoile.fr*
5 ha/3 campables (25 empl.) en terrasses, herbeux
Tarif : 🏕 3,80€ 🚗 🔲 4,90€ – 🕍 (6A) 2,90€

Location (permanent) : 6 🏕 (4 à 6 pers.) 230 à
435€/sem. – 6 🏠 (4 à 6 pers.) - 320 à 590€/sem. – 3
bungalows toilés
Pour s'y rendre : à Lestrade (1 km au nord par D 41,
rte de Beaulieu-sur-Dordogne)

Nature : 🐟 ⪝ 🏞 ♀♀	
Loisirs : 🏊 🏊 (petite piscine) quad	
Services : & ⚡ 🐾 🛁 laverie 🛒	

Longitude : 1.90383
Latitude : 45.02336

ROYÈRE-DE-VASSIVIÈRE

23460 – **325** I5 – 576 h. – alt. 735
🛈 *Office de tourisme, rue Alfred Auphelle ℰ 0555647511, Fax 0555647540*
Paris 412 – Bourganeuf 22 – Eymoutiers 25 – Felletin 29 – Gentioux 12 – Limoges 68.

⚠ **Les Terrasses du Lac** de déb. avr. à mi-oct.
ℰ 0555647677, *lesterrasses.camping@free.fr*,
Fax 0555647678, *lesterrasses.camping.free.fr*
4 ha (142 empl.) en terrasses, plat et peu incliné,
herbeux, gravier, pierreux
Tarif : (Prix 2009) 15,60€ 🏕🏕 🚗 🔲 🕍 (10A) – pers.
suppl. 4,20€ – frais de réservation 21€
Pour s'y rendre : à Vauveix (10 km au sud-ouest par D 3
et D 35, rte d'Eymoutiers, au port (accès direct))

Nature : ⪝ le lac 🏞 ♀♀	
Loisirs : 🎱 ≋ (plage) 🎣	
Services : ⚡ (juil.-août) 🖵 🐾 🏧 🛁 laverie	
À prox. : 🛁 🍴 ✗ 🏊 🚣 ski nautique, canoë, pédalos, ponton d'amarrage	

Longitude : 1.91112
Latitude : 45.8406

La Presqui'Île de déb. juin à déb. sept.
℘ 0555647898, *presquile.camping@free.fr*,
Fax 0555647678, *www.presquile.camping.free.fr*
7 ha (150 empl.) vallonné, plat, peu incliné, herbeux
Tarif : (Prix 2009) 15,50€ ★★ ⛟ 🅴 🄵 (10A) – pers.
suppl. 3,10€ – frais de réservation 21€

Location (Prix 2009) (de déb. avr. à mi-oct.) : 20 🛖
(4 à 6 pers.) - 235 à 520€/sem. – huttes – frais de
réservation 21€
Pour s'y rendre : à Broussas (8,5 km au sud par D 8, D 34,
D 3 et rte à dr., près du lac Vassivière)

À savoir : Cadre naturel au bord du lac

Nature : 🐚 ⌱ 🌳
Loisirs : 🏠 ⛵ 🏊
Services : ⚡ (juil.-août) 🅶🅱 🐾
🛗 ⚑ 🏧
À prox. : terrain multisports,
canoë, bateaux électriques

Longitude : 1.91112
Latitude : 45.8406

87380 – **325** F7 – G. Limousin Berry – 1 141 h. – alt. 432
🛈 *Office de tourisme, avenue du Remblai* ℘ 0555718865, Fax 0555718865
Paris 422 – Eymoutiers 33 – Limoges 34 – St-Léonard-de-Noblat 31 – Treignac 34.

Le Montréal de déb. avr. à fin oct.
℘ 0555718620, *contact@campingdemontreal.com*,
Fax 0555710083, *www.campingdemontreal.com*
1 ha (60 empl.) plat et terrasse, peu incliné à incliné,
herbeux, gravier
Tarif : 16€ ★★ ⛟ 🅴 🄵 (10A) – pers. suppl. 3€

Location : 6 bungalows toilés – frais de réservation
15€
🚐 borne artisanale 2,90€ – 2 🅴 13€ – 🍴 9.5€
Pour s'y rendre : r. du Petit Moulin (sortie sud-est,
rte de la Porcherie, au bord d'un plan d'eau)

Nature : 🐚 ← ⌱ 🌳
Services : ♿ ⚡ 🅶🅱 🐾 🏧 laverie
À prox. : snack ⛵ 🏓 🏊 (plage)
🐚

Longitude : 1.5011
Latitude : 45.61143

*Dieser Führer stellt kein vollständiges Verzeichnis aller Campingplätze dar,
sondern nur eine Auswahl der besten Plätze jeder Kategorie.*

87800 – **325** D7 – 841 h. – alt. 426
Paris 417 – Châlus 18 – Limoges 27 – Nontron 52 – Rochechouart 39 – St-Yrieix-la-Perche 19.

Municipal du Lac de mi-avr. à mi-oct.
℘ 0555581208, *mairie-saint.hilaire@wanadoo.fr*,
Fax 0555583598, *sainthilairelesplaces.fr*
2,5 ha (92 empl.) en terrasses, herbeux
Tarif : 10,20€ ★★ ⛟ 🅴 🄵 (6A) – pers. suppl. 3,90€

Location (permanent) : 7 🛖 (4 à 6 pers.) nuitée
51€ - 166 à 382€/sem. – 15 gîtes – frais de réservation
15€
🚐 borne eurorelais 2€
Pour s'y rendre : au Lac Plaisance (1,2 km au sud du
bourg par D 15a et chemin à gauche, à 100 m du lac)

Nature : ⌱ 🌳
Loisirs : 🏠 🏃 ⛵
Services : ♿ ⚡ (juil.-août) 🅶🅱
🐾 🅿
À prox. : 🍴 🏓 🏊 (plage) ⛷ 🐚
🐴 (centre équestre) pédalos 🚐

Longitude : 1.16316
Latitude : 45.63586

87240 – **325** F5 – 776 h. – alt. 388
Paris 385 – Bellac 55 – Bourganeuf 31 – Guéret 50 – Limoges 29 – La Souterraine 51.

Municipal Pont du Dognon de fin mars à déb. nov.
℘ 0555565725, *mairie-st-laurent-les-eglises@wanadoo.fr*,
Fax 0555565517
3 ha (90 empl.) en terrasses, herbeux, pierreux
Tarif : 14,04€ ★★ ⛟ 🅴 🄵 (5A) – pers. suppl. 3,97€ –
frais de réservation 15,71€

Location : 3 🛖 (4 à 6 pers.) 174,16 à 443,90€/sem. –
5 🛖 – huttes – frais de réservation 15,71€
Pour s'y rendre : 1,8 km au sud-est par D 5, rte de St-
Léonard-de-Noblat, au bord du Taurion (plan d'eau)

Nature : 🐚 ← ⌱ 🌳
Loisirs : 🏠 🏃 ⛵ 🏓 🏊 ⛷ 🐚
parcours de santé
Services : ♿ ⚡ 🐾 laverie
À prox. : 🍴 🏓 canoë, pédalos,
ponton d'amarrage

Longitude : 1.49936
Latitude : 45.94586

ST-LÉONARD-DE-NOBLAT

87400 – **325** F5 – G. Limousin Berry – 4 634 h. – alt. 347

🛈 *Office de tourisme, place du Champ de Mars* ✆ *05 55 56 25 06, Fax 05 55 56 36 97*

Paris 407 – Aubusson 68 – Brive-la-Gaillarde 99 – Guéret 62 – Limoges 21.

Municipal de Beaufort de mi-mai à mi-sept.
✆ 05 55 56 02 79, *info@campingdebeaufort.com*,
www.campingdebeaufort.com
2 ha (98 empl.) peu incliné, plat, herbeux
Tarif : (Prix 2009) 17 € 🛉🛉 ⛺ 🔲 ⚡ (15A) – pers.
suppl. 3 €
Location : 10 🛖 (4 à 6 pers.) 210 à 510 €/sem.
🚐 1 borne artisanale – 1 🔲 17 €
Pour s'y rendre : à Beaufort (1,7 km par N 141, rte de
Limoges puis 1,5 km à gauche par rte de Masleon, au bord
de la Vienne)

Nature : 🌳 ⚬⚬	
Loisirs : 🍷 🛖 ♨️ 🚣 💧	
Services : 🔧 ⚬━ GB 🐾 🛒 laverie	
Longitude : 1.49175	
Latitude : 45.83053	

*Avant de prendre la route, consultez **www.ViaMichelin.fr** :*
votre meilleur itinéraire, le choix de votre hôtel, restaurant,
des propositions de visites touristiques.

ST-MARTIN-TERRESSUS

87400 – **325** F5 – G. Limousin Berry – 527 h. – alt. 280

Paris 383 – Ambazac 7 – Bourganeuf 31 – Limoges 20 – St-Léonard-de-Noblat 12 – La Souterraine 49.

Municipal Soleil Levant de mi-juin à mi-sept.
✆ 05 55 39 83 78, *mairie@st-martin-terressus.fr*,
Fax 05 55 39 64 30, *www.st-martin-terressus.fr*
0,5 ha (36 empl.) plat et terrasse, peu incliné, herbeux
Tarif : 8 € 🛉🛉 ⛺ 🔲 ⚡ (16A) – pers. suppl. 3 €
Pour s'y rendre : au Bourg (à l'ouest par D 29 et chemin
à dr., au bord d'un plan d'eau)

Nature : 🌊 ⟨ 🌳 ⚬⚬	
Loisirs : 🍷 🛖	
Services : 🔧	
Longitude : 1.44334	
Latitude : 45.91914	

419

Paysage automne des Monts d'Ambazac avec lac

J. Forestier/OT Haute-Vienne

ST-PARDOUX

87250 – **325** E4 – 513 h. – alt. 370 – Base de loisirs
🅱 *Office de tourisme, 17, rue de la Halle* ℰ 05 55 76 56 80, Fax 05.55.76.83.96
Paris 366 – Bellac 25 – Limoges 33 – St-Junien 39 – La Souterraine 32.

▲▲ **Le Freaudour** de déb. juin à mi-sept.
ℰ 05 55 76 57 22, *lacsaintpardoux@wanadoo.fr*,
Fax 05 55 71 23 93, *www.lac-saint-pardoux.com*
4,5 ha (200 empl.) peu incliné, herbeux
Tarif : (Prix 2009) 17,90 € ✸✸ ⇔ 🅴 🈁 (16A) – pers.
suppl. 4,70 € – frais de réservation 16 €

Location (Prix 2009) (permanent) : 10 ⊞ (4 à 6
pers.) 251 à 526 €/sem. – 10 🏠 (4 à 6 pers.) - 206 à
506 €/sem. – frais de réservation 16 €
Pour s'y rendre : à la Base de Loisirs (1,2 km au sud,
au bord du lac de St-Pardoux)

| Nature : 🌳 ⋖ 🔲 ♀ |
| Loisirs : 🍴 🏡 ⛺ 🎳 🛶 |
| Services : 🖕 ⊶ (juil.-août) GB |
| 🅰⛺♨ ⊶ |
| À prox. : 🔞 🏊 (plage) |

Longitude : 1.2809
Latitude : 46.05776

ST-PARDOUX-CORBIER

19210 – **329** J3 – 352 h. – alt. 404
Paris 448 – Arnac-Pompadour 8 – Brive-la-Gaillarde 44 – St-Yrieix-la-Perche 27 – Tulle 43 – Uzerche 17.

▲ Le Domaine Bleu
ℰ 05 55 73 59 89, Fax 05 55 73 59 89, *www.ledomainebleu.eu*
1 ha (40 empl.) en terrasses, pierreux, gravillons, herbeux
Pour s'y rendre : sortie est par D 50, rte de Vigeois et
chemin à dr., près d'un étang

| Nature : 🌳 🔲 ♀♀ |
| Loisirs : 🐟 |
| Services : 🖕 ⊶ 🍴 ♨ ⊶ |
| À prox. : 🍴 |

Longitude : 1.45081
Latitude : 45.43153

ST-YRIEIX-LA-PERCHE

87500 – **325** E7 – G. Limousin Berry – 7 007 h. – alt. 360
🅱 *Office de tourisme, 58, boulevard de l'Hôtel de Ville* ℰ 05 55 08 20 72, Fax 05 55 08 10 05
Paris 430 – Brive-la-Gaillarde 63 – Limoges 40 – Périgueux 63 – Rochechouart 52 – Tulle 76.

▲ **Municipal d'Arfeuille** de mi-avr. à mi-sept.
ℰ 05 55 75 08 75, *camping@saint-yrieix.fr* – 🅱
2 ha (100 empl.) en terrasses, herbeux, pierreux
Tarif : (Prix 2009) 12,40 € ✸✸ ⇔ 🅴 🈁 (10A) – pers.
suppl. 3,60 €

Location (Prix 2009) (de déb. mars à fin déc.) 🖕 : 7
🏠 (4 à 6 pers.) - 250 à 400 €/sem.
🚐 borne artisanale 13 €
Pour s'y rendre : rte du Viaduc (2,5 km au nord par
rte de Limoges et chemin à gauche, au bord d'un étang)

| Nature : 🌳 ⋖ 🔲 ♀♀ |
| Loisirs : 🚣 🚲 ♨ 🎳 🛶 🏊 (plage) |
| pédalos, canoë |
| Services : ⊶ GB 🅰 🗑 |
| À prox. : 🍴 ✕ 🔞 🐟 |

Longitude : 1.20048
Latitude : 45.52346

SEILHAC

19700 – **329** L3 – 1 765 h. – alt. 500
🅱 *Office de tourisme, place de l'Horloge* ℰ 05 55 27 97 62
Paris 461 – Aubusson 97 – Brive-la-Gaillarde 33 – Limoges 73 – Tulle 15 – Uzerche 16.

▲▲ **Le Lac de Bournazel** de déb. avr. à fin sept.
ℰ 05 55 27 05 65, *mairie-seilhac@wanadoo.fr*,
Fax 05 55 27 93 62 ⋇
6,5 ha (155 empl.) en terrasses, herbeux, pierreux
Tarif : 16,85 € ✸✸ ⇔ 🅴 🈁 (10A) – pers. suppl. 4,10 €

Location (permanent) : 10 🏠 (4 à 6 pers.) - 155 à
490 €/sem.
🚐 1 borne artisanale 5,15 €
Pour s'y rendre : 1,5 km au nord-ouest par N 120,
rte d'Uzerche puis 1 km à dr.

| Nature : 🌳 🔲 ♀♀ |
| Loisirs : 🍴, snack 🏡 🚣 |
| Services : 🖕 ⊶ 🅰 🍴 🗑 ♨ |
| À prox. : discothèque ✳ 🏊 🐟 |
| 🐎 parcours sportif, pédalos |

Longitude : 1.71347
Latitude : 45.36709

Verwechseln Sie bitte nicht :
▲*... bis ...* ▲▲▲*: MICHELIN-Klassifizierung*
und
★ *... bis ...* ★★★★ *: offizielle Klassifizierung*

TREIGNAC

19260 – **329** L2 – G. Limousin Berry – 1 376 h. – alt. 500 – Base de loisirs
🚩 *Office de tourisme, 1, place de la République* 𝒫 *0555981504, Fax 0555981702*
Paris 463 – Égletons 32 – Eymoutiers 33 – Limoges 75 – Tulle 39 – Uzerche 30.

La Plage de déb. mai à mi-sept.
𝒫 0555980854, *info@laplagecamping.com*,
Fax 0555981647, *www.laplagecamping.com*
3,5 ha (130 empl.) en terrasses et peu incliné, pierreux,
herbeux, bois attenant
Tarif : (Prix 2009) ✱ 4,10€ ⬜ 🄴 4,50€ – 🄶 (6A) 3€ –
frais de réservation 6€

Location (Prix 2009) : 6 🏠 (4 à 6 pers.) nuitée 50€
- 320 à 480€/sem. – 2 bungalows toilés – frais de
réservation 6€
🚐 borne artisanale
Pour s'y rendre : au Lac des Barriousses (4,5 km au nord
par rte d'Eymoutiers)

Nature : 🔲 🌳
Loisirs : 🏓
Services : ♿ ⚡ GB 🚿 🏛 laverie
À prox. : snack 🚴 🚣 🏊 🐎 ⛵ (plage) 🛶 canoë, pédalos

Longitude : 1.79447
Latitude : 45.53744

*La catégorie (1 à 5 tentes, noires ou rouges) que nous attribuons
aux terrains sélectionnés dans ce guide est une appréciation qui nous est propre.
Elle ne doit pas être confondue avec le classement (1 à 4 étoiles)
établi par les services officiels.*

USSEL

19200 – **329** O2 – G. Limousin Berry – 10 250 h. – alt. 631
🚩 *Office de tourisme, place Voltaire* 𝒫 *0555721150, Fax 0555725444*
Paris 448 – Limoges 142 – Clermont-Ferrand 82 – Brive-la-Gaillarde 89 – Montluçon 119.

Municipal de Ponty de mi-mai à fin sept.
𝒫 0555723005, *sports.dir@ussel19.fr*, Fax 0555725952
2 ha (50 empl.) plat, peu incliné, gravillons, herbeux
Tarif : (Prix 2009) ✱ 2,65€ ⬜ 🄴 3,55€ – 🄶 (10A) 2,50€

Location (Prix 2009) (permanent) : 18 🏠 (4 à 6 pers.)
nuitée 55€ - 272 à 308€/sem.
🚐 borne raclet 2€
Pour s'y rendre : r. du Lac (2,7 km à l'ouest par
rte de Tulle et D 157 à dr., près d'un plan d'eau)

Nature : 🌿 ⩽ sur le lac 🔲 💧
Loisirs : 🏓 🚣
Services : ♿ ⚡ 🚿 🏛
À prox. : 🍴 ✕ snack 🚴 🏊 🎿 🛶 (plage) 🐎 (centre équestre) canoë, pédalos, piste de bi-cross

Longitude : 2.28707
Latitude : 45.5435

UZERCHE

19140 – **329** K3 – G. Limousin Berry – 3 182 h. – alt. 380
🚩 *Office de tourisme, place de la Libération* 𝒫 *0555731571, Fax 0555738836*
Paris 444 – Aubusson 95 – Bourganeuf 76 – Brive-la-Gaillarde 38 – Limoges 57 – Périgueux 106 – Tulle 30.

Municipal la Minoterie de déb. mai à fin sept.
𝒫 0555731275, *uzerche@uzerche.fr*, Fax 0555731275,
http://camping.uzerche.fr
1,5 ha (65 empl.) plat, terrasse, herbeux, pierreux
Tarif : (Prix 2009) 11€ ✱✱ ⬜ 🄴 🄶 (10A) – pers.
suppl. 3€

Location : huttes, gîtes d'étape
🚐 borne artisanale
Pour s'y rendre : à la Base de Loisirs de la Minoterie
(au sud-ouest du centre bourg, accès quai Julian-Grimau,
entre la N 20 et le pont Turgot (D 3), au bord de la Vézère
(rive gauche))

À savoir : dans un site pittoresque

Nature : 🌿 ⩽ 💧💧
Loisirs : 🏓 🚣 🚴 🎿 ⛵ base de canoë-kayak
Services : ♿ ⚡ 🚿 🏛 🚰 laverie
À prox. : mur d'escalade

Longitude : 1.56305
Latitude : 45.42481

VIDEIX

87600 – **325** B6 – 253 h. – alt. 260
Paris 443 – Angoulême 53 – Limoges 53 – Nontron 36 – Rochechouart 11.

Village Vacances Le Hameau de gîtes (location exclusive de chalets) Permanent
  📞 05 55 48 83 39,
ot-rochechouart-pays-de-la-meteorite@wanadoo.fr,
Fax 05 55 48 83 39, *www.rochechouart.com*
3 ha plat, herbeux

Location 🅿 : 16 🏠 (4 à 6 pers.) nuitée 67 € - 240 à 475 €/sem.
Pour s'y rendre : Plage de La Chassagne (1,7 km au nord par D 87, rte de Pressignac, lieu-dit La Chassagne)

Nature : 🐟 ⬱ Le Lac⛰	
Loisirs : 🛖 🛶	
Services : ♿ ⚕ 🏧 laverie	
À prox. : 🍽 snack ⛵ 🎣 ◊ pédalos	

Longitude : 0.72083
Latitude : 45.80171

VIGEOIS

19410 – **329** K3 – G. Limousin Berry – 1 118 h. – alt. 390
ℹ *Office de tourisme, place de l'Eglise* 📞 05 55 98 96 44
Paris 457 – Limoges 68 – Tulle 32 – Brive-la-Gaillarde 41 – Saint-Yrieix-la-Perche 42.

Municipal du Lac de Pontcharal de déb. juin à mi-sept.
  📞 05 55 98 90 86, *mairievigeois@wanadoo.fr*,
Fax 05 55 98 99 79, *www.vigeois.com* – ℞
32 ha/1,7 campable (85 empl.) peu incliné, plat, terrasse, herbeux
Tarif : 👤 3,10 € 🚗 🅴 3,60 € – (£) (15A) 3,10 €

Location (Prix 2009) (de déb. avr. à fin oct.) : 5 🏠 (4 à 6 pers.) nuitée 90 € - 200 à 400 €/sem.
🔌 borne eurorelais 2 €
Pour s'y rendre : à Pontcharal (2 km au sud-est par D 7, rte de Brive, près du lac de Pontcharal)

Nature : 🐟 🌳⛰	
Loisirs : 🍽 snack 🏖 (plage) 🎣	
Services : ♿ ⛽ (juil.-août) ⚕ 🚿 🧺	
À prox. : pédalos	

Longitude : 1.53479
Latitude : 45.36911

Château de Boussac

LORRAINE

R. Mattes/Michelin

Le pèlerinage sur les hauts lieux du souvenir militaire peut constituer la première étape de votre périple lorrain qui s'annonce riche en coups de cœur : splendide héritage architectural de Nancy magnifié par Stanislas et de Metz la « ville lumière », pétillant chapelet de stations thermales dispensatrices d'amincissants bienfaits, petites ruches créatives à l'origine du cristal de Baccarat, des émaux de Longwy et des faïences de Lunéville, silence des hauts fourneaux endormis, visions inspirées de l'histoire à Domrémy et Colombey... Sans oublier les vergers de mirabelles et les épaisses forêts vosgiennes. Accordez-vous en route une halte gourmande dans une marcairie : le géromé y clôture des repas généreux consacrés par l'indispensable quiche, à moins qu'il ne soit le prélude à un dessert arrosé de kirsch.

If you want to do justice to the wealth of wonderful sights in Lorraine, bring your walking boots. But before you head for the hills, make time to discover Nancy's splendid artistic heritage and admire the lights of Metz. Then tour a string of tiny spa resorts and the famous centres of craftsmanship which produce the legendary Baccarat crystal, Longwy enamels and Lunéville porcelain, before reaching the poignant silence of the dormant mines and quarries at Domrémy and Colombey. The lakes, forests and wildlife of the Vosges national park will keep you entranced as you make your way down hillsides dotted with plum orchards. Stop for a little »light« refreshment in a "marcairerie", a traditional farm-inn, and try the famous quiches and tarts, a slab of Munster cheese or a kirschflavoured dessert.

ANOULD

88650 – **314** J3 – 3 217 h. – alt. 457
Paris 430 – Colmar 43 – Épinal 45 – Gérardmer 15 – St-Dié 12.

▲▲▲ **Les Acacias** fermé de fin sept. à déb. déc.
    ☎ 03 29 57 11 06, *contact@acaciascamp.com*,
    www.acaciascamp.com
    2,5 ha (84 empl.) en terrasses, plat, herbeux
    Tarif : (Prix 2009) 14,30€ ♟♟ ⇌ 🅴 [𝟇] (10A) – pers.
    suppl. 3,60€

    Location (Prix 2009) : 7 ▦ (4 à 6 pers.) 300 à 525€/
    sem. – 9 ▥ (4 à 6 pers.) - 300 à 525€/sem. – frais de
    réservation 25€
    ☄ 1 borne 10€ – 6 🅴 10€ – 🝙 [𝟇] 13.50€
    Pour s'y rendre : 191 r. Léonard de Vinci (sortie ouest par
    N 415, rte de Colmar et chemin à dr.)

Nature : ☁ ♀
Loisirs : ♟ snack ▱ ⊿ (petite piscine)
Services : ᕙ ☎ (juin-sept.) ♒ ▦ ⌂ ⁖ laverie

Longitude : 6.95786
Latitude : 48.18437

LA BRESSE

88250 – **314** J4 – G. Alsace Lorraine – 4 728 h. – alt. 636 – Sports d'hiver : 650/1 350 m ⚡31 ⚐
🅱 *Office de tourisme, 2a, rue des Proyes* ☎ *03 29 25 41 29, Fax 03 29 25 64 61*
Paris 437 – Colmar 52 – Épinal 52 – Gérardmer 13 – Remiremont 26 – Thann 39 – Le Thillot 20.

▲▲▲ **Municipal le Haut des Bluches** fermé de déb.
    nov. à déb. janv.
    ☎ 03 29 25 64 80, *hautdesbluches@labresse.fr*,
    www.domainehautdesbluches.labresse.fr – alt. 708
    4 ha (150 empl.) en terrasses, peu incliné, plat, herbeux,
    pierreux, rochers
    Tarif : 17,70€ ♟♟ ⇌ 🅴 [𝟇] (13A) – pers. suppl. 2,70€

    Location : 14 ▭
    ☄ borne artisanale 3,80€ – 🝙 [𝟇] 10€
    Pour s'y rendre : 5 rte des Planches (3,2 km à l'est par
    D 34, rte du Col de la Schlucht, au bord de la Moselotte)

    À savoir : cadre pittoresque traversé par un ruisseau

Nature : ❅ ≼
Loisirs : ♟ ✗ snack ▱ 🛝 ⚲
Services : ᕙ ☎ 🅶🅱 ♒ ▦ ⌂ ⁖ laverie ☄
À prox. : parcours sportif ☄

Longitude : 6.91831
Latitude : 47.99878

▲▲▲ **Belle Hutte** Permanent
    ☎ 03 29 25 49 75, *camping-belle-hutte@wanadoo.fr*,
    www.camping-belle-hutte.com – alt. 900
    3,5 ha (125 empl.) en terrasses, herbeux, pierreux
    Tarif : 20,90€ ♟♟ ⇌ 🅴 [𝟇] (10A) – pers. suppl. 5,80€ –
    frais de réservation 10€

    Location : 9 ▥ (4 à 6 pers.) - 252 à 735€/sem. – 2
    appartements – frais de réservation 10€
    ☄ borne artisanale 5€
    Pour s'y rendre : 1bis Vouille de Belle Hutte (9 km au
    nord-est par D 34, rte du col de la Schlucht, au bord de
    la Moselotte)

    À savoir : dans un agréable site boisé

Nature : ❅ ≼ ☁
Loisirs : ▱ hammam jacuzzi 🛝 ⊿ ⚲
Services : ᕙ ☎ 🅶🅱 ♒ ▦ ⌂ ⁖ laverie
À prox. : ✖

Longitude : 6.96254
Latitude : 48.0349

BULGNÉVILLE

88140 – **314** D3 – G. Alsace Lorraine – 1 300 h. – alt. 350
🅱 *Syndicat d'initiative, 105, rue de l'Hôtel de Ville* ☎ *03 29 09 14 67, Fax 03 29 09 14 67*
Paris 331 – Contrexéville 6 – Épinal 53 – Neufchâteau 22 – Vittel 86.

▲ **Porte des Vosges** de mi-avr. à fin sept.
    ☎ 03 29 09 12 00, *contact@camping-portedesvosges.com*,
    Fax 03 29 09 15 71, *www.Camping-Portedesvosges.com*
    2,5 ha (100 empl.) peu incliné, plat, herbeux, gravier
    Tarif : (Prix 2009) 18€ ♟♟ ⇌ 🅴 [𝟇] (6A) – pers.
    suppl. 4€
    ☄ borne artisanale 14€ – 2 🅴 14€
    Pour s'y rendre : lieu-dit : La Grande Tranchée (1,3 km
    au sud-est par D 164, rte de Contrexéville et D 14, rte de
    Suriauville à dr.)

    À savoir : cadre champêtre

Nature : ♀
Loisirs : snack
Services : ᕙ ☎ 🅶🅱 ⁖

Longitude : 5.86862
Latitude : 48.17316

BUSSANG

88540 – **314** J5 – G. Alsace Lorraine – 1 650 h. – alt. 605
🖪 *Office de tourisme, 8, rue d'Alsace* ℰ *03 29 61 50 37, Fax 03 29 61 58 20*
Paris 444 – Belfort 44 – Épinal 59 – Gérardmer 38 – Mulhouse 47 – Thann 27.

⚠ Domaine de Champé Permanent
ℰ 03 29 61 61 51, *info@domaine-de-champe.com*,
Fax 03 29 61 56 90, *www.domaine-de-champe.com*
3,5 ha (100 empl.) plat, herbeux
Tarif : 31€ ✶✶ ⇔ 🅔 [₤] (10A) – pers. suppl. 8€ – frais
de réservation 25€

Location : 15 🛖 (4 à 6 pers.) nuitée 100€ - 420 à
770€/sem. – 8 🛖 (4 à 6 pers.) nuitée 110€ - 420 à
980€/sem. – frais de réservation 25€
🛒 1 borne 6€
Pour s'y rendre : au nord-est, accès par rte à gauche de
l'église, au bord de la Moselle et d'un ruisseau

Nature : ≤
Loisirs : 🍴 snack 🎬 ⊙diurne 🌊 hammam ✗ ⊐ ⟁
Services : ⅋ ⚷ GB 🐾 �📶 🏠 ♨

Longitude : 6.8604
Latitude : 47.88554

CELLES-SUR-PLAINE

88110 – **314** J2 – 850 h. – alt. 318 – Base de loisirs
Paris 391 – Baccarat 23 – Blâmont 23 – Lunéville 49 – Raon-l'Étape 11.

⚠ Les Lacs de déb. avr. à fin oct.
ℰ 03 29 41 28 00, *camping@paysdeslacs.com*,
Fax 03 29 41 18 69, *www.paysdeslacs.com/camping*
15 ha/4 campables (135 empl.) plat, herbeux, pierreux,
gravier
Tarif : (Prix 2009) 23€ ✶✶ ⇔ 🅔 [₤] (10A) – pers.
suppl. 6€ – frais de réservation 10€
Location (permanent) : 🛖 – (sans sanitaires)
Pour s'y rendre : au sud-ouest du bourg
À savoir : en bordure de rivière et à proximité du lac

Nature : ≤ ⊐
Loisirs : 🍴 snack 🎬 ⊙nocturne (juil.-août) ✗ ⟁ ⚲ ✗ ♨ ⟁ ⚹
Services : ⅋ ⚷ GB 🐾 �📶 ⟁ ▽ laverie ⚟
au lac : 🛶 ◊

Longitude : 6.94943
Latitude : 48.45636

Renouvelez votre guide chaque année.

LA CHAPELLE-DEVANT-BRUYÈRES

88600 – **314** I3 – 623 h. – alt. 457
Paris 416 – Épinal 31 – Gérardmer 22 – Rambervillers 26 – Remiremont 37 – St-Dié 26.

⚠ Les Pinasses de mi-avr. à mi-sept.
ℰ 03 29 58 51 10, *pinasses@dial.oleane.com*,
Fax 03 29 58 54 21, *www.camping-les-pinasses.com*
3 ha (139 empl.) plat, herbeux, pierreux, petit étang
Tarif : ✶ 5€ ⇔ 🅔 8,20€ – [₤] (6A) 4,70€

Location (de mi-avr. à fin oct.) : 7 🛖 (4 à 6 pers.) 210
à 480€/sem. – 5 🛖 (4 à 6 pers.) – 235 à 525€/sem.
Pour s'y rendre : 215 rte de Bruyères (1,2 km au nord-
ouest sur D 60)

Nature : ⊐ ⥁⥁
Loisirs : 🎬 ⚲ ✗ ⟁
Services : ⚷ GB 🐾 ⟁ ▽ ⚹⚹ laverie

Longitude : 6.78677
Latitude : 48.18605

CHARMES

88130 – **314** F2 – G. Alsace Lorraine – 4 561 h. – alt. 282
🖪 *Office de tourisme, 2, place Henri Breton* ℰ *03 29 38 17 09, Fax 03 29 38 17 09*
Paris 381 – Mirecourt 17 – Nancy 43 – Neufchâteau 58 – St-Dié-des-Vosges 59.

⚠ Les Iles de déb. avr. à fin sept.
ℰ 03 29 38 87 71, *andre.michel63@wanadoo.fr*,
Fax 03 29 38 87 71, *http://camping-les-iles.chez-alice.fr*
3,5 ha (67 empl.) plat, herbeux
Tarif : (Prix 2009) 12,70€ ✶✶ ⇔ 🅔 [₤] (10A) – pers.
suppl. 2,95€
🛒 borne artisanale 2,50€
Pour s'y rendre : 20 r. de l'Ecluse (1 km au sud-ouest par
D 157 et chemin à dr., près du stade)

À savoir : cadre agréable entre le canal de l'Est et la
Moselle

Loisirs : ⚲ ⟋
Services : ⅋ ⚷ 🐾 ⚹ 🖼
À prox. : ✗ ⚹

Longitude : 6.28668
Latitude : 48.37583

CONTREXÉVILLE

88140 – **314** D3 – G. Alsace Lorraine – 3 507 h. – alt. 342 – ♨ (fin mars-mi oct.)
🛈 *Office de tourisme, 116, rue du Shah de Perse* ℘ *03 29 08 08 68, Fax 03 29 08 25 40*
Paris 337 – Épinal 47 – Langres 75 – Luxeuil 73 – Nancy 83 – Neufchâteau 28.

Le Tir aux Pigeons Permanent
℘ 03 29 08 15 06-, *bgressier@nordnet.fr*,
Fax 03.29.08.15.06
1,8 ha (80 empl.) plat, herbeux, gravillons
Tarif : 15 € ★★ ⇌ 🅔 (♪) (10A) – pers. suppl. 5 €
🚐 20 🅔 11,50 € – 🚐 (♪) 15 €
Pour s'y rendre : r. du 11 Septembre (1 km au sud-ouest par D 13, rte de Suriauville)
À savoir : à l'orée d'un bois

Nature : 🐟 ♀♀
Loisirs : 🛏
Services : ⅁ ⌒ (juil.-août) ⚲ ♨
♨ ⚐ 🔟

Longitude : 5.88459
Latitude : 48.17988

CORCIEUX

88430 – **314** J3 – 1 648 h. – alt. 534
🛈 *Office de tourisme, 9, rue Henry* ℘ *03 29 50 73 29, Fax 03.29.50.75.05*
Paris 424 – Épinal 39 – Gérardmer 15 – Remiremont 43 – St-Dié 18.

Domaine des Bans de fin avr. à déb. sept.
℘ 03 29 51 64 67, *les-bans@domaine-des-bans.com*,
Fax 03 29 51 64 69, *www.domaine-des-bans.com*
15,7 ha (634 empl.) plat, herbeux, pierreux
Tarif : 39 € ★★ ⇌ 🅔 (♪) (6A) – pers. suppl. 7 €
Location (permanent) : 🚚 (4 à 6 pers.) 273 à 1 015 €/sem. – 🚙 (4 à 6 pers.) - 273 à 1 015 €/sem. – 20 🛏 – gîtes
Pour s'y rendre : r. James Wiese (en deux campings distincts (Domaine des Bans : 600 empl. et la Tour : 34 empl.), pl. Notre-Dame)
À savoir : cadre agréable, au bord d'un plan d'eau

Nature : ← 🛏 ♀
Loisirs : ♟ ✗ snack 🛏 ♖ ⛹
discothèque 🏊 ⚲ ⚆ 🖾 ⚽
Services : ⅁ ⌒ ⌸ ⚲ 🍴 ♨ ⚐
♨ laverie ⚒ ♨

Longitude : 6.8802
Latitude : 48.17236

Le Clos de la Chaume de mi-avr. à mi-sept.
℘ 06 85 19 62 55, *info@camping-closdelachaume.com*,
Fax 03 29 50 76 76, *www.camping-closdelachaume.com*
3,5 ha (90 empl.) plat, herbeux
Tarif : 16,30 € ★★ ⇌ 🅔 (♪) (10A) – pers. suppl. 4,60 € – frais de réservation 10 €
Location : 10 🚚 (4 à 6 pers.) 278 à 628 €/sem. – 5 🚙 (4 à 6 pers.) - 319 à 659 €/sem. – frais de réservation 15 €
🚐 borne artisanale 5,50 € – 5 🅔 16 € – 🚐 16 €
Pour s'y rendre : 21 r. d'Alsace

Nature : ♀
Loisirs : 🛏 🏊 ⚲ ⛹
Services : ⅁ ⌒ ⌸ ⚲ ♨ laverie

Longitude : 6.88383
Latitude : 48.17026

Pour une meilleure utilisation de cet ouvrage,
LISEZ ATTENTIVEMENT les premières pages du guide.

427

DABO

57850 – **307** O7 – G. Alsace Lorraine – 2 663 h. – alt. 500
🛈 *Office de tourisme, 10, place de l'Église* ℘ *03 87 07 47 51, Fax 03 87 07 47 73*
Paris 453 – Baccarat 63 – Metz 127 – Phalsbourg 18 – Sarrebourg 21.

Le Rocher de mi-mars à fin sept.
℘ 03 87 07 47 51, *info@ot-dabo.fr*, Fax 03 87 07 47 51,
www.ot-dabo.fr
0,5 ha (42 empl.) peu incliné, plat, herbeux
Tarif : (Prix 2009) ★ 3 € ⇌ 1,40 € 🅔 1,70 € – (♪) (10A) 3,70 €
Location (permanent) : gîte d'étape
Pour s'y rendre : rte du Rocher (1,5 km au sud-est par D 45, au carr. de la rte du Rocher)
À savoir : dans une agréable forêt de sapins

Nature : ♀
Loisirs : 🏊
Services : ⚲ 🍴

Longitude : 7.25192
Latitude : 48.64862

LORRAINE

FRESSE-SUR-MOSELLE

88160 – **314** I5 – 1 931 h. – alt. 515
Paris 447 – Metz 178 – Épinal 54 – Mulhouse 56 – Colmar 78.

▲ **Municipal Bon Accueil** de déb. avr. à mi-nov.
℘ 0329250898, *camping.bonaccueil@orange.fr*,
Fax 0329615037
0,6 ha (50 empl.) plat, herbeux
Tarif : (Prix 2009) ✶ 2,35€ ⬌ 🅴 1,35€ – 🔌 (16A) 2,45€
Pour s'y rendre : 36ter r. de Lorraine (sortie nord-ouest
par N 66, rte du Thillot, à 80 m de la Moselle)

Nature : ⩤
Services : ⚻
À prox. : ✗

Longitude : 6.77915
Latitude : 47.87665

GEMAINGOUTTE

88520 – **314** K3 – 121 h. – alt. 446
Paris 411 – Colmar 59 – Ribeauvillé 31 – St-Dié 14 – Ste-Marie-aux-Mines 12 – Sélestat 39.

▲ **Municipal le Violu** de déb. mai à fin sept.
℘ 0329577070, *mairie.gemaingoutte@wanadoo.fr*,
Fax 0329517260, *www.gemaingoutte.fr*
1 ha (48 empl.) plat, herbeux
Tarif : (Prix 2009) ✶ 2,50€ ⬌ 1,70€ 🅴 1,80€ –
🔌 (12A) 2,20€

Location (Prix 2009) (permanent) : 2 🛖 (4 à 6 pers.)
nuitée 55€ - 220 à 425€/sem.
🚐 borne raclet 2€ – 10 🅴 6€ – 🔌 6€
Pour s'y rendre : sortie ouest par RD 59, rte de St-Dié,
au bord d'un ruisseau

Services : ♿ ⚻ 🖳

Longitude : 7.08584
Latitude : 48.25361

---

*Die Klassifizierung (1 bis 5 Zelte, **schwarz** oder **rot**),
mit der wir die Campingplätze auszeichnen, ist eine Michelin-eigene Klassifizierung.
Sie darf nicht mit der staatlich-offiziellen Klassifizierung
(1 bis 4 Sterne) verwechselt werden.*

GÉRARDMER

88400 – **314** J4 – G. Alsace Lorraine – 8 776 h. – alt. 669 – Sports d'hiver : 660/1 350 m ⚡31 ⚡
🅱 *Office de tourisme, 4, place des Déportés* ℘ 0329272727, Fax 0329272325
Paris 425 – Belfort 78 – Colmar 52 – Épinal 40 – St-Dié 27 – Thann 50.

▲▲ **Les Granges-Bas** Permanent
℘ 0329631203, *camping@lesgrangesbas.fr*,
Fax 0329631203, *www.lesgrangesbas.fr*
2 ha (100 empl.) peu incliné, plat, herbeux
Tarif : (Prix 2009) 12,30€ ✶✶ ⬌ 🅴 🔌 (6A) – pers.
suppl. 3,80€

Location (Prix 2009) : 5 🛖 (4 à 6 pers.) 329 à 476€/
sem.
Pour s'y rendre : 116 chemin des Granges Bas (4 km
à l'ouest par D 417 puis, à Costet-Beillard, 1 km par un
chemin à gauche)

Nature : 🏞 ⩤ 🌲
Loisirs : 🍴 snack 🎱 🌙nocturne
salle d'animation 🏓 ✗
Services : 🔌 🇬🇧 ⚻ 🚿 laverie

Longitude : 6.8151
Latitude : 48.07158

▲ **Les Sapins** de déb. avr. à mi-oct.
℘ 0329631501, *les.sapins@camping-gerardmer.com*,
www.camping-gerardmer.com
1,3 ha (70 empl.) plat, herbeux, gravier
Tarif : 20€ ✶✶ ⬌ 🅴 🔌 (10A) – pers. suppl. 4,20€ –
frais de réservation 8€

Location (permanent) : 3 🛖 (4 à 6 pers.) 290 à 520€/
sem. – frais de réservation 10€
🚐 borne artisanale 2€ – 35 🅴 14,50€
Pour s'y rendre : 18 chemin de Sapois (1,5 km au sud-
ouest, à 200 m du lac)

Nature : 🌲 💧
Loisirs : 🍴
Services : 🔌 ⚻ 🚿
À prox. : 🐎

Longitude : 6.85614
Latitude : 48.0635

GRANGES-SUR-VOLOGNE

88640 – **314** I4 – G. Alsace Lorraine – 2 332 h. – alt. 502
2 *Syndicat d'initiative, 2, place Combattants d'Indochine* ℰ 03 29 51 48 01, Fax 03 29 51 48 01
Paris 419 – Bruyères 10 – Épinal 34 – Gérardmer 14 – Remiremont 30 – St-Dié 28.

⚠ **Les Peupliers**
ℰ 03 29 57 51 04 – **R**
2 ha (40 empl.) plat, herbeux
Pour s'y rendre : 12 r. du Pré-Dixi (par centre bourg vers
Gérardmer et chemin à dr. apr. le pont)

À savoir : cadre verdoyant au bord de la Vologne et d'un
ruisseau

Nature :
Loisirs :
Services :
À prox. :

Longitude : 6.78822
Latitude : 48.14261

HERPELMONT

88600 – **314** I3 – 234 h. – alt. 480
Paris 413 – Épinal 28 – Gérardmer 20 – Remiremont 33 – St-Dié 30.

⚠⚠ **Domaine des Messires** de fin avr. à mi-sept.
ℰ 03 29 58 56 29, mail@domainedesmessires.com,
Fax 03 29 51 62 86, www.domainedesmessires.com
11 ha/2 campables (100 empl.) plat, herbeux
Tarif : ⚹ 6,50 € ⟵ 🗏 12,50 € (⚡) (6A) – frais de
réservation 12 €

Location ⚷ : 6 🚐 (4 à 6 pers.) 238 à 658 €/sem. –
frais de réservation 12 €
Pour s'y rendre : 1, La Feigne (1,5 km au nord)

À savoir : situation et cadre agréables au bord d'un lac

Nature :
Loisirs :
Services :

Longitude : 6.74278
Latitude : 48.17854

JAULNY

54470 – **307** G5 – G. Alsace Lorraine – 249 h. – alt. 230
Paris 310 – Commercy 41 – Metz 33 – Nancy 51 – Toul 41.

⚠⚠ **La Pelouse** de déb. avr. à fin sept.
ℰ 03 83 81 91 67, campingdelapelouse@orange.fr,
Fax 03 83 81 91 67, www.campingdelapelouse.com –
places limitées pour le passage
2,9 ha (100 empl.) peu incliné, plat, herbeux
Tarif : (Prix 2009) 19,70 € ⚹⚹ ⟵ 🗏 (⚡) (6A) – pers.
suppl. 4,50 €

Location (Prix 2009) (permanent) : 5 🏠 (4 à 6 pers.)
- 300 à 400 €/sem.
🚐 6 🗏 16 €
Pour s'y rendre : chemin de Fey (500 m au sud du bourg,
accès situé près du pont)

À savoir : sur une petite colline boisée dominant la
rivière

Nature :
Loisirs : snack
Services :
À prox. :

Longitude : 5.88658
Latitude : 48.9705

429

LUNÉVILLE

54300 – **307** J7 – G. Alsace Lorraine – 19 881 h. – alt. 224
2 *Office de tourisme, aile sud du Château* ℰ 03 83 74 06 55, Fax 03 83 73 57 95
Paris 347 – Épinal 69 – Metz 95 – Nancy 36 – St-Dié 56 – Toul 56.

⚠ **Les Bosquets** de déb. avr. à fin oct.
ℰ 03 83 73 37 58, camping@cc-lunevillois.fr,
Fax 03 83 75 89 21, www.cc-lunevillois.fr
1 ha (36 empl.) terrasse
Tarif : (Prix 2009) ⚹ 2,50 € ⟵ 1,05 € 🗏 2,50 € –
(⚡) (7A) 2,50 €

Location (Prix 2009) : 4 🚐 (4 à 6 pers.) 160 à 300 €/
sem.
🚐 borne artisanale
Pour s'y rendre : chemin de la Ménagerie (au nord, en
dir. de Château-Salins et à dr., apr. le pont sur la Vézouze)

À savoir : près du parc du château et des jardins

Nature :
Loisirs :
Services : laverie
À prox. :

Longitude : 6.50117
Latitude : 48.59696

MAGNIÈRES

54129 – **307** K8 – 336 h. – alt. 250
Paris 365 – Baccarat 16 – Épinal 40 – Lunéville 22 – Nancy 55.

⚠ **Le Pré Fleury** de déb. avr. à mi-oct.
    𝒫 0383738221, *kern.christian@wanadoo.fr*,
    Fax 0383723277, *www.campingduprefleury.com*
    1 ha (34 empl.) plat et peu incliné, gravillons, herbeux,
    pierreux
    Tarif : 13 € ✸✸ ⇌ 🅴 🔌 (10A) – pers. suppl. 2,80 €

    Location : chalets (sans sanitaires)
    🚐 6 🅴 9 € – 🔌 9 €
    Pour s'y rendre : 18 r. de la Barre (500 m à l'ouest par
    D 22, rte de Bayon, à 200 m de la Mortagne)

    À savoir : à l'ancienne gare et au bord d'un étang

Nature : 🏞 🗁
Loisirs : 🏛 ⚒ 🚲 ⚓ voiturettes à vélos sur rail (draisines)
Services : 🚿 GB 🐕 🗄 🏢
À prox. : ✖

Longitude : 6.55962
Latitude : 48.44635

MANDRES-AUX-QUATRE-TOURS

54470 – **307** F5 – 178 h. – alt. 248
Paris 321 – Metz 55 – Nancy 41 – Pont-à-Mousson 24 – Toul 22.

⚠ **Municipal l'Orée de la Forêt de la Reine** de
    mi-avr. à fin sept.
    𝒫 0383231731, *mandres.54470@wanadoo.fr*,
    Fax 0383231385 – ℞
    1 ha (33 empl.) plat, herbeux, pierreux
    Tarif : (Prix 2009) ✸ 2,75 € ⇌ 🅴 1,95 € – 🔌 1,70 €
    Pour s'y rendre : 42 chemin de Mandres à Boucq (1,7 km
    au sud, rte de la forêt et du Parc Régional)

    À savoir : à l'orée de la Forêt de la Reine

Nature : 🏞 ♒
Services :
À prox. : ⚓

Longitude : 5.79973
Latitude : 48.84098

METZ

57000 – **307** I4 – G. Alsace Lorraine – 124 435 h. – alt. 173
🅱 *Office de tourisme, place d'Armes 𝒫 0387555376, Fax 0387365943*
Paris 330 – Longuyon 80 – Pont-à-Mousson 31 – St-Avold 44 – Thionville 30 – Verdun 78.

⚠ **Municipal Metz-Plage** de fin avr. à déb. oct.
    𝒫 0387682648, *campingmetz@mairie-metz.fr*,
    Fax 0387380389, *tourisme.mairie-metz.fr*
    2,5 ha (150 empl.) plat, herbeux, pierreux
    Tarif : (Prix 2009) ✸ 3 € ⇌ 3 € 🅴 8,50 € 🔌 (16A)
    🚐 1 borne artisanale
    Pour s'y rendre : allée de Metz-Plage (au nord, entre
    le pont des Morts et le pont de Thionville, au bord de
    la Moselle - par A 31 : sortie Metz-Nord Pontiffroy)

Nature : ♒
Loisirs : snack 🏛 ⚓
Services : 🚿 ⚓ GB 🐕 🏢 🛁 🚾 ⁴ laverie
À prox. : 🏊

Longitude : 6.17025
Latitude : 49.12545

MORHANGE

57340 – **307** K5 – 3 896 h. – alt. 255
Paris 381 – Lunéville 52 – Metz 49 – St-Avold 29 – Sarreguemines 41.

⚠⚠ **Centre de Loisirs de la Mutche** de déb. avr. à fin
    oct.
    𝒫 0387682648, *mutche@wanadoo.fr*,
    Fax 0387380389, *www.mutche.fr*
    5,5 ha (110 empl.) plat et peu incliné, gravillons, herbeux,
    sapinière
    Tarif : (Prix 2009) 15 € ✸✸ ⇌ 🅴 🔌 (10A) – pers.
    suppl. 3,50 €

    Location (Prix 2009) (permanent) 🏷 : 20 🏠 (4 à
    6 pers.) - 300 à 500 €/sem. – 10 huttes
    Pour s'y rendre : 6,5 km au nord par rte de Sarreguemines,
    D 78 rte d'Arprich à gauche et chemin du site touristique

    À savoir : au bord d'un plan d'eau, sur un vaste domaine
    de loisirs

Nature : 🏞 🗁 ♀
Loisirs : 🏛 ⚓ terrain multisports
Services : 🚿 ⚓ GB 🐕 🏢 laverie
À prox. : ⚒ 🛶 🏊

Longitude : 6.6353
Latitude : 48.92413

NEUFCHÂTEAU

88300 – **314** C2 – G. Alsace Lorraine – 7 123 h. – alt. 300
❷ *Office de tourisme, 3, Parking des Grandes Ecuries* ℰ *03 29 94 10 95, Fax 03 29 94 10 89*
Paris 321 – Chaumont 57 – Contrexéville 28 – Épinal 75 – Langres 78 – Toul 43.

△ **Intercommunal** de mi-mai à fin sept.
ℰ 03 29 94 19 03, *n.merlin@paysdeneufchateau.com*,
Fax 03 29 06 19 59
0,8 ha (50 empl.) plat, herbeux
Tarif : (Prix 2009) **♦** 2,50 € 🚗 🔲 2,50 € (16A)
Pour s'y rendre : r. G.-Joecker (sortie ouest, rte de
Chaumont et à dr., près du complexe sportif)

Nature : 🌳🌳
Services : 🕭 ⌂🕭 🛁 ⛟
À prox. : 🍴 🎣 🔲 piste de skate-board

Longitude : 5.69262
Latitude : 48.35491

PLOMBIÈRES-LES-BAINS

88370 – **314** G5 – G. Alsace Lorraine – 1 936 h. – alt. 429 – ♨ (début avril-fin déc.)
❷ *Office de tourisme, 1, place Maurice Janot* ℰ *03 29 66 01 30, Fax 03 29 66 01 94*
Paris 378 – Belfort 79 – Épinal 38 – Gérardmer 43 – Vesoul 54 – Vittel 61.

🔺🔺 **L'Hermitage** de mi-avr. à mi-oct.
ℰ 03 29 30 01 87, *camping.lo@wanadoo.fr*,
www.hermitage-camping.com
1,4 ha (60 empl.) en terrasses, plat et peu incliné,
herbeux, gravier
Tarif : **♦** 4,50 € 🚗 🔲 4,90 € – (10A) 5,30 € – frais de
réservation 10 €

Location (permanent) : 3 🛖 (4 à 6 pers.) nuitée 70 €
- 335 à 490 €/sem. – 4 🛖 (4 à 6 pers.) nuitée 75 € - 370
à 525 €/sem. – frais de réservation 10 €
🚐 borne artisanale 4 €
Pour s'y rendre : 54 r. du Boulot (1,5 km au nord-ouest
par D 63, rte de Xertigny puis D 20, rte de Ruaux)

Nature : 🏕 🌳
Loisirs : snack 🎱 🏋 🎣
Services : 🕭 ⌂🕭 GB ⛟ 📷

Longitude : 6.4431
Latitude : 47.96859

△ **Le Fraiteux** de mi-mars à mi-nov.
ℰ 03 29 66 00 71, *campingdufraiteux@aliceadsl.fr*,
http://campingdufraiteux.chez-alice.fr
0,8 ha (45 empl.) peu incliné, plat, herbeux, gravillons
Tarif : **♦** 3,40 € 🚗 🔲 4,10 € – (10A) 4 €

Location (permanent) : 3 🛖 (4 à 6 pers.) nuitée 60 €
- 320 à 420 €/sem.
🚐 borne artisanale – 8 🔲 9,90 € – 🚐 8 €
Pour s'y rendre : 81 r. du Camping (4 km à l'ouest par
D 20 et D 20e)

Nature : 🐾 🏕
Loisirs : 🏋
Services : ⌂🕭 ⛟ 🏛 laverie

Longitude : 6.41647
Latitude : 47.96573

🔺🔺🔺🔺 ... 🔺
***Sites which are particularly pleasant in their own right
and outstanding in their class.***

REVIGNY-SUR-ORNAIN

55800 – **307** A6 – 3 261 h. – alt. 144
❷ *Syndicat d'initiative, rue du Stade* ℰ *03 29 78 73 34, Fax 03 29 78 73 34*
Paris 239 – Bar-le-Duc 18 – St-Dizier 30 – Vitry-le-François 36.

△ **Municipal du Moulin des Gravières** de déb. mai
à fin sept.
ℰ 03 29 78 73 34, *contact@ot-revigny-ornain.fr*,
Fax 03 29 78 73 34, *www.ot-revigny-ornain.fr*
1 ha (27 empl.) plat, herbeux
Tarif : (Prix 2009) **♦** 2,45 € 🚗 🔲 6,90 € – (6A) 3 €
Location (Prix 2009) (permanent) 🚫 : 3 🛖 – 🛖
(4 à 6 pers.) 218 à 316 €/sem.
🚐 borne eurorelais 1 €
Pour s'y rendre : 1 r. du Stade (au bourg vers sortie sud,
rte de Vitry-le-François et r. à dr., à 100 m de l'Ornain)
À savoir : cadre agréable au bord d'un ruisseau

Nature : 🏕 🌳
Loisirs : 🎱
Services : 🕭 ⌂🕭 ⛟ 📷
À prox. : 🍴 🎣 🏛 🚐

Longitude : 4.98384
Latitude : 48.82656

ST-AVOLD

57500 – **307** L4 – G. Alsace Lorraine – 16 915 h. – alt. 260
🛈 *Office de tourisme, 28, rue des Américains* 𝄞 *03 87 91 30 19, Fax 03 87 92 98 02*
Paris 372 – Haguenau 117 – Lunéville 77 – Metz 46 – Nancy 103 – Saarbrücken 33 – Sarreguemines 29.

⚠️ **Le Felsberg** Permanent
𝄞 03 87 92 75 05, *cis.stavold@wanadoo.fr*,
Fax 03 87 92 20 69, *www.camping-moselle.com*
1,2 ha (33 empl.) en terrasses, peu incliné, plat, pierreux,
herbeux
Tarif : ♣ 4€ ⚘ 🅴 6€ – 🔌 (10A) 5€

Location 🏠 : 3 🏠 (4 à 6 pers.) nuitée 55€ - 280 à
350€/sem. – 7 🛏
🚮 borne artisanale 3€
Pour s'y rendre : au nord, près N 3, accès par r. en
Verrerie, face à la station service Record - par A 4 : sortie
St-Avold Carling

À savoir : sur les hauteurs agréablement boisées de
la ville

| Nature : 🌿 🖵 ♤♤ |
| Loisirs : 🍴 snack (le soir) 🖵 |
| Services : ♿ ⌾ 🇬🇧 🗠 🏧 ⚒ 🚿 🛎 |

| Longitude : 6.71667 |
| Latitude : 49.11063 |

*La catégorie (1 à 5 tentes, **noires** ou **rouges**) que nous attribuons*
aux terrains sélectionnés dans ce guide est une appréciation qui nous est propre.
Elle ne doit pas être confondue avec le classement (1 à 4 étoiles)
établi par les services officiels.

432

ST-DIÉ-DES-VOSGES

88100 – **314** J3 – G. Alsace Lorraine – 21 642 h. – alt. 350
🛈 *Office de tourisme, 8, quai du Mal de L. de Tassigny* 𝄞 *03 29 42 22 22, Fax 03 29 42 22 23*
Paris 397 – Belfort 123 – Colmar 53 – Épinal 53 – Mulhouse 108 – Strasbourg 97.

⚠️ **Vanne de Pierre** Permanent
𝄞 03 29 56 23 56, *vannedepierre@orange.fr*,
Fax 03 29 64 28 03, *www.vannedepierre.com*
3,5 ha (118 empl.) plat, herbeux
Tarif : 22€ ♣♣ ⚘ 🅴 🔌 (10A) – pers. suppl. 6€ – frais
de réservation 25€

Location 🏠 : 🏠 (4 à 6 pers.) nuitée 70€ - 490 à
700€/sem. – 🏠 (4 à 6 pers.) nuitée 80€ - 540 à 840€/
sem. – frais de réservation 25€
Pour s'y rendre : 5 r. du Camping (à l'est par le quai du
Stade, près de la Meurthe)

| Nature : 🖵 ♀ |
| Loisirs : 🍴 🖵 🕓diurne 🎣💈 jacuzzi 🏊 ⚙ 🛶 |
| Services : ♿ ⌾ 🇬🇧 🗠 🏧 ⚒ ⚘ 🚿 🛎 laverie |
| À prox. : ✗ 🎿 |

| Longitude : 6.96942 |
| Latitude : 48.28584 |

ST-MAURICE-SUR-MOSELLE

88560 – **314** I5 – G. Alsace Lorraine – 1 513 h. – alt. 560 – Sports d'hiver : 550/1 250 m ⚡8 ⚡
🛈 *Office de tourisme, 28 bis, rue de Lorraine* 𝄞 *03 29 25 12 34*
Paris 441 – Belfort 41 – Bussang 4 – Épinal 56 – Mulhouse 51 – Thann 31 – Le Thillot 7.

⚠️ **Les Deux Ballons** de déb. avr. à fin sept.
𝄞 03 29 25 17 14, *stan@camping-deux-ballons.fr*,
www.camping-deux-ballons.fr
4 ha (180 empl.) en terrasses, plat, herbeux
Tarif : 22,15€ ♣♣ ⚘ 🅴 🔌 (16A) – pers. suppl. 5,60€ –
frais de réservation 15€

Location 🏠 : 🏠 (4 à 6 pers.) - 427 à 682€/sem.
🚮 borne artisanale
Pour s'y rendre : 17 Rye du Stade (sortie sud-ouest par
N 66, rte du Thillot, au bord d'un ruisseau)

| Nature : ⩽ ♤♤ |
| Loisirs : 🍴 snack 🖵 🏊 ✗ 🛶 🏊 |
| Services : ♿ ⌾ 🇬🇧 ⚒ 🚿 🛎 laverie |
| À prox. : 🚲 |

| Longitude : 6.81124 |
| Latitude : 47.8554 |

SANCHEY

88390 – **314** G3 – 765 h. – alt. 368
Paris 390 – Metz 129 – Épinal 8 – Nancy 69 – Colmar 100.

Club Lac de Bouzey Permanent
℘ 0329824941, *lacdebouzey@orange.fr,*
Fax 0329642803, *www.lacdebouzey.com*
3 ha (160 empl.) en terrasses, peu incliné, plat, herbeux
Tarif : 34€ ♣♣ ⊷ 圓 ฿ (10A) – pers. suppl. 10€ – frais
de réservation 25€

Location : 38 ⟦⟧ (4 à 6 pers.) nuitée 70€ - 490 à
840€/sem. – 1 ⌂ (4 à 6 pers.) nuitée 60€ - 420 à
700€/sem. – frais de réservation 25€
⟦⟧ borne flot bleu
Pour s'y rendre : 19 r. du Lac (au sud par D 41)

À savoir : face au lac, agréables installations d'accueil et
de loisirs

Nature : ⟨⟩
Loisirs : ⟨⟩ ✕ ⟨⟩nocturne ⟨⟩salle
de spectacle, discothèque ⟨⟩⟨⟩
⟨⟩canoë
Services : ⟨⟩ ⟨⟩ GB ⟨⟩ ⟨⟩ ⟨⟩ ⟨⟩
⟨⟩ ⟨⟩laverie ⟨⟩ ⟨⟩

Longitude : 6.3602
Latitude : 48.1667

SAULXURES-SUR-MOSELOTTE

88290 – **314** I5 – 2 864 h. – alt. 464 – Base de loisirs
🆔 *Office de tourisme, 11, rue Pasteur ℘ 0329245213, Fax 0329245666*
Paris 431 – Épinal 46 – Gérardmer 24 – Luxeuil-les-Bains 53 – Remiremont 20 – Vesoul 86.

Lac de la Moselotte Permanent
℘ 0329245656, *lac-moselotte@ville-saulxures-mtte.fr,*
Fax 0329245831, *www.ville-saulxures-mtte.fr*
23 ha/3 campables (75 empl.) plat, herbeux, pierreux
Tarif : ♣ 5€ ⊷ 圓 ฿ 5€ – ฿ (10A) 6€

Location : 15 ⌂ (4 à 6 pers.) nuitée 79€ - 299 à 569€/
sem. – huttes – frais de réservation 16€
Pour s'y rendre : 336 rte des Amias (1,5 km à l'ouest sur
ancienne D 43)

À savoir : dans un site boisé au bord d'un lac et près
d'une base de loisirs

Nature : ⟨⟩ ⟨⟩
Loisirs : ⟨⟩ ⟨⟩ ⟨⟩salle d'animation ⟨⟩
Services : ⟨⟩ ⟨⟩ GB ⟨⟩ ⟨⟩ ⟨⟩
⟨⟩ ⟨⟩ ⟨⟩
à la base de loisirs : ⟨⟩ ⟨⟩ ⟨⟩mur
d'escalade

Longitude : 6.74974
Latitude : 47.95412

433

La Saône coulant dans un verdoyant paysage

S. Sauvignier/Michelin

LORRAINE

LE THOLY

88530 – **314** I4 – G. Alsace-Lorraine – 1 538 h. – alt. 628
🏢 *Syndicat d'initiative, 3, rue Charles-de-Gaulle* ℘ *03 29 61 81 82, Fax 03 29 61 18 83*
Paris 414 – Bruyères 21 – Épinal 30 – Gérardmer 11 – Remiremont 19 – St-Amé 12 – St-Dié 38.

⚠ **Noirrupt** de mi-avr. à mi-oct.
℘ 03 29 61 81 27, *info@jpvacances.com*,
Fax 03 29 61 83 05, *www.jpvacances.com*
2,9 ha (70 empl.) en terrasses, plat, herbeux, pierreux
Tarif : ✚ 5,80 € ⛺ 🅴 9,10 € – 🔌 (6A) 5 € – frais de
réservation 13 €

Location (permanent) 🛖 (juil-août) : 12 🏠 (4 à
6 pers.) - 250 à 610 €/sem.
Pour s'y rendre : 15 chemin de l'Étang de Noirrupt
(1,3 km au nord-ouest par D 11, rte d'Épinal et chemin
à gauche)

| Nature : ≤ 🏞 |
| Loisirs : 🍸 snack 🎮 🖥 🏊 |
| ✂ 🎭 |
| Services : 🚿 ⛽ 🔆 🚐 🧺 🚰 ♨ 🔥 |

Longitude : 6.72893
Latitude : 48.08881

VAL-D'AJOL

88340 – **314** G5 – G. Alsace Lorraine – 4 178 h. – alt. 380
🏢 *Office de tourisme, 17, rue de Plombières* ℘ *03 29 30 61 55, Fax 03 29 30 56 78*
Paris 382 – Épinal 41 – Luxeuil-les-Bains 18 – Plombières-les-Bains 10 – St-Dié 71 – Vittel 70.

⚠ **Municipal** de mi-avr. à fin sept.
℘ 03 29 66 55 17, *mairie@valdajol.fr*, Fax 03 29 66 53 66
1 ha (50 empl.) plat, herbeux
Tarif : ✚ 3 € ⛺ 🅴 3,80 € – 🔌 (6A) 2,50 €
🚰 borne artisanale 2 € – 12 🅴
Pour s'y rendre : r. des Oeuvres (sortie nord-ouest par
D 20, rte de Plombières-les-Bains)

| Nature : ≤ 🏞 |
| Loisirs : 🎮 |
| Services : 🚿 ⛽ GB 🔆 🏋 🏊 |
| 🚰 ♨ |
| À prox. : 🔆 ✂ 🎣 🏊 |

Longitude : 6.47633
Latitude : 47.92616

VERDUN

55100 – **307** D4 – G. Alsace Lorraine – 19 374 h. – alt. 198
🏢 *Office de tourisme, place de la Nation* ℘ *03 29 86 14 18, Fax 03 29 84 22 42*
Paris 263 – Bar-le-Duc 56 – Châlons-en-Champagne 89 – Metz 78 – Nancy 95.

⚠ **Les Breuils** de déb. avr. à fin sept.
℘ 03 29 86 15 31, *contact@camping-lesbreuils.com*,
Fax 03 29 86 75 76, *www.camping-lesbreuils.com*
5,5 ha (162 empl.) en terrasses, peu incliné, plat,
herbeux, gravier, sapinière
Tarif : (Prix 2009) ✚ 5,80 € ⛺ 🅴 5 € – 🔌 (6A) 4 € – frais de
réservation 10 €

Location (Prix 2009) 🛖 : 7 🏠 (4 à 6 pers.) 250 à
520 €/sem. – frais de réservation 10 €
Pour s'y rendre : allée des Breuils (sortie sud-ouest par
rocade D S1 vers rte de Paris et chemin à gauche)

À savoir : cadre champêtre au bord d'un étang

| Nature : 🏞 🌿 |
| Loisirs : 🍸 snack 🏊 🚲 🏊 🏊 |
| 🏓 terrain omnisports |
| Services : 🚿 ⛽ GB 🔆 🏋 🔥 ♨ |
| laverie 🧺 |

Longitude : 5.36598
Latitude : 49.15428

VILLEY-LE-SEC

54840 – **307** G7 – G. Alsace Lorraine – 405 h. – alt. 324
Paris 302 – Lunéville 49 – Nancy 20 – Pont-à-Mousson 51 – Toul 8.

⚠ **Camping de Villey-le-Sec** de déb. avr. à fin sept.
℘ 03 83 63 64 28, *info@campingvilleylesec.com*,
Fax 03 83 63 64 28, *www.campingvilleylesec.com*
2,5 ha (100 empl.) plat, herbeux
Tarif : (Prix 2009) 16,50 € ✚✚ ⛺ 🅴 🔌 (10A) – pers.
suppl. 3,20 €

Location 🛖 : 4 🏠 – bungalows toilés
Pour s'y rendre : 34 r. de la Gare (2 km au sud par D 909,
rte de Maron et r. à dr.)

À savoir : cadre agréable au bord de la Moselle

| Nature : 🏖 |
| Loisirs : 🍸 snack 🏊 🏓 |
| Services : 🚿 ⛽ 🔆 🏋 🏊 laverie |
| 🚰 🔥 |

Longitude : 5.98559
Latitude : 48.6526

VITTEL

88800 – **314** D3 – G. Alsace Lorraine – 5 684 h. – alt. 347

🚩 *Office de tourisme, place de la Marne* 𝒫 *03 29 08 08 88, Fax 03 29 08 37 99*

Paris 342 – Belfort 129 – Épinal 43 – Chaumont 84 – Langres 80 – Nancy 85.

⚠ **Aquadis Loisirs** de déb. avr. à mi-oct.
𝒫 03 29 08 02 71, *aquadis1@wanadoo.fr,*
Fax 03 86 37 95 83, *www.aquadis-loisirs.com*
3,5 ha (120 empl.) plat, herbeux, gravillons
Tarif : 16,20 € 🏕🏕 🚗 🔲 🔌 (10A) – pers. suppl. 4,50 € –
frais de réservation 8 €

Location : 12 🛖 (4 à 6 pers.) nuitée 60 € - 250 à
465 €/sem. – frais de réservation 16 €
Pour s'y rendre : 270 r. Claude Bassot (sortie nord-est
par D 68, rte de They-sous-Montfort)

Nature : 🏞 ♀	
Loisirs : 🏛 🏊	
Services : 🚰 ⚡ 🄶🄱 🔧 🎱 laverie	

| Longitude : 5.95605 |
| Latitude : 48.2082 |

XONRUPT-LONGEMER

88400 – **314** J4 – G. Alsace Lorraine – 1 557 h. – alt. 714 – Sports d'hiver : 750/1 300 m 🎿 3 ⛷
Paris 429 – Épinal 44 – Gérardmer 4 – Remiremont 32 – St-Dié 25.

⚠⚠ **Les Jonquilles** de fin avr. à déb. oct.
𝒫 03 29 63 34 01, *info@camping-jonquilles.com,*
Fax 03 29 60 09 28, *www.camping-jonquilles.com*
4 ha (247 empl.) peu incliné, herbeux
Tarif : (Prix 2009) 17 € 🏕🏕 🚗 🔲 🔌 (10A) – pers.
suppl. 3 €
🚐 borne artisanale – 5 🔲 17 €
Pour s'y rendre : 2586 rte du Lac (2,5 km au sud-est)
À savoir : situation agréable au bord du lac

Nature : ⩽ lac et montagnes boisées⛰	
Loisirs : 🍴 crêperie 🏛 🏊 🎣	
Services : 🚰 ⚡ 🄶🄱 🔧 🎱 📶 📺 🛁 🚿	

| Longitude : 6.94871 |
| Latitude : 48.0677 |

⚠ **La Vologne** de fin avr. à mi-sept.
𝒫 03 29 60 87 23, *camping@lavologne.com,*
Fax 03 29 60 87 23, *www.lavologne.com*
2,5 ha (100 empl.) plat, herbeux
Tarif : (Prix 2009) 🏕 3,20 € 🚗 1,60 € 🔲 4,20 € –
🔌 (6A) 3,70 €

Location (Prix 2009) (de mi-avr. à fin sept.) : 3 🛖 (4 à
6 pers.) - 335 à 565 €/sem. – frais de réservation 10 €
Pour s'y rendre : 3030 rte de Retournemer (4,5 km
au sud-est par D 67a)

À savoir : dans un site boisé, au bord de la rivière

Nature : ⩽	
Loisirs : 🏛 🏊	
Services : 🚰 ⚡ 🄶🄱 🔧 🛁	

| Longitude : 6.96737 |
| Latitude : 48.0629 |

435

Si vous recherchez :
👫 *Un terrain offrant des équipements et des loisirs adaptés aux enfants*
🕊 *Un terrain agréable ou très tranquille*
L *Un terrain effectuant la location de caravanes,*
de mobile homes, de bungalows ou de chalets
P *Un terrain ouvert toute l'année*
🚐 *Un terrain possédant une aire de services pour camping-cars*
Consultez le tableau des localités

MIDI-PYRÉNÉES

M. Carcanague/Michelin

Lourdes n'a pas l'apanage des miracles : le Midi-Pyrénées tout entier « donne aux saints la nostalgie de la terre ». Voici d'abord la barrière pyrénéenne, sa coiffe immaculée, ses gaves tumultueux et ses épaisses forêts où se cachent quelques ours. Puis les cités médiévales et forteresses, qui se colorent au soleil couchant d'une palette féerique : Albi gouachée de rouge, Toulouse la rose, bastides aux reflets corail... Dans l'obscurité des grottes, c'est l'art fécond des premiers hommes qui prend un tour surnaturel. La liste des prodiges serait incomplète si l'on n'évoquait la fertilité des pays de Garonne producteurs de fruits, de légumes, de vins et de céréales, et la générosité de la table où garbure, cassoulet, confits et foies gras assouvissent l'appétit légendaire des héritiers des Mousquetaires.

Lourdes may be famous for its miracles, but some would say that the whole of the Midi-Pyrénées has been uniquely blessed: it continues to offer sanctuary to a host of exceptional fauna and flora, like the wild bears which still roam the high peaks of the Pyrenees. At sunset, the towers of its medieval cities and fortresses glow in the evening light, its forbidding Cathar castles are stained a bloody red, Albi paints a crimson watercolour and Toulouse is veiled in pink. Yet this list of marvels would not be complete without a mention of the Garonne's thriving, fertile »garden of France« , famous for its vegetables, fruit and wine. This land of milk and honey is as rich as ever in culinary tradition, and it would be a crime to leave without sampling some foie gras or a confit de canard.

St-Aulaye
la Roche-Chalais
Laurent-
Médoc
Blaye
Périgueux
Atur
Peyrignac   Terrasson-Lavilledieu
A 89
Thenon
Coly
Lissac
Montpon-
Ménestérol
Montignac
B
Isle
A 89
DORDOGNE
Sarlat-la-Canéda
N 21
Fossemagne
St-LAURENT DU MANOIRE
Couze-et-St-Front
Gourdon
A 20
LOT
Ste-Foy-
la-Grande
Rauzan
Blasimon
Gradignan
LES LANDES
Eymet
Biron
Sauveterre-
la-Lémance
St-Germain-
du-Bel-Air
JARDINS
CAUSSES DU NOT
LES LANDES
A 63
A 62
Bergerac
D 936
D 933
N 21
Villeréal
Cassagnes
Bo
Castillonnès
Sérignac-
Péboudou
Cuzorn
Montcabrier
St-Pierre-Lafeuille
Ve
Langon
Marmande
Salles
Fumel
Puy-l'Evêque
Duravel
D 811
Mauroux
Belaye
Castelmoron-
s-Lot
Trentels
Touzac
Pissos
D 932
Bazas
Clairac
Beauville
Courbiac
Cahors
D 820
Casteljaloux
Villeneuve-
s-Lot
St-Pantaléon
LE BOIS
DOU
Sabres
D 933
LOT - ET - GARONNE
N 21
Castelnau-
Montratier
Cayri
Sarbazan
Barbaste
AGEN-PORTE D'AQUITAINE
Pont-du-Casse
LE BOIS DE DOURRE
Montpezat-
de-Quercy
D 92
Mont-de-Marsan
St-Justin
Gabarret
la Romieu
Agen
AGEN-
PORTE D'AQUITAINE
TARN - ET - GARONNE
Moissac
Lafrançaise
Caussa
Nègrepelisse
AVezère
Barbotan-les-Thermes
Condom
Gondrin
Lectoure
Castéra-
Verduzan
N 21
Lavit-de-Lomagne
Castelsarrasin
Montauban
Monclar-
de-Quercy
Estang
Cézan
Beaumont-de-Lomagne
FRONTONNAIS
A 20
Aire-s-l'Adour
Lelin-Lapujolle
N 124
GERS
Roquelaure
Mirepoix
Puysségur
A 62
Hagetmau
Bassoues
Montesquiou
Auch
N 124
Thoux
TOULOUSE
DES
Maubourguet
Mirande
Masseube
Muret
HAUTE - GARONNE
Navarrenx
LACQ-AUDÉJOS
PAU
St-Blancard
VOLVESTRE
Nailloux
A 64
N 20
A 6
Oloron-Ste-Marie
Baudreix
TARBES
HAUTES-
Boulogne-s-Gesse
Cassagnabère-
Tournas
Aurignac
Rieux
its
LES PYRÉNÉES
Lestelle-
Bétharram
Poueyferré
Orincles
Pouzac
A 64
St-Gaudens
Martres-Tolosane
Pamiers
Lourdes
Bagnères-de-Bigorre
St-Bertrand-de-C.
Mane
Rieux-de-Pelleport
Laruns
Ouzous
Ayzac-Ost
Arras-en-Lavedan
Aucun
Agos-Vidalos
Argelès-Gazost
Hèches
Ste-Marie-de-Campan
D 117
St-Girons
la Bastide-de-Sérou
Cos
Foix
Arrens-Marsous
Bun
Arcizans-Avant
PYRÉNÉES
Augirein
ARIÈGE
Mercus-Garrabet
Oust
Lescun
Estaing
Cauterets
Luz-St-Sauveur
Vielle-Aure
Bourisp
Garin
Salles-et-Pratviel
Seix
Tarascon-s-Ariège
Urdos
Sassis
St-Lary-
Soulan
Bagnères-de-Luchon
le Trein-d'Ustou
Asto
Gavarnie
Aragnouet
Loudenvielle
Aulus-les-Bains
Ordino
la Massana
Andorra-la-Vella
ESPAÑA
Sant Julià
de Lòria
Principa
d'Ando

AGOS-VIDALOS

65400 – **342** L4 – 350 h. – alt. 450

🛈 *Syndicat d'initiative, 2 bis, avenue du Lavedan* ✆ *05 62 97 08 06, Fax 05 62 97 08 06*
Paris 859 – Toulouse 185 – Tarbes 32 – Pau 51 – Lourdes 9.

Le Soleil du Pibeste Permanent
✆ 05 62 97 53 23, *info@campingpibeste.com*,
Fax 05 62 97 53 23, *www.campingpibeste.com*
1,5 ha (90 empl.) plat et peu incliné, terrasses, herbeux
Tarif : 20 € ★★ ⬛ ⓗ (15A) – pers. suppl. 5 € – frais
de réservation 15 €

Location : 20 ⬛ (4 à 6 pers.) 480 à 735 €/sem.
– 10 ⬛ (4 à 6 pers.) - 196 à 455 €/sem. – frais de
réservation 20 €
⬛ 1 borne artisanale 4 € – 🚐 12 €
Pour s'y rendre : 16 av. Lavedan (sortie sud, par la N 21)

Nature : ⩽ ♀	
Loisirs : 🍽 ✗ 🏠 ⊙diurne 🚣 🏊	
Services : 🚿 ⛽ GB ⌀ 📋 🔥 ♨ laverie 🧺	
Longitude : -0.07298	
Latitude : 43.03792	

La Châtaigneraie fermé de fin sept. à déb. déc.
✆ 05 62 97 07 40, *camping.chataigneraie@wanadoo.fr*,
Fax 05 62 97 06 64, *www.camping-chataigneraie.com*
1,5 ha (100 empl.) plat, peu incliné, terrasses, herbeux
Tarif : (Prix 2009) 22 € ★★ 🚐 ⬛ ⓗ (10A) – pers.
suppl. 4,50 € – frais de réservation 12 €

Location (Prix 2009) ⬛ : 12 ⬛ (4 à 6 pers.) 210 à
450 €/sem. – 4 studios
Pour s'y rendre : 46, av. du Lavedan (par N 21, à Vidalos)

Nature : ⩽ ♀♀	
Loisirs : 🏠 🚣 🏊 ⛳	
Services : 🚿 ⛽ GB ⌀ 📋 ⛺ laverie	
Longitude : -0.07534	
Latitude : 43.03201	

Avant de vous installer, consultez les tarifs en cours,
affichés obligatoirement à l'entrée du terrain,
et renseignez-vous sur les conditions particulières de séjour.
Les indications portées dans le guide ont pu être modifiées depuis la mise à jour.

440

AIGUES VIVES

09600 – **343** J7 – 515 h. – alt. 425
Paris 776 – Carcassonne 63 – Castelnaudary 46 – Foix 36 – Lavelanet 8 – Pamiers 34 – Quillan 40.

La Serre de déb. avr. à fin sept.
✆ 05 61 03 06 16, *contact@camping-la-serre.com*,
www.camping-la-serre.com
6,5 ha (40 empl.) en terrasses, plat, vallonné, gravillons
Tarif : (Prix 2009) 23 € ★★ 🚐 ⬛ ⓗ (5A) – pers.
suppl. 7 €

Location (Prix 2009) : 6 ⬛ (4 à 6 pers.) 420 à 590 €/
sem. – 8 ⬛ (4 à 6 pers.) - 420 à 630 €/sem.
⬛ borne artisanale 4 €
Pour s'y rendre : 5 chemin de La Serre (à l'ouest du
bourg)

À savoir : vastes emplacements arborés, face aux Pyrénées

Nature : 🦋 🏕 ♀♀	
Loisirs : 🏠 🚣 🏊 parcours VTT	
Services : 🚿 ⛽ ⌀ 🖼	
À prox. : ⬛	
Longitude : 1.86667	
Latitude : 43	

ALBIÈS

09310 – **343** I8 – 139 h. – alt. 560
Paris 790 – Andorra-la-Vella 74 – Ax-les-Thermes 15 – Foix 30 – Lavelanet 43.

Municipal la Coume Permanent
✆ 05 61 64 98 99, *camping.albies@wanadoo.fr*,
Fax 05 61 64 98 99 – places limitées pour le passage
1 ha (60 empl.) pierreux, peu incliné, en terrasses,
herbeux
Tarif : ★ 2,60 € 🚐 ⬛ 2,75 € – ⓗ (10A) 2,70 €
Pour s'y rendre : 2 r. Nappy (100 m de l'Ariège)

Nature : ⩽ 🏕 ♀♀	
Loisirs : 🏠	
Services : 🚿 ⌀ 📋 🖼	
À prox. : 🎣	
Longitude : 1.70345	
Latitude : 42.77492	

ALRANCE

12430 – **338** I6 – 371 h. – alt. 750
Paris 664 – Albi 63 – Millau 52 – Rodez 37 – St-Affrique 39.

▲ **Les Cantarelles** de déb. mai à fin sept.
℘ 05 65 46 40 35, *cantarelles@wanadoo.fr*,
Fax 05 65 46 40 35, *www.lescantarelles.com*
3,5 ha (165 empl.) plat, peu incliné, herbeux
Tarif : (Prix 2009) 19,90 € ✶✶ ⟵ 🅔 [⟡] (6A) – pers.
suppl. 4,80 €
Location (Prix 2009) 🦅 : 2 ⟅🏠⟆ (2 à 4 pers.) nuitée
55 € - 250 à 580 €/sem. – 2 ⟅🏠⟆ (4 à 6 pers.) nuitée 70 €
- 300 à 780 €/sem. – 2 bungalows toilés
🚐 borne artisanale 4 €
Pour s'y rendre : à Alrance (3 km au sud par D 25, au
bord du lac de Villefranche-de-Panat)

| Nature : ⪡ 🛏 ♨️⛰ |
| Loisirs : 🍸 🎱 ⚽ 🛶 canoë, pédalos, barque |
| Services : 🅶 ⛽ 🚐 ♨️ 🍴 laverie |

| Longitude : 2.68933 |
| Latitude : 44.10669 |

*LES GUIDES VERTS **MICHELIN***

Paysages, monuments
Routes touristiques
Géographie
Histoire, Art
Itinéraire de visite
Plans de villes et de monuments

ARAGNOUET

65170 – **342** N8 – G. Midi Toulousain – 246 h. – alt. 1 100
🛈 *Office de tourisme, PIAU ENGALY* ℘ *05 62 39 61 69, Fax 05 62 39 61 19*
Paris 842 – Arreau 24 – Bagnères-de-Luchon 56 – Lannemezan 51 – La Mongie 63.

▲ **Fouga Pic de Bern** de mi-juin à mi-sept.
℘ 05 62 39 63 37, *fouga.marc@orange.fr*
3 ha (80 empl.) non clos, en terrasses, peu incliné, plat,
herbeux
Tarif : (Prix 2009) 11,90 € ✶✶ ⟵ 🅔 [⟡] (8A) – pers.
suppl. 3 €
Location : ⟅🏠⟆
🚐 1 borne artisanale – 10 🅔 11,90 €
Pour s'y rendre : à Fabian (2,8 km au nord-est par D 118,
rte de St-Lary-Soulan, près de la Neste-d'Avre)

| Nature : 🦅 ⪡ 🌲 |
| Loisirs : 🍸 snack 🎱 |
| Services : 🅶 ⛽ GB 🚐 🛁 |

| Longitude : 0.23138 |
| Latitude : 42.789 |

ARCIZANS-AVANT

65400 – **342** L5 – 352 h. – alt. 640
Paris 868 – Toulouse 194 – Tarbes 41 – Pau 61 – Lourdes 19.

▲ **Le Lac** de mi-mai à fin sept.
℘ 05 62 97 01 88, *campinglac@campinglac65.fr*,
Fax 05 62 97 01 88, *www.campinglac65.fr*
2 ha (97 empl.) peu incliné, plat, herbeux
Tarif : (Prix 2009) 28 € ✶✶ ⟵ 🅔 [⟡] (10A) – pers.
suppl. 6,80 € – frais de réservation 23 €
Location (Prix 2009) (permanent) : 8 ⟅🏠⟆ (4 à 6 pers.) -
305 à 699 €/sem. – frais de réservation 23 €
🚐 borne artisanale 23 €
Pour s'y rendre : 29 chemin d'Azun (sortie ouest, à prox.
du lac)
À savoir : jolis chalets bois

| Nature : 🦅 ♨️ |
| Loisirs : 🎱 ⚽ 🚲 🛝 |
| Services : 🅶 ⛽ GB 🚐 🛁 laverie 🛁 |
| À prox. : 🎣 |

| Longitude : -0.0903 |
| Latitude : 42.99927 |

ARGELÈS-GAZOST

65400 – **342** L6 – G. Midi Toulousain – 3 254 h. – alt. 462 – ⚓
🛈 *Office de tourisme, 15, place République* ℰ *05 62 97 00 25, Fax 05 62 97 50 60*
Paris 863 – Lourdes 13 – Pau 58 – Tarbes 32.

    ᴬᴬᴬ **Les Trois Vallées** 🏕 – de déb. avr. à déb. nov.
      ℰ 05 62 90 35 47, *3-vallees@wanadoo.fr*,
      Fax 05 62 90 35 48, *www.l3v.fr*
      11 ha (438 empl.) plat, herbeux
      Tarif : 34 € 🏕🏕 🚐 🅿 [🖩] (6A) – pers. suppl. 10 € – frais
      de réservation 30 €

      Location (de mi-mars à déb. nov.) 🚫 : 🏚 (4 à
      6 pers.) nuitée 47 € - 329 à 735 €/sem. – frais de
      réservation 30 €
      🛱 1 borne
      Pour s'y rendre : av. des Pyrénées (sortie nord)

      À savoir : décoration floral de l'espace aquatique, ludique
      et commercial

Nature : 🌳🌳
Loisirs : 🍸 ✗ cafétéria 🎦 📺 🏓 🕹 jacuzzi salle d'animation, discothèque 🏊 🏊 🏊 🏐 terrain omnisports
Services : 🚿 ⛽ GB 🔧 ▥ 🍽 laverie 🧹
À prox. : 🛒 ✗ ⛳

Longitude : -0.09861
Latitude : 43.00672

*This Guide is not intended as a list of all the camping sites in France;
its aim is to provide a selection of the best sites in each category.*

ARRAS-EN-LAVEDAN

65400 – **342** L5 – 521 h. – alt. 700
🛈 *Syndicat d'initiative, impasse Bériadet* ℰ *05 62 97 59 48*
Paris 868 – Toulouse 193 – Tarbes 40 – Pau 60 – Lourdes 19.

    ᴬᴬ **L'Idéal** de déb. juin à mi-sept.
      ℰ 05 62 97 03 13, *henri.miro@orange.fr*,
      www.Camping-l'ideal-pyrénées.com – alt. 600
      2 ha (60 empl.) en terrasses, plat, peu incliné, herbeux,
      pierreux
      Tarif : (Prix 2009) 🏕 4 € 🚐 🅿 4 € – [🖩] (10A) 9,50 €
      Pour s'y rendre : rte du Val d'Azun (300 m au nord-ouest
      par D 918, rte d'Argelès-Gazost)

Nature : ≤ 🌳🌳
Loisirs : 🎦 🏊 🏊
Services : 🚿 ⛽ 🔧 🍽 laverie

Longitude : -0.12763
Latitude : 42.99087

ARRENS-MARSOUS

65400 – **342** K7 – G. Midi Toulousain – 763 h. – alt. 885
Paris 875 – Argelès-Gazost 13 – Cauterets 29 – Laruns 37 – Lourdes 25 – Taches 44.

    ᴬᴬ **La Hèche** de déb. fév. à fin oct.
      ℰ 05 62 97 02 64, *laheche@free.fr, www.campinglaheche.
      com*
      5 ha (166 empl.) plat, herbeux
      Tarif : 🏕 3,30 € 🚐 🅿 2,50 € – [🖩] (3A) 2,60 €

      Location (de déb. janv. à fin nov.) : 🏚 (4 à 6 pers.)
      200 à 480 €/sem.
      Pour s'y rendre : 54 rte d'Azun (800 m à l'est par D 918,
      rte d'Argelès-Gazost et chemin à dr., au bord du Gave
      d'Arrens)

Nature : 🌿 ≤ 🌳🌳
Loisirs : 🎦 🏊
Services : 🚿 ⛽ ▥ 🍽 laverie 🏪
À prox. : ⛳ 🏊 🏐

Longitude : -0.20447
Latitude : 42.96048

    ᴬ **Le Moulian** de déb. avr. à fin oct.
      ℰ 05 62 97 41 18, *jean-guy.domec@wanadoo.fr*,
      Fax 05 62 97 41 18, *www.le-moulian.com*
      12 ha/4 campables (100 empl.) plat, herbeux
      Tarif : (Prix 2009) 17,30 € 🏕🏕 🚐 🅿 [🖩] (6A) – pers.
      suppl. 4 € – frais de réservation 30 €

      Location (Prix 2009) (permanent) : 10 🏚 (4 à 6
      pers.) nuitée 50 € - 400 à 490 €/sem. – 2 🏠 (4 à 6
      pers.) nuitée 70 € - 450 à 550 €/sem.
      🛱 borne artisanale 4 € – 🚰 8.50 €
      Pour s'y rendre : 42 r. du Bourg (500 m au sud-est du
      bourg de Marsous)

      À savoir : cadre agréable dans la vallée, le long du Gave
      d'Azun

Nature : 🌿 ≤ 🌳🌳
Loisirs : 🍸 ✗ snack 🎦 🏊 🐎 🛶
Services : 🚿 ⛽ 🔧 🏪 🍽 laverie 🧹
À prox. : ✗ ⛳ 🏊

Longitude : -0.19638
Latitude : 42.96232

Le Gerrit de fin juin à mi-sept.
℘ 05 62 97 25 85, *francois.bordes@wanadoo.fr*,
Fax 05 62 97 25 85, *www.legerrit.com*
1 ha (30 empl.) plat, herbeux
Tarif : (Prix 2009) ⚹ 3,10€ ⟺ 🅴 4,10€ – (2) (6A) 4,10€
Location (Prix 2009) ⚡ : 5 ⟦⟧ (4 à 6 pers.) 300 à
470€/sem.
Pour s'y rendre : 3 r. du Bourg (à l'est du bourg de
Marsous)

| Nature : 🐟 ≤ 🌳 |
| Loisirs : 🚣 |
| Services : 🚿 ⚐ 🔧 📶 |

| Longitude : -0.2008 |
| Latitude : 42.96513 |

ARVIEU

12120 – **338** H5 – 865 h. – alt. 730
🈂 *Syndicat d'initiative, Le Bourg* ℘ 05 65 46 71 06, Fax 05 65 63 19 16
Paris 663 – Albi 66 – Millau 59 – Rodez 31.

Le Doumergal de déb. mai à fin sept.
℘ 05 65 74 24 92, *camping.doumergal@wanadoo.fr*,
Fax 05 65 74 24 92, *www.camping-doumergal-aveyron.fr*
1,5 ha (27 empl.) peu incliné, plat, herbeux
Tarif : 13€ ⚹⚹ ⟺ 🅴 (2) (5A) – pers. suppl. 3€
Location (de déb. mai à fin nov.) : 6 ⟦⟧ (2 à 4 pers.)
140 à 175€ – 4 ⟦⟧ (4 à 6 pers.) **nuitée 50€ -** 347 à
434€/sem. – 1 🏠 (4 à 6 pers.) **nuitée 50€ -** 330 à
413€/sem.
Pour s'y rendre : r. de la Rivière (à l'ouest du bourg, au
bord d'un ruisseau)

| Nature : 🐟 ⛺ 🌳 |
| Loisirs : 🚣 |
| Services : 🚿 ⚐ 🔧 🚗 🗑 |
| À prox. : ✕ |

| Longitude : 2.66194 |
| Latitude : 44.19083 |

*Les indications d'accès à un terrain sont généralement indiquées,
dans notre guide, à partir du centre de la localité.*

ASTON

09310 – **343** I8 – 245 h. – alt. 563
Paris 788 – Andorra-la-Vella 78 – Ax-les-Thermes 20 – Foix 59 – Lavelanet 42 – St-Girons 73.

Le Pas de l'Ours de fin mai à mi-sept.
℘ 05 61 64 90 33, *contact@lepasdelours.fr*,
Fax 05 61 64 90 32, *www.lepasdelours.fr*
3,5 ha (50 empl.) plat et peu incliné, herbeux, rochers
Tarif : 20€ ⚹⚹ ⟺ 🅴 (2) (6A) – pers. suppl. 4€ – frais de
réservation 5€
Location (permanent) : 27 🏠 (4 à 6 pers.) nuitée 40€
- 190 à 574€/sem. – 16 gîtes – frais de réservation 5€
Pour s'y rendre : au lieu-dit : Les Gesquis (au sud du
bourg, près du torrent)

| Nature : 🐟 ≤ ⛺ 🌳 |
| Loisirs : 🏠 🏓 salle d'animation |
| 🚲 ✕ 🎣 |
| Services : 🚿 ⚐ (juil.-août) 🆖 |
| 🔧 🍴 laverie 🗑 |
| À prox. : 🏊 🚤 🏔 |

| Longitude : 1.66899 |
| Latitude : 42.75162 |

44.

AUCH

32000 – **336** F8 – G. Midi Toulousain – 21 545 h. – alt. 169
🈂 *Office de tourisme, 1, rue Dessoles* ℘ 05 62 05 22 89, Fax 05 62 05 92 04
Paris 713 – Agen 74 – Bordeaux 205 – Tarbes 74 – Toulouse 79.

Le Castagné de mi-mai à mi-oct.
℘ 06 07 97 40 37, *lecastagne@wanadoo.fr*,
Fax 05 62 63 32 56, *www.domainelecastagne.com*
70 ha/2 campables (24 empl.) incliné et peu incliné,
herbeux
Tarif : ⚹ 4€ ⟺ 🅴 4€ – (2) (15A) 3€
Location (permanent) : 3 ⟦⟧ (4 à 6 pers.) 305 à 590€/
sem. – 9 🏠 (4 à 6 pers.) - 305 à 590€/sem. – 🛏 –
gîtes
🚐 4 🅴 12€
Pour s'y rendre : rte de Toulouse (4 km à l'est par rte de
Toulouse et à dr. chemin de Montegut)

| Nature : 🐟 ≤ 🌳 |
| Loisirs : 🏠 🏓 🚣 🚲 🎣 🏊 |
| 🎣 |
| Services : 🚿 ⚐ 🆖 🔧 🍴 📶 |
| À prox. : pédalos |

| Longitude : 0.62219 |
| Latitude : 43.65392 |

AUCUN

65400 – **342** K7 – 250 h. – alt. 853
Paris 872 – Argelès-Gazost 10 – Cauterets 26 – Lourdes 22 – Pau 73 – Tarbes 41.

⚲⚲ **Lascrouts** fermé de mi-oct. à mi-nov.
📞 05 62 97 42 62, *patricia-bayen@hotmail.fr*,
Fax 05 62 97 42 62, *www.camplascrouts.com* – places
limitées pour le passage
4 ha (72 empl.) plat, peu incliné, terrasse, herbeux
Tarif : ★ 3,50 € ⬅ 🅴 3,60 € – 🔌 (6A) 3 €

Location (permanent) : 8 🛖 (4 à 6 pers.) 265 à 505 €/
sem. – 6 🏠 (4 à 6 pers.) - 265 à 505 €/sem. – 1 gîte
🚐 2 🅴
Pour s'y rendre : 2 rte de Las Poueyes (700 m à l'est par
D 918, rte d'Argelès-Gazost et rte à dr., à 300 m du Gave
d'Azun)

Nature : 🐟 ≤	
Loisirs : 🏠 🚴	
Services : 🚿 🔌 ⚰ 🏪 ♨ 🖨	
À prox. : école de parapente	

Longitude : -0.19303
Latitude : 42.97318

⚲⚲ **Azun Nature** de déb. mai à fin sept.
📞 05 62 97 45 05, *azun.nature@wanadoo.fr*,
www.camping-azun-nature.com
1 ha (40 empl.) plat, herbeux
Tarif : 15,10 € ★★ ⬅ 🅴 🔌 (6A) – pers. suppl. 4,20 €

Location (permanent) ✂ : 🏠 (4 à 6 pers.) - 190 à
500 €/sem.
Pour s'y rendre : 1 rte des Poueyes (700 m à l'est par
D 918, rte d'Argeles-Gazost et rte à dr., à 300 m du Gave
d'Azun)

Nature : 🐟	
Loisirs : 🏠 🚴	
Services : 🚿 🔌 ⚰ ⛺ ♨ 🖨	
À prox. : 🎣 école de parapente, sentiers de randonnées, VTT	

Longitude : -0.19303
Latitude : 42.97318

Pour une meilleure utilisation de cet ouvrage,
LISEZ ATTENTIVEMENT les premières pages du guide.

AUGIREIN

09800 – **343** D7 – 64 h. – alt. 629
Paris 788 – Aspet 22 – Castillon-en-Couserans 12 – St-Béat 30 – St-Gaudens 38 – St-Girons 23.

△ **La Vie en Vert** de mi-mai à déb. sept.
📞 05 61 96 82 66, *daffis@lavieenvert.com*,
Fax 05 61 96 82 66, *www.lavieenvert.com*
0,3 ha (15 empl.) plat, herbeux
Tarif : (Prix 2009) 18 € ★★ ⬅ 🅴 🔌 (10A) – pers.
suppl. 4,50 €

Location : 2 🛏
Pour s'y rendre : à l'est du bourg, au bord de la Bouigane
À savoir : autour d'une ferme ancienne soigneusement
restaurée

Nature : 🐟 🌳 ♨♨	
Loisirs : 🏠 🎣	
Services : 🚿 🔌 ⚰ 🖨	
À prox. : ♟ snack	

Longitude : 0.91656
Latitude : 42.93127

AULUS-LES-BAINS

09140 – **343** G8 – G. Midi Toulousain – 203 h. – alt. 750
🛈 *Office de tourisme, résidence Ars* 📞 05 61 96 01 79
Paris 807 – Foix 76 – Oust 17 – St-Girons 23.

△ **Le Coulédous** Permanent
📞 05 61 66 43 56, *campinglecouledous@orange.fr*,
www.couledous.com
1,6 ha (70 empl.) plat, herbeux, pierreux, gravillons
Tarif : (Prix 2009) 18 € ★★ ⬅ 🅴 🔌 (6A) – pers.
suppl. 4,50 € – frais de réservation 8 €

Location (Prix 2009) : 18 🏠 (4 à 6 pers.) nuitée 32 € -
210 à 539 €/sem. – frais de réservation 8 €
🚐 1 borne eurorelais 4 € – 8 🅴 18 €
Pour s'y rendre : rte de Saint-Girons (sortie nord-ouest
par D 32, près du Garbet)

À savoir : au milieu d'un parc aux essences variées et
parfois centenaires

Nature : ❄ ≤ ♨♨	
Loisirs : snack 🏠 🚴	
Services : 🚿 🔌 ⊞ ⚰ 🏪 ♨ laverie ⚒	
À prox. : ✂ ♨ 🎣	

Longitude : 1.33614
Latitude : 42.7901

AURIGNAC

31420 – **343** D5 – G. Midi Toulousain – 1 136 h. – alt. 430
🚹 *Syndicat d'initiative, rue des Nobles* ℰ *05 61 98 70 06, Fax 05 61 98 71 33*
Paris 750 – Auch 71 – Bagnères-de-Luchon 69 – Pamiers 92 – St-Gaudens 23 – St-Girons 41 – Toulouse 77.

🔺 Les Petites Pyrénées
  ℰ 05 61 98 70 08, Fax 05 61 98 70 08
  0,9 ha (37 empl.) plat, herbeux
  Location : 2 🛖
  Pour s'y rendre : rte de Boussens (sortie sud-est par D 635, rte de Boussens et à dr., près du stade - A64 sortie 21)

Nature : 🏞 🟢🟢	
Loisirs : 🏓	
Services :	
À prox. : 🍴 ⛵	

Longitude : 0.88175
Latitude : 43.21714

*La catégorie (1 à 5 tentes, **noires** ou **rouges**) que nous attribuons
aux terrains sélectionnés dans ce guide est une appréciation qui nous est propre.
Elle ne doit pas être confondue avec le classement (1 à 4 étoiles)
établi par les services officiels.*

AX-LES-THERMES

09110 – **343** J8 – G. Midi Toulousain – 1 509 h. – alt. 720
🚹 *Office de tourisme, 6, avenue Théophile Delcassé* ℰ *05 61 64 60 60, Fax 05 61 64 68 18*
Paris 805 – Toulouse 129 – Foix 43 – Pamiers 62 – Lavelanet 58.

🔺 **Résidences et Chalets Isatis** (location exclusive de chalets et d'appartements) fermé de fin sept. à mi-déc.
  ℰ 05 34 09 20 05, *resa@grandbleu.fr*,
  www.grandbleu.fr – alt. 1 000
  2 ha en terrasses
  Location 🅿 : 20 🛖 (4 à 6 pers.) nuitée 60€ - 60 à 106€/sem. – 27 appartements
  Pour s'y rendre : à Ignaux (6 km au nord par D 613 et D 52)

Nature : 🏔 ≤ la Dent d'Orlu	
Loisirs : 🏊	
Services : ♿ 🅖🅱 🅒🅥 🅜 laverie	

Longitude : 1.83976
Latitude : 42.72043

🔺 **Le Malazeou** fermé de fin oct. à déb. déc.
  ℰ 05 61 64 69 14, *camping.malazeou@wanadoo.fr*,
  Fax 05 61 64 05 60, *www.campingmalazeou.com*
  6,5 ha (329 empl.) plat, herbeux, en terrasses, pierreux
  Tarif : 24€ 🚶🚶 🚐 🅔 🔌 (10A) – pers. suppl. 5,20€ – frais de réservation 30€
  Location : 31 🛖 (4 à 6 pers.) nuitée 49€ - 275 à 644€/sem. – 21 🛖 (4 à 6 pers.) nuitée 59€ - 330 à 777€/sem. – frais de réservation 30€
  🚐 borne sanistation 5€ – 🔋 🔌 23.60€
  Pour s'y rendre : RN 20

Nature : 🟢🟢	
Loisirs : 🎣 🏊 🎣	
Services : ♿ 🔌 🅖🅱 🅒🅥 🅜 ⛺ 🅣 🍴	
À prox. : 🚲	

Longitude : 1.83976
Latitude : 42.72043

AYZAC-OST

65400 – **342** L4 – 398 h. – alt. 430
Paris 862 – Toulouse 188 – Tarbes 35 – Pau 54 – Lourdes 12.

🔺 **La Bergerie** de déb. mai à fin sept.
  ℰ 05 62 97 59 99, *info@camping-labergerie.com*,
  Fax 05 62 97 51 89, *www.camping-labergerie.com*
  2 ha (105 empl.) plat, herbeux
  Tarif : (Prix 2009) 20,90€ 🚶🚶 🚐 🅔 🔌 (6A) – pers. suppl. 5€
  Location (de déb. avr. à fin oct.) 🏊 : 3 🛖 (4 à 6 pers.) 270 à 610€/sem. – appartements
  Pour s'y rendre : 8 chemin de la Bergerie (sortie sud par N 21 et chemin à gauche)

Nature : ≤ 🟢🟢	
Loisirs : 🏓 🎣 🏊	
Services : ♿ 🔌 🅖🅱 🅒🅥 ⛺ 📶	
À prox. : 🍴 pizzeria 🚲	

Longitude : -0.0968
Latitude : 43.02128

445

BAGNAC-SUR-CÉLÉ

46270 – **337** I3 – 1 551 h. – alt. 234

🛈 *Syndicat d'initiative, 18, avenue du Quercy* ℰ 0565140203, Fax 0665349797

Paris 593 – Cahors 83 – Decazeville 16 – Figeac 15 – Maurs 8.

Δ **Les Berges du Célé** de déb. juin à mi-sept.
ℰ 0675001348, *lesbergesducele@aol.com*,
Fax 0323532598, *www.lesbergesducele.com*
1 ha (44 empl.) plat, herbeux
Tarif : 14,80€ ☆☆ ⇔ 🅴 🚰 (5A) – pers. suppl. 4,20€

Location : 3 🛏 (4 à 6 pers.) nuitée 45€ - 330 à 490€/
sem. – 5 bungalows toilés
🚐 borne 4€
Pour s'y rendre : au lieu-dit : La Plaine (au sud-est du
bourg, derrière la gare, au bord du Célé)

| Nature : 🌳🌳 |
| Loisirs : 🎠 🏊 🎣 |
| Services : 🔌 🕸 🚿 |
| À prox. : ✗ |

| Longitude : 2.1643 |
| Latitude : 44.66592 |

Ne pas confondre :
Δ *... à ...* ΔΔΔ : *appréciation* **MICHELIN**
et
★ *... à ...* ★★★★ : *classement officiel*

BAGNÈRES-DE-BIGORRE

65200 – **342** M6 – G. Midi Toulousain – 8 030 h. – alt. 551 – ♨ (début mars-fin nov.)

🛈 *Office de tourisme, 3, allées Tournefort* ℰ 0562955071, Fax 0562953313

Paris 829 – Lourdes 24 – Pau 66 – St-Gaudens 65 – Tarbes 23.

ΔΔΔ **Le Monlôo** de déb. nov. à fin oct.
ℰ 0562951965, *campingmonloo@yahoo.com*,
Fax 0562951965, *www.lemonloo.com*
3 ha (180 empl.) peu incliné, plat, herbeux
Tarif : (Prix 2009) 23,30€ ☆☆ ⇔ 🅴 🚰 (10A) – pers.
suppl. 4,20€

Location (Prix 2009) : 10 🛏 (4 à 6 pers.) nuitée 95€ -
230 à 500€/sem. – 5 🛖 (4 à 6 pers.) nuitée 120€ - 310
à 610€/sem.
🚐 borne artisanale 5€ – 2 🅴 13€
Pour s'y rendre : 5 chemin de Monlôo (sortie nord-est,
par D 938, rte de Toulouse puis à gauche 1,4 km par D 8,
rte de Tarbes et chemin à dr.)

| Nature : 🐟 ≤ 🌳🌳 |
| Loisirs : 🏡 🎠 ✗ 🎣 🏊 |
| Services : ♿ 🔌 GB 🕸 🏧 🚿 ⛲ |
| laverie |

| Longitude : 0.15107 |
| Latitude : 43.0817 |

Δ **Les Fruitiers** de déb. mai à déb. nov.
ℰ 0562952597, *danielle.villemur@wanadoo.fr*,
Fax 0562952597, *www.camping-les-fruitiers.com*
1,5 ha (112 empl.) plat, herbeux
Tarif : (Prix 2009) ★ 4€ ⇔ 🅴 4€ – 🚰 (6A) 5€
🚐 borne artisanale 5,50€
Pour s'y rendre : 9 rte de Toulouse

| Nature : ≤ Pic du Midi 🌳🌳 |
| Loisirs : 🏡 🎠 |
| Services : 🔌 GB 🕸 🚿 |
| À prox. : 🔲 |

| Longitude : 0.15746 |
| Latitude : 43.07108 |

BAGNÈRES-DE-LUCHON

31110 – **343** B8 – G. Midi Toulousain – 2 619 h. – alt. 630 – Sports d'hiver : à Superbagnères : 1 440/2 260
m ⛷1 ⛷14 ⛷

🛈 *Office de tourisme, 18, allée d'Étigny* ℰ 0561792121, Fax 0561791123

Paris 814 – Bagnères-de-Bigorre 96 – St-Gaudens 48 – Tarbes 98 – Toulouse 141.

ΔΔΔ **Pradelongue** de déb. avr. à fin sept.
ℰ 0561798644, *camping.pradelongue@wanadoo.fr*,
Fax 0561791864, *www.camping-pradelongue.com*
4 ha (135 empl.) plat, herbeux, pierreux
Tarif : ★ 5,90€ ⇔ 🅴 6,20€ – 🚰 (10A) 4€ – frais de
réservation 13€

Location 🐾 : 14 🛏 (4 à 6 pers.) 255 à 575€/sem. –
frais de réservation 13€
🚐 borne artisanale 11,50€ – 6 🅴 11,50€
Pour s'y rendre : Moustajon (2 km au nord par D 125,
rte de Moustajon, près du magasin Intermarché)

| Nature : ≤ 🏕 🌳🌳 |
| Loisirs : 🏡 🎠 🏊 |
| Services : ♿ 🔌 GB 🕸 🏧 🚿 🧺 |
| ⛲ ⛲ laverie |
| À prox. : 🎣 🐴 canoë-kayak |

| Longitude : 0.6075 |
| Latitude : 42.81333 |

Les Myrtilles ♣♪ – Permanent
𝒫 05 61 79 89 89, *myrtilles.aubruchet@wanadoo.fr*,
Fax 05 61 79 09 41, *www.camping-myrtilles.com*
2 ha (100 empl.) plat, herbeux
Tarif : (Prix 2009) 17,50 € ♣♣ 🚐 🄴 🄷 (3A) – pers.
suppl. 4,90 € – frais de réservation 14 €

Location (Prix 2009) : 2 🛖 (2 à 4 pers.) nuitée 35 €
- 225 à 390 €/sem. – 15 🛖 (4 à 6 pers.) nuitée 43 € -
290 à 490 €/sem. – 5 studios – gîte d'étape – frais de
réservation 14 €
🚐 borne artisanale 5 €
Pour s'y rendre : à Pradech (2,5 km au nord par D 125,
à Moustajon, au bord d'un ruisseau)

Nature : ⪕ 🌳 ♀	
Loisirs : 🍸 snack 🍴 🏕 🏃	
🚴 ⛵ 🏊	
Services : 🕭 ⚡ ⬛ 🚐 🎿 🛒 🏠 🔥	
🚿 🍴 laverie 🛒	
À prox. : 🐎 (centre équestre)	
canoë-kayak	

Longitude : 0.59751
Latitude : 42.81503

Domaine Arôme Vanille ♣♪ – de déb. avr. à fin oct.
𝒫 05 61 79 00 38, *info@camping-aromevanille.com*,
Fax 05 61 95 23 27, *camping-aromevanille.com*
5 ha (250 empl.) peu incliné, plat, herbeux
Tarif : 20 € ♣♣ 🚐 🄴 🄷 (10A) – pers. suppl. 4 €

Location (permanent) : 9 🛖 (4 à 6 pers.) nuitée 60 €
- 299 à 539 €/sem. – 21 🏠 (4 à 6 pers.) nuitée 60 € -
309 à 609 €/sem.
Pour s'y rendre : rte de Subercarrère, à Montauban-de-
Luchon (1,5 km à l'est par D 27)

Nature : 🌿 🌳 ♀	
Loisirs : 🍸 snack 🏕 🏃	
Services : 🕭 ⚡ ⬛ 🚐 🔥 🏠 🛒	

Longitude : 0.61008
Latitude : 42.79746

BARBOTAN-LES-THERMES

32150 – **336** B6 – G. Midi Toulousain
🄱 *Office de tourisme, place Armagnac* 𝒫 05 62 69 52 13, *Fax 05 62 69 57 71*
Paris 703 – Aire-sur-l'Adour 37 – Auch 75 – Condom 37 – Mont-de-Marsan 43.

Le Lac de l'Uby de mi-mars à fin nov.
𝒫 05 62 09 53 91, *balia-vacances@wanadoo.fr*,
Fax 05 62 09 56 97, *www.camping-uby.com*
6 ha (274 empl.) plat, herbeux, gravier
Tarif : (Prix 2009) 19,10 € ♣♣ 🚐 🄴 🄷 (10A) – pers.
suppl. 7 € – frais de réservation 8 €

Location (Prix 2009) : 30 🛖 (4 à 6 pers.) 220 à 520 €/
sem. – 🏠 (4 à 6 pers.) – 290 à 640 €/sem. – frais de
réservation 8 €
🚐 1 borne
Pour s'y rendre : av. du Lac (1,5 km au sud-ouest, rte
de Cazaubon et à gauche, à la base de loisirs (au bord
du lac))

À savoir : à 300 m, agréable aire de stationnement pour
camping-cars

Nature : 🌊♀⛰	
Loisirs : snack, pizzeria 🍴 🏃	
🎯 🎣 terrain omnisports	
Services : 🕭 ⚡ ⬛ 🚐 🏠 🔥 🛒	
🍴 🔥 🚿	
À prox. : 🎿 🏊 ⛵ canoë, pédalos	

447

Longitude : -0.04333
Latitude : 43.93583

Si vous désirez réserver un emplacement pour vos vacances,
faites-vous préciser au préalable les conditions particulières de séjour,
les modalités de réservation, les tarifs en vigueur et les conditions de paiement.

BASSOUES

32320 – **336** D8 – 389 h. – alt. 225
🄱 *Syndicat d'initiative, 24? Grande Rue* 𝒫 05 62 70 97 34, *Fax 05/62/70 90 47*
Paris 749 – Aire-sur-l'Adour 48 – Auch 39 – Condom 55 – Mont-de-Marsan 79 – Tarbes 56.

Saint Fris de déb. juil. à fin août
𝒫 05 62 70 90 31, *coeur-dastarac@wanadoo.fr*,
Fax 05 62 66 51 83, *www.coeur-dastarac.fr* 🐾
1 ha (50 empl.) non clos, peu incliné, plat, herbeux
Tarif : (Prix 2009) 12,15 € ♣♣ 🚐 🄴 🄷 (15A) – pers.
suppl. 3 €

Location (Prix 2009) (de déb. juin à fin sept.) : 4 yourtes
Pour s'y rendre : 800 m à l'est par D 943, rte de
Montesquiou, près du stade et au bord de l'étang

Nature : 🌿 ♀	
Loisirs : 🐾	
Services : 🚐	

Longitude : 0.24799
Latitude : 43.57906

MIDI-PYRÉNÉES

LA BASTIDE DE SÉROU

09240 – **343** G6 – G. Midi Toulousain – 949 h. – alt. 410
🛈 *Office de tourisme, Côtes* ✆ *05 61 64 53 53, Fax 05 61 64 50 48*
Paris 779 – Foix 18 – Le Mas-d'Azil 17 – Pamiers 38 – St-Girons 27.

▲▲▲ **L'Arize** de mi-mars à mi-nov.
✆ 05 61 65 81 51, *camparize@aol.com*, Fax 05 61 65 83 34,
www.camping-arize.com
7,5 ha/1,5 campable (70 empl.) plat, herbeux
Tarif : 24 € ✶✶ ⛺ 🚗 📧 (6A) – pers. suppl. 5,40 € – frais
de réservation 19 €

Location (de déb. mars à fin nov.) : 11 🛖 (4 à 6
pers.) 294 à 749 €/sem. – 4 🛖 (4 à 6 pers.) - 455 à
784 €/sem. – bungalows toilés – frais de réservation
19 €
🚐 borne artisanale 4 € – 9 📧 16 € – 🚿 13 €
Pour s'y rendre : sortie est par D 117, rte de Foix puis
1,5 km par D 15, rte de Nescus à dr., au bord de la rivière

Nature : 🦆 ⛺ ⌖⌖	
Loisirs : 🎰 🚴 ♨ 🏊	
Services : ♿ ⚷ GB ⛊ 🚿 🍴	
laverie	
À prox. : ✕ 🐎	

Longitude : 1.42744
Latitude : 43.01285

▲ **Village Vacances les Lambrilles** (location
exclusive de chalets) Permanent
✆ 05 61 64 53 53, *tourisme@seronais.com*,
Fax 05 61 64 50 48, *www.seronais.com*
1 ha plat, herbeux

Location (Prix 2009) 🏕 : 25 🛖 (4 à 6 pers.) nuitée
60 € - 280 à 530 €/sem.
Pour s'y rendre : au bourg, au bord de l'Arize

Nature : 🦆	
Loisirs : 🎰 ⛷ ♨ 🎣	
Services : ⚷ GB ⛊ 🚿 🗑 🔥	
À prox. : 🍴 ⛸	

Longitude : 1.42958
Latitude : 43.00974

*The classification (1 to 5 tents, **black** or **red**) that we award*
to selected sites in this Guide is a system that is our own.
It should not be confused with the classification (1 to 4 stars) of official organisations.

BEAUMONT-DE-LOMAGNE

82500 – **337** B8 – G. Midi Toulousain – 3 691 h. – alt. 400 – Base de loisirs
🛈 *Office de tourisme, 3, rue Pierre Fermat* ✆ *05 63 02 42 32, Fax 05 63 65 61 17*
Paris 662 – Agen 60 – Auch 51 – Castelsarrasin 27 – Condom 64 – Montauban 35 – Toulouse 58.

▲▲▲ **Le Lomagnol** ▲▲ – de déb. avr. à fin oct.
✆ 05 63 26 12 00, *villagedeloisirslelomagnol@wanadoo.fr*,
Fax 05 63 65 60 22, *www.villagelelomagnol.fr*
6 ha/1,5 campable (100 empl.) plat, herbeux
Tarif : 16,50 € ✶✶ 🚗 📧 (10A) – pers. suppl. 3,70 € –
frais de réservation 15 €

Location (permanent) 🅿 : 6 🛖 (4 à 6 pers.) nuitée
60 € - 255 à 800 €/sem. – 24 🛖 (4 à 6 pers.) nuitée 60 €
- 290 à 499 €/sem. – frais de réservation 15 €
🚐 1 borne artisanale
Pour s'y rendre : av. du Lac (800 m à l'est, accès par la
déviation et chemin, au bord d'un plan d'eau)

Nature : ⟵ ⛺ ⌖⌖	
Loisirs : 🎰 ⓝnocturne 🎯 ⛷	
jacuzzi ⛷ 🚴 ✕ ♨ 🏊 🎣	
canoë, pédalos	
Services : ⚷ GB ⛊ 🚿 🗑 🔥 🗑	
À prox. : ✕ ⛸ parcours de santé	

Longitude : 0.99419
Latitude : 43.88363

BÉDUER

46100 – **337** H4 – 708 h. – alt. 260
Paris 572 – Cahors 63 – Figeac 9 – Villefranche-de-Rouergue 36.

▲▲ **Pech Ibert** de mi-mars à mi-nov.
✆ 05 65 40 05 85, *camping.pech.ibert@orange.fr*,
www.camping-pech-ibert.com
1 ha (18 empl.) plat, herbeux, gravillons, pierreux
Tarif : ✶ 3,10 € 🚗 1,20 € 📧 3,10 € – (9A) 3,20 €

Location : 1 🛖 (4 à 6 pers.) nuitée 50 € - 80 à 495 €/
sem. – 4 🛖 (4 à 6 pers.) nuitée 55 € - 95 à 630 €/sem.
– frais de réservation 10 €
🚐 borne artisanale 7 € – 1 📧 8 € – 🚿 8.40 €
Pour s'y rendre : au lieu-dit : Pech Ibert (1 km au nord-
ouest par D 19, rte de Cajarc et rte à dr.)

Nature : 🦆 ⛺ ⌖	
Loisirs : 🍸 🎰 ⛷ ♨	
Services : ♿ ⚷ GB ⛊ 🗑 🚿 🍴	
🗑 réfrigérateurs	
À prox. : ⛸	

Longitude : 1.9375
Latitude : 44.57833

BELAYE

46140 – **337** D5 – G. Périgord Quercy – 221 h. – alt. 209
Paris 594 – Cahors 30 – Fumel 21 – Gourdon 46 – Montauban 67.

La Tuque de déb. mai à mi-sept.
℘ 05 65 21 34 34, *info@campinglatuque.fr*,
Fax 05 65 21 39 89, *www.campinglatuque.fr* – croisement difficile sur 6 km
9 ha/4 campables (90 empl.) vallonné, en terrasses, peu incliné, herbeux, pierreux
Tarif : ♣ 6 € ⇜ 🔲 10 € – ⚡ (10A) 3,50 € – frais de réservation 10 €
Location 🛶 : 9 �caravane (4 à 6 pers.) nuitée 35 € - 350 à 575 €/sem. – gîtes – huttes – frais de réservation 10 €
Pour s'y rendre : sortie sud, 3,5 km par D 50, rte de la Boulvée et chemin à dr.
À savoir : cadre agréable dans un joli site boisé

| Nature : 🌿 ♨ |
| Loisirs : 🍴 snack, pizzeria 🎮 nocturne ⛹ 🚣 🎾 🎣 🏊 ⛷ |
| Services : 👤 🚰 ♻ 🚿 laverie 🍴 |

| Longitude : 1.17244 |
| Latitude : 44.44407 |

*Die Klassifizierung (1 bis 5 Zelte, **schwarz** oder **rot**),*
mit der wir die Campingplätze auszeichnen, ist eine Michelin-eigene Klassifizierung.
Sie darf nicht mit der staatlich-offiziellen Klassifizierung
(1 bis 4 Sterne) verwechselt werden.

LE BEZ

81260 – **338** G9 – 786 h. – alt. 644
🛈 *Syndicat d'initiative, Maison du Sidobre - Vialavert* ℘ *05 63 74 63 38, Fax 05 63 73 04 57*
Paris 745 – Albi 63 – Anglès 12 – Brassac 5 – Castres 24 – Mazamet 25.

Le Plô de déb. mai à fin sept.
℘ 05 63 74 00 82, *info@leplo.com*, Fax 05 63 74 00 82, *www.leplo.com*
2,5 ha (60 empl.) en terrasses, vallonné, herbeux, bois
Tarif : 18,10 € ♣♣ ⇜ 🔲 ⚡ (6A) – pers. suppl. 3 € – frais de réservation 10 €
Pour s'y rendre : Le Bourg (900 m à l'ouest par D 30, rte de Castres et chemin à gauche)

| Nature : 🌿 ≤ 🌳 |
| Loisirs : 🎮 🚣 🏊 ⛷ |
| Services : 👤 🚰 ♻ 🍴 |
| À prox. : 🎿 |

| Longitude : 2.47064 |
| Latitude : 43.60815 |

BOISSE-PENCHOT

12300 – **338** F3 – 536 h. – alt. 169
Paris 594 – Toulouse 193 – Rodez 46 – Aurillac 65 – Villefranche-de-Rouergue 46.

Le Roquelongue Permanent
℘ 05 65 63 39 67, *info@camping-roquelongue.com*,
Fax 05 65 63 39 67, *www.camping-roquelongue.com*
3,5 ha (66 empl.) plat, herbeux, pierreux
Tarif : ♣ 4 € ⇜ 🔲 8 € – ⚡ (10A) 4,30 €
Location : 4 �caravane (4 à 6 pers.) nuitée 55 € - 350 à 500 €/sem. – 7 🏠 (4 à 6 pers.) nuitée 55 € - 350 à 590 €/sem.
Pour s'y rendre : 4,5 km au nord-ouest par D 963, D 21 et D 42, rte de Boisse-Penchot, près du Lot (accès direct)

| Nature : ≤ 🏞 ♨ |
| Loisirs : 🍴 snack 🚣 🎾 🏊 🛶 canoë-kayak, pédalos |
| Services : 👤 🚰 ♻ 🚿 🗑 🍴 📶 |

| Longitude : 2.22179 |
| Latitude : 44.58224 |

BOULOGNE-SUR-GESSE

31350 – **343** B5 – 1 664 h. – alt. 320
🛈 *Office de tourisme, place de l'Hôtel de Ville* ℘ *05 61 88 13 19, Fax 05 61 88 43 31*
Paris 735 – Auch 47 – Aurignac 24 – Castelnau-Magnoac 13 – Lannemezan 34 – L'Isle-en-Dodon 21.

Village Vacances Le Lac (location exclusive de chalets) Permanent
℘ 05 61 88 20 54, *villagevacancesboulogne@wanadoo.fr*,
Fax 05 61 88 62 16, *www.ville-boulogne-sur-gesse.fr*
2 ha en terrasses, herbeux
Location 🅿 : 24 🏠 (4 à 6 pers.) - 260 à 560 €/sem.
Pour s'y rendre : rte du Lac (1,3 km au sud-est par D 633, rte de Montréjeau et rte à gauche, à 300 m du lac)

| Nature : 🌿 ≤ Sur le lac 🌳 |
| Loisirs : 🎮 🛶 |
| Services : 🚰 ♻ 🏨 🍴 |
| À prox. : 🍴 🍴 ✗ ⛹ 🚣 🎾 🎣 🏊 ⛷ pédalos |

| Longitude : 0.6562 |
| Latitude : 43.28389 |

BOURISP

65170 – **342** 06 – 145 h. – alt. 790
Paris 828 – Toulouse 155 – Tarbes 70 – Lourdes 66 – Saint 64.

⚠ **Le Rioumajou** Permanent
    ℘ 0562394832, *lerioumajou@wanadoo.fr*,
Fax 0562395827, *www.camping-le-rioumajou.com*
5 ha (240 empl.) plat, gravillons, pierreux, herbeux
Tarif : (Prix 2009) ♦ 6,15€ ⚌ 🔲 5€ – [½] (10A) 6€ – frais
de réservation 14€

Location (Prix 2009) 🛇 : 5 🚐 (4 à 6 pers.) 320 à
540€/sem. – frais de réservation 14€
🚐 borne flot bleu 4€
Pour s'y rendre : 1,3 km au nord-ouest par D 929,
rte d'Arreau et chemin à gauche, au bord de la Neste d'Aure

Nature :	❄ 🐚 ⌑ 🌳
Loisirs :	🍺 snack 🍴 ⊙diurne 🛷 🎱 🏊 🛶
Services :	♿ ⚬ GB 🔧 ▥ 🚿 🔥
	🚾 laverie 🏧 🚲

Longitude : 0.33862
Latitude : 42.82826

Renouvelez votre guide chaque année.

BRASSAC

81260 – **338** G9 – G. Midi Toulousain – 1 438 h. – alt. 487
🛈 *Syndicat d'initiative, place de l'Hôtel de Ville* ℘ 0563745697, Fax 0563745744
Paris 747 – Albi 65 – Anglès 14 – Castres 26 – Lacaune 22 – Vabre 15.

⚠ **Municipal de la Lande** de déb. mai à fin sept.
    ℘ 0563740911, *mairie.brassac.agout@wanadoo.fr*
1 ha (50 empl.) plat, herbeux
Tarif : (Prix 2009) ♦ 2€ ⚌ 1,30€ 🔲 1,70€ – [½] (5A) 1,70€
Pour s'y rendre : sortie sud-ouest vers Castres et à dr.
apr. le pont, près de l'Agout et au bord d'un ruisseau -
pour caravanes, faire demi-tour au rond-point

Nature :	🐚 🛏
Loisirs :	🍴
Services :	⚬ 📠
À prox. :	🚲 🎱 🏊 🛶

Longitude : 2.49652
Latitude : 43.62895

BRETENOUX

46130 – **337** H2 – G. Périgord Quercy – 1 311 h. – alt. 136
🛈 *Office de tourisme, avenue de la Libération* ℘ 0565385953, Fax 0565397214
Paris 521 – Brive-la-Gaillarde 44 – Cahors 83 – Figeac 48 – Sarlat-la-Canéda 65 – Tulle 47.

⚠ **La Bourgnatelle** de déb. mai à fin oct.
    ℘ 0565108904, *contact@dordogne-vacances.fr*,
Fax 0565108918, *www.dordogne-vacances.fr*
2,3 ha (135 empl.) plat, herbeux
Tarif : 19€ ♦♦ ⚌ 🔲 [½] (5A) – pers. suppl. 4€ – frais de
réservation 10€

Location : 74 🚐 (4 à 6 pers.) nuitée 50€ - 175 à 690€/
sem. – 5 bungalows toilés – frais de réservation 20€
🚐 borne artisanale 3€ – 3 🔲
Pour s'y rendre : sortie nord-ouest, à gauche apr. le pont

Nature :	🐚 🛏🏖
Loisirs :	🍴 🏖 🏊 🛶
Services :	♿ ⚬ (juil.-août) 🐾
laverie 🚲	
À prox. :	🎱

Longitude : 1.83895
Latitude : 44.91548

BRUSQUE

12360 – **338** J8 – 326 h. – alt. 465
Paris 698 – Albi 91 – Béziers 75 – Lacaune 30 – Lodève 52 – Rodez 108 – St-Affrique 35.

⚠⚠ **Village Vacances Val-VVF Le Domaine de
Céras** de fin juin à fin août
    ℘ 0565495066, *brusque@vvfvillages.fr*,
Fax 0565495717, *http://www.vvfvillages.fr*
14 ha (40 empl.) plat, vallonné
Tarif : (Prix 2009) 31,70€ ♦♦ ⚌ 🔲 [½] (10A) – pers.
suppl. 5,10€

Location (Prix 2009) (de déb. mai à fin sept.) 🛇 :
20 🏠 (4 à 6 pers.) - 245 à 497€/sem. – studios
– appartements – 20 bungalows toilés – frais de
réservation 31€
Pour s'y rendre : 1,6 km au sud par D 92, rte d'Arnac, au
bord du Dourdou et d'un petit plan d'eau

À savoir : dans une petite vallée verdoyante et paisible

Nature :	🐚≤ 🛏
Loisirs :	🍺 🍴 🍴 ⊙ 🏖 🛷 🎱
≈ (plan d'eau) 🛶 🐾 parcours	
sportif, terrain omnisports	
Services :	(juil.-août) GB 🐾 ♨
laverie 🚲	

Longitude : 2.94886
Latitude : 43.76675

BUN

65400 – **342** L5 – 123 h. – alt. 800
Paris 874 – Toulouse 198 – Tarbes 44 – Pau 64 – Lourdes 24.

▲ **Le Bosquet** Permanent
    𝒫 05 62 97 07 81 – places limitées pour le passage
    1,5 ha (35 empl.) plat, herbeux
    Tarif : ♦ 3,20€ ⇔ 🅴 3,20€ – (½) (6A) 3,80€

    Location : gîtes
    Pour s'y rendre : sortie ouest du bourg - pour les caravanes : accès conseillé par D 918, rte d'Aucun et D 13

Nature : 🦘 ⬍ ⚲	
Loisirs : 🛋	
Services : 🔥 🔚 🧺 laverie	
Longitude : -0.15743	
Latitude : 42.97536	

LES CABANNES

81170 – **338** D6 – 342 h. – alt. 200
Paris 653 – Albi 27 – Montauban 57 – Rodez 80 – Toulouse 84.

🏔 **Le Garissou** de déb. avr. à mi-oct.
    𝒫 05 63 56 27 14, *aquadis1@wanadoo.fr*,
    Fax 03 86 37 95 83, *www.aquadis-loisir.com*
    7 ha/4 campables (72 empl.) en terrasses, plat, herbeux, pierreux
    Tarif : 14,60€ ♦♦ ⇔ 🅴 (½) (10A) – pers. suppl. 3,90€ – frais de réservation 8€

    Location (de déb. avr. à mi-nov.) 🅿 : 30 🏠 (4 à 6 pers.) nuitée 66€ - 230 à 590€/sem. – frais de réservation 16€
    Pour s'y rendre : au lieu-dit : Les Cabannes (1,6 km à l'ouest par D 600, rte de Vindrac et chemin à gauche)

    À savoir : belle situation dominante

Nature : 🦘 ⬍ Cordes-sur-Ciel ou la vallée ⛰ ⚲	
Loisirs : 🛋 🍴 🚴 🏓 ⛱ 💦 terrain omnisports	
Services : 🔥 🔚 🅿 GB 🧺 ⛽ 🍴 laverie	
Longitude : 1.94218	
Latitude : 44.06765	

CAHORS

46000 – **337** E5 – G. Périgord Quercy – 20 062 h. – alt. 135
🅱 *Office de tourisme, place François Mitterrand* 𝒫 05 65 53 20 65, *Fax 05 65 53 20 74*
Paris 575 – Agen 85 – Albi 110 – Bergerac 108 – Brive-la-Gaillarde 98 – Montauban 64 – Périgueux 126.

451

🏔 **Rivière de Cabessut** de déb. avr. à fin sept.
    𝒫 05 65 30 06 30, *contact@cabessut.com*,
    Fax 05 65 23 99 46, *www.cabessut.com*
    2 ha (113 empl.) plat, herbeux
    Tarif : ♦ 4,50€ ⇔ 🅴 8€ – (½) (10A) 2€

    Location 🏠 : 8 🏠 (4 à 6 pers.) 290 à 540€/sem.
    🚐 **borne artisanale** 4€ – 10 🅴 19€ – 🚰 10.50€
    Pour s'y rendre : r. de la Rivière (3 km au sud par D 911 dir. Rodez puis chemin à gauche, quai Ludo-Rolles, au bord du Lot)

Nature : ⛰ ♨♨	
Loisirs : 🛋 🍴 🏓 💦	
Services : 🔥 🔚 🧺 ⛽ 🍴 📶	
À prox. : 💧 espace aquatique	
Longitude : 1.442	
Latitude : 44.4639	

Give use your opinion of the camping sites we recommend.
Let us know of your remarks and discoveries.

LES CAMMAZES

81540 – **338** E10 – G. Midi Toulousain – 283 h. – alt. 610
🅱 *Syndicat d'initiative, 25, rue de la Fontaine* 𝒫 05 63 74 17 17, *Fax 05.63.74.17.17*
Paris 736 – Aurillac 241 – Castres 35 – Figeac 183 – St-Céré 241.

🏔 **La Rigole** de déb. mai à fin sept.
    𝒫 05 63 73 28 99, *campings.occitanie@orange.fr*,
    Fax 05 63 73 28 99, *www.campingdlr.com*
    3 ha (66 empl.) plat, peu incliné, terrasse, herbeux
    Tarif : 20,90€ ♦♦ ⇔ 🅴 (½) (8A) – pers. suppl. 4,90€

    Location : 9 🏠 (4 à 6 pers.) 246 à 511€/sem. – 9 🏠 (4 à 6 pers.) - 288 à 623€/sem.
    🚐 **borne artisanale** – 4 🅴 9,50€ – 🚰 9.50€
    Pour s'y rendre : rte du Barrage (sortie sud par D 629 et rte à gauche)

Nature : 🦘 ⛰ ♨♨	
Loisirs : 🍴 snack 🚴 💦	
Services : 🔥 🔚 GB 🧺 ⛽ 🍴 laverie	
À prox. : 🏊 ⚓ 🎣	
Longitude : 2.08624	
Latitude : 43.40784	

CANET-DE-SALARS

12290 – **338** I5 – 396 h. – alt. 850
Paris 654 – Pont-de-Salars 9 – Rodez 33 – St-Beauzély 28 – Salles-Curan 8.

"Les Castels" Le Caussanel ♣♣ – de mi-mai à mi-sept.
℘ 05 65 46 85 19, *info@lecaussanel.com*,
Fax 05 65 46 89 85, *www.lecaussanel.com*
10 ha (235 empl.) plat, peu incliné, terrasse, herbeux
Tarif : 33€ ★★ ⇔ 🅴 🅷 (6A) – pers. suppl. 7,30€ – frais
de réservation 30€

Location : 43 🛖 (4 à 6 pers.) nuitée 54€ - 322 à
826€/sem. – 38 🛖 (4 à 6 pers.) nuitée 44€ - 262 à
805€/sem. – frais de réservation 30€
🚐 borne artisanale 3€
Pour s'y rendre : au Lac de Pareloup (2,7 km au sud-est
par D 538 et à dr.)

| Nature : ⅗ ≤ sur le lac 🏞 |
| Loisirs : 🍴 pizzeria, grill 🎱 🎲 |
| 🎯 salle d'animation 🛶 🎡 🎿 |
| 🛝 🏖 🎣 terrain omnisports, animaux de la ferme, canoë, pédalos, barques |
| Services : 🚿 ⚡ GB 🚲 🛁 🧺 |
| 🍴 laverie 🔌 🌿 |
| À prox. : discothèque |

| Longitude : 2.76444 |
| Latitude : 44.215 |

Soleil Levant de déb. avr. à fin sept.
℘ 05 65 46 03 65, *contact@camping-soleil-levant.com*,
www.camping-soleil-levant.com
11 ha (206 empl.) en terrasses, plat, peu incliné, herbeux
Tarif : 22,50€ ★★ ⇔ 🅴 🅷 (6A) – pers. suppl. 6€ – frais
de réservation 10€

Location : 11 🛖 (4 à 6 pers.) 180 à 735€/sem. – frais
de réservation 10€
Pour s'y rendre : au Lac de Pareloup (3,7 km au sud-est
par D 538 et D 993, rte de Salles-Curan, à gauche, av. le
pont)

À savoir : situation agréable au bord du lac de Pareloup

| Nature : ⅗ ≤ 🏞 |
| Loisirs : 🍴 🎱 🛶 🎣 canoë, ponton d'amarrage |
| Services : 🚿 ⚡ GB 🚲 🛁 🧺 laverie |
| À prox. : 🚲 |

| Longitude : 2.77665 |
| Latitude : 44.21538 |

CAPDENAC-GARE

12700 – **338** E3 – 4 673 h. – alt. 175
🏢 *Office de tourisme, place du 14 juillet* ℘ 05 65 64 74 87, Fax 05 65 80 88 15
Paris 587 – Decazeville 20 – Figeac 9 – Maurs 24 – Rodez 59.

Municipal les Rives d'Olt de déb. avr. à fin sept.
℘ 05 65 80 88 07, *camping.capdenac@wanadoo.fr*
1,3 ha (60 empl.) plat, herbeux
Tarif : (Prix 2009) ★ 2,90€ ⇔ 1,90€ 🅴 3,20€ –
🅷 (9A) 2,90€

Location (Prix 2009) : huttes – frais de réservation
19€
Pour s'y rendre : 8 boulevard paul ramadier (sortie ouest
par D 994, rte de Figeac et à gauche av. le pont, près du
Lot)

À savoir : cadre agréable, verdoyant et ombragé

| Nature : 🏕 🌳 |
| Loisirs : 🎣 |
| Services : 🚿 ⚡ GB 🚲 🛁 🖼 |
| À prox. : 🛒 🍴 snack 🎿 🎯 📺 parcours sportif |

| Longitude : 2.07294 |
| Latitude : 44.57209 |

CARLUCET

46500 – **337** F3 – G. Périgord Quercy – 220 h. – alt. 322
Paris 542 – Cahors 47 – Gourdon 26 – Labastide-Murat 11 – Rocamadour 14.

Château de Lacomté de mi-mai à mi-sept.
℘ 05 65 38 75 46, *lacomte2@wanadoo.fr*,
Fax 05 65 33 17 68, *www.campingchateaulacomte.com*
12 ha/4 campables (100 empl.) terrasse, peu incliné, plat,
herbeux, pierreux, bois
Tarif : 33€ ★★ ⇔ 🅴 🅷 (10A) – pers. suppl. 8€ – frais
de réservation 10€

Location 🚫 : 4 🛖 (4 à 6 pers.) 225 à 525€/sem.
– 5 🛖 (4 à 6 pers.) - 295 à 625€/sem. – frais de
réservation 10€
Pour s'y rendre : au lieu-dit : Lacomté (1,8 km au nord-
ouest du bourg, au château)

À savoir : camping réservé aux adultes (+ de 16 ans)

| Nature : ⅗ 🏕 🌳 |
| Loisirs : 🍴 🍽 snack 🎱 🛶 🚲 🎿 🛝 |
| Services : 🚿 ⚡ GB 🚲 🛁 🧺 🍴 laverie 🌿 |

| Longitude : 1.59692 |
| Latitude : 44.72881 |

CARMAUX

81400 – **338** E6 – G. Midi Toulousain – 10 273 h. – alt. 241 – Base de loisirs
🛈 *Office de tourisme, place Gambetta* ℰ *0563767667, Fax 0563368451*
Paris 720 – Toulouse 96 – Albi 18 – Castres 63 – Rodez 61.

▲ **Cap' Découverte** de fin juin à fin août
ℰ 0825081234, *contact@capdecouverte.com*,
Fax 0563801529, *www.capdecouverte.com*
1 ha (105 empl.) plat, herbeux, pierreux
Tarif : (Prix 2009) 10€ ★★ ⬛ 🅴 – pers. suppl. 5€
Pour s'y rendre : Le Garric (6 km au sud par N 88 et D 25)

À savoir : au milieu d'un important centre de loisirs

Nature : 🐾
Services : ⅃ ⚷ 📠
À prox. : 🍽 ✕ snack 🚣 🚲 🛶
🎿 ski sur gazon, téléski nautique,
pédalos, luge d'été, karting

Longitude : 2.15812
Latitude : 44.0496

CASSAGNABÈRE-TOURNAS

31420 – **343** C5 – 393 h. – alt. 380
Paris 758 – Auch 78 – Bagnères-de-Luchon 65 – Pamiers 101 – St-Gaudens 19 – St-Girons 47 – Toulouse 86.

▲ **Pré Fixe** de mi-avr. à fin août
ℰ 0561987100, *camping@instudio4.com*, *www.
instudio4.com/pre-fixe* ✇
1,2 ha (40 empl.) en terrasses, plat, herbeux
Tarif : 22€ ★★ ⬛ 🅴 (1) (6A) – pers. suppl. 8€
Pour s'y rendre : rte de St-Gaudens (au sud-ouest du bourg)

À savoir : jolie décoration florale et arbustive

Nature : 🐾 🏕 ◯◯
Loisirs : 🏠 ⅃
Services : ⅃ ⚷ 🅰 📠
À prox. : 🍴

Longitude : 0.79167
Latitude : 43.22889

*Ce guide n'est pas un répertoire de tous les terrains de camping
mais une sélection des meilleurs campings dans chaque catégorie.*

CASSAGNES

46700 – **337** C4 – 205 h. – alt. 185
Paris 577 – Cahors 34 – Cazals 15 – Fumel 19 – Puy-l'Évêque 8 – Villefranche-du-Périgord 15.

▲ **Le Carbet** de déb. avr. à fin sept.
ℰ 0565366179, *campingcarbet@wanadoo.fr*,
www.camping-le-carbet.fr
3 ha (29 empl.) non clos, en terrasses, pierreux, herbeux
Tarif : 20,50€ ★★ ⬛ 🅴 (1) (6A) – pers. suppl. 5,50€ –
frais de réservation 10€

Location : 10 🛏 (4 à 6 pers.) 199 à 490€/sem. – frais
de réservation 10€
Pour s'y rendre : au lieu-dit : La Barte (1,5 km au nord-
ouest par D 673, rte de Fumel, près d'un lac)

Nature : 🏕 ◯◯
Loisirs : 🍴 snack 🚣 ⅃
Services : ⚷ GB 🅰 🥃 🍴 📠 🚿

Longitude : 1.12609
Latitude : 44.56294

CASTELNAU-DE-MONTMIRAL

81140 – **338** C7 – 940 h. – alt. 287
🛈 *Office de tourisme, place des Arcades* ℰ *0563331511, Fax 0563331760*
Paris 645 – Albi 31 – Bruniquel 22 – Cordes-sur-Ciel 22 – Gaillac 12 – Montauban 49.

▲▲ **Le Chêne Vert** de déb. avr. à fin oct.
ℰ 0563331610, *campingduchenevert@wanadoo.fr*,
Fax 0563332080, *www.camping-du-chene-vert.com*
10 ha/2 campables (45 empl.) en terrasses, vallonné, peu
incliné, plat, herbeux
Tarif : (Prix 2009) 18,80€ ★★ ⬛ 🅴 (1) (10A) – pers.
suppl. 4€ – frais de réservation 15€

Location (de déb. mars à fin déc.) : 27 🛏 (4 à 6 pers.)
nuitée 50€ - 190 à 640€/sem. – bungalows toilés –
frais de réservation 15€
🛖 2 🅴 10,50€ – 🚐 (1) 14.30€
Pour s'y rendre : au lieu-dit : Travers du Rieutort (3,5 km
au nord-ouest par D 964, rte de Caussade, D 1 et D 87,
rte de Penne, à gauche)

À savoir : agréable chênaie

Nature : 🐾 ◁ 🏕 ◯◯
Loisirs : 🏠 ⅃
Services : ⅃ ⚷ GB 🅰 🍴 📠
À la base de loisirs (800m) : 🍴
snack 🚣 🍴 🚿 🛶 (plage) 🎣

Longitude : 1.77824
Latitude : 43.98491

CASTELNAU-MONTRATIER

46170 – **337** E6 – G. Périgord Quercy – 1 882 h. – alt. 240
🛈 *Office de tourisme, 27, rue Clemenceau* ✆ *05 65 21 84 39, Fax 05 65 21 84 72*
Paris 600 – Cahors 30 – Caussade 24 – Lauzerte 23 – Montauban 34.

⚠ **Municipal des 3 Moulins** de déb. juin à fin sept
  ✆ 05 65 21 86 54, *mairiecastelnau@wanadoo.fr*,
  Fax 05 65 21 91 52
  1 ha (50 empl.) en terrasses, herbeux
  Tarif : (Prix 2009) 🚶 2,50 € �car 🅴 2,60 € – 🔌 1,50 €
  Pour s'y rendre : rte de Lauzette (sortie nord-ouest par
  D 19)

| Nature : 🗻 |
| Services : 🖊 |
| À prox. : 🍴 🛷 🏊 parc aquatique |

| Longitude : 1.35354 |
| Latitude : 44.26772 |

*Pour choisir et suivre un itinéraire
Pour calculer un kilométrage
Pour situer exactement un terrain (en fonction
des indications fournies dans le texte) :
Utilisez les **cartes MICHELIN** ,
compléments indispensables de cet ouvrage.*

CASTÉRA-VERDUZAN

32410 – **336** E7 – 906 h. – alt. 114 – Base de loisirs
🛈 *Syndicat d'initiative, avenue des Thermes* ✆ *05 62 68 10 66, Fax 05 62 68 14 58*
Paris 720 – Agen 61 – Auch 40 – Condom 20.

⚠ **La Plage de Verduzan** de déb. avr. à fin oct.
  ✆ 05 62 68 12 23, *camping.laplagedeverduzan@orange.
  fr*, Fax 05 62 68 18 95, *www.camping-verduzan.com*
  2 ha (100 empl.) plat, herbeux
  Tarif : (Prix 2009) 19 € 🚶🚶 🚗 🅴 🔌 (3A) – pers.
  suppl. 5 € – frais de réservation 10 €
  Location (Prix 2009) : 10 🛖 (4 à 6 pers.) 225 à
  545 €/sem. – 8 🏠 (4 à 6 pers.) – 305 à 595 €/sem. –
  bungalows toilés – frais de réservation 10 €
  🚐 1 borne artisanale
  Pour s'y rendre : r. du Lac (au nord du bourg, au bord
  de l'Aulone)
  À savoir : au bord d'un plan d'eau, emplacements soignés

| Nature : 🏖 🌳 |
| Loisirs : 🎬 🚣 🎡 |
| Services : 🚿 ⛽ 🏧 🖊 🔥 🚮 📶 🏠 |
| À prox. : 🍴 🏖 (plage) 🏊 pédalos |

| Longitude : 0.43192 |
| Latitude : 43.80654 |

CAUSSADE

82300 – **337** F7 – G. Périgord Quercy – 6 463 h. – alt. 109
🛈 *Office de tourisme, 11, rue de la République* ✆ *05 63 26 04 04, Fax 05 63 26 04 04*
Paris 606 – Albi 70 – Cahors 38 – Montauban 28 – Villefranche-de-Rouergue 52.

⚠ **Municipal la Piboulette** de déb. mai à fin sept.
  ✆ 05 63 93 09 07, *Secretariat@mairie-caussade.com*,
  Fax 05 63 65 09 05, *mairie-caussade.fr* – 🍖
  1,5 ha (100 empl.) plat, herbeux
  Tarif : (Prix 2009) 🚶 2,40 € 🚗 🅴 1,70 € – 🔌 (6A) 1,60 €
  🚐 borne artisanale 3,80 €
  Pour s'y rendre : 1 km au nord-est par D 17, rte de
  Puylaroque et à gauche, au stade, à 200 m d'un étang

| Nature : 🌿 🗻 |
| Services : 🚿 ⛽ 🖊 🏢 laverie |
| À prox. : 🚣 🍴 🎣 parcours de santé |

| Longitude : 1.54484 |
| Latitude : 44.16471 |

CAUTERETS

65110 – **342** L7 – G. Midi Toulousain – 1 109 h. – alt. 932 – ⚒ – Sports d'hiver :
🛈 *Office de tourisme, place Foch* 𝒫 0562925050, Fax 0562921170
Paris 880 – Argelès-Gazost 17 – Lourdes 30 – Pau 75 – Tarbes 49.

Les Glères fermé de fin oct. à déb. déc.
𝒫 0562925534, *camping-les-gleres@wanadoo.fr*,
Fax 0562920353, *www.gleres.com*
1,2 ha (80 empl.) plat, herbeux, gravillons
Tarif : 18,70€ ✶✶ ⟺ 🅔 🚿 (6A) – pers. suppl. 4,30€ –
frais de réservation 10€

Location 🛖 : 5 🛏 (2 à 4 pers.) nuitée 95€ - 215€/
sem. – 14 🚐 (4 à 6 pers.) nuitée 130€ - 250 à 480€/
sem. – 5 🏠 (4 à 6 pers.) nuitée 165€ - 300 à 580€/
sem.
🚐 40 🅔 17,60€
Pour s'y rendre : 19 rte de Pierrefitte (sortie nord par
D 920, au bord du Gave)

À savoir : situé proche du centre ville

| Nature : ❄ ≤ ▱ 🌿🌿 |
| Loisirs : 🎬 ⚓ 🏊 |
| Services : 👤 ⊶ **GB** 👕 ▥ 🛁 🚿 |
| 🧺 laverie |
| **À prox. :** patinoire 🏒 |

Longitude : -0.11275
Latitude : 42.89625

GR 10
𝒫 0620302585, *contact@gr10camping.com*,
Fax 0562925402, *www.gr10camping.com*
1,5 ha (61 empl.) plat, peu incliné, herbeux, pierreux
Tarif : (Prix 2009) ✶ 5€ ⟺ 🅔 4,30€ – 🚿 (8A) 4€
Location (Prix 2009) : 20 🚐 (4 à 6 pers.) nuitée 30€
- 390 à 450€/sem. – gîtes
Pour s'y rendre : à Concé (2,8 km au nord par D 920,
rte de Lourdes, près du Gave de Pau)

| Nature : 🌿 ≤ ▱ 🌿 |
| Loisirs : 🎬 ⚓ 🏓 🏊 ▦ accro- |
| branche (enfants), canyonning, |
| escalade |
| Services : 👤 ⊶ ▥ laverie |

Longitude : -0.09972
Latitude : 42.91055

Le Cabaliros de fin mai à fin sept.
𝒫 0562925536, *info@camping-cabaliros.com*,
Fax 0562925536, *www.camping-cabaliros.com*
2 ha (100 empl.) incliné à peu incliné, herbeux
Tarif : 17,60€ ✶✶ ⟺ 🅔 🚿 (6A) – pers. suppl. 4,90€

Location (de fin avr. à déb. oct.) : 4 🚐 (4 à 6 pers.)
nuitée 65€ - 260 à 510€/sem.
🚐 1 borne 3€
Pour s'y rendre : 93 av. du Mamelon Vert (1,6 km au nord
par rte de Lourdes et au pont à gauche, au bord du Gave
de Pau)

| Nature : ≤ 🌿🌿 |
| Loisirs : 🎬 🏊 |
| Services : 👤 ⊶ **GB** 👕 🛁 🚿 |
| laverie |

Longitude : -0.11722
Latitude : 42.89157

455

Le Péguère de déb. mai à fin sept.
𝒫 0562925291, *campingpeguere@wanadoo.fr*,
Fax 0562925291, *www.campingpeguere.com*
3,5 ha (160 empl.) peu incliné, plat, herbeux
Tarif : 13,06€ ✶✶ ⟺ 🅔 🚿 (6A) – pers. suppl. 3,80€

Location (de déb. avr. à mi-oct.) 🛖 : 4 🚐 (4 à
6 pers.) nuitée 40€ - 180 à 420€/sem. – 1 🏠 (4 à 6
pers.) nuitée 45€ - 200€/sem.
🚐 borne artisanale 2€
Pour s'y rendre : 31 rte de Pierrefitte (1,5 km au nord
par rte de Lourdes, au bord du Gave de Pau)

| Nature : ≤ 🌿 |
| Loisirs : 🏊 |
| Services : 👤 ⊶ **GB** 👕 🛁 🚿 🧺 |
| laverie |

Longitude : -0.09602
Latitude : 42.91699

Des vacances réussies sont des vacances bien préparées !
Ce guide est fait pour vous y aider... mais :
– N'attendez pas le dernier moment pour réserver
– Évitez la période critique du 14 juillet au 15 août
Pensez aux ressources de l'arrière-pays,
à l'écart des lieux de grande fréquentation.

CAYLUS

82160 – **337** G6 – G. Périgord Quercy – 1 531 h. – alt. 228
🛈 *Syndicat d'initiative, rue Droite* ℰ 05 63 67 00 28, Fax 05 63 24 02 91
Paris 628 – Albi 60 – Cahors 59 – Montauban 50 – Villefranche-de-Rouergue 30.

⚠ **La Bonnette** de fin mars à mi-oct.
ℰ 05 63 65 70 20, *info@campingbonnette.com*,
Fax 05 63 65 70 20, *www.campingbonnette.com*
1,5 ha (60 empl.) plat, herbeux
Tarif : (Prix 2009) 20,50€ ★★ ⬛ ▣ ⚡ (10A) – pers.
suppl. 5,50€

Location (Prix 2009) : 6 🛖 (4 à 6 pers.) 350 à 550€/
sem.
🚐 borne artisanale
Pour s'y rendre : au lieu-dit : Les Condamines (sortie
nord-est par D 926, rte de Villefranche-de-Rouergue et
D 97 à dr., rte de St-Antonin-Noble-Val, au bord de la
Bonnette et à prox. d'un plan d'eau)

Nature :	⬚ 💧💧
Loisirs :	🏊➗🎣
Services :	♿ ⛽ 🅿 🚿 ᵗᵗ laverie
À prox. :	🎣

Longitude : 1.77316
Latitude : 44.23692

CAYRIECH

82240 – **337** F6 – 253 h. – alt. 140
Paris 608 – Cahors 39 – Caussade 11 – Caylus 17 – Montauban 40.

⚠ **Le Clos de la Lère** Permanent
ℰ 05 63 31 20 41, *le-clos-de-la-lere@wanadoo.fr*,
Fax 05 63 31 20 41, *www.camping-ledosdelalere.com*
1 ha (49 empl.) plat, herbeux
Tarif : 17,40€ ★★ ⬛ ▣ ⚡ (10A) – pers. suppl. 4€
Location : 2 🛖 (4 à 6 pers.) 240 à 490€/sem. – 5 🏠
(4 à 6 pers.) - 225 à 560€/sem. – frais de réservation
8€
🚐 borne eurorelais 3€ – 5 ▣ 9€ – 🚐⚡ 12€
Pour s'y rendre : au lieu-dit : Clergue (sortie sud-est par
D 9, rte de Septfonds)
À savoir : belle décoration arbustive et florale.

Nature :	🌿 ⬚ 💧💧
Loisirs :	🏊➗🎣
Services :	♿ ⛽ ⃝⃝ 🅿 🚽 🚿 ᵗᵗ
laverie 🚿	
À prox. :	⚽ terrain omnisports

Longitude : 1.61309
Latitude : 44.21755

Om een reisroute uit te stippelen en te volgen,
om het aantal kilometers te berekenen,
om precies de ligging van een terrein te bepalen
(aan de hand van de inlichtingen in de tekst),
*gebruikt u de **Michelinkaarten** ,*
een onmisbare aanvulling op deze gids.

CÉZAN

32410 – **336** E7 – 153 h. – alt. 207
Paris 712 – Auch 27 – Fleurance 18 – Lectoure 22 – Valence-sur-Baïse 14 – Vic-Fézensac 21.

⚠ **Domaine les Angeles** de déb. mai à mi-sept.
ℰ 05 62 65 29 80, *lesangeles@gmail.com*, *www.*
domainelesangeles.com 🚿
3 ha (62 empl.) non clos, incliné à peu incliné, terrasses,
herbeux
Tarif : 21€ ★★ ⬛ ▣ ⚡ (10A) – pers. suppl. 5,50€
Location 🚿 : 5 🛖 (4 à 6 pers.) 290 à 540€/sem. – 4
🏠 (4 à 6 pers.) - 200 à 390€/sem.
Pour s'y rendre : 2,5 km au sud-est par D 303, rte de
Réjaumont, à dr. rte de Préhac puis 900 m par chemin

Nature :	🌿 ⬚ 💧
Loisirs :	🍴 🏊➗🚲🎣
Services :	⛽ 🚿 ▣ 🚿

Longitude : 0.5188
Latitude : 43.79393

CONDOM

32100 – **336** E6 – G. Midi Toulousain – 7 158 h. – alt. 81
🛈 *Office de tourisme, place Bossuet* ✆ *05 62 28 00 80, Fax 05 62 28 45 46*
Paris 729 – Agen 41 – Auch 46 – Mont-de-Marsan 80 – Toulouse 121.

▲ **Municipal** de déb. avr. à fin sept.
✆ 05 62 28 17 32, *mairie.condom@condom.org,*
Fax 05 62 28 17 32
2 ha (75 empl.) plat, herbeux
Tarif : (Prix 2009) ✦ 3,25 € ⊞ 4,64 € – ⑂ (8A) 3,48 €
Location (Prix 2009) (de mi-mars à fin oct.) 🛏 : 25
🏠 (4 à 6 pers.) - 185 à 592 €/sem.
🚐 borne artisanale 9,28 €
Pour s'y rendre : chemin de l'Argenté (sortie sud par
D 931, rte d'Eauze, près de la Baïse)

Nature : ▭ 🎠	
Loisirs : 🏠 🎣	
Services : 🚿 🚰 ♨ 🛁 🔥	
À prox. : 🍸 ✗ 🍴 🛶	

Longitude : 0.3635
Latitude : 43.94833

Donnez-nous votre avis sur les terrains que nous recommandons.
Faites-nous connaître vos observations et vos découvertes
par mail à l'adresse : leguidecampingfrance@fr.michelin.com.

CONQUES

12320 – **338** G3 – G. Midi Toulousain – 286 h. – alt. 350
🛈 *Office de tourisme, Le Bourg* ✆ *08 20 82 08 03, Fax 05 65 72 87 03*
Paris 601 – Aurillac 53 – Decazeville 26 – Espalion 42 – Figeac 43 – Rodez 37.

▲ **Beau Rivage** de déb. avr. à fin sept.
✆ 05 65 69 82 23, *camping.conques@wanadoo.fr,*
Fax 05 65 72 89 29, *www.campingconques.com*
1 ha (60 empl.) plat, herbeux
Tarif : (Prix 2009) ✦ 4 € ⊞ 3 € ⊞ 6 € – ⑂ (10A) 3,50 €
Location (Prix 2009) (de déb. mars à fin oct.) : 12 🏕
(4 à 6 pers.) 280 à 570 €/sem.
🚐 borne artisanale 5 €
Pour s'y rendre : au lieu-dit : Molinols (à l'ouest du
bourg, par D 901, au bord du Dourdou)

Nature : ▭ 🎠	
Loisirs : ✗ snack 🎣 🛶 🎣	
Services : 🚿 ⊙ (saison) GB 🐾	
laverie 🛁	

Longitude : 2.39721
Latitude : 44.5995

457

CORDES-SUR-CIEL

81170 – **338** D6 – G. Midi Toulousain – 1 012 h. – alt. 279
🛈 *Office de tourisme, place Jeanne Ramel-Cals* ✆ *05 63 56 00 52, Fax 05 63 56 19 52*
Paris 655 – Albi 25 – Montauban 59 – Rodez 78 – Toulouse 82 – Villefranche-de-Rouergue 47.

▲▲ **Moulin de Julien** de déb. mai à fin sept.
✆ 05 63 56 11 10, *contact@campingmoulindejulien.com,*
www.campingmoulindejulien.com
9 ha (130 empl.) en terrasses, plat, incliné, herbeux,
étang
Tarif : 23,80 € ✦✦ ⊞ ⑂ (5A) – pers. suppl. 6 € – frais
de réservation 20 €
Location 🛏 : 2 🏕 (4 à 6 pers.) nuitée 85 € - 260
à 450 €/sem. – 5 🏠 (4 à 6 pers.) nuitée 95 € - 280 à
550 €/sem. – frais de réservation 20 €
Pour s'y rendre : 1,5 km au sud-est par D 922, rte de
Gaillac, au bord d'un ruisseau

Nature : 🎠	
Loisirs : 🍸 🏠 🛶 🎣 🎣	
Services : 🚿 🚰 🐾 🔥	
À prox. : 🍴	

Longitude : 1.96941
Latitude : 44.0559

▲ **Camp Redon** de fin mars à déb. nov.
✆ 05 63 56 14 64, *info@campredon.com,*
Fax 05 63 56 14 64, *www.campredon.com*
2 ha (40 empl.) plat, peu incliné, herbeux
Tarif : 24,25 € ✦✦ ⊞ ⑂ (16A) – pers. suppl. 7 €
Location 🛏 : 2 🏕 (4 à 6 pers.) nuitée 55 € - 295 à
595 €/sem.
Pour s'y rendre : à Livers Cazelles (5 km au sud-est par
D 600, rte d'Albi puis 800 m par D 107, rte de Virac à
gauche)

Nature : 🎣 ▭ 🎠	
Loisirs : 🏠 🛶 🎣	
Services : 🚰 GB 🔥	

Longitude : 1.95822
Latitude : 44.0625

COS

09000 – **343** H7 – 350 h. – alt. 486
Paris 766 – La Bastide-de-Sérou 14 – Foix 5 – Pamiers 25 – St-Girons 41 – Tarascon-sur-Ariège 23.

⌂ **Municipal** Permanent
 ☎ 06 71 18 10 38, *mairiedecos@neuf.fr*, Fax 05 61 02 88 62
 – ⓡ
 0,7 ha (32 empl.) non clos, plat, peu incliné, herbeux
 Tarif : (Prix 2009) 11,80€ ✹✹ ⊶ 🅔 (5A) – pers.
 suppl. 1,50€
 Pour s'y rendre : Le Rieutort (700 m au sud-ouest sur
 D 61, au bord d'un ruisseau)

Nature : 🌲 ♨♨
Loisirs : 🍴 🍽
Services : ♿ 🅭 🅼 🚿 🚽 🅸
À prox. : 🚣 🛶

Longitude : 1.56963
Latitude : 42.97822

Informieren Sie sich über die gültigen Gebühren,
bevor Sie Ihren Platz beziehen. Die Gebührensätze
müssen am Eingang des Campingplatzes angeschlagen sein.
Erkundigen Sie sich auch nach den Sonderleistungen.
Die im vorliegenden Band gemachten Angaben
können sich seit der Überarbeitung geändert haben.

CREYSSE

46600 – **337** F2 – G. Périgord Quercy – 287 h. – alt. 110
Paris 517 – Brive-la-Gaillarde 40 – Cahors 79 – Gourdon 40 – Rocamadour 17 – Souillac 13.

⌂ **Le Port** de fin avr. à fin sept.
 ☎ 05 65 32 20 82, *contact@campingduport.com*,
 Fax 05 65 41 05 32, *www.campingduport.com*
 3,5 ha (100 empl.) peu incliné, plat, herbeux, non clos
 Tarif : ✹ 4,50€ ⊶ 🅔 4,50€ – (10A) 4,50€ – frais de
 réservation 10€
 Location : 8 🛖 (4 à 6 pers.) 210 à 540€/sem. – frais
 de réservation 10€
 Pour s'y rendre : au sud du bourg, près du château,
 au bord de la Dordogne
 À savoir : plage agréable au bord de la Dordogne

Nature : 🌲 ♨♨🌊
Loisirs : 🍴 🍽 🚲 🛶 🎣 base de
canoë, spéléologie, escalade
Services : ⊶ 🇬🇧 🅭 🚿 🍴 laverie

Longitude : 1.59643
Latitude : 44.8866

DAMIATTE

81220 – **338** D9 – 868 h. – alt. 148
Paris 698 – Castres 26 – Graulhet 16 – Lautrec 18 – Lavaur 16 – Puylaurens 11.

⌂ **Le Plan d'Eau St-Charles** de fin mai à mi-sept.
 ☎ 05 63 70 66 07, *accueil@campingplandeau.com*,
 Fax 05 63 70 52 14, *www.campingplandeau.com*
 7,5 ha/2 campables (82 empl.) plat, herbeux, pierreux
 Tarif : (Prix 2009) 20,80€ ✹✹ ⊶ 🅔 (6A) – pers.
 suppl. 5,50€ – frais de réservation 17€
 Location (Prix 2009) (de mi-avr. à mi-sept.) : 21 🛖 (4
 à 6 pers.) 245 à 765€/sem. – 18 🏠 (4 à 6 pers.) - 245
 à 730€/sem. – bungalows toilés – frais de réservation
 17€
 🚐 borne artisanale – 3 🅔 10,50€
 Pour s'y rendre : la Cahuziere (sortie rte de Graulhet puis
 1,2 km par rte à gauche avant le passage à niveau)
 À savoir : agréable situation autour d'un joli plan d'eau

Nature : 🌲 ‹ 🏠 ♨♨🌊
Loisirs : snack 🍽 🚣 🚲 🛶 🎣
Services : ♿ ⊶ 🇬🇧 🅭 🚿 🚽
🅸 🍴
À prox. : 🏇 golf (18 trous)

Longitude : 1.97085
Latitude : 43.66315

DURAVEL

46700 – **337** C4 – G. Périgord Quercy – 930 h. – alt. 110

🖪 *Office de tourisme, Place de la Mairie* 📞 *05 65 24 65 50, Fax 05 65 36 63 10*

Paris 610 – Toulouse 153 – Cahors 39 – Villeneuve-sur-Lot 37 – Moissac 71.

Club de Vacances Duravel 🔹 – de fin avr. à fin sept.

📞 05 65 24 65 06, *info@clubdevacances.eu*,
Fax 05 65 24 64 96, *www.clubdevacances.eu*
9 ha (260 empl.) plat, herbeux
Tarif : 25,50€ ★★ 🚗 🗐 🌡 (10A) – pers. suppl. 7,30€ –
frais de réservation 16€

Location 🏕 : 19 🛖 (4 à 6 pers.) 325 à 890€/sem.
– 33 🏠 (4 à 6 pers.) - 240 à 825€/sem. – tentes avec
sanitaires individuels à prox. – frais de réservation
16€

Pour s'y rendre : rte du Port-de-Vire (2,3 km au sud par
D 58, au bord du Lot)

Nature : 🌿 🗻 🌳
Loisirs : 🍽 ✕ snack 🎰 ☺ 🎣
🚗 🚲 🎿 🛷 🛶 canoë
Services : 🚿 ⛽ 🆖 🚙 🚮 ♨
laverie 🧺
À prox. : ⛰ escalade

Longitude : 1.08141
Latitude : 44.51605

Consultez le site **Voyage.ViaMichelin.fr**

ENTRAYGUES-SUR-TRUYÈRE

12140 – **338** H3 – G. Midi Toulousain – 1 195 h. – alt. 236

🖪 *Syndicat d'initiative, place de la République* 📞 *05 65 44 56 10, Fax 05 65 44 50 85*

Paris 600 – Aurillac 45 – Figeac 58 – Mende 128 – Rodez 43 – St-Flour 83.

Le Val de Saures de déb. mai à fin sept.

📞 05 65 44 56 92, *info@camping-valdesaures.com*,
Fax 05 65 44 27 21, *www.camping-valdesaures.com*
4 ha (126 empl.) terrasse, plat, herbeux
Tarif : 21€ ★★ 🚗 🗐 🌡 (10A) – pers. suppl. 4€ – frais
de réservation 20€

Location (de déb. avr. à fin sept.) : 11 🏠 (4 à 6 pers.)
- 249 à 619€/sem. – frais de réservation 30€
🚐 borne eurorelais 2€

Pour s'y rendre : chemin de Saures (1,6 km au sud par
D 904, rte d'Espeyrac, en bordure du Lot (accès direct))

Nature : 🌿 ≤ 🗻 🌳
Loisirs : 🎰 🚗 🎣
Services : 🚿 ⛽ 🆖 🚙 🚮 ♨
laverie
À prox. : ✂ 🎿 terrain omnis-
ports, canoë

Longitude : 2.56548
Latitude : 44.64146

Le Lauradiol de fin juin à fin août

📞 05 65 44 53 95, *info@camping-lelauradiol.com*,
Fax 05 65 44 81 37, *www.camping-lelauradiol.com*
1 ha (31 empl.) plat, herbeux
Tarif : (Prix 2009) 16€ ★★ 🚗 🗐 🌡 (6A) – pers.
suppl. 4€ – frais de réservation 15€

Location (Prix 2009) : 2 🛖 (4 à 6 pers.) 199 à 499€/
sem. – frais de réservation 20€

Pour s'y rendre : 5 km au nord-est par D 34, rte de St-
Amans-des-Cots, au bord de la Selves

À savoir : situation agréable au fond d'une petite vallée,
bordée par la rivière

Nature : 🌿 🗻 🌳
Loisirs : 🎰 ✂ 🎿 🎣
Services : 🚿 ⛽ (juil.-août) 🆖
🚙 🛷 🚽 🔥

Longitude : 2.58202
Latitude : 44.6772

ESPALION

12500 – **338** I3 – G. Midi Toulousain – 4 511 h. – alt. 342

🖪 *Office de tourisme, 23, place du Plô* 📞 *05 65 44 10 63, Fax 05 65 44 10 39*

Paris 592 – Aurillac 72 – Figeac 93 – Mende 101 – Millau 81 – Rodez 31 – St-Flour 80.

Le Roc de l'Arche de mi-mars à mi-oct.

📞 05 65 44 06 79, *campingrocdelarche@wanadoo.fr*,
Fax 05 65 44 06 79,
http://perso.wanadoo.fr/camping-rocdelarche – 🅁
2,5 ha (95 empl.) plat, herbeux
Tarif : (Prix 2009) 17,30€ ★★ 🚗 🗐 🌡 (10A) – pers.
suppl. 4€ – frais de réservation 10€
🚐 borne eurorelais 3,30€ – 🚐 🌡 10.30€

Pour s'y rendre : Le Foirail (à l'est, r. du Foirail par av. de la
Gare et à gauche, apr. le terrain des sports, au bord du Lot)

Nature : 🗻 🌳
Loisirs : 🎰 🚗 🎣
Services : 🚿 ⛽ 🚙 🚮 🛷 🚽 🔥
À prox. : 🎯 ✂ 🎿 terrain omnis-
ports, canoë

Longitude : 2.7675
Latitude : 44.52094

ESTAING

65400 – **342** K7 – G. Midi Toulousain – 73 h. – alt. 970
Paris 874 – Argelès-Gazost 12 – Arrens 7 – Laruns 43 – Lourdes 24 – Pau 69 – Tarbes 43.

"Les Castels" Pyrénées Natura de fin avr. à mi-sept.
℮ 05 62 97 45 44, *info@camping-pyrenees-natura.com*,
Fax 05 62 97 45 81, *www.camping-pyrenees-natura.com*
– alt. 1 000
3 ha (65 empl.) en terrasses, en terrasses, plat, herbeux, gravier
Tarif : 26 € ✶✶ ⟋⟍ 🅴 ⚡ (10A) – pers. suppl. 5,50 €
Location : 15 ⌂⌂ (4 à 6 pers.) nuitée 40 € - 280 à 652 €/sem.
🛒 borne artisanale – 4 🅴 26 €
Pour s'y rendre : rte du Lac (au nord du bourg)

À savoir : belle grange du 19e s. aménagée en espace loisirs et détente

| Nature : 🏞 ⇐ ⊏⊐ 🌿 |
| Loisirs : 🍴 🎮 ⛵ auditorium, solarium d'intérieur 🏋 |
| Services : 🚿 ⊶ GB 🅰 🅱 🅲 laverie 🧺 |

| Longitude : -0.17824 |
| Latitude : 42.93948 |

🧺 ✗ *ATTENTION...*
🚣 *ces éléments ne fonctionnent généralement qu'en saison,*
🚵 *quelles que soient les dates d'ouverture du terrain.*

ESTANG

32240 – **336** B6 – 666 h. – alt. 120
Paris 712 – Aire-sur-l'Adour 25 – Eauze 17 – Mont-de-Marsan 35 – Nérac 56 – Nogaro 18.

Les Lacs de Courtès ♟ – de mi-avr. à fin oct.
℮ 05 62 09 61 98, *contact@lacsdecourtes.com*,
Fax 05 62 09 63 13, *www.lacsdecourtes.com*
7 ha (136 empl.) en terrasses, peu incliné, plat, herbeux
Tarif : (Prix 2009) ✶ 5 € ⟋⟍ 🅴 13,50 € – ⚡ (10A) 3 € – frais de réservation 15 €
Location (Prix 2009) (permanent) : 50 ⌂ (4 à 6 pers.) - 300 à 730 €/sem. – 22 maisonnettes – frais de réservation 15 €
🛒 borne artisanale – 4 🅴 12,50 € – 🚿 12.50 €
Pour s'y rendre : au sud du bourg par D 152, près de l'église et au bord d'un lac

| Nature : 🏞 🌿🌿 |
| Loisirs : 🍴 snack 🎮 🏐 🏋 ja-cuzzi 🏋 ⊛ 🅼 🅹 ⛵ 🛶 canoë |
| Services : 🚿 ⊶ GB 🅰 🅱 laverie 🚣 |

| Longitude : -0.10319 |
| Latitude : 43.86522 |

FIGEAC

46100 – **337** I4 – G. Périgord Quercy – 9 943 h. – alt. 214
🅱 *Office de tourisme, place Vival* ℮ 05 65 34 06 25, *Fax 05 65 50 04 58*
Paris 578 – Aurillac 64 – Rodez 66 – Villefranche-de-Rouergue 36.

Les Rives du Célé de déb. avr. à fin sept.
℮ 561 648 854, *contact@marc-montmija.com*,
Fax 05 61 64 89 17, *www.lesrivesducele.com*
2 ha (163 empl.) plat, herbeux, terrasse
Tarif : 22 € ✶✶ ⟋⟍ 🅴 ⚡ (10A) – pers. suppl. 6,80 € – frais de réservation 10 €
Location (permanent) 🏊 : 20 ⌂⌂ (4 à 6 pers.) 250 à 600 €/sem. – 30 maisonnettes – 10 bungalows toilés – frais de réservation 20 €
🛒 4 🅴 22 € – 🚿 10.50 €
Pour s'y rendre : au Domaine du Surgié (1,2 km à l'est par N 140, rte de Rodez et chemin du Domaine de Surgié, au bord de la rivière et d'un plan d'eau)

| Nature : 🌿🌿 |
| Loisirs : 🎮 🏋 ⛵ |
| Services : 🚿 ⊶ GB 🅰 🍴 laverie |
| À prox. : 🍴 snack pizzeria 🚣 🏋 🚴 🅹 ⛵ espace aquatique |

| Longitude : 2.04942 |
| Latitude : 44.61189 |

FLAGNAC

12300 – **338** F3 – 929 h. – alt. 220
Paris 603 – Conques 19 – Decazeville 5 – Figeac 25 – Maurs 17.

⚠ **Le Port de Lacombe** de déb. avr. à fin sept.
🅟 05 65 64 10 08,
accueil@campingleportdelacombe.com,
Fax 05 65 64 11 47, *www.campingleportdelacombe.com*
4 ha (97 empl.) plat, herbeux
Tarif : 23,90 € ✶✶ ⇆ 🅔 🅗 (6A) – pers. suppl. 5 € – frais
de réservation 20 €

Location : 10 🛏 (4 à 6 pers.) 220 à 595 €/sem. – 4
bungalows toilés – frais de réservation 20 €
🚐 borne flot bleu 5 €
Pour s'y rendre : 1 km au nord par D 963 et chemin à
gauche, près d'un plan d'eau et du Lot (accès direct)

Nature : 🦆 🚏 ♨	
Loisirs : ☂ snack 🎱 🛶 🚲 🏊 ⛱ 🎣	
Services : ♿ ⛽ GB ⚕ ☂ laverie	
À prox. : 🎯 🐴 canoë, pédalos	

Longitude : 2.29566
Latitude : 44.58138

Si vous recherchez :
👪 *Un terrain offrant des équipements et des loisirs adaptés aux enfants*
🦆 *Un terrain agréable ou très tranquille*
L-M *Un terrain effectuant la location de caravanes, de mobile homes,*
 de bungalows ou de chalets
P *Un terrain ouvert toute l'année*
🚐 *Un terrain possédant une aire de services pour camping-cars*
Consultez le tableau des localités

GARIN

31110 – **343** B8 – 133 h. – alt. 1 100
Paris 827 – Toulouse 153 – Tarbes 85 – Lourdes 84 – Saint 53.

⚠ **Les Frênes** (location exclusive de chalets) Permanent
🅟 05 61 79 88 44, *vero.comet@wanadoo.fr,*
Fax 05 61 79 88 44, *www.chalets-luchon-peyragudes.com*
– empl. traditionnels également disponibles
0,8 ha en terrasses, peu incliné, herbeux, pierreux

Location 🅟 : 9 🏠 (4 à 6 pers.) nuitée 66 € - 185 à
522 €/sem.
Pour s'y rendre : à l'est du bourg par D 618, rte de
Bagnères-de-Luchon et à gauche, D 76e vers rte de Billière
À savoir : location à la nuitée hors vacances scolaires

Nature : 🦆 ≼ ♀	
Loisirs : 🎱	
Services : ⛽ ☂ ▥ laverie	
À prox. : 🏊 ✗	

Longitude : 0.51605
Latitude : 42.8089

GAVARNIE

65120 – **342** L8 – G. Midi Toulousain – 155 h. – alt. 1 350 – Sports d'hiver : 1 350/2 400 m ⚡ 11 ⚡
🅱 *Office de tourisme, le village* 🅟 *05 62 92 48 05, Fax 05 62 92 42 47*
Paris 901 – Lourdes 52 – Luz-St-Sauveur 20 – Pau 96 – Tarbes 71.

⚠ **Le Pain de Sucre** fermé de fin sept. à mi-déc.
🅟 05 62 92 47 55, *camping-gavarnie@wanadoo.fr,*
Fax 05 62 92 47 55,
www.camping-gavarnie.com – alt. 1 273
1,5 ha (50 empl.) non clos, plat, herbeux
Tarif : (Prix 2009) ✶ 4 € ⇆ 🅔 4,20 € – 🅗 (10A) 6,25 € –
frais de réservation 7 €

Location (Prix 2009) 🦆 : 3 🛏 (4 à 6 pers.) nuitée
35 € - 210 à 360 €/sem. – 3 🏠 (4 à 6 pers.) nuitée 40 €
- 250 à 500 €/sem.
Pour s'y rendre : quartier Couret (3 km au nord par D 921,
rte de Luz-St-Sauveur, au bord du Gave de Gavarnie)

Nature : ❄ ≼	
Loisirs : ☂ snack 🎣	
Services : ⛽ GB ⚕ ☂ ▥ laverie	

Longitude : 0.00195
Latitude : 42.76031

GIRAC

46130 – **337** G2 – 405 h. – alt. 123
Paris 522 – Beaulieu-sur-Dordogne 11 – Brive-la-Gaillarde 42 – Gramat 27 – St-Céré 10 – Souillac 36.

Les Chalets sur la Dordogne de déb. mai à fin sept.
℮ 05 65 10 93 33, *camping-leschalets@wanadoo.fr*, *www.camping-leschalets.fr*
2 ha (39 empl.) non clos, plat, herbeux, sablonneux
Tarif : (Prix 2009) ♠ 4,90€ ⟺ 国 5€ – (*) (10A) 2,80€ – frais de réservation 10€

Location (Prix 2009) (permanent) : 5 (4 à 6 pers.) nuitée 50€ - 150 à 535€/sem. – 3 (4 à 6 pers.) nuitée 50€ - 150 à 555€/sem. – frais de réservation 10€
Pour s'y rendre : au Port (1 km au nord-ouest par D 703, rte de Vayrac et chemin à gauche, au bord de la Dordogne)

Nature : 🌳 ⌂ 🏞
Loisirs : 🍴 grill 🏊 ⚓ canoë
Services : ♿ ⌂ (juin-août) GB 🐾 ⚐ laverie 🛒
À prox. : ⛰

Longitude : 1.80932
Latitude : 44.91551

Verwar niet :
🔺... tot ... 🔺🔺🔺 : *MICHELIN indeling*
en
★ ... tot ... ★★★★ : *officiële classificatie*

GONDRIN

32330 – **336** D6 – 1 112 h. – alt. 174
🛈 *Office de tourisme, 18, place de la Liberté* ℮ 05 62 29 15 89, *Fax 05.62 29.15.55*
Paris 745 – Agen 58 – Auch 42 – Condom 17 – Mont-de-Marsan 64 – Nérac 38.

Le Pardaillan ♠♠ – de déb. avr. à mi-oct.
℮ 05 62 29 16 69, *Camplepardaillan@wanadoo.fr*, Fax 05 62 29 11 82, *www.camping-le-pardaillan.com*
2,5 ha (100 empl.) en terrasses, plat, herbeux, gravillons
Tarif : (Prix 2009) 22€ ♠♠ ⟺ 国 (*) (10A) – pers. suppl. 5,70€

Location (Prix 2009) (permanent) : 23 (4 à 6 pers.) nuitée 42€ - 245 à 545€/sem. – 25 (4 à 6 pers.) nuitée 60€ - 245 à 790€/sem. – bungalows toilés – frais de réservation 30€
🚐 borne artisanale 3,50€ – 3 国 11,50€ – 🔋 11€
Pour s'y rendre : 27 r. Pardaillan (à l'est du bourg)

Nature : 🐾 🌳 ⌂
Loisirs : 🍴 pizzeria 🎦 🏓 jacuzzi 🏊 ⚓ (petite piscine) ≅ (plan d'eau)
Services : ♿ ⌂ GB 🐾 ⚒ 🛒 ⚐ ⚐ 📷 🛒
À prox. : ✂ ⚔

Longitude : 0.23566
Latitude : 43.88296

GOURDON

46300 – **337** E3 – G. Périgord Quercy – 4 669 h. – alt. 250
🛈 *Office de tourisme, 24, rue du Majou* ℮ 05 65 27 52 50, *Fax 05 65 27 52 52*
Paris 543 – Bergerac 91 – Brive-la-Gaillarde 66 – Cahors 44 – Figeac 63 – Périgueux 94 – Sarlat-la-Canéda 26.

Aire Naturelle le Paradis de déb. mai à mi-sept.
℮ 05 65 41 65 01, *contact@campingleparadis.com*, Fax 05 65 41 65 01, *www.campingleparadis.com*
1 ha (25 empl.) non clos, en terrasses, plat, herbeux
Tarif : 15€ ♠♠ ⟺ 国 (*) (6A) – pers. suppl. 4,75€

Location (de déb. avr. à mi-sept.) : 2 (2 à 4 pers.) 250€/sem. – 5 (4 à 6 pers.) 220 à 400€/sem. – 1 (4 à 6 pers.) - 220 à 400€/sem. – 3 chambres d'hôtes
🚐 4 国 15€ – 🔋 (*) 15€
Pour s'y rendre : au lieu-dit : La Peyrugue (2 km au sud-ouest par D 673, rte de Fumel et chemin à gauche, près du parking Intermarché)

Nature : 🐾 ⌂
Loisirs : 🏊
Services : ♿ ⚓ 🐾 📷
À prox. : 🛒

Longitude : 1.37289
Latitude : 44.72326

GRAND-VABRE

12320 – **338** G3 – 416 h. – alt. 213
Paris 615 – Aurillac 47 – Decazeville 18 – Espalion 50 – Figeac 37 – Rodez 41.

▲▲ **Village Vacances Grand-Vabre Aventures et Nature** (location exclusive de chalets)
℘ 05 65 72 85 67, *contact@grand-vabre.com*,
Fax 05 65 72 85 67, *www.grand-vabre.com*
1,5 ha plat, herbeux

Location &. : 20 🏠 (4 à 6 pers.) nuitée 85 € - 250 à 650 €/sem.
Pour s'y rendre : au lieu-dit : Les Passes (1 km au sud-est par D 901, rte de Conques, au bord de Dourdou)

| Nature : 🌳🌳 |
| Loisirs : 🏠 🏊 ⛵ 🚲 🎣 |
| Services : 🚿 🥗 📷 ☎ laverie |
| À prox. : 🍴 🐎 |

Longitude : 2.36176
Latitude : 44.62204

HÈCHES

65250 – **342** O6 – 615 h. – alt. 690
Paris 805 – Arreau 14 – Bagnères-de-Bigorre 35 – Bagnères-de-Luchon 47 – Lannemezan 14 – Tarbes 49.

▲▲ **La Bourie** Permanent
℘ 05 62 98 73 19, *labourie65@aol.com*, Fax 05 62 98 73 44,
www.camping-labourie.com
2 ha (120 empl.) plat, peu incliné, terrasse, herbeux
Tarif : (Prix 2009) 10,10 € 🏕🏕 ⛐ 🔲 🗇 (10A) – pers. suppl. 3,20 €
Location (Prix 2009) : 15 🛏 (4 à 6 pers.) 200 à 387 €/sem.
🚐 borne artisanale
Pour s'y rendre : 2 km au sud par D 929, rte d'Arreau et à Rebouc D 26 à gauche, au bord de la Neste d'Aure

| Nature : ≤ 🌳🌳 |
| Loisirs : snack 🏠 🏊 🎣 |
| Services : & ☛ 📷 📷 |

Longitude : 0.37235
Latitude : 43.01902

Do not confuse :
▲... to ... ▲▲▲▲ : *MICHELIN classification*
and
★ ... to ... ★★★★ : *official classification*

463

L'HERM

09000 – **343** I7 – 176 h. – alt. 502
Paris 770 – Toulouse 93 – Carcassonne 81 – Castres 109 – Colomiers 105.

▲ **La Clairière** de déb. juil. à fin août
℘ 05 61 01 65 12, *camping.laclairiere@aliceadsl.fr*,
Fax 05 61 02 84 57, *www.camping-laclairiere.com*
1 ha (15 empl.) plat, herbeux, bois attenant
Tarif : 10,10 € 🏕🏕 ⛐ 🔲 🗇 (5A) – pers. suppl. 3,80 €
Pour s'y rendre : au lieu-dit : Monlaur

| Nature : 🍃 🌳🌳 |
| Services : ☛ 🥗 |

Longitude : 1.66006
Latitude : 42.97938

L'HOSPITALET-PRÈS-L'ANDORRE

09390 – **343** I9 – 107 h. – alt. 1 446
Tunnel de Puymorens : péage en 2009, aller simple : autos 5,90, autos et caravanes 12, P. L. 19.40 à 31.60, deux-roues 3,60. Tarifs spéciaux A.R. : renseignements ℘ 04 68 04 97 20
Paris 822 – Andorra-la-Vella 40 – Ax-les-Thermes 19 – Bourg-Madame 26 – Foix 62 – Font-Romeu-Odeillo-Via 37.

▲ **Municipal** de déb. juin à fin sept.
℘ 05 61 05 21 10, *info@camping-hospitalet.com*,
Fax 05 61 05 23 08, *www.camping-hospitalet.com* –
alt. 1 500
1,5 ha (62 empl.) plat, herbeux, terrasse, gravillons
Tarif : 🏕 3,10 € ⛐ 🔲 3,60 € – 🗇 (5A) 3,60 €
Pour s'y rendre : 600 m au nord par N 20, rte d'Ax-les-Thermes et rte à dr.

| Nature : ≤ 🌳 |
| Loisirs : 🍴 |
| Services : & ☛ (juil.-août) 🥗 📷 🏠 🚿 ☎ 📷 |
| À prox. : 🎣 |

Longitude : 1.77823
Latitude : 42.59111

LACAM-D'OURCET

46190 – **337** I2 – 127 h. – alt. 520
Paris 544 – Aurillac 51 – Cahors 92 – Figeac 38 – Lacapelle-Marival 27 – St-Céré 13 – Sousceyrac 6.

▲ **Les Teuillères** de déb. juin à mi-sept.
℘ 0565119055, *info@lesteuilleres.com*,
www.lesteuilleres.com
3 ha (30 empl.) plat, peu incliné, herbeux
Tarif : ⚑ 4,75 € ⇔ 🅴 4,75 € – (ᵷ) (6A) 2,95 €
Location (permanent) : 2 🛏 – 2 gîtes
Pour s'y rendre : 4,8 km au sud-est par D 25, rte de
Sousceyrac et rte de Sénaillac-Latronquière, vers le lac de
Tolerme

Nature : 🌿 ⩹ 🏕 🌳
Loisirs : 🏖
Services : 🐕 ⚡ 🖥

Longitude : 2.04086
Latitude : 44.8342

The Guide changes, so renew your Guide every year.

LACAPELLE-MARIVAL

46120 – **337** H3 – G. Périgord Quercy – 1 320 h. – alt. 375
🅱 *Office de tourisme, place de la Halle* ℘ 0565408111, *Fax 0565408111*
Paris 555 – Aurillac 66 – Cahors 64 – Figeac 21 – Gramat 22 – Rocamadour 32 – Tulle 75.

▲ **Municipal Bois de Sophie** de mi-avr. à fin sept.
℘ 0565408259, *camping-boisdesophie@hotmail.fr*,
http://lacapelle-marival.site.voila.fr
1 ha (66 empl.) peu incliné, plat, herbeux
Tarif : (Prix 2009) ⚑ 2,40 € ⇔ 🅴 3,40 € – (ᵷ) (10A) 2,90 €
Location (Prix 2009) : 5 bungalows toilés – frais de
réservation 35 €
Pour s'y rendre : rte d'Aynac (1 km au nord-ouest par
D 940, rte de St-Céré)

Nature : 🔆
Loisirs : 🎪
Services : 🐕 ⚡ 🚿 ⛲
À prox. : ✖ 🛶

Longitude : 1.9255
Latitude : 44.72803

LACAVE

464

46200 – **337** F2 – G. Périgord Quercy – 290 h. – alt. 130
Paris 528 – Brive-la-Gaillarde 51 – Cahors 58 – Gourdon 26 – Rocamadour 11 – Sarlat-la-Canéda 41.

▲ **La Rivière** de déb. avr. à fin sept.
℘ 0565370204, *camping.la.riviere@wanadoo.fr*,
Fax 0565370204, *www.campinglariviere.com*
2,5 ha (110 empl.) plat, herbeux, pierreux
Tarif : (Prix 2009) ⚑ 5 € ⇔ 🅴 5,30 € – (ᵷ) (10A) 4 € – frais
de réservation 9,10 €
Location (Prix 2009) 🛖 : 4 🚐 (2 à 4 pers.) nuitée
35 € - 298 €/sem. – 11 🚐 (4 à 6 pers.) nuitée 40 € -
200 à 570 €/sem. – frais de réservation 9,10 €
🚰 borne artisanale – 🛢 11 €
Pour s'y rendre : au lieu-dit : Le Bougayrou (2,5 km
au nord-est par D 23, rte de Martel et chemin à gauche,
au bord de la Dordogne)

Nature : 🌿 🔆⩎
Loisirs : 🍽 snack 🏖 🗻 🛶 🎣
canoë
Services : 🐕 ⚡ GB 🚿 ⛲ 🍴
laverie 🏪

Longitude : 1.56724
Latitude : 44.85988

LAFRANÇAISE

82130 – **337** D7 – G. Midi Toulousain – 2 799 h. – alt. 183 – Base de loisirs
🅱 *Syndicat d'initiative, place de la République* ℘ 0563659110, *Fax 05.63.65.94.65*
Paris 621 – Castelsarrasin 17 – Caussade 41 – Lauzerte 23 – Montauban 17.

▲ **Le Lac** de mi-juin à mi-sept.
℘ 0563658969, *theolor@orange.fr*, Fax 0563659465,
www.campings82.fr
0,9 ha (34 empl.) peu incliné, pierreux, bois attenant
Tarif : 21 € ⚑⚑ ⇔ 🅴 (ᵷ) (13A) – pers. suppl. 7 €
Location : 19 🚐 (4 à 6 pers.) 405 €/sem. – 1 🏠 (4 à
6 pers.) 495 €/sem.
🚰 borne raclet 8 € – 4 🅴 21 €
Pour s'y rendre : r. Jean Moulin (sortie sud-est par D 40,
rte de Montastruc et à gauche, à 250 m d'un plan d'eau
(accès direct))

Nature : 🌿 🏕 🎆
Loisirs : 🚴
Services : ⚡ 🚿 🍴 🖥
À prox. : snack 🏖 ✖ 🛶 ⛷ 🎣
canoë, pédalos, skate-parc

Longitude : 1.24685
Latitude : 44.12445

LAGUIOLE

12210 – **338** J2 – G. Midi Toulousain – 1 260 h. – alt. 1 004 – Sports d'hiver : 1 100/1 400 m ⚡12 ⚡
🛈 *Office de tourisme, Place du Foirial* ☎ *0565443594, Fax 0565443576*
Paris 571 – Aurillac 79 – Espalion 22 – Mende 83 – Rodez 52 – St-Flour 59.

⚠ **Municipal les Monts d'Aubrac** de mi-mai à mi-sept.
☎ 0565443972, *ot-laguiole@wanadoo.fr*,
Fax 0565512631, *www.laguiole-aubrac.com* – alt. 1 050
1,2 ha (57 empl.) plat, peu incliné, herbeux
Tarif : 9,50€ ★★ 🚗 🔲 (10A) – pers. suppl. 2,50€
🚐 1 borne artisanale
Pour s'y rendre : sortie sud par D 921, rte de Rodez puis 600 m par rte à gauche, au stade

| Nature : 🏞 ≤ 🌿 |
| Services : ⚐ GB ⚙ 🔲 ⚐ 🏠 |
| À prox. : ⚽ terrain multisports |

| Longitude : 2.84724 |
| Latitude : 44.68434 |

Deze gids is geen overzicht van alle kampeerterreinen maar een selektie van de beste terreinen in iedere categorie.

LAMONTÉLARIÉ

81260 – **338** H9 – 60 h. – alt. 847
Paris 736 – Toulouse 116 – Albi 83 – Castres 44 – Mazamet 37.

⚠ **Rouquié** de fin mai à déb. sept.
☎ 0563709806, *contact@camping.rouquie.fr*,
Fax 0563504958, *www.campingrouquie.fr*
3 ha (76 empl.) en terrasses, herbeux
Tarif : (Prix 2009) ★ 3,90€ 🚗 3€ 🔲 3,50€ – (6A) 4€ –
frais de réservation 15€

Location (Prix 2009) (de fin avr. à fin oct.) ✂ : 6 🛖
(4 à 6 pers.) nuitée 50€ - 250 à 463€/sem. – 4 🏠
(4 à 6 pers.) nuitée 56€ - 280 à 569€/sem. – frais de réservation 15€
Pour s'y rendre : au Lac de la Raviège

| Nature : 🏞 ≤ 🌿 |
| Loisirs : 🍽 snack 🎣 🎠 🎿 |
| pédalos, canoë |
| Services : ⚐ ⚐ GB ⚙ 🏠 ⚐ |
| 🔲 🚿 |

| Longitude : 2.60838 |
| Latitude : 43.59167 |

465

LAU-BALAGNAS

65400 – **342** L5 – 489 h. – alt. 430
Paris 864 – Toulouse 188 – Tarbes 36 – Pau 70 – Lourdes 15.

⚠ **Le Lavedan** Permanent
☎ 0562971884, *michel.dubie@wanadoo.fr*,
Fax 0562972068, *www.lavedan.com*
2 ha (137 empl.) plat, herbeux
Tarif : 35€ ★★ 🚗 🔲 (6A) – pers. suppl. 8€ – frais de réservation 23€

Location : 10 🛖 (4 à 6 pers.) 300 à 650€/sem. – 🏠
– 2 bungalows toilés – frais de réservation 23€
Pour s'y rendre : 44 rte des Vallées (1 km au sud-est)

| Nature : 🌿🌿 |
| Loisirs : 🍽 🎮 🎣 🏊 (décou- |
| verte en saison) |
| Services : ⚐ ⚐ GB ⚙ 🔲 ⚐ ⚐ |
| 🚐 🍽 laverie 🧺 |
| À prox. : point d'informations |
| touristiques |

| Longitude : -0.08979 |
| Latitude : 42.99064 |

⚠ **Les Frênes** fermé mi-oct. à mi-déc.
☎ 0562972512, Fax 0562970141
3 ha (165 empl.) en terrasses, plat, herbeux
Tarif : (Prix 2009) ★ 4,70€ 🚗 🔲 5€ – (10A) 1,10€
Location (Prix 2009) : 6 🛖 (4 à 6 pers.) 300 à 460€/sem.
Pour s'y rendre : 46 rte des Vallées (1,2 km au sud-est)

| Nature : ≤ 🌿🌿 |
| Loisirs : 🎮 🏊 |
| Services : ⚐ ⚐ ⚙ 🔲 ⚐ 🚐 🏠 |

| Longitude : -0.08875 |
| Latitude : 42.98803 |

⚠ **La Prairie**
☎ 0562971187, Fax 0562971187
1 ha (60 empl.) plat, herbeux
🚐 1 borne artisanale
Pour s'y rendre : 6 r. du Sailhet

| Nature : ≤ montagnes 🌿 |
| Services : ⚐ ⚐ 🏠 |

| Longitude : -0.09141 |
| Latitude : 42.99774 |

LAVIT-DE-LOMAGNE

82120 – **337** B8 – 1 538 h. – alt. 217

🖪 *Office de tourisme, 2, boulevard des Amoureux* ☎ *05 63 94 03 43, Fax 05 63 94 03 43*

Paris 668 – Agen 49 – Beaumont-de-Lomagne 12 – Castelsarrasin 23 – Lectoure 31 – Montauban 41.

🔺 **Municipal de Bertranon** de mi-juin à fin sept.
☎ 05 63 94 05 54, *mairie-lavit.de lomagne@info82.com*,
Fax 05 63 94 11 10
0,5 ha (33 empl.) peu incliné, herbeux
Tarif : (Prix 2009) 🛉 2,50 € ⇌ 🔲 3 € – ⁅⁆ (6A) 2,30 €

Location (Prix 2009) (permanent) : 3 ⌷ (4 à 6 pers.)
nuitée 40 € - 150 à 230 €/sem.
🖳 borne autre
Pour s'y rendre : rte d'Asques (au nord-est du bourg,
près du stade et de deux plans d'eau)

Nature : ᗒ ⊏ 00	
Loisirs : ⚓ ⬞ parcours sportif	
Services : ♿	

Longitude : 0.92742
Latitude : 43.9684

To select the best route and follow it with ease,
To calculate distances,
To position a site precisely from details given in the text :
Get the appropriate MICHELIN regional map.

LECTOURE

32700 – **336** F6 – G. Midi Toulousain – 3 797 h. – alt. 155 – Base de loisirs

🖪 *Syndicat d'initiative, place du Général-de-Gaulle* ☎ *05 62 68 76 98, Fax 05 62 68 79 30*

Paris 708 – Agen 39 – Auch 35 – Condom 26 – Montauban 84 – Toulouse 114.

🔺 **Yelloh! Village Le Lac des 3 Vallées** 👥 – de
déb. juin à mi-sept.
☎ 05 62 68 82 33, *contact@lacdes3vallees.fr*,
Fax 05 62 68 88 82, *www.lacdes3vallees.fr*
40 ha (500 empl.) en terrasses, peu incliné, plat, herbeux,
étangs, bois attenant
Tarif : 43 € 🛉🛉 ⇌ 🔲 ⁅⁆ (10A) – pers. suppl. 8 € – frais
de réservation 30 €

Location : 244 ⌷ (4 à 6 pers.) 315 à 1 015 €/sem. –
studios - bungalows toilés
🖳 borne flot bleu – 10 🔲 22 €
Pour s'y rendre : 2,4 km au sud-est par N 21, rte d'Auch,
puis 2,3 km par rte à gauche, au parc de loisirs, au bord
du lac

Nature : ᗒ ⊰ ⊏ 00	
Loisirs : 🍷 ✕ snack 🍴 ☺ 🎯	
🛝 ⛵ jacuzzi spa ⚓ ⬞ ⚙ 🛝	
🏊 ⚖ (plage) ⛸ ⬞ cinéma de	
plein air	
Services : ♿ ☛ GB ⬞ ⬞ ⬞	
⬞ 🔲 ⬞ ⬞	

Longitude : 0.61981
Latitude : 43.934

LELIN-LAPUJOLLE

32400 – **336** B7 – 213 h. – alt. 107

Paris 731 – Agen 101 – Auch 42 – Mont-de-Marsan 41 – Pau 60 – Tarbes 67.

🔺 **Lahount** Permanent
☎ 05 62 69 64 09, *camping.de.lahount@orange.fr*,
http://perso.orange.fr/camping.de.lahount/
10 ha/3 campables (86 empl.) en terrasses, herbeux,
étang, bois attenant
Tarif : 17 € 🛉🛉 ⇌ 🔲 ⁅⁆ (10A) – pers. suppl. 4 € – frais
de réservation 20 €

Location : 4 ⌷ (2 à 4 pers.) 230 €/sem. – 20 ⌷ (4
à 6 pers.) 230 à 430 €/sem. – 4 ⌂ (4 à 6 pers.) - 300 à
630 €/sem. – frais de réservation 20 €
🖳 borne artisanale 5 € – 5 🔲 – ⬞ ⁅⁆ 11 €
Pour s'y rendre : au Hameau de Lahount (2,2 km au sud
par D 169, rte de St-Germé et rte à gauche)

Nature : ᗒ ⊰ ⊏	
Loisirs : snack 🍴 🏊 poneys	
Services : ♿ ☛ GB ⬞ ⛸ ⬞	
🔲 ⬞	

Longitude : -0.14712
Latitude : 43.70601

LOUDENVIELLE

65510 – **342** 08 – 279 h. – alt. 987 – Base de loisirs
🛈 *Office de tourisme, 13, place des Badalans* 🖉 *05 62 99 95 35, Fax 05.62.99.95.95*
Paris 833 – Arreau 15 – Bagnères-de-Luchon 27 – La Mongie 54 – Taches 77.

⚠ **Pène Blanche** fermé de fin oct. à déb. déc.
🖉 05 62 99 68 85, *info@peneblanche.com*,
Fax 05 62 99 98 20, *www.peneblanche.com*
4 ha (120 empl.) en terrasses, peu incliné, herbeux
Tarif : 23,70€ ✶✶ 🚐 🗉 (10A) – pers. suppl. 5,50€

Location : 17 🚐 (4 à 6 pers.) 285 à 609€/sem.
Pour s'y rendre : sortie nord-ouest par D 25, rte de Génos, près de la Neste de Louron et à prox. d'un plan d'eau

Nature : 🏞 ⬍ 🌳
Loisirs :
Services : ⊙🗜 (juil.-août) GB 🛒 🏛 laverie
À prox. : 🍸 cafétéria hammam jacuzzi 🏌 ⚽ 🎿 🏹 🐎 poneys centre de remise en forme, balnéo, parapente, planche à voile, canoë et pédalos

Longitude : 0.40722
Latitude : 42.79611

LOUPIAC

46350 – **337** E3 – 263 h. – alt. 230
Paris 527 – Brive-la-Gaillarde 51 – Cahors 51 – Gourdon 16 – Rocamadour 26 – Sarlat-la-Canéda 30.

⚠ **Les Hirondelles** 👥 – de mi-avr. à mi-sept.
🖉 05 65 37 66 25, *camp.les-hirondelles@orange.fr*,
Fax 05 65 37 66 65, *www.les-hirondelles.com*
2,5 ha (70 empl.) peu incliné, plat, herbeux, pierreux
Tarif : (Prix 2009) 17,90€ ✶✶ 🚐 🗉 (6A) – pers. suppl. 4,90€

Location (Prix 2009) 🛴 🏄 : 7 🚐 (2 à 4 pers.) 172 à 413€/sem. – 17 🚐 (4 à 6 pers.) 245 à 590€/sem. – 4 🏠 (4 à 6 pers.) - 230 à 490€/sem. – frais de réservation 15€
Pour s'y rendre : au lieu-dit : Al Pech (3 km au nord par rte de Souillac et chemin à gauche, à 200 m de la N 20)

Nature : 🌳
Loisirs : 🍸 ✗ pizzeria 🎬 🏃 🏌 🎿
Services : 🅰 🔒 GB 🛒 ♨ laverie ⚗ 🍴
À prox. : 🐎

Longitude : 1.46122
Latitude : 44.81802

En juillet et août, beaucoup de terrains sont saturés et leurs emplacements retenus longtemps à l'avance. N'attendez pas le dernier moment pour réserver.

LOURDES

65100 – **342** L6 – G. Midi Toulousain – 15 265 h. – alt. 420
🛈 *Office de tourisme, place Peyramale* 🖉 *05 62 42 77 40, Fax 05 62 94 60 95*
Paris 850 – Bayonne 147 – Pau 45 – St-Gaudens 86 – Tarbes 19.

⚠ **Le Moulin du Monge** de déb. avr. à déb. oct.
🖉 05 62 94 28 15, *camping.moulin.monge@wanadoo.fr*,
Fax 05 62 42 20 54, *www.camping-lourdes.com*
1 ha (67 empl.) plat, peu incliné, terrasse, herbeux
Tarif : 19,30€ ✶✶ 🚐 🗉 (6A) – pers. suppl. 5,10€

Location : 10 🚐 (4 à 6 pers.) nuitée 50€ - 427 à 588€/sem. – 1 🏠 (4 à 6 pers.) - 483 à 588€/sem. – appartements
🚐 borne artisanale 4€ – 5 🗉 15,30€
Pour s'y rendre : 28 av. Jean Moulin (1,3 km au nord)

Nature : 🌳🌳
Loisirs : 🎬 ⛳ 🏌 🎿
Services : 🅰 🔒 GB 🛒 🏛 ⚙ laverie ⚗

Longitude : -0.03148
Latitude : 43.11575

⚠ **Plein Soleil** de déb. avr. à mi-oct.
🖉 05 62 94 40 93, *camping.plein.soleil@wanadoo.fr*,
Fax 05 62 94 51 20, *www.camping-pleinsoleil.com*
0,5 ha (35 empl.) en terrasses, plat, gravillons, herbeux
Tarif : 19,30€ ✶✶ 🚐 🗉 (13A) – pers. suppl. 5,15€

Location 🏄 : 7 🏠 (4 à 6 pers.) nuitée 50€ - 280 à 540€/sem.
🚐 borne artisanale 5€ – 7 🗉 19,30€
Pour s'y rendre : 11 av. du Monge (1 km au nord)

Nature : 🌳🌳
Loisirs : 🎬 🎿
Services : 🔒 🛒 🏛 ⚙ ⚗ 🚮 ⚙ laverie
À prox. : 🛒

Longitude : -0.03646
Latitude : 43.11438

⚠ **Sarsan** de mi-avr. à déb. oct.
℘ 05 62 94 43 09, *camping.sarsan@wanadoo.fr*,
Fax 05 62 94 43 09, *www.lourdes-camping.com*
1,8 ha (66 empl.) plat, peu incliné, herbeux
Tarif : 17,20 € ✚✚ ⊟ 🅙 (10A) – pers. suppl. 4 €
Location (de déb. avr. à fin oct.) : 6 ⛺ (4 à 6 pers.)
250 à 490 €/sem.
🚐 1 borne artisanale 3 € – 🛥 12.60 €
Pour s'y rendre : 4 av. Jean Moulin (1,5 km à l'est par
déviation)

Nature : 🔆🔆	
Loisirs : 🏛 🛝 🗔 (découverte en saison)	
Services : ♿ ⚲ ⚒ 🚻 🔋	

Longitude : -0.02851
Latitude : 43.10921

⚠ **Le Ruisseau Blanc** de mi-mai à mi-oct.
℘ 05 62 42 94 83
1,8 ha (110 empl.) plat, herbeux
Tarif : ✚ 2,70 € ⚗ ⊟ (6A) 3,80 €
Location : 4 ⛺ (4 à 6 pers.) 315 à 385 €/sem.
🚐 1 borne 3 € – 12 ⊟ 8,20 €
Pour s'y rendre : à Anclades (1,5 km à l'est par D 97, rte
de Jarret, pour caravanes, accès conseillé par la D 937 en
dir. de Bagnères-de-Bigorre)

Nature : 🌿 ⟨ 🔆🔆	
Loisirs : 🏛 🛝	
Services : ⚲ ⚒ 🔋	

Longitude : -0.02313
Latitude : 43.09363

LUZENAC

09250 – **343** I8 – G. Midi Toulousain – 638 h. – alt. 608
Paris 795 – Andorra-la-Vella 68 – Foix 35 – Quillan 64.

⚠ **Municipal le Castella** Permanent
℘ 05 61 64 47 53, *campinglecastella@orange.fr*,
Fax 05 61 64 40 59, *www.camping.lecastella.com* – places
limitées pour le passage
3 ha (150 empl.) en terrasses, plat, peu incliné, herbeux,
rochers
Tarif : (Prix 2009) 18,80 € ✚✚ ⚗ ⊟ 🅙 (10A) – pers.
suppl. 4,40 €
Location (Prix 2009) (fermé fin déc à déb. janv.) : 9
🏠 (4 à 6 pers.) nuitée 69 € - 217 à 503 €/sem.
Pour s'y rendre : 4 rte du Castella (par RN 20 dir. Ax-les-
Thermes, au bourg, chemin à dr.)

Nature : 🔆🔆	
Loisirs : 🏛 🛝 🏊 🐬	
Services : ♿ ⚲ ⚒ 🖩 🍴 🛒 laverie	
À prox. : parcours de santé	

Longitude : 1.76414
Latitude : 42.7596

468

Ihre Meinung über die von uns empfohlenen Campingplätze interessiert uns.
Teilen Sie uns Ihre Erfahrungen mit und schreiben Sie uns auch,
wenn Sie eine gute Entdeckung gemacht haben.

LUZ-ST-SAUVEUR

65120 – **342** L7 – G. Midi Toulousain – 1 070 h. – alt. 710 – ⚓ (début mai-fin oct.) – Sports d'hiver :
1 800/2 450 m ⚡ 14 ⚡
🛈 *Office de tourisme, 20, place du 8 mai* ℘ 05 62 92 30 30, Fax 05 62 92 87 19
Paris 882 – Argelès-Gazost 19 – Cauterets 24 – Lourdes 32 – Pau 77 – Tarbes 51.

⚠ **Airotel Pyrénées** fermé de fin sept. à déb. déc.
℘ 05 62 92 89 18, *airotel.pyrenees@wanadoo.fr*,
Fax 05 62 92 96 50, *www.airotel-pyrenees.com*
2,5 ha (165 empl.) peu incliné et incliné, plat et en
terrasses, herbeux
Tarif : 32,50 € ✚✚ ⚗ ⊟ 🅙 (10A) – pers. suppl. 7 € –
frais de réservation 25 €
Location 🏊 : 46 ⛺ (4 à 6 pers.) 250 à 750 €/sem. –
frais de réservation 25 €
🚐 1 borne artisanale 5 €
Pour s'y rendre : 46 av. du Barège (1 km au nord-ouest
par D 921, rte de Lourdes)

Nature : ❄ ⟨ 🗔 ☘	
Loisirs : 🏛 🛁 hammam jacuzzi espace balnéo 🛝 🗔 🏊 🧗 mur d'escalade	
Services : ♿ ⚲ 🅖🅑 ⚒ 🖩 🛍 🚻 laverie ⚖ 🛒	

Longitude : -0.01152
Latitude : 42.88014

International de mi-mai à fin sept.
  ✆ 05 62 92 82 02, *camping.international.luz@wanadoo.fr*,
Fax 05 62 92 96 87, *www.international-camping.fr*
4 ha (133 empl.) en terrasses, peu incliné, plat, herbeux
Tarif : 28 € ♟♟ ⇔ ▣ [₺] (6A) – pers. suppl. 6 € – frais de
réservation 16 €

  Location (de déb. juin à fin sept.) ✄ : 8 ▭ (4 à 6
pers.) 200 à 660 €/sem. – frais de réservation 16 €
  ⛽ borne artisanale 8 €
  Pour s'y rendre : 50 av. du Barège (1,3 km au nord-ouest
par D 921, rte de Lourdes)

Nature : ❄ ≤ ♉♉
Loisirs : ☂ snack ▭ jacuzzi ⛵
🏊 ⅄
Services : ♿ ⛽ GB ⚗ ▥ ♨ ♒
♒ ⅏ laverie ▨ ⅌

Longitude : -0.01388
Latitude : 42.88322

Pyrénévasion fermé de mi-oct. à mi-nov.
  ✆ 05 62 92 91 54, *camping-pyrenevasion@wanadoo.fr*,
Fax 05 62 92 98 34, *www.campingpyrenevasion.com* –
alt. 834
3,5 ha (100 empl.) en terrasses, peu incliné, herbeux,
gravier
Tarif : 20,50 € ♟♟ ⇔ ▣ [₺] (10A) – pers. suppl. 5,50 €

  Location : 4 ▭ (4 à 6 pers.) nuitée 40 € - 270 à 600 €/
sem. – 4 ⌂ (4 à 6 pers.) nuitée 45 € - 270 à 620 €/
sem.
  ⛽ 1 borne artisanale 6 € – ⛟ [₺] 11 €
  Pour s'y rendre : rte de Luz-Ardiden (3,4 km au nord-
ouest par D 921, rte de Gavarnie et D 12, à Sazos)

Nature : ≤
Loisirs : ☂ snack jacuzzi ⛵ ⅄
terrain omnisports
Services : ♿ ⛽ GB ⚗ ▥ ♨ ♒
⅏ laverie

Longitude : -0.00617
Latitude : 42.87155

Les Cascades fermé de fin sept. à déb. déc.
  ✆ 05 62 92 85 85, Fax 05 62 92 96 95
1,5 ha (77 empl.) peu incliné et en terrasses, herbeux,
pierreux
Tarif : (Prix 2009) 21 € ♟♟ ⇔ ▣ [₺] (4A) – pers.
suppl. 6,50 €

  Location (Prix 2009) : 20 ▭ (4 à 6 pers.) nuitée 65 €
- 427 à 550 €/sem.
  ⛽ 1 borne
  Pour s'y rendre : r. Ste-Barbe (au sud de la localité, au
bord de torrents, accès conseillé par rte de Gavarnie)

Nature : ⇲ ≤ ♉
Loisirs : ☂ ✗ ▭ ⛵ ⅄
Services : ♿ GB ⚗ ▥ ⅏ laverie
⅌
À prox. : canoë

Longitude : -0.00419
Latitude : 42.86904

469

So de Prous Permanent
  ✆ 05 62 92 82 41, *jj.poulou@wanadoo.fr*,
Fax 05 62 92 34 10, *www.sodeprous.com*
2 ha (80 empl.) plat, peu incliné, en terrasses, herbeux
Tarif : (Prix 2009) ♟ 4,10 € ⇔ ▣ 4,10 € – [₺] 5,50 €

  Location (Prix 2009) : ▭ (4 à 6 pers.) 260 à 530 €/
sem. – 🛏
  Pour s'y rendre : quartier Larise (3 km au nord-ouest par
D 921, rte de Lourdes, à 80 m du Gave de Gavarnie)

Nature : ≤ ♉
Loisirs : ☂ ▭ ⛵ ⅄ (petite
piscine)
Services : ♿ ⛽ ▥ ▨ ⅌

Longitude : -0.02054
Latitude : 42.89207

Le Bergons fermé de fin oct. à déb. déc.
  ✆ 05 62 92 90 77, *info@camping-bergons.com*,
www.camping-bergons.com
1 ha (78 empl.) plat, peu incliné et terrasses, herbeux
Tarif : 13,20 € ♟♟ ⇔ ▣ [₺] (6A) – pers. suppl. 3,35 € –
frais de réservation 10 €

  Location : 5 ▭ (4 à 6 pers.) 220 à 475 €/sem.
  Pour s'y rendre : rte de Barèges (500 m à l'est par
D 918)

Nature : ❄ ≤ ♉
Loisirs : ▭ ⛵
Services : ♿ (juil.-août) GB ⚗
▥ laverie

Longitude : 0.0045
Latitude : 42.87406

Toy fermé fin avr. et de fin sept. à déb. déc.
  ✆ 05 62 92 86 85, *campingtoy@aliceadsl.fr*
1,2 ha (83 empl.) peu incliné et en terrasses, herbeux,
pierreux
Tarif : (Prix 2009) ♟ 4 € ⇔ ▣ 4 € – [₺] (2A) 2 €
  Pour s'y rendre : 17 pl. du 8-Mai (centre bourg, au bord
du Bastan)

Nature : ⇲ ≤ ♉
Loisirs : ⌇
Services : ⛽ ▥ laverie
À prox. : 🛒 ▨ ☂ ✗ ⅄

Longitude : -0.00273
Latitude : 42.87301

*To visit a town or region : use the **MICHELIN Green Guides.***

⚠ **Le Bastan** fermé de mi-oct. à déb. déc.
    𝒫 05 62 92 94 27, *camping.bastan@wanadoo.fr*,
    Fax 05 62 92 94 27, *www.luz-camping.com*
    1 ha (70 empl.) peu incliné, plat, herbeux, pierreux
    Tarif : ★ 3,20€ ⛺ 3,30€ 🅴 3,30€ – 🔌 (6A) 4,60€
    Location 🏠 : 🏠 – 3 🏠 (4 à 6 pers.) nuitée 45€
    - 280 à 420€/sem.
    🚐 borne eurorelais 9,70€
    Pour s'y rendre : rte de Barèges, à Esterre (800 m à l'est
    par D 918, au bord du Bastan)

Nature : ❄ ≤ 🞈🞈	
Loisirs : 🎣 🏓 🏊 🎣	
Services : 🚿 🔌 🐾 🎩 🧺 laverie	
À prox. : pizzeria	

Longitude : NaN
Latitude : 42.87264

31260 – **343** D6 – 967 h. – alt. 297
Paris 753 – Aspet 19 – St-Gaudens 22 – St-Girons 22 – Ste-Croix-Volvestre 25 – Toulouse 80.

⚠ **Village Vacances de la Justale** de déb. mai à fin
    oct.
    𝒫 05 61 90 68 18,
    la.justale.villagevacances-mane@wanadoo.fr,
    Fax 05 61 90 68 18, *www.village-vacances-mane.fr*
    3 ha (23 empl.) plat, herbeux
    Tarif : (Prix 2009) ★ 2,70€ ⛺ 2,50€ – 🔌 (10A) 3,50€ –
    frais de réservation 50€

    Location (Prix 2009) (permanent) : gîtes
    🚐 borne autre
    Pour s'y rendre : 2 allée de la Justale (500 m au sud-
    ouest du bourg par r. près de la mairie, au bord de l'Arbas
    et d'un ruisseau)

    À savoir : agréable cadre verdoyant

Nature : 🐿 🏞 🞈🞈	
Loisirs : 🎣 🏓 🐎 🏊	
Services : 🚿 🔌 🐾 🎩 laverie	
À prox. : 🍴 🏇	

Longitude : 0.94716
Latitude : 43.07621

470

🏊 ✗ *ATTENTION :*
🚣   *these facilities are not necessarily available throughout*
🚣   *the entire period that the camp is open -some are only*
🏊 🏇   *available in the summer season.*

31220 – **343** E5 – G. Midi Toulousain – 2 054 h. – alt. 268
🅱 *Office de tourisme, place Henri Dulion* 𝒫 *05 61 98 66 41, Fax 05 61 98 59 29*
Paris 735 – Auch 80 – Auterive 48 – Bagnères-de-Luchon 81 – Pamiers 78 – St-Gaudens 33 – St-Girons 40.

🏔 **Le Moulin** 👥 – de déb. avr. à fin sept.
    𝒫 05 61 98 86 40, *info@CampingLeMoulin.com*,
    Fax 05 61 98 66 90, *www.CampingLeMoulin.com*
    6 ha/3 campables (99 empl.) plat, herbeux, pierreux
    Tarif : (Prix 2009) 27,90€ ★★ ⛺ 🅴 🔌 (10A) – pers.
    suppl. 5,70€ – frais de réservation 18€

    Location (Prix 2009) (fermé fin déc.) 🚿 : 5 🏠 (4
    à 6 pers.) nuitée 59€ - 273 à 670€/sem. – 17 🏠 (4
    à 6 pers.) nuitée 59€ - 280 à 680€/sem. – 2 tentes – 2
    roulottes – frais de réservation 18€
    Pour s'y rendre : au lieu-dit : Le Moulin (1,5 km au sud-
    est par rte du stade, av. de St-Vidian et chemin à gauche
    apr. le pont, au bord d'un ruisseau et d'un canal, près de
    la Garonne (accès direct))

    À savoir : agréable domaine rural, ancien moulin

Nature : 🐿 🏞 🞈🞈	
Loisirs : ✗ 🎣 🏕 🏓 🎾 🏊 🎣	
Services : 🚿 🔌 GB 🐾 🧺 🏊 🚰 🎩 laverie 🧺	

Longitude : 1.0181
Latitude : 43.1905

MASSEUBE

32140 – **336** F9 – 1 519 h. – alt. 220

🛈 *Syndicat d'initiative, 14, avenue Elysée Duffrèchou* ℰ 05 62 66 12 22, Fax 05 62 66 96 20

Paris 732 – Auch 26 – Mirande 21 – Rieux 69 – Toulouse 91.

Village Vacances (location exclusive de chalets) Permanent
ℰ 05 62 66 01 75, *info@mairie-masseube.fr*,
Fax 05 62 66 01 75, *www.berges-du-gers.fr* – empl.
traditionnels également disponibles
1 ha plat, herbeux
Location ♿ : 20 🏠 (4 à 6 pers.) nuitée 60€ - 350 à 450€/sem.
Pour s'y rendre : rte de Simorre (au bourg, près du stade et de la piscine)

Nature : ♀	
Loisirs : 🔲 ♨ ⚒ 🎿 ⛷	
Services : 🅿 GB 🐾 🔲	

Longitude : 0.57955
Latitude : 43.42968

Ask your bookseller for the catalogue of **MICHELIN** *publications.*

MAUBOURGUET

65700 – **342** M2 – 2 514 h. – alt. 181

🛈 *Office de tourisme, 30, rue Maréchal Joffre* ℰ 05 62 96 39 09, Fax 05.62.31.71.45

Paris 749 – Toulouse 148 – Tarbes 28 – Pau 68 – Lourdes 49.

L'Echez de déb. mai à fin sept.
ℰ 05 62 96 37 44,
camping.maubourguet@yahoo.fr, Fax 05 62 96 37 44,
www.camping-maubourguet-pyrenees.fr
0,75 ha (50 empl.) plat, herbeux
Tarif : 14€ ✶✶ ⇐ 🔲 🔌 (10A) – pers. suppl. 3€
Location (Prix 2009) : gîte d'étape
🚰 borne artisanale – 4 🔲 14€
Pour s'y rendre : r. Jean Clos Pucheu

Nature : 🌿 ♀♀	
Loisirs : 🔲 🦢	
Services : ⊶ GB 🐾 🍴 🔲	
À prox. : ⚒ 🎿	

Longitude : 0.03193
Latitude : 43.46656

MAUROUX

46700 – **337** C5 – 500 h. – alt. 213

🛈 *Syndicat d'initiative, le Bourg* ℰ 05 65 30 66 70, Fax 05 65 36 49 64

Paris 622 – Toulouse 152 – Cahors 49 – Agen 50 – Villeneuve-sur-Lot 35.

Village Vacances du Soleil (location exclusive de chalets) de déb. mars à fin oct.
ℰ 05 65 30 82 59, *info@villagedusoleil.fr*,
Fax 05 65 30 82 67, *www.villagedusoleil.fr*
7,5 ha vallonné, boisé
Location ♿ : 58 🏠 (4 à 6 pers.) nuitée 65€ - 289 à 877€/sem.
Pour s'y rendre : au lieu-dit : Le Reynou et Clos del Capre

Nature : 🌿 ♀	
Loisirs : 🍴 snack 🔲 🕺 ♨ ⚒ 🛖 🎿	
Services : ⊶ GB 🐾 🍴 🍴 laverie 🦽	

Longitude : 1.04738
Latitude : 44.45576

MAZAMET

81200 – **338** G10 – G. Midi Toulousain – 10 158 h. – alt. 241

🛈 *Office de tourisme, rue des Casernes* ℰ 05 63 61 27 07, Fax 05 63 61 31 35

Paris 739 – Albi 64 – Béziers 90 – Carcassonne 50 – Castres 21 – Toulouse 92.

Municipal la Lauze de déb. mai à fin sept.
ℰ 05 63 61 24 69, *camping.mazamet@imsnet.fr*,
Fax 05 63 61 24 69, *www.camping-mazamet.com*
1,7 ha (65 empl.) peu incliné, plat, herbeux
Tarif : (Prix 2009) 17,30€ ✶✶ ⇐ 🔲 🔌 (15A) – pers. suppl. 3€ – frais de réservation 7€
Location (Prix 2009) (de déb. mars à fin nov.) 🦌
: 5 🏠 (4 à 6 pers.) 220 à 495€/sem. – frais de réservation 7€
🚰 borne artisanale 10,50€
Pour s'y rendre : chemin de la Lauze (sortie est par N 112, rte de Béziers et à dr.)

Nature : 🏞 ♀♀	
Loisirs : 🔲 ♨ 🚴 🐎	
Services : ♿ ⊶ GB 🐾 🍴 🦽 🦽 🚮 🔲	
À prox. : ⚒ 🎣 🎿 ⛳ golf (18 trous), parcours sportif	

Longitude : 2.39209
Latitude : 43.4975

471

MERCUS-GARRABET

09400 – **343** H7 – 1 119 h. – alt. 480
Paris 772 – Ax-les-Thermes 32 – Foix 12 – Lavelanet 25 – St-Girons 56.

Le Lac de mi-avr. à mi-sept.
  ℘ 05 61 05 90 61, *info@campinglac.com*,
  Fax 05 61 05 90 61, *www.campinglac.com*
  1,2 ha (58 empl.) en terrasses, plat, herbeux
  Tarif : 18,90 € ★★ ⇔ 国 ฿ (10A) – pers. suppl. 3,50 € –
  frais de réservation 15 €

  Location (de déb. avr. à fin sept.) : 匚ׅ (4 à 6 pers.)
  295 à 520 €/sem. – 匚ׅ (4 à 6 pers.) - 390 à 630 €/sem.
  – frais de réservation 15 €
  ⛽ borne artisanale – 10 国 14 €
  Pour s'y rendre : 1 promenade du Camping (800 m
  au sud par D 618, rte de Tarascon et à dr. au passage à
  niveau, au bord de l'Ariège)

  *Consultez le site **Voyage.ViaMichelin.fr***

Nature : ◯ ◯ ≋	
Loisirs : 🏠 ⛵ (petite piscine) ⤸	
Services : ⚹ ⊶ ⚡ ♨ 📷	
À prox. : ✕ ⚙ canoë	

Longitude : 1.62904
Latitude : 42.8786

MÉRENS-LES-VALS

09110 – **343** J9 – G. Midi Toulousain – 188 h. – alt. 1 055
Paris 812 – Ax-les-Thermes 10 – Axat 61 – Belcaire 36 – Foix 53 – Font-Romeu-Odeillo-Via 47.

Municipal de Ville de Bau Permanent
  ℘ 05 61 02 85 40, *camping.merens@wanadoo.fr*,
  Fax 05 61 64 03 83, *www.merenslesvals.fr* – alt. 1 100
  2 ha (70 empl.) plat, herbeux, pierreux
  Tarif : ★ 3,20 € ⇔ 国 3,20 € – ฿ (10A) 5,20 €
  Pour s'y rendre : Ville de Bau (1,5 km au sud-ouest par
  N 20, rte d'Andorre et chemin à dr., au bord de l'Ariège)

Nature : ⤪ ▭ ◯ ◯	
Loisirs : 🏠 ⤸	
Services : ⚹ ⊶ GB ⚡ ▥ ♨ ⚓	
🍴 laverie ⚐	

Longitude : 1.83642
Latitude : 42.65612

MIERS

46500 – **337** G2 – 424 h. – alt. 302
Paris 526 – Brive-la-Gaillarde 49 – Cahors 69 – Rocamadour 12 – St-Céré 22 – Souillac 22.

Le Pigeonnier de déb. avr. à fin sept.
  ℘ 05 65 33 71 95, *camping-le-pigeonnier@orange.fr*,
  Fax 05 65 33 71 95, *www.campinglepigeonnier.com*
  1 ha (45 empl.) peu incliné, en terrasses, plat, herbeux
  Tarif : (Prix 2009) ★ 4,70 € ⇔ 国 4,70 € – ฿ (16A) 3,20 € –
  frais de réservation 12 €

  Location (Prix 2009) : 5 匚ׅ (2 à 4 pers.) 160 à 390 €/
  sem. – 9 匚ׅ (4 à 6 pers.) 230 à 545 €/sem. – frais de
  réservation 12 €
  ⛽ borne artisanale 5,50 €
  Pour s'y rendre : 700 m à l'est par D 91, rte de Padirac
  et chemin à dr.

Nature : ⤪ ▭ ◯ ◯	
Loisirs : 🏠 ⚡ ⛵	
Services : ⚹ ⊶ ⚡ ♨ 🍴 📷	
À prox. : ⛽	

Longitude : 1.70731
Latitude : 44.85378

MILLAU

12100 – **338** K6 – G. Languedoc Roussillon – 22 133 h. – alt. 372
A 75- Viaduc de Millau - Péage en 2009 : autos 6/7,70, caravanes 9/11,60, camions 21.30/28.90, motos 3,90
🛈 *Office de tourisme, 1, place du Beffroi ℘ 05 65 60 02 42, Fax 05 65 60 95 08*
Paris 636 – Albi 106 – Alès 138 – Béziers 122 – Mende 95 – Montpellier 114 – Rodez 67.

Les Rivages ♣♣ – de fin avr. à fin sept.
  ℘ 05 65 61 01 07, *campinglesrivages@orange.fr*,
  Fax 05 65 59 03 56, *www.campinglesrivages.com*
  7 ha (314 empl.) plat, herbeux, pierreux
  Tarif : 30 € ★★ ⇔ 国 ฿ (6A) – pers. suppl. 6,50 € – frais
  de réservation 16 €

  Location : 22 匚ׅ (4 à 6 pers.) 301 à 784 €/sem. –
  6 bungalows toilés – frais de réservation 16 €
  ⛽ borne autre – 🔌 ฿ 13 €
  Pour s'y rendre : 860 av. de l'Aigoual (1,7 km à l'est par
  D 991, rte de Nant, au bord de la Dourbie)

Nature : ⤪ ◯ ◯ ≋	
Loisirs : ⛴ ✕ 🏠 ⚙ ★★ squash ⤪ ⚙ 🏀 ⛵ ⚓ ⤸	
Services : ⚹ ⊶ GB ⚡ ♨ ⚓	
🍴 laverie ⚐ ⚑ point d'informations touristiques	
À prox. : ♨	

Longitude : 3.09616
Latitude : 44.10161

▲ **Viaduc** ♣♣ – de fin avr. à fin sept.
℘ 05 65 60 15 75, *info@camping-du-viaduc.com*,
Fax 05 65 61 36 51, *www.camping-du-viaduc.com*
5 ha (237 empl.) plat, herbeux
Tarif : 31 € ♠♠ ⛺ 🅴 ⚡ (6A) – pers. suppl. 6,50 € – frais
de réservation 17 €

Location : 11 ⛺ (2 à 4 pers.) nuitée 35 € - 217 à 455 €/
sem. – 39 ⛺ (4 à 6 pers.) nuitée 44 € - 315 à 700 €/
sem. – 6 bungalows toilés – frais de réservation 17 €
Pour s'y rendre : 121 av. de Millau-Plage (800 m au
nord-est par D 991, rte de Nant et D 187 à gauche rte de
Paulhe, au bord du Tarn)

Nature : 🏕 🟢🟠⚓
Loisirs : 🍴 snack 🏛 🎯 🏊
🏐 🏊
Services : 🔧 🔌 GB 🚿 🏧 ♨ 🚰
🛁 🍴 laverie 🧺 🚿
À prox. : 🚲 🍴🍴 🐴 canoë-
kayak, parapente

Longitude : 3.08773
Latitude : 44.11646

▲ **Les Érables** de déb. avr. à fin sept.
℘ 05 65 59 15 13, *camping-les-erables@orange.fr*,
Fax 05 65 59 06 59, *www.campingleserables.fr* – 🍴
1,4 ha (78 empl.) plat, herbeux
Tarif : (Prix 2009) 18,60 € ♠♠ ⛺ 🅴 ⚡ (6A) – pers.
suppl. 4,10 € – frais de réservation 16 €

Location (Prix 2009) : ⛺ (4 à 6 pers.) 258 à 553 €/
sem. – frais de réservation 16 €
Pour s'y rendre : av. de Millau-Plage (900 m nord-est par
D 991, rte de Nant et D 187 à gauche, rte de Paulhe, au
bord du Tarn)

Nature : ≤ 🏕 🟢🟢
Loisirs : 🏛
Services : 🔧 🔌 GB 🚿 🍴 laverie
À prox. : 🚲 🍴🍴 🏊 canoë-kayak

Longitude : 3.09118
Latitude : 44.11942

MIRANDE

32300 – **336** E8 – G. Midi Pyrénées – 3 676 h. – alt. 173
🚉 *Office de tourisme, 13, rue de l'Evêché* ℘ *05 62 66 68 10, Fax 05.62.66.87.09*
Paris 737 – Auch 25 – Mont-de-Marsan 98 – Tarbes 49 – Toulouse 103.

▲ **L'Île du Pont** de mi-mai à mi-sept.
℘ 05 62 66 64 11, *mirande@templslibre-vacances.com*,
Fax 05 62 66 69 86, *www.groupevla.fr*
10 ha/5 campables (140 empl.) non clos, plat, herbeux
Tarif : (Prix 2009) 17 € ♠♠ ⛺ 🅴 ⚡ (6A) – pers.
suppl. 5,10 € – frais de réservation 10 €

Location (Prix 2009) (de déb. avr. à déb. nov.) : 35 ⛺
(4 à 6 pers.) 236 à 622 €/sem. – 12 🏠 (4 à 6 pers.) - 260
à 585 €/sem. – bungalows toilés – frais de réservation
17 €
🚐 borne autre 3 € – 🚐 17 €
Pour s'y rendre : au lieu-dit : Le Batardeau (à l'est de la
ville, dans une île de la Grande Baïse)

À savoir : sur une île, site agréable entre lac et rivière

Nature : 🌿 🟢
Loisirs : 🍴 snack 🏛 🎯 salle
d'animation 🎯 🏊
Services : 🔧 🔌 GB 🚿 🏧 ♨ 🚰
🛁 🚿
À prox. : 🏊 parcours de santé,
canoë, pédalos

Longitude : 0.40867
Latitude : 43.51305

473

*LESEN SIE DIE ERLÄUTERUNGEN aufmerksam durch,
damit Sie diesen Camping-Führer mit der Vielfalt der gegebenen
Auskünfte wirklich ausnutzen können.*

MIRANDOL-BOURGNOUNAC

81190 – **338** E6 – 1 060 h. – alt. 393
🚉 *Office de tourisme, 2, place de la Liberté* ℘ *05 63 76 97 65, Fax 05 63 76 90 11*
Paris 653 – Albi 29 – Rodez 51 – St-Affrique 79 – Villefranche-de-Rouergue 39.

▲ **Les Clots** de déb. mai à fin sept.
℘ 05 63 76 92 78, *campdlots@wanadoo.fr*,
www.campinglesclots.info
7 ha/4 campables (62 empl.) en terrasses, pierreux,
herbeux
Tarif : 23 € ♠♠ ⛺ 🅴 ⚡ (6A) – pers. suppl. 4,80 € – frais
de réservation 10 €
Pour s'y rendre : au lieu-dit : Les Clots (5,5 km au nord
par D 905, rte de Rieupeyroux et chemin sur la gauche, à
500 m du Viaur (accès direct))

Nature : 🌿 ≤ 🟢🟢
Loisirs : 🏛 🎯 🏊 m 🏊
Services : 🔌 🚿 🍴 🛁
À prox. : 🏊

Longitude : 2.17847
Latitude : 44.1772

MIREPOIX

32390 – **336** G7 – G. Midi Toulousain – 189 h. – alt. 150
Paris 696 – Auch 17 – Fleurance 13 – Gimont 25 – Mauvezin 21 – Vic-Fézensac 32.

⚠ **Les Chalets des Mousquetaires** (location exclusive de chalets) de fin avr. à fin oct.
  ℰ 05 62 64 33 66, *info@chalets-mousquetaires.com*, *www.chalets-mousquetaires.com*
  1 ha non clos, plat, étang

  Location : 11 ⌂ (4 à 6 pers.) nuitée 65 € - 349 à 698 €/ sem. – frais de réservation 10 €
  Pour s'y rendre : au lieu-dit : En Luquet (2 km au sud-est du bourg)

  À savoir : près d'une ferme, situation dominante sur la campagne vallonnée du Gers

| Nature : 🌿 ≤ ⌀ |
| Loisirs : 🏠 ⛶ 🛝 |
| Services : & ⚬ ⌦ 🔥 📵 |
| À prox. : 🛶 |

Longitude : 0.69621
Latitude : 43.73443

Si vous recherchez :
- 👥 *Un terrain offrant des équipements et des loisirs adaptés aux enfants*
- 🌿 *Un terrain agréable ou très tranquille*
- L *Un terrain effectuant la location de caravanes, de mobile homes, de bungalows ou de chalets*
- P *Un terrain ouvert toute l'année*
- 🚐 *Un terrain possédant une aire de services pour camping-cars*
Consultez le tableau des localités

MOISSAC

82200 – **337** C7 – G. Midi Toulousain – 12 354 h. – alt. 76
🛈 *Office de tourisme, 6, place Durand de Bredon* ℰ *05 63 04 01 85, Fax 05 63 04 27 10*
Paris 632 – Agen 57 – Auch 120 – Cahors 63 – Montauban 31 – Toulouse 71.

⚠ **L'Île de Bidounet** 👥 – de déb. avr. à fin sept.
  ℰ 05 63 32 52 52, *info@camping-moissac.com*,
  Fax 05 63 32 52 52, *www.camping-moissac.com* – ᚱ
  4,5 ha/2,5 campables (100 empl.) plat, herbeux
  Tarif : (Prix 2009) 18,50 € ★ ★ 🚗 📧 🔌 (3A) – pers. suppl. 5 € – frais de réservation 7 €

  Location (Prix 2009) : 10 bungalows toilés – frais de réservation 7 €
  🚐 borne artisanale
  Pour s'y rendre : lieu-it : St-Benoît (1 km au sud par N 113, rte de Castelsarrasin et D 72 à gauche)

  À savoir : Agréable situation sur une île du Tarn

| Nature : 🌿 ⛺ ⌀⌀ |
| Loisirs : ☂ 🏠 ⛶ 🛶 🛝 (petite piscine) 🛶 ◊ |
| Services : & ⚬ ᴳᴮ ⌦ 🔥 📵 |
| À prox. : canoë-kayak |

Longitude : 1.09005
Latitude : 44.09671

MONTCABRIER

46700 – **337** C4 – G. Périgord Quercy – 397 h. – alt. 191
Paris 584 – Cahors 39 – Fumel 12 – Tournon-d'Agenais 24.

⚠ **Moulin de Laborde** de fin avr. à déb. sept.
  ℰ 05 65 24 62 06, *moulindelaborde@wanadoo.fr*, *www.moulindelaborde.com* 🌿
  4 ha (90 empl.) plat, herbeux, petit étang
  Tarif : (Prix 2009) ★ 6,50 € 🚗 📧 8,80 € – 🔌 (6A) 2,80 €
  Pour s'y rendre : 2 km au nord-est par D 673, rte de Gourdon, au bord de la Thèze

  À savoir : autour des bâtiments d'un vieux moulin, beaux emplacements ombragés

| Nature : ⌀⌀ |
| Loisirs : ☂ snack 🏠 🛶 🚴 🛝 |
| Services : & ⚬ 🔥 laverie 🚿 |

Longitude : 1.12908
Latitude : 44.54156

MONTESQUIOU

32320 – **336** D8 – 586 h. – alt. 214

∅ *Office de tourisme, Mairie* ℘ 05 62 70 91 18, *Fax 05.62.70.80.16*
Paris 741 – Auch 32 – Mirande 12 – Mont-de-Marsan 87 – Pau 85.

▲ **Le Haget** de mi-avr. à mi-oct.
℘ 05 62 70 95 80, *info@lehaget.com*, Fax 05 62 70 94 83, *www.lehaget.com*
10 ha (70 empl.) plat et peu incliné, herbeux
Tarif : 23 € ★ ★ ⟵ 🗐 ⚡ (10A) – pers. suppl. 5 € – frais de réservation 12,50 €

Location : 19 🏠 (4 à 6 pers.) - 225 à 750 €/sem. – 10 ⨼ – huttes – frais de réservation 12,50 €
Pour s'y rendre : rte de Miélan (600 m à l'ouest par D 943, rte de Marciac puis à gauche, 1,5 km par D 34 rte de Miélan)
À savoir : dans le parc du château

Nature : 🍃 ♤♤
Loisirs : ♈ ✕ 🛋 ⛵
Services : ♿ ⚬ᗑ GB ♉ ☖ ⬚
À prox. : ✕

Longitude : 0.32654
Latitude : 43.57866

*Donnez-nous votre avis
sur les terrains que nous recommandons.
Faites-nous connaître vos observations et vos découvertes.
par mail à l'adresse : leguidecampingfrance@fr.michelin.com.*

MONTPEZAT-DE-QUERCY

82270 – **337** E6 – G. Périgord – 1 413 h. – alt. 275

∅ *Office de tourisme, boulevard des Fossés* ℘ 05 63 02 05 55, *Fax 05 63 02 05 55*
Paris 598 – Cahors 28 – Caussade 12 – Castelnau-Montratier 13 – Caylus 33 – Montauban 40.

▲ **Le Faillal** de déb. avr. à mi-oct.
℘ 05 63 02 07 08, *lefaillal@wanadoo.fr*, Fax 05 63 02 07 08, *www.revea-vacances.fr*
0,9 ha (47 empl.) en terrasses, herbeux, pierreux
Tarif : 14,60 € ★ ★ ⟵ 🗐 ⚡ (6A) – pers. suppl. 3,60 € – frais de réservation 10 €

Location (permanent) **ℙ** : 24 🏠 (4 à 6 pers.) – 190 à 640 €/sem. – 22 gîtes – frais de réservation 25 €
Pour s'y rendre : au Parc de Loisirs Le Faillal (sortie nord par D 20, rte de Cahors et à gauche)
À savoir : .

Nature : 🍃 ⬄ ♤♤
Loisirs : ⚲☆ salle d'animation ⚗ 🏊
Services : ⚬ᗑ GB ♉ ☷ ⬚ ⬚ 🗑
À prox. : ✕ 🏊

Longitude : 1.47906
Latitude : 44.23656

NAGES

81320 – **338** I8 – 339 h. – alt. 800 – Base de loisirs

∅ *Syndicat d'initiative, Ferme de Rieumontagné* ℘ 05 63 37 06 01, *Fax 05 63 37 60 95*
Paris 717 – Brassac 36 – Lacaune 14 – Lamalou-les-Bains 45 – Olargues 32 – St-Pons-de-Thomières 35.

▲▲▲ **Village Center Rieu-Montagné** de mi-juin à déb. sept.
℘ 0825 00 20 30, *resa@village-center.com*, Fax 04 67 51 63 89, *www.village-center.fr*
8,5 ha (171 empl.) en terrasses, gravillons, pierreux
Tarif : 24 € ★ ★ ⟵ 🗐 ⚡ (10A) – pers. suppl. 5 € – frais de réservation 30 €

Location : 🛖 – 🏕 (4 à 6 pers.) 241 à 749 €/sem. – 🏠 (4 à 6 pers.) – 290 à 833 €/sem. – frais de réservation 30 €
Pour s'y rendre : au Lac de Laouzas (4,5 km au sud par D 62 et rte à gauche, à 50 m du lac)
À savoir : belle et agréable situation dominante

Nature : 🍃 ⬱ lac et montagnes boisées ⬄ ♤
Loisirs : ♈ brasserie 🛋 ♘ nocturne ⚲☆ 🏊
Services : ⚬ᗑ GB ♉ ♧ ⬚ ⬚ ⬤ 🗑 ☷ ⬚
À prox. : ⚑ ♻ 🚲 ⛵ ✕ 🔥 ⛵ (plage) 🐎 ⚞

Longitude : 2.77806
Latitude : 43.64861

NAILLOUX

31560 – **343** H4 – 1 917 h. – alt. 285 – Base de loisirs
Paris 711 – Auterive 15 – Castelnaudary 42 – Foix 50 – Pamiers 32 – Toulouse 36.

Le Lac de la Thésauque Permanent
℘ 05 61 81 34 67, *camping.thesauque@laposte .net*,
Fax 05 61 81 00 12, *www.camping-thesauque.com*
2 ha (60 empl.) en terrasses, herbeux
Tarif : (Prix 2009) 18,20€ ★ ★ ⇔ 国 (1) (10A) – pers.
suppl. 4,50€

Location (Prix 2009) : 4 ⏚ (4 à 6 pers.) 230 à 460€/
sem. – frais de réservation 92€
⏚ 6 国 12,20€
Pour s'y rendre : 3,4 km à l'est par D 622, rte de
Villefranche-de-Lauragais, D 25 à gauche et chemin, à
100 m du lac

Nature :
Loisirs : pizzeria, canoë, pédalos
Services :
Longitude : 1.62309
Latitude : 43.35617

Si vous recherchez :

★ ★   *Un terrain offrant des équipements et des loisirs adaptés aux enfants*
   Un terrain agréable ou très tranquille
L-M *Un terrain effectuant la location de caravanes, de mobile homes,
      de bungalows ou de chalets*
P   *Un terrain ouvert toute l'année*
⏚   *Un terrain possédant une aire de services pour camping-cars*
Consultez le tableau des localités

476

NANT

12230 – **338** L6 – G. Languedoc Roussillon – 907 h. – alt. 490
🛈 *Office de tourisme, place du Claux ℘ 05 65 60 72 75, Fax 05.65.62 24 21*
Paris 669 – Le Caylar 21 – Millau 33 – Montpellier 92 – St-Affrique 41 – Le Vigan 42.

Val de Cantobre ★ ★ – de mi-avr. à déb. oct.
℘ 05 65 58 43 00, *info@rcn-valdecantobre.fr*,
Fax 05 65 62 10 36, *www.rcn-campings.fr*
6 ha (216 empl.) en terrasses, herbeux, rocailleux, fort
dénivelé
Tarif : 43,50€ ★ ★ ⇔ 国 (1) (6A) – pers. suppl. 5€ – frais
de réservation 17,50€

Location : 21 ⏚ (4 à 6 pers.) nuitée 42€ - 392 à
903€/sem. – 15 ⏚ (4 à 6 pers.) nuitée 56€ - 504 à
945€/sem. – frais de réservation 17,50€
⏚ 1 borne
Pour s'y rendre : Domaine de Vellas (4,5 km au nord
par D 991, rte de Millau et chemin à dr., au bord de la
Dourbie)

À savoir : autour d'une vieille ferme caussenarde du
XVe s.

Nature :
Loisirs : pizzeria, snack, terrain omnisports
Services : laverie, cases réfrigérées
Longitude : 3.30183
Latitude : 44.04582

Les Deux Vallées de déb. avr. à fin oct.
℘ 05 65 62 26 89, *contact@lesdeuxvallees.com*,
Fax 05 65 62 17 23, *www.lesdeuxvallees.com*
2 ha (80 empl.) plat, herbeux, pierreux
Tarif : 23€ ★ ★ ⇔ 国 (1) (6A) – pers. suppl. 5€
Location : 9 ⏚ (4 à 6 pers.) nuitée 36€ - 252 à 623€/
sem.
⏚ borne artisanale 5€ – 20 国 8€ – 10.50€
Pour s'y rendre : rte de l'Estrade Basse

Nature :
Loisirs :
Services : laverie
À prox. : poneys
Longitude : 3.35457
Latitude : 44.0241

NAUCELLE

12800 – **338** G5 – 1 944 h. – alt. 490

🖪 *Office de tourisme, place Jean Boudou* ℰ *05 65 67 82 96, Fax 05 65 67 82 91*
Paris 652 – Albi 46 – Millau 90 – Rodez 32 – St-Affrique 72 – Villefranche-de-Rouergue 43.

⚠ **Lac de Bonnefon** de déb. avr. à mi-oct.
ℰ 05 65 69 33 20,
camping-du-lac-de-bonnefon@wanadoo.fr,
Fax 05 65 69 33 20,
www.camping-du-lac-de-bonnefon.com
3 ha (90 empl.) peu incliné, en terrasses, plat, herbeux
Tarif : 23,90€ ✶✶ ⇔ 🔲 (10A) – pers. suppl. 5€ –
frais de réservation 15€

Location (permanent) : 3 🛖 (4 à 6 pers.) 220 à
623€/sem. – 🏠 (4 à 6 pers.) - 230 à 644€/sem. – 15
bungalows toilés – frais de réservation 20€
🛒 4 🔲 23,90€
Pour s'y rendre : sortie sud-est par D 997, rte de
Naucelle-Gare puis 1,5 km par rte de Crespin et rte de St-
Just à gauche, à 100 m de l'étang (accès direct)

| Nature : 🌿 ⌁ ୨୨ |
| Loisirs : 🍴 snack 🏖 🎯 🎣 🏊 |
| Services : 🚿 ⊶ GB 🛒 🏧 ⛺ 🧺 |
| À prox. : ✂ 🐎 |

Longitude : 2.3439
Latitude : 44.19179

*Ask your bookseller for the catalogue of **MICHELIN publications**.*

NÈGREPELISSE

82800 – **337** F7 – 4 511 h. – alt. 87
Paris 614 – Bruniquel 13 – Caussade 11 – Gaillac 46 – Montauban 18.

⚠ **Municipal le Colombier** de mi-juin à mi-sept.
ℰ 05 63 64 20 34, *camping.negrepelisse@orange.fr,*
Fax 05 63 64 26 24, *www.ville-negrepelisse.fr*
1 ha (53 empl.) en terrasses, plat, herbeux
Tarif : (Prix 2009) ✶ 1,90€ ⇔ 🔲 3,50€ – 🔌 (10A) 2,20€
🛒 borne artisanale – 🔋 🔌 8.55€
Pour s'y rendre : au sud-ouest, près de la D 115

| Nature : ୨୨ |
| Services : ⊶ 🛒 🧺 |
| À prox. : 🏕 🏖 🏊 terrain om-nisports 🛒 |

Longitude : 1.51693
Latitude : 44.07137

ORINCLES

65380 – **342** M6 – 300 h. – alt. 360
Paris 845 – Bagnères-de-Bigorre 16 – Lourdes 13 – Pau 52 – Tarbes 14.

⚠ **Aire Naturelle le Cerf Volant** de fin mai à mi-oct.
ℰ 05 62 42 99 32, *lecerfvolant1@yahoo.fr,*
Fax 05 62 42 99 32
1 ha (23 empl.) non clos, plat, herbeux
Tarif : (Prix 2009) ✶ 2,40€ ⇔ 1,20€ 🔲 1,70€ –
🔌 (15A) 2,30€
Pour s'y rendre : à Arioune (2,2 km au sud par D 407 et
chemin en face, à 300 m du D 937, au bord d'un ruisseau)

| Nature : 🌿 ୨୨ |
| Loisirs : 🎱 🏖 |
| Services : 🚿 ⊶ 🛒 🧺 |

Longitude : 0.03759
Latitude : 43.13097

OUST

09140 – **343** F7 – 530 h. – alt. 500
Paris 792 – Aulus-les-Bains 17 – Castillon-en-Couserans 31 – Foix 61 – St-Girons 18 – Tarascon-sur-
Ariège 50.

⚠ **Les Quatre Saisons** de mi-mars à mi-oct.
ℰ 05 61 96 55 55, *camping.ariege@gmail.com, www.*
camping4saisons.com
3 ha (108 empl.) plat, herbeux
Tarif : 23,10€ ✶✶ ⇔ 🔲 🔌 (10A) – pers. suppl. 5,50€ –
frais de réservation 9€

Location (permanent) : 14 🛖 (4 à 6 pers.) 248 à
548€/sem. – 3 🏠 (4 à 6 pers.) 630€/sem. – 6 🛏 – 6
appartements – frais de réservation 9€
🛒 borne artisanale 6€ – 10 🔲 11€
Pour s'y rendre : rte d'Aulus-les-Bains (sortie sud-est par
D 32, près du Garbet)

| Nature : ⋜ ⌁ ୨୨ |
| Loisirs : 🍴 🎱 🏓 🏖 🏊 |
| Services : 🚿 ⊶ GB 🛒 🏧 🛗 ⛺ |
| laverie |
| À prox. : ✂ 🐎 (centre équestre) |

Longitude : 1.21925
Latitude : 42.87137

OUZOUS

65400 – **342** L4 – 193 h. – alt. 550
Paris 862 – Toulouse 188 – Tarbes 35 – Pau 55 – Lourdes 13.

Aire Naturelle la Ferme du Plantier de déb.
juin à fin sept.
℘ 05 62 97 58 01, Fax 05 62 97 58 01
0,6 ha (15 empl.) incliné, plat, terrasse, herbeux
Tarif : ★ 2,50 € 🚗 2 € 🅿 3 € – (¤) (6A) 3,50 €
Pour s'y rendre : au bourg

Nature : ⚓ ≤ montagnes ♀
Loisirs : 🏓
Services : ♿ ⚷ ☒ 🗑

Longitude : -0.10742
Latitude : 43.02985

PADIRAC

46500 – **337** G2 – G. Périgord Quercy – 185 h. – alt. 360
🏢 *Syndicat d'initiative, village* ℘ 05 65 33 47 17, *Fax 05 65 33 47 17*
Paris 531 – Brive-la-Gaillarde 50 – Cahors 68 – Figeac 41 – Gourdon 47 – Gramat 10 – St-Céré 17.

Les Chênes ♣♦ – de déb. avr. à fin sept.
℘ 05 65 33 65 54, *info@campingleschenes.com*,
Fax 05 65 33 71 55, *www.campingleschenes.com*
5 ha (120 empl.) peu incliné, incliné, en terrasses,
pierreux, herbeux
Tarif : 27 € ★★ 🚗 🅿 (¤) (6A) – pers. suppl. 6,50 € – frais
de réservation 16 €

Location ♿ 🍴 : 17 🏠 (4 à 6 pers.) nuitée 55 €
- 250 à 700 €/sem. – 18 🏠 (4 à 6 pers.) nuitée 45 €
- 215 à 650 €/sem. – 12 bungalows toilés – frais de
réservation 16 €
🚐 borne artisanale 3 €
Pour s'y rendre : rte du Gouffre (1,5 km au nord-est par
D 90)

Nature : ⚓ ▱ ♀♀
Loisirs : 🍴 snack, pizzeria 🎬
🏃 salle d'animation (et cinéma)
🏓 🚲 ♒ 🏊
Services : ♿ ⚷ ☒ 🖍 laverie
🛒 🥖
à 500 m, parc de loisirs : 🏊 ⛷

Longitude : 1.75
Latitude : 44.85822

*Nos **guides hôtels**, nos **guides touristiques** et nos **cartes routières**
sont complémentaires. Utilisez-les ensemble.*

478

PAMIERS

09100 – **343** H6 – G. Midi Toulousain – 14 830 h. – alt. 280
🏢 *Office de tourisme, boulevard Delcassé* ℘ 05 61 67 52 52, *Fax 05 34 01 00 39*
Paris 746 – Toulouse 70 – Carcassonne 77 – Castres 105 – Colomiers 81.

L'Apamée de déb. avr. à déb. nov.
℘ 05 61 60 06 89, *campingapamee@orange.fr*,
www.lapamee.com
2 ha (80 empl.) plat, herbeux
Tarif : (Prix 2009) 23 € ★★ 🚗 🅿 (¤) (10A) – pers.
suppl. 7 € – frais de réservation 25 €

Location (Prix 2009) (permanent) : 10 bungalows
toilés – frais de réservation 30 €
🚐 borne artisanale 3 €
Pour s'y rendre : Route de St Girons

Nature : ♀♀
Loisirs : 🍴 ✗ 🏊 🎣
Services : ♿ ⚷ GB 🖍 🖍 laverie

Longitude : 1.6108
Latitude : 43.116

PAMPELONNE

81190 – **338** F6 – 702 h. – alt. 430
🏢 *Syndicat d'initiative, Mairie* ℘ 05 63 76 39 66, *Fax 05 63 76 33 35*
Paris 662 – Albi 30 – Baraqueville 34 – Cordes-sur-Ciel 30 – Rieupeyroux 34.

De Thuriès de mi-juin à fin août
℘ 05 63 76 44 01, *campthuries@wanadoo.fr*,
www.campinglesclots.info
1 ha (35 empl.) plat, herbeux
Tarif : ★ 4,20 € 🚗 🅿 5,50 € – (¤) (6A) 2,70 € – frais de
réservation 10 €
Pour s'y rendre : au Pont de Thuriès (2 km au nord-est
par D 78, au bord du Viaur)

À savoir : site agréable

Nature : ⚓ ♀♀
Loisirs : 🎬
Services : ⚷ 🖍

Longitude : 2.24709
Latitude : 44.12487

PARISOT

82160 – **337** H6 – G. Périgord Quercy – 535 h. – alt. 376
🛈 *Office de tourisme, Le bourg* 𝒫 *05 63 65 78 20*
Paris 624 – Toulouse 110 – Montauban 59 – Albi 60 – Castres 101.

▲▲▲ **Résidence Les Chênes** (location exclusive de chalets)
de déb. avr. à fin oct.
𝒫 05 63 65 71 89, *infoleschenes@free.fr*,
Fax 05 63 65 71 98, *www.les-chenes.com*
1 ha plat
Location (Prix 2009) ♿ 🅿 : 7 🏠 (4 à 6 pers.) - 200
à 850 €/sem.

> Nature : 🌳🌳
> Loisirs : 🏕 ⛵ 🏊
> Services : 🍴 📶 📷
>
> Longitude : 1.85781
> Latitude : 44.26442

PAYRAC

46350 – **337** E3 – 626 h. – alt. 320
🛈 *Syndicat d'initiative, avenue de Toulouse* 𝒫 *05 65 37 94 27, Fax 05 65 37 94 27*
Paris 530 – Bergerac 103 – Brive-la-Gaillarde 53 – Cahors 48 – Figeac 60 – Périgueux 98 – Sarlat-la-Canéda 32.

▲▲▲ **Les Pins** ♣♦ – de mi-avr. à mi-sept.
𝒫 05 65 37 96 32, *info@les-pins-camping.com*,
Fax 05 65 37 91 08, *www.les-pins-camping.com*
4 ha (125 empl.) en terrasses, plat, herbeux, pierreux
Tarif : 28,50 € ♦♦ 🚐 🔲 ⚡ (10A) – pers. suppl. 6,60 € –
frais de réservation 18 €

Location : 40 🛖 (4 à 6 pers.) 190 à 714 €/sem. – 3
🏠 (4 à 6 pers.) - 245 à 707 €/sem. – 5 bungalows
toilés – frais de réservation 18 €
🚐 borne artisanale 6 €
Pour s'y rendre : sortie sud par D 820

> Nature : 🌳🌳🌳
> Loisirs : 🍴 snack, pizzeria 🏕
> 🏓 ⛳ 🏊 🎣
> Services : ♿ ⚡ 📶 🍴 📷 🗑
> 🧺 📶 laverie 🔧
>
> Longitude : 1.47054
> Latitude : 44.78791

PONS

12140 – **338** H2
Paris 588 – Aurillac 34 – Entraygues-sur-Truyère 11 – Montsalvy 12 – Mur-de-Barrez 24 – Rodez 53.

▲ **Municipal de la Rivière** de mi-juin à mi-sept.
𝒫 05 65 66 18 16, *contact@sainthippolyte.fr*,
Fax 05 65 66 18 16, *www.sainthippolyte.fr*
0,9 ha (46 empl.) plat, herbeux
Tarif : 13 € ♦♦ 🚐 🔲 ⚡ (10A) – pers. suppl. 4 €
Location (permanent) : 11 🏠 (4 à 6 pers.) - 200 à
380 €/sem.
Pour s'y rendre : 1 km au sud-est du bourg, par D 526,
rte d'Entraygues-sur-Truyère, au bord du Goul

> Nature : 🌊 🌳🌳
> Loisirs : 🏕 🏊 ⛳ 🎣
> Services : ♿ ⚡ 🗑 📷
>
> Longitude : 2.56513
> Latitude : 44.71098

*Kataloge der **MICHELIN-Veröffentlichungen** erhalten Sie beim Buchhändler
und direkt von **Michelin** (Karlsruhe).*

PONT-DE-SALARS

12290 – **338** I5 – 1 542 h. – alt. 700
🛈 *Office de tourisme, 32 Av de Rodez* 𝒫 *05 65 46 89 90, Fax 05 65 46 81 16*
Paris 651 – Albi 86 – Millau 47 – Rodez 25 – St-Affrique 56 – Villefranche-de-Rouergue 71.

▲▲▲ **Les Terrasses du Lac** ♣♦ – de déb. avr. à fin sept.
𝒫 05 65 46 88 18, *campinglesterrasses@orange.fr*,
Fax 05 65 46 85 38, *www.campinglesterrasses.com*
6 ha (180 empl.) en terrasses, plat, herbeux, fort dénivelé
Tarif : 26,50 € ♦♦ 🚐 🔲 ⚡ (6A) – pers. suppl. 5,50 € –
frais de réservation 16 €

Location : 37 🛖 (4 à 6 pers.) nuitée 45 € - 225
à 805 €/sem. – 🏠 – 9 bungalows toilés – frais de
réservation 16 €
🚐 borne artisanale 22,50 € – 5 🔲 26,50 € – 🚐 13.50 €
Pour s'y rendre : rte du Vibal (4 km au nord par D 523)
À savoir : agréable situation dominant le lac

> Nature : 🌊 ⛰ 🌳 🌲
> Loisirs : 🍴 snack 🏕 🎮 🏓 🏇
> 🏊 🎣
> Services : ♿ ⚡ (juil.-août) 📶
> 🍴 🗑 🧺 📶 laverie 🔧
> À prox. : ⛳ 🚣 🐎 canoë
>
> Longitude : 2.73527
> Latitude : 44.30472

Le Lac de déb. mai à mi-sept.
℘ 0565468486, *camping.du.lac@wanadoo.fr*,
Fax 821830380, *www.parc-du-lac.com* �
4,8 ha (200 empl.) en terrasses, peu incliné, plat,
herbeux, fort dénivelé
Tarif : 17,50€ ✦✦ 🚐 🅴 🛈 (6A) – pers. suppl. 3,50€ –
frais de réservation 15€
Location 🛏 : 10 🏠 (4 à 6 pers.) nuitée 37€ - 205 à
590€/sem. – 3 bungalows toilés – frais de réservation
15€
Pour s'y rendre : rte du Vibal (1,5 km au nord par D 523)
À savoir : au bord du lac

Nature : ← 🌳🚿
Loisirs : 🍷 snack 🎦 🌙nocturne
🏊 🚲 🛶 🎣
Services : 🚿 🔌 GB ⚙ 🧺 🚮
🚰 💧 🔥
À prox. : ✂ 🏖 (plage) 💧

Longitude : 2.72871
Latitude : 44.29797

POUEYFERRÉ

65100 – **342** L4 – 797 h. – alt. 360
Paris 853 – Toulouse 179 – Tarbes 26 – Pau 39 – Lourdes 5.

Relais Océan-Pyrénées de déb. mai à mi-sept.
℘ 0562945722, Fax 0562945722
1,2 ha (90 empl.) en terrasses, peu incliné, plat, herbeux
Tarif : (Prix 2009) ✦ 4€ 🚐 🅴 4€ – 🛈 (4A) 2,50€
Location (Prix 2009) : 5 🛖 (4 à 6 pers.) 290 à 500€/
sem.
Pour s'y rendre : 3 r. des Pyrénées (800 m au sud, à
l'intersection des D 940 et D 174)

Nature : ← 🌲 🌳🚿
Loisirs : 🎦 🏊 🛶 1 piste de
bowling
Services : 🚿 🔌 GB 🏪 🚮 🚰
laverie

Longitude : -0.07542
Latitude : 43.11435

Avant de prendre la route, consultez **www.ViaMichelin.fr :**
votre meilleur itinéraire, le choix de votre hôtel, restaurant,
des propositions de visites touristiques.

POUZAC

65200 – **342** M4 – G. Midi Toulousain – 1 111 h. – alt. 505
Paris 823 – Toulouse 149 – Tarbes 19 – Pau 60 – Auch 89.

Bigourdan de déb. avr. à mi-oct.
℘ 0562951357, *www.camping-bigourdan.com*
1 ha (48 empl.) plat, herbeux
Tarif : (Prix 2009) ✦ 4€ 🚐 🅴 4€ – 🛈 (3A) 2,80€
Location (Prix 2009) 🛏 (juil.-août) : 8 🛖 (4 à 6
pers.) 230 à 475€/sem.
🚰 1 borne artisanale
Pour s'y rendre : au sud par D 935

Nature : 🌳🚿
Loisirs : 🎦 🏊 🛶
Services : 🚿 🔌 🌳 laverie
À prox. : 🛒

Longitude : 0.15012
Latitude : 43.06514

PUYBRUN

46130 – **337** G2 – 846 h. – alt. 146
Paris 520 – Beaulieu-sur-Dordogne 12 – Brive-la-Gaillarde 39 – Cahors 86 – St-Céré 12 – Souillac 33.

La Sole de déb. avr. à fin sept.
℘ 0565385237, *camping.la.sole@wanadoo.fr*,
www.la-sole.com
2,3 ha (72 empl.) plat, herbeux
Tarif : ✦ 5€ 🚐 🅴 5,30€ – 🛈 (6A) 3,30€ – frais de
réservation 15€
Location (Prix 2009) (permanent) : 9 🛖 (4 à 6 pers.)
nuitée 70€/sem. – 17 bungalows toilés – 5 gîtes –
frais de réservation 15€
Pour s'y rendre : sortie est, rte de Bretenoux et chemin
à dr. apr. la station-service

Nature : 🌿 🌲 🌳🚿
Loisirs : snack 🎦 🏊 🛶 terrain
omnisports
Services : 🚿 🔌 GB ⚙ 🧺 🚮
🚰 🔥

Longitude : 1.74353
Latitude : 44.92141

PUY-L'ÉVÊQUE

46700 – **337** C4 – G. Périgord Quercy – 2 178 h. – alt. 130

🛈 *Syndicat d'initiative, place de la Truffière* 📞 *05 65 21 37 63, Fax 05 65 21 37 63*

Paris 601 – Cahors 31 – Gourdon 41 – Sarlat-la-Canéda 52 – Villeneuve-sur-Lot 43.

L'Évasion de déb. avr. à fin sept.

📞 05 65 30 80 09, *evasion@wanadoo.fr*, Fax 05 65 30 81 12, *www.lotevasion.com*

4 ha/2 campables (50 empl.) vallonné, en terrasses, pierreux, herbeux

Tarif : (Prix 2009) 23,20€ ★★ ⬅ 🅴 (ƴ) (5A) – pers. suppl. 10€

Location (Prix 2009) (permanent) 🚲 : 8 ⬜⬜ (4 à 6 pers.) 245 à 625€/sem. – 27 🏠 (4 à 6 pers.) nuitée 49€ - 305 à 755€/sem. – frais de réservation 10,90€

Pour s'y rendre : à Martignac (3 km au nord-ouest par D 28, rte de Villefranche-du-Périgord et chemin à dr.)

À savoir : jolis parc aquatique et chalets en sous bois

Nature : 🐟 ♨
Loisirs : 🍴 ✕ snack 🎱 🏇 🎣♨ ♨ ⚽ 🛶 terrain omnisports
Services : 🚲 ⚡ GB 🐾 ♨ 🔳 ⛽

Longitude : 1.12704
Latitude : 44.52546

*De categorie (1 tot 5 tenten, in **zwart** of **rood**) die wij aan de geselekteerde terreinen in deze gids toekennen, is onze eigen indeling.*
Niet te verwarren met de door officiële instanties gebruikte classificatie (1 tot 4 sterren).

PUYSSÉGUR

31480 – **343** E2 – 96 h. – alt. 265

Paris 669 – Agen 83 – Auch 51 – Castelsarrasin 48 – Condom 73 – Montauban 45 – Toulouse 42.

Namasté de déb. avr. à fin oct.

📞 05 61 85 77 84, *camping.namaste@free.fr*, Fax 05 61 85 77 84, *http://camping.namaste.free.fr* – accès aux emplacements par forte pente, mise en place et sortie des caravanes à la demande

10 ha/2 campables (60 empl.) en terrasses, peu incliné, plat, herbeux, pierreux, étang, bois attenant

Tarif : (Prix 2009) 17€ ★★ ⬅ 🅴 (ƴ) (10A) – pers. suppl. 6€ – frais de réservation 15€

Location (Prix 2009) : 6 ⬜⬜ (4 à 6 pers.) 260 à 495€/sem. – 15 🏠 (4 à 6 pers.) - 290 à 660€/sem. – frais de réservation 15€

🚐 borne artisanale 5€

Pour s'y rendre : sortie nord par D 1, rte de Cox et chemin à dr.

À savoir : organise des expositions photos

Nature : 🐟 🌲 ♨
Loisirs : 🎱 🎣 ♨ 🛶 🦢 parcours de santé
Services : 🚲 ⚡ 🐾 ♨ ⛽ 🔳

Longitude : 1.06184
Latitude : 43.74863

REVEL

31250 – **343** K4 – G. Midi Toulousain – 8 856 h. – alt. 210

🛈 *Office de tourisme, place Philippe VI de Valois* 📞 *05 34 66 67 68, Fax 05 34 66 67 67*

Paris 727 – Carcassonne 46 – Castelnaudary 21 – Castres 28 – Gaillac 62 – Toulouse 54.

Municipal du Moulin du Roy de déb. juin à mi-sept.

📞 05 61 83 32 47, *mairie@mairie-revel.fr*, Fax 05 62 18 71 41, *www.revel-lauragais.com*

1,2 ha (50 empl.) plat, herbeux

Tarif : (Prix 2009) ★ 2,70€ ⬅ 1,80€ 🅴 2,20€ – (ƴ) (10A) 3€

🚐 borne raclet 3€

Pour s'y rendre : rte de Soréze (sortie sud-est par D 1, rte de Dourgne et à dr.)

À savoir : décoration arbustive et florale des emplacements

Nature : 🌲 ♨
Services : 🚲 ⚡ 🐾 ♨ ⛽ 🔳
À prox. : ✕ 🎣 🛶

Longitude : 2.01237
Latitude : 43.45594

RIEUX

31310 – **343** F5 – G. Midi Toulousain – 2 306 h. – alt. 210 – Base de loisirs
🛈 *Office de tourisme, 9, rue de l'Evêché* ✆ *0561876333, Fax 0561876333*
Paris 723 – Auterive 35 – Foix 53 – St-Gaudens 54 – Toulouse 50.

⚠ Les Chalets du Plan d'Eau (location exclusive de chalets et mobile homes) Permanent
✆ 0561972459, *sivom-rieux-accueil@wanadoo.fr*,
Fax 0561876780, *http://www.camping-rieux.eu* – empl. traditionnels également disponibles
3 ha en terrasses

Location (Prix 2009) 👣 : 11 ⊞ (4 à 6 pers.) 178 à 255€/sem. – 10 ⌂ (4 à 6 pers.) - 255 à 442€/sem.
⛽ 1 borne 3€
Pour s'y rendre : 11 r. de la Bastide (3 km au nord-ouest par D 627, rte de Toulouse et rte à gauche, au bord de la Garonne)

Nature : 🌲 ☲ ♨
Loisirs : 🎱 ⛵ 🎿 🐟
Services : ☎ laverie
À prox. : ✕ snack 🛁 🔲 🔟 💧 pédalos

Longitude : 1.18806
Latitude : 43.27195

RIEUX-DE-PELLEPORT

09120 – **343** H6 – 1 063 h. – alt. 333
Paris 752 – Foix 13 – Pamiers 8 – St-Girons 47 – Toulouse 77.

⚠ Les Mijeannes Permanent
✆ 0561608223, *lesmijeannes@wanadoo.fr*,
Fax 0561677480, *www.campinglesmijeannes.com*
10 ha/5 campables (88 empl.) plat, herbeux, pierreux
Tarif : ✚ 4,90€ ⛺ 目 9,30€ – 🔌 (10A) 4,50€

Location : 11 ⊞ (4 à 6 pers.) 256 à 609€/sem. – 2 ⌂ (4 à 6 pers.) - 286 à 585€/sem. – frais de réservation 15€
⛽ 1 borne 4€
Pour s'y rendre : rte de Férries (1,4 km au nord-est, accès par D 311, au bord d'un canal et près de l'Ariège)

Nature : 🌲 ≤ ☲ ♨
Loisirs : 🍴 🎱 ᵐ 🔟 🐟
Services : 👣 ☎ GB ⌀ 🍴 laverie

Longitude : 1.62134
Latitude : 43.06293

*De gids wordt jaarlijks bijgewerkt.
Doe als wij, vervang hem, dan blijf je bij.*

RIGNAC

12390 – **338** F4 – 1 820 h. – alt. 500
🛈 *Office de tourisme, place du Portail-Haut* ✆ *0565802604, Fax 05.65.64.45.45*
Paris 618 – Aurillac 86 – Figeac 40 – Rodez 27 – Villefranche-de-Rouergue 30.

⚠ La Peyrade de déb. mai à fin sept.
✆ 0565644464, Fax 0565644633
0,7 ha (36 empl.) en terrasses, peu incliné, plat, herbeux
Tarif : (Prix 2009) 21€ ✚✚ ⛺ 目 🔌 (16A) – pers. suppl. 5€

Location (Prix 2009) : 3 ⊞ (4 à 6 pers.) 150 à 200€/sem.
Pour s'y rendre : Pl. du Foirail (au sud du bourg, près d'un petit étang)

Nature : 🌲 ☲ ♨
Services : 👣 ☎ GB ⌀ 🏛 🛁 ☝ laverie
À prox. : 🍴 🎱 ⛵ 🎿 🐟

Longitude : 2.29043
Latitude : 44.40788

RIMONT

09420 – **343** F7 – 502 h. – alt. 525
Paris 768 – Toulouse 92 – Carcassonne 114 – Colomiers 98 – Tournefeuille 89.

⚠ Village Vacances Les Chalets de Rimont (location exclusive de chalets) Permanent
✆ 0561645353, *tourisme.seronais@wanadoo.fr*,
Fax 0561645048, *www.seronais.com*
0,3 ha plat

Location (Prix 2009) 👣 : 5 ⌂ (4 à 6 pers.) - 280 à 510€/sem.
Pour s'y rendre : 1 km au sud par D 518, rte l'Abbaye de Combelongue

Nature : 🌲 ≤
Services : GB ⌀ 🏛 🔳

Longitude : 1.28283
Latitude : 42.9956

RIVIÈRE-SUR-TARN

12640 – **338** K5 – 1 013 h. – alt. 380
🛈 *Syndicat d'initiative, route des Gorges du Tarn* ℘ 05 65 59 74 28, Fax 05.65.59.74.28
Paris 627 – Mende 70 – Millau 14 – Rodez 65 – Sévérac-le-Château 24.

⚠ **Peyrelade** ♣♣ – de mi-mai à mi-sept.
℘ 05 65 62 62 54, *campingpeyrelade@orange.fr*,
Fax 05 65 62 65 61, *www.campingpeyrelade.com*
4 ha (190 empl.) en terrasses, plat, herbeux, pierreux
Tarif : 31 € ♣♣ ⇌ 🅴 🄷 (6A) – pers. suppl. 7 € – frais de
réservation 16 €

Location 🏠 : 42 🛏 (4 à 6 pers.) 294 à 749 €/sem. –
8 bungalows toilés – frais de réservation 16 €
🚐 borne artisanale 31 €
Pour s'y rendre : rte des Gorgers du Tarn (2 km à l'est par
D 907, rte de Florac, au bord du Tarn)

À savoir : cadre et situation agréables à l'entrée des
Gorges du Tarn

Nature : ≤ 😊😊
Loisirs : 🍴 snack, pizzeria 🎬 🎮
🏓 🏊 🛶 canoë
Services : ⚐ 🔌 GB ⚡ 🔥 🚿
🍴 🔥 🧺 🚲
À prox. : 🚲 🍴 **accrobranches**

Longitude : 3.13542
Latitude : 44.18923

⚠ **Les Peupliers** de déb. avr. à fin sept.
℘ 05 65 59 85 17, *lespeupliers12640@orange.fr*,
Fax 05 65 61 09 03, *www.campinglespeupliers.fr*
1,5 ha (112 empl.) plat, herbeux, pierreux
Tarif : (Prix 2009) 28 € ♣♣ ⇌ 🅴 🄷 (6A) – pers.
suppl. 7 € – frais de réservation 25 €

Location (Prix 2009) : 12 🛏 (4 à 6 pers.) nuitée 60 € -
300 à 760 €/sem. – frais de réservation 25 €
🚐 borne artisanale 5 € – 12 🅴 28 € – 🔋 🄷 16 €
Pour s'y rendre : rte des Gorges du Tarn (sortie sud-
ouest rte de Millau et chemin à gauche, au bord du Tarn)

Nature : ≤ 🏕 😊😊
Loisirs : 🍴 snack 🎮 🏊 🛶
🛶 canoë
Services : ⚐ 🔌 GB ⚡ 🔥 🚿
🍴 laverie
À prox. : 🐎

Longitude : 3.13038
Latitude : 44.18706

🧺 ✗ *LET OP :*
🚿 *deze gegevens gelden in het algemeen alleen in het seizoen,*
🏊 🐎 *wat de openingstijden van het terrein ook zijn.*

483

ROCAMADOUR

46500 – **337** F3 – G. Périgord Quercy – 630 h. – alt. 279
🛈 *Office de tourisme, L'Hospitalet* ℘ 05 65 33 22 00, Fax 05 65 33 22 01
Paris 531 – Brive-la-Gaillarde 54 – Cahors 60 – Figeac 47 – Gourdon 32 – St-Céré 31 – Sarlat-la-Canéda 51.

⚠ **Les Cigales** de déb. avr. à fin sept.
℘ 05 65 33 64 44, *camping.cigales@wanadoo.fr*,
Fax 05 65 33 69 60, *www.camping-cigales.com*
3 ha (100 empl.) plat, peu incliné, herbeux, pierreux
Tarif : (Prix 2009) 20 € ♣♣ ⇌ 🅴 🄷 (10A) – pers.
suppl. 6 € – frais de réservation 15 €

Location (Prix 2009) (de déb. avr à fin oct.) : 30 🛏
(4 à 6 pers.) nuitée 50 € - 245 à 625 €/sem. – 8 🏠 (4 à
6 pers.) nuitée 60 € - 295 à 625 €/sem. – 4 bungalows
toilés – roulottes – frais de réservation 15 €
🚐 borne artisanale 5 €
Pour s'y rendre : rte de Gramat (sortie est par D 36)

Nature : 🌿 😊😊
Loisirs : 🍴 snack 🎬 🏊 🛶 🏊
Services : ⚐ 🔌 GB ⚡ 🔥 🚿
🔥 🚲 réfrigérateurs
À prox. : 🧺 ✗

Longitude : 1.62639
Latitude : 44.80485

⚠ **Le Roc** de déb. avr. à déb. nov.
℘ 05 65 33 68 50, *campingleroc@wanadoo.fr*,
Fax 05 65 33 75 64, *www.camping-leroc.com*
2 ha/0,5 campable (36 empl.) plat, herbeux, pierreux
Tarif : 19 € ♣♣ ⇌ 🅴 🄷 (5A) – pers. suppl. 5,50 € – frais
de réservation 13 €

Location : 4 🛏 (4 à 6 pers.) 217 à 587 €/sem. – 4 🏠
(4 à 6 pers.) - 217 à 587 €/sem. – frais de réservation
13 €
🚐 borne artisanale 5 € – 🔋 11 €
Pour s'y rendre : à Pech-Alis (3 km au nord-est par D 673,
rte d'Alvignac, à 200 m de la gare)

Nature : 🏕 😊😊
Loisirs : snack 🏊 🏊
Services : ⚐ 🔌 GB ⚡ 🚿
🍴 🚲

Longitude : 1.61835
Latitude : 44.79952

△ **Le Relais du Campeur** de mi-fév. à déb. nov.
℘ 05 65 33 63 28, *lerelaisducampeur@orange.fr*,
Fax 05 65 10 68 21, *www.lerelaisducampeur.com*
1,7 ha (100 empl.) peu incliné, herbeux, pierreux
Tarif : 16,50€ ✶✶ ⇔ 🔲 🕊 (10A) – pers. suppl. 3,60€ –
frais de réservation 10€

Location (permanent) : hôtel
🔲 borne artisanale 5€ – 100 🔲 11€ – 🛒 8.50€
Pour s'y rendre : l'Hospitalet (au bourg)

Nature : ♡♡
Loisirs : ⚒
Services : ⊶ GB ℀ ℉ laverie
À prox. : ⚘ ☂ ✗ snack

Longitude : 1.62763
Latitude : 44.80442

RODEZ

12000 – **338** H4 – G. Midi Toulousain – 24 028 h. – alt. 635
🚩 *Office de tourisme, place Foch* ℘ 05 65 75 76 77, Fax 05 65 68 78 15
Paris 623 – Albi 76 – Alès 187 – Aurillac 87 – Brive-la-Gaillarde 167 – Clermont-Ferrand 213 –
Montauban 131 – Périgueux 219 – Toulouse 155.

△△△ **Village Vacances Campéole le Domaine de Combelles** ♣♣ – (location exclusive de chalets et de bungalows toilés) de déb. mai à fin oct.
℘ 05 65 78 29 53, *combelles@campeole.com*,
Fax 05 65 77 30 06, *www.camping-rodez.info*
120 ha/20 campables plat, vallonné, herbeux

Location ♿ : 8 🛖 (4 à 6 pers.) nuitée 41€ – 385 à 777€/sem. – 116 🏚 (4 à 6 pers.) nuitée 28€ – 273 à 749€/sem. – 89 bungalows toilés – (avec sanitaires) – frais de réservation 25€
Pour s'y rendre : au domaine de Combelles (2 km au sud-est par D 12, rte de Ste-Radegonde, D 62, rte de Flavin à dr. et chemin à gauche)

À savoir : nombreuses activités pour petits et grands autour d'un important centre équestre

Nature : ⚲ ⟨ ▭ ♀
Loisirs : ☂ ✗ pizzeria 🎬 ☺ 🎯 salle de danse 🎿 🚲 ⚺ ♨ 🐎 poneys
Services : ⊶ 🅿 GB ℀ ⚘ ℉ laverie 🚿

Longitude : 2.59234
Latitude : 44.33138

△ **Municipal de Layoule** de déb. mai à fin sept.
℘ 05 65 67 09 52, *camping.municipal@mairie-rodez.fr*,
Fax 05 65 67 11 43, *www.mairie-rodez.fr*
2 ha (79 empl.) en terrasses, plat, herbeux, gravier
Tarif : (Prix 2009) 18€ ✶✶ ⇔ 🔲 🕊 (6A) – pers. suppl. 4€
🔲 1 borne artisanale
Pour s'y rendre : au nord-est de la ville

À savoir : agréable cadre verdoyant et ombragé près de l'Aveyron

Nature : ⟨ ▭ ♡♡
Loisirs : 🎬 🎿
Services : ♿ ⊶ GB ℀ ⚘ ℻ 🔲
À prox. : ⚘ parcours pédestre, petit train pour centre ville

Longitude : 2.57351
Latitude : 44.35092

Campeurs...
N'oubliez pas que le feu est le plus terrible ennemi de la forêt.
Soyez prudents !

LA ROMIEU

32480 – **336** E6 – 538 h. – alt. 188
🚩 *Syndicat d'initiative, rue du Docteur Lucante* ℘ 05 62 28 86 33, Fax 05.62.28.86.33
Paris 694 – Agen 32 – Auch 48 – Condom 12 – Moissac 69 – Montauban 97.

△△△ **Le Camp de Florence** ♣♣ – de déb. avr. à déb. oct.
℘ 05 62 28 15 58, *info@lecampdeflorence.com*,
Fax 05 62 28 20 04, *www.lecampdeflorence.com*
10 ha/4 campables (183 empl.) non clos, en terrasses, plat, herbeux
Tarif : 31,90€ ✶✶ ⇔ 🔲 🕊 (10A) – pers. suppl. 7,20€

Location : 28 🛖 (4 à 6 pers.) nuitée 42€ - 294 à 770€/sem. – 2 🏚 (4 à 6 pers.) nuitée 40€ - 280 à 749€/sem. – 7 bungalows toilés
🔲 borne artisanale 4€ – 14 🔲 17,50€
Pour s'y rendre : rte Astaffort (sortie est du bourg par D 41)

Nature : ⚲ ▭ ♀
Loisirs : ☂ ✗ 🎬 ☺ 🎯 ⛳ 🎿 🚲 ⚺ ⚒
Services : ♿ ⊶ GB ℀ ⚘ ℉ 🔲 🚿

Longitude : 0.50194
Latitude : 43.98269

ROQUELAURE

32810 – **336** F7 – 515 h. – alt. 206
Paris 711 – Agen 67 – Auch 10 – Condom 39.

Le Talouch 🔱 – de déb. avr. à fin sept.
℘ 05 62 65 52 43, *info@camping-talouch.com*,
Fax 05 62 65 53 68, *www.camping-talouch.com*
9 ha/5 campables (147 empl.) plat, herbeux, terrasse
Tarif : 33,40€ ✶✶ ⇔ 🗉 (≴) (6A) – pers. suppl. 7,60€ –
frais de réservation 29€

Location (permanent) : 37 🏠 (4 à 6 pers.) - 231 à
889€/sem. – bungalows toilés – frais de réservation
29€
borne artisanale 9€ – 4 🗉 25€
Pour s'y rendre : au Cassou (3,5 km au nord par D 272,
rte de Mérens puis à gauche D 148, rte d'Auch)

Nature : 🌿 ⌂ ♀
Loisirs : ✕ ⛷🏓 hammam
jacuzzi 🚴 % 🖥 🏊 swin
golf (9 trous)
Services : 🛠 ⚡ GB ⅗ 🚿 ⛟
🍴 🗉 ♨

Longitude : 0.56857
Latitude : 43.71431

*Om een reisroute uit te stippelen en te volgen,
om het aantal kilometers te berekenen,
om precies de ligging van een terrein te bepalen
(aan de hand van de inlichtingen in de tekst),
gebruikt u de **Michelinkaarten** ,
een onmisbare aanvulling op deze gids.*

485

ST-AMANS-DES-COTS

12460 – **338** H2 – 772 h. – alt. 735
🛈 *Office de tourisme, Le Bourg* ℘ 05 65 44 81 61, Fax 05.65.44.81.61
Paris 585 – Aurillac 54 – Entraygues-sur-Truyère 16 – Espalion 31 – Chaudes-Aigues 47.

Village Center Les Tours 🔱 – de fin avr. à déb.
sept.
℘ 08 25 00 20 30, *resa@village-center.com*,
Fax 04 67 51 63 89, *www.village-center.fr* – alt. 600
15 ha (275 empl.) en terrasses, plat, herbeux, pierreux,
fort dénivelé
Tarif : 34€ ✶✶ ⇔ 🗉 (≴) (6A) – pers. suppl. 5€ – frais de
réservation 30€

Location : (4 à 6 pers.) 216 à 889€/sem. – frais de
réservation 30€
Pour s'y rendre : au lieu-dit : Les Tours (6 km au sud-est
par D 97 et D 599 à gauche, au bord du lac de la Selves)
À savoir : agréable terrain dominant le lac

Nature : 🌿 ≤ ⌂ ♒⚓
Loisirs : ❜ ✕ pizzeria 🎮 ⛷
🚴 % 🏊 ⛸ 🎣 nombreuses
activités nautiques sur le lac
Services : 🛠 ⚡ GB ⅗ 🚿 ⛟
🍴 laverie 🔌 ♨

Longitude : 2.68218
Latitude : 44.66697

La Romiguière de déb. avr. à déb. oct.
℘ 05 65 44 44 64, *campinglaromiguiere@wanadoo.fr*,
Fax 05 65 44 86 37, *www.laromiguiere.com* – alt. 600
2 ha (62 empl.) terrasse, plat, herbeux, pierreux
Tarif : 20,50€ ✶✶ ⇔ 🗉 (≴) (10A) – pers. suppl. 5,65€ –
frais de réservation 16€

Location : 13 (4 à 6 pers.) 615€/sem. – frais de
réservation 16€
borne artisanale 8€
Pour s'y rendre : au Lac de la Selve (8,5 km au sud-est
par D 97 et D 599 à gauche, au bord du lac de la Selves)

Nature : 🌿 ≤ ⌂ ♒⚓
Loisirs : ❜ pizzeria, snack 🏊 🐬
ponton d'amarrage, canoë, pédalos, barques
Services : 🛠 ⚡ GB ⅗ 🚿 ⛟
🍴 laverie ♨
À prox. : ski nautique

Longitude : 2.70639
Latitude : 44.65528

ST-ANTONIN-NOBLE-VAL

82140 – **337** G7 – G. Périgord Quercy – 1 797 h. – alt. 125
🏢 *Office de tourisme, place de la Mairie* 📞 *05 63 30 63 47*, Fax *05 63 30 66 33*
Paris 624 – Cahors 55 – Caussade 18 – Caylus 11 – Cordes-sur-Ciel 31 – Montauban 46.

🔺 **Les Trois Cantons** de déb. avr à fin sept.
📞 05 63 31 98 57, *info@3cantons.fr*, Fax 05 63 31 25 93,
www.3cantons.fr
20 ha/4 campables (99 empl.) plat, peu incliné, pierreux,
herbeux
Tarif : 26,50€ ★★ ⟵ 🅴 🄷 (10A) – pers. suppl. 6,50€
Location : 15 🚐 (4 à 6 pers.) 224 à 630€/sem. – 2
tentes
🛒 1 borne artisanale – 5 🅴
Pour s'y rendre : 7,7 km au nord-ouest par D 19, rte
de Caylus et chemin à gauche, apr. le petit pont sur
la Bonnette, entre le lieu-dit Tarau et la D 926, entre
Septfonds (6 km) et Caylus (9 km)

À savoir : cadre naturel en sous bois

Nature : 🌿 ⛲ 💧
Loisirs : 🎱 🏕 🚴 ✂ 🛶
Services : 🚿 ⛽ GB 🔧 🍴 🛒
À prox. : petite ferme animalière

Longitude : 1.74494
Latitude : 44.15459

🔺 **Les Gorges de l'Aveyron** ▲👤 – de mi-avr. à fin sept.
📞 05 63 30 69 76, *info@camping-gorges-aveyron.com*,
Fax 05 63 30 67 61, *www.camping-gorges-aveyron.com*
3,8 ha (80 empl.) plat, herbeux
Tarif : 21,90€ ★★ ⟵ 🅴 🄷 (10A) – pers. suppl. 5€ –
frais de réservation 5€

Location : 11 🚐 (4 à 6 pers.) nuitée 42€ - 210 à 525€/
sem. – 5 bungalows toilés – frais de réservation 15€
🛒 borne artisanale 10,90€
Pour s'y rendre : à Marsac bas

Nature : 🌿 💧
Loisirs : 🍴 🎱 🏓 🏕 🛶 🐟
Services : 🚿 ⛽ GB 🔧 🛁 🛒
laverie 🧺 🐾
À prox. : canoë

Longitude : 1.75329
Latitude : 44.1524

ST-BERTRAND-DE-COMMINGES

31510 – **343** B6 – G. Midi Toulousain – 252 h. – alt. 581
Paris 783 – Bagnères-de-Luchon 33 – Lannemezan 23 – St-Gaudens 17 – Tarbes 68 – Toulouse 110.

🔺 **Es Pibous** de déb. avr. à fin oct.
📞 05 61 88 31 42, *es.pibous@wanadoo.fr*,
Fax 05 61 95 63 83, *www.es-pibous.fr*
2 ha (80 empl.) plat, herbeux
Tarif : ★ 4€ ⟵ 🅴 4€ – 🄷 (16A) 3,70€
🛒 borne artisanale 4€
Pour s'y rendre : chemin de St-Just (800 m au sud-est
par D 26a, rte de St-Béat et chemin à gauche)

Nature : 🌿 ⭐la cathédrale ⛲
💧
Loisirs : 🎱 🏕 🛶
Services : 🚿 ⛽ GB 🔧 🎯 🛁 🛒
À prox. : 🐟 canoë-kayak

Longitude : 0.5737
Latitude : 43.02753

*We recommend that you consult the up to date price list posted
at the entrance of the site. Inquire about possible restrictions.
The information in this Guide may have been modified since going to press.*

ST-BLANCARD

32140 – **336** F9 – 323 h. – alt. 332 – Base de loisirs
Paris 735 – Toulouse 84 – Pau 116 – Montauban 112 – Tarbes 76.

🔺 **Village Vacances du Lac de la Gimone** (location
exclusive de chalets) Permanent
📞 05 62 66 01 18, *mairie.stblancard@orange.fr*,
Fax 05 62 66 01 75
20 ha/1 campable non clos, plat
Location (Prix 2009) 🅿 : 9 🏠 (4 à 6 pers.) - 150 à
400€/sem.

Nature : 🌿 ⭐sur le lac⛰
Loisirs : 🏕 ⛵ 🐟 🚣
Services : 🚿 🎯
À prox. : canoë, pédalos, bâteau
promenade

Longitude : 0.64697
Latitude : 43.34412

ST-CÉRÉ

46400 – **337** H2 – G. Périgord Quercy – 3 540 h. – alt. 152
∄ *Office de tourisme, 13, avenue Francois de Maynard ℰ 0565381185, Fax 0565383871*
Paris 531 – Aurillac 62 – Brive-la-Gaillarde 51 – Cahors 80 – Figeac 44 – Tulle 54.

Le Soulhol de déb. mai à mi-sept.
ℰ 0565381237, *info@campinglesoulhol.com*,
www.campinglesoulhol.com
3,5 ha (120 empl.) plat, herbeux
Tarif : 17,80€ ✹✹ 🚗 🅴 🈂 (10A) – pers. suppl. 4,90€
Location 🏫 : 5 🛏 (4 à 6 pers.) 220 à 490€/sem. –
gîtes – frais de réservation 10€
🚮 borne artisanale
Pour s'y rendre : quai Salesses (sortie sud-est par D 48,
au bord de la Bave)

| Nature : 🏞 🌳🌳 |
| Loisirs : 🏛 🎣 |
| Services : 🚿 🚐 GB 🐕 ♨ 🍴 laverie |
| À prox. : 🍷 🍴 🍽 |

| Longitude : 1.89772 |
| Latitude : 44.85812 |

Pour visiter une ville ou une région : utilisez les Guides Verts MICHELIN.

ST-CIRQ-LAPOPIE

46330 – **337** G5 – G. Périgord Quercy – 215 h. – alt. 320
∄ *Office de tourisme, place du Sombral ℰ 0565312906, Fax 0565312906*
Paris 574 – Cahors 26 – Figeac 44 – Villefranche-de-Rouergue 37.

La Truffière ♟ – de déb. avr. à mi-sept.
ℰ 0565302022, *contact@camping-truffiere.com*,
www.camping-truffiere.com
4 ha (96 empl.) en terrasses, plat, herbeux, pierreux, sous
bois
Tarif : 20,50€ ✹✹ 🚗 🅴 🈂 (6A) – pers. suppl. 5,50€ –
frais de réservation 11€
Location : 11 🛏 (4 à 6 pers.) nuitée 50€ - 230 à 670€/
sem. – frais de réservation 11€
🚮 borne artisanale 5€ – 3 🅴 5,50€ – 🚰 10€
Pour s'y rendre : au lieu-dit : Pradines (3 km au sud par
D 42, rte de Concots)
À savoir : joli petit "village" de chalets

| Nature : 🏞 < 🌳🌳 |
| Loisirs : snack 🏛 🏕 🎣 🎣 |
| Services : 🚿 🚐 GB 🐕 🏧 ♨ laverie 🧺 |

| Longitude : 1.6746 |
| Latitude : 44.44842 |

La Plage ♟ – de déb. avr. à fin sept.
ℰ 0565302951, *camping-laplage@wanadoo.fr*,
Fax 0565302333, *www.campingplage.com*
3 ha (120 empl.) plat, herbeux, pierreux
Tarif : 23€ ✹✹ 🚗 🅴 🈂 (10A) – pers. suppl. 5€ – frais
de réservation 10€
Location : 9 🛏 (4 à 6 pers.) nuitée 50€ - 220 à 610€/
sem. – 12 🛏 (4 à 6 pers.) nuitée 60€ - 250 à 640€/
sem. – frais de réservation 10€
🚮 1 borne 2€
Pour s'y rendre : à Porte Roques (1,4 km au nord-est par
D 8, rte de Tour-de-Faure, à gauche av. le pont)
À savoir : bordé par le Lot, face à l'un des plus beaux
villages de France

| Nature : 🏞 🌳🌳 |
| Loisirs : 🍷 snack, pizzeria 🎡 diurne 🏕 🎣 🚲 🏊 (plage) 🛶 canoë |
| Services : 🚿 🚐 GB 🐕 ♨ 🏧 🚾 🍴 laverie 🧺 |
| À prox. : escalade, spéléo, canyoning, parcours aventure 🚮 |

| Longitude : 1.67871 |
| Latitude : 44.46741 |

ST-GAUDENS

31800 – **343** C6 – G. Midi Toulousain – 11 000 h. – alt. 405
∄ *Office de tourisme, 2, rue Thiers ℰ 0561947761, Fax 0561947750*
Paris 766 – Bagnères-de-Luchon 48 – Tarbes 68 – Toulouse 94.

Municipal Belvédère des Pyrénées de déb. juin
à fin sept.
ℰ 0562001603, *s.moulin@stgo.fr*, Fax 0562002830,
www.st-gaudens.com
1 ha (83 empl.) plat, herbeux
Tarif : (Prix 2009) 16€ ✹✹ 🚗 🅴 🈂 (13A) – pers.
suppl. 3,50€
🚮 1 borne
Pour s'y rendre : r. des Chanteurs du Comminges (1 km
à l'ouest par N 117, dir. Tarbes)

| Nature : < Pyrénées 🌳🌳 |
| Services : 🚿 🚐 🏧 |
| À prox. : 🛒 🍷 pizzeria |

| Longitude : 0.70803 |
| Latitude : 43.11051 |

487

ST-GENIEZ-D'OLT

12130 – **338** J4 – G. Midi Toulousain – 1 996 h. – alt. 410
🅗 *Office de tourisme, Le Cloître* 𝒫 05 65 70 43 42, Fax 05 65 70 47 05
Paris 612 – Espalion 28 – Florac 80 – Mende 68 – Rodez 46 – Sévérac-le-Château 25.

ᴀᴀᴀ **Campéole la Boissière** ♣♣ – de fin avr. à fin sept.
𝒫 05 65 70 40 43, *boissiere@campeole.com*,
Fax 05 65 47 56 39, *www.camping-aveyron.info*
5 ha (250 empl.) en terrasses et plat, peu incliné, herbeux
Tarif : (Prix 2009) 25 € ♣♣ ⇔ 🆔 🌢 (10A) – pers.
suppl. 5,90 € – frais de réservation 25 €

Location (Prix 2009) : 20 🛖 (4 à 6 pers.) nuitée 35 €
- 770 €/sem. – 19 🏠 (4 à 6 pers.) nuitée 33 € - 742 €/
sem. – 23 bungalows toilés – avec et sans sanitaires –
frais de réservation 25 €
🅿 1 borne 1 €
Pour s'y rendre : rte de la Cascade (1,2 km au nord-est
par D 988, rte de St-Laurent-d'Olt et rte de Pomayrols à
gauche, au bord du Lot)

À savoir : agréable cadre boisé au bord du Lot

| Nature : ⌂ ⊏ 🞊🞊 |
| Loisirs : 🍸 ⌂ 🞖 🏕 🚲 ❅ 🞖 🞖 |
| Services : ⅙ ⊶ GB 🐕 🞖 🍴 laverie réfrigérateurs |
| À prox. : 🚲 🛶 base de canoë-kayak |

| Longitude : 2.97957 |
| Latitude : 44.46687 |

ᴀᴀᴀ **Marmotel** ♣♣ – de déb. mai à mi-sept.
𝒫 05 65 70 46 51, *info@marmotel.com*, Fax 05 65 47 41 38,
www.marmotel.com
4 ha (173 empl.) plat, herbeux
Tarif : 28 € ♣♣ ⇔ 🆔 🌢 (10A) – pers. suppl. 5,30 € –
frais de réservation 20 €

Location 🞖 : 37 🛖 (4 à 6 pers.) 240 à 770 €/sem.
– 30 🏠 (4 à 6 pers.) - 180 à 685 €/sem. – frais de
réservation 20 €
🅿 borne artisanale 10 € – 5 🞖 10 € – 🚽 🌢 10 €
Pour s'y rendre : au lieu-dit : La Salle (1,8 km à l'ouest
par D 19, rte de Prades-d'Aubrac et chemin à gauche, à
l'extrémité du village artisanal, au bord du Lot)

| Nature : ⌂ ⊏ 🞊🞊 |
| Loisirs : 🍸 grill et, pizzéria (le soir) 🞖 🏕 salle d'animation 🚲 ❅ ❅ 🞖 terrain omnisports |
| Services : ⅙ ⊶ GB 🐕 🞖 – 42 sanitaires individuels (🞖🞖 wc) 🞖 🞖 🍴 laverie 🞖 |
| À prox. : 🞖 |

| Longitude : 2.9644 |
| Latitude : 44.462 |

ᴀ **Les Clédelles du Colombier** (location exclusive de maisonnettes) Permanent
𝒫 05 65 47 45 72, *dedelles.reservations@wanadoo.fr*,
Fax 05 65 47 45 48, *www.lesdedelles.com*
3 ha plat

Location (Prix 2009) : 41 🏠 (4 à 6 pers.) nuitée 89 € -
300 à 785 €/sem. – frais de réservation 10 €
Pour s'y rendre : r. Rivié (1 km au nord-est par D 988, rte
de St-Laurent-d'Olt et rte de Pomayrols à gauche, près
du Lot)

| Nature : ⌂ |
| Loisirs : 🏕 🞖 |
| Services : ⊶ GB 🐕 🞖 🞖 |
| À prox. : 🞖 |

| Longitude : 2.97659 |
| Latitude : 44.4684 |

ᴀᴀᴀᴀ ... ᴀ

Besonders angenehme Campingplätze, ihrer Kategorie entsprechend.

488

ST-GERMAIN-DU-BEL-AIR

46310 – **337** E4 – 510 h. – alt. 215
🅗 *Office de tourisme, place de la Mairie* 𝒫 05 65 31 09 10
Paris 551 – Cahors 28 – Cazals 20 – Fumel 52 – Labastide-Murat 15 – Puy-l'Évêque 37.

ᴀ **Municipal le Moulin Vieux** ♣♣ – de déb. avr. à fin sept.
𝒫 05 65 31 00 71, *contact@camping-moulin-vieux-lot.com*,
Fax 05 65 31 00 71,
www-camping-moulin-vieux-lot.com
2 ha (90 empl.) plat, herbeux
Tarif : 14 € ♣♣ ⇔ 🆔 🌢 (16A) – pers. suppl. 4 € – frais
de réservation 20 €

Location (permanent) ⅙ : 🏠 (4 à 6 pers.) 300 €/
sem. – frais de réservation 90 €
Pour s'y rendre : au nord-ouest du bourg, au bord du
Céou

| Nature : ⌂ 🞊🞊 |
| Loisirs : ⌂ 🏕 🚲 ❅ 🞖 🞖 |
| Services : ⊶ 🐕 🞖 🞖 |
| À prox. : 🞖 🞖 |

| Longitude : 1.43966 |
| Latitude : 44.64672 |

ST-GIRONS

09200 – **343** E7 – 6 533 h. – alt. 398

ⓘ *Office de tourisme, place Alphonse Sentein* ℰ *05.61.96.26.60, Fax 05.61.96.26.69*
Paris 774 – Auch 123 – Foix 45 – St-Gaudens 43 – Toulouse 101.

Audinac ♣▲ – de déb. avr. à mi-oct.
ℰ 04 68 31 87 99, accueil@audinac.com,
Fax 05 61 66 44 50, www.audinac.com
15 ha/6 campables (100 empl.) peu incliné et plat, en
terrasses, herbeux, petit étang
Tarif : 19,50€ ★★ ⇔ 🅴 (½) (10A) – pers. suppl. 6€ –
frais de réservation 7,50€

Location (de déb. avr. à fin nov.) : 5 🛖 (2 à 4 pers.)
180 à 430€/sem. – 15 🛖 (4 à 6 pers.) 200 à 600€/
sem. – 30 🛖 (4 à 6 pers.) - 200 à 520€/sem. – 10
bungalows toilés – frais de réservation 7,50€
Pour s'y rendre : Parc d'Audinac-les-Bains (4,5 km au
nord-est par D 117, rte de Foix et D 627, rte de Ste-Croix-
Volvestre)

À savoir : piscine devant un ancien bâtiment des thermes
du 19e s.

Nature : 🏊 ⚴ ⭣ 🌳🌳
Loisirs : 🍴 snack, pizzeria 🛋 🎯
🏇 🎮 🎿 ⚓ terrain omnisports
Services : 🔥 ⛽ 🖭 🕳 🗄 🛎
laverie 🔧 réfrigérateurs

Longitude : 1.14405
Latitude : 42.98646

Des vacances réussies sont des vacances bien préparées !
Ce guide est fait pour vous y aider... mais :
– N'attendez pas le dernier moment pour réserver
– Évitez la période critique du 14 juillet au 15 août
Pensez aux ressources de l'arrière-pays,
à l'écart des lieux de grande fréquentation.

ST-JEAN-DU-BRUEL

12230 – **338** M6 – 683 h. – alt. 520

ⓘ *Office de tourisme, 32, Grand'Rue* ℰ *05 65 62 23 64, Fax 05 65 62 12 82*
Paris 687 – Toulouse 295 – Rodez 128 – Millau 41 – Saint-Affrique 61.

La Dourbie de déb. avr. à fin oct.
ℰ 05 65 46 06 40, info@camping-la-dourbie.com,
Fax 05 65 46 06 50, www.camping-la-dourbie.com
2,5 ha (78 empl.) plat, herbeux, pierreux
Tarif : (Prix 2009) 20€ ★★ ⇔ 🅴 (½) (16A) – pers.
suppl. 4€

Location (Prix 2009) : 4 🛖 (4 à 6 pers.) nuitée 45€ -
270 à 490€/sem.
🚐 borne artisanale 4€ – 10 🅴 10€ – 🌙 10€
Pour s'y rendre : rte de nant

Nature : 🏖 ♀
Loisirs : 🍴 snack, pizzeria 🎯
🌊 ⚓
Services : 🔥 ⛽ 🖭 🕳 🗄 🛎 🔧
🚰 🚿 🅿 🔧

Longitude : 3.34473
Latitude : 44.01932

ST-LARY-SOULAN

65170 – **342** N8 – G. Midi Toulousain – 1 073 h. – alt. 820 – Sports d'hiver : 1 680/2 450 m ⛷2 ⛷30 🎿

ⓘ *Office de tourisme, 37, rue Vincent Mir* ℰ *05 62 39 50 81, Fax 05 62 39 50 06*
Paris 830 – Arreau 12 – Auch 103 – Bagnères-de-Luchon 44 – St-Gaudens 66 – Tarbes 74.

Municipal de déb. janv. à fin sept.
ℰ 05 62 39 41 58, camping.stlary@wanadoo.fr,
Fax 05 62 40 01 40, www.saintlary-vacances.com
1 ha (76 empl.) peu incliné, plat, herbeux, pierreux
Tarif : ★ 5,30€ ⇔ 🅴 5,30€ – (½) (12A) 6€
🚐 borne raclet – 10 🅴 15,90€
Pour s'y rendre : r. Lalanne (au bourg, à l'est du D 929)
À savoir : au centre du bourg, agréable îlot de verdure

Nature : ❄ 🏊 ⭣ 🌳🌳
Loisirs : 🛋 🎯
Services : 🔥 ⛽ 🖭 🕳 🗄 🔧
🚰 🅿
À prox. : 🎮 ⚓

Longitude : 0.32282
Latitude : 42.81548

ST-PANTALÉON

46800 – **337** D5 – 231 h. – alt. 269
Paris 597 – Cahors 22 – Castelnau-Montratier 18 – Montaigu-de-Quercy 28 – Montcuq 7 – Tournon-d'Agenais 27.

Les Arcades de fin avr. à fin sept.
*℘ 05 65 22 92 27, info@des-arcades.com,
www.des-arcades.com*
12 ha/2,6 campables (80 empl.) plat, herbeux, pierreux, petit étang
Tarif : ⚹ 5 € ⟶ 🅴 10 € – (½) (10A) 4 € – frais de réservation 17 €
Location 🏠 : 10 🚐 (4 à 6 pers.) 250 à 600 €/sem. – 4 bungalows toilés – frais de réservation 17 €
Pour s'y rendre : au lieu-dit : Le Moulin de St. Martial (4,5 km à l'est sur D 653, rte de Cahors, au bord de la Barguelonnette)

À savoir : salle de réunion et petit pub dans un moulin restauré

| Nature : 🏕 ੦੦ |
| Loisirs : 🍸 ✕ 🖼 ⛲ 🏊 |
| Services : ♿ ⟲ GB 🐕 🚿 🍴 🏧 ♨ |

Longitude : 1.30803
Latitude : 44.37216

*Raadpleeg, voordat U zich op een kampeerterrein installeert,
de tarieven die de beheerder verplicht
is bij de ingang van het terrein aan te geven.
Informeer ook naar de speciale verblijfsvoorwaarden.
De in deze gids vermelde gegevens kunnen
sinds het verschijnen van deze hereditie gewijzigd zijn.*

ST-PIERRE-LAFEUILLE

46090 – **337** E4 – 331 h. – alt. 350
Paris 566 – Cahors 10 – Catus 14 – Labastide-Murat 23 – St-Cirq-Lapopie 35.

Quercy-Vacances de déb. avr. à fin sept.
*℘ 05 65 36 87 15, quercyvacances@wanadoo.fr,
www.quercy-vacances.com*
3 ha (80 empl.) peu incliné, plat, herbeux
Tarif : 22,40 € ⚹⚹ ⟶ 🅴 (½) (6A) – pers. suppl. 5 € – frais de réservation 10 €
Location : 15 🚐 (4 à 6 pers.) nuitée 95 € - 250 à 570 €/sem. – 3 bungalows toilés – frais de réservation 10 €
Pour s'y rendre : au lieu-dit : Mas de la Combe (1,5 km au nord-est par N 20, rte de Brive et chemin à gauche)

| Nature : 🌳 ੦੦ |
| Loisirs : 🍸 snack 🖼 🏊 |
| Services : ♿ ⟲ GB 🐕 🍴 🏧 ♨ |

Longitude : 1.45851
Latitude : 44.53217

ST-ROME-DE-TARN

12490 – **338** J6 – 820 h. – alt. 360
🅱 *Syndicat d'initiative, place du Terral ℘ 05 65 62 50 89, Fax 05 65 58 44 00*
Paris 655 – Millau 18 – Pont-de-Salars 42 – Rodez 66 – St-Affrique 15 – St-Beauzély 20.

La Cascade Permanent
*℘ 05 65 62 56 59, contact@camping-cascade-aveyron.com,
Fax 05 65 62 58 62, www.camping-cascade-aveyron.com* –
accès aux emplacements par forte pente, mise en place et sortie des caravanes à la demande
4 ha (99 empl.) en terrasses, peu incliné, herbeux
Tarif : (Prix 2009) 27 € ⚹⚹ ⟶ 🅴 (½) (6A) – pers. suppl. 6,50 € – frais de réservation 10 €
Location (Prix 2009) : 🛏 (2 à 4 pers.) 190 à 480 €/sem. – 🚐 (4 à 6 pers.) 240 à 710 €/sem. – 🏡 (4 à 6 pers.) - 270 à 780 €/sem. – 10 bungalows toilés – frais de réservation 10 €
🚐 borne flot bleu 6 €
Pour s'y rendre : rte du Pont (300 m au nord par D 993, rte de Rodez, au bord du Tarn)

À savoir : terrasses à flanc de colline dominant le Tarn

| Nature : 🌳 ≤ 🏕 ੦੦▲ |
| Loisirs : snack 🖼 🎮 🏊 🚲 ✕ 🏊 ↺ |
| Services : ♿ ⟲ GB 🐕 ♨ 🏧 🚾 🍴 laverie 🔲 ♨ |
| **À prox. : canoë, pédalos** |

Longitude : 2.89978
Latitude : 44.05275

STE-MARIE-DE-CAMPAN

65710 – **342** N7
Paris 841 – Arreau 26 – Bagnères-de-Bigorre 13 – Luz-St-Sauveur 37 – Pau 77 – Tarbes 35.

L'Orée des Monts Permanent
   05 62 91 83 98, oree.des.monts@wanadoo.fr,
   Fax 05 62 91 83 98, *www.camping-oree-des-monts.com*
   – alt. 950
   1,8 ha (101 empl.) peu incliné, plat, herbeux
   Tarif : (Prix 2009) 21,90€ ★★ ⇌ 🅴 (ᵷ) (6A) – pers.
   suppl. 4,80€ – frais de réservation 9€
   Location (Prix 2009) : 2 🛖 (2 à 4 pers.) 320 à 395€/
   sem. – 🛖 (4 à 6 pers.) 365 à 557€/sem. – frais de
   réservation 9€
   🚐 1 borne artisanale – 5 🅴
   Pour s'y rendre : au lieu-dit : La Séoube, à Campan
   (3 km au sud-est par D 918, rte du col d'Aspin, au bord de
   l'Adour de Payolle)

Nature : ≤ ♀
Loisirs : 🍴 snack, pizzeria 🎱
🏊 🎿 🎣
Services : ⊶ GB ✂ 🏫 🖳 🖳 🖳

Longitude : 0.22731
Latitude : 42.98507

🖳 ✗ *HINWEIS :*
🎿 *Diese Einrichtungen sind im allgemeinen nur während*
🛶 🐴 *der Saison in Betrieb -unabhängig von den Öffnungszeiten des Platzes.*

SALLES-CURAN

12410 – **338** I5 – 1 066 h. – alt. 887
🖪 *Syndicat d'initiative, place de la Vierge* ℰ *05 65 46 31 73, Fax 05 65 46 31 73*
Paris 650 – Albi 77 – Millau 39 – Rodez 40 – St-Affrique 41.

Les Genêts ♣♣ – de mi-mai à mi-sept.
   05 65 46 35 34, contact@camping-les-genets.fr,
   Fax 05 65 78 00 72, *www.camping-les-genets.fr* –
   alt. 1 000
   3 ha (163 empl.) peu incliné, plat, terrasse, herbeux
   Tarif : 33€ ★★ ⇌ 🅴 (ᵷ) (6A) – pers. suppl. 7,50€ – frais
   de réservation 30€
   Location : 🛖 (4 à 6 pers.) 199 à 805€/sem. – 🏠 (4 à
   6 pers.) - 199 à 745€/sem. – 7 bungalows toilés – frais
   de réservation 30€
   Pour s'y rendre : au Lac de Pareloup (5 km au nord-
   ouest par D 993 puis à gauche par D 577, rte d'Arvieu et
   2 km par chemin à dr.)

   À savoir : au bord du lac de Pareloup

Nature : 🌿 ≤ 🏞 ♨♨
Loisirs : 🍴 snack, pizzeria 🎲 🎯
salle d'animation 🏊 🚲 🎿
🎣
Services : ♿ ⊶ (de mi-juin à
déb. sept.) GB ✂ 🛁 🚿 🚽 🍴
laverie 🖳

Longitude : 2.76056
Latitude : 44.20754

Beau Rivage de déb. mai à fin sept.
   05 65 46 33 32, camping-beau-rivage@orange.fr,
   www.beau-rivage.fr – alt. 800
   2 ha (80 empl.) en terrasses, plat, herbeux
   Tarif : (Prix 2009) 31,50€ ★★ ⇌ 🅴 (ᵷ) (10A) – pers.
   suppl. 6,80€ – frais de réservation 20€
   Location (Prix 2009) (de déb. avr. à fin sept.) : 16 🛖
   (4 à 6 pers.) 182 à 780€/sem. – 6 🏠 (4 à 6 pers.) - 259
   à 870€/sem. – frais de réservation 30€
   🚐 borne artisanale 10€ – 🚐 (ᵷ) 13.50€
   Pour s'y rendre : rte des Vernhes - Lac de Pareloup
   (3,5 km au nord par D 993, rte de Pont-de-Salars et D 243
   à gauche)

   À savoir : situation agréable au bord du lac de Pareloup

Nature : ≤ 🏞 ♨♨
Loisirs : 🍴 snack 🎱 🏊 🚲
🎿 🎣
Services : ♿ ⊶ GB ✂ 🛁 🚿 🍴
laverie 🖳
À prox. : ✗ 🛶 canoë, accrobran-
ches

Longitude : 2.78774
Latitude : 44.18391

⚠ **Parc du Charrouzech** de fin juin à fin août

℘ 05 65 46 01 11, *parcducharouzech@orange.fr*,
Fax 05 65 46 39 13, *www.parcducharouzech.fr*
3 ha (104 empl.) en terrasses, peu incliné, plat, herbeux
Tarif : 25€ ✿✿ ⇔ 🔲 ⚡ (5A) – pers. suppl. 4€ – frais de
réservation 30€

Location : 16 🛖 (4 à 6 pers.) nuitée 70€ - 400 à 780€/
sem. – 46 bungalows toilés – avec et sans sanitaires –
frais de réservation 30€
Pour s'y rendre : 5 km au nord-ouest par D 993 puis à
gauche par D 577, rte d'Arvieu et 3,4 km par chemin à dr.,
près du lac de Pareloup (accès direct)

À savoir : situation dominante sur le lac

Nature : 🌊 ≼ 🏞 ⚲⚲	
Loisirs : 🏛 🏌 🚣 🗜 🏊 🎣 canoë	
Services : 🚿 ⊶ GB 🐎 ⚒ 🚐 laverie	

Longitude : 2.74861
Latitude : 44.20219

SALLES-ET-PRATVIEL

31110 – **343** B8 – 126 h. – alt. 625
Paris 814 – Toulouse 141 – Tarbes 86 – Lourdes 105 – Saint 41.

⚠ **Le Pyrénéen** fermé de fin oct. à déb. déc.

℘ 05 61 79 59 19, *campinglepyreneen@wanadoo.fr*,
www.campingdepyreneen-luchon.com 🚲
1,1 ha (75 empl.) pierreux, plat, herbeux
Tarif : (Prix 2009) 17,30€ ✿✿ ⇔ 🔲 ⚡ (10A) – pers.
suppl. 4,40€ – frais de réservation 7€

Location (Prix 2009) (de déb. mars à fin oct.) : 12 🛖
**(4 à 6 pers.) nuitée 50€ - 200 à 535€/sem. – frais de
réservation 13€**
Pour s'y rendre : lieu dit : Les Sept Molles (600 m au sud
par D 27 et chemin, au bord de la Pique)

Nature : ❄ 🌊 ≼ 🏞 ⚲⚲	
Loisirs : 🍴 🏛 🚣 🗜	
Services : 🚿 ⊶ GB 🐎 ⚒ 🚐 🚻 🚰 laverie	
À prox. : 🐎 🏊	

Longitude : 0.60528
Latitude : 42.82966

SASSIS

65120 – **342** L7 – 83 h. – alt. 700
Paris 879 – Toulouse 206 – Tarbes 53 – Pau 72 – Lourdes 30.
Schéma à Luz-St-Sauveur

⚠ **Le Hounta** de mi-déc. à mi-oct.

℘ 05 62 92 95 90, *le-hounta@orange.fr*, Fax 05 62 92 92 51,
www.campinglehounta.com
2 ha (91 empl.) peu incliné, plat, herbeux
Tarif : (Prix 2009) 16,60€ ✿✿ ⇔ 🔲 ⚡ (6A) – pers.
suppl. 3,80€ – frais de réservation 4€

Location (Prix 2009) 🚲 (de mi-juin à fin août) : 11
🛖 **(4 à 6 pers.) nuitée 43€ - 250 à 549€/sem. – frais
de réservation 7€**
🚐 borne artisanale 3€
Pour s'y rendre : 600 m au sud par D 12

Nature : ❄ 🌊 ≼ ♀	
Loisirs : 🚣	
Services : 🚿 ⊶ GB 🐎 ⚒ laverie	
À prox. : 🎣	

Longitude : -0.01491
Latitude : 42.87252

SEIX

09140 – **343** F7 – G. Midi Toulousain – 792 h. – alt. 523
🛈 *Office de tourisme, place de l'Allée* ℘ 05 61 96 00 01, Fax 05 61 96 00 01
Paris 793 – Ax-les-Thermes 77 – Foix 62 – St-Girons 19.

⚠ **Le Haut Salat** fermé de mi-déc. à déb. janv.

℘ 05 61 66 81 78, *camping.le-haut-salat@wanadoo.fr*,
www.camping-haut-salat.com
2,5 ha (135 empl.) plat, herbeux
Tarif : 18,40€ ✿✿ ⇔ 🔲 ⚡ (10A) – pers. suppl. 5€ –
frais de réservation 6€

Location : 4 🛖 (2 à 4 pers.) nuitée 40€ - 200 à 375€/
sem. – 12 🛖 (4 à 6 pers.) nuitée 50€ - 230 à 545€/
sem. – frais de réservation 10€
🚐 5 🔲 18,40€
Pour s'y rendre : route de soueix (800 m au nord-est par
D 3, rte de St-Girons, au bord du Salat)

Nature : ❄ 🌊 ≼ ⚲⚲	
Loisirs : 🍴 🏛 🗜 (petite piscine) 🎣	
Services : ⊶ GB 🐎 ⚒ 🚰 laverie	

Longitude : 1.19954
Latitude : 42.86344

SÉNERGUES

12320 – **338** G3 – 500 h. – alt. 525
Paris 630 – Toulouse 197 – Rodez 50 – Aurillac 62 – Villefranche-de-Rouergue 70.

L'Étang du Camp de déb. avr. à fin sept.
℘ 05 65 46 01 95, *info@etangducamp.fr*,
www.etangducamp.fr
5 ha (60 empl.) plat, peu incliné, pierreux, rochers
Tarif : (Prix 2009) 19,50 € ★★ ⇔ 🄴 (½) (6A) – pers.
suppl. 3,50 €
1 borne artisanale 6 €
Pour s'y rendre : au lieu-dit : Le Camp (6 km au sud-ouest par D 242, rte de St-Cyprien-sur-Dourdou, au bord d'un étang)

À savoir : jolie décoration fleurale et arbustive

| Nature : 🐟 ⊑ 99 |
| Loisirs : 🎣 |
| Services : 🔥 ⊶ (juil.-août) ⚲ 🚿 ⚑ 🔲 |

Longitude : 2.48452
Latitude : 44.60499

*LES GUIDES VERTS **MICHELIN***
Paysages, monuments
Routes touristiques
Géographie
Histoire, Art
Itinéraire de visite
Plans de villes et de monuments

SÉNIERGUES

46240 – **337** F3 – 132 h. – alt. 390
Paris 540 – Cahors 45 – Figeac 46 – Fumel 69 – Rocamadour 23 – Souillac 33.

Domaine de la Faurie de déb. avr. à fin sept.
℘ 05 65 21 14 36, *contact@camping-lafaurie.com*,
Fax 05 65 31 11 17, *www.camping-lafaurie.com*
27 ha/5 campables (63 empl.) peu incliné, plat, herbeux, pierreux
Tarif : 27,40 € ★★ ⇔ 🄴 (½) (6A) – pers. suppl. 6,70 €
Location Ⓟ : 8 🛖 (4 à 6 pers.) nuitée 55 € - 270 à 670 €/sem. – 15 🏠 (4 à 6 pers.) nuitée 60 € - 295 à 695 €/sem. – 5 bungalows toilés
borne artisanale 27 €
Pour s'y rendre : au lieu-dit : La Faurie (6 km au sud par D 10, rte de Montfaucon puis D 2, rte de St-Germain-du-Bel-Air et chemin à dr., A 20 sortie 56)

| Nature : 🐟 < 99 |
| Loisirs : 🍽 snack 🎱 🏊 🚲 |
| Services : 🔥 ⊶ ☕ ⚲ 🚿 ⚑ laverie |

Longitude : 1.53495
Latitude : 44.69194

SÉVÉRAC-L'ÉGLISE

12310 – **338** J4 – G. Midi Toulousain – 424 h. – alt. 630
Paris 625 – Espalion 26 – Mende 84 – Millau 58 – Rodez 31 – Sévérac-le-Château 24.

La Grange de Monteillac ♣ – de déb. mai à mi-sept.
℘ 05 65 70 21 00, *info@la-grange-de-monteillac.com*,
Fax 05 65 70 21 01, *www.aveyron-location.com*
4,5 ha (70 empl.) en terrasses, plat, peu incliné, herbeux
Tarif : 28,90 € ★★ ⇔ 🄴 (½) (10A) – pers. suppl. 6 € – frais de réservation 9 €
Location (de déb. avr. à mi-oct.) Ⓟ (chalets) : 8 🛖 (4 à 6 pers.) 260 à 756 €/sem. – 22 🏠 (4 à 6 pers.) - 250 à 861 €/sem. – 9 bungalows toilés – frais de réservation 9 €
Pour s'y rendre : chemin de Monteillac (sortie nord-est par D 28, rte de Laissac, face au cimetière)

À savoir : jolie décoration fleurale et arbustive

| Nature : ⊑ 9 |
| Loisirs : 🍽 snack, pizzeria 🎱 🏊 🚲 |
| Services : 🔥 ⊶ (juil.-août) ☕ ⚲ 🚿 ⚑ laverie |

Longitude : 2.84826
Latitude : 44.36252

SORÈZE

81540 – **338** E10 – G. Midi Toulousain – 2 542 h. – alt. 272
Ⓘ *Office de tourisme, rue Saint-Martin* ℰ 0563741628, Fax 0563508661
Paris 732 – Castelnaudary 26 – Castres 27 – Puylaurens 19 – Toulouse 59.

St-Martin de déb. mai à mi-sept.
ℰ 0563502010, *campings.occitanie@orange.fr*,
Fax 0563502010, *www.campingsaintmartin.com*
1 ha (54 empl.) plat, herbeux
Tarif : 19,80€ ★ ★ ⇔ 🅴 🅗 (10A) – pers. suppl. 4,70€

Location ⚒ : 6 🛖 (4 à 6 pers.) - 288 à 623€/sem.
🚐 borne artisanale – 6 🅴 9,50€ – 🚐 9.50€
Pour s'y rendre : au lieu-dit : Les Vigariés (au nord du bourg, accès par r. de la Mairie, au stade)

Nature : 🐟 ⛲ ♨♨	
Loisirs : 🏸 🏊	
Services : ♿ ⌖ 🅶🅱 ☁ ⚜ 🖳	
À prox. : ✂	

Longitude : 2.0658
Latitude : 43.45321

Dieser Führer stellt kein vollständiges Verzeichnis aller Campingplätze dar, sondern nur eine Auswahl der besten Plätze jeder Kategorie.

SORGEAT

09110 – **343** J8 – 95 h. – alt. 1 050
Paris 808 – Ax-les-Thermes 6 – Axat 50 – Belcaire 23 – Foix 49 – Font-Romeu-Odeillo-Via 61.

Municipal La Prade Permanent
ℰ 0561643634, *mairie.sorgeat@wanadoo.fr*,
www.sorgeat.com – alt. 1 000 – places limitées pour le passage
2 ha (40 empl.) non clos, en terrasses, plat, herbeux
Tarif : 13,60€ ★ ★ ⇔ 🅴 🅗 (10A) – pers. suppl. 3,30€

Location : 2 🛖 (4 à 6 pers.) 285 à 355€/sem. – appartements – frais de réservation 72€
🚐 10 🅴 13,60€
Pour s'y rendre : 800 m au nord

À savoir : situation agréable surplombant la vallée d'Ax-les-Thermes

Nature : 🐟 ≤ montagnes ⛲ ♨♨	
Loisirs : 🍴	
Services : ♿ (juil.-août) 🅶🅱 ☁ 🍴	
🚿 ⚜ 🖳	

Longitude : 1.85074
Latitude : 42.72973

SOUILLAC

46200 – **337** E2 – G. Périgord Quercy – 3 970 h. – alt. 104
Ⓘ *Office de tourisme, boulevard Louis-Jean Malvy* ℰ 0565378156, Fax 0565271145
Paris 516 – Brive-la-Gaillarde 39 – Cahors 68 – Figeac 74 – Gourdon 27 – Sarlat-la-Canéda 29.

"Les Castels" Domaine de la Paille Basse ♣♣ –
de mi-mai à mi-sept.
ℰ 0565378548, *info@lapaillebasse.com*,
Fax 0565370958, *www.lapaillebasse.com*
80 ha/12 campables (262 empl.) vallonné, plat, en terrasses, pierreux, herbeux
Tarif : 28,80€ ★ ★ ⇔ 🅴 🅗 (10A) – pers. suppl. 7,50€ – frais de réservation 20€

Location ⚒ : 56 🛖 (4 à 6 pers.) 250 à 850€/sem. – frais de réservation 20€
Pour s'y rendre : 6,5 km au nord-ouest par D 15, rte de Salignac-Eyvignes puis 2 km par chemin à dr.

À savoir : Vaste domaine en sous bois vallonné autour d'un vieux hameau restauré

Nature : 🐟 ⛲ ♨♨♨	
Loisirs : 🍷 ✕ snack, pizzeria 🍴	
🌙 nocturne 🎭 salle d'animation	
(discothèque) 🏸 ✂ 🏊 ⛵	
Services : ♿ ⌖ 🅶🅱 ☁ 🕭 🚿 ⚜	
⚜ laverie 🍴 🍴	

Longitude : 1.47914
Latitude : 44.89451

Municipal les Ondines de déb. mai à fin sept.
ℰ 0565378644, *info@camping-lesondines.com*,
Fax 0565320504, *www.camping-lesondines.com*
4 ha (242 empl.) plat, herbeux
Tarif : 16€ ★ ★ ⇔ 🅴 🅗 (6A) – pers. suppl. 3,70€ – frais de réservation 12€

Location : 8 🛖 – frais de réservation 12€
Pour s'y rendre : au lieu-dit : Les Ondines (1 km au sud-ouest par rte de Sarlat et chemin à gauche, près de la Dordogne)

Nature : ♨♨	
Loisirs : 🏸	
Services : ♿ ⌖ 🖳	
À prox. : 🚴 ✂ ♨ 🏊 ⛵ ⚓	
🐎 terrain omnisports, canoë, accrobranches	

Longitude : 1.47914
Latitude : 44.89451

TARASCON-SUR-ARIÈGE

09400 – **343** H7 – G. Midi Toulousain – 3 489 h. – alt. 474

🄳 *Office de tourisme, avenue Paul Jouda* 𝒫 05 61 05 94 94, Fax 05 61 05 57 79

Paris 777 – Ax-les-Thermes 27 – Foix 18 – Lavelanet 30.

    ⚠⚠⚠ **Le Pré Lombard** ♣♣ – de fin mars à mi-nov.
        𝒫 05 61 05 61 94, *leprelombard@wanadoo.fr*,
        Fax 05 61 05 78 93, *www.prelombard.com*
        4 ha (180 empl.) plat, herbeux
        Tarif : 32 € ★★ 🚗 🅴 ⓗ (10A) – pers. suppl. 8 € – frais
        de réservation 25 €
        Location : 40 🏚 (4 à 6 pers.) 273 à 889 €/sem. – 21
        🏠 (4 à 6 pers.) - 301 à 868 €/sem. – 6 bungalows
        toilés – frais de réservation 25 €
        🅿 borne artisanale 3 €
        Pour s'y rendre : 1,5 km au sud-est par D 23, au bord
        de l'Ariège

Nature : 🌳🌳🌳	
Loisirs : 🍽 snack, pizzeria 🎬 ⓘ 🏃 🛶 🚲 🍃 ⚓ terrain omnisports	
Services : ⛿ 🔌 GB 🚿 🏧 💧 ♨ laverie 🛈 point d'informations touristiques	
À prox. : 🛒	

Longitude : 1.60785
Latitude : 42.8451

    ⚠ **Le Sédour** Permanent
        𝒫 05 61 05 87 28, *info@campinglesedour.com*,
        www.campinglesedour.com – places limitées pour le
        passage
        1,5 ha (100 empl.) peu incliné, plat, herbeux, pierreux
        Tarif : (Prix 2009) 20 € ★★ 🚗 🅴 ⓗ (10A) – pers.
        suppl. 7 €
        Location (Prix 2009) : 3 🏠 (4 à 6 pers.) - 245 à 546 €/
        sem. – frais de réservation 20 €
        Pour s'y rendre : au lieu-dit : Le Ressec (1,8 km au nord-
        ouest par D 618, dir. Foix puis rte de Massat, chemin à dr.)

Nature : 🍃 🌳🌳🌳	
Loisirs : 🎬 🏃	
Services : ⛿ 🔌 GB 🚿 🏧 laverie	
À prox. : 🐟	

Longitude : 1.58439
Latitude : 42.8567

TEILLET

81120 – **338** G7 – 444 h. – alt. 475

🄳 *Syndicat d'initiative, Mairie* 𝒫 05 63 55 70 08, Fax 05.63.55.76.17

Paris 717 – Albi 23 – Castres 43 – Lacaune 49 – St-Affrique 68.

    ⚠⚠ **L'Entre Deux Lacs** de déb. avr. à fin oct.
        𝒫 05 63 55 74 45, *contact@campingdutarn.com*,
        www.campingdutarn.com
        4 ha (65 empl.) en terrasses, pierreux, gravillons, herbeux
        Tarif : (Prix 2009) 19 € ★★ 🚗 🅴 ⓗ (10A) – pers.
        suppl. 4,30 € – frais de réservation 15 €
        Location (Prix 2009) (fermé de mi-déc. à déb. janv.) :
        17 🏠 (4 à 6 pers.) - 259 à 589 €/sem. – frais de
        réservation 15 €
        Pour s'y rendre : 29 rue du Baron de Solignac (sortie sud
        par D 81, rte de Lacaune)
        À savoir : agréable châtaigneraie

Nature : 🍃 ⛰ 🌳🌳	
Loisirs : 🍽 snack 🏃 🚲 🛶	
Services : ⛿ 🔌 GB 🚿 ♨ 📻 🛈	

Longitude : 2.34
Latitude : 43.83

    ⚠⚠⚠ ... ⚠
    **Sites which are particularly pleasant in their own right
    and outstanding in their class.**

THÉGRA

46500 – **337** G3 – 501 h. – alt. 330

Paris 535 – Brive-la-Gaillarde 58 – Cahors 64 – Rocamadour 15 – St-Céré 17 – Souillac 30.

    ⚠⚠ **Chalets Dordogne Vacances** (location exclusive de
    chalets) Permanent
        𝒫 05 65 10 89 04, *contact@dordogne-vacances.fr*,
        Fax 05 65 10 89 18, *www.dordogne-vacances.fr*
        2,5 ha incliné
        Location (Prix 2009) : 14 🏠 (4 à 6 pers.) nuitée 70 €
        - 250 à 850 €/sem.
        Pour s'y rendre : 500 m au nord, derrière la nouvelle
        école

Nature : 🍃 ♀	
Loisirs : 🎬 🏃 🛶	
Services : ⛿ 🔌 🅿 🚿 🏧 📻	

Longitude : 1.7564
Latitude : 44.82077

⚠ **Le Ventoulou** ♂♂ – de déb. avr. à fin sept.
𝄞 05 65 33 67 01, *contact@leventoulou.com*,
Fax 05 65 33 73 20, *www.camping-leventoulou.com*
2 ha (66 empl.) plat, terrasse, herbeux
Tarif : 26€ ♦♦ ⬭ 🄴 (½) (10A) – pers. suppl. 6,50€ –
frais de réservation 18€

Location : 17 ⊞ (4 à 6 pers.) nuitée 50€ - 287 à 672€/
sem. – 8 bungalows toilés – frais de réservation 18€
Pour s'y rendre : 2,8 km au nord-est par D 14, rte de
Loubressac et D 60, rte de Mayrinhac-Lentour à dr.

Nature : 🐾 ♀♀	
Loisirs : 🍷 🏠 ⚶ 🚣 ⛵	
Services : ⚹ ⟳ GB ⟲ 🛁 🚿 🧺	
🍴 📷 🚰	

Longitude : 1.77765
Latitude : 44.82604

THOUX

32430 – **336** H7 – 193 h. – alt. 145 – Base de loisirs
Paris 681 – Auch 40 – Cadours 13 – Gimont 14 – L'Isle-Jourdain 13 – Mauvezin 16.

⚠ **Lac de Thoux - Saint Cricq** de déb. avr. à mi-oct.
𝄞 05 62 65 71 29, *contact@camping-lacdethoux.com*,
Fax 05 62 65 74 81, *www.camping-lacdethoux.com*
3,5 ha (130 empl.) plat, peu incliné, herbeux
Tarif : 24,50€ ♦♦ ⬭ 🄴 (½) (10A) – pers. suppl. 7€ –
frais de réservation 15€

Location (permanent) : 23 ⊞ (4 à 6 pers.) 280 à
620€/sem. – bungalows toilés – frais de réservation
15€
🚰 borne artisanale 6€
Pour s'y rendre : lieu-dit : Lannes (au nord-est par D 654,
au bord du lac)

Nature : ♀⌂	
Loisirs : ⚶ 🚴 ⛵	
Services : ⚹ ⟳ GB ⟲ 🛁 🚿	
🧺 🍴 📷	
À prox. : 🏊 🍷 snack ⚶ 🎿 🏌	
🐟 ⛵ 🚡	

Longitude : 1.00164
Latitude : 43.68699

△△△ ... △

Terrains particulièrement agréables dans leur ensemble et dans leur catégorie.

496

TOUZAC

46700 – **337** C5 – 345 h. – alt. 75
Paris 603 – Cahors 39 – Gourdon 51 – Sarlat-la-Canéda 63 – Villeneuve-sur-Lot 34.

⚠ **Le Ch'Timi** de déb. avr. à fin sept.
𝄞 05 65 36 52 36, *info@campinglechtimi.com*,
Fax 05 65 36 53 23, *www.campinglechtimi.com*
3,5 ha (79 empl.) peu incliné, plat, herbeux
Tarif : ♦ 5,20€ ⬭ 🄴 7,25€ – (½) (6A) 3,25€ – frais de
réservation 10€

Location (permanent) : 5 ⊞ (4 à 6 pers.) 295 à 565€/
sem. – 5 ⌂ (4 à 6 pers.) · 465 à 745€/sem. – frais de
réservation 10€
Pour s'y rendre : lieu-dit : La Roque (accès direct au Lot
(par escalier abrupt))

Nature : ♀♀	
Loisirs : , snack ⚶ 🚴 🎿 ⛵ 🐟	
Services : ⟳ GB ⟲ 🛁 🍴 📷	

Longitude : 1.06155
Latitude : 44.5015

LE TREIN D'USTOU

09140 – **334** F8 – 351 h. – alt. 739
Paris 804 – Aulus-les-Bains 13 – Foix 73 – St-Girons 31 – Tarascon-sur-Ariège 63.

⚠ **Le Montagnou** Permanent
𝄞 05 61 66 94 97, *campinglemontagnou@wanadoo.fr*,
www.lemontagnou.com
1,2 ha (57 empl.) plat, herbeux
Tarif : 21,70€ ♦♦ ⬭ 🄴 (½) (10A) – pers. suppl. 4,50€ –
frais de réservation 10€

Location 🎿 : 3 ⊞ (4 à 6 pers.) nuitée 40€ - 280 à
450€/sem. – frais de réservation 50€
Pour s'y rendre : rte de Guzet (sortie nord-ouest par D 8,
rte de Seix, près de l'Alet)

Nature : ≤ ♀	
Loisirs : 🏠 🐟	
Services : ⚹ ⟳ GB ▥ 🛁 🧺 🍴	
laverie 🚿	
À prox. : 🎿	

Longitude : 1.25618
Latitude : 42.81178

LE TRUEL

12430 – **338** I6 – 338 h. – alt. 290
Paris 677 – Millau 40 – Pont-de-Salars 37 – Rodez 52 – St-Affrique 23 – Salles-Curan 22.

Municipal la Prade
📞 05 65 46 41 46
0,6 ha (28 empl.) plat, herbeux
Location ⚡ : 3 🏠 – gîte d'étape
Pour s'y rendre : à l'est du bourg par D 31, à gauche apr.
le pont, au bord du Tarn (plan d'eau)

Nature :	≤ 🏕 ⛰
Loisirs :	🛖 🎣
Services :	🚿 📶
À prox. :	🏓 ⛵ 🚤

Longitude : 2.75573
Latitude : 44.04955

*La catégorie (1 à 5 tentes, **noires** ou **rouges**) que nous attribuons*
aux terrains sélectionnés dans ce guide est une appréciation qui nous est propre.
Elle ne doit pas être confondue avec le classement (1 à 4 étoiles)
établi par les services officiels.

VAYRAC

46110 – **337** G2 – G. Périgord Quercy – 1 309 h. – alt. 139 – Base de loisirs
🏢 *Office de tourisme, place de la mairie* 📞 *05 65 10 97 01, Fax 05.65.10.51.22*
Paris 512 – Beaulieu-sur-Dordogne 17 – Brive-la-Gaillarde 32 – Cahors 89 – St-Céré 20 – Souillac 26.

Chalets Mirandol Dordogne (location exclusive de
chalets)
📞 05 65 32 57 12, *bungalows-mirandol@wanadoo.fr*,
Fax 05 65 32 57 96, *www.mirandol-dordogne.com*
2,6 ha non clos, plat, herbeux
Location (Prix 2009) 🅿 : 23 🏠 (4 à 6 pers.) nuitée
35€ - 220 à 660€/sem.
Pour s'y rendre : à Vormes (2,3 km au sud par D 116, en
dir. de la base de loisirs)

Nature :	🌳 ⛰
Loisirs :	🚴 🚤
Services :	🔌 🐕 🚿
À prox. :	🍽 ✕ 🚴 🚤 🎣 canoë

Longitude : 1.69838
Latitude : 44.93897

Municipal la Palanquière de mi-mai à mi-sept.
📞 05 65 32 43 67, *mairie-vayrac@wanadoo.fr*,
Fax 05 65 32 41 30
1 ha (33 empl.) plat, herbeux

Location : huttes (sans sanitaire)
Pour s'y rendre : au lieu-dit : La Palanquière (1 km au sud
par D 116, en dir. de la base de loisirs)

Nature :	⛰
Services :	♿ 🚿 🚮 📶

Longitude : 1.70432
Latitude : 44.9526

VERS

46090 – **337** F5 – 410 h. – alt. 132
🏢 *Office de tourisme, rue Montois* 📞 *05 65 31 42 59*
Paris 565 – Cahors 15 – Villefranche-de-Rouergue 55.

La Chêneraie de déb. avr. à fin sept.
📞 05 65 31 40 29, *lacheneraie@free.fr*, Fax 05 65 31 41 70,
www.cheneraie.com – places limitées pour le passage
2,6 ha/0,4 campable (50 empl.) plat, herbeux
Tarif : (Prix 2009) 22€ ★★ 🚗 📧 🔋 (10A) – pers.
suppl. 3€ – frais de réservation 9€

Location (Prix 2009) : 6 🛖 (2 à 4 pers.) 190 à 450€/
sem. – 7 🏠 (4 à 6 pers.) 250 à 645€/sem. – 19 🏠 (4
à 6 pers.) - 280 à 645€/sem. – frais de réservation 9€
🚐 1 borne artisanale
Pour s'y rendre : au lieu-dit : Le Cuzoul (2,5 km au sud-
ouest par D 653, rte de Cahors et chemin à dr. apr. le
passage à niveau)

Nature :	🌳 🏕 ⛰
Loisirs :	🍸 pizzeria 🛖 🎣 ✕ 🚤
Services :	🔌 🏧 🐕 🚿 📶 🚮

Longitude : 1.54484
Latitude : 44.46782

497

VIELLE-AURE

65170 – **342** N6 – 357 h. – alt. 800
🏢 *Office de tourisme, le village* ℰ *05 62 39 50 00, Fax 05 62 40 00 04*
Paris 828 – Toulouse 155 – Tarbes 70 – Lourdes 66 – Saint 64.

Le Lustou Permanent
ℰ 05 62 39 40 64, *contact@lustou.com*, Fax 05 62 39 40 72,
www.lustou.com
2,8 ha (65 empl.) plat, gravier, herbeux
Tarif : ✱ 4,20€ ⇐ 🅴 4,40€ – 🅷 (10A) 6,80€

Location (fermé de mi-oct. à déb. déc.) 🚫 : 6 🛏
(4 à 6 pers.) 290€/sem. – gîte d'étape
Pour s'y rendre : lieu-dit : Agos (2 km au nord-est par
D 19, près de la Neste-d'Aure et d'un étang)
À savoir : belle entrée ornée de plantes des Pyrénées

Nature : ❄ ≤ 🔆	
Loisirs : 🏠 🏓 ✂	
Services : ⚗ ⛽ ⚙ 🛢 🛒 🚻 🚰 🏪 🛁	
À prox. : 🚣 sports en eaux vives, canoë, kayak	

Longitude : 0.3382
Latitude : 42.84405

LE VIGAN

46300 – **337** E3 – G. Périgord Quercy – 1 372 h. – alt. 224
Paris 537 – Cahors 43 – Gourdon 6 – Labastide-Murat 20 – Payrac 8 – Rocamadour 27.

Le Rêve de déb. mai à mi-sept.
ℰ 05 65 41 25 20, *info@campinglereve.com*,
Fax 05 65 41 68 52, *www.campinglereve.com*
8 ha/2,5 campables (60 empl.) plat, peu incliné, herbeux,
bois attenant
Tarif : 20,75€ ✱✱ ⇐ 🅴 🅷 (6A) – pers. suppl. 5,30€ –
frais de réservation 5€

Location 🚫 : 4 🏠 (4 à 6 pers.) - 240 à 517€/sem.
Pour s'y rendre : au lieu-dit : Revers (3,2 km au nord par
D 673, rte de Souillac puis 2,8 km par chemin à gauche)
À savoir : décoration florale et arbustive et quelques
emplacements en sous-bois

Nature : 🌿 🔆	
Loisirs : ⛄ 🏓 🏊	
Services : ⚗ ⛽ ⚙ 🛁 🚻 laverie 🛁	

Longitude : 1.44318
Latitude : 44.7714

498

VILLEFRANCHE-DE-PANAT

12430 – **338** I6 – G. Midi Toulousain – 775 h. – alt. 710
🏢 *Syndicat d'initiative, 1 bis, avenue du Ségala* ℰ *05 65 46 52 04*
Paris 676 – Toulouse 177 – Rodez 45 – Millau 46 – Onet-le-Château 47.

Le Hameau des Lacs (location exclusive de chalets) de fin
mai à fin sept.
ℰ 05 65 65 81 81, *info@les-hameaux.fr*, Fax 05 65 65 81 86,
www.les-hameaux.fr
1 ha en terrasses
Location 🅿 : 22 🏠 (4 à 6 pers.) - 240 à 590€/sem. –
frais de réservation 25€
Pour s'y rendre : rte de Rodez

Nature : ≤ 🔆	
Loisirs : 🏠 🏸 🏓 🏊 terrain omnisports	
Services : ⚗ ⛽ laverie	
À prox. : 🏖 (plage)	

Longitude : 2.7034
Latitude : 44.088

VILLEFRANCHE-DE-ROUERGUE

12200 – **338** E4 – G. Midi Toulousain – 12 040 h. – alt. 230
🏢 *Office de tourisme, promenade du Guiraudet* ℰ *05 65 45 13 18, Fax 05 65 45 55 58*
Paris 614 – Albi 68 – Cahors 61 – Montauban 80 – Rodez 60.

Le Rouergue de mi-avr. à fin sept.
ℰ 05 65 45 16 24, *campingrouergue@wanadoo.fr*,
Fax 05 65 45 16 24, *www.campingdurouergue.com*
1,8 ha (98 empl.) plat, herbeux
Tarif : 17€ ✱✱ ⇐ 🅴 🅷 (16A) – pers. suppl. 3€ – frais
de réservation 3€

Location : 7 🛏 (4 à 6 pers.) 180 à 430€/sem. – 6
bungalows toilés – frais de réservation 5€
🚐 borne artisanale 3€ – 🚐 🅷 12.90€
Pour s'y rendre : 35bis av. de Fondies (1,5 km au sud-
ouest par D 47, rte de Monteils)

Nature : 🔆	
Loisirs : 🏠 🏓	
Services : ⚗ ⛽ GB ⚙ 🛁 🛒 🚻 🚰	
À prox. : 🛁 jacuzzi 🚴 ✂ 🎣 🏊 🏊	

Longitude : 2.02876
Latitude : 44.34335

S. Sauvignier/Michelin

Selon un dicton local, « les gens du Nord ont dans le cœur ce qu'ils n'ont pas dehors ». Comprenez que les horizons sans fin du Plat Pays, qui n'ont « que des vagues de dunes pour arrêter les vagues », ne brisent en rien leur infatigable entrain : lors des Rondes de géants, des ducasses ou des kermesses, écoutez-les chanter, les ch'ti-mis... Regardez-les rire à cette débauche de moules-frites qui fait le sel des grandes braderies de Lille, et trinquer autour d'une bière dans l'ambiance bon enfant des estaminets. À table, pas davantage le temps de s'ennuyer : chicons braisés, carbonade, potjevleesch, tarte au maroilles... D'autres agréments ? Le joyeux concert des carillons au sommet des beffrois, la silhouette aérienne des moulins et... la possibilité de franchir le « Pas » pour saluer nos voisins britanniques.

As the local saying goes, "the hearts of the men of the north are warm enough to thaw the chilly climate". Just watch as they throw themselves body and soul into the traditional "Dance of the Giants" at countless fairs, fêtes and carnivals: several tons of chips and mussels—and countless litres of beer! — sustain a million visitors to Lille's huge annual street market. The influence of Flanders can be heard in the names of towns and people, seen in the wealth of Gothic architecture and tasted in filling dishes like beef in amber beer and potjevleesch stew. Joyful bells ringing from their slender belfries, neat rows of miners' houses and the distant outline of windmills remind visitors that they are on the border of Belgium, or, as a glance across the Channel will prove, in sight of the cliffs of Dover!

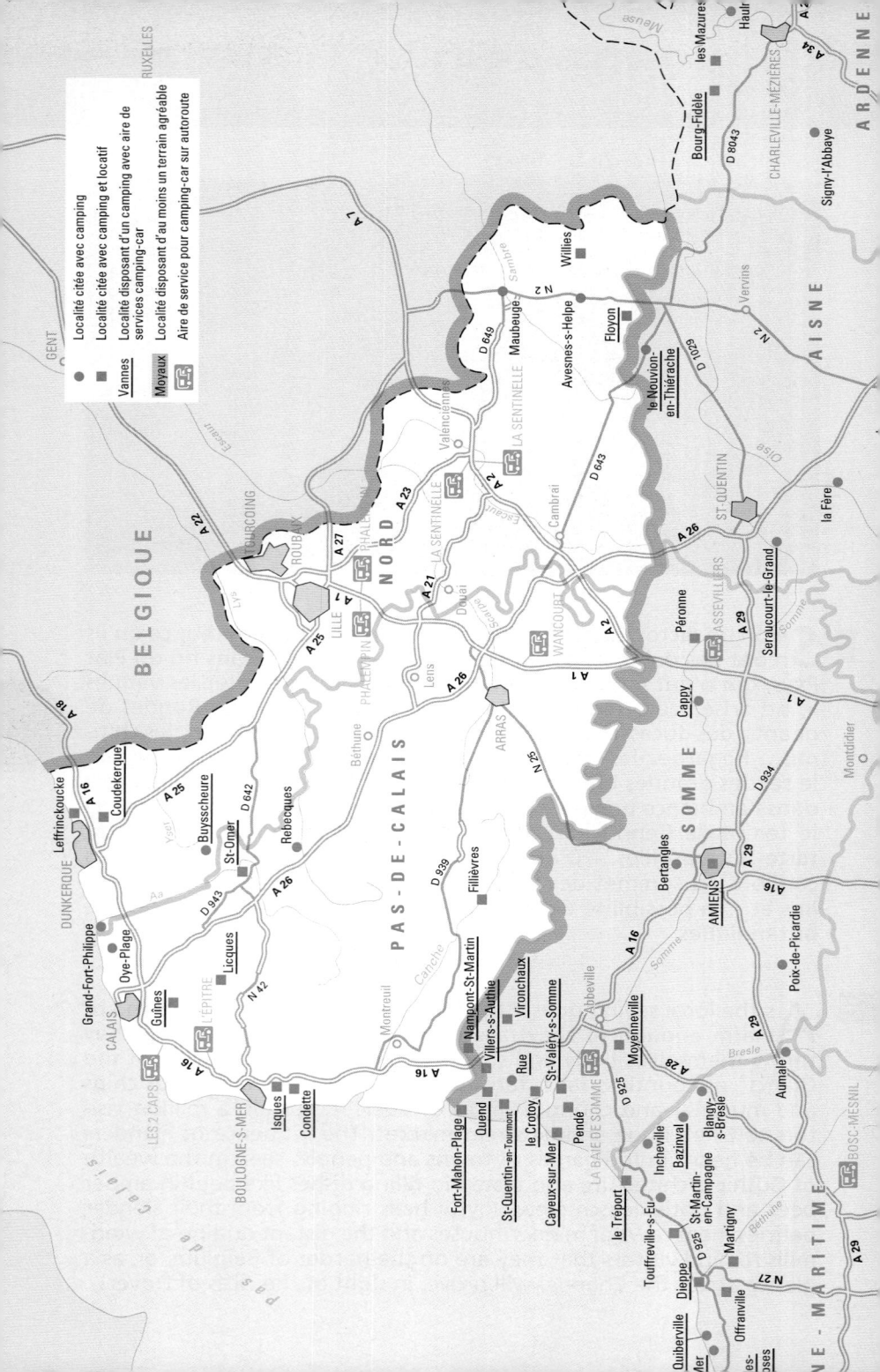

BUYSSCHEURE

59285 – **302** B3 – 502 h. – alt. 25
Paris 269 – Béthune 44 – Calais 47 – Dunkerque 31 – Lille 64 – Saint-Omer 13.

▲ **La Chaumière** de déb. avr. à fin oct.
     ✆ 03 28 43 03 57, *camping.lachaumiere@wanadoo.fr*,
www.campinglachaumiere.com
1 ha (29 empl.) plat, herbeux, pierreux, petit étang
Tarif : 19 € ✶✶ ⇔ 🔲 (6A) – pers. suppl. 7 €
🚐 borne artisanale 19 € – 10 🔲 19 €
Pour s'y rendre : 529 langhemast straete (au bourg)

| Nature : 🐟 ⌂ ♀ |
| Loisirs : 🍴 snack 🏓 ⊕ ♨ 🛝 |
| (petite piscine) 🎣 |
| Services : ⚕ ⚡ 🛁 🚿 🚰 |

| Longitude : 2.34654 |
| Latitude : 50.80136 |

*La catégorie (1 à 5 tentes, **noires** ou **rouges**) que nous attribuons*
aux terrains sélectionnés dans ce guide est une appréciation qui nous est propre.
Elle ne doit pas être confondue avec le classement (1 à 4 étoiles)
établi par les services officiels.

CONDETTE

62360 – **301** C4 – 2 596 h. – alt. 35
🛈 *Syndicat d'initiative, Mairie* ✆ 03 21 32 88 88, Fax 03 21 87 26 60
Paris 254 – Boulogne-sur-Mer 10 – Calais 47 – Desvres 19 – Montreuil 31 – Le Touquet-Paris-Plage 22.

▲ **Caravaning du Château** de déb. avr. à fin oct.
     ✆ 03 21 87 59 59,
campingduchateau@libertysurf.fr, Fax 03 21 87 59 59,
www.camping-caravaning-du-chateau.com
1,2 ha (70 empl.) plat, herbeux, gravillons
Tarif : 25,30 € ✶✶ ⇔ 🔲 (10A) – pers. suppl. 5,90 €
Location : 2 🛖 (4 à 6 pers.) nuitée 48 € - 400 à 565 €/
sem.
🚐 borne artisanale 5 €
Pour s'y rendre : 21 r. Nouvelle (sortie sud par D 119)

| Nature : ⌂ |
| Loisirs : 🎣 🏓 |
| Services : ⚕ ⚡ 🚗 🍴 🛁 🍴 🖥 |
| À prox. : ✂ |

| Longitude : 1.62529 |
| Latitude : 50.64642 |

COUDEKERQUE

59380 – **302** C2 – 1 105 h. – alt. 1
Paris 283 – Calais 50 – Dunkerque 7 – Hazebrouck 39 – Lille 69 – St-Omer 36.

▲ **Le Bois des Forts** Permanent
     ✆ 03 28 61 04 41 – places limitées pour le passage
3,25 ha (130 empl.) plat, herbeux
Tarif : 13 € ✶✶ ⇔ 🔲 (10A) – pers. suppl. 2 €
Location (de déb. avr. à déb. sept.) : 3 🛖 (4 à 6
pers.) 245 €/sem.
Pour s'y rendre : 700 m au nord-ouest de Coudekerque-
Village par D 72

| Nature : ⌂ |
| Loisirs : 🍴 🏓 |
| Services : ⚕ ⚡ 🚗 🚰 🚿 |

| Longitude : 2.41335 |
| Latitude : 50.99596 |

FILLIÈVRES

62770 – **301** F6 – 518 h. – alt. 46
Paris 206 – Arras 52 – Béthune 46 – Hesdin 13 – St-Pol-sur-Ternoise 17.

▲ **Les Trois Tilleuls** de déb. avr. à fin sept.
     ✆ 03 21 47 94 15, *campingdes3t@wanadoo.fr*,
Fax 03 21 04 81 32, *www.camping3tilleuls.com* – places
limitées pour le passage – 🆓
4,5 ha (120 empl.) peu incliné, non clos
Tarif : (Prix 2009) 13,50 € ✶✶ ⇔ 🔲 (10A) – pers.
suppl. 2,50 €
Location (Prix 2009) ✂ : 3 🛖 (4 à 6 pers.) 230 à
512 €/sem.
Pour s'y rendre : 28 r. de Frévent (sortie sud-est par D 340)
À savoir : au cœur de la vallée de la Canche

| Loisirs : 🛶 🏓 terrain |
| multisports |
| Services : ⚕ ⚡ 🟦 🚗 🛁 🍴 |
| laverie |
| À prox. : 🎣 |

| Longitude : 2.16028 |
| Latitude : 50.3138 |

FLOYON

59219 – **302** L7 – 498 h. – alt. 154
Paris 207 – Cambrai 51 – Hirson 23 – Maubeuge 32 – St-Quentin 57.

▲ **Anielou** Permanent
  🕿 0327591414, *camping.anielou@hotmail.fr*,
  Fax 0327591414
  2,8 ha (73 empl.) plat, peu incliné, herbeux, étang
  Tarif : ✦ 3€ ⬅ 🅴 4,50€ – (½) (10A) 3,50€
  Location ⬙ : 🛏 (4 à 6 pers.) **nuitée 45€ - 350€/**
  sem.
  🚐 1 borne 4€ – 2 🅴 8€ – 🔌 (½) 13€
  Pour s'y rendre : 16 r. de Chevireuil (2,3 km au nord-ouest
  par D 116, rte de Beaurepaire-sur-Sambre et chemin à dr.)

| Nature : 🐟 🗺 |
| Loisirs : 🍸 🛖 |
| Services : ♿ ⚷ ⛽ 🚿 🍴 |

| Longitude : 3.87865 |
| Latitude : 50.05423 |

Avant de vous installer, consultez les tarifs en cours,
affichés obligatoirement à l'entrée du terrain,
et renseignez-vous sur les conditions particulières de séjour.
Les indications portées dans le guide ont pu être modifiées depuis la mise à jour.

GRAND-FORT-PHILIPPE

59153 – **302** A2 – 5 582 h. – alt. 5
Paris 289 – Calais 28 – Cassel 40 – Dunkerque 24 – St-Omer 38.

▲ **La Plage** de déb. avr. à fin oct.
  🕿 0328653195, *campingdelaplage@campingvpa.fr*,
  Fax 0328653599, *www.camping-de-la-plage.info*
  1,5 ha (84 empl.) plat, herbeux
  Tarif : ✦ 4,45€ ⬅ 1,75€ 🅴 3,50€ – (½) (10A) 3,35€
  Pour s'y rendre : 115 r. du Maréchal Foch (au nord-ouest)

| Loisirs : 🏊 |
| Services : ♿ ⚷ GB ⛽ 🎮 🚽 laverie |

| Longitude : 2.10078 |
| Latitude : 51.0028 |

502

GUÎNES

62340 – **301** E2 – G. Nord Pas-de-Calais Picardie – 5 291 h. – alt. 5
🛈 *Office de tourisme, 14, rue Clemenceau* 🕿 0321357373, Fax 0321858838
Paris 282 – Arras 102 – Boulogne-sur-Mer 29 – Calais 11 – St-Omer 34.

▲▲▲ **"Les Castels" La Bien-Assise** de déb. avr. à fin
  sept.
  🕿 0321352077, *castels@bien-assise.com*,
  Fax 0321367920, *www.camping-bien-assise.fr*
  20 ha/12 campables (198 empl.) plat, peu incliné,
  herbeux, petit étang
  Tarif : ✦ 6,50€ ⬅ 🅴 14€ – (½) (6A) 4,50€ – frais de
  réservation 15€
  Location : 5 🛏 (4 à 6 pers.) 450 à 550€/sem. – 4
  🏠 (4 à 6 pers.) · 500 à 750€/sem. – 7 🛏 – frais de
  réservation 15€
  🚐 borne artisanale 5€
  Pour s'y rendre : au Château de la Bien-Assise (sortie
  sud-ouest par D 231, rte de Marquise)

| Nature : 🐟 ♨ |
| Loisirs : 🍸 ✕ snack 🛖 🏊 🚲 ✂ ♨ 🅿 (découverte en saison) 🛶 |
| Services : ♿ ⚷ GB ⛽ 🚿 🍴 📱 🚮 ♨ |

| Longitude : 1.91457 |
| Latitude : 50.86703 |

ISQUES

62360 – **301** C3 – 1 140 h. – alt. 15
Paris 247 – Lille 125 – Arras 122 – Calais 44 – Dunkerque 85.

▲ **Les Cytises** de déb. avr. à mi-oct.
  🕿 0321311110, *campcytises@orange.fr*,
  Fax 0321311110, *www.lescytises.fr*
  2,5 ha (100 empl.) plat, terrasse, herbeux
  Tarif : 17,10€ ✦✦ ⬅ 🅴 (½) (6A) – pers. suppl. 3,70€
  🚐 borne eurorelais 2€ – 3 🅴 12,80€
  Pour s'y rendre : Chemin Geoges Ducrocq (accès par
  N 1, près du stade, par A 16 sortie 28)

| Nature : 🗺 ♀ |
| Loisirs : 🛖 🏊 |
| Services : ♿ ⚷ ⛽ 🍴 laverie |
| À prox. : ✂ canoë-kayak |

| Longitude : 1.64321 |
| Latitude : 50.67744 |

LEFFRINCKOUCKE

59495 – **302** C1 – 4 571 h. – alt. 5

🛈 *Office de tourisme, 726, boulevard Trystam* ✆ *03 28 69 05 06, Fax 03 28 69 62 18*

Paris 292 – Calais 53 – Dunkerque 7 – Hazebrouck 48 – Lille 78 – St-Omer 52 – Veurne 20.

▲▲ **Mer et Vacances** de déb. mars à mi-déc.
✆ 03 28 20 17 32, *mer.etvacances@akeonet.com*,
Fax 03 28 20 17 32, *www.camping-mer-et-vacances.com* –
places limitées pour le passage
2 ha (93 empl.) peu incliné, plat, herbeux, sablonneux
Tarif : (Prix 2009) 👤 4,70€ 🚗 🅴 5,30€ – 🔌 (16A) 4,10€ –
frais de réservation 4,50€

Location (Prix 2009) : 🏠 (4 à 6 pers.) 320 à 450€/
sem. – frais de réservation 4,50€
Pour s'y rendre : 216 r. J-B. Charcot (au nord-est)

À savoir : bordé de dunes et proche d'une plage de sable fin

| Nature : 🏖 🏕 |
| Loisirs : 🏛 ✂ |
| Services : 🚿 ⊶ GB 🚐 🏧 ⛽ |
| 🚾 ⛲ 🔥 |
| À prox. : 🎯 terrain omnisports |

Longitude : 2.43984
Latitude : 51.05817

To select the best route and follow it with ease,
To calculate distances,
To po sition a site precisely from details given in the text :
Get the appropriate MICHELIN regional map.

LICQUES

62850 – **301** E3 – G. Nord Pas-de-Calais Picardie – 1 510 h. – alt. 81

Paris 276 – Arras 97 – Boulogne-sur-Mer 31 – Calais 25 – Dunkerque 55 – St-Omer 27.

▲▲ **Pommiers des Trois Pays** de déb. avr. à fin oct.
✆ 03 21 35 02 02, *Denis.lamce@wanadoo.fr*,
Fax 03 21 35 02 02, *www.pommiers-3pays.com*
1,3 ha (38 empl.) plat, herbeux
Tarif : (Prix 2009) 22,30€ 👤👤 🚗 🅴 🔌 (16A) – pers.
suppl. 4,80€

Location (Prix 2009) (permanent) : 11 🏠 (4 à 6 pers.)
nuitée 55€ - 280 à 510€/sem. – 🏡 (4 à 6 pers.) - 290
à 550€/sem. – frais de réservation 5€
Pour s'y rendre : 273 r. du Breuil

| Nature : 🏖 ⬍ 🏕 🌳 |
| Loisirs : 🏛 🏊 🏊 (couverte |
| hors saison) |
| Services : 🚿 ⊶ GB 🚐 🏧 ⛽ 🚾 |
| ⛲ laverie |

Longitude : 1.94669
Latitude : 50.78001

MAUBEUGE

59600 – **302** L6 – G. Nord Pas-de-Calais Picardie – 32 699 h. – alt. 134

🛈 *Office de tourisme, place Vauban* ✆ *03 27 62 11 93, Fax 03 27 64 10 23*

Paris 242 – Charleville-Mézières 95 – Mons 21 – St-Quentin 114 – Valenciennes 39.

▲▲ **Municipal du Clair de Lune** de déb. fév. à mi-déc.
✆ 03 27 62 25 48, *camping@ville-maubeuge.fr*,
Fax 03 27 60 25 94, *www.ville-maubeuge.fr*
2 ha (92 empl.) plat, herbeux
Tarif : (Prix 2009) 👤 3,50€ 🚗 🅴 3,40€ – 🔌 (10A) 4,35€
Pour s'y rendre : 212 rte de Mons (1,5 km au nord par N 2)

À savoir : décoration florale et arbustive

| Nature : 🏕 🌳 |
| Loisirs : 🏊 |
| Services : ⊶ GB 🚐 🏧 ⛽ 🚾 🔥 |

Longitude : 3.97575
Latitude : 50.29312

OYE-PLAGE

62215 – **301** F2 – 5 714 h. – alt. 4

Paris 295 – Calais 18 – Cassel 44 – Dunkerque 28 – St-Omer 35.

▲▲ **Les Oyats** du déb. avr. à fin sept.
✆ 03 21 85 15 40, *billiet.nicolas@wanadoo.fr*,
Fax 03 28 60 38 33, *www.les-oyats.com* – places limitées
pour le passage
4,5 ha (150 empl.) plat, herbeux, sablonneux
Tarif : (Prix 2009) 👤 6€ 🚗 🅴 7€ – 🔌 (6A) 3€
Pour s'y rendre : 272 Digue Verte (4,5 km au nord-ouest,
272 Digue Verte, à 100 m de la plage (accès direct))

| Nature : 🏖 🏕 |
| Loisirs : 🏛 jacuzzi 🏊 🚲 |
| ✂ 🏊 |
| Services : ⊶ 🚐 ⛲ 🔥 |

Longitude : 2.03363
Latitude : 50.98424

REBECQUES

62120 – **301** G4 – 423 h. – alt. 33
Paris 242 – Arras 62 – Béthune 35 – Boulogne-sur-Mer 62 – Hesdin 44 – St-Omer 16.

▲ **Le Lac** Permanent
   & 03 21 39 58 58 – places limitées pour le passage
14 ha/3 campables (95 empl.) plat, herbeux, gravier
Tarif : (Prix 2009) **♦** 2,50 € ⇔ 国 8 € – 国 (6A) 2 €
Pour s'y rendre : 1 km au sud par D 189, rte de Thérouanne
et chemin à gauche

À savoir : autour d'un petit lac aménagé pour la pêche
et les loisirs

| Nature : ⌑ |
| Loisirs : ♥ ⚓ 🏊 |
| Services : & ☛ (juil.-août) ⚲ ⛺ ⚡ 🖼 |

Longitude : 2.30761
Latitude : 50.64578

Pour choisir et suivre un itinéraire
Pour calculer un kilométrage
Pour situer exactement un terrain (en fonction des
indications fournies dans le texte) :
*Utilisez les **cartes MICHELIN**,*
compléments indispensables de cet ouvrage.

ST-OMER

62500 – **301** G3 – G. Nord Pas-de-Calais Picardie – 15 004 h. – alt. 23
🛈 *Office de tourisme, 4, rue du Lion d'Or &* 03 21 98 08 51, *Fax* 03 21 98 08 07
Paris 257 – Arras 77 – Béthune 50 – Boulogne-sur-Mer 52 – Calais 43 – Dunkerque 45 – Ieper 57 – Lille 65.

▲▲▲ **Château du Ganspette** de déb. avr. à fin sept.
   & 03 21 93 43 93, *contact@chateau-gandspette.com*,
Fax 03 21 95 74 98, *www.chateau-gandspette.com*
11 ha/4 campables (150 empl.) peu incliné, herbeux
Tarif : 27 € **♦ ♦** ⇔ 国 国 (6A) – pers. suppl. 6 € – frais de
réservation 7 €

Location ⚡ : 8 🛏 (4 à 6 pers.) 585 €/sem. – frais
de réservation 7 €
🚐 1 borne – 10 国 27 €
Pour s'y rendre : 133 r. du Ganspette (11, 5 km au nord-
ouest par N 43 et D 207, à Eperlecques-Ganspette)

À savoir : dans le parc boisé du château

| Nature : ≈ ♀ |
| Loisirs : ♥ ✕ 🍴 ⚓ 🏊 ✂ 🎿 terrain multisports |
| Services : & ☛ GB ⚲ ⛺ 🍴 🖼 🔧 |

Longitude : 2.26072
Latitude : 50.75006

WILLIES

59740 – **302** M7 – 143 h. – alt. 167 – Base de loisirs
Paris 225 – Avesnes-sur-Helpe 16 – Cambrai 69 – Charleroi 48 – Charleville-Mézières 81 – Lille 114 –
Vervins 44.

▲ **Val Joly** de fin mars à déb. nov.
   & 03 27 61 83 76, *valjolyresa@valjoly.com*,
Fax 03 27 61 83 09, *www.valjoly.com*
4 ha (160 empl.) peu incliné, plat, herbeux
Tarif : (Prix 2009) **♦** 4,35 € ⇔ 国 6,65 €

Location (Prix 2009) : 30 🛖 (4 à 6 pers.) - 190 à 230 €/
sem.
Pour s'y rendre : Parc Départemental du Val Joly (1,5 km
à l'est par D 133, rte d'Eppe-Sauvage, à 300 m du lac)

À savoir : situation dominante sur le lac

| Nature : ≈ ♀ |
| Loisirs : 🍴 ✂ ⛰ |
| Services : ☛ GB ⚲ 🖼 🚿 |
| À prox. : ✦ |

Longitude : 4.09672
Latitude : 50.12067

NORMANDIE

G. Targat/Michelin

Muse des impressionnistes et des poètes, la Normandie vogue entre luxe, calme et volupté. Côté mer, les prestigieuses stations balnéaires, l'éblouissante baie du Mont-St-Michel, les hautes falaises crayeuses et les plages du Débarquement imposent une contemplation silencieuse. Côté terre le bocage, où paissent chevaux et vaches, et les vergers de pommiers déroulent un tapis verdoyant semé de chaumières à colombages et de fringants manoirs. Éclairée d'une lumière à nulle autre pareille, la Seine méandre paisiblement, jalonnant son cours d'une succession de trésors architecturaux : cités médiévales, châteaux, abbayes... Cette esquisse de la région serait incomplète sans l'évocation des bons produits du terroir : beurre, crème fraîche, camembert, livarot, cidre et calvados méritent à eux seuls votre visite.

Normandy, the inspiration of writers and artists, offers pure rural pleasure. Take a walk along the coast to fill your lungs with sea air and admire the elegant resorts. You will be left breathless when you first catch sight of Mont Saint-Michel rising from the sands or look down over Étretat's white cliffs, and it is impossible not to be moved by the memory of the men who gave their lives on Normandy's beaches in June 1944. Further inland, acres of neat, hedge-lined fields meet the eye. Drink in the sight and scent of apple blossom, admire the pretty, half-timbered cottages and follow the Seine past medieval cities, daunting castles and venerable abbeys. And who could forget Normandy's culinary classics: fresh seafood, creamy Camembert, cider and the famous apple brandy, Calvados.

Légende

- Localité citée avec camping
- Localité citée avec camping et locatif
- **Vannes** Localité disposant d'un camping avec aire de services camping-car
- **Moyaux** Localité disposant d'au moins un terrain agréable
- Aire de service pour camping-car sur autoroute

ALDERNEY

Omonville-la-Rogue
CHERBOURG-OCTEVILLE
Maupertus-s-M.
Tourlaville
Siouville-Hague
les Pieux
St-Vaast-la-Hougue
le Rozel
N 13
Surtainville
D 2
Ravenoville
Baubigny
Barneville-Carteret
St-Sauveur-le-Vicomte
Ste-Mère-Église
Colleville-s-M.
Courseulles-s-M.
Carteret
Ste-Marie-du-Mont
Port-en-Bessin
Bernières-s-M.
St-Jean-de-la-Rivière
Surrain
Arromanches-les-Bs
St-Aubin-s-M.
Villers-s
Luc-s-M.
Denneville
Isigny-s-M.
Houlgate
St-Symphorien-le-Valois
Trévières
Dives-s-M.
St-Germain-s-Ay
Carentan
Étréham
Bayeux
Creully
Merville-Franceville-Pl.
Gonneville-en
JERSEY
N 174
N 13
Martragny
A 13
MANCHE
Coutances
St-Lô
N 174
CAEN
CALVADOS
D 613
Agon-Coutainville
Annoville
D 999
Vire
LA VALLÉE DE LA VIRE-GOUVET
Thury-Harcourt
le Vey
Falaise
Bréville-s-M.
D 971
Donville-les-B.
Bréhal
Pont-Farcy
A 84
Îles Chausey
Granville
D 924
Vire
D 958
St-Pair-s-Mer
D 973
Villedieu-les-Poêles
Flers
Argentan
Jullouville
A 84
Brécey
D 924
Orne
Genêts
le-Guildo
St-Malo
St-Lunaire
Cancale
le-Mont-St-Michel
Avranches
See
ORNE
rien
St-Briac-s-M.
St-Coulomb
Courtils
Ducey
St-Hilaire-du-Harcouët
Domfront
ignon
Roz-sur-Couesnon
Beauvoir
Bagnoles-de-l'O.
Plancoët
St-Jouan-des-Guérets
St-Père
les Biards
Sélune
LA DENTE D'ALENÇ
léven
St-Samson-s-R.
N 176
St-Marcan
Pontorson
N 175
D 976
Alen
N 176
Taden
Dol-de-Bretagne
Jugon-les-Lacs
Dinan
la Chapelle-aux-Filtzméens
Ambrières-les-Vallées
Alen
D 766
Tinténiac
Feins
Fougères
N 12
Mayenne
Fresnay-s-Sarthe
rignac
Rance
D 175
Sillé-le-Guillaume
D 766
N 12
D 137
A 84
Châtillon-en-Vendelais
MAYENNE
Mézières-s/s-Lavardi
Vilaine
Andouillé
RENNES
N 157
A 81
Évron
Tennie
Paimpont
Châteaugiron
St-Berthevin
Laval
A 81
N 24
Mayenne
D 21
Loué
ILLE-ET-VILAINE
le Pertre
D 771
N 162
Meslay-du-Maine
Marcillé-Robert
la Selle-
Villiers-

NORMANDIE

AGON-COUTAINVILLE

50230 – **303** C5 – 2 804 h. – alt. 36
B *Office de tourisme, place du 28 Juillet 1944* 📞 *02 33 76 67 30, Fax 02 33 76 67 31*
Paris 348 – Barneville-Carteret 48 – Carentan 43 – Cherbourg 80 – Coutances 13 – St-Lô 41.

△ **Municipal le Marais** de déb. juil. à fin août
📞 02 33 47 05 20, *martinetmarais@wanadoo.fr*,
Fax 02 33 47 31 95,
http://perso.wanadoo.fr/campings.martinetmarais
2 ha (148 empl.) plat, herbeux
Tarif : (Prix 2009) ★ 3,60 € ⇔ 1,60 € 🅴 3,80 € – 🔋 (5A) 3 €
🚐 borne flot bleu 6 €
Pour s'y rendre : bd Lebel-Jéhenne (sortie nord-est, près de l'hippodrome)

Loisirs : 🏊
Services : 👩 ⌐ GB ⬚ ✓ ♛ 🔲
À prox. : 🐎 ✗ ♞ golf, école de voile 🚲

Longitude : -1.59112
Latitude : 49.051

△ **Municipal le Martinet** de déb. avr. à fin oct.
📞 02 33 47 05 20, *martinetmarais@wanadoo.fr*,
Fax 02 33 47 31 95,
http://perso.wanadoo.fr/campings.martinetmarais
1,5 ha (122 empl.) plat, herbeux
Tarif : (Prix 2009) ★ 3,50 € ⇔ 1,60 € 🅴 3,40 € – 🔋 (5A) 3 €
🚐 borne flot bleu 6 €
Pour s'y rendre : Bd. Lebel-Jéhenne (sortie nord-est, près de l'hippodrome)

Nature : ♀
Loisirs : 🏊
Services : 👩 ⌐ GB ✓ ♛ laverie
À prox. : 🐎 ✗ ♞ 🐴 golf, école de voile

Longitude : -1.59112
Latitude : 49.051

LES GUIDES VERTS **MICHELIN**
Paysages, monuments
Routes touristiques
Géographie
Histoire, Art
Itinéraire de visite
Plans de villes et de monuments

508

ALENÇON

61000 – **310** J4 – G. Normandie Cotentin – 28 458 h. – alt. 135
B *Office de tourisme, place de la Magdeleine* 📞 *02 33 80 66 33, Fax 02 33 80 66 32*
Paris 190 – Chartres 119 – Évreux 119 – Laval 90 – Le Mans 54 – Rouen 150.

🏕 **Municipal de Guéramé** de déb. avr. à fin sept.
📞 02 33 26 34 95, Fax 02 33 26 34 95
1,5 ha (84 empl.) plat et en terrasses, herbeux, gravillons
Tarif : (Prix 2009) ★ 2,45 € ⇔ 🅴 5,20 € – 🔋 (6A) 3,05 €
🚐 1 borne raclet
Pour s'y rendre : rte de Guéramé (au sud-ouest par bd périphérique)
À savoir : cadre agréable, au bord de la Sarthe

Nature : ♀
Loisirs : 🍴 🏊 ✗
Services : 👩 ⌐ GB ▥ 🚿 ⌁ laverie
À prox. : 🐎 🍴 🖼 🛶 ⬚ 🐎 🐴 canoë kayak

Longitude : 0.07111
Latitude : 48.42587

ANNOVILLE

50660 – **303** C6 – 582 h. – alt. 28
Paris 348 – Barneville-Carteret 57 – Carentan 48 – Coutances 14 – Granville 20 – St-Lô 42.

△ **Municipal les Peupliers** de déb. mai à mi-sept.
📞 02 33 47 67 73, *campinglespeupliers@orange.fr*,
Fax 02 33 46 78 38
2 ha (100 empl.) plat, herbeux, sablonneux
Tarif : (Prix 2009) ★ 2,60 € ⇔ 🅴 3 € – 🔋 (13A) 3 €
Location (Prix 2009) (de déb. avr. à fin oct.) 🏠 : 5
🏚 (4 à 6 pers.) nuitée 23 € - 200 à 400 €/sem.
Pour s'y rendre : r. des Peupliers (3 km au sud-ouest par D 20 et chemin à dr., à 500 m de la plage)

Nature : 🏖
Loisirs : 🏊 🚲 ♛
Services : ⌐ GB ✓ 🔲 ⌁

Longitude : -1.5493
Latitude : 48.9552

ARGENTAN

61200 – **310** I2 – G. Normandie Cotentin – 14 900 h. – alt. 160
🛈 *Office de tourisme, Chapelle Saint-Nicolas* 🕿 *02 33 67 12 48, Fax 02 33 39 96 61*
Paris 191 – Alençon 46 – Caen 59 – Dreux 115 – Évreux 119 – Flers 42 – Lisieux 58.

▲ **Municipal de la Noë** de déb. avr. à fin sept.
🕿 02 33 36 05 69, *camping@argentan.info*,
Fax 02 33 39 96 61, *www.argentan.fr*
0,3 ha (23 empl.) plat, herbeux
Tarif : (Prix 2009) ★ 2,20 € – ⇔ 1,80 € 🅴 2,40 € –
🔌 (6A) 2,40 €

🚐 borne eurorelais 2 €
Pour s'y rendre : 34 r. de la Noé (au sud, à proxi. de l'Orne, accès par centre ville)

À savoir : situation agréable près d'un parc et d'un plan d'eau

| Nature : 🏞 |
| Loisirs : 🏠 |
| Services : ⚹ ⊶ ♒ ⚐ laverie |
| À prox. : ✗ 🎣 ⛵ ↝ parcours de santé 🚲 |

| Longitude : -0.0174 |
| Latitude : 48.741 |

ARROMANCHES-LES-BAINS

14117 – **303** I3 – G. Normandie Cotentin – 602 h. – alt. 15
🛈 *Office de tourisme, 2, rue du Maréchal Joffre* 🕿 *02 31 22 36 45, Fax 02 31 22 92 06*
Paris 266 – Bayeux 11 – Caen 34 – St-Lô 46.

▲ **Municipal** de déb. avr. à déb. nov.
🕿 02 31 22 36 78, *camping.arromanches@wanadoo.fr*,
Fax 02 31 21 80 22, *http://www.arromanches.com*
1,5 ha (105 empl.) en terrasses, peu incliné, plat, herbeux
Tarif : (Prix 2009) 16 € ★★ ⇔ 🅴 🔌 (10A) – pers. suppl. 3,50 €
Location (Prix 2009) 🏚 : 6 🛏 (4 à 6 pers.) nuitée 75 € - 350 à 450 €/sem.
🚐 borne raclet 2 €
Pour s'y rendre : 45 av. de Verdun (au sud du bourg)

| Nature : ♀ |
| Loisirs : 🏄 |
| Services : ⚹ ⊶ (de mi-juin à mi-sept.) 🆖 ♒ laverie |
| À prox. : ✗ 🎣 ♨ ♦ 🐎 terrain multisports 🚲 |

| Longitude : -0.6224 |
| Latitude : 49.33816 |

*Si vous désirez réserver un emplacement pour vos vacances,
faites-vous préciser au préalable les conditions particulières de séjour,
les modalités de réservation, les tarifs en vigueur et les conditions de paiement.*

509

AUMALE

76390 – **304** K3 – G. Normandie Vallée de la Seine – 2 447 h. – alt. 130
🛈 *Syndicat d'initiative, rue Centrale* 🕿 *02 35 93 41 68, Fax 02 35 93 41 68*
Paris 136 – Amiens 48 – Beauvais 49 – Dieppe 69 – Gournay-en-Bray 35 – Rouen 74.

▲ **Municipal le Grand Mail** de déb. avr. à fin sept.
🕿 02 35 93 40 50, *communeaumale@wanadoo.fr*,
Fax 02 35 93 86 79
0,6 ha (40 empl.) plat, herbeux
Tarif : ★ 2,50 € ⇔ 2,50 € 🅴 2,50 € – 🔌 (7A) 2,50 €
Pour s'y rendre : 6 Le Grand Mail

À savoir : à flanc de colline sur les hauteurs de la ville

| Nature : ♀ |
| Services : ⚹ 🎦 |

| Longitude : 1.74658 |
| Latitude : 49.76619 |

BAGNOLES-DE-L'ORNE

61140 – **310** G3 – G. Normandie Cotentin – 2 488 h. – alt. 140 – ♨
🛈 *Office de tourisme, place du Marché* 🕿 *02 33 37 85 66, Fax 02 33 30 06 75*
Paris 236 – Alençon 48 – Argentan 39 – Domfront 19 – Falaise 48 – Flers 28.

▲▲ **Municipal la Vée** de fin mars à déb. nov.
🕿 02 33 37 87 45, *info@campingbagnolesdelorne.com*,
Fax 02 33 30 14 32, *www.campingbagnolesdelorne.com*
2,8 ha (250 empl.) plat, peu incliné, herbeux
Tarif : (Prix 2009) 14,95 € ★★ ⇔ 🅴 🔌 (10A) – pers. suppl. 3,45 €
🚐 borne flot bleu – 19 🅴 7 €
Pour s'y rendre : av. du Président Coty (1,3 km au sud-ouest, près de Tessé-la-Madeleine, à 30 m de la rivière)

| Nature : 🌲 🏞 |
| Loisirs : snack 🏠 🏄 |
| Services : ⚹ ⊶ 🆖 ♒ 🎦 ♒ ♒ ⚐ ♒ laverie ♒ |
| À prox. : 🎯 ✗ ♨ ⛵ ↝ 🐎 golf, parcours de santé |

| Longitude : -0.4193 |
| Latitude : 48.54878 |

NORMANDIE

BARNEVILLE-CARTERET

50270 – **303** B3 – G. Normandie Cotentin – 2 334 h. – alt. 47
🅱 *Office de tourisme, 10, rue des Ecoles* 📞 *02.33.04.90.58, Fax 02 33 04 93 24*
Paris 356 – Caen 123 – Carentan 43 – Cherbourg 39 – Coutances 47 – St-Lô 62.

Les Bosquets de déb. avr. à mi-sept.
📞 02 33 04 73 62, *lesbosquets@orange.fr*,
Fax 02 33 04 35 82, *www.camping-lesbosquets.com*
10 ha/6 campables (331 empl.) plat et accidenté,
sablonneux, herbeux
Tarif : ⚹ 5,90 € ⟷ 🅴 5,90 € – 🔌 (10A) 3,90 €

Location : 15 🛖 (4 à 6 pers.) 260 à 550 €/sem.
Pour s'y rendre : r. du Capitaine Quenault (2,5 km au sud-ouest par rte de Barneville-Plage et r. à gauche, à 450 m de la plage)

À savoir : dans les dunes boisées de pins, environnement sauvage

Nature : 🐚 �᎑ 🌳
Loisirs : 🍷 🎱 🎦 diurne nocturne (juil.-août) ⛱ ⛹
Services : ⛽ 🅖🅱 🚿 laverie
À prox. : ✂ 🐾 golf, char à voile

Longitude : -1.76275
Latitude : 49.36428

La Gerfleur de déb. avr. à fin oct.
📞 02 33 04 38 41, *alabouriau@aol.com*, Fax 02 33 04 38 41,
www.lagerfleur.fr
2,3 ha (94 empl.) plat, peu incliné, herbeux
Tarif : (Prix 2009) ⚹ 5,30 € ⟷ 🅴 6,30 € – 🔌 (6A) 4,20 €
Location (Prix 2009) 🐾 : 10 🛖 (4 à 6 pers.) nuitée
50 € - 290 à 550 €/sem.
Pour s'y rendre : r. Guillaume-le-Conquérant (800 m à l'ouest par D 903e, rte de Carteret)

À savoir : en bordure d'un petit étang

Nature : �᎑ 🌳
Loisirs : 🍷 🎱 ⛱ ⛹ 🐎
Services : ⛲ ⛽ 🅖🅱 🚿 🔋
À prox. : 🛒 ✂ 🎿 ♨ 🐾 (centre équestre) golf

Longitude : -1.76045
Latitude : 49.38277

To select the best route and follow it with ease,
To calculate distances,
To position a site precisely from details given in the text :
*Get the appropriate **MICHELIN regional map.***

510

BAUBIGNY

50270 – **303** B3 – 150 h. – alt. 30
Paris 361 – Barneville-Carteret 9 – Cherbourg 33 – Valognes 28 – Laval 202.

Bel Sito de mi-avr. à mi-sept.
📞 02 33 04 32 74, *campingbelsito@gmail.com*,
www.bel-sito.com
6 ha/4 campables (85 empl.) incliné à peu incliné, plat,
sablonneux, herbeux, dunes
Tarif : ⚹ 6,50 € ⟷ 🅴 9 € – 🔌 (6A) 3,60 €
Location (de déb. avr. à fin oct.) : 8 🛖 (4 à 6 pers.) -
330 à 800 €/sem.
Pour s'y rendre : au nord du bourg
À savoir : site sauvage dans les dunes

Nature : 🐚 ⋞
Loisirs : 🎦 ⛱
Services : ⛲ ⛽ (juil.-août) 🚿 ⛺ ♨ laverie

Longitude : -1.82206
Latitude : 49.42912

BAYEUX

14400 – **303** H4 – G. Normandie Cotentin – 14 466 h. – alt. 50
🅱 *Office de tourisme, pont Saint-Jean* 📞 *02 31 51 28 28, Fax 02 31 51 28 29*
Paris 265 – Caen 31 – Cherbourg 95 – Flers 69 – St-Lô 36 – Vire 60.

Municipal de début mai à fin sept.
📞 02 31 92 08 43, *campingmunicipal@mairie-bayeux.fr*,
Fax 02 31 92 08 43, *www.mairie-bayeux.fr*
2,5 ha (140 empl.) plat, herbeux, goudronné
Tarif : (Prix 2009) ⚹ 3,35 € ⟷ 🅴 4,10 € – 🔌 (5A) 3,40 €
Pour s'y rendre : bd Eindhoven (au nord du bourg)
À savoir : belle décoration arbustive

Nature : 🌳
Loisirs : 🎦 ⛱
Services : ⛲ ⛽ 🅖🅱 🚿 laverie
À prox. : 🛒 ✂ 🎬 (découverte en saison) terrain multisports

Longitude : -0.70784
Latitude : 49.28369

BAZINVAL

76340 – **304** J2 – 329 h. – alt. 120
Paris 165 – Abbeville 33 – Amiens 62 – Blangy-sur-Bresle 9 – Le Tréport 20.

▲ **Municipal de la Forêt** de déb. avr. à fin oct.
    𝒫 0232970401, *bazinval2@wanadoo.fr*,
    Fax 0232970401 – ⚫
    0,4 ha (20 empl.) peu incliné, non clos
    Tarif : (Prix 2009) ✶ 1,70€ ⇔ 1,70€ ▣ 1,70€ –
    [⚡] (16A) 3,70€
    🚰 borne artisanale 3€
    Pour s'y rendre : 10 r. de Saulx (sortie sud-ouest par
    D 115 et rte à gauche, près de la mairie)
    À savoir : décoration arbustive des emplacements

| Nature : 🔲 ♀ |
| Services : 🏛 |

| Longitude : 1.57608 |
| Latitude : 49.92482 |

BEAUVOIR

50170 – **303** C8 – G. Normandie Cotentin – 422 h.
Paris 358 – Caen 125 – Saint 81 – Rennes 63 – Saint 56.

▲▲ **Aux Pommiers** de déb. avr. à mi-nov.
    𝒫 0233601136, *pommiers@aol.com*, Fax 0233601136,
    www.camping-auxpommiers.com
    1,75 ha (107 empl.) plat, herbeux
    Tarif : ✶ 5,80€ ▣ 6,80€ – [⚡] (6A) 4€
    Location : 6 ▦ (4 à 6 pers.) nuitée 39€ - 235 à 510€/
    sem. – 6 ▦ (4 à 6 pers.) nuitée 41€ - 245 à 530€/sem.
    – 5 bungalows toilés
    🚰 borne artisanale
    Pour s'y rendre : 28 rte du Mont-Saint-Michel (au bourg,
    par D 976)

| Nature : ♀ |
| Loisirs : ♈ snack ⛹ 🏊 ⛷ |
| Services : ⚫ GB ♒ ♐ laverie |
| À prox. : 🚲 ✗ 🎣 🐎 (centre équestre) |

| Longitude : -1.51244 |
| Latitude : 48.59622 |

*Avant de prendre la route, consultez **www.ViaMichelin.fr :**
votre meilleur itinéraire, le choix de votre hôtel, restaurant,
des propositions de visites touristiques.*

511

LE BEC-HELLOUIN

27800 – **304** E6 – G. Normandie Vallée de la Seine – 413 h. – alt. 101
Paris 153 – Bernay 22 – Évreux 46 – Lisieux 46 – Pont-Audemer 23 – Rouen 41.

▲ **Municipal St-Nicolas** de déb. avr. à fin sept.
    𝒫 0232448355, *mairie-lebechellouin@orange.fr*,
    Fax 0232448355, *www.lebechellouin.fr*
    3 ha (90 empl.) plat, herbeux
    Tarif : (Prix 2009) 8,90€ ✶✶ ⇔ ▣ [⚡] (10A) – pers.
    suppl. 3,25€
    🚰 borne artisanale 2,45€
    Pour s'y rendre : 15 r. St-Nicolas (2 km à l'est par D 39 et
    D 581, rte de Malleville-sur-le-Bec et chemin à gauche)
    À savoir : cadre fleuri et soigné

| Nature : 🌊 ♀ |
| Loisirs : bibliothèque ⛹ ✗ |
| Services : ♿ ♒ 🏛 laverie |
| À prox. : 🐎 (centre équestre) |

| Longitude : 0.72268 |
| Latitude : 49.23586 |

BELLÊME

61130 – **310** M4 – G. Normandie Vallée de la Seine – 1 602 h. – alt. 241
🅱 *Office de tourisme, boulevard Bansard des Bois 𝒫 0233730969, Fax 0233839517*
Paris 168 – Alençon 42 – Chartres 76 – La Ferté-Bernard 23 – Mortagne-au-Perche 18.

▲ **Municipal** de mi-avr. à mi-oct.
    𝒫 0233853100, *mairie.belleme@wanadoo.fr*,
    Fax 0233835885
    1,5 ha (50 empl.) en terrasses, peu incliné, plat, herbeux
    Tarif : (Prix 2009) ✶ 1,50€ ⇔ 1,20€ ▣ 1,20€ – [⚡] 2,50€
    Pour s'y rendre : sortie ouest par D 955, rte de Mamers
    et chemin à gauche, près de la piscine

| Nature : 🌊 🔲 ♀ |
| Services : ♿ ♒ ⚘ |
| À prox. : 🛒 ✗ ♐ ⛷ golf |

| Longitude : 0.55973 |
| Latitude : 48.37669 |

BERNAY

27300 – **304** D7 – G. Normandie Vallée de la Seine – 10 635 h. – alt. 105
🅱 *Syndicat d'initiative, 29, rue Thiers* ℰ 02 32 43 32 08, Fax 02 32 45 82 68
Paris 155 – Argentan 69 – Évreux 49 – Le Havre 72 – Louviers 52 – Rouen 60.

🏕 **Municipal** de déb. mai à fin sept.
ℰ 02 32 43 30 47, *camping@bernay27.fr,*
Fax 02 32 43 30 47, *www.ville-bernay27.fr*
1 ha (50 empl.) plat, herbeux
Tarif : (Prix 2009) 🧍 3,15 € 🚗 3,25 € 🅔 3,25 € –
🔌 (8A) 3,60 €
Location (Prix 2009) : 2 🛖 (4 à 6 pers.) 284 à 360 €/
sem.
🚐 borne autre 8,40 €
Pour s'y rendre : r. des Canadiens (2 km au sud-ouest
par N 138, rte d'Alençon et r. à gauche - accès conseillé
par la déviation et ZI Malouve)

À savoir : partie campable verdoyante et soignée

Nature : 🏞 🌳
Loisirs : 🏠 🚣
Services : 👤 🚰 🅲 🚿 🚮 laverie
À prox. : 🍽 🗲 🏊

Longitude : 0.58683
Latitude : 49.07879

BERNIÈRES-SUR-MER

14990 – **303** J4 – 2 373 h.
🅱 *Syndicat d'initiative, 159, rue Victor Tesnières* ℰ 02 31 96 44 02, Fax 02 31 96 98 96
Paris 253 – Caen 20 – Le Havre 114 – Hérouville-Saint-Clair 21 – Bayeux 24.

🏕 **Le Havre de Bernières** de déb. avr. à fin oct.
ℰ 02 31 96 67 09, *campingnormandie@aol.com,*
Fax 02 31 97 31 06, *www.camping-normandie.com*
6,5 ha (240 empl.) plat, herbeux
Tarif : (Prix 2009) 33,50 € 🧍🧍 🚗 🅔 🔌 (20A) – pers.
suppl. 7 € – frais de réservation 23 €
Location (Prix 2009) : 38 🛖 (4 à 6 pers.) nuitée 120 €
- 290 à 735 €/sem. – frais de réservation 23 €
🚐 borne eurorelais 3 € – 🚐 🔌 21.57 €
Pour s'y rendre : chemin de Quintefeuille

Nature : 🌳🌳
Loisirs : 🍸 🗙 snack, pizzeria 🏠 🎮 🚣 🏊
Services : 👤 🚰 ⓖⓑ 🚿 🍴 🛁 ⚒ laverie 🚿
À prox. : 🛒 🍽 🏌 🏖 (plage) 🐎 bowling

Longitude : -0.42886
Latitude : 49.33111

Pour choisir et suivre un itinéraire
Pour calculer un kilométrage
Pour situer exactement un terrain (en fonction
des indications fournies dans le texte) :
Utilisez les **cartes MICHELIN** *,*
compléments indispensables de cet ouvrage.

BIARDS

50540 – **303** E8 – alt. 495 – Base de loisirs
Paris 358 – Alençon 108 – Avranches 22 – Caen 126 – Fougères 32 – Laval 74 – St-Lô 79.

🏕 **Municipal La Mazure** de mi-juin à déb. sept.
ℰ 02 33 89 19 50, *camping@lamazure.com,*
Fax 02 33 89 19 55, *www.lamazure.com*
3,5 ha/0,4 campable (28 empl.) terrasse, plat, herbeux
Tarif : 🧍 3,50 € 🚗 🅔 5 € 🔌 3 €
Location (permanent) : 16 🛖 (4 à 6 pers.) - 280 à
480 €/sem. – gîte d'étape, tipis
Pour s'y rendre : à la Base de Loisirs (2,3 km au sud-
ouest par D 85e, au bordure du lac de Vezins)

Nature : 🏞 🏞
Loisirs : 🍸 🏠 🎮 🚣 🚴 🛶 🍽
Services : 👤 🚰 🚮 ⚒ 🍴 laverie 🚿
à la bases de loisirs : 🐟 🐎 canoë kayak, aviron, pédalos, bateaux électriques

Longitude : -1.18627
Latitude : 48.58359

BLANGY-LE-CHÂTEAU

14130 – **303** N4 – 664 h. – alt. 60

🛈 *Office de tourisme, 159, rue Victor Tesnières* ℰ *02 31 65 48 36, Fax 02 31 64 10 06*
Paris 197 – Caen 56 – Deauville 22 – Lisieux 16 – Pont-Audemer 26.

▲▲ **"Les Castels" Le Brévedent** 👥 – de déb. mai à mi-sept.
ℰ 02 31 64 72 88, *contact@campinglebrevedent.com*,
Fax 02 31 64 33 41, *www.campinglebrevedent.com* ✿
6 ha/3,5 campables (138 empl.) plat, incliné, herbeux, bord d'un étang
Tarif : 29,10 € 👫 🚐 🗐 💧 (10A) – pers. suppl. 7 €
Location (de déb. avr. à déb. nov.) : 8 🛖 (4 à 6 pers.)
225 à 680 €/sem.
Pour s'y rendre : rte du Pin (3 km au sud-est par D 51, au château, au bord d'un étang)
À savoir : dans le parc d'un château du 14e s. agrémenté d'un étang

Nature : 🐟 ⩽ 🞉🞉
Loisirs : 🍸 snack, pizzeria 🖿 🞉 nocturne (soirées à thème) 🏹 🏌️ 🚴 🛝 🞉 canoë
Services : 🚿 🖙 🏧 🞉 🖳 laverie 🞉 🞉
À prox. : 🞉 🐴 golf

Longitude : 0.30234
Latitude : 49.2263

BLANGY-SUR-BRESLE

76340 – **304** J2 – 3 171 h. – alt. 70

🛈 *Syndicat d'initiative, 1, rue Checkroun* ℰ *02 35 93 52 48, Fax 02 35 94 06 14*
Paris 156 – Abbeville 29 – Amiens 56 – Dieppe 55 – Neufchâtel-en-Bray 31 – Le Tréport 26.

▲ **Municipal les Etangs** de mi-mars à mi-oct.
ℰ 02 35 94 55 65, *mairie.blangy@wanadoo.fr*,
Fax 02 35 94 06 14 – 🜛
0,8 ha (59 empl.) plat, herbeux
Tarif : (Prix 2009) 🞉 2,60 € 🚐 1,65 € 🗐 2,10 € –
💧 (10A) 10 €
Pour s'y rendre : au sud-est, entre deux étangs et à 200 m de la Bresle, accès par r. du Maréchal-Leclerc, près de l'église

Nature : ⩽
Loisirs : 🚴 🞉
Services : 🚿 🖙 🏧
À prox. : 🏌️ 🞉 🞉

Longitude : 1.6336
Latitude : 49.93152

*The classification (1 to 5 tents, **black** or **red**) that we award to*
selected sites in this Guide is a system that is our own.
It should not be confused with the classification (1 to 4 stars) of official organisations.

513

BOURG-ACHARD

27310 – **304** E5 – G. Normandie Vallée de la Seine – 2 792 h. – alt. 124
Paris 141 – Bernay 39 – Évreux 62 – Le Havre 62 – Rouen 30.

▲ **Le Clos Normand** de déb. avr. à fin sept.
ℰ 02 32 56 34 84, *www.ledosnormand.eu*
1,4 ha (85 empl.) peu incliné, plat, herbeux, bois attenant
Tarif : (Prix 2009) 🞉 4,70 € 🚐 2,40 € 🗐 4 € – 💧 (6A) 3,20 €
Location (Prix 2009) : 2 🛖 (4 à 6 pers.) 250 à 470 €/sem.
Pour s'y rendre : 235 rte de Pont-Audemer (sortie ouest)
À savoir : cadre verdoyant et fleuri

Nature : 🞉 💧
Loisirs : 🍸 🛝
Services : 🖙 🏧 🞉 🞉 🖳 🞉

Longitude : 0.80765
Latitude : 49.35371

BRÉCEY

50370 – **303** F7 – 2 150 h. – alt. 75

🛈 *Syndicat d'initiative, 29, place de l'Hôtel de Ville* ℰ *02 33 89 21 13, Fax 02 33 89 21 19*
Paris 328 – Avranches 17 – Granville 42 – St-Hilaire-du-Harcouët 20 – St-Lô 49 – Villedieu-les-Poêles 16 – Vire 29.

▲▲ **Municipal le Pont Roulland** de déb. mai à mi-oct.
ℰ 02 33 48 60 60, *camping@brecey.fr*, Fax 02 33 89 21 09,
www.brecey.fr
1 ha (50 empl.) peu incliné, plat, herbeux
Tarif : 🞉 2,50 € 🗐 3 € – 💧 (20A) 2,50 €
Pour s'y rendre : 1,1 km à l'est par D 911, rte de Cuves
À savoir : cadre champêtre près d'un plan d'eau

Nature : 🐟 💧
Loisirs : 🖿 🏌️ 🛝 🞉
Services : 🖙 🞉 🖳
À prox. : 🞉

Longitude : -1.14974
Latitude : 48.72147

BRÉHAL

50290 – **303** C6 – 2 945 h. – alt. 69

ℤ *Office de tourisme, rue du Général de Gaulle* ℰ *02 33 90 07 95, Fax 02 33 50 51 98*
Paris 345 – Caen 113 – Saint-Lô 48 – Saint-Malo 101 – Vire 76.

△ **La Vanlée** de déb. mai à fin sept.
ℰ 02 33 61 63 80, *camping.vanlee@wanadoo.fr*,
Fax 02 33 61 87 18, *www.camping-vanlee.com*
11 ha (480 empl.) plat, vallonné, sablonneux, herbeux
Tarif : 18,20 € **†† ⇌ 🅴 🛈** (6A) – pers. suppl. 4,40 €
🚐 borne artisanale 5 € – **🔋🛈** 12.4 €
Pour s'y rendre : r. des Gabions
À savoir : Cadre agréable dans un site sauvage en bordure
de mer

Nature : 🏖🌊
Loisirs : 🍽 brasserie, pizzeria 🏛
🎮 ⚒ terrain omnisports
Services : 🔥 ⚡ GB 🐾 ⛋ laverie
🛒 🌡
À prox. : golf

Longitude : -1.56394
Latitude : 48.90612

Si vous recherchez :
👤👶 *Un terrain offrant des équipements et des loisirs adaptés aux enfants*
🍃 *Un terrain agréable ou très tranquille*
L   *Un terrain effectuant la location de caravanes,*
      de mobile homes, de bungalows ou de chalets
P   *Un terrain ouvert toute l'année*
🚐 *Un terrain possédant une aire de services pour camping-cars*
Consultez le tableau des localités

BRÉVILLE-SUR-MER

50290 – **303** K4 – 812 h. – alt. 70
Paris 341 – Caen 108 – Saint 50 – Saint 95 – Fougères 74.

△ **La Route Blanche** de déb. avr. à mi-oct.
ℰ 02 33 50 23 31, *larouteblanche@camping-breville.com*,
Fax 02 33 50 26 47, *www.camping-breville.com*
4,5 ha (273 empl.) plat, herbeux, sablonneux
Tarif : 32 € **†† ⇌ 🅴 🛈** (6A) – pers. suppl. 6 € – frais de
réservation 6 €
Location 🏠 : 25 **🛏** (4 à 6 pers.) 245 à 896 €/sem. –
frais de réservation 6 €
🚐 1 borne eurorelais – **🔋** 10.50 €
Pour s'y rendre : 6 r. de La Route Blanche (1 km au nord-
ouest par rte de la plage, près du golf)

Loisirs : 🎮 🎲 🧗 ⛷ ⚒ 🏊
terrain mulisports
Services : ⚡ GB 🐾 🌡 laverie
À prox. : ✂ 💧 🐎 parcours
sportif, golf

Longitude : -1.56263
Latitude : 48.86768

CANY-BARVILLE

76450 – **304** D3 – G. Normandie Vallée de la Seine – 3 150 h. – alt. 25

ℤ *Office de tourisme, 32, place Robert Gabel* ℰ *02 35 57 17 70, Fax 02 35 97 72 32*
Paris 187 – Bolbec 34 – Dieppe 45 – Fécamp 21 – Rouen 56.

△ **Municipal** de déb. avr. à fin sept.
ℰ 02 35 97 70 37, *camping-canybarville@orange.fr*,
Fax 02 35 97 72 32, *www.cany-barville.fr*
2,9 ha (100 empl.) plat, cimenté, herbeux
Tarif : (Prix 2009) **†** 3,15 € **⇌** 1,50 € **🅴** 3,15 € –
🛈 (10A) 3,15 €
🚐 borne autre 5,30 € – 62 **🅴** 14,10 €
Pour s'y rendre : rte de Barville (sortie sud par D 268,
rte d'Yvetot, apr. le stade)

Nature : 🌿 🏛
Loisirs : 🏛
Services : 🔥 ⚡ GB 🐾 🍴 🚿 ♿
🌡 laverie
À prox. : 🛶 ✂ ⛷ ⚓ (plage) 🐟
squash, pédalos, luge, canoë, ski
nautique

Longitude : 0.64419
Latitude : 49.77835

CARENTAN

50500 – **303** E4 – G. Normandie Cotentin – 6 135 h. – alt. 18

🛈 *Office de tourisme, boulevard de Verdun* ℰ *02 33 71 23 50, Fax 02 33 42 74 01*

Paris 308 – Avranches 89 – Caen 74 – Cherbourg 52 – Coutances 36 – St-Lô 29.

Le Haut Dick de déb. mars à mi-oct.
ℰ 02 33 42 16 89, *LEHAUTDICK@aol.com,*
www.camping-municipal.com
2,5 ha (120 empl.) plat, vallonné, herbeux, sablonneux
Tarif : (Prix 2009) ♦ 2,70 € ⟵ 1,40 € 🅴 5,20 € –
🔌 (6A) 3,40 €

Location (Prix 2009) (de mi-avr. à mi-sept.) : 6 🚐 (4
à 6 pers.) 270 à 360 €/sem.
🚰 borne artisanale 3 €
Pour s'y rendre : 30 chemin du Grand Bas Pays (au bord
du canal, près de la piscine)
À savoir : agréable cadre verdoyant

| Nature : 🐟 ⌒ ♀ |
| Loisirs : 🏠 🏖 ⛰ |
| Services : 👤 🛒 🐕 |
| À prox. : 🍴 📺 ⛴ 🐟 canoë |

| Longitude : -1.23917 |
| Latitude : 49.3087 |

*La catégorie (1 à 5 tentes, **noires** ou **rouges**) que nous attribuons*
aux terrains sélectionnés dans ce guide est une appréciation qui nous est propre.
Elle ne doit pas être confondue avec le classement (1 à 4 étoiles)
établi par les services officiels.

515

CARTERET

50270 – **303** B3 – G. Normandie Cotentin – 2 324 h.

🛈 *Office de tourisme, place des Flandres-Dunkerque* ℰ *02 33 04 94 54*

Paris 357 – Caen 124 – Saint 67 – Cherbourg 38 – Équeurdreville 43.

Le Bocage de déb. avr. à fin sept.
ℰ 02 33 53 86 91, Fax 02 33 04 35 98
4 ha (200 empl.) plat, herbeux
Tarif : ♦ 6,50 € ⟵ 🅴 9,20 € – 🔌 (2A) 2,40 €
Pour s'y rendre : r. du Bocage-Carteret (par r. face à la
mairie)

| Nature : ⌒ ♀ |
| Loisirs : 🏠 🏖 |
| Services : 🛒 (juin-sept.) GB 🐕 |
| 🧺 laverie |
| À prox. : 🍴 ⛰ 🐎 parapente, char |
| à voile |

| Longitude : -1.78725 |
| Latitude : 49.38053 |

COLLEVILLE-SUR-MER

14710 – **303** G3 – G. Normandie Cotentin – 167 h. – alt. 42

Paris 281 – Bayeux 18 – Caen 48 – Carentan 36 – St-Lô 40.

Le Robinson de déb. avr. à fin sept.
ℰ 02 31 22 45 19, *dourthe.le.robinson@wanadoo.fr,*
Fax 02 31 22 45 19, *www.campinglerobinson.com*
1 ha (67 empl.) plat, herbeux
Tarif : 24,50 € ♦♦ ⟵ 🅴 🔌 (6A) – pers. suppl. 5,60 € –
frais de réservation 16 €

Location 🐕 : 13 🚐 (4 à 6 pers.) nuitée 54 € - 288
à 638 €/sem. – 2 🏠 (4 à 6 pers.) nuitée 69 € - 437 à
602 €/sem. – frais de réservation 16 €
🚰 borne eurorelais
Pour s'y rendre : au hameau de Cabourg (800 m au
nord-est par D 514, rte de Port-en-Bessin)

| Nature : ⌒ |
| Loisirs : 🍴 🏖 ⛴ 🏊 |
| Services : 👤 🛒 GB 🐕 laverie |
| À prox. : 🍴 🐕 golf |

| Longitude : -0.84723 |
| Latitude : 49.34845 |

COURSEULLES-SUR-MER

14470 – **303** J4 – G. Normandie Cotentin – 4 106 h.
🛈 *Office de tourisme, 5, rue du 11 novembre* 🖉 *02 31 37 46 80, Fax 02 31 37 29 25*
Paris 252 – Arromanches-les-Bains 14 – Bayeux 24 – Cabourg 41 – Caen 20.

▲▲ **Municipal le Champ de Course** de déb. avr. à fin sept.
🖉 02 31 37 99 26, *camping.courseulles@wanadoo.fr*,
Fax 02 31 37 96 37, *www.courseulles-sur-mer.com*
7,5 ha (380 empl.) plat, herbeux
Tarif : (Prix 2009) ☀ 4,40€ ⬅ 🅴 5,20€ – ⚡ (10A) 4,50€

Location (Prix 2009) : 19 🛖 (4 à 6 pers.) - 268 à 614€/sem. – chalets (sans sanitaires)
🚮 borne eurorelais 5,90€
Pour s'y rendre : av. de la Libération (au nord)
À savoir : situation près de la plage

| Nature : 🏞 |
| Loisirs : 🏠 🎯 |
| Services : 👤 🔌 GB 🐕 👶 🚿 🛗 ⬛ laverie |
| À prox. : ⛳ 🎣 🏊 🏇 🎿 |

Longitude : -0.44623
Latitude : 49.33229

COURTILS

50220 – **303** D8 – 250 h. – alt. 35
Paris 349 – Avranches 13 – Fougères 43 – Pontorson 15 – St-Hilaire-du-Harcouët 26 – St-Lô 70.

▲▲ **St-Michel** de déb. fév. à mi-nov.
🖉 02 33 70 96 90, *infos@campingsaintmichel.com*,
Fax 02 33 70 99 09, *www.campingsaintmichel.com*
2,5 ha (100 empl.) plat et peu incliné, herbeux
Tarif : 23€ ☀☀ ⬅ 🅴 ⚡ (6A) – pers. suppl. 6,50€

Location : 25 🛖 (4 à 6 pers.) nuitée 44€ - 273 à 532€/sem.
🚮 borne artisanale – 10 🅴 13€
Pour s'y rendre : 35 rte du Mont Saint Michel (sortie ouest par D 43)

| Nature : 🏞 ❷ |
| Loisirs : ✕ 🍴 🎯 🚲 🏊 parc animalier |
| Services : 👤 🔌 GB 🐕 🛗 🚿 ⬛ laverie 🚗 |
| À prox. : ⛳ 🏇 |

Longitude : -1.42347
Latitude : 48.62843

Renouvelez votre guide chaque année.

CREULLY

14480 – **303** I4 – G. Normandie Cotentin – 1 512 h. – alt. 27
Paris 253 – Bayeux 14 – Caen 20 – Deauville 62.

▲ **Intercommunal des 3 Rivières** de déb. avr. à fin sept.
🖉 02 31 80 90 17, *mairie@ville-courseulles.fr*,
Fax 02 31 80 12 00
2 ha (82 empl.) plat et peu incliné, herbeux
Tarif : (Prix 2009) 14,30€ ☀☀ ⬅ 🅴 ⚡ (10A) – pers. suppl. 3,40€
Pour s'y rendre : rte de Tierceville (800 m au nord-est, au bord de la Seulles)
À savoir : plaisant cadre verdoyant

| Nature : 🏞 ❈ 🏞 ❷ |
| Loisirs : 🏠 🚲 ⛳ 🎣 |
| Services : 👤 🔌 GB 🐕 🛗 🖼 |
| À prox. : 🎯 parcours de santé |

Longitude : -0.53346
Latitude : 49.28788

DENNEVILLE

50580 – **303** C4 – 524 h. – alt. 5
🛈 *Syndicat d'initiative, 1, rue Jersey* 🖉 *02 33 07 58 58, Fax 02 33 95 26 84*
Paris 347 – Barneville-Carteret 12 – Carentan 34 – St-Lô 53.

▲▲ **L'Espérance** de déb. avr. à fin sept.
🖉 02 33 07 12 71, *camping.esperance@wanadoo.fr*,
Fax 02 33 07 58 32, *www.camping-esperance.fr* – places limitées pour le passage
3 ha (134 empl.) plat, herbeux, sablonneux
Tarif : (Prix 2009) 26,30€ ☀☀ ⬅ 🅴 ⚡ (6A) – pers. suppl. 5,70€

Location (Prix 2009) : 12 🛖 (4 à 6 pers.) 300 à 655€/sem.
Pour s'y rendre : 36 r. de la Gamburie (3,5 km à l'ouest par D 137, à 500 m de la plage)

| Nature : 🏞 ❷ |
| Loisirs : 🍴 🎯 🎣 🏊 |
| Services : 🔌 GB 🐕 🛗 🖼 sèche-linge |
| À prox. : ⛳ |

Longitude : -1.68729
Latitude : 49.30347

DIEPPE

76200 – **304** G2 – G. Normandie Vallée de la Seine – 33 618 h. – alt. 6
🛈 *Syndicat d'initiative, pont Jehan Ango* 🕾 *0232144060, Fax 0232144061*
Paris 197 – Abbeville 68 – Beauvais 107 – Caen 176 – Le Havre 111 – Rouen 66.

⚑ **Vitamin'** de déb. avr. à mi-oct.
🕾 0235821111, *camping.vitamin@wanadoo.fr*,
Fax 0235821111, *www.camping-vitamin.com* – places limitées pour le passage
5,3 ha (161 empl.) plat, herbeux
Tarif : 19,90€ ✷✷ 🚗 🗉 ⓚ (10A) – pers. suppl. 4,90€
Location : 4 🛏 (4 à 6 pers.) nuitée 38€ - 195 à 450€/ sem. – 4 🏠 (4 à 6 pers.) nuitée 38€ - 195 à 450€/ sem.
🚐 borne artisanale 3€ – 🔌 10€
Pour s'y rendre : 865 chemin des Vertus (3 km au sud par N 27, rte de Rouen et à dr.)

| Nature : 🏕 |
| Loisirs : 🍸 🏛 ⚓ ⛵ terrain multisports |
| Services : 🚿 ⚡ GB 🚙 ▦ ☂ 🍽 laverie |
| À prox. : 🛒 🍴 🏓 ▨ 🏊 squash |

| Longitude : 1.07481 |
| Latitude : 49.90054 |

⚑ **La Source** Permanent
🕾 0235842704, *info@camping-la-source.fr*,
Fax 0235822502, *www.camping-la-source.fr* – places limitées pour le passage
2,5 ha (120 empl.) plat, herbeux
Tarif : ✷ 5,40€ 🚗 1,60€ 🗉 7,80€ – ⓚ (10A) 3,50€
🚐 borne raclet 2,50€ – 11 🗉 8,90€
Pour s'y rendre : 63 r. des Tisserands (3 km au sud-ouest par D 925, rte du Havre puis D 153 à gauche, à Petit-Appeville)

À savoir : cadre pittoresque au bord de la Scie

| Loisirs : 🍸 🏛 ⚓ ⛵ 🏊 |
| Services : 🚿 ⚡ GB 🚙 🍽 laverie |

| Longitude : 1.05526 |
| Latitude : 49.89619 |

Pour une meilleure utilisation de cet ouvrage, LISEZ ATTENTIVEMENT les premières pages du guide.

DIVES-SUR-MER

14160 – **303** L4 – G. Normandie Vallée de la Seine – 5 864 h. – alt. 3
🛈 *Office de tourisme, rue du Général-de-Gaulle* 🕾 *0231912466, Fax 0231244228*
Paris 219 – Cabourg 2 – Caen 27 – Deauville 22 – Lisieux 34.

⚑ **Le Golf** de déb. avr. à fin sept.
🕾 0231247309, *info@campingdugolf.com*,
www.campingdugolf.com – places limitées pour le passage
2,8 ha (155 empl.) plat, herbeux
Tarif : ✷ 3,90€ 🚗 3€ 🗉 3€ – ⓚ (10A) 4€ – frais de réservation 15€
Location : 9 🛏 (4 à 6 pers.) nuitée 35€ - 229 à 449€/ sem. – frais de réservation 15€
Pour s'y rendre : rte de Lisieux (sortie est, D 45 sur 3,5 km)

| Nature : 🏕 🌳 |
| Loisirs : 🍸 ⚓ 🐎 |
| Services : 🚿 ⚡ GB 🚙 laverie |
| À prox. : 🚐 |

| Longitude : -0.08128 |
| Latitude : 49.28258 |

DOMFRONT

61700 – **310** F3 – G. Normandie Cotentin – 3 976 h. – alt. 185
🛈 *Office de tourisme, 12, place de la Roirie* 🕾 *0233385397, Fax 0233374027*
Paris 250 – Alençon 62 – Argentan 55 – Avranches 65 – Fougères 55 – Mayenne 34 – Vire 41.

⚑ **Municipal le Champ Passais** de déb. avr. à mi-oct.
🕾 0233389224, *mairie@domfront.com*,
Fax 0233306067, *www.domfront.com*
1,5 ha (34 empl.) en terrasses, plat, herbeux
Tarif : (Prix 2009) 12,35€ ✷✷ 🚗 🗉 ⓚ (10A) – pers. suppl. 2,65€
🚐 1 borne artisanale 4,50€ – 10 🗉 25€
Pour s'y rendre : r. du Champ Passais (au sud par r. de la gare et à gauche)

| Nature : 🏕 |
| Loisirs : 🏛 ⚓ |
| Services : 🚿 🌳 ♿ 🖵 |
| À prox. : 🏓 🚵 sentier VTT |

| Longitude : -0.64868 |
| Latitude : 48.58857 |

DONVILLE-LES-BAINS

50350 – **303** C6 – 3 309 h. – alt. 40

🛈 *Office de tourisme, 95, route de Coutances* ℰ *0233501291, Fax 0233912855*

Paris 341 – Caen 107 – Saint 53 – Saint 93 – Fougères 72.

▲▲ **L'Ermitage** de mi-avr. à mi-oct.
ℰ 0233500901, *camping-ermitage@wanadoo.fr,*
Fax 0233508819, *www.camping-ermitage.com*
5,5 ha (350 empl.) peu incliné, plat, herbeux, sablonneux
Tarif : (Prix 2009) ✹ 4,70€ 🚗 1,85€ 🔲 7,55€ –
⚡(10A) 7,55€
🔧 1 borne artisanale
Pour s'y rendre : r. de l'Ermitage (1 km au nord par r. du Champ de Courses)
À savoir : près d'une belle plage de sable fin

> Loisirs : 🎱 ⏱diurne 🛶
> Services : 🚿 ⚡ GB 🧺🚮🚐 ⛟
> 🚰 laverie
> À prox. : 🏊 🍷 ✕ snack 🚴 🎿
> 🔲 (découverte en saison) 🐎 🐴
> bowling, golf

> Longitude : -1.58045
> Latitude : 48.85198

DUCEY

50220 – **303** E8 – G. Normandie Cotentin – 2 297 h. – alt. 15

🛈 *Office de tourisme, 4, rue du Génie* ℰ *0233602153, Fax 0233605407*

Paris 348 – Avranches 11 – Fougères 41 – Rennes 80 – St-Hilaire-du-Harcouët 16 – St-Lô 68.

▲ **Municipal la Sélune** de déb. avr. à fin sept.
ℰ 0233484649, *ducey.tourisme@wanadoo.fr,*
Fax 0233488759, *ducey-tourisme.com*
0,42 ha (40 empl.) plat, herbeux
Tarif : ✹ 2,78€ 🚗 🔲 2,08€ – ⚡(6A) 1,77€
🔧 borne raclet 2€ – 4 🔲 8,20€
Pour s'y rendre : r. de Boishue (sortie ouest par N 176 et D 178, rte de St-Aubin-de-Terregatte à gauche, au stade)
À savoir : emplacements bien délimités par des haies de thuyats

> Nature : 🌿
> Services : 🚿 🧺
> À prox. : ✕ 🔲 🏊

> Longitude : -1.29563
> Latitude : 48.61583

Consultez le site **Voyage.ViaMichelin.fr**

ÉTRÉHAM

14400 – **303** H4 – 254 h. – alt. 30

Paris 276 – Bayeux 11 – Caen 42 – Carentan 40 – St-Lô 38.

▲▲▲ **Reine Mathilde** de déb. avr. à fin sept.
ℰ 0231217655, *camping.reine-mathilde@wanadoo.fr,*
Fax 0231221833, *www.campingreinemathilde.com*
6,5 ha (115 empl.) plat, herbeux
Tarif : ✹ 6,30€ 🚗 🔲 5,90€ – ⚡(6A) 4,70€ – frais de réservation 20€
Location 🏠 : 6 🏕 (4 à 6 pers.) nuitée 69€ – 410 à 586€/sem. – 6 🏡 (4 à 6 pers.) nuitée 51€ - 304 à 515€/sem. – 2 bungalows toilés – frais de réservation 20€
🔧 borne raclet
Pour s'y rendre : 1 km à l'ouest par D 123 et chemin à dr.

> Nature : 🦐 🌿 ♨
> Loisirs : 🍷 snack 🎱 🛶 🏊
> poneys
> Services : 🚿 ⚡ 🧺🚮🚐 🚿

> Longitude : -0.79914
> Latitude : 49.32257

ÉTRETAT

76790 – **304** B3 – G. Normandie Vallée de la Seine – 1 531 h. – alt. 8

🛈 *Office de tourisme, place Maurice Guillard* ℰ *0235270521, Fax 0335288720*

Paris 206 – Bolbec 30 – Fécamp 16 – Le Havre 29 – Rouen 90.

▲ **Municipal** de déb. avr. à mi-oct.
ℰ 0235270767, Fax 0235270767
1,2 ha (73 empl.) plat, herbeux, gravier
Tarif : (Prix 2009) ✹ 3,50€ 🚗 🔲 4€ – ⚡(6A) 6€
🔧 borne Urbaco 5€
Pour s'y rendre : 1 km au sud-est par D 39, rte de Criquetot-l'Esneval
À savoir : entrée fleurie et ensemble très soigné

> Nature : 🌳
> Loisirs : 🎱 🛶
> Services : ⚡ GB 🧺 laverie
> À prox. : aquarium ✕ 🔲 ♨ 🔧

> Longitude : 0.20988
> Latitude : 49.70762

FALAISE

14700 – **303** K6 – G. Normandie Cotentin – 8 475 h. – alt. 132
🛈 *Office de tourisme, boulevard de la Libération* 𝄞 *02 31 90 17 26, Fax 02 31 90 98 70*
Paris 264 – Argentan 23 – Caen 36 – Flers 37 – Lisieux 45 – St-Lô 107.

Municipal du Château de déb. mai à fin nov.
𝄞 02 31 90 16 55, *camping@falaise.fr, Fax* 02 31 90 53 38,
www.falaise-tourisme.com
2 ha (66 empl.) terrasse, peu incliné, plat, herbeux
Tarif : 🛉 3,80 € ⇔ 🔲 5 € – 🔌 (10A) 4 €
🛱
Pour s'y rendre : r. du Val d'Ante (à l'ouest de la ville, au val d'Ante)

À savoir : cadre verdoyant au pied du château

Nature : ⩽ château ⚲
Loisirs : 🎏 🏕 ⚒
Services : ⚹ ⛽ GB ⚙ 🏧 🚽
À prox. : 🧗 mur d'escalade

Longitude : -0.20468
Latitude : 48.89566

FIQUEFLEUR-ÉQUAINVILLE

27210 – **304** B5 – 623 h. – alt. 17
Paris 189 – Deauville 24 – Honfleur 7 – Lisieux 40 – Rouen 78.

Domaine Catinière de déb. avr. à fin sept.
𝄞 02 32 57 63 51, *info@camping-catiniere.com,*
Fax 02 32 42 12 57, *www.camping-catiniere.com*
3,8 ha (130 empl.) plat, herbeux
Tarif : 27,50 € 🛉🛉 ⇔ 🔲 🔌 (13A) – pers. suppl. 6 €
Location 🏕 : 15 🛖 (4 à 6 pers.) 320 à 750 €/sem.
Pour s'y rendre : rte de Honfleur (1 km au sud de Fiquefleur par D 22, entre deux ruisseaux)

Nature : 🏞 ⚲
Loisirs : 🍸 🎏 🏕 🏊 ⛵
Services : ⚹ ⛽ GB ⚙ 🏧 🚽 laverie

Longitude : 0.30639
Latitude : 49.40083

Do not confuse :
⏶... to ... ⏶⏶⏶⏶ : MICHELIN classification
and
★ ... to ... ★★★★ : official classification

519

FLERS

61100 – **310** F2 – G. Normandie Cotentin – 16 094 h. – alt. 270
🛈 *Office de tourisme, place du Docteur Vayssières* 𝄞 *02 33 65 06 75, Fax 02 33 65 09 84*
Paris 234 – Alençon 73 – Argentan 42 – Caen 60 – Fougères 77 – Laval 86 – Lisieux 82 – St-Lô 68 – Vire 31.

Le Pays de Flers de déb. avr. à fin oct.
𝄞 02 33 65 35 00, *camping.paysdeflers@wanadoo.fr,*
Fax 02 33 98 44 35, *www.agglo-paysdeflers.fr*
1,5 ha (50 empl.) peu incliné, herbeux
Tarif : (Prix 2009) 🛉 3 € ⇔ 2 € 🔲 3 € – 🔌 (10A) 5 €
Location (Prix 2009) (permanent) : 2 🛖 (4 à 6 pers.)
nuitée 51 € - 255 à 357 €/sem. – 🏠
Pour s'y rendre : au lieu-dit : La Fouquerie (1,7 km à l'est par D 924, rte d'Argentan et chemin à gauche)

Nature : 🏞 🏞 ⚲
Loisirs : 🎏 🏕 🚴
Services : ⚹ ⛽ ⚙ 🏧 🚽 🛒 📷

Longitude : -0.56071
Latitude : 48.74528

GENÊTS

50530 – **303** D7 – G. Normandie Cotentin – 443 h. – alt. 2
Paris 345 – Avranches 11 – Granville 24 – Le Mont-St-Michel 33 – St-Lô 66 – Villedieu-les-Poêles 33.

Les Coques d'Or de déb. avr. à fin sept.
𝄞 02 33 70 82 57, *contact@campinglescoquesdor.com,*
Fax 02 33 70 86 83, *www.campinglescoquesdor.com*
4,7 ha (225 empl.) plat, herbeux
Tarif : (Prix 2009) 🛉 5,70 € ⇔ 2,20 € 🔲 2,20 € – 🔌 (10A) 4 €
– frais de réservation 9,30 €
Location (Prix 2009) : 🛖 (4 à 6 pers.) à 660 €/sem.
🛱 **borne artisanale** 3 € – 🔋 12 €
Pour s'y rendre : 14 Le Bec d'Andaine (700 m au nord-ouest par D 35e1, rte du Bec d'Andaine)

Nature : 🏞 🏞 ⚲
Loisirs : 🍸 🏕 🏊
Services : ⚹ ⛽ GB ⚙ 🚽 laverie
À prox. : 🧗 sentiers pédestre, VTT et équestre 🛱

Longitude : -1.47867
Latitude : 48.68508

NORMANDIE

GONNEVILLE-EN-AUGE

14810 – **303** K4 – 401 h. – alt. 16
Paris 223 – Caen 20 – Le Havre 84 – Hérouville-Saint-Clair 16 – Lisieux 52.

△ **Le Clos Tranquille** de déb. avr. à fin sept.
℘ 02 31 24 21 36, *le.clos.tranquille@wanadoo.fr*,
Fax 02 31 24 28 80, *http://www.campingledostranquille.fr*
1,3 ha (78 empl.) plat, herbeux
Tarif : (Prix 2009) ✱ 5 € ⇐ 国 5 € – (੭) (10A) 5 €

Location (Prix 2009) (de déb. avr. à fin oct.) : 3 ⬛
(4 à 6 pers.) nuitée 90 € - 400 à 550 €/sem. – 3 ⌁ – 4
maisonnettes
Pour s'y rendre : 17 rt de Troarn (800 m au sud par
D 95a)

| Nature : ⌁ ♀ |
| Loisirs : ⬛ ⌁ |
| Services : ⊶ GB ⌁ ⬤ laverie |
| À prox. : ✗ ⌁ ⛳ golf |

| Longitude : -0.17771 |
| Latitude : 49.23853 |

We recommend that you consult the up to date price list posted
at the entrance of the site. Inquire about possible restrictions.
The information in this Guide may have been modified since going to press.

GRANVILLE

50400 – **303** C6 – G. Normandie Cotentin – 13 022 h. – alt. 10
🛈 *Office de tourisme, 4, cours Jonville* ℘ *02 33 91 30 03, Fax 02 33 91 30 19*
Paris 342 – Avranches 27 – Caen 109 – Cherbourg 105 – Coutances 29 – St-Lô 57 – St-Malo 93 – Vire 56.

▵▵▵ **"Les Castels" Lez-Eaux** de fin mars à mi-sept.
℘ 02 33 51 66 09, *bonjour@lez-eaux.com*,
Fax 02 33 51 92 02, *www.lez-eaux.com*
12 ha/8 campables (229 empl.) peu incliné, plat, herbeux
Tarif : 37 € ✱✱ ⇐ 国 (੭) (5A) – pers. suppl. 8 €

Location : 3 ⬛ (4 à 6 pers.) 315 à 630 €/sem. – 31
⌂ (4 à 6 pers.) – 371 à 756 €/sem.
⬛ borne artisanale 3 € – 5 国 37 €
Pour s'y rendre : à St-Aubin-des-Préaux (7 km au sud-
est par D 973, rte d'Avranches)
À savoir : dans le parc du château, bel ensemble
aquatique

| Nature : ⌁ ♀ |
| Loisirs : ⌇ ⬛ ⌁ ⚲ ✗ ⌁ ⌁ ⌁ |
| Services : ⌁ ⊶ GB ⌁ ⬤ ⌁ ⌁ |
| ⌁ laverie ⌁ ⌁ |
| À prox. : ⌁ ⬛ ⌁ ⌁ |

| Longitude : -1.5225 |
| Latitude : 48.79284 |

△ **La Vague** de déb. mai à fin sept.
℘ 02 33 50 29 97
2 ha (145 empl.) plat, herbeux, sablonneux
Tarif : (Prix 2009) 28 € ✱✱ ⇐ 国 (੭) (4A) – pers.
suppl. 7,20 €

Location (Prix 2009) : 6 ⬛ (4 à 6 pers.) 295 à 595 €/
sem.
⬛ 1 borne artisanale
Pour s'y rendre : 126 rte de Voudrelin (2,5 km au sud-est
par D 911, rte de St-Pair et D 572 à gauche, à St Nicolas-
Plage)

À savoir : cadre verdoyant, plaisant et soigné

| Nature : ⌁ ♀ |
| Loisirs : ⬛ ⌁ |
| Services : ⌁ ⊶ ⌁ ⬛ |
| À prox. : ⬛ (découverte en |
| saison) ⌁ ⌁ |

| Longitude : -1.57317 |
| Latitude : 48.82146 |

LE GROS-THEIL

27370 – **304** F6 – 883 h. – alt. 145
Paris 136 – Bernay 30 – Elbeuf 16 – Évreux 34 – Pont-Audemer 31.

▵▵▵ **Salverte** Permanent
℘ 02 32 35 51 34, *david.farah@wanadoo.fr*,
Fax 02 32 35 92 79, *www.camping-salverte.com* – places
limitées pour le passage
17 ha/10 campables (300 empl.) plat, herbeux
Tarif : (Prix 2009) 19 € ✱✱ ⇐ 国 (੭) (6A) – pers.
suppl. 6,50 €

Location (Prix 2009) (de déb. mai à fin oct.) ⌁ : 3
⬛ (4 à 6 pers.) 350 à 470 €/sem.
Pour s'y rendre : 3 km au sud-ouest par D 26, rte de
Brionne et chemin à gauche

À savoir : agréable cadre boisé

| Nature : ⌁ ⌁ ♀♀ |
| Loisirs : ⌇ snack ⬛ ⌁ ⌁ ⌁ |
| salle d'animation, bibliothèque |
| ⌁ ⌁ ⌁ ⌁ ⌁ |
| Services : ⊶ GB ⌁ ⬛ ⌁ ⌁ |
| laverie ⌁ |

| Longitude : 0.84149 |
| Latitude : 49.22619 |

HONFLEUR

14600 – **303** N3 – G. Normandie Vallée de la Seine – 8 177 h. – alt. 5
Env. Pont de Normandie - Péage en 2009 : 5,00 autos, 5,80 caravanes, autocars 6,30 à 12,50 et gratuit pour motos
🛈 *Office de tourisme, quai Lepaulmier* ℰ *02 31 89 23 30, Fax 02 31 89 31 82*
Paris 195 – Caen 69 – Le Havre 27 – Lisieux 38 – Rouen 83.

▲▲▲ **La Briquerie** de déb. avr. à fin sept.
ℰ 02 31 89 28 32, *info@campinglabriquerie.com*,
Fax 02 31 89 08 52, *www.campinglabriquerie.com* – places limitées pour le passage
11 ha (430 empl.) plat, herbeux
Tarif : (Prix 2009) 27,80€ ✶✶ ⇐ 🅴 🛢 (10A) – pers. suppl. 7,40€

Location (Prix 2009) (de mi-mars à fin oct.) 🛇 : 11 🏠 (4 à 6 pers.) – 380 à 672€/sem.
🛢 borne artisanale – 🛢 13€
Pour s'y rendre : 3,5 km au sud-ouest par rte de Pont-l'Évêque et D 62 à dr.

Nature :	〰 ♀
Loisirs :	🍸 ✗ self-service, (juil.-août) 🎱 🎮 🔥🛁 jacuzzi 🚣 🏓 🎣 🏊 ⚲
Services :	🛁 ⚓ 🚗 🏧 🛢 🚿 ⚲ 🍴 laverie 🖘
À prox. :	🛒 🎯 🐎

Longitude : 0.20861
Latitude : 49.39778

🛢 ✗ *ATTENTION :*
these facilities are not necessarily available throughout
🖘 *the entire period that the camp is open -some are only*
🏊 🐎 *available in the summer season.*

HOULGATE

14510 – **303** L4 – G. Normandie Vallée de la Seine – 1 902 h. – alt. 11
🛈 *Office de tourisme, 10, boulevard des Belges* ℰ *02 31 24 34 79, Fax 02 31 24 42 27*
Paris 214 – Caen 29 – Deauville 14 – Lisieux 33 – Pont-l'Évêque 25.

▲▲▲ **La Vallée** ♣♣ – de déb. avr. à mi-oct.
ℰ 02 31 24 40 69, *camping.lavallee@wanadoo.fr*,
Fax 02 31 24 42 42, *www.campinglavallee.com*
11 ha (350 empl.) en terrasses, peu incliné, plat, herbeux
Tarif : 32€ ✶✶ ⇐ 🅴 🛢 (4A) – pers. suppl. 8€ – frais de réservation 16€

Location 🛇 : 🏠 (4 à 6 pers.) 310 à 820€/sem. – frais de réservation 16€
🛢 borne autre 2€ – 12 🅴 21€
Pour s'y rendre : 88 r. de la Vallée (1 km au sud par D 24a, rte de Lisieux et D 24 à dr.)

À savoir : cadre agréable autour d'anciens bâtiments de style normand

Nature :	≤ 〰 ♀
Loisirs :	🍸 brasserie 🎱 🎮 🏃 🚣 🚴 🎯 🏊 ⚲
Services :	🛁 ⚓ 🇬🇧 🚗 🛢 ⚲ 🚿 🍴 laverie 🛢 🖘
À prox. :	🎱 🐴 poneys, golf

Longitude : -0.06733
Latitude : 49.29422

INCHEVILLE

76117 – **304** I1 – 1 389 h. – alt. 19
Paris 169 – Abbeville 32 – Amiens 65 – Blangy-sur-Bresle 16 – Le Crotoy 36 – Le Tréport 13.

▲ **Municipal de l'Etang** de déb. mars à fin oct.
ℰ 02 35 50 30 17, *campingdeletang@orange.fr*,
Fax 02 35 50 30 17 – places limitées pour le passage
2 ha (190 empl.) plat, herbeux
Tarif : (Prix 2009) ✶ 2,50€ 🅴 3,50€ – 🛢 (10A) 3,50€
Pour s'y rendre : r. Mozart (sortie nord-est, rte de Beauchamps et r. à dr.)

À savoir : près d'un étang de pêche

Nature :	♀
Loisirs :	🎱
Services :	🛁 ⚓ 🚗 🛢 🍴
À prox. :	🎯 🐴 🐴

Longitude : 1.50562
Latitude : 50.0142

ISIGNY-SUR-MER

14230 – **303** F4 – G. Normandie Cotentin – 2 755 h. – alt. 4

🖸 *Office de tourisme, 16, rue Émile Demagny 🖉 02 31 21 46 00, Fax 02 31 22 90 21*

Paris 298 – Bayeux 35 – Caen 64 – Carentan 14 – Cherbourg 63 – St-Lô 29.

⚠ Le Fanal de déb. avr. à fin sept.

🖉 02 31 21 33 20, *info@camping-lefanal.com*,

Fax 02 31 22 12 00, *www.camping-normandie-fanal.fr* – **R**

11 ha/5,5 campables (164 empl.) plat, herbeux

Tarif : 28,30€ **★★ ⇌ 回 [₫]** (16A) – pers. suppl. 5€

Location : 26 🔟 (2 à 4 pers.) 280 à 665€/sem. – 50 🔟 (4 à 6 pers.) 343 à 770€/sem. – 10 🏠 (4 à 6 pers.) 320€/sem.

🖭 borne autre 5€ – 🔋 [₫] 10€

Pour s'y rendre : à l'ouest, accès par le centre ville, près du terrain de sports

À savoir : cadre agréable et soigné autour d'un plan d'eau

Nature : 🦳 ♀
Loisirs : pizzeria, snack 🍴 🏕 ✂ 🔲
Services : 🗘 ⊶ GB ⚙ 🏛 🗞 🚾 🗞 laverie
À prox. : 🏖 🐟 🚣 pédalos, parcours sportif

Longitude : -1.10897
Latitude : 49.31888

*Die Klassifizierung (1 bis 5 Zelte, **schwarz** oder **rot**), mit der wir die Campingplätze auszeichnen, ist eine Michelin-eigene Klassifizierung. Sie darf nicht mit der staatlich-offiziellen Klassifizierung (1 bis 4 Sterne) verwechselt werden.*

JULLOUVILLE

50610 – **303** C7 – G. Normandie Cotentin – 2 058 h. – alt. 60

🖸 *Office de tourisme, place de la Gare 🖉 02 33 61 82 48, Fax 02 33 61 52 99*

Paris 346 – Avranches 24 – Granville 9 – St-Lô 63 – St-Malo 90.

⚠ La Chaussée de déb. avr. à fin sept.

🖉 02 33 61 80 18, *contact@camping-lachaussee.com*,

Fax 02 33 61 45 26, *www.camping-lachaussee.com*

6 ha/4,7 campables (265 empl.) peu incliné, plat, herbeux, sablonneux

Tarif : (Prix 2009) 31€ **★★ ⇌ 回 [₫]** (16A) – pers. suppl. 5,40€

Location (Prix 2009) : 12 🔟 (4 à 6 pers.) nuitée 70€ - 355 à 685€/sem.

🖭 borne artisanale 5€

Pour s'y rendre : 1 av. de la Libération (sortie au nord, rte de Granville, à 150 m de la plage)

À savoir : cadre plaisant agrémenté d'une petite pinède

Nature : ♀
Loisirs : 🍴 🏕 🛴 🎢
Services : ⊶ GB ⚙ 🗞 🖼
À prox. : ✂ 🏖 🐎

Longitude : -1.56744
Latitude : 48.77748

JUMIÈGES

76480 – **304** E5 – G. Normandie vallée de la Seine – 1 715 h. – alt. 25

🖸 *Office de tourisme, rue Guillaume le Conquérant 🖉 02 35 37 28 97, Fax 02 35 37 07 07*

Paris 161 – Rouen 29 – Le Havre 82 – Caen 132 – Beauvais 110.

⚠ La Forêt de déb. avr. à fin oct.

🖉 02 35 37 93 43, *info@campinglaforet.com*,

Fax 02 35 37 76 48, *www.campinglaforet.com*

2 ha (111 empl.) plat, herbeux

Tarif : 26€ **★★ ⇌ 回 [₫]** (10A) – pers. suppl. 4,50€

Location : 10 🔟 (4 à 6 pers.) nuitée 80€ - 305 à 590€/sem. – 5 🏠 (4 à 6 pers.) nuitée 80€ - 305 à 510€/sem.

🖭 borne sanistation 6€

Pour s'y rendre : r. Mainberte

À savoir : dans le Parc Régional de Brotonne

Nature : 🦳 🗞 ♀
Loisirs : 🍴 🏕 🎢
Services : 🗘 ⊶ GB ⚙ 🗞 🗞 laverie
À prox. : ✂ parcours sportif

Longitude : 0.83088
Latitude : 49.43662

LISIEUX

14100 – **303** N5 – G. Normandie Vallée de la Seine – 23 343 h. – alt. 51
🛈 *Office de tourisme, 11, rue d'Alençon* ℘ *02 31 48 18 10, Fax 02 31 48 18 11*
Paris 169 – Caen 54 – Le Havre 66 – Hérouville-Saint-Clair 53 – Montivilliers 64.

⚠ **La Vallée** de déb. avr. à déb. oct.
℘ 02 31 62 00 40, *tourisme@cdlisieuxpaysdauge.fr*,
Fax 02 31 48 18 11, *www.lisieux-tourisme.com*
1 ha (100 empl.) plat, herbeux, gravillons
Tarif : (Prix 2009) 15 € 🏕🏕 ⬤ 🅴 (🔌) (8A) – pers.
suppl. 3,30 €

Location (Prix 2009) : 5 🛏 (4 à 6 pers.) 220 à 360 €/
sem. – frais de réservation 6 €
Pour s'y rendre : 9 r. de la Vallée (sortie nord par D 48,
rte de Pont-l'Évêque)

| Nature : 𝟎𝟎 |
| Services : ♿ ⚷ ✂ |
| À prox. : ✗ 🏊 complexe aquatique couvert |

| Longitude : 0.22068 |
| Latitude : 49.16423 |

LES LOGES

76790 – **304** B3 – 1 133 h. – alt. 92
Paris 205 – Rouen 83 – Le Havre 34 – Fécamp 10 – Montivilliers 31.

⚠ **L'Aiguille Creuse** de déb. avr. à fin sept.
℘ 02 35 29 52 10, *camping@aiguillecreuse.com*,
www.campingaiguillecreuse.com
3 ha (80 empl.) peu incliné, plat, herbeux
Tarif : 21,80 € 🏕🏕 ⬤ 🅴 (🔌) (10A) – pers. suppl. 5,30 € –
frais de réservation 7 €

Location : 7 🛏 (4 à 6 pers.) nuitée 60 € - à 490 €/
sem. – frais de réservation 15 €
🚐 borne artisanale 3 €
Pour s'y rendre : 24 res.de l'Aiguille Creuse

| Nature : 🖙 |
| Loisirs : 🍷 🛶 🏊 |
| Services : ♿ ⚷ ⊖B ✂ 🍴 🔲 |
| À prox. : 🏊 |

| Longitude : 0.27597 |
| Latitude : 49.69968 |

523

Des vacances réussies sont des vacances bien préparées !
Ce guide est fait pour vous y aider... mais :
– N'attendez pas le dernier moment pour réserver
– Évitez la période critique du 14 juillet au 15 août
Pensez aux ressources de l'arrière-pays,
à l'écart des lieux de grande fréquentation.

LONGNY-AU-PERCHE

61290 – **310** N3 – 1 624 h. – alt. 165
🛈 *Syndicat d'initiative, place de l'Hôtel de Ville* ℘ *02 33 73 66 23, Fax 02 33 73 47 75*
Paris 131 – Alençon 63 – Chartres 65 – Dreux 54 – Mortagne-au-Perche 18 – Nogent-le-Rotrou 30.

⚠ **Monaco Parc** Permanent
℘ 02 33 73 59 59, *monaco.parc@wanadoo.fr*,
Fax 02 33 25 77 56, *www.campingmonacoparc.com* –
places limitées pour le passage
18 ha/7 campables (124 empl.) plat, en terrasses,
herbeux, étang
Tarif : 🏕 5,50 € ⬤ 4 € 🅴 7 € – (🔌) (10A) 5 €

Location 🏊 : 6 🛏 (4 à 6 pers.) 390 à 640 €/sem.
🚐 1 borne autre 3,50 € – 6 🅴 7 € – 🚐 (🔌) 21.85 €
Pour s'y rendre : rte de Monceaux (2,4 km au sud-ouest
par D 111, près de la Jambée)

| Nature : 🖙 |
| Loisirs : 🍷 snack, pizzeria 🎦 ▱ diurne ⛷ 🛶 ♞ 🏊 (couverte hors saison) 🎣 randonnées quad et VTT |
| Services : ⚷ ⊖B ✂ 🚿 laverie |
| À prox. : 🎣 🏊 🐎 pédalos |

| Longitude : 0.70477 |
| Latitude : 48.48393 |

LOUVIERS

27400 – **304** H6 – G. Normandie Vallée de la Seine – 18 259 h. – alt. 15
🚹 *Syndicat d'initiative, 10, rue du Maréchal Foch* ℰ 0232400441, Fax 0232612885
Paris 104 – Les Andelys 22 – Bernay 52 – Lisieux 75 – Mantes 51 – Rouen 33.

Le Bel Air de déb. mars à fin oct.
ℰ 0232401077, *campinglebelair@aol.com,*
www.camping-lebelair.fr – places limitées pour le passage
2,5 ha (92 empl.) plat, herbeux
Tarif : (Prix 2009) ⚹ 4,70€ 🚗 🅔 6€ – 😉 (6A) 4,20€

Location (Prix 2009) 🏷 : 2 ⬛⬛ (4 à 6 pers.) 340 à
470€/sem. – 3 🏠 (4 à 6 pers.) - 420 à 520€/sem. –
yourte
🚐 2 🅔 19,50€
Pour s'y rendre : rte de la-Haye-Malherbe (3 km à l'ouest
par D 81)
À savoir : cadre arbustif et ombragé

| Nature : 🏕 ○○ |
| Loisirs : 🏠 🚴 🏊 |
| Services : 🔌 GB 📶 ⬛ laverie |
| À prox. : patinoire 🎾 🖼 |

| Longitude : 1.1332 |
| Latitude : 49.2152 |

The Guide changes, so renew your Guide every year.

LUC-SUR-MER

14530 – **303** J4 – G. Normandie Cotentin – 3 186 h.
🚹 *Office de tourisme, rue du Docteur Charcot* ℰ 0231973325, Fax 0231966509
Paris 249 – Arromanches-les-Bains 23 – Bayeux 29 – Cabourg 28 – Caen 18.

Municipal la Capricieuse de déb. avr. à fin sept.
ℰ 0231973443, *info@campinglacapricieuse.com,*
Fax 0231974364, *www.campinglacapricieuse.com*
4,6 ha (232 empl.) peu incliné, plat, herbeux
Tarif : (Prix 2009) ⚹ 4,50€ 🚗 🅔 5,40€ – 😉 (10A) 5,90€

Location (Prix 2009) 🏷 : 18 ⬛⬛ (4 à 6 pers.) 290
à 540€/sem. – 10 🏠 (4 à 6 pers.) - 290 à 675€/sem.
🚐 borne artisanale 4,70€
Pour s'y rendre : 2 r. Brummel (à l'ouest, allée Brummel,
à 200 m de la plage)

| Nature : 🏕 ○ |
| Loisirs : 🏠 🚴 🎾 |
| Services : 🚿 🔌 GB 📶 ☕ 🅿 🚮 |
| ⚑ laverie |
| À prox. : 🚣 🏊 ⚓ |

| Longitude : -0.35772 |
| Latitude : 49.31817 |

LYONS-LA-FORÊT

27480 – **304** I5 – G. Normandie Vallée de la Seine – 764 h. – alt. 88
🚹 *Office de tourisme, 20, rue de l'Hôtel de Ville* ℰ 0232493165, Fax 0232481060
Paris 104 – Les Andelys 21 – Forges-les-Eaux 30 – Gisors 30 – Gournay-en-Bray 25 – Rouen 33.

Municipal St-Paul de déb. avr. à fin oct.
ℰ 0232494202, *camping-saint-paul@orange.fr,*
Fax 0232494202, *www.camping-saint-paul.fr* – places
limitées pour le passage
3 ha (100 empl.) plat, herbeux
Tarif : (Prix 2009) 20€ ⚹⚹ 🚗 🅔 😉 (6A) – pers.
suppl. 5€

Location (Prix 2009) : 8 🏠 (4 à 6 pers.) - 195 à 410€/
sem.
Pour s'y rendre : 2 rte Saint-Paul (au nord-est par D 321,
au stade, au bord de la Lieure)

| Nature : 🏕 ○ |
| Loisirs : 🏠 🚴 |
| Services : 🚿 🔌 ☕ ⬛ 🅿 🚮 🖼 |
| À prox. : 🎾 🚣 🏊 🐎 (centre |
| équestre) |

| Longitude : 1.47657 |
| Latitude : 49.39869 |

MARCHAINVILLE

61290 – **310** N3 – 212 h. – alt. 235
Paris 124 – L'Aigle 28 – Alençon 65 – Mortagne-au-Perche 28 – Nogent-le-Rotrou 36 – Verneuil-sur-Avre 22.

Municipal les Fossés de déb. avr. à fin oct.
ℰ 0233736580, *mairiemarchainville@wanadoo.fr,*
Fax 0233736580
1 ha (17 empl.) plat et peu incliné, herbeux
Tarif : 5,60€ ⚹⚹ 🚗 🅔 – 😉 (20A) 2,30€ – pers.
suppl. 1,20€
Pour s'y rendre : au nord par D 243

| Nature : 🌿 🏕 |
| Loisirs : 🎾 |
| Services : 🚿 🅿 |

| Longitude : 0.81457 |
| Latitude : 48.58481 |

MARTIGNY

76880 – **304** G2 – 493 h. – alt. 24
Paris 196 – Dieppe 10 – Fontaine-le-Dun 29 – Rouen 64 – St-Valery-en-Caux 37.

⚘ **Les Deux Rivières** de fin mars à mi-oct.
  𝒫 02 35 85 60 82, *martigny.76@orange.fr*,
  Fax 02 35 85 95 16, *www.camping-2-rivieres.com* – places
  limitées pour le passage
  3 ha (110 empl.) plat, herbeux
  Tarif : (Prix 2009) 13,75 € ✿✿ ⇔ 🔲 (½) (10A) – pers.
  suppl. 3,25 €
  Location (Prix 2009) : 6 🏠 (4 à 6 pers.) **nuitée** 59 € -
  269 à 429 €/sem.
  Pour s'y rendre : D 154 (700 m au nord-ouest, rte de
  Dieppe)
  À savoir : situation agréable en bordure de rivière et de
  plans d'eau

| Nature : ≤ ♀ |
| Loisirs : 🎴 🏹 🛶 |
| Services : 👤 ⛽ GB 🚐 laverie |
| À prox. : 🔲 ◊ canoë |

Longitude : 1.14963
Latitude : 49.86609

Ne pas confondre :
⚘ *... à ...* ⚘⚘⚘ *: appréciation* **MICHELIN**
et
★ *... à ...* ★★★★ *: classement officiel*

MARTRAGNY

14740 – **303** I4 – 332 h. – alt. 70
Paris 257 – Bayeux 11 – Caen 23 – St-Lô 47.

⚘⚘ **"Les Castels" Château de Martragny** de déb.
  mai à mi-sept.
  𝒫 02 31 80 21 40, *chateau.martragny@wanadoo.fr*,
  Fax 02 31 08 14 91, *www.chateau-martragny.com*
  13 ha/4 campables (160 empl.) plat, herbeux
  Tarif : 32 € ✿✿ ⇔ 🔲 (½) (10A) – pers. suppl. 6,50 € –
  frais de réservation 8 €
  Location : 4 🛏
  🔄 borne artisanale – 5 🔲 32 €
  Pour s'y rendre : 5 r. de l'Ormelet (sur l'ancienne N 13,
  par le centre bourg)
  À savoir : dans le parc d'une belle demeure du XVIIIe s.

| Nature : 🌳 ♀♀ |
| Loisirs : 🍷 brasserie 🎴 🏹 🚲 🍴 ♠ 🏓 |
| Services : 👤 ⛽ GB 🚐 🔥 ⚕ laverie 🔲 🚿 |
| À prox. : 🐎 |

Longitude : -0.59508
Latitude : 49.25006

525

MAUPERTUS-SUR-MER

50330 – **303** D2 – 259 h. – alt. 119
Paris 359 – Barfleur 21 – Cherbourg 13 – St-Lô 80 – Valognes 22.

⚘⚘ **"Les Castels" L'Anse du Brick** ♣♣ – de déb. avr. à
  fin sept.
  𝒫 02 33 54 33 57, *welcome@anse-du-brick.com*,
  Fax 02 33 54 49 66, *www.anse-du-brick.com*
  17 ha/7 campables (180 empl.) accidenté et en terrasses,
  pierreux, herbeux, bois attenant
  Tarif : 19,60 € ✿✿ ⇔ 🔲 (½) (10A) – pers. suppl. 7,20 € –
  frais de réservation 6 €
  Location (permanent) : 36 🏠 (4 à 6 pers.) 343 à
  780 €/sem. – 6 🏠 (4 à 6 pers.) - 399 à 890 €/sem. – 2
  villas – frais de réservation 6 €
  🔄 borne artisanale 6,50 €
  Pour s'y rendre : 18 Anse du Brick (au nord-ouest par
  D 116, à 200 m de la plage, accès direct par passerelle)
  À savoir : agréable cadre verdoyant et ombragé dans un
  site sauvage

| Nature : 🌳 ≤ ⛱ ♀♀ |
| Loisirs : 🍷 pizzeria 🎴 ☀ diurne nocturne (juil.-août) 🍴 🏹 🚲 🍴 🏊 ♠ |
| Services : 👤 ⛽ GB 🚐 ⚕ laverie 🔲 |
| À prox. : 🍴 🔲 🔲 centre nautique, kayak de mer |

Longitude : -1.49
Latitude : 49.66722

NORMANDIE

MERVILLE-FRANCEVILLE-PLAGE

14810 – **303** K4 – G. Normandie Vallée de la Seine – 1 740 h. – alt. 2

🛈 *Office de tourisme, place de la Plage* ☎ *0231242357, Fax 0231241749*

Paris 225 – Arromanches-les-Bains 42 – Cabourg 7 – Caen 20.

⚠ **Municipal le Point du Jour** de déb. mars à mi-nov.

☎ 0231242334, *camp.lepointdujour@wanadoo.fr*,
Fax 0231241554, *www.camping-lepointdujour.com*
2,7 ha (142 empl.) plat, herbeux, sablonneux
Tarif : 21€ ✶✶ ⇔ 🅴 (2) (10A) – pers. suppl. 4,80€ – frais de réservation 8€

Location 🚲 : 10 🏠 (4 à 6 pers.) 400 à 860€/sem. – frais de réservation 8€

🚐 1 borne autre

Pour s'y rendre : rte de Cabourg (sortie est par D 514)

À savoir : agréable situation en bordure de plage

| Nature : 🏞️🌳 |
| Loisirs : 🏠 🏊 🅂 (découverte en saison) |
| Services : 🚿 🔌 GB 🐕 🧺 🍴 laverie |
| À prox. : 🎿 🐎 golf |
| Longitude : -0.20375 |
| Latitude : 49.27876 |

⚠ **Les Peupliers** de déb. avr. à fin oct.

☎ 0231240507, *asl-mondeville@wanadoo.fr*,
Fax 0231240507, *www.camping-peupliers.com*
2 ha (165 empl.) plat, herbeux
Tarif : ✶ 6,90€ ⇔ 🅴 7,50€ – (2) (10A) 5,50€

Location : 2 🏠 (2 à 4 pers.) 220 à 465€/sem. – 26 🏠 (4 à 6 pers.) 350 à 680€/sem. – 8 🏡 (4 à 6 pers.) - 420 à 760€/sem.

🚐 borne artisanale

Pour s'y rendre : allée des Pins (2,5 km à l'est par rte de Cabourg et à dr., à l'entrée de Hôme)

| Loisirs : snack 🏠 ☯diurne nocturne (juil.-août) 🏊 🅂 |
| Services : 🚿 🔌 GB 🐕 🍴 laverie |
| À prox. : 🎿 🐎 golf |
| Longitude : -0.16904 |
| Latitude : 49.28332 |

Donnez-nous votre avis sur les terrains que nous recommandons.
Faites-nous connaître vos observations et vos découvertes
par mail à l'adresse : leguidecampingfrance@fr.michelin.com.

LE MONT-ST-MICHEL

526

50170 – **303** C8 – G. Normandie Cotentin - Bretagne – 41 h. – alt. 10

🛈 *Office de tourisme, Corps de Garde des Bourgeois* ☎ *0233601430, Fax 0233600675*

Paris 359 – Alençon 135 – Avranches 23 – Fougères 45 – Rennes 68 – St-Lô 80 – St-Malo 55.

⚠ **Le Mont-St-Michel** de déb. fév. à déb. nov.

☎ 0233602210, *infos@campingsaintmichel.com*,
Fax 0233602002, *www.campingsaintmichel.com*
4 ha (80 empl.) plat, herbeux
Tarif : (Prix 2009) 19,50€ ✶✶ ⇔ 🅴 (2) (6A) – pers. suppl. 6,50€

Location (Prix 2009) : 🏨 – (hôtel)
🚐 1 borne artisanale – 100 🅴 8€

Pour s'y rendre : 2,4 km au sud-est, intersection de la D 976, rte du Mont-St-Michel et D 275, rte de Ducey

À savoir : cadre verdoyant et ombragé

| Nature : 🌿 ♋♋ |
| Loisirs : ♈ ✗ snack 🏠 🚲🏇 |
| Services : 🚿 🔌 GB 🐕 🍴 laverie 🧺 |
| À prox. : 🎿 🖼 🐎 (centre équestre) |
| Longitude : -1.50956 |
| Latitude : 48.63286 |

MOYAUX

14590 – **303** O4 – 1 307 h. – alt. 160

Paris 173 – Caen 64 – Deauville 31 – Lisieux 13 – Pont-Audemer 24.

⚠ **Le Colombier** de déb. mai à mi-sept.

☎ 0231636308, *mail@camping-lecolombier.com*,
Fax 0231631597, *www.camping-lecolombier.com*
15 ha/6 campables (180 empl.) plat, herbeux
Tarif : ✶ 8,50€ ⇔ 🅴 14€ – (2) (12A) 3€ – frais de réservation 15€

🚐 borne artisanale

Pour s'y rendre : 3 km au nord-est par D 143, rte de Lieurey

À savoir : piscine dans le jardin à la française du château

| Nature : 🌿 ♋ |
| Loisirs : ♈ ✗ crêperie 🏠 ☯ bibliothèque 🏊 🚲 🎿 🅂 |
| Services : 🚿 🔌 GB 🐕 🧺 🍴 laverie 🧺 |
| Longitude : 0.35621 |
| Latitude : 49.19519 |

OFFRANVILLE

76550 – **304** G2 – G. Normandie Vallée de la Seine – 3 347 h. – alt. 80
Paris 191 – Abbeville 74 – Beauvais 104 – Caen 170 – Le Havre 105 – Rouen 60.

Municipal du Colombier de déb. avr. à mi-oct.
℘ 02 35 85 21 14, *mairie-offranville@wanadoo.fr*,
Fax 02 35 04 52 67, *www.offranville.fr* – places limitées
pour le passage
1,2 ha (103 empl.) plat, herbeux
Tarif : 17,45 € ★★ ⇌ 🅴 (½) (10A) – pers. suppl. 3,70 €
Pour s'y rendre : r. Loucheur, au Parc du Colombier
(au bourg, par la r. Loucheur)

À savoir : dans l'enceinte de l'agréable parc de loisirs et
floral

Nature : 🏞 ♀	
Services : 🛁 ⚡ 🚗 🗑 🗲	
À prox. : 🍷 ✕ 🚤 ⚽ 🖼 🏓 🐎	
poneys (centre équestre)	

Longitude : 1.04378
Latitude : 49.87264

Les indications d'accès à un terrain sont généralement indiquées,
dans notre guide, à partir du centre de la localité.

OMONVILLE-LA-ROGUE

50440 – **303** A1 – 523 h. – alt. 25
Paris 377 – Caen 144 – Saint-Lô 99 – Cherbourg 24 – Équeurdreville-Hainneville 21.

Municipal du Hable de déb. avr. à fin sept.
℘ 02 33 52 86 15, *campingomonvillelarogue@wanadoo.fr*,
Fax 02 33 52 86 15
1 ha (60 empl.) plat, gravillons, herbeux
Tarif : (Prix 2009) ★ 2,45 € ⇌ 1,80 € 🅴 1,80 € –
(½) (10A) 4,80 €
Location (permanent) : 10 gîtes
🚐 borne autre 3,15 € – 🚱 8 €
Pour s'y rendre : 4 rte de la Hague

Nature : 🏖	
Services : 🔳 🛁 laverie	
À prox. : 🏊 ⚽ ♨	

Longitude : -1.84273
Latitude : 49.70719

ORBEC

14290 – **303** O5 – G. Normandie Vallée de la Seine – 2 422 h. – alt. 110
🛈 *Office de tourisme, 6, rue Grande* ℘ 02 31 32 56 68, *Fax 02 31 32 04 37*
Paris 173 – L'Aigle 38 – Alençon 80 – Argentan 53 – Bernay 18 – Lisieux 21.

Les Capucins de fin mai à déb. sept.
℘ 02 31 32 76 22, *camping.sivom@orange.fr*,
Fax 02 31 63 16 12
0,9 ha (35 empl.) plat, herbeux
Tarif : ★ 2,10 € ⇌ 1,20 € 🅴 1,60 € – (½) (10A) 2 €
Pour s'y rendre : av. du Bois (1,5 km au nord-est par D 4,
rte de Bernay et chemin à gauche, au stade)

À savoir : cadre verdoyant très soigné

Nature : ♀	
Loisirs : 🎱	
Services : ⚡ 🚗 🗑 🗲	
À prox. : ⚽ 🖼 🐎	

Longitude : 0.40832
Latitude : 49.02824

LES PIEUX

50340 – **303** B2 – 3 387 h. – alt. 104
🛈 *Office de tourisme, 6, rue Centrale* ℘ 02 33 52 81 60, *Fax 02.33.52.86.79*
Paris 366 – Barneville-Carteret 18 – Cherbourg 22 – St-Lô 48 – Valognes 30.

Le Grand Large de mi-avr. à mi-sept.
℘ 02 33 52 40 75, *info@legrandlarge.com*,
Fax 02 33 52 58 20, *www.legrandlarge.com*
3,7 ha (236 empl.) plat et peu incliné, sablonneux,
herbeux
Tarif : 35 € ★★ ⇌ 🅴 (½) (10A) – pers. suppl. 7 €
Location : 43 🏠 (4 à 6 pers.) nuitée 80 € - 300 à
850 €/sem. – 🏠
🚐 borne artisanale 8 €
Pour s'y rendre : 11 rte du Grand Large (3 km au sud-
ouest par D 117 et D 517 à dr. puis 1 km par chemin à
gauche)

À savoir : agréable situation dans les dunes au bord de la
plage de Sciottot

Nature : 🏖 ⪝ 🏞	
Loisirs : 🍷 snack 🎱 🕯diurne	
🚤 ⚽ 🎿	
Services : 🛁 ⚡ 🔳 🚗 ⚒ ⚑	
laverie	

Longitude : -1.8425
Latitude : 49.49361

PONT-AUDEMER

27500 – **304** D5 – G. Normandie vallée de la Seine – 8 761 h. – alt. 15

🛈 *Office de tourisme, place Maubert ✆ 02 32 41 08 21, Fax 02 32 57 11 12*

Paris 165 – Rouen 58 – Évreux 91 – Le Havre 44 – Sotteville-lès-Rouen 53.

Municipal Risle-Seine - Les Étangs de mi-mars à mi-nov.
✆ 02 32 42 46 65, *camping@ville-pont-audemer.fr*,
Fax 02 32 42 22 417, *http://www.ville-pont-audemer.fr/tourisme/*
2 ha (61 empl.) plat, herbeux
Tarif : 16,50 € ★★ ⚌ 🅴 [½] (10A) – pers. suppl. 3,10 €
Location (Prix 2009) (permanent) : 10 🏠 (4 à 6 pers.) - 275 à 510 €/sem.
🚐 5 🅴 16,50 € ⚓ 10.5 €
Pour s'y rendre : 19 rte des Étangs à Toutainville (2,5 km à l'est, à gauche sous le pont de l'autoroute, près de la base nautique)

Nature : ≤ 🏞 ⚲
Loisirs : 🍴 🏖 🚴 ≋ (bassin)
Services : ⚕ ⚏ GB ⚘ 🚿 🚽 ⚱ 🔲
À prox. : 🎣 ⚘

Longitude : 0.48739
Latitude : 49.3666

PONT-AUTHOU

27290 – **304** E6 – 702 h. – alt. 49

Paris 152 – Bernay 22 – Elbeuf 26 – Évreux 45 – Pont-Audemer 21.

Municipal les Marronniers Permanent
✆ 02 32 42 75 06,
campingmunicipaldesmarronniers@orange.fr,
Fax 02 32 56 34 51 – places limitées pour le passage
2,5 ha (64 empl.) plat, herbeux
Tarif : (Prix 2009) ★ 2,50 € ⚌ 1,80 € 🅴 2,50 € – [½] (10A) 3,15 €
🚐 borne autre 4,20 € – 5 🅴 4,20 €
Pour s'y rendre : r. Louise Givon (au sud du bourg, par D 130, rte de Brionne, au bord d'un ruisseau)

Loisirs : 🎣
Services : ⚕ ⚏ ⚘ 🔲

Longitude : 0.70299
Latitude : 49.24206

PONT-FARCY

14380 – **303** F6 – 524 h. – alt. 72

Paris 296 – Caen 63 – St-Lô 30 – Villedieu-les-Poêles 22 – Villers-Bocage 36 – Vire 19.

Municipal de déb. avr. à fin sept.
✆ 02 31 68 32 06, *pontfarcy@free.fr*, Fax 02 31 68 32 06,
pont.farcy.fr
1,5 ha (60 empl.) plat, herbeux
Tarif : (Prix 2009) 9 € ★★ ⚌ 🅴 [½] (6A) – pers. suppl. 2,15 €
Pour s'y rendre : rte de Tessy (sortie nord par D 21, rte de Tessy-sur-Vire)
À savoir : au bord de la Vire

Loisirs : 🍴 🏖 ⚽ 🎣
Services : ⚕ ⚏ ⚘
À prox. : 🚴 canoë, pédalos

Longitude : -1.05471
Latitude : 48.97548

PONTORSON

50170 – **303** C8 – G. Normandie Cotentin – 4 125 h. – alt. 15

🛈 *Office de tourisme, place de l'Hôtel de Ville ✆ 02 33 60 20 65, Fax 02 33 60 85 67*

Paris 359 – Avranches 23 – Dinan 50 – Fougères 39 – Rennes 59 – St-Malo 47.

Haliotis ⚐⚑ – de déb. avr. à déb. nov.
✆ 02 33 68 11 59, *camping.haliotis@wanadoo.fr*,
Fax 02 33 58 95 36,
www.camping-haliotis-mont-saint-michel.com
6 ha/3,5 campables (152 empl.) plat, herbeux
Tarif : 22,40 € ★★ ⚌ 🅴 [½] (16A) – pers. suppl. 6 €
Location : 29 🚐 (4 à 6 pers.) nuitée 50 € - 280 à 610 €/sem. – 🏠
🚐 borne artisanale
Pour s'y rendre : chemin des Soupirs (au nord-ouest par D 19, rte de Dol-de-Bretagne, près du Couesnon)

Nature : ≤ 🏞
Loisirs : 🍸 🏖 🕐 diurne (juil.-août) ⚕ ≋ jacuzzi 🏖 🚴 ⚽ 🏊 parcours de santé, mini-ferme
Services : ⚕ ⚏ GB ⚘ 🔲 ⚐ ⚘ 🚽 🚱 laverie
À prox. : 🛶 🎣 🐎 (centre équestre)

Longitude : -1.51448
Latitude : 48.55698

PORT-EN-BESSIN

14520 – **303** H3 – G. Normandie Cotentin – 1 958 h. – alt. 10

🛈 *Office de tourisme, quai Baron Gérard* ℰ *02 31 22 45 80, Fax 02.31.51.28.29*

Paris 277 – Caen 43 – Hérouville-Saint-Clair 45 – Saint-Lô 47 – Bayeux 10.

ᨆᨆᨆ **Port'Land** ♠♣ – de déb. avr. à déb. nov.

ℰ 02 31 51 07 06, *campingportland@wanadoo.fr*,

Fax 02 31 51 76 49, *www.camping-portland.com*

8,5 ha (256 empl.) plat, herbeux

Tarif : 39€ ✶✶ ⇌ 🅴 🅙 (12A) – pers. suppl. 7,30€

Location : 89 🏠 (4 à 6 pers.) 350 à 1 015€/sem.

🚐 borne flot bleu 5€

Pour s'y rendre : chemin du Castel

À savoir : jolie décoration florale et arbustive autour des différents étangs

| Nature : 〰 🖭 |
| Loisirs : 🍴 ✗ 🎱 🅙 🏃 🚴 🎱 🏊 ⛱ 🏐 terrain multisports, parcours de santé |
| Services : ⅙ ⚭ GB 🐾 ♨ 🧺 🚿 🏵 laverie ♒ 🚐 |
| À prox. : ✂ 💧 golf |

| Longitude : -0.77111 |
| Latitude : 49.34722 |

*Om een reisroute uit te stippelen en te volgen,
om het aantal kilometers te berekenen,
om precies de ligging van een terrein te bepalen
(aan de hand van de inlichtingen in de tekst),
gebruikt u de **Michelinkaarten** ,
een onmisbare aanvulling op deze gids.*

QUIBERVILLE

76860 – **304** F2 – 506 h. – alt. 50

🛈 *Office de tourisme, 983, rue de l'Église* ℰ *02 35 04 08 32, Fax 02.35.04.08.32*

Paris 199 – Dieppe 18 – Fécamp 50 – Rouen 67.

ᨆᨆ **Municipal de la Plage** de déb. avr. à fin oct.

ℰ 02 35 83 01 04, *campingplage3@wanadoo.fr*,

Fax 02 35 85 10 25, *www.campingplagequiberville.com* – places limitées pour le passage

2,5 ha (202 empl.) plat, herbeux

Tarif : (Prix 2009) ✶ 5,15€ ⇌ 🅴 9€ – 🅙 (10A) 4,80€

🚐 1 borne 3,40€

Pour s'y rendre : 123 r. de la Saane (à Quiberville-Plage, accès par D 127, rte d'Ouville-la-Rivière)

À savoir : à 100 m de la mer

| Nature : ⇐ 🖭 |
| Loisirs : 🎱 🏃 |
| Services : ⅙ ⚭ GB 🐾 ♨ 🏵 🖨 |
| À prox. : ✂ 💧 |

| Longitude : 0.92837 |
| Latitude : 49.90229 |

RAVENOVILLE

50480 – **303** E3 – 245 h. – alt. 6

Paris 328 – Barfleur 27 – Carentan 21 – Cherbourg 40 – St-Lô 49 – Valognes 19.

ᨆᨆᨆ **Le Cormoran** ♠♣ – de déb. avr. à fin sept.

ℰ 02 33 41 33 94, *lecormoran@wanadoo.fr*,

Fax 02 33 95 16 08, *www.lecormoran.com* – places limitées pour le passage

6,5 ha (256 empl.) plat, herbeux, sablonneux

Tarif : 32€ ✶✶ ⇌ 🅴 🅙 (10A) – pers. suppl. 7,50€ – frais de réservation 10€

Location 🅿 : 34 🏠 (4 à 6 pers.) nuitée 32€ - 310 à 850€/sem. – 6 🏠 (4 à 6 pers.) nuitée 43€ - 300 à 830€/sem. – frais de réservation 10€

🚐 borne artisanale 4€ – 32 🅴 15€ – 🔌 🅙 15€

Pour s'y rendre : 2 r. du Cormoran (3,5 km au nord-est par D 421, rte d'Utah-Beach, près de la plage)

À savoir : belle décoration florale et arbustive

| Nature : 🖭 |
| Loisirs : 🍴 snack, pizzeria 🎱 🅙 🏃 🚴 🎯 🎱 🏊 terrain multisports, tir à la carabine |
| Services : ⅙ ⚭ GB 🐾 ♨ 🚿 🏵 laverie ♒ 🚐 |
| À prox. : 🐎 |

| Longitude : -1.27055 |
| Latitude : 49.45685 |

NORMANDIE

LE ROZEL

50340 – **303** B3 – 268 h. – alt. 21
Paris 369 – Caen 135 – Cherbourg 26 – Rennes 197.

Le Ranch de déb. avr. à fin sept.
℘ 02 33 10 07 10, *contact@camping-leranch.com*,
Fax 02 33 10 07 11, *www.camping-leranch.com*
4 ha (130 empl.) terrasse, vallonné, plat, herbeux,
sablonneux
Tarif : (Prix 2009) 30,20 € ★ ★ ⇔ 🅴 (½) (10A) – pers.
suppl. 6,20 €

Location (Prix 2009) : 13 ⊡ (4 à 6 pers.) 330 à 795 €/
sem.
56 🅴 26,20 €
Pour s'y rendre : au lieu-dit : La Mielle (2 km au sud-
ouest par D 117 et D 62 à dr.)
À savoir : en bordure de plage

Nature : 🐟 🏖
Loisirs : 🍴 snack 🖼 ⛄ 🏊
🏊 🛝
Services : 🚿 ⚓ (juil.-août) GB
⚙ 🐕 🛒 🚗 🏮 laverie
À prox. : ✖ 🅟 🚲, char à voile

Longitude : -1.83379
Latitude : 49.48622

Benutzen Sie
– zur Wahl der Fahrtroute
– zur Berechnung der Entfernungen
– zur exakten Lokalisierung eines Campingplatzes (mit Hilfe der Angaben im Ortstext)
*die für diesen Führer unentbehrlichen **MICHELIN-Karten** .*

ST-ARNOULT

14800 – **303** M3 – 910 h. – alt. 4
Paris 198 – Caen 43 – Le Havre 41 – Rouen 90 – Sotteville 87.

530

La Vallée de Deauville 🛏🚻 – de déb. avr. à fin oct.
℘ 02 31 88 58 17, *contact@campingdeauville.com*,
Fax 02 31 88 11 57, *www.campingdeauville.com* – places
limitées pour le passage
10 ha (440 empl.) plat, herbeux
Tarif : ★ 9 € ⇔ 🅴 12 € – (½) (10A) 4 € – frais de
réservation 23 €

Location : 45 ⊡ (4 à 6 pers.) nuitée 80 € - 325 à
750 €/sem. – frais de réservation 23 €
borne autre 8 €
Pour s'y rendre : av. de la Vallée (1 km au sud par D 27,
rte de Varaville et D 275, rte de Beaumont-en-Auge à
gauche, au bord d'un ruisseau et près d'un plan d'eau)
À savoir : autour d'un agréable plan d'eau

Nature : 🌲 🌳
Loisirs : 🍴 snack 🖼 🎣 🎯 🏊
🏊 🛝 🎣 terrain multisports
Services : 🚿 ⚓ GB 🐕 🏮 🚗 🏮
laverie 🛒 🚗
À prox. : 🛒 🍴 🎱 🅟 🏊 🚣 🐎
golf

Longitude : 0.09587
Latitude : 49.34615

ST-AUBIN-SUR-MER

14750 – **303** J4 – G. Normandie Cotentin – 1 851 h.
🅱 *Office de tourisme, digue Favreau* ℘ 02 31 97 30 41, *Fax 02.31.97.30.41*
Paris 252 – Arromanches-les-Bains 19 – Bayeux 29 – Cabourg 32 – Caen 20.

Yelloh! Village La Côte de Nacre 🛏🚻 – de déb.
avr. à fin sept.
℘ 02 31 97 14 45, *camping-cote-de-nacre@wanadoo.fr*,
Fax 02 31 97 22 11, *www.camping-cote-de-nacre.com* –
places limitées pour le passage
8 ha (440 empl.) plat, herbeux
Tarif : 44 € ★ ★ ⇔ 🅴 (½) (10A) – pers. suppl. 8 €

Location : 180 ⊡ (4 à 6 pers.) nuitée 39 € - 273 à
1 253 €/sem.
1 borne
Pour s'y rendre : 17 r. du Gal Moulton (au sud du bourg
par D 7b)
À savoir : parc aquatique en partie couvrable

Loisirs : 🍴 snack 🖼 🕯 diurne
nocturne (soirées à thèmes) 🎯
patinoire, spa 🎣 🚲 🏊 🛝
terrain mulisports
Services : 🚿 ⚓ GB 🐕 🏮 🚗 🏮
laverie 🛒 🚗
À prox. : 🍴

Longitude : -0.38979
Latitude : 49.32664

ST-AUBIN-SUR-MER

76740 – **304** F2 – G. Normandie Cotentin – 267 h. – alt. 15
Paris 191 – Dieppe 21 – Fécamp 46 – Rouen 59 – Yvetot 36.

Municipal le Mesnil de déb. avr. à fin oct.
      β 02 35 83 02 83, Fax 02 35 86 25 26
2,2 ha (117 empl.) en terrasses, plat, herbeux
Tarif : (Prix 2009) 22,10€ ✷✷ ⇎ 🅴 🈂 (16A) – pers.
suppl. 5,80€
🚐 1 borne artisanale 4,50€
Pour s'y rendre : 2 km à l'ouest par D 68, rte de Veules-les-Roses

À savoir : dans une ancienne ferme normande

Nature : 🌳 🏞	
Loisirs : 🎱 🏓	
Services : 🕭 ⚷ GB 🗳 🏧 🍴	
laverie 🏕	

Longitude : 0.87535
Latitude : 49.88917

ST-EVROULT-NOTRE-DAME-DU-BOIS

61550 – **310** L2 – G. Normandie Vallée de la Seine – 432 h. – alt. 355
Paris 153 – L'Aigle 14 – Alençon 56 – Argentan 42 – Bernay 41.

Municipal des Saints-Pères de déb. avr. à fin
sept.
      β 06 32 72 08 55, Fax 02 33 34 93 12
0,6 ha (27 empl.) terrasse, plat, herbeux, gravillons, bois
attenant
Tarif : (Prix 2009) ✷ 2€ ⇎ 1€ 🅴 3€ – 🈂 (4A) 1,50€
Pour s'y rendre : au sud-est du bourg

À savoir : agréable situation, au bord d'un plan d'eau

Nature : 🌿	
Loisirs : 🏓 🎿 🛶 🏊 🌊 pédalos	
Services : 🕭 ⚷ 🗳	
À prox. : 🐎	

Longitude : 0.46525
Latitude : 48.78908

Campeurs...
N'oubliez pas que le feu est le plus terrible ennemi de la forêt.
Soyez prudents !

531

ST-GEORGES-DU-VIÈVRE

27450 – **304** D6 – 674 h. – alt. 138
🚹 *Office de tourisme, 1, route de Montfort β 02 32 56 34 29, Fax 02 32 57 52 90*
Paris 161 – Bernay 21 – Évreux 54 – Lisieux 36 – Pont-Audemer 15 – Rouen 49.

Municipal du Vièvre de déb. avr. à fin sept.
      β 02 32 42 76 79, *camping.stgeorgesduvievre@wanadoo.fr*,
Fax 02 32 42 80 42, *http://www.camping-normand.com*
1,1 ha (50 empl.) plat, herbeux
Tarif : (Prix 2009) ✷ 2,30€ ⇎ 1,30€ 🅴 2,20€ –
🈂 (5A) 2,20€
Pour s'y rendre : rte de Noards (sortie sud-ouest par
D 38)

Nature : 🌳 🏞	
Loisirs : 🚲	
Services : 🕭 🗳 🏕 🚮	
À prox. : ✂ 🛶	

Longitude : 0.58063
Latitude : 49.24266

ST-GERMAIN-SUR-AY

50430 – **303** C4 – 852 h. – alt. 5
🚹 *Syndicat d'initiative, route de la Mer β 02 33 07 02 75*
Paris 345 – Barneville-Carteret 26 – Carentan 35 – Coutances 27 – St-Lô 42.

Aux Grands Espaces de déb. avr. à fin sept.
      β 02 33 07 10 14, *auxgrandsespaces@orange.fr*,
Fax 02 33 07 22 59, *www.auxgrandsespaces.com* – places
limitées pour le passage
13 ha (580 empl.) plat et accidenté, sablonneux, herbeux
Tarif : ✷ 5,50€ ⇎ 🅴 6,90€ – 🈂 (6A) 4,50€
Location 🏠 : 20 🚐 (4 à 6 pers.) 300 à 570€/sem. –
8 bungalows toilés
Pour s'y rendre : 6 r. du Camping (4 km à l'ouest par
D 306, à St-Germain-Plage)

Nature : 🌳 🏞 🌿	
Loisirs : 🍴 snack 🎱 🏓 🎿	
🏊 🌊	
Services : ⚷ (juil.-août) GB 🗳	
laverie 🏖	
À prox. : 🐎 sentier pédestre,	
char à voile	

Longitude : -1.64028
Latitude : 49.23419

ST-HILAIRE-DU-HARCOUËT

50600 – **303** F8 – G. Normandie Cotentin – 4 232 h. – alt. 70

🛈 *Office de tourisme, place du Bassin* 𝄞 02 33 79 38 88, *Fax* 02 33 79 38 89

Paris 339 – Alençon 100 – Avranches 27 – Caen 102 – Fougères 29 – Laval 66 – St-Lô 69.

⚠ **Municipal de la Sélune**

𝄞 02 33 49 43 74, *info@st-hilaire.fr*, Fax 02 33 79 38 71, *www.st-hilaire.fr*

1,9 ha (90 empl.) plat, herbeux

Pour s'y rendre : 700 m au nord-ouest par N 176, rte d'Avranches et à dr., près de la rivière

Loisirs : 🏓 ⛵

Services : ♿ ⚏ 🖳

À prox. : ✗ ✗ 🖼 🖾 ⛺ 🚐

Longitude : -1.09324
Latitude : 48.57745

ST-JEAN-DE-LA-RIVIÈRE

50270 – **303** B3 – 340 h. – alt. 20

Paris 351 – Caen 119 – Saint 63 – Cherbourg 40 – Équeurdreville 45.

🛖 **Les Vikings** de fin mars à déb. oct.

𝄞 02 33 53 84 13, *contact@camping-lesvikings.com*, Fax 02 33 53 08 19, *www.camping-lesvikings.com*

6 ha (250 empl.) plat, herbeux, sablonneux

Tarif : 39€ 👫 🚐 🖳 🚰 (6A) – pers. suppl. 7€

Location : 🛖

🚐 borne eurorelais

Pour s'y rendre : 4 r. des Vikings (par D 166 et chemin à dr.)

À savoir : entrée agrémentée de fleurs et petits palmiers

Nature : 🌿 ⛱

Loisirs : 🍽 ✗ 🏓 🎭 salle d'animation 🏊 🎣

Services : ⚏ 🖳 🛒 ♿ 🍳 ⛽ 🖳 🛁 🚿

À prox. : ✗ 🏊 ⛵ golf, char à voile

Longitude : -1.75293
Latitude : 49.36335

Donnez-nous votre avis
sur les terrains que nous recommandons.
Faites-nous connaître vos observations et vos découvertes.
par mail à l'adresse : leguidecampingfrance@fr.michelin.com.

ST-MARTIN-EN-CAMPAGNE

76370 – **304** H2 – 1 240 h. – alt. 118

Paris 209 – Dieppe 13 – Rouen 78 – Le Tréport 18.

🛖 **Domaine les Goélands** de déb. mars à mi-nov.

𝄞 02 35 83 82 90, *domainelesgoelands@orange.fr*, Fax 02 35 83 21 79, *www.lesdomaines.org* – places limitées pour le passage

3 ha (154 empl.) en terrasses, peu incliné, herbeux

Tarif : 👤 3,50€ 🚐 🖳 11,50€ – 🚰 (16A) 3,50€

Location : 9 🛖 (4 à 6 pers.) 390 à 610€/sem.

Pour s'y rendre : r. des Grèbes (2 km au nord-ouest, à St-Martin-Plage)

Nature : ⇐ ⛱

Loisirs : 🏓 🎭 salle de billard 🏊 ✗ 🎯 terrain multisports

Services : ♿ ⚏ 🛒 ♿ 🏧 🚿

🛁 🖳

Longitude : 1.20393
Latitude : 49.96669

ST-PAIR-SUR-MER

50380 – **303** C7 – G. Normandie Cotentin – 3 707 h. – alt. 30

🛈 *Office de tourisme, 3, rue Charles Mathurin* 𝄞 02 33 50 52 77

Paris 342 – Avranches 24 – Granville 4 – Villedieu-les-Poêles 29.

⚠ **Angomesnil** de fin juin à déb. sept.

𝄞 02 33 51 64 33, *info@angomesnil.com*, *www.angomesnil.com* 🚯

1,2 ha (45 empl.) plat, herbeux

Tarif : 16,80€ 👫 🚐 🖳 🚰 (6A) – pers. suppl. 4,20€ – frais de réservation 15€

🚐 borne artisanale 8,40€

Pour s'y rendre : 891 rte du Guigeois (4,9 km au sud-est par D 21, rte de St-Michel-des-Loups et D 154 à gauche, rte de St-Aubin-des-Préaux)

Nature : 🌿 ♀

Loisirs : 🏓 🏊

Services : ♿ ⚏ 🍳 🖳

À prox. : ✗ 🎯 🖾 (découverte en saison) ♪ 🐎 parcours sportif, piste de roller

Longitude : -1.52583
Latitude : 48.79083

ST-SAUVEUR-LE-VICOMTE

50390 – **303** C3 – G. Normandie Cotentin – 2 082 h. – alt. 30

🛈 *Office de tourisme, le Vieux Château* ℰ *0233215044, Fax 02.33.21.39.29*
Paris 336 – Barneville-Carteret 20 – Cherbourg 37 – St-Lô 56 – Valognes 16.

⚠ **Municipal du Vieux Château** de déb. juin à mi-sept.
ℰ 0233417204, *ot.ssv@wanadoo.fr*, Fax 0233958885,
www.saintsauveurlevicomte.stationverte.com
1 ha (57 empl.) plat, herbeux
Tarif : (Prix 2009) 🛱 2,70€ ⇐ 🔲 3,70€ – 🔌 (6A) 1,80€
Pour s'y rendre : av. Division Leclerc (au bourg, au bord de la Douve)

À savoir : au pied du château médiéval

Loisirs : 🖼
Services : ⚫ ⚫ 🅑 laverie
À prox. : ⚡ ✗ canoë

Longitude : -1.52956
Latitude : 49.3856

ST-SYMPHORIEN-LE-VALOIS

50250 – **303** C4 – 764 h. – alt. 35
Paris 335 – Barneville-Carteret 19 – Carentan 25 – Cherbourg 47 – Coutances 30 – St-Lô 45.

⚠ **L'Étang des Haizes** de déb. avr. à mi-oct.
ℰ 0233460116, *info@campingetangdeshaizes.com*,
Fax 0233472380, *www.campingetangdeshaizes.com*
3,5 ha (98 empl.) plat, et peu incliné, herbeux
Tarif : 🛱 7€ ⇐ 🔲 17€ – 🔌 (10A) 6€

Location (de déb. avr. à fin sept.) ✗ : 30 🚐 (4 à 6 pers.) 312 à 798€/sem.
🚐 borne artisanale 8€ – 🔌 15€
Pour s'y rendre : r. Cauticote (sortie nord par D 900, rte de Valognes et D 136 à gauche vers le bourg)

À savoir : agréable cadre verdoyant autour d'un bel étang

Nature : 🔲
Loisirs : 🍴 snack 🖼 ⚡ 🚲 🎯
🏊 🛶
Services : ⚫ ⚫ GB 🅑 🚿 laverie
À prox. : 🍴

Longitude : -1.55022
Latitude : 49.29746

ST-VAAST-LA-HOUGUE

50550 – **303** E2 – G. Normandie Cotentin – 2 083 h. – alt. 4

🛈 *Office de tourisme, 1, place Général de Gaulle* ℰ *0233231932, Fax 0233544137*
Paris 347 – Carentan 41 – Cherbourg 31 – St-Lô 68 – Valognes 19.

⚠ **La Gallouette** de déb. avr. à fin sept.
ℰ 0233542057, *contact@camping-lagallouette.fr*,
Fax 0233541671, *www.lagallouette.com*
2,3 ha (170 empl.) plat, herbeux
Tarif : 🛱 6€ ⇐ 🔲 10,30€ – 🔌 (10A) 4,60€

Location : 15 🚐 (4 à 6 pers.) 290 à 741€/sem. – 10 🏠 (4 à 6 pers.) - 334 à 772€/sem.
🚐 15 🔲 15,40€
Pour s'y rendre : 10bis r. de la Gallouette (au sud du bourg, à 500 m de la plage)

Nature : 🔲
Loisirs : 🍴 🖼 🎮 ⚡ 🏊 terrain
multisports
Services : ⚫ ⚫ GB 🅑 🚿
laverie
À prox. : ✗ ⚓ parcours de santé

Longitude : -1.26747
Latitude : 49.58424

ST-VALERY-EN-CAUX

76460 – **304** E2 – G. Normandie Vallée de la Seine – 4 546 h. – alt. 5

🛈 *Office de tourisme, Maison Henri IV* ℰ *0235970063, Fax 0235973265*
Paris 190 – Bolbec 46 – Dieppe 35 – Fécamp 33 – Rouen 59 – Yvetot 31.

⚠ **Municipal Etennemare** Permanent
ℰ 0235971579, *servicetourisme@ville-saint-valery-en-caux.fr*, Fax 0235971579 – places limitées pour le passage
4 ha (116 empl.) plat, peu incliné, herbeux
Tarif : (Prix 2009) 14,45€ 🛱🛱 ⇐ 🔲 🔌 (6A) – pers. suppl. 2,95€

Location (Prix 2009) : 10 🏠 (4 à 6 pers.) - 256 à 413€/sem.
Pour s'y rendre : au hameau d'Etennemare (au sud-ouest, vers le hameau du Bois d'Entennemare)

Nature : 🌲 🔲
Loisirs : 🖼
Services : ⚫ ⚫ GB 🅑 🚽 🚿
🚮 🔲
À prox. : ✗ 🎣 parcours sportif

Longitude : 0.6999
Latitude : 49.85626

STE-MARIE-DU-MONT

50480 – **303** E3 – G. Normandie Cotentin – 778 h. – alt. 31
Paris 318 – Barfleur 38 – Carentan 11 – Cherbourg 47 – St-Lô 39 – Valognes 26.

Utah-Beach de déb. avr. à fin sept.
℘ 0233715369, *contact@camping-utahbeach.com*,
Fax 0233710711, *www.camping-utahbeach.com* –
places limitées pour le passage
4,2 ha (110 empl.) plat et peu incliné, herbeux
Tarif : 🚶 5,60€ 🚗 🅴 10,50€ – (½) (6A) 3,80€
Location : 15 ⬚ (4 à 6 pers.) nuitée 70€ - 360 à
800€/sem.
🚐 1 borne artisanale
Pour s'y rendre : 6 km au nord-est par D 913 et D 421,
à 150 m de la plage

Nature : 🏞 🗻
Loisirs : 🍴 snack 🎬 salle d'ani-mation 🏓 ⛳ 🎯 🏊 🎾 terrain multisports
Services : 🔌 🚐 💧 laverie 🚿
À prox. : char à voile, VTT
Longitude : -1.22568
Latitude : 49.38211

STE-MÈRE-ÉGLISE

50480 – **303** E3 – G. Normandie Cotentin – 1 612 h. – alt. 28
🅱 *Office de tourisme, 6, rue Eisenhower* ℘ 0233210033, Fax 0233215391
Paris 321 – Bayeux 57 – Cherbourg 39 – St-Lô 42.

Municipal
℘ 0233413522, Fax 0233417915
1,3 ha (70 empl.) plat, herbeux
🚐 1 borne artisanale
Pour s'y rendre : 6 r. Airborne (sortie est par D 17 et à dr.,
près du terrain de sports)

Nature : 🏞
Loisirs : 🎬 salle multisports 🏓 🚲 🎯 🎮
Services : 🔌 laverie
Longitude : -1.31184
Latitude : 49.41003

SIOUVILLE-HAGUE

50340 – **303** A2 – 1 079 h. – alt. 76
Paris 372 – Barneville-Carteret 156 – Cherbourg 21 – Valognes 35.

Municipal Clairefontaine
℘ 0233524273, *mairiesiouvillehague@wanadoo.fr*,
Fax 0233876004, *www.ville-siouville-hague.fr*
3,6 ha (100 empl.) plat, peu incliné, herbeux, sablonneux
🚐 1 borne flot bleu
Pour s'y rendre : 5 r. Alfred-Rossel (sortie nord-est par
D 64)

Nature : 🏞 🌊
Services : ♿ 🏢 🖼
À prox. : 🚐
Longitude : -1.83872
Latitude : 49.56994

Ne prenez pas la route au hasard !
Michelin *vous apporte à domicile*
ses conseils routiers,
touristiques, hôteliers : **www.ViaMichelin.fr !**

SURRAIN

14710 – **303** G4 – 148 h. – alt. 40
Paris 278 – Cherbourg 83 – Rennes 187 – Rouen 167.

La Roseraie d'Omaha de déb. avr. à déb. nov.
℘ 0231211771, *camping-laroseraie@orange.fr*,
Fax 0231211771, *www.camping-calvados-normandie.fr*
3 ha (66 empl.) plat, peu incliné, incliné, herbeux
Tarif : 22,50€ 🚶🚶 🚗 🅴 (½) (10A) – pers. suppl. 6,20€
Location : 5 ⬚ (4 à 6 pers.) 390 à 567€/sem. – 15
🏠 (4 à 6 pers.) - 415 à 599€/sem.
Pour s'y rendre : r. de l'église (sortie sud par D 208,
rte de Mandeville-en-Bessin)

Nature : 🗻 🌊
Loisirs : 🎬 🏓 🎯 🏊 🎮 🏊
Services : ♿ 🔌 🚗 💧 🚿 🚐 🏪 laverie
À prox. : 🐎 (centre équestre)
Longitude : -0.86417
Latitude : 49.32555

SURTAINVILLE

50270 – **303** B3 – 1 167 h. – alt. 12
Paris 367 – Barneville-Carteret 12 – Cherbourg 29 – St-Lô 42 – Valognes 31.

Municipal les Mielles Permanent
  ℰ 0233043104, *camping.lesmielles@wanadoo.fr*,
  Fax 0233043104, *www.surtainville.com.fr*
  1,6 ha (129 empl.) plat, herbeux, sablonneux, gravillons
  Tarif : ♣ 3€ ⇔ 🅴 3€ – 🄵 (4A) 2,53€
  Location : 7 gîtes
  🚐 borne eurorelais 3,50€
  Pour s'y rendre : 80 rte des Laguettes (1,5 km à l'ouest
  par D 66 et rte de la mer, à 80 m de la plage, accès direct)

| Nature : 🐾 |
| Loisirs : 🏠 🏇 |
| Services : 🛁 GB 🐕 ⚺ 🚿 ☷ |
| laverie |
| À prox. : 🎿 char à voile 🚐 |

Longitude : -1.82085
Latitude : 49.46333

THURY-HARCOURT

14220 – **303** J6 – G. Normandie Cotentin – 1 818 h. – alt. 45 – Base de loisirs
🅱 *Office de tourisme, 2, place Saint-Sauveur* ℰ 0231797045, Fax 0231791542
Paris 257 – Caen 28 – Condé-sur-Noireau 20 – Falaise 27 – Flers 32 – St-Lô 68 – Vire 41.

Le Traspy Permanent
  ℰ 0231796180, *info@campingtraspy.com*,
  Fax 0231796180
  1,5 ha (92 empl.) plat et terrasse, herbeux
  Tarif : (Prix 2009) 18,35€ ♣♣ ⇔ 🅴 🄵 (6A) – pers.
  suppl. 4,80€ – frais de réservation 12,20€
  Location (Prix 2009) : 2 🛖 (2 à 4 pers.) nuitée 40€
  - 390€/sem. – 7 🛖 (4 à 6 pers.) nuitée 65€ - 480€/
  sem. – 2 🛖 (4 à 6 pers.) nuitée 58€ - 420€/sem. –
  frais de réservation 12,20€
  🚐 1 borne 2€ – 5 🅴 8€ – 🚐 14.40€
  Pour s'y rendre : r. du Pont Benoît (à l'est du bourg par
  bd du 30-Juin-1944 et chemin à gauche)
  À savoir : au bord du Traspy et près d'un plan d'eau

| Nature : 🛶 ♀ |
| Loisirs : 🏠 🍴 🏇 spa |
| Services : 🛁 🔌 🐕 ☷ 🚿 laverie |
| 🍴 |
| À prox. : 🚲 🎿 🖼 ☌ parapente, canoë |

Longitude : -0.47501
Latitude : 48.9865

*To visit a town or region : use the **MICHELIN Green Guides.***

TOUFFREVILLE-SUR-EU

76910 – **304** H2 – 217 h. – alt. 45
Paris 171 – Abbeville 46 – Amiens 101 – Blangy-sur-Nesle 35 – Le Tréport 10.

Municipal Les Acacias de mi-avr. à fin sept.
  ℰ 0235506633, *campingacacias76@orange.fr*,
  Fax 0235838042, *campinglesacacias76.e-monsite.com*
  1 ha (50 empl.) plat, herbeux
  Tarif : (Prix 2009) 11,20€ ♣♣ ⇔ 🅴 🄵 (6A) – pers.
  suppl. 2,20€
  Pour s'y rendre : au lieu-dit : Les Prés du Thil (1 km au
  sud-est par D 226 et D 454, rte de Guilmecourt)

| Nature : 🐾 🛶 |
| Services : GB 🐕 |

Longitude : 1.34146
Latitude : 49.99459

TOURLAVILLE

50110 – **303** C2 – 16 649 h. – alt. 27
Paris 359 – Carentan 52 – Carteret 43 – Cherbourg 5 – Volognes 22.

Le Collignon de déb. mai à fin sept.
  ℰ 0233201688, *camping-collignon@wanadoo.fr*,
  Fax 0233448171
  10 ha/2 campables (82 empl.) plat, herbeux, sablonneux
  Tarif : ♣ 4,75€ ⇔ 🅴 6,75€ – 🄵 (10A) 3,85€
  Location (de déb. avr. à fin oct.) : 8 🛖 (4 à 6 pers.)
  nuitée 77€ - 330€/sem.
  🚐 borne eurorelais 2€
  Pour s'y rendre : 215 r. des Algues (2 km au nord par
  D 116, rte de Bretteville, près de la plage)

| Nature : 🛶 |
| Loisirs : 🏠 🏇 |
| Services : 🛁 (juil.-août) GB 🐕 |
| 🍴 ☷ 🖼 |
| À prox. : 🍴 🎿 🖼 ☌ centre |
| nautique, parcours de santé 🚐 |

Longitude : -1.56294
Latitude : 49.65381

NORMANDIE

TOUSSAINT

76400 – **304** C3 – 728 h. – alt. 105
Paris 196 – Bolbec 24 – Fécamp 5 – Rouen 69 – St-Valery-en-Caux 34 – Yvetot 31.

△ **Municipal du Canada** de mi-mars à mi-oct.
℘ 02 35 29 78 34, *mairie.toussaint@wanadoo.fr*,
Fax 02 35 27 48 82, *www.commune-de-toussaint.fr* –
places limitées pour le passage
2,5 ha (100 empl.) plat et peu incliné, herbeux
Tarif : (Prix 2009) ★ 2,50€ 🚗 1,20€ 🔲 2,10€ –
🔌 (6A) 2,80€
Pour s'y rendre : r. de Rouen (500 m au nord-ouest par
D 926, rte de Fécamp et chemin à gauche)

| Nature : 🏕 ♀ |
| Services : 🚿 ⚡ GB 🐕 🗄 |
| À prox. : 🏊 ✂ ♞ |

| Longitude : 0.42162 |
| Latitude : 49.73953 |

*De categorie (1 tot 5 tenten, in **zwart** of **rood**) die wij aan de geselekteerde*
terreinen in deze gids toekennen, is onze eigen indeling.
Niet te verwarren met de door officiële instanties gebruikte classificatie (1 tot 4 sterren).

LE TRÉPORT

76470 – **304** I1 – G. Normandie Vallée de la Seine – 5 698 h. – alt. 12
🅱 *Office de tourisme, quai Sadi Carnot ℘ 02 35 86 05 69, Fax 02 35 86 73 96*
Paris 180 – Abbeville 37 – Amiens 92 – Blangy-sur-Bresle 26 – Dieppe 30 – Rouen 95.

🏕 **Municipal les Boucaniers** de déb. avr. à fin sept.
℘ 02 35 86 35 47, *camping@ville-le-treport.fr*,
Fax 02 35 86 55 82, *www.ville-le-treport.fr/camping*
5,5 ha (340 empl.) plat, herbeux
Tarif : (Prix 2009) ★ 3,50€ 🚗 2,95€ 🔲 3€ – 🔌 (6A) 7,30€
Location (Prix 2009) (permanent) : 🏠
🚐 borne artisanale 7€ – 22 🔲 14,30€
Pour s'y rendre : r. Pierre Mendès-France (av. des
Canadiens, près du stade)

| Nature : 🏕 ♀ |
| Loisirs : 🏓 🏊 ♞ |
| Services : 🚿 GB 🐕 🗄 ⛽ 🧺 laverie |
| À prox. : ✂ |

| Longitude : 1.38752 |
| Latitude : 50.0572 |

536

TRÉVIÈRES

14710 – **303** G4 – 947 h. – alt. 14
🅱 *Office de tourisme, place du Marché ℘ 02 31 22 04 60*
Paris 283 – Bayeux 19 – Caen 49 – Carentan 31 – St-Lô 32.

△ **Municipal Sous les Pommiers** de déb. avr. à déb.
oct.
℘ 02 31 92 89 24, *mairie-trevieres@voila.fr*,
Fax 02 31 22 19 49
1,2 ha (73 empl.) plat, herbeux
Tarif : (Prix 2009) 14,10€ ★★ 🚗 🔲 🔌 (10A) – pers.
suppl. 3,10€
🚐 1 borne artisanale
Pour s'y rendre : sortie nord par D 30, rte de Formigny,
près d'un ruisseau
À savoir : emplacements sous les pommiers

| Nature : 🏕 ♀ |
| Loisirs : 🏊 |
| Services : 🚿 ⚡ GB 🐕 ⛺ 🏊 🗄 |
| À prox. : 🎣 ♞ poneys |

| Longitude : -0.90498 |
| Latitude : 49.30957 |

VEULES-LES-ROSES

76980 – **304** E2 – G. Normandie Vallée de la Seine – 586 h. – alt. 15
🅱 *Office de tourisme, 27, rue Victor-Hugo ℘ 02 35 97 63 05, Fax 02 35 57 24 51*
Paris 188 – Dieppe 27 – Fontaine-le-Dun 8 – Rouen 57 – St-Valery-en-Caux 8.

🏕 **Les Mouettes** de déb. avr. à fin oct.
℘ 02 35 97 61 98, *camping-mouettes@veules-les-roses.fr*,
Fax 02 35 97 33 44
3,6 ha (150 empl.) plat, herbeux
Tarif : ★ 15,40€ 🚗 🔲 – 🔌 (6A) 4,70€
🚐 1 borne eurorelais – 🚌
Pour s'y rendre : av. Jean-Moulin (sortie est par D 68,
rte de Sotteville-sur-Mer, à 500 m de la plage)

| Nature : 🌳 🏕 ♀ |
| Loisirs : 🏓 🏊 |
| Services : 🚿 ⚡ GB 🐕 🧺 ⛺ 🗄 |

| Longitude : 0.80133 |
| Latitude : 49.87318 |

LE VEY

14570 – **303** J6 – 82 h. – alt. 50
Paris 269 – Caen 47 – Hérouville-Saint-Clair 46 – Flers 23 – Argentan 52.

Les Rochers des Parcs de déb. avr. à fin sept.
⌀ 02 31 69 70 36, *camping.normandie@gmail.com*,
www.ocampings.com/campingdecy
1,5 ha (100 empl.) peu incliné, plat, herbeux
Tarif : (Prix 2009) ★ 4,25€ ⇔ 2,80€ 🅴 5,20€ –
🔌 (10A) 3,50€ – frais de réservation 5€

Location (Prix 2009) : 10 �🏠 – chalets (sans sanitaires)
– frais de réservation 5€
🚐 borne artisanale 2,50€ – 4 🅴 10€ – 🛶 10€
Pour s'y rendre : au lieu-dit : La Cour

Nature : ⌀ 🌊
Loisirs : snack 🍴 ♨ 🚴 🎣 canoë kayak
Services : ♿ ⚡ GB 🐕 🚰 laverie
À prox. : 🍴 🐎 parapente, escalade, golf

Longitude : -0.47383
Latitude : 48.91367

VILLEDIEU-LES-POÊLES

50800 – **303** E6 – G. Normandie Cotentin – 3 920 h. – alt. 105
🅱 *Office de tourisme, 43 place de la République* ⌀ 02 33 61 05 69, Fax 02 33 91 71 79
Paris 314 – Alençon 122 – Avranches 26 – Caen 82 – Flers 59 – St-Lô 35.

Les Chevaliers de déb. avr. à mi-oct.
⌀ 02 33 61 02 44, *contact@camping-deschevaliers.com*,
Fax 02 33 49 49 93, *www.camping-deschevaliers.com*
1,2 ha (100 empl.) plat, herbeux, gravillons
Tarif : (Prix 2009) ★ 3,90€ ⇔ 2€ 🅴 9€ – 🔌 (6A) 4€
🚐 borne eurorelais 14€ – 🛶 10€
Pour s'y rendre : 2 impasse Pré-de-la-Rose (accès par
centre-ville, r. des Costils à gauche de la poste)
À savoir : cadre agréable et soigné au bord de la Sienne

Nature : 🌳 🏕 ⌀
Loisirs : 🍴 ♨ 🍴
Services : ♿ ⚡ GB 🐕 laverie
À prox. : 🏞 ♨

Longitude : -1.21694
Latitude : 48.83639

537

Pour choisir et suivre un itinéraire
Pour calculer un kilométrage
Pour situer exactement un terrain (en fonction des
indications fournies dans le texte) :
*Utilisez les **cartes MICHELIN** ,*
compléments indispensables de cet ouvrage.

VILLERS-SUR-MER

14640 – **303** L4 – G. Normandie Vallée de la Seine – 2 541 h. – alt. 10
🅱 *Office de tourisme, place Jean Mermoz* ⌀ 02 31 87 01 18, Fax 02 31 87 46 20
Paris 208 – Caen 35 – Deauville 8 – Le Havre 52 – Lisieux 31.

Bellevue de déb. avr. à fin oct.
⌀ 02 31 87 05 21, *camping-bellevue@wanadoo.fr*,
Fax 02 31 87 09 67, *www.camping-bellevue.com* – places
limitées pour le passage
5,5 ha (257 empl.) plat et en terrasses, incliné, herbeux
Tarif : 20€ ★★ ⇔ 🅴 🔌 (6A) – pers. suppl. 6,50€ – frais
de réservation 16€

Location 🏠 : 10 🏠 (4 à 6 pers.) nuitée 145€ - 330
à 595€/sem. – frais de réservation 16€
Pour s'y rendre : rte de Dives (2 km au sud-ouest par
D 513, rte de Cabourg)
À savoir : situation dominante sur la baie de Deauville

Nature : ⌀ 🏕
Loisirs : 🍴 pizzeria 🍴 🌙 nocturne ♨ 🏊
Services : ♿ ⚡ GB 🐕 ♨ 🛒 🚽 🚰 laverie
À prox. : 🛒 🚴 🍴 🖼 🎯 🎱 🐎 golf

Longitude : -0.00951
Latitude : 49.31613

NORMANDIE

Consultez le site **Voyage.ViaMichelin.fr**

VIMOUTIERS

61120 – **310** K1 – G. Normandie Vallée de la Seine – 3 970 h. – alt. 95
🏢 *Office de tourisme, 21 place de Mackau* 📞 *02 33 67 49 42, Fax 02.33.35.95.92*
Paris 185 – L'Aigle 46 – Alençon 66 – Argentan 31 – Bernay 40 – Caen 60 – Falaise 36 – Lisieux 29.

Municipal la Campière de déb. mai à fin oct.
📞 02 33 39 18 86,
campingmunicipalvimoutiers@wanadoo.fr,
Fax 02 33 39 18 86, *www.mairie-vimoutiers.fr*
1 ha (40 empl.) plat, herbeux
Tarif : (Prix 2009) ♣ 3,10 € ⇔ 2,25 € ▣ 2,25 € –
🔌 (8A) 2,25 €
🚐 1 ▣ 10,70 €
Pour s'y rendre : 14 bd Dentu (700 m au nord vers rte de Lisieux, au stade, au bord de la Vie)

À savoir : bâtiments de style Normand dans un cadre verdoyant et fleuri

Nature : ▭ ♀	
Loisirs : ⅙ ⚔ ✗	
Services : ⅙ ⊶ GB ⅗ ▥	
À prox. : 🛒	

Longitude : 0.19572
Latitude : 48.93102

VITTEFLEUR

76450 – **304** D3 – 623 h. – alt. 9
Paris 190 – Bolbec 38 – Dieppe 43 – Fécamp 25 – Rouen 59 – Yvetot 27.

Municipal les Grands Prés de déb. avr. à fin sept.
📞 02 35 97 53 82, *mairie-de-vittefleur@wanadoo.fr*,
Fax 02 35 97 53 82 – places limitées pour le passage
2,6 ha (100 empl.) plat, herbeux
Tarif : (Prix 2009) 13,08 € ♣♣ ⇔ ▣ 🔌 (16A) – pers. suppl. 3,51 €
Pour s'y rendre : 61 Grande Rue (700 m au nord par D 10, rte de Veulettes-sur-Mer)

À savoir : au bord de la Durdent

Loisirs : ▱ ⚔ 🚲 ⟋	
Services : ⅙ ⊶ GB ⅗ ▣	
À prox. : 🛒 squash ✗ ▨ ⚓ ♦	
pédalos, luge, ski nautique, canoë	

Longitude : 0.63747
Latitude : 49.81346

Falaises du nez de Jobourg

G. Targat/Michelin

PAYS DE LA LOIRE

 D'abord il y a, baigné par la Loire, le « jardin de la France », son atmosphère paisible, ses châteaux somptueux et leurs magnifiques parterres fleuris, ses vergers plantureux et ses vignobles dont le nectar rehausse d'arômes subtils la dégustation de rillettes, d'une matelote d'anguilles ou d'un fromage de chèvre. Ensuite le pays Nantais, encore imprégné des senteurs d'épices du Nouveau Monde, et qui partage aujourd'hui sa fierté entre le muguet et le muscadet. Enfin la Vendée, authentique par son bocage encore marqué par la révolte des chouans, secrète par ses marais gardiens de coutumes ancestrales, décontractée dans ses stations balnéaires, ludique lors des spectacles du Puy-du-Fou… Gourmande aussi, mais dans la simplicité d'un plat de mojettes, d'une chaudrée ou d'une brioche vendéenne.

First there is the « Garden of France », renowned for its peaceful ambience, sumptuous manor houses and castles, magnificent floral gardens and acres of orchards and vineyards. Tuck into a slab of rillettes pâté or a slice of goat's cheese while you savour a glass of light Loire wine. Continue downriver to Nantes, once steeped in the spices brought back from the New World: this is the home of the famous dry Muscadet. Further south, the Vendée still echoes to the cries of the Royalists' tragic last stand. Explore the secrets of its salt marshes, relax in its seaside resorts or head for the spectacular attractions of the Puy du Fou amusement park. Simple, country fare is not lacking, so make sure you taste a piping-hot plate of chaudrée, the local fish stew, or a mouth-watering slice of fresh brioche.

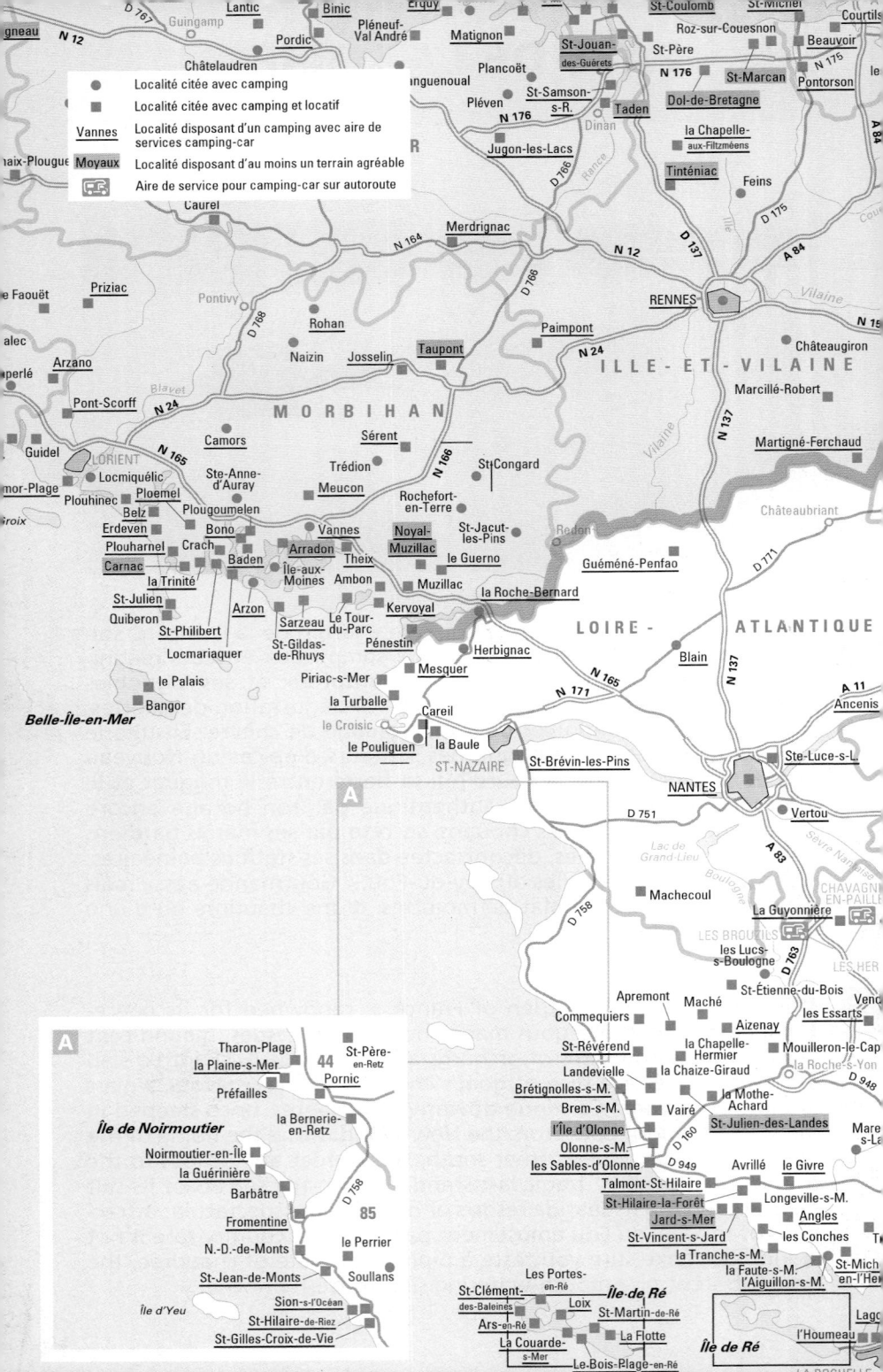

L'AIGUILLON-SUR-MER

85460 – **316** I10 – G. Poitou Charentes Vendée – 2 283 h. – alt. 4

🖪 *Office de tourisme, avenue de l'Amiral-Courbet* 𝄐 *0251564387, Fax 0251564391*

Paris 458 – Luçon 20 – Niort 83 – La Rochelle 51 – La Roche-sur-Yon 47 – Les Sables-d'Olonne 53.

La Cléroca de déb. juin à mi-sept.
𝄐 0251271992, *camping.laderoca@wanadoo.fr*,
Fax 0251970984, *www.camping-la-deroca.com*
1,5 ha (60 empl.) plat, herbeux
Tarif : 24,80€ ✶✶ 🚐 🗉 🔌 (10A) – pers. suppl. 4,50€

Location (de mi-juin à mi-sept.) 🛖 : yourtes
🚐 borne artisanale – 2 🗉 8€ – 🛒 8€
Pour s'y rendre : 2,2 km au nord-ouest par D 44, rte de Gr.s

| Nature : 🌊 |
| Loisirs : 🎱 ⛱ ⛵ terrain multisports |
| Services : 🔧 ⛟ GB ⚕ ♨ 🖼 |

Longitude : -1.3152
Latitude : 46.35014

AIZENAY

85190 – **316** G7 – 7 334 h. – alt. 62

🖪 *Office de tourisme, avenue de la Gare* 𝄐 *0251946272, Fax 0251946272*

Paris 435 – Challans 26 – Nantes 60 – La Roche-sur-Yon 18 – Les Sables-d'Olonne 33.

La Forêt de déb. avr. à déb. oct.
𝄐 0251347812, *rougier.francoise@wanadoo.fr*,
Fax 0251347812, *www.camping-laforet.com*
2,5 ha (92 empl.) plat, herbeux, bois attenant
Tarif : (Prix 2009) 18,70€ ✶✶ 🚐 🗉 🔌 (6A) – pers. suppl. 3,10€

Location (Prix 2009) : 🏠 (4 à 6 pers.) 460€/sem.
🚐 borne artisanale 2,50€ – 2 🗉 16,50€ – 🛒 10.50€
Pour s'y rendre : 1 r. de la Clairiere (1,5 km au sud-est par D 948, rte de la Roche-sur-Yon et chemin à gauche)

| Nature : 🌳🌳 |
| Loisirs : ⛱ ⛵ |
| Services : 🔧 ⛟ GB ⚕ 🖼 |
| À prox. : 🛖 🌭 🏓 ⛵ piste de bi-cross, parcours de santé |

Longitude : -1.58896
Latitude : 46.73437

542

Si vous recherchez :
👥 *Un terrain offrant des équipements et des loisirs adaptés aux enfants*
🐾 *Un terrain agréable ou très tranquille*
L *Un terrain effectuant la location de caravanes, de mobile homes, de bungalows ou de chalets*
P *Un terrain ouvert toute l'année*
🚐 *Un terrain possédant une aire de services pour camping-cars*
Consultez le tableau des localités

ALLONNES

49650 – **317** J5 – 2 838 h. – alt. 28

Paris 292 – Angers 64 – Azay-le-Rideau 43 – Chinon 28 – Noyant 29 – Saumur 13.

Le Pô Doré de mi-mars à mi-nov.
𝄐 0241387880, *camping.du.po.dore@wanadoo.fr*,
Fax 0241387880, *www.camping-lepodore.com*
2 ha (90 empl.) plat, herbeux
Tarif : 20€ ✶✶ 🚐 🗉 🔌 (10A) – pers. suppl. 4,50€

Location : 17 🏠 (4 à 6 pers.) 260 à 520€/sem. – 🏡 – frais de réservation 6€
🚐 1 borne 13€ – 3 🗉 13€
Pour s'y rendre : 51 rte du Pô (3,2 km au nord-ouest par D 10, rte de Saumur et chemin à gauche)

| Nature : 🍃 🗂 |
| Loisirs : 🍴 ✖ 🎱 ⛱ ⛵ |
| Services : 🔧 ⛟ GB ⚕ ♨ ⛽ 🍴 🖼 🛁 |

Longitude : -0.01336
Latitude : 47.29845

AMBRIÈRES-LES-VALLÉES

53300 – **310** F4 – 2 775 h. – alt. 144

🛈 *Syndicat d'initiative, Base de Loisirs de Vaux* 𝄪 *02 43 04 90 25, Fax 02 43 08 93 28*
Paris 248 – Alençon 60 – Domfront 22 – Fougères 46 – Laval 42 – Mayenne 13 – Mortain 69.

🏕 Municipal de Vaux de déb. avr. à mi-oct.
𝄪 02 43 04 90 25, *parcdevaux@camp-in-ouest.fr*,
Fax 02 43 08 93 28, *www.parcdevaux.com*
1,5 ha (61 empl.) plat et en terrasses, herbeux, gravillons
Tarif : 16 € **🚶🚶 🚗 📇 🔌** (10A) – pers. suppl. 4,20 € –
frais de réservation 5 €

Location (permanent) : 5 **🛖** (4 à 6 pers.) nuitée
80 € - 210 à 615 €/sem. – 20 **🏠** (4 à 6 pers.) nuitée
80 € - 225 à 595 €/sem. – 5 bungalows toilés – frais de
réservation 5 €
🚐 1 borne artisanale 5 €
Pour s'y rendre : 2 km au sud-est par D 23, rte de
Mayenne et à gauche, à la piscine

À savoir : agréable parc boisé au bord de la Varenne (plan
d'eau)

Nature : 🦆 💬 🔥🔥
Loisirs : 🎮 🚲
Services : 🔥 🔌 GB 🐕 🔥 🚿
🍴 laverie
À prox. : 🚴 🏄 💥 🦌 🛶 🚣
🐎 canoë

Longitude : -0.6262
Latitude : 48.40244

ANCENIS

44150 – **316** I3 – G. Châteaux de la Loire – 7 407 h. – alt. 13

🛈 *Office de tourisme, 27, rue du Château* 𝄪 *02 40 83 07 44, Fax 02 40 83 07 44*
Paris 347 – Angers 55 – Châteaubriant 48 – Cholet 49 – Laval 100 – Nantes 41 – La Roche-sur-Yon 109.

🏕 L'Île Mouchet de déb. avr. à fin oct.
𝄪 02 40 83 08 43, *camping-ile-mouchet@orange.fr*,
Fax 02 40 83 16 19, *www.camping-estivance.com*
3,5 ha (105 empl.) plat, herbeux
Tarif : 16,90 € **🚶🚶 🚗 📇 🔌** (9A) – pers. suppl. 3,10 €

Location (permanent) : 9 **🛖** (4 à 6 pers.) nuitée
75 € - 350 à 500 €/sem. – bungalows toilés – frais de
réservation 70 €
🚐 1 borne 5 €
Pour s'y rendre : impasse de l'Île Mouchet (sortie ouest
par bd Joubert et à gauche avant le stade, près de la
Loire)

Nature : 🌳
Loisirs : 🎮 🚴 🏄 🏊 (petite
piscine) 🧗 mur d'escalade
Services : 🔥 🔌 (juil.-août) GB
🐕 🍴
À prox. : 💥 🦌 🔲 🐎 parcours
sportif

Longitude : -1.18714
Latitude : 47.36245

543

Verwar niet :
🔺... tot ... 🔺🔺🔺🔺: *MICHELIN indeling*
en
★ ... tot ... ★★★★ : *officiële classificatie*

ANDOUILLÉ

53240 – **310** E5 – 2 310 h. – alt. 103
Paris 282 – Fougères 42 – Laval 15 – Mayenne 23 – Rennes 85 – Vitré 48.

🏕 Municipal le Pont de fin mars à fin oct.
𝄪 02 43 01 18 10, *mairie.and53@wanadoo.fr*,
Fax 02 43 68 77 77, *www.ville-andouille.fr*
0,8 ha (31 empl.) plat, herbeux
Tarif : (Prix 2009) **🚶** 1,41 € 🚗 📇 1,41 € – 🔌 (10A) 1,31 €

Location (Prix 2009) (permanent) : 4 **🏠** (4 à 6 pers.)
- 170 à 333 €/sem.
Pour s'y rendre : 5 allée des Isles (par D 104, rte de St-
Germain-le-Fouilloux, attenant au jardin public, au bord
de l'Ernée)

Nature : 💬 🌳
Services : 🔥 🐕 🔥
À prox. : 🚴 parcours de santé

Longitude : -0.78447
Latitude : 48.17662

PAYS DE LA LOIRE

ANGERS

49000 – **317** F4 – G. Châteaux de la Loire – 152 337 h. – alt. 41 – Base de loisirs
🖪 *Office de tourisme, 7, place Kennedy* ℘ 02 41 23 50 00, *Fax* 02 41 23 50 09
Paris 294 – Caen 249 – Laval 79 – Le Mans 97 – Nantes 88 – Saumur 67 – Tours 108.

⋏⋏⋏ Lac de Maine ▲▪ – de fin mars à mi-oct.
℘ 02 41 73 05 03, *camping@lacdemaine.fr*,
Fax 02 41 73 02 20, *www.lacdemaine.fr*
4 ha (163 empl.) plat, herbeux, gravillons
Tarif : (Prix 2009) 21 € ★★ ⇔ 🗉 🕪 (10A) – pers.
suppl. 3,10 € – frais de réservation 6,30 €

Location (Prix 2009) : 14 ⌷⌷ (4 à 6 pers.) 274 à 589 €/
sem. – bungalows toilés – frais de réservation 28 €
⌷⌷, borne artisanale – 28 🗉 21 €
Pour s'y rendre : av. du Lac de Maine (4 km au sud-ouest
par D 111, rte de Pruniers, près du lac (accès direct) et à
prox. de la base de loisirs)

À savoir : transport en commun pour centre d'Angers,
à 300 m

Nature : ⌂ 🌳
Loisirs : 🍸 snack 🎮 ☆☆ spa 🛶 🚲 🏊
Services : 🕭 ⚡ GB ☆ 🎦 🍴 🛁 ♻ 🚰 🐕 📷 🚮
À prox. : 🍽 ⛴ 🎣 🛶 swin golf, canoë, pédalos

Longitude : -0.59506
Latitude : 47.463

LES GUIDES VERTS **MICHELIN**
Paysages, monuments
Routes touristiques
Géographie
Histoire, Art
Itinéraire de visite
Plans de villes et de monuments

ANGLES

85750 – **316** H9 – G. Poitou Charentes Vendée – 1 977 h. – alt. 10
🖪 *Office de tourisme, place du Champ de Foire* ℘ 02 51 97 56 39, *Fax* 02 51 97 56 40
Paris 450 – Luçon 23 – La Mothe-Achard 38 – Niort 86 – La Rochelle 57 – La Roche-sur-Yon 32 – Les Sables-
d'Olonne 35.

⋏⋏⋏ Moncalm ▲▪ – de déb. avr. à mi-sept.
℘ 02 51 97 55 50, *contacts@camping-apv.com*,
Fax 02 51 28 91 09, *www.camping-moncalm.com* – places
limitées pour le passage
3 ha (200 empl.) plat, herbeux, pierreux
Tarif : (Prix 2009) 24,40 € ★★ ⇔ 🗉 🕪 (10A) – pers.
suppl. 7,90 € – frais de réservation 27 €

Location (Prix 2009) : ⌷ (2 à 4 pers.) 126 à 630 €/
sem. – ⌷⌷ (4 à 6 pers.) 196 à 861 €/sem. – 🏠 (4 à 6
pers.) - 252 à 861 €/sem. – bungalows toilés – frais de
réservation 27 €
Pour s'y rendre : au bourg, sortie la Tranche-sur-Mer et
r. à gauche

Nature : ⌂ 🌳
Loisirs : 🍸 snack 🎮 ☀nocturne ☆☆ 🛶♨⛴ salle d'animation 🛝 🚲 🎱 🎯 🍽 🎿 🎳 🎱 🏊
Services : 🕭 ⚡ GB ☆ 🛁 ♻ 🚰 🍴 📷 🚮 🚿

Longitude : -1.399
Latitude : 46.38754

⋏⋏⋏ Atlantique ▲▪ – de déb. avr. à fin sept.
℘ 02 51 27 03 19, *contact@camping-atlantique.com*,
Fax 02 51 27 69 72, *www.camping-atlantique.com* – places
limitées pour le passage
6,9 ha (363 empl.) plat, herbeux, pierreux
Tarif : (Prix 2009) 27 € ★★ ⇔ 🗉 🕪 (6A) – pers.
suppl. 6,50 €

Location (Prix 2009) : 96 ⌷⌷ (4 à 6 pers.) 230 à
799 €/sem. – 30 🏠 (4 à 6 pers.) - 275 à 799 €/sem. –
bungalows toilés – tentes
Pour s'y rendre : 5bis r. du Chemin de Fer (au bourg,
sortie la Tranche-sur-Mer et r. à gauche)

Nature : ⌂ 🌳
Loisirs : 🍸 snack 🎮 ☀nocturne ☆☆ 🛶 salle d'animation 🛝 🚲 🍽 🎱 🎿 🎳 🏊
Services : 🕭 ⚡ GB ☆ 🛁 ♻ 🚰 🍴 📷 🚮 🚿

Longitude : -1.40165
Latitude : 46.40518

▲▲▲ **Le Clos Cottet** ▲▲ – de déb. avr. à fin sept.
  ℰ 0251289072, *contact@camping-clos-cottet.com*,
  Fax 0251289050, *www.camping-clos-cottet.com*
  4,5 ha (196 empl.) plat, herbeux, petit étang
  Tarif : (Prix 2009) 24€ ★★ ⇌ 🄴 ⚡ (10A) – pers.
  suppl. 5€ – frais de réservation 5€

  Location (Prix 2009) : 70 🛖 (4 à 6 pers.) nuitée 60€ -
  99 à 755€/sem. – 10 🛖 (4 à 6 pers.) nuitée 70€ - 345
  à 755€/sem. – bungalows toilés – frais de réservation
  20€
  🚐 borne sanistation 8€
  Pour s'y rendre : rte de La Tranche-sur-Mer (2,2 km au
  sud, près de la D 747)

  À savoir : autour d'une ferme soigneusement restaurée

Nature : 🌳
Loisirs : 🍷 snack 🎦 🎱 ⛹ 🎠🛷🏄 salle d'animation 🚣 🎣 🎯 🏊 🚵 terrain omnisports, quad
Services : ♿ ⚡ GB 🐾 🐕 ☂ 📷 navette gratuite pour les plages

Longitude : -1.40456
Latitude : 46.39309

APREMONT

85220 – **316** F7 – G. Poitou Charentes Vendée – 1 342 h. – alt. 19
🚻 *Office de tourisme, place du Château* ℰ 0251557054, Fax 0251554241
Paris 448 – Challans 17 – Nantes 64 – La Roche-sur-Yon 30 – Les Sables-d'Olonne 33 – St-Gilles-Croix-de-Vie 21.

▲ **Les Charmes** de déb. avr. à fin sept.
  ℰ 0251544808, *contact@campinglescharmes.com*,
  Fax 0251544808, *www.campinglescharmes.com*
  1 ha (55 empl.) plat, herbeux
  Tarif : (Prix 2009) 15,80€ ★★ ⇌ 🄴 ⚡ (10A) – pers.
  suppl. 4,80€ – frais de réservation 14€

  Location (Prix 2009) (permanent) : 2 🛖 (2 à 4 pers.)
  nuitée 43€ - 190 à 410€/sem. – 8 🛖 (4 à 6 pers.)
  nuitée 49€ - 205 à 500€/sem. – 5 🛖 (4 à 6 pers.)
  nuitée 54€ - 215 à 590€/sem. – frais de réservation
  14€
  Pour s'y rendre : au lieu-dit : Les Lilas (3,6 km au nord par
  D 21, rte de Challans et rte à dr., dir. la Roussière)

Nature : 🌊 🌳 🌿
Loisirs : 🎦 🚣 🎠 🏊
Services : ♿ ⚡ GB 🐾 ☂ 📷

Longitude : -1.74221
Latitude : 46.76482

AVOISE

72430 – **310** H7 – 520 h. – alt. 112
Paris 242 – La Flèche 28 – Le Mans 41 – Sablé-sur-Sarthe 11.

▲ **Municipal des Deux Rivières** de fin mai à déb.
  sept.
  ℰ 0243927612, *office.tourisme@sablesursarthe.fr*,
  Fax 0243956248, *www.tourisme.sablesursarthe.fr* – 🏕
  1,8 ha (50 empl.) plat, herbeux
  Tarif : (Prix 2009) 8,20€ ★★ ⇌ 🄴 ⚡ (18A) – pers.
  suppl. 2,10€
  Pour s'y rendre : place des 2 Fonds (au bourg, par D 57)

  À savoir : au bord de la Sarthe

Nature : 🌳 🌊
Loisirs : 🚣
Services : 🛁 🚰
À prox. : halte nautique

Longitude : -0.20831
Latitude : 47.86696

AVRILLÉ

85440 – **316** H9 – G. Poitou Charentes Vendée – 1 081 h. – alt. 45
🚻 *Syndicat d'initiative, 2, place des Halles* ℰ 0251223070, Fax 0251223070
Paris 445 – Luçon 27 – La Rochelle 70 – La Roche-sur-Yon 27 – Les Sables-d'Olonne 25.

▲▲▲ **Les Mancellières** de déb. mai à fin sept.
  ℰ 0251903597, *camping.mancellieres@wanadoo.fr*,
  Fax 0251903931, *www.lesmancellieres.com*
  2,6 ha (130 empl.) plat et peu incliné, herbeux
  Tarif : 22,20€ ★★ ⇌ 🄴 ⚡ (6A) – pers. suppl. 4,20€ –
  frais de réservation 20€

  Location (de déb. avr. à fin sept.) : 37 🛖 (4 à 6 pers.)
  172 à 600€/sem. – 5 🛖 (4 à 6 pers.) - 244 à 630€/sem.
  – bungalows toilés – frais de réservation 20€
  Pour s'y rendre : re de Longeville (1,7 km au sud par
  D 105)

Nature : 🌳 🌊
Loisirs : snack 🎦 jacuzzi 🚣 🏊 🚵
Services : ♿ ⚡ GB 🐾 🧺 laverie

Longitude : -1.49339
Latitude : 46.47062

LA BAULE

44500 – **316** B4 – G. Bretagne – 16 095 h. – alt. 31

🛈 *Office de tourisme, 8, place de la Victoire ℰ 02 40 24 34 44, Fax 02 40 11 08 10*

Paris 450 – Nantes 76 – Rennes 120 – St-Nazaire 19 – Vannes 74.

La Roseraie de déb. avr. à fin sept.
ℰ 02 40 60 46 66, *camping@laroseraie.com*,
Fax 02 40 60 11 84, *www.laroseraie.com*
5 ha (235 empl.) sablonneux, plat, herbeux
Tarif : (Prix 2009) 🕇 8 € 🚐 🗉 15 € – 🛵 (10A) 7 € – frais de réservation 30 €

Location (Prix 2009) : 67 🛏 (4 à 6 pers.) nuitée 65 € - 280 à 899 €/sem. – 3 🏠 (4 à 6 pers.) nuitée 100 € - 399 à 949 €/sem. – frais de réservation 30 €
Pour s'y rendre : 20 av. Jean Sohier (sortie nord-est de la Baule-Escoublac)

Nature : 🖵 ♀
Loisirs : ♀ ✕ 🖿 ☺nocturne 🏸 salle d'animation 🏕 🟡 ✖ 🗓 (découverte en saison) 🎿 terrain omnisports
Services : 🕿 ⊶ GB ⚤ 🖎 🚾 ♈ 🖭 🖾

Longitude : -2.35776
Latitude : 47.29828

Des vacances réussies sont des vacances bien préparées !
Ce guide est fait pour vous y aider... mais :
– N'attendez pas le dernier moment pour réserver
– Évitez la période critique du 14 juillet au 15 août
Pensez aux ressources de l'arrière-pays,
à l'écart des lieux de grande fréquentation.

BEAUMONT-SUR-SARTHE

72170 – **310** J5 – 2 161 h. – alt. 76

🛈 *Office de tourisme, 14, place de la Libération ℰ 02 43 33 03 03, Fax 02 43 33 03 03*

Paris 223 – Alençon 24 – La Ferté-Bernard 70 – Le Mans 29 – Mayenne 62.

Municipal du Val de Sarthe de déb. mai à fin sept.
ℰ 02 43 97 01 93, *beaumont.sur.sarthe@wanadoo.fr*,
Fax 02 43 97 02 21
1 ha (73 empl.) plat, herbeux
Tarif : (Prix 2009) 🕇 2,10 € 🚐 1,50 € 🗉 1,70 € – 🛵 3 €
🛒 1 borne raclet
Pour s'y rendre : au sud-est du bourg

À savoir : cadre et situation agréables au bord de la Sarthe

Nature : 🐟 🖵 ♀
Loisirs : 🖿 🏊 parcours de santé
Services : 🕿 GB ⚤ 🖲
À prox. : 🛶 🏊

Longitude : 0.12826
Latitude : 48.22606

LA BERNERIE-EN-RETZ

44760 – **316** D5 – 2 499 h. – alt. 24

🛈 *Office de tourisme, 3, chaussée du Pays de Retz ℰ 02 40 82 70 99, Fax 02 51 74 61 40*

Paris 426 – Challans 40 – Nantes 46 – St-Nazaire 36.

Les Écureuils 🏕 – de mi-avr. à mi-sept.
ℰ 02 40 82 76 95, *camping.les-ecureuils@wanadoo.fr*,
Fax 02 40 64 79 52, *www.camping-les-ecureuils.com*
5,3 ha (325 empl.) plat et peu incliné, herbeux
Tarif : 34 € 🕇🕇 🚐 🗉 🛵 (10A) – pers. suppl. 6,50 € – frais de réservation 20 €

Location (de déb. avr. à fin sept.) : 35 🛏 (4 à 6 pers.) 250 à 690 €/sem. – 19 🏠 (4 à 6 pers.) - 200 à 650 €/sem. – chalets (sans sanitaires) – frais de réservation 20 €
Pour s'y rendre : 24 av. Gilbert Burlot (sortie nord-est, rte de Nantes et à gauche après le passage à niveau, à 350 m de la mer)

Nature : ♀
Loisirs : ♀ ☺nocturne 👫 🏊 🚲 ✖ 🎿 🏊
Services : 🕿 ⊶ GB ⚤ 🖎 🚾 ♈ 🖭 🖾
À prox. : 🛒 🦆

Longitude : -2.03732
Latitude : 47.08415

BESSÉ-SUR-BRAYE

72310 – **310** N7 – 2 430 h. – alt. 72
🛈 *Syndicat d'initiative, place Henri IV ℰ 02 43 63 09 77, Fax 02 43 63 09 78*
Paris 198 – La Ferté-Bernard 43 – Le Mans 57 – Tours 56 – Vendôme 31.

Municipal du Val de Braye de mi-avr. à mi-sept.
ℰ 02 43 35 31 13, *camping.bessesurbraye@orange.fr*,
Fax 02 43 63 09 02
2 ha (120 empl.) plat, herbeux
Tarif : (Prix 2009) ✱ 2,50€ ⇔ 1,50€ 🗉 1,50€ – (½) (8A) 2€
Location : 4 🛖 (4 à 6 pers.) nuitée 40€ - 160 à 240€/
sem.
Pour s'y rendre : sud-est par D 303, rte de Pont de
Braye

À savoir : belle décoration arbustive, en bordure de la Braye

| Nature : 💧 |
| Loisirs : 🏠 🎠 ⚲ |
| Services : ♿ ⚓ (juil.août) 🌐 🐾 🖼 |
| À prox. : ✕ ✕ 🏊 ⚴ |

Longitude : 0.75087
Latitude : 47.83108

BLAIN

44130 – **316** F3 – G. Bretagne – 8 544 h. – alt. 23
🛈 *Office de tourisme, 2, place Jean Guihard ℰ 02 40 87 15 11, Fax 02 40 79 09 93*
Paris 411 – Nantes 41 – Nort-sur-Erdre 22 – Nozay 16 – St-Nazaire 44.

Municipal le Château de déb. mai à fin sept.
ℰ 02 40 79 11 00, *otsi.blain@free.fr*, Fax 02 40 79 83 72,
www.ville-blain.fr
1 ha (44 empl.) plat, herbeux
Tarif : (Prix 2009) ✱ 1,70€ ⇔ 1,80€ 🗉 2€ – (½) (10A) 2,40€
🚐 borne artisanale – 5 🗉 7,70€ – 🍵 7.70€
Pour s'y rendre : r. Henri II de Rohan - Le Gravier - (sortie
sud-ouest par N 171, rte de St-Nazaire et chemin à gauche,
à 250 m du canal de Nantes à Brest (halte fluviale))

À savoir : cadre verdoyant et soigné, près d'un château
du 14e s.

| Nature : 💧 |
| Loisirs : 🏠 🎠 |
| Services : ♿ (juil.-août) 🌿 🖼 ⚴ |
| À prox. : 🍴 🍵 ✕ 🦆 ⛳ 🗳 (découverte l'été) 🐴 |

Longitude : -1.76857
Latitude : 47.46795

547

Pour choisir et suivre un itinéraire
Pour calculer un kilométrage
Pour situer exactement un terrain (en fonction
des indications fournies dans le texte) :
Utilisez les **cartes MICHELIN**,
compléments indispensables de cet ouvrage.

LA BOISSIÈRE-DE-MONTAIGU

85600 – **316** I6 – 1 908 h. – alt. 62
Paris 384 – Cholet 139 – Nantes 46 – La Roche-sur-Yon 50.

Domaine de l'Eden Permanent
ℰ 02 51 41 62 32, *contact@domaine-eden.fr*,
Fax 02 51 41 56 07, *www.domaine-eden.fr*
15 ha/8 campables (150 empl.) plat, pierreux, herbeux,
prairies, étang et sous-bois
Tarif : 19€ ✱✱ ⇔ 🗉 (½) (10A) – pers. suppl. 4,20€
Location (permanent) : 25 🛖 (4 à 6 pers.) nuitée
55€ - 230 à 570€/sem. – 5 🏠 (4 à 6 pers.) nuitée 75€
- 270 à 600€/sem.
🚐 borne artisanale 5€ – 4 🗉 19€
Pour s'y rendre : au lieu-dit : La Railliere (2,5 km au sud-
ouest par D 62, rte de Chavagnes-en-Paillers puis rte de dr.)

À savoir : agréable domaine boisé

| Nature : 🏞 ⛺ 💧💧 |
| Loisirs : 🍵 snack 🏠 salle d'animation ✕ 🦆 🏊 ⚲ poneys piste de bi-cross, terrain omnisports, parcours de santé |
| Services : ♿ ⚓ 🌐 🌿 ⚴ 🗳 🚿 laverie |

Longitude : -1.21713
Latitude : 46.93577

BOUÈRE

53290 – **310** G7 – 930 h. – alt. 81
Paris 273 – Nantes 146 – Laval 39 – Angers 70 – La Flèche 40.

Village Vacances Nature et Jardin (location exclusive de chalets) Permanent
& 02 43 06 08 56, *vvnj@wanadoo.fr*, Fax 09 60 10 36 26, *www.vacances-nature-jardin.fr*
3 ha plat, peu incliné, herbeux

Location (Prix 2009) : 11 ⌂ (4 à 6 pers.) - 255 à 420 €/ sem. – frais de réservation 13 €
☞ borne eurorelais – 24 回
Pour s'y rendre : Les Senciés

À savoir : des ateliers Nature et Jardin sont proposés toute l'année

Nature : ⌂ ⌂	
Loisirs : ⌂ ⌂ ⌂ ⌂	
Services : ⌂ GB ⌂ 回 回	
À prox. : ⌂ ⌂	

Longitude : -0.47586
Latitude : 47.8624

BRAIN-SUR-L'AUTHION

49800 – **317** G4 – 3 393 h. – alt. 22
Paris 291 – Angers 16 – Baugé 28 – Doué-la-Fontaine 38 – Longué 28 – Saumur 39.

Du Port Caroline fermé de fin janv. à déb. mars
& 02 41 80 42 18, *info@campingduportcaroline.fr*, Fax 02 41 80 42 18, *www.campingduportcaroline.fr*
3,2 ha (121 empl.) plat, herbeux
Tarif : (Prix 2009) 14 € ⋆⋆ ⌂ 回 ⅷ (10A) – pers. suppl. 3 €

Location (Prix 2009) : 4 ⌂ (4 à 6 pers.) 240 à 495 €/ sem.
Pour s'y rendre : r. du Pont Caroline (sortie sud par D 113, à 100 m de l'Authion)

Nature : ⌂ ⌂	
Loisirs : snack ⌂ ⌂ ⌂	
Services : ⌂ ⌂ GB ⌂ ⌂ ⅷ	
回 ⌂	
À prox. : ⌂ terrain multisports, piste de skate-board	

Longitude : -0.40008
Latitude : 47.42791

Avant de vous installer, consultez les tarifs en cours,
affichés obligatoirement à l'entrée du terrain,
et renseignez-vous sur les conditions particulières de séjour.
Les indications portées dans le guide ont pu être modifiées depuis la mise à jour.

548

BREM-SUR-MER

85470 – **316** F8 – 2 432 h. – alt. 13
🛈 *Office de tourisme, 21 ter, rue de l'Océan &* *02 51 90 92 33, Fax 02 51 20 14 67*
Paris 454 – Aizenay 26 – Challans 29 – La Roche-sur-Yon 34 – Les Sables-d'Olonne 16.

Le Chaponnet ⋆⋆ – de déb. avr. à fin sept.
& 02 51 90 55 56, *campingchaponnet@wanadoo.fr*, Fax 02 51 90 91 67, *www.le-chaponnet.com*
6 ha (340 empl.) plat, herbeux
Tarif : 36,80 € ⋆⋆ ⌂ 回 ⅷ (6A) – pers. suppl. 6,40 € – frais de réservation 17 €

Location : ⌂ (4 à 6 pers.) 240 à 680 €/sem. – 20 ⌂ (4 à 6 pers.) – 275 à 795 €/sem. – frais de réservation 17 €
Pour s'y rendre : 16 r. du Chaponnet (à l'ouest du bourg)

À savoir : décoration florale et arbustive, bel ensemble aquatique

Nature : ⌂ ⌂ ⌂	
Loisirs : ⌂ snack, pizzeria ⌂ ⌂ nocturne ⌂ ⌂ ⌂ ⌂ ⌂ ⌂ ⌂ ⌂ terrain omnisports	
Services : ⌂ ⌂ GB ⌂ ⌂ ⌂ ⌂ ⅷ 回 ⌂	

Longitude : -1.83235
Latitude : 46.60344

Le Brandais de déb. avr. à mi-sept.
& 02 51 90 55 87, *camping.lebrandais@wanadoo.fr*, Fax 02 51 20 12 74, *www.campinglebrandais.com* – places limitées pour le passage
2,3 ha (172 empl.) plat et peu incliné, herbeux
Tarif : (Prix 2009) 19 € ⋆⋆ ⌂ 回 ⅷ (10A) – pers. suppl. 4,60 € – frais de réservation 15 €
Pour s'y rendre : r. du Sablais (sortie nord-ouest par D 38 et rte à gauche)

Nature : ⌂ ⌂ ⌂	
Loisirs : ⌂ ⌂ ⌂ ⌂	
Services : ⌂ ⌂ GB ⌂ ⌂ ⅷ 回 ⌂	
À prox. : ⌂	

Longitude : -1.83685
Latitude : 46.60552

L'Océan de déb. avr. à fin oct.
℘ 0251905916, *contact@campingdelocean.fr*,
Fax 0251901421, *www.campingdelocean.fr*
4 ha (210 empl.) plat, herbeux, sablonneux
Tarif : 24€ ★★ ⇔ 🅔 (🔌) (10A) – pers. suppl. 5€ – frais
de réservation 15€
Location : 35 🚐 (4 à 6 pers.) 199 à 690€/sem. – frais
de réservation 15€
Pour s'y rendre : r. des Gabelous (1 km à l'ouest)

Nature : 🌊 ☐ ♀
Loisirs : ♈ snack 🎞 ⚡ 🔳 ⛷ ⛵
Services : ♿ ⛽ GB ⚙ 🍴 🚿 🏧 🚗 🛁
À prox. : ✗

Longitude : -1.84072
Latitude : 46.59708

BRÉTIGNOLLES-SUR-MER

85470 – **316** E8 – 3 454 h. – alt. 14
🅱 *Office de tourisme, 1, boulevard du Nord* ℘ 0251901278, Fax 0251224072
Paris 459 – Challans 30 – La Roche-sur-Yon 36 – Les Sables-d'Olonne 18.

Les Dunes ▲1 – de déb. avr. à mi-nov.
℘ 0251905532, *infos@campinglesdunes.fr*,
Fax 0251905485, *www.campinglesdunes.com* – places
limitées pour le passage
12 ha (760 empl.) plat, herbeux, sablonneux
Tarif : 36€ ★★ ⇔ 🅔 (🔌) (10A) – pers. suppl. 8€ – frais
de réservation 23€
Location : 40 🚐 (4 à 6 pers.) 290 à 815€/sem. – frais
de réservation 23€
Pour s'y rendre : 50 av. des Dunes (2,5 km au sud par
D 38 et rte à dr., à 200 m de la plage (accès direct))

Nature : ☐ ♀♀
Loisirs : ♈ ✗ pizzeria 🎞 ⚡ 🚵 🔌 ✗ 🔳 ⛷ ⛰ terrain omnisports
Services : ⛽ GB ⚙ 🛁 🚗 🚿 🍴 🏧 🚗 🛁
À prox. : ⛰

Longitude : -1.84997
Latitude : 46.60764

La Motine de déb. avr. à fin sept.
℘ 0251900442, *campinglamotine@wanadoo.fr*,
Fax 0251338052, *www.lamotine.com*
1,8 ha (103 empl.) peu incliné, herbeux
Tarif : 24€ ★★ ⇔ 🅔 (🔌) (10A) – pers. suppl. 5€ – frais
de réservation 15€
Location : 7 🚐 (4 à 6 pers.) nuitée 85€ - 290 à 590€/
sem. – frais de réservation 15€
🚐 1 borne 8€
Pour s'y rendre : 4 r. des Morinières (par av. de la Plage
et à dr.)
À savoir : décoration arbustive

Nature : ☐
Loisirs : ♈ ✗ crêperie 🔳
Services : ♿ ⛽ GB ⚙ 🛁 🚗 🍴 🏧 🚗
À prox. : ⛰

Longitude : -1.86535
Latitude : 46.62952

549

La Trevillière de déb. avr. à fin sept.
℘ 0251330505, *contact@chadotel.com*,
Fax 0251339404, *www.chadotel.com*
3 ha (204 empl.) plat, peu incliné, herbeux
Tarif : 29,50€ ★★ ⇔ 🅔 (🔌) (6A) – pers. suppl. 5,80€ –
frais de réservation 25€
Location : 100 🚐 (4 à 6 pers.) 150 à 775€/sem.
– 10 🏠 (4 à 6 pers.) - 180 à 799€/sem. – frais de
réservation 25€
🚐 1 borne
Pour s'y rendre : r. de Bellevue (sortie nord par la rte du
stade et à gauche)

Nature : ☐ ♀
Loisirs : ♈ ⚡ ⛰ 🔳 ⛷
Services : ♿ ⛽ GB ⚙ 🚗 🚿 🍴 🏧 🚗

Longitude : -1.86176
Latitude : 46.63642

Les Vagues de mi-avr. à fin sept.
℘ 0251901948, *lesvagues@free.fr*, Fax 0240024988,
www.campinglesvagues.fr – places limitées pour le
passage
4,5 ha (256 empl.) plat, peu incliné, herbeux
Tarif : 29€ ★★ ⇔ 🅔 (🔌) (10A) – pers. suppl. 6,50€ –
frais de réservation 20€
Location ✗ : 20 🚐 (4 à 6 pers.) 260 à 680€/sem.
– 20 🏠 (4 à 6 pers.) - 300 à 720€/sem. – frais de
réservation 20€
Pour s'y rendre : 20 bd du Nord (au nord par D 38 vers
St-Gilles-Croix-de-Vie)

Nature : ☐ ♀♀
Loisirs : 🎞 ⚡ ✗ 🔳 ⛷ ⛵
Services : ♿ ⛽ GB ⚙ 🍴 🏧

Longitude : -1.85935
Latitude : 46.63012

Pour visiter une ville ou une région : utilisez les Guides Verts MICHELIN.

Le Marina de déb. avr. à fin sept.
  ℘ 0251338317, Fax 0251338317
2,7 ha (131 empl.) plat, herbeux
Tarif : (Prix 2009) 19,50€ ✦✦ ⬟ 🔲 (ᵻ) (6A) – pers.
suppl. 4,50€ – frais de réservation 15€
Location (Prix 2009) : 4 ⬛ (4 à 6 pers.) 280 à 460€/
sem. – **frais de réservation** 15€
Pour s'y rendre : sortie nord-ouest par D 38, rte de St-
Gilles-Croix-de-Vie puis à gauche 1 km par rte des Fermes
Marines et chemin à dr.

Nature : ⊏⊐ ♀
Loisirs : 🔲
Services : 👥 ⟞ ⊘ 🙎 ⟰ ⊽ 📷
À prox. : 🛝

Longitude : -1.85722
Latitude : 46.62782

Le Bon Accueil de mi-mai à mi-sept.
  ℘ 0251901592, Fax 0251901592
3 ha (146 empl.) plat, peu incliné, herbeux
Tarif : (Prix 2009) 19,50€ ✦✦ ⬟ 🔲 (ᵻ) (6A) – pers.
suppl. 4,50€ – frais de réservation 15€
Location (Prix 2009) : 7 ⬛ (4 à 6 pers.) 280 à 490€/
sem. – **frais de réservation** 15€
Pour s'y rendre : 24 rte de St-Gilles (1,2 km au nord-
ouest par D 38)
À savoir : cadre champêtre

Nature : ♀♀
Loisirs : ⚓ 🛝
Services : 👥 ⟞ ⊘ 📷

Longitude : -1.86605
Latitude : 46.63636

BRISSAC-QUINCÉ

49320 – **317** G4 – 2 552 h. – alt. 65
🛈 *Office de tourisme, 8, place de la République* ℘ 0241912150, Fax 0241912812
Paris 307 – Angers 18 – Cholet 62 – Doué-la-Fontaine 23 – Saumur 39.

L'Étang de mi-mai à mi-sept.
  ℘ 0241917061, *info@campingetang.com*,
Fax 0241917265, *www.campingetang.com*
3,5 ha (150 empl.) plat, herbeux, petit étang
Tarif : 18€ ✦✦ ⬟ 🔲 (ᵻ) (10A) – pers. suppl. 5€
Location ✂ : 18 ⬛ (4 à 6 pers.) nuitée 45€ - 270
à 640€/sem.
⊞ borne artisanale 8€ – 🚐 (ᵻ) 13.50€
Pour s'y rendre : rte de St-Mathurin (2 km au nord-est
par D 55, et chemin à dr., au bord de l'Aubance et près
d'un étang)
À savoir : emplacements spacieux et confortables, sur les
terres d'une ancienne ferme

Nature : ⥾ ⊏⊐
Loisirs : snack 🔲 🚲 🛝 (décou- verte en saison)
Services : 👥 ⟞ ⊟ ⊘ ∭ 🙎 🍴 laverie
À prox. : ⬛ ⚓ petit parc de loisirs ⊞

Longitude : -0.4434
Latitude : 47.3592

550

Si vous recherchez :
👥 *Un terrain offrant des équipements et des loisirs adaptés aux enfants*
⥾ *Un terrain agréable ou très tranquille*
L-M *Un terrain effectuant la location de caravanes, de mobile homes,*
   de bungalows ou de chalets
P *Un terrain ouvert toute l'année*
⊞ *Un terrain possédant une aire de services pour camping-cars*
Consultez le tableau des localités

CAREIL

44350 – **316** B4 – G. Bretagne
Paris 455 – Nantes 78 – Saint 18 – Vannes 65 – Saint 72.

Trémondec
  ℘ 0240600007, *info@camping-tremondec.com*,
Fax 0240609110, *www.camping-tremondec.com*
2 ha (100 empl.) peu incliné et en terrasses, herbeux
Location : 21 ⬛
Pour s'y rendre : 48 r. du Château

Nature : ⊏⊐ ♀
Loisirs : ♟ 🔲 ⚓ 🛝
Services : 👥 ⟞ 🙎 📷 ⥾
À prox. : 🍴

Longitude : -2.4008
Latitude : 47.29804

CHAILLÉ-LES-MARAIS

85450 – **316** J9 – G. Poitou Charentes Vendée – 1 782 h. – alt. 16

🛈 *Office de tourisme, 60 bis, rue de l'an VI, le Nieul* ℘ 0251567117

Paris 446 – Fontenay-le-Comte 23 – Niort 57 – La Rochelle 34 – La Roche-sur-Yon 49.

⚠ **L'Île Cariot** de déb. avr. à fin sept.
℘ 0251567527, *camping.ilecariot@live.fr*,
Fax 0251567527, *www.camping-chaille-les-marais.com*
1,2 ha (45 empl.) plat, herbeux
Tarif : (Prix 2009) 15,64€ ✶✶ ⇔ 🅴 (🛭) (10A) – pers.
suppl. 3,95€ – frais de réservation 12€

Location (Prix 2009) : 🏠 – frais de réservation 12€
🚐 borne artisanale 10,50€ – 🛢 10.50€
Pour s'y rendre : r. du 8 Mai (au sud du bourg, au bord
de petits ruisseaux et près du stade)

Nature : 🏞 ℗	
Loisirs : snack 🍴 🚵 🚲 🛷	
Services : ⚿ 🔌 ⅁Ⓑ ⚙ 🍴 🔲	
À prox. : ✂ canoë	

Longitude : -1.02102
Latitude : 46.39283

LA CHAIZE-GIRAUD

85220 – **316** F8 – 690 h. – alt. 15

Paris 453 – Challans 24 – La Roche-sur-Yon 32 – Les Sables-d'Olonne 21 – St-Gilles-Croix-de-Vie 13.

⚠ **Les Alouettes** de déb. avr. à fin oct.
℘ 0251229621, *contact@lesalouettes.com*,
Fax 0970622477, *www.lesalouettes.com*
3 ha (140 empl.) plat, en terrasses, peu incliné, herbeux,
sablonneux
Tarif : 28€ ✶✶ ⇔ 🅴 (🛭) (6A) – pers. suppl. 5,20€ – frais
de réservation 22€

Location : 25 🛖 (4 à 6 pers.) 221 à 624€/sem.
– 16 🏠 (4 à 6 pers.) - 234 à 660€/sem. – frais de
réservation 22€
Pour s'y rendre : rte de Saint-Gilles (1 km à l'ouest par
D 12, rte de St-Gilles-Croix-de-Vie)

Nature : 🏞 ℗	
Loisirs : 🍴 snack, pizzeria 🍴 🚵 🎣 🏊	
Services : ⚿ 🔌 ⅁Ⓑ ⚙ 🍴 laverie	

Longitude : -1.83189
Latitude : 46.64788

CHALLAIN-LA-POTHERIE

49440 – **317** C3 – 801 h. – alt. 58

Paris 340 – Ancenis 36 – Angers 47 – Château-Gontier 42.

⚠ **Municipal de l'Argos** de déb. mai à fin sept.
℘ 0677187860, *mairie.challain@wanadoo.fr*,
Fax 0241941248
0,8 ha (20 empl.) non clos, plat, herbeux
Tarif : (Prix 2009) ✶ 7,20€ ⇔ 🅴 – (🛭) 2,70€
Pour s'y rendre : rte de Loiré (au nord-est du bourg par
D 73)

À savoir : agréable situation près d'un étang et à
proximité du château

Nature : ⟨ 🏞 ℗	
Loisirs : 🚵 🎣	
Services : ⚿	

Longitude : -1.04546
Latitude : 47.63598

LESEN SIE DIE ERLÄUTERUNGEN aufmerksam durch,
damit Sie diesen Camping-Führer mit der Vielfalt der gegebenen
Auskünfte wirklich ausnutzen können.

CHALONNES-SUR-LOIRE

49290 – **317** E4 – G. Châteaux de la Loire – 5 971 h. – alt. 25

🛈 *Office de tourisme, place de l'Hôtel de Ville* ℘ 0241782621, Fax 0241749154

Paris 322 – Nantes 82 – Angers 26 – Cholet 40 – Laval 94.

⚠ **Le Candais** de mi-mai à mi-sept.
℘ 0241780227, *contact@loire-layon-tourisme.com*,
Fax 0241781080, *www.chalonnes-sur-loire.fr*
3 ha (210 empl.) plat, herbeux
Tarif : (Prix 2009) 10€ ✶✶ ⇔ 🅴 (🛭) (5A) – pers.
suppl. 2,50€
Pour s'y rendre : rte de Rochefort (1 km à l'est par
D 751, rte des Ponts-de-Cé, au bord de la Loire et près
d'un plan d'eau)

Nature : ℗	
Loisirs : 🍴 🎣	
Services : ⚿ 🔌 ⚙ 🔲	
À prox. : 🛒 🚲 ✂ 🎣 🛶 canoë	

Longitude : -0.76268
Latitude : 47.35031

PAYS DE LA LOIRE

CHAMBRETAUD

85500 – **316** K6 – 1 402 h. – alt. 214
Paris 377 – Nantes 83 – La Roche-sur-Yon 56 – Cholet 21 – Bressuire 50.

Au Bois du Cé fermé de fin janv. à mi-mars
$\mathscr{P}$ 0251915432, *contact@camping-auboisduce.com,*
www.camping-auboisduce.com
3 ha (100 empl.) plat, terrasse, herbeux
Tarif : 18,20 € ✦✦ ⊷ 🅴 🛢 (16A) – pers. suppl. 4,65 €
Location : 13 🛖 (4 à 6 pers.) nuitée 54 € - 245 à 595 €/
sem. – 2 studios
🚐 borne artisanale – 🚐 19.29 €
Pour s'y rendre : rte du Puy-du-Fou

Nature :	← 🖵
Loisirs :	🍴 ⤬
Services :	& ⊶ GB 🐕 ▥ 🖼

Longitude : -0.95
Latitude : 46.915

LA CHAPELLE-HERMIER

85220 – **316** F7 – 681 h. – alt. 58
Paris 447 – Aizenay 13 – Challans 25 – La Roche-sur-Yon 29 – Les Sables-d'Olonne 25 – St-Gilles-Croix-de-Vie 20.

Pin Parasol de fin avr. à fin sept.
$\mathscr{P}$ 0251346472, *contact@campingpinparasol.fr,*
Fax 0251346462, *http://www.campingpinparasol.fr*
12 ha (369 empl.) plat, peu incliné, terrasses, herbeux
Tarif : 32,50 € ✦✦ ⊷ 🅴 🛢 (10A) – pers. suppl. 6,50 € –
frais de réservation 15 €
Location 🍴 : 64 🛖 (4 à 6 pers.) 195 à 740 €/sem.
– 20 🛖 (4 à 6 pers.) - 240 à 749 €/sem. – frais de
réservation 15 €
Pour s'y rendre : à Chateaulong (3,3 km au sud-ouest
par D 42, rte de l'Aiguillon-sur-Vie puis 1 km par rte à
gauche)

À savoir : près du lac de Jaunay (accès direct)

Nature :	🌳 ← 🖵
Loisirs :	🍸 🍴 🎣⛵ hammam
	⤬ 🚲 ⚬ 🔲 ⤬ ⛷ terrain
	multisports
Services :	& ⊶ GB 🐕 🛁 🕯
	laverie 🧺
À prox. :	🚣 pédalos, canoës

Longitude : -1.75473
Latitude : 46.66378

CHÂTEAU-GONTIER

53200 – **310** E8 – G. Châteaux de la Loire – 11 025 h. – alt. 33
🅱 *Office de tourisme, place André Counord* $\mathscr{P}$ 0243704274, Fax 0243709552
Paris 288 – Angers 50 – Châteaubriant 56 – Laval 30 – Le Mans 95 – Rennes 107.

Le Parc de déb. avr. à fin déc.
$\mathscr{P}$ 0243073560, *camping.parc@cc-chateau-gontier.fr,*
Fax 0243703894, *www.sud-mayenne.com*
2 ha (55 empl.) plat et peu incliné, herbeux
Tarif : 15 € ✦✦ ⊷ 🅴 🛢 (10A) – pers. suppl. 4 €
Location (Prix 2009) (permanent) : 12 🛖 (4 à 6 pers.)
- 184 à 398 €/sem. – 🛏
Pour s'y rendre : 15 rte de Laval (800 m au nord par
N 162 rte de Laval, près du complexe sportif)

À savoir : emplacements bordés d'une grande variété
d'arbres et de la Mayenne

Loisirs :	🍴 🚣
Services :	⊶ GB 🐕
À prox. :	⊶mur d'escalade, canoë

Longitude : -0.70855
Latitude : 47.82979

CHÂTEAUNEUF-SUR-SARTHE

49330 – **317** G2 – 2 656 h. – alt. 20
🅱 *Office de tourisme, Cour du Moulin* $\mathscr{P}$ 0241698289, Fax 0241250019
Paris 278 – Angers 31 – Château-Gontier 25 – La Flèche 33.

Municipal du Port de déb. mai à fin oct.
$\mathscr{P}$ 0241698202, *mairie.chateauneufsursarthe@*
wanadoo.fr, Fax 0241961529
1 ha (60 empl.) plat, herbeux
Tarif : (Prix 2009) 7,50 € ✦✦ ⊷ 🅴 🛢 (16A) – pers.
suppl. 2,30 €
🚐 borne artisanale
Pour s'y rendre : 14 place R. Le Fort (sortie sud-est par
D 859, rte de Durtal et 2ème chemin à dr. apr. le pont, au
bord de la Sarthe (halte nautique))

Nature :	🖵 ♀
Services :	& 🖼
À prox. :	🚐

Longitude : -0.48393
Latitude : 47.67605

CHEMILLÉ

49120 – **317** E5 – 6 784 h. – alt. 84

🖪 *Office de tourisme, parc de l'Hôtel de Ville* ✆ *02 41 46 14 64, Fax 02 41 46 03 46*

Paris 331 – Angers 43 – Cholet 22 – Saumur 60.

La Coulvée de déb. mai à mi-sept.

✆ *02 41 30 39 97, camping-chemille-49@wanadoo.fr,*
Fax 02 41 30 39 00, *www.camping-coulvee-chemille.com*
2 ha (42 empl.) plat, herbeux
Tarif : 16 € 🏕 🚗 🔌 (9A) – pers. suppl. 3,50 €

Location (permanent) : 12 🏠 (4 à 6 pers.) - 194 à 414 €/sem.

🚐 borne eurorelais 2 € – 🚙 🔌 14.40 €

Pour s'y rendre : rte de Cholet (sortie sud par N 160, rte de Cholet et chemin à dr., près d'un plan d'eau)

Nature : 🏞
Loisirs : 🚴
Services : 🚿 ⚷ GB 🐕 🧺 🚰 🚮
À prox. : 🚶 🏊

Longitude : -0.72911
Latitude : 47.21032

CHOLET

49300 – **317** D6 – G. Châteaux de la Loire – 54 632 h. – alt. 91 – Base de loisirs

🖪 *Office de tourisme, 14, avenue Maudet* ✆ *02 41 49 80 00, Fax 02 41 49 80 09*

Paris 353 – Ancenis 49 – Angers 64 – Nantes 60 – Niort 131 – La Roche-sur-Yon 70.

Centre Touristique Lac de Ribou 👥 – de déb. avr. à fin sept.

✆ *02 41 49 74 30, info@lacderibou.com,*
Fax 02 41 58 21 22, *www.lacderibou.com*
5 ha (162 empl.) plat, peu incliné, herbeux
Tarif : 22 € 🏕 🚗 🔌 (10A) – pers. suppl. 5 € – frais de réservation 10 €

Location : 14 🏡 (4 à 6 pers.) nuitée 70 € - 300 à 635 €/sem. – 13 🏠 (4 à 6 pers.) nuitée 80 € - 325 à 670 €/sem. – 28 gîtes – frais de réservation 30 €
🚐 1 borne artisanale 5,25 € – 🚙 14 €

Pour s'y rendre : 5 km au sud-est par D 20, rte de Maulevrier et D 600 à dr.

À savoir : à 100 m du lac (accès direct)

Nature : 🏞 🏞
Loisirs : 🍽 🍴 🏠 🌙 nocturne 🧗 🚶 🎮 🏊 ⛵
Services : 🚿 ⚷ GB 🐕 🏧 🛁 🚰 🚽 laverie
À prox. : 🏌 🐎 practice de golf

Longitude : -0.83959
Latitude : 47.03824

553

*The classification (1 to 5 tents, **black** or **red**) that we award to selected sites in this Guide is a system that is our own. It should not be confused with the classification (1 to 4 stars) of official organisations.*

COMMEQUIERS

85220 – **316** E7 – G. Poitou Charentes Vendée – 2 649 h. – alt. 19

Paris 441 – Challans 13 – Nantes 63 – La Roche-sur-Yon 38 – Les Sables-d'Olonne 36 – St-Gilles-Croix-de-Vie 12.

La Vie de déb. avr. à fin sept.

✆ *02 51 54 90 04, contact@campinglavie.com,*
Fax 02 51 54 36 63, *www.camping-la-vie.com*
3 ha (73 empl.) plat, herbeux, petit étang
Tarif : 22 € 🏕 🚗 🔌 (10A) – pers. suppl. 5,50 € – frais de réservation 15 €

Location : 10 🏡 (4 à 6 pers.) nuitée 38 € - 360 à 590 €/sem. – frais de réservation 15 €

Pour s'y rendre : lieu-dit : Le Motteau (1,3 km au sud-est par D 82, rte de Coëx et chemin à gauche)

Nature : 🏞 🌳
Loisirs : 🍽 snack 🏠 🏊 🎣
Services : 🚿 ⚷ GB 🐕 🛁 🚮

Longitude : -1.82172
Latitude : 46.76011

Le Trèfle à 4 feuilles de mi-avr. à mi-sept.

✆ *02 51 54 87 54, letrefle@free.fr, Fax 02 28 10 49 19,*
www.trefle-a4feuilles.com
1,8 ha (50 empl.) plat, terrasses, herbeux
Tarif : (Prix 2009) 23 € 🏕 🚗 🔌 (10A) – pers. suppl. 4,90 € – frais de réservation 10 €

Pour s'y rendre : 3,3 km au sud-est par D 82, rte de Coëx et 1,4 km par chemin à gauche, au lieu-dit la Jouère

À savoir : sur les terres d'une exploitation agricole, le royaume des animaux

Nature : 🏞
Loisirs : 🍽 🏠 🚶
Services : 🚿 ⚷ GB 🐕 🚮
À prox. : parc animalier

Longitude : -1.8374
Latitude : 46.76166

PAYS DE LA LOIRE

LES CONCHES

85560 – **316** H9
Paris 465 – Nantes 109 – La Roche 37 – La Rochelle 63 – Niort 93.

Le Clos des Pins de déb. avr. à fin sept.
℘ 0251903169, info@campingclosdespins.com,
Fax 0251903068, www.campingclosdespins.com
1,6 ha (95 empl.) plat, vallonné, sablonneux
Tarif : 29€ ★ ★ ⇔ ᴇ [₤] (6A) – pers. suppl. 6€

Location : 35 ⸤⸥ (4 à 6 pers.) nuitée 30€ - 188 à
660€/sem. – 3 ⸤⸥ (4 à 6 pers.) - 249 à 740€/sem. –
bungalows toilés
Pour s'y rendre : 500 m de la plage

Nature : ⬚ ♤♤
Loisirs : ♈ ⬚ ≠ ⬚ ⬚
Services : ⬚ ⚬━ GB ⬚ ⬚ ♈ ⬚
À prox. : ⬚

Longitude : -1.48842
Latitude : 46.38856

Le Sous-Bois
℘ 0251333690, Fax 0251333273
1,7 ha (120 empl.) plat, sablonneux
Location ⬚ : 4 ⸤⸥
Pour s'y rendre : lau lieu-dit : La Haute-Saligotière

Nature : ⬚ ⬚ ♤
Loisirs : ⬚ ≠ ⬚
Services : ⬚ ⚬━ ⬚ ⬚ ⬚

Longitude : -1.48725
Latitude : 46.3946

Les Ramiers de déb. avr. à fin sept.
℘ 0251333221
1,4 ha (80 empl.) plat et peu accidenté, en terrasses,
sablonneux
Tarif : (Prix 2009) 16€ ★ ★ ⇔ ᴇ [₤] (5A) – pers.
suppl. 4,50€

Location (Prix 2009) : 6 ⸤⸥ (4 à 6 pers.) nuitée 45€ -
225 à 458€/sem.
Pour s'y rendre : 44bis r. des Tulipes

À savoir : pour les tentes, beaux emplacements en
terrasses et en sous-bois

Nature : ⬚
Loisirs : ♈ snack
Services : ⬚ ⚬━ ⬚

Longitude : -1.46705
Latitude : 46.3855

CONCOURSON-SUR-LAYON

49700 – **317** G5 – 544 h. – alt. 55
Paris 332 – Angers 44 – Cholet 45 – Saumur 25.

La Vallée des Vignes de déb. avr. à fin sept.
℘ 0241598635, campingvdv@wanadoo.fr,
Fax 0241590983, www.campingvdv.com
3,5 ha (63 empl.) plat, herbeux
Tarif : (Prix 2009) 23€ ★ ★ ⇔ ᴇ [₤] (10A) – pers.
suppl. 6€
Pour s'y rendre : 900 m à l'ouest par D 960, rte de Vihiers
et rte à dr. apr. le pont, au bord du Layon

À savoir : cadre champêtre

Nature : ⬚
Loisirs : ♈ ⬚ nocturne ⬚ ≠ ⬚ ⬚
Services : ⬚ ⚬━ ⬚ ⬚ ⬚ ⬚ ⬚

Longitude : -0.34051
Latitude : 47.17412

We recommend that you consult the up to date price list posted
at the entrance of the site. Inquire about possible restrictions.
The information in this Guide may have been modified since going to press.

COUTURES

49320 – **317** G4 – 523 h. – alt. 81
Paris 303 – Angers 25 – Baugé 35 – Doué-la-Fontaine 23 – Longué 22 – Saumur 29.

Parc de Montsabert de mi-avr. à mi-sept.
℘ 0241579163, camping@parcdemontsabert.com,
Fax 0241579002, www.parcdemontsabert.com
5 ha (159 empl.) plat et peu incliné, herbeux, pierreux,
sous bois
Tarif : 29€ ★ ★ ⇔ ᴇ [₤] (10A) – pers. suppl. 5€

Location : 25 ⸤⸥ (4 à 6 pers.) 273 à 791€/sem. – 9
⸤⸥ (4 à 6 pers.) - 343 à 966€/sem. – roulotte
Pour s'y rendre : rte de Montsabert (1,5 km au nord-est,
près du château de Montsabert)

À savoir : agréable parc boisé

Nature : ⬚ ⬚ ♤♤
Loisirs : snack ⬚ ≠ ⬚ ⬚ ⬚
(découverte en saison) swin golf
Services : ⬚ ⚬━ GB ⬚ ⬚ ⬚
♈ laverie

Longitude : -0.35348
Latitude : 47.36429

CRAON

53400 – **310** D7 – 4 629 h. – alt. 75
🛈 *Syndicat d'initiative, 1, rue Alain Gerbault* 𝒫 02 43 06 10 14
Paris 309 – Fougères 70 – Laval 29 – Mayenne 60 – Rennes 73.

⚠ **Municipal du Mûrier** de déb. mai à mi-sept.
𝒫 02 43 06 96 33, *campingdumurier@orange.fr*,
Fax 02 43 06 96 33, *www.ville-craon53.fr*
1 ha (51 empl.) plat, herbeux
Tarif : (Prix 2009) 🚶 3,05 € 🚗 🅴 3,90 € – 🔌 (10A) 2,10 €

Location (Prix 2009) (permanent) : 9 🏠 (4 à 6 pers.)
nuitée 42 € - 179 à 490 €/sem. – frais de réservation
28 €
🚐 borne artisanale 2,15 €
Pour s'y rendre : r. Alain Gerbault (800 m à l'est, rte de
Château-Gontier et chemin à gauche)

À savoir : cadre agréable près d'un plan d'eau

| Nature : 🏞 🌳🌳 |
| Loisirs : 🏠 🏊 |
| Services : ♿ ⚡ 🔧 🍴 📷 |
| À prox. : 🛒 🍽 🍴 🍸 🍷 ⛵ 🚣 🛶 |
| 🚤 🐎 |

Longitude : -0.94398
Latitude : 47.84837

DAON

53200 – **310** F8 – G. Châteaux de la Loire – 495 h. – alt. 42 – Base de loisirs
Paris 292 – Angers 46 – Château-Gontier 11 – Châteauneuf-sur-Sarthe 15 – Segré 23.

⚠ **Les Rivières** de déb. avr. à fin sept.
𝒫 02 43 06 94 78, *camping.daon@cc-chateau-gontier.fr*
1,8 ha (98 empl.) plat, herbeux
Tarif : 13 € 🚶🚶 🚗 🅴 🔌 (10A) – pers. suppl. 4 €

Location (Prix 2009) (permanent) : 10 🏠 (4 à 6 pers.)
- 163 à 388 €/sem.
Pour s'y rendre : 1 r. du Port (sortie ouest par D 213, rte
de la Ricoullière et à dr. avant le pont, près de la Mayenne)

| Nature : 🌊 🏞 🌳 |
| Loisirs : 🏠 |
| Services : ♿ ⚡ 🆖 🔧 📷 |
| À prox. : 🍷 🍴 🏊 🚣 🛶 🚤 ⛵ 🚤 |
| pédalos, halte nautique |

Longitude : -0.67382
Latitude : 47.77519

*La catégorie (1 à 5 tentes, **noires** ou **rouges**) que nous attribuons*
aux terrains sélectionnés dans ce guide est une appréciation qui nous est propre.
Elle ne doit pas être confondue avec le classement (1 à 4 étoiles)
établi par les services officiels.

DURTAL

49430 – **317** H2 – G. Châteaux de la Loire – 3 310 h. – alt. 39
🛈 *Syndicat d'initiative, 41, rue du Maréchal Leclerc* 𝒫 02 41 76 37 26, Fax 02 41 76 37 26
Paris 261 – Angers 38 – La Flèche 14 – Laval 66 – Le Mans 63 – Saumur 66.

⚠ **Les Portes de l'Anjou** de mi-avr. à déb. nov.
𝒫 02 41 76 31 80,
lesportesdelanjou@camp-in-ouest.com,
www.lesportedelanjou.com
3,5 ha (127 empl.) plat, herbeux
Tarif : 16 € 🚶🚶 🚗 🅴 🔌 (6A) – pers. suppl. 4,20 € – frais
de réservation 5 €

Location : 7 🏠 (4 à 6 pers.) nuitée 80 € - 210 à 655 €/
sem. – 5 bungalows toilés – frais de réservation 5 €
🚐 1 borne artisanale 5 €
Pour s'y rendre : 9 r. du Camping (sortie nord-est par rte
de la Flèche et r. à dr.)

À savoir : situation et cadre agréables en bordure du Loir

| Nature : 🌊 🏞 🌳 |
| Loisirs : 🍷 snack 🏠 🎯 🏊 🚤 |
| Services : ♿ ⚡ 🆖 🔧 🍴 📷 |
| À prox. : 🚣 |

Longitude : -0.23798
Latitude : 47.67107

LES EPESSES

85590 – **316** K6 – G. Poitou Charentes Vendée – 2 431 h. – alt. 214
Paris 375 – Bressuire 38 – Chantonnay 29 – Cholet 24 – Clisson 47 – La Roche-sur-Yon 50.

La Bretèche de déb. avr. à fin sept.
ℰ 02 51 57 33 34, *contact@campinglabreteche.com*,
Fax 02 51 57 41 98, *www.campinglabreteche.com*
3 ha (115 empl.) plat, peu incliné, herbeux
Tarif : 20,35 € ★★ ⇔ 🅴 ㈜ (10A) – pers. suppl. 4,15 € –
frais de réservation 10 €

Location : 24 ⛺ (4 à 6 pers.) · 244 à 643 €/sem. –
12 bungalows toilés – frais de réservation 10 €
🚐 borne eurorelais 4 €
Pour s'y rendre : à la Base de Loisirs (sortie nord par
D 752, rte de Cholet et chemin à dr.)

À savoir : belle décoration arbustive, près d'un étang

Nature : 🏞	
Loisirs : ♟ ✗ snack 🎱 ⛲	
Services : ⛦ ⊶ GB ⏃ ♨ 🔊	
À prox. : 🎣 Puy du Fou (3 km), parc d'attractions	

Longitude : -0.89925
Latitude : 46.88986

LES ESSARTS

85140 – **316** I7 – G. Poitou Charentes Vendée – 4 730 h. – alt. 78
🛈 *Office de tourisme, 1, rue Armand de Rougé* *ℰ* 02 51 62 85 96, *Fax 02.51.62.85.96*
Paris 399 – Cholet 49 – Nantes 60 – Niort 92 – La Roche-sur-Yon 20.

Municipal le Pâtis de déb. juil. à fin août
ℰ 02 51 62 95 83, *mairie-des-essarts@wanadoo.fr*,
Fax 02 51 62 95 83
1 ha (50 empl.) plat, herbeux
Tarif : (Prix 2009) 13,60 € ★★ ⇔ 🅴 ㈜ (16A) – pers.
suppl. 3 €

Location (permanent) : ⛺
🚐 borne sanistation 2 €
Pour s'y rendre : r. de la Piscine (800 m à l'ouest par
rte de Chauché et à gauche, près des deux piscines)

Nature : 🐾 🌳🌳	
Services : ⛦ ⊶	
À prox. : ✂ 🏊 ⛲	

Longitude : -1.23408
Latitude : 46.77378

Renouvelez votre guide chaque année.

ÉVRON

53600 – **310** G6 – G. Normandie Cotentin – 7 152 h. – alt. 114
🛈 *Office de tourisme, place de la Basilique* *ℰ* 02 43 01 63 75, *Fax 02 43 01 63 75*
Paris 250 – Alençon 58 – La Ferté-Bernard 98 – La Flèche 69 – Laval 32 – Le Mans 55 – Mayenne 25.

Municipal de la Zone Verte Permanent
ℰ 02 43 01 65 36, *camping@evron.fr*, Fax 02 43 37 46 20,
www.camping-evron.fr
3 ha (92 empl.) plat et peu incliné, herbeux, gravillons
Tarif : (Prix 2009) 8,05 € ★★ ⇔ 🅴 ㈜ (10A) – pers.
suppl. 1,95 €

Location (Prix 2009) : 11 ⛺ (4 à 6 pers.) - 205 à 335 €/
sem.
🚐 1 borne eurorelais
Pour s'y rendre : bd du Mal.-Juin (sortie ouest)

Nature : 🏞 ♀	
Loisirs : 🎱 🛝 ⚑ parcours sportif	
Services : ⊶ GB ⏃ ▥ ⚗ ♨ 🔊	
À prox. : 🛒 ✗ 🎣 🏊 ⛲	

Longitude : -0.40083
Latitude : 48.15398

LA FAUTE-SUR-MER

85460 – **316** I9 – G. Poitou Charentes Vendée – 1 008 h. – alt. 4
🛈 *Office de tourisme, rond-point Fleuri* *ℰ* 02 51 56 45 19, *Fax 02 51 97 18 08*
Paris 465 – Luçon 37 – Niort 106 – La Rochelle 71 – La Roche-sur-Yon 47 – Les Sables-d'Olonne 47.

Les Flots Bleus de déb. avr. à mi-oct.
ℰ 02 51 27 11 11, *info@camping-lesflotsbleus.com*,
Fax 02 51 29 40 76
1,5 ha (124 empl.) plat, sablonneux, herbeux
Tarif : 28 € ★★ ⇔ 🅴 ㈜ (6A) – pers. suppl. 5 € – frais de
réservation 25 €

Location : 40 ⛺ (4 à 6 pers.) 195 à 730 €/sem. – frais
de réservation 25 €
Pour s'y rendre : av. des Chardons (1 km au sud-est par
rte de la pointe d'Arçay, à 200 m de la plage)

Nature : 🏞 ♀	
Loisirs : ♟ 🛝 🅱 (découverte en saison)	
Services : ⛦ ⊶ GB ⏃ ♨ ♨ 🔊	

Longitude : -1.31744
Latitude : 46.32539

LA FERTÉ-BERNARD

72400 – **310** M5 – G. Châteaux de la Loire – 9 262 h. – alt. 90 – Base de loisirs
🚹 *Office de tourisme, 15, place de la Lice* 📞 *02 43 71 21 21, Fax 02 43 93 25 85*
Paris 164 – Brou 44 – Châteauroux 65 – Le Mans 54 – Nogent-le-Rotrou 22 – St-Calais 33.

⚠ **Municipal le Valmer**
📞 02 43 71 70 03, *camping@la-ferte-bernard.com*,
Fax plus de fax
3 ha (90 empl.) plat, herbeux
Pour s'y rendre : Espace du lac (1,5 km au sud-ouest par
N 23, à la base de loisirs, au bord de l'Huisne)

| Nature : 🌊 🚻 ♀ |
| Loisirs : 🍴 🏊 |
| Services : 🔥 ⚡ 🚐 ♻ 📶 |
| À prox. : 🎣 🏖 🚿 🛶 |
| (plage) 🛶 canoë |

Longitude : 0.6541
Latitude : 48.18618

LA FLÈCHE

72200 – **310** I8 – G. Châteaux de la Loire – 15 321 h. – alt. 33
🚹 *Office de tourisme, boulevard de Montréal* 📞 *02 43 94 02 53, Fax 02 43 94 43 15*
Paris 244 – Angers 52 – Châteaubriant 106 – Laval 70 – Le Mans 44 – Tours 71.

⚠ **Municipal de la Route d'Or** de déb. mars à fin
oct.
📞 02 43 94 55 90, *info@camping-laroutedor.com*,
Fax 02 43 94 55 90, *www.camping-laroutedor.com*
4 ha (250 empl.) plat, herbeux
Tarif : 14,20€ 👫 🚐 📧 ⚡ (10A) – pers. suppl. 2,90€ –
frais de réservation 15€
Location (de mi-avr. à fin oct.) 🚿 : 🏠 (4 à 6 pers.)
283 à 442€/sem.
🚐 borne artisanale
Pour s'y rendre : allée du Camping (sortie sud vers rte de
Saumur et à dr., au bord du Loir)

| Nature : 🚻 ♀ |
| Loisirs : 🍴 🚲 🏊 |
| Services : 🔥 ⚡ GB ♻ 📶 🚿 |
| 🍴 📶 |
| À prox. : 🛶 canoë |

Longitude : -0.07826
Latitude : 47.69499

557

FRESNAY-SUR-SARTHE

72130 – **310** J5 – G. Normandie Cotentin – 2 241 h. – alt. 95
🚹 *Office de tourisme, 19, avenue du Dr Riant* 📞 *02 43 33 28 04, Fax 02 43 34 19 62*
Paris 235 – Alençon 22 – Laval 73 – Mamers 30 – Le Mans 41 – Mayenne 54.

⚠ **Municipal Sans Souci** 👥 – de déb. avr. à fin sept.
📞 02 43 97 32 87, *camping-fresnay@wanadoo.fr*,
Fax 02 43 33 75 72
2 ha (90 empl.) plat, en terrasses, herbeux
Tarif : (Prix 2009) 9,20€ 👫 🚐 📧 ⚡ (8A) – pers.
suppl. 2,50€
Location (permanent) 🚿 : 🏠
🚐 1 borne 3€
Pour s'y rendre : r. du Haut Ary (1 km à l'ouest par D 310,
rte de Sillé-le-Guillaume)

À savoir : beaux emplacements délimités en bordure de
la Sarthe

| Nature : 🌊 🚻 |
| Loisirs : 🍴 ⛹ 🏊 🏐 |
| Services : 🔥 ⚡ GB ♻ 🚿 🚐 ♻ |
| 📶 🚿 |
| À prox. : 🎣 🛶 canoë |

Longitude : 0.01498
Latitude : 48.28253

FROMENTINE

85550 – **316** D6 – G. Poitou Charentes Vendée
Paris 455 – Nantes 69 – La Roche 72 – Saint 70 – Saint 66.

Campéole La Grande Côte de déb. avr. à mi-sept.
℘ 0251685189, *grande-cote@campeole.com*,
Fax 0251492557, *www.campeole.com*
21 ha (810 empl.) plat et accidenté, sablonneux
Tarif : (Prix 2009) 26€ ✿✿ ⇔ 🔲 🗓 (10A) – pers.
suppl. 6,90€ – frais de réservation 25€

Location (Prix 2009) : 63 🛖 (2 à 4 pers.) 189 à 490€/
sem. – 85 🚐 (4 à 6 pers.) 294 à 819/sem. – 95 🏚
(4 à 6 pers.) - 231 à 798€/sem. – frais de réservation
25€
🔄 borne artisanale
Pour s'y rendre : rte de la Grande Côte (2 km par D 38b,
à Fromentine)
À savoir : au bord de la plage

Nature : 👁👁
Loisirs : 🍸 🖼 👁nocturne 🏃 🚴🛴 🏊
Services : 👤 🔌 ⚙ 🚐 🔧
À prox. : 🐟

Longitude : -2.13024
Latitude : 46.88609

LE GIVRE

85540 – **316** H9 – 358 h. – alt. 20
Paris 446 – Luçon 20 – La Mothe-Achard 33 – Niort 88 – La Rochelle 62 – La Roche-sur-Yon 27 – Les Sables-
d'Olonne 33.

La Grisse de déb. mars à fin nov.
℘ 0251308303, *lagrisse@wanadoo.fr*,
www.campinglagrisse.com
1 ha (79 empl.) plat, herbeux
Tarif : ✿ 6,50€ ⇔ 🔲 5€ – 🗓 (16A) 4€

Location (permanent) : 3 🛖 (2 à 4 pers.) 260 à 400€/
sem. – 6 🚐 (4 à 6 pers.) nuitée 50€ - 195 à 620€/
sem.
🔄 borne artisanale 10€ – 2 🔲 10€ – 🔋 🗓 10€
Pour s'y rendre : 2,5 km au sud par rte reliant la D 949
et la D 747
À savoir : cadre champêtre

Nature : 🐑 👁
Loisirs : 🎠
Services : 👤 🔌 ⚙ 🚐 🔧

Longitude : -1.39752
Latitude : 46.44455

Ne pas confondre :
▲ ... à ... ▲▲▲ : *appréciation* **MICHELIN**
et
★ ... à ... ★★★★ : *classement officiel*

GUÉMENÉ-PENFAO

44290 – **316** F2 – 4 876 h. – alt. 37
🏢 *Office de tourisme, 9, place Simon* ℘ 0240793083, Fax 0240511613
Paris 408 – Bain-de-Bretagne 35 – Châteaubriant 39 – Nantes 59 – Redon 20 – St-Nazaire 57.

L'Hermitage de déb. avr. à fin oct.
℘ 0240792348, *camping.hermitage@wanadoo.fr*,
www.campinglhermitage.com
2,5 ha (83 empl.) plat, et peu incliné, herbeux
Tarif : (Prix 2009) 19€ ✿✿ ⇔ 🔲 🗓 (6A) – pers.
suppl. 4,50€

Location (Prix 2009) (de fin avr. à mi-oct.) : 5 🚐
(4 à 6 pers.) 322 à 530€/sem. – bungalows toilés – gîte
d'étape – frais de réservation 12€
🔄 borne artisanale 2,50€ – 🔋 15.50€
Pour s'y rendre : 36 av. du Paradis (1,2 km à l'est par
rte de Châteaubriant et chemin à dr., près de la piscine
municipale)
À savoir : agréable cadre boisé

Nature : 👁👁
Loisirs : 🖼 🎠 🚴 🏊 (petite piscine) 🏖
Services : 👤 🔌 🚐 🔧
À prox. : 🏊 🎾 🔲 🚣 🐎 terrain omnisports

Longitude : -1.81915
Latitude : 47.6259

LA GUYONNIÈRE

85600 – **316** I6 – 2 621 h. – alt. 63
Paris 395 – Nantes 47 – La Roche-sur-Yon 48 – Angers 105.

La Chausselière de déb. mai à fin sept.
℘ 0251419840, camping@chausseliere.fr,
Fax 0251064493, camping.chausseliere.fr
plat, herbeux
Tarif : (Prix 2009) 12,50€ ✶✶ ⇌ 🅔 🚰 (14A) – pers.
suppl. 3,20€
Location (Prix 2009) (permanent) 🚲 : 4 🏠 (4 à
6 pers.) nuitée 75€ - 180 à 445€/sem.
🚐 2 🅔 12,50€
Pour s'y rendre : rte des Herbiers

Nature : ♀
Loisirs : ⚓ 🏊
Services : ⊶ 🆖 🚗 🛒 ♻ 🚾
À prox. : 🎣 ◔

Longitude : -1.24935
Latitude : 46.96558

HERBIGNAC

44410 – **316** C3 – 5 117 h. – alt. 18
🛈 Syndicat d'initiative, 2, rue Pasteur ℘ 0240199001
Paris 446 – La Baule 23 – Nantes 72 – La Roche-Bernard 9 – St-Nazaire 28 – Vannes 49.

Le Ranrouet de déb. avr. à fin sept.
℘ 0240889623, www.herbignac.com
1,5 ha (83 empl.) plat, herbeux
Tarif : (Prix 2009) 16,30€ ✶✶ ⇌ 🅔 🚰 (6A) – pers.
suppl. 4€
🚐 1 borne artisanale 3€
Pour s'y rendre : sortie est par D 33, rte de Pontchâteau
et à dr., r. René-Guy-Cadou

Nature : ♀♀
Loisirs : 🏛 ⚓
Services : ♿ ⊶ (juil.-août) 🚗 ♻
À prox. : 🎣 ✗ 🏊 (plan d'eau avec plage 7 km)

Longitude : -2.31854
Latitude : 47.4482

ÎLE DE NOIRMOUTIER

85 – **316** – G. Poitou Charentes Vendée – alt. 8
par le pont routier de Fromentine : gratuit - par le passage du Gois à basse mer (4,5 km)
🛈 Office de tourisme, rue du Général Passaga ℘ 0251391242

Barbâtre 85630 – **316** C6 – 1 710 h. – alt. 5
🛈 Office de tourisme, route du Pont ℘ 0251398071, Fax 0251395316
Paris 453 – Challans 32 – Nantes 70 – Noirmoutier-en-l'Île 11 – St-Nazaire 71.

Municipal du Midi
℘ 0251396374, camping-du-midi@wanadoo.fr,
Fax 0251395863, www.camping-du-midi.com
13 ha (630 empl.) accidenté, sablonneux, herbeux
Location : 150 🚐
Pour s'y rendre : 1 km au nord-ouest par D 948 et
chemin à gauche
À savoir : près de la plage (accès direct)

Nature : ♀
Loisirs : 🍸 snack ✗ 🏛 🏊
Services : ♿ ⊶ 🛒 ♻
À prox. : 🚲

Longitude : -2.16533
Latitude : 46.93581

La Guérinière 85680 – **316** C6 – G. Poitou Charentes Vendée – 1 543 h. – alt. 5
Paris 460 – Challans 39 – Nantes 77 – Noirmoutier-en-l'Île 5 – La Roche-sur-Yon 83 – St-Nazaire 78.

Le Caravan'Île de mi-mars à mi-nov.
℘ 0251395029, contact@caravanile.com,
Fax 0251358685, www.caravanile.com
8,5 ha (385 empl.) peu incliné, plat, herbeux, sablonneux,
dunes attenantes
Tarif : (Prix 2009) 24€ ✶✶ ⇌ 🅔 🚰 (5A) – pers.
suppl. 5€ – frais de réservation 17€
Location (Prix 2009) : 95 🚐 (4 à 6 pers.) 280 à 765€/
sem. – frais de réservation 17€
🚐 borne eurorelais – 🔌 🚰 13€
Pour s'y rendre : 1 r. de la Tresson (sortie est par D 948 et
à dr. av. le rond-point)
À savoir : près de la plage (accès direct par escalier)

Nature : ⛰
Loisirs : 🍸 🏛 🎮 🎣 ⚓ 🔲 🏊 ⛷ terrain omnisports
Services : ♿ ⊶ 🆖 🚗 ♻ 🚾 ♻ laverie 🛒 🏧
À prox. : ✗ 🏛

Longitude : -2.21674
Latitude : 46.96569

559

Les Moulins de déb. avr. à fin sept.
℘ 0251395138, *lesmoulins85@orange.fr*,
Fax 0251395797, *www.camping-les-moulins.com*
5,5 ha (306 empl.) peu incliné et plat, sablonneux,
herbeux, dunes
Tarif : (Prix 2009) 28,90€ ✱✱ ⟺ 🅔 🅖 (11A) – pers.
suppl. 6,50€ – frais de réservation 16€
Location (Prix 2009) : 25 tentes – Tipis et tentes
comtoises – frais de réservation 16€
🛱 borne eurorelais – 15 🅔 28,90€ – 🛒🅖 11€
Pour s'y rendre : 54 r. des Moulins (sortie est par D 948
et à dr. av. le rd-pt.)
À savoir : près de la plage (accès direct par escalier)

Nature : 🗔⬚
Loisirs : snack 🏠 🎮 ♨ 🏊 🛝
Services : 🛁 ⚡ (juil.-août) GB
⚙️🔥♻️🧺
À prox. : 🏊 🍷 🍴 🏕

Longitude : -2.22077
Latitude : 46.96669

Noirmoutier-en-l'île 85330 – **316** C5 – G. Poitou Charentes Vendée – 4 855 h. – alt. 8
🔢 *Office de tourisme, Route du Pont* ℘ *02.51.39.80.71, Fax 02.51.39.53.16*
Paris 468 – Nantes 80 – Saint-Nazaire 82 – Vannes 160 – La Roche-sur-Yon 83.

Indigo Noirmoutier "La Vendette" de déb. avr. à
déb. oct.
℘ 0251390624, *noirmoutier@camping-indigo.com*,
Fax 0251359763, *www.camping-indigo.com*
12 ha (530 empl.) plat, sablonneux, herbeux
Tarif : (Prix 2009) 24,50€ ✱✱ ⟺ 🅔 🅖 (10A) – pers.
suppl. 4,60€ – frais de réservation 18€
Location (Prix 2009) : 30 tentes – frais de réservation
18€
🛱 borne autre 4€
Pour s'y rendre : 23 allée des Sableaux - Bois de la Chaize
À savoir : agréable situation en bordure de plage des
Sableaux

Nature : ⪡ 🌊⬚
Loisirs : 🍷 snack 🏠 ♨
Services : 🛁 ⚡ GB ⚙️🔥📺🧺
À prox. : 🏕

Longitude : -2.22267
Latitude : 47.00703

Municipal le Clair Matin de déb. avr. à fin oct.
℘ 0251390556, Fax 0251397436
6,5 ha (276 empl.) plat, herbeux, sablonneux
Tarif : (Prix 2009) 18,75€ ✱✱ ⟺ 🅔 🅖 (10A) – pers.
suppl. 2,90€ – frais de réservation 22€
🛱 1 borne artisanale

Nature : 🌳🌳
Loisirs : ♨ 🚲
Services : 🛁 ⚡ (été) GB ⚙️ ⛺
📺 ⬚
À prox. : 🍷 🏕

Longitude : -2.27083
Latitude : 47.00666

L'ILE-D'OLONNE

85340 – **316** F8 – G. Poitou Charentes Vendée – 2 541 h. – alt. 5
Paris 455 – Nantes 100 – La Roche-sur-Yon 35 – Challans 37 – Les Sables-d'Olonne 10.

Île aux Oiseaux de mi-avr. à fin oct.
℘ 0251908996, *contact@ile-aux-oiseaux.fr*,
Fax 0251323307, *www.ile-aux-oiseaux.fr* – places
limitées pour le passage
5 ha (215 empl.) plat, herbeux
Tarif : 24,90€ ✱✱ ⟺ 🅔 🅖 (10A) – pers. suppl. 3,70€ –
frais de réservation 15€
Location : 8 🛖 (4 à 6 pers.) nuitée 55€ - 200 à 562€/
sem. – 50 🏠 (4 à 6 pers.) nuitée 55€ - 210 à 612€/
sem. – frais de réservation 15€
Pour s'y rendre : r. du Pré Neuf (800 m au nord-est par D 87)

Nature : 🌿 ⬚
Loisirs : 🏠 spa ♨ 🏊 🛝
terrain omnisports
Services : 🛁 (juil.août) GB ⚙️⛺
⛴ 🔥 🧺

Longitude : -1.77836
Latitude : 46.56414

Avant de prendre la route, consultez **www.ViaMichelin.fr :**
votre meilleur itinéraire, le choix de votre hôtel, restaurant,
des propositions de visites touristiques.

JARD-SUR-MER

85520 – **316** G9 – 2 449 h. – alt. 14

🖪 *Office de tourisme, place de la Liberté* ℰ *0251334047, Fax 0251339642*

Paris 453 – Challans 62 – Luçon 36 – La Roche-sur-Yon 35 – Les Sables-d'Olonne 21.

Le Curtys ♣♦ – de déb. avr. à mi-sept.
ℰ 0251330655, *info@palmiers-ocean.fr*,
Fax 0251339201, *www.palmiers-ocean.fr* – places
limitées pour le passage
8 ha (360 empl.) plat, herbeux
Tarif : 25€ ♦♦ 🚗 🗉 🚿 (8A) – pers. suppl. 5€ – frais de
réservation 25€

Location (permanent) : 🚐 – 🏠 (4 à 6 pers.) 270
à 810€/sem. – 🏠 (4 à 6 pers.) - 310 à 990€/sem. –
bungalows toilés – frais de réservation 25€
Pour s'y rendre : r. de la Perpoise (au nord de la station)

Nature : 🖼 ♀
Loisirs : 🍴 snack, pizzeria 🏛 🗄 🎯 salle d'animation 📽 🎱 🎿 terrain omnisports
Services : 🔧 ⚬ⓝ GB 🐾 🛁 laverie 🖌
À prox. : 🛒 ♒

Longitude : -1.57841
Latitude : 46.42032

Les Écureuils ♣♦ – de déb. avr. à fin sept.
ℰ 0251334274, *ecureuils@franceloc.fr*,
Fax 0251339114, *www.camping-ecureuils.com* 🌿
4 ha (261 empl.) plat, sablonneux
Tarif : (Prix 2009) ♦ 6,90€ 🚗 🗉 16,20€ 🚿 (10A) – frais de
réservation 25€

Location (Prix 2009) : 50 🏠 (4 à 6 pers.) nuitée 50€ -
200 à 750€/sem. – 30 🏠 (4 à 6 pers.) nuitée 70€ - 400
à 830€/sem.
Pour s'y rendre : 16 r. des Goffineaux (300 m de
l'océan)

Nature : 🗾 🖼 ♀♀
Loisirs : 🍴 🏛 🎯 🛁 jacuzzi 📽 🚲 🎱 🎿
Services : 🔧 ⚬ⓝ GB 🐾 🛁 🖌 ♒ laverie 🛁 🖌
À prox. : 🍴 🎯

Longitude : -1.58976
Latitude : 46.41122

L'Océano d'Or de déb. avr. à fin sept.
ℰ 0251330505, *info@chadotel.com*, Fax 0251339404,
www.chadotel.com
8 ha (431 empl.) plat, herbeux
Tarif : 29,90€ ♦♦ 🚗 🗉 🚿 (6A) – pers. suppl. 5,80€ –
frais de réservation 25€

Location : 210 🏠 (4 à 6 pers.) 175 à 850€/sem.
– 35 🏠 (4 à 6 pers.) - 210 à 850€/sem. – frais de
réservation 25€
🚐 borne autre
Pour s'y rendre : 58 r. Georges Clémenceau (au nord-est
de la station, par D 21)

Nature : 🖼 ♀
Loisirs : 🍴 🏛 🌙 nocturne salle d'animation 📽 🚲 🎱 🎿 terrain omnisports
Services : 🔧 ⚬ⓝ GB 🐾 🛁 🖌 ♒ 🖼 🛁 🖌

Longitude : -1.57228
Latitude : 46.42019

561

La Pomme de Pin de déb. avr. à fin sept.
ℰ 0251334385, *info@pommedepin.net*,
Fax 0251203169, *www.pommedepin.net* – places
limitées pour le passage
2 ha (150 empl.) plat, sablonneux
Tarif : 31€ ♦♦ 🚗 🗉 🚿 (10A) – pers. suppl. 5,80€ –
frais de réservation 25€

Location : 70 🏠 (4 à 6 pers.) nuitée 61€ - 210 à
685€/sem. – 15 🏠 (4 à 6 pers.) nuitée 70€ - 310 à
810€/sem. – frais de réservation 25€
Pour s'y rendre : r. Vincent Auriol (au sud-est, à 150 m de
la plage de Boisvinet)

Nature : 🖼 ♀
Loisirs : 🍴 pizzeria 🏛 📽 🚲 🎱 🎿
Services : 🔧 ⚬ⓝ GB 🐾 🛁 ♒ 🖼 🛁 🖌

Longitude : -1.57357
Latitude : 46.41088

La Mouette Cendrée de déb. avr. à fin oct.
ℰ 0251335904, *camping.mc@orange.fr*,
Fax 0251203139, *www.mouettecendree.com*
1,2 ha (72 empl.) plat, herbeux
Tarif : (Prix 2009) 24,20€ ♦♦ 🚗 🗉 🚿 (10A) – pers.
suppl. 4,80€ – frais de réservation 17€

Location (Prix 2009) : 10 🏠 (4 à 6 pers.) nuitée
60€ - 520 à 620€/sem. – bungalows toilés – frais de
réservation 17€
Pour s'y rendre : au lieu-dit : Les Malecots (sortie nord-
est par D 19, rte de St-Hilaire-la-Forêt)

Nature : 🖼 ♀
Loisirs : 📽 🎱 🎿
Services : 🔧 ⚬ⓝ GB 🐾 ♒ 🖼

Longitude : -1.56703
Latitude : 46.42768

LANDEVIEILLE

85220 – **316** F8 – 1 047 h. – alt. 37
Paris 452 – Challans 25 – Nantes 83 – La Roche-sur-Yon 32 – Les Sables-d'Olonne 19 – St-Gilles-Croix-de-Vie 14.

Pong 🛉🛉 – de déb. avr. à mi-sept.
℘ 02 51 22 92 63, *info@lepong.com*, Fax 02 51 22 99 25,
www.lepong.com
3 ha (230 empl.) plat et peu incliné, terrasses, herbeux,
petit étang
Tarif : 26,70€ 🛉🛉 🚐 🔲 🗗 (10A) – pers. suppl. 4,90€ –
frais de réservation 20€

Location : 10 🛖 (2 à 4 pers.) 210 à 400€/sem. – 30
🛖 (4 à 6 pers.) 250 à 600€/sem. – frais de réservation
20€
Pour s'y rendre : r. du Stade (sortie nord-est)

| Nature : 🏞 🖾 ♨♨ |
| Loisirs : snack 🖼 🏕 ⚒ 🛶 🛶 |
| Services : 🔥 ⚡ GB 🗗 ♨ 🛀 🗑 🍴 🗟 🛁 |
| À prox. : 🍴 |

Longitude : -1.80223
Latitude : 46.64006

L'Orée de l'Océan de déb. avr. à fin oct.
℘ 02 51 22 96 36, *info@camping-oreedelocean.com*,
Fax 02 51 22 96 36, *www.camping-oreedelocean.com*
2,8 ha (200 empl.) plat et peu incliné, herbeux
Tarif : (Prix 2009) 27€ 🛉🛉 🚐 🔲 🗗 (10A) – pers.
suppl. 5€ – frais de réservation 20€

Location (Prix 2009) : 142 🛖 (4 à 6 pers.) nuitée
53€ - 195 à 720€/sem. – bungalows toilés – frais de
réservation 20€
Pour s'y rendre : r. du Capitaine de Mazenod (sortie
ouest, rte de Brétignolles-sur-Mer, à prox. d'un étang)

| Nature : 🖾 ♀ |
| Loisirs : ✗ snack 🖼 🎣 ⚒ 🔲 🛶 terrain omnisports |
| Services : 🔥 ⚡ GB 🗗 ♨ 🍴 🗟 |
| À prox. : 🍴 |

Longitude : -1.80764
Latitude : 46.6401

LAVARÉ

72390 – **310** M6 – 817 h. – alt. 122
Paris 173 – Bonnétable 26 – Bouloire 14 – La Ferté-Bernard 19 – Le Mans 40.

Le Val de Braye de déb. mai à fin oct.
℘ 02 43 71 96 44, *basedeloisirs-valdebraye@orange.fr*,
www.basedeloisirsduvaldebraye.fr
0,3 ha (20 empl.) plat, herbeux
Tarif : 🛉 2€ 🚐 1€ 🔲 – 🗗 (5A) 2€

Location (permanent) : 🏠
Pour s'y rendre : rte de Vibraye (sortie est par D 302,
à la Base de Loisirs)
À savoir : agréable situation près d'un plan d'eau

| Nature : ≤ 🖾 ♀ |
| Loisirs : ⚒ 🏕 |
| Services : ⚡ 🗗 🛁 |
| À prox. : 🍴 🚤 🎿 piste de bi-cross, roller, skate |

Longitude : 0.64792
Latitude : 48.03001

*De categorie (1 tot 5 tenten, in **zwart** of **rood**) die wij aan de geselekteerde*
terreinen in deze gids toekennen, is onze eigen indeling.
Niet te verwarren met de door officiële instanties gebruikte classificatie (1 tot 4 sterren).

LE LION-D'ANGERS

49220 – **317** E3 – G. Châteaux de la Loire – 3 705 h. – alt. 45
🅱 *Office de tourisme, square des Villes Jumelées* ℘ 02 41 95 83 19, Fax 02 41 95 17 82
Paris 295 – Angers 27 – Candé 27 – Château-Gontier 22 – La Flèche 51.

Municipal les Frênes de déb. juin à fin août
℘ 02 41 95 31 56, *mairie.lelionangers@wanadoo.fr*,
Fax 02 41 95 34 87, *www.leliondangers.fr*
2 ha (94 empl.) plat, herbeux
Tarif : (Prix 2009) 🛉 1,91€ 🚐 🔲 2,02€ – 🗗 (10A) 2,50€
🚐 1 borne
Pour s'y rendre : rte de Chateau Gontier (sortie nord-est
par N 162, rte de Château-Gontier, au bord de l'Oudon)
À savoir : au milieu de frênes majestueux, au bord de
l'Oudon

| Nature : ♀ |
| Loisirs : 🖼 ⚒ |
| Services : 🔥 GB 🗗 |
| À prox. : 🏇 hippodrome 🚲 |

Longitude : -0.70995
Latitude : 47.63317

LONGEVILLE-SUR-MER

85560 – **316** H9 – 2 271 h. – alt. 10
🚹 *Office de tourisme, 9, rue Georges Clemenceau* ☎ *02 51 33 34 64, Fax 02.51.33.26.46*
Paris 448 – Challans 74 – Luçon 29 – La Roche-sur-Yon 31 – Les Sables-d'Olonne 28.

Les Brunelles 🚹🚶 – de fin avr. à fin sept.
☎ 02 51 33 50 75, *camping@les-brunelles.com*,
Fax 02 51 33 98 21, *www.camp-atlantique.com* – places
limitées pour le passage
6 ha (600 empl.) plat, peu incliné, pierreux
Tarif : (Prix 2009) 24€ 🚶🚶 🚗 🔲 🔌 (10A) – pers.
suppl. 8€

Location (de déb. avr. à fin sept.) : 🚐 (4 à 6 pers.)
nuitée 43€ - 290 à 830€/sem. – frais de réservation
20€
🚐 borne raclet
Pour s'y rendre : Le Bouil, r. de la Parée (1,5 km au sud-
ouest par rte de la Tranche-sur-Mer puis 2,2 km par rte
à dr.)

| Nature : 🏞 🌳 🌿 |
| Loisirs : 🍸 ✗ snack, pizzeria 🎯 🎰 🏸 🏓 hammam jacuzzi 🐎 🚲 ✗ 🔲 🏊 🛝 terrain omnisports |
| Services : 🚻 🔌 GB 🐕 🌊 ☕ 🚰 laverie ⚡ 🛒 |
| À prox. : 🏇 |

Longitude : -1.52016
Latitude : 46.41491

LOUÉ

72540 – **310** I7 – G. Châteaux de la Loire – 2 097 h. – alt. 112
Paris 230 – Laval 59 – Le Mans 30.

Village Loisirs de déb. avr. à mi-oct.
☎ 02 43 88 65 65, *village.dhotes@orange.fr*,
villageloisirs.com
1 ha (16 empl.) plat, herbeux
Tarif : 15€ 🚶🚶 🚗 🔲 🔌 (10A) – pers. suppl. 4€
Location (permanent) : 10 🚐 (4 à 6 pers.) nuitée
50€ - 280 à 480€/sem.
🚐 borne artisanale
Pour s'y rendre : place Hector Vincent (vers sortie nord-
est par D 21, rte du Mans, à la piscine)
À savoir : situation agréable au bord de la Vègre

| Loisirs : 🍸 snack 🎰 🐎 🛝 |
| Services : 🚻 🔌 (juin-sept.) GB 🐕 🎰 🚰 🔲 |
| À prox. : 🛝 sentier pédestre, terrain multisports |

Longitude : -0.15118
Latitude : 47.99467

563

*Raadpleeg, voordat U zich op een kampeerterrein installeert,
de tarieven die de beheerder verplicht
is bij de ingang van het terrein aan te geven.
Informeer ook naar de speciale verblijfsvoorwaarden.
De in deze gids vermelde gegevens kunnen
sinds het verschijnen van deze hereditie gewijzigd zijn.*

LUCHÉ-PRINGÉ

72800 – **310** J8 – G. Châteaux de la Loire – 1 621 h. – alt. 34
🚹 *Syndicat d'initiative, 4, rue Paul Doumer* ☎ *02 43 45 44 50, Fax 02 43 45 75 71*
Paris 242 – Château-du-Loir 31 – Écommoy 24 – La Flèche 14 – Le Lude 10 – Le Mans 39.

Municipal la Chabotière de déb. avr. à mi-oct.
☎ 02 43 45 10 00, *contact@lachabotiere.com*,
Fax 02 43 45 10 00, *www.lachabotiere.com*
3 ha (75 empl.) en terrasses, herbeux
Tarif : 13€ 🚶🚶 🚗 🔲 🔌 (10A) – pers. suppl. 3,50€
Location (permanent) : 10 🚐 (4 à 6 pers.) - 248 à
493€/sem. – 10 bungalows toilés
🚐 borne artisanale 13€
Pour s'y rendre : place des Tilleuls (à l'ouest du bourg)
À savoir : à la base de loisirs, au bord du Loir

| Nature : 🏞 🌳 🌿 |
| Loisirs : 🎰 🐎 🚲 |
| Services : 🚻 🔌 (juil.-août) ⓟ GB 🐕 🎰 🚰 🔲 |
| À prox. : ✗ 🏇 🛝 🎣 🐎 canoë, barques, pédalos |

Longitude : 0.07364
Latitude : 47.70252

PAYS DE LA LOIRE

LES LUCS-SUR-BOULOGNE

85170 – **316** H6 – G. Poitou Charentes Vendée – 3 113 h. – alt. 70
🛈 *Office de tourisme, place Sénéchal* ✆ 02 51 46 51 28
Paris 423 – Aizenay 19 – Les Essarts 24 – Nantes 45 – La Roche-sur-Yon 22.

▲ **Municipal Val de Boulogne** de mi-juin à mi-sept.
✆ 02 51 46 59 00, *mairie.leslucssurboulogne@wanadoo.fr*,
Fax 02 51 46 51 20, *www.ville-leslucssurboulogne.fr*
0,3 ha (19 empl.) plat et peu incliné, herbeux
Tarif : (Prix 2009) 🧍 2,45 € ⟵ 1,60 € 🔲 2 € – 🔌 (10A) 2,55 €
Pour s'y rendre : 164 av. des Pierres Noires (sortie nord-est par D 18, rte de St-Sulpice-le-Verdon et chemin à dr.)

À savoir : cadre verdoyant et ombragé, près d'un étang

Nature : 🏞 ⌀
Services : 🌳
À prox. : 🍽 🍴 🛶 canoë

Longitude : -1.4943
Latitude : 46.84356

LE LUDE

72800 – **310** J9 – G. Châteaux de la Loire – 4 088 h. – alt. 48
🛈 *Office de tourisme, place François de Nicolay* ✆ 02 43 94 62 20, Fax 02 43 94 62 20
Paris 244 – Angers 63 – Chinon 63 – La Flèche 20 – Le Mans 45 – Saumur 51 – Tours 51.

▲▲ **Municipal au Bord du Loir** de déb. avr. à fin sept.
✆ 02 43 94 67 70, *camping.lelude@wanadoo.fr*,
Fax 02.43.94.93.62
2,5 ha (111 empl.) plat, herbeux
Tarif : (Prix 2009) 10 € 🧍🧍 ⟵ 🔲 🔌 (5A) – pers.
suppl. 3,20 €

Location (Prix 2009) : bungalows toilés
Pour s'y rendre : rte du Mans (0,8 km au nord-ouest par D 307, rte du Mans)

À savoir : cadre champêtre au bord du Loir

Nature : ⌀⌀
Loisirs : 🎣 🎦 diurne (juil.-août) 🏇 🚲 🏹 (centre équestre)
Services : ♿ ⛽ GB 🌳 🚿 ♨ 🏧
À prox. : snack 🍴 🛏 🏊 🏄 canoë, pédalos, piste de skate

Longitude : 0.15763
Latitude : 47.64648

Om een reisroute uit te stippelen en te volgen,
om het aantal kilometers te berekenen,
om precies de ligging van een terrein te bepalen
(aan de hand van de inlichtingen in de tekst),
*gebruikt u de **Michelinkaarten**,*
een onmisbare aanvulling op deze gids.

MACHÉ

85190 – **316** F7 – 1 251 h. – alt. 42
Paris 443 – Challans 22 – Nantes 59 – La Roche-sur-Yon 26 – Les Sables-d'Olonne 35.

▲▲ **Village Vacances La Résidence du Lac** (location exclusive de mobile homes et bungalows) Permanent
✆ 02 51 55 20 30, *laresidencedulac@libertysurf.fr*,
Fax 02 51 55 20 30, *www.residence-du-lac.com*
18 ha plat, herbeux
Location (Prix 2009) : 20 🚐 (4 à 6 pers.) nuitée 68 € -
250 à 495 €/sem. – 5 🏠 (4 à 6 pers.) nuitée 52 € - 190
à 385 €/sem. – frais de réservation 9 €
Pour s'y rendre : 2 r. de la Meule (vers sortie rte d'Apremont et chemin à gauche, accès direct au lac)

Nature : 🏞 ⌀⌀⌀
Loisirs : 🍽, snack 🏊 🚲 🏊
Services : ⛽ 🌳 🍴 laverie
À prox. : 🍴 🛶 canoë

Longitude : -1.68576
Latitude : 46.75496

▲ **Le Val de Vie** de déb. mai à fin sept.
✆ 02 51 60 21 02, *campingvaldevie@aol.com*,
Fax 02 51 60 21 02, *www.camping-val-de-vie.com*
2,5 ha (52 empl.) plat, peu incliné, herbeux
Tarif : 22,60 € 🧍🧍 ⟵ 🔲 🔌 (10A) – pers. suppl. 4,50 €
Pour s'y rendre : 5 r. du Stade (sortie rte d'Apremont et chemin à gauche, à 400 m du lac)

Nature : 🏞
Loisirs : 🏊 🏊
Services : ♿ ⛽ GB 🌳 🛏 🏧
À prox. : 🍴

Longitude : -1.68595
Latitude : 46.75305

MACHECOUL

44270 – **316** F6 – G. Poitou Charentes Vendée – 5 732 h. – alt. 5
🛈 *Office de tourisme, 14, place des Halles* ℰ *02 40 31 42 87, Fax 02.40.02.31 28*
Paris 420 – Beauvoir-sur-Mer 23 – Nantes 39 – La Roche-sur-Yon 56 – St-Nazaire 56.

⚑ **La Rabine** de mi-avr. à fin sept.
ℰ 02 40 02 30 48, *camprabine@wanadoo.fr*,
www.machecoul.fr
2,8 ha (131 empl.) plat, herbeux
Tarif : (Prix 2009) 13,50€ ⛺⛺ 🚐 🗉 🗲 (13A) – pers.
suppl. 3,80€
Pour s'y rendre : allée de la Rabine (sortie sud par D 95,
rte de Challans, au bord du Falleron)

Nature : 🔟	
Loisirs : salle d'animation 🏕🏇 🗟	
Services : 🚿 🖛 GB 🕶 🐾 🗖	
À prox. : 🍴 🖼 🐎 🎣	
Longitude : -1.81571	
Latitude : 46.98814	

MAILLEZAIS

85420 – **316** L9 – G. Poitou Charentes Vendée – 963 h. – alt. 6
🛈 *Office de tourisme, rue du Dr Daroux* ℰ *02 51 87 23 01, Fax 02 51 00 72 51*
Paris 436 – Fontenay-le-Comte 15 – Niort 27 – La Rochelle 49 – La Roche-sur-Yon 73.

⚑ **Municipal de l'Autize** de déb. avr. à fin sept.
ℰ 6 43 19 14 90, *camping-lautize@orange.fr*,
Fax 02 51 87 29 63, *www.maillezais.fr*
1 ha (40 empl.) plat, herbeux
Tarif : 9€ ⛺⛺ 🚐 🗉 🗲 (13A) – pers. suppl. 2€
🔄 borne raclet 2€ – 9 🗉 9€
Pour s'y rendre : r. du Champ de foire (sortie sud, rte de
Courçon)

Nature : 🔟	
Loisirs : 🏠	
Services : 🚿 🖛 (juil.-août) 🕶	
🛏 🗑 🗖	
À prox. : 🏕🏇 🍴	
Longitude : -0.74375	
Latitude : 46.35674	

MALICORNE-SUR-SARTHE

72270 – **310** I8 – G. Châteaux de la Loire – 1 933 h. – alt. 39
🛈 *Office de tourisme, 5, place Duguesclin* ℰ *02 43 94 74 45, Fax 02 43 94 59 61*
Paris 236 – Château-Gontier 52 – La Flèche 16 – Le Mans 32.

⚑ **Municipal Port Ste Marie** de déb. avr. à fin sept.
ℰ 02 43 94 80 14, *camping.malicorne@wanadoo.fr*,
Fax 02 43 94 57 26, *www.ville-malicorne.fr*
1 ha (80 empl.) plat, herbeux
Tarif : (Prix 2009) ⛺ 2,55€ 🚐 1,35€ 🗉 2,75€ –
🗲 (12A) 2,65€
Location (Prix 2009) : 4 🛖 (4 à 6 pers.) 240 à 442€/
sem. – 7 bungalows toilés
🔄 borne raclet 2,60€ – 1 🗉 9,20€
Pour s'y rendre : à l'ouest du bourg par D 41
À savoir : cadre et situation agréables, près de la Sarthe

Nature : 🔟	
Loisirs : 🏠 🏕🏇	
Services : 🚿 🖛 (juil.-août) GB	
🕶 🛎 laverie	
À prox. : 🚴 🍴 🖼 🛝 🎣 🐎	
(centre équestre) canoë, pédalos,	
terrain multisports	
Longitude : -0.09077	
Latitude : 47.81795	

565

🗜 ✖ *ATTENTION :*
these facilities are not necessarily available throughout
🏇 *the entire period that the camp is open -some are only*
🛝 🐎 *available in the summer season.*

MAMERS

72600 – **310** L4 – G. Normandie Vallée de la Seine – 5 696 h. – alt. 128
🛈 *Office de tourisme, 29, place Carnot* ℰ *02 43 97 60 63, Fax 02 43 97 42 87*
Paris 185 – Alençon 25 – Le Mans 51 – Mortagne-au-Perche 25 – Nogent-le-Rotrou 40.

⚑ **Municipal du Saosnois**
ℰ 02 43 97 68 30, *camping.mamers@free.fr*,
Fax 02 43 97 38 65, *www.mairie-mamers.fr*
1,5 ha (50 empl.) peu incliné et en terrasses, herbeux

Location : 3 🛖 – 1 🏠
🔄 borne artisanale
Pour s'y rendre : 1 km au nord par rte de Mortagne-au-
Perche et D 113 à gauche, rte de Contilly, près de deux
plans d'eau

Nature : 🔟 🔟	
Loisirs : 🍴 🏖 (plage)	
Services : 🖛 🎰 🛎 🗖	
À prox. : 🏕🏇 🍴 🛝 🎣 🐎	
parcours de santé, pédalos	
Longitude : 0.36804	
Latitude : 48.34875	

MANSIGNÉ

72510 – **310** J8 – 1 516 h. – alt. 80 – Base de loisirs
① *Syndicat d'initiative, route du Plessis* ℘ *02 43 46 14 17, Fax 02 43 46 16 65*
Paris 235 – Château-du-Loir 28 – La Flèche 21 – Le Lude 17 – Le Mans 32.

⚠️ Municipal de la Plage
℘ *02 43 46 14 17, camping-mansigne@wanadoo.fr,*
Fax *02 43 46 14 17, www.ville-mansigne.fr*
3 ha (175 empl.) plat, herbeux

Location : 8 ⬛ – 11 bungalows toilés
Pour s'y rendre : sortie nord par D 31, rte de la Suze-sur-Sarthe, à 100 m d'un plan d'eau (plage)

Nature : ♀
Loisirs : 🍷 🏠 🚲 ⚽ ⛱ 🛶
Services : 🚿 ⚡ laverie bureau d'informations touristiques
À prox. : 🏇 🗺 ⛱ 🎣 ⛴ canoë-kayak, pédalos

Longitude : 0.13425
Latitude : 47.74802

MAREUIL-SUR-LAY

85320 – **316** I8 – G. Poitou Charentes Vendée – 2 570 h. – alt. 20
① *Office de tourisme, 36, rue H. de Mareuil* ℘ *02 51 97 30 26, Fax 02 51 30 53 32*
Paris 428 – Cholet 78 – Nantes 89 – Niort 70 – La Rochelle 56 – La Roche-sur-Yon 23.

⚠️ Municipal la Prée de mi-juin à mi-sept.
℘ *02 51 97 27 26, mairiemareuilsurlay@wanadoo.fr,*
www.mareuiltourisme.com
1,5 ha (41 empl.) plat, herbeux
Tarif : (Prix 2009) 10,15€ ✶✶ 🚗 🅿 (15A) – pers.
suppl. 3,45€
Pour s'y rendre : r. du Lay (au sud du bourg, attenant au stade et la piscine)

À savoir : situation pittoresque en bordure du Lay

Nature : 🌳
Loisirs : 🏇
Services : 🚿 ⚡ GB 🐾 📶
À prox. : ⚔ ⛱ 🛶 🎣

Longitude : -1.22163
Latitude : 46.53407

566

Om een reisroute uit te stippelen en te volgen,
om het aantal kilometers te berekenen,
om precies de ligging van een terrein te bepalen
(aan de hand van de inlichtingen in de tekst),
*gebruikt u de **Michelinkaarten** ,*
een onmisbare aanvulling op deze gids.

MARÇON

72340 – **310** M8 – 1 008 h. – alt. 59 – Base de loisirs
① *Office de tourisme, 8, place de l'Église* ℘ *02 43 79 91 01, Fax 02.43.46.19.08*
Paris 245 – Château-du-Loir 10 – Le Grand-Lucé 51 – Le Mans 52 – Tours 43.

⚠️ Lac des Varennes de fin mars à mi-nov.
℘ *02 43 44 13 72, contact@lacdesvarennes.com,*
Fax *02 43 44 54 31, www.lacdesvarennes.com*
5,5 ha (250 empl.) plat, herbeux
Tarif : (Prix 2009) 17,90€ ✶✶ 🚗 🅿 (10A) – pers.
suppl. 5,10€ – frais de réservation 5€

Location (Prix 2009) : 14 ⬛ (4 à 6 pers.) nuitée 60€ -
240 à 645€/sem. – frais de réservation 5€
🚐 **borne artisanale** 5€ – 🛒 🅿 10€
Pour s'y rendre : rte de Port Gauthier (1 km à l'ouest par
D 61, rte du Port Gauthier, près de l'espace de loisirs)

À savoir : situation agréable autour d'un lac aménagé en base de loisirs

Nature : ♀
Loisirs : 🍷 snack 🏠 ⚔ 🚲 ⛱ (plage) 🎣
Services : 🚿 ⚡ GB 🐾 🔥 📶 ⛱ 🚮
À prox. : ⛳ ⛱ 🎣 🛶 🐎 🏇 terrain omnisports, canoë, pédalos

Longitude : 0.4993
Latitude : 47.7125

MAYENNE

53100 – **310** F5 – G. Normandie Cotentin – 13 742 h. – alt. 124
🛈 *Office de tourisme, quai de Waiblingen ℰ 0243041937, Fax 0243000199*
Paris 283 – Alençon 61 – Flers 56 – Fougères 47 – Laval 30 – Le Mans 89.

Du Gué St-Léonard de mi-mars à fin sept.
ℰ 0243045714,
info@paysdemayenne-tourisme.fr, Fax 0243302110,
http://www.paysdemayenne-tourisme.fr
1,8 ha (70 empl.) plat, herbeux
Tarif : 9,15€ ♣♣ ⇔ 🅴 🚰 (10A) – pers. suppl. 3,25€
Location (permanent) : 5 🏚 (4 à 6 pers.) 124 à 364€/sem.
🚐 2 🅴 9,20€
Pour s'y rendre : r. du Gué St-Léonard (au nord de la ville, par av. de Loré et r. à dr.)

À savoir : situation plaisante au bord de la Mayenne

| Nature : ♤♤ |
| Loisirs : snack 🍴 ⚒ 🛶 |
| Services : 🛁 🚿 GB 🚗 🖨 🧺 🍴 laverie |
| À prox. : 🛒 ⚒ canoë |

Longitude : -0.61449
Latitude : 48.31363

LE MAZEAU

85420 – **316** L9 – 432 h. – alt. 8
Paris 435 – Fontenay-le-Comte 22 – Niort 21 – La Rochelle 53 – Surgères 42.

Municipal le Relais du Pêcheur de déb. avr. à fin sept.
ℰ 0251529323, *mairie-le-mazeau@wanadoo.fr*,
Fax 0251529758
1 ha (54 empl.) plat, herbeux
Tarif : ♣ 3,20€ ⇔ 🅴 4€ – 🚰 (10A) 3€
Location (Prix 2009) (permanent) : Bungalows toilés
Pour s'y rendre : rte de la Sèvre (700 m au sud du bourg, près de canaux)

À savoir : cadre et situation agréables au coeur de la Venise Verte

Renouvelez votre guide chaque année.

| Nature : ♤ ⚒ ♀ |
| Loisirs : 🍴 ⚒ |
| Services : 🛁 🚿 (juil.-août) 🚗 🖨 |
| À prox. : ⚒ |

Longitude : -0.66788
Latitude : 46.31888

MÉNIL

53200 – **310** E8 – 920 h. – alt. 32
Paris 297 – Angers 45 – Château-Gontier 7 – Châteauneuf-sur-Sarthe 21 – Laval 37 – Segré 21.

Municipal du Bac de mi-avr. à fin sept.
ℰ 0243702454, *campingdubac@orange.fr*,
Fax 0243709502
0,5 ha (39 empl.) plat, herbeux
Tarif : (Prix 2009) 10,50€ ♣♣ ⇔ 🅴 🚰 (6A) – pers. suppl. 3,80€
Location (Prix 2009) (permanent) : 5 🏚 (4 à 6 pers.) - 160 à 380€/sem. – frais de réservation 13€
Pour s'y rendre : r. du Port (à l'est du bourg)

À savoir : cadre et situation agréables, près de la Mayenne

| Nature : ♤ ⚒ ♀ |
| Loisirs : snack ⚒ 🚲 ⚒ |
| Services : 🛁 🚿 GB 🚗 🍴 |
| À prox. : canoë |

Longitude : -0.67232
Latitude : 47.77572

MERVENT

85200 – **316** L8 – G. Poitou Charentes Vendée – 1 077 h. – alt. 85
🛈 *Office de tourisme, rue de la Citardière ℰ 0251002957*
Paris 426 – Bressuire 52 – Fontenay-le-Comte 12 – Parthenay 50 – La Roche-sur-Yon 61.

La Joletière de mi-avr. à fin oct.
ℰ 0251002687, *camping.la.joletiere@wanadoo.fr*,
Fax 0251002755, *www.campinglajoletiere.fr.st*
1,3 ha (73 empl.) peu incliné, herbeux
Tarif : (Prix 2009) ♣ 4,30€ ⇔ 🅴 5,10€ – 🚰 (5A) 3,70€ – frais de réservation 8€
Location (Prix 2009) (permanent) ⚒ : 3 🏚 (4 à 6 pers.) 290 à 445€/sem. – frais de réservation 8€
Pour s'y rendre : 700 m à l'ouest par D 99

| Nature : ⚒ ♀ |
| Loisirs : snack 🍴 ⚒ ⚒ |
| Services : 🛁 🚿 GB 🚗 🚿 🖨 |
| À prox. : 🍴 🍴 |

Longitude : -0.77348
Latitude : 46.52112

MESLAY-DU-MAINE

53170 – **310** F7 – 2 645 h. – alt. 90

🛈 *Syndicat d'initiative, 31, boulevard du Collège* ✆ *02 43 64 24 06, Fax 02 43 98 73 06*

Paris 268 – Angers 60 – Château-Gontier 21 – Châteauneuf-sur-Sarthe 34 – Laval 23 – Segré 43.

🔺 **La Chesnaie** de mi-avr. à fin sept.
✆ 02 43 98 48 08, *camping.lachesnaie@wanadoo.fr*,
Fax 02 43 98 48 08, *www.paysmeslaygrez.fr*
7 ha/0,8 campable (60 empl.) plat, herbeux
Tarif : 11,50 € ✶✶ ⬙ 🅴 (⨍) (10A) – pers. suppl. 3,20 €
Location (permanent) : 8 🛖 (4 à 6 pers.) nuitée 74 €
- 165 à 395 €/sem. – frais de réservation 13 €
🚽 borne artisanale
Pour s'y rendre : plan d'eau la Chesnaie (2,5 km au nord-est par D 152, rte de St-Denis-du-Maine)

À savoir : au bord d'un beau plan d'eau

Nature : 🌳 ⬅ ⌒ 🍃	
Loisirs : 🚲	
Services : ♿ (juil.-août) ⚷ 🎡 🖼	
à la base de loisirs : 🍽 ✗ 🛶	
🚣 🏊 🏊 ⚓ 🦢 swin golf, parcours de santé, pédalos	

Longitude : -0.52685
Latitude : 47.96529

Les indications d'accès à un terrain sont généralement indiquées, dans notre guide, à partir du centre de la localité.

MESQUER

44420 – **316** B3 – 1 658 h. – alt. 6

🛈 *Office de tourisme, place du Marché - Quimiac* ✆ *02 40 42 64 37, Fax 02 40 42 50 89*

Paris 460 – La Baule 16 – Muzillac 32 – Pontchâteau 35 – St-Nazaire 29.

🔺 **Soir d'Été** de déb. avr. à fin sept.
✆ 02 40 42 57 26, *nadine-houssais@wanadoo.fr*,
Fax 02 51 73 97 76, *www.camping-soirdete.com*
1,5 ha (92 empl.) plat et peu incliné, herbeux, sablonneux
Tarif : (Prix 2009) 28 € ✶✶ ⬙ 🅴 (⨍) (6A) – pers. suppl. 7 € – frais de réservation 15 €
Location (Prix 2009) : 12 🛖 (4 à 6 pers.) nuitée 59 € - 230 à 630 €/sem. – 8 🛖 (4 à 6 pers.) nuitée 59 € - 230 à 630 €/sem. – frais de réservation 15 €
Pour s'y rendre : 401 r. de Bel Air (2 km au nord-ouest par D 352 et rte à gauche)

À savoir : cadre ombragé

Nature : 🌳 ⌒ 🍃🍃	
Loisirs : 🍽 snack 🛶 terrain multisports 🏊 🎿 🎣	
Services : ♿ ⊶ 🅖🅑 ⚷ 🦗 🖼 ♨	
À prox. : 🚲 ✗ 🏇 🐎	

Longitude : -2.4724
Latitude : 47.4059

🔺 **Le Praderoi** de mi-juin à mi-sept.
✆ 02 40 42 66 72, *camping.praderoi@wanadoo.fr*,
Fax 02 40 42 66 72,
http://perso.wanadoo.fr/mtger.debonne
0,4 ha (30 empl.) plat, sablonneux, herbeux
Tarif : 23,60 € ✶✶ ⬙ 🅴 (⨍) (5A) – pers. suppl. 4,30 € – frais de réservation 15 €
Location : 3 🛖 (2 à 4 pers.) nuitée 38 € - 300 à 480 €/sem.
🚽 borne autre 13 € – 20 🅴 13 €
Pour s'y rendre : 14 allée des Barges à Quimiac (2,5 km au nord-ouest, à 100 m de la plage)

Nature : 🌳 🍃	
Loisirs : 🏊	
Services : ♿ ⊶ 🖼	
À prox. : ♨	

Longitude : -2.48939
Latitude : 47.40497

MÉZIÈRES-SOUS-LAVARDIN

72240 – **310** J6 – 560 h. – alt. 75

Paris 221 – Alençon 38 – La Ferté-Bernard 69 – Le Mans 25 – Sillé-le-Guillaume 16.

🔺 **Parc des Braudières** Permanent
✆ 02 43 20 81 48, *camping.braudieres@wanadoo.fr*,
Fax 02 43 20 81 48, *www.camping-braudieres.com* – places limitées pour le passage
1,7 ha (52 empl.) plat et peu incliné, herbeux
Tarif : 11,50 € ✶✶ ⬙ 🅴 (⨍) (5A) – pers. suppl. 3,50 €
🚽 borne artisanale 11,50 €
Pour s'y rendre : 4,5 km à l'est par rte secondaire de St-Jean

À savoir : en bordure d'un petit étang de pêche

Nature : 🌳 ⌒ 🍃	
Loisirs : jacuzzi 🏊 🎿 🚣	
Services : ⊶ ⚷	

Longitude : 0.0622
Latitude : 48.15576

MONTREUIL-BELLAY

49260 – **317** I6 – G. Châteaux de la Loire – 4 060 h. – alt. 50

🛈 *Office de tourisme, place du Concorde ℰ 02 41 52 32 39, Fax 02 41 52 32 35*

Paris 335 – Angers 54 – Châtellerault 70 – Chinon 39 – Cholet 61 – Poitiers 80 – Saumur 16.

⚠⚠ **Les Nobis** ⚑⚑ – de fin mars à déb. oct.
ℰ 02 41 52 33 66, *camping-les-nobis@orange.fr*,
Fax 02 41 38 72 88, *www.campinglesnobis.com*
4 ha (165 empl.) plat, terrasse, herbeux
Tarif : (Prix 2009) 23 € ✶✶ ⚌ 🄴 [🄵] (10A) – pers.
suppl. 4 €

Location (Prix 2009) (permanent) : 19 🚐 (4 à 6
pers.) nuitée 94 € - 349 à 545 €/sem.
Pour s'y rendre : r. Georges Girouy (sortie nord-ouest,
rte d'Angers et chemin à gauche av. le pont)

À savoir : situation agréable sur les rives du Thouet et au
pied des remparts du château

Nature : 🏞 ♡♡
Loisirs : 🍷 ✕ 🎦 🄳diurne ⚴ 🛥 🚲 🏊
Services : 🚿 ⚌ 🄶🄱 🕸 ♨ 🛁 laverie
À prox. : pédalos, canoë

Longitude : -0.15947
Latitude : 47.13148

MONTSOREAU

49730 – **317** J5 – G. Châteaux de la Loire – 501 h. – alt. 77

🛈 *Office de tourisme, avenue de la Loire ℰ 02 41 51 70 22*

Paris 292 – Angers 75 – Châtellerault 65 – Chinon 18 – Poitiers 82 – Saumur 11 – Tours 56.

⚠⚠ **L'Isle Verte** de déb. avr. à fin sept.
ℰ 02 41 51 76 60, *isleverte@cvtloisirs.fr*, Fax 02 41 51 08 83,
www.campingisleverte.com
2,5 ha (105 empl.) plat, herbeux
Tarif : 22 € ✶✶ ⚌ 🄴 [🄵] (16A) – pers. suppl. 4 € – frais
de réservation 12 €

Location 🐾 : 12 🚐 (4 à 6 pers.) nuitée 65 € - 280 à
623 €/sem. – 3 bungalows toilés – frais de réservation
12 €
🚐 borne artisanale 6 € – 2 🄴 22 €
Pour s'y rendre : av. de la Loire (sortie nord-ouest par
D 947, rte de Saumur, au bord de la Loire)

Nature : ♡♡
Loisirs : snack 🎦 🛥 ✕ 🏊
Services : 🚿 ⚌ 🄶🄱 🕸 ♨ 🛁 🛁

Longitude : 0.05133
Latitude : 47.21841

569

*Die Klassifizierung (1 bis 5 Zelte, **schwarz** oder **rot**),
mit der wir die Campingplätze auszeichnen, ist eine Michelin-eigene Klassifizierung.
Sie darf nicht mit der staatlich-offiziellen Klassifizierung
(1 bis 4 Sterne) verwechselt werden.*

LA MOTHE-ACHARD

85150 – **316** G8 – 2 340 h. – alt. 20

🛈 *Office de tourisme, 56, rue G. Clémenceau ℰ 02 51 05 90 49, Fax 02.51.05.95.51*

Paris 439 – Aizenay 15 – Challans 40 – La Roche-sur-Yon 19 – Les Sables-d'Olonne 18 – St-Gilles-Croix-de-
Vie 27.

⚠⚠ **Le Pavillon** de déb. avr. à fin sept.
ℰ 02 51 05 63 46, *campinglepavillon@club-internet.fr*,
Fax 02 51 09 45 58, *www.camping-le-pavillon.com*
3,6 ha (117 empl.) plat, herbeux, étang
Tarif : 23 € ✶✶ ⚌ 🄴 [🄵] (10A) – pers. suppl. 5,50 € –
frais de réservation 68 €

Location : 12 🚐 (2 à 4 pers.) 170 à 552 €/sem. – 23
🚐 (4 à 6 pers.) nuitée 64 € - 223 à 642 €/sem. – 6 🏠
(4 à 6 pers.) nuitée 96 € - 292 à 748 €/sem. – bungalows
toilés – frais de réservation 16 €
Pour s'y rendre : 175 av. Georges Clemenceau (1,5 km au
sud-ouest, rte des Sables-d'Olonne)

Nature : ♡♡
Loisirs : 🍷 🎦 🄳nocturne 🛥 🏊 ⚠ terrain omnisports
Services : 🚿 ⚌ 🄶🄱 🕸 ♨ 🛁 laverie

Longitude : -1.65763
Latitude : 46.62004

PAYS DE LA LOIRE

MOUCHAMPS

85640 – **316** J7 – G. Poitou Charentes Vendée – 2 569 h. – alt. 81
Paris 394 – Cholet 40 – Fontenay-le-Comte 52 – Nantes 68 – La Roche-sur-Yon 35.

▲ **Le Hameau du Petit Lay** de mi-juin à mi-sept.
 ℰ 0251662572, *mairie@mouchamps.com*,
 Fax 0251662572, *www.mouchamps.com*
 0,4 ha (24 empl.) plat, herbeux
 Tarif : (Prix 2009) 10,80€ ★ ★ ⇔ 🅴 🕭 (4A) – pers.
 suppl. 3,10€
 Location (Prix 2009) (permanent) : 🛖 (4 à 6 pers.) -
 179 à 490€/sem.
 Pour s'y rendre : au lieu-dit : Chauvin (600 m au sud par
 D 113, rte de St-Prouant, au bord d'un ruisseau)

> Nature : 🏕 ♀
> Loisirs : 🍴 ⚓ 🏊 (petite
> piscine)
> Services : 🔧 ☎ GB 📷
> À prox. : 🎣

> *Longitude : -1.05596*
> *Latitude : 46.77549*

MOUILLERON-LE-CAPTIF

85000 – **316** h7 – 4 085 h. – alt. 70
Paris 421 – Challans 40 – La Mothe-Achard 22 – Nantes 63 – La Roche-sur-Yon 8.

▲ **L'Ambois** Permanent
 ℰ 0251372915, *camping-ambois@voila.fr*,
 Fax 0251372915, *www.camping.ambois.com*
 1,75 ha (48 empl.) plat, peu incliné, herbeux
 Tarif : (Prix 2009) ★ 3,90€ ⇔ 🅴 3,40€ – 🕭 (10A) 3,40€
 Location (Prix 2009) : 36 🛏 (4 à 6 pers.) nuitée 60€ -
 360 à 420€/sem. – 4 🛖 (4 à 6 pers.) nuitée 58€ - 390
 à 410€/sem. – gîtes – chambres d'hôte
 Pour s'y rendre : sortie sud-est par D 2, rte de la Roche-
 sur-Yon, puis 2,6 km par chemin à dr.
 À savoir : cadre champêtre

> Nature : 🞐 🏕 ♀
> Loisirs : 🍴 ⚓ 🚲 🏊 poneys
> mini ferme
> Services : 🔧 ☎ GB 🛒 🏪 🍴
> laverie

> *Longitude : -1.45924*
> *Latitude : 46.71991*

🚤 ✕ *ATTENTION...*
🛝   *ces éléments ne fonctionnent généralement qu'en saison,*
🏊 🐎 *quelles que soient les dates d'ouverture du terrain.*

570

NALLIERS

85370 – **316** J9 – 2 110 h. – alt. 9
Paris 435 – Fontenay-le-Comte 18 – Luçon 12 – Niort 52 – La Rochelle 42 – La Roche-sur-Yon 44.

▲ **Municipal le Vieux Chêne** Permanent
 ℰ 0251309071, *nalliers.mairie@wanadoo.fr*,
 Fax 0251309406, *nalliers.fr* 🚫
 1 ha (25 empl.) plat, herbeux
 Tarif : ★ 2,70€ ⇔ 1,70€ 🅴 2,70€ – 🕭 (16A) 3,70€
 Pour s'y rendre : le Port (au sud du bourg)

> Nature : 🏕 ♀♀
> Loisirs : ⚓
> Services : 🔧 ☎
> À prox. : ✕

> *Longitude : -1.02697*
> *Latitude : 46.46722*

NANTES

44000 – **316** G4 – G. Bretagne – 282 853 h. – alt. 8
🛈 Office de tourisme, 3 Cours oliviers de Clisson ℰ 0892464044, Fax 0240891199 Office de tourisme,
2 place Saint Pierre ℰ 0892464044, Fax 0240891199
Paris 381 – Angers 88 – Bordeaux 325 – Lyon 660 – Quimper 233 – Rennes 109.

▲▲ **Le Petit Port** Permanent
 ℰ 0240744794, *camping-petit-port@nge-nantes.fr*,
 Fax 0240742306, *www.nge-nantes.fr/camping*
 8 ha (200 empl.) plat, peu incliné, herbeux, gravillons
 Tarif : (Prix 2009) ★ 3,80€ ⇔ 2,65€ 🅴 9,40€ –
 🕭 (16A) 3,80€ – frais de réservation 5€
 Location (Prix 2009) 🚫 : 35 🛏 (4 à 6 pers.) 243 à
 533€/sem. – frais de réservation 14€
 🚐 borne raclet 4€ – 🔋 13.50€
 Pour s'y rendre : 21 bd du Petit Port (au bord du Cens)

> Nature : 🏕 ♀♀
> Loisirs : ⚓ 🚲 ⛹
> Services : 🔧 ☎ GB 🛒 🏪 ⛽ 🍴
> 🚿 🍴 laverie
> À prox. : ✕ crêperie patinoire,
> bowling 🏊

> *Longitude : -1.55557*
> *Latitude : 47.24185*

NOTRE-DAME-DE-MONTS

85690 – **316** D6 – G. Poitou Charentes Vendée – 1 772 h. – alt. 6

🖪 *Office de tourisme, 6, rue de la Barre* 𝒫 02 51 58 84 97, Fax 02 51 58 15 56
Paris 459 – Nantes 74 – La Roche 72 – Saint 75 – Saint 70.

Les Alizés Montois de mi-fév. à mi-nov.
𝒫 02 28 11 28 50, *contact@campinglalbizia.com*,
Fax 02 28 11 27 78, *www.campinglalbizia.com*
3,6 ha (150 empl.) plat, herbeux, sablonneux
Tarif : (Prix 2009) 27 € ★★ ⇔ 🗉 (🖁) (16A) – pers.
suppl. 5,50 € – frais de réservation 10 €

Location (Prix 2009) : 20 🛏 (4 à 6 pers.) nuitée 70 € -
230 à 740 €/sem. – frais de réservation 10 €
Pour s'y rendre : 52 r. de la Rive (1,9 km au nord)

Nature : 🏞
Loisirs : 🍸 snack 🌙 nocturne 🏹 🚴 🛶 🏊 terrains multisports
Services : 🦽 🔌 GB 🐕 🚿 🏧

Longitude : -2.12733
Latitude : 46.85054

Le Grand Jardin de déb. avr. à fin oct.
𝒫 02 28 11 21 75, *contact@legrandjardin.net*,
Fax 02 51 59 56 66, *www.legrandjardin.net* – places
limitées pour le passage
2,5 ha (159 empl.) plat, herbeux, sablonneux
Tarif : 30 € ★★ 🗉 (🖁) (10A) – pers. suppl. 4,50 € –
frais de réservation 19 €

Location (Prix 2009) (fermé de mi-déc. à mi-fév.) : 25
🛏 (4 à 6 pers.) 260 à 690 €/sem. – 4 🏠 (4 à 6 pers.)
- 300 à 720 €/sem. – frais de réservation 19 €
Pour s'y rendre : 50 r. de la Barre (600 m au nord,
au bord d'un étier)

Nature : 🏞 ♀
Loisirs : ✕ 🚴 🏊 (découverte en saison) 🎣
Services : ☎ (juil.-août) GB 🐕 🚿 🏧 🛒

Longitude : -2.12448
Latitude : 46.84086

Le Pont d'Yeu de déb. avr. à fin sept.
𝒫 02 51 58 83 76, *info@camping-pontdyeu.com*,
Fax 02 28 11 20 19, *www.camping-pontdyeu.com*
1,3 ha (96 empl.) plat, sablonneux
Tarif : 23 € ★★ ⇔ 🗉 (🖁) (6A) – pers. suppl. 4,90 € – frais
de réservation 10 €

Location : 27 🛏 (4 à 6 pers.) 225 à 610 €/sem. – frais
de réservation 10 €
Pour s'y rendre : 1 km au sud

Nature : 🏞 ♀
Loisirs : 🚴 🏊
Services : 🦽 🐕 🏖 🏧

Longitude : -2.13152
Latitude : 46.83456

La Ménardière de déb. mai à fin sept.
𝒫 02 51 58 86 92, *camping.menardiere@wanadoo.fr*,
Fax 02 51 58 86 92
0,8 ha (65 empl.) plat, sablonneux, herbeux
Tarif : 13,20 € ★★ ⇔ 🗉 (🖁) (6A) – pers. suppl. 3,90 €
Pour s'y rendre : rte de Notre-Dame-de-Monts (1 km
au sud)

Nature : ♀
Loisirs : 🛋 🚴
Services : 🦽 🔌 🐕 🏖 🏧

Longitude : -2.1064
Latitude : 46.80876

Do not confuse :
🔺 ... to ... 🔺🔺🔺🔺 : MICHELIN classification
and
★ ... to ... ★★★★ : official classification

NYOISEAU

49500 – **317** D2 – G. Châteaux de la Loire – 1 306 h. – alt. 40
Paris 316 – Ancenis 50 – Angers 47 – Châteaubriant 39 – Laval 47 – Rennes 86 – Vitré 55.

La Rivière
𝒫 02 41 92 26 77, Fax 02 41 92 26 65
1 ha (25 empl.) plat, herbeux
🛏 1 borne artisanale
Pour s'y rendre : 1,2 km au sud-est par D 71, rte de
Segré et rte à gauche, au bord de l'Oudon

Nature : 🐟 ♀♀
Loisirs : 🛋 🚴
Services : 🦽 ☎ (juil.-15 sept.)
À prox. : 🚵 piste de bi-cross

Longitude : -0.9157
Latitude : 47.71635

OLONNE-SUR-MER

85340 – **316** F8 – G. Poitou Charentes Vendée – 12 352 h. – alt. 40

⧠ *Office de tourisme, 10, rue du Maréchal Foch ℘ 0251907545, Fax 0251907730*
Paris 458 – Nantes 102 – La Roche 36 – La Rochelle 96 – Saint 110.

▲▲▲ La Loubine ≗≛ – de déb. avr. à mi-sept.
℘ 0251331292, *camping.la.loubine@wanadoo.fr*,
Fax 0251331271, *www.la-loubine.fr* ⊗
8 ha (368 empl.) plat, herbeux
Tarif : 31,20€ **≛≛ ⇔ 回 囵** (6A) – pers. suppl. 5,10€ –
frais de réservation 20€

Location : 85 ⏚⏛ (4 à 6 pers.) 239 à 811€/sem.
– 15 ⏚ (4 à 6 pers.) - 239 à 811€/sem. – frais de
réservation 20€
Pour s'y rendre : 1 rte de la Mer (3 km à l'ouest)

À savoir : autour d'une ferme vendéenne du 16e s. et
d'un beau complexe aquatique paysager et ludique

Nature : ⊏⊐ ♀
Loisirs : ♈ snack, pizzeria ⊑⊒ ⊙nocturne ⊁✸ ◠≋ jacuzzi ⊰ ⊙ऴ ✗ 涑 ⊠ ⊐ ⊿terrain omnisports
Services : ⅍ ⊶ GB ⊘♈ ⊗ ⊿ ⋎⋌ 圐 ⊒⊾
À prox. : ⋘ poneys

Longitude : -1.80647
Latitude : 46.54595

▲▲▲ Airotel le Trianon ≗≛ – de déb. avr. à fin oct.
℘ 0251236161, *campingletrianon@wanadoo.fr*,
Fax 0251907770, *www.camping-le-trianon.com*
12 ha (515 empl.) plat, herbeux, petit étang
Tarif : (Prix 2009) 40,75€ **≛≛ ⇔ 回 囵** (16A) – pers.
suppl. 6,40€ – frais de réservation 25€

Location (Prix 2009) : 110 ⏚⏛ (4 à 6 pers.) 300 à
910€/sem. – 32 ⏚ (4 à 6 pers.) - 336 à 922€/sem. –
bungalows toilés – frais de réservation 25€
Pour s'y rendre : 95 r. du Maréchal Joffre (1 km à l'est)

À savoir : agréable cadre verdoyant et ombragé

Nature : ⊏⊐ ♀♀
Loisirs : ♈ ✗ ⊑⊒ ⊙diurne (en saison) nocturne ⊁✸ discothèque ⊰ ✗ 涑 ⊠ ⊐ ⊿
Services : ⅍ ⊶ (juil.-août) ⊗ ⊿ ⋎⋌ ⋌ laverie ⊒⊾ ⊾

Longitude : -1.75502
Latitude : 46.53118

▲▲▲ Le Moulin de la Salle de mi-avr. à fin sept.
℘ 0251959910, *moulindelasalle@wanadoo.fr*,
Fax 0251969613, *www.moulindelasalle.com*
2,7 ha (178 empl.) plat, herbeux
Tarif : 30€ **≛≛ ⇔ 回 囵** (10A) – pers. suppl. 5€ – frais
de réservation 22€

Location : ⏚⏛ (4 à 6 pers.) 220 à 760€/sem. – ⊨ –
gîtes – frais de réservation 22€
Pour s'y rendre : r. du Moulin de la Salle (2,7 km à
l'ouest)

Nature : ⊏⊐ ♀
Loisirs : ♈ snack ⊑⊒ ⊰ ⊠ (découverte l'été) ⊿
Services : ⅍ ⊶ GB ⊘♈ ⊗ ⊿ ⋎⋌ ⋌ 圐 ⊾

Longitude : -1.79177
Latitude : 46.52876

▲▲▲ Domaine de l'Orée ≗≛ – de mi-avr. à mi-sept.
℘ 0251331059, *loree@free.fr*, Fax 0251331516,
www.l-oree.com
6 ha (320 empl.) plat, herbeux
Tarif : 30,60€ **≛≛ ⇔ 回 囵** (10A) – pers. suppl. 5,50€ –
frais de réservation 24€

Location : 119 ⏚⏛ (4 à 6 pers.) nuitée 54€ - 242 à
849€/sem. – 16 ⏚ (4 à 6 pers.) nuitée 54€ - 242 à
849€/sem. – gîtes – frais de réservation 24€
Pour s'y rendre : 13 rte des Amis de la Nature (3 km à
l'ouest)

Nature : ⊏⊐ ♀♀
Loisirs : ♈ snack ⊑⊒ ⊙nocturne (juil.-août) ⊁✸ ⊰ ⊙ऴ ✗ ⊠ ⊐ ⊿terrain multisports
Services : ⅍ ⊶ GB ⊘♈ ⊗ ⊿ ⋎⋌ ⋌ 圐 ⊒⊾ ⊾
À prox. : ⋘ poneys

Longitude : -1.80827
Latitude : 46.5494

▲▲ Nid d'Été de déb. avr. à fin sept.
℘ 0251953438, *info@leniddete.com*, Fax 0251953464,
www.leniddete.com
2 ha (119 empl.) plat, herbeux
Tarif : (Prix 2009) 23,80€ **≛≛ ⇔ 回 囵** (6A) – pers.
suppl. 4,30€ – frais de réservation 15€

Location (Prix 2009) : 9 ⏚⏛ (4 à 6 pers.) 240 à 700€/
sem. – frais de réservation 15€
Pour s'y rendre : 2 r. de la Vigne Verte (2,5 km à l'ouest)

Nature : ⊱ ♀
Loisirs : ⊑⊒ ⊰ ⊠
Services : ⅍ ⊶ GB ⊘♈ ⊗ ⋎⋌ 圐

Longitude : -1.78943
Latitude : 46.5335

▲▲▲▲ ... ▲

***Sites which are particularly pleasant in their own right
and outstanding in their class.***

▲ **Bois Soleil** de déb. avr. à fin sept.
    0251331197, camping.boissoleil@wanadoo.fr,
    Fax 0251331485, *www.campingboisoleil.com*
    3,1 ha (160 empl.) plat et peu incliné, herbeux, pierreux
    Tarif : (Prix 2009) 29,65€ ★★ ⇌ 🅴 (ᵺ) (6A) – pers.
    suppl. 5€ – frais de réservation 20€

    Location (Prix 2009) : 150 ⬚ (4 à 6 pers.) 190 à 712€/
    sem. – bungalows toilés – frais de réservation 20€
    Pour s'y rendre : 94 chemin des Barres (4,1 km au nord-
    ouest par D 80, D 87, rte de l'Ile d'Olonne, près de la
    réserve ornithologique)

    À savoir : au bord des marais salants

Nature : 🦢 ⟨ ⊏ ♀
Loisirs : ♟ ☺nocturne hammam 🚵 ↟ 🏊 ⩲
Services : ♿ ⊶ GB ⟲ 🛁 ⩲ ⟲ 🍴 🔲 ⩻ ⬗

Longitude : -1.80457
Latitude : 46.55294

▲ **Sauveterre** de déb. avr. à fin sept.
    0251331058, info@campingsauveterre.com,
    Fax 0251213397, *www.campingsauveterre.com*
    3,2 ha (234 empl.) plat, herbeux
    Tarif : (Prix 2009) 16€ ★★ ⇌ 🅴 (ᵺ) (6A) – pers.
    suppl. 4,50€ – frais de réservation 10€

    Location (Prix 2009) 🚿 : 17 ⬚ (4 à 6 pers.) nuitée
    35€ - 135 à 550€/sem. – frais de réservation 10€
    ⬚ borne artisanale 11,70€
    Pour s'y rendre : 3 rte des Amis de la Nature (3 km à
    l'ouest)

Nature : ♀
Loisirs : snack 🏊 ⩲
Services : ♿ ⊶ ⟲ 🔲 ⩲ ⟲
À prox. : 🐎 poneys

Longitude : -1.80547
Latitude : 46.54697

LE PERRIER

85300 – **316** E7 – 1 761 h. – alt. 4
Paris 449 – Nantes 67 – La Roche 56 – Saint 73 – Saint 67.

▲ **La Maison Blanche** de déb. mai à mi-sept.
    0251493923, campingmaisonblanche@yahoo.fr,
    www.campingmaisonblanche.fr
    3,2 ha (200 empl.) plat, herbeux
    Tarif : 15,65€ ★★ ⇌ 🅴 (ᵺ) (6A) – pers. suppl. 3,70€ –
    frais de réservation 11€

    Location (de mi-avr. à fin sept.) : ⬚ (4 à 6 pers.) 230
    à 551€/sem. – frais de réservation 11€
    Pour s'y rendre : r. de la Maison Blanche (près de l'église,
    au bord d'un étier)

Nature : ♀♀
Loisirs : ⬚ ⩤ 🚵 🏊
Services : ♿ ⊶ (saison) GB ⟲ 🛁laverie ⩻
À prox. : 🍴

Longitude : -1.99546
Latitude : 46.81974

573

*En juillet et août, beaucoup de terrains sont saturés
et leurs emplacements retenus longtemps à l'avance.
N'attendez pas le dernier moment pour réserver.*

PIRIAC-SUR-MER

44420 – **316** A3 – G. Bretagne – 2 254 h. – alt. 7
🛈 *Office de tourisme, 7, rue des Cap-Horniers*   *0240235142, Fax 0240235119*
Paris 462 – La Baule 17 – Nantes 88 – La Roche-Bernard 33 – St-Nazaire 31.

▲▲ **Armor Héol** ♨ – de déb. avr. à fin sept.
    0240235780, info@camping-armor-heol.com,
    Fax 0240235942, *www.camping-armor-heol.com*
    4,5 ha (210 empl.) plat, herbeux, petit étang
    Tarif : 36€ ★★ ⇌ 🅴 (ᵺ) (5A) – pers. suppl. 8€ – frais de
    réservation 25€

    Location : 61 ⬚ (4 à 6 pers.) nuitée 72€ - 315 à
    850€/sem. – 22 ⬚ (4 à 6 pers.) nuitée 64€ - 290 à
    810€/sem. – frais de réservation 25€
    Pour s'y rendre : rte de Guérande (1 km au sud-est par
    D 333)

    À savoir : bel ensemble aquatique, loisirs et commercial

Nature : ⊏ ♀♀
Loisirs : ♟ snack ⬚ ☺nocturne (juillet-août) ↟ 🎱 salle d'ani- mation ⩤ 🍴 🏊 ⩲ terrain omnisports
Services : ♿ ⊶ (saison) GB ⟲ 🛁 🔲
À prox. : 🛒 ↟ ♦ 🐎 (centre équestre)

Longitude : -2.53392
Latitude : 47.37481

Parc du Guibel de déb. avr. à fin sept.
026402035267, camping@parcduguibel.com,
Fax 0240155024, *www.parcduguibel.com*
14 ha (450 empl.) plat, peu incliné, herbeux
Tarif : 24,90€ ★★ ⇔ 🅴 🅗 (10A) – pers. suppl. 5,70€ –
frais de réservation 16€

Location (permanent) : 58 🚐 (4 à 6 pers.) 252 à
721€/sem. – 🏠 – frais de réservation 16€
🚰 borne artisanale – 🚰 13.60€
Pour s'y rendre : rte de Kerdrien (3,5 km à l'est par D 52,
rte de Mesquer et rte à gauche)

À savoir : agréable cadre boisé

| Nature : 🌊 ⌂ 🌳🌳 |
| Loisirs : 🍴 ✗ snack 🎱 🏓 🚲 🏊 ♨ ⛷ terrain multisports |
| Services : 🔧 ⚡ GB 🧺 ⛺ ♨ 🚿 🍴 🖼 ♨ 🏖 |
| À prox. : 🛒 ✗ ♦ 🐎 (centre équestre) |

| Longitude : -2.5098 |
| Latitude : 47.38661 |

Mon Calme de déb. avr. à fin sept.
0240236077, campingmoncalme@free.fr,
Fax 0240236228, *www.campingmoncalme.com*
1,2 ha (105 empl.) plat, herbeux
Tarif : (Prix 2009) 26,90€ ★★ ⇔ 🅴 🅗 (10A) – pers.
suppl. 6,20€ – frais de réservation 15€

Location (Prix 2009) : 25 🚐 (4 à 6 pers.) 255€/sem.
– frais de réservation 16,50€
Pour s'y rendre : r. de Norvoret (1 km au sud par rte de
la Turballe et à gauche, à 450 m de l'océan)

| Nature : 🌳🌳 |
| Loisirs : pizzeria 🏓 🏊 |
| Services : 🔧 ⚡ GB 🧺 ⛺ ♨ 🖼 |
| À prox. : 🛒 ✗ 🎣 ♦ 🐎 |

| Longitude : -2.54636 |
| Latitude : 47.37084 |

LA PLAINE-SUR-MER

44770 – **316** C5 – 3 474 h. – alt. 26
🛈 *Office de tourisme, square du Fort Gentil 🕿 0240215252*
Paris 438 – Nantes 58 – Pornic 9 – St-Michel-Chef-Chef 7 – St-Nazaire 28.

La Tabardière 🏕♦ – Permanent
0240215883, info@camping-la-tabardiere.com,
Fax 0240210268, *www.camping-la-tabardiere.com*
6 ha (255 empl.) en terrasses, herbeux
Tarif : 32,40€ ★★ 🅴 🅗 (8A) – pers. suppl. 6,60€ –
frais de réservation 20€

Location 🐾 (de déb. avr. à fin sept.) : 20 🏠 (4 à
6 pers.) - 200 à 760€/sem. – frais de réservation 20€
🚰 borne raclet – 5 🅴 13,50€ – 🚰 13.50€
Pour s'y rendre : 2 rte de la Tabardiere (3,5 km à l'est par
D 13, rte de Pornic et rte à gauche)

| Nature : 🌊 🌳🌳 |
| Loisirs : 🍴 🎱 🌳 🏓 🏊 (découverte en saison) ⛷ terrain omnisports |
| Services : 🔧 ⚡ GB 🧺 ⛺ 🍴 🖼 🏖 |
| À prox. : 🛒 ✗ 🐎 (centre équestre) |

| Longitude : -2.14861 |
| Latitude : 47.14348 |

Le Ranch de déb. avr. à fin sept.
0240215262, info@camping-le-ranch.com,
Fax 0251748131, *www.camping-le-ranch.com*
3 ha (180 empl.) plat, herbeux
Tarif : 28,50€ ★★ ⇔ 🅴 🅗 (10A) – pers. suppl. 5,50€ –
frais de réservation 15€

Location (de déb. avr. à fin oct.) 🐾 : 10 🚐 (4 à 6
pers.) nuitée 45€ - 240 à 630€/sem. – 16 🏠 (4 à 6
pers.) nuitée 35€ - 280 à 700€/sem. – (sans sanitaires)
– frais de réservation 15€
Pour s'y rendre : chemin des Hautes Raillères (3 km au
nord-est par D 96)

| Nature : 🌳 |
| Loisirs : 🍴 🎱 🏓 🏊 ⛷ |
| Services : 🔧 ⚡ GB 🧺 ⛺ 🍴 🖼 |
| À prox. : 🛒 🐎 (centre équestre) |

| Longitude : -2.16292 |
| Latitude : 47.15412 |

Ne prenez pas la route au hasard !
Michelin *vous apporte à domicile*
ses conseils routiers,
touristiques, hôteliers : **www.ViaMichelin.fr !**

LES PONTS-DE-CÉ

49130 – **317** F4 – G. Châteaux de la Loire – 11 440 h. – alt. 25
Paris 302 – Nantes 92 – Angers 7 – Cholet 57 – Laval 84.

⚑ **Île du Château** ▲▲ – de déb. avr. à fin sept.
  ℘ 0241446205, ile-du-chateau@wanadoo.fr,
  Fax 0241446205, www.camping-ileduchateau.com
  2,3 ha (135 empl.) plat, herbeux, jardin public attenant
  Tarif : (Prix 2009) 13,20€ ★★ ⇔ 🅴 🅖 (6A) – pers.
  suppl. 2,90€ – frais de réservation 9€

  Location (Prix 2009) (de déb. mai à fin sept.) :
  bungalows toilés – frais de réservation 9€
  ⛽ borne flot bleu 10,20€ – 15 🅴 10,20€
  Pour s'y rendre : av. de la Boire Salée (sur l'Île du
  Château)

  À savoir : cadre arboré, près de la Loire

> Nature : 🏞 ♀♀
> Loisirs : snack 🎱 ⛹ 🚣 🚴 ♨
> Services : ♿ 🔌 🅖🅑 ♻ 🚿 🏪 🧺
> 🧫 🍴 🖼
> À prox. : 🎿 🛶 ⛵ 🏊 canoë

> Longitude : -0.52701
> Latitude : 47.42442

PORNIC

44210 – **316** D5 – G. Poitou Charentes Vendée – 13 681 h. – alt. 20
🛈 Office de tourisme, place de la Gare ℘ 0240820440, Fax 0240829012
Paris 429 – Nantes 49 – La Roche-sur-Yon 89 – Les Sables-d'Olonne 93 – St-Nazaire 30.

⚑ **La Boutinardière** de déb. avr. à fin sept.
  ℘ 0240820568, info@laboutinardiere.com,
  Fax 0240824901, www.camping-boutinardiere.com
  7,5 ha (400 empl.) peu incliné, herbeux
  Tarif : 44€ ★★ ⇔ 🅴 🅖 (10A) – pers. suppl. 8,50€ –
  frais de réservation 25€

  Location : 120 🛖 (4 à 6 pers.) nuitée 75€ – 230 à
  1 150€/sem. – 37 🏠 (4 à 6 pers.) nuitée 60€ – 320 à
  940€/sem. – maisonnettes – frais de réservation 25€
  ⛽ borne artisanale 8€ – 4 🅴 10€ – 🚐 10€
  Pour s'y rendre : 23 r. de la Plage de la Boutinardiere
  (5 km au sud-est par D 13 et rte à dr., à 200 m de la
  plage)

> Nature : 🏞 ♀
> Loisirs : 🍽 🍴 snack 🎱 🎭 nocturne ♨ hammam 🚣 🚴♨ 🎣 🏊
> ⛷ terrain omnisports
> Services : ♿ 🔌 🅖🅑 ♻ 🚿 🧺 🧫
> 🍴 🖼 🚮
> À prox. : 🚴 🎿 🎱 💧 🐎 (centre équestre) golf (18 trous)

> Longitude : -2.04
> Latitude : 47.09

⚑ **La Chênaie** de fin avr. à mi-sept.
  ℘ 0240820731, la.chenaie44@wanadoo.fr,
  Fax 0240279567, www.campinglachenaie.com
  4,5 ha (134 empl.) en terrasses, peu incliné, herbeux
  Tarif : (Prix 2009) 33€ ★★ ⇔ 🅴 🅖 (10A) – pers.
  suppl. 7€ – frais de réservation 15€

  Location (Prix 2009) 🎿 : 21 🛖 (4 à 6 pers.) 290 à
  710€/sem. – bungalows toilés – frais de réservation
  15€
  ⛽ 5 🅴 10€
  Pour s'y rendre : 36 bis r. du Pâtisseau (à l'est par D 751,
  rte de Nantes et rte à gauche)

> Nature : 🏞
> Loisirs : 🍽 🚣 🚴 🎱 🏊
> Services : ♿ 🔌 (juil.-août) 🅖🅑
> ♻ 🍴 🖼
> À prox. : 🚴 🎿 🎱 💧 🐎 (centre équestre) golf (18 trous)

> Longitude : -2.069
> Latitude : 47.11975

*Ce guide n'est pas un répertoire de tous les terrains de camping
mais une sélection des meilleurs campings dans chaque catégorie.*

LE POULIGUEN

44510 – **316** B4 – G. Bretagne – 5 308 h. – alt. 4
🛈 Office de tourisme, Port Sterwitz ℘ 0240423105, Fax 0240622227
Paris 453 – Guérande 8 – La Baule 4 – Nantes 80 – St-Nazaire 23.

⚑ **Municipal les Mouettes** de fin mars à fin oct.
  ℘ 0240424398, lesmouettes@mairie-lepouliguen.fr,
  Fax 0240424398, ville du pouliguen
  4,7 ha (220 empl.) plat, sablonneux, herbeux, petit lac
  Tarif : (Prix 2009) 17,10€ ★★ ⇔ 🅴 🅖 (6A) – pers.
  suppl. 4,40€
  ⛽ borne eurorelais 2€ – 200 🅴 11,90€
  Pour s'y rendre : 45 bd de l'Atlantique (à l'ouest de la
  station par D 45, attenant au stade)

> Nature : 🏞 ♀
> Loisirs : 🎱 🚣
> Services : ♿ (juil.-août) 🅖🅑 ♻ 🚿
> À prox. : 🖼 🚴 💧

> Longitude : -2.44044
> Latitude : 47.27059

575

PAYS DE LA LOIRE

▲ **Municipal le Clein** de mi-mars à fin sept.
   ℘ 02 40 42 43 99, *ledein@mairie-lepouliguen.fr*,
Fax 02 40 42 43 99
1,5 ha (128 empl.) plat, sablonneux, herbeux
Tarif : (Prix 2009) 13,60€ ★★ ⟺ 🅴 ⚡ (10A) – pers.
suppl. 4€
Pour s'y rendre : 22 av. de Kerdun
À savoir : proche du centre-ville et de la plage

Loisirs :
Services :
A prox. :

Longitude : -2.43094
Latitude : 47.2667

POUZAUGES

85700 – **316** K7 – G. Poitou Charentes Vendée – 5 326 h. – alt. 225
🛈 *Office de tourisme, 28, place de l'Église* ℘ 02 51 91 82 46, Fax 02 51 57 01 69
Paris 390 – Bressuire 30 – Chantonnay 22 – Cholet 42 – Nantes 88 – La Roche-sur-Yon 57.

▲ **Le Lac** Permanent
   ℘ 02 51 91 37 55, *campingpouzauges@tele2.fr*,
Fax 02 51 57 07 69, *www.campingpouzauges.com*
1 ha (50 empl.) plat et terrasse, peu incliné, herbeux
Pour s'y rendre : 1,5 km à l'ouest par D 960 bis, rte de
Chantonnay et chemin à dr.
À savoir : à 50 m du lac, accès direct

Nature :
Loisirs :
Services :
A prox. :

Longitude : -0.8364
Latitude : 46.78357

*Donnez-nous votre avis
sur les terrains que nous recommandons.
Faites-nous connaître vos observations et vos découvertes.
par mail à l'adresse : leguidecampingfrance@fr.michelin.com.*

576

PRÉFAILLES

44770 – **316** C5 – 1 182 h. – alt. 10
🛈 *Office de tourisme, 17, Grande Rue* ℘ 02 40 21 62 22, Fax 02 40 64 53 45
Paris 440 – Challans 56 – Machecoul 38 – Nantes 60 – St-Nazaire 30.

▲▲▲ **Éléovic** de déb. avr. à fin sept.
   ℘ 02 40 21 61 60, *jlgaud@wanadoo.fr*, Fax 02 40 64 51 95,
www.camping-eleovic.com
3 ha (138 empl.) plat, peu incliné, herbeux
Tarif : 36€ ★★ ⟺ 🅴 ⚡ (10A) – pers. suppl. 8,30€ –
frais de réservation 15€
Location : 47 🛖 (4 à 6 pers.) 265 à 750€/sem. – frais
de réservation 15€
Pour s'y rendre : rte de la Pointe Saint-Gildas (1 km à
l'ouest par D 75)
À savoir : situation dominant l'océan et des criques
pittoresques

Nature :
Loisirs : nocturne
Services :
A prox. : parcours sportif

Longitude : -2.23049
Latitude : 47.13265

PRUILLÉ

49220 – **317** F3 – 602 h. – alt. 30
Paris 308 – Angers 22 – Candé 34 – Château-Gontier 33 – La Flèche 65.

▲ **Municipal Le Port** de mi-mai à mi-oct.
   ℘ 02 41 32 67 29, *mairie.pruille@wanadoo.fr*,
Fax 02 41 32 40 28
1,2 ha (41 empl.) plat, herbeux
Tarif : (Prix 2009) 8€ ★★ ⟺ 🅴 ⚡ (6A) – pers.
suppl. 1,80€
Location (Prix 2009) (permanent) : 🏠
Pour s'y rendre : r. du Bac (au nord du bourg, au bord de
la Mayenne -halte nautique-)

Nature :
Loisirs :
Services :

Longitude : -0.66048
Latitude : 47.58072

LES ROSIERS-SUR-LOIRE

49350 – **317** H4 – G. Châteaux de la Loire – 2 281 h. – alt. 22

🛈 *Syndicat d'initiative, place du Mail* ℰ 02 41 51 90 22, Fax 02 41 51 90 22

Paris 304 – Angers 32 – Baugé 27 – Bressuire 66 – Cholet 80 – La Flèche 45 – Saumur 18.

Le Val de Loire de déb. avr. à fin sept.
ℰ 02 41 51 94 33, *contact@camping-valdeloire.com*,
Fax 02 41 51 89 13, *www.camping-valdeloire.com*
3,5 ha (110 empl.) plat, herbeux
Tarif : 16,90 € ✶✶ ⇌ 🔲 (½) (10A) – pers. suppl. 4 € –
frais de réservation 10 €

Location : 15 ⏢ (4 à 6 pers.) nuitée 56 € - 260 à 588 €/
sem. – 5 🏠 (4 à 6 pers.) nuitée 52 € - 240 à 567 €/sem.
– 2 roulottes – frais de réservation 10 €
⛽ borne artisanale 12,40 € – 2 🔲 12,40 €
Pour s'y rendre : 6 r. Sainte-Baudruche (sortie nord
par D 59, rte de Beaufort-en-Vallée, près du carr. avec la
D 79)

À savoir : agréable cadre verdoyant

Nature : 🏕 ♀
Loisirs : snack 🔲 🎠 🔲 🏊
Services : ⅋ ⛽ GB ⚕ 🗑 🚿
🚽 🚻 🔲
À prox. : ✂ 🎣 🏊

Longitude : -0.22541
Latitude : 47.35872

Campeurs...
N'oubliez pas que le feu est le plus terrible ennemi de la forêt.
Soyez prudents !

LES SABLES-D'OLONNE

85100 – **316** F8 – G. Poitou Charentes Vendée – 15 596 h. – alt. 4

🛈 *Office de tourisme, 1, promenade Joffre* ℰ 02 51 96 85 85, Fax 02 51 96 85 71

Paris 456 – Cholet 107 – Nantes 102 – Niort 115 – La Rochelle 95 – La Roche-sur-Yon 36.

La Dune des Sables de déb. avr. à fin sept.
ℰ 02 51 33 05 05, *info@chadotel.com*, Fax 02 51 33 94 04,
www.chadotel.com
7,5 ha (290 empl.) en terrasses, sablonneux, plat,
herbeux
Tarif : 31 € ✶✶ ⇌ 🔲 (½) (6A) – pers. suppl. 5,80 € – frais
de réservation 25 €

Location : 157 ⏢ (4 à 6 pers.) 175 à 810 €/sem. –
frais de réservation 25 €
⛽ borne autre 31 € – 133 🔲 31 €
Pour s'y rendre : lieu-dit : La Paracou - chemin de la
Bernardière (4 km au nord-ouest)

À savoir : près de la plage

Nature : ≤ 🏕
Loisirs : 🍷 snack 🔲 🏖 🎠 ✂
🎣 🏊 🏊
Services : ⅋ ⛽ GB ⚕ 🗑 🚿 🚽
🚻 laverie 🔲 🚿

Longitude : -1.81025
Latitude : 46.51163

Le Puits Rochais ♣♣ – de déb. avr. à mi-oct.
ℰ 02 51 21 09 69, *info@puitsrochais.com*,
Fax 02 51 23 62 20, *www.puitsrochais.com*
3,9 ha (220 empl.) plat, peu incliné, herbeux
Tarif : (Prix 2009) 27 € ✶✶ ⇌ 🔲 – pers. suppl. 6,80 € –
frais de réservation 25 €

Location (Prix 2009) : 50 ⏢ (4 à 6 pers.) 135 à 815 €/
sem. – frais de réservation 25 €
Pour s'y rendre : 25 r. de Bourdigal (3,5 km au sud-est
par D 559, rte de Bandol)

Nature : 🏕
Loisirs : 🍷 🔲 🌙diurne 🎯 🏖
🎠 ✂ 🎣 🏊 🏊
Services : ⅋ ⛽ GB 🗑 🚿 🚽 🚻
🔲 🚿 🚿

Longitude : -1.72991
Latitude : 46.48061

Les Roses de déb. avr. à déb. nov.
ℰ 02 51 33 05 05, *info@chadotel.com*, Fax 02 51 33 94 04,
www.chadotel.com
3,3 ha (200 empl.) plat et peu incliné, en terrasses,
herbeux
Tarif : 31 € ✶✶ ⇌ 🔲 (½) (6A) – pers. suppl. 5,80 € – frais
de réservation 25 €

Location : 90 ⏢ (4 à 6 pers.) 175 à 810 €/sem.
– 20 🏠 (4 à 6 pers.) - 210 à 840 €/sem. – frais de
réservation 25 €
⛽ borne autre 31 € – 80 🔲 31 €
Pour s'y rendre : r. des Roses (400 m de la plage)

Nature : 🏕 ♀♀
Loisirs : 🔲 🏖 🎠 🏊 🏊
Services : ⅋ ⛽ GB ⚕ 🗑 🚿 🚽
🚻 laverie
À prox. : 🍷 🚿

Longitude : -1.76442
Latitude : 46.49148

Le Petit Paris de déb. avr. à fin sept.
ℰ 02 51 22 04 44, *contact@campingpetitparis.com*,
Fax 02 51 33 17 04, *www.campingpetitparis.com*
3 ha (154 empl.) plat, herbeux
Tarif : (Prix 2009) 24,50 € ★ ★ ⟅ ⎕ ⚡ (10A) – pers.
suppl. 4,50 € – frais de réservation 15 €

Location (Prix 2009) ⚡ : 15 ⬚ (4 à 6 pers.) nuitée
60 € - 190 à 610 €/sem. – 2 ⬚ (4 à 6 pers.) - 220 à
650 €/sem. – bungalows toilés – frais de réservation
15 €
Pour s'y rendre : 41 r. du Petit-Versailles (5,5 km au sud-
est)

| Nature : ⟅ |
| Loisirs : ⟅ ⟅ ⟅ ⟅ |
| Services : ⟅ ⟅ GB ⟅ ⟅ ⟅ ⟅ |
| ⟅ ⟅ ⟅ |
| À prox. : aérodrome |

Longitude : -1.72391
Latitude : 46.47182

Les Fosses Rouges de déb. avr. à fin sept.
ℰ 02 51 95 17 95, *info@camping-lesfossesrouges.com*,
www.camping-lesfossesrouges.com
3,5 ha (255 empl.) plat, herbeux
Tarif : 19,60 € ★ ★ ⟅ ⎕ ⚡ (10A) – pers. suppl. 3,60 € –
frais de réservation 10 €

Location : 5 ⬚ (2 à 4 pers.) nuitée 35 € - 160 à 430 €/
sem. – 11 ⬚ (4 à 6 pers.) nuitée 50 € - 230 à 550 €/
sem.
⟅ borne artisanale
Pour s'y rendre : 8 r. des Fosses Rouges (3 km au sud-
est, à la Pironnière)

| Nature : ⟅ ⟅ ⟅ |
| Loisirs : ⟅ ⟅ ⟅ ⟅ ⟅ (décou-
verte en saison) |
| Services : ⟅ ⟅ GB ⟅ ⟅ ⟅ |
| ⟅ ⟅ |

Longitude : -1.74414
Latitude : 46.48128

SABLÉ-SUR-SARTHE

72300 – **310** G7 – G. Châteaux de la Loire – 12 602 h. – alt. 29
🛈 *Office de tourisme, place Raphaël-Elizè ℰ 02 43 95 00 60, Fax 02 43 92 60 77*
Paris 252 – Angers 64 – La Flèche 27 – Laval 44 – Le Mans 61 – Mayenne 60.

Municipal de l'Hippodrome ⟅⟅ – de fin mars à
déb. oct.
ℰ 02 43 95 42 61, *camping@sable-sur-sarthe.fr*,
Fax 02 43 92 74 82, *www.tourisme.sablesursarthe.fr*
2 ha (84 empl.) plat, herbeux
Tarif : (Prix 2009) 12,16 € ★ ★ ⟅ ⎕ ⚡ (16A) – pers.
suppl. 2,51 €

Location (Prix 2009) ⚡ : 4 ⬚ (4 à 6 pers.) 236 à
356 €/sem.
⟅ borne flot bleu 1,50 €
Pour s'y rendre : Allée du Québec (sortie sud en dir.
d'Angers et à gauche, attenant à l'hippodrome)
À savoir : belle décoration arbustive, au bord de la Sarthe

| Nature : ⟅ ⟅ ⟅ |
| Loisirs : ⟅ ⟅ ⟅ ⟅ ⟅ |
| Services : ⟅ ⟅ GB ⟅ ⟅ laverie |
| À prox. : ⟅ ⟅ ⟅ ⟅ (centre
équestre) canoë, golf |

Longitude : -0.33282
Latitude : 47.83376

*Ihre Meinung über die von uns empfohlenen Campingplätze interessiert uns.
Teilen Sie uns Ihre Erfahrungen mit und schreiben Sie uns auch,
wenn Sie eine gute Entdeckung gemacht haben.*

ST-BERTHEVIN

53940 – **310** E6 – 6 889 h. – alt. 108
🛈 *Syndicat d'initiative, place de l'Europe ℰ 02 43 69 28 27, Fax 02 43 69 20 88*
Paris 289 – Nantes 128 – Laval 10 – Rennes 66 – Angers 83.

Municipal de Coupeau de déb. mai à fin sept.
ℰ 02 43 68 30 70, *office.tourisme@mairie-laval.fr*,
Fax 02 43 49 46 21, *www.laval-tourisme.com*
0,4 ha (24 empl.) en terrasses, plat, herbeux
Tarif : 11,50 € ★ ★ ⟅ ⎕ ⚡ (10A) – pers. suppl. 3,10 €
Pour s'y rendre : à la Base de Loisirs (au sud du bourg,
à 150 m du Vicoin)
À savoir : situation dominante sur une vallée verdoyante
et reposante

| Nature : ⟅ ⟅ |
| Loisirs : ⟅ |
| Services : ⟅ ⟅ (saison) GB ⟅ |
| À prox. : ⟅ ⟅ ⟅ parcours de
santé |

Longitude : -0.8337
Latitude : 48.06377

ST-BRÉVIN-LES-PINS

44250 – **316** C4 – G. Poitou Charentes Vendée – 11 750 h. – alt. 9
Pont de St-Nazaire : 3 km
🖂 *Office de tourisme, 10, rue de l'Église* 𝒫 *02 40 27 24 32, Fax 02 40 39 10 34*
Paris 438 – Challans 62 – Nantes 64 – Noirmoutier-en-l'Île 70 – Pornic 18 – St-Nazaire 14.

⚠ **Le Fief** ♣♣ – de déb. avr. à déb. oct.
𝒫 02 40 27 23 86, *camping@lefief.com*, Fax 02 40 64 46 19,
www.lefief.com
7 ha (413 empl.) plat, herbeux
Tarif : 43 € 🚻 ⛺ 🅴 (6A) – pers. suppl. 9 € – frais de réservation 30 €

Location : 173 🏠 (4 à 6 pers.) 364 à 1 043 €/sem. – 10 🏠 (4 à 6 pers.) 994 €/sem. – bungalows toilés – frais de réservation 30 €
Pour s'y rendre : 57 chemin du Fief (2,4 km au sud par rte de Saint-Brévin-l'Océan et à gauche)

À savoir : bel espace aquatique

Nature : 🖵 ♀
Loisirs : 🍴 snack 🎦 🕄 nocturne 🏓 🎣 salle d'animation 🎯 ⛳ 🎿 ⛸ terrain omnisports
Services : ♿ ⚡ GB 🚿 🛁 🧺 ⚒ ⛲ 🖨 🛒
À prox. : 🎣 🏊 💧 🐎 (centre équestre)

Longitude : -2.16501
Latitude : 47.23552

⚠ **Village Siblu Les Pierres Couchées** ♣♣ – de déb. avr. à fin sept.
𝒫 02 40 27 85 64, *reception.lpc@siblu.fr*,
Fax 02 40 64 97 03, *www.siblu.fr/pierrescouchees*
14 ha/9 campables (473 empl.) plat, sablonneux, herbeux, fort dénivelé
Tarif : (Prix 2009) 49 € 🚻 ⛺ 🅴 (10A) – pers. suppl. 10 €

Location 🏊 : 🏠
Pour s'y rendre : av. des Pierres Couchées (5 km au sud par D 213, à 450 m de la plage)

Nature : ♀♀
Loisirs : 🍴 ✖ 🎦 🕄 🏓 🎣 🛶 🚲 ⛳ 🎿 ⛸ terrain omnisports, théâtre de plein air
Services : ♿ ⚡ GB 🚿 🖨 🛁 ⚒ ⛲ laverie 🧺 🛒
À prox. : 🖨 🐎

Longitude : -2.15401
Latitude : 47.20488

⚠ **Le Mindin** Permanent
𝒫 02 40 27 46 41, *info@camping-de-mindin.com*,
Fax 02 40 39 20 53, *www.camping-de-mindin.com*
1,7 ha (87 empl.) plat, sablonneux, herbeux
Tarif : (Prix 2009) 16,80 € 🚻 ⛺ 🅴 (16A) – pers. suppl. 5,65 € – frais de réservation 22 €

Location (Prix 2009) : 🏠 – 🏠 (4 à 6 pers.) 275 à 690 €/sem. – bungalows toilés – frais de réservation 22 €
🚐 borne artisanale 3 € – 🚿 10.50 €
Pour s'y rendre : 32 av. du Bois (2 km au nord, près de l'Océan (accès direct))

Nature : ♀
Loisirs : 🍴 snack 🎦
Services : ♿ ⚡ GB 🚿 🖨 🛁 ⛲ 🖨
À prox. : ✖

Longitude : -2.16918
Latitude : 47.26553

⚠ **La Courance** Permanent
𝒫 02 40 27 22 91, *info@campinglacourance.fr*,
Fax 02 40 27 22 91, *www.campinglacourance.fr*
2,4 ha (156 empl.) plat, en terrasses, sablonneux
Tarif : (Prix 2009) 18,75 € 🚻 ⛺ 🅴 (6A) – pers. suppl. 4,90 € – frais de réservation 22 €

Location (Prix 2009) : 22 🏠 (4 à 6 pers.) nuitée 63 € - 275 à 690 €/sem. – bungalows toilés – frais de réservation 22 €
🚐 borne artisanale 3 €
Pour s'y rendre : 110 av. du Maréchal Foch

Nature : ♀♀
Loisirs : 🍴 ✖ 🕄 nocturne 🎣
Services : ♿ ⚡ GB 🚿 🖨 🛁 ⛲ laverie
À prox. : 🎿 🔲

Longitude : -2.1703
Latitude : 47.23786

Verwechseln Sie bitte nicht :
⚠ ... bis ... ⚠⚠ : MICHELIN-Klassifizierung
und
★ ... bis ... ★★★★ : offizielle Klassifizierung

PAYS DE LA LOIRE

ST-CALAIS

72120 – **310** N7 – G. Châteaux de la Loire – 3 589 h. – alt. 155

B *Office de tourisme, place de l'Hôtel de ville* ℘ *02 43 35 82 95, Fax 02 43 35 15 13*

Paris 188 – Blois 65 – Chartres 102 – Châteaudun 58 – Le Mans 47 – Orléans 97.

Le Lac de déb. avr. à mi-oct.
℘ 02 43 35 04 81, *campingstcalais@orange.fr*
2 ha (85 empl.) plat, herbeux
Tarif : (Prix 2009) 11,15€ ✶✶ ⇔ 🅴 ⚡ (10A) – pers.
suppl. 2,85€ – frais de réservation 20€

Location (Prix 2009) : 3 ⬚⬚⬚ (4 à 6 pers.) **nuitée 32€** -
158 à 243€/sem.
Pour s'y rendre : r. du Lac (sortie nord par D 249, rte de
Montaillé)
À savoir : près d'un plan d'eau

Nature : 🔲
Loisirs : 🏠
Services : 🚿 🔌 🚗 🚾 ⚐ 📶
À prox. : 🍴 🍽 🏊 🎣

Longitude : 0.74385
Latitude : 47.92663

ST-ÉTIENNE-DU-BOIS

85670 – **316** G7 – 1 640 h. – alt. 38

Paris 427 – Aizenay 13 – Challans 26 – Nantes 49 – La Roche-sur-Yon 27 – St-Gilles-Croix-de-Vie 39.

Municipal la Petite Boulogne de déb. mai à fin
sept.
℘ 02 51 34 54 51, *mairie.stetiennedubois@wanadoo.fr*,
Fax 02 51 34 54 10
1,5 ha (35 empl.) peu incliné et plat, terrasse, herbeux
Tarif : (Prix 2009) 16,70€ ✶✶ ⇔ 🅴 ⚡ (10A) – pers.
suppl. 3,15€ – frais de réservation 32€

Location (Prix 2009) (permanent) : 2 ⬚⬚⬚ (4 à 6 pers.)
nuitée 55€ - 240 à 350€/sem.
Pour s'y rendre : r. du Stade (au sud du bourg par D 81,
rte de Poiré-sur-Vie et chemin à dr., près de la rivière et à
250 m d'un étang, chemin piétonnier reliant le camping
au bourg)

Nature : 🍃 🔲
Loisirs : 🚲 🏊 (petite piscine)
Services : 🚿 (juil.-août) 🚗 🛁
🚾 📶
À prox. : 🏄 🍽 🎣 🐎

Longitude : -1.58783
Latitude : 46.82936

ST-GEORGES-SUR-LAYON

49700 – **317** G5 – 734 h. – alt. 65

Paris 328 – Angers 39 – Cholet 45 – Saumur 27 – Thouars 36.

Les Grésillons de déb. avr. à fin sept.
℘ 02 41 50 02 32, *camping.gresillon@wanadoo.fr*,
Fax 02 41 50 03 16, *www.camping-gresillons.com*
1,5 ha (43 empl.) en terrasses, peu incliné, herbeux
Tarif : 15,60€ ✶✶ ⇔ 🅴 ⚡ (10A) – pers. suppl. 3,20€

Location : huttes – frais de réservation 5€
Pour s'y rendre : chemin des Grésillons (800 m au sud
par D 178, rte de Concourson-sur-Layon et chemin à dr.,
à prox. de la rivière)

Nature : 🍃 ⬍
Loisirs : 🚲 🏊 (petite piscine) 🎣
Services : 🚿 🔌 (juil.-août) 🇬🇧
🚗 ⚐ 📶

Longitude : -0.37032
Latitude : 47.19324

ST-GILLES-CROIX-DE-VIE

85800 – **316** E7 – G. Poitou Charentes Vendée – 7 281 h. – alt. 12

B *Office de tourisme, boulevard de l'Égalité* ℘ *02 51 55 03 66, Fax 02 51 55 69 60*

Paris 462 – Challans 21 – Cholet 112 – Nantes 79 – La Roche-sur-Yon 44 – Les Sables-d'Olonne 29.

Domaine de Beaulieu de déb. avr. à fin sept.
℘ 02 51 33 05 05, *info@chadotel.com*, Fax 02 51 33 94 04,
www.chadotel.com – places limitées pour le passage
8 ha (310 empl.) plat, herbeux
Tarif : 29,50€ ✶✶ ⇔ 🅴 ⚡ (6A) – pers. suppl. 5,80€ –
frais de réservation 25€

Location : 160 ⬚⬚⬚ (4 à 6 pers.) 150 à 775€/sem.
– 25 🏠 (4 à 6 pers.) - 180 à 799€/sem. – frais de
réservation 25€
🚐 1 borne – 125 🅴 29,50€
Pour s'y rendre : r. du Parc - Les Temples (à Givrand, 4 km
au sud-est)

Nature : 🔲 💧💧
Loisirs : 🍴 snack, pizzeria 🎬 💃
nocturne jacuzzi salle d'anima-
tion 🏄 🚲 🍽 🎱 🏊 ⛷ terrain
omnisports
Services : 🚿 🔌 🇬🇧 🚗 🛁 🚾
⚐ 📶 🚮 🚐

Longitude : -1.90389
Latitude : 46.67056

⚠ **Les Cyprès** de déb. avr. à mi-sept.
  ℰ 02 51 55 38 98, *contact@campinglescypres.com*,
  Fax 02 51 54 98 94, *www.campinglescypres.com*
  4,6 ha (280 empl.) plat, vallonné, sablonneux
  Tarif : (Prix 2009) 25,20 € ★★ 🚐 🗐 🅟 (6A) – pers.
  suppl. 6,40 € – frais de réservation 25 €

  Location (Prix 2009) : 7 🛖 (2 à 4 pers.) 180 à 551 €/
  sem. – 50 🛖 (4 à 6 pers.) 201 à 690 €/sem. – frais de
  réservation 25 €
  Pour s'y rendre : 41 r. du Pont Jaunay (2,4 km au sud-
  est par D 38 puis 800 m par chemin à dr., à 60 m de La
  Jaunay)

  À savoir : accès direct à la mer par dunes boisées

| Nature : 🦢 ⌒ ♤♤ |
| Loisirs : 🍴 snack 🎦 🏕 🚲 🔲 🎳 terrain omnisports |
| Services : 🔥 ⚒ (juil.-août) ⒼⒷ 🐾 🛁 🚽 🍴 laverie 🗑 🚿 |

| Longitude : -1.90919 |
| Latitude : 46.67077 |

ST-HILAIRE-DE-RIEZ

85270 – **316** E7 – G. Poitou Charentes Vendée – 10 063 h. – alt. 8
🅱 *Office de tourisme, 21, place Gaston-Pateau* ℰ 02 51 54 31 97, Fax 02.51.55.27.13
Paris 453 – Challans 18 – Noirmoutier-en-l'Île 48 – La Roche-sur-Yon 48 – Les Sables-d'Olonne 33.

⚠⚠ **Les Biches** 👥 – de mi-avr. à mi-sept.
  ℰ 02 51 54 38 82, *campingdesbiches@wanadoo.fr*,
  Fax 02 51 54 30 74, *www.campingdesbiches.com* – places
  limitées pour le passage
  13 ha/9 campables (434 empl.) plat, herbeux, sablonneux
  Tarif : 36,50 € ★★ 🚐 🗐 🅟 (10A) – pers. suppl. 8,50 € –
  frais de réservation 20 €

  Location : 176 🛖 (4 à 6 pers.) 227 à 785 €/sem. – 50
  🏠 (4 à 6 pers.) - 300 à 915 €/sem. – maisonnettes –
  frais de réservation 20 €
  Pour s'y rendre : chemin de Petite Baisse (2 km au
  nord)

  À savoir : agréable cadre verdoyant

| Nature : 🦢 ⌒ ♤♤ |
| Loisirs : 🍴 pizzeria, brasserie 🎦 🌙 nocturne 🏸 🎯 discothèque 🏕 🚲 🎾 🔲 🎳 🏊 terrain omnisports |
| Services : 🔥 ⚒ ⒼⒷ 🐾 🛁 🚽 🍴 🗑 🚿 |

| Longitude : -1.94079 |
| Latitude : 46.74678 |

⚠⚠ **La Puerta del Sol** 👥 – de déb. avr. à fin sept.
  ℰ 02 51 49 10 10, *info@campinglapuertadelsol.com*,
  Fax 02 51 49 84 84, *www.campinglapuertadelsol.com*
  4 ha (216 empl.) plat, herbeux
  Tarif : 32 € ★★ 🚐 🗐 🅟 (10A) – pers. suppl. 6,50 € –
  frais de réservation 20 €

  Location : 40 🛖 (4 à 6 pers.) nuitée 70 € - 380 à
  720 €/sem. – 30 🏠 (4 à 6 pers.) nuitée 70 € - 350 à
  700 €/sem. – frais de réservation 20 €
  Pour s'y rendre : 7 chemin des Hommeaux (4,5 km au
  nord)

  À savoir : agréable cadre verdoyant

| Nature : ⌒ ♀ |
| Loisirs : 🍴 self-service, pizzeria 🎦 🌙 nocturne 🏸 🎯🚢 jacuzzi salle d'animation 🏕 🚲 🎾 🔲 🎳 |
| Services : 🔥 ⚒ ⒼⒷ 🐾 🛁 🚽 🍴 laverie 🗑 🚿 |

| Longitude : -1.95831 |
| Latitude : 46.76361 |

581

⚠⚠ **Les Écureuils** 👥 – de déb. mai à mi-sept.
  ℰ 02 51 54 33 71, *info@camping-aux-ecureuils.com*,
  Fax 02 51 55 69 08, *www.camping-aux-ecureuils.com* –
  places limitées pour le passage
  4 ha (230 empl.) plat, herbeux, sablonneux
  Tarif : (Prix 2009) 36 € ★★ 🚐 🗐 🅟 (6A) – pers.
  suppl. 6,25 € – frais de réservation 20 €

  Location (Prix 2009) 🦌 : 🛖 (4 à 6 pers.) 320 à
  790 €/sem. – maisonnettes – frais de réservation 20 €
  Pour s'y rendre : 98 av. de la Pège (5,5 km au nord-
  ouest, à 200 m de la plage)

| Nature : 🦢 ⌒ ♤♤ |
| Loisirs : 🍴 snack 🎦 🌙 nocturne 🏸 🎯 🏕 🚲 🎾 🔲 🎳 |
| Services : 🔥 ⚒ ⒼⒷ 🐾 🛁 🚽 🍴 🗑 🚿 |
| À prox. : 🎣 🏇 |

| Longitude : -2.01576 |
| Latitude : 46.74913 |

La Plage ⚑⚐ – de déb. avr. à fin sept.
✆ 02 51 54 33 93, *campinglaplage@campingscollinet.com*, Fax 02 51 55 97 02, *www.campingscollinet.com* – places limitées pour le passage
5 ha (347 empl.) plat, herbeux, sablonneux
Tarif : (Prix 2009) 26,50 € ✶✶ ⟵⟶ 𝄞 (10A) – pers. suppl. 5,30 € – frais de réservation 17 €
Location (Prix 2009) : ⬛ (4 à 6 pers.) 310 à 780 €/sem.
🚐 1 borne 23 €
Pour s'y rendre : 106 av. de la Pège (5,7 km au nord-ouest, à 200 m de la plage)

| Nature : 🏞 ♀ |
| Loisirs : ☕ snack 🏠 👫 🎯 🏊 ⛷ terrain omnisports |
| Services : ♿ ⚓ (juil.-août) 𝗚𝗕 🐕 🛁 ⚗ 🧺 🍴 laverie 🚿 |
| À prox. : 🛒 🐴 |

Longitude : -2.01412
Latitude : 46.74978

La Ningle de mi-mai à mi-sept.
✆ 02 51 54 07 11, *campingdelaningle@wanadoo.fr*, Fax 02 51 54 99 39, *www.campinglaningle.com*
3,2 ha (150 empl.) plat, herbeux, petit étang
Tarif : (Prix 2009) 31 € ✶✶ ⟵⟶ 𝄞 (10A) – pers. suppl. 4,80 € – frais de réservation 16 €
Location (Prix 2009) (de mi-avr. à fin sept.) : 20 ⬛ (4 à 6 pers.) 420 à 660 €/sem. – frais de réservation 16 €
Pour s'y rendre : 66 chemin des Roselières (5,7 km au nord-ouest)
À savoir : agréable cadre verdoyant et soigné

| Nature : 🏊 ♀ |
| Loisirs : ☕ 🏠 🎣 🎯 🎾 🏊 ⛷ |
| Services : ♿ ⚓ (saison) 𝗚𝗕 🐕 🛁 ⚗ 🧺 🍴 🖥 |
| À prox. : 🛒 🚿 🐴 |

Longitude : -1.99967
Latitude : 46.74681

Le Clos des Pins de déb. avr. à fin sept.
✆ 02 51 54 32 62, *campingleclosdespins@campingscollinet.com*, Fax 02 51 55 97 02, *www.campingscollinet.com* – places limitées pour le passage
4 ha (230 empl.) plat, terrasses, sablonneux, herbeux
Tarif : (Prix 2009) 31,50 € ✶✶ ⟵⟶ 𝄞 (10A) – pers. suppl. 5,30 € – frais de réservation 17 €
Location (Prix 2009) : ⬛ (4 à 6 pers.) nuitée 40 € - 310 à 730 €/sem.
🚐 borne artisanale 27,50 €
Pour s'y rendre : chemin des Roselières (6,2 km au nord-ouest)

| Nature : 🏊 🏞 ♀ |
| Loisirs : ☕ snack 🏠 🍽 🎯 🏊 terrain omnisports |
| Services : ♿ ⚓ (juil.-août) 🐕 🛁 ⚗ 🧺 🖥 🚿 |

Longitude : -1.99967
Latitude : 46.74681

La Parée Préneau de déb. mai à mi-sept.
✆ 02 51 54 33 84, *campinglapareepreneau@wanadoo.fr*, Fax 02 51 55 29 57, *www.campinglapareepreneau.com*
3,6 ha (206 empl.) plat, herbeux, sablonneux
Tarif : (Prix 2009) 24 € ✶✶ ⟵⟶ 𝄞 (6A) – pers. suppl. 4,80 € – frais de réservation 15 €
Location (Prix 2009) 🏊 : 25 ⬛ (4 à 6 pers.) nuitée 60 € - 220 à 600 €/sem. – 7 🏠 (4 à 6 pers.) nuitée 65 € - 240 à 620 €/sem. – frais de réservation 15 €
Pour s'y rendre : 23 av. de La Parée Préneau (3,5 km au nord-ouest)
À savoir : cadre verdoyant

| Nature : 🏞 ♀ |
| Loisirs : ☕ 🏠 🌙 nocturne 🍽 🎯 🚴 🏊 terrain omnisports |
| Services : ♿ ⚓ 𝗚𝗕 🐕 🛁 ⚗ 🧺 🖥 |

Longitude : -1.98525
Latitude : 46.74036

Le Bosquet de mi-mai à mi-sept.
✆ 02 51 54 34 61, *camping@lebosquet.fr*, Fax 02 51 54 22 73, *www.lebosquet.fr*
2 ha (115 empl.) plat, herbeux, sablonneux
Tarif : (Prix 2009) 28 € ✶✶ ⟵⟶ 𝄞 (10A) – pers. suppl. 4,80 € – frais de réservation 9,50 €
Location (Prix 2009) (de mi-avr. à fin sept.) : 31 ⬛ (4 à 6 pers.) 250 à 640 €/sem.
Pour s'y rendre : 62 av. de la Pège (5 km au nord-ouest, à 250 m de la plage)

| Nature : ♀♀ |
| Loisirs : ☕ snack, pizzeria 🏠 🎯 🏊 ⛷ |
| Services : ♿ ⚓ 𝗚𝗕 🐕 🛁 🖥 |
| À prox. : 🛒 🚿 🐴 |

Longitude : -2.00326
Latitude : 46.74073

🛶 ✘ *LET OP :*
🚿 *deze gegevens gelden in het algemeen alleen in het seizoen,*
⛷ 🐴 *wat de openingstijden van het terrein ook zijn.*

▲▲ **Municipal de la Plage de Riez** de déb. avr. à fin oct.

    𝒫 0251543659, *riez85@free.fr*, Fax 0251549900, *www.souslespins.com*

9 ha (560 empl.) plat, sablonneux

Tarif : (Prix 2009) 27,20€ ★★ ⇔ 🅴 (½) (10A) – pers. suppl. 5,30€ – frais de réservation 14€

Location (Prix 2009) (de déb. avr. à fin déc.) : 35 🛖 (4 à 6 pers.) 205 à 720€/sem. – frais de réservation 14€

   🚐 borne artisanale 4,50€ – 🚐 (½) 13.60€

Pour s'y rendre : av. des Mimosas (3 km à l'ouest, à 200 m de la plage (accès direct))

À savoir : sous une pinède, près de la plage

Nature : 🏞 ♀♀
Loisirs : ⛵ 🏊 terrain omnisports
Services : 🚿 ⚡ GB 🐕 🛢 ♨ 🍴
À prox. : 🚲 🍷 snack 🛶

Longitude : -1.98213
Latitude : 46.72966

▲▲ **Le Romarin** de fin avr. à mi sept.

    𝒫 0251544382, *campingleromarin@orange.fr*, Fax 0251558433, *www.leromarin.fr*

4 ha/1,5 campable (97 empl.) plat, vallonné, sablonneux, herbeux

Tarif : (Prix 2009) 25,50€ ★★ ⇔ 🅴 (½) (10A) – pers. suppl. 4€ – frais de réservation 18€

Location (Prix 2009) 🚫 : 6 🛖 (4 à 6 pers.) nuitée 45€ - 200 à 590€/sem. – frais de réservation 18€

Pour s'y rendre : 3,8 km au nord-ouest

Nature : 🏞 ♀♀
Loisirs : 🎦 ⛵ 🏊
Services : ⚡ (juil.-août) GB 🐕 🖥 🛶

Longitude : -1.94606
Latitude : 46.72066

▲▲ **La Pège** de mi-juin à mi-sept.

    𝒫 0251543452, *campinglapege@wanadoo.fr*, Fax 0251552957, *www.campinglapege.com*

1,8 ha (100 empl.) plat, herbeux, sablonneux

Tarif : (Prix 2009) 24€ ★★ ⇔ 🅴 (½) (6A) – pers. suppl. 5€

Location (Prix 2009) 🚫 : 10 🛖 (4 à 6 pers.) nuitée 40€ - 250 à 610€/sem. – frais de réservation 15€

Pour s'y rendre : 67 av. de la Pège (5 km au nord-ouest)

À savoir : à 150 m de la plage (accès direct)

Nature : 🏞 ♀
Loisirs : ⛵ 🚲 🏊
Services : 🚿 ⚡ GB 🐕 🛢 🖥
À prox. : 🛒 🍷 🛶 ♨

Longitude : -1.94606
Latitude : 46.72066

▲ **Municipal les Demoiselles** de fin mai à fin août

    𝒫 0251581071, *demoiselles85@free.fr*, Fax 0251600784, *www.souslespins.com*

13,7 ha (390 empl.) incliné à peu incliné, accidenté, vallonné, sablonneux, herbeux

Tarif : (Prix 2009) 20,40€ ★★ ⇔ 🅴 (½) (10A) – pers. suppl. 4,40€ – frais de réservation 14€

Location (Prix 2009) : 20 bungalows toilés – frais de réservation 14€

🚐 10 🅴 21,30€

Pour s'y rendre : av. des Becs (9,5 km au nord-ouest, à 300 m de la plage)

Nature : 🌊 🏞 ♀♀
Loisirs : ⛵
Services : ⚡ GB 🐕 🛢 ♨ 🍴 🖥
À prox. : snack 🛶

Longitude : -1.94606
Latitude : 46.72066

583

ST-HILAIRE-LA-FORÊT

85440 – **316** G9 – G. Poitou Charentes Vendée – 560 h. – alt. 23
Paris 449 – Challans 66 – Luçon 31 – La Roche-sur-Yon 31 – Les Sables-d'Olonne 24.

▲▲▲ **La Grand' Métairie** de déb. avr. à fin sept.

    𝒫 0251333238, *info@camping-grandmetairie.com*, Fax 0251332569, *www.la-grand-métairie.com* – places limitées pour le passage

3,8 ha (172 empl.) plat, herbeux

Tarif : (Prix 2009) 28€ ★★ ⇔ 🅴 (½) (10A) – pers. suppl. 8€ – frais de réservation 22€

Location (Prix 2009) : 80 🛖 (4 à 6 pers.) 206 à 827€/sem. – 27 🏠 (4 à 6 pers.) - 216 à 845€/sem. – frais de réservation 22€

Pour s'y rendre : 8 r. de La Vineuse en Plaine (au nord du bourg par D 70)

Nature : 🌊 🏞 ♀
Loisirs : 🍷 🍴 pizzeria 🎦 🌙 nocturne 🎣⛳🚲 ⚽ 📺 🏊
Services : 🚿 ⚡ (.) GB 🐕 🛢 🛢 ♨ 🍴 🖥 🛶

Longitude : -1.53384
Latitude : 46.45296

⚠ **Les Batardières** de déb. juil. à fin août
℘ 02 51 33 33 85
1,6 ha (75 empl.) plat, herbeux
Tarif : 23,50 € ★ ★ ⇔ 圓 ᡧ (6A) – pers. suppl. 3 €
Pour s'y rendre : 2 r. des Batardières (à l'ouest par D 70 et à gauche, rte du Poteau)

Nature : 🐟 ◻ ♀	
Loisirs : 🛋 ⚔ ✗	
Services : ⊶ ⏚ ⚑ 🔖	

Longitude : -1.52934
Latitude : 46.44807

ST-HILAIRE-ST-FLORENT

49400 – **317** I5 – G. Châteaux de la Loire
Paris 324 – Nantes 131 – Angers 45 – Tours 72 – Cholet 72.

⚠ **Chantepie** ♣♣ – de mi-mai à mi-sept.
℘ 02 41 67 95 34, *info@campingchantepie.com*,
Fax 02 41 67 95 85, *www.campingchantepie.com*
10 ha/5 campables (150 empl.) plat, herbeux
Tarif : 30 € ★ ★ ⇔ 圓 ᡧ (10A) – pers. suppl. 6 € – frais de réservation 10 €

Location : 🏠 (4 à 6 pers.) nuitée 45 € - 270 à 570 €/sem. – bungalows toilés – frais de réservation 10 €
Pour s'y rendre : rte de Chantepie (5,5 km au nord-ouest par D 751, rte de Gennes et chemin à gauche, à la Mimerolle)

Nature : 🐟 ≤ vallée de la Loire ◻	
Loisirs : ♀ snack 🛋 ⚔ ⚔ 🚲 ♒ 🏊 ⚓ poneys	
Services : ♿ ⊶ GB ⚙ ☕ 🍴 🔖 ⚒ ⏚	

Longitude : -0.14238
Latitude : 47.28696

Donnez-nous votre avis sur les terrains que nous recommandons.
Faites-nous connaître vos observations et vos découvertes
par mail à l'adresse : leguidecampingfrance@fr.michelin.com.

584

ST-JEAN-DE-MONTS

85160 – **316** D7 – G. Poitou Charentes Vendée – 7 650 h. – alt. 16
🛈 *Office de tourisme, 67, esplanade de la Mer* ℘ 08 26 88 78 87, *Fax 02 51 59 87 87*
Paris 451 – Cholet 123 – Nantes 73 – Noirmoutier-en-l'Île 34 – La Roche-sur-Yon 61 – Les Sables-d'Olonne 47.

⚠ **Les Amiaux** ♣♣ – de déb. mai à fin sept.
℘ 02 51 58 22 22, *accueil@amiaux.fr*, Fax 02 51 58 26 09,
www.amiaux.fr
17 ha (543 empl.) plat, herbeux, sablonneux
Tarif : ★ 4 € ⇔ 圓 18,50 € ᡧ (10A) – frais de réservation 16 €

Location 🏊 : 16 🏠 (4 à 6 pers.) 280 à 700 €/sem. – frais de réservation 16 €
Pour s'y rendre : 223 rte de Notre-Dame (3,5 km au nord-ouest)

Nature : ◻ ♀	
Loisirs : ♀ ✗ 🛋 ◐ diurne ⚔ ⚔ ⚙ ✗ ♒ 🏊 ⚓	
Services : ♿ ⊶ GB ⚙ ☕ ⏚ ⚑ 🍴 🔖 ⚒ ⏚	

Longitude : -2.10418
Latitude : 46.80792

⚠ **Le Bois Joly** ♣♣ – de déb. avr. à fin sept.
℘ 02 51 59 11 63, *campingboisjoly@wanadoo.fr*,
Fax 02 51 59 11 06, *www.camping-lebois-joly.com*
7,5 ha (356 empl.) plat, herbeux, sablonneux
Tarif : 31 € ★ ★ ⇔ 圓 ᡧ (10A) – pers. suppl. 5 € – frais de réservation 20 €

Location 🏊 : 63 🏠 (4 à 6 pers.) 230 à 670 €/sem.
– 22 🏠 (4 à 6 pers.) - 250 à 700 €/sem. – frais de réservation 20 €
🏕 borne artisanale 17 €
Pour s'y rendre : 46 rte de Notre-Dame-de-Monts (1 km au nord-ouest, au bord d'un étier)

À savoir : bel espace aquatique

Nature : ◻ ♀	
Loisirs : ♀ snack 🛋 ◐ nocturne ⚔ ♨ ⚓ jacuzzi ⚔ ♒ 🏊 ⚓ ⚓ terrain omnisports	
Services : ♿ ☕ (juil.-août) GB ⚙ ▥ ⏚ ⚑ 🍴 🔖 ⚒	
À prox. : 🐎	

Longitude : -2.1064
Latitude : 46.80876

La Yole ♨♨ – de déb. avr. à fin sept.
℘ 0251586717, *contact@la-yole.com*, Fax 0251590535, *www.la-yole.com* – places limitées pour le passage
5 ha (356 empl.) plat, herbeux, sablonneux, pinède attenante (2 ha)
Tarif : 30,50 € ♨♨ ⇔ 目 (½) (16A) – pers. suppl. 6,50 € – frais de réservation 28 €

Location 🛏 : 38 ⬛ (4 à 6 pers.) 395 à 825 €/sem. – frais de réservation 28 €
Pour s'y rendre : chemin des Bosses, à Orouet (7 km au sud-est)

À savoir : joli cadre verdoyant, soigné, fleuri et ombragé

Nature : 🐌 ⊏⊐ ♀♀
Loisirs : ♀ ✗ crêperie 🎬 ♂ nocturne ⚕ jacuzzi ⛹ ✗ 🏊 ⛹
Services : ⚓ ⊶ GB ♂ ⅍ ⚰ 🚿 ⚑ ♨ ⚰ ⚰ ⚱

Longitude : -2.00539
Latitude : 46.75516

Village Club le Victoria (location exclusive de maisonnettes et studios)
℘ 0228116611, *victoria.le@wanadoo.fr*, Fax 0228116991, *www.le-victoria.fr*
3 ha plat
Location (Prix 2009) 🅿 : 45 ⬛ (4 à 6 pers.) nuitée 98 € - 384 à 1 197 €/sem. – 10 studios
Pour s'y rendre : 162 av. Valentin

À savoir : décoration arbustive

Nature : ⊏⊐ ♀
Loisirs : ♀ 🎬 ♂ nocturne ⚕ ♂⅋ ✗ ⛹ terrain omnisports
Services : ⚓ ⊶ ⚑ ♨ laverie

Longitude : -2.04264
Latitude : 46.78099

Les Aventuriers de la Calypso ♨♨ – de déb. avr. à mi-sept.
℘ 0251597966, *contacts@camping-apv.com*, Fax 0251597967, *www.lesaventuriersdelacalypso.com* – places limitées pour le passage
4 ha (284 empl.) plat, herbeux, sablonneux
Tarif : (Prix 2009) 31,80 € ♨♨ ⇔ 目 (½) (10A) – pers. suppl. 7,90 € – frais de réservation 27 €

Location (Prix 2009) : ⬛ (2 à 4 pers.) 133 à 665 €/sem. – ⬛ (4 à 6 pers.) 210 à 910 €/sem. – ⬛ (4 à 6 pers.) - 266 à 910 €/sem. – frais de réservation 27 €
Pour s'y rendre : rte de Notre-Dame-de-Monts, lieu-dit : Les Tonnelles (4,6 km au nord-ouest)

Nature : ⊏⊐
Loisirs : ♀ snack 🎬 ♂ nocturne ⚕🍴 jacuzzi ⛹ ♂⅋ ✗ 🏊 ⛹ ⛷ terrain omnisports
Services : ⚓ ⊶ GB ♂ ⅍ ⚰ 🚿 ♨ laverie ⚱

Longitude : -2.1064
Latitude : 46.80876

585

L'Abri des Pins ♨♨ – de mi-juin à mi-sept.
℘ 0251588386, *contact@abridespins.com*, Fax 0251593047, *www.abridespins.com* – places limitées pour le passage
3 ha (217 empl.) plat, herbeux, sablonneux
Tarif : (Prix 2009) 35,50 € ♨♨ ⇔ 目 (½) (6A) – pers. suppl. 6,50 €

Location (Prix 2009) : 55 ⬛ (4 à 6 pers.) 315 à 850 €/sem. – 23 ⬛ (4 à 6 pers.) - 315 à 779 €/sem.
Pour s'y rendre : rte de Notre-Dame-de-Monts (4 km au nord-ouest)

À savoir : agréable cadre fleuri

Nature : ⊏⊐ ♀
Loisirs : ♀ snack, pizzeria 🎬 ♂ nocturne ⚕ 🍴 ⛹ ✗ 🏊 ⛹
Services : ⚓ ⅍ ⚰ ⚱ ♨ ⚱

Longitude : -2.1064
Latitude : 46.80876

Le Vieux Ranch de déb. avr. à fin sept.
℘ 0251588658, *levieuxranch@wanadoo.fr*, Fax 0251591220, *www.levieuxranch.com*
5 ha (242 empl.) plat, herbeux, sablonneux
Tarif : (Prix 2009) 26,50 € ♨♨ ⇔ 目 (½) (6A) – pers. suppl. 5,20 €

Location (Prix 2009) 🛏 : ⬛ (4 à 6 pers.) 255 à 700 €/sem. – ⬛ (4 à 6 pers.) 742 €/sem.
Pour s'y rendre : chemin de la Parée du Jonc (4,3 km au nord-ouest)

À savoir : agréable situation à 200 m de la plage

Nature : 🐌 ⊏⊐ ♀
Loisirs : ♀ ✗ 🎬 🍴 salle d'animation ⛹ ⛷
Services : ⚓ ⊶ GB ♂ ⅍ ⚰ 🚿 ♨ ⚰ ⚱

Longitude : -2.11329
Latitude : 46.8059

Aux Coeurs Vendéens de déb. mai à mi-sept.
☎ 02 51 58 84 91, *info@coeursvendeens.com*,
www.coeursvendeens.com
2 ha (117 empl.) plat, herbeux, sablonneux
Tarif : 29,30€ �★☆ ⇌ 🗐 (10A) – pers. suppl. 4,90€ –
frais de réservation 15€

Location (de déb. avr. à mi-sept.) : 50 🛖 (4 à 6 pers.)
190 à 850€/sem. – frais de réservation 15€
🚐 10 🗐 15€
Pour s'y rendre : 251 rte de Notre-Dame-de-Monts
(4 km au nord-ouest)

| Nature : ⌑ ♀♀ |
| Loisirs : ☂ crêperie 🎛 🚶 🚴 🏋 🏊 |
| Services : 🚿 ⚲ GB ⚙ 🚮 ♨ 🚽 ❄ 🔥 🚿 |
| À prox. : ✂ |
| Longitude : -2.11008 |
| Latitude : 46.80988 |

Les Places Dorées de mi-juin à mi-sept.
☎ 02 51 59 02 93, *contact@placesdorees.com*,
Fax 02 51 59 33 03, *www.placesdorees.com*
5 ha (288 empl.) plat, herbeux, sablonneux
Tarif : (Prix 2009) 35,50€ ☆☆ ⇌ 🗐 (6A) – pers.
suppl. 6,50€ – frais de réservation 25€

Location (Prix 2009) ✗ : 60 🛖 (4 à 6 pers.) 269 à
779€/sem. – frais de réservation 25€
Pour s'y rendre : 247 rte de Notre-Dame-de-Monts
(4 km au nord-ouest)

À savoir : bel espace aquatique

| Nature : ⌑ ♀ |
| Loisirs : ☂ snack ≦s hammam |
| jacuzzi 🏊 🏊 🏊 |
| Services : 🚿 ⚲ GB ⚙ ♨ 🔥 |
| 🔥 🚽 |
| À prox. : 🏊 ✂ 🏃 |
| Longitude : -2.10967 |
| Latitude : 46.80865 |

Le Both d'Orouet de déb. avr. à mi-oct.
☎ 02 51 58 60 37, *leboth.d.orouet@netcourrier.com*,
Fax 02 51 59 37 03, *http://camping.orouet.free.fr*
4,4 ha (206 empl.) plat, herbeux, sablonneux
Tarif : (Prix 2009) 24,50€ ☆☆ ⇌ 🗐 (6A) – pers.
suppl. 4,50€ – frais de réservation 16€

Location (Prix 2009) (de déb. avr. à fin sept.) : 28 🛖
(4 à 6 pers.) 200 à 600€/sem. – 16 🏚 (4 à 6 pers.) - 200
à 640€/sem. – frais de réservation 16€
🚐 1 borne 4,50€
Pour s'y rendre : 77 av. d'Orouët (6,7 km au sud-est, au
bord d'un ruisseau)

À savoir : agréable cadre de verdure et salle de jeux dans
une ancienne grange de 1875 restaurée

| Nature : ⌑ ♀ |
| Loisirs : 🎛 jacuzzi 🏊 🏃 🏊 |
| terrain multisports |
| Services : 🚿 ⚲ GB ⚙ ♨ 🏊 |
| ❄ 🔥 🔥 |
| À prox. : ☂ ✗ |
| Longitude : -1.99759 |
| Latitude : 46.76495 |

586

Plein Sud de déb. juin à mi-sept.
☎ 02 51 59 10 40, *info@campingpleinsud.com*,
Fax 02 51 58 92 29, *www.campingpleinsud.com*
2 ha (110 empl.) plat, herbeux, sablonneux
Tarif : 25€ ☆☆ ⇌ 🗐 (6A) – pers. suppl. 5€ – frais de
réservation 23€

Location (Prix 2009) (de déb. avr. à mi-sept.) ✗ (juil-
août) : 50 🛖 (4 à 6 pers.) 175 à 655€/sem. – frais de
réservation 23€
🚐 6 🗐 12€
Pour s'y rendre : 246, rte de Notre-Dame-de-Monts
(4 km au nord-ouest)

| Nature : ⌑ ♀ |
| Loisirs : ☂ 🏊 🚴 🏊 terrain |
| omnisports |
| Services : 🚿 ⚲ GB ⚙ 🏊 🏊 |
| ❄ 🔥 |
| Longitude : -2.1064 |
| Latitude : 46.80876 |

La Forêt de déb. mai à mi-sept.
☎ 02 51 58 84 63, *camping-la-foret@wanadoo.fr*,
Fax 02 51 58 84 63, *www.hpa-laforet.com*
1 ha (61 empl.) plat, herbeux, sablonneux
Tarif : 28€ ☆☆ ⇌ 🗐 (6A) – pers. suppl. 5€ – frais de
réservation 20€

Location (de mi-avr. à fin sept.) : 13 🛖 (4 à 6 pers.)
279 à 659€/sem. – frais de réservation 20€
🚐 borne artisanale – 20 🗐 18€ – 🔌 16€
Pour s'y rendre : 190 chemin de la Rive (5,5 km au nord-
ouest)

À savoir : belle décoration arbustive

| Nature : ⌑ ♀♀ |
| Loisirs : 🎛 🏊 🚴 🏊 |
| Services : 🚿 ⚲ GB ⚙ 🏊 🏊 |
| ❄ 🔥 🔥 |
| À prox. : canoë de mer |
| Longitude : -2.12572 |
| Latitude : 46.81614 |

La Davière-Plage de déb. mai à fin sept.
℘ 0251582799, *daviereplage@wanadoo.fr*,
Fax 0251582799, *www.daviereplage.com*
3 ha (200 empl.) plat, herbeux, sablonneux
Tarif : (Prix 2009) 23,75€ ★★ 🚐 ▣ ⚡ (10A) – pers.
suppl. 5,20€ – frais de réservation 20€

Location (Prix 2009) : 20 🚐 (4 à 6 pers.) 270 à 630€/
sem. – 🏠 – frais de réservation 20€
🚐 borne artisanale 13,30€
Pour s'y rendre : 197 rte de Notre-Dame-de-Mont (3 km
au nord-ouest)

Les Pins
℘ 0251581742, Fax 0251581742
1,2 ha (118 empl.) plat et en terrasses, sablonneux
Location ⚡ : 17 🏠
Pour s'y rendre : 2,5 km au sud-est
À savoir : cadre verdoyant

Les Jardins de l'Atlantique de déb. avr. à fin
sept.
℘ 0251580574, *info@camping-jardins-atlantique.com*,
Fax 0251580167, *www.camping-jardins-atlantique.com*
– places limitées pour le passage
5 ha (310 empl.) plat et peu incliné, accidenté,
sablonneux
Tarif : (Prix 2009) 21,70€ ★★ 🚐 ▣ ⚡ (6A) – pers.
suppl. 5,40€ – frais de réservation 18€

Location (Prix 2009) : 35 🚐 (4 à 6 pers.) 460 à 585€/
sem. – frais de réservation 18€
Pour s'y rendre : 100 r. de la Caillauderie (5,5 km au
nord-est)

Campéole les Sirènes de déb. avr. à mi-sept.
℘ 0251580131, *sirenes@campeole.com*,
Fax 0251590367, *www.campeole.com*
15 ha/5 campables (500 empl.) plat et accidenté, dunes,
pinède
Tarif : 26,60€ ★★ 🚐 ▣ ⚡ (10A) – pers. suppl. 7,10€ –
frais de réservation 25€

Location : 50 🚐 (4 à 6 pers.) nuitée 37€ - 308 à 840€/
sem. – 80 bungalows toilés avec et sans sanitaires –
frais de réservation 25€
🚐 borne eurorelais
Pour s'y rendre : av. des Demoiselles (au sud-est, av. des
Demoiselles, à 500 m de la plage)

Le Logis de mi-avr. à déb. sept.
℘ 0251586067, *camping-le-logis@aliceadsl.fr*,
Fax 0251586067, *www.camping-saintjeandemonts.
com* ⚡
0,8 ha (40 empl.) en terrasses, plat, herbeux, sablonneux
Tarif : 21,60€ ★★ 🚐 ▣ ⚡ (10A) – pers. suppl. 4,30€ –
frais de réservation 16€

Location : 10 🚐 (4 à 6 pers.) nuitée 62€ - 235 à
560€/sem. – frais de réservation 16€
🚐 borne artisanale 13€
Pour s'y rendre : rte de St-Gilles-Croix-de-Vie (4,3 km au
sud-est)

Nature : ♀
Loisirs : snack 🎱 🏊 🚲 🎿
Services : ♿ ☎ (juil.-août) GB
🐕 🛁 📷 🚿
À prox. : 🏆 ✕

Longitude : -2.09312
Latitude : 46.80471

Nature : 🏞 ♀
Loisirs : 🏆 🎱 🏊 🚲 🎿
Services : ☎ 🛁 📷
À prox. : 🚿 🛶

Longitude : -2.04528
Latitude : 46.79738

Nature : 🏞 ♀♀
Loisirs : 🏆 snack 🎱 🌙nocturne
jacuzzi 🏊 🚲 🎿 🏊 terrain
omnisports
Services : ♿ ☎ GB 🐕 🛁 🍴
📷 🚿

Longitude : -2.02751
Latitude : 46.76972

587

Nature : 🐟 ♀
Services : ♿ ☎ GB 🐕 🍴 📷
À prox. : 🚿 🏆 🛶

Longitude : -2.06162
Latitude : 46.79365

Nature : 🏞
Loisirs : 🎱 🏊 🎿 (petite
piscine)
Services : ♿ ☎ GB 🐕 📷
À prox. : 🏆 ✕ 🏇

Longitude : -2.06162
Latitude : 46.79365

PAYS DE LA LOIRE

ST-JULIEN-DE-CONCELLES

44450 – **316** H4 – 6 260 h. – alt. 24
Paris 384 – Nantes 19 – Angers 89 - La Roche-sur-Yon 80.

▲ **Le Chêne** de déb. avr. à mi-oct.
     📞 02 40 54 12 00, *campingduchene@wanadoo.fr*,
     Fax 02 40 36 54 79, *www.campingduchene.fr* – **R**
     2 ha (100 empl.) plat, herbeux
     Tarif : 17,60€ **✶ ✶** ⇔ ▣ (⚡) (8A) – pers. suppl. 4,40€
     Location (permanent) : 25 ⊡ (4 à 6 pers.) 305 à
     569€/sem. – 8 bungalows toilés
     ⊡ 2 ▣ 11,50€
     Pour s'y rendre : 1 rte du Lac (1,5 km à l'est par D 37
     (déviation), près du plan d'eau)

Nature : 🏞 ♀
Loisirs : 🍸 ⚓ ✗ 🎿 (découverte en saison)
Services : ⚬ GB ⟱ 🚿 ♨ 🗑
À prox. : 🎣
Longitude : -1.3714
Latitude : 47.2492

*Dieser Führer stellt kein vollständiges Verzeichnis aller Campingplätze dar,
sondern nur eine Auswahl der besten Plätze jeder Kategorie.*

ST-JULIEN-DES-LANDES

85150 – **316** F8 – 1 266 h. – alt. 59
Paris 445 – Aizenay 17 – Challans 32 – La Roche-sur-Yon 24 – Les Sables-d'Olonne 19 – St-Gilles-Croix-de-Vie 21.

🏕 **"Les Castels" La Garangeoire** ♣♀ – de fin avr. à fin sept.
     📞 02 51 46 65 39, *info@garangeoire.com*,
     Fax 02 51 46 69 85, *www.camping-la-garangeoire.com*
     200 ha/10 campables (340 empl.) plat et vallonné,
     terrasses, herbeux
     Tarif : 36,50€ **✶ ✶** ⇔ ▣ (⚡) (8A) – pers. suppl. 7,80€ –
     frais de réservation 25€
     Location (Prix 2009) : 25 ⊡ (4 à 6 pers.) 275 à 910€/
     sem. – 23 🏚 (4 à 6 pers.) - 280 à 889€/sem. – gîtes –
     frais de réservation 25€
     Pour s'y rendre : 2,8 km au nord par D 21
     À savoir : agréable domaine : prairies, étangs et bois

Nature : 🐾 🏞 ⚏
Loisirs : 🍸 ✗ crêperie, pizzeria ⚓ 🎣 🚲 🏌 🎿 ♨ 🏓 poneys (centre équestre) canoës, pédalos
Services : ♿ ⚬ GB ⟱ 🚿 🗑 🛒 🍴 laverie 🧊 cases réfrigérées
Longitude : -1.71154
Latitude : 46.66172

🏕 **La Forêt** de mi-mai à mi-sept.
     📞 02 51 46 62 11, *camping@domainelaforet.com*,
     Fax 02 51 46 60 87, *www.domainelaforet.com*
     50 ha/5 campables (148 empl.) plat, herbeux, étangs et
     bois
     Tarif : (Prix 2009) 33,50€ **✶ ✶** ⇔ ▣ (⚡) (6A) – pers.
     suppl. 6,50€
     Location (Prix 2009) 🏊 : 6 ⊡ (4 à 6 pers.) 330 à
     750€/sem. – Cabane
     Pour s'y rendre : sortie nord-est par D 55, rte de Martinet
     À savoir : dans les dépendances et le parc d'un château

Nature : 🐾 🏞 ⚏
Loisirs : 🍸 ✗ 🎣 🏌 discothèque ⚓ 🚲 ✗ ♨ 🎿 ♨ 🎣
Services : ♿ ⚬ GB 🚿 🗑 🍴 🧊 🛒
Longitude : -1.71315
Latitude : 46.64056

🏕 **La Guyonnière** ♣♀ – de fin avr. à fin sept.
     📞 02 51 46 62 59, *info@laguyonniere.com*,
     Fax 02 51 46 62 89, *www.laguyonniere.com* – places
     limitées pour le passage
     30 ha/6,5 campables (167 empl.) plat, peu incliné,
     herbeux, étang
     Tarif : 36,90€ **✶ ✶** ⇔ ▣ (⚡) (6A) – pers. suppl. 6€ – frais
     de réservation 20€
     Location 🏊 : 46 ⊡ (4 à 6 pers.) 200 à 876€/sem.
     – 25 🏚 (4 à 6 pers.) - 234 à 952€/sem. – frais de
     réservation 20€
     ⊡ borne eurorelais 3€ – 5 ▣ 16,50€ – 🚐 (⚡) 16.50€
     Pour s'y rendre : 2,4 km au nord-ouest par D 12, rte de
     Landevieille puis 1,2 km par chemin à dr. à prox. du lac
     du Jaunay

Nature : 🐾 ♀
Loisirs : 🍸 snack 🎣 🏌 🏌 ⚓ 🚲 🎿 ♨ 🎣 🐎 (centre équestre) parcours de santé
Services : ♿ ⚬ GB ⟱ 🚿 🍴 laverie 🧊
Longitude : -1.74759
Latitude : 46.65285

ST-LAURENT-SUR-SÈVRE

85290 – **316** K6 – G. Poitou Charentes Vendée – 3 411 h. – alt. 121
Paris 365 – Angers 76 – Bressuire 36 – Cholet 14 – Nantes 69 – La Roche-sur-Yon 63.

Le Rouge Gorge Permanent
   ⌂ 02 51 67 86 39, *campinglerougegorge@wanadoo.fr*,
www.lerougegorge.com
2 ha (93 empl.) plat, peu incliné, herbeux
Tarif : 19,10 € ♦♦ ⬌ 🅴 [⚡] (4A) – pers. suppl. 3,90 € –
frais de réservation 7 €

Location 🚫 : 5 🏠 (4 à 6 pers.) nuitée 72 € - 231 à
556 €/sem. – frais de réservation 7 €
  🚐 borne artisanale 19,10 € – 3 🅴 19,10 €
Pour s'y rendre : rte de La Verrie (1 km à l'ouest par
D 111)

Loisirs : 🎬 🏊	
Services : 🚿 ⛽ GB 🐕 🖇 🚿	
🚽 🍴 📷	
À prox. : 🎣	

Longitude : -0.90336
Latitude : 46.95851

ST-MICHEL-EN-L'HERM

85580 – **316** I9 – G. Poitou Charentes Vendée – 1 958 h. – alt. 9
🛈 *Syndicat d'initiative, 5, place de l'Abbaye* ⌂ 02 51 30 21 89, Fax 02 51 30 21 89
Paris 453 – Luçon 15 – La Rochelle 46 – La Roche-sur-Yon 47 – Les Sables-d'Olonne 54.

Les Mizottes de déb. avr. à fin sept.
   ⌂ 02 51 30 23 63, *accueil@campinglesmizottes.fr*,
Fax 02 51 30 23 62, *www.campinglesmizottes.fr*
2 ha (112 empl.) plat, herbeux
Tarif : (Prix 2009) 20 € ♦♦ ⬌ 🅴 [⚡] (6A) – pers.
suppl. 4 € – frais de réservation 5 €

Location (Prix 2009) : 40 🛖 (4 à 6 pers.) 190 à 560 €/
sem. – frais de réservation 5 €
  🚐 borne artisanale 20 € – 2 🅴 20 € – 🚽[⚡] 10 €
Pour s'y rendre : 41 r. des Anciens Quais (800 m au sud-
ouest par D 746, rte de l'Aiguillon-sur-Mer)

Nature : 🏞 😊	
Loisirs : 🎬 🚲 🏊	
Services : 🚿 ⛽ GB 🐕 🖇 🍴	
📷 🏊	

Longitude : -1.25482
Latitude : 46.34943

589

ST-PÈRE-EN-RETZ

44320 – **316** D4 – 3 843 h. – alt. 14
Paris 425 – Challans 54 – Nantes 45 – Pornic 13 – St-Nazaire 25.

Le Grand Fay
   ⌂ 02 40 21 72 89, *legrandfay@aol.com*, Fax 02 40 82 40 27,
www.camping-granfay.com
1,2 ha (91 empl.) peu incliné, plat, herbeux

Location : 5 🛖
Pour s'y rendre : r. du Grand Fay (sortie est par D 78, rte
de Frossay puis 500 m par r. à dr., près du parc des sports
et d'un lac)

Nature : 😊	
Loisirs : ⛲ 🏊 (petite piscine)	
Services : ⛽ 📷	
À prox. : 🍴	

Longitude : -2.04172
Latitude : 47.20982

ST-RÉVÉREND

85220 – **316** F7 – 1 272 h. – alt. 19
Paris 453 – Aizenay 20 – Challans 19 – La Roche-sur-Yon 36 – Les Sables-d'Olonne 27 – St-Gilles-Croix-de-Vie 10.

Le Pont Rouge de fin mars à fin oct.
   ⌂ 02 51 54 68 50, *camping.pontrouge@wanadoo.fr*,
Fax 02 51 54 61 67, *www.camping-lepontrouge.com*
2,2 ha (73 empl.) peu incliné, plat, herbeux
Tarif : 23 € ♦♦ ⬌ 🅴 [⚡] (6A) – pers. suppl. 5 € – frais de
réservation 15 €

Location : 6 🛖 (2 à 4 pers.) nuitée 23 € - 159 à 409 €/
sem. – 24 🛖 (4 à 6 pers.) nuitée 31 € - 199 à 491 €/
sem. – frais de réservation 15 €
  🚐 6 🅴 13 €
Pour s'y rendre : r. Georges Clémenceau (sortie sud-
ouest par D 94 et chemin à dr., au bord d'un ruisseau)
À savoir : cadre verdoyant

Nature : 🌿 🏞 😊	
Loisirs : snack 🌙 nocturne (juillet-août) ⛲ 🏊	
Services : 🚿 ⛽ GB 🐕 🖇 🚿 laverie	

Longitude : -1.8318
Latitude : 46.69578

ST-VINCENT-SUR-JARD

85520 – **316** G9 – G. Poitou Charentes Vendée – 1 146 h. – alt. 10
🛈 *Syndicat d'initiative, place de l'Eglise* ℰ 02 51 33 62 06, Fax 02 51 33 01 23
Paris 454 – Challans 64 – Luçon 34 – La Rochelle 70 – La Roche-sur-Yon 35 – Les Sables-d'Olonne 23.

▲▲▲ **La Bolée d'Air** de déb. avr. à fin sept.
ℰ 02 51 33 05 05, *info@chadotel.com*, Fax 02 51 33 94 04,
www.chadotel.com
5,7 ha (280 empl.) plat, herbeux
Tarif : 29,50€ ✷✷ ⇔ 🅴 [⚡] (6A) – pers. suppl. 5,80€ –
frais de réservation 25€
Location : 70 🛏 (4 à 6 pers.) 189 à 795€/sem. – 30
🏠 (4 à 6 pers.) - 189 à 815€/sem. – bungalows toilés
– frais de réservation 25€
🛢 borne autre 29,50€ – 180 🅴 29,50€
Pour s'y rendre : rte du Bouil (2 km à l'est par D 21 et
à dr.)

| Nature : 🏞 ♀ |
| Loisirs : 🍽 🏠 🎣 🏊 🚲 🎯 ⛳ terrain omnisports |
| Services : 🕭 ⊶ ⊖ 🚗 ♨ ⚱ 🚾 🍴 🖼 ⊕ ♨ |

Longitude : -1.52622
Latitude : 46.4198

STE-LUCE-SUR-LOIRE

44980 – **316** H4 – 11 776 h. – alt. 9
Paris 378 – Nantes 7 – Angers 82 – Saint 68 – Cholet 58.

▲ **Belle Rivière** Permanent
ℰ 02 40 25 85 81, *belleriviere@wanadoo.fr*,
Fax 02 40 25 85 81, *www.camping-belleriviere.com*
3 ha (100 empl.) plat, herbeux
Tarif : ✷ 3,95€ ⇔ 1,90€ 🅴 4,60€ – [⚡] (10A) 3,90€
Location 🏊 : 4 🛏 (4 à 6 pers.) 440€/sem. – frais
de réservation 15€
🛢 borne artisanale – 2 🅴 14,35€
Pour s'y rendre : rte des Perrières (2 km au nord-est par
D 68, rte de Thouaré puis, au lieu-dit la Gicquelière, 1 km
par rte à dr., accès direct à un bras de la Loire)
À savoir : agréable cadre pittoresque

| Nature : 🏞 ♀ |
| Loisirs : 🐎 🏊 ⛳ |
| Services : 🕭 ⊶ (juin-oct.) ⊖ 🚗 🖼 ♨ 🖼 🚾 |
| À prox. : 🐴 (centre équestre) |

Longitude : -1.45594
Latitude : 47.25458

590

Benutzen Sie
– zur Wahl der Fahrtroute
– zur Berechnung der Entfernungen
– zur exakten Lokalisierung eines Campingplatzes (mit Hilfe der Angaben im Ortstext)
die für diesen Führer unentbehrlichen **MICHELIN-Karten .**

SAUMUR

49400 – **317** I5 – G. Châteaux de la Loire – 28 654 h. – alt. 30
🛈 *Office de tourisme, place de la Bilange* ℰ 02 41 40 20 60, Fax 02 41 40 20 69
Paris 300 – Angers 67 – Châtellerault 76 – Cholet 70 – Le Mans 124 – Poitiers 97 – Tours 64.

▲▲▲ **L'Île d'Offard** ♣♣ – de déb. mars à mi-nov.
ℰ 02 41 40 30 00, *iledoffard@cvtloisirs.fr*,
Fax 02 41 67 37 81, *www.cvtloisirs.com*
4,5 ha (258 empl.) plat, herbeux
Tarif : 31,50€ ✷✷ ⇔ 🅴 [⚡] (10A) – pers. suppl. 6€ –
frais de réservation 12€
Location 🏊 : 44 🛏 (4 à 6 pers.) nuitée 70€ - 266 à
735€/sem. – 🏠 – 🛏 – bungalows toilés – frais de
réservation 12€
🛢 borne artisanale 6€ – 10 🅴 31,50€
Pour s'y rendre : Bd de Verden (accès par centre-ville,
dans une île de la Loire)
À savoir : situation agréable à la pointe de l'Île avec vue
sur le château

| Nature : ≤ 🏞 ♀ |
| Loisirs : 🍽 brasserie 🏠 🎦 diurne 🏊 🏊 ⛳ 🍳 |
| Services : 🕭 ⊶ ⊖ 🚗 🖼 ♨ ♨ 🚾 🍴 laverie ♨ |
| À prox. : 🍴 canoë |

Longitude : -0.06707
Latitude : 47.26158

LA SELLE-CRAONNAISE

53800 – **310** C7 – 896 h. – alt. 71
Paris 316 – Angers 68 – Châteaubriant 32 – Château-Gontier 29 – Laval 36 – Segré 26.

Base de Loisirs de la Rincerie de déb. mars à fin
oct.
℘ 02 43 06 17 52, *contact@la-rincerie.com*,
Fax 02 43 07 50 20, *http://www.la-rincerie.com*
120 ha/5 campables (50 empl.) plat, peu incliné, herbeux
Tarif : 9,60 € ✶✶ ⇔ 回 ⅙ (10A) – pers. suppl. 2,90 €

Location (de mi-avr. à mi-oct.) : 5 bungalows toilés
⊞ borne artisanale
Pour s'y rendre : 3,5 km au nord-ouest par D 111, D 150,
rte de Ballots et rte à gauche

À savoir : près d'un plan d'eau, nombreuses activités
nautiques

| Nature : ⑤ ⋖ |
| Loisirs : ☺diurne ♠ 🐎 poneys |
| Services : 🔥 ⚬╍ ⚙ 🎬 ᾧ ᾧ |
| à la base de loisirs : ⚿ 🐟 ⚲ |
| swin golf, circuit pédestre, VTT et |
| équestre, canoë-kayak |

Longitude : -1.06528
Latitude : 47.86631

SILLÉ-LE-GUILLAUME

72140 – **310** I5 – G. Normandie Cotentin – 2 360 h. – alt. 161
🄑 *Office de tourisme, place de la Résistance* ℘ 02 43 20 10 32, Fax 02 43 200 123
Paris 230 – Alençon 39 – Laval 55 – Le Mans 35 – Sablé-sur-Sarthe 42.

Indigo Les Molières de mi-mai à mi-sept.
℘ 02 43 20 16 12, *molieres@camping-indigo.com*,
Fax 02 43 24 56 84, *www.camping-indigo.com*
3,5 ha (133 empl.) plat, herbeux
Tarif : (Prix 2009/ €) ✶✶ ⇔ 回 ⅙ (10A) – frais de
réservation 18 €
⊞ borne autre 4 €
Pour s'y rendre : à Sillé-Plage (2,5 km au nord par D 5,
D 105, D 203 et chemin à dr.)

À savoir : dans la forêt, près d'un plan d'eau et de deux
étangs

| Nature : ⑤ ♀♀ |
| Loisirs : 🛋 |
| Services : 🔥 ⚬╍ ⒼⒷ ⚙ |
| À prox. : ❢ crêperie ✕ ᾧ 🐎 |
| (centre équestre) pédalos |

Longitude : -0.12917
Latitude : 48.18333

SILLÉ-LE-PHILIPPE

72460 – **310** L6 – 1 033 h. – alt. 35
Paris 195 – Beaumont-sur-Sarthe 25 – Bonnétable 11 – Connerré 15 – Mamers 33 – Le Mans 19.

"Les Castels" Château de Chanteloup de déb.
juin à fin août
℘ 02 43 27 51 07, *chanteloup.souffront@wanadoo.fr*,
Fax 02 43 89 05 05, *www.chateau-de-chanteloup.com*
20 ha (100 empl.) peu incliné, plat, herbeux, sablonneux,
étang, sous-bois
Tarif : ✶ 7,80 € ⇔ 回 12,90 € – ⅙ (8A) 3,80 €

Location (permanent) : ⌂
Pour s'y rendre : 2 km au sud-ouest par D 301, rte du
Mans

| Nature : ⑤ ♙♙♙ |
| Loisirs : ❢ snack 🛋 ☺ ⚿ |
| 🚲 ⚲ |
| Services : ⚬╍ ⒼⒷ ♨ ᾧ laverie |
| ⚕ |

Longitude : 0.33839
Latitude : 48.11029

SION-SUR-L'OCÉAN

85270 – **316** E7 – G. Poitou Charentes Vendée
Paris 461 – Nantes 77 – La Roche 53 – Saint 88 – Saint 82.

Municipal de Sion de déb. avr. à fin oct.
℘ 02 51 54 34 23, *sion85@free.fr*, Fax 02 51 60 07 84,
www.souslespins.com
3 ha (173 empl.) plat, sablonneux, gravillons
Tarif : (Prix 2009) 28,30 € ✶✶ ⇔ 回 ⅙ (10A) – pers.
suppl. 5,60 € – frais de réservation 14 €

Location (Prix 2009) : 15 🚐 (4 à 6 pers.) 215 à 605 €/
sem. – frais de réservation 14 €
⊞ borne artisanale 4,50 € – 20 回 10,10 € – 🚽 ⅙ 13.60 €
Pour s'y rendre : av.de la Forêt (sortie nord)

À savoir : à 350 m de la plage (accès direct)

| Nature : 🏕 ♀ |
| Loisirs : 🛋 ⚿ |
| Services : 🔥 ⚬╍ ⒼⒷ ⚙ 🎬 ᾧ |
| ᾧ 🖨 |

Longitude : -1.96694
Latitude : 46.71844

PAYS DE LA LOIRE

SOULLANS

85300 – **316** E7 – 3 851 h. – alt. 12

B *Office de tourisme, rue de l'Océan* ℰ 02 51 35 28 68, Fax 02 51 35 24 26

Paris 443 – Challans 7 – Noirmoutier-en-l'Île 46 – La Roche-sur-Yon 48 – Les Sables-d'Olonne 39 – St-Gilles-Croix-de-Vie 15.

▲ **Municipal le Moulin Neuf**
ℰ 02 51 68 00 24, *camping-soullans@wanadoo.fr*,
Fax 02 51 68 88 66
1,2 ha (80 empl.) plat, herbeux
Pour s'y rendre : sortie nord par D 69, rte de Challans
et r. à dr.

Nature : 🐟 🏕 ⚲	
Services : ⚖ ⚬⛽ 🖥	
À prox. : ✗	

Longitude : -1.90058
Latitude : 46.79586

*Kataloge der **MICHELIN-Veröffentlichungen** erhalten Sie beim Buchhändler und direkt von **Michelin** (Karlsruhe).*

TALMONT-ST-HILAIRE

85440 – **316** G9 – G. Poitou Charentes Vendée – 6 533 h. – alt. 35

B *Office de tourisme, place du Château* ℰ 02 51 90 65 10, Fax 02 51 20 71 80

Paris 448 – Challans 55 – Luçon 38 – La Roche-sur-Yon 30 – Les Sables-d'Olonne 14.

▲▲▲ **Yelloh! Village Le Littoral** de déb. avr. à fin sept.
ℰ 02 51 22 04 64, *info@campinglelittoral.com*,
Fax 02 51 22 05 37, *www.campinglelittoral.com* – places
limitées pour le passage
9 ha (483 empl.) peu incliné, plat, herbeux, sablonneux
Tarif : 40 € ✶✶ ⛺ 🚐 🗉 🛉 (10A) – pers. suppl. 6 € – frais
de réservation 25 €
Location : 100 🛏 (4 à 6 pers.) nuitée 35 € - 245 à
973 €/sem. – 14 🛖 (4 à 6 pers.) nuitée 49 € - 343 à
1 085 €/sem.
🚰 borne artisanale
Pour s'y rendre : au lieu-dit : Le Porteau (9,5 km au
sud-ouest par D 949, D 4a et apr. Querry-Pigeon, à dr.
par D 129, rte côtière des Sables-d'Olonne, à 200 m de
l'océan)

Nature : 🏕 ⚲	
Loisirs : ⛵ ✗ pizzeria 🎪 🎡	
🏓 🚲 ✗ 🎯 🗒 ⛷ terrain	
omnisports	
Services : ⚖ ⚬⛽ GB 🐕 🔫 ♨ 🚰	
🍴 🖥 🛁 🚿	
À prox. : golf (18 trous)	

Longitude : -1.70222
Latitude : 46.45195

▲▲▲ **Les Cottages St-Martin** (location exclusive de
mobile homes et maisonnettes) Permanent
ℰ 02 51 21 90 00, *st.martin@odalys-vacances.com*,
Fax 02 51 22 21 24, *www.odalys-vacances.com*
3,5 ha plat
Location (Prix 2009) : 44 🛏 (4 à 6 pers.) 200 à 960 €/
sem. – 15 🛖 (4 à 6 pers.) · 255 à 1 040 €/sem. – frais
de réservation 15 €
Pour s'y rendre : le porteau (9,5 km au sud-ouest par
D 949, D 4a et apr. Querry-Pigeon, à dr. par D 129, rte
Côtière des Sables-d'Olonne, à 200 m de l'océan)

Nature : 🐟 🏕	
Loisirs : 🎪 🏓 🚣 ✗ 🗒 ⛷	
Services : ⚖ ⚬⛽ GB 🐕 🍴 laverie	
À prox. : 🛁 ⛵ ✗ 🚿 🚲 golf (18	
trous)	

Longitude : -1.61359
Latitude : 46.46527

▲▲ **Le Paradis** de déb. avr. à fin sept.
ℰ 02.51.22.22.36, *info@camping-leparadis85.com*,
Fax 02.51.22.22.36, *www.camping-leparadis85.com*
4,9 ha (148 empl.) plat et peu incliné, en terrasses,
herbeux, sablonneux
Tarif : 23 € ✶✶ ⛺ 🚐 🗉 🛉 (10A) – pers. suppl. 4,50 € –
frais de réservation 18 €
Location : 🛏 (4 à 6 pers.) 260 à 630 €/sem. –
bungalows toilés – frais de réservation 18 €
Pour s'y rendre : r. de la Source (3,7 km à l'ouest par
D 949, rte des Sables-d'Olonne, D 4a à gauche, rte de
Querry-Pigeon et chemin à dr.)
À savoir : accès direct à un étang de pêche

Nature : 🐟 🏕 ⚲	
Loisirs : ⛵ 🌙 nocturne 🚣 🚲	
✗ 🗒 (découverte en saison) 🚿	
terrain multisports	
Services : ⚖ ⚬⛽ (juil.-août) GB	
🐕 🛁 🍴 🖥 🚿	

Longitude : -1.65491
Latitude : 46.46462

TENNIE

72240 – **310** I6 – 1 005 h. – alt. 100
Paris 224 – Alençon 49 – Laval 69 – Le Mans 26 – Sablé-sur-Sarthe 40 – Sillé-le-Guillaume 11.

Municipal de la Vègre de déb. avr. à fin sept.
*0243205944, camping.tennie@wanadoo.fr,
camping.tennie.fr* – places limitées pour le passage
2 ha (83 empl.) plat, herbeux
Tarif : (Prix 2009) ⚬ 2,05€ ⇔ 1,35€ 🔲 1,65€ –
⚡ (6A) 3,10€

Location (Prix 2009) (permanent) : 5 ⌂ (4 à 6 pers.)
nuitée 66€ - 260 à 362€/sem.
⚬ borne autre 3,10€ – 1 🔲 3,10€
Pour s'y rendre : r. Andrée Le Grou (sortie ouest par
D 38, rte de Ste-Suzanne)

À savoir : cadre agréable au bord d'une rivière et d'un
étang

Nature :	🐟 ⊏⊐ 🎱
Loisirs :	🍴 ⚓ ✗ 🎯 🏊
Services :	🚿 ⚙ 🛒 🖥
À prox. :	✗ 🎣

Longitude : -0.08016
Latitude : 48.10847

THARON-PLAGE

44730 – **316** C5
Paris 444 – Nantes 59 – Saint 25 – Vannes 94 – Saint 56.

La Riviera de déb. mars à fin nov.
*0228535488, camping.la.riviera@wanadoo.fr,
Fax 0228535462, www.campinglariviera.com* – places
limitées pour le passage
6 ha (250 empl.) en terrasses, plat, herbeux, pierreux
Tarif : (Prix 2009) 23€ ⚬⚬ ⇔ 🔲 ⚡ (10A) – pers.
suppl. 5€ – frais de réservation 15€

Location (Prix 2009) (de déb. mai à mi-oct.) : 5 🛖 (4
à 6 pers.) 250 à 570€/sem. – 2 ⌂ (4 à 6 pers.) - 400 à
680€/sem. – frais de réservation 15€
Pour s'y rendre : rte de St-Michel-Chef-Chef (à l'est de
la station, par D 96)

Loisirs :	🍷 🍴 ⚓ 🏊
Services :	🚿 ⚬ 🏧 ⚙ 🛏 🚿
	🌾 🖥

Longitude : -2.14693
Latitude : 47.17976

593

LA TRANCHE-SUR-MER

85360 – **316** H9 – G. Poitou Charentes Vendée – 2 644 h. – alt. 4
🅱 *Office de tourisme, place de la Liberté* ℘ *0251303396, Fax 0251277871*
Paris 459 – Luçon 31 – Niort 100 – La Rochelle 64 – La Roche-sur-Yon 40 – Les Sables-d'Olonne 39.

Le Jard de mi-mai à mi-sept.
*0251274379, info@campingdujard.fr,
Fax 0251274292, www.campingdujard.fr* 🐕
6 ha (350 empl.) plat, herbeux
Tarif : 22,40€ ⚬⚬ ⇔ 🔲 ⚡ (10A) – pers. suppl. 4,50€ –
frais de réservation 25€

Location (de fin avr. à mi-sept.) : 43 🛖 (4 à 6 pers.)
nuitée 55€ - 250 à 690€/sem. – frais de réservation
25€
Pour s'y rendre : 123 bd de Lattre de Tassigny (3,8 km,
rte de l'Aiguillon)

Nature :	⚘
Loisirs :	🍷 ✗ 🍴 ⚬nocturne
	🎶 ⚓ 🚲 ✗ 🎯 🏊 🏊 ⚬
Services :	🚿 ⚬ 🏧 ⚙ 🛏 🚿 🌾
	🍴 🖥 🧊 🍴
À prox. :	🛒

Longitude : -1.38694
Latitude : 46.34788

Le Sable d'Or ♣ – de déb. mai à mi-sept.
*0251274674, camping-le-sable-d-or@orange.fr,
Fax 0251301714, www.le-sable-dor.fr*
4 ha (233 empl.) plat, herbeux, sablonneux
Tarif : (Prix 2009) 30€ ⚬⚬ ⇔ 🔲 ⚡ (4A) – pers.
suppl. 8€ – frais de réservation 18€

Location (Prix 2009) 🐕 : 60 🛖 (4 à 6 pers.) nuitée
70€ - 280 à 755€/sem. – 10 ⌂ (4 à 6 pers.) nuitée 77€
- 335 à 795€/sem. – frais de réservation 18€
Pour s'y rendre : au lieu-dit : La Terrière (2,5 km au nord-
ouest par D 105, rte des Sables-d'Olonne et à dr., près de
la D 105a)

À savoir : belle piscine couverte

Nature :	⊏⊐ ⚘
Loisirs :	🍷 self-service 🍴 ⚬noc-turne 🎣 🎶 salle d'animation
	⚓ 🏊 🏊 ⚑terrain omnisports
Services :	🚿 ⚬ ⚙ 🛏 🚿 🖥 🧊
	🍴

Longitude : -1.45824
Latitude : 46.36228

Baie d'Aunis de fin avr. à fin sept.
🖉 02 51 27 47 36, *info@camping-baiedaunis.com*,
Fax 02 51 27 44 54, *www.camping-baiedaunis.com* 🚿
(juil-août)
2,5 ha (155 empl.) plat, sablonneux
Tarif : 32,50€ ✶✶ ⇔ 🗐 🕅 (10A) – pers. suppl. 6,80€ –
frais de réservation 30€

Location 🚿 : 🛏 (4 à 6 pers.) 360 à 740€/sem.
– 🏠 (4 à 6 pers.) - 400 à 795€/sem. – frais de
réservation 30€
🚐 borne artisanale
Pour s'y rendre : 10 r. du Perthuis (sortie est, rte de
l'Aiguillon)

À savoir : à 50 m de la plage

Nature : ⊏⊐ ♀
Loisirs : 🍴 ✕ 🛋 ⛵ 🏊
Services : 🚿 🔌 GB ⟲ ▥ 🛒
🗐 🛁
À prox. : ✂ 🎣 ♨

Longitude : -1.42995
Latitude : 46.34772

Les Préveils de déb. avr. à fin sept.
🖉 02 51 30 30 52, *lespreveils@pep79.net*,
Fax 02 51 27 70 04, *www.lespreveils.pep79.net*
4 ha (180 empl.) peu vallonné, sablonneux, herbeux
Tarif : (Prix 2009) 21€ ✶✶ ⇔ 🗐 🕅 (10A) – pers.
suppl. 6€ – frais de réservation 15€

Location (Prix 2009) : 🛏 (4 à 6 pers.) 378 à
805€/sem. – 🏠 (4 à 6 pers.) - 378 à 805€/sem.
– 🛏 – appartements, bungalows toilés – frais de
réservation 15€
Pour s'y rendre : 16 av. Ste-Anne (3,5 km, rte de l'Aiguillon
et à dr., à 300 m de la plage - accès direct)

Nature : ⊏⊐ ♀♀
Loisirs : snack 🛋 ⛵ ✂ 🏊
terrain multispots
Services : 🚿 🔌 GB ⟲ 🛒 ⟲
🗐 🛁
À prox. : 🛒

Longitude : -1.3936
Latitude : 46.34398

Vagues Océanes Les Blancs Chênes 👥 – de
déb. avr. à mi-sept.
🖉 02 51 30 41 70, *info@vagues-oceanes.com*,
Fax 02 51 30 39 76, *www.vagues-oceanes.com* – places
limitées pour le passage
7 ha (375 empl.) plat, herbeux
Tarif : (Prix 2009) 28€ ✶✶ ⇔ 🗐 🕅 (5A) – pers.
suppl. 8€ – frais de réservation 26€

Location : 🛏 (4 à 6 pers.) 190 à 735€/sem. – 🏠 (4
à 6 pers.) - 335 à 850€/sem. – bungalows toilés – frais
de réservation 26€
Pour s'y rendre : rte de la Roche-sur-Yon (2,6 km au
nord-est par D 747)

Nature : ⊏⊐ ♀
Loisirs : 🍴 snack 🛋 🎣 salle
d'animation ⛵ 🚴 ✂ ♨ 🎬 🏊
🏊 terrain omnisports
Services : 🚿 🔌 (juil.-août) GB
⟲ 🛁 🗐 ▥ 🛒

Longitude : -1.43762
Latitude : 46.34318

TRIAIZE

85580 – **316** I9 – 976 h. – alt. 3
Paris 446 – Fontenay-le-Comte 38 – Luçon 9 – Niort 71 – La Rochelle 39 – La Roche-sur-Yon 41.

Municipal de déb. juil. à fin août
🖉 02 51 56 12 76, *mairie.triaize@wanadoo.fr*,
Fax 02 51 56 38 21
2,7 ha (70 empl.) plat, herbeux, pierreux, étang
Tarif : (Prix 2009) ✶ 2,45€ ⇔ 1,65€ 🗐 2€ – 🕅 (10A) 2,45€

Location (Prix 2009) (de déb. mai à fin sept.) 🚿 : 6
🛏 (4 à 6 pers.) 195 à 350€/sem.
Pour s'y rendre : r. du Stade (au bourg)

Nature : 🍃 ⊏⊐
Loisirs : ⛵ 🎣
Services : 🔌 ⟲ 🗐
À prox. : ✂

Longitude : -1.20136
Latitude : 46.39483

LA TURBALLE

44420 – **316** A3 – G. Bretagne – 4 341 h. – alt. 6

🚩 *Office de tourisme, place du Général-de-Gaulle* ℰ *02 40 23 39 87, Fax 02 40 23 32 01*
Paris 457 – La Baule 13 – Guérande 7 – Nantes 84 – La Roche-Bernard 31 – St-Nazaire 27.

Parc Ste-Brigitte de déb. avr. à fin sept.
ℰ 02 40 24 88 91, *saintebrigitte@wanadoo.fr*,
Fax 02 40 15 65 72, *www.campingsaintebrigitte.com*
10 ha/4 campables (150 empl.) plat, peu incliné, herbeux,
étang
Tarif : 🚶 6,30 € 🚗 3,30 € 🔲 7 € – [₰] (10A) 6,90 € – frais de
réservation 15,25 €

Location : 12 🛖 (4 à 6 pers.) 440 à 695 €/sem. – frais
de réservation 15,25 €
🔄 borne artisanale
Pour s'y rendre : chemin des Routes (3 km au sud-est,
rte de Guérande)

À savoir : agréable domaine boisé

Nature : 🟢🟢
Loisirs : ✕ 🍴 🎯 🚴 🖼 (dé-
couverte en saison) 🎣
Services : 🛗 ⚡ 🚐 🛁 🚾 💈
🖥 🍳
À prox. : 🛒 🏓 ⛳ 🎠

Longitude : -2.47202
Latitude : 47.34143

Municipal les Chardons Bleus de déb. avr. à fin
oct.
ℰ 02 40 62 80 60, *camping.les.chardons.bleus@wanadoo.fr*,
Fax 02 40 62 85 40
5 ha (300 empl.) plat, herbeux, sablonneux
Tarif : (Prix 2009) 21,30 € 🚶🚶 🚗 🔲 [₰] (10A) – pers.
suppl. 4,25 € – frais de réservation 10 €
🔄 28 🔲 17,55 €
Pour s'y rendre : Bd de La Grande Falaise (2,5 km au
sud)

À savoir : près de la plage avec accès direct

Nature : 🔺
Loisirs : 🍺 brasserie 🎯 🎯 ⛵
Services : 🛗 ⚡ 🏧 🛁 💈 🖥
🏊 🍳
À prox. : 🛒 🚴 🏓 ⛳ 🎠 par-
cours sportif

Longitude : -2.49643
Latitude : 47.32869

595

VAIRÉ

85150 – **316** F8 – 1 335 h. – alt. 49
Paris 448 – Challans 31 – La Mothe-Achard 9 – La Roche-sur-Yon 27 – Les Sables-d'Olonne 13.

Le Roc de déb. fév. à fin nov.
ℰ 02 51 33 71 89, *contact@campingleroc.com*,
Fax 02 51 33 76 54, *www.campingleroc.com*
1,4 ha (100 empl.) peu incliné, herbeux
Tarif : (Prix 2009) 26 € 🚶🚶 🚗 🔲 [₰] (6A) – pers.
suppl. 5 €
Location (Prix 2009) : 30 🛖 – 3 🏠 – frais de
réservation 20 €
🔄 borne raclet 10 €
Pour s'y rendre : rte de Brem-sur-Mer (1,5 km au nord-
ouest par D 32, rte de Landevieille et rte de Brem-sur-Mer
à gauche)

Nature : 🌳 🟢
Loisirs : 🎱 🎯 🖼 (petite
piscine) ⛵
Services : 🛗 ⚡ (juil.-août) 🏧
🛁 💈 🖥
À prox. : 🔄

Longitude : -1.75619
Latitude : 46.60164

PAYS DE LA LOIRE

VARENNES-SUR-LOIRE

49730 – **317** J5 – 1 896 h. – alt. 27
Paris 292 – Bourgueil 15 – Chinon 22 – Loudun 30 – Saumur 11.

▲▲▲ **"Les Castels" L'Étang de la Brèche** ♣♣ – de mi-mai à mi-sept.
      ✆ 02 41 51 22 92, *mail@etang-breche.com*,
Fax 02 41 51 27 24, *www.etang-breche.com*
14 ha/7 campables (201 empl.) plat, herbeux, sablonneux
Tarif : 36,50€ ✹✹ ⟷ ▣ ⚡ (10A) – pers. suppl. 8€ –
frais de réservation 15€

Location : 30 ⟨🛏⟩ (4 à 6 pers.) nuitée 62€ - 242 à
1 035€/sem. – frais de réservation 15€
⟨🚐⟩ 1 borne
Pour s'y rendre : 5 Impasse de la Brèche (6 km à l'ouest
par D 85, RD 952, rte de Saumur, et chemin à dr., au bord
de l'étang)

À savoir : cadre et situation agréables au bord d'un
étang

| Nature : 🏞 ⌑ ♀ |
| Loisirs : ♟ ✗ 🎬 ⊙nocturne 🏃 🏋 🚲 ⚽ ♗ ⚒ ⟁ 🏹 po-neys (centre équestre) swin-golf, terrain omnisports |
| Services : 🚿 ⊶ GB 🐕 ⚖ ⚱ ♒ 🍴 🔥 🗑 🚰 |

Longitude : 0.00213
Latitude : 47.24703

VENDRENNES

85250 – **316** J7 – 1 327 h. – alt. 97
Paris 392 – Nantes 65 – La Roche-sur-Yon 30 – Niort 95.

▲ **La Motte** Permanent
      ✆ 02 51 63 59 67, *contact@campingdelamotte.fr*,
Fax 02 51 63 59 45, *www.campingdelamotte.fr* – ⛏
1 ha (40 empl.)
Tarif : 19€ ✹✹ ⟷ ▣ ⚡ (16A) – pers. suppl. 3,50€
Location : 26 ⟨🛏⟩ (4 à 6 pers.) nuitée 50€ - 240 à
510€/sem. – 2 ⟨🏠⟩ (4 à 6 pers.) nuitée 50€ - 240 à
450€/sem.

| Nature : ⌑ ♀ |
| Loisirs : 🎬 🏋 ⚒ |
| Services : ⊶ GB 🐕 ⚱ 🔥 |

Longitude : -1.11726
Latitude : 46.82711

Give use your opinion of the camping sites we recommend.
Let us know of your remarks and discoveries.

596

VERTOU

44120 – **316** H4 – 21 091 h. – alt. 32
🅱 *Office de tourisme, place du Beau Verger ✆ 02.40.34.94.36, Fax 02 40 34 06 86*
Paris 389 – Nantes 10 – Saint 78 – Cholet 54 – La Roche 68.

▲▲ **Municipal le Loiry**
      ✆ 02 40 80 07 10, *campingloiry@mairie-vertou.fr*,
Fax 02 40 80 07 10, *www.vertou.fr*
2 ha (73 empl.) plat, herbeux
⟨🚐⟩ 1 borne artisanale
Pour s'y rendre : bd Guiche-Serex (au sud du bourg, par
D 115, rte de Rezé)

À savoir : dans un cadre verdoyant, près d'un plan d'eau
(parc de loisirs) et de la Sèvre Nantaise

| Nature : ⌑ ♀ |
| Loisirs : 🎬 |
| Services : 🚿 ⊶ 🔥 |
| À prox. : 🍽 ♟ brasserie 🏋 ⚽ ♗ ⚒ ⟁ 🏇 (centre équestre) parcours sportif, canoë |

Longitude : -1.47168
Latitude : 47.1628

VIHIERS

49310 – **317** F6 – 4 125 h. – alt. 100
Paris 334 – Angers 45 – Cholet 29 – Saumur 40.

▲ **Municipal de la Vallée du Lys** de mi-juin à fin
août
      ✆ 02 41 75 00 14, *ville.vihiers@wanadoo.fr*,
Fax 02 41 75 58 01, *vihiers.fr*
0,3 ha (30 empl.) plat, herbeux
Tarif : (Prix 2009) ✹ 2,02€ ⟷ ▣ 2,52€ – ⚡ (6A) 1,91€
Pour s'y rendre : rte du Voide (sortie ouest par D 960, rte
de Cholet puis D 54 à dr., rte de Valanjou, au bord du Lys)

| Nature : 🏞 ♀ |
| Loisirs : 🎬 🏋 ♗ |
| Services : 🚿 🐕 |

Longitude : -0.53881
Latitude : 47.14661

VILLIERS-CHARLEMAGNE

53170 – **310** E7 – 997 h. – alt. 105
Paris 277 – Angers 61 – Châteaubriant 61 – Château-Gontier 12 – Laval 20 – Sablé-sur-Sarthe 32.

Village Vacances Pêche Permanent
℘ 0243077168, vvp.villiers.charlemagne@wanadoo.fr,
Fax 243077329, villiers-charlemagne.mairie53.fr
9 ha/1 campable (20 empl.) plat, herbeux
Tarif : 15,80 € ✦✦ 🚐 🅴 ⓗ (16A) – pers. suppl. 5,60 €
Location : 12 🏠 (4 à 6 pers.) - 170 à 530 €/sem. – frais de réservation 13 €
🚐 borne eurorelais
Pour s'y rendre : Village des Haies (sortie ouest par D 4, rte de Cossé-le-Vivien et chemin à gauche près du stade)
À savoir : agréable site pour la pêche

Nature : 🌳 ‹ 🏕 ⚲
Loisirs : 🎮 🕐diurne 🛝 🚲 🎣
Services : 🚿 ⊶ GB ✂ – 20 sanitaires individuels (🚿⇄🚽 WC)
🏕 🍴 📺 réfrigérateurs
À prox. : ✕ 🎿 🚐

Longitude : -0.68286
Latitude : 47.92172

Si vous recherchez :
- 👥 *Un terrain offrant des équipements et des loisirs adaptés aux enfants*
- 🌳 *Un terrain agréable ou très tranquille*
- L *Un terrain effectuant la location de caravanes, de mobile homes, de bungalows ou de chalets*
- P *Un terrain ouvert toute l'année*
- 🚐 *Un terrain possédant une aire de services pour camping-cars*
Consultez le tableau des localités

597

VIX

85770 – **316** K9 – G. Poitou Charentes Vendée – 1 702 h. – alt. 6
Paris 448 – Fontenay-le-Comte 15 – Luçon 31 – Niort 44 – Marans 15 – La Rochelle 39.

La Rivière de déb. avr. à fin sept.
℘ 0251006596, dominique.pignoux@wanadoo.fr,
Fax 0251504253, www.camping-lariviere.org
0,5 ha (25 empl.) plat, herbeux
Tarif : 13 € ✦✦ 🚐 🅴 ⓗ (16A) – pers. suppl. 2,80 €
Pour s'y rendre : au lieu-dit : Drapelle (4,6 km au sud, accès par r. de la Guilletrie)
À savoir : situation agréable près de la Sèvre Niortaise

Nature : 🌳 🏕 ⚲
Loisirs : 🎣 canoë, pédalos, bateaux à moteur
Services : 🚿 ⊶ (juil.-août) GB ✂ 🏕 🚰 📺
À prox. : 🎿

Longitude : -0.86695
Latitude : 46.32811

292

72530 – **310** K6 – 4 383 h. – alt. 57
Paris 204 – Nantes 194 – Le Mans 8 – Alençon 66.

Le Pont Romain de déb. mars à fin oct.
℘ 0243822539, info@lepontromain.com,
www.lepontromain.com
2,5 ha (80 empl.) plat, herbeux
Tarif : 20 € ✦✦ 🚐 🅴 ⓗ (16A) – pers. suppl. 3,60 € – frais de réservation 5 €
Location (de déb. mars à fin nov.) 🛝 🅿 : 3 🚐 (4 à 6 pers.) 250 à 400 €/sem. – 5 🏠 (4 à 6 pers.) - 300 à 500 €/sem. – frais de réservation 15 €
🚐 14 🅴 15 € – ⓗ 15 €
Pour s'y rendre : lieu-dit : La Châtaigneraie (Sortie village par le pont romain, puis route à gauche, à 200 m.)

Nature : ⚲
Loisirs : 🎮 🛝 🎿
Services : ⊶ 🅿 GB ✂ 🍴 🏕 🚰 🚰 laverie
À prox. : 🎿 🍷 ✕

Longitude : 0.27972
Latitude : 48.01944

PICARDIE

S. Sauvignier/Michelin

Une escapade en Picardie vous fera parcourir un livre d'histoire grandeur nature, peuplé d'abbayes cisterciennes, de splendides cathédrales, d'hôtels de ville flamboyants, d'imposants châteaux et d'émouvants témoignages des deux guerres mondiales... Vous préférez la campagne ? À vous les hautes futaies des forêts de Compiègne ou de Saint-Gobain qui bruissent encore du tumulte des chasses royales, les fermes cernées de champs de céréales ou de betteraves et la contemplation du ballet des oiseaux au-dessus du Marquenterre. L'aventure n'est pas votre fort ? Adoptez la devise de Lafleur, illustre marionnette amiénoise : « bien boire, bien manger, ne rien faire »... Soupe des hortillonnages, pâté de canard et gâteau battu vous prouveront qu'en Picardie, la gastronomie n'est pas affaire de dilettante.

Ready for an action-packed ride over Picardy's fair and historic lands? The region that gave France her first king, Clovis, is renowned for its wealthy Cistercian abbeys, splendid Gothic cathedrals and flamboyant town halls, as well as its poignant reminders of the two World Wars. If you prefer the countryside, take a boat trip through the floating gardens of Amiens, explore the botanical reserve of Marais de Cessière or go birdwatching on the Somme estuary and at Marquenterre bird sanctuary: acres of unspoilt hills and heath, woods, pastures and vineyards welcome you with open arms. Picardy's rich culinary talents have been refined over centuries, and where better to try the famous pré-salé lamb, fattened on the salt marshes, some smoked eel or duck pâté, or a dessert laced with Chantilly cream.

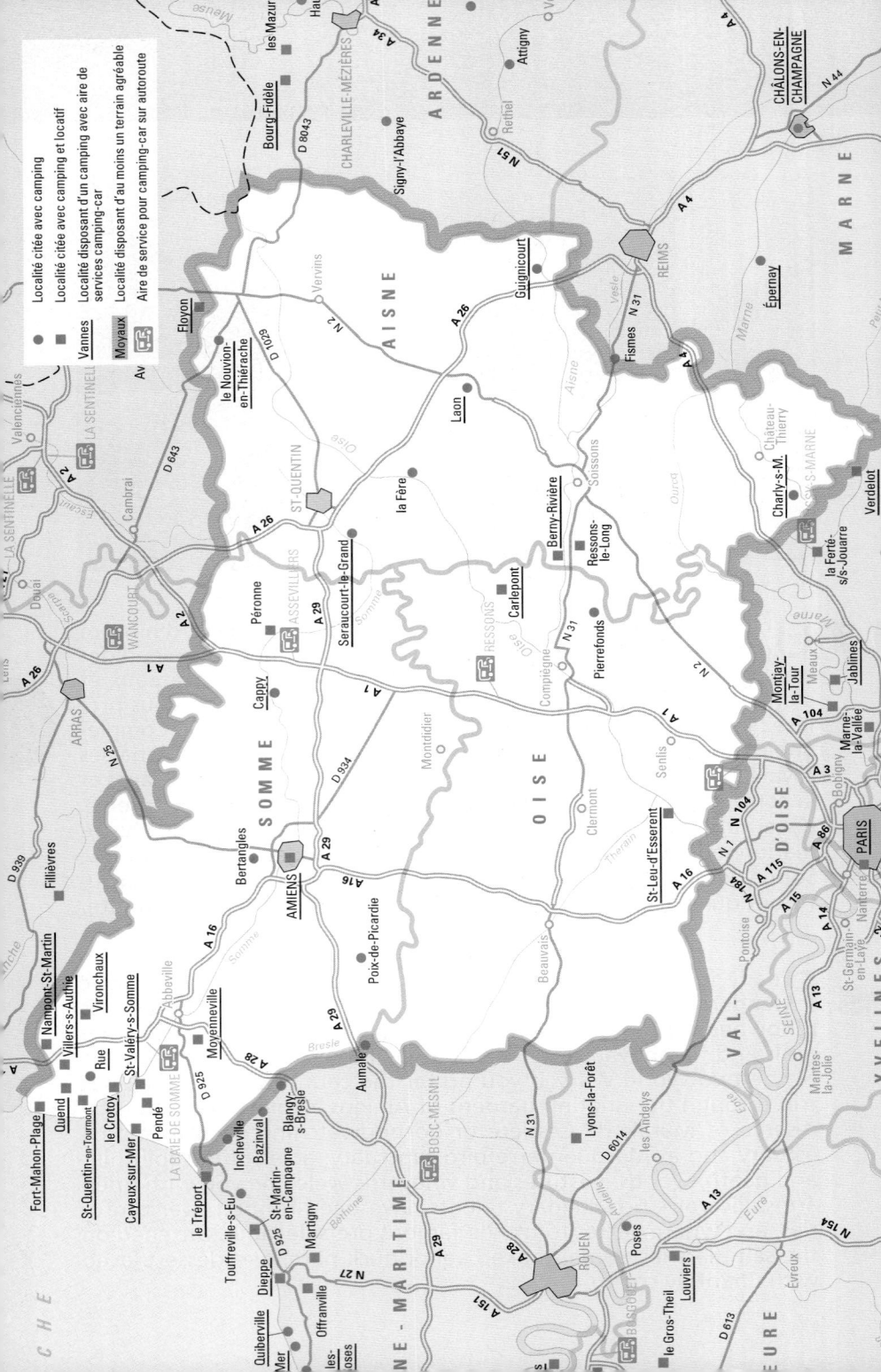

AMIENS

80000 – **301** G8 – G. Nord Pas-de-Calais Picardie – 136 105 h. – alt. 34
🅱 *Office de tourisme, 6 bis, rue Dusevel* 𝒫 *03 22 71 60 50, Fax 03 22 71 60 51*
Paris 135 – Lille 122 – Beauvais 62 – Arras 74.

Le Parc des Cygnes de déb. avr. à mi-oct.
𝒫 03 22 43 29 28, *camping.amiens@wanadoo.fr*,
Fax 03 22 43 59 42, *www.parcdescygnes.com*
3,2 ha (145 empl.) plat, herbeux, étang
Tarif : 24,80€ 🚶🚶 🚐 🗐 🔌 (10A) – pers. suppl. 6€ –
frais de réservation 12,50€

Location 🛖 : 5 🚚 (4 à 6 pers.) nuitée 52€ - 480 à
590€/sem. – frais de réservation 12,50€
🚐 1 borne 4,70€
Pour s'y rendre : 111 av. des Cygnes

Nature : ♀	
Loisirs : 🎣 🛶 canoë	
Services : 🚿 ⚡ GB 🏪 ▥ ⛺ 🚰 laverie	
À prox. : 🎣 🚐	

Longitude : 2.25883
Latitude : 49.92092

BERNY-RIVIÈRE

02290 – **306** A6 – 591 h. – alt. 49
Paris 100 – Compiègne 24 – Laon 55 – Noyon 28 – Soissons 17.

La Croix du Vieux Pont Permanent
𝒫 03 23 55 50 02, *info@la-croix-du-vieux-pont.com*,
Fax 03 23 55 05 13, *www.la-croix-du-vieux-pont.com* –
places limitées pour le passage
20 ha (520 empl.) plat et peu incliné, herbeux
Tarif : 25€ 🚶🚶 🚐 🗐 🔌 (6A) – pers. suppl. 7€

Location (de déb. avr. à fin oct.) 🛖 : 6 🏠 (4 à 6
pers.) - 400 à 960€/sem. – 11 appartements
🚐 1 borne artisanale
Pour s'y rendre : r. de la Fabrique (1,5 km au sud sur
D 91, à l'entrée de Vic-sur-Aisne, au bord de l'Aisne)

À savoir : Nombreuses activités nautiques : piscines,
rivière et étang

Nature : 🌳 ⌂ ♀	
Loisirs : 🍴 🍽 crêperie 🎣 ⊙ 🎿 jacuzzi - discothèque 🛶 🚴 ✂ 🏛 🎱 🎿 ≝ (plage) ⛹ 🎣 🐴 poneys - terrain multisports - tour d'escalade	
Services : 🚿 ⚡ GB ▥ ⛺ 🧺 🚐 🚰 🍴 ▤ 🚮 🚿 institut de beauté	

Longitude : 3.13374
Latitude : 49.40612

BERTANGLES

80260 – **301** G8 – G. Nord Pas-de-Calais Picardie – 610 h. – alt. 95
Paris 154 – Abbeville 44 – Amiens 11 – Bapaume 49 – Doullens 24.

Le Château de fin avr. à déb. sept.
𝒫 03 60 65 68 36 et, *camping@chateaubertangles.com*,
http://www.chateaubertangles.com
0,7 ha (33 empl.) plat, herbeux
Tarif : 🚶 3,75€ 🚐 2,50€ 🗐 3,75€ – 🔌 (5A) 3€
Pour s'y rendre : r. du château (au bourg)
À savoir : Dans un verger, près du château

Nature : 🌳 ⌂ ♀	
Loisirs : 🛶	
Services : 🚿 ⚡🚰	

Longitude : 2.30114
Latitude : 49.97162

Si vous désirez réserver un emplacement pour vos vacances,
faites-vous préciser au préalable les conditions particulières de séjour,
les modalités de réservation, les tarifs en vigueur et les conditions de paiement.

CAPPY

80340 – **301** J8 – 536 h. – alt. 43
Paris 139 – Amiens 38 – Bapaume 28 – Péronne 15 – Roye 34.

Municipal les Charmilles de déb. avr. à fin oct.
𝒫 06 45 19 60 63, *mairiedecappy@wanadoo.fr*,
Fax 03 22 76 62 74 – places limitées pour le passage
2 ha (60 empl.) plat, herbeux
Tarif : 🚶 3,50€ 🚐 1€ 🗐 4,50€ – 🔌 (6A) 3€
🚐 2 🗐 10€
Pour s'y rendre : r. de Bana (1,3 km à l'ouest par D 1, rte
de Bray-sur-Somme et chemin à gauche, au bord d'un
ruisseau)

Nature : 🌳 ⌂ ♀	
Services : 🚿 ▥	
À prox. : 🎣	

Longitude : 2.75676
Latitude : 49.92659

CARLEPONT

60170 – **305** J3 – 1 439 h. – alt. 59
Paris 103 – Compiègne 19 – Ham 30 – Pierrefonds 21 – Soissons 35.

⚠ **Les Araucarias** de fin mars à mi-déc.
  0344752739, camping-les-araucarias@wanadoo.fr,
Fax 0362022506, *www.camping-les-araucarias.com* –
places limitées pour le passage
1,2 ha (60 empl.) plat et peu incliné, herbeux
Tarif : ★ 2,75 € ⬅ 1,50 € 🅴 3 € – 🔌 (10A) 3 €

Location (permanent) : 🛏 (4 à 6 pers.) 200 à 350 €/
sem. – 🛖 (4 à 6 pers.) - 250 à 400 €/sem.
🚐 1 borne artisanale 3 € – 2 🅴 13,50 €
Pour s'y rendre : 870 r. du Gén. Leclerc (sortie sud-ouest
par D 130, rte de Compiègne)

À savoir : Une grande diversité de plantations orne la
partie campable

Nature : 〰 ⌂ ♡♡	
Loisirs : 🏄	
Services : 🚿 ⚡ GB 🐕 ▥ 📶	
À prox. : ✕ 🎣	

Longitude : 3.02039
Latitude : 49.50795

CAYEUX-SUR-MER

80410 – **301** B6 – G. Nord Pas-de-Calais Picardie – 2 739 h. – alt. 2
🖪 *Office de tourisme, 2 esplanade Aristide Briand* *0322266115*
Paris 217 – Abbeville 29 – Amiens 82 – Le Crotoy 26 – Dieppe 50.

⚠ **Les Galets de la Mollière** de déb. avr. à déb. nov.
  *0322266185, info@campinglesgaletsdelamolliere.
com,* Fax 0322266568, *www.
campinglesgaletsdelamolliere.com*
6 ha (198 empl.) plat, peu incliné, sablonneux, galets,
herbeux, pinède
Tarif : 30 € ★★ ⬅ 🅴 🔌 (10A) – pers. suppl. 7 € – frais
de réservation 10 €

Location : 39 🛏 (4 à 6 pers.) 300 à 710 €/sem. – frais
de réservation 10 €
🚐 1 borne eurorelais 3 € – 🚐 🔌 18 €
Pour s'y rendre : 3,3 km au nord-est par D 102, rte du
Littoral

Loisirs : 🍽 snack 🎪 🏄	
Services : 🚿 ⚡ GB 🐕 ♨ 🛁 🚾	
🍴 laverie	

Longitude : 1.51101
Latitude : 50.16316

⚠ **Brighton les Pins** de déb. avr. à déb. nov.
  0322267104, info@campingleboisdepins.com,
Fax 0322266081, *www.campingleboisdepins.com* –
places limitées pour le passage
4 ha (163 empl.) plat, herbeux
Tarif : 28,50 € ★★ ⬅ 🅴 🔌 (6A) – pers. suppl. 7 € – frais
de réservation 10 €
🚐 1 borne artisanale – 🚐 🔌 17 €
Pour s'y rendre : r. Guillaume-le-Conquérant (2 km
au nord-est par D 102, rte littorale, à 500 m de la mer,
à Brighton)

Nature : ⌂ ♀	
Loisirs : 🍽 🎪 🏄	
Services : 🚿 ⚡ GB 🐕 ▥ 🛁	
🚾 🍴 📶	

Longitude : 1.51551
Latitude : 50.197

CHARLY-SUR-MARNE

02310 – **306** B9 – 2 706 h. – alt. 63
🖪 *Syndicat d'initiative, 20, rue Émile Morlot* *0323820749, Fax 0323826882*
Paris 82 – Château-Thierry 14 – Coulommiers 33 – La Ferté-sous-Jouarre 16 – Montmirail 27 –
Soissons 56.

⚠ **Municipal des Illettes** de déb. avr. à fin sept.
  0323821211, mairie.charly@wanadoo.fr,
Fax 0323821399, *www.charly-sur-marne.fr*
1,2 ha (43 empl.) plat, herbeux, gravier
Tarif : 10,25 € ★★ ⬅ 🅴 🔌 (4A) – pers. suppl. 2,60 €
🚐 1 borne artisanale 2 €
Pour s'y rendre : rte de Pavant (au sud du bourg, à
200 m du D 82 (accès conseillé))

Nature : ⌂	
Loisirs : 🎪	
Services : 🚿 ⚡ ▥ 🛁 🚾 📶	
À prox. : 🛒 ⛳ ✕ 🖼	

Longitude : 3.28229
Latitude : 48.9731

Consultez le site **Voyage.ViaMichelin.fr**

LE CROTOY

80550 – **301** C6 – G. Nord Pas-de-Calais Picardie – 2 331 h. – alt. 1
🛈 *Office de tourisme, 1, rue Carnot* 𝒫 *03 22 27 05 25, Fax 03 22 27 90 58*
Paris 210 – Abbeville 22 – Amiens 75 – Berck-sur-Mer 29 – Montreuil 44.

⛰ **Le Ridin** de déb. avr. à déb. nov.
𝒫 03 22 27 03 22, *contact@campingleridin.com*,
Fax 03 22 27 70 76, *www.campingleridin.com* – places
limitées pour le passage
4,5 ha (151 empl.) plat, herbeux
Tarif : 30€ 👫 🚗 🔌 (10A) – pers. suppl. 5,80€
Location : 🏠 (4 à 6 pers.) 290 à 714€/sem.
🚐 1 borne artisanale – 🔌 15€
Pour s'y rendre : au lieu-dit : Mayocq (3 km au nord par
rte de St-Quentin-en-Tourmont et chemin à dr.)

| Nature : 🏞 |
| Loisirs : 🍴 ✕ 🏠 🎣 🚣 ⛵ |
| Services : 🚿 ⛽ GB 🅿 🛒 🏪 |
| laverie |

| Longitude : 1.61961 |
| Latitude : 50.22502 |

⛰ **Les Trois Sablières** de déb. avr. à déb. nov.
𝒫 03 22 27 01 33, *contact@camping-les-trois-sablieres.com*,
Fax 03 22 27 10 06, *www.camping-les-trois-sablieres.com*
– places limitées pour le passage
1,5 ha (97 empl.) plat, herbeux, sablonneux
Tarif : 28,50€ 👫 🚗 🔌 (6A) – pers. suppl. 5,80€
Location : 8 🏠 (4 à 6 pers.) nuitée 70€ - 398 à 595€/
sem. – 4 🏡 (4 à 6 pers.) nuitée 95€ - 180 à 670€/
sem.
🚐 1 borne artisanale 6€ – 5 🔌 11€ – 🔌 11€
Pour s'y rendre : 1850 r. de la Maye (4 km au nord-ouest,
rte de St-Quentin-en-Tourmont et chemin à gauche,
au lieu-dit la Maye, à 400 m de la plage)

À savoir : Cadre verdoyant et fleuri

| Nature : 🏖 🏞 ♀ |
| Loisirs : 🍴 🏠 🎣 🚣 ⛵ |
| Services : 🚿 ⛽ GB 🅿 ⛺ laverie |
| À prox. : ♦ 🐴 |

| Longitude : 1.61618 |
| Latitude : 50.24682 |

⛰ **Les Aubépines** de déb. avr. à déb. nov.
𝒫 03 22 27 01 34, *contact@camping-lesaubepines.com*,
Fax 03 22 27 13 66, *www.camping-lesaubepines.com* –
places limitées pour le passage
2,5 ha (196 empl.) plat, herbeux, sablonneux
Tarif : 27,50€ 👫 🚗 🔌 (10A) – pers. suppl. 5,50€ –
frais de réservation 15€
Location : 22 🏠 (4 à 6 pers.) nuitée 48€ - 275 à
700€/sem.
🚐 1 borne artisanale 15€ – 4 🔌 15€
Pour s'y rendre : 800 r. de la Maye (4 km au nord, rte de
St-Quentin-en-Tourmont et chemin à gauche)

| Nature : 🏞 ♀ |
| Loisirs : 🏠 🚣 🚲 ⛵ |
| Services : 🚿 ⛽ GB 🅿 🛒 ⛺ ⛽ 🏪 🖼 🚰 |
| À prox. : ♦ 🐴 |

| Longitude : 1.61145 |
| Latitude : 50.24941 |

603

To select the best route and follow it with ease,
To calculate distances,
To position a site precisely from details given in the text :
*Get the appropriate **MICHELIN regional map.***

LA FÈRE

02800 – **306** C5 – G. Nord Pas-de-Calais Picardie – 2 935 h. – alt. 54
🛈 *Syndicat d'initiative, Hôtel de Ville* 𝒫 *03 23 56 62 00, Fax 03 23 56 40 04*
Paris 137 – Compiègne 59 – Laon 24 – Noyon 31 – St-Quentin 24 – Soissons 43.

⛰ **Municipal du Marais de la Fontaine** déb. avr. à
fin sept.
𝒫 03 23 56 82 94, Fax 03 23 56 40 04
0,7 ha (26 empl.) plat, herbeux
Tarif : (Prix 2009) 🧍 2,20€ 🚗 1,70€ 🔌 2,20€ –
🔌 (10A) 3,30€
Pour s'y rendre : av. Auguste-Dromas (par centre-ville
vers Tergnier et à dr. au complexe sportif, près d'un bras
de l'Oise)

| Nature : 🏞 |
| Services : 🚿 ⛽ |
| À prox. : ✕ |

| Longitude : 3.36056 |
| Latitude : 49.66415 |

FORT-MAHON-PLAGE

80120 – **301** C5 – G. Nord Pas-de-Calais Picardie – 1 278 h. – alt. 2
🛈 *Office de tourisme, 1000, avenue de la Plage* ℰ *03 22 23 36 00, Fax 03 22 23 93 40*
Paris 225 – Abbeville 41 – Amiens 90 – Berck-sur-Mer 19 – Calais 94 – Étaples 30 – Montreuil 29.

Le Vert Gazon Permanent
ℰ 03 22 23 37 69, *camping@camping-levertgazon.com*,
Fax 03 22 23 37 69, *www.camping-levertgazon.com* –
places limitées pour le passage
2,5 ha (103 empl.) plat, herbeux
Tarif : (Prix 2009) 24,90 € ✶✶ ⇌ 🅴 (½) (6A) – pers.
suppl. 7 € – frais de réservation 10 €
Location (Prix 2009) : 🛏 (4 à 6 pers.) 325 à 615 €/
sem. – frais de réservation 10 €
🚰 1 borne artisanale 5 € – 2 🅴 24,90 €
Pour s'y rendre : 741 rte de Quend

| Nature : 🌾 |
| Loisirs : 🍸 🏓 ⚽ 🚴 ⛴ |
| Services : 🚿 ⌾ 🅰 ⛺ 🍴 laverie |

Longitude : 1.57372
Latitude : 50.33563

Le Royon de mi-mars à déb. nov.
ℰ 03 22 23 40 30, *info@campingleroyon.com*,
Fax 03 22 23 65 15, *www.campingleroyon.com* – places
limitées pour le passage
4 ha (272 empl.) plat, herbeux, sablonneux
Tarif : 30 € ✶✶ ⇌ 🅴 (½) (6A) – pers. suppl. 7 € – frais de
réservation 12 €
Location 🦮 : 78 🛏 (4 à 6 pers.) nuitée 72 € - 300
à 710 €/sem. – 7 🏠 (4 à 6 pers.) nuitée 72 € - 300 à
690 €/sem. – frais de réservation 12 €
🚰 1 borne flot bleu 3 € – 10 🅴 18 € – 🚐 (½) 14 €
Pour s'y rendre : 1271 route de Quend (1 km au sud,
rte de Quend)

| Nature : 🌾 🌿 |
| Loisirs : 🍸 🏓 ⛴ ⛰ |
| Services : 🚿 ⌾ 🅶🅱 🚻 ⛺ 🚱 🍴 📧 |
| À prox. : ⛳ golf |

Longitude : 1.55483
Latitude : 50.33919

GUIGNICOURT

02190 – **306** F6 – 2 149 h. – alt. 67
🛈 *Syndicat d'initiative, Hôtel-de-Ville* ℰ *03 23 25 36 60, Fax 03.23.79.74.55*
Paris 165 – Laon 40 – Reims 33 – Rethel 39 – Soissons 54.

Municipal du Bord de l'Aisne de déb. avr. à fin
sept.
ℰ 03 23 79 74 58, *mairie-guignicourt@wanadoo.fr*,
Fax 03 23 79 74 55, *www.guignicourt.fr*
1,5 ha (100 empl.) plat, herbeux
Tarif : (Prix 2009) ✶ 2,20 € ⇌ 1,50 € 🅴 4,50 € – (½) (10A) 5 €
🚰 1 borne artisanale 8 €
Pour s'y rendre : sortie sud-est par D 925 et r. à dr.

À savoir : au bord de l'Aisne

| Nature : 🌿 |
| Loisirs : 🍴 |
| Services : ⌾ 🅶🅱 🚱 🚻 |

Longitude : 3.9704
Latitude : 49.43211

This Guide is not intended as a list of all the camping sites in France;
its aim is to provide a selection of the best sites in each category.

LAON

02000 – **306** D5 – G. Nord Pas-de-Calais Picardie – 26 522 h. – alt. 181
🛈 *Office de tourisme, place du Parvis Gautier de Mortagne* ℰ *03 23 20 28 62, Fax 03 23 20 68 11*
Paris 141 – Amiens 122 – Charleville-Mézières 124 – Compiègne 74 – Reims 62 – St-Quentin 48 –
Soissons 38.

Municipal la Chênaie de déb. mai à fin sept.
ℰ 03 23 20 25 56, *www.ville-laon.fr*
1 ha (35 empl.) plat, herbeux
Tarif : (Prix 2009) ✶ 3,35 € ⇌ 1,80 € 🅴 2,20 € –
(½) (6A) 3,20 €
🚰 1 borne eurorelais
Pour s'y rendre : allée de la Chênaie (4 km au sud-ouest
de la gare, accès par chemin près de la caserne Foch,
à l'entrée du faubourg Semilly, à 100 m d'un étang)

| Nature : 🌾 |
| Services : 🚿 ⌾ 🅰 |

Longitude : 3.59859
Latitude : 49.55946

MOYENNEVILLE

80870 – **301** D7 – 657 h. – alt. 92
Paris 194 – Abbeville 9 – Amiens 59 – Blangy-sur-Bresle 22 – Dieppe 62 – Le Tréport 33.

▲▲ **Le Val de Trie** de déb. avr. à mi-oct.
ℒ 03 22 31 48 88, *raphael@camping-levaldetrie.fr*,
Fax 03 22 31 35 33, *www.camping-levaldetrie.fr*
2 ha (100 empl.) plat, herbeux, petit étang
Tarif : 24,80 € ★★ ⇔ 🔲 🅷 (6A) – pers. suppl. 5,10 € –
frais de réservation 12 €

Location 🌊 : 11 🔲 (4 à 6 pers.) nuitée 45 € - 300
à 595 €/sem. – 4 🏠 (4 à 6 pers.) nuitée 58 € - 386 à
693 €/sem. – frais de réservation 12 €
🔁 7 🔲 24,80 €
Pour s'y rendre : 1 r. des sources (3 km au nord-ouest
par D 86, au bord d'un ruisseau, à Bouillancourt-sous-
Miannay)

À savoir : Cadre champêtre

Nature : 🌿 🏕 ⛰⛰
Loisirs : 🍴 snack 🎮 🚣 🚲 ⛵
Services : ⛽ 🅶🅱 ⚡ ▥ 🛁 🚮 🍴 laverie 🔁

Longitude : 1.71374
Latitude : 50.0854

*Die Klassifizierung (1 bis 5 Zelte, **schwarz** oder **rot**),*
mit der wir die Campingplätze auszeichnen, ist eine Michelin-eigene Klassifizierung.
Sie darf nicht mit der staatlich-offiziellen Klassifizierung
(1 bis 4 Sterne) verwechselt werden.

NAMPONT-ST-MARTIN

80120 – **301** D5 – G. Nord Pas-de-Calais Picardie – 260 h. – alt. 10
Paris 214 – Abbeville 30 – Amiens 79 – Boulogne-sur-Mer 52 – Hesdin 25 – Le Touquet-Paris-Plage 28.

▲▲ **La Ferme des Aulnes** de déb. avr. à fin oct.
ℒ 03 22 29 22 69, *contact@fermedesaulnes.com*,
Fax 03 22 29 39 43, *www.fermedesaulnes.com* – places
limitées pour le passage
4 ha (120 empl.) peu incliné, plat, herbeux
Tarif : 27 € ★★ ⇔ 🔲 🅷 (10A) – pers. suppl. 7 €
Location : 15 🔲 (4 à 6 pers.) 390 à 790 €/sem.
🔁 1 borne artisanale – 🚿 13.50 €
Pour s'y rendre : 1 r. du marais (3 km au sud-ouest par
D 85e, rte de Villier-sur-Authie, à Fresne)

À savoir : Dans les dépendances d'une agréable ferme
picarde

Nature : 🌿 🏕
Loisirs : 🍴 ✕ 🎮 ⚡ 🌶🔥 piano bar, spa 🚣 🏊 🎬 🖼 (découverte en saison)
Services : ♿ ⛽ 🅶🅱 ⚡ 🚮 🍴 laverie 🔁
À prox. : 🔁

Longitude : 1.74371
Latitude : 50.35034

LE NOUVION-EN-THIÉRACHE

02170 – **306** E2 – 2 850 h. – alt. 185
🅸 *Syndicat d'initiative, Hôtel de Ville* ℒ *03 23 97 98 06, Fax 03 23 97 98 04*
Paris 198 – Avesnes-sur-Helpe 20 – Le Cateau-Cambrésis 19 – Guise 21 – Hirson 25 – Laon 63 – Vervins 27.

▲ **Municipal du Lac de Condé** de déb. avr. à fin sept.
ℒ 03 23 98 98 58, *si.nouvion@wanadoo.fr*,
Fax 03 23 98 94 90, *www.lenouvion.com*
1,3 ha (56 empl.) plat et peu incliné, herbeux
Tarif : (Prix 2009) 12,05 € ★★ ⇔ 🔲 🅷 (8A) – pers.
suppl. 3,15 €
🔁 1 borne eurorelais 1 € – 4 🔲 8,40 €
Pour s'y rendre : 2 km au sud par D 26 et chemin à
gauche

À savoir : à la lisière de la forêt, près d'un plan d'eau avec
parc de loisirs

Nature : 🌿 🏕
Loisirs : 🎮
Services : ♿ ⛽ 🅶🅱 ⚡
À prox. : 🍴 pizzeria bowling 🚣 🔥 🏊 swin golf, piste de bi-cross

Longitude : 3.77722
Latitude : 50.00784

PENDÉ

80230 – **301** C7 – 1 101 h. – alt. 5
Paris 211 – Abbeville 23 – Amiens 76 – Blangy-sur-Bresle 34 – Le Tréport 20.

La Baie de fin mars à déb. oct.
℘ 03 22 60 72 72, *campingdelabaie.pende@orange.fr*,
Fax 03 21 81 54 99, *www.campingdelabaie.net* – places
limitées pour le passage
(107 empl.) plat, herbeux, sablonneux
Tarif : (Prix 2009) 15 € ★★ ⊕ 🗉 ⚡ (3A) – pers.
suppl. 4,20 €

Location (Prix 2009) ✍ : 3 🛏 (4 à 6 pers.) nuitée
57 € - 275 à 366 €/sem.
Pour s'y rendre : r. de la Baie (2 km au nord, à
Routhiauville)

Nature : 🐚 🖼 ♀
Loisirs : 🏊 🎠
Services : 👤 ⚡ 🛒 🧺 🖥

Longitude : 1.58754
Latitude : 50.17519

PÉRONNE

80200 – **301** K8 – G. Nord Pas-de-Calais Picardie – 8 218 h. – alt. 52
🏛 *Office de tourisme, 16, place André Audinot* ℘ 03 22 84 42 38, Fax 03 22 85 51 25
Paris 141 – Amiens 58 – Arras 48 – Doullens 54 – St-Quentin 30.

Port de Plaisance de déb. mars à fin oct.
℘ 03 22 84 19 31, *contact@camping-plaisance.com*,
Fax 03 22 73 36 37, *www.camping-plaisance.com*
2 ha (90 empl.) plat, herbeux
Tarif : 26,60 € ★★ ⊕ 🗉 ⚡ (6A) – pers. suppl. 3,90 €
Location : 4 🛖 (4 à 6 pers.) nuitée 76 € - 280 à 500 €/
sem.
Pour s'y rendre : sortie sud, rte de Paris, près du canal du
Nord, entre le port de plaisance et le port de commerce

Nature : ♀♀
Loisirs : 🍴 🖼 🏊 🎣 🐬
Services : 👤 ⚡ ⊖ 🛒 🏧 📶 🖥

Longitude : 2.935
Latitude : 49.92932

PIERREFONDS

60350 – **305** I4 – G. Nord Pas-de-Calais Picardie – 2 039 h. – alt. 81
🏛 *Office de tourisme, place de l'Hôtel de Ville* ℘ 03 44 42 81 44, Fax 03 44 42 86 31
Paris 82 – Beauvais 78 – Compiègne 15 – Crépy-en-Valois 17 – Soissons 31 – Villers-Cotterêts 18.

Municipal de Batigny de déb. avr. à mi-oct.
℘ 03 44 42 80 83, *mairie@mairie-pierrefonds.fr*,
Fax 03 44 43 27 73
1 ha (60 empl.) plat, terrasse, herbeux
Tarif : ★ 2,80 € ⊕ 1 € 🗉 1,20 € – ⚡ (5A) 2,80 €
Pour s'y rendre : rue de l'Armistice (sortie nord-ouest
par D 973, rte de Compiègne)
À savoir : Agréable décoration arbustive

Nature : 🖼 ♀
Loisirs : 🏊
Services : ⚡ 📶 🧺 📶 🖥
À prox. : ✗

Longitude : 2.97961
Latitude : 49.35214

POIX-DE-PICARDIE

80290 – **301** E9 – G. Nord Pas-de-Calais Picardie – 2 335 h. – alt. 106
🏛 *Office de tourisme, route de Forges les Eaux* ℘ 03 22 90 12 23, Fax 03 22 90 12 23
Paris 133 – Abbeville 45 – Amiens 31 – Beauvais 46 – Dieppe 87 – Forges-les-Eaux 43.

Municipal le Bois des Pêcheurs de déb. avr. à fin
sept.
℘ 03 22 90 11 71, *camping@ville-poix-de-picardie.fr*,
Fax 03 22 90 32 91, *www.ville-poix-de-picardie.fr*
2 ha (135 empl.) plat, herbeux
Tarif : (Prix 2009) 14 € ★★ ⊕ 🗉 ⚡ (10A) – pers.
suppl. 2 €
Pour s'y rendre : sortie ouest par D 919, rte de Formerie,
au bord d'un ruisseau
À savoir : Cadre arbustif

Nature : 🖼 ♀
Loisirs : 🖼 🏊
Services : 👤 ⚡ 📶 laverie
À prox. : 🏪 ✗ 🎬

Longitude : 1.975
Latitude : 49.7763

*Pour visiter une ville ou une région : utilisez les **Guides Verts MICHELIN**.*

QUEND

80120 – **301** C6 – 1 376 h. – alt. 5

🅱 *Office de tourisme, 8 bis, avenue Vasseur* ℰ *09.63.40.47.15, Fax 03.22.23.32.04*
Paris 218 – Abbeville 34 – Amiens 83 – Berck-sur-Mer 15 – Hesdin 34 – Montreuil 25.

⚑ **Les Deux Plages** de déb. avr. à fin oct.
ℰ 03 22 23 48 96, *camping@camping2plages.com*,
Fax 03 22 23 48 69, *www.camping2plages.com* – places
limitées pour le passage
1,8 ha (100 empl.) plat, herbeux
Tarif : 26,90€ ★★ ⬌ 🅔 🔋 (6A) – pers. suppl. 6€
Location : 5 🛏 (4 à 6 pers.) nuitée 60€ - 330 à 655€/
sem. – 4 🛖 (4 à 6 pers.) nuitée 80€ - 360 à 615€/
sem.
🚐 1 borne 2,50€ – 🥤 10€
Pour s'y rendre : 13 r. Maisonnettes (1,3 km au nord-
ouest par rte de Quend-Plage-les-Pins et rte à dr.)

Nature : 🏞 🏕 �
Loisirs : 🎣 ⚽ 🏊
Services : ⚡ 🚿 laverie

Longitude : 1.62483
Latitude : 50.32295

RESSONS-LE-LONG

02290 – **306** A6 – 757 h. – alt. 72
Paris 97 – Compiègne 26 – Laon 53 – Noyon 31 – Soissons 15.

⚑ **La Halte de Mainville** de mi-janv. à fin nov.
ℰ 03 23 74 26 69, *lahaltedemainville@wanadoo.fr*,
Fax 03 23 74 03 60, *www.lahaltedemainville.com*
5 ha (153 empl.) plat, herbeux, petit étang
Tarif : 19€ ★★ ⬌ 🅔 🔋 (10A) – pers. suppl. 4€
Location : 2 🛏 (4 à 6 pers.) nuitée 110€ - 440€/
sem. – 1 🛖 (4 à 6 pers.) nuitée 90€ - 410€/sem. –
bungalows toilés – frais de réservation 60€
Pour s'y rendre : 18 rte du Rouy (sortie nord-est)

Nature : 🏕
Loisirs : 🎣 ⚽ 🏊
Services : ♿ ⚡ 🍴 🛁 🚿 🔲

Longitude : 3.15121
Latitude : 49.39641

60

LES GUIDES VERTS MICHELIN

Paysages, monuments
Routes touristiques
Géographie
Histoire, Art
Itinéraire de visite
Plans de villes et de monuments

RUE

80120 – **301** D6 – G. Nord Pas-de-Calais Picardie – 3 104 h. – alt. 9
🅱 *Office de tourisme, 10, place Anatole Gosselin* ℰ *03 22 25 69 94, Fax 03 22 25 76 26*
Paris 212 – Abbeville 28 – Amiens 77 – Berck-Plage 22 – Le Crotoy 8.

⚑ **Les Oiseaux** de déb. avr. à fin sept.
ℰ 03 22 25 71 82, *contact@campingdesoiseaux.com*,
www.campingdesoiseaux.com – places limitées pour
le passage
1,2 ha (71 empl.) plat, herbeux
Tarif : ★ 3,90€ ⬌ 🅔 5,30€ – 🔋 (6A) 3€
🚐 1 borne artisanale 3,50€ – 4 🅔 13€
Pour s'y rendre : 3,2 km au sud par D 940, rte du Crotoy
et chemin de Favières à gauche, près d'un ruisseau

Loisirs : 🎣
Services : ♿ ⚡ 🚿 🍴 🔲

Longitude : 1.67432
Latitude : 50.27156

PICARDIE

ST-LEU-D'ESSERENT

60340 – **305** F5 – 4 769 h. – alt. 50 – Base de loisirs
Ꙁ *Office de tourisme, 7 avenue de la Gare* ℘ *03 44 56 38 10, Fax 03 44 56 25 23*
Paris 57 – Beauvais 38 – Chantilly 7 – Creil 9 – Pontoise 40.

⚠ **Campix** de mi-mars à fin nov.
℘ *03 44 56 08 48, campix@orange.fr, Fax 03 44 56 28 75,*
www.campingcampix.com
6 ha (160 empl.) plat, en terrasses, accidenté, herbeux,
pierreux
Tarif : ♣ 5,50€ ⬟ 🅴 5,50€ – 🔌 (6A) 3,50€
Location : 3 🏠 (4 à 6 pers.) - 525 à 700€/sem. – frais
de réservation 10€
🚐 1 borne eurorelais 6€
Pour s'y rendre : sortie nord par D 12, rte de Cramoisy
puis 1,5 km par r. à dr. et chemin

À savoir : Dans une ancienne carrière ombragée,
dominant le bourg et l'Oise

| Nature : 🌿 ♨ |
| Loisirs : 🛖 🏊 🚲 🛝 |
| Services : ♿ ⛽ GB 🐕 🗄 🛒 |

Longitude : 2.40353
Latitude : 49.22373

ST-QUENTIN-EN-TOURMONT

80120 – **301** C6 – 312 h.
Paris 218 – Abbeville 29 – Amiens 83 – Berck-sur-Mer 24 – Le Crotoy 9 – Hesdin 38.

⚠ **Les Crocs** de déb. avr. à fin oct.
℘ *03 22 25 73 33, camping.mouillard@orange.fr,*
Fax *03 22 25 75 17, campingdescrocs.com* – places
limitées pour le passage – ⚑
1,4 ha (100 empl.) plat, herbeux
Tarif : (Prix 2009) ♣ 4€ ⬟ 2€ 🅴 3,50€ – 🔌 (6A) 3€
Location (Prix 2009) : 4 🚐 (4 à 6 pers.) nuitée 50€ -
350 à 450€/sem.
🚐 1 borne artisanale – 20 🅴 14€
Pour s'y rendre : 2 chemin des Garennes (1 km au sud
par D 204)

À savoir : À proximité d'un parc ornithologique

| Loisirs : 🛖 🏊 |
| Services : ♿ ⛽ (juil.-août) 🐕 🛒 🍴 laverie |
| À prox. : 🐎 (centre équestre) |

Longitude : 1.5981
Latitude : 50.26965

608

Pour choisir et suivre un itinéraire
Pour calculer un kilométrage
Pour situer exactement un terrain (en fonction
des indications fournies dans le texte) :
*Utilisez les **cartes MICHELIN** ,*
compléments indispensables de cet ouvrage.

ST-VALERY-SUR-SOMME

80230 – **301** C6 – G. Nord Pas-de-Calais Picardie – 2 790 h. – alt. 27
Ꙁ *Office de tourisme, 2, place Guillaume-Le-Conquérant* ℘ *03 22 60 93 50, Fax 03 22 60 80 34*
Paris 206 – Abbeville 18 – Amiens 71 – Blangy-sur-Bresle 45 – Le Tréport 25.

⚠ **Le Walric** de déb. avr. à déb. nov.
℘ *03 22 26 81 97, info@campinglewalric.com,*
Fax *03 22 60 77 26, www.campinglewalric.com* – places
limitées pour le passage
5,8 ha (263 empl.) plat, herbeux
Tarif : (Prix 2009) 29€ ♣♣ ⬟ 🅴 🔌 (6A) – pers.
suppl. 7€ – frais de réservation 12€
Location (Prix 2009) (de déb. mars à déb. nov.) : 31
🚐 (4 à 6 pers.) nuitée 65€ - 290 à 690€/sem. – frais
de réservation 12€
🚐 1 borne eurorelais – 🛒 🔌 18€
Pour s'y rendre : rte d'Eu

| Nature : 🌳 ♨ |
| Loisirs : 🍴 snack 🛖 🎮 🏊 🎯 ✂ 🎲 🛝 |
| Services : ♿ ⛽ GB 🐕 🛒 🍴 laverie |

Longitude : 1.60679
Latitude : 50.1828

▲▲▲ **"Les Castels" Domaine de Drancourt** de déb. avr. à fin oct.
℘ 03 22 26 93 45, *chateau.drancourt@wanadoo.fr*,
Fax 03 22 26 85 87, *www.chateau-drancourt.com* – places limitées pour le passage
5 ha (326 empl.) plat et peu incliné, herbeux
Tarif : 35€ ✹✹ ⟠ 圓 ⑭ (10A) – pers. suppl. 7,50€ – frais de réservation 20€

Location : ⊡ (4 à 6 pers.) nuitée 90€ - 490 à 950€/ sem. – frais de réservation 20€
⊞ 30 圓 35€
Pour s'y rendre : 3,5 km au sud par D 48 et rte à gauche apr. avoir traversé le CD 940

À savoir : Dans l'agréable parc du château

| Nature : 🌿 ⛺ ♀ |
| Loisirs : ♈ ✕ 🎬 🏊 🚲 🎾 🎣 ▦ ≋ poneys practice de golf |
| Services : ♿ ⛽ GB 🏧 ♨ ⚕ laverie ⚖ |

Longitude : 1.64263
Latitude : 50.18444

SERAUCOURT-LE-GRAND

02790 – **306** B4 – 784 h. – alt. 102
Paris 148 – Chauny 26 – Ham 16 – Péronne 28 – St-Quentin 13 – Soissons 56.

▲▲ **Le Vivier aux Carpes** de déb. mars à fin oct.
℘ 03 23 60 50 10, *camping.du.vivier@wanadoo.fr*,
Fax 03 23 60 51 69, *www.camping-picardie.com* – ᴙ
2 ha (60 empl.) plat, herbeux
Tarif : 19€ ✹✹ ⟠ 圓 ⑭ (6A) – pers. suppl. 4€
⊞ 1 borne artisanale 2€ – 5 圓 19€
Pour s'y rendre : 10 r. Charles Voyeux (au nord par D 321, près de la poste, à 200 m de la Somme)

À savoir : Situation agréable en bordure d'étangs

| Nature : 🌿 ⛺ |
| Loisirs : 🎬 🎣 |
| Services : ♿ ⛽ GB 🏧 ♨ 📶 |
| À prox. : ⚖ |

Longitude : 3.21427
Latitude : 49.78157

VILLERS-SUR-AUTHIE

80120 – **301** D6 – 376 h. – alt. 5
Paris 215 – Abbeville 31 – Amiens 80 – Berck-sur-Mer 16 – Le Crotoy 14 – Hesdin 29.

▲▲▲ **Le Val d'Authie** ⚎ – de déb. avr. à mi-oct.
℘ 03 22 29 92 47, *camping@valdauthie.fr*,
Fax 03 22 29 93 30, *www.valdauthie.fr* – places limitées pour le passage
7 ha (170 empl.) plat et peu incliné, herbeux
Tarif : 24€ ✹✹ ⟠ 圓 ⑭ (6A) – pers. suppl. 6€
Location : 22 ⊡ (4 à 6 pers.) nuitée 38€ - 434 à 735€/sem.
⊞ 1 borne artisanale
Pour s'y rendre : 20 rte de Vercourt (sortie sud)

À savoir : agréables plantations arbustives

| Nature : 🌿 ⛺ ♀ |
| Loisirs : ♈ snack 🎬 ♨ 🏊 ♨≋ hammam, salle d'animation 🏊 🎾 🎬 terrain multisports, parcours de santé, piste de bi-cross |
| Services : ♿ ⛽ GB ♨ 🏧 ♨ ⚕ ⚒ ♨ laverie |

Longitude : 1.69448
Latitude : 50.31366

609

Donnez-nous votre avis sur les terrains que nous recommandons.
Faites-nous connaître vos observations et vos découvertes
par mail à l'adresse : leguidecampingfrance@fr.michelin.com.

VIRONCHAUX

80150 – **301** D6 – 441 h. – alt. 45
Paris 214 – Abbeville 30 – Amiens 79 – Berck-sur-Mer 25 – Hesdin 23 – Montreuil 26.

▲ **Les Peupliers** de déb. avr. à fin oct.
℘ 03 22 23 54 27, *les-peupliers3@orange.fr*,
www.campingpeupliers.fr
1,2 ha (49 empl.) plat, herbeux
Tarif : 19,80€ ✹✹ ⟠ 圓 ⑭ (6A) – pers. suppl. 3,90€
Location ✎ : 3 ⊡ (4 à 6 pers.) 350 à 573€/sem.
⊞ 1 borne artisanale – 5 圓 19,80€
Pour s'y rendre : 221 r. du Cornet

À savoir : Décoration arbustive et florale

| Nature : 🌿 ⛺ |
| Loisirs : ♈ 🎬 🏊 ♨ |
| Services : ♿ ⛽ GB ♨ 📶 |

Longitude : 1.82854
Latitude : 50.28625

POITOU-CHARENTES

S. Sauvignier/Michelin

Avec l'eau pour compagnon de voyage, les délices de la région Poitou- Charentes se consomment sans modération. Commencez par paresser sur une des plages de sable fin bordant la Côte de Beauté : vous y ferez provision d'air pur mêlé d'iode et d'essences de pins. Puis offrez-vous une cure de remise en forme dans la station balnéaire de votre choix, suivie d'une cure d'huîtres de Marennes-Oléron accompagnées de tartines au beurre de Surgères. Requinqué ? Alors, parcourez à vélo les îles, havres de paix aux maisons fleuries de glycines et de roses trémières, et explorez à bord d'une barque manœuvrée à la « pigouille » les mille et une conches de la « Venise verte ». Puis, après une mini-dégustation de cognac, cette eau… de-vie aux reflets ambrés, cap sur le Futuroscope et ses images à couper le souffle !

Names such as Cognac, Angoulême or La Rochelle all echo through France's history, but there's just as much to appreciate in the here and now. Visit a thalassotherapy resort to revive your spirits, or just laze on the sandy beaches, where the scent of pine trees mingles with the fresh sea air. A bicycle is the best way to discover the region's coastal islands, their country lanes lined with tiny blue and white cottages and multicoloured hollyhocks. Back on the mainland, explore the canals of the marshy, and mercifully mosquito-free, « Green Venice ». You will have earned yourself a drop of Cognac or a glass of the local apéritif, the fruity, ice-cold Pineau. If this seems just too restful, head for Futuroscope, a theme park of the moving image, and enjoy an action-packed day of life in the future.

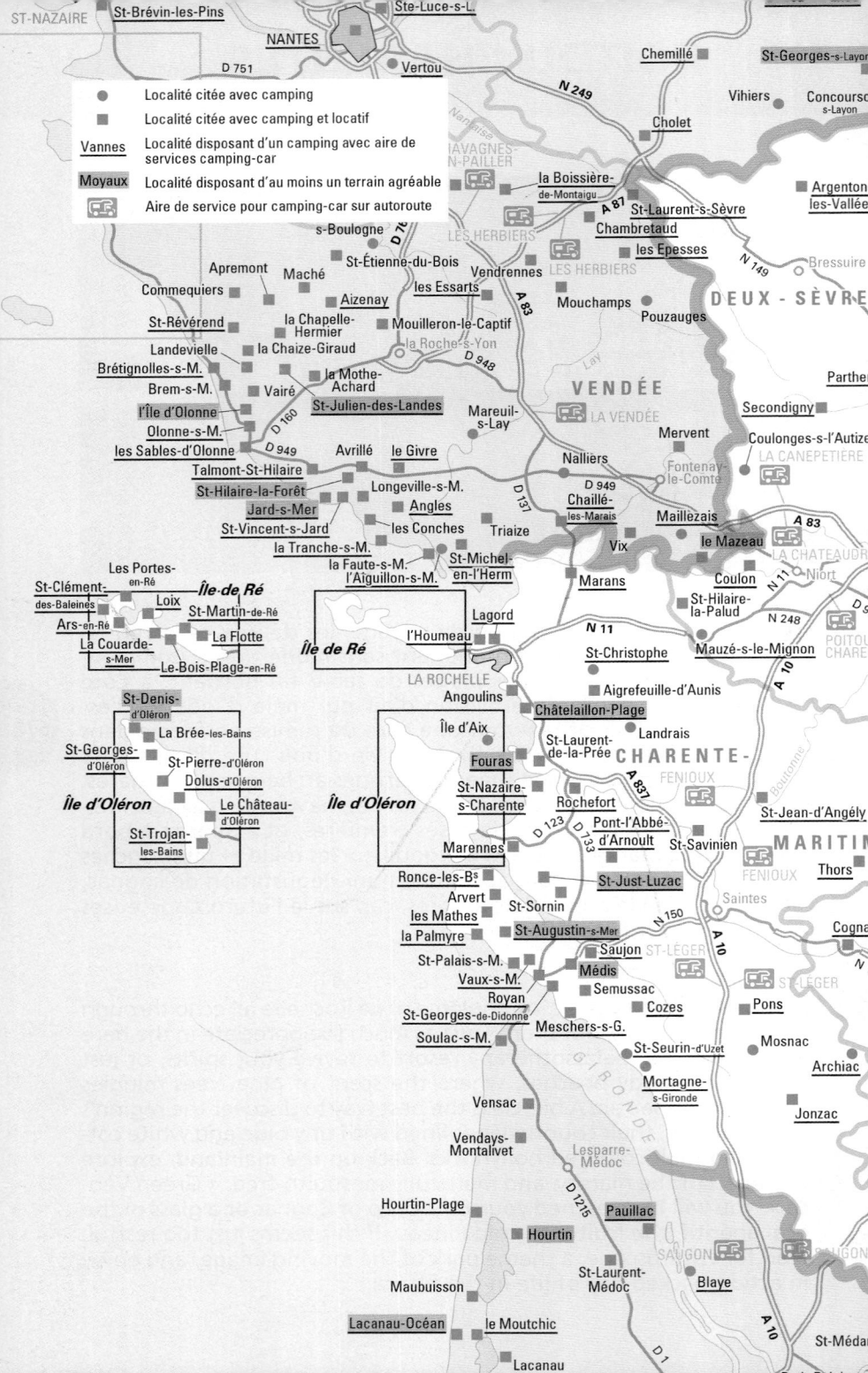

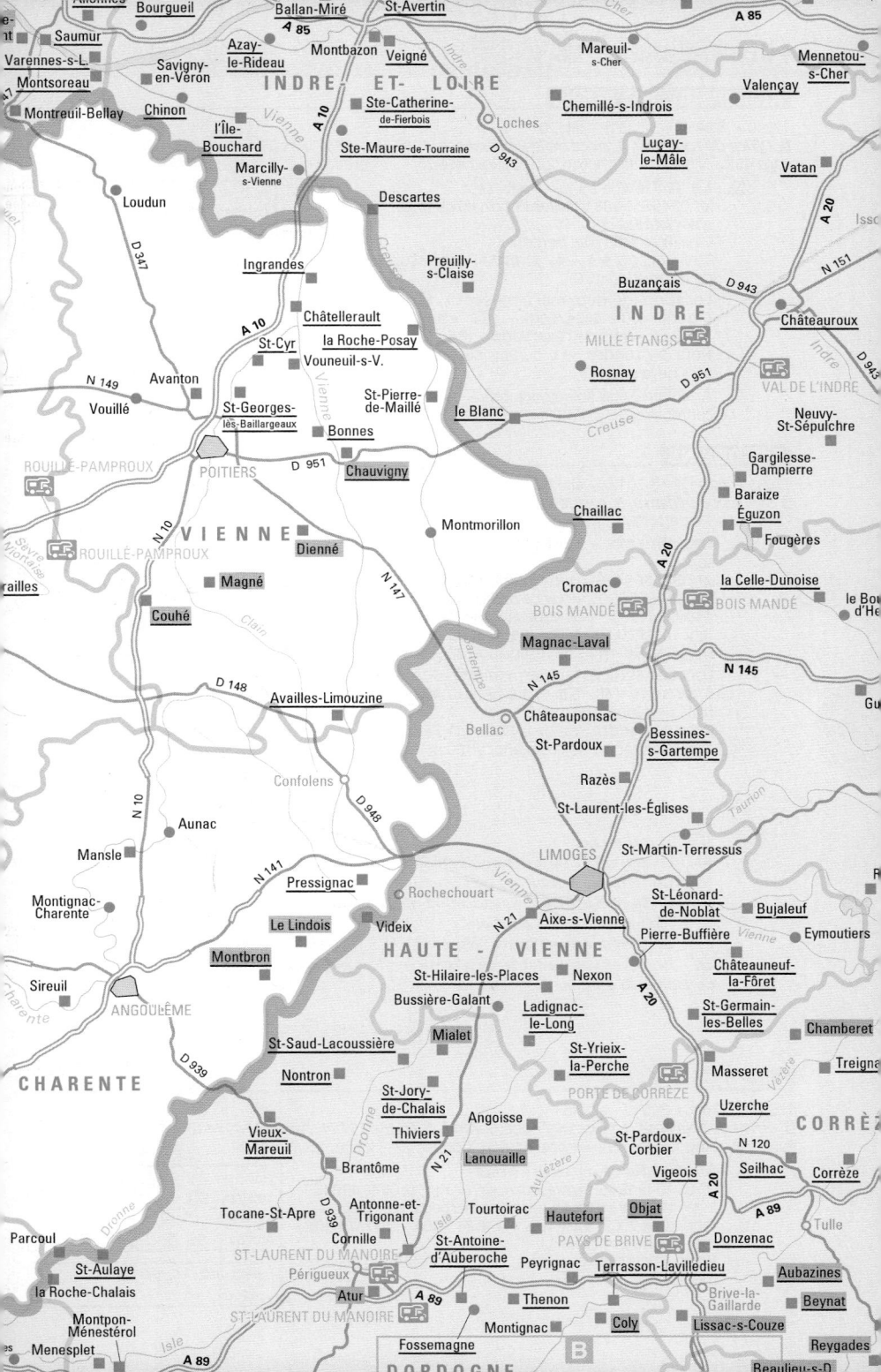

AIGREFEUILLE-D'AUNIS

17290 – **324** E3 – 3 523 h. – alt. 20
🛈 *Office de tourisme, 4, place de la Renaissance* ℰ *05 46 27 53 87, Fax 05 46 35 54 92*
Paris 457 – Niort 50 – Rochefort 22 – La Rochelle 25 – Surgères 16.

La Taillée de mi-juin à déb. sept.
ℰ 05 46 35 50 88, *lataillee@hotmail.fr*, Fax 0,
www.lataillee.com ⊀
2 ha (80 empl.) plat, herbeux
Tarif : 14,30 € ✶✶ ⇦ 🅴 🗓 (6A) – pers. suppl. 4 € – frais
de réservation 10 €
Location (de déb. mai à mi-sept.) 🅿 : 25 🚐 (4 à
6 pers.) 400 à 640 €/sem. – 🛖 – bungalows toilés –
30 gîtes – frais de réservation 10 €
Pour s'y rendre : 3 r. du Bois Gaillard (à l'est du bourg,
près de la piscine)
À savoir : agréable cadre boisé de platanes et frênes
centenaires

Nature :	🌿 ♤♤
Loisirs :	🛋️ 🏊 ⛰️
Services :	🚿 🔌 🅰️ 🔟 ⛺ 🍴 🗑️
À prox. :	🏊

Longitude : -0.93319
Latitude : 46.11703

ANGOULINS

17690 – **324** D3 – 3 701 h. – alt. 15
🛈 *Syndicat d'initiative, 3, rue de Verdun* ℰ *05 46 56 92 09, Fax 05 46 56 92 09*
Paris 481 – Poitiers 148 – La Rochelle 12 – Niort 73 – La Roche 91.

Les Chirats - La Platère ♟⚊ – de déb. avr. à fin
sept.
ℰ 05 46 56 94 16, *contact@campingleschirats.fr*,
Fax 05 46 56 65 95, *www.campingleschirats.fr*
4 ha (224 empl.) plat et peu incliné, herbeux, pierreux
Tarif : (Prix 2009) 24,70 € ✶✶ ⇦ 🅴 🗓 (10A) – pers.
suppl. 4,55 € – frais de réservation 20 €
Location (Prix 2009) (permanent) : 5 🚐 (2 à 4 pers.)
378 €/sem. – 30 🛖 (4 à 6 pers.) - 450 à 520 €/sem. –
frais de réservation 20 €
Pour s'y rendre : rte de la Platère (1,7 km à l'ouest par r.
des Salines et rte de la douane, à 100 m de la plage)

Nature :	⊏⊐ ♤♤
Loisirs :	🍷 snack 🛋️ 🎦 ⛲ 🎣🐟
	jacuzzi 🏊 ⛰️ 🏊 (petite piscine)
	🏊 ⛵
Services :	🚿 ⚡ (juil.-août) 🆎
	🅰️ ⛺ ⚗️ 🍴 🗑️ 🚿
À prox. :	🎣

Longitude : -1.12614
Latitude : 46.10359

614

Si vous recherchez :
♟⚊ *Un terrain offrant des équipements et des loisirs adaptés aux enfants*
🌿 *Un terrain agréable ou très tranquille*
L-M *Un terrain effectuant la location de caravanes, de mobile homes,*
de bungalows ou de chalets
P *Un terrain ouvert toute l'année*
🚐 *Un terrain possédant une aire de services pour camping-cars*
Consultez le tableau des localités

ARCHIAC

17520 – **324** I6 – 815 h. – alt. 111
🛈 *Office de tourisme, 1, place de l'Abbé Goiland* ℰ *05 46 49 57 11, Fax 05 46 49 14 16*
Paris 514 – Angoulême 49 – Barbezieux 15 – Cognac 22 – Jonzac 15 – Pons 22.

Municipal de mi-juin à mi-sept.
ℰ 05 46 49 10 46, *archiacmairie@free.fr*, Fax 05 46 49 84 09
1 ha (44 empl.) plat, en terrasses, herbeux, pierreux
Tarif : (Prix 2009) ✶ 2 € ⇦ 1,40 € 🅴 1,40 € – 🗓 (7A) 3,50 €
🚐 borne eurorelais
Pour s'y rendre : près des installations sportives
municipales

Nature :	🌿 ⊏⊐ ♤♤
Loisirs :	🛋️
Services :	🅰️ 🗑️
À prox. :	✂️ 🏊 ⛵ 🚐

Longitude : -0.30417
Latitude : 45.52392

ARGENTON-LES-VALLÉES

79150 – **322** D3 – G. Poitou, Charentes, Vendée – 1 592 h.
Paris 367 – Poitiers 100 – Niort 89 – Nantes 102.

Municipal du lac d'Hautibus de déb. avr. à fin sept.
ℰ 05 49 65 95 08, *mairie-argentonlesvallees@neuf.fr*,
Fax 05 49 65 70 84
1,5 ha (64 empl.) peu incliné et en terrasses, incliné, herbeux
Tarif : (Prix 2009) ✹ 2,05 € ⇌ 1,70 € 🅴 1,90 € –
[⚡] (6A) 2,35 €

Location (Prix 2009) (permanent) : 6 🏠 (4 à 6 pers.)
nuitée 35 € - 230 à 336 €/sem.
🚰 borne artisanale 2,10 €
Pour s'y rendre : r. de la Sablière (à l'ouest du bourg
(accès près du rond-point de la D 748 et D 759))

À savoir : à 150 m du lac avec accès direct (site pittoresque)

Nature : ⩽ 🏞 ♀	
Loisirs : 🏛	
Services : 🛁 ⟲ laverie	
À prox. : 🎿 ⌿ 🛶 pédalos, canoës, barques	

Longitude : -0.45122
Latitude : 46.98709

ARVERT

17530 – **324** D5 – 3 031 h. – alt. 20
🛈 *Syndicat d'initiative, 22, rue des Tilleuls* *ℰ* 05 46 36 89 28
Paris 513 – Marennes 16 – Rochefort 37 – La Rochelle 74 – Royan 19 – Saintes 46.

Le Presqu'île de déb. avr. à fin sept.
ℰ 05 46 36 81 76, *christophe.cantet@free.fr*,
campinglepresquile.com
0,8 ha (66 empl.) plat, herbeux, sablonneux
Tarif : 14,90 € ✹✹ ⇌ 🅴 [⚡] (16A) – pers. suppl. 2,50 €

Location (permanent) ⌿ : 4 🛖 (4 à 6 pers.) nuitée
32 € - 240 à 510 €/sem.
Pour s'y rendre : 7 r. des Aigrettes (au nord du bourg,
à 150 m de la D 14)

Nature : ♀♀	
Loisirs : 🏛 🛝	
Services : 🛁 ⟲ 🅶🅱 ⟲ 🖳	
À prox. : 🎿	

Longitude : -1.12679
Latitude : 45.74552

Le Petit Pont de déb. avr. à mi-sept.
ℰ 05 46 36 07 20, *contact@camping-dupetitpont.com*,
Fax 05 46 36 07 20, *www.camping-dupetit.com*
1 ha (53 empl.) plat, herbeux
Tarif : (Prix 2009) 19,65 € ✹✹ ⇌ 🅴 [⚡] (10A) – pers.
suppl. 4,50 € – frais de réservation 9 €

Location (Prix 2009) ⌿ : 3 🛖 (2 à 4 pers.) 160 à
470 €/sem. – 29 🛖 (4 à 6 pers.) 170 à 650 €/sem. –
frais de réservation 19 €
Pour s'y rendre : 111 av. de l'Etrade (2,5 km au nord-
ouest sur D 14)

Nature : ♀♀	
Loisirs : 🏛 🛝 🛝	
Services : ⟲ ⟲ 🖳	

Longitude : -1.14069
Latitude : 45.75848

615

Si vous désirez réserver un emplacement pour vos vacances,
faites-vous préciser au préalable les conditions particulières de séjour,
les modalités de réservation, les tarifs en vigueur et les conditions de paiement.

AUNAC

16460 – **324** L4 – 335 h. – alt. 70
Paris 418 – Angoulême 37 – Confolens 43 – Ruffec 15 – St-Jean-d'Angély 69.

Municipal de Magnerit de mi-juin à mi-sept.
ℰ 05 45 22 24 38, *mairie.aunac@wanadoo.fr*,
Fax 05 45 22 23 17
1,2 ha (25 empl.) plat, herbeux
Tarif : (Prix 2009) ✹ 2 € ⇌ 1,80 € 🅴 1,50 € –
[⚡] (18A) 2,50 €
Pour s'y rendre : 1,7 km au sud-est du bourg, sur D 27
rte de St-Front et chemin à gauche

Nature : 🦢 ♀♀♀	
Loisirs : 🛝 🎣	
Services : ⟲ ♨	

Longitude : 0.23976
Latitude : 45.91918

AVAILLES-LIMOUZINE

86460 – **322** J8 – 1 311 h. – alt. 142

🛈 *Office de tourisme, 6, rue Principale* ✆ *05 49 48 63 05, Fax 05 49 48 63 05*
Paris 410 – Confolens 14 – L'Isle-Jourdain 15 – Niort 100 – Poitiers 67.

⛰️ **Municipal le Parc** de déb. mai à fin sept.
✆ 05 49 48 51 22, *camping.leparc@wanadoo.fr*,
Fax 05 49 48 66 76,
http://monsite.wanadoo.fr.campingleparc/
2,7 ha (100 empl.) plat, herbeux
Tarif : (Prix 2009) 12 € ✶✶ 🚐 🔲 [5] (10A) – pers.
suppl. 3 €

Location (Prix 2009) (permanent) : 5 🛖 (4 à 6 pers.)
nuitée 42 € - 275 €/sem. – 🏠 (4 à 6 pers.) nuitée 48 €
- 310 €/sem. – 1 yourte
🚽 borne sanistation 2,60 €
Pour s'y rendre : au lieu-dit : Les Places (sortie est par
D 34, à gauche apr. le pont, au bord de la Vienne)

Nature : 🌊 ♨️	
Loisirs : 🛋️ 🎣 🏕 🏊 🚣 canoë, pédalos	
Services : 👤 🔌 GB 🚿 📷 🚰 🍴 📦	
À prox. : 🍴 🚲	

Longitude : 0.65829
Latitude : 46.12401

AVANTON

86170 – **322** H5 – 1 808 h. – alt. 110

Paris 337 – Poitiers 12 – Niort 84 – Châtellerault 37 – Saumur 80.

⛰️ **Du Futur** de déb. avr. à fin sept.
✆ 05 49 54 09 67, *info@camping-du-futur.com*,
Fax 05 49 54 09 59, *www.camping-du-futur.com*
4 ha/1,5 campable (68 empl.) plat, herbeux
Tarif : 23 € ✶✶ 🚐 🔲 [5] (10A) – pers. suppl. 3,50 €
Location 🚫 : 14 🛖 (4 à 6 pers.) 450 à 555 €/sem.
– hôtel
Pour s'y rendre : 9 r. des Bois (1,3 km au sud-ouest par
D 757, rte de Poitiers et rte à dr. apr. le passage à niveau)

Nature : 🌳 ♀	
Loisirs : 🍸 🎣 🏕 🏊	
Services : 👤 🔌 GB 🚿 🛒 🍴 laverie	

Longitude : 0.30453
Latitude : 46.66359

616

LES GUIDES VERTS **MICHELIN**
Paysages, monuments
Routes touristiques
Géographie
Histoire, Art
Itinéraire de visite
Plans de villes et de monuments

BONNES

86300 – **322** J5 – 1 645 h. – alt. 70

Paris 331 – Châtellerault 25 – Chauvigny 7 – Poitiers 25 – La Roche-Posay 34 – St-Savin 25.

⛰️ **Municipal** de déb. juin à mi-sept.
✆ 05 49 56 44 34, *camping_bonnes@hotmail.com*,
Fax 05 49 56 48 51, *www.camping.bonnes86.free.fr*
1,2 ha (56 empl.) plat, herbeux
Tarif : ✶ 2,95 € 🚐 1,25 € 🔲 2,55 € – [5] (15A) 2,70 €

Location (permanent) 👤 : 6 gîtes
🚽 borne artisanale 3 €
Pour s'y rendre : 13 r. de la Varenne (au sud du bourg,
au bord de la Vienne)

Nature : 🌳 ♀	
Loisirs : 🎣 🚲 🍴	
Services : 👤 GB 🚿 🛒 laverie	
À prox. : 🏊 🏖️	

Longitude : 0.59792
Latitude : 46.60229

CHÂTELAILLON-PLAGE

17340 – **324** D3 – G. Poitou Charentes Vendée – 5 911 h. – alt. 3
🚩 *Office de tourisme, 5, avenue de Strasbourg* ℰ *05 46 56 26 97, Fax 05 46 56 58 50*
Paris 482 – Niort 74 – Rochefort 22 – La Rochelle 19 – Surgères 29.

Village Corsaire des 2 Plages ♣♣ – de déb. mai à fin sept.
ℰ 05 46 56 27 53, *reception@2plages.com,*
Fax 05 46 43 51 18, *www.2plages.com*
4 ha (265 empl.) plat, herbeux, sablonneux
Tarif : (Prix 2009) 28€ ✶✶ ⇌ 🔲 (5A) – pers.
suppl. 5,80€ – frais de réservation 17€

Location (Prix 2009) (de déb. avr. à fin sept.) ♿ ⚡ :
105 ⛺ (4 à 6 pers.) nuitée 50€ - 350 à 770€/sem. –
frais de réservation 17€
⛽ borne artisanale
Pour s'y rendre : av. d'Angoulins (rte de La Rochelle,
à 300 m. de la plage)

À savoir : préférer les emplacements éloignés de la route

| Nature : 🌳 🌿🌿 |
| Loisirs : 🍽 snack, pizzeria 🎬 📺 🏀 🏊 🏊 terrain multisports |
| Services : ♿ 🚿 GB 🐾 🛁 ⚡ 🚰 laverie 🧺 |

Longitude : -1.09718
Latitude : 46.0886

L'Océan de déb. juin à mi-sept.
ℰ 05 46 56 87 97, *campingocean17@free.fr,*
www.campingocean17.com
3 ha (94 empl.) plat, herbeux
Tarif : (Prix 2009) 27,50€ ✶✶ ⇌ 🔲 (10A) – pers.
suppl. 5,50€ – frais de réservation 8€

Location (Prix 2009) ⚡ : 3 ⛺ (2 à 4 pers.) 250 à
400€/sem. – frais de réservation 10€
Pour s'y rendre : av. d'Angoulins (1,3 km au nord par
D 202, rte de la Rochelle et à dr.)

À savoir : joli plan d'eau paysagé

| Nature : 🌿🌿 |
| Loisirs : 🎬 salle d'animations 🏊 🏊 (plan d'eau) |
| Services : ♿ 🚿 GB 🐾 🛁 laverie |

Longitude : -1.09718
Latitude : 46.0886

617

Pour choisir et suivre un itinéraire
Pour calculer un kilométrage
Pour situer exactement un terrain (en fonction des
indications fournies dans le texte) :
*Utilisez les **cartes MICHELIN**,*
compléments indispensables de cet ouvrage.

CHÂTELLERAULT

86100 – **322** J4 – G. Poitou Charentes Vendée – 34 402 h. – alt. 52
🚩 *Office de tourisme, 2, avenue Treuille* ℰ *05 49 21 05 47, Fax 05 49 02 03 26*
Paris 304 – Châteauroux 98 – Cholet 134 – Poitiers 36 – Tours 71.

Le Relais du Miel de mi-juin à fin août
ℰ 05 49 02 06 27, *camping@lerelaisdumiel.com,*
www.lerelaisdumiel.com
7 ha/4 campables (80 empl.) plat, terrasses, peu incliné,
herbeux, pierreux
Tarif : (Prix 2009) 25€ ✶✶ ⇌ 🔲 (10A) – pers.
suppl. 5€

Location (Prix 2009) (permanent) ⚡ : 19 appartements
Pour s'y rendre : lieu-dit : Valette - rte d'Antran (sortie
nord par D 910, rte de Paris, puis rocade à gauche en dir.
du péage de l'A 10 et à dr. par D 1, près de la Vienne (accès
direct). Par A 10, sortie 26 Châtellerault-Nord)

À savoir : dans les dépendances d'une demeure du 18e s.

| Nature : 🌳 🌿🌿 |
| Loisirs : 🍽 🎬 🏊 🍴 🏊 |
| Services : ♿ 🚿 GB 🐾 🛁 🚰 laverie |
| À prox. : 🛒 |

Longitude : 0.5389
Latitude : 46.84968

POITOU-CHARENTES

CHAUVIGNY

86300 – **322** J5 – G. Poitou Charentes Vendée – 6 916 h. – alt. 65

🛈 *Office de tourisme, Mairie* ℰ *0549459910, Fax 0549459910*

Paris 333 – Bellac 64 – Le Blanc 36 – Châtellerault 30 – Montmorillon 27 – Ruffec 91.

⚠ **Municipal de la Fontaine** de mi-avr. à fin sept.
ℰ 0549463194, *camping-chauvigny@cg86.fr*,
www.chauvigny.fr
2,8 ha (102 empl.) plat, herbeux, gravillons
Tarif : (Prix 2009) ⚹ 2,25€ ⇔ 1,60€ 🅴 1,60€ –
🔌 (5A) 2,60€

Location (Prix 2009) : 6 studios
🚱 borne artisanale – 5 🅴 6€
Pour s'y rendre : r. de la Fontaine (sortie nord par D 2,
rte de la Puye et rte à dr., au bord d'un ruisseau)

À savoir : jardin public attenant, pièces d'eau

| Nature : ≤ Ville haute et château 🌳🌳 |
| Loisirs : 🏛 🏓 |
| Services : 🔧 ⚡ 🚿 🛗 🚽 🛒 🚐 🍴 laverie |
| À prox. : 🎣 |

Longitude : 0.65353
Latitude : 46.57087

COGNAC

16100 – **324** I5 – G. Poitou Charentes Vendée – 19 409 h. – alt. 25

🛈 *Office de tourisme, 16, rue du 14 juillet* ℰ *0545821071, Fax 0545823447*

Paris 478 – Angoulême 45 – Bordeaux 120 – Libourne 116 – Niort 83 – La Roche-sur-Yon 172 – Saintes 27.

⚠ **Municipal** de fin avr. à fin sept.
ℰ 0545321332, *info@campingdecognac.com*,
Fax 0545321582, *www.campingdecognac.com*
2 ha (160 empl.) plat, herbeux
Tarif : (Prix 2009) 15€ ⚹⚹ ⇔ 🅴 🔌 (6A) – pers.
suppl. 3€

Location (Prix 2009) 🔧 : 🚐 (4 à 6 pers.) 270 à 480€/
sem. – 2 bungalows toilés – frais de réservation 25€
🚱 borne artisanale
Pour s'y rendre : Bd de Châtenay (2,3 km au nord par
D 24, rte de Boutiers, entre la Charente et le Solençon)

| Nature : 🌳🌳 |
| Loisirs : 🏓 🛝 🎣 |
| Services : 🔧 ⚡ (juil.-août) 🆖🅱 🚿 🚐 🍴 📷 |
| À prox. : 🍽 ✕ |

Longitude : -0.32497
Latitude : 45.69343

618

Benutzen Sie
– zur Wahl der Fahrtroute
– zur Berechnung der Entfernungen
– zur exakten Lokalisierung eines Campingplatzes (mit Hilfe der Angaben im Ortstext)
die für diesen Führer unentbehrlichen **MICHELIN-Karten .**

COUHÉ

86700 – **322** H7 – G. Poitou Charentes Vendée – 1 840 h. – alt. 140

🛈 *Office de tourisme, 51, Grand'Rue* ℰ *0549592671, Fax 0549592680*

Paris 370 – Confolens 58 – Montmorillon 61 – Niort 65 – Poitiers 36 – Ruffec 34.

⚠ **Les Peupliers** 🏕– de déb. mai à fin sept.
ℰ 0549592116, *info@lespeupliers.fr*, Fax 0549379209,
www.lespeupliers.fr
16 ha/6 campables (160 empl.) plat, herbeux, étang
Tarif : ⚹ 7€ ⇔ 🅴 11,50€ – 🔌 (10A) 4,50€

Location (permanent) : 4 🚐 (2 à 4 pers.) nuitée 65€
- 175 à 545€/sem. – 14 🚐 (4 à 6 pers.) nuitée 75€ -
235 à 795€/sem. – 18 🏠 (4 à 6 pers.) nuitée 80€ - 205
à 815€/sem.
🚱 borne artisanale
Pour s'y rendre : rte de Poitiers (1 km au nord, à Valence)

À savoir : cadre boisé traversé par une rivière pittoresque

| Nature : 🌊 🌳🌳 |
| Loisirs : 🍽 pizzeria, snack 🏛 🎮 🏓 🛝 🎣 |
| Services : 🔧 ⚡ 🆖🅱 🚿 🚐 🍴 laverie 🛒 |

Longitude : 0.18222
Latitude : 46.31222

COULON

79510 – **322** C7 – G. Poitou Charentes Vendée – 2 215 h. – alt. 6

🖪 *Office de tourisme, 31, rue Gabriel Auchier 🖉 05 49 35 99 29, Fax 05 49 35 84 31*
Paris 418 – Fontenay-le-Comte 25 – Niort 11 – La Rochelle 63 – St-Jean-d'Angély 58.

⚲ La Venise Verte ♣♣ – de déb. avr. à fin oct.
  🖉 05 49 35 90 36, accueil@camping-laveniseverte.fr,
  Fax 05 49 35 84 69, www.camping-laveniseverte.fr
  2,2 ha (140 empl.) plat, herbeux
  Tarif : 29€ ♦♦ ⇔ 🗉 (½) (10A) – pers. suppl. 6€ – frais
  de réservation 10€

  Location : 15 ⌂ (4 à 6 pers.) nuitée 45€ - 330 à
  580€/sem. – 15 ⌂ (4 à 6 pers.) nuitée 50€ - 390 à
  650€/sem. – frais de réservation 10€
  ⊂⊃ borne artisanale 5€ – 💺 13€
  Pour s'y rendre : 178 rte des Bords de Sèvre (2,2 km au
  sud-ouest par D 123, rte de Vanneau, au bord d'un canal
  et près de la Sèvre Niortaise)

  À savoir : terrain qui fait d'importants efforts écologiques.

Nature : 🙶🙶
Loisirs : ☂ snack 🍴 ⚹⚹ ⚹ 🚲 🛶 canoë
Services : ♿ ⊶ ⊞ ℀ 🛉 ♨ ☎ 🖼 🛒
À prox. : 🎣

Longitude : -0.60889
Latitude : 46.31444

COZES

17120 – **324** E6 – 1 915 h. – alt. 43

🖪 *Office de tourisme, place de l'Hôtel de Ville 🖉 05 46 90 80 82, Fax 05 46 91 40 39*
Paris 494 – Marennes 41 – Mirambeau 35 – Pons 26 – Royan 19 – Saintes 27.

⚲ Municipal le Sorlut de mi-avr. à mi-oct.
  🖉 05 46 90 75 99, mairie@cozes.com, Fax 05 46 90 75 12
  1,4 ha (120 empl.) plat, herbeux
  Tarif : (Prix 2009) ♦ 2,41€ 🗉 2,58€ – (½) (5A) 2,53€

  Location (Prix 2009) (permanent) : 8 ⌂ (4 à 6 pers.)
  nuitée 58€ - 320 à 515€/sem.
  ⊂⊃ 1 borne
  Pour s'y rendre : r. des Chênes (au nord, près de
  l'ancienne gare, derrière le supermarché Champion)

Nature : 🌊 🙶🙶
Loisirs : ⚹
Services : ⊶ (juil.-août) ℀ 🖼
À prox. : 🗶 🍴 🛉 🛶 ⚲ ⊂⊃

Longitude : -0.8304
Latitude : 45.58417

619

Do not confuse :
⚲... to ... ⚲⚲⚲ : MICHELIN classification
and
★ ... to ... ★★★★ : official classification

DIENNE

86410 – **322** J6 – 473 h. – alt. 112
Paris 362 – Poitiers 26 – Niort 107 – Limoges 107.

⚲⚲⚲ "Les Castels" Domaine de Dienné fermé de fin
  déc. à mi-janv.
  🖉 05 49 45 87 63, resahebergement@domaine-de-dienne.fr,
  Fax 05 49 54 17 96, www.domaine-de-dienne.fr
  45 ha/1 campable (20 empl.) plat, vallonné, herbeux, lac,
  forêt
  Tarif : (Prix 2009) ♦ 7,50€ ⇔ 2,50€ 🗉 24€ –
  (½) (6A) 2,80€

  Location (Prix 2009) (permanent) ♿ ℗ : ⌂ (4 à 6
  pers.) nuitée 95€ - 425 à 650€/sem. – ⌂ (4 à 6 pers.)
  nuitée 144€ - 438 à 993€/sem. – 10 ⊨ – 1 gîte – 15
  roulottes, 8 yourtes, 8 cabanes dans les arbres
  Pour s'y rendre : au lieu-dit : La Boquerie (RN 147)

  À savoir : vaste domaine avec des installations diverses
  et de qualités

Nature : ♀
Loisirs : ☂ 🗶 🍴 ☺diurne 🎶⚙
hammam jacuzzi ⚹ 🚲 🏊 🛶
🛶 🐎 poneys (centre équestre)
tyrolienne, parcours de santé,
parc aventure, tour d'escalade
Services : ♿ ⊶ ℗ ⊞ ℀ 🖼 ☎
laverie 🛒

Longitude : 0.56024
Latitude : 46.44614

FOURAS

17450 – **324** D4 – G. Poitou Charentes Vendée – 4 024 h. – alt. 5

🛈 *Office de tourisme, avenue du Bois Vert* ✆ *0546846069, Fax 0546842804*
Paris 485 – Châtelaillon-Plage 18 – Rochefort 15 – La Rochelle 34.

Municipal le Cadoret Permanent
✆ 0546821919, *campinglecadoret@mairie17.com*,
Fax 0546845159, *www.campings-fouras.com*
7,5 ha (511 empl.) plat, sablonneux, herbeux
Tarif : (Prix 2009) 24,60€ ♦♦ ⇐ 🅴 (14) (10A) – pers.
suppl. 5€ – frais de réservation 20€

Location (Prix 2009) (de fin mars à fin oct.) : 13 ⬚ (4
à 6 pers.) 235 à 550€/sem. – frais de réservation 20€
Pour s'y rendre : bd de Chaterny (côte Nord, au bord de
l'Anse de Fouras, à 100 m de la plage)

À savoir : ensemble verdoyant et soigné

| Nature : ☐ 🌳🌳 |
| Loisirs : 🍸 snack, pizzeria 🎣 🏊 🏄 🎯 🛝 🎿 |
| Services : 🚿 ⚡ 🆖 ✂ 🗄 🍽 laverie 🔥 |
| À prox. : ✂ 🎿 🚲 |

Longitude : -1.08698
Latitude : 45.99289

Municipal la Fumée de fin mars à fin oct.
✆ 0546842677, *campinglecadoret@mairie17.com*,
Fax 0546845159, *www.campings-fouras.com*
1 ha (81 empl.) plat, herbeux
Tarif : (Prix 2009) 12,60€ ♦♦ ⇐ 🅴 (14) (10A) – pers.
suppl. 2,90€

Pour s'y rendre : bd de la Fumée (à la pointe de la
Fumée, près de l'embarcadère Île d'Aix et Fort Boyard)

À savoir : idéal pour la pêche à pied (coques, crevettes...)

| Nature : 🌿 💧 |
| Loisirs : 🏄 🎣 |
| Services : 🚿 ⚡ 🆖 ✂ 🗄 🔲 |
| À prox. : 🍸 ✗ 🔥 |

Longitude : -1.11911
Latitude : 46.00338

L'HOUMEAU

17137 – **324** C2 – 2 129 h. – alt. 19
Paris 478 – Poitiers 145 – La Rochelle 6 – Niort 83 – La Roche 76.

Au Petit Port de l'Houmeau de déb. avr. à fin
sept.
✆ 0546509082, *info@aupetitport.com*,
Fax 0546500133, *www.aupetitport.com*
2 ha (132 empl.) peu incliné, plat, herbeux
Tarif : 18€ ♦♦ ⇐ 🅴 (14) (10A) – pers. suppl. 4,50€ –
frais de réservation 16€

Location 🚿 (1 chalet) : 6 ⬚ (2 à 4 pers.) 240 à 400€/
sem. – 2 ⬚ (4 à 6 pers.) 300 à 570€/sem. – 15 🏠
(4 à 6 pers.) - 400 à 700€/sem. – frais de réservation
16€
🚐 borne artisanale
Pour s'y rendre : r. des Sartières (sortie nord-est par
D 106, rte de Nieul-sur-Mer, par le périphérique, dir. Île de
Ré et sortie Lagord-l'Houmeau)

| Nature : ☐ 🌳🌳 |
| Loisirs : 🍸 🎱 🚲 |
| Services : 🚿 ⚡ 🆖 ✂ 🔥 laverie 🔥 |
| À prox. : ✂ 🎿 |

Longitude : -1.188
Latitude : 46.19563

*Ce guide n'est pas un répertoire de tous les terrains de camping
mais une sélection des meilleurs campings dans chaque catégorie.*

ÎLE-D'AIX

17123 – **324** C3 – G. Poitou Charentes Vendée – 215 h. – alt. 10
Paris 486 – Poitiers 152 – La Rochelle 31 – Niort 78 – La Roche-sur-Yon 111.

Le Fort de la Rade de déb. juin à fin sept.
✆ 0546842828, *iaf@maeva.com*, Fax 0546840044,
fortdelarade.ifrance.com
3 ha (70 empl.) plat, en terrasses, herbeux
Tarif : 21,30€ ♦♦ ⇐ 🅴 – pers. suppl. 4,30€
Pour s'y rendre : à la Pointe Ste-Catherine, à 300 m de la
plage de l'Anse de la Croix

À savoir : dans le parc du Fort de la Rade entouré d'une
enceinte fortifiée – réservé aux tentes

| Nature : 🌿 |
| Loisirs : ✗ 🎱 🏊 💧 |
| Services : 🚿 ⚡ 🔥 pas de bran-chement électrique |
| À prox. : 🏖 🍸 🚲 |

Longitude : -1.17299
Latitude : 46.02053

620

ÎLE DE RÉ

17 – **324** – G. Poitou Charentes Vendée
Pont de l'Île de Ré : péage en 2009 : autos (AR) 16,50 (saison) 9,00 (hors saison), autos et caravanes (AR) 27,00 (saison) 15,00 (hors saison), camions 18,00 ou 45,00, motos 2,00, gratuit pour vélos et piétons - Renseignements par Régie d'Exploitation des Ponts ✆ 05 46 00 51 10

Ars-en-Ré 17590 – **324** A2 – G. Poitou Charentes Vendée – 1 312 h. – alt. 4
🖻 *Office de tourisme, 26, place Carnot ✆ 05 46 29 46 09, Fax 05 46 29 68 30*
Paris 506 – Fontenay-le-Comte 85 – Luçon 75 – La Rochelle 34.

⏴⏴⏴ **Airotel le Cormoran** ▲▲ – de déb. avr. à fin sept.
✆ 05 46 29 46 04, *info@cormoran.com*, Fax 05 46 29 29 36, *www.cormoran.com*
3 ha (138 empl.) plat, herbeux, sablonneux
Tarif : (Prix 2009) 43,20 € ★★ ⇔ 🅔 🄑 (10A) – pers. suppl. 12,25 € – frais de réservation 25 €

Location (Prix 2009) : 92 ⬚ (4 à 6 pers.) 340 à 810 €/ sem. – frais de réservation 35 €
🗑 borne artisanale 4 €
Pour s'y rendre : rte de Radia (1 km à l'ouest)

À savoir : cadre verdoyant, fleuri et soigné

Nature : 🐾 ⌂ 🌳
Loisirs : 🍴 pizzeria, snack 🎬 ▨ ⛹ 🎯 🚲 ⛳ 🏊 terrain multisports
Services : ♿ ⛽ 🏧 ⚕ 🛁 ∿ 🍴 laverie 🚿

Longitude : -1.52687
Latitude : 46.2103

Le Bois-Plage-en-Ré 17580 – **324** B2 – 2 293 h. – alt. 5
🖻 *Office de tourisme, 87, rue des Barjottes ✆ 05 46 09 23 26, Fax 05 46 09 13 15*
Paris 494 – Fontenay-le-Comte 74 – Luçon 64 – La Rochelle 23.

⏴⏴⏴ **Sunêlia Interlude** ▲▲ – de déb. avr. à fin sept.
✆ 05 46 09 18 22, *infos@interlude.fr*, Fax 05 46 09 23 38, *www.interlude.fr*
6,5 ha (381 empl.) vallonné, plat, herbeux, sablonneux
Tarif : 46 € ★★ ⇔ 🅔 🄑 (10A) – pers. suppl. 10 € – frais de réservation 30 €

Location : ⬚ (4 à 6 pers.) nuitée 50 € - 462 à 1 099 €/ sem. – frais de réservation 30 €
🗑 borne artisanale 8 € – 45 🅔 26 € – ♨ 🄑 8 €
Pour s'y rendre : 8 rte de Gros Jonc (2,3 km au sud-est)

À savoir : à 150 m de la plage

Nature : 🐾 ⌂ 🌳
Loisirs : 🍴 ✕ 🎬 ⛹ 🎯 🚲 discothèque 🛶 🚲 🄑 (petite piscine) 🏊 terrain multisports
Services : ♿ ⛽ 🏧 ⚕ 🛁 🍴 laverie 🚿
À prox. : ⛳ ♨

Longitude : -1.36968
Latitude : 46.18974

621

⏴⏴ **Les Varennes** de déb. avr. à fin sept.
✆ 05 46 09 15 43, *info@les-varennes.com*, Fax 05 46 09 47 27, *www.les-varennes.com*
2 ha (145 empl.) plat, herbeux, sablonneux
Tarif : (Prix 2009) 45 € ★★ ⇔ 🅔 🄑 (10A) – pers. suppl. 11 € – frais de réservation 20 €

Location (Prix 2009) : 85 ⬚ (4 à 6 pers.) 313 à 888 €/ sem. – frais de réservation 20 €
🗑 borne artisanale 6,50 €
Pour s'y rendre : au lieu-dit : Raise Maritaise (1,7 km au sud-est)

Nature : 🐾 🌳🌳
Loisirs : 🍴 🎬 🛶 🚲 🄑 (découverte en saison)
Services : ♿ ⛽ 🏧 ⚕ 🛁 🍴 laverie
À prox. : ⛳

Longitude : -1.38777
Latitude : 46.17967

⏴⏴ **Antioche** de déb. avr. à fin sept.
✆ 05 46 09 23 86, *camping.antioche@wanadoo.fr*, Fax 05 46 09 43 34, *www.antioche.com*
3 ha (135 empl.) plat et peu incliné, terrasses, herbeux, sablonneux
Tarif : (Prix 2009) 37 € ★★ ⇔ 🅔 🄑 (10A) – pers. suppl. 8,50 € – frais de réservation 25 €

Location (Prix 2009) : 23 ⬚ (4 à 6 pers.) 490 à 680 €/ sem. – frais de réservation 25 €
🗑 1 borne artisanale
Pour s'y rendre : rte de Ste-Marie (3 km au sud-est)

À savoir : à 300 m de la plage (accès direct)

Nature : 🐾 🌳
Loisirs : 🍴 🎬 🛶 🚲
Services : ♿ ⛽ 🏧 ⚕ 🛁 🍴 📷

Longitude : -1.38069
Latitude : 46.18243

La Couarde-sur-Mer 17670 – **324** B2 – 1 231 h. – alt. 1

🛈 *Syndicat d'initiative, rue Pasteur* ℘ 05 46 29 82 93, *Fax* 05 46 29 63 02

Paris 497 – Fontenay-le-Comte 76 – Luçon 66 – La Rochelle 26.

L'Océan 🏕 – de mi-avr. à fin sept.

℘ 05 46 29 87 70, *info@campingocean.com*,
Fax 05 46 29 92 13, *www.campingocean.com*
9 ha (338 empl.) plat, sablonneux, herbeux
Tarif : ♦ 13,67€ 🔲 41€ – (2) (10A) 5,50€ – frais de
réservation 32€

Location : 60 🛏 (4 à 6 pers.) 341 à 1 119€/sem. –
40 🏠 (4 à 6 pers.) - 381 à 1 201€/sem. – frais de
réservation 32€

🔲 borne eurorelais 8€

Pour s'y rendre : 50 r.d'Ars

| Nature : 🏞 🌳 |
| Loisirs : 🍸 🍴 🛶 🎣 salle d'animation 🏋 🚲 🏓 🎿 terrain multisports |
| Services : 🚿 ⚡ 🅶🅱 🐕 🏪 🚻 ♨ 🛗 🧺 🚰 |
| À prox. : baptèmes d'hélicoptère en juil.-août |

Longitude : -1.44214
Latitude : 46.20043

La Tour des Prises Permanent

℘ 05 46 29 84 82, *camping@lesprises.com*,
Fax 05 46 29 88 99, *www.lesprises.com*
2,2 ha (150 empl.) plat, herbeux
Tarif : 35€ ♦♦ 🚗 🔲 (2) (16A) – pers. suppl. 8,20€ –
frais de réservation 10€

Location : 52 🛏 (4 à 6 pers.) nuitée 60€ - 275 à
695€/sem. – frais de réservation 15€

🔲 borne autre – 88 🔲 15€ – 🔋 (2) 10€

Pour s'y rendre : chemin de la Grifforine (1,8 km au
nord-ouest par D 735 et chemin à dr.)

À savoir : sur le site d'un ancienne vigne

| Nature : 🏞 🏞 🌳🌳 |
| Loisirs : 🛶 🏊 🏊 (découverte en saison) |
| Services : 🚿 ⚡ 🅶🅱 🐕 🛗 🚻 ♨ laverie 🧺 |

Longitude : -1.4447
Latitude : 46.20243

Ne prenez pas la route au hasard !
Michelin *vous apporte à domicile
ses conseils routiers,
touristiques, hôteliers :* **www.ViaMichelin.fr !**

La Flotte 17630 – **324** C2 – 2 907 h. – alt. 4

🛈 *Office de tourisme, quai de Sénac* ℘ 05 46 09 60 38, *Fax* 05 46 09 64 88

Paris 489 – Fontenay-le-Comte 68 – Luçon 58 – La Rochelle 17.

L'Île Blanche (location exclusive de mobile homes) de
déb. avr. à déb. oct.

℘ 05 46 09 52 43, *ileblanche@wanadoo.fr*,
www.ileblanche.com
4 ha plat

Location (Prix 2009) : 🛏 (4 à 6 pers.) 260 à 760€/
sem. – frais de réservation 25€

Pour s'y rendre : 2,5 km à l'ouest, accès conseillé par
la déviation

| Nature : 🏞 🌳 |
| Loisirs : 🍴 🛶 🏊 🚲 🎿 🏊 (découverte en saison) |
| Services : ⚡ laverie 🚰 |

Longitude : -1.31847
Latitude : 46.17766

Les Peupliers 🏕 – de fin avr. à mi-sept.

℘ 05 46 09 62 35, *camping@les-peupliers.com*,
Fax 05 46 09 59 76, *www.camp-atlantique.com* – places
limitées pour le passage
4,5 ha (239 empl.) plat, herbeux, sablonneux
Tarif : 28€ ♦♦ 🚗 🔲 (2) (10A) – pers. suppl. 8€ – frais
de réservation 20€

Location (de déb. avr. à mi-sept.) : 🛏 (4 à 6 pers.)
nuitée 43€ - 300 à 810€/sem. – frais de réservation
20€

🔲 borne artisanale 10€

Pour s'y rendre : RD 735 (1,3 km au sud-est)

| Nature : 🏞 🌳🌳 |
| Loisirs : 🍸 snack 🛶 🎣 🏓 🏊 🚲 🏊 |
| Services : 🚿 ⚡ 🅶🅱 🐕 🛗 🚻 laverie 🧺 |

Longitude : -1.3292
Latitude : 46.18854

La Grainetière de déb. avr. à fin sept.
0546096886, lagrainetiere@orange.fr,
Fax 0546095313, *www.la-grainetiere.com*
2,3 ha (150 empl.) plat, sablonneux, herbeux
Tarif : 32€ ✶✶ ⬛ 🅔 (½) (10A) – pers. suppl. 8€ –
frais de réservation 15€

Location : 60 ⬛ (4 à 6 pers.) nuitée 50€ - 270 à
950€/sem. – frais de réservation 15€
⬛ 10 🅔 26€
Pour s'y rendre : rte de Saint-Martin-de-Ré (à l'ouest
du bourg, près de la déviation, accès conseillé par la
déviation)

Nature :	🟢🟢
Loisirs :	🛎 ♨ 🚲 🏊
Services :	♿ ⚷ ⒼⒷ ⊘ 🧺 ⬛
laverie	

Longitude : -1.33399
Latitude : 46.1911

Loix 17111 – **324** B2 – 703 h. – alt. 4
🚹 *Office de tourisme, 10, place de la Mairie* 🕿 *0546290791, Fax 0546292840*
Paris 505 – Fontenay-le-Comte 84 – Luçon 74 – La Rochelle 33.

Les Ilates 🚹♿ – de déb. avr. à fin sept.
🕿 *0546290543, ilates@wanadoo.fr*, Fax 0546290679,
www.camping-loix.com
4,5 ha (241 empl.) plat, herbeux
Tarif : (Prix 2009) 36€ ✶✶ ⬛ 🅔 (½) (10A) – pers.
suppl. 9€ – frais de réservation 10€

Location (Prix 2009) : 51 ⬛ (4 à 6 pers.) nuitée 91€ -
220 à 620€/sem. – 34 🏠 (4 à 6 pers.) nuitée 99€ - 250
à 670€/sem. – frais de réservation 25€
⬛ **borne artisanale**
Pour s'y rendre : au lieu-dit : Le Petit Boucheau - rte du
Grouin (sortie est, à 500 m de l'océan)

Nature :	🌲 ⬛
Loisirs :	🍽 snack 🛎 ♨ jacuzzi
	♨ 🚲 🎣 🏊
Services :	♿ ⚷ ⒼⒷ ⊘ 🧺
laverie 🅱	

Longitude : -1.44141
Latitude : 46.22402

Les Portes-en-Ré 17880 – **324** B2 – G. Poitou Charentes Vendée – 647 h. – alt. 4
🚹 *Office de tourisme, 52, rue de Trousse-Chemise* 🕿 *0546295271, Fax 0546295281*
Paris 514 – Fontenay-le-Comte 93 – Luçon 83 – La Rochelle 43.

La Providence 🚹♿ – de déb. avr. à fin sept.
🕿 *0546295682, campingprovidence@wanadoo.fr*,
Fax 0546296180, *www.campingprovidence.com*
6 ha (300 empl.) plat, herbeux, sablonneux
Tarif : (Prix 2009) 33€ ✶✶ ⬛ 🅔 (½) (10A) – pers.
suppl. 8€ – frais de réservation 20€

Location (Prix 2009) : 41 ⬛ (4 à 6 pers.) 335 à 690€/
sem. – frais de réservation 20€
⬛ 1 borne artisanale 5€
Pour s'y rendre : rte du Fier et de Trousse-Chemise (à
l'est par D 101, à 50 m de la plage)

Nature :	🌲
Loisirs :	snack 🛎 ♨ 🍽 salle
d'animation ♨ 🚲 ⛳	
Services :	♿ ⚷ ⒼⒷ ⊘ 🎱 ⬛
laverie	
À prox. :	✂

Longitude : -1.50341
Latitude : 46.25195

623

St-Clément-des-Baleines 17590 – **324** A2 – G. Poitou Charentes Vendée – 726 h. – alt. 2
🚹 *Office de tourisme, 200, rue du Centre* 🕿 *0546292419, Fax 0546290814*
Paris 509 – Fontenay-le-Comte 89 – Luçon 79 – La Rochelle 38.

Airotel la Plage 🚹♿ – de déb. avr. à fin sept.
🕿 *0546294262, info@la-plage.com*, Fax 0546290339,
www.la-plage.com
2,5 ha (76 empl.) plat, sablonneux, herbeux
Tarif : (Prix 2009) 43,20€ ✶✶ ⬛ 🅔 (½) (10A) – pers.
suppl. 12,25€ – frais de réservation 33€

Location (Prix 2009) : ⓟ : 82 ⬛ (4 à 6 pers.) 340 à
1 080€/sem. – frais de réservation 33€
⬛ 1 borne eurorelais – 🔌 13.50€
Pour s'y rendre : 408 rte de la Chaume (2 km au nord-
ouest par D 735 et chemin à dr.)

À savoir : à 100 m de la plage

Nature :	⬛
Loisirs :	🍽 ✖ 🛎 ♨ 🎿s ♨
🏊 terrain multisports	
Services :	♿ ⚷ ⒼⒷ ⊘ 🅱 laverie
🅱	
À prox. :	✂ 🎣 ⚓ parc d'attrac-
tions, parc zoologique et floral	

Longitude : -1.54302
Latitude : 46.22895

St-Martin-de-Ré 17410 – **324** B2 – G. Poitou Charentes Vendée – 2 597 h. – alt. 14

🛈 *Syndicat d'initiative, 2, quai Nicolas Baudin* 𝒫 *05 46 09 20 06, Fax 05 46 09 06 18*
Paris 493 – Fontenay-le-Comte 72 – Luçon 62 – La Rochelle 22.

⚠ **Municipal** de mi-fév. à mi-nov.
𝒫 05 46 09 21 96, *camping.stmartindere@wanadoo.fr*,
Fax 05 46 09 94 18, *www.saint-martin-de-re.fr*
3 ha (200 empl.) plat et terrasse, peu incliné, herbeux
Tarif : (Prix 2009) 20,20€ ✶✶ ⇌ 🅴 🚰 (10A) – pers.
suppl. 4,40€ – frais de réservation 13,50€

Location (Prix 2009) : 16 🛖
🚰 borne autre 10€
Pour s'y rendre : r. du Rempart (au village)

À savoir : sur les remparts

Nature : 💧
Loisirs : 🎰 🏄
Services : ♿ ⛽ GB ♻ 🏪
À prox. : 🚲

Longitude : -1.36748
Latitude : 46.19978

ÎLE D'OLÉRON

17 – **324** – G. Poitou Charentes Vendée
par le pont viaduc : passage gratuit

La Brée-les-Bains 17840 – **324** B3 – 742 h. – alt. 5

🛈 *Office de tourisme, 20, rue des Ardillières* 𝒫 *05 46 47 96 73, Fax 05 46 75 96 73*
Paris 531 – Marennes 32 – Rochefort 53 – La Rochelle 90 – Saintes 73.

⚠ **Antioche d'Oléron** de déb. avr. à fin sept.
𝒫 05 46 47 92 00, *info@camping-antiochedoleron.com*,
Fax 05 46 47 82 22, *www.camping-antiochedoleron.com*
2,5 ha (130 empl.) plat, herbeux
Tarif : (Prix 2009) 35,15€ ✶✶ ⇌ 🅴 🚰 (10A) – pers.
suppl. 7,10€ – frais de réservation 20€

Location (Prix 2009) : 30 🛖 (4 à 6 pers.) 290 à 835€/
sem. – frais de réservation 20€
Pour s'y rendre : rte de Proires (1 km au nord-ouest par
D 273 rte de St Denis et à dr., à 150 m de la plage)

Nature : 🌳 💧
Loisirs : 🎰 jacuzzi 🏄 🏊
Services : ♿ ⛽ GB ♻ 🏪 🧺 ☕
🕎 laverie ☕
À prox. : ✂

Longitude : -1.35816
Latitude : 46.02091

Le Château-d'Oléron 17480 – **324** C4 – G. Poitou Charentes Vendée – 3 884 h. – alt. 9

🛈 *Office de tourisme, place de la République* 𝒫 *05 46 47 60 51, Fax 05 46 47 73 65*
Paris 507 – Marennes 12 – Rochefort 33 – La Rochelle 70 – Royan 43 – Saintes 53.

⚠ **La Brande** ♟♟ – de fin mars à mi-nov.
𝒫 05 46 47 62 37, *info@camping-labrande.com*,
Fax 05 46 47 71 70, *www.camping-labrande.com*
4 ha (199 empl.) plat, herbeux, sablonneux, étang
Tarif : 37€ ✶✶ ⇌ 🅴 🚰 (10A) – pers. suppl. 8€ – frais
de réservation 16€

Location 🏊 : 30 🛖 (4 à 6 pers.) 350 à 790€/sem.
– 40 🏠 (4 à 6 pers.) - 410 à 1 090€/sem. – frais de
réservation 16€
🚰 borne artisanale 10€ – 20 🅴 32€
Pour s'y rendre : rte des Huitres (2,5 km au nord-ouest,
à 250 m de la mer)

Nature : 💧💧
Loisirs : 🍽 ✕ 🎰 🎮 🏓 hammam jacuzzi 🏄 🏇 ⛳ ✂ 🎯 🖥 (découverte en saison) 🏊 🎣 terrain multisports
Services : ♿ ⛽ GB ♻ 🏪 🧺 🕎 laverie 🍴 ☕

Longitude : -1.19516
Latitude : 45.88692

⚠ **Airotel Oléron** ♟♟ – de déb. avr. à fin sept.
𝒫 05 46 47 61 82, *info@camping-airotel-oleron.com*,
Fax 05 46 47 79 67, *www.brochure-airotel-oleron.com*
15 ha/4 campables (133 empl.) plat, peu incliné, herbeux,
sablonneux
Tarif : (Prix 2009) 26,40€ ✶✶ ⇌ 🅴 🚰 (10A) – pers.
suppl. 6,50€ – frais de réservation 16€

Location (Prix 2009) (de déb. mars à fin oct.) : 60 🛖
(4 à 6 pers.) 340 à 670€/sem. – 10 🏠 (4 à 6 pers.) - 390
à 730€/sem. – frais de réservation 16€
🚰 borne autre 3,50€ – 🚰 10€
Pour s'y rendre : 19 r. de la Libération (1,8 km au sud-
ouest par rte de St-Trojan et r. de la Libération à gauche)

À savoir : autour d'une ferme équestre, beau plan d'eau
de mer. Possibilité de séjours en 1/2 pension

Nature : 🏞 🌳 💧💧
Loisirs : 🍽 ✕ 🎰 🎮 🏓 🏄 🚲 ✂ 🎯 🏊 🎣 🏇 poneys terrain multisports
Services : ♿ ⛽ GB ♻ ☕ 🕎 laverie ☕
À prox. : 🛒

Longitude : -1.20643
Latitude : 45.88425

624

⚠️ **Fief-Melin** de déb. mai à fin sept.
℘ 0546476085, *lefiefmelin@wanadoo.fr*,
Fax 0546476085, *www.camping.fiefmelin.com*
2,2 ha (110 empl.) plat, herbeux
Tarif : 26,80€ ★★ ⛺ ▣ ⚡ (10A) – pers. suppl. 4,50€ –
frais de réservation 15€

Location (de déb. avr. à fin oct.) : ⛺ (4 à 6 pers.) 234
à 700€/sem. – frais de réservation 15€
Pour s'y rendre : r. des Alizés (1,7 km à l'ouest par rte de
St-Pierre-d'Oléron puis 600 m à dr.)

Nature : 🌿 🏕 ♀
Loisirs : 🎨 🎮 ⛱ 🎿 (dé-
couverte en saison) terrain
multisports
Services : ⚬ GB 🐕 ⚙ 🚿

Longitude : -1.21484
Latitude : 45.89435

Dolus-d'Oléron 17550 – **324** C4 – 3 145 h. – alt. 7
🛈 *Office de tourisme, Parvis Saint-André* ℘ 0546753284, Fax 0546756360
Paris 511 – Marennes 17 – Rochefort 39 – La Rochelle 75 – Saintes 58.

⚠️ **Ostréa** de déb. avr. à fin sept.
℘ 0546476236, *camping.ostrea@wanadoo.fr*,
Fax 0546752001, *www.camping-ostrea.com*
2 ha (112 empl.) plat, peu incliné, sablonneux, herbeux
Tarif : 27,30€ ★★ ⛺ ▣ ⚡ (6A) – pers. suppl. 6,60€ –
frais de réservation 17€

Location 🏖 (juil.-août) : 25 ⛺ (4 à 6 pers.) 275 à
620€/sem. – frais de réservation 17€
⛽ borne flot bleu 5€
Pour s'y rendre : rte des Huitres (3,5 km à l'est, près
de la mer)

Nature : 🌿 ♀♀
Loisirs : 🎨 🎿 🔲 (découverte
en saison)
Services : ♿ ⚬ GB 🐕 ⛲ ⚙
laverie ⛽ 🚿

Longitude : -1.24918
Latitude : 45.93342

⚠️ **La Perroche Leitner** de mi-avr. à mi-sept.
℘ 0546753733,
camping-la-perroche-leitner@wanadoo.fr,
Fax 0546753733
1,5 ha (100 empl.) plat, sablonneux
Tarif : (Prix 2009) 28,90€ ★★ ⛺ ▣ ⚡ (10A) – pers.
suppl. 7,40€ – frais de réservation 19€
⛽ borne raclet 5€ – 20 ▣ 22,50€
Pour s'y rendre : 18 r. du Renclos de la Perroche (4 km
au sud-ouest à la Perroche)

À savoir : agréable situation proche de la mer avec accès
direct par les dunes

Nature : 🌿 ♀♀⛰
Loisirs : 🎿
Services : ♿ ⚬ GB 🐕 ⚙
À prox. : 🍽snack

Longitude : -1.31444
Latitude : 45.90978

St-Denis-d'Oléron 17650 – **324** B3 – 1 172 h. – alt. 9
🛈 *Syndicat d'initiative, boulevard d'Antioche* ℘ 0546479553, Fax 05.46.75.91.36
Paris 527 – Marennes 33 – Rochefort 55 – La Rochelle 92 – Saintes 74.

⚠️ **Village Vacances Les Hameaux des Marines**
(location exclusive de chalets) Permanent
℘ 0555843448, *infos@chalets-en-france.com*,
Fax 0555228829, *www.chalets-en-france.com*
2,5 ha plat

Location ♿ : 48 🏠 (4 à 6 pers.) nuitée 90€ - 330 à
995€/sem. – frais de réservation 10€
Pour s'y rendre : r. de Seulières (à 300 m de la plage)

Nature : ♀
Loisirs : 🎨 🎯 ⛱ 🔲 (décou-
verte en saison)
Services : ♿ ⚬ GB 🐕 ▥ ⚙
laverie

Longitude : -1.39182
Latitude : 46.01355

⚠️ **Les Seulières** de déb. avr. à fin oct.
℘ 0546479051, *campinglesseulieres@wanadoo.fr*,
Fax 0546360260, *www.campinglesseulieres.com*
2,4 ha (120 empl.) plat, herbeux, sablonneux
Tarif : (Prix 2009) 18€ ★★ ⛺ ▣ ⚡ (10A) – pers.
suppl. 4€ – frais de réservation 15€

Location (Prix 2009) : 6 ⛺ (2 à 4 pers.) 200 à 400€/
sem. – 2 ⛺ (4 à 6 pers.) 300 à 490€/sem. – 8 🏠
(4 à 6 pers.) - 300 à 550€/sem. – frais de réservation
15€
Pour s'y rendre : 1371 rte des Seulières - Les Huttes
(3,5 km au sud-ouest, rte de Chaucre, à 400 m de la plage)

Nature : 🌿 ♀♀
Loisirs : 🍽 🎨
Services : ♿ ⚬ GB 🐕 laverie
À prox. : 🍴

Longitude : -1.39018
Latitude : 46.01205

625

St-Georges-d'Oléron 17190 – **324** C4 – G. Poitou Charentes Vendée – 3 415 h. – alt. 10

🏢 *Office de tourisme, 28, rue des Dames* ℘ *05 46 76 63 75, Fax 05 46 76 86 49*

Paris 527 – Marennes 27 – Rochefort 49 – La Rochelle 85 – Saintes 68.

Domaine des 4 Vents de déb. avr. à mi-sept.
℘ 05 46 76 65 47, *camping4vents.oleron@wanadoo.fr*,
Fax 05 46 36 15 66, *www.camping-4vents-oleron.com*
7 ha (217 empl.) plat, herbeux
Tarif : 29€ ✸✸ 🅴 (9) (10A) – pers. suppl. 6€ – frais
de réservation 10€

Location : 90 🛖 (4 à 6 pers.) 250 à 800€/sem. – frais
de réservation 20€
🚐 borne artisanale 3€ – 10 🅴 10€ – 🚐 (9) 12€
Pour s'y rendre : au lieu-dit : La Jousselinière (2 km au
sud-est par D 273 et rte de Sauzelle à gauche)

> Nature : 🏞 🌳 ⛲
> Loisirs : 🛶 🏊 🏋 🎣 🛝
> terrain multisports
> Services : 🔥 🚿 GB 🐾 🚽 🚻
> laverie 🧺
>
> *Longitude : -1.31974*
> *Latitude : 45.97276*

Oléron Loisirs 👥 – (location exclusive de mobile
homes et chalets) de déb. avr. à fin sept.
℘ 05 46 76 50 20, *info@oleron-loisirs.com*,
Fax 05 46 76 80 71, *www.oleron-loisirs.com* – empl.
traditionnels également disponibles
7 ha (330 empl.) plat, herbeux
Location (Prix 2009) : 13 🛖 – 100 🛖 (4 à 6 pers.)
nuitée 80€ - 230 à 710€/sem. – 80 🛖 (4 à 6 pers.)
nuitée 110€ - 340 à 810€/sem. – frais de réservation
25€
Pour s'y rendre : au lieu-dit : La Jousselinière (1,9 km au
sud-est par D 273 et rte de Sauzelle à gauche)

> Nature : 🏞 🌳 🌿🌿
> Loisirs : 🍷 snack 🛶 🎮 🏋 salle
> d'animation 🎣 🚲 🎯 🎱 🛝 🛶
> terrain multisports
> Services : 🔥 🚿 GB 🐾 🚽 🚻
> laverie 🧺 🧺
>
> *Longitude : -1.31974*
> *Latitude : 45.97276*

Club Verébleu 👥 – de fin mai à mi-sept.
℘ 05 46 76 57 70, *verebleu@wanadoo.fr*,
Fax 05 46 76 70 56, *www.verebleu.tm.fr* 🚭
7,5 ha (330 empl.) plat, herbeux, sablonneux
Tarif : (Prix 2009) 38€ ✸✸ 🚗 🅴 (9) (8A) – pers.
suppl. 9,50€ – frais de réservation 23€
Location (Prix 2009) 🚭 : 87 🛖 (4 à 6 pers.) 310 à
1 170€/sem. – 70 🛖 (4 à 6 pers.) - 280 à 857€/sem. –
frais de réservation 23€
🚐 borne artisanale 19€ – 4 🅴 19€
Pour s'y rendre : au lieu-dit : La Jousselinière (1,7 km au
sud-est par D 273 et rte de Sauzelle à gauche)
À savoir : espace aquatique ludique reprenant le thème
de Fort Boyard

> Nature : 🏞 🌳 🌿🌿
> Loisirs : snack 🎮 🏋 🎣 🚲 🎯 🎱
> 🏊 🛝 🛶 terrain multisports
> Services : 🔥 🚿 GB 🐾 🚽 🚻
> 🚻 laverie 🧺 🧺
>
> *Longitude : -1.31974*
> *Latitude : 45.97276*

La Campière 👥 – de déb. avr. à fin sept.
℘ 05 46 76 72 25, *lacampierre@orange.fr*,
Fax 05 46 76 54 18, *www.la-campiere.com*
1,7 ha (63 empl.) plat, herbeux, sablonneux
Tarif : (Prix 2009) 29€ ✸✸ 🚗 🅴 (9) (10A) – pers.
suppl. 7€ – frais de réservation 17€
Location (Prix 2009) : 10 🛖 (4 à 6 pers.) - 310 à 920€/
sem. – frais de réservation 19€
🚐 2 🅴 29€
Pour s'y rendre : chemin de l'Achnau-Chaucre (5,4 km
au sud-ouest par rte de Chaucre et chemin à gauche)
À savoir : agréable cadre verdoyant et soigné

> Nature : 🏞 🌿🌿
> Loisirs : 🍷 🛶 🏋 🎣 🚲 🛝
> (petite piscine)
> Services : 🔥 🚿 GB 🐾 🚽 🚻
> 🚻 laverie
>
> *Longitude : -1.38861*
> *Latitude : 45.9924*

*La catégorie (1 à 5 tentes, **noires** ou **rouges**) que nous attribuons
aux terrains sélectionnés dans ce guide est une appréciation qui nous est propre.
Elle ne doit pas être confondue avec le classement (1 à 4 étoiles)
établi par les services officiels.*

Côte Ouest

▲▲▲ Les Gros Joncs de mi-mars à mi-oct.

℘ 05 46 76 52 29, *info@les-gros-joncs.fr*,
Fax 05 46 76 67 74, *www.camping-les-gros-joncs.com* –
places limitées pour le passage
5 ha (253 empl.) plat, en terrasses, vallonné, sablonneux
Tarif : 46,10 € ★★ ⟺ 圁 ⅍ (10A) – pers. suppl. 12 € –
frais de réservation 18 €

Location (permanent) 🕭 (chalet) : 110 ⟅▦⟆ (4 à 6
pers.) 349 à 975 €/sem. – 94 ⟅🏠⟆ (4 à 6 pers.) - 398 à
1 314 €/sem. – frais de réservation 18 €
Pour s'y rendre : 850 rte de Ponthezière - Les Sables
Vignier (5 km au sud-ouest, à 300 m de la mer)

À savoir : centre de balnéothérapie et bel espace
aquatique en partie couvert

Nature : ⟋⟍ ⟅▭⟆ ⟍⟍
Loisirs : ♟ ✕ ⟅▱⟆ ⟈ ⨝⟁ ⟓⟍⟇
hammam jacuzzi salles d'animation ⟅⟌⟍⟆ ⟍⟇⟍ ⟅◱⟆ ⟍ ⟋
Services : 🕭 ⟍⟍ GB ⟍⟇ ⟍ ⟍⟍ ⟍
laverie ⟍, ⟍

Longitude : -1.37643
Latitude : 45.95924

St-Pierre-d'Oléron 17310 – **324** C4 – G. Poitou Charentes Vendée – 6 177 h. – alt. 8
🄱 *Office de tourisme, place Gambetta* ℘ 05 46 47 11 39, Fax 05 46 47 10 41
Paris 522 – Marennes 22 – Rochefort 44 – La Rochelle 80 – Royan 54 – Saintes 63.

▲▲ Aqua 3 Masses ⚤ – de mi-avr. à mi-sept.

℘ 05 46 47 23 96, *accueil@campingaqua3masses.com*,
Fax 05 46 75 15 54, *www.campingles3masses.com* –
places limitées pour le passage
3 ha (130 empl.) plat, herbeux, sablonneux
Tarif : (Prix 2009) 35,15 € ★★ ⟺ 圁 ⅍ (10A) – pers.
suppl. 7,10 € – frais de réservation 20 €

Location (Prix 2009) 🕭 : 30 ⟅▦⟆ (4 à 6 pers.) 290 à
835 €/sem. – 12 ⟅🏠⟆ (4 à 6 pers.) - 310 à 835 €/sem. –
frais de réservation 20 €
Pour s'y rendre : au lieu-dit : Le Marais-Doux (4,3 km au
sud-est)

Nature : ⟋⟍ ⟍
Loisirs : snack, pizzeria ⟅▱⟆ ⨝⟁
⟅⟌⟍⟆ ⟍⟇⟍ ⟅◱⟆ ⟍
Services : 🕭 ⟍⟍ GB ⟍⟇ ⟍ ⟍
laverie ⟍

Longitude : -1.29189
Latitude : 45.91962

St-Trojan-les-Bains 17370 – **324** C4 – G. Poitou Charentes Vendée – 1 486 h. – alt. 5
🄱 *Office de tourisme, carrefour du Port* ℘ 05 46 76 00 86, Fax 05 46 76 17 64
Paris 509 – Marennes 16 – Rochefort 38 – La Rochelle 74 – Royan 47 – Saintes 57.

▲▲ La Combinette de déb. avr. à fin oct.

℘ 05 46 76 00 47, *la-combinette@wanadoo.fr*,
Fax 05 46 76 16 96, *www.combinette-oleron.com*
4 ha (225 empl.) plat, vallonné, sablonneux, herbeux
Tarif : 27,10 € ★★ ⟺ 圁 ⅍ (10A) – pers. suppl. 9,05 € –
frais de réservation 30 €

Location : ⟅🏠⟆ (4 à 6 pers.) - 315 à 930 €/sem. –
studios
⟅▦⟆ borne autre
Pour s'y rendre : 36 av. des Bris (1,5 km au sud-ouest)

Nature : ⟋⟍ ⟍
Loisirs : ♟ snack ⟅▱⟆ ⟍⟇⟍ hammam
spa ⟅⟌⟍⟆ ⟍⟇⟍ ⟍ terrain multisports
Services : 🕭 ⟍⟍ ⟍⟇ ⟍ ⟍ ⟍⟍ ⟍
⟅▣⟆ ⟍ ⟍
À prox. : ⟍⟍

Longitude : -1.21356
Latitude : 45.83193

INGRANDES

86220 – **322** J3 – 1 795 h. – alt. 50
Paris 305 – Châtellerault 7 – Descartes 18 – Poitiers 41 – Richelieu 31 – La Roche-Posay 29.

▲▲ "Les Castels" Le Petit Trianon de mi-mai à mi-sept.

℘ 05 49 02 61 47, *chateau@petit-trianon.fr*,
Fax 05 49 02 68 81, *www.petit-trianon.fr*
4 ha (95 empl.) peu incliné et plat, herbeux
Tarif : ★ 8 € ⟺ 4,20 € 圁 4,20 € – ⅍ (10A) 4,20 € – frais de
réservation 12,50 €
⟅▦⟆ borne sanistation – ⟍ 24.40 €
Pour s'y rendre : 1 r. du Moulin de St-Ustre (3 km au
nord-est, à St-Ustre)

À savoir : cadre agréable autour d'un petit château

Nature : ⟋⟍ ⟍ ⟍⟍
Loisirs : ⟅▱⟆ ⟅⟌⟍⟆ ⟍ ⟍
Services : 🕭 ⟍⟍ GB ⟍⟇ ⟍ ⟍
⟅▣⟆ ⟍

Longitude : 0.57182
Latitude : 46.88213

JONZAC

17500 – **324** H7 – G. Poitou Charentes Vendée – 3 554 h. – alt. 40 – ⚓ (mi fév.-début déc.)

🛈 *Office de tourisme, 22, place du Château* ℰ *0546484929, Fax 0546485107*

Paris 512 – Angoulême 59 – Bordeaux 84 – Cognac 36 – Libourne 81 – Royan 60 – Saintes 44.

▲▲▲ **Les Castors** de mi-mars à mi-nov.
ℰ 0546482565, *camping-les-castors@wanadoo.fr*,
Fax 0546045676, *www.campingcastors.com*
3 ha (115 empl.) peu incliné, plat, herbeux, gravier
Tarif : ★ 4,40€ ⬌ 📧 4,90€ – 🔌 (10A) 5€ – frais de
réservation 7€

Location : 18 🏠 (4 à 6 pers.) nuitée 50€ - 312 à
518€/sem. – 4 🏠 (4 à 6 pers.) nuitée 47€ - 316 à
541€/sem. – frais de réservation 7€
🚐 borne eurorelais 3,50€ – 14 📧 18,80€ – 🚐 🔌
18.80€
Pour s'y rendre : 8 r. de Clavelaud (1,5 km au sud-ouest
par D 19, rte de Montendre et chemin à dr.)

Nature : 🖼 🌿	
Loisirs : 🍽 🏠 🏕 🚲 🖼 🛷	
(petite piscine) terrain multi-	
sports	
Services : 🔥 ⚡ GB 🅿 🏢 🍴	
laverie 🧺	

Longitude : -0.44712
Latitude : 45.43009

LAGORD

17140 – **324** D2 – 6 986 h. – alt. 23

Paris 475 – Poitiers 142 – La Rochelle 6 – Niort 75 – La Roche 72.

▲▲ **Municipal le Parc** de mi-juin à mi-sept.
ℰ 0546676154, *secretaire.mairie@mairie-lagord.fr*,
Fax 0546006201, *www.mairie-lagord.fr*
2 ha (120 empl.) plat, herbeux
Tarif : (Prix 2009) 12,30€ ★★ ⬌ 📧 🔌 (8A) – pers.
suppl. 3,60€

Location (Prix 2009) (permanent) : 🏠 (4 à 6 pers.) -
158 à 408€/sem.
🚐 borne artisanale 10,20€
Pour s'y rendre : sortie ouest, r. du Parc, par le périphérique,
dir. Île de Ré et sortie Lagord

Nature : 🏞 🖼 🌿🌿	
Loisirs : 🖼 🏕 🎣 🛷	
Services : 🔥 ⚡ 🅿 🛗 laverie	
À prox. : 🍴 🖼	

Longitude : -1.15792
Latitude : 46.19176

LANDRAIS

17290 – **324** E3 – 612 h. – alt. 12

Paris 455 – Niort 48 – Rochefort 23 – La Rochelle 32 – Surgères 13.

▲ **le Pré Maréchat** Permanent
ℰ 0546277369, *mairie-landrais@smic17.fr*,
Fax 0546277946, *www.cc-plaine-aunis.fr*
0,6 ha (37 empl.) plat, herbeux, pierreux
Tarif : 11,50€ ★★ ⬌ 📧 🔌 (10A) – pers. suppl. 2,50€
Pour s'y rendre : sortie nord-ouest par D 112,
rte d'Aigrefeuille-d'Aunis et chemin à gauche, à 120 m
d'un étang

Nature : 🏞 🖼 🌿🌿	
Loisirs : 🏕	
Services : 🔥 🅿	
À prox. : 🎣	

Longitude : -0.86179
Latitude : 46.06908

628

LE LINDOIS

16310 – **324** N5 – 323 h. – alt. 270

Paris 453 – Angoulême 41 – Confolens 34 – Montbron 12 – Rochechouart 25.

▲ **L'Étang** de déb. avr. à déb.nov.
ℰ 0545650267, *info@campingdeletang.com*,
Fax 0545650896, *www.campingdeletang.com*
10 ha/1,5 campable (25 empl.) plat, peu incliné, herbeux
Tarif : (Prix 2009) 20€ ★★ ⬌ 📧 🔌 (16A) – pers.
suppl. 4,50€

Location (Prix 2009) : 4 🏠 (4 à 6 pers.) nuitée 46€ -
266 à 422€/sem.
Pour s'y rendre : rte de Rouzède (500 m au sud-ouest
par D 112)

À savoir : agréable cadre naturel et sauvage, boisé au
bord d'un étang

Nature : 🏞 🖼 🌿🌿🌿	
Loisirs : 🍽 ✖ 🏖 (plage) 🎣	
barques	
Services : 🔥 ⚡ GB 🏢 🖼	

Longitude : 0.59181
Latitude : 45.74446

LOUDUN

86200 – **322** G2 – G. Poitou Charentes Vendée – 7 255 h. – alt. 120
☐ *Syndicat d'initiative, 2, rue des Marchands* ℰ 05 49 98 15 96, Fax 05 49 98 69 49
Paris 311 – Angers 79 – Châtellerault 47 – Poitiers 55 – Tours 72.

⚠ Municipal de Beausoleil
ℰ 05 49 98 15 38, *mairie@ville-loudun.fr*,
Fax 05 49 98 12 88
0,6 ha (33 empl.) terrasse, plat, herbeux
Pour s'y rendre : chemin de l'Étang (2,5 km sortie nord par D 347, dir. Angers et chemin à gauche après le passage à niveau, au bord d'un ruisseau et près d'un étang)

Nature : 🏞 00
Loisirs : 🛶
Services : 🔥 🚿

Longitude : 0.0819
Latitude : 47.0092

MAGNÉ

86160 – **322** I6 – G. Poitou Charentes Vendée – 611 h. – alt. 121
Paris 375 – Poitiers 29 – Niort 82 – Angoulême 94.

⚠ **Les Cabanes du Parc de la Belle** (location exclusive de cabanes dans les arbres) Permanent
ℰ 05 49 87 80 86, *info@parcdelabelle.com*,
Fax 05 49 87 63 38, *www.parcdelabelle.com*
10 ha
Location 🏕 : 🏠 (4 à 6 pers.) nuitée 111€ - 728 à 805€/sem. – 12 cabanes
Pour s'y rendre : r. Anatole de Briey (au centre du bourg, face à l'église)

À savoir : dans un magnifique parc

Nature : 🏞 00
Loisirs : , snack 🛶
Services : 📶 GB 🐾 🔥
À prox. : 🍽 ✕

Longitude : 0.39312
Latitude : 46.35724

MANSLE

16230 – **324** L4 – G. Poitou Charentes Vendée – 1 527 h. – alt. 65
☐ *Office de tourisme, place du Gardoire* ℰ 05 45 20 39 91, Fax 05 45 20 39 91
Paris 421 – Angoulême 26 – Cognac 53 – Limoges 93 – Poitiers 88 – St-Jean-d'Angély 62.

⚠ **Municipal Le Champion** de mi-mai à mi-sept.
ℰ 05 45 20 31 41, *mairie.mansle@wanadoo.fr*,
Fax 05 45 22 86 30
2 ha (120 empl.) plat, herbeux
Tarif : (Prix 2009) ⚹ 2,40€ ⛺ 1,90€ 🔲 3€ – [½] (16A) 3€
Location (Prix 2009) : 🏕
Pour s'y rendre : r. de Watlington (sortie nord-est par D 18, rte de Ruffec et à dr., près de l'hippodrome, au bord de la Charente)

Nature : 🏞 00
Loisirs : 🐟
Services : 🔥 🔌 GB 🚿 🖼
À prox. : ✕ snack 🛶 m
canoë

Longitude : 0.18211
Latitude : 45.87917

MARANS

17230 – **324** E2 – G. Poitou Charentes Vendée – 4 654 h. – alt. 1
☐ *Office de tourisme, 62, rue d'Aligre* ℰ 05 46 01 12 87, Fax 05 46 35 97 36
Paris 461 – Fontenay-le-Comte 28 – Niort 56 – La Rochelle 24 – La Roche-sur-Yon 60.

⚠ **Municipal du Bois Dinot** de déb. avr. à fin sept.
ℰ 05 46 01 10 51, *campingboisdinot.marans@wanadoo.fr*,
Fax 05 46 66 02 65, *www.ville-marans.fr*
7 ha/3 campables (170 empl.) plat, herbeux
Tarif : (Prix 2009) ⚹ 3,50€ ⛺ 2,15€ 🔲 2,60€ –
[½] (10A) 3,70€
Location (Prix 2009) 🔥 (1 chalet) : 8 🏠 (4 à 6 pers.)
- 179 à 490€/sem. – frais de réservation 19€
🚐 borne artisanale 4€ – 10 🔲 10,40€ ⚡ 10,40€
Pour s'y rendre : rte de Nantes (500 m au nord par N 137, à 80 m du canal de Marans à la Rochelle)

À savoir : au coeur d'un parc boisé

Nature : 🏞 00
Loisirs : 🛶 vélodrome
Services : 🔥 🔌 GB 🐾 🔥 🚽
laverie
À prox. : 🛶 🐟 pédalos, canoë

Longitude : -0.99214
Latitude : 46.30873

*Nos **guides hôtels**, nos **guides touristiques** et nos **cartes routières** sont complémentaires. Utilisez-les ensemble.*

POITOU-CHARENTES

MARENNES

17320 – **324** D5 – G. Poitou Charentes Vendée – 5 237 h. – alt. 10

🛈 *Office de tourisme, place Chasseloup-Laubat* ℰ 05 46 85 04 36, Fax 05 46 85 14 20
Paris 494 – Pons 61 – Rochefort 22 – Royan 31 – Saintes 41.

⚠ Au Bon Air de déb. avr. à fin sept.
ℰ 05 46 85 02 40, *contact@aubonair.com*,
Fax 05 46 36 22 54, *www.aubonair.com*
2,4 ha (140 empl.) plat, sablonneux, herbeux
Tarif : 25€ 🏕🏕 ⬅ 🄴 (6A) – pers. suppl. 6€ – frais de
réservation 17€

Location : 38 ⌂ (4 à 6 pers.) nuitée 50€ - 210 à
679€/sem. – 8 ⌂ (4 à 6 pers.) nuitée 55€ - 273 à
679€/sem. – frais de réservation 17€
🚐 borne artisanale
Pour s'y rendre : 9 av. Pierre Voyer (2,5 km à l'ouest, à
Marennes-Plage)

À savoir : cadre verdoyant

Nature : 🏞 ⌂ 🌳🌳
Loisirs : 🍷 🛖 🏄 🛶 🎣
Services : ⅙ 🔌 GB 🚿 🕳 🚽 ⅏
🅿 laverie

Longitude : -1.13492
Latitude : 45.81855

*This Guide is not intended as a list of all the camping sites in France;
its aim is to provide a selection of the best sites in each category.*

LES MATHES

17570 – **324** D5 – 1 668 h. – alt. 10

🛈 *Office de tourisme, 2, av. de Royan* ℰ 05 46 22 41 07, Fax 05 46 22 52 69
Paris 514 – Marennes 18 – Rochefort 40 – La Rochelle 76 – Royan 16 – Saintes 48.

⚠ La Pinède de déb. avr. à fin sept.
ℰ 05 46 22 45 13, *contact@campinglapinede.com*,
Fax 05 46 22 50 21, *http://www.campinglapinede.com* –
places limitées pour le passage
8 ha (372 empl.) plat, sablonneux
Tarif : 45,90€ 🏕🏕 ⬅ 🄴 (6A) – pers. suppl. 9,95€ –
frais de réservation 29€

Location ⅙ : 123 ⌂ (4 à 6 pers.) nuitée 85€ - 265
à 880€/sem. – 5 ⌂ (4 à 6 pers.) nuitée 85€ - 403 à
880€/sem. – frais de réservation 29€
Pour s'y rendre : 2103 rte de la Fouasse (3 km au nord-
ouest)

À savoir : grand espace aquatique en partie couvert

Nature : 🌿 ⌂ 🌳🌳
Loisirs : 🍷 snack, pizzeria 🛖 🎳🎮 🏄 🏓 🔥 🛶 🎣 🏸 poneys, terrain multi-sports, parc animalier
Services : ⅙ 🔌 GB 🚿 🕳 🚽 ⅏ laverie 🧺 🛒
À prox. : parc d'attractions, quad

Longitude : -1.17493
Latitude : 45.72673

⚠ L'Estanquet 🚻 – de déb. avr. à fin sept.
ℰ 05 46 22 47 32, *contact@campinglestanquet.com*,
Fax 05 46 22 51 46, *www.campinglestanquet.com*
5 ha (500 empl.) plat, sablonneux
Tarif : 31,90€ 🏕🏕 ⬅ 🄴 (10A) – pers. suppl. 5€ –
frais de réservation 20€

Location : 38 ⌂ (4 à 6 pers.) 309 à 795€/sem. – 7
⌂ (4 à 6 pers.) - 329 à 849€/sem. – 20 bungalows
toilés – frais de réservation 20€
Pour s'y rendre : rte de la Fouasse (3,5 km au nord-
ouest)

Nature : ⌂ 🌳🌳
Loisirs : 🍷 snack 🎳 🏊 🏄 🚴 🔥 🛶 △ terrain multisports
Services : ⅙ 🔌 GB 🚿 🕳 🚽 ⅏ laverie 🧺 🛒

Longitude : -1.17566
Latitude : 45.72618

⚠ L'Orée du Bois de déb. mai à mi-sept.
ℰ 05 46 22 42 43, *info@camping-oree-du-bois.fr*,
Fax 05 46 22 54 76, *www.camping-oree-du-bois.fr* –
places limitées pour le passage
6 ha (388 empl.) plat, sablonneux
Tarif : 40€ 🏕🏕 ⬅ 🄴 (6A) – pers. suppl. 8€ – frais de
réservation 25€

Location : ⌂ (4 à 6 pers.) 210 à 740€/sem. – frais de
réservation 25€
Pour s'y rendre : 225 rte de la Bouverie (3,5 km au nord-
ouest, à la Fouasse)

Nature : ⌂ 🌳🌳
Loisirs : 🍷 snack 🛖 🎳 🏊 🏄 🚴 🔥 🛶 △ terrain multisports
Services : ⅙ 🔌 GB 🚿 – 40 sanitaires individuels (🚿🛁🚽 wc) ⅏ laverie 🧺 🛒

Longitude : -1.18187
Latitude : 45.72945

⚠ **Monplaisir** de déb. avr. à fin sept.
 📞 0546225031, *campmonplaisir@aol.com*,
 Fax 0546225031, *www.campingmonplaisir.com*
 2 ha (114 empl.) plat, herbeux
 Tarif : (Prix 2009) 21€ 🏕 🚗 🔲 🔌 (6A) – pers. suppl. 5€

 Location : studios
 🚐 1 borne artisanale
 Pour s'y rendre : 26 av. de La Palmyre (sortie sud-ouest)

> Nature : 🌳🌳
> Loisirs : 🎮 🏊 🛝 🎿
> Services : 🚿 🔦 GB 🐕 🔧 laverie
> À prox. : 🎣 🍽 quad, parc d'attractions
>
> Longitude : -1.1475
> Latitude : 45.71692

MAUZÉ-SUR-LE-MIGNON

79210 – **322** B7 – 2 639 h. – alt. 30
🛈 *Office de tourisme, place de la Mairie* 📞 0549267833, Fax 0549267113
Paris 430 – Niort 23 – Rochefort 40 – La Rochelle 43.

⚠ **Municipal le Gué de la Rivière** de déb. juin à déb. sept.
 📞 0549263035, *mairie@ville-mauze-mignon.fr*,
 Fax 0549267113, *www.ville-mauze-mignon.fr*
 1,5 ha (75 empl.) plat, herbeux
 Tarif : (Prix 2009) 🚶 2,40€ 🚗 🔲 2,40€ – 🔌 (6A) 2€
 🚐 1 borne flot bleu 3€
 Pour s'y rendre : 1 km au nord-ouest par D 101, rte de St-Hilaire-la-Palud et à gauche, entre le Mignon et le canal

> Nature : 🌿 🏕 🌳🌳
> Loisirs : 🎮
> Services : 🔦 🐕
>
> Longitude : -0.67111
> Latitude : 46.19633

MÉDIS

17600 – **324** E6 – 2 570 h. – alt. 29
Paris 498 – Marennes 28 – Mirambeau 48 – Pons 39 – Royan 7 – Saintes 31.

⚠ **Le Clos Fleuri** de déb. juin à mi-sept.
 📞 0546056217, *clos-fleuri@wanadoo.fr*,
 Fax 0546067561, *www.le-clos-fleuri.com*
 3 ha (140 empl.) plat et peu incliné, herbeux
 Tarif : 35€ 🏕 🚗 🔲 🔌 (10A) – pers. suppl. 8,50€ – frais de réservation 20€

 Location 🚫 : 4 🛖 (4 à 6 pers.) 270 à 690€/sem. – 10 🏠 (4 à 6 pers.) - 290 à 730€/sem. – frais de réservation 20€
 Pour s'y rendre : 8 impasse du Clos Fleuri (2 km au sud-est par D 117e 3)

 À savoir : agréable cadre champêtre autour d'une ancienne ferme charentaise

> Nature : 🌿 🏕 🌳🌳
> Loisirs : 🍽 snack 🎮 🍴 🏊
> 🎣 🛝 🎿
> Services : 🚿 🔦 GB 🐕 🔧 🍽
> laverie 🔄 🚿
>
> Longitude : -0.94633
> Latitude : 45.63003

*Kataloge der **MICHELIN-Veröffentlichungen** erhalten Sie beim Buchhändler und direkt von **Michelin** (Karlsruhe).*

MESCHERS-SUR-GIRONDE

17132 – **324** E6 – G. Poitou Charentes Vendée – 2 619 h. – alt. 5
🛈 *Office de tourisme, 31, rue Paul Messy* 📞 0546027039, Fax 0546025165
Paris 511 – Blaye 78 – Jonzac 49 – Pons 37 – La Rochelle 87 – Royan 12 – Saintes 45.

⚠ **Le Soleil Levant** de mi-avr. à mi-oct.
 📞 0546027662, *soleil.levant.ribes@wanadoo.fr*,
 Fax 0546025056,
 www.les-campings.com/camping-soleillevant
 2 ha (238 empl.) plat, herbeux
 Tarif : (Prix 2009) 22,30€ 🏕 🚗 🔲 🔌 (10A) – pers. suppl. 5€

 Location (Prix 2009) (de fin mars à mi-nov.) : 19 🛖 (4 à 6 pers.) nuitée 45€ - 340 à 700€/sem.
 🚐 borne eurorelais 9,80€
 Pour s'y rendre : 33 allée de la Longée (500 m à l'est par r. Basse)

> Nature : 🌳🌳
> Loisirs : 🍽 🎣 🏊 🌊
> Services : 🔦 GB 🐕 🔧 🍽 📺 🚿
>
> Longitude : -0.94856
> Latitude : 45.55682

MONTBRON

16220 – **324** N5 – G. Poitou Charentes Vendée – 2 145 h. – alt. 141
🖪 *Office de tourisme, place de l'Hôtel de Ville* ℰ *05 45 23 60 09*
Paris 460 – Angoulême 29 – Nontron 25 – Rochechouart 38 – La Rochefoucauld 14.

⚑ **"Les Castels" Les Gorges du Chambon** 👥 – de
mi-avr. à mi-sept.
ℰ 05 45 70 71 70, *gorges.chambon@wanadoo.fr*,
Fax 05 45 70 80 02, *www.gorgesduchambon.fr* ✄
28 ha/7 campables (120 empl.) plat, peu incliné, incliné,
herbeux
Tarif : 30,85 € 👫 ⟵ 🅴 (6A) – pers. suppl. 8,25 € –
frais de réservation 5 €

Location (de déb. avr. à fin oct.) : 11 🚐 (4 à 6 pers.)
266 à 630 €/sem. – 8 🏠 (4 à 6 pers.) - 308 à 658 €/sem.
– 5 bungalows toilés – frais de réservation 15 €
🚐 borne artisanale 14 € – 2 🅴 14 €
Pour s'y rendre : au lieu-dit : Le Chambon (4,4 km à l'est
par D 6, rte de Piégut-Pluviers, puis à gauche 3,2 km par
D 163, rte d'Ecuras et chemin à dr., à 80 m de la Tardoir
(accès direct))

À savoir : joli cadre verdoyant et boisé autour d'une
ancienne ferme restaurée et paysagée

Nature : 🏞 ≤ ⚲⚲
Loisirs : 🍽 ✕ 🚗 ⛱ 🏕 ⛷ 🚴
〰🎣 ⟲ ≋ 🛶
Services : 👩 ⛽ GB 🚿 🏢 🛁
laverie 🗜 ♨
À prox. : 🐎 canoë

Longitude : 0.55666
Latitude : 45.65824

MONTIGNAC-CHARENTE

16330 – **324** K5 – G. Poitou Charentes Vendée – 757 h. – alt. 50
🖪 *Office de tourisme, 10, place du Docteur Feuillet* ℰ *05 45 22 71 97, Fax 05.45.22.26.71*
Paris 432 – Angoulême 17 – Cognac 42 – Rochechouart 66 – Ruffec 29.

⚑ **Municipal les Platanes** de déb. juin à fin août
ℰ 05 45 39 89 16, *mairie.montignac-chte@orange.fr*,
Fax 05 45 22 26 71
1,5 ha (100 empl.) plat, herbeux
Tarif : (Prix 2009) 👤 ⟵ 🅴 4,20 € – 🔌 (12A) 4,90 €
Pour s'y rendre : 25 av. de la Boixe (200 m au nord-ouest
par D 115, rte d'Aigré)

Nature : ⚲⚲
Loisirs : 🚗
Services : 👩 🚿
À prox. : 🎣

Longitude : 0.12485
Latitude : 45.78383

MONTMORILLON

86500 – **322** L6 – G. Poitou Charentes Vendée – 6 584 h. – alt. 100
🖪 *Office de tourisme, 2, place du Maréchal Leclerc* ℰ *05 49 91 11 96, Fax 05 49 91 11 96*
Paris 354 – Bellac 43 – Le Blanc 32 – Chauvigny 27 – Poitiers 51 – La Trimouille 15.

⚑ **Municipal de l'Allochon** de déb. mars à fin oct.
ℰ 05 49 91 02 33, *camping@ville-montmorillon.fr*,
Fax 05 49 91 58 26, *www.ville-montmorillon.fr*
2 ha (80 empl.) plat, en terrasses, herbeux
Tarif : (Prix 2009) 👤 1,50 € ⟵ 🅴 1,74 € – 🔌 (10A) 3,07 €
Pour s'y rendre : 31 av. Fernad-Tribot (sortie sud-est par
D 54, rte du Dorat, à 50 m de la Gartempe et au bord
d'un ruisseau)

Nature : ⚲⚲
Loisirs : 🚗 🏊
Services : 👩 ⛽ 🚿 🏢 🛁 ♒ 📷
À prox. : 🏊 ≋ 🎣

Longitude : 0.87628
Latitude : 46.41982

MORTAGNE-SUR-GIRONDE

17120 – **324** F7 – G. Poitou Charentes Vendée – 1 022 h. – alt. 51
🖪 *Syndicat d'initiative, 1, place des Halles* ℰ *05 46 90 52 90, Fax 05 46 90 52 90*
Paris 509 – Blaye 59 – Jonzac 30 – Pons 26 – La Rochelle 115 – Royan 34 – Saintes 36.

⚑ **Municipal Bel Air** de déb. juin à fin sept.
ℰ 05 46 91 48 84, *mairie-mortagne@smic17.fr*,
Fax 05 46 90 61 25
1 ha (20 empl.) en terrasses, plat et peu incliné, herbeux
Tarif : (Prix 2009) 12,30 € 👫 ⟵ 🅴 – pers. suppl. 2,80 €
Pour s'y rendre : dir. le Port

Nature : 🏞 ≤ l'estuaire et le
port de plaisance 🖵 ⚲⚲
Loisirs : 🏊
Services : 👩 🛁 ✇

Longitude : -0.78944
Latitude : 45.48071

MOSNAC

17240 – **324** G6 – 465 h. – alt. 23
Paris 501 – Cognac 34 – Gémozac 20 – Jonzac 11 – Saintes 33.

▲ **Municipal les Bords de la Seugne** de mi-avr. à mi-oct.
   ℘ 05 46 70 48 45, *mosnac@mairie17.com*,
Fax 05 46 70 49 13
0,9 ha (33 empl.) plat, herbeux
Tarif : (Prix 2009) **☀** 2,50€ *⇌* 🅴 2,50€ – 🗲 (30A) 2,50€
Pour s'y rendre : 34 r. de la Seugne (au bourg, au bord de la rivière)

Nature : 🐾 ⬙ l'église 🗔 ♤♤
Loisirs : 🎣
Services : ⚬⌄ 🕅

Longitude : -0.52479
Latitude : 45.50579

LA PALMYRE

17570 – **324** C5 – G. Poitou Charentes Vendée
🛈 *Office de tourisme, 2, avenue de Royan ℘ 05 46 22 41 07, Fax 05 46 22 52 69*
Paris 524 – Poitiers 191 – La Rochelle 77 – Rochefort 46 – Saintes 53.

▲▲▲ **Village Siblu Bonne Anse Plage** ♠♣ – de déb. mai à mi-sept.
   ℘ 05 46 22 40 90, *cb.hsm@siblu.fr*, Fax 05 46 22 42 30,
www.siblu.fr/bonneanse – places limitées pour le passage
17 ha (700 empl.) plat, vallonné, sablonneux, herbeux
Tarif : (Prix 2009) **☀** 20€ *⇌* 2€ 🅴 2€ 🗲 (6A) – frais de réservation 15€
Location (Prix 2009) 🛖 : 160 🚐 (4 à 6 pers.) 224 à 1 155€/sem. – frais de réservation 15€
🚰 borne artisanale
Pour s'y rendre : 2 km à l'ouest, à 400 m de la plage

Nature : 🗔 ♤♤
Loisirs : 🍷 ✗ poissonnerie 🛖
🔾 ♣♣ 🛶 ♿ 🎠 ♨ 🛆 terrain multisports, mur d'escalade
Services : ♿ ⚬⌐ GB ⚬⌄ 🛁 ☂
laverie 🗜 ☂

Longitude : -1.17987
Latitude : 45.69105

▲ **Beausoleil** de mi-mai à fin août
   ℘ 05 46 22 30 03, *camping.beausoleil@wanadoo.fr*,
www.campingbeausoleil.com
4 ha (244 empl.) plat, vallonné, sablonneux, herbeux
Tarif : 32,90€ **☀☀** *⇌* 🅴 🗲 (10A) – pers. suppl. 4,70€ – frais de réservation 15€
Location (de déb. mai à mi-sept.) : 15 🚐 (4 à 6 pers.) 260 à 649€/sem. – frais de réservation 15€
Pour s'y rendre : 20 av. de la Coubre (sortie nord-ouest, à 500 m de la plage)

Nature : ♤♤
Loisirs : 🛖 🛶 🛆 (petite piscine)
Services : ♿ ⚬⌐ GB ⚬⌄ 🛁 🖭
🗜 ☂

Longitude : -1.1836
Latitude : 45.69235

633

To select the best route and follow it with ease,
To calculate distances,
To position a site precisely from details given in the text :
*Get the appropriate **MICHELIN regional map**.*

PARTHENAY

79200 – **322** E5 – G. Poitou Charentes Vendée – 10 494 h. – alt. 175 – Base de loisirs
🛈 *Office de tourisme, 8, rue de la Vau Saint-Jacques ℘ 05 49 64 24 24, Fax 05 49 64 52 29*
Paris 377 – Bressuire 32 – Châtellerault 79 – Fontenay-le-Comte 69 – Niort 42 – Poitiers 50 – Thouars 41.

▲▲ **Le Bois Vert** de déb. avr. à fin oct.
   ℘ 05 49 64 78 43, *campingboisvert@orange.fr*,
Fax 05 49 95 96 68, *www.camping-boisvert.com*
2 ha (86 empl.) plat, herbeux
Tarif : 24,50€ **☀☀** *⇌* 🅴 🗲 (10A) – pers. suppl. 5€ – frais de réservation 12€
🚰 borne artisanale 8€ – 4 🅴 24,50€
Pour s'y rendre : 14 r. Boisseau (sortie sud-ouest rte de la Roche-sur-Yon et à droite après le pont sur le Thouet, près d'un plan d'eau)

Nature : 🗔 ♤
Loisirs : 🍷 🛖 ♣♣ 🎠 🛆
Services : ♿ ⚬⌐ GB ⚬⌄ 🛆 🗜
🍴 laverie
À prox. : ✗ ☂ 🛶 🎿 ♬ 🎣
canoë

Longitude : -0.2675
Latitude : 46.64194

PONS

17800 – **324** G6 – G. Poitou Charentes Vendée – 4 454 h. – alt. 39
🛈 *Syndicat d'initiative, place de la République* 𝒫 05 46 96 13 31, Fax 05 46 96 34 52
Paris 493 – Blaye 64 – Bordeaux 97 – Cognac 24 – La Rochelle 99 – Royan 43 – Saintes 22.

⚠ **Les Moulins de la Vergne** Permanent
𝒫 05 46 90 50 84, *moulinsdelavergne@wanadoo.fr*,
www.moulinsdelavergne.nl
3 ha/1 campable (51 empl.) plat, herbeux, petit bois
Tarif : 18,50€ ✚✚ ⇌ 🅴 (½) (10A) – pers. suppl. 3,25€

Location : 2 appartements
Pour s'y rendre : 9 impasse du Moulin de la Vergne (2 km
au nord par D 234, dir. Colombiers)

| Nature : 🏞 ♀ |
| Loisirs : ☕ ✗ 🏠 ⚒ ⚓ |
| Services : ⊶ GB ¶ laverie 🐾 |

| Longitude : -0.53906 |
| Latitude : 45.59444 |

⚠ **Municipal le Paradis** de déb. mai à fin sept.
𝒫 05 46 91 36 72, *ville.pons@smic17.fr*, Fax 05 46 96 14 15
1 ha (60 empl.) plat, herbeux
Tarif : (Prix 2009) ✚ 3,50€ 🅴 7€ – (½) (10A) 1€
🚐 borne eurorelais 5€
Pour s'y rendre : av. du Paradis (à l'ouest près de la piscine)

| Nature : ♀♀ |
| Loisirs : 🏠 |
| Services : ♿ ⊶ GB ⚲ ⚱ ⚒ |
| À prox. : ⚒ ⚑ |

| Longitude : -0.55371 |
| Latitude : 45.579 |

PONT-L'ABBÉ-D'ARNOULT

17250 – **324** E5 – G. Poitou Charentes Vendée – 1 831 h. – alt. 20
🛈 *Syndicat d'initiative, 26, place Général-de-Gaulle* 𝒫 05 46 97 00 19, Fax 05 46 97 12 31
Paris 474 – Marennes 23 – Rochefort 19 – La Rochelle 59 – Royan 29 – Saintes 23.

⚠ **Parc de la Garenne** de mi-avr. à fin sept.
𝒫 05 46 97 01 46, *info@lagarenne.net*,
www.lagarenne.net
2,7 ha (111 empl.) plat, herbeux
Tarif : 21,20€ ✚✚ ⇌ 🅴 (½) (6A) – pers. suppl. 4,10€ –
frais de réservation 15€

Location (de déb. mars à fin oct.) : 35 🛖 (4 à 6 pers.)
180 à 629€/sem. – frais de réservation 15€
🚐 10 🅴 17€ – ⚓ (½) 21.20€
Pour s'y rendre : 24 av. Bernard Chambenoit (sortie sud-
est par D 125, rte de Soulignonne)

| Nature : 🏞 ⚏ ♀ |
| Loisirs : 🏠 ⚒ 🚲 ✗ terrain multisports |
| Services : ♿ ⊶ GB ⚲ ⚱ ⚒ ⚒ ¶ laverie 🐾 |
| À prox. : ⚒ |

| Longitude : -0.87096 |
| Latitude : 45.82729 |

Des vacances réussies sont des vacances bien préparées !
Ce guide est fait pour vous y aider... mais :
– N'attendez pas le dernier moment pour réserver
– Évitez la période critique du 14 juillet au 15 août
Pensez aux ressources de l'arrière-pays,
à l'écart des lieux de grande fréquentation.

PRAILLES

79370 – **322** E7 – 686 h. – alt. 150 – Base de loisirs
Paris 394 – Melle 15 – Niort 23 – St-Maixent-l'École 13.

⚠ **Le Lambon** de déb. mai à fin sept.
𝒫 05 49 32 85 11, *lambon.vacances@wanadoo.fr*,
Fax 05 49 32 94 92, *www.lelambon.com*
1 ha (50 empl.) en terrasses, plat, incliné, herbeux
Tarif : 12€ ✚✚ ⇌ 🅴 (½) (10A) – pers. suppl. 4,50€

Location (permanent) : 7 🛖 (4 à 6 pers.) nuitée 63€
- 165 à 385€/sem. – 40 maisonnettes
🚐 borne artisanale
Pour s'y rendre : au Plan d'eau du Lambon (2,8 km au
sud-est)

À savoir : à 200 m de la base nautique

| Nature : 🏞 ♀♀ |
| Services : ♿ ⚲ ¶ laverie |
| À prox. : ☕ ✗ 🏠 ⚒ ⚓ ✗ 🔫 ⛵ (plage) ⚓ parcours sportif, canoë, pédalos, parcours dans les arbres |

| Longitude : -0.21755 |
| Latitude : 46.32448 |

PRESSIGNAC

16150 – **324** O5 – 430 h. – alt. 259
Paris 437 – Angoulême 56 – Nontron 40 – Rochechouart 10 – La Rochefoucauld 34.

Des Lacs de déb. avr. à mi-nov.
℘ 05 45 31 17 80, *info@campingdeslacs.fr*,
Fax 05 45 31 17 80, *www.campingdeslacs.fr*
15 ha/6 campables (160 empl.) plat, herbeux
Tarif : 22,50 € ♣♣ ⇔ 🅔 (½) (16A) – pers. suppl. 6,60 € –
frais de réservation 5 €

Location 🅗 : 60 🛏 (4 à 6 pers.) nuitée 65 € - 175 à
540 €/sem. – frais de réservation 15 €
🚐 borne eurorelais
Pour s'y rendre : au lieu-dit : La Guerlie (4,2 km au sud-
ouest par D 160, rte de Verneuil, au plan d'eau)

Nature : ≤ sur le lac 🖙
Loisirs : 🎦 ③ diurne 🏓 ⚤ 🔥 🏊
Services : 🅗 ⚡ GB 🕭 🚿 🚽 ⚑ laverie
À prox. : 🍴 ✗ pizzeria snack 🔥 🏖 (plage) 🎣 ◊ 🚣 pédalos, canoë

Longitude : 0.70926
Latitude : 45.80433

ROCHEFORT

17300 – **324** E4 – G. Poitou Charentes Vendée – 26 299 h. – alt. 12 – ✚ (début fév.-mi déc.)
Pont de Martrou : gratuit
🚹 *Office de tourisme, avenue Sadi-Carnot* ℘ 05 46 99 08 60, Fax 05 46 99 52 64
Paris 475 – Limoges 221 – Niort 62 – La Rochelle 38 – Royan 40 – Saintes 44.

Le Bateau de déb. fév. à fin oct.
℘ 05 46 99 41 00, *lebateau@wanadoo.fr*,
www.campinglebateau.com
5 ha/1,5 campable (86 empl.) plat, pierreux, herbeux
Tarif : (Prix 2009) 18 € ♣♣ ⇔ 🅔 (½) (13A) – pers.
suppl. 4,30 €

Location (Prix 2009) (de déb. avr. à fin oct.) : 🛏 (4 à
6 pers.) nuitée 55 € - 280 à 494 €/sem.
🚐 borne artisanale 18 € – 84 🅔 18 € – 🚽 (½) 18 €
Pour s'y rendre : r. des Pêcheurs D'Islande (près de la
Charente, par rocade ouest (bd Bignon) et rte du Port
Neuf, près du centre nautique)

À savoir : sanitaires dans les cales d'un chalutier reproduit
grandeur nature

Nature : 🌳 🖙 ♀
Loisirs : 🍴 snack 🎦 jacuzzi 🔥 🏊 ♨
Services : 🅗 ⚡ GB 🕭 🏧 ⚑ 🚽 ⚑ laverie
À prox. : ◊

Longitude : -0.98877
Latitude : 45.9477

🏊 ✗ *ATTENTION :*
these facilities are not necessarily available throughout
🎣 *the entire period that the camp is open -some are only*
🏊 🏇 *available in the summer season.*

LA ROCHE-POSAY

86270 – **322** K4 – G. Poitou Charentes Vendée – 1 522 h. – alt. 112 – ✚ O
🚹 *Office de tourisme, 14, boulevard Victor Hugo* ℘ 05 49 19 13 00, Fax 05 49 86 27 94
Paris 325 – Le Blanc 29 – Châteauroux 76 – Châtellerault 23 – Loches 49 – Poitiers 61 – Tours 92.

Le Riveau de fin mars à mi-oct.
℘ 05 49 86 21 23, *info@camping-le-riveau.com*,
www.camping-le-riveau.com
5,5 ha (200 empl.) plat et peu incliné, herbeux
Tarif : 21,90 € ♣♣ ⇔ 🅔 (½) (16A) – pers. suppl. 5,40 € –
frais de réservation 9 €

Location : 26 🛏 (4 à 6 pers.) nuitée 50 € - 540 à
1 564 €/sem. – frais de réservation 16 €
🚐 borne artisanale 6 € – 20 🅔 7 €
Pour s'y rendre : rte de Lésigny (1,5 km au nord par D 5,
près de l'hippodrome, au bord de la Creuse)

À savoir : belle délimitation des emplacements

Nature : 🌳 🖙 ♀♀
Loisirs : 🎦 🔥 🚲 🎣 canoë, barque
Services : 🅗 ⚡ GB 🕭 🏧 🚿 ⚑ laverie 🚐
À prox. : 🏇 poneys

Longitude : 0.81053
Latitude : 46.79297

635

RONCE-LES-BAINS

17390 – **324** D5 – G. Poitou Charentes Vendée
🖪 *Office de tourisme, place Brochard* 🕿 *05 46 36 06 02, Fax 05 46 36 38 17*
Paris 505 – Marennes 9 – Rochefort 31 – La Rochelle 68 – Royan 27.

Village Siblu La Pignade ♣♣ – (location exclusive de mobile homes) de déb. avr. à fin sept.
🕿 *05 46 36 15 35, info@camping-lapignade.com,*
Fax *05 46 85 52 92, www.camping-lapignade.com*
15 ha plat
Location (Prix 2009) 🚫 : 60 ⬚ (4 à 6 pers.) 245 à 1 463€/sem.
Pour s'y rendre : 45 av. du Monard (1,5 km au sud)
À savoir : parc de 524 mobile-homes dont 60 pour la location

Nature : 🌿 ⬚ ♀
Loisirs : 🍴 pizzeria, snack 🎮 🏃 salle d'animation 🏊 🎣 🖥 (découverte en saison) ⛷ terrain multisports
Services : 🔌 GB 🐕 ♿ 🍴 laverie 🧺 🚿
À prox. : 🚲 🎿 🏇 quad

Longitude : -1.16111
Latitude : 45.78686

La Clairière ♣♣ – de déb. avr. à fin sept.
🕿 *05 46 36 36 63, info@camping-la-clairiere.com,*
Fax *05 46 36 00 74, www.camping-la-clairiere.com* – places limitées pour le passage
12 ha/4 campables (165 empl.) plat, herbeux, sablonneux, vallonné
Tarif : 31,50€ ★★ 🚗 🔲 🔋 (10A) – pers. suppl. 8,50€ – frais de réservation 19€
Location 🚫 : 30 ⬚ (4 à 6 pers.) 320 à 690€/sem. – 7 🏠 (4 à 6 pers.) - 420 à 790€/sem. – hôtel – frais de réservation 19€
🚐 1 borne artisanale 4,50€ – 15 🔲 26€
Pour s'y rendre : r. des Roseaux (3,6 km au sud par D 25, rte d'Arvert et rte à dr.)
À savoir : décoration florale et arbustive

Nature : 🌿 ♀♀
Loisirs : 🍴 brasserie, pizzeria 🏛 🎮 nocturne 🏃 🎣 🏊 🎿 🏊
Services : ♿ 🔌 GB 🐕 ♿ laverie 🧺 🚿
À prox. : 🏇

Longitude : -1.16794
Latitude : 45.77518

Les Pins ♣♣ – de déb. avr. à déb. oct.
🕿 *05 46 36 07 75, contact@lespins.com,*
Fax *05 46 36 50 77, http://gmic.lespins.com* – places limitées pour le passage
1,5 ha (81 empl.) plat, sablonneux
Tarif : 31,40€ ★★ 🚗 🔲 🔋 (16A) – pers. suppl. 6€ – frais de réservation 19€
Location (de déb. avr. à déb. déc.) : 18 ⬚ (2 à 4 pers.) nuitée 35€ - 175 à 619€/sem. – 37 ⬚ (4 à 6 pers.) nuitée 86€ - 272 à 919€/sem. – 23 🏠 (4 à 6 pers.) nuitée 121€ - 292 à 850€/sem. – 1 villa – frais de réservation 19€
Pour s'y rendre : 16 av. Côte de Beauté (1 km au sud)

Nature : ♀♀
Loisirs : 🏛 🏃 🏊 🚲 🎣 🖥 (découverte en saison)
Services : ♿ 🔌 GB 🐕 ♿ 🍴 laverie 🚿
À prox. : 🏊 salle d'activités 🎿

Longitude : -1.1589
Latitude : 45.78899

ROYAN

17200 – **324** D6 – G. Poitou Charentes Vendée – 18 202 h. – alt. 20
🖪 *Office de tourisme, rond-point de la Poste* 🕿 *05 46 05 04 71, Fax 05 46 06 67 76*
Paris 504 – Bordeaux 121 – Périgueux 183 – Rochefort 40 – Saintes 38.

Le Royan de déb. avr. à mi-oct.
🕿 *05 46 39 09 06, camping.le.royan@wanadoo.fr,*
Fax *05 46 38 12 05, www.le-royan.com*
3,5 ha (180 empl.) peu incliné, herbeux
Tarif : (Prix 2009) ★ 8€ 🚗 2€ 🔲 30€ – 🔋 (10A) 4€ – frais de réservation 20€
Location (Prix 2009) : 29 ⬚ (4 à 6 pers.) nuitée 51€ - 210 à 755€/sem. – 14 🏠 (4 à 6 pers.) nuitée 72€ - 300 à 785€/sem. – frais de réservation 20€
Pour s'y rendre : 10 r. des Bleuets (2,5 km au nord-ouest)
À savoir : cadre verdoyant et soigné

Nature : ⬚ ♀♀
Loisirs : 🍴 snack 🏛 🏊 🎣 🏊
Services : ♿ 🔌 GB 🐕 ♿ 🚿 📶 🍴 laverie 🧺 🚿

Longitude : -1.04033
Latitude : 45.64433

636

▲▲ **Campéole Clairefontaine** de mi-juin à fin sept.
℘ 05 46 39 08 11, *clairefontaine@campeole.com*,
Fax 05 46 38 13 79, *www.campingclairfontaine.com*
5 ha (290 empl.) plat, herbeux
Tarif : 31,70 € ♦♦ ⬅ 🅴 🚽 (10A)
Location (de déb. avr. à fin sept.) : 🛖 (4 à 6 pers.)
nuitée 55 € - 294 à 1 190 €/sem. – bungalows toilés
🚰 borne artisanale – 10 🅴
Pour s'y rendre : allée des Peupliers, à Pontaillac (à 400 m de la plage)

Nature : ♀♀	
Loisirs : ▼ snack 🎬 🎮 ✂ ⛷	
Services : 🚿 ⛽ 🧺 laverie 🅿	

Longitude : -1.02691
Latitude : 45.62558

▲▲ **Le Chant des Oiseaux** de déb. mai à fin sept.
℘ 05 46 39 47 47, *contact@campingroyan-chantdesoiseaux.com*, Fax 05 46 39 47 47,
www.campingroyan-chantdesoiseaux.com
2,5 ha (150 empl.) plat, herbeux, petit sous-bois
Tarif : (Prix 2009) 27 € ♦♦ ⬅ 🅴 🚽 (10A) – pers.
suppl. 5 € – frais de réservation 9 €
Location (Prix 2009) (de déb. avr. à mi-oct.) 🚫 : 20
🛖 (4 à 6 pers.) nuitée 39 € - 185 à 730 €/sem. – frais de réservation 10 €
🚰 4 🅴 15 €
Pour s'y rendre : 19 r. des Sansonnets (2,3 km au nord-ouest)

Nature : 🌳 ♀	
Loisirs : snack 🎬 🎮 nocturne 🏊 ⛷	
Services : 🚿 ⛽ ᴳᴮ 🅿 ᵛ 🚿	
📷 🅿	

Longitude : -1.02872
Latitude : 45.6466

ST-AUGUSTIN-SUR-MER

17570 – **324** D5 – 1 156 h. – alt. 10
🅱 *Office de tourisme, 1, rue de la Cure* ℘ 05 46 05 53 56, Fax 05 46 02 27 40
Paris 512 – Marennes 23 – Rochefort 44 – La Rochelle 81 – Royan 11 – Saintes 45.

▲▲▲ **Le Logis du Breuil** de mi-mai à fin sept.
℘ 05 46 23 23 45, *camping.logis-du-breuil@wanadoo.fr*,
Fax 05 46 23 43 33, *www.logis-du-breuil.com*
30 ha/8,5 campables (373 empl.) plat, terrasse, vallonné, herbeux
Tarif : 25,75 € ♦♦ ⬅ 🅴 🚽 (6A) – pers. suppl. 6,70 € – frais de réservation 8 €
Location : 🛖 (4 à 6 pers.) 265 à 665 €/sem. – gîtes – frais de réservation 15 €
🚰 borne raclet 1,50 €
Pour s'y rendre : 36 r. du Centre (au sud-est par D 145, rte de Royan)

À savoir : à l'orée de la forêt de St-Augustin

Nature : 🌳 ♀♀	
Loisirs : ▼ ✗ 🎬 🎮 🏊 🚲 🎣 ✂ ⛷ terrain multisports	
Services : 🚿 ⛽ ᴳᴮ ᵛ 🚿 laverie 🅿 🥬	
À prox. : 🐴 🎠	

Longitude : -1.10207
Latitude : 45.67905

637

*Die Klassifizierung (1 bis 5 Zelte, **schwarz** oder **rot**),
mit der wir die Campingplätze auszeichnen, ist eine Michelin-eigene Klassifizierung.
Sie darf nicht mit der staatlich-offiziellen Klassifizierung
(1 bis 4 Sterne) verwechselt werden.*

ST-CHRISTOPHE

17220 – **324** E3 – 1 108 h. – alt. 26
Paris 455 – Niort 48 – Rochefort 25 – La Rochelle 20 – Surgères 19.

▲ **Municipal la Garenne** de déb. mai à mi-sept.
℘ 05 46 35 16 15, *saintchristophe@mairie17.com*,
Fax 05 46 35 64 29
0,4 ha (30 empl.) plat, herbeux
Tarif : ♦ 3 € ⬅ 1,50 € 🅴 3 € – 🚽 (4A) 3 €
🚰 borne artisanale
Pour s'y rendre : rte de la Mazurie (sortie nord-est par D 264, rte de la Martinière)

À savoir : cadre champêtre, près d'un étang

Nature : 🌳 🏞 ♀♀	
Loisirs : 🏊 🎠	
Services : 🚿 ᵛ	
À prox. : ✂	

Longitude : -0.9421
Latitude : 46.14765

ST-CYR

86130 – **322** I4 – G. Poitou Charentes Vendée – 967 h. – alt. 62
Paris 321 – Poitiers 18 – Tours 85 – Joué 82 – Châtellerault 16.

▲▲▲ **Lac de St-Cyr** de déb. avr. à fin sept.
    ✆ 05 49 62 57 22, *contact@lacdesaintcyr.com*,
Fax 05 49 52 28 58, *www.lacdesaintcyr.com*
5,4 ha (198 empl.) plat, herbeux
Tarif : (Prix 2009) 25 € ★★ ⚌ 🅴 ⟨⧸⟩ (10A) – pers.
suppl. 5 € – frais de réservation 15 €

Location (Prix 2009) : 13 ⟨🚐⟩ (4 à 6 pers.) 270 à 630 €/
sem. – 3 bungalows toilés – 4 yourtes – frais de
réservation 15 €
🚐 10 🅴 25 €
Pour s'y rendre : parc de St-Cyr (1,5 km au nord-est par
D 4, D 82, rte de Bonneuil-Matours et chemin à gauche,
près d'un plan d'eau - par N 10, accès depuis la Tricherie)

| Nature : ≤ 🚗 ⊙⊙♨ |
| Loisirs : snack 🍴 ⊙ ♣♣ 🛶 🚤 ♣🚴 ✂ |
| Services : ⅙ ⊶ GB ⊘ ♨ ⇆ ⫿ laverie ♨ ⇲ |
| À prox. : ⬙ ⛰ ⬔ ⬧ pédalos, canoë, golf (9 et 18 trous) |

| Longitude : 0.4425 |
| Latitude : 46.71891 |

ST-GEORGES-DE-DIDONNE

17110 – **324** D6 – G. Poitou Charentes Vendée – 5 059 h. – alt. 7
🄳 *Office de tourisme, 7, boulevard Michelet* ✆ 05 46 05 09 73, Fax 05 46 06 36 99
Paris 505 – Blaye 84 – Bordeaux 117 – Jonzac 56 – La Rochelle 80 – Royan 4.

▲▲▲ **Bois-Soleil** de déb. avr. à mi-oct.
    ✆ 05 46 05 05 94, *camping.bois.soleil@wanadoo.fr*,
Fax 05 46 06 27 43, *http://www.bois-soleil.com* ✂
(de déb. avr. à fin juin)
8 ha (462 empl.) en terrasses, plat, vallonné, sablonneux
Tarif : 41 € ★★ ⚌ 🅴 ⟨⧸⟩ (10A) – pers. suppl. 8,50 € –
frais de réservation 30 €

Location ✂ : 80 ⟨🚐⟩ (4 à 6 pers.) 180 à 1 080 €/sem.
– studios – frais de réservation 30 €
🚐 borne autre 6 €
Pour s'y rendre : 2 av. de Suzac (au sud par D 25, rte de
Meschers-sur-Gironde)

| Nature : 🚗 ⊙⊙♨ |
| Loisirs : ⬙ ✗ snack, pizzeria 🍴 ⊙ 🛶 hammam ♣♣ 🚴 ✂ 🏊 terrain multisports |
| Services : ⅙ ⊶ GB ⊘ ⊪ ♨ – 5 sanitaires individuels (⫿⇲ wc) ⇆ ⇆ ⫿ laverie ♨ ⇲ |
| À prox. : 🐎 poneys |

| Longitude : -0.98551 |
| Latitude : 45.58402 |

▲ **Azpitarté** Permanent
    ✆ 05 46 05 26 24, *linette.besson@camping-azpitarte.
com*, Fax 05 46 05 26 24, *www.camping-azpitarte.com*
1 ha (60 empl.) plat et peu incliné, herbeux, pierreux
Tarif : 25,75 € ★★ ⚌ 🅴 ⟨⧸⟩ (10A) – pers. suppl. 5,80 € –
frais de réservation 23 €

Location : 5 ⟨🚐⟩ (4 à 6 pers.) nuitée 43 € - 285 à 470 €/
sem. – studios – maisonnettes
Pour s'y rendre : 35 bis r. Jean Moulin

| Nature : ⊙⊙ |
| Services : ⅙ ⊶ ⊘ ⇲ ⫿ ⫿ 🅰 |

| Longitude : -0.98691 |
| Latitude : 45.60144 |

*Pour une meilleure utilisation de cet ouvrage,
LISEZ ATTENTIVEMENT les premières pages du guide.*

638

ST-GEORGES-LÈS-BAILLARGEAUX

86130 – **322** I4 – 3 626 h. – alt. 100
Paris 329 – Poitiers 12 – Joué 89 – Châtellerault 23 – Saumur 88.

▲▲▲ **Le Futuriste** Permanent
    ✆ 05 49 52 47 52, *camping-le-futuriste@wanadoo.fr*,
Fax 05 49 37 23 33, *www.camping-le-futuriste.fr*
2 ha (112 empl.) peu incliné, herbeux, pierreux, petit étang
Tarif : 25,70 € ★★ ⚌ 🅴 ⟨⧸⟩ (6A) – pers. suppl. 3 € – frais
de réservation 15 €

Location ✂ : 4 ⟨🚐⟩ (4 à 6 pers.) nuitée 80 € - 460
à 720 €/sem. – 6 ⟨🏠⟩ (4 à 6 pers.) nuitée 66 € - 370 à
697 €/sem. – frais de réservation 15 €
🚐 borne artisanale 6 €
Pour s'y rendre : au sud du bourg, accès par D 20

| Nature : ≤ Futuroscope 🚗 ⊙⊙ |
| Loisirs : ⬙ ✗ 🍴 ♣♣ 🏊 ⛰ ⬧ terrain multisports |
| Services : ⅙ ⊶ GB ⊘ ⊪ ⇆ ⫿ laverie ⇲ |

| Longitude : 0.40109 |
| Latitude : 46.66876 |

ST-HILAIRE-LA-PALUD

79210 – **322** B7 – 1 527 h. – alt. 15

Ø *Office de tourisme, 3, cour de l'Ancienne Métairie* ℰ *05 49 35 12 12, Fax 05 49 35 12 13*
Paris 436 – Poitiers 104 – Niort 24 – La Rochelle 41.

Indigo Le Lidon de déb. avr. à fin sept.
ℰ 05 49 35 33 64, *le-lidon@camping-indigo.com*,
Fax 05 49 35 32 63, *www.huttopia.com*
3 ha (140 empl.) plat, herbeux
Tarif : 26€ ✶✶ ⇔ 🅔 🅙 (10A) – pers. suppl. 6€ – frais
de réservation 12€

Location : 3 🏠 (4 à 6 pers.) nuitée 62€ - 310 à 735€/
sem. – 11 bungalows toilés
Pour s'y rendre : au lieu-dit : Lidon (3 km à l'ouest par D 3
rte de Courçon et chemin à gauche, à la base de canoë)

Nature : 🐾 ♨
Loisirs : 🍽 ✕ 🛋 🚴 ⚓ 🎣 canoës, barques
Services : 🦽 ⊶ 🕪 ☑ 🏧 ⛱ 🚿 laverie 🔧

Longitude : -0.74197
Latitude : 46.28354

ST-JEAN-D'ANGÉLY

17400 – **324** G4 – G. Poitou Charentes Vendée – 7 424 h. – alt. 25

Ø *Office de tourisme, 8, rue Grosse Horloge* ℰ *05 46 32 04 72, Fax 05 46 32 20 80*
Paris 444 – Angoulême 70 – Cognac 35 – Niort 48 – La Rochelle 72 – Royan 69 – Saintes 36.

Val de Boutonne de déb. avr. à fin sept.
ℰ 05 46 32 26 16, *info@valba.net, www.valba.net*
1,8 ha (99 empl.) plat, herbeux
Tarif : 16,90€ ✶✶ ⇔ 🅔 🅙 (6A) – pers. suppl. 3,20€ –
frais de réservation 12€

Location (permanent) ✂ : 1 🛖 (4 à 6 pers.) nuitée
70€ - 219 à 459€/sem. – frais de réservation 12€
🚐
Pour s'y rendre : 56 quai de Bernouet (sortie nord-
ouest, rte de la Rochelle, puis à gauche av. du Port (D 18)
et à dr. av. le pont, près de la Boutonne)

À savoir : agréable site autour du plan d'eau

Nature : 🐾 ♨
Loisirs : 🛋 🏊
Services : 🦽 ⊶ 🕪 ☑ 🚿 🚿 🚿 laverie
À prox. : 🍽 ✕ 🛏 🏊 🎣 canoë, pédalos, centre nautique couvert

Longitude : -0.53522
Latitude : 45.94699

639

Om een reisroute uit te stippelen en te volgen,
om het aantal kilometers te berekenen,
om precies de ligging van een terrein te bepalen
(aan de hand van de inlichtingen in de tekst),
*gebruikt u de **Michelinkaarten**,*
een onmisbare aanvulling op deze gids.

ST-JUST-LUZAC

17320 – **324** D5 – G. Poitou Charentes Vendée – 1 738 h. – alt. 5
Paris 502 – Rochefort 23 – La Rochelle 59 – Royan 26 – Saintes 35.

"Les Castels" Séquoia Parc 👥 – de mi-mai à déb.
sept.
ℰ 05 46 85 55 55, *info@sequoiaparc.com*,
Fax 05 46 85 55 56, *www.sequoiaparc.com*
49 ha/28 campables (426 empl.) plat, herbeux, pierreux,
sablonneux, bois
Tarif : (Prix 2009) 44€ ✶✶ ⇔ 🅔 🅙 (6A) – pers.
suppl. 9€ – frais de réservation 30€

Location (Prix 2009) 🦽 ✂ : 130 🛖 (4 à 6 pers.)
266 à 994€/sem. – 44 🏠 (4 à 6 pers.) - 315 à 1 078€/
sem.
🚐 1 borne
Pour s'y rendre : au lieu-dit : La Josephtrie (2,7 km au
nord-ouest par D 728, rte de Marennes et chemin à dr.)

À savoir : bel espace aquatique autour des dépendances
d'un château et de nombreuses variétés arbustives et
florales

Nature : 🐾 🏕 ♨
Loisirs : 🍽 ✕ pizzeria 🛋 🎮 🏓 🏊 🚴 ✂ 🏊 ⚡ 🐴 terrain multisports
Services : 🦽 ⊶ 🕪 ☑ ⛱ 🚿 🚿 laverie 🛒 🔧

Longitude : -1.03888
Latitude : 45.80209

ST-LAURENT-DE-LA-PRÉE

17450 – **324** D4 – 1 646 h. – alt. 7
Paris 483 – Rochefort 10 – La Rochelle 31.

Domaine des Charmilles ♣♟ – de mi-avr. à mi-sept.
    ℘ 05 46 84 00 05, *charmilles17@wanadoo.fr*,
    Fax 05 46 84 02 84, *www.domainedescharmilles.com*
    5 ha (270 empl.) plat, herbeux
    Tarif : (Prix 2009) 30 € ♣♣ ⇔ 🅴 (½) (6A) – pers.
    suppl. 6 € – frais de réservation 25 €
    Location (Prix 2009) ⚡ : 100 🏠 (4 à 6 pers.) 250 à
    1 090 €/sem. – 12 🛖 (4 à 6 pers.) - 300 à 880 €/sem. –
    frais de réservation 25 €
    Pour s'y rendre : 1541 rte de l'Océan à Fouras (2,2 km
    au nord-ouest par D 214e 1, rte de Fouras et D 937 à dr.,
    rte de la Rochelle)

> Nature : 🌳 ΩΩ
> Loisirs : 🍽 🛋 ③nocturne 🏃
> 🚴 🎠 ♬ 🔲 🏊 ⛱terrain
> multisports
> Services : 🔧 ⊶ GB 🐕 🛁 🚿 ☔
> 🚻 laverie ⚒
>
> *Longitude : -1.04086*
> *Latitude : 45.9817*

Le Pré Vert de déb. avr. à fin sept.
    ℘ 05 46 84 89 40, *camping.pre-vert@wanadoo.fr*,
    Fax 05 46 84 88 32, *www.atout-fouras.com*
    3 ha (168 empl.) en terrasses, plat, peu incliné, herbeux
    Tarif : (Prix 2009) 17 € ♣♣ ⇔ 🅴 (½) (10A) – pers.
    suppl. 3,50 € – frais de réservation 8 €
    Location (Prix 2009) : 🛖 (4 à 6 pers.) - 255 à 490 €/
    sem.
    Pour s'y rendre : r. du Petit Loir (2,3 km au nord-est par
    D 214, rte de la Rochelle, au lieu-dit St-Pierre - par voie
    rapide : sortie Fouras)

> Nature : 🌳 ΩΩ
> Loisirs : 🛋 🚴 ≈ (bassin)
> Services : 🔧 ⊶ (juil.-août) 🐕 🛁
> 🚿 ☔ laverie ⚒
>
> *Longitude : -1.04086*
> *Latitude : 45.9817*

Informieren Sie sich über die gültigen Gebühren,
bevor Sie Ihren Platz beziehen. Die Gebührensätze
müssen am Eingang des Campingplatzes angeschlagen sein.
Erkundigen Sie sich auch nach den Sonderleistungen.
Die im vorliegenden Band gemachten Angaben
können sich seit der Überarbeitung geändert haben.

ST-NAZAIRE-SUR-CHARENTE

17780 – **324** D4 – 1 023 h. – alt. 14
Paris 491 – Fouras 27 – Rochefort 13 – La Rochelle 49 – Saintes 42.

L'Abri-Cotier de déb. avr. à fin sept.
    ℘ 05 46 84 81 65, *abri-cotier@wanadoo.fr*,
    Fax 05 46 84 81 65, *www.camping-la-rochelle.net*
    1,8 ha (90 empl.) plat, peu incliné, herbeux
    Tarif : (Prix 2009) 20,80 € ♣♣ ⇔ 🅴 (½) (6A) – pers.
    suppl. 4,40 € – frais de réservation 20 €
    Location (Prix 2009) : 9 🏠 (2 à 4 pers.) 485 €/sem. –
    17 🏠 (4 à 6 pers.) 605 €/sem. – 15 🛖 (4 à 6 pers.)
    625 €/sem. – frais de réservation 20 €
    🔌 borne artisanale 2 €
    Pour s'y rendre : 26 La Bernardière (1 km au sud-ouest
    par D 125e1)

> Nature : 🏖 🌳 ΩΩ
> Loisirs : 🍽 pizzeria 🛋 🚴 🏊
> Services : 🔧 ⊶ GB 🐕 🛁 🚻
> laverie ⚒ location réfrigérateurs
>
> *Longitude : -1.05599*
> *Latitude : 45.9345*

ST-PALAIS-SUR-MER

17420 – **324** D6 – G. Poitou Charentes Vendée – 3 769 h. – alt. 5
i *Office de tourisme, 1, avenue de la République* ℘ *05 46 23 22 58, Fax 05 46 23 36 73*
Paris 512 – La Rochelle 82 – Royan 6.

△ **Côte de Beauté** de fin avr. à déb. oct.
℘ 05 46 23 20 59, *campingcotedebeaute@wanadoo.fr,*
www.camping-cote-de-beaute.com
1,7 ha (115 empl.) plat, herbeux
Tarif : (Prix 2009) 27,40€ **† †** ★ 🚐 🔲 (½) (10A) – pers.
suppl. 3,80€ – frais de réservation 23€

Location (Prix 2009) : 9 🛖 (4 à 6 pers.) 260 à 600€/
sem. – frais de réservation 23€
Pour s'y rendre : 157 av. de la Grande Côte (2,5 km au
nord-ouest, à 50 m de la mer)

À savoir : cadre agréable face à l'océan

Nature : 🔲 ♀	
Loisirs : 🎣 🏊	
Services : 🔥 ⚡ 🚿 🛒 🔃	
À prox. : 🏖 🍽 ✕ 🚣	

Longitude : -1.1191
Latitude : 45.64973

ST-PIERRE-DE-MAILLÉ

86260 – **322** L4 – 920 h. – alt. 79
Paris 333 – Le Blanc 22 – Châtellerault 32 – Chauvigny 21 – Poitiers 47 – St-Savin 17.

△ Municipal
℘ 05 49 48 64 11, *contactcamping@gmail.fr*
3 ha (93 empl.) plat, peu incliné, herbeux

Location : 4 bungalows toilés
Pour s'y rendre : rte de Vicq (sortie nord-ouest par D 11,
au bord de la Gartempe)

À savoir : accueil de colonies et groupes sportifs

Nature : 🌿 ♀♀	
Loisirs : 🚲 🏊 🛶 canoë, prome-nades-conférences	
Services : ⚡ laverie	

Longitude : 0.84334
Latitude : 46.67958

△△△△ ... △
Bijzonder prettige terreinen die bovendien opvallen in hun categorie.

ST-SAVINIEN

17350 – **324** F4 – 2 384 h. – alt. 18
i *Office de tourisme, rue Bel Air* ℘ *05 46 90 21 07, Fax 05 46 90 19 45*
Paris 457 – Rochefort 28 – La Rochelle 62 – St-Jean-d'Angély 15 – Saintes 16 – Surgères 30.

△△ **L'Île aux Loisirs** de déb. avr. à fin sept.
℘ 05 46 90 35 11, *contact@ileauxloisirs.com,*
Fax 05 46 91 65 06, *www.ilesauxloirs.com*
1,8 ha (82 empl.) plat, herbeux
Tarif : (Prix 2009) 20,60€ **† †** ★ 🚐 🔲 (½) (10A) – pers.
suppl. 5,20€ – frais de réservation 16€

Location (Prix 2009) : 4 🛖 (2 à 4 pers.) 201 à 370€/
sem. – 4 🛖 (4 à 6 pers.) 240 à 480€/sem. – 11 🏠 (4
à 6 pers.) - 300 à 520€/sem. – frais de réservation 16€
Pour s'y rendre : 102 r. de St-Savinien (500 m à l'ouest
par D 18, rte de Pont-l'Abbé-d'Arnoult, entre la Charente
et le canal, à 200 m d'un plan d'eau)

Nature : 🔲 ♀♀	
Loisirs : 🍽 pizzeria 🏊	
Services : 🔥 ⚡ 🅖🅑 🚿 🛁 laverie 🚿	
À prox. : ✕ 🎣 🛶 🏊 🎣 parcours sportif	

Longitude : -0.67973
Latitude : 45.877

ST-SEURIN D'UZET

17120 – **324** F6
Paris 512 – Blaye 65 – La Rochelle 99 – Royan 25 – Saintes 38.

△ **Municipal le Port** de déb. mai à fin sept.
℘ 05 46 90 44 03, *chenac.saint.seurin.duzet@mairie17.com,*
Fax 05 46 90 40 02
1 ha (55 empl.) non clos, plat, herbeux
Tarif : (Prix 2009) 9,85€ **† †** 🚐 🔲 (½) (6A) – pers.
suppl. 2,55€
🚐 1 borne 6,50€
Pour s'y rendre : 12 quai de l'Esturgeon (au bourg, près
de l'église, au bord d'un chenal)

Nature : 🌿 🔲 ♀♀	
Loisirs : 🏊 🎣 ponton d'amar-rage	
Services : 🔥 ⚡ 🚿 🔃	
À prox. : 🍽 ✕	

Longitude : -0.83362
Latitude : 45.50151

ST-SORNIN

17600 – **324** E5 – G. Poitou Charentes Vendée – 307 h. – alt. 16
Paris 495 – Marennes 13 – Rochefort 24 – La Rochelle 60 – Royan 21 – Saintes 29.

▲ **Le Valerick** de déb. avr. à fin sept.
  ✆ 0546851595, *campingvalerick@orange.fr*,
  Fax 0546851595
  1,5 ha (50 empl.) plat, incliné, herbeux, petit bois
  Tarif : 17,80€ ✹✹ ⇔ 🅔 🄗 (6A) – pers. suppl. 3,20€
  Pour s'y rendre : 1 La Mauvinière (1,3 km au nord-est par
  D 118, rte de Pont-l'Abbé)

Nature : 🐾 ♀	
Loisirs : snack 🏊	
Services : 🖕 ⊶ 🐾 🖼	
Longitude : -0.96301	
Latitude : 45.77324	

SEMUSSAC

17120 – **324** E6 – 1 778 h. – alt. 36

▲▲ **Le 2 B** de déb. avr. à fin sept.
  ✆ 0546059516, *info@camping-2b.com*,
  Fax 0546027099, *www.camping-2b.com*
  1,8 ha (93 empl.) plat, peu incliné, herbeux
  Tarif : (Prix 2009) 18,30€ ✹✹ ⇔ 🅔 🄗 (6A) – pers.
  suppl. 4€ – frais de réservation 10€

  Location (Prix 2009) : 12 🛖 (2 à 4 pers.) 250 à 390€/
  sem. – 20 🛖 (4 à 6 pers.) nuitée 30€ - 400 à 550€/
  sem. – frais de réservation 10€
  Pour s'y rendre : 9 chemin des Bardonneries (3,8 km à
  l'est par D 730, rte de St-Georges-de-Didonne)

Nature : ♀♀	
Loisirs : 🍴 🏊 🎣 🛶	
Services : 🖕 ⊶ GB 🐾 🔰 laverie	
Longitude : -0.94	
Latitude : 45.6	

Campeurs...
N'oubliez pas que le feu est le plus terrible ennemi de la forêt.
Soyez prudents !

642

SAUJON

17600 – **324** E5 – G. Poitou Charentes Vendée – 6 281 h. – alt. 7
🛈 *Syndicat d'initiative, 22, place du Général-de-Gaulle ✆ 0546028377, Fax 05.46.02.14.48*
Paris 499 – Poitiers 165 – La Rochelle 71 – Saintes 28 – Rochefort 34.

▲▲ **Lac de Saujon** de déb. avr. à mi-oct.
  ✆ 0546068299, *info@campingdulac.net*,
  Fax 0546068366, *www.campingdulac.net*
  3,7 ha (150 empl.) plat, herbeux
  Tarif : (Prix 2009) 23,50€ ✹✹ ⇔ 🅔 🄗 (10A) – pers.
  suppl. 4,10€ – frais de réservation 18,50€

  Location (Prix 2009) (permanent) 🏕 : 31 🛖 (4 à
  6 pers.) 290 à 624€/sem. – 4 🏠 (4 à 6 pers.) - 420 à
  622€/sem. – 4 bungalows toilés – frais de réservation
  18,50€
  🛒 borne artisanale 5€ – 6 🅔 13,50€
  Pour s'y rendre : Aire de la Lande - Voie des Tourterelles

Loisirs : 🍴 snack 🎱 🎮 🏇 🚲	
Services : 🖕 ⊶ GB 🐾 🔰 🖼 📮	
🍴 laverie 🔥 🛒	
À prox. : 🎯 🎿 🛶 🏊 🎣 🐴 (cen-tre équestre) parcours de santé, terrain multisports	
Longitude : -0.93712	
Latitude : 45.68404	

SECONDIGNY

79130 – **322** D5 – 1 691 h. – alt. 177
Paris 391 – Bressuire 27 – Champdeniers 15 – Coulonges-sur-l'Autize 22 – Niort 37 – Parthenay 15.

▲ **Le Moulin des Effres** de déb. avr. à fin sept.
  ✆ 0549956197, *bonnes.vacances@wanadoo.fr*,
  http://www.campinglemoulindeseffres.fr
  2 ha (90 empl.) peu incliné, plat, herbeux
  Tarif : (Prix 2009) ✹ 3,10€ ⇔ 2,10€ 🅔 3,30€ –
  🄗 (10A) 3,30€

  Location (Prix 2009) : 17 🛖 (4 à 6 pers.) nuitée 55€ -
  260 à 450€/sem. – frais de réservation 20€
  Pour s'y rendre : sortie sud par D 748, rte de Niort et
  chemin à gauche, près d'un plan d'eau

Nature : 🐾 🌳 ♀♀	
Loisirs : 🎱 🚲	
Services : 🖕 ⊶ (juin-août) GB 🐾 🔥 🖼	
À prox. : 🍴 ✗ 🏊 🎿 🎣 🛶 🏊 pédalos	
Longitude : -0.41849	
Latitude : 46.6096	

SIREUIL

16440 – **324** K6 – 1 173 h. – alt. 26
Paris 460 – Angoulême 16 – Barbezieux 24 – Cognac 35 – Jarnac 22 – Rouillac 23.

Nizour de déb. mai à mi-oct.
℘ 05 45 90 56 27, *campingdunizour@orange.fr*,
Fax 05 45 90 92 67, *www.campingdunizour.com*
1,6 ha (40 empl.) plat, herbeux
Tarif : (Prix 2009) 19,05 € ✹✹ ⬌ 🅴 ⚡ (6A) – pers.
suppl. 4,30 €
Location (Prix 2009) ⬚ : 5 🚐 (4 à 6 pers.) 445 à
530 €/sem. – frais de réservation 8 €
Pour s'y rendre : 2 rte de la Charente (1,5 km au sud-est
par D 7, rte de Blanzac, à gauche avant le pont, à 120 m
de la Charente (accès direct))

Nature : 🏞 🌳🌳
Loisirs : 🎮 🏄 🚲 🎿 🏊
canoë
Services : 🚿 ⚏ GB ⚒ 🚗 🍴
laverie
À prox. : 🚣 ponton d'amarrage

Longitude : 0.00923
Latitude : 45.61577

*En juillet et août, beaucoup de terrains sont saturés
et leurs emplacements retenus longtemps à l'avance.
N'attendez pas le dernier moment pour réserver.*

THORS

17160 – **324** I5 – 397 h. – alt. 23
Paris 466 – Angoulême 53 – Cognac 84 – Limoges 143 – Poitiers 111 – St-Jean-d'Angély 23.

Le Relais de l'Étang de déb. avr. à fin oct.
℘ 05 46 58 26 81, *paysdematha@wanadoo.fr*,
Fax 05 46 58 26 81, *www.paysdematha.com*
0,8 ha (25 empl.) plat, herbeux, gravillons
Tarif : ✹ 2,10 € ⬌ 1,60 € 🅴 1,60 € – ⚡ (10A) 2,60 €
Pour s'y rendre : rte de Cognac (sortie nord par D 121,
rte de Matha, près de l'étang)

Nature : 🏕 🏞 🌳🌳
Loisirs : 🏄
Services : 🚿 ⚏ 🚗 🛁 laverie
À prox. : 🍴 snack 🔥 ⛱ (plage) 🚣
pédalos

Longitude : -0.30881
Latitude : 45.83307

643

VAUX-SUR-MER

17640 – **324** D6 – G. Poitou Charentes Vendée – 3 738 h. – alt. 12
🅱 *Syndicat d'initiative, 53, rue de Verdun* ℘ 05 46 38 79 05, Fax 05 46 38 11 46
Paris 514 – Poitiers 181 – La Rochelle 75 – Rochefort 44 – Saintes 43.

Le Nauzan-Plage de déb. avr. à fin sept.
℘ 05 46 38 29 13, *camping.le.nauzan@wanadoo.fr*,
Fax 05 46 38 18 43, *www.campinglenauzanplage.com*
3,9 ha (239 empl.) plat, herbeux
Tarif : (Prix 2009) ✹ ⬌ 🅴 30 € – ⚡ (10A) 5 € – frais de
réservation 15 €
Location (Prix 2009) ⬚ : 19 🚐 (4 à 6 pers.) 300 à
895 €/sem. – frais de réservation 15 €
Pour s'y rendre : 39 av. de Nauzan-Plage (500 m de la
plage)
À savoir : en bordure d'un parc

Nature : 🏞 🌳
Loisirs : 🍴 snack 🎮 🕙 diurne
🏄 🎿
Services : 🚿 ⚏ GB ⚒ 🛁 🍴
laverie 🔖 🚗
À prox. : 🎿 🎣 🚣

Longitude : -1.07005
Latitude : 45.64344

Le Val-Vert de déb. avr. à fin sept.
℘ 05 46 38 25 51, *camping-val-vert@wanadoo.fr*,
Fax 05 46 38 06 15, *www.val-vert.com*
3 ha (166 empl.) plat et terrasse, herbeux, pierreux
Tarif : 33,40 € ✹✹ ⬌ 🅴 ⚡ (10A) – pers. suppl. 6,50 € –
frais de réservation 15 €
Location : 🚐 (4 à 6 pers.) 216 à 661 €/sem. – 🏠 (4 à
6 pers.) - 265 à 829 €/sem. – frais de réservation 15 €
🚽 borne artisanale
Pour s'y rendre : 108 av. Fréderic Garnier (au sud-ouest
du bourg, au bord d'un ruisseau)
À savoir : en bordure d'un parc

Nature : 🏞 🌳🌳
Loisirs : snack, pizzeria 🎮 🏄
🚲 🎿
Services : 🚿 ⚏ GB ⚒ 🛁 🍴
laverie 🚗
À prox. : 🎿 🎣

Longitude : -1.06299
Latitude : 45.64357

VOUILLÉ

86190 – **322** G5 – 3 200 h. – alt. 118

🛈 *Office de tourisme, 10, place de l'Eglise* ☎ 05 49 51 06 69, Fax 05 49 50 87 48

Paris 345 – Châtellerault 46 – Parthenay 34 – Poitiers 18 – Saumur 89 – Thouars 55.

⚠ **Municipal** de déb. juin à déb. sept.
☎ 05 49 54 20 30, *vouille@cg86.fr*, Fax 05 49 51 14 47
0,5 ha (48 empl.) plat, herbeux
Tarif : (Prix 2009) 🚶 3 € 🚗 1,50 € 🅴 2,50 € – 🔌 (10A) 3 €
Pour s'y rendre : chemin de la Piscine (au bourg, au bord de l'Auxance)

Nature : 🌳 ♨♨
Loisirs : 🏖 🏊 🎣
Services : ♿ 🖨
À prox. : ✕

Longitude : 0.16603
Latitude : 46.63769

VOUNEUIL-SUR-VIENNE

86210 – **322** J4 – 1 923 h. – alt. 58

🛈 *Office de tourisme, 34 bis, place de la Libération* ☎ 05 49 85 11 99, Fax 05 49 85 06 44

Paris 316 – Châtellerault 12 – Chauvigny 20 – Poitiers 27 – La Roche-Posay 26.

⚠ **Les Chalets de Moulière** (location exclusive de chalets) de déb. mars à mi-nov.
☎ 05 49 85 84 40, *villagevacance@fol86.org*
1,5 ha plat

Location ♿ : 24 🏠 (4 à 6 pers.) nuitée 63 € - 257 à 549 €/sem. – frais de réservation 12 €
Pour s'y rendre : r. des Ardentes (sortie est par D 15, rte de Monthoiron et r. à gauche, à 60 m de la Vienne (accès direct))

À savoir : emplacements pour colonies de vacances

Loisirs : 🎬 🚲 🎣
Services : ⚏ 🐄 🖨 🛁
À prox. : 🎯 🍴 🎣 canoë

Longitude : 0.5445
Latitude : 46.71965

Le marais breton-vendéen

S. Sauvignier/Michelin

S. Sauvignier/Michelin

Le jour se lève en Provence. Sur les marchés colorés les « partisanes » vantent avec une faconde proverbiale la fraîcheur de leur étal. Tsitt… tsitt, face à la « grande bleue », les cigales entament leur chant obsédant, et les sonnailles des moutons transhumants tintent du côté de l'Ubaye. Le soleil darde ses rayons sur les villages perchés, exalte la senteur des lavandes et confine à l'ombre des platanes les gourmands qui dégustent un aïoli ou une bouillabaisse… Puis vient l'heure de la sieste, pratiquée dans les bastides de l'arrière-pays comme dans les cabanons nichés au creux des calanques. À la fraîche entrent en scène les joueurs de pétanque : après force querelles, ils rivaliseront jusqu'à la nuit de galéjades devant une tournée de pastis, « avec l'accent qui se promène et qui n'en finit pas ».

As the fishmongers joke, chat, and cry their wares under clear blue skies, you cannot help but fall in love with the happy-go-lucky spirit of Marseilles. Elsewhere, the sun is climbing higher above the ochre walls of a hilltop village and its fields of lavender below; the steady chirring of the cicadas is interrupted only by the sheep-bells ringing in the hills. Slow down to the gentle pace of the villagers and join them as they gather by the refreshingly cool walls of the café. However, come 2pm, you may begin to wonder where everyone is. On hot afternoons, everyone exercises their God-given right to a nap, from the fashionable Saint Tropez beaches to the seaside cabins of the Camargue, but soon it's time to wake up and get ready for a hotly-disputed game of pétanque and a cool glass of pastis!

Légende:
- Localité citée avec camping
- Localité citée avec camping et locatif
- **Vannes** Localité disposant d'un camping avec aire de services camping-car
- **Moyaux** Localité disposant d'au moins un terrain agréable
- Aire de service pour camping-car sur autoroute

A 32

des-Villards
la Toussuire
Valloire
Bramans

le Bourg-d'Oisans
la Grave
Névache
le Bourg-d'Arud
D 1091
N 94
St-Christophe-en-Oisans
Briançon
St-Laurent-en-Beaumont
Villar-Loubière
l'Argentière-la-Bessée
St-Firmin
HAUTES-   ALPES
la Roche-de-Rame
Pont-du-Fossé
Orcières
Ceillac
Guillestre
Ancelle
Réallon
St-Clément-s-Durance
N 94
St-Apollinaire
Embrun
la Roche-des-Arnaud
Gap
Chorges
Baratier
Espinasses
Prunières
Larche
Veynes
le Sauzé-du-Lac
St-Pons
Curbans
Col St-Jean
Méolans-Revel
Barcelonnette
Clamensane
Seyne
ALPES - DE - HAUTE-
le Vernet
St-Étienne-de-Tinée
Sisteron
PROVENCE
Colmars
Volonne
Villars-Colmars
St-Martin-d'Entraunes
Peyruis
Digne-les-Bains
St-Sauveur-s-Tinée
St-Martin-Vésubie
les Mées
N 85
Niozelles
Puimichel
Mézel
St-André-les-Alpes
ALPES - MARITIMES
Volx
Valensole
Riez
N 202
Sospel
Ste-Croix-de-Verdon
Castellane
St-Martin-de-Brômes
Moustiers-Ste-Marie
la Colle-s-Loup
Tourrettes-s-Loup
Vence
NICE
Menton
Gréoux-les-Bains
les Salles s-Verdon
le Bar-s-Loup
Eze
Monaco
Montpezat
Grasse
Cagnes-s-Mer
Esparron-de-Verdon
Montmeyan
Auribeau-s-S.
Cros-de-Cagnes
Villeneuve-Loubet
Aups
Callas
Antibes
Salernes
Villecroze
St-Paul-en-Forêt
CANNES
Draguignan
les Adrets-de-l'Esterel
la Bocca
CAMBARETTE
le Muy
DN 7
Mandelieu-la-Napoule
A 8
Agay
ans-s-Pins
Brignoles
Roquebrune-s-Argens
St-Raphaël
CAMBARETTE
VAR
Puget-s-A.
Fréjus
St-Aygulf
A 57
Grimaud
la Cadière-d'Azur
Bormes-les-Mimosas
Ramatuelle
A 570
le Lavandou
la Croix-Valmer
A 50
TOULON
Hyères
St-Clair
Cavalaire-s-Mer
St-Mandrier-s-Mer
Giens
Plage de la Favière
Îles d'Hyères

ITALIA
A 6
A 10

D 1091
N 85
A 51
A 51
D 4085
Durance
Verdon
Loup
D 6085
Siagne
Argens
D 559
D 98
Var
Tinée
Ubaye
D 6204
D 6202

PROVENCE-ALPES-CÔTE D'AZUR

LES ADRETS-DE-L'ESTEREL

83600 – **340** P4 – 2 063 h. – alt. 295

🏢 *Office de tourisme, place de la Mairie* ℘ 04 94 40 93 57, Fax 04.94.19.36.69

Paris 881 – Cannes 26 – Draguignan 44 – Fréjus 17 – Grasse 30 – Mandelieu-la-Napoule 15 – St-Raphaël 18.

🏕 **Les Philippons** de déb. avr. à fin sept.

℘ 04 94 40 90 67, *info@philipponscamp.com*,
Fax 04 94 19 35 92, *www.philipponscamp.com*
5 ha (150 empl.) en terrasses, pierreux, herbeux, fort
dénivelé
Tarif : (Prix 2009) 27 € 🚻 🚐 🔲 [½] (10A) – pers.
suppl. 5,20 € – frais de réservation 18 €

Location (Prix 2009) : 14 🏠 (4 à 6 pers.) - 245 à 750 €/
sem. – frais de réservation 18 €
Pour s'y rendre : 3 km à l'est par D 237

À savoir : cadre sauvage sous les oliviers, eucalyptus,
chênes-lièges

Nature : 🏞 ⇐ 🛏 𖤓
Loisirs : 🍸 pizzeria 🎢 🏊
Services : 🔌 GB 🐕 ♨ 🍴 laverie ⚖ réfrigérateurs

Longitude : 6.81347
Latitude : 43.52455

---

*The classification (1 to 5 tents, **black** or **red**) that we award*
to selected sites in this Guide is a system that is our own.
It should not be confused with the classification (1 to 4 stars) of official organisations.

AGAY

83530 – **340** Q5 – G. Côte d'Azur

🏢 *Syndicat d'initiative, place Giannetti BP 45* ℘ 04 94 82 01 85, Fax 04 94 82 74 20

Paris 880 – Cannes 34 – Draguignan 43 – Fréjus 12 – Nice 65 – St-Raphaël 9.

🏕 **"Les Castels" Esterel Caravaning** 👥 – de fin

mars à déb. oct.
℘ 04 94 82 03 28, *contact@esterel-caravaning.fr*,
Fax 04 94 82 87 37, *www.esterel-caravaning.fr*
12,5 ha (485 empl.) en terrasses, peu incliné, pierreux
Tarif : 43 € 🚻 🚐 🔲 [½] (10A) – pers. suppl. 9 € – frais
de réservation 40 €

Location : 200 🚐 (4 à 6 pers.) 250 à 850 €/sem. –
frais de réservation 40 €
🚐 borne autre 10 €
Pour s'y rendre : Avenue des golfs (4 km au nord-
ouest)

À savoir : réservé aux caravanes

Nature : 🏞 🛏 𖤓
Loisirs : 🍸 🍴 pizzeria 🏛 ♨ 🏇 🎢 🎣 🌊 🏊 🐎 poneys squash, terrain omnisports, skate park
Services : 🔌 🔌 GB 🏛 ♨ – 18 sanitaires individuels (🚿 wc) ⚖ 🍴 laverie ⚖ ♨

Longitude : 6.83108
Latitude : 43.45116

🏕 **Campéole le Dramont** 👥 – de mi-mars à mi-oct.

℘ 04 94 82 07 68, *cpldramont@atciat.com*,
Fax 04 94 82 75 30, *www.campeole.com*
6,5 ha (400 empl.) vallonné, plat, sablonneux
Tarif : (Prix 2009) 43 € 🚻 🚐 🔲 [½] (10A) – pers.
suppl. 9,30 € – frais de réservation 25 €

Location (Prix 2009) : 66 🚐 (2 à 4 pers.) 330 à 644 €/
sem. – 56 🚐 (4 à 6 pers.) 570 à 966 €/sem. – 56 🏠
(4 à 6 pers.) - 550 à 931 €/sem. – 65 bungalows toilés –
frais de réservation 25 €
🚐 borne eurorelais 7 €
Pour s'y rendre : 986 bd de la 36eme Division du Texas

Nature : 🏞 𖤓 ⛰
Loisirs : 🍸 pizzeria, snack 🏛 ♨ 🏇 🎢
Services : 🔌 🔌 GB 🐕 ♨ 🍴 laverie ⚖ ♨
À prox. : canoë-kayak, terrain omnisports, école de plongée

Longitude : 6.84835
Latitude : 43.41782

🏕 **Village Vacances Vallée du Paradis** 👥 –

(location exclusive de mobile homes) Permanent
℘ 04 94 82 16 00, *vallee-du-paradis@wanadoo.fr*,
Fax 04 94 82 72 21, *www.camping-vallee-du-paradis.fr*
3 ha plat

Location : 174 🚐 (4 à 6 pers.) nuitée 50 € - 360 à
1 025 €/sem. – frais de réservation 30 €
Pour s'y rendre : av. du Gratadis (1 km au nord-ouest,
au bord de l'Agay)

Nature : ⇐ 🛏 𖤓
Loisirs : 🍸 pizzeria, snack 🏛 ♨ 🏇 🎢 🎣 🌊 ⛵ ponton d'amarrage, kayak
Services : 🔌 🔌 GB 🐕 ♨ 🍴 laverie ⚖ ♨

Longitude : 6.85231
Latitude : 43.43633

Les Rives de l'Agay de déb. mars à déb. nov.
    ℘ 0494820274, reception@lesrivesdelagay.fr,
Fax 0494827414, *www.lesrivesdelagay.fr*
2 ha (171 empl.) plat, herbeux, sablonneux
Tarif : (Prix 2009) 41,50€ ★★ ⇔ 🅴 🄴 (6A) – pers.
suppl. 7€ – frais de réservation 20€
Location (Prix 2009) : 41 ⬚ (4 à 6 pers.) nuitée 49€ -
510 à 850€/sem. – frais de réservation 20€
Pour s'y rendre : av. du Gratadis (700 m au nord-ouest,
au bord de l'Agay et à 500 m de la plage)

Nature : 🏞 ♤♤
Loisirs : pizzeria 🎮 ⚓ ponton d'amarrage
Services : ♿ ⛽ GB 🐕 🚿 ♨ 🚮 ♻ ☕ laverie 🔌 🛁

Longitude : 6.85229
Latitude : 43.43721

Azur Rivage de déb. avr. à fin sept.
    ℘ 0494448312, campingazurivage@aol.com,
Fax 0494448439, *www.camping-azur-rivage.com*
1 ha (66 empl.) plat, en terrasses, peu incliné, pierreux
Tarif : (Prix 2009) 35€ ★★ ⇔ 🅴 🄴 (6A) – pers.
suppl. 8€ – frais de réservation 20€
Location (Prix 2009) : 47 ⬚ (4 à 6 pers.) nuitée 50€ -
250 à 850€/sem. – frais de réservation 20€
🚐 1 borne artisanale
Pour s'y rendre : bd Eugène-Brieux (5 km à l'est, à
Anthéor-Plage)
À savoir : près de la plage

Nature : ♤♤
Loisirs : 🏆 ✕ 🎮 ⚓ 🏊
Services : ♿ ⛽ 🐕 ♨ laverie 🔌 ☕

Longitude : 6.88329
Latitude : 43.43334

Agay-Soleil de fin mars à déb. nov.
    ℘ 0494820079, camping-agay-soleil@wanadoo.fr,
Fax 0494828870, *www.agay-soleil.com* 🚭 (de fin juin
à déb. sept.)
0,7 ha (53 empl.) plat, peu incliné, terrasses, sablonneux
Tarif : (Prix 2009) 32,20€ ★★ ⇔ 🅴 🄴 (6A) – pers.
suppl. 5,80€ – frais de réservation 24€
Location (Prix 2009) 🚭 ⬚ – 🏠
🚐 borne artisanale 10€
Pour s'y rendre : 1152 bd de la Plage (700 m à l'est)

Nature : ⟨ 🏞 ♤♤🔺
Loisirs : 🏆 pizzeria 🎮
Services : ♿ ⛽ ♨ ☕ ♨ 📶 ☕
À prox. : 🍴 base nautique

Longitude : 6.86934
Latitude : 43.43224

Royal-Camping de fin fév. à mi-nov.
    ℘ 0494820020, contact@royalcamping.net,
Fax 0494820020, *www.royalcamping.net*
0,6 ha (45 empl.) plat, herbeux, gravier
Tarif : (Prix 2009) 32,50€ ★★ ⇔ 🅴 🄴 (6A) – pers.
suppl. 7€ – frais de réservation 20€
Location (Prix 2009) (de mi-mars à fin oct.) : 9 ⬚
(4 à 6 pers.) nuitée 55€ - 330 à 670€/sem. – frais de
réservation 20€
Pour s'y rendre : camp-long (1,5 km au sud)

Nature : ♤♤🔺
Loisirs : 🎮
Services : ⛽ 🐕 ♨
À prox. : 📶 🔌 🏆 ✕ ☕

Longitude : 6.85706
Latitude : 43.42014

649

*Ce guide n'est pas un répertoire de tous les terrains de camping
mais une sélection des meilleurs campings dans chaque catégorie.*

AIX-EN-PROVENCE

13100 – **340** H4 – G. Provence – 142 534 h. – alt. 206
🛈 *Office de tourisme, 2, place du Général-de-Gaulle ℘ 0442161161, Fax 0442161162*
Paris 752 – Aubagne 39 – Avignon 82 – Manosque 57 – Marseille 30 – Salon-de-Provence 37 – Toulon 84.

Chantecler ♠♠ – Permanent
    ℘ 0442261298, info@campingchantecler.com,
Fax 0442273353, *www.campingchantecler.com*
8 ha (240 empl.) plat à peu incliné et en terrasses,
pierreux, herbeux
Tarif : 24,20€ ★★ ⇔ 🅴 🄴 (10A) – pers. suppl. 6€
Location 🚭 : 36 ⬚ (4 à 6 pers.) 420€/sem. – 🏠
(4 à 6 pers.) – 570 à 755€/sem.
🚐 borne artisanale
Pour s'y rendre : 41 av. du Val-Saint-André (2,5 km au
sud-est, accès par cours Gambetta)
À savoir : vue sur la Montagne-Ste-Victoire

Nature : 🏞 ♤♤
Loisirs : 🏆 snack 🎮 🏓 🎢 🏊
Services : ♿ ⛽ GB 🐕 🚿 ♨ ♨ laverie 🔌 ☕

Longitude : 5.46975
Latitude : 43.51733

PROVENCE-ALPES-CÔTE D'AZUR

ANCELLE

05260 – **334** F5 – 784 h. – alt. 1 340 – Sports d'hiver : 1 350/1 807 m⚡13⚞
🛈 *Syndicat d'initiative, Mairie* ℘ *0492508951, Fax 0492508989*
Paris 665 – Gap 17 – Grenoble 103 – Orcières 18 – Savines-le-Lac 30.

⚠ **Les Auches** de déb. janv. à mi-nov.
℘ 0492508028, *info@lesauches.com*, Fax 0492508458,
www.lesauches.com – places limitées pour le passage
2 ha (90 empl.) peu incliné, terrasses, herbeux
Tarif : 17€ ✚✚ ⇔ 🅴 🄗 (3A) – pers. suppl. 4,50€

Location (permanent) 🛖 : 8 🛏 (4 à 6 pers.) 255 à
540€/sem. – 11 🛖 (4 à 6 pers.) - 255 à 650€/sem. –
studios – frais de réservation 15€
Pour s'y rendre : Lieu-dit : Les Auches (sortie nord par
rte de Pont du Fossé et à dr.)

| Nature : 🌿⚞ |
| Loisirs : snack 🎱 🏓 jacuzzi 💆🏊 |
| Services : ♿ ⛽ GB ✂ 🚿 🔥 🛁 |

| Longitude : 6.21064 |
| Latitude : 44.62431 |

*Dieser Führer stellt kein vollständiges Verzeichnis aller Campingplätze dar,
sondern nur eine Auswahl der besten Plätze jeder Kategorie.*

ANTIBES

06600 – **341** D6 – G. Côte d'Azur – 75 820 h. – alt. 2
🛈 *Office de tourisme, 11, place du Général-de-Gaulle* ℘ *0492905300, Fax 0492905301*
Paris 909 – Aix-en-Provence 160 – Cannes 11 – Nice 21.

⚠ **Antipolis** de déb. avr. à fin sept.
℘ 0493339399, *contact@camping-antipolis.com*,
Fax 0492910200, *www.camping-antipolis.com* – places
limitées pour le passage 🛖 (juil.-août)
4,5 ha (260 empl.) plat, herbeux
Tarif : 36€ ✚✚ ⇔ 🅴 🄗 (10A) – pers. suppl. 9€ – frais
de réservation 28€

Location : 222 🛏 (4 à 6 pers.) nuitée 62€ - 400 à
950€/sem. – frais de réservation 28€
Pour s'y rendre : av. du Pylone (5 km au nord par N 7 et
chemin à gauche, au bord de la Brague)

| Nature : 🏕 ♣♣ |
| Loisirs : 🍽 snack, pizzeria 🎱 💆 🎱🏊 |
| Services : ♿ ⛽ GB ✂ 🚿 🔧 laverie 🛁 🔥 |
| À prox. : parc d'attractions, parc aquatique |

| Longitude : 7.12008 |
| Latitude : 43.61249 |

APT

84400 – **332** F10 – G. Provence – 11 229 h. – alt. 250
🛈 *Office de tourisme, 20, avenue Ph. de Girard* ℘ *0490740318, Fax 0490046430*
Paris 728 – Aix-en-Provence 56 – Avignon 54 – Carpentras 49 – Cavaillon 33 – Digne-les-Bains 91.

⚠ **Le Lubéron** de déb. avr. à fin sept.
℘ 0490048540, *leluberon@wanadoo.fr*,
Fax 0490741219, *www.camping-le-luberon.com*
5 ha (110 empl.) plat et peu incliné, terrasses, gravillons,
herbeux
Tarif : 20,45€ ✚✚ ⇔ 🅴 🄗 (6A) – pers. suppl. 4,60€ –
frais de réservation 18€

Location : 12 🛏 (4 à 6 pers.) nuitée 42€ - 290 à
650€/sem. – 14 🛖 (4 à 6 pers.) nuitée 50€ - 330 à
710€/sem. – bungalows toilés
🚐 borne artisanale 4€
Pour s'y rendre : av. de Saignon (2 km au sud-est par
D 48)

| Nature : 🌿⚞ ♣♣ |
| Loisirs : snack 💆 🏊 |
| Services : ♿ ⛽ GB ✂ 🔥 🔧 🛁 laverie |

| Longitude : 5.40476 |
| Latitude : 43.87381 |

⚠ **Les Cèdres** de mi-fév. à mi-nov.
℘ 0490741461, *lucie.bouillet@yahoo.fr*,
Fax 0490741461, *www.camping-les-cedres.fr*
1,8 ha (75 empl.) plat, herbeux, pierreux
Tarif : 14,50€ ✚✚ ⇔ 🅴 🄗 (10A) – pers. suppl. 2,30€

Location : 3 bungalows toilés – frais de réservation 36€
🚐 1 borne raclet 4€
Pour s'y rendre : sortie nord-ouest par D 22, rte de
Rustrel

| Nature : ♣ |
| Loisirs : 🎱 mur d'escalade 💆 |
| Services : ♿ ⛽ GB ✂ 🔥 🔧 réfrigérateur, congélateur |
| À prox. : 🏊 |

| Longitude : 5.4036 |
| Latitude : 43.87759 |

L'ARGENTIÈRE-LA-BESSÉE

05120 – **334** H4 – G. Alpes du Sud – 2 302 h. – alt. 1 024
Paris 696 – Briançon 17 – Embrun 33 – Gap 74 – Mont-Dauphin 18 – Savines-le-Lac 44.

Les Écrins de mi-avr. à mi-sept.
℘ 04 92 23 03 38, *contact@camping-les-ecrins.com*,
Fax 04 92 23 09 89, *www.camping-les-ecrins.com*
3 ha (120 empl.) plat, herbeux, pierreux
Tarif : (Prix 2009) 15,30€ ★★ ⊞ 🗉 (♀) (10A) – pers.
suppl. 4,60€ – frais de réservation 2,50€
⊞ borne autre 2€ – 2 🗉 10€ – 🛒 10€
Pour s'y rendre : av. Pierre Sainte (2,3 km au sud par
N 94, rte de Gap, et D 104 à dr.)
À savoir : près d'un plan d'eau et d'un stade d'eau vive

Nature : ≤
Loisirs : 🗺 🏊 🎣
Services : 🚿 (juil.-août) ⊖🅱
🐕 🏪 🛒 🖼 🧺 🛋
À prox. : 🎱 🏊 ⛵ 🏇 **sports en
eaux vives**

Longitude : 6.55716
Latitude : 44.77705

ARLES

13200 – **340** C3 – G. Provence – 51 970 h. – alt. 13
🖪 *Office de tourisme, boulevard des Lices* ℘ *04 90 18 41 20, Fax 04 90 18 41 29*
Paris 719 – Aix-en-Provence 77 – Avignon 37 – Cavaillon 44 – Marseille 94 – Montpellier 84 – Nîmes 32 –
Salon-de-Provence 46.

O : 14 km par N 572 rte de St-Gilles et D 37 à gauche

Crin Blanc ♣♣ – de déb. avr. à fin sept.
℘ 04 66 87 48 78, *camping-crin.blanc@wanadoo.fr*,
Fax 04 66 87 18 66, *www.camping-crin-blanc.com*
4,5 ha (153 empl.) plat, herbeux, pierreux
Tarif : (Prix 2009) 23€ ★★ ⊞ 🗉 (♀) (10A) – pers.
suppl. 4,50€ – frais de réservation 10€
Location (Prix 2009) (permanent) : 🏠 (4 à 6 pers.)
285 à 680€/sem. – 🏡 (4 à 6 pers.) - 285 à 680€/sem.
– frais de réservation 19€
Pour s'y rendre : au Hameau des Saliers (au sud-ouest
de Saliers par D 37)

Nature : 🏞
Loisirs : 🍴 snack, pizzeria 🗺 🎮
🎯 🏊 ⚾ 🎣 🏊 ⛷
Services : 🚿 ⊖🅱 🐕 🏪 🛋 🚻
🖼 🧺 🛋
À prox. : 🏇

Longitude : 4.6278
Latitude : 43.67665

651

AUBIGNAN

84810 – **332** D9 – 4 498 h. – alt. 65
🖪 *Office de tourisme, Place Anne-Benoîte Guillaume* ℘ *04 90 62 65 36, Fax 04 90 37 77 13*
Paris 675 – Avignon 31 – Carpentras 7 – Orange 21 – Vaison-la-Romaine 25.

Le Brégoux de déb. mars à fin oct.
℘ 04 90 62 62 50, *camping-lebregoux@wanadoo.fr*,
Fax 04 90 62 65 21, *www.camping-lebregoux.fr*
3,5 ha (170 empl.) plat, herbeux
Tarif : ★ 3,40€ ⊞ 🗉 3,30€ – (♀) (8A) 3,30€
Location ✂ : 5 🏠 (4 à 6 pers.) 260 à 500€/sem.
Pour s'y rendre : 410 chemin du Vas (800 m au sud-est
par D 55, rte de Caromb et chemin à dr.)

Nature : 🌳🌳
Loisirs : 🗺 🏊 ✂
Services : ⊖🅱 ⊖🅱 🐕 🏪 🛋 🚻
laverie

Longitude : 5.05644
Latitude : 44.09457

AUPS

83630 – **340** M4 – G. Côte d'Azur – 2 029 h. – alt. 496
🖪 *Syndicat d'initiative, place Frédéric Mistral* ℘ *04 94 84 00 69, Fax 04 94 84 00 69*
Paris 818 – Aix-en-Provence 90 – Castellane 71 – Digne-les-Bains 78 – Draguignan 29 – Manosque 59.

International Camping de déb. avr. à fin sept.
℘ 04 94 70 06 80, *info@internationalcamping-aups.com*,
Fax 04 94 70 10 51, *www.internationalcamping-aups.com*
4 ha (150 empl.) plat, pierreux, herbeux
Tarif : ★ 6,90€ ⊞ 🗉 6€ – (♀) (10A) 5,50€
Location (Prix 2009) (permanent) : 25 🏠 (4 à 6 pers.)
300 à 500€/sem.
Pour s'y rendre : 495 rte de Fox-Amphoux (500 m à
l'ouest par D 60)
À savoir : cadre pittoresque et soigné

Nature : 🏊 🏞 🌿
Loisirs : pirreria, discothèque
✂ 🏊
Services : ⊖🅱 ⊖🅱 🐕 🚻 🖼 🛋

Longitude : 6.22375
Latitude : 43.6265

AURIBEAU-SUR-SIAGNE

06810 – **341** C6 – G. Côte d'Azur – 2 710 h. – alt. 85

🛈 *Syndicat d'initiative, place en Aïre* ☎ *04 93 40 79 56, Fax 04 93 40 79 56*

Paris 900 – Cannes 15 – Draguignan 62 – Grasse 9 – Nice 42 – St-Raphaël 41.

🏕 **Le Parc des Monges** de fin avr. à fin sept.
☎ 04 93 60 91 71, *contact@parcdesmonges.fr*,
Fax 04 93 60 91 71, *www.parcdesmonges.com*
1,3 ha (54 empl.) plat, pierreux, herbeux
Tarif : (Prix 2009) 28,50 € 🚶🚶 🚗 🔌 (10A) – pers.
suppl. 4,90 €

Location (Prix 2009) 🏠 : 6 🚐 (4 à 6 pers.) nuitée
90 € - 260 à 620 €/sem. – 8 🏡 (4 à 6 pers.) nuitée 100 €
- 335 à 660 €/sem.
🚐 1 borne artisanale 7 €
Pour s'y rendre : 635 chemin du Gabre (1,4 km au nord-
ouest par D 509, rte de Tanneron)

À savoir : Au bord de la Siagne

Nature : 🌲 ⌂ 🎋	
Loisirs : 🏊	
Services : 🚿 ⛽ 🚐 🔥 🛒 ♨ 🐕 🍴 🖲	
À prox. : 🍷 ✖ snack 🛶 ≋ 🎣	
Longitude : *6.90314*	
Latitude : *43.60696*	

*Pour une meilleure utilisation de cet ouvrage,
LISEZ ATTENTIVEMENT les premières pages du guide.*

AVIGNON

84000 – **332** B10 – G. Provence – 92 454 h. – alt. 21

🛈 *Office de tourisme, 41, cours Jean Jaurès* ☎ *04 32 74 32 74, Fax 04 90 82 95 03*

Paris 682 – Aix-en-Provence 82 – Arles 37 – Marseille 98 – Nîmes 46 – Valence 126.

🏕 **Le Pont d'Avignon** de mi-mars à fin oct.
☎ 04 90 80 63 50, *info@camping-avignon.com*,
Fax 04 90 85 22 12, *www.camping-avignon.com*
8 ha (300 empl.) plat, herbeux, gravillons
Tarif : 26,97 € 🚶🚶 🚗 🔌 (10A) – pers. suppl. 4,76 € –
frais de réservation 20 €
Pour s'y rendre : 10 chemin de la Barthelasse (sortie
nord-ouest, rte de Villeneuve-lès-Avignon par le pont
Édouard-Daladier et à dr., dans l'île-de-la-Barthelasse)

Nature : ⌂ 🎋	
Loisirs : 🍷 snack 🛖 ♨ ✖ 🏊	
Services : 🚿 ⛽ GB 🐕 🍴 laverie 🛁 🐕	
Longitude : *4.80729*	
Latitude : *43.95812*	

BARATIER

05200 – **334** G4 – 517 h. – alt. 855

Paris 704 – Marseille 214 – Gap 39 – Digne 90 – Briançon 51.

🏕 **Les Airelles** de fin mai à mi-sept.
☎ 04 92 43 11 57, *info@lesairelles.com*, Fax 04 92 43 69 07,
www.lesairelles.com
5 ha/4 campables (130 empl.) peu incliné à incliné,
terrasses, plat, pierreux, herbeux
Tarif : 🚶 5,60 € 🚗 🔌 6,20 € – 🔌 (10A) 4,50 €

Location : 17 🚐 (4 à 6 pers.) 320 à 690 €/sem. – 29
🏡 (4 à 6 pers.) - 320 à 690 €/sem.
Pour s'y rendre : rte des Orres (1,2 km au sud-est par
D 40, rte des Orres et rte à dr.)

Nature : 🌲 ⩙ 🎋	
Loisirs : 🍷 snack, pizzeria 🛖 🌙 nocturne 🏋 🏊 terrain omnisports	
Services : 🚿 ⛽ GB 🐕 🔥 🍴 🖲	
Longitude : *6.5011*	
Latitude : *44.53094*	

🏕 **Le Verger** Permanent
☎ 04 92 43 15 87, *camping.leverger@wanadoo.fr*,
Fax 04 92 43 49 81, *www.campingleverger.fr*
4,3 ha/2,5 campables (110 empl.) peu incliné, en
terrasses, herbeux, pierreux
Tarif : (Prix 2009) 20,10 € 🚶🚶 🚗 🔌 (10A) – pers.
suppl. 5 € – frais de réservation 14 €

Location (Prix 2009) : 12 🏡 (4 à 6 pers.) - 400 à 650 €/
sem. – pavillons
Pour s'y rendre : chemin de Jouglar (sortie ouest, pour
caravanes, accès conseillé par le village)

À savoir : Entrée fleurie et site agréable

Nature : 🌲 ⩙ ⌂ 🎋	
Loisirs : snack 🛖 🏊	
Services : ⛽ GB 🐕 🏛 🔥 🍴 🖲	
À prox. : ✖ 🔥	
Longitude : *6.49593*	
Latitude : *44.53862*	

⚠ **Les Grillons** de mi-mai à mi-sept.
  📞 04 92 43 32 75, *info@lesgrillons.com*, Fax 04 92 43 32 75,
  www.lesgrillons.com
  1,5 ha (90 empl.) peu incliné, herbeux
  Tarif : (Prix 2009) 18,50€ ✶✶ ⇔ 🅴 🚿 (10A) – pers.
  suppl. 4,50€ – frais de réservation 10€

  Location (Prix 2009) : 16 ▦ (4 à 6 pers.) nuitée 45€ -
  280 à 560€/sem. – frais de réservation 12€
  Pour s'y rendre : rte de la Madeleine (1 km au nord par
  D 40, D 340 et chemin à gauche)

Nature : 🐟 ⬤ ♀
Loisirs : 🎯 🛷
Services : ⚕ ⛽ GB ⚙ 🛁 🖳

Longitude : 6.50604
Latitude : 44.55537

⚠ **Les Esparons** de mi-juin à fin août
  📞 04 92 43 02 73, *info@lesesparons.com*,
  Fax 04 92 43 02 73, *www.lesesparons.com*
  1,5 ha (83 empl.) plat et peu incliné, herbeux
  Tarif : ✶ 4,50€ ⇔ 🅴 5€ – 🚿 (6A) 3,90€ – frais de
  réservation 10€

  Location 🏖 : 6 🏠 (4 à 6 pers.) - 250 à 545€/sem.
  Pour s'y rendre : rte de la Madeleine (sortie nord par
  D 40 et D 340)

  À savoir : agréable verger près d'un torrent

Nature : 🐟 ⬤ 🗒 ♀♀
Loisirs : 🛝 🛷
Services : ⚕ ⛽ ⚙ 🖳

Longitude : 6.49593
Latitude : 44.53862

⚠ **Les Deux Bois** de mi-mai à mi-sept.
  📞 04 92 43 54 14, *info@camping-les2bois.com*, *www.
  camping-les2bois.com*
  2,5 ha (100 empl.) plat, incliné à peu incliné, terrasses,
  herbeux, pierreux
  Tarif : (Prix 2009) 18,60€ ✶✶ ⇔ 🅴 🚿 (10A) – pers.
  suppl. 4,85€ – frais de réservation 15€
  Pour s'y rendre : rte de Pra Fouran (accès au bourg par
  D 204)

Nature : 🐟 ⬤ ♀
Loisirs : 🍽 snack, pizzeria 🛝 🛷
Services : ⚕ ⛽ GB ⚙ ▥ 🛁 🖳
À prox. : 🎯 ⚓

Longitude : 6.49162
Latitude : 44.54052

  Renouvelez votre guide chaque année.

BARCELONNETTE

04400 – **334** H6 – G. Alpes du Sud – 2 818 h. – alt. 1 135 – Sports d'hiver : Le Sauze/Super Sauze 1 400/2
000 m ⛷ 23 ⛷ et Pra-Loup 1 500/2 600 m ⛷ 3 ⛷ 29 ⛷
🅱 *Office de tourisme, place Frédéric Mistral* 📞 04 92 81 04 71, Fax 04 92 81 22 67
Paris 733 – Briançon 86 – Cannes 161 – Cuneo 98 – Digne-les-Bains 88 – Gap 68 – Nice 145.

à l'Ouest sur D 900 rte du Lauzet-Ubaye :

⛰ **Le Rioclar** ⚑⚑ – de déb. mai à mi-sept.
  📞 04 92 81 10 32, *rioclar@wanadoo.fr*, Fax 04 92 81 10 32,
  www.rioclar.com – alt. 1 073
  8 ha (200 empl.) en terrasses, pierreux, herbeux
  Tarif : 25,80€ ✶✶ ⇔ 🅴 🚿 (10A) – pers. suppl. 5,80€ –
  frais de réservation 18€

  Location : 25 ▦ (4 à 6 pers.) nuitée 55€ - 390 à
  620€/sem. – 3 🏠 (4 à 6 pers.) nuitée 55€ - 390 à
  620€/sem. – frais de réservation 18€
  Pour s'y rendre : RD 900 - rte de Barcelonnette (11 km de
  Barcelonnette, près de l'Ubaye et d'un petit plan d'eau)

  À savoir : site et cadre agréables

Nature : 🐟 ⬤ 🗒
Loisirs : ✗ 🏛 🏃 🛝 🚴 🎯 ⚓ 🛷 terrain multisports, sports en eaux vives, canoë
Services : ⚕ ⛽ GB ⚙ 🛁 🍴 🖳 ⚓ 🚿
À prox. : 🏊

Longitude : 6.50483
Latitude : 44.40033

⛰ **Le Fontarache** de déb. juin à déb. sept.
  📞 04 92 81 90 42, *reception@camping-fontarache.fr*,
  Fax 04 92 81 90 42, *www.camping-fontarache.com* –
  alt. 1 108 – places limitées pour le passage
  6 ha (150 empl.) plat, pierreux, gravier
  Tarif : 19€ ✶✶ ⇔ 🅴 🚿 (6A) – pers. suppl. 4€ – frais de
  réservation 12€

  Location 🏖 : 11 ▦ (4 à 6 pers.) 240 à 570€/
  sem. – 2 🏠 (4 à 6 pers.) - 400 à 630€/sem. – frais de
  réservation 12€
  🚰 borne artisanale 4€
  Pour s'y rendre : au lieu-dit : Les Thuiles Basses (7 km de
  Barcelonnette, près de l'Ubaye)

Nature : ⬤ 🗒
Loisirs : 🍽 🛝 🎯 🛷 🏊
Services : ⚕ ⛽ ⚙ 🍴
À prox. : 🏊 ✗ sports en eaux vives, canoë

Longitude : 6.64792
Latitude : 44.38623

BARRET-SUR-MÉOUGE

05300 – **334** C7 – 218 h. – alt. 640
Paris 700 – Laragne-Montéglin 14 – Sault 46 – Séderon 21 – Sisteron 25.

▲ **Les Gorges de la Méouge** de déb. mai à fin sept.
🖉 04 92 65 08 47, *campinggorgesdelameouge@wanadoo.
fr,* Fax 04 92 65 05 33, *www.camping-meouge.com*
2,5 ha (95 empl.) plat, herbeux
Tarif : 20,50€ ✶✶ ⇐ 🅴 (½) (4A) – pers. suppl. 4,70€

Location (de déb. avr. à mi-sept.) : 🛏
🖘 borne autre 2€ – 🐖 9.5€
Pour s'y rendre : au lieu-dit : Le Serre (sortie est par
D 942, rte de Laragne-Montéglin et chemin à dr., près de
la Méouge)

| Nature : 🌊 ≤ 🎿 |
| Loisirs : 🚲 🏊 |
| Services : 🔥 ⚷ 🐾 🚿 🍽 🗑 |

| *Longitude : 5.73952* |
| *Latitude : 44.2616* |

LES GUIDES VERTS **MICHELIN**
Paysages, monuments
Routes touristiques
Géographie
Histoire, Art
Itinéraire de visite
Plans de villes et de monuments

LE BAR-SUR-LOUP

06620 – **341** C5 – G. Côte d'Azur – 2 726 h. – alt. 320
🅱 *Office de tourisme, place Francis Paulet* 🖉 04 93 42 72 21, Fax 04 93 42 92 60
Paris 916 – Cannes 22 – Grasse 10 – Nice 31 – Vence 15.

▲▲ **Les Gorges du Loup** de déb. avr. à fin sept.
🖉 04 93 42 45 06, *info@lesgorgesduloup.com, www.
lesgorgesduloup.com* – accès aux emplacements par
forte pente, mise en place et sortie des caravanes à la
demande
1,6 ha (70 empl.) fort dénivelé, en terrasses, pierreux,
herbeux
Tarif : (Prix 2009) 23€ ✶✶ ⇐ 🅴 (½) (10A) – pers.
suppl. 4,80€ – frais de réservation 15€

Location (Prix 2009) : 9 🛏 (4 à 6 pers.) 350 à 600€/
sem. – 6 🛖 (4 à 6 pers.) - 350 à 600€/sem. – 1 studio
– frais de réservation 15€
Pour s'y rendre : 965 chemin des Vergers (1 km au nord-
est par D 2210 puis 1 km par chemin des Vergers à dr.)

À savoir : petites terrasses souvent à l'ombre d'oliviers
centenaires

| Nature : 🌊 ≤ 🏕 🎿 |
| Loisirs : 🍴 🏓 🏊 |
| Services : ⚷ 🅿 (tentes) 🐾 🗑 |
| 🚿 |

| *Longitude : 6.98985* |
| *Latitude : 43.69712* |

BEAUMES-DE-VENISE

84190 – **332** D9 – G. Provence – 2 185 h. – alt. 100
🅱 *Office de tourisme, place du Marché* 🖉 04 90 62 94 39, Fax 04 90 62 93 25
Paris 666 – Avignon 34 – Nyons 39 – Orange 23 – Vaison-la-Romaine 23.

▲ **Municipal de Roquefiguier** de déb. mars à fin
oct.
🖉 04 90 62 95 07, *camping.roquefiguier@orange.fr,*
Fax 04 90 65 01 31, *www.mairie-de-beaumes-de-venise*
1,5 ha (63 empl.) peu incliné et en terrasses, herbeux,
pierreux
Tarif : (Prix 2009) ✶ 2,50€ ⇐ 1,70€ 🅴 2,85€ –
(½) (6A) 2,55€
🖘 borne autre
Pour s'y rendre : rte de Lafare (sortie nord par D 90, rte
de Malaucène et à dr., au bord de la Salette)

| Nature : ≤ 🏕 🍃 |
| Loisirs : 🏓 🎣 |
| Services : 🔥 ⚷ GB 🐾 🚿 🍽 🗑 |
| réfrigérateur, congélateur |
| À prox. : 🍴 |

| *Longitude : 5.04595* |
| *Latitude : 44.11714* |

BEAUMONT-DU-VENTOUX

84340 – **332** E8 – 322 h. – alt. 360
Paris 676 – Avignon 48 – Carpentras 21 – Nyons 28 – Orange 40 – Vaison-la-Romaine 13.

▲ **Mont-Serein** de déb. nov. à mi-oct.
℘ 0490604916, *montserein@orange.fr*, Fax 0490604916,
www.camping-ventoux.com – alt. 1 400
1,2 ha (60 empl.) plat, pierreux, herbeux
Tarif : ★ 4,20€ ⇔ 🅴 4,80€ – ⑭ (16A) 3,50€
Location : 5 🏠 (4 à 6 pers.) nuitée 56€ - 380 à 520€/
sem.
🛒 30 🅴 14,90€ – 🛒 8.5€
Pour s'y rendre : 20 km à l'est par D 974 et D 164a, r.
du Mont-Ventoux par Malaucène, accès conseillé par
Malaucène

À savoir : agréable situation dominante

Nature : 🏞 ≤ Mont-Ventoux et chaîne des Alpes 🛏
Loisirs : 🎱
Services : 🔌 GB 🐕 ⅢⅢ 🛁 🖼 ⚒

Longitude : 5.16559
Latitude : 44.18382

*This Guide is not intended as a list of all the camping sites in France;
its aim is to provide a selection of the best sites in each category.*

BÉDOIN

84410 – **332** E9 – 2 974 h. – alt. 295
🅱 *Office de tourisme, Espace Marie-Louis Gravier* ℘ 0490656395, Fax 0490128155
Paris 692 – Avignon 43 – Carpentras 16 – Vaison-la-Romaine 21.

▲ **Municipal la Pinède** de mi-mars à fin oct.
℘ 0490656103, *la-pinede.camping-municipal@
wanadoo.fr, www.camping-municipal-la-pinede.new.fr*
6 ha (121 empl.) en terrasses, pierreux, herbeux
Tarif : (Prix 2009) 14,70€ ★★ ⇔ 🅴 ⑭ (10A) – pers.
suppl. 3,40€
🛒 borne eurorelais 2€
Pour s'y rendre : chemin des Sablières (sortie ouest par
rte de Crillon-le-Brave et chemin à dr., à côté de la piscine
municipale)

Nature : 🟢🟢
Services : 🚿 🔌 GB 🐕 🛁 🖼
À prox. : ✂ ⿻

Longitude : 5.17662
Latitude : 44.12319

655

LA BOCCA

06150 – **341** C6
🅱 *Office de tourisme, 1, avenue Pierre Semard* ℘ 0493470412, Fax 0493909985
Paris 903 – Marseille 174 – Nice 39 – Antibes 15 – Cannes 4.

▲▲ **Le Parc Bellevue** de déb. avr. à fin sept.
℘ 0493472897, *contact@parcbellevue.com*,
Fax 0493486625, *www.parcbellevue.com*
5 ha (250 empl.) plat et en terrasses, herbeux
Tarif : (Prix 2009) 28,40€ ★★ ⇔ 🅴 ⑭ (6A) – pers.
suppl. 4€

Location (Prix 2009) : 13 🚐 (2 à 4 pers.) à 450€/sem.
– 50 🚐 (4 à 6 pers.) à 660€/sem.
Pour s'y rendre : 67 av. Maurice Chevalier (au nord,
derrière le stade municipal)

Nature : 🛏 🟢🟢
Loisirs : snack, pizzeria 🎱 🏊 🛝
Services : 🚿 🔌 GB 🐕 🛁 ⿻ 🖼 🛒

Longitude : 6.96118
Latitude : 43.55158

▲▲ **Ranch-Camping** de mi-avr. à déb. oct.
℘ 0493460011, *dstallis@free.fr*, Fax 0493464430,
www.leranchcamping.fr
2 ha (130 empl.) peu incliné, en terrasses, herbeux, pierreux
Tarif : (Prix 2009) ★ 6€ ⇔ 3€ 🅴 17€ ⑭ (6A) – frais de
réservation 10€

Location (Prix 2009) : 8 🚐 (2 à 4 pers.) 330€/sem. – 9
🚐 (4 à 6 pers.) 360 à 540€/sem. – 9 🏠 (4 à 6 pers.)
- 400 à 670€/sem. – frais de réservation 10€
Pour s'y rendre : ch. St. Joseph (1,5 km au nord-ouest
par D 9 puis bd de l'Esterel à dr.)

Nature : 🛏 🟢🟢
Loisirs : 🎱 🏊 🟦 (petite piscine)
Services : 🚿 🔌 GB 🐕 ⿻ 🛁 ⿻ 🖼 ⚒

Longitude : 6.9785
Latitude : 43.56532

BOLLÈNE

84500 – **332** B8 – G. Provence – 13 835 h. – alt. 40

🖪 *Office de tourisme, place Reynaud de la Gardette* ☎ *04 90 40 51 45, Fax 04 90 40 51 44*

Paris 634 – Avignon 53 – Montélimar 34 – Nyons 35 – Orange 26 – Pont-St-Esprit 10.

🔺 **La Simioune** Permanent

☎ 04 90 30 44 62, *la-simioune@wanadoo.fr*, *www.la-simioune.fr*

2 ha (80 empl.) plat et en terrasses, sablonneux

Tarif : 14 € ✹✹ ⇔ 🗐 🔌 (6A) – pers. suppl. 3,50 € – frais de réservation 10 €

Location : ⌂ – frais de réservation 10 €

Pour s'y rendre : quartier de Guffiage (5 km au nord-est par rte de Lambisque (accès sur D 8 par ancienne rte de Suze-la-Rousse longeant le Lez) et chemin à gauche)

À savoir : bâtiments en bois, style ranch

Nature : 🌳 🗓	
Loisirs : 🛉 ⚓ 🐎 poneys (centre équestre)	
Services : ♿ ⚷ 🗑 🖍 🖫 🖲	

Longitude : 4.75163
Latitude : 44.2792

Si vous recherchez :

👪   *Un terrain offrant des équipements et des loisirs adaptés aux enfants*

🌿   *Un terrain agréable ou très tranquille*

L   *Un terrain effectuant la location de caravanes,*
      de mobile homes, de bungalows ou de chalets

P   *Un terrain ouvert toute l'année*

🚐   *Un terrain possédant une aire de services pour camping-cars*

Consultez le tableau des localités

BONNIEUX

84480 – **332** E11 – G. Provence – 1 400 h. – alt. 400

🖪 *Office de tourisme, 7, place Carnot* ☎ *04 90 75 91 90, Fax 04 90 75 92 94*

Paris 721 – Aix-en-Provence 49 – Apt 12 – Cavaillon 27 – Salon-de-Provence 45.

🔺 **Municipal du Vallon** de mi-mars à fin oct.

☎ 04 90 75 86 14, *molinafamily@hotmail.fr*, Fax 04 90 75 86 14

1,3 ha (80 empl.) plat et en terrasses, pierreux, herbeux, bois attenant

Tarif : (Prix 2009) 21,50 € ✹✹ ⇔ 🗐 🔌 (10A) – pers. suppl. 3,80 € – frais de réservation 15 €

Pour s'y rendre : rte de Ménerbes (sortie sud par D 3, rte de Ménerbes et chemin à gauche)

Nature : 🌿 🗓	
Services : ⚷ GB 🐄 🗑 🖫 🖲	
À prox. : 🏊 🍴	

Longitude : 5.27305
Latitude : 43.85389

BORMES-LES-MIMOSAS

83230 – **340** N7 – G. Côte d'Azur – 7 051 h. – alt. 180

🖪 *Office de tourisme, 1, place Gambetta* ☎ *04 94 01 38 38, Fax 04 94 01 38 39*

Paris 871 – Fréjus 57 – Hyères 21 – Le Lavandou 4 – St-Tropez 35 – Ste-Maxime 37 – Toulon 39.

🔺 **Manjastre** Permanent

☎ 04 94 71 03 28, *manjastre@infonie.fr*, Fax 04 94 71 63 62, *www.campingmanjastre.com* ✂ (de déb. juil. à fin août)

3,5 ha (120 empl.) en terrasses, pierreux, plat et peu incliné

Tarif : ✹ 5,80 € ⇔ 🗐 9,60 € – 🔌 (10A) 4,70 € – frais de réservation 15 €

🚐 borne artisanale 6 € – 4 🗐 8,80 € – 🛢 10.88 €

Pour s'y rendre : 150 chemin des Girolles (5 km au nord-ouest sur N 98, rte de Cogolin)

À savoir : bel ensemble de terrasses parmi les mimosas et les chênes-lièges

Nature : 🌿 🗓	
Loisirs : 🛉 🏊 ⚓	
Services : ♿ ⚷ GB 🏪 🖍 🖫	
🍴 laverie 🖲	

Longitude : 6.32066
Latitude : 43.16171

BRIANÇON

05100 – **334** H2 – G. Alpes du Sud – 11 542 h. – alt. 1 321 – Sports d'hiver :
🛈 *Office de tourisme, 1, place du Temple* ℘ 04 92 21 08 50, Fax 04 92 20 56 45
Paris 681 – Digne-les-Bains 145 – Embrun 48 – Grenoble 89 – Gap 119.

⚐ **Les 5 Vallées** de déb. juin à fin sept.
℘ 04 92 21 06 27, *infos@camping5vallees.com*,
Fax 04 92 20 41 69, *www.camping5vallees.com*
5 ha (116 empl.) plat, peu incliné, herbeux
Tarif : (Prix 2009) ⚹ 6,30 € ⚐ 2,40 € 🅔 4 € – 🔌 (10A) 3,70 €

Location (Prix 2009) (vac. scolaires et de déb. juin à
fin sept.) : 24 🏠 (4 à 6 pers.) 502 à 697 €/sem.
🚐 borne eurorelais
Pour s'y rendre : au lieu-dit : St-Blaise (2 km au sud par
N 94)

Nature : ⩽ 🌳🌳	
Loisirs : 🎰 ⛵ 🏊	
Services : 👤 🔌 🧺 laverie 🧺 🚿	
À prox. : 🎣	

Longitude : 6.63416
Latitude : 44.89692

*Raadpleeg, voordat U zich op een kampeerterrein installeert,
de tarieven die de de beheerder verplicht
is bij de ingang van het terrein aan te geven.
Informeer ook naar de speciale verblijfsvoorwaarden.
De in deze gids vermelde gegevens kunnen
sinds het verschijnen van deze heredltie gewijzigd zijn.*

CADENET

84160 – **332** F11 – G. Provence – 3 950 h. – alt. 170
🛈 *Office de tourisme, 11, place du Tambour d'Arcole* ℘ 04 90 68 38 21, Fax 04 90 68 24 49
Paris 734 – Aix-en-Provence 33 – Apt 23 – Avignon 63 – Digne-les-Bains 109 – Manosque 49 – Salon-de-Provence 34.

⚐ **Val de Durance** de déb. avr. à fin sept.
℘ 08 20 20 12 07, *info@homair.com*, Fax 04 42 95 03 63,
www.camping-levaldedurance.com
10 ha/2,4 campables (232 empl.) plat, herbeux, pierreux
Tarif : (Prix 2009) 27 € ⚹⚹ ⚐ 🅔 🔌 (10A) – pers.
suppl. 6 €

Location (Prix 2009) : 165 🏠 (4 à 6 pers.) 658 à 882 €/
sem. – frais de réservation 25 €
Pour s'y rendre : 570 av. du Club Hippique (2,7 km au
sud-ouest par D 943, rte d'Aix, D 59 à dr. et chemin à
gauche)
À savoir : au bord d'un plan d'eau et à 300 m de la
Durance

657

Nature : 🌊 ⩽ 🌳🌳	
Loisirs : 🍴 snack 🎰 🏓 ⛵ 🏊 🛶 🎣 terrain omnisports	
Services : 👤 🔌 GB 🐕 🚿 🛒 🚽 🧺 🚿	

Longitude : 5.37595
Latitude : 43.73706

CADIÈRE-D'AZUR

83740 – **340** J6 – G. Côte d'Azur – 5 039 h. – alt. 144
🛈 *Office de tourisme, place Général-de-Gaulle* ℘ 04 94 90 12 56, Fax 04 94 98 30 13
Paris 815 – Grenoble 310 – Marseille 45 – Nice 169 – Toulon 22 – Valence 260.

⚐ **FranceLoc La Malissonne** (location exclusive de
mobile homes, bungalows et villas) de déb. mars à fin
nov.
℘ 04 94 90 10 60, *domainemalissonne@wanadoo.fr*,
Fax 04 94 90 14 11, *www.domainemalissonne.com* – empl.
traditionnels également disponibles
4,5 ha (200 empl.) en terrasses, peu incliné, pierreux,
herbeux

Location 🏄 (juil.-août) : 58 🏠 (4 à 6 pers.) 147 à
1 015 €/sem. – 15 🏠 (4 à 6 pers.) - 196 à 1 120 €/sem.
– 20 villas – frais de réservation 26 €
Pour s'y rendre : 1,8 km au nord-ouest par D 66, rte de
la Ciotat - accès conseillé par St-Cyr-sur-Mer

Nature : 🌳 🌿	
Loisirs : 🍴 pizzeria, snack 🎰 🎣 ⛵ 🏓 🏊 ⛳	
Services : 👤 🔌 GB 🐕 🚿 🛒 🧺 🚿	

Longitude : 5.85846
Latitude : 43.35115

CAGNES-SUR-MER

06800 – **341** D6 – G. Côte d'Azur – 48 313 h. – alt. 20

🖪 *Office de tourisme, 6, boulevard Maréchal Juin* 🖉 *04 93 20 61 64, Fax 04 93 20 52 63*

Paris 915 – Antibes 11 – Cannes 21 – Grasse 25 – Nice 13 – Vence 9.

La Rivière de mi-mars à mi-oct.
🖉 04 93 20 62 27, Fax 04 93 20 72 53, *www. campinglariviere06.fr*
1,2 ha (90 empl.) plat, herbeux, gravier
Tarif : 19,80 € **† †** ⇔ 🖪 (6A) – pers. suppl. 4 €

Location (de déb. avr. à fin sept.) : 4 (4 à 6 pers.) 240 à 430 €/sem.

Pour s'y rendre : 168 chemin des Salles (3,5 km au nord, au bord de la Cagne)

| Nature : ⬜ ⬜ ⬜ |
| Loisirs : snack, pizzeria ⬜ ⬜ |
| Services : ⬜ GB ⬜ ⬜ ⬜ ⬜ ⬜ ⬜ |

Longitude : 7.14454
Latitude : 43.68282

Le Val de Cagnes de déb. mars à mi-oct.
🖉 04 93 73 36 53, *valdecagnes@wanadoo.fr*,
Fax 04 93 73 36 53, *www.camping-leval-cagnes.com*
1,1 ha (34 empl.) en terrasses, herbeux, pierreux
Tarif : (Prix 2009) 25,50 € **† †** ⇔ 🖪 (6A) – pers. suppl. 4 € – frais de réservation 6,50 €

Location (Prix 2009) (de déb. mars à fin sept.) : 4 (4 à 6 pers.) 290 à 665 €/sem. – frais de réservation 6,50 €

⬜ borne artisanale – 8 🖪 25,50 €

Pour s'y rendre : 179 Chemin des Salles (3,8 km au nord par r. J-Féraud et chemin des Salles)

À savoir : fleurs, plantations et pierres de la région agrémentent les emplacements

| Nature : ⬜ ⬜ ⬜ |
| Loisirs : ⬜ ⬜ |
| Services : ⬜ ⬜ ⬜ ⬜ ⬜ |

Longitude : 7.14454
Latitude : 43.68282

Le Colombier de déb. avr. à fin sept.
🖉 04 93 73 12 77, *campinglecolombier06@wanadoo.fr*,
Fax 04 93 73 12 77, *www.campinglecolombier.com*
0,5 ha (33 empl.) plat, peu incliné, herbeux, gravier
Tarif : 24,30 € **† †** ⇔ 🖪 (6A) – pers. suppl. 4 € – frais de réservation 6 €

Location : 2 (4 à 6 pers.) 265 à 550 €/sem. – frais de réservation 6 €

⬜ borne artisanale

Pour s'y rendre : 35 chemin Ste Colombe (2 km au nord en dir. des collines de la rte de Vence et au rd-pt., chemin de Ste-Colombe)

| Nature : ⬜ ⬜ ⬜ |
| Loisirs : ⬜ ⬜ (petite piscine) |
| Services : ⬜ ⬜ laverie |

Longitude : 7.13708
Latitude : 43.673

To make the best possible use of this Guide,
READ CAREFULLY THE EXPLANATORY NOTES.

CALLAS

83830 – **340** O4 – G. Côte d'Azur – 1 713 h. – alt. 398

🖪 *Office de tourisme, place du 18 juin 1940* 🖉 *04 94 39 06 77, Fax 04 94 39 06 79*

Paris 872 – Castellane 51 – Draguignan 14 – Toulon 94.

Les Blimouses de déb. mars à fin déc.
🖉 04 94 47 83 41, *camping.les.blimouses@wanadoo.fr*,
Fax 04 94 47 83 41, *www.campinglesblimouses.com*
6 ha (170 empl.) plat à incliné, en terrasses, pierreux, herbeux
Tarif : 22 € **† †** ⇔ 🖪 (10A) – pers. suppl. 4 € – frais de réservation 20 €

Location (de déb. avr. à fin oct.) : 30 (4 à 6 pers.) nuitée 29 € - 250 à 605 €/sem. – 🏠 – frais de réservation 20 €

Pour s'y rendre : 3 km au sud par D 25 et D 225, rte de Draguignan

| Nature : ⬜ ⬜ |
| Loisirs : snack ⬜ ⬜ ⬜ |
| Services : ⬜ ⬜ GB ⬜ ⬜ ⬜ ⬜ ⬜ |

Longitude : 6.53902
Latitude : 43.59405

CAROMB

84330 – **332** D9 – 3 177 h. – alt. 95
⚫ *Office de tourisme, 64, place du Cabaret ✆ 04 90 62 36 21, Fax 04 90 62 36 22*
Paris 683 – Avignon 37 – Carpentras 10 – Malaucène 10 – Orange 29 – Vaison-la-Romaine 19.

Le Bouquier de déb. avr. à déb. oct.
✆ 04 90 62 30 13, *lebouquier@orange.fr*,
Fax 04 90 62 30 13, *www.lebouquier.Com*
1,5 ha (50 empl.) en terrasses, plat, gravier, pierreux
Tarif : 17€ ★★ ⚎ ▣ ⒣ (10A) – pers. suppl. 4€ – frais
de réservation 5€

Location : 3 ⌂ (4 à 6 pers.) 320 à 580€/sem. – frais
de réservation 5€
Pour s'y rendre : av. Charles de Gaulle (1,5 km au nord
par D 13)

| Nature : |
| Loisirs : (petite piscine) |
| Services : (tentes) |

Longitude : 5.10875
Latitude : 44.12014

Si vous recherchez :
👪 *Un terrain offrant des équipements et des loisirs adaptés aux enfants*
♨ *Un terrain agréable ou très tranquille*
L-M *Un terrain effectuant la location de caravanes, de mobile homes,*
de bungalows ou de chalets
P *Un terrain ouvert toute l'année*
🚐 *Un terrain possédant une aire de services pour camping-cars*
Consultez le tableau des localités

CARPENTRAS

84200 – **332** D9 – G. Provence – 27 451 h. – alt. 102
⚫ *Office de tourisme, 97, Place du 25 Août 1944 ✆ 04 90 63 00 78, Fax 04 90 60 41 02*
Paris 679 – Avignon 30 – Cavaillon 28 – Orange 24.

Lou Comtadou de déb. avr. à fin sept.
✆ 04 90 67 03 16, *info@campingloucomtadou.com*,
Fax 04 90 46 01 81, *www.campingloucomtadou.com*
1 ha (99 empl.) plat, pierreux, herbeux, petit plan d'eau
Tarif : 25,50€ ★★ ⚎ ▣ ⒣ (6A) – pers. suppl. 6,90€ –
frais de réservation 15€

Location (de déb. mars à fin oct.) : 6 ⌂ (2 à 4 pers.)
nuitée 36€ - 170 à 410€/sem. – 5 ⌂ (4 à 6 pers.)
nuitée 71€ - 320 à 616€/sem. – 3 bungalows toilés –
frais de réservation 15€
🚐 borne artisanale 5,50€
Pour s'y rendre : 881, av. Pierre de Coubertin (1,5 km
au sud-est par D 4, rte de St-Didier et rte à dr., près du
complexe sportif)

| Nature : |
| Loisirs : |
| Services : GB |
| À prox. : |

Longitude : 5.05418
Latitude : 44.04443

CARRO

13500 – **340** F6 – G. Provence
Paris 787 – Marseille 44 – Aix-en-Provence 51 – Martigues 13 – Aubagne 61.

L 'Hippocampe, les Chalets de la Mer (location
exclusive de chalets) Permanent
✆ 04 42 80 73 46, *hippocampe@semovim-martigues.*
com, Fax 04 42 40 56 09, *www.semovim-martigues.com*
3 ha plat, gravier

Location (Prix 2009) **P** : 68 ⌂ (4 à 6 pers.) - 375 à
1 000€/sem. – frais de réservation 15,50€
Pour s'y rendre : r. de la Tramontane

| Nature : |
| Loisirs : snack |
| Services : GB |

Longitude : 5.03917
Latitude : 43.33112

CASTELLANE

04120 – **334** H9 – G. Alpes du Sud – 1 630 h. – alt. 730
🄸 *Office de tourisme, rue Nationale* 🕿 *04 92 83 61 14, Fax 04 92 83 76 89*
Paris 797 – Digne-les-Bains 54 – Draguignan 59 – Grasse 64 – Manosque 92.

⚠ Les Collines de Castellane de mi-avr. à fin sept.
🕿 04 92 83 68 96, *info@rcn-lescollinesdecastellane.fr*,
Fax 04 92 83 75 40, *www.rcn-campings.fr* – accès aux
emplacements par forte pente, mise en place et sortie
des caravanes à la demande – alt. 1 000
7 ha (200 empl.) en terrasses, peu incliné, pierreux,
herbeux, bois attenant
Tarif : 39,50 € ✶✶ ⇌ 🅴 (10A) – pers. suppl. 5 € –
frais de réservation 17,50 €

Location : 36 🛏 (4 à 6 pers.) nuitée 56 € - 322 à
945 €/sem. – 4 🏠 (4 à 6 pers.) nuitée 56 € - 343 à
945 €/sem. – frais de réservation 17,50 €
Pour s'y rendre : rte de Grasse (7 km au sud-est par
N 85, à La Garde)

Nature : 🏞 < 🏕 99	
Loisirs : 🍽 snack, pizzeria 🎦 🏓 🛝 🏊 🛶	
Services : 🔧 ⊶ 🅶🅱 🐾 🚿 🚐 🍴 🗑 🚿	

Longitude : 6.57
Latitude : 43.82423

⚠ International Camping de fin mars à fin sept.
🕿 04 92 83 66 67, *info@camping-international.fr*,
Fax 04 92 83 77 67, *www.camping-international.fr*
6 ha (274 empl.) plat, peu incliné, herbeux, pierreux
Tarif : 23,50 € ✶✶ ⇌ 🅴 (10A) – pers. suppl. 5,50 € –
frais de réservation 10 €

Location : 35 🛏 (4 à 6 pers.) nuitée 49 € - 210 à
650 €/sem. – 6 🏠 (4 à 6 pers.) nuitée 59 € - 230 à
750 €/sem. – frais de réservation 10 €
🚽 borne flot bleu
Pour s'y rendre : rte Napoléon

Nature : 🏕 9	
Loisirs : ✗ pizzeria 🎦 🍴 ♠ 🛶	
Services : 🔧 ⊶ 🅶🅱 🐾 🚿 🚐 🍴 🗑 🗑 🚿 cases réfrigérées	
À prox. : 🐎	

Longitude : 6.49773
Latitude : 43.85966

⚠ La Colle de déb. avr. à fin sept.
🕿 04 92 83 61 57, *campinglacolle@aliceadsl.fr*,
Fax 04 92 83 61 57, *www.camping-lacolle.com*
3,5 ha/1 campable (41 empl.) non clos, plat, peu incliné
et en terrasses, pierreux, herbeux
Tarif : (Prix 2009) 20 € ✶✶ ⇌ 🅴 (10A) – pers.
suppl. 4,10 €

Location (Prix 2009) 🔧 : 10 🛏 (4 à 6 pers.) nuitée
55 € - 385 à 518 €/sem.
🚽 borne artisanale 5 €
Pour s'y rendre : 2,5 km au sud-ouest par D 952, rte de
Moustiers-Ste-Marie et GR 4 à dr.

À savoir : cadre sauvage, au bord d'un ruisseau

Nature : 🏞 < 🏕 99	
Loisirs : 🎦 🚲	
Services : 🔧 ⊶ 🅶🅱 🐾 🚐 🚿 🗑	
À prox. : canoë-kayak, rafting, parc-aventure	

Longitude : 6.48902
Latitude : 43.8389

⚠ Notre-Dame de déb. avr. à mi-oct.
🕿 04 92 83 63 02, *camping-notredame@wanadoo.fr*,
www.camping-notredame.com
0,6 ha (44 empl.) plat, herbeux
Tarif : (Prix 2009) 19,50 € ✶✶ ⇌ 🅴 (6A) – pers.
suppl. 4,80 € – frais de réservation 10 €

Location (Prix 2009) 🔧 : 11 🛏 (4 à 6 pers.) nuitée
45 € - 350 à 550 €/sem. – frais de réservation 10 €
🚽 borne artisanale 3,50 € – 🚐 🔌 14 €
Pour s'y rendre : rte des Gorges du Verdon (500 m au
sud-ouest par D 952, rte de Moustiers-Ste-Marie, au bord
d'un ruisseau)

Nature : <	
Loisirs : 🛶	
Services : 🔧 ⊶ 🐾	
À prox. : canoë-kayak, rafting, aventure-parc	

Longitude : 6.50447
Latitude : 43.8457

660

Om een reisroute uit te stippelen en te volgen,
om het aantal kilometers te berekenen,
om precies de ligging van een terrein te bepalen
(aan de hand van de inlichtingen in de tekst),
*gebruikt u de **Michelinkaarten**,*
een onmisbare aanvulling op deze gids.

CAVALAIRE-SUR-MER

83240 – **340** O6 – G. Côte d'Azur – 6 351 h. – alt. 2

🛈 *Office de tourisme, Maison de la Mer* ℰ *04 94 01 92 10, Fax 04 94 05 49 89*

Paris 880 – Draguignan 55 – Fréjus 41 – Le Lavandou 21 – St-Tropez 20 – Ste-Maxime 22 – Toulon 61.

Cros de Mouton de mi-mars à déb. nov.
ℰ 04 94 64 10 87, *campingcrosdemouton@wanadoo.fr*,
Fax 04 94 64 63 12, *www.crosdemouton.com* – accès aux
emplacements par forte pente, mise en place et sortie
des caravanes à la demande
5 ha (199 empl.) en terrasses, pierreux, fort dénivelé
Tarif : 🧍 8,20€ 🚗 🅴 8,20€ – 🔌 (10A) 4,50€ – frais de
réservation 20€

Location : 38 🛏 (4 à 6 pers.) nuitée 65€ - 455 à
830€/sem. – 33 🏠 (4 à 6 pers.) nuitée 65€ - 455 à
830€/sem. – frais de réservation 20€

🛢 borne artisanale

Pour s'y rendre : chemin du Cros de Mouton (1,5 km
au nord-ouest)

Nature : 〽️ 🏕 🏞	
Loisirs : 🍹 ✕ pizzeria 🎮 🏊 🛝	
Services : 🛁 🔌 GB 🐾 ♨️ 🚿 🚽 🍳 📷 🚰	

Longitude : 6.51473
Latitude : 43.18165

CEILLAC

05600 – **334** I4 – G. Alpes du Sud – 294 h. – alt. 1 640 – Sports d'hiver : 1 700/2 500 m ⛷ 6 ⛄

🛈 *Office de tourisme, le village- Place Philippe Lamour* ℰ *04 92 45 05 74, Fax 04 92 45 47 05*

Paris 729 – Briançon 50 – Gap 75 – Guillestre 14.

Les Mélèzes de déb. juin à déb. sept.
ℰ 04 92 45 21 93, *camping-les-melezes@wanadoo.fr*,
www.campingdeceillac.com
3 ha (100 empl.) peu incliné, pierreux, herbeux, en
terrasses, fort dénivelé
Tarif : 🧍 5,50€ 🚗 🅴 6,50€ – 🔌 (10A) 3€

Pour s'y rendre : au lieu-dit : La Rua des Reynauds
(1,8 km au sud-est)

À savoir : site et cadre agréables au bord du Mélezet

Nature : 〽️ ≤ ♨️	
Loisirs : 🏊	
Services : 🔌 GB 🐾 📷 ♨️ 🚿 🍳 📷	

Longitude : 6.79468
Latitude : 44.65803

CEYRESTE

13600 – **340** I6 – 4 076 h. – alt. 60

Paris 804 – Aubagne 18 – Bandol 18 – La Ciotat 5 – Marseille 34 – Toulon 36.

Ceyreste de mi-mars à mi-nov.
ℰ 04 42 83 07 68, *campingceyreste@yahoo.fr*, *www.
campingceyreste.com*
3 ha (150 empl.) en terrasses, pierreux
Tarif : (Prix 2009) 31€ 🧍🧍 🚗 🅴 🔌 (6A) – pers.
suppl. 6€

Location (Prix 2009) : 75 🛏 (4 à 6 pers.) nuitée 120€
- 390 à 750€/sem.

Pour s'y rendre : av. Eugène Julien (1 km au nord)

Nature : 〽️ 🏕 🏞	
Loisirs : 🍹 🏊 🎣	
Services : 🛁 🔌 🐾 ♨️ 📷 🚿 🍳 🚽 🍳 📷 🚰 cases réfrigérées	
À prox. : parcours de santé	

Longitude : 5.63016
Latitude : 43.21676

CHÂTEAURENARD

13160 – **340** E2 – G. Provence – 14 000 h. – alt. 37

🛈 *Syndicat d'initiative, 11, cours Carnot* ℰ *04 90 24 25 50, Fax 04 90 24 25 52*

Paris 692 – Avignon 10 – Carpentras 37 – Cavaillon 23 – Marseille 95 – Nîmes 44 – Orange 40.

La Roquette de déb. avr. à fin oct.
ℰ 04 90 94 46 81, *contact@camping-la-roquette.com*,
Fax 04 90 94 46 81, *www.camping-la-roquette.com*
2 ha (75 empl.) plat, herbeux
Tarif : 19€ 🧍🧍 🚗 🅴 🔌 (6A) – pers. suppl. 8€ – frais de
réservation 7€

Location 🏡 : 9 🛏 (4 à 6 pers.) 350 à 690€/sem. –
frais de réservation 7€

Pour s'y rendre : 745 av. Jean-Mermoz (1,5 km à l'est
par D 28, rte de Noves et à dr., près de la piscine - par A 7
sortie Avignon-Sud)

Loisirs : 🍹 snack 🏊 🚲 🛝	
Services : 🛁 🔌 GB 🐾 📷 ♨️ 🚿 🍳 📷	
À prox. : 🍴 🎯	

Longitude : 4.87017
Latitude : 43.88328

CHORGES

05230 – **334** F5 – 2 353 h. – alt. 864

🛈 *Office de tourisme, place Centrale* ✆ *0492506425, Fax 0492509344*
Paris 676 – Embrun 23 – Gap 18 – Savines-le-Lac 12.

Le Serre du Lac Permanent
✆ 0492506757, *campingleserredulac@wanadoo.fr*,
Fax 0492506757, *www.campingleserredulac.com* –
places limitées pour le passage
2,5 ha (91 empl.) en terrasses, pierreux, herbeux
Tarif : (Prix 2009) 18,90 € ★★ ⬅ 🔲 🔩 (15A) – pers.
suppl. 5,50 €

Location (Prix 2009) : 45 🛖 (4 à 6 pers.) 250 à 560 €/
sem. – 16 🏠 (4 à 6 pers.) - 320 à 610 €/sem.
Pour s'y rendre : 4,5 km au sud-est par N 94, rte de
Briançon et rte de la baie de St-Michel

Nature : ⬅ 🏞	
Loisirs : 🏠 🏊	
Services : ♿ ⛽ 🅿 🍴 🚿	
🍴 🖼	

Longitude : 6.27828
Latitude : 44.54507

Des vacances réussies sont des vacances bien préparées !
Ce guide est fait pour vous y aider... mais :
– N'attendez pas le dernier moment pour réserver
– Évitez la période critique du 14 juillet au 15 août
Pensez aux ressources de l'arrière-pays,
à l'écart des lieux de grande fréquentation.

CLAMENSANE

04250 – **334** E7 – G. Alpes du Sud – 154 h. – alt. 694
Paris 720 – Avignon 180 – Grenoble 158 – Marseille 152 – Nice 203.

662

Le Clot du Jay en Provence de déb. mai à déb.
oct.
✆ 0492683532, *camping@clotdujay.com, www.
clotdujay.com*
6 ha/3 campables (50 empl.) plat, terrasses, herbeux,
pierreux, fort dénivelé, étang, au bord d'une forêt
Tarif : (Prix 2009) 17,50 € ★★ ⬅ 🔲 🔩 (10A) – pers.
suppl. 5 € – frais de réservation 9 €

Location (Prix 2009) (de déb. avr. à mi-oct.) : 11 🏠 (4
à 6 pers.) nuitée 80 € - 270 à 560 €/sem. – 7 bungalows
toilés – frais de réservation 9 €
🛖 3 🔲 17,50 €
Pour s'y rendre : rte de Bayons (1 km à l'est par D 1, rte
de Bayons, près du Sasse)

Nature : 🐟 🏞 🌳	
Loisirs : 🚣 🏊	
Services : ♿ ⛽ GB 🅿 🍴 🖼 🚿	
À prox. : 🎣	

Longitude : 6.09444
Latitude : 44.3232

LA COLLE-SUR-LOUP

06480 – **341** D5 – G. Côte d'Azur – 7 434 h. – alt. 90
🛈 *Syndicat d'initiative, 28, rue Maréchal Foch* ✆ *0493326836, Fax 0493320507*
Paris 919 – Antibes 15 – Cagnes-sur-Mer 7 – Cannes 26 – Grasse 19 – Nice 18 – Vence 7.

Les Pinèdes 🚼 – de mi-mars à fin sept.
✆ 0493329894, *camplespinedes06@aol.com*,
Fax 0493325020, *www.lespinedes.com*
3,8 ha (155 empl.) fort dénivelé, en terrasses, gravillons,
herbeux
Tarif : 36 € ★★ ⬅ 🔲 🔩 (10A) – pers. suppl. 5,40 € –
frais de réservation 20 €

Location : 21 🛖 (4 à 6 pers.) 545 à 700 €/sem. – 4 🏠
(4 à 6 pers.) - 560 à 710 €/sem. – frais de réservation
20 €
🛖 borne artisanale 6 € – 🚰 10.5 €
Pour s'y rendre : rte du Pont de Pierre (1,5 km à l'ouest
par D 6, rte de Grasse, à 50 m du Loup)

Nature : 🏞 🌳	
Loisirs : 🍴 🍽 🏠 🏓 🚣 🏊	
terrain multisports	
Services : ⛽ GB 🅿 🍴 ⛺ 🚿	
🍴 🖼 🚱 cases réfrigérées	
À prox. : 🏊	

Longitude : 7.0891
Latitude : 43.68289

Le Vallon Rouge de déb. avr. à fin sept.
℘ 0493328612, *info@auvallonrouge.com*,
Fax 0493328009, *www.auvallonrouge.com*
3 ha (103 empl.) plat, en terrasses, herbeux, gravillons, sablonneux
Tarif : (Prix 2009) 31,50€ ★★ ⇔ ▣ ⒤ (10A) – pers. suppl. 5€ – frais de réservation 20€

Location (Prix 2009) : 10 ⨅ (4 à 6 pers.) 195 à 590€/ sem. – 15 ⌂ (4 à 6 pers.) - 195 à 590€/sem. – frais de réservation 20€
⛽ borne eurorelais 4€
Pour s'y rendre : rte de Gréolières (3,5 km à l'ouest par D 6, rte de Grasse, au bord du Loup)

| Nature : 🐟 ⌂ 🌳🌳 |
| Loisirs : pizzeria, snack 🎮 ⚡ 🏊 🏉 terrain multisports |
| Services : 🔥 ⚡ GB ♻ 🐕 ⚘ 🍴 laverie 🧺 💧 |

Longitude : 7.09975
Latitude : 43.68687

Le Castellas Permanent
℘ 0685313460, *lecastellas.camping@wanadoo.fr*,
Fax 0493329705, *www.camping-le-castellas.com* – places limitées pour le passage
1,2 ha (60 empl.) plat, herbeux, gravier
Tarif : ★ 4,50€ ⇔ 3€ ▣ 10€ – ⒤ (10A) 3,50€

Location : ⨅ (4 à 6 pers.) 270 à 680€/sem.
⛽ 5 ▣ 23€
Pour s'y rendre : rte de Roquefort (4,5 km à l'ouest par D 6, rte de Grasse, au bord du Loup)

| Nature : 🌳🌳 |
| Loisirs : 🎮 ⚡ |
| Services : ⚡ GB 🐕 🍴 laverie |

Longitude : 7.058
Latitude : 43.68324

COLMARS

04370 – **334** H7 – G. Alpes du Sud – 384 h. – alt. 1 235
🛈 *Office de tourisme, le village* ℘ 0492834192, Fax 0492835231
Paris 816 – Marseille 206 – Digne-les-Bains 71 – Embrun 94 – Barcelonnette 43.

Aire Naturelle les Pommiers de mi-avr. à fin sept.
℘ 0492834156, *andree.accueilcamping@neuf.fr*,
Fax 0492834086, *www.camping-pommier.com* – alt. 1 250
1 ha (25 empl.) plat, peu incliné, en terrasses, herbeux
Tarif : ★ 4,50€ ⇔ ▣ 3€ – ⒤ (10A) 2€
⛽ borne artisanale 3€ – 5 ▣ 8€ – 🚐⒤ 14€
Pour s'y rendre : au lieu-dit : Les Buissières

| Nature : 🐟 🌿 |
| Services : 🔥 ⚡ 🐕 🖼 |

Longitude : 6.62712
Latitude : 44.18065

663

Informieren Sie sich über die gültigen Gebühren,
bevor Sie Ihren Platz beziehen. Die Gebührensätze
müssen am Eingang des Campingplatzes angeschlagen sein.
Erkundigen Sie sich auch nach den Sonderleistungen.
Die im vorliegenden Band gemachten Angaben
können sich seit der Überarbeitung geändert haben.

COL-ST-JEAN

04340 – **334** G6 – G. Alpes du Sud – alt. 1 333 – Sports d'hiver : 1 300/2 500 m ⛷ 15 ⛷
Paris 709 – Barcelonnette 34 – Savines-le-Lac 31 – Seyne 10.

L'Étoile des Neiges ♣♣ – de mi-mai à mi-sept.
℘ 0492350129, *contact@etoile-des-neiges.com*,
Fax 0492351255, *www.etoile-des-neiges.com* – alt. 1 300
3 ha (130 empl.) en terrasses, plat, herbeux, pierreux
Tarif : 15€ ★★ ⇔ ▣ ⒤ (6A) – pers. suppl. 5€

Location 🏕 (de mi-juil. à mi-août) : 40 ⨅ (4 à 6 pers.) nuitée 29€ - 245 à 868€/sem. – 30 ⌂ (4 à 6 pers.) nuitée 29€ - 245 à 868€/sem.
⛽ 1 borne artisanale 8€ – 4 ▣ 13€ – 🚐⒤ 13€
Pour s'y rendre : au Col St-Jjean (800 m au sud par D 207 et chemin à dr.)

| Nature : 🐟 ⬅ ⌂ |
| Loisirs : 🍴 snack 🎮 🌳 🏉 ⛷🚠 hammam jacuzzi 🏊 🎾 🏊 balnéo couverte, terrain multisports |
| Services : 🔥 ⚡ GB 🐕 🏧 🍴 ⚘ 🍴 🖼 💧 |
| À prox. : 🧺 ✕ 🚴 🐎 parc-aventure, parapente |

Longitude : 6.33352
Latitude : 44.39743

PROVENCE-ALPES-CÔTE D'AZUR

LA COURONNE

13500 – **340** F5 – G. Provence
Paris 786 – Marseille 42 – Aix-en-Provence 49 – Martigues 11 – Aubagne 59.

    ▲▲▲ **Le Mas** ▲▲ – de mi-mars à mi-oct.
          & 0442807034, *camping.le-mas@wanadoo.fr*,
          Fax 0442807282, *www.camping-le-mas.com* – places
          limitées pour le passage
          5,5 ha (300 empl.) en terrasses, plat, pierreux
          Tarif : 29,40€ ★★ ⟲ 圓 (✦) (6A) – pers. suppl. 6,80€
          Location ⬚ : ▥ (4 à 6 pers.) 196 à 994€/sem.
          – ⌂ (4 à 6 pers.) - 273 à 819€/sem.
          ⟱ borne eurorelais 10€
          Pour s'y rendre : Plage de Ste Croix (4 km au sud-est par
          D 49, rte de Sausset-les-Pins et à dr.)

> Nature : ọọ
> Loisirs : ♥ snack, pizzeria ▱
> ⚙ ⟲ ⚛
> Services : ⚒ ⟲ GB ⟲ ♨ ☂
> laverie ⟲
> À prox. : ⟲ ✕
>
> Longitude : 5.07612
> Latitude : 43.33611

    ▲▲ **Municipal L'Arquet** de déb. mars à fin sept.
          & 0442428100, *arquet@semovim-martigues.*
          com, Fax 0442423450, *www.semovim-martigues.*
          com✉ 13500 Martigues
          6 ha (330 empl.) plat, terrasse, sablonneux, pierreux
          Tarif : (Prix 2009) 25€ ★★ ⟲ 圓 (✦) (10A) – pers.
          suppl. 5,10€ – frais de réservation 15,50€
          Location (Prix 2009) : 18 ▥ (4 à 6 pers.) 177 à 612€/
          sem. – frais de réservation 15,50€
          ⟱ 1 borne artisanale 9,80€
          Pour s'y rendre : chemin de la Batterie

> Nature : ọọ
> Loisirs : ▱ ⚙ ⚛
> Services : ⚒ ⟲ GB ⟲ laverie
> ⟲ ⟲
>
> Longitude : 5.05615
> Latitude : 43.33362

    ▲▲ **Les Mouettes** de déb. avr. à fin sept.
          & 0442807001, *campinglesmouettes@wanadoo.fr*,
          Fax 0442807001, *www.campinglesmouettes.fr*
          2 ha (131 empl.) terrasse, plat, pierreux
          Tarif : 21€ ★★ ⟲ 圓 (✦) (6A) – pers. suppl. 6€ – frais de
          réservation 8€
          Location : 12 ▥ (4 à 6 pers.) 139 à 705€/sem. – ⌂
          (4 à 6 pers.) - 188 à 625€/sem. – 13 studios – frais de
          réservation 8€
          Pour s'y rendre : 16 chemin de la Quiétude

> Nature : ọọ
> Loisirs : ♥ pizzéria (le soir)
> Services : ⟲ GB ⟲ ⟲ ⟲ ♨ 圓
> À prox. : ⟲
>
> Longitude : 5.07519
> Latitude : 43.33135

Pour choisir et suivre un itinéraire
Pour calculer un kilométrage
Pour situer exactement un terrain (en fonction des
indications fournies dans le texte) :
Utilisez les **cartes MICHELIN** ,
compléments indispensables de cet ouvrage.

LA CROIX-VALMER

83420 – **340** O6 – G. Côte d'Azur – 3 173 h. – alt. 120
🅱 *Office de tourisme, esplanade de la Gare &* 0494551212, *Fax* 0494551210
Paris 873 – Brignoles 70 – Draguignan 48 – Fréjus 35 – Le Lavandou 27 – Ste-Maxime 15 – Toulon 68.

    ▲▲▲ **Sélection Camping** ▲▲ – de mi-mars à mi-oct.
          & 0494551030, *camping-selection@wanadoo.fr*,
          Fax 0494551039, *www.selectioncamping.com* ⬚ (de
          mi-mars à fin juin)
          4 ha (215 empl.) en terrasses, pierreux, herbeux
          Tarif : 35€ ★★ ⟲ 圓 (✦) (10A) – frais de réservation 30€
          Location ⬚ : 46 ▥ (4 à 6 pers.) nuitée 52€ - 420 à
          570€/sem. – ⌂ – 6 studios – 8 appartements – frais
          de réservation 30€
          Pour s'y rendre : 12 bd de la Mer (2,5 km au sud-ouest
          par D 559, rte de Cavalaire et au rd-pt. chemin à dr.)

> Nature : ⬚ ⟲ ọọ
> Loisirs : ♥ snack ⟲ diurne ⚙
> salle d'animation ⟲ ⟲ ⟲
> Services : ⚒ ⟲ GB ⟲ 圓 ♨ ♨
> laverie ⟲ ⟲
>
> Longitude : 6.55434
> Latitude : 43.19551

CROS-DE-CAGNES

06800 – **341** D6
Paris 923 – Marseille 194 – Nice 12 – Antibes 11 – Cannes 24.

Green Park – de fin mars à déb. nov.
℘ 0820201207, *info@homair.com*, Fax 0442950363,
www.camping-greenpark.com – places limitées pour le passage
5 ha (156 empl.) plat, en terrasses, herbeux, gravillons
Tarif : (Prix 2009) 32 € – pers. suppl. 7,50 € – frais de réservation 10 €
Location (Prix 2009) : 39 (4 à 6 pers.) 455 à 931 €/sem. – 53 (4 à 6 pers.) - 406 à 1 113 €/sem. – frais de réservation 25 €
Pour s'y rendre : 159 bis Vallon des Vaux (3,8 km au nord)

Nature :	
Loisirs :	pizzeria terrain omnisports
Services :	laverie
À prox. :	

Longitude : 7.15725
Latitude : 43.69102

Le Val Fleuri
℘ 0493312174, *valfleur2@wanadoo.fr*,
Fax 0493312174, *www.campingvalfleuri.fr*
1,5 ha (93 empl.) en terrasses, plat, herbeux, pierreux
Location : 12 – 2 studios
1 borne artisanale
Pour s'y rendre : 139 Vallon-des-Vaux (3,5 km au nord)

Nature :	
Loisirs :	
Services :	
À prox. :	

Longitude : 7.15598
Latitude : 43.68702

Le Todos de déb. avr. à fin oct.
℘ 0820201207, *info@homair.com*, Fax 0442950363,
www.camping-letodos.com
1,6 ha (68 empl.) plat et terrasses, herbeux, pierreux
Tarif : (Prix 2009) 43 € – pers. suppl. 7,50 € – frais de réservation 10 €
Location (Prix 2009) : 36 (4 à 6 pers.) 322 à 847 €/sem. – 9 (4 à 6 pers.) - 308 à 840 €/sem. – frais de réservation 25 €
Pour s'y rendre : 159 bis Vallon des Vaux (3,8 km au nord)

Nature :	
Loisirs :	
Services :	
À prox. :	pizzeria nocturne terrain omnisports

Longitude : 7.15725
Latitude : 43.69102

665

*La catégorie (1 à 5 tentes, **noires** ou **rouges**) que nous attribuons
aux terrains sélectionnés dans ce guide est une appréciation qui nous est propre.
Elle ne doit pas être confondue avec le classement (1 à 4 étoiles)
établi par les services officiels.*

CUCURON

84160 – **332** F11 – G. Provence – 1 814 h. – alt. 350
🛈 *Office de tourisme, rue Léonce Brieugne* ℘ *0490772837*
Paris 739 – Aix-en-Provence 34 – Apt 25 – Cadenet 9 – Manosque 35.

Le Moulin à Vent de fin mars à déb. oct.
℘ 0490772577, *camping_bressier@yahoo.fr*,
Fax 04.90.77.29.58, *http://www.avignon-et-provence.com/camping-vauduse/camping-moulin*
2,2 ha (80 empl.) plat et peu incliné, en terrasses, pierreux
Tarif : 18 € – pers. suppl. 4,50 €
Location : 5 (4 à 6 pers.) - 370 à 480 €/sem.
borne autre 5 €
Pour s'y rendre : chemin de Gastoule (1,5 km au sud par D 182, rte de Villelaure puis 800 m par rte à gauche)
À savoir : au milieu des vignes

Nature :	
Loisirs :	
Services :	
	réfrigérateur, congélateur

Longitude : 5.43973
Latitude : 43.77286

PROVENCE-ALPES-CÔTE D'AZUR

CURBANS

05110 – **334** E6 – 333 h. – alt. 650
Paris 717 – Marseille 171 – Digne-les-Bains 78 – Gap 20 – Sisteron 40.

⚠ **Le Lac** de déb. avr. à fin oct.
     🕿 04 92 54 23 10, *info@au-camping-du-lac.com*,
     Fax 04 92 54 23 11, *www.au-camping-du-lac.com*
     3,8 ha (90 empl.) plat, peu incliné, herbeux
     Tarif : (Prix 2009) 23,50€ ✶✶ ⬅ 🅴 🕭 (10A) – pers.
     suppl. 4,50€ – frais de réservation 11€

     Location (Prix 2009) (permanent) : 17 🛏 (4 à 6 pers.)
     222 à 785€/sem. – frais de réservation 11€
     Pour s'y rendre : au lieu-dit : Le Fangeas

     À savoir : code postal dans les Hautes-Alpes (05) mais
     terrain situé dans les Alpes-de-Haute-Provences (04)

Nature : 🌊 ≤ ♀	
Loisirs : 🍸 🛝 ⛵ 🎣	
Services : ⚬🚽 GB 🅰 ♨ ▣	

Longitude : 6.03167
Latitude : 44.42333

To select the best route and follow it with ease,
To calculate distances,
To position a site precisely from details given in the text :
Get the appropriate MICHELIN regional map.

DIGNE-LES-BAINS

666

04000 – **334** F8 – G. Alpes du Sud – 17 868 h. – alt. 608 – ♨ (mi fév.-début déc.)
🚩 *Office de tourisme, place du Tampinet* 🕿 04 92 36 62 62, Fax 04 92 32 27 24
Paris 744 – Aix-en-Provence 109 – Antibes 140 – Avignon 167 – Cannes 135 – Gap 89 – Nice 152.

⚠ **Les Eaux Chaudes** de déb. avr. à fin oct.
     🕿 04 92 32 31 04, *info@campingleseauxchaudes.com*,
     Fax 04 92 34 58 80, *www.campingleseauxchaudes.com*
     3,7 ha (140 empl.) plat et peu incliné, herbeux
     Tarif : 23€ ✶✶ ⬅ 🅴 🕭 (10A) – pers. suppl. 6€ – frais
     de réservation 15€

     Location : 46 🛏 (4 à 6 pers.) nuitée 48€ - 336 à
     714€/sem. – 4 🏠 (4 à 6 pers.) nuitée 70€ - 490 à
     735€/sem. – frais de réservation 18€
     🚐 borne eurorelais 4€
     Pour s'y rendre : 32 av. des Thermes (1,5 km au sud-est
     par D 20, au bord d'un ruisseau)

Nature : ≤	
Loisirs : 🎦 ♨ 🛝	
Services : 👤 ⚬🚽 GB 🅰 ▥ 📶	
🚐 🟡	
À prox. : ✗	

Longitude : 6.25158
Latitude : 44.08587

EMBRUN

05200 – **334** G5 – G. Alpes du Sud – 6 230 h. – alt. 871
🚩 *Office de tourisme, place Génêral-Dosse* 🕿 04 92 43 72 72, Fax 04 92 43 54 06
Paris 706 – Barcelonnette 55 – Briançon 48 – Digne-les-Bains 97 – Gap 41 – Guillestre 21 – Sisteron 88.

⚠ **Municipal de la Clapière** de fin avr. à fin sept.
     🕿 04 92 43 01 83, *info@camping-embrun-clapiere.com*,
     Fax 04 92 43 50 22, *www.camping-embrun-clapiere.com*
     6,5 ha (367 empl.) plat, accidenté et en terrasses,
     pierreux, herbeux
     Tarif : (Prix 2009) 19,80€ ✶✶ ⬅ 🅴 🕭 (10A) – pers.
     suppl. 5€

     Location (Prix 2009) (permanent) : 6 🛏 – 14 🏠
     🚐 borne artisanale
     Pour s'y rendre : av. du Lac (2,5 km au sud-ouest par
     N 94, rte de Gap et à dr.)

     À savoir : près d'un plan d'eau

Nature : 🌳🌳	
Loisirs : 🎦 🌙nocturne 🏊	
Services : 👤 ⚬🚽 GB 🅰 ▥ 🏠 ♨	
À prox. : 🎯 🍸 ✗ 🚣 🎿 🏇 🔵 ⛵	
🏊 🎣 💧parcours sportif	

Longitude : 6.47916
Latitude : 44.55075

ESPARRON-DE-VERDON

04800 – **334** D10 – G. Alpes du Sud – 413 h. – alt. 397
🛈 *Office de tourisme, Hameau du Port* 𝄞 *04 92 77 15 97, Fax 04 92 77 16 49*
Paris 795 – Barjols 31 – Digne-les-Bains 58 – Gréoux-les-Bains 13 – Moustiers-Ste-Marie 32 – Riez 17.

Le Soleil de mi-avr. à déb. oct.
𝄞 04 92 77 13 78, *campinglesoleil@wanadoo.fr*,
Fax 04 92 75 27 15, *www.campinglesoleil.net*
2 ha (100 empl.) en terrasses, pierreux, gravillons, fort
dénivelé
Tarif : (Prix 2009) ✱ 5,50 € ⇦ 🅔 8,50 € – (½) (6A) 3,50 € –
frais de réservation 15 €
Location (Prix 2009) : 8 🛖 (4 à 6 pers.) nuitée 52 € -
210 à 620 €/sem. – frais de réservation 20 €
🛢 borne artisanale 8 €
Pour s'y rendre : 1000 chemin de la Tuillière (sortie sud
par D 82, rte de Quinson, puis 1 km par rte à dr.)
À savoir : cadre agréable au bord d'un lac

> Nature : 🌳 🏕 ♨♨♨
> Loisirs : 🍸 snack, pizzeria 🛶
> ⛵ canoë
> Services : ♿ ⛗ 🅿 (tentes) ⬛
> 🐾 🛒 🍴 🔥 🧺 🚿
> À prox. : ⛵ pédalos
>
> *Longitude : 5.97437*
> *Latitude : 43.7367*

La Grangeonne de déb. mai à fin sept.
𝄞 04 92 77 16 87, *lagrangeonne@camping-esparron.
com*, Fax 04 92 77 16 87, *www.camping-esparron.com*
1 ha (57 empl.) plat, peu incliné et en terrasses, pierreux,
herbeux
Tarif : (Prix 2009) 14,60 € ✱✱ ⇦ 🅔 (½) (3A) – pers.
suppl. 4,80 €
Location (Prix 2009) : 4 🛖 (4 à 6 pers.) nuitée
50 € - 230 à 550 €/sem.
Pour s'y rendre : rte de Quinson (1 km au sud-est par
D 82 et rte à dr.)

> Nature : 🌳 ♨♨
> Loisirs : crêperie, pizzeria
> Services : ♿ ⛗ 🐾 🍴 🔥 🚿
>
> *Longitude : 5.97046*
> *Latitude : 43.73842*

ESPINASSES

05190 – **334** F6 – 651 h. – alt. 630
Paris 689 – Chorges 19 – Gap 25 – Le Lauzet-Ubaye 23 – Savines-le-Lac 29 – Turriers 16.

667

La Viste de mi-mai à mi-sept.
𝄞 04 92 54 43 39, *camping@laviste.fr*, Fax 04 92 54 42 45,
http://www.laviste.fr – alt. 900
4,5 ha/2,5 campables (160 empl.) plat, terrasse, peu
incliné, accidenté, herbeux, pierreux
Tarif : (Prix 2009) ✱ 6,10 € ⇦ 🅔 5,95 € – (½) (5A) 3,30 € –
frais de réservation 15 €
Location (Prix 2009) : 31 🏠 (4 à 6 pers.) nuitée 42 € -
288 à 770 €/sem. – frais de réservation 15 €
Pour s'y rendre : Le Belvédère de Serre-Ponçon (5,5 km
au nord-est par D 900b, D 3 rte de Chorges et D 103 à
gauche)
À savoir : belle situation dominant le lac de Serre-
Ponçon

> Nature : 🌳 ⬋ lac de Serre-Pon-
> çon, montagnes et barrage ♀
> Loisirs : 🍸 ✗ snack ⛵ ⛳
> Services : ♿ ⛗ ⬛ 🐾 🔥 🚿
> 🛒
> À prox. : sports en eaux vives
>
> *Longitude : 6.24817*
> *Latitude : 44.47804*

ÉZE

06360 – **341** F5 – G. Côte d'Azur – 2 932 h. – alt. 390
🛈 *Office de tourisme, place du Général-de-Gaulle* 𝄞 *04 93 41 26 00, Fax 04 93 41 04 80*
Paris 938 – Antibes 33 – Cannes 45 – Menton 17 – Nice 12.

Les Romarins
𝄞 04 93 01 81 64, *romarins06@aol.com*,
Fax 04 93 76 70 43, *www.campingromarins.com*
0,6 ha (41 empl.) fort dénivelé, en terrasses, pierreux,
herbeux
Location : 1 gîte
Pour s'y rendre : rte de Nice (4 km au nord-ouest par
D 46, Col d'Éze et D 2564)
À savoir : réservé aux tentes

> Nature : 🌳 ⬋ baie de Villefran-
> che et St-Jean-Cap-Ferrat ♀
> Loisirs : 🍸
> Services : ⛗ 🅿 🔥
>
> *Longitude : 7.33637*
> *Latitude : 43.725*

FAUCON

84110 – **332** D8 – 411 h. – alt. 350
Paris 677 – Marseille 152 – Avignon 59 – Montélimar 68 – Orange 47.

▲ **L'Ayguette** de déb. avr. à fin sept.
    & 04 90 46 40 35, *info@ayguette.com*, Fax 04 90 46 46 17,
    www.ayguette.com
    2,8 ha (100 empl.) plat, vallonné, herbeux, pierreux
    Tarif : (Prix 2009) 24,50€ ★★ ⇌ 国 (ø) (10A) – pers.
    suppl. 5,50€ – frais de réservation 6€

    Location (Prix 2009) ⌁ : 8 ⊞ (4 à 6 pers.) 199 à
    689€/sem. – frais de réservation 10€
    ⊞ borne artisanale
    Pour s'y rendre : sortie est par D 938, rte de Nyons et
    4,1 km par D 71 à dr., rte de St-Romains-Viennois puis
    D 86, rte de Faucon
    À savoir : cadre sauvage

Nature : 𝕊 ⊏ 00
Loisirs : snack ⚓⚓ ⚒
Services : & ⚲ GB ⚲ ⚲ 🏴 ⵙ
📷 ⵘ

Longitude : 5.13137
Latitude : 44.26194

*Die Klassifizierung (1 bis 5 Zelte, **schwarz** oder **rot**),*
mit der wir die Campingplätze auszeichnen, ist eine Michelin-eigene Klassifizierung.
Sie darf nicht mit der staatlich-offiziellen Klassifizierung
(1 bis 4 Sterne) verwechselt werden.

LA FAVIÈRE

83230 – **340** N7
Paris 882 – Marseille 105 – Toulon 44 – Cannes 102 – La Seyne 49.

▲▲▲ **Le Camp du Domaine** ▲▲ – de fin mars à fin oct.
    & 04 94 71 03 12, *mail@campdudomaine.com*,
    Fax 04 94 15 18 67, *www.campdudomaine.com* ⌁ (de
    mi-juil. à mi-août)
    38 ha (1200 empl.) plat, accidenté et en terrasses,
    pierreux, rocheux
    Tarif : (Prix 2009) 39€ ★★ ⇌ 国 (ø) (10A) – pers.
    suppl. 8,50€ – frais de réservation 25€

    Location (Prix 2009) ⌁ : 30 ⊞ (4 à 6 pers.) 500 à
    880€/sem. – 70 ⌂ (4 à 6 pers.) - 600 à 990€/sem. –
    frais de réservation 25€
    ⊞ borne artisanale
    Pour s'y rendre : 2581 rte de Bénat (2 km au sud)
    À savoir : hors juil.-août, excursions avec chauffeur

Nature : ⊏ 00△
Loisirs : 𝟙 ✗ pizzeria, snack 🎦
⦻ ⚶ terrain omnisports ⚓⚓ ✗
Services : & ⚲ GB ⵙ ⚲ ⵙ 🏴
laverie ⚏ ⵘ cases réfrigérées
À prox. : ◊ canoë, pédalos

Longitude : 6.35062
Latitude : 43.11828

FORCALQUIER

04300 – **334** C9 – G. Alpes du Sud – 4 654 h. – alt. 550
🅱 *Office de tourisme, 13, place du Bourguet &* 04 92 75 10 02, Fax 04 92 75 26 76
Paris 747 – Aix-en-Provence 80 – Apt 42 – Digne-les-Bains 50 – Manosque 23 – Sisteron 43.

▲▲ **Indigo Forcalquier** de déb. avr. à mi-oct.
    & 04 92 75 27 94, *forcalquier@camping-indigo.com*,
    Fax 04 92 75 18 10, *www.camping-indigo.com*
    2,9 ha (115 empl.) plat, peu incliné, terrasses, pierreux,
    herbeux
    Tarif : (Prix 2009) 27,40€ ★★ ⇌ 国 (ø) (10A) – pers.
    suppl. 5,80€ – frais de réservation 18€

    Location (Prix 2009) (.) 🅿 : 33 ⊞ (4 à 6 pers.) nuitée
    62€ - 303 à 700€/sem. – 4 ⌂ (4 à 6 pers.) nuitée 62€ -
    303 à 700€/sem. – frais de réservation 18€
    ⊞ borne autre 4€
    Pour s'y rendre : rte de Sigonce (sortie est sur D 16)

Nature : ⊏ 00
Loisirs : pizzeria 🎦 ⚓⚓ ⚙⚙ ⚒
Services : & ⚲ GB ⵙ 🝙 ⵙ ⵝ
📷 ⵘ
À prox. : ✗

Longitude : 5.78869
Latitude : 43.96242

FRÉJUS

83600 – **340** P5 – G. Côte d'Azur – 51 537 h. – alt. 20 – Base de loisirs
🛈 *Office de tourisme, 325, rue Jean Jaurès* ℘ *0494518383, Fax 0494510026*
Paris 868 – Brignoles 64 – Cannes 40 – Draguignan 31 – Hyères 90.

⚠ **La Baume - la Palmeraie** ⚎ – de fin mars à fin sept.
℘ 0494198888, *reception@labaume-lapalmeraie.com*,
Fax 0494198350, *www.labaume-lapalmeraie.com* –
places limitées pour le passage
26 ha/20 campables (780 empl.) plat et peu incliné,
herbeux, pierreux
Tarif : 45€ ⚎ ⚎ 🅴 (♿) (6A) – pers. suppl. 13€ – frais
de réservation 32€
Location ♿ : 111 ⬚ (4 à 6 pers.) 322 à 995€/sem. –
180 🏠 (4 à 6 pers.) - 308 à 980€/sem. – 180 bastidons
(studios) – frais de réservation 32€
Pour s'y rendre : 3775 r. des Combattants d'Afrique du
Nord (4,5 km au nord par D 4, rte de Bagnols-en-Forêt)
À savoir : important espace aquatique

Nature : 〰 ♒
Loisirs : 🍴 ✗ snack, pizzeria
🏊 ⛲ 🎯 🔥 hammam jacuzzi
discothèque 🎠 🚴 🎱 🎾 🎬 ⛷
⛸ piste de roller, skate, théâtre
de plein air
Services : ♿ 🔌 GB 🧺 🏧 🛒 🍴
♨ ♿ laverie 🏧 ♿

Longitude : 6.72514
Latitude : 43.46373

⚠ **Domaine du Colombier** ⚎ – de déb. avr. à mi-oct.
℘ 0494515601, *info@clubcolombier.com*,
Fax 0494515557, *www.clubcolombier.com* – places
limitées pour le passage
10 ha (400 empl.) en terrasses, vallonné
Tarif : 49€ ⚎ ⚎ 🅴 (♿) (16A) – pers. suppl. 7€ – frais
de réservation 30€
Location : 195 ⬚ (4 à 6 pers.) 305€/sem.
Pour s'y rendre : 1052 r. des Combattants en Afrique du
Nord (2 km au nord par D 4, rte de Bagnols-en-Forêt)

Nature : ⟨ 〰
Loisirs : 🍴 ✗ snack, pizzeria 🏊
⛲ ⛲ 🔥 discothèque 🎠 ⛷ ⛸
Services : ♿ 🔌 GB 🧺 🏧 🛒 ♿
♨ ♿ laverie 🏧 ♿

Longitude : 6.72514
Latitude : 43.46373

⚠ **Holiday Green** de déb. avr. à fin sept.
℘ 0494198830, *info@holidaygreen.com*,
Fax 0494198831, *www.holidaygreen.com* – places
limitées pour le passage
15 ha (680 empl.) en terrasses, plat, herbeux, pierreux,
fort dénivelé
Tarif : 47€ ⚎ ⚎ 🅴 (♿) (8A) – pers. suppl. 9€ – frais de
réservation 30€
Location : 280 ⬚ (4 à 6 pers.) 336 à 1 505€/sem. –
frais de réservation 30€
Pour s'y rendre : r. des Anciens Combattants d'Afrique
du Nord

Nature : 🌿 〰 ♒
Loisirs : 🍴 snack, pizzeria 🏊 ⛲
⛲ discothèque 🚴 🎱 🎾 🎬 ⛷
⛸ terrain omnisports
Services : ♿ 🔌 GB 🧺 ♿ laverie
🏧 ♿

Longitude : 6.71667
Latitude : 43.48483

⚠ **La Pierre Verte** ⚎ – de déb. avr. à fin sept.
℘ 0494408830, *info@campinglapierreverte.com*,
Fax 0494407541, *www.campinglapierreverte.com*
28 ha (440 empl.) en terrasses, et accidenté, pierreux,
rochers
Tarif : 40€ ⚎ ⚎ 🅴 (♿) (10A) – pers. suppl. 8€ – frais
de réservation 25€
Location : 200 ⬚ (4 à 6 pers.) nuitée 50€ - 300 à
1 090€/sem. – frais de réservation 25€
Pour s'y rendre : r. des Anciens Combattants d'Afrique
du Nord (6,5 km au nord par D 4, rte de Bagnols-en-Forêt
et chemin à dr.)

Nature : 🌿 〰 ♒
Loisirs : 🍴 ✗ snack, pizzeria 🏊
⛲ ⛲ 🎠 🎱 🎾 ⛷ ⛸ terrain
omnisports
Services : ♿ 🔌 GB 🧺 🛒 🏧 ♨
♿ laverie 🏧 ♿

Longitude : 6.7831
Latitude : 43.41737

669

Ne pas confondre :
⚠ *... à ...* ⚠ *: appréciation* **MICHELIN**
et
★ *... à ...* ★★★★ *: classement officiel*

Le Pont d'Argens de déb. avr. à mi-oct.
0494511497, camping.lepontdargens@yahoo.fr, Fax 0494512944, www.camping-caravaning-lepontdargens.com
7 ha (500 empl.) plat, herbeux
Tarif : 30,50€ **†† ⇔ ⊟ ⏚ (6A) – pers. suppl. 8€ – frais de réservation 35€
Location : 50 ⏚⏚ (4 à 6 pers.) 350 à 995€/sem.
⏚⏚ borne artisanale 5€
Pour s'y rendre : 3 km au sud par N 98, accès direct à la plage
À savoir : au bord de l'Argens

Nature : ♀♀
Loisirs : ☂ snack ⏚ 🏊
Services : ♿ ⚡ GB ⚙ 🚿
laverie 🔧
À prox. : parc de loisirs aquatiques

Longitude : 6.71194
Latitude : 43.39758

Les Pins Parasols de déb. avr. à fin sept.
0494408843, lespinsparasols@wanadoo.fr, Fax 0494408199, www.lespinsparasols.com
4,5 ha (189 empl.) plat et en terrasses, herbeux, pierreux
Tarif : (Prix 2009) 27,30€ **†† ⇔ ⊟ ⏚ (6A) – pers. suppl. 6,35€
Location (Prix 2009) ⌀ : 9 ⏚⏚ (4 à 6 pers.) 204 à 699€/sem.
Pour s'y rendre : 3360 r. des Combattants d'Afrique du Nord (4 km au nord par D 4, rte de Bagnols-en-Forêt)
À savoir : beaux empl. en terrasses au milieu des pins parasols

Nature : ⊏ ♀♀
Loisirs : pizzeria ⏚ 🏊 ⚒
Services : ♿ ⚡ ⚙ 🔧 ♨ – 48
sanitaires individuels (🔧♨ wc)
🚿 🔧

Longitude : 6.72514
Latitude : 43.46373

Village Siblu Le Montourey
0494532641, reception.dmt@siblu.fr, Fax 0494532675, www.siblu.fr/lemontourey – places limitées pour le passage
5 ha (200 empl.) plat, herbeux
Location ⌀ : 60 ⏚⏚
Pour s'y rendre : r. Montourey (4 km au nord par D 4, rte de Bagnols-en-Forêt et chemin à dr.)

Nature : ⚓ ⊏ ♀♀
Loisirs : snack ⏚ ⚒ ⚒
Services : ♿ ⚡ 🔧 laverie 🔧

Longitude : 6.73518
Latitude : 43.43247

670 | GAP

05000 – **334** E5 – G. Alpes du Sud – 37 332 h. – alt. 735
🏢 *Office de tourisme, 2a, cours Frédéric Mistral 🕿 0492525656, Fax 0492525657*
Paris 665 – Avignon 209 – Grenoble 103 – Sisteron 52 – Valence 158.

Alpes-Dauphiné de déb. avr. à fin oct.
0492512995, info@alpesdauphine.com, Fax 0492535842, www.alpesdauphine.com – alt. 850
10 ha/6 campables (185 empl.) incliné, en terrasses, herbeux
Tarif : 🚶 6,10€ ⇔ ⊟ 7,50€ – ⏚ (6A) 3€ – frais de réservation 15€
Location (de déb. mai à fin oct.) : 35 ⏚⏚ (4 à 6 pers.) 245 à 595€/sem. – 🏠 (4 à 6 pers.) - 310 à 645€/sem. – gîtes – frais de réservation 18€
⏚⏚ borne artisanale 5,50€
Pour s'y rendre : rte Napoleon (3 km au nord par N 85, rte de Grenoble)

Nature : ⬈ ♀
Loisirs : ☂ ✗ pizzeria ⏚ 🏊
⚒
Services : ♿ ⚡ GB ⚙ 🔧 🔧 🔧
🚿 🚿 🔧 🔧

Longitude : 6.07599
Latitude : 44.57295

Des vacances réussies sont des vacances bien préparées !
Ce guide est fait pour vous y aider... mais :
– N'attendez pas le dernier moment pour réserver
– Évitez la période critique du 14 juillet au 15 août
Pensez aux ressources de l'arrière-pays,
à l'écart des lieux de grande fréquentation.

GIENS

83400 – **340** L7 – G. Côte d'Azur
Paris 869 – Marseille 93 – Toulon 29 – La Seyne-sur-Mer 37 – Hyères 14.

La Presqu'Île de Giens ♣♣ – de fin mars à déb. oct.
℘ 0494582286, *info@camping-giens.com*,
Fax 0494581163, *www.camping-giens.com*
7 ha (460 empl.) plat, en terrasses, herbeux, pierreux
Tarif : 27,90€ ♦♦ ⇔ 🔲 ⚡ (16A) – pers. suppl. 7,20€

Location : 48 🛏 (4 à 6 pers.) nuitée 70€ - 350 à
742€/sem. – 56 🏠 (4 à 6 pers.) nuitée 71€ - 357 à
770€/sem. – frais de réservation 15€
🛁 borne autre
Pour s'y rendre : 153 rte de la Madrague

Nature : 🗭 ♀♀
Loisirs : ♟ pizzeria 🏠 🌓diurne
🏄 🚣
Services : ⚡ GB 🐾 🗄 🛁 ♒
laverie 🧺 🛒
À prox. : bowling, discothèque

Longitude : 6.14417
Latitude : 43.04083

*De categorie (1 tot 5 tenten, in **zwart** of **rood**) die wij aan de geselekteerde
terreinen in deze gids toekennen, is onze eigen indeling.
Niet te verwarren met de door officiële instanties gebruikte classificatie (1 tot 4 sterren).*

LA GRAVE

05320 – **334** F2 – G. Alpes du Nord – 487 h. – alt. 1 526 – Sports d'hiver : 1 450/3 250 m ⛷2⛷2⛷
🛈 *Office de tourisme, route nationale 91* ℘ 0476799005, *Fax 0476799165*
Paris 642 – Briançon 38 – Gap 126 – Grenoble 80 – Col du Lautaret 11 – St-Jean-de-Maurienne 66.

La Meije de mi-mai à fin sept.
℘ 0608543084, *nathalie-romagne@wanadoo.fr*,
Fax 0476799334, *www.camping-delameije.com*
2,5 ha (50 empl.) plat, terrasse, peu incliné, herbeux
Tarif : (Prix 2009) 15,40€ ♦♦ ⇔ 🔲 ⚡ (6A) – pers.
suppl. 3,70€
🛁 25 🔲 13,40€
Pour s'y rendre : à l'est, dir. Briançon par RN 91
À savoir : magnifique panorama sur le glacier de la Grave
et sur la Meije

Nature : 🌄 ≤ ♀
Loisirs : ✂ 🎯 🏐
Services : ♿ ⚡ 🐾 🛁 🗄
À prox. : 🚣 canoë, sports en
eaux vives

Longitude : 6.30647
Latitude : 45.04495

Le Gravelotte de déb. juin à mi-sept.
℘ 0476799314, *info@camping-le-gravelotte.com*,
Fax 0476799239, *www.camping-le-gravelotte.com*
4 ha (75 empl.) plat, herbeux
Tarif : 13€ ♦♦ ⇔ 🔲 ⚡ (5A) – pers. suppl. 3,70€
Pour s'y rendre : 1,2 km à l'ouest par N 91, rte de
Grenoble et chemin à gauche

À savoir : agréable situation au pied des montagnes et au
bord de la Romanche

Nature : ≤
Loisirs : ♟ 🏐 🎣
Services : ♿ ⚡ 🐾 🗄

Longitude : 6.30647
Latitude : 45.04495

GRAVESON

13690 – **340** D2 – G. Provence – 3 736 h. – alt. 14
🛈 *Office de tourisme, cours National* ℘ 0490958844, *Fax 0490958175*
Paris 696 – Arles 25 – Avignon 14 – Cavaillon 30 – Nîmes 38 – Tarascon 12.

Les Micocouliers de mi-mars à mi-oct.
℘ 0490958149, *micocou@free.fr*, *http://micocou.free.fr*
3,5 ha/2 campables (60 empl.) plat, pierreux, herbeux
Tarif : (Prix 2009) ♦ 6,20€ ⇔ 2,50€ 🔲 6,40€ –
⚡ (8A) 4,85€ – frais de réservation 10€

Location (Prix 2009) : 4 🛏 (4 à 6 pers.) 360 à 640€/
sem. – frais de réservation 17€
🛁 borne artisanale 6€
Pour s'y rendre : 445 rte de Cassoulen (1,2 km au sud-
est par D 28, rte de Châteaurenard et D 5 à dr., rte de
Maillane)

Nature : 🗭
Loisirs : 🏐
Services : ♿ ⚡ GB 🐾 ♒ 🗄

Longitude : 4.78111
Latitude : 43.84389

GRÉOUX-LES-BAINS

04800 – **334** D10 – G. Alpes du Sud – 2 455 h. – alt. 386 – ⚓ (début mars-fin déc.)

🅱 *Office de tourisme, 5, avenue des Marronniers* ℰ *04 92 78 01 08, Fax 04 92 78 13 00*

Paris 783 – Aix-en-Provence 55 – Brignoles 52 – Digne-les-Bains 69 – Manosque 14 – Salernes 50.

La Pinède de mi-mars à fin nov.
ℰ 04 92 77 05 47, *lapinede@wanadoo.fr*,
Fax 04 92 77 69 05, *www.camping-lapinede-cazin.com*
3 ha (160 empl.) plat, peu incliné et en terrasses,
pierreux, gravillons
Tarif : (Prix 2009) 20 € ✶✶ 🚐 🅴 ⚡ (10A) – pers.
suppl. 4,70 €

Location (Prix 2009) : 50 🛖 (4 à 6 pers.) nuitée 52 €
- 295 à 540 €/sem.
🛗 borne artisanale 4 €
Pour s'y rendre : rte de Saint-Pierre (1,5 km au sud par
D 8, à 200 m du Verdon)

Nature :	🌅 ⩻ 🏞 🌳🌳
Loisirs :	🍴 🎮 ⛵ 🏊
Services :	♿ ⛽ GB ⚕ 🏪 🚿 🗑
À prox. :	🎣

Longitude : 5.8825
Latitude : 43.74833

Verseau déb. mars à fin oct.
ℰ 04 92 77 67 10, *info@camping-le-verseau.com*,
Fax 04 92 77 67 10, *www.camping-le-verseau.com*
2,5 ha (120 empl.) plat, incliné, pierreux, herbeux
Tarif : 20,50 € ✶✶ 🚐 🅴 ⚡ (10A) – pers. suppl. 5 €

Location : 39 🛖 (4 à 6 pers.) 660 €/sem. – 13 🏠 (4
à 6 pers.) - 555 à 660 €/sem.
Pour s'y rendre : 1,2 km au sud par D 8, rte de St-Pierre
et chemin à dr., près du Verdon

Nature :	🌅 ⩻ 🏞 🌳
Loisirs :	🎮 salle d'animation 🏄 🏊
Services :	♿ ⛽ GB ⚕ 🏪 🚿 🗑

Longitude : 5.88527
Latitude : 43.75864

Yelloh! Village Verdon Parc 👥 – de déb. avr. à fin
oct.
ℰ 04 92 78 08 08, *info@yellohvillage-verdon-parc.com*,
Fax 04 92 78 00 17, *www.yellohvillage-verdon-parc.com*
⚑
8 ha (280 empl.) plat, gravier, pierreux, terrasses, herbeux
Tarif : 33 € ✶✶ 🚐 🅴 ⚡ (10A) – pers. suppl. 6 €

Location ⚑ : 150 🛖 (4 à 6 pers.) 273 à 1 043 €/
sem. – 7 bungalows toilés
🛗 borne artisanale – 90 🅴 15 €
Pour s'y rendre : Domaine de la Paludette (600 m au
sud par D 8, rte de St-Pierre et à gauche apr. le pont, au
bord du Verdon)

Nature :	🌅 🏞 🌳🌳
Loisirs :	🍴 snack 🎮 🕐 diurne 🏄 🏊 ⚽ 🏊 🎣 terrains om-nisports, practice de golf
Services :	♿ ⛽ GB ⚕ 🚿 🗑 réfrigérateurs

Longitude : 5.90562
Latitude : 43.75141

Regain de déb. avr. à fin oct.
ℰ 04 92 78 09 23, *camping.regain@club-internet.fr*,
Fax 04.92.78.09.23, *www.camping-regain.com*
3 ha (83 empl.) plat et terrasse, pierreux, herbeux
Tarif : (Prix 2009) ✶ 4 € 🅴 5,50 € – ⚡ (10A) 3 €
Pour s'y rendre : rte de Saint Pierre (2 km au sud par
D 8)

À savoir : au bord du Verdon

Nature :	🌅 🌳🌳⛰
Loisirs :	🎣
Services :	♿ ⛽ ⚕ 🚿 🗑

Longitude : 5.88527
Latitude : 43.75864

GRIMAUD

83310 – **340** O6 – G. Côte d'Azur – 4 181 h. – alt. 105

🅱 *Office de tourisme, 1, boulevard des Aliziers* ℰ *04 94 55 43 83, Fax 04 94 55 72 20*

Paris 861 – Brignoles 58 – Fréjus 32 – Le Lavandou 32 – St-Tropez 12 – Ste-Maxime 12 – Toulon 64.

Domaine des Naïades 👥 – de fin mars à fin oct.
ℰ 04 94 55 67 80, *info@lesnaiades.com*, Fax 04 94 55 67 81,
www.lesnaiades.com – places limitées pour le passage
27 ha/14 campables (306 empl.) en terrasses, herbeux,
sablonneux, pierreux
Tarif : 50 € ✶✶ 🚐 🅴 ⚡ (10A) – pers. suppl. 8 €

Location : 207 🛖 (4 à 6 pers.) 315 à 1 155 €/sem.
🛗 borne artisanale
Pour s'y rendre : à Saint Pons les Mûres

Nature :	🏞 🌳🌳
Loisirs :	🍴 snack, pizzeria 🕐 🏄 🏊 🏊 🏊
Services :	♿ ⛽ GB ⚕ 🚿 🚿 laverie 🗑 🚰

Longitude : 6.57972
Latitude : 43.28528

GUILLESTRE

05600 – **334** H5 – G. Alpes du Sud – 2 247 h. – alt. 1 000 – Base de loisirs
🛈 *Office de tourisme, place Salva* ℰ 0492450437, Fax 0495451909
Paris 715 – Barcelonnette 51 – Briançon 36 – Digne-les-Bains 114 – Gap 61.

Parc Le Villard Permanent
ℰ 0492450654, *info@camping-levillard.com*,
Fax 0492450052, *www.camping-levillard.com*
3,2 ha (120 empl.) plat et peu incliné, herbeux, pierreux
Tarif : (Prix 2009) 21,50€ ★★ ⬅ 🅴 🅸 (10A) – pers.
suppl. 4,80€
Location (Prix 2009) 🚫 : 17 ⌷⌷ (4 à 6 pers.) 380 à
650€/sem. – 5 🏠 (4 à 6 pers.) - 400 à 620€/sem. – 2
bungalows toilés
Pour s'y rendre : au lieu-dit : Le Villard (2 km à l'ouest par
D 902a, rte de Gap, au bord du Chagne)

| Nature : ❄ ≤ ♀ |
| Loisirs : snack 🔲 🚣 🎯 ⋔ 🌊 🏊 |
| Services : 🚿 ⛐ 🏧 🛗 🛒 🔄 |

Longitude : 6.64946
Latitude : 44.65985

St-James-les-Pins de mi-déc. à déb. nov.
ℰ 0492450824, *camping@lesaintjames.com*,
Fax 0492451865, *www.lesaintjames.com*
2,5 ha (100 empl.) plat et peu incliné, pierreux, herbeux
Tarif : 16,40€ ★★ 🅴 🅸 (6A) – pers. suppl. 3,20€
Location : 13 🏠 (4 à 6 pers.) - 270 à 630€/sem. – 🛏
🚻 borne artisanale 4,60€
Pour s'y rendre : rte des Campings (1,5 km à l'ouest par
rte de Risoul et rte à dr.)

À savoir : agréable pinède, au bord du Chagne

| Nature : ❄ ≤ ♀♀ 🐟 |
| Loisirs : 🔲 🚣 🏊 🐟 |
| Services : 🚿 ⛐ GB 🐕 🛗 🛒 |
| 📡 🔄 |
| À prox. : 🎯 🌊 |

Longitude : 6.64946
Latitude : 44.65985

La Ribière de fin mai à mi-sept.
ℰ 0492452554, *camping.laribiere@orange.fr*,
Fax 0492537757, *www.laribiere.fr*
5 ha/2 campables (50 empl.) peu incliné, plat, terrasses,
herbeux, pierreux
Tarif : (Prix 2009) 16,50€ ★★ ⬅ 🅴 🅸 (10A) – pers.
suppl. 3,20€
Location (Prix 2009) 🚫 : 5 ⌷⌷ (2 à 4 pers.) nuitée
35€ - 230€/sem.
🚻 borne artisanale 5,50€ – 7 🅴 14€
Pour s'y rendre : Pont de Chagne (au sud du bourg,
accès par chemin près du carr. D 902a et D 86, rte de
Risoul)

À savoir : au bord du Chagne

| Nature : 🐟 ≤ ♀ |
| Loisirs : 🐟 |
| Services : 🚿 ⛐ 🐕 🛒 |
| À prox. : 🍴 🌊 |

Longitude : 6.64463
Latitude : 44.65775

673

Site de Port-Miou

G. Magnin/Michelin

HYÈRES

83400 – **340** L7 – G. Côte d'Azur – 55 007 h. – alt. 40

🛈 *Syndicat d'initiative, 3, avenue Ambroise Thomas ℰ 0494018450, Fax 0494018451*

Paris 851 – Aix-en-Provence 102 – Cannes 123 – Draguignan 78 – Toulon 19.

Les Palmiers ♣♣ – (location exclusive de mobile homes)
ℰ 0494663966, *contact@camping-les-palmiers.fr*,
Fax 0494664730, *www.camping-les-palmiers.fr*
5,5 ha plat, herbeux, pierreux
Location : 199 (4 à 6 pers.) 426 à 1 025€/sem. – frais de réservation 30€
Pour s'y rendre : r. Du Ceinturon, L'Ayguade

| Nature : 🏞 🗠 99 |
| Loisirs : 🍽 pizzeria 🎱 ⚲ nocturne 🏸 🎯 🏊 hammam discothèque 🛝 ✂ ♒ 🎮 🎱 ⚲ |
| Services : ♿ ⚡ GB 🐕 🛁 🍶 laverie 🔌 🚿 |

Longitude : 6.16496
Latitude : 43.10534

Le Ceinturon 3 de fin mars à fin sept.
ℰ 0494663265, *contact@ceinturon3.fr*,
Fax 0494664843, *www.ceinturon3.fr*
2,5 ha (200 empl.) plat, herbeux, sablonneux
Tarif : 27,10€ ✚✚ ⛺ 🅿 (10A) – pers. suppl. 5,55€
Location 🏖 : 36 🏠 (4 à 6 pers.) - 320 à 750€/sem. – frais de réservation 15,25€
Pour s'y rendre : 2 rue des saraniers (5 km au sud-est, à 100 m de la mer, à Ayguade-Ceinturon)

| Nature : 99 |
| Loisirs : 🍽 snack 🛝 |
| Services : ♿ ⚡ 🛒 🍶 🍶 laverie 🔌 🚿 |
| À prox. : ✂ |

Longitude : 6.16914
Latitude : 43.1004

L'ISLE-SUR-LA-SORGUE

84800 – **332** D10 – G. Provence – 18 015 h. – alt. 57

🛈 *Office de tourisme, place de la Libertè ℰ 0490380478, Fax 0490383543*

Paris 693 – Apt 34 – Avignon 23 – Carpentras 18 – Cavaillon 11 – Orange 35.

Airotel La Sorguette de mi-mars à mi-oct.
ℰ 0490380571, *sorguette@wanadoo.fr*,
Fax 0490208461, *www.camping-sorguette.com*
2,5 ha (164 empl.) plat, herbeux, pierreux
Tarif : 25,60€ ✚✚ ⛺ 🅿 (10A) – pers. suppl. 7,30€
Location : 24 (4 à 6 pers.) nuitée 60€ - 406 à 644€/sem. – 6 🏠 (4 à 6 pers.) nuitée 65€ - 469 à 693€/sem. – yourtes – frais de réservation 20€
🚐 borne artisanale – 🚰 10.5€
Pour s'y rendre : 871 rte d'Apt (1,5 km au sud-est par N 100, près de la Sorgue)

| Nature : 9 |
| Loisirs : snack 🎱 🏸 🛝 🚲 🛶 canoë |
| Services : ♿ ⚡ GB 🐕 🍶 laverie 🔌 🚿 cases réfrigérées |
| À prox. : ✕ 🚲 |

Longitude : 5.07139
Latitude : 43.91444

We recommend that you consult the up to date price list posted at the entrance of the site.
Inquire about possible restrictions.
The information in this Guide may have been modified since going to press.

674

ISOLA

06420 – **341** D2 – G. Alpes du Sud – 571 h. – alt. 873

🛈 *Office de tourisme, Immeuble le Pelvos, isola 2000 ℰ 0493231515, Fax 0493231425*

Paris 897 – Marseille 246 – Nice 76 – Cuneo 79 – Borgo San Dalmazzo 71.

Le Lac des Neiges
ℰ 0493021816, *lac.des.neiges@wanadoo.fr*,
Fax 0493021940, *www.lacdesneiges.com* – alt. 875
3 ha (98 empl.) plat, pierreux, herbeux
Location : 10 – gîtes
🚐 1 borne flot bleu

| Nature : 🗠 9 |
| Loisirs : 🍽 snack 🎱 🛝 🚲 m 🛶 pédalos, kayak |
| Services : ♿ ⚡ 🍶 🔌 🚿 🚿 |
| À prox. : ✂ |

Longitude : 7.04985
Latitude : 44.18613

LARCHE

04530 – **334** J6 – G. Alpes du Sud – 75 h. – alt. 1 691
🛈 *Syndicat d'initiative, le village* ☎ *04 92 84 33 58*
Paris 760 – Barcelonnette 28 – Briançon 81 – Cuneo 70.

⬟ **Domaine des Marmottes** de déb. juin à fin sept.
☎ 04 92 84 33 64, *georges.durand25@wanadoo.fr*, *www.
camping-marmottes.fr*
2 ha (50 empl.) non clos, plat, herbeux, pierreux
Tarif : 17,50€ **†† ⇐ 🗉 ⑵** (10A) – pers. suppl. 7€
Location 🏚 : huttes
🚰 borne artisanale 4€
Pour s'y rendre : lieu-dit : Malboisset (800 m au sud-est
par rte à dr. apr. l'ancienne douane française)
À savoir : cadre sauvage au bord de l'Ubayette

| Nature : 🏔 ⋖ 🛏 ♤♤ |
| Services : 👶 ⛽ 🐕 🗒 🚿 |

| Longitude : 6.84636 |
| Latitude : 44.45083 |

LE LAVANDOU

83980 – **340** N7 – G. Côte d'Azur – 5 780 h. – alt. 1 – Base de loisirs
🛈 *Office de tourisme, quai Gabriel-Péri,* ☎ *04 94 00 40 50, Fax 04 94 00 40 59*
Paris 873 – Cannes 102 – Draguignan 75 – Fréjus 61 – Ste-Maxime 42 – Toulon 41.

⬟ **Beau Séjour** de mi-avr. à fin sept.
☎ 04 94 71 25 30, *beausejourvar@orange.fr*
1,5 ha (135 empl.) plat, gravier
Tarif : (Prix 2009) **† 5,20€ ⇐ 4,30€ 🗉 2,90€ – ⑵** (3A) 4€
Pour s'y rendre : au lieu-dit : la Grande Bastide (1,5 km
au sud-ouest)
À savoir : beaux emplacements délimités et ombragés

| Nature : 🛏 ♤♤ |
| Loisirs : ☂ snack |
| Services : 👶 ⛽ 🐕 🚿 |

| Longitude : 6.35506 |
| Latitude : 43.13446 |

⬟ **Clau Mar Jo** de mi-mars à mi-oct.
☎ 04 94 71 53 39, *contact@camping-clau-mar-jo.fr*,
Fax 04 94 24 38 73, *www.camping-clau-mar-jo.fr*
1 ha (71 empl.) plat, herbeux
Tarif : 18,50€ **†† ⇐ 🗉 ⑵** (15A) – pers. suppl. 3,50€ –
frais de réservation 31€
Location : 37 🛏 (4 à 6 pers.) nuitée 32€ - 350 à
800€/sem. – frais de réservation 31€
Pour s'y rendre : 895 chemin de Bénat (2 km au sud-
ouest)

| Nature : 🛏 ♤♤ |
| Loisirs : 🚣 ⛵ |
| Services : 👶 ⛽ GB 🐕 🚿 ⚑ 🍴 🗒 |

| Longitude : 6.34629 |
| Latitude : 43.13566 |

675

*Si vous désirez réserver un emplacement pour vos vacances,
faites-vous préciser au préalable les conditions particulières de séjour,
les modalités de réservation, les tarifs en vigueur et les conditions de paiement.*

LOURMARIN

84160 – **332** F11 – G. Provence – 1 024 h. – alt. 224
🛈 *Syndicat d'initiative, avenue Philippe de Girard* ☎ *04 90 68 10 77*
Paris 732 – Aix-en-Provence 37 – Apt 19 – Cavaillon 73 – Digne-les-Bains 114.

⬟ **Les Hautes Prairies** de mi-mars à fin nov.
☎ 04 90 68 02 89, *leshautesprairies@wanadoo.fr*,
Fax 04 90 68 23 83, *www.campinghautesprairies.com*
3,6 ha (158 empl.) peu incliné, plat, herbeux, pierreux
Tarif : (Prix 2009) **† 4,90€ ⇐ 3€ 🗉 4,80€ – ⑵** (10A) 4,10€
– frais de réservation 18€
Location (Prix 2009) (permanent) : 5 🛏 (4 à 6 pers.)
nuitée 65€ - 225 à 588€/sem. – 16 🏠 (4 à 6 pers.)
nuitée 65€ - 371 à 546€/sem. – frais de réservation
18€
🚰 1 borne artisanale 5€
Pour s'y rendre : rte de Vaugines (700 m à l'est par
D 56)

| Nature : 🛏 ♀ |
| Loisirs : ☂ ✗ snack 🚣 🏊 |
| Services : 👶 ⛽ 🐕 🚿 ⚑ 🍴 🗒 🚿 |

| Longitude : 5.39851 |
| Latitude : 43.77504 |

MALEMORT-DU-COMTAT

84570 – **332** D9 – 1 383 h. – alt. 208
Paris 688 – Avignon 33 – Carpentras 11 – Malaucène 22 – Orange 33 – Sault 35.

Font Neuve de déb. mai à fin sept.
☎ 04 90 69 90 00, *camping.font-neuve@libertysurf.fr*,
Fax 04 90 69 91 77
1,5 ha (54 empl.) plat et peu incliné, terrasses, herbeux,
pierreux
Tarif : (Prix 2009) ★ 4€ ⇔ 2€ ▤ 4,50€ – (ƒ) (1A) 4,50€ –
frais de réservation 4€
Location (Prix 2009) : 5 🛖 (4 à 6 pers.) - 320 à 420€/
sem.
Pour s'y rendre : quartier Font-Neuve (1,6 km au sud-
est par D 5, rte de Méthanis et chemin à gauche)

Nature : ☽ ← □ ♀♀	
Loisirs : ✗ ⚔ ✂ ♨	
Services : ♿ ☀ ♨ ♨ ♨	
▤ ♨	

Longitude : 5.16277
Latitude : 44.02285

MALLEMORT

13370 – **340** G3 – 5 590 h. – alt. 120
🛈 *Office de tourisme, avenue des Frères Roqueplan ☎ 04 90 57 41 62, Fax 04 90 59 43 34*
Paris 716 – Aix-en-Provence 34 – Apt 38 – Cavaillon 20 – Digne-les-Bains 124 – Manosque 72.

Durance Luberon de déb. avr. à fin sept.
☎ 04 90 59 13 36, *duranceluberon@orange.fr*, *www.
campingduranceluberon.com* – pour les caravanes,
l'accès par le centre ville est déconseillé, accès par N 7 et
D 561, rte de Charleval
4 ha (110 empl.) plat, herbeux
Tarif : (Prix 2009) 20,50€ ★★ ⇔ ▤ (ƒ) (10A) – pers.
suppl. 5,20€ – frais de réservation 15€
Location (Prix 2009) : 6 🛖 (4 à 6 pers.) 285 à 490€/
sem. – frais de réservation 15€
🛏 borne artisanale 5€ – 🔋 13.5€
Pour s'y rendre : au Domaine du Vergon (2,8 km au sud-
est par D 23, à 200 m du canal, vers la centrale E.D.F. - par
A 7 sortie 26 et 7)

Nature : ☽ □ ♀	
Loisirs : snack ⚔ 毷 ✂ ♨	
Services : ♿ ☀ ♨ ▤ ♨ ♨	
🛁 ▤ ♨	
À prox. : 🏇	

Longitude : 5.19536
Latitude : 43.72083

MANDELIEU-LA-NAPOULE

06210 – **341** C6 – G. Côte d'Azur – 20 850 h. – alt. 4
🛈 *Office de tourisme, avenue H. Clews ☎ 04 92 97 99 27, Fax 04 93 93 64 66*
Paris 890 – Brignoles 86 – Cannes 9 – Draguignan 53 – Fréjus 30 – Nice 37 – St-Raphaël 32.

Les Cigales Permanent
☎ 04 93 49 23 53, *campingcigales@wanadoo.fr*,
Fax 04 93 49 30 45, *www.lescigales.com*
2 ha (115 empl.) plat, herbeux, gravier
Tarif : 46,50€ ★★ ⇔ ▤ (ƒ) (6A) – pers. suppl. 8€ – frais
de réservation 25€
Location : 42 🛖 (4 à 6 pers.) 360 à 900€/sem. –
8 appartements – frais de réservation 25€
🛏 borne autre – 12 ▤ 30€
Pour s'y rendre : 505 av. de la Mer (à Mandelieu)
À savoir : beau cadre de verdure au bord de la Siagne,
ponton d'amarrage

Nature : ☽ □ ♀♀	
Loisirs : ⚔ ♨	
Services : ♿ ☀ GB ♨ ▤ ♨ ♨	
♨ ♨ laverie	
À prox. : 🍽 🍷 ✗ snack ♨ ♨ golf	

Longitude : 6.94206
Latitude : 43.53889

Les Pruniers de déb. avr. à fin oct.
☎ 04 92 97 00 44, *contact@bungalow-camping.com*,
Fax 04 93 49 37 45, *www.bungalow-camping.com* – places
limitées pour le passage
0,8 ha (55 empl.) plat, herbeux, gravier
Tarif : (Prix 2009) ★ 5€ ⇔ 4€ ▤ 26€ – (ƒ) (20A) 4€
Location : 🛖
Pour s'y rendre : 118 r. de la Pinéa (par av. de la Mer)
À savoir : au bord de la Siagne, ponton d'amarrage

Nature : □ ♀♀	
Loisirs : 🛖 ⚔ ♨	
Services : ☀ GB ♨ ♨ ▤ ♨	
À prox. : 🍷 ✗ crêperie ♨ golf	

Longitude : 6.94504
Latitude : 43.53529

MAUBEC

84660 – **332** D10 – 1 763 h. – alt. 120
Paris 706 – Aix-en-Provence 68 – Apt 25 – Avignon 32 – Carpentras 27 – Cavaillon 9.

△ **Municipal Les Royères du Prieuré** de déb. avr. à mi-oct.
  ℘ 04 90 76 50 34, *camping.maubec.provence@wanadoo.fr*, Fax 04 32 52 91 57, *www.campingmaubec-luberon.com*
  1 ha (93 empl.) plat et en terrasses, pierreux, herbeux
  Tarif : 13 € ★★ ⇐ 国 [§] (10A) – pers. suppl. 3 € – frais de réservation 10 €
  Location 〴 : 3 ⸬⸬ (4 à 6 pers.) 375 à 520 €/sem. – gîte d'étape – frais de réservation 10 €
  Pour s'y rendre : 52 chemin de la Combe St-Pierre (au sud du bourg)

  À savoir : belles terrasses ombragées

Nature : ⬲ < ₀₀
Services : ⚬⚊ GB ⬧ ⁺⁺ ▨

Longitude : 5.131
Latitude : 43.839

MAUSSANE-LES-ALPILLES

13520 – **340** D3 – 2 153 h. – alt. 32
🛈 *Office de tourisme, place Laugier de Monblan ℘ 04 90 54 52 04, Fax 04 90 54 39 44*
Paris 712 – Arles 20 – Avignon 30 – Marseille 81 – Martigues 44 – St-Rémy-de-Provence 10 – Salon-de-Provence 29.

⚠ **Municipal les Romarins** de mi-mars à mi-oct.
  ℘ 04 90 54 33 60,
  camping-municipal-maussane@wanadoo.fr,
  Fax 04 90 54 41 22
  3 ha (144 empl.) plat, herbeux, pierreux
  Tarif : (Prix 2009) 23 € ★★ ⇐ 国 [§] (6A) – pers. suppl. 4,40 €
  Pour s'y rendre : rte de St-Rémy (sortie nord par D 5)

Nature : ⬱ ₀₀
Loisirs : ⬭ ⬟ ⚲
Services : ⚒ ⚬⚊ GB ⬧ ⬳ ⬰ ⁺⁺ ▨
À prox. : ⬳

Longitude : 4.81021
Latitude : 43.7216

MAZAN

84380 – **332** D9 – G. Provence – 5 445 h. – alt. 100
🛈 *Office de tourisme, 83, place du 8 Mai ℘ 04 90 69 74 27*
Paris 684 – Avignon 35 – Carpentras 9 – Cavaillon 30 – Sault 34.

⚠ **Le Ventoux** de déb. mars à mi-nov.
  ℘ 04 90 69 70 94, *info@camping-le-ventoux.com*,
  www.camping-le-ventoux.com
  0,7 ha (49 empl.) plat, pierreux, herbeux
  Tarif : (Prix 2009) 22,50 € ★★ ⇐ 国 [§] (6A) – pers. suppl. 5,50 € – frais de réservation 10 €
  Location (Prix 2009) : 11 ⸬⸬ (4 à 6 pers.) 395 à 675 €/sem. – ⬱ – frais de réservation 10 €
  Pour s'y rendre : 1348 chemin de la Combe (3 km au nord par D 70, rte de Caromb puis chemin à gauche, de Carpentras, itinéraire conseillé par D 974)

Nature : ⬲ < ₀₀
Loisirs : ▾ ✕ ⬟ ⬳
Services : ⚒ ⚬⚊ GB ⬧ ⬭ � ⁺⁺ laverie ⬲

Longitude : 5.09213
Latitude : 44.07594

LES MÉES

04190 – **334** D8 – G. Alpes du Sud – 3 352 h. – alt. 410
🛈 *Syndicat d'initiative, 21, boulevard de la République ℘ 04 92 34 36 38, Fax 04 92 34 31 44*
Paris 726 – Digne-les-Bains 25 – Forcalquier 25 – Gréaux-les-Bains 44 – Mézel 27 – Sisteron 22.

△ **Aire Naturelle l'Olivette** de mi-avr. à mi-oct.
  ℘ 04 92 34 18 97, *contact@campinglesolivettes.com*,
  Fax 04 92 34 18 97, *http://www.campinglesolivettes.com/*
  1 ha (25 empl.) non clos, en terrasses, incliné à peu incliné
  Tarif : 33,50 € ★★ ⇐ 国 [§] (10A) – pers. suppl. 5,50 € – frais de réservation 5 €
  Pour s'y rendre : Hameau les Pourcelles (11 km au sud-ouest par D 4, rte d'Oraison et rte des Pourcelles à gauche)

Nature : ⬲ ⬱ ₀₀
Loisirs : ⬟
Services : ⚒ ⚬⚊ ⬧

Longitude : 5.93343
Latitude : 43.95359

PROVENCE-ALPES-CÔTE D'AZUR

MENTON

06500 – **341** F5 – G. Côte d'Azur – 27 655 h.
🛈 *Office de tourisme, 8, avenue Boyer 𝒫 04 92 41 76 76, Fax 04 92 41 76 78*
Paris 966 – Marseille 218 – Nice 32 – Antibes 55 – Cannes 67.

🔺 **Municipal St-Michel** Permanent
 𝒫 04 93 35 81 23, Fax 04 93 57 12 35, *www.menton.fr* –
 accès difficile pour caravanes et camping-car
 2 ha (131 empl.) en terrasses, plat, herbeux, gravillons
 Tarif : (Prix 2009) ✝ 4,10 € ⬅ 4,40 € 🔲 2,90 € 🔌 (16A)
 Pour s'y rendre : rte des Clappes (Plateau St-Michel)

Nature : 🌿🌿
Loisirs : ♟ snack, pizzeria, le soir uniquement
Services : ⌇ GB 🅿 🔳 ♿ cases réfrigérées

Longitude : 7.49994
Latitude : 43.78675

MÉOLANS-REVEL

04340 – **334** H6 – 284 h. – alt. 1 080
Paris 787 – Marseille 216 – Digne-les-Bains 74 – Gap 64 – Embrun 44.

🔺 **Domaine Loisirs de l'Ubaye** de mi-mai à mi-oct.
 𝒫 04 92 81 01 96, *info@loisirsubaye.com*,
 Fax 04 92 81 92 53, *www.loisirsubaye.com* – alt. 1 073
 9,5 ha (267 empl.) plat, herbeux, pierreux, en terrasses
 Tarif : 21 € ✝✝ ⬅ 🔲 🔌 (6A) – pers. suppl. 5,50 € – frais
 de réservation 15 €

 Location (de déb. fév. à mi-nov.) : 18 🛖 (4 à 6 pers.)
 360 à 510 €/sem. – 19 🏠 (4 à 6 pers.) - 290 à 720 €/
 sem. – frais de réservation 15 €
 🚐 1 borne artisanale
 Pour s'y rendre : 9 km par D 900, au bord de l'Ubaye

Nature : 🏞 🌿🌿
Loisirs : snack 🎮 ☀diurne 🚲 ✂ 🏊
Services : ♿ ⌇ GB 🅿 🔳 ♿ 🚿 💧 🚽 🔲 🧺 ♿
À prox. : sports en eaux vives

Longitude : 6.55444
Latitude : 44.3925

  Do not confuse :
  🔺 *... to ...* 🔺🔺🔺 *: MICHELIN classification*
  and
  ★ *... to ...* ★★★★ *: official classification*

678

MÉZEL

04270 – **334** F8 – 633 h. – alt. 585
Paris 745 – Barrême 22 – Castellane 47 – Digne-les-Bains 15 – Forcalquier 51 – Sisteron 41.

🔺 **La Célestine** de déb. mai à fin sept.
 𝒫 04 92 35 52 54, *lacelestin@wanadoo.fr*,
 www.camping-lacelestine.com
 2,4 ha (100 empl.) plat, herbeux
 Tarif : (Prix 2009) ✝ 4,50 € ⬅ 🔲 4,50 € – 🔌 (10A) 3,90 €

 Location (Prix 2009) : 🛖 (4 à 6 pers.) nuitée 69 € -
 450 €/sem.
 Pour s'y rendre : rte de Manosque (3 km au sud par
 D 907, au bord de l'Asse)

Nature : 🌿🌿
Loisirs : ♟ 🎮 🏓 🚲 🏊 quad
Services : ♿ ⌇ GB 🅿 ♿

Longitude : 6.22441
Latitude : 43.98817

MONTMEYAN

83670 – **340** L4 – G. Côte d'Azur – 530 h. – alt. 480
Paris 832 – Marseille 88 – Toulon 87 – Draguignan 46 – Manosque 44.

🔺 **Château de l'Éouvière** de mi-avr. à mi-sept.
 𝒫 04 94 80 75 54, *contact@leouviere.com*,
 Fax 04 94 80 75 54, *www.leouviere.com*
 30 ha/5 campables (81 empl.) en terrasses, herbeux,
 pierreux
 Tarif : (Prix 2009) ✝ 7,50 € ⬅ 🔲 9 € – 🔌 (10A) 5 €

 Location (Prix 2009) : 🛖 (4 à 6 pers.) 450 à 650 €/
 sem. – 2 appartements
 Pour s'y rendre : rte de Taverne (500 m au sud par
 D 13)

Nature : 🌳 🌿🌿
Loisirs : 🎮 🏊
Services : ♿ 🔳 ♿

Longitude : 6.06334
Latitude : 43.64815

MONTPEZAT

04500 – **334** E10
Paris 806 – Digne-les-Bains 54 – Gréoux-les-Bains 23 – Manosque 37 – Montmeyan 21 – Moustiers-Ste-Marie 22.

Village Center Côteau de la Marine de déb. avr. à mi-sept.
 📞 0825 00 20 30, *resa@village-center.com*,
 Fax 04 67 51 63 89, *www.village-center.fr*
 10 ha (250 empl.) en terrasses, pierreux, gravier
 Tarif : 29€ 👫 🚗 🔲 🔌 (6A) – pers. suppl. 5€ – frais de réservation 30€
 Location : 🛖 (4 à 6 pers.) 241 à 889€/sem. – **frais de réservation** 30€
 Pour s'y rendre : à Vauvert (2 km au sud-est)

Nature : 🌊 ≤ 🏞 ♨
Loisirs : 🍴 snack 🏄 🎿 🛶 canoë, pédalos, kayak, bateaux électriques
Services : 🔌 GB 🐕 🚿 🔲 🚮

Longitude : 6.09526
Latitude : 43.75096

 Verwar niet :
 🔺... tot ... 🔺🔺🔺: MICHELIN indeling
 en
 ★ ... tot ... ★★★★ : officiële classificatie

MOURIÈS

13890 – **340** E3 – 3 012 h. – alt. 13
🛈 *Office de tourisme, 2, rue du Temple* 📞 04 90 47 56 58, *Fax 04 90 47 67 33*
Paris 713 – Arles 29 – Les Baux-de-Provence 12 – Cavaillon 26 – Istres 24 – Salon-de-Provence 22.

Le Devenson de fin avr. à mi-sept.
 📞 04 90 47 52 01, *devenson@libertysurf.fr*,
 Fax 04 90 47 63 09, *www.camping-devenson.com*
 12 ha/3,5 campables (60 empl.) en terrasses, pierreux, rocheux, oliveraie
 Tarif : 20,90€ 👫 🚗 🔲 🔌 (5A) – pers. suppl. 5€
 Pour s'y rendre : rte de Férigoulas (2 km au nord-ouest par D 17 et D 5 à dr.)
 À savoir : agréable situation sous les pins et parmi les oliviers

Nature : 🌊 ≤ 🏞 ♨♨
Loisirs : 🏞 🛶
Services : 🔌 🐕 🔲 cases réfrigérées

Longitude : 4.85539
Latitude : 43.69746

MOUSTIERS-STE-MARIE

04360 – **334** F9 – G. Alpes du Sud – 696 h. – alt. 631
🛈 *Office de tourisme, place de l'Église* 📞 04 92 74 67 84, *Fax 04 92 74 60 65*
Paris 783 – Aix-en-Provence 90 – Castellane 45 – Digne-les-Bains 47 – Draguignan 61 – Manosque 50.

Le Vieux Colombier de déb. avr. à fin sept.
 📞 04 92 74 61 89, *contact@lvcm.fr*, Fax 04 92 74 61 89,
 www.lvcm.fr
 2,7 ha (70 empl.) en terrasses, peu incliné, incliné, pierreux, herbeux
 Tarif : 19,60€ 👫 🚗 🔲 🔌 (6A) – pers. suppl. 5,35€ – frais de réservation 9€
 Location : 12 🛖 (4 à 6 pers.) nuitée 53€ - 353 à 619€/sem. – frais de réservation 9€
 🚐 borne artisanale 5€
 Pour s'y rendre : quartier St Michel (800 m au sud)

Nature : ≤ 🏞 ♨
Loisirs : 🏞
Services : 🔥 🔌 GB 🐕 🚿 🔲 🚮
À prox. : 🍴

Longitude : 6.22163
Latitude : 43.83958

St-Jean de déb. avr. à mi-oct.
 📞 04 92 74 66 85, *camping-saint-jean@wanadoo.fr*,
 Fax 04 92 74 66 85, *www.camping-saint-jean.com*
 1,6 ha (125 empl.) plat, peu incliné, herbeux
 Tarif : (Prix 2009) 👤 4,70€ 🚗 🔲 4,90€ – 🔌 (10A) 4,40€ – frais de réservation 9€
 Location (Prix 2009) : 14 🛖 (4 à 6 pers.) nuitée 50€ - 337 à 648€/sem. – frais de réservation 9€
 🚐 borne artisanale 4€ – 🚐 10.5€
 Pour s'y rendre : quartier Saint Jean (1 km au sud-ouest par D 952, rte de Riez, au bord de la Maïre)

Nature : 🌊 ≤ ♨♨
Loisirs : 🏄 ♨
Services : 🔥 🔌 GB 🐕 🚿 ♻ 🚿 🔲

Longitude : 6.21461
Latitude : 43.84312

679

△ **Manaysse** de déb. avr. à fin oct.
 ℰ 0492746671, *camping.manaysse@free.fr*,
 Fax 0492746228, *www.camping-manaysse.com*
 1,6 ha (97 empl.) plat, incliné, terrasses, herbeux, gravier
 Tarif : (Prix 2009) ✿ 3,30€ ⇐ 国 3,30€ – [½] (10A) 3,30€
 ⊞ borne artisanale 10,70€ – 60 国 10,70€
 Pour s'y rendre : quartier Manaysse (900 m au sud-ouest par D 952, rte de Riez)

| Nature : 〇〇 |
| Loisirs : 🏠 |
| Services : ⅍ ☛ ⅍ ⅍ 🍴 📺 |

| Longitude : 6.21494 |
| Latitude : 43.84452 |

MURS

84220 – **332** E10 – G. Provence – 424 h. – alt. 510
Paris 704 – Apt 17 – Avignon 48 – Carpentras 26 – Cavaillon 27 – Sault 33.

△ **Municipal des Chalottes** de mi-avr. à mi-sept.
 ℰ 0490726084, *camping@communedemurs-vaucluse. fr*, Fax 0490726173, *www.communedemurs-vaucluse.fr*
 4 ha (50 empl.) peu incliné à incliné et accidenté, pierreux
 Tarif : 12,44€ ✿✿ ⇐ 国 [½] (0A) – pers. suppl. 3€
 Pour s'y rendre : sortie sud par D 4, rte d'Apt puis 1,8 km à dr., après le V.V.F.

 À savoir : cadre boisé et situation agréable

| Nature : 🌿 ≤ 🌳 |
| Loisirs : 🛝 |
| Services : ⅍ ☛ (juil.-août) ⅍ |

| Longitude : 5.23027 |
| Latitude : 43.94209 |

*Nos **guides hôtels,** nos **guides touristiques** et nos **cartes routières** sont complémentaires. Utilisez-les ensemble.*

LE MUY

83490 – **340** O5 – 8 604 h. – alt. 27
🛈 *Office de tourisme, 6, route de la Bourgade* ℰ *0494451279, Fax 0494450667*
Paris 853 – Les Arcs 9 – Draguignan 14 – Fréjus 17 – Le Luc 26 – Ste-Maxime 23.

▲ **Les Cigales** ♣♣ – de mi-mars à mi-oct.
 ℰ 0494451208, *contact@les-cigales.com*,
 Fax 0494459280, *www.camping-les-cigales-sud.fr*
 10 ha/4 campables (199 empl.) en terrasses, pierreux, herbeux, fort dénivelé, rochers
 Tarif : 39,15€ ✿✿ ⇐ 国 [½] (10A) – pers. suppl. 9,90€ – frais de réservation 22€

 Location : 25 🛖 (4 à 6 pers.) nuitée 35€ - 525 à 825€/sem. – 50 🏠 (4 à 6 pers.) nuitée 60€ - 675 à 940€/sem. – frais de réservation 22€
 ⊞ borne raclet – 10 国 34€ – 🚐 [½] 18.7€
 Pour s'y rendre : 4 chemin de Jas de la Paro (3 km au sud-ouest, accès par l'échangeur de l'A 8 et chemin à dr. av. le péage)

 À savoir : agréable cadre boisé

| Nature : 🏕 〇〇 |
| Loisirs : 🍴 snack, pizzeria 🎲 🏃 jacuzzi discothèque 🛝 🚲 🏐 🏊 🏹 terrain omnisports, accrobranches |
| Services : ⅍ ☛ GB ⅍ ⅍ 🍴 laverie ⅍ réfrigérateurs |

| Longitude : 6.54361 |
| Latitude : 43.46222 |

NANS-LES-PINS

83860 – **340** J5 – 3 891 h. – alt. 380
🛈 *Office de tourisme, 2, cours Général-de-Gaulle* ℰ *0494789591, Fax 0494786007*
Paris 794 – Aix-en-Provence 44 – Brignoles 26 – Marseille 42 – Rians 35 – Toulon 71.

▲ **Village Club La Sainte Baume** ♣♣ – de déb. avr. à fin sept.
 ℰ 0494789268, *ste-baume@wanadoo.fr*,
 Fax 0494786737, *www.saintebaume.com*
 5 ha (160 empl.) plat, peu incliné, pierreux, gravier
 Tarif : 35€ ✿✿ ⇐ 国 [½] (10A) – pers. suppl. 8€

 Location : 100 🛖 (4 à 6 pers.) 150 à 980€/sem. – 12 🏠 (4 à 6 pers.) - à 854€/sem. – bungalows toilés
 ⊞ borne artisanale – 10 国
 Pour s'y rendre : quartier Delvieux Sud (900 m au nord par D 80 et à dr., par A 8 : sortie St-Maximin-la-Ste-Baume)

| Nature : 🌿 🏕 〇〇 |
| Loisirs : snack, pizzeria 🏠 🎲 🏃 jacuzzi discothèque 🛝 🏹 🏊 |
| Services : ⅍ ☛ GB ⅍ ⅍ ⅍ 🍴 laverie ⅍ ⅍ |
| À prox. : 🐴 poneys |

| Longitude : 5.78839 |
| Latitude : 43.37793 |

NÉVACHE

05100 – **334** H2 – G. Alpes du Sud – 321 h. – alt. 1 640 – Sports d'hiver : 1 400/2 000 m ≰ 2 ≰
🖪 *Office de tourisme, Ville Haute* ℰ *04 92 20 02 20, Fax 04 92 20 51 72*
Paris 693 – Bardonècchia 18 – Briançon 21.

△ **Fontcouverte** de fin mai à fin sept.
ℰ *04 92 21 38 21, michelgoiran@sfr.fr* – croisement
difficile pour caravanes – alt. 1 860
2 ha (100 empl.) plat, peu incliné, terrasses, pierreux,
herbeux
Tarif : 🟊 2,30 € ⇔ 1,60 € 🔲 2,60 € 🌣 (6A)
Pour s'y rendre : 1 lot. de l'Aiguille Rouge (6,2 km au
nord-ouest par D 301t)

À savoir : site agréable au bord d'un torrent et près de
la Clarée

| Nature : 🐾 ≤ 🔎 |
| Loisirs : 🎣 |
| Services : 🕭 ☞ (de mi-juin à mi-sept.) 🚐 |
| À prox. : ✖ |

| Longitude : 6.60697 |
| Latitude : 45.0194 |

LES GUIDES VERTS MICHELIN
Paysages, monuments
Routes touristiques
Géographie
Histoire, Art
Itinéraire de visite
Plans de villes et de monuments

NIOZELLES

04300 – **334** D9 – 229 h. – alt. 450
Paris 745 – Digne-les-Bains 49 – Forcalquier 7 – Gréoux-les-Bains 33 – Manosque 21 – Les Mées 24.

⚠ **Moulin de Ventre** 🏕 – de déb. avr à fin sept.
ℰ *04 92 78 63 31, moulindeventre@aol.com,*
Fax 04 92 79 86 92, *www.moulin-de-ventre.fr*
28 ha/3 campables (124 empl.) plat, en terrasses, peu
incliné, herbeux, pierreux
Tarif : 29 € 🟊🟊 ⇔ 🔲 🌣 (10A) – pers. suppl. 6 €
Location : 14 ▦ (4 à 6 pers.) nuitée 54 € · 260 à
784 €/sem. – 5 🏠 (4 à 6 pers.) nuitée 48 € · 322 à
651 €/sem. – 3 appartements
🔧 1 borne artisanale
Pour s'y rendre : 2,5 km à l'est par N 100, rte de la
Brillanne

À savoir : au bord du Lauzon et d'un petit lac

| Nature : 🐾 🏞 🔎 |
| Loisirs : snack 🏠 🏃 🚣 🏊 |
| Services : 🕭 ☞ 🅖🅑 🚐 🍴 🔥 |
| 🔲 🛁 |

| Longitude : 5.86812 |
| Latitude : 43.90755 |

681

ORANGE

84100 – **332** B9 – G. Provence – 29 859 h. – alt. 97
🖪 *Office de tourisme, 5, cours Aristide Briand* ℰ *04 90 34 70 88, Fax 04 90 34 99 62*
Paris 655 – Alès 84 – Avignon 31 – Carpentras 24 – Montélimar 55 – Nîmes 56.

⚠ **Le Jonquier** de déb. avr. à fin sept.
ℰ *04 90 34 49 48, info@campinglejonquier.com,*
Fax 04 90 51 16 97, *www.campinglejonquier.com*
2,5 ha (75 empl.) plat, herbeux
Tarif : 30,20 € 🟊🟊 ⇔ 🔲 🌣 (6A) – pers. suppl. 6 € – frais
de réservation 15 €

Location : 4 ▦ (4 à 6 pers.) 380 à 670 €/sem. – 2
bungalows toilés – frais de réservation 20 €
🔧 1 borne artisanale 10 €
Pour s'y rendre : r. Alexis Carrel (au nord-ouest par N 7,
rte de Montélimar et r. à gauche passant devant la piscine,
quartier du Jonquier - par A 7 : sortie nord, D 17, rte de
Caderousse et chemin à dr.)

| Nature : 🐾 🏞 🔎 |
| Loisirs : 🏠 jacuzzi ✖ 🔥 🏊 |
| (petite piscine) |
| Services : 🕭 🅖🅑 🚐 🏊 🚿 laverie |

| Longitude : 4.79566 |
| Latitude : 44.14302 |

PROVENCE-ALPES-CÔTE D'AZUR

ORCIÈRES

05170 – **334** F4 – G. Alpes du Nord – 725 h. – alt. 1 446 – Sports d'hiver : – Base de loisirs
🏢 *Office de tourisme, Maison du Tourisme* ℘ 04 92 55 89 89, Fax 04 92 55 89 64
Paris 676 – Briançon 109 – Gap 32 – Grenoble 113 – La Mure 73 – St-Bonnet-en-Champsaur 26.

    ▲ **Base de Loisirs** de déb. juil à fin août
       ℘ 04 92 55 76 67, *admin.orcieres@labellemontagne.com*,
       Fax 04 92 55 89 75, *www.orcieres-labellemontagne.com*
       – alt. 1 280
       1,2 ha (48 empl.) non clos, plat, pierreux, gravillons
       Tarif : (Prix 2009) 👤 3,30 € 🚗 🔲 5,20 € – [⚡] (6A) 3 €

       Location 🛏 : gîte d'étape
       Pour s'y rendre : 3,4 km au sud-ouest d'Orcières, à 100
       m du Drac Noir et près d'un petit plan d'eau

Nature : 🌿 ◁ montagnes ♀	
Loisirs : 🍴 snack	
Services : 👨‍🦽 ⛽ GB 🐕 🍴 📶	
À prox. : 🏇 🗻 🏊 🐎 🚶 par-cours de santé, parapente	

Longitude : 6.34388
Latitude : 44.6933

    Si vous recherchez :
    👥   *Un terrain offrant des équipements et des loisirs adaptés aux enfants*
    🌿   *Un terrain agréable ou très tranquille*
    L   *Un terrain effectuant la location de caravanes,*
        de mobile homes, de bungalows ou de chalets
    P   *Un terrain ouvert toute l'année*
    🚐   *Un terrain possédant une aire de services pour camping-cars*
    Consultez le tableau des localités

ORPIERRE

05700 – **334** C7 – G. Alpes du Sud – 318 h. – alt. 682
🏢 *Office de tourisme, le Village* ℘ 04 92 66 30 45, Fax 04 92 66 32 52
Paris 689 – Château-Arnoux 47 – Digne-les-Bains 72 – Gap 55 – Serres 20 – Sisteron 33.

    ▲ **Les Princes d'Orange** de déb. avr. à mi-oct.
       ℘ 04 92 66 22 53, *campingorpierre@wanadoo.fr*,
       Fax 04 92 66 31 08, *www.campingorpierre.com* – accès
       aux emplacements par forte pente, mise en place et
       sortie des caravanes à la demande
       20 ha/4 campables (100 empl.) plat et peu incliné, en
       terrasses, pierreux, herbeux
       Tarif : 27,60 € 👤👤 🚗 🔲 [⚡] (10A) – pers. suppl. 7,30 € –
       frais de réservation 10 €

       Location : 20 🏚 (4 à 6 pers.) nuitée 80 € - 325 à 630 €/
       sem. – 4 🏡 (4 à 6 pers.) nuitée 90 € - 340 à 615 €/sem.
       – 3 bungalows toilés – frais de réservation 12 €
       🚐 borne artisanale 4 € – 10 🔲 – 🔌 13.50 €
       Pour s'y rendre : au lieu-dit : Le Flonsaine (300 m au sud
       du bourg, à 150 m du Céans)

Nature : 🌿 ◁ Orpierre et montagnes ♀	
Loisirs : 🍴 pizzeria 🎦 🏇 🏊 ⛵	
Services : 👨‍🦽 ⛽ 🐕 🍴 📶	
À prox. : ✂ 🗻	

Longitude : 5.7014
Latitude : 44.31222

PERNES-LES-FONTAINES

84210 – **332** D10 – G. Provence – 10 410 h. – alt. 75
🏢 *Office de tourisme, place Gabriel Moutte* ℘ 04 90 61 31 04, Fax 04.90.61.33.23
Paris 685 – Apt 43 – Avignon 23 – Carpentras 6 – Cavaillon 20.

    ▲ **Municipal de la Coucourelle** de déb. avr. à fin
    sept.
       ℘ 04 90 66 45 55, *camping@ville-pernes-les-fontaines.fr*,
       Fax 04 90 61 32 46, *ville-pernes-les-fontaines.fr*
       1 ha (40 empl.) plat, herbeux
       Tarif : (Prix 2009) 👤 3,50 € 🚗 🔲 3,20 € – [⚡] (10A) 2,80 €
       🚐 borne flot bleu
       Pour s'y rendre : 391 av. René Char (1 km à l'est par D 28,
       rte de St-Didier, au complexe sportif)

       À savoir : cadre arbustif

Nature : 🌿 🔲 ♀	
Loisirs : 🏇	
Services : 👨‍🦽 ⛽ GB 🐕 🏊 🚻 📶	
À prox. : ✂ 🏊	

Longitude : 5.07384
Latitude : 43.99827

PERTUIS

84120 – **332** G11 – G. Provence – 18 611 h. – alt. 246

🅱 *Office de tourisme, place Mirabeau* ℘ *0490791556, Fax 0490095906*

Paris 747 – Aix-en-Provence 23 – Apt 36 – Avignon 76 – Digne-les-Bains 97 – Manosque 36.

⚠ **Municipal les Pinèdes** ♣♣ – de mi-mars à mi-oct.
℘ 0490791098, *campinglespinedes@free.fr*,
Fax 0490090399, *www.campinglespinedes.com*
5 ha (180 empl.) plat, en terrasses, herbeux, pierreux
Tarif : (Prix 2009) ♣ 4€ ⇔ 2,60€ 🅴 3,60€ – (½) (10A) 4,20€
Location (Prix 2009) : 🛖 (4 à 6 pers.) nuitée 60€ -
200 à 495€/sem. – 🛖 (4 à 6 pers.) nuitée 60€ - 250
à 520€/sem.
🚐 1 borne artisanale
Pour s'y rendre : 2 km à l'est par D 973

| Nature : 🏕 ⚏ |
| Loisirs : 🍴 snack 🎦 ⛲diurne 🏃 ⛵ |
| Services : 🔥 ⚡ (saison) GB ⚗ 🛁 ♨ 🚿 laverie |
| À prox. : ✂ 🏊 (découverte en saison) ⛵ |

Longitude : 5.52137
Latitude : 43.68992

PEYRUIS

04310 – **334** D8 – G. Alpes du Sud – 2 438 h. – alt. 402

Paris 727 – Digne-les-Bains 30 – Forcalquier 20 – Manosque 29 – Sisteron 23.

⚠ **Les Cigales** (location exclusive de mobile homes)
Permanent
℘ 0492681604, *camping@l-hippocampe.com*,
Fax 0492681604, *http://www.lescigaleshauteprovence.
com*
1 ha peu incliné
Location : 26 🛖 (4 à 6 pers.) 210 à 840€/sem. – frais
de réservation 30€
Pour s'y rendre : au sud du bourg, près du stade et d'un
ruisseau

| Nature : 🌲 🏕 ⚏ |
| Loisirs : ⛵ |
| Services : 🔥 ⚡ ⚗ 🎞 ♨ 🚿 🏕 |
| À prox. : ✂ 🏊 parcours sportif |

Longitude : 5.93711
Latitude : 44.02724

PONT-DU-FOSSÉ

05260 – **334** F4 – G. Alpes du Sud

Paris 673 – Marseille 204 – Gap 24 – Grenoble 102 – Saint 99.

⚠ **Le Diamant** de déb. mai à fin sept.
℘ 0492559125, *info@campingdiamant.com*,
Fax 0492559597, *www.campingdiamant.com*
4 ha (100 empl.) plat, herbeux
Tarif : 21,60€ ♣♣ ⇔ 🅴 (½) (20A) – pers. suppl. 4,30€
Location : 14 🛖 (4 à 6 pers.) nuitée 50€ - 170 à
515€/sem.
🚐 borne artisanale – 10 🅴 17,60€
Pour s'y rendre : Pont du fossé (800 m au sud-ouest par
D 944, rte de Gap)
À savoir : au bord du Drac

| Nature : 🌲 ⚏ |
| Loisirs : 🎦 ⛵ ⛲ 🏃 🎣 |
| Services : 🔥 ⚡ GB ⚗ 🛁 ♨ 🚿 🎙 📷 🍴 |
| À prox. : 🚴 |

Longitude : 6.2175
Latitude : 44.66912

683

LE PONTET

84130 – **332** C10 – 17 365 h. – alt. 40

Paris 688 – Marseille 100 – Avignon 5 – Aix 83 – Nîmes 50.

⚠ **Le Grand Bois** de déb. mai à mi-sept.
℘ 0490313744, *campinglegrandbois@orange.fr*,
Fax 0490314653
1,5 ha (134 empl.) plat, herbeux
Tarif : 23€ ♣♣ ⇔ 🅴 (½) (5A) – pers. suppl. 5€
Location : hôtel
🚐 borne artisanale 4€
Pour s'y rendre : 1340 chemin du Grand Bois (3 km au
nord-est par D 62, rte de Vedène et rte à gauche, au lieu-
dit la Tapy, par A 7 : sortie Avignon-Nord)
À savoir : agréable cadre boisé

| Nature : 🏕 ⚏ |
| Loisirs : 🎦 ⛵ |
| Services : 🔥 ⚡ GB ⚗ ♨ 🚿 🎙 📷 |

Longitude : 4.88056
Latitude : 43.97241

The Guide changes, so renew your Guide every year.

PRUNIÈRES

05230 – **334** F5 – 276 h. – alt. 1 018 – Base de loisirs
Paris 681 – Briançon 68 – Gap 23 – Grenoble 119.

    Le Roustou de déb. mai à fin sept.
        ℘ 04 92 50 62 63, *info@campingleroustou.com*,
        www.campingleroustou.com
        11 ha/6 campables (180 empl.) plat, incliné à peu incliné,
        terrasses, gravier, herbeux
        Tarif : ✶ 6,50 € 🔲 6,90 € – 🛱 (6A) 3 €
        Location : 26 🛖 (4 à 6 pers.) nuitée 48 € - 287 à 909 €/
        sem. – frais de réservation 12 €
        🚽 borne artisanale
        Pour s'y rendre : 4 km au sud par N 94

        À savoir : site et cadre agréables entre lac et montagnes

Nature : 🏕 ⛰ 🛏 ♨	
Loisirs : 🍷 snack 🎮 🎾 🏊 🎣	
Services : ﹠ ⚡ GB ⚕ 🛒 🍴 🔲 🚿	
Longitude : 6.34111	
Latitude : 44.5225	

PUGET-SUR-ARGENS

83480 – **340** P5 – 6 977 h. – alt. 17
Paris 863 – Les Arcs 21 – Cannes 41 – Draguignan 26 – Fréjus 5 – Ste-Maxime 24.

    La Bastiane 👥 – de déb. avr. à fin oct.
        ℘ 04 94 55 55 94, *info@labastiane.com*, Fax 04 94 55 55 93,
        www.labastiane.com
        4 ha (170 empl.) plat et terrasses, pierreux, herbeux
        Tarif : 39,90 € ✶✶ 🚗 🔲 🛱 (6A) – pers. suppl. 7,45 € –
        frais de réservation 30 €
        Location : 20 🛏 (2 à 4 pers.) 189 à 539 €/sem. – 68
        🛖 (4 à 6 pers.) 266 à 910 €/sem. – 6 🛖 (4 à 6 pers.)
        - 287 à 805 €/sem. – frais de réservation 30 €
        Pour s'y rendre : chemin de Suvières (2,5 km au nord)

Nature : ♀♀	
Loisirs : 🍷 ✗ pizzeria 🎮 🏃 discothèque 🏐 🚲 🎾 🏊 terrains omnisports	
Services : ﹠ ⚡ GB ⚕ 🏛 🚿 🍴 🔲 🚿	
Longitude : 6.67847	
Latitude : 43.46957	

PUIMICHEL

04700 – **334** E9 – 252 h. – alt. 723
Paris 737 – Avignon 140 – Grenoble 175 – Marseille 112 – Nice 175.

    Les Matherons de fin avr. à fin sept.
        ℘ 04 92 79 60 10, *lesmatherons@wanadoo.fr*,
        Fax 04 92 79 60 10, *www.campinglesmatherons.com*
        70 ha/4 campables (25 empl.) plat à incliné, herbeux,
        pierreux
        Tarif : ✶ 4,30 € 🚗 🔲 8,65 € – 🛱 (3A) 2,70 €
        Pour s'y rendre : 3 km au sud-ouest par D 12, rte
        d'Oraison et chemin empierré à dr.

        À savoir : cadre sauvage et naturel au milieu des bois

Nature : 🏕 ♀♀	
Loisirs : 🏐	
Services : ⚡ 🅿 🔲	
Longitude : 6.01938	
Latitude : 43.97416	

PUYLOUBIER

13114 – **340** J4 – 1 671 h. – alt. 380
🆔 *Syndicat d'initiative, square Jean Casanova ℘ 04 42 66 34 45*
Paris 775 – Aix-en-Provence 26 – Rians 38 – St-Maximin-la-Ste-Baume 19.

    Municipal Cézanne de déb. avr. à mi-nov.
        ℘ 04 42 66 36 33, *camping@le-cezanne.com*,
        Fax 04 42 66 36 33, *www.le-cezanne.com*
        1 ha (50 empl.) peu incliné et en terrasse, pierreux,
        herbeux
        Tarif : ✶ 6 € 🚗 2 € 🔲 3 € – 🛱 (6A) 3 €
        Location : 3 🛖 (4 à 6 pers.) nuitée 60 € - 400 à 450 €/
        sem. – frais de réservation 15 €
        🚽 borne artisanale 2 € – 🔌 8 €
        Pour s'y rendre : chemin Philippe Noclercq (sortie est
        par D 57, au stade)

        À savoir : Au pied de la Montagne Ste-Victoire

Nature : ♀♀	
Loisirs : 🎾	
Services : ⚡ GB ⚕ 🍴 🔲	
Longitude : 5.66683	
Latitude : 43.51654	

RAMATUELLE

83350 – **340** O6 – G. Côte d'Azur – 2 271 h. – alt. 136

🛈 *Office de tourisme, place de l'Ormeau* ℰ *04 98 12 64 00, Fax 04 94 79 12 66*

Paris 873 – Fréjus 35 – Hyères 52 – Le Lavandou 34 – St-Tropez 10 – Ste-Maxime 15 – Toulon 70.

Yelloh! Village les Tournels ≗ – fermé de déb. janv. à mi-mars
ℰ 04 94 55 90 90, *info@tournels.com*, Fax 04 94 55 90 99,
www.tournels.com
20 ha (975 empl.) en terrasses, herbeux, pierreux, fort dénivelé
Tarif : 49 € � 👫 ⇐ 🅴 (ᖴ) (10A) – pers. suppl. 7 € – frais de réservation 30 €

Location : 190 🛏 (4 à 6 pers.) nuitée 39 € - 273 à 1 078 €/sem. – 110 🏠 (4 à 6 pers.) nuitée 39 € - 273 à 1 743 €/sem.
🚐 borne flot bleu 8 €
Pour s'y rendre : rte de Camarat (3,5 km à l'est)

À savoir : espace forme aquatique couvert de qualité

> Nature : ← 🏞 ᵔᵔ
> Loisirs : 🍴 snack, pizzeria 🎦 🛝
> 🛁🚿 hammam jacuzzi 🏊 🚲
> 🎣 🎾 ⛳ 🏐 🛶 terrain omnisports, amphithéâtre, discothèque
> Services : ♿ 🚗 GB 🔧 🛒 📶 🧺
> 🚽 🚰 laverie 🧊 cases réfrigérées
> À prox. : 🛒

> *Longitude : 6.65599*
> *Latitude : 43.22414*

Campéole la Croix du Sud ≗ – de déb. avr. à mi-oct.
ℰ 04 94 55 51 23, *croix-du-sud@campeole.com*,
Fax 04 94 79 89 21, *www.campeole.com* – places limitées pour le passage
3 ha (120 empl.) en terrasses, herbeux, pierreux, sablonneux
Tarif : (Prix 2009) 38,90 € 👫 ⇐ 🅴 (ᖴ) (12A) – pers. suppl. 9,30 € – frais de réservation 25 €

Location (Prix 2009) : 49 🚐 (2 à 4 pers.) nuitée 27 € - 336 à 567 €/sem. – 16 🛏 (4 à 6 pers.) nuitée 47 € - 567 à 931 €/sem. – 11 🏠 (4 à 6 pers.) nuitée 54 € - 651 à 980 €/sem. – 20 bungalows toilés – frais de réservation 25 €
Pour s'y rendre : rte des Plages

> Nature : 🍃 ᵔᵔ
> Loisirs : 🍴 snack 🛝 🏊 🛶
> Services : ♿ 🚗 GB 🔧 🛒 🚰
> 📶 🧊

> *Longitude : 6.6496*
> *Latitude : 43.23669*

685

Si vous recherchez :
≗ *Un terrain offrant des équipements et des loisirs adaptés aux enfants*
🍃 *Un terrain agréable ou très tranquille*
L-M *Un terrain effectuant la location de caravanes, de mobile homes, de bungalows ou de chalets*
P *Un terrain ouvert toute l'année*
🚐 *Un terrain possédant une aire de services pour camping-cars*
Consultez le tableau des localités

RÉALLON

05160 – **334** G5 – 226 h. – alt. 1 380

🛈 *Office de tourisme, Pra Prunier* ℰ *04 92 44 25 67, Fax 04 92 44 32 52*

Paris 691 – Embrun 16 – Gap 34 – Mont-Dauphin 34 – Savines-le-Lac 13.

Municipal de l'Iscle de déb. juil. à fin août
ℰ 04 92 44 27 08, *infos@reallon-ski.com*,
Fax 04 92 44 39 60, *www.reallon-ski.com* – alt. 1 434
0,8 ha (50 empl.) peu incliné, gravier, pierreux, herbeux
Tarif : (Prix 2009) ♟ 4 € ⇐ 1,50 € 🅴 3,50 € – (ᖴ) (10A) 3,55 €
Pour s'y rendre : quartier de l'Iscle (2 km au nord-ouest par D 241)

À savoir : Agréable site montagnard, près du Réallon

> Nature : 🍃 ← montagnes
> Loisirs : 🏠 🎾 🏊 (plan d'eau)
> Services : 🚗 GB 🔧 📶 🚿

> *Longitude : 6.36374*
> *Latitude : 44.59549*

RIEZ

04500 – **334** E10 – 1 702 h. – alt. 520

🛈 *Office de tourisme, 4, allêe Louis Gardiol* ℰ *04 92 77 99 09, Fax 04 92 77 99 07*
Paris 792 – Marseille 105 – Digne-les-Bains 41 – Draguignan 64 – Manosque 34.

▲ **Rose de Provence** de déb. avr. à déb. oct.
  ℰ 04 92 77 75 45, *info@rose-de-provence.com*,
  Fax 04 92 77 75 45, *www.rose-de-provence.com*
  1 ha (91 empl.) plat, terrasse, herbeux, gravier
  Tarif : (Prix 2009) 17,60€ **🏕️ 🚗 ⑤ (5)** (6A) – pers.
  suppl. 3,85€ – frais de réservation 10€

  Location (Prix 2009) (de déb. mars à déb. nov.) : 5
  🏠 (4 à 6 pers.) nuitée 50€ - 285 à 519€/sem. – 2 **🏠**
  (4 à 6 pers.) nuitée 50€ - 295 à 529€/sem. – frais de
  réservation 15€
  Pour s'y rendre : r. Edouard Dauphin

Nature : 🏞️ 🔵🔵
Loisirs : jacuzzi 🔒
Services : 🚻 ⛽ 🆖 🔧 🛒 🍴 🔲
cases réfrigérées
À prox. : 🛶 ✕

Longitude : 6.09077
Latitude : 43.8187

Des vacances réussies sont des vacances bien préparées !
Ce guide est fait pour vous y aider... mais :
– N'attendez pas le dernier moment pour réserver
– Évitez la période critique du 14 juillet au 15 août
Pensez aux ressources de l'arrière-pays,
à l'écart des lieux de grande fréquentation.

LA ROCHE-DE-RAME

05310 – **334** H4 – 788 h. – alt. 1 000
Paris 701 – Briançon 22 – Embrun 27 – Gap 68 – Mont-Dauphin 12 – Savines-le-Lac 38.

▲ **Le Verger** Permanent
  ℰ 04 92 20 92 23, *info@campingleverger.com*,
  Fax 04 92 20 92 23, *www.campingleverger.com*
  1,6 ha (50 empl.) peu incliné, en terrasses, herbeux,
  verger
  Tarif : 19,10€ **🏕️ 🚗 ⑤ (5)** (10A) – pers. suppl. 5€

  Location : 5 **🏠** (2 à 4 pers.) nuitée 49€ - 312 à 346€/
  sem. – 6 **🏠** (4 à 6 pers.) nuitée 57€ - 360 à 400€/
  sem.
  🚐 borne artisanale 2,50€ – **🚐** 11€
  Pour s'y rendre : lieu-dit : Les Gillis (1,2 km au nord-ouest
  par N 94, rte de Briançon)

Nature : 🌳 ≤ 🞉
Loisirs : 🏓
Services : 🚻 ⛽ 🔧 🛒 🔲 ⛲ 🍴 🔲

Longitude : 6.57987
Latitude : 44.75049

▲ **Municipal du Lac** de déb. mai à mi-sept.
  ℰ 06 10 03 57 28, *camping.lelac@laposte.net*,
  Fax 04 92 20 90 31, *www.campingdulac.fr.fm*
  1 ha (95 empl.) plat, peu incliné, herbeux
  Tarif : 16€ **🏕️ 🚗 ⑤ (5)** (10A) – pers. suppl. 3,40€
  🚐 30 ⑤ 12,90€ – **🚐 (5)** 16€
  Pour s'y rendre : R.N 94 (sortie sud)
  À savoir : au bord du lac

Nature : ≤ 🞉
Loisirs : 🍴 ✕ 🏖️ (plage) 🎣
Services : 🚻 ⛽ 🆖 🔧 🍴 🔲
À prox. : canoë

Longitude : 6.57987
Latitude : 44.75049

LA ROCHE DES ARNAUDS

05400 – **334** D5 – 1 222 h. – alt. 945
Paris 672 – Corps 49 – Gap 15 – St-Étienne-en-Dévoluy 33 – Serres 28.

▲▲ Au Blanc Manteau
  ℰ 04 92 57 82 56 – alt. 900
  4 ha (40 empl.) plat, pierreux, herbeux
  Pour s'y rendre : rte de Ceuze (1,3 km au sud-ouest par
  D 18, au bord d'un torrent)

Nature : ❄️ 🌳 ≤ 🞉
Loisirs : 🍴 🏓 🔒 🚲 ✕ 🛝
Services : 🚻 ⛽ 🔲 🛒 🔲 🍴

Longitude : 5.96398
Latitude : 44.53727

ROQUEBRUNE-SUR-ARGENS

83520 – **340** 05 – G. Côte d'Azur – 11 405 h. – alt. 13

🖪 *Syndicat d'initiative, 12, avenue Gabriel Péri* 🖋 *04 94 19 89 89, Fax 04.94.19.89.80*
Paris 862 – Les Arcs 18 – Cannes 49 – Draguignan 23 – Fréjus 14 – Ste-Maxime 21.

Domaine de la Bergerie ♣♣ – de fin avr. à fin sept.
🖋 04 98 11 45 45, *info@domainelabergerie.com*,
Fax 04 98 11 45 46, *www.domainelabergerie.com* – places
limitées pour le passage
60 ha (700 empl.) en terrasses, pierreux
Tarif : 47 € ♣♣ 🚗 🅿 ⚡ (10A) – pers. suppl. 9,60 € –
frais de réservation 25 €

Location (Prix 2009) (de mi-fév. à mi-nov.) : 15 🛖 (2
à 4 pers.) 59 à 89 €/sem. – 60 🛖 (4 à 6 pers.) 402 à
1 099 €/sem. – 🏠
Pour s'y rendre : Vallée du Fournel - rte du Col de
Bougnon (8 km au sud-est par D 7, rte de St-Aygulf et D 8
à dr., au bord d'étangs)

Nature : 🌳🌳
Loisirs : 🍷 🗙 snack, pizzeria 🍴
🎦 🏓 hammam jacuzzi disco-
thèque, salle d'animation 🛝
🚴 🎿 🎣 📺 ⛳ ⛷ 🏊 terrain
omnisports, théâtre de plein air
Services : 🛁 ⛽ GB 🛒 🧺 🚮
🚰 laverie 🧊 🔥

Longitude : 6.63175
Latitude : 43.43586

Les Pêcheurs ♣♣ – de déb. avr. à fin sept.
🖋 04 94 45 71 25, *info@camping-les-pecheurs.com*,
Fax 04 94 81 65 13, *www.camping-les-pecheurs.com*
3,3 ha (220 empl.) plat, herbeux
Tarif : 43 € ♣♣ 🚗 🅿 ⚡ (10A) – pers. suppl. 7,80 € –
frais de réservation 22 €

Location : 28 🛖 (4 à 6 pers.) 260 à 1 085 €/sem. –
frais de réservation 22 €
🚐 borne artisanale
Pour s'y rendre : 700 m au nord-ouest par D 7

À savoir : agréable cadre boisé et fleuri au bord de
l'Argens et près d'un plan d'eau

Nature : 🌊 🌳🌳
Loisirs : snack 🍴 🎦 diurne
🏓 hammam jacuzzi 🛝 🏊
🏊 canoë
Services : 🛁 ⛽ GB 🛒 🧺 🚮 🚰
laverie 🧊 🔥
À prox. : 🏊

Longitude : 6.63175
Latitude : 43.43586

Lei Suves de déb. avr. à mi-oct.
🖋 04 94 45 43 95, *camping.lei.suves@wanadoo.fr*,
Fax 04 94 81 63 13, *www.lei-suves.com* – places limitées
pour le passage
7 ha (310 empl.) en terrasses, plat, pierreux, herbeux
Tarif : 43 € ♣♣ 🚗 🅿 ⚡ (6A) – pers. suppl. 9 € – frais de
réservation 20 €

Location 🎿 : 🛖 (4 à 6 pers.) 320 à 890 €/sem. –
frais de réservation 20 €
Pour s'y rendre : Quartier du Blavet (4 km au nord par
D 7 et passage sous A 8)

À savoir : cadre boisé agréable et soigné

Nature : 🌊 🌳🌳
Loisirs : 🍷 snack, pizzeria 🎦 🏓
🛝 🎿 🏊 terrain omnisports,
théâtre de plein air
Services : 🛁 ⛽ GB 🛒 🧺 🚮 🚰
🚰 🧊 🔥

Longitude : 6.63175
Latitude : 43.43586

687

Moulin des Iscles de déb. avr. à fin sept.
🖋 04 94 45 70 74, *moulin.isdes@wanadoo.fr*,
Fax 04 94 45 46 09, *www.campingdesiscles.com*
1,5 ha (90 empl.) plat, herbeux
Tarif : 20,80 € ♣♣ 🚗 🅿 ⚡ (6A) – pers. suppl. 3,30 € –
frais de réservation 15 €

Location : 2 🛖 (2 à 4 pers.) 360 à 460 €/sem. – 4 🛖
(4 à 6 pers.) 410 à 720 €/sem. – 5 studios – frais de
réservation 15 €
Pour s'y rendre : chemin du Moulin des Iscles (1,8 km à
l'est par D 7, rte de St-Aygulf et chemin à gauche)

À savoir : au bord de l'Argens

Nature : 🌊 🌳🌳
Loisirs : snack 🍴 🚮 🏊 canoë
Services : 🛁 ⛽ GB 🛒 🧺 🚮 🚰
🚰 🧊 🔥

Longitude : 6.6583
Latitude : 43.44552

ROSANS

05150 – **334** A6 – 521 h. – alt. 708
🛈 *Syndicat d'initiative, Écomusée ℰ 04 92 66 66 66, Fax 04.92.66.64.33*
Paris 694 – Carpentras 82 – Nyons 41 – Orange 83 – Sault 71 – Sisteron 60 – Valence 139.

⚠ **Les Rosières** de mi-avr. à mi-oct.
ℰ 04 92 66 62 06, *camping-des-rosieres@wanadoo.fr*,
Fax 04 92 66 68 90, *www.perso.wanadoo.fr/camping-des-rosieres*
9 ha/3 campables (50 empl.) plat, peu incliné, herbeux
Tarif : 18,90€ ☘☘ ⬌ 🅴 (½) (10A) – pers. suppl. 4€
Location : 2 🛏 (4 à 6 pers.) 250 à 480€/sem. – 5 🏠 (4 à 6 pers.) - 250 à 480€/sem.
Pour s'y rendre : quartier des Coings (2,4 km au nord-ouest par D 94, rte de Nyons et chemin à gauche)

Nature : 🐟 ⩽
Loisirs : 🍴 snack 🏊 🎠 🛖 🦌 (centre équestre)
Services : 🔧 ⚡ GB 🐕 ♨ 🚿 🔥 🖼
Longitude : 5.47098
Latitude : 44.39258

ROUSSILLON

84220 – **332** E10 – G. Provence – 1 265 h. – alt. 360
🛈 *Office de tourisme, place de la poste ℰ 04 90 05 60 25, Fax 04 90 05 63 31*
Paris 720 – Apt 11 – Avignon 46 – Bonnieux 12 – Carpentras 41 – Cavaillon 25 – Sault 31.

⚠ **Arc-en-Ciel** de mi-mars à fin oct.
ℰ 04 90 05 73 96, *campingarcenciel@wanadoo.fr*
5 ha (70 empl.) fort dénivelé
Tarif : (Prix 2009) 16,50€ ☘☘ ⬌ 🅴 (½) (6A) – pers. suppl. 4€ – frais de réservation 10€
Pour s'y rendre : rte de Goult (2,5 km au sud-ouest par D 105 et D 104)

À savoir : agréable site dans une pinède

Nature : 🐟 ⚘⚘
Loisirs : 🎬 🚲 🛖
Services : 🔧 ⚡ GB 🐕 🖼
À prox. : 🐎
Longitude : 5.2935
Latitude : 43.90255

ST-ANDRÉ-LES-ALPES

04170 – **334** H9 – G. Alpes du Sud – 912 h. – alt. 914
🛈 *Office de tourisme, place Marcel Pastorelli ℰ 04 92 89 02 39, Fax 04 92 89 19 23*
Paris 786 – Castellane 20 – Colmars 28 – Digne-les-Bains 43 – Manosque 86 – Puget-Théniers 45.

⚠ **Municipal les Iscles** de déb. mai à fin sept.
ℰ 04 92 89 02 29, *camping.des.iscles@orange.fr*,
Fax 04 92 89 02 56 – alt. 894
2,5 ha (200 empl.) plat, pierreux, herbeux
Tarif : (Prix 2009) ☘ 4€ ⬌ 1,50€ 🅴 2€ – (½) (10A) 3€
Pour s'y rendre : chemin des Iscles (1 km au sud par N 202, rte d'Annot et à gauche, à 300 m du Verdon)

Nature : ⚘⚘
Loisirs : 🎬 🏊
Services : 🔧 ⚡ GB 🐕 ♨ 🔥 🖼
À prox. : 🚣 🍴 🛖 parcours sportif, parapente
Longitude : 6.50703
Latitude : 43.96735

ST-APOLLINAIRE

05160 – **334** G5 – 108 h. – alt. 1 285
Paris 684 – Embrun 19 – Gap 27 – Mont-Dauphin 37 – Savines-le-Lac 8.

⚠ **Campéole Le Lac** de mi-mai à fin sept.
ℰ 04 92 44 27 43, *campingledosdulac@orange.fr*,
Fax 04 92 43 46 93, *www.camping-closdulac.com* – croisement difficile pour caravanes et camping-cars – alt. 1 450
2 ha (77 empl.) en terrasses et peu incliné, herbeux
Tarif : (Prix 2009) 18,30€ ☘☘ ⬌ 🅴 (½) (7A) – pers. suppl. 5,10€
Location (Prix 2009) : 18 🛏 (4 à 6 pers.) nuitée 33€ - 280 à 644€/sem.
Pour s'y rendre : rte des Lacs (2,3 km au nord-ouest par D 509, à 50 m du lac de St-Apollinaire)

À savoir : belle situation dominante

Nature : 🐟 ⩽ lac de Serre-Ponçon et montagnes
Services : ⚡ GB 🐕 🖼 🚿
À prox. : 🍴 snack 🛖 🏊
Longitude : 6.36528
Latitude : 44.56472

ST-AYGULF

83370 – **340** P5 – G. Côte d'Azur

8 *Office de tourisme, place de la Poste* ℰ 04 94 81 22 09, Fax 04 94 81 23 04
Paris 872 – Brignoles 69 – Draguignan 35 – Fréjus 6 – St-Raphaël 9 – Ste-Maxime 14.

L'Étoile d'Argens ⚬⚬ – de déb. avr. à fin sept.
ℰ 04 94 81 01 41, *info@etoiledargens.com*,
Fax 04 94 81 21 45, *www.etoiledargens.com*
11 ha (493 empl.) plat, herbeux
Tarif : (Prix 2009) 52€ ✶✶ ⚫ 🔲 [½] (10A) – pers.
suppl. 9€ – frais de réservation 30€

Location (Prix 2009) 🏕 : 80 🛏 (4 à 6 pers.) 280 à
1 295€/sem. – frais de réservation 30€
Pour s'y rendre : chemin des Étangs (5 km au nord-ouest par D 7, rte de Roquebrune-sur-Argens et D 8 à dr.,
au bord de l'Argens)

À savoir : beaux emplacements spacieux et ombragés.
Navette fluviale pour les plages (durée : 30 mn)

Nature : 🏞 🏕 🌳
Loisirs : 🍴 ✗ pizzeria 🎲 🏓 jacuzzi discothèque 🚲 🚴 🏊 🎣 ⛵ terrain omnisports, ponton d'amarrage
Services : 🚿 ⚿ GB 🐕 🍳 🛒 🚮 🧺 laverie 🧊 🔧
À prox. : golf

Longitude : 6.7157
Latitude : 43.40937

Au Paradis des Campeurs de déb. avr. à mi-oct.
ℰ 04 94 96 93 55, *paradis-des-campeurs@live.fr*,
Fax 04 94 49 62 99, *www.paradis-des-campeurs.com*
6 ha/3,5 campables (180 empl.) terrasse, plat, herbeux
Tarif : 32€ ✶✶ ⚫ 🔲 [½] (6A) – pers. suppl. 6€

Location : 13 🛏 (4 à 6 pers.) 330 à 680€/sem.
🚮 1 borne artisanale
Pour s'y rendre : au lieu-dit : La Gaillarde-Plage (2,5 km au
sud par N 98, rte de Ste-Maxime, accès direct à la plage)

Nature : 🏕 🌳
Loisirs : 🍴 ✗ 🎲 🏓 🚴
Services : 🚿 ⚿ GB 🐕 🛒 🧺 laverie 🧊 🔧
À prox. : discothèque

Longitude : 6.71755
Latitude : 43.38794

Résidence du Campeur de fin mars à fin sept.
ℰ 04 94 81 01 59, *info@residence-campeur.com*,
Fax 04 94 81 01 64, *www.residence-campeur.com* – places
limitées pour le passage
10 ha (451 empl.) plat, gravier
Tarif : 52,15€ ✶✶ ⚫ 🔲 [½] (10A) – pers. suppl. 9€ –
frais de réservation 27€

Location : 112 🛏 (4 à 6 pers.) 290 à 1 040€/sem. –
frais de réservation 27€
Pour s'y rendre : 3 km au nord-ouest par D 7, rte de
Roquebrune-sur-Argens

Nature : 🏕 🌳
Loisirs : 🍴 ✗ pizzeria 🎲 🎲 🏓 🚴 🍳 🏊 ⛵
Services : ⚿ GB 🐕 – 451 sanitaires individuels (🚿♨️🚽 wc) 🧊 🛒 🧺 laverie 🥡 🔧
À prox. : cinéma de plein air

Longitude : 6.70893
Latitude : 43.40905

Les Lauriers Roses de mi-avr. à fin sept.
ℰ 04 94 81 24 46, *lauriersroses-camping@orange.fr*,
Fax 04 94 81 79 63, *www.info-lauriersroses.com* – accès
aux emplacements par forte pente, mise en place et
sortie des caravanes à la demande
2 ha (95 empl.) en terrasses, fort dénivelé, plat, pierreux
Tarif : 36€ ✶✶ ⚫ 🔲 [½] (6A) – pers. suppl. 8,50€ – frais
de réservation 15€

Location : 11 🛏 (4 à 6 pers.) 345 à 740€/sem. – frais
de réservation 15€
Pour s'y rendre : Les Grands Châteaux de Villepey (3 km
au nord-ouest par D 7)

Nature : 🏞 ⟨ 🌳
Loisirs : 🎲 🚴 🏊
Services : 🚿 ⚿ 🛒 🧺 🍳 🔧
À prox. : 🥡

Longitude : 6.71216
Latitude : 43.3717

Vaudois de déb. mai à fin sept.
ℰ 04 94 81 37 70, *camping.vaudois@wanadoo.fr*,
Fax 04 94 81 37 70, *www.campingdevaudois.com*
3 ha (110 empl.) plat, herbeux
Tarif : 28€ ✶✶ ⚫ 🔲 [½] (10A) – pers. suppl. 6,50€
Pour s'y rendre : 4,5 km au nord-ouest par D 7, rte de
Roquebrune-sur-Argens, à 300 m d'un plan d'eau

Nature : 🌳
Loisirs : 🎲 🚴
Services : 🚿 ⚿ GB 🐕 🛒 🧺 🍳
À prox. : 🎣

Longitude : 6.693
Latitude : 43.412

689

Donnez-nous votre avis sur les terrains que nous recommandons.
Faites-nous connaître vos observations et vos découvertes
par mail à l'adresse : leguidecampingfrance@fr.michelin.com.

PROVENCE-ALPES-CÔTE D'AZUR

ST-CLAIR

83980 – **340** N7 – G. Côte d'Azur
Paris 881 – Marseille 104 – Toulon 44 – Cannes 100 – La Seyne 49.

▲ **St-Clair** de fin mars à mi-oct.
℗ 04 94 01 30 20, Fax 04 94 71 43 64, *www.*
caravaningsaintclair.com
2 ha (69 empl.) plat
Tarif : (Prix 2009) 32 € ★ ★ ⬅ 🔲 (½) (16A) – pers.
suppl. 3,70 €
Location 🏠 : 31 studios – frais de réservation 5 €
Pour s'y rendre : sortie est, à 150 m de la plage

Nature : 🖵 ♀♀
Loisirs : �
Services : 🚿 🔚 🗙 🎖 🏠 🕯 🛢
À prox. : ✗ 🍴
Longitude : 6.37775
Latitude : 43.1382

ST-CLÉMENT-SUR-DURANCE

05600 – **334** H5 – 266 h. – alt. 872
Paris 715 – L'Argentière-la-Bessée 21 – Embrun 13 – Gap 54 – Mont-Dauphin 6 – Savines-le-Lac 24.

▲ **Les Mille Vents** de mi-juin à mi-sept.
℗ 04 92 45 10 90
3,5 ha (100 empl.) plat, terrasse, herbeux, pierreux
Tarif : (Prix 2009) 15 € ★ ★ ⬅ 🔲 (½) (5A) – pers.
suppl. 2,60 €
🚐 ☕ 14 €
Pour s'y rendre : 1 km à l'est par N 94, rte de Briançon et
D 994d à dr. apr. le pont
À savoir : au bord de la rivière

Nature : ⩽ ♀
Loisirs : 🏊 🏓
Services : 🚿 🔚 🗙 🛁 🏠 🛢
Longitude : 6.57896
Latitude : 44.64884

 ... ▲

***Sites which are particularly pleasant in their own right
and outstanding in their class.***

ST-CYR-SUR-MER

83270 – **340** J6 – 11 797 h. – alt. 10
🅱 *Office de tourisme, place de l'Appel du 18 Juin, les Lecques ℗ 04 94 26 73 73, Fax 04 94 26 73 74*
Paris 810 – Bandol 8 – Brignoles 70 – La Ciotat 10 – Marseille 40 – Toulon 23.

▲ **Le Clos Ste-Thérèse** de déb. avr. à fin sept.
℗ 04 94 32 12 21, *camping@clos-therese.com*,
Fax 04 94 32 29 62, *www.clos-therese.com* – accès aux
emplacements par forte pente, mise en place et sortie
des caravanes à la demande – places limitées pour le
passage – 🅟
4 ha (123 empl.) en terrasses, pierreux, fort dénivelé
Tarif : (Prix 2009) 28,60 € ★ ★ ⬅ 🔲 (½) (10A) – pers.
suppl. 5,60 € – frais de réservation 21 €
Location (Prix 2009) (de déb. avr. à fin sept.) : 8 🚐 (4
à 6 pers.) 336 à 731 €/sem. – 21 🏠 (4 à 6 pers.) - 336 à
932 €/sem. – 2 villas – frais de réservation 21 €
Pour s'y rendre : 3,5 km au sud-est par D 559

Nature : 🖵 ♀♀
Loisirs : 🍴 🛏 Spa 🏊 🏓
Services : 🚿 🔚 GB 🗙 🕯 🏠 🕯 🛢 🛁
À prox. : 🍴 golf
Longitude : 5.69263
Latitude : 43.1804

ST-ÉTIENNE-DE-TINÉE

06660 – **341** C2 – 1 323 h. – alt. 1 147
🅱 *Office de tourisme, 1, rue des communes de France ℗ 04 93 02 41 96, Fax 04.93.02.48.50*
Paris 788 – Grenoble 226 – Marseille 262 – Nice 90 – Valence 279.

▲ **Municipal du Plan d'Eau** de déb. juin à fin sept.
℗ 04 93 02 41 57, *mairie@saintetiennedetinee.fr*,
Fax 04 93 02 46 93
0,5 ha (23 empl.) terrasses, herbeux, pierreux
Tarif : (Prix 2009) 8,50 € ★ ★ ⬅ 🔲 – pers. suppl. 2,30 €
🚐 borne artisanale 3 € – 6 🔲 8,50 €
Pour s'y rendre : au nord du bourg
À savoir : dominant un joli petit plan d'eau – réservé aux
tentes

Nature : 🌳 ⩽ 🖵
Loisirs : 🏓 🏖 (plage) 🎣
Services : ⊙ 🅿 GB 🗙 pas de branchement électrique
À prox. : canoë, parcours de santé
Longitude : 6.92439
Latitude : 44.25431

ST-ÉTIENNE-DU-GRÈS

13103 – **340** D3 – 2 111 h. – alt. 7
Paris 706 – Arles 16 – Avignon 24 – Les Baux-de-Provence 15 – St-Rémy-de-Provence 9 – Tarascon 8.

Municipal du Grès fermé en déc.
ℰ 04 90 49 00 03, *campingmunicipaldugres@wanadoo.fr*,
www.mairie-saintetiennedugres.fr
0,6 ha (40 empl.) plat, herbeux, pierreux
Tarif : (Prix 2009) 14,80€ 🎣🎣 ⇔ 🅴 🔌 (16A) – pers.
suppl. 3€ – frais de réservation 8€

Location (Prix 2009) : 3 🏠 (4 à 6 pers.) 480 à 520€/
sem. – frais de réservation 8€
Pour s'y rendre : av.du Dr-Barberin (sortie nord-ouest
par D 99, rte de Tarascon, près du stade, à 50 m de la
Vigueira)

| Nature : 🔲 ٩ ٩ |
| Services : 🛁 ⇋ 🍴 |
| *Longitude : 4.7177* |
| *Latitude : 43.78631* |

ST-FIRMIN

05800 – **334** E4 – 438 h. – alt. 901
🅱 *Syndicat d'initiative, Pont Richards ℰ 04 92 55 23 21*
Paris 636 – Corps 10 – Gap 31 – Grenoble 74 – La Mure 34 – St-Bonnet-en-Champsaur 18.

La Villette de mi-juin à mi-sept.
ℰ 04 92 55 23 55, *andreescallier@orange.fr*
0,5 ha (33 empl.) en terrasses, peu incliné, herbeux,
pierreux
Tarif : (Prix 2009) 🎣 3€ ⇔ 🅴 3€ – 🔌 (5A) 3€
Pour s'y rendre : 500 m au nord-ouest par D 58

| Nature : 🌿 ≤ ٩ |
| Services : ⊶ |
| À prox. : ✂ 🛶 |
| *Longitude : 6.02307* |
| *Latitude : 44.78899* |

🔺🔺🔺 ... 🔺
Terrains particulièrement agréables dans leur ensemble et dans leur catégorie.

691

ST-MANDRIER-SUR-MER

83430 – **340** K7 – G. Côte d'Azur – 6 565 h. – alt. 1
🅱 *Office de tourisme, place des Résistants ℰ 04 94 63 61 69, Fax 04 94 63 57 97*
Paris 836 – Bandol 20 – Le Beausset 22 – Hyères 30 – Toulon 13.

La Presqu'île (location exclusive de mobile homes)
ℰ 08 20 20 12 07, *info@homair.com*, Fax 04 42 95 03 63,
www.camping-lapresquile.fr
2,5 ha en terrasses, pierreux, fort dénivelé

Location (Prix 2009) : 🏠 (4 à 6 pers.) 273 à 875€/
sem. – frais de réservation 25€
Pour s'y rendre : quartier Pin Rolland (2,5 km à l'ouest,
carr. D 18 et rte de la Pointe de Marégau, près du port
de plaisance)

| Nature : ٩ ٩ |
| Loisirs : 🍴 snack 🎡 🏓 ⚓ 🏊 |
| Services : 🛁 ⊶ 🅶🅱 ⚙ 🍴 📷 🐾 |
| À prox. : 🛥 ✂ |
| *Longitude : 5.93305* |
| *Latitude : 43.07684* |

ST-MARTIN-DE-BRÔMES

04800 – **334** D10 – G. Alpes du Sud – 458 h. – alt. 358
Paris 778 – Marseille 91 – Digne-les-Bains 55 – Manosque 20 – Pertuis 48.

Bleu Lavande de déb. juin à fin sept.
ℰ 04 92 77 64 89, *info@camping-bleu-lavande.com*,
Fax 04 92 77 60 32, *www.camping-greoux.com*
4 ha/2 campables (35 empl.) non clos, en terrasses,
gravier, plat, bois attenant
Tarif : (Prix 2009) 16€ 🎣🎣 ⇔ 🅴 🔌 (10A) – pers.
suppl. 4€

Location (Prix 2009) : 11 🏠 (4 à 6 pers.) 270 à 550€/
sem.
Pour s'y rendre : chemin de Pauron

| Nature : 🌿 ≤ le village et la |
| chaîne du mont Denier 🔲 ٩ |
| Loisirs : ⚓ |
| Services : 🛁 ⊶ 🅶🅱 ⚙ 🛁 ⇋ |
| *Longitude : 5.94462* |
| *Latitude : 43.77025* |

ST-MARTIN-D'ENTRAUNES

06470 – **341** B3 – 85 h. – alt. 1 050
Paris 778 – Annot 39 – Barcelonnette 50 – Puget-Théniers 44.

Le Prieuré de déb. mai à fin sept.
P 0493055499, *le.prieure@wanadoo.fr*, Fax 0493055374,
http://www.le-prieure.com – alt. 1 070
12 ha/1,5 campable (35 empl.) peu incliné à incliné,
terrasse, herbeux, pierreux
Tarif : 4,50 € 7,50 € – (10A) 4,30 € – frais de
réservation 10 €

Location (permanent) : 2 (4 à 6 pers.) - à
620 €/sem. – 6 bungalows toilés – 10 gîtes – frais de
réservation 10 €
10 9,30 €
Pour s'y rendre : rte des Blancs (1 km à l'est par D 2202,
rte de Guillaumes puis 1,8 km par chemin à gauche, apr.
le pont du Var)

Nature :	
Loisirs : snack (le soir)	
	(petite piscine)
Services :	

Longitude : 6.76695
Latitude : 44.14719

...
Besonders angenehme Campingplätze, ihrer Kategorie entsprechend.

ST-MARTIN-VESUBIE

06450 – **341** E3 – G. Alpes du Sud – 1 331 h. – alt. 1 000
Office de tourisme, place Félix Faure *P* 0493032128, Fax 0493032144
Paris 899 – Marseille 235 – Nice 65 – Cuneo 140 – Cagnes-sur-Mer 64.

À la Ferme St-Joseph de mi-mai à fin sept.
P 0670519014, *contact.ferme@orange.fr*,
www.camping-alafermestjoseph.com
0,6 ha (50 empl.) incliné, plat, herbeux
Tarif : (Prix 2009) 20,80 € (6A) – pers.
suppl. 3,80 € – frais de réservation 10 €
borne artisanale
Pour s'y rendre : chemin du Stade

Nature :	
Services : (juil.-août)	
À prox. :	

Longitude : 7.25704
Latitude : 44.05755

ST-PAUL-EN-FORÊT

83440 – **340** P4 – 1 470 h. – alt. 310
Paris 884 – Cannes 46 – Draguignan 27 – Fayence 10 – Fréjus 23 – Grasse 31.

Le Parc – de déb. avr. à fin sept.
P 0494761535, *contact@campingleparc.com*,
Fax 0494847184, *campingleparc.com*
3 ha (100 empl.) en terrasses, pierreux, herbeux
Tarif : (Prix 2009) 25 € (10A) – pers.
suppl. 4,30 €
borne eurorelais 4 € – 3 23,50 € – 20 €
Pour s'y rendre : 408 quartier Trestaure (3 km au nord
par D 4, rte de Fayence puis chemin à dr.)

Nature :	
Loisirs : snack diurne	
Services :	
laverie	

Longitude : 6.69471
Latitude : 43.58482

ST-PONS

04400 – **334** H6 – 675 h. – alt. 1 157
Paris 797 – Marseille 227 – Digne-les-Bains 84 – Gap 74 – Embrun 54.

Village Vacances Le Loup Blanc du Riou
(location exclusive de chalets) Permanent
P 0492814497, *leloup.blanc@wanadoo.fr*,
Fax 0492814497, *www.leloupblanc.com*
2 ha en terrasses, herbeux, pierreux

Location : 7 (4 à 6 pers.) nuitée 70 € - 295 à 645 €/
sem.
Pour s'y rendre : 1 km au sud-ouest, derrière
l'aérodrome
À savoir : agréable petit village de chalets, sous une pinède

Nature :	
Loisirs :	
Services :	
À prox. : parc aventure,	
parc de loisirs, vol à voile	

Longitude : 6.6282
Latitude : 44.39226

ST-RAPHAËL

83700 – **340** P5 – G. Côte d'Azur – 33 804 h.

🛈 *Office de tourisme, rue Waldeck Rousseau* ℰ *04 94 19 52 52, Fax 04 94 83 85 40*

Paris 870 – Aix-en-Provence 121 – Cannes 42 – Fréjus 4 – Toulon 93.

⛰ **Douce Quiétude** ♣♣ – de déb. avr. à mi-oct.
ℰ 04 94 44 30 00, *info@douce-quietude.com*,
Fax 04 94 44 30 30, *www.douce-quietude.com* – places
limitées pour le passage
10 ha (400 empl.) plat, vallonné, en terrasses, herbeux,
pierreux
Tarif : 52,50 € ✶✶ 🚐 🅔 ⚡ (16A) – pers. suppl. 10 € –
frais de réservation 30 €

Location : 181 🛖 (4 à 6 pers.) 364 à 1 540 €/sem. –
frais de réservation 30 €

Pour s'y rendre : 3435 bd Jacques Baudino (sortie nord-
est vers Valescure puis 3 km)

À savoir : séjour de 7 nuits minimum en haute saison

Nature : 🏞 🛏 ♨♨
Loisirs : 🍴 ✗ snack 🎣 ⛲ 🛝🏊 hammam jacuzzi discothèque 🏌🚴⚽🎱🎯🏊🏐
Services : 🚿 ⛽ 🅖🅑 🚐🛢🗑 🍴 laverie 🧺🧹

Longitude : 6.79558
Latitude : 43.44265

*Les indications d'accès à un terrain sont généralement indiquées,
dans notre guide, à partir du centre de la localité.*

ST-RÉMY-DE-PROVENCE

13210 – **340** D3 – G. Provence – 10 203 h. – alt. 59

🛈 *Office de tourisme, place Jean Jaurès* ℰ *04 90 92 05 22, Fax 04 90 92 38 52*

Paris 702 – Arles 25 – Avignon 20 – Marseille 89 – Nîmes 45 – Salon-de-Provence 39.

⛰ **Mas de Nicolas** de mi-mars à fin oct.
ℰ 04 90 44 17 13, *camping-masdenicolas@nerim.fr*,
Fax 04 90 55 16 49, *www.camping-lavalleeheureuse.com*
4 ha (140 empl.) plat, peu incliné, herbeux, pierreux
Tarif : (Prix 2009) 24 € ✶✶ 🚐 🅔 ⚡ (6A) – pers.
suppl. 7 € – frais de réservation 17 €

Location (Prix 2009) : 18 🛖 (4 à 6 pers.) 320 à 680 €/
sem. – 13 🏠 (4 à 6 pers.) - 300 à 660 €/sem. – frais de
réservation 17 €
🚐 borne artisanale 5 €

Pour s'y rendre : quartier Lavau (sortie nord, rte
d'Avignon puis 1 km par D 99 (déviation), rte de Cavaillon,
à dr. et r. Théodore-Aubanel à gauche)

Nature : 🏞 🌊 🛏 ♨♨
Loisirs : 🛝 🛝🏊 hammam jacuzzi 🏊
Services : 🚿 ⛽ 🅖🅑 🚐🛢🗑 🍴 🍴 ♿

Longitude : 4.82315
Latitude : 43.79697

693

⛰ **Monplaisir** de déb. mars à fin oct.
ℰ 04 90 92 22 70, *reception@camping-monplaisir.fr*,
Fax 04 90 92 18 57, *www.camping-monplaisir.fr*
2,8 ha (130 empl.) plat, herbeux, pierreux
Tarif : (Prix 2009) 26,60 € ✶✶ 🚐 🅔 ⚡ (10A) – pers.
suppl. 7,50 € – frais de réservation 17 €

Location (Prix 2009) 🏊 : 7 🛖 (4 à 6 pers.) 350 à
680 €/sem. – 2 🏠 (4 à 6 pers.) - 350 à 680 €/sem.
Pour s'y rendre : chemin Monplaisir (800 m au nord-
ouest par D 5, rte de Maillane et chemin à gauche)

À savoir : agréable cadre fleuri autour d'un mas provençal

Nature : 🏞 🛏 ♨♨
Loisirs : 🍴 🛝 🛝🏊 🏊
Services : 🚿 ⛽ 🅖🅑 🚐🛢🗑🍴 laverie 🧺🧹
À prox. : 🛒

Longitude : 4.82468
Latitude : 43.79706

⛰ **Pégomas** de déb. mars à fin oct.
ℰ 04 90 92 01 21, *contact@campingpegomas.com*,
Fax 04 90 92 01 21, *www.campingpegomas.com*
2 ha (105 empl.) plat, herbeux
Tarif : 24,60 € ✶✶ 🚐 🅔 ⚡ (6A) – pers. suppl. 6,50 € –
frais de réservation 17 €

Location (de fin mars à fin oct.) 🏊 : 6 🛖 (4 à
6 pers.) 300 à 500 €/sem.
🚐 borne artisanale

Pour s'y rendre : 3 av. Jean Moulin (sortie est par D 99a,
rte de Cavaillon et à gauche, à l'intersection du chemin de
Pégomas et av. Jean-Moulin (vers D 30, rte de Noves))

Nature : 🛏 ♨♨
Loisirs : 🛝🏊 🏊
Services : 🚿 ⛽ 🅖🅑 🚐🛢🗑🍴 laverie cases réfrigérées
À prox. : 🍴

Longitude : 4.84255
Latitude : 43.78893

PROVENCE-ALPES-CÔTE D'AZUR

ST-SAUVEUR-SUR-TINÉE

06420 – **341** D3 – G. Alpes du Sud – 346 h. – alt. 500
🛈 *Syndicat d'initiative, Mairie* ℰ *0493020022, Fax 0493020520*
Paris 816 – Auron 31 – Guillaumes 42 – Isola 2000 28 – Puget-Théniers 44 – St-Étienne-de-Tinée 28.

⚠ Municipal
    ℰ 0493020320, *mairie.st-sauveur-sur-tinee@wanadoo.fr*
0,37 ha (20 empl.) plat et terrasses, pierreux, gravillons
Location : gîte d'étape
Pour s'y rendre : quartier Les Plans (800 m au nord sur
D 30, rte de Roubion, av. le pont, au bord de la Tinée,
chemin piétonnier direct pour rejoindre le village)

Nature : ≤ ⓠⓠ	
Loisirs : ✗	
Services : ⓟ (tentes)	
À prox. : 〜	

Longitude : 7.10561
Latitude : 44.08258

Si vous recherchez :
- 👪 *Un terrain offrant des équipements et des loisirs adaptés aux enfants*
- 〜 *Un terrain agréable ou très tranquille*
- L-M *Un terrain effectuant la location de caravanes, de mobile homes, de bungalows ou de chalets*
- P *Un terrain ouvert toute l'année*
- 🚐 *Un terrain possédant une aire de services pour camping-cars*
Consultez le tableau des localités

STE-CROIX-DE-VERDON

04500 – **334** E10 – 149 h. – alt. 530 – Base de loisirs
Paris 780 – Brignoles 59 – Castellane 59 – Digne-les-Bains 51 – Draguignan 53 – Manosque 44.

⚠ **Municipal les Roches** de déb. avr. à fin sept.
    ℰ 0492777899, *mairie.saintecroixduverdon@wanadoo.
fr, Fax 0492777623, www.saintecroixduverdon.com*
6 ha (233 empl.) plat et en terrasses, vallonné, accidenté,
herbeux, gravillons
Tarif : (Prix 2009) 19,10€ ✹✹ ⇔ 🅴 🅷 (10A) – pers.
suppl. 3€
🚐 borne artisanale 6€ – 2 🅴 6€
Pour s'y rendre : rte du Lac (1 km au nord-est du bourg,
à 50 m du lac de Ste-Croix - pour les caravanes, le passage
par le village est interdit)

À savoir : bel ombrage sous les oliviers et amandiers

Nature : ≤ ⓠⓠ	
Services : ♿ �o🔌 ⒸⒷ ♂ 🔲 cases réfrigérées	
À prox. : ✗ ≊ ⚓ canoë, pédalos	

Longitude : 6.15064
Latitude : 43.75892

STES-MARIES-DE-LA-MER

13460 – **340** B5 – G. Provence – 2 341 h. – alt. 1
🛈 *Office de tourisme, 5, avenue Van Gogh* ℰ *0490978255, Fax 0490977115*
Paris 761 – Aigues-Mortes 31 – Arles 40 – Marseille 131 – Montpellier 67 – Nîmes 55 – St-Gilles 36.

⚠ **Le Clos du Rhône** de déb. avr. à déb. nov.
    ℰ 0490978599, *ledos@saintesmaries.com,
Fax 0490977885, www.camping-ledos.fr*
7 ha (448 empl.) plat, sablonneux
Tarif : (Prix 2009) 28,60€ ✹✹ ⇔ 🅴 🅷 (10A) – pers.
suppl. 8,50€
Location (Prix 2009) : 55 🛖 (4 à 6 pers.) nuitée 83€
- 290 à 800€/sem. – 10 bungalows toilés
🚐 1 borne artisanale
Pour s'y rendre : rte de l'Amarée (2 km à l'ouest par D 38
et à gauche)

À savoir : près du petit Rhône et de la plage

Nature : ⓠ	
Loisirs : 🎬 🏓 ≊ 〜	
Services : ♿ o🔌 🏧 🅱 ♨ ⚗ laverie 🛏 cases réfrigérées	
À prox. : 🐎	

Longitude : 4.39718
Latitude : 43.45952

SALERNES

83690 – **340** M4 – G. Côte d'Azur – 3 652 h. – alt. 209
🛈 *Office de tourisme, place Gabriel Peri* 𝄞 *0494 70 69 02, Fax 04 94 70 73 34*
Paris 830 – Aix-en-Provence 81 – Brignoles 33 – Draguignan 23 – Manosque 65.

⚠ **Municipal les Arnauds** de déb. mai à fin sept.
𝄞 0494 67 51 95, *lesarnauds@ville-salernes.fr*,
Fax 0494 70 75 57, *www.village-vacances-lesarnauds.com*
2 ha (52 empl.) plat, herbeux
Tarif : ✶ 6,90 € ⬌ 🅴 10,55 € 🔌 (10A)

Location (permanent) : 4 🏠 (4 à 6 pers.) - 343 à
482 €/sem. – 21 appartements
Pour s'y rendre : quartier les Arnauds (sortie nord-ouest
par D 560, rte de Sillans-la-Cascade et à gauche - accès au
village par chemin piétonnier longeant la rivière)

À savoir : belle décoration arbustive et florale, près de
la Bresque

Nature : ⌇ ⌁ 🌳🌳
Loisirs : 🏠 🎯 ♔ ≋ (plan d'eau)
Services : 🚿 ⌁ GB ⚙ 🚱 ♨ ⚐ ⚐ laverie cases réfrigérées

Longitude : 6.23231
Latitude : 43.56366

Pour choisir et suivre un itinéraire
Pour calculer un kilométrage
Pour situer exactement un terrain (en fonction des
indications fournies dans le texte) :
*Utilisez les **cartes MICHELIN**,*
compléments indispensables de cet ouvrage.

LES SALLES-SUR-VERDON

83630 – **340** M3 – G. Alpes du Sud – 193 h. – alt. 440
🛈 *Office de tourisme, place Font Freye* 𝄞 *0494 70 21 84, Fax 04 94 84 22 57*
Paris 790 – Brignoles 57 – Digne-les-Bains 60 – Draguignan 49 – Manosque 62 – Moustiers-Ste-Marie 15.

⚠ **Les Pins** de déb. avr. à mi-oct.
𝄞 0498 10 23 80, *campinglespins83@orange.fr*,
Fax 0494 84 23 27, *www.campinglespins.com*
3 ha/2 campables (104 empl.) plat et en terrasses,
gravier, pierreux, herbeux
Tarif : (Prix 2009) ✶ 5,55 € ⬌ 🅴 5,60 € 🔌 (6A) – frais de
réservation 25 €
🚐 borne artisanale – 4 🅴 19,70 €
Pour s'y rendre : sortie sud par D 71 puis 1,2 km par
chemin à dr., à 100 m du lac de Ste-Croix - accès direct
au bourg

À savoir : agréable cadre ombragé, petite pinède
attenante

Nature : ⌇ ⌁ 🌳🌳
Loisirs : 🏠 🎯
Services : 🚿 ⌁ GB ⚙ 🚱 ♨ ⚐ ⚐ laverie cases réfrigérées
À prox. : ≋ 🎣 ♦ parcours de santé, canoë

Longitude : 6.2084
Latitude : 43.77603

SALON-DE-PROVENCE

13300 – **340** F4 – G. Provence – 40 147 h. – alt. 80
🛈 *Office de tourisme, 56, cours Gimon* 𝄞 *0490 56 27 60, Fax 04 90 56 77 09*
Paris 720 – Aix-en-Provence 37 – Arles 46 – Avignon 50 – Marseille 54 – Nîmes 76.

⚠ **Nostradamus** de déb. mars à fin oct.
𝄞 0490 56 08 36, *gilles.nostra@gmail.com*,
Fax 0490 56 23 41, *www.camping-nostradamus.com*
2,7 ha (83 empl.) plat, herbeux
Tarif : 25,40 € ✶✶ ⬌ 🅴 🔌 (6A) – pers. suppl. 5,60 € –
frais de réservation 15 €

Location (permanent) : 17 🏠 (4 à 6 pers.) 310 à
751 €/sem. – frais de réservation 20 €
🚐 borne artisanale 4,50 €
Pour s'y rendre : rte d'Eyguières (5,8 km au nord-ouest
par D 17 et D 72D à gauche)

À savoir : au bord d'un canal

Nature : ⌇ ⌁ 🌳🌳
Loisirs : 🏠 ♔ 🛝
Services : 🚿 ⌁ GB ⚙ ▥ ♨ ⚐ ⚐ 📷

Longitude : 5.08568
Latitude : 43.65602

695

SANARY-SUR-MER

83110 – **340** J7 – G. Côte d'Azur – 18 023 h. – alt. 1
Paris 824 – Aix-en-Provence 75 – La Ciotat 23 – Marseille 55 – Toulon 13.

Campasun Mas de Pierredon – de mi-avr. à mi-sept.
  04 94 74 25 02, pierredon@campasun.eu,
  Fax 04 94 74 61 42, *www.campasun.eu*
  6 ha/2,5 campables (122 empl.) plat et en terrasses, pierreux, herbeux
  Tarif : 45 € ♦♦ ⟺ 🅴 [♿] (10A) – pers. suppl. 8,50 € – frais de réservation 25 €

  Location : 10 ▥ (4 à 6 pers.) nuitée 65 € - 350 à 990 €/ sem. – 43 🏠 (4 à 6 pers.) nuitée 56 € - 280 à 850 €/ sem. – 8 bungalows toilés – frais de réservation 25 €
  ☕ borne eurorelais 5 €
  Pour s'y rendre : 652 chemin Raoul Coletta (3 km au nord, rte d'Ollioules et à gauche apr. le pont de l'autoroute)

Nature :	☐ ♡♡
Loisirs :	♈ ✗ 🏠 🛝 🚣 ⚲ 🛝 ♨ 🏊
Services :	♿ ⚟ GB ⚲ 🛁 – 16 sanitaires individuels (🚿⚹⚹ wc) ⚘ ⚡ 🕯 🖳 ♨

Longitude : 5.81518
Latitude : 43.13122

Campasun Parc Mogador de mi-fév. à mi-nov.
  04 94 74 53 16, mogador@campasun.eu,
  Fax 04 94 74 10 58, *www.campasun.eu* ⚲ (juil-août)
  3 ha (180 empl.) terrasse, plat, herbeux, pierreux
  Tarif : 45 € ♦♦ ⟺ 🅴 [♿] (10A) – pers. suppl. 8,50 € – frais de réservation 25 €

  Location : 63 ▥ (4 à 6 pers.) nuitée 52 € - 245 à 920 €/sem. – 6 🏠 (4 à 6 pers.) nuitée 58 € - 300 à 810 €/sem. – frais de réservation 25 €
  ☕ borne eurorelais 5 €
  Pour s'y rendre : 167 chemin de Beaucours

Nature :	☜ ☐ ♡♡
Loisirs : snack, pizzeria	🏠 🛝 🛝
Services :	♿ ⚟ GB ⚲ 🛁 ⚘ ⚡ 🕯 🖳 ♨

Longitude : 5.78696
Latitude : 43.12404

LE SAUZÉ-DU-LAC

05160 – **334** F6 – 121 h. – alt. 1 052
Paris 697 – Barcelonnette 35 – Digne-les-Bains 74 – Gap 40 – Guillestre 41.

La Palatrière
  04 92 44 20 98, lapalatriere@wanadoo.fr,
  www.lapalatriere.com
  3 ha (30 empl.) en terrasses, pierreux, herbeux
  Location : 10 🏠
  ☕ 5 🅴
  Pour s'y rendre : site des Demoiselles Coiffées (4,6 km au sud par D 954)

  À savoir : belle situation dominant le lac de Serre-Ponçon

Nature :	☜ ⬳ ♀
Loisirs :	♈ snack 🏠 🛝 🛝
Services :	♿ ⚟ 🖳

Longitude : 6.31524
Latitude : 44.47881

SERRES

05700 – **334** C6 – G. Alpes du Sud – 1 309 h. – alt. 670
🅱 *Office de tourisme, rue du lac* *04 92 67 00 67, Fax 04 92 67 16 16*
Paris 670 – Die 68 – Gap 41 – Manosque 89 – La Mure 75 – Nyons 65.

Domaine des Deux Soleils de mi-avr. à fin oct.
  04 92 67 01 33, dom 2.soleils@orange.fr,
  Fax 04 92 67 08 02, *www.domaine-2soleils.com* – alt. 800
  26 ha/12 campables (72 empl.) en terrasses, pierreux, herbeux
  Tarif : (Prix 2009) 21,25 € ♦♦ ⟺ 🅴 [♿] (5A) – pers. suppl. 3,50 € – frais de réservation 22,75 €

  Location (Prix 2009) : 10 ▥ (4 à 6 pers.) nuitée 38 € - 266 à 495 €/sem. – 18 🏠 (4 à 6 pers.) nuitée 45 € - 315 à 560 €/sem. – frais de réservation 22,75 €
  Pour s'y rendre : av. Des Pins - La Flamenche (800 m au sud-est par N 75, rte de Sisteron puis 1 km par rte à gauche, à Super-Serres)

Nature :	☜ ☐ ♀
Loisirs : snack	🛝 ⚡ 🛝 🛝
Services :	♿ ⚟ GB ⚲ 🛁 🕯 🖳 ♨

Longitude : 5.72949
Latitude : 44.42153

SEYNE

04140 – **334** G6 – G. Alpes du Sud – 1 426 h. – alt. 1 200

🛈 *Office de tourisme, place d'Armes* 𝄞 *0492351100, Fax 0492352884*

Paris 719 – Barcelonnette 43 – Digne-les-Bains 43 – Gap 54 – Guillestre 71.

⚠ Les Prairies de mi-avr. à mi-sept.
𝄞 0492351021, *info@campinglesprairies.com*,
www.campinglesprairies.com
3,6 ha (108 empl.) non clos, plat, pierreux, herbeux
Tarif : 23€ ★★ ⟜ 🔲 (₰) (10A) – pers. suppl. 5€ – frais
de réservation 16€

Location : 8 🚐 (4 à 6 pers.) 250 à 545€/sem. – 8 🏠 (4
à 6 pers.) - 270 à 615€/sem. – frais de réservation 16€
🔩 1 borne artisanale
Pour s'y rendre : à Haute Gréyère, chemin Charcherie
(1 km au sud par D 7, rte d'Auzet et chemin à gauche, au
bord de la Blanche)

| Nature : ♨ ⋖ ⌑ ₰₰ |
| Loisirs : 🏠 🏊 🛝 🏊 |
| Services : ♿ ⟜ GB ⋎ ▥ ⛺ |
| 🔲 🍴 |
| À prox. : ✖ 🔲 🐎 |

| Longitude : 6.35612 |
| Latitude : 44.35206 |

⚠⚠ ... ⚠
Bijzonder prettige terreinen die bovendien opvallen in hun categorie.

SISTERON

04200 – **334** D7 – G. Alpes du Sud – 7 251 h. – alt. 490

🛈 *Office de tourisme, 1, place de la République* 𝄞 *0492611203, Fax 0492611957*

Paris 704 – Barcelonnette 100 – Digne-les-Bains 40 – Gap 52.

⚠ Municipal des Prés-Hauts de déb. mars à fin oct.
𝄞 0492611969, *contact@camping-sisteron.com*,
Fax 0492611969, *www.sisteron.fr*
4 ha (141 empl.) plat et peu incliné, herbeux
Tarif : 21€ ★★ ⟜ 🔲 (₰) (10A) – pers. suppl. 4€ – frais
de réservation 10€

Location : 6 🚐 (4 à 6 pers.) 260 à 530€/sem.
🔩 17 🔲 21€
Pour s'y rendre : 44 chemin des Prés Hauts (3 km au
nord par rte de Gap et D 951 à dr., rte de la Motte-du-
Caire, près de la Durance)

À savoir : emplacements bien délimités dans un cadre
verdoyant

| Nature : ♨ ⋖ ⌑ ₰ |
| Loisirs : 🏠 🏊 ✖ 🏊 |
| Services : ♿ ⟜ GB ⋎ ▥ 🍴 |
| ♻ 🍴 🔲 |

| Longitude : 5.93614 |
| Latitude : 44.21425 |

697

SOSPEL

06380 – **341** F4 – G. Côte d'Azur – 3 440 h. – alt. 360

🛈 *Office de tourisme, 19, avenue Jean Médecin* 𝄞 *0493041580, Fax 0493041996*

Paris 967 – Breil-sur-Roya 21 – L'Escarène 22 – Lantosque 42 – Menton 19 – Nice 41.

⚠ Le Mas Fleuri (location exclusive de mobile homes et
chalets)
𝄞 0493041494, *camping-le-mas-fleuri@wanadoo.fr*,
Fax 0493041486, *www.camping-mas-fleuri.com* – empl.
traditionnels également disponibles
11,5 ha plat, en terrasses

Location : 8 🚐 – 15 🏠 – gîtes
🔩 1 borne artisanale
Pour s'y rendre : quartier la Vasta Inferieure

| Nature : ♨ ⋖ ₰ |
| Loisirs : 🍷 ✖ snack 🏠 🏊 |
| Services : ♿ ⟜ 🔲 🍴 |

| Longitude : 7.44732 |
| Latitude : 43.8779 |

⚠ Domaine Ste-Madeleine de fin mars à déb. oct.
𝄞 0493041048, *camp@camping-sainte-madeleine.com*,
www.camping-sainte-madeleine.com
3 ha (90 empl.) en terrasses, herbeux, pierreux
Tarif : 22,90€ ★★ ⟜ 🔲 (₰) (10A) – pers. suppl. 4,40€

Location : 3 🚐 (2 à 4 pers.) 230€/sem. – 🏠 (4 à
6 pers.) 605€/sem. – 3 🛏
🔩 borne artisanale 3€
Pour s'y rendre : rte de Moulinet (4,5 km au nord-ouest
par D 2566, rte du col de Turini)

| Nature : ♨ ⋖ ₰₰ |
| Loisirs : 🏊 🏊 |
| Services : ♿ ⟜ ⋎ 🍴 🔲 |

| Longitude : 7.41642 |
| Latitude : 43.8969 |

LE THOR

84250 – **332** C10 – G. Provence – 7 675 h. – alt. 50
Paris 688 – Avignon 18 – Carpentras 16 – Cavaillon 14 – L'Isle-sur-la-Sorgue 5 – Orange 30.

FranceLoc Domaine Le Jantou de déb. avr. à fin sept.
    ℘ 04 90 33 90 07, *jantou@franceloc.fr*, Fax 04 90 33 79 84, *www.lejantou.com*
6 ha/4 campables (195 empl.) plat, herbeux
Tarif : (Prix 2009) 32,20 € ✝✝ ⇔ 🖹 (🗲) (10A) – pers. suppl. 7 € – frais de réservation 25 €

Location (Prix 2009) : 🛏 (4 à 6 pers.) nuitée 61 € - 168 à 735 €/sem. – 🏠 (4 à 6 pers.) nuitée 68 € - 196 à 826 €/sem. – frais de réservation 25 €
Pour s'y rendre : 535 chemin des Coudelières (1,2 km à l'ouest par sortie nord vers Bédarrides, accès direct à la Sorgue, accès conseillé par D 1 (contournement))

Nature : 🌳 ⌇ 🞯	
Loisirs : 🎮 🏊 🚲 🏹 ⚓ 🏸 🌊	
Services : 🚿 🔌 GB 🧺 🏧 🛁 🗑 🚰 🍴 laverie 🧊 réfrigérateur	
À prox. : 🎣	

Longitude : 4.98163
Latitude : 43.93086

TOURRETTES-SUR-LOUP

06140 – **341** D5 – G. Côte d'Azur – 4 272 h. – alt. 400
🛈 *Office de tourisme, 2, place de la Libération* ℘ 04 93 24 18 93, *Fax 04 93 59 24 40*
Paris 936 – Marseille 188 – Nice 35 – Antibes 25 – Cannes 37.

La Camassade Permanent
    ℘ 04 93 59 31 54, *courrier@camassade.com*,
Fax 04 93 59 31 81, *www.camassade.com*
1,8 ha (40 empl.) en terrasses, plat, pierreux
Tarif : (Prix 2009) ✝ 4,30 € ⇔ 3 € 🖹 7 € – (🗲) (6A) 4,80 € – frais de réservation 10 €

Location (Prix 2009) : 3 🛏 (4 à 6 pers.) 328 à 550 €/sem. – 2 🏠 (4 à 6 pers.) - 368 à 635 €/sem. – frais de réservation 10 €
Pour s'y rendre : 523 rte de Pie Lombard

Nature : 🌳 ⌇ 🞯	
Loisirs : 🎮 🌊	
Services : 🚿 🔌 GB 🧺 🏧 🛁 🍴 laverie	

Longitude : 7.047
Latitude : 43.70431

698   VAISON-LA-ROMAINE

84110 – **332** D8 – G. Provence – 6 313 h. – alt. 193
🛈 *Office de tourisme, place du Chanoine-Sautel* ℘ 04 90 36 02 11, *Fax 04 90 28 76 04*
Paris 664 – Avignon 51 – Carpentras 27 – Montélimar 64 – Pont-St-Esprit 41.

FranceLoc Le Carpe Diem 🔒 – fermé fin déc. à fin janv.
    ℘ 04 90 36 02 02, *contact@camping-carpe-diem.com*,
Fax 04 90 36 36 90, *www.camping-carpe-diem.com*
10 ha/6,5 campables (232 empl.) en terrasses, plat et peu incliné, herbeux
Tarif : (Prix 2009) 34,70 € ✝✝ ⇔ 🖹 (🗲) (6A) – pers. suppl. 7 € – frais de réservation 25 €

Location (Prix 2009) (fermé de déb. nov. à déb. avr.) : 38 🛏 (4 à 6 pers.) 217 à 896 €/sem. – 14 🏠 (4 à 6 pers.) - 238 à 980 €/sem. – 6 bungalows toilés
Pour s'y rendre : rte de St-Marcellin (2 km au sud-est à l'intersection du D 938, rte de Malaucène et du D 151)

À savoir : originale reconstitution d'un amphythéâtre autour de la piscine

Nature : 🌳 ⌇ 🞯	
Loisirs : 🍷 snack, pizzeria 🎮 🞃 🍴 🏊 🏹 🌊	
Services : 🚿 🔌 (juil.-août) GB 🧺 🛁 🍴 🛁 🗑 🚰 cases réfrigérées	

Longitude : 5.07396
Latitude : 44.24103

Le Soleil de Provence de mi-mars à fin oct.
    ℘ 04 90 46 46 00, *info@camping-soleil-de-provence.fr*,
Fax 04 90 46 40 37, *www.camping-soleil-de-provence.fr*
4 ha (153 empl.) plat et en terrasses, peu incliné, herbeux, pierreux
Tarif : ✝ 3,50 € ⇔ 3 € 🖹 3 € – (🗲) (10A) 4 € – frais de réservation 10 €

Location (de déb. avr. à fin oct.) 🚫 : 🛏
🚰 1 borne artisanale
Pour s'y rendre : quartier Trameiller (3,5 km au nord-est par D 938, rte de Nyons)

Nature : ⛰ Ventoux et montagnes de Nyons ⌇ 🞯	
Loisirs : 🎮 🏊 🌊 🏸	
Services : 🚿 🔌 🧺 🏧 🛁 🍴 📶	

Longitude : 5.10954
Latitude : 44.25883

Théâtre Romain de mi-mars à mi-nov.
℘ 0490287866, *info@camping-theatre.com*,
Fax 0490287876, *www.camping-theatre.com*
1,2 ha (75 empl.) plat, herbeux, gravillons
Tarif : ✦ 6,40€ ⇔ ▣ 8,20€ – (½) (10A) 4€ – frais de
réservation 11€

Location : 6 ⌂ (4 à 6 pers.) nuitée 45€ - 380 à 650€/
sem. – frais de réservation 11€
⊡ 1 borne artisanale 5€
Pour s'y rendre : quartier des Arts - Chemin du Brusquet
(au nord-est de la ville, accès conseillé par rocade)

Nature : ⊏ ♀♀	
Loisirs : ⊡ ♠♠ ⊥ (petite piscine)	
Services : ⅋ ⊶ GB ♉ ⊗ ⊿ ⊽ ⊤ ▣	
À prox. : ✂	

Longitude : 5.08105
Latitude : 44.24507

VALENSOLE

04210 – **334** D9 – 2 631 h. – alt. 566
◨ *Syndicat d'initiative, place des Héros de la Résistance* ℘ 0492749002, Fax 04.92.74.85.03
Paris 758 – Brignolles 64 – Castellane 72 – Digne-les-Bains 46 – Manosque 21 – Salernes 58.

Oxygène de mi-avr. à mi-sept.
℘ 0492724177, *sarloxygene@libertysurf.fr*,
Fax 0492724177, *www.camping-oxygene.com*
2,5 ha (100 empl.) non clos, plat, pierreux, herbeux, haies
de lauriers
Tarif : (Prix 2009) 22€ ✦✦ ⇔ ▣ (½) (10A) – pers. suppl. 5€
⊡ 1 borne artisanale
Pour s'y rendre : au lieu-dit : Les Chabrands-Villedieu
(19 km au sud-ouest par D 6, rte de Manosque et D 4,
rte d'Oraison, à 300 m de la Durance (accès direct), accès
conseillé par D 4 - par A 51 sortie 18 Manosque)

Nature : ⊗ ⊏ ♀	
Loisirs : ⊷ ♠♠ ⊥	
Services : ⅋ ⊶ ♉ ⊗ ⊿ ⊽ ▣	

Longitude : 5.98401
Latitude : 43.83722

Give use your opinion of the camping sites we recommend.
Let us know of your remarks and discoveries.

699

VENCE

06140 – **341** D5 – G. Côte d'Azur – 18 931 h. – alt. 325
◨ *Office de tourisme, 8, place du Grand Jardin* ℘ 0493580638, Fax 0493589181
Paris 923 – Antibes 20 – Cannes 30 – Grasse 24 – Nice 23.

Domaine de la Bergerie de fin mars à mi-oct.
℘ 0493580936, *info@camping-domainedelabergerie.*
com, Fax 0493598044,
www.camping-domainedelabergerie.com
30 ha/13 campables (450 empl.) plat et en terrasses,
rocailleux, herbeux
Tarif : (Prix 2009) 28€ ✦✦ ⇔ ▣ (½) (5A) – pers.
suppl. 5€ – frais de réservation 15€
⊡ 1 borne artisanale 4€
Pour s'y rendre : 1330 chemin de la Sine (4 km à l'ouest
par D 2210, rte de Grasse et chemin à gauche)

À savoir : ancienne bergerie joliment restaurée

Nature : ⊗ ⊏ ♀♀♀	
Loisirs : ❡ ✗ ♠♠ ✂ ⊥ par-cours sportif	
Services : ⅋ ⊶ GB ♉ ⊗ ⊿ ⊽ ▣ ⊿ ⊳	

Longitude : 7.09497
Latitude : 43.71337

LE VERNET

04140 – **334** G7 – 131 h. – alt. 1 200
Paris 729 – Digne-les-Bains 32 – La Javie 16 – Seyne 11.

Lou Passavous de mi-avr. à déb. oct.
℘ 0492351467, *loupassavous@orange.fr*,
www.loupassavous.com
1,5 ha (60 empl.) plat, non clos, peu incliné, herbeux,
pierreux
Tarif : ✦ 3€ ⇔ 1,50€ ▣ 18,50€ – (½) (6A) 3,50€ – frais de
réservation 10€
Pour s'y rendre : rte Roussimal (800 m au nord par rte
de Roussimat, au bord du Bès)

Nature : ⊗ ◁ ♀	
Loisirs : ❡ pizzeria ♠♠	
Services : ⅋ ⊶ GB ♉ ▥ ⊗ ⊤ ▣ ⊳	
À prox. : ✂ ⊥ ♉ ♞	

Longitude : 6.38946
Latitude : 44.27742

VEYNES

05400 – **334** C5 – 3 164 h. – alt. 827

🔢 *Office de tourisme, avenue Commandant Dumont* 𝓟 *04 92 57 27 43, Fax 04 92 58 16 18*
Paris 660 – Aspres-sur-Buëch 9 – Gap 25 – Sisteron 51.

⚠ **Les Prés** de déb. mai à fin sept.
𝓟 04 92 57 26 22, *campinglespres@packsurfwifi.com*,
www.camping-les-pres.com – alt. 960
0,35 ha (25 empl.) plat et peu incliné, herbeux
Tarif : 16,30€ 👥 ⇔ 🔲 🔌 (6A) – pers. suppl. 3,40€

Location : 3 🚐 (2 à 4 pers.) 317 à 365€/sem. – frais
de réservation 15€
🚰 2 🔲 13,20€
Pour s'y rendre : le Petit Vaux (3,4 km au nord-est par
D 994, rte de Gap puis 5,5 km par D 937, rte du col de
Festre et chemin à gauche, près de la Béoux)

Nature : 🏞 ⩽ ♀	
Loisirs : 🏄 🚲 ⛵ (piscine pour enfants)	
Services : ♿ ⚡ ⤳ 🛠 💧 🚿	

Longitude : 5.82111
Latitude : 44.53367

VILLARD-LOUBIÈRE

05800 – **334** E4 – 52 h. – alt. 1 026
Paris 648 – La Chapelle-en-Valgaudémar 5 – Corps 22 – Gap 43 – La Mure 46.

⚠ **Les Gravières** de mi-juin à mi-sept.
𝓟 04 92 55 35 35, *info@sudrafting.fr*, Fax 04 92 55 35 35,
www.sudrafting.fr
2 ha (50 empl.) plat, pierreux, herbeux, sous-bois
Tarif : 14€ 👥 ⇔ 🔲 🔌 (5A) – pers. suppl. 5€
Pour s'y rendre : 700 m à l'est par rte de la Chapelle-en-
Valgaudémar et chemin à dr.

À savoir : cadre et site agréables au bord de la Séveraisse

Nature : 🏞 ⩽ ♀	
Loisirs : 🔲 ✂ 🎣	
Services : ♿ (juil.-août) 🇬🇧 🐕 💧	

Longitude : 6.14444
Latitude : 44.82528

VILLARS-COLMARS

04370 – **334** H7 – 228 h. – alt. 1 225
Paris 774 – Annot 37 – Barcelonnette 46 – Colmars 3 – St-André-les-Alpes 26.

⚠ **Le Haut-Verdon** Permanent
𝓟 04 92 83 40 09, *campinglehautverdon@wanadoo.fr*,
Fax 04 92 83 56 61, *www.lehautverdon.com*
3,5 ha (109 empl.) plat, pierreux
Tarif : 28€ 👥 ⇔ 🔲 🔌 (10A) – pers. suppl. 5€ – frais
de réservation 15€

Location : 9 🚐 (4 à 6 pers.) nuitée 55€ - 270 à 600€/
sem. – 4 🏠 (4 à 6 pers.) nuitée 45€ - 250 à 550€/sem.
– frais de réservation 15€
🚰 borne artisanale 3€
Pour s'y rendre : par D 908, au bord du Verdon, accès
très déconseillé par le col d'Allos

Nature : ⩽ 🏕 ♀♀	
Loisirs : pizzeria, snack 🔲 🏄 ✂ 🏊	
Services : ⤳ 🇬🇧 🐕 🛁 🚿 🍴 💧 🚿	

Longitude : 6.60637
Latitude : 44.16658

VILLECROZE

83690 – **340** M4 – G. Côte d'Azur – 1 093 h. – alt. 300

🖪 *Office de tourisme, rue Amboise Croizat* 🕿 04 94 67 50 00, Fax 04 94 67 50 00

Paris 835 – Aups 8 – Brignoles 38 – Draguignan 21 – St-Maximin-la-Ste-Baume 48.

Le Ruou ⚑⚑ – de fin mars à fin oct.

🕿 04 94 70 67 70, *info@leruou.com*, Fax 04 94 70 64 65,
www.leruou.com – places limitées pour le passage
4,3 ha (100 empl.) en terrasses, plat, herbeux, fort
dénivelé
Tarif : (Prix 2009) 30,20 € ⚹⚹ ⇌ 🅴 (₦) (10A) – pers.
suppl. 6,20 €

Location (Prix 2009) : 39 ⛺ (4 à 6 pers.) nuitée 35 €
- 245 à 749 €/sem. – 19 🏠 (4 à 6 pers.) nuitée 40 €
- 280 à 784 €/sem. – 26 bungalows toilés – frais de
réservation 25 €
🅰 borne autre 5 € – 5 🅴 12 €
Pour s'y rendre : 309 RD 560 (5,4 km au sud-est par
D 251, rte de Barbebelle et D 560, rte de Flayosc, accès
conseillé par D 560)

À savoir : beaux emplacements en terrasses

| Nature : ≤ 🛈🛈 |
| Loisirs : 🍸 snack, pizzeria 🛖 🕹 🌊 ⚖ |
| Services : 🕭 �o🔑 🖩 🦮 🛍 🍴 laverie 🧺 |

| Longitude : 6.3 |
| Latitude : 43.55 |

*Kataloge der **MICHELIN-Veröffentlichungen** erhalten Sie beim Buchhändler
und direkt von **Michelin** (Karlsruhe).*

VILLENEUVE-LOUBET

06270 – **341** D6 – G. Côte d'Azur – 14 104 h. – alt. 10

🖪 *Office de tourisme, 16, avenue de la Mer* 🕿 04 92 02 66 16, Fax 04 92 02 66 19

Paris 915 – Antibes 12 – Cagnes-sur-Mer 3 – Cannes 22 – Grasse 24 – Nice 15 – Vence 10.

à Villeneuve-Loubet-Plage S : 5 km – 06270

"Les Castels" La Vieille Ferme Permanent

🕿 04 93 33 41 44, *info@vieilleferme.com*,
Fax 04 93 33 37 28, *www.vieilleferme.com*
2,9 ha (153 empl.) en terrasses, plat, gravillons, herbeux
Tarif : 38 € ⚹⚹ ⇌ 🅴 (₦) (10A) – pers. suppl. 5 € – frais
de réservation 28 €

Location : 31 🏠 (4 à 6 pers.) 450 €/sem. – frais de
réservation 28 €
🅰 borne eurorelais
Pour s'y rendre : 296 bd des Groules (2,8 km au sud par
N 7, rte d'Antibes et à dr.)

| Nature : 🗺 🛈🛈 |
| Loisirs : 🛖 🕹 ⚖ 🌊 (décou- verte en saison) |
| Services : 🕭 o🔑 🖩 🦮 🛍 🛁 🧺 🚰 🍴 laverie 🧺 cases réfrigérées |
| À prox. : ✗ |

| Longitude : 7.12515 |
| Latitude : 43.61957 |

Parc des Maurettes de mi-janv. à mi-nov.

🕿 04 93 20 91 91, *info@parcdesmaurettes.com*,
Fax 04 93 73 77 20, *www.parcdesmaurettes.com*
2 ha (140 empl.) en terrasses, pierreux, gravier
Tarif : (Prix 2009) 32,15 € ⚹⚹ ⇌ 🅴 (₦) (10A) – pers.
suppl. 5,15 € – frais de réservation 24 €

Location (Prix 2009) : 14 🏠 (4 à 6 pers.) - 338 à 665 €/
sem. – frais de réservation 24 €
🅰 borne artisanale 6 €
Pour s'y rendre : 730 av. du Dr Lefèbvre (par N 7)

À savoir : agréable espace relax'balnéo

| Nature : 🗺 🛈🛈 |
| Loisirs : 🛖 ≋s jacuzzi informa- tions touristiques 🕹 |
| Services : 🕭 o🔑 🅿 (tentes) 🖩 🦮 🛍 🛁 🚰 🍴 laverie |
| À prox. : 🛒 |

| Longitude : 7.12983 |
| Latitude : 43.6309 |

L'Hippodrome Permanent

🕿 04 93 20 02 00, *contact@camping-hippodrome.com*,
Fax 04 92 13 20 07, *www.camping-hippodrome.com*
0,8 ha (46 empl.) plat, gravillons
Tarif : (Prix 2009) 31,50 € ⚹⚹ ⇌ 🅴 (₦) (10A) – pers.
suppl. 5,10 € – frais de réservation 16 €
🅰 borne flot bleu
Pour s'y rendre : 5 av. des Rives (à 400 m de la plage,
derrière Géant Casino)

| Nature : 🗺 🛈🛈 |
| Loisirs : 🛖 🕹 🌊 (découverte en saison) |
| Services : 🕭 o🔑 🦮 🛍 🛁 🚰 🍴 laverie réfrigérateur |
| À prox. : 🛒 snack |

| Longitude : 7.13564 |
| Latitude : 43.64222 |

VILLES-SUR-AUZON

84570 – **332** E9 – G. Alpes du Sud – 1 221 h. – alt. 255
Paris 694 – Avignon 45 – Carpentras 19 – Malaucène 24 – Orange 40 – Sault 24.

Les Verguettes de déb. avr. à mi-oct.
    ℘ 04 90 61 88 18, *info@provence-camping.com*,
Fax 04 90 61 97 87, *www.provence-camping.com*
2 ha (88 empl.) plat, peu incliné et terrasses, herbeux,
pierreux
Tarif : 24,40€ ♣♣ ⬌ 🅴 (≰) (6A) – pers. suppl. 6€ – frais
de réservation 23€

Location : 4 🛖 (4 à 6 pers.) nuitée 67€ - 430 à 616€/
sem. – frais de réservation 23€
Pour s'y rendre : rte de Carpentras (sortie ouest par
D 942)

| Nature : 🏞 ⌑ 🌳🌳 |
| Loisirs : 🎱 ✂ ♨ 🏊 |
| Services : ♿ ⊶ GB 🧺 ⛽ 🚿 🚽 🔥 🚮 réfrigérateurs |

Longitude : 5.26076
Latitude : 44.07027

Si vous recherchez :
👪   *Un terrain offrant des équipements et des loisirs adaptés aux enfants*
🏞   *Un terrain agréable ou très tranquille*
L   *Un terrain effectuant la location de caravanes,*
    de mobile homes, de bungalows ou de chalets
P   *Un terrain ouvert toute l'année*
🚐   *Un terrain possédant une aire de services pour camping-cars*
Consultez le tableau des localités

VIOLÈS

84150 – **332** C9 – 1 538 h. – alt. 94
Paris 659 – Avignon 34 – Carpentras 21 – Nyons 33 – Orange 14 – Vaison-la-Romaine 17.

Les Favards de fin avr. à mi-oct.
    ℘ 04 90 70 90 93, *favards@free.fr*, Fax 04 90 70 97 28,
www.favards.com
20 ha/1,5 campable (49 empl.) plat, herbeux
Tarif : ♣ 5,50€ ⬌ 🅴 4€ – (≰) (10A) 3€ – frais de
réservation 10€
Pour s'y rendre : rte d'Orange (1,2 km à l'ouest par
D 67)

À savoir : au milieu des vignes

| Nature : ⩽ ⌑ ♀ |
| Loisirs : 🎱 🏊 |
| Services : ♿ ⊶ 🚽 🚮 |

Longitude : 4.93591
Latitude : 44.16235

VISAN

84820 – **332** C8 – 1 878 h. – alt. 218
Paris 652 – Avignon 57 – Bollène 19 – Nyons 20 – Orange 27 – Vaison-la-Romaine 16.

L'Hérein de mi-mars à mi-oct.
    ℘ 04 90 41 95 99, *accueil@camping-visan.com*,
Fax 04 90 41 91 72, *www.camping-visan.com*
3,3 ha (75 empl.) plat, herbeux, pierreux
Tarif : (Prix 2009) 19,10€ ♣♣ ⬌ 🅴 (≰) (10A) – pers.
suppl. 3,50€ – frais de réservation 10€

Location (Prix 2009) : 6 🛖 (4 à 6 pers.) 285 à 365€/
sem.
Pour s'y rendre : rte de Bouchet (1 km à l'ouest par
D 161, rte de Bouchet, près d'un ruisseau)

| Nature : 🏞 ⌑ 🌳🌳 |
| Loisirs : snack 🎱 🏓 ♨ 🏊 |
| Services : ♿ ⊶ GB 🚿 ⛽ 🚮 🚽 🔥 🚮 🚽 |

Longitude : 4.94445
Latitude : 44.31302

VOLONNE

04290 – **334** E8 – G. Alpes du Sud – 1 623 h. – alt. 450
Paris 718 – Château-Arnoux-St-Aubin 4 – Digne-les-Bains 29 – Forcalquier 33 – Les Mées 17 – Sisteron 14.

L'Hippocampe ♠♣ – de déb. avr. à fin sept.
℘ 04 92 33 50 00, *camping@l-hippocampe.com*,
Fax 04 92 33 50 49, *www.l-hippocampe.com*
8 ha (447 empl.) plat, herbeux, verger
Tarif : 32€ ♣♣ ⇔ ▣ ⓗ (10A) – pers. suppl. 6,50€ –
frais de réservation 30€

Location : 144 ▦ (4 à 6 pers.) nuitée 40€ - 280 à
987€/sem. – 30 ▦ (4 à 6 pers.) nuitée 50€ - 280 à
994€/sem. – 45 bungalows toilés – frais de réservation
30€
⇱ borne artisanale 5€ – 18 ▣ 8€
Pour s'y rendre : rte Napoléon (500 m au sud-est par
D 4)

À savoir : cadre agréable, au bord de la Durance

Nature : ≤ ▭ ♉♉
Loisirs : ▼ pizzeria, self-service,
snack ⚐ discothèque, salle
d'animation ⚒ ⚓ ⚔ ⚕
canoë, pédalos
Services : ♿ ⚡ ⊕ ⊞ ↺ ⚲ ⚴ ⚳
⚵ ▣ ⚶ ⚷
À prox. : ⚘

Longitude : 6.01556
Latitude : 44.1061

VOLX

04130 – **334** D9 – 2 859 h. – alt. 350
Paris 748 – Digne-les-Bains 51 – Forcalquier 15 – Gréoux-les-Bains 22 – Manosque 9 – Reillanne 22.

Municipal la Vandelle de déb. juin à fin sept.
℘ 04 92 79 35 85, *mairie.volx@wanadoo.fr*,
Fax 04 92 79 32 27, *www.camping.volx.com*
2 ha (50 empl.) plat, peu incliné et terrasses, herbeux,
pierreux, bois attenant
Tarif : ♣ 3,80€ ⇔ 2,20€ ▣ 4€ – ⓗ (3A) 4,10€
Pour s'y rendre : av. de la Vandelle (1,3 km au sud-ouest
du bourg)

Nature : ⚲ ♉♉
Loisirs : ⚔
Services : ♿ ⊕ ↺ ▣

Longitude : 5.83691
Latitude : 43.86837

703

Massif de la Sainte-Baume

L. Campion/Michelin

RHÔNE-ALPES

S. Sauvignier/Michelin

Terre de contrastes et carrefour d'influences, la région Rhône-Alpes offre mille et une facettes. Du haut des montagnes alpines, la beauté touche au sublime : ce paradis des skieurs dominé par le mont-Blanc, toit de l'Europe, déploie un spectacle unique de cimes immaculées et glaciers éblouissants. Quittez cette nature préservée, et vous plongez dans l'intense animation de la vallée du Rhône, symbolisée par la course puissante du fleuve. Des voies romaines au TGV, la principale artère de circulation entre Nord et Midi s'est forgé une réputation de locomotive économique. Sur cette « grand-route des vacances », les touristes bien inspirés s'échappent des bouchons routiers pour goûter la cuisine des bouchons lyonnais et celle des tables renommées qui ont fait de la capitale des Gaules un royaume du palais.

Rhône-Alpes is a land of contrasts and a crossroads of culture. Its lofty peaks are heaven on earth to skiers, climbers and hikers are drawn by the beauty of its glittering glaciers and tranquil lakes, and stylish Chamonix and Courchevel set the tone in alpine chic. Step down from the roof of Europe, past herds of cattle on the mountain pastures, and into the bustle of the Rhône valley: from Roman roads to TGVs, the main arteries between north and south have forged the region's reputation for economic drive. Holidaymakers rush through Rhône-Alpes in their millions every summer, but those in the know always stop to taste its culinary specialities. The region abounds in restaurants, the three-star trend-setters and Lyon's legendary neighbourhood bouchons making it a true kingdom of cuisine.

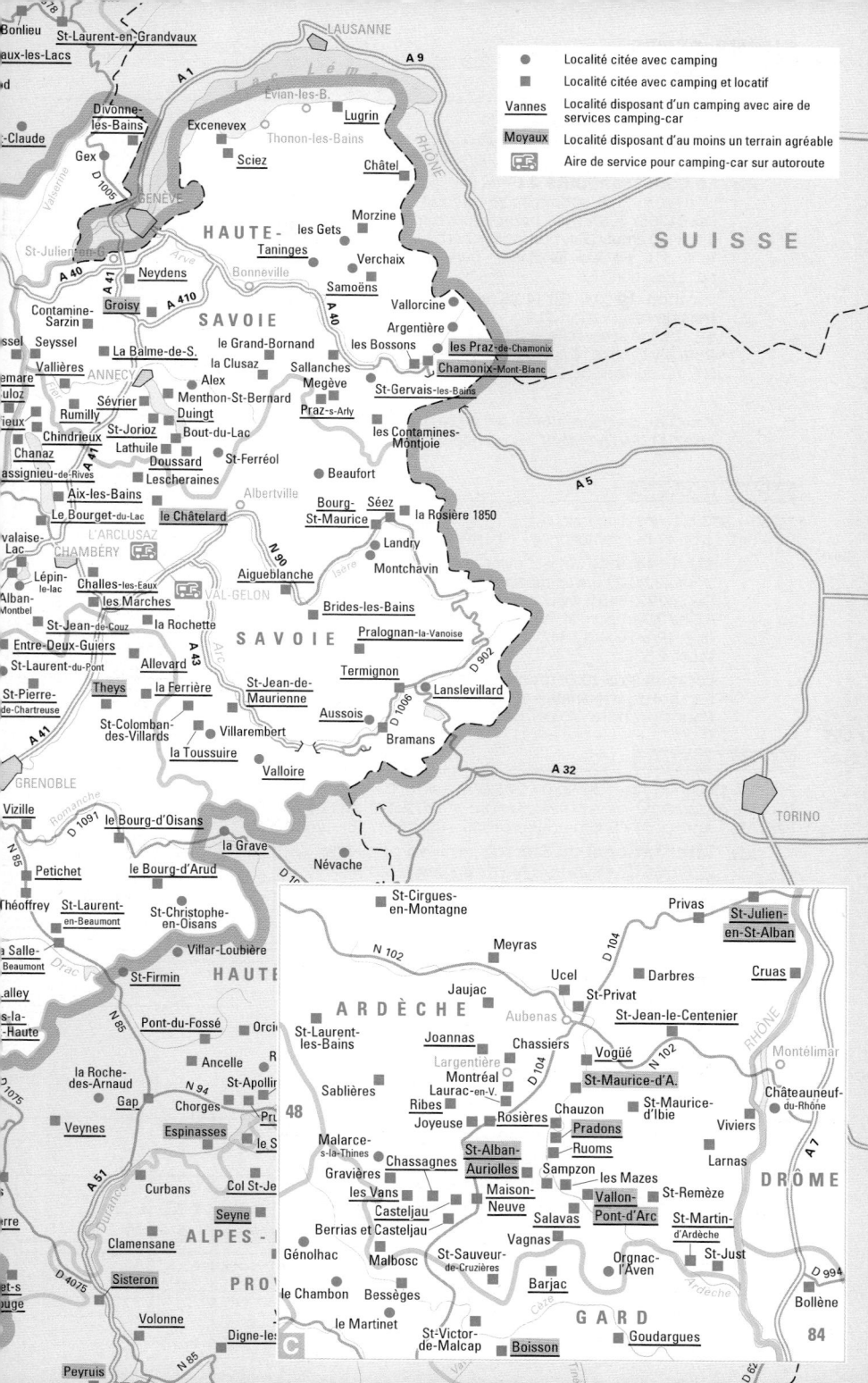

RHÔNE-ALPES

LES ABRETS

38490 – **333** G4 – 3 007 h. – alt. 398

🛈 Syndicat d'initiative, place Eloi Cuchet ℰ 04 76 32 11 24, Fax 04.76.32.28.38
Paris 514 – Aix-les-Bains 45 – Belley 31 – Chambéry 38 – Grenoble 49 – La Tour-du-Pin 13 – Voiron 22.

⚠ **Le Coin Tranquille** 👫 – de déb. avr. à fin oct.
ℰ 04 76 32 13 48, contact@coin-tranquille.com,
Fax 04 76 37 40 67, www.coin-tranquille.com
4 ha (180 empl.) plat, peu incliné, herbeux
Tarif : 31 € 👫👫 🚗 🔲 (6A) – pers. suppl. 7,50 € – frais
de réservation 16 €

Location 🅿 : 14 🏠 (4 à 6 pers.) - 350 à 851 €/sem. –
frais de réservation 31 €
🚐 borne artisanale
Pour s'y rendre : 6 chemin des Vignes (2,3 km à l'est par
N 6, rte du Pont-de-Beauvoisin et rte à gauche)

| Nature : 🏞 🗑 ୨୨ |
| Loisirs : 🍽 ✕ 🛋 ⏰diurne 🎿 🚴 🎠 🛶 |
| Services : 🔥 ⚡ ☎ ✂ 🚿 ⛲ laverie 🌀 🍴 |

| Longitude : 5.58552 |
| Latitude : 45.53763 |

*Pour une meilleure utilisation de cet ouvrage,
LISEZ ATTENTIVEMENT les premières pages du guide.*

AIGUEBLANCHE

73260 – **333** M4 – 2 926 h. – alt. 461
Paris 641 – Lyon 174 – Chambéry 74 – Albertville 25 – Sallanches 69.

⚠ **Marie-France** de déb. mars à déb. nov.
ℰ 04 79 24 22 21, studio@marie-france.eu,
Fax 04 79 22 94 81, www.camping-studios-savoie.com
0,5 ha (30 empl.) plat, en terrasses, herbeux
Tarif : (Prix 2009) 12,94 € 👫👫 🚗 🔲 (10A) – pers.
suppl. 2,50 €

Location (Prix 2009) (permanent) : 40 studios
🚐 borne artisanale – 10 🔲 7,20 € – 🚐 9.20 €
Pour s'y rendre : 453 av. de Savoie

| Nature : ⬇ 🗑 ୨୨ |
| Loisirs : 🎣 |
| Services : 🔥 ⚡ ✂ ⛲ 🚿 |
| À la base de loisirs : 🍽 ✕ 🏊 🎿 🛝 🛶 🚣 🐎 rafting, canoë-kayak, parcours sportif |

| Longitude : 6.49053 |
| Latitude : 45.50922 |

AIX-LES-BAINS

708

73100 – **333** I3 – G. Alpes du Nord – 27 375 h. – alt. 200 – 🛁

🛈 Office de tourisme, place Maurice Mollard ℰ 04 79 88 68 00, Fax 04 79 88 68 01
Paris 539 – Annecy 34 – Bourg-en-Bresse 115 – Chambéry 18 – Lyon 107.

⚠ **International du Sierroz** de mi-mars à mi-nov.
ℰ 04 79 61 21 43, campingsierroz@aixlesbains.com,
Fax 04 79 63 35 08, www.aixlesbains.com/campingsierroz
5 ha (290 empl.) plat, herbeux, gravier
Tarif : 21,92 € 👫👫 🚗 🔲 (10A) – pers. suppl. 4,20 € –
frais de réservation 12 €

Location : 24 🚐 (4 à 6 pers.) 245 à 609 €/sem. – frais
de réservation 12 €
🚐 borne artisanale 7 € – 25 🔲 21,92 €
Pour s'y rendre : bd Robert Barrier (2,5 km au nord-ouest)

À savoir : cadre boisé, proche du lac

| Nature : 🗑 ୨୨ |
| Loisirs : 🍽 🛋 |
| Services : 🔥 ⚡ ☎ ✂ ⛲ 🚿 🍴 ⚙ 🍴 laverie 🌀 🍴 |
| À prox. : 🎣 ⛵ |

| Longitude : 5.88719 |
| Latitude : 45.69815 |

ALEX

74290 – **328** K5 – G. Alpes du Nord – 930 h. – alt. 589
Paris 545 – Albertville 42 – Annecy 12 – La Clusaz 20 – Genève 49.

⚠ **La Ferme des Ferrières** de déb. juin à fin sept.
ℰ 04 50 02 87 09, campingfermedesferrieres@voila.fr,
Fax 04 50 02 80 54, www.camping-des-ferrieres.com
5 ha (200 empl.) peu incliné à incliné, herbeux
Tarif : (Prix 2009) 14,20 € 👫👫 🚗 🔲 (5A) – pers.
suppl. 2,50 €
Pour s'y rendre : 1,5 km à l'ouest par D 909, rte d'Annecy
et chemin à dr.

| Nature : 🏞 ⬇ 🌳 |
| Loisirs : 🍽 🛋 🎿 |
| Services : 🔥 ⚡ ✂ 🍴 ⚙ |

| Longitude : 6.22359 |
| Latitude : 45.89007 |

ALLEVARD

38580 – **333** J5 – G. Alpes du Nord – 3 853 h. – alt. 470 – ⚓
🛈 *Office de tourisme, place de la Résistance 𝒫 0476451011, Fax 0476975932*
Paris 593 – Albertville 50 – Chambéry 33 – Grenoble 40 – St-Jean-de-Maurienne 68.

    ⚠ **Clair Matin** de déb. mai à mi-oct.
        𝒫 0476975519, *contact@camping-clair-matin.com*,
        Fax 0476458715, *www.camping-clair-matin.fr*
        5,5 ha (200 empl.) plat, peu incliné et en terrasses, herbeux
        Tarif : (Prix 2009) 22 € 🏕 🚗 🔲 🍴 (6A) – pers.
        suppl. 3,25 € – frais de réservation 8 €

        Location (Prix 2009) : 22 🏠 (4 à 6 pers.) nuitée 50 € -
        262 à 660 €/sem. – frais de réservation 13 €
        🔄 borne artisanale 2 € – 10 🔲 12,10 € – 🔋 10 €
        Pour s'y rendre : 20 r. des Pommiers (sortie sud-ouest
        par D 525, rte de Grenoble à dr.)

Nature : 〰 ≤ ♨♨	
Loisirs : snack 🎮 🏊	
Services : 🚿 ⚡ GB 🚐 🚗 ☇	
🍴 laverie	
À prox. : 🎣	

Longitude : 6.06318
Latitude : 45.38967

> *Inclusion in the* **MICHELIN Guide** *cannot be achieved by pulling strings*
> *or by offering favours.*

ANSE

69480 – **327** H4 – 4 996 h. – alt. 170
🛈 *Office de tourisme, place du 8 mai 1945 𝒫 0474602616, Fax 0474672974*
Paris 436 – L'Arbresle 17 – Bourg-en-Bresse 57 – Lyon 27 – Mâcon 51 – Villefranche-sur-Saône 7.

    ⚠ **Les Portes du Beaujolais** de déb. mars à fin oct.
        𝒫 0474671287, *campingbeaujolais@wanadoo.fr*,
        Fax 0474099097, *www.camping-beaujolais.com*
        7,5 ha (198 empl.) plat, herbeux
        Tarif : 15 € 🏕 🚗 🔲 🍴 (10A) – pers. suppl. 4,40 €
        Location (permanent) : 14 🏠 (4 à 6 pers.) nuitée
        89 € - 190 à 375 €/sem. – 44 🏡 (4 à 6 pers.) nuitée
        114 € - 200 à 685 €/sem.
        Pour s'y rendre : av. Jean Vacher (sortie sud-est, rte de
        Lyon et 600 m par chemin à gauche av. le pont, au confluent
        de l'Azergues et de la Saône)

Nature : 🌲 ♀	
Loisirs : 🍸 snack 🎮 🚣 🚲	
🌊 🎣 🦆	
Services : 🚿 ⚡ GB 🚐 🍴 ☇	
🍴 📷 🧺	
À prox. : 🎣	

Longitude : 4.72398
Latitude : 45.93714

709

ARGENTIÈRE

74400 – **328** O5 – G. Alpes du Nord – alt. 1 252 – Sports d'hiver : voir Chamonix
🛈 *Office de tourisme, 24, route du village 𝒫 0450540214, Fax 0450540639*
Paris 619 – Annecy 106 – Chamonix-Mont-Blanc 10 – Vallorcine 10.

    ⚠ **Le Glacier d'Argentière** de mi-mai à fin sept.
        𝒫 0450541736, *www.campingchamonix.com*
        1 ha (80 empl.) incliné à très incliné, herbeux
        Tarif : (Prix 2009) 🏕 5 € 🚗 🔲 5,20 € – 🍴 (2A) 2,60 €
        Pour s'y rendre : 161 chemin des Chosalets (1 km au sud
        par rte de Chamonix, à 200 m de l'Arve)

Nature : ≤ ♀	
Loisirs : 🎮	
Services : 🚿 ⚡ (juil.-août) 🚐	
laverie	

Longitude : 6.92283
Latitude : 45.975

ARS-SUR-FORMANS

01480 – **328** B5 – G. Lyon Drôme Ardèche – 1 244 h. – alt. 248
🛈 *Office de tourisme, 267, rue Jean-Marie Vianney 𝒫 0474081076, Fax 0474081542*
Paris 431 – Bourg-en-Bresse 45 – Lyon 38 – Mâcon 46 – Villefranche-sur-Saône 10.

    ⚠ **Municipal le Bois de la Dame** de déb. avr. à fin sept.
        𝒫 0474007723, *mairie.ars-sur-formans@wanadoo.fr*,
        Fax 0474081062
        1 ha (103 empl.) peu incliné et terrasse, herbeux,
        pierreux
        Tarif : (Prix 2009) 13,65 € 🏕 🚗 🔲 🍴 (10A) – pers.
        suppl. 1,85 €
        Pour s'y rendre : chemin du Bois de la Dame (500 m à
        l'ouest du centre bourg, près d'un étang)

Nature : 🌲 ♀	
Loisirs : 🚣 🎯	
Services : 🚿 ⚡ 🚐 📷	
À prox. : 🎣	

Longitude : 4.81888
Latitude : 45.99146

RHÔNE-ALPES

ARTEMARE

01510 – **328** H5 – 1 074 h. – alt. 245
Paris 506 – Aix-les-Bains 33 – Ambérieu-en-Bugey 47 – Belley 18 – Bourg-en-Bresse 82 – Nantua 43.

▲ **Le Vaugrais** Permanent
  ℰ 04 79 87 37 34, *contact@camping-le-vaugrais.fr*,
  Fax 04 79 87 37 34, *www.camping-le-vaugrais.fr*
  1 ha (33 empl.) plat, herbeux
  Tarif : (Prix 2009) 15 € ★★ ⊜ 圓 ⁅∤⁆ (5A) – pers.
  suppl. 5 € – frais de réservation 5 €
  Location (Prix 2009) : 6 ⊡ (4 à 6 pers.) nuitée 42 € -
  150 à 480 €/sem. – frais de réservation 5 €
  ⊊ 2 圓 15 €
  Pour s'y rendre : 2 chemin le Vaugrais (700 m à l'ouest par
  D 69d, rte de Belmont, au bord du Séran, à Cerveyrieu)

Nature : ≪ ⊡	
Loisirs : ⬤⬤ ⁀	
Services : ⅙ ⬤⊷ GB ⅗ ♨ ⚒ ⚏	
À prox. : ⚊	

Longitude : 5.68186
Latitude : 45.87304

AUSSOIS

73500 – **333** N6 – G. Alpes du Nord – 668 h. – alt. 1 489
🄳 *Office de tourisme, route des Barrages* ℰ 04 79 20 30 80, *Fax 04 79 20 40 23*
Paris 670 – Albertville 97 – Chambéry 110 – Lanslebourg-Mont-Cenis 17 – Modane 7 – St-Jean-de-Maurienne 38.

🗻 **Municipal la Buidonnière** Permanent
  ℰ 04 79 20 35 58, *camping@aussois.com*,
  Fax 04 79 20 35 58, *www.camping-aussois.com*
  4 ha (160 empl.) en terrasses et peu incliné, pierreux,
  herbeux
  Tarif : 16,30 € ★★ ⊜ 圓 ⁅∤⁆ (10A) – pers. suppl. 5,70 €
  ⊊ 1 borne eurorelais 2 €
  Pour s'y rendre : rte de Cottériat (sortie sud par D 215,
  rte de Modane et chemin à gauche)

Nature : ❅ ⧉ ≪ Parc de la Vanoise ⊡	
Loisirs : ⊡ ⁀ ⁀ ⚏ ⚒ ♏ ⊠ (bassin) parcours sportif	
Services : ⅙ ⬤⊷ GB ⅗ ⬚ laverie	

Longitude : 6.7427
Latitude : 45.22649

AUTRANS

710

38880 – **333** G6 – 1 663 h. – alt. 1 050 – Sports d'hiver : 1 050/1 650 m ⅛ 13 ⚐
🄳 *Office de tourisme, rue du Cinéma* ℰ 04 76 95 30 70, *Fax 04 76 95 38 63*
Paris 586 – Grenoble 36 – Romans-sur-Isère 58 – St-Marcellin 47 – Villard-de-Lans 16.

🗻 **Au Joyeux Réveil** ▲▲ – de déb. mai à fin sept.
  ℰ 04 76 95 33 44, *camping-au-joyeux-reveil@wanadoo.fr*,
  Fax 04 76 95 72 98, *www.camping-au-joyeux-reveil.fr*
  1,5 ha (100 empl.) plat, herbeux
  Tarif : (Prix 2009) 34 € ★★ ⊜ 圓 ⁅∤⁆ (6A) – pers.
  suppl. 5 €
  Location (Prix 2009) : 16 ⊡ (4 à 6 pers.) 320 à 800 €/
  sem. – 4 ⌂ (4 à 6 pers.) - 320 à 800 €/sem. – frais de
  réservation 15 €
  ⊊ borne artisanale 6 € – 16 圓 30 €
  Pour s'y rendre : au lieu-dit : le Château (sortie nord-est
  par rte de Montaud et à dr.)

Nature : ❅ ≪	
Loisirs : ⊡ ⁀⁀ ⁀ ⊠ ⚏	
Services : ⅙ ⬤⊷ GB ⅗ ⬚ ⚊ ⚒ ⬛	

Longitude : 5.55143
Latitude : 45.17707

BALBIGNY

42510 – **327** E5 – 2 546 h. – alt. 331
Paris 423 – Feurs 10 – Noirétable 44 – Roanne 29 – St-Étienne 56 – Tarare 28.

🗻 **La Route Bleue** de mi-mars à fin sept.
  ℰ 04 77 27 24 97, *camping.balbigny@wanadoo.fr*,
  Fax 04 77 27 24 97, *www.laroutebleue.com*
  2 ha (100 empl.) plat, peu incliné, herbeux
  Tarif : (Prix 2009) ★ 3,80 € ⊜ 圓 3,80 € – ⁅∤⁆ (10A) 3,20 €
  ⊊ borne artisanale 3 € – 8 圓 10 € – ⛽ 10 €
  Pour s'y rendre : au lieu-dit : Pralery (2,8 km au nord-
  ouest par N 82 et D 56 à gauche, rte de St-Georges-de-
  Baroille)
  À savoir : site agréable au bord de la Loire

Nature : ⧉ ⚘	
Loisirs : ⍢ snack ⊡ ⚊ ⁀	
Services : ⅙ ⬤⊷ GB ⅗ ♨ ⚒ laverie	

Longitude : 4.16089
Latitude : 45.82963

LA BALME-DE-SILLINGY

74330 – **328** J5 – 4 315 h. – alt. 480

🚩 *Syndicat d'initiative, 13, route de Choisy* ℱ 0450687870, Fax 0450685329

Paris 524 – Dijon 250 – Grenoble 111 – Lons-le-Saunier 136 – Lyon 141 – Mâcon 139.

⚠ **La Caille** de déb. mai à fin sept.
ℱ 0450688521, *contact@domainedelacaille.com*,
Fax 0450687456, *www.domainedelacaille.com*
4 ha/1 campable (30 empl.) plat, peu incliné, herbeux
Tarif : (Prix 2009) 20€ ✸✸ 🚗 🅴 (½) (13A) – pers.
suppl. 5,80€

Location (Prix 2009) (permanent) 🅿 (chalets) : 12
🏠 (4 à 6 pers.) nuitée 70€ - 355 à 754€/sem. – 7 🛏
– 2 gîtes – frais de réservation 15€
🚃 borne artisanale 20€ – 120 🅴 20€
Pour s'y rendre : 18 chemin de la Caille (4 km au nord sur
N 508 dir. Frangy et chemin à dr.)

| Nature : 🌿 🏕 🎇 |
| Loisirs : 🍴 ✕ 🏓 🚲 ✂ 🛷 |
| Services : 🚿 ⚡ 🆖 🛒 🍴 🖤 🛁 |

| Longitude : 6.03609 |
| Latitude : 45.97828 |

Des vacances réussies sont des vacances bien préparées !
Ce guide est fait pour vous y aider... mais :
– N'attendez pas le dernier moment pour réserver
– Évitez la période critique du 14 juillet au 15 août
Pensez aux ressources de l'arrière-pays,
à l'écart des lieux de grande fréquentation.

BARBIÈRES

26300 – **332** D4 – 710 h. – alt. 426

Paris 586 – Lyon 124 – Valence 23 – Grenoble 79 – Saint 130.

⚠ **Le Gallo-Romain** de fin avr. à mi-sept.
ℱ 0475474407, *info@legalloromain.net*,
Fax 0475474407, *www.legalloromain.net*
3 ha (62 empl.) plat et peu incliné, terrasses, herbeux,
pierreux
Tarif : 21€ ✸✸ 🚗 🅴 (½) (6A) – pers. suppl. 5€ – frais de
réservation 15€

Location : 13 🏠 (4 à 6 pers.) nuitée 60€ - 190 à
560€/sem. – frais de réservation 15€
Pour s'y rendre : rte du Col de Tourniol (1,2 km au sud-
est par D 101, au bord de la Barberolle)

| Nature : 🌿 ← 🏕 🎇 |
| Loisirs : 🍴 pizzeria 🏓 🛷 🐬 |
| Services : 🚿 ⚡ 🆖 🖤 🛁 🍴 |
| laverie 🛒 réfrigérateurs |

| Longitude : 5.14226 |
| Latitude : 44.95548 |

711

BEAUFORT

73270 – **333** M3 – G. Alpes du Nord – 2 196 h. – alt. 750

🚩 *Office de tourisme, place de la Mairie* ℱ 0479383315, Fax 0479386517

Paris 601 – Albertville 21 – Chambéry 72 – Megève 37.

⚠ **Municipal Domelin** de déb. juin à fin sept.
ℱ 0479383388, *camping-beaufort@oarange.fr*
2 ha (100 empl.) plat, peu incliné, herbeux
Tarif : (Prix 2009) ✸ 3,42€ 🚗 2,10€ 🅴 2,90€ –
(½) (10A) 2,65€
Pour s'y rendre : 1,2 km au nord par rte d'Albertville et
rte à dr.

| Nature : 🌿 ← 🎇 |
| Services : 🚿 ⚡ (juil.-août) 🖤 |
| laverie |

| Longitude : 6.57521 |
| Latitude : 45.71767 |

⚠ **Les Sources** de mi-mai à mi-sept.
ℱ 0479383177, *campingsources@roselend.com*,
Fax 0479383177, *www.roselend.com* – alt. 1 000
0,9 ha (55 empl.) plat, herbeux
Tarif : (Prix 2009) 16,60€ ✸✸ 🚗 🅴 (½) (6A) – pers.
suppl. 6,75€
Pour s'y rendre : au lieu-dit : Fontanus (5 km au sud-est
par D 925, rte de Bourg-St-Maurice, à 100 m du Doron)
À savoir : dans un site agréable, au pied des cascades

| Nature : 🌿 ← 🎇 |
| Loisirs : 🏓 |
| Services : 🚿 ⚡ 🖤 🖤 |

| Longitude : 6.62944 |
| Latitude : 45.70462 |

BELMONT-DE-LA-LOIRE

42670 – **327** F3 – 1 515 h. – alt. 525

🛈 *Syndicat d'initiative, place des rameaux* ℰ *0477636427, Fax 0477636427*
Paris 405 – Chauffailles 6 – Roanne 35 – St-Étienne 108 – Tarare 46 – Villefranche-sur-Saône 50.

▲ **Municipal les Écureuils** de déb. juin à fin sept.
ℰ 0477637225, *mairie@belmontdelaloire.fr*,
Fax 0477636271, *www.belmontdelaloire.fr*
0,6 ha (28 empl.) peu incliné à incliné, en terrasses, gravillons, herbeux
Tarif : (Prix 2009) **♦** 2,10€ ⇔ 1,10€ 🅴 1,30€ –
🔌 (5A) 2,20€

Location (Prix 2009) (permanent) : 8 🏠 (4 à 6 pers.)
nuitée 48€ - 230 à 300€/sem. – frais de réservation 75€
🚐 1 borne artisanale
Pour s'y rendre : à la Base de Loisirs du Plan d'Eau (1,4 km à l'ouest par D 4, rte de Charlieu et chemin à gauche, à 300 m d'un étang)

Nature : 🌳 ⛱	
Services : ⚕ 🅿	
À prox. : ✂ 🎣 🚐	

Longitude : 4.34684
Latitude : 46.16527

Campeurs...
N'oubliez pas que le feu est le plus terrible ennemi de la forêt.
Soyez prudents !

BENIVAY-OLLON

26170 – **332** E8 – 62 h. – alt. 450
Paris 689 – Lyon 227 – Valence 126 – Avignon 71 – Salon 98.

▲ **L'Écluse** de fin avr. à mi-sept.
ℰ 0475280732, *camp.eduse@wanadoo.fr*,
Fax 0475281687, *www.campeduse.com*
4 ha (75 empl.) plat et en terrasses, accidenté, gravillons, pierreux, herbeux
Tarif : (Prix 2009) 23,50€ **♦♦** ⇔ 🅴 🔌 (6A) – pers.
suppl. 5€ – frais de réservation 20€

Location (Prix 2009) (de mi-avr. à fin sept.) ♿ : 10
🛖 (4 à 6 pers.) 300 à 700€/sem. – 10 🏠 (4 à 6 pers.)
- 300 à 700€/sem. – frais de réservation 20€
Pour s'y rendre : au lieu-dit : Barastrage (1 km au sud sur D 347, au bord d'un ruisseau)

À savoir : sous les cerisiers, au milieu des vignes

Nature : 🌳 ⛱ 🌲	
Loisirs : 🍴 snack 🏖 🚣 ⛵	
Services : ♿ 🚰 ⚕ 🛁 🚿 🅿	

Longitude : 5.18923
Latitude : 44.3144

BERRIAS ET CASTELJAU

07460 – **331** H7 – 599 h. – alt. 126
Paris 668 – Aubenas 40 – Largentière 29 – St-Ambroix 18 – Vallon-Pont-d'Arc 22 – Les Vans 10.

▲▲ **Les Cigales** de déb. avr. à fin sept.
ℰ 0475393033,
contact@camping-cigales-ardeche.com,
Fax 0475393033, *www.camping-cigales-ardeche.com*
3 ha (110 empl.) plat et peu incliné, terrasses, herbeux
Tarif : 21€ **♦♦** ⇔ 🅴 🔌 (10A) – pers. suppl. 3,50€

Location : 19 🛖 (4 à 6 pers.) 230 à 500€/sem. – 7
🏠 (4 à 6 pers.) - 230 à 500€/sem. – gîtes
Pour s'y rendre : au lieu-dit : La Rouvière (1 km au nord-est)

Nature : 🌳 🌴	
Loisirs : 🍴 snack 🏖 🚣 ✂ ⛵	
Services : ♿ 🚰 ⚕ 🛁 🚿 🅿 🛒	

Longitude : 4.20128
Latitude : 44.37472

▲▲ **La Source** de fin avr. à mi-sept.
ℰ 0475393913, *contact@camping-source-ardeche. com*, *www.camping-source-ardeche.com*
2,5 ha (93 empl.) plat, pierreux, herbeux
Tarif : 22,20€ **♦♦** ⇔ 🅴 🔌 (6A) – pers. suppl. 5,20€

Location : 22 🛖 (4 à 6 pers.) 265 à 595€/sem.
Pour s'y rendre : chemin de la Rouvière (sortie nord-est, rte de Casteljau)

Nature : 🌳 ⛱ 🌴	
Loisirs : snack, pizzeria 🏖 🚣 ⛵ 🎣	
Services : ♿ 🚰 ⚕ 🛁 🅿 ⚒ 🛒	

Longitude : 4.20128
Latitude : 44.37472

BILIEU

38850 – **333** G5 – 1 111 h. – alt. 580
Paris 526 – Belley 44 – Chambéry 47 – Grenoble 38 – La Tour-du-Pin 24 – Voiron 11.

Municipal Bord du Lac de mi-avr. à fin sept.
  ℘ 0476066700, *leslacs@wanadoo.fr*, Fax 0476066700,
http://campingleborddulac.fr – places limitées pour le
passage
1,3 ha (81 empl.) plat, herbeux, en terrasses, gravillons
Tarif : 15,70€ ✯✯ ⛺ 🅴 🗲 (10A) – pers. suppl. 4,50€ –
frais de réservation 76€
  🚐 borne artisanale 2,50€ – 15 🅴 11€
Pour s'y rendre : Le Petit Bilieu - rte de Charavines
(1,9 km à l'ouest - accès conseillé par D 50d et D 90)

> Nature : 🌿 ≤ 🌊⛰
> Loisirs : 🎣 ponton d'amarrage
> Services : 🔥 ⛗ GB 🗼 ▥ 🍴 🚿

> Longitude : 5.52118
> Latitude : 45.43531

*Raadpleeg, voordat U zich op een kampeerterrein installeert,
de tarieven die de beheerder verplicht
is bij de ingang van het terrein aan te geven.
Informeer ook naar de speciale verblijfsvoorwaarden.
De in deze gids vermelde gegevens kunnen
sinds het verschijnen van deze hereditie gewijzigd zijn.*

LES BOSSONS

74400 – **328** O5 – G. Alpes du Nord – alt. 1 005
Paris 614 – Lyon 222 – Annecy 89 – Thonon 99 – Annemasse 73.

Les Deux Glaciers fermé de mi-nov. à mi-déc.
  ℘ 0450531584, *info@les2glaciers.com*,
Fax 0450531584, *www.les2glaciers.com*
1,6 ha (130 empl.) en terrasses, herbeux
Tarif : (Prix 2009) ✯ 5,20€ ⛺ 🅴 4,20€ – 🗲 (10A) 7,40€
Location (Prix 2009) 🏕 : 2 🛖 (4 à 6 pers.) 180 à
550€/sem. – 4 🏚 (4 à 6 pers.) - 200 à 580€/sem.
Pour s'y rendre : 80 rte des Tissières-les-Bossons (rte du
Tremplin-Olympique)
À savoir : cadre agréable à proximité des glaciers

> Nature : ❄ ≤ 🌊
> Loisirs : snack
> Services : 🔥 ⛗ GB 🗼 ▥ 🚿 🍴
> laverie 🚿

> Longitude : 6.83684
> Latitude : 45.90228

BOURDEAUX

26460 – **332** D6 – 605 h. – alt. 426
🛈 *Office de tourisme, rue Droite ℘ 0475533590, Fax 0475533590*
Paris 608 – Crest 24 – Montélimar 42 – Nyons 40 – Pont-St-Esprit 83 – Valence 51.

Les Bois du Châtelas de déb. avr. à fin sept.
  ℘ 0475006080, *contact@chatelas.com*,
Fax 0475006081, *www.chatelas.com*
17 ha/7 campables (80 empl.) en terrasses, peu incliné,
pierreux, herbeux
Tarif : 25,80€ ✯✯ ⛺ 🅴 🗲 (10A) – pers. suppl. 7€ –
frais de réservation 20€
Location : 35 🛖 (4 à 6 pers.) nuitée 68€ - 300 à
693€/sem. – 25 🏚 (4 à 6 pers.) nuitée 71€ - 322 à
750€/sem.
  🚐 borne artisanale
Pour s'y rendre : rte de Bourdeaux (1,4 km au sud-ouest
par D 538)
À savoir : vue panoramique des chalets et du restaurant

> Nature : 🌿 ≤ 🏞
> Loisirs : 🍽 ✕ snack, pizzeria
> 🛁 ≋ hammam jacuzzi 🏊 🚲
> 🎯 🏹 🎿 ⛷ terrain multisports
> Services : 🔥 ⛗ GB 🗼 ▥ 🚿 🚿
> 🚽 🍴 🗑 🚿 🚿
> À prox. : ✂ 🏇

> Longitude : 5.1341
> Latitude : 44.58554

LE BOURG-D'ARUD

38520 – **333** J8 – G. Alpes du Nord – Base de loisirs
Paris 628 – L'Alpe-d'Huez 25 – Le Bourg-d'Oisans 15 – Les Deux-Alpes 29 – Grenoble 66.

Le Champ du Moulin fermé de mi-sept. à mi-déc.
€ 0476800738, *info@champ-du-moulin.com*,
Fax 0476802444, *www.champ-du-moulin.com*
1,5 ha (80 empl.) non clos, plat, herbeux, pierreux
Tarif : 24,70€ ✶✶ ⇌ 🅴 (10A) – pers. suppl. 5,40€ –
frais de réservation 17€

Location : 4 🛖 (4 à 6 pers.) 245 à 532€/sem. – 4 🏠
(4 à 6 pers.) - 252 à 602€/sem. – 4 appartements – frais
de réservation 17€
🚐 borne artisanale – 15 🅴 19,40€ – 🚐 19,40€
Pour s'y rendre : à Bourg d'Arud (sortie ouest par
D 530)

À savoir : entouré par les montagnes de l'Oisanset au
bord du Vénéon

| Nature : ❄ 🐟 ♀ |
| Loisirs : 🍴 snack, le soir unique-ment 🎮 🎯 🎣 |
| Services : 🚿 ⚡ GB 🐕 🗑 🛁 🚰 🅿 🚰 |
| À prox. : à la base de loisirs : 🚴 🏇 🎿 🛶 sports en eaux vives, parc aventure |

| Longitude : 6.11986 |
| Latitude : 44.98596 |

*The classification (1 to 5 tents, **black** or **red**) that we award
to selected sites in this Guide is a system that is our own.
It should not be confused with the classification (1 to 4 stars) of official organisations.*

LE BOURG-D'OISANS

38520 – **333** J7 – G. Alpes du Nord – 3 308 h. – alt. 720 – Sports d'hiver : 🎿
🛈 Office de tourisme, quai Girard *€* 0476800325, Fax 0476801038
Paris 614 – Briançon 66 – Gap 95 – Grenoble 52 – St-Jean-de-Maurienne 72 – Vizille 32.

À la Rencontre du Soleil de déb. mai à fin sept.
€ 0476791222, *rencontre.soleil@wanadoo.fr*,
Fax 0476802637, *www.alarencontredusoleil.com*
1,6 ha (73 empl.) plat, herbeux
Tarif : 31,65€ ✶✶ ⇌ 🅴 (10A) – pers. suppl. 6,70€ –
frais de réservation 16€

Location (permanent) 🅿 : 15 🛖 (4 à 6 pers.) 310
à 640€/sem. – 10 🏠 (4 à 6 pers.) - 330 à 690€/sem. –
roulottes – frais de réservation 16€
Pour s'y rendre : rte de l'Alpe d'Huez (1,7 km au nord-
est)

| Nature : ≤ 🏕 ♀♀ |
| Loisirs : pizzeria, snack 🎮 🚴 🎿 terrain omnisports |
| Services : ⚡ GB 🐕 🛁 🅿 🚰 |
| À prox. : 🛒 |

| Longitude : 6.0613 |
| Latitude : 45.09114 |

Belledonne de fin avr. à fin sept.
€ 0476800718, *info@rcn-belledonne.fr*,
Fax 0476791295, *www.rcn-belledonne.fr*
3,5 ha (180 empl.) plat, herbeux
Tarif : 39,50€ ✶✶ ⇌ 🅴 (6A) – pers. suppl. 5€ – frais
de réservation 17,50€

Location : 24 🛖 (4 à 6 pers.) 315 à 903€/sem. – frais
de réservation 17,50€
Pour s'y rendre : à Rochetaillée

À savoir : ensemble très verdoyant et fleuri

| Nature : ≤ ♀♀ |
| Loisirs : 🍴 snack, pizzeria 🎮 🎯 hammam 🚴 🚵 🎿 🏓 parcours sportif |
| Services : 🚿 ⚡ GB 🐕 🗑 🛁 🚰 laverie 🔌 🚰 |

| Longitude : 6.02977 |
| Latitude : 45.055 |

"Les castels" Le Château de Rochetaillée 👥
– de mi-mai à mi-sept.
€ 0476110440, *jcp@camping-le-chateau.com*,
Fax 0476802123, *www.camping-le-chateau.com*
2,6 ha (135 empl.) plat, herbeux
Tarif : 35,70€ ✶✶ ⇌ 🅴 (10A) – pers. suppl. 8,10€ –
frais de réservation 18€

Location : 36 🛖 (4 à 6 pers.) nuitée 54€ - 220 à
760€/sem. – frais de réservation 18€
🚐 6 🅴 13,50€ – 🚐 13.50€
Pour s'y rendre : chemin de Bouthéon (au lieu-dit :
la Rochetaillée)

| Nature : ≤ 🏕 ♀♀ |
| Loisirs : 🍴 snack, pizzeria 🎮 🎯 🏊 🎯 hammam jacuzzi 🚴 🏓 🎿 mur d'escalade |
| Services : 🚿 ⚡ GB 🐕 🛁 🚐 🚰 laverie 🔌 🚰 |

| Longitude : 6.00512 |
| Latitude : 45.11543 |

⚠️ **Le Colporteur** 👥 – de mi-mai à mi-sept.
📞 04 76 79 11 44, *info@camping-colporteur.com*,
Fax 04 76 79 11 49, *www.camping-colporteur.com*
3,3 ha (135 empl.) plat, herbeux
Tarif : 29,90 € 👫 ⚗ 🅴 (15A) – pers. suppl. 6,50 € –
frais de réservation 75 €

Location (permanent) : 36 🏠 (4 à 6 pers.) - 404 à
740 €/sem.
🚐 10 🅴 29,90 €
Pour s'y rendre : Le Mas du Plan (au sud de la localité,
accès par r. de la Piscine)

À savoir : au bord d'une petite rivière

| Nature : 〰 ≤ 🏕 ♨♨ |
| Loisirs : 🍺 snack, pizzeria, unique-
ment le soir 🎮 🏸 🛷 |
| Services : 🚿 ☎ (saison) GB 🐾
🗑 🍴 🖼 ⛽ |
| À prox. : 🛶 ⚓ |

Longitude : 6.03732
Latitude : 45.05027

⚠️ La Cascade
📞 04 76 80 02 42, *lacascade@wanadoo.fr*,
Fax 04 76 80 22 63, *www.lacascadesarenne.com*
2,4 ha (140 empl.) plat, herbeux, pierreux

Location : 18 🏠
Pour s'y rendre : 1,5 km au nord-est, rte de l'Alpe-
d'Huez, près de la Sarennes

| Nature : ❄ ≤ 🏕 ♨♨ |
| Loisirs : 🎮 🛷 |
| Services : ☎ 🍴 🗑 🖼 |
| À prox. : 🛶 |

Longitude : 6.02977
Latitude : 45.055

BOURG-EN-BRESSE

01000 – **328** E3 – G. Bourgogne – 40 156 h. – alt. 251
🏛 *Office de tourisme, 6, avenue Alsace Lorraine* 📞 04 74 22 49 40, Fax 04 74 23 06 28
Paris 424 – Annecy 113 – Besançon 152 – Chambéry 120 – Genève 112 – Lyon 82 – Mâcon 38.

⚠️ **Municipal de Challes** de déb. avr. à mi-oct.
📞 04 74 45 37 21,
camping-municipal-bourgenbresse@wanadoo.fr,
Fax 04 74 45 59 95
1,3 ha (120 empl.) plat, peu incliné, goudronné, herbeux
Tarif : 14,70 € 👫 ⚗ 🅴 (6A) – pers. suppl. 3,60 €
🚐 20 🅴 13,40 €
Pour s'y rendre : 5 allée du Centre Nautique (sortie
nord-est par rte de Lons-le-Saunier, à la piscine)

À savoir : emplacements agréablement ombragés

| Nature : ♨♨ |
| Loisirs : snack |
| Services : ☎ GB 🐾 🍴 ⛽ 🚐
📶 🖼 |
| À prox. : 🛶 |

Longitude : 5.23904
Latitude : 46.20925

*The classification (1 to 5 tents, **black** or red) that we award
to selected sites in this Guide is a system that is our own.
It should not be confused with the classification (1 to 4 stars) of official organisations.*

BOURGET-DU-LAC

73370 – **333** I4 – G. Alpes du Nord – 4 125 h. – alt. 240
🏛 *Office de tourisme, place Général Sevez* 📞 04 79 25 01 99, Fax 04 79 26 10 76
Paris 531 – Aix-les-Bains 10 – Annecy 44 – Chambéry 13 – Grenoble 67.

⚠️ **International l'Île aux Cygnes** de fin avr. à fin
sept.
📞 04 79 25 01 76, *camping@bourgetdulac.com*,
www.lebougetdulac.com
2,5 ha (267 empl.) plat, herbeux, gravillons
Tarif : (Prix 2009) 🚶 4,30 € ⚗ 🅴 6,10 € – 🅴 (6A) 3,80 € –
frais de réservation 15 €

Location (Prix 2009) : 2 🚐 (4 à 6 pers.) 330 à 550 €/
sem. – 4 🏠 (4 à 6 pers.) - 330 à 550 €/sem. – frais de
réservation 15 €
🚐 borne artisanale
Pour s'y rendre : 501 bd E.Coudurier (1 km au nord, au
bord du lac)

À savoir : les emplacements camping-cars sont à l'entrée
du camping

| Nature : ≤ ♨♨🌊 |
| Loisirs : snack 🎮 ⏰ diurne 🛷
🚲 |
| Services : ☎ GB 🐾 🗑 ⛽ 🚐
laverie 🖼 ⛽ |
| À prox. : 🖼 🎿 🎣 🛶 🚣 🚵 ⛵ ⚓
ponton d'amarrage 🚐 |

Longitude : 5.86114
Latitude : 45.655

715

BOURG-ST-MAURICE

73700 – **333** N4 – G. Alpes du Nord – 7 634 h. – alt. 850 – Sports d'hiver : aux Arcs : 1 600/3 226 m ⚡ 6 ⚡ 54 ⚡

🛈 *Office de tourisme, 105, place de la Gare* ✆ *04 79 07 12 57, Fax 04 79 07 24 90*
Paris 635 – Albertville 54 – Aosta 79 – Chambéry 103 – Chamonix-Mont-Blanc 74 – Moûtiers 28 – Val-d'Isère 33.

▲▲ **Le Versoyen** de déb. juin à fin oct.
✆ 04 79 07 03 45, *leversoyen@wanadoo.fr,*
Fax 04 79 07 25 41, *www.leversoyen.com*
3,5 ha (200 empl.) plat, herbeux, goudronné, pierreux, bois attenant
Tarif : ♣ 4,95 € ⬅ 🅴 3,60 € – 🔌 (10A) 5,30 € – frais de réservation 10 €

Location 🚐 : 🏠 (4 à 6 pers.) 280 à 550 €/sem. – frais de réservation 10 €
🚐 borne artisanale 3 € – 25 🅴 13,50 €
Pour s'y rendre : rte des Arcs RD 119 (sortie nord-est par N 90, rte de Séez puis 500 m par rte à dr., près d'un torrent, navette gratuite pour le funiculaire)

À savoir : navette gratuite pour le funiculaire

| Nature : ❄ 🦌 ⩽ ♀ |
| Loisirs : 🏛 💪 |
| Services : ⚬ 🆖 🚗 🔲 💧 laverie |
| Au parc de loisirs : 🐎 🏓 ♪ 🛝 🛶 |
| 🐎 parcours sportif |

Longitude : 6.77788
Latitude : 45.6113

Avant de vous installer, consultez les tarifs en cours,
affichés obligatoirement à l'entrée du terrain,
et renseignez-vous sur les conditions particulières de séjour.
Les indications portées dans le guide ont pu être modifiées depuis la mise à jour.

716

BOUT-DU-LAC

74210 – **328** K6
Paris 553 – Albertville 29 – Annecy 17 – Megève 43.

▲▲▲ **International du Lac Bleu** de déb. avr. à fin sept.
✆ 04 50 44 30 18, *contact@camping-lac-bleu.com,*
Fax 04 50 44 84 35, *www.camping-lac-bleu.com*
3,3 ha (221 empl.) plat, herbeux, pierreux
Tarif : (Prix 2009) 32,80 € ♣♣ ⬅ 🅴 🔌 (8A) – pers. suppl. 6 € – frais de réservation 25 €

Location (Prix 2009) 🚐 : 32 🏠 (4 à 6 pers.) 350 à 910 €/sem. – 🛏 – studios – appartements – frais de réservation 25 €
Pour s'y rendre : rte de la Plage (rte d'Albertville)
À savoir : situation agréable au bord du lac (plage)

| Nature : ⩽ 🛶 🞉🞉⛰ |
| Loisirs : 🍴 snack 🎮 🎣 🛶 |
| Services : ♿ ⚬ (saison) 🆖 🚗 🔲 💧 laverie 🧺 |
| À prox. : 🚣 ✕ 🏓 ♪ 🦆 ⏬ pon-ton d'amarrage, point d'informations touristiques, vol biplace, parapente |

Longitude : 6.21639
Latitude : 45.79106

BRAMANS

73500 – **333** N6 – 378 h. – alt. 1 200
🛈 *Office de tourisme, Chef-lieu* ✆ *04 79 05 03 45, Fax 04 79 05 36 07*
Paris 673 – Albertville 100 – Briançon 71 – Chambéry 113 – St-Jean-de-Maurienne 41 – Torino 107 – Val-d'Isère 68.

▲▲ **Municipal Le Val d'Ambin**
✆ 04 79 05 03 05, *campingdambin@aol.com,*
Fax 04 79 05 23 16, *www.camping-bramansvanoise.com*
4 ha (166 empl.) non clos, plat et terrasses, vallonné, herbeux, petit étang

Location : 10 🏠
Pour s'y rendre : 700 m au nord-est de la commune, près de l'église et à 200 m d'un torrent - accès conseillé par le Verney, sur N6

À savoir : belle situation panoramique

| Nature : 🦌 ⩽ |
| Loisirs : 🏛 💪 🏓 🎣 |
| Services : ♿ ⚬ 🔲 🛒 ⚙ laverie |
| À prox. : 🏇 |

Longitude : 6.77584
Latitude : 45.22394

BRIDES-LES-BAINS

73570 – **333** M5 – G. Alpes du Nord – 578 h. – alt. 580

🛈 *Office de tourisme, place du Centenaire* ☏ *0479552064, Fax 0479552040*

Paris 612 – Albertville 32 – Annecy 77 – Chambéry 81 – Courchevel 18.

⚠ **La Piat** de mi-avr. à mi-oct.

☏ 0479552274, *contact@camping-brideslesbains.com*,
Fax 0479552855, *www.camping-brideslesbains.com*
2 ha (60 empl.) en terrasses, herbeux
Tarif : (Prix 2009) ♦ 3,20€ ⇌ 🅴 4€ – (½) (10A) 3,70€
Location (Prix 2009) : 🛖
🚐 borne artisanale 3€
Pour s'y rendre : av. du Comte Greyfié de Bellecombe

Nature : ⩽ ⒪
Services : 🕭 ⌁ GB 🐾 ▥ ⛺ laverie

Longitude : 6.5649
Latitude : 45.45246

BUIS-LES-BARONNIES

26170 – **332** E8 – G. Alpes du Sud – 2 283 h. – alt. 365

🛈 *Office de tourisme, 14, boulevard Eysserie* ☏ *0475280459, Fax 0475281363*

Paris 685 – Carpentras 39 – Nyons 29 – Orange 50 – Sault 38 – Sisteron 72 – Valence 130.

⚠ **Domaine de la Gautière** de déb. avr. à fin sept.

☏ 475280268, *accueil@camping-lagautiere.com*,
Fax 475282411, *www.camping-lagautiere.com*
6 ha/3 campables (40 empl.) incliné à peu incliné,
terrasses, pierreux, herbeux
Tarif : ♦ 5€ ⇌ 🅴 5,80€ – (½) (10A) 4,60€ – frais de
réservation 10€
Location (permanent) : 7 🛖 (4 à 6 pers.) 110 à 590€/
sem. – 5 🏠 (4 à 6 pers.) - 140 à 650€/sem. – frais de
réservation 15€
🚐 borne artisanale 10€ – 🛥 11€
Pour s'y rendre : au lieu-dit : La Gautière (5 km au sud-
ouest par D 5, puis à dr.)

À savoir : en grande partie sous les oliviers

Nature : ⌘ ⩽ ⒪
Loisirs : 🎮 🏊
Services : 🕭 ⌁ GB 🐾 ⛺ 🍴 🖥

Longitude : 5.2425
Latitude : 44.25333

⚠ **Les Éphélides** de mi-mai à déb. sept.

☏ 0475281015, *ephelides@wanadoo.fr*,
Fax 0475281304, *www.ephelides.com*
2 ha (40 empl.) plat, herbeux, pierreux
Tarif : (Prix 2009) ♦ 4,10€ ⇌ 3,30€ 🅴 6,60€ –
(½) (16A) 3,40€ – frais de réservation 12€
Location (Prix 2009) (de déb. avr. à mi-oct.) : 6 🛖 (4
à 6 pers.) 280 à 510€/sem. – 5 🏠 (4 à 6 pers.) - 330 à
600€/sem. – bungalows toilés – frais de réservation
12€
Pour s'y rendre : quartier Tuves (1,4 km au sud-ouest
par av. de Rieuchaud)
À savoir : sous les cerisiers, près de l'Ouvèze. Espace
accueil chevaux

Nature : ⌘ ⩽ ⒪
Loisirs : snack 🏊 🏊
Services : 🕭 ⌁ GB 🐾 ⛺ 🖥
À prox. : 🍴 🐎 piste de skate-board

Longitude : 5.27587
Latitude : 44.27618

CASTELJAU

07460 – **331** H7

Paris 665 – Aubenas 38 – Largentière 28 – Privas 69 – St-Ambroix 30 – Vallon-Pont-d'Arc 32.

⚠ **La Rouveyrolle** de déb. avr. à mi-sept.

☏ 0475390067, *info@campingrouveyrolle.fr*,
Fax 0170248187, *www.campingrouveyrolle.fr*
3 ha (100 empl.) plat, herbeux, pierreux
Tarif : (Prix 2009) 33,50€ ♦♦ ⇌ 🅴 (½) (6A) – pers.
suppl. 8€ – frais de réservation 25€
Location (Prix 2009) : 68 🛖 (4 à 6 pers.) nuitée 60€ -
231 à 854€/sem. – frais de réservation 25€
Pour s'y rendre : Hameau La Rouveyrolle (à l'est du
bourg, à 100 m du Chassezac)

Nature : ⌘ ⌨ ⒪⒪
Loisirs : 🍴 🍽 🎮 🏓 🪁 jacuzzi spa 🏊 🏊
Services : 🕭 ⌁ GB 🐾 🍴 laverie 🛒
À prox. : 🏊 canoë

Longitude : 4.22222
Latitude : 44.39583

Les Tournayres de déb. avr. à mi-nov.
  *0475393639, camping-lestournayres@bigfoot.com,
  Fax 0475393639, www.lestournayes.ea26.com
  1,3 ha (30 empl.) peu incliné et plat, herbeux
  Tarif : 23€ ★★ ⇦ 🅴 (6A) – pers. suppl. 6€ – frais de
  réservation 10€

  Location : 12 ⬚ (4 à 6 pers.) nuitée 69€ - 380 à
  590€/sem. – 🏠
  Pour s'y rendre : au lieu-dit : Les Tournaires (500 m au
  nord, rte de Chaulet-Plage)

| Nature : ⬚ ♀ |
| Loisirs : 🍽 snack 🎱 🏊 🛶 |
| Services : ♿ ⚡ ⬚ 🔧 🚿 ⬚ 📷 ⬚ |
| À prox. : 🛶 canoë |

| Longitude : 4.20128 |
| Latitude : 44.37472 |

Chaulet Plage de déb. avr. à fin oct.
  *0475393027, contact@chaulet-plage.com,
  Fax 0475393542, www.chaulet-plage.com
  1,5 ha (62 empl.) en terrasses, pierreux, herbeux
  Tarif : 13€ ★★ ⇦ 🅴 (6A) – pers. suppl. 4€

  Location : 12 🏠 (4 à 6 pers.) - 357 à 497€/sem. –
  gîtes
  ⬚ borne artisanale 13€
  Pour s'y rendre : Terres du Moulin (600 m au nord, rte de
  Chaulet-Plage)

  À savoir : site agréable, accès direct au Chassezac

| Nature : 🌊 ♀♀🏖 |
| Loisirs : 🍽 snack 🛶 canoë |
| Services : ♿ ⚡ GB 🔧 🚿 ⬚ 📷 |
| 🏊 ⬚ |

| Longitude : 4.19706 |
| Latitude : 44.40097 |

CHABEUIL

26120 – **332** D4 – 6 396 h. – alt. 212
🅱 Office de tourisme, 4, place Génissieu *0475592867, Fax 0475592860
Paris 569 – Crest 21 – Die 59 – Romans-sur-Isère 18 – Valence 12.

FranceLoc Le Grand Lierne de mi-avr. à mi-sept.
  *0475598314, grand-lierre@franceloc.fr,
  Fax 0475598795, www.grandlierne.com ✂ (juil-août)
  3,6 ha (160 empl.) plat, pierreux, herbeux
  Tarif : (Prix 2009) 36,60€ ★★ ⇦ 🅴 (10A) – pers.
  suppl. 8€ – frais de réservation 25€

  Location (Prix 2009) ✂ : 122 ⬚ (4 à 6 pers.) 168
  à 980€/sem. – 6 🏠 (4 à 6 pers.) – 168 à 826€/sem. –
  frais de réservation 25€
  ⬚ borne artisanale
  Pour s'y rendre : 5 km au nord-est par D 68, rte de
  Peyrus, D 125 à gauche et D 143 à dr. - par A 7 sortie
  Valence-Sud et dir. Grenoble

| Nature : 🌊 ⬚ ♀♀ |
| Loisirs : 🍽 snack 🎱 🎮 🏊 🚲 |
| ⬚ 🅇 (petite piscine) 🛶 ⬚ |
| Services : ♿ ⚡ GB 🔧 🚿 ⬚ 📷 |
| 🏊 ⬚ cases réfrigérées |

| Longitude : 5.0172 |
| Latitude : 44.89549 |

*This Guide is not intended as a list of all the camping sites in France;
its aim is to provide a selection of the best sites in each category.*

CHALLES-LES-EAUX

73190 – **333** I4 – G. Alpes du Nord – 4 829 h. – alt. 310 – ⬚ (début avril-fin oct.)
🅱 Office de tourisme, avenue de Chambéry *0479728619, Fax 0479713851
Paris 566 – Albertville 48 – Chambéry 6 – Grenoble 52 – St-Jean-de-Maurienne 71.

Municipal le Savoy de déb. mai à fin sept.
  *0479729731, camping73challes-les-eaux@wanadoo.fr,
  Fax 0479729731, www.ville-challesleseaux.com
  2,8 ha (88 empl.) plat, herbeux, gravillons
  Tarif : (Prix 2009) 16€ ★★ ⇦ 🅴 (10A) – pers.
  suppl. 3,20€ – frais de réservation 42€

  Location (Prix 2009) : 4 🏠 (4 à 6 pers.) - 290 à 420€/
  sem.
  ⬚ borne flot bleu – 15 🅴 13,60€
  Pour s'y rendre : av. du Parc (par r. Denarié, à 100 m de
  la N 6)

  À savoir : beaux emplacements bordés de haies, à proximité
  d'un plan d'eau

| Nature : ⬚ ♀ |
| Loisirs : 🎱 🏊 |
| Services : ♿ ⚡ GB 🔧 ⬚ ⬚ |
| ⬚ 📷 |
| À prox. : ✂ 🏊 |

| Longitude : 5.9841 |
| Latitude : 45.55146 |

CHAMONIX-MONT-BLANC

74400 – **328** O5 – G. Alpes du Nord – 9 195 h. – alt. 1 040 – Sports d'hiver :
Tunnel du Mont-Blanc : péage en 2009, aller simple : autos 33,20, autos et caravanes 44,00, camions
120,40 à 256,00, motos 22,00 - Renseignements ATMB *℘* 04 50 55 55 00
� *Office de tourisme, 85, place du Triangle de l'Amitié ℘ 04 50 53 00 24, Fax 04 50 53 58 90*
Paris 610 – Albertville 65 – Annecy 97 – Aosta 57 – Genève 82 – Lausanne 110.

⚠ **L'Île des Barrats** de mi-mai à mi-sept.
℘ 04 50 53 51 44, campingiledesbarrats74@orange.fr,
Fax 04 50 53 51 44, *www.campingdesbarrats.com*
0,8 ha (56 empl.) peu incliné et plat, herbeux
Tarif : 30€ ★★ ⟺ 🅴 (ℊ) (10A) – pers. suppl. 6,10€ –
frais de réservation 15€
🚽 **borne artisanale** 7€
Pour s'y rendre : 185 chemin de l'Île des Barrats (au sud-
ouest de la ville, à 150 m de l'Arve)

| Nature : ≼ Massif du Mont-Blanc et glaciers ⌿ ♀ |
| Loisirs : 🏠 |
| Services : 🕭 ⊶ ⫶✗ 🚿 ♨ ⁿⁱ laverie |

| Longitude : 6.8617 |
| Latitude : 45.91452 |

CHAMPDOR

01110 – **328** G4 – 438 h. – alt. 833
Paris 486 – Ambérieu-en-Bugey 38 – Bourg-en-Bresse 51 – Hauteville-Lompnes 6 – Nantua 28.

⚠ **Municipal le Vieux Moulin**
℘ 04 74 36 01 79, Fax 04 74 36 07 92,
http://www.champdor.com/html/camping.html
1,6 ha (60 empl.) plat, herbeux
Location : gîtes
Pour s'y rendre : rte de Corcelles (800 m au nord-ouest
par D 57a)
À savoir : près de deux plans d'eau

| Nature : ≼ |
| Loisirs : 🏠 ♨✗ ✗ |
| Services : 🕭 ⊶ 🎢 |
| À prox. : 🗽 (bassin) 🎣 |

| Longitude : 5.59713 |
| Latitude : 46.01726 |

CHANAZ

73310 – **333** H3 – 483 h. – alt. 232
Paris 521 – Aix-les-Bains 21 – Annecy 53 – Bellegarde-sur-Valserine 44 – Belley 18 – Chambéry 36.

⚠ **Municipal des Îles** de déb. mars à mi-nov.
℘ 04 79 54 58 51, camping@chanaz.fr,
www.campingchanaz.o-m.fr – places limitées pour le
passage
1,5 ha (103 empl.) plat, gravier, herbeux
Tarif : (Prix 2009) 18,44€ ★★ ⟺ 🅴 (ℊ) (10A) – pers.
suppl. 4€
Location (Prix 2009) (permanent) : 10 🏠 (4 à 6 pers.)
nuitée 50€ - 250 à 420€/sem.
🚽 **1 borne flot bleu** 2€ – 10 🅴 16,44€
Pour s'y rendre : base de loisirs (1 km à l'ouest par D 921,
rte de Culoz et chemin à gauche apr. le pont, à 300 m du
Rhône (plan d'eau et port de plaisance))
À savoir : près d'un pittoresque village et du canal de
Savière

| Nature : ≼ ♀♀ |
| Loisirs : 🏠 |
| Services : 🕭 ⊶ ⫶✗ 🎢 🚿 ♨ 📺 |
| À prox. : 🍴 snack ♨✗ ✗ 🏊 (petite piscine) 🎣 ponton d'amarrage |

| Longitude : 5.79379 |
| Latitude : 45.8091 |

719

CHARAVINES

38850 – **333** G5 – 1 700 h. – alt. 500
⌐ℬ *Office de tourisme, rue des Bains ℘ 04 76 06 60 31, Fax 04 76 06 60 50*
Paris 534 – Belley 47 – Chambéry 49 – Grenoble 40 – La Tour-du-Pin 65 – Voiron 13.

⚠ **Les Platanes** de déb. avr. à fin sept.
℘ 04 76 06 64 70, campinglesplatanes@orange.fr,
Fax 04 76 06 64 70, *www.campinglesplatanes.fr*
1 ha (67 empl.) plat, herbeux
Tarif : (Prix 2009) 12,40€ ★★ ⟺ 🅴 (ℊ) (10A) – pers.
suppl. 4,10€
Pour s'y rendre : 85 r. du Camping (sortie nord par
D 50d, à 150 m du lac)

| Nature : ♀♀ |
| Loisirs : 🏠 |
| Services : 🕭 ⊶ ⫶✗ 🎢 📺 |
| À prox. : ☕ 🍴 snack ✗ 🏊 (plage) 🎣 ⬧ pédalos |

| Longitude : 5.52118 |
| Latitude : 45.43531 |

RHÔNE-ALPES

CHASSAGNES

07140 – **331** H7
Paris 644 – Lyon 209 – Privas 67 – Nîmes 85 – Avignon 93.

Les Chênes de déb. avr. à fin sept.
✆ 04 75 37 34 35, *reception@domaine-des-chenes.fr*,
Fax 04 75 37 20 10, *www.domaine-des-chenes.fr* – places
limitées pour le passage
2,5 ha (122 empl.) en terrasses, herbeux, pierreux
Tarif : 23 € ✶✶ ⟨⟩ 🅔 (Ø) (10A) – pers. suppl. 5 € – frais
de réservation 25 €
Location (permanent) : 26 🛏 (4 à 6 pers.) 287 à
707 €/sem. – 14 🛖 (4 à 6 pers.) - 357 à 826 €/sem. –
maisonnettes – 2 roulottes – frais de réservation 25 €
🚐 borne eurorelais – 4 🅔 17 €
Pour s'y rendre : à Chassagnes Haut

Nature : ⟨⟩ ≤ ♀
Loisirs : 🍸 pizzeria, snack 🏠
🎣🛁 hammam jacuzzi 🏊
Services : ⚲ ⊶ GB 🐕 🛒 🍴 🔳
À prox. : 🛶 canoë

Longitude : 4.13242
Latitude : 44.399

Lou Rouchétou de déb. avr. à fin sept.
✆ 04 75 37 33 13, *rouchetou@libertysurf.fr*,
Fax 04 75 94 95 28, *www.lou-rouchetou.com*
1,5 ha (100 empl.) plat et peu incliné, herbeux, pierreux
Tarif : (Prix 2009) 21,70 € ✶✶ ⟨⟩ 🅔 (Ø) (10A) – pers.
suppl. 5 €
Location (Prix 2009) : 20 🛏 (4 à 6 pers.) nuitée 60 €
- 294 à 650 €/sem.
🚐 borne eurorelais – 10 🅔
Pour s'y rendre : à Chassagnes (rte des Vans par D 104)
À savoir : au bord du Chassezac

Nature : ⟨⟩ ≤ ♀♀⚠
Loisirs : 🍸 ✕ pizzeria 🎣 🏊 🎣
Services : ⚲ ⊶ 🐕 🛒 🍴 🔳 🚿
🎣

Longitude : 4.16823
Latitude : 44.40631

CHASSIERS

07110 – **331** H6 – 966 h. – alt. 340
Paris 643 – Aubenas 16 – Largentière 4 – Privas 48 – Valgorge 22 – Vallon-Pont-d'Arc 24.

720

Les Ranchisses ♣♟ – de déb. avr. à fin sept.
✆ 04 75 88 31 97, *reception@lesranchisses.fr*,
Fax 04 75 88 32 73, *www.lesranchisses.fr*
6 ha (226 empl.) en terrasses, peu incliné, plat, herbeux
Tarif : 42 € ✶✶ ⟨⟩ 🅔 (Ø) (10A) – pers. suppl. 9 € – frais
de réservation 15 €
Location : 101 🛏 (4 à 6 pers.) 328 à 1 085 €/sem.
– 8 🛖 (4 à 6 pers.) - 328 à 1 106 €/sem. – frais de
réservation 30 €
🚐 borne artisanale 5 €
Pour s'y rendre : rte de Rocher (1,6 km au nord-ouest,
accès par D 5, rte de Valgorge)
À savoir : sur le domaine d'un mas de 1824, au bord de
la Ligne

Nature : 🔲 ♀♀⚠
Loisirs : 🍸 ✕ pizzeria 🏖 ⛄🎣🛁
hammam jacuzzi centre balnéo
🎣 ✵ 🎿 🏊 🎣 terrain mul-
tisports, canoë, skate
Services : ⚲ ⊶ GB 🐕 🛒 🚿 🚻
🍴 🔳 🚿 🎣

Longitude : 4.29202
Latitude : 44.54069

CHÂTEAUNEUF-DE-GALAURE

26330 – **332** C2 – 1 481 h. – alt. 253
Paris 531 – Annonay 29 – Beaurepaire 19 – Romans-sur-Isère 27 – St-Marcellin 41 – Tournon-sur-Rhône 25
– Valence 41.

Château de Galaure déb. avr.-fin sept.
✆ 04 75 68 65 22, *galaure@galaure.com*, *www.galaure.com*
12 ha (200 empl.) plat, herbeux
Tarif : (Prix 2009) 32 € ✶✶ ⟨⟩ 🅔 (Ø) (10A) – pers. suppl. 5 €
Pour s'y rendre : rte de St-Vallier (800 m au sud-ouest
par D 51)
À savoir : plaisant domaine verdoyant et ombragé

Nature : ♀♀
Loisirs : 🍸 🏠 🎣 🏊 🛹 skate
board
Services : ⚲ ⊶ 🛒 🔳
À prox. : ✵ 🏊 🎣 parcours de
santé, tyrolienne

Longitude : 4.95636
Latitude : 45.23009

CHÂTEAUNEUF-DU-RHÔNE

26780 – **332** B7 – G. Lyon Drôme Ardèche – 2 244 h. – alt. 80
Paris 615 – Aubenas 42 – Grignan 23 – Montélimar 9 – Pierrelatte 15 – Valence 60.

Municipal la Graveline
℘ 0475908096, *chateauneufdurhone@wanadoo.fr*,
Fax 0475906949, *www.chateauneuf-du-rhone.fr*
0,6 ha (66 empl.) plat et peu incliné, herbeux
Pour s'y rendre : chemin de la Graveline (sortie nord par D 73, rte de Montélimar puis chemin à dr.)

Nature :	
Services :	
À prox. :	

Longitude : 4.72051
Latitude : 44.4878

CHÂTEL

74390 – **328** O3 – G. Alpes du Nord – 1 254 h. – alt. 1 180 – Sports d'hiver : 1 200/2 100 m 2 52
🛈 *Office de tourisme, Chef-Lieu* ℘ 0450732244, *Fax 0450732287*
Paris 578 – Annecy 113 – Évian-les-Bains 34 – Morzine 38 – Thonon-les-Bains 39.

L'Oustalet – de mi-juin à déb. sept.
℘ 0450732197, *contact@oustalet.com*,
Fax 0450733746, *www.oustalet.com* – alt. 1 110 – en hiver, séjour minimum 1 semaine
3 ha (100 empl.) plat et peu incliné, herbeux, pierreux, gravillons
Tarif : (Prix 2009) 29,40€ 👫 🚗 🔋 (6A) – pers. suppl. 5,50€ – frais de réservation 10€
Location (Prix 2009) 🏠 : 10 🚐 (4 à 6 pers.) 350 à 650€/sem. – frais de réservation 10€
🚐 borne flot bleu 6€ – 🔋 13.50€
Pour s'y rendre : 1428 rte des Freinets (2 km au sud-ouest par la rte du col de Bassachaux, au bord de la Dranse)

À savoir : site agréable de la vallée d'Abondance

Nature :	
Loisirs : diurne	
Services : laverie	
À prox. : snack poneys, practice de golf	

Longitude : 6.82981
Latitude : 46.25755

Om een reisroute uit te stippelen en te volgen,
om het aantal kilometers te berekenen,
om precies de ligging van een terrein te bepalen
(aan de hand van de inlichtingen in de tekst),
*gebruikt u de **Michelinkaarten** ,*
een onmisbare aanvulling op deze gids.

721

LE CHÂTELARD

73630 – **333** J3 – G. Alpes du Nord – 593 h. – alt. 750
🛈 *Office de tourisme, place de la Grenette* ℘ 0479548428, *Fax 04.79.54.88.87*
Paris 562 – Aix-les-Bains 30 – Annecy 30 – Chambéry 35 – Montmélian 35 – Rumilly 32.

Les Cyclamens de mi-mai à mi-sept.
℘ 0479548019, *info@camping-cyclamens.com*,
www.camping-cyclamens.com
0,7 ha (34 empl.) plat, herbeux
Tarif : 🏕 3,50€ 🚗 🔋 4,50€ – 🔌 (10A) 3,10€ – frais de réservation 4€
Location : 3 🚐 (2 à 4 pers.) nuitée 30€ - 165 à 240€/sem. – 1 cabane perchée – frais de réservation 4€
🚐 borne artisanale 4€ – 🔋 11.50€
Pour s'y rendre : vers sortie nord-ouest et chemin à gauche, rte du Champet

Nature :	
Loisirs :	
Services :	

Longitude : 6.13629
Latitude : 45.68563

CHÂTILLON-EN-DIOIS

26410 – **332** F5 – 575 h. – alt. 570

⊟ *Office de tourisme, square Jean Giono* ℘ 0475211007, Fax 0475211007
Paris 637 – Die 14 – Gap 79 – Grenoble 97 – La Mure 65.

⚑ Le Lac Bleu de déb. avr. à fin sept.
℘ 0475218530, *info@lacbleu-diois.com*,
Fax 0475218205, *www.lacbleu-diois.com*
9 ha/3 campables (90 empl.) plat, herbeux, pierreux
Tarif : 25,20€ ✿✿ ⇔ 🔲 (½) (8A) – pers. suppl. 5,80€ –
frais de réservation 12€

Location : 44 🖚 (4 à 6 pers.) nuitée 41€ - 205 à 644€/
sem. – 2 🏚 (4 à 6 pers.) nuitée 56€ - 280 à 672€/sem.
– 5 bungalows toilés – frais de réservation 17€
🚐 borne raclet 10€ – 13 🔲 7€ – 🛁 7€
Pour s'y rendre : quartier la touche (4 km au sud-ouest
par D 539, rte de Die et D 140, de Menglon, chemin à
gauche, av. le pont)

Nature : ⩽ 🌳⛰		
Loisirs : 🍽 ✗ pizzeria 🎦 🎏 🕴		
🏊 ⚓		
Services : 🔥 ⚡ 🟢 ✂ ♨ 🚰		
🔲 🚿		

Longitude : 5.45417
Latitude : 44.68333

Ne pas confondre :
⚑ ... à ... ⚑⚑ : *appréciation* **MICHELIN**
et
★ ... à ... ★★★★ : *classement officiel*

CHÂTILLON-SUR-CHALARONNE

01400 – **328** C4 – G. Lyon Drôme Ardèche – 4 813 h. – alt. 177

⊟ *Office de tourisme, place du Champ de Foire* ℘ 0474550227, Fax 0474553478
Paris 418 – Bourg-en-Bresse 28 – Lyon 55 – Mâcon 28 – Meximieux 35 – Villefranche-sur-Saône 27.

⚑ Municipal du Vieux Moulin de déb. mai à fin
sept.
℘ 0474550479, *campingvieuxmoulin@orange.fr*,
Fax 0474551311, *www.camping-vieuxmoulin.com* –
places limitées pour le passage
3 ha (140 empl.) plat, herbeux
Tarif : (Prix 2009) ✿ 4,60€ ⇔ 2,50€ 🔲 4€ – (½) (10A) 4€ –
frais de réservation 10€

Location (Prix 2009) (de déb. avr. à fin nov.) : 5 🏚
(4 à 6 pers.) - 300 à 410€/sem. – frais de réservation
10€
🚐 borne flot bleu 19,70€ – 17 🔲 19,70€
Pour s'y rendre : r. Jean Jaures (sortie sud-est par D 7,
rte de Chalamont, au bord de la Chalaronne, à 150 m d'un
étang - accès direct)
À savoir : cadre verdoyant et ombragé en bordure de
rivière

Nature : 🌿 🌳🌳		
Loisirs : 🎦 🏊 ⚓		
Services : 🔥 ⚡ 🟢 ✂ ♨ 🚰 🔲		
À prox. : 🍴 🍽 snack ✗ 🎣 ⚓		

Longitude : 4.95672
Latitude : 46.11941

CHAUZON

07120 – **331** I7 – 305 h. – alt. 128
Paris 649 – Aubenas 20 – Largentière 14 – Privas 51 – Ruoms 6 – Vallon-Pont-d'Arc 14.

⚑ La Digue de déb. avr. à fin oct.
℘ 0475396357, *info@camping-la-digue.fr*,
Fax 0475397517, *www.camping-la-digue.fr* –
croisement difficile pour caravanes
2 ha (106 empl.) plat et en terrasses, herbeux
Tarif : (Prix 2009) 28,80€ ✿✿ ⇔ 🔲 (½) (10A) – pers.
suppl. 6,20€ – frais de réservation 9€

Location (Prix 2009) : 12 🖚 (4 à 6 pers.) nuitée 52€ -
299 à 789€/sem. – 15 🏚 (4 à 6 pers.) nuitée 53€ - 299
à 749€/sem. – frais de réservation 9€
Pour s'y rendre : au lieu-dit : Les Aires (1 km à l'est du
bourg, à 100 m de l'Ardèche (accès direct))

Nature : 🌿 🌳🌳		
Loisirs : 🍽 snack 🏊 ✗ 🎣		
Services : 🔥 ⚡ 🟢 ✂ 🚾 ♨ 🚰		
🔲 🚿		
À prox. : 🚣		

Longitude : 4.35989
Latitude : 44.48572

CHAVANNES-SUR-SURAN

01250 – **328** F3 – 617 h. – alt. 312
Paris 442 – Bourg-en-Bresse 20 – Lons-le-Saunier 51 – Mâcon 57 – Nantua 37 – Pont-d'Ain 27.

Municipal de déb. mai à fin sept.
℘ 0474517052, *mairiechavannessursuran@wanadoo.fr*,
Fax 0474517183
1 ha (25 empl.) plat, herbeux
Tarif : (Prix 2009) 11,50€ ✱✱ ⇔ 🄴 🚽 (5A) – pers.
suppl. 6,50€
Pour s'y rendre : sortie est par D 3, rte d'Arnans
À savoir : cadre verdoyant au bord du Suran

Nature : 🌿 ≼ 🏕	
Loisirs : 🎣	
Services :	

Longitude : 5.42659
Latitude : 46.26348

To make the best possible use of this Guide,
READ CAREFULLY THE EXPLANATORY NOTES.

LE CHEYLARD

07160 – **331** I4 – 3 341 h. – alt. 450
🛈 *Office de tourisme, rue du 5 Juillet 44* ℘ 0475291871, Fax 0475294675
Paris 598 – Aubenas 50 – Lamastre 21 – Privas 47 – Le Puy-en-Velay 62 – St-Agrève 19 – Valence 59.

Municipal la Chèze de mi-avr. à mi-nov.
℘ 0475290953, *mosslercat@wanadoo.fr*,
Fax 0475290953, *www.camping-de-la-cheze.com*
3 ha (96 empl.) en terrasses, plat
Tarif : 15€ ✱✱ ⇔ 🄴 🚽 (10A) – pers. suppl. 3€
Location (de déb. mai à fin sept.) : bungalows toilés
Pour s'y rendre : rte de St-Christol (sortie nord-est par
D 120, rte de la Voulte puis à dr., 1 km par D 204 et D 264,
au château)
À savoir : belle situation dominante dans le parc d'un
château

Nature : 🌿 ≼ le Cheylard et montagnes ♙♙	
Loisirs : 🎲 🏋 parcours de santé	
Services : 🚿 ⚬⛽ GB 🔌	

Longitude : 4.43197
Latitude : 44.90775

723

CHINDRIEUX

73310 – **333** I3 – 1 185 h. – alt. 300
Paris 520 – Aix-les-Bains 16 – Annecy 48 – Bellegarde-sur-Valserine 39 – Bourg-en-Bresse 96 –
Chambéry 33.

Les Peupliers de mi-avr. à fin sept.
℘ 0479545236, *contact@camping-lespeupliers.info*,
Fax 0479522045, *www.camping-lespeupliers.info*
1,5 ha (65 empl.) plat, herbeux, gravier
Tarif : 14€ ✱✱ ⇔ 🄴 🚽 (16A) – pers. suppl. 3,50€
Location 🐾 : 4 🛖 (4 à 6 pers.) nuitée 40€ - 225 à
510€/sem. – frais de réservation 15€
🅿 10 🄴 14€
Pour s'y rendre : r. du Stade (1 km au sud par D 991,
rte d'Aix-les-Bains et chemin à dr., à Chaudieu)

Nature : ≼ 🏕 ♙♙	
Loisirs : 🏋 🍴	
Services : 🚿 ⚬⛽ 🐕 🚿 🚽 ⛽ 🔌	

Longitude : 5.84794
Latitude : 45.814

CHORANCHE

38680 – **333** F7 – 134 h. – alt. 280
Paris 588 – La Chapelle-en-Vercors 24 – Grenoble 52 – Romans-sur-Isère 32 – St-Marcellin 20 – Villard-de-
Lans 20.

Le Gouffre de la Croix de déb. mai à mi-sept.
℘ 0476360713, *camping.gouffre.croix@wanadoo.fr*,
Fax 0476360713, *www.camping-choranche.com* 🐾
2,5 ha (52 empl.) non clos, plat, herbeux, en terrasses
Tarif : (Prix 2009) 20,75€ ✱✱ ⇔ 🄴 🚽 (6A) – pers.
suppl. 4,50€ – frais de réservation 12,50€
Pour s'y rendre : au lieu-dit : Combe Bernard (au sud-est
du bourg, rte de Chatelas, au bord de la Bourne)
À savoir : cadre sauvage et boisé au fond de la vallée

Nature : 🌿 ≼ ♙♙	
Loisirs : 🍸 🏊 🎣	
Services : 🚿 ⚬⛽ 🐕 🚿 🔌	

Longitude : 5.39372
Latitude : 45.0634

LA CLUSAZ

74220 – **328** L5 – G. Alpes du Nord – 1 920 h. – alt. 1 040 – Sports d'hiver : 1 100/2 600 m ⚡ 6 ⚡ 49 ⚡
🆑 *Office de tourisme, 161, place de l'église* ℰ 04 50 32 65 00, Fax 04 50 32 65 01
Paris 564 – Albertville 40 – Annecy 32 – Bonneville 26 – Chamonix-Mont-Blanc 60 – Megève 27 –
Morzine 65.

ΛΛΛ **FranceLoc Le Plan du Fernuy** Permanent
ℰ 04 50 02 44 75, *sernuy@franceloc.fr*,
www.campings-franceloc.fr
1,3 ha (60 empl.) en terrasses, peu incliné, gravier,
herbeux
Tarif : (Prix 2009) 28 € ★★ ⚗ 🗉 🅧 (4A) – pers.
suppl. 6,50 € – frais de réservation 25 €
Location : 23 🛏 (4 à 6 pers.) 299 à 499 €/sem.
– 1 🏠 (4 à 6 pers.) - 371 à 729 €/sem. – 1 studio –
4 appartements
Pour s'y rendre : rte des Confins (1,5 km à l'est)
À savoir : belle piscine d'intérieur et site agréable au pied
des Aravis

Nature : ❄ 🌲 ⋖ ☐ 🎱	
Loisirs : 🍷 🏓 🏃 🖳	
Services : 🔥 ☕ (juil.-août) GB	
🐕 🏧 🛁 🗑 laverie	

Longitude : 6.458
Latitude : 45.91139

CONTAMINE-SARZIN

74270 – **328** I4 – 512 h. – alt. 450
Paris 516 – Annecy 25 – Bellegarde-sur-Valserine 22 – Bonneville 46 – Genève 29.

Λ **Le Chamaloup** de déb. mai à mi-déc.
ℰ 04 50 77 88 28, *camping@chamaloup.com*,
Fax 04 50 77 99 79, *www.chamaloup.com*
1,5 ha (75 empl.) non clos, plat, herbeux
Tarif : 26 € ★★ ⚗ 🗉 🅧 (10A) – pers. suppl. 5,50 € –
frais de réservation 10 €
Location (permanent) : 17 🏠 (4 à 6 pers.) nuitée 55 €
- 260 à 620 €/sem. – frais de réservation 10 €
Pour s'y rendre : lieu-dit : Contamine Sarzin (2,8 km au
sud par D 123, près de la N 508 et de la rivière les Usses)

Nature : ☐ 🌳🌳	
Loisirs : 🍷 🏃 🖳	
Services : 🔥 ☕ GB 🐕 🏧 🖳	

Longitude : 5.975
Latitude : 46.01

724

LES CONTAMINES-MONTJOIE

74170 – **328** N6 – G. Alpes du Nord – 1 182 h. – alt. 1 164 – Sports d'hiver : 1 165/2 500 m ⚡ 4 ⚡ 22 ⚡
🆑 *Office de tourisme, 18, route de Notre-Dame de la Gorge* ℰ 04 50 47 01 58, Fax 04 50 47 09 54
Paris 606 – Annecy 93 – Bonneville 50 – Chamonix-Mont-Blanc 33 – Megève 20 – St-Gervais-les-Bains 9.

ΛΛ **Le Pontet** de déb. déc. à fin sept.
ℰ 04 50 47 04 04, *campingdupontet@wanadoo.fr*,
Fax 04 50 47 18 10, *www.campinglepontet.fr*
2,8 ha (157 empl.) plat, gravillons, herbeux
Tarif : 15,30 € ★★ ⚗ 🗉 🅧 (2A) – pers. suppl. 4,50 €
Location (permanent) : gîte d'étape
Pour s'y rendre : 2485 rte de Notre-Dame-de-la-Gorge
(2 km au sud par D 902, au bord du Bon-Nant)
À savoir : site agréable au départ des pistes de ski et de
randonnée

Nature : ❄ ⋖ ☐ 🎱	
Loisirs : 🖳 🏃	
Services : 🔥 ☕ GB 🐕 🏧 laverie	
À prox. : 🍷 ✗ snack ·🎣 ⚾ 🏇	
practice de golf	

Longitude : 6.72333
Latitude : 45.80524

CORDELLE

42123 – **327** D4 – 851 h. – alt. 450
Paris 409 – Feurs 35 – Roanne 14 – St-Just-en-Chevalet 27 – Tarare 41.

ΛΛ Le Mars
ℰ 04 77 64 94 42, *campingdemars@orange.fr*,
Fax 04 77 64 94 42, *www.camping-de-mars.com*
1,2 ha (65 empl.) plat et en terrasses, peu incliné,
herbeux
Location : 7 🏠
Pour s'y rendre : 4,5 km au sud par D 56 et chemin à dr.
À savoir : agréable situation dominant les gorges de la
Loire

Nature : 🌲 ⋖ ☐	
Loisirs : 🍷 ✗ snack, pizzeria 🖳	
🎥 nocturne 🏃 🚴 🎯 🖳	
Services : ☕ 🛁 🗑 🖳	
À prox. : 🎣	

Longitude : 4.06064
Latitude : 45.94474

CORMORANCHE-SUR-SAÔNE

01290 – **328** B3 – 1 009 h. – alt. 172 – Base de loisirs
Paris 399 – Bourg-en-Bresse 44 – Châtillon-sur-Chalaronne 23 – Mâcon 10 – Villefranche-sur-Saône 33.

La Pierre Thorion de déb. mai à fin sept.
℘ 03 85 23 97 10, contact@lac-cormoranche.com,
Fax 03 85 23 97 11, www.lac-cormoranche.com
48 ha/4,5 campables (117 empl.) plat, herbeux,
sablonneux, bois attenant
Tarif : (Prix 2009) ✹ 5,10€ ⚌ 🅴 7,30€ – 🄸 (10A) 1,50€ –
frais de réservation 5€

Location ⚏ : 9 🛏 (4 à 6 pers.) nuitée 65€ - 220
à 485€/sem. – 12 🛖 (4 à 6 pers.) nuitée 65€ - 240 à
505€/sem. – frais de réservation 5€
🚐 1 borne artisanale
Pour s'y rendre : au lieu-dit : Les Luizants (sortie ouest
par D 51a et 1,2 km par rte à dr., à la base de loisirs)
À savoir : décoration arbustive des emplacements, près
d'un beau plan d'eau

Nature : 🞵 ♀
Loisirs : 🍷 salle d'animation 🏊
🚲 ⛹ ≋ (plage) 🎣 ◊
Services : ₺ ⌐ GB ⟳ ⚒ 🛁 ⚐
🍴 laverie 🔥

Longitude : 4.82592
Latitude : 46.25193

CREST

26400 – **332** D5 – G. Lyon Drôme Ardèche – 7 786 h. – alt. 196
🄳 Office de tourisme, place du Docteur Rozier ℘ 04 75 25 11 38, Fax 04 75 76 79 65
Paris 585 – Die 37 – Gap 129 – Grenoble 114 – Montélimar 37 – Valence 28.

Les Clorinthes ♣ – de déb. avr. à mi-sept.
℘ 04 75 25 05 28, clorinthes@wanadoo.fr,
Fax 04 75 76 75 09, www.lesclorinthes.com
4 ha (160 empl.) plat, peu incliné, herbeux
Tarif : (Prix 2009) 22,10€ ✹✹ ⚌ 🅴 🄸 (6A) – pers.
suppl. 5,80€ – frais de réservation 18,50€

Location (Prix 2009) : 10 🛏 (4 à 6 pers.) nuitée 62€ -
392 à 609€/sem. – 4 🛖 (4 à 6 pers.) nuitée 57€ - 371
à 581€/sem. – frais de réservation 18,50€
🚐 borne artisanale 22,10€
Pour s'y rendre : quai Soubeyran (sortie sud par D 538
puis chemin à gauche apr. le pont, près de la Drôme et du
complexe sportif)

Nature : ≪ ♀
Loisirs : 🍷 pizzeria, snack 🍽 ◐
diurne 🏖 🏊 🚲 ☇
Services : ₺ ⌐ GB ⟳ ⚒ 🍴 ▣
À prox. : ⚏ 🐴 poneys skate-
parc

Longitude : 5.02649
Latitude : 44.72473

725

Verwar niet :
🞵... tot ... 🞵🞵🞵 : MICHELIN indeling
en
★ ... tot ... ★★★★ : officiële classificatie

CRUAS

07350 – **331** K6 – G. Lyon Drôme Ardèche – 2 635 h. – alt. 83
🄳 Office de tourisme, 9, place George Clemenceau ℘ 04 75 49 59 20, Fax 04 75 51 47 43
Paris 594 – Aubenas 49 – Montélimar 16 – Privas 24 – Valence 39.

Les Ilons Permanent
℘ 04 75 49 55 43, contactcamping@wanadoo.fr,
Fax 04 75 49 55 43, www.campings-ardeche.com
2,5 ha (80 empl.) plat, herbeux, gravillons
Tarif : (Prix 2009) 20,50€ ✹✹ ⚌ 🅴 🄸 (10A) – pers.
suppl. 4,50€

Location (Prix 2009) (de déb. avr. à mi-sept.) ⚏ :
6 🛏 (4 à 6 pers.) 350 à 500€/sem. – frais de
réservation 20€
🚐 borne artisanale 3,50€
Pour s'y rendre : chemin du Camping (1,4 km à l'est,
rte du Port, près d'un plan d'eau, à 300 m du Rhône)

Nature : 🞵 ♀
Loisirs : 🍽 🏊 🚲 ☇ 🎣
Services : ₺ ⌐ ▥ 🛁 ⚐ ▣
À prox. : ⚏

CUBLIZE

69550 – **327** F3 – 1 184 h. – alt. 452

🛈 *Office de tourisme, lac des Sapins* 𝒫 *0474895803, Fax 0474895868*
Paris 422 – Ampleuis 7 – Chauffailles 29 – Roanne 30 – Villefranche-sur-Saône 41.

▲▲ Intercommunal du Lac des Sapins de déb. avr. à
fin sept.
𝒫 0474895283, *camping@lacdessapins.fr,*
Fax 0474895890, *www.lac-des-sapins.fr* – places limitées
pour le passage
4 ha (155 empl.) plat, herbeux, pierreux, gravillons
Tarif : (Prix 2009) 16,50€ **★★** ⟵⟶ 🅴 🄵 (16A) – pers.
suppl. 3€
Location (Prix 2009) (permanent) 🏚 : 8 🏠 (4 à
6 pers.) nuitée 65€ - 280 à 400€/sem.
🚐 borne artisanale 3€
Pour s'y rendre : 800 m au sud, au bord du Reins et
à 300 m du lac (accès direct)

> Nature : 🐟 ⟨ 🏞
> Loisirs : 🎿 terrain omnisports
> Services : 🕭 ⟶ GB 🚲 🛁 🚽
> 🍴 📷
> À la base de loisirs : 🏇 🎿 🚣
> 🏊 🎣

> Longitude : 4.37772
> Latitude : 46.0184

*LES GUIDES VERTS **MICHELIN***
Paysages, monuments
Routes touristiques
Géographie
Histoire, Art
Itinéraire de visite
Plans de villes et de monuments

CULOZ

01350 – **328** H5 – 2 954 h. – alt. 248

🛈 *Syndicat d'initiative, 6, rue de la Mairie* 𝒫 *0479870030, Fax 0479870973*
Paris 512 – Aix-les-Bains 24 – Annecy 55 – Bourg-en-Bresse 88 – Chambéry 41 – Genève 67 – Nantua 63.

▲▲ Le Colombier de fin avr. à fin sept.
𝒫 0479871900, *camping.colombier@free.fr,*
Fax 0479871900, *http://camping.colombier.free.fr*
1,5 ha (81 empl.) plat, gravillons, herbeux
Tarif : 19,50€ **★★** ⟵⟶ 🅴 🄵 (16A) – pers. suppl. 5,50€ –
frais de réservation 10€
Location 🏚 : 6 🏚 (4 à 6 pers.) nuitée 48€ - 250 à
480€/sem. – frais de réservation 10€
🚐 23 🅴 16,50€
Pour s'y rendre : île de Verbaou (1,3 km à l'est, au carr.
du D 904 et D 992, au bord d'un ruisseau)
À savoir : près d'un centre de loisirs

> Nature : ⟨ 🏞 🌳
> Loisirs : 🍹 🚲
> Services : 🕭 ⟶ GB 🚲 🛁 🚽
> 🍴 📷 🚿
> À prox. : 🎿 🎣 🚣 (petit plan
> d'eau)

> Longitude : 5.79357
> Latitude : 45.8514

DARBRES

07170 – **331** J6 – 243 h. – alt. 450
Paris 618 – Aubenas 18 – Montélimar 34 – Privas 21 – Villeneuve-de-Berg 14.

▲▲ Les Lavandes de mi-avr. à fin sept.
𝒫 0475942065, *sarl.leslavandes@online.fr,*
Fax 0475942065, *www.les-lavandes-darbes.com*
1,5 ha (70 empl.) plat, en terrasses, herbeux, pierreux
Tarif : 23,30€ **★★** ⟵⟶ 🅴 🄵 (6A) – pers. suppl. 3,70€ –
frais de réservation 15€
Location : 12 🏠 (4 à 6 pers.) nuitée 50€ - 250 à 610€/
sem. – frais de réservation 15€
Pour s'y rendre : au bourg

> Nature : ⟨ 🌳🌳
> Loisirs : 🍹 snack 🏊 🛝
> Services : ⟶ GB 🚲 🛁 📷 🚽

> Longitude : 4.50494
> Latitude : 44.648

DARDILLY

69570 – **327** H5 – 8 661 h. – alt. 338
Paris 457 – Lyon 13 – Villeurbanne 21 – Vénissieux 26 – Caluire-et-Cuire 17.

Indigo Lyon Permanent
    P 04 78 35 64 55, *lyon@camping-indigo.com*,
Fax 04 72 17 04 26, *www.camping-indigo.com*
6 ha (150 empl.) plat, herbeux, gravillons
Tarif : (Prix 2009) 25,20 € ★ ★ ⇌ 回 (£) (10A) – pers.
suppl. 4,40 € – frais de réservation 18 €

Location (Prix 2009) : 31 (4 à 6 pers.) nuitée 55 € -
269 à 442 €/sem. – 6 (4 à 6 pers.) nuitée 60 € - 294
à 470 €/sem. – frais de réservation 18 €
1 borne artisanale 4 €
Pour s'y rendre : Porte de Lyon (10 km au nord-ouest par
N 6, rte de Mâcon - par A 6 : sortie Limonest, à Dardilly)

| Nature : 🌳 |
| Loisirs : 🍹 snack 🏡 🚣 🎿 |
| Services : 🔧 🌡 ᴳᴮ 🅥 🎞 🛁 🛒 |
| 🧺 laverie |

| Longitude : 4.76125 |
| Latitude : 45.81817 |

Si vous recherchez :

👨‍👧 *Un terrain offrant des équipements et des loisirs adaptés aux enfants*
🏖 *Un terrain agréable ou très tranquille*
L-M *Un terrain effectuant la location de caravanes, de mobile homes,*
    de bungalows ou de chalets
P   *Un terrain ouvert toute l'année*
🚐 *Un terrain possédant une aire de services pour camping-cars*
Consultez le tableau des localités

DIE

26150 – **332** F5 – G. Alpes du Sud – 4 387 h. – alt. 415
🅱 *Office de tourisme, rue des Jardins P 04 75 22 03 03, Fax 04 75 22 40 46*
Paris 623 – Gap 92 – Grenoble 110 – Montélimar 73 – Nyons 77 – Sisteron 103 – Valence 66.

Le Glandasse de déb. avr. à fin sept.
    P 04 75 22 02 50, *camping-glandasse@wanadoo.fr*,
www.camping-glandasse.com
3,5 ha (120 empl.) plat, peu incliné, herbeux, pierreux
Tarif : 20,40 € ★ ★ ⇌ 回 (£) (10A) – pers. suppl. 5,50 € –
frais de réservation 10 €

Location : 2 (4 à 6 pers.) nuitée 45 € - 280 à 560 €/
sem. – 15 (4 à 6 pers.) nuitée 45 € - 280 à 560 €/
sem. – frais de réservation 10 €
Pour s'y rendre : quartier de la Maldrerie (1 km au sud-
est par D 93, rte de Gap puis chemin à dr.)

À savoir : au bord de la Drôme

| Nature : 🏖 < 🏞 🌲🌲 |
| Loisirs : snack, pizzeria 🏡 🚣 |
| 🚲 🎿 🛶 canoes |
| Services : 🔧 🌡 ᴳᴮ 🅥 🛁 🍴 |
| laverie 🛒 |

| Longitude : 5.38964 |
| Latitude : 44.74111 |

DIEULEFIT

26220 – **332** D6 – G. Lyon Drôme Ardèche – 3 207 h. – alt. 366
🅱 *Office de tourisme, 1, place Abbé Magnet P 04 75 46 42 49, Fax 04 75 46 36 48*
Paris 614 – Crest 30 – Montélimar 29 – Nyons 30 – Orange 58 – Pont-St-Esprit 69 – Valence 57.

Les Grands Prés de déb. mars à fin oct.
    P 04 75 49 94 36, *info@lesgrandspres-dromeprovencale.*
com, www.lesgrandspres-dromeprovencale.com
1,8 ha (91 empl.) plat, herbeux
Tarif : (Prix 2009) 15,90 € ★ ★ ⇌ 回 (£) (10A) – pers.
suppl. 3,50 €

Location (Prix 2009) 🍽 (juil-août) : 2 (4 à
6 pers.) nuitée 95 € - 445 à 725 €/sem. – 9 roulottes-
5 yourtes-2 cabanes
Pour s'y rendre : quartier les Grands Prés (sortie ouest
par D 540, rte de Montélimar, près du Jabron - accès
direct au bourg par chemin piétonnier)

| Nature : 🏖 🌲🌲 |
| Loisirs : 🏡 🛶 |
| Services : 🔧 🌡 (1er juil.-déb. |
| sept.) ᴳᴮ 🅥 🛁 🍴 📷 |
| À prox. : 🥖 🍴 🎿 |

| Longitude : 5.06627 |
| Latitude : 44.52584 |

DIVONNE-LES-BAINS

01220 – **328** J2 – G. Franche-Comté Jura – 7 400 h. – alt. 486 – ⚓ (mi mars-fin nov.)
🛈 *Office de tourisme, rue des Bains* ℰ 0450200122, Fax 0450200040
Paris 488 – Bourg-en-Bresse 129 – Genève 18 – Gex 9 – Lausanne 46 – Nyon 9 – Les Rousses 27 – Thonon-les-Bains 51.

Le Fleutron de déb. avr. à mi-oct.
ℰ 820201207, *info@homair.com*, Fax 0442950363,
www.camping-lefleutron.com
8 ha (253 empl.) incliné, en terrasses, pierreux, herbeux
Tarif : (Prix 2009) 26€ 👫 🚗 ▣ 🔌 (6A) – pers.
suppl. 6€ – frais de réservation 10€
Location (Prix 2009) : 49 🛖 (4 à 6 pers.) 280 à 651€/sem. – frais de réservation 25€
🚐 borne artisanale 5€
Pour s'y rendre : 2465 vie De L'Etraz (3 km au nord, après Villard)
À savoir : cadre boisé adossé à une montagne

| Nature : 🌊 🗘 |
| Loisirs : 🍸 snack 🎮 🏕 ✂ ⚓ |
| Services : 🔒 ⌷ 🗘 🏛 🗘 ⚲ |
| 🗘 ▣ 🗘 |

Longitude : 6.11705
Latitude : 46.37067

Do not confuse :
🏕... to ... 🏕🏕🏕🏕 : *MICHELIN classification*
and
★ ... to ... ★★★★ : *official classification*

DOUSSARD

74210 – **328** K6 – G. Alpes du Nord – 3 276 h. – alt. 456
Paris 555 – Albertville 27 – Annecy 20 – La Clusaz 36 – Megève 42.

728

Campéole la Nublière 👥 – de déb. mai à mi-sept.
ℰ 0450443344, *nubliere@wanadoo.fr*,
Fax 0450443178, *www.campeole.com*
9,2 ha (467 empl.) plat, herbeux, pierreux
Tarif : (Prix 2009) 25,90€ 👫 🚗 ▣ 🔌 (6A) – pers.
suppl. 6,60€ – frais de réservation 25€
Location (Prix 2009) : 36 🛖 (4 à 6 pers.) nuitée 41€ -
336 à 777€/sem. – 15 🏠 (4 à 6 pers.) nuitée 35€ - 322
à 658€/sem. – bungalows toilés – frais de réservation
25€
🚐 borne flot bleu
Pour s'y rendre : 30 allée de la Nublière (1,8 km au nord)
À savoir : situation agréable au bord du lac (plage)

| Nature : 🌊🏔 |
| Loisirs : 🍸 🗙 🏕 salle d'activité 🗘 🗘 |
| Services : ♿ ⌷ 🗘 🗘 ▣ 🗘 |
| À prox. : 🗘 ✂ 🗘 🗘 ponton d'amarrage, point d'informations touristiques, vol biplace, parapente |

Longitude : 6.21925
Latitude : 45.79067

La Serraz de déb. mai à mi-sept.
ℰ 0450443068, *info@campinglaserraz.com*,
Fax 0450448107, *www.campinglaserraz.com*
3,5 ha (197 empl.) plat, herbeux
Tarif : 37€ 👫 🚗 ▣ 🔌 (6A) – pers. suppl. 6€ – frais de
réservation 23€
Location : 40 🛖 (4 à 6 pers.) 300 à 720€/sem. – frais
de réservation 23€
🚐 1 borne artisanale 3,50€
Pour s'y rendre : r. de la Poste (au bourg, sortie est près de la poste)

| Nature : 🗘 🗘 |
| Loisirs : 🍸 🎮 🗘 🚲 🗘 |
| Services : ♿ 🔒 ⌷ 🗘 🗘 🗘 |
| 🗘 ▣ |

Longitude : 6.22054
Latitude : 45.7759

Simon de Verthier de mi-mai à fin sept.
ℰ 0450443657
1 ha (26 empl.) plat, herbeux
Tarif : (Prix 2009) 19€ 👫 🚗 ▣ 🔌 (4A) – pers.
suppl. 3€
Pour s'y rendre : à Verthier (1,6 km au nord-est, près de l'Eau Morte)

| Nature : 🗘 🗘 |
| Services : ♿ 🔒 🗘 |

Longitude : 6.23292
Latitude : 45.78725

DUINGT

74410 – **328** K6 – G. Alpes du Nord – 870 h. – alt. 450

🛈 *Office de tourisme, rue du Vieux Village* 𝒫 04 50 77 64 75

Paris 548 – Albertville 34 – Annecy 12 – Megève 48 – St-Jorioz 3.

Municipal les Champs Fleuris de fin avr. à mi-sept.

𝒫 04 50 68 57 31, *camping@duingt.fr*, Fax 04 50 77 03 17, *www.camping-duingt.com*

1,3 ha (112 empl.) plat et peu incliné, terrasses, herbeux

Tarif : 19,10€ ★ ★ ⬅ 🅔 🄙 (10A) – pers. suppl. 4,90€

Location : 4 🚐 (2 à 4 pers.) nuitée 50€ - 350 à 580€/sem. – 4 🛏 (4 à 6 pers.) nuitée 60€ - 400 à 736€/sem.

🚬 borne flot bleu 3,50€

Pour s'y rendre : 631 voie Romaine - Les Perris (1 km à l'ouest)

| Nature : ⩽ |
| Loisirs : 🏊 |
| Services : 🔥 ⊶ 🗑 💇 laverie |

| Longitude : 6.20296 |
| Latitude : 45.827 |

*Die Klassifizierung (1 bis 5 Zelte, **schwarz** oder **rot**), mit der wir die Campingplätze auszeichnen, ist eine Michelin-eigene Klassifizierung. Sie darf nicht mit der staatlich-offiziellen Klassifizierung (1 bis 4 Sterne) verwechselt werden.*

ECLASSAN

07370 – **331** K3 – 816 h. – alt. 420

Paris 534 – Annonay 21 – Beaurepaire 46 – Condrieu 42 – Privas 80 – Tournon-sur-Rhône 21.

L'Oasis de fin avr. à mi-sept.

𝒫 04 75 34 56 23, *oasis.camp@wanadoo.fr*, Fax 04 75 34 47 94, *www.oasisardeche.com* – accès aux emplacements par forte pente, mise en place et sortie des caravanes à la demande

4 ha (59 empl.) en terrasses, pierreux, herbeux

Tarif : (Prix 2009) 23,80€ ★ ★ ⬅ 🅔 🄙 (6A) – pers. suppl. 4,50€ – frais de réservation 6€

Location (Prix 2009) : 6 🛏 (4 à 6 pers.) 329 à 595€/sem. – 16 🏠 (4 à 6 pers.) - 329 à 651€/sem. – frais de réservation 6€

Pour s'y rendre : lieu-dit : Le Petit Chaléat (4,5 km au nord-ouest par rte de Fourany et chemin à gauche)

À savoir : agréable situation en terrasses, près de l'Ay

| Nature : 🌲 ⩽ 🏞 🌳 |
| Loisirs : 🍴 ✕ snack, pizzeria 🎿 🏊 🎣 |
| Services : 🔥 ⊶ 🇬🇧 💇 🧺 ⚰ 🍴 📷 🚿 |

| Longitude : 4.73944 |
| Latitude : 45.17889 |

729

ENTRE-DEUX-GUIERS

38380 – **333** H5 – G. Alpes du Nord – 1 631 h. – alt. 380

Paris 553 – Les Abrets 24 – Chambéry 24 – Grenoble 39 – Le Pont-de-Beauvoisin 16 – St-Laurent-du-Pont 5.

L'Arc-en-Ciel de déb. mars à mi-oct.

𝒫 04 76 66 06 97, *info@camping-arc-en-ciel.com*, Fax 04 76 66 06 97, *www.camping-arc-en-ciel.com* – places limitées pour le passage

1 ha (50 empl.) plat, herbeux

Tarif : 15,80€ ★ ★ ⬅ 🅔 🄙 (4A) – pers. suppl. 5,10€ – frais de réservation 5€

Location : 7 🛏 (4 à 6 pers.) 245 à 490€/sem. – frais de réservation 5€

🚬 borne artisanale 15,80€ – 3 🅔 15,80€

Pour s'y rendre : chemin des Berges (au bourg par r. piétonne vers les Échelles, près du vieux pont, au bord du Guiers)

| Nature : ⩽ 🌳🌳 |
| Loisirs : 🏡 🏊 🎣 🦢 |
| Services : 🔥 ⊶ 🇬🇧 💇 🧺 laverie |
| À prox. : ✕ 🏇 |

| Longitude : 5.75476 |
| Latitude : 45.43327 |

RHÔNE-ALPES

EXCENEVEX

74140 – **328** L2 – G. Alpes du Nord – 914 h. – alt. 375

B *Office de tourisme, rue des Ecoles* ℰ *0450728922*, Fax *04.50.72.90.41*

Paris 564 – Annecy 71 – Bonneville 42 – Douvaine 9 – Genève 27 – Thonon-les-Bains 13.

⚠ **Campéole La Pinède** de mi-avr. à mi-sept.
ℰ 0450728505, *pinede@campeole.com*,
Fax 0450729300, *www.campeoles.fr* – places limitées
pour le passage
12 ha (619 empl.) plat, peu incliné, herbeux
Tarif : (Prix 2009) 13,30 € ** 👬 ⇔ 🖲 – frais de
réservation 27 €

Location (Prix 2009) : 🚐 (4 à 6 pers.) nuitée 77 € -
539 à 770 €/sem. – 🏠 (4 à 6 pers.) nuitée 67 € - 469 à
637 €/sem. – bungalows toilés – frais de réservation
27 €

Pour s'y rendre : 1 km au sud-est par D 25

À savoir : agréable site boisé en bordure d'une plage du
lac Léman

| Nature : 🏚 ♀♀ |
| Loisirs : 🛖 🦢 🏸 ⛵ ponton d'amarrage |
| Services : 🚿 ⊕🅱 🚐 🏧 laverie 🧺 |
| À prox. : ♈ ✕ snack 🛶 ✂ 🪝 🦢 pédalos |

| Longitude : 6.35459 |
| Latitude : 46.35477 |

FARAMANS

38260 – **333** D5 – 836 h. – alt. 375

Paris 518 – Beaurepaire 12 – Bourgoin-Jallieu 35 – Grenoble 60 – Romans-sur-Isère 50 – Vienne 32.

⚠ **Municipal des Eydoches** Permanent
ℰ 0474542178, *mairie.faramans@wanadoo.fr*,
Fax 0474542000 – places limitées pour le passage
1 ha (60 empl.) plat, herbeux
Tarif : (Prix 2009) ✱ 4 € ⇔ 🖲 5,60 € – [⚡] (16A) 3,40 €
🚐 borne artisanale 6,60 € – 4 🖲 13,60 €
Pour s'y rendre : 515 av. des Marais (sortie est par D 37,
rte de la Côte-St-André)

| Nature : ♀ |
| Services : 🚿 🔌 🏧 🏭 🧺 🚰 🍴 🏠 |
| À prox. : ✂ 🦢 golf, practice de golf, pataugeoire, terrain omnisport |

| Longitude : 5.17563 |
| Latitude : 45.39348 |

FÉLINES

730

07340 – **331** K2 – 1 395 h. – alt. 380

Paris 520 – Annonay 13 – Beaurepaire 31 – Condrieu 24 – Tournon-sur-Rhône 46 – Vienne 34.

⚠ **Bas-Larin** de déb. avr. à fin sept.
ℰ 0475348793, *camping.baslarin@wanadoo.fr*,
Fax 0475348793, *www.camping-bas-larin.com*
1,5 ha (67 empl.) incliné à peu incliné, en terrasses,
herbeux
Tarif : (Prix 2009) 19,50 € ** 👬 ⇔ 🖲 [⚡] (10A) – pers.
suppl. 3,50 €

Location (Prix 2009) : 11 🚐 (4 à 6 pers.) nuitée 65 €
- 395 à 540 €/sem.
🚐 borne artisanale 3 €
Pour s'y rendre : 88 rte de Larin-le-Bas (2 km au sud-est,
par N 82, rte de Serrières et chemin à dr.)

| Nature : 🏚 ♀ |
| Loisirs : ♈ snack 🛖 🏸 ⛰ 🏊 |
| Services : 🚿 🔌 🏧 🛒 🏭 🚰 🍴 🏠 🚰 |

| Longitude : 4.7485 |
| Latitude : 45.30701 |

LA FERRIÈRE

38580 – **333** J6 – 225 h. – alt. 926

Paris 613 – Lyon 146 – Grenoble 52 – Chambéry 47 – Annecy 95.

⚠ **Neige et Nature** de mi-mai à mi-sept.
ℰ 0476451984, *contact@neige-nature.fr*, *www.neige-
nature.fr* – alt. 900
1,2 ha (45 empl.) plat, peu incliné, terrasses, herbeux
Tarif : ✱ 5,60 € ⇔ 🖲 5,60 € – [⚡] (10A) 3,90 €

Location(permanent):2 🏠 (4à6pers.)-369à610€/sem.
🚐 22 🖲 16,80 €
Pour s'y rendre : chemin de Montarmand (à l'ouest du
bourg, au bord du Bréda)

À savoir : cadre verdoyant et soigné

| Nature : 🌄 ⟨ 🏚 ♀ |
| Loisirs : 🛖 |
| Services : 🚿 🔌 🏧 🛒 🏭 🏠 🚰 |
| À prox. : 🪝 (bassin) |

| Longitude : 6.08331 |
| Latitude : 45.3184 |

FEURS

42110 – **327** E5 – G. Lyon Drôme Ardèche – 7 380 h. – alt. 343
🖾 *Office de tourisme, place du Forum* ℰ 0477260527, Fax 0477260055
Paris 433 – Lyon 69 – Montbrison 24 – Roanne 38 – St-Étienne 47 – Thiers 68 – Vienne 93.

   Municipal du Palais de déb. avr. à fin oct.
     ℰ 0477264341, Fax 0477264341
     9 ha (385 empl.) plat, herbeux, petit étang
     Tarif : 🛉 2,60€ 🚗 2,30€ 🔲 2,80€ – 🔌 (10A) 3,10€
     🚐 1 borne eurorelais 2,50€
     Pour s'y rendre : rte de Civens (sortie nord par N 82, rte de Roanne et à dr.)

Nature : 0_0	
Loisirs : 🏖🛶	
Services : ⟐ ⛽ GB ⟲ 🏪 🖾 🚻	
À prox. : 🍴 🛶	
Longitude : 4.22216	
Latitude : 45.74434	

Nos **guides hôtels,** *nos* **guides touristiques** *et nos* **cartes routières** *sont complémentaires. Utilisez-les ensemble.*

FLEURIE

69820 – **327** H2 – G. Lyon Drôme Ardèche – 1 228 h. – alt. 320
Paris 410 – Bourg-en-Bresse 46 – Chauffailles 44 – Lyon 58 – Mâcon 22 – Villefranche-sur-Saône 27.

   Municipal la Grappe Fleurie de mi-mars à mi-oct.
     ℰ 0474698007, *camping@fleurie.org*, Fax 0474698518, *www.camping-beaujolais.fr*
     2,5 ha (96 empl.) plat, herbeux
     Tarif : (Prix 2009) 16,50€ 🛉🛉 🚗 🔲 🔌 (10A) – pers. suppl. 6€
     Location (Prix 2009) (de mi-mars à mi-déc.) : 4 🏠 (4 à 6 pers.) - 300 à 460€/sem.
     🚐 borne artisanale – 🔌 15€
     Pour s'y rendre : r. de la Grappe Fleurie (600 m au sud du bourg par D 119e et à dr.)
     À savoir : au coeur du vignoble

Nature : 🌳 < 🏞	
Loisirs : 🏖 🍴 🚻	
Services : ⟐ ⛽ GB ⟲ 🏖 🖾 🚻 laverie	
À prox. : 🏊 🍴	
Longitude : 4.6974	
Latitude : 46.19266	

731

LES GETS

74260 – **328** N4 – G. Alpes du Nord – 1 321 h. – alt. 1 170 – Sports d'hiver : 1 170/2 000 m 🚠 5 ⛷47 🎿
🖾 *Office de tourisme, place de la Mairie* ℰ 0450758080, Fax 0450797690
Paris 579 – Annecy 77 – Bonneville 33 – Chamonix-Mont-Blanc 60 – Cluses 19 – Morzine 7 – Thonon-les-Bains 36.

   Le Frêne de fin juin à déb. sept.
     ℰ 0450758060, *www.altenesport-hotel.com* – alt. 1 315
     0,3 ha (32 empl.) non clos, en terrasses, peu incliné, herbeux
     Tarif : (Prix 2009) 20€ 🛉🛉 🚗 🔲 🔌 (3A) – pers. suppl. 4€
     Pour s'y rendre : sortie sud-ouest par D 902 puis 2,3 km par rte des Platons à dr.

Nature : 🌳 < Aiguille du Midi, massif du Mt-Blanc 🏞	
Loisirs : 🎬 🏖	
Services : ⟐ ⛽ GB ⟲ 🏖 🖾 🚻 🖥	
Longitude : 6.65922	
Latitude : 46.15913	

GEX

01170 – **328** J3 – G. Franche-Comté Jura – 9 323 h. – alt. 626
🖾 *Office de tourisme, square Jean Clerc* ℰ 0450415385, Fax 0450418100
Paris 490 – Genève 19 – Lons-le-Saunier 93 – Pontarlier 110 – St-Claude 42.

   Municipal les Genêts saison
     ℰ 0450416146, *camp-gex@cc-pays-de-gex.fr*, *www.pays-de-gex.org*
     3,3 ha (140 empl.) peu incliné et plat, goudronné, gravillons, herbeux
     Tarif : (Prix 2009) 🛉 3,90€ 🚗 🔲 5,70€ – 🔌 (16A) 3,10€
     Pour s'y rendre : rte de Divonne-les-Bains (1 km à l'est par D 984 et chemin à dr.)

Nature : < 🏞	
Loisirs : snack 🎬	
Services : ⟐ ⛽ 🏪 🖾 🚻 🖥	
À prox. : 🍴 🛶	
Longitude : 6.0579	
Latitude : 46.33219	

LE GRAND-BORNAND

74450 – **328** L5 – G. Alpes du Nord – 2 202 h. – alt. 934 – Sports d'hiver : 1 000/2 100 m 2 37
🖪 *Office de tourisme, place de l'Église* 📞 0450027800, Fax 0450027801
Paris 564 – Albertville 47 – Annecy 31 – Bonneville 23 – Chamonix-Mont-Blanc 76 – Megève 34.

L'Escale de fin mai à fin sept.
📞 0450022069, *contact@campinglescale.com*,
Fax 0450023604, *www.campinglescale.com*
2,8 ha (149 empl.) plat et peu incliné, terrasse, herbeux, pierreux
Tarif : 22,50€ ★ ★ 🚐 🗉 [½] (10A) – pers. suppl. 5,70€ – frais de réservation 12€

Location (permanent) : 17 ▭▭ (4 à 6 pers.) nuitée 72€ · 340 à 770€/sem. – 8 ▭ – 7 studios – 19 appartements – frais de réservation 12€
Pour s'y rendre : rte de la Patinoire (à l'est du bourg, à prox. de l'église, près du Borne)

À savoir : agréable complexe aquatique ludique

Nature : ❄ ⌁ ⬳
Loisirs : ⲩ ✕ 🖾 jacuzzi ⛷ ⛷ 🖾 ⟰
Services : 🚿 ⚬━ ⬜ GB ⚙ ▥ ⬥ 🖳 ⸾ laverie ⬥
À prox. : 🚵 ⛾ 🚶 parcours sportif

Longitude : 6.42772
Latitude : 45.94215

Le Clos du Pin fermé de mi-mai à mi-juin et de fin sept. à déb. déc.
📞 0450027057, *contact@le-clos-du-pin.com*,
Fax 0450022761, *www.le-clos-du-pin.com* – alt. 1 015 – places limitées pour le passage
1,3 ha (61 empl.) peu incliné, herbeux
Tarif : 17,50€ ★ ★ 🚐 🗉 [½] (2A) – pers. suppl. 4,10€ – frais de réservation 8€
Pour s'y rendre : 1,3 km à l'est par rte du Bouchet, au bord du Borne

Nature : ❄ ⌁ ⬳ chaîne des Aravis
Loisirs : 🖾
Services : 🚿 ⚬━ ⚙ ▥ ⬥ 🖳 ⸾ laverie

Longitude : 6.42772
Latitude : 45.94215

*Toutes les insertions dans ce guide sont entièrement gratuites
et ne peuvent en aucun cas être dues à une prime ou à une faveur.*

732

GRANE

26400 – **332** C5 – 1 680 h. – alt. 175
🖪 *Syndicat d'initiative, Le Village* 📞 0475626608, Fax 04.75.62.73.26
Paris 583 – Crest 10 – Montélimar 34 – Privas 29 – Valence 26.

Les Quatre Saisons de déb. avr. à fin sept.
📞 0475626417, *camping.4saisons@wanadoo.fr*,
Fax 0475626906, *www.camping-4saisons.com*
2 ha (80 empl.) en terrasses, plat, herbeux, peu incliné, sablonneux, pierreux
Tarif : (Prix 2009) 26€ ★ ★ 🚐 🗉 [½] (16A) – pers. suppl. 5€

Location (Prix 2009) : 11 ▭ (4 à 6 pers.) - 300 à 600€/sem.
Pour s'y rendre : sortie sud-est, 900 m par D 113, rte de la Roche-sur-Grâne

Nature : ⌁ ⬳ ▭ ⟐
Loisirs : ⲩ ⛷ 🖾
Services : 🚿 ⚬━ ▥ ⬥ 🖳 ⸾ 🖫 ⬥
À prox. : ✕

Longitude : 4.92299
Latitude : 44.73151

GRAVIÈRES

07140 – **331** G7 – G. Lyon et la vallée du Rhône – 351 h. – alt. 220
Paris 636 – Lyon 213 – Privas 71 – Nîmes 92 – Alès 48.

Le Mas du Serre de déb. avr. à déb. oct.
📞 0475373384, *camping-le-mas-du-serre@wanadoo.fr*,
www.campinglemasduserre.com
1,5 ha (75 empl.) plat, peu incliné, terrasses, herbeux
Tarif : 22€ ★ ★ 🚐 🗉 [½] (5A) – pers. suppl. 6€

Location : 4 ▭▭ (4 à 6 pers.) 370 à 570€/sem.
Pour s'y rendre : au lieu-dit : Le Serre (1,3 km au sud-est par D 113 et chemin à gauche, à 300 m du Chassezac)
À savoir : belle situation autour d'un ancien mas

Nature : ⌁ ⬳ ⟐⟐
Loisirs : ⛷ 🖾
Services : 🚿 ⚬━ ⚙ 🖫
À prox. : ⬖

Longitude : 4.09096
Latitude : 44.43368

GRESSE-EN-VERCORS

38650 – **333** G8 – G. Alpes du Nord – 365 h. – alt. 1 205 – Sports d'hiver : 1 300/1 700 m ⚡16 ⚡
🚩 *Office de tourisme, le Faubourg ☎ 0476343340, Fax 0476343126*
Paris 610 – Clelles 22 – Grenoble 48 – Monestier-de-Clermont 14 – Vizille 43.

△△ **Les 4 Saisons** de déb. mai à fin sept.
☎ 0476343027, *pieter.aalmoes@wanadoo.fr*,
Fax 0476343952, *www.camping-les4saisons.com*
2,2 ha (90 empl.) en terrasses, plat, pierreux, gravillons,
herbeux
Tarif : (Prix 2009) 23 € 🏕🏕 ⟵🚐 🅴 🚿 (10A) – pers.
suppl. 4,90 € – frais de réservation 6 €

Location (Prix 2009) 🏠 : 9 🛖 (4 à 6 pers.) 320 à
660 €/sem. – 3 🏡 (4 à 6 pers.) - 380 à 660 €/sem. –
frais de réservation 16 €
🚐 borne artisanale 5 € – 20 🅴 16,50 €
Pour s'y rendre : 1,3 km au sud-ouest, au lieu-dit la Ville

À savoir : situation agréable au pied du massif du Vercors

Nature : ❄ 🦅 ⟨ massif du Vercors
Loisirs : 🍴 ⚓ ⛷
Services : 🚿 ⊶ GB 🚻 🏠 🏧
À prox. : 🍴 snack 🚣 🍖 🎣

Longitude : 5.55559
Latitude : 44.8965

GRIGNAN

26230 – **332** C7 – 1 464 h. – alt. 198
🚩 *Office de tourisme, place du jeu de Ballon ☎ 0475465675, Fax 0475465589*
Paris 629 – Crest 46 – Montélimar 25 – Nyons 25 – Orange 52 – Pont-St-Esprit 38 – Valence 74.

△△ **Les Truffières** de mi-avr. à fin sept.
☎ 0475469362, *info@lestruffieres.com*,
www.lestruffieres.com 🏠
1 ha (85 empl.) plat, herbeux, pierreux, bois attenant
Tarif : 21,20 € 🏕🏕 ⟵🚐 🅴 🚿 (10A) – pers. suppl. 4,20 €

Location : 6 🛖 (4 à 6 pers.) 265 à 490 €/sem. – frais
de réservation 12 €
Pour s'y rendre : 1100 chemin Belle-Vue-d'Air, quartier
Nachony (2 km au sud-ouest par D 541, rte de Donzère,
D 71, rte de Chamaret à gauche et un chemin)

À savoir : cadre boisé

Nature : 🦅 🌳 ♤♤
Loisirs : snack 🍴 ⚓ ⛷
Services : 🚿 ⊶ 🏧

Longitude : 4.90803
Latitude : 44.42001

733

Pour choisir et suivre un itinéraire
Pour calculer un kilométrage
Pour situer exactement un terrain
(en fonction des indications fournies dans le texte) :
*Utilisez les **cartes MICHELIN** ,*
compléments indispensables de cet ouvrage.

GROISY

74570 – **328** K4 – 2 937 h. – alt. 690
Paris 534 – Dijon 228 – Grenoble 120 – Lons-le-Saunier 146 – Lyon 154 – Mâcon 149.

△ **Le Moulin Dollay** de déb. mai à fin sept.
☎ 0450680031, *moulin.dollay@orange.fr*,
Fax 0450680031, *www.moulindollay.fr*
3 ha (30 empl.) plat, herbeux, pierreux, bois attenant
Tarif : 20 € 🏕🏕 ⟵🚐 🅴 🚿 (6A) – pers. suppl. 50 €

Location (permanent) : 2 gîtes
🚐 borne artisanale 5 € – 6 🅴 14 € – 🚐 🚿 14 €
Pour s'y rendre : 206 r. du Moulin Dollay (2 km au sud-
est, intersection D 2 et N 203, au bord d'un ruisseau,
au lieu-dit Le Plot)

Nature : 🌳 ♤
Loisirs : 🍴 ⚓
Services : 🚿 ⊶ 🚻 🏧 🧺 🚮 ⌫ 🏧 laverie

Longitude : 6.19076
Latitude : 46.00224

HAUTECOURT

01250 – **328** F4 – 731 h. – alt. 370
Paris 442 – Bourg-en-Bresse 20 – Nantua 24 – Oyonnax 33 – Pont-d'Ain 15.

L'Île de Chambod de déb. avr. à fin sept.
0474372541, camping.chambod@free.fr,
Fax 0474372828, *www.campingilechambod.com*
2,4 ha (110 empl.) plat, herbeux
Tarif : **♦** 4,90 € **⇔** 2,90 € 🗉 3,40 € – 🚰 (10A) 3,90 €

Location : 7 🚐 (4 à 6 pers.) 224 à 651 €/sem. – frais de réservation 18,50 €
🚐 1 borne artisanale – 🚐 🚰 16 €
Pour s'y rendre : 3232 rte du Port (4,5 km au sud-est par D 59, rte de Poncin puis rte à gauche, à 300 m de l'Ain (plan d'eau))

Nature : ≼ ⌷ ♀
Loisirs : ♟ snack 🏛 🔝
Services : 🕭 ⊶ 🖼 🐾 🕭 🕭
À prox. : 🚾 🏊 **parcours sportif**

Longitude : 5.4282
Latitude : 46.12775

ISSARLÈS

07470 – **331** G4 – G. Lyon Drôme Ardèche – 165 h. – alt. 946
🛈 *Syndicat d'intiative, le Village* 🕿 *0466462626, Fax 0466462061*
Paris 574 – Coucouron 16 – Langogne 36 – Le Monastier-sur-Gazeille 18 – Montpezat-sous-Bauzon 35 – Privas 71.

La Plaine de la Loire de déb. mai à fin sept.
0466462577, campinglaplainedelaloire@ifrance.com,
www.campinglaplainedelaloire.fr – alt. 900
1 ha (55 empl.) plat, herbeux
Tarif : 14,44 € **♦♦** **⇔** 🗉 🚰 (6A) – pers. suppl. 3 €
Pour s'y rendre : Le Moulin du Lac - Pont de Laborie (3 km à l'ouest par D 16, rte de Coucouron et chemin à gauche av. le pont)
À savoir : au bord de la Loire

Nature : 🌿 ≼ ♀
Loisirs : snack 🏄 🚾 🏊
Services : ⊶ 🐾 🕭

Longitude : 4.04796
Latitude : 44.81971

JAUJAC

07380 – **331** H6 – 1 167 h. – alt. 450
🛈 *Syndicat d'initiative, La Calade* 🕿 *0475932854, Fax 0475932854*
Paris 612 – Privas 44 – Le Puy-en-Velay 81.

Bonneval de mi-avr. à fin sept.
0475932709, bonneval.camping@wanadoo.fr,
Fax 0475932383, *www.campingbonneval.com*
✉ 07380 Fabras
3 ha (60 empl.) plat, peu incliné et en terrasses, herbeux
Tarif : (Prix 2009) 22,70 € **♦♦** **⇔** 🗉 🚰 (6A) – pers. suppl. 4,60 €

Location (Prix 2009) (de mi-avr. à fin oct.) : 4 🚐 (4 à 6 pers.) 270 à 560 €/sem. – 4 🏠 (4 à 6 pers.) - 300 à 590 €/sem. – frais de réservation 5 €
Pour s'y rendre : au lieu-dit : Les Plots à Fabras (2 km au nord-est par D 19 et D 5, rte de Pont-de-Labeaume, à 100 m du Lignon et des coulées basaltiques)

Nature : 🌿 ≼ Chaine du Tanargue ♀♀
Loisirs : ♟ 🏄 🏛 🔝
Services : 🕭 ⊶ (saison) 🐾 🕭 🕭
À prox. : 🚾

Longitude : 4.25544
Latitude : 44.63565

JEANSAGNIÈRE

42920 – **327** C5 – 89 h. – alt. 1 050
Paris 440 – Lyon 111 – Saint-Étienne 84 – Clermont-Ferrand 88 – Villeurbanne 114.

Village de la Droséra (location exclusive de chalets)
Permanent
0477248144, patrick@ladrosera.fr, www.ladrosera.fr
16 ha en terrasses, pierreux, herbeux, rochers

Location (Prix 2009) : 10 🏠 (4 à 6 pers.) nuitée 115 € - 490 à 745 €/sem.
Pour s'y rendre : au lieu-dit : La Droséra

Nature : 🌿 ≼ sur les Monts du Forez ♀♀
Loisirs : ✕ 🏠 🏄 🔲 parc de promenade, sentiers de randonnée
Services : ⊶

Longitude : 3.83417
Latitude : 45.7263

JOANNAS

07110 – **331** H6 – 327 h. – alt. 430
Paris 650 – Aubenas 23 – Largentière 8 – Privas 55 – Valgorge 15 – Vallon-Pont-d'Arc 30.

La Marette de déb. avr. à mi-sept.
℘ 04 75 88 38 88, *reception@lamarette.com*,
Fax 04 75 88 36 33, *www.lamarette.com*
4 ha (91 empl.) en terrasses et accidenté, herbeux, bois
Tarif : 22,65 € ♦♦ 🚗 🅴 (½) (10A) – pers. suppl. 5,20 €

Location : 23 🛖 (4 à 6 pers.) 240 à 570 €/sem. – 20
🏠 (4 à 6 pers.) - 230 à 560 €/sem.
Pour s'y rendre : rte de Valgorge (2,4 km à l'ouest par
D 24)

Nature : 🌳 ⬳ 🛏 ⌕
Loisirs : 🍽 🏛 🚣 🏊 🎣
Services : 🔧 🔌 ⬡ 🐾 🖼 🚿

Longitude : 4.25143
Latitude : 44.5655

Le Roubreau de mi-avr. à mi-sept.
℘ 04 75 88 32 07, *camping@leroubreau.com*,
www.leroubreau.com
3 ha (100 empl.) plat et peu incliné à incliné, herbeux,
pierreux
Tarif : ♦ 6,50 € 🚗 1 € 🅴 10 € – (½) (3A) 3 € – frais de
réservation 7,50 €

Location : 10 🛖 (4 à 6 pers.) nuitée 37 € - 370 à
688 €/sem. – 19 🏠 (4 à 6 pers.) nuitée 37 € - 480 à
780 €/sem. – frais de réservation 7,50 €
🚰 borne raclet 8,50 €
Pour s'y rendre : rte de Valgorge (1,4 km à l'ouest par
D 24 et chemin à gauche)

À savoir : au bord du Roubreau

Nature : 🌳 ⬳ 🛏 ⌕
Loisirs : 🍽 snack 🏛 🚣 ✂
🏊 🎣
Services : 🔧 🔌 (juil.-août) ⬡
🐾 🖼 🚿
À prox. : canoë

Longitude : 4.25143
Latitude : 44.5655

735

JOYEUSE

07260 – **331** H7 – G. Lyon Drôme Ardèche – 1 595 h. – alt. 180
🅱 *Office de tourisme, Montée de la Chastellane* ℘ 04 75 89 80 92, *Fax 04 75 89 80 95*
Paris 650 – Alès 54 – Mende 97 – Privas 55.

La Nouzarède de déb. avr. à fin sept.
℘ 04 75 39 92 01, *campingnouzarede@wanadoo.fr*,
Fax 04 75 39 43 27, *www.camping-nouzarede.fr*
2 ha (103 empl.) plat, herbeux, pierreux
Tarif : 29,60 € ♦♦ 🚗 🅴 (½) (10A) – pers. suppl. 6,20 € –
frais de réservation 14,50 €

Location : 20 🛖 (4 à 6 pers.) 245 à 695 €/sem. – frais
de réservation 14,50 €
Pour s'y rendre : au nord du bourg par rte du Stade,
à 150 m de la Beaume (accès direct)

Nature : 🛏 ⌕
Loisirs : 🍽 🍴 snack, pizzeria 🏛
🚣 🏊 🐎 (centre équestre)
Services : 🔧 🔌 ⬡ 🐾 🏊 🚰
🖼 🚿
À prox. : ✂ 🚤 🛶 canoë

Longitude : 4.23875
Latitude : 44.47945

Bois Simonet de déb. mai à mi-sept.
℘ 04 75 39 58 60, *bois-simonet@orange.fr*,
Fax 04 75 39 46 79, *www.camping-bois-simonet.com*
2,5 ha (70 empl.) en terrasses, pierreux
Tarif : 25,80 € ♦♦ 🚗 🅴 (½) (6A) – pers. suppl. 4,50 € –
frais de réservation 20 €

Location (de déb. avr. à fin oct.) : 30 🏠 (4 à 6 pers.)
nuitée 70 € - 340 à 980 €/sem. – frais de réservation
20 €
Pour s'y rendre : rte de Valgorge (3,8 km au nord par
D 203)

Nature : 🌳 ⬳ vallée de la
Beaume 🛏 ⌕
Loisirs : 🍽 🍴 snack, pizzeria 🛁
jacuzzi 🚣 🚲 🏊
Services : 🔌 ⬡ 🐾 🏊 🍴 🖼 🚿

Longitude : 4.23489
Latitude : 44.48043

LALLEY

38930 – **333** H9 – 194 h. – alt. 850

🛈 *Syndicat d'initiative, Mairie* ✆ *0476347039, Fax 0476347502*

Paris 626 – Grenoble 63 – La Mure 30 – Sisteron 80.

⚠ **Belle Roche** de mi-mars à mi-oct.

✆ 0476347533, *gildapatt@campingbelleroche.com*,
Fax 0476347533, *www.campingbelleroche.com* –
alt. 860

2,4 ha (60 empl.) plat, terrasse, pierreux, herbeux

Tarif : (Prix 2009) 35€ ✶✶ 🚐 🗉 🔌 (10A) – pers.
suppl. 3,60€

Location (Prix 2009) : 6 🛖 (4 à 6 pers.) nuitée 39€ -
385 à 600€/sem. – frais de réservation 5€

🚐 borne artisanale 5€ – 20 🗉 12,50€

Pour s'y rendre : chemin de Combe Morée (au sud
du bourg par rte de Mens et chemin à dr.)

À savoir : situation agréable face au village

Nature : 🌳 ≤ 🏕	
Loisirs : 🍴 snack 🏓 🏊	
Services : ♿ 🚰 GB 🐾 ⚡ 🗉 🔌 🧺	
À prox. : 🍴	

Longitude : 5.67889
Latitude : 44.75472

Si vous recherchez :

👫 *Un terrain offrant des équipements et des loisirs adaptés aux enfants*

🌳 *Un terrain agréable ou très tranquille*

L *Un terrain effectuant la location de caravanes,*
de mobile homes, de bungalows ou de chalets

P *Un terrain ouvert toute l'année*

🚐 *Un terrain possédant une aire de services pour camping-cars*

Consultez le tableau des localités

LALOUVESC

07520 – **331** J3 – G. Lyon Drôme Ardèche – 491 h. – alt. 1 050

🛈 *Office de tourisme, rue Saint-Régis* ✆ *0475678420, Fax 0475678009*

Paris 553 – Annonay 24 – Lamastre 25 – Privas 80 – St-Agrève 32 – Tournon-sur-Rhône 39 – Valence 56 –
Yssingeaux 43.

⚠ **Municipal le Pré du Moulin** de déb. mai à fin
sept.

✆ 0475678486, *mairie.lalouvesc@inforoutes-ardeche.fr*,
Fax 0475678569, *http://www.lalouvesc.com*

2,5 ha (70 empl.) en terrasses, peu incliné, herbeux

Tarif : 11,25€ ✶✶ 🚐 🗉 🔌 (6A) – pers. suppl. 1,85€

Location (Prix 2009) : huttes

Pour s'y rendre : chemin de l'Hermuzière (au nord de
la localité)

Nature : 🌳	
Loisirs : 🎦 🏓 🍴 ♩	
Services : ♿ 🚰 GB 🐾 🧺 🚮 🍴 🗉	

Longitude : 4.53377
Latitude : 45.12285

LAMASTRE

07270 – **331** J4 – G. Lyon Drôme Ardèche – 2 526 h. – alt. 375

🛈 *Office de tourisme, place Montgolfier* ✆ *0475064899, Fax 0475063753*

Paris 577 – Privas 55 – Le Puy-en-Velay 72 – Valence 38.

⚠ **Le Retourtour** de déb. avr. à fin sept.

✆ 0475064071, *campingderetourtour@wanadoo.fr*,
Fax 0475064071, *www.camping-de-retourtour.com*

2,9 ha (130 empl.) plat et peu incliné, herbeux, gravillons

Tarif : (Prix 2009) 21,30€ ✶✶ 🚐 🗉 🔌 (13A) – pers.
suppl. 3,98€

Location (Prix 2009) : 3 🛖 (2 à 4 pers.) nuitée 35€
- 199€/sem. – 13 🛖 (4 à 6 pers.) nuitée 69€ - 259
à 409€/sem. – maisonnettes

🚐 borne autre – 🚐 9.58€

Pour s'y rendre : 1 r. de Retourtour

À savoir : près d'un plan d'eau

Nature : 🌳 ♀	
Loisirs : 🍴 snack, pizzeria 🎦 🎲	
nocturne 🔥 🏓 ♩	
Services : ♿ 🚰 🐾 🚮 🧺 🍴 🗉	
🧺	
À prox. : 🎣 ≋ (plage)	

Longitude : 4.56483
Latitude : 44.99164

LANDRY

73210 – **333** N4 – 707 h. – alt. 800
Paris 630 – Albertville 49 – Bourg-St-Maurice 7 – Moûtiers 23.

▲▲▲ **L'Eden** de mi-déc. à mi-sept.
℘ 0479076181, *info@camping-eden.net*,
www.camping-eden.net – alt. 740
2,5 ha (133 empl.) peu incliné, en terrasses, plat,
herbeux, gravillons
Tarif : 26,40€ ♥♥ ⇌ ▣ ⚡ (10A) – pers. suppl. 5,30€ –
frais de réservation 10€
Pour s'y rendre : Le Perrey au Levant (700 m au nord-
ouest par D 87e, apr. le passage à niveau, près de l'Isère)

Nature : ❄ ≤ ▭ ♀♀
Loisirs : ❢ snack, le soir unique-
ment ▭ ♨ ⊿
Services : ♿ ⚡ GB ✂ ▥ ⌂ ⚐
⚒ ▣ ♒

Longitude : 6.73565
Latitude : 45.57632

De categorie (1 tot 5 tenten, in **zwart** *of* **rood**) *die wij aan de geselekteerde*
terreinen in deze gids toekennen, is onze eigen indeling.
Niet te verwarren met de door officiële instanties gebruikte classificatie (1 tot 4 sterren).

LANSLEVILLARD

73480 – **333** O6 – G. Alpes du Nord – 447 h. – alt. 1 500 – Sports d'hiver : 1 400/2 800 m ⛷ 1 ⚡ 21 ⛷
🛈 *Office de tourisme, rue Sous Église* ℘ 0479059915
Paris 689 – Albertville 116 – Briançon 87 – Chambéry 129 – Val-d'Isère 51.

△ **Caravaneige Municipal**
℘ 0479059052, *mairielanslevillard@wanadoo.fr*,
Fax 0479059052, *http://www.camping-valcenis.com/*
3 ha (100 empl.) plat, herbeux, pierreux
⚏ 1 borne artisanale
Pour s'y rendre : rte de Lanslebourg (sortie sud-ouest,
au bord d'un torrent)

Nature : ❄ ≤
Loisirs : ❢ ✕ ▭ ♞
Services : ♿ ⚡ ▥ laverie ♒
À prox. : ✂ ⌖

Longitude : 6.91298
Latitude : 45.29033

737

LARNAS

07220 – **331** J7 – G. Lyon et la Vallée du Rhône – 91 h. – alt. 300
Paris 631 – Aubenas 41 – Bourg-St-Andéol 12 – Montélimar 24 – Vallon-pont-d'Arc 24.

▲▲▲ **FranceLoc Le Domaine d'Imbours** ♣♣ – de déb.
avr. à fin sept.
℘ 0475543950, *imbours@franceloc.fr*,
Fax 0475543920, *www.domaine-imbours.com*
270 ha/10 campables (250 empl.) plat, peu incliné à
incliné, pierreux, herbeux
Tarif : 34€ ♥♥ ⇌ ▣ ⚡ (6A) – pers. suppl. 7€ – frais de
réservation 26€
Location : 167 ▭ (4 à 6 pers.) 119 à 1 141€/sem. – 51
⌂ (4 à 6 pers.) - 154 à 1 141€/sem. – appartements –
100 gîtes – hôtel – frais de réservation 26€
Pour s'y rendre : 2,5 km au sud-ouest par D 262 - pour
caravanes, de Bourg-St-Andéol passer par St-Remèze et
Mas du Gras (D 4, D 362 et D 262)

Nature : ▨ ♀♀
Loisirs : ❢ ✕ snack ▭ ▤noc-
turne ♨ ♨ ♿ ⚡ ✂ ▤ ⊿
▵ terrain omnisports
Services : ♿ ⚡ GB ✂ ♨ ⌂ ⚒
▭ ♨ ♒
À prox. : ♞ canoë

Longitude : 4.59875
Latitude : 44.4474

LATHUILE

74210 – **328** K6 – 902 h. – alt. 510
Paris 554 – Albertville 30 – Annecy 18 – La Clusaz 38 – Megève 45.

▲▲▲ **La Ravoire** de mi-mai à déb. sept.
℘ 0450443780, *info@camping-la-ravoire.fr*,
Fax 0450329060, *www.camping-la-ravoire.fr*
2 ha (110 empl.) plat, herbeux
Tarif : 30€ ♥♥ ⇌ ▣ ⚡ (5A) – pers. suppl. 6,50€
Location ✂ : 4 ⌂ (4 à 6 pers.) - 400 à 740€/sem.
Pour s'y rendre : rte de la Ravoire (2,5 km au nord)
À savoir : beau cadre de verdure près du lac

Nature : ≤ ♀
Loisirs : ▭ ♨ ⊿ ♨
Services : ♿ ⚡ GB ✂ ♨ ⌂ ⚐
laverie
À prox. : ♒

Longitude : 6.2112
Latitude : 45.80013

Les Fontaines de mi-mai à mi-sept.
☎ 0450443122, *info@campinglesfontaines.com*,
Fax 0450448780, *www.campinglesfontaines.com*
3 ha (170 empl.) plat, peu incliné, en terrasses, herbeux
Tarif : (Prix 2009) 26,90€ ★★ ⇔ 🅴 (½) (6A) – pers.
suppl. 6€ – frais de réservation 16€

Location (de mi-avr. à mi-sept.) ⚡ (juil-août) : 🛖
– 🛖 – frais de réservation 16€
Pour s'y rendre : 1295 rte de Chaparon (2 km au nord,
à Chaparon)

Nature : ⛰ ≤ 🌳
Loisirs : ☗ snack 🎮 ☺ ♨ ⛱
Services : ⅗ 🚿 GB ♻ ☃ ⚑
laverie 🔄 🌱

Longitude : 6.20522
Latitude : 45.80164

L'Idéal de déb. mai à fin sept.
☎ 0450443297, *camping-ideal@wanadoo.fr*,
Fax 0450443659, *www.camping-ideal.com*
3,2 ha (300 empl.) plat et peu incliné, herbeux
Tarif : 27,90€ ★★ ⇔ 🅴 (½) (6A) – pers. suppl. 6€ – frais
de réservation 15€

Location (de mi-avr. à fin sept.) ⚡ : 59 🛖 (4 à
6 pers.) 250 à 750€/sem. – frais de réservation 15€
Pour s'y rendre : 715 rte de Chaparon (1,5 km au nord)

Nature : ⛰ ≤ 🌳
Loisirs : ☗ snack 🎮 ☺ diurne
🏊 ⚲ ♨ ⛱
Services : ⅗ 🚿 GB ♻ ☃ ⚑
laverie 🔄 🌱

Longitude : 6.20577
Latitude : 45.7956

Le Taillefer de déb. mai à fin sept.
☎ 0450443030, *info@campingletaillefer.com*,
Fax 0450443030, *www.campingletaillefer.com*
1 ha (32 empl.) plat, incliné, en terrasses, herbeux
Tarif : 18,80€ ★★ ⇔ 🅴 (½) (6A) – pers. suppl. 3,50€
Pour s'y rendre : 1530 rte de Chaparon (2 km au nord,
à Chaparon)

Nature : ≤ 🌳
Loisirs : ☗ 🎮 🏊
Services : ⅗ 🚿 ♻ laverie

Longitude : 6.20561
Latitude : 45.80236

LAURAC-EN-VIVARAIS

07110 – **331** H6 – 895 h. – alt. 182
Paris 646 – Alès 60 – Mende 102 – Privas 50.

Les Châtaigniers de déb. avr. à fin sept.
☎ 0475368626, *chataigniers@hotmail.com*,
Fax 0475368626, *www.chataigniers-laurac.com*
1,2 ha (71 empl.) plat, peu incliné, herbeux
Tarif : 18€ ★★ ⇔ 🅴 (½) (10A) – pers. suppl. 3,70€ –
frais de réservation 80€

Location ⚡ : 7 🛖 (4 à 6 pers.) nuitée 60€ - 250 à
590€/sem.
Pour s'y rendre : au lieu-dit : Peyrot (au sud-est du
bourg, accès conseillé par D 104)

Nature : 🌳
Loisirs : 🎮 🏊 ♨
Services : ⅗ 🚿 GB ♻ ☃ 🔲

Longitude : 4.29427
Latitude : 44.50354

To select the best route and follow it with ease,
To calculate distances,
To position a site precisely from details given in the text :
*Get the appropriate **MICHELIN regional map.***

LÉPIN-LE-LAC

73610 – **333** H4 – 358 h. – alt. 400
🄸 *Office de tourisme, place de la Gare* ☎ 0479360002
Paris 555 – Belley 36 – Chambéry 24 – Les Échelles 17 – Le Pont-de-Beauvoisin 12 – Voiron 33.

Le Curtelet de mi-mai à fin sept.
☎ 0479441122, *lecurtelet@wanadoo.fr*,
Fax 0479441122, *www.camping-le-curtelet.com*
1,3 ha (94 empl.) peu incliné, herbeux
Tarif : 18€ ★★ ⇔ 🅴 (½) (6A) – pers. suppl. 4,10€ – frais
de réservation 10€
Pour s'y rendre : 1,4 km au nord-ouest

Nature : ≤ 🌳 ⛰
Loisirs : ☗ 🏊
Services : ⅗ 🚿 (juil.-sept.) ♻
☃ laverie
À prox. : ⚲ ⚱

Longitude : 5.77888
Latitude : 45.54232

LESCHERAINES

73340 – **333** J3 – 708 h. – alt. 649 – Base de loisirs
🛈 *Office de tourisme, le Pont* ✆ 0479633736
Paris 557 – Aix-les-Bains 26 – Annecy 26 – Chambéry 29 – Montmélian 39 – Rumilly 27.

▲▲ **Municipal l'Île** de mi-avr. à fin sept.
✆ 0479638000, *contact@camping-savoie.com*,
Fax 0479633878, *www.camping-savoie.com*
7,5 ha (250 empl.) non clos, plat, terrasses, herbeux
Tarif : (Prix 2009) 16,20€ ★★ ⇔ 🅴 🗓 (10A) – pers.
suppl. 3,80€ – frais de réservation 10€

Location (Prix 2009) (de fin mars à fin sept.) : 12 ⬜
(4 à 6 pers.) 235 à 462€/sem. – 5 🏚 (4 à 6 pers.) - 266
à 509€/sem. – 5 bungalows toilés
Pour s'y rendre : à la Base de Loisirs : Les Îles du Chéran
(2,5 km au sud-est par D 912, rte d'Annecy et rte à dr.,
à 200 m du Chéran)

À savoir : au bord d'un plan d'eau, entouré de montagnes
boisées

Nature : 🦆 ≤ 💧⛰
Loisirs : 🎪
Services : ᴪ ⚲ GB ᴅᶯ ♨ ⩊ ⟲
⟦¹⟧ laverie
À la base de loisirs : 🍴 snack ⛱
🍽 🔥 ⛵ ⛷ 🐎 poneys pédalos,
canoë

Longitude : 6.10587
Latitude : 45.70712

LUGRIN

74500 – **328** N2 – G. Alpes du Nord – 2 134 h. – alt. 413
🛈 *Syndicat d'initiative, Place de la Mairie* ✆ 0450760038, Fax 0450760862
Paris 584 – Annecy 91 – Évian-les-Bains 8 – St-Gingolph 12 – Thonon-les-Bains 17.

▲▲ **Vieille Église** de mi-avr. à fin oct.
✆ 0450760195, *campingvieilleeglise@wanadoo.fr*,
Fax 0450761312, *www.camping-vieille-eglise.com*
1,6 ha (100 empl.) plat et peu incliné, terrasses, herbeux
Tarif : 22€ ★★ ⇔ 🅴 🗓 (4A) – pers. suppl. 6€ – frais de
réservation 5€

Location : 19 ⬜ (4 à 6 pers.) 225 à 690€/sem.
🚐 1 borne autre 7€
Pour s'y rendre : 53 rte des Préparraux (2 km à l'ouest,
à Vieille-Église)

Nature : ≤ 💧💧
Loisirs : 🔥 ⛲
Services : ᴪ ⚲ GB ᴅᶯ ♨ ⩊ ⟲
⟦¹⟧ laverie
À prox. : 🍴

Longitude : 6.64667
Latitude : 46.40056

▲ **Les Myosotis** de déb. mai à mi-sept.
✆ 0450760759, *campinglesmyosotis@wanadoo.fr*,
Fax 0450760759, *www.camping-les-myosotis.com*
1 ha (58 empl.) en terrasses, herbeux
Tarif : 16,80€ ★★ ⇔ 🅴 🗓 (6A) – pers. suppl. 2,80€
Pour s'y rendre : 26 chemin du Grand Tronc (600 m
au sud)

À savoir : belle situation dominante sur le lac Léman

Nature : 🦆 ≤ 💧
Services : ⚲ (juil.-août) ᴅᶯ 🖥

Longitude : 6.66492
Latitude : 46.40104

739

LUS-LA-CROIX-HAUTE

26620 – **332** H6 – G. Alpes du Sud – 476 h. – alt. 1 050
🛈 *Syndicat d'initiative, rue Principale* ✆ 0492585185
Paris 638 – Alès 207 – Die 45 – Gap 49 – Grenoble 75.

▲ **Champ la Chèvre** de fin avr. à mi-sept.
✆ 0492585014, *info@campingchamplachevre.com*,
Fax 0492585592, *www.campingchamplachevre.com*
3,6 ha (100 empl.) plat, en terrasses, peu incliné,
incliné, herbeux
Tarif : 21,50€ ★★ ⇔ 🅴 🗓 (6A) – pers. suppl. 5€ – frais
de réservation 15€

Location (permanent) : 4 ⬜ (4 à 6 pers.) nuitée 57€
- 245 à 505€/sem. – 8 🏚 (4 à 6 pers.) nuitée 65€ - 325
à 665€/sem.
🚐 borne artisanale 4€ – 2 🅴 16,50€
Pour s'y rendre : au sud-est du bourg, près de la piscine

Nature : 🦆 ≤ 💧
Loisirs : 🎪
Services : ᴪ ⚲ GB ᴅᶯ ⟦¹⟧ 🖥
À prox. : ⛷ 🐎

Longitude : 5.70892
Latitude : 44.6894

MAISON-NEUVE

07230 – **331** H7
Paris 662 – Aubenas 35 – Largentière 25 – Privas 67 – St-Ambroix 22 – Vallon-Pont-d'Arc 21.

Pont de Maisonneuve de déb. avr. à fin sept.
☎ 0475393925,
camping.pontdemaisonneuve@wanadoo.fr,
Fax 0475393925, *www.camping-pontdemaisonneuve.com*
✉ 07460 Beaulieu
3 ha (100 empl.) plat, herbeux
Tarif : (Prix 2009) 15,10 € ★ ★ ⊶ 🗐 (9) (6A) – pers.
suppl. 3,60 €

Location : 11 🛏 (4 à 6 pers.) 280 à 510 €/sem.
🚐 borne eurorelais 3 €
Pour s'y rendre : sortie sud par D 104, rte d'Alès et à dr.,
rte de Casteljau, apr. le pont

À savoir : au bord du Chassezac

Nature : 🌳🌳	
Loisirs : 🍽 🏠 🛶 ✂ 🏊 🛥 🐟	
Services : 🚿 ⚡ 🅶🅱 🐾 🔥 🗑 🧊	
À prox. : canoë	

Longitude : 4.23403
Latitude : 44.36034

MALARCE-SUR-LA-THINES

07140 – **331** G7 – 260 h. – alt. 340
Paris 626 – Aubenas 48 – Largentière 38 – Privas 79 – Vallon-Pont-d'Arc 42 – Villefort 21.

Les Gorges du Chassezac de déb. mai à fin sept.
☎ 0475394512, *campinggorgeschassezac@wanadoo.fr*,
www.campinggorgeschassezac.com
2,5 ha (80 empl.) plat, peu incliné et en terrasses,
pierreux, herbeux
Tarif : 18 € ★ ★ ⊶ 🗐 (9) (6A) – pers. suppl. 3 €

Location (de déb. mai à fin août) : 10 🛏 (4 à 6 pers.)
300 à 450 €/sem.
Pour s'y rendre : au lieu-dit : Champ d'Eynes (4 km au
sud-est par D 113, rte des Vans)

À savoir : au bord du Chassezac (accès direct)

Nature : 🐟 ≤ 🌳🌳	
Loisirs : 🛥 🐟	
Services : ⚡ (juil.-août) 🐾 🗑 🧊	

Longitude : 4.07
Latitude : 44.44

MALBOSC

07140 – **331** G7 – 155 h. – alt. 450
Paris 644 – Alès 45 – La Grand-Combe 29 – Les Vans 19 – Villefort 27.

Le Moulin de Gournier de mi-juin à fin août
☎ 0475373550,
gournier@camping-moulin-de-gournier.com,
www.camping-moulin-de-gournier.com
4 ha/1 campable (29 empl.) en terrasses, pierreux,
herbeux
Tarif : 19 € ★ ★ ⊶ 🗐 (9) (10A) – pers. suppl. 6 € – frais
de réservation 8 €

Location (de mi-avr. à fin oct.) : 🛖 (4 à 6 pers.) - 330
à 530 €/sem. – tentes – frais de réservation 8 €
Pour s'y rendre : le Gournier (7 km au nord-est par
D 216, rte des Vans)

À savoir : cadre agréable au bord de la Ganière

Nature : 🐟 🗐 ♀	
Loisirs : snack 🚲 🛥 🐟	
Services : 🚿 ⚡ 🐾 🗑 🔥	

Longitude : 4.09462
Latitude : 44.36458

LES MARCHES

73800 – **333** I5 – 2 449 h. – alt. 328
Paris 572 – Albertville 43 – Chambéry 12 – Grenoble 44 – Montmélian 6.

La Ferme du Lac de mi-avr. à fin sept.
☎ 0479281348, *lafermedulac@wanadoo.fr*,
Fax 0479281348, *www.campinglafermedulac.fr*
2,6 ha (100 empl.) plat, herbeux
Tarif : (Prix 2009) ★ 4,20 € ⊶ 🗐 5 € – (9) (10A) 3,20 €

Location (Prix 2009) 🚫 : 9 🛏 (4 à 6 pers.) 240 à
345 €/sem. – 1 🛖 (4 à 6 pers.) - 305 à 390 €/sem.
🚐 1 borne 4 € – 8 🗐 – 🚽 9.90 €
Pour s'y rendre : 1 km au sud-ouest par N 90, rte de
Pontcharra et D 12 à dr.

Nature : 🌳🌳	
Loisirs : 🏠 🛥	
Services : 🚿 ⚡ 🐾 🔥 🚰 🗑	

Longitude : 6.00013
Latitude : 45.49928

MARS

07320 – **331** H3 – 279 h. – alt. 1 060
Paris 579 – Annonay 49 – Le Puy-en-Velay 44 – Privas 71 – Saint-Étienne 67.

La Prairie de mi-mai à mi-sept.
    0475302447, millardjf@camping-laprairie.com,
    Fax 0475302447, *www.camping-laprairie.com*
    0,6 ha (30 empl.) plat, herbeux, sablonneux
    Tarif : (Prix 2009) 14,60€ ★★ ⬚ 🅴 ⬚ (6A) – pers.
    suppl. 3€

    Location (Prix 2009) : 3 ⬚ (2 à 4 pers.) nuitée 30€
    - 315€/sem.
    ⬚ borne artisanale 4€
    Pour s'y rendre : au lieu-dit : Laillier (au nord-est du
    bourg par D 15, rte de St-Agrève et chemin à gauche)

Nature : ⬚ ◁
Loisirs : snack ⬚ ⬚
Services : ⬚ ⬚ ⬚ ⬚
À prox. : ⬚ ⬚ ⬚ (plan d'eau) golf (18 trous)

Longitude : 4.32088
Latitude : 45.02153

Des vacances réussies sont des vacances bien préparées !
Ce guide est fait pour vous y aider... mais :
– N'attendez pas le dernier moment pour réserver
– Évitez la période critique du 14 juillet au 15 août
Pensez aux ressources de l'arrière-pays,
à l'écart des lieux de grande fréquentation.

MASSIGNIEU-DE-RIVES

01300 – **328** H6 – 564 h. – alt. 295
Paris 516 – Aix-les-Bains 26 – Belley 10 – Morestel 37 – Ruffieux 16 – La Tour-du-Pin 41.

Le Lac du Lit du Roi de mi-avr. à fin sept.
    0479421203, info@camping-savoie.fr,
    Fax 0479421994, *www.camping-savoie.com*
    4 ha (120 empl.) en terrasses, herbeux
    Tarif : 25€ ★★ ⬚ 🅴 ⬚ (6A) – pers. suppl. 6,50€ – frais
    de réservation 15€

    Location : 10 ⬚ (4 à 6 pers.) nuitée 40€ - 135 à
    550€/sem. – 5 ⬚ (4 à 6 pers.) nuitée 75€ - 200 à
    860€/sem. – frais de réservation 20€
    ⬚ 5 🅴 25€
    Pour s'y rendre : lieu-dit : La Tuillère (2,5 km au nord par
    rte de Belley et chemin à dr.)

    À savoir : situation agréable au bord d'un plan d'eau
    formé par le Rhône

Nature : ⬚ ◁ lac et collines ⬚ ⬚
Loisirs : ⬚ snack ⬚ ⬚ ⬚ ⬚
Services : ⬚ ⬚ ⬚ ⬚ ⬚ ⬚ ⬚ ⬚

Longitude : 5.77176
Latitude : 45.77111

MATAFELON-GRANGES

01580 – **328** G3 – 641 h. – alt. 453
Paris 460 – Bourg-en-Bresse 37 – Lons-le-Saunier 56 – Mâcon 75 – Oyonnax 15.

Les Gorges de l'Oignin de déb. avr. à fin sept.
    0474768097, camping.lesgorgesdeloignin@wanadoo.fr,
    Fax 0474768097, *www.gorges-de-loignin.com*
    2,6 ha (128 empl.) en terrasses, gravier, herbeux
    Tarif : 24€ ★★ ⬚ 🅴 ⬚ (10A) – pers. suppl. 5,20€ –
    frais de réservation 16€

    Location ⬚ : 2 ⬚ (4 à 6 pers.) 236 à 542€/sem.
    – 10 ⬚ (4 à 6 pers.) - 246 à 582€/sem. – frais de
    réservation 16€
    ⬚ 15 🅴 24€
    Pour s'y rendre : r. du Lac (900 m au sud du bourg par
    chemin)

    À savoir : près d'un lac

Nature : ◁
Loisirs : ⬚ snack ⬚ ⬚
Services : ⬚ ⬚ ⬚ ⬚ ⬚ ⬚ ⬚
⬚ ⬚ ⬚
À prox. : ⬚ ⬚

Longitude : 5.55556
Latitude : 46.25946

LES MAZES

07150 – **331** I7 – G. Lyon Drôme Ardèche
Paris 669 – Lyon 207 – Privas 58 – Nîmes 83 – Avignon 84.

▲▲▲ **La Plage Fleurie** de fin avr. à déb. sept.
℘ 04 75 88 01 15, *info@laplagefleurie.com*,
Fax 04 75 88 11 31, *www.laplagefleurie.com*
12 ha/6 campables (300 empl.) plat et peu incliné,
terrasses, herbeux
Tarif : 37,10€ ✶✶ ⇔ 🅴 (½) (10A) – pers. suppl. 7,50€ –
frais de réservation 20€

Location : 130 🛏 (4 à 6 pers.) nuitée 53€ - 350 à
850€/sem. – 20 🛖 (4 à 6 pers.) nuitée 26€ - 530€/
sem. – frais de réservation 25€
Pour s'y rendre : 3,5 km à l'ouest

À savoir : au bord de l'Ardèche

| Nature : ≤ 🌳🌲 |
| Loisirs : ▼ ✗ snack, pizzeria 🏇 ♨ ⊿ ⊶ canoë |
| Services : ⅙ ⊶ ⌷🄶🄱 ⅗ ⅔ |

| Longitude : 4.35466 |
| Latitude : 44.41169 |

▲▲ **Beau Rivage** de déb. mai à mi-sept.
℘ 04 75 88 03 54, *campingbeaurivage@wanadoo.fr*,
Fax 04 75 88 03 54, *www.beaurivage-camping.com*
2 ha (100 empl.) plat et terrasse, herbeux
Tarif : 26€ ✶✶ ⇔ 🅴 (½) (6A) – pers. suppl. 5,60€ – frais
de réservation 16€

Location : 14 🛏 (4 à 6 pers.) nuitée 55€ - 285 à
600€/sem. – frais de réservation 23€
Pour s'y rendre : au lieu-dit : Les Mazes

| Nature : 🌿 🌳🌲 |
| Loisirs : snack, pizzeria 🏇 ⊿ ⊶ canoë |
| Services : ⅙ ⊶ ⌷🄶🄱 ⅗ ⅔ |

| Longitude : 4.34612 |
| Latitude : 44.44428 |

▲▲ **Arc-en-Ciel** de déb. mai à fin sept.
℘ 04 75 88 04 65, *info@arcenciel-camping.com*,
Fax 04 75 37 16 99, *www.arcenciel-camping.com*
5 ha (218 empl.) plat et peu incliné, herbeux, pierreux
Tarif : 29,50€ ✶✶ ⇔ 🅴 (½) (10A) – pers. suppl. 5,80€ –
frais de réservation 12€

Location (Prix 2009) : 39 🛏 (4 à 6 pers.) 250 à 760€/
sem. – 6 bungalows toilés – frais de réservation 20€
Pour s'y rendre : au lieu-dit : Les Mazes

À savoir : au bord de l'Ardèche (plan d'eau)

| Nature : 🌿 🌳🌲 |
| Loisirs : ▼ pizzeria 🔲 🏇 ⊿ ⊶ |
| Services : ⅙ ⊶ ⌷🄶🄱 ⅗ ⅔ |

| Longitude : 4.34612 |
| Latitude : 44.44428 |

742

MÉAUDRE

38112 – **333** G7 – G. Alpes du Nord – 1 199 h. – alt. 1 012 – Sports d'hiver : 1 000/1 600 m ✦ 10 ✦
🄱 *Office de tourisme, le Village* ℘ 04 76 95 20 68, Fax 04 76 95 25 93
Paris 588 – Grenoble 38 – Pont-en-Royans 26 – Tullins 53 – Villard-de-Lans 10.

▲▲ **Les Buissonnets** de mi-déc. à fin oct.
℘ 04 76 95 21 04, *camping-les-buissonnets@wanadoo.fr*,
Fax 04 76 95 26 14, *www.camping-les-buissonnets.com* –
places limitées pour le passage
2,8 ha (100 empl.) peu incliné, herbeux et plat
Tarif : 20,50€ ✶✶ ⇔ 🅴 (½) (10A) – pers. suppl. 4,20€

Location 🅿 : 12 🛏 (4 à 6 pers.) 290 à 560€/sem.
⛽ borne artisanale 4,50€ – 🚰 13.80€
Pour s'y rendre : au lieu-dit : Les Grangeons (500 m au
nord-est par D 106 et rte à dr., à 200 m du Méaudret)

| Nature : ❄ 🌿 ≤ ♀ |
| Loisirs : 🔲 🏇 |
| Services : ⅙ ⊶ ⌷🄶🄱 ⅗ Ⅲ ⅔ 🔲 |
| À prox. : ✗ ⊿ |

| Longitude : 5.53243 |
| Latitude : 45.12955 |

▲ **Les Eymes** Permanent
℘ 04 76 95 24 85, *contact@camping-les-eymes.com*,
Fax 04 76 95 20 53, *www.camping-les-eymes.com*
1,3 ha (40 empl.) en terrasses et peu incliné, herbeux,
pierreux, bois attenant
Tarif : (Prix 2009) 18€ ✶✶ ⇔ 🅴 (½) (10A) – pers.
suppl. 6,50€

Location (Prix 2009) : 6 🛏 (4 à 6 pers.) 270 à 488€/
sem. – 3 🛖 (4 à 6 pers.) - 336 à 552€/sem.
⛽ 8 🅴 13,50€ – 🚰 10€
Pour s'y rendre : 3,8 km au nord par D 106c, rte d'Autrans
et rte à gauche

| Nature : 🌿 ≤ |
| Loisirs : snack ⊿ |
| Services : ⅙ ⊶ ⌷🄶🄱 ⅗ Ⅲ ⊿ ⅙ ⅔ |

| Longitude : 5.51557 |
| Latitude : 45.14443 |

MEGÈVE

74120 – **328** M5 – G. Alpes du Nord – 3 960 h. – alt. 1 113 – Sports d'hiver : 1 113/2 350 m ⚡ 9 ✦ 70 ✦
🛈 *Office de tourisme, Maison des Frères* ☎ *0450212728, Fax 0450930309*
Paris 598 – Albertville 32 – Annecy 60 – Chamonix-Mont-Blanc 33 – Genève 71.

⚠ **Bornand** de déb. juin à fin août
☎ 0450930086, *camping.bornand@aliceadsl.fr,*
Fax 0450930248, *www.camping-megeve.com* – alt. 1 060
1,5 ha (80 empl.) non clos, incliné et en terrasses, herbeux
Tarif : (Prix 2009) 15,20€ 🚶🚶 ⇔ 🅴 (½) (6A) – pers.
suppl. 3,90€

Location (Prix 2009) (permanent) ⚡ : 4 🏠 (4 à
6 pers.) - 289 à 544€/sem.
Pour s'y rendre : 57 rte du Grand Bois - Demi.Quartier
(3 km au nord-est par N 212, rte de Sallanches et rte de
la télécabine à dr.)

Nature : ≤ ♀	
Loisirs : 🔛	
Services : ⚐ ⚡ GB ♻ laverie	
À prox. : ✗	

Longitude : 6.64183
Latitude : 45.87912

⚠ **Gai-Séjour** de mi-mai à mi-sept.
☎ 0450212258 – alt. 1 040
1,2 ha (60 empl.) plat, peu incliné, herbeux, pierreux
Tarif : (Prix 2009) 13,20€ 🚶🚶 ⇔ 🅴 (½) (4A) – pers.
suppl. 2,70€
Pour s'y rendre : 332 rte de Cassioz (3,5 km au sud-
ouest par N 212, rte d'Albertville)

Nature : ≤ ♀	
Services : ⚡ GB ♻ ▥	

Longitude : 6.58902
Latitude : 45.84061

Donnez-nous votre avis sur les terrains que nous recommandons.
Faites-nous connaître vos observations et vos découvertes
par mail à l'adresse : leguidecampingfrance@fr.michelin.com.

MENGLON

26410 – **332** F6 – 388 h. – alt. 550
Paris 645 – Lyon 183 – Valence 80 – Grenoble 90 – Gap 84.

743

⚠⚠⚠ **L'Hirondelle** 👤♦ – de fin avr. à mi-sept.
☎ 0475218208, *contact@campinghirondelle.com,*
Fax 0475218285, *www.campinghirondelle.com*
7,5 ha/4 campables (100 empl.) non clos, plat et peu
accidenté, herbeux
Tarif : 34,10€ 🚶🚶 ⇔ 🅴 (½) (6A) – pers. suppl. 8,30€ –
frais de réservation 18,50€

Location (de déb. avr. à fin sept.) : 20 🚐 (4 à 6 pers.)
nuitée 114€ – 308 à 798€/sem. – 20 🏠 (4 à 6 pers.)
nuitée 117€ – 350 à 819€/sem. – frais de réservation
18,50€
Pour s'y rendre : bois de Saint Ferréol (2,8 km au nord-
ouest par D 214 et D 140, rte de Die, près du D 539 (accès
conseillé))

À savoir : cadre et situation agréables au bord du Bez

Nature : ⛰ ≤ 🏞 ♨	
Loisirs : 🍴 ✗ snack, pizzeria 🔛 ▦nocturne 🎯 🚴 🎠 ⚓ ⛵ (plan d'eau) ⛷ terrain omnisports Services : ⚐ ⚡ GB ♻ 🚿 ⚒ laverie 🧺	

Longitude : 5.46188
Latitude : 44.66364

MENTHON-ST-BERNARD

74290 – **328** K5 – G. Alpes du Nord – 1 818 h. – alt. 482
🛈 *Office de tourisme, Chef-lieu* ☎ *0450601430, Fax 0450602219*
Paris 552 – Lyon 148 – Annecy 9 – Genève 51 – Chambéry 59.

⚠ **Le Clos Don Jean** de déb. juin à mi-sept.
☎ 0450601866, *donjean74@wanadoo.fr,*
Fax 0450601866, *www.clos-don-jean.com*
1 ha (60 empl.) peu incliné, plat, herbeux
Tarif : (Prix 2009) 19,60€ 🚶🚶 ⇔ 🅴 (½) (6A) – pers.
suppl. 4,30€ – frais de réservation 2€

Location (Prix 2009) (de mi-mai à mi-sept.) : 9 🚐
(4 à 6 pers.) 270 à 470€/sem.
Pour s'y rendre : 435 rte du Clos-Don-Jean

Nature : ⛰ ≤ ♀	
Loisirs : 🔛	
Services : ⚡ ♻ 🅿	

Longitude : 6.19916
Latitude : 45.863

RHÔNE-ALPES

MEYRAS

07380 – **331** H5 – 819 h. – alt. 450

🛈 *Office de tourisme, Route Nationale 102* ☎ *04 75 36 46 26, Fax 04 75 36 45 28*
Paris 609 – Aubenas 17 – Le Cheylard 54 – Langogne 49 – Privas 46.

🏕 La Plage de fin mars à fin oct.
☎ 04 75 36 40 59, *contact@lecampingdelaplage.com*,
Fax 04 75 36 43 70, *www.lecampingdelaplage.com* –
places limitées pour le passage
0,8 ha (45 empl.) en terrasses et plat, herbeux, pierreux
Tarif : 19€ ♣♣ ⛺ 🅔 (10A) – pers. suppl. 4€

Location : 24 🚐 (4 à 6 pers.) nuitée 60€ - 230 à 620€/sem. – 5 🏠 (4 à 6 pers.) - 270 à 670€/sem. – appartements
Pour s'y rendre : au lieu-dit : Neyrac-les-Bains (3 km au sud-ouest par N 102, rte du Puy-en-Velay)

À savoir : agréable situation au bord de l'Ardèche

| Nature : 🌿 ≤ 🖼 ♨♨ |
| Loisirs : 🍸 snack 🚂 ⏰diurne salle d'animation 🏊 🛝 🎿 🟦 |
| Services : 🚿 🔌 GB 🛒 🚾 🗑 🍴 🧺 laverie 🧴 |
| À prox. : canoë |

Longitude : 4.26862
Latitude : 44.68103

🏕 Le Ventadour de mi-avr. à déb. oct.
☎ 04 75 94 18 15, *info@leventadour.com*,
Fax 04 75 94 18 15, *www.leventadour.com*
3 ha (142 empl.) plat et peu incliné, herbeux
Tarif : 23,20€ ♣♣ ⛺ 🅔 – pers. suppl. 5€ – frais de réservation 14€

Location 🚿 : 12 🚐 (4 à 6 pers.) 289 à 569€/sem. – frais de réservation 14€
Pour s'y rendre : au Pont de Rolandy (3,5 km au sud-est, par N 102, rte d'Aubenas, au bord de l'Ardèche)

| Nature : ≤ 🖼 ♨▲ |
| Loisirs : 🍸 snack, pizzeria 🏊 🚴 🎿 |
| Services : 🚿 🔌 GB 🛒 🗑 🍴 📷 🧴 |
| À prox. : canoë |

Longitude : 4.28579
Latitude : 44.66868

MEYRIEU-LES-ÉTANGS

38440 – **333** E4 – 757 h. – alt. 430 – Base de loisirs
Paris 515 – Beaurepaire 31 – Bourgoin-Jallieu 14 – Grenoble 78 – Lyon 54 – Vienne 27.

🏕 Base de Loisirs du Moulin de déb. avr. à fin sept.
☎ 04 74 59 30 34, *contact@camping-meyrieu.com*,
Fax 04 74 58 36 12, *www.camping-meyrieu.com*
1 ha (75 empl.) plat, peu incliné, en terrasses, herbeux
Tarif : (Prix 2009) ♣ 4,90€ ⛺ 1,90€ 🅔 6,20€ – 🔌 (10A) 4,90€ – frais de réservation 5€

Location (Prix 2009) 🅟 : 9 🏠 (4 à 6 pers.) nuitée 74€ - 312 à 554€/sem. – frais de réservation 5€
🚐 borne artisanale
Pour s'y rendre : rte de Saint-Anne (800 m au sud-est par D 56b, rte de Châtonnoy et rte de Ste-Anne à gauche, près d'un plan d'eau)

À savoir : les emplacements en terrasses dominent le lac

| Nature : 🌿 🖼 ♨♨ |
| Loisirs : 🚂 🏊 🎿 |
| Services : 🚿 🔌 GB 🛒 🗑 🍴 |
| À prox. : 🍸 snack 🧴 🏊 🎣 🎿 pédalos, canoë, kayak |

Longitude : 5.20167
Latitude : 45.51493

MIRABEL-ET-BLACONS

26400 – **332** D5 – 880 h. – alt. 225
Paris 595 – Crest 7 – Die 30 – Dieulefit 33 – Grignan 48 – Valence 38.

🏕 Gervanne de déb. avr. à fin sept.
☎ 04 75 40 00 20, *info@gervanne-camping.com*,
Fax 04 75 40 03 97, *www.gervanne-camping.com*
3,7 ha (150 empl.) plat et peu incliné, herbeux
Tarif : ♣ 6€ ⛺ 3€ 🅔 5€ – 🔌 (6A) 3,80€ – frais de réservation 15€

Location 🚿 : 3 🚐 (4 à 6 pers.) 273 à 584€/sem. – 14 🏠 (4 à 6 pers.) - 280 à 735€/sem. – frais de réservation 15€
🚐 borne artisanale 4€ – 🚰 10.50€
Pour s'y rendre : quartier Bellevue (au confluent de la Drôme et de la Gervanne, à Blacons)

À savoir : cadre verdoyant au bord de la Gervanne et la Drôme (plan d'eau)

| Nature : 🌿 ♨▲ |
| Loisirs : 🍸 pizzeria, snack 🚂 🏊 🚴 🎿 |
| Services : 🚿 🔌 GB 🛒 🍴 laverie 🧴 |
| À prox. : parcours de santé |

Longitude : 5.08829
Latitude : 44.71318

MONTALIEU-VERCIEU

38390 – **333** F3 – 2 632 h. – alt. 213 – Base de loisirs
🖪 *Office de tourisme, 5 place de la Mairie* 𝒫 *04 74 88 48 56, Fax 04.74.88.67.96*
Paris 478 – Belley 36 – Bourg-en-Bresse 54 – Crémieu 25 – Nantua 66 – La Tour-du-Pin 34.

⚠ **Vallée Bleue**
𝒫 04 74 88 63 67, *camping.valleebleue@wanadoo.fr*,
Fax 04 74 88 62 11, *www.camping-valleebleue.com*
120 ha/1,8 campable (119 empl.) plat, peu incliné,
herbeux, gravier
Location : 7 🛖
🚐 1 borne
Pour s'y rendre : à la Base de Loisirs (sortie nord par
N 75, rte de Bourg-en-Bresse puis 1,3 km par D 52f à dr.)
À savoir : au bord du Rhône rive gauche (plan d'eau)

Nature : 🌊 ≤ ♀
Loisirs : 🍴 snack 🚸 ⚽ 🚣
Services : 🚻 ⛽ 🔧 🚽 🖭
À prox. : 🗡 🚲 🏍 🎯 🏊 🚤 ⛵
🐎 pédalos, jet ski, squad, ponton d'amarrage

Longitude : 5.40382
Latitude : 45.81421

MONTBRISON

42600 – **327** D6 – G. Lyon Drôme Ardèche – 15 127 h. – alt. 391
🖪 *Office de tourisme, Cloître de Cordeliers* 𝒫 *04 77 96 08 69, Fax 04 77 96 20 88*
Paris 444 – Lyon 103 – Le Puy-en-Velay 99 – Roanne 68 – St-Étienne 45 – Thiers 68.

⚠ **Le Bigi** de mi-avr. à mi-oct.
𝒫 04 77 58 06 39, *andre.drutel@orange.fr*, *www.
camping-le-bigi.fr* – places limitées pour le passage
1,5 ha (37 empl.) en terrasses et peu incliné, herbeux,
gravillons
Tarif : 14,50€ 👫 🚐 🔲 🚿 (5A) – pers. suppl. 3,50€
Location (de mi-juin à mi-sept.) : 7 🛖 (4 à 6 pers.)
320 à 470€/sem.
🚐 borne artisanale 6€
Pour s'y rendre : au lieu-dit : Vinols (2 km au sud-ouest
par D 113, rte de Lérigneux)

Nature : ≤ 🏞 ♀
Loisirs : 🎮 ⚽ 🏊 🎣
Services : ⛽ GB 🚐 🖭

Longitude : 4.03413
Latitude : 45.59874

MONTCHAVIN

73210 – **333** N4 – G. Alpes du Nord
🖪 *Office de tourisme, Maison de Montchavin - des Coches* 𝒫 *04 79 07 82 82, Fax 04.79.07.80.18*
Paris 672 – Lyon 206 – Chambéry 106 – Albertville 57 – Sallanches 101.

⚠ **Caravaneige de Montchavin** de déb. nov. à fin
sept.
𝒫 04 79 07 83 23, *campingmontchavin@orange.fr*,
Fax 04 79 07 80 18, *www.montchavin-lescoches.com* –
alt. 1 250
1,33 ha (90 empl.) herbeux, en terrasses
Tarif : 🚶 6,90€ 🚐 🔲 – 🚿 (10A) 7,90€
Pour s'y rendre : au lieu-dit : Montchavin
À savoir : superbe situation dominante

Nature : ❄ 🌊 ≤ Vallée et mon-
tagnes de la Tarentaise ♀
Loisirs : 🎮
Services : 🚻 ⛽ GB 🚐 🏭 laverie
À prox. : 🏊 🍴 🗡 🏊 🎿 patinoire

Longitude : 6.73933
Latitude : 45.56058

MONTRÉAL

07320 – **331** H6 – 462 h. – alt. 180
Paris 649 – Aubenas 22 – Largentière 5 – Privas 53 – Vallon-Pont-d'Arc 22.

⚠ **Le Moulinage** (location exclusive de chalets, mobile
homes et bungalows toilés) de fin avr. à mi-sept.
𝒫 04 42 54 29 25, *campingdumoulinage@wanadoo.fr*,
Fax 04 42 53 43 19, *www.ardeche-camping.com*
4 ha peu incliné, terrasses, herbeux, pierreux
Location (Prix 2009) 🚿 : 15 🛖 (4 à 6 pers.) 400 à
550€/sem. – 18 🏠 (4 à 6 pers.) - 250 à 850€/sem. – 5
bungalows toilés – avec sanitaires, roulottes – frais
de réservation 30€
Pour s'y rendre : rte des Défilés de Ruoms (5,5 km au
sud-est par D 5, D 104 et D 4, rte de Ruoms)
À savoir : au bord de la Ligne

Nature : ≤ ♀♀
Loisirs : 🍴 snack 🎮 🕺 🏊 🚣 🎣
Services : GB 🚐 🅿 🖭 🚿
À prox. : canoë

Longitude : 4.2935
Latitude : 44.52813

RHÔNE-ALPES

MONTREVEL-EN-BRESSE

01340 – **328** D2 – 2 271 h. – alt. 215 – Base de loisirs
☑ *Office de tourisme, place de la Grenette* ℰ *0474254874, Fax 0474254874*
Paris 395 – Bourg-en-Bresse 18 – Mâcon 25 – Pont-de-Vaux 22 – St-Amour 24 – Tournus 36.

▲▲▲ La Plaine Tonique ♣♣ – de mi-avr. à mi-sept.
ℰ 0474308052, *plaine.tonique@wanadoo.fr*,
Fax 0474308077, *www.laplainetonique.com*
27 ha/15 campables (548 empl.) plat, herbeux, pierreux
Tarif : 12,70€ ♣♣ ⇔ 🅴 (10A) – pers. suppl. 5,70€

Location (Prix 2009) ⬦ : 49 🏠 (4 à 6 pers.) - 318 à
598€/sem. – 18 appartements – gîte d'étape, gîtes
Pour s'y rendre : à la Base de Plein Air (500 m à l'est par
D 28, à la base de plein air)

À savoir : au bord d'un lac et d'un bel ensemble
aquatique

| Nature : 🏞 🌊 |
| Loisirs : 🍽 ✕ snack 🎱 noc-turne 🎣 ⛹ 🏊 🎿 🎯 🎪 ⛸ 💧 parcours sportif |
| Services : ♿ 🚿 GB 🧺 ⛽ ♻ 🚐 ♨ ⛑ point d'informations touristiques |

Longitude : 5.12997
Latitude : 46.33632

*Om een reisroute uit te stippelen en te volgen,
om het aantal kilometers te berekenen,
om precies de ligging van een terrein te bepalen
(aan de hand van de inlichtingen in de tekst),
gebruikt u de **Michelinkaarten**,
een onmisbare aanvulling op deze gids.*

MORNANT

69440 – **327** H6 – G. Lyon Drôme Ardèche – 5 229 h. – alt. 380
Paris 478 – Givors 12 – Lyon 26 – Rive-de-Gier 13 – St-Étienne 36 – Vienne 23.

▲ Municipal de la Trillonière de déb. mai à fin sept.
ℰ 0478441647, *www.camping-mornant@orange.fr*,
Fax 0478449170, *www.ville-mornant.fr*
1,5 ha (60 empl.) peu incliné, plat, herbeux
Tarif : (Prix 2009) 14€ ♣♣ ⇔ 🅴 (10A) – pers.
suppl. 3,30€
🚐 1 borne – 🚐 8.50€
Pour s'y rendre : bd Gal de Gaulle (sortie sud, carr. D 30
et D 34, près d'un ruisseau)

À savoir : au pied de la cité médiévale

| Services : ♿ 🚿 🧺 🍽 |
| À prox. : 🎯 ♨ 🏊 |

Longitude : 4.67057
Latitude : 45.616

MORZINE

74110 – **328** N3 – G. Alpes du Nord – 2 940 h. – alt. 960 – Sports d'hiver : 1 000/2 100 m 🚡 6 🚠 61 🎿
☑ *Office de tourisme, 23, Place du Baraty* ℰ *0450747272, Fax 0450790348*
Paris 586 – Annecy 84 – Chamonix-Mont-Blanc 67 – Cluses 26 – Genève 58 – Thonon-les-Bains 31.

▲ Les Marmottes de mi-déc. à fin mars et de fin juin à
mi-sept.
ℰ 0450757444, *camping.les.marmottes@wanadoo.fr*,
Fax 0450757444, *www.campinglesmarmottes.com* –
alt. 938
0,5 ha (26 empl.) plat, gravier, herbeux
Tarif : (Prix 2009) 24€ ♣♣ ⇔ 🅴 (10A) – pers.
suppl. 7€

Location (Prix 2009) (de déb. juin à fin sept.) ⬦ :
appartements
Pour s'y rendre : au lieu-dit : Essert-Romand (3,7 km au
nord-ouest par D 902, rte de Thonon-les-Bains et D 329
à gauche)

| Nature : ❄ ≤ |
| Loisirs : 🎱 |
| Services : ♿ 🚿 🧺 🍴 ♻ 🚐 ♨ laverie |

Longitude : 6.74397
Latitude : 46.18296

MURS-ET-GELIGNIEUX

01300 – **328** G7 – 241 h. – alt. 232
Paris 509 – Aix-les-Bains 37 – Belley 17 – Chambéry 42 – Crémieu 41 – La Tour-du-Pin 24.

Île de la Comtesse de déb. avr. à fin sept.
℘ 0479872333, *camping.comtesse@wanadoo.fr*,
Fax 0479872333, *www.ile-de-la-comtesse.com*
3 ha (100 empl.) plat, pierreux, herbeux
Tarif : 14€ ★★ ⬅ 🅴 (🖉) (6A) – pers. suppl. 5,50€ – frais
de réservation 28€

Location : 10 🛏 (4 à 6 pers.) 299 à 689€/sem. – 6 🏠
(4 à 6 pers.) – 310 à 714€/sem. – frais de réservation 28€
🚐 borne eurorelais 5€
Pour s'y rendre : 1 km au sud-ouest sur D 992
À savoir : près du Rhône (plan d'eau)

Nature : ⬍
Loisirs : 🍸 snack 🎮 🏊 🚴 🛶
Services : 🚿 🔌 ⧆ GB 🐕 🛁 🍴 📷
🚲 🚗
À prox. : 🚤

Longitude : 5.66163
Latitude : 45.6418

NEYDENS

74160 – **328** J4 – 1 417 h. – alt. 560
Paris 525 – Annecy 36 – Bellegarde-sur-Valserine 33 – Bonneville 34 – Genève 16 – St-Julien-en-Genevois 5.

La Colombière de déb. mars à mi-nov.
℘ 0450351314, *la.colombiere@wanadoo.fr*,
Fax 0450351340, *www.camping-la-colombiere.com*
2,2 ha (107 empl.) plat, herbeux, gravier
Tarif : 31€ ★★ ⬅ 🅴 (🖉) (6A) – pers. suppl. 6€ – frais de
réservation 12€

Location (permanent) : 12 🛏 (4 à 6 pers.) nuitée
90€ - 325 à 730€/sem. – 7 🏠 (4 à 6 pers.) nuitée 95€
- 370 à 830€/sem. – gîtes – frais de réservation 12€
🚐 borne artisanale 5€ – 🔋 13€
Pour s'y rendre : 166 chemin Neuf (à l'est du bourg)

Nature : ⬍ 🏞 ♀
Loisirs : 🍸 ✗ 🎮 🕐diurne 🏊
🚲 🏊 (découverte en saison)
Services : 🚿 🔌 ⧆ GB 🐕 🗄 🛁 🚗
🚲 🍴 📷 🚲
À prox. : 🚲

Longitude : 6.10548
Latitude : 46.11935

LES NOËS

42370 – **327** C3 – 151 h. – alt. 610
Paris 401 – Lyon 109 – Saint-Étienne 100 – Clermont-Ferrand 101 – Villeurbanne 113.

Parc Résidentiel de Loisirs (location exclusive de
chalets)
℘ 0477642113, *gsn-des-noes@orange.fr*,
www.gsndesnoes.free.fr
1 ha en terrasses, herbeux
Location 🚿 🅿 : 8 🏠 – 1 gîte
Pour s'y rendre : au Bourg

Loisirs : 🚲 🏊 🎣
À prox. : laverie 🍸 ✗ ⛳quad

Longitude : 3.85192
Latitude : 46.04167

747

*We recommend that you consult the up to date price list posted
at the entrance of the site. Inquire about possible restrictions.
The information in this Guide may have been modified since going to press.*

NOVALAISE-LAC

73470 – 1 661 h. – alt. 427
Paris 524 – Belley 24 – Chambéry 21 – Les Échelles 24 – Le Pont-de-Beauvoisin 17 – Voiron 40.

Le Grand Verney de déb. avr. à fin oct.
℘ 0479360254, *contact@camping-legrandverney.com*,
Fax 0479360254, *www.camping-legrandverney.info* –
places limitées pour le passage
2,5 ha (112 empl.) plat, peu incliné et en terrasses, herbeux
Tarif : 18€ ★★ ⬅ 🅴 (🖉) (10A) – pers. suppl. 4,30€ –
frais de réservation 15€

Location : 16 🛏 (4 à 6 pers.) nuitée 60€ - 320 à
570€/sem. – frais de réservation 15€
Pour s'y rendre : Le Neyret (1,2 km au sud-ouest par C 6)

Nature : ⬍ 🏞 ♀
Loisirs : 🏊
Services : 🚿 🔌 🐕 🚗 🚲 🍴 📷

Longitude : 5.79304
Latitude : 45.57005

RHÔNE-ALPES

NYONS

26110 – **332** D7 – G. Provence – 7 065 h. – alt. 271
🛈 *Office de tourisme, place de la Libération* 𝒫 *0475261035, Fax 0475260157*
Paris 653 – Alès 109 – Gap 106 – Orange 43 – Sisteron 99 – Valence 98.

⚠ **L'Or Vert** de déb. avr. à fin sept.
𝒫 0475262485, *camping-or-vert@wanadoo.fr,*
www.camping-or-vert.com 🏕
1 ha (79 empl.) plat et en terrasses, pierreux, gravillons, herbeux, petit verger
Tarif : (Prix 2009) 🚼 4,50€ ⬅ 🅴 6,30€ – ⚡ (6A) 3,90€

Location (Prix 2009) 🏕 : 3 ⏢ (2 à 4 pers.) nuitée 35€ - 420€/sem. – 1 ⏢ (4 à 6 pers.) 560€/sem. – 3 🏠 (4 à 6 pers.) 590€/sem. – frais de réservation 10€
🚐 borne artisanale
Pour s'y rendre : quai de la Charité (3 km au nord-est par D 94, rte de Serres, au bord de l'Eygues)

| Nature : ⩽ 🏞 ♨♨ |
| Loisirs : snack 🏓 🛴 🏊 🎣 |
| Services : ⚡ 🗜 🔥 réfrigéra-teurs |

| Longitude : 5.16995 |
| Latitude : 44.37699 |

⚠ **Les Terrasses Provençales** de déb. avr. à fin sept.
𝒫 0475279236, *lesterrassesprovencales@gmail.com,*
Fax 0495079236, *www.lesterrassesprovencales.com*
2,5 ha (70 empl.) en terrasses, gravillons, pierreux, herbeux
Tarif : (Prix 2009) 20,20€ 🚼🚼 ⬅ 🅴 ⚡ (10A) – pers. suppl. 4,50€
Pour s'y rendre : Les Barroux - Novezan (7 km au nord-ouest par D 538, puis D 232 à dr.)

| Nature : 🌳 ⩽ ♨ |
| Loisirs : 🏓 🏊 |
| Services : 🗜 🖚 GB 🗜 🧺 🚿 🔥 |

| Longitude : 5.13998 |
| Latitude : 44.36043 |

*La catégorie (1 à 5 tentes, **noires** ou **rouges**) que nous attribuons aux terrains sélectionnés dans ce guide est une appréciation qui nous est propre. Elle ne doit pas être confondue avec le classement (1 à 4 étoiles) établi par les services officiels.*

748

LES OLLIÈRES-SUR-EYRIEUX

07360 – **331** J5 – 883 h. – alt. 200
🛈 *Office de tourisme, grande rue* 𝒫 *0475663021, Fax 0475662031*
Paris 593 – Le Cheylard 28 – Lamastre 33 – Montélimar 53 – Privas 19 – Valence 34.

⚠ **Le Mas de Champel** de déb. avr. à fin sept.
𝒫 0475662323, *masdechampel@wanadoo.fr,*
Fax 0475662316, *www.masdechampel.com*
4 ha (95 empl.) en terrasses, herbeux
Tarif : 28,20€ 🚼🚼 ⬅ 🅴 ⚡ (6A) – pers. suppl. 6,90€ – frais de réservation 15€

Location : 15 ⏢ (4 à 6 pers.) 336 à 812€/sem. – frais de réservation 25€
Pour s'y rendre : au Domaine de Champel (au nord du bourg par D 120, rte de la Voulte-sur-Rhône et chemin à gauche, près de l'Eyrieux)

| Nature : ⩽ ♨ |
| Loisirs : 🍽 🍴 snack 🏓 🎯 jacuzzi 🛴 🚲 🏊 🎣 🚣 |
| Services : 🗜 🖚 GB 🗜 🧺 🔥 🚿 |

| Longitude : 4.61401 |
| Latitude : 44.8042 |

⚠ **FranceLoc Le Domaine des Plantas** 👥 – de déb. avr. à déb. sept.
𝒫 0475662153, *plantas.ardeche@wanadoo.fr,*
Fax 0475662565
27 ha/7 campables (100 empl.) en terrasses, pierreux, herbeux
Tarif : (Prix 2009) 37€ 🚼🚼 ⬅ 🅴 ⚡ (10A) – pers. suppl. 7,50€ – frais de réservation 25€

Location : ⏢ (4 à 6 pers.) nuitée 37€ - 147 à 840€/sem. – 🏠 (4 à 6 pers.) nuitée 50€ - 182 à 924€/sem. – frais de réservation 25€
Pour s'y rendre : 3 km à l'est du bourg par rte étroite, accès près du pont, au bord de l'Eyrieux

| Nature : 🌳 ⩽ 🏞 ♨♨ |
| Loisirs : 🍽 🍴 pizzeria 🏓 🎯 🛴 🚲 🎱 🏊 🎲 🚣 |
| Services : 🗜 🖚 GB 🗜 🧺 🔥 🚿 🚿 |
| À prox. : 🐴 (centre équestre) canoës |

| Longitude : 4.61401 |
| Latitude : 44.8042 |

⚹ Eyrieux-Camping ♣♣ – de déb. avr. à mi-sept.
  ℰ 0475663008, *info@eyrieuxcamping.com*,
  Fax 0475663008, *www.eyrieuxcamping.com*
  3 ha (94 empl.) en terrasses, plat, herbeux
  Tarif : (Prix 2009) 20€ ♦♦ ⬌ 🅴 (½) (6A) – pers.
  suppl. 5,25€ – frais de réservation 25€

  Location (Prix 2009) : 21 ⬛ (4 à 6 pers.) nuitée 38€ -
  265 à 647€/sem. – 26 ⬛ (4 à 6 pers.) nuitée 41€ - 287
  à 697€/sem. – frais de réservation 25€
  Pour s'y rendre : lieu-dit : La Feyrère (sortie est par
  D 120, rte de la Voulte-sur-Rhône et chemin à dr., à 100 m
  de l'Eyrieux (accès direct))

| Nature : ⟨ 🛏 ♀ |
| Loisirs : 🍴 snack 🏇 🏋 🏍 🚴 |
| ⛳ 🏊 🏖 🏀 terrain omnisports |
| Services : 🚿 🔌 GB 🐾 🍽 🅿 |
| 🚰 réfrigérateurs |

| Longitude : 4.61401 |
| Latitude : 44.8042 |

ORGNAC-L'AVEN

07150 – **331** 8 – 473 h. – alt. 190
Paris 655 – Alès 44 – Aubenas 49 – Pont-St-Esprit 23 – Privas 84 – Vallon-Pont-d'Arc 18.

⚹ Municipal de déb. juin à fin août
  ℰ 0475386368, *info@orgnacvillage.com*,
  Fax 0475386191, *www.orgnacvillage.com*
  2,6 ha (150 empl.) plat, pierreux
  Tarif : 14€ ♦♦ ⬌ 🅴 (½) (6A) – pers. suppl. 3,50€
  Pour s'y rendre : au nord du bourg par D 217

| Nature : ♀♀ |
| Loisirs : 🛏 🎯 🏊 |
| Services : 🚿 🔌 GB 🐾 🍽 🅿 |
| À prox. : 🏇 |

| Longitude : 4.43365 |
| Latitude : 44.30607 |

Pour choisir et suivre un itinéraire
Pour calculer un kilométrage
Pour situer exactement un terrain
(en fonction des indications fournies dans le texte) :
*Utilisez les **cartes MICHELIN** ,*
compléments indispensables de cet ouvrage.

749

LA PACAUDIÈRE

42310 – **327** C2 – 1 108 h. – alt. 363
🛈 *Office de tourisme, le Petit Louvre* ℰ 0477641106, Fax 0477641106
Paris 370 – Lapalisse 24 – Marcigny 21 – Roanne 25 – Thiers 89 – Vichy 48.

⚹ Municipal Beausoleil de déb. mai à fin sept.
  ℰ 0477641150, *lapacaudiere@wanadoo.fr*,
  Fax 0477641440
  1 ha (35 empl.) peu incliné, herbeux
  Tarif : ♦ 3,60€ ⬌ 1,65€ 🅴 1,95€ – (½) (6A) 3€
  🚐 30 🅴 12€
  Pour s'y rendre : au lieu-dit : Beausoleil (700 m à l'est
  par D 35, rte de Vivans et à dr., près du terrain de sports
  et du collège)

| Nature : 🛏 |
| Loisirs : 🛏 🏍 🎯 🏇 🏊 |
| Services : 🚿 🔌 🐾 🚰 🏧 🅿 |

| Longitude : 3.87249 |
| Latitude : 46.17392 |

PALADRU

38850 – **333** G5 – G. Lyon Drôme Ardèche – 1 002 h. – alt. 503
Paris 523 – Annecy 84 – Chambéry 47 – Grenoble 43 – Lyon 72.

⚹ Le Calatrin de déb. avr. à fin sept.
  ℰ 0476323748, *lecalatrin@wanadoo.fr*,
  Fax 0476324202, *www.paladru.com*
  2 ha (60 empl.) en terrasses, plat, herbeux
  Tarif : 18,50€ ♦♦ ⬌ 🅴 (½) (10A) – pers. suppl. 7€
  🚐 borne artisanale 4,50€ – 🚐 12.50€
  Pour s'y rendre : 799 r. de la Morgerie (à la sortie du
  bourg, dir. Charavines)

| Nature : 🌊 ⟨ |
| Loisirs : 🛏 🏀 |
| Services : 🚿 🔌 🐾 🏢 🍽 🅿 |
| À prox. : 🍴 snack 🏖 (plage) |

| Longitude : 5.5539 |
| Latitude : 45.4758 |

RHÔNE-ALPES

PETICHET

38119 – **333** H7
Paris 592 – Le Bourg-d'Oisans 41 – Grenoble 30 – La Mure 11 – Vizille 11.

Ser-Sirant de déb. mai à fin sept.
& 0476839197, *info@campingsersirant.com*,
www.sersirant.com
2 ha (100 empl.) plat, terrasse, herbeux, pierreux, bois
attenant
Tarif : **†** 4,90€ ⇌ 🅴 12€ – 🅖 (10A) 3€

Location : 6 🛖 (4 à 6 pers.) **nuitée** 100€ - 250 à 550€/
sem.
🚐 borne flot bleu 5€ – 🔵 13€
Pour s'y rendre : au Lac de Laffrey Petichet (sortie est et
chemin à gauche)

Nature : 🌊 🏞️
Loisirs : 🍷 🏡 🏸 🎣 barques de pêche
Services : 🔑 ♻️ 🍴 🔲
À prox. : 🚣

Longitude : 5.78333
Latitude : 44.98333

LE POËT-LAVAL

26160 – **332** D6 – G. Lyon Drôme Ardèche – 875 h. – alt. 311
Paris 619 – Crest 35 – Montélimar 25 – Nyons 35 – Orange 78 – Pont-St-Esprit 65 – Valence 61.

Municipal Lorette de déb. mai à fin sept.
& 0475910062, *camping-lorette@orange.fr*,
Fax 0475464645
2 ha (60 empl.) peu incliné à incliné, herbeux
Tarif : 14,40€ **†† ⇌** 🅴 🅖 (6A) – pers. suppl. 3,20€
🚐 borne autre
Pour s'y rendre : quartier Lorette (1 km à l'est par D 540,
rte de Dieulefit)

À savoir : au bord du Jabron

Nature : ⪡ ♀
Loisirs : 🏸 🏊 🎣
Services : ♿ 🔑 GB ♻️ 🏖️ 🍴 🔲
À prox. : 🍴

Longitude : 5.02277
Latitude : 44.52922

*Benutzen Sie die **Grünen MICHELIN-Reiseführer,**
wenn Sie eine Stadt oder Region kennenlernen wollen.*

750

PONCIN

01450 – **328** F4 – 1 550 h. – alt. 255
🚩 *Office de tourisme, 10, place Xavier Bichat &* 0474372314, *Fax* 0474372314
Paris 456 – Ambérieu-en-Bugey 20 – Bourg-en-Bresse 28 – Nantua 25 – Oyonnax 36 – Pont-d'Ain 7.

Vallée de l'Ain de déb. avr. à fin sept.
& 0474372078, *camping.valleedelain@orange.fr*,
Fax 0474372078, *www.chez.com/campingponcin* –
places limitées pour le passage
1,5 ha (89 empl.) plat, herbeux
Tarif : 18,80€ **†† ⇌** 🅴 🅖 (16A) – pers. suppl. 4€

Location : 4 🏚️ (4 à 6 pers.) 355 à 419€/sem. – 3 🛖 (4
à 6 pers.) - 384 à 479€/sem. – frais de réservation 10€
🚐 1 borne – 6 🅴 13,50€
Pour s'y rendre : rte d'Allement (500 m au nord-ouest
par D 91 et D 81, rte de Meyriat, près de l'Ain)

Nature : ♀
Loisirs : 🍷 snack 🏊
Services : 🔑 GB ♻️ 🍴 🔲
À prox. : 🎿 🚣 🎣

Longitude : 5.40487
Latitude : 46.09055

PONCINS

42110 – **327** D5 – 826 h. – alt. 339
Paris 446 – Lyon 77 – Saint-Étienne 50 – Clermont-Ferrand 109 – Villeurbanne 81.

Village Vacances Le Nid Douillet (location
exclusive de chalets) Permanent
& 0477278036, *salechaudron@wanadoo.fr*,
Fax 0477270270, *www.le-nid-douillet.com*
2 ha plat, herbeux

Location (Prix 2009) : 6 🛖 (4 à 6 pers.) nuitée 50€ -
325 à 500€/sem.
Pour s'y rendre : au lieu-dit : Les-Baraques-des-Rotis,
rte de Montbrison-es-Baraques-des-Rotis

Nature : 🌊
Loisirs : snack 🏡 🏊
Services : 🔑 GB ♻️
À prox. : 🐎

Longitude : 4.16266
Latitude : 45.728

PONT-DE-VAUX

01190 – **328** C2 – G. Bourgogne – 2 102 h. – alt. 177
🛈 *Office de tourisme, 8 rue de l'Eperon* ℰ *03 85 30 30 02, Fax 03 85 30 68 69*
Paris 380 – Bourg-en-Bresse 40 – Lons-le-Saunier 69 – Mâcon 24.

Champ d'Été de déb. mai à mi-oct.
ℰ 03 85 23 96 10, *pdv.ain@wanadoo.fr*, Fax 03 85 23 99 12,
www.cc-pontdevaux.com
3,5 ha (150 empl.) plat, herbeux
Tarif : (Prix 2009) 🛉 4 € ⇐ 🅰 8 € – 🔌 (10A)
Location (Prix 2009) (de déb. mars à fin nov.) : 30 🏠
(4 à 6 pers.) - 215 à 550 €/sem. – 🛏 – gîtes
🚰 borne flot bleu 2 €
Pour s'y rendre : 800 m au nord-ouest par D 933, dir.
Mâcon et chemin à dr., près d'un plan d'eau

Loisirs : 🏊 🖼 🎿 ⛸
Services : 👤 ⛽ 🅶🅱 🚙 ⛴ ♻ 🔲
À prox. : 🎣 🐎 poneys

Longitude : 4.9378
Latitude : 46.43072

Les Ripettes de déb. avr. à fin sept.
ℰ 03 85 30 66 58, *info@camping-les-ripettes.com*,
www.camping-les-ripettes.com
2,5 ha (54 empl.) plat, herbeux
Tarif : 17 € 🛉🛉 ⇐ 🅰 🔌 (10A) – pers. suppl. 3,50 €
🚰 4 🅰 17 €
Pour s'y rendre : au lieu-dit : Les Tourtes
À savoir : partie campable verdoyante et très soignée

Nature : 🏞 ♀
Loisirs : 🎿
Services : ⛽ 🅶🅱 🚙 ♻ 🚿 laverie

Longitude : 4.9806
Latitude : 46.4446

*Ce guide n'est pas un répertoire de tous les terrains de camping
mais une sélection des meilleurs campings dans chaque catégorie.*

POUILLY-SOUS-CHARLIEU

42720 – **327** D3 – 2 659 h. – alt. 264
Paris 393 – Charlieu 5 – Digoin 43 – Roanne 15 – Vichy 75.

Municipal les Ilots de mi-mai à mi-sept.
ℰ 04 77 60 80 67,
mairie.pouilly-sous-charlieu42@wanadoo.fr,
Fax 477 60 79 44, *www.pouillysoucharlieu.fr*
1,5 ha (57 empl.) plat, herbeux
Tarif : (Prix 2009) 🛉 2,20 € ⇐ 🅰 🅰 2,20 € – 🔌 (10A) 3 €
Pour s'y rendre : rte de Marcigny (sortie nord par D 482,
rte de Digoin et à dr., au bord du Sornin)

Nature : 🏞 ♀
Services : ⛽ 🚙 🔲
À prox. : ✂ 🎣

Longitude : 4.10865
Latitude : 46.14886

POULE-LES-ÉCHARMEAUX

69870 – **327** F3 – 956 h. – alt. 570
Paris 446 – Chauffailles 17 – La Clayette 25 – Roanne 47 – Tarare 46 – Villefranche-sur-Saône 39.

Municipal les Écharmeaux
ℰ 04 74 03 60 98, *dominique.moutot@orange.fr*
0,5 ha (24 empl.) en terrasses, gravillons, herbeux
Pour s'y rendre : à l'ouest du bourg
À savoir : terrasses individuelles surplombant un étang

Nature : 🏞 ⩽ 🏞
Loisirs : ✂
Services : ⛽

Longitude : 4.45654
Latitude : 46.14837

POËT-CÉLARD

26460 – **332** D6 – 128 h. – alt. 590
Paris 618 – Lyon 156 – Valence 53 – Avignon 114 – Gap 118.

Le Couspeau de mi-avr. à mi-sept.
ℰ 04 75 53 30 14, *info@couspeau.com*, Fax 04 75 53 37 23,
www.couspeau.com – alt. 600
6 ha (133 empl.) plat, en terrasses et peu incliné, herbeux
Tarif : 27 € 🛉🛉 ⇐ 🅰 🔌 (10A) – pers. suppl. 7 €
Location : 20 🏚 (4 à 6 pers.) 280 à 780 €/sem. –
20 🏠 (4 à 6 pers.) - 280 à 840 €/sem.
Pour s'y rendre : quartier Bellevue (1,3 km au sud-est
par D 328A)
À savoir : situation dominante et panoramique

Nature : 🏞 ⩽ 🏞 ♀
Loisirs : 🍽 ✗ snack 🎮 🏊 🚴 ✂
🔥 🖼 (petite piscine) 🎿
Services : 👤 ⛽ 🅶🅱 🚙 🔥 🚿 ⛴
🚿 laverie ♻ 🚗

Longitude : 5.11188
Latitude : 44.59377

PRADONS

07120 – **331** I7 – 401 h. – alt. 124
Paris 647 – Aubenas 20 – Largentière 16 – Privas 52 – Ruoms 4 – Vallon-Pont-d'Arc 12.

Les Coudoulets de mi-avr. à mi-sept.
  ℘ 0475939495, *camping@coudoulets.com*,
Fax 0475396589, *www.coudoulets.com*
3,5 ha/2,5 campables (123 empl.) plat et peu incliné,
pierreux, herbeux
Tarif : 29,50€ ✸✸ ⇔ 🅴 (½) (10A) – pers. suppl. 7€ –
frais de réservation 9€

Location : 20 🛏 (4 à 6 pers.) 640€/sem. – gîtes –
frais de réservation 9€
🛒 borne artisanale – 🛒 10€
Pour s'y rendre : chemin de l'Ardèche (au nord-ouest
du bourg)

| Nature : 🌊 🏕 🌿 |
| Loisirs : 🍴 snack 🏊 🛶 |
| Services : ♿ 🚿 GB 🖘 🛁 🍴 🔒 |
| À prox. : laverie 🛶 canoë |

| Longitude : 4.35876 |
| Latitude : 44.47437 |

Laborie de déb. avr. à fin sept.
  ℘ 0475397226, *camping-de-laborie@wanadoo.fr*,
Fax 0475397226, *www.campingdelaborie.com*
3 ha (100 empl.) plat, herbeux
Tarif : 24,90€ ✸✸ ⇔ 🅴 (½) (6A) – pers. suppl. 4€ – frais
de réservation 6€

Location : 12 🛏 (4 à 6 pers.) nuitée 50€ - 220 à
640€/sem. – frais de réservation 6€
Pour s'y rendre : rte de Ruoms (1,8 km au nord-est par
rte d'Aubenas)

| Nature : 🌳 |
| Loisirs : 🍴 🏕 🏊 🛶 🌊 🐟 |
| Services : ♿ 🖘 GB 🖘 🛁 🍴 🔒 |
| À prox. : canoë |

| Longitude : 4.35876 |
| Latitude : 44.47437 |

Le Pont de déb. avr. à fin sept.
  ℘ 0475939398, *campingdupont07@wanadoo.fr*,
Fax 0475368413, *www.campingdupontardeche.com*
1,2 ha (65 empl.) plat, herbeux, pierreux
Tarif : (Prix 2009) 23€ ✸✸ ⇔ 🅴 (½) (10A) – pers.
suppl. 5€ – frais de réservation 8€

Location (Prix 2009) (permanent) : 12 🛏 (4 à 6 pers.)
240 à 660€/sem. – 5 chalets (sans sanitaires) – frais de
réservation 8€
Pour s'y rendre : chemin du Cirque de Gens (300 m
à l'ouest par D 308, rte de Chauzon)

À savoir : accès direct à l'Ardèche (escalier)

| Nature : 🏕 🌿 |
| Loisirs : 🍴 🏕 🏊 🛶 🌊 🐟 |
| Services : ♿ 🖘 GB 🖘 🍴 🔒 |
| À prox. : canoë |

| Longitude : 4.36 |
| Latitude : 44.47 |

  🛶 ✕   *ATTENTION :*
these facilities are not necessarily available throughout
  🛶   *the entire period that the camp is open -some are only*
  🛶 🐎   *available in the summer season.*

PRALOGNAN-LA-VANOISE

73710 – **333** N5 – G. Alpes du Nord – 738 h. – alt. 1 425 – Sports d'hiver : 1 410/2 360 m 🎿 1🎿 13🎿
🅱 *Office de tourisme, avenue de Chasseforêt* ℘ 0479087908, Fax 0479087674
Paris 634 – Albertville 53 – Chambéry 103 – Moûtiers 28.

Le Parc Isertan de déb. janv. à fin sept.
  ℘ 0479087524, *camping-isertan.com*,
Fax 0479014150, *www.camping-isertan.com*
4,5 ha (180 empl.) non clos, en terrasses, herbeux,
pierreux
Tarif : (Prix 2009) 23,90€ ✸✸ ⇔ 🅴 (½) (10A) – pers.
suppl. 5,70€ – frais de réservation 5€

Location (Prix 2009) : 3 🛏 (4 à 6 pers.) 260 à 735€/
sem. – 3 🏠 (4 à 6 pers.) - 280 à 810€/sem. – 🛏 –
frais de réservation 12€
🛒 1 borne 3€ – 12 🅴 10€
Pour s'y rendre : au sud du bourg
À savoir : site agréable au bord d'un torrent

| Nature : ❄ 🌊 ⬟ |
| Loisirs : 🍴 ✕ pizzeria 🎮 |
| Services : ♿ 🖘 GB 🖘 🍴 🛁 🍴 🖘 |
| À prox. : 🏊 🎿 🎣 🛶 🏇 mur d'escalade, patinoire |

| Longitude : 6.7164 |
| Latitude : 45.35624 |

PRAZ-SUR-ARLY

74120 – **328** M5 – 1 315 h. – alt. 1 036

Office de tourisme, Mairie ℘ 04 50 21 90 57, Fax 04 50 21 98 08
Paris 609 – Lyon 179 – Annecy 55 – Genève 75 – Aoste 91.

Les Prés de l'Arly Permanent
℘ 06.10.44.02.33, *camping.prearly@orange.fr,*
Fax 04 50 21 93 24, *www.campinglespresdelarly.com* –
places limitées pour le passage
1 ha (81 empl.) non clos, plat, herbeux, pierreux
Tarif : (Prix 2009) 15,20 € 👫👫 ⚫ 🔲 ⚡ (10A)

Location (Prix 2009) : 4 appartements
🚐 borne artisanale 5 € – 5 🔲 10 € – 🚐 10 €
Pour s'y rendre : au lieu-dit : Les Thouvassieres

> Nature : 🌿 🐾 ≤
> Loisirs : 🎱 🏌️
> Services : ⚫ 🐄 🏢 ♨️ ✂️ 🍴 🔲
> À prox. : 🎿 🦯 🐟 terrain multis-
> ports, mur d'escalade

> *Longitude : 6.57872*
> *Latitude : 45.83457*

LES PRAZ-DE-CHAMONIX

74400 – **328** O5 – alt. 1 060
Paris 620 – Lyon 237 – Annecy 104 – Aosta / Aoste 61 – Cluses 44.

La Mer de Glace de mi-avr. à déb. oct.
℘ 04 50 53 44 03, *info@chamonix-camping.com,*
Fax 04 50 53 60 83, *www.chamonix-camping.com*
2 ha (150 empl.) plat, herbeux, pierreux
Tarif : 24,80 € 👫👫 ⚫ 🔲 ⚡ (10A) – pers. suppl. 7 €
🚐 borne artisanale 24,80 €
Pour s'y rendre : 200 chemin de la Bagna (aux Bois, à 80
m de l'Arveyron (accès direct))

> Nature : 🐾 ≤ vallée et massif du
> Mont-Blanc 🌲 💧
> Loisirs : 🎱
> Services : 🦽 ⚫ 🏢 🛁 🍴 laverie

> *Longitude : 6.89057*
> *Latitude : 45.93856*

PRIVAS

07000 – **331** J5 – G. Lyon Drôme Ardèche – 8 624 h. – alt. 300
Office de tourisme, 3, place du Général-de-Gaulle ℘ 04 75 64 33 35, Fax 04 75 64 73 95
Paris 596 – Alès 107 – Mende 140 – Montélimar 34 – Le Puy-en-Velay 91 – Valence 41.

Ardèche Camping 👥 – de déb. avr. à fin sept.
℘ 04 75 64 05 80, *jcray@wanadoo.fr*, Fax 04 75 64 59 68,
www.ardechecamping.fr
5 ha (166 empl.) plat, terrasses, peu incliné à incliné,
herbeux
Tarif : 26 € 👫👫 ⚫ 🔲 ⚡ (9A) – pers. suppl. 6,50 € – frais
de réservation 20 €

Location : 13 🏠 (4 à 6 pers.) 315 à 728 €/sem.
– 16 🏠 (4 à 6 pers.) - 315 à 707 €/sem. – frais de
réservation 20 €
Pour s'y rendre : bd de Paste (1,5 km au sud par D 2,
rte de Montélimar, au bord de l'Ouvèze)

> Nature : ≤ 💧
> Loisirs : 🍴 ✗ snack 🏓 🎣 🏌️
> 🏊 🐟
> Services : 🦽 ⚫ GB 🐄 🛁 🍴
> 🔲 🎿
> À prox. : 🛒 🎿 🔲

> *Longitude : 4.59175*
> *Latitude : 44.72606*

RECOUBEAU-JANSAC

26310 – **332** F6 – 228 h. – alt. 500
Paris 637 – La Chapelle-en-Vercors 55 – Crest 51 – Die 14 – Rémuzat 43 – Valence 80.

Le Couriou de mi-avr. à mi-sept.
℘ 04 75 21 33 23, *camping.lecouriou@wanadoo.fr,*
Fax 04 75 21 38 42, *www.campinglecouriou.com*
7 ha/4,5 campables (138 empl.) non clos, en terrasses,
peu incliné, herbeux, pierreux, gravier, bois
Tarif : (Prix 2009) 27,70 € 👫👫 ⚫ 🔲 ⚡ (6A) – pers.
suppl. 7 € – frais de réservation 10 €

Location (Prix 2009) : 12 🏠 (4 à 6 pers.) 195 à 640 €/
sem. – 15 🏠 (4 à 6 pers.) - 168 à 680 €/sem. – frais de
réservation 10 €
Pour s'y rendre : au lieu-dit : Combe Lambert (700 m au
nord-ouest par D 93, rte de Dié)

À savoir : espace aquatique et joli petit village de chalets

> Nature : ≤ 🌲 💧
> Loisirs : 🍴 snack 🎱 💧 🏌️
> 🏊 🐟
> Services : 🦽 ⚫ GB 🐄 🛁 🍴
> laverie 🎿

> *Longitude : 5.41273*
> *Latitude : 44.6541*

RIBES

07260 – **331** H7 – 256 h. – alt. 380
Paris 656 – Aubenas 30 – Largentière 19 – Privas 61 – St-Ambroix 39 – Vallon-Pont-d'Arc 28.

⚠ **Les Cruses** de déb. mai à mi-sept.
 ℰ 04 75 39 54 69, *les-cruses@wanadoo.fr*,
 Fax 04 75 39 42 00, *www.campinglescruses.com*
 0,7 ha (37 empl.) en terrasses
 Tarif : 25,60€ ✹ ✹ ⚊ 🅴 (刄) (6A) – pers. suppl. 6€ – frais
 de réservation 16€
 Location (de déb. avr. à mi-sept.) : 6 ⬚ (4 à 6 pers.)
 219 à 664€/sem. – 16 🏠 (4 à 6 pers.) – 249 à 714€/
 sem. – frais de réservation 16€
 ⬚ borne raclet 2€ – – 🔋 13.50€
 Pour s'y rendre : au lieu-dit : Le Champcros (1 km au
 sud-est du bourg, par D 450)

Nature : 🌿 ♨
Loisirs : 🛏 ⚓ 🚲 ♨ (petite piscine)
Services : 🔑 (juil.-août) 🚗 ⚒ ♨ ⚐ 🗑
À prox. : 🍴 canoë

Longitude : 4.20972
Latitude : 44.49722

Si vous recherchez :
 ♟♟ *Un terrain offrant des équipements et des loisirs adaptés aux enfants*
 ♨ *Un terrain agréable ou très tranquille*
 L-M *Un terrain effectuant la location de caravanes, de mobile homes,*
  de bungalows ou de chalets
 P *Un terrain ouvert toute l'année*
 ⬚ *Un terrain possédant une aire de services pour camping-cars*
 Consultez le tableau des localités

LA ROCHETTE

73110 – **333** J5 – G. Alpes du Nord – 3 221 h. – alt. 360
🛈 *Office de tourisme, Maison des Carmes* ℰ 04 79 25 53 12, Fax 04 79 25 53 12
Paris 588 – Albertville 41 – Allevard 9 – Chambéry 28 – Grenoble 47.

⚠ **Municipal le Lac St-Clair** de mi-mai à fin sept.
 ℰ 04 79 25 73 55, *campinglarochette@orange.fr*,
 Fax 04 79 25 78 25, *www.larochette.com*
 2,2 ha (65 empl.) plat et peu incliné, herbeux
 Tarif : (Prix 2009) ✹ 2,85€ ⚊ 1,70€ 🅴 4,35€ –
 (刄) (16A) 2,85€
 Location (Prix 2009) (permanent) : 8 🏠 (4 à 6 pers.)
 - 167 à 285€/sem.
 Pour s'y rendre : chemin des Plaines Lac Saint-Clair
 (1,4 km au sud-ouest par D 202 et rte de Détrier à
 gauche)

Nature : ≤ ♀
Services : ♿ 🔑 🚗 ♨ ⚐ 🗑
À prox. : snack ⚒ ♨

Longitude : 6.09973
Latitude : 45.44438

LA ROSIÈRE 1850

73700 – **333** O4 – G. Alpes du Nord – alt. 1 850 – Sports d'hiver : 1 100/2 600 m⚡20⚡
Paris 657 – Albertville 76 – Bourg-St-Maurice 22 – Chambéry 125 – Chamonix-Mont-Blanc 52 – Val-
d'Isère 32.

⚠ **La Forêt** de mi-juin à mi-sept.
 ℰ 04 79 06 86 21, *campinglaforet@free.fr*,
 Fax 04 79 40 16 25, *www.campinglaforet.free.fr* –
 alt. 1 730
 1,5 ha (67 empl.) non clos, en terrasses, peu incliné,
 pierreux
 Tarif : (Prix 2009) 18,80€ ✹ ✹ ⚊ 🅴 (刄) (10A) – pers.
 suppl. 4,60€ – frais de réservation 5€
 Location (Prix 2009) : 2 ⬚ (4 à 6 pers.) 310 à 510€/
 sem. – huttes – frais de réservation 9€
 Pour s'y rendre : 2 km au sud par N 90, rte de Bourg-St-
 Maurice - accès direct au village
 À savoir : agréable situation surplombant la vallée

Nature : ❄ ♨ ≤ ♀♀
Loisirs : 🍷 ⚓ ♨ (petite piscine)
Services : ♿ 🔑 GB 🚗 ▥ 🗑
À prox. : ⚒

Longitude : 6.85425
Latitude : 45.62341

ROSIÈRES

07260 – **331** H7 – 1 073 h. – alt. 175

⌂ *Office de tourisme, le Grillou* ℘ 0475395198, Fax 0475395112

Paris 649 – Aubenas 22 – Largentière 12 – Privas 54 – St-Ambroix 34 – Vallon-Pont-d'Arc 20.

Arleblanc de mi-mars à fin oct.
℘ 0475395311, *info@arleblanc.com*, Fax 0475399398, *www.arleblanc.com*
7 ha (167 empl.) plat, herbeux
Tarif : 26,75€ ♦♦ ⇌ 🅔 ⑂ (6A) – pers. suppl. 4€ – frais de réservation 16€

Location : 40 ⛺ (4 à 6 pers.) nuitée 50€ - 384 à 670€/sem. – gîtes – frais de réservation 16€
Pour s'y rendre : sortie nord-est, rte d'Aubenas et 2,8 km par chemin à dr., longeant le centre commercial Intermarché

À savoir : situation agréable au bord de la Beaume

Nature : 🌳🌳
Loisirs : 🍷 ✕ pizzeria ⚓ ✂ 🎯
🏊 🛶 ❧
Services : 🚿 ⚡ ⛽ 🚐 🛁 🔥 ♨
📠 📷 🗑 🛒
À prox. : 🐎 canoë

Longitude : 4.27294
Latitude : 44.46462

La Plaine de déb. avr. à mi-sept.
℘ 0475395135, *campinglaplaine@aol.com*, Fax 0475399646, *www.campinglaplaine.com* et *www.campinglaplaine.fr*
4,5 ha/3,5 campables (128 empl.) plat, peu incliné, herbeux
Tarif : 26€ ♦♦ ⇌ 🅔 ⑂ (10A) – pers. suppl. 4,50€ – frais de réservation 15€

Location : 50 ⛺ (4 à 6 pers.) 200 à 650€/sem. – frais de réservation 15€
Pour s'y rendre : lieu-dit : Les Plaines (700 m au nord-est par D 104)

Nature : 🗀 🌳🌳
Loisirs : 🍷 🎱 ⚓ ✂ 🎯 🏊
Services : 🚿 ⚡ 🚐 📷
À prox. : 🐎 canoë

Longitude : 4.23996
Latitude : 44.48

Les Platanes de mi-mars à mi-oct.
℘ 0475395231, *camping.lesplatanes@laposte.net*, Fax 0475399086, *www.campinglesplatanesardeche.com*
2 ha (90 empl.) plat, herbeux
Tarif : (Prix 2009) 25,20€ ♦♦ ⇌ 🅔 ⑂ (10A) – pers. suppl. 4,60€

Location (Prix 2009) ⚡ : 16 ⛺ (4 à 6 pers.) nuitée 40€ - 230 à 680€/sem.
🚐 borne artisanale
Pour s'y rendre : lieu-dit : La Charve (sortie nord-est, rte d'Aubenas et 3,7 km par chemin à dr., longeant le centre commercial Intermarché)

Nature : 🐟 ≤ 🌳🌳⚐
Loisirs : 🍷 snack 🎱 ⚓ 🏊 ❧
Services : 🚿 ⚡ ⛽ 🚐 📷 🗑
♨
À prox. : 🐎 canoë

Longitude : 4.2803
Latitude : 44.45724

Les Hortensias de déb. mai à fin sept.
℘ 0475399138, *campingleshortensias@wanadoo.fr*, *www.camping-leshortensias.com*
1 ha (43 empl.) plat, herbeux, sablonneux
Tarif : 23€ ♦♦ ⇌ 🅔 ⑂ (10A) – pers. suppl. 4€

Location ⚡ : 20 ⛺ (4 à 6 pers.) 250 à 640€/sem. – gîte
Pour s'y rendre : quartier Ribeyre-Bouchet (1,8 km au nord-ouest par D 104, rte de Joyeuse, D 303, rte de Vernon à dr., et chemin à gauche)

Nature : 🐟 🗀 🌳🌳
Loisirs : 🏊
Services : 🚿 ⚡ (juil.-août) 🚐
♨ 📠 📷
À prox. : 🏊 (plan d'eau) ❧
canoë

Longitude : 4.23864
Latitude : 44.48861

755

RHÔNE-ALPES

RUFFIEUX

73310 – **333** I2 – 782 h. – alt. 282

🖬 *Office de tourisme, Saumont* ✆ *04 79 54 54 72, Fax 04 79 52 27 21*

Paris 517 – Aix-les-Bains 20 – Ambérieu-en-Bugey 58 – Annecy 51 – Bellegarde-sur-Valserine 36.

Saumont de déb. mai à fin sept.
✆ 04 79 54 26 26, *camping.saumont@wanadoo.fr*,
www.campingsaumont.com
1,6 ha (66 empl.) non clos, plat, herbeux, gravier
Tarif : (Prix 2009) 22 € ★ ★ ⇔ 🔲 (≴) (10A) – pers.
suppl. 4,50 € – frais de réservation 10 €
Location (Prix 2009) : 14 �🛏 (4 à 6 pers.) 245 à 651 €/
sem. – frais de réservation 10 €
⌲ 5 🔲 22 €
Pour s'y rendre : au lieu-dit : Saumont (1,2 km à l'ouest,
accès sur D 991, près du carr. du Saumont, vers Aix-les-
Bains et chemin à dr., au bord d'un ruisseau)

| Nature : ⌑ 🎭 |
| Loisirs : 🍸 ✗ 🏊 |
| Services : 🔧 ⊶ GB 🅒 ⑩ 🚿 🛁 🎍 |
| ⚲ 🍴 laverie |

| Longitude : 5.84342 |
| Latitude : 45.84852 |

RUMILLY

74150 – **328** I5 – G. Alpes du Nord – 12 781 h. – alt. 334 – Base de loisirs

🖬 *Office de tourisme, 4, place de l'Hôtel de Ville* ✆ *04 50 64 58 32, Fax 04 50 01 03 53*

Paris 530 – Aix-les-Bains 21 – Annecy 19 – Bellegarde-sur-Valserine 37 – Belley 45 – Genève 64.

Le Madrid de déb. avr. à fin oct.
✆ 04 50 01 12 57, *contact@camping-le-madrid.com*,
Fax 04 50 01 29 49, *www.camping-le-madrid.com*
3,2 ha (109 empl.) plat, herbeux, pierreux
Tarif : 19,90 € ★ ★ ⇔ 🔲 (≴) (10A) – pers. suppl. 3,60 € –
frais de réservation 15 €
Location (permanent) 🌿 : 23 🏠 (4 à 6 pers.) - 375
à 620 €/sem. – 7 studios – frais de réservation 15 €
⌲ 1 borne 3 € – 4 🔲 10 €
Pour s'y rendre : rte de Saint-Félix (3 km au sud-est par
D 910, rte d'Aix-les-Bains puis D 3 à gauche et D 53 à dr.,
à 500 m d'un plan d'eau)

| Nature : ⌑ 🎭 |
| Loisirs : 🍸 snack 🛖 🚣 🏊 |
| Services : 🔧 ⊶ GB 🅒 ⑩ 🛁 🎍 |
| ⚲ 🍴 laverie 🍷 cases réfrigérées |
| À prox. : 🚤 🎣 |

| Longitude : 5.96 |
| Latitude : 45.84 |

RUOMS

07120 – **331** I7 – G. Lyon Drôme Ardèche – 2 189 h. – alt. 121

🖬 *Syndicat d'initiative, rue Alphonse Daudet* ✆ *04 75 93 91 90, Fax 04.75.39.78.91*

Paris 651 – Alès 54 – Aubenas 24 – Pont-St-Esprit 49.

Domaine de Chaussy ♣♦ – de déb. avr. à fin sept.
✆ 04 75 93 99 66, *infos@domainedechaussy.net*,
Fax 04 75 93 90 56, *www.domainedechaussy.com*
18 ha/5,5 campables (250 empl.) plat et peu accidenté,
herbeux, pierreux, sablonneux
Tarif : 40 € ★ ★ ⇔ 🔲 (≴) (10A) – pers. suppl. 7 € – frais
de réservation 20 €
Location : 110 �🛏 (4 à 6 pers.) 224 à 930 €/sem. –
hôtel - 17 pavillons – frais de réservation 20 €
Pour s'y rendre : quartier du Petit Chaussy (2,3 km à l'est
par D 559, rte de Lagorce)

| Nature : 🦅 🎭 |
| Loisirs : 🍸 ✗ pizzeria 🛖 🎪 |
| nocturne 🏓 ⚽ hammam jacuzzi |
| 🚣 🏓 ✗ ⛳ 🏊 🎍 parcours |
| de santé |
| Services : 🔧 ⊶ GB 🅒 🛁 🍴 🔲 |
| 🛁 🎍 |
| À prox. : canoë |

| Longitude : 4.37149 |
| Latitude : 44.41399 |

Domaine de la Bastide ♣♦ – de fin mars à déb. oct.
✆ 04 75 39 64 72, *info@rcn-labastideenardeche.fr*,
Fax 04 75 39 73 28, *www.rcn-campings.fr*
7 ha (300 empl.) plat, herbeux, pierreux
Tarif : 43,50 € ★ ★ ⇔ 🔲 (≴) (6A) – pers. suppl. 5 € – frais
de réservation 17,50 €
Location : 30 �🛏 (4 à 6 pers.) nuitée 135 € - 259 à
945 €/sem. – frais de réservation 17,50 €
Pour s'y rendre : rte d'Ales - D111 (4 km au sud-ouest,
à Labastide)

| Nature : ⩽ 🎭⌑ |
| Loisirs : 🍸 ✗ pizzeria 🏓 🎪 |
| ✗ 🏊 |
| Services : 🔧 ⊶ GB 🅒 ⑩ 🛁 🎍 |
| ⚲ 🍴 🔲 🛁 🎍 |
| À prox. : canoë |

| Longitude : 4.31881 |
| Latitude : 44.42239 |

Yelloh! Village la Plaine de déb. avr. à mi-sept.
℘ 0475396583, info@yellohvillage-la-plaine.com,
Fax 0475397438, www.yellohvillage-la-plaine.com
4,5 ha (217 empl.) plat, peu incliné, sablonneux, herbeux
Tarif : 41€ ✶✶ ⬌ 🅔 (฿) (6A) – pers. suppl. 7€
Location ⬚ : 57 ▦ (4 à 6 pers.) 273 à 861€/sem.
borne sanistation
Pour s'y rendre : quartier la Grand Terre (3,5 km au sud)
À savoir : au bord de l'Ardèche

Nature :
Loisirs : terrain multisports
Services :
À prox. : canoë

Longitude : 4.33244
Latitude : 44.42749

Aluna Vacances ♣ –
℘ 0475939315, alunavacances@wanadoo.fr,
www.alunavacances.fr
7 ha (200 empl.) en terrasses, peu incliné, pierreux
Location : 112 ▦
borne artisanale
Pour s'y rendre : rte de Lagorce (2 km à l'est par D 559,
rte de Lagorce)

Nature :
Loisirs : pizzeria
Services : laverie
À prox. : canoë, randonnées pédestres

Longitude : 4.35259
Latitude : 44.44911

Les Paillotes de fin mars à fin sept.
℘ 0475396205, contact@campinglespaillotes.com,
Fax 0475396205, www.campinglespaillotes.com – places
limitées pour le passage
1 ha (45 empl.) plat, herbeux
Tarif : 32€ ✶✶ ⬌ 🅔 (฿) (10A) – pers. suppl. 7€
Location : 31 ▦ (4 à 6 pers.) nuitée 60€ – 240 à 795€/
sem. – bungalows toilés – frais de réservation 30€
Pour s'y rendre : chemin de l'Espédès (600 m au nord
par D 579, rte de Pradons et chemin à gauche)

Nature :
Loisirs : snack
Services :
À prox. : canoë

Longitude : 4.34236
Latitude : 44.46137

La Grand'Terre ♣ – de déb. avr. à mi-sept.
℘ 0475396494, grandterre@wanadoo.fr,
Fax 0475397862, www.camping-lagrandterre.com
10 ha (300 empl.) plat, sablonneux, herbeux
Tarif : 34€ ✶✶ ⬌ 🅔 (฿) (10A) – pers. suppl. 7,50€
Location ⬚ : 39 ▦ (4 à 6 pers.) nuitée 35€ - 259
à 868€/sem.
Pour s'y rendre : 3,5 km au sud
À savoir : au bord de l'Ardèche (accès direct)

Nature :
Loisirs : snack, pizzeria nocturne terrain multisport
Services : laverie
À prox. : canoë

757

Longitude : 4.34148
Latitude : 44.45346

La Chapoulière de fin mars à mi-oct.
℘ 0475396498, camping@lachapouliere.com,
Fax 0475396498, www.lachapouliere.com –
2,5 ha (100 empl.) plat et peu incliné, herbeux
Tarif : (Prix 2009) 27,60€ ✶✶ ⬌ 🅔 (฿) (6A) – pers.
suppl. 7,20€
Location ⬚ : 16 ▦ (4 à 6 pers.) 285 à 625€/sem.
Pour s'y rendre : 3,5 km au sud
À savoir : Au bord de l'Ardèche

Nature :
Loisirs : pizzeria
Services :
À prox. : canoë

Longitude : 4.32972
Latitude : 44.43139

Le Petit Bois de déb. avr. à mi-sept.
℘ 0475396072, vacances@campinglepetitbois.fr,
Fax 0475939550, www.campinglepetitbois.fr
2,5 ha (84 empl.) peu incliné et plat, en terrasses,
pierreux, rochers, herbeux
Tarif : 31€ ✶✶ ⬌ 🅔 (฿) (10A) – pers. suppl. 6,10€ –
frais de réservation 10€
Location ⬚ : 24 ▦ (4 à 6 pers.) 329 à 735€/sem.
– 11 (4 à 6 pers.) - 329 à 735€/sem. – gîtes – frais
de réservation 10€
Pour s'y rendre : 87 rue du petit bois (800 m au nord du
bourg, à 80 m de l'Ardèche)

Nature :
Loisirs : snack hammam (couverte hors saison) terrain multisports
Services :
À prox. : canoë

Longitude : 4.33852
Latitude : 44.45668

⚠ **Le Carpenty** de déb. mai à fin août
 ℰ 0475397429, *jean-luc.blachere@wanadoo.fr*,
 www.campinglecarpenty.com
 0,7 ha (45 empl.) plat, pierreux, herbeux
 Tarif : 20€ ♦♦ ⇔ 国 (½) (5A) – pers. suppl. 4€
 Pour s'y rendre : 3,6 km au sud par D 111
 À savoir : au bord de l'Ardèche (accès direct)

Nature : ○○	
Loisirs : 🏊 🎿	
Services : 🚿 ☕ 🚗 📷	
Longitude : 4.34148	
Latitude : 44.45346	

SABLIÈRES

07260 – **331** G6 – 138 h. – alt. 450
Paris 629 – Aubenas 48 – Langogne 58 – Largentière 38 – Les Vans 25.

⚠⚠ **La Drobie** de déb. avr. à fin sept.
 ℰ 0475369522, *ladrobie@aliceadsl.fr*, Fax 0475369522,
 www.ladrobie.com
 1,5 ha (80 empl.) incliné, en terrasses, herbeux, pierreux
 Tarif : 14,50€ ♦♦ ⇔ 国 (½) (10A) – pers. suppl. 4,50€

 Location (de mi-mars à mi-nov.) : 8 🚐 (2 à 4 pers.)
 216 à 305€/sem. – 10 🏠 (4 à 6 pers.) nuitée 45€ - 328
 à 530€/sem.
 Pour s'y rendre : au lieu-dit : Le Chambon (3 km à l'ouest
 par D 220 et rte à dr., au bord de rivière - pour caravanes :
 itinéraire conseillé depuis Lablachère par D 4)

Nature : ◈ ≤	
Loisirs : ♇ ✕ 🏊 ✗ ☕ 🎿 ⌁	
Services : 🚿 ☕ GB 🚗 📷 🛁	
🛐	
Longitude : 4.07426	
Latitude : 44.53145	

Si vous recherchez :
👥 *Un terrain offrant des équipements et des loisirs adaptés aux enfants*
 ◈ *Un terrain agréable ou très tranquille*
 L *Un terrain effectuant la location de caravanes,*
   de mobile homes, de bungalows ou de chalets
 P *Un terrain ouvert toute l'année*
 🚐 *Un terrain possédant une aire de services pour camping-cars*
Consultez le tableau des localités

SAHUNE

26510 – **332** E7 – 293 h. – alt. 330
🅱 *Syndicat d'initiative, Mairie* ℰ 0475274535, Fax 0475274535
Paris 647 – Buis-les-Baronnies 27 – La Motte-Chalancon 22 – Nyons 16 – Rosans 25 – Vaison-la-Romaine 31.

⚠⚠ **Vallée Bleue** de déb. avr. à fin sept.
 ℰ 0475274442, *welcome@lavalleebleue.com*,
 Fax 0475274442, *www.lavalleebleue.com*
 3 ha (45 empl.) plat, pierreux, herbeux
 Tarif : 28,50€ ♦♦ ⇔ 国 (½) (6A) – pers. suppl. 5,50€
 Pour s'y rendre : sortie sud-ouest par D 94, rte de Nyons,
 au bord de l'Eygues

Nature : ≤ ○	
Loisirs : snack 🏊 🎯 🎿	
Services : 🚿 ☕ ⌂ 🍴 📷	
Longitude : 5.267	
Latitude : 44.41426	

ST-AGRÈVE

07320 – **331** I3 – 2 588 h. – alt. 1 050
🅱 *Office de tourisme, Grand'Rue* ℰ 0475301506, Fax 0475306093
Paris 582 – Aubenas 68 – Lamastre 21 – Privas 64 – Le Puy-en-Velay 51 – St-Étienne 69 – Yssingeaux 34.

⚠⚠ **Riou la Selle** de déb. mai à fin sept.
 ℰ 0475302928, *jmc-rolin@wanadoo.fr*,
 Fax 0475302928, *www.campinglerioulaselle.fr*
 1 ha (29 empl.) plat et peu incliné, terrasses, herbeux
 Tarif : 20,70€ ♦♦ ⇔ 国 (½) (10A) – pers. suppl. 5,50€

 Location : 2 🏠 (4 à 6 pers.) - 330 à 560€/sem.
 Pour s'y rendre : 2,8 km au sud-est par D 120, rte de
 Cheylard, D 21, rte de Nonières à gauche et chemin de
 la Roche, à dr.

Nature : ◈ ⌁ ○○	
Loisirs : ♇ 🏠 🎿	
Services : 🚿 ☕ (juil.-août) GB	
🚗 🏛 🛁 📷 🛐	
Longitude : 4.39682	
Latitude : 45.00952	

ST-ALBAN-AURIOLLES

07120 – **331** H7 – 736 h. – alt. 108
Paris 656 – Alès 49 – Aubenas 28 – Pont-St-Esprit 55 – Ruoms 7 – Vallon-Pont-d'Arc 15.

Le Ranc Davaine ♣♣ – de déb. avr. à mi-sept.
 ℰ 0475396055, *camping.ranc.davaine@wanadoo.fr*,
 Fax 0475393850, *www.camping-ranc-davaine.fr*
 13 ha (435 empl.) plat et peu incliné, rocailleux, herbeux
 Tarif : 42€ ♣♣ ⬅ 🅴 🄙 (16A) – pers. suppl. 9,80€ –
 frais de réservation 30€

 Location 🏠 : 🚐 (4 à 6 pers.) 420 à 1 029€/sem.
 – 🏠 (4 à 6 pers.) - 427 à 1 043€/sem. – frais de
 réservation 30€
 Pour s'y rendre : rte de Chandolas (2,3 km au sud-ouest
 par D 208, rte de Chandolas)

 À savoir : près du Chassezac

Nature : 🖼 👤
Loisirs : 🍷 ✕ pizzeria 🖼 📷 🏸 🛝🏊 hammam jacuzzi discothèque 🎣 ⛳ 🖼 🎿 📷 🚣 canoë
Services : ♿ 🔌 GB 🗑 🛁 🚿 🚰 🍴 🖼 🧺 🛒

Longitude : 4.29856
Latitude : 44.425

Le Mas du Sartre de déb. mai à mi-sept.
 ℰ 0475397174, *masdusartre@wanadoo.fr*,
 Fax 0475397174, *www.masdusartre.com*
 1,6 ha (49 empl.) plat et peu incliné, en terrasses,
 pierreux, herbeux
 Tarif : (Prix 2009) 24,50€ ♣♣ ⬅ 🅴 🄙 (10A) – pers.
 suppl. 5,50€ – frais de réservation 5€

 Location (Prix 2009) : 10 🚐 (4 à 6 pers.) 280 à 525€/
 sem. – 🏠 (4 à 6 pers.) - 285 à 535€/sem. – frais de
 réservation 5€
 🚐 borne artisanale – 3 🅴 10€
 Pour s'y rendre : à Auriolles, chemin de la Vignasse
 (1,8 km au nord-ouest)

Nature : 👤👤
Loisirs : snack 🖼 🏊 🎿
Services : ♿ 🔌 🛁 🖼 🛒 réfri- gérateurs
À prox. : canoë

Longitude : 4.34128
Latitude : 44.42346

ST-ALBAN-DE-MONTBEL

73610 – **333** H4 – 554 h. – alt. 400
Paris 551 – Belley 32 – Chambéry 21 – Grenoble 74 – Voiron 33.

759

Base de Loisirs du Sougey ♣♣ – de déb. mai à mi-
 sept.
 ℰ 0479360144, *info@camping-sougey.com*,
 Fax 0479441901, *www.camping-sougey.com*
 4 ha (159 empl.) plat, terrasses, incliné, herbeux,
 gravillons
 Tarif : (Prix 2009) 24,60€ ♣♣ ⬅ 🅴 🄙 (10A) – pers.
 suppl. 3,70€ – frais de réservation 15€

 Location (Prix 2009) 🏠 : 3 🚐 (4 à 6 pers.) 250 à
 580€/sem. – 8 🏠 (4 à 6 pers.) - 270 à 650€/sem. –
 frais de réservation 25€
 Pour s'y rendre : au lieu-dit : Le Sougey (1,2 km au nord-
 est, à 300 m du lac)

Nature : 🖼 👤
Loisirs : 🖼 🏸 🎣 🚴
Services : ♿ 🔌 GB 🗑 🛁 🚿 🚰 laverie
À prox. : 🎿 🍷 snack 🛒 ⛳ 🏊 **pédalos**

Longitude : 5.7916
Latitude : 45.55608

ST-AVIT

26330 – **332** C2 – 300 h. – alt. 348
Paris 536 – Annonay 33 – Lyon 81 – Romans-sur-Isère 22 – Tournon-sur-Rhône 26.

Domaine la Garenne de déb. avr. à fin sept.
 ℰ 0475686226, *garenne.drome@wanadoo.fr*,
 Fax 0475686002, *www.domaine-la-garenne.com*
 14 ha/6 campables (100 empl.) incliné à peu incliné, plat
 et en terrasses, herbeux
 Tarif : (Prix 2009) 23€ ♣♣ ⬅ 🅴 🄙 (6A) – pers.
 suppl. 5,50€

 Location (Prix 2009) (permanent) 🏠 : 20 🚐 (4 à
 6 pers.) 280 à 680€/sem. – 8 🏠 (4 à 6 pers.) - 340 à
 600€/sem. – frais de réservation 20€
 🚐 borne artisanale – 🚐 20€

Nature : 🌿 ≤ 👤👤
Loisirs : 🖼 🏊 🎿
Services : ♿ 🔌 GB 🗑 🚿 🍴 🖼
À prox. : 🎣

Longitude : 4.97005
Latitude : 45.19624

ST-CHRISTOPHE-EN-OISANS

38520 – **333** K8 – G. Alpes du Nord – 134 h. – alt. 1 470
🛈 *Office de tourisme, la Ville* 📞 04 76 80 50 01, Fax 04.76.80.59.39
Paris 635 – L'Alpe-d'Huez 31 – La Bérarde 12 – Le Bourg-d'Oisans 21 – Grenoble 73.

🔺 **Municipal la Bérarde** de déb. juin à fin sept.
📞 04 76 79 20 45, Fax 04 76 79 20 45 – croisement parfois
impossible hors garages de dégagement – alt. 1 738
2 ha (165 empl.) non clos, peu incliné et plat, en
terrasses, pierreux, herbeux, rocher
Tarif : ✿ 5,40 € ⟵ 🅴 2 € – 🔌 (10A) 2,50 €
Pour s'y rendre : au lieu-dit : La Bérarde (10,5 km au
sud-est par D 530, d'accès difficile aux caravanes (forte
pente)

À savoir : très agréable site sauvage au bord du Vénéon

Nature : 🦆 ⩽ Parc National des Écrins ♀
Loisirs : 🎏 🏹
Services : 🔌 GB 🐾 🏛 🗑
À prox. : 🏊 🍸 ✕

Longitude : 6.17629
Latitude : 44.9578

ST-CIRGUES-EN-MONTAGNE

07510 – **331** G5 – G. Lyon Drôme Ardèche – 250 h. – alt. 1 044
🛈 *Syndicat d'initiative, place de l'Église* 📞 04 75 38 96 37, Fax 04 75 38 94 95
Paris 586 – Aubenas 40 – Langogne 31 – Privas 68 – Le Puy-en-Velay 55.

🔺 **Les Airelles** de déb. avr. à fin oct.
📞 04 75 38 92 49, *camping.les.airelles@free.fr*,
www.camping-les-airelles.fr
0,7 ha (50 empl.) en terrasses et peu incliné, pierreux,
herbeux
Tarif : 16 € ✿✿ ⟵ 🅴 🔌 (6A) – pers. suppl. 4 €
Location : 8 🛖 (4 à 6 pers.) 220 à 470 €/sem. – 🛏
Pour s'y rendre : rte de Lapalisse (sortie nord par D 160,
rte du Lac-d'Issarlès, rive droite du Vernason)

Nature : 🦆 ⩽ ♀
Loisirs : 🍸 snack, pizzeria 🎏 ⚡ 🏹
Services : 🔌 (saison) 🐾 🚰 laverie
À prox. : 🚣 🎾 🐴 (centre équestre)

Longitude : 4.09545
Latitude : 44.75545

ST-CLAIR-DU-RHÔNE

38370 – **333** B5 – G. Lyon Drôme Ardèche – 3 859 h. – alt. 160
Paris 501 – Annonay 35 – Givors 26 – Le Péage-de-Roussillon 10 – Rive-de-Gier 24 – Vienne 15.

🔺🔺 **Le Daxia** de déb. avr. à fin sept.
📞 04 74 56 39 20, *info@campingledaxia.com*,
Fax 04 74 56 45 57, *www.campingledaxia.com*
7,5 ha (120 empl.) plat, herbeux
Tarif : (Prix 2009) 18,60 € ✿✿ ⟵ 🅴 🔌 (6A) – pers.
suppl. 3,90 € – frais de réservation 10 €
🚐 borne artisanale 15,60 € – 4 🅴 15,60 €
Pour s'y rendre : rte du Péage - av. du Plateau des Frères
(2,7 km au sud par D 4 et chemin à gauche, accès conseillé
par N 7 et D 37)

À savoir : beaux emplacements délimités, au bord de la
Varèze

Nature : 🦆 ▭ ♀♀
Loisirs : 🍸 pizzeria, le soir uniquement 🎏 🚣 🎣 🏊 🏹
Services : 🚿 🔌 GB 🐾 ♻ 🗑 🚿

Longitude : 4.78329
Latitude : 45.42771

ST-COLOMBAN-DES-VILLARDS

73130 – **333** K6 – 184 h. – alt. 1 100
🛈 *Office de tourisme, chef-lieu* 📞 04 79 56 24 53, Fax 04.79.59.14.38
Paris 643 – Lyon 176 – Chambéry 76 – Grenoble 106 – Saint-Martin-d'Hères 107.

🔺 **FranceLoc La Perrière** de mi-juin à mi-sept.
📞 04 79 59 16 07, *saint-colomban@franceloc.fr*,
Fax 04 79 59 15 17, *www.campings-franceloc.fr*
2 ha (46 empl.) en terrasses, plat, herbeux, gravier, bois
attenant
Tarif : (Prix 2009) ✿ 3,50 € ⟵ 🅴 6,50 € – 🔌 (45A) 3,50 €
Location (de mi-déc. à mi-sept.) : 6 🛖 (4 à 6 pers.) -
161 à 679 €/sem. – 6 appartements – 2 gîtes – frais de
réservation 22 €

Nature : ⩽ montagnes et pic du Puy Gris (2 950 m) ♀
Services : 🚿 GB 🐾
À prox. : ⚡ 🏹 terrain multisports, escalade (via ferrata et mur)

Longitude : 6.22667
Latitude : 45.29417

ST-DONAT-SUR-L'HERBASSE

26260 – **332** C3 – G. Lyon Drôme Ardèche – 3 451 h. – alt. 202

🯄 *Office de tourisme, 32, avenue Georges Bert ℰ 0475451532, Fax 0475452042*

Paris 545 – Grenoble 92 – Hauterives 20 – Romans-sur-Isère 13 – Tournon-sur-Rhône 18 – Valence 27.

⩗ **Domaine du Lac de Champos** de fin avr. à mi-sept.

ℰ 0475451781, *contact@lacdechampos.com*,
Fax 0475450363, *www.lacdechampos.com*
43 ha/6 campables (60 empl.) plat, en terrasses, herbeux
Tarif : 16€ ✱✱ ⊕ 🄴 🄑 (10A) – pers. suppl. 4€

Location (de mi-avr. à fin oct.) : 21 🏠 – frais de réservation 15€
🔄 1 borne 10,50€ – 5 🄴 16€ – 🔋 10.50€
Pour s'y rendre : 2 km au nord-est par D 67
À savoir : cadre agréable au bord du lac de Champos

| Nature : 🌊⛰ |
| Loisirs : 🍴snack 🏠 ⛵ 🎿 ⛷ 🎣 canoés, voitures à pédales |
| Services : 🛁 ⚡ 🆖 🚗 ♨ 🚿 laverie |

| Longitude : 5.00543 |
| Latitude : 45.13615 |

⩗ **Les Ulèzes** de déb. avr. à fin oct.

ℰ 0475478320, *contact@domaine-des-ulezes.com*,
www.domaine-des-ulezes.com
2,5 ha (85 empl.) plat, herbeux
Tarif : 23€ ✱✱ ⊕ 🄴 🄑 (10A) – pers. suppl. 4€
Location : 3 bungalows toilés
🔄 1 borne
Pour s'y rendre : rte de Romans (sortie sud-est par D 53 et chemin à dr., près de l'Herbasse)

| Nature : 🏞 🌳 |
| Loisirs : snack 🏠 ⛵ ♨ 🎣 |
| Services : 🛁 ⚡ 🆖 🚗 🚿 🌀 ♨ 📷 |
| À prox. : 🍴 🎣 |

| Longitude : 4.98579 |
| Latitude : 45.12513 |

Pour choisir et suivre un itinéraire
Pour calculer un kilométrage
Pour situer exactement un terrain (en fonction des indications fournies dans le texte) :
*Utilisez les **cartes MICHELIN** ,*
compléments indispensables de cet ouvrage.

761

ST-FERRÉOL

74210 – **328** K6 – 842 h. – alt. 516
Paris 564 – Albertville 19 – Annecy 28 – La Clusaz 29 – Megève 34.

⩗ **Municipal les Pins**

ℰ 0450324771, *st-ferreol@wanadoo.fr*,
Fax 0450444976, *www.pays-de-faverges.com*
1,5 ha (120 empl.) non clos, plat, herbeux
Pour s'y rendre : à l'est du bourg, près du stade

| Nature : ⩗ 🌳 |
| Services : 🛁 📷 |

| Longitude : 6.30628 |
| Latitude : 45.76697 |

ST-FERRÉOL-TRENTE-PAS

26110 – **332** E7 – 224 h. – alt. 417
Paris 634 – Buis-les-Baronnies 30 – La Motte-Chalancon 34 – Nyons 14 – Rémuzat 25 – Vaison-la-Romaine 29.

⩗ **Le Pilat** de déb. avr. à déb. oct.

ℰ 0475277209, *info@campinglepilat.com*,
Fax 0475277234, *www.campinglepilat.com*
1 ha (70 empl.) plat, pierreux, herbeux
Tarif : 25€ ✱✱ ⊕ 🄴 🄑 (6A) – pers. suppl. 6,50€
Location 🏠 : 19 🚐 (4 à 6 pers.) nuitée 42€ - 285 à 800€/sem.
🔄 2 🄴 25€
Pour s'y rendre : rte de Bourdeau (1 km au nord par D 70, au bord d'un ruisseau)

| Nature : 🏔 ⩗ 🏞 🌳 |
| Loisirs : snack 🏠 ⛵ 🎮 🎿 ♨ ⛷ 🎣 |
| Services : 🛁 ⚡ 🆖 🚗 🚿 ♨ 📷 🌀 |

| Longitude : 5.21762 |
| Latitude : 44.42662 |

ST-GALMIER

42330 – **327** E6 – G. Lyon Drôme Ardèche – 5 705 h. – alt. 400

B *Office de tourisme, Le Cloître, 15, boulevard Cousin 0477540608, Fax 0477540607*

Paris 457 – Lyon 82 – Montbrison 25 – Montrond-les-Bains 11 – Roanne 68 – St-Étienne 24.

Val de Coise de mi-avr. à mi-oct.
 0477541482, *val-de-coise@campeole.com*,
Fax 0477540245, *www.camping-valdecoise.com* –
places limitées pour le passage

3,5 ha (100 empl.) plat, en terrasses, peu incliné, herbeux
Tarif : (Prix 2009) 19,10 € ★ ★ ⇔ ▣ (乩) (16A) – pers.
suppl. 5,40 €

Location (Prix 2009) : bungalows toilés – frais de
réservation 25 €
borne sanistation 1 €
Pour s'y rendre : rte de la Thiery (2 km à l'est par D 6 et
chemin à gauche, au bord de la Coise)

Loisirs : 🏠 ⚤ m 🏊
Services : ⛽ GB 🚗 ▥ 🛁 ⚲ 🗜
À prox. : 🎣

Longitude : 4.32216
Latitude : 45.58772

ST-GENEST-MALIFAUX

42660 – **327** F7 – 2 879 h. – alt. 980

B *Office de tourisme, 1, rue du Feuillage 0477512384, Fax 0477512385*

Paris 528 – Annonay 33 – St-Étienne 16 – Yssingeaux 46.

Municipal de la Croix de Garry de déb. avr. à fin
sept.
 0477512584, *gite.camping@st-genest-malifaux.fr*,
Fax 0477512671, *st-genest-malifaux.fr* – alt. 928 –
places limitées pour le passage

2 ha (85 empl.) plat, terrasses, peu incliné, herbeux
Tarif : (Prix 2009) 14 € ★ ★ ⇔ ▣ (乩) (6A) – pers.
suppl. 3,60 €

Location (Prix 2009) (permanent) 🏚 : 8 🏠 (4 à
6 pers.) nuitée 90 € - 250 à 390 €/sem. – gîte d'étape
borne sanistation
Pour s'y rendre : au lieu-dit : La Croix de Garry (sortie sud
par D 501, rte de Montfaucon-en-Velay, près d'un étang
et à 150 m de la Semène)

Nature : ⟨
Services : ⛽ 🚗 🚗 ▥ 🛁 🗜
À prox. : ✖ 🎣

Longitude : 4.41921
Latitude : 45.33984

ST-GERVAIS-LES-BAINS

74170 – **328** N5 – G. Alpes du Nord – 5 594 h. – alt. 820 – ⚕ – Sports d'hiver :

B *Office de tourisme, 43, rue du Mont-Blanc 0450477608, Fax 0450477569*

Paris 597 – Annecy 84 – Bonneville 42 – Chamonix-Mont-Blanc 25 – Megève 12 – Morzine 54.

Les Dômes de Miage de déb. mai à mi-sept.
 0450934596, *info@camping-mont-blanc.com*,
Fax 0450781075, *www.camping-mont-blanc.com* –
alt. 890

3 ha (150 empl.) plat, herbeux
Tarif : 25,10 € ★ ★ ⇔ ▣ (乩) (10A) – pers. suppl. 4,10 € –
frais de réservation 10 €
1 borne 3 € – 15 ▣ 21,20 €
Pour s'y rendre : 197 rte des Contamines (2 km au sud
par D 902, au lieu-dit les Bernards)

Nature : 🌲 ⟨
Loisirs : ⚤
Services : ⛽ 🚗 GB 🚗 🛁 ⚲
laverie
À prox. : 🍷 ✖ 🚣

Longitude : 6.7278
Latitude : 45.8622

ST-JEAN-DE-COUZ

73160 – **333** H5 – 246 h. – alt. 630
Paris 561 – Aix-les-Bains 31 – Chambéry 16 – Le Pont-de-Beauvoisin 24 – St-Laurent-du-Pont 14 – La Tour-du-Pin 44.

▲ **La Bruyère** de mi-mai à fin sept.
℘ 0479657911, *camping-labruyere@orange.fr*,
Fax 0479657427, *www.campingsavoie.com/labruyere*
1 ha (60 empl.) plat, herbeux
Tarif : (Prix 2009) 13,20€ ✴✴ ⬅ 🅴 🅗 (6A) – pers.
suppl. 3,30€
🚐 10 🅴 13,20€ – 🥤 🅗 11.30€
Pour s'y rendre : au lieu-dit : Côte Barrier (2 km au sud par N 6)

À savoir : au pied du Massif de la Chartreuse

Nature : 🏞 ⬳ 🛏 ⚲
Loisirs : 🛋 🏄
Services : ⊶ 🐾 🛒

Longitude : 5.81283
Latitude : 45.45941

ST-JEAN-DE-MAURIENNE

73300 – **333** L6 – G. Alpes du Nord – 8 685 h. – alt. 556
🛈 *Office de tourisme, place de la Cathédrale* ℘ 0479835151, Fax 0479834210
Paris 641 – Lyon 174 – Chambéry 75 – Saint-Martin-d'Hères 105 – Meylan 104.

▲▲ **Municipal les Grands Cols** de déb. mai à mi-sept.
℘ 0479642802, *info@campingdesgrandscols.com*,
www.campingdesgrandscols.com
2,5 ha (80 empl.) en terrasses, plat, herbeux
Tarif : 19€ ✴✴ ⬅ 🅴 🅗 (16A) – pers. suppl. 7€ – frais de réservation 5€
Location (Prix 2009) : 7 🛖 (4 à 6 pers.) nuitée 60€ - 320€/sem. – frais de réservation 5€
🚐 borne artisanale 4€ – 40 🅴 19€
Pour s'y rendre : 422 av. du Mont Cenis

Nature : ⬳ montagnes
Loisirs : snack 🛋 🏄 terrain omnisports
Services : ⊶ GB 🐾 🛒 ⊷ ⁙ 🔲

Longitude : 6.3515
Latitude : 45.2716

763

ST-JEAN-DE-MUZOLS

07300 – **331** K3 – 2 439 h. – alt. 123
Paris 541 – Annonay 34 – Beaurepaire 53 – Privas 62 – Romans-sur-Isère 22 – Tournon-sur-Rhône 4.

▲ **Le Castelet** de déb. avr. à mi-sept.
℘ 0475080948, *courrier@camping-lecastelet.com*,
www.camping-lecastelet.com
3 ha (66 empl.) en terrasses, plat, herbeux, pierreux
Tarif : (Prix 2009) 20,50€ ✴✴ ⬅ 🅴 🅗 (4A) – pers.
suppl. 4,50€
Location : 🛖 – 🏠
Pour s'y rendre : 113 rte du Grand Pont (2,8 km au sud-ouest par D 238, rte de Lamastre, au bord du Doux)

Nature : 🏞 ⬳ 🛏 ⚲
Loisirs : 🍹 🛋 🏄 🛝 🚣 🐟
Services : ⊶ 🐾 🛒 ⁙ 🔲

Longitude : 4.78564
Latitude : 45.0681

ST-JEAN-LE-CENTENIER

07580 – **331** J6 – 626 h. – alt. 350
Paris 623 – Alès 83 – Aubenas 20 – Privas 24.

▲ **Les Arches** de fin avr. à mi-sept.
℘ 0475367545, *info@camping-les-arches.com*,
Fax 0475367545, *www.camping-les-arches.com*
1,5 ha (97 empl.) en terrasses, plat, peu incliné, herbeux
Tarif : 23,90€ ✴✴ ⬅ 🅴 🅗 (10A) – pers. suppl. 4,80€ – frais de réservation 10€
Location (permanent) : 10 🏠 (4 à 6 pers.) - 250 à 620€/sem. – frais de réservation 10€
🚐 borne artisanale – 🥤 10€
Pour s'y rendre : au lieu-dit : Le Cluzel (1,2 km à l'ouest par D 458a et D 258, rte de Mirabel puis chemin à dr.)

Nature : 🏞
Loisirs : 🏄 🚲 🛶 (plan d'eau)
Services : ♿ ⊶ GB 🐾 ⁙ 🔲

Longitude : 4.52576
Latitude : 44.58759

RHÔNE-ALPES

ST-JORIOZ

74410 – **328** J5 – G. Alpes du Nord – 5 644 h. – alt. 452

🛈 *Office de tourisme, 92, route de l'Église* 🖉 *04 50 52 40 56*

Paris 545 – Albertville 37 – Annecy 9 – Megève 51.

⚠ **Europa** 👥 – de fin avr. à mi-sept.

🖉 04 50 68 51 01, *info@camping-europa.com,*
Fax 04 50 68 55 20, *www.camping-europa.com*
3 ha (210 empl.) plat, herbeux, pierreux
Tarif : (Prix 2009) 33,90 € ✱✱ 🚐 🗉 (½) (10A) – pers.
suppl. 6,40 € – frais de réservation 25 €

Location (Prix 2009) 🏷 : 38 🛏 (4 à 6 pers.) 287 à
784 €/sem. – 4 🏠 (4 à 6 pers.) - 406 à 896 €/sem. –
frais de réservation 25 €
Pour s'y rendre : 1444, rte d'Albertville (1,4 km au sud-est)

À savoir : bel ensemble aquatique

Nature : ≤ 💧	
Loisirs : 🍴 snack, pizzeria 🎣 🏃	
🚣 🚲 🏊 ⛷ terrain omnisports	
Services : 🕭 ⚡ GB ⚒ 🐕 🗑 ✂	
🍽 laverie 🚿	

Longitude : 6.18177
Latitude : 45.83034

⚠ **Le Solitaire du Lac** de mi-avr. à mi-sept.

🖉 04 50 68 59 30, *campinglesolitaire@wanadoo.fr,*
Fax 04 50 68 59 30, *www.campinglesolitaire.com –*
croisement difficile
3,5 ha (200 empl.) plat, herbeux
Tarif : (Prix 2009) 22 € ✱✱ 🚐 🗉 (½) (6A) – pers.
suppl. 4,20 € – frais de réservation 6 €

Location (Prix 2009) 🏷 : 15 🛏 (4 à 6 pers.) 280 à
680 €/sem. – frais de réservation 33 €
🚐 1 borne artisanale
Pour s'y rendre : 615 rte de Sales (1 km au nord)

À savoir : situation agréable près du lac (accès direct)

Nature : 🏊 💧🚿⛵	
Loisirs : 🛶 🚣 🚲 🎣	
Services : 🕭 ⚡ GB 🐕 🗑 🍽	
laverie 🚿	

Longitude : 6.16356
Latitude : 45.84056

⚠ **International du Lac d'Annecy** de mi-mai à mi-sept.

🖉 04 50 68 67 93, *contact@camping-lac-annecy.com,*
Fax 04 50 68 67 93, *camping-lac-annecy.com*
2,5 ha (163 empl.) plat, herbeux
Tarif : (Prix 2009) 27,80 € ✱✱ 🚐 🗉 (½) (6A) – pers.
suppl. 4,60 € – frais de réservation 20 €

Location (Prix 2009) 🏷 (de mi-mai à fin juin) : 18
🛏 (4 à 6 pers.) 270 à 650 €/sem. – 3 🏠 (4 à 6 pers.)
- 310 à 670 €/sem. – frais de réservation 20 €
Pour s'y rendre : 1184 rte d'Albertville (1 km au sud-est)

Nature : 💧	
Loisirs : 🍴 🏠 🚣 🚲 🏊 terrain	
omnisports	
Services : 🕭 ⚡ GB 🐕 🗑 ✂	
🗑 🍽 🍴	

Longitude : 6.182
Latitude : 45.83

Verwechseln Sie bitte nicht :
⚠*... bis ...* ⚠⚠*: MICHELIN-Klassifizierung*
und
★ *... bis ...* ★★★★ *: offizielle Klassifizierung*

ST-JULIEN-EN-ST-ALBAN

07000 – **331** K5 – 1 238 h. – alt. 131

Paris 587 – Aubenas 41 – Crest 29 – Montélimar 35 – Privas 9 – Valence 32.

⚠ **L'Albanou** de fin avr. à fin sept.

🖉 04 75 66 00 97, *camping.albanou@wanadoo.fr,*
Fax 04 75 66 00 97, *www.camping-albanou.com*
1,5 ha (60 empl.) plat, herbeux
Tarif : (Prix 2009) 22,50 € ✱✱ 🚐 🗉 (½) (6A) – pers.
suppl. 5 €
🚐 borne artisanale
Pour s'y rendre : chemin de Pampelonne (1,4 km à l'est
par N 304, rte de Pouzin et chemin de Celliers à dr., près
de l'Ouvèze)

Nature : 🏊 ≤ 🏕 💧	
Loisirs : jacuzzi spa 🚣 🏊 ⛷	
Services : 🕭 ⚡ GB 🐕 🍽 🗑 🚿	

Longitude : 4.69658
Latitude : 44.75382

ST-JUST

07700 – **331** J8 – 1 430 h. – alt. 64
Paris 637 – Montélimar 36 – Nyons 51 – Pont-St-Esprit 6 – Privas 66.

La Plage de mi-avr. à mi-sept.
𝒫 0475046946, *info@campingdelaplage.com*,
Fax 0475046946, *www.campingdelaplage.com*
2,5 ha (117 empl.) plat, herbeux
Tarif : 22,90€ ✶✶ 🚗 ▤ (⚡) (10A) – pers. suppl. 4,60€ –
frais de réservation 5€

Location ⚲ : 4 🛏 (4 à 6 pers.) 265 à 530€/sem. –
frais de réservation 20€
Pour s'y rendre : 2,5 km au sud par N 86, rte de Pont-St-
Esprit et à dr. av. le pont, à 100 m de l'Ardèche

Nature : 🏕 ⚏
Loisirs : 🛶 ⛴
Services : ⚲ GB ⚙ ☂ 🏪
À prox. : ≋

Longitude : 4.61516
Latitude : 44.2815

ST-LAURENT-DU-PAPE

07800 – **331** K5 – G. Lyon Drôme Ardèche – 1 469 h. – alt. 100
Paris 578 – Aubenas 56 – Le Cheylard 43 – Crest 29 – Privas 25 – Valence 19.

La Garenne de déb. mars à fin oct.
𝒫 0475622462,
info@lagarenne.org, www.lagarenne.org
6 ha/4 campables (116 empl.) plat, en terrasses, pierreux,
herbeux
Tarif : 30,50€ ✶✶ 🚗 ▤ (⚡) (4A) – pers. suppl. 5,50€
Location ⚲ : 🛏 (4 à 6 pers.) 180 à 730€/sem.
Pour s'y rendre : quartier de la Garenne (au nord du
bourg, accès près de la poste)

Nature : ⚏
Loisirs : ✗ snack 🎪 🛶 ✕ ⛴
Services : ♿ ⚲ ☂ 🏪 ▦ 🍴

Longitude : 4.76228
Latitude : 44.82525

🏔🏔🏔 ... 🏔
Terrains particulièrement agréables dans leur ensemble et dans leur catégorie.

ST-LAURENT-DU-PONT

38380 – **333** H5 – G. Alpes du Nord – 4 489 h. – alt. 410
🛈 *Office de tourisme, place de la Mairie 𝒫 0476062255, Fax 0476062121*
Paris 560 – Chambéry 29 – Grenoble 34 – La Tour-du-Pin 42 – Voiron 15.

Municipal les Berges du Guiers de mi-juin à mi-
sept.
𝒫 0476552063, *camping.st-laurent-du-pont@wanadoo.fr*,
Fax 0476062121, *www.chartreuse-tourisme.com*
1 ha (45 empl.) plat, herbeux
Tarif : 13,50€ ✶✶ 🚗 ▤ (⚡) (5A) – pers. suppl. 4,50€ –
frais de réservation 10€
Pour s'y rendre : sortie nord par D 520, rte de Chambéry
et à gauche, au bord du Guiers Mort - passerelle pour
piétons reliant le village

Nature : ≤ ⚏
Services : ♿ ⚲ GB ⚙ ☂ 🏪
À prox. : 🛶 ✕ ⛴

Longitude : 5.73483
Latitude : 45.38746

ST-LAURENT-EN-BEAUMONT

38350 – **333** I8 – 372 h. – alt. 900
Paris 613 – Le Bourg-d'Oisans 43 – Corps 16 – Grenoble 51 – Mens 22 – La Mure 10.

Belvédère de l'Obiou de mi-avr. à mi-oct.
𝒫 0476304080, *info@camping-obiou.com*,
Fax 0476304486, *www.camping-obiou.com*
1 ha (45 empl.) plat, peu incliné, terrasses, herbeux
Tarif : 23,50€ ✶✶ 🚗 ▤ (⚡) (10A) – pers. suppl. 4,50€ –
frais de réservation 15€

Location (de déb. mai à fin sept.) : 5 🛏 (4 à 6 pers.)
287 à 560€/sem. – frais de réservation 15€
🚰 borne artisanale 5€ – 3 ▤ 18€
Pour s'y rendre : lieu-dit : Les Égats (1,3 km au sud-ouest
par N 85)

Nature : ≤ ⚏
Loisirs : snack 🎪 🛶 🚲 🏊
(petite piscine découverte l'été)
Services : ♿ ⚲ GB ⚙ ▥ ☂ 🍴
▦ 🍴
À prox. : 🍷

Longitude : 5.83506
Latitude : 44.876

RHÔNE-ALPES

ST-LAURENT-LES-BAINS

07590 – **331** F6 – G. Lyon Drôme Ardèche – 160 h. – alt. 840
🛈 *Office de tourisme, le village* 🕿 *04 66 46 69 94*
Paris 603 – Aubenas 64 – Langogne 30 – Largentière 52 – Mende 56.

🔺 **Le Ceytrou** de déb. avr. à mi-nov.
🕿 *04 66 46 02 03, campingleceytrou@wanadoo.fr,*
Fax 04 66 46 02 03, *campingleceytrou.free.fr*
2,5 ha (60 empl.) plat et peu incliné, terrasses, pierreux, herbeux
Tarif : (Prix 2009) 12,50 € **🚶 🚶 🚗 🗉 🗷** (10A) – pers. suppl. 3,10 €

Location (Prix 2009) : 8 🏠 (4 à 6 pers.) nuitée 40 € -
250 à 330 €/sem.
Pour s'y rendre : 2,1 km au sud-est par D 4
À savoir : agréable situation au coeur des montagnes du Vivarais Cévenol

Nature : 🏞 ⩽ ♀
Loisirs : 🏠 ✗ 🔥 🌊 🚣
Services : 🕭 ⚬ 🚽 🔥 🗉

Longitude : 3.97029
Latitude : 44.60682

*En juillet et août, beaucoup de terrains sont saturés
et leurs emplacements retenus longtemps à l'avance.
N'attendez pas le dernier moment pour réserver.*

ST-MARTIN-D'ARDÈCHE

07700 – **331** I6 – 815 h. – alt. 46
🛈 *Office de tourisme, place de l'Église* 🕿 *04 75 98 70 91, Fax 04 75 98 70 91*
Paris 641 – Bagnols-sur-Cèze 21 – Barjac 27 – Bourg-St-Andéol 13 – Pont-St-Esprit 10 – Vallon-Pont-d'Arc 30.

🔺 **Le Pontet** de déb. avr. à fin sept.
🕿 *04 75 04 63 07, contact@campinglepontet.com,*
www.campinglepontet.com
1,8 ha (100 empl.) plat et terrasse, herbeux
Tarif : (Prix 2009) 22,40 € **🚶 🚶 🚗 🗉 🗷** (10A) – pers. suppl. 5,20 € – frais de réservation 8 €

Location (Prix 2009) : 5 🚐 (4 à 6 pers.) 250 à 495 €/
sem. – 8 🏠 (4 à 6 pers.) - 370 à 620 €/sem. – frais de réservation 25 €
🚐 borne artisanale 3 € – 🛒 9 €
Pour s'y rendre : lieu-dit : Le Pontet (1,5 km à l'est par D 290, rte de St-Just et chemin à gauche)

Nature : 🏞 ♀♀
Loisirs : ♈ snack 🏠 🚣 🚴 🛶
Services : 🕭 ⚬ GB 🚽 🔥 ⛺ 🍴 🗉 🚿
À prox. : 🚐

Longitude : 4.56733
Latitude : 44.3011

🔺 **Les Gorges** de déb. avr. à mi-sept.
🕿 *04 75 04 61 09, info@camping-des-gorges.com,*
Fax 04 75 04 61 09, *www.camping-des-gorges.com*
1,2 ha (92 empl.) plat, terrasses, herbeux, pierreux
Tarif : (Prix 2009) 29 € **🚶 🚶 🚗 🗉 🗷** (5A) – pers. suppl. 6,50 € – frais de réservation 30 €

Location (Prix 2009) : 25 🚐 (4 à 6 pers.) 250 à 780 €/
sem. – frais de réservation 30 €
🚐 borne artisanale
Pour s'y rendre : chemin de Sauze (1,5 km au nord-ouest)

Nature : ⩽ ♀♀
Loisirs : ♈ ✗ 🏠 🚣 🛶 🚣 🚤
Services : 🕭 ⚬ GB 🚽 🔥 ⛺ 🗉 🚿 🚿

Longitude : 4.56733
Latitude : 44.3011

🔺 **Indigo le Moulin** de fin avr. à déb. oct.
🕿 *04 75 04 66 20, moulin@camping-indigo.com,*
Fax 04 75 04 60 12, *www.camping-indigo.com*
6,5 ha (200 empl.) plat, peu incliné, sablonneux, herbeux
Tarif : (Prix 2009) 22,40 € **🚶 🚶 🚗 🗉 🗷** (10A) – pers. suppl. 4,90 € – frais de réservation 18 €

Location (Prix 2009) : roulottes et tentes "toilées bois" – frais de réservation 18 €
🚐 1 borne 4 €
Pour s'y rendre : . (sortie sud-est par D 290, rte de St-Just et à dr. (D 200), au bord de l'Ardèche)

Nature : ♀
Loisirs : snack, pizzeria 🏠 🚣 🛶 🚤
Services : 🕭 ⚬ GB 🚽 🔥 🗉 🚿

Longitude : 4.57131
Latitude : 44.30084

ST-MARTIN-DE-CLELLES

38930 – **333** G8 – 146 h. – alt. 750
Paris 616 – Lyon 149 – Grenoble 48 – Saint-Martin-d'Hères 49 – Échirolles 42.

△ **La Chabannerie** de déb. mai à fin sept.
  *☎ 0476340038, camping.chabannerie@yahoo.fr,
  www.camping-isere.fr*
  2,5 ha (49 empl.) en terrasses, plat, peu incliné, pierreux,
  herbeux
  Tarif : 15,50€ ★★ ⊕ ▣ ⑭ (10A) – pers. suppl. 4€
  ⊞ borne eurorelais 3€ – 30 ▣ 15,50€
  Pour s'y rendre : Lotissement La Chabannerie

Nature : ⟋ ⟨ ▭ ⌬	
Loisirs : ▱ ⤋	
Services : ⚬ GB ⟋ ⊞ ⚑ ▣ ⚘	

Longitude : 5.62487
Latitude : 44.85119

ST-MARTIN-EN-VERCORS

26420 – **332** F3 – G. Alpes du Nord – 357 h. – alt. 780
Paris 601 – La Chapelle-en-Vercors 9 – Grenoble 51 – Romans-sur-Isère 46 – St-Marcellin 34 – Villard-de-Lans 20.

△ **La Porte St-Martin** de fin avr. à fin sept.
  *☎ 0475455110, infos@camping-laportestmartin.com,
  www.camping-laportestmartin.com*
  1,5 ha (66 empl.) plat et en terrasses, incliné, herbeux,
  gravier, pierreux
  Tarif : 14,80€ ★★ ⊕ ▣ ⑭ (10A) – pers. suppl. 4,50€
  Location (permanent) ⤋ : 3 ⌂ (4 à 6 pers.) nuitée
  55€ - 260 à 570€/sem. – chalets sans sanitaires
  ⊞ borne artisanale 4€
  Pour s'y rendre : sortie nord par D 103

Nature : ⟨ ⚲	
Loisirs : ▱ ⬠ ⤋ (petite piscine)	
Services : ⚶ ⚬ ⟋ ⚑ ▣	

Longitude : 5.44282
Latitude : 45.0215

Give use your opinion of the camping sites we recommend.
Let us know of your remarks and discoveries.

ST-MAURICE-D'ARDÈCHE

07200 – **331** I6 – 293 h. – alt. 140
Paris 639 – Aubenas 12 – Largentière 16 – Privas 44 – Vallon-Pont-d'Arc 20 – Viviers 37.

▲ **Le Chamadou** de déb. avr. à fin oct.
  ☎ 0820366197, reservations@camping-le-chamadou.com,
  Fax 0475370804, *www.camping-le-chamadou.com*
  ✉ 07120 Balazuc
  1 ha (86 empl.) peu incliné, plat, herbeux
  Tarif : (Prix 2009) 27,70€ ★★ ⊕ ▣ ⑭ (10A) – pers.
  suppl. 5,60€ – frais de réservation 14€
  Location (Prix 2009) : 14 ⌂ (4 à 6 pers.) - 330 à 900€/
  sem. – gîtes – frais de réservation 14€
  Pour s'y rendre : au lieu-dit : Mas de Chaussy (3,2 km
  au sud-est par D 579, rte de Ruoms et chemin à gauche,
  à 500 m d'un étang)

Nature : ⟋ ⟨ ▭ ⚲	
Loisirs : ⍩ pizzeria, snack ▱ ⌕ ⤋	
Services : ⚶ ⚬ GB ⟋ ⚘ ▣	
À prox. : ⟍	

Longitude : 4.4039
Latitude : 44.50782

ST-MAURICE-D'IBIE

07170 – **331** I6 – 181 h. – alt. 220
Paris 636 – Alès 64 – Aubenas 23 – Pont-St-Esprit 63 – Ruoms 25 – Vallon-Pont-d'Arc 16.

▲ **Le Sous-Bois** de déb. mai à fin sept.
  ☎ 0475948695, camping.lesousbois@wanadoo.fr,
  Fax 0475948695, *www.le-sous-bois.fr*
  2 ha (50 empl.) non clos, plat, herbeux, pierreux
  Tarif : 22,50€ ★★ ⊕ ▣ ⑭ (6A) – pers. suppl. 6€
  Location (de mi-avr. à fin sept.) : 4 ⌂ (4 à 6 pers.)
  nuitée 55€ - 340 à 580€/sem.
  Pour s'y rendre : au lieu-dit : Les Plots (2 km au sud par
  D 558, rte de Vallon-Pont-d'Arc, puis chemin empierré à dr.)
  À savoir : au bord de l'Ibie, agréable cadre sauvage

Nature : ⟋ ⚲⚲	
Loisirs : ⍩ pizzeria, (dîner seulement) ⟋ ⤋ terrain multisports	
Services : ⚶ ⚬ (juil.-août) GB ⟋ ⚘ ▣ ⚘	

Longitude : 4.47487
Latitude : 44.49038

ST-NAZAIRE-EN-ROYANS

26190 – **332** E3 – G. Alpes du Nord – 677 h. – alt. 172
Paris 576 – Grenoble 69 – Pont-en-Royans 9 – Romans-sur-Isère 19 – St-Marcellin 15 – Valence 35.

Municipal de déb. mai à fin sept.
℘ 0475484118, *mairie-stnazaire@wanadoo.fr*,
Fax 0475484432
1,5 ha (75 empl.) plat et peu incliné, herbeux
Tarif : (Prix 2009) 10,90 € ★★ ⇌ 🅴 🄺 (6A) – pers.
suppl. 3,10 €
Pour s'y rendre : 700 m au sud-est, rte de St-Jean-en-Royans

À savoir : au bord de la Bourne (plan d'eau)

Nature :	⊏ 🄌🄌
Loisirs :	🛏 🥎
Services :	🔧 ⚡ ⚲ 📺

Longitude : 5.24809
Latitude : 45.05909

ST-PAUL-DE-VARAX

01240 – **328** D4 – G. Lyon Drôme Ardèche – 1 429 h. – alt. 240
Paris 436 – Bourg-en-Bresse 15 – Châtillon-sur-Chalaronne 18 – Pont-d'Ain 22 – Villars-les-Dombes 15.

Intercommunal l'Étang du Moulin de déb. juin
à fin août
℘ 0474425330, *moulin@campingendombes.fr*,
Fax 0474984382, *www.camping-etang-du-moulin.fr* ⚡
34 ha/4 campables (182 empl.) plat, herbeux, bois
attenant
Tarif : (Prix 2009) 11 € ★★ ⇌ 🅴 🄺 (6A) – pers.
suppl. 4,50 €

Location (Prix 2009) : 10 🏠 (4 à 6 pers.) - 326 à 600 €/
sem. – frais de réservation 10 €
🚐 1 borne raclet –
Pour s'y rendre : à la Base de Plein Air (2 km au sud-est
par D 70b, rte de St-Nizier-le-Désert puis 1,5 km par rte à
gauche, près d'un étang)

À savoir : superbe piscine géante (5500m²) dans un site
agréable

Nature :	⊏ 🄌
Loisirs :	🍷 🛏 🎣 🍴 ♨ 🛝 🎰 🥎
Services :	🔧 ⚡ 🏧 ⚲ 🚿 📺

Longitude : 5.12897
Latitude : 46.0989

768

Des vacances réussies sont des vacances bien préparées !
Ce guide est fait pour vous y aider... mais :
– N'attendez pas le dernier moment pour réserver
– Évitez la période critique du 14 juillet au 15 août
Pensez aux ressources de l'arrière-pays,
à l'écart des lieux de grande fréquentation.

ST-PAUL-DE-VÉZELIN

42590 – **327** D4 – 294 h. – alt. 431
Paris 415 – Boën 19 – Feurs 30 – Roanne 26 – St-Just-en-Chevalet 27 – Tarare 39.

Arpheuilles de déb. mai à mi-sept.
℘ 0477634343, *arpheuilles@wanadoo.fr*,
www.camping-arpheuilles.com – croisement difficile
pour caravanes
3,5 ha (80 empl.) peu incliné, en terrasses, herbeux
Tarif : (Prix 2009) 23 € ★★ ⇌ 🅴 🄺 (6A) – pers.
suppl. 4,50 €
Pour s'y rendre : 4 km au nord, à Port Piset, près du
fleuve (plan d'eau)

À savoir : belle situation dans les gorges de la Loire

Nature :	🌊 ≤ 🄌⛰
Loisirs :	🍷 🛏 🎣 🛝 🛏 🥎
	canoë, catamaran
Services :	🔧 ⚡ 🛒 🚾 📺 🚿

Longitude : 4.0663
Latitude : 45.91163

ST-PIERRE-DE-CHARTREUSE

38380 – **333** H5 – G. Alpes du Nord – 851 h. – alt. 885 – Sports d'hiver : 900/1 800 m 🎿 1 🚡 13 🎿
🏢 *Office de tourisme, place de la Mairie* 📞 04 76 88 62 08, Fax 04 76 88 68 78
Paris 571 – Belley 62 – Chambéry 39 – Grenoble 28 – La Tour-du-Pin 52 – Voiron 25.

⚠️ **De Martinière** de déb. mai à mi-sept.
   📞 04 76 88 60 36, *camping-de-martiniere@orange.fr*,
   Fax 04 76 88 69 10, *www.campingdemartiniere.com*
   1,5 ha (100 empl.) non clos, plat et peu incliné, herbeux
   Tarif : 22,90€ ✦✦ 🚐 📧 🔌 (6A) – pers. suppl. 5,60€ –
   frais de réservation 8€

   Location 🏕️ : 4 🏚️ (4 à 6 pers.) 245 à 500€/sem. –
   frais de réservation 8€
   🚐 borne artisanale – 2 📧 19€ – 🚐 10.50€
   Pour s'y rendre : rte du Col de Porte (3 km au sud-ouest
   par D 512, rte de Grenoble)
   À savoir : site agréable au coeur de la Chartreuse

Nature : ⩽ 𝒬
Loisirs : 🎮 🏖️ 🏊
Services : 🔑 GB 🔧 📶 ♨️ 🔥
À prox. : 🍴

Longitude : 5.79717
Latitude : 45.32583

*Les indications d'accès à un terrain sont généralement indiquées,
dans notre guide, à partir du centre de la localité.*

ST-PRIVAT

07200 – **331** I6 – 1 540 h. – alt. 304
Paris 631 – Lyon 169 – Privas 26 – Valence 65 – Alès 79.

⚠️ **Le Plan d'Eau** de fin avr. à mi-sept.
   📞 04 75 35 44 98, *info@campingleplandeau.fr*,
   Fax 04 75 35 44 98, *www.campingleplandeau.fr*
   3 ha (100 empl.) plat, pierreux, herbeux
   Tarif : 30,70€ ✦✦ 🚐 📧 🔌 (8A) – pers. suppl. 6,10€ –
   frais de réservation 20€

   Location 🏕️ : 6 🏚️ (2 à 4 pers.) 185 à 440€/sem.
   – 4 🏚️ (4 à 6 pers.) 290 à 730€/sem. – 12 🏚️ (4 à
   6 pers.) - 235 à 620€/sem. – frais de réservation 20€
   Pour s'y rendre : rte de Lussas (2 km au sud-est par D 259)

Nature : 🏞️ 𝒬𝒬
Loisirs : 🍸 snack 🏖️ 🏊 ⛵ 🎣
Services : 🔧 🔑 GB 🔧 ♨️ 🍴 laverie

Longitude : 4.42241
Latitude : 44.62442

ST-REMÈZE

07700 – **331** J7 – 799 h. – alt. 365
Paris 645 – Barjac 30 – Bourg-St-Andéol 16 – Pont-St-Esprit 27 – Privas 60 – Vallon-Pont-d'Arc 14.

⚠️ **Carrefour de l'Ardèche** de mi-avr. à mi-sept.
   📞 04 75 04 15 75, *carrefourardeche@yahoo.fr*,
   Fax 04 75 04 35 05, *www.ardechecamping.net*
   1,7 ha (90 empl.) plat, peu incliné, herbeux, pierreux
   Tarif : (Prix 2009) 23,50€ ✦✦ 🚐 📧 🔌 (10A) – pers.
   suppl. 5€ – frais de réservation 16€

   Location (Prix 2009) (de mi-mars à mi-oct.) : 13 🏚️
   (4 à 6 pers.) nuitée 45€ - 270 à 620€/sem. – 6 🏚️
   (4 à 6 pers.) nuitée 55€ - 300 à 680€/sem. – frais de
   réservation 18€
   Pour s'y rendre : sortie est, par D 4,

Nature : ⩽ 🏞️
Loisirs : 🍸 snack 🎮 🏖️ 🏊
Services : 🔧 🔑 GB 🔧 ♨️ 📶 🔥
À prox. : canoë

Longitude : 4.51079
Latitude : 44.39109

⚠️ **La Résidence d'Été** de déb. avr. à fin sept.
   📞 04 75 04 26 87, *mail@campinglaresidence.net*,
   www.campinglaresidence.net
   1,6 ha (60 empl.) peu incliné à incliné, en terrasses,
   herbeux, pierreux, verger
   Tarif : (Prix 2009) 12,50€ ✦✦ 🚐 📧 🔌 (5A) – pers.
   suppl. 5,50€ – frais de réservation 10€

   Location (Prix 2009) : 9 🏚️ (4 à 6 pers.) nuitée 58€ -
   65 à 620€/sem. – frais de réservation 10€
   Pour s'y rendre : r. de la Batteuse (vers sortie est, rte de
   Bourg-St-Andéol)

Nature : ⩽ 𝒬
Loisirs : 🍴 🏖️ 🏊
Services : 🔧 🔑 GB 🔧 📶 🔥 🍴
À prox. : canoë

Longitude : 4.50011
Latitude : 44.39144

△ **Domaine de Briange** de déb. mai à mi-sept.
📞 04 75 04 14 43, *briange@free.fr*,
www.campingdebriange.com
4 ha (80 empl.) plat, peu incliné, herbeux, sablonneux,
pierreux
Tarif : 23,50€ ✹✹ ⇌ 回 ⚡ (6A) – pers. suppl. 7€

Location (permanent) : 18 ⊡ (4 à 6 pers.) nuitée
35€ - 270 à 695€/sem.
Pour s'y rendre : rte de Gras (2 km au nord par D 362)

Nature : 🐟 ♀	
Loisirs : ✗ snack ⚒ ✂ ⊥	
Services : & ⚬ⁿ GB ⚙ ⁿ 🎮	
À prox. : canoë	

Longitude : 4.50011
Latitude : 44.39144

ST-SAUVEUR-DE-CRUZIÈRES

07460 – **331** H8 – 519 h. – alt. 150
Paris 674 – Alès 28 – Barjac 9 – Privas 81 – St-Ambroix 9 – Vallon-Pont-d'Arc 22.

△ **La Claysse** de déb. avr. à fin sept.
📞 04 75 35 40 65, *camping.claysse@wanadoo.fr*,
Fax 04 75 36 68 65, *www.campingdeladaysse.com* – Pour
caravanes et camping-cars, accès par le haut du village.
5 ha/1 campable (60 empl.) plat et terrasses, herbeux
Tarif : 22€ ✹✹ ⇌ 回 ⚡ (10A) – pers. suppl. 4,50€ –
frais de réservation 15€

Location ⚡ : 13 ⊡ (4 à 6 pers.) nuitée 60€ - 280 à
570€/sem. – frais de réservation 15€
Pour s'y rendre : au lieu-dit : La Digue (au nord-ouest du
bourg, au bord de la rivière)

Nature : ♀	
Loisirs : snack ⚒ ⚒ 🚲 ⊥ 🏊 🎣	
Services : ⚬ⁿ ⚙ 🎮	
À prox. : site d'escalade	

Longitude : 4.25365
Latitude : 44.29961

> ⚓ ✗ *LET OP :*
> 🚣 *deze gegevens gelden in het algemeen alleen in het seizoen,*
> ⊥ 🐎 *wat de openingstijden van het terrein ook zijn.*

ST-SAUVEUR-DE-MONTAGUT

770

07190 – **331** J5 – 1 147 h. – alt. 218
🛈 *Syndicat d'initiative, quartier de la Tour* 📞 04 75 65 43 13, Fax 04 75 65 43 13
Paris 597 – Le Cheylard 24 – Lamastre 29 – Privas 24 – Valence 38.

▵▵▵ **L'Ardéchois** de fin avr. à déb. oct.
📞 04 75 66 61 87, *ardechois.camping@wanadoo.fr*,
Fax 04 75 66 63 67, *www.ardechois-camping.fr*
37 ha/5 campables (107 empl.) en terrasses, herbeux
Tarif : 28,75€ ✹✹ ⇌ 回 ⚡ (10A) – pers. suppl. 6,50€ –
frais de réservation 23€

Location : 19 ⊡ (4 à 6 pers.) 310 à 820€/sem. – 8 ⊡
(4 à 6 pers.) - 390 à 790€/sem. – frais de réservation
23€
Pour s'y rendre : 8,5 km à l'ouest par D 102, rte d'Albon
À savoir : au bord de la Glueyre

Nature : 🐟 ≤ ♀♀	
Loisirs : ▼ ✗ ⚒ ⚒ 🚲 ⊥ 🏊 🎣	
Services : & ⚬ⁿ GB ⚙ 🍴 ⁿ 🎮 🚣	
À prox. : canoë	

Longitude : 4.59006
Latitude : 44.81967

ST-SAUVEUR-EN-RUE

42220 – **327** F8 – 1 103 h. – alt. 780
Paris 541 – Annonay 22 – Condrieu 39 – Montfaucon-en-Velay 24 – St-Étienne 29 – Vienne 61.

△ **FranceLoc Les Régnières** de déb. avr. à fin sept.
📞 04 77 39 24 71, *bonocamping@orange.fr*,
Fax 04 77 39 25 33 – places limitées pour le passage
1 ha (40 empl.) en terrasses, plat, herbeux, pierreux
Tarif : 18€ ✹✹ ⇌ 回 ⚡ (10A) – pers. suppl. 4,50€ –
frais de réservation 8€

Location (permanent) ⚡ : ⊡ – frais de réservation
8€
🏕 2 回 14€
Pour s'y rendre : 29 rte de Tracol (800 m au sud-ouest
par D 503, rte de Monfaucon, près de la Deôme)

Nature : ≤ 🏞	
Loisirs : ▼ snack ⚒ 🏊 (découverte en saison) 🏊 (bassin) 🏄	
Services : ⚬ⁿ GB ⚙ 🏊 ⚡ ⁿ 🎮	
À prox. : 🏇	

Longitude : 4.51119
Latitude : 45.27742

ST-SYMPHORIEN-SUR-COISE

69590 – **327** F6 – G. Lyon Drôme Ardèche – 3 382 h. – alt. 558
Paris 489 – Andrézieux-Bouthéon 26 – L'Arbresle 36 – Feurs 30 – Lyon 40 – St-Étienne 33.

Intercommunal Centre de Loisirs de Hurongues
de mi-avr. à mi-oct.
℘ 04 78 48 44 29, *camping-hurongues@orange.fr*,
Fax 04 78 48 44 29, *www.camping-hurongues.com*
3,6 ha (120 empl.) peu incliné et en terrasses, pierreux
Tarif : 19 € **⚊ ⚊** 🚐 ▣ 🔌 (13A) – pers. suppl. 4 € – frais
de réservation 5 €
🚮 borne artisanale 4,50 €
Pour s'y rendre : 3,5 km à l'ouest par D 2, rte de
Chazelles-sur-Lyon, à 400 m d'un plan d'eau

À savoir : agréable cadre boisé autour d'un parc de loisirs

Nature :	⚲ �︎ ♤♤
Loisirs :	🏛
Services :	⚮ GB ⚶ 🎞 ⚑ 🔟
À prox. :	🚴 ⚒ 🏊 🎣

Longitude : 4.45445
Latitude : 45.63229

ST-THÉOFFREY

38119 – **333** H8 – 417 h. – alt. 936
Paris 595 – Le Bourg-d'Oisans 44 – Grenoble 33 – La Mure 10 – Villars-de-Lans 61.

Au Pré du Lac de mi-mars à mi-oct.
℘ 04 76 83 91 34, *info@aupredulac.nl*, Fax 04 76 30 87 64,
www.aupredulac.com
Tarif : **⚊** 4 € 🚐 ▣ 6,75 € – 🔌 (10A) 3,75 € – frais de
réservation 12,50 €

Location (de déb. avr. à mi-oct.) : 3 🛖 (4 à 6 pers.)
nuitée 250 € - à 499 €/sem. – 2 🏠 (4 à 6 pers.) nuitée
299 € · à 599 €/sem. – Huttes – frais de réservation
12,50 €
Pour s'y rendre : au Hameau Pétichet

Nature :	♤⚠
Loisirs :	✗ 🏛 🚴 🏊 🎣 ♨
Services :	⚷ ⚮ GB ⚶ 🎞 ⚑
laverie ⚒
À prox. :	🛒

Longitude : 5.77197
Latitude : 44.98332

🏛 ✗ *HINWEIS :*
⚒ *Diese Einrichtungen sind im allgemeinen nur während*
🚣 🐎 *der Saison in Betrieb -unabhängig von den Öffnungszeiten des Platzes.*

ST-VALLIER

26240 – **332** B2 – G. Lyon Drôme Ardèche – 4 017 h. – alt. 135
🛈 *Office de tourisme, avenue Désiré Valette* ℘ 04 75 23 45 33, Fax 04 75 23 44 19
Paris 526 – Annonay 21 – St-Étienne 61 – Tournon-sur-Rhône 16 – Valence 35 – Vienne 41.

Municipal les Îsles de Silon de mi-mars à mi-nov.
℘ 04 75 23 22 17, *etat-civil@saintvallier.com*,
www.saintvallier.com
1,35 ha (92 empl.) plat, herbeux, pierreux
Tarif : (Prix 2009) **⚊** 2,20 € 🚐 2,70 € ▣ 2,30 € –
🔌 (10A) 2,30 €

Location (Prix 2009) 🚳 : 4 🛖 (4 à 6 pers.) nuitée
55 € · 260 à 400 €/sem.
Pour s'y rendre : Les Iles (au nord, près du Rhône)

Nature :	⇐ �︎ ♤♤
Loisirs :	🚴
Services :	⚮ GB ⚶ 🎞 🔟
À prox. :	⚒ 🏊

Longitude : 4.81593
Latitude : 45.17864

STE-CATHERINE

69440 – **327** G6 – 927 h. – alt. 700
Paris 488 – Andrézieux-Bouthéon 38 – L'Arbresle 37 – Feurs 43 – Lyon 37 – St-Étienne 38.

Municipal du Châtelard
℘ 04 78 81 80 60, *mairie-ste-catherine@wanadoo.fr*,
Fax 04 78 81 87 73, *www.cc-paysmornantais.fr* – alt. 800 –
places limitées pour le passage
4 ha (61 empl.) en terrasses, herbeux, gravier
Pour s'y rendre : au lieu-dit : le Châtelard (2 km au sud)

| Nature : | ⚲⇐ Mont Pilat et Monts |
| du Lyonnais �︎ |
| Loisirs : | 🏛 |
| Services : | 🔟 |

Longitude : 4.57025
Latitude : 45.59953

RHÔNE-ALPES

SALAVAS

07150 – **331** I7 – 531 h. – alt. 96
Paris 668 – Lyon 206 – Privas 58 – Nîmes 77 – Avignon 79.

⚠ **Le Péquelet** de déb. avr. à fin sept.
℘ 0475880449, *info@lepequelet.com*,
Fax 0475371846, *lepequelet.com*
2 ha (60 empl.) plat, herbeux
Tarif : 26€ ★★ ⇌ 🅔 ⚡ (5A) – pers. suppl. 7€ – frais de
réservation 10€

Location : 7 🛖 (4 à 6 pers.) nuitée 50€ - 320 à 600€/
sem. – 4 🛖 (4 à 6 pers.) nuitée 60€ - 380 à 650€/sem.
– frais de réservation 10€
🚐 borne artisanale – 🚰⚡ 26€
Pour s'y rendre : au lieu-dit : Le Cros (sortie sud par
D 579, rte de Barjac et 2 km par rte à gauche)
À savoir : au bord de l'Ardèche (accès direct)

Nature : 🏞 ⛰ ♨
Loisirs : 🏛 ✻ 🖫 🛶 canoë
Services : 🚿 ⛽ GB 🚐 🛁 ♨ 🔥 🗑

Longitude : 4.38108
Latitude : 44.39345

*Donnez-nous votre avis
sur les terrains que nous recommandons.
Faites-nous connaître vos observations et vos découvertes.
par mail à l'adresse : leguidecampingfrance@fr.michelin.com.*

SALLANCHES

74700 – **328** M5 – G. Alpes du Nord – 15 469 h. – alt. 550
🄱 *Office de tourisme, 32, quai de l'Hôtel de Ville ℘ 0450580425, Fax 0450583847*
Paris 585 – Annecy 72 – Bonneville 29 – Chamonix-Mont-Blanc 28 – Megève 14 – Morzine 42.

⚠ **Village Center les Îles** de fin avr. à déb. sept.
℘ 0825002030, *resa@village-center.com*,
Fax 0467516389, *www.village-center.fr*
4,6 ha (260 empl.) plat, herbeux, pierreux
Tarif : 18€ ★★ ⇌ 🅔 ⚡ (6A) – pers. suppl. 4€ – frais de
réservation 30€

Location : 🛖 – frais de réservation 30€
Pour s'y rendre : 245 chemin de la Cavettaz (2 km au
sud-est, au bord d'un ruisseau et à 250 m d'un plan
d'eau)

Nature : ≤ ⛰ ♨
Loisirs : ▼ 🕙diurne 🏃
Services : 🚿 ⛽ GB 🚐 🛁 🗜 ♨ 🔥 🗑 🛁
À prox. : 🚣 🐎 (centre équestre)

Longitude : 6.65166
Latitude : 45.92427

LA SALLE-EN-BEAUMONT

38350 – **333** I8 – 277 h. – alt. 756
Paris 614 – Le Bourg-d'Oisans 44 – Gap 51 – Grenoble 52.

⚠ **Le Champ Long** de déb. avr. à mi-oct.
℘ 0476304181, *champlong38@orange.fr*,
Fax 0476304721, *www.camping-champlong.com* –
accès aux emplacements par forte pente, mise en place
et sortie des caravanes à la demande
5 ha (97 empl.) non clos, en terrasses, plat, vallonné,
accidenté, herbeux, pierreux
Tarif : 19,50€ ★★ ⇌ 🅔 ⚡ (10A) – pers. suppl. 3,80€ –
frais de réservation 11€

Location (permanent) : 3 🛖 (2 à 4 pers.) nuitée 45€
- 270 à 400€/sem. – 2 🛖 (4 à 6 pers.) nuitée 63€ -
390 à 560€/sem. – 3 🛖 (4 à 6 pers.) nuitée 53€ - 350
à 490€/sem. – frais de réservation 11€
🚐 borne artisanale 5€ – 🚰 10€
Pour s'y rendre : lieu-dit : Le Champ-Long (2,7 km au sud-
ouest par N 85, rte de la Mure et chemin à gauche, mise
en place des caravanes pour les empl. à forte pente)

Nature : 🏞 ≤ Vallée et lac ⛰ ♨
Loisirs : ▼ snack 🏛 🛶 🚲 🖫
Services : 🚿 ⛽ GB 🚐 🔥 🛁

Longitude : 5.83184
Latitude : 44.86393

SAMOËNS

74340 – **328** N4 – G. Alpes du Nord – 2 332 h. – alt. 710
🖪 *Office de tourisme, Gare Routière* 𝒫 04 50 34 40 28, Fax 04 50 34 95 82
Paris 598 – Lyon 214 – Annecy 82 – Genève 63 – Lausanne 140.

Le Giffre Permanent
𝒫 04 50 34 41 92, *camping.samoens@wanadoo.fr*,
Fax 04 50 34 98 84, *www.camping-samoens.com*
7 ha (312 empl.) plat, herbeux, pierreux
Tarif : ♣ 3,80 € ⇔ 2,60 € 圓 17 € – (½) (10A) 8,50 €

Location � : 6 appartements
⛽ borne flot bleu 5 € – 🚰 10 €
Pour s'y rendre : au lieu-dit : La Glière

À savoir : dans un site agréable, près d'un lac et d'un parc de loisirs

Nature : ❄ ≤ ♀
Loisirs : 🎱 🎣
Services : 🏊 ⛽ GB 🚐 🏛 🍖 🎿 🚰 🍴 🖲
À prox. : 🍸 snack 🏌️ 🎡 🎿 🛷 🏊 🏄 ♪ patinoire, practice de golf, parcours sportif, parc aventure, base de rafting ⛽

Longitude : 6.71917
Latitude : 46.07695

Ne prenez pas la route au hasard !
Michelin *vous apporte à domicile*
ses conseils routiers,
touristiques, hôteliers : **www.ViaMichelin.fr !**

SAMPZON

07120 – 209 h. – alt. 120
Paris 660 – Lyon 198 – Privas 56 – Nîmes 85 – Avignon 86.

Yelloh! Village Soleil Vivarais 👥 – de déb. avr. à mi-sept.
𝒫 04 75 39 67 56, *info@soleil-vivarais.com*,
Fax 04 75 39 64 69, *www.soleil-vivarais.com*
12 ha (350 empl.) plat, herbeux, pierreux
Tarif : 43 € ★★ ⇔ 圓 (½) (10A) – pers. suppl. 7 €

Location : 100 🛏 (4 à 6 pers.) **nuitée** 39 € – 273 à 994 €/sem. – 100 🏠 (4 à 6 pers.) **nuitée** 45 € - 315 à 1 141 €/sem.
Pour s'y rendre : rte de Vallon Pont d'Arc

À savoir : au bord de l'Ardèche, sur la presqu'île de Sampzon, bel espace aquatique

Nature : ≤ ♀♀⚠
Loisirs : 🍸 ✗ pizzeria 🎱 nocturne 🏌️ massages et soins esthétiques 🏌️ 🚲 🎿 🛷 🏊 🎣
Services : 🏊 ⛽ GB 🚐 🏛 🍖 🎿 🚰 🍴 🖲 🍱 🛁 🍴
À prox. : canoë

Longitude : 4.35528
Latitude : 44.42916

Sun Camping de déb. avr. à fin sept.
𝒫 04 75 39 76 12, *sun.camping@wanadoo.fr*,
Fax 04 75 39 76 12, *www.suncamping.com*
1,2 ha (70 empl.) plat, terrasses, herbeux
Tarif : (Prix 2009) 29,50 € ★★ ⇔ 圓 (½) (10A) – pers. suppl. 5 € – frais de réservation 8 €

Location (Prix 2009) : 11 🛏 (4 à 6 pers.) **nuitée** 42 € - 254 à 644 €/sem. – frais de réservation 13 €
Pour s'y rendre : 10 chemin des Piboux (200 m de l'Ardèche)

À savoir : sur la presqu'île de Sampzon

Nature : ♀♀
Loisirs : 🍸 pizzeria 🏌️ 🛷 🏊
Services : 🏊 ⛽ (juil.-août) GB 🚐 🍖 🍴 🖲
À prox. : 🏊 ✗ 🏄 🎣

Longitude : 4.34531
Latitude : 44.42571

Le Mas de la Source de déb. avr. à fin sept.
𝒫 04 75 39 67 98, *camping.masdelasource@wanadoo.fr*,
Fax 04 75 39 67 98, *www.campingmasdelasource.com*
1,2 ha (30 empl.) en terrasses, plat, herbeux
Tarif : (Prix 2009) 29,90 € ★★ ⇔ 圓 (½) (6A) – pers. suppl. 6 € – frais de réservation 15,50 €

Location (Prix 2009) (de déb. mai à fin sept.) 🚐 : 4 🛏 (4 à 6 pers.) 285 à 655 €/sem. – frais de réservation 15,50 €
Pour s'y rendre : chemin des Vignes

À savoir : sur la presqu'île de Sampzon, au bord de l'Ardèche (accès direct)

Nature : 🦢 🗢 ♀♀⚠
Loisirs : 🏌️ 🛷 🎣
Services : 🏊 ⛽ GB 🚐 🍖 🍴 🚰 🍴 🖲
À prox. : canoë

Longitude : 4.34621
Latitude : 44.42255

RHÔNE-ALPES

SATILLIEU

07290 – **331** J3 – 1 603 h. – alt. 485
Paris 542 – Annonay 13 – Lamastre 36 – Privas 87 – St-Vallier 21 – Tournon-sur-Rhône 29 – Valence 47 – Yssingeaux 54.

▲ Municipal le Grangeon de fin mars à fin oct.
    ☎ 0475349641, *camping.grangeon@orange.fr*,
www.mairie-satillieu.fr
1 ha (52 empl.) en terrasses, herbeux
Tarif : (Prix 2009) ★ 2,50€ – ↔ 1,90€ ▣ 2,60€ –
[4] (5A) 3,40€
Location (Prix 2009) (permanent) 🦅 : 5 🏠 (4 à
6 pers.) - 205 à 375€/sem.
Pour s'y rendre : rte de Lalouvesc (1,1 km au sud-ouest
par D 578a, rte de Lalouvesc et à gauche)
À savoir : au bord du Ay

| Nature : ≤ ⌂ |
| Loisirs : 🏖 |
| Services : & o– 🐾 🚿 ⊤ 🔥 |
| À prox. : ≈ (plan d'eau aménagé) |

| Longitude : 4.61498 |
| Latitude : 45.1506 |

Si vous recherchez :
≛ *Un terrain offrant des équipements et des loisirs adaptés aux enfants*
🦅 *Un terrain agréable ou très tranquille*
L-M *Un terrain effectuant la location de caravanes, de mobile homes,
    de bungalows ou de chalets*
P *Un terrain ouvert toute l'année*
🚐 *Un terrain possédant une aire de services pour camping-cars*
Consultez le tableau des localités

SCIEZ

74140 – **328** L3 – 4 920 h. – alt. 406
🛈 *Syndicat d'initiative, Capitainerie Port de Sciez* ☎ 0450726457, Fax 04.50.72.63.08
Paris 561 – Abondance 37 – Annecy 69 – Annemasse 24 – Genève 25 – Thonon-les-Bains 9.

▲▲ Le Chatelet de déb. avr. à mi-oct.
    ☎ 0450725260, *info@camping-chatelet.com*,
Fax 0450723767, *www.camping-chatelet.com* – places
limitées pour le passage
2,5 ha (121 empl.) plat, herbeux, pierreux
Tarif : 21€ ★★ ↔ ▣ [4] (10A) – pers. suppl. 5,30€ –
frais de réservation 7€
Location (de déb. mars à fin nov.) : 10 🏠 (4 à 6 pers.)
- 348 à 767€/sem. – frais de réservation 10€
🚐 borne artisanale 4€
Pour s'y rendre : 658 chemin des Hutins Vieux (3 km au
nord-est par N 5, rte de Thonon-les-Bains et rte du port
de Sciez-Plage à gauche, à 300 m de la plage)

| Nature : 🐟 |
| Loisirs : 🏖 ♿ ⚲ |
| Services : & o– 🆘 🐾 🍺 🛁 ☕ laverie |
| À prox. : ✕ ≈ 🦆 pédalos |

| Longitude : 6.39796 |
| Latitude : 46.33968 |

SÉEZ

73700 – **333** N4 – 2 251 h. – alt. 904
🛈 *Office de tourisme, 25, rue Célestin Freppaz* ☎ 0479410015, Fax 04.79.41.05.81
Paris 638 – Albertville 57 – Bourg-St-Maurice 4 – Moûtiers 31.

▲ Le Reclus Permanent
    ☎ 0479410105, *contact@campinglereclus.com*,
Fax 0479410105, *www.campinglereclus.com*
1,5 ha (108 empl.) peu incliné et en terrasses, herbeux,
pierreux
Tarif : (Prix 2009) 17,70€ ★★ ↔ ▣ [4] (10A) – pers.
suppl. 4,20€ – frais de réservation 10€
Location (Prix 2009) : 5 🏕 (4 à 6 pers.) nuitée 60€ -
300 à 540€/sem. – yourte – frais de réservation 10€
🚐 1 borne artisanale 4€ – 6 ▣ 12,80€
Pour s'y rendre : rte de Tignes (sortie nord-ouest par
N 90, rte de Bourg-St-Maurice, au bord du Reclus)

| Nature : ⚘ 🌳 |
| Loisirs : snack 🏖 |
| Services : & o– 🆘 🐾 🍺 ☕ laverie |

| Longitude : 6.79901 |
| Latitude : 45.62313 |

SERRIÈRES-DE-BRIORD

01470 – **328** F6 – 1 073 h. – alt. 218 – Base de loisirs
Paris 481 – Belley 29 – Bourg-en-Bresse 57 – Crémieu 24 – Nantua 69 – La Tour-du-Pin 33.

Le Point Vert de déb. avr. à déb. oct.
0474361345, nelly@camping-ain-bugey.com,
Fax 0474367166, *www.camping-ain-bugey.com* – places
limitées pour le passage
1,9 ha (137 empl.) plat, herbeux
Tarif : 23€ ✶✶ 🚗 📧 (5) (6A) – pers. suppl. 6€
Location 🏕 : 8 ⌂ (4 à 6 pers.) 450 à 600€/sem.
Pour s'y rendre : rte du Point Vert (2,5 km à l'ouest,
à la base de loisirs)
À savoir : au bord d'un plan d'eau

| Nature : ⩽ ♦ |
| Loisirs : 🏠 🎣 |
| Services : ⛓ ⚡ GB 🚿 ♨ 🧺 |
| ♨ 🅿 🚿 |
| À prox. : 🍷 🍴 🛶 ⚽ 🏖 (plage) |
| ⚓ |

Longitude : 5.45357
Latitude : 45.80704

▲▲▲ ... **▲**
**Sites which are particularly pleasant in their own right
and outstanding in their class.**

SÉVRIER

74320 – **328** J5 – G. Alpes du Nord – 3 922 h. – alt. 456
🛈 *Office de tourisme, Mairie* 🕾 *0450524056, Fax 0450524866*
Paris 541 – Albertville 41 – Annecy 6 – Megève 55.

Le Panoramic de fin avr. à fin sept.
0450524309, info@camping-le-panoramic.com,
www.camping-le-panoramic.com
3 ha (209 empl.) plat, incliné, herbeux
Tarif : (Prix 2009) 24€ ✶✶ 🚗 📧 (5) (10A) – pers.
suppl. 4,20€ – frais de réservation 10€
Location (Prix 2009) : 18 ⌂ (4 à 6 pers.) 310 à 700€/
sem. – 17 🏠 (4 à 6 pers.) - 310 à 660€/sem. – frais de
réservation 10€
🚐 borne artisanale 6€
Pour s'y rendre : 22 chemin des Bernets (3,5 km au sud,
en deux parties distinctes)
À savoir : situation surplombant le lac

| Nature : ⩽ ♀ |
| Loisirs : 🍷 snack 🏠 🕐 diurne |
| 🛷 🚲 🎣 |
| Services : ⛓ ⚡ GB 🚿 🚿 ♨ |
| laverie 🚿 🛒 |
| À prox. : 🐎 |

Longitude : 6.1403
Latitude : 45.84279

775

Au Coeur du Lac de déb. avr. à fin sept.
0450524645, info@aucoeurdulac.com,
Fax 0450190145, *www.campingaucoeurdulac.com* 🏕
(de fin juin à mi-août)
1,7 ha (100 empl.) en terrasses et peu incliné, herbeux,
gravillons
Tarif : 25,10€ ✶✶ 🚗 📧 (5) (6A) – pers. suppl. 4,30€
Location (de fin avr. à fin sept.) 🏕 : 10 ⌂ – frais
de réservation 10€
🚐 borne flot bleu – 15 📧 21,50€
Pour s'y rendre : 3233 rte d'Albertville (1 km au sud)
À savoir : situation agréable près du lac (accès direct)

| Nature : ⩽ 🛏 ♀ |
| Loisirs : 🏠 🕐 diurne 🛷 kayak |
| Services : ⛓ ⚡ GB 🚿 ♨ ♨ ♨ |
| 🅿 🚿 |
| À prox. : 🛒 ⚽ 🎣 🐎 |

Longitude : 6.14155
Latitude : 45.86169

SEYSSEL

01420 – **328** H5 – G. Franche-Comté Jura – 902 h. – alt. 258
Paris 517 – Aix-les-Bains 33 – Annecy 41 – Genève 52 – Nantua 48.

L'International de déb. juin à fin sept.
0450592847, camp.inter@wanadoo.fr,
Fax 0450592847, *www.camp-inter.fr*
1,5 ha (45 empl.) en terrasses, herbeux
Tarif : 23,50€ ✶✶ 🚗 📧 (5) (10A) – pers. suppl. 4,50€ –
frais de réservation 12€
Location (de déb. avr. à fin oct.) : ⌂ (4 à 6 pers.) 260
à 610€/sem. – frais de réservation 15€
Pour s'y rendre : chemin de la Barotte (2,4 km au sud-
ouest par D 992, rte de Culoz et chemin à dr.)

| Nature : 🏞 ⩽ 🛏 ♀ |
| Loisirs : snack 🛷 🚲 🎣 |
| Services : ⚡ GB 🚿 ♨ 🅿 |

Longitude : 5.831
Latitude : 45.95723

SEYSSEL

74910 – **328** I5 – G. Franche-Comté Jura – 2 040 h. – alt. 252
🅱 *Office de tourisme, 2, chemin Fontaine* 🅰 *0450592656, Fax 0450592656*
Paris 517 – Aix-les-Bains 32 – Annecy 40.

🔺 **Le Nant-Matraz** de déb. avr. à fin sept.
🅰 0450590368, Fax 0450590368
1 ha (74 empl.) plat et peu incliné, herbeux
Tarif : (Prix 2009) 15 € ✲✲ 🚐 🅴 🅷 (16A) – pers.
suppl. 4 €

Location (Prix 2009) : 2 🛏 (2 à 4 pers.) **nuitée** 15 € -
250 €/sem. – 1 🏠 (4 à 6 pers.) 350 €/sem.
Pour s'y rendre : sortie nord par D 992

Nature : ⟨ 🏞 ΩΩ	
Loisirs : 🍷	
Services : 🔑 GB 🐕 🖥	
À prox. : 🛒	

Longitude : 5.83413
Latitude : 45.95849

TAIN-L'HERMITAGE

26600 – **332** C3 – 5 764 h. – alt. 124
🅱 *Office de tourisme, place du 8 mai 1945* 🅰 *0475080681, Fax 0475083459*
Paris 545 – Grenoble 97 – Le Puy-en-Velay 105 – St-Étienne 76 – Valence 18 – Vienne 59.

🔺🔺 **Municipal les Lucs** de mi-mars à mi-oct.
🅰 0475083282, *camping.tainlhermitage@wanadoo.fr*,
Fax 0475083282, *www.campingleslucs.fr*
2 ha (98 empl.) plat, herbeux, pierreux
Tarif : (Prix 2009) 17 € ✲✲ 🚐 🅴 🅷 (20A) – pers.
suppl. 2,50 €
🚐 10 🅴 17 €
Pour s'y rendre : 24 av. Roosevelt (sortie sud-est par N 7,
rte de Valence, près du Rhône)

Nature : 🏞 ΩΩ	
Loisirs : 🏊 🎣	
Services : ♿ 🔑 GB 🐕 🖥 🖥	
À prox. : 🛒 snack ✂ 🛶	

Longitude : 4.85471
Latitude : 45.06564

LESEN SIE DIE ERLÄUTERUNGEN aufmerksam durch,
damit Sie diesen Camping-Führer mit der Vielfalt der gegebenen
Auskünfte wirklich ausnutzen können.

TANINGES

74440 – **328** M4 – G. Alpes du Nord – 3 394 h. – alt. 640
🅱 *Office de tourisme, avenue des Thézières* 🅰 *0450342505, Fax 0450348396*
Paris 570 – Annecy 68 – Bonneville 24 – Chamonix-Mont-Blanc 51 – Cluses 10 – Genève 42 – Morzine 16.

🔺 **Municipal des Thézières**
🅰 0450342559, *camping.taninges@wanadoo.fr*,
Fax 0450343978, *www.taninges.com*
2 ha (113 empl.) plat, herbeux, pierreux
🚐 1 borne artisanale – 3 🅴
Pour s'y rendre : les Vernays-sous-la-Ville (sortie sud,
rte de Cluses, au bord du Foron et à 150 m du Giffre)

Nature : 🌿 ⟨ ΩΩ	
Loisirs : 🎣	
Services : ♿ 🔑 🖥 laverie	
À prox. : 🍴 🏊 ✂	

Longitude : 6.5912
Latitude : 46.10775

TERMIGNON

73500 – **333** N6 – G. Alpes du Nord – 428 h. – alt. 1 290
🅱 *Office de tourisme, place de la Vanoise* 🅰 *0479205167, Fax 0479205182*
Paris 680 – Bessans 18 – Chambéry 120 – Lanslebourg-Mont-Cenis 6 – Modane 18 – Susa 43.

🔺 **Les Mélèzes** de déb. janv. à déb. oct.
🅰 0479205141, *info@campingtermignon.com*,
Fax 0479205141, *www.campingtermignon.com*
0,7 ha (66 empl.) plat, herbeux
Tarif : (Prix 2009) ✲ 3,30 € 🚐 1,70 € 🅴 2,90 € –
🅷 (10A) 7,80 €

Location (Prix 2009) : 2 🛏 (2 à 4 pers.) 240 à 290 €/
sem. – 2 🛏 (4 à 6 pers.) 300 à 360 €/sem. – 🏠
🚐 borne artisanale 5 € – 15 🅴 10 € – 🐛 🅷 10.40 €
Pour s'y rendre : rte du Doron (au bourg, au bord
d'un torrent)

Nature : 🌿 ⟨ ΩΩ	
Loisirs : 🏠 🎣	
Services : ♿ 🔑 (de mi-juin à mi-sept.) 🐕 🖥 🍴 🖥	

Longitude : 6.81639
Latitude : 45.27687

THEYS

38570 – **333** I6 – G. Alpes du Nord – 1 855 h. – alt. 615
🅱 *Syndicat d'initiative, Le Bourg* 🕿 *04 76 71 05 47, Fax 04.76.71.01.53*
Paris 595 – Allevard 18 – Le Bourg-d'Oisans 75 – Chambéry 38 – Grenoble 30.

⛰ **Les 7 Laux** de déb. juin à mi-sept.
🕿 04 76 71 02 69, *camping.les7laux@wanadoo.fr,*
www.camping-7-laux.com – alt. 920
1 ha (61 empl.) plat, peu incliné, en terrasses, herbeux,
pierreux
Tarif : 23,10€ 👫 🚐 🅴 🔌 (10A) – pers. suppl. 6€ –
frais de réservation 7,60€

Location (de mi-mai à mi-sept.) ⚡ : 2 🛖 (4 à
6 pers.) 300 à 620€/sem. – 1 🏠 (4 à 6 pers.) - 320 à
670€/sem. – frais de réservation 7,60€
🚐 borne artisanale 5€
Pour s'y rendre : Le Clapier (3,8 km au sud, à 400 m du
col des Ayes)

À savoir : agréable structure fleurie et soignée, belle
situation dominante

Nature : 🌳 < 🏞 ♨
Loisirs : 🎰 🚣 ⛵ 🎣
Services : ⚒ 🚿 GB 🗢 🔟 🍴 laverie 🏧

Longitude : 5.98667
Latitude : 45.2775

Si vous désirez réserver un emplacement pour vos vacances,
faites-vous préciser au préalable les conditions particulières de séjour,
les modalités de réservation, les tarifs en vigueur et les conditions de paiement.

TOURNON-SUR-RHÔNE

07300 – **331** L3 – G. Lyon Drôme Ardèche – 10 582 h. – alt. 125
🅱 *Office de tourisme, 2, place Saint-Julien* 🕿 *04 75 08 10 23, Fax 04.75.08.41.28*
Paris 545 – Grenoble 98 – Le Puy-en-Velay 104 – St-Étienne 77 – Valence 18 – Vienne 60.

⛺ **Les Acacias** de déb. avr. à fin sept.
🕿 04 75 08 83 90, *info@acacias-camping.com,*
Fax 04 75 08 83 90, *www.acacias-camping.com*
2,7 ha (80 empl.) plat, herbeux
Tarif : 21,66€ 👫 🚐 🅴 🔌 (10A) – pers. suppl. 4,58€ –
frais de réservation 10€

Location : 7 🛖 (4 à 6 pers.) nuitée 50€ - 270 à 610€/
sem. – 4 🏠 (4 à 6 pers.) nuitée 55€ - 290 à 640€/sem.
– frais de réservation 20€
🚐 borne eurorelais 10€
Pour s'y rendre : 190 rte de Lamastre (2,6 km à l'ouest
par D 532, accès direct au Doux)

Nature : ♨♨
Loisirs : pizzeria 🎰 🚣 🎣 🏊 m 🎣
Services : ⚒ 🚿 GB 🗢 🍴 🔥 🍽

Longitude : 4.80766
Latitude : 45.06703

LA TOUSSUIRE

73300 – **333** K6 – G. Alpes du Nord – alt. 1 690
Paris 651 – Albertville 78 – Chambéry 91 – St-Jean-de-Maurienne 16.

⛺ **Caravaneige du Col** de mi-déc. à fin avr. et de mi-
juin à fin août
🕿 04 79 83 00 80, *campingducol@free.fr,*
Fax 04 79 83 03 67, *www.camping-du-col.com* – alt. 1 640
0,8 ha (40 empl.) plat, herbeux
Tarif : (Prix 2009) 23,35€ 👫 🚐 🅴 🔌 (10A) – pers.
suppl. 5€ – frais de réservation 60€

Location (Prix 2009) : 4 🛖 (4 à 6 pers.) nuitée
62€ – 475 à 570€/sem. – 2 appartements – frais de
réservation 60€
🚐 borne artisanale 6€
Pour s'y rendre : 1 km à l'est de la station, sur la rte de
St-Jean-de-Maurienne, navette gratuite pour la station

À savoir : navette gratuite pour la station

Nature : ❄ 🌳 < Les Aiguilles d'Arves
Loisirs : 🍸 snack 🎰 ☀diurne (thématiques) 🚣
Services : ⚒ 🚿 GB 🗢 🔟 🍴 laverie

Longitude : 6.25684
Latitude : 45.25612

TREPT

38460 – **333** E3 – 1 688 h. – alt. 275 – *Base de loisirs*
Paris 495 – Belley 41 – Bourgoin-Jallieu 13 – Lyon 52 – Pérouges 35 – La Tour-du-Pin 21.

Les 3 Lacs du Soleil de déb. mai à mi-sept.
📞 04 74 92 92 06, *vitrou38@live.fr*, Fax 04 74 83 43 81,
www.camping-les3lacsdusoleil.com
25 ha/3 campables (160 empl.) plat, herbeux
Tarif : 32,50 € ★★ ⛺ 🅴 (2) (6A) – pers. suppl. 7 €
Location : 16 🛏 (4 à 6 pers.) 725 €/sem. – 7 🏠 (4 à 6 pers.) 630 €/sem. – 27 bungalows toilés
Pour s'y rendre : au lieu-dit : La Plaine Serrière (2,7 km à l'est par D 517, rte de Morestel et chemin à dr., près de deux plans d'eau)

Nature : 🌿 ♨
Loisirs : 🍴 snack 🎦 🕐 diurne 🎣 ⛵ ⚽ 🎯 🏊 (plage) 🏕
Services : 🚿 🔌 GB 🐾 🚰 laverie

Longitude : 5.3214
Latitude : 45.68718

TULETTE

26790 – **332** C8 – 1 857 h. – alt. 147
🅱 *Syndicat d'initiative, place des Tisserands* 📞 04 75 98 34 53, Fax 04 75 98 36 16
Paris 648 – Avignon 53 – Bollène 15 – Nyons 20 – Orange 23 – Vaison-la-Romaine 16.

Les Rives de l'Aygues de déb. mai à fin sept.
📞 04 75 98 37 50, *camping.aygues@wanadoo.fr*,
Fax 04 75 98 37 50, *www.lesrivesdelaygues.com*
3,6 ha (100 empl.) plat, pierreux, herbeux
Tarif : (Prix 2009) 21,90 € ★★ ⛺ 🅴 (2) (6A) – pers. suppl. 4,70 € – frais de réservation 10 €
Location (Prix 2009) 🏊 : 6 🏠 (4 à 6 pers.) - 350 à 584 €/sem. – frais de réservation 10 €
Pour s'y rendre : rte de Cairanne (3 km au sud par D 193 et chemin à gauche)

À savoir : cadre sauvage au milieu des vignes

Nature : 🌿 🏕 ♨
Loisirs : 🍴 snack 🎦 🎣 🏊
Services : 🚿 🔌 GB 🐾 🚰 🚰
🖥 🚿

Longitude : 4.933
Latitude : 44.2648

UCEL

07200 – **331** I6 – G. Lyon Drôme Ardèche – 1 874 h. – alt. 270
Paris 626 – Aubenas 6 – Montélimar 44 – Privas 31 – Vals-les-Bains 3 – Villeneuve-de-Berg 19.

Domaine de Gil de mi-avr. à fin sept.
📞 04 75 94 63 63, *info@domaine-de-gil.com*,
Fax 04 75 94 01 95, *www.domaine-de-gil.com*
4,8 ha/2 campables (80 empl.) plat, herbeux, pierreux
Tarif : 36 € ★★ ⛺ 🅴 (2) (10A) – pers. suppl. 6 € – frais de réservation 20 €
Location : 40 🛏 (4 à 6 pers.) 231 à 798 €/sem. – frais de réservation 20 €
Pour s'y rendre : rte de Vals (sortie nord-ouest par D 578b)

À savoir : au bord de l'Ardèche

Nature : 🌊 🏕 ♨
Loisirs : 🍴 ✗ (juin à août) 🎦 🕐 nocturne terrain multisports 🎣 ⚽ 🎯 🏊 ⛳ golf (8 trous)
Services : 🚿 🔌 GB 🐾 🚰 🚰 🚰 laverie 🚿

Longitude : 4.38321
Latitude : 44.64153

VAGNAS

07150 – **331** I7 – 515 h. – alt. 200
Paris 670 – Aubenas 40 – Barjac 5 – St-Ambroix 20 – Vallon-Pont-d'Arc 9 – Les Vans 37.

La Rouvière-Les Pins de déb. avr. à mi-sept.
📞 04 75 38 61 41, *rouviere07@aol.com*,
www.rouviere07.com
2 ha (100 empl.) plat et peu incliné, terrasses, herbeux
Tarif : (Prix 2009) 18,50 € ★★ ⛺ 🅴 (2) (6A) – pers. suppl. 4,60 € – frais de réservation 15 €
Location 🏊 : 🛏 – 🏠 – 2 appartements – bungalows toilés
Pour s'y rendre : au lieu-dit : La Rouvière (sortie sud par rte de Barjac puis 1,5 km par chemin à dr.)

Nature : 🌿 ♨
Loisirs : 🍴 pizzeria, snack 🎦 🎣 🏊
Services : 🔌 GB 🐾 🚰 🚰 🚰 🖥

Longitude : 4.34194
Latitude : 44.3419

VALLIÈRES

74150 – **328** I5 – 1 338 h. – alt. 347
Paris 533 – Lyon 132 – Annecy 30 – Genève 59 – Chambéry 44.

Les Charmilles de déb. avr. à fin sept.
℘ 0450621060, *les.charmilles.camping@wanadoo.fr*,
Fax 0450621945, *www.campinglescharmilles.com*
3 ha (81 empl.) plat, herbeux
Tarif : (Prix 2009) 19 € ★★ ⊕ 圓 ⒤ (6A) – pers.
suppl. 3,50 €
Location (Prix 2009) : 23 ⌂ (4 à 6 pers.) nuitée 53 €
- 290 à 582 €/sem.
⊞ 1 borne artisanale

| Nature : ≤ 0̲0̲ |
| Loisirs : ☕ snack 🎱 🛝 ⚽ 🏊 |
| Services : ⛐ ⚡ ⚑ ⊞ 🐕 🛁 laverie |
| Longitude : 5.93451 |
| Latitude : 45.90018 |

*Utilisez les **cartes MICHELIN**,
complément indispensable de ce guide.*

VALLOIRE

73450 – **333** L7 – G. Alpes du Nord – 1 287 h. – alt. 1 430 – Sports d'hiver : 1 430/2 600 m ✦ 2 ✦ 31 ✦
🚩 *Office de tourisme, rue des Grandes Alpes* ℘ 0479590396, Fax 0479590966
Paris 664 – Albertville 91 – Briançon 52 – Chambéry 104 – Lanslebourg-Mont-Cenis 57 – Col du
Lautaret 25.

Ste Thècle de déb. janv. à fin sept.
℘ 0479833011, *camping-caravaneige@valloire.net*,
Fax 0479833513, *www.valloire.net*
1,5 ha (81 empl.) plat, peu incliné, terrasses, herbeux,
pierreux
Tarif : 18,60 € ★★ ⊕ 圓 ⒤ (13A) – pers. suppl. 5,60 € –
frais de réservation 10 €
⊞ 1 borne flot bleu – 11 圓 18,60 €
Pour s'y rendre : rte des Villards (au nord de la localité,
au confluent de deux torrents)

| Nature : ❄ ⛄ ≤ |
| Loisirs : 🎱 🛝 |
| Services : ⛐ ⚡ ⊞ 🐕 ▥ ⚑ 🍴 |
| À prox. : patinoire, bowling ⚽ 🏊 |
| ⛰ terrain omnisports |
| Longitude : 6.42975 |
| Latitude : 45.16565 |

VALLON-PONT-D'ARC

07150 – **331** I7 – G. Lyon Drôme Ardèche – 2 470 h. – alt. 117
🚩 *Office de tourisme, 1, place de l'ancienne gare* ℘ 0475880401, Fax 0475884109
Paris 658 – Alès 47 – Aubenas 32 – Avignon 81 – Carpentras 95 – Montélimar 59.

L'Ardéchois ♠♣ – de déb. avr. à fin sept.
℘ 0475880663, *ardecamp@bigfoot.com*,
Fax 0475371497, *www.ardechois-camping.com*
5 ha (244 empl.) plat, herbeux
Tarif : 53 € ★★ ⊕ 圓 ⒤ (10A) – pers. suppl. 9,50 € –
frais de réservation 40 €
Location : 24 ⌂ (4 à 6 pers.) 455 à 1 148 €/sem. –
frais de réservation 40 €
⊞ 1 borne 9,50 €
Pour s'y rendre : rte Touristique des Gorges de l'Ardèche
(1,5 km au sud-est par D 290)
À savoir : accès direct à l'Ardèche

| Nature : ≤ 🏞 0̲0̲⛰ |
| Loisirs : ☕ ✕ snack 🎱 🍸 🛝 |
| 🛝 ⚽ 🏊 🐟 balnéo, canoë, |
| terrain multisports |
| Services : ⛐ ⚡ ⊞ 🛁 ⚑ 🗑 🍴 |
| laverie 🔆 🌡 |
| À prox. : 🎿 |
| Longitude : 4.39485 |
| Latitude : 44.40696 |

Mondial-Camping ♠♣ – de fin mars à fin sept.
℘ 0475880044, *reserv-info@mondial-camping.com*,
Fax 0475371373, *www.mondial-camping.com*
4 ha (240 empl.) plat, herbeux
Tarif : (Prix 2009) 40 € ★★ ⊕ 圓 ⒤ (10A) – pers.
suppl. 8,50 € – frais de réservation 30 €
Location (Prix 2009) ⚡ : 23 ⌂ (4 à 6 pers.) 390 à
750 €/sem. – frais de réservation 30 €
⊞ 1 borne artisanale 5 €
Pour s'y rendre : rte des Gorges de l'Ardèche (1,5 km
au sud-est)
À savoir : accès direct à l'Ardèche

| Nature : ≤ 0̲0̲⛰ |
| Loisirs : ☕ ✕ snack, pizzeria 🎱 |
| 🍸 🛝 🛝 ⚽ 🏊 ⛰ 🐟 canoë |
| Services : ⛐ ⚡ ⊞ 🐕 ▥ 🛁 🌡 |
| 🗑 laverie 🔆 |
| À prox. : 🎿 |
| Longitude : 4.40139 |
| Latitude : 44.39695 |

▲▲▲ **La Roubine** ♣♦ – de fin avr. à mi-sept.
  𝒫 0475880456, *roubine.ardeche@wanadoo.fr*,
  Fax 0475880456, *www.camping-roubine.com*
  7 ha/4 campables (135 empl.) plat, herbeux, sablonneux
  Tarif : (Prix 2009) 41 € ♣♣ ⬅ 🅴 (¼) (10A) – pers.
  suppl. 8,20 € – frais de réservation 30 €
  Location (Prix 2009) 🏕 : 21 🚐 (4 à 6 pers.) nuitée
  50 € - 1 015 €/sem. – frais de réservation 30 €
  Pour s'y rendre : rte de Ruoms (1,5 km à l'ouest)
  À savoir : au bord de l'Ardèche (plan d'eau)

Nature : 🌿 ☲ 🌊
Loisirs : 🍷 ✗ snack, pizzeria 🏠 🏓 ⛷ ⛺ 🏊 ⚓terrain multisport
Services : ♿ ⚬━ GB ⚐ 🧺 ♨ laverie 🗑 🚿
À prox. : canoë

Longitude : 4.37149
Latitude : 44.41399

▲▲▲ **Le Provençal** de mi-avr. à mi-sept.
  𝒫 0475880048, *contact@camping-le-provencal.fr*,
  Fax 0475880200, *www.camping-le-provencal.fr*
  3,5 ha (200 empl.) plat, herbeux
  Tarif : (Prix 2009) 37 € ♣♣ ⬅ 🅴 (¼) (8A) – pers. suppl. 7 €
  Location (Prix 2009) : 24 🚐 (4 à 6 pers.) nuitée 66 €
  - 290 à 890 €/sem.
  🚰 borne artisanale
  Pour s'y rendre : rte des Gorges de l'Ardèche (1,5 km au sud-est)

  À savoir : accès direct à l'Ardèche

Nature : ≤ ☲ 🌊
Loisirs : 🍷 ✗ snack 🏠 ◉diurne ⛷ ✗ 🏊 ⚓canoë
Services : ♿ 🧺 ♨ 🚿 🗑 🚿 🛒
À prox. : ⛺

Longitude : 4.39485
Latitude : 44.40696

▲▲ **International** de fin avr. à fin sept.
  𝒫 0475880099, *inter.camp@wanadoo.fr*,
  www.internationalcamping07.com
  2,7 ha (130 empl.) plat, peu incliné, herbeux, sablonneux
  Tarif : 32 € ♣♣ ⬅ 🅴 (¼) (6A) – pers. suppl. 7 € – frais de
  réservation 15 €
  Location : 8 🚐 (4 à 6 pers.) nuitée 35 € - 315 à 770 €/
  sem. – frais de réservation 15 €
  🚰 1 borne 21 €
  Pour s'y rendre : La Plaine Salavas (1 km au sud-ouest)
  À savoir : bord de l'Ardèche

Nature : ≤ ☲ 🌊
Loisirs : 🍷 snack ⛷ 🏊
Services : ♿ ⚬━ GB ♨ 🚿 🗑 🚿 🛒

Longitude : 4.38108
Latitude : 44.39345

▲ **La Rouvière** ♣♦ – Permanent
  𝒫 0475871007, *ardbat@yahoo.fr*, Fax 0475880399,
  www.campinglarouviere.com
  3 ha (152 empl.) en terrasses, peu incliné et plat,
  sablonneux, pierreux, herbeux
  Tarif : (Prix 2009) ♣ ⬅ 3,20 € 🅴 14,50 € – (¼) (6A) 3,70 € –
  frais de réservation 10 €
  Location (Prix 2009) : 18 🚐 (4 à 6 pers.) 300 à 525 €/
  sem. – frais de réservation 15 €
  Pour s'y rendre : rte des Gorges Chames (6,6 km au sud-
  est par D 290, à Chames)
  À savoir : accès direct à l'Ardèche

Nature : 🌿🌊
Loisirs : snack 🏓 ⛷ ⚓canoë, terrain omnisports
Services : ⚬━ GB ⚐ ♨ 🚿 🗑 🚿

Longitude : 4.39486
Latitude : 44.39859

▲ **Le Midi** de déb. avr. à fin sept.
  𝒫 0475880678, *info@camping-midi.com*,
  Fax 0475880678, *www.camping-midi.com*
  1,6 ha (52 empl.) en terrasses, peu incliné, herbeux,
  sablonneux
  Tarif : (Prix 2009) 25 € ♣♣ ⬅ 🅴 (¼) (10A) – pers.
  suppl. 6 € – frais de réservation 10 €
  Location (Prix 2009) : 4 🚐 (4 à 6 pers.) 320 à 630 €/
  sem. – frais de réservation 10 €
  Pour s'y rendre : rte des Gorges de l'Ardèche (6,5 km au
  sud-est par D 290, à Chames)
  À savoir : accès direct à l'Ardèche

Nature : 🌿 ≤ ☲ 🌊
Loisirs : ⛷ ⚓
Services : ♿ ⚬━ ⚐ ♨ 🗑 🚿

Longitude : 4.39485
Latitude : 44.40696

▲ **L'Esquiras** de déb. avr. à fin sept.
  𝒫 0475880416, *esquiras@wanadoo.fr*,
  Fax 0475880416, *www.camping-esquiras.com*
  2 ha (105 empl.) plat, peu incliné, herbeux, pierreux
  Tarif : 25,50 € ★★ 🚐 🅴 🄵 (6A) – pers. suppl. 6 € – frais
  de réservation 10 €

  Location 🏷 : 18 🛏 (4 à 6 pers.) nuitée 50 € - 250
  à 650 €/sem. – 2 🏚 (4 à 6 pers.) nuitée 45 € - 230 à
  520 €/sem. – frais de réservation 10 €
  🚰 borne artisanale 3 €
  Pour s'y rendre : chemin du Fez (2,8 km au nord-ouest
  par D 579, rte de Ruoms et chemin à dr. apr. la station-
  service Intermarché)

  | Nature : 🌊 ≼ |
  | Loisirs : snack 🎪 🏌 🏊 |
  | Services : ♿ ⛽ GB 🐾 👕 🍴 🖨 |
  | À prox. : accrobranches 🚲 |

  Longitude : 4.38586
  Latitude : 44.41278

VALLORCINE

74660 – **328** O4 – G. Alpes du Nord – 413 h. – alt. 1 260 – Sports d'hiver : 1 260/1 400 m ⚡2 ⚡
🛈 *Office de tourisme, Maison du Bettè* 𝒫 0450546071, Fax 0450546173
Paris 628 – Annecy 115 – Chamonix-Mont-Blanc 19 – Thonon-les-Bains 96.

  ▲ **Les Montets** de déb. juin à mi-sept.
    𝒫 0450546045, *camping.des.montets@wanadoo.fr* –
    alt. 1 300
    1,7 ha (75 empl.) non clos, plat, terrasse, peu incliné,
    herbeux, pierreux
    Tarif : (Prix 2009) ★ 4 € 🚐 1,20 € 🅴 4,60 € – 🄵 (6A) 3 €
    Pour s'y rendre : au lieu-dit : Le Montet (2,8 km au sud-
    ouest par N 506, accès par chemin de la gare, au lieu-dit
    le Buet)

    À savoir : site agréable au bord d'un ruisseau et près de
    l'Eau Noire

  | Nature : 🌊 ≼ 🟢 |
  | Loisirs : snack, (dîner seulement) |
  | Services : ♿ ⛽ 🅿 (tentes) 🐾 🖨 |
  | À prox. : 🍴 🚣 |

  Longitude : 6.93822
  Latitude : 46.04157

LES VANS

07140 – **331** G7 – G. Provence – 2 827 h. – alt. 170
🛈 *Office de tourisme, place Ollier* 𝒫 0475372448, Fax 0475372746
Paris 663 – Alès 44 – Aubenas 37 – Pont-St-Esprit 66 – Privas 68 – Villefort 24.

  ▲ **Le Pradal** de déb. avr. à fin sept.
    𝒫 0475372516, *camping.lepradal@free.fr*,
    www.camping-lepradal.com
    1 ha (36 empl.) en terrasses, peu incliné, herbeux, pierreux
    Tarif : 20 € ★★ 🚐 🅴 🄵 (3A) – pers. suppl. 6 €

    Location : 2 🛏 (4 à 6 pers.) nuitée 50 € - 250 à 600 €/
    sem.
    🚰 borne artisanale 17 € – 2 🅴 17 €
    Pour s'y rendre : 1,5 km à l'ouest par D 901

  | Nature : 🌊 🟢 |
  | Loisirs : 🍷 🎪 🏊 |
  | Services : ♿ ⛽ 🐾 |

  Longitude : 4.13293
  Latitude : 44.40404

VERCHAIX

74440 – **328** N4 – 636 h. – alt. 800
🛈 *Office de tourisme, Le Forum* 𝒫 0450901008, Fax 04.50.90.10.08
Paris 580 – Annecy 74 – Chamonix-Mont-Blanc 59 – Genève 52 – Megève 47 – Thonon-les-Bains 54.

  ▲ **Municipal Lac et Montagne** Permanent
    𝒫 0450901012, *accueil@mairie-verchaix.fr*,
    Fax 0450901012 – alt. 660
    2 ha (107 empl.) non clos, plat, herbeux, pierreux
    Tarif : 8,50 € ★★ 🚐 🅴 🄵 (10A) – pers. suppl. 2,30 €
    Pour s'y rendre : 1,8 km au sud par D 907, au bord
    du Giffre

  | Nature : ≼ 🟢 |
  | Loisirs : 🏌 🎾 🚣 |
  | Services : ♿ ⛽ 🐾 🏧 laverie |
  | À prox. : 🍷 🍴 ⛰ |

  Longitude : 6.67527
  Latitude : 46.0962

🏊 ✖ *ATTENTION...*
🐎 *ces éléments ne onctionnent généralement qu'en saison,*
🏊 🐎 *quelles que soient les dates d'ouverture du terrain.*

VERNIOZ

38150 – **333** C5 – 1 055 h. – alt. 250
Paris 500 – Annonay 38 – Givors 25 – Le Péage-de-Roussillon 12 – Rive-de-Gier 41 – Vienne 14.

Le Bontemps de déb. avr. à fin sept.
 0474578352, *info@camping-lebontemps.com*,
Fax 0474578370, *www.camping-lebontemps.com*
6 ha (175 empl.) plat, herbeux, étangs
Tarif : 28€ ✻✻ ⬅ 🅴 (6A) – pers. suppl. 6€ – frais de
réservation 20€
Location (Prix 2009) : (4 à 6 pers.) 245 à 672€/
sem. – – frais de réservation 20€
 1 borne
Pour s'y rendre : 5 imp. du Bontemps (4,5 km à l'est par
D 37 et chemin à dr., au bord de la Varèze, à St-Alban-
de-Varèze)

Nature : 〰 🏞
Loisirs : 🍴 snack 🎬 🎣 salle d'animation 🏊 🎯 🏓 🎠 poneys
Services : ♿ ⚡ GB 🐾 🚿 ♨ laverie

Longitude : 4.92181
Latitude : 45.42386

LES GUIDES VERTS **MICHELIN**
Paysages, monuments
Routes touristiques
Géographie
Histoire, Art
Itinéraire de visite
Plans de villes et de monuments

VILLARD-DE-LANS

38250 – **333** G7 – G. Alpes du Nord – 4 088 h. – alt. 1 040 – Sports d'hiver : 1 160/2 170 m 🚡2🎿27🎿
🛈 *Office de tourisme, 101, place Mure Ravaud* 0811460015, Fax 0476959839
Paris 584 – Die 67 – Grenoble 34 – Lyon 123 – Valence 67 – Voiron 44.

L'Oursière de déb. déc. à fin sept.
 0476951477, *info@camping-oursiere.fr*,
Fax 0476955811, *www.camping-oursiere.fr*
4 ha (186 empl.) plat, peu incliné, pierreux, gravier,
herbeux
Tarif : 24€ ✻✻ ⬅ 🅴 (10A) – pers. suppl. 5€ – frais
de réservation 8€
Location 🚿 : (4 à 6 pers.) nuitée 37€ - 287 à
595€/sem. – frais de réservation 8€
 borne artisanale 5€ – 42 🅴 15€
Pour s'y rendre : av. du Gal de Gaulle (sortie nord par
D 531, rte de Grenoble, chemin piétonnier reliant le
village)

Nature : ❄ ≤
Loisirs : 🎬 🏊 🎯 🏓
Services : ♿ ⚡ GB 🐾 📶 ♨ 📷 🚿
À prox. : 🎿 ♨ ⛷ bowling, patinoire

Longitude : 5.55639
Latitude : 45.0775

VILLAREMBERT

73300 – **333** K6 – 260 h. – alt. 1 296
🛈 *Office de tourisme, le Corbier* 0479830404, Fax 0479830290
Paris 647 – Aiguebelle 49 – Chambéry 87 – St-Jean-de-Maurienne 12 – La Toussuire 7.

Municipal la Tigny
 0479567465, *mairie.villarembert@wanadoo.fr*,
Fax 0479830364
0,3 ha (27 empl.) non clos, plat et peu incliné, terrasses,
gravier, herbeux
Pour s'y rendre : sortie sud par D 78 et chemin à
gauche
À savoir : cadre verdoyant près d'un ruisseau

Nature : ≤ ♀
Loisirs : 🏊
Services : 🚿

Longitude : 6.28012
Latitude : 45.24264

VILLARS-LES-DOMBES

01330 – **328** D4 – G. Lyon Drôme Ardèche – 4 303 h. – alt. 281

🛈 *Office de tourisme, 3, place de l'Hôtel de Ville* 𝒫 *04 74 98 06 29, Fax 04 74 98 29 13*
Paris 433 – Bourg-en-Bresse 29 – Lyon 37 – Villefranche-sur-Saône 29.

Municipal les Autières de déb. mai à fin août
𝒫 04 74 98 00 21, *autieres@campingendombes.fr*,
Fax 04 74 98 05 82, *http://www.campingendombes.fr* –
places limitées pour le passage
5 ha (238 empl.) plat, peu incliné, herbeux
Tarif : (Prix 2009) 10,50 € ★ ★ ⇔ 🅔 🕃 (6A) – pers.
suppl. 4 €

Location (Prix 2009) 🏠 : 2 ⌂ (4 à 6 pers.) - 350 à
500 €/sem.
Pour s'y rendre : av. des Nations (sortie sud-ouest,
rte de Lyon et à gauche, près de la piscine)
À savoir : cadre agréable au bord de la Chalaronne

| Nature : ⌂ 🌳 |
| Loisirs : 🍴 snack 🎱 🛝 |
| Services : 🚿 ⚡ GB 🐾 🔥 |
| À prox. : ✂ 🎳 🚣 ⛷ |

Longitude : 5.03131
Latitude : 45.99779

*Dieser Führer stellt kein vollständiges Verzeichnis aller Campingplätze dar,
sondern nur eine Auswahl der besten Plätze jeder Kategorie.*

VINSOBRES

26110 – **332** D7 – 1 070 h. – alt. 247

🛈 *Syndicat d'initiative, place de la Mairie* 𝒫 *04 75 27 36 63, Fax 04 75 27 69 20*
Paris 662 – Bollène 29 – Grignan 24 – Nyons 9 – Vaison-la-Romaine 15 – Valence 107.

Franceloc Le Sagittaire 🧍🧍 – Permanent
𝒫 04 75 27 00 00, *camping.sagittaire@wanadoo.fr*,
Fax 04 75 27 00 39, *www.le-sagittaire.com*
14 ha/8 campables (274 empl.) plat, herbeux, gravillons
Tarif : 37,70 € ★ ★ ⇔ 🅔 🕃 (10A) – pers. suppl. 8 € –
frais de réservation 26 €

Location : 🏚 (4 à 6 pers.) 180 à 1 169 €/sem. – ⌂ (4
à 6 pers.) - 371 à 1 099 €/sem. – frais de réservation 26 €
🚐 **borne raclet**
Pour s'y rendre : au lieu-dit : le Pont de Mirabel (angle
des D 94 et D 4, près de l'Eygues (accès direct))
À savoir : bel ensemble aquatique et ludique

| Nature : ⌀ ⌂ 🌳🌳 |
| Loisirs : 🍴 🍴 snack 🎱 🛝 🏓 🎣 |
| 🛝 ✂ 🏊 🚣 ⛵ (plan d'eau) |
| ⚽ terrain omnisports |
| Services : 🚿 ⚡ GB 🐾 🧺 🔥 ♨ 🦽 |
| 🚐 🚻 laverie 🍽 ☕ |

Longitude : 5.08248
Latitude : 44.33007

Municipal Chez Antoinette de déb. avr. à fin oct.
𝒫 04 75 27 61 65, *camping-municipal@club-internet.fr*,
Fax 04 75 27 61 65
1,9 ha (70 empl.) plat, pierreux, herbeux
Tarif : (Prix 2009) ★ 2,85 € ⇔ 1,90 € 🅔 1,90 € –
🕃 (8A) 2,90 €

Location : 2 🏠 – 1 🏚
Pour s'y rendre : quartier Champessier (au sud du bourg
par D 190, au stade)

| Nature : ⌀ 🌳🌳 |
| Loisirs : 🛝 |
| Services : 🚿 ⚡ (mai-oct.) GB 🔥 |
| réfrigérateurs |

Longitude : 5.06132
Latitude : 44.33318

VION

07610 – **331** K3 – G. Lyon Drôme Ardèche – 861 h. – alt. 128
Paris 537 – Annonay 30 – Lamastre 34 – Tournon-sur-Rhône 7 – Valence 25.

L'Iserand de mi-avr. à mi-sept.
𝒫 04 75 08 01 73, *iserand@sfr.fr*, Fax 04 75 08 55 82,
www.iserandcampingardeche.com
1,3 ha (60 empl.) en terrasses, pierreux, herbeux
Tarif : 17 € ★ ★ ⇔ 🅔 🕃 (10A) – pers. suppl. 6 €

Location 🏚 : 8 ⌂ (4 à 6 pers.) nuitée 50 € - 300 à
600 €/sem.
🚐 **borne artisanale**
Pour s'y rendre : 1307 r. Royale (1 km au nord par N 86,
rte de Lyon)

| Nature : ⌀ 🌳 |
| Loisirs : snack, pizzeria 🛝 🚲 |
| 🏓 🚣 |
| Services : 🚿 ⚡ GB 🚻 🔥 ☕ |

Longitude : 4.8
Latitude : 45.1212

VIVIERS

07220 – **331** K7 – G. Lyon Drôme Ardèche – 3 841 h. – alt. 65

🄰 *Office de tourisme, 5, place Riquet* ℘ 04 75 52 77 00, Fax 04 75 52 81 63

Paris 618 – Montélimar 12 – Nyons 50 – Pont-St-Esprit 30 – Privas 42 – Vallon-Pont-d'Arc 35.

Rochecondrie Loisirs de déb. avr. à mi-oct.
℘ 04 75 52 74 66, *campingrochecondrie@wanadoo.fr*,
Fax 04 75 52 74 66, *www.campingrochecondrie.com*
1,5 ha (80 empl.) plat, herbeux
Tarif : 22,20€ ★★ ⊷ 🄴 (10A) – pers. suppl. 5,50€
Location 🗙 : 10 ⊡ (4 à 6 pers.) 230 à 510€/sem.
Pour s'y rendre : quartier Rochecondrie (1,5 km au nord-ouest par N 86, rte de Lyon, accès direct à l'Escoutay)

Nature : ⊏ 🎄	
Loisirs : 🍷 🄳 ⛵ 🛝 promenades aves des lamas	
Services : ⊶ GB ⚕ 📶	
À prox. : 🎣	

Longitude : 4.67667
Latitude : 44.48972

Si vous recherchez :

👪 Un terrain offrant des équipements et des loisirs adaptés aux enfants

🗱 Un terrain agréable ou très tranquille

L Un terrain effectuant la location de caravanes,
de mobile homes, de bungalows ou de chalets

P Un terrain ouvert toute l'année

🚐 Un terrain possédant une aire de services pour camping-cars

Consultez le tableau des localités

VIZILLE

38220 – **333** H7 – G. Alpes du Nord – 7 781 h. – alt. 270

🄰 *Office de tourisme, place du Château* ℘ 04 76 68 15 16, Fax 04 76 78 94 49

Paris 582 – Le Bourg-d'Oisans 32 – Grenoble 20 – La Mure 22 – Villard-de-Lans 49.

Le Bois de Cornage de mi-avr. à mi-oct.
℘ 06 83 18 17 87, *campingvizille@wanadoo.fr*,
www.campingvizille.com
2,5 ha (128 empl.) peu incliné, en terrasses, herbeux
Tarif : 16,70€ ★★ ⊷ 🄴 (10A) – pers. suppl. 4,80€ –
frais de réservation 10€
Location (permanent) : ⊡ (4 à 6 pers.) 290 à 490€/
sem.
🚐 borne artisanale 3€ – 10 🄴 12€ – 🚐 12€
Pour s'y rendre : chemin du Camping (sortie nord vers
N 85, rte de Grenoble et av. de Venaria à dr.)

À savoir : en partie ombragé d'arbres centenaires

Nature : 🗱 < 🎄🎄	
Loisirs : pizzeria, le soir uniquement 🚲 🛝	
Services : ⊶ GB ⚕ 🍴 📶 📷	

Longitude : 5.76919
Latitude : 45.08677

VOGÜE

07200 – **331** I6 – G. Lyon Drôme Ardèche – 864 h. – alt. 150

🄰 *Syndicat d'initiative, quartier de la gare* ℘ 04 75 37 01 17, Fax 04 75 37 01 17

Paris 638 – Aubenas 9 – Largentière 16 – Privas 40 – Vallon-Pont-d'Arc 24 – Viviers 36.

Domaine du Cros d'Auzon de déb. avr. à mi-sept.
℘ 04 75 37 75 86, *camping.auzon@wanadoo.fr*,
Fax 04 75 37 01 02, *www.domaine-cros-auzon.com*
18 ha/6 campables (170 empl.) plat, pierreux,
sablonneux, herbeux
Tarif : 29,50€ ★★ ⊷ 🄴 (6A) – pers. suppl. 7,30€ –
frais de réservation 28€
Location = 37 ⊡ (4 à 6 pers.) nuitée 32€ - 224 à 812€/
sem. – 3 🏠 (4 à 6 pers.) nuitée 32€ - 224 à 812€/sem.
– hôtel, motel – frais de réservation 28€
🚐 borne eurorelais 2€ – 🚐 🄴 13€
Pour s'y rendre : 2,5 km au sud par D 579 et chemin
à dr.

À savoir : site et cadre agréables, au bord de l'Ardèche

Nature : 🗱 ⊏ 🎄🎄	
Loisirs : 🍷 ✗ snack, pizzeria 🄳 🄴 nocturne 🏹 ⛵ 🚲 ⚾ 🛝 🛝 ⛱ 🛝 🎣 parcours sportif	
Services : ♿ ⊶ GB ⚕ 🛒 🍴 📷 laverie 🔧	
À prox. : canoë	

Longitude : 4.41378
Latitude : 44.55116

Les Peupliers de déb. avr. à fin sept.
℘ 0475377147, *girard.jean-jacques@club-internet.fr*,
Fax 0475377083, *www.campingpeupliers.com*
3 ha (100 empl.) plat, herbeux, sablonneux, pierreux
Tarif : 25,70€ ★★ ⊕ 🅴 (*) (6A) – pers. suppl. 5,30€ –
frais de réservation 19€

Location : 5 🛖 (2 à 4 pers.) nuitée 47€ - 240 à 390€/
sem. – 9 🛖 (4 à 6 pers.) nuitée 54€ - 315 à 645€/
sem. – 9 🛖 (4 à 6 pers.) nuitée 63€ - 350 à 645€/
sem. – frais de réservation 19€
🛢 borne eurorelais 4€
Pour s'y rendre : au lieu-dit : Gourgouran (2 km au sud
par D 579 et chemin à dr., à Vogüe-Gare)

À savoir : au bord de l'Ardèche

L'Oasis des Garrigues de déb. mars à fin oct.
℘ 0475370327, *oasisdesgarrigues@wanadoo.fr*,
Fax 0475371632, *www.oasisdesgarrigues.com*
1,2 ha (61 empl.) plat, herbeux, pierreux
Tarif : 23,90€ ★★ ⊕ 🅴 (*) (10A) – pers. suppl. 5€

Location 🚫 : 🛖 – 🛖 (4 à 6 pers.) 580€/sem.
– 🛖 – frais de réservation 20€
🛢 borne artisanale 3€
Pour s'y rendre : quartier Brugière (2 km au sud par
D 579, au rd-pt. et à dr.)

Les Roches de mi-mai à fin août
℘ 0475377045, *hm07@free.fr*, Fax 0475377045,
www.campinglesroches.fr
2,5 ha (120 empl.) accidenté, plat, herbeux, rocheux
Tarif : (Prix 2009) 26,60€ ★★ ⊕ 🅴 (*) (10A) – pers.
suppl. 5,90€

Location (Prix 2009) 🚫 : 8 🛖 (4 à 6 pers.) 245 à
600€/sem.
🛢 borne artisanale 4€
Pour s'y rendre : quartier Bausson (1,5 km au sud par
D 579, à Vogüé-Gare, à 200 m de l'Auzon et de l'Ardèche)

À savoir : cadre sauvage

Les Chênes Verts de déb. juil. à fin août
℘ 0475377154, *chenesverts2@wanadoo.fr*,
www.camping-chenesverts.com – accès aux
emplacements par forte pente, mise en place et sortie
des caravanes à la demande
2,5 ha (42 empl.) en terrasses, pierreux, herbeux
Tarif : (Prix 2009) 23€ ★★ ⊕ 🅴 (*) (10A) – pers.
suppl. 4€ – frais de réservation 30€

Location (Prix 2009) (de déb. avr. à fin sept.) : 26 🛖
(4 à 6 pers.) - 320 à 710€/sem. – frais de réservation
30€
Pour s'y rendre : Champ Redon (1,7 km au sud-est par
D 103)

Nature : 🦫 ♤♤
Loisirs : 🍷 snack 🚣 🏕 🛝 🏊 🎣
Services : 🔌 🖵 GB 🐾 🛒 ♒ 🔥 🔌
À prox. : canoë

Longitude : 4.41378
Latitude : 44.55116

Loisirs : 🍷 🛝
Services : ♿ 🔌 GB 🐾 🛒 🔥
À prox. : 🏊 🎣 canoë

Longitude : 4.41379
Latitude : 44.55115

Nature : 🦫 ♤♤
Loisirs : 🍷 🛖 🚣 ✂ 🛝
Services : ♿ 🔌 🐾 ♒ laverie
réfrigérateurs
À prox. : 🏊

Longitude : 4.41378
Latitude : 44.55116

Nature : ♤♤
Loisirs : snack 🚣 🛝
Services : ♿ 🔌 🐾 ♒ 🔥 🛒
À prox. : ✂

Longitude : 4.41378
Latitude : 44.55116

785

Oratori

Légende

Vous trouverez dans le tableau des pages suivantes un classement par région de toutes les localités citées dans la nomenclature.

Key

You will find in the following pages a classification by "region" of all the localities listed in the main body of the guide.

BRETAGNE	Nom de la région
56 – **MORBIHAN**	Numéro et nom du département
Carnac	(Localité en rouge) Localité possédant au moins un terrain agréable sélectionné (△ ... ▲▲▲)
🚹	Localité possédant au moins un camping "famille"
🏖	Localité possédant au moins un terrain très tranquille
P	Localité possédant au moins un terrain sélectionné ouvert toute l'année
L – M	Localité dont le camping propose exclusivement la location de mobile homes, chalets ou autres habitations légères – Localité dont un terrain au moins propose, outre des empl. traditionnels, la location de mobile homes, chalets, caravanes ou autres habitations légères
🚐	Localité possédant au moins un terrain avec une aire de service ou des emplacements réservés aux camping-cars
🎭	Localité dont un terrain au moins propose des animations

BRETAGNE	Name of the region
56 – **MORBIHAN**	Number and name of a département
Carnac	(Name of the locality printed in red) Locality with at least one selected pleasant site (△ ... ▲▲▲)
🚹	Locality with at least one selected "family" site
🏖	Locality with at least one selected very quiet, isolated site
P	Town with at least one selected camping site open all the year round
L – M	Locality with a campsite offering only mobile home, chalet and other light recreational dwelling rental – Locality with at least one site offering mobile home, chalet, caravan and other light recreational dwelling rental, in addition to traditional camping spaces
🚐	Locality with at least one selected site with a service bay for campervans or areas reserved for camper vans
🎭	Locality with at least one selected site offering some form of activities

● **Se reporter à la nomenclature pour la description complète des campings sélectionnés.**

● **Refer to the body of the guide for a complete description of the selected camping sites.**

CANILLO

AD100 – **343** H9 – 4 633 h. – alt. 1 531
Andorra-la-Vella 13.

▲ **Santa-Creu** de déb. juin à mi-sept.
  & (00-376)851462, *camping_santacreu@yahoo.com*,
  Fax (00-376)751455, *http://elsmeners.com/stcreu/j_cat.html*
  0,5 ha peu incliné et terrasse, herbeux
  Tarif : ★ 4€ ⇌ 4€ 🅴 4€ 🔌 (3A)
  Pour s'y rendre : au bourg (au bord du Valira-del-Orient (rive gauche))

Nature : ≤ ♀
Loisirs : ♈
Services : ♿ ⊶ 🔲

Longitude : 1.5967
Latitude : 42.56609

▲ **Jan-Ramon** de mi-juin à mi-sept.
  & (00-376)751454, *elsmeners@andorra.ad*, Fax (00-376)751455, *www.elsmeners.com*
  0,6 ha plat, herbeux
  Tarif : ★ 4€ ⇌ 4€ 🅴 4€ 🔌 (6A)
  Location (permanent) ✂ (de mi-juin à mi-sept.) : 4 🛖 (4 à 6 pers.) nuitée 90€ - 630€/sem. – 16 appartements
  Pour s'y rendre : ctra. General (400 m au nord-est par rte de Port d'Envalira, au bord du Valira del Orient (rive gauche))

Nature : ≤ ♀
Loisirs : ♈ ✕
Services : ⊶ GB 🕆 🔲 ♨

Longitude : 1.5967
Latitude : 42.56609

LA MASSANA

AD400 – **343** H9 – 9 276 h. – alt. 1 241
🅱 *Office de tourisme, avenue Sant-Antoni &* (00-376)825693, Fax (00-376)828693
Andorra-la-Vella 6.

▲▲▲ **Xixerella** Permanent
  & (00-376)738613, *c-xixerella@campingxixerella.com*,
  Fax (00-376)839113 – alt. 1 450
  5 ha plat, peu incliné, en terrasses, pierreux, herbeux
  Tarif : (Prix 2009) ★ 6,30€ ⇌ 6,30€ 🅴 6,30€ – 🔌 (5A) 4,20€
  Location (Prix 2009) : 🛖 (4 à 6 pers.) nuitée 135€ - 345 à 990€/sem. – appartements
  Pour s'y rendre : ctra. de Pal (3,5 km au nord-ouest par rte de Pal, au bord d'un ruisseau)

Nature : ≤ ♀
Loisirs : ♈ ✕ snack 🔲 ♨ ♒
Services : ♿ GB 🏧 ♨ 🔲 ♨

Longitude : 1.51537
Latitude : 42.54494

787

ORDINO

AD300 – **343** H9 – 3 309 h. – alt. 1 304
Andorra-la-Vella 8.

▲▲▲ **Borda d'Ansalonga** fermé oct. et de déb. mai à mi-juin
  & (00-376)850374, *campingansalonga@andorra.ad*,
  Fax (00-376)850374
  3 ha plat, herbeux
  Tarif : ★ 6,40€ ⇌ 4,50€ 🅴 5,30€ – 🔌 (10A) 5,30€
  Location : appartements
  Pour s'y rendre : 2,3 km au nord-ouest par rte du Circuit de Tristaina, au bord du Valira del Nord

Nature : ≤ ♀
Loisirs : ♈ snack 🔲 ♨ ♒
Services : ♿ ⊶ 🏧 laverie ♨

Longitude : 1.5333
Latitude : 42.55546

SANT-JULIA-DE-LORIA

AD600 – **343** G10 – 9 207 h. – alt. 909
Andorra-la-Vella 7.

▲ Huguet
  & (00-376)843718, *campinghuguet@hotmail.com*,
  Fax (00-376)843803
  1,5 ha plat, terrasses, herbeux, gravillons
  Pour s'y rendre : sortie sud, au bord du Gran Valira - rive droite

Nature : ≤ ♀♀
Loisirs : 🔲 ♨ ♒
Services : ⊶ 🏧
À prox. : ♈ snack

Longitude : 1.49115
Latitude : 42.46487

Zeichenerklärung

Im folgenden Ortsregister werden alle im Führer erwähnten Orte nach Region geordnet aufgelistet.

BRETAGNE	Name der Region
56 – **MORBIHAN**	Nummer und Name des Departements
Carnac	(Ortsname in Rotdruck) Ort mit mindestens einem besonders schönen Campingplatz (...)
👪	Ort mit mindestens einem Familien-Campingplatz
🦢	Ort mit mindestens einem sehr ruhigen Campingplatz
P	Ort mit mindestens einem ganzjährig geöffneten Campingplatz
L – M	Ort, dessen Campingplatz ausschliesslich Mobil-Homes, Chalets oder andere Unterkünfte in Leichtbauweise vermietet – Ort mit mindestens einem Campingplatz, der außer traditionellen Stellplätzen auch Mobil-Homes, Chalets, Wohnwagen oder andere Unterkünfte in Leichtbauweise vermietet
🚐	Ort mit mindestens einem Campingplatz mit Service-Einrichtungen für Wohnmobile oder Stellplätzen, die nur für Wohnmobile reserviert sind
🎭	Mindestens ein Campingplatz am Ort mit Animation

Verklaring van de tekens

In deze lijst vindt u alle in de gids vermelde plaatsnamen, indeling in streken.

BRETAGNE	Naam van de streek
56 – **MORBIHAN**	Nummer en naam van het departement
Carnac	(Plaatsnaam rood gedrukt) Plaats met minstens één geselecteerd fraai terrein (...)
👪	Plaats met minstens één Kampeerterrein voor families
🦢	Plaats met minstens één zeer rustig terrein
P	Plaats met tenminste één gedurende het gehele jaar geopend kampeerterrein
L – M	Plaats waar van de camping uitsluitend stacaravans, huisjes of andere eenvoudige accomodaties verhuurt – Plaats waar minstens één kampeerterrein niet alleen staplaatsen verhuut maar ook stacaravans, huisjes, caravans of andere eenvoudige accomodaties
🚐	Plaats met minstens één terrein met een serviceplaats voor campers of met plaatsen die alleen bestemd zijn voor campers
🎭	Plaats met minstens één kampeerterrein met animatieprogramna.

789

● **Die vollständige Beschreibung der ausgewählten Plätze befindet sich im Hauptteil des Führers.**

● **Raadpleeg het deel met gegevens over de geselecteerde terreinen voor een volledige beschrijving.**

791

INDEX THÉMATIQUE PAR RÉGIONS

	Pages	👥	🕊	Permanent	Location	🚐	🎭
Saint-Hippolyte	338	—	—	—	M	—	—
Saint-Laurent-en-Grandvaux	339	—	—	—	M	🚐	—
Saint-Point-Lac	339	—	—	—	—	🚐	—
Salins-les-Bains	339	—	—	—	M	—	—
La Tour-du-Meix	339	—	—	—	M	🚐	—
Uxelles	340	—	🕊	—	L	—	🎭
Vesoul	340	—	—	—	M	🚐	—
Villersexel	340	—	—	—	M	—	—

ÎLE-DE-FRANCE

	Pages	👥	🕊	Permanent	Location	🚐	🎭
Bagneaux-sur-Loing	343	—	—	—	M	—	—
Boulancourt	343	—	🕊	P	M	🚐	—
Crèvecœur-en-Brie	343	—	—	—	M	🚐	—
Étampes	343	—	—	—	—	—	—
La Ferté-sous-Jouarre	344	—	—	P	M	—	—
Jablines	344	—	—	—	M	🚐	—
Melun	344	—	—	—	M	🚐	—
Montjay-la-Tour	345	—	—	P	M	🚐	🎭
Paris	345	—	—	P	M	🚐	—
Pommeuse	345	👥	—	—	M	🚐	🎭
Rambouillet	346	—	—	—	M	🚐	🎭
Touquin	346	—	🕊	—	M	—	—
Veneux-les-Sablons	346	—	—	—	M	🚐	—
Verdelot	346	—	—	—	M	🚐	—
Versailles	347	—	—	—	M	🚐	—
Villiers-sur-Orge	347	—	—	P	M	🚐	—

LANGUEDOC-ROUSSILLON

	Pages	👥	🕊	Permanent	Location	🚐	🎭
Agde	352	👥	—	—	M	🚐	🎭
Aigues-Mortes	353	👥	—	—	M	🚐	🎭
Alet-les-Bains	353	—	—	P	M	—	—
Allègre-les-Fumades	353	👥	—	—	M	—	🎭
Anduze	354	👥	🕊	—	M	🚐	🎭
Argelès-sur-Mer	355	👥	—	—	M	🚐	🎭
Arles-sur-Tech	358	—	—	—	M	🚐	—
Bagnols-sur-Cèze	358	—	—	—	M	—	—
Balaruc-les-Bains	358	👥	—	—	M	🚐	—
Le Barcarès	359	👥	—	P	M	🚐	🎭
Barjac	360	—	🕊	—	M	🚐	—
Bédouès	361	—	—	—	M	🚐	—
Belcaire	361	—	—	—	M	—	—
Bessèges	361	—	—	—	M	—	—
Blajoux	361	—	🕊	—	L	—	—
Boisset-et-Gaujac	362	👥	—	—	M	🚐	🎭
Boisson	362	👥	—	—	M	🚐	🎭
Bourg-Madame	362	—	—	P	M	—	—
Brissac	363	—	—	—	M	🚐	🎭
Brousses-et-Villaret	363	—	🕊	—	M	🚐	—
Canet	363	—	—	—	M	🚐	—
Canet-Plage	364	👥	—	—	M	🚐	🎭
Canilhac	365	—	—	—	M	🚐	—
La Canourgue	365	—	—	—	L	🚐	—
Le-Cap-d'Agde	365	—	—	—	M	🚐	—
Carcassonne	366	—	—	—	M	🚐	🎭
Carnon-Plage	366	—	—	—	M	🚐	—
Casteil	366	—	🕊	—	M	—	—
Castries	367	—	🕊	P	M	🚐	—
Cendras	367	—	—	—	M	🚐	🎭
Chambon	367	—	—	—	—	—	—
Chastanier	367	—	—	—	M	🚐	—
Chirac	368	—	—	—	L	—	—
Clermont-l'Hérault	368	—	—	P	M	🚐	—
Collias	368	—	—	—	M	🚐	—
Connaux	369	—	—	P	M	—	—
Crespian	369	👥	—	—	M	🚐	—
Domazan	369	—	—	—	M	—	—
Égat	369	—	🕊	—	—	—	—
Err	370	—	🕊	P	M	🚐	—
Estavar	370	👥	🕊	—	M	🚐	—
Florac	370	—	—	—	M	🚐	—
Font-Romeu	371	—	—	—	M	🚐	—
Formigueres	371	—	🕊	P	M	🚐	—
Frontignan	371	👥	—	—	M	🚐	🎭
Fuilla	371	—	—	—	M	—	—
Gallargues-le-Montueux	372	👥	—	—	M	🚐	—
Génolhac	372	—	—	—	—	—	—
Gignac	372	—	—	—	M	—	—
Goudargues	372	—	—	P	M	🚐	—
La Grande-Motte	373	👥	—	—	M	🚐	—
Grandrieu	373	—	—	—	—	—	—
Le Grau-du-Roi	374	👥	—	—	M	🚐	🎭

800

	Pages	👥	🏊	Permanent	Location	🚐	🎭
Saint-Gaudens	487	—	—	—	—	🚐	—
Saint-Geniez-d'Olt	488	👥	🏊	—	M	🚐	🎭
Saint-Germain-du-Bel-Air	488	👥	—	—	M	—	—
Saint-Girons	489	👥	—	—	M	—	—
Saint-Jean-du-Bruel	489	—	—	—	M	🚐	—
Saint-Lary-Soulan	489	—	—	—	—	🚐	—
Saint-Pantaléon	490	—	—	—	M	—	—
Saint-Pierre-Lafeuille	490	—	—	—	M	—	—
Saint-Rome-de-Tarn	490	—	—	P	M	🚐	🎭
Sainte-Marie-de-Campan	491	—	—	P	M	🚐	—
Salles-Curan	491	👥	🏊	—	M	🚐	🎭
Salles-et-Pratviel	492	—	—	—	M	—	—
Sassis	492	—	—	—	M	🚐	—
Seix	492	—	—	—	M	🚐	—
Sénergues	493	—	—	—	—	🚐	—
Séniergues	493	—	🏊	—	M	🚐	—
Sévérac-l'Église	493	👥	—	—	M	—	🎭
Sorèze	494	—	—	—	M	🚐	—
Sorgeat	494	—	🏊	P	M	🚐	—
Souillac	494	👥	🏊	—	M	—	🎭
Tarascon-sur-Ariège	495	👥	—	P	M	🚐	🎭
Teillet	495	—	—	—	M	—	—
Thégra	495	👥	🏊	—	M	—	—
Thoux	496	—	—	—	M	🚐	—
Touzac	496	—	—	—	M	—	—
Le Trein d'Ustou	496	—	—	P	M	—	—
Le Truel	497	—	—	—	M	—	—
Vayrac	497	—	🏊	—	M	—	—
Vers	497	—	🏊	—	M	🚐	—
Vielle-Aure	498	—	—	P	M	—	—
Le Vigan	498	—	🏊	—	M	—	—
Villefranche-de-Panat	498	—	—	—	L	—	—
Villefranche-de-Rouergue	498	—	—	—	M	🚐	—

NORD-PAS-DE-CALAIS

	Pages	👥	🏊	Permanent	Location	🚐	🎭
Buysscheure	501	—	—	—	—	🚐	—
Condette	501	—	—	—	M	🚐	—
Coudekerque	501	—	—	P	M	—	—
Fillièvres	501	—	—	—	M	—	—
Floyon	502	—	—	P	M	🚐	—
Grand-Fort-Philippe	502	—	—	—	—	—	—
Guînes	502	—	—	—	M	🚐	—
Isques	502	—	—	—	M	🚐	—
Leffrinckoucke	503	—	—	—	M	—	—
Licques	503	—	—	—	M	—	—
Maubeuge	503	—	—	—	—	—	—
Oye-Plage	503	—	—	—	—	—	—
Rebecques	504	—	—	P	—	—	—
Saint-Omer	504	—	—	—	M	🚐	—
Willies	504	—	—	—	M	—	—

BASSE-NORMANDIE

	Pages	👥	🏊	Permanent	Location	🚐	🎭
Agon-Coutainville	508	—	—	—	—	🚐	—
Alençon	508	—	—	—	—	🚐	—
Annoville	508	—	🏊	—	M	—	—
Argentan	509	—	—	—	—	🚐	—
Arromanches-les-Bains	509	—	—	—	M	🚐	—
Aumale	509	—	—	—	—	—	—
Bagnoles-de-l'Orne	509	—	—	—	M	🚐	—
Barneville-Carteret	510	—	—	—	M	—	🎭
Baubigny	510	—	🏊	—	M	—	—
Bayeux	510	—	—	—	—	—	—
Bazinval	511	—	—	—	—	🚐	—
Beauvoir	511	—	—	—	M	🚐	—
Le Bec-Hellouin	511	—	🏊	—	—	🚐	—
Bellême	511	—	—	—	—	—	—
Bernay	512	—	—	—	M	🚐	—
Bernières-sur-Mer	512	—	—	—	M	🚐	🎭
Les Biards	512	—	—	—	M	—	🎭
Blangy-le-Château	513	👥	—	—	M	—	🎭
Blangy-sur-Bresle	513	—	—	—	—	—	—
Bourg-Achard	513	—	—	—	M	—	—
Brécey	513	—	—	—	—	—	—
Bréhal	514	—	—	—	M	🚐	🎭
Bréville-sur-Mer	514	—	—	—	M	🚐	🎭
Cany-Barville	514	—	—	—	—	🚐	—
Carentan	515	—	—	—	M	🚐	—
Carteret	515	—	—	—	—	—	—

817

819

821

823

N

827

INDEX DES LOCALITÉS

Manufacture française des pneumatiques Michelin

Société en commandite par actions au capital de 304 000 000 EUR.
Place des Carmes-Déchaux – 63 Clermont-Ferrand (France)
R.C.S. Clermont-Fd B 855 200 507

**Toute reproduction, même partielle et quel qu'en soit le support
est interdite sans autorisation préalable de l'éditeur.**

© Michelin, Propriétaires-Éditeurs

Compogravure : Nord Compo, Villeneuve d'Ascq

Impression et brochage : G. Canale & C.S.p.a. à Borgaro Torinese

Maquette : Jean-Luc Cannet

Dépôt légal : février 2010

Imprimé en Italie 01/2010